KINDLERS
NEUES
LITERATUR
LEXIKON

KINDLERS

NEUES

LITERATUR

LEXIKON

Herausgegeben von
WALTER JENS

VERLEGT BEI KINDLER

Redaktion: Susanne Bacher (EDV), Eva Bachmann, Brigitte Hellmann,
Marta Kijowska, Maria Koettnitz, Ulrich Neininger, Meinhard Prill,
Wolfgang Rössig, Henning Thies
Redaktionelle Mitarbeit:
Elisabeth Graf-Riemann, Sabine Laußmann,
Kathrin Sitzler, Brunhilde Wehinger, Gerhard Wild
Grafische Gestaltung: Fritz Lüdtke
Herstellung: Bernd Walser

Satz: Satz-Rechen-Zentrum, Berlin
Papier: 75 g/m² Werkdruck der Papierfabrik Niefern
Druck und Verarbeitung: Franz Spiegel Buch GmbH, Ulm
Printed in Germany
ISBN 3-463-43008-8 (Leinen)
ISBN 3-463-43108-4 (Halbleder)
2 3 5 4 1

KINDLERS

NEUES

LITERATUR

LEXIKON

CHEFREDAKTION
RUDOLF RADLER

BAND 8

Ho — Jz

BIBLIOGRAPHIE

Dr. Leopold Auburger – Prof. Dr. Peter Bartl – Walter Bohnacker M. A. – Evamaria Brockhoff M. A. – Uwe Englert M. A. – Dr. Susanne Ettl – Gisela Fichtl – Isaac Goldberg – Elisabeth Graf-Riemann M. A. – Dr. Günter Grönbold – Karl Groß M. A. – Sven Hanuschek M. A. – Ingeborg Hauenschild – Dr. Jan Jiroušek – Barbara Kauper M. A. – Gregor Klant – Bernd Kuhne M. A. – Nina Kozlowski M. A. – Holt Meyer M. A. – Wilhelm Miklenitsch M. A. – Christine M. Morawa M. A. – Paul Neubauer M. A. – Kathrin Neumann – Dr. Klaus Detlef Olof – Claudia Rapp M. A. – Dr. Winfried Riesterer – Christa Schmuderer – Otto M. Schneider M. A. – Dörte Schultze M. A. – Dr. Gerhard Seewann – Dr. Hubert Stadler – Werner Steinbeiß M. A. – Ulrike Strerath-Bolz M. A. – Charlotte Svendstrup-Lund – Christine Walde – Dr. Eberhard Winkler – Birgit Woelfert M. A. – Dr. Ulrich Wolfart – Drs. Rein A. Zondergeld

FACHBERATER

KINDLERS NEUES LITERATUR LEXIKON ist ein nach dem Alphabet der Autoren gegliedertes *Werklexikon*, d. h., die Einzeldarstellungen zu Werken eines bestimmten Autors erscheinen unter dem Namen dieses jeweiligen Autors. Werden mehrere Werke eines Autors dargestellt, so sind diese Beiträge alphabetisch nach den jeweiligen Originaltiteln der Werke angeordnet.

Beiträge zu Werken, deren Autoren unbekannt sind *(Anonyma)*, sowie motiv- oder stoffgeschichtlich orientierte Groß- bzw. Sammelbeiträge (z. B. *Alexanderroman*) erscheinen nach dem Ende des Autorenalphabets in zwei Bänden (XVIII und XIX), geordnet nach dem *Alphabet der Titel*.

Im einzelnen bitten wir, folgende Hinweise zu beachten:

1. Autorennamen

Der Name des Autors mit exakten Lebensdaten (soweit ermittelbar) erscheint im allgemeinen in der für die jeweilige Nationalliteratur üblichen Form. Der für die alphabetische Einordnung maßgebende Namensteil ist jeweils durch einen großen Anfangsbuchstaben hervorgehoben (z. B. JOAQUIM MARIA MACHADO DE ASSIS).

Bei den in den spanischen und lateinamerikanischen Literaturen häufig vorkommenden Doppelnamen ist im allgemeinen der erste Teil des Familiennamens für die alphabetische Einordnung maßgebend (z. B. FEDERICO GARCÍA LORCA; GABRIEL GARCÍA MÁRQUEZ), bei Namen aus den portugiesischen und brasilianischen Literaturen dagegen der letzte Teil (z. B. CARLOS DRUMMOND DE ANDRADE).

Die Autoren aus dem Bereich der antiken römischen Literatur erscheinen unter ihrem im deutschen Sprachraum eingebürgerten Namen, auch wenn es sich dabei nur um den im Lateinischen üblichen Beinamen (Cognomen) handelt. Also findet man z. B. Marcus Tullius CICERO unter CICERO; Publius VERGILIUS MARO unter VERGIL. Die jeweiligen vollständigen Namen sind in einer Unterzeile vor den Lebensdaten genannt.

Bei Pseudonymen und anderen vom eigentlichen Namen abweichenden Namensformen werden diese den Lebensdaten vorangestellt – z. B. bei JEAN PAUL: eig. Johann Paul Friedrich Richter; bei STENDHAL: d. i. Henri Beyle.

In den Autorenregistern der einzelnen Bände wird bei Zweifelsfällen auf die jeweils verbindliche Namensform verwiesen.

Alle in Beiträgen zitierten Autoren – auch Literaturwissenschaftler und Kritiker – sind bei der ersten Namensnennung durch Schreibung in Kapitälchen hervorgehoben, es sei denn, es handelt sich um den in Klammern genannten Urheber eines Zitats.

2. Werktitel

Die Werke sind unter dem Namen des jeweiligen Autors (z. B. Honoré de BALZAC) alphabetisch nach ihren Originaltiteln aufgeführt. Maßgebend ist die erste gedruckte Ausgabe (z. B. bei SHAKESPEARE: *The Tragicall Historie of Hamlet, Prince of Denmarke*, nicht: *Hamlet*).

Wo eine Zusammenfassung überlieferter Literatur- oder Themenkomplexe geboten schien, sind die zusammengehörenden Werke unter einem Sammeltitel behandelt (z. B. *Ägyptische Totenliteratur; Alexanderroman; Barlaam und Josaphat; Weltgerichtsspiele*) und bei den anonymen Werken an der entsprechenden Alphabetstelle zu finden. Werktitel, die innerhalb der Beiträge zitiert sind, werden durch Kursivschreibung hervorgehoben. Die zitierten Titelfassungen sind hierbei nicht immer mit den Originaltiteln identisch, sondern oft geläufige Kurzformen (z. B. *Tom Sawyer* statt *The Adventures of Tom Sawyer*). Nicht jeder im Text genannte Titel wird in einem eigenen Beitrag besprochen.

3. Das lyrische Werk

Das poetische Œuvre eines Autors wird im allgemeinen in einem zusammenfassenden Beitrag mit dem Titel *Das lyrische Werk* dargestellt. Bei Autoren, von denen mehrere Werke ins Lexikon aufgenommen wurden, steht der Beitrag *Das lyrische Werk* stets *vor* den alphabetisch sortierten Einzelbeiträgen. Sofern einzelne Gedichtbände (z. B. die *Svendborger Gedichte* von BRECHT), Gedichtzyklen (z. B. die *Sonette an Orpheus* von RILKE) oder Poeme (z. B. *Oblako v štanach* von MAJAKOVSKIJ) für das Schaffen des betreffenden Lyrikers von besonders signifikanter Bedeutung sind, werden sie in Einzelbeiträgen dargestellt.

Bei Autoren der griechisch-lateinischen Antike und des Mittelalters werden – wo es geboten erscheint – auch die überlieferten Gattungsbezeichnungen als Titel der betreffenden Beiträge benutzt (z. B. *Die Lieder* des ALKAIOS; *Die Epigramme* des ANTIPATROS).

4. Umschrift

Namen und Werktitel aus Sprachen, die nicht das lateinische Alphabet benutzen, sind, ebenso wie alle anderen aus diesen Sprachen übernommenen Wörter, nach den heute gebräuchlichen Transkriptionssystemen umgeschrieben. Vgl. die Transkriptionstabelle.

5. Alphabetisierung

Die Autorennamen und Werktitel sind nach der mechanischen Buchstabenfolge alphabetisch geordnet. Der gesamte Name bzw. Werktitel ist daher jeweils als alphabetische Einheit behandelt. Umlaute und Ligaturen gelten als aufgelöst (ä, æ = ae; ö, œ = oe; ü = ue).
Für die alphabetische Anordnung der Werktitel eines bestimmten Autors gilt: Bestimmte und unbestimmte Artikel bleiben unberücksichtigt, z. B. *Des Meeres und der Liebe Wellen* (GRILLPARZER) unter M; *A Burnt-Out Case* (GREENE) unter B; *Der im Irrgarten der Liebe taumelnde Kavalier* (SCHNABEL) unter I. – Vgl. die Tabelle der bestimmten und unbestimmten Artikel.
Pronomina und Präpositionen gelten als Ordnungswörter, z. B. *De uden Fædreland* (BANG) unter D; *De civitate Dei* (AURELIUS AUGUSTINUS) unter D; *Ad Marciam* (SENECA) unter A.

6. Sprachbezeichnung

Nach dem Werktitel folgt die Angabe der Sprache, in der das Werk verfaßt bzw. in der es zum erstenmal veröffentlicht wurde, unabhängig von der Muttersprache des Autors (z. B. erscheint *Der Wendepunkt* von Klaus MANN unter dem Titel *The Turning Point*, da dieses Werk englisch geschrieben und erst später ins Deutsche übersetzt wurde). – Vgl. das Verzeichnis der Sprachen und Sprachgruppen.

7. Übersetzung der Titel

Die fremdsprachigen Originaltitel sind, soweit möglich, wörtlich ins Deutsche übersetzt. Bei Werken, die in Deutschland 1988 noch Urheberrechtsschutz genossen, ist der autorisierte deutsche Titel angeführt und durch ein davorstehendes *Ü* gekennzeichnet (z. B. HEMINGWAY, *A Farewell to Arms; Ü: In einem anderen Land*).

8. Bibliographie

Die Bibliographie verzeichnet unter

LITERATUR ZUM AUTOR: eine Auswahl wichtiger Monographien über den Autor sowie werkübergreifende kritische Studien, gegebenenfalls auch Bibliographien, Zeitschriften und Forschungsberichte.

AUSGABEN: die erste gedruckte Ausgabe des Werks, gegebenenfalls auch eine vorausgegangene Veröffentlichung in einer Zeitschrift; den Abdruck des Werks innerhalb zuverlässiger Gesamtausgaben; ferner neuere Einzelausgaben. – Alle Angaben dieser Rubrik beziehen sich auf den im Kopf des Beitrags genannten Werktitel. Einzelausgaben sind daher – ohne Wiederholung des Titels – nur mit Erscheinungsort und -jahr verzeichnet. Um das Zitiersystem zu vereinheitlichen, wurde dieses Verfahren auch auf die Gesamtausgaben angewandt; nach Ort und Jahr folgen in Klammern die näheren Angaben. Beispiel: HEBBEL, *Agnes Bernauer:* Wien 1852 [Bühnenms.]. – Wien 1855. – Bln. 1901 (in *SW*, Hg. R. M. Werner, Bd. 3; hist.-krit.). – Stg. 1960 (RUB).
ÜBERSETZUNGEN: die erste und wichtige weitere Übersetzung ins Deutsche, in Einzelfällen, vor allem bei orientalischen Werken, auch Übersetzungen ins Englische, Französische, Italienische oder Russische. – Zitiert wird in der Reihenfolge: Deutscher Titel, Übersetzer, Erscheinungsort und -jahr.
VERFILMUNG, VERTONUNG, DRAMATISIERUNG: Bearbeitungen des Werks, soweit sie ermittelt werden konnten.
LITERATUR: eine Auswahl kritischer Arbeiten über das jeweilige Werk. – Buch- und Aufsatztitel sind kursiv gesetzt, Namen von Zeitschriften und Reihen sowie alle Abkürzungen in normaler Schrift. Reihen werden stets am Ende der Einzelangaben genannt. – Vgl. die Tabelle der Abkürzungen und Siglen.

9. Register

Jedem Band liegen bei:
ein vorläufiges Register der im jeweiligen Band enthaltenen Autoren und Werke sowie ein – ebenfalls auf den jeweiligen Band bezogenes – Titelregister mit Verweisen auf die betreffenden Autoren.

Der letzte Band enthält vier Gesamtregister:
das Autorenregister mit allen im Lexikon behandelten Werktiteln;
das Register der Anonyma und der Großbeiträge bzw. Sammelartikel;
das Titelregister mit den deutschen Übersetzungstiteln fremdsprachiger Werke und den originalsprachlichen Kurzfassungen und Titelvarianten;
ein Autorenregister, gegliedert nach den einzelnen Nationalliteraturen.

TRANSKRIPTION NICHTLATEINISCHER SCHRIFTEN
PHONETISCHE HINWEISE AUF DIE IM DEUTSCHEN UNGEBRÄUCHLICHEN LAUTWERTE

1. Arabisch, Syrisch, Iranisch-Neupersisch, Osmanisch-Türkisch

LAT.	AUSSPRACHE			
	ARABISCH	SYRISCH	IRAN.-NEUPERS.	OSMAN-TÜRK.
a	a	a	a (hell; wie ä)	a
ā	ā (lang)	ā (lang)	ā (dunkel; wie å)	ā (lang)
ḇ	–	w (stimmhafter, labiodent. Reibelaut)	–	–
č	–		tsch	tsch
ḏ	dh (stimmh. interdentaler Reibelaut, wie engl. »this«)	dh (wie arab.)	s (stimmh., wie dt. »Rose«)	–
ḍ	»emphatisches« d des Obergaumens	–	s (stimmh., wie dt. »Rose«)	d (nur in wenigen arab. Wörtern)
e	–	e	e (offen)	e (offen)
g	– (nur dialekt.)	g	g	g (palatal: g';j)
ǧ	dsch (wie ital. »giorno«)	–	dsch	–
ġ	gh (stimmh. velarer Reibelaut, wie norddt. »Tage«)	–	gh	g (nur am Wort- u. Silbenanfang, sonst fast stumm)
ḡ	–	gh (wie arab. ġ)	–	–
ḥ	h (stark gehaucht)	h (stark gehaucht)	h (stark gehaucht)	h
ḫ	ch (harter Velar, wie in dt. »ach«)	–	ch	h
i	i	i	i (lang)	i
ī	ī (lang)	ī (lang)	–	ī (lang)
i̊	–	–	–	y (dumpf, wie russ. y)
k	k (vorderer Palatal)	k	k (vorderer Palatal)	k (vorderer Palatal)
ḵ	–	ch (stimmloser palat. Reibelaut, wie dt. »Bach«)	–	–
l	l	l	l	l (bei hellen Vokalen; sonst wie engl. »l«)
n	n	n	n (vor b u. p: wie »m«)	n (vor b u. p: wie »m«)
ñ	–	–	–	ng (wie in dt. »Enge«)
o	–	o	o (kurz)	o (offen)
ö	–	–	–	ö (offen)
p̄	–	f (stimmloser labiodent. Reibelaut)	–	–
q	k (hinterer Velar)	k (emphatisch)	urspr. wie q (arabisch) heute wie g	k (hinterer Velar)
r	Zungen-r	Zungen-r	Zungen-r	weiches (palatales) Zungen-r

LAT.	AUSSPRACHE			
	ARABISCH	SYRISCH	IRAN.-NEUPERS.	OSMAN-TÜRK.
s	s (stimmlos, wie dt. »Messer«)	s (wie arab.)	s (wie arab.)	s (wie arab.)
ṣ	s (stimmlos, emphatisch)	–	s (stimmlos)	s (stimmlos); in echt türkischen Wörtern: s
s̱	–	–	–	s (stimmlos): vertritt arab. ṯ
š	sch (stimmlos, wie dt. »Schule«)	sch (wie arab.)	sch (wie arab.)	sch (wie arab.)
ṭ	t (emphatisch)	t (emphatisch)	t	t (in türkischen Wörtern auch: d)
ṯ	th (stimmlos, wie in engl. »thing«)	th (wie arab.)	s (stimmlos)	–
u	u	u	u (lang)	u
ū	ū (lang)	ū (lang)	u (lang)	ū (lang)
v	–	–	–	v (stimmhafter Labiodental wie in engl. »very«)
w	u (konsonantisch; wie in engl. »well«)	u (wie arab.)	v (stimmhafter Labiodental wie in engl. »very«)	–
y	i (konsonantisch; wie j)	i (wie arab.)	i (wie arab.)	i (wie arab.)
z	s (stimmhaft, wie dt. »Rose«)	s (stimmhaft)	s (stimmhaft)	s (stimmhaft)
ẓ	s (stimmhaft, emphatisch)	–	s (stimmhaft)	s (stimmhaft)
ż	–	–	–	s (stimmhaft)
ẕ	–	–	–	s (stimmhaft)
ž	–	–	j (wie in frz. »jour«)	j (wie in frz. »jour«)
DIPHTHONGE				
au	au	–	au oder av	– (zu av bzw. ev geworden)
ay	aj	–	aj bzw. äj	aj (wie dt. »Ei«)
ey	–	–	–	ej (wie in engl. »say«)
öy	–	–	–	öj (wie in frz. »feuille«)
üy	–	–	–	üj (wie in frz. »puis«)

' ('Ain) Nur in Wörtern arabischen Ursprungs; im Arabischen ein eigentümlicher Kehlpreßlaut, im Persischen weniger ausgeprägt, im Türkischen zeigt das Zeichen das Absetzen der Stimme an (wie Hamza).

' (Hamza) Bezeichnet den festen Stimmeinsatz oder -absatz; im Arabischen vor oder nach einem Vokal, im Persischen und Türkischen nur vor einem Vokal.

Umschriftsystem der Deutschen morgenländischen Gesellschaft, zuletzt veröffentlicht in der »Zeitschrift der deutschen morgenländischen Gesellschaft«, Bd. 114, 1964, H. 1.

2. Turksprachen

Die heutigen türkischen Schriftsprachen der Sowjetunion – Aserbaidschanisch, Altaisch, Balkarisch, Baschkirisch, Chakassisch, Gagausisch, Jakutisch, Kasachisch, Karakalpakisch, Karatschaisch, Kirgisisch, Tatarisch, Tschuwaschisch, Tuwinisch, Turkmenisch, Uigurisch, Usbekisch – werden seit den dreißiger Jahren mit kyrillischen Alphabeten geschrieben. Um einen Ausdruck der im Türkischen vorkommenden Laute zu ermöglichen, wurde hierzu das zugrundeliegende russische Alphabet durch Sonderzeichen er-

weitert. So mußten etwa Zeichen für die Vokale *ö* und *ü* (beide immer offen gesprochen) eingeführt werden. Auch der Laut *ä*, der in einigen Türksprachen mit dem mehr geschlossenen *e* kontrastiert, wird mitunter durch ein Sonderzeichen, mitunter durch das kyrillische *e*-Zeichen ausgedrückt. In manchen Türksprachen besitzen unmodifizierte kyrillische Zeichen einen anderen Lautwert als im Russischen. So kann
ju im Kumükischen ein *ü* bezeichnen, *z̆* im Kirgisischen ein *ǧ*(s. unten). Der vom Zeichen *y* bezeichnete
Laut ist ein dumpfes *i*, entspricht also dem Türkeitürkischen *y*. Die wichtigsten Sonderzeichen:

ă	reduzierter velarer Vokal
ĕ	reduzierter palataler Vokal
ǧ	dsch (wie ital. »giorno«)
ġ	velarer, stimmhafter Reibelaut (wie norddeutsch »Wagen«)
h	wie deutsches h
ḱ	(aserbaidschanisch) wie deutsches g
ḳ	velarer stimmloser Verschlußlaut in manchen Türksprachen ähnlich arabisch q.
ṅ	velarer Nasal wie in »eng«
ś	palatalisiertes stimmloses s.
s̱	wie stimmloses englisches th
ŭ	getrübter labialer Vokal
ẕ	wie stimmhaftes englisches th

Eine ausführliche Darstellung der Entwicklung der türkischen Alphabete in der Sowjetunion samt detaillierter Auskunft über die Aussprache der einzelnen Zeichen bietet *Voprosy soversenstvovanija alfavitov
tjurkskich jazykov SSSR*, Moskau 1972.

3. Hebräisch

Eine einheitliche, überall anerkannte Transkription des Neuhebräischen auf der Grundlage der heutigen
Aussprache gibt es nicht. Die Schreibung der neuhebräischen Namen und Titel im vorliegenden Lexikon
beruht auf der heutigen Aussprache des Hebräischen und gibt diese unter Verzicht auf ein phonetisches
Transkriptionssystem wieder, wobei die im Deutschen gebräuchliche Aussprache der lateinischen Buchstaben zugrunde gelegt ist.

Im einzelnen gelten folgende Regeln:

ch (= arab. ḥ)	immer wie ch (in dt. »Bach«)	q (= k)	immer wie k
r	Zungen-r	v	w

Stimmhafte Laute bleiben auch im Silben- und Wortauslaut stimmhaft.

4. Chinesisch

Für die Transkription des Chinesischen gilt das in der Volksrepublik China erarbeitete Lautschriftsystem
Hanyu Pinyin, wobei die Tonzeichen weggelassen werden.

Im Umlaut unterscheiden sich dabei von der deutschen Aussprache:

LATEINISCHES ZEICHEN	AUSSPRACHE
c	wie ts in stets
h	ch in acht
j	dji in jeep (engl.)
q	tji in cheer (engl.)
x	ch in China
zh	dsch in Dschungel
ch	tsch in deutsch
sh	sch in schwer
z	ds in Landsmann
w	engl. w in way
r	Laut zwischen engl. r und franz. i

LATEINISCHES ZEICHEN	AUSSPRACHE
y	i oder j in ich bzw. ja

Im Auslaut unterscheiden sich dabei von der deutschen Aussprache:

ao	wie au in Raum
ai	ei in Meister
e	kurzes dumpfes e wie in Vater
ei	ehj in eight (engl.)
ie	je in jetzt
ian	jen in jenseits
iao	jau in jauchzen
iong	jung
ong	ung
iang	jang

In den acht Silben, die mit einem u (weitere auch mit h + u) beginnen, wird das u nur andeutungsweise und unmittelbar anschließend der folgende Vokal kurz gesprochen:
ua (u + a), uo (u + o), uai (u + ai), ui (u + eh), uan (u + an), un (u + n), uang (u + ang), üe (ü + je).
Steht u hinter den Anlautkonsonanten j, q, x, y, wird es ü gesprochen (z.B. jun = djün, yuan = jüan), jedoch nur nach n und l als Umlaut geschrieben.

Zur früher benutzten *Wade-Giles*-Transkription ergeben sich im Anlaut folgende Unterschiede:

WADE-GILES	PINYIN-TRANSKRIPTION
ch	zh [a, e, ih, o, u]
	j [i, ü]
ch'	ch [a, e, ih, o, u]
	q [i, ü]
hs	x
i	yi
j	r
k	g
k'	k
p	b
p'	p
t	d
t'	t
ts(tz)	z
ts'(tz')	c

Bei weithin bekannten Orts- und Eigennamen (z.B. Peking) ist die übliche, eingeführte Umschrift beibehalten.

5. Thai (Siamesisch)

1. Kurze Vokale bleiben unbezeichnet.
2. Lange Vokale sind durch einen Längsstrich gekennzeichnet (ā).
3. Das Zeichen ˘ (ă) zeigt Kehlverschluß an.
4. Das Zeichen ọ wird etwa wie das skandinavische å gesprochen.
5. »h« nach einem Konsonanten zeigt an, daß dieser aspiriert ist.

6. Birmanisch

LATEINISCHES ZEICHEN	AUSSPRACHE
o	o (offen, wie engl. »all«)
ŏ	o (geschlossen, wie dt. »Sohn«)

7. Indonesische Sprachen

LATEINISCHES ZEICHEN	AUSSPRACHE
ch	ch (wie dt. »ach«; entspricht arab. ḫ)
dj	dj (wie in engl. »duke«)
e	e (Murmelvokal, wie in dt. »habe«)
é	ä (wie in dt. »Märchen«; meist durch e ersetzt)
j	Halbvokal mit Zungenstellung von i
nj	nj (wie in span. »señor«)
r	Zungen-r
s	s (stimmlos, wie dt. »Roß«)
sj	sh (wie in engl. »ship«)
tj	tsch (wie in dt. »Peitsche«)

8. Sanskrit

LATEINISCHES ZEICHEN	AUSSPRACHE	LATEINISCHES ZEICHEN	AUSSPRACHE
c	tsch	ṛ	r(i) (silbisch mit nachklingendem kurzem i; wie in dt. »richtig«)
ḥ	kaum hörbarer Hauchlaut	ṝ	r(u) (silbisch mit nachklingendem kurzem u; wie in dt. »rund«)
j	dsch (wie in engl. just«)	s	s (stimmlos)
l	(e)l (silbisch wie in dt. »Engel«)	ś	sch (wie in dt. »Schiff«, mit abwärtsgebogener Zungenspitze)
ṃ	ng (wie in dt. »singen«)	ṣ	sch (mit zurückgezogener Zungenspitze)
ṅ	ng (wie in dt. »singen«)	v	w (wie in dt. »Vase«)
ñ	nj (wie in frz. »maligne«)	y	j (wie in dt. »jagen«)

Alle Aspiranten (bh, ch, dh, gh, jh, kh, ph, th, ṭh) sind mit rasch nachfolgendem, deutlich hörbarem Hauchlaut zu sprechen; ḍ, ḍh, ṇ, ṭ, ṭh sind wie die entsprechenden Dentale, nur mit zurückgebogener Zungenspitze zu sprechen; alle anderen Konsonanten und Vokale werden wie im Deutschen ausgesprochen.

9. Armenisch und Georgisch

c	z (nicht aspiriert, wie dt. »Arzt«)	ē	e (lang)
cʿ	z (stark aspiriert, wie dt. »Zahl«)	ě	ö (kurz)
č	tsch (nicht aspiriert, wie dt. »gerutscht«)	ġ	gh (stimmh. velarer Reibelaut, wie norddt. »Tag«)
čʿ	tsch (stark aspiriert, wie »Tscheche«)	ḥ	ch (harter Velar, wie dt. »ach«)
dz	ds (stimmhaft, wie ital. »zero«)	k	k (nicht aspiriert, wie dt. »Rückgrat«)

LATEINISCHES ZEICHEN	AUSSPRACHE	LATEINISCHES ZEICHEN	AUSSPRACHE
dž	dsch (stimmhaft, wie ital. »giorno«)	k'	k (stark aspiriert, wie dt. »kahl«)
		ō	o (lang)
		p	p (nicht aspiriert, wie dt. »Mappe«)
p'	p (stark aspiriert, wie dt. »Pater«)	t	t (nicht aspiriert, wie dt. »Ritter«)
q	k (nicht aspiriert, mit ch-Nachschlag)	t'	t (stark aspiriert, wie dt. »Tugend«)
q'	entspricht ḥ; nur im Altgeorgischen	v	w
		w	armen.: w; georg.: wi
r	Zungen-r	y	j (wie dt. »Boje«)
ṙ	Zungen-r, kräftig gerollt	z	s (stimmhaft, wie dt. »Rose«)
s	s (stimmlos, wie dt. »Messer«)	ž	sch (stimmhaft, wie frz. »jour«)
š	sch (stimmlos, wie »Schule«)		

10. Russisch

c	z (wie in dt. »Herz«)	v	w
č	tsch (wie in dt. »Matsch«)	y	ü (zu i tendierend, etwa wie in dt. »dünn«)
e	je (offen, wie in dt. »jetzt«)		
ė	e (offen, wie in dt. »fern«)	z	s (stimmhaft, wie in dt. »Rose«)
ë	jo (offen, wie in dt. »Jolle«)	ž	sch (stimmhaft, wie in frz. »jour«)
s	s (stimmlos, wie in dt. »lassen«)	'	Erweichungszeichen (kennzeichnet Erweichung des vorhergehenden Konsonanten)
š	sch (stimmlos, wie in dt. »Schule«)		
šč	schtsch		

11. Bulgarisch

ă	e (wie in dt. »Gabe«)

12. Griechisch

1. Das Altgriechische und die im byzantinischen Raum gesprochene Sprache werden nach der von Erasmus von Rotterdam (1465/66 oder 1469–1536) angewandten Art transkribiert (»Erasmianische Aussprache«); jeder Buchstabe des griechischen Alphabets wird durch sein lateinisches Äquivalent wiedergegeben (phi = ph; chi = ch; psi = ps). Zusätzlich sind Eta und Omega durch Längenzeichen markiert (ē, ō). Akzente fallen weg. Die altgriechische Aspiration wird durch dt. »h« bezeichnet. Vgl. E. Drerup, *Die Schulaussprache des Griechischen von der Renaissance bis zur Gegenwart*, 2 Bde., Paderborn 1930–1932.
2. Neugriechisch wird rein phonetisch transkribiert (nach Prof. L. Politis). Akzent auf der letzten Silbe markiert Endbetonung.

ch	vor dunklen Vokalen harter Velar (wie in dt. »ach«); vor hellen Vokalen palatal (wie in dt. »ich«)	ng	vor dunklen Vokalen wie dt. ng (»bringen«), aber mit nachklingendem g; vor hellen Vokalen mit nachklingendem j (»spring Junge«)
d	dh (stimmhaft, wie in engl. »the«); nach n wie dt. d	th	th (stimmlos, wie in engl. »thing«)
g	vor dunklen Vokalen stimmhaft velarer Reibelaut (etwa wie norddt. »Tage«); vor hellen Vokalen wie j	tz	ds (stimmhaft, wie in ital. »zero«)
		v	vor stimmlosen Konsonanten wie dt. f; vor stimmhaften Konsonanten und Vokalen wie dt. w

13. Altnordisch, Isländisch, Färöisch

ð	dh (stimmhaft, wie in engl. »the«); färöisch: stumm	þ	th (stimmlos, wie in engl. »thing«)

BESTIMMTE UND UNBESTIMMTE ARTIKEL,
DIE BEI DER ALPHABETISCHEN EINORDNUNG DER WERKTITEL
UNBERÜCKSICHTIGT BLEIBEN

AFRIKAANS
die; een ('n)

ALTFRANZÖSISCH
li, la, les; un, une, uns, unes

ALTPROVENZALISCH UND OKZITANISCH
lo, lou, le, la, li, lhi, los, les, las; un, una, uns, unes, unis, unas

ARABISCH
al (ad-, an-, ar-, as-, at-)

BRETONISCH
an, al, ar; eun, eul, eur

DÄNISCH
de, den, dat (det); en, et

DEUTSCH
der, die, das; ein, eine

ENGLISCH
the; a (an)

FLÄMISCH und NIEDERLÄNDISCH
de, het, des ('s), der; een ('n), eens, eener

FRANZÖSISCH
le, la, les; un, une

FRIESISCH
Altfriesisch: thet;
Nordfriesisch: di, a;
Westfriesisch: de, it, in

GRIECHISCH
ho, hē, to, hoi, hai, ta, tōn

HEBRÄISCH
ha- (he-)

IRISCH
in (int), ind, an, na, inna

ITALIENISCH
il, lo, la, i, gli, le; uno, una, un

JIDDISCH
der, di, dos

KATALANISCH
el, la, els, les; un, una, uns, unes

KORNISCH
en, an

KYMRISCH
yr (ir), y

MALTESISCH
il- (id-, is-, in-)

MITTELHOCHDEUTSCH
daz

NEUGRIECHISCH
o, i, to, ta; enas, mia, ena

NIEDERDEUTSCH
die, dat, de

NORWEGISCH
den (han), det (ho), dei; en, et, ein, eit

PORTUGIESISCH
o, a, os, as; um, uma

RÄTOROMANISCH
il, la, ils, las

SCHWEDISCH
den (then), det, de; en, ett

SPANISCH
el, la, lo, los, las; un, una

UNGARISCH
a, az, egy

VERZEICHNIS DER SPRACHEN UND SPRACHGRUPPEN

abulg.	altbulgarisch	gujerātī	westindische Sprache (Kathiawar)
ägypt.	ägyptisch	harīrī	Sprache arabischer Stämme im Umkreis der Stadt Harar (Abessinien)
aengl.	altenglisch		
äth.	äthiopisch		
afgh.	afghanisch	hebr.	hebräisch
afries.	altfriesisch	heth.	hethitisch
afrs.	afrikaans	hindi	Hindi
afrz.	altfranzösisch	hurr.	hurritisch (churritisch)
ahd.	althochdeutsch	indon.	indonesisch
airan.	altiranisch	ir.	irisch
akkad.	akkadisch	iran.-npers.	iranisch-neupersisch
aksl.	altkirchenslavisch	isl.	isländisch
alb.	albanisch	ital.	italienisch
amer.	nordamerikanisch (USA)	jap.	japanisch
amhar.	amharisch	jav.	javanisch
anord.	altnordisch	jidd.	jiddisch
aor.	altorientalisch	kambodsch.	kambodschanisch
apabhraṃśa	Apabhraṃśa	kar.	karäisch
aprov.	altprovenzalisch	karach.-türk.	karachanidisch (Turksprache)
arab.	arabisch	kasach.-türk.	kasachisch (Turksprache)
arab.-chr.	arabisch-christlich	kasan-türk.	kasan-tatarisch (Turksprache)
aram.	aramäisch	kat.	katalanisch
arm.	armenisch	ketschua	Ketschua-Sprache
aruss.	altrussisch	kirg.	kirgisisch
aser.	aserisch, aserbaidschanisch	kom.-türk.	komanisch-türkisch
aserb.	altserbisch	kopt.	koptisch
atschech.	alttschechisch	kor.	koreanisch
austr.	australische Eingeborenenliteratur	korn.	kornisch
		kreol.	kreolisch
avadhī	Dialekt des Hindi	kroat.	kroatisch
avahaṭṭa	Spätform des Apabhraṃśa	ksl.	kirchenslavisch
bask.	baskisch	kurd.	kurdisch
bengālī	Bengali	kymr.	kymrisch
birm.	birmanisch	lapp.	lappisch
braj-bhāṣā	Dialekt des Hindi	lat.	lateinisch
bret.	bretonisch	lat. Patr.	lateinische Patristik
bulg.	bulgarisch	lett.	lettisch
čag.-türk.	tschagataisch-türkisch	lit.	litauisch
chin.	chinesisch	maithilī	nordindischer Dialekt (Bihar)
dän.	dänisch	maked.	makedonisch
engl.	englisch	mal.	malaiisch
estn.	estnisch	malt.	maltesisch
fär.	färöisch	mand.	mandschu
finn.	finnisch	mandingo-ma-linke	Literatur der afrikanischen Mandingo-Malinke-Stämme
fläm.	flämisch		
fries.	friesisch	manx	Manx
frz.	französch	marāṭhī	westindische Sprache (Dekhan)
ful	Literatur der afrikanischen Ful-Stämme	mbulg.	mittelbulgarisch
		mdä.	mandäisch
gäl.	gälisch	melan.	melanesische Eingeborenenliteratur
gal.	galicisch		
georg.	georgisch	mengl.	mittelenglisch
got.	gotisch	mhd.	mittelhochdeutsch
griech.	griechisch	mikr.	mikronesische Eingeborenenliteratur
griech.-byzant.	griechisch-byzantinisch (byzantinische Literatur in griechischer Sprache)		
		miran.	mitteliranisch
		mlat.	lateinische Literatur des Mittelalters
griech. Patr.	griechische Patristik		

mnd.	mittelniederdeutsch
mndl.	mittelniederländisch
mong.	mongolisch
mongo-nkundo	Literatur der afrikanischen Mongo-Nkundo-Stämme
nd.	niederdeutsch
ndl.	niederländisch
ngriech.	neugriechisch
nlat.	neulateinisch
nordfries.	nordfriesisch
norw.	norwegisch
ntürk.	neutürkisch
og.-türk.	ogusisch-türkisch
okzit.	okzitanisch
osm.-türk.	osmanisch-türkisch
osorb.	obersorbisch
oss.	ossetisch
pāli	Pāli
panjābī	Dialekt des Hindi
philip.	philippinisch
poln.	polnisch
polyn.	polynesische Eingeborenenliteratur
portug.	portugiesisch
prakrit	Prakrit
rätorom.	rätoromanisch
rājasthānī	Dialekt des Hindi
rum.	rumänisch
russ.	russisch
schott.-gäl.	schottisch-gälisch
schwed.	schwedisch
serb.	serbisch
serbokroat.	serbokroatisch
sesuto	Literatur der afrikanischen Sesuto-Stämme
singhal.	singhalesisch
skrt.	Sanskrit
slovak.	slovakisch
sloven.	slovenisch
sogh.	soghdisch
soninke	Literatur der afrikanischen Soninke-Stämme
sorb.	sorbisch
span.	spanisch
suaheli	Suaheli
südsotho	Bantusprache
sum.	sumerisch
syr.	syrisch
tadsch.	tadschikisch
tamil	Tamil (dravidische Sprache Südindiens)
thai	thailändisch
tib.	tibetisch
toch.	tocharisch
tschech.	tschechisch
tschuw.	tschuwaschisch
turkm.	turkmenisch
ugar.	ugaritisch
ukr.	ukrainisch
ung.	ungarisch
urdu	Urdu
usbek.	usbekisch
ved.	vedisch
vietn.	vietnamesisch
westfries.	westfriesisch
wruth.	weißruthenisch
xhosa	Bantusprache
yoruba	Literatur der Yoruba (Nigeria)

ABKÜRZUNGSVERZEICHNIS

Allgemeine Abkürzungen

Abb.	Abbildung	Einl.	Einleitung
Abdr.	Abdruck	enth.	enthält
abgedr.	abgedruckt	erg.	ergänzt
Abh.	Abhandlung(en)	Erg.-H.	Ergänzungsheft
Abt.	Abteilung	Erl.	Erläuterungen
Acad.	Académie	ern.	erneut
Akad.	Akademie	erw.	erweitert
Ala.	Alabama		
Alas.	Alaska	f.; ff.	folgende
AlH	Ausgabe letzter Hand	Faks.	Faksimile
allg.	allgemein	fasc.	fasciculus
Anh.	Anhang	Fassg.	Fassung(en)
Anm.	Anmerkung	Ffm.	Frankfurt/Main
Ariz.	Arizona	Fla.	Florida
Ark.	Arkansas	Frft./Oder	Frankfurt/Oder
Art.	Artikel	Frgm.	Fragment
AS	Ausgewählte Schriften	Fs.	Festschrift
AT	Altes Testament	GA	Gesamtausgabe
Aufl.	Auflage	Ga.	Georgia
Ausg.	Ausgabe	geb.	geboren
ausgew.	ausgewählt	gek.	gekürzt
Ausw.	Auswahl	Ges.	Gesellschaft
Ausz.	Auszug	Gesch.	Geschichte
autor.	autorisiert	GG	Gesammelte Gedichte
AW	Ausgewählte Werke	GS	Gesammelte Schriften
		GW	Gesammelte Werke
Bd., Bde.	Band, Bände	H.	Heft
Bearb.	Bearbeitung	Ha.	Hawaii
bearb.	bearbeitet	Hab. Schr.	Habilitationsschrift
Beih.	Beiheft	Hbg.	Hamburg
Beil.	Beilage	Hg.	Herausgeber
Ber.	Bericht	hist.-krit.	historisch-kritisch
Bibl.	Bibliothek	Hs.	Handschrift
Bibliogr.	Bibliographie		
Biogr.	Biographie	Ia.	Iowa
Bln.	Berlin	Id.	Idaho
Bull.	Bulletin	Ill.	Illinois
bzw.	beziehungsweise	Illustr.	Illustration(en)
		Ind.	Indiana
ca.	circa	Inh.	Inhalt
Calif.	Kalifornien	Inst.	Institut
Cod.	Codex	in Vorb.	in Vorbereitung
Colo.	Colorado		
Conn.	Connecticut	Jb.	Jahrbuch
		Jg.	Jahrgang
dass.	dasselbe	Jh.	Jahrhundert
D.C.	District of Columbia		
Del.	Delaware	kaiserl.	kaiserlich
ders.	derselbe	Kans.	Kansas
desgl.	desgleichen	Kap.	Kapitel
d.i.	das ist	kgl.	königlich
dies.	dieselbe, dieselben	Kl.	Klasse
dipl.	diplomatisch	Komm.	Kommentar; Kommission
Diss.	Dissertation	korr.	korrigiert
durchges.	durchgesehen	krit.	kritisch
		Ky.	Kentucky
ebd.	ebenda		
Ed.	editio, Edition, édition	La.	Louisiana
Einf.	Einführung	Ldn.	London

Lex.	Lexikon	Ser.	Serie
Lfg.	Lieferung	Sitzungsber.	Sitzungsberichte
Lit.	Literatur	Slg.	Sammlung(en)
Lithogr.	Lithographie	s.o.	siehe oben
Lpzg.	Leipzig	sog.	sogenannt
		Sp.	Spalte
MA	Mittelalter	Stg.	Stuttgart
Mass.	Massachusetts	Str.	Strophe
Mchn.	München	SS	Sämtliche Schriften
Md.	Maryland	s.u.	siehe unten
Me.	Maine	SU	Sowjetunion
Mich.	Michigan	Suppl.	Supplement
Minn.	Minnesota	s.v.	sub verbo
Miss.	Mississippi	SW	Sämtliche Werke
Mitt.	Mitteilung(en)		
Mo.	Missouri	Tb.	Taschenbuch
monatl.	monatlich	Tenn.	Tennessee
Mont.	Montana	Tex.	Texas
Ms.	Manuskript	theol.	theologisch
musikal.	musikalisch	Tl., Tle	Teil, Teile
		T.N.P.	Théâtre National Populaire
Nachdr.	Nachdruck	Tsd.	Tausend
Nachw.	Nachwort		
NB	Nationalbibliothek	u.a.	und andere
N.C.	North Carolina	UB	Universitätsbibliothek
N.D.	North Dakota	u.d.T.	unter dem Titel
Nebr.	Nebraska	Ü.	Übersetzung
Neudr.	Neudruck	Übers.	Übersetzung
Nev.	Nevada	umgearb.	umgearbeitet
N.F.	Neue Folge	Univ.	Universität
N.H.	New Hampshire	u.ö.	und öfter
N.J.	New Jersey	unveränd.	unverändert
Nlg.	Nachlieferung	unvollst.	unvollständig
N.Mex.	New Mexico	Urauff.	Uraufführung
N.R.	Neue Reihe	Ut.	Utah
Nr.	Nummer		
N.S.	Neue Serie	V.	Vers
NT	Neues Testament	Va.	Virginia
NY	New York	veränd.	verändert
N.Y.	New York (Staat)	verb.	verbessert
		Verf.	Verfasser
Oh.	Ohio	verf.	verfaßt
o.J.	ohne Jahr	Vergl.	Vergleich
Okla.	Oklahoma	verm.	vermehrt
o.O.	ohne Ort	veröff.	veröffentlicht
Oreg.	Oregon	Verz.	Verzeichnis
Orig.	Original	vgl.	vergleiche
		vollst.	vollständig
Pa.	Pennsylvania	Vorw.	Vorwort
phil.	philosophisch, philologisch	Vt.	Vermont
Progr.	Programm		
Pseud.	Pseudonym	Wash.	Washington
publ.	publiziert	Wb.	Wörterbuch
		Wis.	Wisconsin
R.	Reihe	Wiss.	Wissenschaft(en)
R.I.	Rhode Island	wiss.	wissenschaftlich
rev.	revidiert	W.Va.	West Virginia
Rez.	Rezension	Wyo.	Wyoming
S.	Seite	zeitgen.	zeitgenössisch
s.	siehe	Zs.	Zeitschrift
sämtl.	sämtliche	z.T.	zum Teil
S.C.	South Carolina	Ztg.	Zeitung
S.D.	South Dakota	zugl.	zugleich
selbst.	selbständig		

Bücher, Zeitschriften und Reihen

AA	Johann Wolfgang v. Goethe, *Gedenkausgabe der Werke, Briefe und Gespräche. 28. August 1949*, Hg. E. Beutler, 24 Bde., Zürich/Stuttgart 1948–1954 (Artemis-Ausgabe)
ABAW	Abhandlungen der Bayerischen Akademie der Wissenschaften
ACW	Ancient Christian Writers
ADAW	Abhandlungen der Deutschen Akademie der Wissenschaften
ADB	*Allgemeine Deutsche Biographie*, Hg. Historische Commission bei der kgl. Akademie der Wissenschaften, 56 Bde., Leipzig 1875–1912
AfdA	Anzeiger für deutsches Altertum und deutsche Literatur
AfgP	Archiv für die gesamte Psychologie
AfKg	Archiv für Kulturgeschichte
AfLg	Archiv für Literaturgeschichte
AfMw	Archiv für Musikwissenschaft
AFNF	Arkiv för Nordisk Filologi
AfOf	Archiv für Orientforschung
AGG	Abhandlungen der Gesellschaft der Wissenschaften in Göttingen
AGPh	Archiv der Geschichte der Philosophie
AHDLM	Archives d'Histoire Doctrinale et Littéraire du Moyen-Âge
AION	Annali dell'Istituto Orientale in Napoli
AJFS	Australian Journal of French Studies
AJPh	The American Journal of Philology
AL	American Literature; a Journal of Literary History, Criticism and Bibliography
ALM	Archives des Lettres Modernes
ALR	American Literary Realism
ALS	Australian Literary Studies
Altaner	B. Altaner, *Patrologie. Leben, Schriften und Lehre der Kirchenväter*, Freiburg i. B./Basel/Wien [7]1966
AM	Asia Major
AnBoll	Analecta Bollandiana
ANRW	Aufstieg und Niedergang der römischen Welt
APAW	Abhandlungen der Preußischen Akademie der Wissenschaften
APK	Aufsätze zur portugiesischen Kulturgeschichte
ArCCP	Arquivos do Centro Cultural Português
ARG	Archiv für Reformationsgeschichte
ArmEnz	*Haykakan Sovetakan Hanragitaran*, Hg. V.H. Hambardzoumyan, 12 Bde., Eriwan 1974–1986
ARW	Archiv für Religionswissenschaft
ASAW	Abhandlungen der Sächsischen Akademie der Wissenschaften zu Leipzig
ASGW	Abhandlungen der (Kgl.) Sächsischen Gesellschaft der Wissenschaften
AslPh	Archiv für slavische Philologie
ASSL	Archiv für das Studium der neueren Sprachen (und Literaturen)
AtA	Alttestamentliche Abhandlungen
ATB	Altdeutsche Textbibliothek
ATD	*Das Alte Testament Deutsch*, Hg. V. Herntrich, A. Weiser u. a., Göttingen 1949 ff. (Neues Göttinger Bibelwerk)
ATh	Antti Aarne, *The Types of the Folk-Tale. A Classification and Bibliography*. Translated and Enlarged by Stith Thompson, Helsinki 1928; 2nd Revision Helsinki 1961
AUMLA	Journal of the Australasian Universities Language and Literature Association
Austral	Collección Austral (Tb.-Reihe)
AWA	Anzeiger der phil.-hist. Klasse der Akademie der Wissenschaften in Wien
BAC	Biblioteca de Autores Cristianos
BAE	Biblioteca de Autores Españoles
Balg. Ezik	Balgarski ezik, Sofia
Baramidze-Radiani	A. Baramidze, Š. Radiani u. V. Žgenti, *Istoria gruzinskoy literatury*, Moskau 1952
Bardenhewer	O. Bardenhewer, *Geschichte der altkirchlichen Literatur*, 5 Bde., Freiburg i. B. 1913–1932
Baumstark	A. Baumstark, *Geschichte der syrischen Literatur mit Ausschluß der christlich-palästinensischen Texte*, Bonn 1922
BB	Biblioteca Breve (Tb.-Reihe)
BdHumR	Bibliothèque d'Humanisme et Renaissance

BdPh	Blätter für Deutsche Philosophie
BdtLw	Beiträge zur deutschen Literaturwissenschaft
Beck	H. G. Beck, *Kirche und theologische Literatur im byzantinischen Reich*, München 1959 (Handbuch der Altertumswissenschaft, 12,2,1)
BEFEO	Bulletin de l'École Française d'Extrême-Orient
Beitr.	Beiträge zur Geschichte der deutschen Sprache und Literatur; seit 1955: Beitr. (Tübingen)- Beitr. (Halle)
BEP	Bulletin des études portugaises et de l'Institut Français au Portugal; ab 1974/75 Bulletin des études portugaises et brésiliennes
BF	Boletim de Filologia
BFE	Boletín de Filología Española
BHi	Bulletin Hispanique
BHS	Bulletin of Hispanic Studies
BHTh	Beiträge zur historischen Theologie
Bibl	Biblica. Commentarii ad rem biblicam investigandam
BJb	*Biographisches Jahrbuch und deutscher Nekrolog (1896–1913)*, Hg. A. Bettelheim, 18 Bde., Berlin 1897–1917
BK	Biblischer Kommentar, Altes Testament, Hg. M. Noth u.a., Neukirchen 1955ff.
BKV (BKV²)	Bibliothek der Kirchenväter (1. bzw. 2. Auflage)
BL	*Bibel-Lexikon*, Hg. H. Haag, Zürich/Köln 1951
BLM	Bonniers Litterära Magasin
BLV	Bibliothek des litterarischen Vereins in Stuttgart
BMFEA	Bulletin of the Museum of Far Eastern Antiquitis (Östasiatiska Samlingarna) Stockholm
BRAE	Boletín de la Real Academia Española
Branca	*Dizionario critico della letteratura italiana*, Hg. V. Branca, 4 Bde., Turin ²1986
BRH	Biblioteca Romanica Hispanica
Browne	E. G. Browne, *A Literary History of Persia*, 4 Bde., London/Cambridge 1902–1924
BRP	Beiträge zur Romanischen Philologie
BS	Bibliothek Suhrkamp
BSOAS	Bulletin of the School of Oriental and African Studies
BSOS	Bulletin of the School of Oriental Studies
BSt	Biblische Studien
BühlerG	G. Bühler u F. Kielhorn, *Grundriß der indo-arischen Philologie und Altertumskunde*, Hg. H. Lüders u. I. Wackernagel, 3 Bde., Straßburg 1896–1915
BWANT	Beiträge zur Wissenschaft vom Alten und Neuen Testament
ByZ	Byzantinische Zeitschrift
BZAW	Beihefte zur Zeitschrift für die alttestamentliche Wissenschaft
CA	Cuadernos Americanos
CAIEF	Cahiers de l'Association Internationale des Études Françaises
Carpeaux	O. M. Carpeaux, *Pequena bibliografia critica da literatura brasileira*, Rio de Janeiro ⁴1967; ern. o. J. [1978]
Castalia	Clásicos Castalia (Tb.-Reihe)
Cátedra	Colección Cátedra (Tb.-Reihe)
CC	Colección Crisól
CCL	Corpus Christianorum, Series Latina
Ccm	Cahiers de Civilisation Médiévale
CE	College English
Cerulli	E. Cerulli, *Storia della letteratura etiopica*, Mailand ²1961
CFMA	Les Classiques français du moyen âge. Collection de textes français et provençaux antérieurs à 1500
CHA	Cuadernos Hispanoamericanos
CHF	Les Classiques de l'histoire de France au moyen-âge
CL	Comparative Literature
CLA	College Language Association Journal
Clás. Cast	Clásicos Castellanos
Class. Garn	Les Classiques Garnier
CMHLB	Cahiers du Monde Hispanique et Luso-Brésilien
ConL	Contemporary Literature
Coutinho	*A literatura no Brasil*, Hg. A. Coutinho, 6 Bde., Rio de Janeiro 1969–1971 (2. Aufl., rev. u. erw.; bzw. 3. Aufl. 1986)
CRB	Cahiers de la Compagnie Madeleine Renaud – Jean Louis Barrault
CREL	Cahiers Roumains d'Études Littéraires

Crit	Critique. Studies in Modern Fiction
CSCO	Corpus Scriptorum Christianorum Orientalium
CSEL	Corpus Scriptorum Ecclesiasticorum Latinorum
DA	Deutsches Archiv für Geschichte (Erforschung) des Mittelalters
DB	*Dictionnaire de la Bible*, Hg. F. Vigouroux u. a., 9 Bde., Paris ²1912 ff.
DD	Das Deutsche Drama. Zeitschrift für Freunde dramatischer Kunst
De Boor	H. de Boor u. R. Newald, *Geschichte der deutschen Literatur von den Anfängen bis zur Gegenwart*, München 1949ff.
detebe	Diogenes Taschenbuch
DHS	Dix-Huitième Siècle
DL	Deutsche Literatur. Sammlung literarischer Kunst- und Kulturdenkmäler in Entwicklungsreihen
DLB	Dictionary of Literary Biography
DLD	Deutsche Literaturdenkmale des 18. und 19. Jahrhunderts in Neudrucken
DLz	Deutsche Literaturzeitung für Kritik der internationalen Wissenschaft
DNB	*Dictionary of National Biography*, Hg. L. Stephen u. S. Lee, 21 Bde. u. 3 Suppl.-Bde., London 1908–1937
DNL	Deutsche Nationalliteratur
DPhA	*Deutsche Philologie im Aufriß*, Hg. W. Stammler, 3 Bde., Berlin ²1957–1962
DRs	Deutsche Rundschau
DS	Danske Studier
DSS	Dix-Septième Siècle
DTM	Deutsche Texte des Mittelalters
dtv	Deutscher Taschenbuch Verlag
DuV	Dichtung und Volkstum
DUZ	Deutsche Universitäts-Zeitung
DVLG	Deutsche Vierteljahrsschrift für Literaturwissenschaft und Geistesgeschichte
DWAW	Denkschriften der Wiener (Österreichischen) Akademie der Wissenschaften
EA	*Encyclopaedia Americana*, Hg. L. P. Dudley, 30 Bde., New York 1958
EAL	Early American Literature
EB	*The Encyclopaedia Britannica*, 25 Bde., London 1950
EC	Exempla Classica
ECe	Études Celtiques
EcXaver	Ecclesiastica Xaveriana
ECS	Eighteenth-Century Studies
EdF	Erträge der Forschung
EF	Études françaises
EFL	Essays in French Literature
EG	Études Germaniques
EH	*Exegetisches Handbuch zum Alten Testament*, Hg. J. Nikel u. a., Münster 1911 ff.
Ehrismann	G. Ehrismann, *Geschichte der deutschen Literatur bis zum Ausgang des Mittelalters*, 4 Bde., München 1918–1935
EI	*Encyclopaedie des Islām*, Hg. M. T. Houtsma u. a., 5 Bde., Leiden/Leipzig 1913–1938
EI²	*The Encyclopaedia of Islam. New Edition*, Leiden u. a. 1960ff.
EIC	Essays in Criticism. A Quarterly Journal of Literary Criticism
EIr	*Encyclopedia Iranica*, Hg. E. Yarshater, Bd. 1 ff., London 1985 ff.
Eißfeldt	O. Eißfeldt, *Einleitung in das Alte Testament*, Tübingen ²1964
Eitel	*Lateinamerikanische Literatur der Gegenwart in Einzeldarstellungen*, Hg. W. Eitel, Stg. 1978 (KTA)
EJ	*Encyclopaedia Judaica. Das Judentum in Geschichte und Gegenwart*, Hg. J. Klatzkin u. J. Elbogen, 10 Bde. [A–Ly], Berlin 1927–1934
EJ²	*Encyclopaedia Judaica.* 16 Bde., Jerusalem 1971 [engl.]
EJsl	*Enciklopedija Jugoslavije. Izdaja v slovenskem jeziku*, Zagreb 1985ff.
EL	Études de Lettres
ELH	A Journal of English Literary History
ELJb	Elsaß-Lothringisches Jahrbuch
ENT	A. Schlatter, *Erläuterungen zum Neuen Testament*, 10 Bde., Stuttgart 1947–1950
Eos	Eos. Commentarii societatis philologae Polonorum
EP	Les Études Philosophiques
EphMariol	Ephemerides mariologicae. Commentaria de re mariali
ER	Europäische Revue
ES	English Studies. A Journal of English Letters and Philology
es	Edition Suhrkamp

ESC	English Studies in Canada
EsCr	L'Esprit Créateur
ETJ	Educational Theatre Journal
Et. litt	Études littéraires (Québec)
Euph	Euphorion. Zeitschrift für Literaturgeschichte
FAZ	Frankfurter Allgemeine Zeitung für Deutschland
FDH	Jahrbuch des Freien Deutschen Hochstifts
Feine-Behm	P. Feine u. J. Behm, *Einleitung in das neue Testament*, Neubearb. W. G. Kümmel, Heidelberg ¹²1963
FF	French Forum
FH	Frankfurter Hefte. Zeitschrift für Kultur und Politik
FiBü	Fischer Bücherei
FiL	Fiera Letteraria. Settimanale delle lettere, delle arti e delle scienze
FiTb	Fischer Taschenbuch
FL	Le Figaro Littéraire
FMLS	Forum for Modern Language Studies
Folio	Collection Folio (Tb.-Reihe)
FR	The French Review
FRs	Frankfurter Rundschau
FRLANT	Forschungen zur Religion und Literatur des Alten und Neuen Testaments
FrMo	Le Français dans le monde
FS	French Studies
GAL	C. Brockelmann, *Geschichte der arabischen Litteratur*, 2 Bde. u. 3 Suppl.-Bde., Weimar/Leiden 1898–1942
GAS	F. Sezgin, *Geschichte des arabischen Schrifttums*, Leiden 1967 ff.
GdV	Die Geschichtsschreiber der deutschen Vorzeit
GeoEnz	*K'art'uli Sabčot'a Enciklopedia*, Hg. I. Abašidze, 11 Bde., Tiflis 1975–1987
GF	Garnier-Flammarion (Tb.-Reihe)
GGA	Göttingische Gelehrte Anzeigen
GGT	Goldmanns Gelbe Taschenbücher
GJb	Goethe-Jahrbuch
GK	Goethe-Kalender
GLI	Giornale Storico della Letteratura Italiana
GLL	German Life and Letters
God. Sof. Univ., filos. Fak.	Godisnik na Sofijskaja universitet »Kliment Ochridski«. Filosofski fakultet, Sofia
Goethe	Goethe. Vierteljahresschrift der Goethe-Gesellschaft
Goldm. Tb	Goldmann Taschenbuch
GQ	The German Quarterly
GR	The Germanic Review
Graf	G. Graf, *Geschichte der christlichen arabischen Literatur*, 5 Bde., Rom 1944–1953
Greg	Gregorianum. Commentarii de re theologica et philosophica
GRLMA	Grundriß der Romanischen Literaturen des Mittelalters
GRM	Germanisch-Romanische Monatsschrift
GröberG	*Grundriß der romanischen Philologie*, Hg. G. Gröber, 2 Bde., 4 Abt., Straßburg 1888–1902
Guidi	J. Guidi, *Storia della letteratura etiopica*, Rom 1932
GWU	Geschichte in Wissenschaft und Unterricht
Gymn	Gymnasium. Vierteljahresschrift für humanistische Bildung
HA	Johann Wolfgang v. Goethe, *Werke*, Hg. E. Trunz, 14 Bde., Hamburg 1948–1960 (Hamburger Ausgabe)
HbAT	*Handbuch zum Alten Testament*, Hg. O. Eißfeldt, Tübingen 1934ff.; Neuauflage 1952 ff.
HbdtG	*Handbuch der deutschen Gegenwartsliteratur*, Hg. H. Kunisch, Mchn. 1965; 2. Aufl. hrsg. v. H. Wiesner, 2 Bde., Mchn. 1969/70
HbNT	*Handbuch zum Neuen Testament*, Hg. H. Lietzmann u. a., 9 Bde., Tübingen 1906–1926; Neuauflage: 21 Abt., Tübingen 1925 ff.
Herm	Hermes. Zeitschrift für classische Philologie
HermE	Hermes Einzelschriften
Heyne Tb	Heyne Taschenbuch
HJbG	Historisches Jahrbuch der Görres-Gesellschaft
HKAT	(Göttinger) Handkommentar zum Alten Testament

HlSAT	*Die Heilige Schrift des Alten Testaments*, Hg. F. Feldmann u. H. Herkenne, Bonn 1923 ff. (Bonner Bibelwerk)
HlSNT	*Die Heilige Schrift des Neuen Testaments*, Hg. F. Tillmann, 10 Bde., Bonn [4]1931–1935 (Bonner Bibelwerk)
HJAS	Harvard Journal of Asian Studies
HO	*Handbuch der Orientalistik*, Hg. B. Spuler, Leiden/Köln 1952 ff.
HR	Hispanic Review
Hunger	H. Hunger, *Die hochsprachliche profane Literatur der Byzantiner*, 2 Bde., Mchn. 1978 (Handbuch der Altertumswissenschaft, 12, 5, 1/2)
HVj	Historische Vierteljahresschrift
HZ	Historische Zeitschrift
İA	*İslâm ansiklopedisi. İslâm âlemi tarih, coğrafya, etnografya ve biyografya lugati*, 13 Bde., Istanbul 1943–1985
IB	Insel-Bücherei
IBLA	Revue de l'Institut des Belles Lettres Arabes
ICC	The International Critical Commentary on the Holy Scriptures of the Old and New Testaments, Edinburgh 1895 ff.
Inf. litt	L'Information littéraire
Inglisian	V. Inglisian, *Die armenische Literatur* (in *Handbuch der Orientalistik*, Hg. B. Spuler, Abt. 1, Bd. 7: *Armenische und kaukasische Sprachen*, Leiden/Köln 1963)
Insel Tb	Insel Taschenbuch
IR	Iberoromania
Istorija na balg. literatura	*Istorija na balgarskata literatura v 4 toma*. Glavna red. St. Boskov u. a., Sofia 1962–1976
Ivanova	L. Ivanova, *Balgarski ezik i literatura. Preporucitelna bibliografija v pomost na ucitelite po balgarski ezik i literatura*, Sofia 1973
Izv. darz. Arch.	Izvestija na darzavnite archivi, Sofia
JA	Journal Asiatique. Receuil trimestriel de mémoires et de notices relatives aux études orientales
JAOS	Journal of the American Oriental Society
JASB	Journal and Proceedings of the Asiatic Society of Bengal
JbGG	Jahrbuch der Goethe-Gesellschaft
JbKGS	Jahrbücher für Kultur und Geschichte der Slaven
JBL	Journal of Biblical Literature
JbNd	Jahrbuch des Vereins für niederdeutsche Sprachforschung
JBRAS	Journal of the Bombay Branch of the Royal Asiatic Society
JBS	Journal of Byelorussian Studies
JC	Johann Wolfgang v. Goethe, *Sämtliche Werke*, Hg. E. v. d. Hellen, 40 Bde., Stuttgart 1902–1912 (Jubiläumsausgabe; Cotta)
JCS	Journal of Cuneiform Studies
JEGPh	The Journal of English and Germanic Philology
JL	Jornal de Letras, artes e ideias
JMRAS	Journal of the Malayan Branch of the Royal Asiatic Society
JNES	Journal of Near Eastern Studies
JNRAS	Journal of the North-China Branch of the Royal Asiatic Society
JQR	Jewish Quarterly Review
JRAS	Journal of the Royal Asiatic Society of Great Britain and Ireland
JSpS	Journal of Spanish Studies
JSS	The Journal of the Siam Society
JThSt	The Journal of Theological Studies
Karst	J. Karst, *Littérature géorgienne chrétienne*, Paris 1934
KAT	*Kommentar zum Alten Testament*, begr. v. E. Sellin, Hg. W. Rudolph, K. Elliger u. F. Hesse, Gütersloh 1962 ff.
KBo	Keilschrifttexte aus Boghazköi
Kekelidze	K. Kekelidze, *K'art'uli literaturis istoria*, 2 Bde., Tiflis 1958–1960
KLFG	Kritisches Lexikon zur fremdsprachigen Gegenwartsliteratur
KLG	Kritisches Lexikon zur deutschsprachigen Gegenwartsliteratur
KLRG	Kritisches Lexikon der Romanischen Gegenwartsliteraturen
Knaur Tb	Knaur Taschenbuch
KR	The Kenyon Review
KRQ	Kentucky Romance Quarterly

Krumbacher	K. Krumbacher, *Geschichte der byzantinischen Litteratur von Justinian bis zum Ende des oströmischen Reiches*, München [2]1897 (Handbuch der klassischen Altertumswissenschaft, 12)
KSt	Kantstudien
KTA	Kröners Taschenausgabe
KUB	Keilschrifturkunden aus Boghazköi
LALR	Latin American Literary Review
LangMod	Les Langues Modernes
Lat	Latomus. Revue d'Études Latines
LATR	Latin American Theater Review
LB-EA	Europa-America – Livros de Bolso (Tb.-Reihe)
LBR	Luso-Brazilian Review
LdD	Letras de Deusto
LdtG	*Lexikon der deutschsprachigen Gegenwartsliteratur*, Hg. H. Wiesner u. S. Cramer, Mchn. 1987
LE	Das literarische Echo. Halbmonatsschrift für Literaturfreunde
Lesky	A. Lesky, *Geschichte der griechischen Literatur*, Bern/München [3]1971
LhF	Literaturhistorische Forschungen
LiLi	Zeitschrift für Literaturwissenschaft und Linguistik
Lit. Misal	Literaturna Misal
LJb	Literaturwissenschaftliches Jahrbuch der Görres-Gesellschaft
LLD	Lateinische Literaturdenkmäler des XV. und XVI. Jahrhunderts
LM	Lexikon des Mittelalters, München 1980 ff.
LNL	Les Langues Néo-Latines
LQ	Les lettres québécoises
LR	Les Lettres Romanes
LThK	*Lexikon für Theologie und Kirche*, Hg. J. Höfer u. K. Rahner, 10 Bde., Freiburg i. B. [2]1957–1965
LWU	Literatur in Wissenschaft und Unterricht
MA	Le Moyen-Âge. Revue d'Histoire et de Philologie
MAevum	Medium Aevum
Mag. litt	Magazine littéraire
Manitius	M. Manitius, *Geschichte der lateinischen Literatur des Mittelaters*, 3 Bde., München 1911–1931 (Handbuch der Altertumswissenschaft, 9, 2)
MD	Modern Drama
MdF	Mercure de France
MDOG	Mitteilungen der Deutschen Orientgesellschaft
MDU	Monatshefte für deutschen Unterricht, deutsche Sprache und Literatur
MEJ	Middle East Journal
Meyer	*Kritisch exegetischer Kommentar über das Neue Testament*, begründet v. H. A. W. Meyer, 16 Abt., Göttingen [1-4]1834–1864; weitere Neuauflagen
MFS	Modern Fiction Studies
MG	Migne, Patrologiae cursus completus . . ., series graeca
MGG	*Die Musik in Geschichte und Gegenwart. Allgemeine Enzyklopädie der Musik*, Hg. F. Blume u. a., Kassel u. a. 1949 ff.
MGH	Monumenta Germaniae Historica
MGSL	Minas Gerais: Suplemento literario
MGWJ	Monatsschrift für Geschichte und Wissenschaft des Judentums
MH	Museum Helveticum. Schweizerische Zeitschrift für klassische Altertumswissenschaft
MIÖG	Mitteilungen des Instituts für Österreichische Geschichtsforschung
Mitt. VAG	Mitteilungen der vorderasiatisch(-ägyptischen) Gesellschaft
ML	Migne, Patrologiae cursus completus . . ., series latina
MLJ	Modern Language Journal
MLN	Modern Language Notes
MLQ	Modern Language Quarterly
MLR	Modern Language Review
MLS	Modern Language Studies
Moisés	M. Moisés, *Historia da literatura brasileira*, 3 Bde., São Paulo 1983–1985
MPh	Modern Philology
MR	Marche Romane
MS	Monumenta Serica. Hua i hsüeh chih. Journal of Oriental Studies of the Catholic University of Peking

MSOS	Mitteilungen des Seminars für orientalische Sprachen an der kgl. Friedrich-Wilhelm Universität zu Berlin
NA	Neues Archiv der Gesellschaft für ältere deutsche Geschichtskunde
NAG	Nachrichten von der Akademie der Wissenschaften zu Göttingen
NAn	Nuova Antologia (di lettere, arte e scienze)
NBAE	Nueva Biblioteca de Autores Españoles
NCF	Nineteenth-Century Fiction
NCFSt	Nineteenth-Century French Studies
NDB	*Neue Deutsche Biographie*, Hg. Historische Kommission bei der Bayerischen Akademie der Wissenschaften, Berlin 1951 ff.
NDF	Neue Deutsche Forschungen
NDH	Neue deutsche Hefte. Beiträge zur europäischen Gegenwart
NdJb	Niederdeutsches Jahrbuch
NdL	Neudrucke deutscher Literaturwerke (des 16. und 17. Jahrhunderts)
Neoph	Neophilologus. Driemaandeliks tijdschrift voor de wetenschappelike beoefening van levende vreemde talen en van haar letterkunde
NFSt	Nottingham French Studies
NGG	Nachrichten von der Gesellschaft der Wissenschaften in Göttingen
NHJb	Neue Heidelberger Jahrbücher
NJb	Neue Jahrbücher für Philologie und Pädagogik
NKZ	Neue Kirchliche Zeitschrift
NL	Les Nouvelles Littéraires, Artistiques et Scientifiques
NLit	Die Neue Literatur
NNRF	La Nouvelle Nouvelle Revue Française
NphM	Neuphilologische Mitteilungen
NQ	Notes and Queries for Readers and Writers, Collectors and Librarians
NRF	La Nouvelle Revue Française. Revue mensuelle de littérature et de critque
NRFH	Nueva Revista de Filología Hispánica
NRs	Die Neue Rundschau
NSp	Die neueren Sprachen. Zeitschrift für Forschung und Unterricht auf dem Fachgebiet der modernen Fremdsprachen
NSRs	Neue Schweizer Rundschau
NtA	Neutestamentliche Abhandlungen
NTD	*Das Neue Testament Deutsch*, Hg. P. Althaus u. a., Göttingen [8-11]1960 ff. (Neues Göttinger Bibelwerk)
NZZ	Neue Zürcher Zeitung
OC	Oriens Christianus
OCA	Orientalia Christiana (Analecta)
OCP	Orientalia Christiana Periodica
OCrit	Œuvres et Critiques
ÖRs	Österreichische Rundschau
OHEL	The Oxford History of English Literature
OL	Orbis Litterarum. Revue internationale d'études littéraires
OLZ	Orientalische Literaturzeitung
OoB	Ord och Bild
OUP	Oxford University Press
PaulG	Grundriß der germanischen Philologie, begr. v. H. Paul
PBSA	Papers of the Bibliographical Society of America
PFSCL	Papers on French Seventeenth Century Literature
PhB	Philosophische Bibliothek Meiner
Phil	Philologus. Zeitschrift für das klassische Altertum
PhJb	Philosophisches Jahrbuch. Auf Veranlassung und mit Unterstützung der Görresgesellschaft
PhTF	*Philologiae Turcicae Fundamenta*, Hg. J. Deny u. a., 2 Bde., Wiesbaden 1959–1964
PJb	Preußische Jahrbücher
Pléiade	Bibliothèque de la Pléiade
PMLA	Publications of the Modern Language Association of America
PO	Patrologia orientalis
Poche	Le Livre de Poche (Tb.-Reihe)
PQ	The Philological Quarterly. A Journal Devoted to Scholarly Investigation in the Classical and Modern Languages and Literatures
Pracy	Pracy Belaruskaha Dzjarzaunaha Universitetu
Praz	M. Praz, *Liebe, Tod und Teufel. Die schwarze Romantik*, München 1963

PSA	Papeles de Son Armadans
QFgV	Quellen und Forschungen zur Sprach- und Culturgeschichte der germanischen Völker
QFLR	Quaderni di filologia romanze
QL	La Quinzaine Littéraire
RA	Revue d'Assyriologie et d'Archéologie Orientale
RABM	Revista de Archivos, Bibliotecas y Museos
RAC	*Reallexikon für Antike und Christentum*, Stuttgart 1950 ff.
RAL	Research in African Literatures
RANL	Atti della (Reale) Accademia Nazionale dei Lincei. Rendiconti. Classe di scienze morali, storiche e filologiche
RB	La Revue Politique et Littéraire. Revue Bleue
RBi	Revue Biblique
RBLL	Revista brasileira de lingua e literatura
Rbph	Revue belge de philologie et d'histoire
RCelt	Revue Celtique
RCEH	Revista Canadiense de Estudios Hispánicos
RCF	Revue of Contemporary Fiction
Rclc	Revue Canadienne de Littérature Comparée. Canadian Review of Comparative Literature
rde	Rowohlts Deutsche Enzyklopädie
RDM	La Revue des Deux Mondes
RdO	Revista de Occidente
RE	*Pauly's Real-Encyclopädie der classischen Altertumswissenschaft*, neue Bearbeitung, Hg. G. Wissowa u. a., Stuttgart 1893 ff.
REA	Revue des Études Augustiniennes
REG	Revue des Études Grecques
RegNT	*Das Neue Testament, übersetzt und kurz erklärt*, Hg. A. Wikenhauser u. O. Kuß, 10 Bde., Regensburg ³1954 ff. (Regensburger Neues Testament)
REH	Revista de Estudios Hispánicos
REJ	Revue des Études Juives
REPTh	*Realencyklopädie für protestantische Theologie und Kirche*, Hg. A. Hauck, 24 Bde., Leipzig ³1896–1913
RES	Revue des Études Slaves
RESt	Review of English Studies. A Quarterly Journal of English Literature and the English Language
RF	Romanische Forschungen. Vierteljahresschrift für romanische Sprachen und Literaturen
RFE	Revista de Filología Española
RFH	Revista de Filología Hispánica
RGA	*Reallexikon der germanischen Altertumskunde*, Hg. J. Hoops, 4 Bde., Straßburg 1911–1919
RGerm	Revue Germanique. Allemagne – Angleterre – États-Unis – Pays-Bas – Scandinavie
RGG	*Die Religion in Geschichte und Gegenwart. Handwörterbuch für Theologie und Religionswissenschaft*, Hg. K. Galling u. H. Frh. v. Campenhausen, 6 Bde., Tübingen ³1957–1962
RH	Revue Hispanique. Recueil consacré à l'étude des langues, des littératures et de l'histoire des pays castillans, catalans et portugais
RHA	Revista Hispanoamericana
RHeb	La Revue Hebdomadaire. Romans – histoire – voyages
RHLF	Revue d'Histoire Littéraire de la France
RHLQ	Revue d'histoire littéraire du Québec et du Canada Français
RHM	Revista Hispánica Moderna
RhMus	Rheinisches Museum für Philologie
RHPhR	Revue d'Histoire et de Philosophie Religieuses
RHR	Revue d'Histoire des Religions
RHT	Revue d'Histoire du Théâtre
RI	Revista Iberoamericana
RJb	Romanistisches Jahrbuch
RKl	Rowohlts Klassiker
RL	P. Merker u. W. Stammler, *Reallexikon der deutschen Literaturgeschichte*, 4 Bde., Berlin 1925–1931; ²1958 ff., Hg. W. Kohlschmidt u. W. Mohr
RLA	Revista de Letras, Faculdade de Filosofia, Ciências e Letras
RLaR	Revue des Langues Romanes

RLC	Revue de la Littérature Comparée
RLI	La Rassegna della Letteratura Italiana
RLM	Rivista di Letterature Moderne (e comparate)
RLMod	Revue des Lettres Modernes
rm	Rowohlts Monographien
RNT	*Das Neue Testament übersetzt und kurz erklärt*, Hg. A. Wikenhauser u. O. Kuß, 10 Bde., Regensburg [1-5]1938–1963 (Regensburger Neues Testament)
Robert-Feuillet	*Einleitung in die Heilige Schrift*, Hg. A. Robert u. A. Feuillet, Wien 1963 ff.
Rom	Romania. Revue trimestrielle consacrée à l'étude des langues et des littératures romanes
RomR	Romanic Review
RoNo	Romance Notes
rororo	Rowohlts Rotations Romane
RoSt	Romance Studies
RPh	Romance Philology
RRAL	Atti della Reale Accademia dei Lincei. Rendiconti. Classe di scienze morali, storiche e filologiche
RRo	Revue Romane
RSE	Rassegna di studi etiopici
RSH	Revue des Sciences Humaines
RSl	Rocznik slawistyczny. Revue slavistique
RSPhTh	Revue des Sciences Philosophiques et Théologiques
RSR	Recherches de Science Religieuse
RTh	Revue Thomiste. Questions du temps présent
RUB	Reclams Universal-Bibliothek
RZL	Romanistische Zeitschrift für Literaturgeschichte
Saraiva/Lopes	*História de literatura portuguesa*, Hg. A. J. Saraiva u. Ó. Lopes, Porto [13]1985
SAT	*Die Schriften des Alten Testaments in Auswahl neu übersetzt und für die Gegenwart erklärt* v. H. Gunkel u. a., Göttingen [2]1920 ff.
SATF	Société des anciens textes français
SAWH	Sitzungsberichte der Heidelberger Akademie der Wissenschaften
SBAW	Sitzungsberichte der (Kgl.) Bayerischen Akademie der Wissenschaften zu München
SBL	Slovenski biografski leksikon, Ljubljana 1925 ff.
SCh	Sources Chrétiennes
Schanz-Hosius	M. Schanz, *Geschichte der römischen Litteratur bis zum Gesetzgebungswerk des Kaisers Justinian*, bearb. v. C. Hosius, 4 Tle., München [1-4]1920–1935 (Handbuch der Altertumswissenschaft, 8)
Schmid-Stählin	W. Schmid u. O. Stählin, *Geschichte der griechischen Literatur*; Tl. 1: 5 Bde., München 1929–1948; Tl. 2: 2 Bde., München [5]1920–1924 (Handbuch der Altertumswissenschaft, 7)
Schmollers Jb	Schmollers Jahrbuch für Gesetzgebung, Verwaltung und Volkswirtschaft (seit 1968: ... für Wirtschafts- und Sozialwissenschaften)
Schottenloher	K. Schottenloher, *Bibliographie zur deutschen Geschichte im Zeitalter der Glaubensspaltung*, 6 Bde., Leipzig 1933–1940; Bd. 7: *Das Schrifttum von 1938–1960*, bearb. v. U. Thürauf, Stuttgart 1966
SchwRs	Schweizer(ische) Rundschau
SCILF	Studii şi cercetari de istoria literara şi folclor
Scripta Hieros	Scripta Hierosolymitana. Publications of the Hebrew University Jerusalem Sodobnost
SE	Sacris Erudiri
SEEJ	Slavic and East European Journal
SEER	Slavonic and East European Review
SEL	Studies in English Literature, 1500–1900
Sellin-Rost	E. Sellin u. L. Rost, *Einleitung in das Alte Testament*, Heidelberg [3]1959
SFR	Stanford French Review
SFSV	Svenska Författara, utg. af Svenska Vitterhetssamfundet
SG	Sammlung Göschen
SIFC	Studi Italiani di Filologia Classica
SL	Die Schöne Literatur
SLESP	Suplemento literário – Estado de São Paulo
SLF	Studi di letteratura francese
SLu	Sammlung Luchterhand
SMSR	Studi e materiali di storia delle religioni
SPAW	Sitzungsberichte der (Kgl.) Preußischen Akademie der Wissenschaften

SPCK	Society for Promoting Christian Knowledge
SR	The Sewanee Review
SRLF	Saggi e ricerche di letteratura francese
SSF	Studies in Short Fiction
SSFS	Samlingar, utgifna af Svenska fornskriftsällskapet
st	Suhrkamp Taschenbuch
Staiger	E. Staiger, *Goethe*, 3 Bde., Zürich 1952–1959
Stc	Strumenti critici
StF	Studi francesi
STFM	Société des textes français modernes
StN	Studies in the Novel
StPh	Studies in Philology
StTh	Studia Theologica. Internordisk Tidsskrift for teologi og religionsvidenskab
StTCL	Studies in Twentieth Century Literature
StSU	Studies on the Soviet Union
StV	Studies on Voltaire and the Eighteenth-Century
StvLg	Studien zur vergleichenden Literaturgeschichte
stw	Suhrkamp Taschenbuch Wissenschaft
SuF	Sinn und Form. Beiträge zur Literatur
SWAW	Sitzungberichte der Wiener Akademie der Wissenschaften
SZ	Süddeutsche Zeitung
Tarchnišvili	M. Tarchnišvili, *Geschichte der kirchlichen georgischen Literatur*, Vatikanstadt 1955
TCL	Twentieth-Century Literature
TDR	The Drama Review
TEAS	Twayne's English Authors Series
TGB	Tijdschrift voor Indische Taal-, Land-en Volkenkunde, uitg. door het Bataviaasch Genootschap van Kunsten en Wetenschappen
Thieme-Becker	*Allgemeines Lexikon der bildenden Künstler von der Antike bis zur Gegenwart*, 37 Bde., Leipzig 1907–1950
ThLz	Theologische Literaturzeitung
Thorossian	H. Thorossian, *Histoire de la littérature arménienne. Des origines jusqu'à nos jours*, Paris 1951
ThQ	Theologische Quartalschrift
ThStKr	Theologische Studien und Kritiken. Eine Zeitschrift für das gesamte Gebiet der Theologie
TLF	Textes Littéraires Français
TLL	Travaux de linguistique et de littérature
TLS	Times Literary Supplement
TP	T'oung-pao. Archives pour servir à l'étude de l'histoire, des langues, de la géographie et de l'ethnographie de l'Asie orientale
TPAPA	Transactions and Proceedings of the American Philological Association
TU	Texte und Untersuchungen zur Geschichte der altchristlichen Literatur
TUSAS	Twayne's United States Authors Series
TWAS	Twayne's World Authors Series
Ueberweg	F. Ueberweg u. M. Heinze, *Grundriß der Geschichte der Philosophie*, 5 Bde., Berlin/Tübingen [12]1923–1928
Ullst. Tb	Ullstein Taschenbuch
Urbina	J. Ortiz de Urbina, *Patrologia Syriaca*, Rom 1958
VC	Vigiliae Christianae
Vesci	Vesci Akademii Navuk BSSR
VL	*Die deutsche Literatur des Mittelalters. Verfasserlexikon*, Hg. W. Stammler u. K. Langosch, 5 Bde., Berlin/Leipzig 1933–1955
VL²	*Die deutsche Literatur des Mittelalters. Verfasserlexikon*, 2. Aufl., Hg. K. Ruh u. a., Bln./NY 1977 ff.
VT	Vetus Testamentum
WA	Johann Wolfgang v. Goethe, *Werke*, hg. im Auftrage der Großherzogin Sophie von Weimar, 4 Abt., 133 Bde., Weimar 1887–1912 (Weimarer Ausgabe)
Wattenbach-Holtzmann	W. Wattenbach, *Deutschlands Geschichtsquellen im Mittelalter. Deutsche Kaiserzeit*, Hg. R. Holtzmann, Bd. 1, Berlin 1938–1943
Wattenbach-Levisohn	W. Wattenbach u. W. Levisohn, *Deutschlands Geschichtsquellen im Mittelalter. Frühzeit und Karolinger*, Weimar 1952 ff.
WB	Weimarer Beiträge. Zeitschrift für Literaturwissenschaft, Ästhetik und Kulturtheorie
WdF	Wege der Forschung

WdL	Die Welt der Literatur
WdS	Die Welt der Slawen. Vierteljahresschrift für Slavistik
WI	Die Welt des Islams
Wikenhauser	A. Wikenhauser, *Einleitung in das Neue Testament*, Freiburg i. B. [5]1963
WLWE	World Literature Written in English
WM	Westermanns (illustrierte deutsche) Monatshefte
WSlA	Wiener Slawistischer Almanach
WSlJ	Wiener Slawistisches Jahrbuch
WSt	Wiener Studien. Zeitschrift für klassische Philologie (und Patristik)
WW	Wirkendes Wort. Deutsches Sprachschaffen in Lehre und Leben
WZBln	Wissenschaftliche Zeitschrift der Humboldt-Universität in Berlin. Gesellschafts- und sprachwissenschaftliche Reihe
WZGreifswald	Wissenschaftliche Zeitschrift der Ernst-Moritz-Arndt-Universität Greifswald. Gesellschafts- und sprachwissenschaftliche Reihe
WZHalle	Wissenschaftliche Zeitschrift der Martin-Luther-Universität Halle-Wittenberg. Gesellschafts- und sprachwissenschaftliche Reihe
WZJena	Wissenschaftliche Zeitschrift der Friedrich-Schiller-Universität Jena. Gesellschafts- und sprachwissenschaftliche Reihe
WZKM	Wiener Zeitschrift für die Kunde des Morgenlandes
WZLpzg	Wissenschaftliche Zeitschrift der Karl-Marx-Universität Leipzig. Gesellschafts- und sprachwissenschaftliche Reihe
WZRostock	Wissenschaftliche Zeitschrift der Universität Rostock. Gesellschafts- und sprachwissenschaftliche Reihe
YFS	Yale French Studies
ZA	Zeitschrift für Assyriologie und verwandte Gebiete
ZAA	Zeitschrift für Anglistik und Amerikanistik
Zahn	*Kommentar zum Neuen Testament*, Hg. T. Zahn, 18 Abt., Leipzig/Erlangen [1-6]1903–1926
Zapiski	Zapiski addzelu humanitarnych navuk JBK
ZatW	Zeitschrift für die alttestamentliche Wissenschaft
ZBLG	Zürcher Beiträge zur deutschen Literatur- und Geistesgeschichte
ZDLG	Zeitschrift für deutsche Literaturgeschichte
ZDMG	Zeitschrift der Deutschen Morgenländischen Gesellschaft
ZDPV	Zeitschrift des deutschen Palästina-Vereins
ZfÄst	Zeitschrift für Ästhetik und allgemeine Kunstwissenschaft
ZfBf	Zeitschrift für Bücherfreunde. Monatshefte für Bibliophilie und verwandte Interessen
ZfdA	Zeitschrift für deutsches Altertum (und Literatur)
ZfdGw	Zeitschrift für deutsche Geisteswissenschaft
ZfdPh	Zeitschrift für deutsche Philologie
ZfdU	Zeitschrift für den Deutschen Unterricht
ZfM	Zeitschrift für Musik
ZfÖG	Zeitschrift für die oesterreichischen Gymnasien
ZfrPh	Zeitschrift für romanische Philologie
ZfrzSp	Zeitschrift für französische Sprache und Literatur
ZfSl	Zeitschrift für Slawistik
ZKG	Zeitschrift für Kirchengeschichte
ZNSL	Zeitschrift für neufranzösische Sprache und Litteratur
ZntW	Zeitschrift für die neutestamentliche Wissenschaft und die Kunde der älteren Kirche
ZphF	Zeitschrift für philosophische Forschung
ZRG	Zeitschrift für Religions- und Geistesgeschichte
ZS	Zeitschrift für Semitistik und verwandte Gebiete
ZslPh	Zeitschrift für slavische Philologie
ZsTh	Zeitschrift für systematische Theologie
ZThK	Zeitschrift für Theologie und Kirche
ZvLg	Zeitschrift für vergleichende Literaturgeschichte
ZwTh	Zeitschrift für wissenschaftliche Theologie
10/18	Le monde en 10/18 (Tb.-Reihe)

A.A.A.	Prof. Dr. Angel Antón-Andrés	E.Bre.	Dr. Eckhard Breitinger
A.Ar.	Dr. Andreas Ammer	E.D.	Evelyn Detterbeck M.A.
A.As.	Alois Aschenbrenner	E.F.	Dr. Egbert Faas
A.B.	Dr. Anneliese Botond	E.He.	Ernst Herhaus
A.E.B.	Prof. Dr. Albin E. Beau	E.Hs.	Eva Hesse-O'Donnell
A.F.	Dr. Anat Feinberg	E.J.K.	Dr. Ernst J. Krzywon
A.F.R.	Dr. Aurelio Fuentes Rojo	E.K.	Dr. Eugen Kende
A.G.	Dr. Alfreds Gäters	E.Ko.	Prof. Dr. Erwin Koschmieder
A.Gaj.	Dr. Antoni Gajewski	E.Ma.	Edita Marx
A.Ge.	Dr. Anneliese Gerecke	E.Man.	Ernst Mannheimer
A.Gi.	Prof. Dr. Albert Gier	E.Pe.	Prof. Dr. Eberhard Peschke
A.Gu.	Prof. Dr. Andreas Guski	E.P.N.	Prof. Dr. E. Pribić-Nonnenmacher
A.H.	Dr. Alfons Höger	E.Sch.	Prof. Dr. Egidius Schmalzriedt
A.He.	Dr. Alfred Heil	E.St.	Dr. Eckart Stein
A.H.H.	Dr. Anna-Halja Horbatsch	E.T.	Prof. Dr. Emanuel Turczynski
A.Ku.	Annemarie Arnold-Kubina	E.Wa.	Dr. Elisabeth Wagner
A.Kum.	Aikaterina Kumarianú	E.Wi.	Dr. Eberhard Winkler
A.M.B.	Anton M. Batliner	F.E.	Friedrich Ege
A.P.	András Petöcz	F.F.B.	Dr. Fátima de Figueiredo-Brauer
A.Roe.	Anke Roeder	F.J.K.	Franz J. Keutler
A.Schi.	Prof. Dr. Annemarie Schimmel	F.Ke.	Dr. Friedhelm Kemp
A.Schm.	Dr. Alexander Schmidt	F.Ku.	Ferenc Kulin
A.Schö.	Axel Schönberger	F.Pa.	Prof. Dr. Fritz Paul
A.U.	Dr. Alfons Uhl	F.P.K.	Franz Peter Künzel
A.v.H.	Drs. Ada van Hoeken	F.P.R.	Francisco Pérez Ribera
B.A.	Prof. Bozorg Alavi	F.W.V.	Dr. Friedrich W. Volberg
B.At.	Bedriye Atsiz	F.W.Z.	Dr. F. W. Zimmermann
B.D.	Dr. Bärbel Dymke	G.B.	Prof. Guido Billanovich
B.G.	Dr. Brigitte Gras	G.Ba.	Gertrud Baruch
B.Ha.	Dr. Baymirza Hayit	G.Bj.	Dr. Gerhild Bjornson
B.L.	Prof. Dr. Brigitte Schlieben-Lange	G.C.	Prof. George Cioranescu
B.M.	Dr. Brigitte Mannsperger	G.G.	George Gömöri
B.Po.	Béla Pomogáts	G.Gr.	Dr. Günter Grönbold
B.R.E.	Birgit R. Erdle M.A.	G.Haf.	Dr. Gertrude Hafner
B.Sch.	Barbara Schaper	G.Hü.	Gerbert Hübner
B.Scha.	Prof. Dr. Birgit Scharlau	G.Hz.	Georg Heintz
C.Dr.	Dr. Christoph Dröge	G.Kr.	Dr. Gert Kreutzer
C.Fi.	Dr. Cornelia Fischer	G.Le.	Günther Leitzgen
C.F.W.	Dr. C. T. Frey-Wehrlin	G.Pl.	Prof. Giovanni Pioli
C.Hs.	Christine Hans	G.R.	Prof. Dr. Gunter Reiss
C.K.	Dr. Christoph Koch	G.Ra.	Dr. Georg Ramseger
C.K.N.	Christoph K. Neumann	G.Sa.	Prof. Dr. Gert Sautermeister
C.Ld.	Christian Lederer	G.Sc.	Dr. Gavril Scridon
C.Le.	Dr. Christiane Leube	G.Schw.	Dr. Gottfried Schwarz
C.Ra.	Claudia Rapp M.A.	G.We.	Gerhard Wehr
C.Sa.	Christoph Sahner	G.Wil.	Gerhard Wild M.A.
C.Sch.	Christian Schäfer	G.Wo.	Gert Woerner
C.S.L.	Charlotte Svendstrup-Lund	H.A.D.	Prof. Dr. Hans A. Dettmer
D.A.	Dr. Dietlind Amlong	H.Ber.	Hilde Bergner
D.B.	Prof. Dr. Dietrich Briesemeister	H.Bs.	Helgard Brauns M.A.
D.Bar.	Dieter Barber	H.Ei.	Dr. Heide Eilert M.A.
D.Bu.	Prof. Dr. Dagmar Burkhart	H.Fa.	Helmuth Faust
D.Ku.	Dr. Detlef Kulman	H.Fau.	Dr. Heinrich Fauteck
D.Ma.	Dr. Dietrich Mannsperger	H.Fö.	Hans Földeak
D.Ri.	Prof. Dr. Dieter Riemenschneider	H.Fr.	Prof. Dr. Herbert Franke
D.R.M.	Daniela Riess-Meinhardt	H.Ga.	Dr. Hans Gaertner
D.Ž.	Prof. Dr. Dragiša Živković	H.Gai.	Heide Gaiser
E.A.	Erika Annuß M.A.	H.Ged.	Hanne Gedeon
E.Be.	Prof. Dr. Ernst Behler	H.Gru.	Prof. Dr. Herbert Grundmann

H.Gü.	Prof. Dr. Hans Günther	J.Schr.	Prof. Dr. Johannes Schröpfer
H.H.	Prof. Dr. Helmut Hoffmann	J.Th.	Dr. Josef Theisen
H.Ham.	Prof. Dr. Horst Hammitzsch	J.V.	Jiřina Vavřinová
H.H.H.	Hans-Horst Henschen	J.Ve.	Dr. Joachim Vennebusch
H.Ho.	Dr. Helmut Homeyer	J.v.Ge.	Jerôme von Gebsattel
H.I.G.	Hans Isaak Grünewald	J.W.	Dr. Joachim Weiland
H.J.P.	Hans-Joachim Petsch	K.Al.	Kaj Alstrup M.A.
H.J.S.	Hans-Joachim Schlegel	K.Ben.	Klaus Benesch
H.J.Z.	Dr. Hans-Jürgen Zaborowski	K.de V.	Prof. Dr. Koenraad de Vreese
H.Kei.	Dr. Hartmut Keil	K.D.O.	Dr. Klaus Detlef Olof
H.Kn.	Dr. Heinz Kneip	K.E.	Dr. Klaus Ensslen
H.L.	Harald Landry	K.En.	Klaus Engelhardt
H.L.A.	Heinz L. Arnold	K.G.	Karl Groß M.A.
H.L.H.	Hans Ludwig Heuss	K.Hä.	Karl Häußler
H.Lo.	Dr. Helmut Loiskandl	K.Ho.	Prof. Dr. Karel Horálek
H.Me.	Prof. Dr. Horst Meller	K.Hö.	Kirsten Hölterhoff
H.Mey.	Holt Meyer M.A.	K.J.	Dr. Klaus Joerden
H.P.H.O.	Dr. Hans-Peter Hoelscher-Obermaier	K.Ka.	Katriina Kajannes
		K.L.	Prof. Dr. Klaus Ley
H.Qu.	Dr. Helga Quadflieg	KLL	Redaktion Kindlers Literatur Lexikon
H.S.B.	Dr. Hansgeorg Schmidt-Bergmann		
H.Scho.	Dr. Horst Scholz	K.N.R.	Dr. Karl N. Renner
H.Se.	Prof. Dr. Hubert Seelow	K.Rei.	Prof. Dr. Kurt Reichenberger
H.S.G.	Prof. Dr. Helwig Schmidt-Glintzer	K.S.	Prof. Dr. Kurt Schier
H.Sta.	Dr. Hubert Stadler	K.Sch.	Prof. Dr. Karl Schuhmann
H.Str.	Horst Strittmatter	K.Sk.	Kaare Skagen
H.Thi.	Dr. Henning Thies	K.Vi.	Keijo Virtanen
H.Ue.	Prof. Dr. Heiko Uecker	L.Ha.	Lutz Hagestedt
H.V.	Dr. Hartmut Vinçon	L.H.E.	Prof. Dr. Leonard H. Ehrlich
H.Vö.	Dr. Herfried Vögel	L.Mo.	Dr. Livia Monnet
H.W.Br.	Prof. Dr. H. Wilfrid Brands	L.Mü.	Prof. Dr. Dr. Ludolf Müller
H.W.Sch.	Prof. Dr. Hermann W. Schmidt	L.Pr.	Prof. Dr. Leo Prijs
H.Z.	Prof. Dr. Hermann Zeltner	M.A.	Marta Abrahamson
I.H.	Ingeborg Herbst	M.Bah.	Michael Bahlke
I.H.K.	Prof. Dr. Irmela Hijiya-Kirschnereit	M.Be.	Dr. Marianne Bernhard
I.Ku.	Dr. Ilia Kutschuchidse	M.Beh.	Dr. Maria Behre
I.Si.	Iannis Sideris	M.Ben.	Prof. Mario Bendiscioli
I.v.W.	Ilse von Werder	M.D.	Mikolaj Dutsch
J.As.	Prof. Dr. Julius Aßfalg	M.Di.	Prof. Dr. Maria Diedrich
J.Ass.	Dr. Johann Aßbeck	M.E.S.	Dr. Marie E. Schmeidler
J.B.	Prof. Dr. Jürgen Berndt	M.Fr.	Prof. Dr. Martin Franzbach
J.B.B.	Prof. Dr. Jurij Bojko-Blochyn	M.Fri.	Dr. Michael Friedrich
J.Bec.	Jochen Becker	M.Gru.	Manfred Grunert
J.Bo.	Jutta Bonin	M.H.	Mechthild Heine
J.Bou.	Dr. John Bourke	M.Haa.	Michael Haase
J.Dr.	Prof. Dr. Jörg Drews	M.Kč.	Dr. Miroslav Kačer
J.D.Z.	Jack D. Zipes	M.Ke.	Manfred Kluge
J.F.	Prof. Dr. Johannes Feest	M.Ki.	Marta Kijowska M.A.
J.H.	Dr. Josef Hahn	M.Kr.	Marion Kraft
J.H.J.	Janheinz Jahn	M.Ku.	Mette Kunøe
J.H.T.	Prof. Dr. Johannes H. Tisch	M.L.L.	Marie L. Lotze
J.J.	Dr. Jaromír Jedlička	M.Me.	Martina Mehring
J.Ji.	Dr. Jan Jiroušek	M.M.M.	Dr. Marina Meier Mundt
J.K.	Prof. Dr. Johannes Krogoll	M.Pf.	Prof. Dr. Manfred Pfister
J.K.D.	Dr. Joseph Kiermeier-Debre	M.Pr.	Dr. Meinhard Prill
J.Ke.	Jörg Keilbach	M.Pro.	Dr. Miroslav Procházka
J.Le.	Jan Lenčo	M.Ra.	Dr. Marta Rasupe
J.Mar.	Dr. Jan Marek	M.S.	Manfred Strauß
J.O.	Dr. Jiří Opelík	M.Sar.	Mátyás Sarközi
J.P.S.	Prof. Dr. Josef P. Stern	M.Schb.	Martina Schönbein
J.R.	Prof. Dr. János Riesz	M.Schm.	Dr. Michael Schmidt
J.R.H.	Dr. Jürgen R. Hansen	M.Sz.	Mario Szenessy
J.Sch.	Joachim Schickel	M.Ul.	Michaela Ulich

M.W.	Prof. Dr. Martin Wierschin	T.Pe.	Dr. Thorleif Pedersen
M.Ze.	Dr. Michaela Zelzer	T.P.I.	István Turi Polgár
O.F.B.	Prof. Dr. Otto F. Best	T.R.S.	Thomas R. Scheuffelen
O.K.	Prof. Dr. Otto Karow	U.B.	Prof. Dr. Ulf Bichel
O.Ku.	Dr. Ortwin Kuhn	U.Ba.	Ulrike Backofen
O.Ob.	Oskar Obracaj	U.Bö.	Prof. Dr. Uwe Böker
O.P.	Prof. Dr. Oswald Panagl	U.Bu.	Prof. Dr. Ulrich Blau
P.E.	Prof. Dr. Peter Erlebach	U.Cl.	Ulrike Classen
P.F.	Dr. Peter Fischer	U.En.	Uwe Englert M.A.
P.G.	Prof. Dr. Peter Gaeffke	U.F.	Prof. Dr. Ulrich Fleischmann
P.H.F.	Peter H. Forsthuber	U.Fr.	Ulrich Frei
P.Ko.	Peter Kobbe	U.H.	Dr. Ulrich Hubert
P.L.	Peter Laemmle	U.J.	Urs Jenny
P.La.	Dr. Peter Langemeyer	U.K.	Dr. Ulrich Kratz
P.Mo.	Dr. Paul Mog	U.Ma.	Ulrich Martzinek
P.N.	Dr. Pnina Navè-Levinson	U.Moe.	Ulrich Moennig M.A.
P.Pö.	Dr. Peter Pörtner	U.Mu.	Prof. Dr. Ulrich Muhlack
P.W.	Dr. Peter Wirth	U.Pr.	Dr. Ulrich Prill
R.A.Z.	Drs. R. A. Zondergeld	V.B.	Vera Bojić M.A.
R.B.	Prof. Dr. Rose Bachem-Alent	V.Ho.	Prof. Dr. Volker Hoffmann
R.Ba.	Rolf Baumgarten	V.Pe.	Dr. Vladimir Petrik
R.Bä.	Prof. Dr. Remigius Bäumer	V.S.	Prof. Dr. Vsevolod Setschkareff
R.Br.	Renate Briesemeister	W.A.	Prof. Dr. Werner Arnold
R.E.	Dr. Rolf Eckart	W.An.	Walter Annuß M.A.
R.G.	Rolf Geisler	W.Ar.	Dr. Werner Arens
R.Gl.	Prof. Dr. Rainer Grübel	W.Ba.	Prof. Dr. Wolfgang Bauer
R.Gra.	Ronald Graetz	W.Bau.	Prof. Dr. Walter Baumgartner
R.I.	Dr. Rudolf Iltis	W.Bs.	Dr. Wolf Baus
R.L.	Renate Luscher	W.Cl.	Wolfgang Clauß
R.La.	Prof. Dr. Reinhard Lauer	W.D.	Wilfried Dittmar
R.Le.	Prof. Dr. Rolf Lessenich	W.Fü.	Prof. Dr. Wilhelm Füger
R.M.	Richard Mellein M.A.	W.Ha.	Prof. Dr. Wilhelm Halbfaß
R.N.	Dr. Ruth Neukomm	W.Hei.	Prof. Dr. Walther Heissig
R.O.	Rüdiger Offergeld	W.Hü.	Walter Hümmelink
R.Ra.	Roland Rall	W.K.E.	Prof. Dr. Wilhelm K. Essler
R.W.D.	Roland Wagner-Döbler	W.Kl.	Dr. Walter Kluge
R.Wei.	Ralf Weingart	W.Kre.	Prof. Dr. Winfried Kreutzer
S.Bo.	Susanne Bornhöft	W.L.	Dr. Wolfgang Lindow
S.C.H.	Dr. Shen-Chang Hwang	W.Ma.	Wolfgang Mattern
S.Gr.	Dr. Sophia Grotzfeld	W.N.	Prof. Dr. Wolfram Naumann
S.H.	Swantje Hanck	W.Osch.	Dr. Wolf Oschlies
S.Hau.	Sonja Hauser	W.P.	Dr. Wulf Piper
S.K.	Siegfried Kohlhammer	W.Pl.	Dr. Wolfgang Pleister
S.P.H.	Sanja Pavešić-Hirschfeld	W.R.	Wolfgang Rössig M.A.
S.R.	Susanna Roth	W.S.	Prof. Dr. Walther Schubring
S.S.	Suzanne Sullivan	W.Sch.	Wilfried Schäfer
S.Schaa.	Siegfried Schaarschmidt	W.Scham.	Prof. Dr. Wolfgang Schamoni
T.B.	Dr. Tilo Brandis	W.v.S.	Werner von Stegmann
T.D.S.	Prof. Dr. Tilbert Dídac Stegmann	W.W.	Prof. Dr. Wolfhart Westendorf
Th.S.	Thomas Steiert	Y.P.	Dr. Ype Poortinga

Ho

MONTAGUE H. HOLCROFT

* 14.5.1902 Rangiora

DISCOVERED ISLES

(engl.; *Entdeckte Inseln*). Kritische Essays von Montague H. HOLCROFT (Neuseeland), erschienen 1950. – In drei umfangreichen Essays versucht Holcroft als Kritiker, Moralist und Kommentator die Probleme künstlerischen Schaffens in Neuseeland darzulegen und zu deuten. Er stellt die einheimische Literatur in den Mittelpunkt von Betrachtungen, die im ganzen einer Studie über die kulturelle Situation des Landes gleichkommen. Der Autor wählt die elastische Form des Essays, weil sie im Bereich zwischen Dichtung und Philosophie gleichermaßen Spielraum für Inspiration, exaktes Denken und die Suggestivkraft der Sprache läßt. Holcrofts Gedankengänge, aus persönlicher Erfahrung entwickelt, sind unbeschwert von akademischen Traditionen, die ja in diesem Land noch kaum bestehen. Richtet er den Blick auch unmittelbar auf die konkrete Wirklichkeit Neuseelands, so strebt er doch neben der Darstellung der Schönheit und Eigenart des Landes eine Ausdeutung der geistigen Probleme aus universaler Sicht an. – Es ist Holcrofts Überzeugung, daß alles, was zur Entwicklung des Landes beigetragen hat, gemeinsames Gedankengut der Neuseeländer werden müsse, damit die Nation besser Wurzeln fassen könne: die Geschichte der Pionierjahre mit den schwer erkämpften Erfolgen und den Fehlentwicklungen – wie Entwaldung und Bodenerosion – ebenso wie etwa die Kindheit der berühmtesten neuseeländischen Autorin Katherine MANSFIELD. Dem Künstler stelle sich die Aufgabe, das Land dem Dunkel zu entreißen und es tief ins Bewußtsein seiner Bewohner zu rücken.
Im Essay *The Deepening Stream (Der Strom wird tiefer)* betont Holcroft, daß es die erzieherische Aufgabe des neuseeländischen Schriftstellers sei, dazu beizutragen, dem »Durchschnittsneuseeländer« Prinzipien und Ideale zu vermitteln – eine Aufgabe, die er nur erfüllen könne, wenn er die bisherige Isolierung des literarisch Tätigen durchbräche. – In *The Waiting Hills (Die wartenden Hügel)* beschäftigt den Autor vor allem – im Zusammenhang mit einer Betrachtung über die spirituelle Kraft der Maori und über deren Sinn für Ritterlichkeit – die geschichtliche Kontinuität neuseeländischen Lebens. – *Encircling Seas (Das Meer ringsum)* befaßt sich mit dem gutnachbarlichen Zusammenleben der heterogenen Einwohner der Doppelinsel als möglichem literarischem Impuls, jenem Zusammenleben, das das europäische Klassenbewußtsein gemildert, revolutionäre Tendenzen unterbunden und ein gewisses gemeinsames Nationalbewußtsein geschaffen hat. In den folgenden Exkursen über Erziehung, Religion, Moral und Materialismus wird festgestellt, daß die Stimme des Künstlers in diesen Bereichen noch zu schwach sei. – Mit ihrem Reichtum an schöpferischen Gedanken nehmen Holcrofts kritische Essays in der traditionsarmen Literatur Neuseelands eine einzigartige Stellung ein. J.Ke.

AUSGABE: Christchurch 1950.

LITERATUR: E. H. McCormick, *New Zealand Literature. A Survey*, Ldn. 1959, S. 134/135. – A. L. McLeod, *The Commonwealth Pen*, Ithaca/NY 1961, S. 76. – J. u. J. Jones, *New Zealand Fiction*, Boston 1983 (TWAS).

JÁN HOLLÝ

* 24.3.1785 Borský Mikuláš
† 14.4.1849 Dobrá Voda

LITERATUR ZUM AUTOR:
J. Škultéty, *J. H.* (in Národné noviny, 13. 3. 1885). – Ders., *Ú J. H.* (in Slovenské pohľady, 21, 1901, S. 270–272). – J. Hodál, *J. H.*, Trnava 1923. – W. Bobek, *Barok H.* (in Zborník Matice slovenskej, 14, 1936, S. 464–481). – J. Kotvan, *J. H. (1785–1849)*, Preßburg 1949. – A. Mráz, *Zo slovenskej literárnej minulosti*, Preßburg 1953, S. 7–18. – V. Kochol, *Problémy a postavy slovenskej obrozeneckej literatúry*, Preßburg 1965, S. 36–80. – A. Mráz, *Hľadanie a istoty*, Preßburg 1969, S. 7–73. – K. Rosenbaum, *Poézia národného obrodenia*, Preßburg 1970, S. 155–242. – R. Brtáň, *Postavy slovenskej literatúry*, Preßburg 1971, S. 43–60. – V. Turčány, *Na krásnu zahradu H. J.*, Preßburg 1972. – Ders., *Strofika v poézii J. H.* (in Litteraria, 14, 1972, S. 117–171). – M. Vyvíjalová, *Mladý J. H.*, Preßburg 1975. – J. Ambruš, *J. H. očami svych súčasníkov*, Preßburg 1964.

CIRILLO-METODIADA. Víťazská báseň v šesti zpevoch

(slovak.; *Kyrillo-Methodiade. Heroische Dichtung in sechs Gesängen*). Epos von Ján HOLLÝ, erschienen 1835. – Seinem zweiten klassizistischen Epos, das er Martin HAMULJAK, dem Schüler Anton BERNOLÁKS, widmete, legte Hollý die Geschichte der Christianisierung (862–866) des Großmährischen Reiches durch die Slavenapostel Kyrill (Konstantin) und Method zugrunde. Das Werk schildert zunächst die Übereinkunft mit »*Rastislav, dem weit in der Slovakei gebietenden Herrscher*« (1) und gibt die chiliastisch-apokalyptische Predigt Methods wieder, die den Bulgarenzaren Boris zum Glauben führte (2; eine freie Erfindung Hollýs, der sich von DANTES *Inferno* inspirieren ließ). Dann beginnen die Brüder ihr Missionswerk: Kyrill in der Tatra und Podtatra (3), Method in Mähren und an der Donau (4). Beide stehen im Kampf gegen die Götter des – fingierten und von Hollý bereits in seinem *Svatopluk* aus der *Ilias* abgeleiteten – urslavischen Olymps (Černobog, d. i. Poseidon, Svantovít, d. i. Zeus usw.). Angefeindet vom bayerisch-salzburgischen Klerus, reisen sie nach Rom (5), wo Papst Hadrian II. ihr Bischofsamt bestätigt und ihnen zu Ehren in allen Kirchen der Ewigen Stadt die Liturgie in slavischer Sprache singen läßt.

Das Werk ist geprägt vom Geist der panslavischen Romantik Ján KOLLÁRS, dem slovakischen Nationalismus Bernoláks und dem Klassizismus der Jungmann-Schule. Hollý will seinen Landsleuten historisches Bewußtsein als das tragende Element eines berechtigten Nationalstolzes dadurch vermitteln, daß er eine der klassisch-antiken Kultur gleichwertige und gleichgeartete mythische Geisteswelt der Slaven »rekonstruiert«. Dieser Absicht dient, daß Hollý den Triumph der slavischen Liturgie über die germanisch-römische nicht nur auffallend in den Vordergrund stellt, sondern sein Epos auch pointiert mit dieser Episode enden läßt, ohne die spätere lateinische Reaktion zu erwähnen. Seine nationalistisch-patriotische Tendenz kaschiert der Autor jedoch sehr geschickt, indem er sachlich zu dokumentieren vorgibt. So ist dem Epos ein historischer Essay über das Leben der beiden Missionare (*Životopis Svatích Cirilla a Metóda, Slovenskích blahozvestov*) nebst Erläuterungen der Kyrillica und kirchenslavischer Textproben (die deren enge Verwandtschaft mit dem Slovakisch Bernoláks beweisen sollen) beigefügt. Als beste Fürsprecher für den slovakischen Patriotismus wirkten allerdings nicht diese wissenschaftlichen Bemerkungen, sondern Hollýs vollendete Hexameter. In diesem seinerzeit von vielen als partikularistisch abgelehnten Versmaß verband sich die zum Purismus neigende Schriftsprache Bernoláks mit einer zuvor nie gekannten Ausdrucksfülle zu einem Wohlklang, den auch die Gegener dieser Richtung nicht überhören konnten.   W.Sch.

AUSGABEN: Budín 1835. – Turčiansky Sv. Martin 1950 (in *Dílo*, 10 Bde., 4).

LITERATUR: J. Ambruš, *Die slawische Idee bei J. H.* (in J. A., *Ľdovít Štúr und die slawische Wechselseitigkeit*, Preßburg 1969, S. 46–50).

SELANKI

(slovak.; *Idyllen*). Idyllensammlung von Ján HOLLÝ, erschienen 1835/36 in dem Budapester Almanach ›Zora‹. – Die in den Jahren 1830–1835 entstandenen 21 *Idyllen* sind kleinere, rein quantitierende Dichtungen – die ersten ihrer Art in slovakischer Sprache –, die Hollý zunächst einzeln publizierte und dann zu einer Sammlung zusammenfaßte. Im Gegensatz zu seinen heroischen Epen preisen sie das einfache ländliche Leben in einer Landschaft, die insbesondere die Merkmale der leicht ge-

wellten und am Horizont von einem Hügelkranz umrahmten Waagebene in der Westslovakei trägt. Prägender Bestandteil dieser Landschaft sind Hirtengestalten, die – ganz nach dem Bilde des friedfertigen, arbeitsamen Slaven im Sinne HERDERS und KOLLÁRS geschaffen – in ihrem beschaulichen Leben im Einklang mit der Natur, bei der Arbeit und bei Festen, bei Wettstreit, Spiel und Gesang gezeigt werden. Sie tragen slavische Namen (Slavín, Slavoš, Borimir, Hostislav, Slavomil, Zemislav, Ľubko, Žarko, Milko, Čestislav, Jaroslav u. a.) und sind nach dem Ebenbild slovakischer Hirten gezeichnet. Eine ganze Reihe von charakteristischen, der Wirklichkeit abgeschauten Zügen (Sitten und Gebräuchen) unterstreicht den slovakischen Charakter dieser ganz dem Geiste der nationalen Wiedergeburt verhafteten Dichtung. Trotz ihrer Nähe zum wirklichen Leben, trotz ihrer nationalen Züge sind diese Idyllen keine volkstümlichen, sondern an antiken Vorbildern orientierte klassizistische Dichtungen.

Die Verbundenheit Hollýs mit der nationalen Wiedergeburt kommt auch in der Tatsache zum Ausdruck, daß er in einigen Hirtengestalten bedeutende Persönlichkeiten dieser Bewegung allegorisierte, so beispielsweise in *Slavín*, einer Danksagung an seinen Lehrer Jur PALKOVIČ, in *Umoslav*, einer Elegie auf dessen Tod, wie auch in der Idylle *Slavomil*, in der Hollý seiner Verehrung für den Erzbischof Alexander Rudnay literarische Gestalt verleiht. Lediglich zwei Idyllen – *Spasitel (Erretter)* und *Vodný muž (Der Wassermann)* – sind religiöser Thematik verpflichtet. Dominierendes Thema der *Idyllen* ist jedoch das Leben des im ROUSSEAUschen Sinne natürlichen, empfindsamen reinen Menschen in Übereinstimmung mit der Natur. Besonders kennzeichnend ist in der Hinsicht die Idylle *Horislav*, in der Hollý das Leben auf dem Lande im Vergleich zu dem sittlich verdorbenen Leben in der Stadt idealisiert.

Mit seinen *Selanki*, die einen Übergang von der Epik zur Lyrik elegischer Prägung darstellen, ist »*Ján Hollý der Schöpfer der ersten wirklichen Naturlyrik in der slovakischen Dichtung, der erste slovakische Dichter, der die Natur nicht nur wahrnimmt und abbildet, sondern auch poetisch gestaltet*« (S. Šmatlák). An der poetischen Tradition der Antike orientiert, erinnern die *Selanki* an die – übrigens von Hollý einfühlsam ins Slovakische übertragenen – *Bucolica* von VERGILIUS und gehören zu den grundlegenden Werken der slovakischen Literatur. Idyllische Bilder und Motive aus dem Hirtenleben sind in der slovakischen Literatur seit Hollý fortwährend lebendig, und auch das Rousseausche Ideal des natürlichen und empfindsamen reinen Menschen kehrt in ihr immer wieder – verwiesen sei hier beispielsweise auf Andrej SLADKOVIČ, auf *Smrt Jánošíkova (Jánošíks Tod)* von Ján BOTTO, auf die Idyllen von HVIEZDOSLAV, auf einige Erzählungen von Martin KUKUČÍN wie auch auf Gedichte von Ján SMREK –, so daß Hollý auch in bezug auf dieses Genre der erste slovakische Klassiker genannt werden kann.   E.A.

AUSGABEN: Martin 1944. – Trnava 1950 (in *Dielo*, 10 Bde, 6). – Preßburg 1959 *(Selanky)*. – Preßburg 1965 (*Selanky*; in der Übertragung von J. Kostra in die moderne slovak. Schriftsprache). – Preßburg 1970 (*Selanky*; beide Versionen).

LITERATUR: O. Jiráni, *Antické vlivy v lyrice J. H.* (in Bratislava, 2, 1928, S. 76–126). – S. Šmatlák, *Lyrizmus H.* »*Selaniek*« (in S. Š., *Dve storočia slovenskej lyriky*, Preßburg 1979, S. 35–46).

SWATOPLUK. Wítazská báseň we dwanástí spewoch

(slovak.; *Svatopluk. Heroische Dichtung in zwölf Gesängen*). Versepos von Ján HOLLÝ, erschienen 1833. – Im Mittelpunkt des Epos steht die historische Gestalt des großmährischen Fürsten Svatopluk (870–894). Karlmann, der Sohn Ludwigs des Deutschen, hält Svatopluk in Pannonien gefangen. Auf die Gebete des Gefangenen schickt Gott einen Boten zu Karlmann, der Svatopluks Freilassung und seine Vermählung mit der Tochter Karlmanns gegen das Versprechen erwirkt, daß er dem Schwiegervater Heerfolge gegen die Mähren leistet. Hier hat inzwischen Slavomír die Nachfolge von Svatopluks Onkel, dem besiegten und geblendeten Rostislav, angetreten. Über die Missionstätigkeit Methods unter den Slovaken erzürnt, eilt der slavische Gott Černobog nach Pannonien, um Rache an dem Bischof zu nehmen. Er wird Zeuge der Kriegsvorbereitungen Karlmanns und warnt Slavomír durch einen Traum. Die feindlichen Heere treffen bei Devín aufeinander. Als Slavomírs Krieger bereits besiegt erscheinen, besinnt sich Svatopluk auf seine Nationalität und beschließt, sich für seine Gefangenschaft zu rächen. Er tritt auf die Seite seines Volkes und vermag die Schlacht auszugleichen. Im siegreichen Zweikampf gegen Karlmanns Heerführer Britwald entscheidet Svatopluk das Treffen und wird zum Herrscher des Landes. Hollý wollte mit seinem Werk auf die heroische Vergangenheit seines Volkes hinweisen, um den Slovaken seiner Zeit ihre nationale und kulturelle Eigenständigkeit bewußt zu machen. Dem gleichen Ziel dient die Verwendung der Ende des 18. Jh.s von Anton BERNOLÁK (1762–1813) auf der Grundlage des westslovakischen Dialekts entwickelten Schriftsprache (die in der modernen slovakischen Schriftsprache keine Fortsetzung findet). Der katholische Geistliche Hollý, der zuvor mit Übersetzungen aus der antiken Literatur, u. a. der *Aeneis*, hervorgetreten war, nahm sich HOMERS *Ilias* zum Vorbild. In den zwölf Gesängen seines Epos, das mit der Trauer über die Gefangenschaft des Helden beginnt und mit seinem Triumph über die ausländischen Unterdrücker endet, verwirklicht sich in einzelnen Etappen das programmatisch vorgestellte Ziel: »*Ich singe, wie Svatopluk gewaltigen Krieg gegen Karlmann führte und wie der Held, sich und sein Volk aus seiner Gewalt befreiend, ein unbe-*

sieglicher Herrscher ward und das große Königreich der tapferen Slovaken gründete.« Die Apostrophe an die Muse (Umka) zu Beginn des Werks, die Erfindung eines slavischen »Olymp«, die Verflechtung des irdischen Geschehens mit dem Walten überirdischer Mächte, die Beschreibung der Schlachten, Heere und Waffen usf. sowie die Verwendung des Hexameters sind schöpferische Anleihen aus dem antiken Epos.

Hollý übernimmt das von HERDER angeregte, von KOLLÁR und ŠAFAŘÍK entwickelte Bild des friedliebenden, arbeitsamen und gastfreundlichen Slaven. Zahlreiche Details des Epos – die liebevoll gezeichneten Bilder der heimischen Natur, die Beschreibung des Hochwassers, die Totenklage der Mutter eines der gefallenen Slovaken – entstammen unmittelbarer Beobachtung. Nicht zuletzt wegen seiner glänzenden sprachlichen Gestalt ist *Svatopluk* als das bedeutendste epische Werk Hollýs anzusehen.

W.Sch.-KLL

AUSGABEN: Trnava 1833. – Preßburg 1950 (in *Dielo*, 10 Bde., 3). – Martin 1965 [Faks. Ausg. des Manuskripts].

LITERATUR: J. Horecký, *Prvky antickej epiky v H.* »*Svatoplukovi*« (in *Litteraria historica slovaca*, Preßburg 1946/47, S. 417–457). – V. Turčány, *Poznámky k H.* »*Svatoplukovi*« (in Slovenská literatúra, 13, 1966, Nr. 3). – Ders., *Vergilius a H.* (in Slovenské pohľady, 90, 1974, Nr. 11). – Ders., *H. sút'až s Vergiliom* (ebd., 94, 1978, Nr. 10).

OLIVER WENDELL HOLMES

* 29.8.1809 Cambridge / Mass.
† 7.10.1894 Boston

ELSIE VENNER. A Romance of Destiny

(amer.; *Elsie Venner. Ein Schicksalsroman*). Roman von Oliver Wendell HOLMES, erschienen 1861. – Die Titelheldin, Tochter eines wohlhabenden Witwers in einer kleinen Stadt Neuenglands, ist die ungewöhnlichste Erscheinung in dem kleinen Mädchencollege, an das der junge Lehrer Bernard Langdon berufen wird. Ihm fallen an Elsie immer mehr eigenartige Züge auf, deren Ursprung mindestens drei Menschen (ihr Vater, ihre Negeramme und der Hausarzt Dr. Kittrege) zu kennen glauben: Ein Schlangenbiß, den Elsies Mutter kurz vor der Geburt des Mädchens erlitten hatte und an dessen Folgen sie schließlich starb, scheint Elsies Wesen in seltsamer Weise geformt und sie mit nichtmenschlichen Regungen begabt zu haben. Ihre Lehrerin Helen Darley, eine sensible Frau, fühlt sich in bedrückender Weise von ihr hypnotisiert, und selbst Elsies Vetter Richard, der nach einem abenteuerlichen Leben in Südamerika in das Haus seines Onkels zurückgekehrt ist und mit der Hand seiner Base den schönen Besitz an sich bringen will, kann bei aller Verwegenheit seines Charakters ein unheimliches Gefühl ihr gegenüber nie ganz überwinden. Während einer Wanderung zu einem von Klapperschlangen bewohnten Felszug rettet Elsie Langdon vor einem tödlichen Schlangenbiß, indem sie eine rätselhafte Macht über das Tier ausübt. Das Mädchen fühlt bald eine – unerwiderte – Liebe zu dem jungen Lehrer, während alle in ihr Geheimnis Eingeweihten, besonders der Arzt, sie mit Sorge beobachten; sie spüren, daß in Elsies Seele zwei feindliche Prinzipien im Widerstreit liegen, und bangen um den Ausgang dieses Konfliktes. Richard, von Eifersucht getrieben, unternimmt einen im letzten Augenblick verhinderten Anschlag auf das Leben Langdons und muß aus der Stadt fliehen. Elsie aber, in ihrer Liebe enttäuscht, siecht dahin. Als ihre Krankheit schließlich die schlangenartigen Züge ihres Wesens ausgelöscht hat, stirbt sie, geläutert, menschlich geworden, aber nicht mehr lebensfähig.

Holmes, selbst Arzt, benutzt hier volksmythologische Vorstellungen über Natur- und Elementarwesen (die er mit romantischen Ereignissen vermischt und in ein teils treffend-satirisch, teils liebevoll-pittoresk gezeichnetes Lokalkolorit einkleidet), um eine für ihn grundlegende wissenschaftliche Überzeugung zum Ausdruck zu bringen, die er in zwei weiteren »medizinischen Romanen« – »*medicated novels*«, wie er sie nannte – zu exemplifizieren suchte: daß nämlich moralische Schwächen oft auf physiologische Ursachen zurückgehen und deshalb weniger das Individuum als seine Anlagen und sein Milieu für gewisse Verhaltensweisen verantwortlich seien. Durch diese Anschauungen brach der Arzt Holmes zwar mit vielen religiösen Vorurteilen seiner Zeit, konnte aber nicht immer der Gefahr eines materialistischen Determinismus entgehen, der in seiner Art ebenso starr zu werden drohte wie die kalvinistische Prädestinationslehre, deren moralische Konsequenzen Holmes' aufgeklärter Wissenschaftsglaube bekämpfte. In künstlerischer Hinsicht ist der Roman wenig originell, obwohl das Konventionelle und Melodramatische der Handlung oft von dem charakteristischen, leicht selbstgefälligen Witz des Autors und von seiner treffenden Lokalsatire übertönt wird (etwa in den scharfsinnigen Porträts des Yankee-College-Direktors und des wankelmütigen protestantischen Pfarrers, sowie in der prägnanten Schilderung einiger geselliger Anlässe). Der Roman ist vor allem als symptomatisches Zeitdokument am Beginn einer positivistischen Ära interessant.   K.E.

AUSGABEN: Boston 1861 (*The Professor's Story*, in The Atlantic Monthly, Jan. 1860 bis April 1861). – Boston/NY 1903. – NY 1961. – Bala Cynwyd/Pa. 1976.

DRAMATISIERUNG: G. A. Miles (Uraufführung: 17. 5. 1865).

LITERATUR: R. Roditi, *O. W. H. as Novelist* (in Arizona Quarterly, 1, 1945, S. 23–33). – C. P. Oberndorf, *The Psychiatric Novels of O. W. H.*, NY 1946, S. 20–111. – T. F. Currier, *A Bibliography of O. W. H.*, Hg. E. M. Tilton, NY 1953. – M. R. Small, *O. W. H.*, NY 1962. – K. P. Wentersdorf, *The Underground Workshop of O. W. H.* (in AL, 35, 1963, S. 1–12). – L. Leary, *O. W. H.* (in *The Comic Imagination in American Literature*, Hg. L. D. Rubin, New Brunswick/N.J. 1973). – K. Gallagher, *The Art of Snake Handling: »Carrie«, »Elsie Verner«, and ›Rappaccini's Daughter‹* (in Studies in American Fiction, 3, 1975, S. 51–64). – J. S. Martin, *The Novels of O. W. H.: A Re-Interpretation* (in *Literature and Ideas in America*, Hg. R. Falk, Athens/Oh. 1975, S. 111–127). – E. P. Hoyt, *The Improper Bostonian: Dr. O. W. H.*, NY 1979. – B. Menikoff, *O. W. H.* (in *Fifteen American Authors Before 1900: Bibliographical Essays on Research and Criticism*, Hg. E. N. Harbert u. R. A. Rees, Madison 1984, S. 281–305). – M. Hallissy, *Poisonous Creature: H.'s »Elsie Verner«* (in Studies in the Novel, 17, 1985, S. 406–419).

ANDRIJ HOLOVKO

* 4.12.1897 Jurky bei Poltava
† 5.12.1972 Kiew

BUR'JAN

(ukr.; *Steppengras*). Roman von Andrij HOLOVKO, erschienen 1927. – Unter dem Begriff »Dymivščina« wurden 1925 die Vorgänge um einen politischen Mord bekannt, der sich im Dorf Dymivko (Bezirk Nikolaev) ereignet hatte. Dort war der kommunistische Dorfkorrespondent Grigorij Malinovskij von erbosten Hofbauern erschlagen worden. Hintergrund dieses Vorgangs, der in der Sowjet-Presse ungewöhnlich stark beachtet wurde, mit dem sich das Organisationsbüro der Bolschewiki befaßte und dem Stalin höchstpersönlich eine Grundsatzrede widmete, war eine verstärkte Aktivität der Partei bei der Landbevölkerung während der als Übergangsepoche verstandenen Zeit der »Neuen ökonomischen Politik« (NĖP). Malinovskijs Schicksal und die immer stärkeren Kollektivierungsbestrebungen regten Holovko zu seinem Tendenzroman an. Sein Held Davyd Motuzka hat die Absicht, »*die schmerzlichste Frage von Obuchivka zu lösen – die unangepackte Frage der Bodennutzung*«.

Die Lösung entnimmt der Taglöhnersohn Motuzka der Zeitung »Stimme der Arbeit«, die er den von den Kulaken ausgebeuteten Leidensgenossen als einer der wenigen Nicht-Analphabeten in der Lesestube des »*Randdorfes Obuchivka, Bezirk Šćerbanivka*« vorliest. Er hat die Zeitung auf drei Monate abonniert, nachdem er ihr einen Leserbrief mit jenen Klagen eingesandt hat, mit denen er beim Sekretär des städtischen Parteikomitees nicht durchgedrungen war: Der Dorfrat von Obuchivka werde von der Kulakenclique des ewig betrunkenen Kornij Matjucha beherrscht, dieser spiele sich als großer Kommunist auf und verdächtige jeden, der sich ihm nicht fügt, der Konterrevolution. Motuzka empört sich über die Hofbauern in seinem Dorf: *»Aus den Kätnern pressen sie Pfunde von teurem Maltergut (sechs Pfund), die einen stöhnen nur so, und sie genießen das Leben.«* Kulak Matjucha weiß sich zu rächen. Er zeigt den aufrechten Gesinnungskommunisten bei der ohnehin bestochenen Miliz an, weil er die Dampfmühlen-Kooperative bestohlen habe. Als sich Motuzka weigert zu »gestehen«, prügeln ihn zwei Milizionäre halb tot. Davyds Jugendliebe Zin'ka, Magd bei Matjucha, findet schließlich beim bolschewistischen Parteikomitee in der Kreisstadt Hilfe. Alles wird gut: Im Frühling ist Motuzka wieder genesen und kehrt aus dem Krankenhaus ins Dorf zurück; der Kulakenwirtschaft wird vom Gouvernementsgericht der Prozeß gemacht, Matjucha, der verbrecherische Milizhauptmann, und der Schurke Tjahnyrjadno, Schriftführer im Dorfrat, werden erschossen.

Holovko ist gewandt genug, die naiv-tendenziöse Fabel seines »Steppengrases« (dessen Rascheln oder Duft begleitet Davyd Motuzkas Kampf um die bessere, weil kollektivierte ukrainische Dorfwelt als Leitmotiv) in einem farbigen Gewand zu präsentieren. Sehr naturalistische Dialoge, Kocjubyns'kyj und Gor'kij abgelauscht und in südukrainische Lautung gebracht, sind lebendiger als die manchmal recht papieren anmutende Steppenidylle. Etwas willkürlich, aber immerhin lesedienlich erscheint eine Rückblende-Technik: Zin'kas und Davyds Erinnerungen an frühere Erlebnisse werden in bestimmten analogen Stadien geweckt und erscheinen dann satztechnisch abgesetzt. So erfährt man beispielsweise von Motuzkas Partisanen- und Rotarmistenzeit, in der er sich zum wahren Kommunisten entwickelte. Gleichwohl bleiben diese formalen Aspekte des Agitprop-Romans nur Kolorierung einer schwarz-weiß angelegten Zeit- und Typenstudie: kein Fehl an den Helden und an seiner Heldin; politische Handlungsunsicherheit bei dem Standesgenossen Tychin Kožušnyj, der dann auch im Selbstmord endet; und alles Verwerfliche bei den Kulaken Matjucha, Hnyda oder Danylo, die dann auch von der sowjetischen Gerechtigkeit ereilt werden.   W.Sch.

AUSGABEN: Kiew 1927. – Kiew 1946. – Kiew 1954. – Kiew 1962 (in *Tvory*, 3 Bde.).

LITERATUR: A. M. Lejtes u. M. F. Jašek, *Desjat' rokiv ukrajins'koji literatury (1917–1927)*, Bd. 1, Charkow 1928; Nachdr. Mchn. 1986, S. 100–106. – O. V. Kylymnyk, *A. G.*, Moskau 1956. – Ders., *Tvorčist' A. H.* (in A. H., *Tvory*, Bd. 1, Kiew 1958, S. 5–50). – V. Pivtoradni, *Povisti A. H.* (in *A. H. Zbirnyk*, Kiew 1958, S. 158–172). – B. Snajder, *A. H. Literaturnyj portret*, Kiew ²1961. – *Ukrajins'ki pys'mennyky. Bio-bibliohrafičnyj slovnyk*, Bd. 4, Kiew 1965, S. 305–319. – M. O. Pasičnyk u. K. P. Frolova, *A. H.*, Kiew 1967.

KÅRE HOLT

* 27.10.1917 Våle

KAPPLØPET

(norw.; *Der Wettlauf*). Roman von Kåre HOLT, erschienen 1974. – In seinen ersten, gegen Ende der vierziger Jahre erschienenen Büchern beschäftigte sich Holt mit Gegenwartsproblemen. In *Demring*, 1949 (*Dämmerung*), schilderte er die Kindheit eines Jungen, der in einer Umgebung aufwächst, die dem Autor aus eigener Anschauung bekannt war. Später schrieb er Bücher mit existentialistischer Ausgangsposition, die in die Kriegszeit verlegt waren: *Det store veiskillet*, 1949 (*Der große Scheideweg*), und *Hevnen hører meg til*, 1953 (*Die Rache ist mein*). – Einen Namen hat er sich aber in erster Linie als Verfasser historischer Romane gemacht, darunter vor allem einer Trilogie über die Zeit der Brügerkriege im norwegischen Mittelalter: *Mannen fra utskjæret*, 1965 (*Der Mann von der Außenklippe*), *Fredløse menn*, 1967 (*Friedlose Männer*), und *Hersker og trell*, 1969 (*Herrscher und Knecht*). Darüber hinaus hat er sich mit moderner norwegischer Geschichte, z. B. dem Aufstieg der Arbeiterbewegung, auseinandergesetzt: *Det stolte nederlag*, 1956 (*Die stolze Niederlage*), *Storm under morgenstjerne*, 1958 (*Sturm unter dem Morgenstern*), und *Opprørere ved havet*, 1960 (*Aufrührer am Meer*). Zu der letztgenannten Gruppe historischer Werke gehört der Roman *Kappløpet*, der von Roald Amundsens Reise zum Südpol in den Jahren 1911/12 handelt. Der Titel des Buches spielt auf die Situation an, daß sowohl Amundsen als auch sein englischer Konkurrent Robert Scott den Pol als erster Mensch erreichen wollten. Die Dramatik dieses Zweikampfes wird kompositorisch dadurch ausgedrückt, daß die Kapitel abwechselnd jeweils einer der Hauptpersonen gewidmet sind. – Einleitend schildert der Autor kurz die Jugend beider Forscher, wobei sich deutliche Kontraste herausschälen. Während Scotts Verhalten von Redlichkeit, Ehrgefühl und Menschlichkeit geprägt ist, wird Amundsen als unehrlich, zynisch und maßlos ehrgeizig beschrieben. Gerade diese Charaktereigenschaften jedoch sind die entscheidenden Ursachen dafür, daß Amundsen sein Ziel erreicht, Scott dagegen den Wettlauf verliert und in der Eiswüste umkommt.

Die Schilderung der Expedition zum Südpol nimmt den weitaus größten Raum im Roman ein. In England bereitet Scott seine Polfahrt in aller Öffentlichkeit vor. Es werden Gelder bewilligt, und staatliche Stellen wie auch die heimische Presse unterstützen ihn. Der Gewinn des Südpols für das britische Imperium wird zur nationalen Ehrensache erhoben. Zu Scotts Ausrüstung gehören Motorschlitten, Ponys und Hunde. – Amundsen dagegen hält seine Pläne, den Südpol zu erobern, geheim. Offiziell verbreitet er, daß er an einer Exkursion in den Norden arbeite; sein eigentliches Ziel gibt er erst zu erkennen, als er schon vor der afrikanischen Küste segelt. Zuvor vermied er es, zu Scott Kontakt aufzunehmen, als dieser sich zu Beratungen mit Fridtjof Nansen in Oslo aufhielt.

Beide Exkursionen erreichen den Südpol, Scott jedoch erst vier Wochen später als Amundsen. Der Erfolg der Norweger ist vor allem auf deren Erfahrung und das Training in der Arktis zurückzuführen. Sie waren besser vorbereitet und hatten ihre Ausrüstung den Verhältnissen angepaßt. Scotts Versuch, Motorschlitten zu benutzen, erwies sich als wenig glücklich; auf dem Rückweg geriet die britische Expedition, die zudem zu wenig Proviant und Petroleum bei sich hatte, in einen Sturm. Ihr Schiff erreichten die Männer nicht mehr.

Holt hat in Zusammenhang mit der Publikation von *Kappløpet* erklärt, daß er sowohl mit der norwegischen Amundsen-Verklärung als auch mit dem britischen Scott-Mythos abrechnen wolle. Dies bewerkstelligt er, indem er wenig löbliche Charakterzüge Amundsens sowie dessen zwielichtiges Verhalten vor Beginn der Expedition hervorhebt. Auf diese Weise gelingt es ihm unzweifelhaft, ein ausgewogeneres Bild von den beiden Polarforschern zu zeichnen. Sehr doppeldeutig wird dieses Vorhaben allerdings dadurch, daß die teilweise negative Beurteilung der Expeditionsleiter darin begründet ist, daß sie an bestimmte Ideale nicht heranreichen. In Wahrheit kommt in *Kappløpet* über weite Strecken die Bewunderung genau derjenigen Eigenschaften zum Ausdruck, die Holt zu kritisieren vorgibt: Maskulinität, Stärke, Mut und Ausdauer.

Es gelingt dem Autor nur teilweise, seiner Absicht gemäß den Mythos um Amundsen in Frage zu stellen. Dies liegt unter anderem daran, daß er ausschließlich mit individualpsychologischen Kategorien arbeitet, die Verknüpfung der Hauptpersonen mit den geschichtlichen Ereignissen jener Jahre aber weitgehend außer acht läßt. Aufgrund dieser Prämissen machen sich widersprüchliche Tendenzen bemerkbar: Einerseits kritisiert der Roman das mythenumwobene Glanzbild von den Polfahrern, andererseits werden gerade die Werte, die oberflächlich kritisiert werden, auf einer tieferen Ebene des Textes doch akzeptiert. Vor allem der Zweikampf zwischen Scott und Amundsen scheint Holt sehr fasziniert zu haben. Die Kapitel des Buches, in denen die Fahrt zum Pol beschrieben wird, verraten ein starkes Engagement des Autors – diese Passagen fanden auch den breitesten Anklang bei den Lesern. Die Kritik an Amundsen dürfte indes kaum durchgeschlagen haben.

Trotz der dahingehenden Intentionen des Autors kann *Kappløpet* nicht als ideologiekritisches Buch bezeichnet werden. Der Roman produziert eher einen neuen, an der modernen Zeit orientierten Mythos der beiden Rivalen. Die Aufmerksamkeit, die das Buch in Norwegen und im Ausland gefunden hat, zeigt, daß diese Art der Legendenbildung auch heute eine beträchtliche Resonanz findet.   K.Sk.

AUSGABE: Oslo 1974.

LITERATUR: N. M. Knutsen, *K. H.:* »*Kappløpet*« (in Edda, 75, 1975, S. 169–177). – H. Krane, *K. H.:* »*Kappløpet.*« *Dokument-fiksjon, forfatter-leser* (ebd., S. 179–193). – P. Larsen, *H.*, Oslo 1975. – J. Lunde, *Litteraturetikk – et nytt begrep i litteraturforskningen* (in Norsk Litterær Arbok, 1976, S. 171–186). – J. Thon, *K. H. – arbeiderdikteren i det evige borgerlige univers* (in *Linjer i norsk prosa 1965–1975*, Hg. H. Rønning, Oslo 1977, S. 75–116). – J. Lunde, *Prossessen mot leseren. Verdisosiologisk tekstanalyse. Et nytt begrep i litteraturforskningen demonstrert ved analyser av Tor Obrestad: »Sauda! Streik!«, K. H.:* »*Kappløpet*«, *debatten om Thorkild Hansen: »Prosessen mot Hamsun«*, Bergen 1981.

MIROSLAV HOLUB

* 13.9.1923 Pilsen

DAS LYRISCHE WERK (tschech.) von Miroslav HOLUB.

Die Poesie des tschechischen Dichters Miroslav Holub, der auch als Publizist und Übersetzer (aus dem Englischen und Polnischen) bekannt ist, reagiert in erster Linie auf die zeitgenössische Realität, die von der modernen Wissenschaft und technischen Zivilisation geprägt wird. In diesem Sinne wurde Holubs Lyrik zum Ausdruck von Tendenzen, die sich auf diese Realität beziehen und die von Objektivierung, Rationalisierung und Bündigkeit der Aussage getragen werden.

Holub, selbst als Wissenschafter (im Bereich der Biologie und Medizin) tätig, publizierte erste Gedichte bereits 1947/48 in den Zeitschriften ›Ohnice‹ und ›Kytice‹. Doch die entscheidende Periode seines lyrischen Schaffens begann erst Ende der fünfziger Jahre. Schon die erste Gedichtsammlung aus dieser Zeit, *Denní služba*, 1958 (*Tagedienst*), zeigte sowohl thematisch wie auch formal das künstlerische Programm Holubs, das er auch publizistisch (in einigen polemischen Aufsätzen) vertrat. 1956 hatte er als erster die Problematik der jungen Dichtergeneration formuliert, die sich um die Zeitschrift ›Květen‹ versammelte und die sich zu der sogenannten »Poesie des Alltags« bekannte; er plädierte hier für eine »aktive« Poesie, die gegen falsche Intimität, Allgemeinheit, Unbeweglichkeit und gegen Mythisierung eine analysierende und kritische Aussage bevorzugt, die sich auf »*die Details, die Perspektive haben*« und auf »*die Fakten des gewöhnlichen, alltäglichen Lebens*« stützt. Die Poetik seines ersten Gedichtbandes hat sich auch im weiteren lyrischen Schaffen Holubs nicht wesentlich verändert; die folgenden Sammlungen *Achilles a želva*, 1960 *(Achilles und die Schildkröte)*, *Slabikář*, 1961 *(Die Fibel)*, *Jdi a otevři dveře*, 1961 *(Geh und mach die Tür auf)*, *Kam teče krev*, 1963 *(Wohin das Blut fließt)*, *Tak zvané srdce*, 1963 *(Das sogenannte Herz)*, oder *Zcela nesoustavná zoologie*, 1963 *(Völlig systemlose Zoologie)* vervollkommnen die eigentlich gleiche Methode bis zu einem dichterisch elementaren Ausdruck.

Holub geht von der Annäherung der Kunst an die Wissenschaft aus, und zwar in einem präzise bestimmten Sinn. Seiner Auffassung nach bietet die moderne Wissenschaft der Poesie viele (d. h. auch positive) Anregungen: sie inspiriert die Kunst in der Bildung einer großzügigeren, intellektuell bestimmten Weltauffassung, sie vermittelt ihr ein immer tieferes und vielseitigeres Realitätsbild und gibt dem Dichter (dem Künstler) eine moralische Stütze; der Künstler unterliegt so nicht außer-(un-)menschlichen Prinzipien – im Gegenteil, er beherrscht die Dinge, er trifft Entscheidungen. Die dichterische Praxis Holubs beruht auf diesen Grundüberlegungen; es handelt sich in diesem Sinne um eine Art applizierte Poetik, um eine deduktive Poesie: Der Erkenntnisprozeß verläuft nicht auf der bildschaffenden Ebene, d. h. in der Phase des Entstehens der Verse, sondern er findet vor dem Schreiben des Gedichts statt. Alles im Text, auch dessen emotionelle Wirksamkeit, scheint schon vorher berechnet zu sein; das Gedicht erfüllt einen im voraus festgelegten Plan.

Die Objektivierung der Lyrik bei Holub durch die Annäherung an die Wissenschaft zeigt sich in der Poetisierung von bis dahin ungewöhnlichen Themen und Motiven, was bereits an typischen Gedichttiteln deutlich wird: *Večer v laboratoři (Abends im Labor)*; *V mikroskopu (Im Mikroskop)*; *Patologie*; *Einstein*; *Televize (Fernsehen)*; *Z biologie automobilů (Aus der Biologie der Automobile)*; *O vzniku druhů (Vom Entstehen der Gattungen)*; *Geologie člověka (Geologie des Menschen)*; *Raketa (Die Rakete)*; *Elektronické počítače (Elektronische Rechner)*; *Večerní zátiší s protoplazmou (Abendstilleben mit Protoplasma)*. Die Auswahl der Motive aus der zivilisierten Welt des Menschen, die Verwendung wissenschaftlicher Begriffe, aber auch die Akzentuierung des Alltäglichen – z. B. in den Gedichten, die einzelne Gegenstände des täglichen Gebrauchs betreffen: *Budík (Der Wecker)*, *Mucholapka (Der Fliegenfänger)*, *Mlýnek na kávu (Die Kaffeemühle)*, oder die alltäglichen Situationen und Szenen darstellen: *Kluci u řeky (Jungen am Fluß)*, *Nošení uhlí (Das Tragen der Kohle)*, *Tramvaj v půl šesté ráno (Die Straßenbahn um halb sechs morgens)* – zeigen die absichtliche Beschränkung der Dichtung Holubs nicht nur auf den thematischen Bereich des Alltags oder der Wissenschaft. Seine Lyrik ist Ausdruck des Interesses für

die Außenwelt allgemein und gleichzeitig auch einer dichterischen Selbstdisziplin, die von einer fast asketischen Ausgrenzung des eigenen »Ich« und seiner Emotionen getragen wird. Auch der Aufbau der einzelnen Gedichte beruht auf der Anwendung eines sachlichen bzw. wissenschaftlichen Denkens. Die rationale Betrachtung der Realität spiegelt sich in der rationalen Darstellungsmethode wider. Die auf ein Minimum reduzierte Bildhaftigkeit und die kühle Sachlichkeit der Sprache führen zu einer elementaren Verdichtung, zu einer poetischen Abkürzung, einem »Telegramm-Gedicht«, das, jegliche Rhetorik vermeidend, auf die bloße Mitteilung ausgerichtet ist. Die Metaphorik ist spärlich und sachlich. Synthetisierende Charakteristik und geordnete Klassifizierung der Darstellungen dienen der Pointierung, der »Konzentrierung« der Realität. Derartige Reduktion auf das Rudimentäre vermittelt eine geometrisch, geradlinig aufgebaute Betrachtungsperspektive, die die klassifizierende Haltung des Dichters gegenüber der Realität unterstreicht. Das Gedicht analysiert (oft mit dem Vokabular einer wissenschaftlichen Untersuchung), seine Aussage bezieht sich jedoch nicht auf die technischen, sondern auf die menschlichen Komponenten der Realität und damit auch auf die Gesellschaft. Der noetische Wert des Gedichts geht in eine ethische, moralische Aufforderung an den Menschen und seine Verantwortung in der modernen Zivilisation über.

Mit ihrer Zeitbezogenheit und Knappheit des Stils ähneln die Gedichte von Miroslav Holub dem Schaffen J. PRÉVERTS, B. BRECHTS oder T. RÓŻEWICZS. Ihre besondere Bedeutung liegt jedoch vor allem in ihrer Beziehung zum tschechischen Literaturkontext der späten fünfziger und der sechziger Jahre, als sich die tschechische Kultur um ein positives und vor allem aufgeschlossenes, vom politischen Totalitarismus unabhängiges Verhältnis zur zeitgenössischen sowie auch historischen Realität bemühte. In diesem Zusammenhang sind auch die späteren Gedichte Holubs zu sehen, die in den Bänden *Ačkoli*, 1969 *(Obwohl)*, und *Beton, Verše z New Yorku a Prahy*, 1970 *(Beton, Verse aus New York und Prag)*, erschienen.   J.Ji.

AUSGABEN: *Denní služba*, Prag 1958. – *Achilles a želva*, Prag 1960. – *Slabikář*, Prag 1961; ²1965 [Nachw. B. Svozil]. – *Jdi a otevři dveře*, Prag 1961. – *Zcela nesoustavná zoologie*, Prag 1963. – *Tak zvané srdce*, Prag 1963. – *Kam teče krev*, Prag 1963. – *Anamnéza. Výbor z poezie 1958–1963*, Prag 1964 [Nachw. J. Brabec]. – *Ačkoli*, Prag 1969. – *Beton, Verše z New Yorku a Prahy*, Prag 1970.

ÜBERSETZUNG: *Obwohl*, F. P. Künzel, Mchn. 1969.

LITERATUR: M. Červenka, *Slabikář M. H.* (in Pro i proti, Kritická ročenka 1961, 1962). – J. Opelík, *Čtvrtá sbírka M. H.* (ebd.). – Ders., *H.* (in Jak číst poezii, Prag 1963, S. 243–249). – B. Svozil, *Sovětská studie o M. H.* (in Česká literatura, 12, 1964). –

V. Dostál, *Z Ameriky do Čech* (in Mladý svět, 10, 1968). – V. Karfík, *První věc člověka* (in Orientace, 5, 1970). – B. Svozil, *Vůle k intelektuální poezii. O básnické tvorbě M. H.*, Prag 1971.

ARNO HOLZ

* 26.4.1863 Rastenburg / Ostpreußen
† 26.10.1929 Berlin

LITERATUR ZUM AUTOR:
Forschungsberichte:
H. Günther, *Der A. H.-Kreis u. das A. H.-Archiv* (in Ostdeutsche Monatshefte, 23, 1956/57). – *Die Akte A. H.*; Bln./Weimar 1965 (Veröffentl. aus dem Archiv der deutschen Schillerstiftung Weimar, 8).
Biographien:
W. Milch, *A. H. Theoretiker–Kämpfer–Dichter*, Bln. 1933. – K. Turley, *A. H. Der Weg eines Künstlers*, Lpzg. 1935. – H. Motekat, *A. H. Persönlichkeit und Werk*, Kitzingen 1953. – B. Sauer, *A. H. Ausstellung zum 100. Geburtstage des Dichters*, Bln. 1963. – H. Scheuer, *A. H. im literarischen Leben des 19. Jh.s (1883–1896)*, Mchn. 1971. – G. Schulz, *A. H. Dilemma eines bürgerlichen Dichterlebens*, Mchn. 1974 [m. Bibliogr.].
Gesamtdarstellungen und Studien:
J. Schlaf, *Mentale Suggestion. Letztes Wort in meiner Streitsache mit A. H.*, Stg. 1905. – S. Lublinski, *H. und Schlaf. Ein zweifelhaftes Kapitel Literaturgeschichte*, Stg. 1905. – J. Weist, *A. H. und sein Einfluß auf das dt. Theater*, Diss. Rostock 1921. – *A. H. und sein Werk*, Hg. F. Avenarius, M. Liebermann u. M. v. Schillings, Bln. 1923. – O. Schär, *A. H. Seine dramatische Technik*, Bern 1926. – H. L. Stoltenberg, *A. H. und die deutsche Sprachkunst* (in ZfÄst, 20, 1926, S. 156–180). – W. Brachtel, *»Ignorabimus« von A. H.*, Diss. Wien 1933. – L. Demler, *A. H. Kunst und Natur*, Diss. Wien 1938. – E. Regler, *Das Reich der Seele in den Dichtungen von A. H.*, Diss. Wien 1943. – A. Mette, *A. H. und seine Wortkunst. Erwägungen zur Darstellungsweise und Theorie des Dichters auf dem Boden der Lehre I. P. Pawlows* (in Psychiatrie, 6, 1954, S. 273–283). – F. G. Cohen, *Social and Political Concepts in the Works of A. H.*, Diss. Univ. of Iowa 1955. – H.-G. Rappl, *Die Wortkunstlehre von A. H.*, Diss. Köln 1957. – W. Emrich, *Protest und Verheißung*, Ffm./Bonn 1960, S. 111–122; 155–168. – C. Heselhaus, *Dt. Lyrik der Moderne von Nietzsche bis Yvan Goll*, Düsseldorf 1961. – H. Motekat, *Absicht und Irrtum des dt. Naturalismus* (in H. M., *Experiment und Tradition*, Ffm./Bonn 1962, S. 20–31). – W. Emrich, *A. H. – sein dichterisches Experiment* (in NDH, 10, 1963, H. 94, S. 43–58). – H. Fauteck,

A. H. (in NRs, 77, 1963, S. 459–476). – E. Rotermund, *Die Parodie in der modernen dt. Lyrik*, Mchn. 1963. – D. Schickling, *Interpretationen u. Studien zur Entwicklung u. geistesgeschichtlichen Stellung des Werkes von A. H.*, Diss. Tübingen 1965. – W. Beimdick, *A. H.: »Berlin. Die Wende einer Zeit in Dramen«. Untersuchungen zu den Werken des Zyklusfragments*, Diss. Münster 1966. – S. Berthold, *Der sogenannte »konsequente Naturalismus« von A. H. und Johannes Schlaf*, Diss. Bonn 1967. – I. Strohschneider-Kohrs, *Sprache u. Wirklichkeit bei A. H.* (in Poetica, 1, 1967, S. 44–66). – H. Heißenbüttel, *Vater A. H.* (in H. H., *Über Literatur. Aufsätze und Frankfurter Vorlesungen*, Mchn. 1970, S. 32–35; dtv). – M. Kesting, *A. H. – ein behinderter Neuerer* (in M. K., *Entdeckung u. Destruktion. Zur Strukturumwandlung der Künste*, Mchn. 1970, S. 172–188). – H. Schultz, *Vom Rhythmus der modernen Lyrik. Parallele Versstrukturen bei H., George, Rilke, Brecht u. den Expressionisten*, Mchn. 1970. – G. Voswinkel, *Der literarische Naturalismus. Eine Betrachtung der theoretischen Auseinandersetzung unter besonderer Berücksichtigung der zeitgenössischen Zeitschriften*, Bln. 1970. – J. Osborne, *The Naturalist Drama in Germany*, Manchester 1971. – M. Durzak, *A. H., Alfred Döblin, Günter Grass*, Stockholm 1972. – K. R. Scherpe, *Der Fall A. H.* (in K. R. S., *Positionen der literarischen Intelligenz zwischen bürgerlicher Reaktion u. Imperialismus*, Hg. G. Mattenklott u. ders., Kronberg/Ts. 1973). – B. H. Neumann, *Die kleinste poetische Einheit. Semantisch-poetologische Untersuchungen an Hand der Lyrik von Conrad F. Meyer, A. H., August Stramm und Helmut Heißenbüttel*, Diss. Köln/Wien 1977. – H.-G. Brands, *Theorie und Stil des sogenannten »konsequenten Naturalismus« von A. H. und Johannes Schlaf*, Bonn 1978. – K. M. Rarisch, *Niepiep. Ein Dichter gegen seinen Kaiser* (in Die Horen, 24, 1979). – Ders., *Wüster, rothester Socialdemokrat. Zum 50. Todestag von A. H.* (ebd.). – O. Frels, *Zum Verhältnis von Wirklichkeit und künstlerischer Form bei A. H.* (in Naturalismus/Ästhetizismus, Hg. G. Bürger u. a., o. O. 1979).

DIE BLECHSCHMIEDE. Großes, lyrisch-dramatisch drastisches, musikalisch-malerisch plastisches, phantastisches orgiastisches Ton-, Bild- und Wortmysterium. Ein Pandivinium oder, falls man will, Pandämonium in fünf monumentalen Aufzügen und vier zerebralen Zwischenspielen; zusammen neun Handlungen, um nicht zu sagen Wandlungen, geschweige denn gar Verschandlungen, nach den neun Musen

Literatursatire von Arno HOLZ, erschienen 1902. – Das Werk schwoll von Ausgabe zu Ausgabe mehr an, ein Vorgang, der sich bei allen Werken von

Holz (vgl. *Phantasus*) beobachten läßt. Die *Blechschmiede* ist vor allem als Satire auf die zeitgenössische Literatur der Jahrhundertwende angelegt, parodiert aber auch Werke früherer Jahrhunderte und ist veranlaßt durch den gerade um 1900 in Blüte stehenden Goethekult. Holz schickt dem Buch ein Verzeichnis sämtlicher *»dramatis personae«* voraus, das auf fast vierzig Druckseiten in alphabetischer Reihenfolge *(Aachen, Aaron, Abälard ... Zwolle, Zyniker, Zypripor)* sämtliche Monstrositäten registriert. In gleicher Weise uferlos ist der Reichtum an stilistischen Parodien, denen als roter Faden der Handlung die alte Idee des Sängerwettstreits dienen muß, bei dem die zeitgenössischen Autoren nacheinander auftreten. Die Form des lyrischen Lesedramas mit einkomponiertem Publikum, das die Leistungen beurteilt, ermöglicht zugleich die freieste und schrankenloseste Vielfalt von Schauplätzen und Personen, von ständig wechselnden Reim- und Strophenformen, deren gesamtes Reservoir von der Antike bis zu seiner Gegenwart Holz virtuos ausschöpft. Hinzu kommen Selbstparodien im »Mittelachsen«-Stil des *Phantasus* und in der Manier der *Freß-, Sauff- und Venuslieder*, einer weiteren Literaturparodie des Autors, die dem 17. Jh. gilt, sowie die Verwendung fremder Sprachen (Französisch, Lateinisch, Italienisch) und deutscher Dialekte (Bairisch, Plattdeutsch, Berlinerisch).
Holz hat sich selbst in verschiedenen Masken dem Werk als Kommentator eingefügt, als »Herr Mitte Dreißig«, »Herr Mitte Fünfzig«, als »Autor«, »Regisseur«, »Herr mit dem Kneifer«, und als »Blechschmied«. Parodiert werden nahezu alle Strömungen der zeitgenössischen Lyrik, besonders Symbolismus und Neuromantik *(Chor der Jünglinge und Jungfrauen: »So wollen wir sterben: Sonnengold im Haar und auf den Lippen – ein müdes Lächeln«).* Verschiedene parodierte Autoren sind deutlich erkennbar, so etwa S. GEORGE *(»Apollonius Golgatha«),* A. MOMBERT *(»Bardochai«),* H. BAHR, *(»Impresario mit Ziegenbart und Zeigestock«),* R. DEHMEL, D. v. LILIENCRON, M. DAUTHENDEY und GOETHE. Das zweibändige Werk bringt auf nahezu neunhundert Druckseiten die eigentliche Literatursatire im ersten und fünften Akt *(»Das Hochgericht«)*, der zweite Akt *(»Moderne Walpurgisnacht«)* travestiert die »klassische« Walpurgisnacht des *Faust*, der dritte die »Insel der Seeligen«. Im vierten Akt folgt die schwermütige »Hiobsklage« des verzweifelt sich abmühenden Dichters *(»Über die trauernde Harfe gebeugt«... actus quartus alias accusatorio-autoconfessionarius).* Bezeichnendstes stilistisches Merkmal der *Blechschmiede* wie aller anderen Werke von Holz ist die enzyklopädische Tendenz zur totalen und lückenlosen Erfassung aller lyrischen Formen, deren Konventionalität und Leere zu richten Holz selbst in seinen kunsttheoretischen Schriften um 1890 bis 1892, den ersten großen theoretischen Dokumenten des deutschen Naturalismus, sich angeschickt hatte. Die Verdammung des Reims als eines fast zweitausend Jahre alten Stilmittels sollte der Lyrik neue Möglichkeiten

öffnen. Die alten waren nur noch zur Parodie tauglich, wie Holz in diesem glänzenden Nebenprodukt, seinem *»Riesenpapierkorb«* der Weltliteratur, zu zeigen beabsichtigte.   H.H.H.

AUSGABEN: Lpzg. 1902. – Dresden 1921 [endgült. Ausg.]. – Neuwied/Bln. 1963/64 (in *Werke*, Hg. W. Emrich u. Anita Holz, 7 Bde., 1961–1964, 6/7).

LITERATUR: B. Seubert, *»Die Blechschmiede« von A. H. Ein Beitrag zur Geschichte der satirischen Dichtung*, Diss. Mchn. 1954.

BUCH DER ZEIT. Lieder eines Modernen

Lyrisches Werk von Arno HOLZ, erschienen 1886. – Vorangegangen waren bis dahin zwei epigonale Lyrikbändchen, *Klinginsherz* (1883) und *Deutsche Weise* (1884), und Holz' Anteil an der Lyrikanthologie *Moderne Dichtercharaktere* (1885; Beiträge von H. CONRADI, K. HENCKELL, W. ARENT, W. KIRCHBACH, F. ADLER u. a.). Die Bedeutung des *Buches der Zeit* liegt weniger in einer neuartigen oder originellen Lösung formaler lyrischer Probleme als in der rücksichtslosen Aufsprengung des thematischen Kanons des »Poesiewürdigen«. Neben bürgerlich-idyllischer Naturschwärmerei konventionellen Stils stehen hier erstmals in der deutschen Literatur realistische Gestaltungen neuer, durch die anwachsende Industrialisierung in den Vordergrund tretender Großstadtprobleme, Motive aus dem sozialen Kampf gegen gesellschaftliche und klerikale Privilegien, ungewöhnliche Reflexe eines proletarischen Bewußtseins, scharfe Polemik gegen die literarische Tradition der Jungdeutschen bei gleichzeitiger paradoxer Anerkennung der von Holz verehrten Epigonen E. GEIBEL und J. WOLFF. Zu den Vorbildern sind H. HEINE, F. FREILIGRATH, A. de MUSSET und V. HUGO zu zählen.
Hauptstück der Sammlung ist ein *Phantasus* betitelter Zyklus von dreizehn vierstrophigen Gedichten, die Wirklichkeit und Traumwelt eines jungen, verhungernden Dachstubenpoeten darstellen – Keim seines später vielfach umgearbeiteten, auf drei Bände angewachsenen lyrischen Hauptwerkes *Phantasus*. Stilistische Mittel dieses Erstlings sind in der Hauptsache das Zitat, zumeist in parodistischer Entstellung (*»Denn was ihr singt, ist eitel, und was ihr sagt, ist nichts«* – L. Uhland), dann das Fremdwort, besonders im virtuos behandelten Reim, Wortauflösung im Dienst eines akustischen Klangspiels, eine gewisse rhythmische Demagogie (etwa in der Absicht, leicht eingängige Schlagworte zu bilden) und eine handgreifliche Metaphorik (*»Wie ein Löwe hat es [das Wort] seine Pranken tief in mein Herzfleisch eingehakt«*).
Das Neue dieser Lyrik bleiben jedoch die Motive. Holz' formale Eleganz überwand trotz ihrer spielerischen Meisterschaft die Grenzen des Epigonentums nicht. Die Ausweitung des thematischen Ho-

rizonts aber liegt schon auf der Linie seiner sich hier bereits ankündigenden Theorie des Naturalismus, den er zwar in seinen kunsttheoretischen Schriften von 1890–1892 *(Die Kunst, ihr Wesen und ihre Gesetze)* als eine »Darstellungsart« im Gegensatz zu einem Naturalismus der »Stoffwahl« definierte, in dessen Umfang er begrifflich aber gerade die Totalität der (»darstellungswürdigen«) Natur als Totalität der dem Subjekt sich vermittelnden äußeren und inneren Erscheinungswelt von Anfang an einbezog. Holz' weiterer Weg als Lyriker führte ihn in eine Krise, die erst 1898 nach radikalen Versuchen in das gigantische Experiment des *Phantasus* mündete. Der große Erfolg des *Buches der Zeit* bei den zeitgenössischen Lyrikern, wie D. v. LILIENCRON und R. DEHMEL, veranlaßte ihn später zu einem skeptischen Rückblick: »*Daß wir Kuriosen der Modernen Dichtercharaktere damals die Lyrik revolutioniert zu haben glaubten, war ein Irrtum … Da das Ziel einer Kunst stets das gleiche bleibt, nämlich die möglichst intensive Erfassung desjenigen Komplexes, der ihr durch die ihr eigentümlichen Mittel überhaupt offensteht, messen ihre einzelnen Etappen sich naturgemäß lediglich nach ihren verschiedenen Methoden, dieses Ziel zu erreichen. Man revolutioniert eine Kunst also nur, indem man ihre Mittel revolutioniert*« (Selbstanzeige des *Phantasus* vom 30. April 1898 in der Zeitschrift ›Die Zukunft‹). H.H.H.

AUSGABEN: Zürich 1886. – Bln. 1892. – Zürich 1905 [erw.]. – Dresden 1920 [endgült. Ausg.]. – Neuwied/Bln. 1962 (in *Werke*, Hg. W. Emrich u. Anita Holz, 7 Bde., 1961–1964, 5).

DAFNIS. Lyrisches Portrait aus dem 17. Jahrhundert. Des berühmbten Schäffers Dafnis sälbst verfärtigte / unter dem Titul OMNIA MEA fürmahls ans Licht gestellet und ihme mit einem lästerlichen Nothwendigen Vorbericht an den guht-hertzigen Leser lihderlich verunzihrte / höchst sündhaffte Freß- Sauff- und Venus-Lieder / vermehrt und verbässert durch vihle biß anhero noch gäntzlich ohngetrukkt gewesene / benebst angehänckten Auffrichtigen und Reue mühtigen Buß-Thränen / vergossen durch den sälben Auctorem / nachdäme dihser mit herein gebrochenem Alters-Gebrest auß einem Saulo zu einem Paulo geworden / gesammblet / colligiret / sowie mit einem nüzzlichen Fürvermärck versorgt über die besondre Lebensümbstände des selig Verblichnen / allen Christlichen Gemüthern zu dihnlicher Abschrekkung bekant gegeben / inssondre der schwanckenden Jugend / durch Selamintem

Gedichtsammlung von Arno HOLZ, erschienen 1904, in endgültiger Fassung 1924/25. – Die als Werk des fingierten Barockpoeten Dafnis ausgegebenen Gedichte zeichnen das Bild eines lebenslustigen und liebestollen Studenten, der, nach einem wechselvollen Leben zum reuebereiten Manne ge-

reift und in der Sterbestunde noch einmal sein Leben überdenkend, mit diesen Gedichten ein »lyrisches Selbstporträt« schafft.

Schon in der vorausgehenden großen Literatursatire *Die Blechschmiede* (1902) tauchte im Figurengewimmel des Sängerwettstreits bisweilen die Gestalt des jungen Dafnis auf, umgeben von gleichgesinnten »*Purschen*«. 1903 gab Holz eine Anthologie von Gedichten des 17. und 18. Jh.s unter dem Titel *Aus Großmutters Garten* heraus, und die intensive Beschäftigung mit der Lyrik des Barock regte den Dichter schließlich zu eigenen Versuchen im Geist dieser Zeit an. Er nannte seine Gedichtsammlung zuerst *Lieder auf einer alten Laute*. 1904 wurde die Neuauflage um die *Reuemüthigen Buß-Thränen* erweitert und unter dem Titel *Dafnis* zu einem geschlossenen Zyklus von den »*Errores juventutis*« bis zur »*Unruhe des Gewissens*« eines alten Mannes zusammengefaßt. Die endgültige Fassung, in der von H. W. FISCHER edierten Gesamtausgabe enthalten, ist nochmals um einige Gedichte erweitert.

Mit dieser Gedichtsammlung, die im Einklang mit barocker Geisteshaltung antithetisch Jugend und Alter, Sünde und Buße, Lebenslust und Vergänglichkeitspathos besingt, macht Holz die vergangene Epoche bis in das Schriftbild und die Interpunktion hinein lebendig. Man geht sicher fehl, wenn man ihm dabei nur parodistische oder imitatorische Absichten unterstellt, sein Ziel war die genaue »*Reproduktion*« (ein Schlüsselwort seiner Kunsttheorie) eines »*Barockmenschen*«; »*Das Satyrische legen wir* [d. h. die heutigen Leser] *nur hinein*« (Brief an R. Piper vom 22. 4. 1904). Reproduktion aber verlangt ein Höchstmaß an historischer Genauigkeit, die, den theoretischen Äußerungen des Dichters zufolge, durch die Objektivität des naturalistischen Bewußtseins (d. h. eines historisch-wissenschaftlichen Bewußtseins) gegeben ist. Diese Objektivität gilt für die formale Wiedergabe des Barock wie für das dargestellte Sujet: »*Ich wende in ihm die Methode, ein Stück Leben künstlerisch so treu wie nur eben möglich zu geben, auf die Vergangenheit an*« (Selbstanzeige in der Zeitschrift ›Zukunft‹ vom 24. 9. 1930).

Holz handhabt den rhetorischen und metaphorischen Stilapparat des Barock mit großer Virtuosität, ja die Gesamtkonzeption des Werks übertrifft an Geschlossenheit womöglich die überkommenen barocken Lyrikanthologien. Inwieweit gerade diese Tatsache deutlich macht, daß es sich bei der Holzschen Sammlung um die Reproduktion, nicht um das Original handelt, mag dahingestellt bleiben. H.H.H.

AUSGABEN: Lpzg. 1903 (Erstfassg.; *Lieder auf einer alten Laute*). – Mchn. 1904 [Titel s. oben]. – Lpzg. 1918 *(Dafnis. Riesenbußthräne)*. – Bln. 1921 *(Fünf neue Dafnis-Lieder)*. – Dresden 1922 *(Neue Dafnis-Lieder)*. – Bln. 1924 (in *Das Werk*, Hg. H. W. Fischer, 10 Bde., 1924/25, 2; def. Ausg.]. – Hannover 1960 [Vorw. K. Krolow]. – Bln./Neuwied 1962 (in *Werke*, Hg. W. Emrich u. Anita Holz, 7 Bde., 1961–1964, 5).

Literatur: F. Kuster, *Die Sprache im »Dafnis« von A. H.*, Diss. Wien 1932. – K. Conermann, *»Dafnis. Lyrisches Portrait aus dem 17. Jh.« Die Barockrezeption von A. H. in ihren literarischen und geistigen Zusammenhängen*, Diss. Bonn 1969.

DIE FAMILIE SELICKE

Drama in drei Aufzügen von Arno Holz und Johannes Schlaf (1862–1941), Uraufführung: Berlin, 7. 4. 1890, Freie Bühne. – Das Werk entstand 1889, während der kurzen Zeit intensiver Zusammenarbeit der beiden Autoren. Da Schlaf später behauptete, *Die Familie Selicke* stamme im wesentlichen von ihm, veröffentlichte Holz 1902 die Streitschrift *Johannes Schlaf. Ein nothgedrungenes Kapitel*, in der er betont, daß auf Schlaf lediglich der Stoff zurückgehe, er selbst aber den größeren Anteil an dem Werk beanspruchen dürfe.

Die Handlung des Stücks spielt an einem Weihnachtsabend der neunziger Jahre des 19. Jh.s in der kleinbürgerlichen, ärmlichen Wohnung der Familie Selicke im Berliner Norden. Frau Selicke, kränkelnd, wehleidig und vergrämt, schickt ihre beiden Söhne, den achtzehnjährigen Albert und den zwölfjährigen Walter, dem trunksüchtigen Vater entgegen. Sie hofft, ihn auf diese Weise dazu bewegen zu können, wenigstens am Heiligen Abend nach der Arbeit »auf'm Comptoir« nach Hause zu kommen, zumal sich der Gesundheitszustand des achtjährigen, an Schwindsucht erkrankten Linchens, der von ihm über alles geliebten Tochter, zusehends verschlechtert. Nacheinander treten der alte Kopelke, ein gelegentlich als Heilpraktiker aushelfender Silhouettenschneider, die erwachsene Tochter Toni und der junge Untermieter Gustav Wendt, Kandidat der Theologie, an das Bett des unruhig schlafenden und phantasierenden Kindes. Wendt hat eben seine Berufung auf eine vakante Landpfarre erhalten und beeilt sich, der seit langem geliebten Toni diese Neuigkeit mitzuteilen. Toni erwidert seine Zuneigung, zögert aber zunächst, seinen Heiratsantrag anzunehmen; sie will zwischen den Eltern vermitteln, die sich während ihrer dreißigjährigen Ehe bis zu offenem Haß entfremdet haben, willigt aber schließlich doch ein, als Wendt ihr ausmalt, wie wohltuend ihre Trennung von der Familie sich für sie selbst und für die zerrüttete Gemeinschaft auswirken könne. Das quälende Warten auf den Vater dauert an. Spät nachts erscheint Eduard Selicke endlich, schwer betrunken, doch gutgelaunt und mit einem Weihnachtsbaum und mit Geschenken beladen. Seine Familie, die einen plötzlichen Stimmungsumschlag fürchtet, drängt sich zitternd zusammen, bringt ihm jedoch gerade durch ihre ängstliche Zurückhaltung den Abscheu und die Furcht zum Bewußtsein, die er auslöst, und reizt seine Wut damit nur um so mehr. Schließlich versinkt er verzweifelt in dumpfes Brüten, aus dem ihn erst die Nachricht aufschreckt, daß Linchen gestorben sei. Als Wendt am Morgen die verstörte Familie aufsucht, um seine sofortige Ab-

reise anzukündigen, löst Toni ihr Heiratsversprechen, um die schwachen Bindungen, die die Ehe ihrer Eltern noch zusammenhalten, nicht vollends zu zerstören. Der fassungslose Wendt erkennt ihre Selbstaufopferung für die Familie widerstrebend an, ja er entschließt sich, auf Toni zu warten und wiederzukommen. Der alte Kopelke versucht ihn mit einer Bemerkung zu trösten, die dem Stück als Motto hätte dienen können:»*Un denn, wissen Se: in die zwee Jahre haben Se hier wat kennenjelert, wat mennch eener sein janzet Leben nich kennenlernt, un wat Beßres, verstehn Se, hätt' Ihn'n janich passiern können!*«

Der *Familie Selicke* – und nicht G. Hauptmanns früher entstandenem Schauspiel *Vor Sonnenaufgang* (1889) – kommt das Verdienst zu, für das naturalistische Drama bahnbrechend gewirkt zu haben. Holz und Schlaf folgen ihrer eigenen Dichtungstheorie, daß das Drama »*vor allem Charaktere zu zeichnen*« habe und »*die Handlung nur Mittel*« sei, und gehen geradezu experimentell vor, um ihr gleichzeitig ausgesprochenes künstlerisches Programm – »*Die Kunst hat die Tendenz, wieder die Natur zu sein*« – zu verwirklichen: »*Man revolutioniert eine Kunst… nur, indem man ihre Mittel revolutioniert, oder vielmehr, da ja auch diese Mittel stets die gleichen bleiben, indem man ganz bescheiden nur deren Handhabung revolutioniert.*« In der Gestaltung der Dialoge verzichten die Verfasser auf die konventionelle dramatische Kunstsprache. Sie lassen die Personen aber nicht nur durchgehend Berliner Dialekt sprechen, was in Lokalpossen und Volksstücken seit langem üblich war, sondern schreiben auch Sprechtempo, Pausen, Lautstärke und Gestik aufs genaueste vor. Die angestrebte präzise Wiedergabe der »Wirklichkeit« soll so weit gehen, daß der Zuschauer »*in ein Stück Leben wie durch ein Fenster*« sieht. Der Ort der Handlung – das Wohnzimmer der Familie Selicke – bleibt das ganze Stück hindurch gleich. »Außenwelt« dringt nur durch ferne oder nahe Geräusche herein – ein dramaturgisches Mittel, das den Eindruck quälender Ausweglosigkeit des Familienschicksals verstärkt. – Eine der einsichtigsten zeitgenössischen Beurteilungen des Stückes stammt von Th. Fontane, der unmittelbar nach der Uraufführung in der »Freien Bühne« schrieb: »*Diese Vorstellung wuchs insoweit über alle vorangegangenen an Interesse hinaus, als wir hier eigentlichstes Neuland haben. Hier scheiden sich die Wege, hier trennt sich Alt und Neu.*« H.H.H.

Ausgaben: Bln. 1890. – Lpzg. 1936, Hg. W. Linden (DL, R. Vom Naturalismus zur Volksdichtung, 1). – Emsdetten 1962 (in *Dramen des Naturalismus*, Hg. A. Müller u. H. Schlien). – Stg. 1966 (Nachw. F. Martini; RUB).

Literatur: Th. Fontane, *»Die Familie Selicke«* (in *Meisterwerke deutscher Literaturkritik*, Bd. 2, Hg. H. Mayer, Bln. 1956). – D. Turner, *»Die Familie Selicke« and the Drama of Naturalism* (in *Periods in German Literature. Vol II: Texts and Contexts*, Ldn. 1969, S. 193–219).

PAPA HAMLET

Drei Erzählskizzen von Arno Holz und Johannes
Schlaf (1862–1941), erschienen 1889. – Im Winter 1887/88 bahnte sich die folgenreiche Zusammenarbeit zwischen Holz und Schlaf an, die in den
drei Prosastücken dieses Erzählbandes – *Der erste
Schultag, Ein Tod* und *Papa Hamlet* – ihren ersten
schöpferischen Ausdruck fand. Die beiden Autoren
verbargen sich hinter dem norwegischen Pseudonym Bjarne F. Holmsen und vermochten diese
Fiktion eine Zeitlang aufrechtzuerhalten. So präg-
nant in den beiden übrigen Erzählskizzen die Situation eines Schulanfängers, der einem sadistischen Lehrer ausgeliefert ist, bzw. zweier Studenten, die die Nacht am Bett eines sterbenden Duellanten verbringen, beschrieben wird, für die Entwicklungsgeschichte des deutschen Naturalismus
fällt nur die Titelerzählung ins Gewicht, der Schlafs
Ein Dachstubenidyll zugrunde liegt. Die Wandlung
von einer zwar alltäglichen, aber noch von konventionellen Sprachformen durchsetzten Erzählung
(Urfassung) zum typischen Sprachgestus naturalistischer Prosa (Endfassung) läßt sich bis ins kleinste Detail verfolgen. Erst in der Endfassung kristallisiert sich der Kontrast zwischen der Existenz eines
gescheiterten Schauspielers, des *»großen, unüber-
troffenen Hamlet«*, wie es ironisch heißt, und den
idealistisch klingenden *Hamlet*-Zitaten heraus.
Protagonist der Erzählung ist ein Schmierenschau-
spieler, der mit seiner schwindsüchtigen Frau in
Schmutz, Hunger und Kälte ein erbärmliches
Dachstubendasein fristet, bis er in einem Wutanfall
sein schreiendes, kränkelndes Kind erwürgt und
am Alkohol zugrunde geht. Ein Komödiant bis
zum bitteren Ende, beklagt er mit pathetischen
Sentenzen und willkürlichen *Hamlet*-Zitaten ge-
stenreich sein jämmerliches Schicksal.
Die Skizze spiegelt jene Kunsttheorie wider, die
Holz in seinen ästhetischen Schriften von
1890–1892, *Die Kunst, ihr Wesen und ihre Gesetze*,
ausgearbeitet hat und die zum Dogma des Naturalismus wurde: *»Die Kunst hat die Tendenz, wieder
die Natur zu sein. Sie wird sie nach Maßgabe ihrer
jedweiligen Reproduktionsbedingungen und deren
Handhabung.«* Kraft einer geradezu seismographi-
schen Sprachsensibilität gelingt es den beiden Autoren, visuelle und akustische Eindrücke technisch
exakt wiederzugeben und den von seiner Umwelt
determinierten Menschen phänomenologisch zu
beschreiben. Holz und Schlaf entdecken als erste
die künstlerische Ausdrucksfähigkeit der Alltagssprache, die rhythmischen Valenzen des sublitera-
rischen Idioms. Gesten, Bewegungen, Interjektio-
nen, Lautfetzen, Anakoluthe und Stummelsätze
verdrängen die syntaktisch-semantische Kongruenz der Sprache. Die erzählte Realität löst sich fast
ganz im Gespräch auf, der Dialog überwuchert die
wenigen impressionistischen Beschreibungen. Erzählte Zeit und Erzählzeit werden weitgehend
identisch. Neben neuen Sprachformen – sogar die
Interpunktion wird zum Stilmittel – erschließen
Holz und Schlaf der deutschen Literatur bisher un-

bekannte, von der klassischen Ästhetik totge-
schwiegene Stoff- und Themenbereiche: das soziale Elend des großstädtischen Industrieproletariats
und die triste Schattenwelt von Armut und Laster.

M.Ke.

Ausgaben: Lpzg. 1889. – Neuwied/Bln. 1962 (in
Werke, Hg. W. Emrich u. Anita Holz, 7 Bde.,
1961–1964, 4). –Stg. 1963 (Nachw. F. Martini;
RUB).

Literatur: F. Martini, *A. H., »Papa Hamlet«* (in
F. M., *Das Wagnis der Sprache. Interpretationen
deutscher Prosa*, Stg. 1954).

PHANTASUS

Lyrischer Zyklus von Arno Holz, in zwei Heften
erschienen 1898/99. – Einen großen Teil der Gedichte des *Phantasus*-Zyklus hatte Holz bereits in
verschiedenen repräsentativen Zeitschriften und
Anthologien der Jahrhundertwende publiziert
(›Jugend‹, ›Pan‹, ›Moderner Musen-Almanach auf
das Jahr 1893‹).
Der auf eine romantische Tradition (L. Tieck) zu-
rückweisende Titel des Werkes ist der Name einer
Gestalt der antiken Mythologie. Bei Holz wird
Phantasus, ein Sohn des Schlafes, der durch seine
vielfältigen Verwandlungskünste die menschlichen
Träume erzeugt, zur Allegorie der dichterischen
Existenz stilisiert. Das Thema des *Phantasus* ist das
phantasiegelenkte Bewußtsein des Dichters selbst,
das sich durch eine Fülle von Metamorphosen aller
Erscheinungen bemächtigt. Zu dieser poetischen
Selbstdarstellung erklärt Holz: *»Das letzte ›Geheimnis‹ der ... Phantasuskomposition besteht im wesentlichen darin, daß ich mich unaufhörlich in die heterogensten Dinge und Gestalten zerlege.«*
Zwei Ebenen stehen in diesem dichterischen Bewußtsein einander gegenüber. Auf der einen Seite
steht die Welt des Berliner Alltags mit zahlreichen
lokalen Anspielungen und Impressionen. Modernes Großstadtleben, Industriezeitalter, ironisierte
Stimmungen des Fin de siècle und Bildungsphili-
stertum im Rahmen der bourgeoisen Gesellschaft
der Wilhelminischen Epoche – all diese Motive erscheinen reflexartig in den Umweltnotierungen der
Gedichte. Diesen »naturalistischen« Milieuspiege-
lungen steht eine künstliche Sphäre gegenüber, in
deren poetische Unwirklichkeit das lyrische Ich seine Glücksvisionen, Wunschträume des Vergessens
und der Identitätsentgrenzung, mythisierte Vergangenheit und elegisches Leiden an der desillusionierenden Gegenwart projiziert. Die Darstellung
dieser Ebene ist gekennzeichnet durch immer wiederkehrende romantisierende Motive und Chiffren; dazu gehören z. B. das Lied des Vogels, der
Farb- und Klangzauber exotischer Fernen, Märchen und Mythos sowie eine requisitenreiche ästhetische Scheinwelt mit jugendstilhaften Park-,
Schloß- und Insellandschaften. – Das zentrale
Strukturprinzip der *Phantasus*-Dichtung besteht

darin, daß diese beiden Ebenen kontrastieren, entweder innerhalb eines Gedichts oder in aufeinanderfolgenden Gedichten. Im universalen Bewußtsein des Dichters sollen sich beide Ebenen zu jener Einheit zusammenschließen, die Holz im lyrischen Werk W. WHITMANS entdeckt zu haben glaubte. Holz fordert eine Universaldichtung als »Gesamtorganismus«, der dem »naturwissenschaftlichen Zeitalter« gemäß sei.

Der naturwissenschaftliche Hintergrund des *Phantasus* ist vor allem durch die biogenetischen Theorien E. HAECKELS bestimmt; das lyrische Ich durchwandert alle Entwicklungsstadien der lebenden Substanz, indem es sie in Metamorphosen nachvollzieht (vgl. das Eingangsgedicht des Zweiten Heftes: »*Sieben Billionen Jahre vor meiner Geburt / war ich eine Schwertlilie*«). In einer Selbstinterpretation heißt es bei Holz: »*Wie ich vor meiner Geburt die ganze physische Entwicklung meiner Spezies durchgemacht habe, wenigstens in ihren Hauptstadien, so seit meiner Geburt ihre psychische. Ich war ›alles‹, und die Relikte davon liegen ebenso zahlreich wie kunterbunt in mir aufgespeichert.*«

Gegenüber seiner vorangehenden lyrischen Produktion – *Das Buch der Zeit. Lieder eines Modernen* (1886) –, die zwar thematische Neuerungen brachte, aber den epigonalen Formen E. GEIBELS verpflichtet blieb, bedeutet *Phantasus* einen entscheidenden Schritt zur Formerneuerung der Lyrik, die Holz auch in seiner gleichzeitig erschienenen Schrift *Revolution der Lyrik* (1899) theoretisch forderte. Zentrum seiner Lyriktheorie ist der Begriff des Rhythmus, der als lyrisches Formelement absolut gesetzt wird und an die Stelle der älteren konventionellen Mittel wie Reim und Strophenform tritt. Als formale Konsequenz des rhythmischen Prinzips erklärt Holz die Anordnung seiner Zeilen um eine imaginäre Mittelachse; die Zeilen sind so gedruckt, daß ihre räumliche Mitte mit der Mitte der Seite übereinstimmt.

Der atomisierend-impressionistische lyrische Stil des *Phantasus* ist ein Pendant zur Technik des von Holz und J. SCHLAF gemeinsam für Drama und Prosa entwickelten naturalistischen »*Sekundenstils*«. In späteren Fassungen der Dichtung versuchte Holz dem Programm der quasi wissenschaftlich registrierten Empfindungstotalität noch näherzukommen. Er entwickelte dabei eine barocke Sprachphantasie, welche die Gegenstände mit äußerstem Nuancenreichtum und minuziöser Präzision darstellt – oder fast schon wieder auflöst. In dieser Sprachaufschwellung schlägt sich eine extreme Gegenposition zu der von Holz scharf kritisierten preziösen Sprachaskese St. GEORGES nieder (die letzte vom Autor selbst veröffentlichte Fassung des *Phantasus* von 1925 umfaßt drei Bände). Im experimentellen Impuls seiner Sprachgebung antizipiert Holz hier Techniken der Lyrik des 20. Jh.s.

U.H.

AUSGABEN: Bln. 1898/99, 2 H. – Dresden 1913, 3 H. [bis auf 24 Exemplare eingestampft]. – Lpzg. 1916. – Bln. 1925 (in *Das Werk*, Hg. H. W. Fi-scher, 10 Bde., 1924/25, 7–9). – Neuwied/Bln. 1961/62 (in *Werke*, Hg. W. Emrich u. Anita Holz, 7 Bde., 1961–1964, 1–3). – Stg. 1968; ern. 1984 (RUB).

LITERATUR: M. Bruns, *Laterna Magica (Ein Anti-Phantasus)*, Minden 1901 (J. J. Bruns). – A. Closs, *Zur »Phantasus«-Zeile von A. H.* (in Dichtung und Volkstum [Euphorion], 37, 1936, S. 498–504). – K. Lichtenstern, *Der »Phantasus« von A. H. in seiner formalen Entwicklung*, Diss. Wien 1936. – E. Funke, *Zur Form des »Phantasus«* (in GR, 15, 1940, S. 50–58). – F. Kleitsch, *Der »Phantasus« von A. H.*, Würzburg-Aumühle 1940. – A. Closs, *A. H.: »Phantasus«* (in *Die freien Rhythmen in der dt. Lyrik. Versuch einer übersichtlichen Zusammenfassung ihrer entwicklungsgeschichtlichen Eigengesetzlichkeit*, Bern 1947, S. 158–170). – C. Heselhaus, *A. H.: Der »Phantasus«-Rhythmus* (in C. H., *Deutsche Lyrik der Moderne von Nietzsche bis Yvan Goll*, Düsseldorf 1961, S. 166–177). – K. Geisendörfer, *Motive und Motivgeflecht im »Phantasus« von A. H.*, Diss. Würzburg 1962. – Ders., *Die Entwicklung eines lyrischen Weltbildes im »Phantasus« von A. H.* (in ZfdPh, 82, 1963, S. 231–248). – A. Brandstetter, *Gestalt und Leistung der Zeile im »Phantasus« von A. H. Ein Beitrag zur Ästhetik der Syntax* (in WW, 16, 1966, S. 13–18). – G. Schmidt-Henkel, *A. H. und der proteische Mythos des »Phantasus«* (in *Mythos und Dichtung. Zur Begriffs- und Stilgeschichte der dt. Literatur im neunzehnten und zwanzigsten Jh.*, Bad Homburg 1967, S. 132–155). – G. Schulz, *Sprache im »Phantasus« von A. H.* (in Akzente, 18, 1971, S. 359–378). – R. Ress, *A. Holz arbeitet am »Phantasus«* (in Die Horen, 24, 1979).

SOCIALARISTOKRATEN

Komödie von Arno HOLZ, erschienen 1896. – Das Werk ist Holz' zweite dramatische Arbeit nach der gemeinsam mit Johannes SCHLAF verfaßten (1890 aufgeführten) *Familie Selicke*, in der die Autoren den zunächst in der Prosaskizze *Papa Hamlet* (1889) erprobten Sekundenstil erstmals auf dramatischer Ebene vorführten. Die *Socialaristokraten* wurden als erster Teil eines auf zehn Dramen berechneten Dramenzyklus publiziert, der den Gesamttitel *Berlin. Das Ende einer Zeit in Dramen* tragen sollte, jedoch nicht zur weiteren Ausführung gelangte. Im Vorwort zur Komödie spricht Holz programmatisch von einer Reihe von Bühnenwerken, »*die … zusammen gehalten durch ihr Milieu, alle Kreise und Klassen spiegelnd, nach und nach ein umfassendes Bild unserer Zeit geben sollen*«.

Als epigonaler Mitläufer der literarischen Mode hat Herr Hahn einen lyrischen Zyklus »Lieder eines Schmetterlings« verfaßt. Mit Hilfe eines Erbschaftsvorschusses möchte er sein schriftstellerisches Debüt finanzieren. Er wendet sich mit der Bitte um Protektion an den »Gelegenheitsdichter« Fiebig, der den Typus des spießbürgerlichen dilet-

tierenden Salonliteraten der Gründerjahre vertritt. Fiebig rät ihm, ungeachtet der angeblichen Qualität seiner poetischen Produkte, von einer Publikation ab und empfiehlt ihm als Kapitalanlage die Gründung einer literarischen Zeitschrift. Er hat dabei nicht nur seinen eigenen Vorteil im Auge, sondern auch den einer mit ihm befreundeten parasitären Literatenschar. Der naive Dichterneuling Hahn stimmt um so enthusiastischer zu, als Fiebig ihm Hoffnung auf eine Verbindung mit seiner Tochter Anna macht. Ein grotesk anmutender Zirkel unbedeutender, aber mit Pathos auftretender Literaten bestreitet die Redaktion der neuen Zeitschrift mit dem ebenso unverständlichen wie prätentiösen Titel »Socialaristokraten«. Vereint will man von Hahns Kapital profitieren und zugleich verworrene literarische Ambitionen befriedigen. Der Vorsitzende Dr. Gehrke formuliert das Programm der »Socialaristokraten« lapidar: *»Der Instinkt des Einzelnen als Wille zur Elite.«* Aus dem gescheiterten Publikationsunternehmen geht allein Gehrke erfolgreich hervor; er beginnt eine politische Karriere als Kandidat des »Wahlvereins der antisemitischen Volkspartei«. Im grotesken Finale der Komödie rezitiert er, in angetrunkenem Zustand, parteipropagandistische Schlagworte: *»Harrt aus im Kampf gegen Mammonismus und Überkultur für germanisches Volkstum und die antikratische, sozialitäre Gesellschaftsform der Zukunft ... Deutsch bis ins Mark! Die Religion, die Monarchie, das Eigentum und die Ehe!«*
Wie alle seine Werke versteht Holz auch seinen Komödienversuch als experimentelles Beispiel einer revolutionierenden Poetik. Mit der Vervollkommnung der hier angewandten *»differenzierten Technik«* – so prophezeit er im Vorwort – werde ein Drama möglich werden, *»das das Leben in einer Unmittelbarkeit geben wird, in einer Treffsicherheit, von der wir heute vielleicht noch nicht einmal eine entfernte Vorstellung besitzen«.* Dem Programm des »konsequenten Naturalismus« entspricht die stilistische Qualität einer äußerst nuancierten Sprachkunst (Dialekt). Minuziöse Personen- und Raumbeschreibungen lassen epische Züge sichtbar werden, wie Holz' Darstellung überhaupt die noch in der naturalistischen Komödie G. HAUPTMANNS *(Der Biberpelz,* 1893) aufrechterhaltene Handlungsdramaturgie der Statik der Milieudarstellung unterordnet, wenn auch die äußere Konvention der fünfaktigen Form beibehalten wird. Die Technik der Spiegelung gesellschaftlicher Zustände an Hand unbedeutender Vorgänge führt von dieser spätnaturalistischen Poetik in die Nähe F. WEDEKINDS *(Oaha,* 1908).
Holz entwirft in seiner Literaturkomödie einen Mischstil aus Komik, Satire und grotesker Karikatur. Die Sprachkomik basiert auf dem Gegensatz zwischen Hochsprache und mundartlicher Alltäglichkeit; im Dialekt wird die literarische Phrase entlarvt. Mit der Satire auf den Literaturbetrieb, mit dem Formprinzip der literarischen Anspielung (Fiebig: *»Der Naturalismus hat doch jetz abjewirtschaft«)* greift Holz auf alte Komödientraditionen

zurück (MOLIÈRE, Ch. D. GRABBE). Sein Stil weist z. T. über das naturalistische Programm hinaus auf das Komödienwerk C. STERNHEIMS (mit dem ihn auch die Idee einer zyklischen Zeitsatire in Dramenform verbindet) sowie auf die Grotesken F. WEDEKINDS.
Holz karikiert in seiner Komödie nicht lediglich das Literatenmilieu im Berlin der Jahrhundertwende, seine Darstellung weitet sich aus zu einem Panorama der allgemeinen geistigen Desorientierung am »Ende einer Zeit«. Er porträtiert den Ideenausverkauf des Jahrhundertendes, die Vulgarisierung NIETZSCHES und der biologischen Tendenzen aus der Frühphase des Naturalismus (Darwin-Rezeption in Deutschland, W. BÖLSCHE), das Absinken großer Gedanken des Jahrhunderts auf das Schlagwortniveau dilettantischer Produktion. Mit der Analyse der geistigen Inflation um 1900 zeigt Holz zugleich ihre politischen Implikationen auf, den Anteil orientierungsloser Literaturströmungen an der Vorbereitung eines nationalistisch-rassistischen Radikalismus. – Holz desillusioniert das Jugendstil-Pathos einer neu aufgehenden Zeit, wenn er das Sonnenaufgangssymbol in grotesker Verzerrung am Ende seines Stückes zitiert. Dabei erhält das Leitmotiv von Fiebigs »Weltunterjank« tragikomische Bedeutung und ein Nonsens-Zitat des Literaten Styczinski überraschende Wahrheit: *»Wir sind alle kranke Sumpfblumen am Jahrhundertende.«* U.H.

AUSGABEN: Rudolstadt/Lpzg. 1896. – Mchn./ Lpzg. ²1905. – Neuwied/Bln. 1962 (in *Werke,* Hg. W. Emrich u. A. Holz, 7 Bde., 1961–1964, 4). – Stg. 1980 (RUB).

LITERATUR: J. W. McFarlane, *A. H.'s »Die Sozialaristokraten«: A Study in Literary Collaboration* (in MLR, 44, 1929, S. 521–533).

SONNENFINSTERNIS

Tragödie in fünf Akten von Arno HOLZ, erschienen 1908. – Holz' spätere Dramenproduktion, für die seine Tragödie *Sonnenfinsternis* als repräsentativ gelten kann, entfernt sich entschieden von dem programmatischen, auf europäischen Anschluß bedachten Naturalismus des ausgehenden 19. Jh.s. Die im Zusammenhang mit lyrischen Sprachexperimenten entwickelte Idee einer universalen Wortkunsttheorie, die zu immer umfangreicheren Fassungen des *Phantasus*-Zyklus führte (vgl. *Phantasus,* 1898/99), wendet Holz nun auch auf die Form des Dramas an. Die Kunstthematik wird bereits durch den äußeren Rahmen des Künstlermilieus angedeutet, das allerdings nicht naturalistisch zu verstehen ist: Die äußeren Vorgänge der Tragödie zeigen symbolische Transparenz.
Sabine, die Tochter des zu Ruhm gelangten Bildhauers Lipsius, hat sich nach einem inzestuösen Erlebnis mit ihrem Vater aus dessen Lebenskreis entfernt und führt unter Verleugnung ihrer Herkunft

als »La bella Cenci« bzw. Beatrice ein neues Leben als Schauspielerin. Lipsius gelingt es, das Inzesterlebnis, das er anfangs aus Konvention und Sitte abzuwehren versucht hat, einem Schaffensimpuls unterzuordnen, dem er die Produktion seines vollkommensten Kunstwerks verdankt: »*Unter Auslöschung seines Selbst und dessen Bewußtsein (Inzest)*« verschmilzt er mit der dargestellten Natur (W. Emrich). Dagegen beeinträchtigt das verdrängte Inzesterlebnis Beatrices Ehe mit dem Maler Hollrieder, der durch Beatrice Möglichkeiten und Grenzen seiner künstlerischen Produktivität erfährt. Ein – wie sein Malerfreund Url formuliert – »*vielleicht zu übertriebener Wirklichkeitsfanatismus*« führt ihn zu der tragischen Einsicht in die unüberbrückbare Kluft zwischen »Natur« in ihrer universalen Bedeutung und Kunst: Sein Gemälde »Sonnenfinsternis«, in dem er die Darstellung des »Lebens« selbst erreicht zu haben glaubt, fällt bei einem Vergleich mit einem beliebigen Stück Natur totaler Entwertung anheim. Das Scheitern seines Kunstanspruchs findet symbolisch Bestätigung im Untergang Beatrices, die ihrem Vater in den – nicht klar motivierten – Freitod folgt. Hollrieder empfindet sich angesichts des unglücklichen Endes Beatrices, die als Allegorie des Lebens erscheint, als »Mörder«. Als letzte ekstatisch erfahrene Erkenntnis entwirft er die Vision des »Berges des Lebens«, in welcher die »*ganze … ruchlos infame … widrige … scheußliche, lächerliche, nichtswürdige Sinnlosigkeit … die sich ›Leben‹ nennt*« zur Darstellung kommt.

Die Tragödie handelt weder von Charakteren noch von sozialen Problemen, wie frühere Dramen des Autors, in ihrem Zentrum steht vielmehr eine tragische Selbstreflexion von Holz' Kunsttheorie. Seine Formel »*Die Kunst hat die Tendenz, wieder die Natur zu sein*«, die diese Theorie *in nuce* enthält, wird Hauptmotiv tragischer Darstellung. Hollrieder formuliert seine Tragödie als Künstler mit der Erkenntnis, daß »*das … Unsagbare, das … Unnennbare, das Unbegreifbare … das aus jedem Windhauch weht, das zarte, entzückend … rätselhafte … immer schillernd wechselnd … lebendige … Zittern der Seele*«, »*das Hinter-allen-Dingen … so bitter wir auch darum ringen*«, in der Kunstreproduktion sich »*nicht mehr erreichen*« läßt. – Holz sublimiert den naturalistischen Sekundenstil – in Anlehnung an die Wortschwellungstechnik der *Phantasus*-Lyrik – zu einer minuziösen Nachzeichnung menschlicher Verhaltensweisen. Gestik und Mimik dominieren dabei über den eigentlichen dramatischen Dialog. Die sprachlich unartikulierten Reaktionen auf die Rede werden wichtiger als die Inhalte der Rede, die gegenüber den zeichenhaften Symptomen innerer Vorgänge zurücktreten.

Ungeachtet solcher Anknüpfung an frühere Positionen seiner naturalistischen Sprachtheorie entfernt sich Holz der gesamten Formintention nach von der naturalistischen Poetik, besonders im Hinblick auf die Milieutheorie und soziale Tendenzen. Dem relativistischen, gesellschaftlich bedingten Tragikbegriff setzt Holz eine neue Metaphysik des »Schicksals« und damit einen neuen Tragik-Begriff

entgegen; die Aufnahme des Inzestmotivs – ein tragisches Motiv des antiken Theaters – ist hierfür charakteristisch. Durch die Allegorisierung der dramatischen Vorgänge und die sich mehrfach ins Ekstatisch-Visionäre steigernde Gebärdensprache nähert sich Holz Stiltendenzen des Expressionismus.

U.H.

AUSGABEN: Bln. 1908. – Neuwied/Bln. 1962 (in *Werke*, Hg. W. Emrich u. Anita Holz, 7 Bde., 1961–1964, 4).

LITERATUR: L. Trotzkij, »*Sonnenfinsternis*« (in L. T., *Literatur und Revolution, nach der russischen Erstausgabe von 1924 übersetzt von Eugen Schaefer und Hans von Riesen*, Bln. 1968, S. 360–366).

TRAUMULUS

»Tragische Komödie« in fünf Akten von Arno HOLZ und Oskar JERSCHKE (1861–1928), Uraufführung: Berlin, 24. 9. 1904, Lessingtheater. – Nach seiner für die zeitgenössische Literatur überaus fruchtbaren Zusammenarbeit mit Johannes SCHLAF (*Papa Hamlet*, 1889, *Die Familie Selicke*, 1890) wandte sich der theoretische Begründer des »*konsequenten Naturalismus*« wieder traditionelleren Formen zu. Auch thematisch ist das erfolgreiche Stück, wiederum eine Koproduktion, einem Problemkreis verpflichtet, der um die Jahrhundertwende Autoren wie Publikum gleichermaßen beschäftigte und zu erregten Diskussionen führte: der satirisch oder tragisch behandelte Konflikt, der sich an der absoluten, autoritären Schulstruktur der Wilhelminischen Epoche, am prekären Lehrer-Schüler-Verhältnis entzündete (F. WEDEKIND, *Frühlings Erwachen*, 1891; M. DREYER, *Der Probekandidat*, 1899; H. MANN, *Professor Unrat*, 1905; H. HESSE, *Unterm Rad*, 1906; R. MUSIL, *Die Verwirrungen des Zöglings Törleß*, 1906).

Das »Königliche Gymnasium« einer Provinzstadt, geleitet von Professor Niemeyer, der wegen seines »*haarsträubenden Idealistendusels*« Traumulus genannt wird, bereitet für den Besuch Kaiser Wilhelms ein »*patriotisches Schauspiel*« vor, gespielt von den Gymnasiasten und der jungen Schauspielerin Lydia Link. Der Landrat von Kannewurf, ein dezidierter Feind des Direktors, sucht einen öffentlichen Skandal herbeizuführen, um die Entlassung Niemeyers zu bewerkstelligen: Wie ihm von dafür eigens vorgesehenen Spitzeln hinterbracht wurde, ist der junge Kurt von Zedlitz, Lieblingsschüler des Professors, nicht nur in einem der anrüchigsten Lokale der Stadt mit Lydia Link, angeblich einer »*stadtbekannten Kurtisane*«, gesehen worden, sondern hat auch die Nacht in ihrem Hause zugebracht. Zunächst scheint Traumulus, zutiefst betroffen über ein mögliches Versagen als Erzieher, in seiner Annahme, so »*sittlich verkommen*« könne sein Zögling denn doch nicht sein, bestätigt. Denn Zedlitz entschließt sich, obwohl es ihn dazu drängt, dem verehrten Lehrer die Wahrheit zu sagen, über seinen nächtlichen Verbleib zu schweigen und lediglich den Lokalbesuch zuzugeben, da er die Stellung des Direktors nicht gefährden will. Traumulus, überzeugt von der »*sittlichen Reinheit*« seines Zöglings, die »*immer noch das Fundament einer gesunden Entwicklung ist*«, muß seine Blindheit jedoch bald einsehen. Nicht nur die Wahrheit über Zedlitz kommt ans Licht, sondern Niemeyer entdeckt zudem, daß er von seiner Familie jahrelang hintergangen wurde: Seine Frau betrügt ihn mit einem Assessor, macht überdies ohne sein Wissen hohe Schulden in seinem Namen, sein Sohn unterschreibt gefälschte Wechsel; seine Schüler, die einen Geheimbund (»Die Mehlkiste«) gegründet haben, umgehen seine Verbote heimlich. In seiner Enttäuschung genauso blind wie vorher in seinem Vertrauen, tut er dem jungen Zedlitz gerade dann unrecht, als dieser die Wahrheit sagt und um Verzeihung bittet: »*Sie haben jedes Bitten bei mir verwirkt . . . Sie sind ein Verbrecher.*« Auf diese Anklage hin verläßt ihn Zedlitz verzweifelt und erschießt sich. Zu spät sieht der erschütterte Lehrer seine erneute Blindheit ein: »*Ich bin sein Mörder . . . Zum ersten Mal heute habe ich den Glauben verleugnet, der mich getragen hat . . . Eine einzige Untreue gegen sich selbst kann doch unmöglich die ganze Summe eines arbeitsschweren Lebens vernichten . . . Die Welt wäre ein blöder brutaler Zufall.*« Über der Leiche Kurts kommt überraschend die Versöhnung des Landrats mit dem Direktor zustande: »*Lieber Herr Direktor, wir sind keine Gegner mehr!*«

Der sentimental gefärbte Schluß stellt jedoch zugleich den gesellschaftskritischen Aspekt des Stücks heraus: die Kritik am unmenschlichen Räderwerk der Bürokratie, das eine kleinbürgerliche Fehde tödlich enden läßt. Denn nicht nur der Blindheit seines Lehrers fällt Zedlitz zum Opfer, sondern auch einem fragwürdigen Sittenkodex, dem sich der Idealist »Traumulus« wie der »Pragmatiker« von Kannewurf fraglos verschrieben haben. U.Ba.

AUSGABE: Mchn. 1905.

VERFILMUNG: Deutschland 1935 (Regie: C. Froelich).

WILLIAM DOUGLAS HOME

* 3.6.1912 Edinburgh

THE CHILTERN HUNDREDS

(engl.; *Die »Chiltern Hundreds«*). Komödie in drei Akten von William Douglas HOME, Uraufführung: Brighton, 18. 8. 1947, Theatre Royal. – Dank der Aktualität des Themas – die Geschehnisse spielen sich im Sommer 1945 ab – fand das vierte Stück des produktiven, bühnenwirksamen Dramatikers aus schottischer Adelsfamilie (eines Bruders des berühmten Tory-Politikers) bei seinem Erscheinen in England großen Anklang. Sein Aufbau zeigt durch die Unterteilung der drei Akte in jeweils zwei Szenen symmetrische Geschlossenheit. Schauplatz der Handlung ist das Schloß des Earl of Lister. Lord Pym, der Sohn des Earls, erfährt, daß bei einer Wahl für das Unterhaus sein Sitz, der seit 200 Jahren von einem Tory eingenommen wurde, an ein Mitglied der Labour Party verlorengegangen ist. Aber schon eine Woche später wird der siegreiche Gegner zum Staatssekretär mit Sitz im Oberhaus ernannt. Er überredet Lord Pym dazu, bei der Nachwahl für die Labour Party zu kandidieren. Nun scheint Pyms Wahl gesichert. Seine amerikanische Verlobte jedoch, die ihm ihre politischen Fähigkeiten und ihre Auffassung von demokratischen Wahlen demonstrieren will, hat den Butler Beecham dazu bewogen, sich als Gegenkandidat für die Konservativen aufstellen zu lassen. Die unberechenbare Wählerschaft entscheidet sich mit knapper Mehrheit für ihn. Doch inzwischen ist sich der Butler darüber klargeworden, daß Westminster wohl kaum der richtige Platz für ihn ist, und er macht von seinem durch die Wahl erworbenen Privileg Gebrauch, sich für die »Chiltern Hundreds« zu bewerben (einem nur noch pro forma existierenden, der Krone unterstehenden Verwaltungsposten in Buckinghamshire); dies ist der einzige Weg für ein gewähltes Mitglied, seinen Sitz im Unterhaus zurückzugeben.

Indem Home sich über beide Lager lustig macht, gibt er zu verstehen, daß ihm die persönlichen Qualitäten der einzelnen wichtiger sind als dessen Parteibuch. Obwohl die Vorgänge um die Wahlen einen breiten Raum einnehmen, bildet doch die Figur des alten Earl den heiteren Mittelpunkt des Stückes. Er entspricht in keiner Weise der gängigen Vorstellung vom »Eton-Boy«, steht abseits aller Parteipolitik und bleibt von allen damit zusammenhängenden Ereignissen unberührt. Selbst als jedermann gespannt auf das Wahlergebnis wartet, bewegt ihn nur eins: der Schaden, den Kaninchen und Füchse auf seinem Gut angerichtet haben. In Anspielungen auf die Presse, das Public-School-System und die Nachkriegsprobleme eines adeligen Haushalts zeigen sich Ansätze zur Satire, im ganzen aber bleibt die Komödie auf dem Boden eines erfrischenden, volkstümlichen Humors. Das Stück lief im Londoner Vaudeville Theatre zwei Jahre lang (ab 26. 8. 1947) und wurde auch in New York unter dem Titel *Yes, M'Lord* 1949 ein Theatererfolg. J.Ke.

AUSGABEN: Ldn. 1949. – Ldn. 1958 (in *The Plays of W. D. H.*).

LITERATUR: J. C. Trewin, *Dramatists of To-Day*, Ldn. 1953, S. 205–209. – M. J. Mendelsohn, *W. D. H.* (in DLB, Bd. 13, 1982, S. 247–254).

HOMER

2. Hälfte 8.Jh. v. Chr. ionisches Kleinasien

LITERATUR ZUM AUTOR:
Bibliographien und Forschungsberichte:
D. W. Packard u. T. Meyers, *A Bibliography of Homeric Scholarship*, Malibu/Calif. 1974. –
A. Heubeck, *Die homerische Frage. Ein Bericht über die Forschung der letzten Jahrzehnte*, Darmstadt 1974 (EdF). – J. Latacz, *Spezialbibliographie zur Oral Poetry-Theorie in der H.-Forschung (ca. 1750–1977)* (in J. L., *H. Tradition u. Neuerung*, Darmstadt 1979, S. 573–618; WdF).
Indices und Speziallexika:
H. Ebeling u. a., *Lexicon Homericum*, 2 Bde., Lpzg. 1880–1885. – C. E. Schmidt, *Parallel-H. oder Index aller homerischen Iterati in lexikalischer Anordnung*, Göttingen 1885. – E. Seiler, *Wörterbuch zu H.*, Hannover 1889. – A. Gehring, *Index Homericus*, 2 Bde., Lpzg. 1891–1895; Nachdr. Hildesheim/NY 1970 [verb.]. –
F. Bechtel, *Lexilogus zu H.*, Halle/Saale 1914; Nachdr. Hildesheim 1964.
Gesamtdarstellungen und Studien:
G. Finsler, *H.*, Lpzg./Bln. ²1914. – M. P. Nilsson, *H. and Mycenae*, Ldn. 1933. – J. Irmscher, *Götterzorn bei H.*, Lpzg. 1950. – W. Marg, *H. über die Dichtung*, Münster 1957. – G. S. Kirk, *The Songs of H.*, Cambridge 1962. – E. Bradford, *Reisen mit H.*, Bern/Mchn. 1964. – C. M. Bowra, *Heldendichtung*, Stg. 1964. – A. B. Lord, *Der Sänger erzählt. Wie ein Epos entsteht*, Mchn. 1965. – W. Schadewaldt, *Von H.s Welt u. Werk*, Stg. ⁴1965. – K. Meister, *Die homerische Kunstsprache*, Darmstadt 1966. – A. Lesky, *Homeros*, Stg. 1967 [Sonderdr. aus RE, Suppl. 11, Sp. 687–846]. – H. Fränkel, *Dichtung u. Philosophie des frühen Griechentums*, Mchn. ³1969, S. 6–94. – J. B. Hainsworth, *H.*, Oxford 1969. – S. Deger, *Herrschaftsformen bei H.*, Wien 1970. – A. Dihle, *H.-Probleme*, Opladen 1970. – *The Making of Homeric Verse. The Collected Papers of Milman Parry*, Hg. A. Parry, Oxford 1971. – J. Th. Kakridis, *H. Revisited*, Lund 1971. – Lesky, ³1971, S. 29–98 [m. Bibliogr.]. – R. Friedrich, *Stilwandel im homerischen Epos*, Heidelberg 1975. – Ch. Bark, *Wort u. Tat bei H.*, Hildesheim 1976. – G. S. Kirk, *H. and the Oral Tradition*, Cambridge 1976. – R. Finnegan, *Oral Poetry*, Cambridge 1977. – *H. Tradition and Invention*, Hg. B. C. Fenik, Leiden 1978. – H. Bannert, *H. in Selbstzeugnissen u. Bilddokumenten*, Reinbek 1979 (rm). – C. M. Bowra, *H.*, NY ²1979. – J. Griffin, *H. on Life and Death*, Oxford 1980. – G. Wickert-Micknat, *Unfreiheit im Zeitalter der Homerischen Epen*, Wiesbaden 1983. – J. Latacz, *Das Menschenbild H.s* (in Gymn, 91, 1984, S. 15–39). – Ders., *H. Eine Einführung*, Mchn. 1985. – R. Gordesiani, *Kriterien der Schriftlichkeit u. Mündlichkeit im homerischen Epos*, Ffm. 1986.

ILIAS

(griech.; *Ilias*). Epos des HOMER in rund 15 000 Versen, frühestes Zeugnis der griechischen Dichtung, entstanden etwa in der zweiten Hälfte des 8. Jh.s v. Chr. – Der Titel *Ilias* ist von »Ilion« abgeleitet, dem zweiten Namen der in Kleinasien gelegenen Stadt Troja, mit deren um 1200 v. Chr. erfolgter Zerstörung der auf 24 Bücher verteilte Stoff der *Ilias* in enger Beziehung steht: Das Epos schildert Kämpfe zwischen griechischen Belagerern und troischen Verteidigern und berichtet von Zerwürfnissen innerhalb des Griechenheers, nach deren Beilegung das Ende der Stadt nur noch eine Frage der Zeit ist.

Seit Heinrich SCHLIEMANN im Jahr 1870 auf dem türkischen Hügel Hissarlik nahe den Dardanellen die Trümmer Trojas ausgegraben hat, ist die Stadt endgültig aus der Sphäre vorzeitlicher Sagenwelt in den Bereich geschichtlicher Wirklichkeit gerückt. Das hat mittelbar auch dazu geführt, daß der Dichter Homer, der im Verlauf einer jahrhundertelangen Diskussion über die »Homerischen« Epen seine Personalität weitgehend eingebüßt hatte, endlich wieder zu einer realen historischen Gestalt werden konnte. Diese vieldiskutierte »homerische Frage« hatte verschiedene Gründe: das Nebeneinander verschiedener Kulturschichten (Formen der Bewaffnung, Kultgebräuche usw.); unerklärliche Widersprüche; unmotiviert erscheinende Verse oder Versgruppen; ungeschickt und schablonenhaft wirkende Wiederholungen von Versen oder auch ganzen Episoden; das schroffe Nebeneinander von archaisch anmutendem, katalogartigem Reihungsstil und »zuspitzenden« Kompositionsformen, wie etwa dramatischen Szenen mit Rede und Gegenrede nach Art des späteren Dramas; dazu der Eindruck, manche Abschnitte seien so in sich geschlossen, daß sie sich mühelos als selbständige Einheiten aus dem Gesamtverband des Epos herauslösen ließen – all das und manches andere schien der Annahme einer einheitlichen Konzeption dieses Epos entschieden zu widersprechen. Solcherlei Beobachtungen wirkten von den alexandrinischen Philologen über das Mittelalter hinweg fort, verstärkten sich unter dem Einfluß des im Spätmittelalter und in der frühen Neuzeit so beliebten Wertvergleichs zwischen Homer und VERGIL und führten schließlich über die *Conjectures académiques ou Dissertations sur l'Iliade*, 1715 (*Gelehrte Mutmaßungen oder Erörterungen über die Ilias*), des Abbé Hédelin d'AUBIGNAC zu Friedrich August WOLFS berühmten und folgenreichen *Prolegomena ad Homerum* (*Vorwort zu Homer*) von 1795. Wolf vertrat mit Nachdruck die These, die *Ilias* stamme gar nicht von dem Dichter Homer – einen solchen habe es nie gegeben –, sondern sei eine unvollkommene Verknüpfung von Einzelstücken aus der epischen Tradition der Rhapsoden, die, den fahrenden Sängern des Mittelalters vergleichbar, an den Höfen die griechischen Heldenlieder vortrugen. Unsere »Homerischen Epen« seien im 6. Jh. v. Chr. entstanden, anläßlich der in der Spätantike bezeugten, nach dem athenischen Tyrannen Peisistratos (reg. ca. 560–527) benannten »Peisistratischen Redaktion«; damals seien die frühgriechischen Heldenlieder, aus einer schriftlosen Zeit stammend und bislang mündlich tradiert, erstmals schriftlich fixiert worden. Die mündliche Tradition und die künstliche Verbindung einzelner, getrennt entstandener Teile seien für die Unstimmigkeiten im großen und in den Einzelheiten verantwortlich.

Im Verlauf der nun auf breiter Ebene einsetzenden wissenschaftlichen Diskussion zwischen denen, die Wolfs Ansätze weiterentwickelten – den »Analytikern« –, und denen, die trotz allem die Einheitlichkeit der Homerischen Epen zu erweisen suchten – den »Unitariern« –, wurden auf analytischer Seite die Theorien Wolfs vielfach ergänzt oder modifiziert. Nach der »Erweiterungstheorie« hätte man ein Kerngedicht anzunehmen, eine »Ur-Ilias«, die durch spätere Einschübe zum Umfang der heutigen *Ilias* »aufgeschwellt« worden ist. Die »Liedertheorie« führte unter dem Eindruck der Thesen, die der Germanist Karl LACHMANN über die Entstehung des *Nibelungenliedes* aufgestellt hatte, zu der Annahme, auch die *Ilias* könne in eine Anzahl einzelner Heldenlieder zerlegt werden, die aufgrund ihrer gemeinsamen Abstammung aus einer bestimmten epischen Tradition eine spätere Zusammenfügung ermöglichten. Andreas HEUSLERS Nachweis, daß zwischen der knappen Ausdrucksweise des Liedes und dem weiter ausladenden Epos eine grundsätzliche stilistische Typenverschiedenheit besteht, machte es indes unwahrscheinlich, daß Lieder sich ohne weiteres in Epen überführen ließen: Die »analytische« Konsequenz war die »Kompilationstheorie«, die besagte, es seien einige wenige Kleinepen zum Großepos *Ilias* kompiliert worden.

Mochten die Vertreter der Analyse auch zu verschiedenen Thesen kommen, gemeinsamer Ausgangspunkt all ihrer Überlegungen blieben die vermeintlichen oder tatsächlichen Ungereimtheiten des Homer-Textes. Gemeinsam war den »Analytikern« auch die Bewertung der verschiedenen Schichten: Was alt war, galt als »gut«, was jung war, als »schlecht«, als Werk eines späteren Bearbeiters, der eben nicht der große Homer war, sondern anonym bleiben mußte. Während dieser Redaktor im frühen Stadium der Homer-Analyse teilweise als unfähiger Stümper galt, wurde ihm im weiteren Verlauf der Forschung, etwa von U. v. WILAMOWITZ-MOELLENDORFF in *Die Ilias und Homer* (1917), der Rang eines beachtlichen Könners zuerkannt, dem nur der eine Mangel anhaftete, daß er den alten Homerischen Urtext durch seine Einschübe entstellt und verfälscht habe.

Dieses Ansteigen der Wertschätzung des Homer-Textes in seiner vorliegenden Form deutet schon die Wende an, die dann die Forschungen Wolfgang SCHADEWALDTS für die Homer-Diskussion bringen sollten. Ergebnisse aus den verschiedensten Bereichen der Altertumswissenschaft bereiteten diesen Umschwung vor. Spuren einer Einwirkung der *Ilias* auf Malerei und Literatur legten eine Datierung des Epos auf die zweite Hälfte des 8. Jh.s v. Chr. nahe; für diese Zeit ist aber durch epigraphische und historische Forschungen die Existenz einer griechischen Schrift erwiesen. Damit entfällt die Notwendigkeit, eine mündliche Abfassung des überlieferten *Ilias*-Textes anzunehmen. Ferner rückten Forschungen der Sprachwissenschaft, der Archäologie, der Kulturgeschichte usw. die Zeit zwischen der griechischen Einwanderung und der Entstehung der *Ilias*, also das gesamte zweite und die Anfänge des ersten vorchristlichen Jahrtausends, ins Licht historischer Betrachtung. Es zeigte sich, daß die in der *Ilias* besungenen Ereignisse in die sogenannte kretisch-mykenische Periode gehören und der Entstehung der *Ilias* mehrere Jahrhunderte vorausgingen. Die nun tatsächlich mündlich tradierten Beschreibungen jener Vorgänge müssen eine umfangreiche epische Tradition gebildet haben, die die stoffliche Voraussetzung für die *Ilias* war. Träger dieser Tradition waren die Rhapsoden, die, in festem Zunftzusammenhang stehend, ihr Rüstzeug weitervererbten, das neben der Kenntnis der Stoffe in der Beherrschung eines umfangreichen Arsenals von festen Formeln, vorgeprägten Versteilen, Versen, Versgruppen und typischen Szenen bestand. Im Besitz dieses Könnens konnte der Rhapsode nach Wunsch jede beliebige Geschichte in jeweils spontaner Neuschöpfung vortragen, wie es ja noch Gestalt und Rolle des Sängers in der *Odyssee* zeigen. Durch Untersuchung von – mündlich tradierten – Beispielen der slavischen Heldenepik, also von Beispielen einer gewissermaßen vorliterarischen Volkspoesie aus anderer Zeit und außergriechischem Bereich, haben MURKO, PARRY und BOWRA die gleichartigen Grundstrukturen und Entstehungsbedingungen solcher »*oral composition*« (M. Parry) aufgedeckt und eine illustrative Parallele für die vorhomerische epische Tradition enthüllt.

Das alles bedeutet für die Homer-Diskussion geradezu eine Umkehrung der bisherigen Aspekte. Die tatsächlich aufweisbaren Schichten verschiedenen Alters in den Homerischen Epen nötigen nicht mehr zu der Vorstellung einer erhabenen Urform, die durch spätere Bearbeitung verdorben worden wäre, sondern die uns überkommene *Ilias* ist die abschließende Neugestaltung, für die eine lange historische und epische Tradition das Baumaterial und viele Bauformen bereitgestellt hat. Die Rhapsodentradition, in der der Verfasser der *Ilias* steht und der er wohl auch seinen aus ionischen und äolischen Bestandteilen gemischten Kunstdialekt verdankt, gibt eine plausible Erklärung für weitaus die meisten der in Antike und Neuzeit so beanstandeten formelhaften Verse und Szenen. Ja, viele der von den Analytikern so oft beanstandeten Merkwürdigkeiten bekommen sogar einen tiefen Sinn, betrachtet man nur erst einmal den kompositorischen Gesamtplan, der, wie Schadewaldt gezeigt hat, dem Geschehen der *Ilias* zugrunde liegt.

Wie schon die erste Zeile des Werks (»*Singe mir, Muse, den Zorn des Peleussohnes Achilleus*«) zeigt, ist das Zentralmotiv der *Ilias* der Zorn, die *mēnis*, des

Achilleus, und die ganze Handlung der *Ilias* erzählt nichts anderes als die Geschichte vom Entstehen, den Folgen und dem Vergehen dieses Zornes. Er entsteht (Buch 1) bei einem Streit zwischen Achilleus und dem obersten griechischen Heerführer Agamemnon. Dieser hat sich geweigert, dem troischen Apollonpriester Chryses die gefangengenommene Tochter Chryseis zurückzugeben, worauf das griechische Heer von Apollon mit einer Seuche gestraft wurde. Achilleus, der hervorragendste Kämpfer der Griechen, hat sich zum Sprecher derer gemacht, die auf die Herausgabe der Gefangenen drängen. Um sich zu rächen, fordert Agamemnon als Ersatz und Genugtuung Achills Gefangene, die schöne Briseis, und Achill muß dem Heerführer gehorchen. Aber er fühlt sich gekränkt und beschließt, am Kampf nicht mehr teilzunehmen. Seine Mutter, die Meergöttin Thetis, erfleht von Zeus die Wiederherstellung der Ehre ihres gekränkten Sohnes, und Zeus beschließt, den Troern so lang die Oberhand über die Griechen zu geben, bis diese die Beleidigung des Achilleus gesühnt haben. So werden die Kämpfe um die Stadt Troja in einen höheren Zusammenhang gestellt, erhalten eine Funktion als Erfüllung eines göttlichen Plans. Wenn nach der exponierenden Vorstellung der Heere und der Hauptkämpfer (Buch 2 und 3) die Troer langsam vordringen, so tragen diese Erfolge deutlich den Charakter von etwas Vorläufigem: Parallel dazu läuft eine ganze Reihe von Weissagungen über das Ende der Stadt, die zeigen, daß der Sieg der Troer befristet ist. Auf griechischer Seite kommen solche Weissagungen beispielsweise von Agamemnon (Buch 4), bei den Troern ist der Seher Pulydamas der Warner (Buch 12; 13; 17), der sich gerade dann an Hektor wendet, als diesem der Sieg greifbar nahe erscheint. Hektor selbst wiederum sagt in der berühmten Begegnung mit seiner Gattin Andromache (Buch 6) – einem der Höhepunkte des Werks – sein und seiner Vaterstadt Ende deutlich voraus, zum Teil gleichlautend mit den Worten des Agamemnon (gerade das ist alles andere eher als eine schablonenhafte Verswiederholung im Sinne der Analyse).

Parallel zu dieser Kette menschlicher Vorausdeutungen eröffnet Zeus nach der Zusicherung an Thetis (Buch 1) seine Pläne seiner Gattin Hera, zunächst in Andeutungen (Buch 2 und 4), sodann in großer Ausführlichkeit im Rahmen einer Götterversammlung (Buch 15). Diese Götter, die in lockerer, familienähnlicher Gemeinschaft – man hat ihren Kreis mit der indogermanischen Großfamilie oder der Hierarchie des mykenischen Fürstenhofs verglichen – in ihren Palästen auf dem Olymp wohnen, sehen von dort oder vom Idagebirge aus nicht nur den Kämpfen zu, sondern greifen auch – oft in einander keineswegs wohlgesinnter Tendenz – unmittelbar in das Geschehen ein. Das zeigt sich etwa, wenn Athena, die Lieblingstochter des Zeus, Achill daran hindert, sich im Streit mit Agamemnon gewaltsam Genugtuung zu verschaffen, oder wenn sie nach dem Zweikampf zwischen dem Spartanerkönig Menelaos, dem Gemahl Helenas, und dem

troischen Prinzen und Helena-Entführer Paris den Troer Pandaros anstiftet, Menelaos durch einen Pfeilschuß zu verwunden und so den für die Zeit des Zweikampfs vereinbarten Waffenstillstand zu brechen, so daß die Troer mit neuer Schuld beladen werden und der Kampf erneut entbrennt. Das Eingreifen der Götter zeigt sich auch, wenn Athena dem Griechen Diomedes in seinem großen Siegeslauf, seiner »Aristie« (Buch 5), immer neue Kräfte verleiht und ihm sogar hilft, die Göttin Aphrodite und den Kriegsgott Ares, die den Troern Hilfe bringen wollen, zu verwunden. Das wird weiter deutlich, wenn Zeus schließlich, um seinen Plan zu verwirklichen, den Göttern, vor allem den griechenfreundlichen, die Teilnahme am Kampf ganz verbietet (Buch 8) und wenn die griechenfreundlichen Götter Hera und Poseidon, Gattin und Bruder des Zeus, versuchen, heimlich wieder in den Kampf einzugreifen (Buch 13 und 14), und von den troerfreundlichen Göttern Apollon und Iris im Auftrag des Zeus wieder zurückgerufen werden müssen (Buch 15). Hektor wiederum ist inzwischen mit Hilfe des Apollon gegen den Widerstand der ohne Achilleus weiterkämpfenden Griechenhelden allmählich bis ins Griechenlager vorgedrungen und droht die Schiffe in Brand zu stecken (Buch 15). Auch dieses siegreiche Vordringen entspricht einer Voraussage des Zeus, der Hektor durch die Götterbotin befohlen hat (11), mit dem Hauptangriff bis zur Verwundung des Agamemnon zu warten; und Agamemnon, der nach einer durch erste Rückschläge der Griechen (Buch 8) veranlaßten vergeblichen Bittgesandtschaft an Achilleus (Buch 9) zusammen mit Diomedes und Odysseus zunächst die Troer weit zurückgeworfen hat, muß schließlich tatsächlich verwundet den Kampfplatz verlassen (Buch 11), so daß die Troer ins Griechenlager einfallen können (Buch 12), wo nur noch Aias ihrem Ansturm standhält (Buch 15). An dieser Stelle tritt in der Durchführung des Zornmotivs eine Wende ein. Achilleus hat der Bittgesandtschaft gegenüber (Buch 9) einen Sinneswandel für den Fall in Aussicht gestellt, daß die Troer die Schiffe bedrohen würden. Jetzt läßt er seinen Freund Patroklos auf dessen Bitten in seiner eigenen Rüstung in den Kampf ziehen. Dieser verjagt die Troer, greift gegen das Verbot Achills die Stadt an und erobert sie beinahe; doch er wird von Hektor mit Hilfe Apollons getötet, den Zeus geschickt hat, um nicht seinen Plan durch Patroklos scheitern zu sehen (Buch 16). In diesem Augenblick des Geschehens wandelt sich Achills Zorn über die Kränkung in Zorn auf den Mörder seines Freundes (Buch 18): Er bietet den Griechen Versöhnung an, Agamemnon ist bereit, die Beleidigung durch Geschenke und die Herausgabe der Briseis zu sühnen. Damit hat sich zwar die Motivation der *mēnis* gewandelt, aber da der Tod des Patroklos eine Folge des ursprünglichen und zugleich die Ursache des neuen Zorns des Achilleus ist, gehören beide Zornmotive unlösbar zusammen. Mit der Versöhnung im Griechenlager finden auch die Voraussagen des Zeus aus dem ersten Buch ihre

Erfüllung – das Vordringen der Troer ist nach dem Tod des Patroklos und mit Achills Bereitschaft, wieder zu kämpfen, beendet. Denn das Versprechen des Zeus an Hektor (in Buch 11) setzte als Zielpunkt das Erreichen der Schiffe, nicht aber ihre Zerstörung, und war bis zum Abend befristet; es stimmte so zugleich durchaus zu den Voraussagen des Göttervaters. Am klarsten tritt dieser – von Hektor nicht beachtete – Sinn des Versprechens zutage, wenn Zeus vom Olymp aus zusieht, wie Hektor die dem Patroklos geraubte Rüstung des Achill anlegt, wenn er dabei an den so nahen Tod dieses stolzen und siegessicheren Mannes denkt und ihm, beinahe als Entschädigung für sein nahes Ende, noch einmal Kraft gibt, die Griechen wieder an den Rand des Lagers zurückzudrängen (Buch 17/18): Dort aber wandeln allein schon der Anblick und der Wutschrei des unbewaffnet am Graben sich zeigenden Achilleus den Ansturm der Troer in Flucht.

Auch im Schlußteil des Werks greifen die Götter in das irdische Geschehen ein. Die Götterbotin Iris, von Hera gesandt, weist Achilleus an, die Troer zu verjagen; der Gang der Thetis zu Hephaistos, dem Gott des Feuers und der Schmiedekunst, verschafft Achilleus eine neue, herrliche Rüstung (Buch 18). Ferner erlaubt Zeus wieder das Eingreifen der Götter in die Schlacht. Sie schützen den Aineias und zunächst auch Hektor vor dem Wüten des Achill (Buch 20/21); diesem wiederum kommt das Feuer im Kampf gegen den Flußgott Skamandros zu Hilfe, der, vom Blut der vielen Opfer Achills verunreinigt, diesen zu ertränken droht. Der Kampf der Elemente greift sogar auf den Olymp über – Athena besiegt Ares und Aphrodite, Apoll weicht vor Poseidon zurück, Hera schlägt Artemis –, es ist ein Ringen, das den Kosmos erschüttert und zu zerspalten droht. Dieses Ineinandergreifen von menschlichem und göttlichem Handeln tritt noch einmal in den Vorgängen hervor, die zum Tod Hektors führen. Er wird zunächst von Apollon entrückt, will dann dem Gegner Achill standhalten, wendet sich vor dessen furchterregendem Anblick doch zur Flucht, rast, von Apollon gestärkt, dreimal um die Stadt, dicht gefolgt von Achilleus, bis schließlich Athena sich in die Gestalt des Hektor-Bruders Deiphobos hüllt und Hektor zum entscheidenden Kampf überredet – Zeus hat die Todeslose gewogen, Hektor wird seinem Schicksal nicht entfliehen, und Apollon kann nicht mehr verhindern, daß Athena ihren Liebling Achill auch während des Zweikampfs unterstützt (Buch 22). Die Aktivität der Götter beweist sich ein letztes Mal, wenn sie auf Drängen Apolls den Sieger zur Herausgabe des toten Hektor veranlassen, den der Grieche nach der Bestattung des Patroklos (Buch 23) in unersättlichem Rachedurst noch über den Tod hinaus zu strafen sucht, indem er ihn immer wieder, an den Streitwagen gebunden, um das Grabmal des Freundes schleift – Apollon aber bewahrt den Leichnam seines toten Schützlings vor Zerstörung und Verwesung (Buch 24). Am Schluß kommt der alte troische König Priamos auf Befehl und unter dem Schutz der Götter heimlich zu Achilleus, um die Freigabe seines toten Sohnes zu erbitten, und angesichts der ehrwürdigen Erscheinung des Greises legt sich der Zorn des Griechen; mit der Rückkehr des Leichenzugs in die Stadt endet das Epos. So zeigt sich am Ende noch einmal in aller Deutlichkeit, daß das Ganze eine Geschichte vom Entstehen, Wirken und Verlöschen des Achilleus-Zorns ist: Das Ende der Stadt – uns aus andern Zusammenhängen bekannt (vgl. *Epikos kyklos – Epischer Zyklus*) – wird in der *Ilias* überhaupt nicht mehr beschrieben, man kann es nur erahnen aus der Tatsache des Todes von Hektor.

Die Konsequenz, mit der die gesamte Handlung von Anfang bis Ende auf ein einziges Thema (den Zorn) bezogen ist, die Konzentration aller kompositorischen, sprachlichen und stilistischen Mittel auf ein einziges Ziel hin, die überzeugende und stringente Entfaltung dieses Zentralmotivs – all das zeigt den planenden Geist und die gestaltende Arbeit eines Mannes, der zwar aus dem Fundus der epischen Überlieferung schöpft, der aber nicht einfach fertig vorliegende Traditionselemente zusammensetzt, sondern das Vorgefundene, nach einem einheitlichen Plan vorgehend, in einen völlig neuen Zusammenhang stellt und selbst die der rhapsodischen Zunfttradition entnommenen Wendungen, Verse und Szenen dazu benutzt, die Masse des Stoffs durch Anspielungen, vor- und rückwärtsweisende Verbindungen, durch Motiv- und Gedankenketten zu gliedern und zu ordnen, und der schließlich nicht einfach eine Kompilation von katalogartig reihenden – »alten« – und dramatisch ausgefeilten – »jungen« – Teilen vornimmt, sondern den Wechsel zwischen diesen verschiedenen Stilschichten dem Zusammenwirken von vorbereitenden und höhepunktartig gesteigerten Szenen dienstbar macht. Dieser Mann – eine Dichterindividualität von höchstem Rang, in der man nach allem nur Homer selbst sehen kann – repräsentiert nicht den Anfang, sondern den Abschluß einer langen epischen Tradition.

Aus dieser Tradition mag manches in den von der *Ilias* gestalteten Stoff eingeflossen sein. So werden etwa gelegentlich Spuren der Argonautensage (vgl. *Argonautika*) oder des Sagenkreises vom Kampf der »Sieben gegen Theben« (vgl. AISCHYLOS' *Hepta epi Thēbas*) sichtbar. Besonders aber öffnet der alte Nestor, der Hauptratgeber der Griechen, in seinen zur Tat anfeuernden Reden mit vielen Hinweisen auf die eigene ruhmreiche Vergangenheit gleichsam den Raum der *Ilias* zur mythischen Gesamttradition. Auch die in der *Ilias* formelhafte Bezeichnung des Odysseus als eines »vielduldenden« Mannes, die uns erst durch die etwas jüngere *Odyssee* verständlich wird, deutet auf eine alte Odysseus-Geschichte, die dem *Ilias*-Dichter bekannt gewesen sein muß. Eine besonders wichtige dieser Vorstufen zur *Ilias* scheint die *Memnonis* gewesen zu sein, das Epos vom Kampf der Griechen gegen die Aithiopenfürsten Memnon, der als Helfer der Troer Achills liebsten Freund Antilochos erschlägt und an dem Achilleus sich rächt, obwohl ihm für diesen

Fall ein baldiger eigener Tod vorausgesagt ist. Auch in der *Ilias* erschlägt ein Feind (Hektor) den Freund Achills (Patroklos), auch hier wird Achill für den Fall, daß er den Feind tötet, ein früher Tod prophezeit; der Dichter Homer scheint diese Grundkonstellation, zusammen mit vielen einzelnen Handlungselementen, als Vorlage gewählt zu haben.

Die Bedeutung dieses Homer und seiner Werke für die Folgezeit läßt sich schon daran erkennen, daß alle anderen Heldenepen jener Jahrhunderte (vgl. *Epikos kyklos*) durch die gewaltige Wirkung von *Ilias* und *Odyssee* schließlich verdrängt wurden und nahezu in Vergessenheit gerieten. Seit dem 6. Jh. v. Chr. zu Schulbüchern geworden, durch Rhapsodenvorträge überall im griechischen Sprachraum verbreitet, von vielen Gebildeten auswendig gelernt, sind *Ilias* und *Odyssee* von unabsehbarem Einfluß auf die griechische Sprache, Literatur und bildende Kunst gewesen, sie wurden prägendes Beispiel der griechischen Vergangenheit und Bildner des griechischen Selbstbewußtseins und galten in der ganzen Antike als die ersten und bedeutendsten griechischen Dichtungen. Freilich wurde schon früh Kritik verschiedener Art an ihnen geübt: Die Philosophen XENOPHANES und HERAKLIT kritisieren die große Menschenähnlichkeit der Homerischen Götter; die aufkommende Geschichtswissenschaft – so THUKYDIDES – bezweifelt die Zuverlässigkeit mancher Einzelangaben; PLATON will die Dichtung Homers als zur Jugenderziehung ungeeignete Poesie aus seinem Idealstaat verbannen; die alexandrinischen Philologen versuchen Ärgernisse logischer oder ästhetischer Art durch kritische Reinigung des Homer-Textes von vermeintlich eingedrungenen Versen, ja sogar ganzen Abschnitten, zu beseitigen. Andererseits bezeichnet Aischylos seine Tragödien als »Schnitten vom Mahle Homers« (Achills Tod als Folge der Maßlosigkeit seines Zorns nimmt in der Tat die Grundkonzeption der Tragödie des 5. Jh.s vorweg); ARISTOTELES in der *Poetik* und HORAZ in der *Ars poetica* loben den Epiker Homer; VERGIL konzipiert seine *Aeneis* als eine Synthese aus *Odyssee* (*Aeneis*, Buch 1–6) und *Ilias* (*Aeneis*, Buch 7–12). Während des Mittelalters tritt im westlichen Europa – anders im oströmischen Bereich – das Interesse an Homer zurück, nur die *Ilias Latina* (auch *Homerus Latinus* genannt), eine lateinische Kurzfassung in etwa 1100 Hexametern, wird gelesen und häufiger zitiert. Erst die Renaissance bringt mit der Hinwendung zur Antike wieder neue Bemühungen um Homer – vor allem PETRARCA und BOCCACCIO sind zu nennen –, aber nach dem Vorgang des MACROBIUS und unter dem Eindruck der Vergil-Gestalt DANTES stellt man die *Aeneis* weit über die Homerischen Epen. Die italienischen und, unter dem Einfluß der *Poetik* SCALIGERS (1561), auch die französischen Humanisten suchen sogar durch Vergleiche mit der *Aeneis* die logische und ästhetische Minderwertigkeit der *Ilias* und der *Odyssee* zu beweisen. Diese Kritik mündet direkt in die Diskussion der »homerischen Frage« der letzten 150 Jah-

re. Für die Literaturtheorie des Sturm und Drang dagegen, die in der »Natur« anstatt in der »Kunst« den Ursprung aller großen Dichtung sieht, wird Homer neben SHAKESPEARE zum Ahnherrn wahrer, weil »natürlicher«, d. h. unmittelbar aus der Anschauung der Wirklichkeit entsprungener, Poesie. Zu den Bewunderern Homers in dieser Zeit gehören insbesondere LESSING, HERDER und GOETHE: Goethe läßt seinen Werther sich in die Zeit der Homerischen Helden versetzen und stellt sich selbst in seinen hexametrischen Epen *Hermann und Dorothea* und *Reineke Fuchs* formal, mit seinem Fragment *Achilleis* auch stofflich, in die Nachfolge Homers.

Mag sich die im 18. Jh. geborene Vorstellung von der »Ursprünglichkeit« Homers auch inzwischen durch die Erforschung der vorhomerischen epischen Tradition oder durch die Aufdeckung der kunstvollen, keineswegs »spontanen« Komposition der *Ilias* als revisionsbedürftig erwiesen haben: dem Eindruck der Naturnähe, der Realistik und Wirklichkeitsfülle der Homerischen Epik kann man sich auch heute nicht entziehen. Vor allem die überaus zahlreichen und charakteristischen Gleichnisse geben dafür anschaulich Zeugnis. Hier werden Gestalten und Ereignisse der epischen Handlung mit scharfer Beobachtungsgabe zu Vorgängen und Erfahrungen aus dem »täglichen Leben« der Zeit des Dichters, zu Erscheinungen des Klimas (Sturm, Regen, Erdbeben), zu Tieren der Wildnis oder des Hauses, zu Pflanzen und Bäumen oder zu allen möglichen Verrichtungen des Menschen in Beziehung gesetzt. Diese Gleichnisse scheinen sich häufig bis zu einem gewissen Grad zu verselbständigen; dann wird das zum Vergleich herangezogene Objekt in seiner Eigenart genau beschrieben, gelegentlich sogar in Form einer kleinen Geschichte, und erst nach längerer Erzählung wird mit einem »So auch . . .« zu dem Gegenstand zurückgeleitet, an den das Gleichnis anknüpfte. (»*Sie dort* [die Troer], *mutig und stolz, in des Kriegs Abteilung gelagert, / Saßen die ganze Nacht, und es loderten häufige Feuer. / Wie wenn hoch am Himmel die Stern' um den leuchtenden Mond her / Scheinen in herrlichem Glanz, wann windlos ruhet der Äther; / Hell sind rings die Warten der Berg' und die zackigen Gipfel, / Täler auch, aber am Himmel eröffnet sich endlos der Äther; / Alle nun schaut man die Stern', und herzlich freut sich der Hirte: / So viel' zwischen den Xanthos Gestad' und den Schiffen Achaias / Loderten, weit erscheinend vor Ilios, Feuer der Troer.*« 8, 553–561; Übers.: J. H. Voß) Doch haben diese Gleichnisse nicht nur die Funktion, Entferntes durch Näherliegendes, Unbekanntes durch Bekanntes zu veranschaulichen; sie dienen zugleich auch der Absicht, den Hörer ausführlich bei dem durch das Gleichnis erhellten Gegenstand verharren zu lassen, schaffen also durch eine Retardierung des Erzählens eine entsprechende Betonung des augenblicklichen Ereignisses – was besonders an solchen Stellen deutlich wird, wo mehrere Gleichnisse an einen einzigen Menschen oder Vorgang angeschlossen sind (16, 482 ff. u. 486 ff.).

Noch ein Letztes schließlich bewirken diese Gleichnisse. Die große Zahl und die reiche Vielfalt der in ihnen zitierten, meist friedlichen Lebensbereiche lassen – in verbindendem Kontrast zu der kriegerischen Welt der *Ilias*-Handlung – jenen Eindruck einer Totalität der Weltdarstellung entstehen, die man seit jeher an Homers Werk bewundert hat. Gleichsam in einem Punkt versammelt wird dieses Streben nach einer umfassenden Darstellung der Welt in der berühmten Beschreibung des Schildes, den Hephaistos für Achilleus schmiedet (18, 478 ff.). Der Bildschmuck dieses Schildes zeigt zwei Städte. In einer fließt das Leben unter Hochzeitsfeierlichkeiten und Gerichtsverhandlungen friedlich dahin, die andere, wie Troja von Belagerung und Ausfällen in Atem gehalten, macht das Schicksal der Menschen im Kriege sichtbar; Szenen aus dem Leben der Bauern, Winzer und Hirten sowie ein Reigentanz, den Homer mit dem Kreisen einer Töpferscheibe vergleicht, ergänzen das Bild, die Vielfalt menschlicher Tätigkeiten versinnbildlichend. Alles aber wird von dem gestirnten Himmel überwölbt und vom Weltstrom Okeanos umflossen. Das in dieser Schildbeschreibung exemplarisch ausgeprägte Bemühen des Dichters, in seinem Epos über die Grenzen der eigentlichen *Ilias*-Handlung hinaus das gesamte menschliche Leben einzufangen, kann kaum treffender illustriert werden als durch einen Vergleich mit Vergils *Aeneis*. Auch dort wird in ähnlichem Zusammenhang ein Schild beschrieben – der Schild des legendären Romgründers Aeneas –, aber sein Schmuck entwirft nicht ein Bild des menschlichen Kosmos, sondern stellt die künftige römische Geschichte in ihren Höhepunkten bis hin zur Schlacht bei Actium dar (*Aeneis*, 8, 626 ff.). An die Stelle der Homerischen Betrachtung des Menschenlebens und des Weltganzen ist die Frage nach der Geschichte eines einzelnen Volkes getreten – dem griechischen Weltgedicht tritt das politische Epos Roms gegenüber. K. J.

AUSGABEN: Florenz 1488, Hg. Demetrios Chalkondylas. – Ldn. ²1900–1902 (*The Iliad*, Hg. W. Leaf, 2 Bde.; m. Komm.; Nachdr. zul. Amsterdam 1971). – Lpzg./Bln. ⁴⁻⁸1905–1932, Hg. F. K. Ameis u. C. Hentze, 2 Bde.; Nachdr. Amsterdam 1965 [m. Komm.]. – Oxford ³1920 (in *Opera*, Hg. D. B. Monro u. T. W. Allen, Bd. 1–2; Nachdr. zul. 1987). – Ldn./Cambridge (Mass.) 1924/25 (*The Iliad*, Hg. A. T. Murray, 2 Bde.; m. engl. Übers.; Loeb; mehrere Nachdr.). – Oxford 1931, Hg. T. W. Allen, 3 Bde. [m. Komm.; Nachdr. NY 1979]. – Paris 1947–1949 (*Iliade*, Hg. P. Mazon, P. Chantraine, P. Collart u. R. Langumier, 5 Bde.; m. Einl. u. frz. Übers.; ⁶⁻⁹1972–1982). – Mchn. 1948, Hg. V. Stegemann, 2 Bde. [m. Übers. v. H. Rupé; ⁸1983]. – Barcelona 1971 ff. (*La Iliada*, Hg. F. Sanz Franco, bisher Bd. 1: *Cantos 1–2*; Bd. 2: *Rapsodias 12–24*; m. rev. Text, span. Übers., Anm., Glossar u. Index). – Basingstoke/Ldn. 1978 (*The Iliad*, Hg. u. Komm. M. M. Willcock; Buch 1–12).

ÜBERSETZUNGEN: *Der Zweikampf des Paris u. Menelaus*, J. Reuchlin, o. O. 1495 [Ausz. aus Buch 3]. – *Ilias Homeri. Die Bücher von dem Khrig so zwischen den Grichen und Troianern vor der stat Troja beschehen*, J. B. Rexius [1584], Hg. R. Newald, Bln. 1929 [Buch 1/2; 18; 24]. – *Ilias Homeri. Das ist Homeri, deß vralten Griechischen Poeten, XXIIII Bücher. Von dem gewaltigen Krieg der Griechen, wider die Troianer, auch langwirigen Belägerung, vnnd Zerstörung der Königlichen Statt Troia*, J. Spreng, Augsburg 1610. – *Ilias*, J. J. Bodmer (in *Werke*, Bd. 1, Zürich 1778). – Dass., F. L. zu Stolberg, Flensburg/Lpzg. 1778; zul. Ffm./Hbg. 1961 (EC). – Dass., J. H. Voß (in *Werke*, Bd. 1–2, Altona 1793; ern. Stg. o. J./Lpzg. 1979; RUB; zul. Mchn. ⁵1988; dtv). – Dass., J. J. C. Donner (in *Werke*, Bd. 1–2, Stg. 1855–1857 u. ö.). – *Iliade*, F. Hölderlin, Hg. L. v. Pigenot, Bln. 1922 [Buch 1 u. 2]. – *Ilias*, R. A. Schröder, Bln. 1943 (ern. in R. A. S., *GW*, Bd. 4, Ffm. 1952). – Dass., W. Schadewaldt, Ffm. 1975; ³1988 [erw.]. – Dass., J. H. Voß, Mchn. 1976; ²1987. – Dass., R. Hampe, Stg. 1979 (RUB).

LITERATUR: F. A. Wolf, *Prolegomena ad Homerum*, Lpzg. 1795; Halle ³1884; Nachdr. Hildesheim 1963. – G. L. Prendergast, *A Complete Concordance to the »Iliad« of H.*, Ldn. 1875; Nachdr. Darmstadt 1962. – A. Heusler, *Lied u. Epos in der germ. Sagendichtung*, Dortmund 1905. – U. v. Wilamowitz-Moellendorff, *Die »Ilias« u. H.*, Bln. 1916. – H. Fränkel, *Die Homerischen Gleichnisse*, Göttingen 1921. – P. Cauer, *Grundfragen der H.-kritik*, Lpzg. ³1921–1923. – A. Heusler, *Nibelungensage u. Nibelungenlied*, Dortmund ³1929. – W. Schadewaldt, *Iliasstudien*, Lpzg. 1938 (ASAW, 43/6; Nachdr. Darmstadt 1966). – Ders., *Legende von H. dem fahrenden Sänger*, Lpzg. 1942; ern. Zürich/Stg. 1959. – H. Pestalozzi, *Die »Achilleis« als Quelle der »Ilias«*, Zürich 1945. – E. Howald, *Der Dichter der »Ilias«*, Erlenbach-Zürich 1946. – P. Von der Mühll, *Kritisches Hypomnema zur »Ilias«*, Basel 1952. – G. Strasburger, *Die kleinen Kämpfer der »Ilias«*, Diss. Ffm. 1952. – M. Parry u. A. B. Lord, *Serbocroatian Heroic Songs*, 2 Bde., Cambridge/Belgrad 1953/54. – C. M. Bowra, *H. and His Forerunners*, Edinburgh 1955. – R. Sühnel, *H. u. die englische Humanität*, Tübingen 1958. – T. B. L. Webster, *From Mycenae to H.*, Ldn. 1958 (dt. *Von Mykene bis H.*, Mchn./Wien 1960). – W. Kullmann, *Die Quellen der »Ilias«*, Wiesbaden 1960 (HermE, 14). – K. Reinhardt, *Die »Ilias« u. ihr Dichter*, Hg. U. Hölscher, Göttingen 1961. – G. N. Knauer, *Die »Aeneis« u. H.*, Göttingen 1964 (Hypomnemata, 7). – W. Schadewaldt, *Der Aufbau der »Ilias«. Strukturen u. Konzeptionen*, Ffm. 1975. – W. Burkert, *Das hunderttorige Theben u. die Datierung der »Ilias«* (in WSt, 10, 1976, S. 5–21). – J. Latacz, *Kampfparänese, Kampfdarstellung u. Kampfwirklichkeit in der »Ilias«, bei Kallinos u. Tyrtaios*, Mchn. 1977 (Zetemata, 60). – *Essays on the »Iliad«. Selected Modern Criticism*, Hg. J. Wright, Bloomington/Ind. 1978. – J. Latacz, *Der Planungswille H.s im*

Aufbau der »Ilias« (in Die Alten Sprachen im Unterricht, 28, 1981, H. 3, S. 6–16). – T. Reucher, *Die situative Weltsicht H. s. Interpretation der »Ilias«*, Darmstadt 1983. – M. M. Willcock, *A Commentary on H.'s »Iliad«*, Ldn. 1984. – M. Mueller, *The »Iliad«*, Ldn. 1984. – A. Thornton, *H.'s »Iliad«; Its Composition and the Motif of Supplication*, Göttingen 1984 (Hypomnemata, 81). – G. S. Kirk, *The »Iliad«, a Commentary, I* [zu den Gesängen 1–4], Cambridge 1985. – S. Scully, *Studies of Narrative and Speech in the »Iliad«* (in Arethusa, 19, 1986, S. 135–153).

ODYSSEIA

(griech.; *Odyssee*). Epos des HOMER in 12 200 Hexameterversen, entstanden spätestens um 700 v. Chr. – Das nach der *Ilias* zweitälteste Werk der griechischen und abendländischen Literatur besingt in 24 Büchern die abenteuerlichen Irrfahrten und die glückliche Heimkehr des Königs Odysseus, der zwanzig Jahre zuvor von seiner Insel Ithaka an der Seite der anderen griechischen Könige und Heroen nach Troja gezogen war. Ähnlich wie in dem vorangegangenen Epos, das die entscheidenden Episoden dieses Kriegs selbst behandelt, werden die rund ein Jahrzehnt umspannenden Ereignisse der *Odyssee* nicht fortlaufend berichtet, sondern mittels eines erzähltechnischen Kunstgriffs auf einen sehr kurzen Zeitraum zusammengedrängt: Die Berichtszeit der *Odyssee* – vom Abschied des Helden von der reizenden Nymphe Kalypso, die ihn jahrelang in ihrer Grotte auf der Insel Ogygia festgehalten hat, bis zum Wiederantritt seines angestammten Königsamtes – umfaßt nicht mehr als vierzig Tage; was dieser letzten, entscheidenden Phase vorausgeht, von Trojas Fall durch die geniale List des Helden bis zu seiner Landung als Schiffbrüchiger auf Ogygia, wird nur indirekt – durch eine ausgedehnte Erzählung des Helden und in Liedern eines fahrenden Sängers – dargestellt. Nach dem gattungstypischen, als Titelersatz fungierenden Prooimion (*»Singe mir, Muse, die Taten des weitgereisten Mannes, / Welcher auf langer Irrfahrt, nach Trojas, der hehren, Zerstörung, / Vieler Menschen Städte gesehen und Sinn erfahren / Und auf dem Meere soviel unnennbare Leiden erduldet...«*) setzt die zuerst zweisträngig geführte Handlung gewissermaßen an ihrem äußersten Punkt ein: Odysseus weilt bereits im achten Jahr in einem durch den Gedanken an die ferne Heimat und Gattin zunehmend getrübten Glück der Selbstvergessenheit auf der Insel der »göttlichen« Kalypso. Athene, die Schutzgöttin des Helden, dringt auf einer Götterversammlung, an der Odysseus' schlimmster Feind, der Meergott Poseidon, nicht teilnimmt, auf die Heimkehr ihres Schützlings. In Mannesgestalt begibt sie sich hierauf nach Ithaka zu Odysseus' herangewachsenem Sohn Telemachos und weckt in ihm den Wunsch, die Suche nach dem verschollenen Vater aufzunehmen. Trotz der Ablehnung dieses Unternehmens durch die –

von den Freiern Penelopes beherrschte – Volksversammlung fährt Telemachos aus, um Gewißheit über das Schicksal des Vaters zu erlangen: bei Nestor in Pylos und bei König Menelaos in Sparta, der sich längst mit seiner Gattin Helena ausgesöhnt hat und inzwischen die Hochzeit seiner Kinder feiert. Als die Freier, die seit Jahren in Odysseus' Palast hausen, sein Gut verprassen und vergeblich die standhafte Penelope umwerben, vom heimlichen Aufbruch des Prinzen hören, beschließen sie, ihn bei der Rückkehr zu töten (Buch 1–4). Erst jetzt wendet sich der Blick des Dichters wieder Odysseus zu. Auf Beschluß einer weiteren Götterversammlung wird Hermes zu Kalypso gesandt, die sich zum Verzicht auf den Geliebten durchringt und ihn ein Floß bauen läßt. Schon nach fünf Tagen kann Odysseus die Segel setzen. Aber am achtzehnten Tag seiner Fahrt, kurz vor dem nächsten Ziel, der Insel Scheria, geht das Gefährt in einem schrecklichen, von Poseidon geschickten Unwetter zu Bruch. Schwimmend und mit letzter Kraft erreicht der Held das Ufer, wo er in einen tiefen Schlaf fällt (Buch 5).

Nackt und verwildert wird er hier von der Königstochter Nausikaa, als sie mit ihren Mädchen am Strand Wäsche wäscht und Ball spielt, entdeckt und zu ihrem Vater Alkinoos gebracht (Buch 6). Im Palast dieses Königs der Phaiaken – eines friedfertigen und glücklichen Volkes, das durch den Willen der Götter und die Weisheit seiner Könige vor Krieg und Elend verschont geblieben ist –, findet der Gast freundliche Aufnahme und Bewirtung. Bei einem festlichen Gastmahl ihm zu Ehren trägt der Rhapsode (Sänger) Demodokos auch Lieder von Achilleus und Odysseus vor, die Ilions (Trojas) Untergang zum Inhalt haben (Buch 7–8). Als Odysseus, von der Erinnerung überwältigt, in Tränen ausbricht, muß er sich zu erkennen geben und erzählt die Geschichte seiner Irrfahrten: von seinen Erlebnissen bei den Kikonen, den Lotophagen und den Kyklopen; von der Blendung des Polyphemos, durch die er sich den Zorn Poseidons zuzog; von Aiolos und der verhängnisvollen Öffnung der Windschläuche; vom Kampf mit den Laistrygonen, dem Aufenthalt bei der Zauberin Kirke, die die Gefährten in Schweine verwandelte, von den verführerischen Sirenen, den grauenvollen Seeungeheuern Skylla und Charybdis; vom frevelhaften Diebstahl der heiligen Rinder des Sonnengottes Helios auf Trinakia (Sizilien) und dem damit verschuldeten Verlust der Gefährten und des Schiffes; und schließlich von der glücklichen Landung des neun Tage im Meer treibenden Schiffbrüchigen auf Ogygia (Buch 9–12). Einen eigenen Gesang füllt der Bericht vom Aufenthalt im Hades, wohin ihn Kirke versetzt hatte; dort prophezeit ihm ein Orakel die Heimkehr und begegnen ihm die Schatten der trojanischen Helden (Buch 11). Der zweite Teil des Epos erzählt die Rückfahrt und Heimkehr des Helden. Reich beschenkt verläßt Odysseus das freundliche Phaiakenland und gelangt in wunderbarer, nächtlicher Fahrt nach Ithaka. Als er am Strand erwacht, tritt Athene in Gestalt eines Hirten aus dem Nebel und belehrt ihn darüber, daß er sich auf heimatlichem Boden befindet. Sie verleiht ihm das Aussehen eines Bettlers und rät ihm, wie er die unverschämten 88 Freier täuschen und überwinden könne (Buch 13). Er sucht den *»göttlichen Sauhirten«* Eumaios auf, der ihn, ohne ihn zu erkennen, treuherzig bewirtet (Buch 14). – Mit Beginn von Buch 15 vereinigen sich die bisher getrennten Erzählstränge. Athene treibt den in Sparta weilenden Telemachos zum Aufbruch und bewahrt sein Schiff vor einem Hinterhalt der Freier (Buch 15). Auch Telemachos begibt sich zu Eumaios und trifft dort auf den Vater, der mit diesem bei Wein und Braten die Nacht verplaudert hat. Als beide allein sind, gibt sich der Vater dem Sohn zu erkennen. Während sie das weitere Vorgehen miteinander absprechen, sinnen die Freier weiter auf die Beseitigung des Prinzen, unbeeindruckt von Penelopes Vorhaltungen (Buch 16). Am nächsten Tag gehen Vater und Sohn getrennt in die Stadt. Nur der Hund Argos erkennt in dem »Bettler« den ehemaligen Gebieter; vom Ziegenhirten Melanthios dagegen muß Odysseus Schmähungen und Schläge über sich ergehen lassen; Antinoos, der skrupelloseste der Freier, beschimpft ihn und wirft mit einem Schemel nach ihm. Ein Bettler fordert ihn höhnisch zum Faustkampf, und die Magd Melantho verspottet ihn (Buch 17–18). Als die Schar der Freier über Nacht den Palast verläßt, entfernt Telemachos heimlich die Waffen aus dem Saal. Der »Bettler« hat Gelegenheit zu einem langen Gespräch mit Penelope, in dem er sie auf die Rückkehr des Odysseus vorbereitet. Von der Amme Eurykleia allerdings wird er an einer Beinnarbe sofort erkannt, als sie ihm die Füße wäscht; in der ersten Freude der Überraschung läßt sie sein Bein los, so daß die Wanne dröhnend umfällt (Buch 19). In der Nacht liegt Odysseus schlaflos und in verzagter Zwiesprache mit seiner Schutzgöttin auf dem Lager, Penelope *»sitzt und weint«* im einsamen Bett und sieht bekümmert der auf den nächsten Tag festgesetzten endgültigen Auswahl eines Bewerbers entgegen. Auf dem Festmahl tags darauf kommt es zu neuerlichen Beleidigungen des »Bettlers« und zu einer düsteren Weissagung des Sehers Theoklymenos, über die die verblendeten Freier in wüstes Gelächter ausbrechen (Buch 20). Da bringt Penelope den großen Bogen des Odysseus: wer unter den Freiern ihn spannen kann und den Pfeil durch die Schlaufenlöcher von zwölf in einer Reihe aufgestellten Äxten trifft, soll ihr Gemahl werden. Nachdem es keinem glückt, ergreift Odysseus den Bogen, spannt ihn und schießt durch sämtliche Äxte (Buch 21). Mit einem zweiten Pfeil tötet er Antinoos und gibt sich zu erkennen. In einem furchtbaren Rachegericht tötet er mit seinen Verbündeten Telemachos, Eumaios und einem Rinderhirten nacheinander die in dem versperrten Saal ihnen wehrlos ausgelieferten Freier. Die liederlichen und ungetreuen Mägde werden – nebeneinander in einer Reihe – gehängt, Melantho grausam verstümmelt. Nach der Reinigung des Saales wird Odysseus von den Knechten und Mägden als Kö-

nig begrüßt (Buch 22). Doch Penelope zögert noch immer, an die Rückkehr des Gatten zu glauben. Ihre Zweifel lösen sich erst, als Odysseus von dem Konstruktionsgeheimnis ihres ehelichen Betts spricht. Der Bann der Fremdheit ist gebrochen, das wiedervereinte Paar begibt sich zur Ruhe. Doch der Morgen erfüllt Odysseus mit neuer Sorge: Das Volk wird die Hinmetzelung seiner Oberschicht nicht hinnehmen (Buch 23). Während Hermes die Seelen der Freier in den Hades geleitet und Agamemnon dort Klytaimestra mit Penelope vergleicht, begibt sich Odysseus zu seinem alten Vater Laertes auf dessen Landgut, wo die aufständischen Bewohner der Insel auf sie stoßen, um den Mörder ihres jungen Adels zur Rechenschaft zu ziehen. Aber Athene greift ein und stiftet einen dauerhaften Frieden zwischen Volk und Herrscher (Buch 24).

Die kunstvoll »verschlungene« Komposition (so bereits ARISTOTELES in seiner *Poetik*) sowie die Einteilung des Werks in zwei gleich lange Hälften – Irrfahrt und Heimkehr – zu je zwölf Gesängen lassen den Schluß zu, daß die *Odyssee* kaum ausschließlich als Produkt und Niederschlag einer langen mündlichen epischen Tradition zu betrachten ist: sei es nun Homer selbst oder ein jüngerer Dichter aus seiner Schule – *ein* Autor muß das Gedicht in der Form, wie es in die Überlieferung einging, verfaßt oder wenigstens aus vorhandenem Traditionsgut zusammengestellt haben. In der Hauptsache lassen sich drei – verschieden alte – Stoffkreise schichtmäßig herausschälen: ein sehr alter *nostos* (Heimkehrgeschichte in Form eines Schiffermärchens, vgl. *Nostoi*) vom herumirrenden Seefahrer; die Geschichte vom totgeglaubten, heimkehrenden König; schließlich das Märchen vom Sohn, der auszog, den verschollenen Vater zu suchen (»Telemachie«). Hinzu kommt die Legende vom Kriegshelden, der die toten Kameraden in der Unterwelt besucht (»Nekyia«). Aller Wahrscheinlichkeit nach steht das dichterische Genie, das diese Elemente – noch getrennt oder schon vereinigt – in das von ihm schriftlich fixierte Epos eingehen ließ und in der vorliegenden Form ausgestaltete, nicht am Anfang, sondern am Ende eines langen genetischen Prozesses. Bei den bescheidenen textkritischen Handhaben ist es müßig, dabei reinlich zwischen dem, was dem Dichter selbst angehört, älteren Tradierungen und jüngeren Redaktionen scheiden oder den Nachweis für die volle und alleinige Urheberschaft eines einzigen Dichters erbringen zu wollen, wie es die gegnerischen Lager versuchen, die sich in der Diskussion um die »Homerische Frage« seit F. A. WOLFS *Prolegomena ad Homerum* (1795) herausgebildet haben. Wie schon bei der *Ilias* haben auch hier die Behauptungen und Einsichten der »Analytiker« etwas Spekulatives an sich, angefangen mit Gottfried HERMANN (»Erweiterungshypothese«, 1831), der die »Telemachie« als späteren Zusatz erklärt, über Adolf KIRCHHOFF (»Kompilationstheorie«, 1859), der in der *Odyssee* nur eine lose Verknüpfung von drei selbständigen älteren Epen sieht, bis hin zu Wolfgang SCHADE-

WALDT (1944), der gar einen Dichter A und einen Bearbeiter B unterscheidet und nicht nur ganze Gesänge (1–4; 15–16; 24), sondern auch eine große Anzahl von kleineren Abschnitten und Einzelversen dem weniger genialen Dichter B zuweist. Sie alle gehen von der hypothetischen Vorstellung eines »echten« Ur-Homer aus, den es aus einem nachträglich verfälschten und entwerteten Text wieder herauszulesen gelte: »*Die Struktur der Odyssee als Doppelhandlung, die ja nicht nur eine äußere Form ist, sondern das innere Wesen der Handlung: einander Suchen und Wiederfinden darstellt, würde damit das Resultat künstlicher Kompilation oder nachträglichen Weiterdichtens*« (U. Hölscher). Die Untersuchungen der »Unitarier«, Karl REINHARDT und Friedrich KLINGNER (1944), haben aber gezeigt, daß sich der überlieferte Text – mitsamt seinen Wiederholungen und Ungereimtheiten und seiner Vermischung verschiedener Kulturepochen – durchaus vom Gedanken der künstlerisch geschlossenen Konzeption und Komposition her betrachten und würdigen läßt.

Der Abstand des Epos zur *Ilias* – und damit die Unmöglichkeit, daß es vom selben Dichter wie jenes Werk stammt – zeigt sich vor allem in einem stark veränderten Menschenbild und dem neuen Verhältnis zu den Göttern. Noch sind es »homerische«, d. h. anthropomorphe Götter, die sich den Menschen gegenüber in völliger Autonomie und nach Belieben aus der Nähe oder Ferne huldvoll oder grausam, willkürlich oder gerecht verhalten. Doch ist die Erfahrung des Göttlichen als eines nur Ehrfurchtgebietenden einem mit dem Religiösen verbundenen Moralismus gewichen: Das Strafgericht der Götter trifft den, der Unrecht tut, und er selbst trägt dafür die Verantwortung. Dies wird schon von Zeus am Beginn des Werks hervorgehoben: »*Welche Klagen erheben die Sterblichen wider die Götter! / Nur von uns, so schrei'n sie, käm alles Unglück; und dennoch / Schaffen die Toren sich selbst, dem Schicksal entgegen, ihr Elend.*« Dem jedoch, der den Willen der Götter achtet, d. h. für den Autor vor allem: dem, der weder das Gastrecht noch fremdes Eigentum verletzt, der seinen Herrn ehrt und die Unglücklichen nicht von sich stößt, gehört ihre Huld. Wie ein roter Faden zieht sich dieses Motiv durch das Epos: Das Verhalten gegenüber dem unglücklichen, unerkannten Odysseus wird zum Prüfstein für den, dem er begegnet: »*Weh mir! zu welchem Volke bin ich nun wieder gekommen? / Sind's unmenschliche Räuber und sittenlose Barbaren / Oder gastliche Menschen, und gottesfürchtigen Sinnes?*«, lautet die stereotype Wendung des Helden, sooft ein neues Abenteuer auf ihn zukommt. Eben durch die Verhöhnung und Mißhandlung des »Bettlers« bringen die übermütigen Freier selbst das gräßliche Blutgericht über sich, bei dem Odysseus nur ausführendes Werkzeug der Götter ist, die die letzten Garanten des Rechtes sind. In dieser Vorstellung, der Leitidee des ganzen Werks, liegt die Gewähr für den guten – untragischen – Ausgang des an Widrigkeiten, Unglück und Mühsal reichen Geschehens.

Dies bedingt zugleich eine neue Art von Helden. Im Vergleich zu dem düster strahlenden, in allem lediglich von seiner Vitalität geprägten Haupthelden der *Ilias*, Achilleus, ist Odysseus ein fast »menschlicher« und sozialer Charakter. Nicht rohe Kraft und schrankenlose Genußfähigkeit machen sein Heldentum aus, sondern Klugheit und Phantasie, Verantwortungsgefühl und Humor, Umsicht und Rechtlichkeit, Festigkeit und Geduld, Friedfertigkeit und risikobedachter Mut, Mäßigkeit und Selbstbeherrschung, handwerkliche Fertigkeit und Verstellungskunst, dazu selbstverständlich männliche Schönheit und Stärke. Der »*Erfindungsreiche*« (»*polymētis*«) und »*göttliche Dulder*« (»*polytlas dios*«) verkörpert ein Mannesideal, das schon weit abliegt von dem Haudegentum der archaisch-mykenischen Helden. Der Liebling der verstandesklaren Athene, die ihrerseits »*das Walten einer weisen und gerechten Vorsehung*« (Schmid-Stählin) repräsentiert, ist frei von Haß, falscher Ehrsucht und Eitelkeit. Odysseus erträgt beherrscht die Schmähungen der Freier, trägt mit Haltung das geringe Bettlerkleid und verwehrt der Amme, über den Tod der Feinde zu jauchzen. So wird die Gestalt des Odysseus zum Träger einer neuen Humanität, die mit der spezifischen Religiosität dieses Epos korrespondiert und deutlich vorausweist auf die Philosophie späterer Epochen.

Auch in anderer Hinsicht erscheint Odysseus vorbildlich: als Herrscher und König. Das Heroische der mythischen Zeit ist kaum mehr als ein ferner Hintergrund, vor dem sich ganz reale gesellschaftliche Verhältnisse darstellen: »*Der König ist der Erste unter Gleichen einer städtisch aristokratischen Gutsbesitzergesellschaft, aus den Freiern des Märchens ist der jugendliche Adel der Nachbarhöfe geworden, der über die Stränge schlägt, andere gesellschaftliche Schichten treten ins Licht, da gibt es Dienerschaft, Kaufmanns- und Piratenwesen, und mit den gesellschaftlichen Gegensätzen den Sturz aus Reichtum in Elend und den waghalsigen Aufstieg aus Elend zum Glück ...*« (U. Hölscher). Der politische Standpunkt ist nicht mehr ausschließlich feudalaristokratisch, sondern auch von den Interessen anderer Bevölkerungsgruppen geprägt: »*Während sich in der Ilias die Auffassung einer adeligen Schicht in großer Geschlossenheit abspiegelt, ist der soziale Bereich, den die Odyssee umspannt, ein sehr viel breiterer. Das Epos hat sich in dem jüngeren Gedicht stärker den Wünschen und dem Glauben von Schichten geöffnet, denen sich die Ilias mit größerer Konsequenz verschloß*« (A. Lesky). Jedenfalls liegt in dem Charisma dieses Königs, dessen erste Aufgabe in der Verpflichtung zu Rechtlichkeit und wirtschaftlicher Prosperität liegt, eine politische Tendenz, die einem zeitgemäßen Herrscherideal das Wort redet.

Sprache und Stil des Werks sind gekennzeichnet durch die Merkmale des »epischen« Stils: eine durchgehend »hohe« Stillage mit stereotypen Phrasen und Epitheta. Bemerkenswert ist die differenzierte Zeichnung einer großen Zahl lebensvoller Gestalten sowie eine neue »*Virtuosität der Sachbehandlung*« (Schmid-Stählin). Die aus der *Ilias* bekannten epischen Gleichnisse treten zurück zugunsten einer bewußteren und schärfer zupackenden Gnomik. Die Einschmelzung verschiedener Dialektelemente hängt sicher nicht nur mit der mehrphasigen Genese des Werks zusammen, sondern ist bereits Bestandteil einer eigenen Kunstsprache, die auch sonst der *Odyssee*, in der sich immer Formelhaftes und Starres neben frischer Unmittelbarkeit und Wirklichkeitsfülle findet, ihren besonderen Stempel aufdrückt.

Die Wirkung der *Odyssee* auf die europäische Literatur ist unabsehbar. Schon in der Antike als Darstellung und Ausdruck griechischen Wesens zur Schullektüre erhoben, lieferte sie mehreren philosophischen Schulen einprägsames Anschauungsmaterial. ARISTOTELES und nach ihm die klassizistische Poetik nahmen an ihr Begriff und Gestalt des Epos überhaupt ab, so daß sie zum Ausgangspunkt der Gattung schlechthin wurde: VERGILS *Aeneis* ist in formaler und inhaltlicher Hinsicht ohne das überall durchscheinende Vorbild undenkbar. Ihre strukturbildenden Momente der Abenteuerreihung und Sensationsmalerei leben noch weiter in der höfischen und nichthöfischen Epik des Mittelalters und fanden später Eingang in den populären Abenteuerroman. – In der deutschen Literatur spielte das Werk in der Epoche des Klassizismus eine entscheidende Rolle in der Diskussion um den Hexameter und die Erneuerung des Heldenepos; es entstanden zwei Versübersetzungen, von Johann Heinrich Voss (1781) und Johann Jacob BODMER (1788), deren erste auch durch die moderneren Versionen eines Thassilo von SCHEFFER, Rudolf Alexander SCHRÖDER oder Wolfgang SCHADEWALDT nicht überholt ist.   R.M.

AUSGABEN: Florenz 1488 (in der GA des Demetrios Chalkondylas). – Lpzg./Bln. [9-13]1908–1920 (*Odyssee*, Hg. K. F. Ameis, C. Hentze u. C. Cauer; m. Komm.; Nachdr. Amsterdam 1964). – Leiden 1917 (*Odyssea*, Hg. J. van Leeuwen; m. Komm.). – Oxford [2]1917–1919 (in *Opera*, Hg. T. W. Allen, Bd. 3/4; Nachdr. zul. 1987). – Ldn./Cambridge (Mass.) 1919 (*The Odyssey*, Hg. A. T. Murray, 2 Bde.; m. engl. Übers.; Loeb; mehrere Nachdr.). – Paris [5/6]1955–1959 (*L'Odyssée*, Hg. V. Bérard, 3 Bde.; m. frz. Übers.). – Ldn. [2]1958–1961, Hg. W. B. Stanford, 2 Bde. [m. Komm.]. – Basel [3]1962 (*Odyssea*, Hg. P. Von der Mühll; ern. Stg. 1984). – Mailand 1981–1986 (*Odissea*, Hg. A. Heubeck, S. West, J. B. Hainsworth u. a., 6 Bde.; m. Komm. u. ital. Übers.).

ÜBERSETZUNGEN: *Odyssea. Das seind die aller zierlichsten vnd lustigsten vier vnd zwaintzig Bücher des eltisten Kunstreichesten Vatters aller Poeten Homeri, von der zehen järigen irrfart des weltweisen Kriechischen fürstens Vlyssis*, S. Schaidenreisser, Augsburg 1537. – *Odüssee*, J. H. Voß, Hbg. 1781 [zahlr. Nachdr.]. – J. J. Bodmer (in *H.s Werke*, 2 Bde., Zürich 1778). – *Odyssee*, J. J. C. Donner, 2 Bde., Stg. [2]1865/66. – *Die Odyssee*, R. A. Schröder, 2 Bde., Lpzg. 1907–1910 u. ö. (ern. in R. A. S., *GW*,

Bd. 4, Ffm. 1952). – *Odyssee*, Th. v. Scheffer, Bln. [2]1922. – *Die Odyssee*, W. Schadewaldt, Hbg. 1958 (RKl; ern. Stg. 1989; Prosa). – *Odyssee*, R. Hampe, Stg. 1979 (RUB). – Dass., G. Scheibner, Bln./Weimar 1986 [m. Nachw.; Prosa].

LITERATUR: H. Dunbar, *A Complete Concordance of the Odyssey*, Oxford 1880; Nachdr. zul. Hildesheim 1972. – U. v. Wilamowitz-Moellendorff, *Die Heimkehr des Odysseus*, Bln. 1927. – Schmid-Stählin, 1/1, S. 74–195. – U. Hölscher, *Untersuchungen zur Form der »Odyssee«. Szenenwechsel u. gleichzeitige Handlungen*, Bln. 1939 (HermE, 6). – P. Von der Mühll, Art. *»Odyssee«* (in RE, Suppl. 7, 1940, Sp. 696–768). – F. Klingner, *Über die vier ersten Bücher der »Odyssee«* (in Ber. über die Verhandlungen d. Sächs. Akad. d. Wiss. zu Lpzg., phil.-hist. Kl., 96, 1944, H. 1; ern. in F. K., *Studien zur griech. u. röm. Literatur*, Zürich/Stg. 1964, S. 39–79). – K. Reinhardt, *Homer u. die Telemachie/Die Abenteuer der »Odyssee«* (in K. R., *Von Werken u. Formen*, Godesberg 1948, S. 37–51; 52–162). – R. Merkelbach, *Untersuchungen zur »Odyssee«*, Mchn. 1951 (Zetemata, 2). – W. B. Stanford, *The Ulysses Theme. A Study in the Adaptability of a Traditional Hero*, Oxford [2]1963. – M. I. Finley, *The World of Odysseus*, Ldn. [3]1964 (dt.: *Die Welt des Odysseus*, Darmstadt [2]1979). – W. Schadewaldt, *Die Heimkehr des Odysseus* (in W. S., *Von Homers Welt u. Werk*, Stg. [4]1965, S. 375–412; 486–488). – D. L. Page, *The Homeric ›Odyssee‹*, Oxford [2]1963. – S. Besslich, *Schweigen – Verschweigen – Übergehen. Die Darstellung des Unausgesprochenen in der »Odyssee«*, Heidelberg 1966. – H. H. Wolf u. A. Wolf, *Der Weg des Odysseus*, Tübingen 1968. – H. Erbse, *Beiträge zum Verständnis der »Odyssee«*, Bln./NY 1972. – H. Eisenberger, *Studien zur »Odyssee«*, Wiesbaden 1973. – B. Fenik, *Studies in the »Odyssey«*, Wiesbaden 1974 (HermE, 30). – H. A. Stößel, *Der letzte Gesang der »Odyssee«. Eine unitarische Gesamtinterpretation*, Diss. Erlangen-Nürnberg 1975. – A. Wolf u. H. H. Wolf, *Die wirkliche Reise des Odysseus. Zur Rekonstruktion des homerischen Weltbildes*, Mchn. 1983. – R. B. Rutherford, *The Philosophy of the »Odyssee«* (in Journal of Hellenic Studies, 106, 1986, S. 145–162). – U. Hölscher, *Die »Odyssee«. Epos zwischen Märchen u. Roman*, Mchn. 1988.

OLES' HONČAR

* 3.4.1918 Sucha / Gebiet Poltava

SOBOR

(ukr.; *Ü: Der Dom von Satschipljanka*). Roman von Oles' HONČAR, erschienen 1968. – Dieser Roman des in der Sowjetunion populären Autors, der u. a.

für seinen Roman *Tronka* 1964 den Leninpreis erhielt, fiel gleich nach seinem Erscheinen einem doppelten Mißverständnis anheim. Während er wegen der in ihm ausgesprochenen Kritik an Mißständen und bürokratischen Übergriffen von vielen als böswillige Verzerrung der sowjetischen Wirklichkeit mißverstanden wurde – was nicht hinderte, daß der Roman in der Sowjetunion noch im Jahr des ersten Zeitschriftenabdrucks zweimal in hoher Auflage als Buch herauskam –, versuchte man in der Bundesrepublik, ungeachtet der Proteste der Übersetzer und eindeutiger Erklärungen des Autors, *Sobor* als Zeugnis der *»illegalen sowjetischen Literatur«* zu verkaufen.

Anlaß zu Kontroversen bot nicht zuletzt das Thema des Romans. Er behandelt die Problematik des Verhältnisses von nationaler Tradition und sozialistischem Aufbau, das der Autor, leninistisch korrekt, als nicht antagonistisch interpretiert. Bestehende Mißstände deutet Hončar, ohne sie zu beschönigen, als Folgen individueller, nicht systembedingter Fehler. Seine Kritik gilt dem Fehlverhalten von Karrieristen, die sich, wie der negative Romanheld Volod'ka Loboda, nur vom eigenen Erfolgsstreben geleitet, über spezifisch nationale Traditionen und Gegebenheiten hinwegsetzen. Symbol nationaler Tradition ist der Dom von Začipljanka, einer Arbeitervorstadt im Industrierevier von Dnepropetrovsk, der einstigen »Waffenschmiede« der Zaporoger Kosaken. Symbol der neuen Zeit und des sozialistischen Aufbaus sind Martinsofen und Walzwerk. Für die Industriearbeiter von Začipljanka, Nachfahren der Zaporoger Kosaken einerseits und Erben der Oktoberrevolution andererseits, gehören beide Symbole untrennbar zusammen, wenngleich der Dom, inzwischen Futtersilo für die umliegenden Kolchosen, nicht mehr seiner ursprünglichen Bestimmung dient. Loboda, der selbst aus den Kreisen der Industriearbeiter stammt, inzwischen jedoch nur noch an seine Parteikarriere denkt, will den Dom, ein Meisterwerk des ukrainischen Barocks, niederreißen, um an seiner Stelle eine Markthalle mit Imbißstube zu errichten. Er findet seinen Gegenspieler in dem Arbeitersohn Mykola Bahlaj, einem Studenten und überzeugten Kommunisten, der im Kampf mit der Bürokratie den Sieg davonträgt und das ukrainische Kulturdenkmal vor der Vernichtung bewahrt. Neben der Entwicklung der Haupthandlung zeichnet Hončar ein lebendiges Bild des sowjetischen Industriearbeitermilieus. In häufigen humoresken Szenen greift er ein charakteristisches Merkmal der ukrainischen Erzählkunst auf. Bemerkenswert sind in diesem Zusammenhang seine Sprachsatiren auf die ukrainisch-russische Mischsprache.

Der Roman war in der Sowjetunion fast zwanzig Jahre verfemt, wie dies O. Babyškin in einem 1987 veröffentlichten Beitrag zugibt. 1987 wurde er dem Leser »zurückgegeben« und die kritische Haltung des Autors gewürdigt.   H.J.S.

Ausgaben: Kiew 1968 (in Vitčyzna, Jan.). – Kiew 1968.

Übersetzung: *Der Dom von Satschipljanka*, E. Kottmeier u. E. Kostetzky, Hbg. 1970.

Literatur: *Ukrajins'ki pys'mennyky. Bio-bibliohrafičnyj slovnyk*, Bd. 4, Kiew 1965, S. 322–351. – O. Babyškin, *O. H.*, Kiew 1968. – Ders., *Pro O. H. Literaturno-krytyčni materijaly*, Kiew 1968; ²1978. – J. Bojko-Blochyn, *Der verbrannte Roman* (in FAZ, 9. 10. 1968). – N. N., Rez. (in Literaturna Ukraina, 17. 12. 1968). – L. Novyčenko, *Krytyka i literaturnyj proces naperedodni Lenins'koho juvileju* (ebd., 14. 2. 1969, S. 1–3). – D. Pavlyčko, *Fal'šyvi klejnody* (ebd., 1. 8. 1969, S. 3). – E. Kottmeier, Rez. (in Welt der Arbeit, 10. 12. 1970). – Je. Sverstjuk, *Sobor u rystuvanni*, Paris 1970. – H. Jakubczik, *Der weiße Dom auf schwarzer Erde. Auseinandersetzungen um einen Roman von O. H.* (in Badische Zeitung, 16. 2. 1972). – J. Hammer, *Sowjetische Literatur in BRD und DDR* (in Kürbiskern 1973, 1, S. 126–134). – T. Chomjak, *Pro liryčne načalo v romanach O. H.* (in Radjans'ke literaturoznavstvo, 1986, 1, S. 23–28). – O. Babyškin, *Berežit' sobory duš našych (pro roman O. H. »Sobor«)* (in Ukr. literatura i mova v školi, 1987, 4, S. 11–16).

Hong mai

auch Hong Rongzhai

* 1123 Boyang / Prov. Jiangxi
† 1202

YIJIAN ZHI

(chin.; *Berichte des Yijian*). Folge von dreißig Aufzeichnungen von Hong Mai, erschienen zwischen 1161 und 1198 (?). – Der vielseitig begabte und überaus produktive Literatenbeamte Hong Mai trat nicht nur als Autor, sondern auch als Sammler und Herausgeber literarischer Werke hervor. Die Sammlung *Yijian zhi*, die ursprünglich insgesamt 420 Rollen umfaßte und von der bereits im 14. Jh. etwa die Hälfte schon nicht mehr vorhanden gewesen sein dürfte, besteht heute nur aus etwas mehr als 200 Rollen mit etwa 2700 Geschichten. Bereits der Titel dieser Sammlung ist Programm; er bezieht sich auf eine Bemerkung im Buch *Liezi*, einem klassischen Werk des Daoismus, wo es nach einer Beschreibung des riesenhaften Fisches Kun und des phantastischen Vogels Peng heißt, sie seien in der Welt bekannt, weil der mythische Kaiser Yu sie auf seinen Reisen gesehen, der kaiserliche Zeremonienmeister Boyi sie benannt und Yijian die Berichte darüber niedergeschrieben habe.

Wunderbare und unerhörte Ereignisse wollte auch Hong Mai aufzeichnen. Und als sich die Nachricht verbreitet hatte, daß er außergewöhnliche Berichte sammle, wurden ihm von überall her solche Berichte zugesandt. So veröffentlichte er mit wachsendem Erfolg bei den Lesern seiner Zeit eine der umfangreichsten Erzählsammlungen der klassischen chinesischen Literatur.

Die *Berichte des Yijian* stehen sowohl in der Tradition der »Berichte von übernatürlichen Ereignissen« *(zhiguai)* und der tangzeitlichen Novelle *(chuanqi)*, wie in jener der als »Wandlungstexte« *(bianwen)* bezeichneten Schriften, in denen Prosa, Gedichte und Lieder einander abwechseln. Die Palette der Themen reicht von Arzneimittelrezepturen und den Gewohnheiten bestimmter geheimer Sekten bis zu Berichten über Dichtungen und Schriften von Gelehrten der Song-Zeit (960–1279 n. Chr.). Insbesondere aber finden sich in den *Berichten des Yijian* Erzählungen über phantastische Begebenheiten. Auf diese Weise wurden Materialien, die spätestens im 11. Jh. von der Geschichtsschreibung als unhistorisch ausgeschieden worden waren, in einer gesonderten Sammlung überliefert. Ihre enge Bindung an die Gepflogenheiten der Geschichtsschreibung wird noch deutlich an dem Bemühen Hong Mai's, die Geschichten zu datieren und an bestimmten Orten anzusiedeln sowie sie mit bestimmten historischen Persönlichkeiten zu verbinden. Er behauptete, keine der von ihm verzeichneten Begebenheiten liege länger als sechzig Jahre zurück. Zugleich bemühte er sich zu zeigen, daß jedes Ereignis seine Ursachen habe, womit er in der rationalistischen Tradition seiner Zeit steht und zugleich an die buddhistische Lehre von der karmischen Vergeltung anknüpft. Berichte von der Vergeltung verwerflichen Verhaltens oder schlechter Taten haben nicht zuletzt den Sinn, den Leser für die Ungerechtigkeit der Welt zu entschädigen. In manchen Fällen wird aber auch eine durch einen Geist erfolgte übermäßige Bestrafung wieder rückgängig gemacht. Häufig sind auch Berichte von Träumen, die sich um eine Begegnung mit Geistern oder sonstigen übernatürlichen Wesen drehen. Wenn, was immer wieder vorkommt, Frauen von bösen Geistern in Menschen- oder Schlangengestalt verführt werden, legt der Erzähler nahe, daß sie dieses Unheil meist selbst auf sich gezogen haben, da solches einer sittsamen Frau gemeinhin nicht passiere.

Das *Yijian zhi* wird der sehr weitgefaßten Gattung der »Pinselaufzeichnungen« *(biji)* zugerechnet, zu der Hong Mai noch eine Anzahl weiterer, insbesondere die unter dem Titel *Serie von Pinselaufzeichnungen eines Geduldigen (Rongzhai suibi)* bekannten Werke, verfaßt hat. Das *Yijian zhi* ist mit seinen Geschichten und Berichten über zumeist außergewöhnliche Begebenheiten eine der wichtigsten Quellen für das Erzählgut jener Epoche und enthält eine Vielzahl kulturgeschichtlich bemerkenswerter und zum Teil einzigartiger Mitteilungen. Es ist nach dem *Taiping guangji* (10. Jh.) als wichtigste Erzählsammlung des älteren China anzusehen, deren Stoffe später in nahezu allen Gattungen fruchtbare Aufnahme fanden und die wegen ihres Erfolges etliche Nachahmungen gefunden hat. H.S.G.

AUSGABEN: 1166 u. ö. [unvollst.]. – Shangai 1927; Nachdr. Peking 1960. – Peking 1981 [interpungierte Ausg.].

ÜBERSETZUNG (Ausz.): *Zwei Episoden aus dem I-chien-chih*, W. Eichhorn (in Sinologica, 3, 1953).

LITERATUR: Chang Fu-jui, *Le »Yi-Kien tche« et la société des Song* (in Journal asiatique, 1968, Nr. 256, S. 55–93). – Ders., *L'influence du »Yi-kien tche« sur les œuvres littéraires* (in *Études d'histoire et de littérature offerts au Prof. Jaroslav Prusek*, Hg. Y. Hervouet, Paris 1976, S. 51–61). – K. L. Kerr, *»Yijian zhi«: A Didactic Diversion* (in Papers on Far Eastern History, 35, März 1987, S. 79–88).

HONG SHENG

* 1645 Hangzhou / Prov. Zhejiang
† 1704 bei Hangzhou

CHANGSHENG DIAN

(chin.; *Der Palast der Ewigen Jugend*). Singspiel der frühen Mandschuzeit in 50 Szenen im sogenannten *Kunqu*-Stil von HONG Sheng. – Der Autor vollendete dieses in seiner Heimatstadt konzipierte Singspiel während seiner Studienjahre in Peking, wo es um 1684 erstmals aufgeführt wurde. Eine Aufführung während einer offiziell angeordneten Trauerzeit im Jahre 1689 hatte die Entfernung des Autors von der Kaiserlichen Akademie zur Folge. Ursache dafür war wohl auch die Beschimpfung der barbarischen Invasoren; insbesondere in der 28. Szene, *Der Patriot und der Rebell*, finden sich Sätze, die als Angriff auf die Mandschu gelten konnten. Seither lebte Hong Sheng bis zu seinem Tod in Armut am Westsee (in dem er ertrank) in seiner Heimatstadt Hangzhou. Von den ihm zugeschriebenen zwölf Singspielen sind lediglich *Der Palast der Ewigen Jugend* und ein *zaju*-Singspiel vollständig überliefert.

Der Stoff des Stückes *Der Palast der Ewigen Jugend*, das tragische Schicksal der Konkubine Yang Guifei des Tang-Kaisers Xuanzong (reg. 712 bis 756), war zuvor schon häufig Gegenstand literarischer Behandlung: Schon vor der bekannten Ballade *Changhen ge (Gesang der Ewigen Reue)* BAI Juyi's (772–846), die das tragische Schicksal der Yang Guifei besingt, hatte es eine von Bai Juyi's Freund CHEN Hong (um 800) verfaßte Novelle zu diesem Thema gegeben. Die berühmteste Bearbeitung war jedoch das Yuan-Singspiel *Wutung yu (Phoenixbaum im Regen)* des BAI Pu (1227–1306). Das Singspiel *Der Palast der Ewigen Jugend*, dessen zentrales Thema die Liebe ist, ist nicht nur wegen seiner meisterlichen sprachlichen Gestalt von großer Bedeutung, sondern es deutet durch seine Gegenüberstellung von privater Liebe und Loyalität zum Staat auch auf einen Wertewandel der frühen Mandschuzeit hin.

Hintergrund der Ereignisse ist der Niedergang der Tang-Dynastie zur Zeit Kaiser Xuanzong's und der Aufstand des zur Abwehr der Nordvölker eingesetzten Generals An Lushan im Jahre 755, der erst 763 niedergeschlagen werden konnte. Das Singspiel beginnt mit zwei Gesängen (1. Szene), in denen von Liebe und Treue, von dem Schicksal des Paares Xuanzong und seiner Konkubine Yang Guifei die Rede ist und davon, daß sie sich im Palast des Mondes wieder vereinigen. Die zweite Szene, in der sich Kaiser Xuanzong nach einem Lied über sein Liebesglück vorstellt und sodann seine neue Gefährtin vorführt, endet mit einem Liebesgeständnis. Schon hier wird deutlich, daß der Herrscher bereits zum Spielball von Intrigen geworden ist. Unterbrochen von Szenen aus der Politik bei Hofe wird die Entwicklung der Liebesbeziehung dargestellt, die in der 22. Szene in einem gemeinsamen Treueschwur ihren Höhepunkt findet. Bereits in der 25. Szene, auf dem Weg des Kaiserhofes nach Chengdu in Sichuan, erhängt sich Yang Guifei auf Befehl des Kaisers, der selbst zu diesem Befehl gedrängt worden war; doch ihr Geist begleitet ihn weiter während der folgenden Wirren, bis es in der letzten Szene zu einer Wiedervereinigung der Liebenden kommt. Das Singspiel schildert die politischen Ereignisse und die Konflikte innerhalb der Führungselite immer auch mit dem Blick auf die Lage der leidenden Bevölkerung. Diese Betonung der persönlichen Gefühle und Leidenschaften gegenüber der Politik und die Hervorhebung der überirdischen Gerechtigkeit machen dieses Meisterwerk zu einem typischen Beispiel der Literatur des 17. Jh.s in China.   H.S.G.

AUSGABEN: Peking o. J. [ca. 1684]. – Peking 1958, Hg. Xu Shuofang. – Peking 1980, Hg. ders.

ÜBERSETZUNG: *The Palace of Eternal Youth*, Yang Hsien-yi u. G. Yang, Peking 1955 [engl.].

LITERATUR: Chang Chun-shu u. Chang Hsuehlun, *Literature and Society in Early Ch'ing China*, Ann Arbor/Mich. 1981.

HYEGYŎNG-GUNG HONG-SSI

* 18.6.1735 Seoul
† 1815 Seoul

HANJUNG-NOK

(kor.; *Aufzeichnungen in Zurückgezogenheit*). Autobiographie der koreanischen Hofdame HONG, der nach der Thronbesteigung ihres Sohnes der Eh-

rentitel Hyegyŏng-gung verliehen wurde; entstanden etwa 1796–1806. – Neunjährig war Hong als Gemahlin des Kronprinzen auserwählt worden, den sie im zehnten Lebensjahr heiratete. Als der Kronprinz beim regierenden König in Ungnade fiel, mußte er einen grausamen Tod sterben: Man steckte ihn in eine Reistruhe, in der er erstickte. Frau Hong war zu der Zeit achtundzwanzig Jahre alt und Mutter von zwei Söhnen und zwei Töchtern. Sie dachte daran, Selbstmord zu begehen, entschied sich aber, am Leben zu bleiben, um ihre Kinder aufzuziehen.

Im Alter von einundsechzig Jahren begann sie, ihre Erinnerungen aufzuzeichnen und schrieb zehn Jahre lang brief- und tagebuchähnliche Notizen, die erst nach ihrem Tod zusammengefaßt worden sind. Neben dem Bericht über ihr eigenes Leben enthält das Werk lebendige Beschreibungen vom Alltag am koreanischen Königshof. Zahlreiche Auseinandersetzungen und Konflikte am Hof machen die schwierige Lage einer Frau deutlich, die in ein vielfältiges, verwickeltes Beziehungsgeflecht eingebunden ist. Die ältesten Teile sind an den Sohn, der als König Chŏngjo von 1777 bis 1800 regierte, gerichtet, um ihn über das tragische Schicksal des Vaters und die Hintergründe seines Todes aufzuklären. In den Büchern 4 bis 6 klagt Frau Hong ihrem Enkel, König Sunjo (reg. 1801–1885), zunehmend auch die Geschicke ihrer eigenen Familie. So ist einer ihrer Brüder im Zusammenhang mit der Verfolgung koreanischer Christen hingerichtet worden – im Hintergrund stand eine machtpolitische Auseinandersetzung verschiedener Parteien am Königshof. Sie fordert die Rehabilitierung ihrer Verwandten, und ermahnt den jungen König, die Pflichten kindlicher Pietät zu erfüllen, wie es auch sein Vater Chŏngjo getan habe. Erstaunlich ist die Gedächtniskraft einer alten Frau für Ereignisse, die mehr als vier Jahrzehnte zurückliegen. Neben der sonst weitgehend im Dunkeln liegenden Lebenssituation verdankt die Nachwelt Frau Hong auch ein menschlicheres Bild der Männer, die in ihrem Leben eine Rolle spielten – ein Bild, das die einseitige, »positiv oder negativ ausgerichtete« Darstellung in den Werken der offiziellen Historiographie wie dem *Yijo sillok*, das sich an konfuzianischen Wertmaßstäben orientiert, relativiert.

Das *Hanjung-nok* ist in zahlreichen Handschriften erhalten, Teile auch in chinesischer Übersetzung; es muß in den Kreisen vor allem der Hofdamen ein beliebter Lesestoff gewesen sein. Nach 1945, nach der Befreiung Koreas von japanischer Kolonialherrschaft, wurde das *Hanjung-nok* als bedeutendes Werk der Nationalliteratur propagiert – vielleicht ein etwas überzogener Standpunkt. Auf jeden Fall ist das *Hanjung-nok* eines der wesentlichen Werke der Hofliteratur, der Frauenliteratur Koreas, das vielfältige Ansätze zur psychologischen Interpretation bietet und Materialien liefert für die Beschäftigung mit ostasiatischen Spielarten des Ödipus-Komplexes, der Frustration und des Sadismus – immer wieder genannte Stichwörter auch koreanischer Literaturwissenschaftler.   H.J.Z.

AUSGABEN: Seoul 1961, Hg. Yi Pyŏnggi u. Kim Tonggu (*Han'guk kojŏn munhak taegye*, 14; kor.-chin.; krit.; m. Anm.; ern. 1972). – P'yŏng-yang 1965, Hg. Chŏng Ryŏlmo [zus. m. *Inhyŏn wangho chŏn* u. a.]. – Seoul 1981 (*Pijangbon Handyungnok – Berkeley taehakpon*, Hg. Kim Yongsuk; m. Anm.).

ÜBERSETZUNG: *Han Joong Nok: Reminiscenses in Retirement*, B. K. Grant u. Kim Chin-man, Larch-mont/N.Y. 1980 [engl.].

LITERATUR: Kim Yong-sook, *The Characteristics of Korean Women's Literature – The Fatalistic Approach to the Bitterness in it* (in *Women of the Yi Dynasty*, Hg. Park Young-hai, Seoul 1986, S. 38–71).

HONORIUS AUGUSTODUNENSIS

auch Honorius von Regensburg

* um 1080 Augsburg (?)
† nach 1137 nahe Regensburg

LITERATUR ZUM AUTOR:
Y. Lefèvre, *H.* (in *Dictionnaire de spiritualité ascétique et mystique*, Bd. 7, Paris 1968, Sp. 730–737). – R. D. Crouse, *H. A.: The Arts as »via ad patriam«* (in *Arts libéraux et philosophie au moyen-âge. Actes du IVième congrès international de philosophie médiévale*, Paris/Montreal 1969, S. 531–539). – Ders., *H. A.: Disciple of Anselm?* (in *Die Wirkungsgeschichte Anselms von Canterbury*, Hg. F. S. Schmitt, Tl. 2, Ffm. 1975, S. 131–139). – M.-O. Garrigues, *Quelques recherches sur l'œuvre d'H. A.* (in Revue d'histoire ecclésiastique, 70, 1975, S. 388–425). – H. Freytag, Art. *H.* (in VL², 4, Sp. 122–132).

ELUCIDARIUM

(mlat.; *Erleuchtungsbuch*). Dogmatik in Katechismusform von HONORIUS AUGUSTODUNENSIS, entstanden vor 1108. – Über die Entstehung seines Erstlingswerkes sagt der Verfasser im Vorwort, daß er von Mitschülern gebeten worden sei, etliche Probleme zu lösen. Er gibt dem Büchlein, das er als Dialog zwischen einem fragenden Schüler und einem dozierenden Magister vorstellt, den Titel *Elucidarium*, weil das Dunkel verschiedener Dinge erleuchtet werden soll *(elucidatur)*. – Thema des ersten Buches ist die Heilsgeschichte der Welt, die Honorius mit der Frage *»Quid sit Deus?« (»Was ist Gott?«)* beginnen läßt und über Engelsturz, Schöpfung, Sündenfall bis zur Auferstehung Christi und der Aussendung des Heiligen Geistes weiterführt, woran er die Erklärung der Eucharistie und eine Verurteilung der schlechten Priester anschließt. Im zweiten Buch werden Fragen, die das diesseitige Leben betreffen, wie Gut und Böse, freier Wille, Ehe, Tod, im dritten Buch die jenseitigen Dinge behandelt.

In der Lösung der theologischen Einzelprobleme und in den Definitionen ist Honorius abhängig von AUGUSTIN und GREGOR, die er aus Sentenzensammlungen kannte, und besonders von seinem Lehrer ANSELM VON CANTERBURY, dem er, wie es scheint, in der Rolle des Magisters ein Denkmal setzen wollte. Nicht ohne Grund ist letzterem das anonym erschienene Werk – neben ABAELARD, LANFRANC u. a. – am häufigsten zugeschrieben worden. Die dialektische Darstellung der Themen und die Beweisführung haben keine weitreichende Wirkung gehabt. Für die wenige Jahrzehnte später aufblühende Scholastik mit ihren großen Systematisierungen der Gotteswissenschaft war das *Elucidarium*, das traditionsgebunden lediglich ein treues Abbild der Theologie des ausgehenden 11. Jh.s gibt, schon wertlos geworden. Es wurde in der fortschrittlichen Theologie übergangen. Dogmatisch hat es dagegen wie kein zweites mittelalterliches Buch weitergewirkt. Honorius faßt nach einem chronologisch-historischen Plan zum erstenmal die Vielzahl der theologischen Probleme zu einer Gesamtdarstellung der christlichen Glaubenslehre zusammen. In der Form eines leicht faßlichen Handbuchs, das Antwort auf die wichtigsten Fragen über Gott und Mensch zu geben vermochte, hat das *Elucidarium* – nicht zuletzt auch durch seine bilderreichen Vergleiche und die in Reimprosa gefaßte Sprache – über mehrere Jahrhunderte wesentlich auf die religiöse Bildung des einfachen Klerus und der Laien eingewirkt. Es ist in fast alle Sprachen des Abendlandes übersetzt, im Altfranzösischen (durch GILLEBERT VON CAMBRES) und im Mittelniederdeutschen auch metrisch bearbeitet worden. Literarische Einflüsse finden sich besonders bei HEINRICH VON MELK in *Von des tôdes gehügede* und im *Pfaffenleben*. Schließlich gab das *Elucidarium* dem bis ins 19. Jh. beliebten deutschen Volksbuch *Lucidarius* seinen Namen, das den eschatologischen Teil (Buch 3) der lateinischen Dogmatik des Honorius in wörtlicher Übersetzung übernommen hat.   T.B.

AUSGABEN: Mailand 1493. – Köln 1618 (Magna bibliotheca veterum patrum, 12). – Paris 1954, Hg. Y. Lefèvre (in *L'»Elucidarium« et les lucidaires*; m. Einl., Anm. u. Bibliogr.; krit.). – ML, 172.

LITERATUR: K. Schorbach, *Studien über d. dt. Volksbuch »Lucidarius« u. seine Bearbeitungen in fremden Sprachen*, Straßburg 1894. – J. v. Kelle, *Über H. A. u. d. »Elucidarium«* (in SWAW, 143, 1901, 8). – J. A. Endres, *H. A.*, Kempten/Mchn. 1906. – M. Grabmann, *Eine stark erweiterte und kommentierte Redaktion des »Elucidarium« des H. v. A.* (in *Misc. G. Mercati*, Bd. 2, Vatikanstadt 1946; Studi e Testi, 122). – J. de Ghellinck, *Le mouvement théologique du 12e siècle*, Brüssel/Paris 1948. – P. Rousset, *À propos de l'»Elucidarium« d'H. A.* (in ZKG, 52, 1958, S. 223–230). – H. Düwel, *Noch nicht untersuchte Hss. des »Elucidarium« von H.* (in Scriptorium, 26, 1972, S. 337–342).

IMAGO MUNDI

(mlat.; *Das Bild der Welt*). Kosmographie von HONORIUS AUGUSTODUNENSIS; die erste Abschrift ist für 1110 bezeugt; vom Autor mehrfach umgearbeitet (eine 5.»Auflage« erschien nach 1152). – Wie für die meisten seiner Werke fand Honorius auch für die Weltbeschreibung, die er auf Bitten seines Freundes Christian, des späteren Abts von St. Jakob in Regensburg, abfaßte, in der Vorrede einen prägnanten Titel: aus dem Werk *Imago mundi* sollte die Ordnung der ganzen Welt wie aus einem Spiegel ersichtlich sein. So beginnt das erste Buch mit einer umfassenden Geographie, Meteorologie und Astronomie; im zweiten wird die Zeit, von ihren größten Ausdehnungen bis zu den kleinsten Einheiten, beschrieben, und das dritte Buch schließt das Werk mit einer Geschichte der sechs Weltperioden.
Während der abschließenden Chronik nur ein äußerst dürftiger Auszug aus der *Summa totius (Summe des Ganzen)* des Honorius zugrunde liegt und die geschichtlichen Fakten und Namen zum Teil nur in reiner Aufzählung einander folgen, stützen sich die ersten beiden Bücher auf mannigfaltige Quellen – unter ihnen als wichtigste AUGUSTIN *(De civitate Dei)*, ISIDOR *(Etymologiae)*, BEDA, OROSIUS und SOLINUS –, die Honorius selbständig verwertete und in besonders sorgfältiger Auswahl für den geographischen Abriß benutzte. Die Bedeutung des ganzen Werks liegt jedoch nicht in der kritischen Überarbeitung und der künstlerischen Durchformung des Riesenstoffs – etwa nach einer geschichtlichen oder theologischen Idee –, sondern allein in dem übersichtlichen Aufbau und der schulbuchartigen, straffen Form. Ein solches *quasi in tabella* mit kurzen Reimprosasätzen abgefaßtes enzyklopädisches Handbuch kam dem Bedürfnis der Epoche nach sachlichem Einzelwissen und Gelehrsamkeit in günstigster Weise entgegen und fand schon zu Lebzeiten des Verfassers in mehreren neubearbeiteten und ergänzten Ausgaben weite Verbreitung.
Der geographische Teil, in dem Honorius in rührendem Lokalpatriotismus seine Heimatstadt Regensburg als einzige Stadt von Germania superior (1, 24) nennt, erfreute sich in der populärwissenschaftlichen lateinischen Literatur besonderer Beliebtheit; wir finden seinen Einfluß auch in dem deutschen Volksbuch *Lucidarius*, in den *Otia imperialia* des GERVASIUS VON TILBURY, in der *Image du monde* des JAKOB VON VITRY und in der *Weltchronik* RUDOLFS VON EMS. T. B.

AUSGABEN: Nürnberg o. J. [ca. 1472]. – Nürnberg 1491 (*Chronica Honorii*, in Anselm v. Canterbury, *Opera et tractatus*). – ML, 172. – Hannover 1848,

Hg. R. Wilmans (in MGH, Script. 10; Ausz.; Nachdr. Stg. 1963). – Paris 1982, Hg. V. I. J. Flint (in Archives d'histoire doctrinale et littéraire du moyen-âge, 49).

LITERATUR: O. Doberentz, *Die Erd- und Völkerkunde in der Weltchronik des Rudolf von Ems* (in ZfdPh, 12, 1881, S. 257–301; 387–454; 13, 1882, S. 29–57; 165–223). – J. A. Endres, *H. A.' Beitrag zur Geschichte des geistigen Lebens im 12. Jh.*, Kempten/Mchn. 1906, S. 45–49. – Ch.-V. Langlois, *La vie en France au moyen âge de la fin du 12e au milieu du 14e siècle*, Bd. 3, Paris 1927. – M. de Boüard, *Encyclopédies médiévales sur la connaissance de la nature et du monde au moyen âge* (in Revue des Questions Historiques, 112, 1930, S. 258–304). – Manitius, 3, S. 371–373. – W. Beinert, *Die Kirche – Gottes Heil in der Welt*, Münster 1974. – B. Maurmann, *Die Himmelsrichtung im Weltbild des MA.s*, Mchn. 1976. – V. I. J. Flint, *The »Liber Hermetis Mercurii Triplicis de VI principiis« and the »Imago mundi« of H. A.* (in Scriptorium, 35, 1981, S. 284–287). – M. L. Arduini, *Rerum mutabilis. Welt, Zeit, Menschenbild u. »Corpus ecclesiae christianitatis« bei H. v. Regensburg* (in Recherches de théologie ancienne et médiévale, 52, 1985, S. 78–108).

THOMAS HOOD

* 23.5.1799 London
† 3.5.1845 London

MISS KILMANSEGG AND HER PRECIOUS LEG. A Golden Legend

(engl.; *Miss Kilmansegg und ihr kostbares Bein. Eine goldene Legende*). Tragikomisches Gedicht von Thomas HOOD, erschienen 1840. – Dieses *»Meisterstück grotesker Satire und komischer Moral«* (J. C. Reid) war im 19. Jh. insbesondere bei der gehobenen Mittelschicht Englands sehr beliebt. Es zählt auch heute noch zu den bekanntesten Werken Hoods, der wegen seines Talents, soziale Anklage und virtuose Karikatur in seinen Gedichten zu mischen, von DICKENS als Geistesverwandter geschätzt wurde und den THACKERAY als *»echtes Genie und wahren Dichter«* bezeichnete, wenn er auch bedauerte, daß Hoods wahre Natur allzulange unter dem Narrenkleid eines burlesk-unterhaltenden Tagesjournalismus verborgen geblieben sei.
Die Lebensgeschichte der Miss Kilmansegg wird im eingängigen, volksliedhaften Rhythmus erweiterter Balladenstrophen erzählt, wobei der satirische Grundton oft durch Wortspiele in punktuelle Komik umschlägt – Hood galt zu seiner Zeit als unbestrittener Meister dieser Kunst. Die Handlung des Gedichts ist als Parabel seelenlosen Reichtums zu verstehen, die sich gegen den Materialis-

mus der Geldmagnaten des Viktorianischen Zeitalters richtet. »*Gold! und Gold! und Gold ohne Ende!*«
– unter diesem Zeichen steht das Leben der Titelheldin von der Wiege bis zur Bahre. Ihre Geburt ist
für die Familie ein Anlaß, maßlosen und unkultivierten Luxus zu entfalten, während jene, die nun
in der Erbfolge zurücktreten müssen, sie verfluchen. Ein unermeßlich reicher Nabob und eine Begum fungieren als Paten; die Taufschale, das Gebetbuch, der Sherry – alles ist golden. Der sinnentleerte, pomphafte Reichtum wird immer wieder
mit der Not der Besitzlosen kontrastiert (etwa in
der Schilderung von Miss Kilmanseggs Kindheit),
die melodramatische Zuspitzung bewußt als stilistisches Mittel eingesetzt: Das ganze Gedicht will
als hyperbolischer Zerrspiegel aufgefaßt werden,
dessen Wirkung durch realistische Abtönungen
nur beeinträchtigt würde. Die Maxime, nach der
Miss Kilmansegg erzogen wird, ist die eines pervertierten Puritanismus, dessen Moralbegriff allein
vom Besitz bestimmt wird. Schließlich aber wird
das Gold zum Instrument des Verderbens: Nach
einem Sturz vom Pferd muß sich Miss Kilmansegg
ein Bein amputieren lassen, doch getreu ihren
Wertbegriffen empfindet sie dies kaum als Verlust,
denn nun kann sie eine Prothese aus purem Gold
tragen. Dadurch gelangt sie zu kurzem gesellschaftlichem Ruhm: Sie wird bewundert, beneidet,
umworben und heiratet endlich einen ausländischen Grafen, einen dem Trunk und dem Glücksspiel ergebenen Abenteurer, der in ihr nur die reiche Erbin sieht. Bei der Schilderung der Flitterwochen zieht der Autor alle Register eines manchmal
grausamen Witzes, wobei das romantische Naturidyll als teils ironische, teils ernstgemeinte Hintergrundkulisse für den herzlosen Ehebund dient. Als
das Vermögen durchgebracht ist und die Gräfin
sich weigert, ihrem Mann mit ihrer kostbaren Prothese auszuhelfen, wird sie von ihm mit eben dieser
Prothese im Bett erschlagen. Den grotesk-ironischen Schluß der Fabel bildet die Entscheidung des
Gerichts: Es stellt fest, daß Miss Kilmansegg durch
ihr eigenes Bein getötet wurde, und erkennt auf
Selbstmord.   W.Hü.

AUSGABEN: Ldn. 1840 (in Colburn's New Monthly Magazine, Sept.-Nov.). – Ldn. 1862 (in *The
Works of T. H., Comic and Satiric, in Prose and
Verse*, Hg. T. Hood Jr., 7 Bde., 1862/63, 5). –
Ldn./NY 1882–1884 (in *Complete Works*, Hg.
ders. u. F. F. Broderip, 11 Bde.; *Ward Lock Ed.*;
Nachdr. Hildesheim 1970). – NY 1904. – Ldn.
1906 (in *Complete Poetical Works*, Hg. W. Jerrold;
ern. 1917; Nachdr. 1980). – Ldn./Cambridge
(Mass.) 1970 (in *Selected Poems*, Hg. J. Clubbe).

LITERATUR: W. C. Jerrold, *T. H., His Life and
Times*, Ldn. 1907; Nachdr. 1969. – E. Blunden,
The Poet H. (in Review of English Literature, 1,
1960, S. 26–34). – J. C. Reid, *T. H.*, Ldn. 1963;
Nachdr. 1967. – Ch. Enzensberger, *Die Fortentwicklung der Romantik am englischen Beispiel: T. H.*
(in DVLG, 38, 1964, S. 534–560). – J. Clubbe,

Victorian Forerunner: The Later Career of T. H.,
Durham/N.C. 1968. – L. N. Jeffrey, *T. H.*, NY
1972 (TEAS).

PIETER CORNELISZOON HOOFT

* 16.3.1581 Amsterdam
† 21.5.1647 Den Haag

LITERATUR ZUM AUTOR:
Biographien:
G. Brandt, *'t Leeven van ... H.* (in P. C. Hooft,
Nederlandsche Historien, Amsterdam 1667; ern.
1969 u. d. T. G. Brandt, *P. C. H. »deez vermaarde
man« 1581–1647*). – C. Busken-Huet, *P. C. H. De
dichter* (in C. B.-H., *Litterarische Fantasien en
kritieken*, Bd. 18, Haarlem o. J., S. 1–78). –
A. Romein-Verschoor, *P. C. H.*, Amsterdam
1947. – H. W. van Tricht, *P. C. H.*, Amsterdam
1951; ²1980. – H. S. Haasse, *Het licht der
schitterige dagen*, Amsterdam 1981.
Gesamtdarstellungen und Studien:
G. Kazemier, *Het vers van H.*, Assen 1932. –
F. Veenstra, *Bijdrage tot de kennis van de invloeden
op H.*, Diss. Groningen 1946. – J. J. Gielen,
J. Romein u. a., *P. C. H.*, Arnheim 1947. –
W. A. P. Smit, *H. en DIA*, Amsterdam 1968. –
P. Tuynman, *Bijdragen tot de P. C. H.-Filologie*,
Diss. Amsterdam 1973. – E. K. Grootes,
*Dramatische struktuur in tweevoud. Een vergelijkend
onderzoek van Pietro Aretino's Hipocrito en P. C. H.s
Schijnheiligh*, Diss. Culemborg 1973. – J. Starink,
P. C. H., Amsterdam 1975. – *De briefwisseling van
P. C. H.*, Hg H. W. van Tricht, 3 Bde., Culemborg
1976–1979. – T. Koot, *Het mysterie van Muiden,
Het Muiderslot.*, Den Haag 1977. – S. A. C. Dudok
van Heel u. a., *H.-Essays*, Amsterdam 1981. – E. K.
Grootes u. a., *Uyt liefde geschreven: studies over H.*,
Groningen 1981. – G. C. de Waard u. a., *Van en
over P. C. H.*, Rotterdam 1981. – S. Groenveld, *H.
als historieschrijver: twee studies*, Weesp 1981.

BAETO, OFT OORSPRONG DER HOLLANDEREN

(ndl.; *Baeto oder Ursprung der Holländer*). Pseudohistorische Tragödie in fünf Aufzügen von Pieter
Corneliszoon HOOFT, erschienen 1626. – Hoofts
zweites und letztes Trauerspiel, das der Autor selbst
laut Geeraerdt BRANDT (*Het leven van P. C. Hooft*,
1677) »über seinen Geeraerdt van Velsen zu stellen
pflegte«, hat eine erfundene mythische Episode aus
der holländischen Stammesgeschichte zum Thema,
wobei neben den Tönen eines selbstgefälligen zeitgenössischen Patriotismus Motive aus der Staatsphilosophie Huig de GROOTS (Grotius) und didaktische Warnungen vor den theokratischen Tenden

zen des Calvinismus in den Generalstaaten anklingen. Dem der Naturpriesterin in den Mund gelegten Gedanken, daß die Kirche sich nicht gegen die Fürsten stellen solle (*»Ich würde niemandem raten, um irgendwen gegen sein Oberhaupt aufzustehen, noch den Respekt vor den irdischen Göttern mit Füßen zu treten«*), räumte Hooft so viel Platz ein, daß hierdurch gelegentlich das dramatische Gleichgewicht gestört erscheint. – In der Fabel selbst sind Penta, die Gattin des Kattenkönigs Catmeer, und Baeto, ihr Stiefsohn, die feindlichen Antipoden; ihr Konflikt dient Hooft dazu, seine Vorstellung von der Stoa des SENECA zu entwickeln. Verblendet von Haß auf den Prinzen, dem die Mehrheit des Volkes innig zugetan ist – Hooft stattete ihn mit einigen Zügen Wilhelms von Oranien aus –, versucht Penta ihn zuerst durch gedungene Mörder, dann mit Hilfe höllischer Mächte umzubringen, und schließlich – als das nicht gelingt – wiegelt sie Vater und Sohn durch eine Intrige gegeneinander auf. Obwohl Baeto durch Pentas Zauberei seine Gattin verliert, und obgleich er durchaus die Macht besitzen würde, sich wirkungsvoll gegen seine Stiefmutter durchzusetzen, *»pocht er nicht auf sein billiges Recht, sondern auf die Erhaltung des Friedens«*. Als Catmeer auf Pentas Betreiben Bewaffnete gegen Baeto ausschickt im Glauben, Baeto trachte ihm nach dem Leben, geht der Prinz mit seinen Anhängern lieber freiwillig in die Verbannung, als daß er die Tyrannis eines blutbefleckten Gewissens erduldete. Von den Seinen zum König ausgerufen, zieht Baeto *»zu Maas und Rhein und Ozean / Und gründet dort in jenem Land / Ein Volk, das keiner Zeit wird weichen, / Zuerst Batavier genannt, / Holländer mit den Nachbarreichen …«*

Dem unqualifizierten Angriff der Literaturhistoriker des 19. Jh.s (JONCKBLOET), die dem Werk vor allem zum Vorwurf machten, daß es die dramaturgischen Forderungen des ARISTOTELES an die Tragödie nicht erfülle, ist entgegenzuhalten, daß es Pieter Hooft, der das antike Trauerspiel sehr genau kannte, zweifellos um etwas ganz anderes ging. Baeto, eine erste Verkörperung des passiven Helden auf der niederländischen Bühne, erweckt beim Zuschauer nicht »Furcht und Mitleid«, sondern Mitleid und Bewunderung. Mitleid deshalb, weil ihn seine stoische Lebensauffassung Pentas Verfolgung scheinbar hilflos aussetzt, Bewunderung, weil sein Gleichmut ihren haßerfüllten Emotionen moralisch stets überlegen bleibt. Die Divergenz beider Gestalten führt zu einer Spannung, die sich nicht in einer triumphalen Katastrophe des Helden entlädt – wie etwa in den strukturell analogen Märtyrerdramen jener Zeit –, sondern in patriotischer Überhöhung einen neuen, besseren Anfang als möglich erscheinen läßt.   W.Sch.

AUSGABEN: Amsterdam 1626. – Amsterdam 1671 (in *Verzamelde werken*). – Groningen 1919, Hg. J. Koopmans. – Zwolle 1954, Hg. F. Veenstra. – Amsterdam 1972 (in *Alle de gedrukte werken 1611–1738*, Hg. W. Hellinga u. P. Tuynman, Bd. 2, *Toneelspelen 1613–1633*).

LITERATUR: F. Veenstra, *»Baeto«* (in F. V., *Bijdrage tot de kennis van de invloeden op H.*, Diss. Groningen 1946, S. 86–95).

GEERAERDT VAN VELSEN

(ndl.; *Geeraerdt van Velsen*). Versdrama in fünf Akten von Pieter Corneliszoon HOOFT, erschienen 1613. – Die Tragödie, das erste Werk, das Hooft unter seinem Namen veröffentlichte, behandelt wie seine folgende, *Baeto, oft Oorsprong der Hollanderen, 1626 (Baeto oder Ursprung der Holländer)*, einen pseudohistorischen Stoff aus der vaterländischen Vergangenheit, den er in diesem Fall jedoch einem alten Volkslied über Floris V., Graf von Holland, entnahm.

Nachdem dieser Fürst, der das Land und den Adel unterdrückt, Geeraerdt van Velsens Bruder ermordet und seine Frau geschändet hat, sinnt dieser auf Rache, verschwört sich mit seinem Schwiegervater Harman van Woerden und seinem Vetter Gijsbert van Aemstel gegen den Tyrannen und setzt ihn in Muiden gefangen. Wie Velsens Frau Machtelt in einem Einleitungsmonolog prophezeit hat, wird nun das herrenlose Land von Krieg und Rechtlosigkeit heimgesucht, so daß Gijsbert – vor allem, als er von den beiden Mitverschwörern den Plan erfährt, Floris an England auszuliefern – darauf dringt, ihn vor den (damals noch gar nicht existierenden) Generalstaaten anzuklagen: *»Ich warne, noch ist Zeit, nicht daß euch Rache blende.«* Ein Orakel wird eingeholt, doch inzwischen wird Floris, dem der Geist von Velsens totem Bruder erschienen ist, von Reue ergriffen; er bittet um Gnade und verspricht Besserung. Da aber das Orakel keine eindeutige Lösung anbietet, verharrt der Rächer in seinem Haß und verwundet den Grafen tödlich, ehe ihn angreifende Naarder befreien können. Machtelt klagt anschließend nicht über den mutmaßlichen Tod ihres Gatten, sondern darüber, daß sich *»Rachgier zu sehr in seinem Herzen verbissen«* und dadurch alles Ungemach des Landes verschuldet habe. Doch tröstend weissagt der Stromgott Vecht die künftige Blüte der kommenden Generalstaaten.

Ähnlich wie im *Baeto* bringt der Dichter in *Geeraerdt van Velsen* seinen Stolz auf die Gegenwart zum Ausdruck, in der ihm eine heroische Vergangenheit ihre Erfüllung zu finden scheint. Daneben verkündet er seine persönliche Lebensphilosophie, einen passiven Stoizismus nach dem Vorbild SENECAs. Sie ist Machtelt und noch mehr den zweiflerischen Gijsbert in den Mund gelegt und löst das Problem des Werks, das Verhältnis zwischen Bürger und Fürst, in einer Lektion stoischen Verhaltens, die dem negativen Titelhelden auf seine Zweifel an der richtigen Entscheidung der Generalstaaten hin zuteil wird. Verglichen mit *Baeto*, wo Hooft die absolute Ehrfurcht vor fürstlicher Würde beispielhaft darstellt, wirkt das Werk gehaltlich und kompositorisch weniger ausgereift. Zwar geht auch hier die formale Struktur vorwiegend auf Seneca zurück (Geistererscheinungen, Orakel, Chöre), doch machte der Dichter daneben eine Anleihe bei den Moralitäten (Sinnspielen) der Rederijkers und läßt die das Land verheerenden bösen Mächte (Gewalt, Krieg usw.) personifiziert auftreten. Diese beiden Elemente finden keinen organischen Zusammenhang, jedem von ihnen sind voneinander getrennte eigene Aufzüge vorbehalten. Die Charaktere sind etwas plastischer gezeichnet als im *Baeto*, doch eine Entwicklung ist nur bei Gijsbert van Aemstel zu beobachten, und auch sie entbehrt einer wirklichen Tragik.   W.Sch.

AUSGABEN: Amsterdam 1613. – Zutphen 1953, Hg. F. A. Stoett. – Amsterdam 1972 (in P. C. H., *Alle de gedrukte werken 1611–1738*, Hg. W. Hellinga u. P. Tuynman, Bd. 2: *Toneelspelen 1613–1633*).

LITERATUR: J. A. Worp, *De invloed van Seneca's treurspelen op ons tooneel*, Amsterdam 1892. – J. Koopmans, *H. als allegorist* (in J. K., *Letterkundige Studien*, Amsterdam 1906). – W. H. N. van Wel, *H.'s »Geeraerdt van Velsen«* (in De nieuwe taalgids, 35, 1941, S. 351–366). – F. Veenstra, *»Geeraerdt van Velsen«* (in F. V., *Bijdrage tot de kennis van de invloeden op H.*, Diss. Groningen 1946, S. 74–85). – R. Lieven, *»Geeraerdt van Velsen« als klassiek treurspel* (in Raam, 81, 1972, S. 32–42). – S. J. Lenselink, *Een en ander over H.s treurspel »Geeraerdt van Velsen«* (in *Studies voor Zaalberg*, Leiden 1975, S. 159–175).

GRANIDA

(ndl.; *Granida*). Romantisches Schäferdrama in fünf Akten von Pieter Corneliszoon HOOFT, erschienen 1615. – Schon 1605 entstanden, gehört diese Pastorale zu den frühen Schöpfungen des niederländischen Klassikers und blieb nur deswegen zehn Jahre lang ungedruckt, weil Hooft sie *»für nicht mutig genug«* hielt, *»um vor den Augen der Welt zu bestehen«*. Zu Unrecht, denn trotz der vielen stofflichen und formalen Substrate und trotz seiner poetischen Schwächen handelt es sich bei diesem »Spiel« (so bezeichnete Hooft es selbst) um eine durchaus persönliche Darstellung des zur Zeit der Renaissance aufkommenden Liebesethos: Zu dem in sinnlicher Liebe *(minne)* tändelnden Schäferpaar Daifilo und Dorilea verirrt sich die persische Kronprinzessin Granida und entbrennt in Liebe *(liefde)* zu dem jungen Schäfer. Um Granida zu erringen, nimmt Daifilo Dienste bei Tisiphernes, der sich ebenfalls um sie bemüht; der Schäfer gewinnt das Vertrauen seines Herrn, wird sein Brautwerber bei Granida und tötet sogar an seiner Statt den Nebenbuhler Ostrobas im Zweikampf. Doch Granida lehnt den Antrag ab, weil sie *»sich dem Schäferstand weihen«* will, da *»gewöhnlich Lust und Ruh genossen wird zum bessern / In Hütten als bei Hof oder auf festen Schlössern«*. Enttäuscht zieht Tisiphernes als fahrender Ritter in die Welt und überträgt Daifilo seine Krone. Als *deus ex machina* be-

wahrt er schließlich die Liebenden davor, der Rache eines Freundes des Ostrobas zum Opfer zu fallen. Er führt Granida und Daifilo zusammen, und erwirkt den väterlichen Segen des Perserkönigs, so daß sich zur *»liefde«* nunmehr auch die *»minne«* gesellen kann: *»Lieb' und Minne fest verbaut, / Seele, Leib, die sich durchwinden, / Heil'ges, höchstes Sich-Verbinden / Seligt Bräutigam und Braut.«*

Diese Apotheose des aus PLATON und PETRARCA gewonnenen Liebesideals (sie könnte in dieser Form der Strophe eines Schäferinnen-Chors auch bei CATS stehen) beschließt eine romantische Bühnenhandlung, die in einigen Zügen bereits in SIDNEYS Prosaromanze *Arcadia* vorgebildet und von dieser möglicherweise angeregt ist. Verschiedene Verse weisen auch auf die Kenntnis von GUARINIS *Pastor Fido* und TASSOS *Aminta* hin. Dennoch trägt das Spiel in Inhalt und Form den Stempel dieses eigenwilligen holländischen Dichters. In den bukolischen Dialogen glaubt man trotz der orientalischen Szenerie eine typisch holländische Landschaft durchschimmern zu sehen, und verstechnisch zeigt sich hier zum ersten Male deutlich die Auseinandersetzung der niederländischen Kunstsprache und des Rederijker-Verses mit metrischen Renaissance-Erfindungen bei *»Italienern und Franzosen, den vornehmsten Zungen des christlichen Sprachgebrauchs«*. Vorweg gibt Hooft eine Erläuterung dieser neuen Diktion, um damit anschließend im Text zu experimentieren. Doch all seinen Bemühungen um Jambus und Trochäus zum Trotz verfällt er immer wieder in den seinem Geschmack mehr entsprechenden Alexandriner.   W.Sch.

AUSGABEN: Amsterdam 1615. – Zutphen 1957, Hg. A. A. Verdenius. – Amsterdam 1972 (in *Alle de gedrukte werken 1611–1738*, Hg. W. Hellinga u. P. Tuynman, Bd. 2: *Toneelspelen 1613–1633*).

LITERATUR: A. Kluyver, *Over het spel »Granida«* (in Neoph, 1, 1916, S. 123). – G. Busken Huet, *La »Granida« de H.* (ebd., 2, 1917, S. 85). – J. Prinsen, *P. C. H.*, Amsterdam 1922. – A. Zijderveld, *Enkele »Granida«-problemen* (in Tijdschrift voor Nederlandsche Taalen Letterkunde, 1928, S. 87–100). – R. Lieven, *Een interpretatie van H.s »Granida«* (in Spiegel der letteren, 14, 1972, Nr. 3, S. 201–214). – D. J. M. ten Berge, *Het Nederlandse pastorale spel* (in De nieuwe taalgids, 69, 1976, Nr. 1, S. 33–38).

NEEDERLANDSCHE HISTOORIEN,
Seedert de Ooverdraght der Heerschappye van Kaizar Kaarel den vyfden op Kooning Philips zynen Zoon

(ndl.; *Niederländische Geschichte seit der Übertragung der Herrschaft Kaisers Karl V. auf dessen Sohn Philipp*). Geschichtswerk von Pieter Corneliszoon HOOFT, erschienen in zwei Teilen 1642–1654. – Diese Darstellung des Freiheitskampfes der Niederländer gegen die spanischen Truppen eines Alba, Farnese u. a. ist zu einer Zeit entstanden, als der achtzig Jahre währende Krieg (1568–1648) noch immer andauerte. So ist das Werk nicht im Sinne eines historiographischen Utilitarismus konzipiert, wie er die allgemeine Geschichtsentwicklung jener Zeit beherrschte, sondern in jenem aktualisierenden, patriotischen und moralistischen Geist, der auch Hoofts Dramen *Geeraerdt van Velsen* (1613) und *Baeto* (1626) kennzeichnet. Hoofts Werk, die bedeutendste niederländische Geschichtsdarstellung des 17. Jh.s, übte nicht nur auf SCHILLERS *Geschichte des Abfalls der Vereinigten Niederlande* (1788) Einfluß aus, sondern bestimmt in seiner ungewöhnlich gründlichen Aufarbeitung des Quellenmaterials bis heute das Bild vom niederländischen Freiheitskampf in Wissenschaft und Dichtung. – Die Schilderung der Ereignisse setzt mit der Abdankung Kaiser Karls V. (1555) ein und reicht in den vom Autor selbst edierten ersten zwanzig Büchern bis zum Tod Wilhelms von Oranien (1584). Sieben weitere, aus dem Nachlaß veröffentlichte Bücher, von denen das letzte unvollendet abbricht, führen bis ins Jahr 1587. Der zweite Teil erschien 1654 unter dem Titel *Verfolgh der nederlandsche historien seedert het ooverlyden van Prins Willem, tot het einde der landtvooghdyschap des Graaven van Leicester* (Fortsetzung der Niederländischen Geschichte vom Hinscheiden des Prinzen Wilhelm von Oranien bis zum Ende der Statthalterschaft des Grafen von Leicester).

Schon in der Einleitung weist der Autor auf die Schrecken jener Jahre hin: blutige Schlachten, Seegefechte, Belagerungen; allerorts herrschten Rebellion, Haß und Sittenverderbnis; die Fürsten waren verjagt, das Land mit Verbannten und Verfolgten überfüllt, Recht und Gesetz mit Füßen getreten, das Volk dezimiert durch Seuchen, Erdbeben, Überschwemmungen, Inquisitionen und Morde. »Geburt und Reichtum galten als Verbrechen, und nichts war seinem Besitzer gefährlicher als Tüchtigkeit... Bürger kämpften gegen Bürger, Bruder gegen Bruder, und wer keinen Feind hatte, verriet seinen Freund.« Im Anschluß an THUKYDIDES und TACITUS werden die Ereignisse in chronologischer Reihenfolge abgehandelt; gleichzeitig ist Hooft jedoch darum bemüht, jeweils ein herausragendes Geschehen in den Mittelpunkt eines Buchs zu stellen, etwa die Belagerung von Leiden (Buch 9), die Union der sieben nördlichen Provinzen zu Utrecht (Buch 14) oder die Ermordung Wilhelms von Oranien (Buch 20). Wie Hooft schon in seinen Dramen das Herrscherideal herausgehoben hatte, so stehen auch hier die holländischen Fürsten im Mittelpunkt der Freiheitsbewegung. Erst die Fürstentugend eines Hendrik IV. oder eines Wilhelm von Oranien haben den Freiheitswillen des Volks gestärkt und zum Erfolg geführt. Insofern war das Werk, wie der Autor selbst bezeugt, den kommenden Regenten als Fürstenspiegel zugedacht.

In sprachgeschichtlicher Hinsicht bilden die *Histoorien* einen Höhepunkt der niederländischen Renaissance. Vor Hooft wurden Geschichtswerke meist lateinisch verfaßt oder aber in einem Niederländisch, das keiner Stilkontrolle unterlag. Ohne daher brauchbare Historiographen in der Muttersprache heranziehen zu können, mußte Hooft einen Prosastil schaffen, der für die humanistisch gebildeten Leser die Exaktheit taciteischer Diktion und für ein breiteres Publikum die lebendige Erzähltradition der zeitgenössischen Sprache verband. Dieses Problem löste er in einer Formvollendung, die für die niederländische Prosa richtungweisend wurde. Seine Darstellung ist nicht nur Bericht, sondern vor allem Aktualisierung; sie ist aus der Perspektive eines überall anwesenden Augenzeugen geschildert und vergegenwärtigt das historische Geschehen im wahrsten Sinne des Wortes. Um das zu erreichen, benutzte Hooft eine wohlproportionierte Skala von Stilmitteln, die den Leser unmittelbar in die jeweilige Situation versetzen. In Sprichwörtern und Redewendungen läßt er das einfache Volk zu Wort kommen und begibt sich zuweilen auf bis dahin unliterarisches phraseologisches Gelände, das er stilistisch mit großem Feingefühl auszubeuten versteht. Er erweiterte damit die Literatursprache erheblich: Kein anderes Werk vor und neben diesem weist eine auch nur annähernd so reichhaltige Vielfalt der stilistischen Ausdrucksmittel auf. Für die niederländische Hochsprache galt es daher bis in die neueste Zeit hinein als die klassische Prosaschule.   W.Sch.

AUSGABEN: Amsterdam 1642–1654, 2 Tle. – Amsterdam/Utrecht 1703 *(Nederlandsche Historien)*. – Amsterdam 1960 *(Nederlandse historiën*, Hg. A. C. Niemeyer u. F. J. Schmit; Vorw. W. G. Hellinga; Ausw.). – Den Haag 1964 *(Nederlandsche histoorien*, Hg. u. Einl. P. J. H. Vermeeren; Ausw.). – Amsterdam 1972 (in *Alle de gedrukte werken 1611–1738*, Hg. W. Hellinga u. P. Tuynman, Bd. 4/5: *Nederlandsche Historien 1703*). – Culemborg 1977 *(Gekast naar de konst. Fragmenten uit P. C. H.s Nederlandsche Historien*, Hg. F. L. Zwaan, C. W. de Kruyter u. S. Groenveld; Ausw.).

LITERATUR: J. C. Breen, *P. C. H. als schrijver der »Nederlandsche Historiën«*, Amsterdam 1894. – J. D. M. Cornelissen, *H. en Tacitus*, Nimwegen 1938 [ern. in *Mythe en werkelijkheid*, Hg. J. A. L. Lancée, Utrecht 1979, S. 25–39].

RICHARD HOOKER

* um 1553 Heavitree
† 2.11.1600 Bishopsbourne

OF THE LAWES OF ECCLESIASTICALL POLITIE

(engl.; *Von den Gesetzen der Kirchenregierung*). Theologisch-kirchenrechtliches Werk von Richard HOOKER; die Bücher 1–4 erschienen 1593, Buch 5 erschien 1597, die Bücher 6–8, deren Echtheit allerdings umstritten war, wurden 1648 bzw. 1661 aus dem Nachlaß Hookers veröffentlicht. Eine erste Gesamtausgabe des Werks erschien 1662. – In seinem vielbeachteten Werk setzt sich der einflußreiche anglikanische Theologe in eigenständiger Gedankenführung mit den kalvinistischen Grundsätzen der Presbyterianer auseinander. Von dem Kalvinisten Walter TRAVERS wegen seiner »römischen« Haltung angegriffen, klärt Hooker einerseits die Stellung der anglikanischen Kirche zum Katholizismus, andererseits zum Kalvinismus hin ab. Indem er einen Mittelweg zwischen beiden Richtungen wählt, wird er zu einem der Schöpfer des Elisabethanischen Anglikanismus und damit der englischen Staatskirche.

Das erste Buch enthält eine grundlegende philosophische, begrifflich klärende Abhandlung über die verschiedenen Arbeiten der Gesetze. Der Autor unterscheidet zwischen dem ewigen, allgemein gültigen Naturgesetz und den veränderlichen positiven Gesetzen, die teils auf göttlicher Offenbarung teils auf menschlicher Setzung beruhen. Von diesen Voraussetzungen ausgehend, wendet er sich im zweiten und dritten Buch gegen die Lehre, daß die *Bibel* die alleinige Norm menschlichen Handelns sei und die unveränderlichen Gesetze kirchlicher Regierung und Verfassung enthalte. Er betont, daß die Schrift davon nur einen allgemeinen Umriß gebe und daß die Kirche unter Anwendung der Vernunft innerhalb des vorgegebenen Rahmens durchaus ihre eigene Tradition und Form zu entwickeln habe. Im vierten Buch weist der Verfasser den Vorwurf zurück, daß die anglikanische Kirche durch Übernahme katholischer Ordnungen, Riten und Zeremonien verderbt sei. Im fünften, umfangreichsten Buch des Werks entkräftet Hooker die Argumente der Presbyterianer gegen die gottesdienstlichen Formen der anglikanischen Kirche im einzelnen mit gründlichen theologischen Beweisen. Die letzten drei Bücher nehmen zu den Fragen des Laienältesten, des Episkopats und des königlichen Supremats im Geist der anglikanischen Kirche Stellung.

Der Theologie Hookers ist ein stark rationaler Grundzug eigen, der alle philosophisch-theologischen und kirchenrechtlichen Gedankenkomplexe bestimmt und den nachhaltigen Einfluß der Renaissancephilosophie erkennen läßt. Hooker denkt vom Natur- und Vernunftgesetz aus. Die Welt wird als zweckbestimmte, vernünftige Ordnung, der Mensch als Mikrokosmos, die Tugend als Wissen und vernünftiges Handeln verstanden. Im Gegensatz zu der Lehre, daß das Gesetz Gottes auch die Grundsätze der kirchlichen Verfassung enthalte, trennt Hooker streng zwischen der biblischen Offenbarung, die allein den Glauben verkündet, und der dem Menschen von Gott geschenkten Vernunft, die als Ordnungsprinzip in allen weltlichen Fragen auch für die Gestaltung der Kirchenverfassung zuständig ist.

Kirche und Staat sind für Hooker keine wesentlich verschiedenen Gemeinschaften. Durch Annahme der wahren Religion wird eine Gemeinschaft zur Kirche, d. h., dieselbe Gemeinschaft stellt sich unter politischem Gesichtspunkt als Staat, unter religiösem Aspekt als Kirche dar. Der König ist der durch göttliche Macht autorisierte Leiter der Kirche, obwohl er nicht mit geistlicher Vollmacht ausgestattet ist. Er ernennt die Bischöfe, die durch bischöfliche Ordination ihre Weihe erhalten. Die kirchlichen Gesetze werden zwar nicht nur von ihm, sondern unter Mitwirkung des Parlaments erlassen; da die dem Souverän verliehene Macht aber letztlich göttlichen Ursprungs ist, bleibt der König als politisches Oberhaupt nur Gott verantwortlich und ist unantastbar.   E.Pe.

AUSGABEN: Ldn. 1593–1597; 2 Tle. [Buch 1–5]. – Ldn. 1648 [Buch 6 u. 8]. – Ldn. 1661 [Buch 7]. – Ldn. 1662 (in *The Works of R. H.*, Hg. J. Gauden; zul. 1807). – Oxford 1836 (in *The Works of R. H.*, Hg. J. Keble, 3 Bde.; zul. 1888, Hg. R. W. Church u. F. Paget). – Ldn./NY 1954, 2 Bde. [Buch 1–5). – Menston 1969. – NY 1971. – Ldn. 1975. – Ldn. 1981. – Cambridge (Mass.)/Ldn. 1982.

LITERATUR: *R. H.* »*Von den Gesetzen des Kirchenregiments im Gegensatze zu den Forderungen der Puritaner*«. *Ein Beitrag zur Geschichte der anglikanischen Kirche u. Theologie im 16. Jh.*, Heidelberg 1868 [m. dt. Textausz.]. G. Michaelis, *R. H. als politischer Denker*, Bln. 1933. – E. T. Davies, *The Political-Ideas of R. H.*, Ldn. 1946. – G. Hillerdal, *Reason and Revelation in R. H.*, Lund 1962. – J. S. Marshall, *H. and the Anglican Tradition. A Historical and Theological Study of H.'s* »*Ecclesiastical Polity*«, Ldn. 1963. – A. Pollard, *R. H.*, Ldn. 1966. – O. Loyer, *L'Anglicanisme de R. H.*, 2 Bde., Lille 1979. – R. K. Faulkner, *R. H. and the Politics of a Christian England*, Berkeley 1981. – *Cranmer and H. on Justification*, Hg. P. E. Hughes, Wilton/Conn. 1982. – P. Lake, *Anglicans and Puritans? Presbyterianism and English Conformist Thought from Whitgift to H.*, Ldn. 1988.

GERARD MANLEY HOPKINS

* 28.7.1844 Stratford
† 8.6.1889 Dublin

DAS LYRISCHE WERK (engl.) von Gerard Manley HOPKINS.

Das relativ schmale, insgesamt 76 (27 »frühe« und 49 »reife«) Gedichte sowie 83 Gedichtentwürfe bzw. Gelegenheitsverse umfassende, größtenteils erst postum veröffentlichte lyrische Werk von Hopkins – Zentrum und Gipfelleistung seines literarischen Schaffens, zu dem auch Tagebücher, geistliche Schriften sowie diverse Übersetzungen gehören – fand bei seinen Zeitgenossen wenig Beachtung. Die Originalität dieser alle Stil- und Geschmackskonventionen der viktorianischen Epoche ignorierenden Gedichte wurde erst ab 1930 gebührend gewürdigt. Seitdem gilt Hopkins als einer der bedeutendsten englischen Lyriker.

Der als ältestes von neun Kindern in einer kunstliebenden, tief religiösen Anglikanerfamilie Aufgewachsene schrieb bereits an der Grammar School in Highgate (1854–1863) anspruchsvolle, sichtlich von KEATS beeinflußte Gedichte, von denen eines (*The Escorial*) den »Poetry Prize« der Schule erhielt. Ein anderes, *Winter with the Gulfstream*, wurde im Februar 1863 in der Zeitschrift ›Once a Week‹ abgedruckt. Vom Beginn seines Studiums der Klassischen Philologie am Balliol College Oxford im April 1863 an las er sich tief in die antike und englische Literatur ein, speziell in die Lyrik, wie seine Oxforder Tagebücher bezeugen, die zudem eine Fülle prägnanter Naturbeschreibungen und etymologischer Notizen sowie fragmentarische Versproben enthalten, daneben diverse Bleistiftskizzen, vorwiegend von architektonischen Details mittelalterlicher Kirchen. Hopkins neigte damals stark den Ideen von John RUSKIN und Walter PATER zu, orientierte sich am Vorbild präraffaelitischer Malerpoeten wie D. G. ROSETTI (vgl. sein mit einer Illustration versehenes Gedicht *A Vision of the Mermaids*, 1862), bis ihn die zunehmende Spannung zwischen seinen ästhetischen und religiösen Interessen im März 1865 in eine seelische Krise führte, von der viele seiner Oxforder Gedichte Zeugnis geben (z. B. *The Halfway House, Nondum, The Habit of Perfection*). Über das Oxford Movement fand er Kontakt zu J. H. NEWMAN und konvertierte im Juli 1866 zur katholischen Kirche. Seine poetischen Neigungen suchte er in dieser Zeit bewußt zu zügeln, und als er im Mai 1866 beschloß, Priester im Jesuitenorden zu werden, verbrannte er die meisten seiner frühen Gedichte. Kunst als Religionsersatz im Sinne der Präraffaeliten hielt er fortan für einen Irrweg, das Schreiben von Gedichten nur für vertretbar durch deren Indienstnahme für ein religiöses Anliegen, nämlich: Zeugnis zu geben von der Manifestation Gottes in der Schönheit der Schöpfung.

Diverse Erfahrungen während der folgenden neun Jahre seiner jesuitischen Ausbildung trugen zur spezifischen Ausgestaltung seines neuen Dichtungskonzepts bei: Studium der scholastischen Philosophie in St. Mary's Hall, Stonyhurst (1870–1873); Lehrauftrag für Rhetorik (u. a. mit Vorlesungen über Rhythmus und Vers) am Jesuitenkolleg Roehampton (1873/74); Theologiestudium am St. Beuno's College in Nordwales (1874–1877), wo er Walisisch lernte und mit den komplizierten Alliterationsmustern walisischer Poesie (*cynghanedd*) vertraut wurde. Hinzu kam die ständige intensive Beschäftigung mit den *Geistlichen Übungen* des IGNATIUS VON LOYOLA. Seine Tagebücher dieser Zeit dokumentieren und reflektieren diese Erfahrungen, die sein weiteres lyrisches Schaffen entscheidend prägten, und in ihnen finden wir auch jene Schlüsselbegriffe, die für das Verständnis seiner reifen Gedichte von zentraler Bedeutung sind.

Für die unverwechselbare Eigenart aller Dinge der Schöpfung, für ihr jeweils individuelles So-Sein, prägt Hopkins in Anlehnung an den Begriff der *haecceitas* des DUNS SCOTUS den Terminus *inscape*. In dieser »Ingestalt« offenbart sich dem Beschauer das ureigene Selbst der Dinge, mit dem zugleich deren innerster Wesenskern sinnlich faßbar wird. Triebfeder dieses allenthalben wirkenden Individuationsprinzips ist jene innere Seinskraft, die Hopkins *instress* (»Inkraft«) nennt; wobei dieser Komplementärbegriff zugleich die Wirkung meint, welche die Ingestalt auf den Betrachter ausübt, jenen Ein-Druck, der ihm das Gefühl unmittelbarer Teilhabe an der Welt vermittelt. Die Hauptaufgabe seines Dichtens sieht Hopkins darin, diese Ingestalt sichtbar zu machen. Sprachlich erfaßbar wird letztere seiner Überzeugung nach vorab durch die Wahl des unverbrauchten, erforderlichenfalls idiosynkratischen, daher oft eigenwillig anmutenden, doch nichtsdestoweniger einzig treffenden Wortes (z. B. »*dapple-dawn-drawn Falcon*« – »*von gesprenkelter Morgendämmerung gezogener Falke*«), eingebunden in einen ebenso unkonventionellen, allein dem Aussagezweck verpflichteten Rhythmus (z. B. »*As tumbled over rim in roundy wells/ Stones ring; like each tucked string tells, each hung bell's/ Bow swung finds tongue to fling out broad its name*« – »*Wie überrand gerollt in runde Brunnen/ Steine klingen; wie jede angeschlagene Saite tönt, jeder hängenden Glocke/ Bug geschwungen Zunge findet, weit hinzuhallen ihren Namen*«).

Als Mittel zur Erreichung dieses Ziels hat Hopkins Verstechniken eigener Art entwickelt, deren wichtigste in seinen Briefen sowie im Vorwort zur Erstausgabe der Gedichte erläutert werden. Wo der gleichmäßige Fluß eines regulären Metrums (*running rhythm*) durch wiederholte Umkehr des maßgebenden Versfußes von einem zweiten Rhythmus überlagert wird, entsteht der weniger monotone, spannungserzeugende *counterpoint rhythm* (kontrapunktischer Rhythmus), dessen sich Hopkins mit Vorliebe bedient. Noch mehr favorisiert er zeitweise den *sprung rhythm* (Sprungrhythmus), der sich ergibt, sobald man den Versfuß generell definiert als: eine betonte Silbe, gefolgt von unbetonten, deren Anzahl von null (z. B. »*Wórld's stránd, swáy of the séa*«) bis in der Regel drei gehen kann, durch Anschluß weiterer, nicht mitzählender Senkungen (*hangers* oder *outrides*) aber auch beliebig darüber hinaus. Dieser aus der Sicht traditioneller Metrik unregelmäßige, prosanahe Rhythmus, bei dem Wort- und Versakzent oft in Spannung zueinander geraten, bewirkt in Verbindung mit der eigenwilligen Wortwahl und dem reichlichen Gebrauch von Alliteration und Assonanz (letztere rekurrieren bewußt auf Prinzipien des germanischen Stabreims und des keltischen *cynghanedd*) jene oft konstatierte »*oddity*« (seltsame Qualität) des lyrischen Tons von Hopkins, die dieser jedoch für das angemessenste Mittel zur Steigerung der Flexibilität und Wirkungskraft der poetischen Sprache hielt, für unverzichtbar zur Erfassung der Ingestalt der Dinge.

Voll zum Einsatz gelangen diese Techniken erstmals in Hopkins' längstem und berühmtesten Gedicht, *The Wreck of the Deutschland* (vgl. dort), das er nach siebenjährigem Schweigen im Winter 1875/76 verfaßte. Obwohl das Jesuiten-Magazin ›The Month‹ die Publikation dieses als zu exzentrisch empfundenen Gedichts ablehnte, wurde Hopkins von seinem Rektor zum Weiterschreiben ermutigt, und so entstanden 1877/78 zehn religiöse Sonette, von denen einige zu seinen dichterischen Glanzleistungen zählen: *God's Grandeur; The Starlight Night; Spring; The Windhover; Hurrahing the Harvest*. Geradezu programmatisch kommt Hopkins' Aussageanliegen zum Ausdruck in dem Kurzsonett *(curtailed sonnet) Pied Beauty*, das die »gescheckte Schönheit« und bunte Vielfalt der Welt feiert, die grandiose Einmaligkeit von *»All things counter, original, spare, strange« (»aller Dinge verquer, ureigen, selten, wunderlich«)*.

Nach seiner Ordination (1877) war Hopkins sieben Jahre lang an wechselnden Orten als Seelsorger, Prediger und Dozent tätig, und diese Erfahrungen fanden Niederschlag in einer Gruppe von (größtenteils 1878/79 entstandenen) Gedichten, in denen neben dem Erlebnis der Natur *(Binsey Poplars; As Kingfishers Catch Fire)* und der Geschichte *(Henry Purcell; Dun Scotus' Oxford)* erstmals auch zwischenmenschliche Beziehungen thematisiert werden *(The Bugler's First Communion, Felix Randal, Brothers)*. Ebenfalls 1878 entstand Hopkins' zweites Schiffbruch-Gedicht, *The Loss of the Eurydice*, das jedoch das künstlerische Niveau von *The Wreck* nicht erreicht.

In den Gedichten der achtziger Jahre – Hopkins erreichte jetzt das Endstadium seines Berufsweges: Er erhielt 1884 den Lehrstuhl für Griechisch am University College Dublin, den er bis zu seinem Tode innehatte – tritt zunehmend das Thema der Vergänglichkeit, des Verlustes und der Entsagung in den Vordergrund (z. B. in *Spring and Fall*; in den für das geplante Drama *St. Winifred's Well* vorgesehenen Chören *The Leaden Echo and the Golden Echo*; in *Spelt from Sybil's Leaves*), zwischendurch vereinzelt aber auch eine weniger resignative Weltsicht (z. B. *Carrion Comfort; Tom's Garland; Harry Ploughman*); und in seinem letzten Lebensjahr (1889) findet Hopkins mit dem philosophischen Gedicht *That Nature is a Heraclitean Fire and of the Comfort of the Resurrection* noch einmal zum Sprachduktus seiner poetischen Höchstleistungen zurück, zugleich zu der Gewißheit, daß der Verfall alles Irdischen kein definitives Ende bedeutet.

Hopkins' langjähriger Freund und Gönner Robert BRIDGES, der bereits 1893 (in A. H. Miles' *Poets and Poetry of the Century*) elf und 1915 (in *The Spirit of Man*) sechs weitere von Hopkins' Gedichten veröffentlicht hatte (fünf davon nur in Auszügen), brachte 1918 die erste (annotierte) Gesamtausgabe der *Poems* heraus, von der bis 1928 nur 750 Exemplare verkauft wurden. Weit erfolgreicher war die von Charles WILLIAMS besorgte revidierte und erweiterte Zweitausgabe von 1930, die dem Autor, dessen Ruhm von nun an ständig wuchs, zum endgültigen Durchbruch verhalf. Mit Erstaunen und Bewunderung vernahm jetzt eine breitere Öffentlichkeit diese pionierhafte, bislang kaum beachtete Dichterstimme aus viktorianischer Zeit, die so vieles von dem vorweggenommen hatte, was die Moderne in der Lyrik an Neuem anstrebte und verwirklichte. Angesichts der Sprachgewalt dieser Dichtung, die selbst denjenigen beeindruckt, der Hopkins' religiösem Anliegen distanziert gegenübersteht, erscheint die (exemplarisch zu verfolgen an den unterschiedlichen Interpretationen des in dieser Hinsicht eine Schlüsselstellung einnehmenden Gedichts *The Windhover*) Debatte darüber, ob Hopkins' Kunst primär Frucht eines Zwiespalts zwischen der Rolle des Künstlers und der des Priesters oder genuiner Ausdruck eines ungebrochenen Glaubens war, von nachrangiger Bedeutung.

W.Fü.

AUSGABEN: *The Poems of G. M. H.*, Hg. R. Bridges, Oxford 1918. – Dass., Hg. Ch. Williams, Ldn. ²1930 [rev. u. erw.]. – Dass., Hg. W. H. Gardner, Ldn. ³1948 [rev. u. erw.]. – Dass., Hg. u. Einl. ders. u. N. H. Mackenzie, Ldn. ⁴1967 [rev. u. erw.]. – *G. M. H.*, Hg. C. Phillips, Oxford 1986 [m. Anm.; Ausw.].

ÜBERSETZUNGEN [Ausw.]: I. E. Behn, *G. M. H. und seine Dichtung* (in Hochland, 32, 1935, Nr. 8). – *Gedichte*, dies., Hbg. 1948 [engl.-dt.; m. Einf. u. Erl.]. – *Gedichte. Schriften. Briefe*, U. Clemen u. F. Kemp, Mchn. 1954. – *Von H. bis Dylan Thomas: Englische Gedichte u. dt. Prosaübertragungen*, U. Clemen u. Chr. Enzensberger, Ffm. 1961. – *Gedichte*, U. Clemen u. F. Kemp, Stg. 1973 (Nachw. W. Clemen; engl.-dt.; RUB).

LITERATUR: E. F. Lahey, *G. M. H.*, Ldn. 1930. – E. E. Phare, *The Poetry of G. M. H.: A Survey and Commentary*, Ldn. 1933. – J. Pick, *G. M. H.: Priest and Poet*, Ldn. 1942; Oxford ²1966. – W. H. Gardner, *G. M. H., 1844–1889*, 2 Bde., Ldn. 1944 bis 1949; Oxford ⁴1966 [rev.]. – *G. M. H.*, Norfolk/ Conn. 1945; ern. Ldn. 1975. – E. Ruggles, *G. M. H.: A Life*, Ldn. 1947. – W. A. M. Peters, *G. M. H.: A Critical Essay Towards the Understanding of His Poetry*, Ldn. 1948; Nachdr. Oxford 1970. – G. Grigson, *G. M. H.*, Ldn. 1955. – A. Heuser, *The Shaping Vision of G. M. H.*, Ldn. 1958. – R. Boyle, *Metaphor in H.*, Chapel Hill 1961. – J.-G. Ritz, *Le poète G. M. H., S. J., 1844–1899*, Paris 1963. – *H.: A Collection of Critical Essays*, Hg. G. H. Hartman, Englewood Cliffs/ N.J. 1966. – D. McChesney, *A H. Commentary*, Ldn. 1968. – E. W. Schneider, *The Dragon in the Gate: Studies in the Poetry of G. M. H.*, Berkeley 1968. – E. H. Cohen, *Works and Criticism of G. M. H. A Comprehensive Bibliography*, Washington D.C. 1969. – P. Mariani, *Commentary on the Complete Poems of G. M. H.*, Ithaca (N.Y.)/Ldn.

1970. – H.-W. Ludwig, *Barbarous in Beauty: Studien zum Vers in G. M. H.' Sonetten*, Mchn. 1972. – G. M. H.: *Poems – a Casebook*, Hg. M. Bottrall, Ldn. 1975. – T. Donne, *G. M. H.: A Comprehensive Bibliography*, Oxford 1976. – B. Bergonzi, *G. M. H.*, NY 1977. – J. Milroy, *The Language of G. M. H.*, Ldn. 1977. – J. Robinson, *In Extremity: A Study of G. M. H.*, Cambridge 1978. – M. Sprinker, *A Counterpoint of Dissonance: The Aesthetics and Poetry of G. M. H.*, Ldn./Baltimore 1980. – N. H. Mackenzie, *A Reader's Guide to G. M. H.*, Ldn. 1981. – G. Storey, *A Preface to H.*, Ldn. 1981. – D. Walhout, *Send My Roots Rain: A Study of Religious Experience in the Poetry of G. M. H.*, Ldn./Athens (Oh.) 1981. – J. Bump, *G. M. H.*, Boston 1982 (TEAS). – G. Storey, *G. M. H.*, Windsor 1984. – D. A. Downes, *H.'s Sanctifying Imagination*, Lanham u. a. 1985. – J. Bump, *G. M. H.* (in DLB, Bd. 35, 1985, S. 82–105). – W. J. Ong, *H., the Self, and God*, Toronto 1986. – *G. M. H.*, Hg. C. Phillips, Ldn. 1986. – *G. M. H.: The Critical Heritage*, Hg. G. Roberts, Ldn. 1987.

THE WRECK OF THE DEUTSCHLAND

(engl.; *Der Schiffbruch der Deutschland*.) Gedicht von Gerard Manley HOPKINS, erschienen 1918. – Anlaß zu dem 1875/76 entstandenen Gedicht war, wie aus der Widmung hervorgeht, ein historisches Ereignis. In den frühen Morgenstunden des 7. Dezembers 1875 erlitt während eines Schneesturms der deutsche Ozeandampfer »Deutschland« an einer Sandbank unweit der Themsemündung Schiffbruch. Ausführliche in der Londoner ›Times‹ erschienene Berichte ermöglichen aufschlußreiche Vergleiche mit dem Gedicht. An Bord waren auch fünf Franziskanerinnen, die infolge der Falk-Gesetze Deutschland verlassen mußten. Während der Katastrophe blieb eine Nonne von imposanter Statur aufrecht stehen und rief, wohl um ihre Leidensgefährtinnen zu beruhigen und zu ermutigen, mehrmals laut nach Christus – bis alle fünf in den Wellen den Tod fanden. Ergriffen von der Unglücksnachricht und von diesem Beweis des Glaubens und der Standhaftigkeit, schrieb Hopkins während eines Aufenthalts in der lieblichen Landschaft von Nordwales diese Ode, die fünfunddreißig achtzeilige Strophen umfaßt.

Das Gedicht, das wegen der Fülle von Schwierigkeiten sprachlicher, metrischer, bildlicher und gedanklich-theologischer Art zunächst etwas abschreckend wirken mag, besteht aus zwei Teilen von ungleicher Länge und Aussage, die jedoch thematisch und durch die Symbolik miteinander verbunden sind und eine geschlossene Einheit bilden. Der erste, vorwiegend besinnliche Teil beeindruckt nicht nur als dichterische Leistung, sondern auch als stark autobiographisch geprägte Aussage. Thema ist die Herrschaft Gottes, der schon in den ersten Zeilen angeredet wird: »*Thou mastering me / God! giver of breath and bread: / World's strand, sway of the sea / Lord of living and dead.*« Zunächst spricht diese göttliche Herrschaft aus der Natur, aus den Sternen, die die Schönheit Christi symbolisieren, und aus Sturm und Donner, die die Macht Gottes kundtun (Str. 1, 5, 6). Tiefer und innerlicher aber wird diese zwingende Macht (*»stress«*) von einer Seele erlebt, die, ob plötzlich und heftig (wie bei Paulus) oder durch die »*sanfte, langsam wirkende ›Kunst‹ Gottes*« (wie bei Augustin) dazu gebracht wird, ihr Ja zu Christus und zu Gott zu sagen (Str. 2, 6, 8, 10). Hopkins hat diesen schrecklichen »*stress*« selber gespürt, den unwiderstehlichen Ruf gehört und dazu sein Ja gesagt (Str. 2–4). Mit gleicher Bereitschaft, und noch dazu in unmittelbarer Todesgefahr, hat die majestätische Nonne die Gegenwart und die Herrschaft Christi voller Hingabe erkannt (Str. 19).

Der zweite, längere Teil entwickelt sich langsam, wuchtig und, in abwechslungsreichem Tempo, durch mehrere Phasen. In einer einleitenden Strophe ist zunächst die Stimme des Todes zu vernehmen, der, seine Trommel rührend, mit der Vielfalt seiner Erscheinungsformen prahlt, während Stürme seinen Ruhm hinausposaunen. Wir Menschen dagegen, fügt der Dichter hinzu, sind blind und gleichgültig; jeder meint, obwohl er ringsum den Tod zuschlagen sieht, ihm selbst könne nichts Schlimmes geschehen. Es folgt (Str. 12–17) eine Beschreibung der Abfahrt des Dampfers von Bremen und der Katastrophe. Inmitten der Schilderung von Schrecken und Panik wird die Aufmerksamkeit des Lesers sehr kunstvoll auf die Gestalt und die rufende Stimme der Nonne gelenkt (Str. 17). Dann erinnert der Dichter an das Heimatland der Nonnen, das sie ausgewiesen hat, reflektiert in symbolischer Sprache über den tieferen Sinn ihres Schicksals, das ihm wie ein Martyrium erscheint, und preist die Glaubensgewißheit und Klarsichtigkeit der Schwester, die mitten im Getöse des Sturms die Macht des rettenden Herrn spürt und voller Vertrauen um Erlösung für alle fleht.

Schluß und Höhepunkt des Gedichts bilden die ekstatischen letzten Strophen (32–35), die die Ausdrucksmöglichkeiten der Sprache fast zu sprengen scheinen. Die Bewunderung für die alles beherrschende Macht Gottes und für die allumfassende Gnade Christi wird hier mit einem leidenschaftlichen Gebet verbunden: Durch die Fürbitte der Nonne möge das geliebte Heimatland des Dichters zum alten Glauben zurückkehren.

Hopkins glaubte, in diesem Gedicht eine neue rhythmische Struktur entwickelt zu haben, die er *sprung rhythm* nannte. Freilich ist dieser Rhythmus als solcher (wie Hopkins selber betont hat) nicht neu, sondern nur seine systematische Anwendung. An sich handelt es sich um den natürlichen Rhythmus der normalen englischen Sprache; Grundprinzip ist, daß die Hebung und nicht, wie bei der klassischen Skandierung, Zahl und Länge der Silben den Versfuß bestimmt. Infolgedessen können zwei betonte Silben unmittelbar aufeinanderfolgen, was das eigentliche Wesen des *sprung rhythm* ausmacht (*sprung* heißt nach Hopkins soviel wie »abrupt«, im Gegensatz zum gebräulichen *running rhythm* des klassischen Systems). Dieser »*stress*«-bestimmte Rhythmus wird durch häufigen und markanten Gebrauch von Alliteration, Assonanz usw. erheblich verstärkt. Die achtzeilige Strophenform der Ode zeigt alternierende Reime (Schema: im 1. Teil *a-b-a-b-c-b-c-a*, im 2. Teil das gleiche mit Abweichungen).

Hier wie bei Hopkins' Sprachexperimenten (Neuprägungen, Montage aus verschiedenen Sprachregistern, syntaktische Neufügungen usw.) und bei seiner freien Behandlung der Reime ist alles zweckbezogen, Mittel, um die vom Dichter erlebte Wirklichkeit zum Ausdruck zu bringen und zu beleuchten. Für Hopkins hatte das Wirkliche, ob in der Natur oder in dem Bereich der Menschen, *individuellen*, einmaligen Charakter. Sein ständiges Bemühen war es, in solche »*inscapes*« (etwa »Ingestalten«) einzudringen und sie mit allen ihm zur Verfügung stehenden dichterischen Mitteln auch für andere erlebbar zu machen. Hier müssen einige wenige Beispiele der daraus entstandenen hochoriginellen Bildkomplexe genügen: Bei der Beschreibung des Schneesturms heißt es »*the sea flint-flaked, black-backed in the regular blow*« und »*wiry and white-fiery and whirlwind-swivelled snow*« (Str. 13). In Strophe 22/23 sind die Wunden des gekreuzigten Christus, die von Franziskus in seiner Vision empfangenen Stigmata und das fünffache Opfer der Nonnen in ein vielschichtiges Bild zusammengebracht, das um die Zahl 5 als Symbol für Opfertod und Auserwähltsein kreist. Ferner seien noch zwei Symbole von entscheidender Bedeutung für die gedankliche und die künstlerische Gestaltung des Gedichts hervorgehoben: Meer und Schiffbruch. Beide sind mehrschichtig. Das Meer ist Symbol für die mächtige, unaufhörliche Bewegung, sowohl der großen Gewässer mit Ebbe und Flut und sturmgetriebenen Wellen als auch des menschlichen Geistes – eine Bewegung, deren oft unheilbringende Turbulenz allein von Gott gebändigt und gelenkt werden kann (Str. 1, 32). Das Schiffbruchsymbol führt tiefer. Denn für Hopkins hat nicht nur der Dampfer »Deutschland« Schiffbruch erlitten, sondern auch das Land Deutschland, Luthers Deutschland, indem es (zusammen mit England) den wahren Glauben verloren hat (Str. 20, 35). Und mehr noch: Der Mensch, das Geschöpf Gottes, ist, indem er gegen Gott rebelliert hat, seit dem Sündenfall im tiefsten Sinn schiffbrüchig geworden. Doch aus Schiffbruch kommen Rettung und Erlösung: Tragödie und Trauer werden in Freude, Hoffnung und Auferstehung verwandelt.

Theologisch steht das Gedicht in der Tradition der von Hopkins verehrten DUNS SCOTUS und IGNATIUS VON LOYOLA. Es stellt einen Höhe- und Wendepunkt in Hopkins' dichterischem Schaffen dar, wurde von den Zeitgenossen jedoch zunächst verkannt. Erst bei lautem Lesen erschließt sich seine Schönheit und Komplexität vollends. J.Bou.-KLL

AUSGABEN: Ldn. 1916 (in Spirit of Man, Hg. R. Bridges; enth. 1. Strophe). – Ldn. 1918 (in Poems, Hg. ders.; ²1930). – Ldn. ³1948, Hg. W. H.

Gardner [erw.]. – Ldn. ⁴1967, Hg. ders. u. N. H. Mackenzie [erw.]. – Ldn. 1975, Hg. ders. – Ldn. 1979 (in *Major Poems*, Hg. W. Davies).

ÜBERSETZUNGEN: *Der Schiffbruch der Deutschland*, I. E. Behn (in *Gedichte*, Hbg. 1948). – Dass., U. Clemen u. F. Kemp (in *Gedichte. Schriften. Briefe*, Mchn. 1954). – Dass., dies. (in *Gedichte*, Stg. 1973; Nachw. W. Clemen; engl.-dt.; RUB).

LITERATUR: P. M. Martin, *Mastery and Mercy*, Ldn. 1957. – D. A. Downes, *G. M. H. – A Study of His Ignatian Spirit*, Ldn. 1960. – J. E. Keating, *»The Wreck of the Deutschland«. An Essay and Commentary* (in Kent State Univ. Bulletin, Jan. 1963). – E. Schneider, *»The Wreck of the Deutschland«: A New Reading* (in PMLA, 81, 1966, S. 110–122). – T. K. Bender, *The Non-Logical Structure of »The Wreck of the Deutschland«: H. and Pindar* (in *G. M. H.: The Classical Background and Critical Reception of His Work*, Baltimore 1966, S. 71–96). – P. C. Milward, *A Commentary on G. M. H.: »The Wreck of the Deutschland«*, Tokio 1968. – J. Ferns, ›*The Wreck of the Deutschland«: Voice and Structure* (in Victorian Poetry, 9, 1971, S. 383–393). – J. F. Cotter, *Inscape: The Christology and Poetry of G. M. H.*, Pittsburgh 1972. – M. H. Bright, *The Homiletic Structure of »The Wreck of the Deutschland«* (in Renascence, 25, 1973, S. 95–102). – E. D. Dunlap, *»The Wreck of the Deutschland«: A Study of Its Lexical, Syntactical, and Critical Problems*, Diss. Univ. of South Carolina 1973 (vgl. Diss. Abstracts, 34, 1974, S. 5907A). – E. W. Mellown, *The History of the Critical Reception of »The Wreck of the Deutschland«* (in Victorian Poetry, 14, 1976, S. 1–10). – D. A. Downes, *Grace and Beauty in »The Wreck of the Deutschland«: A Centenary Estimation* (in Hopkins Quarterly, 1977, Nr. 3, S. 139–155). – J. Bump, *Centenary Celebrations of »The Wreck of the Deutschland«* (ebd., 1977, Nr. 4, S. 69–80). – P. G. Arakelian, *A Winter and Warm: The Shape of »The Wreck of the ›Deutschland‹«* (in SEL, 22, 1982, S. 659–673). – R. Salmon, *Basic Hermeneutic Structures and Readings of G. M. H.'s »The Wreck of the Deutschland«* (in Hebrew Univ. Studies in Literature, 12, 1984, S. 46–64).

JOSEF HORA

* 8.7.1891 Dobrin bei Roudnice
† 21.6.1945 Prag

DECH NA SKLE. Příběh Jana Trázníka

(tschech.; *Ein Hauch auf der Scheibe. Die Geschichte des Jan Tráznik*). Roman von Josef HORA, erschienen 1938. – Der Roman, dessen erste Entwürfe vermutlich schon 1925 entstanden (nachdem Hora als Mitglied einer Delegation die Sowjetunion besucht hatte), gibt Zeugnis von der Auseinandersetzung des Autors mit der kommunistischen Bewegung auf der einen und der bürgerlich-kapitalistischen Gesellschaft auf der anderen Seite.

Held – oder besser: Anti-Held – des Romans ist der in bourgeoisen Verhältnissen aufgewachsene junge Angestellte Jan Trázník, der in seinem Unvermögen, sich mit einer Ideologie zu identifizieren und sich so einen Lebenssinn zu schaffen, stark an DÉRYS Lörinc Parcen-Nagy in *Befejezetlen mondat (Der unvollendete Satz)* erinnert. Wie Lörinc, so wird auch Jan Trázník zum erstenmal durch eine Frau mit der kommunistischen Ideologie konfrontiert. Während eines Urlaubsaufenthalts in der Nähe Prags lernt er die geschiedene Frau eines seiner Kollegen kennen, die fanatische Kommunistin Tamara Vondráčková. Tamara, die ihren ersten Mann verließ, weil sie sich durch ihn an ihrer Parteiarbeit gehindert sah, und die jetzt in zweiter Ehe in Rußland mit einem Politkommissar verheiratet ist, kommt gerade aus Moskau, um in ihrer Heimat als Agitatorin zu wirken. Das sich in der Folge zwischen ihr und Jan entwickelnde Liebesverhältnis ist ebenso grotesk wie absurd: Ausschließlich ihre sexuelle Befriedigung suchend, gibt sich Tamara dem ihr im Grunde gleichgültigen, ja von ihr als Parteiloser verachteten Mann hin, der sie aufrichtig liebt, ohne daß er jemals – und darin wieder an Lörinc Parcen-Nagy erinnernd – den *»hinter ihrem Körper verborgenen Körper«*, ihr eigentliches Wesen, finden könnte. Als Jan Trázník bei Ausbruch der Weltwirtschaftskrise seine Arbeit verliert und sich mit eigenen Augen von der katastrophalen Entwicklung der – wie Tamara glaubt – zum Untergang verurteilten kapitalistischen Gesellschaftsordnung überzeugen kann, entschließt er sich, Tamaras »Geschenk« anzunehmen: eine Reise in die Sowjetunion, die sie ihm vermitteln kann. Das »Gelobte Land« jedoch, in dem Jan Trázník eine der propagandistisch aufwendigen Feiern zum Ersten Mai erlebt, kann ihn – so guten Willens er auch ist – nicht davon überzeugen, daß die Menschen hier glücklich sind und ihnen die Aneignung der Produktionsmittel zugleich jene Freiheit gebracht hat, in der allein der Mensch als Individuum sich selbst zu verwirklichen vermag.

Wieder in der Tschechoslovakei, findet Trázník die Nachricht vor, daß Tamara ihn verlassen und zu ihrem Mann nach Moskau zurückgekehrt ist. Die Erschütterung darüber und die Erkenntnis, in Zukunft das Leben eines »überflüssigen Menschen« führen zu müssen, übersteigt seine Widerstandskraft. Psychisch wie körperlich zusammengebrochen, wird er von einem Schulfreund von der Straße aufgelesen; schließlich kommt er – wieder genesen, doch abseits des Lebens stehend – bei einem Onkel in der Provinz unter. Das Letzte, was er von Tamara hört, ist erschütternd: Ihr Mann, der überzeugte Kommunist, wurde während einer der stalinistischen Säuberungsaktionen als »Schädling« verhaftet, sie selbst hat man zur Fabrikarbeit gezwungen. Jans endgültige Absage an die kommunistische Ideologie und ihre Vertreter ist zugleich die des Autors, der bis zum Jahre 1929, vor allem auf kulturpolitischem Gebiet, aktiv die Ziele der KP vertreten hatte: *»Nie werde ich mein Schicksal der Masse anvertrauen, die mir das Heil anbietet. Sie sagen, sie wären gekommen, das Unrecht zu beseitigen, ... doch dabei wollen sie, daß ich mir das Leben ebenso vorstelle wie sie. Wäre es denn nicht möglich, einem Leidenden die Hand zu reichen, ohne zu fordern, er müsse eurer Kirche beitreten?«*

Die Handlung des Romans ist sehr skizzenhaft angelegt und dient Hora in erster Linie als Vehikel seiner hier vornehmlich politischen Auseinandersetzung mit der Frage, ob und wie Ideal und Wirklichkeit miteinander in Einklang gebracht werden können. Auf diese brennende Frage, von Hora in seinem lyrischen Werk ins Metaphysische transponiert, vermag der Autor allerdings keine positive Antwort zu geben, zumal die Hauptfigur des Romans, Jan Trázník, den weiterbestehenden, ja sich vertiefenden Widerspruch zwischen dem Freiheitsbegehren des Individuums und der es unterdrückenden Machtordnung der Gesellschaft – sei sie nun eine bürgerliche oder eine sozialistische – mit seiner Lebensgeschichte geradezu demonstriert.

J.V.-KLL

AUSGABEN: Prag 1938. – Prag 1948 (in *Dílo*, Hg. M. Novotný, 16 Bde., 1948–1961, 9).

LITERATUR: J. Kastl, *Národní umělec J. H.*, Pilsen 1946. – A. M. Piša, *J. H.*, Prag 1947. – V. Pekárek, *Wolker, Neumann, H.*, Prag 1949. – B. Václavek, *Od umění k tvorbě*, Prag 1949, S. 85–97. – F. Vodička, *Uměleckost H. poezie proletářské* (in F. V., *Úkoly literární historie pri studiu otázek uměleckého mistrovství*, Slovo a slovesnost, 13, 1951, S. 118 bis 134). – O. Jirečková, *Dílo J. H.*, Prag 1960 [enth. Bibliogr.]. – J. Mourková, *Nachwort* (in J. H., *Domov a jiné básně*, Prag 1961). – Dies., *J. H.*, Prag 1981. – M. Blahynka u. a., *Čeští spisovatelé 20. století*, Prag 1985, S. 190–193.

HORAZ

Quintus Horatius Flaccus

* 8.12.65 v.Chr. Venusia (heute Venosa)
† 27.11.8 v.Chr.

LITERATUR ZUM AUTOR:
Bibliographien und Forschungsberichte:
E. Thummer, *Der Forschungsbericht: H. I. Bericht umfassend die Jahre 1958–1962* (in Anzeiger für die Altertumswiss., 15, 1962, S. 129–150). – O. Lieberg, *Orazio nella critica contemporanea* (in Revista di Filologia e di Istruzione Classica, 98,

1970, S. 111–124). – F. Cupaiuolo, *Gli studi oraziani negli ultimi anni* (in Bollettino di studi latini, 2, 1972, S. 51–79). – Ch. L. Babcock, *Carmina operosa. Critical Approaches to the Odes of Horace 1945–1975* (in ANRW, 2/31. 3., Hg. W. Haase, Bln./NY 1981, S. 1560–1611). – A. Setaioli, *Gli epodi di Orazio nella critica dal 1937–1972* (ebd., S. 1674–1788). – E. Thummer, *H. Forschungsbericht über die Literatur der Jahre 1963–1975* (in Anzeiger für die Altertumswiss., 32, 1979, S. 21–66).

Lexika:
L. Cooper, *A Concordance to the Works of Horace*, Washington 1916; Nachdr. Cambridge 1961. – E. Staedler, *Thesaurus Horatianus*, Bln. 1962. – D. Bo, *Lexicon Horatianum*, 2 Bde., Hildesheim 1965/66.

Gesamtdarstellungen und Studien:
E. Stemplinger, Art. *H.* (in RE, 8/2, 1913, Sp. 2336–2399). – H. D. Sedgwick, *Horace. A Biography*, Cambridge 1947. – H. Hommel, *H. Der Mensch u. das Werk*, Heidelberg 1950. – L. P. Wilkinson, *Horace and His Lyric Poetry*, Cambridge [2]1951. – F. Durand, *La poesia di Orazio*, Turin 1957. – P. Grimal, *Horace*, Paris 1958. – E. Fraenkel, *H.*, Darmstadt 1963; [6]1983. – E. Castorina, *La poesia d'Orazio*, Rom 1965. – G. Wille, *H. in der Musik* (in G. W., *Musica Romana. Die Bedeutung der Musik im Leben der Römer*, Amsterdam 1967, S. 234–281). – D. West, *Reading Horace*, Edinburgh 1967. – K. J. Reckford, *Horace*, NY 1969. – T. Halter, *Vergil und H. Zu einer Antinomie der Erlebnisform*, Bern 1970. – V. Pöschl, *Horazische Lyrik. Interpretationen*, Heidelberg 1970. – G. Williams, *Horace*, Oxford 1972. – *Wege zu H.*, Hg. H. Oppermann, Darmstadt 1972; [2]1980 (WdF). – *Horace*, Hg. C. D. N. Costa, Ldn. 1973. – J. Dingel, *Die Magd als Königstochter. Sklaven bei H.* (in Gymn, 86, 1979, S. 121–130). – R. O. A. M. Lyne, *The Latin Love Poets. From Catullus to Horace*, Oxford 1980, S. 190–238. – D. Gall, *Die Bilder der horazischen Lyrik*, Königstein/Ts. 1981. – H. Dettner, *Horace. A Study in Structure*, Hildesheim u. a. 1983. – B. Kytzler, *H. Eine Einführung*, Mchn./Zürich 1985. – W. Fitzgerald, *Agonistic Poetry. The Pindaric Mode in Pindar, Horace, Hölderlin and the English Ode*, Berkely 1987.

CARMEN SAECULARE

(lat.; *Lied der Jahrhundertfeier*). Festhymnus von HORAZ, auf Wunsch des Augustus anläßlich der *ludi saeculares* (Spiele zur Jahrhundertfeier) 17 v. Chr. verfaßt. – Das Lied besteht aus neunzehn sapphischen Strophen, die sich gedanklich jeweils zu Triaden zusammenfügen. In einer dreistrophigen Einleitung werden Phoebus und Diana feierlich um Erhörung des Gebetes angerufen. Es folgen die einzelnen Bitten, die sich in je zweimal drei Strophen auf das physische (4–9) und sittliche

(10–15) Gedeihen des römischen Staates beziehen; eine weitere Triade (16–18) rundet diesen Hauptteil ab. Das Lied endet mit der frohen Gewißheit, daß die Götter gnädig sein werden (19). Der Tenor des Hymnus ist nicht etwa der eines bangen Flehens in höchster Not; der Gesang ist vielmehr getragen von einer Zuversicht, die sich auf bereits in Erfüllung gegangene göttliche Verheißungen stützt. Mit dem Wunsch, Roms Bedeutung in eine mythische Vergangenheit hinein zu erhöhen, ja ihm einen Mythos erst eigentlich zu schaffen, folgte Horaz dem anderen Großen des Maecenas-Kreises, VERGIL, der jahrelang an der sogleich hoch gepriesenen *Aeneis* gearbeitet hatte. Beide sprachen genau die Ideen des Augustus aus. Wie sehr Horaz mit seinem ganzen Dichten und Denken – er hatte bereits drei Bücher der *Carmina* veröffentlicht – die Vorstellungen des Kaisers traf, zeigt eben die Tatsache, daß er von Augustus diesen hochoffiziellen Auftrag erhielt. Neben der verheißenen Weltherrschaft Roms, die Augustus im Jahre 17 aufgrund des diplomatischen Sieges über die Parther zum großen Teil für errungen halten konnte, ging es ihm vor allem um die Wiederherstellung der Sitten in der Hauptstadt selbst. Zu diesem Zweck erließ er mehrere Gesetze zum Schutz von Ehe und Familie. Um den Erfolg dieser außen- und innenpolitischen Maßnahmen öffentlich zu bekräftigen, ordnete er die Feier der *ludi saeculares* an, eines 249 v. Chr. während des Ersten Punischen Krieges eingeführten Opferfestes für die Götter der Unterwelt, das alle hundert Jahre wiederholt werden sollte. Da die zweite Wiederholungsfeier im Jahre 49 v. Chr. wegen des Bürgerkrieges ausgefallen war, sollte sie nun im Jahre 17 nachgeholt werden. Über den Verlauf des drei Tage und drei Nächte während Festes sind wir seit der Auffindung des offiziellen Protokolls (1890) gut unterrichtet.

Weniger klar sind die Vorstellungen, die man sich vom Vortrag der Horazischen Ode zu machen hat. Der Stein verkündet am Schluß, das *carmen* sei von 27 Knaben und 27 Mädchen auf dem Palatin zu Ehren des Phoebus und der Diana und dann noch einmal auf dem Kapitol gesungen worden. Unter Hinweis auf LIVIUS, der von der Aufführung eines *carmen* des LIVIUS ANDRONICUS berichtet, glaubte man zunächst, es handle sich um ein Prozessionslied, das wechselweise von einem Knaben- (Strophe 1–9) und einem Mädchenchor (Strophe 10–18; 19 gemeinsam) gesungen worden sei. Zu dieser Deutung gibt das Lied jedoch wenig Anlaß, denn der Chor spricht sowohl im ersten wie im zweiten Teil von gemeinsamem Gebet. Ähnlich umstritten wie die Rolle der Redenden ist die Frage nach den Angeredeten. Bei einem Opferfest für Phoebus und Diana richtet sich der Hymnus natürlicherweise an diese beiden Gottheiten. Aber ihre Gestalten sind nicht fest umrissen. Phoebus wird bald als Sonnengott Sol, bald als Apoll angerufen; Diana erscheint sowohl als Mondgöttin Luna wie als Geburtsgöttin Ilithyia-Lucina-Genitalis. Darüber hinaus wendet sich der Chor andeutungsweise auch noch an alle übrigen Götter. Man wird wohl nicht fehlgehen, wenn man darin einen generellen Ausdruck der Vorstellung sieht, im göttlichen Bereich müsse die Andeutung genügen – ein Postulat, dem sich der Dichter nicht entzogen hat.   B.M.

AUSGABEN: o. O. u. J. [Mailand od. Venedig, ca. 1470–1473; Gesamtausg. der Werke]. – Oxford ²1912 (in *Opera*, Hg. E. C. Wickham u. H. W. Garrod; mehrere Nachdr.). – Paris 1924 (in *Œuvres*, Hg. F. Plessis, P. Lejay u. E. Galletier; m. Komm.). – Ldn./Cambridge (Mass.) 1952 (in *The Odes and Epodes*, Hg. C. E. Bennet; m. engl. Übers.; Loeb). – Paris ⁶1959 (in *Horace*, Bd. 1, Hg. F. Villeneuve; m. frz. Übers. u. Komm.). – Lpzg. ³1959 (in *Opera*, Hg. F. Klingner). – Bln. ¹⁰1960 (in *Oden und Epoden*, erkl. v. A. Kiessling, R. Heinze u. E. Burck). – Mchn. 1964 (in *SW*, Hg. H. Färber; lat.-dt.). – Lpzg. 1984 (in *Opera*, Hg. St. Borzsak). – Stg. 1985 (in *Opera*, Hg. D. R. Shackleton Bailey).

ÜBERSETZUNGEN: *Des Hochberühmten Lateinischen Poetens Q. Horatii Flacci vier Bücher Odarum, oder Gesänge*, J. Bohemus u. a., Dresden 1655/56. – *Der Saecular-Gesang*, R. A. Schröder (in R. A. S., GW, Bd. 5, Bln./Ffm. 1952). – *Die Gedichte des Horaz*, R. Helm, Stg. ²1954.

LITERATUR: J. Vahlen, *Über das Säkulargedicht des Horatius* (in SPAW, 1892, S. 1005–1021; erneut in J. V., *Gesammelte philol. Schriften*, Bd. 2, Lpzg./Bln. 1923, S. 369–387). – T. Mommsen, *Die Akten zu dem Säkulargedicht des Horaz* (in T. M., *Reden u. Aufsätze*, Bln. 1905, S. 351–359). – M. P. Nilsson, Art. *Saeculares ludi* (in RE, 1A/2, 1920, Sp. 1696–1720). – J. Gagé, *Observations sur le »Carmen saeculare« d'Horace* (in Revue des Études Latines, 9, 1931, S. 290–308). – F. Altheim, *Almus Sol* (in NJb, 8, 1932, S. 141–151). – G. K. Galinsky, *Sol and »Carmen saeculare«* (in Latomus, 26, 1967, S. 619–633). – H. Rahn, *Zum »Carmen saeculare« des H.* (in Gymn, 77, 1970, S. 467–478). – D. Ableitinger, *Die Aeneas-Sage im »Carmen saeculare« des H.* (in WSt, 6, 1972, S. 33–44). – F. Doblhofer, *H. und Augustus* (in ANRW, 2/31. 3, Hg. W. Haase, Bln./NY 1981, S. 1922–1986). – P. L. Schmidt, *H.' Saekulargedicht – ein Prozessionslied?* (in Der altsprachliche Unterricht, 28, 1985, S. 42–53).

CARMINA

(lat.; *Lieder*). Lyrische Gedichte in vier Büchern von HORAZ; Buch 1–3 entstanden seit etwa 33 v. Chr., Buch 4 (angeregt durch die Abfassung des *Carmen saeculare*) 17 v. Chr. – Das *Carmina* oder *Oden* des Horaz sind neben VERGILS *Aeneis* das Hauptwerk der klassischen römischen Literatur zur Zeit des Augustus und zugleich, nach Form und Gehalt, vollkommenster Ausdruck der geistigen Erneuerungsbestrebungen dieser Epoche. Zu-

sammen mit den Liedern CATULLS stellen sie die stärkste Leistung der Römer auf dem Gebiet der Lyrik dar. Unter diesem doppelten Aspekt, und nicht etwa als Bekenntnisdichtung im modernen Sinne, müssen die *Carmina* begriffen werden. Denn im Grunde spricht sich die Persönlichkeit ihres Dichters weit unmittelbarer in seinen poetischen Plaudereien *(Saturae* oder *Sermones)* und Briefen *(Epistulae)* sowie in den aggressiven, nach ihrer metrischen Form *Iamben* oder *Epoden* genannten Rügegedichten aus, die allesamt der Prosa näherstehen. Das ist zu bedenken, wenn man mit einem modernen Begriff von Lyrik als einer persönlichen Bekenntnisdichtung an die *Carmina* herantritt. Diese Lieder sind das Werk der höchsten Reife: Motive der früheren Satiren- und Iambendichtung werden aufgenommen, hinzu treten aber entscheidende neue Impulse aus dem Kreise des Maecenas und des Augustus, vor allem seit dessen Sieg über Antonius bei Actium (31 v. Chr.), mit dem die Bürgerkriege beendet wurden.

Das etwa 29–27 entstandene vierte Lied des dritten Buches, aus dem Zyklus der sogenannten *Römeroden*, vermag vielleicht am besten einen Zugang zu dieser Dichtung und ihrer eigenartigen Verschmelzung der verschiedensten Elemente zu eröffnen. Das Gedicht setzt ein mit dem Gebetsanruf an die Muse »*Steige herab vom Himmel . . .*«, dem sogleich Gehör geschenkt wird: Der Dichter glaubt ihre Stimme zu hören, fühlt sich entrückt in quellendurchrauschte und luftdurchwehte Haine; eine Jugenderinnerung steigt in ihm auf, wie er als Knabe, im wilden Gebirgswald entschlummert, von Tauben mit frischem Laub bestreut und vor Schlangen und Bären bewahrt wurde – ein Symbol des göttlichen Schutzes, unter dem der Freund der Musen steht. Dieser Gewißheit gibt er begeistert Ausdruck; die Musen sind ihm nahe in seinem gegenwärtigen Leben in den Sabinerbergen, in Tivoli oder im Modebad Baiae; weder in der Schlacht bei Philippi noch bei hoher See und beim Sturz eines Baums ist ihm ein Leid geschehen – so kann er furchtlos die wildesten Gegenden der Erde aufsuchen. Auch auf den großen Caesar Augustus erstreckt sich der Schutz und die erquickende Fürsorge der Musen, sie raten die weise Mäßigung, mit der Iuppiter Erde und Meer, Götter und Menschen regiert und unter Mithilfe der Götter, vor allem des bogenbewehrten Apoll, die Ungeheuer der Tiefe, Titanen und Giganten, bezwingt. So gipfelt das Gedicht in der Einsicht: »*Vis consili expers mole ruit sua, / vim temperatam di quoque provehunt / in maius.*« (»*Kraft ohne Einsicht stürzt durch das eigene Gewicht, / kraftvolle Mäßigung erhöhen die Götter selbst*«).

Damit ist das Motto ausgesprochen, unter dem die Erneuerungsbestrebungen des Augustus standen, das Streben nach Maß, das Innen- und Außenpolitik, bildende Kunst und Dichtung gleichermaßen bestimmte und das in einer historischen Situation wirksam wurde, wo im römischen Imperium die unbegrenzte politische Macht, aller Reichtum und alle Bildung der Welt versammelt waren, aber im

Chaos unaufhörlicher Bürgerkriege sich selber aufzuheben drohten. Dieses Bewußtsein, daß Rom an seiner eigenen Größe leide, wie es Horazens Zeitgenosse Titus LIVIUS im Vorwort seines Geschichtswerks formuliert hat, läßt den Dichter nach einem Ausweg suchen. Er findet ihn im Bereich Apollons und der Musen: Apollinische Klarheit vermag die Kräfte der Zerstörung zu bannen. Apollon war seit Actium der Gott des Augustus; im *Carmen saeculare* hat Horaz ihn dann zusammen mit seiner Schwester Diana verherrlicht. Mit seiner Hilfe wird Augustus als irdischer Iuppiter das Chaos ordnen (die Annäherung des Augustus an Iuppiter findet sich bei Horaz häufig, etwa gleich im folgenden Gedicht; ebenso 1, 2 und 1, 12). Seine eigene Aufgabe als »Musenpriester« (3, 1) erblickt Horaz darin, in *»Liedern von noch nie gehörter Art«* die Römer aufzurütteln.

Geschieht dieses Aufrütteln vor allem in den *Römeroden* und den ihnen nahestehenden Gedichten, so erfordert der Dienst der Musen daneben doch auch andere Töne, die in dem oben beschriebenen Lied 3, 4 mit anklingen. Das Gefühl der Geborgenheit in der freien Natur, die ihre Schrecken verliert, so daß Schlange und Bär, ja auch ein Wolf dem Dichter nichts anhaben können (1, 22), bringt Lieder hervor wie das auf den glasklaren Quell Bandusia (3, 13). Häufig findet sich damit verbunden ein Aufruf, *»den Tag zu genießen« (»carpe diem«)*, so in dem Frühlingslied 1, 4. Eine solche heiter-gelassene Lebenshaltung entspricht der Lehre des griechischen Philosophen EPIKUR, und Horaz hat sich ja selbst *»ein Schweinchen aus der Herde Epikurs«* genannt. Zum Bereich dieser Lebensfreude gehören auch Liebeslieder wie 1, 23 an Chloe, oder die Trinklieder, die bisweilen ins Politische hinüberspielen, wie etwa in 1, 37: *»Nunc est bibendum ...«* (*»Jetzt heißt es trinken ...«* – nämlich auf den Tod der Kleopatra).

Die beiden letztgenannten Gedichte sind von Werken der griechischen Dichter ANAKREON und ALKAIOS angeregt und zeigen den in Rom damals gänzlich neuen Einfluß der altgriechischen Lyrik, von der Horaz auch die kunstvollen Strophenmaße der Liederbücher übernommen hat. Eine solche Einordnung in die feste literarische Tradition und das Bemühen, die Welt kraft des Liedes zu verändern, kennzeichnen den Unterschied zwischen Horazens Kunst und moderner Seelenlyrik. Dennoch war sein Einfluß auf die Moderne gewaltig, man denke nur an KLOPSTOCK, HÖLDERLINS Gedichte in Horazischen Formen und an GOETHES Wort in *Dichtung und Wahrheit: »Die Präcision des Horaz nötigte die Deutschen, doch nur langsam, sich ihm gleichzustellen ...«* Bekenntnisdichtung ist auch die Dichtung des Horaz, Bekenntnis zur Kunst und ihrer Aufgabe in der Welt. Mit Recht konnte er daher von sich sagen: *»Exegi monumentum aere perennius.«* (*»Ich schuf ein Denkmal, dauernder als Erz«*).

D. Ma.

AUSGABEN: o. O. u. J. [Mailand od. Venedig ca. 1470–1473; Gesamtausg. der Werke]. – Oxford [2]1912 (in *Opera*, Hg. E. C. Wickham u. H. W. Garrod; mehrere Nachdr.). – Paris 1924 (in *Œuvres*, Hg. F. Plessis, P. Lejay u. E. Galletier; m. Komm.). – Turin 1945, Hg. M. Lenchantin de Gubernatis. – Ldn./Cambridge (Mass.) 1952 (in *The Odes and Epodes*, Hg. C. E. Bennett; m. engl. Übers.; Loeb). – Paris [6]1959 (in *Horace*, Bd. 1, Hg. F. Villeneuve; m. frz. Übers. u. Komm.). – Lpzg. [3]1959 (in *Opera*, Hg. F. Klingner). – Bln. [10]1960 (in *Oden und Epoden*, erkl. v. A. Kiessling, R. Heinze u. E. Burck). – Mchn. 1964 (in *SW*, Hg. H. Färber; lat.-dt.). – Zürich/Mchn. 1981 (*Carminum et Epodon libri*, Hg. W. Killy u. E. A. Schmidt; m. Übers. v. F. K. Hartlieb u. J. Puz). – Lpzg. 1984 (in *Opera*, Hg. St. Borzsak). – Stg. 1985 (in *Opera*, Hg. D. R. Shackleton Bailey).

ÜBERSETZUNGEN: *Erstes Verdeutschtes ... Odenbuch des vortreflichen Römischen Poeten Q. H. F.*, A. H. Buchholtz, Rinteln 1639. – *Des Hochberühmten Lateinischen Poetens Q. Horatii Flacci vier Bücher Odarum, oder Gesänge*, J. Bohemus, Dresden 1655/56. – *Oden*, K. W. Ramler, Bln. [2]1818. – *Oden*, R. A. Schröder (in R. A. Schröder, *Gesammelte Werke*, Bd. 5, Bln./Ffm. 1952). – *Die Gedichte des Horaz*, R. Helm, Stg. [2]1954. – *Oden u. Epoden*, M. Vosseler u. H. Menge, Mchn. 1971. – Dass., B. Kytzler, Stg. 1978 (RUB).

LITERATUR: E. Howald, *Das Wesen der lateinischen Dichtung*, Erlenbach-Zürich 1948. – U. Knoche, *Erlebnis u. dichterischer Ausdruck in der lateinischen Poesie* (in Gymn, 65, 1958, S. 146–165). – R. Heinze, *Die horazische Ode; Der Zyklus der Römeroden* (in R. H., *Vom Geist des Römertums*, Hg. E. Burck, Darmstadt [3]1960, S. 172–204). – F. Klingner, *H.; Gedanken über H.; Horazische Oden* (in *Römische Geisteswelt*, Mchn. [4]1961, S. 327–418). – F. Klingner, *Kunst u. Kunstgesinnung des H.* (in F. K., *Studien zur griechischen u. römischen Literatur*, Zürich/Stg. 1964, S. 432–455). – R. G. M. Nisbet u. M. Hubbard, *A Commentary on Horace, Odes, Book I/Book II*, 2 Bde., Oxford 1970–1978. – F. H. Mutschler, *Beobachtungen zur Gedichtanordnung in der ersten Odensammlung des H.* (in RhM, 117, 1974, S. 109–133). – P. Connor, *The Actual Quality of Experience. An Appraisal of the Nature of Horace's Odes* (in ANRW, 2/31. 3., Hg. W. Haase, Bln./NY 1981, S. 1612–1639). – W. D. Lebek, *H. und die Philosophie: Die Oden* (ebd., S. 2031–2092). – E. A. McDermott, *Greek and Roman Elements in Horace's Lyric Programme* (ebd., S. 1640–1673). – D. Gall, *Die Bilder der horazischen Lyrik*, Königstein/Ts. 1981. – C. Withe, *Horace's Roman Odes. A Critical Examination*, Leiden 1983 (Mnemosyne, Suppl. 71). – E. A. Schmidt, *Geschichtlicher Bewußtseinswandel in der horazischen Lyrik* (in Klio, 67, 1985, S. 130–138). – H. Mauch, *O laborum dulce lenimen. Funktionsgeschichtliche Untersuchungen zur römischen Dichtung zwischen Republik u. Prinzipat am Beispiel der ersten Odensammlung des H.*, Ffm. 1986.

DE ARTE POETICA

(lat.; *Von der Dichtkunst*). Lehrbrief in 476 Versen von HORAZ, veröffentlicht 14 v. Chr. – Erst die Philologie hat den Brief an Piso und seine beiden Söhne vom Ende des zweiten Buchs der *Epistulae* abgelöst und separat als sogenannte *Ars poetica* ediert.

Auf der Höhe seines Ruhms (etwa 19–17 v. Chr.) unternimmt es Horaz, die lange Tradition antiker Dichtungsästhetik in ein neues, durch eigene Erfahrungen modifiziertes System zu bringen. Die Überlegungen und Thesen der Schrift lassen sich zwei Problemkomplexen zuordnen: Welchen Ansprüchen muß das dichterische Werk genügen? Und welche Forderungen sind an den Dichter zu stellen? In der ersten Kategorie kommt dem Begriff der Einheitlichkeit überragende Bedeutung zu. Das einzelne Werk soll »*einfach und aus einem Guß*« (»*simplex et unum*«, V. 23) sein und ein »*Ganzes*« (»*totum*«, V. 34) darstellen. Solch organisch-ganzheitliches Denken bestimmt im weiteren auch den Begriff der Gattung und den Typus der literaturgeschichtlichen Epoche. Gerade die letztere ist nämlich bestimmend für die innere Einheitlichkeit einer Dichtung, deren jeweilige Sprache und Form er mit dem wechselnden Laubkleid der Wälder vergleicht (V. 60). Für die Dichtung ergibt sich daraus ein Gebot der Zeitgemäßheit, für den Interpreten die Notwendigkeit eines spezifisch geschichtlichen Verstehens. Einheitlichkeit ist im letzten dann identisch mit dem Angemessenen, und nur in der strengen Mimesis (Nachbildung) des wirklichen Lebens, worunter Horaz im Aristotelischen Sinn die Darstellung des Wahrscheinlichen versteht, stellt sie sich ein. Hinzu kommt die genaue Beobachtung bestimmter Kunstregeln, die indessen wertlos bleibt, solange das Werk nicht als ein Ganzes gelingt, das zugleich »*belehrend und ans Herz rührend*« (»*utile et dulce*«, V. 343) sein, also in gleicher Weise Verstand und Gefühl ansprechen, »*nützen und erfreuen*« (»*aut prodesse volunt aut delectare poetae*«, V. 333) soll.

Das Ganze präsentiert sich wiederum nur auf der höchsten Stufe, jenseits allen Mittelmaßes. Der mittelmäßige Dichter – hier beginnt der zweite Komplex – verrät die Kunst und ist noch weit unnützer und verächtlicher als irgendein Handwerker, der sein Metier nicht versteht – ganz gleich, ob es ihm an Begabung *(ingenium, natura, dives vena)* oder am Handwerklichen *(studium, ars)* fehlt. Beides muß sich zusammenfinden: Genie ist vor allem Fleiß. Besonders der Römer, der sich keines so unbefangenen Verhältnisses zur Muse rühmen kann wie der Grieche, soll sich das sorgfältige Ausfeilen seiner Produktionen angelegen sein lassen. – Den wirkungsvollen Abschluß der Schrift bildet ein groteskes Spottbild des ebenso unbegabten wie eingebildeten Dilettanten: Er erweckt den Eindruck eines Irrsinnigen, der mit höchster Lust und lautem Geschrei ins Verderben rennt.

Die *Poetik* des Horaz ist so bedeutsam, weil hier zum erstenmal Verstand und Gefühl als die Grund-antinomien entdeckt sind, die in gleicher Weise bei der Produktion wie bei der Rezeption eines Kunstwerks wirksam werden. Horaz erkennt in der Dichtung ein geheimnisvolles charakteristisches Miteinander von Ernst und Spiel. Freilich begreift er dieses Verhältnis noch konkret und mehr additiv, weniger dialektisch; aber die Formel erwies sich als überaus anregend: Antike, Mittelalter und Neuzeit mühten sich, sie immer präziser zu formulieren, und in der heutigen amerikanischen Literaturtheorie (so in R. WELLEKS u. A. WARRENS *Theory of Literature*) findet sie wieder starke Beachtung.

Allerdings haben sich im Laufe dieser Wirkungsgeschichte auch Mißverständnisse und Fehlinterpretationen eingeschlichen. Denn das Werk expliziert kein geschlossenes System der Ästhetik, sondern breitet im zwanglosen Plauderton das Resümee eines erfahrenen Praktikers aus (man merkt kaum, daß er die Lyrik übergeht); auch hat es den Gesetzen der Briefform zu gehorchen (Einbeziehung des Adressaten, Abwechslung, Lebendigkeit, Assoziation und Andeutung, Übertreibung, ja Einseitigkeit). Man muß sich hüten, den Brief »*rein stofflich zu nehmen*« (Büchner), wie es lange geschah. Weder darf man die Vielzahl der Vergleiche und spezifisch lyrischen Bilder übersehen noch die Hexameter als Resultat einer bloß nachträglichen Versifizierung abtun; in dem Brief begegnet uns selbst ein Stück Poesie, wie wir sie in jedem anderen Horazischen *Sermo* finden. Was den Brief überdies mit den beiden anderen der Sammlung verknüpft, ist die satirische Invektive auf zwei Modeerscheinungen der Zeit: auf die übertriebene Vorliebe für die altrömische Literatur und die Heere dichtender Dilettanten mit genialischen Allüren.   R.M.

AUSGABEN: o. O. u. J. [Mailand od. Venedig ca. 1470–1473; Gesamtausg. der Werke]. – Rom 1472, Hg. J. P. de Lignamine. – Oxford ²1912 (in *Opera*, Hg. E. C. Wickham u. H. W. Garrod; mehrere Nachdr.). – Paris 1924 (in *Œuvres*, Hg. F. Plessis, P. Lejay u. E. Galletier; m. Komm.). – Ldn./Cambridge (Mass.) ²1929 (in *Satires, Epistles and Ars poetica*, Hg. H. R. Fairclough; m. engl. Übers.; Loeb; mehrere Nachdr.). – Turin 1930 (*Arte poetica*; Hg. A. Rostagni; m. Komm.). – Paris ⁴1961 (in *Epîtres*, Hg. F. Villeneuve; m. frz. Übers.). – Bln. ⁷1961 (in *Briefe*, Hg. A. Kiessling, R. Heinze u. E. Burck; m. Komm.). – Zürich 1961, Hg. H. Rüdiger [lat.-dt.]. – Mchn. 1964 (in *SW*, Hg. H. Färber; lat.-dt.). – Cambridge 1971 (*Ars poetica*, Hg. C. O. Brink). – Lpzg. 1984 (in *Opera*, Hg. St. Borzsak). – Stg. 1985 (in *Opera*, Hg. D. R. Shackleton Bailey).

ÜBERSETZUNGEN: *Verteutschte und mit kurzen Noten erklärte Poetereikunst des röm. Poeten H.*, A. H. Buchholtz, Rinteln 1639. – *Die Dichtkunst des H.*, übers. u. erkl. in Prosa v. K. W. Ramler, in Versen v. C. M. Wieland, Basel 1789. – *An die Pisonen*, J. H. Voß (in *Satyren und Episteln*, Heidelberg 1806). – *Die Dichtkunst*, R. A. Schröder (in

R. A. S., *GW*, Bd. 5, Bln./Ffm. 1952). – R. Helm, (in *Satiren u. Briefe*, Zürich/Stg. 1962). – *Die Dichtkunst*, E. Schäfer, Stg. 1972 (RUB).

LITERATUR: E. Norden, *Die Composition und Literaturgattung der horazischen »Epistula ad Pisones«* (in Herm, 40, 1905, S. 481–528). – O. Immisch, *H.ens Epistel über die Dichtkunst*, Lpzg. 1932 (Phil Suppl. 24/3). – Schanz-Hosius, Bd. 2, S. 133–137. – F. Klingner, *H.ens Brief an die Pisonen*, Lpzg. 1936 (ASAW, 88/3). – W. Steidle, *Studien zur »Ars poetica« des H.*, Würzburg 1939. – H. Dahlmann, *Varros Schrift »De poematis« und die hellenistisch-römische Poetik*, Mainz 1953 (Abh. d. Ak. d. Wiss. u. d. Lit., 1953, 3). – C. O. Brink, *H. on Poetry. Prolegomena to the Literary Epistles*, Cambridge 1963. – H. Funke, *Zur »Ars poetica« des Horaz* (in Herm, 104, 1976, S. 191–210). – W. Hering, *Die Dialektik von Inhalt u. Form bei H. Satiren Buch I u. Epistula ad Pisones*, Bln. 1979.

EPISTULAE

(lat.; *Briefe*). Versifizierte, heiter-besinnliche Plaudereien in Briefform von HORAZ, in zwei Büchern 20 v. Chr. und um 13. v. Chr. veröffentlicht. – Die zwanzig Briefe des ersten Buches, teils an MAECENAS gerichtet (1; 7; 19), teils an verschiedene jüngere Freunde und Literaten, teils an Gesinnungs- und Lebensgenossen der eigenen Generation, bilden ein recht einheitlich konzipiertes Ganzes. Das Versmaß des Hexameters, an die Tradition der frühen *Satiren* anknüpfend, verleiht der Sammlung den charakteristisch »prosaischen« Plauderton (*»Musa pedestris«* – *»Die Muse zu Fuß«*). Eine Einleitungsepistel enthält die Huldigung an den Gönner und das poetische Programm, die Schlußepistel den Epilog zu dem fertigen Buch und scherzhafte Angaben zur Person des Dichters, der damals im fünfundvierzigsten Lebensjahr stand.

Gemeinsames Thema dieser *Briefe* ist die Suche nach Möglichkeiten einer sinnvollen Lebensführung, abgestimmt auf die Belange und Verhältnisse der einzelnen Adressaten. Der Themenkreis ist also enger gezogen als in den kurz zuvor publizierten ersten drei *Oden*-Büchern; der glückliche Anbruch der Augusteischen Friedensära (*»Die goldene Fülle selbst hat ihr volles Horn über Italien geleert«*, 1, 12, 28 f.) gestattet dem Dichter den Rückzug in die wieder gesicherte Sphäre des Privaten; zudem verlangt das vorgerückte Alter immer mehr die Konzentration auf die Frage nach dem richtigen Leben, nach dem, *»was wahr und recht ist«* (1, 1, 11). Man hat deshalb die *Episteln* auch als *»philosophische Briefe«* bezeichnet. Das trifft insofern zu, als die Aufforderung zur Beschäftigung mit der Philosophie wie ein Leitmotiv in den einzelnen Stücken immer wiederkehrt und bewußt der Reflexion der Vorrang vor der ästhetischen Bemühung eingeräumt wird, dem direkten Wort vor dem gestalteten: *»Rhythmus und Takt des wirklichen Lebens«* (2, 2, 144) müssen gelernt werden.

Freilich darf man keine systematische, explizite Lehre erwarten, im Gegenteil: Horaz steht allem Dogmatischen und Präzeptorischen fern, er fühlt sich keiner der traditionellen Schulen verpflichtet. Wenn er sich in dem Brief an den Elegiendichter TIBULL selbstironisch als einen *»aus der Ferkelherde des Epikur«* (1, 4, 16) apostrophiert, deutet dies zwar darauf hin, daß der Dichter dem Epikureismus im ganzen den Vorzug gab; doch sind die Gedanken der Stoa, der Kyniker oder des ARISTIPP damit nicht ganz verworfen. Daraus spricht kein oberflächlicher Eklektizismus, sondern tiefes Ungenügen angesichts der Dialektik und Paradoxie der Wirklichkeit: *»Aristipp liefert sich selbst, der Kyniker der Menge ein Schauspiel«* (1, 17, 19). So erweist sich das »Philosophische« an den *Episteln* als ein in jedem Brief neu unternommener Versuch, aus den Fragen des praktischen Lebens heraus ein *»schwebendes Gleichgewicht der Seele«* (F. Klingner) herzustellen, inmitten der Widersprüche des Daseins. Genußfreude und Anspruchslosigkeit, ländliche Ruhe und städtische Betriebsamkeit, Unabhängigkeit und Gefolgstreue, Intellekt und Leidenschaft sind die Pole, zwischen denen der Dichter in vorurteilsfreiem, umsichtigem Abwägen nach Möglichkeiten des Glücks sucht. Grundlegend ist dabei der Begriff des rechten, auf den einzelnen zugeschnittenen Maßes; in ihm liegt der eigentliche Schlüssel zu Glück und Freiheit der Seele. Denn sogar die »Tugend«, im Übermaß angestrebt, versklavt den Menschen eher, als daß sie ihn glücklich machte. So sind die *Epistulae* eine Hohe Schule der Lebenskunst und Fundgrube praktischer Weisheit. Der Briefform, die es ermöglicht, die Klärung des eigenen Bewußtseins unmerklich mit Ermahnungen an den Partner zu verbinden, kommt dabei Bedeutung zu, aber auch der Ironie und den scharfen Pointen. Ein lebendig bewegtes wie nachdenkliches, ein originelles und überaus liebenswürdiges Gemüt spricht sich hier unmittelbar aus. Dem Dichter gelingt mit diesem »Alterswerk« nicht weniger als eine neue literarische Gattung: halb Dichtung, halb Prosa, halb Bildwelt, halb Reflexion, von eigentümlich persönlichem Ton und zugleich allgemeinem Interesse – *cum grano salis* fast mit der modernen Form des Essays zu vergleichen.

Von den ursprünglich drei Briefen des zweiten Buches wurde noch in antiker Zeit der letzte als sogenannte *Ars poetica (De arte poetica)* abgetrennt und selbständig weiterüberliefert. Doch auch die beiden anderen Stücke, an Augustus und Iulius Florus gerichtet, sind im Grund »Literaturbriefe«. Sie setzen sich kritisch mit dem zeitgenössischen literarischen Leben in Rom auseinander: einerseits mit der recht unkritischen Überschätzung der altrömischen Meister, andererseits mit der alles überwuchernden Dilettierwut der eigenen Zeit. Im Brief an Florus rechtfertigt Horaz seine Abwendung von der eigentlichen lyrischen Poesie. In dem Brief an Augustus – er stammt aus dem Jahr 14 v. Chr. (nach dem *Carmen saeculare* und dem vierten *Oden*-Buch) und stellt das letzte uns erhaltene Wort des Dichters dar – entwickelt Horaz, in offizieller Weise und bis zu den Anfängen lateinischer Dichtung ausholend, das hohe Stilideal der Klassik. Wenn nicht im Thema, so doch in Stil und Ton stehen diese Briefe denen des ersten Buchs gleichrangig zur Seite: Die witzige und geistreiche Darstellung erscheint wichtiger als das Dargestellte selbst, die Sprödigkeit des Sujets erscheint aufgehoben in der Leichtigkeit der Horazischen Diktion.   R.M.

AUSGABEN: o. O. u. J. [Mailand od. Venedig ca. 1470–1473; Gesamtausg. der Werke]. – Oxford ²1912 (in *Opera*, Hg. E. C. Wickham u. H. W. Garrod; mehrere Nachdr.). – Paris 1924 (in *Œuvres*, Hg. F. Plessis, P. Lejay u. E. Galletier; m. Komm.). – Ldn./Cambridge (Mass.) ²1929 (in *Satires, Epistles and Ars poetica*, Hg. H. R. Fairclough; m. engl. Übers.; Loeb; mehrere Nachdr.). – Turin ²1935, Hg. R. Sabbadini. – Lpzg. ³1959 (in *Opera*, Hg. F. Klingner). – Bln. ⁷1961 (*Briefe*, Hg. A. Kiessling, R. Heinze u. E. Burck; m. Komm.). – Mchn. 1964 (in *SW*, Hg. H. Färber; lat.-dt.). – Lpzg. 1984 (in *Opera*, Hg. St. Borzsak). – Stg. 1985 (in *Opera*, Hg. D. R. Shackleton Bailey).

ÜBERSETZUNGEN: *Horatii opera in ungebundener Rede übertragen*, J. Rothen, Basel 1671. – *Briefe*, C. M. Wieland, Dessau 1782. – *Satyren und Episteln*, J. H. Voß, Heidelberg 1806. – *Episteln*, R. A. Schröder (in R. A. S., *GW*, Bd. 5, Bln./Ffm. 1952). – *Satiren und Briefe*, R. Helm, Stg. 1962.

LITERATUR: T. Mommsen, *Die Literaturbriefe des H.* (in Herm, 15, 1880, S. 103–115). – R. Heinze, *H.ens Buch der Briefe* (in NJb, 43, 1919, S. 305–316; auch in R. H., *Vom Geist des Römertums*, Hg. E. Burck, Darmstadt ³1960, S. 295 bis 307). – E. P. Morris, *The Form of the Epistle in H.* (in Yale Classical Studies, 2, 1931, S. 79–114). – G. Stégen, *Les épîtres littéraires d'H.*, Namur 1958. – F. Klingner, *H.ens Brief an Augustus*, Mchn. 1950 (SBAW, 1950, 5). – C. O. Brink, *H. on Poetry. Prolegomena to the Literary Epistles*, Cambridge 1963 [m. Bibliogr.]. – I. Borzsak, *Bemerkungen zu Horazens Briefen* (in Phil, 113, 1969, S. 225–234). – O. A. W. Dilke, *Horace and the Verse Letter* (in *Horace*, Hg. C. D. N. Costa, Ldn. 1973, S. 94 bis 112). – K. Bringmann, *Struktur u. Absicht des horazischen Briefes an Augustus* (in Phil, 118, 1974, S. 236–256). – O. A. W. Dilke, *The Interpretation of Horace's »Epistles«* (in ANRW, 2/31. 3, Hg. W. Haase, Bln./NY 1981). – H. J. Hirth, *H., der Dichter der Briefe. Rus und Urbs. Die Valenz der Briefform am Beispiel der ersten Epistel an Maecenas*, Hildesheim 1985.

EPODON LIBER

(lat.; *Epodenbuch*). Siebzehn Gedichte in verschiedenen Metren von HORAZ, erschienen um 30 v. Chr. – Schon die antiken Kommentatoren ti-

tulieren die Gedichte, die der Dichter selbst als *Iambi* bezeichnet, als *Epoden* – nicht zu Unrecht; denn Horaz nimmt hier die auf ARCHILOCHOS zurückgehende Iambendichtung wieder auf, für die eben der *epôdos stichos* (ein regelmäßig auf einen längeren Vers folgender kürzerer Nachvers) charakteristisch ist.

Mit den verwandten metrischen Traditionen der Hinkiamben, Hendekasyllaben (Elfsilber) und epigrammatischen Distichen – in Rom vor allem von CATULL eingeführt – verbindet die *Epoden* die leichtgeschürzte Spottlust und thematische Vielseitigkeit. So finden sich in diesen frühen, wohl überwiegend zwischen 42 (Philippi) und 31 (Actium) entstandenen Gedichten des Horaz in der Hauptsache geistreich-bissige Invektiven: gegen einen Wucherer, der vom paradiesischen Landleben träumt (2), einen unfähigen Emporkömmling (4), einen unbekannten Verleumder (6), einen Dichterling (10) und nicht zuletzt gegen die, in der eigentlichen antiken Art verfaßten Liebesgedichte mit grell-obszönen Pointen (8; 12). Daneben stehen satirische Grotesken über ein übles Knoblauchgericht (3) und die Hexe Canidia (5; 17), amouröse Gedichte (11; 14; 15) und ein Trinklied (13), aber auch verzweifelt ernste Verse über das Schicksal Roms und den bald apokalyptischen Bürgerkrieg (7; 16). Das jüngste Gedicht, der besinnliche Preis des Siegers von Actium, bildet die Mitte der Sammlung (9), ein scherzhaft-selbstironisches Treuebekenntnis zu dem neu gewonnenen Gönner und Freund MAECENAS bildet Einleitung und Dedikation.

Vermutlich hat Horaz auf dessen Drängen hin in der Sammlung das Beste aus dem ersten Dezennium seines Schaffens zusammengefaßt und das Ganze durch sparsame Einfügung jüngerer, schon für die Sammlung verfaßter Gedichte auf den Gönner und dessen Freunde abgestimmt. So ergibt sich vom Thematischen her eine lockere, vom Prinzip der *variatio* bestimmte Reihenfolge. Metrisch bilden die ersten zehn *Epoden* einen geschlossenen Block im rein iambischen Maß, während in den folgenden auch der Daktylos zu finden ist.

Die Grundhaltung dieser Lyrik ist skeptisch. Horaz, nach der Katastrophe von Philippi ernüchtert und verstimmt, fühlt in sich einen übermächtigen, leicht destruktiven Unmut gegen das Bestehende aufsteigen, für den er im Archilochischen Iambos die ihm gemäße Ausdrucksform entdeckt. Mit dem dekuvrierenden Scharfblick des Rationalisten, voll jugendlicher Grobheit und mit der Bosheit des Außenseiters, in dessen Rolle er sich sieht, erreicht er in der Adaption der griechischen Versform sofort Meisterschaft. Die Attacken gelten – von den Angriffen auf persönliche Feinde abgesehen – der Ausbreitung des Irrationalen (Zauberunwesen), der Selbstentwürdigung des Menschen (Strebertum), der schizophrenen Flucht des Geistes aus der Wirklichkeit (in einen aus dem Zusammenhang einer dichterischen Vorstellungsweise gelösten, trivialisierten, idyllischen Traum von der Goldenen Zeit) und der Realitätsverbrämung (als einer hellenistisch-modischen Gefühlsduselei, in der denaturalisierte Erotik und wertlose Kunst eine unsaubere Verbindung eingehen). Es sind die Symptome der unaufhaltsam fortschreitenden Korruption alten Römertums. Das Bild einer ursächlichen Blutschuld taucht auf (7, 17 ff.), die schon seit der Gründung Roms durch den Brudermord an Remus auf der Stadt liegt, und in der *Epode* 16 spricht der Dichter gar von einer *»sündigen Generation verfluchten Geblüts«*, einer *»ungelehrigen Herde«*. Die motivischen und phraseologischen Parallelen zur vierten *Ekloge* VERGILS ließen einen heftigen Streit um die (noch offene) Frage der Priorität entbrennen. Es liegt nahe, in der verzweifelten Ironie, die die Konfrontation der nur in der Welt der Poesie existierenden Bezirke der *»arva beata« (»selige Gefilde«)* mit der politischen Realität begleitet, Zeichen für eine bittere, fatalistische, negative Antwort auf das Vergil-Gedicht zu sehen.

Aus den jüngeren *Epoden* (1; 9; 13–15) spricht dagegen mehr und mehr jene heitere Gelassenheit, die der spätere Oden-Dichter den Dingen der Welt in der epikureischen Ruhe des Genusses abzugewinnen weiß; behutsam in die Sammlung eingefügt, werfen sie ein versöhnliches Licht auf die aggressive Bitterkeit der früheren Gedichte. So verlieren die Objekte und Opfer der Attacken wieder an Bedeutung, und in den Vordergrund tritt die urkünstlerische Freude an der Persiflage und Parodie, an der messerscharf gefeilten Pointe. Denn um Parodien handelt es sich in erster Linie: auf die erotische Elegie, den idyllischen Makarismos (Seligpreisung), das harmlose Propemptikon (Geleitlied). Die neue Beweglichkeit und Leichtigkeit, die die parodistische Absicht dem Lateinischen abfordert, die kraftvoll-gehobene, doch unpathetisch-nüchterne und natürlich-flüssige Sprache, die Horaz dabei entwickelt, stellen die literarische Leistung der *Epoden* dar. So sind lebendige Sprachgebilde entstanden, durch und durch poetisch, auch wenn das Inhaltliche oft wenig Allgemeingültigkeit hat und sie ganz im Hier und Jetzt ihres Anlasses verbleiben.   R.M.

AUSGABEN: o. O. u. J. [Mailand od. Venedig 1470–1473; Gesamtausg. der Werke]. – Oxford ²1912 (in *Opera*, Hg. E. C. Wickham u. H. W. Garrod; mehrere Nachdr.). – Paris 1924 (in *Œuvres*, Hg. F. Plessis, P. Lejay u. E. Galletier; m. Komm.). – Turin ²1958, Hg. M. Lenchantin de Gubernatis. – Ldn./Cambridge (Mass.) 1952 (in *The Odes and Epodes*, Hg. C. E. Bennett; m. engl. Übers.; Loeb). – Paris ⁶1959 (in *Horace*, Hg. F. Villeneuve, Bd. 1; m. frz. Übers. u. Komm.). – Lpzg. ³1959 (in *Opera*, Hg. F. Klingner). – Bln. ¹⁰1960 (in *Oden und Epoden*, erkl. v. A. Kiessling, R. Heinze u. E. Burck). – Mchn. 1964 (in *SW*, Hg. H. Färber; lat.-dt.). – Lpzg. 1984 (in *Opera*, Hg. St. Borzsak). – Stg. 1985 (in *Opera*, Hg. D. R. Shackleton Bailey).

ÜBERSETZUNGEN: *Fürtreffliches artliches Lob, deß Landlustes, Mayersmut und lustigen Feldbaumansleben* [Epode 2], J. Fischart, gen. Mentzer (in

XV. Bücher Von dem Feldbaw, nach einer frz. Vorlage des C. Stephanus u. a. übers. v. M. Sebisch, Straßburg 1579). – *Q. Horatii Flacci opera in ungebundener Rede*, J. Rothen, Basel 1671. – *Werke*, J. H. Voß, 2 Bde., Heidelberg 1806. – *Epoden*, R. A. Schröder (in R. A. S., *GW*, Bd. 5, Bln./Ffm. 1952). – Dass., R. Helm (in *Die Gedichte*, Stg. ²1954). – Dass., W. Richter (in *Carmina*, Ffm./Hbg. 1964; EC, 86). – *Oden u. Epoden*, M. Vosseler u. H. Menge, Mchn. 1971. – Dass., B. Kytzler, Stg. 1978 (RUB).

LITERATUR: F. Leo, *De H. et Archilocho*, Diss. Göttingen 1900. – M. Schmidt, *Das »Epodenbuch« des H.* (in Philol. Wochenschrift, 52, 1932, Sp. 1005–1010). – B. Kirn, *Zur literarischen Stellung von H.ens Jambenbuch*, Diss. Tübingen 1935. – C. Becker, *Virgils Eklogenbuch* (in Herm. 83, 1955, S. 314–349). – V. Buchheit, *H.ens programmatische Epode (VI)* (in Gymn. 68, 1961, S. 520–526). – K. Büchner, *Die Epoden des H.* (in K. B., *Studien zur römischen Literatur 8*, Wiesbaden 1970, S. 50–96). – R. W. Carruba, *The Epodes of Horace. A Study in Poetic Arrangement*, Den Haag 1969. – H. Hierche, *Les Epodes d'Horace. Art et signification*, Brüssel 1974. – E. A. Schmidt, *Amica vis pastoribus. Der Jambiker H. in seinem Epodenbuch* (in Gymn. 84, 1977, S. 401–422). – E. A. McDermott, *Greek and Roman Elements in Horace's Lyric Programme* (in ANRW, 2/31.3, Hg. W. Haase, Bln./NY 1981, S. 1640–1673). – E. Kraggerud, *H. und Actium. Studien zu den politischen Epoden*, Oslo 1984 (Symbolae Osloenses, Suppl. 26).

SATIRAE

(lat.; *Satiren*). Zwei Bücher Satiren in Hexametern von HORAZ, erschienen um 35 (Buch 1) und 30 v. Chr. (Buch 2). – Die zehn Satiren des ersten Buches behandeln allgemeine Untugenden wie die ewige Unzufriedenheit des Menschen mit seinem Los (1), die gefährlichen Implikationen des Ehebruchs und die darin begründeten Vorteile der Freudenmädchen (2), Nörgelei und Krittelsucht (3). 4–6 haben persönlichen Charakter: Horaz als Satiriker (4), Horaz auf einer Reise nach Brindisi in einer Delegation Octavians (5), das Verhältnis des Dichters zu seinem Gönner MAECENAS (6). 7–9 schließlich bringen Anekdotisches: einen »saftigen« Rechtsstreit (7), eine nächtliche »Totenbeschwörung« in den Gärten des Esquilin (8), die Begegnung mit einem aufdringlichen Schwätzer (9). Die zehnte Satire fungiert als Epilog und ist, gleich der vierten, eine Besinnung auf das Wesen der Satire. Im zweiten Buch werden fingierte Gesprächspartner eingeführt, und durch das dialogische Moment wird eine humorvoll-ironische Brechung der Perspektive erzielt. Im dritten – mit 326 Versen dem weitaus längsten – überrumpelt ihn ein ebenso schwatzhafter wie fanatischer Stoiker mit seiner rigorosen Weisheit. Im vierten vernimmt er die auf die Genüsse von Gaumen und Magen sich beschränkende Lehre des Winkelepikureers Catius. Im fünften gibt der sagenhafte Seher Tiresias dem Ulixes (Odysseus) in der Unterwelt einen kompletten Kursus in Erbschleicherei. Im siebenten wendet ein Sklave die Prinzipien der Stoa auf die eigene Situation an: Er rechnet seinem Herrn vor, um wieviel glücklicher er im Vergleich zu ihm sei. Den Abschluß bildet eine Farce: Der Komödiendichter Fundanius berichtet von einem Schlemmermahl bei dem Gourmand Nasidenius, bei dem der Stoffbaldachin über dem Tisch herabgefallen sei und all die erlesenen und kostbar zubereiteten Speisen unter schwarzem Staub begraben habe. Einen anderen Ton schlagen die Satiren 2 und 6 an. Das eine Mal wird ein Muster bäuerlicher Einfachheit und Genügsamkeit vorgestellt, das andere Mal das stille Glück gepriesen, das Horaz in seinem »Sabinum«, dem von Maecenas gestifteten Landgut, genießt; den Unterschied zu dem früheren aufreibenden Leben in der Stadt unterstreicht er mit der Fabel von der Feldmaus und der Stadtmaus. – Im Aufbau des Buches lassen sich zwei parallele Reihen erkennen (jeweils 2 und 6, 3 und 7, 4 und 8 zeigen thematische Entsprechungen). Daneben existiert aber ein dichtes Geflecht von Verknüpfungen, Spiegelungen und Querbeziehungen, die sich als ein Kunstmittel der Ironie erweisen, das der Entlarvung der Parteilichkeit ebenso dient wie der Vermeidung sträflicher Einseitigkeit. Denn Horaz geht es immer um die ganze Wahrheit, die sich freilich nicht immer so direkt und ernst formulieren, sondern oft nur von außen her eingrenzen läßt: »*Ridentem dicere verum*« – »*Mit Lachen die Wahrheit zu sagen*« (1, 1, 24), lautet die klassisch gewordene Formel. Es sind keine weltbewegenden Inhalte, weder politische Attacken noch persönliche Kontroversen, weder Gesellschaftskritik noch Moralpredigten; statt dessen unterhalten wir uns mit den kleinen, liebenswerten Schwächen und Spleens der Menschen, ausschließlich Themen aus der privaten und geselligen Sphäre. Eine Handvoll stereotyper Figuren vertritt dabei viele andere: der Schlemmer, der Schnulzensänger, die »Hexe«, der Stoiker, der Unreinliche, der Schwulstdichter, der Emporkömmling. Sich selbst, den »*närrischen Verseschmied*«, nimmt Horaz dabei nicht aus. Gerade die Selbstironie ist ja, als Merkmal einer stabilen, in sich selbst ruhenden Persönlichkeit, wesentliches Kennzeichen seines satirischen Humors. Dieses allen Extremen feindliche Einhalten der Mitte ist Wesen der Horazschen *humanitas*: Als Prinzip des »Leben und leben lassen«, als Schlüssel sowohl zum eigenen Wohlbefinden als auch zum bestmöglichen sozialen Nebeneinander hat sie sich über Jahrhunderte hinweg zur eigenen Lebensform verdichtet (WIELANDS kongeniale Übersetzung der *Satiren* ist eines ihrer beredtesten Zeugnisse). Sprachlicher Ausdruck solcher Humanität ist jener unnachahmliche *sermo urbanus*, jener in der Neuen Komödie der Griechen so vorgebildete, gleichermaßen elegante wie natürliche Plauderstil und Umgangston, der schon aufnahmebereit ist für alles

Ironische, Parodistische, aber auch jene *»gut römische«* Derbheit, der hier freilich die schockierende Schärfe fehlt. Mit der sprachlichen Leichtigkeit die formale Sicherheit. Die ohne metrische Lizenzen auskommende Leichtigkeit und die Prägnanz *(brevitas)* der Formulierungen bestimmen den Charakter dieser Kunst; mit berechtigtem Stolz distanziert sich Horaz deshalb von der Vielschreiberei seines Vorgängers LUCILIUS. Formal hat Horaz so der Gattung der Satire neue Wege gebahnt, indem er Grundformen der Verssatire schuf, die für alle Zeit Gültigkeit behalten sollten, wie etwa das Reisetagebuch (1, 5), den allegorischen Speisezettel (2, 4) oder den ironischen Leitfaden (2, 5). Allerdings geht auch auf seine Rechnung, daß der Satire auf lange Zeit die politische Dimension entzogen blieb – man denke nur an das sittenrichterliche Pathos seiner Nachfolger PERSIUS und JUVENAL.   R.M.

AUSGABEN: o.O. u. J. [Mailand od. Venedig 1470–1473; Gesamtausg. der Werke]. – Oxford ²1912 (in *Opera*, Hg. E. C. Wickham u. H. W. Garrod; mehrere Nachdr.). – Ldn./Cambridge (Mass.) 1926 (in *Horace*; m. engl. Übers.; Loeb; mehrere Nachdr.). – Bln. ⁶1957 (in *Werke*, Hg. A. Kiessling u. R. Heinze, Bd. 2; m. Erkl.; Nachw. E. Burck). – Lpzg. ³1959 (in *Opera*, Hg. F. Klingner). – Paris ⁶1962, Hg. F. Villeneuve [m. frz. Übers.]. – Mchn. 1964 (in *SW*, Hg. H. Färber; lat.-dt.). – Lpzg. 1984 (in *Opera*, Hg. St. Borzsak). – Stg. 1985 (in *Opera*, Hg. D. R. Shackleton Bailey).

ÜBERSETZUNGEN: *Satyren*, Ch. M. Wieland, 2 Bde., Lpzg. 1786; ²1794. – *Satiren u. Episteln*, H. Conrad, 2 Bde., Mchn./Lpzg. 1911 [n. d. Übers. v. Ch. M. Wieland]. – *Die Satiren u. Briefe*, H. Färber u. W. Schöne, Mchn. ²1953 (lat.-dt.; ern. 1964). – In R. A. Schröder, *SW*, Bd. 5, Ffm./Bln. 1952. – *Satiren u. Briefe*, R. Helm, Zürich 1962 [m. Einl.]. – *Satiren*, K. Büchner, Bologna 1970. – Dass., ders., Stg. 1972 (RUB).

LITERATUR: R. Heinze, *Vom Geist des Römertums*, Lpzg. 1938, S. 236–254. – H. Herter, *Zur ersten Satire des H.* (in RhMus, 94, 1951, S. 1–42). – N. O. Nilsson, *Metrische Stildifferenzen in den »Satiren« des H.*, Uppsala 1952. – D. Armstrong, *Horace, Satires, I, 1–3. A Structural Study* (in Arion, 3, 1962, S. 86–96). – K. Büchner, *Studien zur römischen Literatur*, Bd. 3: *H.*, Wiesbaden 1962. – W. Wimmel, *Zur Form der horazischen Diatribensatire*, Ffm. 1962. – W. Monecke, *Wieland u. H.*, Köln/Graz 1964. – A. L. Motto, *Stoic Elements in the »Satires« of Horace* (in *Classical, Mediaeval and Renaissance Studies in Honor of B. L. Ullman*, Hg. Ch. Henderson Jr., Bd. 1, Rom 1964, S. 133 bis 141). – E. Pasoli, *Spunti di critica letteraria nella satira oraziana* (in Convivium, 32, 1964, S. 449–478). – E. de Saint-Denis, *L'humour dans les »Satires« d'Horace* (in RPh, 38, 1964, S. 24–35). – N. Rudd, *The »Satires« of Horace. A Study*, Cambridge 1966. – R. Schroeter, *H.' Sat. I, 7 u. die antike Eposparodie* (in Poetica, 1, 1967, S. 8–23; m.

Text, Übers. u. Komm.). – N. Rudd, *The Satires of Horace. A Study*, Cambridge 1966. – W. Ludwig, *Die Komposition der beiden Satirenbücher des H.* (in Poetica, 2, 1968, S. 304–325). – J. ter Vrugt-Leutz, *Satire u. Gesellschaft bei H. und Persius* (in Gymn, 77,1970, S. 480–494). – J. M. McGann, *The Three Worlds of Horace's Satires* (in *Horace*, Hg. C. D. N. Costa, Ldn. 1973, S. 59–93). – W. Reissinger, *Formen der Polemik in der römischen Satire. Lucilius – H. – Persius – Juvenal*, Diss. Erlangen-Nürnberg 1975. – W. Hering, *Die Dialektik von Inhalt und Form bei H. Satiren Buch I und Epistula ad Pisones*, Bln. 1979. – J. ter Vrugt-Leutz, *H.' Sermones. Satire auf der Grenze zweier Welten* (in ANRW, 2/31. 3., Hg. W. Haase, Bln./NY 1981, S. 1827–1835). – M. v. Albrecht, *H.* (in *Die römische Satire*, Hg. J. Adamietz, Darmstadt 1986, S. 123–178).

VINTILĂ HORIA

---

* 18.12.1915 Segarcea / Bez. Dolj

ACOLO ŞI STELELE ARD

(rum.; *Ü: Dort brennen sogar die Sterne*). Roman von Vintilă HORIA, erschienen 1954. – Der Roman schildert in Ichform das merkwürdige Dreiecksverhältnis zwischen den Freunden Valentin (dem Erzähler), Andrei und dem Mädchen Anna-Maria. Nachdem die beiden Freunde sich seit der gemeinsam verbrachten Schulzeit in Rumänien aus den Augen verloren hatten, treffen sie sich durch Zufall in Perugia in einer kleinen Kirche vor dem Bild der Muttergottes. Deren Züge erinnern auf rätselhafte Weise an Anna-Maria, jenes Mädchen, das Valentin in einer Maiennacht vor zehn Jahren in Bukarest geliebt und besessen hatte und seither niemals vergessen konnte. Wie sehr Anna-Maria aber auch seinem Freund zum Schicksal wurde, erfährt Valentin nun von Andrei: Seine unglückliche Liebe zu Anna-Maria hat sein ganzes Leben verändert, und es ist sein größter Wunsch, dieses Mädchen ein einziges Mal in den Armen zu halten und an ihre Gegenliebe glauben zu dürfen, um dann zu sterben. Auf der Suche nach Anna-Maria, die sich in Italien aufhalten soll, ist Andrei nach Perugia gekommen und bittet nun Valentin, ihm bei der Suche nach ihr zu helfen. Die beiden fahren nach Florenz, wo Valentin, wie vom Schicksal ihm zugeführt, Anna-Maria auf dem Ponte Vecchio trifft. Nach zehn Jahren wiederholt sich nun das Glück jener Nacht in Bukarest: Valentin und Anna-Maria lieben sich mit der gleichen Leidenschaft und Ausschließlichkeit wie damals. Am nächsten Morgen fliehen beide vor Andrei, dem Valentin nichts von dieser Begegnung erzählt hat, und reisen nach Rom. Doch nach wenigen Tagen treffen sie ihn auf dem Forum und müs-

sen erkennen, daß er entschlossen ist, ihnen bis ans Ende der Welt zu folgen. Um sich und ihren Geliebten von Andrei zu befreien, geht Anna-Maria in der Nacht heimlich zu ihm. Der Schuß, mit dem sich Andrei nach Erfüllung seines Wunsches im Morgengrauen tötet, weckt Valentin, und als er Anna-Maria nicht neben sich findet, ahnt er, was geschehen ist. Die Größe des Opfers, das Anna-Maria auf sich nahm, läßt ihn erschauern, zugleich aber erkennt er, daß der Schatten Andreis sich zwischen ihn und die Geliebte geschoben hat. Heimlich verläßt er Anna-Maria für immer.

Schon in diesem Jugendwerk, das in Gehalt und Sprache deutlich den Lyriker Horia spüren läßt – er hat diese eigenartige Geschichte sehr bewußt vor den Hintergrund der italienischen Landschaft und die Architektur berühmter italienischer Städte gestellt –, macht sich der Elan bemerkbar, der vor allem den später entstandenen Roman *Dieu est né en exil (Gott ist im Exil geboren)* kennzeichnet. Für dieses Werk wurde dem heute im Exil lebenden rumänischen Autor 1960 der Prix Goncourt zugesprochen, den er jedoch ablehnte, als ihm in der Öffentlichkeit seine zeitweilige Verbindung mit der Eisernen Garde vorgeworfen wurde.   E. T.

AUSGABE UND ÜBERSETZUNG: Wien/Stg. 1954 [u. d. Titel *Dort brennen sogar die Sterne*, G. v. Drozdowski; Übers. a. d. rumän. Ms.].

LITERATUR: O. Papadima, *Un poet al liniştilor mici: V. H.* (in *Creatorii şi Lumea lor*, Bukarest 1943, S. 543–546).

LE CHEVALIER DE LA RÉSIGNATION

(frz.; *Ü: Der Ritter der Resignation*). Roman von Vintilă HORIA (Rumänien), erschienen 1961. – Der historische Roman führt in die von den Osmanen unterjochten Donaufürstentümer. Wie auf einer Insel inmitten der Türkenflut lebt der Rest der freien Rumänen in den Wäldern, des endgültigen Unterganges gewärtig. Der junge Fürst Radu Negru schlägt sich mühevoll und unter abenteuerlichen Umständen mit seinem venezianischen Ratgeber und Vertrauten Della Porta nach Venedig durch, wo man aus politischen Gründen seiner Bitte um Unterstützung im Kampf gegen die Türken mit Ausflüchten begegnet. Als der enttäuschte Radu Negru in den Bann einer schönen Venezianerin gerät, beschließt er resigniert, in Venedig zu bleiben, zumal er glaubt, unter einem Fluch zu leben, der sein Volk mit ins Verderben reißen würde. Ein Anschlag der türkischen Parteigänger, seine Gefangennahme und Flucht sowie das Zusammentreffen mit einem rumänischen Verräter, dem Mann seiner früheren Geliebten, bewegen den Fürsten jedoch, seiner Pflicht nicht länger auszuweichen und in die Heimat zurückzukehren. Er ist bereit, für die Freiheit zu sterben, auch wenn er nicht an den Sieg seines Volkes glauben kann.

Vintilǎ Horia, besonders bekannt geworden durch den erzwungenen Verzicht auf den »Prix Goncourt« (1960), schreibt einen Stil von eigenartiger Faszination. Die oft nur angedeuteten Ereignisse der Handlung treten gegenüber den an sie geknüpften Reflexionen in den Hintergrund. Obwohl Horia übergangslos von Bild zu Bild blendet, wird dank der überzeugenden inneren Notwendigkeit des Geschehens die Kontinuität gewahrt. E.T.

AUSGABE: Paris 1961.

ÜBERSETZUNG: *Der Ritter der Resignation*, E. Bertleff, Wien/Bln. 1962.

LITERATUR: O. Papadima, *Un poet al liniştilor mici: V.H.* (in Creatorii şi Lumea lor, 1943, S. 543–546). – P. Iroaie, *V.H.* (in Suflet Românesc, 4, 1952, Nr. 1, S. 72–78). – V.I., *De la V.H. la Jérôme Carcopino* (in Fiinţa Românească, 2, 1964. S. 147 f.). – *V.H. Un écrivain face à son siècle. Considérations en marge du »Chevalier de la résignation«* (in La Nation Roumaine, 14, 1962, Nr. 212, S. 3 f.).

DIEU EST NÉ EN EXIL

(frz.; *Ü: Gott ist im Exil geboren*). Roman von Vintilǎ HORIA (Rumänien), erschienen 1960. – Der mit dem »Prix Goncourt« ausgezeichnete Roman des Exilrumänen ist als fiktives Tagebuch des römischen Dichters Ovid geschrieben. Die Situation knüpft an dessen *Tristia* und die *Epistulae ex Ponto* an. Fern von Rom schildert Ovid die acht Jahre seines Exils in Tomi am Schwarzen Meer. Während zunächst noch die Gedanken an die Heimatstadt und das erlittene Unrecht sowie die Hoffnung auf Rückkehr den Hauptinhalt der Aufzeichnungen bilden, treten bald die neue Umgebung und ihre Menschen in den Vordergrund. Von den Frauen gewinnt vor allem Dakia, die getische Haushälterin, Einfluß auf den Dichter und veranlaßt ihn zu einer Reise in das Land der Geten. Tief beeindruckt von der Güte der dort lebenden Menschen, gelingt es ihm, der an die römischen Götter nicht mehr glauben kann, in der getischen Religion Hoffnung und Trost zu finden. Entscheidend ist für Ovid jedoch die Begegnung mit dem griechischen Arzt Theodorus, der auf der Suche nach religiöser Erkenntnis Zeuge der Geburt Christi in Bethlehem wurde und dem Dichter darüber berichtet. Plötzlich wird Ovid klar, daß erst sein Leben in der Verbannung ihn für neue Erkenntnisse frei macht. Auch Gott muß im Exil geboren sein; denn nur aus tiefster Erniedrigung kann die Erlösung kommen. Da sich Ovid innerlich völlig von Rom gelöst hat, will er auch äußerlich die Trennung vollziehen und seinen Wohnsitz bei den Geten aufschlagen. Doch seine körperliche Schwäche vereitelt die Flucht; er wird in Tomi sterben.
Trotz der Armut an äußerer Handlung hat der Roman eine starke innere Spannung. Die Parallelen zum Schicksal des Verfassers und zu den Erkenntnissen, die er selbst im Exil gewonnen hat, sind augenfällig. Daß Horia den »Prix Goncourt« zurückgeben mußte, hatte politische Gründe und bedeutete keinen Widerruf der positiven Bewertung dieses Werks. E.T.

AUSGABE: Paris 1960.

ÜBERSETZUNG: *Gott ist im Exil geboren*, E. Bertleff, Wien/Bln. 1961. – Dass., ders., Mchn. 1963.

LITERATUR: V. Ierunca, *»Dumnezeu s'a nascut în exil«* (in România, 5, 1960, Nr. 49, S. 10; Nr. 54, S. 5). – P. Cimatti, Rez. (in FiL, 26. 2. 1961). – F. Weyergans, Rez. (in La Revue Belge, Febr. 1961). – R. Payne, Rez. (in Saturday Review of Literature, 4. 11. 1961). – J. Carcopino, *Rencontres d'histoire et de littérature roumaines*, Paris 1963.

MAX HORKHEIMER

* 14.2.1895 Stuttgart
† 7.7.1973 Nürnberg

LITERATUR ZUM AUTOR:
M. Theunissen, *Gesellschaft u. Geschichte. Zur Kritik der kritischen Theorie*, Bln. 1969. – *Die Frankfurter Schule im Lichte des Marxismus*, Hg. J. H. v. Heiseler u. a., Ffm. 1970. – W. R. Bayer, *Die Sünden der Frankfurter Schule. Ein Beitrag zur Kritik der kritischen Theorie*, Ffm. 1971. – W. Post, *Kritische Theorie u. metaphysischer Pessimismus. Zum Spätwerk M. H.s*, Mchn. 1971. – H. Gumnior u. R. Ringguth, *M. H.*, Reinbek 1973 (rm). – A. Schmidt, *Die geistige Physiognomie M. H.s* (in M. H., *Notizen 1950 bis 1969 und »Dämmerung«*, Ffm. 1974). – A. Skuhra, *M. H.*, Stg. 1974. – A. Schmidt, *Zur Idee der kritischen Theorie. Elemente der Philosophie M. H.s*, Mchn. 1974 [4 Aufsätze]. – M. Jay, *Dialektische Phantasie. Die Geschichte der Frankfurter Schule u. des Instituts für Sozialforschung 1923–1950*, Ffm. 1976; ern. 1981 (FiTb). – *Kritik und Interpretation der Kritischen Theorie*, Gießen 2·1975. – F. Lienert, *Theorie und Tradition. Zum Menschenbild im Werk M. H.s*, Bern/Ffm. 1977. – G.-W. Küsters, *Der Kritikbegriff der Kritischen Theorie M. H.s. Historisch-systematische Untersuchung zur Theoriegeschichte*, Ffm. u. a. 1980. – J. Habermas, *Theorie des kommunikativen Handelns*, 2 Bde., Ffm. 1981. – M. Maòr, *M. H.*, Bln. 1981. – C.-F. Geyer, *Kritische Theorie. M. H. u. Theodor W. Adorno*, Freiburg i. B./Mchn. 1982. – T. Nagai, *Natur u. Geschichte. Die Sozialphilosophie M. H.s*, Diss. Ffm. 1983. – A. Alvarez, *Subjektauffassung und Erkenntnislehre in der kritischen Theorie: das*

geschichtliche Bewußtsein des Denkenden u. seine erkenntnismäßige Funktion nach der frühen Theorie M. H.s, Diss. Freiburg i. B. 1984. – H. Hesse, *Vernunft u. Selbstbehauptung. Kritische Theorie als Kritik der neuzeitlichen Rationalität,* Ffm. 1984. – W. v. Reijen, *Philosophie als Kritik. Einführung in die kritische Theorie,* Königstein/Ts. 1984. – *Angesichts objektiver Verblendung. Über die Paradoxien Kritischer Theorie,* Hg. G. Gamm, Tübingen 1985. – U. Gmünder, *Kritische Theorie, H., Adorno, Marcuse, Habermas,* Stg. 1985 (Slg. Metzler). – *Die Frankfurter Schule und die Folgen,* Hg. A. Honneth u. A. Wellmer, Bln./NY 1986. – *M. H. heute: Werk u. Wirkung,* Hg. A. Schmidt u. N. Altwicker, Ffm. 1986 (m. Bibliogr. der Schriften H.s und der Sekundärlit.; FiTb). – R. Wiggershaus, *Die Frankfurter Schule,* Mchn. 1986; ern. Mchn. 1988 (dtv). – W. v. Reijen, *H. zur Einführung,* Hannover ²1987.

DÄMMERUNG. Notizen in Deutschland

Essays von Max HORKHEIMER, entstanden zwischen 1926 und 1931, erschienen 1934 unter dem Pseudonym Heinrich Regius. – Der Titel *Dämmerung* evoziert die Katastrophe einer Götterdämmerung und spielt auf ein Zitat bei N. LENAU an, das Horkheimer seinem Buch als Motto voranstellt und wo vom »Sterben in der Dämmerung« die Rede ist. Horkheimer verwendet den Begriff metaphorisch, ambivalent und vage prophetisch: »*Auch die Dämmerung des Kapitalismus braucht nicht die Nacht der Menschheit einzuleiten, die ihr heute freilich zu drohen scheint.*«
Horkheimers Buch ist unter dem Eindruck der Weltwirtschaftskrise entstanden. Seine Thesen und Themen spiegeln die zunehmende politische Radikalisierung wider. Sie konzentrieren sich auf Probleme wie das Unrecht der Klassengesellschaft und die kapitalistische Ausbeutung der Arbeiterklasse, die Schrecken der Massenarbeitslosigkeit, die zunehmende Verelendung des Industrieproletariats und schließlich die ideologische Rechtfertigung der Großbourgeoisie, die Sanktionen gegen Nonkonformisten, revolutionäre Strategien und die Ohnmacht der Intellektuellen. Ungeachtet der Fülle von Einzelsujets wirkt *Dämmerung* in thematischer Hinsicht sehr geschlossen, vor allem wegen der konzentrischen Stoßrichtung der – im übrigen undogmatischen – Kritik an den bestehenden Herrschaftsverhältnissen. Diese erfolgt unter ideologiekritischem Aspekt, verstanden als Aufdeckung nicht bewußter Voraussetzungen und Bedingungen von positiven Setzungen *(Grenzen der Freiheit, Heroische Weltanschauung, Relativität der Klassentheorie),* und als Gesellschaftskritik im engeren Sinne *(Unbegrenzte Möglichkeiten, Skepsis und Moral, Glaube und Profit, Die Ohnmacht der deutschen Arbeiterklasse)*; ein dritter Themenkomplex enthält sozialpsychologische Reflexionen wie *Charakter und Avancement, Zur Psychologie des Gesprächs, Die Urbanität der Sprache* oder *Gewerkschaftsbürokra-*

tie. Darüber hinaus finden sich erkenntnistheoretische Fragestellungen, geschichtsphilosophische Lehrstücke, wie *Die gute alte Zeit* oder *Zwei Elemente der französischen Revolution,* und literatursoziologische Essays über *Das revolutionäre Theater, Die Frau bei Strindberg* oder *Das verlassene Mädchen.* In den an FLAUBERT anknüpfenden kritischen Analysen sprichwörtlicher Redensarten *(Aller Anfang ist schwer, Zeit ist Geld, Das Ansehen der Person* oder *Freie Bahn dem Tüchtigen)* kündigen sich bereits Horkheimers spätere *Studies in Prejudice* (1949) an.
Horkheimers radikale Kritik richtet sich gegen die bürgerliche Gesellschaft insgesamt. Sie zielt darauf ab, die fundamentale Ungerechtigkeit des kapitalistischen Systems aufzudecken; nicht so sehr der Abbau von Mißständen als vielmehr die totale Beseitigung des Herrschaftssystems wird angestrebt, wobei dem anarchistischen Moment der Revolte eine nicht geringe Bedeutung zukommt. Bei aller Intransigenz zeigt der Autor in seinem Mitleid mit den Unterprivilegierten eine fast exemplarische Menschlichkeit.
Horkheimer schreibt eine klare, kämpferische Prosa; weit entfernt von dem modischen, etwas wirren Spiritualismus zeitgenössischer Philosophien, geht es ihm vor allem um gedankliche Präzision. Jegliches Pathos scheint ihm fremd; die urbane Eleganz seiner Diktion steht in mildem Kontrast zum revolutionären Schwung der Gedanken. Hinzu kommen eine eigenwillig suggestive, streng funktionale Metaphorik, gelegentliche Sarkasmen und ironische Glanzlicher: »*Der Verstand der Massen hat in Europa mit der großen Industrie so zugenommen, daß die heiligsten Güter vor ihm behütet werden müssen*« *(Dämmerung)* oder »*Durch die Erziehung in einer vernünftigen Gesellschaft werden es die Kinder verlernen dürfen, bei der Auswahl ihrer Eltern vorsichtig zu sein*« *(Der Charakter).* Der Kapitelschluß gerät häufig zur epigrammatischen Formel.
Vom Autor selbst als »veraltet« bezeichnet – da sich zur Zeit der Publikation des Buches die politische Landschaft Mitteleuropas erdrutschartig verändert hatte –, markiert dieses frühe Werk nicht nur eine entscheidende Phase in Horkheimers eigener Entwicklung, sondern enthält bereits *in nuce* die Denkansätze zu seiner »kritischen Theorie«, deren Kritik am spätkapitalistischen Wirtschafts- und Herrschaftssystem die antiautoritäre Studentenbewegung Westdeutschlands nachhaltig beeinflußte.

K.Rei.

AUSGABEN: Zürich 1934. – Ffm. 1974. (*Notizen 1950 bis 1969* und »*Dämmerung*«, Hg. W. Brede, Einl. A. Schmidt).

ECLIPSE OF REASON

(amer.; *Ü: Zur Kritik der instrumentellen Vernunft*). Sammlung philosophischer Essays von Max HORKHEIMER, erschienen 1947. – Die in diesem Band versammelten, auf Vorlesungen an der

Columbia University (1944) beruhenden fünf Essays *(Mittel und Zwecke; Gegensätzliche Allheilmittel; Die Revolte der Natur; Aufstieg und Niedergang des Individuums; Zum Begriff der Philosophie)* stellen Horkheimers Fortführung jener Reflexionen über den menschlichen Fortschritt dar, die er zusammen mit Th. W. ADORNO in der Arbeit *Dialektik der Aufklärung* (1944) entwickelt hatte. In der Vorrede von 1946 verweist Horkheimer auf die Mitarbeit von Adorno sowie Leo LÖWENTHAL auch an diesem Band, der einer der zentralen Texte der sogenannte »Frankfurter Schule« ist, ebenso wie die *Dialektik der Aufklärung* aber aufgrund der zögerlichen Haltung Horkheimers erst spät wieder erscheinen konnte (der Band kam in deutscher Übersetzung 1967 heraus).

Zentraler Terminus der Aufsätze ist der Begriff der »Vernunft«, jene Vorstellung von einem menschlichen Verhalten, das sich über seine unmittelbaren Interessen hinaus orientiert: »*Sei vernünftig, heißt, des Theologischen entkleidet: Beachte die Regeln, ohne die das Ganze wie der Einzelne nicht leben kann, denke nicht bloß für den Augenblick*«, wie Horkheimer es in seiner Vorrede zur Neuausgabe 1967 nochmals formuliert. Bis in das frühe 19. Jh. hinein, in der Zeit der idealistischen Philosophiesysteme, war diese Idee der Vernunft als »*eine der Wirklichkeit innewohnende Struktur*« gesehen worden, »*die von sich aus eine bestimmte praktische oder theoretische Verhaltensweise in jedem bestimmten Fall erheischt*« (*Mittel und Zweck*); die Wirklichkeit wurde als letztlich vernünftig betrachtet, vernünftiges Verhalten des Menschen war damit immer realitätsgerechtes Verhalten und angehalten, bestimmte Ziele seines Handelns – etwa Achtung vor dem Leben anderer – nicht als Mittel für subjektive, partikulare Interessen zu instrumentalisieren. Diese hergebrachte Vorstellung von Vernunft – Horkheimer kennzeichnet sie als »*objektive Vernunft*« – unterliegt in der Neuzeit einem Transformationsprozeß, dessen Ergebnis der Autor umschreibt mit den synonymen Begriffen »*subjektive*«, »*formalisierte*« oder »*instrumentelle Vernunft*«. Statt auf die Vernünftigkeit der Ziele konzentriert dieses Denken sich auf »*Angemessenheit der Verfahrensweisen*« gegenüber dem Ziel, reduziert es sich auf »*die Fähigkeit, Wahrscheinlichkeiten zu berechnen und dadurch einem gegebenen Zweck die richtigen Mittel zuzuordnen*«. Der allgemeinere Anspruch »*objektiver Vernunft*« ist verlorengegangen, das Ziel ist »*vernünftig*« nur, sofern es den Selbstbehauptungsbedürfnissen des bestimmenden Subjekts dient: »*Die gegenwärtige Krise der Vernunft besteht im Grunde in der Tatsache, daß das Denken auf einer bestimmten Stufe entweder die Fähigkeit verlor, eine solche Objektivität überhaupt zu konzipieren, oder begann, sie als einen Wahn zu bestreiten. Dieser Prozeß erstreckte sich allmählich auf den objektiven Gehalt eines jeden rationalen Begriffs. Schließlich kann keine besondere Realität per se als vernünftig erscheinen; ihres Inhalts entleert, sind alle Grundbegriffe zu bloß formalen Hülsen geworden. Indem Vernunft subjektiviert wird, wird sie auch formalisiert*« (*Mittel und Zwecke*).

Vernunft wird damit vor allem zu einem Instrument von Herrschaft und von partikularen Zwecken, eingesetzt, um die Verfügungsgewalt über Mensch und Natur zu erreichen: »*Ihr operativer Wert, ihre Rolle bei der Beherrschung der Menschen und der Natur, ist zum einzigen Kriterium geworden*«. Dieser Schritt steht, und in der *Dialektik der Aufklärung* wurde dieser Gedanke zu entwickeln versucht, am Anfang der Befreiung der Menschen von Mythos und Aberglauben; er führt aber zugleich zum Rückfall von Aufklärung in Mythologie, wenn jede Vorstellung eines »menschlichen«, eines »vernünftigen« Lebens ebenso getilgt wird wie die klassische Idee des Vernunftbegriffs und allein ein quantitatives, positivistisches Denken auf der Basis von abstraktem Daten- und Zahlenmaterial handlungsentscheidend wirkt; die Idee einer objektiven Wahrheit ist aufgegeben: »*Das Individuum faßte einmal die Vernunft ausschließlich als ein Instrument des Selbst. Jetzt erfährt es die Kehrseite seiner Selbstvergottung. Die Maschine hat den Piloten abgeworfen; sie rast blind in den Raum. Im Augenblick ihrer Vollendung ist Vernunft irrational und dumm geworden*« (*Aufstieg und Niedergang des Individuums*). Wenn das einzige Kriterium für Vernunft ihre Fähigkeit zur Beherrschung von Mensch und Natur ist, dann muß sie sich indifferent zeigen gegenüber Begriffen wie Freiheit, Gleichheit, Gerechtigkeit oder Wahrheit: »*Vernunft hat sich als ein Medium ethischer, moralischer und religiöser Einsicht liquidiert*«, an ihre Stelle trat der »*geistige Imperialismus des abstrakten Prinzips des Selbstinteresses*«, vor dessen Hintergrund alle ethischen Fragen zu Fragen der Nützlichkeit werden. Damit einher geht die Reduzierung, der »*Niedergang des Individuums*«; es ist zum anonymen Agenten mechanisierter, umfassender Arbeitsprozesse geworden, und zwar sowohl in den kapitalistischen wie in sozialistischen Staaten. Seine Zwangsintegration in die automatisierten Produktionsprozesse der Massengesellschaft zeitigt nach Horkheimer die paradoxe Folge einer grenzenlosen Vermehrung materiellen Reichtums bei gleichzeitigem Verlust individueller Freiheit und Spontaneität: »*Leistungsfähigkeit, Produktivität und intelligente Planung werden als die Götter des modernen Menschen verkündet*«. Anstatt mit den Möglichkeiten des gesteigerten gesellschaftlichen Reichtums Ungerechtigkeit und Ungleichheit abzuschaffen, verewigt die warenproduzierende Gesellschaft diese Zustände durch die Form, in der sie diesen Reichtum herstellt und durch die Form, in der in ihr die Menschen sich aufeinander beziehen: »*Nicht auf die Technik und das Motiv der Selbsterhaltung an sich ist der Niedergang des Individuums zurückzuführen; es ist nicht die Produktion per se, sondern es sind die Formen, in denen sie stattfindet – die Wechselbeziehungen der Menschen im spezifischen Rahmen des Industrialismus*« (*Aufstieg und Niedergang . . .*).

Das philosophische Denken im Industrialismus hat nach Horkheimer in der Gestalt des Pragmatismus einen den realen gesellschaftlichen Tendenzen – nicht aber einem dem Begriff der Philosophie im

eigentlichen Sinne – angemessenen Ausdruck gefunden. Denn der Pragmatismus hat die »*Ersetzung der Logik der Wahrheit durch die der Wahrscheinlichkeit gerechtfertigt*« *(Mittel und Zwecke)* und Begriffe und Ideen nicht nach ihrer Wahrheit an sich, sondern nach ihrer Relevanz für subjektives Handeln bewertet. Indem er die Verhaltensweisen und Interessen der Menschen zum zentralen Beurteilungskriterium für menschliche Ziele erhoben hat, entsubstantialisiert er letztere als Elemente der Wahrheit. In diesem Sinne ist das philosophische Denken zu einem Produktionsfaktor umfunktioniert worden. »*Der Prozeß, der dazu tendiert, die verschiedenen theoretischen Wege zur objektiven Wahrheit durch die mächtige Maschinerie organisierter Forschung zu ersetzen, wird von der Philosophie sanktioniert, oder vielmehr mit Philosophie gleichgesetzt*« *(Mittel und Zwecke)*.
Ein Zurück in die geschlossenen Philosophiesysteme aber ist nicht mehr möglich, der Verlust »*objektiver Vernunft*« kann nicht per Entschluß rückgängig gemacht werden, wie Horkheimer in *(Gegensätzliche Allheilmittel)* gegen alle Versuche einwendet, neue ethische Dogmen zu etablieren. Was bleibt, ist die Kritik der schlechten Wirklichkeit: »*Es sollte zugestanden werden, daß die grundlegenden kulturellen Ideen einen Wahrheitsgehalt haben, und Philosophie sollte sie an dem gesellschaftlichen Hintergrund messen, dem sie entstammen. Philosophie konfrontiert das Bestehende in seinem historischen Zusammenhang mit dem Anspruch seiner begrifflichen Prinzipien, um die Beziehung zwischen beiden zu kritisieren und so über sie hinauszugehen*« *(Zum Begriff der Philosophie)*. Positiv kann die Utopie nicht gefaßt werden, will Philosophie nicht Gefahr laufen, sich wieder instrumentalisieren zu lassen: »*Der einzige Weg, der Natur beizustehen, liegt darin, ihr scheinbares Gegenteil zu entfesseln, das unabhängige Denken*« *(Die Revolte der Natur)*.
Gerade dieser – oft als Resignation gewertete – Verzicht auf unmittelbar eingreifendes Denken wie auch die groß angelegte, in der Tradition der bürgerlichen Philosophie durchaus wurzelnde Kritik neuzeitlicher Rationalität zog nachhaltige Kritik von marxistischer wie auch von bürgerlicher Seite auf sich. Dennoch gewann Horkheimers Gesellschaftskritik in den Jahren der studentischen Protestbewegung – gegen die Intention des Philosophen – kurzfristig politische Virulenz, auf der Ebene des philosophischen Diskurses bleibt sie gegenwärtig in den Arbeiten von Autoren wie Jürgen HABERMAS, Oskar NEGT oder Alexander KLUGE.

C.Ld.-KLL

AUSGABEN: NY 1947 *(Eclipse of Reason)*. – Ffm. 1967 *(Zur Kritik der instrumentellen Vernunft*, Übers. A. Schmidt). – Ffm. 1985 (in *SW*, Hg. A. Schmidt u. G. Schmidt-Noerr, 12 Bde., 6). – Ffm. 1985 (FiTb).

LITERATUR: K. J. Huch, Rez. (in NRs, 78, 1967, H. 4, S. 691–696). – H. Lübbe, *Instrumentelle Vernunft. Zur Kritik eines kritischen Begriffs* (in H. L.,

Fortschritt als Orientierungsproblem, Freiburg i. B. 1975). – C. Hubig, *Instrumentelle Vernunft und Wertrationalität* (in *Naturverständnis und Naturbeherrschung*, Hg. F. Rapp, Mchn. 1981). – H. Schweppenhäuser, *Zum Begriff der instrumentellen Vernunft* (in *Aktuelle Probleme der Subjektivität*, Hg. H. Radermacher, Bern/Ffm. 1983). – G. Figal, *Selbsterhaltung und Selbstverzicht. Zur Kritik der neuzeitlichen Subjektivität bei M. H. und W. Benjamin* (in Zs. f. philos. Forschung, 7, 1983, H. 2).

TRADITIONELLE UND KRITISCHE THEORIE

Philosophischer Aufsatz von Max HORKHEIMER, erschienen 1937. – 1930 übernahm Horkheimer die Leitung des Frankfurter »Instituts für Sozialforschung«, zu dessen Mitgliedern u. a. Theodor W. ADORNO, Herbert MARCUSE, Erich FROMM und Friedrich POLLOCK zählten. Die Arbeit des Instituts, das 1933 zunächst nach Genf verlegt werden mußte, zielte auf die Reformulierung des kritischen Potentials der Marxschen Theorie, um diese von sozialdemokratischen und stalinistischen Verkürzungen zu befreien, und für neue Wissenschaften wie Psychologie und Soziologie zu öffnen. Der Terminus »*kritische Theorie*«, in diesem Aufsatz erstmals programmatisch fundiert, wurde schließlich zum Sammelbegriff für die verschiedenen Ansätze des Instituts, eine auf Veränderung zielende, emanzipatorische Theorie der spätkapitalistischen Gesellschaft und ihrer Ideologieformen zu entwickeln, Wissenschaftstheorie als Gesellschaftstheorie zu konzipieren.
Herkömmliche, »*traditionelle*« Theorie, wie sie seit DESCARTES die moderne Wissenschaft bestimmt, kennzeichnet Horkheimer als System hypothetischer Sätze, deren Verknüpfung den Gesetzen der formalen Logik folgt. Gleichgültig, ob diese Sätze nun deduktiv wie bei Descartes, induktiv aus empirischen Beobachtungen oder phänomenologisch wie in der Philosophie HUSSERLS gewonnen werden, in jedem Fall gilt ein Forschungsobjekt als erklärt, wenn es den Bestimmungen der Theorie subsumiert werden kann. Der ideologische Gehalt dieser Konzeption von Wissenschaft liegt in ihren Ausgrenzungen begründet. Wissenschaft erscheint als wertfrei, die Anwendung der Erkenntnisse liegt außerhalb der Konzeption des Forschers, der in seiner Arbeit allein der Logik der Sache folgt und dabei nicht nur seine subjektive Individualität aus dem Forschungsprozeß eliminiert, sondern auch seinen Gegenstand als natürlich gegebenen zu präparieren sucht. Für Horkheimer lassen sich aber Inhalt und Ziele wissenschaftlicher Tätigkeit nicht losgelöst vom gesellschaftlichen Zusammenhang betrachten. Die Rede von der Autonomie des Forschers verschleiert nicht nur dessen Einbindung in arbeitsteilige Verhältnisse, sondern auch die gesellschaftliche Präformierung seiner Wahrnehmung und seines Interesses: »*Der Schein der Selbständig-*

keit von Arbeitsprozessen, deren Verlauf sich aus dem inneren Wesen ihres Gegenstandes herleiten soll, entspricht der Täuschung von der Freiheit der Wirtschaftssubjekte in der bürgerlichen Gesellschaft.« Indem Horkheimer die ideologischen Gehalte bürgerlichen Denkens in Beziehung setzt zu der in der bürgerlichen Gesellschaft herrschenden Produktionsform, der Warenproduktion, nimmt er Gedankengänge von Georg LUKÁCS auf, der in *Geschichte und Klassenbewußtsein* (1923) diesen Zusammenhang erstmals in systematischer Weise erörtert hatte. Je stärker die Gesellschaft sich arbeitsteilig zergliedert, je mehr sie durch das rationale Kalkül der Warenproduktion bestimmt wird, um so einschneidender fragmentarisiert, verdinglicht sich das Bewußtsein ihrer Mitglieder. Das Ganze der Gesellschaft wird nicht mehr einsichtig, die Verhältnisse erscheinen als natürliche. Das kritische Moment der Theorievorstellung Horkheimers besteht nun darin, auf der Basis der Marxschen Analyse der kapitalistischen Gesellschaft deren Totalität wieder habhaft zu werden und wissenschaftliche Tätigkeit nicht dem zweckrationalen Kalkül technokratischer Logik zu unterwerfen, sondern ein *»Interesse an vernünftigen Zuständen«* zu entwickeln. Vernunft aber, und in der emphatischen Betonung dieses Begriffs führt die Kritische Theorie das Erbe des deutschen Idealismus fort, setzt voraus einen *»Zustand ohne Ausbeutung und Unterdrückung, in dem tatsächlich ein umgreifendes Subjekt, das heißt die selbstbewußte Menschheit existiert und in dem von einheitlicher Theoriebildung, von einem die Individuen übergreifenden Denken gesprochen werden kann.«* Für Horkheimer ist nicht mehr das Proletariat die allein maßgebliche revolutionäre Kraft der Gegenwart; in seinem Aufsatz betont Horkheimer diesen, für die weiteren Arbeiten zur Kritischen Theorie zentralen Standpunkt erstmals explizit: *»Aber auch die Situation des Proletariats bildet in dieser Gesellschaft keine Garantie der richtigen Erkenntnis.«* Letztlich vermag angesichts der Vereinnahmung der Arbeiterklasse durch den Faschismus nur der kritische Wissenschaftler, und implizit meint Horkheimer damit den Philosophen, den gesellschaftlichen Verblendungszusammenhang zu sprengen und die *»Idee der zukünftigen Gesellschaft als die Gemeinschaft freier Menschen«* gegen jene blinde Entwicklung der Produktivkräfte zu halten, die schließlich *»die Menschheit einer neuen Barbarei zutreibt«.* Kritische Theorie fordert vom Wissenschaftler ein *»bewußt kritisches Verhalten«* gegenüber den auf Ausbeutung beruhenden Produktionsformen der Gesellschaft. Sie findet ihre Bedeutung nur im Bezug auf die jeweilige gesellschaftliche Situation und unterliegt daher einem evolutionären Prozeß, ohne daß davon ihre Grundlagen berührt werden, da in der Geschichte der bürgerlichen Gesellschaft die grundlegende ökonomische Struktur, *»das Klassenverhältnis in seiner einfachsten Gestalt, und damit auch die Idee seiner Aufhebung identisch bleibt«.* Bemüht die traditionelle Theorie sich um ein zeitlos gültiges System logisch verknüpfter Sätze, deren

Korrektur mit Irrtümern und Mangelhaftigkeit früherer Annahmen begründet wird, so verändern sich die Aussagen der Kritischen Theorie mit ihrem Gegenstand. Ziel ist es, das sich entfaltende Bild der ganzen Gesellschaft zu entwerfen, über die es nur *»eine Wahrheit«* gibt, die wiederum nicht formal zu definieren ist, sondern in die wesentlich Kategorien individueller Befindlichkeit eingehen, die *»positiven Prädikate der Ehrlichkeit und der inneren Konsequenz, der Vernünftigkeit, das Streben nach Frieden, Freiheit und Glück«.*
Der Aufsatz fand, als er 1937 in der von Horkheimer herausgegebenen ›Zeitschrift für Sozialforschung‹ erschien, aufgrund der Exilsituation kaum Beachtung; erst mit dem Neuaufbau des Instituts in der Bundesrepublik und im Zusammenhang der Einflüsse, die die sogenannte Frankfurter Schule auf die westdeutsche Studentenbewegung ausübte, wurde die zentrale Stellung dieses Aufsatzes erkannt, in dem Grundzüge der philosophisch-soziologischen Arbeiten vor allem von Horkheimer und Adorno erstmals formuliert sind – primär jene grundsätzliche Auseinandersetzung mit dem technokratischen Theorieverständnis der Moderne, die schließlich in der von Horkheimer und Adorno gemeinsam verfaßten *Dialektik der Aufklärung* (1947) und in Horkheimers Aufsätzen *Zur Kritik der instrumentellen Vernunft* (1947) ihre exemplarischen Ausformulierungen fand.   M.Pr.

AUSGABEN: Paris 1937 (in Zs. für Sozialforschung 6, H. 2, S. 245–294; Nachdr. Mchn. 1970). – Mchn. 1980 (dtv). – Ffm. 1988 (in *GS*, Hg. A. Schmidt u. G. Schmid-Noerr, 18 Bde., 1985 ff., 4; zugl. FiTb).

LITERATUR: Vgl. Literatur zum Autor

PANTELÌS HORN

* 1881
† 1941

TO FINTANAKI

(ngriech.; *Der Sprößling*). Sittendrama in drei Akten von Pantelìs HORN, Uraufführung: 17. 9. 1921. – Die Handlung spielt im Armenviertel der athenischen Altstadt an der Nordseite des Akropolishügels. In einem kleinen Haus lebt ein Briefträger, ein ehemaliger Händler, der im Krieg sein Vermögen verloren hat. Obwohl seine Frau als Wäscherin und seine Tochter Tula als Näherin arbeiten, reicht das Geld nicht zum täglichen Leben. Zu allem Unglück wird Tula von ihrem Geliebten, von dem sie ein Kind erwartet, verlassen. Um der Schande zu entgehen, leiht sie sich von der Hauswirtin, einer üblen Kupplerin, zweitausend Drachmen, wird aber von dieser in der Folge bei jeder Gelegenheit erpreßt. Als der Vater merkt, was geschehen ist, beginnt er, das Geld, das er für die Post austragen soll, zu unterschlagen. Doch er ist der seelischen Belastung auf die Dauer nicht gewachsen: sein altes Herzleiden verschlimmert sich, und schließlich erliegt er ihm. Tula aber gerät immer weiter auf die schiefe Bahn.

Das Stück besticht vor allem durch seine treffende Charakter- und Milieuschilderung. Es gab den Anstoß zu einer ganzen Serie ähnlicher Werke, deren Autoren sich nicht genugtun konnten, die malerischen Seiten der Athener Armenviertel mit ihren Hinterhöfen und Weinkneipen auf die Bühne zu bringen. Der Erfolg von *To fintanaki* hat seit der Uraufführung kaum nachgelassen: immer wieder steht es auf dem Spielplan der großen und kleinen Theater Griechenlands.   I.Si.

AUSGABE: Athen o. J. [1934].

BEARBEITUNG: P. A., *To fintanaki*, Athen 1923 (Roman).

VERTONUNG: M. Katrivanos, *To fintanaki* (Libretto: S. Petràs u. K. Kiusis; Operette; Urauff.: Juni 1947).

VERFILMUNG: Griechenland 1945.

LITERATUR: Nea Estia, 1961, Nr. 823 [Sondernr. *P. H.*]. – W. Puchner, *To »Fintanaki« ke i klironomiá tis ithografías* (ebd., 1983, Nr. 1348, S. 1068–1076).

PAVOL HOROV

eig. Pavol Horovčák

* 25.5.1914 Bánovce an der Ondava
† 29.9.1975 Preßburg

DAS LYRISCHE WERK (slovak.) von Pavol HOROV.

Pavol Horov trat erstmals im Jahre 1931 an die Öffentlichkeit; seine zunächst in Schüler- und Studentenzeitschriften, seit 1934 auch in literarischen Blättern publizierten Gedichte wurden später unter dem Titel *Z autogeológie (Aus der Autogeologie)* zusammengefaßt. Diese literarischen Erstversuche lassen sowohl eine Orientierung an der Volksdichtung als auch an der Lyrik von Ľudevít ŠTÚR erkennen. Pavol Horov selbst nannte später Ján SMREK einen wichtigen Wegbegleiter, unter dessen fürsorglicher Aufsicht (wenngleich unter anderen literarischen Voraussetzungen) sich sein Schreiben entwickelt habe. Themen dieser frühen Lyrik, bei der formal die vierzeilige gereimte Strophe dominiert, die jedoch auch schon eine Tendenz zum freien Vers nach dem Vorbild der Surrealisten aufweist, sind Liebe, Tod, Wehmut über das Entschwinden der Jugend und menschliches Elend. Horov selbst wies später besonders auf den Themenbereich seiner frühen Lyrik hin, der aus seinem Wechsel von einer niedrigeren sozialen und kulturellen Schicht in eine höhere resultierte.

Horovs künstlerischer Durchbruch erfolgte im Jahre 1940 mit der Veröffentlichung seines ersten Sammelbandes *Zradné vody spodné (Verräterische Grundwasser)*, dessen Lyrik eine eindeutige Orientierung an Symbolismus und Surrealismus aufweist. Horov entfaltet hier eine reiche Bildhaftigkeit und bedient sich vermehrt des freien Verses wie auch freier Strophenformen, ohne dabei jedoch gänzlich auf klassische Strophenformen – insbesondere die gereimten Zwei- und Vierzeiler wie auch die Refrainstrophe – zu verzichten. Thematisch beinhaltet der erste Teil dieses Sammelbandes *(Mimóza – Die Mimose)* persönliche Gedichte sowie Natur- und Liebeslyrik, während im zweiten Teil *(Na sklonku – Am Ende)* vereinigten Dichtungen eher die Haltung des Autors zu aktuellen Ereignissen und Themen wie dem Spanischen Bürgerkrieg, dem Aufkommen des Faschismus in Europa und der deprimierenden nationalen Lage des slovakischen Volkes widerspiegeln.

Die folgenden Sammelbände *Nioba matka naša*, 1942 *(Niobe, unsere Mutter)*, *Návraty*, 1944 *(Heimreisen)*, und *Defilé*, 1947 *(Defilee)*, stehen thematisch unter dem Eindruck des Krieges. In *Nioba, matka naša* verleiht Horov, das antike Motiv von der unglücklichen Mutter, die ihre Kinder verlor, aufnehmend, seiner humanistisch geprägten ablehnenden Haltung gegenüber dem Krieg und seiner Sehnsucht nach Frieden Ausdruck. Formal fällt das Nebeneinander ganz unterschiedlicher Vers- und Strophenformen auf. Der erste Teil dieser Sammlung ist durchweg im freien Vers geschrieben, der zweite Teil benutzt ausnahmslos das Sonett – die Verwandtschaft mit der Sammlung *Krvavé sonety (Blutige Sonette)* von HVIEZDOSLAV ist dabei unübersehbar –, während der dritte Teil sowohl klassische Vers- und Strophenformen als auch freie Verse aufweist. Die Form des Sonetts, die zu Horovs Zeit eher nur sporadisch benutzt wurde, ist in dieser Sammlung ganz offensichtlich bewußtes Stilmittel einer reflexiven, monothematischen Lyrik mit appellativem Charakter. Besonders hinzuweisen ist auf die formale Erneuerung des Sonetts durch Horov, der neue, nichttraditionelle Reimschemata benutzte und die jeweils dritten Verse der beiden Terzette als Halbverse stehen ließ, was ein völlig neues Element in der Geschichte des slovakischen Sonetts darstellte.

Für den 1944 erschienenen Lyrikband *Návraty* mit den beiden Teilen *Návraty* und *Zemplínske variácie (Zempliner Variationen)* erhielt Horov den Weihnachtspreis der »Matica slovenská«. Themen wie der Verlust des Vaters, das Schicksal der Mutter und die Liebe zur landschaftlich reizvollen Heimatregion Zemplín werden hier wieder aufgenommen und allegorisch überhöht zu einer Klage über die Situation der slowakischen Heimat. In dem Lyrikband *Defilé* (1947) mit den beiden Teilen *Panta rei* und *Päť minút po vojne (Fünf Minuten nach dem Krieg)* zeichnet Horov noch einmal die Grauen des Krieges und des faschistischen Terrors an Orten wie Buchenwald und Auschwitz, doch sieht er dabei im Vertrauen auf die ewige Bewegung, das ewige Fließen die Möglichkeit eines Neubeginns.

Nach einer längeren Pause erschienen im Jahre 1952 *Moje poludnie (Mein Mittag)* und zwei Jahre darauf *Slnce nad nami (Die Sonne über uns)*, zwei Lyrikbände, die einen Versuch eines Arrangements mit den neuen politischen Verhältnissen darstellten. Es fällt jedoch auf, daß Horov in den Jahren des Personenkultes vergleichsweise spärlich publizierte und sich vermehrt der Übersetzung von Lyrik widmete. Rückblickend merkte er im Jahre 1967 an, »*daß wir ... blind glaubten und nicht erkannten, daß wir die ›Erkenntnis‹ anderer blind glaubten, und da der Glaube wirklich blind ist, aufhörten, selbst das zu sehen, was wir bis dahin einfach mit dem normalen Verstand erkannt hatten*«.

Im Jahre 1960 griff Horov noch einmal alte Themen auf: Es erschienen *Balada o sne (Ballade über einen Traum)*, die unter dem Eindruck des faschistischen Terrors in dem Dorf Tokajík schon im Jahre 1950 entstanden war, jedoch nicht eher publiziert werden konnte, und *Vysoké letné nebe (Hoher Sommerhimmel)*, ein dem Schmerz über den Tod der Mutter entsprungener Lyrikband über seine Heimatregion Zemplín. *Koráby z Janova*, 1966 *(Schiffe aus Genua)*, eine Gedichtsammlung, die Eindrücke eines kurzen Italienaufenthaltes verarbeitet, und *Ponorná rieka*, 1972 *(Unterirdischer Fluß)*, ein Lyrikband, der gänzlich unter dem Eindruck der Todesahnung und Todeserwartung steht, beschließen die Reihe seiner Publikationen. Erst postum erschienen *Assonancie*, 1976 *(Assonanzen)*, und *Z posledných*, 1977 *(Aus den letzten)*. Mit diesen späten Werken gelangte Horov erneut zu einer sowohl formal als auch inhaltlich individualistischen, sich weder klassischen noch symbolistischen und surrealistischen Gestaltungsmitteln verschließenden Lyrik und setzte die letzten Akzente einem Werk, das beseelt war von einem humanistisch begründeten Engagement für seine slowakische Heimat und deren Menschen. E.A.

AUSGABEN: *Zradné vody spodné*, Lipt. Sv. Mikuláš 1940. – *Nioba, matka naša*, Lipt. Sv. Mikuláš 1942. – *Návraty*, Sv. Martin 1944. – *Defilé*, Košice 1947. – *Básne*, Preßburg 1950. – *Moje poludnie*, Preßburg 1952. – *Slnce nad nami*, Preßburg 1954. – *Balada o sne*, Preßburg 1960. – *Poézia*, Preßburg 1960. – *Vysoké letné nebe*, Preßburg 1960. – *Nioba*, Preßburg 1964. – *Šla tade žena*, Preßburg 1964. – *Zemplínske variácie*, Košice 1964. – *Koráby z Janova*, Preßburg 1966. – *Ponorná rieka*, Preßburg 1972. – *Dielo*, Hg. K. Rosenbaum, 3 Bde., Preßburg 1972–1978. – *Asonancie*, Preßburg 1976. – *Z posledných*, Preßburg 1977.

LITERATUR: K. Rosenbaum, *Dielo P. H.* (in P. H., *Básne*, Preßburg 1950, S. 229–234). – A. Bagin, *Básnik sna a istoty* (in Kultúrna tvorba, 2, 1964, Nr. 21). – J. Bžoch, *Básnické dielo P. H.*, Preßburg 1964. – A. Mráz, *P. H. jubilujúci* (in Kultúrny život, 19, 1964, Nr. 21). – E. Sirochman, *P. H. Súpis literatúry*, Michalovce 1965. – F. Štraus, *Významová hodnota protikladných veršových foriem* (in Slovenská literatura, 13, 1966, S. 148–166). – K. Rosenbaum, *K šesťdesiatym narodeninám P. H.* (in Romboid, 9, 1974, Nr. 5, S. 12–13). – Ders., *Začiatky básnickej tvorby P. H.* (in Nové obzory, 1974, S. 221–231). – V. Kochol, *H. a Novomeský* (in Romboid, 11, 1976, Nr. 7, S. 14–24). – K. Rosenbaum, *Sprítomňovanie poézie P. H.* (ebd. S. 2–6). – A. Bagin, *Literatúra v premenách času*, Preßburg 1978, S. 132–140. – K. Rosenbaum, *Pamäť literatúry*, Preßburg 1978, S. 158–185. – F. Miko, *Poézia, človek, technika*, Preßburg 1979, S. 151–167. – St. Šmatlák, *Dve storočia slovenskej lyriky*, Preßburg 1979, S. 435–447. – J. Števček u. A. Bagin, *Obrazy a myšlienky*, Preßburg 1979, S. 101–111. – Š. Žáry, *Snímanie masiek*, Preßburg 1979, S. 128–143. – *O diele P. H.*, Hg. A. Bagin u. J. Zambor, Preßburg 1980.

JESAJA HOROWITZ

* 1565 Prag
† 1630 Jerusalem

SCHNEJ LUCHOT HA-BRIT

(hebr.; *Die zwei Bundestafeln*). Hauptwerk des Talmudisten und Kabbalisten Jesaja HOROWITZ. Der in Polen aufgewachsene Autor wirkte als Rabbiner in Frankfurt a. Main, Metz, Prag und zuletzt in Jerusalem und Tiberias, wo er kurz nach Vollendung seines Hauptwerks starb. Dieses ist eine Mischung von philosophischen, theologischen und ethischen Lehren. Die mystische Grundhaltung des Verfassers tritt zwar nie als ausgearbeitete Doktrin in Erscheinung, verleiht aber selbst der Darstellung prosaischer Themen den Glanz poetischer Verinnerlichung, verdunkelt allerdings manchmal das Verständnis. Als eine Art »*Enzyklopädie der religiösen Ideen des Judentums*« (Karpeles) gelangte das Werk zu großer Popularität, die es sich bis heute in traditionellen jüdischen Kreisen bewahrt hat. Der Form nach präsentiert es sich als eine unübersichtliche Mischung von selbständigen Darstellungen nebst *Bibel-* und *Talmud*-Exegese. Die als »Exegese« bezeichneten Kapitel bieten aber keine Erläuterungen im strengen Wortsinn, sondern nehmen *Bibel-* bzw. *Talmud*-Stellen nur als Ausgangspunkt für Reflexionen über die verschiedensten Themen. Dieser unsystematische Aufbau sowie die vielen Wiederholungen sind z. T. dadurch erklärbar, daß der Autor das Werk nicht zum Druck bestimmt hat, sondern zur Belehrung seiner Söhne. Das folgende Beispiel ist dem Kapitel *Herz* entnommen: »*Es heißt:* ›*Ein reines Herz schaffe mir, o Gott, und einen festen Geist lasse erstehen in meinem Innern*‹ *(Psalm* 51, 12*). Wisse: Das Herz ist der Lebensquell. Es entspricht dem Allerheiligsten im Tempel. Darum halte das Herz rein, daß nicht böse Gedanken und Leidenschaften in es einziehen, sonst würdest du dein Herz verunreinigen und dem gleichen, der ein Götzenbild ins Heiligtum stellt. Sprich Wahrheit in deinem Herzen, darum rede mit dem Munde nicht anders als du im Herzen denkst...*« (Übers. J. Höxter). L.Pr.

AUSGABEN: Amsterdam 1649. – Amsterdam 1698 u. ö. – Fürth 1683 [gek. v. J. M. Epstein]. – Amsterdam 1968.

ÜBERSETZUNG: In J. Höxter, *Quellenbuch zur jüdischen Geschichte und Literatur*, Bd. 4, Ffm. 1928; Nachdr. 1983.

LITERATUR: J. Winter u. A. Wünsche, *Die jüdische Literatur seit Abschluß des Kanons*, Bd. 3, Trier 1896, S. 286. – G. Karpeles, *Geschichte der jüdischen Literatur*, Bd. 2, Bln. 1921, S. 265/266; Nachdr. Graz 1963. – H. R. Rabinowitz, *Portraits of Jewish Preachers*, Jerusalem 1967, S. 243–250 [hebr.]. – H. H. Ben-Sasson, Art. *I ben Abraham ha-levi H.* (in EJ², 8, Sp. 990–994).

IVAN HORVÁTH

* 26.7.1904 Senica
† 5.9.1960 Preßburg

LITERATUR ZUM AUTOR:
K. Rosenbaum, *Nad životom a dielom I. H.* (in Kultúrny život, 19, 1964, Nr. 30). – J. Števček, *Literárny profil I. H.* (in Slovenské pohľady, 1966, 1). – K. Rosenbaum, *Podobizeň I. H.*, Preßburg 1967. – J. Števček, *Lyrická tvár slovenskej prózy*, Preßburg 1969. – J. Noge, *Racionálny romantik I. H.* (in Slovenská literatúra, 27, 1980, S. 92–97). – M. Tomčik, *Epické súradnice*, Preßburg 1980, S. 31–53.

NÁVRAT DO PARÍŽA

(slovak.; *Rückkehr nach Paris*). Literarischer Essay von Ivan HORVÁTH, entstanden 1937/38, erschienen 1947. – Der faszinierende Essay konnte zur Zeit seiner Entstehung wegen der deutschen Okkupation der Tschechoslovakei nicht veröffentlicht werden, hat jedoch auch nach dem Kriege nichts von seiner Überzeugungskraft eingebüßt. Er ist das Bekenntnis des Autors zur kulturellen und politi-

schen Sendung des französischen Geistes. Bewußt läßt Horváth die negativen Seiten der französischen Geschichte außer acht: »*Man beschreibt nicht die ausgetretenen Schuhe der Geliebten, wenn man ihre Schönheit preisen will.*«

Horváth analysiert und beurteilt das Spektrum der nationalen Faktoren, welche die führende Rolle der französischen Kultur in Europa bedingt haben. Er beginnt mit dem Charme der Stadt Paris und der Fähigkeit des französischen Volkes, seine Welt nach eigenem Willen zu gestalten. Er hebt den Esprit des Franzosen, seine Freude an Leben und Lebenlassen hervor, die ihm nicht selten den ungerechten Vorwurf unmoralischer Genußsucht eingebracht haben. In Wahrheit nimmt der Franzose Einschränkungen, sind sie vernünftig begründet, willig in Kauf. Hohes Lob zollt Horváth der Eleganz und Logik der französischen Sprache. Politische Geschichte, Gesellschaftskritik und Ideengehalt, Tradition und Gegenwart bilden in der französischen Literatur eine ausgeglichene, unzerstörbare Einheit. Den augenblicklichen Moment versteht der Franzose nicht anders als in seiner Bedingtheit durch die nationale Vergangenheit. In ihm leben das Erbe des französischen Klassizismus und die Ideen der Französischen Revolution fort, welche die Grundlage der französischen Vormachtstellung sind. Zur Bewältigung aktueller Aufgaben orientiert sich der Franzose niemals am Vorbild benachbarter Nationen, sondern an der Kontinuität der eigenen Geschichte. Jede neue Idee wird an diesem Maßstab geprüft und aufgenommen, wenn sie sich in das geschichtlich gewachsene Gedankensystem einbeziehen läßt. Ein Fremder in Frankreich ist aufgrund dieses häufig als Konservatismus geschmähten nationalen Geschichtsbewußtseins nicht in der Lage, das Leben seiner Heimatnation fortzuführen. Nicht gewillt, sich die Probleme anderer zu eigen zu machen, erwartet der Franzose von ihm die Anerkennung des Vorrangs der französischen Kultur. Horváths Essay schließt mit dem engagierten Appell an das französische Volk, das jahrhundertelang mit seinen Ideen zum Wohle anderer beigetragen und auch die junge slovakische Kultur in seinen Bann gezogen hat, die Ideale der Französischen Revolution gegen die widermenschlichen Strömungen des zeitgenössischen Europa zu verteidigen und weiterzuentwickeln. E.P.N.

AUSGABEN: Turč. Sv. Martin 1947. – Preßburg 1966 (in *Spisy*, Bd. 3).

ŽIVOT S LAUROU

(slovak.; *Ein Leben mit Laura*). Roman von Ivan HORVÁTH, erschienen 1948. – Der letzte Roman des Autors, der in den fünfziger Jahren Repressionen ausgesetzt war und kurz nach seiner Entlassung aus dem Gefängnis starb, kreist um das bereits im Titel seines ersten Prosabandes *Mozaika života a snov*, 1923 *(Mosaik des Lebens und der Träume)*, angesprochene Grundthema seines Schaffens. Am Beispiel der Bohème fiktiver Preßburger Literaten demonstriert er die Auffassung des Lebens als eines unverstandenen, sinnlosen Traumes. Anspielungen auf das literarische Leben in der Slowakei der zwanziger Jahre sind deutlich, wenngleich nicht vordergründig.

Der von der Wirklichkeit abstrahierte Traum manifestiert sich in Júlia, Gattin des Sekretärs einer einflußreichen Mäzenatengruppe. Júlia verkörpert für die Preßburger Literaten Laura, die petrarkinische Inkarnation ihrer Idealvorstellungen. *»Lange bevor sie unter ihnen erschien, war zwischen ihnen die Vorstellung von ihr, die sie miteinander verband. Noch hatte sie weder Namen noch Gesicht, sie war nur ein Fluidum, das sie umwehte. Sie bildete den Windstoß, der ihnen das Fenster öffnete und wurde vor ihnen zu einer vielverheißenden Wolke. Mit einem Wort, schon damals macht sie ihr Leben schön und lebenswert.«* Für den modischen Prosaschriftsteller Anjelik, den erfolglosen Vielschreiber Veľký Strelec, den im Elfenbeinturm lebenden Peržan, endlich für Básnik, dessen ganzes Leben von der »Poesie« beherrscht wird, bedeutet Laura Muse und Inspiration. Die Wirklichkeit der Frau erleben die Literaten mit eher nichtssagenden Gespielinnen – mit Ester, der Kellnerin ihres Preßburger Cafés – mit Lavinia, die eine *»kleine, liebenswerte Nase hat«*, mit Zuzka, einem *»Kätzchen, das im Winter seinem Herrn die Füße wärmt«*. Als Laura endlich ihren Kreis mit Kollekt, dem Theoretiker und Kritikaster der Runde, verläßt, sind sie alle verstört und verärgert: *»Sie hatte nicht begriffen, daß sie das Porträt der Junggesellenstube, nicht deren Bewohnerin sein sollte.«* Auch nach ihrem Fortgang bleibt Laura das überwirkliche Idealbild der Preßburger Literaten.

Trotz seiner ironischen Kritik bestimmter Formen des Literatentums intendiert der Roman in erster Linie die Darstellung und Erörterung des Horváthschen Grundproblems, der sich im Träumerischen verabsolutierenden Individualität. Komposition und Stil des Werks zeugen von einer schöpferischen Auseinandersetzung mit der europäischen Avantgarde, wenngleich deren formale Errungenschaften in Horváths früheren Werken vollkommenere Anwendung fanden.　　　H.J.S.

AUSGABE: Preßburg 1948.

ÖDÖN VON HORVÁTH

* 9.12.1901 Fiume (heute Rijeka)
† 1.6.1938 Paris

LITERATUR ZUM AUTOR:
Biographien:
D. Hildebrandt, *Ö. v. H. in Selbstzeugnissen u. Bilddokumenten*, Reinbek 1975; zul. 1987 (rm). –

Ö. v. H. Leben u. Werk in Daten u. Bildern, Hg. T. Krischke u. D. Prokop, Ffm. 1977 (Insel Tb). – T. Krischke, *Ö. v. H. Kind seiner Zeit*, Mchn. 1980. *Zeitschrift:* H.-Blätter, Wien u. a. 1983 ff. [m. bibliogr. Beiträgen].
Gesamtdarstellungen und Studien:
G. Reuther, *Ö. v. H. Gestalt, Werk u. Verwirklichung auf der Bühne*, Diss. Wien 1962. – W. Boelke, *Die ›entlarvende‹ Sprachkunst Ö. v. H.s*, Diss. Ffm. 1969. – A. Heyne, *Der Dramatiker Ö. v. H. Zur Demaskierung des Bewußtseins*, Diss. Freiburg i. B. 1969. – M. Kesting, *Ö. v. H. Leben u. Werk aus ungarischer Sicht*, Wien 1969. – R. Hummel, *Die Volksstücke H.s*, Baden-Baden 1970. – H. U. Probst, *Dramentheorie u. Dramentechnik Ö. v. H.s*, Diss. Basel 1970. – S. Feigl, *Das Thema der menschlichen Wandlung in den Romanen Ö. v. H.s*, Diss. Wien 1971. – P. Lensing, *Die Rolle der Frau im Werk H.s*, Diss. Münster 1971. – *Über Ö. v. H.*, Hg. D. Hildebrandt u. T. Krischke, Ffm. 1972. – W. Huder, *Inflation als Lebensform. Ö. v. H.s Kritik am Spießertum. Ein Querschnitt durch das Gesamtwerk*, Gütersloh 1972. – A. Fritz, *Ö. v. H. als Kritiker seiner Zeit. Studien zum Werk u. zu seinem Verhalten zum politischen, sozialen und kulturellen Zeitgeschehen*, Mchn. 1973. – H. Kurzenberger, *H.s Volksstücke. Beschreibung eines poetischen Verfahrens*, Mchn. 1974. – St. Dietrich, *Gesellschaft u. Individuum bei Ö. v. H. Interpretation anhand von Stücken bis zur Emigration*, Diss. Zürich 1975. – A. Steets, *Die Prosawerke Ö. v. H.s Versuch einer Bedeutungsanalyse*, Stg. 1975. – *H.-Diskussion*, Hg. K. Bartsch u. a., Kronberg/Ts. 1976. – *Symposion on Ö. v. H. (1901–1938)*, Ldn. 1976. – W. Nolting, *Der totale Jargon. Die dramatischen Beispiele Ö. v. H.*, Mchn. 1976. – J.-C. François, *Histoire et fiction dans le théâtre d'Ö. v. H.*, Grenoble 1978. – G. Günther, *Die Rezeption des dramatischen Werks von Ö. v. H. von den Anfängen bis 1977*, Diss. Göttingen 1978. – W. Lechner, *Mechanismen der Literaturrezeption in Österreich am Beispiel Ö. v. H.s*, Stg. 1978 [m. Bibliogr.]. – B. Schulte, *Ö. v. H. Verschwiegen, gefeiert, glattgelobt*, Bonn 1980. – *Ö. v. H.*, Hg. T. Krischke, Ffm. 1981 (m. Bibliogr.; st). – R. Franchi, *Der Spießer u. seine Sprache. Eine Untersuchung von Ö. v. H.s Werk*, Diss. Zürich 1982. – M. Hell, *Kitsch als Element der Dramaturgie Ö. v. H.s*, Bern 1983. – J. Bossinade, *Vom Kleinbürger zum Menschen*, Diss. Amsterdam 1984. – S. Kienzle, *Ö. v. H.*, Bln. ²1984. – H. Gamper, *H.s komplexe Textur. Dargestellt an frühen Stücken*, Zürich 1987. – *H.s Prosa. Materialien*, Hg. T. Krischke, Ffm. 1988 (st).

DER EWIGE SPIESSER

Roman in drei Teilen von Ödön von HORVÁTH, erschienen 1930. – Mit Ironie begegnet Horváth der durch den Untertitel *Erbaulicher Roman* geweckten Erwartung des Lesers, auf einen mit diesem Gattungsbegriff bezeichneten Text zu treffen. Denn ebensowenig wie das Erzählte in der Tradition der Erbauungsliteratur steht, läßt sich die Darstellung mit dem Typus des Bildungsromans in Verbindung bringen. Eher das Gegenteil ist der Fall. Wenn Kobler am Ende seiner »Bildungsreise« nach Hause zurückkehrt, hat er nichts dazu gelernt. Desillusionierung bezeichnet den Ausgang einer Entwicklung, die mit »seelischer Reifung« und Charakterbildung nichts zu tun hat.

Im ersten Teil des Romans begleitet der Erzähler Alfons Kobler aus München zur Weltausstellung nach Barcelona 1929. Dem vorgeblichen Interesse an der Weltausstellung liegt das berechnende Vorhaben Koblers zugrunde, eine reiche Dame kennenzulernen, sie zu »kompromittieren« und dadurch zur Ehe zu zwingen. Auf diese Weise spekuliert Kobler auf eine finanziell abgesicherte Zukunft. Als Startkapital setzt der skrupellose Geschäftemacher den Gewinn eines betrügerischen Autoverkaufs ein. Während der langen Bahnfahrt kommt es zu zahlreichen Begegnungen, mit denen Horváth das Thema des Romans – die Charakterisierung des Spießers – facettenreich entwickelt. Vor allem in der Gegenüberstellung von Kobler und Schmitz, einem Wiener Schmierenjournalisten, der Kobler ab Verona begleitet, kann der Autor unterschiedliche Erscheinungsformen des Spießers sichtbar machen. Der im Gegensatz zu Kobler scheinbar gebildetere und sich weltmännisch gebende Schmitz bildet ein Beispiel für die von Horváth als charakteristisch erkannte Eigenschaft des Spießers, »*jede neue Formulierung der Idee zu verfälschen, indem er sie sich aneignet*«. In verschwommenen Thesen predigt Schmitz dem ebenso egoistisch mit eigenen Gedanken beschäftigten Kobler von einem »*vereinten Europa*«. Bei einem Ausflug ins Bordellviertel von Marseille kontrastiert Horváth die zu leeren Phrasen verkommenen Apelle Schmitz' zur Versöhnung der Völker mit dem Völkergemisch von Einheimischen und Emigranten in Marseille. Während der Zug die Reisenden ihrem Ziel immer näher bringt, sieht Kobler sein weitgestecktes Ziel bereits gefährdet, als er doch noch eine vermögend aussehende junge Dame kennenlernt, die sich als reiche Industriellentochter aus dem Ruhrgebiet vorstellt und ebenfalls nach Barcelona fährt. Kobler macht sich an die Dame heran, folgt ihr in ein teures Hotel und gibt mit vollen Händen Geld aus, um ihr zu imponieren. Nach gemeinsam verbrachter Nacht erklärt die Dame am anderen Tag, ihr Verlobter, ein amerikanischer Millionär, würde früher als erwartet in Barcelona eintreffen, so daß sie sich nicht mehr mit Kobler treffen könne. Enttäuscht und fast bankrott fährt Kobler zurück nach München.

Im zweiten Teil des Romans – mit dem ersten nur lose verknüpft – interessiert sich Horváth für das Schicksal Anna Pollingers, einer Bekannten Koblers. Infolge der sich verschlechternden wirtschaftlichen Konjunktur Ende der zwanziger Jahre wird das Bürofräulein Anna von einem Tag auf den anderen arbeitslos. Der »wohlmeinende« Rat eines Bekannten vermittelt die ahnungslose Anna als Malermodell, in dem der Künstler und seine Freunde die leicht zu habende Dirne sehen. Zur Prostituierten abgesunken, begegnet Anna im dritten und letzten Teil des Romans einem »guten Menschen«, der ihr zu einer Stelle in ihrem erlernten Beruf als Näherin verhilft. In den knappen Skizzen, die das Schicksal der Anna Pollinger umreißen, variiert Horváth ein Motiv, das in seinen Bühnenstücken wie in seiner Prosa immer wieder vorkommt und dem ein besonderes Interesse des Autors gilt. Es ist das Schicksal des Mädchens, das durch wirtschaftliche Not auf Abwege gerät und zum Opfer nicht zuletzt männlich egoistischer Ansprüche wird.

In seiner Skizzenhaftigkeit läßt der Roman die ihm zugrundeliegende Arbeitsweise Horváths und seinen Entstehungsprozeß noch gut erkennen: Nicht der kontinuierliche Aufbau einer fortlaufenden Geschichte bildet das Kompositionsprinzip, sondern die lockere Fügung aus einzelnen Texteinheiten, die oft assoziativ aneinandergereiht sind, so daß sich ein summarisch Ganzes aus kleinen Geschichten, Anekdoten, Situationen und Einzelbeobachtungen ergibt. Was die Erzählfiguren miteinander verbindet, das sind die schicksalhaft erlebten besonderen Zeitumstände. Alle sind mehr oder weniger Opfer des Ersten Weltkrieges und seiner Folgen mit Wirtschaftskrise, Inflation und Massenarbeitslosigkeit – gegenüber der Zeit vor dem Ersten Weltkrieg grundlegend veränderte Gesetzmäßigkeiten. Daß diese neue Zeit auch einen »*neue(n) Typ des Spießers*« hervorbringen müsse, wie es Horváth im Vorwort zu seinem Roman annimmt, zeigt der Autor gleich an mehreren Beispielen. Insbesondere im Aufeinandertreffen von Schmitz und Kobler, aber auch in den bis zur Karikatur stilisierten Randfiguren kristallisiert sich der »neue Typ des Spießers« heraus: Gesellschaftlich anzusiedeln ist er im Mittelstand, halb verbürgerlichter Aufsteiger ehemals proletarischer Herkunft. Er ist ein Großmaul mit Imponiergehabe, dabei im Innern seines Wesens feige und opportunistisch nur auf seinen Vorteil bedacht. Skrupellos, dumm, ohne erkennendes Bewußtsein gegenüber der politisch-gesellschaftlichen Situation seiner Zeit wirft er dennoch mit ihren Ideen um sich, die als abgegriffene Phrasen oder verzerrte Bildungsklischees aus seinem Munde kommen.

Indem Horváth als Erzähler oft ganz hinter das Geschehen zurücktritt und die Figuren für sich selbst sprechen läßt, erreicht er zwar szenische Unmittelbarkeit, aber die nicht immer zu erkennende objektivierende Distanz läßt den Eindruck zu, der Autor gehe mit der Sprache seiner Figuren, d. h. mit den Phrasen, Stilbrüchen und »*kitschigen Entgleisungen*« (H. Karasek), die er ihnen in den Mund legt, allzu unreflektiert um. Horváth selber hat darauf hingewiesen, daß er in der Art, wie seine Figuren sprechen, die Sprache von »*heutige(n) Menschen aus dem Volke*« erkennt, die sich ihres »*verzerrten*« Bildungsjargons bedienen. Das »*Unliterarische, betont Naive*« (B. v. Wiese) täuscht leicht darüber hinweg, daß der Autor seine Kunstmittel sehr bewußt eingesetzt und eine »Poetisierung« mit Absicht vermieden hat.

Was den Roman auszeichnet, ist die erstaunliche Hellsichtigkeit, mit der Horváth erkennt, daß das politische Bewußtsein des Kleinbürgers nach rechts tendiert und der »neue Typ des Spießers« der zukünftige Mitläufer oder überzeugte Nationalsozialist ist. M.Me.

AUSGABEN: Bln. 1930. – Wien 1965 [Vorw. F. Th. Csokor]. – Wien o. J. [1968] (in *Zeitalter der Fische*; ern. Wien u. a. 1969). – Bln. 1971. – Ffm. 1970/71 (in *GW*, Hg. T. Krischke u. D. Hildebrandt, 4 Bde., 3; ³1978). – Ffm. 1973 (st). – Ffm. 1984 (in *GW*, Hg. T. Krischke, 15 Bde., 1983–1988, 12; m. Komm.; st).

LITERATUR: J. Krammer, *Ö. v. H.s Romane* (in Österreich in Geschichte und Literatur, 13, 1969, S. 240–251). – H. Karasek, *Das Prosawerk von Ö. v. H.* (in *Über Ö. v. H.*, Hg. D. Hildebrandt u. T. Krischke, Ffm. 1972, S. 79–83). – M. Schneider Rez. (in *Romane von gestern – heute gelesen*, Hg. M. Reich-Ranicki, Bd. 2, Ffm. 1989).

FIGARO LÄSST SICH SCHEIDEN

Komödie in drei Akten von Ödön von HORVÁTH, Uraufführung: Prag, 2. 4. 1937, Kleine Bühne des Deutschen Theaters. – Als eine »*Art Fortsetzung*« (F. Th. Csokor) der Komödie von BEAUMARCHAIS, die 1784 erstmals öffentlich unter dem Titel *La folle journée ou Le mariage de Figaro (Figaros Hochzeit)* uraufgeführt wurde und in ihrer Gesellschaftskritik Aspekte der Französischen Revolution vorwegnahm, verbindet Horváth in seiner Komödie *Figaro läßt sich scheiden* Revolutionsproblematik und Emigrantenschicksal. Dabei geht es dem Autor nicht um eine zeitgeschichtliche Verknüpfung mit der Französischen Revolution von 1789, gemeint ist »*schlicht nur eine jegliche Revolution, denn jeder gewaltsame Umsturz läßt sich in seinem Verhältnis zu dem Begriff, den wir als Menschlichkeit achten, auf den gleichen Nenner bringen*«.

Die Handlung zeigt uns Menschen auf der Flucht vor der Revolution. Es sind Graf Almaviva mit seiner Frau sowie sein Kammerdiener Figaro und dessen Frau Susanne, Zofe der Gräfin. Der Graf findet sich mit seinem neuen Status als Emigrant nicht zurecht: obwohl ohne Einkünfte, erlaubt er sich jeden Luxus, »*für dessen Genuß er sich durch seine Geburt ein Recht erworben hat*«. Der finanzielle Ruin, der ihn zum Betrüger werden läßt und der soziale Abstieg bleiben nicht aus. Im Gegensatz zum Grafen, der sich einer realistischen Einschätzung seiner Situation nicht stellen kann, faßt Figaro eine »*unabhängige Zukunft*« ins Auge. Gegen den Willen von Susanne, die ihrer Herrschaft die Treue halten will, übernimmt er ein Friseurgeschäft. Figaro ist damit selbständig, doch seine Geschäftserfolge basieren weniger auf handwerklichem Können als auf seinem Geschick, sich der Kundschaft anzubiedern und ihr nach dem Mund zu reden. In Susannes Augen ist aus Figaro ein heuchlerischer Spießer geworden. Das Kind, das sie sich so sehnlichst wünscht, verweigert er ihr mit Ausflüchten einer ungewissen Zukunft. Susanne kommt mit einem anderen Mann ins Gerede, mit dem sie Figaro betrogen hat, und die Ehe zerbricht. Sie kehrt zurück zu den Almavivas, Figaro muß sein Geschäft wegen des Geredes aufgeben. Als Kellnerin in einem »Emigrantencafé« findet Susanne vorübergehend Arbeit. Als ihre Arbeitserlaubnis abläuft, kehrt sie zusammen mit dem Grafen – die Gräfin ist gestorben – zurück in die Heimat und zurück zu Figaro. Der ist inzwischen Verwalter auf dem ehemaligen Besitz des Grafen geworden, in dem nun ein Kinderheim untergebracht ist. Die beiden Eheleute finden wieder zueinander, und der Graf wird rehabilitiert; nicht, daß die Revolution beendet ist, sie hat menschenfreundlichere Züge angenommen, wie Figaro sagt: »*Jetzt erst hat die Revolution gesiegt, indem sie es nicht mehr nötig hat, Menschen in den Keller zu sperren, die nichts dafür können, ihre Feinde zu sein.*«

Die versöhnliche Geste, mit der ein durch Wandlungen hindurchgegangener, am Ende geläuterter Figaro seinen von der Revolution zunächst zum Feind erklärten Herrn rehabilitiert, scheint nicht nur alle Ziele der Revolution mit einem Handstreich fortzuwischen, sie beschwört zugleich jenen Operetteneffekt aufgehobener Handlungskonflikte. Aber der von Horváth »*keineswegs ironisch*« (B. v. Wiese) gemeinte Schlußsatz zielt ohnehin nicht auf die Ebene revolutionärer Gesinnung, sondern auf die Behauptung einer Menschlichkeit, der Horváth Vorrang vor revolutionären Überzeugungen zuerkennt. Mit der Aussage Figaros, der den Sieg der Revolution als Sieg der Menschlichkeit feiert, macht sich Horváth – in seinen späten Jahren zunehmend von Skepsis in jedwede Ideologie gezeichnet – zum Fürsprecher einer humanitären Gesinnung, die ohne ideologische Standpunkte auszukommen weiß. Der Eindruck, in der Revolutionskomödie käme »*ein gut Teil an ahistorischer, an unpolitischer Naivität*« (D. Hildebrandt) zum Ausdruck, wird durch das chaotische Gegen- und Durcheinander des Geschehens begünstigt. Obwohl der Autor seine Komödie nicht als Reminiszenz an verklungene Ideale der Französischen Revolution versteht, werden politische und sozialkritische Töne laut, die eine Verbindung zu den Forderungen von 1789 nach Freiheit und Gleichheit nicht ausschließen. Andererseits weisen sowohl die Entstehungszeit der Komödie und das Datum ihrer Erstaufführung als auch Aussagen des Textes Bezüge zur Gegenwart 1936/37 auf. Auch wenn Horváth in seinem Stück nicht so sehr die Probleme der Revolution, vielmehr ihre Einstellung zur Menschlichkeit prüft, dem sich seiner Meinung nach jeder gewaltsame Umsturz stellen muß, so gewinnt eine solche Darstellung angesichts der sich als »nationale Revolution« verstehenden Erhebung der Nationalsozialisten besondere Aussagekraft.

Auf das Schicksal des Einzelmenschen hinzuweisen, der Gefahr läuft, in der Spannung ideologischer Auseinandersetzungen zerrieben zu werden, darin besteht die Aussage dieses Stücks. Im Aufeinanderprallen von politischen und sozialkritischen Forderungen auf der einen Seite und der Bewahrung ethischer und religiöser Werte auf der anderen Seite verteidigt Horváth die rein menschliche und sittliche Bewährung. Auch wenn die Dramaturgie der Komödie durch die häufig wechselnden Positionen und die nicht immer leicht auszumachenden Schauplätze beeinträchtigt wird, machen die atmosphärisch dichten Szenen wie die differenzierte Profilierung der Charaktere die Revolutionskomödie zu einem bühnenwirksamen Stück.   M.Me.

AUSGABEN: Wien 1959 [Vorw. T. Krischke]. – Reinbek 1961 (in *Stücke*, Hg. T. Krischke; Nachw. U. Becher). – Ffm. 1970/71 (in *GW*, Hg. T. Krischke u. D. Hildebrandt, 4 Bde., 2; ³1978). – Mchn. 1978 (in *Zur schönen Aussicht. Die Unbekannte aus der Seine. Figaro läßt sich scheiden. Komödien*; Einf. T. Krischke; dtv). – Ffm. 1987 (in *GW*, Hg. T. Krischke, 15 Bde., 1983–198, 8; m. Komm.; st).

VERFILMUNG: BRD 1965 (Regie: G. Fleckenstein).

VERTONUNG: G. Klebe, *Figaro läßt sich scheiden* (Oper; Urauff.: Hbg., 28.6.1963).

LITERATUR: W. Emrich, *Die Dummheit oder das Gefühl der Unendlichkeit* (in W. E., *Geist und Widergeist. Wahrheit und Lüge der Literatur. Studien*, Ffm. 1965, S. 113–124). – D. E. Ballin, *Irony in the Dramatic Work of Ö. v. H.*, Diss. Univ. of Washington 1969. – K. H. Czerny, *Ö. v. H. Themen und Technik*, Diss. Univ. of NY 1976. – Ch. B. Balme, *The Reformation of Comedy: Genre Critique in the Comedies of Ö. v. H.*, Dunedin 1985.

GESCHICHTEN AUS DEM WIENERWALD

Volksstück in drei Teilen von Ödön von HORVÁTH, Uraufführung: Berlin, 2.11.1931, Deutsches Theater. – Nach dem Willen ihres Vaters, eines Spielwarenhändlers, der sich der Zauberkönig nennt, soll Marianne die Ehe mit Oskar, einem benachbarten Fleischhauer, eingehen. Aber Marianne fühlt sich zu Oskar nicht hingezogen, es drängt sie aus der Enge ihres Milieus, und sie möchte gern einen Beruf erlernen. Als ihr Vater bei einem Ausflug in die Wachau die Verlobung seiner Tochter mit Oskar bekanntgibt, bricht Marianne aus: Sie glaubt, in Alfred, der bisher von Valerie, der Besitzerin eines Tabakladens ausgehalten worden war, den Mann ihrer Liebe gefunden zu haben. Alfred, ein Strizzi, ist seiner ältlichen Freundin Valerie überdrüssig und hat nur ein Abenteuer im Sinn. Die Verlobung platzt – Marianne trennt sich von

ihrem Vater und von Oskar, der sie trotz ihrer Abneigung gegen ihn an sich binden möchte und ihr prophezeit: »*Du entgehst mir nicht.*« Als Geliebte Alfreds gerät Marianne ins Elend. Ohne Beruf versucht sich Alfred als Vertreter, doch die Geschäfte gehen schlecht. Das Kind, das sich Marianne in ihrer Liebe von Alfred gewünscht hatte, kann nicht ernährt werden. Alfred drängt Marianne, den kleinen Leopold zu seiner Mutter und Großmutter in die Wachau in Pflege zu geben, nicht zuletzt, um sich der Verantwortung zu entziehen. Auch Marianne, deren Anhänglichkeit ihm lästig wird, möchte er loswerden. Er bringt sie im ›Maxim‹ bei einer Tingeltangel-Tanzgruppe unter, wo sie in »*Lebenden Bildern*« nackt posiert. So sieht sie ihr Vater und stößt sie von sich. Eine Gelegenheit macht Marianne in ihrer Not zur Diebin. Sie wird mit Gefängnis bestraft und kehrt nach ihrer Entlassung – erniedrigt und in ausweisloser Situation – zu ihrem Vater zurück. Valerie hat inzwischen die Versöhnung zwischen Vater und Tochter vorbereitet. Als Marianne den Großvater seinem Enkel Leopold zuführen will, muß sie erfahren, daß ihr Kind nicht mehr lebt. Ihre Ahnung, daß die Großmutter den ihr verhaßten Bankert auf tückische Weise hat sterben lassen, ist Gewißheit. Oskar sieht nun, da das Kind tot ist, keinen Hinderungsgrund mehr, Marianne doch noch zu heiraten. Es kommt zum Schluß so, wie er es ihr vorausgesagt hat: »*Mariann, du wirst meiner Liebe nicht entgehn.*«

»*Nichts gibt so sehr das Gefühl der Unendlichkeit als wie die Dummheit.*« Der von Horváth den *Geschichten aus dem Wienerwald* vorangestellte Satz erfüllt sich in grausamer Konsequenz. Dabei sieht es zum Schluß so aus, als wäre kaum etwas geschehen: Die Menschen des Stücks arrangieren sich miteinander und mit den Verhältnissen. Daß sich in der Zwischenzeit »*eine Tragödie nach der anderen abgerollt*« hat, erkennen sie nicht. Durch das, was passiert ist, sind sie nicht klüger geworden. Das Volksstück endet als Tragödie: das gilt vor allem im Hinblick auf Marianne, die eindeutig das Opfer ist. Das Mädchen, das die Grenzen ihrer bornierten Umgebung, die sie in ihrem Willen zur Emanzipation behindern, überschreiten will, um ihr eigenes Bild von der Welt zu entwerfen, muß erfahren, daß sich die Welt nicht danach richtet. In der Begegnung mit Alfred, der fast gegen seinen Willen zum Verführer wird, glaubt sie, den Mann gefunden zu haben, der ihr zu einem besseren Leben verhilft. Als zu der enttäuschenden Beziehung die wirtschaftliche Misere hinzukommt, beginnt für Marianne ein Leidensweg, an dessen Ende – auf dem tiefsten Punkt ihrer Erniedrigung – Oskar steht und ihr die Hand zum Leben reicht. Für den Zuschauer wird offenbar, daß Marianne in der Verbindung mit Oskar »*der grausamste, quälendste Tod [...] der langsamste Tod in der Ehe*« (D. Hildebrandt) beschieden ist.

Dennoch spielen die *Geschichten aus dem Wienerwald* in einer scheinbar heilen und heiteren Welt. Immer wieder gibt es etwas zu feiern und fast unentwegt spielt Musik: »*In der Luft ist ein Klingen* und Singen – als verklänge irgendwo immer wieder der Walzer »Geschichten aus dem Wienerwald« von *Johann Strauß*.« Doch wird durch die ständige Wiederholung – ähnlich wie in der stereotyp wiederkehrenden Redewendung von der *»schönen blauen Donau«* – der Eindruck unbeschwerter Heiterkeit bewußt entwertet. Die Musik erfüllt eine Kitsch-Funktion, die Horváth dazu dient, auf das verkitschte, d. h. verlogene Gefühl der Menschen in seinem Stück hinzuweisen. Diese Verlogenheit ist ihnen nicht bewußt; zu sehr sind sie in einer Sphäre der Illusion gefangen, die dadurch gekennzeichnet ist, daß sie sich in der Verwendung von Klischees etwas vormachen, nur, um der Wirklichkeit nicht ins Auge sehen zu müssen. Im Grunde brutal egoistisch und lieblos im Umgang miteinander, verdecken sie ihre wahren Gefühle in Sentimentalität und durch abgegriffene Floskeln.

Horváth dichterisches Ziel gilt der Desillusionierung, der Demaskierung des Bewußtseins, insbesondere des Kleinbürgertums. Dies zu erreichen, vertraut der Dichter vor allem auf die Sprache, der er Vorrang vor der dramatischen Handlung zuerkannte. Die Diskrepanz zwischen dem, was die Personen zur Befriedigung ihrer Triebe im Grund wollen und dem, wie sie sich äußern, zeigt Horváth in der Unangemessenheit ihrer sprachlichen Mittel. Das Pathos, in dem die Personen reden, z. B. Marianne, als sie sich innerlich von Oskar lossagt: *»Jetzt bricht der Sklave seine Fesseln«* und in ihren verschwommenen Vorstellungen von Liebe zu Alfred: *»Laß mich aus dir einen Menschen machen – du machst mich so groß und weit«*, da sie die Situation nicht durchschaut, kontrastiert die Trivialität der Gegebenheiten. Insbesondere da, wo sich die Personen in ihren niederen Motiven gestellt sehen, weichen sie in hochtrabende Phrasen aus und ergehen sich in Gemeinplätzen. Oskar, seinem Wesen nach roh und primitiv, läßt sich scheinbar tiefsinnig über das Weib als »Sphinx« aus. Immer wieder zitiert er die Bibel, aber das Scheitern von Marianne nutzt er zu einer erzwungenen Verbindung aus, der nicht ein wirkliches Verzeihen zugrunde liegt, sondern der selbstgefällige Genuß, scheinbar recht behalten zu haben. Auch Mariannes Vater, der egoistisch über seine Tochter wie über sein Eigentum verfügt, beruft sich zwar auf moralische und christliche Grundsätze, steckt aber doch viel zu sehr in kleinbürgerlichen Moralvorstellungen, als daß er seiner Tochter zu helfen vermöchte. Ein Zauberer ist er nicht, aber er hat etwas von der Dämonie des Kleinbürgertums. Alle Personen stehen in Kommunikationssituationen, in der sie keine Übereinstimmung zwischen ihrem Gefühl und ihrer Handlungsweise herstellen können. Diese Unfähigkeit führt nicht selten bis an die Grenze der Sprachlosigkeit, auf die Horváth durch die Szenenanmerkung *»Stille«* hinweist. Die Sprache seiner Figuren klingt mundartlich gefärbt, ohne Dialekt zu sein. Was sie sprechen, ist ein aus Zitaten, abgegriffenen Redewendungen, Floskeln und Phrasen zusammengesetzter Jargon, von Horváth als Bildungsjargon bezeichnet.

Die spezifische Sprachdarstellung, in der sich ein Realismus konstituiert, der mit der Verklärung volkstümlicher Lebensweise nichts zu tun haben will, weist Horváth als einen Erneuerer des Volksstücks aus. 1931 bekam er auf Vorschlag Carl ZUCKMAYERS den Kleist-Preis. Doch, wie wenig Horváth Erwartungen entgegenkommt, die sich von der *»montierten Mannigfaltigkeit«* (W. Nolting) des Titels *»Geschichten aus dem Wienerwald«* Heurigen-Stimmung und Wiener Gemütlichkeit versprechen, zeigen die Skandale der Uraufführung und auch noch späterer Aufführungen, die in Horváth eher den *»Störenfried bürgerlicher Behaglichkeit«* (H. Schneider) sichtbar machen. Nach der Uraufführung 1931, nach der das Stück von den Rechtsradikalen als eine *»dramatische Verunglimpfung des alten Österreich-Ungarn«* scharf angegriffen wurde, kamen weitere geplante Aufführungen nach der Machtergreifung der Nationalsozialisten nicht mehr zustande. Auf die Erstaufführung in Wien 1948, die erneut einen Skandal wegen der *»Verunglimpfung Wiens«* auslöste, folgte erst zwanzig Jahre später wieder eine Inszenierung. Die nur zögernd einsetzende Horváth-Rezeption nach dem Zweiten Weltkrieg hatte es noch mit einem fast vergessenen und nahezu unbekannten Autor zu tun. Ende der Sechziger Jahre war Horváth *»auf dem Weg zum Klassiker«* (F. Torberg), und es hatte das begonnen, was man die *»Horváth-Renaissance«* genannt hat, die den Dichter nicht nur durch Publikationen seiner Werke sowie durch Bühnenaufführungen, sondern auch eine Reihe von Verfilmungen einem größeren Publikum bekannt machte.

M.Me.

AUSGABEN: Bln. 1931. – Reinbek 1961 (in *Stücke*, Hg. T. Krischke; Nachw. U. Becher). – Mchn. o. J. [1961] (in *Österreichisches Theater des XX. Jh.s*, Hg. J. Schondorff; Nachw. O. Maurus Fontana). – Ffm. 1964 (in *Österreichisches Theater. Sechs Theaterstücke*; Nachw. S. Melchinger). – Bln. 1969 (in *Dramen*, Hg. D. Huhn u. H. Schneider). – Ffm. 1970/71 (in *GW*, Hg. T. Krischke u. D. Hildebrandt, 4 Bde., 1; ³1974). – Ffm. 1972 (in *Spectaculum*, Bd. 16). – Bln. u. a. 1976 (in *Geschichten aus dem Wienerwald und andere Dramen*, Hg. T. Krischke u. D. Hildebrandt). – Bln. 1981 (in *AW*, Hg. H. Schneider). – Ffm. 1986 (in *GW*, Hg. T. Krischke, 15 Bde., 1983–1988, 4; m. Komm.; st).

BEARBEITUNG: P. Handke, *Geschichten aus dem Wienerwald*, Ffm. 1970 (Nacherz.; BS)

VERFILMUNGEN: BRD 1964 (Regie: M. Kehlmann; Auff. des Schauspielhauses Zürich). – BRD/Österreich 1979 (Regie: M. Schell).

LITERATUR: K. Mann u. W. Mehring (in *Das neue Tagebuch*, 11. 6. 1938). – F. Th. Csokor, *Ö. v. H.* (in *Der Monat*, 1951, H. 33, S. 309–313). – W. Emrich, *Die Dummheit oder das Gefühl der Unendlichkeit* (in W. E., *Geist und Widergeist. Wahr-*

heit und Lüge der Literatur. Studien, Ffm. 1965, S. 113–124). – E. Rotermund, *Zur Erneuerung des Volksstückes in der Weimarer Republik. Zuckmayer u. H.* (in *Volkskultur und Geschichte. Festgabe für J. Dünninger*, Bln. 1970). – *»Geschichten aus dem Wienerwald«. Materialien*, Hg. T. Krischke, Ffm. 1972; ern. 1983 (st). – D. Cyron-Hawryluk, *Zeitgenössische Problematik in den Dramen Ö. v. H.s*, Breslau 1974. – M. Walder, *Die Uneigentlichkeit des Bewußtseins. Zur Dramaturgie Ö. v. H.s*, Bonn 1974. – *Scheitern im Gespräch. Beobachtungen zu typischen Kommunikationssituationen in H.s Volksstücken* (in *H.-Diskussion*, Hg. K. Bartsch u. a., Kronberg/Ts. 1976, S. 38–54). – G. Melzer, *Das Phänomen des Tragikomischen. Untersuchungen zum Werk von K. Kraus und Ö. v. H.*, Kronberg/Ts. 1976. – J. B. Matuszczak, *Asoziale Figuren im Werk Ö. v. H.s*, NY 1977. – P. Wapnewski, *Zumutungen. Essays zur Literatur des 20. Jh.s*, Düsseldorf 1979, S. 106–139.

GLAUBE LIEBE HOFFNUNG. Ein kleiner Totentanz in fünf Bildern

Schauspiel von Ödön von HORVÁTH, Uraufführung unter dem Titel *Liebe, Pflicht und Hoffnung*: Wien, 13. 11. 1936, Theater für 49 am Schottentor. – Der Untertitel *Ein kleiner Totentanz in fünf Bildern*, den Horváth selber seinem Drama so gegeben hat, bezeichnet aufs genaueste die in seinem Spätwerk zunehmend an Bedeutung gewinnende Auseinandersetzung mit der Grenzsituation des Todes. Es ist zumeist der Tod des in Verzweiflung und Hoffnungslosigkeit getriebenen Menschen in einer von abstrakten Prinzipien beherrschten unmenschlichen Welt. In den fünf Bildern von *Glaube, Liebe, Hoffnung* schildert Horváth unter Verzicht auf alle ausschmückenden Details Station um Station den Leidensweg der mittellosen Elisabeth, die trotz ihrer tapferen Haltung am Unverständnis eines durch Paragraphen »geordneten« Staatswesens zugrunde geht.

Aus Not will Elisabeth ihren Körper für einhundertfünfzig Mark an ein Anatomisches Institut verkaufen, um mit dem Erlös einen Wandergewerbeschein bezahlen zu können. Der Oberpräparator weist sie auf die gesetzlichen Bestimmungen hin, nach denen der Staat keine »lebendigen Toten« kauft. Der Präparator – beeindruckt, daß Elisabeths Vater ein Inspektor ist, aus dem er für sich einen Zollinspektor macht –, leiht Elisabeth die benötigte Summe. Als er durch Nachforschungen erfährt, daß Elisabeths Vater kein Zollinspektor, sondern »nur« ein Versicherungsinspektor ist, und Elisabeth sein Geld dafür verwendet hat, eine Geldstrafe zu bezahlen, die ihr für die unerlaubte Beschäftigung ohne Gewerbeschein auferlegt worden war, zeigt er sie als Betrügerin an. Elisabeth wird mit vierzehn Tagen Gefängnis ohne Bewährung bestraft. Nach ihrer Entlassung lernt sie auf dem Wohlfahrtsamt den Polizisten Alfons Klostermeyer kennen. Er verspricht ihr die Ehe, und sie zieht als

seine Braut zu ihm. Bei einer Razzia der Polizei, die Elisabeth in Verdacht hat, als Prostituierte zu arbeiten, erfährt Alfons, daß sie vorbestraft ist. Vorgeblich enttäuscht, daß ihm Elisabeth, die ihn nur schützen wollte, nicht die Wahrheit gesagt hat, tatsächlich, um seine Karriere nicht zu gefährden, verläßt Alfons seine Braut. In ihrer Not und Verzweiflung geht Elisabeth ins Wasser, wird jedoch vor dem Ertrinken gerettet. Auf einer Polizeiwache, wo sie ihren ehemaligen Bräutigam wiedersieht, versucht man, das Leben des unterkühlten Mädchens zu retten. Während der »tollkühne Lebensretter« als Held gefeiert wird, stirbt Elisabeth. Alfons Klostermeyer kann sich eine Mitschuld am Selbstmord Elisabeths nicht eingestehen. Ungerührt begeben sich alle Beteiligten zu einer vaterländischen Parade.

Horváth begann die Konzeption des Dramas, dessen Geschehen auf Tatsachen beruht, aufgrund einer Anregung des ihm bekannten Gerichtsreporters Lukas Kristl. Dessen Vorschlag war es, »ein Stück gegen die bürokratisch-verantwortungslose Anwendung kleiner Paragraphen zu schreiben«, wie es Horváth in der »Randbemerkung« zu *Glaube, Liebe, Hoffnung* notiert. Die von Kristl übermittelten Fakten verdichten sich in Horváths Drama zu einer Parabel, mit der der Autor »wiedermal den gigantischen Kampf zwischen Individuum und Gesellschaft« demonstriert. Im Fall der Elisabeth ist es der Kampf des auf sich gestellten Mädchens gegen eine unmenschliche Bürokratie und gegen die erbarmungslose Anwendung von Paragraphen. Das »reglementierte« Staatswesen hat für die Bitte Elisabeths, »es könnte doch auch ein bißchen weniger ungerecht zugehen« kein Verständnis. Horváth erkennt in diesem Kampf »ein Formproblem der Bestialität, die bekanntlich weder gut noch böse ist« ist. Der Zug des Reportagehaften, von dem das dramatische Geschehen bestimmt wird, hat Horváth in der Kritik manchen Vorwurf eingebracht. Dagegen scheint das Drama gerade wegen der nur knapp skizzierten Szenen »in der Wertschätzung der Interpreten« (D. Hildebrandt) zu steigen. In kaum einem anderen Werk Horváths dürfte die Kritik an der Gesellschaft seiner Zeit derart geschlossen zum Ausdruck kommen wie in diesem von der Alltagssphäre geprägten Stück.   M.Me.

AUSGABEN: Reinbek 1961 (in *Stücke*, Hg. T. Krischke; Nachw. U. Becher). – Ffm. 1970/71 (in *GW*, Hg. T. Krischke u. D. Hildebrandt, 4 Bde., 1; ³1974). – Ffm. 1973, Hg. u. Nachw. T. Krischke (Entwürfe, Vorarbeiten, Varianten; BS). – Mchn. o. J. [1973]. Mchn./Wien 1980. – Ffm. 1986 (in *GW*, Hg. T. Krischke, 15 Bde., 1983–1988, 6; m. Komm.; st).

VERFILMUNGEN: BRD 1958 (Regie: F. P. Wirth). – BRD 1963 (Regie: ders.).

LITERATUR: V. Kling, *Die Illusion des Waffenstillstands. Individuum u. Gesellschaft in den Werken H.s*, Diss. Univ. of Pennsylvania 1972. –

H. Schneider, *Der Kampf zwischen Individuum u. Gesellschaft* (in *Über Ö. v. H.*, Hg. D. Hildebrandt u. T. Krischke, Ffm. 1972, S. 59–71). – »*Glaube, Liebe, Hoffnung*«. *Materialien*, Hg. T. Krischke, Ffm. 1973 (st).

ITALIENISCHE NACHT

Volksstück in sieben Bildern von Ödön von HOR-VÁTH, Uraufführung: Berlin, 20. 3. 1931, Theater am Schiffbauerdamm. – Der Autor, der sich bereits in seinem Roman *Der ewige Spießer* (1930) um eine Typologie des zeitgenössischen Philisters unter gesellschaftlichem Aspekt bemüht hatte, führt in seinem Schauspiel die politische Ausprägung dieses Menschentyps vor, indem er mit den Mitteln der Satire die phrasenhafte Vereinsmeierei der Angehörigen verschiedener Parteien entlarvt. Im Gegensatz zu den ideologisch engagierten Stücken BRECHTS oder TOLLERS aus jenen Jahren nimmt Horváth für keine Partei Stellung: »*Ich schreibe nicht gegen, ich zeige nur.*« Seine Kritik, so Horváth, richtet sich »*nicht gegen die Politik, aber gegen die Masse der Politisierenden, gegen die vor allem in Deutschland sichtbare Versumpfung, den Gebrauch politischer Schlagworte*«.

Am Sonntagmorgen im Wirtshaus einer süddeutschen Kleinstadt: Zusammen mit einigen ehemaligen Gesinnungsgenossen sitzt der inzwischen verbürgerlichte republikanische Stadtrat beim Kartenspiel. Derweil begeht die Ortsgruppe der Faschisten unter großer Anteilnahme der Bevölkerung einen »Deutschen Tag«. Der republikanische Schutzverband will am Abend ein Volksfest unter dem Motto »Italienische Nacht« feiern. Dem jungen radikal gesinnten Marxisten Martin ist die Haltung des Stadtrats gegenüber den Faschisten nicht energisch genug: Er protestiert, daß die Partei gemütliche Tanzabende veranstaltet, während Rechtsradikale durch die Straßen marschieren und Schießübungen abhalten. In fanatisiertem Übereifer bringt Martin seine Braut Anna dazu, sich mit SA-Leuten einzulassen, um ihre Kampfstärke auszuprobieren. Von einer solchen Unterordnung privater Beziehungen unter politische Zielsetzungen hält Martins Freund Karl wenig. Gegenüber dem konsequenten Ideologen Martin ist Karl gebrochener, politisch indifferenter. Von kleinbürgerlicher Herkunft schlägt der künstlerisch und intellektuell veranlagte Karl am Ende den Weg in eine gemeinsame Zukunft mit Lene ein: zusammen wollen sie eine Kolonialwarenhandlung aufmachen. Martin dagegen entwickelt sich vom klassenbewußten Arbeiter und Marxisten zur Führernatur, die ganz und gar von ihrer politischen Doktrin besessen ist. Als am Abend die »Italienische Nacht« mit kleinbürgerlich kitschigem Stimmungszauber die Gäste einlullt, sprengt Martin mit seinen Gefolgsleuten das Fest. In der Konfrontation mit dem Stadtrat wirft er ihm als Vorsitzenden des republikanischen Schutzverbandes Untätigkeit vor. Martin wird daraufhin aus dem Verband der Republikaner ausge-

schlossen. Inzwischen hat Anna erfahren, daß die Faschisten im Vormarsch sind, um den »roten« Stadtrat zu verprügeln, weil jemand das Denkmal des Kaisers besudelt hat. Sie appelliert an Martin, den Gesinnungsgenossen zu helfen. Um den Faschisten nicht den »Triumph« über die Republikaner zu ermöglichen, läßt Martin sich zur Hilfe überreden. Gerade noch rechtzeitig kann er eingreifen und die Gefahr des Augenblicks abwenden. Doch der ebenso großmäulige wie für die politische Gefahr durch den Faschismus blinde Stadtrat hat aus dem Vorfall nichts gelernt. In ahnungsloser Fehleinschätzung verkündet er: »*Von einer akuten Bedrohung der demokratischen Republik kann natürlich keineswegs gesprochen werden ... Solange es einen republikanischen Schutzverband gibt ..., solange kann die Republik ruhig schlafen!*«

Gerade weil Horváth schon früh, nachdem er Hitler 1929 in einer Privatgesellschaft kennengelernt hatte, vor den Nationalsozialisten warnte und vor 1931 von ihnen wiederholt öffentlich angegriffen wurde, enthüllt er in diesem Stück auch unnachsichtig die gefährliche Apathie und den blinden Fanatismus ihrer Gegenspieler und gibt diese der Lächerlichkeit preis. »*Der beste Zeitspaß dieser Läufte!*« (A. Kerr). Das Stück zeigt Horváths große Begabung, eine Fülle plastisch geschauter Figuren auf die Bühne zu stellen, aber auch seine Neigung, mehrere Gesprächsgruppen gleichzeitig in freskohaften Bildern zu zeigen; zu einem umfassenden Gegeneinanderspiel oder einem zentralen Zusammenstoß der verschiedenen Handlungsstränge kommt es nicht.   U.J.-M.Me.

AUSGABEN: Bln. 1931. – Reinbek 1961 (in *Stücke*, Hg. T. Krischke; Nachw. U. Becher). – Bln. 1969 (in *Dramen*, Hg. D. Huhn u. H. Schneider). – Ffm. 1970/71 (in *GW*, Hg. T. Krischke u. D. Hildebrandt, 4 Bde., 1; ³1974). – Ffm. 1974, Hg. u. Nachw. T. Krischke (Entwürfe, Vorarbeiten, Varianten; BS). – Ffm. 1984 (in *GW*, Hg. T. Krischke, 15 Bde., 1983–1988, 3; m. Komm.; st).

VERFILMUNG: BRD 1966 (Regie: M. Kehlmann).

LITERATUR: W. Emrich, *Die Dummheit oder das Gefühl der Unendlichkeit* (in W. E., *Geist und Widergeist. Wahrheit und Lüge der Literatur. Studien*, Ffm. 1965, S. 113–124). – G. Rühle, *Zeit und Theater*. Bd. 2: *Von der Republik zur Diktatur*, Bln. 1972. – F. N. Mennemeier, *Moderne dt. Dramen*, Bd. 2, Mchn. 1975, S. 17–27. – »*Die Italienische Nacht*«, Stg. 1979 [Materialien; Einf. D. Steinbach; m. Textausw.].

DER JÜNGSTE TAG

Schauspiel in sieben Bildern von Ödön von HOR-VÁTH, Uraufführung: Mährisch-Ostrau, 11. 12. 1937, Deutsches Theater. – Thomas Hudetz, Bahnhofsvorsteher in einem größeren Dorf, unglücklich verheiratet mit einer dreizehn Jahre älteren, krankhaft eifersüchtigen Frau, wird von Anna, der hübschen Dorfwirtstochter, in ein Gespräch verwickelt, und, ehe er sich's versieht, von ihr geküßt – gerade in dem Augenblick, da er ein Signal hätte betätigen sollen. Ein Eilzug rast am Bahnhofsgebäude vorbei und stößt gleich darauf mit einem Güterzug zusammen. Frau Hudetz, Augenzeugin des verhängnisvollen Kusses und der Folgen – achtzehn Fahrgäste sind ums Leben gekommen – sagt vor Gericht gegen ihren Mann aus, Anna aber schwört unter Eid, daß der Bahnhofsvorsteher das Signal rechtzeitig betätigt habe. Freigesprochen, wird der heimkehrende Hudetz von seinen Mitbürgern als Unschuldiger gefeiert. Anna, die sich mehr zu Hudetz als zu Ferdinand, ihrem Verlobten, hingezogen fühlt, bittet den Bahnhofsvorsteher um eine Zusammenkunft am folgenden Abend. An einem entlegenen Ort gesteht die von Gewissensnöten heimgesuchte Wirtstochter, daß sie aus dem Leben scheiden wolle. Hudetz, der jede Schuld am Unglück abstreitet, vollzieht mit ihr die »*Verlobung*«, die sie beide, unbewußt, schon früher herbeigewünscht hatten. In der Umarmung tötet Hudetz, halb wie im Traum, die am Leben verzweifelnde Wirtstochter und flieht. Während die Geister zweier Opfer des Zugunglücks Hudetz zum Selbstmord zu überreden versuchen, beschwört der Geist Annas ihn, weiterzuleben, und Hudetz stellt sich, seiner Schuld inne werdend, dem Gericht.

Die Personen des Dramas gehören, wie in allen Volksstücken Horváths, dem armen Mittelstand an. Sie sind einander darin verwandt, daß sie zur Reflexion, zur wahren Erkenntnis ihrer selbst, ihrer Umwelt und der Tragweite ihres Tuns nicht oder erst zu spät fähig sind. Deshalb verstricken sie sich immer tiefer in Schuld, eine allerdings mehr erlittene als begangene Schuld. »*Er hätt sich nichts zu überlegen*«, hatte Thomas Hudetz gesagt, als er seine wesentlich ältere Frau heiratete. Daß er sie dann aber in der Ehe nicht begehrt, zeigt, wie sehr er und seine Frau es sich vorher hätten überlegen müssen: »*Du warst um dreizehn Jahre älter, du mußtest es wissen und fühlen.*« Aus diesem unreflektierten, »bewußtlosen« Verhalten der Figuren wächst das unabwendbare, im Zugunglück kulminierende Verhängnis. Sowenig Hudetz über seine künftige Ehe nachgedacht hat, sowenig macht er sich bewußt, daß dann in der Ehe seine Gedanken immer wieder zu Anna schweifen. Die tyrannische Eifersucht der Frau Hudetz entspringt ihrem Wissen, daß Thomas sie nicht liebt und zum Treuebruch ständig bereit ist, und dieser Umstand reizt wiederum Anna, dem Bahnhofstvorsteher, den sie insgeheim liebt, einen Kuß zu geben: »*Er hat das Signal vergessen, weil ich ihm einen Kuß gegeben habe, aber ich hätt ihm nie einen Kuß gegeben, wenn er nicht eine Frau gehabt hätte, die er nie geliebt.*« Der leichtsinnige Kuß als die Ursache des Zugunglücks ist zugleich die notwendige Folge des schuldhaften Leichtsinns, daß die Menschen nicht mit sich zu Rate gehen, daß sie ihre Gefühle ebensowenig erhellen wie das Ausmaß ihres Tuns und sich und dem andern verschleiern, was in ihnen vorgeht. Dieser Hang

zum Verschleiern, Sich-Belügen und Aneinander-Vorbeireden findet vorzugsweise in Horváths szenischen und mimischen Anweisungen seinen Ausdruck. Die »*Stille*«, die immer wieder in die Dialoge einbricht, deutet auf verschwiegene, dunkle Gedankengänge, und das stets wiederkehrende Lächeln der Figuren soll die Gemeinheit einer Absicht, einer Meinung oder einer Rede verdecken. Im Verstummen und im Lächeln eröffnet sich die unheimliche Doppelbödigkeit des Dialogs, der fast alle Personen bis zum Schluß verfallen sind. Der Bahnhofsvorsteher wie seine Frau beteuern wiederholt ihre Unschuld, aber die Schlaflosigkeit, an der Hudetz seit dem Unfall leidet und die Hysterie seiner Frau zeugen von verdrängter Schuld. »*Ich bin mir keines Verbrechens bewußt*«, erklärt Frau Hudetz, und ihr Bruder antwortet hellsichtig: »*Das hat nichts zu sagen. Du wirst es halt vergessen haben.*« Endgültig sein »Verbrechen« vergessen will auch Hudetz, wenn er zuletzt Hand an die von Gewissensnot gepeinigte und an sein Gewissen appellierende Wirtstochter legt. Dafür bricht dann in Gestalt von Annas Geist das mühsam verdrängte Bewußtsein der Schuld mit gesteigerter Vehemenz in ihm durch. Indem er sich schließlich dem Gericht stellt, bestätigt er die schon vorher von Anna formulierte mythische Gleichsetzung ihres gemeinsamen Schicksals mit dem von Adam und Eva. Die Schuld erscheint als Ausdruck der Vertreibung aus dem Paradies der Unschuld. Indem Horváth sie aus der Unkenntnis der eigenen Triebe und Handlungen und aus der Verschlossenheit gegenüber den Mitmenschen herleitet, deutet er zugleich indirekt die Möglichkeit an, auf dem Wege er Erkenntnis des Selbst und der Umwelt eine neue Unschuld zu gewinnen.   KLL

AUSGABEN: Emsdetten 1955. – Reinbek 1961 (in *Stücke*, Hg. T. Krischke; Nachw. U. Becher). – Ffm. 1970/71 (in *GW*, Hg. T. Krischke u. D. Hildebrandt, 4 Bde., 1; ³1974). – Ffm. 1981, Hg. T. Krischke (st). – Ffm. 1987 (in *GW*, Hg. T. Krischke, 15 Bde., 1983–1988, 10; m. Komm.; st).

VERFILMUNG: BRD 1961 (Regie: M. Kehlmann).

LITERATUR: J. Strelka, *Ö. v. H. Die Wirklichkeit als Tor zum Irrealen* (in J. S., *Brecht, H., Dürrenmatt. Wege und Abwege des modernen Dramas*, Wien u. a. 1962). – K. H. Czerny, *Ö. v. H. Themen und Technik*, Diss. Univ. of NY 1976. – G. Melzer, *Das Phänomen des Tragischen. Untersuchungen zum Werk von Karl Kraus und Ö. v. H.*, Kronberg/Ts. 1976. – M. Vögele, *Ö. v. H., »Der jüngste Tag«*, Bern u. a. 1983.

JUGEND OHNE GOTT

Roman von Ödön von HORVÁTH, erschienen 1937 und zusammen mit dem Roman *Ein Kind unserer Zeit* unter dem Obertitel *Zeitalter der Fische* 1953 neu veröffentlicht. – Die Verstocktheit des Herzens, die »*Kälte als Schuld*« (Franz Werfel), ist ein Grundmotiv beider Romane: »*Die Erde dreht sich in das Zeichen der Fische hinein. Da wird die Seele des Menschen unbeweglich wie das Antlitz eines Fisches*« (*Jugend ohne Gott*). Verwandt sind beide Werke auch in ihrem Darstellungsprinzip, mit dem Horváth eine »*neue Form*« gefunden hat: »*die Form des lyrisch abgekürzten, dramatisch gespannten, indirekt zeitkritischen Romans*« (Klaus Mann). Aufbau und Stil verraten den Dramatiker Horváth. Als kurze Kapitel reihen sich einzelne relativ selbständige Szenen, meist in Form knapper pointierter Dialoge, aneinander; auch der innere Monolog, in den der Ich-Erzähler immer wieder gerät, ist durch Fragen und Ausrufe dialogisch aufgelockert. Dramatische Höhepunkte schafft Horváth zumal dort, wo er den Bericht unversehens in die Darstellung von Situationen übergehen läßt, die durch unmerkliche Tempuswechsel das Vergangene unmittelbar präsent werden lassen. Die assoziativ-sprunghafte Folge lakonischer, oft telegrammartig verkürzter Sätze steigert die den Redewechseln und Situationen immanente untergründige Spannung und evoziert eine Atmosphäre ungreifbarer Bedrohung. So sehr lenken die dramatischen Stilmittel die Aufmerksamkeit des Lesers auf den Ablauf des Geschehens, daß die darin verborgene, zeitkritische Problemstellung nicht unmittelbar bewußt wird.

Das faschistische Verhalten einer Schulklasse soll den in Deutschland am Vorabend der nationalsozialistischen Machtergreifung herrschenden Geist enthüllen. Gleich zu Beginn des Romans wird der Ich-Erzähler, ein junger, an humanistischen Idealen orientierter Lehrer, Zeuge eines unwürdigen Streits, den seine Schüler um eine Semmel austragen. Wenig später erhält der Lehrer einen weiteren bedenklichen Beweis für die Gesinnung der Klasse, als die Schüler ihm schriftlich ihr Mißtrauen bescheinigen. Des Lehrers summarische Charakteristik: »*Eine schreckliche Bande . . . Alles Denken ist ihnen verhaßt! Sie pfeifen auf den Menschen! . . . Ihr Ideal ist der Hohn*«, wirkt trotz dieser Symptome als unreflektierte, simplifizierende Verurteilung Unmündiger, die, vierzehnjährig, der Ideologie der Erwachsenen notwendig verfallen sind. Die politische Dämonisierung der Schüler durch das Medium ihres moralisierenden Lehrers enthüllt sich vollends als willkürlich in einem vormilitärischen Ausbildungslager, wo die Klasse die Osterferien zubringen muß: denn weder im Diebstahl eines Fotoapparats noch in den pubertären Wirren eines Jungen und eines Mädchens, die für den Diebstahl mitverantwortlich sind, noch in den daraus entstehenden Mißverständnissen und Händeln manifestiert sich etwas schlechthin Böses; ebensowenig werden in diesen Episoden allgemeinere zeitgeschichtliche Vorgänge symbolisch transparent. Die Zwistigkeiten dieser »Jugend ohne Gott« kulminieren schließlich in einem Mord. Der Lehrer, der sich bemüht, den Diebstahl aufzuklären, beschädigt im Verlauf seiner heimlichen Nachforschungen das Kästchen eines Schülers, worin dieser sein Tagebuch aufbewahrt, verschweigt aber aus Feigheit seine Tat und macht sich so am Streit der Schüler und am Mord mitschuldig. Unversehens findet er sich verstrickt in ein »*Leben des Elends und der Widersprüche*«, das ihm als ein »*ewiges Meer der Schuld*« erscheint, aus dem »*einzig und allein die göttliche Gnade und der Glaube an die Offenbarung retten kann*«. In dieser Entwicklung kommt die Überlagerung der zeitkritischen Perspektive des Romans durch religiöse Gedankengänge unmittelbar zum Ausdruck. Der Diebstahl und seine verhängnisvollen Konsequenzen stellen sich als Folge einer mit dem Dasein selbst gesetzten Erbsünde oder Urschuld dar, die »*wie ein Raubvogel ihre Kreise zieht*«. Sie verflüchtigt sich im Roman aber zur Schuld eines einzelnen, des Schülers T. Während der Gerichtsverhandlung über den unaufgeklärten Mord gesteht der Lehrer, unmittelbar von Gott angerufen, die Wahrheit und muß deshalb seine Stellung aufgeben. Er rüttelt damit das Gewissen anderer Zeugen wach und entlarvt endlich den Mörder, unterstützt von einigen Jugendlichen.

Der künstlichen Idealisierung des Lehrers, des »*einzigen Erwachsenen, der die Wahrheit liebt*«, und der Jungen, die sich für »*Wahrheit und Gerechtigkeit*« engagieren wollen, entspricht andererseits die Verteufelung des Schülers T., mit »*hellen runden Augen*«, »*wie ein Fisch*«. »*Er wollte alle Geheimnisse ergründen, aber nur, um darüberstehen zu können – darüber mit seinem Hohn.*«

Sowenig die Schulklasse anfangs zur Illustration des faschistischen Geistes taugte (den z. B. BRECHT aus ähnlichen, scheinbar privaten Anlässen, in den Szenen *Furcht und Elend des Dritten Reiches*, 1935–1938, weit bedrängender vergegenwärtigt hat), sowenig läßt sich die Gestalt eines beliebigen, am herrschenden Ungeist schuldlosen Schülers in eine Allegorie der Unmenschlichkeit verwandeln. Die Ohnmacht seines unpolitischen Ethos veranlaßt den Lehrer am Ende, diese »*Divisionen der Charakterlosen unter dem Kommando von Idioten*« zu verlassen und nach Afrika zu emigrieren. Damit bleibt der Zeitgeist nur atmosphärischer Hintergrund eines Geschehens, das durch seinen Ablauf, durch Entstehung, Verschleierung und Enthüllung eines Mords, eine eigene, durch dramatische Stilmittel intensivierte Spannung erzeugt, die den Problemgehalt des Romans zurücktreten läßt.

KLL

AUSGABEN: Amsterdam 1938 [recte 1937]. – Wien 1948. – Wien 1953 (in *Zeitalter der Fische*, 2 Bde., 2; ern. Mchn. 1965). – Wien o. J. [1968] (in *Zeitalter der Fische*; ern. Wien u. a. 1969). – Ffm. 1970/71 (in *GW*, Hg. T. Krischke u. D. Hildebrandt, 4 Bde., 3; ³1978). – Ffm. 1971 (st). – Ffm. 1983 (in *GW*, Hg. T. Krischke, 15 Bde., 1983–1988, 13; m. Komm.; st). – Ffm. 1987 (BS).

VERFILMUNG: *Nur der Freiheit gehört unser Leben*, BRD 1969 (Regie: E. Itzenplitz). – *Wie ich ein Neger wurde*, BRD 1970 (Regie: P. Gall).

LITERATUR: J. Krammer, *Ö. v. H.s Romane* (in Österreich in Geschichte und Literatur, 13, 1969, S. 240–251). – H. Karasek, *Das Prosawerk von Ö. v. H.* (in *Über Ö. v. H.*, Hg. D. Hildebrandt u. T. Krischke, Ffm. 1972, S. 79–83). – W. Kaiser, *»Jugend ohne Gott«, ein antifaschistischer Roman?* (in *Faschismuskritik u. Deutschlandbild im Exilroman*, Hg. Chr. Fritsch, Bln. 1981, S. 36–52). – K. Umlauf, *Exil, Terror, Illegalität (Exil-Romane 1933–1945)*, Bern 1982, S. 35–51. – *»Jugend ohne Gott«. Materialien*, Hg. T. Krischke, Ffm. 1984 (st).

KASIMIR UND KAROLINE

Volksstück in 117 Szenen von Ödön von HOR-VÁTH, Uraufführung: Leipzig, 18. 11. 1932, Schauspielhaus. – Der Lastwagenfahrer Kasimir, der infolge der Wirtschaftskrise gerade seine Arbeit verloren hat, und seine Braut Karoline, eine kleine Angestellte, besuchen das Münchener Oktoberfest. Ihm steht der Sinn nicht nach Lärm und Trubel; sie geraten bald in Streit, der sich an der harmlosen Erscheinung eines Zeppelins entzündet, und Kasimir läßt das Mädchen stehen. An einer Eisbude spricht sie der Kanzlist Schnürzinger an und trägt zu Karolines innerer Verwirrung bei, als er bemerkt, *»daß, wenn der Mann arbeitslos wird, die Liebe seiner Frau zu ihm nachläßt, und zwar automatisch«.* Von diesem Gedanken halb abgestoßen, halb auch davon fasziniert, fährt Karoline mit Schnürzinger auf der Achterbahn. Kasimir, der periodisch im Hintergrund auftaucht und seine Braut beobachtet, ist inzwischen Franz und dessen Braut Erna begegnet, die sich mit Diebereien ihren Lebensunterhalt verdienen. Schnürzinger dagegen trifft zufällig seinen Chef, den Kommerzienrat Rauch, der sich gleich für die hübsche Karoline interessiert und die beiden zum Trinken, ins Hippodrom und ins Kuriositätenkabinett einlädt. Rauch gelingt es schließlich, mit Karoline allein zu bleiben. Sie begleitet ihn zu seinem Auto, das Franz soeben ausgeraubt hat, während Kasimir und Erna Schmiere standen. Beim Fahren wird es dem betrunkenen Rauch übel; erst in der Sanitätsstation kommt er wieder zu sich und will nun von Karoline nichts mehr wissen, obwohl sie ihm durch ihre Geistesgegenwart gerade das Leben gerettet hat. Karoline sieht, daß der ertappte Franz abgeführt wird und Kasimir sich mit Erna tröstet. Von Kasimir zurückgestoßen, begnügt sie sich ihrerseits mit dem wiederaufgetauchten Schnürzinger.

Nur momentan kommt Karoline das Erbärmliche dieses Gefühls- und Menschenrummels zu Bewußtsein, als sie erkennt, daß sie nicht mehr die Triumphierende, Stärkere ist, sondern sich in die Lage der Benachteiligten, Beiseitegeschobenen versetzt sieht; indessen fällt sie schnell wieder in die für die Menschen dieses Stücks charakteristische illusionäre Selbsttäuschung zurück. Die am Ende kurz und grell aufleuchtende Demaskierung eines auf den ersten Blick völlig normalen, gleichwohl aber sich selbst betrügenden Bewußtseins, die für Horváths »Volksstücke« ganz allgemein charakteristisch ist, wird in *Kasimir und Karoline* in besonders virtuoser Weise durch den pointierten Szenenwechsel vorbereitet und in steter Steigerung zum Eklat geführt.

Die manchmal nur aus einem musikalischen Motiv (einem tuschartig aufklingenden Marsch oder Schlager, den die Personen mitsingen oder nur mit anhören) oder aus einem pantomimischen Szenen- und Personenwechsel bestehenden, sich überstürzenden Miniaturszenen, die wie nebenbei auch den Pulsschlag eines Volksfests spüren lassen, leben vor allem aus dem scharfen Kontrast zwischen der gehässigen, verkrampften oder hilflosen Gefühlswelt der auftretenden Figuren und dem kitschig-süßen Abgesang gängiger Schlagertexte – ein planvoll und mit gelassenem theatralischem Raffinement gehandhabter Kunstgriff, der in sich schon einen ätzend-scharfen Kommentar darstellt. In der Sprache, die als genaues soziales Indiz ihre Träger kennzeichnet, entsteht ein begleitender kontrastreicher Zusammenklang aus derbem Dialekt und dem präzise nachgebildeten schichtenspezifischen schnoddrigen oder grotesken Jargon der Höhergestellten und Halbgebildeten.

Die von Horváth bevorzugte anekdotische, das Eigenleben der Personen betonende offene Schauspielform entfaltet sich hier besonders frei in einem melancholisch-trüben Reigen, der sich unmerklich einem Totentanz annähert, unter dem Gaudium das Skelett hervorscheinen läßt. Der Rummelplatz ist nicht so sehr Karussell als vielmehr Spiegel der *»unglücklich verstädterten Menschen, die früher einmal Volk waren«* (J. Bab), eines entwurzelten und kleinbürgerlich korrumpierten Proletariats. Horváth führt mit diesem wie mit anderen seiner spezifisch modernen Volksstücke die Tradition des Nestroyschen Volkstheaters im 20. Jh. zu einem neuen Höhepunkt.   K.E.

AUSGABEN: Reinbek 1961 (in *Stücke*, Hg. T. Krischke; Nachw. U. Becher). – Bln. 1969 (in *Dramen*, Hg. D. Huhn u. H. Schneider). – Ffm. 1970/71 (in *GW*, Hg. T. Krischke u. D. Hildebrandt, 4 Bde., 1; ³1974). – Ffm. 1972 (Nachw. T. Krischke; BS). – Wien u. a. 1982. – Ffm. 1986 (in *GW*, Hg. T. Krischke, 15 Bde., 1983–1988, 5; m. Komm.; st).

VERFILMUNG: BRD 1959 (Regie: M. Kehlmann).

LITERATUR: J. Bab, *Deutsche Bühnenkunst* (in Die Hilfe, 39, 1933, S. 358). – A. Kerr, *»Kasimir und Karoline«* (in *Materialien zu Ö. v. H.*, Hg. T. Krischke, Ffm. 1970). – U. Jenny, *Ö. v. H.s Größe und Grenzen* (in *Über Ö. v. H.*, Hg. D. Hildebrandt u. T. Krischke, Ffm. 1972). – *»Kasimir und Karoline«. Materialien*, Hg. T. Krischke, Ffm. 1973 (es). – J. Hein, *»Kasimir und Karoline«* (in *Dt. Dramen*, Hg. H. Müller-Michaels, Bd. 2, Königstein/Ts. ²1985, S. 42–67).

EIN KIND UNSERER ZEIT

Roman von Ödön von HORVÁTH, erschienen 1938. – Das letzte Werk Horváths steht seiner Thematik nach – der Idee der seelischen »*Kälte als Schuld*« (Franz Werfel) – in unmittelbarer Nachbarschaft des Romans *Jugend ohne Gott* (1938). In der Ichform legt ein desillusionierter junger Mensch seine Gedanken und Erlebnisse nieder. Längere Zeit als Arbeitsloser ziellos vor sich hinlebend, hat er als Soldat »*in Reih und Glied*« endlich »seine Linie« gefunden. Er identifiziert sich mit dem Geist der »*Führer*«, deren Brutalität und politische Doppelzüngigkeit er durchschaut und zugleich rechtfertigt: »*Ohne Lüge gibt's kein Leben.*« Als das Vaterland bedroht ist und den Freiwilligen befohlen wird, ein kleines wehrloses Land zu überfallen, distanziert sich der vom Protagonisten verehrte Hauptmann von den Greueltaten seiner Leute, und sucht im Gefecht den Tod. Bei seinem Versuch, den Hauptmann zu retten, wird dem jungen Soldaten der Arm zerschossen, doch gelingt es ihm noch, dem Toten einen Brief aus der Hand zu nehmen. Nach einem Aufenthalt im Krankenhaus überbringt er der Witwe des Gefallenen diesen Brief und bleibt auch die Nacht mit ihr zusammen. Dabei wird sein noch nicht ausgeheilter Arm, auf den die Frau zu liegen kommt, für immer unbrauchbar. Als Invalide kriegsuntauglich und arbeitslos, zieht er zu seinem Vater, einem heruntergekommenen Kellner, beginnt über seine Vergangenheit nachzudenken und erkennt seine wachsende Entfremdung von der Umwelt und vom Vaterland (»*Unsere Führer sind eben große Betrüger*«). Es treibt ihn zur Kasse des »*verwunschenen Schlosses*« eines Rummelplatzes, wo er einst ein Mädchen beobachtet hatte, dem er sich aber damals aus Schüchternheit nicht zu nähern wagte. Statt des »*verwunschenen Schlosses*« findet er ein eine Autohalle vor, »*wo die Menschen in kleinen Autos herumfahren, immer im Kreise, immer einer allein*«. Das Mädchen aber sitzt wegen Abtreibung im Gefängnis. Der junge Invalide stellt den verstockten Buchhalter, der die Entlassung des Mädchens nicht verhindert hatte, zur Rede. In einem Anfall verzweifelter Raserei schlägt er den gefühlskalten Mann nieder: »*Denn jeder, der da sagt, auf den einzelnen kommt es nicht an, der gehört weg.*« Aber die späte Einsicht, daß Gefühlskälte Schuld bedeutet und ein wirkliches Verbrechen ist, kann er für sein eigenes Leben nicht mehr realisieren. Er resigniert in dem bitteren Trost: »*die Kälte wird wärmer werden*«. In einer Winternacht setzt er sich tödlichem Frost aus und erstarrt: »*Das Bewußtsein einer großen Kälte ist die letzte Erinnerung, das erste Gefühl, das der Erfrierende aus dem Jenseits empfängt*« (T. Krischke). Ohne ihre wirtschaftlichen und politischen Ursachen zu erhellen, läßt Horváth seinen Erzähler in der glanzlosen, unpathetischen Sprache des Alltags Krankheitserscheinungen seiner Zeit beschreiben: Er schildert naiv die faschistoide Haltung der »*Führer*«, die den Kampf »*gegen organisiertes Untermenschentum*« befehlen, und den Ungeist der

Geführten, die sich mit den vorgesetzten Lügen zurechtfinden und ohne sie nicht mehr leben wollen. Horváth präsentiert gelegentlich, ähnlich wie in seinen Stücken, trostlose, verzweifelte Situationen in der Form einer Komik, die das Versagen der Figuren bewußt macht, ihre Unfähigkeit, sich selbst und ihre Umwelt erkennend zu durchdringen; die Sprache dient »*als Mittel des Komischen (Komik des Unbewußten). Eine Komik, der Groteske benachbart und an tragische Bereiche grenzend*« (T. Krischke). Knappe lyrische Passagen durchbrechen die vorwiegend realistische Erzählung, mitunter wird die Realität mit surrealistischen Elementen durchsetzt. Das Thema der Weltkälte wird in zahlreichen symbolischen Bildern immer wieder aufgenommen und neu abgewandelt. Horváths resignierte Humanität äußert sich indirekt darin, daß der Ich-Erzähler aus seinem klischeehaften, manipulierten Denken zu einer politisch machtlosen und unrealisierbaren höheren Einsicht findet, d. h. »*zum Grauen vor der Gegenwart und zur religiösen Schulderkenntnis der absoluten Lieblosigkeit erwacht*« (F. Werfel).

KLL

AUSGABEN: Amsterdam 1938. – NY/Toronto 1938. – Wien 1951 [Vorw. F. Werfel]. – Wien 1953 (in *Zeitalter der Fische*, 2 Bde., 1; ern. Mchn. 1965). – Wien o. J. [1968] (in *Zeitalter der Fische*; ern. Wien u. a. 1969). – Ffm. 1970/71 (in *GW*, Hg. T. Krischke u. D. Hildebrandt, 4 Bde., 3; ³1978). – Ffm. 1973 (st). – Ffm. 1985 (in *GW*, Hg. T. Krischke, 15 Bde., 1983–1988, 14; m. Komm.; st).

LITERATUR: J. Krammer, *Ö. v. H.s Romane* (in *Österreich in Geschichte und Literatur*, 13, 1969, S. 240–251). – H. Karasek, *Das Prosawerk von Ö. v. H.* (in *Über Ö. v. H.*, Hg. D. Hildebrandt u. T. Krischke, Ffm. 1972, S. 79–83).

SLADEK ODER DIE SCHWARZE ARMEE

»Historie in drei Akten« von Ödön von HORVÁTH, entstanden 1927/28; Uraufführung: München, 26. 3. 1972, Kammerspiele. Eine überarbeitete zweite Fassung erhielt den Titel *Sladek, der schwarze Reichswehrmann*; Uraufführung: Berlin, 13. 10. 1929, Lessing-Theater (Matinee-Vorstellung der »Aktuellen Bühne«). – Seit den frühen zwanziger Jahren versuchte die deutsche Wehrmacht, wie die Zeitschrift ›Die Weltbühne‹ 1925 aufdeckte, ihre Truppenstärke über die durch den Versailler Vertrag gezogenen Grenzen hinaus aufzustocken. Diese heimliche Aufrüstung vollzog sich in Form von »Vaterländischen Verbänden«, die, mitunter als Arbeitskommandos getarnt, als Kader für eine Reservetruppe, für eine »Schwarze Reichswehr«, dienten. Abtrünnige dieser Verbände wurden Opfer von Fememorden. Die von der ›Weltbühne‹ publizierten Artikel, 1926 auch als Buch veröffentlicht (C. Mertens, *Verschwörer und Fememörder*), führten bezeichnenderweise nicht zur Aufdeckung der Skandale um die Reichswehr und die Fememorde, sondern zur Verfolgung der Redakteure der ›Weltbühne‹, die seit Mai 1927 von C. v. OSSIETZKY geleitet wurde, wegen Landesverrat. Eine Veränderung schien sich Ende 1927 anzubahnen, als im Zusammenhang mit der sog. Phoebus-Affäre offiziell bekannt wurde, daß die Reichswehr neben regulären, ausgewiesenen Etatgeldern noch über umfangreiche Geheimfonds verfügte und Reichswehrminister Otto Geßler deshalb 1928 zurücktreten mußte. Seit 1927 hatte sich Horváth eingehender mit diesen Entwicklungen beschäftigt. Bis Mai 1928 war die erste Fassung des Stücks in jedem Falle beendet; die Vorgänge um Geßler und das die demokratischen Kräfte stabilisierende Ergebnis der Reichstagswahl vom Mai 1928 waren, so T. KRISCHKE, vielleicht Anlaß für Horváth, eine Neufassung vorzunehmen und das Stück nun eine *Historie aus dem Zeitalter der Inflation* zu nennen, denn, wie er 1929 in einem Interview erklärte: *»Die inhaltliche Form meines Stückes ist historisches Drama, denn die Vorgänge sind bereits historisch. Aber seine Idee, seine Tendenz ist ganz heutig.«*

Horváth beleuchtet die Machenschaften der schwarzen Armee und die Versuche ihrer Vertuschung aus der Perspektive zweier Hauptfiguren, Franz und Sladek. Franz, linker Journalist, untersucht die Vorgänge um die schwarze Armee *(»Sie nennen sich schwarze Armee, weil sie nur als Geheimnis existieren können. Und der es verrät, der stirbt.«)* und trifft bei einer Versammlung von *»Hakenkreuzlern«* auf Sladek, in dessen Kopf die Phrasen und analogischen Erklärungsmuster der Rechtsradikalen ein autoritäres Stereotyp ergeben *(»In der Natur wird gemordet, das ändert sich nicht. Das ist der Sinn des Lebens, das große Gesetz. Es gibt nämlich keine Versöhnung. Die Liebe ist etwas Hinterlistiges. Liebe, das ist der große Betrug. Ich hab keine Angst vor der Wahrheit, ich bin nämlich nicht feig.«)*. Da er ohne Beruf und Arbeit ist, wird Sladek von der Wirtin Anna ausgehalten, deren Mann zu den Vermißten des Krieges zählt. Aus Angst, daß sie, die *»schon mal alles für das Vaterland geopfert«* hat, nun Sladek an die schwarze Armee verliert, droht sie, diese zu verraten und wird daraufhin von Sladeks Kumpanen mit dessen Mithilfe ermordet. Im Hauptquartier der schwarzen Armee begegnet Sladek erneut Franz, der dort gefangen ist. Er entgeht nur knapp der Feme, da der schwarzen Reichswehr durch einen Bundessekretär die Auflösung verkündet wird: *»Da sich … die innerpolitische Lage überraschenderweise derart konsolidiert hat, daß zur Niederschlagung einer kaum zu erwartenden Linksrevolution die vorhandenen regulären Machtmittel des Staates ausreichen, andererseits die außenpolitische Lage (…) die Möglichkeit … der wirtschaftlichen Annäherung der Nationen erhoffen läßt«*.

Franz und Sladek kommen beide vor Gericht. Franz wegen *»versuchten Landesverrats«*, weil er die Vorgänge um die schwarze Armee in einem Artikel publik gemacht hat *(»Ist es nicht grotesk, daß mich nun die Justiz dieser Republik, für deren Leben ich fast fiel, verurteilen will, weil ich sie vor ihren falschen Freunden warne?«)*, Sladek wegen Mordes; seine Freunde *(»Wir kennen keinen Sladek!«)* haben ihn im Stich gelassen. Die letzte Szene sieht ihn, gegen den der Staatsanwalt lebenslänglich beantragte, am Hafen, um nach Südamerika auszureisen; er ist amnestiert, oder, in den Worten Sladeks: *»Man hat unter mich einen Schlußstrich gezogen.«* – Die zweite Fassung – die Figur des Franz heißt nun *»Schminke«* – läßt das Stück mit der Auflösung der schwarzen Reichswehr enden; reguläre Truppen setzen dies gewaltsam durch, Sladek kommt dabei um. Der Bundessekretär, die Personifikation des Staates, darf das Schlußwort sprechen: *»Die furchtbaren Tage der Inflation haben wir nun gottlob überwunden. Das deutsche Volk befindet sich im kraftvollen Wiederaufstieg. Es hat Unglaubliches ertragen und Ungeheures vollbracht.«* Horváth zeichnete in der Figur des Sladek ein hellsichtiges Portrait jenes *»autoritären Charakters«* (Th. W. Adorno), der mit seinen Sauberkeits- und Reinheitsidealen *(»Ich küß nicht gern so, so sinnlich.«)*, seinen Sehnsüchten nach einem einfachen, umfassenden Weltbild, seinen trivialen Psychologisierungen *(»Heut sind alle Staaten gegen uns … Weil wir wehrlos sind, das ist dann immer so.«)*, seinen Analogisierungen *(»Ohne Mord gibt es kein Leben, geht es nicht weiter.«)* und seiner latenten Infantilität so kennzeichnend für die nationalistischen Bewegungen der Weimarer Zeit war: *»Ein ausgesprochener Vertreter jener Jugend, jenes ›Jahrgangs 1902‹, der in seiner Pubertät die ›große Zeit‹, Krieg und Inflation, mitgemacht hat, ist er der Typus des Traditionslosen, Entwurzelten, dem jedes feste Fundament fehlt und der so zum Prototyp des Mitläufers wird«*, wie der Autor selbst anläßlich der Uraufführung von *Sladek, der schwarze Reichswehrmann* 1929 festhielt.

Die Kritik nahm das Stück reserviert auf; auf Herbert JHERING wirkte es inhaltlich *»dürftig und irreführend«*, Alfred KERR konstatierte: *»Propagandastück mit Kunst? Manchmal. Zwischendurch Spuren eines Dichters«*. Das Stück, dessen Originalmanuskripte verloren sind und von dem lediglich die alten Textbücher der *»Volksbühne«* von 1928/29 erhalten blieben, geriet anschließend in Vergessenheit; erst im Gefolge der Horváth-Renaissance in den sechziger Jahren erschien der Text in Buchform und kam es zur Uraufführung der ersten Fassung, die, nach dem Urteil von Dieter HILDEBRANDT, nicht nur *»mehr Farbe und Material«* enthält, sondern auch *»provokativer, lebendiger ist«*.

M.Me.-KLL

AUSGABEN: Bln. 1929 (in Das Theater, Februar 1929; Abdruck von drei Szenen aus *Sladek*, Erster Akt). – Bln. 1967 (in Theater heute, H. 8, S. 54–60; *Sladek, der schwarze Reichswehrmann*). – Bln. 1969 (in *Dramen*, Hg. D. Huhn u. H. Schneider). – Ffm. 1970/71 (in *GW*, Hg. T. Krischke u. D. Hildebrandt, 4 Bde., 1). – Ffm. 1974 (mit Dokumentation, Nachw. D. Hildebrandt; st). – Ffm. 1986 (in *GW*, Hg. T. Krischke, 15 Bde., 1983 bis 1988, 2; st).

LITERATUR: M. E. Leoni, *Ö. v. H. -»Spießertum« e »Demaskierung des Bewußtseins«*, Diss. Bologna 1966. – W. Boelke, *Die »entlarvende« Sprachkunst Ö. v. H.s. Studien zu seiner dramaturgischen Psychologie*, Diss. Ffm. 1970. – D. Cyron-Hawryluk, *Zeitgenössische Problematik in den Dramen Ö. v. H.s*, Breslau 1974. – M. Walder, *Die Uneigentlichkeit des Bewußtseins. Zur Dramaturgie Ö. v. H.s*, Bonn 1974. – K. R. Winston, *H.'s Studies. Close Readings of Six Plays (1926–1931)*, Bern u. a. 1977. – B. Strauß, *Die vertierte Vernunft und ihre Zeit. Zu Ö. v. H.s Stück »Sladek...«* (in B. S., *Versuch, ästhetische und politische Ereignisse zusammenzudenken*, Ffm. 1987, S. 77–84).

MOḤAMMAD BĀQER ḤOSROWI

* 1850 Kermanschah
† 1919

ŠAMS O ṬOĠRA

(iran.-npers.; *Šams und Toġra*). Romantrilogie von Moḥammad Bāqer Ḥosrowi, erschienen 1910. – Der erste Teil der Trilogie trägt den Titel des Gesamtwerkes, der zweite ist *Māri-e Wenisi (Marie von Venedig)* und der dritte *Ṭoġril o Homā (Ṭoġril und Homā)* betitelt.
Der Roman spielt während der Mongolenherrschaft in der Provinz Fars zur Zeit des Dichters SAʿDI (1213/1219–1292), ist jedoch kein historischer, sondern vielmehr ein Abenteuer- und Sittenroman. Im Mittelpunkt der weitläufigen Handlung steht der aus einer alten iranischen Adelsfamilie stammende Šams. Wie die meisten persischen Landadligen seiner Zeit verabscheut er die mongolischen Eindringlinge, ist aber, um seinen Besitz zu sichern, dennoch bereit, sich mit ihnen zu arrangieren. Er verliebt sich in Toġra, die Tochter eines mongolischen Fürsten, muß aber viele Heldentaten vollbringen und zahlreiche Abenteuer bestehen, ehe er sie heiraten kann. Teil 2 der Trilogie handelt von Šams' Liebe zu der Christin Marie von Venedig, die er mit Einverständnis seiner Frau Toġra zu seiner zweiten Gattin macht. Auch als Šams mit einer dritten Frau, der Vasallenkönigin Abiš Hātun, intime Beziehungen anknüpft, wird dadurch das glückliche Verhältnis mit seinen beiden Ehegatten nicht betrübt, sondern alle drei Frauen fühlen sich glücklich. Das Hauptthema des dritten Teils ist die Liebe Toġrils, des einzigen Sohnes des Zentralhelden Šams, zu Homā, der Tochter der Königin Abiš Hātun. Mit der Heirat der beiden Liebenden endet das Werk.
Hosrowi ist zweifellos durch europäische Romane, die zu Beginn des 20. Jh.s ins Persische übersetzt wurden (z. B. *Les trois mousquetaires* von A. DUMAS Père), beeinflußt worden, aber er schöpft auch aus der Tradition der persischen volkstümlichen Romane und romantischen Dichtungen. Für den historischen Hintergrund seines Romans hat er persische Geschichtswerke als Quellen benützt, aus denen er sogar zuweilen Zitate bringt. In der Romanhandlung überwiegen jedoch Abenteuer aller Art, die ausführlich beschrieben werden. Besonders aufschlußreich ist die Schilderung der an den Fürstenhöfen herrschenden Sitten und Gebräuche sowie die Beschreibung der zahlreichen von den Helden unternommenen Reisen. – Die eigentliche Bedeutung des Werkes liegt aber darin, daß der Autor, indem er als erster den Versuch unternahm, die europäische Romantechnik des 19. Jh.s mit alter heimischer Tradition zu verschmelzen, ein neues Genre in die persische Literatur einführte. B.A.

AUSGABEN: Kermanschah 1910. – Teheran ²1950/51. – Teheran ³1964 [1. Bd.].

LITERATUR: B. Nikitine, *Le roman historique dans la littérature persane actuelle* (in JA, 223, 1933, S. 297–336). – F. Machalski, *Historyczna powieść perska wspólczesnej doby*, Krakau 1952. – Ders., *»Šams et Toġrā«, roman historique de M. B. H.* (in *Charisteria Orientalia. Fs f. J. Rypka*, Hg. F. Tauer u. a., Prag 1956, S. 149–163). – H. Kamshad, *Modern Persian Prose Literature*, Cambridge 1966, S. 43–45.

EUGENIO MARÍA DE HOSTOS Y BONILLA

* 11.1.1839 Mayagüez
† 11.8.1903 Santo Domingo

PEREGRINACIÓN DE BAYOÁN

(span.; *Bayoáns Pilgerfahrt*). Roman von Eugenio María de HOSTOS Y BONILLA (Puerto Rico), erschienen 1863. – Das Werk enthält das »innere Tagebuch« des Titelhelden, vom Autor, der als fiktiver Herausgeber auftritt, zur Romanhandlung ausgestaltet und ergänzt. Diese Handlung hat ebenso wie die darin auftretenden Personen und die Titelfigur selbst allegorischen Charakter. Sie symbolisiert die Verwirklichung des politischen Traums, dem Hostos sein Leben lang anhing: die Befreiung der Antillen – Puerto Rico, Kuba und Haiti – von der Fremdherrschaft und ihre Vereinigung in einem unabhängigen Staat. In diesem Prozeß übernimmt Puerto Rico in der Gestalt Bayoáns die Führung. Heimatlos pilgert er durch die Lande: »... *denn die Stätte, an der wir geboren sind, ist keine Heimat ... wenn ihr Glück von Menschen abhängt, die sie verachten ...«*. Auf seiner Pilgerfahrt gelangt Bayoán in das Haus seines Freundes Guaronex (Haiti) und verliebt sich in dessen Tochter Darién (Kuba).

Da sich der Vereinigung beider unüberwindliche Hindernisse entgegenstellen, bricht Bayoán zu neuer Pilgerfahrt auf. Als er wiederkehrt, ist Darién vor Sehnsucht erkrankt. Nun reisen Bayoán und sein Freund mit ihr nach Spanien, wo sie Genesung finden soll. Doch ihre Krankheit wird schlimmer; sie stirbt. Bayoán, aller Bindungen ledig, zieht wieder aus zur Pilgerfahrt nach der Freiheit.

Nicht durch den künstlichen, gewollt symbolhaften Charakter dieser dürftigen Handlung besitzt das Werk bleibenden Wert. Am meisten überzeugt das »innere Tagebuch« Bayoáns, das erfüllt ist von Betrachtungen, Stimmungen, Szenen höchst persönlicher Art, wenn sie auch ihre Abstammung von GOETHE *(Werther),* BYRON und FOSCOLO nicht verleugnen. Auch die sprachliche Gestaltung macht die Bedeutung dieses Romans aus. Es ist eine exklamative, lebhafte, sinnliche Sprache, farbig, voll Phantasie, eine lyrische Prosa von großer dichterischer Ursprünglichkeit.   A.F.R.-KLL

AUSGABEN: Madrid 1863. – Santiago de Chile 1867. – Havanna 1939 (in *Obras completas,* 20 Bde., 8). – San Juan/Puerto Rico 1969 (in *Obras completas,* Bd. 8). – Río Piedras/Puerto Rico 1970; ern. 1981. – Havanna 1980.

LITERATUR: E. C. de Hostos, *E. M. de H., Promoter of Pan Americanism,* Madrid 1953 [m. Bibliogr.]. – A. S. Pedreira, *H., ciudadano de América,* San Juan/ Puerto Rico 1965. – A. Maldonado Denis, *H., el Antillano* (in CA, 31, 1972, Nr. 5, S. 92–107). – F. M. Cabrera, *H.: Vivir peregrinante en confesión* (in Sin nombre, 4, 1973, Nr. 4, S. 5–22). – D. Lagmanovich, *La crítica literaria in H.* (ebd., S. 23–29).

EGON HOSTOVSKÝ

* 23.4.1908 Hronov
† 7.5.1973 New York

LITERATUR ZUM AUTOR:
J. Hora, *E. H.* (in Světozor, 1934). – *Padesát let E. H.,* Hg. J. Pistorius, NY 1958. – V. Honzl, *Dialog s E. H.* (in Lidová demokracie, 23. 4. 1968). – Z. Kožmin, *E. H. a český kontext* (in Host do domu, 16, 1969). – M. Pohorský, *Zpráva o E. H.* (in Listy, 1, 1969). – *E. H. Vzpomínky, studie a dokumenty o jeho díle a osudu,* Hg. R. Šturm, Toronto 1974.

SEDMKRÁT V HLAVNÍ ÚLOZE

(tschech.; *Siebenmal in der Hauptrolle*). Roman von Egon HOSTOVSKÝ, erschienen 1942. – Das Werk gehört zu einer Dreiergruppe von Prosawer-

ken, die der Autor als Flüchtling vor dem Nazismus im amerikanischen Exil schrieb und zu der noch *Listy z vyhnanství,* 1941 *(Blätter aus der Verbannung),* und *Úkryt,* 1943 *(Das Versteck),* gehören. »Dieser *Roman ist ein äußerst interessantes Beispiel für ein metaphysisches literarisches Werk, das sich auf einen politischen Stoff bezieht«* (G. Greene).

Im Mittelpunkt des Romans steht die psychologische Analyse des Prager Schriftstellers Josef Kavalský, die Schilderung seiner despotischen Beziehungen zu seinen sieben Freunden, die er in jeder Hinsicht ausnutzt. Einer der sieben, Kavalskýs Doppelgänger Jaroslav Ondřej, erzählt den Roman. Kavalský stellt den Typ des »verfemten« Dichters, des innerlich ausgehöhlten, zynischen Intellektuellen der dreißiger Jahre dar, eines zerrütteten Skeptikers und Zerstörers aller Illusionen und moralischen Werte. Gespalten in die Gestalt des Propheten und des teuflischen Verführers, verkörpert er die Krise einer rein analytischen Weltauffassung, die in die Unfähigkeit zu handeln und in Nihilismus mündet. Ein solcher Mensch konnte den aufkommenden Faschismus als reine und starke Schöpferkraft begrüßen und mit ihm kokettieren als dem befreienden Ausweg aus Chaòs, Passivität und Defaitismus. Hostovský erhebt seinen Helden zum Symbol des ohnmächtigen Vorkriegseuropa und klagt in ihm die europäischen Intellektuellen an, die sich der Nichtanwendung ihrer Erkenntnisse schuldig machten, deren Diagnose des Krisenzustands der gegenwärtigen Zivilisation aber der Faschismus leicht mißbrauchen konnte. Die von Hostovský ausgesprochenen Beschuldigungen haben zugleich das Pathos der Selbstanklage. – Bei einer geheimen Zusammenkunft, wo die Elite der europäischen Bildung zu direkten Diensten für den Faschismus geworben werden soll, werden Kavalský die Augen geöffnet. Doch selbst jetzt findet er keinen Ausweg im Handeln, sondern verabsolutiert seine Befürchtungen, indem er nun apokalyptische Visionen des Untergangs literarisch gestaltet. Auf der Flucht vor den Kräften des Verderbens stirbt er 1939 einen banalen Tod in einem New Yorker Armenkrankenhaus. – Auch in den übrigen sieben Personen stellt der Autor die Beziehungen zwischen dem einzelnen und einer chaotischen Gegenwart dar und gestaltet in ihnen einzelne Krisensymptome der spätkapitalistischen Gesellschaft. Zugleich rekonstruiert er in ihrer Entwicklung die verschiedenen Wege, die aus der geistigen Krise hätten herausführen können.

Die Konzeption des Romans ist uneinheitlich. Im ersten Teil – mit dem Schwerpunkt auf dem Jahr 1932 – überwiegt die psychologische Analyse, wird mit vielfach gespiegelten Erscheinungen gearbeitet, mit der beständigen Oszillation zwischen Traum und Realität, mit Doppelgängermotiven und mit der Selbstreflexion der Romangestalt. Im zweiten, kürzeren Teil des Romans – mit dem Schwerpunkt auf den Jahren 1938/39 – mischt sich in die halluzinative und tragische Überzeichnung der geschichtlichen Realität einesteils eine fast journalistische Aufzählung aktueller politischer Ereignisse, andererseits ein rhetorischer Optimismus, mit dem der Autor auf einen abstrakten humanistischen Ausweg hinweist, einen Humanismus, den er in den traditionellen Lebensgewißheiten (besonders in der Liebe und dem Kind) und im Volk verkörpert sieht. J.O.

AUSGABEN: NY 1942; ²1943. – Prag ³1946; ⁴1967 [Nachw. M. Pohorský].

LITERATUR: H. Weislová, *E. H. za války* (in Kritický měsíčník, 7, 1946). – J. Páleníček, *Nad H. knihami z emigrace* (in Kytice, 1, 1945/46, S. 513–516). – V. Černý, *Česká beletrie emigrační* (in Kritický měsíčník, 8, 1947). – Ders., *Cizinec hledá byt* (ebd.).

JENS CHRISTIAN HOSTRUP

* 20.5.1818 Kopenhagen
† 21.11.1892 Frederiksberg

LITERATUR ZUM AUTOR:
H. Hostrup, *J. C. H., hans Liv og Gerning*, Kopenhagen 1916. – G. Brandes, *Samlede Skrifter*, Bd. 2, S. 225–247, Kopenhagen ²1919. – E. Spur, *Præsten C. H.*, Kopenhagen 1968. – *Dansk Litteraturhistorie*, Bd. 3, Hg. O. Frijs u. U. Andreasen, Kopenhagen 1976, S. 488 ff. – *Dansk Biografisk Leksikon*, Hg. Sv. Cedergreen Bech, 16 Bde., 6, Kopenhagen 1979–1984, S. 578–581.

EVENTYR PAA FODREISEN

(dän.; *Abenteuer auf der Fußreise*). Singspiel in vier Aufzügen von Jens Christian HOSTRUP, Uraufführung: Kopenhagen, 15. 5. 1848, Det kgl. Teater. – Hostrup hat in seinen drei bekanntesten Komödien das Milieu der Studenten dem der Bürger gegenübergestellt: in *Gjenboerne*, 1844 *(Die Nachbarn)*, wird durch Liebe und Magie eine Verbindung zwischen diesen beiden Welten geschaffen; *En Spurv i Tranedans*, 1846 *(Ein Spatz im Tanz der Kraniche)*, handelt von einem Studenten, der mit Hilfe eines Zauberringes die Wunschträume verblendeter Spießbürger erkennen kann. In *Eventyr paa Fodreisen* schließlich wird das Thema erneut variiert: Zwei junge Studenten, der lustige Herløv und der träumerische Eibæk, werden auf einer Fußwanderung durch Nordseeland von Assessor Svale auf dessen Hof eingeladen, sehr zum Mißvergnügen des zynischen Vermund, der nicht zu Unrecht um seine Ansprüche auf die beiden im Hause lebenden hübschen Mädchen bangt. – Der listige Skriverhans, einer von zwei am Vortage entsprungenen Zuchthäuslern, macht den Leuten weis,

Herløv und Eibæk seien die gesuchten Sträflinge, und schiebt ihnen überdies einen Diebstahl in die Schuhe, den er an Vermund begangen hat, um sich Geld für eine neue bürgerliche Existenz zu verschaffen. In einem nächtlichen Gespräch gelingt es Eibæk, dem Verbrecher, der ihm seine Lebensgeschichte beichtet, den Glauben an das Gute wiederzugeben und ihn zu bekehren; er schenkt ihm Geld, und Skriverhans verschwindet, nachdem er die wahren Zusammenhänge aufgeklärt hat. Das Stück endet mit einer Doppelverlobung.

Die Begegnung zwischen Student und bürgerlicher Gesellschaft hat in dieser Komödie insofern eine intensivere Darstellung erfahren, als Hostrups früher nach rein sozialen Gesichtspunkten vorgenommene Beurteilung der Gegensätze hier einer christlich-moralisch bestimmten gewichen ist; die angeschnittenen Probleme (u. a. die Frage nach der Verantwortlichkeit der Gesellschaft für asoziale Mitmenschen) werden tiefer ausgelotet, wenn auch der heitere Grundton durchweg gewahrt bleibt. – Wegen seiner ausgelassen komischen Szenen, des anmutigen Spiels zwischen den jungen Paaren und der vielen eingestreuten Lieder (z. T. nach den seit HEIBERGS Vaudevilles sehr beliebten Melodien von BELLMANN gesungen) wird *Eventyr paa Fodreisen* ebenso wie die zwei anderen Studentenkomödien noch heute mit Erfolg aufgeführt. M.Ku.

AUSGABEN: Kopenhagen 1849. – Kopenhagen ⁷1918 (in *Komedier*, 3 Bde., 2). – Kopenhagen 1954 (in *Komedier og Digte*). – Kopenhagen 1959.

GJENBOERNE

(dän.; *Die Nachbarn*). Studentenkomödie mit Gesang in drei Akten von Jens Christian HOSTRUP, Uraufführung: Kopenhagen, 20. 2. 1844, Hofteatret. – »*Die Leute, die einander gegenüberwohnen*« (so der wörtlich übersetzte Titel) und sich gegenseitig in die Fenster sehen können, sind, auf der einen Seite, die Bewohner des alten Kopenhagener Studentenwohnheims Regensen und, auf der anderen, der wohlhabende Kupferschmied Smidt mit seiner schönen Tochter Rikke. – Der Student Klint lernt in einer Kneipe den prahlerischen Leutnant von Buddinge und den groben Schmiedegesellen Madsen kennen, die beide um Rikkes Gunst werben, aber offenbar einen Rivalen unter den Studenten haben, den sie auf unfaire Weise aus dem Feld schlagen wollen. Klint möchte gern mehr über die Geschichte wissen, um seinem Kommilitonen helfen zu können, und erfährt, daß Buddinge und Madsen am Abend beim Vater der angebeteten Rikke eingeladen sind und dort auch der Student, dessen Name nicht genannt wird, anwesend sein wird. Ein alter Schuhmacher, der sich Ahasver nennt, sucht bei Klint Zuflucht von den Dichtern, die ihm nachstellen, um seine Lebensgeschichte zu erfahren, und er leiht Klint für diesen einen Abend die selbstverfertigten »*Galoschen des Glücks*«, die den Träger unsichtbar machen und augenblicklich an jeden gewünschten Ort bringen. Klint gelangt damit in das erleuchtete Haus gegenüber und trifft bei dem Kupferschmied in der Rolle des verliebten Studenten seinen engsten Freund und Zimmergenossen Basalt an, der seit einem Monat jede Woche mehrmals ausgegangen war, angeblich um einen alten Onkel zu besuchen. Da Klint, unsichtbar bleibend, alle Gespräche belauscht, kann er in der Folge Buddinge und Madsen gegeneinander ausspielen und schon am nächsten Tag die Verlobung Basalts mit Rikke durchsetzen.

In *Gjenboerne* verbinden sich Ideen aus Carl PLOUGS Studentenkomödien mit Zügen der Wiener Zauberposse und Johan Ludvig HEIBERGS Vaudeville, einem Genre, in dem der Dialog immer wieder von Liedern zu bekannten Melodien unterbrochen wird und das die Spielpläne der Kopenhagener Bühnen seit der Mitte der zwanziger Jahre beherrschte. Im Zug der allgemeinen Begeisterung für den »schwedischen Anakreon« Carl Michael BELLMAN (vgl. *Fredmans epistlar*) fanden fünf von dessen populären Melodien in *Gjenboerne* erneut Verwendung. Durch lebhaftes Lokalkolorit, sicher umrissene Standeseigenarten der Figuren und eine Reihe aktueller Bezüge hat Hostrup der einfachen Fabel Bühnenwirksamkeit und ein bleibendes kulturhistorisches Interesse gesichert. Im Gegenüber der Häuserfronten und der Bewohner spiegelt sich der schon von Ploug betonte Gegensatz von Musensöhnen und Spießbürgern. In den Szenen im Studentenheim wird auf den 1844 beschlossenen Zusammenschluß der beiden Kopenhagener Studentenverbände angespielt (der den Anlaß zur Uraufführung des Stücks gab), und in der Nebenrolle des Theologen Søren Torp ist unschwer eine Karikatur von KIERKEGAARD zu erkennen. Die Szene, in der der geplagte alte Schuhmacher sein Leid schildert, ist eine Satire auf Hans Christian ANDERSEN und Bernhard Severin INGEMANN, die beide den Ahasver-Stoff behandelt haben.   M.M.M.

AUSGABEN: Kopenhagen 1847. – Kopenhagen 1900 (in *Komedier*, 3 Bde., 1). – Kopenhagen ⁷1960 (Hg. O. Schlichtkrull m. Einl. u. Anm.).

LITERATUR: O. Borchsenius, *Hjemlige Interiører*, Kopenhagen 1894. – O. Schlichtkrull, *Studier over C. H.s »Genboerne«*, Kopenhagen 1912.

HOTTA YOSHIE

* 17.7.1918 Takaoka / Präfektur Toyama

HIROBA NO KODOKU

(jap.; *Die Einsamkeit des Platzes*). Erzählung von HOTTA Yoshie, erschienen 1951. – »*In kurzen Abständen von etwa zwei Minuten lief ein Fernschreiben*

nach dem anderen ein«: mit diesem Satz beginnt die seinerzeit vielbesprochene, weil für die japanische Literatur neue, nämlich internationale Horizonte eröffnende Erzählung Hottas. Realistisch, unverschlüsselt, in einem bisweilen mehr dokumentarisch berichtend denn erzählerisch verdichtend anmutenden Stil greift sie aktuelles, authentisch politisches und soziales Geschehen in den ersten Julitagen des Jahres 1950 auf, ordnet es in Ansätzen in die großen weltumspannenden Zusammenhänge ein und reflektiert die Haltungen der japanischen Intellektuellen angesichts eines Ereignisses von unerhörter Brisanz, das die Weltöffentlichkeit und erst recht Japan aufgeschreckt hat: der Ausbruch von Kampfhandlungen am 25. Juni 1950 auf der koreanischen Halbinsel. Keine fünf Jahre sind vergangen, da die Brandfackeln des Zweiten Weltkriegs verglüht sind, und wieder ist in unmittelbarer Nachbarschaft Japans ein neuer Krieg entflammt, von dem Hotta eine seiner Personen sagen läßt, er sei »*ein in der neueren Geschichte noch nie dagewesenes menschliches Desaster*«. Auch und gerade für Japan hat dieses Desaster eine äußerst komplizierte und gefahrvolle Situation heraufbeschworen, denn Japan ist in vielfältiger Weise einbezogen in diesen Krieg, wenn auch vorerst nur mittelbar. »*Es war doch einfach nicht zu fassen, daß Fabriken, die mitten in den durch den letzten Krieg verursachten Verwüstungen standen, nun durch einen neuen Krieg und für einen neuen Krieg schon wieder produzierten*«, heißt es in der Erzählung, und an anderer Stelle: »*Auf dem Wege von Kawasaki nach Yokohama – die Wohnhäuser schliefen schon, aber die großen Fabriken waren alle hellwach. Den Menschen und der Landschaft hafteten noch tiefe Spuren des letzten Krieges an und trotzdem hielt jetzt ein neuer Krieg die Fabriken auch nachts wieder in Gang.*«

Der Protagonist der Erzählung, ein in den Worten des Autors »*gewöhnlicher interi·sarariiman*« (intellektueller Gehaltsempfänger) ist der Journalist Kigaki. Ihm zur Seite stehen die Journalistenkollegen Hunt, ein Amerikaner, und Chan, ein Chinese, der auf seiten des alten Regimes der Guomindang steht. Durch diese, dem Anliegen des Autors gemäße Figurenkonstellation wird ein internationaler Blick auf die Dinge und auf die Bestimmung der Stellung Japans möglich. Kigaki, während des letzten Krieges in Shanghai tätig, hat, wie der Leser allerdings erst später erfährt, aus Empörung über das durch die amerikanischen Besatzungsbehörden ausgesprochene Verbot des von japanischen Gewerkschaften im Februar 1947 ausgerufenen Generalstreiks seine Tätigkeit in einer Zeitungsredaktion in Tokio aufgegeben und sich seither mit der Übersetzung billiger amerikanischer Kriminalromane seinen Lebensunterhalt verdient. Der Ausbruch des Koreakrieges und die damit einsetzende Informationsflut führten in den Zeitungsverlagen zu einem Personalmangel, so daß Kigaki wieder in eine Zeitungsredaktion zurückkehrt, wenn auch nur als zeitweiliger Mitarbeiter ohne festes Anstellungsverhältnis. Bei einem der eingehenden Fernschreiben meint der stellvertretende Abteilungsleiter Haraguchi, man müsse bei der Nennung der nordkoreanischen Streitkräfte das Attribut »*feindlich*« hinzufügen. »*Kigaki zuckte zusammen, als er das Wort ›feindlich‹ hörte. Feindlich? Was heißt feindlich? Sind die nordkoreanischen Truppen etwa Japans Feind? Moment mal! Wieso soll die nordkoreanische kommunistische Armee als Feind bezeichnet werden? Findet sich denn im Original etwas von ›enemy‹?*« Dieser Vorfall löst bei Kigaki Reflexionen über das englische Wort »commit« aus – als eine Art Motto hat der Autor seiner Erzählung die Eintragung in einem englisch-japanischen Wörterbuch unter »*commit*« vorangestellt –, und »commit« im Sinne von »verpflichtet sein«, »sich kompromittieren«, aber ebenso von »sich falsch verhalten« und »Fehler begehen« wird dann zu einem Schlüsselwort in der Erzählung. Zugleich bringt ihn dieser Vorfall auch in den Verdacht, ein »*fellow traveller*«, ein Sympathisant jener politischen Kräfte zu sein, die von dem jungen Redaktionsmitarbeiter Mikuni repräsentiert werden, nämlich der Kommunisten.

Geistig gerät Kigaki, gepackt von dem »Monstrum« »internationale Lage«, zunehmend zwischen die Mühlsteine. Seine innere Unsicherheit, seine Ängste, das Gefühl des Verlassenseins, der Vereinsamung vertiefen sich, und im selben Maße verliert er sein eigenes Urteilsvermögen. Der Refrain eines Negrospirituals kommt ihm in den Sinn: »*Just standing alone, just standing alone...*« »*In den vier Monaten meines Aufenthaltes hier in Japan habe ich die verschiedensten Leute interviewt. Je intellektueller sie sich geben, desto wankelmütiger sind sie*«, sagt der Amerikaner Hunt. Einen Abend nach dem Vorfall in der Redaktion begegnet Kigaki in einer einem Chinesen gehörenden Tanzbar in Yokohama, wohin ihn Hunt eingeladen hat, einem alten Bekannten aus seiner Shanghaier Zeit, dem von den Nazis vertriebenen österreichischen Adligen Baron Tirpitz, einer höchst dubiosen Gestalt. »*Meine Klasse*«, so sagt dieser von sich selbst, »*d. h. der Adel, existiert heute nirgendwo mehr auf der Welt. Meine eigene Existenz ist bloß noch eine Fiktion... Aber ich möchte nicht sterben.*« Nach seiner Vertreibung hat er sich zu einem anrüchigen internationalen Geschäftemacher gemausert, der überall dort in der Welt auftaucht, wo Krisenherde entstehen und sich aus der Not anderer Kapital schlagen läßt. Und was führte ihn plötzlich nach Japan? Offenbar ist er in internationale Waffengeschäfte verwickelt, und die Bar, in der sie sich treffen, ist anscheinend die Kette in einem Spionagering. Das Gespräch mit Baron Tirpitz, in dessen Verlauf auch solche Sätze fallen wie: »*Aufstände und Revolutionen beginnen aus menschlichen Motiven und bringen unmenschliche Ergebnisse hervor*«, verstärkt das eigene Krisenbewußtsein Kigakis, das Bewußtsein der Lauheit des Intellektuellen, des »Ich *lebe nicht und bin doch nicht tot*«. Auf dem Heimweg hat ihm der Baron Tirpitz ein Bündel Dollarnoten zugesteckt: tausenddreihundert Dollar! Die Frage nach der Alternative spitzt sich für Kigaki zu, als ihm am nächsten Morgen der stellvertretende Abteilungsleiter

anbietet, mit ihm gemeinsam eine Karriere in dem Nationalen Polizeireservekorps zu machen, dessen Aufstellung soeben beschlossen worden sei. Kigaki lehnt entschieden ab und bringt sich dadurch stärker als zuvor in den Verdacht, mit Mikuni und den Kommunisten zu paktieren. In Wirklichkeit jedoch findet er auch zu ihnen keinen Zugang. So steht er denn zwischen den beiden gesellschaftlichen Gegenpolen. Aber hat sich für ihn mit den Dollars des Baron Tirpitz nicht die Chance aufgetan, dem Dilemma zu entfliehen und mit der Frau, mit der er zusammenlebt, und ihrem gemeinsamen Kind nach Argentinien zu gehen? Aber ist das nicht, »*als wollte man vor dem Leben selber fliehen*«? Während er noch darüber nachsinnt, fällt sein Blick auf eine Zeitungsüberschrift: »*Die Hoffnungen auf einen allseitigen Frieden sind schwach – die Bewegung gegen die Militärbasen ist Idealismus*«. Er verliert jegliche Kontrolle über sich selbst, zündet entnervt die Zeitung an und verbrennt mit ihr auch die dreizehn Hundertdollarscheine. – Spät in der Nacht klopft es ans Fenster. Mikuni und ein Genosse aus der Druckerei sind gekommen, um ihm zu sagen, daß sie im Zuge der von General MacArthur betriebenen Säuberungsaktion *Red purge* entlassen worden seien. Nachdem beide gegangen sind, starrt Kigaki verloren in den dunklen Nachthimmel und lauscht dem Brummen der Flugzeugmotoren. In einer Maschine sitzt vielleicht Chan, denn ihn hat der Auftrag erreicht, sich nach New York als UNO-Korrespondent zu begeben, in einer anderen vielleicht Hunt, der nach Hanoi versetzt wurde. Und was bleibt ihm, Kigaki? Nichts als »*die Einsamkeit des Platzes*«.

Mit dieser Erzählung, die 1952 mit dem begehrten Akutagawa-Preis ausgezeichnet wurde, rückte Hotta Yoshie in die erste Reihe der japanischen Nachkriegsschriftsteller auf, indem er neues Terrain für die japanische Literatur erkundete und erschloß und der Literatur im gesellschaftlichen Gesamtgefüge implizit auch eine soziale Verantwortung und Erkenntnisfunktion zuweist. Den von ihm selbst gestellten Anforderungen an die Literatur ist Hotta in seinem ganzen bisherigen Schaffen bei aller zunehmenden Auffächerung in stofflicher und thematischer Hinsicht treu geblieben, ob in dem historischen Roman *Uminari no soko kara*, 1960/61 *(Aus der Tiefe des Meerestosens)*, dem zeitgeschichtlichen Roman *Shimpan*, 1960–1963 *(Das Urteil)*, oder in seinem vierbändigen Werk *Goya* (1973–1977), das allgemein als der bisherige Höhepunkt seines Schaffens gilt.   J.B.

AUSGABEN: Tokio 1952. – Tokio 1974/75 (in *Zenshu*, 16 Bde.).

ÜBERSETZUNG: *Solitude in the plaza*, Shirakawa Yoshio (in Review. Otaru Univ. of Commerce, 1955, Nr. 10, S. 1–62; 1956, Nr. 12, S. 199–226).

LITERATUR: K. Recho, *Sovremennyj japonskij roman*, Moskau 1977, S. 275 ff.

F. B. HOTZ

eig. Frits Bernard Hotz
* 1.2.1922 Leiden

DOOD WEERMIDDEL

(ndl.; *Überflüssige Festung*), Erzählungsband von F. B. HOTZ, erschienen 1976. – Der Band enthält 12 Erzählungen, die zum Teil schon lange vor ihrer ersten Veröffentlichung entstanden sind. Erst das Drängen eines Onkels hatte den früheren Jazzmusiker Hotz 1974 dazu bewegen können, der Zeitschrift ›Maatstaf‹ die Erzählung *De tramrace (Das Straßenbahnrennen)* anzubieten.

Einige der in *Dood weermiddel* versammelten Texte, die Hotz einmal als Fragmente eines unvollendet gebliebenen Romans bezeichnete, bilden wegen ihres autobiographischen Gehalts eine enger zusammengehörige Gruppe. Ein Ich-Erzähler erinnert und reflektiert darin Kindheits- und Jugenderlebnisse aus den dreißiger und vierziger Jahren, die atmosphärisch ganz unter dem Eindruck der heraufziehenden Weltkrise, des Krieges und seiner Folgen stehen. Das Geschehen der übrigen Erzählungen ist im 19. Jh., in den ersten Dekaden des 20. Jh.s und in der Gegenwart angesiedelt. Immer dort, wo niederländische [Klein-]Stadtszenerien das Handlungsdekor bilden, erwächst den Texten ein besonderer Reiz aus Hotz' Vermögen, seine Schauplätze mit zeittypischer und lebendiger Stimmung zu erfüllen und dadurch eine beachtliche atmosphärische Dichte zu erzeugen.

Als ein dominierendes Thema des Buches erweist sich das Verhältnis der Geschlechter, das mit vielen ironischen Brechungen von den verschiedensten Seiten ausgeleuchtet wird. Die Essenz bleibt stets gleich: »Vrouwen winnen« (»Frauen siegen«) – so lautet auch der Titel einer ausgelassenen Erzählung, in der ein »bösartiger« 17jähriger Vamp bei einem Schulfest gegen eine Musikergruppe intrigiert und dafür sorgt, daß deren Auftritt zu einem tumultuarischen Desaster gerät. Gleichgültig, ob sie in Gestalt der nörgelnden Ehefrau auftaucht, ob als verführerische Jugendliche oder als Femme fatale, »jede Frau kann alles bewerkstelligen; unbegrenzt ist ihre Macht«. Die Männer dagegen erscheinen als Unterdrückte, die besonders in der Ehe einen zermürbenden Streit um persönlichen Freiraum und Lebenssinn zu führen gezwungen sind. Der Protagonist der im 19. Jh. handelnden Titelerzählung, ein Offizier und Architekt, verschanzt sich vor den Drangsalierungen seiner Frau hinter der unablässigen Arbeit an der Konstruktion einer Festung, die in dem Text zu einer Metapher männlicher Selbstbehauptung wird. Nach ihrer Vollendung entpuppt sich die Bastei als strategisch völlig wertlos – doch im Ehekrieg hat sie ihre Verteidigungsfunktion erfüllt.

Die Unterlegenheit der männlichen Figuren gewinnt eine zuweilen tragisch-groteske Dimension in dem manischen Schuldbewußtsein, das sie bei geringsten Anlässen nach kathartischer Buße verlangen läßt. Dieses Schuld-Buße-Motiv findet sich exemplarisch in *De tramrace*. Dort ist es ein Bauer, der sein heimliches erotisches Verlangen nach einem Mädchen mit dem Verlust beider Beine sühnt, nachdem er Gott um Strafe angefleht hat. Der Höhepunkt dieser Erzählung ist ein Glanzstück der epischen Ironie F. B. Hotz'. Nach dem Stoßgebet des Bauern wird die Handlung kurzerhand suspendiert, und der Erzähler läßt den Leser an den Überlegungen Gottes teilhaben, welcher kurz darauf selbst in den Zeitlauf der erzählten Kleinstadtwelt eingreift, um den an ihn gerichteten Wunsch zu erfüllen. Er dreht die Uhr zurück, ein bereits passiertes Lokomotivunglück geschieht erneut, wobei der Bauer unter die umstürzende Bahn gerät.

Die Kritik besprach Hotz' ersten Prosaband durchweg positiv. Insbesondere würdigte man die stilistischen Qualitäten des Autors und die ironische Grundstimmung der Texte, die an das Werk des Flamen W. ELSSCHOT erinnert. M.Bah.

AUSGABEN: Amsterdam 1976; ³1981.

LITERATUR: K. Fens, *In verhalen van Hotz trilt de hitte van de dreiging* (in De Volkskrant, 19.6. 1976). – T. v. Deel, *Overtuigend debuut van F. B. H.* (in Trouw, 14. 8. 1976). – J. Goedgebuure, *De ironische toverlantaarn* (in Hollands Diep, 2, 1976, Nr. 14, S. 17). – A. Walrecht, *F. B. H., Just music* (in Ons Erfdeel, 22, 1979, Nr. 3, S. 341–347). – A. Kerckhoffs, *Tussen decadentisme en dilletantisme. Het werk van F. B. H.* (in Bzzlletin, 9, 1980/81, Nr. 87, S. 19–26). – A. Truijens, *Over verhalen van F. B. H.*, Amsterdam 1981. – *Over F. B. H.: beschouwingen en interviews*, Hg. J. Brokken, Den Haag 1982. – A. Korteweg, *F. B. H.* (in Kritisch Lexicon van de Nederl. Literatuur na 1945, Hg. T. v. Deel, Groningen 1983).

ARNOLD HOUBRAKEN

* 28.3.1660 Dordrecht
† 14.10.1719 Amsterdam

DE GROOTE SCHOUBURGH DER NEDERLANTSCHE KONSTSCHILDERS EN SCHILDERESSEN. Waar van 'er vele' met hunne Beeltnissen ten Tooneel verschynen, en hun levensgedrag en Konstwerken beschreven worden: zynde een vervolg op het Schilderbock van K. v. Mander

(ndl.; *Die große Schouburgh der niederländischen Maler und Malerinnen von denen viele mit ihren Bildnissen auf der Bühne erscheinen und deren Lebensfüh-*

*rung und Kunstwerke beschrieben werden, eine Fort-
setzung des Malerbuches von K. v. Mander bildend).*
Vitensammlung niederländischer Malerinnen und
Maler von Arnold HOUBRAKEN, erschienen in drei
Teilen 1718, 1719 und postum 1721. – Der in
Dordrecht geborene Maler, Graphiker und Kunst-
schriftsteller Arnold Houbraken arbeitete mindestens seit 1715 an der *Groote Schouburgh*, der bedeutendsten derartigen Sammlung des 17. Jh.s.
Wie er bereits im Untertitel hervorhebt, begreift
der Autor sein Werk als Fortsetzung von *Het Schil-
der-Boeck*, 1604 *(Das Malerbuch)*, seines Landsmanns Carel van MANDER, des ersten kunsttheore-
tisch untermauerten Künstlerlexikons in der Nachfolge der Vitensammlung Giorgio VASARIS im
Norden. Houbraken konnte sich bei der Durchführung seines Projekts auf eine Vielzahl von gedruckten wie ungedruckten Quellen stützen, die seit van
Manders Buch erschienen waren. Von den Künst-
lerbiographen, die Houbraken vorausgingen, hatten für seine Arbeit Cornelis de BIE mit *Het Gulden
Cabinet*, 1662 *(Das goldene Kabinett)* sowie Joachim von SANDRART die größte Bedeutung. Houbraken benutzte Sandrarts *Teutsche Academie* sowohl in den deutschen Ausgaben von 1675 und
1679 als auch in der lateinischen von 1684. Darüber hinaus wertete er die Lebensbeschreibungen
niederländischer Künstler bei den französischen
Kunstschriftstellern André FÉLIBIEN, Roger de
PILES und Florentyn le COMTE aus. Weitere wesentliche Hinweise entnahm Houbraken einer Reihe von Städtebeschreibungen, insbesondere der
niederländischen Kunstzentren Amsterdam, Haarlem, Delft, Gouda und Leiden. Einen dritten Komplex bilden die kunsttheoretischen Schriften, so
Samuel van HOOGSTRATEN, *Inleyding tot de Hoge
Schoole der Schilderkonst*, 1678 *(Einführung in die
hohe Schule der Malerei)* und Philip ANGEL, *Lof der
Schilderkonst*, 1678 *(Lob der Malerei)*. Neben diesen
und anderen gedruckten Quellen konnte der Autor
sich auf Archivalien, Mitgliederverzeichnisse der
Malergilden oder Briefe stützen, aber auch auf Tagebücher (in Bd. II, S. 264 wird dasjenige des Malers Schellinks erwähnt). Schließlich kannte Houbraken selbst etliche der von ihm beschriebenen
Künstler persönlich.
Die drei Oktavbände der *Groote Schouburgh* sind
weitgehend chronologisch nach den Geburtsdaten
der Künstler aufgebaut, sofern diese Houbraken
bekannt waren. Abweichungen von diesem Prinzip
gibt es dort, wo es gilt, Schüler-Lehrer-Verhältnis-
se darzustellen. Im ersten Band, der mit 50 radier-
ten Malerbildnissen (darunter auch das Houbrakens) auf 19 Tafeln illustriert ist, beschreibt der
Autor zunächst die bei van Mander unerwähnt gebliebenen Maler des späten 15. und des 16. Jh.s.
Anschließend stellt er die bis 1613 geborenen
Künstler vor. Im zweiten, mit 25 Bildnissen auf 10
Tafeln ausgestatteten Band erfaßt Houbraken die
Jahrgänge bis 1635; der dritte, mit 30 Porträts auf
14 Tafeln geschmückte Band endet mit einem Eintrag zu dem im Jahr 1659 geborenen Adriaen van
der WERFF. Zwölf der Bildnisse des ersten Bandes

stammen von Houbraken selbst, während nahezu
sämtliche anderen durch seinen Sohn Jacob ausgeführt wurden. Die entscheidende Bildquelle für die
Stecher war Anton van DYCKS berühmte *Iconographie*, eine Sammlung von 80 Künstlerbildnissen,
deren zweite Ausgabe des Jahres 1645 Houbraken
vorlag. Die Porträts in der *Iconographie* hatten insofern einen besonderen Wert für Houbraken, als
sie im Gestaltungsprinzip seinen Künstlerviten
entsprachen: Weder van Dyck noch Houbraken
ging es um die Persönlichkeitsdarstellung im Sinne
objektiver, am tatsächlichen Erscheinungsbild
bzw. am Lebenslauf überprüfbarer Fakten. Vielmehr entwickelten sie am jeweils hinterlassenen
Künstlerœuvre zu messende Idealfiguren. So wie
dem ins Bild gesetzten Künstler Eigenschaften seiner Kunst anzusehen sein mußten, so mußte es eine
Entsprechung, im Idealfall eine Identität, von Stil
und Inhalt der Kunstwerke und dem Lebenslauf
der Künstler geben. Mit diesem Konzept, das in de
Bies *Gulden Cabinet* bereits formuliert worden war
und das Houbraken konsequent verfolgte, erwies
er sich als Klassizist. Houbrakens Stilmittel ist die
Künstleranekdote. In ihr spiegeln sich nicht
»Klatschsucht« und »Anecdotenkrämerei« (Hofstede de Groot), sondern feste, seit der Antike mit
Künstlerbeschreibungen verbundene biographische Motive, die die Rolle und Funktion des
Künstlers in der Gesellschaft und Eigenheiten des
Œuvres belegen sollen. Zum Motivkanon gehört
z. B. die sozial niedrige Herkunft, die Entdeckung
des Talents durch einen anerkannten Künstler, der
erste Bilderverkauf usw. Vorbildhaft für Houbraken war hierin Vasari. Als Beispiel sei dessen anekdotische Lebensbeschreibung Giottos genannt (*Le
vite . . . – Die Lebensbilder . . .*, Bd. 1, S. 369 ff.), die
sich an verschiedenen Stellen auf niederländische
Künstler übertragen findet.
Literarisch wurde Houbrakens Werk unmittelbar
durch Jacob Campo WEYERMAN rezipiert, der 1729
Lebensbeschreibungen niederländischer Künstler
vorlegte (ebenfalls in drei Bänden; ein vierter
folgte postum 1769). Weyerman schrieb weitgehend ab, kürzte jedoch die offenkundig kunstheo-
retischen Passagen. So fehlt u. a. die Ermahnung an
den Malernachwuchs *(Schilderjeugt)*. Die bis in die
Mitte des 20. Jh.s anhaltende skeptische Beurteilung der *Groote Schouburgh* ist nicht zuletzt auf diese Vorgehensweise Weyermans zurückzuführen,
dessen Lebensbeschreibungen sich auch aufgrund
ihres flüssigeren Sprachstils im 18. und 19. Jh. größerer Verbreitung erfreuten als das literarische
Werk Houbrakens.   H. Scho.

AUSGABEN: Amsterdam 1718–1721, 3 Bde.;
²1753; Nachdr. Amsterdam 1976. – Maastricht
1943–1953, Hg. P. T. A. Swillens, 2 Bde.
[Nachdr. d. Ausg. 1718–1721; Vorw. W. Vogel-
sang].

ÜBERSETZUNG: *A. H.s Grosse Schouburgh der niederländischen Maler und Malerinnen*, A. v. Wurz-
bach, Wien 1880 [unvollst.]. – Osnabrück 1970.

LITERATUR: C. Hofstede de Groot, *A. H. und seine »Groote Schouburgh«*, Den Haag 1893. – Ders. Art. (in *Allgemeines Lexikon der bildenden Künstler*, Hg. U. Thieme u. F. Becker, Bd. 17, Lpzg. 1924, S. 554 f.). – E. Kris u. O. Kurz, *Die Legende vom Künstler. Ein geschichtlicher Versuch*, Wien 1934. – R. W. Scheller, *Rembrandt's reputatie van H. tot Scheltema* (in Nederlands Kunsthistorisch Jaarboek, 12, 1961, S. 81 ff.). – L. de Vries, *Jan Steen de kluchtschilder*, Diss. Groningen 1977. – H. Scholz, *Brouwer invenit*, Marburg 1985.

WILLIAM STANLEY HOUGHTON

* 22.2.1881 Ashton-upon-Mersey
† 11.12.1913 Manchester

HINDLE WAKES

(engl.; *Feiertage in Hindle*). Schauspiel in drei Akten von William Stanley HOUGHTON, Uraufführung: London, 16. 6. 1912, Aldwych Theatre. – Bevor Houghton mit diesem Stück einen durchschlagenden Erfolg hatte, war er in der Baumwollindustrie von Manchester tätig. In diesem Milieu spielen seine Dramen, in denen er Unternehmer und Fabrikarbeiter auftreten läßt. Der Autor zählt zu den wichtigsten Vertretern der sogenannten Manchester-Schule, die, stark beeinflußt von IBSEN, mithalf, dem realistischen Drama in England den Weg zu bahnen.

Wie in allen seinen Problemstücken behandelt Houghton in *Hindle Wakes* einen Generationenkonflikt. Fanny Hawthorne, eine junge Spinnereiarbeiterin aus der fiktiven Kleinstadt Hindle in Lancashire, hat sich heimlich auf ein Abenteuer mit Alan Jeffcote, dem Sohn des Fabrikbesitzers, eingelassen. Als ihre Eltern davon erfahren, bestehen sie entrüstet auf der Heirat der beiden. Aber auch Alans Vater, Nathaniel Jeffcote, ist der Meinung, sein Sohn müsse auf die standesgemäße Eheschließung mit seiner Verlobten Beatrice verzichten und die Ehre Fannys wiederherstellen. Alan willigt widerstrebend ein, die Eltern Hawthorne freuen sich bereits über den gesellschaftlichen Aufstieg ihrer Tochter – da stoßen sie auf deren Widerstand. In ungläubigem Staunen vernehmen beide Familien, daß Fanny sich weder ihrer Affäre mit Alan schämt noch sich an ihn binden will. *»Du bist ein Mann«*, erklärt sie dem schockierten Alan, *»und ich war dein kleines Abenteuer. Nun gut, ich bin eine Frau, und du warst mein kleines Abenteuer. Du wirst doch wohl eine Frau nicht daran hindern wollen, sich das gleiche Vergnügen zu gestatten wie ein Mann, wenn sie es sich nun mal in den Kopf gesetzt hat?«* Im Vertrauen auf sich selbst sagt sie den Eltern Lebewohl, um ihren eigenen Weg zu gehen.

Houghtons Eintreten für die Freizügigkeit der berufstätigen Frau und für Gleichberechtigung auch auf sexuellem Gebiet galt dem damaligen Theaterpublikum in England und Amerika (wo das Stück ebenfalls lange mit Erfolg gespielt wurde) als sensationell modern. Die Stärken des Schauspiels sind die realistische Darstellung des Milieus und die sachlich knappen Dialoge. Die Charaktere dagegen fungieren meist als Sprachrohr Houghtons und teilen heute das Schicksal seiner Thesen: Sie wirken überholt.   R.B.

AUSGABEN: Ldn. 1912. – Boston 1913. – Ldn. 1914 (in *Works*, Hg. H. Brighouse, 3 Bde., 2). – Boston 1925 (in *Contemporary Plays*, Hg. T. H. Dickinson).

LITERATUR: B. H. Clark, *S. H.* (in B. H. C., *A Study of the Modern Drama*, NY/Ldn. 1925, S. 300–305). – J. L. Wisenthal, *St. H.* (in DLB, Bd. 10, 1982, S. 231–234). – P. Mortimer, *W. St. H.: An Introduction and Bibliography* (in MD, 28, 1985, S. 474–489).

ALFRED EDWARD HOUSMAN

* 26.3.1859 Fockbury
† 30.4.1936 Cambridge

A SHROPSHIRE LAD

(engl.; *Ein Junge aus Shropshire*). Gedichtzyklus von Alfred Edward HOUSMAN, erschienen 1896. – Wenn auch die Biographie des Autors Entstehung und Charakter dieses Zyklus teilweise erhellen kann, so wandte sich Housman selbst gegen jede ausschließlich biographische Interpretation: *»Der Junge aus Shropshire ist eine imaginäre Figur mit einzelnen Zügen meines Temperaments und meiner Lebensanschauung. Nur sehr wenig in dem Buch ist biographisch.«* Der Dichter, selbst nicht in Shropshire geboren, kennt diesen Teil Englands auch keineswegs so genau wie etwa Thomas HARDY sein Wessex. So kann ihm, dem berühmten klassischen Philologen, Shropshire zum *»Tagtraum eines Gelehrten«* (V. de S. Pinto) werden, bevölkert von kräftigen, biertrinkenden und fußballspielenden Bauernburschen, die sich leidenschaftlich verlieben, Nebenbuhler töten, fürs Vaterland in den Krieg ziehen oder am Galgen enden. Die Landschaft Shropshires wird vor allem durch Anführung zahlreicher Ortsnamen vergegenwärtigt, die jedoch kaum mit konkreten Inhalten oder anschaulichen Details erfüllt werden, sondern als Wortattrappen eine mythisch unbestimmte Atmosphäre beschwören. Die Musik dieser Namen fügt sich wirkungsvoll in das überwiegend germanisch-keltische Vokabular, in das sich nur gelegentlich mehrsilbige Wörter lateinischen Ursprungs mischen.

Die 63 Gedichte sind nach Stimmungen abgestuft angeordnet und werden durch ständig wiederkehrende Leitmotive zusammengehalten, deren zentrales der Tod ist. Als Tod der Geliebten (XXI: *Bredon Hill*), Heldentod (III: *The Recruit*), Brudermord (VIII), Tod am Galgen (IX), Selbstmord (XLIV) oder als Gedanke an den eigenen Tod (XLVIII mit der berühmten Anfangszeile »*Be still, my soul, be still*«) durchzieht das Motiv fast alle Gedichte. Die Allgegenwart des *memento mori* gibt dem Zyklus eine dunkel-fatalistische Färbung, die an die Gedichte Hardys erinnert. Als stimmungsmäßiges Vorbild nennt Housman selbst die schottischen Volksballaden, die er, neben SHAKESPEARES Liedern und HEINES Gedichten, als die wichtigste ihm bewußte Quelle bezeichnet. Auch formal wird diese Abhängigkeit deutlich: Die vielfach variierte Balladenstrophe ist das beherrschende Metrum. Daneben läßt sich der Einfluß der griechischen Elegiker und lateinischer Dichter wie LUKREZ und CATULL auf das lyrische Werk des *poeta doctus* nachweisen. – Das programmatische Gedicht LXII, in dem Terence, die Titelfigur, seine melancholischen Lieder rechtfertigt, faßt Housmans pessimistische Weltsicht in den Zeilen »... *the world has still much good, but much less good than ill*« bündig zusammen. Aus einer solchen Perspektive erscheint Shropshire nicht als pastorales Idyll, sondern als ein »*Arkadien mit negativem Vorzeichen*« (R. M. Hewitt). Das naturhafte, aber auch brutale Landleben wird zwar noch, der pastoralen Tradition entsprechend, mit dem Leben in der Stadt, hier der Großstadt London, kontrastiert, jedoch geht für den verspäteten Romantiker Housman die Rechnung nicht mehr auf: In London bringt die Erinnerung an die Kindheit auf dem Land dem Jungen aus Shropshire – und wohl auch Housman selbst – nicht mehr arkadischen Trost, sondern wird als »tödlicher Anhauch« (Gedicht XL) empfunden. Auf solchen Ambivalenzen und ironischen Verkehrungen beruht die »Modernität« der Dichtung Housmans, nicht auf dem romantisch-patriotischen Ton des Zyklus, der *A Shropshire Lad* während des Ersten Weltkriegs zu einem der beliebtesten englischen Gedichtbände werden ließ.　　　　　　　　　　　　　M.Pf.

AUSGABEN: Ldn. 1896. – Ldn. 1908 [Ill. W. Hyde]. – Ldn. 1927. – Ldn. 1940 [Ill. A. M. Parker]. – Waterville/Maine 1946 [Anm. C. J. Weber]. – NY 1951 [Anm. ders. u. Ill. E. A. Wilson]. – NY 1959 (Einl. B. Davenport u. Anm. T. B. Haber; *Centennial Ed.*). – Ldn. 1960 (in *Collected Poems*, ern. NY 1965, Hg. J. Carter). – NY 1964 [Ill. E. Blaisdell]. – NY 1968 [Ill. Ch. Mozley]. – Ldn. 1984. – Ldn. 1986 [m. Ill.].

VERTONUNGEN: R. Vaughan Williams, *Songs of Travel*, NY 1904 (Text: R. L. Stevenson; Liederzyklus; ern. 1960; vollst. Fassg.). – G. S. K. Butterworth, *A Shropshire Lad*, 1912 (Liederzyklus).

LITERATUR: J. Carter u. J. Sparrow, *A. E. H.: An Annotated Handlist*, Ldn. 1952; ern. 1983 [rev. u. erw.]. – R. M. Hewitt, *Wives and Mothers in Victorian Industry*, Ldn. 1958. – R. Franklin, *H.'s Shropshire* (in MLQ, 24, 1963, S. 164–171). – J. Sparrow, »*A Shropshire Lad*« *at Fifty* (in J. S., *Independent Essays*, Ldn. 1963, S. 124–145). – V. de S. Pinto, *Crisis in English Poetry, 1880–1940*, NY 1966. – *The Making of* »*A Shropshire Lad*«. *A Manuscript Variorum*, Hg. T. B. Haber, Seattle/Ldn. 1966. – T. B. Haber, *A. E. H.*, NY 1967 (TEAS). – *A. E. H.: A Collection of Critical Essays*, Hg. Ch. B. Ricks, Ldn. 1969. – B. J. Leggett, *H.'s Land of Lost Content: A Critical Study of* »*A Shropshire Lad*«, Knoxville/Tenn. 1970. – G. B. Lea, *The Unity of A. E. H.'s* »*A Shropshire Lad*«, Diss. City Univ. of NY 1972 (vgl. Diss. Abstracts, 32, 1972, S. 6382A). – B. J. Leggett, *The Poetic Art of A. E. H.*, Lincoln/Nebr. 1978. – R. P. Graves, *A. E. H.: The Scholar Poet*, Ldn. 1979. – P. E. Firchow, ›*The Land of Lost Content‹: H.'s Shropshire* (in Mosaic, 13, 1980, S. 103–121). – G. Trew, *A. E. H. as Lyricist? An Introduction to Musical Settings of* »*A Shropshire Lad*« (in Housman Society Journal, 8, 1982, S. 16–23). – T. Suzuki, *A. E. H.: *»*A Shropshire Lad*«, Tokio 1982. – R. K. Martin, *A. E. H.'s Two Strategies:* »*A Shropshire Lad*« *and* »*Last Poems*« (in Victorian Newsletter, 66, 1984, S. 14–17).

CHRISTOPH ERNST FREIHERR VON HOUWALD

* 28.11.1778 Schloß Straupitz / Niederlausitz
† 28.1.1845 Neuhaus bei Lübben

DIE HEIMKEHR

Tragödie in einem Akt von Christoph Ernst Freiherr von HOUWALD, Uraufführung: Dresden, 26. 8. 1818. – Z. WERNER, A. MÜLLNER und Houwald sind die Hauptvertreter der im ersten Viertel des 19. Jh.s die Bühnen beherrschenden »Schicksalsdramatik«, jener Art von Theaterstücken, die »*das aus blindem Zufall, menschlichen Fehltritten und menschlicher Bösartigkeit gewebte Causalitätsband sichtbar machen, wodurch das Verbrechen eines Menschen mit den gleichgültigsten Begebenheiten vor seiner Geburt zusammenhängen kann*« (Müllner). Während jedoch Werner und Müllner, dieser theatralisch wirksamen Schicksalsauffassung getreu folgend, unerbittlich Greuel über Greuel in ihren Stücken häuften, um am Ende keine der fatalistisch handelnden Personen am Leben zurückzulassen, milderte Houwald die gattungsübliche Schlußkatastrophe meistens ab, so daß in *Heimkehr* der Tod nicht als Rächer, sondern gar als Friedensstifter erscheinen darf.

Dorner, als Soldat nach einer Schlacht vermißt und schließlich von seiner Frau Johanna für tot erklärt, taucht nach achtzehnjähriger Abwesenheit plötzlich wieder bei seiner Familie auf, die den Gealterten und überdies Verkleideten nicht erkennt. Johanna hat nach langem vergeblichem Warten dem biederen, redlichen Förster Wolfram ihr Jawort gegeben; der Heimkehrer gerät beim Anblick des ihm »geraubten« häuslichen Glücks in wütende Eifersucht und beschließt ohne allzuviel Federlesens, Wolfram zu vergiften. In den letzten Szenen geht nun der Pokal mit dem tödlichen Wein nach Art rechter Schicksalstragödien von Hand zu Hand, wird aber, sei es durch Zufall, sei es durch Dorners Eingreifen, im letzten Augenblick dem jeweils trinkbereiten Mund entzogen. Während dieser spannungsgeladenen Minuten vollzieht sich eine für den Ausgang des Stückes entscheidende Wende, als überraschend das Gute in Dorner die Oberhand gewinnt: Er leert selbst den Becher, weil er seine Rachegefühle durch das Erlebnis des rechtschaffen-harmonischen Familienlebens bezwungen sieht. »*Lebt wohl und denkt an mich in Frieden!*« Tränenblind stehen alle an seiner Leiche, und Wolfram, »*Johannen an sich drückend*«, schwört dem Toten: »*Ich will sie heißer lieben noch als du! / Ich will sie hier auf meinen Händen tragen, / Und droben führ' ich dir sie wieder zu!*«

Dieses unerwartete Ende des in vierhebigen trochäischen Reimpaaren gefaßten Stücks ist bezeichnend für die Aufweichung tragischer Unausweichlichkeit zu rührend-erbaulicher Sentimentalität – eine Tendenz, die bei den »Schicksalsdramatikern« durchgehend zu beobachten ist und besonders ausgeprägt bei Houwald zutage tritt. Alle Personen in der *Heimkehr* sind edel fühlende Menschen, letzten Endes auch Dorner; das echte tragische Aspekte enthaltende Los des Spätheimkehrers wird umgemünzt zu einem melodramatischen Rührstück, in dessen Ablauf das Schicksal lediglich als dramaturgische Klammer funktioniert. Doch gerade diese Flucht vor der Tragik mittels angenehmer Schauer und tränenreichen Gefühls fand beim Publikum der beginnenden Biedermeierzeit starken Beifall; heute erwecken Houwalds Stücke – neben der *Heimkehr* verfaßte er noch die Dramen *Das Bild* (1821), *Fluch und Segen* (1821), *Der Leuchtturm* (1821), *Der Fürst und der Bürger* (1823), *Die Feinde* (1825) und *Die Seeräuber* (1831) – nur noch historisches Interesse.   KLL

AUSGABEN: Lpzg. 1821 (zus. m. *Der Leuchtturm*). – Lpzg. 1851 (in *SW*, 5 Bde., 1). – Lpzg. 1858/59 (in *SW*, 2 Bde., 1).

LITERATUR: J. Minor, *Die Schicksalstragödie in ihren Hauptvertretern*, Ffm. 1883, S. 155–189. – O. Schmidtborn, *H. als Dramatiker*, Marburg 1909; ern. NY/Ldn. 1968. – R. Werner, *Die Schicksalstragödie und das Theater der Romantik*, Diss. Mchn. 1963.

BRONSON HOWARD

* 7.10.1842 Detroit
† 4.8.1908 New York

THE BANKER'S DAUGHTER

(amer.; *Die Tochter des Bankiers*). Schauspiel von Bronson HOWARD, Uraufführung unter dem Titel *Lilian's Last Love (Lilians letzte Liebe)*: Chicago, 4.9.1873; Erstaufführung unter dem jetzigen Titel: New York, 30.11.1878. – Der New Yorker Journalist Howard wurde nach dem Erfolg seiner farcenhaften Gesellschaftskomödie *Saratoga* (1870) Dramatiker. Seine melodramatischen Stücke, aus denen das Bürgerkriegsdrama *Shenandoah* (1888) als bestes herausragt, sind nach dem Publikumsgeschmack geschrieben. Ein typisches Beispiel ist *The Banker's Daughter*.

Lilian Strebelow, die Tochter eines bekannten Bankiers und Spekulanten, ist mit dem talentierten, jungen Künstler Harold Routledge verlobt. Um aber ihren Vater vor dem drohenden Bankrott zu retten, willigt sie in die Heirat mit dem ungeliebten Westbrook ein, einem um zwanzig Jahre älteren wohlhabenden Geschäftsmann. Sie macht zur Bedingung, daß der Vater Westbrook über ihre Gefühle aufklärt. Dies geschieht jedoch nicht, und Westbrook läßt sich nach der Hochzeit nichtsahnend und glücklich mit ihr in Paris nieder. Jahre vergehen; Lilian hat eine Tochter, auf die sie ihre ganze unerfüllte Liebe überträgt. Routledge kommt zufällig nach Paris und besucht die Westbrooks gleichzeitig mit dem eifersüchtigen Grafen de Carojac, einem abgewiesenen Verehrer Lilians. Der Graf nimmt die Tatsache, daß Routledge einem historischen Porträt offensichtlich Lilians Züge gegeben hat, zum Anlaß, ein Duell zu provozieren, in dem er den Künstler tötet. Lilians heftiger Schmerz öffnet Westbrook die Augen: Er verläßt Frau und Tochter mit dem Vorsatz, nur dann wiederzukommen, wenn Lilian ihn rufen sollte. Diese kehrt verzweifelt nach New York zurück. Allmählich wird ihr klar, daß sie in all den Jahren Westbrook lieben lernte, und sie ruft ihn zurück. – Howard lockert die Handlung auf, indem er zwei humoristische Figuren einführt: den schrulligen Florence St. Vincent Brown und den nüchternen, hundertprozentig amerikanischen Geschäftsmann Georg Washington Phipps, die beide ihre Position im Leben durch gute Heiraten zu verbessern trachten und ehrlich genug sind, daraus kein Hehl zu machen. Ihre Kontrastierung zu den Hauptfiguren zeigt Howards Sinn für theatralische Wirkung. Zum überzeugenden Dramatiker fehlt ihm allerdings die sprachliche Gestaltungskraft.

J.D.Z.-KLL

AUSGABEN: NY 1878. – Princeton 1941 (in *America's Lost Plays*, Hg. A. G. Halline, Bd. 10; m. Einl.; ern. 1963).

LITERATUR: A. H. Quinn, *A History of the American Drama*, NY 1936, S. 43–49. – Ch. J. Boyle, *B. H. and the Popular Temper of the Gilded Age*, Diss. Univ. of Wisconsin 1957. – *Papers on Playmaking*, Hg. B. Matthews, NY 1957, S. 25–42. – M. Bloomfield, *Mirror for Businessmen: B. H.'s Melodramas, 1870–1890* (in Mid-Continent American Studies Journal, 5, 1964, S. 38–49). – L. A. Ferrer, *B. H.: Dean of American Dramatists*, Diss. Univ. of Iowa 1971. – J. A. Vaughn, *Early American Dramatists*, NY 1981, S. 143–152. – B. C. Gannon, *B. H.: Dean of American Drama, 1842–1908* (in ALR, 15, 1982, S. 111–118).

WILLIAM DEAN HOWELLS

* 1.3.1837 Martin's Ferry / Oh.
† 11.5.1920 New York

LITERATUR ZUM AUTOR:

Bibliographien:
W. M. Gibson u. S. P. Anderson, *A Bibliography of Writing About W. D. H.*, NY 1971. – V. J. Brenni, *W. D. H.: A Bibliography*, Metuchen/N.J. 1973. – C. L. Eichelberger, *Published Comment on W. D. H. Through 1920: A Research Bibliography*, Boston 1976.
Gesamtdarstellungen und Studien:
E. Carter, *H. and the Age of Realism*, Philadelphia 1954; ern. Hamden/Conn. 1966. – E. H. Cady, *W. D. H.: American Dean of Letters*, 2 Bde., Syracuse/N.Y. 1956–1958. – O. W. Fryckstedt, *In Quest of America: A Study of H.'s Early Development as a Novelist*, Uppsala 1958. – G. N. Bennett, *W. D. H.: The Development of a Novelist*, Norman 1959. – W. Van Brooks, *H.: His Life and World*, Ldn. 1959. – R. L. Hough, *The Quiet Rebel: W. D. H. as Social Commentator*, Lincoln 1959. – *The War of the Critics over W. D. H.*, Hg. E. H. Cady, Evanston 1962. – *H.: A Century of Criticism*, Hg. K. E. Eble, Dallas 1962. – C. M. u. R. Kirk, *W. D. H.*, NY 1962 (TUSAS). – O. W. Firkins, *W. D. H.: A Study*, NY ²1963. – C. M. Kirk, *W. D. H. and Art in His Time*, New Brunswick/N.J. 1965. – W. M. Gibson, *W. D. H.*, Minneapolis 1967. – W. McMurray, *The Literary Realism of W. D. H.*, Carbondale/Ill. 1967. – K. Vanderbilt, *The Achievement of W. D. H.: A Reinterpretation*, Princeton 1968. – E. Wagenknecht, *W. D. H.: The Friendly Eye*, NY 1969. – J. L. Dean, *H.'s Travels Toward Art*, Albuquerque 1970. – G. G. Conti, *W. D. H.*, Rom 1971. – K. S. Lynn, *W. D. H.: An American Life*, NY 1971. – *Interviews with W. D. H.*, Hg. U. Halfmann, Arlington 1974. – *Critics on W. D. H.*, Hg. P. A. Eschholz, Coral Gables/Fla. 1975. – G. C. u. I. de P. Carrington, *Plots and Characters in the Fiction of W. D. H.* Hamden/Conn. 1976. – K. E. Eble, *W. D. H.*, Boston 1982 (TUSAS). – *Critical Essays on W. D. H., 1866–1920*, Hg. E. H. u. N. W. Cady, Boston 1983. – H.-W. Schaller, *W. D. H. und seine Schule*, Ffm. u. a. 1984. – E. H. Cady, *Young H. and John Brown: Episodes in a Radical Education*, Columbus 1985. – J. W. Crowley, *The Black Heart's Truth: The Early Career of W. D. H.*, Chapel Hill/Ldn. 1985. – E. Nettels, *Language, Race, and Social Class in H.'s America*, Lexington/Ky. 1988.

A HAZARD OF NEW FORTUNES

(amer.; *Gefährlicher neuer Reichtum*). Roman von William Dean HOWELLS, erschienen 1890. – Howells, Wegbereiter des realistischen Romans Amerikas, geht in diesem Werk zum ersten Mal über die Schilderung der bürgerlichen Gesellschaft seines Landes hinaus und bezieht die Arbeiterklasse ein. Es ist kennzeichnend für diese Erweiterung des Gesichtskreises, daß der Autor als Schauplatz nicht mehr – wie in seinen früheren großen Romanen *A Modern Instance*, 1882 *(Ein Fall aus unseren Tagen)*, und *The Rise of Silas Lapham*, 1885 *(Die große Versuchung)* – das überfeinerten Traditionen huldigende Boston wählt, sondern den Schmelztiegel New York, wohin er selbst nach jahrelangem Aufenthalt in Boston als Herausgeber des ›Atlantic Monthly‹ gezogen war, um für ›Harper's Magazine‹ zu arbeiten. Viele seiner eigenen Erfahrungen sind in die Gestalt des Basil March, eine der Hauptfiguren dieses Romans und Sprachrohr des Autors, eingeflossen.
Kristallisationspunkt der in den achtziger Jahren spielenden Handlung ist der Redaktionsstab der Zeitschrift »Every Other Week«. Ihr Eigentümer, der einstige Farmer und jetzige Ölmillionär Dryfoos, ist ein Mann, dessen gute Eigenschaften der plötzliche Reichtum verschüttet hat, ein ausgesprochener Reaktionär und Anhänger des einem Glücksspiel gleichenden Wirtschaftssystems, das ihn mächtig gemacht hat. Herausgeber der Zeitschrift ist der aus Boston zugezogene March, der in schwierigen Situationen gesunden Menschenverstand, Idealismus und Zivilcourage beweist. In dem Geschäftsführer Fulkerson, hinter dessen stets optimistischem Gebaren echte Freundlichkeit mit schlauem Opportunismus im Kampf liegt, hat Howells einen Vorläufer von Sinclair LEWIS' Babbitt gezeichnet. Weitere Protagonisten sind Dryfoos' Sohn Conrad, ein im Privatleben übersteigert tugendhafter junger Mann, ein Idealist, der mit der Arbeiterklasse sympathisiert, die rücksichtslosen Geschäftspraktiken seines neureichen Vaters verabscheut und höchst ungern für die Zeitschrift arbeitet, weil sie ihren Erfolg zum großen Teil Fulkersons Vorliebe für Sensationsjournalismus verdankt; ferner der Übersetzer Lindau, ein deutscher Emigrant von 1848, dessen kämpferischer Sozialismus seinem Arbeitgeber Dryfoos ein Dorn im Au-

ge ist; und schließlich der Maler Beaton, den sein Ästhetizismus nicht davon abhält, Dryfoos und dessen gesellschaftlich ambitionierte, aber vulgär gebliebene Tochter als Geldquelle weidlich auszunutzen. Die Spannungen zwischen diesen unterschiedlichen Charakteren sind der Motor der Handlung. Einer der kennzeichnendsten Vorfälle ist die Kraftprobe zwischen March und Dryfoos anläßlich der von letzterem gewünschten Entlassung Lindaus. Sie endet unentschieden, da Lindau von sich aus nicht länger gewillt ist, vom Geld des verhaßten Kapitalisten zu leben. Dramatischer Höhepunkt ist der Straßenbahnerstreik von 1880, der den Redaktionsstab endgültig in zwei Lager spaltet. In den Unruhen finden Conrad Dryfoos und Lindau den Tod. Tief getroffen, entschließt sich der alte Dryfoos, die Zeitschrift an March und Fulkerson zu verkaufen.

Das dominierende Thema ist die Auswirkung eines allein von Glück und Zufall regierten Wirtschaftssystems auf alle Klassen der Bevölkerung, eines Wirtschaftssystems, in dem Erfolg und Besitz nicht den Begabten und Fleißigen zuteil werden, sondern den Schlauen und Rücksichtslosen. Alle Charaktere des Romans bekommen, ob sie wollen oder nicht, die Macht des Geldes zu spüren: die, die zuwenig haben, und die, die zuviel haben. Howells stellt das Experiment des amerikanischen Kapitalismus in jener Ära der raschen Industrialisierung und der zu schnell erworbenen Vermögen in Frage, die sein Freund Mark TWAIN in *The Gilded Age*, 1873 *(Das vergoldete Zeitalter)*, satirisch behandelt hat. Seine Einstellung ist hier wie in den meisten seiner späteren Werke die eines christlichen Sozialisten im Sinne TOLSTOJS. Aber er ist zu sehr Künstler und zu wenig Polemiker, um sein soziales Thema bis zur letzten Konsequenz – der harten, konstruktiven Gesellschaftskritik – durchzuführen. Seine Stärken sind die Unbestechlichkeit der Beobachtungen, die Echtheit der Milieu- und Menschenschilderung, die Treffsicherheit der geschliffenen Dialoge. Das zuverlässige Bild, das Howells von der amerikanischen Gesellschaft des späten 19. Jh.s entwarf, wurde zum Ausgangspunkt und Vorbild für zahlreiche realistische Erzähler der nächsten Generation, unter ihnen Hamlin GARLAND, Frank NORRIS und Stephen CRANE.

J.v.Ge.-KLL

AUSGABEN: NY 1890, 2 Bde. – NY 1960 [Vorw. V. W. Brooks]. – Folcroft/Pa. 1973. – Bloomington 1976 (in *Selected Ed.*, Hg. D. J. Nordloh). – NY 1983.

LITERATUR: G. Arms, *H.' New York Novel: Comedy and Belief* (in New England Quarterly, 21, Sept. 1948, S. 313–325). – R. Behrens, *H.' »A Hazard of New Fortunes«* (in Explicator, 18, 1960, 52). – W. K. Kraus, *The Convenience of Fatalism: Thematic Unity in W. D. H.' »A Hazard of New Fortunes«* (in English Record, 18, 1967, S. 33–36). – P. A. Eschholz, *W. D. H.' Recurrent Character Types: The Realism of »A Hazard of New Fortunes«* (ebd.,

23, 1973, S. 40–47). – M. E. Edwards, *A Portrait of the Artist as a Young Woman: A Study of Alma Leighton in H.'s »A Hazard of New Fortunes«* (in *A Festschrift for Prof. M. Roberts*, Hg. F. E. Penninger, Richmond 1976, S. 219–227). – E. Cheyfitz, *»A Hazard of New Fortunes«: The Romance of Self-Realization* (in *American Realism: New Essays*, Hg. E. J. Sundquist, Baltimore 1982, S. 42–65). – M. Maffi, *Architecture in the City, Architecture in the Novel: W. D. H.' »A Hazard of New Fortunes«* (in Studies in the Literary Imagination, 16, 1983, S. 35–43). – A. Kaplan, *›The Knowledge of the Line‹: Realism and the City in H.'s »A Hazard of New Fortunes«* (in PMLA, 101, 1986, S. 69–81).

A MODERN INSTANCE

(amer.; *Ein Fall aus unseren Tagen*). Roman von William Dean HOWELLS, 1881/82 vorabgedruckt in der Zeitschrift ›Century Magazine‹, in Buchform erschienen 1882. – Nachdem er Reiseberichte aus Italien, Skizzen aus seiner journalistischen Praxis und einige romantisch getönte Romane vornehmlich über die Begegnung Amerika-Europa (u. a. *A Foregone Conclusion*, 1875, und *The Lady of the Aroostook*, 1879) veröffentlicht hatte, beschäftigte sich Howells unter dem Einfluß seines Freundes Henry JAMES und der Werke TURGENEVS intensiv mit dem komplexen Problem enger zwischenmenschlicher Beziehungen. Nichts schien ihm für einen Roman darüber geeigneter als die Hintergründe und Auswirkungen einer zerbrochenen Ehe, seiner Meinung nach ein Thema, *»das fast so viel Mitgefühl erregen mußte wie die Sklaverei«*. (Stofflich war zunächst eine Anlehnung an die *Medea* des EURIPIDES geplant.) So entstand *A Modern Instance*, das bedeutendste Werk seiner frühen Schaffensperiode als Romancier.

Der begabte und ambitionierte Journalist Bartley Hubbard wird nach hart erarbeitetem Studium in Harvard Redakteur der Lokalzeitung von Equity/Maine, einer typischen neuenglischen Kleinstadt, und verlobt sich mit Marcia Gaylord, der Tochter einer der einflußreichsten ortsansässigen Familien. Dann aber wird er in einen Skandal verwickelt und muß Equity verlassen. Marcia, die ihm völlig verfallen ist, folgt ihm entgegen dem väterlichen Verbot, und beide versuchen, in Boston eine neue Existenz zu gründen. Bartley fällt es bei seinem Talent nicht schwer, sich einen Namen als freier Schriftsteller zu machen und sich die Mitherausgeberschaft einer angesehenen Wochenzeitung zu sichern. Doch je erfolgreicher er ist, desto deutlicher tritt seine Charakterschwäche zutage. Er verliert jedes Maß, beginnt zu trinken, macht Schulden (die er seiner Frau verschweigt), verliert jedes Berufsethos und bringt sich dadurch erneut um seine Stellung. In seinem grenzenlosen Egoismus drückt er sich schließlich auch vor der Verantwortung für Frau und Tochter und verläßt sie. Mit Bartleys Verschwinden rücken die Auswirkungen seines moralischen Niedergangs auf die Menschen seiner nächsten Umgebung in den Vordergrund der Handlung. Marcia, die durch Eifersucht und Nörgelei zur Problematik ihrer Ehe beigetragen hat, Bartley aber nach wie vor abgöttisch liebt, wartet jahrelang auf seine Rückkehr. Als treuester Freund in der Not erweist sich der wohlhabende, körperbehinderte Ben Halleck, Geistlicher aus Idealismus, mit seinen hohen moralischen Prinzipien und seiner Sensibilität das genaue Gegenteil seines einstigen Studienfreundes Bartley. Sein Abscheu vor diesem wächst im gleichen Maß wie seine Liebe zu Marcia. Doch als nach einem dramatischen Scheidungsprozeß der Weg zu ihr frei ist, bringt Ben es nicht über sich, ihn zu gehen: In seiner puritanischen Moral von dem Anwalt Atherton bestärkt (dem Erzähler des Romans, der nicht selten Howells' eigene Auffassung zu vertreten scheint), bezweifelt er, daß er der Gesellschaft gegenüber das Recht hat, sich mit einer Frau zu verbinden, die er schon begehrt hat, als sie noch verheiratet war. Auch nach Bartleys Tod – er wird in Arizona Opfer eines Mannes, den er in seiner dortigen Zeitung verunglimpft hatte – findet Ben nicht aus seinem Dilemma heraus. So endet das Buch in einer Atmosphäre der Ratlosigkeit und Resignation.

Howells' Roman weist Ähnlichkeiten mit Henry James' *Portrait of a Lady* (1881) auf. Unübersehbar sind die Parallelen zwischen James' Ralph Touchett und Howells' Ben Hackett, beide aufgrund ihrer übersteigerten Sensibilität die eigentlichen tragischen Figuren. Auch Marcia, die sich – etwas unvermittelt – vom elementar leidenschaftlichen Geschöpf zur Frau mit Sinn für sittliche Verantwortung wandelt, ist James' Isabel Archer verwandt, doch zeigt sich gerade an diesen beiden Gestalten die unterschiedliche Absicht der beiden Autoren. Während James den Gewissenskonflikt Isabels seinem »*international theme*« integriert, stellt Howells seine Heldin ganz in die zeitgenössische amerikanische Wirklichkeit, deren moralischem Wertsystem er selbst noch verhaftet war, deren Alltagsszenerie realistisch zu schildern jedoch sein bleibendes Verdienst ist. J.v.Ge.

AUSGABEN: NY 1881/82 (in Century Magazine). – Boston 1882. – Boston 1957, Hg. u. Einl. W. M. Gibson. – NY 1964 [Nachw. W. Brockway]. – Bloomington 1977 (in *Selected Ed.*, Einl. G. N. Bennett). – NY 1984 [Einl. E. Cady].

LITERATUR: M. M. Anthony, *H.'s »A Modern Instance«* (in Explicator, 20, 1961, Nr. 20). – J. W. Gargano, *»A Modern Instance«: The Twin Evils of Society* (in Texas Studies in Literature and Language, 4, 1962, S. 399–407). – R. P. Falk, *The Eighties: H.: Maturity in Fiction* (in R. P. F., *The Victorian Mode in American Fiction, 1865–1885*, East Lansing 1965, S. 121–138). – S. B. Girgus, *Bartley Hubbard: The Rebel in H.'s »A Modern Instance«* (in Research Studies, 39, 1971, S. 315 bis 321). – P. A. Eschholz, *H.'s »A Modern Instance«: A Realist's Moralistic Vision of America* (in South Dakota Review, 10, 1972, S. 91–102). –

N. Wright, *The Significance of the Legal Profession in »A Modern Instance«* (in *From Irving to Steinbeck*, Hg. M. Deakin u. P. Lisca, Madison 1972, S. 57–70). – G. M. Spangler, *Moral Anxiety in »A Modern Instance«* (in New England Quarterly, 46, 1973, S. 236–249). – G. Perkins, *»A Modern Instance«: H.'s Transition to Artistic Maturity* (ebd., 47, 1974, S. 427–439). – F. G. See, *The Demystification of Style: Metaphoric and Metonymic Language in »A Modern Instance«* (in NCF, 28, 1974, S. 379–403). – J. Tavernier-Courbin, *Towards the City: H.'s Characterization in »A Modern Instance«* (in MFS, 24, 1978, S. 111–127). – G. D. Smith, *Bartley Hubbard and Behavioral Art in W. D. H.'s »A Modern Instance«* (in Studies in American Fiction, 7, 1979, S. 83–91). – J. Tavernier-Courbin, *The Village and After: Social Evolution through Character in »A Modern Instance«* (in ALR, 12, 1979, S. 127–142). – R. Meyn, *Aspekte der Realismus-Theorie W. D. H.' und das Problem von Wirklichkeitsstruktur und Wirklichkeitsdeutung in seinem Roman »A Modern Instance«* (in *Literarische Ansichten der Wirklichkeit*, Hg. H.-H. Freitag u. P. Hühn, Ffm. 1980, S. 249–270). – E. F. Wright, *Given Bartley, Given Marcia: A Reconsideration of H.'s »A Modern Instance«* (in Texas Studies in Literature and Language, 23, 1981, S. 214–231). – G. R. Uba, *Status and Contract: The Divorce Dispute of the ›Eighties‹ and H.'s »A Modern Instance«* (in Colby Library Quarterly, 19, 1983, S. 78–89). – F. B. Jackson, *The Search for Sermons in Stones: The Pastoral Journey in »A Modern Instance«* (ebd., 21, 1985, S. 34–44). – S. B. Gingus, *The New Age of Narcissism: The Sexual Politics of H.'s »A Modern Instance«* (in Mosaic, 19, 1986, S. 33–44).

THE RISE OF SILAS LAPHAM

(amer.; Ü: *Die große Versuchung*). Roman von William Dean HOWELLS 1884/85 vorgedruckt in der Zeitschrift ›Century Magazine‹, in Buchform erschienen 1885. – Der Titelheld wird in einem Zeitungsinterview als typischer Selfmademan vorgestellt. Sein bisheriger Lebensweg entspricht tatsächlich diesem Klischee: Vom barfüßigen Farmerssohn hat er sich zum millionenschweren Farbenproduzenten emporgearbeitet. Als Krönung dieser Laufbahn will er sich durch den Bau eines luxuriösen Hauses in der vornehmsten Wohngegend Bostons einen Platz in der Gesellschaft erobern. Er sieht sich seinem Ziel nahe, als Tom Corey, Sohn einer alten, angesehenen Familie, sich für eine seiner Töchter zu interessieren beginnt. Die folgende Liebesgeschichte besteht im wesentlichen aus einer etwas konstruiert wirkenden Verwicklung: Während alle glauben, Tom sei in Irene, die Hübschere, verliebt, gilt seine Zuneigung in Wirklichkeit Penelope, der Geistreicheren. Hier mündet die Handlung in direkte Belehrung: Auch in Liebesdingen möge man seinen gesunden Menschenverstand gebrauchen und sich nicht von der Lektüre lebensferner tragischer Liebesgeschichten irreleiten lassen. –

Dieser Teil des Buches dient der Gegenüberstellung von aufstrebendem Bürgertum und abweisender Aristokratie. (Tragikomischer Höhepunkt ist ein Dinner im Haus der Coreys, bei dem Lapham, nicht an Alkohol gewöhnt, gegen alle guten Sitten verstößt.) In der komödienhaften Gesellschaftsbeschreibung wird Lapham nie aus satirischer Distanz, sondern stets mit humoristischer Nachsicht geschildert. Dagegen ist die Darstellung der Bostoner Aristokratie, besonders im Vergleich zu der milderen Kritik in früheren Romanen des Autors, von satirischer Schärfe. Howells begnügt sich nicht mit der Entlarvung ihrer Repräsentanten im Dialog, sondern greift sie auch in direktem Kommentar an: Sie seien das Produkt einer Zivilisation, die Manieren höher schätze als menschliche Werte. Eben diese menschlichen Werte hat die zweite Haupthandlung des Romans zum Thema, die die innere Entwicklung Laphams schildert. Der aufstrebende Industrielle hatte im Augenblick des größten Erfolgs seinen Geschäftspartner Rogers ausgebootet, und noch nach Jahren belastet ihn sein unfaires Verhalten. Diese Schuldgefühle sind Vorboten des dramatischen Gewissenskampfes, der den Höhepunkt der Handlung bildet. Lapham gerät in finanzielle Schwierigkeiten und steht kurz vor dem Ruin, als ausgerechnet Rogers ihm ein unehrenhaftes Geschäft vorschlägt, das ihn retten könnte. Nach schwerem Ringen folgt Lapham gegen seine Interessen seinem Gewissen. Damit wird die eigentliche Bedeutung des Romantitels klar: Silas' Aufstieg ist ein moralischer, nicht ein materieller.
Nach diesem Roman wurde Howells, dem Wortführer des amerikanischen Realismus, eine Idealisierung des Businessman vorgeworfen: Er habe die Geschäftsmoral der Zeit zu hoch eingeschätzt, wenn er einen Emporkömmling eine Gewissensentscheidung treffen lasse. Tatsächlich zeichnet Howells in *The Rise of Silas Lapham* trotz aller aufgeworfenen Probleme eine heile Welt, die von einer patriotisch-optimistischen Auffassung der Realität geprägt ist. Diese Haltung wird verständlicher, wenn man unter seinen Vorbildern Jane AUSTEN entdeckt: Sie war für ihn die bedeutendste Vertreterin realistischer Erzählkunst, und seine Bewunderung für sie erklärt auch seine Vorliebe für das Komödienhafte und für versöhnliche Ausgänge, die allerdings auch eine Konzession an die Leserschaft waren. Aber gerade solche Zugständnisse und sein gemäßigter Realismus machten Howells zum idealen Mittler zwischen Alt und Neu: Einerseits entsprach seine optimistische Grundhaltung dem Zeitgeschmack, andererseits waren seine realistische Behandlung von Alltäglichem und seine einfache, streng funktionale Sprache richtungweisend für die nachfolgende Generation der Naturalisten.

M.Ul.

AUSGABEN: NY 1884/85 (in Century Magazine). – Boston 1885. – Lpzg. 1886 (in *Works*, 17 Bde., 1879–1905, 14/15). – NY 1912. – NY 1928, Hg., Komm. u. Anm. M. Spinning. – Boston 1937

[Einl. B. Tarkington]. – NY 1964 [Einl. C. D. Mead]. – NY 1965 [Einl. E. Carter]. – Bloomington 1972 (in *Selected Ed.*; Einl. W. J. Meserve). – NY/Ldn. 1982, Hg. D. L. Cook [krit.]. – NY 1983 [Einl. K. Vanderbilt].

ÜBERSETZUNG: *Die große Versuchung*, E. Klein, Bln. 1958. – Dass., ders., Bln. 1982 [m. Ill.; Nachw. W. Wicht].

DRAMATISIERUNG: L. K. Sabine, *The Rise of Silas Lapham*, NY/Ldn. 1927.

LITERATUR: H. Edwards, *The Dramatization of »The Rise of Silas Lapham«* (in New England Quarterly, 30, 1957). – K. Vanderbilt, *H. among the Brahmins* (in New England Quarterly, 35, 1962, S. 291–317). – W. R. Manierre, *»The Rise of Silas Lapham«. Retrospective Discussion as Dramatic Technique* (in CE, 23, 1962, S. 357–361). – J. E. Hart, *The Commonplace as Heroic in »The Rise of Silas Lapham«* (in MFS, 8, 1963, S. 375–383). – G. T. Tanselle, *The Boston Seasons of Silas Lapham* (in Studies in the Novel, 1, 1969, S. 60–69). – F. A. Berces, *Mimesis, Morality and »The Rise of Silas Lapham«* (in American Quarterly, 22, 1970, S. 190–202). – P. A. Eschholz, *The Moral World of Silas Lapham* (in Research Studies, 40, 1972, S. 115–121). – G. K. Wells, *The Phoenix Symbol in »The Rise of Silas Lapham«* (in South Atlantic Bulletin, 40, 1975, S. 10–14). – S. Gross u. R. Murphy, *Commonplace Reality and the Romantic Phantoms: H.'s »A Modern Instance« and »The Rise of Silas Lapham«* (in Studies in American Fiction, 4, 1976, S. 1–14). – S. Foster, *W. D. H. »The Rise of Silas Lapham« (1885)* (in The Monster in the Mirror, Hg. D. A. Williams, Oxford 1978, S. 149–178). – P. Dooley, *Nineteenth Century Business Ethics and »The Rise of Silas Lapham«* (in American Studies, 21, 1980, S. 79–93). – W. Wasserstrom, *H. and the High Cost of Junk* (in The Old Northwest, 10, 1984, S. 77–90). – J. Porte, *Manners, Morals, and Mince Pie: H.' America Revisited* (in Prospects, 10, 1985, S. 443–460). – F. B. Jackson, *A Sermon without Exegesis: The Achievement of Stasis in »The Rise of Silas Lapham«* (in Journal of Narrative Technique, 16, 1986, S. 131–147).

H'Ô-XUÂN-HU'O'NG

* Ende 18.Jh. Quỳnh Đôi / Prov. Nghệ An
† Mitte 19.Jh.

HÔ XUÂN-HU'O'NG THI-TÂP

(vietn.; *Gedichtsammlung der Dichterin Hô-Xuân-Hu'o'ng*). Gedichtsammlung von H'Ô-XUÂN-HU'O'NG. – Als ein Novum innerhalb der klassi-

schen vietnamesischen Literatur enthält die Poesie der Autorin, die einer angesehenen Mandarin-Gelehrtenfamilie entstammt, bisher unbekannte revolutionäre und emanzipatorische Aspekte. Leidenschaftlich, mit verwegener Kühnheit ergreift sie – unerhört in der Männergesellschaft konfuzianischer Prägung – Partei für die unterdrückten und rechtlosen Frauen, die, zu Lustobjekten des Mannes erniedrigt, in den von der Außenwelt abgeschlossenen Frauengemächern des Königshofes und der Aristokratie (vgl. *Cung-oán ngâmkhūc*) ein unwürdiges Dasein führen. Tief berührt sie das Schicksal der jungen unehelichen Mutter, gegen deren soziale Ächtung sie laut ihre Stimme erhebt; ihr Groll entlädt sich gegen den Mann, der die Geliebte schmählich verlassen und in Schimpf und Schande gestürzt hat: »*Es war deine Schuld, mein Geliebter, unauslöschbar und würdest du hundert Jahre alt!*« *(Klage der unehelichen Mutter).*
Die Dichterin entsprach nach eigenem Zeugnis äußerlich keineswegs dem zeitgenössischen Schönheitsideal. Ihr Teint war unrein und unansehnlich *»wie die Fruchtschale des Brotfruchtbaums«*, doch darunter verbarg sich eine vor Lebenslust überschäumende Frau, deren – um ihre eigenen Worte zu zitieren – *»saftig-pralles Fruchtfleisch«* sinnliche Befriedigung suchte. Hô-Xuân-Hu'o'ng, die in zwei wechselvollen Ehen frühzeitig ihre Gatten verlor, macht sich zum Anwalt ihrer Mitschwestern. Sie fordert, so z. B. in ihrem Gedicht *Der gemeinsame Ehemann*, für diese das Recht der freien Partnerwahl. In dem unbezähmbaren Drang nach Erfüllung ihres Liebesverlangens sprengt sie den Rahmen der traditionellen Moral, darüber hinaus gelten ihre ungeschminkte Kritik, ihr beißender Spott der vom »Establishment« hochgehaltenen konfuzianischen Sittenlehre, deren Bigotterie und innere Brüchigkeit schonungslos aufgedeckt werden. Die sensiblen, den herben Duft der vietnamesischen Landschaft atmenden, gleichsam mit kontrastreichen Pinselstrichen hingeworfenen Verse der Dichterin, die die Feldarbeit der jungen Reispflanzerinnen, die Frau am Webstuhl und das Volk bei Spiel und Tanz besingen, psychologisch wohl als Ersatzbefriedigung und Protest gegen den männlichen Überheblichkeitswahn zu deuten, quellen über von versteckten derb erotischen, obszönen Anspielungen, wobei sich die Autorin der zahlreichen, fein nuancierten »zweideutigen« Homonyme des Vietnamesischen meisterhaft bedient.
Dem Überschwang der schöpferischen Phantasie Hô-Xuân-Hu'o'ng's entspricht die dichterische Sprache von bewundernswürdiger Urwüchsigkeit, die, frei von chinesischem literarischem Lehngut, Redewendungen und Vulgärausdrücke der Volkssprache mit neuem Sinngehalt erfüllt und auf künstlerisches Niveau hebt.
Eine derart eigenständige, singuläre Persönlichkeit wie Hô-Xuân-Hu'o'ng, deren Werk gewisse verwandte Züge zu dem des kongenialen französischen Dichters François VILLON aufweist, hat die vietnamesische Literatur nicht wieder hervorgebracht. O.K.

AUSGABE UND ÜBERSETZUNG: M. Durand, *L'œuvre de la poétesse vietnamienne Hô-Xuân-Hu'o'ng* (in Collection de Textes et Documents sur l'Indochine, 9, Textes Nôm, Nr. 2, Paris 1968).

LITERATUR: *Ho-Xuań-Hu'o'ng tác-phẩm, thân-thế và văn-tai (Hô-Xuân-Hu'o'ng, ihr Leben, Werk und literarisches Talent)*, Saigon 1937. – Duong Dinh Khue, *Les chefs-d'œuvre de la littérature vietnamienne*, Saigon 1966, S. 170. – M. M. Durand, *L'œuvre de la poétesse vietnamienne Hô-Xuân-Huong*, Paris 1968. – Ngô-Lang-Vân, *Hô Xuân Huong toàn táp*, Saigon 1972.

GUNNAR HOYDAL

* 12.9.1941 Kopenhagen

AV LONGUM LEIÐUM

(fär.; *Auf langen Wegen*). Novellensammlung von Gunnar HOYDAL, erschienen 1982. – Der Titel der Sammlung führt in die Thematik ein: der Erzähler kehrt – nach langen (Um-)Wegen – zurück in seine Heimat, auf die Färöer. Der Autor hat den Buchumschlag selbst gestaltet, er zeigt ein südliches Dorf am Meer, aber im Hintergrund erkennt man eindeutig das färöische Tindholm. Wie weit die Wege auch führen, die Färöer sind in den Gedanken der Färinger stets gegenwärtig.
Hoydal bezieht den Stoff für seine Novellen aus der eigenen Biographie: Kindheit auf den Färöern und in Südamerika, Internat und Ausbildung in Dänemark, viele Reisen in Europa: Paris, Delos, die Bundesrepublik Deutschland, Ostberlin, Schottland, Rom und Nordnorwegen – alle diese Orte besuchte Hoydal, nachdem er auf die Färöer zurückgekehrt war. Die Erzählungen von diesen Reisen wirken auf den Leser wie autobiographische Reisebriefe, während die Geschichten aus Kindheit und Jugend des Autors stärker fiktional geprägt sind. *Fyrsta ferðin burtur (Das erste Mal fort*, oder *Die erste Reise)*, so heißt die erste und wichtigste Novelle der Sammlung. Die Kinder verbringen ihre Sommerferien in Kopenhagen, im Vergleich mit Dänemark wird auf ironische Weise ihr provinzieller färöischer Nationalismus mit seinen vielen Vorurteilen sichtbar. Die Jungen sind davon überzeugt, daß es eine (färöische) Tugend ist, möglichst wenig zu *sagen*, aber wie soll man einem fremden und geschwätzigen Menschen aus Kopenhagen begegnen, zumal wenn es sich dabei um die eigene Großmutter handelt! Die Jungen schweigen verbissen, aber die Großmutter kommt gar nicht auf die Idee, daß sie es ist, die Anstoß erregt. Der Protest wird also überhaupt nicht wahrgenommen, und es zeigt sich auch noch, daß die alte Dame von unerschöpflicher Energie erfüllt ist. Eines Tages ist sie aber

doch müde, die Jungen machen sich aus dem Staub, sie verlaufen sich und entdecken, daß auch diese Großmutter für Geborgenheit und Wärme sorgt. Als sie auf die Färöer zurückfahren, erwacht der Mut wieder in ihnen: »*Wir mußten uns selbst immer wieder sagen, daß die Welt, wie sie war, ziemlich groß war und daß wir nie wieder verreisen wollten.*« Dieser erkämpfte und gewollte Provinzialismus wird in den folgenden Novellen immer wieder bloßgestellt.

Der Liebeskummer des großen Bruders Egil ist das Motiv in *Hjartasorg (Herzeleid)*, einer Erzählung, die in Ecuador spielt. Der kleinere Bruder will darüber einen Roman schreiben, »*auf Ausländisch, damit er in der Welt bekannt wird. So weit ich wußte, gab es auf den Färöern so wenig Herzeleid, daß es für einen so großartigen Roman einfach nicht ausreichte.*« Der Vater fürchtet Familienstreitigkeiten und schickt die Jungen auf ein Internat in Dänemark. Das trifft nicht nur Egil, denn auch die jüngeren Brüder scheinen in das Mädchen verliebt zu sein – in so fernen Gefilden muß man aber zusammenhalten, und alle Brüder haben gerötete Augen (was sie aus Verlegenheit mit einer Erkältung erklären). Im Internat von Sorø werden die Färinger gehänselt, weil sie kein korrektes Dänisch sprechen, sie bekommen »*Pirrur*« *(Pickel)*, so lautet auch der Titel einer weiteren Novelle, und leiden an unglücklicher Liebe. Das Schlimmste ist, daß sie der Disziplin wegen Dinge tun müssen, die sie hassen. Die autoritäre Ordnung im fremden Internat verstärkt noch den Verlust der Unschuld. Das Schulsystem läßt keine Selbständigkeit zu, damit wird die Berufswahl zu einer tragischen Farce – in *Fjarar og følin (Fern und bleich)*.

Hoydal möchte mit seinen Erzählungen davor warnen, daß die Liebe zur Heimat sich in Fremdenhaß und Blindheit verwandelt, z. B. in *Landsmaður i Berlin (Landsmann in Berlin)*, wo er einem anderen Färinger die Hauptstadt der DDR zeigt. Dieser Freund lernt eine kommunistische Bekannte des Erzählers kennen, interessiert sich aber überhaupt nicht dafür, was das Mädchen denkt und fühlt, was sie von Berlin zu erzählen weiß. Er denkt nur an seine Eroberung, sie soll »sich absetzen« und auf die Färöer kommen. Als sie das nicht will, überfällt er sie und meint, sie hätte wohl lieber etwas mit einem Russen. Den vorgefaßten und verstockten Ansichten dieses Färingers werden die unentwegten Bemühungen des Mädchens – und des Erzählers – um Toleranz und Verständnis gegenübergestellt. Auch in *I býanna býi (In der Stadt der Städte)* distanziert sich der Erzähler, indirekt, von der färöischen Nabelschau, als er während seines Architekturstudiums mit Nationalisten aus Kamerun konfrontiert wird. Sie spotten über das, was die Färinger im Hinblick auf Selbstbestimmung erreicht haben – eigene Briefmarken und ihre Flagge –, aber der Erzähler sieht dennoch die Dinge im Licht der Ironie: Die Färöer haben mit dem Freiheitskampf der Dritten Welt nicht sehr viel gemeinsam.

In der letzten Novelle der Sammlung »*Bræv til rektara*« *(Brief an den Oberstudiendirektor)* wird deutlicher gezeigt, welche Probleme den nationalistischen Färinger im Alltag beschäftigen, z. B. Wohnungsnot und Bürokratie. Aber das Studentenleben in Paris ist natürlich etwas ganz anderes.

Gunnar Hoydal ist vor allem als Lyriker bekannt, die Novellensammlung überzeugt besonders in stilistischer Hinsicht. Der Autor kann so verschiedenen Dingen wie Ernst, Ironie, Wärme und Schmerz gleichzeitig Ausdruck verleihen, seine Rückblicke in die Kindheit und Jugend werden somit nicht zur nostalgischen Sehnsucht.   K.Al.

AUSGABE: Tórshavn 1982.

LITERATUR: B. D. Hentze, *Saman við vónini er nógvur ótti* (in Brá, 1982, Nr. 2).

ANNA OVENA **HOYERS**

* 1584 Koldenbüttel / Holstein
† 27.9.1655 Gut Sittwik bei Stockholm

DE DENISCHE DÖRPPAPE

(nd.; *Der dänische Dorfpfaffe*). Satirische Versdichtung von Anna Ovena HOYERS, erschienen 1650 in der Gedichtsammlung *Geistliche und weltliche Poemata*. – Vermutlich war der Text der Anhängerin der schleswig-holsteinischen Wiedertäuferbewegung um Nikolaus Testing schon früher in Einzeldrucken verbreitet, die aber bei der scharfen Verfolgung sektiererischen Schrifttums verlorengingen. Hoyers, die von 1630 an in Schweden lebte, nahm an den theologischen Disputen der Zeit nicht teil, kritisierte in ihren Dichtungen jedoch deutlich die kirchliche Orthodoxie und die Mißstände in der Seelsorge.

Der Aufbau des Gedichts *De denische Dörppape* ähnelt einem Drama. Dem aus inhaltsgleichen Sprichwörtern zusammengestellten Motto folgt eine kurze Exposition: Der Pfaffe Hans vergnügt sich im Gasthaus bei Bier und Tanz; sein Amtsbruder Hack kommt hinzu. Der weitere Text (rund 350 Verse) bringt zunächst einen Dialog zwischen den beiden Pfaffen, dann zwischen diesen und den Bauern. Hack erkundigt sich nach dem Gang der kirchlichen Amtshandlungen, doch weicht Hans den peinlichen Fragen aus und gesellt sich wieder den zechenden Bauern zu, die auch den neuen Gast in ihren Kreis aufnehmen wollen. Die streng eingehaltene Zeremonie des Willkommtrunkes läßt das unflätige Benehmen der Bauern, mit denen sich Pfaffe Hans gemein macht, besonders kraß erscheinen. Hack wagt einen ausfälligen Bauern zu kritisieren; die Wirkung seines Tadels wird aber durch die Erzählung von einer unwürdigen Zecherei des Amtsbruders ziemlich abgeschwächt. Während die beiden Pfaffen den Raum verlassen, um zu urinieren, versuchen die zurückbleibenden Bauern ihren ob der Kritik aufgebrachten Freund zu beruhigen; doch nur weil die Bauern das Feld räumen, wird eine Prügelei mit den Pfaffen verhindert. Nach ihrem Weggang vergessen die beiden Geistlichen vollends alle Aufgaben und Würden ihres Standes und geben sich hemmungslos dem Alkohol hin. Volltrunken eilen sie in die Arme der Frauen, um dort ihren Rausch auszuschlafen, und beten höhnend: »Gott lat't unß wol bekamen.« – »Solche Pfaffen sind Affen, die in ihren Sünden verschlafen und nicht treu und recht an ihren Schafen handeln. Von ihnen ist nichts Gutes zu erwarten«, lautet die angefügte Moral, der ein bissiges, die allgemeinen kirchlichen Mißstände tadelndes Lied in vierzehn Strophen folgt.

In der Form entspricht das Gedicht keineswegs den zeitgenössischen Forderungen eines M. OPITZ; doch sind die verwendeten Knittelverse dem Inhalt durchaus angemessen. Literarische Wirkung war der Zeitsatire, die in ihrem Thema den *Niederdeutschen Bauernkomödien des siebzehnten Jahrhunderts* (hg. Tübingen 1880) verwandt ist, nicht beschieden. Auch ein Einfluß auf den großen Satiriker J. LAUREMBERG, einen Zeitgenossen von Anna Hoyers, ist nicht nachweisbar. Das Gedicht kann als repräsentativ für die kirchenkritischen und -satirischen Dichtungen des 17. Jh.s gelten, die Autorin verfaßte daneben geistliche und weltliche Lieder, zu denen sie auch Melodien komponierte. Ihr bis heute unveröffentlichter Nachlaß, der sich in der Königlichen Bibliothek von Stockholm befindet, enthält weitere zwanzig Kirchenlieder, die von der Fachwissenschaft zu den bedeutendsten Beispielen dieser Gattung aus dem 17. Jh. gezählt werden.

W.L.

AUSGABEN: Amsterdam 1650 (in *Geistliche und weltliche Poemata*, S. 247–262). – Kiel 1885 (in Zs. d. Ges. f. Schleswig-Holstein-Lauenburgische Geschichte, 15).

LITERATUR: E. Schmidt, *A. O. H.* (in ADB, 13, 1881, S. 216 ff.). – P. Schütze, *A. O. H. und ihre niederdeutsche Satire »De Denische Dörp-Pape«* (in Zs. d. Ges. f. Schleswig-Holstein-Lauenburgische Geschichte, 15, 1885). – E. Schmidt (in *Charakteristiken*, Bd. 1, Bln. ²1902, S. 80 ff.). – H. J. Schoeps, *A. O. H. u. ihre ungedruckten schwedischen Gedichte* (in Euph, 46, 1952, S. 138–148). – Anon., *A. O. H., eine dt. Dichterin in Schweden* (in ZfdPh, 72, 1953, S. 159–169). – C. N. Moore, ›*Mein Kind, nimm diß in acht‹. A. O. H., ›Gespräch eines Kindes mit seiner Mutter von dem Wege zur wahren Gottseligkeit‹ als Beispiel der Erbauungslit. für die Jugend im 17. Jh.* (in Pietismus u. Neuzeit, 6, 1980, S. 164–185). – B. Becker-Cantarino, *Die Stockholmer Liederhandschriften der A. O. H.* (in *Barocker Kunst-Spiegel*, hg. M. Bircher u. a., Amsterdam 1984, S. 329–344). – Dies., *Werkbibliographie der A. O. H.* (in Wolfenbütteler Barock-Nachrichten, 12, 1985, S. 97–101).

HOZUMI IKAN

* 1692
† 1769

NANIWA-MIYAGE

(jap.; *Mitbringsel aus Naniwa*). Fünfbändiges kritisches Kommentarwerk zum Puppenspiel (*jōruri*) von HOZUMI Ikan, erschienen 1738. – Der Autor behandelt in seinem umfangreichen Werk eine ganze Reihe von *Jōruri*-Dramen, wobei er neben einer Erklärung ihrer Titel Erläuterungen zu ausgewählten Passagen gibt. Den wesentlichen Teil des Kommentars bildet freilich die Einleitung, die, nach einem kurzen Überblick über die Geschichte des *jōruri*, vor allem der Kunstauffassung des bedeutenden Dramatikers CHIKAMATSU Monzaemon gewidmet ist, dessen Gedanken im originalen Wortlaut referiert werden.

Das monodische *jōruri* kennt keine Schauspieler wie das dialogische *kabuki*. In ihm agiert ausschließlich die Puppe; zwar spricht der Rezitator die Rolle, aber erst durch die Puppe »wird dem gesprochenen Wort Leben gegeben, indem die Worte die Puppe bewegen« (L. Brüll). So ergeben sich für ein *Jōruri*-Drama ganz andere Forderungen als für ein durch Schauspieler dargestelltes *Kabuki*-Drama. Für die Analyse des *jōruri* sind für Chikamatsu von besonderer Bedeutung: das Gefühl (*ninjō*), die menschlichen Verpflichtungen (*giri*), das Mitgefühl (*nagusami*) und die Grenzlinie zwischen Wirklichkeit und Nicht-Wirklichkeit (*kyojitsu-himaku*). Die Gefühle, welche das Handeln der Puppen beherrschen, müssen zu einer Wechselwirkung mit den Gefühlen führen, die sich im Zuschauer erwecken. Die vom Seelischen her bestimmten Handlungen können allerdings in ihrer Wirkung eingeengt werden durch die aus den moralisch-sozialen Forderungen der Gesellschaft resultierenden Verpflichtungen; manchmal ergibt sich sogar ein ausgesprochener Gegensatz zwischen beiden Komponenten. So entsteht ein Spannungsfeld, aus dem heraus sich das Handeln zu einem dramatischen Höhepunkt hin entwickelt. Um freilich zu seiner vollen Wirkung zu kommen, bedarf das Drama einer Wertung von seiten des Zuschauers: Es muß, wenn es wirklich erlebt werden soll, im Zuschauer das Mitgefühl hervorrufen, das somit für den Dramatiker ebenfalls zu einem konstitutiven Element für sein Werk wird. Das Vierte schließlich, was ein *jōruri* erst wirklich zu einem Kunstwerk macht, ist die Erfüllung der Forderung, daß es sich auf der schmalen Grenze zwischen Wirklichkeit und Nicht-Wirklichkeit hält: An diesem Punkt wird der Dramatiker und Theaterpraktiker Chikamatsu zum Kunsttheoretiker.   H.Ham.

AUSGABEN: Osaka 1738. – Tokio 1907 (in *Shin Gunsho ruijū*, Bd. 6). – Tokio 1928 (in *Teikokubunko*, Bd. 9).

LITERATUR: Y. Wakatsuki, *(Ningyō) Jōruri-shi ken-kyū*, Tokio 1943. – L. Brüll, *Chikamatsu Monzaemon in seinen Äußerungen zum Puppenspiel* (in Oriens Extremus 8, 1961; m. Übers. d. Einl.).

BOHUMIL HRABAL

* 28.3.1914 Brünn-Židenice

LITERATUR ZUM AUTOR:
F. Benhart, *Pan H. to má dobrý* (in Plamen, 6, 1964). – J. Lopatka, *O diskusích, velké literatuře a B. H.* (in Tvář, 1, 1964). – Ders., *Tvorba a spisování* (ebd., 2, 1965). – J. Alan, *Na okraj próz B. H.* (in Plamen, 8, 1966). – V. Dostál, *H. lyrický a tendenční* (in Impuls, 1, 1966). – A. Sklenářová, *Jak se pan H. ke svému devátému řemeslu dostal* (ebd., 1, 1966). – O. Sus, *Obnažené metody* (in Host do domu, 13, 1966). – *Dvě stránky pro B. H.* (in Sešity, 3, 1968). – W. Huder, *Über B. H.* (in Welt und Wort, 1968, Nr. 5). – A. Václavík, *Babel a H.* (in Impuls, 3, 1968). – M. Jungmann, *Obléhání Tróje*, Prag 1969. – J. Lopatka, *Nebývalé problémy textologické* (in Podoby, 2, 1969). – A. Stankovič, *Dvakrát o nové vlně* (in Tvář, 4, 1969). – V. Černý, *Za hádankami B. H.* (in Svědectví, 13, 1976, Nr. 51). – J. Škvorecký, *American Motifs in the Work of B. H.* (in Cross Currents, 1982). – S. Richterová, *Totožnost člověka ve světě znaků* (in S. R., *Slova a ticho*, Mchn. 1986, S. 67–78). – S. Roth, *Laute Einsamkeit und bitteres Glück. Zur poetischen Welt von B. H.s Prosa*, Bern 1986. – K. Chvatík, *Ein Meister der Postmoderne aus Prag: B. H.* (in Literatur und Kritik, 1987, 215/216, S. 194–203). – H. Kosková, *Magnus parens současné české prózy* (in H. K., *Hledání ztracené generace*, Toronto 1987, S. 55–108). – S. Roth, *Un poète, son temps et sa ville* (in Critique, 1987, 483/484, S. 701–714). – *Hommage à H.*, Hg. dies., Ffm. 1989.

KLUBY POEZIE

(tschech.; *Ü: Sanfte Barbaren*). Literarische Collage von Bohumil HRABAL, erschienen 1981. – Zwei wichtige neuere Texte Hrabals konnten bisher in seinem Land nur bruchstückhaft erscheinen: *Něžný barbar*, 1973 *(Der sanfte Barbar)*, eine spontan niedergeschriebene Erinnerungsprosa an den durch Selbstmord aus dem Leben geschiedenen Künstlerfreund Vladimír Boudník (1924–1968) und vor allem *Příliš hlučná samota*, 1976 *(Allzu laute Einsamkeit)*, eine Meditation über den Tod, die Zerstörung von Kultur und den Wert der Literatur im Leben. Weil der Text ihm viel bedeutete, zerschnitt Hrabal ihn 1978 in der Hoffnung, ihn mit dem auf dieselbe Weise »gesäuberten« *Barba-*

ren in einer alternierenden Collage seinem Publikum wenigstens auszugsweise vorstellen zu können. Was schließlich als *Kluby poezie* publiziert wurde, ist das Resultat einer nochmaligen Zensurierung; das Buch ist zudem mit einem Nachwort versehen, das eine völlig falsche Interpretation suggeriert.

Der sanfte Barbar ist formal insofern ein typischer Hrabal-Text, als er keine eigentliche Handlung aufweist, sondern die einzelnen Episoden aus dem exzentrisch-bohemehaften Leben von Boudník und den Dichtern Hrabal und Egon BONDY wie zufällig aneinanderreiht. Die Atmosphäre von Prager Kneipen sowie die stark umgangssprachliche Stilisierung rücken die legendenhafte Reminiszenz in die Nähe der zu Beginn von Hrabals literarischer Laufbahn publizierten Bafler- und Kneipengeschichten.

Die *Allzu laute Einsamkeit* existiert in verschiedenen Varianten, die innerhalb kurzer Zeit entstanden sind. Ein alter Mann, der bereits aus der Erzählung *Baron Prášil (Baron Münchhausen)* bekannte Haňťa, stampft seit fünfunddreißig Jahren im Keller einer Prager Altpapiersammelstelle Papier und Bücher ein, trinkt dabei literweise Bier und meditiert über sein vergangenes Leben. Er erinnert sich an seine mißglückten amourösen Abenteuer mit Mančinka und an seine große Liebe, ein Zigeunermädchen, das während der deutschen Besetzung in einem KZ umkam, an die Liquidationen ganzer Bibliotheken während und nach dem Krieg. Haňťa lebt durch und für die Kunst und hat es sich zum Ziel gemacht, die zu zerstörende Literatur zu retten: Bei sich zu Hause stapelt er tonnenweise Bücher, und aus jedem Ballen Altpapier macht er ein eigenständiges Kunstwerk. Seine Freunde sind ebenfalls in der »Unterwelt« beschäftigt; es sind Akademiker, die in die Kanäle und Kloaken der Stadt verbannt wurden. Haňťas Keller ist nicht nur von Mäusehorden und Fliegenschwärmen bevölkert – zwei verführerische Zigeunerinnen besuchen ihn regelmäßig, ein ehemaliger Theaterkritiker sucht in den Abfällen nach Lesestoff, und oft betrachten ihn Jesus und Laotse bei seiner Arbeit. Wichtiger als Menschen sind für Haňťa aber Bücher: Er lebt von den Zitaten seiner verehrten Philosophen und Dichter. Die moderne Zeit hat jedoch keinen Platz mehr für kreativ-verträumte Menschen seines Schlages: Er soll durch junge Brigadearbeiter, die mechanische Presse durch eine hydraulische ersetzt werden. Bevor es dazu kommen kann, macht Haňťa aus sich selbst ein letztes Paket, um zum Zeichen der Einheit von Denken und Handeln in der geliebten Presse zu sterben.

Diese Ich-Erzählung nimmt in Hrabals Werk und in der tschechischen Nachkriegsliteratur einen wichtigen Platz ein – der Autor nennt sie gar sein »bestes« Buch, für das er »gelebt« habe. Wie fast alles von Hrabal Geschriebene weist sie autobiographische Züge auf: Der damals noch unbekannte Dichter arbeitete zwischen 1954 und 1958 selbst in einer Altpapiersammelstelle. Das Werk stellt darüber hinaus ein überzeugendes künstlerisches Porträt

der siebziger Jahre dar, dieser sogenannten »Normalisierung« mit ihrem destruktiven Einfluß auf die Kultur und das soziale Leben. Hrabals Botschaft bleibt jedoch optimistisch: ». . . *die Inquisitoren auf der ganzen Welt verbrennen die Bücher vergebens, und wenn die Bücher Gültiges enthalten, hört man sie im Feuer leise lachen . . .*«
War im frühen Werk Hrabals der Einfluß HAŠEKS spürbarer, so dringt in diesem Text das Vermächtnis Franz KAFKAS durch – auf diese beiden großen Vorbilder beruft sich der Autor immer wieder. Für die Kombination der beiden Texte spricht, daß es sich bei den Helden Haňťa und Vladimír um Menschen handelt, die konventionelle Grenzen überschreiten, Tabus durchbrechen und letztlich bereit sind, für ihre Kunst mit dem Leben zu bezahlen. In der Collage mußten aber so viele der zentralen Passagen weggelassen werden, daß die Botschaft in dem Band nur noch sehr versteckt enthalten ist.

S.R.

AUSGABE: Prag 1981.

ÜBERSETZUNG: *Sanfte Barbaren*, P. Sacher, Ffm. 1987.

DRAMATISIERUNGEN: V. Nývlt, *Něžný barbar*, Prag 1981. – E. Schorm, *Hlučná samota*, Prag 1983.

LITERATUR: P. Král, *Deux enfants de Hašek* (in Le Monde, 29. 7. 1983). – H. Kosková, *Hrabalovo dilema* (in Svědectví, 1984, 72, S. 777–788). – S. Corduas, *Hrabaliana* (in B. H., *Una solitudine troppo rumorosa*, Turin 1987). – K.-P. Walter, *Der Himmel ist nicht human* (in FAZ, 5. 12. 1987). – V. Ulrich, *Ein unnachahmlich origineller Stil* (in Nürnberger Nachrichten, 1. 2. 1988). – S. Roth, »*Sanfte Barbaren*« (in NZZ, 29. 4. 1988).

MĚSTEČKO U VODY: POSTŘIŽINY. KRASOSMUTNĚNÍ. HARLEKÝNOVY MILIÓNY

(tschech.; *Ü: Das Städtchen am Wasser: Die Schur. Schöntrauer. Harlekins Millionen*). Trilogie von Bohumil HRABAL, erschienen 1982. – *Postřižiny (Die Schur)* ist der erste Text, den Hrabal schrieb, als er nach der sowjetischen Besetzung des Landes 1968 wie viele andere Schriftsteller nicht mehr veröffentlichen durfte. (Hrabal hat stets am meisten geschrieben, wenn er nicht publizieren konnte.) Die Prosa entstand 1970, als zwei seiner Werke im Zeichen der beginnenden »Normalisierung« eingestampft wurden, und zirkulierte zunächst in der inoffiziellen Samisdat-Reihe »Edice Petlice«; ihr Erscheinen 1976 bildete den Auftakt zu erneuter Publikationstätigkeit. 1973 entstand *Městečko, kde se zastavil čas (Das Städtchen, in dem die Zeit stehenblieb)*, eine Fortsetzung der *Schur*. Sie wurde in der Tschechoslowakei erst sechs Jahre später verlegt, stark umgeändert – durch Erweiterung und Elimi-

nierung von Motiven, Ersetzung der Ich- durch die Er-Form, Zergliederung des Redestroms in einzelne Erzählungen – und unter dem Titel *Krasosmutnění*. Der abschließende Teil der sogenannten *Nymburker Trilogie* hieß zunächst *Nymfy v důchodu*, 1979 *(Nymphen in Rente)*, und knüpfte ebenfalls an *Městečko* an – die Endfassung, *Harlekýnovy milióny (Harlekins Millionen)*, ist nicht mit der ursprünglichen Fassung identisch. Die Abweichungen lassen sich allerdings nicht nur durch Zensur und Selbstzensur erklären, sondern in erster Linie durch Hrabals Vorliebe für spielerische Variationen.
Die *Schur* und *Harlekins Millionen* werden von der Mutter des Autors erzählt, während die liebevoll gezeichnete Welt der Kleinstadt an der Elbe mit ihren kauzigen Bewohnern im mittleren Teil vom kleinen Bohumil bewundernd beschrieben wird. Im letzten Teil leben die Helden, die der Trilogie ihre Einheit verleihen (Mutter, Vater, Onkel Pepin), in einem zum Altersheim umgebauten Schloß. Sie hausen dort in Gesellschaft anderer Chronisten der Vergangenheit, die für die moderne Welt und für eine Zeit, die selbst Toten keinen Respekt mehr zollt und Friedhöfe zerstört, kein Verständnis haben. Ausschlaggebend für dieses Werk war das Bewußtsein des Zuendegehens von Epochen und Kulturen, des Sterbens geliebter Menschen (Ende von Österreich-Ungarn, der Ersten Republik, Tod des Onkels und der Eltern). Neu sind nicht so sehr die einzelnen Motive und Figuren als ein veränderter Blickwinkel des Autors. Es handelt sich um Hrabals Suche nach der verlorenen Zeit seiner Kindheit, die er in der väterlichen Bierbrauerei von Nymburk (dem »Städtchen am Wasser«) verbrachte; um eine poetische Huldigung an seine unkonventionelle und romantische Mutter Maryška und ein weiteres Denkmal für seine wichtigste Muse, den aus den *Tanzstunden für Erwachsene und Fortgeschrittene* bekannten Oberbafler Pepin.
Während die in den sechziger Jahren publizierten Bücher vor allem charakterisiert sind durch skurrile Antihelden an der Peripherie der Geschichte, die à la Švejk schwafelnd die Welt der Mächtigen entmystifizieren, nimmt in den siebziger Jahren das Gedächtnis überhand. Die früheren Figuren existieren dadurch, daß sie unentwegt reden – jetzt erinnern sie sich an Vergangenes. Auf sprachlicher Ebene entspricht dies einer Abwendung von der Umgangssprache hin zur Schriftsprache; die häufigen Hyperbeln und Grotesken haben ironischen Betrachtungen Platz gemacht, neu ist die Melancholie im Schlußteil. Trotzdem kann man nicht von einem Bruch in Hrabals Schaffen sprechen. Seine poetische Welt ruht ganz in der gelebten Realität, wodurch alle Geschichten mit immer wieder denselben Helden geographisch auf Böhmen und Mähren beschränkt bleiben. In der Heraufbeschwörung der unwiderbringlich vergangenen und vergessenen Zeit seiner Heimat erinnert vor allem diese Trilogie in ihrer nostalgischen Verklärtheit an die Werke von Joseph ROTH und Bruno SCHULZ. S.R.

AUSGABEN: *Městečko, kde se zastavil čas*, Innsbruck 1973; Toronto ²1989. – *Postřižiny*, Prag 1976. – *Krasosmutnění*, Prag 1979. – *Harlekýnovy milióny*, Prag 1981. – *Městečko u vody*, Prag 1982; ²1987.

ÜBERSETZUNGEN: *Das Haaropfer*, K. H. Jähn, Bln./DDR 1983. – *Die Schur*, F. P. Künzel, Ffm. 1983. – *Schöntrauer*, ders., Ffm. 1983. – *Harlekins Millionen*, P. Šimon u. M. Rohr, Ffm. 1984. – *Das Städtchen am Wasser*, dies. u. F. P. Künzel, Ffm. 1989.

DRAMATISIERUNGEN: Z. Potužil, *Postřižiny*, Prag 1977. – Ders. u. S. Vála, *Post Postřižiny*, Prag 1980.

VERFILMUNG: *Postřižiny*, Tschechoslowakei 1980 (Regie: J. Menzel).

LITERATUR: L. Břízová-Hanková, *Jazyková výstavba povídek B. H.* (in Studia Slavica Hung., 27, 1981, S. 81–105). – M. Grygar, *H. pro mládež a dospělé* (in Proměny, 1982, 1, S. 52–59). – C. U. Bielefeld, Rez. (in FAZ, 29. 3. 1983). – A. Ayren, Rez. (in FAZ, 18. 2. 1984). – F. P. Freudenberg, *Ein Schwejk, der Tauwetter selber macht* (in Rheinischer Merkur, 9. 3. 1984). – C. U. Bielefeld, Rez. (in FAZ, 14. 3. 1984). – W. Paul, Rez. (in SZ, 31. 3./1. 4. 1984). – S. Roth, Rez. (in NZZ, 2. 7. 1984). – E. Pieiller, *L'humour cruel de B. H.* (in Le Monde, 22. 11. 1985). – N. Zand, *Magies de Prague et de Bohême* (ebd., 25. 9. 1987).

OBSLUHOVAL JSEM ANGLICKÉHO KRÁLE

(tschech.; *Ü: Ich habe den englischen König bedient*). Roman von Bohumil HRABAL, erschienen im Untergrund 1982. – Diesen bereits 1971 entstandenen Text nennt Hrabal »*Erzählungen*«, er ist jedoch vom formalen Gesichtspunkt aus der bisher erste und einzige Roman des Autors. Gattungsmäßig lassen sich alle seine Texte nur schwer einordnen; die jeweiligen Genrebezeichnungen sind oft nur Kunstmittel des Paradoxen. Im Gesamtwerk nimmt dieser Roman insofern eine Sonderstellung ein, als er nie mehr umgearbeitet wurde und folglich nur in einer Fassung existiert. Der Roman ist in mehrere europäische Sprachen übersetzt.

In stark mündlich stilisierter Ich-Form erzählt der negative Held Dítě (Kind), wie er sich vom Pikkolo in einem Prager Hotel über den Kellner bis zum Hotelier und Millionär hocharbeitet und zum Schluß wieder alles verliert. Schon an seiner ersten Stelle, wo er als Junge von einem Kellner geschult wird, der in allem so versiert ist, weil er »*den englischen König bedient hat*«, lernt er die Macht des Geldes schätzen, der er dann jahrelang nachjagen wird. Mit seinem ersten, durch betrügerischen Würstchenverkauf am Bahnhof erworbenen Reichtum geht er »*zu den Fräuleins*«, wo er ins Reich der erwachsenen Männer eingeweiht wird. Auch im nächsten Hotel beobachtet der naive und doch schlaue Kellner das verborgene Leben der guten Gesellschaft der zwanziger Jahre, und die Blicke in die *chambres séparées* bestätigen seine Träume von Besitztum und Ansehen. Im Protektorat arbeitet er in einer Art »Zuchthotel«, in dem sich deutsche Mädchen mit Vollblutsoldaten paaren, um die »reine« Rasse fortzupflanzen. Dítě deutscht seinen Namen ein – von nun an heißt er Herr Ditie – und verliebt sich in eine Deutsche namens Lisa, unterwirft sich einer erniedrigenden Untersuchung und wird im Rahmen der Nürnberger Gesetze für würdig befunden, sie zu ehelichen. Seine Frau, eine stramme Turnlehrerin, gelangt in den Besitz wertvoller Briefmarkensammlungen, die von deportierten Juden stammen und den erhofften Reichtum nach dem Krieg verheißen, und sie bringt einen schwachsinnigen Sohn Siegfried zur Welt, dessen einzige Freude darin besteht, Nägel in den Boden zu hämmern. Einmal wird Ditie irrtümlich mit einem Widerstandskämpfer verwechselt und kurz inhaftiert – diesem Umstand verdankt er Vorteile nach der Befreiung. Als einziger von seiner Familie erlebt er das Ende des Krieges: Lisa kommt bei einem Luftangriff auf Eger ums Leben, nach langem Suchen findet Ditie das kostbare Köfferchen, nicht aber den Kopf seiner Frau; der ewig hämmernde Siegfried wird in einer Irrenanstalt versorgt. Ditie bekommt sechs Monate Gefängnis für seine Ehe mit einer Germanin, verkauft danach aber seine Briefmarken und wird Hotelbesitzer – zum Schluß läßt er sogar ein Luxushotel bauen. Nach der kommunistischen Machtübernahme wird sein Besitz konfisziert; ihm selbst gelingt es, in ein Internierungslager für Millionäre aufgenommen zu werden, für das er nicht registriert war. Wie ihm auch an den früheren Stationen seines sozialen Aufstiegs die Anerkennung, nach der er strebte, nicht zuteil wurde, akzeptieren ihn seine »Leidensgenossen« als Neureichen nicht, so daß er schließlich in diesem Lager, wo die Millionäre Damenbesuche bekommen und mit den Milizionären fröhlich zechen und schmausen, die Tauben füttert. Am Ende des Romans fristet er sein Leben als Straßenwärter in einer verlassenen Berggegend im böhmischen Grenzgebiet, umgeben von einigen treuen Tieren. In dieser als positiv empfundenen Einsamkeit findet er zu sich selbst; er kehrt der Scheinwelt der materiellen Güter für immer den Rücken und wendet sich den wesentlichen Fragen des Lebens zu.

Hrabal hat in diesem negativen Bildungsroman mit Zügen des Schelmenromans einen Antihelden geschaffen, der als Kollaborateur in der tschechischen Nachkriegsliteratur eine große Ausnahme darstellt. Mit viel Humor zeichnet er ein Porträt seines Landes vor dem Hintergrund der historischen Prozesse und sozialen Umwälzungen, die das Gesicht des Landes von der Zwischenkriegsrepublik über die Besatzungszeit bis zum Beginn des Stalinismus veränderten. Es handelt sich um den am wenigsten autobiographischen von Hrabals umfangreichen Texten.　　　S.R.

AUSGABE: Prag 1982.

Übersetzung: *Ich habe den englischen König bedient*, K.-H. Jähn, Ffm. 1988.

Dramatisierung: I. Krobot u. P. Oslzlý, *Rozvzpomínání*, Brünn 1985.

Literatur: G. Gibian, »*The Haircutting*« *and* »*I Waited on the King of England*« (in *Czech Literature since 1956*, Hg. W. Harkins u. P. Trensky, NY 1980, S. 74–90). – G. Giudici, *Ecco un Kafka che ride* (in L'Unita, 4. 3. 1986). – S. Giovanardi, *Cameriere e milionario* (in La Reppublica, 11. 3. 1986). – C. U. Bielefeld, Rez. (in FAZ, 26. 3. 1988). – D. Rönfeldt, Rez. (in Die Zeit, 1. 4. 1988). – W. Paul, Rez. (in SZ, 2.–4. 4. 1988). – H. Lodron, Rez. (in Die Presse, 16./17. 4. 1988). – H. Wallmann, Rez. (in Basler Zeitung, 18. 4. 1988). – S. Roth, Rez. (in NZZ, 4./5. 6. 1988).

OSTŘE SLEDOVANÉ VLAKY

(tschech.; *Ü: Reise nach Sondervorschrift. Zuglauf überwacht*). Novelle von Bohumil Hrabal, erschienen 1965. – Im Mittelpunkt der Novelle, die – ähnlich Jaroslav Hašeks *Osudy dobrého vojáka Švejka za světové války (Die Abenteuer des braven Soldaten Schwejk während des Weltkriegs)* – die Inhumanität des Krieges aus der Sicht des kleinen Mannes schildert, steht der junge Miloš Hrma (Venusberg), der am Ende des Zweiten Weltkriegs seinen Dienst bei der Eisenbahn des »Reichsprotektorats Böhmen und Mähren« antritt. Einer seiner beiden Vorgesetzten ist der Fahrdienstleiter Hubička (Kuß), ein berüchtigter Frauenheld, der an seinem früheren Dienstort dadurch Aufsehen erregte, daß er beim Tête-à-tête mit einer Dame das Kanapee des dortigen Stationsvorstehers zerriß und neulich erst im Nachtdienst der hübschen Telegrafistin Zdenička den Rock hochzog und ihr »einen Dienststempel nach dem anderen rund um den Popo« setzte. Der Vorsteher der kleinen Station, der sich schon längst von seiner ältlichen, spröden Frau abgewandt und der Taubenzucht gewidmet hat, reagiert empört auf Hubičkas Abenteuer und verflucht lauthals die Grausamkeit und Unsittlichkeit des »*erotischen Jahrhunderts*«. Miloš Hrma, der beim ersten Zusammensein mit einem Mädchen versagt und daraufhin einen Selbstmordversuch unternommen hat, macht sich große Sorgen um seine Männlichkeit und träumt von einem erfolgreichen sexuellen Erlebnis. Vergeblich sucht er bei der Frau des Stationsvorstehers Rat. Erst eine unverhofft eintreffende Artistin – sie arbeitet wie die Eisenbahner im antifaschistischen Widerstand und überbringt ihnen eine Bombe mit dem Auftrag, einen vorbeifahrenden scharf bewachten Munitionszug in die Luft zu sprengen mit Miloš' Schwierigkeiten ernst und verhilft ihm zu dem ihn beruhigenden und bestätigenden, langersehnten Liebeserlebnis. Kurz darauf wirft Miloš die Zeitbombe in einen der Waggons und vernichtet den Zug, doch wird er von dem Bewacher des Transports, einem deutschen Soldaten, tödlich verwundet. Zusammen mit dem Soldaten, der, ebenfalls getroffen, aus dem Zug stürzt, stirbt er einen langsamen, qualvollen Tod.

Die Novelle wird in Ichform von dem jungen Helden erzählt. Der Bewußtseinsstrom der Hauptgestalt bietet sich in stilisierter Umgangssprache dar, als künstlerisch wirksame Montage von dokumentarisch präsentiertem Rede- und Assoziationsmaterial. Die gesamte geschilderte Wirklichkeit ist, wie die Auswahl der Beobachtungen und Vergleiche zeigen, zutiefst geprägt von der Sicht des mit seinen sexuellen Problemen und Projektionen beschäftigten Helden. So wird z. B. ein Blick des Fahrdienstleiters Hubička zum Himmel von Miloš Hrma zu einer erotischen Vision ausgeweitet, in der die Telegrafistin Zdenička über das ganze Himmelszelt ausgebreitet erscheint. In die mit komischen Aspekten durchsetzte, erotisch gefärbte Erlebniswelt des Helden bricht die grausame Realität des Krieges oft unvermittelt ein: eine Begegnung mit brutalen SS-Leuten; der Anblick aus dem Zug gestürzter Pferdekadaver am Bahndamm; ein von den Geschossen der Partisanen zerfetzter, gespenstisch wirkender Militärzug; ein Transport verdurstender und verwesender Tiere; die Erwähnung der brennenden Stadt Dresden; das Sterben des deutschen Soldaten wie auch der eigene Tod. Ohne jedes Pathos wirkt das Heldentum der Gestalten der Novelle wie auch ihre Verurteilung des von den Deutschen begonnenen Krieges: »*Ihr hättet nicht mit der ganzen Welt Krieg anfangen sollen!*«

H.Gü.

Ausgabe: Prag 1965.

Übersetzung: *Reise nach Sondervorschrift. Zuglauf überwacht*, F. P. Künzel, Ffm. 1968 (es).

Dramatisierung: S. Lichý, *Ostře sledované vlaky*, Prag 1966.

Verfilmung: Tschechoslovakei 1966 (Regie: J. Menzel).

Literatur: A. Jelínek, Rez. (in Lit. noviny, 1965, Nr. 19, S. 4). – A. Brousek, *Ostře sledovaný H.* (in Divadlo, 17, 1966). – J. Horák, *H. próza a film* (in Film a doba, 12, 1966). – A. J. Liehm, *Žádný strach o Menzla* (ebd., 13, 1967). – K. Vrchovecký, *Záškolák H. a inspektorská zahrádka . . .* (in Květy, 17, 1967).

PÁBITELÉ

(tschech.; *Ü: Die Bafler*). Erzählband von Bohumil Hrabal, erschienen 1964. – Bafler sind – so erklärt der Autor – Leute, »*gegen die unaufhörlich ein Ozean zudringlicher Gedanken anbrandet. Ihr Monolog strömt ununterbrochen . . . Sie geben Informationen über Begebenheiten, deren Bedeutung vergrößert, verschoben, verkehrt wird. Sie sehen die Wirklichkeit durch das diamantene Auge der Einbildungskraft.*«

Hrabals absurde Erzählungen konzentrieren sich auf die seltsamen Erlebnisse von Individuen, ohne auf deren gesellschaftliches Milieu oder die politischen Verhältnisse Bezug zu nehmen.

Im ersten Teil der Titelgeschichte wird die Brutalität der alltäglichen Rede parodiert: Der von einer Sichel getroffene Held Burgán läuft mit dem im Kopf steckenden Stahl herum, als sei es das Selbstverständlichste von der Welt. Im zweiten Kapitel wird eine bestimmte Art »realistischer« Ästhetik ironisiert. Herr Burgán bafelt über die von seinem Sohn Jirka unter den merkwürdigsten Umständen gemalten Bilder: *»Unser Sohn hat keine Akademie, darum ersetzt er Bildung durch starkes Erlebnis«* – indem er z. B. sein Gemälde »Winterstimmung« im Eiswasser stehend malt. – In *Automát Svět (Automat Welt)* erhängt sich ein Mädchen im WC eines Vorstadtbüfetts. Ihr Verlobter, ein junger Techniker, sucht sie und erzählt von seinem Leben mit ihr. Währenddessen findet im ersten Stock der Gaststätte eine Hochzeitsfeier statt. Der Bräutigam gerät nach dem Verlassen des Lokals in Streit mit zwei Polizisten und wird festgenommen. Die Braut geht mit dem jungen Techniker fort, weil sie ihre Hochzeitsnacht nicht allein verbringen will. Das immergleiche Scheitern von Liebes- und Lebensgeschichten kommt in der Unterhaltung der beiden zum Ausdruck. Er erzählt ihr, er habe seinem Mädchen eine Totenmaske gemacht, mit der sie ein neues Leben anfangen wollte. Es habe aber mit einer furchtbaren Beichte ihres Lebens geendet. Als der junge Mann der entlaufenen Braut das Hochzeitskleid in Streifen vom Körper reißt, um damit vom Sturm geschüttelte junge Bäume im Park an den Pflöcken zu befestigen, läßt sie ihn gewähren. *»Ein Blitz zuckte. Die Braut stand halbnackt im öffentlichen Park. ›Na‹, fragte sie, ›nehmen Sie auch mir die Totenmaske ab?‹«* – In *Dům radosti (Das Haus der Freude)* besuchen zwei Versicherungsagenten einen Kaninchenfellhändler in seiner Wohnung. Dort stellen sie mit Erstaunen fest, daß der Kaninchenmann ein naiver Maler ist, der alle Wände und Schränke seines Hauses mit phantastischen Bildern bemalt, wozu ihn die Ideen seiner greisen Mutter inspirieren. – In *Pan notář (Der Herr Notar)* ist von einem alten Herrn die Rede, der ständig damit beschäftigt ist, neue Grabsprüche zu ersinnen, mit denen er seine letzte Ruhestätte schmücken will. – Mit dem hintergründig-witzigen Stil und einer Gestaltungskraft, die das Leben in absurd verfremdeter, überzeichneter Perspektive erscheinen läßt, profilierte sich Hrabal zu einem der wichtigsten Repräsentanten seiner Generation.   H.Ga.

AUSGABE: Prag 1964; ³1969 [Nachw. E. Frynta].

ÜBERSETZUNGEN: *Gesunde Luft*, E. Lauer (in *Sieben Würfel*, Prag 1965). – *Die Bafler*, F. P. Künzel, Ffm. 1966 (Nachw. W. Werth; es). – *Pábitelé*, H. Gaertner (in *Sieben Würfel*, Prag 1967).

LITERATUR: J. Opelik, *O zdánlivé jednoduchosti* (in Kulturní tvorba, 1964, Nr. 21, S. 13). – D. Šafaři-
ková, *Pábitel české literatury* (in Práce, 20. 5. 1964, S. 5). – J. Vohryzek, *H. pábeni* (in Lit. noviny, 1964, Nr. 38, S. 4). – Z. Kožmín, *Možnosti proti absurditě* (in Plamen, 7, 1965). – R. Pytlík, *Pábitelé jazyka* (in *Struktura a smysl literárního díla*, Prag 1966). – L. Baier, Rez. (in FAZ, 11. 3. 1967).

TANEČNÍ HODINY PRO STARŠÍ A POKROČILÉ

(tschech.; *Ü: Tanzstunden für Erwachsene und Fortgeschrittene*). Erzählung von Bohumil HRABAL, erschienen 1964. – Ein alter Mann, der sich nicht mehr wäscht und mehrere Hosen übereinander trägt, erzählt einem hübschen jungen Mädchen, dem er Rosen in fremden Gärten pflückt und Flugreisen verspricht, in der Art eines Kleinstadtdandys seine Lebensgeschichte. Mit monomaner Redseligkeit – die rund neunzig Seiten des Textes weisen nicht einen Punkt auf – reiht er Selbsterlebtes, Gehörtes und Angelesenes, Anekdotisches, Traumdeuterisches, Ernstes und Groteskes zu einer scheinbar humorig-banalen, in Wahrheit jedoch raffiniert intellektualistischen Suada: *».. . so ist es, mein Fräulein, so steht es mit der Vorliebe der Dichter für Suff und Meditation, wenn die Verzweiflung nahe ist, öffnet sich der Himmel und eine Hand hilft dem Gedanken ans Licht, und ich wendete mit der Holzschaufel das quellende Malz, nachdem ich es vorher mit dem Wohlgemut aufgeackert hatte, Sokrates und Christus haben keine Zeile geschrieben, und sehen Sie, bis heute taugt ihre Lehre was, während andere immer unbekannter werden, je mehr Bücher sie veröffentlichen, das ist der Aufstand der Geschichte . . .«* Hrabal komponiert eine Gedanken- und Episoden-Collage, in der Assoziation und Kontrast, teils vertieft, teils verfremdet, als Konfrontationstechnik erscheinen. Konfrontation als Stilmittel aber setzt eine einheitliche Stilebene voraus, auf der Vergangenheit und Gegenwart, Erinnerung und Aktion, Geschichtliches und Privates im Spiel der Kräfte gleiche Chancen haben. Der Erzähler mißt jeder Erscheinung die gleiche Bedeutung zu. Die solchermaßen positivistisch hergestellte Struktur einer rein literarischen Wirklichkeit erlaubt dem Autor, die Grenzen der Wirklichkeit und psychologischen Wahrscheinlichkeit zu überschreiten. Trotzdem läßt die einheitliche Atmosphäre rabiater Poesie – eine Diktion, die Argot, Slang, Berufsjargon und philosophische Termini technici vereint – die Suada als in sich abgerundet erscheinen. Faszination durch andere Schriftsteller (Ladislav KLÍMA, KAFKA, CÉLINE, HAŠEK) hat Hrabal mehrfach bekannt, doch sind ihm lediglich die surrealistischen Einflüsse während seiner Anfänge bedeutsam. In seinen Erzählungen wimmelt es von »kleinen tschechischen Leuten«, deren Vorbild, der »Oberbafler«, des Autors eigener Onkel Pepin war. Vielfach erkannte man in ihnen Brüder und Schwestern des braven Soldaten Švejk. Hrabal wandte sich ihnen zu, *»um – in den verschütteten Spuren der B. Němcová – den positiven Kern der Lebensphilosophie dieser*

Schichten zu enthüllen« (P. Blažíček). Große Auflagen im Inland und zahlreiche Übersetzungen im Ausland weisen Hrabal als legitimen Fortsetzer der literarischen Tradition des tschechischen Humors aus. F.P.K.

AUSGABE: Prag 1964; ³1977.

ÜBERSETZUNG: *Tanzstunden für Erwachsene und Fortgeschrittene*, F. P. Künzel, Ffm. 1965 u. ö.

LITERATUR: P. Blažíček, *Hrabalovy konfrontace* (in *Příběhy pod mikroskopem*, Prag 1966, S. 9 ff.). – J. Opelík, *Rozkoš z provídání* (in J. O., *Nenáviděné řemeslo*, Prag 1969, S. 125 f.). – W. Werth, *Die Welt ein Tanzboden* (in Die Welt, 25. 11. 1965).

HRABANUS MAURUS

---

* um 780 Mainz
† 4.2.856 Winkel / Rheingau

LITERATUR ZUM AUTOR:
F. Kunstmann, *H. Magnentius H., eine historische Biographie*, Mainz 1841. – E. Dümmler, *Hrabanstudien* (in SPAW, 1898, H. 1 S. 24–42). – Manitius, 1, S. 288–302. – *Rabanus M. und seine Zeit, 780–1980*, Bearb. W. Weber, Mainz 1980 [Ausst.Kat.]. – *H. M. Lehrer, Abt u. Bischof*, Hg. R. Kottje u. H. Zimmermann, Wiesbaden 1982. – R. Kottje, *H. M.* (in VL², 4, Sp. 166–196). – H. Spelsberg, *H. M. Bibliographie*, Fulda 1984. – E. Bertola, *Libertà umana e predestinazione nel secolo IX* (in Archivio di filosofia, 54, 1986, S. 779–797). – G. Schrimpf, *Die ethischen Implikationen der Auseinandersetzung zwischen Hraban u. Gottschalk um die Prädestinationslehre* (in AGPh, 68, 1986, S. 153–173).

DE INSTITUTIONE CLERICORUM

(mlat.; *Über die Unterweisung des Klerus*). Pädagogisches Werk in drei Büchern von HRABANUS MAURUS, verfaßt 819; den Mönchen zu Fulda sowie dem Mainzer Erzbischof Haistulf gewidmet. – Thema der Schrift ist *»die Art und Weise, wie die Geistlichen sich selbst und ihre Untergebenen zum Gottesdienst vorbereiten sollen«*; die Abhandlung stellt also ein Vademecum für den Klerus dar, das ihn bei der Ausübung seiner liturgischen Funktionen und seinem Wirken als religiöser und moralischer Erzieher des Volkes begleiten soll. Das erste Buch handelt über die kirchliche Hierarchie, die Priesterkleidung und die vier »Charismen der Kirche« (Taufe, Firmung, Eucharistie, Messe); Thema des zweiten Buchs sind die Stundengebete, die Bedeutung von Beichte und Buße, die Fastenzeiten,

die religiösen Feste, Lektionen und Kirchenlieder, Grunddogmen des christlichen Glaubens, die von den Lehrsätzen der verschiedenen häretischen Richtungen abgehoben werden. Das allgemeiner gehaltene dritte Buch ist aus heutiger Sicht von besonderer Bedeutung: Es gibt eine kurze Einführung in das Studium der *Heiligen Schrift* und behandelt sodann die *»Studien und Künste der Heiden«* (d. h. die sieben freien Künste: Grammatik, Rhetorik und Dialektik – das Trivium; sowie Arithmetik, Geometrie, Musik und Astronomie – das Quadrivium); Hrabanus, als getreuer Schüler ALKUINS, betont, wie notwendig und nützlich diese weltlichen Wissenschaften für den Christen und sein Verständnis der *Heiligen Schrift* sind.

Wie in den meisten seiner Werke schöpft der Autor – vielfach in reiner Kompilation – aus den lateinischen Kirchenvätern, von CYPRIAN bis zu ISIDOR aus Sevilla; vor allem stützt er sich auf AUGUSTINS *De doctrina christiana*. So liegt sein Verdienst weniger in der Originalität seines Werks als in der Form der Darstellung, der didaktischen Gliederung des Stoffes, besonders jedoch in seinem Bemühen, die freien Künste für die geistliche Erziehung fruchtbar zu machen und dafür auch die Pflege der heidnischen Philosophie – nicht zuletzt der Platonischen – zu fördern. Diese geglückte Verbindung von antiker und christlicher Bildung machte das Werk zu einem der maßgeblichen Handbücher des Mittelalters. M.Ben.-KLL

AUSGABEN: Pforzheim 1504. – ML, 107. – Mchn. 1900, Hg. A. Knoepfler [krit.; auf der Basis weniger Hss.].

LITERATUR: J. A. Knaake, *Die Schrift des Rabanus Maurus »De institutione clericorum« nach ihrer Bedeutung für die Homiletik* (in Theol. Studien und Kritiken, 1903, S. 309–327). – R. Stachnik, *Die Bildung des Weltklerus im Frankenreich*, Paderborn 1926. – B. Bischoff (in Studien und Mitt. zur Geschichte des Benediktinerordens, 51, 1933). – A. Bisanti, *Il capitulo »De arte grammatica et speciebus eius« di Rabano Mauro. »De institutione clericorum« III, 18* (in Schede medievali, 1983, Nr. 4, S. 5–18).

DE LAUDIBUS SANCTAE CRUCIS

(mlat.; *Vom Lob des Heiligen Kreuzes*). Zweiteiliges Werk von HRABANUS MAURUS. – Dem Werk, das die *carmina figurata* (Figurengedichte, Technopaignien) wieder zu Ansehen zu bringen sucht, sind drei Widmungsgedichte vorangestellt: die *Intercessio Albini pro Mauro* in zwanzig Distichen, in welcher der Autor den hl. Martin durch seinen Lehrer ALKUIN bitten läßt, seine Reverenz wohlwollend anzunehmen; das zweite Gedicht, ebenfalls in zwanzig Distichen, entstand 844 anläßlich der Übergabe einer Kopie des Werks an Papst Gregor IV.; den dritten Vorspruch bildet eine Anrufung Kaiser Ludwigs des Frommen in 51 Hexametern, dem die zweite Ausgabe des Werks (831) gewidmet ist. Es folgt ein Prolog in Prosa, worin Optatianus Porfirius (ein recht merkwürdiger Verskünstler des 4. Jh.s) und Lukrez als Vorbilder genannt werden. – Das eigentliche Werk umfaßt zwei Bücher. Im ersten finden sich ein elegisches und 27 hexametrische Gedichte, die jeweils etwa 35–40 Verse umfassen. Auf jedes dieser Gedichte sind Figuren aufgemalt; meistens handelt es sich um verschiedene Formen des Kreuzes, aber es kommen, das Kreuz variierend oder bereichernd, auch andere Motive vor: in 1 der segnende Christus, in 4 vier Engel neben den Kreuzesarmen, in 15 die Evangelistensymbole usw.; im letzten Gedicht sieht man Hraban selbst zu Füßen des Kreuzes knien. Diese Figuren trennen aus der Fläche der Gedichte bestimmte Buchstabengruppen heraus, die wiederum in sich Verse bilden, welche allerdings oft mit dem Hexameter nicht mehr viel zu tun haben: Adoneen, Distichen und Asklepiadeen verraten die Vorliebe für Gelehrsamkeit, die dieses literarische Genre ohnehin charakterisiert. Um dem Verständnis des etwas konfusen Textes aufzuhelfen, schrieb der Autor im zweiten Buch (28 Kapitel) zu jedem Gedicht eine Prosaparaphrase. Zu seiner Zeit wurde das Werk hoch geschätzt; das Mittelalter fand an dieser Künstelei großen Gefallen. Auf den heutigen Leser wirkt es in seiner Geziertheit wenig anziehend. G.B.-KLL

Ausgaben: Pforzheim 1503, Hg. J. Wimpheling. – ML, 107. – Bln. 1884 (in MGH, Poetae lat. medii aevi, 2, Hg. E. Dümmler). – Graz 1972/73, 2 Bde. (*Liber de laudibus sanctae crucis*; vollst. Faks. des *Codex Vindobonensis 652*; Komm. K. Holter).

Literatur: A. Mott, *Die Kreuzessymbolik des H. M.* (in Fuldaer Geschichtsblätter, 4, 1905). – M. Henshaw, *The Latinity of the Poems of H. M.*, Diss. Chicago 1936. – P. Lehmann, *Erforschung des Mittelalters*, Bd. 1, Stg. 1959; Bd. 3, 1960. – E. R. Curtius, *Europäische Literatur und lateinisches Mittelalter*, Bern/Mchn. ⁴1963, S. 318 f. – H.-G. Müller, *H. M. »De laudibus sanctae crucis«. Studien zur Überlieferung u. Geistesgeschichte*, Ratingen 1973 [m. Faks. aus dem *Codex Reg. Lat. 124* der Vatikanischen Bibl.].

---

sjarhej Hrachoǔski

* 25.9.1913 Nobel / Ukraine

DAS LYRISCHE WERK (wruth.) von Sjarhej Hrachoǔski.
Der weißruthenische Schriftsteller, der sich auch als begabter Prosaist, Publizist und Übersetzer einen Namen gemacht hat, ist in erster Linie ein Lyriker, dessen Gedichte und Poeme auf heftige dichterische Phantasie und große emotionale Kraft hinweisen. Die ersten seiner seit 1926 erschienenen Werke widmete Hrachoǔski den Komsomolzen und Kolchosen. Bis auf das Gedicht *Čacvërtaja vjasna*, 1934 *(Der vierte Frühling)*, in dem eine Kolchosgreisin prophezeit: »*es wird Hungersnot geben*«, verhielt sich der Poet dem Regime gegenüber streng loyal. Als jedoch die systematische Vernichtung der weißruthenischen Intelligenz einsetzte, wurde Hrachoǔski in ein stalinistisches Arbeitslager nach Sibirien verschleppt. Erst 1956 kehrte er nach Minsk zurück, und die zweite Periode seiner literarischen Tätigkeit begann. Da er über sein Martyrium in Sibirien nicht offen schreiben durfte, versuchte er, das Erlittene in Metaphern auszudrükken, etwa im Gedicht *Na tajeźnaj daroze*, 1956 *(Auf dem Taigaweg)*, in dem er von einem tobenden Schneesturm sprach. Als die Verehrung Lenins in der UdSSR begann, schrieb Hrachoǔski viele schablonenhafte, inhaltslose Gedichte, in denen er behauptete, daß Lenin der Menschheit eine glückliche Ära eröffnet habe. Der Dichter mußte sich immer mehr nach dem dogmatischen Sozialistischen Realismus richten (Zvonak). Er poetisierte sogar die Zwangsarbeit in Sibirien (*Maë pakalenne*, 1957 – *Meine Generation*; *Heolah*, 1963 – *Der Geologe*), verneigte sich vor der Partei, die das sowjetische Volk in eine sonnige Zukunft führe (*Komunisty*, 1959 – *Kommunisten*; *Partorh*, 1961 – *Der Parteigruppenorganisator*; *Pensja pensjaǔ*, 1971 – *Das Hohelied*) und bekräftigte Rußland gegenüber seine Ergebenheit, indem er behauptete, er liebe die unsterbliche russische Sprache und das Mütterchen Rußland, das bereits die Hälfte der Erde glücklich gemacht habe.
Doch nicht diese Servilität dominiert in Hrachoǔskis Dichtung. Sogar unter Brežnev, als Stalin als weiser Stratege dargestellt wurde, vermochte der Dichter – wie mehrere Kritiker bezeugen – in seinen besten, meist autobiographischen Gedichten die Wahrheit über sein eigenes tragisches Los und das seines Volkes anzudeuten. In *Rasija*, 1958 *(Rußland)*, stellt er fest, daß die Freundschaft mit Rußland für Weißruthenien schon im 19. Jh. eine Verwüstung des Landes bedeutete. Die Gedichte *My ǔsje spaznali i prajšli*, 1961 *(Wir alle haben das erlitten)*, und *Pamjac'*, 1963 *(Gedenken)*, erinnern an die Martern der Weißruthenen an der Kolyma. In *Zyccë časami mačychaj bylo*, 1962 *(Das Leben behandelte uns manchmal stiefmütterlich)*, erzählt der Dichter, daß sein Leben oft eine Hölle gewesen sei, in *Vera*, 1962 *(Der Glaube)*, dagegen erinnert er an die Leidenszeit des Schriftstellers Mjažević im GULAG. Das berühmte Gedicht *Try vymjarenni*, 1964 *(Drei Dimensionen)*, ist voller Reminiszenzen an sibirische Lager; *Duša*, 1965 *(Die Seele)*, wiederum artikuliert den Zorn Hrachoǔskis gegenüber denjenigen, die ihn in Gefangenschaft hielten. In *Hruzčýk sorak peršaha hoda*, 1974 *(Der Verlader von 1941)*, beklagt sich der Poet, er habe nachts im GULAG aufreibende Arbeit geleistet und im Gehen geschlafen, aber keinen Orden für seine Mühe

erhalten. *Baradačy*, 1975 *(Die Bärtigen)*, schildert die nächtliche Sklavenarbeit zwanzigjähriger Jungen im sibirischen Dudinka. In *Sukaju sjabroŭ*, 1977 *(Auf der Suche nach meinen Freunden)* – gewidmet seinem GULAG-Gefährten, dem Schriftsteller PAL'ČEUSKI – trauert der Dichter um viele seiner Freunde, die unter den Föhren russischer Wälder liegen. In *Za mahistrallju – mahistral'*, 1981 *(Strecke um Strecke)*, stellt Hrachoŭski wieder sein eigenes Schicksal in den Vordergrund und erzählt, daß er in der Taiga jeden Tag mit Hacke und Spaten geschuftet habe.

Die meisten seiner eindrucksvollen GULAG-Gedichte durften erst 1987 erscheinen. In *Ad vinavatych bez viny (Die Schuldigen verurteilen uns, Unschuldige)* heißt es, der Vorsitzende des Obersten Gerichtshofs habe Hrachoŭski zusammen mit anderen Schriftstellern auf Befehl von oben den Schergen des Regimes ausgeliefert und nur wenige von ihnen hätten die Zwangsarbeit in Dudinka überstanden. *Cichija pensijanery (Ruhige Pensionäre)* ist eine Anlage gegen jene, die Kathedralen und Paläste vernichtet, die Dichter ČAROT, HALAVAČ, HALUBOK, HARECKI, VOL'NY getötet haben, und nun als Pensionäre ihr Leben genießen. In *Para spraŭdnaj praŭdny (Die Zeit der echten Wahrheit)* beklagt sich der Poet, er sei schuldlos bestraft, verleumdet, in die Enge getrieben und zum Schweigen gezwungen worden, seine Freunde seien tot oder verkrüppelt. In *Dobrae slova (Gutes Wort)* schildert Hrachoŭski abermals seine Leidenszeit: Er wurde geschmäht und gewürgt – und in *A dze vy? (Und wo sind sie?)* fährt er fort: Er habe 300g Brot als Tagesration erhalten, Tag und Nacht gefront und trotz Todesdrohung niemanden denunziert. In *Taki adkazny čas (Zeit, Verantwortung zu zeigen)* bricht er in Klagen aus über das Los seiner Dichterkollegen Pal'čeuski, MJAŽEVIČ, CHVEDAROVIČ, die zwanzig Jahre lang in Rußland gefangengehalten wurden. *Rekviem rukapisam (Requiem auf Manuskripte)* widmet der Autor weißruthenischen Werken der Kunst und Dichtung, die die Bolschewiken verbrannt haben. Das mutige Poem *Ucjakač (Der Entsprungene)* schildert das Los der Weißruthenen, für die in Rußland ganze Fabriken, Gruben und Wälder in Straflager umgewandelt wurden.

Nur wenige in der UdSSR schrieben so frei über die Verbrechen des Kommunismus. Hrachoŭski verurteilt auch die sowjetische Demagogie (*Pramoŭcy*, 1971 – *Die Redner*; *Zabaronca*, 1987 – *Der Verbieter*) und die für die Sowjetunion typischen Versorgungsengpässe (*Bez čarhi*, 1986 – *Ohne Schlange*). Seine patriotischen Landschaftsgedichte über die Schönheit Weißrutheniens überzeugen durch »*innige Intonation*« (U. Hnilamëdaŭ) und plastische Fülle (*Belarus'*, 1958 – *Weißruthenien*; *Žniven'*, 1959 – *August*; *Pačatak*, 1965 – *Anfang*; *Paratunak*, 1982 – *Rettung*). In manchem Gedicht setzt der Poet den großen Weißruthenen ein Denkmal (z. B. Janka KUPALA in *Večny vučan'*; 1981 – *Ewiger Schüler*), doch eine rührendsten Gedichte widmet er seiner Mutter (u. a. *Jak chleb nadzënny*, 1964 – *Wie tägliches Brot*). Hrachoŭski ist ein Sänger der Menschlichkeit und der Aufrichtigkeit, was wohl mit ein Grund dafür ist, warum er von der Kritik oft ignoriert wird. A.Gaj.

AUSGABEN: *Čakanne*, Minsk 1960. – *Pamjac'*, Minsk 1965. – *Try vymjarenni*, Minsk 1967. – *Verśy*, Minsk 1968. – *Vybranyja tvory*, 2 Bde., Minsk 1973, 1. – *Liryka*, Minsk 1978. – *Asennija hnëzdy*, Minsk 1982. – *Vybranyja tvory*, 2 Bde., Minsk 1983. – *Kruhi nadzei*, Minsk 1985.

LITERATUR: A. Beraz'njak, *Ubitym šljacham sacyjalistyčnaha realizmu* (in Belaruski zbornik, 7, 1957, S. 32–33). – A. Lojka, *Pošuki paezii* (in Polymja, 1958, 10, S. 189–191). – D. Buhaëŭ, *Paezija S. H.* (ebd., 1963, 9, S. 177–180). – M. Aročka, *Mera patrabaval'nasci* (ebd., 1966, 1, S. 169–171). – S. Stankevič, *Belaruskaja padsaveckaja literatura persaj palaviny 60-ych hadoŭ* (in Zapisy, 1966,4, S. 33–36). – A. Zvonak, *Rez.* (in Polymja, 1977, 1, S. 244–246). – Ders., *Adčuvanne vyšyni* (ebd., 1973, 9, S. 219–225). – N. Hilevič, *U heta veru*, Minsk 1978, S. 84–88. – A. Marcinovič, *Rez.* (in Polymja, 1979, 11, S. 247–249). – U. Hnilamëdaŭ, *Rez.* (in Litaratura i mastactva, 2. 8. 1985). – A. Sidarevič, *Čas praŭdy* (ebd., 10. 7. 1987).

BORYS HRINČENKO

* 9.12.1863 Vil'chvyj Jar bei Charkow
† 6.5.1910 Ospedaletti / Italien

SONJAŠNYJ PROMIN'

(ukr.; *Sonnenstrahl*). Roman von Borys HRINČENKO, erschienen 1891. – Der Autor beeinflußte als vielgelesener Schriftsteller, bekannter Ethnograph und politischer Publizist lange Zeit das Selbstverständnis der ukrainischen Intelligenz. Er vertrat die Ansicht, daß man nur durch Aufklärung (*prosvitjanstvo*) die Situation des Volkes ändern und bessern könne. Revolutionären Kampf lehnte er ab. Auch das literarische Schaffen wollte er als Dienst am Volke verstanden wissen. Den Ausgangspunkt zur Veränderung sah er im ukrainischen Dorf, nicht in den schon russifizierten Städten. Indem er sein Interesse völlig auf die nationalen Besonderheiten der Ukraine konzentrierte, wurde er zum Gegner aller kosmopolitischen Ideen. – In seinem literarischen Schaffen finden sich vor allem Erzählungen, er schrieb aber auch Verse und Dramen. Ein rhetorisches Element durchzieht alle diese Werke, so daß ihr literarischer Wert begrenzt ist. *Sonjašnyj promin'*, heute mehr als Kulturdokument denn als Kunstwerk geschätzt, schildert die kulturpolitische Situation in der Ostukraine der achtziger Jahre des 19. Jh.s. Die junge Generation der ukrainischen *Narodniki* (Volkstümler) bemüht sich um die Hebung des Bildungsniveaus der Bauern und versucht gleichzeitig, die passive russifizierte Schicht der Intelligenz und Aristokratie für ihre Sache zu gewinnen. Vor diesem Hintergrund spielt die Liebesgeschichte des Studenten Marko und der Gutsbesitzerstochter Kateryna. Zwar wird Kateryna zum ukrainischen Patriotismus und zur Bildungstätigkeit im Volk bekehrt, Marko jedoch erfährt erst davon, als das Mädchen aus Stolz und Starrsinn sein Leben aufs Spiel gesetzt hat. Als Dorflehrerin hat sie sich die Schwindsucht geholt. Nur angesichts ihres nahen Todes willigen die Eltern in ihre Ehe mit Marko ein.

Hrinčenko versucht sein Kulturprogramm durch Monologe und Dialoge der Gestalten zu vermitteln. Der Roman ist lebendig erzählt und enthält stark autobiographische Züge. Die künstlerische Methode des Autors wird dem kritischen Realismus zugerechnet. Hrinčenkos Romane haben einen gewissen Einfluß auf die Entwicklung der realistischen ukrainischen Prosa ausgeübt, ohne jedoch die Bedeutung der Romane von KOCJU-BYNS'KYJ, FRANKO und MYRNYJ zu erreichen. Als Romanschriftsteller fand Hrinčenko vor allem deshalb Interesse, weil er neue Themen und originale Sujets in die Literatur einbrachte. Diese Wirkung läßt sich bis in die Anfänge der ukrainischen sowjetischen Prosa verfolgen. A.H.H.

AUSGABEN: Lemberg 1891 (in Zorja). – Charkow/ Kiew ²1928–1930 (in *Tvory*, 10 Bde., 3).

LITERATUR: S. Jakymovyč, *»Sonjašnyj promin'«, B. H., rosijs'kyj tendencijnyj roman i Turgenjev* (Literaturnyj Archiv, 1930, S. 75–92). – L. Smiljans'kyj, *B. H. Krytyčno-biohrafičnyj narys*, Charkow 1930. – *Ukrajins'ki pys'mennyky. Bio-bibliografičnyj slovnyk*, Bd. 2, Kiew 1963, S. 242–275. – L. Kalenyčenko, *B. H.* (in *Istorija ukrajins'koji literatury*, Kiew 1969).

HROTSVIT VON GANDERSHEIM

Roswitha von Gandersheim
* um 935 Herzogtum Sachsen
† nach 973 Kloster Gandersheim

LITERATUR ZUR AUTORIN:
R. Köpcke, *Hr. v. G.* (in R. K., *Ottonische Studien*, Bd. 2, Bln. 1869). – K. Strecker, *Hr. v. G.* (in Neue Jbb. für das klass. Altertum, 6, 1903, S. 569–596; 629–647). – Manitius, 1, S. 623 ff. – M. Rigobon, *Il teatro e la latinità di Hrotsvitha*, Padua 1932. – M. M. Butler, *Hrotsvith, the Theatricality of Her Plays*, NY 1960. – K. Kronenberg, *Roswitha v. G. Leben u. Werk*, Bad Gandersheim 1962. – *Hr. of G. Her Life, Times and Works, and a Comprehensive*

Bibliography, Hg. A. L. Haight, NY 1965. – B. Nagel, *Hr. v. G.*, Stg. 1965 (Slg. Metzler). – K. Langosch, *Profile des lateinischen MA.s*, Darmstadt 1965, S. 187–225. – W. Gundlach, *Heldenlieder zur dt. Kaiserzeit*, Aalen 1970 [zuerst 1894–1899]. – M. Schütze-Pflugk, *Herrscher- u. Märtyrerauffassung bei H. v. G.*, Wiesbaden 1972. – D. Schaller, *Hr. v. G. nach tausend Jahren* (in ZfdPh, 96, 1977, S. 105–114). – F. Rädle, Art. *Hr. v. G.* (in VL², 4, Sp. 196–206).

ABRAHAM. Lapsus et conversio Mariae neptis Habrahae heremicolae

(mlat.; *Abraham. Fehltritt und Bekehrung Marias, der Nichte des Eremiten Abraham*). Drama von HROTSVIT von Gandersheim, das vierte ihrer sechs Dramen und das bedeutendste, wie die andern in einer zu dieser Zeit beliebten rhythmischen Reimprosa geschrieben. – »Zugleich gelehrte Lesedramen und geistliche Dramen« (Manitius), waren Hrotsvits Stücke nicht zur Aufführung bestimmt; ihre Lektüre sollte vielmehr die Kleriker, die der Heiligen Schrift und den Kirchenvätern die verführerische Sprache heidnischer Autoren vorzögen, erbauen und insbesondere den vielgelesenen TERENZ, dessen antike Frivolität über christliche Züchtigkeit zu triumphieren drohte, verdrängen. Allerdings klingt das Latein der ersten deutschen Dichterin nicht weniger drastisch, da sie das Laster, ehe es der Keuschheit unterliegt, ausführlich sich äußern läßt. Und so werden auch im *Abraham* »Fehltritt und Bekehrung Marias, der Nichte des Eremiten Abraham« dargestellt. Abraham erzählt seinem Freund Effrem, er werde die neunjährige Maria zur Einsiedlerin erziehen, damit sie gottgefällig lebe. Aber zwanzig Jahre später muß Effrem, daß alles fehlgeschlagen ist: Ein angeblicher Mönch habe die Nichte zur Sünde verleitet, aus Verzweiflung sei sie entflohen und vollends lasterhaft geworden; Abraham lasse sie überall suchen, um sie zu sich und Christus zurückzuholen. Nach weiteren zwei Jahren erfährt Abraham, Maria sei in einem schlimmen Haus gesehen worden. Sofort reist er dorthin, tritt als Liebhaber auf und verlangt das schönste Mädchen für sich. Maria erscheint, führt ihn arglos in ihre Kammer und will ihm die Schuhriemen lösen. Als er ihr nun sagt, wer er wirklich ist, wird sie von Schuld und Reue überwältigt. Doch der Onkel zeigt christliches Verständnis: Sündigen sei menschlich, teuflisch nur Sündigbleiben; wenn sie ihm folge, wolle er ihre Vergehen auf sich nehmen. Da gelobt Maria lebenslangen Gottesdienst und kehrt heim, Abraham kann mit Effrem den guten und gesegneten Ausgang feiern. – »In diesem Stück«, urteilt Manitius, »ist alles auf den richtigen Ton gestimmt, und die Reden der einzelnen Personen sind durchaus individuell und der Gemütsstimmung angemessen«; es wirke auch heute noch. Wieweit es indessen spätere Dramatiker angeregt hat, ist schwer zu sagen; manche Forscher schließen zumindest indirekte Einflüsse Hrotsvits z. B. auf

SHAKESPEARE nicht aus. Jedenfalls sind ihre Dramen, so fern sie der Bühne auch waren, ein wichtiges Traditionsglied zwischen antik-römischem Theater und mittelalterlich-kirchlichem Mirakel- und Mysterienspiel. J.Sch.

AUSGABEN: Nürnberg 1501 (in *Opera*, Hg. C. Celtis). – Bln. 1902 (in *Opera*, Hg. P. v. Winterfeld; MGH, Script. rer. Germ., 34, Nachdr. Mchn. 1978). – Lpzg. ²1930 (in *Opera*, Hg. K. Strecker). – Paderborn u. a. 1970 (in *Opera*, Hg. u. Komm. H. Homeyer).

ÜBERSETZUNGEN: *Abraham*, A. W. v. Themar, o. O. 1503. – Dass., J. Bendixen (in *Die Comoedien der Nonne Hr. v. G.*, Bd. 2, Altona 1853). – Dass., O. Piltz u. F. Preißl (in *Dramen*, Lpzg. 1942). – Dass., K. Langosch (in *Geistl. Spiele*, Darmstadt 1957). – Dass., J. Bendixen (in *Sämtl. Dichtungen*, Mchn. 1966). – Dass., K. Langosch, Stg. 1967; ²1975 (m. *Dulcitius*; RUB). – Dass., H. Homeyer (in *Werke*, Paderborn u. a. 1973).

LITERATUR: A. Mayer, *Die Heilige u. die Dirne. Eine motivgeschichtliche Studie zu Hr.s »Abraham«* (in Bayer. Blätter f. das Gymnasialschulwesen, 67, 1931). – M. Schmidt, *Orientalischer Einfluß auf die dt. Literatur. Quellengeschichtliche Studie zu »Abraham« der Hr. v. G.* (in Colloquia Germanica, 1968, S. 152–187).

CALIMACHUS

(mlat.; *Calimachus*). Das dritte unter den sechs Dramen der HROTSVIT von Gandersheim. – Der junge Calimachus liebt Drusiana, die fromme Frau des Andronicus. Als er ihr seine Leidenschaft gesteht, weist Drusiana ihn ab; aus Entsetzen und Verzweiflung darüber, daß der ehrlose Antrag sie ins Unglück bringe, ersehnt sie den Tod und stirbt. Fortunat, der eigentliche Bösewicht des Dramas, läßt sich von Calimachus bestechen, diesem die Leiche Drusianas zu zeigen. Doch diese Schändlichkeit wird sofort bestraft: Eine Schlange tötet beide. Andronicus und der heilige Johannes kommen hinzu; Johannes vertreibt die Schlange, Drusiana kehrt glücklich, Calimachus reuevoll ins Leben zurück. Nur Fortunat, der ebenfalls wieder lebendig wird, muß zum zweiten Mal, endgültig, sterben, weil er seine Wiedererweckung verflucht. *»Unter ziemlich ausführlichen und wegen ihrer Länge wenig zur Situation passenden Reden über Neid und Hoffart schließt das Stück, dessen erster Teil«*, wie MANITIUS urteilt, *»infolge der fast völlig freien Behandlung des Stoffes und infolge der ungemein frischen und lebendigen Weise, mit der der aufregende Stoff vorgetragen wird, nicht nur zu den besten Leistungen Hrotsvits selbst gehört, sondern auch die meisten der späteren hexametrischen oder elegischen Dramen übertrifft.«* Zur allgemeinen Charakteristik der Dramen Hrotsvits vergleiche man das über ihren *Abraham*

Gesagte; der in jenem Zusammenhang angedeutete Einfluß auf SHAKESPEARE läßt sich, nach STRECKER, für den *Calimachus* nicht annehmen, so daß Anklänge an dieses Stück in *Romeo und Julia* zufällig erscheinen. J.Sch.

AUSGABEN: Nürnberg 1501 (in *Opera*, Hg. C. Celtis). – Bln. 1902 (in *Opera*, Hg. P. v. Winterfeld; MGH, Script rer. Germ., 34; Nachdr. Mchn. 1978). – Lpzg. ²1930 (in *Opera*, Hg. K. Strecker). – Paderborn u. a. 1970 (in *Opera*, Hg. u. Komm. H. Homeyer).

ÜBERSETZUNGEN: *Calimachus*, J. Bendixen (in *Die Comoedien der Nonne Hr. v. G.*, Bd. 2, Altona 1853). – Dass., O. Piltz u. F. Preißl (in *Dramen*, Lpzg. 1942). – Dass., J. Bendixen (in *Sämtl. Dichtungen*, Mchn. 1966). – Dass., H. Homeyer (in *Werke*, Paderborn u. a. 1973).

LITERATUR: G. Vinay, *Alto medioevo latino*, Neapel 1978, S. 512–532. – F. Bertini, *Il teatro di Rosvita. Con un saggio di traduzione e di interpretazione del »Callimaco«*, Genua 1979 [m. mlat. Text].

GALLICANUS

(mlat.; *Gallicanus*). Drama der HROTSVIT von Gandersheim. – Bis zu diesem ihrem ersten und noch wenig geglückten Versuch hatte Deutschlands früheste Dichterin sich damit begnügt, Heiligenlegenden episch oder elegisch zu gestalten. Um bei ihren Lesern größere Wirkung zu erzielen, auch um christliche Gegenstücke zum frivolen TERENZ zu schaffen, begann sie nun, ihre Stoffe in dramatische Form zu kleiden. *»Indem sie . . . an Stelle der epischen Erzählung den Wechsel von Rede und Gegenrede mit Ausschaltung aller erzählenden Bestandteile setzte, glaubte sie das Gesetz des dramatischen Stils getroffen zu haben, wenn sie nur das in ihrer Quelle aus der Vergangenheit Erzählte in die Gegenwart brachte«* (Manitius). Als Quelle dienten Hrotsvit die Akten über den Märtyrer Gallicanus, den heidnischen Feldherrn Konstantins. Gallicanus wirbt um Konstantia, die christliche Tochter des Kaisers; diese macht jedoch ihre Zustimmung von der erfolgreichen Beendigung des Skythenkriegs abhängig. Gallicanus gewinnt den Feldzug, wenn auch freilich erst, nachdem Konstantins Kämmerer Paulus und Johannes ihn zum Christentum bekehrt haben. Allerdings fühlt sich Gallicanus jetzt mehr zum frommen Eremitenleben als zur Ehe mit der Kaiserstochter berufen. Nach diesem ersten Teil wechselt die historische Szene: Inzwischen ist Iulianus Apostata (reg. 361–363) Kaiser, und mit ihm triumphiert für eine ebenso kurze wie bittere Zeit das Heidentum. Im Mittelpunkt des zweiten Teils stehen zunächst die verfolgten Christen, vor allem die im Auftrag Iulians ermordeten Paulus und Johannes; auch Gallicanus findet den Tod. Der Schluß des zweiten Teils ist den Verfolgern gewidmet, mit deren Bekehrung sich eine neue, endgültig christliche Ära ankündigt. Über dieser heilsgeschichtlichen Idee ist der Dichterin indes die Einheit ihres Dramas zerbrochen; nicht nur, daß von einer Einheit des Ortes, der Zeit und der Handlung nicht die Rede sein kann, auch die *dramatis personae* sind nicht von Anfang bis Ende dieselben. Von der geglückten Ausgewogenheit des *Abraham* ist Hrotsvit im *Gallicanus* noch weit entfernt.   J.Sch.

AUSGABEN: Nürnberg 1501 (in *Opera*, Hg. C. Celtis). – Bln. 1902 (in *Opera*, Hg. P. v. Winterfeld; MGH, Script. rer. Germ., 34; Nachdr. Mchn. 1978). – Lpzg. ²1930 (in *Opera*, Hg. K. Strecker). – Paderborn u. a. 1970 (in *Opera*, Hg. u. Komm. H. Homeyer).

ÜBERSETZUNGEN: *Gallikan*, J. Ch. Gottsched (in *Nöthiger Vorrath zur Geschichte der dt. dramatischen Dichtkunst*, Lpzg. 1757). – *Gallicanus*, J. Bendixen (in *Die Comoedien der Nonne Hr. v. G.*, Bd. 1, Altona 1850). – *Die Bekehrung des Feldherrn Gallikan*, H. Homeyer (in *Werke*, Paderborn 1936, S. 146–168; m. Einl.). – *Gallikan*, O. Piltz u. F. Preißl (in *Dramen*, Lpzg. 1942). – Dass., J. Bendixen (in *Sämtl. Dichtungen*, Mchn. 1966). – *Gallicanus I–II*, H. Homeyer (in *Werke*, Paderborn u. a. 1973).

LITERATUR: B. Bischoff, *Zur Überlieferung des »Gallicanus«* (in Beitr. zur Inkunabelkunde, N. F., 2, 1938, S. 150). – J. M. S. Cotton, *»La sacra rappresentazione« di Lorenzo de' Medici e il »Gallicanus« di H.* (in GLI, 111, 1938, S. 77–87).

GESTA ODDONIS

(mlat.; *Taten Ottos* [des Großen]). Historische Dichtung der HROTSVIT von Gandersheim, zwischen 965 und 968, also im Anschluß an ihre Dramen, auf Bitten ihrer Äbtissin Gerberg nicht ohne *»warme persönliche Teilnahme«* (Gröber) geschrieben. – Von den insgesamt 1517 gereimten Hexametern ist kaum mehr als die Hälfte erhalten, in der Regensburger Handschrift fehlen die Verse 753–1140 und 1189–1478, so daß der Hauptteil bei Ottos Kaiserkrönung abbricht. MANITIUS hält es für nicht ausgeschlossen, daß die Ottonen selber *»die fromme, dichtende Nonne zur Besingung der Taten des Kaisers ausersehen«* hätten; jedenfalls lasse sich aus der Darstellung wohl *»persönlicher Verkehr Hrotsvits mit der Herrscherfamilie«* herauslesen. In den Widmungen an Gerberg – eine Nichte Ottos I. – und Otto I. selbst (denen eine dritte an den jungen Kaiser Otto II. angefügt ist) betont Hrotsvit die sachlichen Schwierigkeiten, ein solches Werk abzufassen, da ihr alle schriftlichen Unterlagen sowie ausreichende mündliche Auskünfte gefehlt hätten; die vermutete Beziehung der *Gesta Oddonis* zu LIUTPRANDS *Antapodosis* und die erwiesene Anlehnung an EKKEHARTS *Waltharius* sprechen nicht gegen diese Behauptung.

Tatsächlich läßt die Dichtung manche chronistischen Mängel erkennen: Die Anfangsverse über Heinrich I. sind wie die abschließenden Hexameter über Otto II. historisch von geringem Wert; interessant dagegen ist die Schilderung der familiären und politisch-militärischen Wirren, die Ottos Regierungsantritt folgen, obschon die Autorin die unglückseligen Verhältnisse nicht mit politischen Gründen erklärt, sondern alles auf das unheilvolle Wirken des Teufels zurückführt. Für die Biographie der hl. Adelheid, der Gemahlin Ottos I., ist Hrotsvit eine ausführliche, freilich mit Vorsicht zu nutzende Quelle.   J.Sch.

AUSGABEN: Nürnberg 1501, Hg. C. Celtis. – ML, 137. – Hannover 1841, Hg. G. H. Pertz (MGH, Script. rer. Germ., 4). – Bln. 1902 (in *Opera*, Hg. P. v. Winterfeld; MGH, Script. rer. Germ., 34; Nachdr. Mchn. 1978). – Lpzg. 1930 (in *Opera*, Hg. K. Strecker). – Paderborn u. a. 1973 (in *Opera*, Hg. u. Komm. H. Homeyer).

ÜBERSETZUNGEN: *Otto der Große*; K. F. A. Nobbe, Progr. d. Nicolaischule Lpzg., 1851. – *Die Taten Kaiser Oddos I.*, Th. G. Pfund, Lpzg. 1891; ern. 1941. – *Ottolied*, H. Homeyer (in *Werke*, Paderborn 1936). – *Gedicht über die Taten Kaiser Ottos I.*, Th. G. Pfund (in *Sämtl. Dichtungen*, Mchn. 1966). – *Die Taten Ottos I.*, H. Homeyer (in *Werke*, Paderborn u. a. 1973).

LITERATUR: G. Waitz, *Über das Verhältnis von H.s »Gesta Oddonis« zu Widukind* (in Forschungen zur dt. Geschichte, 9, 1869). – B. Zint, *Über R.s »Carmen de Gestis Oddonis«*, Diss. Königsberg 1875. – Wattenbach-Holtzmann, 1, H. 1, S. 34–38. – F. Preißl, *Hr. v. G. und die Entstehung des mittelalterlichen Heldenbildes*, Diss. Erlangen 1939. – Gröber, S. 117. – Manitius, 1, S. 629–631.

PAFNUTIUS

auch: *Conversio Thaidis meretricis* (mlat.; *Pafnutius*, auch: *Die Bekehrung der Buhlerin Thais*). Drama in gereimter Prosa von HROTSVIT von Gandersheim, entstanden nach 962. – Als die im sächsischen Kloster Gandersheim wirkende Nonne nach einer längeren Schaffenspause wieder ein dramatisches Werk zu schreiben unternahm, griff sie ein schon in ihrem vorangegangenen Stück, dem *Abraham*, behandeltes Thema auf: die Bekehrung im Freudenhaus. Die Legende selbst stammt aus der asketischen Literatur des Ostens und war dem Abendland auf dem Umweg über die byzantinische Dichtung vermittelt worden.

Der Handlung, die im 4. Jh. an der Grenze Ägyptens spielt, ist ein sophistisch wirkendes Gespräch vorangestellt, in dem der Einsiedler Pafnutius seinen Schülern eine Einführung in die Grundbegriffe der Philosophie und Musik gibt. Da die Schüler nur wenig davon verstehen, bitten sie ihn bald, damit aufzuhören und ihnen statt dessen etwas über den Grund seiner Traurigkeit zu erzählen. Pafnutius berichtet von dem schändlichen Treiben der Dirne Thais in der nahen Stadt und von seinem Plan, sie als Buhler verkleidet im Freudenhaus zu besuchen und zur Umkehr zu bewegen. Tatsächlich wandert er alsbald in die Stadt, wo Thais überraschend schnell und widerstandslos einwilligt, ihr bisheriges Leben aufzugeben und für ihre Taten zu büßen. Allerdings scheut sie sich zunächst vor der fünfjährigen Buße, zumal ihr die finstere, ungastliche Zelle, die ihr als Bußort zugewiesen wird, auch Gottes unwürdig zu sein scheint. Als drei Jahre der Buße vergangen sind, begibt sich Pafnutius zu seinem Freund Antonius, um von ihm zu erfahren, ob die Reue der Thais auch Gott willkommen sei: Im Traum wird ihm dies sodann bestätigt. Fünfzehn Tage später – die harte Bußzeit der Thais ist vollendet – entschläft die bekehrte Sünderin im Frieden Christi.

Die Einzigartigkeit Hrotsvits besteht darin, daß sie die seit dem Altertum nicht mehr gepflegte Form des Dramas wiederaufgegriffen hat und so zum ersten und beinahe einzigen Dramatiker des Mittelalters geworden ist. Dabei stellte sie sich bewußt in die Tradition des TERENZ, ohne freilich dessen Versmaß zu erkennen; daher schrieb sie in gereimter Prosa. In der Vorrede zur Ausgabe ihrer Dramen gesteht sie, bei der Niederschrift der anrüchigen Szenen oft errötet zu sein; doch ließ sie sich davon nicht abschrecken: Sie wollte unter allen Umständen den Sieg der christlichen Frauen über die heidnische Welt, wenn es sein mußte, sogar den Sieg über das Freudenhaus darstellen. Dahinter steht zugleich ein poetischer wie ein missionarischer Eifer: Ihr Ziel war »*eine inhaltliche Widerlegung des Terenz, ein christlicher Sieg über ihn auf seinem eigenen Felde*« (Kuhn). – Hrotsvit fand bei gelehrten Gönnern aus St. Emmeram in Regensburg (oder Köln) große Anerkennung; auf deren Rat hin dürfte sie auch die gelehrten Exkurse in dieses und ihr nächstes und letztes Stück, die *Sapientia*, eingefügt haben. Trotz dieses Beifalls erlangten ihre Werke aber zunächst nur geringe Verbreitung. Erst nach ihrer Wiederentdeckung im 15. Jh. wurde dieser bedeutendsten Vertreterin der kulturellen Renaissance der ottonischen Zeit die verdiente Würdigung zuteil.   M.Ze.

AUSGABEN: Nürnberg 1501 (in *Opera*, Hg. C. Celtis). – Bln. 1902 (in *Opera*, Hg. P. v. Winterfeld; MGH, Script. rer. Germ., 34, Nachdr. Mchn. 1978). – Lpzg. ²1930 (in *Opera*, Hg. K. Strecker). – Paderborn u. a. 1970 (in *Opera*, Hg. u. Komm. H. Homeyer).

ÜBERSETZUNGEN: *Paphnutius*, J. Bendixen (in *Die Comoedien der Nonne Hr. v. G.*, Bd. 2, Altona 1853). – *Die Bekehrung der Buhlerin Thais*, H. Homeyer (in *Werke*, Paderborn 1936). – In *Dramen*, O. Piltz u. F. Preißl, Lpzg. 1942. – *Pafnutius*, J. Bendixen (in *Sämtliche Dichtungen*, Mchn. 1966). – Dass., H. Homeyer (in *Werke*, Paderborn u. a. 1973).

LITERATUR: O. R. Kuehne, *A Study of the Thais Legend with Special Reference to Hr.'s »Pafnutius«*, Philadelphia 1922. – A. Mayer, *Der Heilige und die Dirne. Eine motivgeschichtliche Studie zu Hr.s »Abraham« und »Pafnutius«* (in Bayer. Blätter f. das Gymnasialschulwesen, 67, 1931, S. 73–96).

PASSIO GONGOLFI

(mlat.; *Das Leiden Gongolfs*). Verslegende in 284 elegischen Distichen von HROTSVIT von Gandersheim, entstanden vor 959. – Die sächsische Nonne Hrotsvit, die seit ihrer Wiederentdeckung durch die Humanisten im 15. Jh. den Ehrentitel »die erste deutsche Dichterin« trägt, begann ihr literarisches Schaffen mit der Versifizierung von Heiligenlegenden. Das dritte Gedicht in der von ihr selbst angelegten Legendensammlung – sie enthält acht Verslegenden – behandelt das Leben des fränkischen Prokonsuls Herzog Gongolf (auch Gangolf) von Varennes, der um 760 den Tod gefunden hat.

Der Herzog besaß dank seiner großen Frömmigkeit die Gabe, Wunder zu wirken. Als er einmal von einem siegreich geführten Feldzug heimkehrte, kaufte er einem armen Bauern um eine große Summe eine in dessen Garten fließende Quelle ab, die ihm ganz besonders gefiel. Von seinen Begleitern wegen des unsinnigen Kaufs verspottet, befahl Gongolf einem Diener, umzukehren und zu prüfen, ob die Quelle noch an ihrem alten Platz sprudele. Vergeblich suchte der Diener nach der Wasserstelle, ja er leckte sogar im Sand nach ihr: Sie war verschwunden. Der Herzog hatte sie auf wunderbare Weise in seinen Garten versetzt, wo sie alsbald viele Kranke heilte. Auf Wunsch seiner Leute entschloß sich Gongolf zur Heirat. Doch bald kam ihm zu Ohren, seine schöne Frau betrüge ihn mit einem Kleriker. Zum Beweis ihrer Unschuld forderte er sie auf, ihre Hand in das Wasser der Quelle zu halten. Sie ging darauf ein, verbrannte sich aber – ein Zeichen ihrer Schuld – die Hand dabei. Dennoch verzieh ihr Gongolf; nur den Kleriker verbannte er. Doch die Frau traf sich weiterhin mit ihrem Liebhaber; sie beschlossen, Gongolf heimlich umzubringen. Nach dem Tod des frommen Mannes ereigneten sich an seinem Grab bald viele Wunder. Als ein Freund der teuflischen Frau davon erzählte, um sie zur Reue und Buße zu bewegen, hatte sie nur Spott dafür: diese vielgerühmten Wunder verdienten nicht mehr Aufmerksamkeit als die Wunderwerke, die der untere Teil ihres Rückens hervorbringe. Doch empfing sie auf der Stelle die gerechte Strafe für diese Lästerung: Bei jedem Wort, das sie fortan sagte, ließ sich zu ihrer Beschämung sofort dieses Orakel hören.

Die Dichterin hat die ihr vorliegende Prosavita stark verändert, indem sie sich auf zwei Hauptepisoden – das Quellwunder und die Ehetragödie – konzentrierte und sie dadurch miteinander verband, daß sie das Gottesurteil an der Quelle im Garten stattfinden ließ. Auch die Strafe für das ruchlose Weib erscheint bei ihr wesentlich verstärkt. Eine weitere Umgestaltung betrifft Gongolf selbst: Ist er in der Vorlage als ein Mann sittlicher Vollkommenheit dargestellt, so schilderte sie ihn wirklichkeitsnah als einen lebendigen, echten Menschen, der dem Leser schließlich sogar weniger wie ein Märtyrer des Glaubens vorkommt, wie es die Legende will, denn als ein Märtyrer der Ehe. Das ganze Stück ist getragen von einem humorvollen, dabei derben Grundton, dem Hrotsvit mit der Form der Strafe eine burleske Schlußpointe verlieh. Vom traditionellen Schema der Heiligenvita hat sich die Dichterin völlig gelöst und die Legendenvorlage zu einem eigenständigen, kunstvollen Epos ausgestaltet.   M.Ze.

AUSGABEN: Nürnberg 1501 (in *Opera*, Hg. C. Celtis). – Lpzg. ²1930 (in *Opera*, Hg. K. Strecker). – Saint-Louis 1936 (in *The Non-Dramatic Works*, Hg. M. G. Wiegand; m. Einl. u. Komm.). – Paderborn u. a. 1970 (in *Opera*, Hg. u. Komm. H. Homeyer).

ÜBERSETZUNGEN: *Gongolf*, H. Homeyer (in *Werke*, Paderborn 1936). – In H. Kusch, *Einführung in das lateinische MA*, Bln. 1957. – *Die Leiden des hl. Märtyrers Gongolf*, H. Knauer (in *Legenden*, Stg. 1964; m. Einl.). – *Gongolf*, O. Baumhauer (in *Sämtl. Dichtungen*, Mchn. 1966). – Dass., H. Homeyer (in *Werke*, Paderborn u. a. 1973).

LITERATUR: W. Stach, *Die Gongolflegende bei Hr.* (in HVj, 30, 1935, S. 361–397).

PELAGIUS

(mlat.; *Pelagius*). Verslegende in leoninischen Hexametern von HROTSVIT von Gandersheim, entstanden vor 959. – Während die Dichterin – eine der bedeutendsten Vertreterinnen der ottonischen Kultur – bei den Verslegenden, ihren ersten literarischen Versuchen, für gewöhnlich den Stoff alten Legendenbüchern entnahm, liegt diesem 404 Hexameter umfassenden Gedicht auf den jungen spanischen Märtyrer Pelagius, wie sie selbst angibt, mündliche Bericht eines Augenzeugen aus Cordoba zugrunde (woraus man allgemein auf Beziehungen zwischen dem von den Arabern besetzten Spanien und Deutschland schließen kann): Pelagius hatte erst im Jahr 925 unter Abderraham II. in Cordoba das Martyrium erlitten.
Im Mittelpunkt der Erzählung steht die unnatürliche Liebe des Kalifen zu dem schönen Jüngling Pelagius. Bei einem Feldzug gegen ein galizisches Volk, das noch immer am Christentum festhielt, hatte Abderraham die Vornehmsten des Volkes samt ihrem König, dem Vater des Pelagius, gefangengenommen. Als der König das geforderte Lösegeld nicht aufbringen konnte, bat Pelagius inständig, ihn als Geisel dem Kalifen zu überlassen. Dank seiner Anmut brauchte der Knabe nicht lange im Kerker zu schmachten: Er wurde dem Tyrannen

empfohlen, und dieser erwies dem Jüngling, alsbald von Liebe entbrannt, seine Gunst. Doch Pelagius widerstand seinen Wünschen, ja er schlug den Kalifen sogar ins Gesicht, als dieser ihn zu küssen versuchte. In seinem Zorn ließ ihn der Herrscher über die Mauern der Stadt auf das felsige Ufer des Flusses hinabschleudern; aber der Knabe überstand den Fall unversehrt. Daraufhin wurde er enthauptet und sein Leichnam in den Fluß geworfen. Fischer zogen ihn aus dem Wasser und verkauften ihn an Christen der Stadt Cordoba. Schon bald geschahen am Grab viele Wunder; wahrhaft anerkannt war die Wunderkraft des Heiligen allerdings erst, als sein Haupt auch noch die Feuerprobe unversehrt überstanden hatte.
Mit großer Anteilnahme schildert die Nonne das Schicksal des jungen Mannes, der den sinnlichen Begierden des Heiden Widerstand leistete und so zum Märtyrer der Keuschheit wurde. Die Grundidee Hrotsvits, die Menschen vor den Gefahren der Welt, besonders der Sinnenlust, zu warnen und sie für das ewige Heil zu retten, kommt in dieser schroffen Gegenüberstellung von *virginitas* (Jungfräulichkeit) und *amor illicitus* (verbotene Liebe) besonders scharf zum Ausdruck. Daß am Ende die Keuschheit – auch um den Preis des Märtyrertodes (für die Nonne das natürliche Los eines Heiligen) – triumphiert, ist zugleich ein symbolisches Bild für den Sieg des Christentums über das Heidentum.
                                              M.Ze.

AUSGABEN: Nürnberg 1501 (in *Opera*, Hg. C. Celtis). – Lpzg. ²1930 (in *Opera*, Hg. K. Strecker). – Saint-Louis 1936 (in *The Non-Dramatic Works*, Hg. M. G. Wiegand; m. Einl. u. Komm.). – Paderborn u. a. 1970 (in *Opera*, Hg. u. Komm. H. Homeyer).

ÜBERSETZUNGEN: *Das Leiden des herrlichen Martyrers, des hl. Pelagius*, H. Homeyer (in *Werke*, Paderborn 1936). – *Pelagius*, H. Knauer (in *Legenden*, Stg. 1964; m. Einl.). – Dass., O. Baumhauer (in *Sämtl. Dichtungen*, Mchn. 1966). – Dass., H. Homeyer (in *Werke*, Paderborn u. a. 1973).

SAPIENTIA

auch: *Passio sanctarum virginum Fidei, Spei et Karitatis* (mlat.; *Die Weisheit*, auch: *Das Leiden der heiligen Jungfrauen Glaube, Hoffnung und Liebe*). Drama in gereimter Prosa von HROTSVIT von Gandersheim, entstanden nach 962. – Die Handlung dieses letzten Stücks der sächsischen Nonne spielt in Rom unter Kaiser Hadrian (reg. 117–138). Der römische Stadtpräfekt Antiochus klagt dem Kaiser, daß eine vornehme Frau namens Sapientia zusammen mit ihren drei Töchtern nach Rom gekommen sei und bereits viele zum Christentum bekehrt habe. Der Kaiser läßt die also Beschuldigten vor seinen Richterstuhl führen. Auf die Frage nach dem Alter ihrer Töchter antwortet Sapientia recht gewunden und hält dem Kaiser einen Vortrag über

Zahlentheorien. Da sie sich weigert, den Götzen zu opfern, wird sie mit ihren Töchtern, die Fides, Spes und Karitas, »Glaube«, »Hoffnung« und »Liebe« heißen, ins Gefängnis geworfen. Nach drei Tagen Bedenkzeit werden sie erneut vor den Kaiser geführt. Da die Mädchen standhaft bleiben, unterwirft man sie den schrecklichsten Foltern – unter denen aber nur die Henkersknechte, nicht sie selbst leiden. Da alle Einschüchterungsversuche nichts nützen, läßt der Kaiser die Töchter enthaupten. Am Grab ihrer Töchter spricht Sapientia ein hochgelehrtes Gebet und stirbt.

Kein Interpret der neueren Zeit hat sich für die *Sapientia* begeistern können. Die ausführlichen und naturalistischen Schilderungen der Martern – bei denen das *Peristephanon (Über die Siegeskronen)* des PRUDENTIUS Pate stand – sowie die lange Vorlesung über Zahlentheorien, fast wörtlich dem ersten Buch der *Arithmetik* des BOETHIUS entstammend, wirken auf den heutigen Leser befremdlich. Vermutlich hat die Dichterin diese gelehrten Exkurse – die auch im *Pafnutius* in ähnlicher Weise begegnen – auf Rat ihrer gelehrten Gönner aus St. Emmeram (oder Köln) eingearbeitet, bei denen sie mit ihren ersten Dramen große Anerkennung gefunden hatte; sie selbst schreibt voll Stolz auf das erworbene Wissen in der zweiten Dramenvorrede, sie habe sich bemüht, die beiden letzten Stücke mit »*Fäden oder auch Flocken von Läppchen vom Gewand der Philosophie gerissen*« zu schmücken. Für sie und ihre Zeitgenossen stellten die letzten beiden, mit Gelehrsamkeit vollgestopften Stücke der Autorin den Höhepunkt ihres Schaffens dar. Doch trotz solchen Beifalls fand diese bedeutendste Vertreterin der Ottonischen Kulturerneuerung zunächst kaum Resonanz. Erst als Konrad CELTIS ihre Werke nach einer Handschrift aus St. Emmeram in Regensburg 1501 drucken ließ, wurde ihrem Werk die gebührende Würdigung und Verbreitung zuteil.

M.Ze.

AUSGABEN: Nürnberg 1501 (in *Opera*, Hg. C. Celtis). – Bln. 1902 (in *Opera*, Hg. P. v. Winterfeld, MGH, Script. rer. Germ., 34; Nachdr. Mchn. 1978). – Lpzg. ²1930 (in *Opera*, Hg. K. Strecker). – Paderborn u. a. 1970 (in *Opera*, Hg. u. Komm. H. Homeyer).

ÜBERSETZUNGEN: *Sapientia*, J. Bendixen (in *Die Comoedien der Nonne Hr. v. G.*, Bd. 2, Altona 1853). – *Die Leiden der heiligen Jungfrauen Fides, Spes und Caritas*, H. Homeyer (in *Werke*, Paderborn 1936; m. Einl.). – *Sapientia*, J. Bendixen (in *Sämtl. Dichtungen*, Mchn. 1966). – Dass., H. Homeyer (in *Werke*, Paderborn u. a. 1973).

THEOPHILUS

auch: *Conversio Vicedomini Theophili* (mlat.; *Theophilus*, auch: *Die Bekehrung des Vikars Theophilus*). Verslegende in leoninischen Hexametern von HROTSVIT VON GANDERSHEIM, entstanden vor 959. –

Die sächsische Nonne begann ihr literarisches Schaffen mit der Versifizierung von Heiligengeschichten und Legenden. Im fünften Stück ihrer Sammlung griff sie die alte Legende vom Bündnis eines Priesters mit dem Teufel auf. Die Handlung spielt in Sizilien. Der angesehene Vicedominus (Vikar) Theophilus lehnt in seiner Bescheidenheit die Bischofswürde ab und verliert dadurch sein Amt. Da umgarnt ihn der Teufel und hält ihm so lange das ihm zugefügte Unrecht vor, bis Theophilus einen Zauberer aufsucht, um mit seiner Hilfe das Amt wiederzugewinnen. Der Zauberer führt ihn zum Höllengott; bei ihm unterschreibt Theophilus eine Verleumdung Christi und der Jungfrau Maria. Bereits am nächsten Tag erhält er seine Würde wieder und steigt im Rang auf. Gott jedoch rüttelt sein Gewissen wach, und bald bereut Theophilus seine Tat zutiefst. In vielen Gebeten wendet er sich an die Jungfrau Maria; doch erst nach langem Drängen erhört sie ihn und bringt ihm das verleumderische Papier mit seiner Unterschrift zurück. Hierauf legt Theophilus öffentlich ein Bekenntnis seiner schweren Sünde ab und stirbt kurz darauf im Frieden mit Gott.

Diese ursprünglich griechische, auf orientalischen Vorbildern fußende Sage entnahm die Dichterin deren lateinischer Übertragung von PAULUS DIACONUS (9. Jh.). Durch Straffung und Zusätze gelang es ihr, den Stoff eindrucksvoll zu gestalten. Sie eröffnete damit eine Reihe lateinischer Bearbeitungen des Themas, die sich bis ins 13. Jh. erstreckt. Besonders verbreitete sich die Legende später in den Volkssagen, wo sie allerdings starken Umformungen ausgesetzt war. So weicht die Darstellung in den zahlreichen französischen und deutschen Bearbeitungen seit dem 12. Jh. oft weit von der ursprünglichen Fassung ab. – Im 15. Jh. wurden die Dichtungen Hrotsvits von den Humanisten, die ihr den Ehrentitel der »ersten deutschen Dichterin« gaben, wiederentdeckt. GOETHE hat dem Theophilus manche Anregung für die Gestaltung seines *Faust* entnommen.

M.Ze.

AUSGABEN: Nürnberg 1501 (in *Opera*, Hg. C. Celtis). – Lpzg. ²1930 (in *Opera*, Hg. K. Strecker). – Saint-Louis 1936 (in *The Non-Dramatic Works*, Hg. M. G. Wiegand; m. Einl. u. Komm.). – Paderborn u. a. 1970 (in *Opera*, Hg. u. Komm. H. Homeyer).

ÜBERSETZUNGEN: *Fall und Bekehrung des Vizedoms Theophilus*, H. Homeyer (in *Werke*, Paderborn 1936). – *Fall und Bekehrung des Vizedominus Theophilus*, H. Knauer (in *Legenden*, Stg. 1964; m. Einl.). – *Theophilus*, O. Baumhauer (in *Sämtl. Dichtungen*, Mchn. 1966). – Dass., H. Homeyer (in *Werke*, Paderborn u. a. 1973).

LITERATUR: K. Plenzat, *Die Theophiluslegende in den Dichtungen des MAs*, Bln. 1926. – R. Figge, *Die Theophilus- u. Basilius-Legende bei Hr. v. G. und ihre kirchen- u. rechtsgeschichtliche Bedeutung* (in Unsere Diözese, Hildesheim, 24, 1955, S. 38–64).

FRANTIŠEK HRUBÍN

* 17.9.1910 Prag
† 1.3.1971 České Budějovice

DAS LYRISCHE WERK (tschech.) von František HRUBÍN.

František Hrubín gehört zu den Lyrikern der sogenannten »Zwischengeneration«, d. h. er steht zwischen den aus der proletarischen Poesie oder dem Poetismus hervorgegangenen Dichtern und jenen, die als »Gruppe 42« während des Krieges zu schreiben begannen. František HALAS, Jaroslav SEIFERT und Josef HORA waren für seine dichterische Entwicklung von entscheidendem Einfluß, ohne daß er jedoch ihr Epigone geworden wäre.

Schon mit seiner ersten Sammlung *Zpíváno z dálky*, 1933 *(Aus der Ferne gesungen)*, gelang Hrubín der Durchbruch zur Elite der zeitgenössischen tschechischen Dichtung. Natur und Liebe sind die beiden Hauptthemenkreise dieser jungen Lyrik, die *»zur Liedmelodie tendiert, virtuos nuanciert ist«* und in der *»das Erlebte aller Unmittelbarkeit entkleidet und in ein metaphorisches Geschehen projiziert ist«* (J. Brabec). In der zweiten Sammlung, *Krásná po chudobě*, 1935 *(Die in der Armut Schöne)*, konkretisiert sich das schon in *Zpíváno z dálky* angelegte Motiv der Bedrohung und Verlorenheit in der Zeit. In *Země po polednách*, 1937 *(Die Erde nach der Mittagszeit)*, gelangt Hrubín, die enge subjektive Problematik überwindend, zu einer zunehmend abstrakten Dichtung, die im Zeichen apokalyptisch-religiöser Visionen steht und Gott als Erlöser aus Verzweiflung, Furcht und Schrecken darstellt. Durch eine besonders strenge formale Disziplin zeichnet sich die meisterhaft komponierte Sammlung *Včelí plást*, 1940 *(Die Bienenwabe)*, aus. Wenn man von dem Einleitungsgedicht *Tíha země (Last der Erde)* absieht, hat sie die Gestalt eines Triptychons, dessen Mittelteil *Torzo mariánského sloupu (Der Torso der Mariensäule)* – er ist dem katholischen Dichter Jan ZAHRADNÍČEK gewidmet – ebenfalls ein Triptychon darstellt. Es ist ein Gebet des Dichters an die Jungfrau Maria um Errettung seines Landes und seiner Menschen. Die Flügel des Rahmentriptychons bilden zwei Zyklen aus jeweils fünfzehn Sonetten: der dem katholischen Kritiker Bedřich FUČÍK gewidmete Sonettenkranz *Město v úplňku (Die Stadt im Vollmond)* über das königliche Prag und der Zyklus *Včelí plást*, in dem der Dichter am Grab des Großvaters Rückschau auf dessen Leben hält. Mit diesem Werk formulierte Hrubín am deutlichsten seine religiöse Interpretation der Welt, von der er sich in den darauffolgenden Sammlungen ebenso wieder entfernte wie von dem hohen Grad der Abstraktion.

Die Jan NERUDA gewidmete Sammlung *Země sudička*, 1941 *(Schicksalsgöttin Erde)*, stellt den Menschen in seinem Spannungsverhältnis zur Welt und zum Kosmos, zwischen Arm und Reich in den Mittelpunkt. Das Motiv des »Armen bzw. Armseligen« zeigt hier deutliche Ansätze einer sozialkritischen Tendenz. Jiří BRABEC sieht besonders in dem Schlußzyklus *Básníkův návrat (Des Dichters Rückkehr)* eine inhaltliche Annäherung an J. Neruda, den Dichter der Armen und Autor der *Kosmischen Lieder (Písně kosmické)*. Motive wie Liebe, Familie, Kind, Tod, Bedrohung und Zukunftsangst prägen die Sammlung *Cikády*, 1943 *(Zikaden)*, wobei das Motiv des Todes einen besonders breiten Raum einnimmt, und zwar des Todes nicht nur als bloßer Metapher, sondern als Teil einer in ihrer grausamen Konkretheit dargestellten Realität. *Mávnutí křídel*, 1944 *(Das Winken der Flügel)*, eine Sammlung scheinbar spielerischer, dem Leben zugewandter, formal virtuoser Gedichte, läßt die antifaschistische Haltung und »Mobilmachung« des Autors *»zwischen den Seiten«* unmißverständlich anklingen. Eine ganze Metaphernfamilie (Flügelschlag, Flügel, Flug, fliegen...) steht symbolisch für den patriotischen Auftrag des zwischen Verzweiflung und Hoffnung schwankenden Dichters. Fortgeführt wird diese Thematik in *Rezekvítek (Gamander-Ehrenpreis)* – einer Sammlung, die wegen der Zensur erst nach dem Krieg in dem Auswahlband *Zpěv hrobů a slunce*, 1947 *(Gesang der Gräber und der Sonne)*, veröffentlicht werden konnte –, wie auch in den Gedichten der Sammlung *Motýlí čas*, 1948 *(Schmetterlingszeit)*, die zu Zeichnungen von Max Švabinský geschaffen wurden.

Unter dem Titel *Chléb s ocelí (Brot mit Stahl)* erschienen 1945 die Gedichte *Stalingrad*, dem von der Kritik eine besondere Prägnanz bescheinigt wurde, und *Chléb s ocelí* sowie die den Prager Aufstand schildernde Dichtung *Pražský máj (Der Prager Mai)*. In bezug auf die beiden letzten Werke, besonders auf *Pražský máj*, stellte die Kritik fast ausnahmslos *»eine lediglich oberflächliche Beschreibung der Wirklichkeit«* fest und bescheinigte ihnen *»einen phrasenhaften Charakter«* (M. Dvořák). Auch *Jobova noc*, 1945 *(Die Nacht des Job)*, ein in fünf (in der endgültigen Fassung in vier) Gesänge gegliedertes *»lyrisch-episches Manifest«* (Machoň), in dem Hrubín gleichnishaft das Thema des Kampfes der alten mit der neuen Welt abhandelt und seiner Zuversicht hinsichtlich der Zukunft seines Landes Ausdruck verleiht, wurde ambivalent aufgenommen: Der katholisch orientierte Kritiker B. Fučík warf diesem Werk Schwarz-Weiß-Malerei vor und sah in ihm *»eher die Lösung einer Art dialektischer Gleichung, als einen echten dichterischen Akt«*. Das positive, hoffnungserfüllte Lebensgefühl dieser ersten Nachkriegsdichtungen wurde schon in den beiden folgenden Bänden *Nesmírný krásný život*, 1947 *(Unermeßliches schönes Leben)*, und *Hirošima* (1948) aufs neue von dem bei Hrubín ständig latent vorhandenen Gefühl der Angst und der Unsicherheit verdrängt, das durch die Zündung der ersten Atombombe erneut voll aufgebrochen war und ihn zurückführte zu einer subjektiven, von apokalyptischen Ahnungen geprägten Lyrik. Unterstrichen wurde diese *»dichterische Erneuerung Hrubíns«* von einer *»grundlegenden Veränderung* *der Form«*: In *Nesmírný krásný život* blieb nichts von der *»leicht hingehauchten, rhythmischen Melodie des regelmäßigen Verses der älteren Zeit Hrubíns. Er ersetzte ihn durch ein System freier, nichtgereimter Verse und unregelmäßiger Strophen«* (B. Polan).

Die politischen Verhältnisse nach der Machtübernahme durch die Kommunisten und der Tod seines Dichterfreundes František Halas inspirierten Hrubín zu dem Zyklus *Svit hvězdy umřelé (Das Leuchten eines gestorbenen Sterns)*, der 1950 nur in einer gekürzten Version als Privatdruck in 50 Exemplaren erscheinen konnte und erst 1967 vollständig publiziert wurde. Hrubín kehrt hier zu einer streng durchkomponierten Form gereimter Strophen zurück. Unüberhörbar sind Töne der Resignation in einer Welt und einer Zeit, in der der Dichter für sich keinen Platz mehr sah. Danach verstummte Hrubín als Lyriker für längere Zeit und widmete sich vorwiegend dem Schaffen für Kinder und dem Übersetzen. Erst im Jahre 1956 meldete er sich mit *Můj zpěv (Mein Gesang)* wieder zu Wort, *»einem Gesang der Liebe zum Leben«*, in dem er, konkrete Naturbeschreibungen mit abstrakten Meditationen verbindend, sein *»Lebenscredo«* formulierte. Im Jahre 1961 erschien nach die Sammlung *Až do konce lásky*, 1961 *(Bis zum Ende der Liebe)*, in der fast alle für Hrubín typischen Motive auftauchen, jedoch der Versuch *»der Realisierung einer objektivierenden Tendenz in der Sphäre der Lyrik unternommen wird«* (J. Brabec).

Mit der Dichtung *Proměna*, 1957 *(Metamorphose)*, die OVIDIUS' Ikarus-Mythos den Menschen *»sieben Jahre nach Hiroshima«* als Memento vorhält, schuf Hrubín ein lyrisch-episches Werk in freien, prosaisierten Versen, in dem er Verfahren des Films mit denen des Dramas verband. Sein Meisterwerk in diesem Genre ist die Dichtung *Romance pro křídlovku*, 1962 *(Romanze für ein Flügelhorn)*, die von einem tragischen Jugenderlebnis inspiriert ist und die Unsterblichkeit der Liebe feiert. Durch die Verbindung von einfachen und alltäglichen Bildern mit den Motiven der Liebe und des Todes, die sich entgegen der chronologischen Reihenfolge gegenseitig durchdringen, konfrontiert der Dichter hier das Subjektive mit dem Allgemeinen. Das Ineinandergehen verschiedener Zeitebenen ist auch bestimmend für die *»Weihnachtsballade« Lešanské jesličky*, 1970 *(Die Krippe von Lešany)*, die von der immerwährenden Pflicht handelt, das neue und deshalb bedrohte Leben zu bewahren.

Die lyrisch-epischen Dichtungen stellen die Synthese von Hrubíns Lebensauffassung dar. *»Dadurch, daß er den aktuellen Sinn einer alten Geschichte und den ewig menschlichen Sinn einer aktuellen Begebenheit aufspürte, proklamierte Hrubín die Einheit des Menschengeschlechts in der Menschlichkeit«* und erkannte, *»daß der Sinn der menschlichen Existenz allein in ihrer immer wieder erneuerten Aktivität gegenüber dem Leben besteht«* (J. Opelík).   E.A.

AUSGABEN: *Zpíváno z dálky*, Prag 1933; 41947 [erw.]. – *Krásná po chudobě*, Prag 1935; 21947 [veränd.]. – *Země po poledních*, Prag 1937. – *Včelí plást*,

Prag 1940. – *Země sudička*, Prag 1941. – *Cikády*, Prag 1943. – *Mávnutí křídel*, Prag 1944. – *Chléb s ocelí*, Mährisch Ostrau/Prag 1945. – *Jobova noc*, Prag 1945; 21948 [veränd.]. – *Řeka Nezapomnění*, Prag 1946. – *Nesmírný krásný život*, Prag 1947. – *Zpěv hrobů a slunce*, Prag 1947. – *Hirošima*, Prag 1948. – *Motýlí čas*, Prag 1948; 21953 [erw.; »Lyrische Begleitung« zu Zeichnungen von M. Švabinský]. – *Můj zpěv*, Prag 1956; 31960 [erw.]. – *Proměna*, Prag 1957. – *Až do konce lásky*, Prag 1961. – *Romance pro křídlovku*, Prag 1962. – *Svit hvězdy umřelé. Za F. Halasem*, Brünn 1967. – *Básnické dílo*, 6 Bde., Prag 1967–1977. – *Černá denice*, Prag 1968. – *Lešanské jesličky*, Prag 1970. – Darüber hinaus mehrere Auswahlbände.

ÜBERSETZUNGEN: *Schmetterlingszeit*, F. C. Weiskopf, Prag 1954. – *Romanze für ein Flügelhorn*, J. Rennert, Bln. 1978.

LITERATUR: J. Janů, *Poesie F. H.* (in F. H., *Verše. 1932–1948*, Prag 1956, S. 253–264). – J. Brabec, *Hrubínovo směřování k životním jistotám* (in Plamen, 2, 1960, Nr. 9, S. 58–63). – Z. Heřman u. a., *Čtyři studie o F. H.*, Prag 1960. – J. Opelík, *Hrubínovy kosmické písně* (in Host do domu, 7, 1960, S. 400–404). – F. Buriánek, *Cesta básníkova* (in Dvacaté století, 1961, S. 415–425). – A. M. Píša, *Básník země a kosmu* (in A. M. P., *Stopami poezie*, Prag 1962, S. 327–333). – V. Karfíková (in *Jak číst poezii*, Prag 1963, S. 166–180). – B. Polan, *Život a slova*, Prag 1964. – J. Opelík, *Nenáviděné řemeslo*, Prag 1969, S. 36–40. – E. Stehlíková, *Proměna Metamorfóz* (in Listy filologické, 1970, S. 59 ff.). – L. Vaculík, *Jak se dělá báseň* (in Zlatý máj, 17, 1973, Nr. 4, S. 248–251). – J. Vargulič, *Hrubínova sbírka »Můj zpěv« a její textové proměny* (in Česká literatura, 27, 1979, Nr. 6, S. 522–528). – J. Hoffmannová, *Struktura časových významů v Hrubínově »Romanci pro křídlovku«* (in Slovo a slovesnost, 41, 1980, Nr. 4, S. 286–290). – M. Pohorský, *Sluneční den, měsíčná noc Hrubínovy poezie* (in Český jazyk a literatura, 31, 1980/81, Nr. 1, S. 30–33). – J. Strnadel, *F. H.*, Prag 1980. – A. M. Píša, *K vývoji české lyriky*, Prag 1982, S. 225–238. – M. Mravcová, *F. H.: »Romance pro křídlovku«* (in Česká literatura, 36, 1988, Nr. 3, S. 203–224). – M. Pohorský, *Přítomnost Paula Verlaina v české poezii* (ebd., Nr. 1, S. 22–40).

SRPNOVÁ NEDĚLE

(tschech.; *Ü: An einem Sonntag im August*). Drama in drei Akten von František HRUBÍN; Uraufführung: Prag, 25. 4. 1958, Tylovo divadlo. – Der Autor, einer der bedeutendsten modernen tschechischen Lyriker, knüpft in seinem ersten und gelungensten dramatischen Werk weder an die Tradition des älteren lyrischen Dramas an, das in der Hauptsache auf der Poesie der Sprache oder der Situation beruhte, noch folgt er eindeutig dem Dramentyp ČECHOVS. Der Lyrismus von *Srpnová neděle* liegt vielmehr in der Vieldeutigkeit des modernen dichterischen Bildes, das – bei aller Einfachheit der Sprache und der Situationen – aus dem vielschichtigen Reichtum der semantischen Beziehungen zwischen den einzelnen Repliken und größeren Kontexten erwächst.

Die Personen sind größtenteils nur zufällig durch den gemeinsamen Erholungsaufenthalt an einem südböhmischen Fischteich miteinander verbunden. Ein gemeinsames Sonntagsvergnügen dient dem Dichter dazu, die Beziehungen und Gedanken seiner Protagonisten vorzuführen. Die locker gefügten, im Konversationston wiedergegebenen Szenen ermöglichen zwar keine scharf konturierte Zeichnung der Personen, erlauben dem Autor aber, das Innere der als typisch ausgewählten Zeitgenossen, Vertreter von drei Generationen, zu erforschen. Im Zentrum des analytischen Interesses stehen die Vertreter der mittleren Generation: die »negative« Gestalt des Skeptikers Morák, der sich aus Protest gegen die dogmatisch erstarrte soziale Wirklichkeit seines Landes in den fünfziger Jahren in sein Schneckenhaus zurückzog, seine dichterischen Ambitionen aufgab und Lektor wurde; sowie die unausgeglichene, nervöse und alternde, aber immer noch schöne Frau Mixová. Ihnen gegenüber tritt die »harmonische« Figur des naiven und ehrenhaften Postbeamten, der unfähig ist, die ihn umgebende Welt zu begreifen. Das Ehepaar Vlach, Vertreter der älteren Generation, lebt nur noch von der Erinnerung an das unwiderruflich verlorene eigene Geschäft. Die jungen Leute Zuzka und Jirka sind mit ihren noch nicht festgelegten Charakteren die einzig unverdorbenen und innerlich nicht gespaltenen Figuren des Stücks. Während das alte Paar überwiegend satirisch gesehen ist, übermitteln die beiden jungen Leute eine gewisse unbestimmte Hoffnung des Autors auf eine Zukunft, die nicht mehr von den alten Widersprüchen gezeichnet ist.

Die Fabel wird durch den Besuch Moráks bei Frau Mixová zusammengehalten. Sinn dieser Reise soll ein Gespräch über ihre privaten Angelegenheiten sein, doch kann sich auf dieser Ebene kein Dialog entfalten, da das Gespräch entweder in der Egozentrik des Helden oder der Partnerin versandet, zur unfruchtbaren Streiterei herabsinkt oder durch andere Personen unterbrochen wird. – Als hauptsächliches und bedeutungstragendes Kunstmittel unterstreicht die »*Tendenz zum Monologisieren*« die Isoliertheit der einzelnen Personen und gestaltet damit ein Bild des Menschen in der modernen Gesellschaft, in einer »*Zeit der Monologe*«. – *Srpnová neděle* leitete einen neuen schöpferischen Aufschwung des tschechischen lyrischen Dramas ein, der an der Wende der fünfziger und sechziger Jahre mit den Stücken von Autoren wie Josef Topol, Ludvík Kundera u. a. bemerkenswerte Werke hervorbrachte.   M.Kč.

Ausgaben: Prag 1958 [Nachw. O. Krejča]. – Prag ²1959 [Nachw. M. Smetana]. – Prag ³1968 [Nachw. K. Kraus].

Übersetzung: *An einem Sonntag im August,* F. Bunzel, Prag 1963.

Verfilmung: Tschechoslovakei 1960 (Regie: O. Vávra).

Literatur: Anon., *Básník na jevišti!* (in Divadelní noviny, 1958, Nr. 17, S. 3 f.). – J. Grossman, *Glosy k práci Národního divadla* (in Divadlo, 9, 1958, Nr. 7, S. 486–490). – Z. Heřman, *»Srpnová neděle«* (in Květen, 3, 1958, Nr. 14, S. 820 f.). – V. Justl, *Svědectví našich dnů* (in Host do domu, 1958, Nr. 6, S. 279 f.). – O. Krejča, *Ke knižnímu vydání hry »Srpnová neděle«* (in O knihách a autorech, 1958, Sept./Okt., S. 51–54). – S. Machonin, *H. »Srpnová neděle« měla premiéru v Národním* (in Literární noviny, 7, 1958, Nr. 18, S. 6). – J. Procházka, *H. vyznání o cestě k dramatu* (in Svobodné slovo, 23. 4. 1958). – J. Mukařovský, *Nové rysy naší dnešní literatury* (in J. M., *Z českej literatúry,* Preßburg 1961, S. 80–106). – Z. Čermáková, *Umělecký jazyk H. »Srpnové neděle«* (in *Sborník Pedagogického institutu v Ostravě,* R. 2: *Dějiny – jazyk – literatura,* Prag 1961). – J. Vostrý, *Konfrontace* (in Divadlo, 13, 1962, Nr. 8, S. 11–17). – M. Kačer, *Výstavba dialogu ve hře F. H. »Srpnová neděle«* (in Česká literatura, 11, 1963, S. 361–374).

MYCHAJLO Hruševs'kyj

* 29.9.1866 Zentralukraine
† 24.11.1934 in sowjetischer Haft

ZVYČAJNA SCHEMA »RUS'KO« ISTORIÏ IÏ SPRAVA RACIONAL'NOHO UKLADU ISTORIÏ SCHIDN'OHO SLOVJANSTVA

(ukr.; *Das übliche Schema der »russischen« Geschichte und die Frage der rationellen Gliederung der Geschichte der Ostslaven*). Geschichtswissenschaftliche Abhandlung von Mychajlo Hruševs'kyj, erschienen 1904. – Der Artikel kann als Entwurf der zehnbändigen *Istorija Ukraïny-Rusi (Geschichte der Ukraine-Rus')* angesehen werden, in der Hruševs'kyj später seine Deutung der historischen Entwicklung Osteuropas präzisierte.

Der ukrainische Wissenschaftler wendet sich gegen die für die russische Historiographie charakteristische Einbeziehung der Epoche der Kiewer Rus' (Kiewer Reich) in die Geschichte Rußlands bzw. gegen das dieser Gliederung zugrundeliegende dynastische Prinzip (Erbfolge der Rjurikiden). Nach Ansicht des Autors waren das Großfürstentum des Vladimir und der moskovitische Staat, als deren Vorläufer die Epoche der Kiewer Rus' in der russischen Historiographie dargestellt wird, »... *weder der Erbe, noch der Nachfolger des Kiewer Staates. Er* erwuchs aus eigener Wurzel, und das Verhältnis des Kiewer Staates zu ihm könnte man eher etwa mit dem Verhältnis des Römischen Imperiums zu seinen gallischen Provinzen als mit der Ablösung zweier Perioden des politischen und kulturellen Lebens Frankreichs vergleichen.« Man könne daher nicht, wie die russischen Historiker es meistens in ihren diesbezüglichen Arbeiten tun, von einer Fortsetzung und Weiterentwicklung der Kiewer Traditionen auf nordgroßrussischem Boden, sondern allenfalls von einer Rezeption der Kiewer Kultur im russischen Norden sprechen.

Die Erforschung der großrussischen Staatsformen verhindere eine gerechte Würdigung nationaler kultureller Entwicklungen. So werde beispielsweise die eigenständige Entwicklung des ukrainischen Kosakentums im 17. Jh. durch seine mechanische Eingliederung in die russische Geschichte völlig verkannt. Das Bemühen einiger Historiker (USTRJALOV, ILOVAJSKIJ, BESTUŽEV-RJUMIN) und Rechtshistoriker (VLADIMIRSKIJ-BUDANOV), nebeneinander eine Geschichte der östlichen Rus' (d. i. Moskaus) und eine Geschichte Westrußlands (Litauen) zu entwerfen, sei, da sie die genetischen Wurzeln der ostslavischen Nationen nicht erkannten, ohne Erfolg geblieben.

Daneben verzeichnet Hruševs'kyj auch die vorsichtigen Versuche russischer Historiker, das in der heimischen Historiographie herrschende Schema zu revidieren (KORSAKOV, STOROŽEV), wenn diese Versuche auch, wie er bedauernd feststellt, aufgrund ideologischer Vorurteile über bescheidene Ansätze nicht hinausgekommen seien. Seine pessimistische Bilanz lautet: »Die Geschichte der Formierung der großrussischen Nation [narodnost'] bleibt bis heute ungeklärt, da man die Erforschung ihrer Geschichte in der Mitte des 12. Jh.s beginnen läßt und ihren eigenständigen Beginn nach den Kiewer Anfängen ... vollkommen unklar darstellt ...«

Auf Hruševs'kyjs geschichtswissenschaftlichen Thesen fußte die nationale ukrainische Historiographie des 20. Jh.s; sein Einfluß begann sich auch auf die russische Geschichtsschreibung (PRESNJAKOV, LJUBAVSKIJ, RYBAKOV) geltend zu machen, doch wurde er nach der Oktoberrevolution unterbunden.   J.B.B.

AUSGABE: Petersburg 1904 (in Stat'i po slavjanovedeniju, Hg. V. I. Lamanskij, Bd. 1).

LITERATUR: V. Herasymčuk, M. H. jak istoriohraf Ukraïny (in Zapysky Naukovoho Tovarystva im. Ševčenka, 133, 1922). – Juvilej akad. M. S. H. (1866–1926), Kiew 1927. – Prof. M. H. Sein Leben u. sein Wirken, Bln. 1935. – J. Bidlo, M. H., Prag 1935. – E. Borschak, M. H. (in Le Monde Slave, 1, 1935). – A. Shulgin, M. H. (1866 to 1934) (in The Slavonic Review, 14, 1935). – B. Krupnyc'kyj, Osnovni problemy istoriï Ukraïny, Mchn. 1955. – O. Ohloblyn, M.H. (in Encyklopedija ukrajinoznavstva, Bd. 2, Mchn. 1955, S. 453–455). – N. Polońska-Vasylenko, Two Conceptions of the History of Ukraine and Russia, Ldn. 1968.

HUANG CHUNMING

* 13.2.1939 Yilan / Taiwan

SHAYONALA-ZAIJIAN

(chin.; *Sayonara – Auf Wiedersehen!*). Erzählungsband von HUANG Chunming, erschienen 1974. – Der Band enthält vier Erzählungen, von denen drei zwischen 1967 und 1972 in Zeitschriften bzw. Zeitungen veröffentlicht worden waren. Sie machten Huang zum erfolgreichsten und bedeutendsten Autor der *xiangtu*-Literaturrichtung, die realistisch die Auswirkungen der rasanten Industrialisierung Taiwans auf das Leben vornehmlich der Unterschicht beschreibt. Die vier Erzählungen thematisieren Lebensbedingungen und Lebensgefühl von Menschen, die bis dahin in Taiwan aufgrund ihres niederen sozialen Status als nicht literaturfähig angesehen wurden.

Qingfan Gong de gushi (Die Geschichte von Qingfan Gong) ist zum einen die humorvolle und von großer Wärme getragene Darstellung eines Großvater-Enkel-Verhältnisses, zum anderen Lob- und Abgesang auf eine Generation von Menschen, die noch ganz in der Agrargesellschaft verwurzelt ist, Lobgesang auf ihre Geradlinigkeit, ihren Mut, ihre Schlichtheit und ihre Herzlichkeit. Solche Eigenschaften werden dem Helden Qingfan Gong vom Erzähler nicht ausdrücklich zugesprochen, sondern allein aus Worten und Taten ersichtlich. Die Erzählung zeigt besonders gut, wie genau Huang in seinen Dialogen die handelnden Personen erfaßt. Wie schon in früheren Erzählungen schöpft der Autor aus seinem reichen Wissensvorrat und beschreibt ländliches Brauchtum und Aberglauben. Der städtische Leser hat damit Anlaß zu nostalgischen Rückblicken auf eine so farbige wie überschaubare Welt.

Auch *Kan hai de rizi (Der Tag, an dem sie aufs Meer schaute)* spielt unter armen Leuten: Huren, Fischern, Bauern. Es ist eines der populärsten Werke Huangs und wurde mit großen Erfolg verfilmt. Erzählt wird die Geschichte der Hure Baimei, die von ihren Pflegeeltern ins Bordell verkauft wurde und hofft, den Respekt der Gesellschaft zu gewinnen, wenn sie nur Mutter wird. Sie findet unter ihren Kunden einen ihr sympathischen jungen Fischer und kehrt, nachdem sie von ihm schwanger ist, zu ihrer Familie in die Armut des Bergbauernhofes zurück, um dort das Kind zu gebären; als werdende Mutter findet sie in der Dorfgemeinschaft die Anerkennung, nach der sie sich gesehnt hatte. Huang beschreibt die Arbeitsbedingungen der Huren ohne Vorbehalte und auf eine drastische Weise, die seinerzeit in Taiwan ohne Beispiel war und großes Aufsehen hervorrief. Wie Huang mit Qingfan Gong das eindrucksvolle Porträt eines alten Bauern gelingt, so mit der Hure Baimei das einer in ihrer Wärme und Spontanität unvergeßlichen »einfachen Frau«, die in ihrem Streben nach einem Leben in Würde heroische Züge gewinnt. Qingfan Gong wie Baimei verkörpern Werte, die unter den Bedingungen städtischen Lebens verloren zu gehen drohen. In beiden Erzählungen geht es Huang um die möglichst genaue Zeichnung eindrucksvoller Charaktere. Dagegen dominiert in den anderen beiden Erzählungen der Stoff, die Personen wären austauschbar; nicht von ungefähr spielen die Geschichten in der Stadt. Beide werden auf eine sarkastische Pointe hin erzählt und kritisieren denselben negativen Aspekt des taiwanesischen Wirtschaftswunders: den Verlust der Würde in der Begegnung mit den wirtschaftlich mächtigeren Ausländern.

In *Pingguo de ziwei (Bittere Äpfel)* wird der Arbeiter Afa in Taibei von einer amerikanischen Diplomaten-Limousine angefahren; er wird darüber zum Krüppel. In seiner Sorge, anti-amerikanische Ressentiments heraufzubeschwören, läßt der Amerikaner Afa und seiner Familie soviel Aufmerksamkeiten zukommen, daß sie den Unfall am Ende als Glücksfall betrachten, um den sie von Kollegen beneidet werden. Das Schicksal Afas und seiner Familie demonstriert die Hilfsigkeit des entwurzelten »kleinen Mannes« und seine Sprachlosigkeit in der Konfrontation mit den Ausländer wie mit dem Hochchinesisch sprechenden Festlandchinesen, der sich weniger mit den armen Landsleuten als mit dem reichen Ausländer identifiziert. Huang, selbst ein bekannter Filmemacher, wendet hier Erzähltechniken an, die vom Film inspiriert sind und in Taiwan seinerzeit neu und aufregend wirkten: kein kontinuierlicher Erzählfluß, sondern rasche Schwenks, Schnitte, neue Einstellungen. Die Erzählung wurde 1983 mit großem Erfolg verfilmt.

Wie in *Pingguo de ziwei* geht es auch in der Titelgeschichte *Shayonala-Zaijian* um die Bedrohung des taiwanesischen Selbstwertgefühls. Aber anders als der Arbeiter Afa, der nicht durchschaut, was ihm passiert und in jedem Moment nur Opfer ist, setzt sich der Ich-Erzähler und Held von *Shayonala-Zaijian* mit Witz und Pfiffigkeit zur Wehr. Er erhält von seinem taiwanesischen Chef den Auftrag, eine Gruppe von sieben japanischen Geschäftspartnern in seine für ihre heißen Quellen berühmte Heimatstadt Jiaoxi zu begleiten und ihnen dort Prostituierte zuzuführen. Die Japaner verstehen sich selber als ein Klub von sieben modernen Samurai: Sie wollen vor ihrem Tode nicht wie die Samurai von einst tausend Männer im Kampf getötet, sondern tausend Frauen bestiegen und eines Schamhaares beraubt haben. Der Erzähler sieht sich im Konflikt, durch die Übernahme eines solchen Auftrags seine Selbstachtung zu opfern (den Schlepper für Japaner spielen, die im Krieg Millionen seiner Landsleute ermordet haben) oder seinen Job aufzugeben und damit die Existenzgrundlage seiner Familie zu gefährden. Am Ende akzeptiert er den Auftrag, versucht aber (daraus resultieren die komischsten und sarkastischsten Momente der Erzählung), sich in seiner Rolle als Dolmetscher an den Japanern zu rächen. Die Erzählung ist in vier Abschnitte gegliedert, von denen jeder mit dem Titel eines berühm-

ten japanischen Films überschrieben ist; in der Beleuchtung durch den heroischen Titel erscheint das nachfolgende Geschehen umso grotesker. Während der Reise nach Jiaoxi erlebt der Erzähler seine Heimat Taiwan als »*Maitresse Japans*« (W. Kubin); wie sich die Huren den Japanern andienen, verkauft er selber sich an seine Firma, die sich wiederum gegenüber den Japanern prostituiert. Zwar gelingt es ihm, sein verletztes Ego zu stabilisieren, indem er die Japaner zugunsten der Mädchen betrügt und am Ende durch falsches Dolmetschen sowohl die Japaner erniedrigt (er macht ihnen ihre Kriegsverbrechen bewußt) als auch einen Chinesen, der sich ihnen gegenüber zu anbiedernd verhalten hatte. Doch täuscht er sich nicht darüber hinweg, daß ihm die Verhältnisse nur erlauben, sich seinen Selbstrespekt zu erlisten.

W. Bs.

AUSGABE: Taibei 1974.

ÜBERSETZUNGEN: *Sayonara – Tsai-chien*, H. Goldblatt (in *The Drowning of an Old Cat and Other Stories*, Bloomington/Ind. 1980; engl.). – *Der Tag, an dem sie aufs Meer schaute*, Ch. Dunsing (in *Blick übers Meer. Chinesische Erzählungen aus Taiwan*, Hg. H. Martin, Ch. Dunsing u. W. Baus, Ffm. 1982). – *Bittere Äpfel*, I. Grüber (in I. G., *Moderne Zeiten – Chinesische Literatur aus Taiwan. Huang Chunmings Erzählungen 1967–1977*, Bochum 1987; m. Interpretation u. Bibliogr.).

VERFILMUNGEN: *Kan hai de rizi*, Taiwan 1983 (Regie: Wang Tong). – *Pingguo de ziwei*, Taiwan 1983 (Regie: Wan Ren).

LITERATUR: H. Goldblatt, *The Rural Stories of Hwang Chunming* (in *Chinese Fiction from Taiwan. Critical Perspectives*, Hg. J. Faurot, Bloomington/Ind. 1981, S. 110–133). – W. Kubin, *The Search for Identity. Huang Chunming's Short Story »Sayonara-Zaijian«* (in W. K., *Die Jagd nach dem Tiger*, Bochum 1984, S. 143–160). – Ch. Dunsing, *Huang Chunming* (in KLFG, 16. Nlg., 1988).

HUANG ZONGXI

* 24.9.1610 Yuyao / Zhejiang
† 12.8.1695 Yuyao / Zhejiang

LITERATUR ZUM AUTOR:
Tu Lien-chê, *Huang Tsung-hsi* (in *Eminent Chinese of the Ch'ing Period*, Hg. A. W. Hummel, Washington 1943, S. 351–354). – Ono Kazuko, *Kō Sōgi*, Tokio 1967 (in Chūgoku Jimbutsu Sōsho, Bd. 9). – Gu Qingmei, *Huang Lizhou zhi shengping ji qi xueshu sixiang*, Taibei 1978 (in Guoli Taiwan daxue wenshi congshu, Bd. 49). – L. A. Struve, *The

Concept of Mind in the Scholarship of Huang Tsung-hsi (1610–1695) (in Journal of Chinese Philosophy, 9, 1982, S. 107–129). – Yū Yamanoi, *Kō Sōgi*, Tokio 1983. – Liu Shuxian, *Huang Zongxi xinxue de dingwei*, Taibei 1986. – L. A. Struve, *Huang Zongxi in Context: A Reappraisal of His Major Writings* (in Journal of Asian Studies, 47, 1988, S. 474–502; m. ausf. Bibliogr.).

MING RU XUE'AN

(chin.; *Akten der Lehrmeinungen von Konfuzianern der Ming-Zeit*). Nach 1676 abgeschlossene Geschichte des Konfuzianismus der Ming-Zeit (1368–1644). Die *Akten* sind eine systematisch angelegte Quellensammlung zur Doxographie von mehr als zweihundert Gelehrten der Ming-Zeit mit Biographien und Anmerkungen des Herausgebers. Das *Ming ru xue'an* ist eine der drei großen Quellensammlungen des Polyhistors Huang zur Ming-Zeit und neben dem *Mingyi daifang lu*, einer verfassungsrechtlichen Studie, sein bekanntestes Werk. Es steht in einer langen Tradition der Schulgeschichtsschreibung, deren Anfänge in den buddhistischen Genealogien der Tang-Zeit (618 bis 906) zu suchen sind. Im Jahre 1313 war unter der mongolischen Yuan-Dynastie (1280 bis 1368) die Lehre des Zhu Xi (1130 bis 1200) zur allein verbindlichen Auslegung des konfuzianischen Kanon in den staatlichen Prüfungen erhoben worden. Gegen den mit dem Namen des Zhu Xi untrennbar verbundenen »Amtskonfuzianismus«, dann aber auch gegen die Lehre des Zhu Xi selbst, wandte sich seit dem 15. Jh. eine zunehmende Zahl konfuzianischer Gelehrter, deren bekanntester WANG Shouren (1472–1529) ist. WANG steht über seinen Lehrer LIU Zongzhou (1578–1645) in dessen Nachfolge und hat das *Ming ru xue'an* nicht zuletzt deshalb kompiliert, um diese beiden für ihn zentralen Gestalten der Ming-Zeit gegen zeitgenössische Darstellungen in »orthodoxen« Genealogien zu verteidigen. Neben bereits vorliegenden »Akten von Lehrmeinungen« *(xue'an)* hat Huang sich vermutlich in der Hauptsache auf ein (verlorenes) genealogisches Werk von Liu Zongzhou gestützt, das *Huang-Ming daotong lu (Aufzeichnungen über den Zusammenhang des Weges unter der Erhabenen Ming*[*-Dynastie*]). – Im Vorwort und in der Einleitung knüpft Huang an die grundlegende Bestimmung der Bewußtseinslehre *(xinxue)* des Wang Shouren an, wonach alle Erscheinungen Gegenstände des Bewußtseins sind. Er betrachtet darum verschiedene Lehrmeinungen als geschichtliche Besonderheiten des einen identischen (absoluten) Bewußtseins. Das Ziel der »Bildung« *(xue)* besteht nicht in der äußerlichen Aneignung von Wissen, sondern im erkennenden und handelnden Vollzug sachlicher, auf das absolute Bewußtsein verweisender Strukturen. Das Studium früherer Autoren dient darum als Anstoß, auf Probleme aufmerksam zu werden und unabhängig von jeder Autorität Sachgehalte »selbst zu finden« *(zide)*, also selbsttä-

tig Strukturmomente des absoluten Bewußtseins zu erkennen und auszulegen. Die Auswahl konzentriert sich folglich auf Texte, die geeignet sind, unter Absehung von Nebensächlichem die »Grundsätze« *(zongzhi)* verschiedener Gelehrter und Schulen möglichst unverfälscht vorzustellen. Das Urteil über sie soll der Leser selbst fällen, weshalb der juristische Ausdruck »Akten« *(an)* mit größerem Recht als bei früheren Autoren gebraucht ist. Um die Zusammenhänge historischer und sachlicher Art zwischen einzelnen Autoren aufzudecken, werden sie nicht chronologisch angeführt, sondern verschiedenen Lehrtraditionen zugeordnet und innerhalb dieser regional unterschieden. Als wichtigstes Merkmal des Konfuzianismus der Ming-Zeit sieht Huang eine zuvor unerreichte Blüte des Lehrvortrags und -gesprächs *(jiangxue)* an, während dessen Prosa nicht mehr den Stand früherer Zeiten erreicht habe. Aus diesem Grunde sind die zitierten Quellen überwiegend Exzerpte aus den Mitschriften solcher Vorträge *(yulu)*.
Vor dem eigentlichen Text finden sich unter der Überschrift *Der Lehrer hat gesagt (shishuo)* Bemerkungen von Liu Zongzhou zu 25 Gelehrten der Ming-Zeit mit zusätzlichen Erläuterungen von Huang. Der Haupttext des *Ming ru xue'an* ist in siebzehn »Akten« auf 62 Rollen *(juan)* verteilt. Zu Beginn jeder »Akte« gibt Huang eine allgemeine Charakterisierung der darin behandelten Schule und ihre Bedeutung für die Epoche. Jeder Gelehrte wird zunächst in einer Biographie vorgestellt, an die sich eine kritische Würdigung seiner Lehre anschließt, zuletzt folgt der umfangreichste Teil, die Auswahl aus Vorträgen und Schriften.
Die Gliederung beschreibt einen Kreis: Die vorangestellten Bemerkungen des Liu Zongzhou über frühere Denker der Ming-Zeit legitimieren den »Grundsatz« von Liu Zongzhou aus der Tradition und geben zugleich einen Vorblick auf das eigentliche Werk, welches nach einigen Wegbereitern mit Wang Shouren endlich den für Huang wichtigsten Konfuzianer der Epoche vorstellt, dessen Schule am meisten Platz eingeräumt wird. Nach denjenigen Schülern, die nicht mehr in seiner Tradition stehen, folgen solche Gelehrte, die aufgrund eigener Leistungen erinnerungswürdig sind, aber nicht selbst traditionsbildend waren. Mit der Donglin-Akademie wird eine »Schule« vorgestellt, deren Verdienst nicht zuletzt darin lag, daß die ihr zugehörigen Gelehrten auch unter widrigen Umständen ihren »Grundsätzen« gemäß handelten; der Vater von Huang gehörte diesem Kreis an und starb in einem Gefängnis an den Folgen erlittener Folter. Als letzten Höhepunkt und Synthese aller vorangegangenen Anstrengungen der Epoche preist Huang schließlich seinen Lehrer Liu Zongzhou. Am Ende des Werkes wird der Leser an den Anfang zurückverwiesen und soll nun aufgrund eigener Anstrengung in der Lage sein, die Angemessenheit der anfänglichen Entscheidung aus eigener Erkenntnis nachzuvollziehen.
Auch wenn Huang alle formalen und inhaltlichen Elemente für sein *Ming ru xue'an* der Tradition

entnahm, gelang ihm mit diesem Buch die Vollendung der Gattung der genealogischen Doxographie; es bleibt das bekannteste und einflußreichste Werk seiner Art. Huang selbst hatte noch die Arbeit an Doxographien der Song- und Yuan-Zeit begonnen, konnte sie aber nicht mehr vollenden. Erst 1838 erschien das *Song-Yuan xue'an (Akten der Lehrmeinungen in der Song- und Xuan-Zeit)* im Druck, dessen endgültige Fassung aber durch so viele Herausgeber mitbestimmt ist, daß ihm der einheitliche Entwurf des früheren Werkes mangelt. Die Werke von Huang fanden noch in der Qing-Zeit (1644–1912) eine Reihe von Nachfolgern zu verschiedenen geschichtlichen Epochen; die Gattung ist bis in die Gegenwart produktiv geblieben: 1971 erschien das *Zhuzi xin xue'an (Neue Akten zur Lehrmeinung des Meisters Zhu* [Xi]*)* von QIAN Mu, 1985 der erste Band eines von Grund auf überarbeiteten älteren Werkes unter dem Titel *Qing ru xue'an xinbian (Neuausgabe der Lehrmeinungen von Konfuzianern der Qing-Zeit)* von YANG Xiangkui. Besondere Bedeutung erhielt das *Ming ru xue'an* in den Debatten über die Modernisierung nach Gründung der Republik im Jahre 1912. In dem Bemühen, die als überlegen empfundene Geisteswissenschaft »des Westens« in China heimisch zu machen, suchten hier Gelehrte nach möglichen Vorbildern in der eigenen Tradition. LIANG Qichao (1873–1929) hatte bereits 1920 behauptet, in China gebe es seit dem *Ming ru xue'an* Geistesgeschichte (»intellectual history«), und führte dies zwei Jahre später in dem einflußreichen *Zhongguo jin sanbai nian xueshu shi (Chinesische Bildungsgeschichte der letzten dreihundert Jahre)* dahingehend aus, daß das Werk von Huang alle Anforderungen (moderner) Geistesgeschichte erfülle und darum auch künftig als Vorbild dienen solle. Aus ähnlichen Gründen erwähnte auch HU SHI (1891–1961) das *Ming ru xue'an* in der Diskussion um die Modernisierung der Geschichtswissenschaft.   M.Fri.

AUSGABEN: 1693 *(Jia Ed.).* – 1739 *(Zheng Ed.).* – 1773–1782 (in Siku quanshu). – 1821 *(Mo Ed.).* – 1905 (in Huang Lizhou yishu). – Shanghai 1927–1935 (in Sibu beiyao). – Taibei 1961 (in Zhongguo xueshu mingzhu, Bd. 333–335). – Peking 1985, 2 Bde., Hg. Shen Zhiying.

ÜBERSETZUNG: *The Records of Ming Scholars. A Selected Translation,* J. Ching u. C.-Y. Fang, Honolulu 1987 [Teilübers.; engl.].

LITERATUR: J. Ching, *The Records of the Ming Philosophers – An introduction* (in Oriens Extremus, 23, 1976, S. 191–211). – Chen Rongjie [Chan Wing-tsit], *Lun Ming ru xue'an zhi shishuo* (in Youshi yuekan, 48, 1978, H. 1, S. 6–8). – Cang Xiuliang, *Huang Zongxi he »Ming ru xue'an«* (in Hangzhou daxue xuebao, 13, 1983, H. 4, S. 94–109). – Chen Jinzhong, *Huang Zongxi »Ming ru xue'an« zhucheng yinyuan yu qi tili xingzhi lüetan* (in Donghai xuebao, 25, 1984, S. 116–129). – Gu Qingmei,

Huang Lizhou Donglin xue'an yu Gu Jingyang, Gao Jingyi yuanzhu bijiao (in Kong-Meng yuekan, 23, 1984, H. 3, S. 47–50).

JUAN HUARTE DE SAN JUAN

* um 1529 San Juan de Pie de Puerto / Navarra (heute Saint Jean-Pied-de-Port / Frankreich)
† 1588/89

EXAMEN DE INGENIOS PARA LAS SCIENCIAS. Donde se muestra la diferencia de habilidades que hay en los hombres y el género de letras que a cada uno responde en particular

(span.; *Prüfung der wissenschaftlichen Begabung. Worin die Verschiedenheit gezeigt wird, die es bei den Menschen gibt, und die Art der Wissenschaft, welche einem jeden besonders zusagt*). Didaktisches Werk von Juan HUARTE DE SAN JUAN, erschienen 1575. – In diesem Buch untersucht der spanische Renaissance-Arzt die verschiedenen menschlichen Begabungen und die ihnen entsprechenden Wissenschaften. Im Vorwort wird dem König der Vorschlag gemacht, ein Gesetz zu erlassen, nach dem jeder nur in einem Beruf wirken dürfe. Da niemand ohne Nachteil für sich oder die Materie zwei Aufgaben dienen könne, nicht jeder aber seine Begabung erkenne, müsse eine staatliche Kommission einsichtsvoller Prüfungsbeamter jedem seine Pflicht zuweisen. Zur praktischen Verwirklichung dieses Ziels sind vier Fragen zu lösen: Was befähigt den Menschen zu einer Wissenschaft, während er für die andere ungeeignet ist? Wie viele verschiedene Begabungen gibt es? Welche Künste und Wissenschaften entsprechen der Begabung des einzelnen? Wie erkennt und unterscheidet man die Geisteskräfte?

Grundlage für diese Überlegungen ist der Gedanke, aus Wärme, Feuchtigkeit und Trockenheit des Gehirns die Grundkräfte der Seele, nämlich Gedächtnis, Einbildungskraft und Verstand, herzuleiten. Von der Wärme soll die Einbildungskraft, von der Feuchtigkeit das Gedächtnis und von der Trockenheit des Gehirns der Verstand abhängen. Weil das Gehirn unmöglich zur gleichen Zeit trocken und feucht sein kann, sind Verstand und Gedächtnis entgegengesetzte Fähigkeiten und schließen einander aus. – In die postum wegen Indizierung korrigierte Fassung (1594) fanden im theoretischen Teil drei neue Kapitel Eingang: eine Definition des *ingenio* und die Bestimmung seiner Verschiedenheiten sowie Betrachtungen über die Gruppierung der für die Wisschenschaft ungeeigneten Menschen und über die Bedeutung des Temperaments.

Die beiden Fassungen haben zusammen die für ein wisschenschaftliches Buch ihres Jahrhunderts beispiellose Zahl von 79 Ausgaben mit 91 Titelvarianten in sieben Sprachen erreicht. Hinter den Überlegungen über die Begabtenprüfung zeichnet sich bereits die Einsicht in eine kommende Berufsspezialisierung ab. Als Folge verheerender Epidemien und Kriege mußte man daran denken, den Menschen und seine Talente rationeller einzusetzen. In diesem Zusammenhang wurde das Werk in lateinischer Übersetzung in Deutschland, besonders nach dem Dreißigjährigen Krieg, in Universitätskreisen weit verbreitet. Durch die kongeniale Übersetzung LESSINGS, der sich der wissenschaftlichen Methode und der Persönlichkeit des Verfasser geistesverwandt fühlte, geriet das Werk erneut in die Diskussion um den Geniebegriff in der zweiten Hälfte des 18. Jh.s. HERDER, LAVATER, HEINSE, HAMANN, MENDELSSOHN u. a. verdanken ihm Anregung, und es gehörte zu SCHOPENHAUERS ständiger Lektüre in seinen letzten Lebensjahren. Auch heute wird die Bedeutung Huartes als Bahnbrecher einer neuen Experimentalwissenschaft, die sich inzwischen zur Psychologie, zur Gehirntopographie und wissenschaftlichen Begabungspsychologie weiterentwickelt hat, allgemein anerkannt. M.Fr.

AUSGABEN: Baeza 1575. – Baeza 1594 [erw.]. – Madrid 1930, Hg. R. Sanz [Synopse beider Fassungen]. – Madrid 1953 (BAE, 65). – Madrid 1977.

ÜBERSETZUNG: *Prüfung der Köpfe zu den Wissenschaften*, G. E. Lessing, Zerbst 1752. – Dass., ders., Wittenberg/Zerbst ²1785 [Hg., Anm. u. Zusätze J. J. Ebert]; Nachdr. Mchn. 1968 [Einl. M. Franzbach].

LITERATUR: R. Salillas, *Un gran inspirador de Cervantes: El doctor J. H. y su »Examen de ingenios«*, Madrid 1905. – U. Artigas, *Notas para la bibliografía del »Examen de ingenios«* (in *Homenaje a Carmelo de Echegaray*, Madrid 1928, S. 579–600). – A. Farinelli, *Dos excéntricos: Cristóbal de Villalón; el doctor J. H.*, Madrid 1936 (in RFE anejo, 24). – M. de Iriarte, *El doctor H. de S. J. y su »Examen de ingenios«*, Madrid ³1948 (auch dt.: *Dr. J. H. de S. J. und sein »Examen de ingenios«*, Münster 1938; zugl. Diss. Bonn). – J. Dantín Gallego, *La filosofia natural en H. de S. J. concepciones biologico-sociales del renacimiento español* (in Estudios de Historia Social de España, 2, 1952, S. 153–208). – J. Mallart, *H. y las modernas corrientes de ordenación profesional y social* (ebd., S. 113–151). – A. Guy, *L'examen des esprits selon H.* (in *Miscelánea de estudos a Joaquim de Carvalho*, Bd. 3, Coimbra 1960, S. 238–249). – R. J. Schneer, *J. H. de S. J. and His »Examen de ingenios«*, Diss. NY 1961. – M. Franzbach, *Lessings H.-Übersetzung (1752). Die Rezeption und Wirkungsgeschichte des »Examen de ingenios para las ciencias« (1575) in Deutschland*, Hbg. 1966. – G. A. Pérouse, *L'Examen des esprits de docteur J. H. deS. J. La diffusion et son influence en France aux XVI^c et XVII^c*

siècles, Paris 1970. – C. A. Jones, *Tirso de Molina's »El melancólico« and Cervantes's »El licenciado Vidriera«. A Common Link in H.'s »Examen de ingenios para las sciencias«* (in *Studia iberica. Fs. f. M. Flasche*, Hg. K. Rühl u. K. H. Körner, Bern/Mchn. 1973, S. 295–305). – E. Torre, *Ideas lingüísticas y literarias de doctor H. de S. J.*, Sevilla 1977. – H. Mehnert, *Der Begriff »ingenio« bei J. H. und B. Gracián. Ein Differenzierungskriterium zwischen Renaissance und Barock* (in RF, 91, 1979, S. 270–280). – M. K. Read, *J. H. de S. J.*, Boston 1981 (TWAS). – J. Mondéjar, *El pensamiento lingüística del doctor J. H. de S. J.* (in RFE, 64, 1984, S. 71–128).

FRIEDRICH HUCH

* 19.6.1873 Braunschweig
† 12.5.1913 München

LITERATUR ZUM AUTOR:
H. Hartung, *H.s epischer Stil*, Diss. Mchn. 1929. – N. Jollos, *Das Werk F. H.s*, Straßburg 1930. – R. Denecke, *F. H. u. die Problematik der bürgerlichen Welt in der Zeit ihres Verfalls*, Braunschweig 1937. – M. Kaderschafka, *Der Träumer F. H.*, Diss. Wien 1948. – H. Schöffler, *Grundmotive u. Grundproblematik der Jh.wende in der Dichtung von F. H. u. Th. Mann*, Diss. Münster 1948. – T. Moulton, *F. H. Persönlichkeit u. künstlerischer Schaffensprozeß*, Diss. Tübingen 1959. – H. Huller, *Der Schriftsteller F. H. Studien zu Lit. u. Ges. um die Jh.wende*, Diss. Mchn. 1974. – W. Wucherpfennig, *Kindheitskult u. Irrationalismus in der Lit. um 1900. F. H. u. seine Zeit*, Mchn. 1980.

ENZIO. Ein musikalischer Roman

Roman von Friedrich HUCH, erschienen 1911. – Huch, Vetter der Schriftstellerin Ricarda Huch, stand in München, wo er seit 1903 lebte, in Verbindung mit dem Kreis um S. GEORGE und L. KLAGES und gehört mit seinen impressionistisch gefärbten Erzählungen und Romanen, neben denen drei *Groteske Komödien* aus dem Jahre 1911 stehen, zu den heute vergessenen Autoren der Jahrhundertwende. Das Werk, dessen Thema und leicht stilisierte Sprachform charakteristisch für die vom Jugendstil beeinflußte Literatur der Jahrhundertwende sind, schildert den kurzen Lebensweg eines talentierten, aber dem Leben nicht gewachsenen Künstlers. Enzio, der musikalisch hochbegabte einzige Sohn eines Kapellmeisters, wächst zu Beginn dieses Jahrhunderts in einer süddeutschen Residenzstadt auf. Der ungewöhnlich schöne Knabe ist schon früh von Freundinnen umgeben: neben den beiden gleichaltrigen Mädchen Irene, der begabten Tochter eines Bildhauers, und Pimpernell, der Schulkameradin, steht die Opernsängerin Armida Battoni, die Freundin seines Vaters, die den Schüler zum Liebhaber gewinnen will. Auf dem Konservatorium lernt er Bienle kennen, ein bescheidenes, natürliches Mädchen, dessen rückhaltlose Liebe ihn verzaubert. Enzio kann sich jedoch für keine der Frauen entscheiden. So verliert er sie schließlich alle, denn selbst Bienle verläßt ihn und bringt fern von ihm sein Kind zur Welt, von dem er nie erfährt. Enzio, vom Verlust der geliebten Freundinnen tief getroffen, fühlt sich auch als Künstler zum Scheitern verurteilt und sucht schließlich den Tod.

Friedrich Huch hat das Existenzproblem des Künstlers, das zur gleichen Zeit auch Th. MANN und H. HESSE beschäftigte, mehrfach behandelt. In seinem Roman *Enzio* werden die große Musikalität und das bedeutende theoretische Musikwissen Huchs besonders in den Kapiteln deutlich, die einen Beitrag zu der die Gemüter damals lebhaft bewegenden Auseinandersetzung mit WAGNER liefern. Neben diesem Musikverständnis des Autors kennzeichnet eine »*heiter-schmerzliche Kenntnis der Menschenseele und inbrünstiges Naturempfinden*« (Th. Mann) das Werk. Die sozialen Fragen der Zeit werden nicht berührt; Huchs ganzes Interesse gilt den ästhetischen und psychologischen Zusammenhängen. Sie gestaltet er in einer gepflegten, leidenschaftslosen Sprache, aus deren Temperiertheit die Resignation einer Generation spricht, die den Ausbruch des Ersten Weltkrieges als eine Erlösung aus Enge und Dumpfheit empfand.   M.L.L.-KLL

AUSGABEN: Mchn. 1911. – Stg. 1925 (in *GW*, 4 Bde., 3; enth. Th. Mann, *Gedächtnisrede auf F. H.*, als Einl. in Bd. 1). – Stg. 1925.

MAO

Roman von Friedrich HUCH, erschienen 1907. – Der Knabe Thomas, ein sensibles, verträumtes Kind, wächst in einem alten Haus mit großem Garten auf. Die geringe Lebenskraft des Kindes wird einzig durch eine fast mystische Verbundenheit mit diesem Haus seiner Jugend genährt. Der Hauptinhalt seiner Traumwelt und der Punkt, an dem alle schützenden Kräfte sich sammeln, ist für Thomas das Bild des Knaben Mao, das über seinem Bett hängt. Als die Familie in ein neues Haus umzieht und das alte abgebrochen wird, bricht für Thomas eine Welt zusammen. Sein Lebensnerv ist durchschnitten, und eines Nachts folgt er Maos Ruf: »*Arbeiter fanden ihn am anderen Morgen im Abgrund, tot, im fahlen Frühlicht.*« – »*Über ›Mao‹ liegt nicht nur Niedergangsstimmung wie über den anderen Romanen Huchs, sondern geradezu Untergangsstimmung*« (R. Denecke). Das Kind Thomas, ein ganz unkindliches Wesen, sucht, von einem kurzen Leben schon erschöpft, die Erfüllung im Tod. Nur dort kann der Schmerz über den »*leeren und gespenstischen Blick der Wirklichkeit*« von ihm genommen werden.

Der Erzieher Friedrich Huch zeichnet das Bild des Knaben Thomas mit resignierter Melancholie, ohne soziale oder moralische Anklage. In Thomas gewinnt die letzte Phase der Dekadenz Gestalt, er repräsentiert die versinkende Welt des Bürgertums. Wesenszüge der Dekadenz und Problematik der Spätgeborenen, deren Träume und Sehnsüchte an der Realität zerbrechen, wurden in jenen Jahren oft aufgegriffen (vgl. Th. MANNS *Buddenbrooks* und H. HESSES *Peter Camenzind*). Eine verhaltene, gleichmäßig hinfließende Sprache, die auf Modernität keinen Anspruch erhebt, akzentuiert in *Mao* überdeutlich die Ohnmachtsgebärde, die für jene Dichtungen insgesamt charakteristisch ist.   KLL

AUSGABEN: Bln. 1907. – Stg. 1925 (in *GW*, 4 Bde., 2). – Bln.1928 (Fischers Romanbibliothek).

PITT UND FOX. Die Liebeswege der Brüder Sintrup

Roman von Friedrich HUCH, erschienen 1909. – Huchs Roman gehört zu den Übergangswerken der Zeitenwende, die – im ersten Jahrzehnt des 20. Jh.s entstanden – den tiefgreifenden Wandel im Welt- und Lebensgefühl einer untergehenden Epoche widerspiegeln. Die Liebeswege der Brüder Sintrup durchmessen die philiströse, in eitler Selbstüberschätzung befangene Welt des deutschen Bürgertums nach 1871.

Pitt und Fox wachsen in einem reichen Fabrikantenhaus heran, das die saturierte Dekadenz der Epoche zum verbindlichen Lebensstil kultiviert hat. Aber diesem Bürgertum fehlt es an Selbstverständnis und Überzeugungskraft. Fox, der Jüngere, ein Opportunist und Blender, macht sich die gefälligen Phrasen,die ganze verlogene Scheinmoral der Spießer-Ideologie zum Lebensinhalt, indem er sich selbst und seine Umwelt fortwährend täuscht. Er nützt seine Erkenntnis, daß diese Umwelt die anmaßende Fiktion ihrer sozialen Existenz nur durch permanente Selbsttäuschung aufrechterhalten kann, weidlich aus, bis er den Betrug am Ende selbst als Ordnung stiftende Macht akzeptiert. Pitt hingegen durchbricht den verlogenen Illusionismus, den ein beschränkter, auf das banale Mittelmaß reduzierter Wirklichkeitssinn errichtet hat. Schon als Kind entfremdet er sich dem Elternhaus, und als Fremder lebt er fortan in einer Welt, deren praktischen Anforderungen er ohnehin nicht gewachsen ist. Er entscheidet sich für die Einsamkeit, meidet jede Verpflichtung und beobachtet das unsinnige Treiben der Menschen, als ginge ihn das alles nichts an. Nach dem Abitur studieren beide Brüder die Rechte. Pitt verkehrt während der Studienzeit freundschaftlich mit der jungen Musikstudentin Elfriede van Loo, bis er ihre tiefe Liebe erkennt und sie aus Angst vor einer festen Bindung verläßt. Auch die Freundschaft mit der Malerin Herta zerbricht an seinem Unvermögen, die selbstgewählte Passivität einer dauernden Bindung zu opfern. Fox macht sich die kleine Enkelin seiner

Vermieterin gefügig, nachdem der immer zögernde und unentschlossene Pitt sie abgewiesen hat, läßt sie aber im Stich, als sie ein Kind von ihm erwartet. Sein wahrer Charakter bricht allmählich durch, er lebt ausschweifend, bis er – völlig verschuldet und auf die Hilfe seines Bruders angewiesen – eine Stelle als Redakteur annimmt, die Pitt aufgeben mußte, weil er die reiche Tochter seines Chefs nicht heiraten wollte. Fox indes, von der Aussicht auf Reichtum und Sicherheit angelockt, übernimmt mit der Stelle zugleich die reiche Erbin. Der stets heimatlose, umhergetriebene Bruder erkennt mit der Zeit, daß die sinnlose Askese seiner passiven Existenz ihn dem Leben immer mehr entfremdet – da trifft er seine Jugendgeliebte Elfriede wieder und beschließt endlich, sie zu heiraten. Fox repräsentiert den reaktionären Typus seiner Zeit, er fühlt sich als handelnder, aktiver Widerpart von Pitt, dem modern Empfindenden, dessen Leben in distanzierter Abwehr zu verdämmern droht. Fox ist der Schmierenkomödiant in der tragikomischen Selbstdarstellung seiner Epoche, die Pitt aus dem Parkett mit angewidertem Staunen verfolgt. Zwei wesensverschiedene, einander aber gegenseitig erhellende Erzählstränge laufen nebeneinander her, eine »*Erzählung des Geschehens um Fox und des Erlebens um Pitt*« (H. Hartung). Huch verzichtet bewußt auf die innere Einheit der Handlungsstruktur. Die disparaten Erfahrensweisen der Brüder stehen isoliert nebeneinander. Fox, dem die komplizierte Bewußtseinslage seines Bruders fremd ist, paßt sich den hohlen Konventionen an und macht sich ihre amoralische Lebenspraxis zu eigen. Pitt dagegen, der sensibel die morbide Anfälligkeit der ihn umgebenden Gesellschaft notiert, verletzt mit bestürzender Offenheit beständig ihre Formen und Vorstellungen. Huch enthüllt die versteckten Symptome des Verfalls mit einer Ironie, die ohne Bitterkeit ist – er prangert nicht an und rüttelt auch nicht an den schwankenden Grundfesten dieser bürgerlichen Gesellschaftsordnung, deren Widersprüchlichkeit und Degeneration Th. MANN in den *Buddenbrooks* ungleich schärfer und umfassender analysiert hatte. M.Ke.

AUSGABEN: Ebenhausen 1909 (Bücher d. Rose). – Stg. 1925 (in *GW*, 4 Bde., 1). – Mchn. 1949. – Mchn. 1953 (GGT).

RICARDA HUCH

---

* 18.7.1864 Braunschweig
† 17.11.1947 Schönberg/Ts.

LITERATUR ZUR AUTORIN:
E. Hoppe, *R. H. Weg, Persönlichkeit u. Werk*, Stg. ²1951. – M. Baum, *Leuchtende Spur. Das Leben R. H.s*, Tübingen/Stg. 1950; ⁴1964 [m. Bibliogr.].

– G. H. Hertling, *Wandlung der Werte im dichterischen Werk der R. H.*, Bonn 1966. – H. Baumgarten, *R. H. Von ihrem Leben und Schaffen*, Köln/Graz ²1968. – E. K. Staitscheva, *Das Menschenbild in der frühen Prosa R. H.s*, Sofia 1976. – M. H. Frank, *R. H. and the German Women's Movement*, Diss. NY 1977. – K.-H. Köhler, *Poetische Sprache u. Sprachbewußtsein um 1900. Untersuchungen zum frühen Werk Hermann Hesses, Paul Ernsts u. R. H.s*, Diss. Mchn. 1978. – M. Reich-Ranicki, *R. H., der weiße Elefant. Eine Dankrede* (in *R. H.-Preis*, Darmstadt 1982, S. 27–44). – M. Frank, *R. H. and the German Women's Movement* (in *Beyond the Eternal Feminine. Critical Essays on Women and German Literature*, Hg. S. L. Covalis u. K. Goodman, Stg. 1982, S. 245–260).

DAS LYRISCHE WERK von Ricarda HUCH. Ricarda Huch, die ihr Studium 1887 noch in Zürich beginnen mußte, da an deutschen Universitäten Frauen noch nicht zugelassen waren, die am Ende des 19. Jh.s zu den wenigen emanzipierten Frauen der Epoche gehörte, der Th. MANN wiederholt den Nobelpreis zugesprochen haben wollte und die 1947 noch zur Ehrenpräsidentin des Ersten deutschen Schriftstellerkongresses gewählt wurde, ist heute als Romanautorin wie als Lyrikerin weitgehend vergessen, ein Sachverhalt, an dem auch die 1966–1971 von W. EMRICH herausgegebene Ausgabe ihrer *Gesammelten Werke* nichts zu ändern vermochte.

Das lyrische Werk Ricarda Huchs, einschließlich Nachlaß etwa 450 Gedichte umfassend, stand schon zu Lebzeiten im Schatten ihrer Romane und ihrer historischen Schriften. Als R. I. Carda debütierte die Dichterin mit den Gedichten *Frühlingsahnung, Ein Grab am Firn* sowie *Heimkehr vom Gebirge*, die sie 1887 im Berner ›Sonntagsblatt des Bund‹ veröffentlichte. 1891 erschien die erste Gedichtsammlung *(Gedichte)* unter dem männlichen Pseudonym Richard Hugo. Obwohl von der Kritik positiv aufgenommen, distanzierte sich Ricarda Huch bald davon: »*Die Gedichte waren zum großen Teil kindlich, ohne bewußten Formungswillen, allzusehr hingesungen, wie der in den Zweigen wohnende Vogel singt*«. 1894 veröffentlichte sie – nun unter eigenem Namen – eine Ausgabe der *Gedichte*, in der sie auf rund 32, meist balladesk-historische Gedichte des ersten Bandes verzichtete. Der bekenntnishafte Ton wie die Form dieser Dichtung bleibt hinter den avantgardistischen Experimenten der Zeit zurück, in der Naturalismus und Symbolismus das Feld beherrschen; Huch reflektiert in epigonaler Weise grundsätzliche Lebensfragen. Weltekel und Lebensmelancholie *(Weltverneinung; Katzenphilosophie)* mischen sich mit sentimentalen Verlorenheitsgefühlen *(In der Fremde; Weltfremd)*, hymnische Feier der Lebensfreude *(Unersättlich Leben; Frühlingstriumphlied)* mit dem Wissen um Vergänglichkeit und Trennung: »*Unter schweren Wolken abschiedbang, / Gehn mein Lieb und ich am Wald*

entlang: / *Lautlos schreitet auf dem Weg zur Mahd /
Hinter uns der Tod den dunklen Pfad.* // *Zu versuchen, ob die Sichel schneidet, / Trennt er im Vorbei-
gehn unsre Hände –* / *Gäbst du, bleicher Wandrer, der
uns scheidet, / Statt des Glückes doch des Lebens Ende!*«
Auch wenn Topoi und Metaphern konventionell
bleiben und in der Tradition des 19. Jh.s die Natur
oder Tages- und Jahreszeiten als Ausdruck menschlicher Stimmungen erscheinen, so war es doch eine
eigene Leistung der Autorin, als Frau um die Jahrhundertwende in ihrer Liebeslyrik Bilder sexueller
Freizügigkeit zu entwerfen, wie sie zu dieser Zeit
fast nur männlichen Autoren wie etwa Richard
DEHMEL – der bezeichnenderweise Huchs Verse als
»*schlechtes Machwerk*« (An J. Meyer, 4. 1. 1904) ab-
qualifizierte – möglich waren: »*Du kamst zu mir,
mein Abgott, meine Schlange, / In dunkler Nacht, die
um dich her erglühte. / Ich diente dir zum Liebesüber-
schwange / Und trank das Feuer, das dein Atem sprüh-
te.*« 1907 widmete die Autorin der »*Liebe*« eine eigene Sammlung *(Neue Gedichte)*, die 1913 als *Liebesgedichte* neu aufgelegt wurden. In den 60, oft ti-
tellosen Gedichten, zumeist Sonette und Achtzeiler, herrscht ein ekstatisch-beschwörender Ton vor,
schwankend zwischen rauschhafter Seligkeit und
unerfüllter Sehnsucht: »*Was für ein Feuer, o was für
ein Feuer / Warf in den Busen mir der Liebe Hand! /
Schon setzt es meinen zarten Leib in Brand / Und
wächst in deiner Brust doch ungeheuer. / Zwei Fackeln
lodern nun in eins zusammen: / Die Augen, die mich
anschaun, sind zwei Kerzen, / Die Lippen, die mich
küssen, sind zwei Flammen, / Die Sonne selbst halt ich
an meinem Herzen.*« Bei aller subjektiven Leid-
oder Lusterfahrung aber bleibt in den Gedichten
die normierende Kraft einer umfassenden Harmo-
nievorstellung wirksam, die stets eine – in der Abhandlung *Die Romantik* wird dies als (neo-)roman-
tische Programmatik festgehalten – menschliche
Ganzheitlichkeit beschwört, die im Ganzen der
Welt ihre Entsprechung findet. Konstant im gesamten lyrischen Werk bleiben die Bilder der
Nacht, des Feuers, der Flamme oder der Wolken,
die naturhafte und -gewaltige Entsprechungen für
die subjektive Befindlichkeit des Individuums darstellen. Die Kritik, etwa J. FRÄNKEL 1908 in der
›Neuen deutschen Rundschau‹, verglich die Lie-
bessonette Huchs mit denen der englischen Dichterin Elizabeth BARRETT-BROWNING.
Die im Band *Neue und Alte Gedichte* (1920) erschienenen Texte unterscheiden sich thematisch
kaum von denen der früheren Sammlungen, an den
avantgardistischen Tendenzen der Zeit nimmt die
Autorin keinen Anteil. Allerdings verdrängen die
Erfahrungen des Ersten Weltkriegs den ursprünglichen stark emotionalen Ton zugunsten eines ruhi-
geren Sprechens; der Kritiker K. STRECKER fühlte
sich an die Gemälde A. Böcklins erinnert. Lyrische
Stimmungsbilder *(Harz; Sommer; Im Gebirge; Son-
nenwende)* stehen neben Versen, die die Opfer des
Krieges beklagen *(Totenfeier; Das Kriegsjahr;
Einem Helden; Frauen)*. Dabei apostrophiert die
Dichterin die Gefallenen als Helden, die einst in
Verklärung auferstehen werden: »*Der du gerungen*

bis ans Ende, / (...) *Gegürtet mit dem Schwerte wende
/ Das neue Antlitz stolz ins Morgenrot.*« Dank dieses
national-konservativen Tones konnte Ricarda
Huchs Werk, trotz ihrer Opposition gegen den Nationalsozialismus und trotz ihres Austritts aus der
Preußischen Akademie der Künste 1933, während
der Zeit des Dritten Reiches weiterhin erscheinen;
das *Wiegenlied* aus den *Liedern aus dem 30jährigen
Krieg* stand damals in fast allen Schulbüchern, und
noch 1944 konnte Ricarda Huch ihren letzten Gedichtband *Herbstfeuer* publizieren, der die seit
1930 entstandenen Gedichte vereint, die bereits
vom elegischen Blick auf das verbrachte Leben geprägt sind: »*War, wofür du entbrannt, / Kampfes
wert? / Geh schlafen mein Herz, es ist Zeit. / Kühl weht
die Ewigkeit.*«
Charakteristisch für Huchs Lyrik ist die bis ins Alterswerk beibehaltene subjektive Emphase des
Ausdrucks. Besonders die frühe Lyrik scheint unmittelbarer Ausdruck der Liebe zu ihrem Vetter
und Schwager Richard zu sein, die auch im Roman
Erinnerungen von Ludolf Ursleu dem Jüngeren
(1893) ihre literarische Bewältigung gefunden hat.
Die Vorbilder ihrer Lyrik, für die sie meist eine
volksliedartige oder hymnische Strophik wählt –
Sonette, Achtzeiler, Terzinen und antike Versmaße
dominieren – liegen bei Th. STORM, G. KELLER
und vor allem C. F. MEYER. Mit dem Hinweis darauf wollte man zugleich ihre Lyrik von der neoro-
mantischen Dichtung um 1900 abgrenzen, so beispielsweise L. v. STRAUSS UND TORNEY, mit der sie
jedoch thematisch wie formal verbunden ist. Und
auch wenn die Autorin, die von 1900–1926 in
München lebte, dem Schwabinger Künstlerkreis
distanziert gegenüberstand, bleibt in der Folgezeit
eine Beeinflussung durch die Kosmiker und den
George-Kreis durchaus spürbar.   C.Hs.-KLL

AUSGABEN: *Gedichte*, Lpzg. 1891 [Pseud. Richard
Hugo]; ern. Lpzg. 1894 [in verm. u. veränd. Aufla-
gen Lpzg. 1908; 1912; 1919]. – *Neue Gedichte*,
Lpzg. 1907 (ern. Lpzg. 1913 u. d. T. *Liebesgedich-
te*; Wiesbaden 1958). – *Alte und Neue Gedichte*,
Lpzg. 1920 (²1922). – *Gesammelte Gedichte*, Stg.
1929. – *Herbstfeuer. Gedichte*, Lpzg. 1944; Wies-
baden ³1955. – Köln/Bln. 1971 (in *GW*, Hg.
W. Emrich, 11 Bde., 5; Nachlaß u. Bibliogr. in
Bd. 11). – Bln./Weimar 1974 (in »*Wüßt ich ein
Lied*«. *Ausgew. Gedichte*, Hg. U. Berger).

LITERATUR: L. v. Strauß u. Torney, *Neues von R. H.*
(in LE, 10, 1907/08, S. 615–619). – J. Fränkel, *Die
Neuen Gedichte von R. H.* (in NRs, 19, 1908,
S. 314/15). – H. Böhm, *Gedichte von R. H.* (in Der
Kunstwart, 1909, S. 132–134). – K. Strecker, Rez.
(in Velhagen u. Klasings Monatshefte, 1921, H. 2,
S. 324). – M. Krey, *Weltanschauung R. H.s in ihren
frühen Romanen u. Novellen unter besonderer Berücksichtigung ihrer Gedichte*, Diss. Ffm. 1925. –
I. Seidel, *Die Lyrikerin R. H.* (in *R. H. Persönlichkeit u. Werk*, Bln. 1934, S. 111–122). – E. M. Zen-
ker, *R. H.s lyrische Dichtung*, Diss. Breslau 1937. –
E. Hoppe, *R. H. Weg, Persönlichkeit u. Werk*, Stg.

²1951, S. 92–129. – A. Henkel, *Rez. zu den »Liebes-gedichten« R. H.s. Ein ungedruckter Brief* (in *Liebe als Literatur. Aufsätze zur erotischen Dichtung in Deutschland*, Hg. R. Krohn, Mchn. 1983, S. 63 bis 78). – U. Berger, *Woher u. Wohin. Aufsätze u. Reden 1972–1984*, Bln./Weimar 1986, S. 37–47. – B. Eichmann-Leutenegger, *Das Heroische als Ersatz. Zu den Gedichten von R. H.* (in NZZ, 16. 4. 1987).

AUS DER TRIUMPHGASSE.
Lebensskizzen

Roman von Ricarda HUCH, erschienen 1902 mit Buchschmuck von Heinrich Vogeler. – Die Triumphgasse liegt in der sogenannten Römerstadt in Triest und hat ihren Namen nach einem römischen Triumphbogen, von dessen Ruine aus sich die kleine, schmutzige Gasse steil nach oben windet. Die Römerstadt ist ein Armenviertel, in das sich selten Bewohner der anderen Stadtteile verirren. Hugo von Belwatsch jedoch, der Erzähler der »*Lebensskizzen*«, kommt öfter dorthin, anfangs, um den Mietzins für das ihm gehörende Haus »Zum heiligen Antonius« einzuziehen, dann aber aus Neugierde und schließlich aus Mitleid und menschlicher Anteilnahme an Leben und Schicksal der Bewohner dieser Gasse. Schmutz und Elend, Hunger und Krankheit, Ehebruch, Zuhälterei und sogar Mord sind dort an der Tagesordnung. Die Herrscherin in der Triumphgasse ist die alte Farfalla, eine außerordentlich lebensvolle Person, von nüchterner Resignation und voll bitterer Skepsis, dabei stets listig auf ihren Vorteil bedacht, jedoch durchaus nicht ohne Herz. Ihre sieben Kinder taugen alle nicht viel, bis auf den Jüngsten, Ricardo, der ein Krüppel und todkrank ist, von dem aber ein Strahlen ausgeht, das besonders die Kinder anzieht. »*Die strahlenden Augen in dem abgezehrten Gesicht hatten etwas von Edelsteinen, die man in die Augenhöhlen einer Mumie eingesetzt hat.*« Um diese beiden Hauptpersonen herum spielt sich das elende Leben der Leute aus der Triumphgasse ab, denen es gleichwohl nicht an Daseinslust und Träumen fehlt.
Ricarda Huch schilderte dieses Milieu aus eigener Anschauung: Sie wohnte in den Jahren 1898/99 mit ihrem Mann Ermanno Ceconi in Triest und war durch ihn, der als Arzt in die Wohnungen der Armen kam, mit Not und Leiden der Menschen in Berührung gekommen. Das Urbild der Farfalla war Giovanna, ihre Triestiner Hausgehilfin; von ihr hörte sie manche der Geschichten, die im Buch die alte Farfalla erzählt; auch Giovanna hatte einen kranken Sohn, dessen Tod sie gleichzeitig ersehnte und fürchtete. Trotz dieser der Wirklichkeit entnommenen Züge unterscheidet sich Ricarda Huchs Roman sowohl von W. RAABES realistischer *Chronik der Sperlingsgasse*, an die Stoff und Titel denken lassen, wie von der naturalistischen Literatur der Epoche. Wirklichkeit und Traum greifen in diesem Werk, seinen symbolischen Bildern, seiner melodischen Sprache ineinander. Auch enthält es

keine soziale Anklage. Zwar fühlt die Erzählerin tiefes Mitleid mit dem Elend und der Not, doch der Ton des Romans ist mehr auf die Klage um die zerstörte Schönheit des Lebens gestimmt, als daß er das Gewissen der Wohlhabenden aufrütteln wollte.

M.L.L.

AUSGABEN: Lpzg./Jena 1902. – Köln/Bln. 1966 (in *GW*, Hg. W. Emrich, 11 Bde., 1). – Lpzg. 1977 [Nachw. G. Adler]. – Ffm./Bln. 1981 [Nachw. B. Balzer].

LITERATUR: O. Walzel, *R. H.*, Lpzg. 1916. – I. Miribung, *Das Menschenbild in der Dichtung R. H.s*, Diss. Innsbruck 1970. – C. Cases, *Italien als unbürgerlicher Raum bei R. H.* (in AION, 26, 1983, S. 291–321).

ERINNERUNGEN VON LUDOLF URSLEU DEM JÜNGEREN

Roman von Ricarda HUCH, erschienen 1893. – Im Kloster Einsiedeln, in das er sich zurückgezogen hat, nachdem sein Leben »*in einem großen Sturm und Schiffbruch an den Strand geschleudert*« worden war, zeichnet Ludolf Ursleu der Jüngere die Schicksale und den Untergang seiner Familie auf: Die Ursleus sind ein großbürgerliches, angesehenes Geschlecht in einer norddeutschen Hansestadt, das aus den Familien zweier Brüder besteht, der des Kaufmanns Ludolf des Älteren und der des Arztes Harre. Die scheinbar sichere Ordnung eines harmonischen, den Künsten zugetanen Familienlebens zerbricht unvermutet. Ludolfs Tochter Galeide liebt mit elementarer Leidenschaft ihren verheirateten Vetter Ezard. Das Geschäft ihres Vaters bricht zusammen, er selbst erschießt sich. Auch sein Bruder Harre begeht Selbstmord, als er, der Leiter des Gesundheitswesens, während einer Choleraepidemie beschuldigt wird, nicht genügend Vorsorge getroffen und sich überdies für das Projekt einer neuen Wasserleitung eingesetzt zu haben, die den hygienischen Anforderungen nicht zu genügen scheint. Nach dem Tod von Ezards Frau Lucile ist der Weg zur endlichen Vereinigung der beiden Liebenden frei. Aber da treibt die gleiche, unbezähmbare Leidenschaft Galeide zu Gaspard, dem Bruder Luciles. Sie verfällt ihm, und aus Verzweiflung über das Verhängnis stürzt sie sich aus dem Fenster.
Das Werk, Ricarda Huchs erster Roman, ist eine »*leicht aufzuschlüsselnde Dreiecksbeziehung*« (I. Stephan) zwischen Schwager Richard Huch (Ezard), den die Autorin erst 1906 heiraten kann, Schwester Lilly (Lucile), Bruder Rudolf Huch (Ludolf) und der Autorin selbst (Galeide): »*In dem Roman lebt Ricarda ihre Wünsche nach Liebe, aber auch ihre Gelüste nach Rache und Zerstörung, die sie in der Wirklichkeit unterdrücken mußte, ungehemmt aus*« (I. Stephan). Doch sind diese biographischen Hintergründe nur die Grundlage für die dichterische Darstellung des Untergangs einer Familie in einer

Zeit des Umbruchs. Wenige Jahre später hat Thomas MANN das gleiche Thema in seinen *Buddenbrooks* gestaltet. Während der »Verfall« der Buddenbrooks jedoch ein stetiger Prozeß der Entbürgerlichung und seelischen Überfeinerung ist, der in drei Generationen allmählich abläuft, bricht die Katastrophe über die Ursleus mit plötzlicher Gewalt in Gestalt einer Leidenschaft herein, der Galeide und Ezard ausgeliefert sind und die im Augenblick, da sie Erfüllung finden könnte, durch Galeides Hinwendung zu Gaspard endgültig zerstörerisch wird. – Die Sprache des Romans ist bilderreich und nicht ohne ein »schwermütiges Pathos« (I. Seidel). Es sind Bilder und Stimmungen des Jugendstils, dessen stilisierte Feierlichkeit aber schon in diesem Frühwerk Ricarda Huchs durch geistvollen Humor weitgehend durchbrochen wird.

M.L.L.

AUSGABEN: Bln. 1893. – Stg. 1962. – Köln/Bln. 1966 (in *GW*, Hg. W. Emrich, 11 Bde., 1966–1974, 1). – Ffm./Bln. 1980.

LITERATUR: S. Gräfin v. d. Schulenburg, *Dichtung und dichterisches Bewußtsein R. H.s erläutert an ihrem Jugendroman »Ludolf Urslcu«*, Diss. Freiburg i. B. 1920. – I. Seidel, *R. H. Rede zum 100. Geburtstag*, Mchn. 1964. – R. Holler, *Jugendstilelemente in R. H.s früher Prosa*, Diss. Kiel 1970. – L. Słgocka, *Der Verfall des deutschen Bürgertums in den Romanen »Erinnerungen von Ludolf Ursleu dem Jüngeren« von R. H. u. »Buddenbrooks« von Th. Mann* (in Studia Germanica Posnaniensia, 1, 1971, S. 35–49). – J. Bernstein, *»Bewußtwerdung« im Romanwerk der R. H.*, Ffm./Bern 1977. – I. Stephan, *R. H.* (in *R. H.*, Hg. H.-W. Peter, Braunschweig 1985, S. 25–34).

DER FALL DERUGA

Roman von Ricarda HUCH, erschienen 1917. – Der in Prag ansässige Arzt Dr. Sigismondo Enea Deruga ist angeklagt, seine seit siebzehn Jahren von ihm geschiedene Frau Mingo Swieter, die in München lebte, vergiftet zu haben. Zeugen der Anklage wie der Verteidigung vermitteln durch ihre Aussagen ein Bild seiner Person. Er ist italienischer Abkunft, ein temperamentvoller, oft launischer und herrischer, jedoch gegen Leidende und Arme äußerst hilfsbereiter Mann. Dementsprechend wird er auch gleichermaßen gehaßt wie verehrt und geliebt. Er ist, wie die meisten Helden der Dichterin, ein schöner, faszinierender Mensch, dessen Sprödigkeit und spöttische Haltung vor Gericht besonders auf die Frauen großen Eindruck machen. Er, am Tag vor dem Tod seiner Frau von Prag nach München gereist ist und sich dort – ohne ein Alibi zu haben – aufgehalten hat, bestreitet zunächst den Mord, wird aber am Ende überführt und gesteht, daß er seiner an Krebs erkrankten Frau auf ihre Bitte das Gift eingeflößt habe, um ihr weitere furchtbare Schmerzen zu ersparen.

Theodor STORM hatte eine Generation früher das gleiche Thema in seiner Novelle *Ein Bekenntnis* behandelt. Doch geht es Ricarda Huch nicht wie Storm um die Frage nach der Schuld und den Versuch zur Sühne. Deruga empfindet nicht Reue, sondern Genugtuung über seine Tat, die er für vernünftig und gut hält. *»Ich fühlte menschlich genug, um ihre Bitte zu erhören«*, erklärt er vor Gericht. Und so nimmt er sich auch selbstherrlich das Leben, das ihm nach dem »Götterglück« seiner Tat nichts mehr bedeutet: *»Mir schmeckt eure Zeit nicht mehr nach jenen ewigen Augenblicken.«* Der Roman wurde bei seinem Erscheinen sehr unterschiedlich beurteilt, doch bezeugt die hohe Auflagenziffer seine Beliebtheit bei den Lesern. Er enthält alle Elemente einer publikumswirksamen Erzählung: einen Helden ungewöhnlicher Art, ein Gerichtsverfahren, eine spannende, lebendig erzählte Kriminalhandlung. Im Gesamtwerk der Dichterin nimmt er zwar keinen bedeutenden Platz ein, ist aber von autobiographischem Interesse: Zwar hat sie die Fabel erfunden, doch trägt Deruga Züge ihres Mannes, des italienischen Arztes Ceconi, und auch die Geschichte der Ehe Derugas ist in vielem die ihrer eigenen.

M.L.L.

AUSGABEN: Bln. 1917. – Freiburg i. B. 1965. – Köln/Bln. 1967 (in *GW*, Hg. W. Emrich, 11 Bde., 1966–1974, 4). – Ffm./Bln. 1980 [Nachw. B. Balzer].

VERFILMUNGEN: Deutschland 1938 (Regie: F. P. Buch). – *... und nichts als die Wahrheit*, BRD 1958 (Regie: F. P. Wirth).

LITERATUR: E. Nitschke, *Bürgertum und Zeitkritik bei R. H.*, Diss. Bonn 1953. – G. H. Hertling, *Wandlung der Werte im dichter. Werke der R. H.*, Bonn 1966. – J. Bernstein, *»Bewußtwerdung« im Romanwerk der R. H.*, Ffm./Bern 1977.

DER GROSSE KRIEG IN DEUTSCHLAND

Historisches Werk in drei Bänden von Ricarda HUCH, erschienen 1912–1914; unter dem Titel *Der dreißigjährige Krieg* in zwei Bänden 1929. – Das Buch, weder ein historischer Roman noch eine wissenschaftliche Darstellung, ist am ehesten als ein breit angelegtes Prosaepos zu bezeichnen, das den Untergang des Heiligen Römischen Reiches deutscher Nation behandelt, der sich im 16. Jh. vorbereitete und in der ersten Hälfte des 17. Jh.s vollzog. Die Autorin, die schon in früheren Romanen und Erzählungen historische Gestalten und Situationen vergegenwärtigt hatte, fand in der wechselvollen Geschichte des Dreißigjährigen Krieges einen reichhaltigen Stoff, an dem sich ihre historische Genauigkeit ebenso bewähren konnte wie ihre dichterische Formkraft.

Das Werk besteht aus drei Teilen; im ersten, dem *Vorspiel. 1585–1620*, schildert die Autorin die innere Auflösung der Reichseinheit durch die Machtpolitik der Fürsten, denen die Berufung auf ihr Glaubensbekenntnis meist nur als Vorwand für die Durchsetzung politischer Interessen diente. Schon zu Beginn wird Ricarda Huchs Darstellungsweise deutlich: Die Überschau über das Geschehen ergibt sich aus zahllosen prägnanten Einzelszenen und Bildern, die, meist nur auf wenigen Seiten, den Zustand eines Landesteils oder das Schicksal und den Charakter eines Fürsten, Feldherrn oder Soldaten und nach und nach den Gesamtzustand des von religiösen Kämpfen, Aberglauben, Hexenwahn und Seuchen heimgesuchten Reiches zeigen, das von oft dekadenten, in Finanz- und Liebeshändel und in politische Morde verstrickten Fürsten regiert wird. Am Schluß des ersten Teils steht die Exekution von dreiundvierzig böhmischen Adeligen, die des Hochverrats an Kaiser Ferdinand angeklagt sind; in Wahrheit jedoch geht es dem Kaiser um den Besitz der Güter der Verurteilten. Einer der Teilhaber am Gewinn ist der Feldherr des Kaisers, Wallenstein, dessen Name im letzten Satz des ersten Teils genannt wird.

Wallenstein und sein großer Gegenspieler, der Schwedenkönig Gustav Adolf, »*von Gottes Geist voll*« und die Verkörperung der Hoffnung vieler Deutscher, sind die Hauptfiguren des zweiten Teils, *Der Ausbruch des Feuers. 1620–1632.* Um sie gruppiert sich eine Fülle von Gestalten – Heerführer, Soldaten, Bauern und Bürger –, unter ihnen schließlich auch die bedeutendsten Geister der Epoche: Johannes Kepler, Heinrich Schütz, Friedrich Spee von Langenfeld und der Astrologe Seni, der Wallenstein die Himmelszeichen deutet, von denen dieser in abergläubischer Furcht seine Entscheidungen abhängig macht. Der zweite Teil endet mit dem Tode Gustav Adolfs in der Schlacht bei Lützen (1632); mit ihm fällt der letzte wirkliche Held des Krieges, und die Hoffnungen auf ein baldiges Kriegsende schwinden wieder. Auch dieser Teil weist in seinem Schlußbild auf den Fortgang der Ereignisse hin: Heinrich Schütz sieht den Ewigen Juden durch die Straßen von Dresden irren und wird sich bewußt, daß noch viel Leid und Elend bevorsteht, da Ahasver sich nur sehen lasse, »*wo er Krieg und Weltuntergang wittere*«; doch die Klagelaute, die der Musiker Schütz bei diesem Anblick zu vernehmen meint, »*wanden sich aus der Schlucht der Gasse um das Kreuz, das unsichtbar die Erde beherrschte, und verschmolzen oben zu Akkorden der Gnade*«.

Der dritte Band, *Der Zusammenbruch. 1633–1650*, berichtet von den letzten Jahren. »*Menschen und Vieh kämpfen miteinander um den letzten Grashalm*«, bis schließlich der furchtbare und sinnlose Krieg, in dem »*die Unschuldigen wie das Vieh geschlachtet werden, weil die Fürsten sich untereinander berauben*«, aus totaler Erschöpfung zu Ende geht. Ein Zeitalter ist abgeschlossen. Zum Schluß wird, wiederum in einem Bild, die Hoffnung angedeutet, daß das Leben neue, humanere Formen finden werde: Am Ostersonntag 1650 vergibt ein Pastor, dessen Tochter von einem Soldaten ermordet wurde, dem Mörder, und als er das Abendmahl reicht,

nehmen daran zum Zeichen des endlich geschlossenen Friedens die Protestanten und die katholischen Soldaten gemeinsam teil.

Das umfangreiche Werk wurde von der Kritik mit vorangegangenen Darstellungen des Dreißigjährigen Krieges verglichen, vor allem mit GRIMMELSHAUSENS *Abentheurlichem Simplizissimus Teutsch* (1669) und SCHILLERS *Geschichte des dreißigjährigen Krieges* (1791); auch das Werk der Österreicherin Enrica von HANDEL-MAZETTI, die ihre Stoffe gern aus der gleichen Zeit nahm, wurde zum Vergleich herangezogen. Ricarda Huch kannte zwar diese Werke, doch ging es ihr weder, wie Grimmelshausen und der Handel-Mazetti, um das Schicksal einzelner Personen, noch wollte sie eine wissenschaftliche Darstellung geben wie Schiller. Ihre Quellen und Vorbilder sind vielmehr frühe chronikartige Berichte über den Krieg und vor allem die *Annales Ferdinandei* (1721–1726) des Franz Christian von KHEVENHILLER, deren barocke Sprache auch im Vokabular und den Bildern der Autorin ihre Spur hinterlassen hat, ohne daß dies gekünstelt wirkt. Ein weiteres stilistisches Charakteristikum des Werkes ist die vorzugsweise Verwendung der indirekten Rede und des Konjunktivs, die der Darstellung etwas Chronikartiges, Referierendes und eine gewisse kühle Distanziertheit gibt, ja – trotz aller geschilderten Grausamkeiten – zuweilen auch einen Ton amüsierter Ironie. – Die Wirkung dieses historischen Kolossalgemäldes war groß und nahm in dem Maße zu, wie das bürgerliche Lesepublikum durch den Ausbruch des Ersten Weltkriegs aufgerüttelt wurde und in der Darstellung vergangener Schrecken das Grauen der Gegenwart vorausschauend beschworen fand.

M.L.L.-KLL

AUSGABEN: Lpzg. 1912–1914 (Bd. 1: *Das Vorspiel. 1585–1620*; Bd. 2: *Der Ausbruch des Feuers. 1620–1632*; Bd. 3: *Der Zusammenbruch. 1633–1650*). – Lpzg. 1929 (*Der dreißigjährige Krieg*, 2 Bde.; zuletzt Ffm. 1974). – Köln/Bln. 1967 (in *GW*, Hg. W. Emrich, 11 Bde., 1967–1974, 3). – Ffm./Bln. 1980 [gek.; Nachw. B. Balzer].

LITERATUR: E. Franta, *R. H.: »Der große Krieg in Deutschland«*, Diss. Graz 1950. – H. Rass, *Das Geschichtsbild in der Dichtung R. H.s*, Diss. Innsbruck 1968. – E. Dreßler, *Das Geschichtsbild R. H.s als Spiegel ihrer weltanschaulichen Entwicklung im Zeitraum von der Jahrhundertwende bis zum Ausbruch des 1. Weltkrieges. Vorzugsweise dargestellt an ihren histor.-poetischen Werken »Der große Krieg in Deutschland« u. a.*, Diss. Jena 1971. – H.-H. Kappel, *Epische Gestaltung bei R. H. Formal-inhaltliche Studien zu zwei Romanen: »Von den Königen u. der Krone«, »Der große Krieg in Deutschland«*, Ffm./Bln. 1976. – K.-H. Hahn, *»Geschichte u. Gegenwart«. Zum Geschichtsbild der R. H.* (in *Zeit der Moderne*, Hg. W.-H. Krummacher u. a., Stg. 1984, S. 261–280).

DAS LEBEN DES GRAFEN FEDERIGO CONFALONIERI

Historischer Roman von Ricarda HUCH, erschienen 1908. – Der lombardische, 1785 in Mailand geborene Graf Federigo Confalonieri führt eine Gruppe liberal gesinnter Verschwörer an, die für ein freies, politisch geeintes Italien eintreten. Der Graf wird jedoch, als geheime Verbindungen, die er mit piemontesischen Rebellen unterhält, bekanntwerden, verhaftet und, schwer belastet durch die Aussagen eines vermeintlichen Freundes, als Hochverräter zum Tode verurteilt. Kurz vor der schon angesetzten Hinrichtung begnadigt man den Grafen zu lebenslänglicher Haft auf der Festung Spielberg bei Brünn. Einer Amnestie nach dem Tod Kaiser Franz' I. verdankt er seine vorzeitige Entlassung (1836). Er wird gezwungen, nach Amerika auszuwandern, von wo er erst nach langen Jahren der Verbannung wieder nach Europa zurückkehrt, um ein unstetes Reiseleben zu führen. Auf einer Fahrt von Paris in seine Heimatstadt Mailand stirbt der Schwerkranke im Jahr 1846.

Ricarda Huch hält sich in ihrer Darstellung an die historischen Tatsachen. Als Quellen dienten ihr neben eigenen umfangreichen Studien zum italienischen Risorgimento CONFALONIERIS Memoiren, vor allem aber die Aufzeichnungen des Italieners Silvio PELLICO (*Le mie prigioni*, 1832), eines Mitgefangenen des Grafen. Ricarda Huch stilisiert die Gestalt des schönen, edlen jungen Mannes, der temperamentvoll gegen die Unterdrücker seines Volkes aufbegehrt, zu einem Symbol nationalaristokratischen Freiheitssinns: »*Wenn der junge Graf Federigo Confalonieri durch die Straßen Mailands ging, die eng, hoch und steil wie Felsschluchten waren, so glich er einem eingeschlossenen Pferde oder Hirsch, der mit entrüsteter Ungeduld die labyrinthischen Gänge seines Gefängnisses entlang schreitet und den Ausgang ins Freie sucht.*« Unter den entwürdigenden Verhältnissen einer zwölfjährigen Kerkerhaft, die seine Gesundheit zerrüttet, wird dieser stolze Mensch zu einem schwer Leidenden. Das Interesse der Dichterin konzentriert sich auf die Darstellung der standhaften Bewährung des Grafen im Unglück. Unter dem Eindruck extremer Lebenslagen kommt er zu der Überzeugung, »*daß wir nicht so wichtig sind, wie wir ehemals meinten, weder wir, noch unsere Taten, noch unsere Pläne*«. Die höhere Lebenseinsicht, zu der Confalonieri durch sein Leiden findet, wird gedeutet als »*sinnvoller Zusammenhang*«, der »*zwischen seinem Schicksal und seinem Charakter*« bestehe. Ricarda Huch intendierte mit diesem Roman eine Verbindung von einfühlsamsubtiler Charakterstudie mit lebendiger, anschaulicher und doch exakter Darstellung geschichtlicher Vorgänge.   KLL

AUSGABEN: Bln. 1908 (in Nord und Süd, 32, H. 126–127). – Lpzg. 1910; ern. 1949. – Köln/Bln. 1966 (in *GW*, Hg. W. Emrich, 11 Bde., 1966–1974, 2). – Ffm./Bln. 1980 [Nachw. B. Balzer].

LITERATUR: A. G. Reichenberger, *Die künstlerische Gestaltung des Quellenmaterials in R. H.s Roman »Das Leben des Grafen Federigo Confalonieri«* (in MDU, 38, 1946, S. 208–216). – I. Cramer, *R. H. u. die Romantik*, Diss. Kiel 1954. – K. Hensel, *Die Menschengestaltung im frühen Roman der R. H.*, Diss. Bonn 1957. – H. Rass, *Das Geschichtsbild in der Dichtung R. H.s*, Diss. Innsbruck 1968. – E. Dreßler, *Das Geschichtsbild R. H.s als Spiegel ihrer weltanschaulichen Entwicklung im Zeitraum von der Jahrhundertwende bis zum Ausbruch des 1. Weltkrieges. Vorzugsweise dargestellt an ihren hist.-poet. Werken »Confalonieri« u. a.*, Diss. Jena 1971. – K.-H. Hahn, *»Geschichte u. Gegenwart«. Zum Geschichtsbild der R. H.* (in *Zeit der Moderne*, Hg. W.-H. Krummacher u. a., Stg. 1984, S. 261–280).

LEBENSLAUF DES HEILIGEN WONNEBALD PÜCK

Erzählung von Ricarda HUCH, erschienen 1905. – Der Aufstieg des Wonnebald Pück ist unaufhaltsam: Dumm und faul, dabei aber erfindungsreich und pfiffig, wird der Kaufmannssohn für die Laufbahn eines Geistlichen bestimmt. Wonnebald eignet sich die »*religiösen Lehren*« und – noch besser – die »*Kunst der heiligen Darstellung*« rasch an. Zunächst Benefiziat in einem Dorfe, verhelfen ihm gerade seine Laster, die er im rechten Augenblick stets als Tugenden darzustellen versteht, zum Amt des Bischofs von Klus. Dabei weiß er Lux Bernkulc, eine junge Witwe, die im Ort das Amt eines Schermäusers versieht und auf die er – vergeblich – sein Begehren richtet, geschickt für seine Zwecke zu benutzen. Daß gerade sie, ein mildes, heiter geartetes Geschöpf, den abergläubischen und furchtsamen Bischof durchschaut, ahnt er nicht.

Um seinen Geldnöten abzuhelfen, entwendet Wonnebald eines Tages die Edelsteinkrone einer Marienfigur und gebietet Lux unter einem Vorwand, die Steine zu verkaufen. Der Diebstahl wird entdeckt, und der Bischof ist einer der ersten, der Lux der Zauberei beschuldigt und einen Hexenprozeß gegen sie einleiten will. Die junge Frau, die vor Gericht arglos den wahren Hergang des Geschehens erzählt, findet kein Gehör, da alle sich auf die Seite des Bischofs schlagen; sie wird festgenommen. Inzwischen ist Wonnebald Pücks ärgste Bedrängnis abgewendet: Er hat das Kind, das ihm eine Stiftsdame geboren hatte, ohne deren Wissen ins Findelhaus schaffen lassen und will nun Lux zur Flucht verhelfen. Doch jetzt kommt ihm der Erzbischof, der seinen Bischof allmählich zu durchschauen beginnt, zuvor: Lux kann mit ihren beiden Kindern das Burggefängnis verlassen; sie hat sich auch von ihrem Geliebten Lando gelöst, den sie im entscheidenden Augenblick als »*schwächlich, aller Wunder bar und ein wenig lächerlich*« erkannte. Wonnebald Pück indessen hat noch eine schwierige Situation zu bestehen. Die Stiftsdame, in ihren Muttergefühlen gekränkt, beschuldigt ihn öffentlich des Diebstahls an der Madonna, den er ihr einst anvertraute. Doch der Bischof rechtfertigt sich von der Kanzel herunter: Nicht er habe die Krone geraubt, die Madonna habe sie ihm, dem vor ihr knienden Sünder, aufs Haupt gesetzt. Keiner der Gläubigen – und auch kein Ungläubiger – vermag sich einem solchen Wunder zu verschließen. Vom Papst wird Wonnebald die »*Tugendrose*« verliehen, und als er an den Folgen des Festmahls plötzlich rasch dahinstirbt, setzen sich alle für die Heiligsprechung ihres Bischofs ein, weil er »*Demut und Einfalt*« bis zum äußersten getrieben habe. Die Kosten für die Heiligsprechung werden vom Erlös der einst vom Bischof gestohlenen Marienkrone bestritten. Der Erzbischof, über Wonnebald Pücks Lebenslauf nachdenkend, »*beglückwünschte mit gedankenvollem Lächeln sich und die Menschheit über den zeitigen Tod des Bischofs, da, wenn er länger gelebt und seine Laufbahn so schleunig wie bisher fortgesetzt hätte, die Kirche schließlich gezwungen gewesen wäre, ihn zum Herrgott zu machen, um ihm seinen Verdiensten und dem allgemeinen Bedürfnis entsprechend weiter zu befördern*«.

Der beschaulich-hintergründige Stil der Erzählung unterstreicht die Wirkung der Satire. Ricarda Huch geißelt eine »Frömmigkeit«, die sich dann auf Erleuchtung und Eingebung von oben beruft, wenn Argumente sie der Dummheit, Heuchelei und eitler Selbstbespiegelung überführten. Ihr rational bestimmter Humanismus deckt den geradezu sophistischen Trost auf, den der Erzbischof findet: »... *daß Dummheit und Dreistigkeit zuweilen das beste Echo aus der Welt herauslockten und also auch diesmal vielleicht die Spitzbüberei des Bischofs der Kirche mehr zum Nutzen als zum Schaden gereiche*«. Einzig Lux Bernkule, die rationale Erkenntnis mit einem unbeirrbaren Gefühl verbindet und sich trotz Enttäuschung und Verzicht ihre Gelassenheit bewahrt, bezeugt maßvolle Humanität in diesem Roman, der aus dem Kontrast zwischen Erzählweise und Problemstellung lebt; die aus romantisch märchenhaften Einfällen und pittoresken Improvisationen montierte Handlung impliziert die desillusionierende Kritik an einem durch Machtpolitik korrumpierten, in der Verschleierung innerkirchlicher Mißstände erfahrenen Klerus.   H.Gai.

AUSGABEN: Stg. 1905 (in *Seifenblasen. Drei scherzhafte Erzählungen*). – Freiburg i. B. 1962 (in *Gesammelte Erzählungen*). – Köln/Bln. 1967 (in *GW*, Hg. W. Emrich, 11 Bde., 1966–1974, 4). – Ffm./Bln. 1980 (in *Ausgewählte Erzählungen*; Nachw. B. Balzer).

LITERATUR: L. L. Alssen, *Die Geistlichen im Werke R. H.s Eine Studie*, Bln. 1964. – E.-M. Meyer-Erlach, *Zu Form u. Gehalt der novellistischen Erzählungen R. H.s*, Diss. Toronto 1975.

DER LETZTE SOMMER

Erzählung in Briefen von Ricarda HUCH, erschienen 1910. – Entstanden in der Periode ihrer großen Geschichtsromane, skizziert Ricarda Huchs Brieferzählung, die viele autobiographische Züge trägt, das Schicksal einer Gouverneursfamilie im zaristischen, von der Revolution bedrohten Rußland. Der Gouverneur Jegor von Rasimkara, der als Funktionär des zaristischen Regimes die beginnende Revolution einzudämmen sucht, indem er Universitäten schließt und rebellische Studenten zum Tode verurteilt, hat sich mit seiner Familie für einen Sommer nach Kremskoje zurückgezogen. Der Student Lju verschafft sich unter dem Vorwand, Rasimkara vor den ihm angedrohten Attentaten zu schützen, Zugang zum Haus, bereitet dort aber in Wirklichkeit selbst ein Attentat vor. In der Stellung eines Sekretärs genießt er bald das volle Vertrauen des Gouverneurs und erwirbt sich auch die Sympathie der drei Kinder Welja, Katja und Jessika. Als anpassungsfähiger Beobachter eines Familienlebens, dessen selbstgenügsame Abgeschlossenheit und stilvolle Dekadenz nicht ohne psychologischen Reiz für ihn sind, hält er bald alle Fäden in der Hand. Die Zuneigung, die er im Lauf des Sommers zu seinen Opfern faßt, hindert ihn nicht an der Ausführung seines Vorhabens. Er konstruiert eine Schreibmaschine, in der bei Benutzung der I-Taste eine Explosion ausgelöst werden kann. Der Anschlag gelingt (nachdem Lju abgereist ist), als der Gouverneur einen Brief an seine abwesenden Kinder schreibt. Beide Eltern kommen ums Leben. Reduziert man die Erzählung auf ihre dynamische Linie und auf ihren Schlußeffekt, so wird deutlich, warum *Der letzte Sommer* gern in die Kategorie der Unterhaltungs- und Kriminalliteratur eingestuft wird. Als psychologische Studie jedoch, die in ihrer nuancierenden Erzähltechnik an KIERKEGAARDS *Tagebuch des Verführers* (vgl. *Enten-Eller*) erinnert, entzieht sich die Erzählung einer solchen Einordnung. – Der Typus des »Gewissenlosen« ist hier in dreifacher Variation gestaltet: in der Person Ljus, des Gouverneurs und seines Sohnes Welja. Lju, dessen aktiver Nihilismus sich durch Willen und Tat von dem passiven Nihilismus Weljas abhebt, ist in seinem Handeln durch kühle Reflexion bestimmt. Wenn er auch das alte, korrupte System entschieden ablehnt, so blickt er doch auch skeptisch auf die neue, noch nicht realisierte politische Ordnung. Daß er trotz dieser Skepsis zum aktiven Politiker, ja zum Attentäter wird, weist auf die rein individualistische Wurzel seiner revolutionären Tätigkeit: auf einen gesteigerten Expansionstrieb, d. h. auf Selbstverwirklichung durch die Tat, wobei der Inhalt des Handelns fast gleichgültig ist. Ljus Aktivität entspringt nicht sozialem Denken, sondern ist äußerste Selbstbestätigung des Willens: »*Was ein Mensch wollen kann, ist möglich, nur zum Wollen gehört Kühnheit.*« Als kritischer Anarchist, der in seinem Wirken jederzeit Distanz zu sich selbst und zum andern bewahrt, ist Lju der gewissenlose, das heißt soziale Gegentypus sowohl zum freiheitlich gesinnten Rebellen (Confalonieri in *Das Leben des Grafen Federigo Confalonieri*, 1910) als auch zum Helden, der gleichzeitig Täter und Sich-Opfernder ist (Garibaldi in *Die Geschichte von Garibal-*

di, 1906/07). Auch Welja negiert das Bestehende, will ihm aber zugleich, in einer Art belletristischer Versponnenheit, ästhetischen Genuß abgewinnen. Seine Gewissenlosigkeit liegt in seiner Indolenz, während die seines Vaters in einer rücksichtslosen und (im Gegensatz zu Lju) unreflektierten Aktivität liegt. Als Vertreter eines Systems, dessen Mängel er durchaus einsieht, erfüllt er seine Pflicht ohne Gewissenskonflikte, *»in der Meinung, es sei besser, dahin zu wirken, daß jeder seine Pflicht tue, anstatt die Irrtümer des Systems aufzudecken«.*

Die Frage der Legitimität gibt Anlaß zu der Konfliktsituation von Rasimkaras Frau. Sie gibt der resignierenden Einsicht der historisch gebildeten Autorin in die Problematik objektiv feststellbaren Rechts Ausdruck: *»O Gott, alle Leute haben recht, alle die, welche hassen und morden und verleumden – o Gott was für eine Welt.«* Die Relativität der dargestellten Weltauffassungen findet die ihr gemäße und virtuos gehandhabte Darstellungsform in den Briefwechseln, die es den verschiedenen Personen ermöglichen, ihrer Individualität zu unmittelbarem Ausdruck zu verhelfen.   U.Ba.

Ausgaben: Stg./Lpzg. 1910 (IB). – Wiesbaden 1961 (IB). – Freiburg i. B. 1962 (in *Gesammelte Erzählungen*; ²1965). – Köln/Bln. 1967 (in *GW*, Hg. W. Emrich, 11 Bde., 1966–1974, 4). – Ffm. 1977.

Verfilmung: BRD 1954 (Regie: H. Braun).

Literatur: G. Kurt, *Die Erzählungskunst R. H.s u. ihr Verhalten zur Erzählkunst des 19. Jh.s*, Diss. Bln. 1931. – W. Zimmermann, *»Der letzte Sommer«* (in W. Z., *Deutsche Prosadichtung der Gegenwart*, Bd. 1, Düsseldorf 1956, ern. 1981 u. d. T. *Deutsche Prosadichtungen unseres Jahrhunderts 1*, S. 133–154). – E. M. Meyer-Erlach, *Zu Form u. Gehalt der novellistischen Erzählungen R. H.s*, Diss. Toronto 1975. – R. Feyl, *Blick hin u. geh nicht vorüber – R. H.* (in Neue Dt. Literatur, 29, 1981, S. 48–63).

DAS RISORGIMENTO

Historische Porträts von Ricarda Huch, erschienen 1908. – Der Wunsch, den Subjektivismus ihrer ersten Dichtungen zu überwinden, führte Ricarda Huch zunächst zum Studium kultureller und literarischer Bewegungen der Vergangenheit (*Blüthezeit der Romantik*, 1899; *Ausbreitung und Verfall der Romantik*, 1902), dann vor allem zur politischen Geschichte, in der sie ein substantielles, gleichsam objektives Material für ihre poetische Einbildungskraft erblickte. An chaotischen und revolutionär bewegten Geschichtsepochen, dem Dreißigjährigen Krieg, dem Zeitalter der Glaubensspaltungen und den europäischen Revolutionen des 19. Jh.s, Zeiten des Umsturzes und der Anarchie, die erst nach zähem Ringen zu einer festen Ordnung finden, bewährt sich ihr schöpferischer Gestaltungswille: Hier weist sich Ricarda Huch in ihrer Doppelbegabung als Historikerin und Dichterin aus.

Das italienische Risorgimento (1815–1870) weckte zuerst ihr Interesse an der Geschichte. In sieben historischen Porträts greift sie repräsentative Gestalten aus der unglücklichen Frühzeit der italienischen Einheitsbewegung heraus: Federigo Confalonieri, Silvio Pellico, Piero Maroncelli, Antonio Salvotti, Kaiser Franz I., Karl Albrecht von Savoyen und Giorgio Pallavicino. Sie waren es, die als erste die Ideen nationaler Einheit und Selbständigkeit auf ihre Fahnen schrieben, ohne die Unterstützung des Volkes und gegen den unerträglichen Druck der österreichischen Fremdherrschaft. Das tragische Vorspiel der später siegreichen Erhebung endete vor den Schranken österreichischer Gerichte, wo die des Hochverrats Überführten zu langjähriger Kerkerhaft verurteilt wurden. Ricarda Huch schildert die Schicksalsbahnen der ersten Märtyrer des neuen Italien, ohne sie zu glorifizieren, und sie charakterisiert ihre Gegenspieler, ohne sie zu verteufeln. Sie deckt unter der schillernden Oberfläche des Heroismus Schwächen und Mängel auf.

Der aristokratische Empörer Graf Confalonieri ist als stolzer, verschlossener, dabei leidenschaftlicher Mensch gezeichnet, unzugänglich und undurchsichtig. – Der übersensible, lebensuntüchtige Dramatiker Silvio Pellico, Freigeist und Patriot, verläßt als bigotter Jesuitenfreund die Festung Spielberg. Sein Erinnerungsbuch *Meine Gefängnisse* (*Le mie prigioni*, 1832) machte ganz Europa mit den schrecklichen Zuständen auf dem Spielberg bekannt. – Der agile, eitle, trotz unerhörter Leiden immer heitere Maroncelli zieht ungewollt mit verspielter Leichtigkeit seine Freunde mit ins Verderben. – Auf der Gegenseite steht der unerbittlich für das Recht der bestehenden Ordnung kämpfende und dennoch humane Ankläger Salvotti, treu seinem Kaiser ergeben, dem kleinbürgerlichen, herrschsüchtigen Franz I., verkümmertes Urbild eines legitimen Autokraten. – Die zwiespältige Gestalt Karl Albrechts, der als erster Fürst Italiens das Schwert gegen die Unterdrücker erhob, wandelt sich vom spöttischen, skeptischen, liberal gesinnten Mitverschwörer zum erzklerikalen Despoten, der zuerst die gemeinsame Sache verrät, um sie dann in einer verzweifelt hoffnungslosen Schlacht preiszugeben. – Die Gefangenen verließen als gebrochene Menschen den Spielberg. Nur ein einziger Mitgefangener, Pallavicino, erlebte noch den Sieg der Revolution. Für ihn begann nach der Kerkerhaft eine zweite Geschichte, die thematisch in ein anderes Werk der Dichterin gehört, die *Geschichte von Garibaldi* (1906/07).

Ricarda Huch zeichnet feinsinnige Psychogramme historischer Gestalten, sie versucht in einem Akt geistiger Beschwörung das tote Vergangene lebendig zu vergegenwärtigen. Sie schreibt nicht Geschichte im Sinne wissenschaftlicher Historiographie, obwohl sie Geschichte studiert hat und ihre Darstellung auf historische Quellen und Zeugnisse stützt. Die exakte Wiedergabe historischer Fakten leistet diese Vergegenwärtigung nicht, wenn kein mitfühlendes Ahnen sie belebt: »*Man ist darauf angewiesen, das letzte, was den einen einzig macht, zu ahnen mehr noch aus dem Duft, der über seinem Tun und den von ihm gebliebenen Worten schwebt, als aus seinem Tun selbst zu berechnen« (Einleitung)*. M.Ke.

AUSGABEN: Lpzg. 1908. – Lpzg. 1921 (*Menschen und Schicksale aus dem Risorgimento*). – Bln. 1968 (in *GW*, Hg. W. Emrich, 11 Bde., 1966–1974, 9). – Lpzg. 1978 [Nachw. u. Anm. G. Adler].

LITERATUR: G. Mann, *Geschichte u. Geschichten*, Ffm. 1961, S. 47–60. – H. Rass, *Das Geschichtsbild in der Dichtung R. H.s*, Diss. Innsbruck 1968. – E. Dreßler, *Das Geschichtsbild R. H.s als Spiegel ihrer weltanschaulichen Entwicklung im Zeitraum von der Jahrhundertwende bis zum Ausbruch des 1. Weltkrieges. Vorzugsweise dargestellt an ihren hist.-poetischen Werken »Risorgimento« u. a.*, Diss. Jena 1971. – G. Adler, *R. H.s Gestaltung des Risorgimento. Ein Beitrag zur Entwicklung des hist. Romans* (in WB, 21, 1975, H. 9, S. 156–165). – K.-H. Hahn, *»Geschichte und Gegenwart«. Zum Geschichtsbild der R. H.* (in *Zeit der Moderne*, Hg. W. H. Krummacher u. a., Stg. 1984, S. 291–321).

DIE ROMANTIK

Literarhistorische Darstellung von Ricarda HUCH, in zwei Bänden erschienen 1908. Unter den Titeln *Blüthezeit der Romantik* und *Ausbreitung und Verfall der Romantik* waren die Bände einzeln bereits 1899 bzw. 1902 herausgekommen. – Die Dichterin entwirft das Bild einer um die Jahrhundertwende vielfach verkannten und von der Wissenschaft nahezu völlig übergangenen Epoche der deutschen Literaturgeschichte. Mit einer poetischen, die engen Grenzen rein wissenschaftlicher Orientierung sprengenden Betrachtungsweise versucht sie den spezifischen Geist und die charakteristischen Merkmale dieser widersprüchlichen Zeit zu erfassen. Sie setzt ein Verständnis voraus, das sie in Wirklichkeit selbst erst schuf: »*Deshalb durfte in unserer Zeit, wo man nach einer vorangegangenen gänzlichen Abwehr der romantischen Ideen sie um sich herum von neuem aufleben sieht, ein größeres Verständnis dafür möglich sein, als eine frühere Generation haben konnte.*« Ricarda Huchs Romantik-Forschungen sind noch weitgehend der geisteswissenschaftlichen Methode verpflichtet, wenngleich sie den Rahmen weiter spannt als ihre Vorgänger und die Einzelphänomene um vieles plastischer herausarbeitet. Sie bezieht die romantische Naturphilosophie ebenso ein wie die romantische Politik, die romantische Religion und die romantische Medizin; sie erweitert den Gesichtskreis um jene wissenschaftlichen Disziplinen, die aus dem Geist der Romantik hervorgingen oder von ihm befruchtet wurden: Psychologie, Mythengeschichte, Symbolforschung, Magnetismus, Historie, Germanistik und Volkskunde. Die romantische Dichtung, deren Spektrum die Autorin auf-

leuchten läßt, ist untrennbar mit der existentiellen Problematik ihrer Schöpfer verbunden. In feinsinnigen Psychogrammen werden die »*romantischen Charaktere*« und »*romantischen Lebensläufe*« der Dichter nachgezeichnet, die der deutschen Literatur der Nachklassik Impulse verliehen: die Brüder SCHLEGEL, TIECK, WACKENRODER, NOVALIS, BRENTANO, ARNIM, E. T. A. HOFFMANN, KLEIST, HÖLDERLIN und Zacharias WERNER. In enger Beziehung zu ihnen steht eine Reihe »romantischer« Künstler, Theologen, Ärzte und Wissenschaftler. In zahllosen Werkinterpretationen zeigt Ricarda Huch die amorphe Vielgestaltigkeit romantischer Dichtungen auf. Sie unterstreicht die einmalige Leistung der Romantik, ohne ihre Schwächen und Verzerrungen zu übersehen. Die Universalpoesie als die große Synthese von Kunst, Wissenschaft, Religion, Philosophie und Poesie, die »*Poesie der Poesie*«, erscheint als ein aus Assonanzen und Dissonanzen, Ironie und Andacht, Paradoxen und Hingabe gemischtes Instrumentarium romantischer Ästhetik, als ein moderner Klangkörper, dem Harmonie und Gleichgewicht fehlen. Ricarda Huch versucht die Einheit aus der Vielheit und das Gemeinsame aus dem Verschiedenen zu bestimmen, ohne deshalb ein geschlossenes System zu konstruieren oder organisches Wachstum vorzuspiegeln. Die Romantik fügt sich in keine dieser Kategorien: Sie ist »*Nordpol und Südpol, Innen und Außen, Historisch und Radikal*«, kurz: eine Relation von Extremen. Neben dem Aufbruchsenthusiasmus der Jugend steht die epigonale Müdigkeit des Alters, neben revolutionärer Begeisterung abgestandene Reaktion. Zur romantischen Vielgestalt gehört gleichermaßen weltanschaulicher Pluralismus wie rigoroser Subjektivismus. Mehr erzählend als dozierend verfolgt Ricarda Huch den Weg der Romantik nach entwicklungsgeschichtlichen Schwerpunkten (»*vom Norden ausgehend wandte sie sich nach Süden, hielt kurze Zeit die Mitte zwischen Norden und Süden, um dann nach Süden hinunterzugleiten*«). Den topographischen Aspekt ergänzt ein morphologischer, dargestellt im Lebensrhythmus der Natur: »*Dem Kreis des Erblühens und Verwelkens ist die Natur verhaftet; der mit ihr verbundene Geist wird von ihr überwältigt, teilt ihr Los ...*« Im Wechsel der geographischen Perspektive vollendet sich der naturgesetzliche Kreislauf von Ausbreitung, Blütezeit und Verfall der Romantik. Ausgehend vom Jenenser Kreis und dem ›Athenäum‹ als Keimzelle der Romantik, der »Blütezeit«, verfolgt sie die »Ausbreitung« in den neuen Brennpunkten Berlin, Dresden, Halle, Heidelberg, München, Wien und Rom, ein Krisenvorgang, aus dem der »Verfall« hervorgeht: »*Kurze Zeit war die Romantik eine zentralisierte Monarchie gewesen, nach deren Auflösung wurde sie eine aus lauter kleinen selbständigen Gemeinden bestehende Republik.*« Der »*majestätische Idealismus*« der frühen Romantik verlor sich in den trivialen Nichtigkeiten der Hyper- und Kryptoromantik. Um 1820 setzt die »Altersschwäche« ein, aber erst jetzt wird die romantische Schule richtig populär. Die Nachahmer treten auf den Plan, während die Begründer all-mählich in Vergessenheit geraten. Die fragmenta-rische Form der romantischen Poesie wirkt auch auf Ricarda Huchs Epochendarstellung fort, die bei aller Stoffülle auf Vollständigkeit verzichtet. Strenge wissenschaftliche Maßstäbe anzulegen hie-ße den spezifischen Charakter des Buchs verken-nen, seine Zwischenlage zwischen literarhistori-scher Studie und schöpferischer Einfühlung in eine der Autorin zutiefst wesensverwandte Zeit, sein Verdienst, positive Orientierungshilfen für die Neubewertung eines sträflich vernachlässigten Ge-biets der Literatur- und Geistesgeschichte geliefert zu haben. Zugleich wird in diesem Werk bereits die Eigenart der Huchschen Geschichtsbetrachtung sichtbar, die auf einer organischen Vorstellung der geschichtlichen Entwicklung basiert; in ihren spä-teren historischen und kulturkritischen Schriften wird sie die Zeit nach 1850 vorwiegend unter dem Zeichen des individuellen Zerfalls, der »*Entpersön-lichung*« negativ beurteilen und dagegen ein ganz-heitliches, humanistisch geprägtes Menschenbild stellen, dessen eigentliches Fundament sie in einer auf LUTHER basierenden urchristlichen Gemein-schaftsidee sieht (*Luthers Glaube*, 1916; *Der Sinn der heiligen Schrift*, 1919), eine letztlich rückwärts-gewandte Utopie, die schließlich im Begriff eines »*Romantischen Sozialismus*«, in der Suche nach Goetheschen »*Urphänomenen*« endet: »*Weltbür-gerlicher Humanismus, anarchistische Freiheitsideen, Vorstellungen eines alternativen, unentfremdeten Le-bens verbinden sich mit ständischem Reichsdenken und nationalem Pathos zu einer politischen Philosophie, die Ricarda Huch zwar unanfällig gegen den totalitären Zugriff der Nationalsozialisten werden ließ, aber vor den politischen Problemen der Zeit versagte ... Das, was als Suche nach dem eigenen Ich so leidenschaftlich begann, sich zur Suche nach den Triebkräften mensch-lichen Lebens ausweitete, endet in einer humanisti-schen Allgemeinheit, in der die Autorin als lebendige Person allmählich verschwindet*« (I. Stephan). M.Ke.

AUSGABEN: Lpzg. 1899 *(Blütezeit der Romantik)*. – Lpzg. 1902 *(Ausbreitung und Verfall der Roman-tik)*. – Lpzg. 1908, 2 Bde. – Tübingen 1964 (Die Bücher der Neunzehn, 112); 5 1979. – Köln 1969 (in *GW*, Hg. W. Emrich, 11 Bde., 1966–1974, 6).

LITERATUR: F. Strich, *R. H. und die Romantik* (in F. S., *Der Dichter und die Zeit*, Bern 1947, S. 351–375). – H. Wolffheim, *R. H., Romantik und Geschichte* (in Blick in die Wissenschaft, 1, 1948, S. 350–352). – I. Cramer, *R. H. und die Ro-mantik*, Diss. Kiel 1954. – I. Stephan, *R. H.* (in *R. H.*, Hg. H.-W. Peter, Braunschweig 1985, S. 25–34).

VITA SOMNIUM BREVE

Roman von Ricarda HUCH, erschienen 1903. – Abseits modischer Literaturströmungen und vor-bereitet durch intensive literarhistorische Studien

(*Blütezeit der Romantik*, 1899; *Ausbreitung und Verfall der Romantik*, 1902), vollzog Ricarda Huch ihre Rückwendung zum Romantischen: Parallel zu den wissenschaftlich fundierten Untersuchungen entstanden ihre großen »neuromantischen« Roma-ne *Erinnerungen von Ludolf Ursleu dem Jüngeren* (1893) und *Vita somnium breve* (1903), dessen Ti-tel auf Böcklins gleichnamiges Bild anspielt. Das seit 1913 unter dem Titel *Michael Unger* erschei-nende Werk greift die Thematik des ersten Romans auf und führt sie weiter; der mehr lyrische Grund-charakter des *Ursleu*-Romans erhält eine epische Dimension.

Michael Unger, die zentrale Gestalt von *Vita somni-um breve*, erlebt und reflektiert die geistig, sozial und politisch vielschichtig differenzierte Welt vor-wiegend episch, d. h., das erzählte Geschehen wächst nicht mehr ausschließlich aus einem subjek-tiven Kern heraus, sondern ordnet sich objektive-ren Gesetzmäßigkeiten unter. Die autobiographi-sche Sicht wiederum setzt intime Akzente auf das geistesgeschichtlich wie gesellschaftspolitisch stark bewegte und repräsentative Epochenpanorama, in dem die Autorin persönlich erlebte Realität in ei-nem realitätsfernen, neuromantischen Sprachstil aufarbeitet. Michael Unger, Sohn eines reichen norddeutschen Patrizierhauses, verläßt aus Liebe zu der Malerin Rose seine Frau Verena: »*O Bitter-keit, daß ich nichts anderes habe und nichts anderes bin als diese Kaufleute mit den rötlichen Backenbärten und den nackten leeren Augen, auf die ich mitleidig herabzusehen pflegte, die auch mit Arbeit und Sorge Geld errungen haben, eine schöne Frau und hochmüti-ge Kinder! Die vor mir die Überzeugung voraus ha-ben, daß dies das Wichtigste und Größte ist, was man dem Leben abgewinnen kann.*« Sehnsüchtig lauscht er dem Grundakkord seiner romantischen Sehn-sucht: »*O Leben, o Schönheit!*« – ein leitmotivisch wiederkehrender Satz, der den erfolgverwöhnten Helden aus dem »*Ekel sinnloser Langeweile*« fort-lockt in das Abenteuer einer freien, erfüllten Exi-stenz. Er sprengt das Pflichtkorsett bürgerlicher Lebensformen, geht nach Zürich und beginnt ein Medizinstudium. Dort schließt er sich einer Grup-pe von Künstlern, Studenten und Professoren an, die mit rhetorischer Leidenschaft die Problematik einer im Ansatz schon modernen Welt diskutieren. Lebensenthusiasmus und Schönheitsrausch, Sehn-sucht nach Glück und Existenzangst skandieren Michaels Lebensrhythmus; an der Seite Roses wächst er langsam zu einer harmonischen Persön-lichkeit heran. Aber der »kurze Traum« bricht jäh ab, das gemeinsame Liebesglück scheitert an der tiefen Bindung zu seinem Sohn Mario, dem zuliebe er Rose verläßt und in den norddeutschen, patriar-chalischen Lebenskreis seiner Familie zurückkehrt. Bourgeoises Pflichtdenken verdrängt den romanti-schen Lebenstraum in den Bereich melancholischer Erinnerung.

Wie *Ludolf Ursleu* aus distanzierender Rückschau geschrieben, markiert *Vita somnium breve* eine be-deutsame Zäsur in der geistigen Entwicklung Ri-carda Huchs. An dem Geist der Ernüchterung und der Resignation, der in die fein ziselierte romantische Stimmungskunst und die pittoresken Traumbilder des Romans eindringt, läßt sich die Wandlung der Autorin nachvollziehen. M.Ke.

AUSGABEN: Lpzg. 1903, 2 Bde. – Lpzg. ⁵1913 (u. d. T. *Michael Unger*). – Wiesbaden 1946. – Köln 1966 (in *GW*, Hg. W. Emrich, 11 Bde., 1966–1974, 1). – Ffm./Bln. 1980 [Nachw. B. Balzer]. – Ffm. 1987 (st).

LITERATUR: O. Walzel, *R. H. Ein Wort über die Kunst des Erzählens*, Lpzg. 1916. – G. Kast, *Romantisierende u. kritische Kunst. Stilistische Untersuchungen an Werken von R. H. u. Th. Mann*, Diss. Bonn 1928. – G. Grote, *Die Erzählkunst R. H.s u. ihr Verhältnis zur Erzählkunst des 19. Jh.s*, Bln. 1931; Nachdr. Nendeln 1967. – R. Holler, *Jugendstilelemente in R. H.s früher Prosa*, Diss. Kiel 1970. – J. Bernstein, *»Bewußtwerdung« im Romanwerk der R. H.*, Ffm./Bern 1977.

RUDOLF HUCH

* 28.2.1862 Porto Alegre / Brasilien
† 12.1.1943 Bad Harzburg

DIE BEIDEN RITTERHELM

Roman von Rudolf HUCH, erschienen 1908. – Der konservative Zeitkritiker und Satiriker, Bruder der Schriftstellerin Ricarda HUCH, der 1899 mit seinem *»Husarenritt« Mehr Goethe* den Kulturbetrieb seiner Zeit glossierte und im Namen GOETHES, G. KELLERS und BISMARCKS Mäßigung und harmonisches Ordnungsstreben forderte, verfaßte rund 30 Romane, von denen *Wilhelm Brinkmeyers Abenteuer* (1911), *Familie Heilmann* (1909) sowie *Die beiden Ritterhelm* zu den bekanntesten gehören.
Der Roman gibt ein Bild des in Bewegung geratenen Gefüges des deutschen Bürgertums vor dem Ersten Weltkrieg: Zwischen der von seinem Vater, dem musisch begabten, geschäftlich aber untüchtigen Inhaber eines alten Handelshauses, repräsentierten Welt des *»königlichen Kaufmanns«* und der neuen bourgeois-parvenuhaften Schicht, der die Familie Rockebrod angehört, wächst der junge Karl Ritterhelm zu einer von seinem Vater verachteten *»banausischen Existenzen«* heran, die sich mit zusammengestoppelter Halbbildung und zielloser Geschäftigkeit über das Sinnlose ihrer parasitären Existenz an der Peripherie der Gesellschaft hinwegtäuschen. Nach dem Tod des Vaters, kurz nach der Auflösung der insolvent gewordenen Firma, erkennt er – gewitzt durch die Mißerfolge, die er als Architekturstudent und als Maler hatte – die Nutzlosigkeit seiner Selbsttäuschung und kehrt zu

einer der Tradition angemessenen Tätigkeit zurück: Er heiratet Rockebrods Tochter und tritt in dessen Geschäft ein.
Der Gegenstand des Romans legt den Vergleich mit Th. MANNS *Buddenbrooks* nahe: Huch sieht – möglicherweise in bewußter Opposition zu Mann (in mancher Beziehung scheint Karl Ritterhelm einen am Leben gebliebenen Hanno Buddenbrook zu parodieren) – die Rettung der überkommenen Werte des Bürgertums nicht in der Distanzierung, sondern in der Integration. Trotz aller bitteren Polemik gegen die Zeit, besonders gegen Wilhelm II. und seine Anhänger (*»Die Gegenwart gehört den Schneidigen, die der Ansicht sind, den vornehmen Mann mache nicht die Bildung, sondern die Bartbinde«*), ist deshalb der versöhnliche Schluß nicht überraschend: Die Wurzel der bürgerlichen Kultur ist die Tüchtigkeit ihrer Träger, für die auch in der neuen Zeit genügend Raum bleibt. Der verhalten-humorige Stil des Romans läßt das Vorbild W. RAABES erkennen. W.Cl.

AUSGABEN: Mchn. 1908. – Lpzg. 1926. – Bln. 1943.

LITERATUR: E. Sander, *R. H.*, Braunschweig 1922. – R. Hinke, *R. H. u. seine Romane* (in Deutsche Heimat, 5, 1929, S. 532–534). – H. Roth, *Das Werk R. H.s. Ein Beitrag zur Problematik spätbürgerlicher Dichtung*, Diss. Jena 1967.

PETER HUCHEL

* 3.4.1903 Berlin-Lichterfelde
† 30.4.1981 Staufen b. Freiburg i.B.

LITERATUR ZUM AUTOR:
Über P. H., Hg. H. Mayer, Ffm. 1973 (es). – A. Vieregg, *Die Lyrik P. H.s. Zeichensprache u. Privatmythologie*, Bln. 1976. – M. Dierks, *P. H.* (in KLG, 10. Nlg., 1982). – I. Hilton, *P. H.: plough a lonely furrow*, Blairgowrie 1986. – *P. H.*, Hg. A. Vieregg, Ffm. 1986 (st).

DAS LYRISCHE WERK von Peter HUCHEL. Der Autor, von 1949–1962 Chefredakteur der renommierten DDR-Zeitschrift ›Sinn und Form‹, hinterließ – neben wenigen Prosatexten und Hörspielen aus der Jugendzeit – ein nur schmales lyrisches Werk, das zum Bedeutendsten der deutschsprachigen Nachkriegslyrik gehört, auch wenn die Kritik sich mit seiner Deutung und Charakterisierung von jeher schwertat. Von *»Mißverständnissen«* auf seiten der Kritiker, die allerdings von *»ziemlich viel gutem Willen begleitet werden«*, schrieb 1973 Hans MAYER im Vorwort eines von ihm herausgegebenen Sammelbandes, nachdem Huchel – nach

acht Jahren der erzwungenen Isolation in der DDR
– 1971 in den Westen übergesiedelt war. Vor dem
Hintergrund seiner Biographie schien sich die De-
chiffrierung der Huchelschen Lyrik als politische
Dichtung anzubieten, obgleich andererseits die
Bildwelt seiner vier Gedichtbände – *Gedichte*
(1948), *Chausseen Chausseen* (1963), *Gezählte Tage* (1972) sowie *Die neunte Stunde* (1979) – ihre
Orientierung an der Tradition der Naturlyrik um
O. Loerke nie verleugnete, jener literarischen Bewegung (um die Zeitschrift ›Die Kolonne‹), deren
betont unpolitischer, »naturmagischer« Gestus
während der dreißiger Jahre zu bitteren Kommentierungen führte, und von der neben Huchel auch
Autoren wie G. Eich oder K. Krolow geprägt
wurden. Für Hilde Domin blieb Huchel dieser
Tradition am meisten verhaftet, blickt man allein
auf die Kontinuität seiner Bildsprache; zugleich
aber erwies sich Huchel, der rückblickend eine Zugehörigkeit zum Kreis um ›Die Kolonne‹ stets be-
stritt, obgleich er 1932 den Lyrikpreis der Gruppe
erhalten hatte, von Anfang an als einer der eigenständigsten Lyriker aus diesem Kreis, der sich den
gängigen Etikettierungen immer entzog. Zutreffend bemerkte der Naturlyriker Wilhelm Lehmann, und dies war als Kritik gemeint, daß Huchel
das »*Glück des anschauend Fühlens*« nicht zulasse,
und zugleich sperrte der Autor selbst sich gegen jede kurzschlüssige Deutung seiner Texte mittels von
außen herangetragener Analogien. In einer der seltenen Selbstkommentierungen, zum Gedicht *Winterpsalm*, heißt es kategorisch: »*Auch dieser Text will
für sich selber stehen und sich nach Möglichkeit behaupten gegen seine Interpreten, gegen etwaige Spekulationen, Erhellungen und Biographismen.*«
Huchel hatte bis 1936 in Zeitschriften wie ›Das Innere Reich‹, ›Die Kolonne‹ und ›Die literarische
Welt‹ publiziert, die folgenden Texte erschienen
erst 1948 in dem Band *Gedichte*; sie wurden 1967
(in einer vom Verlag getroffenen Auswahl) in den
Band *Die Sternenreuse. Gedichte 1925–1947* aufgenommen, der Huchels erste Schaffensphase dokumentiert. Seine frühen, vor allem von der Landschaft der Mark Brandenburg geprägten Gedichte,
etwa *Die Magd* (1926), zeigen bereits die für Huchel typische Verfahrensweise, hinter einer nüch-
tern-registrierenden Metaphorik eine mythisierende Naturschau zu entwerfen, wie A. Vieregg im
Vergleich mit der Symbolik aus J. J. Bachofens
Das Mutterrecht entschlüsseln wollte, ohne die Sozialkritik zu bemerken: »*Die Magd ist mehr als
Mutter noch.*« Seit Ende der dreißiger Jahre lockert
sich der thematische Zusammenhang der Texte, sie
beschränken sich auf die Reihung von Einzelbeobachtungen, die Benennung einzelner, nicht weiter
kommentierter Gegenstände des bäuerlichen Lebens, von Tieren und Pflanzen. Bestehen aber
bleibt eine subtile Kommunikation mit der Natur;
staunendes Fragen (»*Daß du noch schwebst, uralter
Mond?*«) weist in urzeitliche Bereiche des Mythos,
mythische Ausdrucksweisen (»*Wir riefen sie alle damals beim Namen*«) vermitteln unentfremdete Vertrautheit, zauberische Vollzüge (»*Er bläst auf Gras,

sein Lockruf schmalzt*«) erinnern an überkommene,
heidnische Praktiken; daneben steht das Gedächtnis an christliche Überlieferung (»*Die Trän' der
Welt, den Herbst von Müttern, / spürst du das noch, o
Jesuskind*«) oder der Verweis auf geheime Bereiche
(»*Der tote Hall, dem niemand lauscht, / sagt es noch
immerfort. // Ich lausch dem Hall am Grabgebüsch*«).
Der Versuch, im gesellschaftlichen Bereich Utopie
zu verankern, gelingt während der Aufbaujahre der
DDR nicht; das Gedicht *Das Gesetz*, in dem Huchel den Übergang vom Kriegsende hin zur Bodenreform in der DDR zu schildern versucht, bleibt eine Ausnahme. Vielmehr wird die Natur zum »*Zeichen*« – wie das Einleitungsgedicht des Bandes
Chausseen Chausseen (1963) überschrieben ist – für
das Leben in dieser Gesellschaft: »*Baumkahler Hügel, / Noch einmal flog / Am Abend die Wildentenket-
te / Durch wäßrige Herbstluft. // War es das Zeichen?
/ Mit falben Lanzen / Durchbohrte die See / Den ruh-
losen Nebel.*« Jeder Spur der falschen Idylle, der An-
heimelei oder des Klischees entgeht Huchels Lyrik
durch die Offenheit ihrer Bezüge wie durch die
Sprödigkeit und Präzision ihrer Sprache. Im vorangestellten Leitspruch aus den *Bekenntnissen* des Augustinus (»*. . . im großen Hof meines Gedächtnisses.
Daselbst sind mir Himmel, Erde und Meer gegenwärtig . . .*«) manifestiert sich das Bemühen Huchels,
seine Naturschau zu einer, wie es A. Vieregg einflußreich, aber mißverständlich formulierte, »*Privatmythologie*« mit vielfältigen Assoziationsräumen
auszubauen, die mit mythischen und politischen
Bezügen spielt. Kälte, Einsamkeit beherrscht etwa
das in der Mitte stehende dritte von fünf Kapiteln
aus dem Band *Chausseen Chausseen* mit seinen urtümlichen, allbekannten Landschaftsbildern, die
sich schon in den Titeln der Gedichte angesprochen
finden (*Nebel; Eine Herbstnacht; Auffliegende
Schwäne*) und die sich dann isoliert beobachtetem
Ich zu Sinnbildern fügen: »*Am Hohlweg wechselt
schneller das Wild*«, heißt es in *Widmung für Ernst
Bloch*, dessen Naturphilosophie der »*Erinnerungs-
spuren*« für Huchel bestimmend ist.
Dichtkunst offenbart die »*Dialektik der Aufklärung*«; mehr, das Gegebene scheint unabdingbar,
in den Bildern der Natur spiegelt sich, im Doppelsinn des Wortes, menschliches Vergehen, von Huchel mit verschlüsselten Anspielungen auf historische und literarische Analogien vielfältig kommentiert. Huchels wohl berühmtestes Gedicht, *Der
Garten des Theophrast*, seinem Sohn gewidmet, benennt in einer Geheimsprache den erzwungenen
Abschied aus der Kulturlandschaft der DDR und
ihrem Anspruch; der antike Naturphilosoph
Theophrast hinterließ seinen Schülern einen Garten zur gemeinsamen Nutzung, Huchels Gedicht
schließt dagegen mit der Zeile: »*Sie gaben Befehl,
die Wurzel zu roden. / Es sinkt dein Licht, schutzloses
Laub.*«
Die Gleichnis- und Zeichenhaftigkeit der Huchelschen Lyrik erschöpft sich jedoch nur teilweise in
der Kommentierung politischer Vorgänge; charakteristisch ist für sie ein Mythensystem, das sich
in einer über Jahrzehnte hinweg ausgeformten

Bildwelt manifestiert und geprägt ist von der Mystik Jakob BÖHMES, auf den etwa das Gedicht *Alt-
Seidenberg* deutlich anspielt, und der Mythendeu-
tung J. J. Bachofens (*Das Mutterrecht*, 1861): »*Es
ist dies die Vorstellung einer als göttlich verstandenen
und gerühmten Erde, nicht im pantheistischen Sinne,
sondern als eines sein Prinzip allein aus sich selbst heraus empfangenden Weltverlaufs, dessen zyklisches
Wesen zwar jede chiliastische Hoffnung ausschließt,
aber im Wissen von der ewigen Wiederkehr einen Halt
gibt*« (A. Vieregg). Sie scheint dem Dichter als das
allein Bleibende, während dem Ich – in expliziter
Aussparung der christlichen Deutung – keine Erlösung zukommt: »*Dich will ich rühmen, / Erde*«,
heißt es programmatisch im Gedicht *Sommer* aus
dem Band *Die Sternenreuse*.

Der Gedichtband *Chausseen Chausseen* fand, nachdem Huchel 1962 als Chefredakteur der Zeitschrift
›Sinn und Form‹ abgesetzt worden war, in der
Bundesrepublik starke Beachtung, 1963 erhielt der
Lyriker den Theodor-Fontane-Preis. Wenige Jahre
später jedoch, 1968, konnte I. SEIDLER konstatie-
ren: »*Um Peter Huchel ist es wieder still geworden.*«
Erst 1971 durfte Huchel in den Westen ausreisen,
seit 1972 lebte er in der Bundesrepublik. In diesem
Jahr erschien auch sein Band *Gezählte Tage*, der die
in den sechziger Jahren entstandenen Gedichte versammelt. Obgleich die Titel der Texte auf die Situation des Autors verweisen (*Exil; Ankunft*), sich
auch die bei Huchel seltenen, direkten Kommentierungen finden, so in dem Gedicht *Gericht*
(»*Nicht dafür geboren, / unter den Fittichen der Gewalt zu leben*«), bleibt der hermetisch verschlüsselte
Charakter seiner Lyrik bestehen, deren bitterer, düsterer Ton sich noch verstärkt. Die »Krähen«, in
Huchels Lyrik immer mit Tod und Untergang verbunden, sind gegenwärtig; die Gewalten der Natur, Blitz und Wasser, stehen als eigener Bereich außerhalb der menschlichen Ordnung (»*Nicht reinigt
der Regen die Atmosphäre*«), die Metapher des Eises
dominiert (»*Ich bette mich ein / in die eisige Mulde
meiner Jahre.*«), eine Perspektive stellt sich nicht
ein: »*Unter der blanken Hacke des Monds / werde ich
sterben, / ohne das Alphabet der Blitze / gelernt zu haben.*«

Für den Band *Gezählte Tage* gilt bereits, was Barbara BONDY schließlich zu Huchels letztem Gedichtband, *Die neunte Stunde* (1979), konstatiert:
»*Über solche Lyrik zu schreiben, ist auch ein schöner
Widersinn; soll man dieses Sprache gewordene Schweigen referieren?*«. Die im titelgebenden Gedicht *Die
neunte Stunde* ins Gedächtnis gerufene Leidensgeschichte Jesu Christi weitet sich zur Allgemeingültigkeit der Leidensklage: »*Ein Mann steigt mühsam
/ Den Hügel hinauf, / in seiner Hirtentasche / die
neunte Stunde*«. Die Dürre dominiert als leitmotivi-
sche Metapher, Bilder der Hitze und des Staubes
ergänzen sie (»*Herr, dein Geheimnis ist groß / und
eingeriegelt in die Stille der Felsen, / ich bin nur Staub,
/ der lockere Ziegel in der Mauer.*«), die Natur kündet vom Tod: »*Bitterschlag der Wald, / kein Kü-
stenwind, kein Vorgebirge, / Das Gras verfilzt, der
Tod wird kommen / mit Pferdehufen.*« Die großen

Shakespeare-Gestalten, Hamlet und King Lear,
werden angesprochen, ebenso Odysseus und MAR-
SILIUS VON PADUA, Bezüge zum Autor, Zeuge und
Genosse ihres Schmerzes, scheinen auf; Lear kehrt
geschunden zurück, so ähnlich das lyrische Ich, das,
»*den Jodlappen / um die rechte Hand gewickelt*«,
wund vom Schreiben ist. Auch sieht es, wie Hamlet, sein Spiegelbild, »*sein weißes Gesicht*« (*Im Kal-
musgeruch*) des Todes im Wasser und geht »*davon /
und hat den Stempel / aus Regen und Moos / noch
rasch der Mauer aufgedrückt*« (*Der Fremde*). Der
Dichter bleibt den im »*Hof des Gedächtnisses*« einge-
schriebenen Naturbildern treu und stellt sie dem
Leser zur Deutung anheim: »*Jahreszeiten, Mißge-
schicke, Nekrologe – / unbekümmert geht der Fremde
davon.*«

Huchels verschlüsselte Naturlyrik, auf ihre Art
auch eine politische Geheimsprache, übte vor allem
auf DDR-Lyriker wie J. BOBROWSKI, W. KIRSTEN,
S. KIRSCH oder H. CZECHOWSKI großen Einfluß
aus, während man in der Bundesrepublik, vor allem
in den Jahren des Kalten Krieges, bevorzugt den
»politischen« Lyriker sah, die »*Selbstherrlichkeit der
Metapher*« (I. Seidler) in seinen Texten mitunter
beklagte, und auch, daß seine Gedichte manchmal
»*nahe an den Rand des Sinns*« gingen – so W. JENS,
dem Huchel sein Gedicht *Südliche Insel* widmete.
Für Huchel dagegen, in den Nachrufen bei seinem
Tod in einem Atemzug mit P. CELAN genannt,
blieb dies die einzige Möglichkeit der Verständigung: »*Unter der Wurzel der Sprache*«, so heißt es in
dem gleichnamigen Gedicht aus dem Band *Chausseen Chausseen*, »*Wohnt nun die Distel, / Nicht abgewandt, / Im steinigen Grund. / Ein Riegel fürs Feuer /
War sie immer.*«   M.Beh.-M.Pr.

AUSGABEN: *Gedichte*, Bln./DDR 1948; Karlsruhe
1949. – *Chausseen Chausseen. Gedichte*, Ffm. 1963;
Ffm. 1982 (FiTb). – *Die Sternenreuse. Gedichte
1925–1947*, Mchn. 1967. – *Gezählte Tage. Gedichte*, Ffm. 1972 (Ffm. 1985; st). – *Ausgewählte Gedichte*, Ausw. u. Nachw. P. Wapnewski, Ffm. 1973
(BS). – *Die neunte Stunde. Gedichte*, Ffm. 1979;
ern. Ffm. 1985 (BS). – *GW*, 2 Bde., Hg. A. Vieregg, Ffm. 1984. – *Gedichte*, Ffm. 1989.

LITERATUR: A. Kantorowicz, *Der märkische Dichter. P. H.* (in A. K., *Deutsche Schicksale. Neue Portraits*, Bln./DDR 1949, S. 194–205). – H. Jhering,
Der Lyriker P. H. (in Sonntag, Berlin, 29. 5. 1949).
– E. Zak, *Der Dichter P. H. Versuch einer Darstellung seines lyrischen Werkes* (in Neue Dt. Literatur,
1953, H. 4, S. 164–183). – M. Reich-Ranicki, *Ein
anderer Sinn, eine andere Form. Der Dichter u. Redakteur P. H. ist in Ungnade gefallen* (in Die Zeit,
4. 1. 1963). – W. Jens, *Wo die Dunkelheit endet. Zu
den Gedichten von P. H.* (in Die Zeit, 6. 12. 1963). –
C. Hohoff, *Singen mit einer Distel im Mund* (in SZ,
11./12. 1. 1964). – W. Lehmann, *Maß des Lobes.
Zur Kritik der Gedichte von P. H.* (in Deutsche Zeitung, 8./9. 2. 1964). – H. J. Heise, *P. H.s neue Wege* (in NDH, 1964, H. 99, S. 104–111). –
P. Hamm, *Vermächtnis des Schweigens. Der Lyriker*

P. H. (in Merkur, 1964, H. 195, S. 480–488). – P. H., »*Winterpsalm*«. *Selbstinterpretation* (in *Doppelinterpretation*, Hg. H. Domin, Ffm. 1966; ern. Ffm. 1969, FiTb, S. 55 f.). – S. Brandt, *An taube Ohren der Geschlechter. Endlich gibt es wieder eine Ausgabe früher H.-Gedichte* (in Die Zeit, 8. 12. 1967). – H. Mayer, *Zu Gedichten von P. H.* (in ders., *Zur deutschen Literatur der Zeit*, Reinbek 1967, S. 178–188). – I. Seidler, *P. H. u. sein lyrisches Werk. Zum 65. Geburtstag am 3. April* (in NDH, 1968, H. 117, S. 11–28). – *Hommage für P. H. Zum 3. April 1968*, Hg. O. F. Best, Mchn. 1968. – P. Hutchinson, »*Der Garten des Theophrast*« – *an epitaph for P. H.?* (in GLL, 1971, S. 125–135). – G. Laschen, *Sprache u. Zeichen in der Dichtung P. H.s* (in G. L., *Lyrik in der DDR. Anmerkungen zur Sprachverfassung des modernen Gedichts*, Ffm. 1971, S. 38–49). – J. Günther, *P. H.: »Gezählte Tage«* (in NDH, 1972, S. 137–141). – P. Wapnewski, *Zone des Schmerzes. Zu P. H.s neuen Gedichten* (in Die Zeit, 10. 11. 1972). – K. Völker, *Der Lyriker P. H.* (in National-Zeitung, Basel, 23. 12. 1972). – O. Lagercrantz, *Ein deutscher Dichter. P. H. zum 70. Geburtstag* (in FAZ, 3. 4. 1973). – D. Fringeli, »*. . . wo ein Schrei das Wasser höhlt«. Wird der Dichter P. H. aus politischen Rücksichten überschätzt?* (in Die Weltwoche, Zürich, 27. 6. 1973). – B. Bondy, *Tiefer ins Schweigen* (in SZ, 10. 10. 1979). – R. Hartung, *Keiner weiß das Geheimnis* (in FAZ, 13. 10. 1979). – E. Pulver, *Das brüchige Gold der Toten* (in NZZ, 11. 7. 1980). – K. Krolow, *Apokalyptische Landschaft. Zum Tode von P. H.* (in FAZ, 7. 5. 1981). – S. Hermlin, »*Aber wir sind doch Brüder . . .*« (in Die Zeit, 15. 5. 1981). – B. Wälti, »*Die weiße Kehle der Einsamkeit*« (in Études de lettres, Lausanne, 1981, H. 4, S. 49–58). – G. Schmidt-Henkel, »*Ein Traum, was sonst?*« *Zu P. H.s Gedicht »Brandenburg«* (in *Gedichte und Interpretationen*, Bd. 6, Hg. W. Hinck, Stg. 1985, S. 50–58). – B. Ekmann, *P. H. »Dezember 1942«, »Winterquartier«, »Unter der Wurzel der Distel«, »Unter der blanken Hacke des Mondes«* (in Text und Kontext, 14, 1987, S. 281–309).

WILLIAM HENRY HUDSON

---

* 4.8.1841 Quilmes bei Buenos Aires
† 18.8.1922 London

GREEN MANSIONS. A Romance of the Tropical Forest

(engl.; *Ü: Rima. Die Geschichte einer Liebe aus dem Tropenwald*). Roman von William Henry Hudson, erschienen 1904. – Der in Argentinien aufgewachsene Autor, Naturforscher, hervorragender Kenner der Vogelwelt und Verfasser einfühlsamer

Naturschilderungen, hatte mit *Green Mansions* seinen größten Romanerfolg. Mit den »grünen Häusern« des Originaltitels ist der Dschungel von Guayana im südlichen Venezuela gemeint, in dem dieses exotische Märchen für Erwachsene spielt. Nach einer Revolution, in der er auf der Seite der Verlierer gekämpft hat, flieht der junge Venezolaner Abel in den Dschungel. Dort begegnet er Rima, einem siebzehnjährigen Mädchen, das ihm wie eine Waldnymphe erscheint. Es ist mit Tieren und Pflanzen eng vertraut, kann trillern wie ein Vogel und schlägt selbst die gefährlichsten Dschungelbestien und den benachbarten Indianerstamm in seinen Bann. Zusammen mit ihrem Beschützer, dem alten Nuflo, den sie »Großvater« nennt, hat Rima von Kind an unberührt von der Zivilisation in der grünen Wildnis gelebt. Abel verliebt sich leidenschaftlich in das »Vogelmädchen«, das sich ebenfalls von ihm angezogen fühlt und staunend seinen Erzählungen über die Welt außerhalb des Dschungels lauscht, von deren Existenz es bisher nichts geahnt hat. Rima überredet ihn, sie zu dem Dorf zu führen, in dem sie geboren wurde und aus dem Nuflo sie nach einem Überfall in die Wildnis gerettet hat. Doch die fremde Umgebung erfüllt sie mit Angst und Schrecken. Sie flieht allein in den Dschungel zurück. Hier nun rächen sich die Indianer dafür, daß Rima ihren Aberglauben ausgenutzt hat, um sie von ihren Jagdgründen fernzuhalten und so die Tiere des Waldes zu retten. Sie legen Feuer, und das Vogelmädchen verbrennt. Die Erzählung endet mit der verzweifelten Rache, die der zurückgekehrte Abel an den Mördern Rimas nimmt.

Die Verbindung von eindrucksvoller, unsentimentaler Naturbeschreibung und romantischer Liebesgeschichte vor exotischem Hintergrund, vor allem aber der eigenartige Zauber, der der Gestalt des Vogelmädchens anhaftet, machten das Buch in kurzer Zeit zu einem der meistgelesenen englischen Romane. Berühmte Zeitgenossen Hudsons, unter ihnen Joseph Conrad und John Galsworthy, gehörten zu seinen Bewunderern. Drei Jahre nach dem Tod des Verfassers ehrte man sein Andenken durch die Aufstellung einer von Jacob Epstein geschaffenen Rima-Skulptur im Londoner Hyde Park.   J.v.Ge.

AUSGABEN: NY/Ldn. 1904. – NY 1945 [Einl. J. Galsworthy]. – Ldn. 1957 [Einl. H. E. Bates]. – NY 1959 [Einl. Ch. Dwoskin]. – Evanston/Ill. 1963 [Einl. J. A. Wilson]. – NY 1970. – NY 1982.

ÜBERSETZUNG: *Rima. Die Geschichte einer Liebe aus dem Tropenwald*, K. Weber, Zürich 1958 [Einl. J. Galsworthy]. – *Das Vogelmädchen. Eine Geschichte aus dem Tropenland*, ders., Stg. 1986.

VERFILMUNG: USA 1958 (Regie: M. Ferrer).

LITERATUR: J. Conrad, *Last Essays*, Ldn. 1926, S. 196–204. – H. N. Fairchild, *Rima's Mother* (in PMLA, 68, 1953, S. 357–370). – R. E. Haymaker,

From Pampas to Hedgerows and Downs. A Study of
W. H. H., NY 1954. – R. Tomalin, *W. H. H.*,
Ldn./NY 1954; Nachdr. 1982. – W. T. Winsor,
W. H. H. Naturalist and Master of Prose, Diss. Co-
lumbia Univ. 1964 (vgl. Diss. Abstracts, 25,
1964/65, S. 1201/1202). – M. S. Douglas,
W. H. H.: Monuments to His Green World (in Car-
rell, 15, 1974, S. 1–16). – J. R. Payne, *W. H. H.: A
Bibliography*, Folkestone 1977. – M. Nicholson,
>*What We See We Feel<: The Imaginative World of*
W. H. H. (in Univ. of Toronto Quarterly, 47,
1978, S. 304–322). – D. Shrubsall, *W. H. H.:
Writer and Naturalist*, Tisbury 1978. – A. D. Ron-
ner, *W. H. H.: The Man, the Novelist, the Naturalist*, NY 1986.

HUE DE ROTELANDE

* vor 1149 (?) Rhuddlan / Nordwales
† um 1191 (?) England

LITERATUR ZUM AUTOR:
A. Hertel, *Verzauberte Örtlichkeiten und
Gegenstände in den ältesten Minneromanen
Frankreichs*, Marburg 1904. – W. Hahn, *Der
Wortschatz des Dichters H. de R.*, Diss. Greifswald
1910. – W. Küchler, *Die Liebe in den antikisierenden
Romanen des Mittelalters* (in GRM, 6, 1912). –
N. D. Legge, *Anglo-Norman Literature and Its
Background*, Oxford 1963, S. 85 ff. – C. Lutrell,
The Creation of the First Arthurian Romance, Ldn.
1974, S. 110 ff., 264 ff. – G. Raynaud de Lage,
L'œuvre de H. de R. (in GRLMA, 4/1, Heidelberg
1978, S. 280–283). – C. Méla, *La reine et le graal*,
Paris 1984.

IPOMEDON

(afrz.; *Ipomedon*). Höfischer Roman in 10 580
Versen von HUE DE ROTELANDE, nach allgemeiner
Einschätzung zwischen 1174 und 1191, wohl um
1180 entstanden, wie sich aus einer Reihe von
werkinternen Hinweisen auf die walisisch-nor-
mannische Lokalhistorie der Zeit erschließen läßt.
Über seinen Verfasser ist kaum mehr bekannt als
die spärlichen Anhaltspunkte, die er selbst in seinen
beiden Romanen zu seiner Person gibt. Der *Ipomedon* ist eines der seltenen erhaltenen Zeugnisse der
literarischen Gattung jener höfischen Abenteuerromane, die parallel mit dem Aufkommen der Artus-
romane von CHRÉTIEN DE TROYES vor allem im an-
glonormannischen Raum gepflegt wurden. Die
Handlung ist im normannischen Sizilien der Epoche situiert, das jedoch lediglich einen skizzenhaften äußeren Rahmen abgibt.
Nach dem Tod ihrer Eltern herrscht die schöne
Tochter des Königs von Kalabrien an dessen Stelle.

Da sie sich geschworen hat, nur den besten Ritter
der Welt zu heiraten, wird sie allgemein La Fière
(die Stolze) genannt. Der apulische Königssohn
Ipomedon begibt sich inkognito an den kalabri-
schen Hof, wo er zunächst jedoch in den Ruf der
Feigheit gerät, da er sich lediglich der Jagd und
nicht der Ritterschaft widmet. Obgleich beide einander zugetan sind, weist La Fière »ihren« Ritter
Ipomedon folglich zurück, der den Hof daraufhin
heimlich verläßt. Da La Fière ihren Stolz bald bereut, nimmt sie sich vor, keinen anderen als Ipomedon zu heiraten. Dieser hat mittlerweile aus dem
Munde seiner sterbenden Mutter von der Existenz
seines verschollenen Halbbruders erfahren. Seine
Mutter gibt Ipomedon noch einen Ring, mit dessen Hilfe er seinen Halbbruder erkennen könne.
Zwei Jahre lang durchstreift er nun das Abendland
und besteht dabei zahlreiche Kämpfe, während die
heiratsunwillige La Fière von ihren Baronen zunehmend unter Druck gesetzt wird. Sie schlägt vor,
ihren Onkel Meleager aufzusuchen, damit dieser
entscheide. In der Hoffnung, Ipomedon möge davon erfahren, läßt sie zu einem dreitägigen Turnier
aufrufen, dessen Gewinner sie heiraten will. Ihr Favorit ist als Ritter im Gefolge Meleagers, mit dessen Neffen Capaneüs er enge Freundschaft geschlossen hat, nach Kalabrien zurückgekehrt. An
drei aufeinanderfolgenden Tagen siegt Ipomedon
unerkannt in weißer, roter und schwarzer Ritter-
rüstung, wobei er zuvor jeweils vorgibt, aus Desinteresse an dem Turnier auf die Jagd zu reiten, und
sich in einer Einsiedelei dann heimlich zum Kampf
rüstet. Nach seinem Erfolg verläßt er stillschweigend das Land.
In Apulien ist unterdessen sein Vater verstorben, so
daß Ipomedon nun die Barone des Landes huldigen. Statt sich krönen zu lassen, tritt er jedoch, als
einfacher Schildknecht getarnt, in den Dienst des
französischen Königs Atreus und schlägt einen Angriff von dessen Bruder Daire, des Königs von
Lothringen, und seiner Verbündeten zurück. Als er
erfährt, daß La Fière von dem bereits äußerlich wi-
derwärtig gezeichneten heidnischen Fürsten Leonin bedrängt wird, begibt er sich, als Narr verkleidet, an Meleagers Hof, wo er unter allgemeinem
Gelächter erreicht, daß man ihm die nächste Aventure, die sich einstellt, übertragen. So kann er gegen
Leonin antreten, als La Fières Botin Ismeine Meleager um einen Verteidiger für ihre Herrin anfleht,
sich jedoch enttäuscht wieder abwendet, als lediglich der vermeintliche Narr dazu bereit ist. Als Ipomedon dennoch Ismeine begleitet, hat er auf dem
Weg zu La Fière dreimal Gelegenheit, Verwandte
Leonins zu besiegen, die Ismeine nachstellen. Daraufhin verliebt sich Ismeine selbst in den Unbekannten, der es jedoch ablehnt, mit ihr das Nachtla-
ger zu teilen. In Candre bezwingt der »Narr« in
schwarzer Rüstung nach verbissenem Kampf den
indischen Fürsten, der schwer verwundet in seine
Heimat zurückkehrt. Da La Fière fälschlicherweise
fürchtet, nun Leonin heiraten zu müssen, der ebenfalls eine schwarze Rüstung trug, sticht sie mit ihren Getreuen in See. Als ihr Vetter Capaneüs nach

Candre gelangt, wird er über den Hergang der Dinge ebenso falsch unterrichtet und sucht mit einer Reitereskorte nach dem vermeintlichen Leonin, in dessen Maske Ipomedon noch immer unterwegs ist, stellt ihn zum Kampf und erkennt Ipomedon an dem Ring, den ihre Mutter diesem am Sterbebett gab. Ein Bote holt daraufhin La Fière zurück, und so klärt sich die Reihe von Ipomedons absichtsvollen Selbstmystifikationen schließlich auch für sie auf. Nach einer Doppelhochzeit und der Thronbesteigung Ipomedons in Apulien rundet Hue de Rotelande sein Werk mit einer abschließenden Deutung ab. Demnach sei sein Roman als Appell an alle Liebenden zur Aufrichtigkeit und Treue zu verstehen.

Trotz der stärker realistischen Orientierung verwendet der Verfasser noch wenig Sorgfalt auf die Zeichnung seiner Charaktere, die vor dem Interesse am spannend erzählten Stoff und der Liebeshandlung in den Hintergrund treten muß. Der Zwang, durch Waffentaten Ruhm zu erwerben, bildet die Motivation für die Ausnützung des Reiseschemas, das den Helden zu einem der ersten wirklichen »chevaliers errants« macht. Dabei verwendet Hue offensichtlich zahlreiche Motive, die als Gemeingut der zeitgenössischen Literatur angesehen werden können: Das mehrtägige Turnier muß hierbei ebenso genannt werden wie der Kampf der einander unbekannten Halbbrüder. Elemente des Antikenromans der Epoche, die in den Ritternamen am deutlichsten werden, gehen eine eigenartige Verbindung mit dem Ambiente des normannischen Süditalien ein. Manches im *Ipomedon* deutet auf ein regelrechtes Spiel mit dem höfischen Roman hin, so daß man dem Autor auch parodistische Absichten unterstellt hat. Immerhin äußert sich der Erzähler in respektloser, mitunter auch obszöner oder humoristischer Weise über seinen Stoff, an einigen Stellen auch über andere Werke und Autoren. Durch Chrétiens Meisterwerke scheint diese von Hue gepflegte Gattung des mannigfaltigen und handlungsreichen Abenteuerromans verdrängt worden zu sein. Dennoch erfreuten Hues Werke sich bis ins Spätmittelalter einer gewissen Beliebtheit. Aufgrund der nahezu ausschließlich insularen Überlieferung der Handschriften und einer Reihe von späteren, stark abweichenden mittelenglischen Versbearbeitungen (*Ipomedon*, um 1350; *The Lyfe of Ipomydon*, nach 1400) und einer späteren Prosaredaktion (um 1400) kann man vermuten, daß der *Ipomedon* wohl in erster Linie in England weitergewirkt hat.

G.Wil.

AUSGABEN: Breslau 1889, Hg. E. Kölbing. – Paris 1979, Hg. A. J. Holden.

LITERATUR: E. Kölbing, *»Ipomedon« in drei englischen Bearbeitungen*, Breslau 1889. – A. Mussaffia, *Sulla critica del testo del Romanzo in Francese Antico »Ipomedon«*, Wien 1890. – J. L. Weston, *The Three Day's Tournament*, London 1902. – C. H. Carter, *»Ipomedon«, an Illustration of Romance Origins* (in C. H. C., *Haverford Essays*, Haverford 1909, S. 237–270). – G. Otto, *Der Einfluß des »Roman de Thèbes« auf die altfranzösische Literatur*, Göttingen 1909, S. 62 ff. – L. M. Gay, *H. de R.'s »Ipomedon« and Chrétien de Troyes* (in PMLA, 32, 1917, S. 468–491). – J. D. Bruce, *The Evolution of Arthurian Romance*, Göttingen 1923, Bd. 1, S. 211–215, 371–373. – A. Fourrier, *Le courant réaliste dans le roman courtois*, Paris 1960, S. 447–449. – L. A. Hibbard, *Medieval Romance in England*, NY 1960, S. 224–229. – P. Ménard, *Le rire et le sourire dans le roman courtois en France au moyen âge*, Paris/Genf 1969, S. 336–353. – R. M. Spensley, *The Structure of H. de R.s »Ipomedon«* (in Rom, 95, 1974, S. 341–351). – R. W. Hanning, ›Engin‹ in Twelfth Century Romance. An Examination of the »Roman d'Enéas« and H. de R.'s »Ipomedon« (in YFS, 51, 1974, S. 82–101). – J. Delcourt-Angélique, *Le motif du tournoi de trois jours avec changement de couleur destiné à préserver l'incognito* (in *An Arthurian Tapestry*, Hg. K. Varty, Glasgow 1982, S. 160–186). – B. Thaon, *La Fiere. The Career of H.'s Heroine in England* (in Reading Medieval Studies, 9, 1983, S. 56–69). – M. Stanesco, *Le secret de l'estrange chevalier: notes sur la motivation contradictoire dans le roman médiéval* (in *The Spirit of the Court*, Hg. G. Burgess, Cambridge 1985, S. 339–349). – R. L. Krueger, *The Author's Voice: Narrator, Audiences and the Problem of Interpretation* (in *The Legacy of Chrétien de Troyes*, Hg. N. L. Lacy, Amsterdam 1987, S. 115–141).

PROTHESELAUS

(afrz.; *Protheselaus*). Höfischer Abenteuerroman in 12 741 Achtsilbern von HUE DE ROTELANDE. – Der Autor hat diesen Roman als unmittelbare Fortsetzung seines *Ipomedon* beabsichtigt. Den *Protheselaus* hat Hue dem Herrn von Monmouth, Gilbert Fitz-Baderon, gewidmet, der zwischen 1176 und 1191 in Wales nachweisbar ist. Reine Romanfiktion im Stil der Zeit ist freilich, daß Hue das folgende Werk nach einem »lateinischen Werk« aus der reichen Bibliothek seines kunstsinnigen Mäzens »übersetzt« habe. Wie der vorausgegangene Roman spielt auch dieses Werk in normannischen Unteritalien, doch anders als der *Ipomedon* stellt der *Protheselaus* stärker das Abenteuersujet gegenüber dem Thema der Liebe heraus.

Nach Ipomedons Tod soll sein Sohn Protheselaus die Herrschaft über Kalabrien erhalten, während sein älterer Sohn Daunus in Apulien herrschen soll. Daunus bringt seinen Bruder jedoch um das Erbe, da er die Macht fürchtet, die Protheselaus durch eine Verbindung mit Medea, der Königin von Sizilien, zufallen würde. Protheselaus verläßt daraufhin das Land, wobei er von nun an auf seiner Reise immer wieder von einstigen treuen Gefolgsleuten seines Vaters unterstützt wird. Gleich mehrmals hat er sich liebestoller Frauen zu erwehren, die sich dem unbekannten attraktiven Jüngling hingeben wollen. Als so Candace, die Frau eines dieser Helfer, ihre Zuneigung zu Protheselaus nicht erwidert sieht, verrät sie ihn an Daunus' Gefolgsmann Pentalis, der ihn auf der Flucht mit einem vergifteten Wurfspieß verletzen kann. Der schwer verwundete Protheselaus gelangt nach Rhodos, wo ihn ein Freund Ipomedons jedoch nicht heilen kann. Dies gelingt erst Melander, der ihn findet und zu seiner Tante Sibile, einer Schwester des Pentalis, bringt. Unter dem falschen Namen Prothes schleicht er sich als Schildknappe an Medeas Hof ein, wo er seine Geliebte kurzzeitig sehen kann. Da er jedoch aufgrund eines von Pentalis gefälschten Briefes glaubt, daß Medea ihn haßt, zieht er sich resigniert zurück.

In verschiedenen Ländern begegnen dem Helden nun eine Reihe zum Teil wunderbarer Abenteuer: So kämpft er in der Lombardei gegen den Chevalier Faé, dessen unterlegene Gegner an Lepra erkranken. Protheselaus heilt durch das Blut dieses getöteten Zauberers den Dardanus, einen Getreuen Ipomedons, der im Kampf gegen den Chevalier Faé unterlag. Später kann er ein Fräulein mit ihrem Ritter, dem Blois Chevalier, versöhnen, der sich von ihr einst hintergangen sah. Protheselaus gelangt nach Frankreich, wo er Ismeine, die ebenfalls aus dem *Ipomedon* bekannte einstige Vertraute seiner Mutter, im Kampf gegen einen Thronräuber unterstützt. Im Tal von Moriane gerät er in Gefangenschaft einer merkwürdigen Frau, der Pucelle de l'Isle, die sich in ihn verliebt und ihn mit dem Tod bedroht, falls er diese Liebe nicht erwidere. Darauf eilen Medea und Melander dem Gefangenen zu Hilfe und belagern die Burg der Pucelle, während Pentalis diese mit seinem Entsatzheer zu unterstützen versucht. Während dieser Auseinandersetzungen führen Medea und der gefangene Protheselaus eine besondere Form des Liebesdialogs, indem sie Briefe wechseln, die sie durch einen dressierten Beizvogel übermitteln lassen, bis Protheselaus von seinem Wächter gegen Ehrenwort zeitweise freigelassen wird. Als sich die Pucelle de l'Isle in den Belagerer Melander verliebt, wendet sich schließlich dieser Konflikt zum Guten, und beide heiraten. Der Verräter Pentalis kann besiegt werden, und es gelingt Protheselaus, den Bruder in einem gewaltigen Zweikampf zu bezwingen, auf den Thron seines Landes zurückzukehren und Medea zu heiraten. Es kommt zur Versöhnung der feindlichen Brüder. Mit dem späteren Tod des Daunus ist für Protheselaus auch in Apulien der Weg zur Herrschaft offen. Der Erzähler verspricht zum Schluß, ein weiteres, indes nicht ausgeführtes Werk über die neu gegründete Familie von Protheselaus und Medea zu schreiben, und beendet das Werk mit einem überschwenglichen Stifterlob auf die Großzügigkeit des Barons Gilbert.

Mit dem vorausgegangenen Werk verbindet der Autor diesen Roman nicht nur durch gemeinsame Leitmotive, sondern vor allem durch die Verwendung von wiederkehrenden Figuren, die einen Bezug beider Texte herstellen und gleichsam einen internen fiktionalen Kosmos stiften, der durchaus dem der arthurischen Romane mit ihren gattungs- spezifischen Handlungssituationen, Schauplätzen und Figuren an die Seite zu stellen ist. Diesem zweiten Roman Hues ist das Forschungsinteresse, das dem *Ipomedon* zuteil wurde, bislang versagt geblieben. Dabei soll freilich nicht übersehen werden, daß beide Werke dasselbe Repertoire von erzählerischen Möglichkeiten unter verschiedenen Blickwinkeln variieren. Der Bruderkampf und der Auszug des Helden um der Liebe einer schönen Frau willen werden im *Protheselaus* unter noch stärker realistischem Aspekt behandelt, während das Motiv des Ritters, der vor mehreren liebestollen Frauen das Weite sucht, hier seinen burlesken Charakter verliert. So kann man sagen, daß gegenüber *Ipomedon* eine Art von Umgewichtung der vormals eher arbiträren Elemente stattgefunden hat, die nun zu strukturellen Kernen ganzer Erzählpartien, im Falle des Bruderzwists sogar zum äußeren Rahmen des gesamten Werks umgestaltet werden. Die Struktur des *Protheselaus* erweist sich bei näherer Betrachtung als planvoller komponiert, liegt doch der auf den Helden hin zentrierten Erzählung das im Mittelalter beliebte Muster eines Verbannungs- und Verfolgungsmärchens zugrunde, das dem traditionellen Reiseschema eine stärkere Kohärenz verleiht als im Falle Ipomedons, der mitunter recht unmotiviert nach vollendeter Tat wieder aufbricht.

G.Wil.

AUSGABE: Göttingen 1924, Hg. F. Kluckow [krit.].

LITERATUR: F. Boenigk, *Literarhistorische Untersuchungen zum »Protheselaus«*, Diss. Greifswald 1909. – F. Kluckow, *Sprachliche und textkritische Studien über H. de R.s »Protheselaus« nebst einem Abdruck der ersten 1009 Verse*, Diss. Greifswald 1909. – F. Lecoy, *Un épisode du »Protheselaus« et le conte du mari trompé* (in Rom, 76, 1955, S. 477–518). – R. M. Spensley, *The role of Jolif, a semi-allegorical figure in H.'s »Protheselaus«* (ebd., 93, 1972, S. 533–537). – A. V. C. Schmidt u. N. Jacobs, *Introduction* (in *Medieval English Romances*, Hg. dies., Ldn. 1980). – J. Weiss, *A Reappraisal of H.'s »Protheselaus«* (in MAevum, 52, 1983, S. 104–111).

RICHARD HUELSENBECK

* 23.4.1892 Frankenau
† 20.4.1974 Muralto / Tessin

DADA-ALMANACH

Dadaistische Dokumentation, *»im Auftrag des Zentralamts der deutschen DADA-Bewegung«* herausgegeben von Richard HUELSENBECK, erschienen 1920. – Die in dem Band zusammengestellten

Texte und Dokumente der dadaistischen Bewegung bilden eine Art summarischer Bestandsaufnahme radikaler Kunst und haben wesentlich zur historischen Physiognomie von Dada als einer Epoche beigetragen.

An Stelle des avantgardistischen Elans tritt ab 1920 die fast verzweifelte Geste der Verwaltung der eigenen Leistung. Statt der ursprünglich romantischen Gegnerschaft der Avantgardisten zum beklagten Verlust ästhetischer und weltanschaulicher Emphase ist nun verstärkt die sublime Einfühlung und ästhetische Nutzanwendung eben der Strukturen zu beobachten, die die Selbstbestimmung des Künstlers zu bedrohen schienen. So ist der Untertitel des Almanachs ebensowenig rein ironisch zu verstehen wie die den Almanach abschließende Werbung für eine »*dada-Reklame-Gesellschaft*«. Tristan Tzara und Paul Eluard verfaßten tatsächlich regelrechte Reklamezettel, die in Paris, aber auch in der Schweiz verbreitet wurden und Grundthesen des Dadaismus enthielten *(»Dada ne signifie rien«)*. Das Ideal des Dadaismus ist gewissermaßen die Direktheit, Schrille und Unverbindlichkeit der Reklame. Dabei mag es als einmalig gelten, daß eine Kunstrichtung es als Teil ihres Artikulationsvermögens begreift, mit Wort, Tat und Demagogie den Kampf um ihren Platz in der Kunstgeschichte aufzunehmen.

Die Geschichte Dadas ist zunächst weithin die Geschichte seiner autonomen Publikationsorgane. Nicht nur in dieser Hinsicht markiert der *Dada-Almanach* einen vorläufigen Endpunkt. Schon früh zeigt sich Huelsenbeck in der Rolle des Historiographen, Kompilators und Sachverwalters der Dada-Bewegung. An deren Ende bleibt nur, die Geste des Verschwindens und deren Zeitpunkt festzuhalten: »*Die Zeit ist dadareif. Sie wird in Dada aufgehen und mit Dada verschwinden. Charlottenburg, im Mai 1920.*« Mit diesen Worten beschließt Huelsenbeck das Vorwort seiner Textkompilation, die einen Überblick über die historischen und aktuellen Spielarten des Dadaismus darstellen will.

Huelsenbeck versammelt Dokumente des Züricher, Berliner und Pariser Dadaismus, wobei ersterer durch die *Chronique Zurichoise* (1920) von TRISTAN TZARA (1896–1963) vertreten ist. Unter collagierender Verwendung der originalen Verlagsanzeigen beschränkt sich Tzaras – im Gegensatz zu anderen fremdsprachigen Artikeln – unübersetzter französischer Originalbeitrag auf die pure Rekapitulation von Aktivitäten der Züricher Urzelle des Dadaismus in den Jahren 1915–1919. Dabei bietet die *Chronique Zurichoise* so etwas wie ein frühes Werkverzeichnis des bereits 1920 historischen Züricher Dadaismus; sie listet Zeitpunkt und Art der Dada-Veranstaltungen auf, benennt Dada-Zeitschriften und deren »*Collaborateurs*«. Die Chronik muß als ein genuines Zeugnis der an konkreten Überlieferungen armen dadaistischen Epoche auch dann gelten, wenn sich hinter ihrem scheinbar objektivierenden Chronikstil eine demagogische Absicht versteckt. Tzara ist darauf bedacht, seinen Anteil an Dada herauszustellen und ungeliebte, sich

von der Bewegung loslösende Dada-Kollegen, wie etwa H. BALL, weitgehend zu verschweigen. Eine Rekonstruktion der »wahren Geschichte« des Dadaismus kann sich nur beschränkt auf die historiographischen Bemerkungen der Gründer verlassen und ist doch einzig auf diese angewiesen. Dennoch ist die *Chronique* frei von persönlichen Einlassungen des Autors, weitgehend frei von Spuren der Individualität überhaupt. Daß Tzara sie dennoch mit seinem Namen zeichnet, mag als Hinweis auf den Charakter und Umfang des dadaistischen Kunstwerkes gelten: Tzara versteht die Züricher Jahre 1915–1919 als sein eigentliches und hypertrophes Werk. So gewinnt aus der Erinnerung, vom Ende her das dadaistische Gesamtkunstwerk, die Inauguration einer Kunstepoche ohne Werke, sein Profil: Es besteht – wenn überhaupt – nicht aus überlieferbaren Objekten, auch nicht nur aus der historischen Abfolge einiger Aktionen, von denen wenig mehr als Anekdoten existieren, die zudem meist in mythisierender Weise von den Künstlern selbst überliefert sind. Der Dadaismus besteht hauptsächlich aus Erinnerungen seiner Erfinder, ist das Produkt purer Einbildungskraft, deren ästhetische Apotheose er gewissermaßen darstellt. Der Dadaist setzt sich nicht den Mühen der Fixierung seiner Phantasien aus. Er will nicht um jeden Preis ein Werk hinterlassen. Seine Tinte ist der Skandal. Der Schreibgrund des Avantgardisten ist die Öffentlichkeit, das vergängliche Zeitungspapier ist ihm untrügliches Dokument, wenn der Journalist Dada seine Feder leiht. Dem gegenüber kann sich der Künstler mit der Rolle des Archivars begnügen. Tzaras Chronik endet mit dem Hinweis, daß bis zum 15. Oktober 1919 »*8590 articles sur le dadaisme*« in verschiedenen Zeitschriften der gesamten Welt erschienen seien. Einen Teil von ihnen dokumentiert der Almanach.

Angesichts dieses chimärischen, kulturgeschichtlich kaum speicherbaren Charakters der Dada-Aktivitäten betreibt der *Dada-Almanach* bereits ästhetische Spurensicherung. Neben den Pressereaktionen und markanten Manifesten und Polemiken der Dadaisten finden sich Dokumente, wie ein exemplarisches Programm einer Dada-Soiree oder der Abdruck eines Solidaritätstelegramms an D'ANNUNZIO, eine Liste von mit Dada assoziierten Personen sowie erste ernsthafte, außerhalb des Dadaismus entstandene Theorieansätze. Den Berliner Dadaismus, den der aus Zürich angereiste Huelsenbeck dort seit 1918 lanciert, ist durch einige zentrale Manifeste vertreten, darunter Huelsenbecks erstes deutsches Dada-Manifest, J. BAADERS *Deutschlands Größe und Untergang* und R. HAUSMANNS *Rückkehr zur Gegenständlichkeit in der Kunst*. Überproportional sind im *Dada-Almanach* die Pariser Dadaisten (T. TZARA, F. PICABIA, P. ELUARD) vertreten, denen Huelsenbeck selbst zwar durchaus verächtlich gegenüberstand, die aber zum Zeitpunkt des Erscheinens des Almanachs die einzig lebensfähige Zelle des Avantgardismus zu sein schienen. Huelsenbeck versucht noch einmal die in Wahrheit bereits zerfallende Dadaistische Vereinigung in einer integrierend internationalistischen Geste wenigstens auf dem Papier zu einen. A.Ar.

AUSGABEN: Bln. 1920. – NY 1966. – Hbg. 1980 [Nachdr.]. – Einzelveröffentlichung der *Chronique Zurichoise*: Zürich 1957 (in *Dada Dichtung und Chronik der Gründer*, Hg. P. Schifferli).

LITERATUR: *Dada in Europa – Werke und Dokumente* (in *Tendenzen der Zwanziger Jahre*, Bln. 1977; Ausst.Kat.). – G. Browning, *Tristan Tzara. The Genesis of the Dada Poem*, Stg. 1979. – K. Füllner, *The Meister Dada. The Image of Dada through the Eyes of R. H.* (in R. Sheppard, *New Studies in Dada*, Driffield 1981, S. 16–34). – R. Meyer, ›*Dada ist gross, dada ist schön*‹. *Zur Geschichte von ›Dada Zürich*‹ (in *Dada in Zürich*, Zürich 1985, S. 6–79; Ausst.Kat.).

EN AVANT DADA. Geschichte des Dadaismus

Selbstdarstellung des Dadaismus von Richard HUELSENBECK, erschienen 1920. – Die Verlagsankündigung des Buches »*Hier erfahren Sie das Geheimnis des Dada*« ist – wie bei Dada üblich – Programm und Mystifikation zugleich. »*Dadaistische Dokumente sind immer gefälscht*«, heißt es einmal beiläufig in dem kleinen Band, der sich um die Historiographie Dadas und um eine erste Analyse avantgardistischer Aporien bemüht. Der Rang Dadas erweist sich darin, daß es streng genommen nie existiert hat. Es ist die perfekte und perfide Simulation einer Kunstepoche. Als deren Dokumentation verstanden, ist *En avant dada* im Zusammenhang mit T. TZARAS *Chronique Zurichoise* (1920) und H. BALLS zweitem Kapitel der *Flucht aus der Zeit* (1927) zu lesen. Nur im Zusammenhang dieser drei frühen Versuche der Spurensicherung auf eigenem Gebiet mag die »wahre« *Geschichte des Dadaismus*, die schwerlich anders zu rekonstruieren ist, überhaupt existieren. Zeitlich zwischen den beiden anderen »Geschichten des Dadaismus« liegend, markiert *En avant dada* fern von Tzaras kalkuliert kalter Tabellarik und Balls rückschauend mißtrauischer Abrechnung ein letztes avantgardistisches Aufbegehren. Freilich ist auch dieses primär von autobiographischen Absichten getragen. Huelsenbeck, ohne die charismatische Begabung Tzaras und ohne Balls Fähigkeit zur Kritik, bemüht sich mit *En avant dada* bereits früh, sich seinen Platz in der Heldengalerie Dadas zu sichern, sich in die Kulturgeschichte einzuschreiben.

Der Dadaismus gewinnt in *En avant dada* zum erstenmal sein anekdotisches Profil. So erwähnt Huelsenbeck als erster die zukünftig am meisten kolportierte Ursprungsgeschichte des Namens »Dada«: »*Das Wort Dada wurde von Hugo Ball und mir zufällig in einem deutsch-französischen Diktionär entdeckt, als wir einen Namen für Madame le Roy, die Sängerin unseres Cabarets suchten. Dada bedeutet im Französischen Holzpferdchen. Es imponiert durch seine Kürze und Suggestivität. Dada wurde nach kurzer Zeit das Aushängeschild für alles, was wir im Cabaret Voltaire an Kunst lancierten.*« Diese Erzählung kontrastiert mit späteren Erinnerungen, führt jedoch in den dadaistischen Kosmos zum erstenmal die anekdotische Selbstbestimmung ein, die noch weite Felder der Rezeptionsgeschichte beherrschen wird. Der Dadaist müht sich nicht mit seinem Werk, sondern erfindet die Anekdote seiner Entstehung. Mehr noch als die unmittelbare, oft nichtige Aktion ist die Geschichte, die der Dadaist von ihr erzählt, Teil seiner Kunst. Trotz seines manchmal zu bezweifelnden Wahrheitsgehalts ist deshalb der Sagenschatz der Avantgarde in einem tieferen Sinne wahr. Denn die Anekdoten haben – durchaus im Sinne der Erfinder – in ihrer Eingängigkeit die Vorstellung von der Moderne geprägt. Um deren ästhetischen und kulturhistorischen Rang abschätzen zu können, muß deshalb neben der historischen Wahrheit auch die Lüge, die die Avantgardisten über sie verbreitet haben, in Betracht gezogen werden. Sie ist im gleichen Maße ihr Anliegen.

Huelsenbeck berichtet zunächst von der Gründung und dem geistesgeschichtlichen Hintergrund der Keimzelle Dadas in Zürich (1916–1918). Der futuristische Bruitismus, das *poème simultané*, die abstrakte Kunst bekommen ihren spezifischen Stellenwert in der Genealogie Dadas zugewiesen. Doch der Dadaist steht ratlos vor dem Erfolg Dadas: Er versucht immer noch, zu »*begreifen, wie es dazu kommt, daß ein leerer Schall (...) sich unter groteskesten Abenteuern erst als Schild für ein schmutziges Cabaret erweist, dann als abstrakte Kunst, dann als Kinderlallen und am Ende – nun, ich werde nichts vorwegnehmen.*«

Ende und Vollendung Dadas ist für Huelsenbeck die radikale Politisierung des Berliner Dadaismus. Als Beleg fungieren längere Zitationen aus Huelsenbecks erstem deutschen Dada-Manifest (1918) oder des – gemeinsam mit R. HAUSMANN verfaßten – Manifestes *Was ist der Dadaismus und was will er in Deutschland?*. Dada-Berlin ist nicht länger, wie Huelsenbeck ausführt, ein »*magisches Ereignis*«. Der Dadaist vertraut nunmehr »*der Propagandamöglichkeit des Wortes*«. Das Vertrauen in die soziale Relevanz der Kunst hält sich jedoch in Grenzen, wenn im gleichen Atemzug mit der Sozialisierung allen Besitzes die »*Einführung des simultaneistischen Gedichtes als kommunistisches Staatsgebet*« gefordert wird. *En avant dada* leistet sich, ausgehend von illusorischer Besinnung auf den sozialen Auftrag der Kunst, scharfe Polemik gegen Tzaras »*Dada ne signifie rien*« und die Stilisierung Dadas zur Kunst. Dem attestiert Huelsenbeck eine nur »*kunstgewerbliche Leistung*«, während in ausführlichen Berichten von Dada-Tourneen behauptet wird: »*Dada hatte in Deutschland seine größten Erfolge.*«

An der eigentliche *Geschichte des Dadaismus* schließt sich ein *Durch Dada erledigt* genannter Trialog an. Er endet in dem Ruf: »*DADA aber WIRD EWIG*

LEBEN!«, bezeugt jedoch das Gegenteil. Ein »Dadaist« belehrt einen amerikanischen Sensationsjournalisten, der glaubt, Spuren einer uralten, verwertbaren *»dadaistic religion«* entdeckt zu haben, und einen Kellner, der sich als Hohepriester Dadas aus der Zeit Thebens ausgibt. Die kurze dramatische Szene handelt thesenartig von der Einverleibung der radikalsten Kunstepoche durch Kommerz und Historie. Ihre Hellsichtigkeit hat sie nicht vor der Erfüllung bewahrt.

Den nachträglichen Versuchen, Kapital aus der eigenen Vergangenheit zu schlagen, die nach 1945 zu einer Flut von Erinnerungsbüchern führten (neben H. RICHTER, *Dada-Kunst und Antikunst*, 1971, und R. HAUSMANN, *Am Anfang war Dada*, 1971, nochmals R. Huelsenbeck, *Mit Witz, Licht und Grütze. Auf den Spuren des Dadaismus*, 1957), geht Huelsenbecks Schilderung aus dem Jahre 1920 weit voraus. Sie fügt dem Dadaismus explizit jene autopoetische Rolle hinzu, die diesem von Anfang an beigegeben war.   A.Ar.

AUSGABEN: Hannover/Lpzg. 1920. – Stg. 1977 (in *Dada Berlin. Texte Manifeste Aktionen*, Hg. K. Riha u. H. Bergius; Teildr.). – Hbg. ³1984 [Nachdr.].

LITERATUR: K. Riha u. H. Bergius, *DADA in Berlin* (in *Da Dada da war ist Dada da*, Hg. K. Riha, Mchn. 1980, S. 39–64). – K. Füllner, *The Meister Dada. The Image of Dada through the Eyes of R. H.* (in R. Sheppard, *New Studies in Dada*, Driffield 1981, S. 16–34). – R. Sheppard, *R. H.*, Hbg. 1982. – R. Meyer, ›*Dada ist gross, dada ist schön*‹. *Zur Geschichte von* ›*Dada Zürich*‹ (in *Dada in Zürich*, Zürich 1985, S. 6–79; Ausst.Kat.).

PHANTASTISCHE GEBETE

Gedichtsammlung von Richard HUELSENBECK, erschienen 1916 mit Holzschnitten von Hans Arp, in erweiterter zweiter Auflage 1920 mit Zeichnungen von George Grosz. – Der Band, den als »Gedichtsammlung« im herkömmlichen Sinn zu bezeichnen einer Irreführung gleichkäme, darf als erste Dokumentation des literarischen Dadaismus gelten, der aus dem Expressionismus hervorgegangen, gegen dessen »Verinnerlichung« sich wendenden Bewegung, deren Hauptvertreter Hans Arp, Huelsenbeck, Tristan TZARA und Marcel JANCO sich im Ersten Weltkrieg in der Schweiz um Hugo BALL und Emmy HENNINGS und deren im Februar 1916 gegründetes »Cabaret Voltaire« in Zürich scharten. Das Programm dieses nur etwa ein Jahr bestehenden Etablissements, anfänglich noch durchaus kabarettistisch-varietéhaft, wurde bald zum Sammelbecken aller avantgardistischen Strömungen, die sich aus Futurismus, Kubismus, Fauvismus und abstraktem Expressionismus der Vorkriegszeit weiterentwickelt hatten. Die historische Bedeutung des Dadaismus, an dessen Gründung und spä-

terer Fortsetzung und Propagierung in Berlin gerade Huelsenbeck entscheidenden Anteil hatte, liegt nicht ausschließlich in der literarischen Manifestation des gedruckten Textes, wie progressiv bzw. destruktiv er auch sein mag, sondern ebensosehr in der provozierten und kalkulierten Interaktion mit einem Publikum, d. h. vor allem in der dadaistischen Einzel- oder Gruppenaktion. Hugo Balls Tagebuch hält zahllose dieser Aktionen fest: *»Alle Stilarten der letzten zwanzig Jahre gaben sich gestern ein Stelldichein. Huelsenbeck, Tzara und Janco traten mit einem* ›*Poème simultan*‹ *auf. Das ist ein kontrapunktliches Rezitativ, in dem drei oder mehrere Stimmen gleichzeitig sprechen, singen, pfeifen oder dergleichen ... Auf das Poème simultan ... folgten* ›*Chant nègre I und Il*‹, *beide zum erstenmal.* ›*Chant nègre (oder funèbre)* N. I‹ *war besonders vorbereitet und wurde in schwarzen Kutten mit großen und kleinen exotischen Trommeln wie ein Femegericht exekutiert«* (30. 3. 1916, in *Die Flucht aus der Zeit*, 1927).

Die *Phantastischen Gebete* sind im Laufe des Jahres 1916 entstanden und im Cabaret Voltaire, später auch bei Dada-Abenden in Berlin, Leipzig und Prag häufig von Huelsenbeck selbst vorgetragen worden, Balls Berichten zufolge mit ironisch-dandyhafter Gestik, mit Kniebeugen und unter Begleitung großer Trommeln. Sie demonstrieren eine chaotisch-groteske Sinnlosigkeit und Auflösung von »Sinn« in der semantischen und in der weltanschaulich-ideologischen Dimension von Sprache. Wie in den Collagen der Kubisten und in den collageartigen Gedichten von Kurt SCHWITTERS werden auch in den *Phantastischen Gebeten* alle sprachlichen Materialien frei benutzt, seien es vorgefundene wie Reklameslogans, Merkverse, Sprichwörter, oder seien es suggestive Lautgesten wie das berühmte *»Schalaben-Schalabai-Schalamezomai«*, das als Refrain in einem grotesken Beschwörungsritual auftaucht. Die Grundstimmung nahezu aller Arbeiten des Bandes – sofern eine solche Vokabel für Sprachstrukturen, die Sinn und Unsinn ironisch nivellieren, noch legitim ist – ist die einer aggressiven und lärmenden Verzweiflung: *»Stülpt o stülpet die elektrischen Bahnen auf eure Arme und schlaget das Rathaus ein nehmet die Schwäne aus den Lilawehern und den Parawang von der Fürstin Bett denn offenbar o offenbar muß alles werden alles werden alles muß werden in der Erden hopsasa...«* (*Der Zwiebelbäcker. Aufforderung*). Ebenso wird die von LAUTRÉAMONT und den Futuristen in die Literatur eingeführte alogische Metaphorik und die Koppelung entferntester und widersprüchlicher Wirklichkeitsbereiche zum direkten Movens des Gedichts: *»Habt ihr die Fische gesehen die im Cutaway vor der Opera stehen schon zween Nächte und zween Tage?«* (*Ende der Welt*).

Der 1936 emigrierte Autor, dessen spätere Arbeiten, die Reiseberichte aus den dreißiger Jahren oder der Gedichtband *Die Antwort der Tiefe* (1954), seinen Anfängen nicht im entferntesten gleichzustellen sind, hat sich als Chronist des Dadaismus und als Herausgeber mehrerer Anthologien häufig zum Phänomen des Dadaismus rückblickend und theoretisch geäußert: »*Der kreative Irrationalismus* [der Dadaisten] *setzt das Gefühl des Terrors voraus, die Empfindung der Angst und des Alleinseins, so wie wir es – von Kriegen umgeben – in der Schweiz empfanden, die existentielle Verzweiflung, der wir mit Ironie, Regression und Angriffslust begegneten.*« KLL

AUSGABEN: Zürich 1916 [Ill. H. Arp]. – Bln. ²1920 [erw.; Ill. G. Grosz]. – Zürich 1960 [Ill. H. Arp u. G. Grosz].

LITERATUR: H. Ball, *Die Flucht aus der Zeit*, Mchn./Lpzg. 1927. – *Dada. Die Geburt des Dada. Dichtung u. Chronik der Gründer*, Hg. P. Schifferli, Zürich 1957. – R. H., *Dada. Eine literarische Dokumentation*, Reinbek 1964.

PIERRE DANIEL HUET

* 8.2.1630 Caen
† 27.1.1721 Paris

TRAITÉ DE L'ORIGINE DES ROMANS

(frz.; *Abhandlung über den Ursprung der Romane*). Historisch-literaturtheoretische Schrift von Pierre Daniel HUET, entstanden 1666, erstmals veröffentlicht als Einleitung zu Mme. de LA FAYETTES *Zayde, histoire espagnole* (Paris 1670). – Die Abhandlung greift mit reichem historischem Material und einer dezidierten Programmatik in den im 17. Jh. besonders in Frankreich sehr lebhaften, u. a. von Autoren wie CHAPELAIN, CYRANO DE BERGERAC und BOILEAU geführten Streit um das literarische Genre des *roman* ein.
Am Anfang stehen Bemerkungen zur Definition der Gattung: Romane sind in freier Prosa verfaßte, gleichwohl ästhetischen Regeln entsprechende fiktive Erzählungen, in deren Mittelpunkt die Liebe steht und die gleichermaßen dem Vergnügen wie der Unterweisung des Lesers dienen. Sodann werden verschiedene Argumente zur Verteidigung dieses literarischen Genres gegen die in der zweiten Hälfte des 17. Jh.s besonders heftige Kritik und Polemik ins Feld geführt. Die oft bestrittene moralisch-pädagogische Funktion des Romans wird nachdrücklich hervorgehoben. Romane seien geeignet, Richtlinien für die Orientierung in der gesellschaftlichen Lebenspraxis zu vermitteln und den Leser zu belehren, ohne ihn zu ermüden. Ebenso wird auf den Gesichtspunkt der ästhetischen Dignität verwiesen: Auch ein Romanschriftsteller könne auf den Titel eines Dichters Anspruch erheben. Zu Huets Plädoyer gehört auch die Feststellung, daß der neuere Roman eine spezielle Leistung und Domäne des französischen Geistes sei. – Die ästhetischen Regeln, die nach Huets Auffassung für die Konzeption und Bewertung von Ro-

manen verbindlich sein sollten, entsprechen den allgemeinen kunst- und literaturtheoretischen Anschauungen seiner Zeit. Eine erhebliche Rolle spielen dabei Motive der Aristotelischen *Poetik*, die z. T. durch die Kunsttheorie der italienischen Renaissance vermittelt und durch den Rationalismus des 17. Jh.s modifiziert sind. Wichtig sind u. a. die Postulate der »Wahrscheinlichkeit« des Handlungsablaufs, der organischen, wohlproportionierten Komposition, der Herausarbeitung des Typischen und Exemplarischen statt naturalistischer Nachzeichnung. – Vom Epos soll sich der Roman durch Verzicht auf metrische Bindung sowie dadurch abheben, daß er weniger kriegerische und heroische Aktionen als vielmehr Begebenheiten der Liebe darstellt. Der weitaus umfangreichste Teil der Schrift ist ein – mehrfach von grundsätzlichen ästhetischen und literaturtheoretischen Erörterungen unterbrochener – geschichtlicher Abriß der Entwicklung des Romans von seinen Ursprüngen bis zu seiner Kulmination in der französischen Literatur des 17. Jh.s. Zunächst wird mit einem beträchtlichen Aufwand historischer Gelehrsamkeit an die Mythen, Legenden und Fabeln des Orients angeknüpft. Sodann werden die Romane der Griechen und Römer aufgezählt und kritisch erörtert. Den eigentlichen Beginn des griechischen Romanschaffens findet Huet in der Alexanderzeit. Besondere Aufmerksamkeit und Anerkennung zollt er den *Aithiopika* des HELIODOROS, während die Hirtenromane des LONGOS eher abfällig beurteilt werden. Als Ursprung des neueren Romans gelten ihm die mittelalterlichen französischen Bearbeitungen der Artussage und des Karlsstoffes; seine Vollendung sieht er in D'URFÉS *Astrée* (1607–1627). Eine gewisse Beschränkung von Huets historischem Blickfeld ergibt sich daraus, daß sein Begriff des Romans vor allem vom Vorbild des hellenistischen Liebesromans geprägt ist. – Unter den zahlreichen historischen, belletristischen, philosophischen und naturwissenschaftlichen Schriften Huets, der zunächst ein Anhänger, später einer der entschiedensten Gegner des Kartesianismus ist *(Censura philosophiae cartesianae*, 1689), hat der *Traité de l'origine des romans* die nachhaltigste Wirkung erzielt. Zahlreiche Neuauflagen und Übersetzungen bezeugen seine große Verbreitung zumal um die Wende des 17. zum 18. Jh. Noch bis gegen Ende des 18. Jh.s wurde er zur Verteidigung der immer wieder umstrittenen und diffamierten Kunstform Roman ins Feld geführt. Danach geriet er rasch in Vergessenheit; die fortschreitende Etablierung des Romans in der literarischen Praxis und sein endgültiger Durchbruch beim Publikum machten die Berufung auf Huets historisch-theoretische Stellungnahme überflüssig. W.Ha.

AUSGABEN: Paris 1670 (in Mme. de La Fayette, *Zayde, histoire espagnole*). – Paris ²1678 [erw.]. – Paris 1719. – Amsterdam 1942, Hg. A. Kok [krit.]. – Stg. 1966 [Nachdr. d. Erstausg.]. – Paris 1971 (*Lettretraité sur l'origine du roman*, Hg. F. Gégou; krit.).

ÜBERSETZUNG: E. W. Happel (in *Der insulanische Mandorell*, Buch 3, Kap. 2–8, Hbg. 1682; Nachdr. Stg. 1966; zus. m. dem frz. Text der Erstausg.).

LITERATUR: C. Bartholomes, *H., évêque d'Avranches*, Paris 1850. – M. A. Raynal, *La nouvelle française de Segrais à Mme. de La Fayette*, Paris 1926. – R. Bray, *La formation de la doctrine classique en France*, Lausanne ²1931. – A. Soreil, *Introduction à l'histoire de l'esthétique française*, Brüssel 1955. – B. Markwardt, *Geschichte der deutschen Poetik*, Bd. 1, Bln. ³1964. – K. Heitmann, *H.* (in *Dichtungslehren der Romania aus der Zeit der Renaissance und des Barocks*, Hg. A. Buck u. a., Ffm. 1972, S. 465–475). – R. Campagnoli, *Teoria e poetica letteraria nel »Trattato« di H.* (in R. C., *Discorsi e finzioni*, Bologna 1982, S. 11–21). – C. Lisota, *Der apologetische Rahmen der Mythenandeutung im Frankreich des 17. Jh.s* (in *Mythographie der frühen Neuzeit*, Hg. W. Killy, Wiesbaden 1984, S. 149–161). – L. Spera, *Il dibattito sul romanzo nel Settecento. Patriarchi e il »Traité« di H.* (in Rassegna della letteratura italiana, 90, 1986, S. 93–103).

CHRISTOPH WILHELM HUFELAND

* 12.8.1762 Langensalza (Thüringen)
† 25.8.1836 Berlin

MAKROBIOTIK oder Die Kunst, das menschliche Leben zu verlängern

Gesundheitslehre von Christoph Wilhelm HUFELAND, erschienen 1797. – Hufeland konzipierte die *Makrobiotik* neben seiner ärztlichen Praxis in Weimar. 1792 trug er erste Ergebnisse in Goethes Freitagsgesellschaft vor, Wieland veröffentlichte diesen Vortrag im ›Neuen Teutschen Merkur‹ (*Über die Verlängerung des Lebens*, 1792, S. 242–262). Hufeland fand damit so große Beachtung, daß er 1793 als Medizinprofessor nach Jena berufen wurde. 1797 gab er seine dortigen Makrobiotik-Vorlesungen unter dem Titel *Die Kunst, das menschliche Leben zu verlängern* als Buch heraus. Bereits 1798 erschien die zweite Auflage und zahlreiche weitere, auch illegale Ausgaben und Übersetzungen folgten. Den heute gebräuchlichen Obertitel *Makrobiotik* besitzt das Werk seit der 3. Auflage 1805. Die *Makrobiotik* richtet sich an medizinisch interessierte Laien und gibt Ratschläge, wie man sein Leben möglichst lange gesund erhält. Ähnliche Gesundheitslehren verfassen viele andere Ärzte im 18. Jh. Dem Humanismus der Aufklärung verpflichtet, wollen sie durch eine Popularisierung medizinischer Kenntnisse den Gesundheitszustand der Bevölkerung verbessern. Dabei stehen sie noch voll in der Tradition der antiken und mittelalterlichen Diätetik (überliefert u. a. in den Schriften des

GALENOS, im *Corpus Hippocraticum*, in den mittelalterlichen *Regimina sanitatis*), einer medizinischen Disziplin, deren Gegenstand weniger die Heilung von Krankheiten als die Förderung und die Erhaltung der Gesundheit war. Ansonsten sind sie durchweg Eklektiker, die aus den gegensätzlichen medizinischen Systemen der Aufklärung das auswählen, was ihrer Erfahrung entspricht.

Hufeland entwickelt in der *Makrobiotik* ein vitalistisches Konzept des menschlichen Lebens, das sich an Francis BACONS *Historia vitae et mortis* (1637) anlehnt und das viele Elemente der Erregungslehre von John Brown (1735–1788) übernimmt, wonach Reize und Reizbarkeit die Gesundheit bestimmen. Menschliches Leben ist, so Hufeland, ein *»fortgesetzter Kampf«* der *»zerlegenden«* Kräfte der unbelebten Natur mit *»der alles bindenden und neuschaffenden Lebenskraft«*. Der Organismus bezieht aus seiner Umwelt Essen und Trinken, Luft und Licht. Durch seine Lebenskraft kann er diese *»Lebensnahrung«* in seinen Körper aufnehmen und sie aus toter Materie in lebende umwandeln. Dabei nützen sich die Organe langsam ab. Die abgeriebenen Teile unterliegen wieder den mechanischen und chemischen Kräften der toten Natur und zersetzen sich. Verbraucht und faul werden sie ausgeschieden und durch neue Lebensnahrung ersetzt. Die *»Grundursache alles Lebens«* ist die Lebenskraft. Ohne sie gäbe es keinen Nahrungskreislauf noch Wachstum, Fortpflanzung oder die Empfindungen der Sinnesorgane. Durch diese Beanspruchung wird sie aber durch das Leben selbst verbraucht, auch wenn sie sich im Schlafe immer wieder teilweise erneuert. So altert der menschliche Organismus allmählich und stirbt und zerfällt, wird wieder Teil der toten Natur, sobald das angeborene Quantum Lebenskraft aufgebraucht ist.

Hufelands praktische Gesundheitsregeln zielen darauf ab, die Lebenskraft zu stärken und ihren Verschleiß möglichst gering zu halten, um so das volle natürliche Lebensalter – seiner Meinung nach 200 Jahre – zu erreichen. Entscheidend sind das rechte Maß und das Gleichgewicht in allen Lebensbereichen. Körperliche und geistige Überreizung z. B. vergeuden Lebenskraft, der Mangel an Reizen vermindert sie aber ebenfalls. Denn der unterforderte Körper kann die verbrauchte Materie nicht mehr ausscheiden, er »verrdet«, und seine Lebenskraft erschlafft. Daneben enthält die *Makrobiotik* Ratschläge zur Körperpflege, zur Ersten Hilfe und zur Heilung von Krankheiten. Da die Lebenskraft in enger Beziehung zu Geist und Seele steht, nehmen psychosomatische und moralische Themen ebenfalls einen breiten Raum ein: die gesundheitlichen Auswirkungen von Emotionen, die Aufgaben von Sexualität und Ehe, die Rolle von Bildung und Kultur. So ist die *Makrobiotik* letztlich ein anthropologisch fundiertes Bildungsprogramm, denn nach Hufeland wird *»der Mensch nur durch Kultur vollkommen«*, andernfalls steht er *»unaufhörlich mit seiner eigenen Natur im Widerspruch«*.

Hufelands *Makrobiotik* gilt als das Hauptwerk aufgeklärter und aufklärender Gesundheitslehre. Sie beeinflußte das medizinische Wissen der Weimarer Klassiker genauso wie das der frühen Romantiker in Jena. Nach der Verdrängung der Diätetik durch die naturwissenschaftliche orientierte Medizin im 19. Jh. wurde die *Makrobiotik* zu einem Standardwerk der Außenseitermedizin. Diese Position behauptet sie noch heute in der alternativen Szene. Hufeland selbst gilt nach wie vor als ein Vorbild ärztlichen Wirkens, in der Bundesrepublik wie in der DDR tragen Preise und Stiftungen seinen Namen. K.N.R.

AUSGABEN: Jena 1797. – Jena 1798. – Bln. 1805. – Bln. 1806. – Bln. 1823. – Stg. 1975, Hg. u. Nachw. K. E. Rothschuh.

LITERATUR: *H., Leibarzt und Volkserzieher. Selbstbiographie von Ch. W. H.*, Hg. W. v. Brunn, Lpzg./Stg. 1937. – K. Pfeifer, *Ch. W. H. – Mensch und Werk. Versuch einer populärwissenschaftl. Darstellung*, Halle 1968. – F. Hartmann, *Diätetik, der Abstieg von der Lebensordnung zur Krankenernährung* (in F. H., *Wandel und Bestand der Heilkunde*, Bd. 1, Mchn. 1977, S. 171–224). – H. Busse, *Ch. W. H. Der berühmte Arzt der Goethezeit*, St. Michael 1982. – R. M. Scherrer, *Friedrich Hoffmanns Anweisung zu gesundem langen Leben, verglichen mit H.s Makrobiotik*, Diss. Zürich 1984.

ALFRED HUGGENBERGER

* 26.12.1867 Bewangen bei Winterthur
† 14.2.1960 Gerlikon bei Frauenfeld

DIE BAUERN VON STEIG

Roman von Alfred HUGGENBERGER, erschienen 1913. – Der Autor zählt, neben Heinrich FEDERER, Ernst ZAHN, Jakob Christoph HEER und Jakob SCHAFFNER, zu den erfolgreichsten Vertretern des Bauern- und Heimatromans der Schweiz in der ersten Hälfte des 20. Jh.s.
Wie in der übrigen deutschsprachigen Heimatliteratur werden auch hier, vor dem Hintergrund einer zunehmenden Kapitalisierung der Wirtschaft, einer Steigerung der gesellschaftlichen Mobilität und Arbeitsteilung wie der Auflösung der tradierten Wertvorstellungen, Harmoniebedürfnisse erfüllt, die auf ein statisches, als natürlich sich legitimierendes Leben zielen.
Huggenberger erzählt in diesem Roman, seinem bekanntesten neben dem späten Werk *Die Schicksalswiese* (1937), die Geschichte des früh verwaisten Kleinbauernjungen Gideon Reich, dessen väterliches Erbe auf Betreiben seines Nachbarn versteigert wurde. Als Pflegekind lebt er bei Handwerkern und Bauern. Gideon lernt den Wert der bäuer-

lichen Arbeit schätzen, und es gelingt ihm schließlich, das bäuerliche Anwesen wieder zu erwerben. Zentrales Thema des Buches ist die bäuerliche Arbeit, deren Wert darin gesehen wird, daß sie den Menschen in eine enge Beziehung mit der Natur treten läßt und ihm das Ganze seiner Arbeit auch widerspiegelt: *»Wenn der Mensch nicht etwas hat fürs Gemüt, wird er ganz einseitig vom Schaffen«*, so eine Maxime des Zeigerhaniß, der zentralen in einer Reihe von Originalen, die den Roman bevölkern. Jeder von ihnen hat eine absonderliche Idee, die mit liebevollem Spott dargestellt wird, die aber nie den Rahmen dieser bäuerlichen Welt sprengt; der eine experimentiert mit seltsamen Düngemitteln, der zweite, der Schneider Wui, will aus Gideon einen Maler machen, und Zeigerhaniß schließlich ist ein Naturphilosoph und Spintisierer, schafft es aber, in dem jungen Gideon die Liebe zur Landarbeit zu wecken.
Huggenberger hatte mit seinen heute weitgehend vergessenen Romanen und Dorfgeschichten vor dem Zweiten Weltkrieg Erfolg vor allem beim Kleinbürgertum, das für diese Form idyllisierender Unterhaltungsliteratur von jeher empfänglich war. Daneben veröffentlichte der Autor zahlreiche Gedichtbände (*Erntedank*, 1939; *Abendwanderung*, 1946). W.Cl.-KLL

AUSGABE: Lpzg. 1913.

LITERATUR: A. Kägi, *A. H.*, Frauenfeld 1937. – F. Wartenweiler, *A. H. 1867–1960. Ein Sennbueb wird Bauer, Mensch, Dichter*, Elgg 1969.

JAMES MERCER LANGSTON HUGHES

* 1.2.1902 Joplin / Mo.
† 22.5.1967 New York

LITERATUR ZUM AUTOR:
J. Wagner, *Les poètes nègres des États-Unis*, Paris 1962 (engl. *Black Poets of the United States*, Urbana/Ill. 1973, S. 385–474). – R. Quinot, *L. H. ou L'étoile noise*, Paris 1964. – J. Emanuel, *L. H.*, NY 1967. – D. C. Dickinson, *A Bio-Bibliography of L. H.*, 1902–1967, Hamden/Conn. 1967; ²1972 [rev.]. – T. B. O'Daniel, *L. H.: Black Genius – A Critical Evaluation*, NY 1971. – R. B. Miller, *L. H. and Gwendolyn Brooks: A Reference Guide*, Boston 1978. – Black American Literature Forum, 15, Herbst 1981 [Sondernr. *L. H.*, Hg. R. B. Miller]. – F. Berry, *L. H.: Before and Beyond Harlem*, Westport/Conn. 1983. – A. Rampersad, *The Life of L. H.: Vol. 1: 1902–1941*, NY 1986. – R. B. Miller, *L. H.* (in DLB, Bd. 51, 1987, S. 112–133).

DAS LYRISCHE WERK (amer.) von Langston HUGHES.

Am Anfang seiner Autobiographie, *The Big Sea*, 1940 *(Ich werfe meine Netze aus)*, verweist Langston Hughes auf ein für seine gesamte spätere Entwicklung entscheidendes Erlebnis: *»Melodramatic maybe, it seems to me now. But then it was like throwing a million bricks out of my heart when I threw the books into the water. I leaned over the rail of the S. S. Malone and threw the books as far as I could out into the sea – all the books I had had at Columbia, and all the books I had lately bought to read.«* Wohl kaum eine andere Geste könnte die künstlerisch eigenwillige, ganz und gar unintellektuelle Persönlichkeit dieses Autors besser charakterisieren, als die des Einundzwanzigjährigen, der, nachdem er New York und der Columbia Universität den Rücken gekehrt hat, auf einem Frachter mit Kurs Afrika anheuert und sich in der eben beschriebenen »Befreiungshandlung« symbolisch vom Einfluß des an sozialem und wirtschaftlichem Erfolg orientierten Vaters lossagt. Doch trotz dieser scheinbar antiliterarischen Haltung wurde aus Langston Hughes einer der einflußreichsten und produktivsten Autoren afro-amerikanischer Literatur dieses Jahrhunderts. Sein umfangreiches Werk umfaßt neben zahlreichen Gedichtbänden u. a. zwei Romane, Kurzprosa, neun Dramen (darunter das äußerst erfolgreiche *Mulatto*, 1935), verschiedene Einakter, Musicals und Opernlibretti, eine zweibändige Autobiographie sowie Übersetzungen von Werken Jacques ROUMAINS, Nicolas GUILLÉNS oder Federico GARCIA LORCAS. Aber auch als Herausgeber mehrerer Anthologien, darunter das bis heute beachtete *The Book of Negro Folklore* (1958), hat sich der Autor einen Namen gemacht.

Im Gegensatz zu der jüngeren Gwendolyn BROOKS, deren Mentor er zeitweise war und auf deren dichterische Entwicklung er großen Einfluß ausgeübt hat, kommt es in der Dichtung von Langston Hughes weder inhaltlich noch stilistisch zu entscheidenden Brüchen. Hughes besaß, wie es Arthur P. DAVIS einmal ausgedrückt hat, *»the gift of simplicity«*. Obwohl er gelegentlich auch traditionelle metrische Formen verwendete, entsprach der freie, überwiegend ungereimte Vers seiner spontanen, situationsabhängigen Arbeitsweise zunächst am meisten. Seine Vorbilder hierin waren nach eigenem Bekunden neben Walt WHITMAN vor allem Carl SANDBURG, Vachel LINDSAY und Edgar Lee MASTERS. Weitaus prägender jedoch als der Einfluß der zeitgenössischen Avantgarde war seine lebenslange Verbundenheit mit der Sprache und Kultur des Afro-Amerikaners. Hughes hat sich nicht nur konsequent einem symbolisch verrätselten, an der Mode des »New Criticism« orientierten Stil verweigert, sondern ist nachdrücklich für eine Dichtung eingetreten, die an den Belangen und der Sprechweise der schwarzen Arbeiterklasse ausgerichtet ist, *»dramatizing current racial interests in simple, understandable verse, pleasing to the ear, and suitable for reading aloud«*, wie er in einem Brief seinem Verleger erklärt.

Besonders die Form und das Lebensgefühl des Blues, zentrales Element schwarzer städtischer Kultur, bestimmen immer wieder seine Gedichte. So schreibt er im Vorwort zu seinem zweiten Gedichtband, *Fine Clothes to the Jew* (1927): *»The first eight and the last nine poems in this book are written after the manner of the Negro folk-songs known as Blues.«* Damit ist auch die metrische Struktur dieser Verse weitgehend vorgegeben: *»one long line repeated and a third line to rhyme with the first two«*. In seinem späteren Werk hat Hughes dieses starre *»pattern«* des Blues dann ausgeweitet und sich formal an die freiere, synkopistische Struktur zeitgenössischer Jazzmusik, *Cool Jazz* und *Be-Bop*, angelehnt. Erste Anzeichen dieser Entwicklung finden sich schon in *Montage of a Dream Deferred* (1951), von dem der Autor sagt, es beinhalte *»passages sometimes in the manner of the jam session, sometimes the popular song«*. Zwischen dem anfänglichen *Dream Boogie* (*»Good Morning, daddy! / Ain't you heard / The boogie-woogie rumble / of a dream deferred?«*) und der letzten Strophe des Bandes (*»Good morning, daddy! // Ain't you heard?«*), die den anfänglichen Refrain wieder aufnimmt, zeichnet Hughes in immer neuen Variationen des Leitmotivs vom *»aufgeschobenen Traum«* ein eindrucksvolles Bild der oft verzweifelten aber unverzagten Menschen Harlems, deren Lebensphilosophie *»Laughing to Keep from Crying«* er mit viel Gespür für das tragikomische Element afro-amerikanischer Kultur wie kein anderer einzufangen versteht. In *Ask Your Mama: 12 Moods for Jazz* (1961) hat Hughes dann jedes Gedicht zusätzlich mit ausführlichen Anleitungen zur musikalischen Begleitung versehen, weshalb ihn einige Kritiker auch für den Vater der *»Poetry-to-Jazz«*-Bewegung halten.

Hinsichtlich ihrer Thematik läßt sich die Lyrik von Langston Hughes grob in die folgenden Kategorien unterteilen: Gedichte über Harlem, Gedichte, die sich mit den afrikanischen Wurzeln der Schwarzen auseinandersetzen, Protestgedichte mit einer sozialkritischen Perspektive, »Blues Poetry« und Gedichte mit verschiedenartigem Inhalt. Alle diese Themen sind mit unterschiedlichem Akzent fast durchgängig in seiner Dichtung vertreten, sieht man einmal von den Bänden *Fine Clothes to a Jew, Montage of a Dream Deferred* und *Ask Your Mama* ab, die sich vorrangig auf Harlem bzw. den Blues konzentrieren. Wie auch in seiner Autobiographie deutlich wird, ist die Sichtweise von Langston Hughes trotz der engen Bindung an afro-amerikanische Kultur dabei eher humanistisch als *»race conscious«*. So kann er sich weder zu einer generellen Verurteilung der schwarzen Mittelklasse und ihrer Integrationsbestrebungen (vgl. *Low to High* und *High to Low*) noch zur vorbehaltlosen Anklage der gesellschaftlich dominanten weißen Bevölkerung durchringen. Sein Standpunkt ist gekennzeichnet durch Parteinahme für die Schwachen und Unterdrückten, aber auch durch ein hohes Maß an Fairneß und Einsicht in die Abgründe menschlicher Existenz. In dem frühen Gedicht *Cross* wird sogar Verständnis und die Bereitschaft zum Verzeihen der »Urschuld« des weißen Amerikas, Sklaverei und die damit einhergehende rassische Vermischung, sichtbar: »*My old man's a white old man / And my old mother's black / If ever I cursed my white old man / I takes my curses back. // If ever I cursed my black old mother / And wished she were in hell, / I am sorry for that evil wish / And now I wish her well.*« Aus dieser Haltung erklärt sich auch seine Geistesverwandtschaft mit dem großen Barden der amerikanischen Demokratie, Walt WHITMAN. Hughes, der trotz seiner Sympathien für die Sowjetunion nie radikaler Kommunist war, glaubt an die Grundsätze der amerikanischen Verfassung, die es für ein freiheitliches Zusammenleben von Schwarzen und Weißen in der Zukunft einzulösen gilt. So evoziert das beinahe unauffällige »*but not too long ago*« der letzten Strophe von *Freedom's Plow* unverkennbar die Vision eines besseren, gerechteren Amerikas, wie sie auch in Martin Luther KINGS berühmter Rede *I Had a Dream* zum Ausdruck kommt: »*Out of labor – white hands and black hands – / Came the dream, the strength, the will, / And the way to build America. / Now it is Me here, and You there. / Now it's Manhattan, Chicago, / Seattle, New Orleans, / Boston and El Paso – / Now it is the U.S.A. // A long time ago, but not too long ago, a man said: // ALL MEN ARE CREATED EQUAL. . . . / ENDOWED BY THEIR CREATOR / WITH CERTAIN INALIENABLE / RIGHTS . . . .*« Zu den Gedichten, die sich mit Afrika und den spirituellen Bindungen des Afro-Amerikaners an das ehemalige Mutterland auseinandersetzen, gehört auch das berühmte *The Negro speaks of Rivers*, Teil seiner ersten Gedichtsammlung *The Weary Blues* (1926). Hier beschwört Hughes, in Analogie zur mythischen, zeitenüberdauernden Geduld und Weisheit gewaltiger Flüsse wie Nil, Kongo und Mississippi, gemeinsam erfahrenes Leid und menschliche Größe aller Schwarzen.

Das Konzept einer teilweise vagen, spirituellen »*négritude*«, wie es in vielen dieser Gedichte spürbar wird (*Sun Song*; *Danse Africaine*; *Negro* u. a.), ist von Kritikern häufig als »*racial Romanticism*« bezeichnet worden. In Anbetracht der Tatsache jedoch, daß der schwarzen Minderheit in den USA lange Zeit die Teilhabe an amerikanischer Nationalgeschichte verweigert worden war, erscheint eine Rückbesinnung auf die eigenen Ursprünge, die in den zwanziger Jahren nicht zuletzt durch die schillernde Figur Markus Garveys und seiner »Back-to-Africa« Bewegung angeregt worden war, durchaus verständlich. – Erwähnenswert ist auch der Gedichtzyklus um Alberta K. Johnson, dem weiblichen Gegenstück zu Hughes' populärer Erzählfigur Jesse B. Simple (*One-Way Ticket*, 1949). Ebenso wie in den meist kürzeren, pointierten Geschichten des schwarzen Alltagshelden Simple gelingt es Hughes, aus der Perspektive einer durchschnittlichen Bewohnerin Harlems nicht nur die widrigen Lebensumstände des Ghettos, sondern auch Witz, Schläue und den Mut zum Widerstand der schwarzen Bevölkerung in einfachen, gereimten Versen festzuhalten. Bis hin zu seinem letzten

Gedichtband *The Panther & the Lash* (1967) hat sich Langston Hughes diesen Sinn für ein »*Laughing to Keep from Crying*« ebenso bewahrt wie seinen schlichten, aber zumeist nur bei oberflächlicher Betrachtung »simplen« Versstil. Sein Motto war, so ein gleichnamiges Gedicht aus *Montage of a Dream Deferred*: »*I play it cool / And dig all jive. / That's the reason / I stay alive. // My motto, / As I live and learn, / is: / Dig And Be Dug / In Return.*« Der große Einfluß, den Langston Hughes auf Dichter so unterschiedlichster Generationen wie Margaret WALKER, Gwendolyn BROOKS, Ted JOANS, Alice WALKER und Mari EVANS ausgeübt hat, zeugt von seiner bleibenden Wirkung auf die afro-amerikanische Lyrik des 20. Jh.s. K. Ben.

AUSGABEN: *The Weary Blues*, NY 1926; Ldn. 1926. – *Fine Clothes to the Jew*, NY 1927; Ldn. 1927. – *Dear Lovely Death*, NY 1931. – *The Negro Mother*, NY 1931. – *The Dream Keeper and Other Poems*, NY 1932. – *Scottsboro Limited – Four Poems and a Play*, NY 1932. – *A New Song*, NY 1938. – *Shakespeare in Harlem*, NY 1942. – *Freedom's Plow*, NY 1943. – *Jim Crow's Last Stand*, NY 1943. – *Lament For Dark Peoples and Other Poems*, Holland 1944 [anon.]. – *Fields of Wonder*, NY 1947. – *One-Way Ticket*, NY 1949. – *Montage of a Dream Deferred*, NY 1951. – *Selected Poems of Langston Hughes*, NY 1959. – *Ask Your Mama: 12 Moods for Jazz*, NY 1961. – *The Panther and the Lash: Poems of Our Times*, NY 1967.

ÜBERSETZUNG: *Gedichte*, Hg. E. Hesse u. P. v. d. Knesebeck, Ebenhausen bei Mchn. 1960 [engl.-dt.].

LITERATUR: Y. Carmen, *L. H.: Poet of the People* (in International Literature, 1939, Nr. 1). – S. W. Allen, *Négritude and Its Relevance to the American Negro Writer* (in *The American Negro Writer and His Roots*, NY 1960). – A. Bontemps, *L. H.: He Spoke of Rivers* (in Freedomways, 7, Frühjahr 1968). – H. Combecher, *Interpretationen für den Englischunterricht: L. H., F. R. Scott, T. S. Eliot* (in NSp, 17, Oktober 1968). – E. E. Waldron, *The Blues Poetry of L. H.* (in Negro American Literature Forum, 5, 1971, Nr. 4). – N. B. McGhee, *L. H.: Poet in the Folk Manner* (in *L. H.: Black Genius*, Hg. T. B. O'Daniel, NY 1971). – J. Onwuchekwa, *L. H. – An Introduction to the Poetry*, NY 1976. – R. K. Barksdale, *L. H.: The Poet and His Critics*, Chicago 1977. – Ch. Ikonné, *From DuBois to Van Vechten: The Early New Negro Literature*, Westport/Conn. 1981.

THE BIG SEA

(amer.; *Ü: Ich werfe meine Netze aus*). Autobiographie von Langston HUGHES, erschienen 1940. – *The Big Sea* ist die erste der beiden Autobiographien des auch international bekannt gewordenen afro-amerikanischen Autors. Der Lebensbeschreibung seiner Jugend und seiner ersten schriftstellerischen Erfolge während der sog. »Harlem Renaissance«, als in den zwanziger Jahren gemeinsam mit dem gestiegenen Interesse an schwarzer Musik auch afro-amerikanische Literatur kurzzeitig von einem breiteren Publikum beachtet wurde, hat Hughes 1956 einen Bericht seiner zahlreichen Auslandsreisen, *I Wonder As I Wander – A Autobiographical Journey*, folgen lassen. Hier beschreibt der inzwischen erfolgreiche Autor u. a. seine Begegnung mit Arthur KOESTLER in einer asiatischen Sowjetrepublik der frühen dreißiger Jahre, seine Reisen durch China und Japan, wo er aufgrund seiner Sympathien für die verhaßten Chinesen festgesetzt wird, sowie seine Erlebnisse als Reporter im belagerten Madrid, kurz vor dem Ende des Spanischen Bürgerkriegs.

Wie schon in vielen seiner Gedichte und vor allem in dem äußerst populären Erzählzyklus um Jesse B. Simple, einen schwarzen Alltagshelden, stellt Langston Hughes auch bei der persönlichen Berichterstattung seine gute Beobachtungsgabe und seinen ausgeprägten Sinn für das Wesentliche und Komische einer Situation unter Beweis. So besitzt *The Big Sea* trotz der überwiegend linearen Chronologie eher episodischen Charakter. Neben dem übergeordneten Erzählzusammenhang, nämlich die Entwicklung des Autors zu beleuchten, steht vor allem der Erfahrungswert und das Typische der dargestellten Ereignisse im Vordergrund. Viele der zumeist kürzeren, übertitelten Sequenzen sind in sich derartig geschlossen ausgereift und erzählerisch pointiert, daß sie sich ebenso als eine Folge von Kurzgeschichten, formal durch die gemeinsame Hauptfigur miteinander verbunden, lesen lassen.

Nach seiner von ihm selbst als eine Art »Befreiungshandlung« empfundenen Afrika-Reise, die er als Einundzwanzigjähriger unternahm, und die für ihn zu einer lehrreichen und prägenden Exkursion in die »spirituelle Heimat« aller Schwarzen wurde, heuert Hughes erneut an, diesmal in Richtung Europa. Er gelangt auf Umwegen nach Paris, wo er sich – meist am Rande des Existenzminimums – als Türsteher, Küchenjunge und Kellner in verschiedenen Nachtclubs durchschlägt. Hier lernt er neben der berühmten schwarzen Jazzsängerin Florence Embry auch Alain LOCKE kennen, den späteren Herausgeber der richtungsweisenden Anthologie *The New Negro* (1925). Locke bietet sich an, den mittellosen Autor, dessen Gedichte ab und zu in der afro-amerikanischen Zeitschrift ›Crisis‹ erscheinen, während einer Italienreise durch Venedig zu führen. Auch hier läßt Hughes ein Bewußtsein erkennen, daß für seine Persönlichkeit und sein gesamtes literarisches Werk bestimmend geblieben ist. Gelangweilt durch die kunstgeschichtlichen Erläuterungen des gebildeten Führers sucht er die Hinterhöfe, die Armenviertel der »untergehenden Stadt«: *»But before the week was up, I got a little tired of palaces and churches and famous paintings and English tourists. And I began to wonder if there were no*

back alleys in Venice and no poor people and no slums [...]. So I went off by myself a couple of times and wandered around in sections not stressed in the guide books. And I found that there were plenty of poor people in Venice and plenty of back alleys off canals too dirty to be picturesque.« Kurze Zeit später findet er sich selbst als »beachcomber«, als obdachloser Überlebenskünstler am Strand von Genua, ohne Geld und Paß, da ihm beides auf der Weiterfahrt durch Italien gestohlen worden war. Um nach Amerika zurückzugelangen, verdingt er sich schließlich als »arbeitender Passagier« auf einem Frachter.

Den Schluß des Buches bestimmt die Beschreibung der allmählichen Anerkennung seiner literarischen Arbeit durch Verleger und Kritiker. Doch Langston Hughes befindet sich in der paradoxen Situation, zwar als vielversprechender junger Dichter zu gelten, im rassistischen Klima der Vereinigten Staaten jedoch ohne Aussicht auf eine angemessene Anstellung zu sein. Erst als er als »Abräumer« im Restaurant eines exklusiven Washingtoner Hotels den bekannten Dichter Vachel LINDSAY trifft, ihm heimlich einige seiner Gedichte zusteckt und daraufhin am nächsten Morgen in der Zeitung lesen kann, Lindsay habe »*a Negro bus boy poet*« entdeckt, gelingt ihm der Durchbruch. Er gewinnt einige Literaturpreise, beendet sein Studium und seinen ersten Roman *Not Without Laughter*. Doch wie viele junge afro-amerikanische Autoren in den turbulenten zwanziger Jahren bleibt auch Langston Hughes auf das Wohlwollen eines reichen weißen Mäzens angewiesen. Und wieder ist es charakteristisch für den eigenwilligen Künstler, daß er bald – als seine Gönnerin auch inhaltlich Einfluß auf seine Arbeit nehmen will – die Verbindung abbricht und damit auf finanzielle Absicherung verzichtet.

Langston Hughes war vor allem ein Poet der Straße. Seine Literatur lebt von der Sympathie für die Sprache und Kultur der schwarzen Arbeiterklasse, von der tragikomischen Lebenshaltung des Blues und dem Erfindungsreichtum und der Musikalität des »Black English«. In *The Big Sea* schildert er eindrucksvoll, wie steinig aber auch erfahrungs- und abenteuerreich sein eigener Weg zum »Poet Laureate« afro-amerikanischer Literatur gewesen war.

K. Ben.

AUSGABEN: *The Big Sea:* NY 1940. – Ldn. 1940. – NY 1963; 12,1981. – *I Wonder As I Wander:* NY 1956; Nachdr. 1974.

ÜBERSETZUNGEN: *Ich werfe meine Netze aus*, P. v. d. Knesebeck, Mchn. 1963. – Dass., dies. u. D. Nick, Mchn. 1968 (dtv).

LITERATUR: J. Wagner, *L. H.* (in Information and Documents, Paris 1961, Nr. 135). – N. Guillén, *Le souvenir de L. H.* (in Présence Africaine, 64, 1967). – R. K. Barksdale, *L. H.: His Times and His Humanistic Techniques* (in *Black American Literature and Humanism*, Hg. R. B. Miller, Lexington/Ky.

1981). – R. B. Miller, *For a Moment I Wondered: Theory and Form in the Autobiographies of L. H.* (in L. H. Review, 3, Herbst 1984).

LAUGHING TO KEEP FROM CRYING

(amer.; *Lachen, um nicht zu weinen*). Kurzgeschichten von Langston HUGHES, erschienen 1952. – Wie in seinem ersten Erzählband *The Ways of White Folks* (1934) geht der Autor auch in diesen Geschichten von den Grundsituationen afroamerikanischen Lebens aus, für die er – oft auf dem knappen Raum von kaum mehr als einer Seite – exemplarische Bilder setzt. Wiederum ist sowohl die Erzählhaltung wie die Aussage ganz vom Blues-Stil geprägt (wie auch der Titel der Sammlung einem alten Blues entnommen ist). Aus den geschilderten Ereignissen – die repräsentativ für die Erfahrung der gesamten schwarzen Bevölkerung der USA sind – spricht die trotz aller widrigen Umstände ungebrochene Lebenskraft. Die Thematik ist weiter gespannt als in Hughes früheren Erzählungen, der geographische Rahmen reicht von Harlem bis Nevada, von Boston bis Paris. Der einstige ironische Ton ist jenem harten Sarkasmus gewichen, der auch in zahlreichen Blues-Strophen der dreißiger und vierziger Jahre vernehmbar ist. Dem Blues-Stil entspricht es auch, daß Hughes die nordamerikanische Rassenproblematik niemals psychologisiert wie etwa Ralph ELLISON oder James BALDWIN, sondern alle sich daraus ergebenden menschlichen Situationen auf eine einfache, aber nicht erzwungene Formel bringt, die keinen Kommentar benötigt und deren Wirkung (der Leser wird zunächst durch die rasch abrollenden Ereignisse in Spannung gehalten) sich nicht schockartig während der Lektüre, sondern erst beim Nachdenken über das Gelesene einstellt. Das gilt vor allem für die zahlreichen »doppelbödigen« Geschichten, die nur der ganz verstehen kann, der außer der gesellschaftlichen Situation der schwarzen Bürger Nordamerikas auch ihre Lebensformen, Sprech- und Denkweisen kennt und mit dem *double-talk* vertraut ist, jener Art des Redens, bei der man etwas ganz anderes meint als das, was man ausspricht. Auch dies ist eine Eigentümlichkeit des Blues-Stils und mit scheinbar ähnlichen Stilmitteln der europäischen Literatur nicht vergleichbar.   J.H.J.

AUSGABE: NY 1952; Nachdr. Mattituck/N.Y. 1976.

ÜBERSETZUNGEN: *Lachen, um nicht zu weinen*, P. v. d. Knesebeck, Wiesbaden 1958 [enth. 2 Erz.]. – Dass., ders., Lpzg. ²1962 [IB; enth. 5 Erz.].

LITERATUR: A. P. Davis, *The Tragic Mulatto Theme in Six Works of L. H.* (in Phylon, 16, 1955). – J. A. Emanuel, *The Short Stories of L. H.*, Diss. Columbia Univ. 1962 (vgl. Diss. Abstracts, 27, 1966/67). – D. C. Dickinson, *The Short Fiction of L. H.* (in Freedomways, 8, 1968, Nr. 2).

NOT WITHOUT LAUGHTER

(amer.; *Nicht ohne Lachen*). Roman von Langston HUGHES, erschienen 1930. – Der uneinheitliche Ausbau des ersten größeren Prosawerks von Hughes muß aus seinem Zusammenhang mit dem umfangreichen Gesamtwerk des mit bedeutendsten afro-amerikanischen Schriftstellers Nordamerikas verstanden werden. Es entstand nur kurze Zeit vor dem satirischen Gedicht *Advertisement for the Waldorf-Astoria*, mit dem Hughes begann, intensiver gegen die Vorurteile der amerikanischen Gesellschaft und für die Emanzipation der Schwarzen in den USA einzutreten. In *Not without Laughter* kommt diese Übergangsphase zum Ausdruck: Zwar scheint das Werk bei oberflächlicher Betrachtung lediglich eine unkritische Milieuschilderung zu sein, doch zeigen sich am Ende deutlich Ansätze zu einer Auseinandersetzung mit sozialen und rassischen Fragen. Die ersten zwei Drittel des Romans erzählen in breiter, szenisch-situativer Schilderung vom täglichen Leben einer schwarzen Familie in Kansas, wo Hughes selbst einen Teil seiner Kindheit verbracht hatte. Der Autor erscheint hier als Berichterstatter, der den Tagesablauf der Familie Rodgers sorgfältig registriert, die weitschweifigen Unterhaltungen in der eigentümlichen Sprechweise der Leute und ihren derben Humor unmittelbar aufzeichnet, so daß ein Bild von der armseligen, selbstgenügsamen, aber auch bunten und lebendigen Welt der Schwarzen im Mittleren Westen entsteht. Die verschiedenen Typen, die im Lauf der Erzählung deutlicher hervortreten, verkörpern typische Lebenshaltungen, die der Autor in der Folge indirekt bewertet: Aunt Hager ist ein Beispiel für die traditionsgebundene, gottesfürchtige ehemalige Sklavin, die ihr ganzes Leben lang hart gearbeitet hat und nun versucht, ihre Kinder mit Strenge zu einer ähnlichen Auffassung zu erziehen. Jimboy und Harriet können jedoch »*nicht ohne Lachen*« existieren. In Jimboy, der auf der Suche nach Arbeit und neuen Liedern für seine Gitarre unstet von Ort zu Ort zieht, und Harriet, die ihre Familie verläßt, um eine gefeierte Bluessängerin zu werden, stellt Hughes seine eigenen Lebensideale dar: seine Liebe zur Wanderschaft und zur Folklore seines Volkes. Die Konflikte, die sich aus der sozialen Stellung der Schwarzen ergeben, bleiben zunächst ausgeklammert, und die dominante weiße Gesellschaft mit ihren Vorurteilen ist nur ein ferner, bedrohlicher Hintergrund, den sie wie ein Naturereignis hinnehmen. Auch ihre Armut, für die der Weiße als Arbeitgeber verantwortlich ist, wird nur gelegentlich sozialkritisch beleuchtet. Im letzten Drittel des Romans unterzieht Hughes die scheinbar folkloristische Idylle dann allerdings einer kritischen Betrachtung: Die Familie Rodgers löst sich auf, und Aunt Hager stirbt. In den Vordergrund tritt nun der intelligente und nachdenkliche Junge Sandy Rodgers, der eine bessere Ausbildung genossen hat und dessen Ambitionen ihn über die sichernden Grenzen seines Milieus hinausführen. Als Schwarzer aus ärmlichen Verhältnissen in der letzten Reihe seiner Klasse erlebt er unmittelbar die Vorurteile und Schwierigkeiten, die den sozialen Aufstieg fast unmöglich machen. Aus Sandys Sicht und aus den gegensätzlichen Anschauungen seiner Tante Tempy und seiner Mutter entfaltet Hughes die Kritik an einer »Integration um jeden Preis«. So ist Tempy, bei der Sandy nach dem Tod seiner Großmutter eine Zeitlang lebt, die sarkastische Karikatur jener schwarzen Mittelklasse, die in ihrem Bedürfnis nach sozialer Anerkennung den Umgang mit anderen Farbigen ablehnen und die Weißen in jeder Hinsicht imitieren; doch auch das Milieu von Sandys Mutter in Chicago, das zwar Wärme und Lebensfreude, Blues und Jazz, aber auch Armut, Schmutz und Engstirnigkeit bedeutet, ist für Sandy selbst keine echte Alternative mehr. Der Widerspruch zwischen dem Aufstiegswillen des schwarzen Studenten, der die Anpassung an die Weißen notwendig macht, und dem Wert traditioneller afro-amerikanischer Kultur bleibt ungelöst. Zweifellos zeichnete Hughes in Sandy seine eigene Situation: Nach Jahren des Wanderns und Erlebens nahm er, als er den Roman schrieb, sein Studium wieder auf; er ließ sich dabei von einer Erkenntnis leiten, die er der Bluessängerin Harriet in den Mund legt: »*All of us niggers are too far back in this white man's country to let any brains go to waste!*«   U.F.

AUSGABEN: NY 1930. – Ldn. 1930. – NY 1969 [Einl. A. Bontemps; ⁵1979]. – NY ¹³1971.

LITERATUR: S. J. Redding, *To Make a Poet Black*, Chapel Hill 1939. – H. M. Gloster, *Negro Voices in American Fiction*, Chapel Hill 1948. – R. A. Bone, *The Negro Novel in America*, New Haven/Conn. 1958. – H. Isaacs, *Five Writers and Their African Ancestors* (in Phylon, 21, 1960). – R. B. Miller, ›*Done Made Us Leave Our Home*‹: *L. H.'s »Not Without Laughter«* (in Phylon, 37, 1976).

TAMBOURINES TO GLORY

(amer.; *Ü: Trommeln zur Seligkeit*). Roman von Langston HUGHES, erschienen 1958. – Der Roman spielt in den späten fünfziger Jahren, als tüchtige Manager die starke Religiosität der schwarzen Bevölkerung zu Millionengeschäften ausnutzten. Laura Reed und Essie Belle Johnson, Bewohner der Slums von Harlem, leben von der Wohlfahrtsunterstützung, jede auf ihre Weise das Dasein mehr schlecht als recht meisternd. Beide sind von einem naiven aber unerschütterlichen Glauben beseelt: Laura glaubt an die Freuden dieser Welt, Essie an die Tröstungen der Religion. Aus unterschiedlichen Motiven reift in beiden der Entschluß, eine neue Kongregation zu gründen und an den Straßenecken die Trommel zu schlagen und zu singen. Bald stellt sich der finanzielle Erfolg ein. Während Essie das Geld benutzt, um ihre Tochter zu sich zu holen und den Armen zu helfen, entwickelt sich Laura aus einer naiven kleinen Betrügerin zur raffinierten Geschäftemacherin großen Stils. Sie lebt im Luxus und leistet sich einen feschen jungen Liebhaber. Als sie erkennt, daß der Galan sie fortwährend betrügt, ermordet sie ihn. Sie lenkt den Verdacht zunächst auf Essie, wird aber schließlich überführt und geht ihren bitteren Weg zu Ende.

Der Roman besteht aus kurzen Kapiteln, in sich geschlossenen Bildern, die kaleidoskopartig zusammengesetzt sind. Der Stil ist von äußerster Präzision in der Profilierung der Geschehnisse und Gestalten. Es wird auf jedes schmückende Beiwerk verzichtet. So entstehen die Blues-artigen Formeln, die Hughes' gesamte Erzählkunst auszeichnen. Wie viele afroamerikanische Autoren verwendet Hughes immer wieder die Umgangssprache. Sie verdankt ihre Bildhaftigkeit und Prägnanz der anhaltenden Bedeutung schwarzer »oral culture«, der auch die eigentümliche Verformung der englischen Phonetik und Syntax zuzuschreiben ist. Hughes' »objektive«, wertfreie Darstellung der religiösen und kulturellen Welt der Afroamerikaner ist aus der Perspektive einer engagierten Sozialkritik als Distanzierung von brennenden Problemen (z. B. dem der Ausbeutung) gedeutet worden. Die Erkenntnis, daß die »Seligkeit«, die Musik und religiöses Erlebnis vermitteln, nur eine Ersatzbefriedigung ist, wird zwar gestreift, aber nicht als zentrales Problem behandelt. Hughes vertraut aus Zweifel an der Möglichkeit wirklicher Veränderung der Beschwörungskraft, die von dem Erlebnis subjektiver innerer Befreiung ausgeht, einer Kraft, die auch den alten afrikanischen Preis- und Spottgesängen zugeschrieben wird.   J.H.J.

AUSGABEN: NY 1958. – Ldn. 1959. – NY 1970.

ÜBERSETZUNG: *Trommeln zur Seligkeit*, P. v. d. Knesebeck, Mchn. 1959.

DRAMATISIERUNG: L. Hughes, *Tambourines to Glory* (Urauff.: NY, 2. 11. 1963, Little Theatre).

LITERATUR: H. Isaacs, *Five Writers and Their African Ancestors* (in Phylon, 21, 1960). – *Images of the Negro in American Fiction*, Hg. S. L. Cross u. J. Hardy, Chicago 1966. – H. Hill, *Anger, and Beyond: The Negro Writer in the United States*, NY 1966. – D. Littlejohn, *Black on White*, NY 1966. – E. Margolies, *Native Sons*, NY 1968.

RICHARD HUGHES

* 19.4.1900 Weybridge
† 28.4.1976 Moredrin bei Halech / Wales

LITERATUR ZUM AUTOR:
P. Thomas, *The Early Writings of R. H.* (in Anglo-Welsh Review, 1971, Nr. 45, S. 36–57). –

Ders., *R. H.*, Cardiff 1973. – R. Poole, *Morality and Selfhood in the Novels of R. H.* (in Anglo-Welsh Review, 1975, Nr. 57, S. 10–29). – D. S. Savage, *R. H.: Solipsist* (ebd., 1981, Nr. 68, S. 36–50). – B. Humfrey, *R. H.* (in DLB, Bd. 15, 1983, S. 186–194). – H. Kruse, *Bauformen u. Erzählverfahren in den Romanen von R. H.*, Ffm./Bern. 1983.

THE FOX IN THE ATTIC

(engl.; *Ü: Der Fuchs unterm Dach*). Roman von Richard HUGHES, erschienen 1961. – Erster Teil einer unvollendeten Romanserie mit dem Titel *The Human Predicament*; vom Autor als umfassender »historischer Roman meiner Zeit« geplant, sollte die Serie, von der außer *The Fox in the Attic* nur noch *The Wooden Shepherdess*, 1973 (*Die hölzerne Schäferin*), erschien, die Vorgeschichte des Zweiten Weltkriegs darstellen. Im Mittelpunkt des vorliegenden Teils stehen (wie in *The Wooden Shepherdess*) die Erlebnisse des jungen Engländers Augustine Penry-Herbert, der nach dem Tod seines Bruders im Ersten Weltkrieg der letzte Abkomme einer Familie des Landadels ist. Er hat sein Studium in Oxford beendet und zieht sich im Jahr 1923 (in dem die Handlung vorwiegend spielt) in sein Landhaus in Wales zurück. Der introvertierte, übersensible junge Mann ist sich des schrecklichen Erbes des vergangenen Krieges ebenso schmerzlich bewußt wie der Tatsache, daß seine Generation nur um Haaresbreite noch einmal davongekommen ist und weder diejenigen, die überzeugt gekämpft haben, noch die Kriegsgegner wirklich verstehen kann. – Der Tod des Kindes einer ortsansässigen Familie, an dem er keinerlei Schuld trägt, mit den ihn aber üble Lästerzungen in Verbindung bringen, treibt ihn aus seiner Isolation. Man überredet ihn, einen deutschen Verwandten, Baron Walther von Kessen, auf seinem Schloß in Bayern zu besuchen.

Hier nun sieht sich Augustine einer für ihn erschreckend neuen Welt gegenüber. Er verliebt sich in seine Kusine Mitzi, ein von religiöser Schwermut ergriffenes Mädchen, das seiner Gefühle nicht einmal gewahr wird. Und in der neuen Umgebung wird der gemäßigt liberal eingestellte, im Grund aber völlig weltfremde Engländer auch mit dem von politischen und wirtschaftlichen Krisen erschütterten Deutschland von 1923 konfrontiert – für ihn eine geradezu alptraumhafte Erfahrung. Seine Anwesenheit im Schloß wirkt sich – ohne daß Augustine von diesen Vorgängen erfährt – auf einen heimlichen Gast aus: Es ist der »Fuchs unterm Dach«, ein pathologischer Fanatiker namens Wolff, den Kessens Sohn Franz dort versteckt hält. Trotz seiner kaum zwanzig Jahre hat Wolff bereits die blutigen Kämpfe im Baltikum mitgemacht. Er steigert sich in immer schrecklichere, phantastische Visionen des Hasses, der Gewalttätigkeit und Grausamkeit hinein, die durch die Anwesenheit des Ausländers Augustine unter dem gleichen Dach

noch mehr genährt werden. Wolff, extremes Symbol seiner verratenen und mißbrauchten Generation, erhängt sich schließlich.

Im Rahmen dieser Handlung werden Ereignisse aus den politischen Wirren jener Jahre geschildert, darunter die subversiven Aktionen von Röhm, Göring und Hitler, wobei letzterer als eine noch kaum ernstzunehmende, wenn auch auf eine fast lächerliche Weise notorisch gewordene Figur dargestellt wird. Bemerkenswert ist eine Beschreibung des nach dem fehlgeschlagenen Putsch von 1923 sich versteckt haltenden Hitler. (Freunde des jungen Franz von Kessen sind an den Vorbereitungen dieses Putsches beteiligt.) Alle diese Geschehnisse sind, unter Berücksichtigung der historischen Fakten, ganz aus der Sicht derer, die sie miterlebt haben, wiedergegeben. Hughes ist es nicht nur gelungen, die Reaktionen dieser Menschen und des passiven englischen Zuschauers glaubwürdig zu machen, sondern auch historische Figuren organisch in die Romanhandlung einzubauen. Den stärksten Eindruck hinterlassen Charakterporträts wie die von Augustine und Wolff: unverwechselbare Repräsentanten ihrer Zeit, ihres Landes und ihres Milieus, wirken sie dennoch nicht starr typisiert. – *The Wooden Shepherdess* konzentriert sich auf Augustines Erlebnisse im Jahre 1934 und bezieht dabei u. a. den Röhm-Putsch ein. Beide Romane wirken nicht völlig in sich abgerundet und haben in der Kritik wegen ihrer offenen Form ein kontroverses Echo gefunden. J.v.Ge.-KLL

AUSGABEN: Ldn. 1961. – NY 1962.

ÜBERSETZUNG: *Der Fuchs unterm Dach*, M. Wolff, Ffm. 1963.

LITERATUR: J. Updike, *R. H.* (in J. U., *Assorted Prose*, Ldn. 1966).

A HIGH WIND IN JAMAICA

(engl.; *Ü: Ein Sturmwind auf Jamaika*). Roman von Richard HUGHES, erschienen 1929. – »*Eine der erstaunlichsten Erzählungen . . ., die ich wohl nie wieder vergessen werde*« nannte Hermann HESSE dieses Buch, das den Waliser Hughes berühmt machte und heute einen Platz unter den bedeutendsten modernen Erzählwerken über Kinder und ihre Welt einnimmt. Der Roman spielt in den sechziger Jahren des 19. Jh.s. Auf Jamaika hat wieder einmal ein Hurrikan gewütet und das Leben der Pflanzer bedroht. Zwei Elternpaare, die Engländer Bas-Thornton und die Kreolen Fernandez, beschließen, ihre Kinder nach England zu schicken, bevor sich eine neue Naturkatastrophe ereignet. Der Kapitän des Segelschiffes »Clorinda« nimmt die sieben jungen Passagiere in seine Obhut. Unterwegs plündern Piraten das Schiff und entführen die Kinder. Diese Piraten sind in Wirklichkeit keineswegs die blutrünstigen Bösewichte, als die der Kapitän der »Clorinda« sie nach seiner Freilassung schildert, sondern erstaunlich gutmütige Männer, die recht unentschlossen ihrem aussterbenden »Gewerbe« nachgehen. Weit entfernt davon, den Kindern etwas anzutun, zerbrechen sie sich den Kopf, was sie auf dem Schoner mit ihnen anfangen sollen. Den Kindern selbst aber macht das Abenteuer bald Vergnügen, und die älteren unter ihnen lassen die Piraten nach ihrer Pfeife tanzen. Vergeblich versuchen die seltsamen Seeräuber, in einer kleinen Küstenstadt ihre »Beute« in Pflege zu geben. Als der Segler wieder ausläuft, sind nur noch sechs Kinder an Bord: John Bas-Thornton, der Älteste, ist an Land einem selbstverschuldeten Unfall zum Opfer gefallen. Seine Schwester Emily, die die Ereignisse der Fahrt besonders intensiv erlebt (und die immer mehr in den Mittelpunkt des Geschehens rückt), gerät kurz danach in eine schreckliche Situation: Sie soll den holländischen Kapitän eines von den Piraten gekaperten Frachtschiffes bewachen, beobachtet, wie der Gefesselte sich zu befreien sucht, wird, als ihre Hilferufe ungehört bleiben, von Panik ergriffen und ersticht den Mann. Die entsetzten Piraten, die die dreizehnjährige Margaret Fernandez für die Täterin halten, sind zutiefst erleichtert, als ein Passagierschiff die Kinder an Bord nimmt. Hier und bei der Ankunft in England, wo die Eltern sie erwarten, erregen die Kinder mit ihren verworrenen Erzählungen von der »Gefangenschaft« das Mitleid und die Bewunderung der Erwachsenen, deren einseitiger Interpretation der Ereignisse sie nicht widersprechen. Ihr Abenteuer hat ein grausam-ironisches Nachspiel: Die Piraten werden gefangen und auf Grund von Emilys mißverständlicher Aussage gehängt.

Die starke, erschreckende Wirkung und die Originalität des Romans beruhen auf der Gegenüberstellung des Verhaltens der Kinder und der Reaktionen der Erwachsenen. Ohne zu psychologisieren, räumt Hughes mit der sentimentalen Vorstellung von der »unschuldigen« Kinderseele auf. Seine jungen Protagonisten besitzen die Unschuld der jenseits von Gut und Böse lebenden Kreatur; sie sind unendlich weit von der Welt der Erwachsenen entfernt, in der Schuld als Schuld, Grausamkeit als Grausamkeit, Lüge als Lüge erkannt wird. Aus der Gestalt Emilys, der Zehnjährigen, die im Verlauf der Ereignisse an die Schwelle zwischen Unbewußtheit und Ich-Erfahrung gelangt, teilt sich auf immer beklemmendere Weise die »Exklusivität« der Kindheitswelt mit, einer Welt, in der Wesen leben, die sich vielleicht einem Tier verwandter fühlen als einem Erwachsenen. (Szenen wie die, in der ein junger Alligator, nach Wärme suchend, auf Emilys Bett kriecht, haben Symbolcharakter und sind zugleich beispielhaft für Hughes' scheinbar berichtenden und beschreibenden, in Wirklichkeit aber höchst hintergründigen Stil.) Hat Emily bewußt nur die halbe Wahrheit gesagt, oder hat ihre kindliche Phantasie das tatsächliche Geschehen verdrängt? Ihr Vater weiß keine Antwort auf diese Fragen. Und Emily selbst wird ein Schulmädchen wie alle anderen, dem niemand die schrecklichen Erlebnisse ansieht.   J.v.Ge.

AUSGABEN: Ldn. 1929. – NY 1929 (*The Innocent Voyage*). – NY 1959 [Einl. M. Bogart]. – Ldn. 1975. – Ldn. 1976.

ÜBERSETZUNGEN: *Ein Sturmwind von Jamaika*, E. MacCalman, Bln. 1931. – *Ein Sturmwind auf Jamaika*, A. Seidel, Ffm. 1950. – Dass., dies., Ffm. 1973 (BS). – Dass., dies., Ffm. 1984 (st).

DRAMATISIERUNG: P. Osborn, *The Innocent Voyage* (Urauff.: NY, 15. 12. 1943).

VERFILMUNG: USA 1965 (Regie: A. Mackendrick).

LITERATUR: A. Schöne, *Tragische Ironie bei R. H.* (in GRM, 40, 1959, 1). – T. J. Henighan, *Nature and Convention in »A High Wind in Jamaica«* (in Crit, 9, 1966, S. 5–18). – R. Poole, *Irony in »A High Wind in Jamaica«* (in Anglo-Welsh Review, 1974, Nr. 51, S. 41–57). – S. M. Dumbleton, *Animals and Humans in »A High Wind in Jamaica«* (ebd., 1981, Nr. 68, S. 51–61).

IN HAZARD

(engl.; *Ü: Hurrikan im Karibischen Meer. Eine Seegeschichte*). Roman von Richard HUGHES, erschienen 1938. – Knapp ein Jahrzehnt nach seinem Welterfolg *A High Wind in Jamaica* legte Hughes eine Seegeschichte ganz anderer Art vor. Sie spielt im Jahr 1929 an Bord des britischen Frachtdampfers »Archimedes«, der auf einer Fahrt nach Fernost im Karibischen Meer in einen Hurrikan gerät, zu einer Jahreszeit (November), in der gewöhnlich nicht mehr mit solchen Stürmen zu rechnen ist. Dem Kapitän bleibt keine andere Wahl, als zu versuchen, das schwer beschädigte Schiff, dessen Funkanlage zerstört ist, in das windstille Zentrum des Hurrikans zu steuern. Die Auswirkungen dieser Naturkatastrophe auf die aus Engländern und Chinesen bestehende Besatzung bilden den Inhalt des Romans. Die Vertrautheit des Autors mit allen technischen Details der Schiffahrt und seine Fähigkeit, das Verhalten von Menschen in einer Bewährung fordernden Ausnahmesituation zu analysieren, rufen CONRADS *Typhoon* in Erinnerung – ein Vergleich, den anzustellen kaum ein Kritiker unterlassen hat.

In dem ihm eigenen unprätentiösen, aber stets zum Aufhorchen zwingenden Stil gelingen Hughes beklemmend eindringliche Charakterporträts. Erwähnt seien das des Kapitäns Edwardes, den seine ungeheure Verantwortung in einen an Trunkenheit grenzenden Zustand versetzt, so daß er noch in der hoffnungslosesten Situation Heiterkeit ausstrahlt; das des Ersten Offiziers Buxton, der seit 25 Jahren zur See fährt, der aber erst, als ihm in dieser Bewährungsprobe klar wird, was »*Tugend im römischen Sinn*« bedeutet, seinen Beruf richtig einschätzen lernt; das des Schiffsjungen Dick Watchett, der in Panik gerät, dann aber Zuflucht zu den Lebenslehren nimmt, die eine bürgerliche Erziehung ihm mitgegeben hat, und dadurch wieder Halt findet; und schließlich das des erfahrenen Offiziers Rabb, den die Todesangst überwältigt und der sich hysterisch einzureden sucht, er sei das Opfer eines Komplotts seiner Kameraden. Eine interessante Kontrastrolle fällt dem chinesischen Heizer Ao Ling zu, der mit falschen Papieren angeheuert hat, da die Polizei in Hongkong ihn wegen kommunistischer Umtriebe sucht. Auch er beweist Mut, gerät aber seiner Vergangenheit wegen fälschlich in Verdacht, eine Meuterei anzetteln zu wollen, und wird in Ketten gelegt. – Die zweifellos vorhandenen symbolischen Bezüge haben einige Interpreten dieses Romans bewogen, die »Archimedes« (die schließlich von einem kleinen Bergungsschiff ins Schlepptau genommen wird) als Sinnbild des zerfallenden Britischen Empire zu verstehen. Auch ohne eine so bedeutungsschwere Auslegung kann sich Hughes' Werk als eine Seegeschichte von Rang behaupten.

J.v.Ge.

AUSGABEN: Ldn. 1938. – NY 1938. – NY 1963.

ÜBERSETZUNGEN: *Von Dienstag bis Dienstag*, R. Möring u. A. Newman, Bln. 1938. – *Hurrikan im Karibischen Meer. Eine Seegeschichte*, dies., Bln./Ffm. 1956. – Dass., dies., Ffm. 1988 (BS).

LITERATUR: R. Poole, *»In Hazard«: The Theory and Practice of R. H's Art* (in Planet, 45/46, 1978).

TED HUGHES

eig. Edward James Hughes
* 17.8.1930
Mytholmroyd

DAS LYRISCHE WERK (engl.) von Ted HUGHES.
Ted Hughes, einer der bedeutendsten englischen Lyriker des 20. Jh.s, war bis zu deren Freitod (1963) mit der amerikanischen Lyrikerin Sylvia PLATH verheiratet und erlangte auch als ihr Nachlaßverwalter und Herausgeber große Bedeutung. Seit 1984 ist er offizieller Hofdichter *(poeta laureatus)*. Die Anfänge seiner Lyrik liegen in den fünfziger Jahren, in denen sich eine Gruppe junger Dichter profilierte, die man ›The New University Wits‹ oder auch »The Movement« nannte. Sie strebten eine strenge Sachlichkeit an, die ästhetische und emotionale Überhöhung ausschloß und sich entschieden von der kühnen, als zu esoterisch empfundenen Lyrik der »New Apocalypse« im Stil Dylan THOMAS' abzuheben suchte. Ähnlich wie Thom GUNN hat Hughes dabei in seinem ersten Gedicht-

band *The Hawk in the Rain*, 1957 *(Der Falke im Regen)*, grundsätzliche Themen, insbesondere den Kampf zwischen Lebendigkeit und Tod gerade auch im Bereich der Liebe, in so aggressiver Form behandelt, daß man seine Dichtung als *poetry of violence* (»Lyrik der Gewalttätigkeit«) bezeichnet hat. Schon mit *The Hawk in the Rain* wurde Hughes als Sieger eines Lyrik-Wettbewerbs, zu dessen Jury W. H. AUDEN, Stephen SPENDER und Marianne MOORE gehörten, international bekannt.
Wie die Gedichte der Folgezeit zeigen (z. B. *Thrushes*, 1960 – *Drosseln*; *Thistles*, 1967 – *Disteln*; *Eagle*, 1977 – *Adler*), ist die Aggressivität jedoch in erster Linie Zeichen eines elementaren Lebensdrangs, eines der Natur innewohnenden *élan vital*, der sich im Sinne der Lebensphilosophie Henri BERGSONS und des Jahrhundertbeginns den Formen der Leblosigkeit entgegenstellt. Bereits in der Gedichtsammlung *Lupercal*, 1960 *(Die Luperkalien)*, die nach dem römischen Fest zu Ehren des Lupercus, des Beschützers der Herden vor den Wölfen, benannt ist, wird der Charakter des Lebens in wesentlich differenzierterer Form zum Ausdruck gebracht, auch wenn das Thema des Lebenskampfes wiederum vorherrscht. Bereits hier wie auch insbesondere in der Lyrik der Folgezeit geht es Hughes im Gegensatz zu der Orientierung der Dichter des »Movement« an Zivilisation und Stadtkultur um die erdhafte, in sich ruhende Vitalität, um das vor allem Bewußtsein liegende intuitivinstinktmäßige Eingefügtsein in die organische Natur und ihre Selbsterhaltungskräfte, das im Verhalten von Tieren und in dem auf solche Weise ursprünglich lebenden Menschen sichtbar wird. Aus dem Gedichtband *Crow*, 1970 *(Krähe*, bzw. *Krähenmensch)*, geht jedoch hervor, daß Hughes nicht beabsichtigte, Zivilisationskritik gepaart mit Naturverherrlichung etwa im Stile der Neuromantik und mit den dichterischen Mitteln der sechziger Jahre vorzutragen. In dieser z. T. folkloristisch-sarkastischen Gedichtsequenz (man vergleiche z. B. die Genesis-Parodie in *Crow's First Lesson*) geht es Hughes vielmehr um die Entwicklung einer Art privater Mythologie mit fundamentaler, religiöser Neudeutung. Diese hatte sich bereits in Gedichten wie *Reveille* (Erwachen), *Theology, Logos, Pibroch* u. a. aus der Sammlung *Wodwo* (1967; der Titel ist die mittelenglische Bezeichnung für einen Waldgeist) angedeutet, verbleibt in *Crow* allerdings ganz im Rahmen des Imaginativen und Mystischen. Mit der Entwicklung Crows aus Dunkel und Urschrei über Geburt, Jugend und Erfahrungen knüpft Hughes an das Lehrgedicht an, in das er naturmythische, anthropologische und tiefenpsychologische Materialien einarbeitet. Das Bild von der Übermacht Gottes, die nach seiner Meinung dem ewigen Walten der Natur untergeordnet ist, die Kläglichkeit der Zivilisation, die Antithese von biologisch-organischer und maschineller Energie erinnern dabei ebenso wie das Bemühen um liedhafte Eingängigkeit, das Insistieren auf bestimmten Wortfeldern und der häufige Gebrauch der Anapher an die Mythenschöpfung des Romanti-

kers William BLAKE oder des Symbolisten W. B. YEATS. In der »*great Emptiness*« (»*der großen Leere*«), in der nach *Stations* (1967) alles Leben seinen letzten Urgrund hat, schuf Hughes jedoch einen Antimythos nicht nur privater, sondern auch spezifischer und zugleich überzeitlich moderner Prägung. Die Leere ist einerseits monolithische Gleichheit, Indifferenz und Feindlichkeit im Sinne des Naturalismus Thomas HARDYS sowie insgesamt des europäischen Nihilismus. Andererseits ist sie zugleich Ort des instinktiv-fatalistischen Daseins, der Verwurzelung, des Einswerdens mit der Erde, des geradezu fernöstlich anmutenden Eintauchens in die totale Abwesenheit, des Einmündens in das ewige Nichts, des Sich-Hingebens, der Verwandlung von Leben: kurzum Inbegriff von Wesens- und Bewußtseinszuständen, die der Autor in Tier- und Pflanzengedichten wie *You drive in a circle (Du drehst dich im Kreis), Skylarks (Lerchen), Gnat-psalm (Mücken-Psalm)* und *Still Life* (alle in *Wodwo*) durch nunmehr stärkere Verwendung von Symbolen mit Erfolg veranschaulicht.

Mit dieser Schöpfung eines imaginativ-mythischen Weltbildes, das im Prinzip der dynamischen Bild- und Sprachmagie der Lyrik des Dylan Thomas verwandt ist, geht Hughes über die Gegenwartsanalyse der meisten seiner eher zivilisatorisch interessierten Kollegen weit hinaus. Ihrem Wesen entsprechend bieten solche poetischen Schöpfungen nur indirekte Antworten auf die brennenden Fragen der Existenz, gerade wenn sie einer inhaltslosen und insofern »leeren« Transzendenz, einer Metaphysik des letztlich Unmetaphysischen, das Wort reden. Andererseits ist hinter dem Konzept Hughes' und in seiner Lyrik insgeheim die geballte, jedoch zugleich eigentümlich hermetische Kraft seiner Sinngebung erkennbar. Vermittler dieser Kraft ist die sprachliche Gestaltung, in der Hughes' Auffassung der »*art of explosive compression*«, d. h. der Kunst als Resultat explosiver Komprimation, zum Ausdruck kommt. Konzentration und Intensität vermitteln der dynamische Verbalstil, die an Gerard Manley HOPKINS erinnernden Wortzusammensetzungen sowie die mit dessen Prinzip des *instress* vergleichbare Versgestaltung, ferner das Interesse an der Ursprünglichkeit und Realität des behandelten Gegenstandes, auch und gerade unter Preisgabe der syntaktischen Ordnung und Folgelogik, mit der unweigerlich Denkstrukturen vorgegeben sind, die das Wesen von Hughes' intuitiver und komplexer Einbildungskraft nicht hinlänglich zum Ausdruck bringen können.

Mit der Sammlung *Crow* zeichnete sich bereits der Übergang zu größeren kompositorischen Einheiten ab, die das lyrische Werk der siebziger Jahre kennzeichnen. Zunächst ist hier die Sammlung *Prometheus on His Crag*, 1973 (*Prometheus an seinen Felsen gekettet*), zu nennen. Sie ist den innerseelischen Vorgängen und Erfahrungen des Prometheus gewidmet, die in kurzen inneren Monologen vermittelt werden und um die menschliche Existenz im Angesicht des Bösen, der Feindschaft, des Leids und des Schicksals kreisen. Monologform

und Konzentration auf jeweils einen Bildbereich stehen im Dienst des inneren Bewußtwerdens und damit der Befreiung trotz des unabänderlichen Leidens. Sie spiegeln personale Erfahrungen wider, die durch die Folie des klassischen Mythos objektiviert werden sollen, ohne daß dabei eine Weltdeutung intendiert wäre. Ebenfalls als innerer Monolog, jedoch in der Art eines rückschauenden Tagebuchs und damit im Ansatz episch, sind die Gedichte der Sammlung *Gaudete*, 1977 (*Freuet Euch!*), angelegt. Ihr Zentrum ist die geistige und seelische Krise eines anglikanischen Geistlichen, der als gespaltene Persönlichkeit im Sinne von Märchen und Sage, aber auch keltischer Mythen sowie insbesondere psychologischer Tiefenbestände und Interpretationen, eine Art innere Reinigung oder Wiedergeburt in der Unterwelt erfährt, während sein unterbewußtes, in die Welt geschicktes Double animalische Leidenschaften sexueller und mörderischer Art entfesselt, zu Tode gehetzt und verbrannt wird. Diese Thematik vermittelt Hughes durch eine reichhaltige Symbol- und Impressionskunst, die ohne Pathos ist und gleichsam umgangssprachlich schlichte Diktion mit ausgesprochener gedanklicher Hintergründigkeit, teilweise sogar Dunkelheit, verbindet.

Die Sammlung *Season Songs*, 1976 (*Gesänge der Jahreszeiten*), die sich ähnlich wie andere Titel auch an eine junge Leserschaft wendet, enthält hingegen Gedichte einfacherer Art und ist um lyrische Sangbarkeit bemüht, auch wenn sie präzise Formulierungen und intensiv angelegte Bildbereiche sucht. Obwohl sie keine heile Naturwelt kreieren, ist der Zugang zu diesen Gedichten leicht, die Stimmungslage bejahend. Die unter dem Titel *Cave Birds*, 1978 (*Höhlenvögel*), veröffentlichten Gedichte hingegen sind weniger eingängig. Sie waren ursprünglich als dichterische Illustration von Vogelzeichnungen gedacht, die sich jedoch dann zu einer Art lyrischer Folge dramatisch-statuierenden Charakters, zu einem »*symbolic drama*« (Hughes), ausweiteten. Ihre Thematik ist kulturmorphologisch angelegt, geistesgeschichtlich gesehen dualistisch und mythologisch-spirituell, wobei Tier und Mensch in kontrapunktischer Weise den grundsätzlichen, jedoch immer wieder neu gefaßten Anliegen der Lyrik des Autors Ausdruck verleihen, so wie dies auch in der Dialektik von Fluß und Flußufer der Illustrationsgedichte zu dem Fotografieband *River*, 1983 (*Fluß*), der Fall ist.　　P.E.

AUSGABEN: *Selected Poems 1957–1967*, Ldn. 1968. – *Crow: From the Life and Songs of the Crow*, Ldn. 1970; 21972 [erw.]. – *Cave Birds*, Ldn. 1975; 21978 [erw.]. – *Moon Bells*, Ldn. 1978. – *Remains of Elmet*, Ldn. 1979. – *Moortown*, Ldn. 1979. – *Selected Poems 1957–1981*, Ldn. 1982. – *Flowers and Insects*, Ldn. 1986.

ÜBERSETZUNGEN: *Gedankenfuchs*, E. Faas u. M. Seletzky, Bln. 1971 [engl.-dt.; ern. 1981]. – *Krähe*, E. Schenkel, Stg. 1986 [engl.-dt.].

LITERATUR: H. Oppel, *T. H.: »Pibroch«* (in *Die moderne engl. Lyrik*, Hg. ders., Bln. 1967). – E. Faas, *T. H.* (in *Engl. Literatur der Gegenwart*, Hg. H. W. Drescher, Stg. 1970). – G. Haefner, *Formen surrealistischer u. realistischer Lyrik in England, 1910–1970*, Köln 1972, S. 84–122. – W. Migutsch, *Zur Lyrik von T. H.: Eine Interpretation nach Leitmotiven*, Salzburg 1974. – S. Hirschberg, *Myth and Anti-Myth in T. H.'s »Crow«* (in Contemporary Poetry, 2, 1975, S. 1–8). – W. Keutsch, *A Reading of T. H.'s »Thrushes«* (in LWU, 9, 1976, S. 115–121). – A. Bold, *Thom Gunn and T. H.*, Edinburgh 1976. – R. Lengeler, *T. H.: »Crow's First Lesson«* (in *Engl. Literatur der Gegenwart 1971–1975*, Hg. ders., Düsseldorf 1977). – K. Sagar, *The Art of T. H.*, Cambridge 1975; ²1978 [erw.]. – F. Wieselhuber, *T. H.: »Gnat-Psalm«* (in *Moderne engl. Lyrik*, Hg. E. Platz-Waury, Heidelberg 1978). – E. Faas, *T. H.: The Unaccomodated Universe*, Santa Barabara/Calif. 1980. – T. Gifford u. N. Roberts, *T. H. A Critical Study*, Ldn. 1981. – K. Sagar, *The Achievement of T. H.*, Manchester 1983. – Ders. u. S. Tabor, *T. H.: A Bibliography, 1946–1980*, Ldn. 1983. – Th. West, *T. H.*, NY 1985. – W. Erzgräber, *Die Welt aus der Perspektive der Krähe: Zu T. H.' »Crow« (1970)* (in *Engl. u. amerikanische Naturdichtung im 20. Jh.*, Hg. G. Ahrends u. H.-U. Seeber, Tübingen 1985). – R. B. Shaw, *T. H.* (in DLB, Bd. 40, 1985, S. 258–276). – K. H. Göller, *T. H.' »Apple Tragedy«: Eine Verkehrung des biblischen Schöpfungsmythos* (in *Tradition u. Innovation in der engl. u. amerikanischen Lyrik des 20. Jh.s*, Hg. K.-J. Höltgen u. a., Tübingen 1986).

THOMAS HUGHES

* 22.10.1822 Uffington
† 22.3.1896 Brighton

TOM BROWN'S SCHOOLDAYS

(engl.; *Tom Browns Schulzeit*). Roman von Thomas HUGHES, anonym erschienen 1857. – Das überaus erfolgreiche Werk, dessen Einfluß sich in der Entwicklung des englischen *Public School*-Systems bemerkbar machte und bis ins 20. Jh. hinein in zahlreichen Schulgeschichten und -romanen festzustellen ist, gründet auf den Ideen des *»Christian Socialism«*. Diese Reformbewegung (ihre Hauptwirkungszeit fällt in die fünfziger Jahre des 19. Jh.s) wurde getragen von der Kritik am konservativen Christentum und seiner Unfähigkeit, den sozialen und moralischen Auswirkungen der industriellen Revolution wirkungsvoll zu begegnen. Die Anhänger der Bewegung sahen im Verlust ethischer Werte das größte Übel der kapitalistischen Gesellschaft und forderten die Neubesinnung auf die Inhalte der christlichen Lehre. Das ihnen vorschwebende Idealbild des modernen Christen wird in Hughes' Buch durch den Pädagogen Thomas Arnold verkörpert (der von 1828 bis 1842 Leiter der Internatsschule Rugby war und tiefgreifende Reformen durchführte). Dabei ist allerdings nicht zu übersehen, daß diese Lehrerfigur neben sentimentalen und puritanischen auch aggressiv-militante Züge aufweist, die in enger Verbindung mit sportlichen Eigenschaften zutage treten. Körperliche Abhärtung, sportlicher Ehrgeiz und kämpferische Einsatzbereitschaft gehören ebenso wie Gerechtigkeitssinn und Verantwortungsgefühl gegenüber der Gemeinschaft zu dem vom Autor propagierten Erziehungsideal.

Das auf Hughes' eigenen Erfahrungen in Rugby basierende Buch schildert die Entwicklung des Schülers Tom Brown vom achten bis zum neunzehnten Lebensjahr. Am Beispiel der erfolgreichen Auflehnung Toms und seines Kameraden Harry East brandmarkt Hughes das in allen Internatsschulen grassierende – und geduldete – Übel des *»bullying«*: Ältere Schüler schüchtern jüngere ein und zwingen ihnen unangenehme Arbeiten auf (*»fagging«*). Nicht selten führen diese sadistische Neigungen fördernden Praktiken dazu, daß die Jüngeren brutal schikaniert, zu gefährlichen Mutproben gezwungen oder erpreßt werden. – Um Toms überschäumendes Temperament zu zähmen und seinen Lausbubenstreichen ein Ende zu setzen, betraut der erfahrene Arnold den Vierzehnjährigen mit der Aufgabe, sich des neuen, ein Jahr jüngeren Schülers George Arthur anzunehmen. In der rauhen Internatsatmosphäre ist George, ein Pfarrerssohn von zarter seelischer und körperlicher Konstitution, auf Rückendeckung angewiesen. Er freundet sich mit seinem Beschützer an und trägt entscheidend bei dessen Wandlung bei: Tom lernt, sich verantwortlich zu fühlen, echte Autorität zu akzeptieren und die moralischen Werte der viktorianischen Gesellschaft anzuerkennen. George wiederum entwickelt sich mit seiner Hilfe zu einem widerstands- und leistungsfähigeren Menschen. Das Buch endet mit dem Tod Thomas Arnolds, den Tom, der inzwischen mit dem Universitätsstudium begonnen hat, tief betrauert. Eine weniger erfolgreiche Fortsetzung, *Tom Brown at Oxford*, erschien 1861. E. Ma.

AUSGABEN: Cambridge 1857; ³1857. – Ldn./NY. 1896. – Ldn. o. J. [1935]. – Ldn. 1958. – Ldn. 1975 [m. Ill.]. – Harmondsworth 1983 (Penguin). – Ldn. 1987. – *Tom Brown at Oxford*: Ldn. 1861, 3 Bde. – Ldn. 1920.

ÜBERSETZUNGEN: *Tom Brown's Schuljahre, von einem alten Rugby-Jungen*, bearb. v. E. Wagner, Gotha 1867. – *Tom Browns Schuljahre*, anon., Nürnberg 1892.

VERFILMUNGEN: USA 1916. – USA 1940 (Regie: R. Stevenson). – England 1950/51 (Regie: G. Parry).

LITERATUR: E. Harrison, *The Englishry of Tom Brown* (in Queen's Quarterly, 50, 1943). – E. C. Mack u. W. H. G. Armytage, *H.: The Life of the Author of »Tom Brown's School Days«*, Ldn. 1952. – M. M. Maison, *Tom Brown and Company: Scholastic Novels of the 1850's* (in English, 12, 1958). – J. R. Reed, *Old School Ties: The Public Schools in British Literature*, Syracuse/N.Y. 1964, S. 17–27. – H. R. Harrington, *Childhood and the Victorian Ideal of Manliness in »Tom Brown's Schooldays«* (in Victorian Newsletter, 44, 1973, S. 13–17). – D. Hibberd, *Where There Are No Spectators: A Rereading of »Tom Brown's Schooldays«* (in Children's Literature in Education, 21, 1976, S. 64–73). – I. Watson, *Victorian England. Colonialism and the Ideology of »Tom Brown's Schooldays«* (in ZAA, 29, 1981, S. 116–129). – G. J. Worth, *T. H.* (in DLB, Bd. 18, 1983, S. 148–153). – S. Pickering Jr., *The ›Race of Real Children‹ and Beyond in »Tom Brown's School Days«* (in Arnoldian, 11, 1984, S. 36–46).

HERMAN HUGO

* 1586 oder 1588 Brüssel
† 1629 Rheinberg

PIA DESIDERIA. Emblematis, Elegiis et affectibus SS. Patrum illustrata

(nlat.; *Gottselige Begirde aus lautter sprüchen der Heyligen Vättern Zuesamen gezogen Und mitt schönen figuren geziret*). Emblematisches Erbauungsbuch von Herman HUGO, erschienen 1624. – Herman Hugo trat 1605 in den Jesuitenorden ein; er war Almosenier und Beichtvater des spanischen Generals Spinola, den er auf allen seinen Feldzügen begleitete. – Die *Pia Desideria* stehen in der Nachfolge des heiligen BERNHARD; sie vereinigen Motive der Brautmystik des *Hohenliedes* mit der volkstümlichen Andacht zum Kinde Jesu. Entsprechend den drei Stufen des mystischen Heilsweges (Reinigung, Erleuchtung, Vereinigung) ist das Werk in drei Bücher unterteilt: *Gemitus animae poenitentis, Vota animae sanctae, Suspiria animae amantis (Stöhnen der büßenden, Gelübde der heiligen, Seufzer der liebenden Seele)*. Jedes dieser drei Bücher besteht aus 15 vollständigen Emblemen, jedes Emblem aus einer allegorischen Szene samt einem Bibelvers (meist aus dem *Hohenlied* oder den *Psalmen*) und einer Elegie in Distichen; angehängt sind jeweils die im Titel genannten *affectus*, eine Auswahl passender Prosazitate aus Schriften der Kirchenväter und mittelalterlicher Autoren, denen ein weiterer Bibelvers als Motto vorausgeht. Die Hauptperson der allegorischen Szenen, die sicher auf Hugos Anweisungen zurückgehen, ist die menschliche Seele, dargestellt in Kindergestalt als die Braut *(sponsa)* des *Hohenliedes*; ihr zugeordnet,

sie mahnend, schreckend, belehrend, tröstend, befreiend, Christus, ebenfalls in Kindergestalt, geflügelt, im Strahlenkranz, als die göttliche Liebe. Das Vorbild des himmlischen Kupido, einer geistlichen Kontrafaktur des weltlichen Amor, lieferte Otto VAENIUS (van Veen, 1556–1629) mit seinen *Amoris divini emblemata* (Antwerpen 1615). Die erste Ausgabe der *Pia Desideria* ist mit Kupfern von Boetius a Bolswert (ca. 1580–1633) geschmückt, die für eine spätere Ausgabe (1628) Christoffel van Sichem (1581–1658) als Vorlage für seine Holzschnitte dienten.

Hugos *Pia Desideria* sind ohne Zweifel *»das berühmteste, für die Gestaltung des religiösen Kleinbildes schlechthin bedeutendste Andachtsbuch des 17. Jahrhunderts... Der Bildschatz des Buches wird richtungsgebend für die religiöse Emblematik des 17. und 18. Jahrhunderts überhaupt«* (Spamer). Das Buch wurde, mit immer wieder nachgestochenen Illustrationen, ins Deutsche, Englische, Französische, Holländische und Italienische übersetzt, wobei einige dieser Übersetzungen auf die Elegien, andere auf die Prosazitate verzichten. Die erste deutsche Ausgabe (ohne die Elegien), von dem Benediktiner Karl STENGEL (1581–1663), erschien 1627 zu Augsburg. Es folgten, in bewußter und betonter Anlehnung an Friedrich SPEES *TrutzNachtigal* (1649), zwei strophisch gereimte Übersetzungen von Andreas PRESSON (1672/75/77) und Johann Christoph HAINZMANN (1683).

Ihrer großen Beliebtheit wegen wurde Hugos Emblemfolge früh mit der des Vaenius gekoppelt: anonym, mit französischen Gedichten der Mystikerin Madame GUYON (Köln 1717); in holländischer Übersetzung, mit Versen von Jan SUDERMANN (Amsterdam 1727). Zusammen mit der reizvollsten Bilderfolge der religiösen Herz-Emblematik des 17. Jahrhunderts, dem *Cor Jesu amanti sacrum* des Antonie Wierix (ca. 1552–1624), begegnet man den Bilderszenen der *Pia Desideria* in dem *Hertzens-Gespräch mit Gott* der deutschen Pietistin Johanna Eleonora PETERSEN (1644–1724). F. Ke.

AUSGABEN: Antwerpen 1624. – Lyon 1625. – Köln 1682. – Bamberg 1760.

ÜBERSETZUNGEN: *Gottselige Begirde ...*, K. Stengel, Augsburg 1627. – *Das Klagen Der büssenden Seel ...*, A. Presson, Bamberg 1672. – *Gottseeliger Begierden ... Das Verlangen der Heiligen Seele. TrutzNachtigal Töchterlein ...*, Bamberg 1675 [Tl. 2]. – *Der Lieblichen Trutz Nachtigall Enckel Oder das Seufftzen der verliebten Seel ...*, Bamberg 1677 [Tl. 3]. – *Himmlische Nachtigall, Singend Gottseelige Begierden, Der Büssend- heilig- und verliebten Seel, Nach denen drey Wegen, Der Reinigung, Erleuchtung, und Vereinigung Mit Gott ...*, J. Chr. Hainzmann, Weingarten 1683; ern. Ffm. 1730.

LITERATUR: A. Spamer, *Das kleine Andachtsbild vom 14. bis 20. Jh.*, Mchn. 1930, S. 143 ff. – M. Praz, *Studi sul concettismo*, Florenz 1946,

S. 179–186; 200–213. – E. Jacobsen, *Die Meta-morphosen der Liebe u. F. Spees »Trutznachtigall«*, Kopenhagen 1954, S. 13–62. – K.-A. Wirth, *Religiöse Herzemblematik*, (in K.-A. W., *Das Herz im Umkreis der Kunst*, Biberach 1966).

VICTOR HUGO

* 26.2.1802 Besançon
† 22.5.1885 Paris

LITERATUR ZUM AUTOR:
Bibliographien:
M. Grant, *H. A. Selected and Critical Bibliography*, Chapel Hill 1967. – R. L. Doyle, *V. H. His Drama. An Annotated Bibliography, 1900–1980*, Westport/Ldn. 1981. – P. M. Betz, *Bibliographie commentée des études de l'édition Massin des Œuvres complètes de H.* (in RLMod, 1984, Nr. 693–697, S. 189–223).
Biographien:
H. Guillemin, *V. H. par lui-même*, Paris 1951. – E. Gregh, *V. H., sa vie, son œuvre*, Paris 1954. – A. Maurois, ›*Olympio*‹ *ou la vie de V. H.*, Paris 1954; ern. 1985. – M. Levaillant, *La crise mystique de V. H. (1843–1856) d'après des documents inédits*, Paris 1954. – G. Venzac, *Les premiers maîtres de V. H.*, Paris 1955. – Ders., *Les origines religieuses de V. H.*, Paris 1955. – P. Flottes, *L'éveil de V. H., 1802–1822*, Paris 1957. – P. Miquel, *H. touriste*, Paris 1958. – Ders., *Avec V. H., du sacré au cabaret, 1825–1829*, Paris 1960. – *Album H.*, Hg. M. Ecalle u. V. Lombroso, Paris 1964 (Pléiade). – Y. Delteil, *La fin tragique du voyage de V. H. en 1843*, Paris 1970. – J. Richardson, *V. H.*, Ldn. 1976. – T. Lücke, *V. H. Roman seines Lebens*, Bln. 1979; ern. Ffm. 1985. – H. Juin, *V. H.*, 3 Bde., Paris 1980–1986. – E. Ionesco, *Hugoliade. La vie grotesque et tragique de V. H.*, Paris 1982. – J.-F. Kahn, *L'extraordinaire métamorphose ou cinq ans de la vie de V. H., 1847–1851*, Paris 1984. – A. Decaux, *V. H.*, Paris 1984. – J. L. Cornuz, *H., l'homme des »Misérables«*, Paris 1985.
Sondernummern und Kongreßakten:
CAIEF, 19, März 1967. – Romantisme, 6, 1973. – RSH, 156, 1974. – L'Arc, 57, 1974. – P. Albouy, *Mythographies*, Paris 1976. – Lendemains, März 1978, Nr. 10. – *V. H., 1: Approches critiques contemporaines*, Hg. M. Grimaud, Paris 1984 (RLMod, 693–697). – L'Avant-Scène, 767/68, 1985. – Europe, März 1985, Nr. 671. – *H. dans les marges*, Hg. L. Dällenbach u. L. Jenny, Genf 1985. – *H. le fabuleux. Colloque de Cérisy*, Hg. J. Seebacher u. A. Ubersfeld, Paris 1985. – *V. H. et la Grande Bretagne*, Hg. A. R. W. James, Liverpool 1986. – *Lectures de V. H.*, Hg. M. Calle-Gruber u. A. Rothe, Paris 1986.

Gesamtdarstellungen und Studien:
J. Barbey d'Aurevilly, *V. H.*, Paris 1922; ern. Sainte-Maxime 1985. – P. Zumthor, *V. H., poète de Satan*, Paris 1946; Nachdr. Genf 1973. – J.-B. Barrère, *La fantaisie de V. H.*, 3 Bde., Paris 1949–1960; ern. 1972–1973. – Ders., *V. H., l'homme et l'œuvre*, Paris 1952; erw. 1984. – L. Aragon, *H., poète réaliste*, Paris 1952. – J. Gaudon, *V. H., dramaturge*, Paris 1955. – J. Rousselot, *Le roman de V. H.*, Paris 1951. – J. Mallion, *V. H. et l'art architectural*, Paris 1962. – C. Dédéyan, *V. H. et l'Allemagne*, 2 Bde., Paris 1964; ern. 1977. – G. Piroué, *V. H. romancier ou les dessus de l'inconnu*, Paris 1964; ern. 1985. – J.-B. Barrère, *V. H. à l'œuvre*, Paris 1965. – P. Albouy, *La création mythologique chez V. H.*, Paris 1967; ern. 1985. – J. Gaudon, *Les temps de la contemplation. L'œuvre poétique de V. H. des »Misères« au »Seuil du gouffre« (1845–1856)*, Paris 1969; ern. 1985. – C. Gély, *V. H., poète de l'intimité*, Paris 1969. – Ders., *H. et sa fortune littéraire*, Saint-Médard-en-Jalles 1970. – C. Villiers, *L'univers métaphysique de V. H.*, Paris 1970. – R. Escholier, *H., roi de son siècle*, Paris 1970. – L. Cellier, *Baudelaire et H.*, Paris 1970. – P. van Tieghem, *Dictionnaire de V. H.*, Paris 1970; ern. 1985. – C. Affron, *A Stage for Poets. Studies in the Theater of V. H. and A. de Musset*, Princeton 1971. – M. Lebreton-Savigny, *V. H. et les Américains, 1825–1885*, Paris 1971. – S. Chahine, *La dramaturgie de V. H., 1816–1843*, Paris 1971. – F. P. Kirsch, *Probleme der Romanstruktur bei V. H.*, Wien 1973. – A. Ubersfeld, *Le roi et le buffon. Étude sur le théâtre de H. de 1830 à 1839*, Paris 1974. – V. Brombert, ›*Chaos vaincu*‹. *Quelques remarques sur l'œuvre de V. H.*, 2 Bde., Paris 1976. – H. Meschonnic, *Pour la poétique IV – Écrire H.*, 2 Bde., Paris 1977. – H. Guillemin, *V. H.*, 1978. – A. Glauser, *La poétique de V. H.*, Paris 1978. – R. Journet u. G. Robert, *Contributions aux études sur V. H.*, Paris 1979 ff. – C. Ledouppe, *V. H. et la création littéraire*, Lüttich 1980. – A. Laster, *Pleins feux sur V. H.*, Paris 1981. – P. Seghers, *V. H. visionnaire*, Paris 1983. – H. Wentzlaff-Eggebert, *Zwischen komischer Offenbarung und Wortoper: Das romantische Drama V. H.s*, Erlangen 1984. – M. Descotes, *V. H. et Waterloo*, Paris 1984. – V. Brombert, *V. H. and the Visionary Novel*, Cambridge/Mass. 1984. – A. Laster, *V. H., livre du centenaire*, Paris 1984. – R. Trousson, *Le tison et le flambeau. V. H. devant Voltaire et Rousseau*, Brüssel 1985. – A. Ubersfeld, *Paroles de H.*, Paris 1985. – W. Greenberg, *The Power of Rhetoric. H.s Metaphor and Poetics*, NY u. a. 1985. – V. L. Beaulieu, *Pour saluer V. H.*, Montreal 1985. – A. Rosa, *V. H., l'éclat d'un siècle*, Paris 1985. – J. Gaudon, *V. H. et le théâtre: stratégie et dramaturgie*, Paris 1985. – L. Aragon, *Avez-vous lu H.?*, Paris 1985. – O. Krakovitch, *H. censuré. La liberté au théâtre au 19e siècle*, Paris 1985. – K. M. Grossman, *The Early Novels of V. H.*, Genf 1986. – Y. Gohin, *H.*, Paris 1987 (Que sais-je?).

LES BURGRAVES

(frz.; *Die Burggrafen*), Drama von Victor HUGO, erschienen 1843; Uraufführung: Paris, 7. 3. 1843, Comédie Française. – Die Uraufführung der *Burgraves* hatte unter diversen Schwierigkeiten zu leiden: Zum einen hatte der Autor Mühe, für sein »romantisches« Stück die Schauspieler seiner Wahl zu finden, zum anderen stand Hugos Werk im Schatten der hochgejubelten, als »klassisch« eingestuften Tragödie *Lucrèce* von François PONSARD und geriet so in den Brennpunkt einer Auseinandersetzung zwischen Anhängern des klassischen und des romantischen Theaters.

Die Inspiration zu seinem Stück war Hugo auf einer Rheinreise im Jahre 1839 gekommen, die ihm auch schon als Quelle für sein Werk *Le Rhin* gedient hatte. Das Stück besteht aus einer Bilderfolge von drei Episoden mit den Titeln *L'aïeul*, *Le mendiant* und *Le caveau perdu*. In der altehrwürdigen Burg Heppenhef am Rhein wird dem gütig-weisen Burggrafen Job von hochfahrenden Vasallen die Herrschaft entrissen und zur Tyrannei über das Land mißbraucht. Das Schloß wird zum Sündenbabel, und in den Kerkern seufzen die Gefangenen, auf die Wiederkunft des glorreichen Barbarossa hoffend. Und tatsächlich: In Gestalt eines altersgrauen Bettlers tritt der legendäre Kaiser wieder ins Leben. Feierlich und zornsprühend übt er rächende Gerechtigkeit, befreit die Gefangenen, legt die Usurpatoren in Ketten und gibt dem greisen Job die Macht zurück. Schließlich – wundersames und glückliches Ende – entdeckt dieser seinen Erben in dem jungen Herrn Otbert, der sich als sein totgeglaubter, von Zigeunern aus der Wiege geraubter Sohn entpuppt.

Im Vorwort zu seinem Stück gibt Hugo eine Begründung für die Wahl des Schauplatzes: In einer Parallelisierung zum Thessalien des antiken Dramas stellt er das Rheintal als Schauplatz einer mythisch-heldenhaften Vergangenheit dar, auf dem sich Fabel und tatsächlich ereignete Geschichte begegnen. Die Ruinen des Rheintals künden von dieser heroischen Vergangenheit. Hugo verweist auf die geschichtliche Nähe des Mittelalters zur Gegenwart und hebt als Grundlage für sein Stück den Widerstreit von *fatalité* und *providence* (Schicksal und Vorsehung) sowie den letztlichen Sieg der *providence* hervor. Legende, Geschichte, Natur, Liebe, Familie, Prinzen, Soldaten, Könige und Titanen sollen sich hier zu einer Art totalen Dramas vereinigen, in dem sich *le sublime* und *le pathétique* (das Erhabene und das Pathetische) treffen.

Im Gegensatz zu seinen früheren Bühnenwerken tritt hier das rein historische Element in den Hintergrund zugunsten der Idee der unantastbaren, heiligen Tradition, deren Träger, selbst in einer von Bosheit und Verbrechen zerrissenen Welt, Recht und Gerechtigkeit Geltung verschaffen. Mit der antithetischen Konzeption des Ringens zwischen Schicksal und Vorsehung geht der manichäische Gegensatz von Gut und Böse einher, welcher den *Burgraves* zugrunde liegt. Dabei wird die dramati-

sche Bewegung, in früheren Stücken von lyrischen Intermezzi nur gelegentlich unterbrochen, hier durch lange Tiraden von brillanter Großartigkeit fast gänzlich aufgehoben. Die bei der glanzvollen Uraufführung am 7. März 1843 versammelte Pariser Gesellschaft ließ sich voller Respekt von schönen Versen überfluten, die dem Stück den Ruf der Langeweile eintrugen und den Gegnern des Autors Gelegenheit gaben, dem romantischen Drama die Totenpredigt zu halten. Hugo entsagte nach diesem Mißerfolg dem Plan, das Theater zur politischen Tribüne zu machen, und sah von der Produktion weiterer Bühnenwerke ab.   KLL

AUSGABEN: Paris 1843. – Paris 1953 (in *Œuvres complètes*, Bd. 17). – Paris 1963 (in *Œuvres dramatiques complètes. Œuvres critiques complètes*, Hg. F. Bouvet). – Paris 1964 (in *Théâtre complet*, Hg. J.-J. Thierry u. J. Mélèze, 2 Bde., 1963/64, 2; Pléiade). – Paris 1968 (in *Œuvres complètes*, Hg. J. Massin, 18 Bde., 1967–1971, 6). – Paris 1985 (GF). – Paris 1985 (in *Œuvres complètes*, Hg. J. Seebacher, 15 Bde., 9: *Théâtre II*).

ÜBERSETZUNGEN: *Die Burggraven*, H. Elsner (in *SW*, Bd. 25, 1843). – *Die Burggrafen*, A. Schrader, Hbg. 1845 [metrisch].

LITERATUR: F. Baldensperger, *Les grands thèmes romantiques dans »Les Burgraves« de V. H.* (in ASSL, 1908, S. 391–410). – A. Débidour, *Une source probable des »Burgraves«* (in RHLF, 40, 1933, S. 38–48). – G. W. Russel, *Étude historique et critique des »Burgraves« V. H. avec variantes inédites et lettres inédites*, Paris 1962. – J. Seebacher, *Le plus beau saut périlleux du théâtre français* (in NL, 24. 11. 77). – A. Ubersfeld, *Formes nouvelles du grotesque. »Les burgraves«, mise en scène par A. Vilez* (in La Nouvelle Critique, 111/12, Febr./März 1978, S. 63–65). – P. Sénart, *»Les burgraves«* (in RDM, Jan.–März 1978, S. 436–438). – R. Pouilliart, *Jeux d'intertextualité chez H. La ›préface‹ des »Burgraves«* (in LR, 35, 1981, S. 343–351). – H. J. Wiegand, *V. H. und der Rhein*, Bonn 1982. – M. Descotes, *»Les burgraves«, l'Empire, l'Europe* (in *Lectures de V. H.*, Hg. M. Calle Gruber u. A. Rothe, Paris 1986, S. 19–31).

LES CHÂTIMENTS

(frz.; *Die Züchtigungen*). Sammlung satirisch-politischer Gedichte von Victor HUGO, erschienen 1853. – Im Hintergrund des gegen Napoleon III. gerichteten Gedichtzyklus steht zum einen Hugos persönliche Enttäuschung darüber, daß er sich von Louis Napoléon, den er zunächst durch seine Zeitung ›L'Événement‹ unterstützt hatte, nicht in gewünschter Weise, so etwa durch einen Ministerposten, begünstigt sehen durfte, zum anderen sein Mißfallen an der rücksichtslosen Machtergreifung Louis Napoléons generell, an dessen Staatsstreich am 2. 12. 1851 insbesondere. Bereits in *Histoire d'un crime* (1852 geschrieben und 1877 veröffentlicht) und in der Schmähschrift *Napoléon-le-Petit* (1852) war Hugo dem Aufstieg Napoléons kritisch gegenübergetreten. Die Gedichte der *Châtiments*, die LAMARTINE als »*six mille vers d'injures*« (»*sechstausend beschimpfende Verse*«) bezeichnet hatte, stellen eine der romantischen Programmatik entsprechende Mischung aus lyrischen und epischen Elementen, aus Empörung und Witzelei, aus Karikatur und beißender Satire dar. Der Zyklus selber ist in sieben Bücher eingeteilt, welche die ironischen Titel *La société est sauvée (Die Gesellschaft wird gerettet); L'ordre est rétabli (Die Ordnung wird wiederhergestellt); La famille est restaurée (Die Familie wird erneuert); La religion est glorifiée (Die Religion wird verherrlicht); L'autorité est sacrée (Die Autorität wird geheiligt); La stabilité est assurée (Die Stabilität wird gesichert); Les sauveurs se sauveront (Die Retter werden sich retten)* tragen. Die Anklage Louis Napoléons ist durchgehendes Thema der Gedichte. Der Kaiser wird von Hugo in immer wieder neuer Weise diffamiert, beschimpft, verzerrt dargestellt, mit Hilfe polemischer Metaphern zum Gegenstand der Satire erhoben: Er erscheint als Wolf, als Affe, als Vampir, als Kannibale gar. Hugo entwirft zur Charakterisierung Napoleons III. eine regelrechte Mythologie des Bösen. Napoleon scheint dabei in den Augen Hugos metonymisch für alle Übeltäter zu stehen, welche die Geschichte bislang hervorgebracht hat (Kain, Nero etc.). Das *Second Empire* erscheint als Hure, die sich nach verrichteter Arbeit wieder anzieht und mit ihrem Lohn davonmacht *(Cette nuit-là)*; die Kloake dieses Kaiserreichs wird als »*Paradies des Schweins*« *(A Juvénal)* bezeichnet. Drei Gedichte, welche den Zyklus gewissermaßen strukturieren, hat Hugo in kurzen Abständen nacheinander verfaßt: das Eingangsgedicht *Nox*, das eher epische Gedicht *Expiation* und das Schlußgedicht *Lux*. Während *Nox* sich mit dem Staatsstreich Louis Napoléons beschäftigt und zugleich die Thematik des Zyklus in seiner Gesamtheit aufwirft, ist *Expiation* dem Andenken des von Hugo verehrten Napoleon Bonaparte gewidmet. Der Titel *Sühne* suggeriert, daß Napoleon III. als Antwort auf Napoleon Bonaparte folgte: Für Hugo stellt der 2. 12. 1851 die groteske Replik auf den 18. Brumaire dar, im *Second Empire* sieht er die Wiederkehr Napoleon Bonapartes in der Form einer Farce. *Lux* schließlich entwirft die Utopie einer universellen Republik, in der alle Völker verbrüdert sind, in der Frieden, Liebe und eine allumfassende Harmonie vorherrschen. Hugo begreift Napoleon III. also lediglich als eine Übergangserscheinung: Wie in anderen Texten Hugos (z. B. in *La légende des siècles*) wird auch hier ein geschichtlicher Fortschrittsoptimismus manifest. Die manichäische Vorstellung von einem Widerstreit der Kräfte, die Hugos Werk durchzieht, tritt auch in diesem Gedichtzyklus in Gestalt zahlreicher Bilder auf.

Die Heterogenität und Vielfältigkeit der *Châtiments* können im Zusammenhang mit den für die Romantik programmatischen Forderungen nach poetischen Überschreitungen und Vermischungen (vgl. die *Préface de Cromwell*) gesehen werden. Nicht zuletzt in dieser Hinsicht nehmen diese Gedichte, die sich durch große lyrische Kraft und überwältigende poetische Suggestivität auszeichnen, einen vorderen Rang in der Kunst der französischen Romantik ein. G.Schw.

AUSGABEN: Genf/NY 1853. – Brüssel 1853. – Paris 1870. – Paris 1932, Hg. P. Berret [m. Einl. u. Bibliogr.]. – Paris 1961, Hg. P. Abraham. – Paris 1967 (in *Œuvres poétiques*, Hg. P. Albouy, 3 Bde., 1964–1974; Pléiade). – Paris 1968 (in *Œuvres complètes*, Hg. J. Massin, 18 Bde., 1967–1971, 8). – Paris 1972 (Poche). – Paris 1977, Hg. R. Journet. – Paris 1979 (GF). – Paris 1985 (in *Œuvres complètes*, Hg. J. Seebacher, 15 Bde., 5: *Poésie II*).

LITERATUR: H. Gaudon, *Le temps de la contemplation*, Paris 1969; ern. 1985. – G.-R. Clancier, *H. et* »*Les châtiments*« (in G.-R. C., *La poésie et ses environs*, Paris 1973, S. 75–84). – P. Barbéris, *Sur l'idéologie des* »*Châtiments*« (in P. B., *Lectures du réel*, Paris 1973, S. 163–186). – R. Jasinski, *Sur un poème des* »*Châtiments*« (in R. J., *A travers le 19e siècle*, Paris 1975, S. 99–106). – P. Albouy, *Le poète de Gourdin* (in P. A., *Mythographies*, Paris 1976, S. 175–193). – P. Gaillard, *Importance des* »*Châtiments*« *dans l'évolution religieuse de H.* (in Inf. litt, 28, 1976, S. 60–68). – J. M. Gleize, ›*Celui-là*‹, *politique du sujet poétique* (in Littérature, Dez. 1976, Nr. 24 S. 83–98). – S. Gaudon, *Prophétisme et utopie* (in SRLF, 16, 1977, S. 401–426). – J. Mazaleyrat, *V. H. et l'art de l'invective* (in *Études de langue et de littérature françaises offertes à A. Lanly*, Nancy 1980, S. 491–503). – *Colloque sur* »*Les châtiments*« *de V. H.*, Clermont-Ferrand 1980. – J. Bem, »*Châtiments*« *ou l'histoire de France comme enchaînement de parricides* (in RLMod, 1984, Nr. 693–697, S. 39–51). – H. Borchert, *H.s politische Dichtung* »*Les châtiments*«, Diss. Bln./DDR 1986.

LES CONTEMPLATIONS

(frz.; *Die Betrachtungen*). Gedichtzyklus in zwei Bänden von Victor HUGO, erschienen 1856. – Hugo hatte für den Zyklus mehrere Einteilungspläne erwogen; noch 1852 schlug er seinem Herausgeber zwei Gedichtbände vor, deren Thematik durch seine Ausweisung aus Frankreich bestimmt sein sollte: »*Einst* [vor dem Exil], *poésie pure, Jetzt* [im Exil], *Geißelung all der Strolche und ihres Anführers* [Napoleon III.].« Die politisch-polemische Intention verwirklichte er schließlich in den *Châtiments* (1853), während der tragische Unfalltod seiner Tochter Léopoldine und seines Schwiegersohns Charles Vacquerie, deren Boot am 4. September 1843 auf der Seine bei Villequier kenterte, das Zentrum der sechs Bücher der *Contemplations* bildet. Die z. T. fiktiven Entstehungsdaten der Gedichte umfassen mehr als 20 Jahre: das früheste Gedicht, *Mon bras pressait ta taille frêle*, ist auf das Jahr 1834

datiert. Die überwiegende Mehrheit der Texte entstand 1850–1855; um jedoch zwei ausgewogene
Teile zu erhalten, in deren Mitte Léopoldines Tod
steht, mußte Hugo viele davon vordatieren. Es entstand eine Art lyrisches Tagebuch, »das Erinnerungsbuch einer Seele«, zugleich aber eine harmonische Komposition: »Das Gedicht gleicht von außen
einer Pyramide, von innen einem Gewölbe. Pyramide
des Tempels, Gewölbe des Grabmals; in Gebäuden solcher Art, Gewölbe und Pyramide, bilden alle Teile einen Zusammenhang.« Die Titel der sechs Bücher
bezeichnen die Stationen von Hugos seelischer Pilgerschaft, die ihn gleich einer magischen Initiation
durch Leid und Exil zu einer vertieften Weltschau
reifen läßt.
Bereits das erste Buch, *Aurore*, das Sujets behandelt, die bis in die frühe Jugend zurückreichen *(Lisa, A propos d'Horace)*, schlägt in spielerischer Weise
die Themen an, die der Dichter in den folgenden
Büchern entfaltet: die Freuden der Vaterschaft und
die Begegnung mit der Natur, aber auch das Leid
(vgl. das Schlußgedicht *Halte en marchant*) und
Hugos magische Weltdeutung im Sinne der Metempsychose (XXVII: *»Ich verstehe mich mit allen
Stimmen der wandernden Seelen«*). Hier findet sich
auch die programmatische *Réponse à un acte d'accu-
sation*, worin sich der Romantiker Hugo die Rolle
eines literarischen Revolutionärs beimißt: *»Ich habe alle Halseisen zerschlagen, die das Wort des Volkes
gefesselt hielten.«*
Das zweite Buch, *L'âme en fleur*, stellt den literarischen Niederschlag von Hugos Beziehung zu der
Schauspielerin Juliette Drouet dar. Einige der Lie-
bes- und Naturgedichte, wie *Billet du matin*, erweitern den Blick auf kosmische Zusammenhänge, in
anderen klingen bereits die düsteren Töne des
zweiten Teils an.
Nach den Betrachtungen über Liebe und göttliche
Harmonie wendet sich der Dichter im dritten
Buch, *Les luttes et les rêves*, in einer schmerzlichen
Blickwendung der Welt der Menschen zu, in der
Unglück und Elend herrschen und die in Kontrast
zu Güte und Tugend der Natur steht. Den Übergang zum zweiten Teil und gleichzeitig den dichterischen Höhepunkt des Zyklus bildet das Schlußgedicht *Magnitudo parvi*, in dem ein einsamer Hirte zum Symbol kontemplativer Welt- und Gotteserkenntnis wird. Seine unstete Lampe und das
Licht eines darüber stehenden Sterns formen sich
in der Hand Gottes zu den beiden *»Flügeln des Gebets«*. Der Kosmos erscheint hier als geschlossen
und einheitlich; der Mensch ist in ihm als integrales
Element aufgehoben.
Die Gedichte des vierten Buchs, *Pauca meae*, sind
aussschließlich dem Andenken Léopoldines gewidmet, viele sind auf die alljährliche Wiederkehr ihres
Todestags datiert. Idyllische Erinnerungsgedichte
beschwören Léopoldines Kindheit, in anderen verleiht der Dichter seinem verzweifelten Schmerz bewegten Ausdruck. In dem berühmten Gedicht *A
Villequier*, das fünf Jahre nach Léopoldines Tod
entstand, mündet seine Trauer in gläubige Resignation. Der Tod erscheint als Neubeginn und Be-

freiung, das Leid als Pforte zu höherer Erkenntnis:
*»In meinem bitteren Schmerz fühle ich mich erleuch-
tet durch tiefere Einsicht ins All.«*
En marche, das fünfte Buch, ist geprägt durch Hugos Erfahrungen während des Exils auf der Kanalinsel Jersey und die poetische Allgegenwart des
Meeres *(Paroles sur la dune)*. Die Freundschaften
und Kämpfe der Jugend und des aktiven politischen Lebens erscheinen in ernsterem Licht, der
Neophyt reift zum Dichter-Magier der kosmischen
Gedichte des sechsten Buches.
Gebet und leidenschaftlicher Wissensdrang, die
Themen der ersten beiden Gedichte *(Le pont, Ibo)*
erscheinen als die zwei Wege, die durch das Labyrinth des sechsten Buches, *Au bord de l'infini*, führen. Noch verdunkeln Angst- und Leidvisionen
(Horror, Pleurs dans la nuit) den Blick, aber bereits
in *Magnitudo parvi* hatte der Hirt den Weg gewiesen, der Propheten und Seher, aber auch Künstler,
Entdecker und Forscher zum Licht führt *(Les mages)*. Das All mit seinen schwindelnden Tiefen erscheint dem Dichter als magischer Kosmos, in dem
die unsterblichen Seelen auf und nieder steigen. Als
menschliche Seelen sind sie frei, dem erlösenden
Licht zuzustreben oder in ihrer nächsten Existenz
in die dunklen Gefängnisse der pflanzlichen und
tierischen oder gar mineralischen Natur zurückzu-
sinken *(Ce que dit la bouche d'ombre)*. In dieser Beseelung des Alls gipfelt Hugos kosmische Vision,
in ihr liegt der okkulte Sinn der *Contemplations*.
Deutlich zeichnet sich im letzten Buch des Zyklus
die Doktrin der Metempsychose, der Seelenwanderung, ab. Der Tod wird nicht als absolutes Ende,
sondern wiederum als Voraussetzung des Lebens
verstanden. Der andere, tragisch-menschliche Pol,
Léopoldines Tod, wird in dem Schlußgedicht, einer Widmung *»an die, welche in Frankreich zurück-
blieb«*, noch einmal sichtbar und führt zum Eingangsgedicht *A ma fille* zurück.
Sämtliche großen Themen der Romantik, wie
Kindheit, Liebe, Schmerz, Natur, Einsamkeit, werden in Hugos Zyklus aufgerufen. In diesem Sinne
können die *Contemplations* tatsächlich als Hugos
»vollständigste« Dichtung gelten. Der thematischen Fülle des Werks entspricht seine formale und
stilistische Vielfalt. Zwar bedient sich Hugo weitgehend der klassizistischen Prosodie und Rhetorik,
aber seine Ziele weichen von denen der traditionellen Poetik ab. Die dichterische Aussage beruht weniger auf dem präzisen Sinn als auf der suggestiven
Kraft des Wortes. Philosophisch-religiöse Vorstellungen sind nur der Ausgangspunkt für geniale
Metaphern, die den emotionalen Gehalt dieser
Vorstellungen verdeutlichen sollen. Die unauflös-
lichen Reimpaare, die Wortwiederholungen, die
semantischen Zweideutigkeiten und die vielfältigen Bezüge auch zwischen den Gedichten deuten
auf Hugos »magische« Konzeption der Sprache
hin. Das Wort – so wird in *Suite* dargelegt – ist all-
mächtig: Es vermag zu töten, mit Worten hat aber
auch Gott das Universum geschaffen. Der Dichter,
der mit dem Wort arbeitet, hat darum an dieser
göttlichen Macht teil.

Trotz der unerschöpflichen Fülle Hugoscher Imagination bleibt die organische Einheit des Zyklus selbst in den langen Gedichten des sechsten Buches immer erhalten. Hugo selbst hat die Bedeutung der *Contemplations* mehrfach unterstrichen; sie sollten alle seine früheren Sammlungen übertreffen und seine dichterische Größe rückhaltlos offenbaren. In der Tat dürfen sie zusammen mit der *Légende des siècles* (1859–1883) als Höhepunkt im lyrischen Schaffen des Dichters und als eine der wichtigsten dichterischen Leistungen der französischen Romantik gelten. Auf ihrer höchsten Stufe erhebt sich Hugos Dichtung zur Prophetie, zum offenbarten Wort des göttlich inspirierten Dichters. Gerade diese Seite der Romantik sollte für Arthur RIMBAUD und die surrealistische Dichtung bedeutsam werden. K.En.-G.Schw.

AUSGABEN: Brüssel 1856, 2 Bde. – Paris 1922, 3 Bde., Hg. J. Vianey [krit.]. – Givors 1952 (in *Œuvres complètes*, 35 Bde., 1949–1955, 19). – Paris 1961 (in *Œuvres poétiques complètes*, Hg. F. Bouvet). – Paris 1967 (in *Œuvres poétiques*, Hg. P. Albouy, 3 Bde., 1964–1974, 2; Pléiade). – Paris 1969, Hg. L. Cellier (Class. Garn). – Paris 1971 (in *Œuvres complètes*, Hg. J. Massin, 18 Bde., 1967–1971, 9). – Paris 1972 (Poche). – Paris 1973, Hg. P. Albouy; ern. 1982. – Paris 1985 (in *Œuvres complètes*, Hg. J. Seebacher, 15 Bde., 5: *Poésie II*).

LITERATUR: P. de Lacretelle, *La véritable édition originale des »Contemplations«* (in Bulletin du Bibliophile, Nov. 1922). – A. Franz, *Aus V. H.s Werkstatt. Auswertung der Manuskripte der Sammlung »Les contemplations«*, Giessen 1929. – R. Journet u. G. Roberts, *Autour des »Contemplations«*, Paris 1955. – Dies., *Le manuscrit des »Contemplations«*, Paris 1956. – Dies., *Notes sur »Les contemplations«, suivies d'un index*, Paris 1958 – L. Cellier, *Autour des »Contemplations«, G. Sand et V. H.*, Paris 1962. – F. Pruner, *»Les contemplations«*, Paris 1962. – P. Moreau, *»Les contemplations« ou le temps retrouvé*, Paris 1962 (ALM; ern. 1982). – J. Seebacher, *Sens et structure des »Mages«* (in RSH, 1963, S. 347–370). – J. Sarocchi, *L'imagination de Dieu dans »Les contemplations«* (in TLL, 5, 1967, S. 133–159). – P. Lejeune, *L'ombre et la lumière dans »Les contemplations«*, Paris 1968 (ALM). – J. Gaudon, *Le temps de la contemplation*, Paris 1969; ern. 1985. – S. Nash, *»Les contemplations« of V. H.*, Princeton 1976. – J. P. Houston, *Design in »Les contemplations«* (in FF, 5, 1980, S. 122–140). – J. Robichez, *L'incohérence des »Contemplations«* (in OCrit, 5, 1980, S. 83–90). – S. Gaudon, *Rêves et réalités – Hetzel éditeur des »Contemplations«* (in Europe, Nov./Dez. 1980, Nr. 619/20, S. 39–53). – G. Delattre, *Le poète et Dieu dans »Les contemplations«* (in SFR, 6, 1982, S. 239–255). – *Analyses et réflexions sur »Les contemplations« (Livres IV et V)* de V. H. La vie et la mort, Paris 1982. – Y. Gohin, *La plume de l'ange* (in Littérature, Dez. 1983, Nr. 52, S. 4–39). – P. W. M. Cogman, *H. »Les contemplations«*, Ldn. 1985. – F. Pruner, *Le sens caché des »Contemplations« de H.*, Paris 1986. – T. Hilberer, H., *»Les contemplations«. Struktur und Sinn*, Bonn 1987.

CROMWELL

(frz.; *Cromwell*). Versdrama in fünf Akten von Victor HUGO, erschienen 1827; Uraufführung: Paris, 28. 7. 1956, im Ehrenhof des Louvre. – Hugo griff mit seinem kolossalen dramatischen Erstlingswerk eine Idee BALZACs auf, der bereits 1820 den Plan, eine Tragödie über Cromwell zu verfassen, erwähnt hatte. Aufgrund seiner Länge (mehr als 6000 Verse, 75 Szenen) und der ungewöhnlichen Anzahl erforderlicher Schauspieler (61 Protagonisten, 15 Nebenrollen sowie zahllose Statisten) galt Hugos Stück lange Zeit als unspielbar und wurde zu Lebzeiten des Dichters nie aufgeführt. Seine Berühmtheit verdankt das Stück ausschließlich seinem Vorwort, der *Préface de Cromwell*, das aufgrund seiner dezidiert antiklassischen Stoßrichtung schnell zum Manifest der jungen Romantikergeneration und damit zu einem der wichtigsten poetologischen Texte der französischen Literaturgeschichte werden sollte.

Zu Beginn dieses Vorworts stellt Hugo ein Modell vor, das die Geschichte in eine primitive, eine antike und in eine moderne Ära aufgliedert. Diesen drei Zeitaltern entspreche die jeweilige Vorherrschaft einer Dichtungsart, nämlich Ode, Epos und Drama: *»Das primitive Zeitalter ist lyrisch, die Antike ist episch, die Moderne ist dramatisch.«* Den Ursprung der Ode sieht Hugo in der *Bibel*, den Beginn des Epos bei HOMER, und den Ursprung des Dramas glaubt er bei SHAKESPEARE zu erkennen. Während sich die Ode für ihn primär durch ihre Naivität, das Epos wiederum durch seine Einfachheit auszeichnet, stellt er als Hauptmerkmal des Dramas seine *»Wahrheit«* (vérité) heraus. Darunter versteht er, daß die moderne Dichtung nicht nur das Schöne anerkennen soll, sondern *»daß das Häßliche neben dem Schönen existiert, das Ungeregelte neben dem Anmutigen, das Groteske als Kehrseite des Erhabenen, das Schlechte mit dem Guten, der Schatten mit dem Licht«.* Das Groteske, das sich vornehmlich im Schauspiel manifestiere, zeichne die romantische, moderne Dichtung gegenüber der klassischen, antiken aus. Das Groteske stelle die reichhaltigste Quelle dar, welche die Natur der Kunst bieten könne. Denn, so Hugo, das Schöne hat nur eine, das Häßliche aber tausend Erscheinungsformen. Das Wirkliche (*»le réel«*) des Dramas, das hierin dem Leben und der Schöpfung gleiche, beruhe gerade auf der Kombination von Sublimem und Groteskem: *»Alles, was in der Natur ist, ist auch in der Kunst.«* So sollen in einem Drama Tragisches und Komisches ineinander übergehen. Die wahre, vollständige Poesie hat für Hugo ihren Platz in der *»Harmonie der Gegensätze«.* Für ebenso willkürlich wie herkömmliche Gattungsschemata befindet der Autor die klassischen Einheitsregeln, die im Widerspruch zur Natur und somit zur Wahrheit der

Kunst wie auch im Widerspruch zur reklamierten Freiheit der modernen Kunst stehen.

Völlig im Schatten des gefeierten Vorworts blieb indes das Drama *Cromwell*, in dem Hugo gleichwohl seine Forderungen exemplarisch umzusetzen gedachte. Cromwell, Protektor Englands und erfolgreicher Feldherr, soll am 25. Juni 1657 zum König von England gekrönt werden. Eine Gruppe von Verschwörern, enge Vertraute Cromwells, will diese Krönung verhindern: Cromwell soll, so lautet der Plan zunächst, bei den Krönungsfeierlichkeiten in der Westminsterabtei ermordet werden. Dann jedoch wird ein anderer Plan favorisiert, demzufolge Cromwell in der Nacht mit Hilfe eines Schlaftrunks eingeschläfert, entführt und ermordet werden soll. Cromwell wird gewarnt und verdächtigt irrtümlicherweise seinen Sohn Richard, an der Verschwörung gegen ihn beteiligt zu sein. Ein Pergament mit genaueren Angaben zur geplanten Ermordung gerät in die Hände von Francis, der Tochter Cromwells, die ihren Vater verständigt. Als ihm der an der Intrige beteiligte Lord Rochester einen mit einem Schlafmittel versetzten Trunk anbietet, zwingt der mittlerweile argwöhnische Cromwell den verräterischen Lord, das Gebräu selbst zu trinken. Der ohnmächtige Rochester, dessen Gesicht mit einem Tuch verdeckt ist, wird von den Verschwörern, die ihn für Cromwell halten, davongetragen. Cromwell indessen hat sich als Soldat verkleidet, um das Treiben der Entführer zu beobachten. Als Richard Cromwell schließlich hinzugerät und vom Plan der Verschwörer, Cromwell zu ermorden, erfährt, wirft er sich im letzten Augenblick, in der Absicht, seinen Vater zu schützen, auf den immer noch ohnmächtigen Rochester. Cromwell, der von der Loyalität seines Sohnes überrascht und gerührt ist, bereitet der ganzen Szenerie ein rasches Ende, indem er königstreue Soldaten die Verschwörer festnehmen läßt. Die an der Intrige gegen ihn Beteiligten will er hinrichten, sich selbst wie geplant am kommenden Tag zum König krönen lassen. Dieses große Ereignis steht ganz im Mittelpunkt des letzten Akts des Dramas. Als Cromwell schließlich wie geplant in der Westminsterabtei zur Krönung schreitet, erreichen ihn erneut Warnungen vor einer möglichen Ermordung. Im letzten Augenblick verzichtet er auf die Krone und begnadigt zudem ein in der Nacht gefangengenommenen Verschwörer.

Cromwell wird in diesem Drama nicht als religiöser Eiferer, sondern als besonnener und gnädiger Herrscher dargestellt. Zu weiten Teilen finden sich im Stück die im Vorwort vorgebrachten Forderungen verwirklicht: Das Groteske ist durch die Figuren Carrs und des jüdischen Wahrsagers Manassés vertreten, und komische Elemente – die vier Narren, die mißglückte Brautwerbung Rochesters - wechseln immer wieder mit der dramatischen Haupthandlung ab. Die an und für sich wenig komplexe Handlung – nämlich die geplante Ermordung Cromwells – wirkt, nicht zuletzt aufgrund des riesigen Personenapparats, dennoch schwerfällig. Der vierte Akt des Dramas, das den

Einfluß CORNEILLES und vor allem Shakespeares kaum verbergen kann, ist mit seinen an unfreiwilliger Komik nicht baren Verwechslungen und Verkennungen an Unwahrscheinlichkeit kaum zu überbieten, dem Schlußakt mit all seinem Pomp und seiner üppigen Ausstattung schließlich fehlt das nötige Maß an Spannung. Daß Hugos erstes Drama lange Zeit nicht aufgeführt wurde, verwundert so, alles in allem, wenig.   G.Schw.

AUSGABEN: Paris 1827. – Paris 1912 (in *Œuvres complètes*, Hg. P. Maurice u. G. Simon. 1904 ff.; Abt. III: *Théâtre*, Bd. 1). – Givors 1949 (in *Œuvres complètes*, 35 Bde., 1949–1955, 4) – Paris 1963 (in *Œuvres dramatiques complètes. Œuvres critiques complètes*, Hg. F. Bouvet). – Paris 1963/1964 (in *Théâtre complet*, Hg. J.-J. Thierry u. J. Mélèze, 2 Bde; Pléiade). – Paris 1968 (GF). – Paris 1969 (in *Œuvres complètes*, Hg. J. Massin, 18 Bde., 1967–1971, 3). – Paris 1985 (in *Œuvres complètes*, Hg. J. Seebacher, 15 Bde., 8: *Théâtre I*). Ausg. des Vorworts: Paris 1897 *(La préface de Cromwell*, Hg. M. Souriau; Nachdr. Genf 1973). – Chicago 1900 *(Préface de Cromwell and Hernani*, Hg. J. R. Effinger). – Oxford 1909 *(Préface de Cromwell*, Hg. E. Wahl).

ÜBERSETZUNGEN: *Cromwell*, J. B. Werner, Ffm. 1830. – Dass., F. Seebold (in *Klass. Werke*, Bd. 5, Stg. 1836). – Dass., F. Kottenkamp (in *SW*, Bd. 8, Ffm. 1835).

LITERATUR: F. Baldensperger, *Les années 1827–28 en France et au dehors, »Cromwell« et sa préface* (in Revue des Cours et Conférences, 30, 1924, S. 528–542). – G. Tournier, *Les points de départ de »Cromwell« de V. H.* (in RLC, 7, 1927, S. 81–111). – H. Sée, *Le »Cromwell« de V. H. et le Cromwell de l'histoire* (in MdF, 200, 1927, S. 5–17). – K. Jäckel, *Notes sur les sources de la préface de »Cromwell«* (in RHLF, 41, 1934, S. 420–423). – M. Butor, *Le théâtre de H.* (in NRF, 24, 1964, S. 862–878; 1073–1081; 25, 1964, S. 105–113). – M. Descotes, *L'obsession de Napoléon dans le »Cromwell« de V. H.*, Paris 1967 (ALM). – J. Kuczyski, *H.s »Cromwell« und das Problem des Grotesken* (in J. K., *Gestalten und Werke*, Bd. 2, Bln./Weimar 1971, S. 337–363). – K. Wren, *Comment peut-on être Cromwell* (in FMLS, 16, 1980, S. 256–269). – V. Kapp, *H.s Konzeption des Welttheaters in der »Préface de Cromwell«* (in *Theatrum mundi*, Hg. F. Link u. G. Niggl, Bln. 1981, S. 257–277). – G. Rosa, *Entre »Cromwell« et sa préface* (in RHLF, 81, 1981, S. 901–918). – J. Schlobach, *Motive und Folgen einer ästhetischen Revolution. H.s »Préface de Cromwell«* (in Lendemains, Febr. 1981, Nr. 21, S. 57–70). – R. M. Benanti, *»La préface de Cromwell« vue par la critique* (in Francia, 18, 1981, S. 23–39). – P. Madalénat, *Le religieux et le sacré dans »Cromwell« de V. H.* (in *Le sacré. Aspects et manifestation. Études publiées in memoriam H. Baader*, Hg. P. E. Knabe u. a., Tübingen/Paris 1982, S. 65–78). – F. N. Mennemeier, *Deutsche Frühro-*

mantik und H.s »Préface« (in Literatur für Leser, 1986, S. 159–167). – A. Gier, *Le code de l'amour passion parodié.* »*Cromwell*«, acte III (in *Lectures de V. H.*, Hg. M. Calle Gruber u. A. Rothe, Paris 1986, S. 119–125).

DIEU

(frz.; *Gott*). Unvollendete epische Dichtung in Alexandrinern von Victor HUGO, erschienen zunächst 1886, dann in erweiterten Neuausgaben zunächst 1911 und schließlich 1950. – Der größte Teil der Gedichte stammt aus den Jahren 1855 und 1856, in denen Hugo die *Contemplations* vollendete und wichtige Teile der *Légende des siècles* schuf. Im Vorwort zur *Légende des siècles* von 1859 spricht Hugo von seinem Plan, dieses Werk mit *La fin de Satan* und *Dieu* zu einem großen Triptychon zu vereinen. Sein Vorhaben, mit diesen drei Werken das Schicksal der ganzen Schöpfung zu deuten, stellt den in der französischen Dichtung einmaligen Versuch dar, eine moderne »Göttliche Komödie« zu schaffen. Aber das Werk blieb fragmentarisch. Die Textkonstitution und die Gliederung der Fragmente haben bis heute eine Vielzahl editorischer Probleme aufgeworfen.

Noch deutlicher als *La fin de Satan* stellt *Dieu* eine grandiose kosmische und apokalyptische Vision dar. Thema ist der Konflikt zwischen der Finsternis und dem Licht, zwischen dem Guten und dem Bösen. Er wird als Ausbruch des Menschen aus seiner Fatalität und als Suche nach einer neuen Welt dargestellt. Die Epopöe ist, nach den Manuskripten zu schließen, in drei Abschnitte gegliedert: *Ascension dans les ténèbres (Aufstieg in der Finsternis)*, *Dieu* und *Le jour* (Der Tag), die den in Stationen sich vollziehenden Aufstieg des Ich aus der Dunkelheit zum Licht markieren.

Ascension dans les ténèbres: Auf seiner Reise ins Jenseits trifft der Mensch in der Dunkelheit auf ein vieläugiges Wesen, halb apokalyptisches Untier, halb Geist: Es ist der »Esprit Humain«, der Menschliche Geist. In einem langen Monolog stellt er sich seinem irdischen Gegenüber vor. Er ist Hell und Dunkel, Teil und Ganzes zugleich; er umspannt die geistige Sphäre von Platon bis zu Rousseau und Voltaire. Als er erfährt, daß der Mensch mit seinem Himmelsflug Gott erreichen will, flieht er entsetzt. »Stimmen« steigen aus dem Ungeheuer und warnen den Reisenden vor der Ausweglosigkeit seines Unternehmens *(Les voix)*. In einer Art Weltchronik beschwören sie die Epochen des Alten und Neuen Testaments, evozieren Dantes Kosmos u. a. Die Apostel, die Humanisten, Luther, Reuchlin bis hin zu Swedenborg scheiterten alle auf ihre Weise bei der Suche nach der Wahrheit. Es ist unmöglich, den Abgrund, der den Menschen vom Überirdischen trennt, zu erfassen. Deshalb schildern die »Stimmen« die Schrecken der Tiefe und warnen davor, sich dem Sturz in die Dunkelheit und der Nacht einer ewigen Suche anheimzugeben. Eine »Stimme« wirft dem Menschen vor, er sei gekommen, um außerhalb der Erde die wahre Schrift Gottes zu finden und um an ihr einen menschlichen Codex zu erstellen. Unter dem Vorwand, Göttliches zu verbreiten, wollen die Menschen auf Erden einen falschen Himmel errichten. Die göttlichen Bücher wie der Koran oder der Talmud, die Kulte müssen der menschlichen Einflußnahme entzogen werden, da sie Gefahr für jede Religion bedeuten. Religion, Politik und Kunst haben sich ihr eigenes Gottesbild geschaffen, das nur versprengte Teile des großen unbekannten Ganzen bringt. Selbst dem Dichter, der die Fähigkeit besitzt, Geheimes zu erfassen, ist es versagt, Gott zu erkennen. Der Mensch erscheint als *voyageur fatal*, der zwar dem Tod unterworfen ist, dessen Geist jedoch immer weiter voranschreitet. Doch warum befaßt sich der Mensch nicht mit seinesgleichen und mit seiner Erde? Warum respektiert er nicht die von einer Ordnung gesetzten Grenzen innerhalb des Universums? Eine »Stimme« erteilt dem Reisenden den Auftrag, auf Erden die Fackel des Fortschritts zu entzünden, Wüsten zu bewässern und die Pole in heitere Zonen zu verwandeln, vom Himmel jedoch abzulassen. Will der Mensch mit der Schaffung der Kulturen etwa Gott und den von ihm bewegten Kosmos nachahmen? Der nach oben strebende Mensch antwortet den »Stimmen«, seine Suche nach Gott sei identisch mit dem Drang zu wissen, was »die Welt im Innersten zusammenhält«. Die Zeitalter haben die unterschiedlichsten Gottesvorstellungen hervorgebracht, welchen Gott glaubt der Mensch hier oben zu finden? Den der jüdischen, der arabischen oder der indischen Bücher? Mit der Entfaltung eines grandiosen Welttheaters demonstrieren die »Stimmen« den ewigen Versuch der Menschheit, Licht in das sie umhüllende Dunkel zu bringen und die Tiefe der Distanz zwischen ihr und Gott auszuloten.

Der zweite Teil, *Dieu*, stellt in einer gewaltigen Klimax das geistige Streben und den Fortschrittsglauben des Menschen dar. Bei seinem Flug trifft der Erzähler auf eine Fledermaus *(La chauve-souris)*, Allegorie des Atheismus. Die Geschichte der Menschheit hat die Absurdität des Kreislaufs von Krieg, Verbrechen und Tod bewiesen. Weder Jehova, Christus noch Allah haben dagegen etwas vermocht, Gott existiert nicht. Auch für die Eule *(Le hibou)*, Allegorie des Skeptizismus, die den makabren Tanz der Erde beobachtet, ist Gottes Existenz nicht bewiesen. Der den Manichäismus vertretende Rabe *(Le corbeau)* und der das Heidentum repräsentierende Geier *(Le vautour)* symbolisieren Stationen der Kulturentwicklung: Jerusalem und Gomorrha, die Götterwelt des Olymp mit den ihrem Walten ausgelieferten Menschen wie Proserpina, Pasiphae, Medea oder Phädra. Prometheus wollte dieser grausamen Fatalität entfliehen. Sein Schicksal steht paradigmatisch für den ausweglosen Zustand der Menschheit. Der Reisende steigt höher und trifft auf den Mosaischen Adler *(L'ange)*, der Gott als einen verborgenen kennt. Der Adler schildert ihn als ein das Bild Hiobs von Leviathan übersteigendes Ungeheuer. Die Nacht weicht der Dämmerung: Der das Christentum symbolisierende Greif *(Le griffon)* verkündet, daß die Welt durch die Tat auf Golgatha nicht mehr verloren ist. Shiva und Zebaoth waren falsche Gottesbilder, durch Christus erst ist der wahre Gott sichtbar geworden. Wie Prometheus, Dante oder Shakespeare soll der Mensch das Dunkel nach dem Lichtstrahl eines Sternes absuchen. Ein Engel *(L'ange)* erteilt dem menschlichen Geist den Auftrag: Schreite voran, arbeite für eine bessere Welt! Er fordert die Menschheit auf, das von Satan über die Erde gebrachte Übel zu bekämpfen und ein neues, strahlendes Athen zu erstellen. Gesang ertönt aus den Himmelssphären: Gott lebt! Als letztes Wesen spricht die »Helligkeit« *(La lumière)* zu dem Gott suchenden Visionär. Sie warnt ihn vor einem noch stärkeren Licht, vor Gott selbst, und beschreibt ihn als flammenumhüllte, strahlende Stirn; Gleichheit und Einigkeit sind seine Boten in einer aufgeklärten Welt, die nur einen Namen hat: Liebe. Diese Botschaft läßt den Menschen taumeln. Als er auf die Frage, ob er bis zum Letzten vorstoßen wolle, mit einem Aufschrei antwortet, rührt ihn Gott an; er stirbt *(Le jour)*.   C.Le.

AUSGABEN: Paris 1891. – Paris 1950 (in *La légende des siècles. La fin de Satan. Dieu*, Hg. J. Truchet; Pléiade; krit; ern. 1982). – Givors 1955 (in *Œuvres complètes*, 35 Bde., 1949–1955, 33). – Paris 1961 (in *Œuvres poétiques complètes*, Hg. F. Bouvet). – Paris 1969, Hg. R. Journet, u. G. Robert, 3 Bde. (krit.; Cahiers V. H.). – Paris 1969–1971 (in *Œuvres complètes*, Hg. J. Massin, 18 Bde., 1967–1971, 9/10). – Paris 1985 (in *Œuvres complètes*, Hg. J. Seebacher, 15 Bde., 7: *Poésie IV*).

LITERATUR: R. Journet u. G. Robert, *Pourquoi H. n'a-t-il pas publié son poème »Dieu«* (in CAIEF, 19, 1967, S. 225–231). – J. P. Richard, *Figures du vide* (in J. P. R., *Microlectures*, Paris 1979, S. 43–53). – M. Riffaterre, *Figures du vide (Dieu II,2)* (in M. R., *La production du texte*, Paris 1979, S. 163–174). – W. Greenberg, *A Greimasian Reading of H. »Dieu«* (in Les Bonnes Feuilles, 9, 1980, S. 18–31). – Dies., *A Rhetorical Approach to H.'s »Dieu«* (in OL, 40, 1985, S. 1–15).

LES FEUILLES D'AUTOMNE

(frz.; *Herbstblätter*). Gedichtzyklus von Victor HUGO, erschienen 1831. – Die 40 Gedichte entstanden zwischen 1828 und 1831, zum überwiegenden Teil zeitgleich mit der Abfassung der *Orientales*. Zahlreiche in dieser Phase entstandene Gedichte wurden auch, mit Rücksicht auf die Einheitlichkeit des Tons, für *Les Chants du crépuscule* (1835) zurückgehalten. Im Vorwort zu *Les feuilles d'automne* rechtfertigt Hugo das Erscheinen nichtpolitischer Dichtung spezifisch künstlerischen oder intimistischen Charakters gerade in Zeiten äußerster politischer Turbulenz mit dem Hinweis auf die Eigengesetzlichkeit der Kunst und ihre Grundle-

gung im *»menschlichen Herzen«*. Der ausgeprägt intimistische Charakter der Sammlung dürfte nicht zuletzt in der Lebenssituation Hugos begründet sein (Verlust von Vater, Mutter und erstem Kind; Geisteskrankheit des Bruders; Entfremdung von seiner Frau und Scheitern der Freundschaft mit SAINTE-BEUVE).

Das Einleitungsgedicht *Ce siècle avait deux ans* zeichnet ein Selbstporträt des Dichters, dessen *»tausendstimmige Seele«* durch Herkunft und Kindheitsprägungen – vor allem durch die napoleonische Zeit – geformt erscheint. Zentrales Thema der weiteren Gedichte ist die Darstellung intimen Erlebens, Denkens und Schauens, sei es in der auf das Individuum beschränkten Konfrontation mit der eigenen Vergangenheit *(Ô mes lettres d'amour!)*, sei es in der Notierung von Momenten scheinbar grundloser Traurigkeit *(Oh! pourquoi te cacher)*. Im intimen Erleben wurzeln Visionen wie die in *La pente de la rêverie*, die aus der Vertrautheit des Alltäglichen ins Abgründige führt. Von subjektivem Erleben zur universalen Implikation führt auch das visionäre *Ce qu'on entend sur la montagne*, wo dem Lied der Natur der Schrei der gepeinigten Menschheit gegenübergestellt wird. Ein weiterer thematischer Schwerpunkt ist die Darstellung des trauten Familienkreises, wie in der ländlichen Idylle von *Bièvre*. Vor allem die Kinder werden als unverzichtbarer Teil eines glücklichen Lebens empfunden. Ihr bloßes Erscheinen bewirkt Lächeln und Entspanntheit *(Lorsque l'enfant paraît)*, und sie stehen auch Gott in besonderer Weise nahe *(Prière pour tous)*. Ein dritter thematischer Schwerpunkt ist die intime Begegnung mit der Natur als pastoralem Ambiente, in der Darstellung und Reflexion der *Soleils couchants (Sonnenuntergänge)* oder der einsamen Betrachtung des Sternenhimmels *(Parfois lorsque tout dort)*. Welt und Natur in ihrer Vielfalt werden, ähnlich wie in BAUDELAIRES *Correspondances*, als weiterweisendes Geheimnis dem Dichter zur Betrachtung und Deutung ans Herz gelegt *(Pan)*. Das Schlußgedicht, *Amis, un dernier mot!*, verweist wieder auf eine Welt von Gewalt und Unterdrückung, die das Eingreifen des Dichters fordert, der seiner Leier nun eine »eherne Saite« einfügt.

Hugo charakterisiert im Vorwort die *Feuilles d'automne* als *»gefallene Blätter, tote Blätter wie alle Herbstblätter. Es ist keine bewegte und laute Dichtung; es sind gelöste und friedliche Verse, wie jeder sie macht oder träumt, Verse über die Familie, den häuslichen Herd, das Privatleben; Verse über das Seeleninnere.«* Die Charakterisierung der *Feuilles d'automne* als Ausdruck der *»Sensibilität einer gesunden und soliden Natur, die durch das bürgerliche und häusliche Leben mehr als ausreichend befriedigt wird«* (G. Lanson) übersieht freilich die immerwährende Präsenz des Abgrunds, der sich in der Betrachtung der einfachen Dinge, im Erinnern usw., auftut oder nach einer heiter gestimmten Exposition unvermittelt in den Schlußgedanken des spurlosen Vergehens des Menschen, der unbeantwortbaren Frage nach dem Sinn des Seins führt. »Herbstblätter« als Titel und

Leitmotiv der Sammlung, aber auch Äußerungen Hugos im Vorwort bestimmen als Grundton dieser Dichtung die Traurigkeit, die mitten in der Sicherheit des glücklichen Alltags aufsteigt, Traurigkeit über die »*unverrückbare und obsessive Präsenz einer dem Menschsein wesentlichen Tragik*« (C. Gély). Die »positiven« Gedichte wären in diesem Rahmen als Figurationen des bedrohten Glücks lesbar.

Hugo erscheint in *Les Feuilles d'automne* bereits im sicheren Besitz des für ihn typischen lyrischen Stils, wobei metrische Experimente nun weitgehend fehlen und der sonore, ausschwingende Vers vorherrscht. Fest etabliert ist als Stilzug die Antithese, wobei die Gegenüberstellung von »hell« und »dunkel« zentral ist. Charakteristisch ist weiter der Reichtum an Bildern und Metaphern, durch die sich die in der Regel gedanklich einfache Strukturierung nuanciert. Das weitgespannte Vokabular stützt eine Emphase, die das Konkrete ausweitet und intensiviert.

Die *Feuilles d'automne* bilden zusammen mit *Les chants du crépuscule, Les voix intérieures* und *Les rayons et les ombres* den letzten großen lyrischen Komplex vor den vergleichbaren *Contemplations*, die erst im Abstand von 16 Jahren folgen sollten. Als Erstling der Serie vollziehen die *Feuilles d'automne* die Abwendung vom Pittoresken, vom exotischen oder historischen Lokalkolorit der *Balladen* und der *Orientales* und setzen die z. T. schon in den *Oden* begonnene Hinwendung zu einem verinnerlichten Dichten, einer Befragung der Realität auf eine hinter ihr stehende Sinndimension fort. Diese Dichtung Hugos kündigt in wesentlichen Aspekten Baudelaire, Rimbaud und den Symbolismus an. Sie bildet einen Komplex, an dem sich alle zeitgenössische und folgende Dichtung des 19. Jh.s messen lassen mußte. W. Kre.

Ausgaben: Paris 1831. – Givors 1951 (in *Œuvres complètes*, 35 Bde., 1949–1955, 11). – Paris 1965 (in *Œuvres poétiques*, Hg. P. Albouy, 3 Bde., 1964–1974, 1; Pléiade). – Paris 1967 (in *Œuvres complètes*, Hg. J. Massin, 18 Bde., 1967–1971, 4). – Paris 1981 (mit *Les orientales*). – Paris 1985 (mit *Les chants du crépuscule*; GF). – Paris 1985 (in *Œuvres complètes*, Hg. J. Seebacher, 15 Bde., 4: *Poésie I*).

Übersetzungen: *Herbstblätter*, H. Fournier (in *SW*, Bd. 11, Ffm. 1836). – Dass., F. W. Dralle (in *SW*, Bd. 16, Stg. 1841). – Dass., L. Seeger (in *Sämtliche poetische Werke*, Bd. 3, Stg. 1861).

Literatur: Ch.-A. Sainte-Beuve, *Portraits contemporains*, Bd. 1, Paris 1869, S. 384–496. – F. Flutre, *Éclaircissements sur les »Feuilles d'automne«* (in RHLF, 34, 1927, S. 38–71, 403–425, 545–566). – F. Michaux, »*Les feuilles d'automne*« (in Bulletin du Bibliophile, 20. 11. 1931, S. 517–520). – G. Robert, *Des »Feuilles d'automne« aux »Rayons et les ombres«. Étude des manuscrits*, Paris 1957. – E. Barineau, »*Les feuilles d'automne*«, *l'intime et l'universel* (in MPh, 58, 1960/61, S. 20–40). –

N. Wilson, *Charles Nodier, V. H. and »Les feuilles d'automne«* (in MLR, 60, 1965, S. 21–31). – F. P. Kirsch, *V. H. »Soleils couchants«* (in *Die frz. Lyrik. Von Villon bis zur Gegenwart*, Hg. H. Hinterhäuser, Bd. 1, Düsseldorf 1975, S. 295–305). – C. Gély, *Des »Feuilles d'automne« aux »Rayons et les ombres«. Vertige et maîtrise du temps* (in *Lectures de V. H.*, Hg. M. Calle-Gruber u. A. Rothe, Paris 1986, S. 77–89).

LA FIN DE SATAN

(frz.; *Das Ende Satans*). Unvollendete epische Dichtung von Victor Hugo, entstanden in zwei Schaffensperioden 1854 und 1859/60, erschienen zunächst 1886, dann in erweiterten Neuausgaben zunächst 1911 und schließlich, unter Einbezug unveröffentlichter Fragmente, 1950. – *La fin de Satan* ist wie *La légende des siècles* und *Dieu* als Teil einer großen Epopöe angelegt (als Vers dominiert der paarweise gereimte Alexandriner); die Dichtung wurde jedoch ebensowenig wie *Dieu* fertiggestellt. Wie ihre endgültige Form ausgesehen hätte, ist aus den überlieferten Fragmenten nicht zu erschließen; die jetzige Anordnung der einzelnen Teile geht auf Paul Meurice zurück.

Hors de la terre I–IV heißen die vier großen Abschnitte des Zyklus: Außerhalb der Erde folgen Sühne und Vergebung auf die Revolte des Satans, die auf der Welt das Böse in all seinen Formen ausgelöst hat. – In dem 1854 entworfenen, eindrucksvollen Vorspiel *Et nox facta est (Und es ward Nacht)* werden der Fall Satans und der Beginn seines Sturzes in das Chaos geschildert. Die räumliche und zeitliche Dimension dieses Sturzes entsteht in einer sprachlich dichten dramatischen Schilderung des allmählichen Verblassens und schließlichen Erlöschens der Gestirne. Solange Satan vom Gipfel eines Höllenberges noch das entfernte Flimmern eines Sternes wahrnimmt, spottet er über Gott; sein Spott schlägt in nackte Angst um, als er am Ende des Falls in die absolute Dunkelheit das Ausmaß seiner Metamorphose nur mehr ahnen kann. Seine Schreckensschreie und abwehrenden Gesten werden zu Urgewalten und nehmen in Kain, Judas und der Stadt Sodom unheilvolle Gestalt an. Seine Revolte gegen Gott und sein Haß auf die Menschheit konkretisieren sich in dem Maße, wie er in die Dunkelheit hinabfällt. In diesem Eingangsgedicht wie in den anschließenden Gedichten der *Première page* (*L'entrée dans l'ombre – Eintritt in die Dunkelheit, La sortie de l'ombre – Austritt aus der Dunkelheit*, beide 1854 entstanden) ist das verbindende große Thema das Bild eines vor dem sich ausbreitenden Übel zurückweichenden Universums. Die Sintflut wird als Folge des von Satan auf die Menschheit losgelassenen Verbrechens gesehen, die Entstehung der Welt, der antiken Kulturen und deren Untergang ausschließlich unter dem Aspekt der zerstörerischen Macht Satans geschildert.

Die mit *Le glaive (Das Schwert)* überschriebene zweite Hälfte von *Hors de la terre I* (1854) vereinigt mehrere Episoden. Sie enthalten das den ganzen Zyklus beherrschende Thema des Bösen, gekleidet in die Vision von Krieg und Tod sowie in einen zur Ekstase sich steigernden Monolog des Leprakranken, der eine Präfiguration Christi als des Verdammten der Erde darstellt. Mittelpunkt dieser Gedichte ist die Nemrod-Episode, die ursprünglich nicht für die vorliegende Sammlung, sondern wahrscheinlich für die *Petites épopées*, den ersten Teil der *Légende des siècles*, bestimmt war. Nemrod, der biblische Jäger und Krieger, dessen Allmacht auf der Erde fast göttliche Dimensionen erreicht, will in einem Anfall von Wahnsinn den Himmel erobern. Aus den Resten der Arche Noah baut er einen Käfig, spannt vier Adler davor, über deren Köpfe er, unerreichbar für sie, Löwenfleisch hängt. Die vom Hunger geplagten Vögel reißen in ihrem Flug den Käfig mit in den Himmel. Nemrod und sein Begleiter, der Eunuch Zaïm, der Geist des Bösen, steigen immer höher. Mythische Wesen verfolgen das gewaltige Schauspiel, das schon über ein Jahr dauert. Die Erde verschwindet, doch der Himmel ist noch nicht erreicht. Da steigt Nemrod aus dem Käfig und schießt seinen Pfeil in die Unendlichkeit des Himmels. Nach einem Monat sieht ein Hirte auf der Erde Nemrod tot vom Himmel stürzen, ebenso fällt sein Pfeil, dessen Spitze von Blut rot gefärbt ist. Hat er Gott getroffen?

Hors de la terre II enthält neben *La plume de Satan* (die »Feder Satans« zeugt von seiner früheren Engelsnatur) die um 1859/60 verfaßte Sammlung *Le gibet (Der Galgen)*: *La Judée, Jésus-Christ, Le crucifix* stellen ein historisches Tableau dar, das mit den Stoffen des *Alten* und vorwiegend des *Neuen Testaments* am Beispiel Judäas die Vergewaltigung der Welt durch das Schwert darstellt. Augustus, Caesar, Herodes, Kaiphas sind nur einige aus einem Meer von Verbrechen herausragende Gestalten. In langatmigen Tiraden, die zwei Vertreter des alten Judentums mit der Erscheinung und dem friedvollen Wirken Jesu und seiner Jünger konfrontieren, wird das alte Jerusalem beschworen. Die Gedichte greifen die Leidensgeschichte Christi auf: die Abendmahlfeier, Jesus und seine Jünger im Garten Gethsemane, seine Verlassenheit, als er die Jünger schlafen sieht, den Verrat des Judas, den Prozeß mit dem nach römischem Recht gesprochenen Todesurteil, den Kreuzweg, Anschlagung ans Kreuz und Tod. Römische Soldaten beobachten die Erscheinung der Isis-Lilith als unheilvolles Zeichen. Seitdem sind mehr als 1800 Jahre vergangen, und Jesu Weissagungen vom Untergang Jerusalems und anderer Mächte (Byzanz, Athen, Rom) haben sich erfüllt. Diese Gedichtfolge stellt eine pathetische Klage über die Blindheit der Menschen dar. Jesu Liebesbotschaft und sein Opfer haben nicht vermocht, den Menschen aus seiner durch den Sturz Satans verschuldeten Fatalität zu erlösen. Auch eine Befreiung von der politischen Tyrannei haben sie nicht bewirkt. Die in einem absichtlich profanen Ton gehaltenen Verse gipfeln in dem Aufschrei, daß trotz Jesu Tod die Welt immer noch vom Schwert regiert werde.

Das durch Gottes Abkehr entstandene Gefühl von Einsamkeit und Ausgestoßensein, das Christus während des Prozesses bis zum Tod am Kreuz erfährt und das auch den in die Tiefe gestoßenen Satan beherrscht, zieht sich als Leitmotiv durch die einzelnen Gedichtblöcke und wird in den letzten beiden, vorwiegend 1859/1860 geschaffenen Teilen der Sammlung, *Satan dans la nuit (Satan in der Nacht)* und *Satan pardonné (Der entsühnte Satan – Hors de la terre III und IV)* zum eigentlichen Thema: Dieser lyrische Monolog von 288 Alexandrinern ist ein einziger langer Schmerzensschrei Satans. Er ist allein, in die Tiefe der Hölle verbannt, während jede Kreatur von Freude durchdrungen ist. Die häßlichsten Wesen verachten ihn. Er beschwört die Vergangenheit und seinen verlorenen, glückvollen Zustand. Er schreit seinen Haß gegen Gott und die Menschheit hinaus in einem dreimaligen, die Verszäsur betonenden Aufschrei »*Je suis le mal, je suis la nuit, je suis l'effroi*« (»Ich bin das Böse, die Nacht, das Entsetzen«). Da tritt der Umschwung ein: Satan fleht Gott um Vergebung an und bietet dafür den Verzicht auf Rache. Er möchte wie früher als Engel zu Gottes Ruhm singen, doch das Echo bringt ihm nur sein Höllengelächter zurück. In seinen letzten Aufschrei nach Liebe und Gnade mischt sich ein verzweifelter Zorn auf sich selbst und seine Einsamkeit. Eingeschoben in den Monolog Satans sind strophisch gegliederte Lobgesänge der Vögel *(Chant des oiseaux)* und der Gestirne *(Chant des astres)*. Sie fordern Erde und Hölle zum Mitleid mit Satan auf. Mit der Erlaubnis Gottes steigt der Engel »Liberté« (Freiheit) hinab zum schlafenden Satan. Auf seinem mühevollen Weg zur Hölle sieht er die vom Teufel beherrschte Erde – vorübergehend wird dabei die bisher rein kosmische Vision des Gedichts auf die Perspektive des zeitgenössischen, politisch vergewaltigten Frankreich eingeengt. Das Feuer auf der Stirn des Engels vernichtet Isis-Lilith, die Höllengefährtin Satans. In einer langen Rede erzählt der himmlische Bote Satan von seiner früheren Engelsnatur, von seinem Vergehen, seiner Verstoßung und seiner Rache gegen Gott. Kerker, Verliese und die Pariser Bastille erscheinen noch einmal als irdische Folgen seiner Empörung. Die Stimme Gottes aus der Unendlichkeit verkündet, daß er Satan nicht mehr hasse. Satan ist tot, der himmlische Luzifer wieder auferstanden.

Die Vorstellung von Satan als dem in die Dunkelheit gestoßenen Rebellen findet sich auch in dem Eingangsgedicht *La chute de Satan (Der Fall Satans)* in der *Poésie catholique* (1836) des Édouard TURQUETY; sie könnte die Konzeption des Hugoschen Satans mitbestimmt haben. Im weiteren Sinn gehört Hugos Epopöe aber in den Kreis jener Werke, die – besonders seit der Romantik – den Teufel als eine facettenreiche und keineswegs ausschließlich negative Symbolfigur wiederentdeckten (vgl. auch BAUDELAIRE). Dieser Satan hat kaum noch etwas mit dem Teufel in MILTONS *Paradise Lost* gemeinsam, der als Führer eines mächtigen Heeres den Kampf gegen Gott aufnehmen will. Hugo schildert ihn weder in seiner extremen Häßlichkeit, noch läßt er ihm – wie etwa Milton – einen Abglanz seiner früheren Schönheit. Satan ist in dieser Dichtung vielmehr die verlassenste und erbärmlichste Kreatur des gesamten Universums. Im Mittelpunkt steht jetzt der monströse Charakter seines Aufenthaltsortes, der seine Gestalt prägt. Die Nachtgestalt der Isis-Lilith, die Götzendienerei und Fatalität gleichermaßen symbolisiert, ist ihm zur Seite gestellt.

In *La fin de Satan* manifestiert sich die Vorstellung eines zeitlich begrenzten Vergehens. Durch den Fall Satans, Folge seiner Hybris, kam das Böse in die Welt. Doch das Böse wird hier nicht als gegebene Notwendigkeit, sondern als das Resultat einer meßbaren Schuld betrachtet. Aus dieser Sicht erscheint auch der Schluß der Sammlung, die Vergebung für den Teufel und seine Reintegration, sinnvoll. Hugo insistiert weniger auf der Revolte des verstoßenen Erzengels als auf dessen Verbannung. Sein Satan ist der Verbannte – eine wohl beabsichtigte Parallele zum eigenen Exil auf den Kanalinseln. C.Le.

AUSGABEN: Paris 1886 (in *Œuvres inédites*, 9 Bde., 1886–1893, 2). – Paris 1911 (in *Œuvres complètes*, Hg. P. Meurice u.G. Simon, 1904 ff., Abt. I: *Poésie*, Bd. 11). – Givors 1955 (in *Œuvres complètes*, 35 Bde., 1949–1955, 33). – Paris 1955 *(La légende des siècles. La fin de Satan. Dieu*, Hg. J. Truchet; Pléiade; ern. 1982). – Paris 1969 (in *Œuvres complètes*, Hg. J. Massin, 18 Bde., 1967–1971, 10/11). – Paris 1984, Hg. E. Blewer u. J. Gaudon. – Paris 1985 (in *Œuvres complètes*, Hg. J. Seebacher, 15 Bde., 7: *Poésie IV*).

LITERATUR: P. Zumthor, *V. H., poète de Satan*, Paris 1946. – M. Milner, *Le diable dans la littérature française*, Bd. 2, Paris 1960, S. 358–422. – Ders., *Signification politique de la figure de Satan dans le romantisme français* (in *Romantisme et politique 1815–1851*, Paris 1969). – A. Ubersfeld, *Le livre et la plume ou comment on écrit »La fin de Satan«* (in *Romantisme*, 6, 1973, S. 67–75). – R. Journet u. G. Robert, *Contribution aux études sur H.*, Bd. 2, Paris 1979; Bd. 6, Paris 1983. – N. Babuts, *H.'s »La fin de Satan«: The Identity Shift* (in *Symposium*, 35, 1981, S. 91–101). – T. Moreau, *La faim de Satan, un membre de trop* (in *Langages poétiques*, Hg. J.-P. Giusto, Valenciennes 1981, S. 135–147). – H. Prais, *The Lilith Myth in H.s »La fin de Satan« and Its Source* (in *Myth and Legend in French Literature*, Hg. K. Aspley u. a., Ldn. 1982, S. 159–172). – A.-M. Amiot, *Les fondements théologiques de la Révolution française dans »La fin de Satan«* (in *Lez Valenciennes*, 11, 1986, S. 25–41).

HERNANI OU L'HONNEUR CASTILLAN

(frz.; *Hernani oder Die kastilische Ehre*). Versdrama in fünf Akten von Victor Hugo, Uraufführung: Paris, 25. 2. 1830, Comédie Française. – In nicht einmal einem Monat verfaßte Hugo, dessen Drama *Marion de Lorme* der Zensur zum Opfer gefallen war, sein neues Drama. Schauplatz der Handlung von Hugos vielleicht wirkungsreichstem Bühnenwerk ist Spanien zu Beginn des 16. Jh.s. Der geächtete Hernani, der als Anführer einer Räuberbande in den Bergen haust, liebt die schöne Doña Sol de Silva, aber er schreckt davor zurück, die Geliebte zu entführen und in sein friedloses Leben mit hineinzuziehen. Sie soll die Gattin ihres Oheims, des alten, ehrwürdigen Herzogs Ruy Gomez, werden; auch der junge König Karl von Spanien, der künftige Kaiser Karl V. (hier Don Carlos genannt), wirbt um sie, doch Doña Sol liebt Hernani und weist Don Carlos zurück. Als er eines Nachts Hernani in ihren Gemächern überrascht, schont er ihn ritterlich. Eine zweite Begegnung gibt Hernani Gelegenheit, sich zu revanchieren, indem er den wehrlosen König vor den Dolchen seiner Räuberbande schützt. Ruy Gomez, der Doña Sol für die bevorstehende Hochzeit auf sein Schloß geführt hat, gewährt dem verfolgten, als Pilger verkleideten Hernani Einlaß und verbirgt ihn vor dem König, der auf den Kopf seines Rivalen eine große Geldsumme ausgesetzt hat. Da der Herzog sich aus Achtung vor dem Gebot der Gastlichkeit weigert, Hernani auszuliefern, entführt Don Carlos aus Rache Doña Sol. Ruy Gomez und Hernani schließen daraufhin ein Bündnis: Gemeinsam wollen sie den König verfolgen und töten, aber Hernani muß schwören, Selbstmord zu begehen, sobald er den Schall des Horns von Ruy Gomez vernimmt. In der Kapelle Karls des Großen zu Aachen gelingt es Don Carlos, Hernani samt allen Verschwörern in seine Hand zu bekommen. Doch nach seiner Wahl zum Kaiser läßt Karl Gnade vor Recht ergehen und erlaubt Hernani, der in Wirklichkeit Jean d'Aragon heißt und aus edlem spanischem Geschlecht stammt, Doña Sol zu heiraten. – In der Hochzeitsnacht ertönt das Horn des eifersüchtigen Ruy Gomez. Hernani ist durch seinen Eid verpflichtet, sich zu töten, und mit ihm vergiftet sich Doña Sol. Aus Verzweiflung und Reue über seine Tat begeht Ruy Gomez ebenfalls Selbstmord.

Hugo hat dieses Drama um die schicksalhafte Macht der Liebe und der ritterlichen Tugenden mit allen Requisiten der französischen Romantik ausgeschmückt. In einem Nachwort gibt der Dichter genaue Anweisungen für die Gestaltung der Hauptrollen: Der Schauspieler des Hernani soll die Wildheit des Geächteten mit dem Stolz des spanischen Granden verbinden, der Don-Carlos-Darsteller die Unbekümmertheit und Kühnheit des jugendlichen Liebhabers mit der Besonnenheit des späteren Kaisers, der des *»homerischen Greises«* Ruy Gomez Leidenschaft und Eifersucht mit Würde und Ehrfurcht vor der Tradition. Die für das klassische Theater undenkbare Vereinigung von Verwerflichem und Edlem in ein und derselben Person ermöglicht dem Schauspieler eine differenzierte psychologische Interpretation. Der Autor verstößt ebenso gegen die starre klassische Einheitenregel wie gegen die Formstrenge des Alexandriners und verwendet statt dessen den unregelmäßigen *vers coupé*, der ihm sprachlich mehr Freiheit läßt. *»Man bricht die Verse in der Mitte entzwei und wirft sie zum Fenster hinaus«*, entrüsteten sich die *»akademischen und klassischen Schädel«* im Publikum. Théophile Gautier berichtet in seiner *Histoire du romantisme* (1874) über die denkwürdige Premiere des Stücks, bei der es zwischen den jungen Romantikern und den an das klassische Theater gewöhnten Zuschauern zu einem lautstarken Streit kam. Die Kritik v. a. in der Presse fiel zwar heftig und zum großen Teil polemisch aus, der Eklat der Premiere und der anhaltende Streit um das Stück sicherten den folgenden Aufführungen jedoch großes Zuschauerinteresse. Den Sieg in diesem als »Bataille d'Hernani« (»Hernanischlacht«) in die Literaturgeschichte eingegangenen Wortgefecht trugen die Romantiker unter Führung Gautiers davon. Den nächsten Generationen galt *Hernani* als das *»schönste romantische Drama ... in dem Hugos Sprachkunst den ganzen Glanz, die Fülle und die Kraft einer nie zuvor auf der französischen Bühne vernommenen poetischen Rede voll entfalten konnte«* (H. Suchier).

Nicht zu übersehen sind neben den vorherrschenden romantisch-märchenhaften Elementen die politisch-revolutionären Züge des einige Monate vor der Julirevolution entstandenen Werks. Bemerkenswert ist in diesem Zusammenhang vor allem das Vorwort des Stücks: Der Autor bezeichnet dort die Freiheit der Literatur als *»Tochter der politischen Freiheit«*. Für die Poesie sollten dieselben Grundsätze wie für die Politik gelten, nämlich *»Toleranz und Freiheit«*. Deutlich ist der Einfluß von Corneilles *Cid* (1636) und Schillers *Räubern* (1782) spürbar. Doch als *»wahren Schlüssel«* zu *Hernani* bezeichnet Hugo den *Romanzero general*.

KLL

Ausgaben: Paris 1830. – Paris 1912 (in *Œuvres complètes*, Hg. P. Maurice u. G. Simon, 1904 ff., Abt. III: *Théâtre*, Bd. 1). – Paris 1950, Hg. Ph. van Tieghem [m. Einl. u. Anm.]. – Givors 1951 (in *Œuvres complètes*, 35 Bde., 1949–1955, 12). – Paris 1963 (in *Œuvres dramatiques complètes. Œuvres critiques complètes*, Hg. F. Bouvet). – Paris 1963 (in *Théâtre complet*, Hg. J.-J. Thierry u. J. Mélèze, 2 Bde., 1963/64, 1; Pléiade). – Paris 1969 (in *Œuvres complètes*, Hg. J. Massin, 18 Bde., 1967–1971, 3). – Paris 1969, Hg. Y. Florenne (krit.; Poche). – Paris 1979 (in *Théâtre*, Hg. R. Pouilliart, 2 Bde., 1; GF). – Paris 1985 (in *Œuvres complètes*, Hg. J. Seebacher, 15 Bde., 8: *Théâtre I*). – Paris 1987, Hg. A. Ubersfeld (krit.; Poche).

Übersetzungen: *Hernani*, K. L. W. v. Klinger, Pest 1830. – *Hernani oder Die kastilianische Ehre*, J. B. Werner, Darmstadt 1830. – *Hernani oder Die castilianische Ehre*, H. Elsner (in *SW*, Bd. 11, Stg. 1840). – *Hernani oder Castilianische Ehre*, A. Bing, Lpzg. o. J. [ca. 1880; f. d. Bühne bearb.]. – Dass., ders., Lpzg. 1926. – *Hernani*, H. Beltz, Lpzg. 1968 (IB).

Vertonungen: V. Gabussi, *Ernani* (Text: M. G. Rossi; Oper; Urauff.: Paris, 25. 11, 1834, Théâtre-Italien). – G. Verdi, dass. (Text: F. M. Piavé; Oper; Urauff.: Venedig, 9. 3. 1844, Teatro La Fenice).

Literatur: R. Frick, *Hernanis Stammbaum* (in ZvLg, 17, 1909, S. 239–261; 385–413). – H. Glaesener, *A propos d'un centenaire romantique. »Hernani« et ses sources* (in MdF, 218, 1930, S. 5–34). – E. Schneider, *V. H.s »Hernani« in der Kritik eines Jahrhunderts, 1830–1930* (in RF, 47, 1934, S. 1–146; Diss. Ffm. 1931). – M. Achard, *La bataille d' »Hernani«* (in Historia, 21, 1957, S. 129–139). – M. A. Williams, *A Precursor of »Hernani«* (in FS, 13, 1959, S. 18–27). – M. Butor, *Le théâtre de V. H.* (in NRF, 24, 1964, S. 862–878; 1073–1081; 25, 1965, S. 105–113). – P. Halbwachs, *A propos de la bataille d'»Hernani«* (in *Romantisme et politique 1815–1851*, Paris 1969, S. 99–109). – H. Maillet, *Structure d'un drame romantique »Hernani«* (in Inf. litt, 23, 1971, S. 139–149). – M. Carlson, *»Hernani«'s Revolt From the Tradition of French Stage Composition* (in Theatre Survey, 13, 1972, S. 1–27). – R. J. B. Clark, *»Hernani« Reconsidered or Don Carlos Vindicatus* (in Modern Languages, 53, 1972, S. 168 bis 174). – A. Ubersfeld, *Jeunesse d'»Hernani«* (in Comédie Française, Sept. 1974, Nr. 31, S. 11/12). – G. Portal, *Sur »Hernani«* (in Écrits de Paris, Jan. 1975, Nr. 343, S. 123–128). – M. Jeuland-Meynaud, *De l'»Hernani« de H. à l'»Ernani« de Giuseppe Verdi* (in Cahiers d'études romanes, 3, 1977, S. 117–151). – J. Gaudon *Sur »Hernani«* (in CAIEF, 35, 1983, S. 101–120). – K. Wren, *»Hernani« and »Ruy Blas«*, Ldn. 1983. – F. Bassan, *La réception critique d'»Hernani« de H.* (in RHT, 36, 1984, S. 69–77). – P. Sénart, *»Hernani« par Antoine Vitez, au Palais de Chaillot* (in RDM, Apr.–Juni 1985, S. 200–203). – *Le roman d'»Hernani« raconté par A. Ubersfeld avec une iconographie réunie par N. Guibert*, Paris 1985 (Comédie Française). – S. u. I. Dauvin, *»Hernani«, 1830; »Ruy Blas«, 1838, H. Analyse critique*, Paris 1986.

L'HOMME QUI RIT

(frz.; *Der Lachende*). Roman von Victor Hugo, erschienen 1869. – Schauplatz der Handlung ist England zur Zeit der Königin Anna. Der mürrische Gaukler Ursus reist mit seinem Karren und einem Bären von einem Jahrmarkt zum anderen. Er nimmt zwei verwaiste Kinder bei sich auf: ein blindes Mädchen und den Knaben Gwynplaine, dem durch grausame Mißhandlung die Clownsmaske buchstäblich ins Gesicht eingeprägt worden ist; seine Züge entstellt immer wieder ein grimassenhaftes Lachen. Ursus bildet die beiden als Mimen aus. Bald keimt in ihnen eine zärtliche Liebe zueinander auf. Als die Truppe eines Tages nach London kommt, erkennt man in dem Jüngling eines hohen Adligen Sohn, der als Kind entführt worden ist; nun gelangt er wieder in den Besitz seiner angestammten Rechte. In das Oberhaus aufgenommen, macht er sich zum Anwalt jener elenden Kreaturen, unter denen er seine Jugend verbracht hat. Als jedoch während seiner ergreifenden Rede ein plötzliches Grinsen sein Gesicht verzerrt, lacht man ihn aus. Er wird sich seiner Schwäche bewußt und flieht, um sich von neuem Ursus und dem Mädchen anzuschließen. Doch er kommt zu spät. Das Mädchen, das ihn für tot gehalten hat und den Schmerz nicht ertragen konnte, stirbt in seinen Armen; aus Verzweiflung darüber macht er seinem Leben ein Ende.

Hugo gibt in diesem Roman ein farbiges Bild vom England des späten 17. und frühen 18. Jh.s. Der Autor möchte in erster Linie ein *»wahres Bild Englands durch erfundene Personen«* zeichnen. Historisch belegte Persönlichkeiten sind in seinem Roman von untergeordneter Bedeutung und erscheinen nur im Zusammenhang mit der Vita der Hauptpersonen des Romans. Die an phantastischen Abenteuern und grotesken Charakteren reiche Handlung spielt unter fahrendem Volk, am britischen Königshof und in der vornehmen Gesellschaft. Sinnfällig werden hier einmal mehr Hugos Begriffe des Grotesken und der Kontrastharmonie: Der Dichter hat besonders die sozialen Gegensätze herausgearbeitet und macht, wie schon in *Les misérables*, 1862 *(Die Elenden)*, aus seinen Sympathien für die Armen und Ausgestoßenen kein Hehl. Dennoch kritisiert er die Roheit des einfachen Volkes ebenso wie die Überheblichkeit der Begüterten. Trotz seines hohen Ethos war dem reißerisch im Feuilletonstil erzählten Roman beim Publikum ein nur sehr mäßiger Erfolg beschieden.

KLL

AUSGABEN: Paris 1869, 4 Bde. – Paris 1907 (in *Œuvres complètes*, Hg. P. Maurice u. G. Simon, 1904 ff., Abt. I: *Roman*, Bd. 8). – Paris o. J. [1952]. – Givors 1953 (in *Œuvres complètes*, 35 Bde., 1949–1955, 23). – Paris 1962 (in *Œuvres romanesques complètes*, Hg. F. Bouvet). – Paris 1970 (in *Œuvres complètes*, Hg. J. Massin, 18 Bde., 1967–1971, 14). – Paris 1978, Hg. G. Schaeffer u. M. Eigeldinger. – Paris 1981, 2 Bde. (10/18). – Paris 1982, 2 Bde. (GF). – Paris 1985 (in *Œuvres complètes*, Hg. J. Seebacher, 15 Bde., 3: *Roman III*).

ÜBERSETZUNGEN: *Der lachende Mann*, G. Büchmann, 4 Bde., Bln. 1869. – *Der Mann der lacht*, G. Gellert, Bln. 1925. – *Die lachende Maske*, E. Schumann, Lpzg. 1954; ⁶1965. – Dass., dies., Bln. 1980.

VERFILMUNG: *L'uomo che ride*, Italien 1965 (Regie: S. Corbucci).

LITERATUR: C. M. Maclean, *V. H.'s Use of Chamberlayne's »L'état présent de l'Angleterre« in »L'homme qui rit«* (in MLR, 8, 1913, S. 173–184; 496–510). – P. Berret, *Les Comprachicos et la mutilation de Gwynplaine dans »L'homme qui rit«* (in RHLF, 21, 1914, S. 503–518). – E. Meyer, *Un cas d'incontinence verbale, »L'homme qui rit« de V. H.* (in Revue des Cours et Conférences, 27, 1925, S. 743–757). – J. Thomas, *L'Angleterre dans l'œuvre de V. H.*, Paris 1934. – P. Albouy, *Rire révolution* (in P. A., *Mythographies*, Paris 1976, S. 194–221). – L. Cellier, *Chaos vaincu – V. H. et le roman initiatique* (in L. C., *Parcours initiatiques*, Neuchâtel 1977, S. 164–175). – M. Vilain, *Pour saluer »L'homme qui rit«*, Virton 1978. – S. Nash, *Transfiguring Disfiguration in »L'homme qui rit«* (in Pre-text, Text, Context, Hg. R. L. Mitchell, Columbus/Oh. 1980, S. 3–13). – A. Ubersfeld, ›*Chaos vaincu‹ ou la transformation* (in RHLF, 84, 1984, S. 67–76). – J. G. Kessler, *Art, Criminality and the ›Avortion‹: The Sinister Vision of H.'s »L'homme qui rit«* (in RomR, 75, 1984, S. 312–334). – J. Gaudon, *»L'homme qui rit« ou la parole impossible* (in Inf. litt, 36, 1984, S. 197–204). – M. Jarrety, *Liberté de »L'homme qui rit«* (in RHLF, 85, 1985, S. 41–53). – *»L'homme qui rit« ou la parole monstre de V. H.*, Paris 1985. – J. Pacaly, *Une lecture psychanalytique de »L'homme qui rit«* (in Littérature, Mai 1986, Nr. 62, S. 25–47).

LA LÉGENDE DES SIÈCLES

(frz.; *Die Sage von den Jahrhunderten*). Zyklus epischer Lyrik von Victor HUGO; der erste Teil mit dem Untertitel *Histoire – Petites épopées (Geschichte – Kleine Epen)* erschien 1859; zwei umfangreiche, später in die chronologische Anordnung des Ganzen eingearbeitete Zusatzbände erschienen 1877 und 1883. Plan und Vorarbeiten gehen bis ins Jahr 1840 zurück. – Es ist bezeichnend für die Größenordnungen, in denen Hugo dachte, daß das monumentale Menschheitsepos ursprünglich nur als erster Teil einer Trilogie konzipiert war. Im Vorwort der *Légende* legt der Autor seinen Plan dar: Er habe *»eine Art von Gedicht entworfen, in dem sich das eine Problem, das Sein, unter seinem dreifachen Gesicht darstellt: die Menschheit, das Böse, das Unendliche; das Fortschrittliche, das Relative, das Absolute; womit man die drei Gesänge ›La légende des siècles‹, ›La fin de Satan‹ und ›Dieu‹ bezeichnen könnte«. La fin de Satan*, 1886 *(Das Ende Satans)*, und *Dieu*, 1891 *(Gott)*, sollten das Weltgedicht, mit dem gemeinsamen Titel *Ascension dans les ténèbres (Aufstieg in der Finsternis)*, vollenden; sowohl das zweite wie das dritte Epos blieben Fragment.

Hugo betont im Vorwort, daß er mit der *Légende* eine vollständige Darstellung der Menschheitsgeschichte anstrebt. Er möchte *»die Menschheit in einer Art zyklischen Werks ausdrücken, sie nach und nach und zugleich unter allen ihren Gesichtspunkten – Geschichte, Mythologie, Philosophie, Religion, Wissenschaft – zeichnen«.* Alle Gedichte entsprängen der geschichtlichen Wirklichkeit, die er nicht verfälscht habe. Hugo deutet die Geschichte dabei als Fortschrittsgeschichte. Die *Légende* soll demzufolge *»das Aufblühen des menschlichen Geschlechts von Jahrhundert zu Jahrhundert, den Aufstieg des Menschen von der Finsternis zum Ideal«* zeigen. Der Gedanke eines kontinuierlichen Fortschreitens zu *»Glück und Wissen«* durch *»Nächstenliebe«* manifestiert sich im Gang der Geschichte: *»... die allmähliche Eroberung der Freiheit ... eine einzige und allumfassende Emporbewegung zum Lichte hin ... das Trachten nach dem Ideal«*. Geschichte wird stilisiert zum mythischen Kampf zweier feindlicher Prinzipien. Hugo, in der Pose des Seher-Dichters, hat den erklärten *»Ehrgeiz«*, im Gegensätzlichen die höhere Einheit und im Widersprüchlichen die verborgene Tendenz zur Versöhnung zu entdecken. Um diese Zentralidee gruppieren sich selbständige Einzelgedichte – die meisten sind in Alexandrinern abgefaßt –, die in episodenartigen Bildausschnitten *»al fresco«* ein farbenprächtiges historisches Panorama entwerfen. Hugo schrieb den ersten Teil des Werks auf der Kanalinsel Guernesey im Exil, das er trotz der politischen Amnestie von 1859 nicht aufgab. Die Widmung *»An Frankreich«* und der polemisch-zeitkritische Ton, der immer wieder in das hohe elegische Pathos eindringt, sind gegen das Regime Napoleons III. gerichtet.

Das ursprünglich dem nach seiner Rückkehr entstandenen zweiten Teil vorangestellte Eingangsgedicht *La vision d'où est sorti ce livre (Die Vision, aus der dieses Buch hervorgegangen ist)* motiviert die Entstehung des Zyklus mit der Vision des Dichters von der *»Mauer der Jahrhunderte«*, in die *»das bittere Epos der Menschheit«* eingemeißelt ist. Ein Hymnus, *La terre (Die Erde)*, gleichsam Schöpfungsbericht, und acht Gedichte mit biblischen Themen eröffnen den Zyklus. *La conscience (Das Gewissen)* zeigt Kain, den Brudermörder, in rastloser Flucht vor dem starren, unentrinnbar allgegenwärtigen Auge Gottes. Ein anderes berühmtes Glanzstück romantischer Stimmungslyrik ist die ins Mystisch-Feierliche verklärte Szene vom *»Schlafenden Booz«* (*Booz endormi*; vgl. *Ruth-Buch*, Kap. 3). Bilder aus der griechischen Mythologie folgen. Hugo rühmt sodann, mit deutlichem Gegenwartsbezug, den Widerstand der Griechen gegen jede Form politischer Tyrannis in *Chanson de Sophocle à Salamis (Lied des Sophokles in Salamis)*. Die römische Geschichte wird nur gestreift. Breiten Raum nimmt dagegen die Darstellung des Mittelalters ein. Der Orient, die Kreuzzüge und das Spanien zur Zeit der Reconquista bilden den finsteren Hintergrund einer in grellen Farben ausgemalten Epoche der Inhumanität, in der sich das Gute nur in wenigen Einzelgestalten (Aymerillot, Cid) behauptet. Das Gedicht *Le satyre (Der Satyr)* deutet das wiedererwachende Heidentum der Renaissance als verheißungsvollen Lichtpunkt. Als eines der herausragenden Gedichte des Zyklus, dessen kompositorische Mitte es zugleich darstellt, übte es nachhaltigen Einfluß auf die Lyrik des Fin de siècle aus. Der lyrischen Verarbeitung der jüngsten Geschichte im letzten Teil des Zyklus vorangestellt ist eine Gruppe von Gedichten, *le groupe des idylles*, die an frühere Dichter von der Antike bis hin zu DIDEROT, BEAUMARCHAIS und CHÉNIER erinnert. *Le cimetière d'Eylau (Friedhof von Eylau)* und *Les pauvres gens (Die Armen)* verherrlichen im heroischen Lei-

den der Soldaten Napoleons I. und der sozial entrechteten Klassen die Vorboten jenes strahlenden Siegs der Menschlichkeit, der unter dem Titel *Vingtième siècle (Zwanzigstes Jahrhundert)* als Verbrüderung der Völker gefeiert wird. Das Schlußgedicht *Abîme (Abgrund)* überführt die absolute Negativität, in der diese Metapher in der Lyrik des 19. Jh.s erscheint, ins ungetrübt Positive: Fluchtpunkt aller Perspektiven ist ein guter, voluntaristisch omnipotenter Gott, der seine Schöpfung nicht – wie er wohl könnte – mit dem Hauch seines Mundes auslöscht, sondern Freiheit, Glück und kosmische All-Einheit stiftet.

Das Werk ist Dokument einer späten Verwirklichung des romantischen Kunstprogramms. Die lyrische Qualität einzelner Gedichte bleibt bestehend. Bedenkt man jedoch den Reflexionsgrad der gleichzeitigen Lyrik BAUDELAIRES oder gar RIMBAUDS, so erscheinen Hugos poetische Verfahrensweise und sein Humanismus des guten Willens als Antwort auf die Problematik seiner Zeit vergleichsweise naiv und inadäquat. G.Sa.

AUSGABEN: Paris 1859 [Tl. 1]. – Paris 1877 *(La légende des siècles. Nouvelle série)*. – Paris 1883 *(La légende des siècles. Tome 5e et dernier)*. – Paris 1906 (in *Œuvres complètes*, Hg. P. Maurice u. G. Simon, 1904 ff., Abt. II: *Poésie*, Bd. 5/6). – Paris 1920, Hg., Einl. u. Anm. P. Berret. – Paris 1950, Hg. J. Truchet (mit *La fin de Satan – Dieu*; ern. 1982; Pléiade). – Paris 1961 (in *Œuvres poétiques complètes*, Hg. F. Bouvet). – Paris 1967, Hg. L. Cellier, 2 Bde. (GF). – Paris 1969/70 (in *Œuvres complètes*, Hg. J. Massin, 18 Bde., 1967–1971, 10 u. 15). – Paris 1974, Hg. A. Dumas u. J. Gaudon (Class. Garn). – Paris 1985 (in *Œuvres complètes*, Hg. J. Seebacher, 15 Bde., 5 u. 6; *Poésie II u. III*).

ÜBERSETZUNG: *Die Weltlegende*, L. Seeger (in *Sämmtliche poetische Werke*, Bd. 1, Stg. 1860/61).

LITERATUR: P. Berret, *Le moyen-âge dans »La légende des siècles« et les sources de V. H.*, Paris 1911. – R. Descharmes, *Les sources de V. H. dans »La légende des siècles«* (in Annales Romantiques, 8, 1911, S. 77–89). – M. Rösler, *Sur les sources de »La légende des siècles«* (in ZfrzSp, 37, 1911, S. 240–251). – M. Saint-René, *V. H. et »La légende des siècles«*, Paris 1931. – T. S. Thomov, *Étude sur les variantes dans »La légende des siècles«*, Sofia 1932. – P. Berret, *»La Légende des siècles«*, Paris 1935. – C. Herterich, *V. H. et »La Légende des siècles«*, Paris 1942. – A. Vial, *Un beau mythe de »La légende des siècles«*, *»Le satyre«* (in RSH, 1957, S. 299–317). – P. Angrand, *Le centenaire: »La légende des siècles«. La légende de 1859 et la critique catholique* (in La Pensée, 88, Nov./Dez. 1959, S. 27–40). – A. Maurois, *Le centenaire de »La légende des siècles«* (in Historia, 26, 1959, S. 294–300). – P. Angrand, *Le centenaire: »La légende des siècles« devant la critique suisse et américaine* (in RLC, 34, 1960, S. 513–535). – J. Heugel, *Chevauchée à travers »La légende des siècles«*, Paris 1960. – L. Spitzer, *Interpretationen zur Geschichte der französischen Lyrik*, Heidelberg 1961, S. 142–157. – P. Albouy, *Au commencement de »La légende des siècles«* (in RHLF, 62, 1962, S. 565–572). – P. T. Comeau, *»Le satyre« dans »La légende des siècles«* (in FR, 39, 1965/66, S. 849–861). – A. Detalle, *»La légende des siècles« de H. ou L'idée du progrès exprimée à travers le mythe de la lumière* (in A. D., *Mythes merveilleux et légendes dans la poésie française de 1840–1860*, Paris 1976, S. 357–413). – J.-B. Barrère, *Sur »Booz endormi«* (in J.-B., *Le regard d'Orphée ou l'échange poétique*, Paris 1977, S. 69–81). – C. Millet, *La politique dans »La légende des siècles«* (in La Pensée, 1985, Nr. 245, S. 59–69). – Ders., *Le siècle des Lumières et sa représentation dans »La légende des siècles«* (in *H. le fabuleux*, Hg. J. Seebacher u. A. Ubersfeld, Paris 1985, S. 308–320).

MARION DE LORME

(frz.; *Marion Delorme*). Versdrama in fünf Akten von Victor HUGO, entstanden 1829; durch die Zensur verzögerte Uraufführung: Paris, 11. 8. 1831, Théâtre de la Porte Saint-Martin. – Die Anregung zu seinem Drama erhielt Hugo vermutlich durch seine Besprechung des Romans *Cinq-Mars ou une conjuration sous Louis XIII* von Alfred de VIGNY im Jahre 1826, in dessen 20. Kapitel die Gestalt der Marion de Lorme erscheint. In dem Stück, das ursprünglich den Titel *»Un duel sous Richelieu«* tragen sollte, schildert Hugo das Leben der Marion Delorme, einer der anmutigsten und klügsten Kurtisanen des 17. Jh.s, ohne sich wohl genau an die historischen Gegebenheiten zu halten. Unter dem Namen Marie führt Marion zu Beginn des Dramas ein Leben der Zurückgezogenheit, das durch die ehrfurchtsvolle und keusche Liebe des Offiziers Didier, eines geheimnisvollen, stets in Schwarz gekleideten Edelmannes, eine besondere Weihe erhält. Zwischen Didier, einem Mann von düster verhangenem Gemüt, der von Marions Reinheit überzeugt ist, und dem Marquis de Saverny, einem abgewiesenen Liebhaber der Kurtisane, kommt es zu einem Duell, in dessen Verlauf die beiden Kontrahenten von den Wachen des Kardinals Richelieu festgenommen und zum Tode verurteilt werden. Es gelingt Marion, Didier zur Flucht zu verhelfen. Die beiden Liebenden verbergen sich in einer Schar wandernder Schauspieler, werden aber bald von Laffemas, einem Spion des Kardinals, aufgespürt. Marion und ein Onkel Savernys flehen in einer breitangelegten Szene König Ludwig XIII. (reg. 1610–1643) um Gnade für die beiden Verurteilten an. Zwar gelingt es dem Hofnarren, dem König ein Begnadigungsschreiben abzulisten, doch es wird von Richelieu kassiert. Auch Marions Versuch, Didier zu retten, indem sie sich dem Spitzel Laffemas anbietet, scheitert. Didier hat inzwischen erfahren, daß sich hinter seiner Marie Marion Delorme verbirgt, und die Geliebte wegen ihres Lebenswandels und des unwürdigen Handels mit Laffemas ver-

flucht. Aber vor seiner Hinrichtung erkennt Didier Marions aufrechten Opfermut. Auf dem Schafott verzeiht Didier Marion, indem er sie mit schöner, rührender Geste »Gattin« anredet. – Nach dem für unspielbar gehaltenen Drama *Cromwell* (1827) war *Marion de Lorme* das erste praktikable Schauspiel, in dem Hugo seine Forderungen nach einem neuen Theater im Sinne der Romantik, wie er sie in dem wichtigen Vorwort zum *Cromwell* niedergelegt hatte, exemplarisch verwirklichte. Wegen der ins Lächerliche überzogenen Charakterisierung Ludwigs XIII. wurde das Stück zunächst durch die Zensur und nach der Veränderung der Machtverhältnisse im Jahre 1830 durch den Autor selbst, der keinen bloß politischen, sondern auch einen künstlerischen Erfolg seines Stücks wünschte, noch ein weiteres Jahr lang zurückgehalten. Die Aufführung im Jahre 1831 von Hugos Drama stand indes im Schatten von *Antony*, einem Erfolgsstück A. DUMAS, das im selben Theater seit einigen Monaten gespielt wurde. Beim Theaterpublikum hatte *Marion de Lorme* lediglich einen mittelmäßigen Erfolg, und auch die Kritiken fielen eher mäßig aus. Zahlreiche Parodien dieses Stücks, die noch im Jahre 1831 aufgeführt wurden, zeugen indes von der Beachtung, die Hugos Theater fand. Ungeteilte Zustimmung fand Hugos Drama schließlich bei BAUDELAIRE, der in einem Brief im Jahre 1840 über die *Marion* schrieb: *»Die Schönheit dieses Dramas hat mich so entzückt und mich so glücklich gemacht, daß ich lebhaft den Autor kennenzulernen und ihm persönlich zu danken wünsche.«* KLL

AUSGABEN: Paris 1831. – Givors 1951 (in *Œuvres complètes*, 35 Bde., 1949–1955, 12). – Paris 1963 (in *Œuvres dramatiques complètes. Œuvres critiques complètes*, Hg. F. Bouvet). – Paris 1963 (in *Théâtre complet*, Hg. J.-J. Thierry u. J. Mélèze, 2 Bde., 1963/64, 1; Pléiade). – Paris 1969 (in *Œuvres complètes*, Hg. J. Massin, 18 Bde., 1967–1971, 3). – Paris 1979 (in *Théâtre*, Hg. R. Pouilliart, 2 Bde., 1; GF). – Paris 1985 (in *Œuvres complètes*, Hg. J. Seebacher, 15 Bde., 8: *Théâtre I*).

ÜBERSETZUNGEN: *Marion de Lorme*, K. Halein, Mainz 1833. – *Marion Delorme*, M. Tenelli [d. i. J. H. Millenet] (in *SW*, Bd. 7, Stg. 1839). – *Marion de Lorme*, bearb. F. Rüffer, Lpzg./Stg. o. J. [um 1878]. – *Marion Delorme*, bearb. M. Röttinger, Lpzg. o. J. [um 1880] (RUB).

LITERATUR: A. Pavie, *»Marion Delorme« et la censure* (in Journal des Débats, 12. 4. 1907). – G. Simon, *A propos de »Marion Delorme« (Hugo)* (in Revue de Paris, 2, 1907, S. 420–448). – L. Herrmann, *»Marion de Lorme« et »Cyrano de Bergerac«* (in Neoph, 10, 1925, S. 91–95). – M. Dormoy, *La vraie »Marion de Lorme«*, Paris 1934. – G. A. Nanta, *»Marion Delorme«, le chariot d'enfant* (in Neoph, 20, 1935, S. 261–263). – M. Butor, *Le théâtre de V. H.* (in NRF, 24, 1964, S. 862–878; 1073 bis 1081; 25, 1965, S. 105–113).

LES MISÉRABLES

(frz.; *Die Elenden*). Roman in fünf Teilen *(Fantine; Cosette; Marius; L'idylle rue Plumet et l'épopée rue Saint-Denis; Jean Valjean)* von Victor HUGO, entstanden mit langen Unterbrechungen 1845–1862, erschienen 1862. – Der über die ganze Welt verbreitete umfangreiche Roman – von dem unter dem Titel *Les misères* eine wesentlich kürzere Erstfassung erhalten ist (erschienen 1927) – erzählt vor dem historischen Hintergrund der Restauration, der Julirevolution, des Bürgerkönigtums und der Pariser Arbeiteraufstände von 1832–1834 die beispielhafte Geschichte eines entlassenen Galeerensträflings, der durch Opfer und Reue hindurch den Weg innerer Läuterung und Heilung geht.

Nach neunzehn Jahren aus dem Zuchthaus entlassen, findet der Held, Jean Valjean, der nur auf Mißtrauen und verschlossene Türen gestoßen ist, im Haus des mildtätigen Bischofs Myriel barmherzige Aufnahme (um 1815). Die wahrhaft christliche Menschlichkeit und Brüderlichkeit dieses Mannes vermag ihm nicht nur den Glauben an das Gute zurückzugeben, sondern ermöglicht ihm auch die Rückkehr in geordnete Verhältnisse. Als »Monsieur Madeleine« bringt Valjean es schon nach kurzer Zeit zum wohlhabenden Industriellen und beliebten Bürger, ja sogar zum Bürgermeister der kleinen Stadt Montreuil-sur-Mer. Kontrapunktisch zu Valjeans Aufstieg schildert Hugo im ersten Teil des Romans den Fall der Arbeiterin Fantine, einer ehemaligen Pariser Grisette, die durch ein Kind ins äußerste Elend gerät und, von Valjean gerade noch vor dem Gefängnis bewahrt, im Spital an Schwindsucht stirbt. Valjean befreit Fantines Tochter Cosette aus der Gewalt der niederträchtigen Pflegeeltern Thénardier und sorgt wie ein Vater für das Mädchen. Als er sich zu erkennen gibt, um einen Unschuldigen, den die Polizei mit ihm verwechselt, vor lebenslänglicher Sklaverei zu retten, wird Valjean von neuem verurteilt. Er entkommt jedoch bald und verbringt in Paris unter falschem Namen einige Jahre in erfüllter Zurückgezogenheit, auf die lediglich das heimtückische Mißtrauen des Polizisten und Spitzels Javert einen Schatten wirft. Die herangewachsene Cosette verliebt sich in den angehenden Advokaten Marius Pontmercy. Um sich von Cosette nicht trennen zu müssen, verbirgt Valjean das Mädchen vor Marius und untersagt ihnen – als das Versteck von dem Liebhaber entdeckt wird – die Heirat. Nach dem Ausbruch der Aufstände überstürzen sich die Ereignisse. Valjean rettet den verwundeten Marius – der sich aus Verzweiflung in die Straßengefechte gestürzt hat – aus den umkämpften Barrikaden und bewahrt auch Javert vor dem Tod. Als sich dieser in heilloser Verwirrung über solche Großmut selbst tötet, lastet auf dem Helden nur noch die Gewissensqual, Cosettes genesenem Bräutigam Marius die unrühmliche Vergangenheit beichten zu müssen. Marius ist entsetzt und möchte das Mädchen von seinem Wohltäter entfernen, dessen einziger Trost und Lebensinhalt es ist. Myriels, seines einsti-

gen Wohltäters, Vermächtnis eingedenk, bringt Valjean das höchste Opfer dar: Er ringt sich zum Verzicht auf Cosette durch. Bald darauf (im Jahr 1833) erkrankt er schwer. Im Angesicht des Todes hinterläßt er dem Paar eine Botschaft der Liebe: *»Es gibt nur eines auf der Welt: einander zu lieben.«* *»Solange nach Gesetz und Sitte eine soziale Verdammnis besteht, die künstlich inmitten der Zivilisation Höllen schafft . . . solange es auf Erden Unwissenheit und Elend gibt, können Bücher dieser Art nicht ohne Wert sein«*, schreibt Hugo in einem für das Verständnis des Romans aufschlußreichen *Avant-propos*. Vom philanthropisch-sozialistischen Ideengut der französischen Romantik durchdrungen *(»Ja, eine Gesellschaft, die das Elend, eine Religion, die die Hölle, eine Humanität, die den Krieg zuläßt, erscheinen mir als minderwertige Gesellschaft, Religion und Humanität«)*, konzipierte der Autor das Werk als die Lebensbeschreibung von vier Märtyrern und »Heiligen« der Gesellschaft: Myriel, Valjean, Fantine und Cosette gelingt es, sich am Elend ihrer Existenz und Umgebung mit reinem Herzen zu bewähren. Aber auch die wunderbare Rettung Cosettes soll nicht darüber hinwegtäuschen, daß in der Welt das Elend meist nur Ursache für immer neue Verbrechen und neues Elend ist. Hugos monumentaler Roman läßt Einflüsse des Romanwerks von BALZAC, der Sozialromane G. SANDS, des zeitgenössischen Feuilletonromans, vor allem der *Mystères de Paris* von E. SUE, aber auch sozialistisch-utopischer Theorien (PROUDHON, FOURIER etc.) des 19. Jh.s erkennen. Der Autor durchsetzt seine Fiktion mit historischen Elementen (z. B. Ende der Restauration, Person Louis-Philippes, Juniaufstand 1832). Er erstellt vielfältige und eindrucksvolle Bilder von Paris und der Pariser Unterwelt. Arme und Arbeiter, die Bewohner des Faubourg Saint-Marceau und des Faubourg Saint-Antoine stellen einen wichtigen Teil seines Romans dar. Hugos Absicht ist es, den Roman zugleich als Drama und als Epos zu konzipieren und *»Walter Scott mit Homer«* zu versöhnen. BAUDELAIRE bescheinigte ihm, einen Roman in der Art eines Gedichts, mit Figuren auf epischer Höhe, verfaßt zu haben. Zu Hugos epischem Stil und seinem Streben nach Totalität gehören lange Abschweifungen vom Erzählfluß wie die Erzählung der Schlacht von Waterloo, die Beschreibung der Abwasserkanäle von Paris oder der Lebensgewohnheiten in einem Kloster. Wiederholt wird betont, daß sich eine endgültige Ausrottung des menschlichen »Elends« nur von einer tiefgreifenden Veränderung der Gesellschaftsstruktur selbst erhoffen läßt: Marius wandelt sich vom Royalisten zum Bonapartisten und von diesem zum überzeugten Revolutionär und Barrikadenkämpfer. Das soziale Programm, das der Forderung nach seelischer Erneuerung des Menschen an die Seite gestellt wird, trägt die schwärmerischen Züge einer religiösen Heilsbotschaft.

Der missionarische Eifer des Autors prägt den Stil seines Hauptwerks. Das ausdrückliche Streben nach Volkstümlichkeit, Eingängigkeit und Wirkungsintensität läßt ihn nicht nur konsequent dem romantischen Prinzip der »Vermischung der Gattungen« folgen, sondern auch nicht selten zu Mitteln der Trivialliteratur, des Abenteuerromans greifen, zu Schauermotiven, simpler Symbolik, Rührseligkeit und plumper Schwarzweißmalerei, zu leerer Deklamation, hohlem Pathos und zu Überraschungseffekten, die an bare Unwahrscheinlichkeit grenzen. Beharrlich wird die Fiktion historischer Authentizität aufrechterhalten, ohne daß die Darstellung dadurch aber die realistische Kraft und Dichte eines Balzac oder MAUPASSANT erreicht; aber *»die leidenschaftliche Parteinahme des Dichters für seine Helden, sein Zürnen, sein Mitleid, seine Trauer verleihen dem Werk doch immer wieder eine mitreißende Lebenskraft«* (H. Mayer). KLL

AUSGABEN: Paris 1862. – Paris 1908/09 (in *Œuvres complètes*, Hg. P. Maurice u. G. Simon, 1904 ff., Abt.: *Romans*, Bd. 3–6). – Paris 1927 [Kurzfassg.]. – Givors 1950 (in *Œuvres complètes*, 35 Bde., 1949–1955, 8/9). – Paris 1951, Hg. M. Allem (Pléiade; ern. 1976). – Paris 1957, Hg. M.-F. Guyard, 2 Bde. (Class. Garn.). – Paris 1967, 3 Bde. (GF). – Paris 1969–1971 (in *Œuvres complètes*, Hg. J. Massin, 18 Bde., 1967–1971, 11/1 u. 11/2). – Paris 1972, 3 Bde. (Poche). – Paris 1973, 3 Bde. (Folio). – Paris 1985 (in *Œuvres complètes*, Hg. J. Seebacher, 15 Bde., 2; *Roman II*).

ÜBERSETZUNGEN: *Die Elenden*, L. v. Alvensleben, Wien 1862. – *Die Armen u. die Elenden*, bearb. v. Th. Megerle, Wien o. J. [ca. 1862]. – *Die Elenden*, G. A. Volchert, 2 Bde., Lpzg. o. J. [1923]. – Dass., E. Th. Knauer, Bln. o. J. [1929]. – Dass., E. Schumann, Lpzg. 1934. – Dass., P. Wiegler, Bln. 1952 [Nachw. H. Mayer]. – Dass., E. Ziha, Wien 1968. – Dass., W. Thiemer, Karlsruhe 1968. – Dass., H. Meier, Zürich 1968. – Dass., P. Wiegler u. W. Günther, 5 Bde., Zürich 1986 (Nachw. H. Grössel; detebe).

DRAMATISIERUNG: V. Hugo u. P. Meurice, *Les misérables* (Urauff.: Paris, 27. 12. 1899, Théâtre de la Porte-Saint-Martin).

VERFILMUNGEN (Ausw.): Frankreich 1934 (Regie R. Bernard). – USA 1935 (Regie R. Boleslawski). – Frankreich 1982 (Regie R. Hossein).

LITERATUR: A. Ch. Swinburne, *A Study of V. H.'s »Les misérables«*, Ldn. 1886. – J. Robichon, *Le roman des chefs d'œuvre*, Paris 1959, S. 155–209. – Bulletin de la Faculté des Lettres de Strasbourg, 40, 1961/62 (Sondernr.: zu *»Les misérables«*). – L'Europe, 1962, Nr. 394/395, S. 3–209 (Sondernr.: *H. et »Les misérables«*). – R. Journet u. G. Robert, *Le manuscrit des »Misérables«*, Paris 1963. – Dies., *Le mythe du peuple dans »Les misérables«*, Paris 1964 (ern. in *Der frz. Sozialroman des 19. Jh.s*, Hg. F. Wolfzettel, Darmstadt 1982, S. 82–136). – *Un carnet des »Misérables« oct.–déc. 1860*, Hg. J.-B. Barrère, Paris 1965. – J. Gaudon, *Éloge de la digression* (in TLL, 6, 1968, S. 129–142). – B. Leuilliot, *H.*

publie »Les misérables«, Paris 1970. – P. Gaillard, *»Les misérables«*, Paris 1971. – H. Krauss, *H. »Les misérables« in der Parodie* (in GRM, 22, 1972, S. 267–281). – M. Riffaterre, *Fonction de l'humour dans »Les misérables«* (in MLN, 87, 1972, S. 71–82). – A. Ubersfeld, *Le rêve de Jean Valjean* (in L'Arc, 57, 1974, S. 41–50). – A. Brochu, *H., amour, crime, révolution. Essai sur »Les misérables«*, Montreal 1974. – C. Gély, *»Les misérables« de H.*, Paris 1975. – F. Müller-Bochat, *»Les misérables«* (in *Der frz. Roman*, Hg. K. Heitmann, Düsseldorf 1975, Bd. 1, S. 312–331). – R. Desné, *Histoire, épopée et roman: »Les misérables à Waterloo* (in RHLF, 75, 1975, S. 321–328). – P. Albouy, *Le ›préface philosophique‹ des »Misérables«* (in P. A., *Mythographies*, Paris 1976, S. 121–137). – H. Pfeiffer, *Metapher und Totalität. H.s »Les misérables«* (in Poetica, 11, 1979, S. 149–175; ern. in H. P., *Roman und historischer Kontext*, Mchn. 1984, S. 141–169). – C. Combes, *Paris dans »Les misérables«*, Nantes 1981. – K. M. Grossman, *H.'s Romantic Sublime: Beyond Chaos and Convention in »Les misérables«* (in PQ, 60, 1981, S. 471–486). – R. de la Carrera, *History's Unconscious in V. H.'s »Les misérables«* (in MLN, 96, 1981, S. 839–865). – R. Maxwell, *Mystery and Revelation in »Les misérables«* (in RomR, 73, 1982, S. 314–330). – K. Biermann, *H. »Les misérables«* (in K. B., *Literarisch-politische Avantgarde in Frankreich, 1830–1870*, Stg. u. a. 1982, S. 203–213). – E. Brock-Sulzer, *H. »Die Elenden«* (in *Der europäische Roman des 19. Jh.s*, Kilchberg am Zürichsee 1982, S. 177–192). – B. Hocke, *»Die Elenden«* (in WB, 28, 1982, S. 33–61). – J. Delabroy, *›L'accident de l'histoire‹ sur 1848 et »Les misérables« de H.* (in Lendemains, 28, 1982, S. 59–67). – J. C. Nabet u. G. Rosa, *L'argent des »Misérables«* (in Romantisme, 40, 1983, S. 87–113). – P. Laforgue, *Mythe, révolution et histoire. La reprise des »Misérables« en 1890* (in La Pensée, Mai/Juni 1985, Nr. 245, S. 29–40). – *Lire »Les misérables«*, Hg. A. Ubersfeld u. G. Rosa, Paris 1985. – J. L. Cornuz, *V. H., l'homme des »Misérables«*, Lausanne 1985. – T. Michaelis, *Das Kind als Erlöserfigur. H. »Les misérables«* (in T. M., *Der romantische Kindheitsmythos*, Ffm. u. a. 1986, S. 262–286; zugl. Diss. Konstanz 1982). – P. Heidenreich, *Textstrategien des frz. Sozialromans im 19. Jh. am Beispiel von E. Sues »Les mystères de Paris« und H.s »Les misérables«*, Mchn. 1987.

NOTRE-DAME DE PARIS. 1482

(frz.; *Notre-Dame von Paris. 1482*). Historischer Roman von Victor HUGO, erschienen 1831. – Mit *Notre-Dame de Paris* wollte Hugo, der im geistigen Klima CHATEAUBRIANDS seine schriftstellerische Laufbahn begonnen hatte, einen historischen Roman schreiben, der über SCOTTS *Quentin Durward* (1823) hinausführen und das Idealbild eines Romankunstwerks überhaupt verwirklichen sollte. Dieses Ideal war für ihn *»der Roman, der zugleich*

Drama und Epos ist« (*»pittoresque, mais poétique, ré-el, mais idéal, vrai, mais grand«*). Daß Hugo – wie ein halbes Jahrhundert vor ihm GOETHE in Straßburg – die Schönheit der Gotik wiederentdeckt hatte, war für die Stoffwahl ebenso bestimmend wie das romantische Anempfinden spätmittelalterlichen Lebensgefühls durch den Dichter. Umfangreiches Quellenmaterial wurde für *Notre-Dame de Paris* verwertet: Jean de ROYES Ende des 15. Jh.s entstandene *Chronique scandaleuse*, die *Mémoires* von COMMYNES (1524 und 1528), das *Dictionnaire infernal* (²1825/26), *Le théâtre des antiquités de Paris* von DU BREUL (1612), Pierre MATHIEUS *Histoire de Louis XI* (1610), schließlich SAUVALS *Histoire et recherches des antiquités de la ville de Paris* (1724). *Notre-Dame de Paris* ist aber nicht nur ein historischer, sondern – bewirkt vor allem durch die Einschaltung langer Reflexionen des Dichters – auch ein Ideenroman, und nicht zuletzt ein *roman poème* (poetischer Roman), der mit der Einbettung einer melodramatischen Handlung in einen breitangelegten historischen Rahmen einem wohlüberlegten ästhetischen Konstruktionsprinzip folgt.

So zeigen die ersten beiden Bücher des Werks zunächst das spätmittelalterliche Paris mit seinem bunten Treiben am Tag des Narrenfestes (6. Januar). Im Palais de Justice fällt der Dichter Pierre Gringoire, wie Ludwig XI. eine historische Persönlichkeit, mit seinem Mysterienspiel durch, während auf Anregung eines Maître Coppenole der mißgestaltete Glöckner der Kathedrale Notre-Dame, Quasimodo – er stellt mit seinem hintergründig-naturhaften Charakter und seinem häßlichen Äußeren eine Verwirklichung des Hugoschen Programms der Vereinigung von Sublimem und Groteskem dar –, zum Narrenpapst gewählt wird. Auf der Suche nach einem Quartier für die Nacht folgt Gringoire der elfenhaften Zigeunerin Esmeralda, die durch ihren anmutigen Tanz immer aufs neue begeisterte Zuschauer gewinnt, zugleich aber ständigen Nachstellungen durch den düsteren Dompropst von Notre-Dame, Dom Claude Frollo, ausgesetzt ist. Gringoire wird bei seiner nächtlichen Wanderung Zeuge, wie Quasimodo Esmeralda zu entführen versucht, durch das Dazwischentreten einer Streife königlicher Bogenschützen unter dem Hauptmann Phoebus de Châteaupers aber daran gehindert wird. Gringoire gerät schließlich in die berüchtigte *cour des miracles*, das Zentrum der *truands* (d. h. der damaligen Pariser Unterwelt), und wird nur durch das Dazwischentreten Esmeraldas vor dem Galgen bewahrt. – Mit diesem Geschehen sind zugleich die Hauptpersonen eingeführt. Das dritte Buch bringt dann eine Beschreibung von Notre-Dame und der Stadt Paris im 15. Jh. Die Kathedrale wird nicht nur in glühenden Farben geschildert, sie ist der Mittelpunkt des Werks. Nicht allein spielen entscheidende Teile der Handlung in ihr, vor allem soll sie, Ausdruck des spätgotischen Geistes, die Summe aller individuellen Existenzen des Romans darstellen. Im vierten Buch wird die Beziehung Frollos zu Quasimodo enthüllt und ein genaueres Bild beider Charaktere entworfen. Der

im Ruf eines Hexenmeisters stehende Frollo hat Quasimodo, ein Findelkind, aufgezogen und zum Glöckner von Notre-Dame gemacht. Seitdem ist die Kathedrale von geheimnisvollem Leben erfüllt. Das fünfte Buch – ebenfalls eine Rückblendung – zeigt, wie König Ludwig XI., in seiner Eigenschaft als Abt von St. Martin, Frollos Schüler auf dem Gebiet der Alchimie wird. Indem er sich auf die für die Romanhandlung zeitgenössische Erfindung des Buchdrucks bezieht, kann Hugo hier außerdem eine seiner grundlegenden Konzeptionen zur Kulturgeschichte entwickeln: Auf die von der Architektur bestimmten Zeitalter werden die vom Buch geprägten folgen, die die große (immer religiös ausgerichtete) Architektur wie die Religion selbst zerstören werden. Mit dem sechsten Buch wird das in den ersten beiden erzählte Geschehen weitergeführt, die Bestrafung Quasimodos für den von ihm unternommenen Entführungsversuch gezeigt und von einer Bürgerin aus Reims die Geschichte des armen Freudenmädchens Paquette la Chantefleurie erzählt, deren Kind vor zwanzig Jahren von Zigeunern gestohlen worden sei. (Die Technik der ständigen Übergänge in der Handlungsführung hat Hugo von STERNE übernommen.) Vom siebten Buch bis zum Ende des Werks (mit Buch 11) steht dann das eigentlich melodramatische Geschehen im Vordergrund, das im Zeitraum von März bis etwa Juli 1482 sich abspielt und über dem die von Frollo beschworene *anankē* (das unentrinnbare Fatum) lastet. Da Dom Claude sich Esmeraldas nicht bemächtigen kann – sie liebt den konventionellen Châteaupers –, läßt er sie als Hexe und Mörderin in die Fänge der Inquisition geraten. Das Angebot Frollos, mit ihm zu fliehen, lehnt sie ab. Quasimodo rettet Esmeralda kurz vor ihrer Hinrichtung in die Kathedrale, wo sie Asyl genießt. Ein Parlamentsurteil, bei dem Frollo seine Hand im Spiel hat, hebt dieses Asyl auf. Die *truands* suchen mit einem großen Angriff Esmeralda aus der Kathedrale zu befreien. Als König Ludwig feststellt, daß dieser Aufruhr nicht der feudalen, sondern der königlichen Gerichtsbarkeit gilt, läßt er ihn niederschlagen. Esmeralda, in der die Einsiedlerin Gudule – niemand anders als Paquette la Chantefleurie – gerade die lang verlorene Tochter wiedererkannt hat, wird auf der Place de Grève als Hexe gehängt. Quasimodo, der den Anteil seines Meisters am Verfahren gegen Esmeralda erkennt, stürzt Frollo von einer der Turmgalerien der Kathedrale in die Tiefe und stirbt selbst am Grabe Esmeraldas.

Der Aufbau von *Notre-Dame de Paris* läßt sich, sieht man von der epischen Stoffülle ab, tatsächlich als der eines Dramas begreifen. Die poetische Größe des Werks, das eine Mischung und Synthese kühner Visionen und Bilder von barocken Dimensionen darstellt, ist unbestritten. Der Einfluß seiner Sprache, deren gleitender Rhythmus auch grammatisch komplizierte Satzgefüge gliedert, ist noch bei PÉGUY und CLAUDEL spürbar. Man hat Hugo zum Vorwurf gemacht, er habe die anderen seiner Anforderungen an den idealen Roman, Realismus und historische Wahrhaftigkeit, in seinem Werk weitaus schlechter erfüllt. Tatsächlich dürfte es sich bei *Notre-Dame de Paris* jedoch um den größten historischen Roman der Romantik handeln. Das Kolorit des späten Mittelalters ist sowohl in der Schilderung von Massenszenen als auch in der von einzelnen Lebensbereichen (wie Klosterwesen, Geheimwissenschaften, Justiz), schließlich auch in der Zeichnung hervorragender historischer Persönlichkeiten wie des dämonischen Ludwig XI. gegenwärtig. Daß die Hugosche Psychologie neben realistisch gezeichneten Durchschnittstypen höchst exzentrische Charaktere vorführt, die in monomanischer Besessenheit oder als potenzierte Verkörperung einer bestimmten Tugend den Rahmen des Gewöhnlichen sprengen, spricht eher für die Kühnheit des Dichters, als daß es einen Einwand gegen ihn darstellte. Die Hugosche Romantik hat sich die Weltsicht SADES anverwandelt. Die Schilderung der zwischen Unerfülltheit und Grausamkeit schwankenden Liebe Frollos, seiner ausweglosen Einsamkeit und ungeheuren Entfernung von Esmeralda ist ein Höhepunkt psychologischer Darstellungskunst. LAMARTINE konnte nach Erscheinen von *Notre-Dame de Paris* Hugo mit Recht als den »Shakespeare des Romans« bezeichnen. Unter dem umwälzenden Einfluß des Werks fand vor allem in Frankreich eine Neuorientierung des künstlerischen Geschmacks von der Klassik weg hin zu den Idealen der Hochromantik und zum Mittelalter statt. Diese Umorientierung sollte freilich nicht von Dauer sein.   C.Sch.

AUSGABEN: Paris 1831. – Givors 1949 (in *Œuvres complètes*, 35 Bde., 1949–1955, 5). – Paris 1961, Hg. J. Guyard (Class. Garn; ern. 1976). – Paris 1962 (in *Œuvres romanesques complètes*, Hg. F. Bouvet). – Paris 1967 (in *Œuvres complètes*, Hg. J. Massin, 18 Bde., 1967–1971, 4). – Paris 1967 (GF). – Paris 1972 (Poche). – Paris 1974 (Folio). – Paris 1975, Hg. J. Seebacher (krit.; mit *Les travailleurs de la mer*; Pléiade). – Paris 1985 (in *Œuvres complètes*, Hg. J. Seebacher, 15 Bde., 1; *Roman I*).

ÜBERSETZUNGEN: *Die Kirche Notre-Dame zu Paris. Historisch romantische Erzählung*, Th. Weis, Quedlinburg 1831. – *Notre Dame in Paris*, F. Bremer, Lpzg. o. J. [ca. 1885] (RUB). – *Notre Dame von Paris*, F. Kottenkamp, Halle 1898; ern. Lpzg. 1926. – Dass., E. v. Schorn, Lpzg. 1916. – *Der Glöckner von Notre Dame*, H. Hillringhaus, Freiburg i. B. 1948. – Dass., A. v. Riha, Mchn. 1960; ern. 1974 (Goldm. Tb). – *Notre Dame von Paris*, E. v. Schorn, Ffm. 1977 (Insel Tb). – *Der Glöckner von Notre Dame*, P. Wanderer, Zürich 1985 (detebe). – Dass., H. Meier, Zürich 1986.

VERTONUNGEN: L. Bertin, *La Esmeralda* (Oper; Urauff.: Paris 1836, Opéra). – A. Dargomyškij, *Esmeralda* (Oper; Moskau 1847). – W. H. Fry, *Notre-Dame de Paris* (Oper; Philadelphia 1864). – A. G. Thomas, *Esmeralda* (Oper; Ldn., 26. 3. 1883, Drury Lane Theatre). – F. Schmidt, *Notre-Dame* (Oper; Wien 1914).

VERFILMUNGEN: *Esmeralda*, Frankreich 1905 (Regie: V. Jasset). – Frankreich 1911 (Regie: A. Capellani). – *Notre Dame*, Italien 1913 (Regie: E. Pasquali). – *The Darling of Paris*, USA 1916 (Regie: J. Gordon Edwards). – *The Hunchback of Notre Dame*, USA 1923 (Regie: W. Worsley). – *The Hunchback of Notre Dame*, USA 1939 (Regie: W. Dieterle). – *Badshan*, Indien 1954. – Frankreich 1956 (Regie: J. Delannoy).

LITERATUR: A. Hurtret, »*Notre-Dame de Paris*« et *V. H.*, Paris 1952. – J. Mallion, *H. et l'art architectural*, Paris 1963. – R. Queneau, »*Notre-Dame de Paris*« *de H.* (in R. Q., *Bâtons, chiffres et lettres*, Paris 1965, S. 135–142). – F. P. Kirsch, *Die Struktur von* »*Notre-Dame de Paris*« *im Lichte des Kathedralensymbols* (in ZfrzSp, 78, 1968, S. 10–34). – C. Mauriac, »*Notre-Dame de Paris*« (in C. M., *De la littérature à l'alittérature*, Paris 1969, S. 257–268). – V. Klotz, *Stadtschau und Schaustadt. H.s* »*Notre-Dame de Paris*« (in V. K., *Die erzählte Stadt*, Mchn. 1969, S. 92–123). – J. Seebacher, *Le système du vide dans* »*Notre-Dame de Paris*« (in Littérature, Febr. 1972, Nr. 5, S. 95–106). – Ders., *Gringoire ou le déplacement du roman vers l'histoire* (in RHLF, 75, 1975, S. 329–343). – W. W. Holdheim, *The History of Art in H.s* »*Notre-Dame de Paris*« (in NCFSt, 5, 1976/77, S. 58–70). – Ders., *Die Suche nach dem Epos*, Heidelberg 1978. – B. Leuillot, ›*Ceci tuera cela*‹ (in Littérature, S. 3–18). – G. Rosa, »*Notre-Dame de Paris*« (in Lendemains, 10, Mai 1978, S. 15–31). – K. M. Grossman, *H.'s Poetics of Harmony. Transcending Dissonance in* »*Notre-Dame de Paris*« (in NCFSt, 11, 1983, S. 205–215). – S. Nash, *Writing a Building: H.s* »*Notre-Dame de Paris*« (in FF, 8, 1983, S. 122–133). – L. Rasson, *Écriture et réel dans* »*Notre-Dame de Paris*« (in OL, 38, 1983, S. 108–123). – C. Bernard, *De l'architecture à la littérature* (in RLMod, 1984, Nr. 693–697, S. 103–138). – G. Talon, »*Notre-Dame de Paris*«: *la cathédrale de l'univers hugolien* (ebd., S. 139–155). – I. M. Zarifopol-Johnston, »*Notre-Dame de Paris*«. *The Cathedral in the Book* (in NCFSt, 13, 1985, S. 22–35). – J. C. Kessler, *Babel and Bastille. Architecture as Metaphor in H.'s* »*Notre Dame de Paris*« (in FF, 11, 1986, S. 183–197).

ODES ET BALLADES

(frz.; *Oden und Balladen*). Gedichtzyklus von Victor HUGO, erschienen 1826 und, erweitert und neugeordnet, 1828. Die *Odes et Ballades* sind nach den *Odes et poésies diverses* (1822) und den *Odes nouvelles* (1824) der dritte, den größten Teil der dichterischen Produktion seiner Frühphase zusammenfassende Gedichtband Hugos. Von den fünf Büchern der *Oden* (insgesamt 72 Gedichte) enthalten die ersten drei, chronologisch geordnet, die politische Lyrik und die Gelegenheitsdichtung des zu diesem Zeitpunkt schon bekannten, durch königliche Gratifikationen und Gunstbezeigungen geehrten Dichters von 1818 bis 1828, im vierten Buch finden sich Stücke verschiedener Zuordnung, im fünften persönliche Impressionen. Die *Balladen* umfassen 15 Gedichte.

Produktionen wie *La Vendée (Die Vendée)*, *La mort du Duc de Berry (Der Tod des Herzogs von Berry)*, *Les funérailles de Louis XVIII. (Die Bestattung Ludwigs XVIII.)* weisen den jungen Poeten als Konservativen und Monarchisten aus, der mit lobpreisender Rhetorik auch eine moralisch fragwürdige Gestalt wie den 1820 ermordeten Herzog von Berry zum Märtyrer stilisiert. Die weiterführende politisch-weltanschauliche Entwicklung dieser Jahre spiegelt sich besonders deutlich in den Napoleon und seine Legende behandelnden Gedichten. In *Buonaparte* (1822) wird Napoleon als Despot, aus der königsmörderischen Hydra der Revolution geboren, gezeigt; er gewinnt nur in seiner Eigenschaft als Gottesgeißel eine gewisse dämonische Größe. Erste Anzeichen eines Wandels zeigt *À mon père*, 1823 *(An meinen Vater)*, das Hugos nunmehr positiveres Verhältnis zu seinem Vater, einem ehemaligen napoleonischen General, spiegelt, und *À l'Arc de Triomphe de l'Étoile* (1823/24), dann aber deutlich *Les deux îles*, 1826 *(Die zwei Inseln)*, wo Korsika und Sankt Helena als die Inseln, zwischen denen sich das Geschick Napoleons erfüllte, zum Anlaß einer bewundernden Darstellung Napoleons als großer, historisch schicksalhafter Gestalt genommen werden. Unübersehbar ist der Wandel schließlich in der durch einen diplomatischen Zwischenfall inspirierten *Ode à la Colonne de la Place Vendôme* (1827). Anhand des Symbols der Säule auf der Place Vendôme, die aus dem Metall 1806 erbeuteter preußischer Kanonen gegossen ist und die großen Namen der napoleonischen Epoche trägt, wird die napoleonische Zeit als unverzichtbarer Teil der nationalen Geschichte eingefordert, als Höhepunkt der *gloire* Frankreichs und des französischen Volkes, an das sich der Dichter in an die Revolutionsrhetorik erinnernden Apostrophen wendet. – Ein weiterer thematischer Schwerpunkt der *Odes et Ballades* ist die Darstellung von Liebesschmerz, Melancholie und der Erwartung baldigen Hinscheidens vor dem Hintergrund einer mitfühlenden Natur im Stile LAMARTINES, so etwa in *Premier Soupir (Erster Seufzer)*, was dann überleitet zu der für Hugo typischen intimistischen Dichtung, wie sie biographisch in der Liebe zu Adèle Foucher und der Heirat mit ihr, literarisch im Kreis um die programmatische Zeitschrift der Romantiker ›La Muse française‹ und im Einfluß Marceline DESBORDES-VALMORES ihren Ausgang nahm und sich in Gedichten wie *Le voyage (Die Reise)* oder *Promenade (Spaziergang)* in der Erwähnung des persönlichen Details, des konkreten alltäglichen Objekts exemplarisch manifestiert. Die Balladen, neu in der französischen Literatur, folgen als Typus deutschem oder englischem Vorbild. Thematische Schwerpunkte sind Märchenmotive, z. B. in Anlehnung an NODIER *À Trilby, le lutin d'Argail (An Trilby, den Kobold von Argail)*, aber auch Teufelsspuk und nächtlicher Schauer, z. B. *Les deux archers*

(Die beiden Reisigen), *La ronde de sabbat (Der Teufelsreigen)*, volkstümliche Schicksalsmotive wie der Tod des Geliebten im Krieg *(La fiancée du timbalier – Die Braut des Trommlers)* und historische Tableaus *(La chasse du burgrave – Die Jagd des Burggrafen)* mit z. T. humoristischer Schlußpointe. *Odes et Ballades*, gelegentlich als unfertiges Werk eines sich noch suchenden jungen Dichters qualifiziert, zeigt deutlich eine stilistische Entwicklung von der konventionellen poetischen Diktion klassischen Zuschnitts, die auch Hugos Lehrmeister – CHÉNIER, CHATEAUBRIAND, LAMARTINE – weitgehend unangetastet weitergegeben hatten, bis zu dem für den späteren Hugo typischen Stil: Vorliebe für den spezifischen Begriff anstelle der Periphrase; die Neigung zur wirkungsvollen Dissonanz, zum unvermittelten Nebeneinander von Hohem und Bescheidenem, wie in der Einfügung konkreter alltäglicher Details in erhabene Reflexion, phantastische Vision oder Szenen existentiellen Gewichts; die Verbildlichung abstrakter Gedankenkomplexe oder Empfindungen – etwa das Schicksal Napoleons, im unheildrohenden Anblick der »zwei Inseln« figuriert; das virtuose Experimentieren mit Vers- und Strophenformen und ihr Einsatz zu expressiven Zwecken. Letzteres, wie auch ein guter Teil der Naturdarstellung, ist angeregt durch die intensive Beschäftigung Hugos und seiner Umgebung (Sainte-Beuve) mit der Dichtung des 16. Jh.s (RONSARD, BELLEAU, BAÏF). Die seherische, obsessive Schau des späteren Hugo wird präfiguriert in der Zauber- und Koboldwelt der Balladen, »Irrlichter und Vampire, die im Dunkel den symbolischen ›Reigen‹ seiner tiefinneren Ängste tanzen« (C. Gély).

Als chronologisch gestaffeltes Resümee der frühen Dichtung Hugos erlaubt *Odes et Ballades*, Hugos zunehmende Lösung von traditionellen Dichtungsmustern, z. T. unter dem Einfluß deutscher und englischer Vorbilder, z. T. im Rückgriff auf die Poetik des 16. Jh.s, zu verfolgen. Es enthält aber bereits fundamentale Themen und Strukturen seiner späteren »*Mythologie*« – Reflexion über die Rolle des Dichters »in den Revolutionen«, das Visionäre, die Bedeutsamkeit des Intimen, die Erhabenheit des Einfachen –, die sich später, schon etwa in *Les Orientales* und *Les feuilles d'automne*, ausweiten und differenzieren sollten.   W.Kre.

AUSGABEN: Paris 1826; ern. 1828. – Givors 1951 (in *Œuvres complètes*, 35 Bde., 1949–1955; 11). – Paris 1964 (in *Œuvres poétiques*, Hg. P. Albouy, 3 Bde., 1964–1974, 1; Pléiade). – Paris 1967 (in *Œuvres complètes*, Hg. J. Massin, 18 Bde., 1967 bis 1971, 4). – Paris 1968 (mit *Les Orientales*; ern. 1985; GF). – Paris 1980. – Paris 1985 (in *Œuvres complètes*, Hg. J. Seebacher, 15 Bde., 4: *Poésie I*).

ÜBERSETZUNGEN: *Orientalen und Balladen*, O. L. B. Wolff (in *SW*, Bd. 16, Ffm. 1838). – *Oden und Balladen*, H. Elsner (in *SW*, Bd. 13/14, Stg. 1841).

LITERATUR: Ch. A. Sainte-Beuve, *Premiers lundis*, Bd. 1, Paris 1874, S. 164–188. – F. Baldensperger, *Romantisme et légitimité. Documents officiels sur V. H. Le chantre du ›Sacre de Charles X‹* (in RLC, 7, 1927, S. 164–177). – H. F. Bauer, *Les »Ballades« de V. H. Leurs origines françaises et étrangères*, Paris 1936. – G. Ascoli, *L'évolution politique de V. H. jusqu'à l'exil* (in Annales de l'Université de Paris, 1936, S. 138–161). – B. Guyon, *La vocation poétique de V. H. Essai sur la signification spirituelle des »Odes et Ballades« et des »Orientales«*, Gap 1953. – M. Françon, *Notes sur la littérature et l'histoire françaises du 16e siècle. 8: Les poètes du 16e siècle et les »Odes et Ballades« de V. H.* (in Quaderni francesi, 1, Neapel 1970, S. 201–208). – G. Defaux, *Renaissance poétique nationale et influences allemandes dans les »Odes et Ballades«* (in Revue de l'Université d'Ottawa, 41, 1971, S. 5–24). – L. M. Porter, *The Sublimity of H.'s Early »Odes«* (in EsCr, 16, 1976, S. 167–177). – M. Riffaterre, *Die Poetisierung des Wortes bei V. H.* (in M. R., *Strukturale Stilistik*, Mchn. 1973, S. 176–192). – M. Bertrand, *Regards stylistiques sur »La fiancée du timbalier« de H.* (in Recherches et Travaux, 32, Grenoble 1987).

LES ORIENTALES

(frz.; *Orientalia*). Gedichtzyklus von Victor HUGO, erschienen 1829. – Seinem eigenen Zeugnis zufolge wurde der Dichter durch das Erlebnis eines Sonnenuntergangs im Sommer 1828 zur Komposition der *Orientales* angeregt. Richtig ist, daß atmosphärische Züge der Rue Notre-Dame-des-Champs, wo Hugo Ende der zwanziger Jahre lebte, und des von Künstlern bevölkerten Weinorts Vaugirard in das Bild eines verklärten Märchenorients Eingang fanden. Wie das 1824 niedergeschriebene Gedicht *La fée et le péri* zeigt, war das Interesse des Dichters für die östliche Welt jedoch bereits 1823 erwacht. Die einzelnen Gedichte entstanden dann zwischen 1824 und 1828 unter dem Einfluß der *Bibel*, des spanischen Romanzenzyklus *Romancero*, der Legenden um IBRAHIM-MANZOUR (11. Jh.), des *West-östlichen Divan* von GOETHE, BYRONS *Childe Harold* und *Mazeppa*, der programmatischen Schriften F. v. SCHLEGELS, des *Itinéraire de Paris à Jérusalem* von CHATEAUBRIAND. Auch die *Chants populaires de la Grèce moderne* (herausgegeben von FAURIEL 1824/25) und die Übersetzungen orientalischer Märchen durch den Orientalisten FOUINET waren Hugo bekannt. Hinzu traten die wirkungsmächtigen Erinnerungen des Dichters an das maurische Spanien und seine den Einfluß von Delacroix bekundenden Versuche einer Synästhesierung von Dichtkunst und Malerei. – Äußeren Anlaß zur Veröffentlichung des Gedichtzyklus bot auch der griechische Freiheitskampf, dem Hugo – damals noch Konservativer – zwar zunächst mißtrauisch gegenüberstanden hatte, den er in der Folge jedoch bejahte. Überhaupt ist während der Entstehungszeit des Zyklus die erste Stufe der Liberalisierung im Denken Hugos festzustellen.

Obwohl die *Orientales* in der Begeisterung für den Orient und das zeitgenössische revolutionäre Griechenland keineswegs originell sind, haben sie für die romantische Bewegung wie für Hugos eigene Entwicklung entscheidende Bedeutung erlangt. Nach LAMARTINES *Méditations poétiques* (und den Werken von NOVALIS, Byron, SHELLEY, KEATS) sind sie die ersten großen Gedichte, die nicht von der klassizistischen Tradition bestimmt sind. Diese letzte der großen romantischen Orientkonzeptionen stellt die zwingendste Sicht der islamischen Welt (auf die Hugo den Orient einschränkt) aus dem Geist der Romantik dar. Hugos Orient ist ein irrealer, visionärer Raum. Das aber läßt dem Dichter die Freiheit, auf dem Weg der Imagination und des Traums zu einer *poésie pure* (absoluten Dichtkunst) vorzustoßen, die ein auf raffinierte Weise aufrechterhaltenes Gleichgewicht von Tönen, Farben, poetischen Stimmungswerten und geistigen Gehalten darstellt. Obwohl großenteils gleichzeitig mit den *Odes et ballades* entstanden, weisen die *Orientales* eine entschiedene Verfeinerung der lyrischen Technik auf. Diese Technik ist hier vor allem von den folgenden Elementen bestimmt: 1. Erzielung kühner und ungewohnter Reime; 2. Raffinesse in der Wiederholung gleicher Worte oder Wendungen; 3. progressive (der inhaltlichen Kurve des Gedichts folgende) Versverlängerungen und -verkürzungen (besonders kühn in *Les djinns*); 4. Vielfalt der benutzten Versmaße (praktisch überwiegen jambische Strukturen, auch der klassische Alexandriner ist noch verwandt, ein eigentlich freier Vers noch nicht erreicht); 5. reichliche Anwendung der Antithese und stellenweise schon des Oxymorons; 6. Versuch eines lyrischen Impersonalismus (gekennzeichnet durch Vorherrschen der Deskription und Zurücktreten des dichterischen Subjekts); 7. Erstrebung der *imagination pure* (der reinen Imagination). -- Bahnbrechend waren die *Orientales* vor allem in der Abhebung der künstlerischen Valeurs – Klang und Farbe – von einer oberflächlichen Rationalität und einer direkten Realitätsbezogenheit.

Hugo suchte seinen Orient der europäischen Gotik anzuähnlen. Aber trotz der Ersetzung von Rittern und Mönchen durch Paschas und Derwische ist es weniger das orientalische Mittelalter, das in der inhaltlichen Vielfalt der *Orientales* zum Vorschein kommt, als ein gegenwärtiger oder archaisch-zeitloser Orient. Biblische Themen (wie die Vernichtung Sodoms und Gomorrhas) wechseln mit Schilderungen aus dem griechischen Freiheitskampf (etwa in *Les têtes du sérail; Navarin; L'enfant*) und einer scheinbar aus orientalischer Perspektive erfolgenden Darstellung der Kriegsproblematik *(La ville prise; Marche turque; La bataille perdue; Le Danube en colère)*; die Schönheit orientalischer Frauen wird besungen (wie in *Sara la baigneuse*), die orientalische Moral angeklagt *(Le voile)*; die Liebe in orientalischer Gestalt wird Thema (z. B. in *La douleur du pacha; Les bleuets*), die orientalische Natur Metapher für seelische Problematik (wie in *Les tronçons du serpent*). Einige der Gedichte sprengen den Rahmen gänzlich, so besonders *Extase*, das stärkste des Zyklus, das zu einer mystisch-pantheistischen Natursicht ähnlich der Shelleys führt und den Hugo der *Contemplations* ankündigt. Aber auch da, wo der Orient das Thema abgibt, ist meistens die in glühenden Farben geschilderte Natur die eigentliche Heldin der Gedichte.

Der Zyklus sollte die These erhärten, daß die romantische Epoche – im Gegensatz zu dem auf die griechische Antike fixierten 18. Jh. – durch die Hinwendung zum Orient bestimmt ist. Die geistesgeschichtlichen Einordnungen, die Hugo hiermit vornimmt, sind allerdings anfechtbar, da einerseits die östliche Welt ins Blickfeld bereits der Aufklärung (z. B. VOLTAIRES) getreten war, andererseits das Interesse am klassischen Altertum auch für die Romantik weithin bestimmend blieb. Die *Orientales* selbst widersprechen diesem Schema durch die Griechenlandbegeisterung, die zwar dem für Hugo zeitgenössischen, in den Verband eines orientalischen Reichs eingegliederten Griechenland gilt, aber nicht vorstellbar wäre ohne den Hintergrund der antiken Geschichte. So sind die *Orientales* nicht durch ihren Inhalt, sondern durch ihr Verfahren denkwürdig und charakteristischer Ausdruck der romantischen Bewegung. Die Sammlung half, Hugos Rolle als Führer dieser Bewegung zu begründen, und bildet einen entscheidenden Übergang zur episch-lyrischen Technik des Dichters, die in *La légende des siècles* (1859) ihren krönenden Abschluß finden sollte. C.Sch.

AUSGABEN: Paris 1829. – Paris 1880 [erw.]. – Paris 1912. – Givors 1951 (in *Œuvres complètes*, 35 Bde., 1949–1955, 11). – Paris 1952–1954, Hg. E. Barineau, 2 Bde. [krit.]. – Paris 1961 (in *Œuvres poétiques complètes*, Hg. F. Bouvet). – Paris 1965 (in *Œuvres poétiques*, Hg. P. Albouy, 3 Bde., 1964–1974, 1; Pléiade). – Paris 1968 (mit *Odes et ballades*; GF). – Paris 1969 (in *Œuvres complètes*, Hg. J. Massin, 18 Bde., 1967–1971, 3). – Paris 1981 (mit *Les feuilles d'automne*). – Paris 1985 (in *Œuvres complètes*, Hg. J. Seebacher, 15 Bde., 4: *Poésie I*).

ÜBERSETZUNGEN: *Orientalen und Balladen*, O. L. B. Wolff (in SW, Bd. 16, Ffm. 1838). – *Aus dem Morgenlande*, H. Stradal, Kassel 1903.

LITERATUR: Th. Gautier, *Histoire du romantisme*, Paris 1874. – Ch.-A. Sainte-Beuve, *Causeries du lundi*, Bd. 11, Paris 1881. – A. Ch. Swinburne, *A Study of V. H.*, Ldn. 1885. – L. Guimbaud, *»Les orientales« de V. H.*, Paris 1928. – R. Kemp, *»Les orientales«* (in La Liberté, 11. 2. 1929). – R. Glenn, *La chronologie des »Orientales« de V. H.* (in PMLA, 55, 1940, S. 1180–1190). – H. v. Hofmannsthal, *Versuch über V. H.* (in *Prosa*, Bd. 1, Ffm. 1956). – R. R. Maurice, *Le H. des »Orientales«* (in R. R. M., *Au cœur de l'enchantement romantique*, Paris 1961). – M. Riffaterre, *En relisant »Les orientales«* (in M. R., *Essais de stylistique structurale*, Paris 1971, S. 242–258). – Y. le Hir, *Sur un poème de H. »Les*

orientales«: »Malédiction« (in TLL, 12, 1974, S. 385–390). – R. B. Grant, *Sequence and Theme in H.'s »Les orientales«* (in PMLA, 94, 1979, S. 894–908).

QUATRE-VINGT-TREIZE

(frz.; *Dreiundneunzig*). Historischer Roman von Victor HUGO, erschienen 1874. – Das Werk war als abschließender Teil einer Trilogie geplant, in deren Rahmen außer der Französischen Revolution das englische aristokratische Staatswesen des Barock (die Absicht ist verwirklicht in *L'homme qui rit*) und die französische Gesellschaft unter dem Ancien régime dargestellt werden sollten; dieser letzte Teil ist niemals geschrieben worden. Fortsetzungen von *Quatre-vingt-treize* in Richtung auf eine komplexere Darstellung des revolutionären Frankreich waren geplant, ohne daß es dazu gekommen wäre. – Das Konstruktionsprinzip dieses letzten Romans von Hugo ist wie in allen vorangehenden das von Walter SCOTT übernommene: In ein historisches Tableau wird eine vom Dichter erfundene Handlung eingefügt. Die historische Situation, die in *Quatre-vingt-treize* dargestellt werden sollte – der Höhepunkt, den die revolutionäre Bewegung in Frankreich 1793 erreicht hatte, die absolute Herrschaft des Konvents und des Wohlfahrtsausschusses – war durch eingehendes vorheriges Quellenstudium erhellt worden, insbesondere der *Mémoires* (1803) des Grafen Joseph du PUISAYE, J. DUCHEMIN-DESCEPAUX *Lettres sur l'origine de la chouanerie* (1825), der *Révolution française* von L. BLANC (1866), schließlich E. HAMELS *Histoire de Robespierre* (1865). – Dennoch ist es – trotz bestechender Einzelheiten in der Schilderung des Paris der 1790er Jahre und des großen Tableaus vom Nationalkonvent – Hugo nicht gelungen, die Atmosphäre des französischen 18. Jh.s gegenwärtig zu machen; die Bilderwelt von *Quatre-vingt-treize* ist – abgesehen von Ausnahmen wie der Schilderung des zwischen Robespierre, Danton und Marat stattfindenden politischen Gesprächs – die düstere spätmittelalterliche, wie sie in den Königsdramen SHAKESPEARES beschworen wird.

Hauptfiguren der um den Bürgerkrieg in der Vendée zentrierten Handlung sind der als Führer des bretonischen Bauernaufstands für die Wiederherstellung des Königtums kämpfende Marquis de Lantenac; sein Neffe, der Vicomte Gauvain, Führer der zur Unterdrückung des Aufstands eingesetzten republikanischen Truppen; besonders aber dessen ehemaliger Lehrer, der Priester Cimourdain, der zum leidenschaftlichen und unerbittlichen Anwalt der Revolution geworden ist und der die in die Vendée entsandten Truppen als (politischer) Delegierter des Wohlfahrtsausschusses begleitet. Nach einer gefährlichen Überfahrt von England – die gefährdete Barke hat LUKÁCS als Bild der Sinnleere und Isoliertheit des individualistischbürgerlichen Lebens gesehen – und nach seiner Landung wird Lantenac zum Hochverräter erklärt.

Seine Truppen, die ohne Beachtung irgendwelcher humanitärer Regeln kämpfen, haben nur anfangs Erfolg und werden in der Schlacht bei Dol (ein historisches Ereignis) zurückgedrängt; schließlich wird der Marquis mit wenigen Getreuen in der düsteren Familienburg Tourgue eingeschlossen. Als Geiseln sind in den Händen der Royalisten drei kleine Kinder, die – dies das melodramatische Element von *Quatre-vingt-treize* – von einem republikanischen Bataillon adoptiert und dann von ihrer Mutter, einer armen Bretonin, getrennt worden sind. Die rastlos nach den Verlorenen suchende Mutter findet ihre Kinder in eben dem Moment wieder, in dem die letzten Verteidiger durch einen geheimen Gang aus der brennenden Burg entfliehen. Auf den Schmerzensschrei der Mutter kehrt Lantenac um, der als einziger den Schlüssel zur unzugänglichen Schloßbibliothek besitzt, wo sich die Geiseln befinden. Er rettet die Kinder und wird danach von den Republikanern inhaftiert. Sein Todfeind, Gauvain, läßt auf diese von den Gesetzen der Humanität bestimmte Tat hin Lantenac fliehen. Er wird darauf von einem Kriegsgericht unter Vorsitz Cimourdains zum Tod verurteilt und hingerichtet. Cimourdain, der den Tod des einzigen von ihm geliebten Menschen nicht ertragen kann, endet gleichzeitig mit Gauvain durch Selbstmord. *Quatre-vingt-treize* stellt wie schon *Les misérables* eine reich differenzierte Ausformung der sozialen und politischen Ansichten des reifen Hugo dar. Der Roman sollte noch einmal die Größe und Notwendigkeit der Französischen Revolution vorführen. Über den revolutionären Tugenden steht aber für den Dichter die reine, gesellschaftliche Gegensätze überschreitende Humanität (deshalb ist auch der sonst schwer verständliche Selbstmord Cimourdains gerechtfertigt). Pendant dieser reinen Humanität ist die große, romantisch gesehene Natur wie die unverstellte Lebensweise des einfachen Volks. Mit diesen Tendenzen hat Hugo seinen Roman im Ergebnis freilich auf gefährliche Weise entpolitisiert, wie er ja auch während des Kampfs der Pariser Kommune mit der legalen französischen Regierung (1871), der den unmittelbaren Anstoß für die Ausformung von *Quatre-vingt-treize* gab, für keine der beiden Seiten Partei nahm. – In einer Zeit, in der der realistische Roman seine Reife längst erreicht hatte und der Naturalismus aufkam, ist *Quatre-vingt-treize* die überreife Spätblüte des epischen romantischen Romans. Freilich hat Hugo hier zu stark mit plakativen Mustern gearbeitet, das Individuelle nicht genügend erfaßt. So gilt für dieses Spätwerk Flauberts Urteil über den Dichter sicher zu Recht: *»Le don de faire des êtres humains manque à cette génie. S'il avait eu ce don-là, Hugo aurait dépassé Shakespeare.«* (*»Die Gabe, Menschen zu gestalten, fehlt diesem Genie. Hätte Hugo diese Gabe besessen, würde er Shakespeare übertroffen haben.«*)

C.Sch.

Ausgaben: Paris 1874, 3 Bde. – Paris 1924. – Givors 1954 (in *Œuvres complètes*, 35 Bde., 1949–1955, 26). – Paris 1957, Hg. J. Boudout (Class. Garn; ern. 1980). – Paris 1962 (in *Œuvres romanesques complètes*, Hg. F. Bouvet). – Paris 1965 (GF). – Paris 1970 (in *Œuvres complètes*, Hg. J. Massin, 18 Bde., 1967–1971, 15). – Paris 1979 (Folio). – Paris 1985 (in *Œuvres complètes*, Hg. J. Seebacher, 15 Bde., 3: *Roman III*).

Übersetzungen: *Dreiundneunzig*, L. Schneegans, 3 Bde., Straßburg 1874. – Dass., A. Wolfenstein, Lpzg. 1925 [Nachw. H. Mann]. – *Frankreichs Schicksalsjahr*, A. Zimmermandl, Wien 1936; ern. Wien 1946. – Dass., A. Wolfenstein, Mchn. 1968 (Nachw. H. Mann).

Bearbeitungen: P. Meurice, *Quatre-vingt-treize* (Urauff.: Paris, 24. 12. 1881, Théâtre de la Gaîté). – Baric, *Parodie de 93*, Paris 1874. – H. Cain u. A. Silvaire, *Quatre-vingt-treize. Drame lyrique*, Paris 1936.

Literatur: P. Berret, *Comment V. H. prépara son roman historique de »Quatre-vingt-treize«* (in Revue Universitaire, 23, 1914, S. 136–145). – F. Page, *Une source de V. H.'s »Quatre-vingt-treize«* (in MLR, 14, 1919, S. 183–193). – O. H. Moore, *The Sources of V. H.'s »Quatre-vingt-treize«* (in PMLA, 39, 1924, S. 368–406). – T. Le Montréer, *V. H. au pays montois*, Dinan 1937. – H. James, *Literary Reviews and Essays*, NY 1957, S. 138–144. – P. Georgel, *Vision et imagination plastique dans »Quatre-vingt-treize«* (in LR, 19, 1965, S. 3–27). – A. Wurmser, *Conseils de révision*, Paris 1972, S. 108 bis 175. – V. Brombert, *Sentiment et violence chez H. L'exemple de »Quatre-vingt-treize«* (in CAIEF, 26, 1974, S. 251–267). – G. Rosa, *»Quatre-vingt-treize« ou la critique du roman historique* (in RHLF, 75, 1975, S. 329–343). – J. Mehlman, *Revolution and Repetition. Marx, H., Balzac*, Berkeley u. a. 1977. – W. Engler, *H. »Quatre-vingt-treize« (1874)* (in Lendemains, 10, Mai 1978, S. 55–72). – S. Petrey, *History in the Text. »Quatre-vingt-treize« and the French Revolution*, Amsterdam 1980. – S. Guerlac, *Exorbitant Geometry in H.'s »Quatre-vingt-treize«* (in MLN, 96, 1981, S. 856–876). – D. Aynesworth, *Anonymity, Identity, and Narrative Sovereignty in »Quatre-vingt-treize«* (in KRQ, 29, 1982, S. 201–213). – C. Bernard, *›Le supplément contractuel‹: lecture de »Quatre-vingt-treize« de V. H.* (in RomR, 75, 1984, S. 335–355). – C. L. Rogers, *Bibliographie commentée de »Quatre-vingt-treize« de H.* (in RLMod, 1984, Nr. 693–697, S. 165–188). – R. Bellet, *Ordre et révolution onomastique dans »Quatre-vingt-treize«* (in Europe, März 1985, Nr. 671, S. 18–39). – B. Leuillot, *La loi des tempêtes* (in *H. le fabuleux*, Hg. J. Seebacher u. A. Ubersfeld, Paris 1985, S. 84–97).

LES RAYONS ET LES OMBRES

(frz.; *Strahlen und Schatten*). Gedichtzyklus von Victor Hugo, erschienen 1840. – Das Werk ist die letzte der vier großen, zwischen den *Orientales* und den *Châtiments* entstandenen Gedichtsammlungen Hugos. Es zeigt, wie sich der Dichter, der von rein ästhetischen und historischen Interessen ausgegangen war, immer mehr dem philosophischen und politischen Bereich zuwendet. Damit hat er freilich seiner Lyrik Inhalte gegeben, die durch die schwebende romantische Dichtkunst, – vielleicht durch die Dichtungsgattung der Lyrik überhaupt – besonders schwer auszudrücken sind. Das Thema der Erziehung des Menschen und seiner Standortbestimmung ist daher auch an vielen Punkten von *Les rayons et les ombres* verlassen. Der eigentliche vom Dichter angestrebte Zielpunkt ist da erreicht, wo der Mensch an der übrigen Schöpfung gemessen, wo die Funktion des Dichters bestimmt und nach der politischen Zukunft der Menschheit gefragt wird. (Die Titelgebung ist übrigens für die Metaphorik der Gedichte wenig bezeichnend.) Die Schöpfung hat nach dem in *Les rayons et les ombres* entworfenen Bild nur dann einen Sinn, wenn sie von einer Menschheit betrachtet wird, die ihrer würdig ist. Das Verhältnis des Menschen zu der ihn umgebenden, »romantischen« Natur ist durch eine an VERGIL erinnernde, denkbar differenzierte Betrachtungsweise erfaßt; besonders die Aspekte der Einsamkeit und Vergänglichkeit, der Vielfalt der Dinge, der Natur als Geleiterin der Toten werden betont. Entsprechend wird die schöpferische Kraft des Dichters in Naturbildern beschrieben. Amt des Dichters ist es jedoch nicht, sich in die Einsamkeit zurückzuziehen, sondern die Aufgaben des Priesters und politischen Führers zu übernehmen. Der Mangel an Geschichtsbewußtsein wird beklagt. Die Schicksalhaftigkeit menschlichen Daseins ist vom Dichter als dunkelstes Geheimnis und beunruhigendstes Rätsel gesehen; eine Antwort auf die Frage nach dem Ziel des geschichtlichen Wegs der Menschheit weiß jedoch auch er nicht zu geben. – Eingeschränkter ist die Betrachtungsweise, wenn die Natur zum Bild der individuellen Psyche des Dichters Hugo verengt wird, wenn sie Anlaß eines plötzlich hervorbrechenden, undifferenzierten Optimismus ist oder zum bloßen Stimmungsbild verflacht wird. Ebenso ist die Sicht umfassenden Prophetentums verlassen, wenn der Dichter lediglich über die Vergänglichkeit des Ruhms reflektiert oder Zeugnis von seiner Wahlverwandtschaft mit bestimmten Künsten oder Künstlern gibt, so dem romantisch-pathetischen David, so mit Palestrina, dessen Musik das orphisch-lunare Nachbild der Gotik darstelle. Die geschichtsphilosophische Ebene ist verlassen, wenn der Dichter bloß der Sehnsucht nach bestimmten Epochen (so nach dem mittelalterlichen Flandern) Ausdruck gibt, Frankreich als reine Jungfrau stilisiert oder seine Begegnung mit Karl X. als dem Vertreter des sterbenden monarchischen Gedankens beschwört. Völlig in den individuellen Bereich zurückgenommen sind die Gedichte, deren Thema die Liebe auf dem Hintergrund der Freudlosigkeit und Kontingenz des Daseins ist. (Soziale Relevanz haben lediglich die Gedichte, die von der Unterdrückung der Frau in der patriarchalischen Gesellschaft handeln.)

Das letzte Gedicht der Sammlung, *Sagesse*, stellt in gewisser Hinsicht die Summe des durch *Les rayons et les ombres* Erreichten dar. Es ist die Klage um die dem bloßen Daseinsvollzug verhaftete Menschheit und die Sehnsucht des Dichters nach Glück, das er nur in der Melancholie seines einsamen Auserwähltseins, der »*tristesse d'Olympio*«, finden kann. Daß Hugo freilich darüber hinausgehen wollte, läßt sich aus dem programmatischen Vorwort ablesen. Wie bei AUGUSTINUS sollte die Bestimmtheit des Menschen durch Gott, die Geschichte, die Natur gezeigt werden, das Vertrauen des Dichters auf die humane Würde, die sich gerade in der schrecklichen Schönheit der Geschichte realisiere, der Platz des Menschen zwischen dem Eden MILTONS und den Höllenwelten DANTES und BYRONS. Von dem großen Kirchenlehrer trennen Hugo freilich nicht nur historische Distanz und die ungleich geringere eigene Bedeutung, sondern auch die Hinneigung des spätgeborenen Romantikers zur Gnosis. Am ehesten ist künstlerisch die Amalgamierung der einzelnen Dichtungsgattungen realisiert (es finden sich epische und dramatische Elemente) sowie das Bild des über den Parteien stehenden Dichters, dessen Genie gleichermaßen die auf die Natur bezogene »*imagination*« wie die auf die Gesellschaft gerichtete »*observation*« umfaßt.   C.Sch.

AUSGABEN: Paris 1840. – Paris 1909. – Givors 1952 (in *Œuvres complètes*, 35 Bde., 1949–1955, 14). – Paris 1961 (in *Œuvres poétiques complètes*, Hg. F. Bouvet). – Paris 1964 (in *Œuvres poétiques*, Hg. P. Albouy, 3 Bde., 1964–1975, 1; Pléiade). – Paris 1968 (in *Œuvres complètes*, Hg. J. Massin, 18 Bde., 1967–1971, 6). – Paris 1977 (mit *Les chants du crépuscule* u. *Les voix intérieures*; Poche). – Paris 1983 (mit *Les chants du crépuscule* u. *Les voix intérieures*). – Paris 1984 (in *Poésies*, Hg. J.-B. Barrère, 2 Bde., 2). – Paris 1985 (in *Œuvres complètes*, Hg. J. Seebacher, 15 Bde., 4: *Poésie I*).

LITERATUR: Ch.-A. Sainte-Beuve, *Causeries du lundi*, Bd. 11, Paris 1881. – L. Spitzer, »*Les rayons et les ombres*«: Tristesse d'Olympio (in L. S., *Interpretationen zur Geschichte der französischen Lyrik*, Heidelberg 1961, S. 158–169). – Ch. Baudelaire, *V. H.* (in Ch. B., *Œuvres complètes*, Bd. 3, Paris 1967, S. 267 ff.). – A. Hof, *Le sens du mot ›ombre‹ dans* »*Les rayons et les ombres*« (in RHLF, 67, 1967, S. 537–556). – W. Greenberg, *Symbolization and Metonymic Links in Three Poems from H.'s* »*Les rayons et les ombres*« (in Dalhousie Review, 62, 1982, S. 600–634). – J.-B. Barrère, *Lecture de* »*L'Ombre*« (in CAIEF, Mai 1986, Nr. 35, S. 257–265).

LE ROI S'AMUSE

(frz.; *Der König amüsiert sich*). Versdrama in fünf Akten von Victor HUGO, Uraufführung: Paris, 22. 11. 1832, Comédie-Française. – Victor Hugo hatte sich bei einem Besuch des Loireschlosses Chambord einen Zweizeiler von der Hand des französischen Königs Franz I. (reg. 1515–1547) notiert: »*Souvent femme varie! / Bien fol est qui s'y fie!*« (»*Wankelmütig ist die Frau! / Ein Tor, wer ihr vertraut!*«). 1831 ließen ihn die Beziehungen seiner Frau Adèle zu SAINTE-BEUVE voll Bitterkeit an die gemeinsame Reise in die Touraine und an jene zynischen Verse zurückdenken, die ihn jetzt zu seinem Drama um Franz I. inspirierten. Der Stoff kam seinem Plädoyer für das historische Drama entgegen; zugleich konnte Hugo mit der Charakteristik des Renaissanceherrschers seine antimonarchische Gesinnung zum Ausdruck bringen.

Franz I. erscheint in diesem Drama als galanter, vergnügungssüchtiger Monarch, den sein mißgestalteter Hofnarr Triboulet zu immer neuen Ausschweifungen anstachelt. Für seine physischen und seelischen Leiden rächt Triboulet sich mit Hofintrigen, Scharfzüngigkeit und Spottlust, die ihn allen Höflingen verhaßt machen. Als diese von der angeblichen Existenz einer Geliebten Triboulets erfahren, planen sie deren Entführung. In Wahrheit handelt es sich jedoch um Triboulets Tochter Blanche, die dieser in einem abgelegenen Haus in Paris verborgen hält, um sie vor der Spottsucht der Hofgesellschaft zu schützen. In ihrer Nähe vergißt Triboulet die täglichen Qualen, in ihr findet er alle Schönheit verkörpert, nach der er selbst sich sehnt. – Trotz Triboulets Vorsichtsmaßnahmen ist es einem Unbekannten gelungen, sich Blanche während ihrer Kirchgänge zu nähern. Das junge Mädchen liebt den vermeintlichen armen Studenten, hinter dem sich in Wahrheit der König verbirgt. – Es gelingt den Höflingen, Blanche in Gegenwart ihres überlisteten Vaters zu entführen und sie zum König zu bringen. Triboulets Verzweiflung läßt sie dabei ungerührt. Der Narr schwört grausame Rache am König für die Entehrung seiner Tochter, doch kann er den Widerstand Blanches, die den König immer noch liebt und seinen Schwüren vertraut, erst brechen, als er sie zur Zeugin einer frivolen Liebesszene zwischen Franz und Maguelonne, der Schwester des von ihm gedungenen Mörders Saltabadil, macht. Saltabadil soll den König in einer Kaschemme ermorden, in die Maguelonne ihn gelockt hat, und Triboulet den in einen Sack gehüllten Leichnam übergeben. Doch Blanche, für die das Leben sinnlos geworden ist, opfert sich an Stelle des Königs. In seiner Rache triumphierend, will Triboulet den Sack mit dem Leichnam in die Seine werfen, als er von weitem plötzlich die trällernde Stimme des Königs vernimmt: »*Souvent femme varie ...*« Ahnungsvoll öffnet er den Sack und entdeckt die zu Tode verwundete Blanche. Er bricht mit dem Aufschrei: »*Ich habe meine Tochter getötet!*« über ihrer Leiche zusammen.

Die melodramatische Handlung akzentuiert zwei in Hugos Schriften zentrale Motivbereiche: das romantische Thema einer Liebe, der die gesellschaftlichen Schranken entgegenstehen (Blanches Liebe zum König), und den fremdartigen Reiz des Grotesken, das in Triboulet verkörpert ist. Wie Quasimodo in *Notre-Dame de Paris* (1831) vereint Triboulet äußere Häßlichkeit mit hochherzigen Ge-

fühlen; seine Beziehung zu Blanche symbolisiert wie Quasimodos Liebe zu Esmeralda jenes Nebeneinander von Groteskem und Sublimem, wie es Hugo in seiner auf Stilmischung zielenden Dramentheorie forderte. Das Groteske verbindet sich in der Gestalt des unglücklichen Hofnarren, der klassischen Poetik entgegen, nicht mit dem Komischen: Triboulet ist eine tragische Figur, die zudem Hugos Interesse und Mitgefühl für die gesellschaftlich Verfemten bezeugt. Die wachsende Sozialkritik des Dichters bezeugt sich jedoch vor allem in der unhistorischen Darstellung des leichtfertigen Monarchen, der sich auf Kosten seiner Untertanen amüsiert. Am Tag nach der Uraufführung wurde das Drama wegen angeblicher Verletzung der Sittlichkeit verboten. Hugo verlor auch den anschließenden Prozeß, obwohl er sich eindrucksvoll zu verteidigen wußte. Erst fünfzig Jahre später erlebte das Stück eine (mißglückte) Wiederaufführung. Inzwischen hatte Hugos Drama jedoch durch die Bearbeitung als Libretto zu Verdis Oper *Rigoletto* (1851) Weltberühmtheit erlangt. H.Ei.

AUSGABEN: Paris 1832. – Paris 1890 (in *Théâtre*, Bd. 2, Hg. E. Hugues). – Givors 1951 (in *Œuvres complètes*, 35 Bde., 1949–1955, 13). – Paris 1963 (in *Théâtre complet*, 2 Bde., 1; Einl. R. Purnal; Anm. J.-J. Thierry u. J. Mélèze). – Paris 1963 (in *Œuvres dramatiques complètes*, Hg. F. Bouvet). – Paris 1967 (in *Œuvres complètes*, Hg. J. Massin, 18 Bde., 1967–1971, 4). – Paris 1979 (in *Théâtre*, Hg. R. Pouillart, 2 Bde., 1; GF). – Paris 1985 (in *Œuvres complètes*, Hg. J. Seebacher, 15 Bde., 8: *Théâtre I*).

ÜBERSETZUNGEN: *Der König amüsiert sich*, O. L. B. Wolff, Ffm. 1835. – *Der König macht sich lustig*, F. Seybold, Stg./Lpzg. 1835. – Dass., ders. (in *SW*, Bd. 5, Stg. 1839–1843). – *Eine Königslaune*, H. v. Löhner, Lpzg. 1881. – *Der König amüsirt sich*, J. Benoit, Lpzg. o. J. [um 1875] (RUB, 729).

VERTONUNG: G. Verdi, *Rigoletto* (Oper; Urauff.: Venedig, 11. 3. 1851, La Fenice).

VERFILMUNGEN: Frankreich 1909 (Regie: A. Cappellani). – *Rigoletto*, Italien 1910. – Dass., Österreich 1918 (Regie: L. Kolm u. J. Fleck). – Italien 1918. – *Il re si diverte*, Italien 1941 (Regie: M. Bonnard). – *Rigoletto*, Italien 1946 (Regie: C. Gallone). – *Rigoletto e sua tragedia*, Italien 1954 (Regie: F. Calzavara).

LITERATUR: M. Du Bos, *Une source des erreurs du »Roi s'amuse«* (in MdF, 240, 1933, S. 23–42). – F. Lambert, *Le manuscrit du »Roi s'amuse«*, Paris 1964. – A. Ubersfeld, *Les drames de H.: structure et idéologie dans »Le roi s'amuse« et »Lucrèce Borgia«* (in La Nouvelle Critique, 39 bis, 1970, S. 162–167). – A. Wentzlaff-Eggebert, *»Le roi s'amuse« und »Rigoletto«* (in *Romanische Literaturbeziehungen im 19. u. 20. Jh.*, Hg. A. San Miguel u. a., Tübingen 1985, S. 335–349). – S. Döhring, *»Le roi s'amuse«* –

»Rigoletto«. Vom ›drame‹ zum ›melodramma‹ (in *Oper als Text*, Hg. A. Gier, Heidelberg 1986, S. 239–247).

RUY BLAS

(frz.; *Ruy Blas*). Versdrama von Victor Hugo, Uraufführung: Paris, 8. 11. 1838 im Théâtre de la Renaissance, zu dessen Einweihung das Drama geschrieben wurde. – Bei der Stoffwahl zu seinem bedeutendsten Drama spielte außer literarischen Quellen (u. a. einer Episode aus Rousseaus *Confessions*) vermutlich Hugos Verehrung für Helene von Mecklenburg-Schwerin, die Schwiegertochter Louis-Philippes, eine Rolle; sie scheint sich in der Liebe des Ruy Blas zur Königin von Spanien widerzuspiegeln. Wie in *Hernani* bildet die spanische Monarchie, diesmal jedoch kurz vor ihrem Untergang, den historischen Rahmen. Doch dokumentiert sich in *Ruy Blas* stärker als in den früheren Dramen neben dem Interesse an historischen Themen Hugos zunehmendes politisches und sozialkritisches Engagement. Er habe, so Hugo in seinem Vorwort, in der Gestalt des Lakaien Ruy Blas dem dekadenten Adel Spaniens den Genius des aufstrebenden Volks entgegenstellen wollen.

Das Drama spielt in Madrid um 1695. Motor der Handlung ist der Racheplan Don Sallustes de Bazan gegen die Königin von Spanien, Maria de Neubourg, die ihn einer Liebesaffäre wegen seiner hohen Ämter enthoben und aus Madrid verbannt hat. Don Salluste versucht zunächst, seinen Vetter Don César, der – halb Dichter, halb Narr – nach seinem finanziellen Ruin die Maske des Bohemiens Zafari angenommen hat, für einen Aufstand der Madrider Unterwelt gegen die Königin zu gewinnen. Als Don César die heimtückische Rache an einer Frau empört ablehnt, läßt Don Salluste ihn ergreifen und an afrikanische Korsaren verkaufen, denn ein heimlich belauschtes Gespräch zwischen seinem Lakaien Ruy Blas und Don César hat in ihm inzwischen einen teuflischen Plan reifen lassen: Ruy Blas soll durch seine verzweifelte Liebe zur Königin das ahnungslose Werkzeug seiner Rache werden. Vor seiner Abreise aus Madrid stellt er dem Königshof Ruy Blas als den aus Indien heimgekehrten Don César vor, Ruy Blas aber befiehlt er, der Königin *»zu gefallen und ihr Liebhaber zu werden«*. – Von ihrem schwachsinnigen Gemahl Karl II. allein gelassen, ist die der Langeweile und dem Zwang der Hofetikette ausgelieferte Königin für die heimlichen Liebesbeweise Ruy Blas' empfänglich. Ihre Gunst läßt ihn innerhalb von sechs Monaten zum mächtigsten Minister am Hofe emporsteigen, und seine Klugheit, sein selbstloser Einsatz für das Wohl der Monarchie nötigen auch seinen Feinden Achtung ab. Auch die Königin sieht in ihm den eigentlichen Herrscher, dem sie ihre Liebe gestehen kann. Aus seinen chimärischen Glücksträumen reißt Ruy Blas die überraschende Rückkehr Don Sallustes. Dieser lockt die Königin durch eine List um Mitternacht in das Haus Ruy Blas'. Der drohende Skandal soll sie zum Verzicht auf den Thron und zur Flucht mit Ruy Blas zwingen. Um die Ehre der Königin zu retten, gibt Ruy Blas sich zu erkennen. Der in seiner Rache triumphierende Don Salluste ist in seinem eigenen Netz gefangen: Ruy Blas tötet ihn und vergiftet sich selbst. Sterbend dankt er der Königin, als sie ihn bei seinem richtigen Namen nennt.

In *Ruy Blas* verbindet Hugo wie in keinem seiner anderen Dramen Bühnenwirksamkeit und ausgewogene Komposition mit der Verwirklichung seiner romantischen Dramentheorie. So sind in die ohnehin verwickelte Handlung entsprechend der Forderung nach Stil- und Gattungsmischung aus der *Préface de Cromwell* (vgl. *Cromwell*, 1827) mehrfach komische Szenen eingelagert, am ausgedehntesten im vierten Akt, der zwischen die Rückkehr Don Sallustes und das tragische Ende Ruy Blas' eine Reihe burlesker Verwechslungsszenen um den echten Don César einschiebt. Die Stillage wechselt von Akt zu Akt, je nachdem welche der Hauptfiguren, denen Hugo jeweils einzelne dramatische Gattungen zuordnet (Don Salluste das Drama, Don César die Komödie, Ruy Blas die Tragödie), im Vordergrund steht. Auch die Personen sind antithetisch aufeinander bezogen: Die Königin, die nur Frau sein will, liebt den Lakaien mit den Gesinnungen und *»Leidenschaften eines Königs«*. Ruy Blas steht Don Salluste so diametral gegenüber (*»Ich trage das Gewand eines Lakaien, Ihr habt dessen Seele«*) wie auf der anderen Seite Don César, der, Symbol für Hugos Ideal einer Verbindung von Sublimem und Groteskem, unter seinem zerlumpten Äußeren das Ehrgefühl des spanischen Granden bewahrt, das der dämonische Intrigant Don Salluste seiner Machtgier geopfert hat. – Indem die Figuren des Dramas zugleich geschichtsphilosophische, literarische und menschliche Aspekte verkörpern sollen, werden sie in einem Maße zu Bedeutungsträgern, daß ihnen weithin jede psychologische Glaubwürdigkeit fehlt. Hugo wollte auf diese Weise das psychologische Raffinement der klassischen Tragödie vermeiden, wie er sich auch mit der Wahl eines Niedriggeborenen zum Helden einer tragischen Handlung von der klassischen Poetik der Stiltrennung abwandte. – Doch täuschen auch die theoretischen Begründungen seiner *Préfaces* nicht darüber hinweg, daß Hugo in keinem seiner Dramen der dreißiger Jahre das Handlungs- und Figurenschema der zeitgenössischen Melodramen verläßt. Zwar bildet in *Ruy Blas* die besonders gelungene Versgestaltung ein künstlerisches Gegengewicht, doch die Unwahrscheinlichkeit der Handlung und die mangelnde psychologische Analyse dienten schon der zeitgenössischen Kritik als Hauptangriffspunkte. – Ein Anfangserfolg des Dramas war vor allem dem Hauptdarsteller Frédérick Lemaître zuzuschreiben. Im ganzen stand das Pariser Publikum jedoch den romantischen Dramen mehr und mehr ablehnend gegenüber, zumal zu der Zeit bereits die junge Schauspielerin Rachel der klassischen Tragödie zu neuem Ansehen verhalf.   H. Ei.

AUSGABEN: Lpzg./Paris 1838. – Paris 1905 (in *Œuvres complètes*, Hg. P. Maurice u. G. Simon, 1904 ff., Abt. III: *Théâtre*, Bd. 3). – Givors 1952 (in *Œuvres complètes*, 35 Bde., 1949–1955, 17). – Paris 1963 (in *Œuvres dramatiques complètes*. *Œuvres critiques complètes*, Hg. F. Bouvet). – Paris 1963 (in *Théâtre complet*, Hg. J.-J. Thierry u. J. Mélèze, 2 Bde., 1963/64, 1; Pléiade). – Paris 1967 (in *Œuvres complètes*, Hg. J. Massin, 18 Bde., 1967–1971, 5). – Paris 1971/72, Hg. A. Ubersfeld [krit.]. – Paris 1979 (in *Théâtre*, Hg. R. Pouilliart, 2 Bde., 2; GF). – Paris 1985 (in *Œuvres complètes*, Hg. J. Seebacher, 15 Bde., 9: *Théâtre II*). – Paris 1987, Hg. J. Gaudon (Poche).

ÜBERSETZUNGEN: *Ruy Blas*, F. W. Dralle (in *SW*, Bd. 25, Stg. 1842). – Dass., H. v. Löhner, Lpzg. 1881. – Dass., K. Bleibtreu, Wien/Lpzg. 1902.

VERFILMUNGEN: USA 1908 (Regie: J. Stuart Blackton). – Frankreich 1947 (Regie: P. Billon).

LITERATUR: E. Rigal, *La genèse d'un drame romantique »Ruy Blas«* (in RHLF, 20, 1913, S. 753 bis 788). – A. Le Breton, *Le théâtre romantique, »Ruy Blas«* (in Revue Politique et Littéraire, 1922, S. 569–576). – A. Ludwig, *V. H.s »Ruy Blas«* (in Zs. f. frz. u. engl. Unterricht, 27, 1928, S. 338–348; 413–423). – M. Levaillant, *Le premier Ruy Blas et les trois don César* (in *Mélanges de philologie, d'histoire et de littérature offerts à J. Vianey*, Paris 1934, S. 369–378). – P. Souchon, *Autour de »Ruy Blas«. Lettres inédites de Juliette Drouet à V. H.*, Paris 1939. – A. Lebois, *Ruy Blas est-il . . . – Charles Lassailly?* (in A. L., *Admirable 19e siècle*, Paris 1958, S. 35–49). – M. Butor, *Le théâtre de V. H.* (in NRF, 24, 1964, S. 862–878; 1073–1081; 25, 1965, S. 105–113). – E. Showalter Jr., *De »Madame de la Pommeraye« à »Ruy Blas«* (in RHLF, 66, 1966, S. 238–252). – R. Warning, *H.: »Ruy Blas«* (in *Das französische Theater vom Barock bis zur Gegenwart*, Bd. 2, Düsseldorf 1968, S. 139–164; 381–387). – A. Ubersfeld, *»Ruy Blas«: genèse et structure* (in RHLF, 70, 1970, S. 953–974). – H. Maillet, *Structure de »Ruy Blas«* (in Inf. litt, 31, 1979, S. 142–146). – M. Chatelain, *»Ruy Blas« ou le miroir aux alouettes* (in StF, 25, 1981, S. 24–36). – R. Bismut, *»Illusions perdues« et »Ruy Blas«* (in MR, 35, 1981, S. 235–245). – K. Wren, *»Hernani« et »Ruy Blas«*, Ldn. 1983. – J. M. Thomasseau, *Le jeu des écritures dans »Ruy Blas«* (in RLMod, 693–697, 1984, S. 55–80). – Ders., *Pour une analyse du para-texte théâtral: Quelques éléments du paratexte hugolien* (in Littérature, Febr. 1984, Nr. 53, S. 79–103). – S. u. J. Dauvin, *»Hernani«, 1830; »Ruy Blas«, 1838, H. Analyse critique*, Paris 1986.

TORQUEMADA

(frz.; *Torquemada*). Historisches Drama in zwei Teilen (zu zwei und drei Akten) von Victor HUGO, geschrieben 1869; einzige Aufführung: Paris 1882. – *Torquemada*, das letzte der großen poetischen Dramen des Dichters, in dessen Mittelpunkt die Gestalt des spanischen Großinquisitors Thomas de Torquemada (1420–1498) steht, sollte im Rahmen der Sammlung *Théâtre en liberté* erscheinen, wurde aber wegen seines eigenartigen, von Blut, Feuer und religiösem Wahn bestimmten Charakters zurückgehalten und erst veröffentlicht, als Judenverfolgungen im zaristischen Rußland und gleichzeitige religiöse Unduldsamkeit in Frankreich einen Anlaß dazu boten. – Auch in *Torquemada* hat Hugo sein überkommenes Verfahren angewandt, eine melodramatische Handlung vor historischem Hintergrund zu entwickeln. Don Sanche de Salinas, der Erbgraf von Burgos, und Doña Rosa d'Orthez sind auf Veranlassung des Großonkels von Rosa, des Vicomte d'Orthez, in einem Kloster aufgezogen worden; sie wissen nichts von ihrer Herkunft. Der Vicomte will sie auf diese Weise dem Einfluß der spanischen Krone entziehen. Als König Ferdinand dieses Vorhaben entdeckt, möchte er Sanche und Rosa zunächst für seine politischen Ziele einsetzen, dann aber Rosa zu seiner Mätresse machen. Er verhindert deshalb die Heirat des Paars. Aber eine spätere, von seiten des königlichen Hofs unternommene Entführung Rosas scheitert an der Macht des dominikanischen Großinquisitors Torquemada, der sich selbst König Ferdinand und Königin Isabella beugen müssen (so werden auch gegen den Willen des Königs die Juden Sevillas verbrannt oder vertrieben). Dem Marquis de Fuentes, königlichem Minister und Großvater von Sanche, gelingt es schließlich dennoch, Sanche und Rosa in einen abgelegenen Park zu retten, nicht aber, um sie dem König auszuliefern, sondern um ihnen die Flucht aus dem von königlicher Willkür und kirchlichem Fanatismus erfüllten Spanien nach Frankreich zu ermöglichen. In diesem Park aber wird das Paar von Torquemada entdeckt, der den Lastern des Königs nachspürt. Torquemada verheiratet Sanche und Rosa; denn er erkennt in ihnen seine Wohltäter, die ihn gerettet haben, als er seiner Lehren wegen von den Mönchen des Klosters Laterran (in dem Sanche und Rosa erzogen wurden) lebendig begraben worden war. Als er aber erfahren muß, daß Sanche und Rosa ein Kruzifix als Hebel zum Wegwälzen des Grabsteins verwandt haben, überantwortet er die Todsünder dem Inquisitionsgericht.

Hugo hat in sein Drama kaum historische Fakten eingebracht. Die Atmosphäre des 15. Jh.s ist nicht gegenwärtig. Vielmehr scheint das Zeitalter in geradezu quälendem und beängstigendem Ausmaß verzeichnet. Charaktere und dramatische Situationen sind weder logisch noch psychologisch genau entwickelt, allenfalls mit Ausnahme Torquemadas und seiner geistlichen Gegenspieler, des Bischofs von Urgel, des hl. Franz von Paul und Papst Alexanders VI. Teilweise werden die dramatischen Konflikte durch mehrere Kausalketten übermotiviert. Die Figuren sprechen meist direkt aus, was indirekt entwickelt werden müßte. Die Bedeutung des Dramas liegt aber nicht in seiner historischen

Wahrhaftigkeit oder psychologischen Wahrscheinlichkeit, sondern in den dunklen Visionen vor allem Torquemadas (Rettung der sündigen Welt durch das Feuer), die in einer stellenweise adäquaten »magischen« Sprache vorgetragen werden. Das gesamte Szenarium vermittelt den Eindruck, als ob die angstvollen Phantasien eines Fieberkranken wiedergegeben würden. Ob Hugo hier planend vorgegangen ist wie KAFKA oder ihm einfach Ungewolltes gelang, muß dahingestellt bleiben. Wie dem existentiell Bedrohten das Bewußtsein historischer Vermittlung, der Reichtum der Konkretion schwindet, so ist auch in *Torquemada* der historische Zierat der Inquisitionszeit, Scheiterhaufen und Todesprozessionen, unhistorisches, grauenvoll-dämonisches Symbol der das die Humanität Bedrohenden geworden, vor dem Marionetten als bloße Regressionsformen menschlichen Daseins agieren. C.Sch.

AUSGABEN: Paris 1882. – Givors 1952 (in *Œuvres complètes*, 35 Bde., 1949–1955, 17). – Paris 1964 (in *Théâtre complet*, Hg. J.-J. Thierry u. J. Mélèze, 2 Bde., 1963/64, 2). – Paris 1970 (in *Œuvres complètes*, Hg. J. Massin, 18 Bde., 1967–1971, 14). – Paris 1985 (in *Œuvres complètes*, Hg. J. Seebacher, 15 Bde., 9: *Théâtre II*).

LITERATUR: F. Behr, *V.H.s »Torquemada« unter vergleichender Berücksichtigung der übrigen Dramen des Dichters*, Weimar 1910.

LES TRAVAILLEURS DE LA MER

(frz.; *Ü: Die Arbeiter des Meeres*). Roman von Victor HUGO, erschienen 1866. – Während der Jahre des Exils auf den Inseln Jersey und vor allem Guernesey, das auch den Ort der Romanhandlung bildet, erlebte Hugo die Natur – Meer, Stürme, Einsamkeit und Unendlichkeit – besonders intensiv, entwickelte er aus unmittelbarer Anschauung seine romantische Naturauffassung. Daneben hatte er eingehend Arbeitstechnik und Lebensrhythmus der Fischer studiert; das auf den Inseln gesprochene Anglonormannisch gibt den *Travailleurs de la mer* ein realistisches Kolorit. Das in die Zeit um 1820 angesiedelte Geschehen ist auf wenige Hauptgestalten konzentriert, die für andere Werke Hugos (vgl. *Les misérables*) so bezeichnende gesellschaftlich-soziale Problemstellung bleibt ausgespart.
Wichtigste Figur ist der verschlossene, im Ruf eines Zauberers stehende Fischer Gilliat, wie Quasimodo aus *Notre-Dame de Paris* eine paradigmatische Erfüllung des Hugoschen Programms der Vereinigung von Sublimem und Groteskem (nur teilt Gilliat Quasimodos Häßlichkeit nicht). Gilliat liebt Déruchette, die Nichte des Reeders Lethierry. Als dessen Dampfschiff Durande, das von den konservativen Fischern als unheimliche technische Neuerung verwünscht wird, durch Sabotage gesunken ist, bietet Gilliat alles auf, um aus dem

Wrack wenigstens die wertvolle Maschine zu bergen. Er hat nach furchtbarem Kampf mit allen möglichen Naturgewalten, zuletzt einem entsetzlichen Polypen, Erfolg, muß aber dann erfahren, daß Déruchette nicht ihn, sondern den Pfarrer Ebenezer liebt. Gilliat verzichtet auf eigenes Glück und verhilft den Liebenden zur Flucht, da Lethierry die Heirat seiner Nichte mit einem Geistlichen nicht wünscht. An der gleichen Stelle, an der er einst Ebenezer vor dem Tod durch Ertrinken gerettet hatte, erwartet dann Gilliat die Flut, um sich wieder mit den Elementargewalten zu vereinen.
Der Roman folgt den gleichen ästhetischen Prinzipien wie *Notre-Dame de Paris*: Vereinigung von Epos und Drama. Das Melodrama vor historischem Hintergrund ist aber hier zu sehr arrangierter Effekt, als daß das Werk die Größe von Hugos früheren Romanen zu erreichen vermöchte. Der Rang der *Travailleurs* beruht auf den beeindrukkenden Naturschilderungen, die literargeschichtliche Bedeutung des Romans aber auf der Tatsache, daß die spröde Materie der technischen Welt hier Eingang in ein romantisches Werk fand. C.Sch.

AUSGABEN: Brüssel 1866. – Givors 1951 (in *Œuvres complètes*, 35 Bde., 1949–1955, 11). – Paris 1962 (in *Œuvres romanesques complètes*, Hg. F. Bouvet). – Paris 1966. – Paris 1969 (in *Œuvres complètes*, Hg. J. Massin, 18 Bde., 1967–1971, 12). – Paris 1975, Hg. Y. Gohin (krit.; mit *Notre-Dame de Paris*; Pléiade). – Paris 1980 (Folio). – Paris 1980 (GF). – Paris 1985 (in *Œuvres complètes*, Hg. J. Seebacher, 15 Bde., 3: *Roman III*).

ÜBERSETZUNG: *Die Arbeiter des Meeres*, L. Haustein, Lpzg. ³1970. – Dass., dies., Bln. 1975.

LITERATUR: M. Carlson, *L'art du romancier dans »Les travailleurs de la mer«*, Paris 1961. – Ch. Baudelaire, *Note sur »Les travailleurs de la mer«* (in *Œuvres complètes*, Bd. 3, Paris 1967). – F. P. Kirsch, *Zum Problem der Digression bei H. anhand des Romans »Les travailleurs de la mer«* (in ZfrzSp, 77, 1967, S. 216–234). – A. Nicolas, *Une économie de la violence. La description dans »Les travailleurs de la mer«* (in *La description*, Lille 1974, S. 61–80). – R. B. Grant, *H.s »Travailleurs de la mer«* (in EsCr, 16, 1976, S. 231–246). – V. Brombert, *»Les travailleurs de la mer«* (in New Literary History, 9, 1978, S. 581–590). – Y. Vadé, *Persée, Gilliat, Œdipe* (in SFR, 6, 1982, S. 147–173). – *Les dessins de V. H. pour »Les travailleurs de la mer«*, Einl. R. Pierrot, Texte P. Georgel, Paris 1985 [Ausst.-Kat. der Bibliothèque Nationale]. – J. Neefs, *Penser par la fiction* (in *H. le fabuleux*, Hg. J. Seebacher u. A. Ubersfeld, Paris 1985).

WILLIAM SHAKESPEARE

(frz.; *William Shakespeare*). Literarkritische und programmatische Schrift von Victor HUGO, erschienen 1864. – Anlaß für die Entstehung des

Werks waren die Übersetzung der Dramen SHAKE-SPEARES, die Hugos Sohn François-Victor damals gerade erstellte, sowie die bevorstehende dreihundertste Wiederkehr von Shakespeares Geburtstag. Für Hugo bot die Abfassung der Schrift eine willkommene Gelegenheit, sich über die Abgrenzung von romantischem Dichtertum, Weltanschauung, Kritik und Wissenschaft zu äußern, in erster Linie aber eine Ästhetik des Genies zu entwickeln. Shakespeare erscheint innerhalb einer Reihe großer Genies, als deren letztes Hugo unausgesprochen wohl sich selbst versteht.

Die Quellen für Hugos Schrift waren vor allem GUIZOTS *Shakespeare et son temps* und verstreute Bemerkungen DIDEROTS und VOLTAIRES über den englischen Dramatiker – die Beschäftigung mit dem eigentlichen Gegenstand war also offensichtlich eher kursorisch. Der erste Teil des dreiteiligen Werks enthält die Darstellung von Shakespeares Leben, entwickelt den Geniebegriff im allgemeinen, führt die Reihe der in Hugos Augen erstrangigen Genies auf – eine freilich sehr enge und willkürliche Auswahl –, stellt AISCHYLOS als den »älteren« Shakespeare vor und beleuchtet den Gegensatz zwischen Kunst und Wissenschaft. Der zweite Teil behandelt dann Shakespeares Genie, Werk und Nachruhm, schließlich das Verhältnis von Dichter und Kritik, von Gutem und Schönem. Das Schwergewicht des dritten Teils liegt auf der Darstellung von Shakespeares Stellung in England und seiner Geltung im 19. Jh.

Die Darstellung von Shakespeares Leben ist trotz aller Kürze sehr plastisch. Entscheidende Lebensdaten des Dichters werden geschickt mit Ereignissen aus anderen Kulturbereichen und Ländern verknüpft. Neues Material trägt Hugo nicht hinzu. Shakespeare erscheint als der einsame, an der Verachtung durch die Gesellschaft leidende Genius. Mit schneidender Ironie wird die Geschichte des Verfalls von Shakespeares Ruhm im 18. Jh. angedeutet. – Bedeutsam wurde Hugos Entwicklung des Geniebegriffs aus der romantischen Konzeption vom Dichter als Seher oder Priester. Das Wesen des Genies sei es, das Traumhafte, das Schöpferisch-Werdende zu ergreifen, das *promontorium somnii* zu besteigen, eine Brücke zum Übernatürlichen zu schlagen. Wie NERVAL hat Hugo empfunden, daß dieses Offensein für das Unbekannte (*»cette ouverture étrange aux souffles inconnus«)* dem Wahnsinn benachbart ist, daß das Genie den Wahnsinn bewußt erfährt.

Die gegen Shakespeares Genialität erhobenen Einwände (Mangel an Originalität, Poesie, gutem Geschmack) werden von Hugo mit rhetorischem Pathos zurückgewiesen: *»Tout dans le génie a sa raison d'être.«* Daß England, obwohl es in Shakespeare inkarniert sei (die großen Individuen werden auch als Bildner der Völker angesehen), die Größe dieses Dichters lange Zeit nicht erkannt habe, gibt Hugo noch einmal Gelegenheit zu ironischer und pathetischer Polemik.

Die Kritik nahm Hugos Werk eher ablehnend auf. Der vielfach erhobene Einwand, Literaturwissenschaft sei nicht Sache des Dichters, erscheint allerdings in keinerlei Weise zwingend. Mit größerem Recht wurde die Selbstbespiegelung Hugos verurteilt. Von den Zeitgenossen äußerte sich MICHELET (in einem Brief an Hugo) unkritisch begeistert. MALLARMÉ dagegen stellte über das Werk fest: *»Es enthält wunderbar gemeißelte Seiten, aber auch schreckliche Dinge.«* C. Sch.

AUSGABEN: Paris u. a. 1864. – Paris 1937. – Givors 1953 (in *Œuvres complètes*, 35 Bde., 1949–1955, 22). – Paris 1963 (in *Œuvres dramatiques et critiques complètes*, Hg. F. Bouvet). – Paris 1969 (in *Œuvres complètes*, Hg. J. Massin, 18 Bde., 1967 bis 1971, 12). – Paris 1973 [Einl. B. Leuillot]. – Paris 1985 (in *Œuvres complètes*, Hg. J. Seebacher, 15 Bde., 11; *Critique*).

LITERATUR: A. Rolland, Rez. (in Nouvelle Revue de Paris, 1. 5. 1864). – G. Sand, Rez. (in RDM, 15. 5. 1864). – A. Billy, »*William Shakespeare*« de V. H. (in Le Figaro, 2. 5. 1937). – H. v. Hofmannsthal, *Versuch über V. H.* (in H. v. H., *Prosa I*, Ffm. 1956). – J. Gaudon, *Vers une rhétorique de la demeure. »William Shakespeare«* (in Romantisme, 3, 1972, S. 78–85). – P. Albouy, *Le mythe du moi* (in P. A., *Mythographies*, Paris 1976, S. 297–323). – A. Michel, »*William Shakespeare*« (in Res publica litterarum, 1, 1978, S. 221–231). – V. Brombert, *H.'s »William Shakespeare«* (in The Hudson Review, 34, 1981, S. 249–257).

HUGO VON MONTFORT

* 1357
† 5. 4. 1423

DAS LYRISCHE WERK (mhd.) von HUGO VON MONTFORT.

Das literarische Werk des Grafen Hugo von Montfort-Bregenz ist in der Handschrift *pal. germ. 329* der Universitätsbibliothek Heidelberg überliefert. Der Codex, der von Hugo selbst in Auftrag gegeben und zu seinen Lebzeiten vollendet wurde, bewahrt 40 Gedichte, zehn davon mit Melodien. Die offenbar nachgetragenen Nummern 39 und 40 gelten entgegen der Überlieferungsgeschichte gemeinhin als unecht. Nur für die Gedichte 5 (fragmentarisch), 14 und 25 liegen insgesamt drei weitere Textzeugen vor. Die prachtvolle Ausstattung der Handschrift deutet darauf hin, daß sie als Repräsentationsstück für den Familienbesitz bestimmt war. Die Illuminationen stammen von Heinrich Aurhaym, der auch für Herzog Ernst von der Steiermark (1411–1424) tätig war. Hugo, dessen dritte Frau Anna von Neuhaus und Stadeck steiermärkische Besitzungen mit in die Ehe brachte, war von 1413–1415 als Landeshauptmann Vertreter des Herzogs, so daß sich Aurhayms Arbeit an der Handschrift aus Hugos guten Verbindungen zu Herzog Ernst erklärt. Beide waren zudem Mitglieder des sogenannten Drachenordens König Sigismunds, dem auch OSWALD VON WOLKENSTEIN angehörte.

Mehrfach gibt Hugo von Montfort Auskunft über sein Werk. Bis zum Jahr 1401 lagen 17 »reden«, drei gereimte Briefe und zehn Lieder vor, für die Hugos »getrewer knecht« (31, 184) Bürk Mangolt von Bregenz die Musik komponierte. Der letzte datierte Text (38) stammt aus dem Jahr 1414. Hugo von Montfort versteht sich selbst als Gelegenheitsautor (31, 149 ff.), ohne Anspruch auf formale Kunstfertigkeit und ohne inhaltliche Vorgaben: »Mein getîcht ist nicht von ainen sachen/ [...] ich han es ie darnach gemachen/ als mir do was ze mût« (31, 133–136). Und doch zieht sich ein Thema durch seine Dichtung hindurch: die Spannung zwischen Weltzugewandtheit und geistlicher Ausrichtung des Lebens, letztlich die Entscheidung zwischen Sünde und erlösender Gnade, die dem freien Willen des Menschen obliegt: »o gott waz hast du ze dankhen mir/ [...] minn aigen willen hast mir geben/ damit so mag ich also leben/ das ich tun ubel oder gût« (4, 45–51). Besonders deutlich wird dies im Streitgespräch mit Frau Welt (29), deren trügerische Schönheit Hugo von Montfort als »narren spil« (29, 32; vgl. 33) entlarvt und ein Leben nach Gottes Geboten verteidigt. Das Wissen um die Vergänglichkeit alles Irdischen bestimmt auch die Liebesauffassung des Dichters. In langen Beispielreihen (15, 53 ff.; 24, 16 ff.) führt Hugo die Frauenminne als Gefahr, die auch das Heil der Seele bedroht (vgl. 17, 9 ff.), vor Augen, – am eindringlichsten in der Fiktion eines Besuchs im Beinhaus (25), als er die Toten selbst zu Wort kommen läßt. Wieder liegt die Entscheidung zwischen rechter und unrechter Liebe (vgl. 18, 77 ff.) in der Eigenverantwortung des Einzelnen, dem Gott als Ausgleich zur angeborenen *libido*, die von den Elementen herrührt (4, 52 ff.; vgl. 30, 25 ff.), Vernunft und Gewissen geschenkt hat (18, 125 ff.; vgl. 17). »Hett ich mein lieb gelegt an die ee,/ so wêr mir nicht als clêglich we« (25, 37 f.), so lautet die Einsicht einer vormals lebenslustigen Dame, die wegen ihrer Unkeuschheit ewige Höllenpein erleidet.

Hugos Texte sind keine Absage an die weltliche Minne, sondern der Lobpreis der heiligen Ehe (29, 122; vgl. 28, 297 ff.). Seine Liebesgedichte sind fast immer an die eigene Frau gerichtet, wobei sich traditionelle Motive des Minnesangs (Liebesgeständnis, Dienstversicherung, Frauenpreis oder Schönheitsbeschreibung) mit Mahnungen zur sittlichen Lebensführung verbinden können. Auch sonst dringt das Lehrhafte überall durch, sei es konkret in einer Art Fürstenlehre (14) und in Ratschlägen an die Gattin (26), oder allgemein in Warnungen vor den üblichen Lastern (besonders vor Habsucht und Wucher) und in Zeitklagen. Gerade das didaktische Potential der Gedichte scheint, wie die Streuüberlieferung zeigt, Interesse gefunden zu haben.

Als gattungsübergreifende Sonderformen sind die *Allegorien* zu nennen. Dazu gehören etwa die Jagdallegorie nach dem Vorbild HADAMARS VON LABER (9), die Schiffahrtallegorie als Bild des menschlichen Lebens (13) und – im weiteren Sinn – die Begegnung des Ich-Erzählers mit Parzival (5) sowie die Vision der Gralsburg (28), deren Bauelemente spirituell ausgelegt werden. Die »vest« entpuppt sich als »ain figur des himelreich« (28, 613), als ein verschlüsseltes Abbild des Himmels. Der Text entstand ganz im Eindruck des Todes von Hugos zweiter Frau Clementia von Toggenburg (gest. um 1400), den der Dichter im Gedenken an die Heilsgewißheit des Christen literarisch zu überwinden sucht. Eine andere Möglichkeit allegorischen Sprechens begegnet in Lied 10: »der Wächterruf des traditionellen Tagelieds wird umgedeutet zum Memento mori, die Nacht zur sündigen Zeit im Diesseits, das Leben zur Vorbereitung auf den ewigen himmlischen Morgen« (H. Brackert). Auch die übrigen Tagelieder sind Uminterpretationen, die sich vom ursprünglichen Gattungstyp weit entfernen. In Lied 37 ist der herannahende Tag Anlaß zum Lob der Gattin, 12 ist geistlichen Inhalts (Morgengebet), 11 Reflexion der eigenen Dichtung. In 8 vermischen sich Elemente des Tagelieds und der Serena. In anderen Kontexten werden Schlafen und Wachen zu Metaphern für Gottesferne und Buße. »Schlaff ich in sünd, o haiss mich wider wachen«, ruft der Dichter einmal zu Gott (38, 180; vgl. 15, 1 ff. und öfter). Die tiefe Religiosität Hugos von Montfort, seine Sorge um die Erlösung der Seele, spiegelt sich in zahlreichen Gebetsformeln und berührt auch das Selbstverständnis des Dichters. In einem Traumgespräch wirft ihm ein Priester vor: »Du hast geblûmte wehe wort/ getichtet von den weiben/ schetscht du die welt für ainen hort/ so tûst du weyshait meiden« (31, 5–8). (Liebes)dichtung wird ihm immer wieder zum Problem (vgl. 18, 189 ff.; 24, 97 ff. und öfter) angesichts der Hinfälligkeit der Welt, des Menschen und auch der Kunst. Eine eingehende Deutung der Reibungen zwischen Hugos tatkräftigem Leben, das vergleichsweise gut bekannt ist, und der kontemplativen Religiosität seines dichterischen Werks steht bisher ebenso noch aus wie eine genauere Markierung des tatsächlichen oder intendierten Publikums dieser lyrisch-didaktischen Kleindichtung.

Obwohl Hugo von Montfort seine Gedichte in »reden«, »brief«, »lieder« und »tagweis« einteilt (31, 165 ff.; 38, 101), ist die Zuordnung aufgrund der grenzübergreifenden Verfügbarkeit von Themen und Motiven im einzelnen problematisch und von nur geringem Nutzen für das Verständnis des Werks. Insbesondere bei den Reden ist eine befriedigende Spezifizierung kaum möglich. Ähnliches gilt für die Metrik. In 15 variiert Hugo die Strophenform des *Jüngeren Titurel*, den er als »aller tewtsch ain blûm« (15, 159) lobend erwähnt. Auch mit anderen epischen Werken scheint Hugo vertraut gewesen zu sein. Namentlich nennt er den Dichter Peter SUCHENWIRT (2, 150 ff.), den er sehr schätzt.

H. Vö.

Ausgaben: H. v. M., Hg. K. Bartsch, Tübingen 1879 (BLV, 143). – *H. v. M. Mit Abhandlungen zur Geschichte der dt. Literatur, Sprache und Metrik im XIV. und XV. Jh.*, Hg. J. E. Wackernell, Innsbruck 1881. – *Die Lieder des H. v. M. mit den Melodien des Burk Mangolt*, Hg. P. Runge, Lpzg., 1906. – *H. v. M.*, Hg. E. Thurnher u. a., Göppingen 1978–1981 [Bd. I: *Faksimile*; Bd. II: *Transkription*; Bd. III: *Verskonkordanz*].

Übersetzungen: *Minnesang*, Hg. H. Brackert, Ffm. ²1986 [mhd.-nhd.; enth. nur Lied 10]. – W. Weinzierl, *H.s v. M. lyrische Gedichte in hochdeutscher Nachdichtung*, Dornbirn 1971 [Rez.: Montfort, 23, 1971, S. 213/214].

Literatur: E. Jammers, *Die Melodien H.s v. M.* (in AfMw, 13, 1956, S. 217–235). – A. Kayser-Petersen, *H. v. M. Beiträge zum Gattungsproblem im MA*, Diss. Mchn. 1960. – F. Röhrig, *Miniaturen zum Evangelium von Heinrich Aurhaym*, Klosterneuburg 1961. – G. Moczygemba, *H. v. M.*, Fürstenfeld 1967 [Selbstverlag]. – I. Glier, *Artes amandi. Untersuchung zu Geschichte, Überlieferung und Typologie der deutschen Minnereden*, Mchn. 1971. – H. Brunner, *Das deutsche Liebeslied um 1400* (in *Gesammelte Vorträge der 600-Jahrfeier Oswalds von Wolkenstein, Seis am Schlern 1977*, Hg. H.-D. Mück u. U. Müller, Göppingen 1978, S. 105–146). – E. Thurnher, *Die politischen Anschauungen des H. v. M. und Oswald von Wolkenstein* (ebd., S. 247–265). – J. Goheen, *H.s v. M. Version vom Paradies auf Erden, eine spätmittelalterliche Interpretation des Gralwunders* (in Carleton Germanic Papers, 7, 1979, S. 26–36). – F. V. Spechtler, *H. v. M. Bemerkungen zur literarischen Situation um 1400* (in *Tradition und Entwicklung. Fs. f. Eugen Thurnher*, Hg. W. M. Bauer u. a., Innsbruck 1982, S. 111–125). – B. Wachinger, *H. v. M.* (in VL², 4, Sp. 243–251). – E. Thurnher, *Der Minnesänger H. v. M.* (in *Die Grafen von Montfort. Geschichte u. Kultur*, Hg. B. Wiedmann, Friedrichshafen 1982). – R. Krüger, *Studien zur Rezeption des sogenannten »Jüngeren Titurel«*, Stg. 1986. – I. Bennewitz-Behr, *»Fro welt ir sint gar hüpsch und schön . . . «. Die ›Frau Welt‹-Lieder der Handschriften mgf 779 und cpg 329* (in Jb. der Oswald von Wolkenstein Gesellschaft, 4, 1986/1987).

Hugo von St. Viktor

* 1096 Sachsen (?)
† 11.2.1141 St. Viktor bei Paris

Literatur zum Autor:
J. Taylor, *The Origin and the Early Life of Hugh from S.-Victor. An Evaluation of the Tradition*, Notre Dame/Ind. 1957. – R. Baron, *Science et sagesse chez Hugues de S.-Victor*, Paris 1957. – D. van den Eynde, *Essai sur la succession et la date des écrits de Hugues de S.-Victor*, Rom 1960. – J. Hofmeier, *Die Trinitätslehre des H. v. St. V.*, Mchn. 1963. – R. Baron, *Études sur Hugues de S.-Victor*, Brügge 1963. – Chr. Schütz, *Deus absconditus, Deus manifestus*, Rom 1967. – R. Baron, *Hugues de S.-Victor* (in *Dictionnaire de spiritualité ascétique et mystique*, Bd. 7, Paris 1968, Sp. 901–939). – V. Liccaro, *Studi sulla visione del mundo di Ugo de S. Vittore*, Udine 1969. – J. Miethke, *Zur Herkunft H.s v. St. V.* (in AfKg, 54, 1972, S. 241–256). – J. Ehlers, *H. v. St. V.*, Wiesbaden 1973. – R. Goy, *Die Überlieferung der Werke H.s v. St. V.*, Stg. 1976. – K. Ruh, Art. *H. v. St. V.* (in VL², 4, Sp. 282–292).

DE SACRAMENTIS CHRISTIANAE FIDEI

(mlat.; *Über die Sakramente des christlichen Glaubens*). Theologisches Werk von Hugo von St. Viktor, verfaßt nach 1136. – Mit diesem Werk hat der Autor, Studienleiter an der berühmten Abtei St. Viktor in Paris, das erste vollständige Dogmensystem der Scholastik vorgelegt. Der Begriff »Sakramente« ist dabei ganz allgemein auf sakrale Dinge bezogen; so ist das Werk in Wirklichkeit eine Art universaler Abriß der Bestimmung des Menschengeschlechts. Das Ganze ist zweiteilig angelegt; der erste Teil reicht vom Anfang der Welt bis zur Fleischwerdung des Wortes, der zweite von der Inkarnation bis zum Jüngsten Gericht. – »*Der Logiker begreift, bevor er glaubt; der Theologe glaubt, bevor er begreift; der Mystiker gelangt zur Erkenntnis allein durch die Kontemplation.*« Letzteres ist die Haltung Hugos, der sich vor allem auf die innere Glaubenserfahrung stützt: Die Seele selbst verweist uns auf einen ewigen Schöpfer; in ihrer Substanz, in Intellekt und Willen findet sie eine Spur, einen Hinweis, ja gleichsam eine Erinnerung an die göttliche Dreieinigkeit. In besonderem Maße beschäftigen Hugo zwei große Probleme: das des Wissens (wie auch des Vorherwissens und der Prädestination) und das des göttlichen Willens. Ausführlich spricht er über die natürlichen und übernatürlichen Gaben des ersten Menschen und seinen Sündenfall, über das Problem der Menschwerdung Gottes in Christus, die Erlösung, die Frage der Gnade und des freien Willens sowie die Sakramente. Vier Bücher sind der Moral gewidmet; sie behandeln die Bestimmung des Menschen, die Gebote, Tugenden und Laster, Gebet und Gelübde.

Hugo von St. Viktor übte vor allem im 12. Jh. einen starken Einfluß auf alle Wissensgebiete aus. *De sacramentis* wurde in zahlreichen Handschriften verbreitet; man fertigte Abrisse in Versen und Prosa an; Auszüge aus der Schrift fanden Aufnahme in theologische Sammelwerke; Marginalien zeitgenössischer Aufsätze verweisen oft auf die Abhandlung. Petrus Lombardus hat viel aus den *Sakramenten* und aus Hugos zweitem dogmatischem

Hauptwerk, der *Summa sententiarum*, geschöpft und nicht nur Gedanken, sondern auch einzelne Formulierungen, ja ganze Seiten daraus entlehnt. Zu dieser hohen Wertschätzung dürften nicht zuletzt auch der Stil und die Sprache Hugos beigetragen haben, seine klare und natürliche Ausdrucksweise sowie die Wärme und Überzeugungskraft, die von seinem Forschungseifer ausgehen und ihm den Ruf eines *»zweiten Augustinus«* eingetragen haben. G.Pl.-KLL

AUSGABEN: Augsburg 1470 [?]. – ML, 176.

ÜBERSETZUNG: *On the Sacraments of the Christian Faith*, R. J. Deferrari, Cambridge/Mass. 1951 [engl.].

LITERATUR: H. Weisweiler, *Die Wirksamkeit der Sakramente nach H. v. St. V.*, Freiburg i. B. 1932. – Ders., *H. v. St. V.s Dialogus de sacramentis legis naturalis et scriptae* (in *Miscellanea Mercati*, Bd. 2, Vatikanstadt 1947). – Ders., *Die Arbeitsmethode H.s v. St. V. Ein Beitrag zur Entstehung seines Hauptwerkes »De sacramentis«* (in *Scholastik*, 20–24, 1949). – Ders., *Sakrament als Symbol und Teilhabe* (ebd., 27, 1952, S. 321–343). – A. M. Landgraf, *Dogmengeschichte der Frühscholastik*, Bd. 3/1, Regensburg 1954. – D. Lasić, *Hugonis de S. Victore theologia perfectiva*, Rom 1956 [m. Bibliogr.]. – H. Weiseweiler, *Sacramentum fidei. Augustinische u. ps.-dionysische Gedanken in der Glaubensauffassung H.s v. St. V.* (in *Theologie in Geschichte und Gegenwart. Fs. M. Schmaus*; Hg. J. Auer u. H. Volk, Mchn. 1957, S. 433–456). – S. Ernst, *Gewißheit des Glaubens. Der Glaubenstraktat H.s v. St. V. als Zugang zu seiner theologischen Systematik*, Münster 1987.

DIDASCALION

auch: *Eruditionis didascalicae libri septem* (mlat.; *Lehrbuch*, auch *Sieben Bücher der Gelehrsamkeit*). Enzyklopädisches Werk von HUGO VON ST. VIKTOR, vermutlich vor 1137 verfaßt. – Die drei ersten Bücher sind dem Studium der freien Künste, drei weitere dem Studium der *Heiligen Schrift* und der Theologie gewidmet; sie bilden zusammen ein Kompendium des profanen und theologischen Wissens der damaligen Zeit. Ein siebtes Buch, *De meditatione (Über die Meditation)*, stellt eine gesonderte Abhandlung dar, die später hinzugefügt wurde (vermutlich, weil in Buch 6 angekündigt). Die Disposition des Werkes zeigt, wie hoch Hugo das weltliche Wissen einschätzt: *»Lerne alles, und du wirst sehen, daß nichts überflüssig ist.«* Hugo teilt die Wissenschaften in vier Bereiche: Theorie (Theologie, Mathematik, Physik), Praxis (Ethik, Ökonomik, Politik), Mechanik (Künste und Gewerbe; im einzelnen Weberei, Schmiedekunst, Navigation, Ackerbau, Jagd, Medizin und Theatertechnik) und Logik. Der Logik wird ein besonderer Teil gewidmet, da ihr Gegenstand der Intellekt und sie selbst so die Voraussetzung jeglicher Erkennt-

nis ist; sie umfaßt Grammatik und *ratio disserendi* (Redekunst, mit den Unterabteilungen Dialektik, Rhetorik und Sophistik). Um sich den Wissenschaften nähern zu können, muß man vor allem moralische Qualitäten besitzen: Lauterkeit, Sparsamkeit, Mäßigung der Begierden und die Fähigkeit, die sichtbaren und vergänglichen Dinge richtig einzuschätzen. Bei seinem Gottesbeweis verzichtet Hugo auf die Apriori-Argumente ANSELMS und stützt sich einzig auf die – vor allem innere – Erfahrung. Von der Existenz eines »Ichs«, das sich seiner selbst nicht immer bewußt ist, schließt er auf die Existenz eines Wesens, das jedem Geschöpf die Existenz verliehen hat. Die Wechselbeziehungen zwischen dem Instinkt, dem tierischen Trieb und seiner von der Natur gewährten Befriedigung zeigen, daß eine Vorbestimmung vorausgehen muß, die dafür sorgt, daß im Bedarfsfall das Notwendige zur Befriedigung vorhanden ist. *»Was den Dingen, die wachsen, die Möglichkeit zum Wachsen gibt, das verleiht auch den noch nicht existierenden Dingen den Anfang.«* In der Erkenntnislehre scheidet Hugo Empfindung und Einbildungskraft deutlich vom abstrakten und allgemeinen Gedanken, der die wesentlichen Aspekte einer Sache, die in der Realität nur verworren, »konfus« ist, isoliert und gesondert betrachtet.

Das *Didascalion* fußt auf Werken AUGUSTINS, BOETHIUS', CASSIODORS und ISIDORS; es will eine ähnliche Einführung in Philosophie und Theologie geben, wie sie im 6. Jh. Cassiodor mit seinen *Institutiones*, im 7. Jh. Isidor mit den *Etymologiae* und im 9. Jh. HRABANUS MAURUS mit *De institutione clericorum* unternommen hatten. Trotz mancher unvermeidlicher Lücken und Unvollkommenheiten, die den Zeitumständen zuzuschreiben sind, ist Hugo dieser enzyklopädische Versuch durchaus geglückt. Er wußte die Mitte zu halten zwischen einer konservativen, jedem Neuen feindlich gesinnten Haltung einerseits und allzu kühnem Rationalismus andererseits. So hat er die Richtung markiert, der dann die hochmittelalterliche Scholastik folgen sollte. G.Pl.-KLL

AUSGABEN: Straßburg o. J. [ca. 1472]. – Basel 1483. – Paris 1518 (in *Opera omnia*). – ML, 176. – Washington 1939, Hg. C. H. Buttiner. – NY/Ldn. 1961, Hg. J. Taylor [m. Einl. u. engl. Übers.].

ÜBERSETZUNG: *Das Lehrbuch*, A. Freundgen, Paderborn 1896.

LITERATUR: L. Calonghi, *La scienza e la classificazione delle scienze in Ugo di San Vittore*, Turin 1956. – R. Baron, *Science et sagesse chez Hugues de S.-Victor*, Paris 1957 [m. Bibliogr.]. – B. Lacroix, *Hugues de S. Victor et les conditions du savoir au moyen âge* (in *Etienne Gilson Tribute*, Milwaukee 1959, S. 118–134). – J. Châtillon, *Le »Didascalion« de Hugues de S.-Victor* (in *Cahiers d'histoire mondiale*, 9, 1966, S. 539–552). – R. Baron, *L'insertion des arts dans la philosophie chez Hugues de S. Victor* (in *Arts libéraux et philosophie au moyen-âge. Actes du IVième congrès internationale de philosophie médiévale*, Montreal/Paris 1969, S. 551–555). – R. Javelet, *Considérations sur les arts libéraux chez Hugues et Richard de S.-Victor* (ebd., S. 557–568). – M. S. Luria, *Some Literary Implications of Hugh of S. Victor's »Didascalon«* (ebd., S. 541–549). – P. Vallin, ›*Mechanica*‹ *et* ›*Philosophia*‹ *selon Hugues de S.-Victor* (in Revue d'histoire de la spiritualité, 49, 1973, S. 257–288). – V. Liccaro, *Ugo de S. Vittore di fronte alle novità delle traduzioni delle opere scientifiche greche e arabe* (in *Actas del V congreso internacional de filosofia medieval*, Bd. 2, Madrid 1979, S. 919–926). – R. Javelet, *Sens et réalité ultime selon Hugues de S.-Victor* (in Ultimate Reality and Meaning, 3, 1980, S. 84–113). – A. Vermeirre, *La navigation d'après Hugues de S.-Victor et d'après la pratique au XIe siècle* (in *Les arts méchaniques au moyen-âge*, Hg. G. H. Allard u. S. Lusignan, Montreal/Paris 1982, S. 51–61). – G. Evans, *Hugh of S. Victor on History and the Meaning of Things* (in Studia monastica, 25, 1983). – L. Giard, *Logique et système du savoir selon Hugues de S. Victor* (in Revue d'histoire des sciences, 36, 1983).

HUGO VON TRIMBERG

* um 1230 Werna (Oberwerrn bei Schweinfurt ?)
† nach 1313

DER RENNER

(mhd.). Lehrgedicht von HUGO VON TRIMBERG, entstanden 1290–1300. – Der Verfasser, der nach seinen eigenen Angaben am Anfang und Schluß des *Renner* sieben deutsche und fünf lateinische Bücher geschrieben hat, von denen jedoch nur drei der lateinischen Schriften und der *Renner* erhalten sind, stammte aus dem ostfränkischen Werna in der Diözese Würzburg und war, in den sieben freien Künsten bewandert, vierzig Jahre lang Schulrektor am Stift St. Gangolf bei Bamberg. Der Titel seines mehr als 24 000 Verse umfassenden und in über 60 Handschriften und Handschriftenfragmenten überlieferten Werks, der die oft sprunghafte Erzählweise kennzeichnen soll, stammt nicht von Hugo selbst, sondern von dem Kanzler des Bistums Würzburg, MICHAEL DE LEONE, dessen berühmte, nur in Bruchstücken erhaltene sogenannte »Würzburger Handschrift« aus dem 14. Jh. die Vorlage vieler *Renner*-Handschriften war.

Das moralische Lehrgedicht, das sich gegen die sieben Todsünden richtet, beginnt mit der Allegorie des Menschen- oder Evenbaums: Die Früchte eines auf einem Rain in grünendem Gras stehenden Birnbaums fallen in einen Brunnen, der die Habsucht, in einen Dorn, der die Hoffart, und in eine Lache, die andere Laster symbolisiert; der Rain ist Adam, der Baum Eva, das grüne Gras die Reue. Diese Allegorie leitet zum eigentlichen Thema, den sieben Hauptsünden, über, die in der Reihenfolge Hoffart, Habsucht, Wollust, Völlerei, Zorn, Neid und Trägheit abgehandelt werden. Die Betrachtung der Sündhaftigkeit führt dabei zur Einsicht und so zur immer weiter schreitenden Erkenntnis Gottes. Die einzelnen Sünden verdeutlicht Hugo an den Lastern der sozialen Klassen, und insofern kann man bei seinem Werk von einer Ständesatire sprechen. Mit eingestreuten Anekdoten, Fabeln und Erlebnissen wendet der Dichter die Technik der Predigt an, die durch sogenannte Predigtmärlein anschaulich gemacht zu werden pflegte. Gedanken an das Alter und den Tod, an das Jüngste Gericht und das ewige Leben, an Verdammnis oder Seligkeit beschließen das Gedicht.

Geistige Grundlage des *Renner* ist die Frömmigkeit im Sinne der Kirchenlehre. Die Quelle dieser Frömmigkeit aber ist die *Bibel*, denn »*diu heilige schrift muoz immer sîn / doch aller künste kaiserîn*«. Daneben schöpfte Hugo aus den Kirchenvätern und vor allem aus der Spruchsammlung (vgl. *Bescheidenheit*) des ihm innerlich nahestehenden FREIDANK (Ende 12. Jh.–1233?). Hugos Gedicht umfaßt außerdem Kenntnisse aus fast allen Wissensgebieten des Mittelalters, so der Religion, der Naturgeschichte, der Medizin und der Jurisprudenz. Gerade aber mit dieser enzyklopädischen Wissenshäufung erweist sich der *Renner* als ein Produkt seiner Zeit, in der das aufsteigende, realistisch und praktisch denkende Bürgertum auch in der Dichtung an die Stelle der Phantasie den Verstand und die Bildung setzte. Daß Hugo als erster Vertreter dieser realistischen Richtung den Beifall seiner Zeitgenossen und Nachfahren, besonders der des 18. Jh.s, fand, bezeugen die zahlreichen Handschriften und der Druck von 1549 sowie seine Wirkung auf GOTTSCHED, GELLERT und LESSING, der eine Ausgabe plante. **KLL**

AUSGABEN: Ffm. 1549 (*Der Renner. Ein schön und nützlich buch, darinnen angezeygt wird, eynem Jegklichen welcher wirden, wesens oder Standts er sey . . .*; protestantische Bearb.). – Bamberg 1833–1835, Hg. Historischer Verein Bamberg; ern. Bln. 1904 [Erlanger Hs.]. – Tübingen 1908–1911, Hg. G. Ehrismann, 4 Bde. (BLV, 247/248, 252, 256). – Bamberg 1925, Hg. E. Diener [nhd.; Ausw.]. – Stg. 1970/71 [Nachdr. d. Ausg. Tübingen 1908–1911; Nachw. u. Erg. G. Schweikle].

LITERATUR: P. Warlies, *Der Frankfurter Druck des »Renner«*, Diss. Greifswald 1912. – G. Ehrismann, *H. v. T.s »Renner« und das mittelalterliche Wissenschaftssystem* (in *Fs. für W. Braune*, Dortmund 1920, S. 211–236). – E. Seemann, *H. v. T. und die Fabeln seines »Renners«*, Diss. Mchn. 1923. – L. Behrendt, *The Ethical Teaching of H. v. T.*, Diss. Univ. of Washington 1926. – E. Schlicht, *Das lehrhafte Gleichnis im »Renner« des H. v. T.*, Gießen 1928. – F. Götting, *Der »Renner« des H. v. T.*, Münster 1932 (Forschungen zur dt. Sprache u.

Dichtung, 1). – Ehrismann, 2, 2/2, S. 337–341. – C. T. Rapp, *Burgher and Peasant in the Works of H. v. T.*, Diss. Univ. of Washington 1936. – F. Glauser, *Ein unbekanntes Fragment des »Renners« H.s v. T.* (in ZfdPh, 77, 1958, S. 65–67). – F. Vomhof, *Der »Renner« H.s v. T. Beiträge zum Verständnis der nachhöfischen deutschen Didaktik*, Diss. Köln 1959. – De Boor, 3/1 S. 380–386. – K. Ruh, *Neue Fragmente des »Renner«. Hs. X* (in GRM, 13, 1963, S. 14–22). – E. Wagner, *Sprichwort und Sprichworthaftes als Gestaltungselemente im »Renner« H.s v. T.*, Würzburg 1963. – H. Rupp, *Zum Renner H.s v. T.* (in *Typologia litterarum. Fs. f. M. Wehrli*, Hg. S. Sonderegger u. a., Zürich 1969, S. 233–259). – B. Müller, *H. v. T. 1235–1315* (in *Fränkische Klassiker*, Hg. W. Buhl, Nürnberg 1971, S. 133–148). – B. Sowinski, *Lehrhafte Dichtung des MA.s*, Stg. 1971 (Slg. Metzler). – G. Schweikle, Art. *H. v. T.* (in VL², 4, Sp. 268–282). – L. Rosenplenter, *Zitat u. Autoritätenberufung im »Renner« H.s v. T.*, Ffm. u. a. 1982.

VICENTE HUIDOBRO

eig. Vicente García Huidobro Fernández
* 10.1.1893 Santiago de Chile
† 2.1.1948 Cartagena / Kolumbien

ALTAZOR O EL VIAJE EN PARACAÍDAS

(span.; *Altazor oder Die Reise am Fallschirm*). Gedichtzyklus von Vicente HUIDOBRO (Chile), entstanden 1919; erschienen 1931. – Für Vicente Huidobro, den Begründer des *creacionismo*, einer literarischen Strömung, die von ihren Anhängern mit dem Kubismus in der bildenden Kunst verglichen wird, ist Dichtung gleichbedeutend mit *creación*, absoluter Schöpfung: »*Bis jetzt haben wir nichts anderes gemacht, als die Welt in ihren Erscheinungen nachzuahmen. Wir haben nie eigene Realitäten geschaffen ... Nie haben wir gedacht, daß auch wir Wirklichkeiten in unserer Welt schaffen können, in einer Welt, die auf eine eigene Fauna und Flora hofft. Das Kunstwerk ist eine neue kosmische Realität, die der Künstler zur Natur hinzufügt.*« Der Dichter ist damit ein Schöpfer-Gott. »*Hacer un poema como la Naturaleza hace un árbol*« (»*Ein Gedicht machen wie die Natur einen Baum*«), das ist das Arbeitsprinzip der »Creacionisten«. Das wichtigste Mittel, diese neue Realität zu schaffen, ist die Metapher, die mit Hilfe der Phantasie die entferntesten Dinge nebeneinanderstellt, das Vergleichsmoment unterdrückt. Aber auch in dem Spiel mit Worten, Silben, Buchstaben (*golondrina ... golofina*) zeigt sich die Autonomie der dichterischen Sprache, die sich eine eigene Realität schafft. *Altazor* ist der Versuch einer Verwirklichung dieser Theorien, die der Dich-

ter in einer Reihe von Manifesten immer wieder dargelegt hat. Anders als in den Gedichten und Sammlungen vor *Altazor* finden hier auch allgemein menschliche und soziale Fragen neben rein ästhetischen Belangen Eingang in die Lyrik Vicente Huidobros. Eines Nachmittags, so erklärt der Dichter im Vorwort, nahm er einen Fallschirm und stürzte sich in den Schacht der Leere. Der Gedichtzyklus schildert diesen Fall, »*el viaje en paracaídas*«: »*Laß dich fallen ohne deinen Sturz aufzuhalten / ohne Furcht zum Schattengrund / ohne Furcht zum Rätsel von dir selbst.*« Mit der Vorhersage des Unausweichlichen: »*Altazor morirás*« (»*Altazor, du wirst sterben*«) beginnt der schwindelerregende Sturz, in dessen Verlauf der Dichter wie trunken mit den wesentlichsten menschlichen Problemen (Gerechtigkeit, Liebe, Leben, Tod, Angst, Kunst) ringt. Den Abschluß bildet die Ankunft am Bestimmungsort – der Tod: »*Se abre la tumba.*« (»*Das Grab öffnet sich.*«)
Der zentrale Bildkomplex ist der Flug. Schon der Titel *Altazor*, eine kühne Wortbildung aus »*altura*« und »*azor*« (Habicht) läßt an Höhe, Vogel, Flug denken und öffnet ein weites Netz verwandter Beziehungen und Bilder, die um Assoziationen wie Flügel, Engel, Flugzeuge, Wind, Himmel und Licht kreisen. Die Flügel sind ein Bild des Aufstiegs, des Lebens, aber auch der Flucht aus der Wirklichkeit. Demgegenüber steht der Fall, die Angst, der Tod. Die Gedichte leben aus der Ambivalenz von Flug und Sturz, von Höhe und Tiefe. – Im letzten Gedicht hat sich der Fall vollzogen. »*Se abre la tumba*« – zehnmal kehrt dieser Satz wieder. Jedesmal eröffnet sich dem Dichter eine neue Vision: gleichzeitig seine selbstgeschaffene Welt, unbekannt, anschaulich und doch unwirklich, andererseits aber sich steigernd zu kosmischen Ausmaßen und apokalyptischen Gesichten. Diese Traumwelt ist ganz auf den Tod hingeordnet, anders gesagt, auf die Versteinerung: »*Un tropel de peces se petrifica lentamente.*« (»*Eine Schar Fische versteinert langsam.*«)   F.P.R.

AUSGABEN: Madrid 1931. – Santiago de Chile 1976 (in *Obras completas*, Hg. H. Montes, Bd. 1). – Madrid 1981, Hg. R. de Costa (m. *Temblor de cielo*; Cátedra).

ÜBERSETZUNG: *Altaigle ou L'aventure de la planète*, F. Verhesen, Hainaut 1957 [frz.; Vorw. R. Ganzo].

LITERATUR: S. Yurkievich, »*Altazor*« o la rebellión de la palabra (in *V. H. y el creacionismo*, Hg. R. de Costa, Madrid 1975, S. 303–312). – J. Concha, »*Altazor*« de V. H. (ebd., S. 283–302). – *V. H. y la vanguardia*, Hg. R. de Costa (in RI, 1979, Nr. 106/07; Sondernr.). – M. Camurati, *Poesía y poética de V. H.*, Buenos Aires 1980. – J. Concha, *V. H.*, Madrid 1980. – R. de Costa, *En pos de H.: Siete ensayos de aproximación*, Santiago de Chile 1980. – L. H. Dowling, *Metalanguage in H.'s »Altazor«* (in Language and Style, 15, 1982,

S. 253–266). – A. Pizarro, *Sobre la vanguardia en América Latina: H.* (in Revista de Crítica Literaria Latinoamericana, 8, 1982, Nr. 15, S. 109–121). – D. Janik, *V. H. und C. Vallejo* (in *Lyrik und Malerei der Avantgarde*, Hg. R. Warning u. W. Wehle, Mchn. 1982, S. 193–209). – E. Busto Ogden, *El creacionismo de V. H. en sus relaciones con la estética cubista*, Madrid 1983. – R. de Costa, *V. H. The Careers of a Poet*, Oxford 1984. – P. López-Adorno, *Vías teóricas a »Altazor« de V. H.*, NY u. a. 1986. – H. Wentzlaff-Eggebert, *Textbilder und Klangtexte. V. H. als Initiator der visuellen Poesie in Lateinamerika* (in Lateinamerika-Studien, 22, 1986, S. 91–106).

HUIJIAO

* 497 Kuaiji / im heutigen Shaoxing (Prov. Zhejiang)
† 554 Pencheng / beim heutigen Jiujiang (Prov. Jiangxi)

GAOSENG ZHUAN

(chin.; *Biographien herausragender Mönche*). Sammlung buddhistischer Mönchsbiographien von HUIJIAO. – Die älteste vollständig erhaltene, um 530 vollendete und 14 Rollen *(juan)* umfassende Sammlung buddhistischer Mönchsbiographien aus China ist auch, da sie während der Liang-Dynastie zusammengestellt wurde, als *Liang-Gaoseng Zhuan* bekannt. Sie enthält 257 ausführliche und etwa viele kurze Lebensbeschreibungen aus der Frühzeit des chinesischen Buddhismus (1. Jh. n. Chr. bis zum 6. Jh.). Dem Vorbild dieses Werkes folgend wurden später Fortsetzungen dazu verfaßt. Das *Gaoseng zhuan*, ein Meisterwerk der Prosa der Periode der Sechs Dynastien in China, wurde zu einer Zeit zusammengestellt, als fiktionale Berichte und Berichte über historische Ereignisse noch nicht scharf voneinander getrennt wurden. Daher ist es als biographisches Werk nicht nur zur allgemeinen Geschichtsschreibung und zur buddhistischen religiösen Hagiographie zu rechnen, sondern auch der zahlreichen enthaltenen Berichte von wunderbaren Ereignissen wegen auch zur Literatur Chinas im engeren Sinne. Der Autor, ein Mönch aus der Gegend des heutigen Shaoxing in der Provinz Zhejiang, einem der kulturellen Zentren Chinas jener Zeit, war in buddhistischen Texten – und dabei insbesondere in den Regeln des *Vinaya*, den Vorschriften für Mönche und Laien – ebenso wie in weltlichen Schriften äußerst bewandert. Bei der Abfassung des Werks konnte er sich auf ein umfangreiches schriftliches Material stützen, wobei besondere Bedeutung der von dem Mönch BAOCHANG im Jahre 519 abgeschlossenen Biographiensammlung *Mingseng zhuan (Biogra-*

phien berühmter Mönche) zukommt, von jenem Baochang, dem wir auch die Sammlung von Biographien buddhistischer Nonnen, das *Biqiuni zhuan*, verdanken. Huijiao wollte mit seinem Werk der Vernachlässigung der buddhistischen Mönchsgemeinde in der offiziellen Geschichtsschreibung entgegenwirken, zugleich aber auch diejenigen Mitglieder des buddhistischen Klerus besonders in das Bewußtsein einer breiteren Öffentlichkeit rükken, die ihm besonders vorbildlich erschienen. Er berichtete jedoch auch über solche Mönche, die falsche Lehren verbreiteten sowie über andere Religionen, da er deren Verhältnis zum Buddhismus mit dem Verhältnis der zehntausend Bäche und Flüsse zum Meer verglich, dem sie alle zuströmen. Zugleich war ihm daran gelegen, dem Buddhismus und seinem Klerus bei den Gebildeten seiner Zeit, insbesondere der Gentry seiner Heimat, der er sich besonders verbunden gefühlt zu haben scheint, ein besonders hohes Maß an Anerkennung zu verschaffen.

Die Anlehnung an bereits etablierte Formen der Geschichtsschreibung, insbesondere die Darstellungsweise, wie sie sich in der Folge der *Aufzeichnungen der Historiker (Shiji)* des SIMA Qian eingebürgert hatten, ist im *Gaoseng zhuan* nicht zu übersehen und kommt im Aufbau des Werks ebenso wie in seiner Darstellungsweise und der Verwendung einzelner Elemente wie der »Eulogien« *(zan)* und der das Urteil des Historikers enthaltenden »Abhandlungen« *(lun)* zum Ausdruck. Die Biographien sind zehn Gruppen von Mönchen zugewiesen und innerhalb dieser Gruppen chronologisch geordnet: den Übersetzern, den Exegeten, den Wundertätern, den Meditationsmeistern, den Disziplinspezialisten, den Gesangsmeistern, den Mönchen, die ihr Leben opferten, denen, die verdienstvolle Werke beförderten, den Rezitatoren und den Sängern. Ein Nachwort gibt Auskunft über die Absichten, die der Verfasser mit dem Werk verfolgt.

H.S.G.

AUSGABEN: Korea 1151. – Tokio 1924–1929 (in Taishō shinshū daizōkyō, Bd. 50, S. 322c–423a).

ÜBERSETZUNGEN: E. Chavannes, *Gunavarman* (in T'oung Pao, 5, 1904, S. 193–206; frz.). – Ders., *Seng Hui* (ebd., 10, 1909, S. 199–212; frz.). – J. Nobel, *Kumārajīva* (in SPAW, 20, 1927, S. 206–233). – A. F. Wright, *Fo-t'u-teng. A Biography* (in HJAS, 11, 1948, S. 322–370; engl.). – W. Liebenthal, *A Biography of Chu Tao-Sheng* (in Monumenta Nipponica, 11, 1955, Nr. 3, S. 64–96; engl.). – A. E. Link, *Biography of Shih Tao-an* (in T'oung Pao, 44, 1958, S. 1–48; engl.). – E. Zürcher, *Translation of the Biography of Shih Hui-yüan (334–416)* (in E. Z., *The Buddhist Conquest of China*, Leiden 1959, S. 240–253; engl.). – R. Shih, *Biographies des moines éminentes (»Kao seng tchouan«) de Houeikiao traduites et annotées. Première partie: Biographies des premiers traducteurs*, Löwen 1968 [frz.]. – A. E. Link, *Hui-chiao's »Critical Essay of the Exegetes of the Doctrine« in the »Kao-*

seng chuan« (in *Nothing Concealed, Essays in Honor of Liu Yü Yün*, Hg. F. Wakeman Jr., Taibei 1970, S. 51–80; engl.).

LITERATUR: A. F. Wright, *Biography and Hagiography. Hui-chiao's »Lives of Eminent Monks«* (in Silver Jubilee Volume of the Zinbun-Kagaku-Kenkyusyo, Bd. 1, Kioto 1954, S. 383–432). – Tso Sze-bong, *A Study on Buddhist Biographies and Bibliographies Derived From the Vinaya Sect* (in Xinya xuebao, 6, 1964; chin.). – *Ryō kōsōden sakuin*, Hg. Makita Tairyō, Kioto 1972 [Index zu *»Gaoseng zhuan«*].

ARILD HUITFELDT

* 11.9.1546 Bergenhus
† 16.12.1609 Herlufsholm

DANMARCKIS RIGIS KRØNICKE

(dän.; *Chronik des dänischen Reiches*). Geschichtswerk in zehn Bänden von Arild HUITFELDT, erschienen 1595–1603. – Nachdem Gelehrte wie Hans SVANING, A. S. VEDEL und Niels KRAG mehrere vergebliche Versuche in dieser Richtung unternommen hatten, veröffentlichte Huitfeldt in einem Zeitraum von neun Jahren ohne große Vorankündigung die erste vollständige Nationalgeschichte Dänemarks in dänischer Sprache, ein Werk, das lange Zeit die wichtigste landeskundliche Quelle darstellte.

Als nüchterner Praktiker, dem hochfliegende Pläne fremd waren, begann der Adelige Huitfeldt zunächst mit einer Biographie des 1588 verstorbenen Königs Friedrich II. (reg. 1559–1588), der er bald weitere bis zurück zu Christian I. (reg. 1448–1481) folgen ließ. Auf diese Weise erhielt die Darstellung des 15. und 16. Jh.s schon rein umfangmäßig ein starkes Übergewicht. – Danach berichtet der Verfasser über die Zeit von Knut dem Großen bis zum Beginn der Herrschaft des Hauses Oldenburg in Dänemark (1448). Das Werk schließt mit einer Art kritischer Paraphrase der Schriften SAXOS, des Altmeisters der dänischen Geschichtsschreibung, und einer Geschichte der dänischen Kirche. Gerade in der Behandlung Saxos wird die Eigenart Huitfeldts deutlich: das Rhetorische und »Märchenhafte« (damit meint Huitfeldt die altnordischen Sagenstoffe) wird zugunsten einer trockenen wissenschaftlichen Darstellungsweise zurückgedrängt, die nur durch belehrende Anekdoten, wie sie etwa die antiken Geschichtsschreiber HERODOT und THUKYDIDES einflochten, etwas aufgelockert ist.

Darüber hinaus legt Huitfeldt größten Wert auf die getreue Wiedergabe wichtiger und auch unwichtiger Dokumente, die er oft seitenlang abdruckt, oh-

ne eine einzige Unterschrift oder einen Titel auszulassen. Hier zeichnet sich bereits in schwachen Umrissen die moderne wissenschaftliche Editionstechnik ab, die in merkwürdigem Gegensatz zu der sonstigen, noch tief in der mittelalterlichen Annalistik fußenden Anlage des Werks steht. – Huitfeldt vertrat die Auffassung, daß man aus der Geschichte Lehren ziehen könne, und wollte sein Werk daher nach dem Vorbild italienischer Humanisten als Fürstenspiegel und Lehrbuch für künftige Staatsmänner verstanden wissen.   A.H.

AUSGABEN: Kopenhagen 1595–1603, 10 Bde. – Kopenhagen 1652, 2 Bde. – Kopenhagen ²1976 ff.

LITERATUR: H. Rørdam, *Historieskriveren A. H.*, Kopenhagen 1896. – E. Jørgensen, *Historieforskning og Historieskrivning i Danmark, indtil Aar 1800*, Kopenhagen 1931. – *Dansk Litteraturhistorie*, Bd. 1, Hg. F. J. Billeskov Jansen, Kopenhagen 1976, S. 244 ff. – *Dansk Biografisk Leksikon*, Hg. Sv. Cedergreen Bech, 16 Bde., 6, Kopenhagen 1979–1984, S. 598–602.

JOHAN HUIZINGA

* 7.12.1872 Groningen
† 1.2.1945 De Steeg

LITERATUR ZUM AUTOR:
W. Kaegi, *Das historische Werk J. H.s* (in W. K., *Historische Meditationen*, Bd. 2, Zürich 1946; ern. Leiden 1947, S. 15–23). – P. Polman, *J. H. als kulturhistoricus*, Haarlem 1946. – C. T. van Valkenburg, *J. H. Zijn leven en zijn persoonlijkheid*, Amsterdam 1946, S. 26 ff. – K. Köster, *J. H.*, Oberursel 1947, S. 28–31 [m. Bibliogr.]. – B. Boeyckens, *J. H. u. sein kulturhistorisches Werk* (in Stimmen der Zeit, 144, 1948/49, S. 383 ff.). – W. Andreas, *J. H. Ein Nachruf* (in HZ, 169, 1949, S. 88 ff.). – J. Romein, *H. als historicus* (in J. R., *Tussen vrees en vrijheid*, Amsterdam 1950, S. 212 ff.). – E. W. Schallenberg u. W. C. van Huffel, H., Baarn 1950. – E. E. G. Vermeulen, *Fruin en H. over de wetenschap der geschiedenis*, Arnheim 1956. – *J. H., 1872–1945. Papers Delivered to the J. H. Conferece, Groningen 1972*, Hg. W. R. H. Koops u. a., Den Haag 1973.

HERFSTTIJD DER MIDDELEEUWEN.
Studie over levens- en gedachtenvormen der vertiende en vijftiende eeuw in Frankrijk en de Nederlanden

(ndl.; *Ü: Herbst des Mittelalters. Studien über Lebens- und Geistesformen des 14. und 15. Jh.s in Frankreich und in den Niederlanden*). Kulturhistorisches

Werk von Johan HUIZINGA, erschienen 1919. – Den vielseitigen Interessen des Autors – Professor der Geschichte an der Universität Groningen – entspricht die Anlage seines Hauptwerks. Als Quellen dienten ihm Geschichtsschreiber wie Georges CHASTELLAIN (um 1415–1475), aber auch viele weltliche und religiöse Dichter und Schriftsteller des späten Mittelalters. Der Leser wird zunächst mit den ungeheuren Spannungen bekanntgemacht, von denen der mittelalterliche Mensch heftig bewegt wurde: Eindringlich werden die *»böse Welt«*, in der *»das Feuer des Hasses und der Gewalt«* hoch emporloderte, die grandiose Prachtentfaltung, die Lebensgier, die wüsten Ausschweifungen – und auf der anderen Seite die asketische Weltabgewandtheit und Jenseitshoffnung beschrieben. Huizingas Deutungsversuch geht davon aus, daß der Menschheit von ihrer Sehnsucht nach einem schöneren Leben drei mögliche Wege gewiesen werden: der Weg der Weltverleugnung, die erst im Jenseits die Erfüllung sucht; der Weg der Weltverbesserung und -vervollkommnung, den das Mittelalter noch kaum ahnte, denn damals erschien die Welt so, wie Gott sie gewollt hatte, gut und nur die Sünde der Menschen als Ursache ihres Elends; und der dritte Pfad, das *»Entfliehen vor der harten Wirklichkeit in eine schöne Illusion«*, das sich im ausgehenden Mittelalter nicht nur im literarischen Bereich auswirkte – auch *»die Verschönerung des aristokratischen Lebens mit den Formen des Ideals, das Kunstlicht der ritterlichen Romantik über dem Leben, die Welt maskiert in das Gewand der Tafelrunde«* war eine Folge dieser Flucht. Hierin war Burgund, um das es sich bei Huizinga zumeist handelt, tonangebend; und nicht nur der Hof, sondern auch die unteren Stände waren eingeordnet in die *»strenge Hierarchie von Stoffen, Farben und Pelzen«*. Ja, es gab eine schön aufgemachte Form sogar für die Demütigung und Selbstkasteiung der Büßer und selbst für die Reue des Sünders. Über den *Rittergedanken*, die *Stilisierung der Liebe* und die Deutung des *Roman de la rose* gelangt Huizinga zu den religiösen Phänomenen, in denen er den *»Verfall der starkfarbigen Frömmigkeit des späteren Mittelalters zu einer ausgeblühten Form«* erkennt.

Das Bemühen, *»die Dinge stets mit einer Hilfslinie in der Richtung der Idee zu verlängern, zeigt sich fortwährend in der mittelalterlichen Behandlung jeder politischen, gesellschaftlichen oder sittlichen Streitfrage«*. Daraus folgte, daß der in der Realität gegebene Zusammenhang der Dinge mißachtet, die Welt in Einzelheiten zerlegt und dann nach *»Gedankenhierarchien«* neu zusammengesetzt wurde. Das Denken verlor sich dadurch in einer wirklichkeitsfremden Ferne, die voll unerhörter Seligkeiten oder Qualen war. So sehr wurden die Begriffe, zumal die religiösen, in ihr äußerstes Extrem getrieben, daß sie endlich in ihr Gegenteil umschlugen, Gott aus dem ewigen Licht zur absoluten Dunkelheit, aus der Fülle des Seins zur undurchmeßbaren Einöde wurde. Dieser *»architekturale Idealismus, den die Scholastik Realismus nennt«*, beherrschte den Geist des kleinen Mannes ebenso wie den der Philosophen.

Am reinsten spiegelte sich das spätmittelalterliche Weltverständnis, dieser *»Geist, der seinen Weg bis zum Ende durchlaufen hatte«*, im künstlerischen Bereich. *»Die Darstellung alles Denkbaren bis in seine letzten Konsequenzen, die Überanfüllung des Geistes mit einem unendlichen System formaler Vorstellungen, das macht auch das Wesen der Kunst jener Zeit aus. Auch sie strebt danach, nichts ungeformt, nichts umgestaltet oder unverziert zu lassen.«* Die Kunst war mit dem Leben eng verbunden, die Kunstwerke hatten ihre Funktion bei religiösen Feiern oder Hoffesten, bei der Ausschmückung profaner oder sakraler Räume. In der *»Darstellung des heiligen Gegenstandes«* war der Maler durch die Konvention gebunden, im Detail aber hatte er völlige Freiheit, und gerade in diesen Einzelheiten *»erblüht … das Mysterium des Alltäglichen, die unmittelbare Erregung über das Wundersame aller Dinge«*. Das *Kommen der neuen Form*, d. h. der Renaissance, ist Thema des letzten Kapitels. Huizinga hat verstanden, daß eine strenge Systematisierung versagt, wo lebendige Entwicklungslinien ineinanderfließen. Immer wieder weist er darauf hin, daß ein und dasselbe Ding mittelalterliche Züge aufweisen kann und zugleich solche, die der Renaissance zugehören, so daß oft der Gehalt eines Kunstwerks der einen, die Form der anderen Epoche zuzurechnen ist. *»Mit der Kunst der van Eycks hat die mittelalterliche Darstellung der heiligen Gegenstände einen Grad der Detaillierung und des Naturalismus erreicht, der vielleicht, streng kunsthistorisch genommen, ein Anfang genannt werden kann, kulturhistorisch jedoch einen Abschluß bedeutet.«*

Daß sie fast die gleiche Epoche in zwei einander nahen Ländern behandeln, hat häufig zum Vergleich zwischen dem *Herbst des Mittelalters* und der *Kultur der Renaissance in Italien* (1860) von Jacob BURCKHARDT herausgefordert. Huizinga scheint gelegentlich den älteren Historiker – den er sehr verehrte – zu berichtigen, wenn er dem Mittelalter zurechnet, was früher als Renaissance bezeichnet wurde. Doch ist es nicht Burckhardt gewesen, der die van Eycks und ihre Zeitgenossen für die Renaissance in Anspruch nahm, dies taten vielmehr einige seiner Nachfolger, die eine »Renaissance septentrionale« zu entdecken glaubten und dann von Huizinga auf den Boden der Tatsachen zurückgeführt wurden. In ihrer ganzen Anlage sind die beiden Werke grundverschieden. Der Niederländer berührt die internationale politische Geschichte kaum, die städtische Wirtschaftsgeschichte gar nicht, die beide in der *Kultur der Renaissance in Italien* einen breiten Raum einnehmen. Burckhardts Werk ist ein abgeschlossenes Ganzes, obwohl er das beabsichtigte Kapitel über die Kunst nie geschrieben hat. Im *Herbst des Mittelalters* aber würde ohne die Kapitel über die Kunst der Höhepunkt, auf den alle übrigen Teile hinstreben, fehlen. Gerade das *»Bedürfnis, die Kunst der Brüder van Eyck und derer, die ihnen gefolgt waren, besser zu verstehen und sie im Zusammenhang mit dem Leben ihrer Zeit zu erfassen«* hatte Huizinga zu dieser Untersuchung veranlaßt. Der größte Unterschied zwischen beiden

Werken liegt aber wohl darin, daß Burckhardt klare Trennungslinien zu sehen glaubte, wo der Jüngere ein vielfach gebrochenes In- und Übereinander der verschiedensten Formen erkennt.

Die im *Herbst des Mittelalters* entwickelte differenzierende und antiformalistische Betrachtungsweise ist aus der Methodologie der modernen Geschichtswissenschaft nicht wegzudenken. Termini wie »Denkform« oder »Geschichtsbild« gingen aus Huizingas Buch in den Sprachgebrauch der Historiker ein. Seine klare und dabei künstlerisch beschwingte Sprache ist ein Musterbeispiel guten Stils.   E.Wa.

AUSGABEN: Haarlem 1919. – Haarlem 1949 (in *Verzamelde werken*, Hg. L. Brummel u. a., 9 Bde., 1948–1953, 3). – Haarlem 1957. – Groningen [11]1969 [Einl. F. W. N. Hugenholtz]. – Groningen [20]1986.

ÜBERSETZUNGEN: *Herbst des Mittelalters. Studien über Lebens- und Geistesformen des 14. u. 15. Jh.s in Frankreich u. in den Niederlanden*, T. J. Mönckeberg, Mchn. 1924. – Dass., dies [d. i. T. Wolff-Mönckeberg] u. K. Köster, Stg. 1952; [10]1969; ern. 1987.

HOMO LUDENS. Proeve eener bepaling van het spel-element der cultuur

(ndl.; *Ü: Homo ludens. Versuch einer Bestimmung des Spielelementes der Kultur*). Kulturhistorisches Werk von Johan HUIZINGA, erschienen 1938. – Der Verfasser stellt hier neben den entwicklungsgeschichtlichen Begriff des *Homo sapiens* und den zivilisationsgeschichtlichen des *Homo faber* eine kulturhistorische Definition des Menschen als *Homo ludens*. Die Überzeugung, »*daß menschliche Kultur im Spiel – als Spiel aufkommt und sich entfaltet*«, hatte er schon in seiner Antrittsvorlesung (1903) angedeutet und seit 1933 in Vorträgen genauer umrissen. In weitgespannten Sprach- und Geschichtsuntersuchungen zeigt er an diesem Spätwerk »*den sehr selbständigen und sehr primären Charakter des Spiels*«, das »*älter ist als die Kultur*« und sucht nachzuweisen, daß letztlich »*in der Funktion des Spiels, das eine selbständige Qualität ist . . . das Gefühl des Eingebettetseins des Menschen im Kosmos seinen ersten, höchsten und heiligsten Ausdruck findet*«. Er betont, daß es ihm nicht darum zu tun ist, das Spiel in seiner Bedeutung als Produkt und Bestandteil der Kultur zu betrachten, es geht ihm vielmehr darum, das Spielerische als konstituierendes Element alles Kulturellen zu enthüllen.

Alle Kulturen, die der Autor *sub specie ludi* in das Blickfeld rückt, weisen in der Kunst, in den zahlreichen Arten der Rechtsprechung und des religiösen Kults, in Wissenschaft, Dichtung, Philosophie und Politik mannigfache Formen des Spiels auf, deren Wesen es ist, daß sie außerhalb und über der Sphäre der Notwendigkeit existieren. Das feingliedrige Gebilde der Gesellschaft selbst mit seinen sozialen

Kontrasten und vielfältigen Konventionen hat in mancherlei Hinsicht die Zweckfreiheit und die Regelgebundenheit des Spiels. Doch je mehr Huizinga sich der Gegenwart nähert, um so deutlicher wird ihm »*die verwirrende Unauflöslichkeit des Problems Spiel und Ernst*«. »*Auf den spielhaften Gehalt unserer eigenen Zeit*« und seine moralische Bedeutung zielt das Werk letzten Endes ab. Der Schlußbetrachtung wohnte am Vorabend des Zweiten Weltkrieges etwas Warnendes inne: »*Nirgendwo sonst ist das Einhalten der Spielregeln so unentbehrlich wie im Verkehr zwischen Völkern und Staaten. Werden sie gebrochen, dann verfällt die Gesellschaft in Barbarei und Chaos.*« Das Einhalten der Spielregeln nämlich, das *fair play*, mache das Spielelement der Kultur zu »Ernst«, und zwar in einem höheren, ethischen Sinne. »*Nicht der Krieg ist der Ernstfall, sondern der Friede . . . Wer in der ewigen Umwälzung des Spiel-Ernst-Begriffs fühlt, wie seinen Geist ein Schwindel ergreift, der findet den Stützpunkt, der ihm im Logischen entsank, im Ethischen wieder. Das Spiel ist . . . an sich weder böse noch gut.*«

Mit dieser Quintessenz schließt ein Werk, das das von Jacob BURCKHARDT in der griechischen Antike (und nur dort) entdeckte Kulturprinzip des Agonalen als allgemein und als ein Urelement aller Kultur herausstellt; nicht auf allen Gebieten so überzeugend wie etwa auf denen der bildenden Kunst oder der Musik. So fällt es dem Autor schwer, etwa bei der Jurisdiktion (wenn man von deren Zeremoniell absieht) den Beweis für den Spielcharakter zu erbringen. Problematisch erscheint ferner der Versuch, alle großen Angriffskriege vom Altertum bis in die neuere Zeit aus einem Spielmotiv, nämlich dem Verlangen nach Ruhm, zu erklären. Hier erregt nicht nur die Simplifizierung historischer Vorgänge Bedenken, sondern es fehlt auch eine genaue Differenzierung zwischen spielerischem Verlangen nach Ruhm und brutaler, unmenschlicher Machtgier, die durchaus nicht erst in der Form des totalen Vernichtungskriegs zur Auswirkung gelangt. Als Konzeption wird der *Homo ludens* jedoch das bleiben, als was er schon bald nach dem Erscheinen von Huizingas Werk gefeiert wurde: eine der großen kulturgeschichtlichen Entdeckungen dieses Jahrhunderts.   W.Sch.-KLL

AUSGABEN: Haarlem 1938. – Haarlem 1950 (in *Verzamelde werken*, Hg. L. Brummel u. a., 9 Bde., 1948–1953, 5). – Haarlem 1958 – Groningen 1974; [8]1985.

ÜBERSETZUNGEN: *Homo ludens. Versuch einer Bestimmung des Spielelementes der Kultur*, anon., Amsterdam 1939. – *Homo ludens. Vom Ursprung der Kultur im Spiel*, H. Nachod [in Zs.arbeit m. d. Verf.], Hbg. 1956; zul. Reinbek 1981 (rde). – Dass., ders., Reinbek 1987 (Nachw. A. Flitner; rde).

LITERATUR: G. J. Heering, *J. H.s religieuze gedachten als achtergrond van zijn werken*, Lochem 1948.

KERI HULME

* 9.3.1947 Christchurch

THE BONE PEOPLE

(engl.; *Ü: Unter dem Tagmond*). Roman von Keri HULME (Neuseeland), erschienen 1984. – *The Bone People*, zunächst als Kurzgeschichte konzipiert, ist der zwischen 1966 und 1978 entstandene Erstlingsroman der zuvor nur durch die Gedicht- und Prosasammlung *The Silences Between* (1982) bekannt gewordenen Autorin. Mit seiner Thematik des individuellen und zugleich sozialen Wandels dreier Figuren, die *»zum Herz und Muskel und Geist von etwas Gefährlichem und Neuen, von etwas Fremdartigem und Wachsenden und Großen«* und damit zu *»Instrumenten der Veränderung«* werden, schließt Hulme an die Anfang der siebziger Jahre vor allem in Europa und den USA diskutierte Frage nach Möglichkeiten gesellschaftlicher Reorientierung an. Während in den USA die indianischen Kulturen wesentliche Anstöße für ein neues Denken gegeben haben, geschah dies in der stärker gemischten neuseeländischen Gesellschaft durch die Maori-Kultur. So rekurriert auch die von schottisch-englischen Einwanderern und neuseeländischen Ureinwohnern abstammende Autorin auf den im Maori-Denken aufgehobenen *»Geist der Inseln, der ein Teil des Geistes der Erde selbst ist«*, um einen Ausweg aus der *»Klemme«* zu weisen, die die Pakehas (die Weißen) verursacht haben: *»Wir haben uns verändert. Wir haben aufgehört, das Land zu hegen. Wir haben miteinander gekämpft. Wir sind von den in Horden zusammenlebenden Weißen besiegt worden. Wir sind zerbrochen und dezimiert worden.«* Die Handlung des Romans führt in diesem Sinne in zwei Teilen zu jeweils zwei Großkapiteln aus dem Zustand des Gebrochenseins – der Absonderung und der Aggressivität – zunächst zu einer Scheinlösung, deren Unhaltbarkeit in dem noch nicht genügend getilgten Geist der Feindschaft liegt, dann jedoch nach der fundamentalen Krise der drei Hauptfiguren zur Pakehas und Maoris gleichermaßen umfassenden alternativen Lebensweise des »Commensalismus«. Diese »Tischgemeinschaft« findet Konkretisation in der restaurierten Maori-*marae*, dem *»gemeinsamen Ort des Zusammenseins, des Lernens, des Lehrens, der Trauer und der Freude«*, der die Form des *»runden Schneckenhauses«* hat, das mit dem *»spiralartigen Umarmen«* als symbolischer Geste korrespondiert; die Räume dieses Hauses sind *»alle miteinander verbunden und Teil eines Ganzen«*, sie ermöglichen aber auch *»Alleinsein und Absonderung«*. Dieser Raumvorstellung des Schlusses sind andere, defekte Raum- und Lebensformen entgegengesetzt, die nur partiell Elemente der *marae* aufweisen. So lebt die reiche, aufgrund eines Zerwürfnisses von ihrer Familie getrennte Künstlerin Kerewin Holmes isoliert in einem *»finsteren und fremden und mit Zin-*

nen versehenen« rechteckigen Turm, dessen Wände mit Waffen behängt sind, der aber eine spiralförmige Treppe aufweist, was symbolisch auf Gemeinschaftlichkeit verweist. Dem zu Beginn des Romans in den Turm eingedrungenen sechsjährigen Jungen Simon, der zwar intelligent ist, aber nicht sprechen kann, steht Kerewin zunächst feindlich gegenüber. Allmählich gibt sie jedoch gegenüber dem sie immer wieder unverhofft besuchenden Simon/Haimona ihre Zurückhaltung auf. Sie läßt dabei, wie sie später erkennt, allerdings nur graduell von ihrem mit Abwehr und Aggressivität assoziierten *»sense of property«* zugunsten eines sich öffnenden *»sense of need«* des Jungen ab, der eine instinktive Furcht vor scharfen Gegenständen – Nadeln, Scheren – hat und dessen Sprachlosigkeit zunächst rätselhaft bleibt (es ist nur bekannt, daß er zwei Jahre zuvor der einzige Überlebende eines Schiffbruchs war – später findet man Heroin im Wrack). Simon wird von Joe Gillayley aufgezogen, der selbst gerade Frau und Kind durch Krankheit verloren hat. Der gebildete Joe, der sich alleinstehend nicht so recht um Simon kümmern kann und deshalb später verhalten um Kerewin wirbt, liebt den Jungen wie einen Sohn, züchtigt ihn jedoch – zuweilen im Rausch – brutal, um dessen Anpassung zu erzwingen: anders als seinen Altersgenossen fehlt Simon jeglicher *»sense of property«* – er nimmt von überall Dinge mit –, und er besucht immer wieder einen als Päderasten verschrieenen Alten.

Ein gemeinsamer Aufenthalt im Ferienhaus von Kerewins Familie – einer am Meer stehenden quadratischen Hütte, in der die drei auf engstem Raume zusammen sind – scheint zunächst die Annäherung der Frau an den Jungen zu fördern und Joes Gewalttätigkeit abzubauen. Dieser Prozeß vollzieht sich in Analogie zu Ebbe und Flut, ähnelt aus subjektiver Perspektive der Figuren dann aber doch eher den als Bedrohung empfundenen *»Gezeitenkriegen«*, deren Symbol die zerklüftete Küste ist. Diese die Natur negativ betrachtende Sichtweise ist Ausdruck der noch nicht geheilten »Gebrochenheit« Joes und Kerewins, ihrer durch Aggressivität geprägten Beziehungen zur Umwelt. So bricht immer wieder, etwa beim Fischen oder in einem Kampf mit Joe, Kerewins *»Killer-Instinkt«* durch: sie hat die Kampfestechnik des japanischen Aikido erlernt, ohne sich der Mühen einer auf Erreichung seelischer Harmonie gerichteten Meditation zu unterziehen.

Mit der durch das Gefühl der *»Sinnlosigkeit«* enger menschlicher Kontakte bedingten erneuten Absonderung Kerewins beginnt, im dritten Kapitel, die eigentliche Krise. Die Erwachsenen erkennen zunächst nicht die psychische Not Simons, der den alten Mann – betrunken in eine Scherbe gestürzt – verblutet auffindet. Die Scherbe entspricht auf bildlicher Ebene den schneidenden und stechenden Gegenständen (letztlich der Heroinspritze), vor denen Simon Angst hat, und dem Messer, nach dem Kerewin gerade in dem Augenblick verbohrt fragt, als sie Simon helfen müßte, den Tod des Al-

ten zu verarbeiten. Das Lieblingsmesser mit den germanischen Runen ihres Namens auf der Klinge und der Funktion des *»Ausweidens, Häutens, Zerschneidens, Zerhackens, Aufschlitzens und Tötens«* ist Ausdruck ihres *»Killer-Instinkts«* und der Unfähigkeit, auf den Jungen einzugehen. Als Simon mit der gegen den *»sense of property«* gerichteten Zerstörung ihrer goldenen Gitarre und dem Einwerfen von Schaufensterscheiben antwortet, um sich mitzuteilen, wird er durch Joe – von Kerewin dazu autorisiert – brutal gezüchtigt; Simon verletzt Joe seinerseits mit einer messerscharfen Scherbe am Bauch. Simon trägt Stich- und Schlagverletzungen am Fuß (Holzsplitter) und am Kopf (Züchtigung Joes) davon; wenn ihm innerlich unwohl ist, erleichtert er sich durch Erbrechen. Anders die psychisch Gebrochenen: Verletzungen und Schmerzen in Lenden, Bauch und Magen verweisen auf die Störungen ihres instinktiv-emotionalen Seinszentrums. So wie Joe während seines Kampfes mit Kerewin einen *»Schmerz im Zentrum«* seines Körpers verspürt, quält Kerewin fortan an ein messerartiger Schmerz, der sich mit der Verletzung des im Koma liegenden Simon krebsartig verschlimmert.
Die drei Abschnitte des vierten Kapitels stellen die drei über die Konfrontation mit dem Tode führenden Heilungsprozesse dar. Da an ihrem Endpunkt die Neubelebung von Maori-Weisheiten steht, beginnt dieser Teil mit Joes Weg zu einem fern der Zivilisation lebenden Maori-Kaumatua (Ältesten). Dieser wartet seit langem auf den exemplarischen *»gebrochenen und zu heilenden Menschen«*, und von dem Sterbenden erlernt Joe wieder den auf Harmonie mit der Natur gerichteten *»Geist des Landes«*. Das nächste Kapitel ist dem inzwischen geheilten Simon gewidmet, der – Kerewin und Joe immer noch liebend – aus der staatlichen Pflegeanstalt flieht, aber sein Zuhause verlassen vorfindet. Der offene Schluß des Abschnittes demonstriert besonders eindringlich den *»sense of need«* des in Not Befindlichen. Kerewin antwortet darauf nach der Konfrontation mit dem eigenen Schmerz im Zentrum ihres Inneren, der bewußten Erfahrung eines *»sense of need«* und der Reflexion über den Traum des auf den Ruf der Natur antwortenden Menschen, dessen Knochen wieder in die Erde eingehen: Die Geheilte holt Joe und Simon zu sich und beginnt mit der Restaurierung der Maori-*marae*. Die drei vom aggressiven Pakeha-Geist befreiten Hauptfiguren sind damit im Sinne des Romantitels die *»Bone People«*: *»the beginning people, the people who make another people«*.
Die Handlung wird aus der personalen Perspektive der Figuren im Präsens geschildert, und die Darstellung erreicht eine hohe bildliche und emotionale Intensität. Auf diese Weise können längere mit kürzeren und selbst auf wenige Zeilen reduzierten Abschnitten abwechseln, die mikrostrukturell über die zentralen Bildbereiche Messer/Scherbe/Waffe, spiralenartig/rund/eckig, ganz/heil/gebrochen, Mond/Gezeiten/Kälte etc. zusammengehalten und durch die semantisch modifizierenden Maori-Elemente zu einem dichten Sinngewebe verknüpft

sind. Trotz zahlreicher Auslassungen, die vor allem inhaltliche Zusammenhänge betreffen, ist das Buch jedoch auch makrostrukturell klar und übersichtlich aufgebaut.
Hulme konnte für ihren Roman zunächst keinen kommerziellen Verleger finden, ihn schließlich jedoch im feministischen Verlag der Spiral Collective veröffentlichen. Wegen der erzählerischen Kraft und der poetischen Intensität wurde die Öffentlichkeit schnell auf das Werk aufmerksam, das 1985 den neuseeländischen Mobil Pegasus-Preis für Maori-Literatur und den renommierten britischen Booker-Literaturpreis erhielt: Wenn man von einzelnen Mängeln – der fehlenden Konkretisierung des Commensalismus oder der eigentümlichen Aussparung von Sexualität – absieht, muß *The Bone People* als ein Werk gelten, mit dem die neuseeländische Literatur endgültig das Niveau von Weltliteratur erreicht hat.　　　　　　　　S.S.-U.Bö.

AUSGABEN: Wellington 1984. – Baton Rouge/La. 1985. – Auckland/Ldn. 1985. – Ldn. 1986 (Pan).

ÜBERSETZUNG: *Unter dem Tagmond,* J. A. Frank, Ffm. 1987.

LITERATUR: J. Cowley, *We are the Bone People* (in New Zealand Listener, 12. 5. 1984). – J. Tolerton, Rez. (in New Zealand's Woman's Woman's Weekly, 19. 7. 1985). – D. Bagnall, Rez. (in Observer, 11. 11. 1985). – E. Webby, *K. H.: Spiralling to Success* (in Meanjin, 44, 1985, S. 15–23). – C. K. Stead, *K. H.s »The Bone People«* (in Ariel, 16, Calgary 1985, S. 101–108). – J. Dale, *»The Bone People«* (in Landfall, 39, 1985, Nr. 4, S. 413–428). – C. Gaffney, *Making the New Whole Again: K. H.s »The Bone People«* (in Southerly, 46, 1986, Nr. 3, S. 293–302).

THOMAS ERNEST HULME

* 16.9.1883 Endon bei Stoke-on-Trent
† 28.9.1917 Nieuport / Belgien

LITERATUR ZUM AUTOR:
M. Roberts, *T. E. H.,* Ldn. 1938; ern. Manchester 1982. – A. R. Jones, *The Life and Opinions of T. E. H.,* Ldn. 1960 [m. Bibliogr.]. – E. Csengeri, *T. E. H.: An Annotated Bibliography of Writings About Him* (in English Literature in Transition 1880–1920, 29, 1986, S. 388–428).

DAS LYRISCHE WERK (engl.) von Thomas Ernest HULME.
Bei jenen fünf kurzen Gedichten, die Hulme in der von A. R. ORAGE herausgegebenen Zeitschrift ›The New Age‹ hatte 1912 abdrucken lassen, han-

delte es sich nicht, wie von ihm selbst behauptet, um sein »*lyrisches Gesamtwerk*«. Das tatsächlich gesamte lyrische Œuvre – 25 Gedichte – wurde erst durch A. R. Jones' *The Life and Opinions of T. E. Hulme* (1960) zugänglich, womit die Möglichkeit einer tiefgreifenden Deutung gegeben war. Die Rolle, die Hulme als dem angeblichen Vater des *Imagism* (»Imagismus«) zuteil wurde, ist umstritten: Hauptfigur dieser Bewegung war Ezra POUND, dessen poetisches Credo »*The natural object is always the adequate symbol*« (»*Der schlichteste Gegenstand bietet stets das adäquate Symbol*«) eine Summe von Argumenten umfaßte, welche den Phrasen der an der Romantik geschulten viktorianischen Lyrik eine qualitative Aufwertung des einfachen Wortes entgegensetzte. Der »Imagism« (wörtl.: die Poetik der visuellen Wahrnehmung) machte es sich zum erklärten Ziel, den Leser an die Authentizität des kunstvoll gesetzten Wortes und des neuen, von ihm evozierten Sinnzusammenhanges heranzuführen.

Wird von Hulmes kulturphilosophischem Gedankengebäude das polemische Beiwerk weggestrichen, so bleibt der schwach umrissene Entwurf einer Poetik bestehen, deren wichtigste Grundlage das klassizistische Nützlichkeitsdogma ist, das eine zu große Entfernung des Gedichts vom konkreten Gegenstand nicht zuläßt. Ezra Pound, der das »gesamte lyrische Werk« des Freundes als Anhang in seinen im selben Jahr 1912 erschienenen Gedichtband *Riposies* aufgenommen hatte und die fünf Gedichte in allen Auflagen des Sammelbandes *Personae* (zuerst 1926) beibehielt, verzichtete als Herausgeber der ersten imagistischen Gedichtanthologie *Des Imagistes* (London 1914) jedoch mit gutem Grund auf Hulmes Arbeiten. Dieser hatte nämlich den in seinen Essays radikal formulierten Bruch mit den Traditionen der Romantik in seinen Gedichten nicht vollzogen. Wie kurz zuvor der Architekt Adolf Loos (*Ornament und Verbrechen*, 1908) einen pragmatischen Funktionalismus propagiert, die »*kulturelle Verschwendung*« des Jugendstil geißelt und seine eigenen Bauten dem »*Geiz der Dimensionierung*« unterworfen hatte, so sind Hulmes Gedichte souverän vom Ballast eines lyrischen Ich befreit, das die ethische Funktion der Sprache einer Huldigung des Individuums opfert. Aber so wie Loos trotz seiner vehementen Ablehnung der Sezessionskunst dennoch deren »Baustoffe« verwendet hatte, so lehnt sich Hulmes poetologischer Ansatz an die Romantik an. Es gelingt ihm – gemäß der Tatsache, »*daß es keine traditionslose Dichtung gibt, sondern einzig fruchtbare und nichtfruchtbare Traditionen*« (E. Franzen) –, bisher der Romantik vorbehaltene Themen aufzugreifen und aus ihrer poetischen Determinierung, oftmals mit Ironie, herauszulösen. Ein kurzer Aufenthalt in Kanada, bei dem er die mystische Dimension unbezwungener Natur erfahren hatte, rief einen poetischen Impuls wach, der sowohl dem empirischen Bewußtsein des 20. Jh.s als auch einer »ursprünglichen« Wahrnehmung im Gedicht Raum ließ. Aus dieser Perspektive ist Hulmes Intuitionismus zu begreifen. Erwartungen, die Gedichtüberschriften wie *A City Sunset* (Sonnenuntergang über der Stadt), *Autumn* (Herbst), *A Prayer to the Moon to Smile* (Ein Gebet, um dem Mond ein Lächeln zu entlocken) erwecken, werden – entsprechend dem Originalitätsdogma der russischen Formalisten – enttäuscht: *Above the Dock:* »*Above the dock in midnight, / Tangled in the tall mast's corded height, / Hangs the moon. What seemed so far away / Is but a child's balloon, forgotten after play*« (Über dem Dock: »*Über dem Dock, es ist Mitternacht, / Verfangen in des langen Mastes eingeschnürter Höhe, / Hängt der Mond. Was so weit fort schien / Ist nur der Ballon eines Kindes, vergessen nach dem Spiel*«). Dieser Text, fast eine ironische Paraphrase von Matthias CLAUDIUS' *Abendlied*, verbindet romantische Bildhaftigkeit mit konstruktivistischer Präzision. In dem Gedicht *Autumn* verschmelzen die offenkundigen Gegenpole in spielerischer Rhythmisierung zu einer Einheit, die den Bruch zwischen unterschiedlichen Stilebenen (ausgedrückt durch die mit »*like*« eingeleiteten Vergleiche) überdeckt: *Autumn:* »*A touch of cold in the autumn night / I walked abroad, / And saw the ruddy moon lean over a hedge / Like a red-faced farmer. / I did not speak, but nodded, / And round about were the wistful stars / With white faces like town children*« (Herbst: »*Ein Hauch Kühle in der Herbstnacht / Ich ging weit, / Und sah den roten Mond sich über eine Hecke lehnen / Wie einen rotgesichtigen Bauern. / Ich sprach nicht, sondern nickte ihm zu; / Und rund herum hatten die sinnenden Sterne / Weiße Gesichter, wie Kinder aus der Stadt*«). A. R. JONES schreibt: »*Obwohl Hulme einer der Hauptverantwortlichen war, als es darum ging, die Prinzipien des Imagismus festzulegen, so darf es aber nicht dazu kommen, daß seine Poetik nach dem Gelingen oder Scheitern dieser Bewegung beurteilt wird, sondern einzig nach ihrer allgemeinen Anwendbarkeit. Vor allem Ezra Pound war dafür verantwortlich, Hulmes Konzepte übernommen und publik gemacht zu haben; dieser hatte jedoch, als der Imagismus sich zu etablieren begann, sich längst von ihm entfernt. . . . Tatsache ist, daß seine Lyriktheorie den ihr entsprechenden Ausdruck weder in den Gedichten der Imagisten noch in seinen eigenen findet, sondern in der frühen Lyrik T. S. Eliots.*«

E. Man.

AUSGABEN: *Complete Poetical Works* (in The New Age, 10, 1912). – In E. Pound, *Riposies*, Ldn. 1912 u. ö. – In ders., *Personae*, NY 1926 u. ö. – In A. R. Jones, *The Life and Opinions of T. E. H.*, Ldn. 1960.

SPECULATIONS. Essays on Humanism and the Philosophy of Art

(engl.; *Spekulationen. Aufsätze über Humanismus und Kunstphilosophie*). Essaysammlung von Thomas Ernest HULME, erschienen 1924. – Als Hulme wenige Tage nach seinem 34. Geburtstag in Flandern fiel, war er nur einigen Eingeweihten bekannt: als brillanter Salon-Aphoristiker im Londoner Maler- und Bildhauerkreis um Jacob Epstein, als Amateurphilosoph und Chefideologe der Lyriker-Avantgarde um Ezra POUND und T. S. ELIOT, als Verfasser einer knappen Handvoll von Kurzgedichten, in deren Machart man das revolutionierende Dichtungsverständnis des sogenannten »Imagismus« modellhaft demonstriert sah. Seither zeitigten seine Poetik und seine nachgelassenen kulturkritischen Beiträge eine so ausgedehnte Nachwirkung auf die angelsächsische Lyriktheorie zwischen den beiden Weltkriegen, daß Vergleiche mit dem gewaltigen Einfluß von COLERIDGE auf die Kritik des 19. Jh.s angestellt werden konnten. Die Ausstrahlung seiner in den *Speculations* vereinigten bruchstückhaften Arbeiten (vor allem des Essays *Romanticism and Classicism*) sollte aber nicht darüber hinwegtäuschen, daß seine Kunstphilosophie stärker zu ideologischer Polemik als zu widerspruchsfreier Systematik neigt.

Mit Eliot darf man Hulmes Ausgangspunkt als bewußt bezogene Gegenposition zur eklektischen Toleranz des durch die Geschichtsumwälzung empfindlich diskreditierten Liberalismus verstehen. Mit dem Rückgriff auf archaische Ausdrucksideale der Kunst leistete Hulme der Entwicklung einer modernistischen Ästhetik mit philosophisch reaktionärer Basis Vorschub. Seine Standortwahl ist der Schlüssel zur zeitgemäßen Ausstrahlungskraft seiner Ideen und zur Fragwürdigkeit von deren metaphysischer Verankerung: Hulme versteht sich einerseits als Wegbereiter eines neuen Klassizismus und der »Entpersönlichung« der Künste; klassizistischen Klarheitsbegriffen entspricht andererseits wenig sein auf Henri BERGSON, Georges SOREL und Wilhelm WORRINGER zurückgehender Intuitionismus, der in seiner geradezu fanatischen Abkehr vom humanistischen Aufklärertum unversehens in einen antidemokratischen, protofaschistischen Syndikalismus umschlägt, wie er in agnostischer Ausprägung außer von Hulme auch von Pound und Wyndham LEWIS, in traditionalistisch-orthodoxer Abwandlung vom konvertierten Eliot und von den neochristlichen »Agrariern« der amerikanischen Südstaaten (J. C. RANSOM, Allen TATE) propagiert worden ist. Hulmes pauschale Ablehnung der Romantik unter gleichzeitiger Absage an die gesamte Humanismustradition des Abendlandes mit dem Abklingen der feudalstaatlich gebundenen Scholastik gründet auf außerästhetischen Gedankengängen. Im Kern der romantischen Ästhetik sieht er die ketzerische Vergottung des Individuums, das sich die Möglichkeit des denkerischen Transzendierens ins Unbegrenzte anmaßt – und sich gefährlichen Utopien und idealistischen Revolutionen preisgibt. Mit seiner Parteinahme für den Klassizismus meint Hulme also eigentlich die Hinwendung zur Konzeption der ontologischen Begrenztheit und einer nichtrationalen Gehaltenheit des Menschen. Zur schöpferischen Entfaltung bedürfe der Mensch stets zuallererst des Demutsbekenntnisses zu seiner Imperfektibilität und strenger, ordnungschaffender Disziplin.

Bei der literarkritischen Feldvermessung seiner *Spekulationen* kündigt Hulme eine Dichtung des Maßes an, der formalen Präzision, der Bescheidung in unmittelbarer, lebensnaher Deskription. Die Schule dieser neuen »*trockenen, harten, klassischen*« Dichtung, die sich der neuromantisch-spätviktorianischen Poesie selbstbewußt entgegenstellt und die Hulme nicht nur prophezeit, sondern im Verein mit Ezra Pound, T. S. Eliot, Hilda DOOLITTLE, Richard ALDINGTON und E. E. CUMMINGS auch mitbegründet hat, geht von zwei auf die geistige Situation der Zeit des Ersten-Weltkriegs-Erlebnisses hin aktualisierten Leitvorstellungen aus: Sprachreinigung als ethische Funktion des dichterischen Handwerks, Bildhaftigkeit als Medium poetischer Ausdrucksweise. Die Daseinsberechtigung der Lyrik ergibt sich für Hulme ebenso aus der sozialen Aufgabe, die Sprachmittel der Kulturgemeinschaft zu vitalisieren, wie aus der hermeneutischen Verpflichtung, im Gedichttext subtile Bezüge und Analogien konkret aufzuzeigen und kommunizierbar zu machen. Die Technik moderner Lyrik sieht er entsprechend bestimmt durch vorrangige Bemühung um erhellende und unverlogene Neufügungen der Bildsyntax.   H.Me.

AUSGABEN: Ldn./NY 1924 (*Humanism and the Religious Attitude, Modern Art and Its Philosophy, Romanticism and Classicism, Bergson's Theory of Art, The Philosophy of Intensive Manifolds, Cinders, Appendices: A. Reflections on Violence. B. Plan for a Work on Modern Theories of Art. C. The Complete Poetical Works of T. E. H.*, Hg. H. Read u. Vorw. J. Epstein; ern. 1965). – Ldn. 1960, Hg. u. Vorw. dies. – NY 1961, Hg. u. Vorw. dies. – Ldn. 1987, Hg. H. Read.

LITERATUR: H. Viebrock, *Englischer Klassizismus u. europäische Kunstrevolution: T. E. H.* (in Akzente, 4, 1957, S. 174–192). – B. B. Paliwal, *T. E. H.'s Poetics* (in Literary Criterion, 8, 1967, S. 33–38). – M. Hansen u. H. Viebrock, *T. E. H.s »Speculations«: Kunstphilosophie u. Dichtungstheorie im Dienste von Weltanschauung* (in Engl. u. amerikanische Literaturtheorie: Studien zu ihrer historischen Entwicklung, Bd. 2, Hg. R. Ahrens u. E. Wolff, Heidelberg 1978, S. 281–311). – M. Hansen, *T. E. H.: Mercenary of Modernism, or, Fragments of Avant-Garde Sensibility in Pre-World War I Britain* (in ELH, 47, 1980, S. 355–385).

ALEXANDER VON HUMBOLDT

* 14.9.1769 Berlin
† 6.5.1859 Berlin

LITERATUR ZUM AUTOR:
K. Bruhns, *A. v. H. Eine wissenschaftliche Biographie im Verein mit R. Avé-Lallemant u. a.*, 3 Bde., Lpzg. 1873. – G. Heller, *Die*

Weltanschauung A. v. H.s in ihren Beziehungen zu den Ideen des Klassizismus, Diss. Lpzg. 1910. – R. Borch, *A. v. H. Sein Leben in Selbstzeugnissen, Briefen u. Berichten*, Bln. 1948. – H. de Terra, *H. The life and times of A. v. H.*, NY 1955 (dt. Wiesbaden 1956). – H. Beck, *A. v. H.*, 2 Bde., Wiesbaden 1959–1961. – F. Schnabel, *A. v. H.*, Mchn. 1959. – J. Löwenberg, *A. v. H. Bibliographische Übersicht seiner Werke, Schriften u. zerstreuten Abhandlungen*, Stg. 1960. – Ch. u. L. Kellner, *A. v. H.*, Ldn. 1963. – A. Meyer-Abich, *A. v. H.*, Reinbek 1967 (rm). – A. Reyes, *A. de H., apuntes biográficos*, Mexico 1967. – *A. v. H. Werk u. Weltgeltung*, Hg. H. Pfeiffer, Mchn. 1969. – A. Meyer-Abich, *Die Vollendung der Morphologie Goethes durch A. v. H. Ein Betrag zur Naturwissenschaft der Goethe-Zeit*, Göttingen 1970. – H. Wilhelmy u. a., *A. v. H. Eigene u. neue Wertungen der Reisen, Arbeit u. Gedankenwelt*, Wiesbaden 1970. – D. Botting, *A. v. H.*, Ldn. 1973 (dt. Mchn. 1974). – *Universalismus u. Wissenschaft im Werk u. Wirken der Brüder Humboldt*, Hg. K. Hammacher (i. A. der H.-Gesellschaft), Ffm. 1976. – P. Halot, *Zur Idee der Naturgeheimnisse: beim Betrachten des Widmungsblattes in den H.schen »Ideen zu einer Geographie der Pflanzen«*, Wiesbaden 1982. – H. Scurla, *A. v. H.: eine Biographie*, Düsseldorf 1982. – K.-R. Biermann, *A. v. H.: Chronologische Übersicht über wichtige Daten seines Lebens*, Bln./DDR ²1983. – *A. v. H. Leben u. Werk*, Hg. W.-H. Hein, Ingelheim am Rhein 1985. – P. Gascar, *H., l'explorateur*, Paris 1985. – W. Rübe, *A. v. H. Anatomie eines Ruhmes*, Mchn. 1988. – K. Schleucher, *A. v. H.*, Bln. 1988.

ANSICHTEN DER NATUR, mit wissenschaftlichen Erläuterungen

Naturkundliche Aufsätze von Alexander von HUMBOLDT, erschienen 1808. – »Schüchtern«, so schreibt der Autor in der Vorrede zur ersten Ausgabe der seinem Bruder Wilhelm gewidmeten Sammlung, *»übergebe ich dem Publikum eine Reihe von Arbeiten, die im Angesicht großer Naturgegenstände, auf dem Ozean, in den Wäldern des Orinoco, in den Steppen von Venezuela, in der Einöde peruanischer und mexikanischer Gebirge entstanden sind.«* Von 1799 bis 1804 unternahm Humboldt, zusammen mit dem französischen Botaniker A. PONPLAND, eine Forschungsreise durch Lateinamerika, die zu den wissenschaftlich ertragreichsten des 19. Jh.s zählt und auf der Humboldt dem Lauf des Orinoco folgte, zahlreiche Vermessungsarbeiten durchführte, Landschaftsprofile erstellte, dazu den Chimborazo, den man damals für den höchsten Berg der Erde hielt, bis in 5400 m Höhe bestieg sowie die Temperaturen des später nach ihm benannten Humboldtstromes festhielt. Die Reise, die Humboldt als Privatmann unternahm, führte ihn zunächst über Teneriffa, wo er den Pico de Teyde, den höchsten Berg Spaniens, bestieg, nach Venezuela

(1799/1800), sodann bis 1802 von Kuba aus über Kolumbien und Ecuador nach Peru. Per Schiff ging es zurück nach Mexiko, wo er sich bis März 1804 aufhielt. Die Rückreise erfolgte über Kuba und die Vereinigten Staaten; am 3. 8. 1804 traf Humboldt in Bordeaux ein.

Den wissenschaftlichen Ertrag des Unternehmens hielt Humboldt in seinem voluminösen, 30bändigen Werk *Voyage aux régions équinoxiales du Nouveau continent* (1807–1834) fest. Eine detaillierte Beschreibung der Reise hat Humboldt dort nur für den Abschnitt in Venezuela gegeben; die eigentliche Schilderung unternimmt der Autor in seinen *Ansichten der Natur*, nach eigener Einschätzung sein »Lieblingswerk, ein rein auf deutsche Gefühlsweise berechnetes Buch«. Hier, in sechs Aufsätzen – zu denen sich von der zweiten Auflage an noch eine eingestreute *Erzählung (Die Lebenskraft oder der rhodische Genius)* gesellt – gibt er seine Eindrücke und Beobachtungen wieder, von den Pflanzen und Tieren, von klimatischen und geographischen Besonderheiten, von Sitte, Lebensweise, Gewerbe und Landwirtschaft der dort lebenden Völker und Natureinwohner oder der wirtschaftlichen Lage in den spanischen Kolonien; vor allem der Situation in den Bergwerken gilt sein Interesse. Dabei erkennt Humboldt etwa in seiner Untersuchung der Vulkane diese bereits als »Reaktion des noch flüssigen [Erd-]Innern gegen die Erdrinde«, und er stellt am Beispiel des Casiquiare fest, daß entgegen der zeitgenössischen Ansicht die Einzugsgebiete großer Ströme – hier des Orinoko und des Amazonas – nicht durch natürliche Wasserscheiden getrennt sein müssen.

Vor allem aber will Humboldt »Naturgemälde« geben, über, wie die einzelnen Aufsätze überschrieben sind, *Das nächtliche Tierleben im Urwalde; Über die Steppen und Wüsten; Über die Wasserfälle des Orinoco bei Atures und Maipures; Über den Bau und die Wirkungsart der Vulkane in den verschiedenen Erdstrichen* sowie über *Das Hochland von Caxamarca*. Nicht um die positivistische Aufzählung von Fakten ist es dem Forscher zu tun, sondern um die Herstellung eines Gesamtzusammenhangs, eines »Totaleindrucks«, der auf die Übereinstimmung der materiellen Welt mit dem moralisch-ästhetischen des Menschen zielt und somit jene Schöpfungsharmonie sichtbar oder nachvollziehbar werden läßt, deren Idee als eigentliche Voraussetzung den Naturforschungen Humboldts zugrunde liegt. Er wollte bei seiner Amerikareise nicht ein auf eine naturwissenschaftliche Disziplin begrenztes Interesse verfolgen, sondern einen »Überblick der Natur im großen« geben, einen »Beweis von dem Zusammenwirken der Kräfte«. Der Forscher gilt als eigentlicher Vollender der morphologischen Naturbetrachtung, wie GOETHE in seiner *Farbenlehre* und in seinen Untersuchungen besonders zum Phänomen der »Urpflanze« und der »Metamorphose« in der Natur sie nochmals, gegen den positivistisch-isolierenden Trend der modernen Naturwissenschaft, entwickelte und die stets an der Vorstellung eines schöpferischen Zusammenhangs des Naturganzen

einschließlich der sinnlichen wie moralisch-ästhetischen Wahrnehmung des Menschen festhielt.
Nicht zufällig auch steht im Mittelpunkt der *Ansichten der Natur* der – von zahlreichen wissenschaftlichen Zusätzen begleitete – Aufsatz *Ideen zu einer Physiognomik der Gewächse*, in dem Humboldt 16 Hauptformen der Pflanzen unterscheidet, die für den *»Totaleindruck«* der verschiedenen Landstriche der Erde entscheidend sind: *»der botanische Systematiker trennt eine Menge von Pflanzengruppen, welche der Physiognomiker sich gezwungen sieht miteinander zu verbinden. Wo die Gewächse sich als Massen darstellen, fließen Umrisse und Verteilung der Blätter, Gestalt der Stämme und Zweige ineinander. Der Maler (und gerade dem feinen Naturgefühle des Künstlers kommt hier der Anspruch zu!) unterscheidet in dem Hintergrunde einer Landschaft Pinien und Palmengebüsche von Buchen-, nicht aber diese von anderen Laubholzwäldern!«* Und als erster Auszug aus seinem dreißigbändigen Bericht *Voyage aux régions équinoxiales du nouveau continent* erschienen in deutscher Sprache die *Ideen zu einer Geographie der Pflanzen, nebst einem Naturgemälde der Tropenländer* (1807), in dem Humboldt erstmals systematisch die geographische Verteilung der Pflanzen, ihr Zusammenwirken mit den verschiedenen Umweltbedingungen festhält und damit jene morphologische Ordnung, die sich an den Bauplänen der Pflanzen orientiert, ergänzen will. Ein Exemplar des Werks sandte er an Goethe, mit einem eigens angefertigten Widmungsblatt, in dessen Zentrum sich das Titelblatt von Goethes Gedicht *Die Metamorphose der Pflanzen* befindet.
Eine Sonderstellung innerhalb der *Ansichten der Natur* nimmt die »Erzählung« *Die Lebenskraft oder der rhodische Genius* ein, als Allegorie ursprünglich für Schillers Zeitschrift ›Die Horen‹ (1795) verfaßt, die einzige, dezidiert philosophische Reflexion Humboldts. Sie ist ursprünglich der vitalistischen Lehre von den Lebenskräften verpflichtet, von der sich Humboldt, wie er selbst ausführt, durch das Studium von Chemie und Physiologie abwendet, nicht ohne aber die Idee vom inneren Zusammenhang aller organischen und anorganischen Zustände der Materie aufzugeben: *»Alles strebt von seinem Entstehen an zu neuen Verbindungen; und nur die scheidende Kunst des Menschen kann ungepaart darstellen, was ihr vergebens im Innern der Erde und in dem beweglichen Wasser oder Luftozeane sucht.«* Noch sein spätes Werk *Kosmos* ist dieser Idee verpflichtet.
Humboldt, einer der größten europäischen Naturforscher des 19. Jh.s, steht mit seiner wissenschaftlichen Tätigkeit zwischen Tradition und Moderne; er, der als Empiriker einen vorurteilsfreien Blick besaß und mit seinen Forschungsergebnissen Einfluß auf nahezu alle naturwissenschaftlichen Disziplinen seiner Zeit ausübte, hatte sich dennoch die Vorstellung eines lebendigen Zusammenhangs aller Phänomene bewahrt, wie sie eigentlich dem modernen Denken der Industriezeit, das vor allem an der Verwertbarkeit des isolierten Phänomens interessiert ist, zunehmend fremd wird, auch wegen

der religiösen Komponente, die jenem universellen Denken zu eigen ist. Nach seiner Rückkehr aus Amerika blieb Humboldt von 1807 bis 1827 in Paris, wo er – durch eine Pension des preußischen Königs finanziell unabhängig – am Institut National die wissenschaftlichen Ergebnisse seiner Reise in dem 30bändigen Werk *Voyage aux régions équinoxiales du Nouveau continent* (1805–1834) festhielt, das mit mehr als 1400 Kupfertafeln ausgestattet war und dessen Kosten die der Reise selbst noch übertroffen haben sollen. Den Hauptteil dieses Reisewerks stellen die Untersuchungen zur Botanik dar, dazu kommen Studien zur vergleichenden Anatomie sowie umfangreiche astronomische und geophysikalische Messungen, klimatologische Untersuchungen (Humboldt unterschied als einer der ersten zwischen Kontinental- und Seeklima), Landeskunden und Reiseberichte. – Das Werk wurde nur in Auszügen, teilweise von Humboldt selbst, ins Deutsche übersetzt (u. a. *Ideen zu einer Geographie der Pflanzen, nebst einem Naturgemälde der Tropenländer*, 1807, sowie *Reise in die Äquinoctial-Gegenden des neuen Kontinents*, 4 Bde., Übers. H. Hauff, 1859/60). M.Pr.

AUSGABEN: Tübingen/Stg. 1808. – Tübingen/Stg. 1827 (2., verm. u. verb. Aufl.). – Tübingen/Stg. 1849 (3., verm. u. verb. Aufl.). – Stg. 1889 (in *GW*, 12 Bde., 11). – Stg. 1969 (Hg. A. Meyer-Abich; RUB). – Nördlingen 1986 (nach der 3. Aufl. v. 1846; m. wiss. Erl.).

LITERATUR: U. Goetzl, *A. v. H. als Geschichtsschreiber Amerikas*, Mchn. 1966. – I. Jahn, *Dem Leben auf der Spur. Die biologischen Forschungen A. v. H.s*, Lpzg. u. a. 1969. – A. Meyer-Abich, *The philosophy of nature in A. v. H.s »Views of nature«* (in Acta biothetica [Leiden], 18, 1969, S. 9–56). – Ch. Minguet, *A. de Humboldt. Historien et géographe d'Amérique espanole 1799–1804*, Paris 1969. – R. v. Dusen, *The literary ambitions and achievements of A. v. H.*, Ffm. u. a. 1971.

KOSMOS. Entwurf einer physischen Weltbeschreibung

Naturwissenschaftliches Werk in fünf Bänden von Alexander von HUMBOLDT, erschienen 1845 bis 1862. – Die Anfänge dieses Werks, in dem Humboldt das gesamte, zu seiner Zeit verfügbare Wissen über die Erde zu versammeln suchte und das ihn bis an sein Lebensende beschäftigte, gehen zurück auf Vorlesungen des Autors an der Berliner Akademie (1827/28). Neben den von Humboldt in den Jahren 1807–1827 in Paris ausgewerteten Ergebnissen seiner Lateinamerikareise (1799 bis 1804) fließen auch die Erfahrungen seiner Expedition in das asiatische Rußland ein, die Humboldt 1829 im Auftrage des Zaren unternahm; Humboldt führte zahlreiche magnetische und geodätische Messungen durch, überließ aber die wissenschaftliche Auswertung der Reise seinem Mitarbeiter G. ROSE (*Asie Centrale. Recherche sur les chaînes de montagnes et la climatologie comparée*, 3 Bde., 1843).

Humboldts Interesse war auf die Darstellung des Gesamtzusammenhangs gerichtet; in den Prolegomena zum *Kosmos* heißt es: »*Alles Wahrnehmbare, das ein strenges Studium der Natur nach jeglicher Richtung bis zur jetzigen Zeit erforscht hat, bildet das Material, nach welchem die Darstellung zu entwerfen ist ... Ein beschreibendes Naturgemälde ... soll aber nicht bloß dem Einzelnen nachspüren; es bedarf nicht zu seiner Vollständigkeit der Aufzählung aller Lebensgestalten, aller Naturdinge und Naturprozesse. Der Tendenz endloser Zersplitterung des Erkannten und Gesammelten widerstrebend, soll der ordnende Denker trachten, der Gefahr der empirischen Fülle zu entgehen.*« Und obgleich die Darstellung der »*Einheit in der Totalität*« unvollständig bleibt, weist die »*Sehnsucht*« nach dem Wissenszuwachs in die Zukunft, in einer, für Humboldt typischen Weise, die sich gegenüber jedem modernen Verwertungsgedanken fremd zeigt: »*Eine solche Sehnsucht knüpft fester das Band, welches nach alten, das Innerste der Gedankenwelt beherrschenden Gesetzen alles Sinnliche an das Unsinnliche kettet; sie belebt den Verkehr zwischen dem,* ›*was das Gemüt von der Welt erfaßt,*‹ *und dem, was es aus seinen Tiefen zurückgibt.*‹« Ähnlich wie HERDER in seinen *Ideen zu einer Philosophie der Geschichte der Menschheit* nimmt die Darstellung bei Humboldt ihren Ausgang in der Beschreibung des Universums und endet in der des Menschengeschlechts. Der erste Band – und der dritte und vierte Band greifen spezielle Gebiete detaillierter auf – skizziert astronomische Nebel- und Sternhaufen, das Sonnensystem, schließlich Gestalt, Dichte und geophysikalische Gesetze der Erde selbst, darunter Erdwärme, Erdmagnetismus, Entstehung der Gebirge und Bau der Vulkane, schließlich Meeres- und Klimakunde samt der Verbreitung und Formenwelt der Tiere und Pflanzen. Die Grenze der physischen Welt ist erreicht, wie es im ersten Band des Werks heißt, »*wo die Sphäre der Intelligenz beginnt und der ferne Blick sich senkt in eine andere Welt. Das Naturgemälde bezeichnet die Grenze und überschreitet sie nicht.*«

Ein »*Naturgemälde*« hat Humboldt in seinen *Ansichten der Natur* (1808) gegeben, der *Kosmos* geht darüber hinaus, wenn er gleichsam den Weg der Darstellung umkehrt und im zweiten Band die menschliche Erforschung der Natur verfolgt, als »*Geschichte der Erkenntnis eines Naturganzen, gleichsam als Geschichte von der Einheit in den Erscheinungen und vom Zusammenhang der Kräfte im Weltall*«. In sieben historischen Stufen – von den phönizischen Seefahrern im vorantiken Mittelmeer über Rom, die arabischen Wissenschaften und schließlich Mittelalter, Renaissance und die Zeit der großen Forschungsreisen und Weltumsegelungen – schildert Humboldt die Genese des menschlichen Bildes von der Natur, um am Schluß, anhand der Erfindung des Fernrohres, wieder im Weltall anzukommen. Es gehört zum heute nicht mehr nachvollziehbaren Universalismus Humboldts,

daß zwischen die naturwissenschaftlichen und kulturgeschichtlichen Darstellungen Kapitel über die menschliche Einbildungskraft gestreut sind, Reflexionen über die Wirkungen der Natur auf das menschliche Gemüt, wie sie in Dichtung, Malerei und auch in der Gartenkunst ihre Vergegenständlichung gefunden haben. »*Die Naturansicht*«, so bemerkt Humboldt, »*soll allgemein, sie soll groß und frei*« sein und »*nicht durch Motive ... der relativen Nützlichkeit beengt*« werden. Sein Gemälde der Natur, und darin folgt er seinem großen Vorbild GOETHE, solle vor allem die Harmonie des Naturganzen vor Augen treten lassen und sich in seiner Wirkung auf den Rezipienten kaum von einem Kunstwerk unterscheiden: »*Möge dann die unermeßliche Verschiedenartigkeit der Elemente, die in ein Naturbild sich zusammendrängen, dem harmonischen Eindruck von Ruhe und Einheit nicht schaden, welcher der letzte Zweck einer jeden literarischen oder rein künstlerischen Komposition ist.*«

Humboldt betrachtet im Sinne KANTS und HERDERS als höchstes Ziel seines vom Idealismus weitgehend beeinflußten Forschens, »*in der Mannigfaltigkeit die Einheit zu erkennen ... der erhabenen Bestimmung des Menschen eingedenk den Geist der Natur zu ergreifen, welcher unter der Decke der Erscheinungen verhüllt liegt. Auf diesem Wege reicht unser Bestreben über die Grenze der Sinnenwelt hinaus, und es kann uns gelingen, die Natur begreifend den rohen Stoff empirischer Anschauung gleichsam durch Ideen zu beherrschen.*« Doch hebt er ausdrücklich gegen die zeitgenössische, von HEGEL bestimmte Philosophie hervor, diese Einheit nicht »*durch Ableitung aus wenigen, von der Vernunft gegebenen Grundprinzipien*«, sondern auf der Grundlage »*der durch die Empirie gegebenen Erscheinungen*« gewonnen zu haben. Seine Wissenschaftslehre schließt sich eng an die Goethes an, mit dem er in Jena und Weimar enge Verbindung hatte. Beide forschen letzten Endes nicht nach einheitlichen Begriffen, sondern nach den die Natur stets erneuernden und formenden Gestalten und Kräften; doch teilt der von der Naturwissenschaft her argumentierende Humboldt keineswegs die Abneigung Goethes gegen Mathematik, Statistik und Technik, sondern wertet diese in weitestem Umfang aus. Dadurch gelingt es ihm, die Naturwissenschaften nicht nur durch neue Erkenntnisse in der Geographie der Pflanzen, der Zoologie, der Astronomie, der Geologie, der Mineralogie, der Statistik und der Nationalökonomie zu bereichern. Darin liegt die Hauptbedeutung dieses Werks, in dem die wissenschaftlichen Daten in eine vollendete sprachliche Form gekleidet sind und das schon kurz nach Erscheinen in nahezu alle europäischen Sprachen übertragen wurde. Humboldt selbst konnte seine Arbeit am *Kosmos* nicht mehr vollenden; der fünfte und letzte Band erschien postum und enthält neben den Registern die unvollendeten Manuskripte des Forschers.   KLL

AUSGABEN: Stg./Tübingen 1845–1862, 5 Bde. [m. Atlas u. Reg.]. – Stg. 1869, 4 Bde. [Einl. B. v. Cotta]. – Stg. 1889 (in *GW*, 12 Bde., 1–4). – Stg. 1958 (in *A. v. H. Kosmische Naturbetrachtung. Sein Werk im Grundriß*, Hg. R. Zaunick; Ausw.; Kröners Taschenausg., 266). – Bremen 1960 (in *Kosmos u. Humanität A. v. H.s Werk in Auswahl*, Hg. u. Einl. F. Kraus; Slg. Dieterich, 236).

LITERATUR: B. v. Cotta, *Briefe über H.s »Kosmos«*, 4 Bde., Stg. 1848–1860. – H. Beck, *A. v. H.*, 2 Bde., Wiesbaden 1961. – Vgl. auch: Literatur zum Autor.

WILHELM VON HUMBOLDT

* 22.6.1767 Potsdam
† 8.4.1835 Tegel / Berlin

LITERATUR ZUM AUTOR:
R. Haym, *W. v. H. Lebensbild u. Charakteristik*, Bln. 1856; Nachdr. Osnabrück 1956. – E. Spranger, *W. v. H. u. die Humanitätsidee*, Bln. 1909. – O. Harnack, *W. v. H.*, Bln. 1913. – A. Leitzmann, *W. v. H. Charakteristik u. Lebensbild*, Halle 1919. – P. Binswanger, *W. v. H.*, Frauenfeld 1937. – F. Schaffstein, *W. v. H. Ein Lebensbild*, Ffm. 1952. – C. Menze, *W. v. H.s Lehre u. Bild vom Menschen*, Ratingen 1956. – E. Kessel, *W. v. H. Idee u. Wirklichkeit*, Stg. 1967. – M. Henningsen, *W. v. H.* (in *Die Revolution des Geistes. Goethe, Kant, Fichte, Hegel,, H.*, Hg. J. Gebhard, Mchn. 1968, S. 131–154). – J. Kawohl, *W. v. H. in der Kritik des 20. Jh.s*, Ratingen 1969. – J. H. Knoll, *W. v. H. Politik u. Bildung*, Heidelberg 1969. – P. Berglar, *W. v. H. in Selbstzeugnissen u. Bilddokumenten*, Reinbek 1970 (rm). – H. Scurla, *W. v. H. Werden u. Wirken*, Bln./DDR 1970. – R. A. Novak, *W. v. H. as a Literary Critic*, Bern 1972. – C. Menze, *Die Bildungsreform W. v. H.s*, Hannover 1975. – H. Rosenfeld, *W. v. H. - Bildung u. Technik. Zur Kritik eines Bildungsideals*, Ffm. 1982. – U. Hübner, *W. v. H. u. die Bildungspolitik: eine Untersuchung zum H.-Bild als Prolegomena zu einer Theorie der historischen Pädagogik*, Mchn. 1983. – *W. v. H.: Sein Leben u. Wirken, dargestellt in Briefen, Tagebüchern u. Dokumenten seiner Zeit*, Hg. R. Freese, Darmstadt ²1984. – H. Scurla, *W. v. H. Reformator, Wissenschaftler, Philosoph*, Mchn. 1984 (Heyne Tb). – *Sprache, Mensch u. Gesellschaft. Werk u. Wirkungen v. W. v. H. u. Jakob u. Wilhelm Grimm in Vergangenheit u. Gegenwart. Humboldt-Grimm-Konferenz Bln./DDR, 1985*, Hg. A. Spreu in Zusammenarbeit m. W. Bondzio, Bln./DDR 1986. – C. Menze, *W. v. H. u. die Französische Revolution* (in FDH, 1987, S. 158–193). – W. D. Otto, *Ästhetische Bildung. Studien zur Kunsttheorie W. v. H.s*, Ffm. u. a. 1987.

BRIEFE AN EINE FREUNDIN

Briefe Wilhelm von HUMBOLDTs an Charlotte DIEDE (geb. Hildebrandt, 1769–1846), erschienen 1847. – Die Empfängerin dieser Briefe war die Tochter eines Pfarrers zu Lüdenhausen in Lippe-Detmold. Als junges Mädchen hatte sie im Sommer 1788 in Bad Pyrmont die flüchtige Bekanntschaft Wilhelm von Humboldts gemacht, der damals in Göttingen studierte. Nach einer unglücklichen Ehe kinderlos geschieden, verarmt, mit Hilfe einer Kunstblumenbinderei in Kassel ihr Leben fristend, wandte die Vereinsamte sich 1814, Hilfe und Zuspruch suchend, an den inzwischen berühmt gewordenen *»unvergessenen, unvergeßlichen Jugendfreund«*, der zu dieser Zeit als preußischer Bevollmächtigter am Wiener Kongreß teilnahm. Humboldt antwortete umgehend, leistete unverzüglich finanzielle Unterstützung und ermunterte Charlotte 1822 nach seinem Ausscheiden aus dem Staatsdienst, ihm doch häufiger und ausführlicher zu schreiben.

Seine Antwortbriefe, in denen er mehr und mehr zum väterlichen Ratgeber wurde, hat die Empfängerin als ihren Lebenstrost betrachtet, als einen Schatz und als ein Heiligtum gehütet. Wirtschaftliche Not und allerlei Skrupel tragen die Schuld, daß sie mit diesem Schatz höchst wunderlich-eigensinnig umgegangen ist. Einen Teil der Briefe sandte sie 1844 an den preußischen König Friedrich Wilhelm IV., was ihr eine regelmäßige kleine Dotation einbrachte. Das von ihrer jüngeren Freundin und Wohltäterin Therese von BACHERACHT (1804 bis 1852) nach ihrem Ableben veröffentlichte Manuskript der *Briefe an eine Freundin* hat Charlotte Diede eigenhändig zusammengestellt, um, wie es in dem Vorbericht heißt, *»Wahrheit und Treue«* zu sichern. Nachweislich hat sie dabei nicht nur gekürzt und gerafft, sondern auch eigenmächtig Änderungen und Einschübe vorgenommen. Eine beträchtliche Anzahl der Briefe hat sie vernichtet, so daß von etwa 175 sich nur 93 ganz oder größtenteils erhalten haben. Die Originale wurden 1909 von Albert LEITZMANN veröffentlicht und diese Texte 1925 von Heinrich MEISNER in die ältere Sammlung eingearbeitet.

In der Gestalt, die Charlotte Diede ihnen gegeben hatte, sind Humboldts *Briefe an eine Freundin*, wie die zahlreichen Auflagen beweisen, als ein weltliches Erbauungsbuch zu einem Hausbuch des deutschen Bildungsbürgertums geworden. Durchaus mit Recht. Es wäre falsch, die Sammlung nur als Lebensdokumente des Schreibers zu lesen und zu beurteilen. Diese Briefe, die ja als Nahrung, Stärkung, Lebensunterhalt für eine angefochtene Seele geschrieben worden waren, sollten helfend weiterwirken. Das war der Sinn ihrer Veröffentlichung. Anders freilich liest sie heute, wer auf Haltung, Stil und Ton dieser Botschaften aufmerksam wird: Die in ziemlich regelmäßigen Abständen an eine ferne, verschwiegene Vertraute gerichteten Briefe waren für Humboldt offensichtlich so etwas wie ein Rechenschaftsbericht und Geheimtagebuch, ein Medium und Werkzeug der Selbsterkenntnis. Daraus erklärt sich die hohe monologische Entrücktheit mancher Betrachtungen, um derentwillen diese Briefe, unerachtet gelegentlicher Umständlichkeiten und Betulichkeiten, zu den reifsten Alterszeugnissen der deutschen Literatur gerechnet werden dürfen.   F.Ke.

AUSGABEN: Lpzg. 1847. – Lpzg. 1909, Hg. A. Leitzmann, 2 Bde. – Lpzg. ¹⁵1925, Hg. H. Meisner.

LITERATUR: W. H. Bruford, *W. v. H. in His Letters* (in W. H. B., *The German Tradition of Self-Cultivation*, Ldn. 1975, S. 1–28).

IDEEN ZU EINEM VERSUCH, DIE GRÄNZEN DER WIRKSAMKEIT DES STAATS ZU BESTIMMEN

Staatsphilosophischer Essay von Wilhelm von HUMBOLDT, entstanden 1792. – Die, wie der Autor in seinem Brief an G. FORSTER vom 1. 6. 1792 mitteilt, auf Anregung von Karl Theodor Freiherr v. DALBERG entstandene Untersuchung wurde 1792 in Auszügen in der ›Berliner Monatsschrift‹ und in F. SCHILLERS ›Neuer Thalia‹ veröffentlicht. Schwierigkeiten mit der preußischen Zensur und eigene Bedenken Humboldts, der 1791 aus dem preußischen Staatsdienst ausgeschieden war, führten dazu, daß das Werk nicht in Buchform erschien; es wurde fünfzehn Jahre nach Humboldts Tod aufgefunden und 1851 von Eduard CAUER herausgegeben. Humboldts Schrift ist der in sich widerspruchsvolle, vom Bildungsgedanken der deutschen Klassik geprägte Versuch, *»eine dem politischen Willen der Bürger entzogene politische Ordnung mit einem Menschenbild zu vereinbaren, das dem Individuum uneingeschränkte Autonomie zubilligt«* (W. D. Otto). Im Mittelpunkt der Humboldtschen Argumentation steht der Begriff des Individuums, dessen Bildung hin zu einer harmonischen Entfaltung seiner Kräfte, zu umfassender Selbstbestimmung der Staat zu respektieren habe: *»Der wahre Zweck des Menschen«*, so heißt es eingangs der Schrift, *»ist die höchste und proportionierlichste Bildung seiner Kräfte zu einem Ganzen.«* Dies ist wesentlich eine Leistung des Individuums selbst – die, wie Humboldt in seinen weiteren Schriften es formuliert, in ihm *»tätigen Kraft«*, des *»Lebensprinzips der Individualität«* – und kann vom Staat nur insofern befördert werden, als er die Organisation des gesellschaftlichen Lebens nicht zu bevormunden sucht; auch nicht dahingehend, daß er in sozialer Weise seinen Bürgern Unterstützung gewährt. Denn dadurch, so Humboldt, erschlaffe der Tätigkeits- und Bildungstrieb der Menschen und geistige Verarmung sei die Folge, da staatliche Eingriffe immer die ursprüngliche Mannigfaltigkeit individueller Bestrebungen vereinheitlichen. Humboldt sieht deshalb die beste Erziehungsmethode in der Freiheit, die je-

dem Individuum dadurch, daß es auftretende Schwierigkeiten selbst zu überwinden hat, zu Stärke und Geschicklichkeit verhilft. So ergibt sich als ausschließliche Aufgabe des Staats, die Sicherheit der Bürger innerhalb des Gemeinwesens und nach außen hin zu gwährleisten, ein Gedanke, den schon Humboldts Lehrer Christian Wilhelm von DOHM vertreten hatte.
Nun hat der Staat schon des öfteren versucht, den Sicherheitsfaktor innerhalb der Gemeinschaft durch Einwirkung auf die Erziehung, die Religion und die allgemeinen Sitten zu erhöhen. Solche Maßnahmen lehnt Humboldt entschieden ab, da in der vom Staat gelenkten, vereinheitlichten Bildungspolitik der Mensch dem Bürger geopfert, die Denkfreiheit durch direkte Förderung einer bestimmten Religion eingeschränkt werde und eine systematisch angestrebte Hebung der Sittlichkeit insofern überflüssig sei, als der Mensch natürlicherweise viel eher zu wohltätigen als zu eigennützigen Handlungen veranlagt sei. – In seiner Erörterung der Sicherheit des Staats nach außen hin entwickelt Humboldt zwei Gesichtspunkte, die in der geschichtlichen Entwicklung der folgenden Jahrzehnte eine außerordentliche Rolle spielten, innerhalb seines eigenen Entwurfs jedoch episodisch, wenn nicht gar widersprüchlich wirken: die absolute, *»widerspruchslose Macht«* des Staats und, um diese im entscheidenden Fall verwirklichen zu können, die staatliche Einheit.
Humboldts Schrift ist im Zusammenhang mit der zeitgenössischen Diskussion über das Ereignis der Französischen Revolution zu sehen; so unbestritten bei den deutschen Intellektuellen die Notwendigkeit von umgreifenden Reformen war, so sehr mißtrauten sie der bloßen Veränderung durch staatliche Eingriffe; der Staat, so heißt es schließlich im *Ältesten Systemprogramm des deutschen Idealismus* aus der Mitte der neunziger Jahre (das in HEGELS Handschrift aufgefunden wurde, als dessen Verfasser aber auch SCHELLING oder HÖLDERLIN vermutet werden), ist etwas Mechanisches, ihm komme die Idee der Freiheit nicht zu: *»jeder Staat muß freie Menschen als mechanisches Räderwerk behandeln«.* Dieser Gedanke, der korrespondiert mit dem Bild der sich selbst regulierenden, naturnahen Gesellschaft autonomer Subjekte, wie er immer wieder die dichterischen Utopien der Zeit prägt, ist in Humboldts früher Schrift bereits ausgeführt, hat seine Entsprechungen in den Grundzügen aber auch in Schillers Werk *Briefe über die ästhetische Erziehung des Menschen* (1793). Die angestrebte Freizügigkeit und Selbständigkeit des einzelnen ist dabei nicht im modern-liberalen Sinne zu verstehen. Der Zusammenhang des Ganzen soll dabei stets gesichert bleiben; Humboldt entwickelt ein organisches Bild der Gesellschaft, die sich formt nach dem Bildungstrieb des Menschen selbst und im Staat lediglich eine Ordnungsinstanz für die Erhaltung individueller Sicherheit besitzt. Die Irrationalität, die politischen Entwürfen dieser Art zugeschrieben werden kann (M. HENNINGSEN), resultiert wesentlich jedoch aus den Abstraktionen des

Menschenbildes, in dem Freiheit nur negativ als Freiheit von Fremdbestimmung gefaßt und Fragen der Existenzsicherung zurücktreten hinter dem Ideal eines – letztlich bürgerlichen – Bildungsgedankens, dem eine Berücksichtigung sozialer Probleme weitgehend fremd ist. In der Folgezeit wird Humboldt, später Diplomat und Reformer des preußischen Schulwesens, die Idealität seiner Jugendschrift den praktischen Notwendigkeiten unterordnen.   KLL

Ausgaben: Bln. 1792 (in Berliner Monatsschrift, Jan., Okt., Nov.; enth. *Ideen über Staatsverfassung, durch die neue Französische Konstitution veranlaßt; Über die Sorgfalt des Staates für die Sicherheit gegen auswärtige Feinde; Über die Sittenverbesserung durch Anstalten des Staates).* – Bln. 1792 (*Wie weit darf sich die Sorgfalt des Staates um das Wohl seiner Bürger erstrecken?,* in Neue Thalia, Bd. 2, 4). – Breslau 1851, Hg. E. Cauer [m. Einl.]. – Bln. 1903 (in *GS,* Hg. A. Leitzmann, 17 Bde., 1903–1936, 1; hist.-krit.; Nachdr. 1968). – Darmstadt 1960 (in *Werke,* Hg. A. Flitner u. K. Giel, 5 Bde., 1960 bis 1981, 1). – Stg. 1967 (Nachw. R. Haerdter; RUB). – Ffm. 1970/71 (*Ideen über Staatsverfassung, durch die neue Französische Konstitution veranlaßt,* in *Studienausg.,* Hg. K. Müller-Vollmer, 2 Bde., 2; FiBü).

Literatur: O. Kittel, *W. v. H.s geschichtliche Weltanschauung im Lichte des klassischen Subjektivismus der Denker u. Dichter von Königsberg, Jena u. Weimar,* Lpzg. 1901. – S. A. Kähler, *W. v. H. und der Staat,* Mchn./Bln. 1927; ern. Göttingen 1963. – J. Reichl, *Die Staats- u. Volksidee W. v. H.s von den Freiheitskriegen bis zu seinem Austritt aus dem preußischen Ministerium,* Diss. Wien 1939. – O. Burchard, *Der Staatsbegriff W. v. H.s in seinen »Ideen…«. Eine Untersuchung zum Problem Zwangsrechtsnormen u. Individualverantwortung,* Diss. Hbg. 1948. – J. Lekschan, *Zur Staatslehre W. v. H.s. Reflexionen über seine Schrift »Ideen…«,* Bln./ DDR 1981. – J. Lecoq-Gellersen, *Die politische Persönlichkeit W. v. H.s in der Geschichtsschreibung des dt. Bildungsbürgertums: historiographiegeschichtliche Studie zur Problematik des Intellektuellen in der Politik,* Ffm. u. a. 1985. – S. Battisti, *Freiheit u. Bindung: W. v. H.s »Ideen…« u. das Subsidiaritätsprinzip,* Bln. 1987.

ÜBER DIE AUFGABE DES GESCHICHTSCHREIBERS

Geschichtstheoretische Abhandlung von Wilhelm von Humboldt, erschienen 1822. – Wilhelm von Humboldt trug diese Abhandlung am 12. April 1821 in der Preußischen Akademie der Wissenschaften in Berlin vor, der er seit 1808 als Ehrenmitglied angehörte und die er 1809/10, im Zuge der preußischen Bildungsreform, umgestaltet hatte. Er zog darin nicht nur die vorläufige Summe aus seinen bisherigen theoretischen und praktischen

Beiträgen zur Geschichtswissenschaft, sondern nahm auch, in komprimierter Form, zu all den Problemen Stellung, die in der Epoche des beginnenden Historismus relevant wurden. Die Rede gehört damit zu den konstitutiven Texten der modernen Geschichtswissenschaft in Deutschland.

Wie schon in den vorher entstandenen historischen Schriften Humboldts bildet auch hier das Erlebnis der Französischen Revolution und der ihr nachfolgenden politisch-gesellschaftlichen Umwälzungen die Grundlage für die neue historische Betrachtungsweise; dieser Bezug erscheint aber nunmehr endgültig objektiviert. Durch die Auseinandersetzung mit der Revolution hatte Humboldt jenen *»Sinn für die Wirklichkeit«* in sich ausgebildet, der, gleichermaßen idealistisch wie realistisch, die notwendige politisch-soziale Erneuerung an das Studium ihrer konkreten Voraussetzungen knüpfte und dem daher die Beschäftigung mit der Geschichte als unerläßliche Bedingung für politisches Handeln gelten mußte, ohne dieses selbst unmittelbar präjudizieren zu können. Eben dieser *»Sinn für die Wirklichkeit«* wird jetzt, ohne daß seine Herkunft aus dem Revolutionserlebnis Humboldts nochmals eigens herausgestellt würde, folgerichtig zur obersten Kategorie der Geschichtsschreibung erhoben: Ihn soll der Historiker wecken und beleben; er ist *»das Element, worin sich die Geschichte bewegt«;* er verbindet die Geschichte mit *»dem handelnden Leben« »nicht sowohl durch einzelne Beispiele des zu Befolgenden oder Verhütenden, die oft irre führen und selten belehren«,* als *»durch die Form, die an den Begebenheiten hängt«,* d. h. durch die immer wieder neu vermittelte Einsicht in die zugleich idealistische und realistische Struktur menschlichen Handelns.

Diese Kategorie, in der Auseinandersetzung mit der Revolution entwickelt, gibt die Basis ab für eine historische Erkenntnistheorie und eine Geschichtsphilosophie, die ebenfalls bereits in Humboldts früheren historischen Studien angelegt waren, aber erst jetzt systematisch ausgeführt werden. Die historische Erkenntnistheorie erklärt die *»Assimilation der forschenden Kraft und des zu erforschenden Gegenstandes«* zur Bedingung der Möglichkeit historischer Erkenntnis, die ihrerseits darauf beruht, daß *»alles, was in der Weltgeschichte wirksam ist, sich auch in dem Inneren des Menschen bewegt«.* Die hierdurch postulierte *»vorhergängige, ursprüngliche Übereinstimmung zwischen dem Subjekt und Objekt«* stellt die notwendige erkenntnistheoretische Konsequenz aus dem Gegenwartsbezug der Geschichtsschreibung dar, den der *»Sinn für die Wirklichkeit«* impliziert.

Analoges gilt für die in der Abhandlung gleichfalls vorgelegte Geschichtsphilosophie. Sie bildet die Ergänzung zu Humboldts historischer Erkenntnistheorie, indem sie, ausgehend von der Frage nach dem Gegenstand der Geschichtsschreibung, diesen durch inhaltliche Aussagen über die bestimmenden Faktoren und schließlich den Sinn der Geschichte zu erfassen sucht. Die bestimmenden Faktoren sind nach Humboldt die *»wirkenden und schaffen-*

den Kräfte«, vor allem die »Ideen«, die, aus mechanischen, physiologischen und psychologischen Umständen nicht ableitbar, aber mit ihrer Unterstützung oder gegen ihren Widerstand, in *»menschlichen Individualitäten«* – in einzelnen oder in Nationen – in Erscheinung treten, und infolgedessen kann der Sinn der Geschichte *»nur die Verwirklichung der durch die Menschheit darzustellenden Idee sein, nach allen Seiten hin und in allen Gestalten, in welchen sich die endliche Form mit der Idee zu verbinden vermag«*. Dabei steht für Humboldt fest, daß *»diese Ideen ... durch die mit echt historischem Sinn unternommene Betrachtung desselben* (d. h. der historischen Begebenheiten) *im Geist entspringen, nicht der Geschichte, wie eine fremde Zugabe, geliehen werden müssen«*. Diese dialektische Sicht des Verhältnisses von Idee und Realität in der Geschichte spiegelt nicht nur die erkenntnistheoretische Subjekt-Objekt-Identität, sondern ist damit zugleich deduziert aus dem *»Sinn für die Wirklichkeit«*, der ebenfalls die Synthese von Idee und Realität fordert. In ihr gipfelt eine Bestimmung der »Aufgabe des Geschichtschreibers«, die einer historischen Theorie der Geschichtswissenschaft gleichkommt. Humboldt steht mit diesem Beitrag nicht allein, aber die Originalität seines Ansatzes ist um so weniger zu verkennen, als er selbst ausdrücklich andere Richtungen des entstehenden historischen Denkens zurückweist. Entscheidend sind dabei wiederum die spezifischen Schlußfolgerungen, die Humboldt aus dem Revolutionserlebnis zieht. Politisch gesehen, wendet sich die Konzeption des realistischen Idealismus oder idealistischen Realismus, die Humboldt vertritt, sowohl gegen die revolutionäre Utopie als auch gegen die bloße Reaktion. Diese doppelte Kampfansage geht auch in Humboldts Kategorie des »Sinnes für die Wirklichkeit« und damit in seine historische Erkenntnistheorie und Geschichtsphilosophie ein. Sie führt hier insbesondere zur Abkehr von der konservativ-legitimistischen Geschichtsbetrachtung, die die Vergangenheit unkritisch verherrlicht und damit objektivistisch verfälscht, wie zur Negation der wiederauflebenden aufklärerischen Geschichtsbetrachtung, die die Vergangenheit unter der Perspektive vorfabrizierter Fortschrittsideen kritisiert und damit subjektivistisch verfälscht. Am ehesten läßt sich die Humboldtsche Position noch mit derjenigen HEGELS vergleichen. Dennoch sind die Unterschiede zwischen Humboldt und Hegel nicht zu leugnen. Bei Hegel erstarrt der Historismus zum festgefügten philosophischen System, das der Notwendigkeit seiner beständigen praktischen Anwendung schließlich enthoben ist, bei Humboldt bleibt er eine Anweisung für die konkrete Beschäftigung mit einzelnen historischen Problemen. Die Rede *Über die Aufgabe des Geschichtschreibers* soll Geschichtsschreibung nicht überflüssig machen, sondern umgekehrt erst ermöglichen. Dieses Vorhaben bedeutet die eigentliche Probe auf ihre historistische Substanz. Gerade auch deswegen steht die Rede am Anfang der historischen Geschichtswissenschaft in Deutschland. Dabei ist unerheblich, daß sich un-

mittelbare Einwirkungen im einzelnen nicht immer nachweisen lassen. Es kommt vielmehr primär darauf an, daß die Humboldtsche Rede logisch jenen Einschnitt bezeichnet, der den potentiellen Beginn der neuen deutschen Geschichtswissenschaft markiert. U.Mu.

AUSGABEN: Bln. 1822 (Abh. der Königlich Preußischen Akademie der Wissenschaften aus den Jahren 1820/21; hist.-phil. Kl.). – Bln. 1905 (in *GS*, Hg. A. Leitzmann, 17 Bde., 1903–1936, 4; hist.-krit.; Nachdr. 1968). – Darmstadt 1960 (in *Werke*, Hg. A. Flitner u. K. Giel, 5 Bde., 1960–1981, 1). – Ffm. 1970/71 (in *Studienausg.*, Hg. K. Müller-Vollmer, 2 Bde., 2; FiBü).

LITERATUR: R. Fester, *H.s u. Rankes Ideenlehre* (in Deutsche Zs. f. Geschichtswiss., 6, 1891, S. 235 ff.). – E. Spranger, *W. v. H.s Rede »Über die Aufgabe des Geschichtsschreibers«* (in HZ, 100, 1907, S. 541 ff.).

ÜBER DIE VERSCHIEDENHEIT DES MENSCHLICHEN SPRACHBAUES UND IHREN EINFLUSS AUF DIE GEISTIGE ENTWICKELUNG DES MENSCHENGESCHLECHTS

Sprachphilosophische Einleitung zu dem dreibändigen Werk *Über die Kawi-Sprache auf der Insel Java* (1836–1839) von Wilhelm von HUMBOLDT, erschienen als Sonderdruck 1836. – In der modernen Bewußtseinsphilosophie von DESCARTES bis HEGEL hat die Sprache kaum Beachtung gefunden – KANTS *Kritik der reinen Vernunft* ist dafür ein schlagendes Beispiel. Es sind philosophische Außenseiter wie HAMANN und HERDER, die, ohne eine immer ausreichende philosophische Terminologie zur Verfügung zu haben, auf die Bedeutung der Sprache für das menschliche Selbstverständnis hinweisen. In vielfachem Austausch mit der Weimarer Klassik, vor allem die Gedanken Herders weiterführend, entfaltet Humboldt solche Hinweise. Entscheidend für seine früh begonnenen völkerphysiognomischen Studien ist die Reise nach Spanien (1801), wo er anhand des Baskischen den wechselseitigen Einfluß von Sprache und Geschichte eines Volkes studiert. Die folgenden Jahre in Rom (1802–1808) ermöglichen es ihm, seine vergleichenden Sprachstudien durch die das Verstehen begründende Interpersonalitätslehre (Ich-Du) zu vertiefen. Erst nach dem Abschied aus dem Staatsdienst (1819) findet Humboldt die Muße, seine sprachphilosophische Konzeption und sein Erfahrungsmaterial, das er durch neue Studien erweitert, in einer Reihe von Aufsätzen niederzulegen, die meist als Abhandlungen der Berliner Akademie erscheinen. Bemerkenswert sind vor allem *Über das vergleichende Sprachstudium in Beziehung auf die verschiedenen Epochen der Sprachentwicklung* (1820), *Über das Entstehen der grammatischen Formen, und ihren Einfluß auf die Ideenentwicklung*

(1822), *Über den Dualis* (1827) und *Über die Verschiedenheiten des menschlichen Sprachbaues* (1827–1829). In den letzten Jahren vor seinem Tod arbeitet Humboldt an einem monumentalen Werk über die Kawi-Sprache, die Dichter- und Priestersprache Javas. Es erscheint postum in drei Bänden 1836–1839. Der erste Band (1836) enthält die Summe von Humboldts Sprachphilosophie.

Trotz der breiten empirischen Sprachforschungen ist Sprache für Humboldt nicht nur determinierter Gegenstand einzelwissenschaftlicher Untersuchung, sondern als tiefster Ausdruck der menschlichen Natur eine dynamische, spontane Größe; nicht nur *ergon*, sondern *energeia*: »*Man muß die Sprache nicht sowohl wie ein todtes Erzeugtes, sondern weit mehr wie eine Erzeugung ansehen...*«, sie ist nicht bloßer Bedeutungsträger, sondern steht in enger Wechselbeziehung mit der »*Innren Geistesthätigkeit*« und stellt in ausgezeichneter Weise die sich in freier »*Selbstthätigkeit*« und Gebundenheit vollziehende menschliche Existenz dar. Bedingt durch die antinomische Struktur des Menschen, der seine Freiheit nie anders als in Bindungen erfährt, ist als weiteres grundsätzliches Verfahrensmodell der Humboldtschen Abhandlung die ständige Dialektik von Wirkung und Rückwirkung, Spontaneität und Rezeptivität zu beobachten, wie sie etwa in dem »*Gesetz der Existenz des Menschen in der Welt*« zum Ausdruck kommt, »*daß er nichts aus sich hinauszusetzen vermag, das nicht augenblicklich zu einer auf ihn zurückwirkenden und sein ferneres Schaffen bedingenden Masse wird...*« Humboldt bezeichnet als Gegenstand seines Essays »*die Betrachtung des Zusammenhanges der Sprachverschiedenheit und Völkervertheilung mit der Erzeugung der menschlichen Geisteskraft, als einer sich nach und nach in wechselnden Graden und neuen Gestaltungen entwickelnden, insofern sich diese beiden Erscheinungen gegenseitig aufzuhellen vermögen...*« Einleitende Kapitel begründen den »*menschlichen Entwicklungsgang*« mit dem »*Zusammenwirken der Individuen und Nationen*« unter dem Einfluß der Sprache, die nicht empirisch, sondern aus der »*intellectuellen Eigenthümlichkeit*« des Menschen zu erklären ist. Darauf wendet sich Humboldt der Natur der Sprachen direkt zu. Grundsätzlich ist die Sprache als »Sprachlichkeit« von der einzelnen nationalen und individuellen Sprache zu unterscheiden. Sprache als solche ist untrennbar vom menschlichen Bewußtsein, das sich interpersonal entfaltet, wodurch Verstehen erst ermöglicht wird. Durch die unlösbare Verbindung von Bewußtsein und Sprache wird die Frage nach dem – empirisch gedachten – Ursprung von Sprache gegenstandslos. Die menschliche Geisteskraft drückt sich unter dem Impuls der »*inneren Sprachform*« in den Lauten aus. Die nach Sprachen unterschiedliche Intensität in der Durchdringung des lautlichen Stoffes durch die Idee ist der Hauptgrund für die Verschiedenheit der menschlichen Sprachen, wozu die verschiedene Lautphysiognomie und stets zu berücksichtigende historische Einflüsse u. a. als weitere Gründe

kommen. Während der Vorgang der Lautformung durch den inneren Sprachsinn empirisch kaum zu beobachten ist, läßt sich die darauf folgende Rückwirkung der ausgebildeten Sprache auf die Geistestätigkeit des Menschen deutlich greifen. Entsprechend der Stufenfolge in der Durchdringung von Ideenform und Lautstoff – Humboldt spricht von »*Synthesis*« und »*Symbolisierung*« – ergibt sich als heuristisches und nur approximativ zu erreichendes Prinzip für die Sprachforschung die »*vollkommene Sprache*«, die Humboldt gegenüber den agglutinierenden Sprachen am ehesten in den flektierenden Sprachen, zumal im Sanskrit, verwirklicht sieht. Die weiterbildende Kraft einer Sprache ist abhängig von der »*Energie*« der »*Synthesis*« von Idee und Laut, die vornehmlich am Verb, den Konjunktionen und dem Relativpronomen ablesbar ist.

Humboldts Philosophie der Sprache gehört neben den sprachgeschichtlichen und -vergleichenden Untersuchungen Jacob GRIMMS und F. BOPPS zu jener klassisch-romantischen Auffassung, die in der Sprache kein bloßes System von Zeichen, vielmehr Ausdruck einer allgemeinen Sicht der Welt, einer »*Geisteseigentümlichkeit*« eines Volkes sieht: »*Die Sprache ist gleichsam die äußerliche Erscheinung des Geistes der Völker; ihre Sprache ist ihr Geist und ihr Geist ihre Sprache.*« Neben K. VOSSLER war im 20. Jh. vor allem Leo WEISGERBER mit seiner »*inhaltbezogenen Grammatik*« der Humboldtschen Sprachauffassung weiterhin verpflichtet, allerdings in idealistisch überhöhter Weise; daneben greift N. CHOMSKYS generative Transformationsgrammatik ebenfalls auf einen Gedanken Humboldts zurück, den der generativen, schöpferischen Kraft der Sprache, die aus einer begrenzten Menge von Regeln eine unbegrenzte Menge von Sätzen erzeugen kann. Auch Chomsky geht, darin Humboldt ebenfalls folgend, von der Angeborenheit menschlicher Sprachfähigkeit aus. Während allerdings für Humboldt hinter der sprachlichen Verschiedenheit etwa von Völkern stets eine Verschiedenheit im Denken selbst, in der Weltbetrachtung steht, nimmt Chomsky eine Universalität menschlichen Denkens an, dem in der Oberflächenstruktur der Sprache – und deshalb sind die einzelnen Sprachen übersetzbar – lediglich verschiedene Ausdrucksformen zukommen.   V.Ho.-KLL

AUSGABEN: Bln. 1836; Nachdr. Bonn/Mchn. 1960. – Bln. 1907 (in *GS*, Hg. A. Leitzmann, 17 Bde., 1903–1936, 6; hist.-krit.; Nachdr. 1968). – Darmstadt 1963 (in *Werke*, Hg. A. Flitner u. K. Giel, 5 Bde., 1960–1981, 3). – Stg. 1973 (in *Schriften zur Sprache*, Hg. u. Nachw. M. Böhler; RUB). – Mchn. 1985 (in *Über die Sprache. Ausgew. Schriften*, Hg. u. Nachw. J. Trabant; dtv).

LITERATUR: L. Weisgerber, *Das Problem der innern Sprachform u. seine Bedeutung für die deutsche Sprache* (in GRM, 14, 1926). – W. Lammers, *W. v. H.s Weg zur Sprachforschung 1785–1801*, Bln. 1936. – K. Ulmer, *Die Wandlungen des Sprachbildes von Herder zu Jakob Grimm* (in Lexis, 2, 1951,

S. 263 ff.). – C. Menze, *Über den Zusammenhang von Sprache u. Bildung in der Sprachphilosophie W. v. H.s* (in Pädagogische Rundschau, 18, 1964, S. 768–785). – B. Liebrucks, *Sprache u. Bewußtsein*. Bd. 2: *Sprache: Von den Formen ›Sprachbau u. Weltansicht‹ über die Bewegungsgestalten ›innerer Charakter der Sprachen‹ u. ›Weltbegegnung‹ zur dialektischen Sprachbewegung bei W. v. H.*, Ffm. 1965. – H. Gipper, *W. v. H. als Begründer der modernen Sprachforschung* (in WW, 15, 1965, S. 1–19). – R. L. Brown, *W. v. H.'s Conception of Linguistic Relativity*, Den Haag, 1967. – K.-W. Eigenbrodt, *Der Terminus »Innere Sprachform« bei W. v. H. Versuch einer genetischen Erklärung*, Diss. Mainz 1968. – R. Graber Ross, *W. v. H.'s Philosophy of Language. The Genesis of Its Basic Concepts*, Diss. Stanford Univ. 1970. – H. H. Baumann, *Die generative Grammatik und W. v. H.* (in Poetica, 4, 1971, S. 1–12). – H. R. Olson, *W. v. H.'s Philosophy of Language*, Ann Arbor/Mich. 1979. – A. Reckermann, *Sprache u. Metaphysik. Zur Kritik der sprachlichen Vernunft bei Herder u. H.*, Mchn. 1979. – Th. Borsche, *Sprachansichten. Der Begriff der menschlichen Rede in der Sprachphilosophie W. v. H.s*, Stg. 1981. – G. Hassler, *Zur Auffassung der Sprache als eines organischen Ganzen bei W. v. H. und zu ihren Umdeutungen im 19. Jh.* (in Zs. f. Phonetik, Sprachwiss. u. Kommunikationsforschung, 38, 1985, S. 544–575). – J. Trabant, *Die Einbildungskraft u. die Sprache. Ausblick auf W. v. H.* (in NRs, 96, 1985, H. 3/4, S. 161–182). – *Sprache, Bewußtsein, Tätigkeit. Zur Sprachkonzeption W. v. H.s*, Hg. K. Welke, Bln./DDR 1986. – U. Buchholz, *Das Kawi-Werk W. v. H.s: Untersuchungen zur empirischen Sprachbeschreibung u. vergleichenden Grammatikographie*, Mchn. 1986. – J. Trabant, *Apeliotes oder der Sinn der Sprache: W. v. H.s Sprach-Bild*, Mchn. 1986. – M. Riedel, *Sprechen u. Hören. Zum dialektischen Grundverhältnis in H.s Sprachtheorie* (in Zs. f. philosophische Forschung, 40, 1986, S. 337–351). – W. Neumann, *W. v. H. Forschungspraxis u. gesellschaftliche Bedeutung einer Sprachtheorie* (in Zs. f. Phonetik, Sprachwiss. u. Kommunikationsforschung, 40, 1987, S. 217–232). – L. Jäger, *Die Sprachtheorie W. v. H.s* (in Sprachtheorie, Hg. R. Wimmer, Düsseldorf 1987, S. 175–190).

DAVID HUME

* 7.5.1711 Edinburgh
† 25.8.1776 Edinburgh

LITERATUR ZUM AUTOR:
Bibliographien:
T. E. Jessop, *A Bibliogr. of D. H. and of Scottish Philosophy from Francis Hutcheson to Lord Balfour*, Ldn. 1938; ern. NY 1966. – R. Hall, *A. H.*

Bibliogr. from 1930, NY 1971. – Ders, *Fifty Years of H. Scholarship. A Bibliographical Guide*, Edinburgh 1978.
Biographien:
A. Cresson u. G. Deleuze, *D. H.: sa vie, son œuvre, avec un exposé de sa philosophie*, Paris 1952. – E. C. Mossner, *The Life of D. H.*, Edinburgh 1954. – P. Kopf, *D. H. Philosoph und Wirtschaftstheoretiker 1711–1776*, Wiesbaden 1983. – G. Streminger, *D. H. in Selbstzeugnissen und Bilddokumenten*, Reinbek 1986 (rm).
Zeitschriften:
H. Studies, Hg. J. W. Davis, Ldn./Ontario 1975 ff.
Gesamtdarstellungen und Studien:
Th. H. Huxley, *H.*, Ldn. 1887; ern. NY 1968. – G. Deleuze, *Empirisme et subjectivité*, Paris 1953. – A. L. Leroy, *D. H.*, Paris 1953. – A. H. Besson, *D. H.*, Harmondsworth 1958. – *D. H. A Symposium*, Hg. D. F. Pears, Ldn. 1963. – R. D. Broiles, *The Moral Philosophy of D. H.*, NY/Ldn. 1963. – A. Schäfer, *D. H. Philosophie und Politik*, Meisenheim a. Gl. 1964. – O. Brunet, *Philosophie et esthétique chez D. H.*, 2 Tle., Paris 1965. – A. Santucci, *L'umanismo scettico di D. H.*, Bologna 1965. – J. Wilbanks, *H.'s Theory of Imagination*, Den Haag 1968. – W. Jäger, *Politische Partei und parlamentarische Opposition. Eine Studie zum politischen Denken von Lord Bolingbroke und H.*, Bln. 1971. – R. A. Mall, *Experience and Reason. The Phenomenology of Husserl and Its Relation to H.'s Philosophy*, Den Haag 1973. – J. Noxon, *H.'s Philosophical Development. A Study of His Methods*, Oxford 1973. – *H. and the Enlightenment*, Hg. W. B. Todd, Edinburgh 1974. – I. Valent, *Verità e prassi in D. H.*, Brescia 1974. – F. Baroncelli, *Un inquietante filosofo perbere. Saggio su D. H.*, Florenz 1975. – N. Capaldi, *D. H. The Newtonian Philosopher*, NY 1975. – U. Voigt, *D. H. und das Problem der Geschichte*, Bln. 1975. – *H. A Re-Evaluation*, Hg. D. W. Livingston u. J. T. King, NY 1976. – M. Malherbe, *La philosophie empiriste de D. H.*, Paris 1976. – *D. H. Manysided Genius*, Hg. K. R. Merill u. R. W. Shahan, Norman/Okl. 1976. – M. Nedeljkovic, *D. H. Approche phénoménologique de l'action et théorie linguistique du temps*, Paris 1977. – J. R. Weinberg, *Ockham, Descartes and H. Self-Knowledge, Substance and Causality*, Madison 1977. – J. Rohbeck, *Egoismus und Sympathie. D. H.s Erkenntnis- und Gesellschaftstheorie*, Ffm./NY 1978. – A. J. Ayer, *H.*, NY 1980. – A. Botwinick, *Ethics, Politics and Epistemology. A Study in the Unity of D. H.'s Thought*, Langham 1980. – J. Bricke, *H.'s Philosophy of Mind*, Princeton 1980. – R. H. Popkin, *The High Road to Pyrrhonism*, San Diego 1980. – E. Topitsch u. G. Streminger, *H.*, Darmstadt 1981. – C. J. Berry, *H., Hegel and Human Nature*, Den Haag 1982. – Y. Michaud, *H. et la fin de la philosophie*, Paris 1983. – F. Linares, *Das politische Denken von D. H.*, Hildesheim 1984. – D. W. Livingston, *H.'s Philosophy of Common Life*, Chicago 1984. – R. A. Mall, *Der operative Begriff des Geistes. Locke, Berkeley/H.*, Freiburg

i. B./Mchn. 1984. – J. P. Cléro, *La philosophie des passions chez D. H.*, Paris 1985. – F. G. Whelan, *Order and Artifice in H.'s Political Philosophy*, Princeton 1985. – E. Lobkowicz, *Common Sense und Skeptizismus. Studien zur Philosophie von Thomas Reid und D. H.*, Weinheim 1986. – J. Christensen, *Practicing Enlightenment. H. and the Formation of Literary Career*, Madison 1987. – G. Gawlick, *H. in der dt. Aufklärung. Umrisse einer Rezeptionsgeschichte*, Stg. 1987. – J. Kulenkampff, *D. H.*, Mchn. 1989.

DIALOGUES CONCERNING NATURAL RELIGION

(engl.; *Dialoge über die natürliche Religion*). Religionskritisches Werk von David HUME, verfaßt um 1751, revidiert 1761; nach weiteren kleinen Revisionen postum erschienen 1779. – Wie aus dem Titel hervorgeht, befaßt sich der schottische Philosoph nicht mit »offenbarter Religion«, sondern mit Religion, insoweit sie ein Gegenstand vernünftigen Nachdenkens ist, d. h. vor allem mit Gedankengängen, die sich auf die Argumente für und gegen die Existenz Gottes und auf seine hypothetische Beschaffenheit beziehen. Die Gespräche werden von Cleanthes, einem Deisten, Philo, einem extremen Skeptiker, und Demea, einem Vertreter des orthodoxen Glaubens, geführt und von dem jungen Pamphilus, einem Schüler des Cleanthes, der selbst an der Diskussion nicht aktiv teilnimmt, wiedergegeben. Ihr hauptsächlicher, ja fast einziger Inhalt ist die Auseinandersetzung mit dem »*argument from design*«, jenem Gottesbeweis, der bei uns als der physiko-teleologische bekannt ist und der aus der Existenz von Ordnung und Zweckmäßigkeit in der Welt auf einen intelligenten Weltschöpfer, oder wenigstens »Weltbaumeister«, schließt. (Apriorische Argumente werden, im Einklang mit Humes philosophischer Position, die nur auf Erfahrung gestütztes Denken als vernünftig zuläßt, mit wenigen Worten ausgeschaltet.) Cleanthes vertritt nach bestem Vermögen dieses für die deistische Anschauung charakteristische Argument, für das Philo wirksame Widerlegungen findet; Demea spielt dabei eine untergeordnete Rolle. Philos Einwände sind den Formulierungen, die Cleanthes für das »*argument from design*« findet, einigermaßen überlegen: Er weist z. B. auf die Unzuverlässigkeit von Analogien hin, wie etwa der des Verhältnisses Werk-Künstler zu dem ganz andersartigen zwischen der Welt und ihren (unbekannten) Schöpfer; oder er argumentiert, daß man aus einer endlichen Wirkung nicht eine unendliche Ursache folgern könne. Interessanterweise taucht ganz am Rande ein Einwand auf, der für die Nachwelt viel größeres Gewicht haben sollte als die anderen: Es wird der Gedanke angedeutet, daß das zweckmäßige Angeordnete (der Organismus) eben das sei, das überlebt, und daß daher kein Grund vorliege, sich über das Bestehen von *design* und *adjustment* zu wundern.

Dieses Argument – der Selektionsgedanke – kann in der Tat mit allen Einzel-Zweckmäßigkeiten in der Welt logisch fertig werden, nicht aber mit einer tieferen Auslegung des »*argument from design*«. Letztere zielt auf die unendliche Unwahrscheinlichkeit (dies ist freilich ein moderner Begriff, der eine exaktere Manipulation des Ordnungsbegriffs zuläßt) der Beschaffenheit des Ausgangsmaterials der Welt, die ja einzig und allein erst höher organisierte und schließlich zweckmäßige Gebilde ermöglicht. Jedenfalls bleiben bei Hume beide Seiten der Tiefe des Themas einiges schuldig. Trotzdem finden sich bewundernswürdige Beispiele von Humes denkerischer Kühnheit und Schärfe im einzelnen.

Die verbreitetste Ansicht über Humes eigene Einstellung ist die, daß er den Cleanthes als Sieger in der Diskussion betrachte und durch ihn spreche. Diese Auffassung ist sicher irrig: Die stärkeren Argumente werden durchweg Philo in den Mund gelegt, dem Gegner nur in Einzelheiten scheinbare oder billige Triumphe konzediert. Dabei spielt neben dem Wunsch, dem Dialog nicht durch allzu offene Überlegenheit des Philo die Dramatik zu nehmen, natürlich auch die Absicht Humes eine Rolle, seinen Zeitgenossen kein direktes Angriffsziel zu bieten. Das Werk ist gerade in dieser Hinsicht mit beträchtlichem Raffinement komponiert – worauf der Philosoph selbst in einem Brief an Adam SMITH unzweideutig hinweist.   H.L.

AUSGABEN: Ldn. 1779. – Ldn. 1874 (in *The Philosophical Works*, Hg. Th. H. Green u. Th. H. Grose, 4 Bde., 1874/75 u. ö., 1 u. 2; Nachdr. Aalen 1964). – Oxford 1935, Hg. u. Komm. N. K. Smith; ern. Ldn. 1947. – NY 1957, Hg. H. D. Aiken [m. Bibliogr.]. – NY 1972, Hg. H. D. Aiken. – Oxford 1976. – Indianapolis 1980, Hg. R. H. Popkin.

ÜBERSETZUNGEN: *Gespräche über natürliche Religion*, K. G. Schreiter, Lpzg. 1781. – *Dialoge über natürliche Religion*, F. Paulsen, Lpzg. 1877; ³1905 (Bearb., Einl., Bibliogr. G. Gawlick; PhB); Hbg. ⁵1980 [durchges.].

LITERATUR: A. Lüers, *D. H.s religionsphilosophische Anschauungen*, Diss. Erlangen 1900. – A.-L. Leroy, *La critique et la religion chez D. H.*, Paris 1930. – A. Jeffner, *Butler and H. on Religion. A Comparative Analysis*, Stockholm 1965. – A. Sabetti, *D. H., filosofo della religione*, Neapel 1965. – G. Carabelli, *H. e la retorica dell'ideologia. Uno studio dei »Dialoghi sulla religione naturale«*, Florenz 1972. – J. C. A. Gaskin, *H.'s Philosophy of Religion*, Ldn. 1977. – A. G. Vink, *Philo's slotconclusie in de »Dialogues Concerning Natural Religion« van D. H.*, Leiden 1985. – A. Flew, *H.'s Philosophy of Religion*, Winston/Salem 1986. – T. A. Mitchell, *D. H.s Anti-Theistic Views*, Lanham 1986. – S. Tweyman, *Scepticism and Belief in H.'s »Dialogues«*, Dordrecht 1986. – J. Buchegger, *D. H.s Argumente gegen das Christentum*, Bern/Ffm. 1987.

AN ENQUIRY CONCERNING THE PRINCIPLES OF MORALS

(engl.; *Eine Untersuchung über die Prinzipien der Moral*). Moralphilosophisches Werk von David HUME, erschienen 1751. – Obwohl die Bedeutung und der Einfluß des Moralphilosophen Hume nicht mit der Wirkung seiner Erkenntnistheorie zu vergleichen ist, besteht eine enge Verwandtschaft zwischen seinen Grundeinstellungen auf beiden Gebieten. Auch Moralphilosophie ist für ihn nicht ohne eine Erfahrungsgrundlage denkbar. Seine Kritik gilt daher in erster Linie der rationalistischen Ethik, wie sie damals in England vor allem von Samuel CLARKE vertreten wurde: Moralische Bindungen wurden geradezu als ebenso objektiv gültig und wohldefiniert angesehen wie mathematische Wahrheiten. Nach Hume kann die Vernunft zwar darüber befinden, ob ein Verhalten irgendeiner Regel oder einem Wert entspricht, aber sie kann die Verbindlichkeit der Regel oder des Wertes nicht begründen; es gibt nichts Wertvolles an sich, sondern nur mit Bezug auf die menschliche Natur, d. h. auf das System unserer Gefühle und Leidenschaften. Die Prinzipien der Moral werden also empirisch aus der Kenntnis der menschlichen Psyche abgeleitet, und ihre letzten Kriterien entziehen sich dem begrifflichen Denken – was aber nicht bedeutet, daß Hume (etwa mit seinem schottischen Landsmann Francis HUTCHESON) einen eingeborenen moralischen Sinn oder Takt annimmt, der die Allgemeingültigkeit moralischer Wertungen garantieren würde; zu dieser Allgemeingültigkeit (die er, jedenfalls für eine Reihe von immer und überall anerkannten Grundtugenden und Werten, keineswegs bestreitet) kommt es durch Billigung oder Mißbilligung seitens der Umwelt, der Gesellschaft. (Hier ist eine Analogie zu Humes skeptisch-empirischer »Begründung« der Annahme von Kausalität deutlich sichtbar.) Hume teilt die moralischen Pflichten in zwei Gruppen: Die einen beruhen auf natürlichen, der Reflexion kaum zugänglichen Trieben (Elternliebe u. ä.), die anderen auf bewußt anerkannten Verbindlichkeiten, die sich im allgemeinen auf Nützlichkeit (für einen selbst, für andere, für die Gesellschaft) gründen; hierher gehört vor allem die Gerechtigkeit, die er als eine sozusagen »künstliche« Tugend ansieht, da sie sich erst in der Gesellschaft und aus deren Bedürfnissen heraus entwickeln kann. – Daß diese Betrachtungen sich nicht zu einer eigentlichen, moralbegründenden Philosophie summieren, wird besonders klar an Humes bekanntem Satz, daß »*moralische und natürliche Schönheit mehr gefühlt als begriffen werden*«. H.L.

AUSGABEN: Ldn. 1751. – Ldn. 1753–1756 (in *Essays and Treatises on Several Subjects*, 4 Bde., 3). – Ldn. 1875 (in *The Philosophical Works*, Hg. Th. H. Green u. Th. H. Grose, 4 Bde., 1874/75 u. ö., 3. u. 4; Nachdr. Aalen 1964). – Lpzg. 1913. – La Salle/Ill. 1966 [Einl. J. B. Stuart]. – Oxford ³1975, Hg. P. H. Nidditch.

ÜBERSETZUNG: *Eine Untersuchung über die Principien der Moral*, Th. G. Masaryk, Wien 1883. – *Untersuchung über die Prinzipien der Moral*, C. Winckler, Lpzg. 1929 (PhB); ern. Hbg. 1955 u. d. T. *Eine Untersuchung über die Prinzipien der Moral*, Nachdr. 1972 Einl. C. Winckler. – Dass., G. Streminger, Stg. 1984 (RUB).

LITERATUR: D. Krook, *Three Traditions of Moral Thought*, Cambridge 1959. – J. B. Stewart, *The Moral and Political Philosophy of D. H.*, NY/Ldn. 1963. – R. F. Anderson, *H.'s First Principles*, Lincoln 1966. – J. Harrison, *H.'s Moral Epistemology*, Oxford 1976. – J. L. Mackie, *H.'s Moral Theory*, Ldn. 1980. – J. Harrison, *H.'s theory of Justice*, Oxford 1981. – D. L. Miller, *Philosophy and Ideology in H.'s Political Thought*, Oxford 1981. – A. Flew, *H.'s Philosophy of Moral Science*, Oxford 1986.

PHILOSOPHICAL ESSAYS CONCERNING HUMAN UNDERSTANDING

(engl.; *Untersuchung über den menschlichen Verstand*). Philosophisches Werk von David HUME, erschienen 1748; unter dem heute gebräuchlichen Titel *An Enquiry Concerning Human Understanding* veröffentlicht 1758. – Hume sucht in dieser Schrift, die er später als die einzige adäquate Darstellung seiner theoretischen Philosophie bezeichnete, die Grundideen vor allem des ersten Teils seines bis dahin wenig beachteten Jugendwerks *A Treatise of Human Nature* (1739/40) verständlich zu machen. Die antimetaphysische, empiristische Richtung seines Denkens kommt dabei stärker zum Ausdruck als im *Treatise*.
Von seiner Erkenntnistheorie ausgehend, reduziert Hume den gesamten Bewußtseinsinhalt auf »Eindrücke« *(impressions)* und »Vorstellungen« *(ideas)*, wobei die Eindrücke sämtliche inneren und äußeren Wahrnehmungen umfassen, während die Vorstellungen den Bereich des eigentlich Geistigen ausmachen. Ferner geht er von zwei grundlegenden erkenntnistheoretischen Annahmen aus: 1) Alle Eindrücke und Vorstellungen lassen sich in »einfache« Eindrücke bzw. Vorstellungen zerlegen, die ihrerseits nicht weiter analysierbar sind; 2) Alle einfachen Vorstellungen gehen auf einfache Eindrücke zurück. Mit J. LOCKE betont Hume gegen G. W. LEIBNIZ und Ch. WOLFF, daß es keine »angeborenen Ideen« gebe und ebensowenig solche, die nicht zumindest indirekt, d. h. nach Analyse in ihre einfachsten Bestandteile, auf Erfahrungen der inneren und äußeren Wahrnehmung beruhen. Diese Entsprechung von Eindrücken und Vorstellungen dehnt Hume auf die Sprache aus: Jedem sinnvollen sprachlichen Ausdruck muß eine Vorstellung und damit letzten Endes ein gewisses Erfahrungsmaterial entsprechen.
Mit Hilfe dieses Sinnkriteriums, das in der neueren Zeit vor allem vom »Wiener Kreis« wiederaufgegriffen wurde, aber heute zumindest in seiner

strengen Form nicht mehr haltbar erscheint, will Hume alle herkömmliche Metaphysik, insbesondere jede spekulative Kosmologie, Ontologie und Theologie als sinnlos erweisen. Seine für die Zukunft folgenreichste Leistung liegt jedoch in der destruktiven Kritik des Kausalitätsbegriffs. Der kausalen Verknüpfung von Ereignissen entspricht keine logische Notwendigkeit. Da das auf Kausalschlüssen basierende menschliche Wissen auch nicht angeboren sein kann, muß es auf Erfahrung beruhen. Aber diese gibt uns lediglich Kenntnis von einer mehr oder weniger häufig eingetretenen Abfolge von Ereignissen in der Vergangenheit. Hume folgert daraus, daß ein Tatsachenwissen von Nichterfahrenem, insbesondere ein Wissen von der Zukunft, im strengen Sinn nicht möglich ist. Unser scheinbares Wissen, morgen werde die Sonne aufgehen, ist nichts als ein durch häufige Erfahrung geformter »Denkzwang«. – Aus dieser Einsicht in die engen Grenzen der menschlichen Erkenntniskraft resultiert Humes Skeptizismus und die Forderung nach Toleranz, Vorsicht und Selbstbescheidung der philosophischen Spekulationen, *»die nur die wunderliche Lage des Menschen zu offenbaren dienen, der handeln, denken und glauben muß, wenn er auch nicht imstande ist, durch die sorgsamste Untersuchung über die Grundlage dieser Tätigkeiten befriedigende Aufklärung zu erlangen oder die gegen sie erhobenen Einwürfe zurückzuweisen«.* – In diesem Werk erreicht der angelsächsische empiristische Sensualismus seinen Höhepunkt. KANT erhielt gerade von diesem Buch entscheidende Anregungen, die sich vor allem in der *Kritik der reinen Vernunft* niedergeschlagen haben.   U.Bu.

AUSGABEN: Ldn. 1748. – Ldn. 1758 (*An Enquiry Concerning Human Understanding*, in *Essays and Treatises on Several Subjects*, Bd. 2; ern. Ldn. 1777). – Ldn. 1875 (in *The Philosophical Works*, Hg. Th. H. Green u. Th. H. Grose, 4 Bde., 1874/75 u. ö., 3 u. 4; Nachdr. Aalen 1964). – Lpzg. 1913, Hg. J. McCormack u. M. W. Calkins. – Oxford 1957, Hg. L. A. Selby-Bigge. – NY 1962 (in *H. on Human Nature and the Understanding*, Hg. A. Flew). – Oxford 1975, Hg. L. A. Selby-Bigge [Nachdr. der Ausg. 1777; m. Index, Einl.]. – Indianapolis 1977, Hg. E. Steinberg. – La Salle/Ill. 1988.

ÜBERSETZUNGEN: *Philosophische Versuche über die menschliche Erkenntnis*, J. G. Sulzer, Hbg./Lpzg. 1755. – *Eine Untersuchung in Betreff des menschlichen Verstandes*, J. H. v. Kirchmann, Bln. 1869; Heidelberg 5 1902 (PhB). – *Eine Untersuchung über den menschlichen Verstand*, R. Richter, Lpzg. 1907; 9 1928; Hbg. 11 1984 [Einl., Anm. J. Kulenkampff]. – Dass., R. Eisler, Lpzg. 1947 (RUB).

LITERATUR: H. H. Price, *H.'s Theory of the External World*, Oxford 1940. – S. R. Letwin, *The Pursuit of Certainty: D. H., Jeremy Bentham, John Stuart Mill, Beatrice Webb*, NY 1965. – M. E. Williams, *Kant's Reply to H.* (in Kant-Studien, 56, 1965/66,

S. 71–78). – W. A. Suchting, *H. and Necessary Truth* (in Dialogue, 5, 1966/67, S. 47–60). – S. Paluch, *H. and the Miraculous* (ebd., S. 61–65). – G. Stern, *A Faculty Theory of Knowledge. The Aim and Scope of H.'s First Enquiry*, Lewisburg 1971. – D. C. Stove, *Probability and H.'s Inductive Scepticism*, Oxford 1973. – W. Stegmüller, *Das Problem der Induktion. H.'s Herausforderung und moderne Antworten*, Darmstadt 1975. – H. H. Hoppe, *Erkennen und Handeln. Zur Kritik des Empirismus am Beispiel der Philosophie D. H.s*, Bern/Ffm. 1976. – L. W. Beck, *Essays on Kant and H.*, New Haven/Ldn. 1978. – M. Malherbe, *Kant ou H. ou la raison et le sensible*, Paris 1980. – T. L. Beauchamp u. A. Rosenberg, *H. and the Problem of Causation*, NY/Oxford 1981. – *H. und Kant. Interpretation und Diskussion*, Hg. W. Farr, Freiburg i. B./Mchn. 1982.

A TREATISE OF HUMAN NATURE: Being an Attempt to Introduce the Experimental Method of Reasoning into Moral Subjects

(engl.; *Abhandlung über die menschliche Natur. Ein Versuch, die experimentelle Begründungsmethode auf moralische Gegenstände anzuwenden*). Philosophische Untersuchung von David HUME, entstanden zwischen 1734 und 1737, anonym erschienen 1739/40. – Das Hauptwerk Humes wurde von der Fachwelt zu seinen Lebzeiten ignoriert. Er hat daher den Inhalt der drei Bücher in popularisierter Form und unter Weglassung wichtiger Argumente und Thesen in den *Philosophical Essays Concerning Human Understanding* (1748), in den vier *Dissertations of Passions* (1757) und in der *Enquiry Concerning the Principles of Morals* (1751) veröffentlicht, die dann die erhoffte Beachtung fanden. Mit dem *Treatise* hat sich Hume das Ziel gesetzt, die menschlichen Fähigkeiten und Kräfte zu analysieren, und auf diese Weise herauszufinden, was wir überhaupt erkennen können und auf welchen Grundlagen diese Erkenntnisse beruhen. Er bedient sich dabei bewußt und ausdrücklich der Methode der damals aufkommenden experimentellen Naturwissenschaften und setzt sich auf diese Weise deutlich von allen metaphysischen Bestrebungen ab, aus sogenannten ersten Prinzipien, die nach Hume in Wirklichkeit nur anmaßende und der Erfahrung verschlossene Hypothesen sind, alle Lehrsätze der Philosophie zu gewinnen. Das erste Buch enthält die theoretische Philosophie (Erkenntnistheorie, Wissenschaftstheorie, Lehre von Raum und Zeit, Skepsis). Zunächst teilt Hume die menschlichen Bewußtseinsinhalte (*perceptions*) in Eindrücke (*impressions*) und Vorstellungen (*representations*) bzw. Begriffe (*ideas*) ein, und zwar nicht, wie John LOCKE, unter Zuhilfenahme des Ursachebegriffs, den er vielmehr auf Bewußtseinsinhalte zurückführen möchte, sondern durch Berücksichtigung der Tatsache, daß die Eindrücke die lebhafteren Bewußtseinsinhalte sind, die wir haben, wenn wir hören, sehen, fühlen, lieben, hassen, begehren, wollen usw., während die Begriffe und Vorstellungen die weniger lebhaften Inhalte sind, die wir haben, wenn wir über die Eindrücke reflektieren. Durch das Denken können wir die Bewußtseinsinhalte verändern und neu verbinden (und uns z. B. einen goldenen Berg bzw. eine glückselige Insel vorstellen), aber wir sind dabei letztlich stets an das Material gebunden, das uns die Eindrücke liefert, und haben keine Bewußtseinsinhalte, die nicht von diesen abgeleitet sind.

Die Vorstellungen werden durch den Verstand mittels der Prinzipien der Ähnlichkeit, der räumlichen oder der zeitlichen Berührung und der Ursache und Wirkung miteinander verknüpft. Mittels des Prinzips der Ähnlichkeit gelangen wir zu den Begriffen und mittels des Prinzips der räumlichen oder zeitlichen Berührung zu den Grundsätzen der Geometrie und der Zeitlehre (Hume charakterisiert den Raum als die Anordnung der sichtbaren und tastbaren Eindrücke und die Zeit als die Aufeinanderfolge von Eindrücken und Vorstellungen, womit für ihn, im Gegensatz zu J. NEWTON, kein absoluter Raum existiert).

Nach Hume kann man neue Tatsachen aus anderen Erfahrungen nur durch das Prinzip der Ursache und Wirkung, also nur durch direkte oder indirekte Bezugnahme auf Kausalgesetze erschließen. Durch ein klassisches, heute allgemein akzeptiertes Argument zeigt er, daß Kausalgesetze weder logisch bewiesen werden können noch deduktiv oder induktiv ohne zusätzliche Annahmen über die Natur aus der Erfahrung ableitbar sind. Die einzige Grundlage für unsere Kausalschlüsse ist nach seiner Ansicht daher unsere Gewöhnung an den Lauf der Natur. Der Verstand zerstört demnach alle Sicherheit, mit der wir unsere Wirklichkeitserkenntnisse gewinnen, und ist nicht in der Lage, ihnen eine neue Gewißheit zu geben. Widerlegt werden kann diese Skepsis nicht durch Vernunftgründe, sondern lediglich durch die Praxis, durch unser Handeln, da eine solche skeptische Grundeinstellung keinen dauerhaften Nutzen verbürgt.

Das zweite Buch enthält Humes Psychologie des Gefühls und des Willens. Er unterscheidet primäre Affekte, d. h. durch unsere Physiologie bedingte Eindrücke (wie Sinneseindrücke, Lustempfindungen, Schmerzempfindungen) von den sekundären, die durch eine Reflexion auf unsere Handlungen gekennzeichnet sind (wir werden uns solcher innerer Eindrücke vor allem unseres Willens bewußt, wenn wir wissentlich eine Bewegung oder eine sonstige Handlung ausführen). Wir stellen dabei empirisch fest, daß es einen Zusammenhang zwischen unseren Motiven und Handlungen gibt, der ebenso notwendig wie die Naturvorgänge ist. Dem Willen kommt also nicht Freiheit im Sinne der Ungültigkeit von Naturgesetzen bzw. deren Aufhebung in Einzelfällen zu.

Im dritten Buch nimmt Hume zu Fragen der Ethik Stellung. Dem Werturteil unterliegen die menschlichen Neigungen und Handlungen. Dabei kann der Verstand nur Urteile über Nützlichkeit und Zweckmäßigkeit fällen, er ist jedoch nicht in der

Lage, moralisch über die Billigung oder Mißbilligung einer Handlung zu urteilen. Es muß daher ein natürliches Gefühl geben, das uns dazu anhält, das für die Menschen nützlichen Handlungen den anderen vorzuziehen: Es ist dies die Menschenliebe (die Sympathie: die Freude am Glück der Menschen und der Schmerz über ihr Leid). Tugend ist nur um ihrer selbst willen da, um der unmittelbaren Befriedigung willen, die diese Menschenliebe gewährt, nicht um weiteren Lohn. Moralisches Wohlwollen und moralische Mißbilligung sind in diesem Sinn uninteressiert, nämlich nicht an Nützlichkeitserwägungen gebunden. W.K.E.

AUSGABEN: Ldn. 1739, 2 Bde. [Buch 1 u. 2]. – Ldn. 1740 [Buch 3]. – Ldn. 1874 (in *The Philosophical Works*, Hg. Th. H. Green u. Th. H. Grose, 4 Bde., 1874/75 u. ö., 1 u. 2; Nachdr. Aalen 1964). – Oxford 1896, Hg. u. Anm. L. A. Selby-Bigge, 3 Bde.; ern. 1964. – Ldn./NY 1911, Hg. A. D. Lindsay, 2 Bde.; ern. 1959/60. – NY 1963 (*in The Philosophy*, Hg. u. Einl. V. C. Chappell). – Harmondsworth 1969, Hg. E. C. Mossner; ern. 1986. – Oxford 1978, Hg. L. A. Selby-Bigge u. a.

ÜBERSETZUNGEN: *Über die menschliche Natur*, L. H. Jakob, 3 Bde., Halle 1790/91. – *Traktat über die menschliche Natur*, E. Köttgen u. J. B. Meyer, Hg., Anm. u. Bearb. Th. Lipps, 2 Tle, Hbg./Lpzg. 1895–1906 (PhB); Nachdr. Hbg. 1978 [Buch 2 u. 3] u. 1988 [Buch 1; Einl. u. Bibliogr. R. Brandt].

LITERATUR: J. Laird, *H.'s Philosophy of Human Nature*, Ldn. 1932; ern. Hamden/Conn. 1967. – A. G. N. Flew, *H.s Philosophy of Belief. A Study of His Inquiry*, Ldn. 1961; ²1966. – R. M. Kydd, *Reason and Conduct in H.'s »Treatise«*, NY 1964. – R. H. Hurlbutt, *H., Newton and the Design Argument*, Lincoln/Nebr. 1965. – P. S. Ardal, *Passion and Value in H.'s Treatise*, Edinburgh 1966. – P. Mercer. *Sympathy and Ethics. A Study of the Relationship Between Sympathy and Morality With Special References To H.'s »Treatise«*, Oxford 1972. – M. Dal Pra, *H. e la scienza della natura umana*, Rom 1973. – P. H. Nidditch, *An Apparatus of Variant Readings for H.'s »Treatise«*, Sheffield 1976. – R. J. Fogelin, *H.'s Scepticism in the »Treatise of Human Nature«*, Ldn. 1985.

THOMAS A. G. HUNGERFORD

* 1915 Perth

THE RIDGE AND THE RIVER

(engl.; *Der Hügelkamm und der Fluß*). Roman von Thomas A. G. HUNGERFORD (Australien), erschienen 1952. – Der Roman (sein Titel soll wohl die fast sinnbildliche Dominanz geographischer Faktoren im schwierigen Gelände des Schauplatzes, der Dschungellandschaft von Neuguinea, andeuten) ist ein packender Bericht über die dreitägige Erkundigungspatrouille einer kleinen Infanterieeinheit und zugleich ein Tribut an den Mut und die Ausdauer der australischen Dschungelveteranen im Kampf mit den Japanern. Der episodische Ausschnitt fällt mit einer psychologisch und disziplinarisch heiklen Phase im Leben der Mannschaft zusammen: Der erfahrene, allgemein beliebte Korporal Alex Shearwood wird als Gruppenführer durch den blutjungen Leutnant Clem Wilder ersetzt, der sein erstes Kommando mit dem Handikap antritt, bei seiner Feuertaufe die Nerven verloren zu haben. Glaubhaft und einfühlsam wird geschildert, wie Wilder durch die harte Belastungsprobe der Patrouille zum Mann zu reifen beginnt und sich, nicht ohne Rückschläge, in den Augen seiner ihm zunächst mit Mißtrauen, ja offener Verachtung begegnenden Truppe, die nicht den Rang, sondern Tüchtigkeit respektiert, zu rehabilitieren vermag. Weil Wilder mit der bewährten Praxis bricht und bei Tageslicht vorgeht, gibt es beim Kontakt mit den Japanern Verwundete; Korporal Malise muß auf einer improvisierten Tragbahre mühsam zurücktransportiert werden. Bei der Überquerung eines reißenden Flusses ertrinkt der Soldat Pinkie Evans. Nach Abschluß der Patrouille wird Wilder vom Major aus pädagogischen Gründen abgekanzelt, was sein Ansehen bei der Mannschaft noch mehr festigt. Im Lager ist inzwischen die Nachricht vom Abwurf der Atombombe auf Hiroshima eingetroffen, und ein baldiges Ende des Krieges erscheint möglich.

Wurde schon in dem berühmten Kriegsroman *Flesh in Armour* (1932) des Australiers Leonard MANN das Blickfeld auf wenige Gestalten eingeengt (allerdings vor dem Hintergrund der militärischen Großoperationen), so erreicht Hungerford durch Stoffwahl und Strukturmittel eine noch stärkere Konzentration. Seine Darstellungsweise erweist sich als ideale Methode für die atmosphärisch dichte Reportage des erbarmungslosen Guerillakriegs im Dschungel und für die objektive Darstellung von Wilders Versagen und Bewährung. In dieser Schicksalsgemeinschaft treten nur wenige Charaktere als unverwechselbare Individuen hervor: vor allem der an seiner Aufgabe wachsende Wilder, der zuverlässige, verhaltene Shearwood, der zynische, verbitterte Malise, der religiöse Manetta, der stolze Kanake Womai, einer der Späher, und – an der Peripherie des Geschehens – der rauhbeinige, aber humane Major Lovatt und der Koch Beetle. Hungerford zeigt, wie für sie alle nicht nur die Geborgenheit des Zivillebens, sondern auch die internationalen Zusammenhänge des Kriegsgeschehens unter dem Druck eines gefahrvoll brutalen Alltags zu Schemen verblassen. Bemerkenswert ist, daß im Unterschied zu vielen Romanen über den Ersten Weltkrieg martialisch-patriotische Töne und konventioneller Heroismus, aber auch die polemische ideelle Auflehnung gegen den Krieg

fast völlig fehlen. – Hungerfords realistischer, aber sorgfältig ausgewogener Stil gibt die illusions- und respektlose, mit grimmigem Humor und saftigen Obszönitäten gewürzte Ausdrucksweise der Frontsoldaten glänzend wieder. Wo der Autor die ihm kongeniale Ebene des Dokumentarischen verläßt – in seinem Versuch, Innenleben und persönliche Problematik einzelner Gestalten zu analysieren, insbesondere die aus Minderwertigkeitsgefühl und Revanchebedürfnis genährte Misanthropie des Aborigine-Mischlings Malise – sinkt er trotz echten Verständnisses ins Feuilletonistische und Triviale ab. Die Gelegenheit, die Leiden der melanesischen Bevölkerung im Kriegsgebiet zu gestalten, bleibt ungenützt. (Keines der australischen Kriegsbücher trug übrigens wesentlich zur künstlerischen Weiterentwicklung der Romanform bei.)

Innerhalb seines Genres gehört *The Ridge and the River* als wirklichkeitsnahes Buch ohne Melodrama und falsches Pathos – das australische Nationalgefühl wird als selbstverständlich vorausgesetzt – neben Eric LAMBERTS *The Twenty Thousand Thieves* (1951) zu den stärksten vom Zweiten Weltkrieg inspirierten Leistungen der australischen Literatur.

J.H.T.

AUSGABEN: Sydney 1952. – Sydney 1966 (Pacific Books). – Sydney 1978.

LITERATUR: E. Lambert, Rez. (in Meanjin, 11, 1952, S. 415/416). – F. T. Macartney, Rez. (in Southerly, 14, 1953, S. 41/42). – J. Schulz, *Geschichte der australischen Literatur*, Mchn. 1960, S. 164/165. – H. P. Heseltine, *Australian Fiction since 1920* (in *The Literature of Australia*, Hg. G. Dutton, Harmondsworth 1964, S. 206/207). – G. K. Smith, *T. A. G. H.* (in Westerly, 1976, Nr. 3, S. 35–41).

CHRISTIAN FRIEDRICH HUNOLD

* 19.9.1681 Wandersleben bei Arnstadt /
Thüringen
† 6.8.1721 Halle/Saale

DIE LIEBENS-WÜRDIGE ADALIE, in einer annehmlichen und wahrhafftigen Liebes-Geschichte der galanten Welt zu vergönnter Gemüths-Ergetzung herausgegeben von Menantes

Galanter Roman von Christian Friedrich HUNOLD, erschienen 1702 unter dem Pseudonym Menantes. – In der Nachfolge des frühen Wegbereiters der Gattung, August BOHSE (*Liebes-Cabinet der Damen*, 1685), gestaltet Hunold eine galante Klatschgeschichte: den gesellschaftlichen Aufstieg der schönen und intelligenten Pariser Kaufmanns-

tochter Adalie Brion, die die Gunst des Prinzen Rosantes erringt und zur Herzogin avanciert. Der frei bearbeitete und auf das Doppelte des ursprünglichen Umfangs erweiterte Stoff geht auf den Roman *L'illustre Parisienne* (1679) des französischen Unterhaltungsschriftstellers J. de PRÉCHAC zurück, der seinerseits eine historische Begebenheit, die für die legitimistischen Anschauungen der Zeit schockierende Verbindung des Herzogs von Braunschweig-Lüneburg-Celle mit Éléonore Desmier d'Olbreuse (1676), aufgreift. Nach dem traditionellen Schema des höfischen Romans: Trennung der Liebenden, Täuschung, überraschende Begegnung, Entführung, Verwechslung, Sichwiederfinden und glücklicher Ausgang, wird das eigentliche Liebesgeschichte in ein Gewirr von Intrigen verstrickt und zusätzlich mit einer – nach demselben Schema geführten – Nebenhandlung kontrapunktiert, deren Helden Adalies Schwester Barsine und ihr Ritter Renard sind. Auf der letzten Station von Adalies Irrfahrten, am Hof der Prinzessin Emilie, laufen die beiden Handlungsstränge zusammen, und es kommt zu einer dreifachen Hochzeit. – Hunolds eigene Leistung besteht vor allem in der Hinzufügung von Landschaftsbildern und Komödiensituationen und in der fast frivolen Ausgestaltung der Landschloßepisode der Nebenhandlung. – Von den in schneller Folge entstandenen vier Romanen des jungen Dichters demonstriert die *Adalie* am eindringlichsten den Stilwandel, der sich gegen Ende des 17. Jh.s vollzieht. Der große barocke Roman, dessen Handlungsschema beibehalten ist, erfährt hier gleichsam von innen her eine Umgestaltung seiner Wert- und Gedankenordnung. Nicht mehr die unerbittliche Fortuna, sondern der launig-listige Gott Amor hat in dieser Welt, die einem *»geheimen Liebes-Cabinet« (Vorrede)* gleicht, die Herrschaft inne. Nicht mehr durch einen Heroismus des Handelns und Leidens zeichnen sich die Helden aus, sondern durch eine »galante Conduite« in der zwanglos-heiteren Geselligkeit eines wohlhabenden Landadels. Die Liebe wird nun ganz private Herzensangelegenheit, die von den Forderungen der Staatsräson wie von romantisch überspitzter Schwärmerei gleich weit entfernt ist: »... *nicht Verzweiflungen und Staatsaktionen begleiten einen Liebesbund, sondern beziehungsreiche Arien und bedeutungsvoller Bänderschmuck, Lautenmusik und Parkspaziergänge«* (H. Singer). Wie die hierin aufschlußreiche Landschloßepisode zeigt, sind die Partner prinzipiell austauschbar, und der Treue-, ja Ehebruch wird mühelos bagatellisiert. Die festgefügte Werthierarchie des Barockromans wird von einem moralischen »Indifferentismus« abgelöst, der, wenn es der Spielcharakter des *»Labyrinths der Sinnen«* erfordert, sogar schwankhafte Züge annehmen kann.
Dennoch kündigt sich darin nicht zuletzt die neue Humanitätsidee der Aufklärung an, die auf der Glückseligkeit des Individuums und der »untragischen« Lösung von Konflikten durch permanente Korrektur der Voraussetzungen insistiert. So stellt

sich Graf Alfredo am Schluß, gerade durch sein Festhalten an einem starren Ehrenkodex, dem glücklichen Ende in den Weg, und Rosantes muß es im Duell mit ihm erzwingen. – Stilistisch bricht der Roman, an der *»flüssigen Eleganz des französischen Konversationsstils«* (Singer) geschult, mit dem rhetorischen Schwulst und der Blumigkeit des Barockromans und strebt zwischen prunkvoller Überladenheit und niederer Alltäglichkeit das Ideal eines höfisch-zierlichen, »mittleren« Stils an. – Die Lustspielstruktur des Werks, das auf dem Gebiet der Prosa das Frührokoko eröffnet, wirkt nach in WIELANDS *Don Sylvio von Rosalva* (1764), dem repräsentativen Roman des Spätrokoko.   R.M.

AUSGABEN: Hbg. 1702; ern. Stg. 1967 [Faks.; Nachw. H. Singer]. – Hbg. 1752.

LITERATUR: H. Vogel, *C. H., sein Leben und seine Werke*, Diss. Lpzg. 1897. – H. Singer, *Der galante Roman*, Stg. 1961, S. 36–52 (Slg. Metzler; ²1966). – Ders., *Der deutsche Roman zwischen Barock und Rokoko*, Köln/Graz 1963 (Literatur u. Leben, N. F. 6). – D. Kimpel, *Der Roman der Aufklärung*, Stg. 1967. – H. Wagner, *Kompositionsprinzipien der Romane C. F. H.s*, Diss. Univ. of California, Los Angeles 1967. – W. Voßkamp, *Adelsprojektionen im galanten Roman bei C. F. H. Zum Funktionswandel des »hohen« Romans im Übergang vom 17. zum 18. Jh.* (in Literaturwiss. u. Sozialwiss., 11, 1979, S. 83–99). – Ders., *C. F. H. (M.)* (in Dt. Dichter des 17. Jh.s, Hg. H. Steinhagen u. B. v. Wiese, Bln. 1984, S. 852–870).

VEIKKO HUOVINEN

* 7.5.1927 Simo

HAVUKKA-AHON AJATTELIJA

(finn.; *Ü: Konsta*). Roman von Veikko HUOVINEN, erschienen 1952. – Mit seinem Romanerstling gelang Huovinen gleich sein größter Erfolg: Die mit viel volkstümlicher Komik gezeichnete zentrale Figur Konsta Pylkkänen – der »Denker von der Havukka-Rodung« (so der Titel wörtlich) – und seine Art, die sich verändernde Welt aus der Sicht des einfachen Landarbeiters aus Kainuu, einem dünn besiedelten Landstrich in Nordostfinnland, zu verstehen und seinen Standort in ihr zu finden, gewannen große Sympathien bei einem Publikum, dem kurz nach dem Krieg dieses Milieu so fremd noch nicht war. Die Gestaltung Konstas, des auch in anderen frühen Werken des Autors – in den Novellensammlungen *Hirri* (1950) und *Konsta Pylkkerö* (1961) – auftretenden Protagonisten, prägte nachhaltig Huovinens Ruf als Humorist. Huovinens spätere Werke, deren wichtigste wohl

Talvituristi (1965), *Lampaansyöjät* (1970) und *Lentsu* (1978) sind, waren nicht zuletzt deshalb weniger erfolgreich, weil sich der Autor in ihnen nicht mehr als volksnaher Humorist, sondern als gereifter, teils verdrossener, teils resignierter konservativer Satiriker zeigte.

Konsta ist in seiner Art ein typischer Vertreter seines Menschenschlags: naturverbunden, eigenbrötlerisch und instinktsicher, aber auch verschlagen und schlitzohrig, auf seinen Vorteil bedacht und nicht ohne Neidgefühle besser gestellten Mitmenschen gegenüber; seine Physiognomie ist markant, wenn auch nicht gerade ansprechend: ein kauziger Waldschrat, der sich seinen Lebensunterhalt als Holzfäller und Saisonarbeiter verdient. Er fühlt sich jedoch zu Höherem geboren, glaubt über Dinge zu grübeln, von denen seinesgleichen nichts versteht, und hält sich für den einzigen in der Welt seines Horizonts, der Lösungen für »weltbewegende« Probleme ersinnt. Freilich ist ihm das auch eine Last – »*Warum war es gerade sein Los, über fast alles nachdenken zu müssen ...?*« –, die ihm jedoch bisweilen seinen nicht einfachen Arbeitstag angenehm verkürzt. Seinen Mitmenschen in der Einöde gilt er als Sonderling: Anselmi, den friedfertigen Herrn des Hofes, auf dem er sich verdungen hat, bringt er zur Weißglut, als er, an seine seherischen Fähigkeiten glaubend, ihm nach einem Traum wenig Schmeichelhaftes unterstellt; Iita, Anselmis Frau, hält ihn einfach für einen Klugscheißer. Seinen Ruf als »Gelehrter«, den er unter seinesgleichen genießt, unterstreicht er nicht nur durch seine in einem Koffer sorgfältig gehütete »Bibliothek«, die aus neun recht wertlosen Büchern – »*Siebzehn Mark für neun Bücher! Er hatte an jenem Tag eine ganz ungewöhnliche Glückssträhne gehabt*« – besteht. Er mehrt ihn auch durch gezielt in die Welt gesetzte Gerüchte über sieben Jahre seiner Jugend, von denen nichts Genaues bekannt ist, für die sich die Leute aber brennend interessieren. Dieses Spiel mit der Neugierde an seiner Person, die ihm überaus schmeichelt, zieht sich als roter Faden durch die Erzählung.

So nimmt es nicht wunder, daß der Einödphilosoph, als er erfährt, daß zwei in der Nähe forschende Wissenschaftler einen Gehilfen suchen, sich bei ihnen verdingen will. Um ausreichend gewappnet zu sein, erprobt er zuvor seine »Gelehrtheit« bei zwei Studenten. Sein Interesse an technischen Errungenschaften der Zivilisation, an »Maschinen«, ist groß, sein Wissen über sie bescheiden und rührend naiv. So fühlte er sich einst von einem Ingenieur genasführt, als ihm dieser erklärte, in Helsinki würden bei einer natürlichen Verrichtung nicht die in der Einöde üblichen Abtritte benutzt, sondern entsprechende Anlagen in einer Kammer, in der das Wasser aus der Wand komme. Als die Studenten dies bestätigen, tut dies seinem Selbstbewußtsein keinen Abbruch: »*Da wandte Konsta das Gesicht zur Seite, hielt sich die Hand vor den Mund und grinste verstohlen. Sie hielten ihn bestimmt für verdammt einfältig. Aber sie konnten ja nicht ahnen, daß er selbst einmal auf einem Bau gearbeitet und Abflußrohre*

und andere Leitungen verlegt hatte.« So fühlt er sich ihnen alsbald schon überlegen und wohl gerüstet für »richtige« Gelehrte.

Einen großen Teil der Komik bezieht der Roman aus der Diskrepanz zwischen der abstrusen Gelehrsamkeit des »Philosophen« und der ihn umgebenden Realität. Konsta, im Innersten eigentlich scheu und fast ehrfürchtig angesichts der »Studierten« aus dem Süden, war letztlich – auch in den rätselhaften sieben Jahren – immer nur ein einfacher Holzfäller; er gibt sich nach außen jovial und weltmännisch, um seine, wie er es sieht, intellektuelle Ebenbürtigkeit zu beweisen, aber auch eitel und prahlerisch. Gelegentliche Ausrutscher – unter »Oberhand« stellt er sich ein zusätzliches Paar Arme, die aus den Schultern wachsen, vor – bleiben ihm selbst verborgen und werden von den Professoren als eine Art schlitzohriger, augenzwinkernder Humor, wie er den Einheimischen wohl eigen sei, aufgefaßt. In seinem eigenen Metier, der Jagd und den in der Einöde notwendigen Techniken, ist er sehr geschickt, so daß er von den Professoren als hilfreiche Stütze angesehen wird. Lediglich seine Neigung zu geistigen Getränken wird vom strengen Ojasto verachtet, wohingegen der allem Unverfälschten zugeneigte Kronberg in ihr einen deftigen Ausdruck reinen Einödwesens sieht.

Eine Steigerung des Komischen erfährt die Erzählung in der Episode von Konsta und dem Mikroskop, dessen Aufbewahrungskiste er einmal unverschlossen findet, als sich die beiden Wissenschaftler auf einer Exkursion befinden. Dabei fällt ihm auch ein Anatomiebuch in die Hände, dessen Abbildungen er mit ungläubigem Staunen studiert. Wie es der Zufall will, schaut just in diesem Moment ein ihm bekanntes Bäuerlein vorbei, vor dem er schon früher mit seinem Wissen geprahlt hat. Konsta läßt es sich nicht entgehen, mittels des Mikroskops und des »Darmbuchs« seine Künste unter Beweis zu stellen, um dem Bäuerlein schließlich eine Roßkur gegen sein Leiden zu verschreiben. Auch wenn diesem so manches an der Diagnose nicht geheuer erscheint, so zieht er, nicht zuletzt wegen des hohen Alkoholanteils der Kur und der verordneten Ruhe, zufrieden von dannen. Etwas aufgesetzt wirkt hingegen der eigentliche Höhepunkt: Konsta schießt zufällig ein Paar bislang unbekannter Vögel – eine wissenschaftliche Sensation, die den eitlen Konsta sogar in die Zeitung bringt, wovon er schließlich auch, nachdem die Professoren abgereist sind, in der Einöde zehren kann.

Einen wesentlichen Teil des nicht sehr handlungsreichen Romans beanspruchen detaillierte Schilderungen der noch unberührten Natur Nordfinnlands. Hier und da wird auf ein verfallenes Bauernhaus hingewiesen – ein Zeichen für die nach dem Krieg infolge der zunehmenden Industrialisierung einsetzende Landflucht, unter der gerade die dünn besiedelte, karge Provinz Kainuu sehr stark litt. Vor allem der genuin finnische Humor und das für typisch finnisch gehaltene Szenarium waren mitentscheidend für den – vor allem bei Lehrern und Schülern großen – Erfolg des Romans.   E.Wi.

AUSGABE: Porvoo/Helsinki 1952; ²³1984.

ÜBERSETZUNG: *Konsta*, J. A. Frank, Wien 1960.

DRAMATISIERUNG: V. Huovinen, *Havukko-ahon ajattelija* (Urauff.: Helsinki 1959, Helsingin kansanteatteri).

LITERATUR: H. Mäkelä, *H., kertoja* (in Parnasso, 1967, S. 69–76). – A. Seppälä, *Ajatus on hiirihaukka. V. H., humoristi*, Porvoo/Helsinki 1975. – *V. H.* (in *Miten kirjani ovat syntyneet*, Hg. R. Haavikko, Bd. 2, Helsinki u. a. 1980, S. 243–255). – K. Laitinen, *Suomen kirjallisuuden historia*, Helsinki 1981, S. 538–541. – P. Tarkka, *Finnische Literatur der Gegenwart. Fünfzig Autoren-Porträts*, Helsinki 1983, S. 47–50. – V. Karonen, *V. H. Satirist of the Forest* (in Books from Finland, 1987, S. 154–156).

SVETOZÁR HURBAN VAJANSKÝ

* 16.1.1847 Hlboké
† 17.8.1916 Martin

LITERATUR ZUM AUTOR:
A. Mráz, *S. H. V.*, Preßburg 1926. – W. Bobek, *V. o umení*, Preßburg 1937. – A. Matuška, *V. prozaik*, Preßburg 1946. – A. Mráz, *Na ste výrocie narodenia S. H. V.*, Turč. Sv. Martin 1947. – F. Votruba, *Literárne štúdie I.*, Preßburg 1950. – A. Mráz, *Zo slovenskej literárnej minulosti*, Preßburg 1953, S. 288–301. – E. M. Šoltésová, *S. V. H.*, Preßburg 1958. – F. Votruba, *K portrétu S. H. V.* (in Slovenská literatúra, 6, 1959, S. 3–17). – M. Chorváth, *Cestami literatúry 2*, Preßburg 1960, S. 105–127. – P. Petrus, *S. H. V.*, Martin/Preßburg 1966. – A. Červenák, *S. H. V. a Lev N. Tolstoj* (in Slavica Slovaca, 2, 1967, S. 113–124). – Ders., *V. a Turgenev*, Preßburg 1968. – I. Kusý, *S. H. V.*, Preßburg/Banská Bystrica 1969. – O. Nagyová, *Mladý V. ako novinár*, Preßburg 1973. – C. Kraus, *V. kritik* (in Litteraria, 17, 1974, S. 42–87). – M. Mináriková-Prídavková, *Vývin textov V. diela* (in Slovenská literatúra, 24, 1977, S. 3–37). – P. Petrus, *S. H. V.*, Preßburg 1978. – *Slovenská kritika II*, Preßburg 1979, S. 153–257; 367–387. – I. Cvrkal, *Aspekty V. poetiky a nemecký tendenčný román po revolúcii 1848* (in Slovenská literatúra, 27, 1980, S. 522–552).

KOTLÍN

(slovak.; *Kotlín*). Roman von Svetozár HURBAN VAJANSKÝ, erschienen 1901. – Der letzte Roman des national gesinnten Lyrikers und Prosaisten Hurban Vajanský, Sohn von J. M. HURBAN, dem Mitarbeiter des bekannten Dichters und Ästhe-

tikers Ľudovít ŠTÚR, stellt die Summe der Lebenserfahrungen und gesellschaftspolitischen Ansichten des Autors dar. Vajanský, dem Schöpfer des slovakischen Gesellschaftsromans, gelingt auch hier – wie schon in dem Roman *Koreň a výhonky*, 1895 *(Wurzel und Triebe)* – die Charakterisierung breiter Schichten der slovakischen Gesellschaft, vor allem aber die Analyse des Generationsproblems. Im Mittelpunkt des Romans *Kotlín* (d. i. der Name der fiktiven Komitatsstadt, in der die Handlung spielt) steht das Schicksal des Adeligen Andrej Lutišič, eines typischen Vertreters der jungen entnationalisierten slovakischen Intelligenz. Von deutschen und magyarischen Schulen in die Heimat zurückgekehrt, verliebt sich Andrej in Júlia Gregušová, die Tochter seines Gutsverwalters Ján Greguš, eines überzeugten Volkstümlers. Als Angehöriger der älteren Generation bemüht dieser sich vergeblich, Lutišič zum nationalen Denken zu bewegen. Auch nicht die Liebe zu Júlia vermag in dem magyarophilen Lutišič Sympathie für das eigene Volk zu wecken. Als schließlich Júlia in einer dramatischen Szene ihrem Zugehörigkeitsgefühl zum Volk den Vorrang gibt, begeht Lutišič Selbstmord.

Um die herrschenden politischen Gedankenströmungen der Zeit nach Motivation, Inhalt und Wirkung erfassen zu können, macht Vajanský reichlich Gebrauch von Dialog und Diskussion. Dabei zeigt sich deutlich das Verhältnis des Autors zu den »Hlasisten«, einer Gruppe junger Leute um die Zeitschrift ›Hlas‹ (Die Stimme), die zur Zeit der Entstehung des Romans einen fortschrittlich-liberalen Standpunkt verfochten. Mehrere Vertreter dieser Bewegung treten im Roman auf, werden aber aus der Sicht des Autors verzeichnet und als »Radikale« karikiert, denn Vajanský macht keinen Hehl daraus, daß er mit den alten Volkstümlern sympathisiert. Andrejs Tod vor allem soll die Auffassung des Autors sinnfällig machen, daß der slovakische Landadel, der sich mit dem Volksorganismus nicht verbunden fühlt, die moralische Berechtigung seiner Existenz verloren hat und zugrunde gehen muß.

Der Roman rief heftig ablehnende Kritik bei der jungen Generation hervor, die Vajanský mangelndes Verständnis für die neuen Strömungen vorwarf. *Kotlín* stellt aber innerhalb des Gesamtwerks des Dichters einen bedeutenden Versuch dar, sich mit den Zeitproblemen auseinanderzusetzen und sie möglichst umfassend in einer vielschichtigen epischen Konzeption zu beschreiben und zu werten. Auch wenn diese Wertung der subjektiven Sicht und konservativen Einstellung des Autors entspricht, zeugt *Kotlín* von dem ehrlichen Bemühen eines engagierten Schriftstellers um gedankliche Bewältigung der Konflikte seiner Zeit und gleichzeitig von der Gestaltungskraft eines großen Epikers. J.Le.

AUSGABEN: Turč. Sv. Martin 1901. – Trnava 1929–1931 (in *Sobrané diela*, 11 Bde., ²1924 bis 1931, 10/11). – o. O. ⁵1949 (in *Sobrané diela*, 11 Bde., 10/11).

LITERATUR: V. Šrobár, *»Kotlín«* (in Hlas, 4, 1901/1902, Nr. 2/3, S. 76–82). – O. Čepan, *Štl Vajanského prózy* (in Slovenska literatúra, 5, 1958, S. 385–427).

LETIACE TIENE

(slovak.; *Fliegende Schatten*). Roman von Svetozár HURBAN VAJANSKÝ, erschienen 1883. – Hier beschreibt der Autor die Haltung des großenteils magyarisierten slovakischen Landadels zur nationalen Unabhängigkeitsbewegung. Zwar hegt Hurban Vajanský die Wunschvorstellung von der aktiven Teilnahme der Adligen an diesem Prozeß – eine Utopie, der er vor allem in seinem Roman *Suchá ratolesť*, 1884 *(Der dürre Ast)*, Ausdruck verleiht –, doch gelingt es ihm in *Letiace tiene* nicht, den Adel als positive gesellschaftliche Kraft darzustellen. Der Roman zeigt weder eine zusammenhängende Handlung noch einen festen kompositionellen Aufbau. Der Autor gliedert die einzelnen Episoden nicht funktionell in eine einheitliche Komposition ein, gibt indes eine eingehende Charakteristik der Gestalten, deren moralische Qualität an ihrer Einstellung zum eigenen Volk, zu den Ideen der nationalen Befreiung gemessen wird. Aus diesem Gesichtswinkel zeichnet Hurban Vajanský eine breite Typenskala von eindeutig negativen Gestalten, allerdings auch einige schematisch positive Helden, die die gesellschaftlich-historischen Illusionen des Autors verkörpern. Eine wahrheitsgetreu beobachtete Gestalt ist der magyarisierte Gutsbesitzer Jablonský, der sich wirtschaftlich ruiniert, weil er es nicht versteht, sich der fortschreitenden Industrialisierung anzupassen. Den moralischen Verfall der Großgrundbesitzer repräsentiert der haltlose Trinker Kazimír; seine Untauglichkeit wird in übertrieben düsteren und drastischen Szenen betont. Ein positiver Vertreter der Gutsbesitzer ist Eugen Dušan. Der patriarchalische und pathetische alte Lehrer Holan, der sich nationalen und religiösen Phantasien hingibt, hat zwar alle Sympathien seines Autors, gleichzeitig wird aber seine passive Lebensführung kritisiert. Die erfüllte Liebe von Holans Sohn Milka zu Ella, der Tochter Jablonskýs, eine Beziehung, die das Verschmelzen des national bewußten Teils der Großgrundbesitzer mit der moralisch integren und patriotischen Intelligenz versinnbildlicht, erhält ein besonderes Gewicht.

In dem Roman geraten realistisch dargestellte Situationen und Erscheinungen in Widerspruch zu den anachronistisch subjektiven Ansichten des Autors. Dort, wo er sich von der Wiedergabe gesellschaftlicher Spannungen abwendet und eine Anleitung zu deren Überwindung zu geben sucht, gewinnen spekulative Elemente und romantisch-sentimentale Motive das Übergewicht. Eine wichtige Komponente dieses Thesenromans ist der Dialog. Dank seiner volksverbundenen Tendenz hat der Roman in der Zeit der nationalen Unterdrückung eine bedeutende bewußtseinsbildende Rolle gespielt. J.Le.

AUSGABEN: Turč. Sv. Martin 1883 (in *Besedy a dumy I*). – Turč. Sv. Martin 1948. – Brünn 1957. – Preßburg 1979.

LITERATUR: A. Mráz, *Spoločenské otázky v predprevratovom slovenskom románe*, Preßburg 1950, S. 13–101. – J. Števček, *Esej o slovenskom románe*, Preßburg 1979, S. 49–162.

SUCHÁ RATOLESŤ

(slovak.; *Der dürre Ast*). Roman von Svetozár HURBAN VAJANSKÝ, erschienen 1884. – Der Autor versuchte, mit diesem Werk einen slovakischen Gesellschaftsroman zu schaffen, der den russischen und englischen Meisterwerken dieser Gattung ebenbürtig wäre. – Anknüpfend an die Versromane HVIEZDOSLAVS und die Frühwerke KUKUČÍNS beschäftigt sich der Roman mit der gesellschaftlichen und kulturellen Situation des slovakischen Adels seiner Zeit. Dem politischen Gedankengut Ľudovít ŠTÚRS verpflichtet, sehnte Vajanský eine nationale Reform unter aktiver Beteiligung des Adels herbei. – Die gesellschaftliche Problematik wird am Typus des sensiblen Adligen Stanislav (Stano) Rudolpoľský dargestellt, der seiner Nation zunächst vollkommen entfremdet ist. *»Stano dachte sogar deutsch«*, als er nach einigen Bildungsreisen und Kunststudien in Wien auf das Gut seiner Familie zurückkehrte. Rudolpoľskýs enge Freundschaft zu dem panslavistischen Dichter und Lehrer Tichý führt zu vielen tiefgründigen, aber fruchtlosen Diskussionen. Da Stanos oberflächliche Kontaktsuche unter der Bevölkerung auch bei der bürgerlichen Gutsbesitzerfamilie Vanovský keinen Erfolg hat, stellt er schließlich resignierend fest, *»die Adligen seien der dürre Ast an seinem Volk«*. Erst als er gezwungen wird, sich für Tichý und dessen Ideen mit dem ungarischen Advokaten Sratnay zu schießen, empfindet er jene tiefe Verbundenheit mit dem Slovakentum, die ihm bisher gefehlt hat: *»Der Teufel hole die alten morschen Stämme, einen Wald müssen wir pflanzen, die Mahd vorbereiten, den Acker bebauen, pflügen, säen!«*

Stilistisch und kompositorisch steht das Werk unter dem Einfluß TURGENEVS. Vajanskýs Bemühungen um einen nuanciert naturalistischen, gehobenen Konversationston, die Figur des Helden – der große Ähnlichkeit mit dem Neždanov aus Turgenevs *Nov'*, 1876 *(Neuland)*, hat –, die weiblichen Charaktere und die Durchführung der doppelten Liebeshandlung lassen dies deutlich erkennen. Die Sprache der Erzählung ist zuweilen pathetisch überhöht. Der Autor verwendet Metaphern aus allen Stilebenen und flicht ohne Scheu Ausdrücke aus dem Russischen als der künstlerisch am weitesten entwickelten slavischen Sprache jener Zeit in seine Rede ein. W.Sch.

AUSGABEN: Turč. Sv. Martin 1884 (in *Besedy a dumy II*). – Turč. Sv. Martin 1924 ff. (in *Sobrané diela*, 18 Bde.). – Preßburg 1965 [Nachw. M. Gašparík].

LITERATUR: V. Turčány, *Nácŕt k básnickému profilu S. H.-V.* (in Studia Linguistica, 9, 1962, S. 265–287).

of Professionalism in Selected Nineteenth- and Twentieth-Century Novels (in Frontiers, 5, 1980, S. 50–55). – G. Wilentz, *White Patron and Black Artist: The Correspondence of F. H. and Zora Neale Hurston* (in Chronicle of the University of Texas, 35, 1986, S. 20–43).

FANNIE HURST

* 19.10.1889 Hamilton / Oh.
† 23.2.1968 New York

BACK STREET

(amer.; *Ü: Back Street*). Roman von Fannie HURST, erschienen 1931. – Der Roman spielt in Cincinnati, in New York und in Frankreich, umfaßt eine Zeitspanne von etwa vierzig Jahren (vom letzten Jahrzehnt des vergangenen Jahrhunderts bis zu den späten zwanziger Jahren) und erzählt ausführlich das Leben einer attraktiven, gutherzigen und flotten Dame namens Ray Schmidt, deren Moralkodex nicht ganz mit dem der Gesellschaft übereinstimmt. Schon frühzeitig verliebt sich Ray in den jungen Bankangestellten Walter Saxel. Er erwidert ihre Liebe, heiratet aber eine andere Frau und mietet für seine Geliebte eine eigene Wohnung in New York. Die Beziehung zwischen den beiden, praktisch eine Ehe außerhalb der bürgerlichen Gesetze, bildet das Thema des Romans. Ihre auf wahrer Liebe beruhende Verbindung wird in Gegensatz zu Walters konventioneller Ehe gestellt, die sich auf die Notwendigkeit, einen gesellschaftlichen Status aufrechtzuerhalten, und auf das Bedürfnis nach Sicherheit, nicht aber auf wirkliche Liebe gründet. – Walter erringt eine Machtposition in der Finanzwelt, kommt zu Reichtum und hat Kinder und Enkel; an seiner Seite, doch stets auf einer »Nebenstraße« seines Lebens, steht Ray Schmidt. Nach Walters Tod fällt sie der Vergessenheit und Armut anheim und stirbt schließlich im Elend. – Das ernst zu nehmende Thema ist hier so sentimental und flach durchgeführt, daß *Back Street* jener Romangattung zuzurechnen ist, die ihre Wirkung vor allem aus dem Druck auf die Tränendrüsen bezieht. Der Roman, der in Amerika verfilmt wurde, war ein dauerhafter Bestseller und gäbe ein interessantes Objekt für eine Phänomenologie dieser Kategorie ab.   J.v.Ge.

AUSGABEN: NY 1931. – NY 1961. – NY 1974.

ÜBERSETZUNG: *Back Street*, C. Fritzsche-Dolgner, Bern 1948.

VERFILMUNG: *Back Street*, USA 1932/33 (Regie: J. M. Stahl).

LITERATUR: H. Salpeter, *Fannie Hurst, Sob-sister of American Fiction* (in Bookmen, 73, 1931, S. 612–613). – E. DaGue, *Images of Work, Glimpses*

ZORA NEALE HURSTON

* 7.1.1901 (?) Eatonville / Fla.
† 28.1.1960 Fort Pierce / Fla.

THEIR EYES WERE WATCHING GOD

(amer.; *Und ihre Augen waren auf Gott gerichtet*). Roman von Zora Neale HURSTON, erschienen 1937. – Vor ihrem bekanntesten und inzwischen im Kanon afro-amerikanischer Literatur fest etablierten Roman hatte Zora Neale Hurston bereits in zwei früheren Büchern ihr Interesse an schwarzer Folklore bekundet: *Mules and Men*, 1935 (*Von Mulis und Männern*), eine Sammlung mündlich tradierter Geschichten, Volkslieder, Spruchweisheiten, Naturheilverfahren, Zauberformeln und Voodoo-Rituale, die nach zweijähriger Feldforschung in Florida unter der Leitung von Franz BOAS, dem damals führenden Anthropologen in den USA, entstanden war und *Jonah's Gourd Vine*, 1934 (*Jonas Kürbis*), eine stark autobiographisch gefärbte *folk romance*, die ebenfalls im Milieu einer überwiegend schwarzen, ländlichen Umgebung angesiedelt ist. Der relativ große Erfolg dieses fiktionalen Erstlingswerks, der die Veröffentlichung von *Mules and Men* überhaupt erst ermöglichte, steht zweifellos im Zusammenhang mit der erhöhten Aufmerksamkeit, die den verschiedenen Formen afroamerikanischer Kultur seit Anfang der zwanziger Jahre, der Blütezeit des Jazz und dem »*go slumming*«, zuteil geworden war.

Janie, die Protagonistin des Romans, wird von ihrer Großmutter, bei der sie bis dahin aufgewachsen war, dabei ertappt, wie sie über den Zaun einen fremden Jungen küßt. Nanny, deren Erwartungen für ihre Enkelin noch ganz von den Erfahrungen der Sklaverei geprägt sind, drängt sie daraufhin, Logan Killicks zu heiraten. Killicks, der sechzig Morgen Land, ein eigenes Haus und einen Maulesel besitzt, ist zwar kein Traummann für Janie, verspricht aber dafür materielle Sicherheit. Trotz heftigen anfänglichen Widerstands willigt Janie schließlich ein. Doch bald erkennt sie, daß ihre frühere Hoffnung, sie werde Killicks nach der Heirat doch noch lieben können, sich als trügerisch erweist. Als sie deshalb wenig später auf Joe Starks, einen attraktiven und ambitionierten jungen Schwarzen trifft, entschließt sie sich kurzerhand, Killicks zu verlassen. Doch auch als »Misses Starks« kann Janie ihre Vorstellungen von Liebe und Partnerschaft nicht verwirklichen. Joe Starks, der in der neugegründeten »all black«-Gemeinde Eatonville – Zora Neale Hurstons Geburtsort – durch unternehmerischen Elan schnell zum Bürgermeister und allseits geachteten wie auch gefürchteten Geschäftsmann avanciert, hat seine eigenen Vorstellungen von der Rolle der »ersten« Frau im Ort. Janie begreift bald, daß seine Absicht, aus ihr *»uh big woman«* zu machen, für sie den Ausschluß von jeglicher Kommunikation in Eatonville bedeutet. Die Veranda ihres gemeinsamen Krämerladens, wo Wettbewerbe im Geschichten-Erzählen und anderen Spielarten mündlicher Kultur ausgetragen werden, ist für sie, sowohl als Teilnehmerin wie Zuhörerin, absolute Tabuzone. Doch nach und nach leistet Janie Widerstand. Trotzig und voller Selbstbewußtsein widerspricht sie den Zurechtweisungen Starks in aller Öffentlichkeit, bis dieser schließlich, alt geworden und zermürbt von ihrer Unnachgiebigkeit, an den Folgen eines falsch angewandten Voodoo-Zaubers stirbt.

Mit den Erfahrungen aus ihren beiden Ehen und durch Joe Starks Hinterlassenschaft finanziell unabhängig, begibt sich Janie auf die Suche nach einer eigenen, neuen Identität. Sie verliebt sich in den 15 Jahre jüngeren Tea Cake, der sie durch eine Reihe von traditionellen *courtship rituals* umwirbt und durch seine scheinbar unbekümmerte Verspieltheit Janies Jugendträumen von Liebe entspricht. Tea Cake lebt noch ganz in der schwarzen *folk tradition*. Er beherrscht den Blues und anders als bei Killicks und Starks sind bei ihm die Akzente auf Kommunikation, auf »people« und nicht auf »things« gesetzt. Janie heiratet jetzt zum dritten Mal. Sie verzichtet auf die Bequemlichkeit des eigenen Hauses in Eatonville, um mit Tea Cake in den Everglades (Florida) Seite an Seite im Zuckerrohranbau zu arbeiten. Nach einer herrlichen Zeit voll *»fun and foolishness«* wird Tea Cake auf ihrer Flucht vor einem Hurrikan von einem tollwütigen Hund gebissen. Als die Folgen der Krankheit ihn unberechenbar machen und er Janie mit einer Pistole bedroht, ist sie gezwungen, ihren Mann in Notwehr zu erschießen. Angeklagt und von einer weißen Jury freigesprochen, kehrt Janie ungebrochen nach Eatonville zurück, wo sie Pheoby, einer früheren Busenfreundin, ihre Lebensgeschichte erzählt.

Their Eyes Were Watching God besticht vor allem durch die kreative Spannung zwischen der literarischen Form und den verschiedensten Elementen aus dem Fundus afro-amerikanischer *oral culture*, die – im Gegensatz etwa zur Praxis weißer Autoren der sogenannten *»plantation school«* um die Jahrhundertwende (Thomas Nelson PAGE u. a.) – nicht als Lokalkolorit und dekorative Ausgestaltung einer vermeintlichen Provinzidylle, sondern als unverzichtbare Bestandteile der narrativen Strategie des Romans, als ein kompliziertes System der Steuerung und Ausdeutung einzelner Handlungsabläufe eingesetzt werden. Diese Fusion zweier, teilweise gegenläufiger Erzähltraditionen, die gelungene Wiedergabe der kraftvollen, poetisch-lautmalerischen schwarzen Umgangssprache sowie die

kritische Auseinandersetzung mit der Rolle der Frau innerhalb afro-amerikanischer Kultur sichern dem Text sowohl unter den vier Romanen der Autorin als auch in der Geschichte schwarzamerikanischer Literatur insgesamt einen herausragenden Platz.   K.Ben.

AUSGABEN: Philadelphia 1937. – Greenwich/Conn. 1965. – NY 1969. – Urbana/Ill. 1978.

LITERATUR: R. Bone, *The Negro Novel in America*, New Haven 1958. – D. T. Turner, *In a Minor Chord: Three Afro-American Writers and Their Search for Identity*, Carbondale/Ill. 1971. – A. P. Davis, *From the Dark Tower-Afro-American Writers from 1900 to 1960*, Washington D.C. 1974. – A. L. Rayson, *The Novels of Z. N. H.* (in Studies in Black Literature, 5, 1974). – S. Jay Walker, *Z. N. H.'s »Their Eyes Were Watching God«: Black Novel of Sexism* (in MFS, 20, 1974/75). – M. H. Washington, *Z. N. H.: The Black Woman's Search for Identity* (in Black World, Aug. 1974). – P. Schwalbenberg, *Time as Point of View in Z. N. H.'s »Their Eyes Were Watching God«* (in Negro American Literature Forum, 10, 1976). – R. Hemenway, *Z. N. H. A Literary Biography*, Urbana/Ill. 1977. – Ders., *Are You a Flying Lark or a Setting Dove?* (in *Afro-American Literature – The Reconstruction of Instruction*, Hg. D. Fisher u. R. Stepto, NY 1978). – L. P. Howard, *Z. N. H.*, Boston 1980 (TUSAS). – B. Johnson, *Metaphor, Metonomy and Voice in »Their Eyes Were Watching God«* (in *Black Literature and Literary Theory*, Hg. H. L. Gates Jr., NY 1984). – D. R. Marks, *Sex, Violence, and Organic Consciousness in Z. N. H.'s »Their Eyes Were Watching God«* (in Black American Literature Forum, 19, 1985). – C. N. Pondrom, *The Role of Myth in H.'s »Their Eyes Were Watching God«* (in AL, 58, 1986). – K. Benesch, *Oral Narrative and Literary Text: Afro-American Folklore in »Their Eyes Were Watching God«* (in Callaloo, 11, 1988).

DIEGO HURTADO DE MENDOZA

* 1503 Granada
† 14.8.1575 Madrid

GUERRA DE GRANADA

(span.; *Der Krieg von Granada*). Geschichtswerk von Diego HURTADO DE MENDOZA, geschrieben um 1573, erschienen 1627. – Der Autor schildert in acht Abschnitten die wichtigsten Episoden der Niederwerfung des Moriskenaufstands (1568 bis 1570), an der er selbst teilgenommen hat. Die Darstellung dieses Krieges bereitete ihm Unbehagen, da er zwar mit dem Sieg der spanischen Waffen, doch ohne Ruhm für den Sieger geendet hatte. Die Vernichtung der Morisken – einer Handvoll verzweifelter Kämpfer – durch eine Weltmacht stand, wie der Autor immer wieder andeutet, am Ende eines schmutzigen Krieges, der auf beiden Seiten ohne Großmut und Menschlichkeit geführt wurde. Wie so viele andere weitschauende Zeitgenossen betrachtete Hurtado de Mendoza die Auseinandersetzungen als einen bedauerlichen Bürgerkrieg, in dem Spanier gegen Spanier kämpften.

Das hervorragendste Merkmal des Buches ist seine Unparteilichkeit. Völlig unvoreingenommen läßt Hurtado die Tatsachen sprechen, ohne indessen den Sinn für Recht und Größe zu verlieren und ohne sich des persönlichen Urteils zu enthalten. Als Politiker und Spanier mag er anerkennen, daß die Staatsräson die Unterwerfung der Morisken forderte, die rebellisch waren und sich weder politisch noch rassisch noch religiös integrieren ließen. Seine Sympathie jedoch haben nicht selten und aus schwerwiegenden Gründen die Aufständischen. Deshalb wird seine Darstellung am eindringlichsten, wenn er die Leiden der Morisken beschreibt. Man spürt das Mitleid für die Schwachen, Verfolgten und schließlich Besiegten, aber auch die Bewunderung der gesunden Lebensweise und fröhlichen Tüchtigkeit der Morisken, die auch CERVANTES begeistert hatten. Vor allem in den Reden, die Hurtado nach dem Vorbild von Titus LIVIUS in seinen Bericht einschiebt, wird dies deutlich. Die Ansprache etwa, in der Farax seine Rassen- und Glaubensgenossen zum Aufstand aufruft, ist durch ihre rhetorische Eleganz einer der stilistischen Höhepunkte des Werks. Sie enthält eine geradezu enthusiastische Verherrlichung der moriskischen Kultur; damit kontrastieren die ständige Kritik von Persönlichkeiten und Institutionen auf spanischer Seite, das nur spärliche Lob für Philipp II. und Juan de Austria, den obersten Feldherrn, die Darstellung des Krieges als eine Art von Mord-, Raub- und Brandzug – eine Haltung, die erklärlich macht, daß dieses Werk, das in zahlreichen Manuskripten von Hand zu Hand ging, mehr als ein halbes Jahrhundert ungedruckt blieb.

Guerra de Granada ist das erste wissenschaftliche Werk, in dem das gestörte Verhältnis eines hochkultivierten Geistes zur spanischen Geschichte zum Ausdruck kommt, ebenso wie der *Lazarillo de Tormes* (1554), der vielfach demselben Hurtado de Mendoza zugeschrieben wurde, die erste literarische Schöpfung ist, die eine Störung des Verhältnisses zur Gesellschaft anzeigt. Hurtado de Mendoza bedient sich in diesem Bericht bereits eines modernen historiographischen Stils. Er interessiert sich mehr für die innere als für die äußere Geschichte. Er forscht nach den Ursachen des Geschehens, arbeitet die Zusammenhänge heraus, weist auf die geistigen und politischen Hintergründe hin und zeigt die Abhängigkeit der Ereignisse vom Charakter der jeweils Handelnden. Die Sprache des Buchs macht es zu einem klassischen Werk der spanischen Literaturgeschichte, wenn auch Hurtados Streben, die Knappheit eines SALLUST zu erreichen, seine

Diktion gelegentlich verdunkelt. Kurze Partizipialsätze, Anreihungen von Adjektiven und Substantiven und verallgemeinernde Gerundialbildung herrschen vor. Jedes Wort ist sorgsam nach Klang, Rhythmus und Ausdruckswert gewählt.   A.F.R.

AUSGABEN: Lissabon 1627, Hg. L. Tribaldos. – Valencia 1776, Hg. G. Mayans y Siscar. – Madrid 1948, Hg. M. Gómez Moreno. – Madrid 1981, Hg. u. Einl. B. Blanco González (Castalia). – Madrid 1986, Hg. u. Einl. E. Sarpe.

ÜBERSETZUNG: *Geschichte der Empörung der Mauren in Granada*, R. O. Spazier, Stg./Tübingen 1831.

LITERATUR: R. Foulché-Delbosc, *Étude sur la »Guerra de Granada« de Don D. H. de M.* (in RH, 1, 1894, S. 101–165; 338). – L. Torre y Franco-Romero, *Don D. H. de M. no fue el autor de la »Guerra de Granada«* (in Boletín de la R. Academia de la Historia, 64, 1914, S. 461–501; 557–596; 65, 1914, S. 28–47; 273–302; 369–415). – A. Morel-Fatio, *Quelques remarques sur la »Guerra de Granada« de D. H. de M.* (in Annuaire de l'École Pratique des Hautes Études, 1914/15, S. 5–40). – R. Foulché-Delbosc, *L'authenticité de la »Guerra de Granada«* (in RH, 35, 1915, S. 476–538). – G. Cirot, *La »Guerra de Granada« y »La Austriada«* (in BHi, 22, 1920). – R. J. Michels, *Sobre la »Guerra de Granada« de D. H. de M.* (in RFE, 23, 1936, S. 304/305). – A. González Palencia u. E. Mele, *Vida y obras de Don D. H. de M.*, 3 Bde., Madrid 1941–1943. – E. Spirakovsky, *D. H. de M. and Averroism* (in Journal of the History of Ideas, 26, 1965, S. 307–326). – Ders., *Son of the Alhambra: Don D. H. de M.*, Austin/Ldn. 1970. – R. L. Kennedy, *Tirso, D. H. de M., Lope y la junta de Reformación* (in Estudios, 39, 1983, S. 57–112).

JAN HUS

* um 1371 Husinec bei Prachatice
† 6.7.1415 Konstanz

LITERATUR ZUM AUTOR:

Bibliographien:
Starý seznam spisů H. (in K. J. Erben, *Spisy H.*, Prag 1865/68). – V. Flajšhans, *K jubileu H.* (in Osvěta, 45, 1915). – K. Krofta, *Novější bádání o H. a hnutí husitském* (in Český časopis historický, 21, 1915, S. 121 ff.). – *Dějiny literatury české*, Bd. 1, Prag 1929, S. 321–325; 340–344; 348–351; 369–372; 380–383.
Korrespondenz:
Sto listů M. J. H., Hg. B. Ryba, Prag 1949. – J. H., *Schriften zur Glaubensreform und Briefe der Jahre*

1414–1415, Hg. W. Schamschula, Ffm 1969. –
J. H., *The Letters*, Manchester 1972.
Biographien:
Petr z Mladoňovic, *Relatio de magistri J. H. causa in
Constantinensi consilio acta* (in K. Höfler,
Geschichtsschreiber der hussitischen Bewegung, Bd. 1,
Wien 1856, S. 103–315; tschech. Ü.: V. Flajšhans
in *O mučenících českých knihy patery*, Prag 1917;
ern. in *Petri de Mladoňovic opera historica nec non
aliae de M. J. H. et M. Hieronymo Pragensi relationes
et memoriae*, Hg. V. Novotný, Prag 1932). –
A. Zitte, *Lebensbeschreibung des M. J. H. von
Hussinetz*, 2 Bde., Prag 1789/90. – E. Gillet, *The
Life and Times of John H.*, NY 1863. – J. Karafiát,
J. H., Prag 1922. – M. Vischer, *J. H. Sein Leben und
seine Zeit*, Ffm. 1940; ern. 1955. – F. M. Bartoš, *Co
víme o H. nového*, Prag 1946. – M. V. Kratochvíl,
Mistr J., Prag 1952. – M. Spinka, *J. H. A
Biography*, Princeton/N.J. 1968.
Gesamtdarstellungen und Studien:
F. Schwabe, *Die reformatorische Theologie des John
H.*, Prag 1852; ²1862. – E. Denis, *H. et la guerre des
Hussites*, Paris 1878; ern. 1930. – J. Loserth, *H.
und Wiclif. Zur Genesis der Hussitischen Lehre*,
Prag/Lpzg. 1884; ern. Mchn. 1925. –
J. Gottschick, *H.², Luthers und Zwinglis Lehre von
der Kirche*, (in ZKG, 8, 1886). – V. Novák, *O
spisovatelské činnosti M. J. H.* (in Listy filologické,
1889; m. Bibliogr.). – T. G. Masaryk, *J. H. Naše
obrození a naše reformace*, Prag 1896; ⁴1923 [erw.].
– J. Pekař, *J. H.*, Prag 1902. – V. Martínek, *O
Husovi a z Husa*, Brünn 1915. – V. Flajšhans,
M. J. H., Prag 1915. – H. J. Sedlák, *M. J. H.*,
Brünn 1915. – V. Novotný, *M. J. H.*, Prag
1919–1921. – Ders. u. V. Kybal, *M. J. H., Život a
učení*, 5 Bde., 1919–1931. – A. Baldewein, *Wiklif
und H.*, Lpzg. 1926. – A. A. Neumann, *H. dle
nejnovější literatury. Opravy a doplňky k Sedlákovu
dílu o H.*, Prag 1931. – Z. Nejedlý, *H. a naše doba*,
Prag 1947; ern. 1952. – F. M. Bartoš, *Literární
činnost mistra J. H.*, Prag 1948 [m. Bibliogr.]. –
M. Machovec, *H. učení a význam v tradici českého
národa*, Prag 1953. – J. Boutier, *J. H.*, Paris 1958. –
P. de Vooght, *Hussiana*, Löwen 1960. – J. Macek,
J. H., Prag 1961. – J. Dachsel, *J. H. Ein Bild seines
Lebens und Wirkens*, Bln. 1964. – R. Riemeck, *J. H.
Reformation 100 Jahre vor Luther*, Ffm. 1966. –
M. Spinka, *John H. and the Czech Reform*, Chicago
1966. – H. Schmidt, *H. und Hussitismus in der
tschechischen Literatur des 19. und 20. Jh.s*, Mchn.
1969. – R. Friedenthal, *Ketzer und Rebell. J. H. und
das Jahrhundert der Revolutionskriege*, Mchn. 1972.

ORTHOGRAPHIA BOHEMICA

(mlat.; *Tschechische Orthographie*) von Jan Hus,
entstanden 1406 oder 1412. – Die *Orthographia
Bohemica* – der Titel stammt von F. PALACKÝ – ist in
der »Wittingauer Hs.« ein lateinischer Traktat von
392 Zeilen, dem ein Abecedarium von 21 Zeilen
vorangeschickt ist, und behandelt die Schreibung
der tschechischen Laute mittels des lateinischen

Alphabets. Der Traktat begründet das System der
Schreibung »abweichender« Laute mit Hilfe sog.
diakritischer Zeichen in der Sprachwissenschaft
und in der Praxis vieler Sprachen: Er hat deshalb
geradezu internationale Bedeutung in der Linguistik und ist zugleich die älteste Darstellung der
Phonetik einer slavischen Sprache.
Das vorangestellte Abecedarium gibt das Reform-
alphabet mit diakritischen Nebenzeichen, d. h.
Punkt bzw. Apex (Akutzeichen) über den »abweichenden« Lauten, wieder. Aus dem Punkt über dem
lateinischen Zeichen, den das Abecedarium und
der eigentliche Traktat haben bzw. im Original gehabt haben müssen und den der polnische Buchstabe ż bewahrt, hat sich noch im 15. Jh. der heutige
Haken (der sog. *háček*) in č, š, ž usw. entwickelt.
Die Buchstaben sind z. T. von ihren Namen, z. T.
von Kommentarwörtern begleitet, vor allem aber
durchweg von Merkwörtern, aus denen katechetische Merksätze gebildet wurden. Der eigentliche
Traktat beginnt mit einer Betrachtung über die In-
kongruenz zwischen tschechischen Lauten, auch
hebräischen, deutschen und »slavischen« (d. h.
kroatisch-kirchenslavischen), und den Lautwerten
der lateinischen Buchstaben und stellt, gegenüber
der bisherigen Schreibung des Tschechischen mit
Buchstabengruppen wie cz (für c und č), das moderne phonetische Prinzip auf, wonach jedem Laut
ein Zeichen entsprechen soll. Um die besonderen
tschechischen Laute, vor allem die palatalen č, ž, š,
ď, ť, ň demgemäß richtig zu bezeichnen, schlägt der
Verfasser die Setzung eines Punktes über die lateinischen Buchstaben der nächstverwandten Laute
vor. Er bedauert und begründet seine Abweichung
von diesem Grundsatz im Falle des ch (x), dessen
Lautbildung er genau beschreibt. Dann weist er auf
die phonologische Opposition zwischen velaren
(Hinterzungen-) und palatalen (Vorderzungen-)
Lauten hin, infolge deren z. B. der Vokal y (ï) nur
nach velaren, nicht nach palatalen Konsonanten
vorkommt: die entscheidende Einsicht für die Reform der tschechischen Rechtschreibung. Bei der
Besprechung der übrigen Lautzeichen und Laute
beschreibt er die Bildung der Laute des Tschechischen, die von der damaligen Aussprache des Lateinischen abweichen, besonders der palatalen č, ď
usw. und der velaren y und ł, die man damals im
Prager Tschechisch nicht mehr von i und l zu unterscheiden begann, Erscheinungen, die Hus in seinen
Schriften wie andere Neuerungen als Einflüsse des
Deutschen heftig bekämpft.
Die Länge der Vokale will Hus mit einem Apex bezeichnet sehen. Dies und der über die »abweichenden« Konsonanten gesetzte Punkt gleichen zusammen völlig dem irischen System zur Unterscheidung der analogen lenierten Laute, so daß man an
Beeinflussung durch irische Glossen in Priscian-
Handschriften denken muß. Zahlreiche Beispiel-
wörter und -sätze, oft, der leichten Einprägung halber, absichtlich grotesk oder lächerlich gewählt,
auch aus anderen Sprachen, erläutern die Ansichten
und Forderungen des Autors und zeigen seine Beobachtungsgabe. Nachdem er die tschechischen

Laute in alphabetischer Reihe dargelegt hat, rät er den Schreibern des Tschechischen, auch Abkürzungen wie im Lateinischen zu benutzen, denn neben der Eindeutigkeit des Schreibens haben offensichtlich auch Gründe der Zeit- und Raumersparnis den Verfasser dazu bewogen, Möglichkeiten für eine verbesserte Schreibweise zu schaffen. Sie unter die Schreiber zu bringen, ist ein weiteres Ziel des Autors, und dies ergibt sich aus den Worten, die am Schluß in tschechischer Sprache hinzugefügt sind: »So lernet, ihr Tschechen, schreiben ...«. Sie gehen auf die Lage Hussens zurück, der nach 1402 als Prediger in der Bethlehemkapelle wirkte: Er mußte Schreiber beschäftigen, um seine Gedanken rasch unter den tschechischen Laien verbreiten zu können.

Datiert wird der Traktat auf den 6. November 1406 oder auf das Jahr 1412 (letzteres nach Flajšhans). Außer dem Historiker F. Pekař haben sich fast alle Kenner der Epoche für Hus als Verfasser entschieden, besonders nachdrücklich Flajšhans und F. M. Bartoš. – Da die allermeisten sprachwissenschaftlichen Schriften des europäischen Mittelalters für die lautliche Seite einer lebenden Sprache fast nichts übrig haben und fast nur Wortschatz, Form und Syntax der lateinischen Sprache darlegen und erklären, gibt es für die Lautlehre einer lebenden Sprache auf dem europäischen Festland vor 1500 keine Abhandlung, die sich mit ihr so weit beschäftigte wie diese *Orthographia Bohemica*, die einen außerordentlichen Sinn des Autors für die Probleme der Phonetik und Schreibung beweist.

Nachdem sich das diakritische Prinzip der Rechtschreibung im tschechischen und slowakischen Sprachbereich im 19. Jh. endgültig durchgesetzt hatte, wurde es weitgehend von den Kroaten und Slovenen übernommen, später von den Serben, 1918 noch von den Litauern und Letten; schließlich sogar von L. Zamenhof für die Welthilfssprache Esperanto; es wurde darüber hinaus zum beherrschenden Transkriptionsprinzip nicht nur in der Slavistik, der baltischen Philologie und der Indogermanistik, sondern in der Sprachwissenschaft überhaupt. – Die *Orthographia Bohemica* ist überliefert auf Blatt 35r–42r einer etwa um 1470 entstandenen Handschrift, des Codex A 4 des Staatlichen (früher Schwarzenbergischen) Archivs in Wittingau (Třeboň) in Südböhmen; Teile enthält eine Handschrift des St. Veiter Domkapitels in Prag; das Abecedarium ist in mehreren Fassungen anderwärts vorhanden.   J.Schr.

Ausgaben: Wien 1858 *(Ortografie česká*, Hg. A. V. Šembera, in *Slavische Bibliothek*, Hg. F. Miklosich u. J. Fiedler, 2 Bde., 1851–1858, 2). – Wiesbaden 1968 (in J. Schröpfer, *Hussens Traktat »Orthographia Bohemica«. Die Herkunft des diakritischen Systems in der Schreibung slavischer Sprachen und die älteste zusammenhängende Beschreibung slavischer Laute*, m. Übers., Kommentar, kritischem Apparat, Bibliographie, Wörterverzeichnis und Register).

Literatur: A. Frinta, *Mezinárodni význam českých pravopisnýcn soustav* (in *Co daly naše země Evropě a lidstvu*, Hg. V. Mathesius, Prag ²1940, S. 59–61). – F. M. Bartoš, *K Husovu spisku o českém pravopise* (in Jihočeský sborník historický, 18, 1949, S. 33–38).

POSTILA ANEB VYLOŽENIE SVATÝCH ČTENÍ NEDĚLNÍCH

(atschech.; *Postille oder Auslegung der heiligen Lesungen zum Sonntag*). Interpretationen einzelner Evangelienstellen von Jan Hus, entstanden 1413, erschienen 1563. – Die *Postille* zählt zu den bedeutendsten tschechisch geschriebenen Werken des Vorkämpfers der tschechischen religiösen Reformation. Sie entstand in der Zeit, als Hus infolge des päpstlichen Banns (der ihn wegen seiner Stellungnahme gegen den Ablaßhandel traf) Prag verlassen mußte und sich auf den Burgen seiner Gönner in Südböhmen aufhielt. Nach seinen eigenen Worten schrieb er das Werk »zum Lob Gottes, zur Rettung der gläubigen Tschechen, die den Willen Gottes zu erkennen und erfüllen wünschen«. Die Schrift knüpft an die ältere Tradition an (Tomáš ze Štítného) und bildet den Ausgangspunkt für die weitere Entwicklung (Jan Rokycana, Petr Chelčický u. a.). Auch literarisch stellt die *Postila* eine hervorragende Leistung dar.

Das Werk umfaßt Auslegungen von 59 Evangelienstellen, die jeweils zu Anfang zitiert werden. Ein Vorbild für seine Schrift fand der tschechische Reformator bei seinem großen englischen Lehrer John Wiclif, dessen analogem Werk er fast die Hälfte seiner Auslegungen entlehnt. Einige Stellen übernahm er aus den Homilien des hl. Gregors von Nazianz und des Johannes Chrysostomos. Ungeachtet dessen ist die *Postila* ganz von Hus' Persönlichkeit und seinem literarischen Temperament geprägt. Der moralische Gehalt, weniger der theologische, macht das Besondere dieser Interpretationen aus, die zum Teil auch eigene ältere Predigten verarbeiten. Hier kommen zum ersten Mal die neuen, höheren Ansprüche an die Moral des Individuums zum Ausdruck. – Der Teil der Auslegungen, die Hus formuliert, ohne sich auf fremde Vorlagen zu stützen, befaßt sich u. a. mit dem Verbot seiner Lieder in der Prager Bethlehemkapelle und mit religiösen Zeitereignissen. In dem umfangreichsten Einzelstück, der Predigt zum vierten Fastensonntag, wehrt sich Hus gegen den Vorwurf, daß er sich nicht persönlich in Rom seinen Gegnern gestellt habe. Er verwahrt sich gegen die falschen Zeugen, die über ihn Beschwerde führten, und schließt mit einer patriotischen Anklage gegen die Deutschen, die die Bethlehemkapelle zu zerstören suchten.

Zweifellos schöpft die *Postila* nicht nur aus seinen früheren Predigten, sondern auch aus anderen Schriften des Autors, besonders aus dem *Výklad viery, desatera a páteře*, 1412 *(Auslegung des Credo, der zehn Gebote und des Vaterunser)*, der noch in

Prag begonnen und während des erzwungenen Aufenthalts auf dem Land beendet wurde, wo auch die *Knížky o svatokupectví*, 1413 *(Büchlein über die Simonie)*, entstanden. – Von diesen drei tschechischen Hauptwerken des Reformators ist die *Postila* zwar das am wenigsten polemische, doch drang auch in sie das Echo der kämpferischen Auseinandersetzung mit der Kirche und dem Klerus ein, die sich der reformatorischen Bewegung hartnäckig widersetzten. K.Ho.

AUSGABEN: Nürnberg 1563. – Prag 1564. – Prag 1866 (in *Sebrané spisy*, Hg. K. J. Erben, 3 Bde., 1865–1868, 2; Nachdr. Prag 1952, Hg. J. B. Jeschke). – Prag 1898, Hg. V. Flajšhans [neutschech.].

ÜBERSETZUNG: *Predigten über die Sonn- und Festtags-Evangelien des Kirchenjahrs*, J. Novotný, Görlitz 1855 [unvollst.].

LITERATUR: F. Prusík, *Plzeňský rukopis H. »Postilly«* (in Krok, 1, 1887). – V. Flajšhans, *H. »Postilla«* (in Osvěta, 30, 1900, S. 433 ff.).

VÝKLAD VIERY, DESATERA BOŽIEHO PŘIKÁZANIE A MODLITBY PÁNĚ

(atschech.; *Auslegung des Glaubensbekenntnisses, der Zehn Gebote und des Vaterunsers*). Katechetische Schrift von Jan Hus, erschienen 1520. – Seine neben der *Postila*, 1413 *(Postille)*, bedeutendste tschechische Schrift vollendete der Autor im Herbst 1412 in südböhmischer Verbannung. Die Dreigliederung des Werks am traditionellen Stoff des Katechismus – Glaubensbekenntnis (Apostolikum), Dekalog und Vaterunser – orientiert, der im Mittelalter nur noch für den Priester bei der Beichte von Bedeutung war. Den Katechismen LUTHERS vergleichbar soll der *Výklad* vornehmlich dem einfachen Volk die Hauptstücke des christlichen Glaubens nahebringen, ohne die Kenntnis der lateinischen Sprache und der Denksysteme der mittelalterlichen Kirche vorauszusetzen. Der christliche Glaube wird im Sinne WYCLIFS auf das jedermann faßliche »*Gesetz Christi*« reduziert, das Laien und Priester ohne Unterschied in Pflicht nimmt. »*Alle Christen sollen glauben, was Gott zu glauben geheißen hat.*« Die Reduktion des Glaubens auf einen für alle Christen verbindlichen Inhalt, der von Verzerrungen und falschen Äußerlichkeiten gereinigt ist, verbindet der *Výklad* mit scharfer Kritik an kirchlichen und gesellschaftlichen Mißständen, wie dem Ablaßwesen, dem Ämterkauf und der »*Arglist des Klerus ... der seinen Stand in der weltlichen Macht erheben, in Herrschaft, Heiligkeit und Besitz über die Laien stellen und diese in Schrecken halten will*«. Dem beklagten moralischen Verfall stellt er insbesondere bei der Erklärung des Dekalogs einen sittenstrengen, mit sozialreformerischen Impulsen verbundenen Rigorismus entgegen (»*Oh, wenn doch jetzt die Fürsten und Herren ihrem Volk den Sonntag ... zu heiligen geböten und nicht nur das Handeln ...*

verböten, sondern auch das Würfelspiel, das Tanzen und den Ehebruch.«). Wie auch sonst bei Hus läßt sich der Einfluß Wyclifs im Falle des *Výklad* exakt bestimmen, da der Autor in der Auslegung des Dekalogs auf seine 1409–1413 entstandene *Expositio Decalogi* zurückgreift, die auf weite Strecken Wyclifs *De mandatis divinis* exzerpiert. Ferner sind Spuren aus dem populären Traktat *O Viere* des TOMÁŠ ZE ŠTÍTNÉHO (1331/1335–1401/1409) zu erkennen. Um seiner aufklärerischen Schrift zu weitgehender Verbreitung auch unter den untersten Schichten zu verhelfen, gab Hus eine Kurzfassung des Werks, den *Výklad menší* heraus. Als Gelegenheitsschrift auf die kirchenpolitische Situation in Prag im Jahre 1412 bezogen, ist der *Výklad* als Katechismus im eigentlichen Sinne nicht in Gebrauch gekommen. Gleichwohl erlangte er für die Herausbildung von Bekenntnis und Katechismus der Taboriten und der Brüderunität maßgebende Bedeutung. H.J.P.

AUSGABEN: Prag 1865 (in *Sebrané spisy české*, Hg. K. J. Erben, Bd. 1). – Prag 1927 (in *Monumenta Bohemiae typografica*, Hg. Z. Tobolka, Bd. 4). – Prag 1963 (in *Výbor z české literatury doby husitské*, Bd. 1; Ausz.).

ÜBERSETZUNG (Ausz.): in *Schriften zur Glaubensreform und Briefe der Jahre 1414–1415*, Hg. u. Einl. W. Schamschula, Ffm. 1969, S. 94–102.

LITERATUR: G. v. Zezschwitz, *Die Katechismen der Waldenser und Böhmischen Brüder*, Erlangen 1863; Nachdr. Amsterdam 1967. – J. Vodehnal, *K pramenum a složení H. českého »Výklady viery«* (in Časopis Českého muzea, 90, 1916, S. 21 ff.; m. Bibliogr.). – P. Váša u. A. Gregor, *Katechismus dějin literatury*, Brünn 1927, S. 53. – J. Jakubec, *Dějiny literatury české*, Bd. 1, Prag 1929, S. 358/359. – J. Hrabák, *Starší česká literatura*, Prag 1964, S. 97.

ABŪ ISḤĀQ IBRĀHĪM IBN ʿALĪ AL-ḤUṢRĪ AL-QAIRAWĀNĪ

† 1061 (nach anderen Quellen 1022) al-Manṣūrīya bei Qairawān / Nordafrika

ĞAMʿ AL-ĞAWĀHIR FĪ L-MULAḤ WA-N-NAWĀDIR

(arab.; *Die Sammlung der Edelsteine unter den Anekdoten und originellen Erzählungen*). Adab-Werk von Abū Isḥāq Ibrāhīm Ibn ʿAlī AL-ḤUṢRĪ Al-Qairawānī. – Dem Leser »*zur Unterhaltung und Erheiterung, zur Erquickung des Gemüts und Ergötzung des Herzens*« ist dieses Werk geschrieben. Es enthält, in gefälliger Form dargeboten, Anekdoten über Edle, Geizige, Kluge und Dumme, über Kalifen, wie al-Mahdī (reg. 775–785), al-Mutawakkil (reg. 857–861), und vor allem über Dichter, weshalb sich eine Fülle von Gedichten und Gedichtfragmenten in die Sammlung eingestreut finden, darunter Verse von ABŪ DULĀMA, IBN AR-RŪMĪ, ABŪ NUWĀS, KUŠĀǦIM und vielen anderen. – Zwar gibt al-Ḥuṣrī meist seine Quellen nicht an – nur hin und wieder nennt er AL-ǦĀḤIẒ oder IBN QUTAIBA –, doch läßt der Stoff vieler Anekdoten sich leicht in den Dichter-Diwanen, im *Kitāb al-Aġānī (Buch der Gesänge)* von AL-IṢFAHĀNĪ und ähnlichen Werken nachweisen. S.Gr.

AUSGABE: Kairo 1953, Hg. Muḥammad al-Baǧāwī.

ZAHR AL-ĀDĀB WA-ṮAMAR AL-ALBĀB

(arab.; *Die Blüte der Bildung und die Frucht des Geistes*). Adab-Werk von Abū Isḥāq Ibrāhīm Ibn ʿAlī AL-ḤUṢRĪ al-Qairawānī, verfaßt 1058. – Al-Ḥuṣrī hat diese Sammlung für einen gewissen Abū l-Faḍl al-ʿAbbās Ibn Sulaimān zusammengestellt, der ihn – wie er im Vorwort erzählt – darum gebeten habe, damit »*ein Buch ihm alle anderen Bücher entbehrlich*« mache. Al-Ḥuṣrī blieb es also überlassen, aus der Fülle des vorhandenen Materials das wirklich Wichtige auszuwählen, und er sagt dazu in seiner Einleitung: »*Am meisten kann ich mich beim Verfassen dieses Buches der guten Auswahl rühmen. Was einer auswählt, ist ja eine Probe seines Geistes, die einen Hinweis gibt, ob er hinter anderen zurücksteht oder ob ihm der Vorzug vor ihnen gebührt.*«
Es ist recht interessant, wenn auch keineswegs überraschend, was al-Ḥuṣrī in sein Werk aufgenommen hat, um die arabische literarische Bildung zu repräsentieren. Das Hauptgewicht legt er auf die Sprache und den sprachlichen Ausdruck; der Idealfall ist nach seiner Auffassung dann erreicht, wenn sowohl *lafẓ* (die lautliche Gestalt) als auch *maʿnā* (der semantische Gehalt) eines Gedichtes oder eines Prosastückes schön sind. IBN QUTAIBA (9. Jh.) hatte bereits den gleichen Gedanken in seiner Vorrede zum *(Kitāb) aš-šiʿr wa-š-šuʿarāʾ* (vgl. dort) in bezug auf die Dichtung geäußert. – Wichtiger als alle Theorie ist für al-Ḥuṣrī jedoch das Beispiel. Deshalb zitiert er Verse und Gedichte verschiedenster Art; ohne sich jedoch auf theoretische Erörterungen einzulassen, bringt er ganze Maqamen, um einen Einblick in diese literarische Gattung (vgl. AL-HAMAḎĀNĪ, *Maqāmāt*) zu geben, stellt er Briefe oder Auszüge aus Briefen als Musterbeispiele guten Stils zusammen. Natürlich fehlen auch Anekdoten nicht, um an gegebener Stelle Sachverhalte oder Urteile zu erläutern. – Bei der Anordnung des Stoffes verfährt der Autor ziemlich willkürlich; er verzichtet auf ein System und überläßt den Aufbau des Werkes, dessen ursprüngliche, von ihm selber stammende Gliederung in drei Teile völlig belanglos ist, ganz dem jeweiligen Einfall. Ohne systematische Einteilung in Kapitel wechseln Ernst und Scherz ebenso miteinander ab wie Poesie

und Prosa. Dennoch bietet das Werk, dessen Aufbau noch ganz in der von AL-ǦĀḤIẒ begründeten Tradition steht, eine Fülle literarischer und literarhistorischer Informationen.
Ein *muḫtaṣar* (gekürzte, ausgewählte Fassung) des Werkes wurde von einem gewissen Abū l-Ḥasan ʿAlī Ibn Muḥammad Ibn ʿAlī AL-BARĪ erstellt und erhielt den Titel *Iqtitāf az-zahr wa-ǧtimāʾ aš-šiʿr (Die Auslese der Blüten und die Sammlung der Poesie).* S.Gr.

AUSGABEN: Bulak 1885. – Kairo 1953; ²1969, Hg. ʿAlī Muḥammad al-Baǧāwī [krit.].

EDMUND HUSSERL

* 8.4.1859 Proßnitz / Südmähren
† 27.4.1938 Freiburg i.B.

LITERATUR ZUM AUTOR:
Bibliographien:
H. L. Van Breda, *Bibliogr. der bis zum 30. Juni 1959 veröffentlichten Schriften E. H.s* (in H. L. V. B., *E. H. 1859–1959*, La Haye 1959, S. 289–306). – F. Lapointe, *E. H. and His Critics. An International Bibliogr.*, Bowling Green/Ob. 1980. – Laufende Bibl. in: Husserl Studies, 1984 ff.

Forschungsberichte:
H.-G. Gadamer, *Die phänomenologische Bewegung* (in H.-G. G., *Kleine Schriften III*, Tübingen 1972, S. 150–189). – A. Aguirre, *Die Phänomenologie H.s im Lichte ihrer gegenwärtigen Interpretation und Kritik*, Darmstadt 1982.

Biographien:
K. Schuhmann, *H.-Chronik. Denk- und Lebensweg E. H.s*, Den Haag 1977. – *E. H. und die phänomenologische Bewegung. Zeugnisse in Text und Bild*, Hg. H. R. Sepp, Freiburg i. B./Mchn. 1988.

Gesamtdarstellungen und Studien:
H. et la pensée moderne – H. und das Denken der Neuzeit, Den Haag 1959. – *E. H. 1859–1959*, La Haye 1959. – *H.*, Paris 1959. – U. Claesges, *E. H.s Theorie der Raumkonstitution*, Den Haag 1964. – I. Kern, *H. und Kant*, Den Haag 1964. – R. Sokolowski, *The Formation of H.'s Concept of Constitution*, The Hague 1964. – K. Held, *Lebendige Gegenwart. Die Frage nach der Seinsweise des transzendentalen Ich bei E. H., entwickelt am Leitfaden der Zeitproblematik*, Den Haag 1966. – P. Ricœur, *H.: An Analysis of His Phenomenology*, Evanston 1967. – E. Tugendhat, *Der Wahrheitsbegriff bei H. und Heidegger*, Berlin 1967. – R. Boehm, *Vom Gesichtspunkt der Phänomenologie*, Den Haag 1968. – E. Holenstein, *Phänomenologie der Assoziation*, Den Haag 1972. – *H.*, Hg. H. Noack, Darmstadt 1973 (WdF). – *H. Expositions and Appraisals*, Hg. F. Elliston u.

P. McCormick, Lafayette 1977. – D. W. Smith, R. McIntyre, *H. and Intentionality. A Study of Mind, Meaning and Language*, Dordrecht 1982. – *H., Intentionality and Cognitive Science*, Hg. H. Dreyfus, H. Harrison, Cambridge/Mass. 1982. – J. N. Mohanty, *H. and Frege*, Bloomington 1982. – D. Willard, *Logic and the Objectivity of Knowledge. Studies in H.'s Early Philosophy*, Athens/Oh. 1984. – M. Sommer, *H. und der frühe Positivismus*, Ffm. 1985. – J. N. Mohanty, *The Possibility of Transcendental Philosophy*, Dordrecht 1985. – E. Ströker, *H.s Transzendentale Phänomenologie*, Ffm. 1987. – E. Ströker, *Phänomenologische Studien*, Ffm. 1987. – R. Bernet u. a., *E. H. Darstellung seines Denkens*, Hbg. 1988. – K. Schuhmann, *H.s Staatsphilosophie*, Freiburg i. B./Mchn. 1988. – M. Sukale, *Denken, Sprechen u. Wissen. Logische Untersuchungen zu H. u. Quine*, Tübingen 1988. – *H. and the Phenomenological Tradition*, Hg. R. Sokolowski, Washington D.C. 1988.

FORMALE UND TRANSZENDENTALE LOGIK. Versuch einer Kritik der logischen Vernunft

Philosophisches Werk von Edmund HUSSERL, erschienen 1929. – Obwohl Husserl seit Anfang der zwanziger Jahre um die Ausarbeitung einer Grund- und Einleitungsschrift bemüht war, die den Weg in die Phänomenologie hauptsächlich von der Entwicklung einer intentionalen Psychologie her einschlagen sollte, hielt er in diesem Zeitraum doch auch dreimal (zuletzt im Winter 1925/26) Vorlesungen über transzendentale Logik, wobei im Rahmen einer genetischen Phänomenologie der Urkonstitutionen allerdings ebenfalls Themen der phänomenologischen Psychologie zur Sprache kamen (Assoziation, passive Synthesis, Retention und Reproduktion von Bewußtseinsleistungen). Die literarische Ausarbeitung seiner eigentlichen logischen Arbeiten, meist Manuskripte aus der Zeit bis 1910, übertrug er etwa 1926 seinem Assistenten Ludwig LANDGREBE, der im Sommer 1927 ihm einen ersten vereinheitlichten Entwurf dieser geplanten *Logischen Studien* vorlegte. Husserls Absicht, eine kurze Einleitung dazu zu schreiben und das Werk dann in der Landgrebeschen Fassung zu veröffentlichen, schlug aber fehl. 1928 entwarf Landgrebe eine neue Ausarbeitung, die auch Manuskripte aus der genannten Vorlesung einbezog. Husserls Absicht, dazu eine Einleitung zu verfassen, verwirklichte er mit der Niederschrift der *Formalen und transzendentalen Logik* Ende 1928 innerhalb von kaum drei Monaten. Zu einer Publikation der Landgrebeschen Ausarbeitung kam es zu Husserls Lebzeiten nicht; 1939 gab Landgrebe seine Schlußredaktion der Husserlschen Texte unter dem Titel *Erfahrung und Urteil* heraus. Während der Titel der *Formalen und transzendentalen Logik* auf die beiden Hauptabschnitte des Werks hinweist, ist der Untertitel, der natürlich letzten Endes

auf Kants Vernunftkritiken zurückgeht, insofern erhellend, als ihm zufolge das Buch in gewissem Sinn als die teilweise Einlösung eines Plans der *Kritik der logischen und der praktischen Vernunft* angesehen werden kann, den Husserl schon 1906 konzipiert hatte. Das eigentlich vernunftkritische Moment liegt dabei in dem Aufweis, daß die formale Logik nicht in sich selbst, sondern nur in leistenden Akten der Subjektivität begründet werden kann. Dazu aber muß sie *»subjektiv gewendete«* oder transzendentale Logik werden. Darin besteht Husserls Schritt über Kant hinaus, der es unterlassen hatte, an die Logik transzendentale Fragen zur Aufklärung ihrer Konstitution zu stellen. Übrigens schlägt das Werk hier insofern den Bogen zu den *Logischen Untersuchungen*, als es Husserl auch dort schon um die Aufklärung des Verhältnisses subjektiver Akte zu den logischen Formen zu tun gewesen war. Sofern sich nun zeigt, daß die formale Logik höherstufigen Leistungen der Subjektivität entspringt, die ihrerseits in Prozessen der sinnlichen Erfahrung fundiert sind, schließt das Werk auch an Husserls Vorlesungen über transzendentale Logik an. Damit stellt dieser Weg über die Aufklärung der Fundierung der Logik auch einen der gangbaren Wege dar, welche vom Boden der gegebenen Erfahrung in die Phänomenologie hineinführen. Das Problem der Logik sieht Husserl darin, daß sie, bei PLATON als Wissenschaftstheorie im Sinne einer methodischen Letztaufklärung der Wissenschaft über sich selbst konzipiert, dieser philosophischen Aufgabe historisch nicht gerecht zu werden vermochte. In der Folge haben auch die heutigen Wissenschaften den Glauben verloren, als Selbstobjektivierungen der Vernunft der Menschheit ein *»Leben aus praktischer Vernunft«* zu ermöglichen. Da *»echtes Menschentum und Leben in radikaler Selbstverantwortung«* aber nicht zu trennen sind, bedarf es einer Kritik der Logik, damit der Verwirklichung der Idee der Philosophie endgültig die Bahn gebrochen wird.

Zunächst zeigt Husserl eine bisher übersehene Dreischichtung der formalen Logik auf. Ihre unterste Disziplin ist die Formenlehre bloß möglicher Urteile, welche also Formen wie einfaches und zusammengesetztes, disjunktives und hypothetisches Urteil zum Thema hat. Auf der nächsten Stufe ist die Logik Konsequenzlogik oder Logik der Widerspruchslosigkeit, sofern sie als pure Analytik sich mit den möglichen Formen wahrer Urteile beschäftigt. Analytische Konsequenz oder Widerspruchslosigkeit des Schließens ist nämlich *»eine Wesensbedingung möglicher Wahrheit«*. Die eigentliche Logik der Wahrheit ist eine dritte Disziplin, der es nicht nur um logisch deutliche, sondern um die Formen klarer und evidenter Urteile zu tun ist. Das verlangt aber die Adäquation des Urteils an mögliche Gegenstände überhaupt. Hier argumentiert Husserl für die Einbeziehung der Mathematik, verstanden als formale Ontologie der »Etwasse« überhaupt, in die Logik. Während die *»Mathematik der Mathematiker«* eine analytische *»Mathematik der Spielregeln«* bleibt, ist die Mannigfaltigkeitslehre eine Wissenschaft möglicher deduktiver Systeme, durch welche definite Mannigfaltigkeiten axiomatisch beherrscht werden können. Die Logik ist aber nicht nur auf mögliche Gegenstände überhaupt gerichtet, sondern auch auf Urteile. Daß die Logik als formale Apophantik, als Lehre von den prädikativen Aussagen, einen eigenen Gegenstand hat, zeigt sich schon daran, daß Urteilssinne nicht unter der Unrichtigkeit eines Urteils leiden. In jedem Fall aber sind die »Etwasse«, welche die Gegenstände der Logik sind, das Resultat einer Formalisierung, welche letzten Endes in der Evidenz oder Selbstgebung von Gegenständen gründet. Während für die logischen Gegenständlichkeiten ihre Idealität, d. h. eine Identität charakteristisch ist, derzufolge auf sie immer wieder unverändert zurückgekommen werden kann, sind die letztgegebenen Substratgegenstände wie aller Erfahrung, so auch alles Aussagens Individuen. Deren Erkenntnis, mithin auch die identischer Idealitäten, hängt aber ab von der Einheit möglicher Erfahrung, und zwar als Erfahrung einer identischen Welt. Alle Logik, heißt das, ist »*Weltlogik*«, welche mit dem Bestehen der Welt steht und fällt. Dergestalt mündet die Frage nach der Begründung der Logik in die allgemeine Theorie der Welterfahrung, also in die Phänomenologie überhaupt ein.

Die Wirkungsgeschichte des Werks war begrenzt. Nicht nur deshalb, weil kurz zuvor M. HEIDEGGER mit *Sein und Zeit* (1927) Husserl als Anführer der Gegenwartsphilosophie im öffentlichen Bewußtsein abgelöst hatte, sondern obendrein erschwerte dieser steile Weg in die Phänomenologie über Fragen der Logik und Mathematik vielen Philosophen, welche nicht über die nötige Vorbildung verfügten, den Zugang. Zudem folgte aus Kurt GÖDELS Arbeit über formal unentscheidbare Sätze der Mathematik von 1931, daß der Husserlsche Grundbegriff der definiten Mannigfaltigkeit sich nicht halten ließ. Jean CAVAILLES, der als erster die Bedeutung von Gödels Theorem für Husserls Werk erkannte, hat denn auch seine eigene Auffassung der Logik in der Kritik an Husserls Konzeption einer transzendentalen Logik entwickelt. Suzanne BACHELARD versuchte dagegen, zumindest Teile der Husserlschen Konzeption als auch für die jetzige Philosophie der Mathematik noch gültig zu erweisen. Die Bedeutung der *Formalen und transzendentalen Logik* ist vor allem darin zu sehen, daß sie in gewisser Hinsicht die umfassendste Darstellung des Husserlschen Denkens blieb: brachte er hier doch die logische Problematik, die ihn in seiner Frühphase beschäftigte, mit seiner späteren transzendentalen Phänomenologie und ihren Problemen der Reduktion, der transzendentalen Subjektivität und Intersubjektivität in Einklang. K.Sch.

AUSGABEN: Halle 1929. – Den Haag 1974 (in *Husserliana* Bd. 17, Hg. P. Janssen). – Tübingen 1981.

LITERATUR: S. Bachelard, *La logique de H. Étude sur »Logique formelle et logique transcendentale«*, Paris 1957. – R. Sokolowski, *Logic and Mathematics*

in H.'s »Formal and Transcendental Logic« (in *Explorations of Phenomenology*, Hg. D. Carr u. E. S. Casey, Den Haag 1973, S. 306–327).

IDEEN ZU EINER REINEN PHÄNOMENOLOGIE UND PHÄNOMENOLOGISCHEN PHILOSOPHIE

Philosophisches Werk zur Grundlegung der Phänomenologie von Edmund HUSSERL, erschienen 1913 als Eröffnungsartikel im 1. Band des von Husserl herausgegebenen ›Jahrbuchs für Philosophie und phänomenologische Forschung‹. – Nach dem Erscheinen der *Logischen Untersuchungen* führte Husserl über ein Jahrzehnt lang in Vorlesungen und Forschungsmanuskripten umfangreiche Einzelforschungen zur Phänomenologie der Dingwahrnehmung und Phantasie, des Urteilens und Zeitbewußtseins, der Gemütsakte und des Wertens durch und vollzog außerdem allgemeine Reflexionen auf die in diesen Arbeiten ihm erwachsende neue Phänomenologie. Die Gründung des ›Jahrbuchs‹ veranlaßte ihn 1912 zur Konzeption eines dreiteiligen Werks. Das erste (und einzig erschienene) Buch, *Allgemeine Einführung in die Phänomenologie*, gab eine Darlegung des Wegs zur phänomenologischen Einstellung und einen knappen Überlick über die in ihr sichtbar werdende Forschungsthematik. Ein zweites Buch sollte konkrete Forschungsergebnisse vorstellen: die Konstitution von materieller Natur, Leib, Ich, Seele und Geist; außerdem sollte es das Verhältnis der Phänomenologie zur Psychologie klären. Im krönenden dritten Buch wollte Husserl Art und Inhalt einer auf Phänomenologie gegründeten Philosophie darstellen. Während dieses Buch ungeschrieben blieb, verfaßte er zwischen 1912 und 1917 Manuskripte zu den Problemkomplexen des projektierten zweiten Buchs. Sie wurden 1918 von seiner Privatassistentin Edith STEIN zu einer durchlaufenden zweiteiligen Ausarbeitung verschmolzen, die 1952 als *Ideen II* bzw. *Ideen III* postum erschienen sind.

Die *Ideen I* setzen ein mit einer Abgrenzung der logisch unterschiedlichen Gegenstandstypen, die zusammen die Welt ausmachen. Zunächst wird eine grundsätzliche Scheidung zwischen den realen, individuellen und zufälligen Tatsachen, wie sie in wahrnehmender Erfahrung gegeben sind, und ihrem zugehörigen Wesen oder Eidos vollzogen, das in einer Wesenserschauung rein für sich gefaßt werden kann. Jedes materiale Wesen (z. B. Hund) steht unter Gattungen (z. B. Tier), deren oberste (z. B. Naturding) ein regionales Wesen begründet, das in einer regionalen Ontologie zu erforschen ist. Über allen diesen Wesenswissenschaften steht die formale Ontologie, welche die Logik und Mengenlehre einschließt, da sie sich auf den Begriff des Etwas oder Gegenstands überhaupt und seine formalen Abwandlungen bezieht. Forschungsmaxime ist dabei das »*Prinzip aller Prinzipien*«, daß nur »*originär gebende Anschauung eine Rechtsquelle der Erkennt-*

nis« ist. Alle solche rein gegenstandsgerichtete Forschung verbleibt aber in der *»natürlichen Einstellung«*, d. h., sie hat nur das Gegebene im Blick, ohne Reflexion auf die Akte, in denen es gegeben ist. Den Zugang zum Feld dieser Akte, zum transzendentalen Bewußtsein, eröffnet eine spezifische *»phänomenologische Reduktion«*. Sie zeigt, daß alles Gegebene nur Korrelat intentionaler Akte ist, in denen es sich konstituiert. Wenn es zum Wesen des Realen gehört, daß es dem Bewußtsein transzendent ist und sich daher immer nur in bestimmten Erscheinungsweisen (von einer bestimmten Seite usw.) präsentiert, so ist es prinzipiell verkehrt zu meinen, ein unendliches Bewußtsein könne Dinge ohne die Vermittlung durch Erscheinungen wahrnehmen. Vielmehr gehört es zum Wesen von Dingen, daß sie in Erscheinungen gegeben sind; ja, sie sind nichts anderes als eine Regelstruktur für den möglichen Fortgang von Wahrnehmungen von Erscheinung zu Erscheinung. Das aber besagt, daß die ganze natürliche Welt nur Bewußtseinskorrelat ist und nur intentionales Sein hat, wogegen der immanente Zusammenhang der Erlebnisse, das Bewußtsein, ein absolutes Sein besitzt. Eine Welt kann nicht sein ohne Bewußtsein, dessen Korrelat sie ist; das Bewußtsein dagegen würde durch eine Weltvernichtung zwar modifiziert, nicht aber in seiner Existenz berührt.

Eine Deskription der allgemeinen Strukturen des Bewußtseins zeigt zunächst, daß der Erlebnisstrom durch die einheitliche Zeitform des kontinuierlichen Übergangs von Protentionen in Jetzterlebnisse und dieser Erlebnisse in Retentionen jeweils zu einem einzigen Ich verbunden ist. Weiter ist jedes Erlebnis gekennzeichnet durch Intentionalität: alles Bewußtsein ist Bewußtsein–von–etwas. Im Bewußtsein gegebener »Stoff« (sensuelle Hyle) wird durch eigentlich intentionale Formen, die Noësen, in gewisser Weise aufgefaßt. Durch die Funktion der Auffassung konstituiert sich für das Bewußtsein ein noëmatischer Sinn, der anders als Stoff und Noëse dem Bewußtsein nicht reell, sondern bloß intentional zugehört. Das Noëma ist der aufgefaßte Sinn (z. B. einer Wahrnehmung), durch den sich das Bewußtsein auf Gegenstände bezieht. *»Der Baum schlechthin kann abbrennen . . . Der Sinn aber – Sinn dieser Wahrnehmung, ein notwendig zu ihrem Wesen Gehöriges – kann nicht abbrennen.«* Husserl arbeitet weiter die einzelnen noëtisch-noëmatischen Strukturen heraus, indem er etwa verschiedene Glaubenscharaktere (gewiß, vermutlich, fraglich usw.) unterscheidet oder im Noëma dessen Kern von seinen Charakteren (bildmäßiges, erinnerungsmäßiges Gegebensein usw.) abhebt. In einer Phänomenologie der Vernunft geht Husserl abschließend auf den Begriff der Evidenz als des originären Gegebenseins des Wirklichen ein, womit er den Übergang zur Einzelbehandlung der regionalen Ontologien vorbereitet, welche das Thema der Fortsetzung des Werks sein sollten.

Da diese aber nicht erschien, blieb das Werk, und zwar nicht nur für die zeitgenössische Öffentlichkeit, Husserls einzige umfassende Darstellung von

Methode und Problematik seiner spezifischen transzendentalen Phänomenologie. Gleichzeitig trat er damit als transzendentaler Idealist an die Öffentlichkeit. Während die neukantianischen Idealisten, etwa Paul NATORP, das Werk deswegen begrüßten, kritisierten Psychologen wie Theodor ELSENHANS oder August MESSER, daß hier Beschreibungen von Wahrnehmung, Erlebnis usw. geboten wurden, die nicht psychologisch sein wollten. Am durchschlagendsten war die negative Wirkung in Husserls eigenem Kreis, wo Adolf REINACH das Werk schon im Winter 1912/13 im Seminar diskutierte – mit dem Ergebnis, daß unter seiner Leitung die jungen Phänomenologen den Husserlschen Idealismus ausnahmslos als Rückfall in den Neukantianismus ablehnten. Besonders Roman INGARDEN suchte Husserl von der Unhaltbarkeit dieser Position zu überzeugen. Ähnlich, wenn auch nur indirekt und mit völlig anderen Argumenten, sprach sich später Martin HEIDEGGER in *Sein und Zeit* dagegen aus. Durch den russischen Husserl-Schüler Gustav SPET beeinflußten die *Ideen I* den Moskauer Formalismus. Seit den siebziger Jahren wirkt das Werk dank der von Dagfinn FØLLESDAL ausgehenden Anstöße vor allem im angloamerikanischen Raum, und zwar in einer aus den Quellen der analytischen Philosophie gespeisten Diskussion der Begriffe Intentionalität und Noëma, die von Autoren wie Roderick CHISHOLM, John SEARLE und J. N. MOHANTY sowie andererseits (teils im Rückgriff auf die Noëma-Interpretation von Aron GURWITSCH in seiner Dissertation aus dem Jahr 1929, teils auf FREGES Begriff des »Sinns«) von Hubert DREYFUS, Guido KÜNG, William McKENNA geführt wird. Auch die *possible worlds semantics* (Jaakko HINTIKKA) greift immer wieder auf Gedanken der *Ideen I* zurück.   K.Sch.

AUSGABEN: Halle 1913; ²1922; ³1928. – Den Haag 1950 (in *Husserliana*, Bd. 3, Hg. W. Biemel). – Den Haag 1976 (in *Husserliana*, Bd. 3/1 u. 3/2, Hg. K. Schuhmann). – Tübingen 1980.

LITERATUR: P. Natorp, *Husserls »Ideen zu einer reinen Phänomenologie«* (in Logos, 7, 1917/18, S. 224–246). – K. Schuhmann, *Die Fundamentalbetrachtung der Phänomenologie*, Den Haag 1971. – K. Schuhmann, *Reine Phänomenologie und phänomenologische Philosophie*, Den Haag 1973. – E. Kohák, *Idea and Experience*, Chicago 1978. – W. R. McKenna, *H.'s »Introductions to Phenomenology«*, Den Haag 1982.

DIE KRISIS DER EUROPÄISCHEN WISSENSCHAFTEN UND DIE TRANSZENDENTALE PHÄNO-MENOLOGIE. Eine Einleitung in die phänomenologische Philosophie

Geschichtsphilosophische Abhandlung in drei Teilen von Edmund HUSSERL. Die ersten beiden Teile erschienen 1936 in der Belgrader Emigrantenzeitschrift ›Philosophia‹, der dritte Teil wurde erstmals 1954 von W. BIEMEL in seiner Edition des Werks in den *Husserliana* publiziert. – Emanuel RÀDL, der Präsident des 8. Internationalen Kongresses für Philosophie, der im September 1934 in Prag stattfand, bat mehrere Philosophen, die nicht teilnehmen konnten, um eine schriftliche Stellungnahme zur gegenwärtigen Aufgabe der Philosophie. Als Antwort entwarf Husserl eine Abhandlung, in der er eine historische Interpretation des Ursprungs des Philosophiegedankens und seiner einseitig objektivistischen Realisierung in der Neuzeit gab. Diesen Gedanken entwickelte er zunächst in einem Vortrag über *Die Philosophie in der Krisis der europäischen Menschheit* weiter, den er 1935 in Wien hielt und im Herbst des gleichen Jahres zu zwei Vorträgen in Prag erweiterte. Im Zug ihrer Redaktion für die Publikation entstand daraus der Plan zu einer umfangreichen Einleitung in die Phänomenologie, die vier Artikel umfassen sollte: 1. eine geschichtsphilosophische Klärung der Herkunft des neuzeitlichen Gegensatzes von naturwissenschaftlichem Objektivismus und transzendentalem Subjektivismus; 2. die Entwicklung der phänomenologischen Reduktion aus dem Problem der Lebenswelt; 3. eine Kritik der neuzeitlichen Psychologie und 4. eine Aufklärung des Sinns der positiven Wissenschaften. Husserl hat nur den ersten Programmpunkt veröffentlichen und Manuskripte zum zweiten und dritten Punkt verfassen können, bevor er im August 1937 die Arbeit infolge einer Erkrankung, welche schließlich zu seinem Tode führte, unterbrechen mußte. Eines der Ziele des Werks ist es, den Irrationalismus zu überwinden, der sich seit einem Jahrzehnt zuvor in Lebensphilosophie und Existenzialismus sowie im europäischen gesellschaftlichen und politischen Leben verbreitete.

Die Krise der Wissenschaften sieht Husserl darin, daß sie ihre glänzenden Erfolge nur um den Preis einer Abschottung von den Existenzfragen errungen haben, den Fragen nach Sinn oder Sinnlosigkeit des menschlichen Daseins. Dieser positivistische Begriff von Wissenschaft ist indes nur ein *»Restbegriff«*: Der antike, in der Renaissance erneuerte Begriff der Wissenschaft ist identisch mit dem Philosophie, denn er besagt theoretische Autonomie, aus der praktisch ein Leben aus reiner selbstbestimmter Vernunft im individuellen wie im sozialen und politischen Dasein folgt. Descartes entwirft dieses Ideal in vollem Umfang, die Wissenschaften sind ihm nur Zweige der einen Philosophie, welche das All des Seienden in rationaler Methodik zu beherrschen hat. Die erste Frucht dieser Methode ist die mathematische Naturwissenschaft GALILEIS. Ihre Leistung besteht darin, daß sie die schwankende Relativität und Subjektivität der empirisch-anschaulichen Erfahrungswelt zugunsten einer Idealisierung der Körperwelt überwindet, welche deren objektive und exakte Bestimmung zuläßt. So wird die mathematische Welt der einzig wirklichen und wahrnehmungsmäßig gegebenen Welt, der Lebenswelt, untergeschoben bzw.

über diese ein *»Ideenkleid«* geworfen – mit dem Ergebnis, daß schließlich das bloß methodisch Substruierte für das wahre Sein genommen wird. Galileis Reduktion des Universums auf eine Welt bloßer Körperlichkeit schließt die Vernunftprobleme des Daseins aus und beschwört so den Dualismus von Objektivismus und Transzendentalismus herauf, wie er von R. DESCARTES ausgearbeitet wird in der Trennung von *res extensa* (den körperlichen Dingen) und *res cogitans* (den gedanklichen, geistigen Dingen). Im Verfolg baut der Rationalismus die von Descartes geforderte in sich geschlossene Körperwissenschaft aus, der skeptische Empirismus dagegen die ebenfalls in sich geschlossene Wissenschaft von der Subjektivität. I. KANT sucht den Anspruch der Körperwissenschaft I. NEWTONS auf wahre Vernunfterkenntnis mit der subjektivistischen Frage zu versöhnen, wie denn Vernunftwahrheiten für Dingerkenntnisse überhaupt aufkommen könnten. Aber statt beiden Tendenzen radikal auf den Grund zu gehen, löst er das Problem ihres Verhältnisses, indem er gegen Descartes die objektive Wissenschaft aus der Philosophie herausnimmt, welche die Möglichkeit und Tragweite objektiver Erkenntnis untersucht und mithin diese Erkenntnis sowie alle in ihr enthaltenen Voraussetzungen ihrerseits voraussetzt, statt sie zu untersuchen. Sein Philosophieren fußt gleich aller Wissenschaft auf der als *»selbstverständlichste Selbstverständlichkeit«* vorausgesetzten Lebenswelt.

Diese Welt, die Welt der Doxa, ist der Boden aller Praxis, auch der historisch späten der Wissenschaft und ihrer Idee von Erkenntnis und Wahrheit als Höchstidee. Gerade diese subjektiv-relative Welt, welche die neuzeitliche Wissenschaft überwinden will, ist ihr Boden. Ohne die Lebenswelt fällt die ganze Relevanz der Wissenschaft, aus ihr allein zieht sie ihre Rechtsgültigkeit. Der Stil und die feste Typik der Lebenswelt weisen immer auf das in ihr lebende Subjekt zurück. Eine *»Ontologie der Lebenswelt«* hat die Aufgabe, die Korrelationen zwischen den subjektiven Gegebenheitsweisen und dem darin Gegebenen herauszustellen.

Die Wirkung des Werks, obwohl zunächst an entlegenem Ort erschienen, war dennoch sehr weitreichend. Schon im Jahr, in dem die *Krisis* erschien (1936), schrieb Jan PATOČKA aufgrund seiner Gespräche mit Husserl und in eigener Weiterentwicklung des Gedankens der Lebenswelt *Přirozený svět jako filosofický problém (Die natürliche Welt als philosophisches Problem)*. Die eigentliche Wirkung setzte ein, als M. MERLEAU-PONTY, einer der ersten Besucher des Löwener Husserl-Archivs, 1939 die damals noch unveröffentlichten Teile der *Krisis* studierte und von da aus das Programm seiner *Phénoménologie de la perception*, 1945 (*Phänomenologie der Wahrnehmung*), entwarf, das ihrerseits wieder eines der einflußreichsten Werke in Frankreich wurde. Auch J. DERRIDA diskutierte in seinem Erstlingswerk *L'origine de la géometrie de H.*, 1962 (*Der Ursprung der Geometrie H.s*), ein Husserl-Manuskript aus dem Umkreis der *Krisis*. In Italien standen besonders Enzo PACI und seine Schule unter dem Einfluß der *Krisis*, die sie ähnlich wie Herbert MARCUSE als Darstellung der *»geschichtlich-gesell-schaftlichen Struktur der wissenschaftlichen Vernunft«* lasen. In Deutschland griff Husserls ehemaliger Assistent L. LANDGREBE, seinerseits Haupt einer Kölner Phänomenologenschule, immer wieder auf den Gedanken der Lebenswelt zurück. In Amerika schließlich verarbeiteten vor allem A. GURWITSCH und A. SCHÜTZ den Gedanken der Lebenswelt in ihren eigenen Konzeptionen, die wiederum für die deutsche Soziologie (Th. LUCKMANN, R. GRATHOFF) bedeutsam wurden. Der Einfluß dieses Gedankens bei so unterschiedlichen Denkern wie H.-G. GADAMER und H. BLUMENBERG, J. HABERMAS und O. SCHWEMMER zeigt eine Wirkungsmacht der Husserlschen Konzeption an, derzufolge sie auf weite Strecken zum Allgemeingut heutigen Philosophierens geworden ist.   K.Sch.

AUSGABEN: Belgrad 1936 (in Philosophia, Bd. 1, S. 77–176). – Den Haag 1954 (in *Husserliana*, Bd. 6; ern. 1962, Hg. W. Biemel). – Hbg. 1977, Hg. E. Ströker (PhB); ²1982 [nur Philosophia-Text].

LITERATUR: L. Landgrebe, *Phänomenologie und Geschichte*, Gütersloh 1968. – P. Janssen, *Geschichte und Lebenswelt*, Den Haag 1970. – W. Marx, *Vernunft und Lebenswelt*, Den Haag 1970. – G. Brand, *Die Lebenswelt. Eine Philosophie des konkreten Apriori*, Berlin 1971. – *Life-World and Consciousness. Essays for A. Gurwitsch*, Hg. L. Embree, Evanston 1972. – D. Carr, *Phenomenology and the Problem of History. A Study of H.'s Transcendental Philosophy*, Evanston 1974. – *Lebenswelt und Wissenschaft in der Philosophie E. H.s*, Hg. E. Ströker, Ffm. 1979. – R. Welter, *Der Begriff der Lebenswelt. Theorien vortheoretischer Erfahrungswelt*, Mchn. 1986.

LOGISCHE UNTERSUCHUNGEN

Sammlung philosophischer Abhandlungen von Edmund HUSSERL, erschienen in zwei Teilen: *Prolegomena zur reinen Logik*, 1900, und *Untersuchungen zur Phänomenologie und Theorie der Erkenntnis*, 1901. – Als Schüler Franz BRENTANOS vertrat Husserl anfangs mit seinem Lehrer die Auffassung von der Zweiteilung des Seienden in Physisches und Psychisches: Was nicht physischer Natur ist, muß psychisch sein. Noch seine erste Buchveröffentlichung, die *Philosophie der Arithmetik* von 1891, steht auf diesem Standpunkt. Um 1895 gerät Husserl in eine Krise. Spezifisch logische Entitäten wie Bedeutungen oder Sätze, die nichts Physisches sind, lassen sich auch nicht als Elemente zeitgebundener psychischer Erlebnisse verstehen; sie müssen Idealitäten eigener Art sein. So arbeitet Husserl ab 1896 an einem dreiteilig geplanten Werk. In einem ersten, kritischen Teil sollte die – wie er sie nennt – psychologistische Begründung der Logik als unhaltbar erwiesen werden; statt ihrer sollte eine erkenntnistheoretische bzw. phänomenologische Be-

gründung aus dem Sinn der logischen Gebilde geliefert und zum Schluß die Idee der von aller Psychologie gereinigten Logik entwickelt werden. In einer über Jahre sich hinziehenden Arbeit stellte Husserl zunächst den ersten Teil, die *Prolegomena*, fertig, dem er auch eine Skizze seiner Idee der Logik beifügte, wie sie der dritte Teil des Werks enthalten sollte. Der zweite, konstruktive Teil gelangte nicht zu einer in sich geschlossenen Darstellung, sondern Husserl verfaßte sechs lose verbundene Untersuchungen, die er unter dem Druck wohlmeinender Freunde schließlich im zweiten Band des Werks als eine »Erste Reihe« veröffentlichte. Sie bieten insofern noch keine hinreichende Fundierung der Logik, als darin die Behandlung der Wahrnehmung und ihrer Modifikationen (Erinnerung, Phantasie) fehlt. Die dafür entworfenen Manuskripte – sie waren für einen dritten Band bestimmt – sind zu Husserls Lebzeiten nicht erschienen (das Manuskript über Phantasie wurde in *Husserliana XXIII* veröffentlicht). 1913/1921 veröffentlichte Husserl eine Neuauflage der *Logischen Untersuchungen* (nunmehr, unter Aufteilung des 2. Teils, in insgesamt drei Bänden), welche das Werk im Sinne seiner inzwischen entwickelten transzendentalen Phänomenologie umzugestalten suchte.

Abgesehen von der genannten Skizzierung von Grundbegriffen und Aufgaben der reinen Logik enthalten die *Prolegomena* den Nachweis, daß auch die damals gängigen Auffassungen der Logik als Kunstlehre oder Methodologie der Wissenschaften bzw. als Normenlehre des Denkens keine ursprünglichen Bestimmungen sind, sondern sich nur als Umwendungen einer darin schon vorausgesetzten reinen Logik der idealen Bedeutungskategorien verstehen lassen. Das Hauptgewicht liegt aber auf dem Nachweis, daß eine psychologische Begründung der Logik widersinnig ist, da alle psychischen Akte individuelle Realitäten sind. Logische Gesetze dagegen sind ihrem Sinn nach allgemein ohne Bezug auf irgendwelche Realien. Die Psychologie hat es mit empirischen Tatsachen zu tun, die Logik mit Idealitäten, und beides ist nicht aufeinander reduzibel.

Logisches Denken vollzieht sich in Ausdrücken von bestimmter Bedeutung. Die erste Untersuchung zeigt, daß die Bedeutungen im Unterschied zu den individuellen schwankenden Ausdrücken und eventuell mit ihnen verbundenen Phantasiebildern ideale und allgemeine Identitäten sind, die in Akten der Bedeutungsintention erfaßt werden. Zu den mit jedem Ausdruck verbundenen und ihm Bedeutung verleihenden Akten verhalten sich die Bedeutungen selbst wie die einheitliche Spezies zu ihren Individuen. Darum – so die zweite Untersuchung – sind Bedeutungen auch nicht unselbständige Momente oder Inhalte der Ausdrücke, die daraus durch Abstraktion gewonnen werden könnten, sind doch alle Teile konkreter Ausdrucksakte selber konkret und nichts Abstraktes. Im Anschluß daran zeigt die dritte, nicht auf Akte bezogene und insofern nicht phänomenologische, sondern ontologisch auf Gegenstände überhaupt gerichtete Untersuchung, daß alles Unselbständige nur als Teil eines Ganzen existieren kann. Husserl analysiert dabei detailliert die Abhängigkeits- und Fundierungsbeziehungen zwischen selbständigen und unselbständigen Teilen (Stücken und Momenten). In Anwendung dieser Unterscheidungen auf Ausdrücke und Bedeutungen kehrt die vierte Untersuchung zur phänomenologischen Sphäre zurück, indem sie für sich bedeutsame von bloß mitbedeutenden Ausdrücken und einfache von zusammengesetzten Bedeutungen unterscheidet. Die zwischen ihnen waltenden Gesetzmäßigkeiten ordnet Husserl der »reinen Grammatik« zu. In der fünften Untersuchung sondert Husserl verschiedene Begriffe von »Bewußtsein« voneinander, wobei für die Erkenntniserklärung der Begriff von Bewußtsein als psychischer Akt oder intentionales Erlebnis am wichtigsten ist. Bei jedem Akt ist zwischen seiner Qualität, derzufolge er z. B. als vorstellend, urteilend, fühlend charakterisiert ist, und seiner Materie zu unterscheiden, aufgrund derer er z. B. Vorstellung eines Hauses oder eines Baums, Behauptung des Sachverhalts »2 x 2 = 4« oder des Sachverhalts »heute wird es regnen« usw. ist. Weiter zeigt Husserl, daß allen nichtobjektivierenden, d. h. keine Gegenstände gebenden Akten (z. B. des Fühlens, Begehrens, Fragens, Befehlens) stets objektivierende, auf Gegenständliches gerichtete Akte zugrunde liegen müssen. Die umfangreiche sechste Untersuchung schließlich bestimmt das Erkennen als die Erfüllung einer objektivierenden Intention durch ihren zugehörigen Gegenstand. Durch ihren intuitiven Gehalt oder ihre Fülle unterscheidet eine intuitive Vorstellung sich von einer bloß signifikativen oder symbolischen. Weiter führt Husserl hier den Begriff der kategorialen Anschauung ein als des Wahrnehmungsmodus idealer bzw. kategorialer Objekte (Kollektion, Identität, Sachverhalt usw.), wie sie die Logik und formale Ontologie behandelt.

Die *Logischen Untersuchungen* waren Husserls wirkungsmächtigstes Werk, auch wenn viele Zeitgenossen in den phänomenologischen, aktgerichteten Untersuchungen einen »Rückfall« in den im ersten Band widerlegten Psychologismus sahen. Jedenfalls sind dank dieser Widerlegung damals tonangebende psychologistische Logiker wie Christoph SIGWART oder Benno ERDMANN heute aus dem öffentlichen Bewußtsein verschwunden. Wilhelm DILTHEY sah in Husserl einen wertvollen Verbündeten; Theodor LIPPS revidierte unter dem Einfluß des Werks seine Position. Unter seinen Studenten machte sich Johannes DAUBERT das Werk ganz zu eigen und setzte es bei seinen Münchener Kommilitonen als Grundschrift durch, womit er den Grundstein zur Entstehung der phänomenologischen Bewegung legte (Alexander PFÄNDER, Moritz GEIGER, Max SCHELER), die sich durch seinen Freund Adolf REINACH, dessen Urteilstheorie ebenfalls von den *Logischen Untersuchungen* ausgeht, bald an Husserls eigene Göttinger Universität verpflanzte (Roman INGARDEN,

Edith STEIN). Später gaben Martin HEIDEGGER und Aron GURWITSCH dem Werk den Vorzug gegenüber Husserls späteren Schriften. Die Phonologie von Roman JAKOBSON, die polnische Logik (Stanislaw LESNIEWSKI, Kazimierz AJDUKIEWICZ) und die Würzburger Denkpsychologie (Oswald KÜLPE, insbesondere auch die Sprachtheorie von Karl BÜHLER) stehen unter seinem Einfluß. Kitaro NISHIDA machte das Werk in Japan bekannt. Auch Jacques DERRIDA entwickelte seinen Gedanken der abendländischen *»métaphysique de présence«* im Ausgang von der ersten Untersuchung. Seit der englischen Übersetzung John FINDLAYS (1970) setzt auch in der englischsprachigen Welt ein verstärkter Rückgriff auf die *Logischen Untersuchungen* ein (Michael DUMMETT, Barry SMITH). K.Sch.

AUSGABEN: Halle 1900–1901, 2 Bde. – Halle 1913–1921, 3 Bde. [überarb.]. – Halle 1922. – Halle 1928. – Den Haag 1975–1984 (in *Husserliana*, Bd. 18, 19/1 u. 19/2; Hg. E. Holenstein u. U. Panzer). – Tübingen 1968, 2 Bde.; 5/61980.

LITERATUR: R. Schérer, *La phénoménologie des »Recherches logiques« de H.*, Paris 1967. – J. N. Mohanty, *Readings in E. H.'s »Logical Investigations«*, Den Haag 1977. – K. Mulligan u. B. Smith, *A Husserlian Theory of Indexicality* (in *Grazer Philosophische Studien*, 28, 1986, S. 133–163).

MÉDITATIONS CARTÉSIENNES.
Introduction à la phénoménologie

Philosophisches Werk von Edmund HUSSERL, erschienen 1931 in französischer Übersetzung, als deutsche Ausgabe postum 1950. – Seit Anfang der zwanziger Jahre war Husserls Bemühen auf die Abfassung einer phänomenologischen Grund- und Einleitungsschrift (in Ersetzung seiner *Ideen I*) gerichtet, welche als Grundlage für die nachfolgende Publikation seiner zahlreichen Einzeluntersuchungen zu Fragen der Logik, der Einfühlung, des Zeitbewußtseins usw. dienen sollte. Wie seine Vorlesungen, so benutzte Husserl äußere Anlässe auch zur Vorbereitung dieses Grundwerks und hielt dementsprechend 1922 in London Vorträge unter dem allgemeinen Titel *Phänomenologische Methode und phänomenologische Philosophie* sowie, im Rückgriff darauf, im Februar 1929 in Paris unter dem Titel *Einleitung in die transzendentale Phänomenologie*. Diese Vorträge gestaltete er zum Zweck der in Frankreich gewünschten Veröffentlichung im April und Juni 1929 zu einem Buchmanuskript *Cartesianische Meditationen* aus, welches sowohl der französischen Übersetzung von 1931 (besorgt von Emmanuel Levinas und Gabrielle Pfeiffer) wie der deutschen Erstausgabe aus dem Nachlaß zugrundeliegt. Das – enttäuschend verlaufende – Studium der bis dahin vorliegenden Werke seines Lehrstuhlnachfolgers M. HEIDEGGER im Sommer 1929 veranlaßte Husserl dazu, von seinem Vorhaben, das fünf *Meditationen* umfassende Werk sogleich auch auf deutsch erscheinen zu lassen, zugunsten einer Umarbeitung abzustehen, die auch auf die durch Heideggers Aufstieg entstandene Situation Rücksicht nehmen sollte. Die Umarbeitungsversuche (Teile der diesbezüglichen Manuskripte wurden 1973 veröffentlicht in der Werkausgabe *Husserliana*, Bd. 15) zogen sich in verschiedenen Phasen bis ins Jahr 1934 hin, als Husserl aufgrund der politischen Situation, mehr noch aber durch sein neues Interesse an geschichtsteleologischen Fragen, wie es sich schließlich in der *Krisis der europäischen Wissenschaften* ... niederschlug, den Gedanken an eine Veröffentlichung aufgab. Dabei schwankte er ab 1930 wiederholt zwischen der Ausarbeitung der *Cartesianischen Meditationen* zu seinem Hauptwerk und dem Entwurf eines anderen systematischen Grundwerks, das allerdings über das Stadium von Forschungsmanuskripten nicht hinausgelangt ist. Dies auch deswegen, weil er 1930 die Arbeit an den deutschen *Meditationen* großenteils in die Hände seines Assistenten Eugen FINK legte, der zahlreiche Vorschläge zur Umarbeitung der ersten fünf Meditationen schrieb sowie eine eigene sechste Meditation – gedacht war sogar an eine siebte – unter dem Titel *Die Idee einer transzendentalen Methodenlehre* verfaßte (dieses Material wurde 1988 veröffentlicht in *Husserliana Dokumente*, Bd. 2/1 und 2/2). Vorgesehen war eine Veröffentlichung des Werks unter beider Namen. Dieses Vorhaben gelang aber nicht.

Was die Zusammenhangslosigkeit und somit Unwissenschaftlichkeit der Philosophien betrifft, befinden wir uns laut Husserl *»in dieser unseligen Gegenwart«* in keiner anderen Lage als seinerzeit R. DESCARTES. Deswegen knüpft er an die cartesianischen *Meditationes de prima philosophia* an, um zunächst alle geltenden Überzeugungen aufzuheben, die dem Maßstab strengsten Wissens, dem Maßstab adäquater Evidenz und apodiktischer Erkenntnis, nicht Genüge tun. Die gesamte Erfahrungswelt ist aus diesem Grund einzuklammern, wogegen das *»Ich bin«* apodiktisch sicher ist. Descartes nun hatte geglaubt, im Ich *»ein kleines Endchen der Welt«* vor dem Umsturz der Weltgewißheit gerettet zu haben. Nach Husserl dagegen ist dieses psychologische Ich in der Aufhebung des Weltbodens eo ipso miteingeklammert. Das Ich der cogitationes (der Gedanken bzw. des Denkens) ist ein transzendentales Ich von noëtisch-noëmatischer (denkender, gedanklicher) Struktur, ein *»ego-cogito-cogitatum«* (*»Ich-denke-Gedachtes«*). Dem Fluß der cogitationes, der die Form der Zeit hat, steht als seine synthetische Leistung mithin immer der intentionale Gegenstand (der Gegenstand, auf den das Denken gerichtet ist) gegenüber. Ein Gegenstand ist nichts anderes als *»eine Regelstruktur des transzendentalen ego«*, sofern in jedem Erlebnis horizontal die Möglichkeiten seiner Weiterführung vorgezeichnet liegen, in denen derselbe Gegenstand in anderen Hinsichten gegeben ist. Wirklichkeit eines Gegenstands meint also, daß er das Korrelat evidenter Bewährungen ist. Da die Dinge der Wahrnehmungswelt nie in adäquater Evidenz er-

schöpfend gegeben sein können – und eben darin besteht ihre Transzendenz gegenüber dem Erlebnis –, hat die gesamte Welterfahrung immer nur präsumtive Evidenz. Aber auch das Ich, der identische Pol aller Erlebnisse, die sich zur konkreten Einheit einer Monade zusammenschließen, verharrt nicht rein bei sich selbst, sofern es durch sein zeitliches Strömen in einer ständigen Genesis (nach Gesetzen der passiven Assoziation) begriffen ist. Das Ich ist es selbst nur in immanenter Transzendenz, d. h. in der Synthese seiner Geschichte. Nicht daß es solipsistisch nur mit sich selbst beschäftigt wäre, sondern für es da sind auch andere. Sie können aber ebenfalls nur im Rahmen seiner *cogitationes* konstituiert sein. Der Aufklärung dieser eigenartigen Konstitution dient die *»transzendentale Theorie der Fremderfahrung«*, der Einfühlung. Sie geht der Theorie der objektiven Welt vorher, sofern deren Objektivität, welche die primordinale Sphäre des Ich überschreitet, schließlich das Sein der Welt auch für andere, ihre Konstitution in ihnen meint. Die Konstitution des anderen im Ich nun vollzieht sich nach Husserl einerseits mittels einer bestimmten Auffassung des Fremdleibs, der das Ich dazu motiviert, in Analogie zu seinem eigenen diesem Bewußtsein einzulegen. Ego und Alter ego bilden ein ursprüngliches, durch die Assoziation des Ich sich bildendes Paar. Das Bewußtsein des andern ist dem Ich, im Gegensatz zu dessen Leib, zwar nicht präsent, wird aber vom Ich appräsentiert. Während das Ich im *»Modus Hier«* existiert, existiert der andere immer im *»Modus Dort«*.

Der Idealismus des Werks veranlaßte Roman INGARDEN zu ausführlichen kritischen Bemerkungen, die er Husserl sandte (teilweise abgedruckt in *Husserliana*, Bd. 1, S. 203–218). Ingarden hatte sich bereits 1918 kritisch zu den *Ideen zu einer reinen Phänomenologie* ... geäußert. Weiter hat die französische Ausgabe das Bild Husserls in Frankreich in starkem Maß geprägt, so etwa bei Gaston BERGER. Die Bedeutung des Werks liegt aber vor allem in der fünften Meditation, welche die ausführlichste und geschlossenste von Husserl selbst veröffentlichte Darstellung eines Kernstücks seiner Phänomenologie, die Theorie der Intersubjektivität, enthält. Sie war der Ausgangspunkt für die sozialphilosophischen Reflexionen von Michael THEUNISSEN und Bernhard WALDENFELS und wirkt über Alfred SCHÜTZ in die amerikanische und deutsche Soziologie hinein, auch wenn dabei ihre transzendentale Fundierung, ebenso wie vorher schon in Frankreich von J.-P. SARTRE und M. MERLEAU-PONTY, aufgegeben wird.   K.Sch.

AUSGABEN: Paris 1931 u. ö. [in frz. Übers. von E. Levinas u. G. Peiffer]. – *Cartesianische Meditationen* (in *Husserliana*, Bd. 1, Hg. u. Einl. S. Strasser, Den Haag 1950; Erstausgabe des Urtextes); ²1963. – Hbg. 1977, Hg. u. Einl. E. Ströker (PhB).

LITERATUR: M. Theunissen, *Der Andere. Studien zur Sozialontologie der Gegenwart*, Berlin 1965. – A. Schütz, *The Problem of Transcendental Intersub-*

jectivity in H. (in *A. S. Collected Papers*, Bd. 3: *Studies in Phenomenological Philosophy*, Hg. I. Schütz, Den Haag 1970, S. 51–84). – K. Held, *Das Problem der Intersubjektivität und die Idee einer phänomenologischen Transzendentalphilosophie* (in *Perspektiven transzendentalphänomenologischer Forschung*, Hg. U. Claesges u. K. Held, Den Haag 1972, S. 3–60). – P. Ricœur, *Études sur les »Méditations Cartésiennes« de H.* sowie *La Cinquième Méditation Cartésienne* (in P. R., *A l'école de la phénoménologie*, Paris 1986).

FRANCIS HUTCHESON

* 8.8.1694 Drumalig / Nordirland
† 1746 Glasgow

AN INQUIRY INTO THE ORIGINAL OF OUR IDEAS OF BEAUTY AND VIRTUE; IN TWO TREATISES. IN WHICH THE PRINCIPLES OF THE LATE EARL OF SHAFTESBURY ARE EXPLAIN'D AND DEFENDED, AGAINST THE AUTHOR OF THE FABLE OF THE BEES

(engl.; *Eine Untersuchung über den Ursprung unserer Ideen von Schönheit und Tugend, in zwei Abhandlungen, in denen die Prinzipien des Earl of Shaftesbury erläutert und gegen den Autor der Bienenfabel verteidigt werden*). Philosophisches Werk von Francis Hutcheson, erschienen 1725. – Der Autor wendet sich in dieser zunächst anonym veröffentlichten Abhandlung gegen die Lehren Mandevilles und der Anhänger Hobbes', die die Existenz von feststehenden, dem Menschen angeborenen moralischen Grundsätzen leugnen und den Egoismus als Kriterium des moralischen Handelns erklären. Hutcheson knüpft dabei an Shaftesbury an, der im Anschluß an Platon und die Stoiker die Bedeutung der Ideen des Guten und des Schönen für den Menschen betont hatte. Dabei legt der Verfasser diese Theorie seines Vorgängers in gemeinverständlicher und systematischer Form dar. Er spricht nicht mehr nur von Idealen, sondern auch von einem ästhetischen Wertgefühl und einem moralischen Beurteilungsvermögen *(moral sense)*, durch die das Gute und Schöne erkannt wird, eine These, die zugleich an den traditionellen Empirismus des englischen Denkens anschließt.

In den ästhetischen Erörterungen dieses Werks unterscheidet Hutcheson zwischen einer absoluten und relativen Schönheit, die sich zueinander verhalten wie etwa das Modell zum Kunstwerk. Als Hauptkriterium des ästhetisch Schönen betrachtet der Autor eine harmonische Verbindung von Einheit und Vielfalt. So sei z. B. das gleichseitige Dreieck schöner als das ungleichseitige, da beim ersteren ohne Verlust an Vielfalt die Einheit besser gewahrt sei; das gleichseitige Sechseck sei wiederum schöner als das gleichseitige Dreieck, da in ihm Wahrung der Einheit und ein höherer Grad an Mannigfaltigkeit erreicht werde. – Diesem Sinn des Menschen für das Schöne entspricht nach Ansicht des Verfassers im moralischen Bereich der Sinn für das Gute. Denn, so argumentiert Hutcheson, neben dem auf den eigenen Vorteil gerichteten Tun gibt es Handlungen, die dem Menschen unabhängig von seinem Vorteil unmittelbar gut erscheinen. Er folgert daraus, daß das *»Prinzip der Billigung«* in moralischen Handlungen nicht die Selbstliebe, sondern eine sich davon unterscheidende Kraft des Gefühls sei, die von der Gewohnheit, der Erziehung und Vorbildern unabhängig ist. So ist einerseits die Existenz von Wertqualitäten und andererseits ein bestimmtes Gegenstandsbewußtsein grundlegend für jede gefühlsmäßige Stellungnahme. Die in bestimmten Handlungen sich äußernde Tugend ist proportional zu dem Guten, das den Mitmenschen erwiesen wird. Diesen Gedanken weitet der Autor später in der von ihm geprägten Formel vom *»größten Glück der größten Zahl«* auf den sozialen Bereich aus und beeinflußt damit den klassischen Utilitarismus (Jeremy Bentham und John Stuart Mill).

Der Ansatzpunkt, daß moralische Entscheidungen nicht von der berechnenden Vernunft, sondern von dem davon getrennten *moral sense* abhängen, war für die Philosophen jener Zeit neu, wobei jedoch noch nicht geklärt ist, wieweit diese Neuerung nicht schon auf Shaftesbury zurückzuführen ist. In der systematischen Entwicklung dieses Gedankens vermischt Hutcheson freilich immer wieder den Begriff des subjektiven Wohlwollens *(benevolence)* und objektive, den *moral sense* bestimmende Werte. Diese Unklarheit versuchte Hume zu beseitigen, indem er einige Zeit später das moralische Empfindungsvermögen mit dem Gefühl des Wohlwollens identifizierte. KLL

Ausgaben: Ldn. 1725. – Ldn. 1726 [verb.]. – Ldn. 1738 [verb.]. – Glasgow/Ldn. 1745 (in *Collected Works*, 7 Bde., 1745–1755; Nachdr. Hildesheim 1969). – Glasgow 1772. – Den Haag 1973 (*An Inquiry Concerning Beauty, Order, Harmony, Design*, Hg. P. Kivy).

Übersetzungen: *Untersuchung unserer Begriffe von Schönheit und Tugend*, J. H. Merck, Ffm./Lpzg. 1762. – *Eine Untersuchung über den Ursprung unserer Ideen von Schönheit und Tugend, über moralisch Gutes und Schlechtes*, W. Leidhold, Hbg. 1986 [m. Einl.].

Literatur: W. T. Blackstone, *F. H. and Contemporary Ethical Theory*, Athens/Ga. 1965. – G. de Crescenzo, *F. H. e il suo tempo*, Turin 1968. – T. A. Roberts, *The Concept of Benevolence. Aspects of 18th-Century Moral Philosophy*, Ldn. 1973. – H. Jensen, *Motivation and the Moral Sense in F. H.'s Ethical Theory*, Den Haag 1974. – E. Migliorini, *Studi sul pensiero estetico di F. H.*, Padua 1974. –

P. Kivy, *The Seventh Sense. A Study of F. H.'s Aesthetics and Its Influence in 18th-Century Britain*, NY 1976. – W. Leidhold, *Ethik und Politik bei F. H.*, Freiburg i. B./Mchn. 1985. – W. H. Schrader, *Ethik und Anthropologie in der englischen Aufklärung: der Wandel der Moral-Sense-Theorie von Shaftesbury bis Hume*, Hbg. 1984.

ALFRED HUTCHINSON

* März 1924 Hectorspruit
† 14.10.1972 Nigeria

ROAD TO GHANA

(engl.; *Ü: Der Weg nach Ghana*). Autobiographischer Roman von Alfred HUTCHINSON (Südafrika), erschienen 1960. – Hutchinson gehörte neben P. ABRAHAMS und E. MPHAHLELE zu den Vertretern der südafrikanischen Exilliteratur, in der die aus der Union geflüchteten Intellektuellen in erster Linie ein Mittel der Anklage sahen. Während Abrahams und Mphahlele ihr Land verließen, um ungehindert schreiben zu können, war Hutchinson ein politisch Verfolgter, der aktiv am Kampf gegen die Unterdrückung der Farbigen teilnahm und im Gefängnis saß, bis er schließlich nach Ghana flüchten konnte. In der knappen und präzisen Sprache einer Reportage schildert er die Flucht und die Repressalien, die ihr vorausgingen. Über Rhodesien und Nyassaland erreicht er zunächst Tanganjika, wo er wiederum verhaftet wird und nur dank der Publizität seines Falls und der Hilfe des Präsidenten von Tansania, J. Nyerere, der Auslieferung nach Südafrika entgeht. Vom literarischen Standpunkt ist vor allem das Mittelstück bedeutend: Mit dem gefälschten Ausweis eines Minenarbeiters aus Njassaland reist Hutchinson wochenlang in überfüllten und schmutzigen Zügen, in der beständigen Furcht, entdeckt zu werden. Dabei tritt der Autor mehr und mehr in den Hintergrund; in skizzenhaften Beschreibungen von Menschen und Schicksalen wird aus der Perspektive des geschundenen Eingeborenen oder Inders ein Bild des kolonialen Afrika entworfen. Hutchinson bedient sich des Kunstgriffs, Anklage nicht direkt zu formulieren, die Unhaltbarkeit der politischen Zustände vielmehr gerade aus einer vorgeblich objektiven Darstellung evident werden zu lassen.   U.F.

AUSGABEN: Ldn. 1960. – NY 1960.

ÜBERSETZUNG: *Der Weg nach Ghana*, M. Ollendorff, Hbg./Wien 1961.

LITERATUR: M. H. Bacon, *Writing in a Troubled Land* (in Antioch Review, 25, 1965, Nr. 3, S. 446–452). – J. F. Povey, *The Myrrh of Parting.*

A Study of the Theme of Exile in South African Poetry (in Univ. of Toronto Quarterly, 35, 1966, S. 158–175). – J. A. Ramsaran, *Modern African Writing in English* (in African Proceedings, 3, 1966, S. 105–116). – A. Gérard, *Peter Abrahams et la littérature sudafricaine* (in La Revue Nouvelle, 45, 1967, S. 651–654). – H. Mokgothi, *A. H.: A Profile* (in African Communist, 1973, Nr. 52, S. 61–63). – G. E. Gorman, *The South African Novel in English Since 1950: An Information and Resource Guide*, Boston 1978. – J. Grant, *The Literature of Exile: A Comparative Study of Exiled Writers from the West Indies and South Africa* (in Southern Africa Research in Progress: Collected Papers, 3, 1978, S. 30–57). – *The South African Novel in English: Essays in Criticism and Society*, Hg. K. Parker, Ldn. 1978. – A. D. Adey, *South African English Literature, 1945 to 1975: A Vision of the Customary*, Diss. Univ. of South Africa 1981 (vgl. Diss. Abstracts, 42, 1982, S. 3996/3997A).

ULRICH VON HUTTEN

* 21.4.1488 Burg Steckelberg bei Schlüchtern
† 29.8.1523 Insel Ufenau im Zürichsee

LITERATUR ZUM AUTOR:
E. Böcking, *Index bibliographicus Huttenianus; Verzeichnis der Schriften U. v. H.s*, Lpzg. 1858. – D. F. Strauß, *U. v. H.*, Lpzg. 1858; ³1938, Hg. O. Clemen. – P. Kalkoff, *U. v. H. und die Reformation*, Lpzg. 1920. – O. Flake, *U. v. H.*, Bln. 1929; ern. Ffm. 1985. – H. Holborn, *U. v. H.*, Lpzg. 1929; Nachdr. Göttingen 1968. – G. Ritter, *U. v. H. und die Reformation* (in G.R., *Die Weltwirkung der Reformation*, Mchn. ²1959). – H. Grimm, *U. v. H., Wille u. Schicksal*, Hg. G. Franz, Göttingen 1971. – P. Ukena u. K. Uliarczyk, *Deutschsprachige populäre H.-Literatur im 19. u. 20. Jh. Eine bibliographische Übersicht* (in Daphnis, 2, 1973, S. 166–184). – F. Rueb, *U. v. H.*, Bln. 1981. – W. Kreutz, *Die Deutschen und U. v. H.*, Mchn. 1984 [m. Bibliogr.]. – E. Bernstein, *U. v. H. mit Selbstzeugnissen u. Bilddokumenten*, Reinbek 1988 (rm). – C. Gräter, *U. v. H. Ein Lebensbild*, Stg. 1988. – Pirkheimer Jb., 4, 1988 [Sonderbd. *U. v. H.*]. – F. Rueb, *U. v. H. Zum 500. Geburtstag*, Zürich 1988. – *U. v. H. Ritter – Humanist – Publizist, 1488–1523*, Kassel 1988 [Ausst.Kat.]. – H. Walz, *Dt. Literatur der Reformationszeit*, Darmstadt 1988. – M. Peschke, *U. v. H. (1488–1523) als Kranker u. als medizinischer Schriftsteller*, Köln u. a. 1989. – *U. v. H. 1488–1988. Akten des Internationalen U. v. H.-Symposions 1988*, Hg. S. Füssel, Mchn. 1989.

DAS LYRISCHE WERK von Ulrich von HUTTEN.

Die ersten gedruckten Gedichte Ulrich von Huttens sind Beigaben zu Werken anderer Autoren. Genannt sei das früheste, eine 18 Distichen umfassende Elegie auf Eoban HESSE (verfaßt 1506), dem Hutten zeit seines Lebens freundschaftlich verbunden blieb und der 1538 eine Auswahl aus dessen *Opera poetica* herausgab. Wohl noch im Jahr 1507 entstand der *Vir bonvs*, eine allgemein gehaltene Tugendlehre traditionellen Inhalts. In 73 lateinischen Distichen spricht der *vir bonvs* zum Leser, warnt ihn vor zügelloser *libido*, Habsucht und anderen Lastern und mahnt ihn zu Weisheit und Skepsis gegenüber den vergänglichen Dingen der Welt. Religiöses bleibt ausgespart. Der Holzschnitt des ältesten bekannten Drucks (Erfurt 1513) zeigt auf der Titelrückseite eine allegorische Figur, deren Attribute im Text ausgelegt und als Kennzeichen des »rechtschaffenen Mannes« vorgestellt werden. Dabei erhält der Gebrauch der Sprache einen besonderen Akzent.

Als erste größere Schrift erschienen 1510 in Frankfurt/Oder die *Qverelae*, eine Sammlung von zwanzig Elegien in zwei Büchern. Die »Klagen« richten sich gegen den Greifswalder Juristen Henning Lötz und seinen Vater Wedig, die Hutten, nachdem sie ihm zunächst Gastfreundschaft gewährt hatten, im Winter 1509 überfallen und ausrauben ließen. In zum Teil scharfer Polemik zeichnet Hutten seine Gegner als halbgebildete, verbrecherische Typen, denen er das Bild des gelehrten, wortgewaltigen Poeten kontrastierend gegenüberstellt. Die meisten Gedichte sind als Briefe zu lesen, die die Gefährlichkeit der Lötz offenlegen und um Unterstützung werben. Am Ende des zweiten Buches wendet sich Hutten namentlich an die deutschen Dichter, darunter Sebastian BRANT, dessen *Narrenschiff* er lobend erwähnt. Die Konzeption der *Qverelae* zeigt Berührungspunkte mit den Exilelegien OVIDS, insbesondere der Dichterkatalog erinnert an den Schluß der *Epistulae ex Ponto*.

1511 legte Hutten, wie andere Humanisten vor ihm, eine Verslehre *(De arte versificandi)* vor, die er der Jugend widmet. In 422 Hexametern beschreibt Hutten ausführlich die Laute *(litterae)* und Silben, zählt die wichtigsten Versfüße (Iambus, Daktylus, Spondeus u. a.) auf und gibt eine knappe Einführung in den Gebrauch dichterischer Ausdrucksformen. Von den Versmaßen bespricht er nur Hexa- und Pentameter. Vom Poeten verlangt Hutten eine umfassende Bildung, insbesondere empfiehlt er das Studium VERGILS, aus dessen Werken er häufig zitiert. Zahlreiche Auflagen belegen den großen Erfolg der »Verskunst«.

Ebenfalls aus dem Jahr 1511 stammt die *Aufforderung an Kaiser Maximilian zum Krieg gegen Venedig (Ad Maximilanvm Avgustvm bello in Venetos evntem exhortatio*; Wien 1512), die Hutten 1518 überarbeitete und beträchtlich erweiterte (erschienen mit leicht verändertem Titel in der »Augsburger Sammlung der Epigramme« 1519). Zum Ausbruch des Krieges kam es, als die Venezianer 1508 Maximilian auf dem Weg zur Krönung in Rom den Durchzug durch ihr Territorium verwehrten. Nachdem Venedig dem Kaiser ein Friedensangebot gemacht hatte, versucht Hutten, Maximilian zum entscheidenden Schlag gegen die Lagunenstadt zu bewegen. In gekonnter politischer Agitation stellt er die Venezianer als ein Volk von Kriminellen dar (verschärft in der zweiten Fassung) und versucht, den Frieden als politisches Kalkül zu entlarven. Gleichzeitig ist er in geschickter Rhetorik bemüht, dem Kaiser, dessen universellen Herrschaftsanspruch er mehrfach betont, den Handlungsspielraum zu nehmen. Der Druck von 1512 enthält zudem die germanophile, historisch ausgerichtete Würdigung der Deutschen, »*Inwiefern Deutschland weder in seinen Tugenden noch in seinen Fürsten entartet ist*« (*Qvod Germania nec virtvtibvs nec dvcibvs ab primoribvs degeneraverit*; geringfügig erweiterte und überarbeitete Fassung in der »Augsburger Sammlung der Epigramme« 1519) sowie ein kurzes Grußgedicht an Wien *(Hvtteni Viennam ingredientis carmen)*, in dem Hutten die Stadt als Ziel seiner schicksalhaften Wanderschaft feiert. Doch schon 1512 hielt sich Hutten in Italien auf, wo er in Pavia und Bologna Jura studierte und zeitweise im Heer Maximilians Kriegsdienst leistete.

Nach seiner Rückkehr nach Deutschland (1514) schrieb er als Auftragswerk ein 1300 Verse umfassendes »Preisgedicht« auf Albrecht von Brandenburg anläßlich seines feierlichen Einzugs als Erzbischof in Mainz 1514 (*In lavdem reverendissimi Alberthi Archepiscopi ... Panegyricus*; Tübingen 1515). Mit großem rhetorischem Aufwand schildert Hutten die Festesfreude und das Auftreten Albrechts. Kernstück des Gedichts bilden jedoch die allegorischen Szenen. So empfängt und bewirtet der Rhein, auf dessen Umhang Ereignisse der deutschen Geschichte abgebildet sind, die Gäste. Und wie Aeneas in der Unterwelt die Taten der Römer bis auf Augustus erfährt, prophezeit der Kriegsgott Mars in einer Rückblende die Zukunft der Hohenzollern mit Albrecht als Zielpunkt. »*Über zwei Drittel des Panegyricus lassen sich auf diese Weise als Um- und Weiterdichtung berühmter Passagen der römischen Literatur interpretieren, die der gebildete Leser wiedererkennen sollte, um die Eigenleistung des modernen Poeten einschätzen zu können*« (E. Schäfer).

Noch im gleichen Jahr begann Hutten mit der Überarbeitung seines *Niemand (Nemo*; erste Fassung Erfurt 1510), die 1518 in Augsburg gedruckt wurde (zur Entstehungsgeschichte vgl. die Vorrede an CROTUS RUBIANUS; Böcking Bd. I, S. 175–184). »*Niemand spricht, und was er sagt ist Nichts*« (»*Qui loquitur, Nemo est; loquitur Nihil*«, v. 13), dies ist der Ausgangspunkt für eine Reihe scherzhafter, meist doppeldeutiger Sentenzen, die sich zu einer bissigen Satire auf die menschliche Ignoranz zusammenfügen. Eine deutsche Bearbeitung von Huttens Text erschien 1615 zusammen mit dem Holzschnitt der Augsburger Ausgabe als Flugblatt.

In den Jahren 1515 bis 1517 war Hutten erneut in Italien. Die Eindrücke seiner Italienreisen schlugen sich in zahlreichen kleineren Gedichten nieder, die 1519 in der sogenannten »Augsburger Sammlung der Epigramme« zusammen im Druck erschienen. Im *Brief der Italia (Epistola ad Maximilianvm Caesarem Italiae ficticia)* bittet die »Dame« den Kaiser, den sie – in Anspielung auf die Vorstellung vom Heiligen Römischen Reich und wohl auch mit einem Seitenhieb auf den Papst – als »Oberhaupt Roms« *(caput Romae)* bezeichnet, um Schutz und rasche Hilfe. Das *Buch Epigramme an Kaiser Maximilian (Ad Caesarem Maximilianvm Epigrammatvm liber vnvs)* vereint 150 betitelte Gedichte, die Hutten bei Gelegenheit und meist aufgrund eigener Erfahrungen verfaßte. Dabei entstand eine politisch-appellative Programmschrift gegen Venedig, Frankreich und, erstmals in dieser Deutlichkeit, gegen Papst Julius II. Venedig ist auch das Angriffsziel zweier weiterer Titel der »Augsburger Sammlung«. Das 138 Hexameter umfassende Heroicum *Vom Fischfang der Venezianer (De piscatvra Venetorum)* stilisiert Maximilian zum Befreier von der Knechtschaft der durch Kriege und Raubzüge (Fischfang) reich gewordenen Stadt. Das Heroicum *Marcvs* erzählt die Geschichte von einem Frosch im Löwenfell, der sich zum mächtigen König aufspielt, am Ende jedoch vom Adler besiegt wird. Der Froschkönig Markus (benannt nach Venedigs Patron) steht für den Aufstieg Venedigs, der Adler bedeutet den deutschen Kaiser. Huttens kritische Haltung gegenüber Rom und dem Papst (vgl. *Ad Crotvm Rvbianvm De statv Romano epigrammata 1–7*; *In tempora Ivlii satyra*; beide Texte gedruckt in der »Augsburger Sammlung«) findet sich wieder in der *Clag vnd vormanung gegen ... dem gewalt des Bapsts* von 1520. Mit dieser Flugschrift in Versform wendet sich Hutten erstmals in deutscher Sprache an eine breitere Leserschaft. Schonungslos deckt er die Laster der Papstkirche auf, allen voran die vielfältigen Geldgeschäfte, mit denen er die Ausbeutung und Unfreiheit Deutschlands verbindet. Während er noch Gott um Hilfe anfleht, ergeht an die *»werden Teütschen«* konkret die Aufforderung: *»Jetzt ist die zeit, zůheben an/ vmb freyheit kryegen, gott wils han«*. Allerdings ruft Hutten noch nicht den offenen Aufruhr, sondern erhofft sich von Karl V. die Verwirklichung seiner Pläne. Doch dieser entschied sich auf dem Wormser Reichstag 1521 für Rom. Jetzt schreibt Hutten das berühmte *Ain new lied*, in dem er verdeckt zum bewaffneten Widerstand gegen die römische Kirche und das mit ihr verbundene Herrschaftssystem (»Pfaffenkrieg«) aufruft. Um Mitstreiter zu gewinnen, stellt er in einer Reihe von Argumenten (Einsatz für die Allgemeinheit, Unschuld) seinen Kampf als gerechtfertigt dar. *»Gesteigert wird diese Selbstdarstellung durch die Bildlichkeit des um alles oder nichts setzenden Spielers ... Hutten ist jetzt disponiert, alles auf eine Karte zu setzen, und seine Hoffnung bezieht sich weniger auf die moralische und rechtliche Überlegenheit seiner Position als vielmehr auf die ›richtige Karte‹ zum eigentli-*

chen Gegner wird das Schicksal« (P. Ukena) 1522 erschien Huttens zweite gereimte Flugschrift, die *Vormanung an die freien vnd reich Stette teutscher nation* (Nachdruck desselben Jahres unter dem Titel *Beklagunge der Freistette deutscher nation*), in der er versucht, ein Bündnis zwischen dem niederen Adel und den Städten zustande zu bringen (vgl. *Clag vnd vormanung*, 933 ff.). Auch hier bedient sich Hutten der Technik polemischer Überzeichnung. So wirft er den Fürsten vor, sie hätten das Reich verkauft (60 f.) und trachteten stets danach, *»das ye bei freiheit bleib keyn stadt«* (v. 20). Auf eine lateinische Fassung *(In incendivm Lutherianvm exclamatio)* geht das Gedicht *Eyn Klag über den Luterischen Brandt zu Mentz* (gedruckt Anfang 1521) zurück, ein Gebet mit einem Zuspruch am Ende an Luther.

Obwohl Hutten in den letzten Jahren seiner politischen Publizistik auch deutsche Werke verfaßte oder lateinische Texte übersetzte bzw. übersetzen ließ, ist er vor allem ein lateinisch schreibender Autor. In dieser Sprache hat er mit unterschiedlichen Formen experimentiert und sein schriftstellerisches Profil gefunden. Eine literarhistorische Würdigung des Gesamtwerks steht noch aus.   H. Vö.

AUSGABEN: *Vlrichi Hvtteni Equitis Germani opera poetica ...*, Hg. Eoban Hesse, o. O. [Straßburg] 1538. – *Ulrichi ab Hutten Equitis Germani opera quae extant omnia (Des teutschen Ritters Ulrich von Hutten sämmtliche Werke)*, Hg. E. J. H. Münch, Bln. 1821–1823 [Bde. 1–3], Lpzg. 1824–1827 [Bde. 4–6]. – *Vlrichi Hvtteni Eqvitis Germani opera qvae reperiri potervnt omnia (Ulrichs von Hutten Schriften)*, Hg. E. Böcking, Lpzg. 1859–1861, 5 Bde. [Nachdr. Aalen 1963]. – *Deutsche Schriften*, Hg. P. Ukena, Nachw. D. Kurze; Übers. des Pirckheimer-Briefes von A. Holborn, Mchn. 1970 [Ausw.]. – *Deutsche Schriften*, Hg. H. Mettke, Lpzg. 1972–1974, 2 Bde.

ÜBERSETZUNGEN: *U. H.s Klagen gegen Wedeg Loetz u. dessen Sohn Henning zwei Bücher*, Übers. u. Hg. G. Chr. F. Mohnike, Greifswald 1816. – *U. v. H.s Jugend-Dichtungen*, Übers. u. Hg. E. Münch, Stg. 1838; Schwäbisch Hall ²1850. – H. Grimm, *U.s v. H. Lehrjahre an der Universität Frankfurt (Oder) u. seine Jugenddichtungen. Ein quellenkritischer Beitrag zur Jugendgeschichte des Verfechters deutscher Freiheit*, Frft. (Oder)/Bln. 1938 *(In laudem Marchiae Carmen)*. – *Lateinische Gedichte deutscher Humanisten*, H. C. Schnur, Stg. ²1978 [knappe Ausw.].

LITERATUR: G. Ellinger, *Geschichte der neulateinischen Literatur Deutschlands im 16. Jh.*, Bd. 1, Bln./Lpzg. 1929, S. 465–478. – R. Newald, *Probleme u. Gestalten des deutschen Humanismus*. H.-G. Roloff, Bln. 1963, S. 280–325. – J. Ridé, *U. v. H. contre Rome. Motivations et arrière-plans d'une polémique* (in Recherches Germaniques, 9, 1979, S. 3–17). – P. Ukena, *Legitimation der Tat. U. v. H.s Neu Lied* (in *Gedichte und Interpretatio-*

nen, Bd. 1: *Renaissance und Barock*, Hg. V. Meid, Stg. 1982, S. 44–52). – J.-C. Margolin, *Le Nemo d'U. v. H. Crise du langage, crise de conscience, crise de société?* (in *Virtus et Fortuna. Zur dt. Literatur zwischen 1400 u. 1720. Fs. f. H.-G. Roloff zu seinem 50. Geburtstag*, Hg. J. P. Strelka u. J. Jungmayr, Ffm. u. a. 1983, S. 118–163). – W. Hardtwig, *U. v. H. Überlegungen zum Verhältnis von Individuum, Stand u. Nation in der Reformationszeit* (in GWU, 35, 1984, S. 191–206). – *Deutsche illustrierte Flugblätter des 16. u. 17. Jh.s*, Hg. W. Harms, Bd. I: *Die Sammlung der Herzog August Bibliothek in Wolfenbüttel*, Tl. 1: *Ethica. Physica*. Hg. W. Harms u. M. Schilling, Tübingen 1985, S. 112 f. – C. A. Melin, *»Ich sprich, sie habents nimmer Fug«: Propaganda and Poetry in U. v. H.s Klag u. Vormahnung* (in MLS, 15/1, 1985, S. 50–59). – M.-N. Faure, *La relativisation du mythe de l'empereur dans les œuvres de U. v. H.* (in BdHumR, 49, 1987, S. 55–68). – Chr. Burger, *H.s Erfahrungen mit Kirche u. Frömmigkeit u. seine Kritik* (in *U. v. H. in seiner Zeit. Schlüchterner Vorträge zu seinem 500. Geburtstag*, Hg. J. Schilling u. E. Giese, Kassel 1988, S. 35–59). – E. Schäfer, *U. v. H. als lateinischer Poet* (in *U. v. H. 1488–1988, Akten des Internationalen Ulrich-von-Hutten-Symposions 15.–17. Juli 1988 in Schlüchtern*, Hg. S. Füssel, Mchn. 1989, S. 57–78).

ARMINIUS. Dialogus Huttenicus, quo homo patriae amantissimus, Germanorum laudem celebravit

(nlat.; *Arminius. Ein Dialog Huttens, worin er, von Vaterlandsliebe erfüllt, die Deutschen gepriesen hat*). Ein »Totengespräch« von Ulrich von HUTTEN, postum erschienen 1529. Unter den Übersetzungen ins Deutsche ist die 1860 von David Friedrich STRAUSS besorgte die beste. – Mit seinem *Arminius* führte Hutten den Sieger der Schlacht im Teutoburger Wald (9 n. Chr.) in die deutsche Literatur ein. – Der Cheruskerfürst bemüht sich vor dem Stuhl von Minos, dem Richter des antiken Totenreiches, um die volle Anerkennung seiner feldherrlichen Leistung. Er möchte als der berühmteste Feldherr der Weltgeschichte gelten. Damit rüttelt er an der einst von Minos festgesetzten Rangfolge. Bisher hatte er sich bescheiden dareingefunden, daß Alexander der Große, Scipio der Ältere und Hannibal den Ruhm für sich in Anspruch nehmen durften, die drei bedeutendsten Feldherren gewesen zu sein. Aber seine Gerechtigkeitsliebe treibt ihn, eine Überprüfung der Platzverteilung im Elysium zu fordern. Minos willigt ein. Alexander, Scipio und Hannibal selbst dürfen sich zu dem Anspruch ihres Rivalen äußern. Alle drei halten den Wunsch des Arminius für zu hoch gegriffen. In Tacitus, dem ersten Historiker Germaniens, findet der Cherusker dagegen einen Fürsprecher. Da er seine Sache aber auch selbst sehr beredt verfechten kann, gewinnt Minos schließlich die Überzeugung, daß dem Germanen der höchste Feldherrenruhm

gebührt. Das alles aber ändert nichts an der bestehenden Ordnung. Die Tradition kann nicht umgestoßen, sondern höchstens ergänzt werden. Minos weist Arminius neben den Hauptplätzen der drei größten Feldherren den Ehrenplatz des ersten Vaterlandsverteidigers zu, eine Neuerung, die Merkur sofort der Götter- und Menschenwelt bekanntzugeben hat.

Obwohl er seinen Dialog lateinisch schrieb und die ganze Szenerie dem zwölften der *Totengespräche* von LUKIAN (um 120–185), dem *Urteil des Minos*, entnahm, begründete der Humanist Hutten damit den Kult um den Cheruskerfürsten Arminius in der deutschen Literatur, der über FRISCHLIN, WIELAND und KLOPSTOCK bis zu KLEIST und GRABBE reichte, und wurde in der Folgezeit, so etwa bei HERDER, als der »*Aufwecker teutscher Nation*« und »*Märtyrer der teutschen Freiheit*« gepriesen. Hutten beschwört die Vergangenheit in der Hoffnung, seine deutschen Zeitgenossen würden, wie er 1531 an den Kurfürsten Friedrich von Sachsen schreibt, sich gegen die »*weichen zarten Pfaffen und weibischen Bischöfe*« erheben wie einst Arminius gegen die Römer. Dementsprechend enthält der Dialog eine Fülle von Beziehungen auf die Auseinandersetzung zwischen Reformation und Papsttum. Das Echo auf das Werk war schon zur Zeit seines ersten Erscheinens heftig. MELANCHTHON gab es zusammen mit der um 1470 entdeckten *Germania* des TACITUS in einer Neuauflage heraus.   A.Ge.

AUSGABEN: Hagenau 1529. – Wittenberg 1538. – Lpzg. 1860 (in *Schriften*, Hg. E. Böcking, 7 Bde., 1859–1870, 4; Nachdr. Osnabrück 1963–1966). – Detmold 1954, Hg. G. B. Aldegarmann [lat. u. dt.].

ÜBERSETZUNGEN: *Arminius, Hermann, ein Dialog*, F. Fröhlich, Wien 1815 [lat.-dt.]. – *Arminius*, D. F. Strauß (in D.F.S., *U. v. H.*, Bd. 3: *Gespräche*, Lpzg. 1860). – Dass. (in *Hutten der Deutsche*, Hg. O. Clemen, Lpzg. 1938; IB). – *Arminius. Ein Totengespräch*, Hg. K. Krause, Bielefeld/Lpzg. 1940 (Velhagen u. Klasings dt. Lesebogen, 248).

LITERATUR: W. Krogmann, *Das Arminiusmotiv in der dt. Dichtung*, Wismar 1933. – R. Kühnemund, *»Arminius« or the Rise of a National Symbol in Literature*, Chapel Hill 1953.

GESPRAECH BUECHLIN HERR ULRICHS VON HUTTEN. Feber das Erst. Feber das Ander. Wadiscus. oder die Roemische dreyfaltigkeit. Die Anschawenden.

Vier Dialoge von Ulrich von HUTTEN, erschienen 1521. – Das ursprünglich lateinisch verfaßte und vom Autor selbst ins Deutsche übersetzte Werk umfaßt vier fiktive Gespräche über zeitpolitische Themen der Reformationszeit, vor allem über die Mißstände innerhalb der Geistlichkeit und die Unterdrückung der deutschen Nation durch die römische Kirche. In paarweise gereimten Versen stellt der Autor zu Beginn der Dialoge – mit Ausnahme des ersten – das jeweilige Gesprächsthema vor und wendet sich überdies am Ende des zweiten und dritten Gesprächs mit einer belehrenden Schlußfolgerung an den Leser. – Die Gesprächspartner in den beiden ersten Dialogen *Das erste Feber* und *Das ander Feber* sind das »Fieber«, eine Personifikation der Zeitkrankheit, und der Autor. Auf der Suche nach einem neuen »Wirt« wendet sich das Fieber an Hutten, der den unerwünschten Gast jedoch abweist und versucht, ihm eine andere »herberg« zu verschaffen. Da das Fieber nur mit einem wohlhabenden Mann abzufinden ist, empfiehlt Hutten den Kardinal Kajetan, der anläßlich des Augsburger Reichstags (1518) gerade in Deutschland weilt. Das Fieber lehnt jedoch ab, weil ihm der päpstliche Legat, der deutsche Speisen und Getränke verschmäht, zu mager ist. Auch Huttens Vorschlag, die reichen Fugger heimzusuchen, sagt dem Fieber nicht zu, da diese zu viele gute Ärzte haben. Die in Saus und Braus lebenden Mönche vermögen gleichfalls nicht, es von seinem Vorsatz, bei Hutten zu bleiben, abzubringen. Am Ende gelingt es diesem jedoch, das Fieber zu einem genußsüchtigen Domherrn weiterzuschicken. Der Dialog schließt mit einer gereimten Begrüßungsrede des Fiebers an den Domherrn.

Im zweiten »buechlin« bittet das Fieber erneut bei Hutten um Unterkunft. Da dieser es jedoch barsch abweist, gelingt es dem listigen Gast, Hutten in ein Gespräch über die wüsten Ausschweifungen und den üppigen Lebenswandel des Domherrn und allgemein über das »verkerte leben der geystlichen« zu ziehen. Hutten bleibt zwar unnachgiebig, ist aber von den Ausführungen des Fiebers so sehr beeindruckt und erschüttert, daß er aus Sorge um die deutsche Nation beschließt, sich an »kienig Carolus« zu wenden, damit dieser die Pfaffen von ihrem »boesen lebenn« abbringe und sie »allein geystlicher ding pflegen, und sich der weltlichen gar entschlagen«.

Im Dialog *Wadiscus oder die Roemische dreyfaltigkeit* wird ebenfalls über die Unsittlichkeit des Klerus, besonders der römischen Geistlichkeit, berichtet. Hutten erzählt seinem Freund Ernholt, was ihm der eben aus Rom zurückgekehrte Wadiscus mitgeteilt hat. Die in Rom beobachteten Mißstände werden durch travestierende Anspielung auf die Dreifaltigkeit angeprangert: »Drey ding helt man zu Rom in großem werde, huepsche frawen, schoene pferd, und Baepstliche bullen.« Huttens Kritik richtet sich vornehmlich gegen die schamlosen Finanzmanipulationen der Kurie. Er ruft daher Deutschland zum Widerstand gegen Rom auf.

Derselbe militante Ton herrscht auch im letzten Dialog. Die »Anschawenden« sind der Sonnengott Sol und der himmlische Wagenlenker Phaeton, die aus der Vogelperspektive die Vorgänge auf dem Augsburger Reichstag betrachten. Sie geißeln die Abhängigkeit Deutschlands von Rom und beschuldigen Kajetan, der die Bewilligung einer Steuer für den Krieg Roms gegen die Türken zur

Ausbreitung des Christentums durchsetzen möchte, daß er in Wirklichkeit nur der Geldgier des Papstes das Wort rede. Gegen Ende des Gesprächs greift der Kardinal selbst ein; er verflucht die beiden Heidengötter und fordert sie auf, Buße zu tun und um Absolution zu bitten. Über die Anmaßung des Legaten empört, beschimpfen sie ihn, worauf dieser seinem Abscheu gegenüber den Ketzern Luft macht: »Du vermaledeyeter, du uebeltaetter, du verdampter, ein sun Sathanas, wie darfstu mir widerbellen?«

Huttens literarisches Vorbild für diese Gespräche waren die zeitkritischen Dialoge des LUKIAN aus Samosata (um 120–185). Die derbe, volkstümliche Sprache an Stelle der lateinischen ist bezeichnend für die Bestrebungen der Reformation, sich dem Volk in seiner eigenen Sprache verständlich zu machen. Der Autor übernahm die Rolle des nationalen Erweckers und wurde durch seine heftigen politischen und religiösen Polemiken in diesem Werk einer der bedeutendsten Mitstreiter LUTHERS.   A.Ge.-KLL

AUSGABEN: Straßburg 1521. – Lpzg. 1860 (in *Opera*, Hg. E. Böcking, 7 Bde., 1859–1870, 4; Nachdr. Osnabrück 1963–1966). – Dresden 1905, Hg. R. Zoozmann. – Lpzg. o. J. [ca. 1915], Hg. K. Müller (RUB).

LITERATUR: G. Niemann, *Die Dialogliteratur der Reformationszeit nach ihrer Entstehung und Entwicklung. Eine literarhistorische Studie*, Lpzg. 1905. – F. Jr. Walker, *Rhetorical and Satirical Elements in U. v. H.s »Gespräch =Büchlein«*, Diss. Harvard Univ. 1970. – B. Könneker, *Die deutsche Literatur der Reformationszeit. Kommentar zu einer Epoche*, Mchn. 1975. – Ders., *Vom »Poeta laureatus« zum Propagandisten. Die Entwicklung Huttens als Schriftsteller in seinen Dialogen von 1518 bis 1521* (in *L'Humanisme allemand (1480–1540). XVIIIe colloque international de Tours* (Humanistische Bibliothek I, 38 / De Pétrarque a Descartes 37, Mchn./Paris 1979, S. 303–319). – Chr. Robinson, *Lucian and His Influence in Europe*, Ldn. 1979. – V. Honemann, *Der deutsche Lukian. Die volkssprachigen Dialoge U.s v. H.* (in *Ulrich von Hutten 1488–1988*, Hg. S. Füssel, Mchn. 1989, S. 37–55).

ALDOUS HUXLEY

* 26.7.1894 Godalming
† 29.11.1963 Hollywood

LITERATUR ZUM AUTOR:

Bibliographien:
C. J. Eschelbach u. J. L. Shober, *A. H.: A Bibliography 1916–1959*, Ldn. 1961 [Vorw.

A. H.].–Th. D. Clareson u. C. S. Andrews,*A. H.: A Bilbiography, 1960–1964* (in Extrapolation, 6, 1964, S. 2–21). – D. D. Davis, *A. H.: A Bibliography, 1965–1973* (in Bull. of Bibliography, 31, 1974, S. 67–70). – E. E. Bass, *A. H.: An Annotated Bibliography of Criticism*, NY 1981. *Biographien:* R. W. Clark, *The Huxleys*, Ldn./NY 1968. – L. A. Huxley, *This Timeless Moment: A Personal View of A. H.*, NY 1968; Nachdr. Millbrae/Calif. 1975. – Ph. Tody, *A. H.: A Biographical Introduction*, Ldn. 1973. – S. Bedford, *A. H.: A Biography*, 2 Bde., Ldn. 1973/74; ern. 1987. – Th. Schumacher, *A. H. in Selbstzeugnissen u. Bilddokumenten*, Reinbek 1987 (rm). *Gesamtdarstellungen und Studien:* A. J. Henderson, *A. H.*, Ldn./NY 1935; Nachdr. 1968. – S. Heintz-Friedrich, *A. H.: Entwicklung seiner Metaphysik*, Mchn./Bern 1949. – B. Fischer, *A. H.: Zeitkritik u. Zeitfragen*, Diss. Tübingen 1949. – G. S. Fraser, *The Modern Writer and His World*, Ldn./NY 1953. – J. Brooke, *A. H.*, Ldn. 1954. – S. Chatterjee, *A. H.: A Study*, Kalkutta 1955. – Th. W. Adorno, *Prismen*, Ffm. 1955; ern. 1976 (stw). – J. Atkins, *A. H.: A Literary Study*, Ldn. 1956; ern. 1967 [rev.]. – B. Hines, *The Social World of A. H.*, Loretto/Penn. 1957. – Ch. M. Holmes, *The Novels of A. H.*, Diss. Columbia Univ. 1959. – S. Ghose, *A. H.: A Cynical Salvationist*, NY 1962. – J. Gottwald, *Die Erzählformen der Romane von A. H. u. D. H. Lawrence*, Diss. Mchn. 1964. – S. J. Greenblatt, *Three Modern Satirists: Waugh, Orwell and H.*, Ldn. 1965. – G. Heard, *The Poignant Prophet* (in KR, 27, 1965, S. 49–93). – D. Ch. Murray, *A Study of the Novels of A. H.*, Diss. Syracuse Univ. 1966 (vgl. Diss. Abstracts, 27, 1967, S. 4261A). – P. Bowering, *A. H.: A Study of the Major Novels*, Ldn./NY 1968. – J. Meckier, *A. H.: Satire and Structure*, Ldn. 1969. – H. H. Watts, *A. H.*, NY 1969 (TEAS). – L. Fietz, *Menschenbild u. Romanstruktur in A. H.s Ideenromanen*, Tübingen 1969. – Ch. M. Holmes, *A. H. and the Way to Reality*, Ldn. 1970; ern. 1978. – L. Brander, *A. H.: A Critical Study*, Ldn. 1970. – M. Birnbaum, *A. H.'s Quest for Values*, Knoxville/Tenn. 1971. – G. Woodcock, *Dawn and the Darkest Hour: A Study of A. H.*, Ldn./NY 1972. – K. M. May, *A. H.*, Ldn./NY 1972. – P. E. Firchow, *A. H.: Satirist and Novelist*, Ldn. 1972. – *A. H.: A Collection of Critical Essays*, Hg. R. E. Kuehn, Ldn. 1974. – *A. H.: The Critical Heritage*, Hg. D. Watt, Ldn. 1975. – B. Krishnan, *Aspects of Structure, Technique and Quest in A. H.'s Major Novels*, Stockholm 1977. – Studies in the Novel, 9, 1977 [Sonderr. *A. H.*]. – Ch. S. Ferns, *A. H., Novelist*, Ldn. 1980. – W. Erzgräber, *Utopie u. Antiutopie: Morus, Morris, Wells, H., Orwell*, Mchn. 1980. – K. Gandhi, *A. H.*, Ldn. 1981. – R. S. Baker, *The Dark Historic Page: Social Satire and Historicism in the Novels of A. H., 1921–1939*, Ldn. 1982. – J. Brooke, *A. H.* (in *British Writers*, Hg. I. Scott-Kilvert, Bd. 7, NY 1984, S. 197–208). – J. W. Carlson, *A. H.* (in DLB, Bd. 36, 1985).

AFTER MANY A SUMMER

(engl.; *Ü: Nach vielen Sommern*). Roman von Aldous HUXLEY, erschienen 1939. – In seinem ersten Roman nach der Übersiedlung nach Hollywood, wo er die letzten fünfundzwanzig Jahre seines Lebens verbrachte, knüpft Huxley zum einen an die brillante intellektuelle Satire seiner frühen Romane an, zum anderen an die mystischen Weltverbesserungsspekulationen des vorangehenden Romans *Eyeless in Gaza* (1936) – Spekulationen, die im gesamten Spätwerk des Autors häufig in den Vordergrund treten und die Wirkung der Satire stellenweise beeinträchtigen. Im ersten Teil des Romans, dessen Titel mit Bezug auf TENNYSONS Gedicht *Tithonus* (»*Man comes and tills the field and lies beneath / And after many a summer dies the swan.*«) auf das Thema der Langlebigkeit verweist, dominiert das satirische Porträt der südkalifornischen Neureichenkultur, im zweiten Teil die phantastisch-utopische Spekulation.

Der kalifornische Millionär Joseph Stoyte, der sein Geld einem Tankstellen-Imperium und einem florierenden Netz von Bestattungsunternehmen verdankt, selbst aber panische Angst vor dem Sterben hat, hat den Forscher Dr. Sigmund Obispo mit der Entwicklung eines Lebenselixirs beauftragt, um sich ein langes Leben zu sichern. (Daß Obispo wie einige andere Figuren Huxleys den Vornamen Sigmund trägt, ist natürlich eine Anspielung auf Sigmund FREUD). Außerdem hat Stoyte den ältlichen britischen Literaturwissenschaftler Jeremy Pordage aus Cambridge in sein mit Kunstgegenständen vollgestopftes Riesenschloß geholt, um den Nachlaß einer englischen Adelsfamilie aus dem 18. Jh., die sogenannten »Haubeck Papers«, auszuwerten. Pordage wird im Stil der frühen Romane Huxleys zunächst satirisch mit der Welt der Neureichen konfrontiert, ehe er in den Dokumenten entdeckt, daß ein exzentrischer Adliger, der fünfte Earl of Gonister, offenbar bereits im späten 18. Jh. entdeckte, wonach Obispo noch sucht: Die Darmflora von Karpfen enthält Stoffe, die Langlebigkeit, nicht jedoch ewige Jugend garantieren (vgl. den Tithonus-Mythos). Der sonderliche, nach Ausweis seines Tagebuches lasziv-hedonistische Graf hatte fleißig die Eingeweide von Karpfen verspeist und war im Alter von 97 Jahren plötzlich verschwunden. Da Dr. Obispo inzwischen zu ähnlichen Forschungsergebnissen gekommen ist, beschließt man, eine Exkursion nach England zu unternehmen, um den offenbar immer noch lebenden Grafen aufzuspüren. Hoyte, Obispo und Pordage werden auf dieser Reise auch von Hoytes Geliebter, der einfältigen, aber sehr attraktiven und sexuell erfahrenen Virginia Maunciple, begleitet. Im Keller seines Schlosses spüren die Amerikaner den alten Grafen auf; allerdings hat er sich zu einem zähnefletschenden Affenwesen zurückentwickelt, das freilich libidinöser Erfüllung mit einer gleichfalls langlebigen Partnerin durchaus noch teilhaftig werden kann und dabei Mozart-Melodien summt, wie die Besucher miterleben. Man würde erwarten, daß Stoyte, durch dieses Exempel kuriert, von seinen Plänen abließe; nach einer Schrecksekunde entschließt er sich jedoch, es selbst auszuprobieren, und der Roman schließt mit den Worten: »*Wenn man erst den ersten Schock verdaut hat, nun, dann sieht es doch so aus, als hätten sie sich prächtig amüsiert.*«

Thematisch wie chronologisch steht *After Many a Summer* zwischen *Brave New World* (1932) und *Ape and Essence* (1948). Die Hybris des Menschen, alles wissenschaftlich Mögliche auch durchzuführen und durch Eingriffe in die Natur Verderben über sich zu bringen, ist zwar schon Gegenstand romantischer Schauerromane, aber bei Huxley trägt die Darstellung deutliche Züge des 20. Jh.s, was utopische Phantasie natürlich nicht ausschließt. Pointierte Handlungsspannung, der bei Huxley übliche enzyklopädische Anspielungsreichtum und satirische Ironie vereinigen sich über weite Strecken des Romans zu einer überzeugenden künstlerischen Einheit. Deshalb fallen freilich die gelegentlich wuchernden metaphysischen Spekulationen umso mehr aus dem Rahmen, was die Kritik Huxley auch sofort ankreidete. Beim Lesepublikum war der Roman allerdings trotzdem recht erfolgreich.

H.Thi.

AUSGABEN: Ldn. 1939. – NY 1939 (*After Many a Summer Dies the Swan*; Nachdr. 1977). – Ldn. 1950. – Ldn. 1968. – Ldn. 1976. – Ldn. 1980.

ÜBERSETZUNG: *Nach vielen Sommern*, H. E. Herlitschka, Zürich 1948. – Dass., ders., Mchn. 1954. – Dass., ders., Mchn. 1986 [Tb.].

AFTER THE FIREWORKS

(engl.; *Ü: Nach dem Feuerwerk*). Erzählung von Aldous HUXLEY, erschienen 1925. – Im Rom der frühen zwanziger Jahre dieses Jh.s spielt die Liebesgeschichte zwischen Miles Fanning, einem hochbegabten fünfzigjährigen Romancier, und Pamela Tarn, einem reichen und hübschen Mädchen von einundzwanzig Jahren. Huxley führt hier alle möglichen Formen der Selbsttäuschung und des Egoismus vor, die so häufig für Liebe gehalten werden. Pamela rebelliert nicht nur gegen Mittelstandsmilieu und kleinbürgerliche Erziehung, sondern auch gegen ihre unkonventionelle Mutter, deren »Romantik« und »Unbürgerlichkeit« nichts anderes als von der Lektüre schlechter Romane herrührende Phantastereien sind. Oberflächlich, selbstsüchtig und eitel, sieht Pamela in ihren Beziehungen zu Fanning lediglich ein »Experiment«. Er seinerseits gefällt sich in ihrer Bewunderung; ihre Schönheit reizt seine Sinne und schließlich ist er es auch, der sich verführen läßt. Bei jedem der beiden ist, über das rein physische Begehren hinaus, echtes Gefühl mit im Spiel, das zuweilen über ihre mangelnde Bereitschaft, auch nur einen Bruchteil ihrer Persönlichkeit aufzugeben, siegt. Aber die Liebe, die sie im Grund füreinander empfinden, kann sich nicht entfalten, weil beide für ihr Leben bereits Klischees akzeptiert haben, neben denen spontane Gefühle keinen Platz haben.

Trotz mancher Längen, die in Huxleys enzyklopädischen Neigungen begründet sind, machen die exakten psychologischen Analysen sowie die präzise, leicht satirische Wiedergabe der Ausdrucksweise und Manieriertheiten einer Anzahl von Nebenfiguren die Novelle zu einer auch heute noch reizvollen Lektüre.

J.v.Ge.-KLL

AUSGABEN: Ldn. 1925 (in *Brief Candles*). – Ldn. 1948 (in *Brief Candles*). – St. Albans 1977 (in *Brief Candles*).

ÜBERSETZUNG: *Nach dem Feuerwerk*, H. E. Herlitschka (in *Meisternovellen*, Zürich 1951; ern. 1977).

ANTIC HAY

(engl.; *Ü: Narrenreigen*). Roman von Aldous HUXLEY, erschienen 1923. – Den Titel entnahm Huxley einem Vers aus Christopher MARLOWES Tragödie *Edward II* (»*My men like satyrs grazing on the lawns / Shall with their goatfeet dance the Antic Hay*«). – Theodore Gumbril, ein unsteter Intellektueller, gibt, da er sich nicht dazu berufen fühlt, seine Lehrtätigkeit auf. Durch die groteske Erfindung einer Hose mit aufblasbarer Sitzfläche sichert er sich den finanziellen Rückhalt, um ein Leben in der Welt der Bohemiens und Intellektuellen im London der frühen zwanziger Jahre zu beginnen.

Dem Vorbild der satirischen Ideenromane von Thomas Love PEACOCK entsprechend, ist die Handlung von *Antic Hay* recht karg. Gumbril bei Liebesabenteuern, getarnt mit einem rabelaisschen Bart, um seinen im Grund recht schüchternen Charakter zu verbergen; Gumbril bei Versuchen, seine Erfindung an den Mann zu bringen; und Gumbril in Künstlerstudios, Konzerten, Ausstellungen, Restaurants und Nachtklubs – das ist der äußere Rahmen für lange Konversationen. Einerseits ist *Antic Hay* eine Satire auf die Prätentionen der Menschen und ihre lächerlich geringen tatsächlichen Leistungen. Der Künstler Lyppiatt, dessen überdimensionale Träume und Ideale eher in die Renaissance gepaßt hätten, ist in Wirklichkeit als Maler, Dichter und Musiker ein Versager, personifiziert also Huxleys These, daß hohe Ideale, harte Arbeit und persönliche Integrität niemals das Talent ersetzen können. Die enzyklopädischen Kenntnisse, der Fleiß und die Ausdauer des Wissenschaftlers Shearwater werden durch seinen Mangel an Verantwortungsgefühl und Menschenkenntnis wertlos. Der Kritiker Mercaptan wiederum verfügt zwar über eine profunde Kenntnis literarischer Belanglosigkeiten, ist aber unfähig, wirkliche Kunstwerke zu würdigen, und vesteht unter »zivilisierter« Kunst etwas, das, losgelöst von den Leidenschaften und Gewalttätigkeiten des Lebens, eine rein dekorative Funktion zu erfüllen hat. Andererseits enthüllt der Roman das Versagen aller modernen Philosophien und Glaubensbekenntnisse. Wie tanzende Paare bewegen sich die handelnden Personen in einem Reigen der Sinnlosigkeit. So steht beispielsweise dem unfähigen Künstler Lyppiatt der unfähige Kunstbetrachter Mercaptan gegenüber, und die nymphomane Myra Viveash wird mit Emily Stanley kontrastiert, der späten Repräsentantin und dem späten Opfer viktorianischer Moral.

Huxleys Hauptargument: der Geist des Menschen hat nicht nur seinen Körper, sondern auch sein Moralgefühl in der Entwicklung überholt. Dieses Argument kommt beispielsweise in der Szene zum Ausdruck, in der eine moderne Hamletfigur im Kabarett auftritt und beweist, daß der von ekelerregenden Krankheiten entstellte Körper eines Scheusals Sensibilität und Intelligenz verbirgt. Auch in der Charakteranlage Gumbrils ist diese These deutlich erkennbar: In seiner übersteigerten Geistigkeit, die ihn nahezu unfähig zum Handeln macht, ist er der prädestinierte Held eines Romans, den man oft eine Art Prosa-Gegenstück zu ELIOTS *Waste Land (Das wüste Land)* genannt hat. Huxleys geschickte Verquickung von possenhaften und satirischen Elementen mit einer Überfülle anregender, ja provokativer Ideen bewirkte, daß das Buch sofort einen literarischen Skandal auslöste und ihm daher ein Modeerfolg beschieden war. Aber auch die Kritik beurteilte es positiv, und Huxley wurde damit zu einer Schlüsselfigur in der englischen Literatur der zwanziger Jahre. Strukturell und thematisch weist *Antic Hay* bereits auf eines von Huxleys Hauptwerken, *Point Counter Point* (1928), voraus.

J.v.Ge.

AUSGABEN: Ldn. 1923. – NY. 1923. – Ldn. 1947 ff. (in *Collected Edition*). – NY 1957. – Ldn. 1977.

ÜBERSETZUNG: *Narrenreigen*, H. Schlüter, Mchn. 1983; ²1985 [Tb.].

LITERATUR: R. S. Baker, *The Fire of Prometheus: Romanticism and the Baroque in H.'s »Antic Hay« and »Those Barren Leaves«* (in Texas Studies in Literature and Language, 19, 1977, S. 60–82).

APE AND ESSENCE

(engl.; *Ü: Affe und Wesen*). Roman von Aldous HUXLEY, erschienen 1948. – Der in Form eines Filmdrehbuches verfaßte Kurzroman kann als eine Art freud- und hoffnungsloses Nachspiel zu Huxleys früherem Roman *Brave New World* (1932) gelten. Dem ins Extreme gesteigerten Realismus jenes Werkes folgt in *Ape and Essence* die pseudoreligiöse Übersteigerung, in die der Mensch verfällt, wenn er sich »absolute« Vorstellungen zu eigen macht. Huxley sieht in dem Pseudo-Ethos, der Handlungsweise und den Zielen moderner Vertreter des Totalitarismus Beispiele einer solchen Über-

steigerung. In *Brave New World* wurde die Stabilität einer den Bedürfnissen des Menschen total untergeordneten Wirklichkeit zu einem Eckpfeiler der Huxleyschen Utopia. In *Ape and Essence* dagegen führt die bedingungslose Suche nach absoluter Wahrheit auf Kosten der Wirklichkeit – der natürlichen Ordnung der Dinge – den nach-atomaren »Teufelsstaat« herbei, eine Dämonokratie, in der Belial angebetet wird und in der der ins Animalische abgesunkene Mensch eine barbarische, verderbte und bestialische Welt errichtet hat. Diese Welt wird am sinnfälligsten in ihren scheußlichen Sexualbräuchen charakterisiert, rein zweckbedingten, lust- und lieblosen Paarungsvorgängen. Im Mittelpunkt der Handlung, die bei dem eigentlich essayistischen Charakter des Buches ziemlich dürftig bleibt, stehen die Ankunft eines Mannes, der in Neuseeland den Atomkrieg überlebt hat, in dem (in ein atomar verwüstetes Kalifornien verlegten) fiktiven Staat Belials, sein innerer Widerstand gegen diese Welt des »Affentums« und schließlich seine Flucht.

Trotz der ironischen Distanz, die Huxley gegenüber seinem antiutopischen Entwurf wahrt, kann *Ape and Essence* nicht uneingeschränkt überzeugen. Huxley läßt das eigentliche »Drehbuch« in einer realistischen Rahmenhandlung ständig von fiktiven Filmfachleuten aus Hollywood kommentieren, und gerade in dieser Atmosphäre wirken die apokalyptischen Visionen wie künstlich aufgesetzt. Durch die überspitzte Darstellung des gesamten fiktiven Staates Belial erhöht er den Eindruck der Künstlichkeit noch und lenkt so die eigentliche Argumentation auf eine primär formale negative Ästhetisierung, so daß die Grundthese des Buches, nämlich daß der Genius des Menschen sich immer wieder in den Dienst des Bösen stellt, verwässert wird. – William GOLDING erhielt von *Ape and Essence*, einer der düstersten Anti-Utopien des 20. Jh.s, entscheidende Anregungen für seinen Roman *Lord of the Flies* (1954).

J.v.Ge.-KLL

AUSGABEN: NY 1948. – Ldn. 1948 (in *Collected Edition*). – Ldn. 1949. – NY 1958. – NY 1972. – Ldn. 1985.

ÜBERSETZUNGEN: *Affe und Wesen*, H. E. Herlitschka, Zürich 1951. – Dass., ders., Mchn. 1959. – *Affe und Wesen. Ein Roman aus der Zeit nach dem Atomkrieg*, H. Schlüter, Mchn. 1984; ³1988 [Tb.].

VERFILMUNG: Großbritannien 1965 [TV].

LITERATUR: H. Schulte-Herbrüggen, *Utopie u. Anti-Utopie. Von der Strukturanalyse zur Strukturtypologie*, Bochum 1960.

BRAVE NEW WORLD

(engl.; *Ü: Schöne neue Welt*). Roman von Aldous HUXLEY, erschienen 1932. – Huxleys bekanntester Roman steht in einer literarischen Tradition der

Utopie, die bis zu PLATONS *Politeia* und Thomas MORES *Utopia* (1516) zurückreicht. Im Gegensatz zu Mores Darstellung eines idealen Staatswesens gehört Huxleys Roman dem Genre der negativen Utopie an, dessen Anfänge bei H. G. WELLS' *The Time Machine*, 1895 *(Die Zeitmaschine)*, und *When the Sleeper Wakes*, 1899 *(Wenn der Schläfer erwacht)*, zu suchen sind. Huxleys *Schöne neue Welt* bildet zusammen mit Jevgenij SAMJATINS *My*, 1924 *(Wir)*, und ORWELLS *1984* (1949) das klassische Dreigestirn der negativen Utopie, der »Anti-Utopie« (H. Schulte-Herbrüggen) oder »Dystopie« (F. K. Stanzel), die der positiven Utopie im 20. Jh. als adäquate literarische Reaktion auf die Realität entgegengesetzt wurde und jene heute auch an Bedeutung weit übertrifft.

Huxleys »schöne neue Welt« ist im Jahre 632 »nach Ford« angesiedelt. Die Zeitrechnung beginnt mit der Herstellung des ersten Ford T-Modells, einem Meilenstein in der Geschichte der industriellen Massenproduktion. Ford und damit die Idee von Massenproduktion und -konsum im Dienste der Stabilität des Staatsgebildes sind an die Stelle Gottes und der Religion getreten. Der Wahlspruch des Weltstaats lautet »*Gemeinschaftlichkeit, Einheitlichkeit, Beständigkeit*« *(Community, Identity, Stability)*. Höchstes Ziel ist die Beständigkeit, die absolute Statik des Erreichten – seit jeher ein Wunschtraum jeglicher Utpoie. Und dieses Ziel ist erreicht. In einer Welt der völligen Promiskuität und des universellen Glücks sind keine Tragödien mehr möglich. Individuelle Stabilität erzeugt soziale Stabilität. Und für die Flucht aus Momenten des persönlichen Ungleichgewichts gibt es die Droge Soma. Die Gleichförmigkeit des Menschen ist das Ergebnis eines »*betriebssicheren Systems der Eugenik, darauf berechnet, das Menschenmaterial zu normen*« (Vorwort). Trotzdem bedarf es der sozialen Hierarchisierung, die sich in einer Einteilung der Menschen in fünf Kasten manifestiert. Sie wird bereits im embryonalen Stadium mittels mechanischer und chemischer Konditionierung in Retorten und nach dem »Entkorken« (das an die Stelle der Geburt getreten ist) durch Suggestionstechniken, vor allem die Hypnopädie (»Schlafschule«), betrieben. Dadurch wird es möglich, »*das Problem des Glücks*« zu lösen, nämlich »*das Problem, wie man Menschen dahin bringt, ihr Sklaventum zu lieben*« (Vorwort). Universelles Glück ist nur machbar, wenn alle destabilisierenden Faktoren unter Kontrolle sind: Überschüssige Energie wird in den »Eintrachtsandachten« – orgiastischen, gottesdienstähnlichen Ritualen – abgebaut, verschüttete Energie durch regelmäßige Adrenalinstöße aktiviert. Individuelle Werte wie Wahrheit (das Idealziel der Wissenschaft) und Schönheit (die in der Kunst ihren Ausdruck finden könnte) sind dem statischen »Glück« aller Bewohner der schönen neuen Welt zum Opfer gefallen.

Diese Welt verdankt ihren Namen zwar einem Repräsentanten der Individualität (der Titel ist ein Zitat aus SHEAKESPEARES *The Tempest*), sie erhält ihn jedoch von einem Wilden *(Savage)*, der aus dem Indianer-Reservat Malpais, einem primitiven Gegenentwurf zur dargestellten »utopischen Welt«, kommt und sich als Außenseiter mit der neuen Welt auseinandersetzen muß. Dieses Außenseitertum teilt er mit den beiden anderen Protagonisten des Romans, Bernard Marx (dt. Sigmund Marx) und Helmholtz Watson (dt. Helmholtz Holmes-Watson; man beachte die Namensymbolik). Bernard steht wegen eines »Fabrikationsfehlers«, der zur Folge hat, daß er nicht dem Idealbild seiner Kaste (der Alphas) entspricht und anachronistische Liebesgefühle zu Lenina Crowne entwickelt, abseits, Helmholtz wegen seiner geistigen Überlegenheit, die ihn im Gegensatz zur herrschenden Ideologie seine eigenen Wege gehen läßt. So sind es auch Helmholtz und der Wilde, die im Namen der Freiheit einen Aufstand gegen das System anzufachen suchen – ohne Erfolg. Helmholtz und Bernard werden ins Exil geschickt, der Wilde versucht, sich aus der Gesellschaft zurückzuziehen. Doch die schöne neue Welt holt ihn ein. Ihm bleibt nur noch der Selbstmord.

»*Dem Wilden werden nur zwei Möglichkeiten geboten: ein wahnwitziges Leben im Lande Utopia oder das Leben eines Eingeborenen in einem Indianerdorf, ein Leben, das in mancher Hinsicht menschlicher, in anderer aber kaum weniger verschroben und anomal ist. Zur Zeit, als das Buch verfaßt wurde, war dieser Gedanke, daß den Menschen die Willensfreiheit gegeben ist, zwischen Wahnsinn einerseits und Irrsinn andererseits zu wählen, etwas, was ich belustigend fand und für durchaus möglich hielt*«, schreibt Huxley in seinem Vorwort von 1949. Letztlich ist dies auch die Alternative, die er dem Leser bietet – und keine der beiden Möglichkeiten ist akzeptabel. Deshalb setzte sich Huxley auch später noch mehrfach mit diesem Thema auseinander: essayistisch in *Brave New World Revisited (Dreißig Jahre danach oder Wiedersehen mit der Wackeren neuen Welt)* von 1958, worin er die seit der Veröffentlichung von *Schöne neue Welt* eingetretenen Entwicklungen kritisch beleuchtet, sowie fiktional in der negativen Vision *Ape and Essence*, 1949 *(Affe und Wesen)*, und in *Island*, 1962 *(Eiland)*, einer der Anlage nach positiven Utopie, die am Ende jedoch von außen zerstört wird.   S.H.

AUSGABEN: Ldn. 1932. – Garden City/N.Y. 1932. – Hbg. 1933. – Ldn. 1950 (in *Collected Edition*). – NY 1958 *(Brave New World Revisited)*. – NY 1960 *(Brave New World and Brave New World Revisited)*. – Ldn. 1977. – NY 1979. – Ldn. 1983, Hg. M. S. Ellis. – Ldn. 1984 *(Brave New World and Brave New World Revisited)*.

ÜBERSETZUNGEN: *Welt – wohin?*, H. E. Herlitschka, Lpzg. 1932. – *Wackere neue Welt;* ders., Zürich 1950. – *Schöne neue Welt*, ders., Ffm. 1953 (FiBü) ⁴¹1986 (rev.; FiTb). – *Dreißig Jahre danach oder Wiedersehen mit der Wackeren neuen Welt*, ders., Mchn. 1960. – *Dreißig Jahr danach oder Wiedersehen mit der Schönen neuen Welt*, ders., Mchn. 1976

[Tb.; ²1981; rev.]. – *Schöne neue Welt*, E. Walch, Bln./DDR 1978. – *Wiedersehen mit der Schönen neuen Welt*, H. E. Herlitschka, Mchn. 1987 [Tb.].

LITERATUR: Th. W. Adorno, *Prismen*, Ffm. 1955; ern. 1976 (stw). – F. K. Stanzel, *Gulliver's Travels. Satire, Utopie, Dystopie* (in Die modernen Sprachen, 7, 1963, S. 106–116). – E. P. Firchow, *The Satire of H.'s »Brave New World«* (in MFS, 12, 1966, S. 451–460). – G. Wing, *The Shakespearean Voice of Conscience in »Brave New World«* (in Dalhousie Review, 51, 1971, S. 153–164). – J. H. J. Westlake, *A. H.'s »Brave New World« and George Orwell's »Nineteen Eighty-Four«: A Comparative Study* (in NSp, 21, 1972, S. 94–102). – U. Broich, *Gattungen des modernen engl. Romans*, Wiesbaden 1975, S. 94–142. – P. E. Firchow, *Science and Conscience in H.'s »Brave New World«* (in ConL, 16, 1975, S. 301–316). – J. Calder, *H. »Brave New World« and Orwell »Nineteen Eigthy-Four«* Ldn. 1976. – B. Thiel, *A. H.'s »Brave New World«*, Amsterdam 1980. – *Alternative Welten*, Hg. M. Pfister, Mchn. 1982. – W. Matter, *On »Brave New World«* (in *No Place Else: Explorations in Utopian and Dystopian Fiction*, Hg. E. S. Rabkin u. a., Carbondale/Ill. 1983, S. 94–109). – W. Erzgräber, *A. H.: »Brave New World« (1932)* (in *Die Utopie in der angloamerikanischen Literatur: Interpretationen*, Hg. H. Heuermann u. B.-P. Lange, Düsseldorf 1984, S. 198–218). – C. Bode, *A. H. »Brave New World«: Text: u. Geschichte*, Mchn. 1985.

CROME YELLOW

(engl.; *Ü: Eine Gesellschaft auf dem Lande*). Roman von Aldous HUXLEY, erschienen 1921. – Der Schauplatz von Huxleys erstem Roman ist der englische Landsitz der Familie Wimbush, Crome, dessen Namen Huxley im Titel zu einem der für ihn typischen Wortspiele verwendet. Der hier entwickelte Typ des lose strukturierten satirischen Ideenromans, der in Huxleys Werken der zwanziger Jahre dominiert, verzichtet auf eine Fabel im eigentlichen Sinn und konzentriert sich statt dessen auf Gespräche. Menschen verschiedensten Charakters sind im Sommer 1920 auf Crome zu Gast. Nichts Außerordentliches geschieht; man geht spazieren, tanzt, nimmt an den kleinen lokalen Ereignissen teil. All dies wird Huxley zum Anlaß, seine Romanfiguren in höchst intelligenten, witzigen Gesprächen, die oft in geschliffene essayistische Monologe münden, seine eigenen Ansichten vortragen zu lassen. Der witzige und gelehrte Mr. Scogan, der brillante junge Dilettant Ivor, die *femme fatale* Anne, die törichte, etwas snobistische, aber liebenswerte Mary, Denis Stone, der Prototyp des erfolglosen Helden Huxleys – sie alle sind scharf profilierte Charaktere. Der Roman enthält eine Reihe in sich abgeschlossener Partien, wie etwa Mr. Wimbushs, des Hausherrn, Familienchronik, Mr. Bodihams »Höllenpredigt« oder auch Mr. Scogans Auftritt als Wahrsagerin und Hexe auf der Cromer Kirmes.

Gedankengänge, die Huxley später ausführlich entwickelte, werden hier bereits angedeutet; beispielsweise wird das Hauptthema von *Brave New World*, 1932 *(Schöne neue Welt)*, von Mr. Scogan angeschnitten. Auch die Überspitzung gegensätzlicher Positionen, wie sie Huxley in seinen späteren Werken häufig als Kompositionsmittel verwendet, findet sich hier bereits: Der romantische, gehemmte Denis wird mit der sexuell erfahrenen, doch gefühlskalten Anne Wimbush kontrastiert und diese wiederum mit Mary, die alles, was mit Liebe zu tun hat, lediglich aus der Theorie kennt.

Der nach dem Modell der romantisch-ironischen Ideenromane Thomas Love PEACOCKS, hier speziell *Nightmare Abbey* (1818), geschriebene Roman zeigt Huxleys starke satirische Begabung, sein geradezu enzyklopädisches Wissen, und machte ihn auf Anhieb zum Sprachrohr der desorientierten britischen Nachkriegs-Intelligenz.   J. v. Ge.-KLL

AUSGABEN: Ldn. 1921. – NY 1922. – Ldn. 1928. – Garden City/N.Y. 1933 (in *Retrospect. An Omnibus of A. H.'s Books*). – Ldn. 1955 (in D. M. Low, *A Century of Writers 1855–1955*). – Ldn. 1955. – Ldn. 1977.

ÜBERSETZUNG: *Eine Gesellschaft auf dem Lande*, H. Schlüter, Mchn. 1977. – Dass., ders., Mchn. 1981 (dtv.)

LITERATUR: A. Dommergues, *A. H.: Une œuvre de jeunesse: »Crome Yellow«* (in Études Anglaises, 21, 1968, S. 1–18). – M. Moran, *Bertrand Russell as Scogan in A. H.'s »Crome Yellow«* (in Mosaic, 17, 1984, Nr. 3, S. 117–132).

THE DEVILS OF LOUDUN

(engl.; *Ü: Die Teufel von Loudun*). Historische Studie von Aldous HUXLEY, erschienen 1952. – Die Ereignisse, auf die sich Huxley bezieht, spielten sich im Frankreich Ludwigs XIII. ab: Mutter Johanna von den Engeln (Jeanne des Anges), die Äbtissin des Ursulinenklosters in der kleinen Stadt Loudun, behauptet, sie und ihre Nonnen seien vom Teufel, genauer gesagt, von sieben verschiedenen Teufeln besessen. Die Nonnen beschuldigen den Pfarrer von Loudun, Urban Grandier, der Zauberei und machen ihn für ihre Heimsuchung verantwortlich. Grandier, der sich durch Intelligenz, Arroganz und Mißachtung des Keuschheitsgelübdes im Ort und unter den hohen kirchlichen und weltlichen Würdenträgern viele Feinde gemacht hat, wird verhört, gefoltert und schließlich auf dem Scheiterhaufen verbrannt. Die gegen Grandier erhobenen Anklagen sind absurd, und das Verfahren gegen ihn ist nicht nur ein grausiges Zerrbild geistlicher und weltlicher Rechtsprechung, sondern kommt geradezu einer Verdrehung fundamentaler katholischer Glaubenssätze gleich. Da Mutter Johanna und ihre Nonnen Opfer ihrer eigenen Hysterie und sexuellen Verkrampfung sind, die sie durch Bosheit und pathologischen Exhibitionismus zu kompensieren suchen, können die von den Exorzisten getroffenen Maßnahmen den Zustand der »Besessenen« nur verschlimmern. Politische und private Intrigen, Ignoranz und primitivster Aberglaube tragen gemeinsam dazu bei, das Ursulinenkloster und seine nähere Umgebung in eine Art Zirkus zu verwandeln, in dem Raserei, Blasphemie und schmutzige erotomanische Exzesse vor einer sensationslüsternen Öffentlichkeit zur Schau gestellt werden. Nur Grandier bewahrt trotzt seiner menschlichen Schwächen inmitten dieser hektischen Vorgänge ein gewisses Maß an Würde: Die Haltung, in der er den Tod erleidet, ist im Gegensatz zu allem, was sich um ihn herum abspielt, wahrhaft christlich.

Für seine Studie hat sich Huxley wissenschaftlich einwandfreier Quellen bedient. Doch er ist zu sehr Moralist, um allein an der Darstellung noch so interessanter Fakten Genüge zu finden: Er will an konkreten Daten seine eigene ethisch-metaphysische Position entwickeln. An gemeinsames Gedankengut der Mystiker vieler Völker und Epochen anknüpfend, glaubt er, daß der göttliche Grund allen Seins zugleich transzendent und immanent ist, daß Mensch und Natur von einem gemeinsamen Urgrund getragen werden, in den das isolierte individuelle Bewußtsein – in Meditation, Gebet und uneigennütziger Liebe sich selbst transzendierend – aufgehen kann und soll. Dieser Aufgabe sehen sich in Huxleys Interpretation alle an den Ereignissen von Loudun beteiligten Personen gegenübergestellt, und jeder einzelne scheitert an ihr auf seine Weise: Johannas Versuch der Selbst-Transzendenz führt in den Kollektivrausch der sexuellen Hysterie; Grandier vermag nur im Sexualpartner die momentane Erlösung vom eigenen Ich zu finden; des Exorzistenpaters Surin orthodox-kirchlicher Dualismus läßt ihn das Göttliche in der Natur verkennen; die anderen Exorzisten verrennen sich in abstrakte Ideologien und werden so zu Verbrechern: denn *»far more dangerous than the crimes of passion are the crimes of idealism«* (*»weitaus gefährlicher als die Verbrechen aus Leidenschaft sind die Verbrechen aus Idealismus«*). Huxley benutzt die dargestellten Fakten ferner als Modellfall für eine Untersuchung der Wechselbeziehungen zwischen Mystizismus und Politik, Heiligkeit und Erotik, Psychopathologie und Soziologie. Er geht sogar so weit, eine Parallele zwischen den praktischen Folgen des geistigen Totalitarismus der Vergangenheit und denen des modernen materialistischen Totalitarismus zu ziehen. Trotz der in seinem Buch geschilderten fürchterlichen Vorgänge kommt er zu dem Schluß, daß die frühere Spielart des Totalitarismus dem Menschen ein größeres Maß an persönlicher Würde beließ. – Selten hat der Autor sein enzyklopädisches Wissen konzentrierter eingesetzt als in diesem Werk, das in stilistischer Hinsicht zu seinen brillantesten Leistungen gerechnet werden darf und das – wie es in der Natur des Themas liegt – heftige Diskussionen auslöste. In einer berühmten polnischen Verfilmung desselben Stoffes von

J. Kawalerowicz (*Mutter Johanna von den Engeln*, 1960) wurden die Vorgänge ins mittelalterliche Polen verlegt, die zugleich erotische und religiöse Beziehung zwischen Pater Surin und Mutter Johanna ins Zentrum des Geschehens gerückt und die Frage nach der Ursache der »Besessenheit« der Nonnen offengelassen.   J.v.Ge.-KLL

Ausgaben: Ldn. 1952. – NY 1952. – NY 1959. – Ldn. 1977. – NY 1986.

Übersetzung: *Die Teufel von Loudun*, H. E. Herlitschka, Mchn. 1955; ²1978 [rev.]. – Dass., ders., Mchn. 1966; zul. 1983 (dtv).

Dramatisierung: vgl. J. Whiting, *The Devils*, Ldn. 1961.

Literatur: C. I. Glicksberg, *H., the Experimental Novelist* (in South Atlantic Quarterly, 52, 1953).

EYELESS IN GAZA

(engl.; *Ü: Geblendet in Gaza*). Roman von Aldous Huxley, erschienen 1936. – Der Titel ist einer Zeile aus John Miltons Verstragödie *Samson Agonistes* entnommen (*»Eyeless in Gaza at the mill with slaves...«*) und verweist auf Blindheit und Unfreiheit, die Huxley seiner Zeit attestiert. Der Roman umfaßt die Zeit von der Jahrhundertwende bis zur Mitte der dreißiger Jahre. In dem für ihn kennzeichnenden essayistisch wirkenden Erzählstil befaßt sich der Autor mit einer Gruppe von Charakteren, wie sie ähnlich in vielen seiner frühen Werke auftauchen (besonders *Antic Hay*, 1923, und *Point Counter Point*, 1928): mit kultivierten, hochintelligenten und diskussionsfreudigen Typen, die Huxley die Stellungnahme zu einer Vielzahl von Themen ermöglichen.

Hauptfigur ist der dem begüterten Mittelstand entstammende Soziologe Anthony Beavis, im Kreis seiner Freunde und Bekannten der einzige, dessen Verhalten nicht ausschließlich von Herkunft, Umgebung, Erfahrung und deren Nutzanwendung bestimmt ist, sondern der mit seinem überwachen Verstand einer freien Willensentscheidung fähig scheint. Das Leben Beavis' und seiner Freunde, die er seit der Schulzeit kennt, wird beginnend mit ihrer Kindheit, aufgerollt. In ihnen allen erkennt man Prototypen aus anderen Werken Huxleys wieder: Brian Foxe ist der idealistische »Heilige«, dessen Überzeugungen mit seiner fast krankhaften Negierung körperlicher Bedürfnisse erklärt werden (wie überhaupt die Eigentümlichkeiten der Charaktere so geschildert werden, als handle es sich um Freudsche Fallanalysen). Mark Staithes wiederum erscheint als eine reifere, ernster zu nehmende Spielart der früheren Nihilisten Huxleys; er ist angeekelt von den physischen Aspekten des Lebens, fähig, andere zu verstehen und zu respektieren, aber unfähig, an irgend etwas zu glauben. Hugh Ledwidge, der impotente Ästhet mit dem rein akademischen Interesse an Liebe und Leiden-schaft, steht für jene, denen die Kunst zum Lebens-ersatz geworden ist. Beavis' erste, bedeutend ältere Geliebte, Mary Amberley, erliegt ihrer Hem-mungslosigkeit, wird zur Nymphomanin und Morphinistin. Ihre Tochter (und Nachfolgerin in Beavis' Gunst) findet kein Betätigungsfeld für ihre Begabung und läßt sich von Mann zu Mann, von Idee zu Idee treiben, bis sie, ohne echte Überzeu-gung, Kommunistin wird.

Mehr noch als sein Freund Staithes gleicht der drei-undreißigjährige Anthony Beavis dem blinden Simson, der unentwegt im Kreis laufend Fronar-beit verrichtet: Die Fundamente der Welt, in der er aufwuchs, sind erschüttert; zuviel Gesehenes, zu-viel Erfahrenes haben ihn geblendet, seinen Willen, seine Fähigkeit, zu handeln und sich zu engagieren, gelähmt; mehr noch, er ist mitschuldig geworden am Selbstmord seines Freundes Foxe und am Un-glück der beiden Frauen. Um ihn herum spielt sich der Zersetzungsprozeß Europas ab: Das bürgerli-che Viktorianische Zeitalter ist tot, Kommunismus und Faschismus greifen um sich, ein zweiter Welt-krieg droht, Wissenschaft und Technik steuern atembeklemmenden Erkenntnissen zu. Und doch wird Beavis noch die Möglichkeit einer Entschei-dung, ja einer Rettung zugestanden: Er folgt Staithes nach Mexiko und wird dort gläubiger An-hänger eines gewissen Dr. Miller. Dieser seltsame Altruist und »Mystiker« will mit Hilfe einer pazifi-stischen Vereinigung eine Alternative zum selbst-zerstörerischen Materialismus schaffen. Nach der vorausgehenden scharfsinnigen Diagnose der Krankheitssymptome eines Zeitalters wirkt die Therapie, die Dr. Miller, Beavis – und Huxley – am Schluß gefunden zu haben glauben, unbefriedi-gend; ein anspruchsvolles Gedankengebäude ver-sinkt gleichsam in einer vagen Menschheitsbeglük-kungs-Ideologie. Vier Jahre nach dem Welterfolg von *Brave New World* zeigt sein nächster Roman Huxley bereits auf der spekulativen Suche, die für sein Spätwerk charakteristisch ist, ohne daß er die aufgeworfenen Fragen beantworten könnte.

In formaler Hinsicht ist *Eyeless in Gaza* ein interes-santes Experiment. Huxley löst die Chronologie der Ereignisse auf und verzahnt Assoziationen, bruchstückhafte Erfahrungen und Erkenntnisse seiner Hauptfigur zu einer Aussage über den Weg des europäischen Denkens jener Jahrzehnte. Diese Erzähltechnik steht im Einklang mit seiner Ab-sicht, am Beispiel des Anthony Beavis zu demon-strieren, daß der Punkt, an dem Vergangenheit, Gegenwart und Zukunft sinnentleert erscheinen, nur überwunden werden kann, wenn man ihr In-einandergreifen erkennt, wenn man die blinde »Su-che nach der verlorenen Zeit« aufgibt (daher Bea-vis-Huxleys Haßtirade gegen PROUST), wenn man sich des unabhängig vom Zeitablauf wirkenden höheren Ordnungsprinzips bewußt wird.

J.v.Ge.-KLL

AUSGABEN: Ldn. 1936. – NY 1936. – Ldn. 1955. – Ldn. 1969.

ÜBERSETZUNG: *Geblendet in Gaza*, H. E. Her-litschka, Mchn. 1953. – Dass., ders., Reinbek 1959 (rororo). – Dass., ders., Mchn. 1987 [Tb.].

LITERATUR: P. Bentley, *The Structure of »Eyeless in Gaza«* (in English Journal, 26, 1937, S. 127–132). – P. Vitoux, *Structure and Meaning in A. H.'s »Eye-less in Gaza«* (in Yearbook of English Studies, 2, 1972, S. 212–224).

THE GENIUS AND THE GODDESS

(engl.; *Ü: Das Genie und die Göttin*). Roman von Aldous HUXLEY, erschienen 1955. – Die Handlung des in den USA spielenden Kurzromans entwickelt sich aus dem Rückblick zweier Jugendfreunde, die dreißig Jahre nach den Ereignissen ein nächtliches Gespräch führen. Einer von ihnen ist der Wissen-schaftler John Rivers, einst eine der Hauptfiguren in dem Dreiecksverhältnis, das im Mittelpunkt des Geschehens steht. – Zu Beginn der zwanziger Jahre kommt Rivers als Assistent mit Familienanschluß zu dem Kernphysiker und Nobelpreisträger Henry Maartens, den er wie ein Idol verehrt. In solch en-gem Kontakt mit dem »Genie« zu leben ist für den Pastorensohn, der das »unverfälschte Produkt einer bedauerlichen Erziehung« und mit achtundzwanzig Jahren noch ein unberührter Jüngling ist, gleichbe-deutend mit dem Eintritt in die große Welt. Aber im Zusammenleben mit Maartens und dessen Fa-milie vergehen ihm rasch die Illusionen, die er sich über seinen Herrn und Meister gemacht hat. Pro-fessor Maartens, das wissenschaftliche Genie, ist im Bereich der menschlichen Beziehungen nicht über das Pubertätsalter hinausgelangt. Daß die Kluft zwischen seinem hochgezüchteten Intellekt und seiner seelischen Unreife immer wieder überbrückt wird, verdankt er, wie er selbst genau weiß, seiner sehr viel jüngeren Frau Katy. Er hängt völlig von der Gegenwart dieser »Göttin« ab, die »da war, um von sich leben zu lassen«, und er erzwingt immer wie-der das Gleichgewicht zwischen seiner Mediokrität und ihrer »erdmutterhaften« Wärme, die sie freilich nur dann auszustrahlen vermag, wenn sie sexuell befriedigt ist. Auch Rivers liebt diese Frau, aber im Einklang mit seiner puritanischen Erziehung sieht er in ihr ein anbetungswürdiges Ideal, das man nicht begehrt. Doch seine naive Schwärmerei wird jäh zerstört, als während der vorübergehenden Ab-wesenheit Katys der Professor jeden inneren Halt verliert, schwer erkrankt und seinen Assistenten – nachdem er ihm eine Eifersuchtsszene gemacht hat – schonungslos in alle Einzelheiten seiner ehelichen Beziehungen einweiht. Die von Rivers zu ihrem Mann zurückgerufene Katy holt sich nun bei dem jungen Verehrer Nacht für Nacht das, was der Kranke ihr nicht zu geben vermag; sie »regeneriert« sich für ihr weiteres Eheleben mit Maartens, der von den Vorfällen in seinem Haus nichts ahnt. Aber während einer Autofahrt mit ihrer schwärme-risch veranlagten Tochter Ruth, die in Rivers ver-liebt und auf Katy eifersüchtig ist, kommt es zu einem Streit zwischen Mutter und Tochter, der zur Ursache eines für beide tödlichen Unfalls wird. Maartens heiratet danach noch zweimal und geht, bewundert wegen der *»ungeminderten Brillanz seiner Geisteskraft«*, als Genie in die Geschichte der Wissenschaft ein.

Durch den Dialograhmen, in den Huxley die Geschichte dieses Ehebruchs stellt, schafft er von vornherein eine Distanz zwischen dem Erzähler und den rekapitulierten Ereignissen. Diesem Kunstgriff ist es zu verdanken, daß *The Genius and the Goddess* ein formal und stilistisch knapperes, prägnanteres Werk ist als viele der mit Wissensballast und philosophischen Exkursionen befrachteten früheren Romane Huxleys. Es bereitet ein intellektuelles Vergnügen und ist zugleich bestürzend zu verfolgen, wie hier heitere Ironie, Skepsis und Zynismus sich gemeinsam ans Werk machen, um in einer *tour de force* die Ehe zu entmythologisieren und die Sinnenmystik D.-H. Lawrencescher Prägung ad absurdum zu führen. – Die unter Huxleys Mitwirkung dramatisierte Fassung des Romans wurde im Dezember 1957 im New Yorker Henry-Miller-Theater uraufgeführt.   KLL

AUSGABEN: Ldn. 1955. – NY 1955. – NY 1956. – Ldn. 1982.

ÜBERSETZUNG: *Das Genie und die Göttin*, H. E. Herlitschka, Mchn. 1956; ern. 1977. – Dass., ders., Ffm. 1958 (FiBü). – Dass., ders., Lpzg. 1984 (IB).

DRAMATISIERUNG: A. H. u. B. Wendel, *The Genius and the Goddess* (Urauff.: NY, Dezember 1957, Henry-Miller-Theater).

GREY EMINENCE. A Study in Religion and Politics

(engl.; *Ü: Die graue Eminenz. Eine Studie über Religion und Politik*). Biographischer Roman von Aldous HUXLEY, erschienen 1941. – Thema des Werks ist die Karriere von François Le Clerc du Tremblay (1577–1638), der mit zweiundzwanzig Jahren dem Kapuzinerorden beitrat, als Père Joseph mit Kardinal Richelieu bekannt wurde und von etwa 1615 bis zu seinem Tod dessen einflußreicher Ratgeber war. Den Beinamen »Graue Eminenz« gaben ihm seine Gegner, die damit eine bis heute geläufige Bezeichnung für die geheimen Vertrauten von Politikern prägten.

In seiner Studie des Père Joseph (*»halb Metternich, halb Savonarola«*) geht es Huxley im wesentlichen um folgende Fragen: Wie war es möglich, daß dieser Mann des Glaubens, der als Mystiker die Hingabe an Gott erfahren hatte, den Geist der Frömmigkeit verriet und sich fanatisch für politische Ziele einsetzte, deren Verwirklichung ihn, wie er wohl wußte, mitverantwortlich machte für die Schrecken des Dreißigjährigen Kriegs? Wie konnte er, bei aller leidenschaftlichen Vaterlandsliebe, den Ruhm Frankreichs gleichsetzen mit dem Ruhm Gottes?

Huxley beginnt die Untersuchung dieser erstaunlichen Laufbahn mit einer Schilderung der Jugend und der frühen, fast ausschließlich dem Dienst Gottes gewidmeten Mannesjahre Josephs, stellt dann, bis ins Detail faszinierend, seine wachsende Verstrickung in die Politik und seine immer enger werdenden Beziehungen zu Richelieu dar, mit dem zusammen er bemüht ist, den Krieg vorsichtig zu schüren, um Frankreichs Macht zu stärken, während dessen Erzfeind Habsburg in Deutschland blutige Kämpfe auszufechten hat. Der Kapuzinerpater scheut im Zug dieser Politik auch das Bündnis mit den protestantischen Mächten nicht und redet sogar einer gegen die katholische Seite gerichteten Allianz mit den Türken, die er innerlich als Ungläubige verdammt, das Wort.

Im Zusammenhang mit der religiösen Erfahrung des Mystikers Joseph skizziert Huxley die Entwicklung der Mysterienreligion von der griechischen Antike über die christliche Logos- und Passionsmystik des Mittelalters bis zu der von den starken geistigen Spannungen in Europa geförderten mystischen Bewegung der Reformations- und Gegenreformationszeit. – In dieser brillanten psychologischen Studie über einen asketisch lebenden, eiserne Selbstdisziplin übenden Menschen, den dennoch *»ein intelligenter Teufel«* zu Ehrgeiz und Machtliebe verführen kann, steht Huxley auf der Seite des *nonattachment*, jener aus dem Orient stammenden Lehre von einem Leben, das frei bleibt von materiellen und ideellen Bindungen an die Welt.   J.v.Ge.

AUSGABEN: Ldn. 1941; Nachdr. 1975. – NY 1941. – Ldn. 1956 (in *Collected Edition*). – Ldn. 1982. – NY 1985.

ÜBERSETZUNG: *Die Graue Eminenz. Eine Studie über Religion und Politik*, H. E. Herlitschka, Zürich 1948. – Dass., ders., Mchn. 1962.

POINT COUNTER POINT

(engl.; *Ü: Kontrapunkt des Lebens*). Roman von Aldous HUXLEY, erschienen 1928. – Mit den Mitteln der Satire, Ironie und Komik zeichnet Huxley ein Bild der englischen Gesellschaft der zwanziger Jahre, einer vom Antagonismus zwischen Denken und Fühlen gekennzeichneten chaotischen Welt. Er verdeutlicht diesen Antagonismus an einer Vielzahl von kontrapunktisch angelegten Personengruppen und Handlungsabläufen. Zu dieser Kompositionstechnik (die sich in Ansätzen bereits in *Antic Hay*, 1923, findet) äußert sich im Roman der Schriftsteller Philip Quarles – eine ironische Selbstdarstellung Huxleys – folgendermaßen: *»Die Musikalisierung der Prosadichtung. Nicht nach Art der Symbolisten durch Unterordnung des Sinns unter den Klang ... sondern in großem Maßstab, in der Konstruktion ... Die jähen Übergänge ... Man braucht nur eine genügende Anzahl von Charakteren und parallelen, kontrapunktischen Handlungen. Die Modulationen und Variationen aber sind interessanter,* *wenn auch schwieriger. Ein Romancier moduliert, indem er Situationen und Charaktere mehrfach darstellt.«* Besonders sinnfällig ist diese Gestaltungsweise in der Schilderung eines Fests bei den aristokratischen Tantamounts (im ersten Teil des Romans), wo illustre Gäste verschiedenster Prägung aufeinandertreffen und aneinander vorbeireden. Wie im ganzen Roman blendet Huxley in filmischer Manier von einer Situation zur anderen und vermittelt so das beklemmende Bild einer zu echter Kommunikation unfähigen Gesellschaft.

Die Figuren des Romans sind Verkörperungen bzw. Karikaturen zeitgenössischer Persönlichkeiten und Geistesrichtungen. Der Biologe Illidge etwa, das Zerrbild eines Kommunisten, ist in Wirklichkeit ein verhinderter Bourgeois, Everald Webley, der Führer der faschistischen »Britischen Freimannen«, ein phrasendreschender Prediger der Gewalt, Sidney Quarles, der Vater Philips, ein arroganter politischer Dilettant, der alternde Maler John Bidlake ein rücksichtsloser Sensualist, dessen Kunst steril geworden ist und der sich bis zum Tod entsetzt gegen seinen körperlichen Verfall wehrt. In Philip Quarles, den Huxley zum Spiegel seiner eigenen künstlerischen Problematik gemacht hat, ist der ganz vom Intellekt beherrschte Schriftsteller porträtiert. Quarles bemüht sich um die literarische Bewältigung eben jenes heterogenen Materials, das Huxley in *Point Counter Point* verarbeitet hat – ein metafiktionaler Kunstgriff, der dem Roman eine Art Zentrum gibt, der zugleich eine weitere Variation des Grundthemas ermöglicht und mit dem sich der Verfasser André GIDES Kompositionstechnik in *Les fauxmonnayeurs*, 1925 *(Die Falschmünzer)*, und *Les caves du Vatican*, 1914 *(Die Verliese des Vatikans)*, verpflichtet zeigt.

Die Indienreise Quarles' wird zum Symbol der vergeblichen Suche nach der Einheit von Ich und Welt. Auch seine Frau Elinor entfremdet sich ihm gegen ihren Willen immer mehr, und nur der Tod ihres Sohnes bewahrt sie davor, mit Webley die Ehe zu brechen. Am Schluß des Romans rüsten sie und Philip zu einer neuen Reise, einer neuen Flucht vor sich selbst. Wie Quarles ist auch der junge, empfindsame Literat Walter Bidlake zur Liebe unfähig. Vergeblich sucht er Erfüllung im sexuellen Abenteuer mit der ebenso faszinierenden wie gefühlskalten Lucy Tantamount. Seinem Vorgesetzten, dem frömmelnden Burlap, der eine Literaturzeitschrift herausgibt und in dem Huxley den Schriftsteller John Middleton MURRY vernichtend karikiert, gelingt es dagegen, seine außerehelichen Affären mit seiner christlichen »Moral« in Einklang zu bringen. Mit kalter Berechnung macht er die naive, reiche Beatrice Gilray zum willigen Objekt seiner Perversionen. Haftet Burlap letztlich etwas Spießiges an, so verkörpert seine Kontrastfigur Maurice Spandrell den teuflischen Zyniker und zugleich den verzweifelten Gottsucher. (Er trägt deutlich Züge BAUDELAIRES und einiger Romanfiguren DOSTOEVSKIJS). Maurice, der es seiner abgöttisch geliebten Mutter nie verziehen hat, daß sie sich nach dem Tod seines Vaters einem anderen zuwandte,

glaubt, sich an ihr rächen zu können, indem er die unschuldige Harriet verführt und sie dann höhnisch von sich stößt. Um die Auseinandersetzung mit Gott zu erzwingen, begeht er schließlich ein Verbrechen: Zusammen mit Illidge ermordet er Webley. Sogleich aber wird er sich der Sinnlosigkeit seiner Tat bewußt. Einen Augenblick lang meint er, in der Musik Beethovens das Göttliche gefunden zu haben. Erneut vom Zweifel überwältigt, fällt er Webleys Leuten in die Hände und wird niedergeknallt. – Einziger Lichtblick in diesem Panorama des Scheiterns, der Unreife und des Verrats am Nächsten ist das Ehepaar Rampion. Mark Rampion, Schriftsteller und Maler eines erotischen Vitalismus, steht für D. H. LAWRENCE (dessen tragische Züge Huxley ihm allerdings nicht mitgegeben hat), seine Frau Mary für Frieda Lawrence geb. von Richthofen. Huxley verklärt die Ehe der Rampions zur Idylle und kontrastiert die hier erreichte Harmonie von Geist und Trieb mit Maurice Spandrells Gespaltenheit. Ironischerweise findet außer den Rampions nur Burlap zu einer Erfüllung.

»Der Ideenroman«, so lautet eine der zahlreichen Arbeitsnotizen von Quarles/Huxley, *»hat den großen Fehler, etwas Gekünsteltes zu sein.«* Diese Gefahr bestätigt sich in den artifiziellen Romanfiguren Huxleys, während er sie in der ihm besonders gemäßen essayistischen Präsentation divergierender Geisteshaltungen und in der Analyse der Nachkriegsgesellschaft glänzend überspielt. *Point Counter Point* wird so zum *»Schlüsselroman einer Epoche und ihrer geistigen Situation«* (K. Otten) und gilt mit Recht als eines der Hauptwerke Huxleys.

H.Str.

AUSGABEN: Ldn. 1928. – Garden City/N.Y. 1928. – Harmondsworth 1955 (Penguin). – Ldn. 1958. – NY 1965. – Ldn. 1978.

ÜBERSETZUNG: *Kontrapunkt des Lebens*, H. E. Herlitschka, Lpzg. 1930. – Dass., ders., Mchn. 1957. – Dass., ders., Reinbek 1963 (rororo). – Dass., ders., Mchn. 1976; ³1982 (dtv). – Dass., ders., Mchn. 1989 [Tb.].

DRAMATISIERUNG: C. Dixon, *This Way to Paradise*, Ldn. 1930.

LITERATUR: F. Baldanza, *»Point Counter Point«. A. H. on »The Human Figure«* (in South Atlantic Quarterly, 58, 1959, S. 248–257). – K. Otten, *A. H. »Point Counter Point«* (in *Der moderne engl. Roman*, Hg. H. Oppel, Bln. 1965, S. 201–221). – M. Birnbaum, *Politics and Character in »Point Counter Point«* (in Studies in the Novel, 9, 1977, S. 468–487). – P. Bowering, *›The Source of Light‹: Pictorial Imagery and Symbolism in »Point Counter Point«* (ebd., S. 389–405). – J. Quina, *The Mathematical-Physical Universe: A Basis for Multiplicity and the Quest for Unity in »Point Counter Point«* (ebd., S. 428–444). – D. Watt, *The Fugal Construction of »Point Counter Point«* (ebd., S. 509 bis 517).

THOSE BARREN LEAVES

(engl.; *Ü: Parallelen der Liebe*). Roman von Aldous HUXLEY, erschienen 1925. – Dieses zeitsatirische und gesellschaftskritische, in der Tradition Thomas Love PEACOCKS und nicht ohne den Einfluß PROUSTS geschriebene »Salonstück« in Romanform spielt in einem Barockschloß bei Viareggio. Wie stets bei Huxley liegt das Hauptgewicht nicht auf der Handlung, sondern auf der Formulierung von Ideen: Aus der Kontrastierung von Vorstellungen über das Verhältnis von Moral und Kunst, Religion und Naturwissenschaft, Individuum und Gesellschaft, Leib und Seele entwickelt sich letztlich eine Moralität über Liebe, Alter und Tod. Durch seine Charakterabstraktionen vermittelt Huxley die Einsicht, daß Diskussionen nicht genügen, um eine kulturelle Tradition wiederzubeleben (wie es von der Besitzerin des Schlosses, Mrs. Lilian Aldwinkle, erstrebt wird), und daß dem in einer Zeit der zerbröckelnden Werte nach einem neuen Lebenssinn Suchenden nur die rettende Tat in der Gesellschaft oder die meditativ-mystische Einsiedelei bleibt. Der Schauplatz wird zum Mikrokosmos, zum mit beißendem Spott entworfenen Modell eines Staatswesens, in dem die von der Schloßherrin und ihrem für die Intellektuellen der zwanziger Jahre repräsentativen Freundeskreis vertretenen Ideen das Maximum an erreichbarer sozialer Reform darstellen.

Mrs. Aldwinkle fühlt sich als Königin eines Musenhofs, in Wirklichkeit aber besteht ihr Gefolge aus recht zweifelhaften Dichtern, Philosophen und Künstlern. Dazu gehört ihre Nichte Irene, die sich mit der Sexualpsychologie von Havelock ELLIS beschäftigt, auf Keuschheit zu verzichten gelernt hat und lieber Unterwäsche bestickt als sich, dem Wunsch ihrer Tante entsprechend, der Dichtkunst und Malerei zu widmen. Von ihr holt sich der dem Gilden-Sozialismus huldigende, gehemmte und lispelnde Lord Hovenden während einer seiner halsbrecherischen Autofahrten das lang ersehnte Jawort, nachdem er sich ebenso lange im Zwiespalt zwischen seinen Weltverbesserungsplänen und der Neigung, seinen Reichtum zu genießen, befunden hat. Als sein Sprachrohr und als Kritiker von Mrs. Aldwinkles üppigem Lebensstil fungiert der Sozialistenführer Falx. Der parasitäre Tom Cardan, früherer Liebhaber der Gastgeberin, beklagt das Fehlen romantischer Liebe in der nachfreudianischen Ära, will aber selbst die geistesgestörte Grace Elver nur wegen ihres Reichtums heiraten. Kaum hat er sie vor den verbrecherischen Plänen ihres geldgierigen Bruders gerettet, stirbt sie an einer Fischvergiftung, woraufhin er voller Zynismus beschließt, den Rest seines Lebens auf Kosten Mrs. Aldwinkles zu verbringen. Konstrastfigur zu Cardan ist Francis Chelifer, weitgereister Schriftsteller und Herausgeber einer Zeitschrift für Kleintierzüchter. (Fragmente seiner Autobiographie sind in die Erzählung eingelagert.) Im Krieg von seiner Jugendgeliebten verlassen, meidet er das weibliche Geschlecht, folgt schließlich aber doch der Einladung Mrs. Aldwin-

kles und kann sich nur mit Mühe ihrer Nachstellungen erwehren. Der einzige, den die Hohlheit dieser Gesellschaft dazu bewegt, sein Leben zu ändern, ist der *»umgekehrte Sentimentalist«* Calamy, der von Mary Thriplow, einer auf der Stoffsuche ständig um »echte Erlebnisse« bemühten Romanautorin, bedrängt wird. Vom Lebemann und Frauenliebling wandelt er sich zum Eremiten und Mystiker, der sich in die Berge zurückzieht und in bäuerlicher Umgebung eine Synthese zwischen der *Vita activa* und der *Vita contemplativa* sucht – eine Art Vorläufer des Dr. Miller aus *Eyeless in Gaza* (1936) und des Mr. Procter aus *After Many a Summer* (1939). Im Gesamtwerk des Autors kommt diesem Roman, dem zeitgenössische Kritiker schwache Handlungsführung und oberflächliche Charakterzeichnung vorwarfen, insofern Bedeutung zu, als seine antithetische Struktur und Thematik bereits auf das Spätwerk Huxleys vorausweisen.   O.Ku.

AUSGABEN: Ldn. 1925. – NY 1925. – Ldn. 1949 (in *Collected Edition*). – Harmondsworth 1951 (Penguin). – Ldn. 1955. – Ldn. 1960. – NY 1962. – Ldn. 1968 [Ill. J. Archer]. – Ldn. 1978.

ÜBERSETZUNG: *Parallelen der Liebe*, H. E. Herlitschka, Lpzg. 1929. – Dass., ders., Zürich 1948. – Dass., ders. Ffm. 1961 (FiBü). – Dass., ders., Mchn. 1977 (dtv).

LITERATUR: R. S. Baker, *The Fire of Prometheus: Romanticism and the Baroque in H.'s »Antic Hay« and »Those Barren Leaves«* (in Texas Studies in Literature and Language, 19, 1977, S. 60–82).

TIME MUST HAVE A STOP

(engl.; *Ü: Zeit muß enden*). Roman von Aldous HUXLEY, erschienen 1944. – Dieses mystisch-gesellschaftskritische »Sterbebuch« (sein Titel ist SHAKESPEARES *Heinrich IV*, 1. Teil, entnommen: *Doch Denken ist das Lebens Sklav', das Leben ein Narr der Zeit; und Zeit, die messend schaut die ganze Welt, muß enden«*) sagt aus, daß jedem Verhaftetsein menschlichen Wesens in der Welt ein vermindertes Bewußtsein geistiger Realität entspricht und daß daher Teilhabe am Ewigen nach dem Absterben des Körperlichen nur möglich ist, wenn solche Teilhabe bereits in der Welt des Raumes und der Zeit erreicht wurde. Der Gegensatz zwischen den der Zeit verhafteten, statischen und den die Zeitlosigkeit erfahrenden, sich wandelnden Charakteren durchzieht kontrapunktisch den Roman. Zu den Repräsentanten irdischer Gebundenheit gehören der Revolutionär Cacciaguida und der sozialistische Utopist John Barnack; des weiteren – als Vertreter konservativen Bürgertums – die achtzigjährige Mrs. Gamble, Schwiegermutter von Barnacks Bruder Eustace, deren Leben sich in eitler Prunksucht erschöpft, und der skrupellose Kunsthändler Weyl, der nur dem geschäftlichen Erfolg nachjagt; und schließlich, unter den Nebenfiguren, Fred Poulshot, der über den Verlust seines Besitzes wahnsinnig wird, und de Vries, der sich an die fixe Idee des »Brückenbauens zwischen den Wissenschaften« verliert. An dem urbanen, aber unreifen Genußmenschen Eustace Barnack *(»ein gealterter Fötus«)* wird der Unterschied zwischen dem den Tod überdauernden, aber nach wie vor an die Zeitlichkeit gebundenen Bewußtsein und der wahren geistigen Wiedergeburt exemplifiziert. Als Kontrastfiguren repräsentieren der Buchhändler Bruno Rottini und der poetisch begabte Sebastian Barnack, Johns Sohn, die mystische Erfahrung des göttlichen Urgrunds in der Zeitlichkeit.

Die Vordergrundhandlung wird ausgelöst durch den Wunsch des siebzehnjährigen Sebastian, einen Abendanzug zu besitzen. Sein Vater lehnt es ab, ihm dieses bürgerliche Klassen- und Statussymbol zu kaufen, sein Onkel Eustace dagegen, der, den Reichtum seiner verstorbenen Frau genießend, als Kunstsammler in Florenz lebt und den Neffen aus London zu sich eingeladen hat, verspricht ihm die Erfüllung seines Wunsches. Nach dem plötzlichen Tod des Onkels verkauft Sebastian eine ihm von diesem zugedachte Degas-Zeichnung weit unter ihrem Wert an Weyl, um den Anzug selbst zu bezahlen. Für Eustaces Tochter und Erbin, die gefühlvolle Daisy Ockham (die ihre Liebe zu ihrem verstorbenen Mann und ihrem verunglückten Sohn auf Sebastian übertragen hat und deren zynische Gesellschafterin Veronica Thwale den unerfahrenen Jungen verführt), verwaltet Dr. Tendering den Nachlaß, und er verdächtigt nun Sebastian des Betrugs. Rottini ist Sebastian beim Rückkauf der Zeichnung behilflich, wird dann aber durch dessen Verschulden selbst das Opfer falscher Verdächtigungen: Man verhaftet ihn wegen angeblicher Kontakte zu Professor Cacciaguidas sozialistischen Agenten. – Sebastians Läuterung setzt zehn Jahre nach der Heimkehr aus Florenz ein, als er den an Kehlkopfkrebs erkrankten Rottini selbstlos pflegt und dessen neuplatonisch-christliche und brahmanisch-buddhistische Erkenntnisse über das Wesen des göttlichen Urgrunds niederschreibt, die besagen, daß der eigene Wille zugunsten des göttlichen aufgegeben werden müsse. Am Silversterabend 1945 nimmt der schwer kriegsversehrte Sebastian diese Aufzeichnungen wieder vor, gelangt zu der Erkenntnis, daß an der Bombardierung deutscher und englischer Städte die ichbefangenen »geistigen Embryos« dieser Zeit schuld seien und wird so zum gläubigen Deuter der Zeit. In diesem Epilog nimmt Huxley eine von Wordsworth-, Hood-, Baudelaire-, Dante- und Descartes-Zitaten getragene Abwertung der Dichtung vor. Sebastian Barnack wird zu einer von Huxleys Idealverkörperungen des *»complete man«*, bei dem Selbstsucht als Ausdruck der Personalität sich verwandelt hat in selbstlose Liebe, die sich in Gewaltlosigkeit, sanfter Freundlichkeit und Toleranz äußert.

Bleibt in der ersten Hälfte des Romans die Darstellung des »geistigen Todes« der Charaktere auf deren privaten Lebensbereich beschränkt, so setzt mit Kapitel 13 die Verflechtung von persönlichem Schicksal (Sterben und Reinkarnation des Eustace Barnack) mit zeitgeschichtlichen Ereignissen (Zweiter Weltkrieg) ein, wobei Huxleys Bewußtseinskunst voll zum Tragen kommt. Seit man erkannt hat, wie nachhaltig das tibetanische *Totenbuch* mit seiner Dreigliederung – Beschreibung des Übergangsstadiums zwischen Tod und repersonalisierendem Bewußtsein; *»karmische Visionen«*, die als Verkörperung des eigenen Intellekts erkannt werden sollen; Reinkarnationsgeschehen (in Huxleys apokalyptischer Vision des Zweiten Weltkriegs sind männliche und weibliche Wesen eins) – diesen Roman beeinflußt hat, sind manche kritischen Einwände gegen seine z. T. farcische Struktur hinfällig geworden. Allerdings bleibt eine komische Diskrepanz zwischen Handlung und philosophischem Gehalt des Romans bestehen.   O.Ku.

AUSGABEN: NY 1944. – Ldn. 1945; ern. 1960. – Ldn. 1953. – Ldn. 1966. – Ldn. 1982.

ÜBERSETZUNG: *Zeit muß enden*, H. E. Herlitschka, Zürich 1950. – Dass., ders., Mchn. 1961. – Dass., ders., Mchn. 1964; [2]1982 (dtv).

JULIAN SORELL HUXLEY

* 22.6.1887 London
† 14.2.1975 London

EVOLUTION, THE MODERN SYNTHESIS

(engl.; *Evolution, die moderne Synthese*). Evolutionstheoretische Schrift von Julian Sorell HUXLEY, erschienen 1942. – Dem Werk liegt eine Rede des Verfassers über das Thema »Natürliche Auslese und evolutionärer Fortschritt« zugrunde, die er 1936 bei der Jahrestagung der »Britischen Gesellschaft für den Fortschritt der Wissenschaften« gehalten hatte und die auf großes Interesse gestoßen war. Die Doppelthematik, die der berühmte Zoologe – Enkel von Thomas Henry HUXLEY und Bruder von Aldous HUXLEY – hier andeutet, ließ sich offenbar in dem großen Werk nur mit einer einschneidenden Modifikation aufrechterhalten: auf sie wurde nur in zwei vergleichsweise kurzen Kapiteln (dem ersten und dem letzten) eingegangen. Das erste, *Zur Theorie der natürlichen Auslese*, beleuchtet das zeitweilige Nachlassen des Interesses am Darwinismus um die Jahrhundertwende (als man im Gefolge der wiederentdeckten Einsichten MENDELS die von DARWIN vorausgesetzte kontinuierliche Variation zugunsten diskontinuierlicher Variationsschritte aufgeben mußte). Es zeigt, wie ein modifizierter Darwinismus nun wieder völlig das Feld beherrscht, wozu die Tatsache beitrug, daß – angesichts der unübersehbaren Kombinationsmöglichkeiten der Gene und ihrer komplizierten Wirkungsweisen – die scharfe begriffliche Grenze zwischen kontinuierlicher und diskontinuierlicher Variation verschwimmen mußte.

Der Hauptteil des Werks ist dem heute fast unübersehbaren Komplex der eigentlichen Evolutionsprobleme in ihrer ganzen Breite und Vielfalt gewidmet: den Faktoren, die die Entwicklung ermöglichen und in Gang halten und in ihrer Wechselwirkung die unendliche Vielgestalt der Lebensformen hervorbringen.

Im letzten Kapitel *Evolutionärer Fortschritt*, problematisiert Huxley den Begriff des Fortschritts in der biologischen Entwicklung sowohl aus wissenschaftlicher als auch aus philosophischer Perspektive. Er definiert den Begriff zunächst in seiner wissenschaftlichen Bedeutung und unterscheidet ihn vom Begriff der Spezialisierung: *»Spezialisierung ... bedeutet Verbesserung hinsichtlich der Anpassungsfähigkeit an bestimmte Lebensbedingungen: Fortschritt bedeutet Verbesserung hinsichtlich des Lebens überhaupt.«* Entwicklungssprünge entstehen durch die natürliche Auslese der Überlebensfähigeren (Selektionsprinzip), zu wahrem Fortschritt führen sie durch langfristige Bewährung und Weiterentwicklung. Gemessen werden kann der Fortschritt immer nur an der tieferliegenden Entwicklungsstufe. Auf der Grundlage dieser Unterscheidung richtet sich Huxley gegen die Relativierung mancher Biologen seiner Zeit, die dem Menschen in der biologischen Entwicklungslinie keinen besonderen Platz einräumen und ihn als *»extrem primitiven Typus eines rationalen Wesens«* (J. B. S. Haldane) charakterisieren. Er betrachtet den Menschen als das Resultat einer langwierigen Entwicklung und betont, daß weder in der Vergangenheit noch in der Gegenwart in einer anderen biologischen Entwicklungslinie als in der, die zur Entwicklung des Menschen führte, die Ausdifferenzierung von Sprach- und Denkfähigkeit möglich gewesen wäre oder möglich ist und daß der Mensch als einziges Wesen, was seine weitere Entwicklung betrifft, unbegrenzt zu sein verspricht. Im Anschluß daran geht Huxley auf die philosophische Grundfrage nach dem Sinn und Zweck des menschlichen Lebens ein und formuliert einen evolutionshumanistischen Standpunkt, den er in späteren Werken noch detaillierter vertreten hat: In Ablehnung jedweder religiösen Begründung der Sinnfrage verweist Huxley auf den evolutionär-humanitären Fortschritt der Menschheit, den er in der Verwirklichung selbstgesetzter ethischer Werte und damit verbunden in der Zunahme ästhetischer, intellektueller und spiritueller Erfahrung erblickt.

H.L.-KLL

AUSGABEN: Ldn. 1942; ³1974. – NY 1942.

LITERATUR: G. S. Carter, *A Hundred Years of Evolution*, Ldn. 1957. – *Der evolutionäre Humanismus*, Hg. J. H., Mchn. 1964. – S. Bedford, *A. H., A Biography*, 2 Bde., Ldn. 1973/74. – J. R. Baker, *J. H.*

Scientist and World Citizen 1887–1975, Paris 1978. – J.-P. Green, *Krise und Hoffnung. Der Evolutionshumanismus J. H.s*, Heidelberg 1981 [m. Bibliogr.].

THOMAS HENRY HUXLEY

* 4.5.1825 Ealing (heute zu London)
† 29.6.1895 London

EVOLUTION AND ETHICS

(engl.; *Entwicklung und Ethik*). Vorlesung von Thomas Henry HUXLEY, erschienen 1893. – Der Zoologe und Naturforscher, Großvater des Schriftstellers Aldous HUXLEY, des Biologen Julian Sorell HUXLEY und des Physiologen Andrew Fielding HUXLEY, war ein berühmter Zeitgenosse und Mitstreiter DARWINS. In *Evolution and Ethics* setzt sich Huxley mit einem Problemkreis auseinander, der seine Zeit tief bewegte: Mit dem Schwinden der religiösen Basis für ethische Werte und Gebote war, vor allem bei den »agnostischen« Anhängern der neuen wissenschaftlichen Weltauffassung des Evolutionismus, eine beängstigende Unsicherheit hinsichtlich des Status der Ethik überhaupt, ihrer bindenden Kraft und ihrer Inhalte eingetreten. Unter den Versuchen, eine neue Grundlage zu schaffen, war in dem immer mehr vom Darwinismus mit seiner vulgarisierten Kampf-ums-Dasein-Formel beherrschten ausgehenden Jahrhundert einer besonders vordringlich geworden: der Versuch der einfachen Ableitung ethischer Maßstäbe aus der neuen Entwicklungslehre, mit dem Ziel einer konsequent naturalistischen Ethik, die das, was »überlebt«, weil es das »Tauglichste«, Stärkste ist, mit dem (ethisch) »Besten« koinzidieren läßt. Darwin und Huxley, die Väter der Evolutionstheorie, lehnten eine solche naturalistische Ethik ab.

Huxley beweist in seiner Vorlesung tiefes Verständnis für eine durch Jahrtausende bewahrte Geisteshaltung, die, weit entfernt von jeder Theodizee, den »kosmischen Prozeß« kritisiert, ja ihn zu negieren strebt. Daß die dieser Haltung zugrundeliegende Ethik natürlich eine den »Entwicklungsgesetzen« durchaus widersprechende ist, die sicherlich nicht aus ihnen abgeleitet werden kann, betont Huxley immer wieder. Seine Argumente für diese Ethik sind jedoch wenig überzeugend. Er vermag weder ihre Grundlagen zu benennen noch ihre konkreten Inhalte zu formulieren. Huxley stützt sich hauptsächlich auf die intuitive Erkenntnis des Menschen vom Guten und vertritt damit einen rousseauistischen Standpunkt.

Von herausragender Bedeutung waren Huxleys Forschungsbeiträge zur Morphologie und Systematik u. a. der Weichtiere und zur Paläontologie und Systematik der Wirbeltiere. Als einer der ersten

Biologen neben Darwin bezog er auch den Menschen in die Abstammungslehre mit ein.

H.L.-KLL

AUSGABEN: Ldn. 1893. – Ldn. 1894 (in *Collected Essays*, 9 Bde., 1893–1901, 9; Nachdr. NY 1968). – Ldn. 1947 (in Th. H. u. Julian Huxley, *Evolution and Ethics, 1893–1943*; m. Komm.; Nachdr. NY 1969).

LITERATUR: L. Huxley, *Life and Letters of Th. H. H.*, 2 Bde., NY 1900; Nachdr. NY 1979. – E. W. MacBride, *H.*, Ldn. 1934. – J. Huxley, *J. H. on Th. H. H.: A New Judgment*, Ldn. 1945. – W. Irvine, *Apes, Angels and Victorians*, Ldn./NY 1955. – C. S. Blinderman, *Th. H. H.'s Popularization of Darwinism*, Diss. Univ. of Indiana 1957 (Diss. Abstracts, 17, 1957, S. 2287/88). – C. Bibby, *Th. H. H., Scientist, Humanist and Educator*, Ldn. 1959. – W. Irvine, *Th. H. H.*, Ldn. 1960. – A. Ashfort, *Th. H. H.*, NY 1969. – C. Bibby, *Scientist Extraordinary. The Life and Scientific Work of Th. H. H.*, 1825–1895, Oxford u. a. 1972 [m. Bibliogr.]. – M. A. DiGregorio, *Th. H. H.'s Place in Natural Science*, New Haven 1984.

CONSTANTIJN HUYGENS

* 4.9.1596 Den Haag
† 28.3.1687 Den Haag

LITERATUR ZUM AUTOR:
G. J. Buitenhof, *Bijdrage tot de kennis van C. H.' Letterkundige opvattingen*, Tilburg 1932. – J. A. van Dorsten, *H. en de Engelse ›Metyphysical Poets‹* (in Tijdschrift voor Nederlandse Taal- en Letterkunde, 76, 1958, S. 111–125). – A. G. H. Bachrach, *Sir C. H. and Britain. A Pattern of Cultural Exchange*, Leiden 1962. – H. M. Hermkens, *Bijdrage tot een hernieuwde studie van C. H.' Gedichten*, Diss. Nijmegen 1964. – J. Smit, *Driemaal H.*, Assen 1966. – C. W. de Kruyter, *C. H.' Oogentroost. Een interpretatieve studie*, Diss. Amsterdam/Meppel 1971. – *C. H. Zijn plaats in geleerd Europa*, Hg. H. Bots, Amsterdam 1973 [m. Bibliogr.]. – L. Strengholt, *H.-studies, Bijdragen tot het onderzoek van de poëzie van C. H.*, Diss. Amsterdam 1976. – L. Strenholt, *Een werkelijk groot Nederlander. Het leven van C. H. 1596–1687*, Hilversum 1977. – K. G. Lenstra, *C. H. als dichter en als komponist* (in Preludium, 37, 1978, Nr. 2, S. 7–11). – J. Smit, *De grootmeester van woord- en snarenspel: het leven van C. H. 1596–1687*, Den Haag 1980. – H. A. Hofman, *C. H. (1596–1687): een christelijk-humanistisch bourgeoisgentilhomme in dienst van het Oranjehuis*, Utrecht 1983. – E. Keesing, *C. en Christiaan: verhaal van een vriendschap*, Amsterdam 1983.

HOFWYCK

(ndl.; *Hofwyck*). Lehrgedicht von Constantijn HUYGENS, erschienen 1653. – Huygens, neben VONDEL und HOOFT der dritte Klassiker der niederländischen Literatur des »Goldenen Jahrhunderts«, hatte sich, nach einer brillanten Karriere im Dienst des Hauses Oranien (v. a. als Privatsekretär des Prinzen und Statthalters Frederik Hendrik), allmählich aus dem öffentlichen Leben zurückgezogen. Die Gründe hierfür waren der Tod seiner geliebten Frau, Suzanna van Baerle (1637), und einiger seiner besten Freunde – Hooft, DESCARTES, Frederik Hendrik – und nicht zuletzt die Schwierigkeiten, die ihm seine Neider am Hof bereiteten. Im Jahre 1640 begann er mit dem Bau des Landgutes Hofwyck (»er entwich dem Hof«) in Voorburg, nicht weit von Den Haag, das er 1641 bezog und das dem in den folgenden Jahren entstandenen großen Gedicht den Titel gab.

Diese umfangreiche, in Alexandrinern verfaßte Dichtung beschreibt das Gut und das geruhsame Landleben. In einem der vielen Widmungsgedichte entwickelt Huygens seine Auffassung von Literatur: Der Leser – so schreibt der Autor – solle keinen wahrheitsgetreuen Bericht erwarten, denn die »Reimkunst« sei stets Lüge. Es komme nicht so sehr auf den Gegenstand an, den der Dichter beschreibt, sondern vielmehr auf das »Wie«: *»Jetzt müßt ihr Hofwyck sehen mit Freud' oder Verdruß, das Kind ist mißgestaltet, die Kleidung aber reich.«* Der Vorsatz, den Leser durch eine originelle äußere Form zu verblüffen, kann sich auf MARINO berufen, der dem Dichter die Aufgabe gestellt hatte, den Leser in Staunen zu versetzen. Huygens, der das Werk des Italieners gut kannte und mit dem Engländer John DONNE befreundet war, gilt denn auch als der bedeutendste Vertreter des Manierismus in den Niederlanden. Der dunkle, von ungewöhnlichen Metaphern geprägte Stil seiner frühen Werke (z. B. *Costelick Mal*) ist jedoch im *Hofwyck*, das am Anfang des Spätwerks steht, einer schlichteren Sprache gewichen. Den ländlichen Alltag nimmt der Dichter zum Anlaß, Betrachtungen über Religion – Huygens war überzeugter Kalvinist – und Politik anzustellen. Eine Unterhaltung einfacher Fischer über das Leben der Städter kommentiert er bitter: *»Den Haag, der Dornen Hag, wo Wohltat wird belohnt mit Lästerung und Haß.«*

Wegen der zahlreichen Anspielungen auf die zeitgenössischen politischen Verhältnisse und der trotz ihrer Vereinfachung immer noch komplizierten Sprache sind große Teile des Gedichts ohne Erläuterungen heute kaum zu verstehen; die Mühe lohnt sich jedoch, denn Huygens erweist sich hier als der vielleicht klarsichtigste und geistreichste Beobachter seiner Zeit. Nachdem er lange im Schatten Vondels und Hoofts stand, wurde erst nach der Aufwertung des Manierismus die Bedeutung von Huygens erkannt.

R.A.Z.

AUSGABEN: Den Haag 1653. – Wassenaar 1967 [Nachdr.].

LITERATUR: P. A. F. van Veen, *De soetichheydt des buytenlevens, verghoselschapt met de boucken. Het hofdicht als een tak van een Georgische Litteratuur*, Den Haag 1960. – W. B. de Vries, *»Hofwijck«, lusthof en speelweide: H.' spel met het georgische genre* (in De nieuwe taalgids, 71, 1978, Nr. 4, S. 307–317). – L. Strenholt, *»Hofwijck« zien, horen en lezen* (in Tijdschrift voor Nederlandse Taal- en Letterkunde, 95, 1979, Nr. 2, S. 149–164). – R. van Pelt, *Man and Cosmos in H.'s »Hofwijck«* (in Art History, 4, 1981, Nr. 2, S. 150–174).

TRIJNTJE CORNELISDR

(ndl.; *Trijntje Corneliustochter*). »Klucht« (schwankhaftes Lustspiel, vgl. *Kluchten*) in fünf Akten nebst Einführung und Nachwort von Constantijn HUYGENS, erschienen 1657; Erstaufführung: Antwerpen 1950. – In einer längeren Einführung erzählt der Autor die Vorgeschichte der dargestellten Ereignisse: Der Holländer Claes ist mit seinem Schiff nach Antwerpen in Brabant gefahren, um dort eine Ladung Obst zu verkaufen; seine junge Ehefrau Trijntje hat er mitgenommen. Während nun Claes seine Geschäfte erledigt, unternimmt Trijntje im Sonntagsstaat einen Stadtbummel; damit beginnt das eigentliche Spiel, in dessen Verlauf die Dirne Marie und der feige Gehilfe Francisco die Unerfahrene in ihr Haus locken, mit Wein betäuben und im wahrsten Sinn des Wortes bis aufs Hemd ausziehen. Auf einem Misthaufen zurückgelassen, wird sie schließlich von einem gütigen Nachtwächter zu dem Schiff gebracht; dort beruhigt man den Ehemann, die Wahrheit wird ihm indessen geschickt verheimlicht. Nur der Knecht Kees hört von der Geschichte, und er ist es, der Trijntje hilft, den Gaunern das Gestohlene wieder abzunehmen, und der die beiden entsprechend verprügelt.

Die letzten beiden Akte mit dem Rachemotiv hat der Autor nachträglich zugefügt, um die damalige Forderung nach fünf Akten zu erfüllen: Die Vorlage, *'t Nieuwsgierig Aegje van Enkhuizen (Jungfer Neugier aus Enkhuizen)*, endet mit Trijntes Rückkehr zum Schiff. Möglicherweise kannte Huygens auch das lateinische Schulstück *Aluta* (1535) von dem Humanisten MAKROPEDIUS, in dem erzählt wird, daß die Diebe gefaßt werden. Interessanter ist indessen die Tatsache, daß Huygens außer diesem Lustspiel kein dramatisches Werk geschrieben und sich nicht für die Bühne interessiert hat. Der 140 Verse lange erzählende *Voorbericht* legt denn auch den Schluß nahe, daß Huygens ursprünglich den Schwank in dichterisch angemessener und erweiterter Form nacherzählen wollte, jedoch aus Bequemlichkeit, statt die Formulierung »er sagte« zu gebrauchen, die Erzählung dialogisierte und sich dann entschloß, aus dem Stoff ein Lustspiel zu machen. Die dabei entstandenen Probleme – Aufbau, Szenenfolge und -übergänge – hat er mit sicherem dramatischem Gespür gelöst; allerdings gerieten die Akte ungleich lang: Der erste füllt mit 670 Ver-

sen beinahe die Hälfte des Stücks, während der zweite nur 40 Verse umfaßt. Die Sache war ihm anscheinend nicht wichtig genug, denn im Vorwort heißt es, daß er nicht ganz drei Tage zur Fertigstellung des Stücks benötigt habe; außerdem riet er selbst von einer Aufführung ab.

Huygens ist in erster Linie ein virtuoser Sprachkünstler, der den so leicht klappernden Rhythmus des obligaten Alexandriners kunstvoll variierte und durch häufigen Zeilensprung und Akzentwechsel eine natürlich klingende Sprache zu schaffen wußte. Besonders reizvoll sind die ein wenig stilisierten, aber fehlerlos eingesetzten Dialekteinschübe aus dem Holländischen und dem Brabantischen, deren Unterschiede Huygens von Jugend auf kannte und für komische Mißverständnisse ausnutze. Die Personen sind teils Typen, die aus Schwänken bekannt sind, teils lebensechte Gestalten wie Trijntje und Kees. Eine Frau wie Trijntje als Hauptperson ist wohl nur in einem selbstbewußten bürgerlichen Land, wie es die damalige Republik der Vereinigten Niederlande war, möglich: Trotz aller Naivität ist sie selbständig und klug. Die Originalität der Personen und die Natürlichkeit ihrer Sprache, die freimütig zotige oder erotische Einzelheiten einbezieht, haben eine moralisierende Kritik lange davon abgehalten, das Werk gerecht zu beurteilen; erst spät erkannte man die ihm innewohnende Kraft. Das Stück ist deutlich von der herkömmlichen Schwankliteratur geprägt, einer Tradition, der sich auch der sonst so literaturbewußte Huygens nicht entziehen konnte. Die modernen Aufführungen in Antwerpen bewiesen jedoch, daß der Dichter sein Stück unterbewertet hatte.   A.v.H.

AUSGABEN: Den Haag 1657. – Amsterdam 1672 *(Koren-bloemen)*. – Groningen 1895, Hg. J. A. Worp (in *Gedichten*, Bd. 5). – Zutphen o. J. [1912], Hg. H. J. Eymael. – Den Haag 1960, Hg. A. Bolckmans [m. Einf.].

LITERATUR: A. Bolckmans, *»Trijntje Cornelis«*, Den Haag 1960. – Y. Stoops, *Vraagtekens bij »Trijntje Cornelis«, vers 349* (in De nieuwe taalgids, 72, 1979, Nr. 4, S. 303–306).

JORIS-KARL HUYSMANS

* 5.2.1848 Paris
† 12.5.1907 Paris

LITERATUR ZUM AUTOR:
Bibliographien:
C. A. Cevasco, *J.-K. H: A Reference Guide*, Boston 1980. – R. Rancœur, *Bibliographie (1949–1984)* (in *H.*, Hg. P. Brunel u. A. Guyaux, Paris 1985, S. 446–465).

Zeitschrift:
Bulletin de la Société Huysmans, Paris 1928 ff.
Gesamtdarstellungen und Studien:
H. Trudgien, *L'esthétique de J.-K. H.*, Paris 1934;
Nachdr. Genf 1970. – P. Cogny, *J.-K. H. à la
recherche de l'unité*, Paris 1953. – R. Baldick, *The
Life or J.-K. H.*, Oxford 1955. – M. M. Belval,
Étapes de la pensée mystique de J.-K. H., Paris 1968. –
P. Duployé, *H.*, Paris 1968. – M. Issacharoff,
J.-K. H. devant la critique en France (1874–1960),
Paris 1970. – F. Zayed, *H., peintre de son époque*,
Paris 1973. – *Mélanges P. Lambert consacrés à H.*,
Vorw. P. Cogny, Paris 1975. – C. Maignon,
L'univers artistique de J.-K. H., Paris 1977. – RSH,
43, 1978, Nr. 170/71 [Sondernr. *J.-K. H.*]. –
J.-K. H. Du naturalisme au satanisme et à Dieu,
Paris 1979. – R. Thiele, *Satanismus als Zeitkritik bei
J.-K. H.*, Ffm. 1979. – M. Ach u. J. Jörgensen,
J.-K. H. und die okkulte Dekadenz, Mchn. 1980. –
M. Y. Ortoleva, *J.-K. H., romancier du salut*,
Sherbrooke/Québec 1981. – P. Audouin, *H.*, Paris
1985. – *H.*, Hg. P. Brunel u. A. Guyaux, Paris 1985
(Cahiers de l'Herne). – *H., une esthétique de la
décadence*, Hg. A. Guyaux u. a., Genf 1987.

A REBOURS

(frz.; *Gegen den Strich*). Roman von Joris-Karl
HUYSMANS, erschienen 1884. – Das Werk ist ein –
teilweise autobiographisches – Zeugnis der literarischen »Dekadenz« des ausgehenden 19. Jh.s. Der
Held des Romans, Jean Des Esseintes, ist der letzte
Sproß einer hochadeligen, zunehmend der Dekadenz verfallenden Familie. Schon als Jesuitenzög-
ling zeigt er auffallende ästhetizistische Neigungen, die ihn mehr und mehr zur Verachtung alles
Bürgerlich-Durchschnittlichen treiben und sich bis
zu hypochondrischer Menschenverachtung steigern. Die literarische Tradition des *ennui* vermischt
sich hier mit dem *spleen* des späten 19. Jh.s.
Aus unwiderstehlichem Einsamkeitsbedürfnis erwirbt Des Esseintes ein Haus in Fontenay bei Paris,
das er nach seinem bis in pathologische Grenzbe-
reiche verfeinerten Geschmack ausstattet. Da er dazu neigt, Natur als absoluten Gegensatz zur Kunst
zu sehen und allen ihren Erscheinungsformen sich
immer weitgehender zu entziehen, versucht er konsequent, sich eine Welt zu schaffen, die ihm erlaubt,
»*die Abstraktion bis zur Halluzination zu treiben und
den Traum von der Wirklichkeit an die Stelle der
Wirklichkeit zu setzen*«. Da ihm Natur nicht genügt,
schafft er sich, teilweise mit Hilfe von Rauschgif-
ten, einen Kosmos aus Farb- und Geruchssynästhe-
sien, in den er seine neurotische Sensibilität einbet-
tet. Literarische, künstlerische und intellektuelle
Reize dienen ihm zum Aufbau dieser aus Traum
und Wirklichkeit gewobenen Scheinwelt. Seine literarischen Neigungen gelten vor allem Dichtern,
die gleich ihm aus der Banalität der menschlichen
Gesellschaft ihrer Zeit auszubrechen suchen: an erster Stelle den *poètes maudits*, Baudelaire und Verlaine, aber auch Barbey d'Aurevilly, den Gon-

courts, Flaubert und Zola, die seinen Hunger nach
künstlerischer Überformung der Wirklichkeit stillen. In der Malerei schätzt er besonders die Phantasmagorien Gustave Moreaus; in der Musik entsprechen Berlioz, Wagner und Schubert am meisten. Bei alledem handelt es sich um den Versuch,
jenseits der als unbefriedigend empfundenen, er-
fahrbaren Welt eine Art von artifizieller Transzendenz aufzubauen, die freilich mehr in halluzinatori-
scher Anstrengung zitiert als religiös erfüllt scheint,
aber bereits auf den späteren Ausweg aus der auti-
stischen Selbstversponnenheit hinweist.
Des Esseintes' ästhetizistische Existenz wird immer
neurotischer und pathologischer, bis ihm eines Tages ein Arzt klarmacht, daß nur die Rückkehr ins
gesellschaftliche Leben in Paris ihn retten könne.
Des Esseintes, der den Gedanken verabscheut, *so
zu sein wie alle anderen*«, beugt sich der Notwendigkeit. Zum Schluß regt sich in ihm eine religiöse Erlösungssehnsucht, mit der sich, wie Huysmans in
einem zwanzig Jahre später verfaßten Vorwort bekennt, für ihn selbst die Hinwendung zum christlichen Glauben abzeichnete.
So ist *A rebours* zugleich das hervorragendste
Zeugnis für die literarische Dekadenz des Fin de
siècle wie auch für die Umkehr aus dieser Haltung
in den Glauben. Huysmans wird dadurch zu einem
Vorläufer des *renouveau catholique* in der französischen Literatur des 20. Jh.s.   W. A.

AUSGABEN: Paris 1884. – Paris 1928–1934 (in
Œuvres complètes, 23 Bde., 7). – Paris 1942. – Paris
1975 (10/18). – Paris 1977 (Folio). – Paris 1978
(GF). – Paris 1981, Hg. R. Fortassier [krit.].

ÜBERSETZUNGEN: *Gegen den Strich*, M. Caspius,
²1905. – Dass., H. Jacob, Bln. ⁶1929. – Dass., ders.,
Zürich 1964 [m. Einl. v. R. Baldick u. einem Essay
v. P. Valéry]. – Dass., ders., Bln. 1972 (Ullst. Tb). –
Dass., ders., Zürich 1981 (detebe).

LITERATUR: E. Drougard, *Du nouveau sur »A rebours«* (in Bull. de la Société H., 32, 1928,
S. 228–237). – L. Deffoux, *Deux corrections de l'é-
dition originale de »A rebours«* (ebd., 35, 1933,
S. 210–247). – H. J. Greif, *»A rebours« und die Dekadenz*, Bonn 1971. – F. Livi, *»A rebours« et l'esprit
décadent*, Paris 1972. – R. Hess, *»A rebours«* (in *Der
frz. Roman*, Hg. K. Heitmann, Düsseldorf 1975,
S. 34–59; 328/329). – W. B. Berg, *Dekadenz und
Utopie in H.s »A rebours«* (in GRM, 25, 1975,
S. 214–229). – J. Sänger, *Aspekte dekadenter Sensibilität*, Ffm. u. a. 1978. – D. Grojnowski, *»A rebours«, le nom, le référent, le moi, l'histoire dans le roman de H.* (in Littérature, 29, Febr. 1978,
S. 75–89). – F. Gaillard, *»A rebours«, une écriture de
la crise* (in RSH, 170/171, 1978, S. 111–122). –
R.-R. Wuthenow, *Der kranke Leser. Des Esseintes
und seine Brüder* (in R.-R. W., *Im Buch die Bücher
oder Der Held als Leser*, Ffm. 1980, S. 149–159). –
F. Carmignani-Dupont, *Fonction romanesque du récit de rêve. L'exemple de »A rebours«* (in Littérature,
43, Okt. 1981, S. 57–74). – J. Borek, *Die Sensation*

im Zeichen der Neurose. Des Esseintes (in J. B., *Sensualismus und Sensation*, Wien u. a. 1983, S. 136 bis 142). – *J.-K. H. au tournant d'»A rebours«* (in A rebours, 29, 1984; Sondernr.). – V. Roloff, *Von der Leserpsychologie des Fin de siècle zum Lektüreroman* (in LiLi, 15, 1985, S. 186–203).

LA CATHÉDRALE

(frz.; *Die Kathedrale*). Roman von Karl-Joris Huysmans, erschienen 1898. – Das Werk bildet zusammen mit *En route* (1895) und *L'oblat* (1903) eine Trilogie, die die »katholische« Schaffensperiode Huysmans markiert. Der Protagonist des Romans, der Schriftsteller Durtal, erinnert sich an einen – in *En route* dargestellten – Aufenthalt in einem Trappistenkloster. Er zieht sich daraufhin aus seinem unsteten Pariser Bohemeleben zurück und hofft, in Chartres seinem Leben einen neuen Sinn geben zu können. Die intensive Beschäftigung mit der Architektur und den kunsthistorischen Charakteristika der Kathedrale sowie die Gespräche mit dem Freund Abbé Gévresin lösen ein religiöses Erweckungserlebnis aus. Durtal erwägt zeitweise sogar seinen Eintritt in ein Benediktinerkloster, kann sich aber trotz Zuredens seines Freundes und des Abbé Plomb nicht entscheiden und reist weiter nach Solesmes.

Die Darstellung der religiösen Entwicklung Durtals nimmt nur einen relativ kleinen Teil des Romans ein. Im Vordergrund stehen ästhetische Betrachtungen, die allerdings wiederum eng mit der theologischen Thematik verbunden sind. Die intensive Beschäftigung mit der Kathedrale führt Durtal von einem rationalistischen *analyser* der Kunstschätze zu einem mystischen *admirer* (anbeten). Die ganze Kathedrale wird nach und nach zum Symbol des »mystischen Weges«. So führt der Weg des Kirchgängers vom Dunkel des Eingangsbereiches, der die *via purgativa* der Mystik symbolisiert, durch die Helle des Querschiffs, die mystische *via illuminativa*, bis hin zum strahlenden Licht des Chors, das die *unio mystica* versinnbildlicht. Ganz entsprechend der horizontalen gibt es auch eine vertikale Lichtmetaphorik, die sich vom dunklen Bodenbereich über die immer heller erscheinenden Säulen bis hin zur Lichtapotheose des Deckengewölbes erstreckt. So wie die Kathedrale im ganzen ein »*Buch aus Stein*« verkörpert, so ordnen sich auch alle ihre architektonischen und bildhauerischen Details, alle Farben der Fenster, die Klänge der Orgel und der Duft des Weihrauchs zu einer *Summa* des Mittelalters und zugleich zu einem Abbild der erlösenden Kraft der christlichen Religion. Die psychologische Entwicklung Durtals spiegelt sich auch in der Verwendung bestimmter Bildfelder wider. So bezeichnet der Bildbereich des Feuchten zumeist positive Eigenschaften, während die trockene Hitze der Sonne negativ mit erotischen Phantasmen in Zusammenhang gebracht wird. Es gelingt Huysmans, die einzelnen Bildfelder nicht zu plakativen Symbolen erstarren zu lassen, denn er lädt sie je nach Kontext mit ganz unterschiedlichen Bedeutungen auf. Die Feuchigkeit etwa, die bei der Beschreibung äußerer Gegebenheiten meist positiv konnotiert ist, erhält bei der Darstellung innerer Stimmungen einen negativen Wert, z. B., wenn Entschlußunfähigkeit als Manifestation einer *»weichen und feuchten Seele«* verurteilt wird.

Wie bereits mit seinem »dekadenten« Werk *A rebours* sprengt Huysmans auch mit *La cathédrale* die Gattung des Romans. Das Interesse des Autors konzentriert sich vollständig auf die minutiöse Beschreibung der Kathedrale von Chartres, genau so wie in *A rebours* die Beschreibung der dekadenten Raffinessen Des Esseintes' der eigentliche Gegenstand des Romans ist. Somit ergibt sich die Frage, ob Huysmans stilistisch nicht doch ein *Décadent* geblieben ist, der den Katholizismus lediglich als zusätzlichen inhaltlichen Stimulus verwendet. Die Tendenz zur exakten Beschreibung und das gleichzeitige Zurückdrängen der Handlung lassen Huysmans als einen der wichtigsten Wegbereiter des *nouveau roman* erscheinen. Die detaillierten kunsthistorischen Ausführungen Huysmans' haben manche Herausgeber des Romans dazu veranlaßt im Anhang einen Index zu erstellen, der *La cathédrale* als literarischen Kunstreiseführer nutzbar macht. U.1

AUSGABEN: Paris 1898. – Paris 1919. – Paris 1930 (in *Œuvres complètes*, 23 Bde., 1928–1934, 14). – Paris 1964 (Poche). – Saint-Cyr-sur-Loire 1986, Hg. P. Cogny.

ÜBERSETZUNG: *Die Kathedrale*, H. Eulenberg, Mchn. 1923. – Dass., dies., Bln. 1928. – *Die Kathedrale. Chartres – Ein Roman*, dies. [bearb. S. Farin], Mchn. 1989 [Vorw. M. Farin].

LITERATUR: G. van Roosbroeck, *The Legend of the Decadents (H. the Sphinx, the Riddle of »La Cathédrale«)*, NY, Columbia University 1927. – H. Bremond, *»La cathédrale«* (in H. B., *Histoire littéraire du sentiment religieux en France*, Bd. 10, Paris 1936, S. 262–264). – M. M. Belval, *Étapes de la pensée mystique de J.-K. H.*, Paris 1968. – *J.-K. H., du naturalisme au satanisme et à Dieu*, Paris 1979. – M. Y. Ortoleva, *J.-K. H., romancier du salut*, Sherbrooke 1981. – G. Peylet, *La filiation Des Esseintes-Durtal dans »La cathédrale« de H.* (in Bull. de la Société H. 75, 1983, S. 36–57). – Y. A. Favre, *La symbolique de »La cathédrale«* (in *H.*, Hg. P. Brunel u. A. Guyaux, Paris 1985, S. 224–234). – M. Viegnes, *Le milieu et l'individu dans la trilogie de H.*, Paris 1986.

LÀ-BAS

(frz.; *Tief unten*). Roman von Joris-Karl HUYSMANS, erschienen 1891. – Eine den Roman einleitende Diskussion zwischen dem Schriftsteller Durtal – Held auch des späteren, bereits der »katholischen Periode« Huysmans' zugehörigen Werks *La cathédrale* – und seinem Freund Des Hermies über die Zukunft der Literatur und der Kunst nach dem Naturalismus, den jener, die Kunstauffassung der Dekadenz formulierend, seiner materialistischen und anti-aristokratischen Zielsetzung wegen verwirft, mündet in die Forderung eines »*naturalisme spiritualiste*«, ein Schlagwort, dem, wie der Fortgang des Romans zeigen wird, BAUDELAIRES ästhetisches Prinzip, »*Schönheit aus dem Bösen zu gewinnen*«, lediglich zur Rechtfertigung künstlerisch kaum gebändigter geistiger Ausschweifungen im Spannungsfeld von Teufelsanbetung und Katholizismus diente.

Huysmans, der, wie VALÉRY schreibt, »*erpicht war auf ausgefallene Begebenheiten und Geschichten, wie man sie an den Toren der Hölle erzählen könnte, der mit Wonne seine minutiöse und wohlgefällige Kenntnis des sichtbaren Unrats und der greifbaren Zoten mit einer wachsamen, erfinderischen und unruhigen Wißbegier nach überirdischem Unrat und übersinnlichem Kehrricht verband*«, läßt Durtal – sein zweites Ich – eine kulturgeschichtliche Studie über Gilles de Rais schreiben, der für seine zahllosen Verbrechen, vor allem an Kindern, im 15. Jh. zum Feuertod verurteilt wurde und dessen Biographie (verfaßt von Eugène BOSSARD und René de MAULDE) 1886 erschienen war. Durtal, gleichermaßen besessen von den historischen Ausdrucksformen des Satanismus (Apotheose des Mittelalters als einer Zeit vermeintlicher manichäischer Gläubigkeit) wie von seinen zeitgenössischen Spielarten, befaßt sich mit Astrologie und Alchimie, Pseudowissenschaften, die im Paris des 19. Jh.s noch im geheimen betrieben werden. Durch die Begegnung mit der schönen Mme. Hyacinthe Chantelouve, der Frau »*mit schwefelgelben Augen und dem Mund eines Vampirs*«, wird er schließlich ganz in diese finstere Welt hineingezogen. Die dem Satanskult zugetane, reichlich hysterische Frau eines renommierten katholischen Schriftstellers (Léon BLOY sollte in ihrer Beschreibung erbost die Charakterzüge einer ehemaligen Geliebten, Henriette Maillat, wiedererkennen, die ohne sein Wissen auch eine Liaison mit seinem ehemaligen Freund Huysmans eingegangen war) macht Durtal mit dem exkommunizierten Priester Docre bekannt. Dieser füttert weiße Mäuse mit geweihten Hostien und trägt auf seinen Fußsohlen das Kreuzeszeichen mit sich, um es bei jedem Schritt in den Staub treten zu können. Den Höhepunkt der mannigfachen satanischen Exzesse bildet die Teilnahme an einer schwarzen Messe. Vom Ekel überwältigt kehrt Durtal in die Einsamkeit zurück, wo dem innerlich Zerrissenen und Haltlosen nur die bittere Erkenntnis bleibt, daß ihm im Gegensatz zu seinem Wahlverwandten Gilles de Rais, der schließlich doch ein »*reuiger Sünder und Mystiker*« war, die Tröstung des Glaubens und der Vergebung versagt ist. KLL

AUSGABEN: Paris 1891. – Paris 1930 (in *Œuvres complètes*, Hg. L. Descaves, 18 Bde., 1928–1934, 12). – Paris 1960. – Paris 1978 (GF). – Paris 1985 (Folio).

ÜBERSETZUNGEN: *Tief unten*, anon., Lpzg. 1903. – Dass., V. H. Pfannkuche, Potsdam 1921. – Dass., ders., Köln/Bln. 1963. – Dass., ders., Bln. 1972 (Ullst. Tb). – Dass., G. Gugitz Zürich 1987 (detebe).

LITERATUR: G. Imann-Gigandet, *De Gilles de Rais à Barbe-bleue* (in   RDM, Mai/Juni 1964, S. 265 bis 275). – H. Bossier, *Geschiedenis van een romanfigur de chanoine Docre uit »La-Bas« van H.*, Hasselt ²1965. – J. D. Erickson, *H.s »Là-bas«* (in FR, 43, 1969/70, S. 418–425). – M. T. Dressay, *Le satanisme dans »Là-bas«* (in *Mélanges P. Lambert consacrés à H.*, Paris 1975, S. 251–290). – B. L. Knapp, *H. »Down There«. Satanism and the Black Mass* (in B. L. K., *Dream and Image*, Troy/N.Y. 1977, S. 283–307). – M. T. Biason, *La figura del terzo (Lettura di »Là-bas« di H.)*, Udine 1978. – M. Milner, »*Là-bas«, l'écriture dans le roman* (in RSH, 170/171, 1978, S. 9–20). – J. Decottignies, »*Là-bas« ou la phase démoniaque de l'écriture* (ebd., S. 69–79). – P. Cogny, *Écriture de la destruction* (ebd., S. 185–193). – M. L. Issaurat-Deslaef, »*Là-bas«* (in BSH, 69, 1978, S. 25–43). – *J.-K. H. Du naturalisme au satanisme et à Dieu*, Paris 1979. – R. Thiele, *Satanismus als Zeitkritik bei J.-K. H.*, Ffm. 1979. – J. Bricaud, *H. et satan*, Paris 1980. – H. G. M. Prick, *Bitter, kil, en zilt: Over J.-K. H.s »Là-bas«* (in Maatstaf, 29, Aug.-Sept. 1981, S. 12–36). – J. P. Corsetti, *L'écriture d'une hantise. Le couple dans »Là-bas«* (in Bull. de la Société H., 72, 1981, S. 29–43). – G. E. Kaiser, *Descendre pour monter. La tête en bas de »Là-bas«* (in Mosaic, 16, 1983, S. 97–111). – J. P. Corsetti, *Démon et daïmon dans »Là-bas«* (in Dalhousie French Studies, 8, 1985, S. 19–35).

PAVOL ORSÁGH HVIEZDOSLAV

* 2.2.1849 Vyšný Kubín
† 8.11.1921 Dolný Kubín

LITERATUR ZUM AUTOR:
A. Pražák, *H. a Dante*, Preßburg 1924. – A. Kostolný, *O Hviezdoslavovej tvorbe*, Preßburg 1939. – A. Kostolný, *P. O. H.*, Preßburg 1949. – A. Mráz, *H.*, Preßburg 1949. – A. Matuška, *Nové profily*, Preßburg 1950, S. 25–79. – *H. v kritike a spomienkach*, Hg. J. Brezina u. S. Smatlak, Preßburg 1954. – A. Pražák, *S H. Rozhovory s básnikom o živote a diele*, Preßburg 1955. – L. Sziklay, *K portrétu mladého H.* (in Studia linguistica, 1959, S. 464–470). – E. Hegerová-Nováková, *Literárne múzeum P. O. H. v Dolnom Kubíne*, Martin 1960. – S. Šmatlák, *H. Zrod a vývin jeho lyriky*, Preßburg 1961. – V. Turčány, *H. a Shakespeare* (in Slovenská literatúra, 11, 1964, S. 225–242). – L. Sziklay, *Az*

ifjú H., Budapest 1965. – S. Šmaták, *P. O. H.*, Prag 1968. – V. Turčány, *Úvod do H. strofiky* (in Slovenská literatúra, 16, 1969, S. 353–384). – A. Bolek, *Hviezdoslavove slovanské literárne vzťahy*, Preßburg 1969. – *P. O. H. – text a kontext. Zborník z vedeckej konferencie 1974*, Dolný Kubín 1975. – S. Šmaták, *Súčasnosť a literatúra*, Preßburg 1975, S. 411–478. – M. Tomčík, *Literárne dvojobrazy*, Preßburg 1976, S. 86–127.

EŽO VLKOLINSKÝ

(slovak.; *Ežo Vlkolinský*). Versroman von Pavol Orságh HVIEZDOSLAV, erschienen 1890. – Zusammen mit dem Versepos *Gábor Vlkolinský* und einigen kleineren Poemen (wie *Na obnócke – Auf der Nachtweide, V žatvu – In der Mahd*) bildet der Roman einen Zyklus, der das Leben in einem typischen slovakischen Karpatendorf (der fiktiven Ortschaft Vlkolín) beschreibt. Thema ist hier eine unstandesgemäße Heirat: Der junge Adlige Ezechiel (Ežo) Vlkolinský glaubt, nach dem Tode seines despotischen Vaters die Bauerntochter Žofka Bockovie heiraten zu können. Seine Mutter jedoch sucht dies weiterhin zu verhindern und enterbt ihn schließlich, als er seiner Liebsten zu Pfingsten »den Mai aufstellt« und ihr so nach altem Brauch öffentlich seine Liebe gesteht. Ežo, des Elternhauses verwiesen, findet Zuflucht bei seinem Onkel, der schon seit langem mit seiner Schwester verfeindet ist und, um sie empfindlich zu treffen, die unstandesgemäße Verbindung ihres Sohnes fördert. Erst Jahre nach der Heirat bahnt sich die Versöhnung an, die schließlich durch Ežos und Žofkas Söhnchen Beňo herbeigeführt wird, als es einen Apfel aus dem großmütterlichen Garten erbittet.

Realistische Dialoge, die sich wie beiläufig dem Blankvers fügen, verhindern, daß die recht sentimentale Fabel des Romans ins Süßliche abgleitet. Der Autor benutzt sie dazu, Wege für den sozialen Ausgleich zwischen Adel und Bürgertum in seiner Heimat zu zeigen. So liegt beispielsweise der Hauptakzent nicht auf der Schilderung des Familienzerwürfnisses, sondern auf den Kommentaren, mit denen das Dorf diesen Zwist begleitet. Ežos Hochzeit schließlich wird geradezu zum Forum einer grundsätzlichen Diskussion über die Problematik der sozialen Standesunterschiede, in der sich der Held zur Gleichheit aller Menschen bekennt: »Denn Gleichheit muß auf Erden herrschen, wie sie / Vor Gott herrscht. Wir sind alle Menschen.«   W.Sch.

AUSGABEN: Turč. Sv. Martin 1890. – Turč. Sv. Martin 1928 (in *Sobrané spisy básnické*, Bd. 3). – Preßburg 1953 [Vorw. V. Turčánv]. – Preßburg 1954 (in *Spisy*, Hg. A. Kostolný, Bd. 5). – Preßburg 1973.

LITERATUR: *H. v kritike a spomienkach*, Hg. J. Brezina u. S. Šmaták, Preßburg 1954, S. 22–42. – V. Turčány, *Kompozícia »Eža Vlkolinského« a »Gábora Vlkolinského«* (in Slovenská literatúra, 4, 1957).

GÁBOR VLKOLINSKÝ

(slovak.; *Gábor Vlkolinský*). Versroman von Pavol Orságh HVIEZDOSLAV, erschienen 1897–1899. – Im Anschluß an den Versroman *Ežo Vlkolinský* bildet dieses Werk die Fortsetzung des sozialkritischen Zyklus, dessen geographischer Mittelpunkt die fiktive Ortschaft Vlkolín ist (Prototyp des slovakischen Karpatendorfs mit Genremotiven aus Vyšný Kubín, dem Heimatort des Dichters). Wie dort gibt das Problem, die richtige Ehepartnerin zu wählen, Anlaß, Zeit und Gesellschaft kritisch zu untersuchen. Drei Brautwerbungen des jungen Landedelmanns Gábor Vlkolinský schlagen fehl: Das Verlöbnis mit Uľka Gažkovie scheitert an den unerträglichen Verhältnissen in Gábors Elternhaus (seine Mutter trinkt); Zuzka Klockovie läßt sich vom höheren gesellschaftlichen Rang des ungarischen Adligen Aladár Farkaš betören, und seine dritte und größte Liebe schließlich, Marka Tomašovie, stirbt an Lungenentzündung. Da der indolente Vater inzwischen das Gut heruntergewirtschaftet hat, sieht sich Gábor jetzt auch noch der Schande eines unstandesgemäßen Lebens ausgesetzt. Als er sich vor Verzweiflung in eine Sense stürzen will, tritt jedoch Ežo Vlkolinský dazwischen, der »weiß, worum sich die weite Welt dreht«. Ežo rät ihm, eine Tochter des Bauern Blazko zu heiraten; denn Blazko ist Wortführer der Bürgerlichen in Vlkolín und ein erklärter Gegner jenes adelsfreundlichen Autonomiestatus für Ungarn, der nach dem Verlust der Lombardei in der Donaumonarchie erörtert wurde.

So vertritt Hviezdoslav in diesem Roman wiederum seine Idee eines Ausgleichs zwischen Adel und freiem Bauerntum, wobei das Heiratsmotiv nur dazu dient, seine Vorstellungen von einer Gesamtlösung der sozialen Gegensätze an einem einfachen Beispiel zu demonstrieren. Schärfer noch als in *Ežo Vlkolinský*, worin der Autor dem Adel noch eine positive Rolle innerhalb der Gesellschaft zubilligt, fällt hier die Kritik an der Feudalklasse aus, die sittlich entkräftet und auf die Bauern angewiesen sei. Da Hviezdoslav in dieser Problematik das ursächliche Hemmnis sieht, das das Land auf seinem Weg zur nationalen Selbständigkeit und die Monarchie auf ihrem Weg zur Demokratisierung behindert, ist er vom abstrakten Humanismus seines *Ežo* zu einer konkreten Betrachtung des kaiserlichen Dekrets »Freiheit für alle meine Völker« übergegangen. Auf Gábors Entdeckung von Zuzkas Untreue, der ein soziales Motiv zugrunde liegt, folgt unmittelbar eine pathetische Klagerede über die verlogene Auslegung der Freiheitsproklamation (»Ein Phantom warst du, Erdichtung aufgeblasener Schwindler, Trug!«), die den ideellen Kern des Romans bildet. Bestand hat der Roman jedoch nicht seiner zeit- und gesellschaftskritischen Tendenz, sondern seiner dichterischen Qualitäten wegen. Geschult an Svatopluk ČECHS metrischer Prosa, nutzt der Autor, ohne der Sprache Gewalt anzutun, die strenge Form des Blankverses, in den sich wie beiläufig auch die realistischen Dialoge fügen.   W.Sch.

AUSGABEN: Turč. Sv. Martin 1897–1899. – Turč.
Sv. Martin 1928 (in *Sobrané spisy básniké*, 15 Bde.,
1920–1932, 3). – Preßburg 1954 (in *Spisy* Hg.
A. Kostolný Bd. 6). – Preßburg 1973.

LITERATUR: *H. v kritike a spomienkach*, Hg. J. Brezina u. S. Šmatlák, Preßburg 1954, S. 66–82. –
V. Turčány, *Kompozícia »Eža Vlkolinského« a »Gábora Vlkolinského«* (in Slovenská literatúra, 4, 1957,
S. 35–76).

HÁJNIKOVA ŽENA

(slovak.; *Des Hegers Weib*). Versroman von Pavol
Orságh HVIEZDOSLAV, erschienen 1884. –
Hviezdoslavs berühmtestes Werk, von Zeitgenossen als *»Lebensbild des Waldes«* bezeichnet, stellt den
Höhepunkt seines lyrisch-epischen Schaffens und
des idyllischen Realismus in der Slovakei schlechthin dar. Die Fabel beruht auf einer realen Begebenheit aus den Karpaten: Der junge Mišo Čajka ist
vom Militärdienst heimgekehrt und bewirbt sich
bei dem Gutsherrn Villáni um die Stelle seines soeben verstorbenen Vaters. Er wird als Waldheger
angestellt und kann nun, da er eine sichere Position
hat, seine geliebte Hanka heiraten, die ihr Vater
ihm zuvor nicht geben wollte. Das junge Ehepaar
führt in der Abgeschiedenheit ein zwar einsames,
aber glückliches Leben bis zu dem Tage, da der
Schürzenjäger Artuš, der Gutserbe, der hübschen
jungen Frau nachzustellen beginnt. Zweimal kann
sie sich vor ihm retten; beim dritten Mal jedoch –
Mišo ist nicht zu Hause – dringt Artuš in die Hegerkate ein, und in ihrer höchsten Not erschießt
Hanka ihn schließlich. Ihr Mann nimmt die Schuld
auf sich und stellt sich dem Gericht, das ratlos vor
diesem »motivlosen« Mord steht. Als das Urteil
verkündet werden soll, erscheint Hanka – von ihrem Vater wegen ihres *»verbrecherischen Mannes«*
verstoßen – halb von Sinnen im Gerichtssaal und
bekennt sich schuldig. Danach verwirrt sich ihr
Geist, und sie beginnt, für alle erschütternd, ein
Kinderlied zu lallen (die Szene ist von GOETHES
Faust I, 4405 ff., inspiriert). In diesem Wahnsinnsausbruch sieht das Gericht ein Gottesurteil und läßt
Hanka sowie ihren Mann frei. Der Schluß des Versromans mildert dieses tragische Geschehen ab: Mi
šo kann das dem Gutbesitzer zugefügte Leid wiedergutmachen, daß er dessen Tochter aus Lebensgefahr rettet. Er erhält seine alte Stellung zurück,
und für Hanka, die ein Kind geboren hat, besteht
Hoffnung, daß ihr Geist wieder genesen wird. Das
Werk schließt mit einem epilogartigen *Gruß an
euch, ihr Wälder, ihr Berge*, wie denn auch ein paralleler Dithyrambus dem Werk vorangeht.
Der auch insgesamt als Preislied auf die Berglandschaft und ihre Menschen angelegte Versroman ist
in Svatopluk ČECHS jambischen Vierhebern geschrieben, die Hviezdoslav scheinbar mühelos der
slovakischen Sprache anpaßt (seine Meisterschaft
auf diesem Gebiet war und blieb unerreicht). Die
einzelnen Kapitel werden von lyrischen Stim

mungsbildern der Landschaft eingeleitet, die in
den Nuancen der Beschreibung – etwa der Jahreszeiten oder des Wetters – schon das kommende Geschehen vorbereiten. Der Realismus der Darstellung wird gelegentlich von lyrisch-allegorischen
Zwischenspielen *(Chor der Himbeerpflücker, Lied
der Sterne)* durchbrochen, die den Sinn haben, der
Bergnatur ein Höchstmaß an Beseelung zu verleihen. So steht denn auch der Einbruch Artuš Villánis in die Welt der Čajkas beispielhaft für die ständige Vergewaltigung der *»keuschen Bergwälder«*
und ihrer Menschen durch den der Natur entfremdeten Adel.   W.Sch.

AUSGABEN: Turč. Sv. Martin 1884. – Preßburg
1924 (in *Sobrané spisy*, 15 Bde., 1924–1931, 1). –
Martin 1951 (in *Spisy*, Hg. J. Brezina, Bd. 1). –
Preßburg 1956 [Nachw. V. Turčány]. – Preßburg
1973.

LITERATUR: S. Mečiar, *Hviezdoslavova »Hájnikova
žena«*, Martin 1949. – P. Plutko, *»Hájnikova žena«
v pamati čitateľa* (in Slovenské pohľady, 92, 1976,
Nr. 1, S. 113–116).

ḪWĀǦU-YE KERMĀNI

d.i. Abo'l-'Aṭa' Kamāl o'd-Din Maḥmud
* 24.12.1290 Kermān
† 1352 Schiras

HOMĀY O HOMĀYUN

(iran.-npers.; *Homāy und Homāyun*). Liebes- und
Abenteuerromanze von ḪWĀǦU-YE KERMĀNI. –
Das aus 4300 Doppelzeilen bestehende Maṯnawi
(Dichtung in Doppelversen aus paarweise reimenden Halbversen) verfaßte der Autor im Jahr 1335.
Die Fabel, mit der ihn der Oberrichter Abo'l-Fath
Maǧd o'd-Din bekanntmachte, stammt aus einer
alten iranischen Volkssage.
Homāy, der Sohn des syrischen Königs Manušang
aus dem Geschlecht der Kayaniden, verliebt sich infolge einer Verzauberung in Homāyun, die Tochter des chinesischen Kaisers Faġfur (Gottessohn),
und zieht – begleitet von seinem Freund Behzād –
gegen den Willen seines Vaters in die Ferne, um das
Mädchen zu freien. Nachdem sie unterwegs einen
Kampf gegen Menschenfresser bestanden haben,
gelangen die beiden Freunde nach Ḫāwar-zamin
(Ostland), dessen König gerade gestorben ist und
dessen Bevölkerung, einem alten Brauch zufolge,
den ersten Ankömmling auf den Thron erhebt. So
wird Prinz Homāy König in Ostland. Eines Nachts
hat er einen Traum, in dem ihm die chinesische
Prinzessin den Vorwurf macht, er habe seine Liebe
gegen eine Königskrone vertauscht. Verletzt durch

diese Anschuldigung, verläßt er den Palast und begibt sich in die Stadt. Dort begegnet er dem Kaufman Saʿd, der für die chinesische Prinzessin Einkäufe tätigt. Homāy schließt sich ihm an; unterwegs tötet er einen Dämon, der ihnen den Weg nach China versperrt, und rettet Parizād, die Schwester der Geliebten. Mit ihrer Hilfe gelingt es ihm, an den Hof des Faġfur zu gelangen. Aber das Glück des Zusammenseins mit Prinzessin Homāyun bleibt ihm versagt. Eine heimliche Begegnung der beiden Liebenden ahndet der Kaiser mit harter Gefängnisstrafe. Eine Schöne, die sich in ihn verliebt hat, rettet Homāy; aber ihr gemeinsames Liebesabenteuer macht die Situation noch komplizierter. – Die dann folgenden Begebenheiten: Streitereien zwischen den beiden Liebenden, der Sieg der Prinzessin über Homāy in einem Wettkampf, die Irreführung Homāys durch den chinesischen Kaiser, der behauptet, seine Tochter sei gestorben, das tiefe Leid, das den Liebenden, als er diese Nachricht hört, fast zum Wahnsinn treibt, und schließlich die Rettung der Prinzessin aus einem tiefen Brunnenschacht, in dem sie gefangengehalten wurde, sind Episoden, durch die der Autor die Spannung seiner Erzählung geschickt zu steigern versteht. Mit einem Krieg zwischen den unter der Führung Behzāds dem Prinzen zu Hilfe eilenden Truppen und dem chinesischen Heer, dem Tod des Kaisers und der Heirat der beiden Königskinder endet die Romanze. – In der künstlerischen Gestaltung seiner Dichtung lehnt sich Ḫwāǧu-ye Kermāni an die Technik NEZĀMIS an, während das Versmaß den Einfluß FERDOUSIS erkennen läßt.   B.A.

AUSGABEN: Lahore 1851. – Bombay 1902 (in Soḥan, 6, Nr. 7, S. 571 ff.; enth. Prosafassg.). – Teheran 1969, Hg. u. Einl. K. ʿAini.

LITERATUR: E. G. Browne, *A History of Persian Literature*, Bd. 3, Cambridge 1920, S. 222–229. – J. Rypka, *History of Iranian Literature*, Dordrecht 1968, S. 260/261. – S. R. Z. Šafaq, *Tā'riḫ-i adabiyāt-e Irān*, Schiras 1973, S. 479–488. – I. Dehghan, Art. *Ḵẖʷadju* (in EI², Bd. 4, S. 909/910).

ḪWĀNDAMIR

d.i. Ġiyāṯ oʾd-din ebn-e Homām oʾd-din oʾl-Ḥosaini

* zwischen 1473 und 1476 Herat (?)
† um 1535 Mandu

ḤABIB OʾS-SIYAR

(iran.-npers.; *Freund der Lebensbeschreibungen*). Universalgeschichte von ḪWĀNDAMIR, verfaßt 1521–1524. – Das Werk wurde zwanzig Jahre,

nachdem die Safawiden in Persien die Macht ergriffen hatten, in Herat begonnen und 1524 beendet. Seine Entstehung verdankt es der großzügigen Förderung durch den im Dienste des Statthalters von Herat stehenden Minister Ḫwāǧe Habib oʾl-lāh, dessen Namen der Autor im Titel des Buches verewigt hat. Es besteht aus drei Bänden, denen eine Einleitung und ein Nachwort beigegeben sind; jeder Band ist in vier Kapitel eingeteilt. In der Einleitung befaßt sich Ḫwāndamir mit der Schöpfungsgeschichte. Der erste Band behandelt die Geschichte der Propheten und der Weisen sowie die der vorislamischen persischen Könige und der arabischen Herrscher; er beschreibt das Leben des Propheten Mohammad und schildert die Ereignisse während der Herrschaft der Omayyaden (661–749), der Abbasiden (749–1258) und anderer Fürstenhäuser. Den Inhalt des dritten Bandes bilden die Geschichte Činggis-Khans und seiner Nachfolger, die Eroberung Irans durch Timur und die Herrschaft seiner Nachfolger bis zum Tode des ersten Safawiden, Šāh-Esmāʾil (reg. 1501–1524). Der Autor benutzt fast alle Werke seiner Vorgänger und folgt treu dem von MIRḪWĀND, seinem Großvater mütterlicherseits, verfaßten Geschichtswerk *Roudat oʾs-safā (Garten der Lauterkeit)*. Er nimmt in seine Darstellung alle Mythen, Legenden und Fabeln auf, die wir aus älteren Quellen kennen, und behandelt daran anschließend die geschichtlichen Ereignisse. Von besonderem Wert ist für die Nachwelt die Schilderung jener Geschehnisse, die Ḫwāndamir zum Teil selbst erlebt hat: Sie reicht von 1468, dem Todesjahr des Timuriden-Herrschers Abu Saʿid, bis 1524, als Šāh-Esmāʾil, der Begründer der Safawiden-Dynastie, starb. Die Hauptbedeutung gewinnt *Ḥabib oʾs-siyar* aber dadurch, daß Ḫwāndamir bei der Beschreibung der geschichtlichen Ereignisse auch die kulturellen Kräfte und Leistungen des Landes berücksichtigt. Immer wieder fügt er in seine historischen Darstellungen Lebensbeschreibungen namhafter Dichter, Künstler, Politiker und anderer Würdenträger ein und vermittelt so dem Leser ein anschauliches Bild von der geistigen Entwicklung Irans im Laufe der Jahrhunderte. – Der Zeitmode entsprechend ist der Stil schwülstig und, besonders am Anfang der Abhandlungen und Lebensbeschreibungen, mit Ornamentik und Parallelismen überhäuft. Man spürt jedoch das Bemühen des Autors, seine Gedanken verständlich auszudrücken.   B.A.

AUSGABEN: Teheran 1854. – Teheran 1954 (*Tā'riḫ-e Ḥabib oʾs-siyar*, 4 Bde.; Vorw. G. Homāʾi).

ÜBERSETZUNG: *Die Geschichte Tabaristans u. der Serbedare*, B. Dorn, Petersburg 1850 [Ausz.].

LITERATUR: C. A. Storey, *Persian Literature*, Ldn. 1927, S. 104–109; 1237 ff. [Bibliogr.; erw. in Ju. Ė. Bregel', *Persidskaja literatura*, Moskau 1972, S. 383–393; 1389]. – H. Beveridge u. J. T. P. de Bruijn, Art. *Ḵẖʷāndamīr* (in EI², Bd. 4).

DOUGLAS HYDE

* 17.1.1860 Castlerea
† 12.7.1949 Dublin

CASADH AN T-SÚGÁIN

(ir.; *Das Seilflechten*). Komödie in einem Akt von Douglas HYDE, unter dem Pseudonym An Craoibhín Aoibhín erschienen 1901, Uraufführung: Dublin, 21. 10. 1901, Gaiety Theatre. – Der Einakter spielt in einem Bauernhaus in der Provinz Munster zu Beginn des 19. Jh.s. Nachbarn und ein Flötenspieler sind in Máires Haus zum Tanz versammelt. Tomás O hAnnracháin (engl. Hanrahan), ein fahrender Dichter aus der Provinz Connaught, ist als ungebetener Gast erschienen und bemüht sich um Máires Tochter Úna, die zum Verdruß ihrer Mutter und ihres Verlobten Séamus sehr von ihm eingenommen ist. Hanrahan gesteht ihr seine brennende Liebe: Sie bedeute ihm, dem armen, einsamen und verhaßten Poeten, mehr als sein einziger Trost, seine Lieder. In einem entfernten Winkel des Raums flüstert er ihr ein Gedicht ins Ohr, das er für sie gemacht hat. Máire klagt ihrer Nachbarin Síghle (engl. Sheela) ihre Besorgnis über die Anwesenheit des Vagabunden, der ihre Tochter verhext, und erzählt von dessen anrüchiger Vergangenheit: »*Überall ist er bei den Frauen beliebt und den Männern verhaßt.*« Mit der Hörigkeit Únas wächst die Unverschämtheit Hanrahans; grob weist er Séamus ab, als dieser seine Verlobte zum Tanz holen will. Máire aber wagt nicht, Hanrahan hinauszuwerfen, denn sie fürchtet die Macht des Fluches, die jeder große Dichter besitzt; nur wenn der Gast freiwillig das Haus verläßt, bleibt der Fluch unwirksam. Sheela hat die rettende Idee: Als Hanrahan, der Úna poetisch als die Sonne unter den Frauen preist, den müden, ungeschickten Tänzern gerade zeigen will, wie man in Connaught tanzt, stürzt Séamus ins Haus und berichtet, daß der Postwagen am Fuß des Berges umgestürzt sei und daß man für den Postsack dringend ein Heuseil brauche. Wie verabredet machen sie Hanrahan weis, daß sie nie von einem Heuseil gehört hätten und nur ein Mann aus Connaught eines flechten könne. Mit einiger Mühe läßt der Dichter sich überreden; Sheela hält das Heu, und rückwärtsschreitend flicht Hanrahan unter Schmähungen und Verwünschungen das Seil. Während er dreist verkündet, daß Úna, die »zweite Helena«, schöner noch als Deirdre oder Venus, mit ihm nach Connaught gehen werde, ist er mit dem länger werdenden Seil schon über die Türschwelle hinausgeschritten – da schlagen die Männer ihm die Tür vor der Nase zu. Die Frauen halten die ihm nachstürzende Úna zurück, und Séamus gesteht ihr seine Liebe. Draußen donnert Hanrahan mit den Fäusten an die Tür und schleudert furchtbare Flüche auf das Haus. Séamus dankt den Nachbarn für ihre Hilfe: »*Úna wird euch morgen dankbar sein.*«

Hyde schrieb die Komödie in dem westlichen irischen Dialekt, den er schon als Kind in der Grafschaft Roscommon kennengelernt hatte; er verarbeitete in ihr eine in Connaught und Munster wohlbekannte Volkserzählung, an die meist ein gleichnamiges Lied anschließt, in dem Hanrahan nach seiner Überlistung seinem Ärger und Kummer freien Lauf läßt. Hyde kannte den Stoff aus einem Volkslied, enthalten auch in seiner Sammlung *Love Songs of Connacht* (1893), und W. B. YEATS hatte ihn 1897 in einer seiner *Red Hanrahan*-Erzählungen, in dem Band *The Secret Rose*, bearbeitet. – Hydes *Casadh an tSúgáin* entstand während seiner Verbindung mit Yeats und Lady GREGORY vom Irish Literary Theatre (dem Vorgänger des Abbey Theatre in Dublin) und war das erste Schauspiel in irischer Sprache, das an einer größeren Bühne, dem Gaiety Theatre, aufgeführt wurde: von der »Gaelic League Amateur Dramatic Society« mit Douglas Hyde in der Hauptrolle. R.Ba.

AUSGABEN: 1901, Hg. W. B. Yeats (in Samhain, Bd. 1, Okt. 1901, S. 20–38; m. engl. Übers. von Lady Gregory). – Dublin 1903 (*The Twisting of the Rope*, in Lady Gregory, *Poets and Dreamers*; engl.; ⁵1974; erw.). – Dublin [1905]; ²1934 (*Casadh an tSúgáin or The Twisting of the Rope*).

LITERATUR: P. S. O'Hegarty, *A Bibliography of Dr. D. H.*, Dublin 1939. – T. de Bhaldraithe, *Aquisin le clar saothair an Craoibhin* (in Galvia, 4, 1957, S. 18–24). – L. Conner, *The Importance of D. H. to the Irish Literary Renaissance* (in *Modern Irish Literature*, Hg. R. J. Porter u. J. D. Brophy, NY 1972, S. 95–114). – S. McMahon, *Casadh an tSúgáin: the First Irish Play* (in Éire Ireland: a Journal of Irish Studies, Bd. 12, 4, Winter 1977, S. 73–85). – Lady Gregory, *Our Irish Theatre. A Chapter of Autobiography*, Gerrards Cross 1972. – G. W. Dunleavy, *D. H.*, Lewisburg/Ldn. 1974. – Vgl.: D. Hyde, *Love Songs of Connacht*, Ldn. 1893. – W. B. Yeats, *The Twisting of the Rope and Hanrahan the Red* (in W. B. Y., *The Secret Rose*, Ldn. 1897).

ROBIN HYDE

d.i. Iris Wilkinson

* 19.1.1906 Kapstadt / Südafrika
† 23.8.1939 England

CHECK TO YOUR KING. The Life History of Charles, Baron de Thierry, King of Nukahiva, Sovereign Chief of New Zealand

(engl.; *Schach eurem König. Die Lebensgeschichte von Charles, Baron de Thierry, König von Nukahiva, Souveräner Häuptling von Neuseeland*). Biographischer Roman von Robin HYDE (Neuseeland), er schienen 1936. – Das Buch schildert das seltsame Leben des französischen Emigrantensohns Charles, Baron de Thierry, der 1822 für 36 Äxte ein 40 000 Morgen großes Landstück am Westufer des Hokianga-Flusses in Neuseeland erhandelte, es zum Privatkönigtum und sich selbst zum »Souveränen Häuptling von Neuseeland« ernannte. – Als junger, von romantischen Träumen erfüllter Mann entschließt sich Charles zu seinem Siedlungsprojekt, als er in England neuseeländische Häuptlinge kennenlernt. Er macht sich auf die Reise und gelangt zunächst in den karibischen Raum, wo er von einem Syndikat mit königlichen Ehren bedacht wird; danach segelt er nach Panama, wo er 1835 eine Konzession für ein Panamakanal-Projekt erhält. Auf seiner Weiterfahrt durch den Pazifik wird er von den in friedlicher Unschuld dahinlebenden Inselbewohnern von Nukahiva zu ihrem König proklamiert. 1837 gelangt er endlich über Tahiti nach Neuseeland in das einst von ihm erworbene Gebiet, wo trotz eines herrlichen Empfangs die eigentlichen Schwierigkeiten erst beginnen. Die inzwischen widerrechtlich erfolgte Niederlassung anderer Siedler, die Machenschaften des britischen Regierungsvertreters, ein von diesem angefachter Aufruhr unter den Siedlern des Barons sowie die Verweigerung der vollen Anerkennung seiner Landansprüche machen Charles das Leben schwer. Nach Abschluß des Souveränitätsvertrags mit Königin Viktoria muß er zur Rechtfertigung seiner Ansprüche England den Treueeid leisten. – Sein Verhältnis zu den Maoris ist von Güte und Gerechtigkeitsgefühl bestimmt. Er behandelt sie als gleichberechtigt und errichtet das erste paritätisch besetzte Geschworenengericht des Landes. Sein Vertrauen in die Eingeborenen wird weder durch die Aufstände des Jahres 1848 noch durch die schließliche Annullierung seines Landkaufes erschüttert. Er siedelt nach Auckland über, wo er als Musiklehrer lebt und bis zu seinem Lebensende versucht, die Enttäuschung über den Fehlschlag seiner großen Pläne zu überwinden. In der Form eines historischen Romans gibt diese ausführliche Biographie gleichzeitig Aufschluß über die koloniale Landnahme und die Beziehungen zwischen Weißen und Eingeborenen. In der Schilderung der aus Dokumenten und privaten Briefen rekonstruierten Handlung wird der Held mit allen seinen Schwächen und Vorzügen lebendig. Neben der Darstellung der neuseeländischen Vergangenheit geht es der Autorin vor allem darum, das Geheimnis dieses seltsamen Abenteurers zu entschleiern: War Charles ein Wahnsinniger, ein exzentrischer Visionär oder ein unglückliches Opfer der Ungerechtigkeit? Zeigen sich auch in der Bewältigung des episodenreichen Stoffes gewisse technische Schwächen, so ist doch in der Fülle der soziologischen Beobachtungen, die vom Mitgefühl und dem Wahrheitsdrang der Verfasserin zeugen, die konkrete Wirklichkeit erfaßt.   J.Ke.

AUSGABEN: Ldn. 1936. – Ldn. 1960.

LITERATUR. E. H. McCormick, *New Zealand Literature. A Survey*, Ldn. 1959, S. 127–129. – J. Stevens, *The New Zealand Novel, 1860–1960*, Wellington ²1962. – F. Riddy, *R. H. and New Zealand* (in *The Commonwealth Writer Overseas: Themes of Exile and Expatriation*, Hg. A. Niven, Brüssel 1976, S. 185–193). – F. Birbalsingh, *R. H.* (in Landfall, 31, 1977, S. 362–376). – J. u. J. Jones, *New Zealand Fiction*, Boston 1983, S. 28–30 (TWAS).

HYECH'O

* um 700 Korea
† um 780 Wutai-shan / China

WANG O CH'ÓNCH'UKKUK CHÓN

(chin.; *Bericht über die Pilgerreise in die fünf heiligen Länder*). Reisebericht über eine Pilgerfahrt zu den heiligen Stätten des Buddhismus, verfaßt von dem Mönch HYECH'O (Korea). – Das Manuskript-Fragment des Reiseberichtes wurde 1908 von Paul Pelliot in Dunhuang, Chinesisch-Turkestan, aufgefunden. Der erhaltene Teil enthält den Reiseverlauf vom nordindischen Staat Magadha bis nach Kucha an der Seidenstraße in der heutigen chinesischen Provinz Xinjiang und umfaßt die Zeit von etwa 723 bis 729. Er liegt damit recht genau zwischen den Aufzeichnungen zweier chinesischer Mönche, nämlich Yijing, der Indien von 673 bis 685 bereiste, und Wukong, der sich von 751 bis 790 dort aufhielt.

Das Fragment setzt ein mit dem Besuch des Ortes von Buddhas Eingehen ins Nirvana und seines Geburtsorts in den Himalaya-Vorbergen. Von dort wendet sich Hyech'o nach Südwest-Indien. Dann reist er nach Sindh, seine Aufzeichnungen berichten vom Einfall arabischer Truppen und bieten eine wichtige Quelle für die frühe Ausbreitung der Araber nach Indien. Er bereist anschließend den Nordwesten des Landes, das er in Kashmir verläßt, um sich nach Gandhara und Baktrien zu begeben. In seinem Bericht läßt er Nachrichten über die Araber und Perser einfließen, die er gesammelt hat, und über arabische Feldzüge gegen das oströmische Reich. Neben der für einen buddhistischen Mönch fast selbstverständlichen Beobachtungen zur Lage der Buddha-Lehre und der Ausbreitung anderer Religionen werden ausführlich Sitten und Gebräuche sowie die Landesprodukte beschrieben. Über den Pamir gelangt Hyech'o dann wieder in chinesisches Einflußgebiet; in Kashgar und in den weiteren Siedlungen an der Nordroute der Seidenstraße findet er chinesische Garnisonen vor. Für weite Teile Zentralasiens, vor allem für den Westen, stellt der Bericht von Hyech'o die letzte Quelle vor der Islamisierung dar. – Seine meist nüchtern-sachliche Erzählweise wird immer wieder durch eingestreute

Gedichte belebt, die den Menschen Hyech'o vor uns erstehen lassen, wie er voller Schmerz und Wehmut der fernen Heimat gedenkt, sich aber auch nach China zurücksehnt, von wo aus er sich auf die mühsame, langjährige Pilgerreise aufgemacht hat. H.J.Z.

AUSGABEN: Kioto 1926 (in *Manuscrits de touen-Houang conservés à la Bibliothèque Nationale de Paris*, Hg. T. Haneda u. P. Pelliot). – Seoul 1954, Hg. Ch'oe Namsŏn [chin.-kor.].

ÜBERSETZUNGEN: *Huei-ch'ao's Pilgerreise durch Nordwest-Indien und Zentralasien um 726* (in SPAW, phil.-hist. Kl., 30, 1938). – *The Hye Ch'o Diary: Memoir of the Pilgrimage to the Five Regions of India*, Yang Han-Sung u. a., Berkeley/Seoul o. J. (engl.; Religions of Asia Series).

LITERATUR: Jan Yün-hua, *Hui-ch'ao and His Works: A Reassessment* (in Indo-Asian Culture, 12, 1964, Nr. 3). – Ders., *South India in the VIII Century – Hui-ch'ao's Description Re-Examined* (in Oriens Extremus, 15, 1968, S. 169–178).

ANTON HYKISCH

* 22.2.1932 Banská Štiavnica

MILUJTE KRÁĽOVNÚ

(slovak.; *Ü: Es lebe die Königin*). Roman von Anton HYKISCH, erschienen 1984. – Dieser umfangreiche historische Roman war nach dem Roman *Čas majstrov*, 1975 *(Die Zeit der Meister)*, der das Schicksal dreier slowakischer Künstler an der Wende des 15. und 16. Jh.s schilderte, der zweite große Erfolg des Autors in diesem Genre. Er stellt eine kaleidoskopartige Bilanzierung der Regierungszeit der Kaiserin Maria Theresia, Königin von Ungarn und Böhmen, dar. Dem Autor geht es in erster Linie um die kultur- und gesellschaftspolitischen Folgen ihrer Innenpolitik, die im Geist des Absolutismus der zweiten Hälfte des 18. Jh.s viele aufklärerische Züge trägt und sich auf die weitere Entwicklung des kulturellen Lebens der Slowaken als eines der kleineren Völker innerhalb der Habsburger Monarchie positiv ausgewirkt hat. Die aus Westeuropa übernommenen Ideen der Aufklärung kamen in der Habsburger Monarchie – vor allem auf der ökonomischen Ebene – von oben nach unten zur Geltung. Dieser Tendenz entspricht in *Milujte kráľovnú* auch die Hierarchie der Figuren: Im Mittelpunkt steht die Kaiserin selbst, was einen Bruch mit der Tradition des slowakischen historischen Romans der siebziger Jahre darstellt, dessen Programm die »Sicht von unten« war (ein Programm, dem in gewisser Weise auch Hykischs erster histo-

rischer Roman verpflichtet war). Der Autor verfolgt, was aus dem Vorsatz geworden ist, den sich Maria Theresia als zweiundzwanzigjährige Thronfolgerin in ihr Tagebuch geschrieben hatte: »*Unseren Völkern das Licht der Bildung zu geben, ist das große Ziel unseres Zeitalters und wird auch unser gemeinsames Ziel des Regierens sein.*«
Auch wenn der Roman mit einem »*Epilog (statt eines Prologs)*« beginnt, in dem die bereits gestorbene Maria Theresia eine Bilanz ihres Lebens zieht, und der innere Konflikt »Frau – Königin« und »Frau – Ehegattin bzw. Mutter« nicht ausgespart wird, handelt es sich doch nicht um eine Biographie einer einzelnen großen historischen Persönlichkeit. Es ist vielmehr die Schilderung einer Epoche, »*der gerade das Eingreifen Maria Theresias ihre charakteristische Gestalt verlieh*« (V. Petrík), was Hykisch erlaubt, seine weitgefächerten soziologischen, ökonomischen, militärischen, kulturhistorischen und philosophischen Interessen zu einem breiten Panoramabild der Zeit zu verarbeiten. Das führt dazu, daß der Roman mit einer Vielzahl von historischen Fakten und Gestalten belastet wird (das »*Personenregister*« am Schluß des Romans enthält etwa 250 Namen historischer Persönlichkeiten, die zum großen Teil auch wirklich in das Sujet eingreifen), so daß I. Sulík zu Recht feststellte: »*Diese Übersättigung des Textes mit konkretem historischen Namenmaterial geht stellenweise bis an die Grenze des Erträglichen.*«
In dieses mitteleuropäische, ja gesamteuropäische Geschehen flicht der Autor das heimische slowakische Element auf zwei Ebenen ein: zum einen in Gestalt zweier einfacher slowakischer Menschen, eines Soldaten und einer Frau, die auf seinen Spuren durch die gesamte österreichisch-ungarische Monarchie irrt (dieser fiktive Handlungsstrang wurde in der tschechischen Ausgabe »*nach Übereinkunft mit dem Autor*« vollständig gestrichen), zum anderen durch eine Reihe historischer Persönlichkeiten, die aus dem Gebiet der heutigen Slowakei (dem damaligen Oberungarn) stammen. Die zentrale Gestalt dieser Ebene ist der Historiker und Rechtsgelehrte Adam František KOLLÁR (1718–1783), ein glühender slawischer Patriot, der 1772 zum Direktor der Hofbibliothek in Wien ernannt wurde. Dieser war ein engagierter Verfechter der antifeudalen Reformen der Kaiserin, weshalb er sich unter seinen ungarischen Zeitgenossen den Beinamen eines »*slowakischen Sokrates*« erworben hatte. Der Autor entzieht sich dabei weitgehend der Gefahr, diesem slowakischen Element in der Geschichte des theresianischen Österreich-Ungarn ein Gewicht zu verleihen, das ihm historisch nicht zukommt (einer Gefahr, der historische Romane in den Literaturen kleiner Nationen, speziell in der slowakischen, leicht unterliegen). Damit trägt er zu einer Korrektur des vorherrschenden Geschichtsbildes der Slowaken bei und unterstützt deren wachsendes Bewußtsein der Zugehörigkeit zu einem gemeinsamen Mitteleuropa. Der Erfolg bei den Lesern (auch bei den tschechischen) spricht dafür, daß diese »Botschaft« angekommen ist. W. An.

AUSGABEN: Preßburg 1984. – Preßburg 1988. – Prag 1985 [tschech.; gek.]. – Prag 1986 [tschech.; gek.].

ÜBERSETZUNG: *Es lebe die Königin. Ein Maria-Theresia-Roman*, G. Just, Bln./Weimar 1988.

LITERATUR: Rez. (in L'ud, 14. 8. 1984). – Rez. (in Nové knihy, 10. 10. 1984). – L'. Jurík, *Vernost' historickej pravde* (in Nové slovo, 21. 3. 1985). – V. Petrík, *Príbeh z čias Márie Terézie* (in Práca, 21. 2. 1985). – I. Sulík, *Historia a historizmus* (in Slovenské pohľady, 101, 1985, Nr. 4, S. 94–101). – *Kritici diskutujú o A. H.* (in Romboid 20, 1985, Nr. 12, S. 14–21). – M. Uhlířová, *Román o Marii Terezii* (in Brněnský večerník, 20. 3. 1986). – B. Dokoupil, *Nejen o Marii Terezii* (in Kmen, 1986, Nr. 26, S. 10). – V. Žemberová, Rez. (in Slovenské pohľady, 102, 1986, Nr. 10, S. 137 bis 138). – I. Sulík, *Spor rozumu a moci* (in Sloboda, 7. 7. 1988).

NÁMESTIE V MÄHRINGU

(slovak.; *Der Marktplatz von Mähring*). Roman von Anton HYKISCH, erschienen 1965. – Das menschliche Leben besteht nicht aus Monaten und Jahren, sondern aus einzelnen, augenfälligen Momenten, in denen sich die gesetzmäßige Kette der Ereignisse wie in einer Kristallkugel konzentriert und verformt, in denen Vergangenheit, Gegenwart und Zukunft ineinander übergehen und die Frage nach dem Sinn des Lebens sich mit elementarer Intensität aufdrängt.

Einen solchen Augenblick erlebt der Ingenieur Milan Heger, als er, im Flugzeug aus Paris kommend, die deutsch-böhmische Grenze überfliegt. Irgendwo unter ihm liegt der kleine Ort Mähring, dessen Marktplatz sich Heger vor Jahren als Ziel eines aus reiner jugendlicher Abenteuerlust unternommenen Fluchtversuchs vorgestellt hatte. Der Versuch war fehlgeschlagen: Heger wurde mit einem Freund an der Grenze gefaßt und zu Gefängnis verurteilt. Seither war in ihm die Sehnsucht nach dem Marktplatz der Kleinstadt, den er nie gesehen, nicht verstummt. Der Platz blieb ihm das Sinnbild der unerfüllten Träume und Hoffnungen seines wirklichen Lebens. Nun hatte ihm die Dienstreise nach Paris die Erfüllung seines Wunsches gebracht. Doch Heger erkennt, daß sich eine Wandlung mit ihm vollzogen hat. Im Rückblick erlebt er noch einmal die entscheidenden Stationen seines Lebens. Seine Erinnerungen beginnen mit der Auflösung seines alten Betriebes, welche die Hoffnung auf eine eigene Wohnung eben in dem Moment zunichte macht, als seine Frau Fela das erste Kind erwartet. Ungeschieden drängen sich andere Erinnerungen auf: Hegers Jugend, seine Beziehungen zu Fela und zu anderen Frauen, die Schicksale der Mitarbeiter, seine Versetzung in die Provinz, die Rückkehr in die Hauptstadt, der Beginn der wissenschaftlichen Laufbahn, zuletzt der Aufenthalt in

Paris. Hier erkennt Heger, daß eine neue Phase seines Lebens begonnen hat, welche seine jugendlichen Träume und das Symbol des Marktplatzes für immer versinken läßt. Nicht die Flucht aus der Wirklichkeit, sondern ihre aktive Bewältigung ist der Inhalt seines Daseins geworden. Einig mit sich selbst kehrt Heger nach Hause zurück. Es bleibt ihm lediglich eine leise Erinnerung, ausreichend, seinen Träumen und seiner Phantasie neue Nahrung zu geben.

Die karge Handlung des Romans tritt gänzlich hinter der Entfaltung der Lebensbilanz des Helden zurück. Diese wirkt durch ständige Rückblenden und Überschneidungen zunächst unzusammenhängend und sprunghaft; erst allmählich fügen sich die fragmentarischen Erinnerungsbilder, vorher Gesagtes erläuternd und verdeutlichend, zu einem ausgewogenen Abriß des individuellen Schicksals des Ingenieurs zusammen. Gelungen zeichnet die Diktion des Romans, welche mit den beschriebenen Erinnerungsszenen wechselt, die realistische Disharmonie der Anlage des Werks nach.   E.P.N.

AUSGABE: Preßburg 1965.

LITERATUR: A. Mraz, *A. H. a mladá slovenská próza* (in Slovenské pohľady, 80, 1964, Nr. 4, S. 38–40). – M. Válek, *O literatúre a kultúre*, Preßburg 1979, S. 90–92.

ANTTI HYRY

* 20.10.1931 Kuivaniemi

KOTONA

(finn.; *Ü: Daheim*). Roman von Antti HYRY, erschienen 1960. – *Kotona* ist der erste Band einer Tetralogie – die weiteren Bände sind *Alakoulu*, 1965 *(Die Volksschule)*, *Isä ja poika*, 1971 *(Vater und Sohn)*, und *Silta liikkuu*, 1975 *(Die Brücke bewegt sich)* –, die das Leben in Nordfinnland schildert. Das Werk trägt deutlich autobiographische Züge: Die Hauptfigur des Zyklus, der Junge Pauli, wächst in einer Gegend auf, aus der auch der Autor stammt. Nicht nur inhaltlich, sondern auch stilistisch gehören die Teile eng zusammen. Die distanzierte, lediglich konstatierende Darstellungsweise überläßt es dem Leser, Stellung zu beziehen. Hyrys Erzähltechnik – die Sprache, die kurze, knappe Sätze verwendet und komplizierte Strukturen vermeidet, die Art der Beschreibung, die auf konkrete Gegenstände gerichtet ist, und die Verwendung nur einer Erzählhaltung, der Perspektive der Hauptperson – erregte mehr Interesse als das im Hintergrund stehende, fest in der bäuerlichen Lebenswei-

se verankerte Weltbild, in dem die für diesen Teil
Finnlands typische laestadianische Erweckungsbe-
wegung eine zentrale Stellung innehat.
Im ersten Teil der Tetralogie, *Kotona*, ist Pauli zu
Beginn drei Jahre alt. Die behaviouristische, die
Motive ihres Handelns ausklammernde Schilderung der anderen Personen erklärt sich aus der
kindlichen Perspektive der Hauptperson. Einen eigentlichen Handlungsverlauf hat der Roman nicht,
vielmehr registriert das Erzähler-Ich die unterschiedlichen Ereignisse. Das wichtigste ist zu Beginn die Geburt eines weiteren Kindes, das als
Nesthäkchen nun statt Pauli im Mittelpunkt der
Familie steht. Der Tod der Mutter bedeutet das
vorzeitige Ende der Kindheit und bildet den
Schluß des ersten Teils. Die Episoden folgen wie
spontane Einfälle aufeinander, und Erlebnisse werden als Gemütszustände der Hauptfigur geschildert, von denen eigentlich keines besonders hervortritt, obwohl einige, wie die Feiertage, die religiösen Versammlungen und das Korndreschen, in der
Tat aus dem Alltagsleben herausragen – ebenso
deutlich wird etwa das Melken der Kühe und ein
kleiner Spaziergang im Garten wahrgenommen.
Als Konsequenz der bis in die Einzelheiten gehenden Beschreibung gewinnen die Ereignisse aus ihren Teilen Gestalt, nicht aus den Folgen oder einem
größeren Zusammenhang. Am Anfang ist Pauli
passiv, seine Wahrnehmungen sind unzusammenhängend und einfach. Allmählich nehmen Vorstel-
lungsvermögen und Zielstrebigkeit zu, was sich besonders darin zeigt, daß er über Gott und darüber,
wie man in den Himmel kommt, sinniert; aus dieser Perspektive ergründet Pauli, was man tun darf
und was nicht.
Paulis Sozialisation und die Entwicklung eigener
Fähigkeiten stehen im Mittelpunkt des zweiten
Romans, *Alakoulu*, 1965 *(Die Volksschule)*, der
zwei Winter und einen Sommer umfaßt. Obwohl
sich mit Paulis Einschulung sein Umfeld vergrößert hat, bleibt er als Halbwaise ein einsames Kind.
Die Natur und der Wechsel der Jahreszeiten sind
für ihn wichtiger als das Handeln der Menschen;
selbst zur eigenen Familie, zum Vater, den beiden
Schwestern und zum jüngeren Bruder, hat er ein
distanziertes Verhältnis. In der Schule schwärmt er
für ein Mädchen aus einer höheren Klasse, aber er
hütet sich davor, seine Gedanken und Gefühle zu
äußern. Auch als Vaters neue Frau ins Haus
kommt, wird dies nüchtern registriert, ohne Ge-
fühlsreaktionen. Im Winter des zweiten Schuljahrs
wird Finnland durch den Angriff der Sowjetunion
in den Zweiten Weltkrieg verstrickt. Er kommt
aber nur indirekt in den Gesprächen der Menschen
vor, deutet sich darin an, daß die Schulbuben erwähnen, Flugzeuge gesehen zu haben, daß in der
Schule vaterländische Lieder gesungen werden,
und auch darin, daß Frauen zu Witwen werden.
Trotz der Kriegszeit bleiben Paulis Welt, sein Zuhause und die nähere Umgebung, sicher und vertraut.
Im dritten Teil des Zyklus, *Isä ja poika*, 1971 *(Vater
und Sohn)*, treten die Veränderungen und die Men-

schen deutlicher in den Vordergrund. Der gleichförmige häusliche Alltag wird gestört, als Pauli im
Hals und in den Gliedern Schmerzen verspürt.
Weitere Veränderungen kündigen sich durch die
Absicht des Vaters an, sich von seiner Frau zu trennen und die den Haushalt führende Hilda zu heiraten. Die Kinder stellen sich gegen dieses Vorhaben,
da Hilda nicht einmal gleichen Glaubens ist. Der
Widerstand gipfelt in einem Brief, den Pauli seinem Vater schreibt – auch diese Situation bereitet
ihm Schmerzen. Er muß nach Oulu ins Krankenhaus. Hier ist Anpassung an neue Verhältnisse und
fremde Menschen geboten – Paulis Leiden ist nicht
nur physischer, sondern auch sozialer Natur. Den
ganzen Roman durchzieht eine Stimmung der Nie-
dergeschlagenheit, sowohl wegen Paulis Krankheit
als auch wegen seines schwach ausgeprägten Verantwortungsgefühls gegenüber der Familie. Das
Gefühl der Schutzlosigkeit wird auch in den Spuren des Krieges versinnbildlicht, die die Fahrt ins
Krankenhaus begleiten – es sind die von den Deutschen zerstörten Brücken. Paulis Krankheit veranlaßt den Vater, seinen Entschluß, eine neue Ehe
einzugehen, aufzugeben. Er versucht, sich in einer
anderen Gemeinde niederzulassen, bleibt aber
schließlich doch am Heimatort – eine Entscheidung, die der statischen Natur dieser Gesellschaft
entspricht. Der Roman enthält viele Dialoge, aber
kein Gespräch zwischen Pauli und seinem Vater,
obwohl das Spannungsverhältnis zwischen ihnen
von zentraler Bedeutung ist.
Im letzten Teil der Tetralogie, *Silta liikkuu*, 1975
(Die Brücke bewegt sich) ist der pubertierende Pauli
wegen Ermattungszuständen und Schwindelanfäl-
len wieder auf dem Weg ins Krankenhaus.
»Schwindel« bedeutet hier nicht nur Krankheit,
sondern steht auch für das Erfahren der Wirklichkeit als fremdartig und spröde – eine Konfrontation mit Lebens- und Existenzperspektiven, die auf
eine Weise beschrieben wird, die an die Philosophie
des Existentialismus erinnert. Pauli ist allein, weit
weg im großen Krankenhaus der Hauptstadt, ist
Objekt ärztlicher Routine. Seine Beziehungen zu
Menschen bleiben distanziert; dennoch sucht sie
Pauli, sogar per Briefwechsel mit Pflegern. Das
Bild von einem die Krankheit begleitenden Gefühl,
wie auf einer Brücke zu stehen und beim Betrachten des strömenden Wassers zu glauben, daß die
Brücke sich bewegt, erinnert an den zweiten Roman der Tetralogie, in dem Pauli als Kind auf einer
Brücke das gleiche empfunden hatte – und auch im
dritten Roman kommen – zerstörte – Brücken vor.
Nach seiner Rückkehr ist Pauli in der Lage, eine Be-
rufsausbildung ins Auge zu fassen. Sein Interesse
für Radiogeräte – eines baut er sich während seines
Krankenhausaufenthalts – und Elektrizität, für
Kräfte, die man nur mittelbar wahrnehmen kann,
ist auch Ausdruck der metaphysischen und religiösen Gedankenwelt der Tetralogie.
Die Romane handeln von der Suche des einzelnen
nach Bindung. In ihrer episodischen Struktur und
der intensiven Darstellung einzelner, losgelöster
Wahrnehmungen kommt die Thematik dieser Ge-

schichte einer Kindheit eindringlich zum Ausdruck. Die Tetralogie stellt in der die Provinz beschreibenden finnischen Literatur eine Ausnahme dar: Hyry verband den Stoff, den Prozeß einer Entfremdung, nicht mit Veränderungen gesellschaftlicher Strukturen, mit Verstädterung und Landflucht, wie es die zeitgenössische Literatur tat. Er wird auf der Ebene des Menschen, seines innersten Wesens dargestellt – dennoch wird das Zusammengehörigkeitsgefühl in der Familie und unter den Gläubigen als erstrebenswert angesehen; traditionelle Sitten und Wertvorstellungen bleiben unangetastet. Kleine Details spiegeln eine vergangene Wirklichkeit, doch die ebenso akribisch beschriebenen Erfahrungen führen über das Individuelle hinaus ins Allgemeine, zu den allgemeingültigen Lebensbedingungen des Menschen. So erhalten auch die Dinge des Alltagslebens eine beinahe metaphysische Dimension.   K.Vi.

Ausgaben: *Kotona*: Helsinki 1960; ern. 1970. – *Alakoulu*: Helsinki 1965; ern. 1973. – *Isä ja poika*: Helsinki 1971; ern. 1979 – *Silta liikkuu*: Helsinki 1975.
Übersetzungen: *Daheim*, J. Guggenmos, Helsinki/Stg. 1980. – *Vater und Sohn*, R. Semrau, Rostock 1977. – Dass., ders., Stg. 1978.

Literatur: K. Laitinen, *Finnlands moderne Literatur*, Hbg. 1969, S. 209–213. – J. Salokannel, *Kuin muistista* (in Parnasso, 1972, S. 139–147). – Ders., *Kertoja A. H.n teoksissa* (in Kirjallisuudentutkijain Seuran vuosikirja, 27, 1973). – J. Tyyri, *A. H.: »Kotona«* (in *Romaani ja tulkinta*, Hg. M. Polkunen, Helsinki 1973). – P. Mattila, *Fiktiivisen todellisuuden tasoja A. H.n epiikassa* (in Sananjalka, 17, 1975). – A. Viikari, *Hyryä lukiessa I–II* (in Parnasso, 1976, S. 265–274; 473–484). – B. Pojanen, *Med seende ögon. En studie i A. H.s författarskap*, Stockholm 1979. – K. Laitinen, *Suomen kirjallisuuden historia*, Helsinki 1981, S. 560–563. – P. Tarkka, *Finnische Literatur der Gegenwart. Fünfzig Autoren-Porträts*, Helsinki 1983, S. 51–54.

I

IACOPO DA LENTINI

auch Giacomo da Lentini

1. Hälfte 13.Jh.

DAS LYRISCHE WERK (ital.) von IACOPO DA LENTINI.

Die einzigen urkundlichen Zeugnisse, die den Namen des Iacopo da Lentini, des Notars des Stauferkaisers FRIEDRICH II. (reg. 1220–1250) tragen, sind zwei kaiserliche Privilegien, ausgestellt *»per manus Jacobi da Lentino notarii et fidelis nostri scribi«* in den Jahren 1233 und 1244. In das Jahrzehnt zwischen diesen Daten fallen auch die Anfänge seines Dichtens, in eine Zeit, da Friedrich II. bestrebt war, neben und in Konkurrenz zur dominierenden Rolle des Papsttums, im Süden Italiens und auf Sizilien ein zweites – laizistisches – kulturelles Zentrum zu schaffen. Sein straff organisierter Beamtenstaat stützte sich nicht mehr auf den Geburtsadel, sondern auf eine Funktionärselite, deren bedeutendste Köpfe auch Dichter waren. Als *scuola siciliana* gilt sie als die erste nationale italienische Dichtergruppe, insofern sie von einer gemeinsamen künstlerischen und ideologischen Orientierung getragen wird, eine Sprache verwendete, die deutlich nicht dialektgebunden ist, sondern hochsprachlich sein will, und insofern sie von den Späteren als der Beginn einer eigenständigen Lyriktradition angesehen wird.

Die herausragende Rolle Iacopo da Lentinis innerhalb dieser Dichterschule wird bereits durch die Handschriftenlage bezeugt. Das wichtigste Manuskript mit Texten der frühen italienischen Literatur, der *Codex Vaticanus Latinus 3793*, eröffnet sowohl die Reihe der Kanzonen wie der Sonette mit Gedichten des »Notars«, von dem auch weit mehr Gedichte überliefert sind als von jedem anderen der namentlich bekannten 25 Mitglieder der Gruppe. Unzweifelhaft zugeschrieben werden können ihm nach unserer heutigen Kenntnis 16 Kanzonen, ein *discordo* (die italienische Form des provenzalischen *descort*, eines Liedes mit Strophen verschiedener Versart und Verszahl), 21 Sonette (mit den Antwortsonetten der Tenzonen, der Streitlieder, sind es 26). Vorbild ist die provenzalische Troubadourlyrik, deren Kenntnis sowohl auf dem Studium der Texte wie auf der persönlichen Begegnung mit einzelnen Troubadours beruhen kann. Phonetische, morphologische, lexikalische und syntaktische Provenzalismen bezeugen eine enge Anlehnung an das Vorbild. Dem steht andererseits ein im Verhältnis zu den Provenzalen deutlich reduziertes Gattungssystem und eine Begrenzung der thematischen und motivlichen Vielfalt entgegen. Der Verzicht auf die musikalische Begleitung verweist sowohl auf den anderen Status der Dichter (Hofbeamte, nicht »fahrende Sänger«) wie auf den intimeren, weniger öffentlichen Charakter des Vortrags.

Die Abwesenheit eines in den Liebeskanzonen üblichen Geheimnamens (Senhal) für die Dame sowie eines *congedo* (Abschiedsstrophe) verstärkt den Eindruck der Zurücknahme von Persönlichem, Zufälligem, Situationsgebundenem. Es bleiben die Liebeskanzone, der Discordo, die Romanze und die Tenzone. Als eigene lyrische Gattung entwickelt sich das Sonett, dessen Entstehung man aus der isolierten Kanzonenstrophe erklärt und in dessen formaler und gedanklicher Gliederung man die dreischrittige Denkbewegung des Syllogismus wiedererkannt hat: in den Quartetten die zwei Prämissen, in den Terzetten die Konklusion. Da der bei weitem größte Teil der frühen überlieferten Sonette Iacopo da Lentini zugeschrieben wird, nimmt man ihn als »Erfinder« der Form an. Auch das metrische System tendiert zur Vereinfachung: Die Reimentsprechung von Strophe zu Strophe wird ebenso aufgegeben wie fast alles, was zum formal schwierigen, »gekünstelten« Stil des *trobar clus*, des bewußt verrätselten Stils der altprovenzalischen Troubadours, gehörte. Die Strophen sind meist zweigliedrig und symmetrisch gebaut und in ihrem Duktus bisweilen nahe der gehobenen lateinischen Prosa der *ars dictandi*, deren sich die Dichter in ihren amtlichen Schriftsätzen befleißigten. Auch die Länge der Verse tendiert zur Vereinheitlichung: Neben dem bei Iacopo da Lentini noch vorherrschenden Siebensilber setzt sich zunehmend der für die italienische Lyrik klassisch werdende Elfsilber durch. Wie bei den Provenzalen kreist auch die Dichtung der Sizilianer um einige wenige thematische Bereiche und kristallisiert sich in wiederkehrenden Bildern und Vergleichen. Bei Iacopo da Lentini erscheinen am häufigsten die Themen (nach W. Pagani): Lob der Herrin (26), Sehnen des Dichters (11), Entfernung (10), Hoffnung (7), Liebesdienst (6), Macht Amors (6), Feuer der Liebe (5), Schmerz des Dichters (5), der Dichter und sein Lied (5), Grausamkeit der Dame (4), die üblen Nachredner (3), Güte und Grausamkeit Amors (3), Liebe und Tod (3), Flehen des Dichters (3), Verstöße gegen Konventionen (3). Neben der höfischen Kanzone mit ihrer Entfaltung der Liebesdoktrin und des Mythos von Gott Amor findet sich die – sei es narrativ oder dramatisch – »objektiv« darstellende *canzonetta* und das diskursiv-lehrhafte, in Rede und Gegenrede sich entfaltende Sonett. Als weniger geläufige Bilder und Vergleiche des lyrischen Werks von Iacopo da Lentini verdienen die Parallelen zur bildenden Kunst besondere Erwähnung: zum Maler, der sein Bild nach seiner Idealvorstellung von Schönheit gestaltet; das Porträt der geliebten Herrin, das im Herzen des Dichters aufbewahrt wird und das den Liebenden, wie das Heiligenbild den Gläubigen, zum Heile führt. An manchen Stellen hat man eine gewisse Nähe zur »Häresie« (H. Friedrich) gesehen, so wenn im Sonett: *»Io m'agio posto in core a Dio servire«* (*»Ich habe mir im Herzen vorgenommen, Gott zu dienen«*) die Aussicht auf ein Leben im Paradies ohne die Herrin als Zustand der Freudlosigkeit beschrieben wird, wobei freilich die Blasphemie des Beginns in den

Terzetten wieder zurückgenommen wird: *»Das alles sag' ich nicht, weil's mich gelüstet, / Da oben lauter Sünde zu begehen, / Nein, sie nur sehn möcht ich, ihr schön Gebaren, // Ihr schönes Antlitz, ihren weichen Blick; / Welch große Tröstung würde mir, säh' ich / In ihrer Glorie die Herrin mein.«* Hier nimmt eine Entwicklung ihren Anfang, die später über DANTE, PETRARCA und die italienische Lyrik bis TASSO die Erhöhung des Liebenden im neuplatonischen Sinn, Gott Amor und den an ihn gebundenen Mythos als Verwandlung und Seelenadelung des Liebenden zu einer entwickelten Liebesdoktrin ausformen wird. Diese ist nicht mehr an die höfische Tugendlehre gebunden. Tugendbegriffe wie *misura, savere, valore* oder *onore* sind nicht mehr Standesprivileg, sondern als »seelischer Adel« verinnerlicht und generalisiert. Liebesdienst und höfischer Vasallendienst sind nicht mehr identisch.

Man hat diese *»sizilianische Wende«* (J. Schulze), durch die sich die lyrische Sprechsituation von außen nach innen verlagerte, als *»Übergang von einem höfisch-ethisch orientierten zu einem scholastisch-philosophisch orientierten Habitus«* gedeutet. Die Motivik der Gnadenerweise *(mercè)* der geliebten Frau – Lächeln, Blicke, Neigen des Hauptes – gewinnt eine neue Qualität, *»die die fiktionale Liebesbeziehung auf eine persönliche Liebesbeziehung hin stilisiert«* (Ü. Mölk). Daß die Lyrik der Sizilianer trotzdem *»eminent politisch und realitätsnah«* (H. Krauss) ist, konnte man aufgrund von Parallelen zwischen der Erhöhung der angebeteten Dame zum Engel (*»donna angelicata«*) und entsprechenden zeitgenössischen Darstellungen des Kaisers als überirdischem Wesen nachweisen. An die Stelle des realen Anspruchs auf Lohn für geleistete Dienste tritt die Laune Fortunas, welcher ein Bedeutungsgewinn der Hoffnung und die stärkere Betonung der Mittlerdienste Amors entspricht. Der Einfluß Iacopo da Lentinis und der *scuola siciliana* dringt seit den vierziger Jahren des 13. Jh.s auch in andere italienische Regionen vor, insbesondere nach Mittelitalien und in die Toskana, von wo uns die meisten der frühen Handschriften überliefert sind. Dante nennt in *De vulgari eloquentia (Über die Volkssprache)* auf der Suche nach der *»ehrenwürdigsten und ehrenbringendsten«* italienischen Volkssprache, an erster Stelle die sizilianische, *»weil alles, was Italiener gedichtet haben, sizilianisch genannt wird«*. Im 24. Gesang des *Purgatorio* in der *Divina Commedia* (V. 55 ff.) läßt Dante den Dichter Bonagiunta da Lucca den *»Notar«* als ersten der Dichter vor dem *»süßen neuen Stil«* nennen. In der großen Lyrik Dantes und Petrarcas sind die sizilianischen Dichter in verwandelter Form aufgegangen. Eine romantisch-erlebnishafte Betrachtung von Dichtung hatte für den elaborierten, teilweise »manieristischen« Code der Sizilianer nur wenig Verständnis, erst die Lyrik wie die italienische Literaturgeschichtsschreibung des 20. Jh.s ist sich der Bedeutung ihrer sizilianischen Anfänge wieder bewußt geworden.   J.R.

AUSGABEN: *Le antiche rime volgari secondo la lezione del Codex Vaticanus 3793*, 5 Bde., Hg. A. D'Ancona

u. D. Comparetti, Bologna 1877–1888. – *The Poetry of Giacomo da Lentino. – Sicilian Poet of the Thirteenth Century*, Hg. E. F. Langley, Cambridge/ Mass. 1915, Nachdr. NY 1966. – *Poeti del Duecento*, Bd. 1, Hg. G. Contini, Mailand/Neapel 1960, S. 49–90. – *Le Rime della Scuola Siciliana*, Hg. B. Panvini, 2 Bde., Florenz 1962–1964. – *Poesie*, Hg. R. Antonelli, Rom 1979.

ÜBERSETZUNG: *Kaiser Friedrich II. und sein Dichterkreis*, Hg. C. A. Willemsen, Wiesbaden 1977 [ital.-dt.].

LITERATUR: *Dante e il Notaro* (in *Convegno di Studi su Dante e la Magna Curia*, Palermo 1967, S. 74–82; Kongreßakten). – R. R. Vanasco, *Lingua e tecnica della Canzone »Troppo son dimorato« di G. da L.* (in Studi mediolatini e volgari, 20, 1972, S. 203–222). – R. Ambrosini, *Per un' analisi dell' opera di G. da L.* (in Centro di Studi Filologici e Linguistici Siciliani, 12, 1973, S. 105–150). – Chr. Kleinhenz, *G. da L. and the Advent of the Sonnet: Divergent Patterns in the Early Italian Poetry* (in Forum Italicum, 10, 1976, Nr. 3, S. 218–232). – R. Antonelli, *Rima equivoca e tradizione rimica nella poesia di G. da L.* (in Centro di Studi Filologici e Linguistici Siciliani, 13, 1977, S. 20–126). – Chr. Kleinhenz, *G. da L. and Dante: The Early Italian Sonnet Tradition in Perspective* (in Journal of Medieval and Renaissance Studies, 8, 1978, S. 217–234). – R. R. Vanasco, *La poesia di G. da L. Analisi strutturali*, Bologna 1979. – R. Russell, *G. da L. e l'anti-canzone: note sul discordo italiano* (in MPh, 77, 1980, S. 297–304). – R. Damiani, *La replicazione del viso amato. In due sonetti di G. da L.* (in Dal Medioevo al Petrarca. Miscellanea di Studi in onore di V. Branca, Bd. 1, Florenz 1983). Literatur zur sizilianischen Dichterschule: A. Gaspary, *Die sicilianische Dichterschule des 13. Jh.s*, Bln. 1878. – W. Pagani, *Repertorio tematico della scuola poetica siciliana*, Bari 1968. – A. Fiorino, *Metri e temi della Scuola Siciliana*, Neapel 1969. – A. E. Quaglio, *I poeti della »Magna Curia« siciliana e i poeti siculo-toscani* (in La letteratura italiana. Storia e testi, Bd. 1, Tl. 1, Bari 1970, S. 172–338). – H. Krauss, *Gattungssystem und Sitz im Leben. Zur Rezeption der altprovenzalischen Lyrik in der sizilianischen Dichterschule* (in LiLi, 11, 1973, S. 37–69). – A. Menichetti, *Implicazioni retoriche nell' invenzione del sonetto* (in Stc, 9, 1975, fasc. 1, S. 1–30). – G. Folena, *Cultura e poesia dei Siciliani* (in Storia della Letteratura Italiana, Hg. E. Cecchi u. N. Sapegno, Bd. 1: *Le origini e il Duecento*, Mailand 1979, S. 225–289). – J. Schulze, *Die sizilianische Wende der Lyrik* (in Poetica, 11, 1979, S. 318–342). – R. Russell, *»Ars dialectica« and Poetry: The Aristocratic Love Lyric of the Sicilian School* (in StPh, 77, 1980, S. 354–375). – U. Mölk, *Die sizilianische Lyrik* (in Neues Handbuch der Literaturwissenschaft, Bd. 7: *Europäisches Hochmittelalter*, Hg. W. Krauss, Wiesbaden 1981, S. 49–60). – P. Oppenheimer, *The Origin of the Sonnet* (in CL, 34, 1982, S. 289–304). – M. P. Simonelli, *Il »gran-*

de canto cortese« dai provenzali ai siciliani (in Cultura Neolatina, 3–4, 1982, S. 201–238). – R. Antonelli, *Repertorio metrico della scuola poetica siciliana*, Palermo 1984. – Ders., *Metrica e testo* (in Metrica, 4, 1986, S. 37–66). – G. Folena, *Siciliani* (in Branca, 4, S. 179–190; m. Bibliogr.). – A. Varvaro, *Il regno normanno svevo* (in *Letteratura Italiana. Storia e Geografia*, Bd. 1: *L'età medievale*, Turin, 1987, S. 79–99).

IACOPONE DA TODI

eig. Iacopone de' Benedetti

* zwischen 1230 und 1236 Todi
† 1306 Collazzone

LITERATUR ZUM AUTOR:
Biographien:
Le vite antiche di I. da T., Hg. E. Menestò, Florenz 1977. – M. Bigaroni, *Contributi per la biografia e il culto di I. da T.*, Perugia 1985.
Forschungsbericht:
Atti del convegno storico iacoponico. In occasione del 750. anniversario della nascità di I. da T., Hg. E. Menestò, Florenz 1981 [Kongreßakten: Todi 29.–30. 11. 1980].
Gesamtdarstellungen und Studien:
L. Bernardi, *Un Revisionismo di una singularissima figura: J. da T.*, Perugia 1977. – E. Menestò, *Le prose latine attribuite a J. da T.*, Bologna 1979. – G. T. Peck, *The fool of God. J. da T.*, Alabama 1980. – F. Mancini, *J. da T.* (in Branca, 2, S. 480–484).

LAUDE

auch: *Laudi* (ital.; *Die Lauden*). Umfangreichste und berühmteste aller bisher ausgewerteten Sammlungen religiöser Lyrik aus dem *trecento*, verfaßt von IACOPONE DA TODI, zuerst gedruckt 1490. – Von den Provenzalen hatten die Italiener des 13. Jh.s gelernt, die *donna amorosa* zu besingen, die »liebenswürdige Herrin«; doch einer ihrer glänzendsten Troubadoure, FRANZ VON ASSISI, legte das Gewand des manierierten Ästheten ab, vermählte sich – DANTE erzählt es in der *Comedia* (*Paradiso* XI, 73) – mit der »Frau Armut« und sang fortan nur mehr »*die allersüßeste Melodie des Heiligen Geistes*« (Thomas von Celano). Sein *Sonnengesang* erweckte das Land, und tausendfach schallte es zurück – das Volk wurde zum gewaltigen Chor von Lobsängern der »himmlischen Minne«. Ihre Lieder, die umbrisch-toskanischen Lauden in der Art der archaischen *ballata* oder des französischen *virelai*, verdrängten die lateinische Hymnik in Italien fast völlig und gewannen, vor allem durch die Flagellantenbewegung von 1260, die Bedeutung von

Volksliedern. Von den wenigen bekannten und den ungezählten anonymen Verfassern der Lauden hebt sich der Franziskanermönch Iacopone als Poet von hoher Kultur ab; er schuf seine Lieder, wie ihr erster Herausgeber betont, »*zum nutzbringenden Gebrauch und zur Tröstung derer, die es verlangt, auf dem Weg des Kreuzes und der Tugend dem Herrn nachzufolgen*«.

Der Überlieferung zufolge hat sich Iacopone, nachdem seine junge Frau bei einem Festmahl von herabstürzendem Gebälk getötet wurde, in einer »heiligem« Wahnsinn nahen Ekstase dem Glauben zugewandt und ist in den Bettlerorden eingetreten. Seine glühende Gottesverehrung äußerte sich in Momenten, in denen er religiöse Visionen hatte, in einem atemlosen, wirren Stammeln, das bestürzend und dessen Spontaneität zugleich ergreifend ist, wie in diesem frühen volkssprachigen Weihnachtslied: »*L'amor m'encende tanto / ch'en carne me s'è dato / terrollome abbriacciato / ch'è fatto mio fratello, / o dolce garzoncello, / en cor t'ho conceputo ...*« (»*Die Liebe mich entflammt so sehr, / der im Fleisch sich mir gegeben, / halt mich fest in deinen Armen, / der zum Bruder mir geworden, / o du süßer kleiner Knabe, / hab im Herzen dich empfangen ...*«)

Die genaue Zahl von Iacopones *Lauden* ist nicht bekannt; die venezianische Ausgabe von 1617 ist zu unkritisch, als daß sie in allen Fällen Authentizität gewährleisten könnte, während der florentinische Druck von 1490 den Kreis viel zu eng zieht. »*Ein Wundergarten mystischer Poesie*« (Diepenbrock), lassen sie jedenfalls einen Dichter erkennen, der einmal als beflügelter Minnesänger, dann wieder als grober Jahrmarktschreier, hier als feinnerviger Lyriker, dort als in rhetorischen Floskeln erstarrter Prediger, aber auch immer wieder als Zeitsatiriker auftritt – der vom hl. Franziskus erträumte »*giullare di Dio*«, der Spielmann Gottes. Er faßt – zum Ausklang des Mittelalters gleichsam – zusammen, was seine Zeit (angesichts der Stigmata des Franz von Assisi und unter dem Eindruck der Weltuntergangsprophezeiungen des JOACHIM VON FIORE) mystisch erlebt und in dem Machtkampf zwischen Kaiser und Papst qualvoll erduldet hat. Seine »Lobgesänge« wurden Eigentum des Volks, weil Iacopone sich – teilweise durch Dialogansätze (vgl. *Il pianto della Madonna*) – stets direkt an das Volk wendet (darum ist die Urheberschaft des ihm zugeschriebenen, in kunstvollem Latein abgefaßten *Stabat mater* ungesichert); sie wurden zum kosmischen Gesang, weil sie das Universum in ihre Thematik einbeziehen.

Iacopones grandioser Versuch, das menschliche Dasein, durch Erfahrenes und Erträumtes metaphysisch in Einklang miteinander gebracht, zu deuten, weist unmittelbar hin auf Dantes diszipliniert durchdachte und formal gebändigte *Comedia*.

M.S.

AUSGABEN: Florenz 1490, Hg. F. Bonaccorsi. – Brescia 1495. – Venedig 1617 (in *Le poesie spirituali*, Hg. F. Tresatti). – Bari 1930, Hg. S. Caramella (Scrittori d'Italia, 69). – Florenz 1953, Hg. F. Ageno [krit.]. – Florenz 1956, Hg. L. Fallacara. – Florenz 1963, Hg. R. Bettarini (in Paragone, 14, 1963, 164). – Rom 1971 [illustr.]. – Bari 1974, Hg. F. Mancini.

ÜBERSETZUNGEN: *Ausgewählte Gedichte*, C. Schlüter u. W. Stock, Münster 1864 [Ausw.]. – *Lauden*, H. Federmann, Mchn. o. J. [1923; Ausw.]. – Dass., ders., Köln 1967 [Ausw.; dt.-ital.].

LITERATUR: G. Galli, *Appunti sui laudari jacoponici* (GLI, 44, 1914, S. 145–162). – A. D'Ancona, *J. da T., il giullare di Dio del secolo XIII*, Todi 1914 (zuerst in A. D'A., *Studi sulla letteratura italiana de' primi secoli*, Ancona 1884, S. 1–101). – M. Casella, *J. da T.* (in Archivum Romanicum, 4, 1920, S. 281–339; 429–485). – G. Trombadori, *J. da T.*, Venedig 1925. – N. Sapegno, *Frate J.*, Turin 1926 [m. Bibliogr.]. – F. Ageno, *Per il testo delle »Laudi« di J.* (in La Rassegna, 51–56, 1943–1948, S. 8–51). – I. Steiger, *J. da T.*, Diss. Zürich 1945. – F. Ageno, *Ancora per il testo delle »Laudi« di J. da T.* (in Studi di Filologia Italiana, 8, 1950, S. 5–28). – Ders., *Per un commento a J. da T.* (in Convivium, 18, 1950, S. 73–96). – Ders., *Questioni di autenticità nel laudario iacoponico* (in Convivium, 20, 1952, S. 555–587). – N. Sapegno, Rez. der Ausg. von F. Ageno, Florenz 1953 (in GLI, 70, 1953, 130, S. 249–271). – *I. e il suo tempo*, Hg. Centro di studi sulla spiritualità medievale, Todi 1959. – L. Brisca Menapace, *La poetica di J.* (in Contributi dell'Istituto di Filologia Moderna, Serie italiana, Bd. 1, Mailand 1961, S. 1–43). – M. Pericoli, *Escatologia nella lauda jacoponica*, Todi 1962. – A. Novella Marani, *J. da T.*, La Plata 1964. – R. Bettarini, *J. e il Laudario Urbinate*, Florenz 1969.

IL PIANTO DELLA MADONNA

(ital.; *Die Madonnenklage*). Dialogisierte Laude von IACOPONE DA TODI. – Der Franziskaner Iacopone versuchte in seinen Dichtungen immer wieder, durch Dialogansätze spontanes Miterleben zu ermöglichen. In der Laude *Il pianto della Madonna* – nach dem Einleitungsvers auch *Donna del paradiso (Herrin des Paradieses)* genannt – ist, erstmals in Italien, der Dialog konsequent angewandt; das Gedicht wird damit zum geistlichen Spiel. Die Bestrebungen, übernatürliche Heilswahrheiten (etwa Christi Auferstehung) den Gläubigen »sichtbar« zu machen, hatten schon sehr früh zu einfachen Altarspielen geführt, die sich teilweise an die lateinischen, mit verteilten Rollen gelesenen Wechselreden der Evangelientexte hielten. Innerhalb der schwärmerischen Laienbewegung der Flagellanten, die 1260 in Umbrien auftraten, entstanden szenische Darstellungen der Leidensgeschichte, die im Freien, meist vor dem Kirchenportal, und unter Beteiligung des Volks in dessen Sprache, also nicht mehr im liturgischen Latein, zur Aufführung kamen. Von den meist bruchstückhaft überlieferten Texten steht chronologisch mit an erster Stelle

Iacopones vollständig erhaltene Marienklage, »*gleichsam eine Brücke schlagend von den erzählenden Lauden über die von den Flagellanten dargestellten Passionen hin zum eigentlichen Drama*« (Toschi). Ihr eignet eine Erlebnisdichte, wie sie die christliche Dichtkunst nur selten wieder erreicht hat und die den weit zurückliegenden, fast Legende gewordenen Inhalt zum erschütternden Gegenwartsgeschehen wandelt.

Ein Bote berichtet der Gottesmutter, ihr Sohn sei in die Hände seiner Häscher gefallen. In drei lapidaren Sätzen wird die Exposition des großen Passionsdramas hergestellt: »*Herrin des Paradieses, / dein Sohn ward gefangen, / der Heilige Jesus Christ.*« Vergebens fleht die Mutter vor Pilatus, er möge sich des Unschuldigen erbarmen; ihr inständiges Bitten wird durch das zweimalige »*Crucifige!*« der Volksmassen brutal unterbrochen. Der Bote berichtet nun von den Martern, die Jesus erduldet, und Maria verspürt in ihrem Herzen die Qualen des Gegeißelten und Dornengekrönten. Aus der Einsamkeit des Kreuzes wendet sich Christus als Menschensohn endlich der weinenden Mutter zu, um sie dann, sterbend, als Erlöser zu trösten. In einer unerhört dramatischen Steigerung bricht nun die Gottesmutter in die große, allein schon durch die Vokalkomposition durchdringend wirkende Klage aus: »*O figlio, figlio, figlio, figlio, / amoroso giglio, / figlio, chi dà consiglio / al cor mio angustiato? / O figlio, occhi iocundi, / figlio, co' nun respundi? / Figlio, perchè t'ascundi / al petto o si' lattato? . . .*«

Realistische Ausbrüche nicht zu bändigenden Schmerzes sind in dieser Form und dramatischen Dichte absolut neu; sie zeugen davon, in welchem Maße die Vergegenwärtigung des Leidens Christi den Dichter selbst überkommen hat. Die große »Szene« des inkarnierten Schmerzes, die den gewaltigen geistigen Erschütterungen des Jahrhunderts entspricht, klingt in den tröstlichen Worten des Boten aus, der auf die vom Kreuz kommende Erlösung verweist.

Iacopone, dem Meister der Marienklage, wurde auch das in den liturgischen Kanon der Kirche eingegangene *Stabat mater* zugeschrieben. Obgleich der Dichter sich als »Spielmann Gottes« stets ausdrücklich an das Volk gewandt und sich dessen Umgangssprache bedient hat, erscheint es nicht ausgeschlossen, daß der subtile Lyriker, der er zugleich war, in kunstvollen lateinischen Hymnus die Demonstration der für ihn persönlich so bedeutungsvollen Leidensgeschichte auch auf den innerkirchlichen Raum ausdehnen wollte. Die ganz evidenten Bezüge zwischen dem *Stabat mater dolorosa* und dem *Pianto della Madonna* können freilich auch zufälliger Art sein: geistiges Resultat einer Epoche, die angesichts der Stigmata des FRANZ VON ASSISI unmittelbar vordrang zu den Glaubenswahrheiten der Passion Christi und unter der Geißel der Weltuntergangsstimmung des *duecento* büßend die ewige Seligkeit erwartete.   M.S.

AUSGABEN: Florenz 1946, Hg. G. Papini. – Mailand 12 1954 (in *Scrittori nostri*, Hg. A. Vicinelli,

3 Bde., 1). – Mailand/Neapel 1960 (in *Poeti del due-cento*, Hg. G. Contini, 2 Bde., 2; La letteratura italiana, Storia e testi, 2).

LITERATUR: A. Tenneroni, *I. da T., lo »Stabat mater« e »Donna del paradiso«*, Todi 1878. – N. Sapegno, *Frate J.*, Turin 1926. – P. Toschi, *Dal dramma liturgico alla rappresentazione sacra*, Florenz 1940. – L. Russo, *I. da T. mistico poeta* (in L. R., *Ritratti e disegni storici*, Bd. 3, Bari 1951). – V. de Bartolomaeis, *Origini della poesia drammatica italiana*, Turin 1952. – S. d'Amico, *Storia del teatro italiano*, Bd. 1, Mailand 1953, S. 273–277. – M. Apollonio, *Storia del teatro italiano*, Bd. 1, Florenz ³1954, S. 188 ff. – P. Toschi, *Le origini del teatro italiano*, Turin 1955. – G. Papini, *Scrittori e artisti*, Mailand 1959, S. 274–291. – I. Bertelli, *Impeto mistico e rappresentazione realistica nella poesia di I. Appunti sulla Lauda »Donna de Paradiso«*, Mailand 1981.

IAMBLICHOS

2. Jh.

BABYLŌNIAKA

(griech.; *Babylonische Geschichten*). Roman des syrischen Schriftstellers IAMBLICHOS, entstanden nach 165 (der Erzähler berichtet von einem Feldzug, der in diesem Jahr zu Ende ging). – Das Werk ist durch eine Paraphrase im 94. Band der *Bibliothek* des PHOTIOS (um 815–898) nach Handlung und Komposition einigermaßen bekannt. Wie der nur wenig später schreibende ACHILLEUS TATIOS versucht auch Iamblichos, die Herkunft seiner Erzählung zu legitimieren: Die Darstellung gibt nach seinen Worten eine jener altbabylonischen Geschichten wieder, die ihm sein Lehrer überlieferte, der ihn mit der Welt des alten Orients vertraut machte. Der fiktive Charakter dieser Angabe liegt auf der Hand; doch verrät die gelungene Zeichnung des vorderasiatischen Lokalkolorits ebenso wie die intime Kenntnis altorientalischer magischer Praktiken wenn nicht eigene Anschauung, so mindestens gründliche historische Studien; solche Stellen gehören denn auch zu den wenigen überzeugenden Partien des Werks (soweit nach einer bloßen Inhaltsangabe Kritik erlaubt ist). Im übrigen läßt sich der Autor von den Konturen der Gattungsschablone leiten: Im Rahmen einer aufregenden, von Ort zu Ort und von Abenteuer zu Abenteuer eilenden Handlung wird das Pathos einer unantastbaren hohen Liebe verkündet, die sich, trotz mancher Mißverständnisse, am Ende bewährt und erfüllt. – Haupthelden des Romans sind die schöne Sinonis und ihr geliebter Mann Rhodanes, beide auf der Flucht vor den Häschern des Königs von Babylon, Garmos, der Sinonis nach dem Tod der

Königin mit Gewalt zu seiner Frau machen will. Die Stationen ihres Flucht- und Leidensweges und die tückischen Gefahren, die sie zu bestehen haben, sind kaum zu zählen. Am laufenden Band erleiden oder erleben sie Scheintode, wohnen Morden und Hinrichtungen bei, verwickeln Unschuldige, von denen sie aufgenommen werden, in ihr eigenes unglückliches Geschick (die Nebenpersonen sind durchgehend eng mit dem Hauptgeschehen verknüpft), werden verwechselt und – in Gestalt anderer – hingerichtet, halten einander für tot und hegen Selbstmordgedanken, ja zerstreiten und trennen sich schließlich voll Mißtrauen (Sinonis heiratet den König von Syrien), bis am Ende – in einer überraschenden Volte – alles sich zum Guten wendet: Der von Garmos gefangengesetzte und schon dem Kreuz überantwortete Rhodanes steigt zum Feldherrn auf, gewinnt einen Krieg gegen den syrischen König, erhält Sinonis zurück und wird zuletzt Herrscher von Babylon.

»In dieser langen Reihe verwirrend bunter Erlebnisse [sie füllten, wie Photios bezeugt, 16, nach der *Suda* sogar 35 oder 39 Bände] *folgt . . . ein Ereignis auf das andere, aber nirgends nimmt man wahr, daß eines aus dem andern nach innerer Notwendigkeit erfolge; es fehlt an jedem künstlerischen Aufbau des Ganzen, welcher den einen innerlichen Zusammenhang der einzelnen Glieder nicht denkbar ist, es fehlt an aller Steigerung des Interesses, es fehlt daher an jeder Übersichtlichkeit der rein vom Belieben einer unberechenbaren* Tyche, *jener obersten Göttin der spätgriechischen Romane, hervorgerufenen und aneinander geschobenen Ereignisse«* (E. Rohde). – Trotz all dieser Mängel wurden die *Babylonischen Geschichten*, wie die anderen Romane, rund ein Jahrtausend lang von einem begeisterten Publikum gierig verschlungen; ihre märchenhafte Moralität ließ sie, mit ihrem harmlosen Heidentum, dem Geist der neuen Religion als vergleichsweise ungefährliche Volksvergnügungen erscheinen. (Wiederaufnahme der Gattung im Barockroman, z. B. *Die durchläuchtige Syrerin Aramea*.)   E. Sch.

AUSGABEN: Augsburg 1601 (in Photios, *Bibliothēkē*, Hg. R. Hoeschel). – Lpzg. 1960 (*Iamblichi Babyloniacorum reliquiae*, Hg. E. Habrich).

ÜBERSETZUNG [Ausz]: *Babylonische Geschichten*, B. Kytzler (in *Im Reich des Eros. Sämtl. Liebes- u. Abenteuerromane der Antike*, Bd. 2, Mchn. 1983).

LITERATUR: U. Schneider-Menzel, *J.' »Babylonische Geschichten«* (in F. Altheim, *Literatur u. Gesellschaft im ausgehenden Altertum*, Halle 1948, Bd. 1, S. 48–92). – R. Helm, *Der antike Roman*, Göttingen ²1956, S. 32 ff. – E. Rohde, *Der griech. Roman u. seine Vorläufer*, Darmstadt ⁴1960, S. 388–409. – Lesky, S. 921. – A. Borgogno, *Qualche suggerimento per la ricostruzione delle storie babiloniche di Giamblico* (in *Rivista di filologia e di istruzione classica*, 102, 1974, S. 324–333). – R. Beck, *Soteriology, the Mysteries and the Ancient Novel. Iamblichus' »Baby-*

loniaca« as a Test–Case (in *La soteriologia dei culti orientali nell' impero romano*, Hg. U. Bianchi u. M. J. Vermaseren, Leiden 1982, S. 527–540).

JUANA DE IBARBOUROU

eig. Juana Fernández de Ibarbourou

* 8.3.1895 Melo
† 15.7.1979 Montevideo

LAS LENGUAS DE DIAMANTE

(span.; *Diamantene Zungen*). Gedichte von Juana de IBARBOUROU (Uruguay), erschienen 1919. – Die Beliebtheit ihrer Person und Bewunderung für ihr lyrisches Werk in ganz Lateinamerika trugen der Dichterin in den zwanziger Jahren den Ehrentitel »Juana de América« ein.

Hauptthema ihres ersten und zugleich berühmtesten Gedichtbandes, *Las lenguas del diamante*, ist die Liebe als positive, sinnlich-erotische Lebenserfahrung. Die Dichterin verleiht dem unbeschwerten Narzißmus einer Frau Ausdruck, die, jung, zärtlich, verführerisch, sich der Macht ihrer Schönheit bewußt ist, sich bewundert und begehrt weiß vom Mann und nun sich selbst für diesen Mann beschreibt, voller Verlangen, aber auch bedrängt von der Vergänglichkeit der Zeit: »*Nimm mich jetzt, da es noch früh ist / und ich frische Dahlien in den Händen trage.*« Doch ist sie sich andrerseits der fortdauernden Wirkung ihrer körperlichen Reize so gewiß, daß sie diese über den Tod hinaus triumphieren sieht: »*Charon, ich werde ein Ärgernis sein in deinem Boot*«, heißt es in dem Sonett *Rebelde (Rebellin)*, in dem sie verkündet, sie werde – nackt, jung und schön – über den Schatten schweben, »*die da beten, seufzen und klagen*«. Den Sieg über die Vergänglichkeit gewährt allein die sinnlich-körperliche Liebe, die leidenschaftliche Hingabe – das ständig wiederkehrende Thema dieser Gedichte. Am Ende von *Inquietud fugaz (Flüchtige Unruhe)*, einem Gedicht, in dem die Frau von grausigen Bildern des Körperzerfalls bedrängt wird, steht die Aufforderung an den Geliebten, den Augenblick zu genießen, und in *Angustia (Angst)* rettet sie vor der bedrängenden Stille und Einsamkeit, in der die Grenzen von Raum und Zeit zu verschwinden scheinen, die Bitte: »*Küss' mich und vertreibe mit Wollust mir das dunkle Geheimnis.*« Aber Zeit und Vergänglichkeit sind für Juana de América nicht Gegenstand finsteren Grübelns. Grundstimmung dieses Gedichtbandes ist vielmehr das fraglose Einssein und Einigsein mit sich und der Welt. Die Liebende, die ganz unbefangen die Reize ihres Körpers schildert, kennt »*keinen Zweifel, keine Eifersucht, weder Unruhe noch Angst, nicht Sehnsucht und nicht Pein*«. In den späteren Werken der Dichterin klingt diese un-

gebrochene, rauschhafte Stimmung allmählich ab, und der Gedanke an die Vergänglichkeit (*»der lästige Uhu der Zeit«*, *»das moosige Astwerk der Zeit«*) tritt in den Vordergrund. »*Was soll ich dir geben, wenn diese Jugend vorbei ist?*« fragt sie und gesteht: »*Ich fühle das Gewicht jeder Stunde / wie eine Traube aus Stein auf der Schulter. / Ach! Ich möchte frei sein von dieser Ernte / und daß die Tage wieder rot seien und flink*« (*La rosa de los vientos*, 1930).

Juana de Ibarbourous Dichtung besitzt nicht die dämonisch-dionysische Gewalt und die erotische Kühnheit, die die Lyrik ihrer Landsmännin Delmira AGUSTINI (1886–1914) prägen, und ist nicht so differenziert wie die von pantheistischem Weltgefühl getragenen Liebesgedichte der Anna-Elisabeth de NOAILLES (1876–1933), mit denen man sie verglichen hat. Sie steht – leiser und zärtlicher als jene, naiver und robuster als diese – unverwechselbar zwischen beiden. A.F.R.

AUSGABEN: Buenos Aires 1919 [Vorw. M. Gálvez]. – Montevideo ²1923. – Madrid 1952 [Einl. u. Anm. E. Russel]. – Madrid 1960 (in *Obras completas*, Hg. D. J. Russel). – Montevideo 1963. – Buenos Aires 1969. – Montevideo 1980 (in *Antología de poemas y prosas*, Hg. A. S. Visca u. J. C. da Rosa).

LITERATUR: A. S. Clulow, *Sobre »Las lenguas de diamante«* (in Nuestra América, 7, Buenos Aires 1920). – G. Figueira, *En el cincuentenario de »Las lenguas del diamante«* (in Asomante, 26, 1970, S. 68–74). – J. Arbeleche, *J. de I.*, Montevideo 1978. – A. da Silva Silvera, *Introducción a la poesía de J. de I.* (in Cultura, 68/69, San Salvador 1980, S. 192–203). – R. I. Aponte, *La etapa final: Reflexión y búsqueda en la poesía de J. de I.* (in RI, 12, 1982, S. 104–109). – Dies., *El ciclo vital en la poesía de J. de I.*, Diss. Univ. of Kentucky 1983 (vgl. Diss. Abstr. 45, 1984, 1126A). – F. M. Blanco, *Possession and Privation in the Poetic Works of J. de I.*, Diss. Univ. of Connecticut 1986 (vgl. Diss. Abstr. 47, 1986, 1738A).

ABŪ ʿUMAR AḤMAD IBN ʿABD RABBIH AL-ANDALUSĪ

* 28.11.860 Córdoba
† 1.3.940 Córdoba

AL-ʿIQD AL-FARĪD

(arab.; *Das einzigartige Halsband*). Adab-Enzyklopädie des Dichters und Gelehrten Abū ʿUmar Aḥmad IBN ʿABD RABBIH al-Andalusī. – Das literarische Spanien des frühen 10. Jh.s war von zwei Schulen bestimmt, deren eine sich der Pflege und Verbreitung der arabischen Literatur des Westens widmete, während sich die andere mit der Verbreitung der arabischen Literatur des Ostens befaßte. Literarischer Ausdruck *par excellence* und bedeutendstes Produkt der lezteren ist *al-ʿIqd al-farīd*. Ibn ʿAbd Rabbih, anerkannter Dichter und Hofpanegyriker in Cordoba, mit großer Liebe zu Musik und Gesang, beherrschte die Bildungsgüter seiner Zeit und war in der Jurisprudenz ebenso bewandert wie in der Theologie, der Grammatik, Rhetorik, Geschichte und Literatur. Von all dem findet sich der Niederschlag in seinem großen enzyklopädischen Werk *al-ʿIqd al-farīd*, in dem er das Beste, gleichsam die Edelsteine der verschiedenen Wissensgebiete zu einer Kette *(ʿiqd)* aneinanderreiht. Es ist in 25 als *kitāb* (»Buch«) bezeichnete Abteilungen eingeteilt. Entsprechend 25 Elementen eines Colliers benennt Ibn ʿAbd Rabbih jedes Buch nach einer Perle oder einem Edelstein, und zwar dergestalt, daß die Bezeichnungen für die ersten zwölf Bücher in umgekehrter Reihenfolge und mit dem Zusatz »zweiter« im Titel der Bücher 14–25 wiederkehren, so daß sich äußerlich das Bild eines symmetrischen Halsbandes ergibt. Inhaltliche Entsprechungen gibt es dagegen nicht.

Ibn ʿAbd Rabbihs *ʿIqd* steht in der Tradition der *ʿUyūn al-aḫbār (Die Quintessenz der Nachrichten)* von IBN QUTAIBA (vgl. dort) und beginnt wie diese mit je einem *kitāb* über den Herrscher und den Krieg. Auch die übrigen Themen entstammen hier wie dort den gleichen Bereichen: Islamische Religion, Ethik, Geschichte, Sitten, Allgemeinbildung und vor allem Sprache und Literatur. Allerdings teilt Ibn ʿAbd Rabbih den Stoff – mehr als sein Vorgänger – in spezielle Kategorien ein, nuanciert und erweitert die Palette der Einzelthemen gegenüber Ibn Qutaibas *ʿUyūn* beträchtlich, etwa um die Bereiche *Musik* oder *Kunst des Abfassens von Schreiben*. Wie sein Vorgänger benutzt Ibn ʿAbd Rabbih neben schriftlichen Quellen – außer Ibn Qutaibas *ʿUyūn al-aḫbār* auch Werke des Baṣriers AL-ĞĀḤIZ sowie die (anonymen) *Ayyām al-ʿArab* (vgl. dort) u. a. – auch mündliche Informationen sowie sein persönliches Wissen. Während er für das Werk aus dem ganzen Fundus religiöser und profaner Überlieferung in Poesie und Prosa der östlichen islamisch-arabischen Welt schöpft, berücksichtigt er die spanisch-arabische Überlieferung – abgesehen von eigenen, z. T. unmittelbar zum betreffenden Thema verfassten Versen – nicht.   S.Gr.

AUSGABEN: Bulak 1876, 3 Bde. – Kairo 1928, 4 Bde. – Kairo 1940–1956, Hg. Ahmad Amīn, Ahmad az-Zain u. Ibrāhīm al-Ibyārī, 7 Bde. – Vgl. M. Schaff, *Analytical Indices to the »Kitāb al-ʿIqd al-farīd«*, Kalkutta 1935–1937, 2 Bde.

ÜBERSETZUNGEN: *Lettres sur l'histoire des Arabes avant l'Islamisme*, Fournel, Paris 1836–1838 [Ausz.; frz.]. – *Music: The Priceless Jewel*, H. G. Farmer (in *Collection of Oriental Writers on Music*, Bd. 5, Hg. ders. u. V. Beardsen, Glasgow 1942] Ausz.; engl.). – *... From the »Iqd al Farid« of Umar Ibn ʿAbd Rabbihi*, A. Wormhoudt, Oskaloosa/Ia. 1984 ff. (m. arab. Text; engl.).

LITERATUR: Ch. Pellat, *Les encyclopédies dans le monde arabe* (in Cahiers d'Histoire Mondiale, 9, 1966, Nr. 3; ern. abgedr. in Ch. P., *Études sur l'histoire socio-culturelle de l'Islam (VIIe – XVe s.)*, Ldn. 1976, S. 631–658). – W. Werkmeister, *Quellenuntersuchungen zum »Kitāb al-ʿIqd al-farīd« des Andalusiers Ibn ʿAbdrabbih. Ein Beitrag zur arabischen Literaturgeschichte*, Bln. 1983.

ABŪ MUHAMMAD ʿABDALMAĞĪD IBN ʿABDŪN

† 1134 Evora

AL-QAṢĪDA AL-BAŠŠĀMA

(arab.; *Die balsamduftende Qaside*). Historische Elegie von Abū Muḥammad ʿAbdalmağīd IBN ʿABDŪN. – Diese Qaside machte nicht nur ihren Verfasser berühmt, sondern verschaffte auch dem Herrschergeschlecht der Aftasiden in der arabischen Literatur einen Nachruhm, der ihm sonst gewiß nicht zuteil geworden wäre. Die Aftasiden, die im 11. Jh. nach dem Zerfall des Umayyadischen Kalifats in Spanien neben anderen Kleindynastien zur Macht gekommen waren, herrschten nicht ganz ein Jahrhundert lang (1022–1094) in Badajoz. Zu den Dichtern und Gelehrten, die sie an ihren Hof zogen, gehörte auch Ibn ʿAbdūn aus Evora. Er wurde Sekretär des ʿUmar al-Mutawakkil von Badajoz. Nach dessen Sturz im Jahr 1094 behielt er das Amt unter dem Almoravidengeneral Sīr Ibn Abī Bakr und später auch unter dessen Sohn ʿAlī, der über das muslimische Spanien und Nordafrika regierte.

Die *Qaṣīda al-baššāma* ist den gestürzten Aftasiden gewidmet, deren Untergang sie beklagt. Insgesamt besteht die Qaside aus 67 (in anderer Version 75) Versen im Metrum *basīt*. Inhaltlich ist sie in zwei Abschnitte gegliedert. Der erste Teil (42 bzw. 47 Verse) zeigt die Macht des Schicksals anhand des Untergangs großer Reiche und des unglücklichen Endes von Herrschern, Feldherrn, Wesiren usw. So gedenkt Ibn ʿAbdūn des Darius III. Kodomanus (reg. 336–330 v. Chr.), des letzten Achämeniden, ferner Yazdagirds III. (reg. 632–651), des letzten Sasanidenkönigs, sowie der alten südarabischen Völker. Er erinnert sodann an das unglückliche Schicksal einer Reihe von Kalifen und Mächtigen der Umayyaden- und Abbasidenzeit bis zu dem Kalifen al-Muʿtazz billāh, der 869 ermordet worden war, und beendet seinen Rückblick mit »*all den Muʿtamids, Muqtadirs, Maʾmūns, Muʿtamins, Manṣūrs und Muntasirs*«, deren Leben gewaltsam endete. Der zweite – kürzere – Teil der Qaside drückt die Trauer über den Untergang der Aftasiden selber aus. Die Klage gipfelt in einer Versfolge, die formal eindrucksvoll mit dem Inhalt korrespondiert durch vier anaphorisch aufgebaute Versgruppen zu je drei Versen, deren letzte lautet: »*Wer steht mir statt ihrer bei – doch da ist niemand – wenn die Schicksalsschläge finster wie die Nacht sind und die Nacht nicht zum Morgengrauen gelangt! – Wer steht mir statt ihrer bei – doch da ist niemand – wenn die Gesetze außer Kraft gesetzt und die Zungen der überlieferten Geschichte zum Verstummen gebracht werden! – Wer steht mir statt ihrer bei – doch da ist niemand – wenn die Heimsuchungen in großer Zahl sich einfinden und ihr Ankommen nicht zur Rückkehr ruft!*« Die Elegie schließt mit einem Vers, der mit seinem Bilderreichtum typisch für die *Balsamduftende Qaside* ist: »*Mit Ohrringen habe ich die Ohren derer behängt, die in dem Gedicht genannt sind, mit Ohrringen, welche – nach Ansicht schöner Frauen – Saphire und Perlen beschämen.*« Ibn ʿAbdūn konnte in seiner Qaside nur andeuten, anspielen und auf Ereignisse Bezug nehmen, die jedoch nicht – oder nicht mehr – allgemeines Bildungsgut waren. Infolgedessen entstanden bald zahlreiche Kommentare, deren ältester und berühmtester der des ʿAbdalmalik Ibn Badrūn (12. Jh.) ist. Dieser Kommentar mit dem Titel *Kimāmat az-zahr wa-ṣadafat ad-durar (Der Blütenkelch und die Perlenmuschel)* ist ein historischer Kommentar zu den Versen 10–42/47 samt einer Fortsetzung bis zum Jahr 1164. Ibn Badrūn benutzt hauptsächlich östliche Quellenwerke, u. a. al-Masʿūdīs *Murūǧ aḏ-ḏahab*. Der Kommentar bietet in erster Linie Anekdoten, Gedichte u. ä. über die genannten Personen und die angedeuteten Ereignisse; das historische Bild, das sie zeichnen, ist zwar nicht exakt, sie verleihen ihm aber Farbe und machen den Kommentar selbst auch zu einer interessanten Lektüre. – Noch 1297/98 regte die Qaside mit Ibn Badrūns Kommentar ʿImādaddīn Ibn al-Aṯīr zu einer weiteren Bearbeitung und Fortsetzung (55 Verse bis zum Jahr 1297) an.

S.Gr.

Ausgaben: Leiden 1846 (*Commentaire historique sur le poème d'Ibn ʿAbdoun*, Hg. R. P. A. Dozy; krit.). – Kairo 1949 (in al-Marrākušī, *al-Muʿǧib fī talḫīṣ aḫbār al-maġrib*, S. 76–87).

ABŪ L-BARAKĀT Ibn al-Anbārī

* Juli 1119 Anbār / Euphrat
† 18.12.1181 Bagdad

(KITĀB) AL-INṢĀF FĪ MASĀʾIL AL-ḪILĀF BAIN AN-NAḤWĪYĪN AL-BAṢRĪYĪN WA-L-KŪFĪYĪN

(arab.; *Das Buch der gerechten Abwägung betreffend die Streitfragen der basrischen und der kufischen Grammatiker*). Linguistische Abhandlung von

Abū l-Barakāt Ibn al-Anbārī. – Als sich im 8. Jh. die arabische Grammatik als Wissenschaft entwikkelte, entstanden zwei grammatische Schulen nebeneinander: die von Basra und die von Kufa. Beide schufen ein System der arabischen Grammatik und beide zählten namhafte Gelehrte zu ihren Vertretern.

Bis zur Auflösung dieser beiden Schulen und ihrem Übergang in die Bagdader Schule im 10. Jh. wurden zwischen den Schulen von Basra und Kufa heftige Fehden und Diskussionen ausgetragen. Die Hauptthese der Grammatiker von Basra ist die vom vernünftigen – und deshalb stets mit der Vernunft zu begründenden – Aufbau der Sprache. Diese These führte die betreffenden Gelehrten dazu, nur eine beschränkte Auswahl von Formen und Ausdrucksmöglichkeiten als sprachrichtig zuzulassen. Die Grammatiker von Kufa hingegen, die sich nicht so streng an ein ausschließliches Schema banden, hatten in der Beurteilung der einzelnen Fragen größere Freiheit und konnten auf manche gesuchte Künstelei in der Argumentation verzichten. Überhaupt ist es »*weniger ein faktischer Unterschied als eine andere Richtung in der wissenschaftlichen Tätigkeit, die beide in der Normierung voneinander trennt*« (G. Weil).

Ibn al-Anbārī bietet mit seiner Darstellung weder eine Gegenüberstellung der Lehrgrundsätze beider Schulen noch die historische Entwicklung, vielmehr sind es 121 Einzelfragen aus der arabischen Grammatik, und zwar die wichtigsten und berühmtesten, die er klar und präzis sowohl vom Standpunkt der Grammatiker aus Basra als auch derer aus Kufa darstellt und untersucht. Der Verfasser rühmt sich in seinem Vorwort, daß er den Stoff in einer neuen Form dargestellt habe. Dies ist in der Tat der Fall, da er hier die Form der fingierten Diskussion in die grammatische Literatur einführt, wie sie bis dahin nur in der juristischen üblich war (Ibn al-Anbārī hatte selber auch Rechtswissenschaft studiert). Bei jeder der 121 Streitfragen werden einleitend die einander gegenüberstehenden Behauptungen zur Darstellung gebracht. Darauf folgen jeweils die Argumentationen und Beweisführungen der beiden Schulen. Schließlich wird eine der beiden Behauptungen widerlegt. In der Mehrzahl der Fälle ist es die der Kufer, was Ibn al-Anbārīs persönliche Einstellung widerspiegelt, die sich weitgehend mit der seiner Zeitgenossen deckt. Die Reihenfolge der 121 Fragen ergab sich aus den zeitgenössischen systematischen Darstellungen der arabischen Grammatik.

Der Autor hatte zu seinem Werk Vorlagen, vor allem wohl die *amālī* (Diktate) seines Lehrers Ibn Aš-Šaǧara, die jedoch nicht erhalten sind. Überdies waren damals schon einzelne Streitfragen beider Schulen wiederholt zusammengestellt worden. Auch Ibn al-Anbārīs Buch war bald weit verbreitet und fand mehrere Nachahmer. Doch ist es das einzige Werk dieser Art, das erhalten geblieben ist.

S.Gr.

Ausgabe: Leiden 1913, Hg. G. Weil.

LITERATUR: H. Fleisch, *Esquisse d'un historique de la grammaire arabe* (in Arabica, 4, 1957, S. 1–22).

MUḤYĪDDĪN IBN (AL-)ʿARABĪ

* 7.8.1165 Murcia
† 16.11.1240 Damaskus

AL-FUTŪḤĀT AL-MAKKĪYA

(arab.; *Die Mekkanischen Offenbarungen*). Literarisches Werk mystisch-religiösen Inhalts von Muḥyīddīn IBN (AL-)ʿARABĪ. – Der aus Spanien stammende islamische Mystiker, von vielen als Ketzer, von ebenso vielen als hervorragender Lehrer und Gelehrter angesehen, erzählt selbst, wodurch er zur Abfassung seiner *Futūḥāt al-Makkīya* veranlaßt wurde, und behauptet, daß sie ihm Wort für Wort von einem überirdischen Wesen diktiert worden seien. In Visionen hatte er einst Muḥammad inmitten von Engeln und Heiligen auf einem Thron sitzend gesehen und von dem Propheten den Befehl erhalten, über die göttlichen Geheimnisse zu predigen. In einer anderen Vision, die er in Mekka hatte, erhielt er den Auftrag, die ihm geoffenbarten göttlichen Geheimnisse niederzuschreiben. – So entstand die ziemlich umfangreiche Schrift, die allgemein als Ibn al-ʿArabīs Hauptwerk gilt und in 560 Kapiteln ein vollständiges System der mystischen Erkenntnis bietet. Jedes Kapitel der *Futūḥāt al-Makkīya* wird mit einem vom Autor verfaßten Gedicht eingeleitet, dem poetischen Konzentrat der in dem Kapitel enthaltenen Ausführungen. – Ibn al-ʿArabīs Weltanschauung, eine pantheistisch gefärbte, stark von griechischen Einflüssen durchsetzte esoterische Mystik, tritt uns hier etwas verhüllter entgegen als in seinen anderen Werken, die – wie z. B. die *Fuṣūṣ al-ḥikam (Gemmen der Weisheiten)* – um so mehr feindlichen Angriffen ausgesetzt waren.   S.Gr.

AUSGABEN: Bulak 1857. – Kairo 1911, 4 Bde. – Kairo 1972 ff., Hg. ʿUṯmān Yaḥyā.

ÜBERSETZUNG: *Traité de l'amour*, M. Gloton, Paris 1986 [Teilausg.; frz.].

LITERATUR: R. A. Nicholson, *The Lives of ʿUmar Ibnu'l-Fāriḍ and Muḥyīu'ddīn Ibnu'l-ʿArabī* (in JRAS, 1906, S. 797–824). – H. S. Nyberg, *Einleitung zu »Kleinere Schriften des Ibn al-ʿArabī«*, Leiden 1919. – H. H. Schäder, *Die islamische Lehre vom vollkommenen Menschen, ihre Herkunft u. ihre dichterische Gestaltung* (in ZDMG, 79, 1925, S. 192–268). – H. Corbin, *L'imagination créatrice dans le soufisme d'Ibn Arabi*, Paris 1958. – EI², Bd. 3, Sp. 729–734.

AL-MUʾTAMAN IBN AL-ʿASSĀL

13.Jh.

MAǦMŪʿ UṢŪL AD-DĪN WA-MASMŪʿ MAḤṢŪL AL-YAQĪN

(arab.-chr.; *Sammlung der Grundlehren der Religion und das, was über das Resultat sicherer Erkenntnis gehört wird*). Theologisches Werk von al-Muʾtaman IBN AL-ʿASSĀL. – Ähnlich wie der Nestorianer Mārī IBN SULAIMĀN (um 1150) in seinem *Kitāb al-miǧdal lil-istibṣār wal-ǧadal (Buch des Turmes zum Ausschauen und Kämpfen)* faßte auch der Kopte al-Muʾtaman aus der berühmten Gelehrtenfamilie al-ʿAssāl das gesamte theologische Wissen seiner Kirche in einer ausführlichen theologischen Summa in fünf Teilen und 70 Kapiteln zusammen. Von den nestorianischen »Turmbüchern« unterscheidet sich sein Werk durch die systematische Geschlossenheit des Aufbaus und die Weglassung des kirchengeschichtlichen Stoffes. Der Verfasser legt den Nachdruck auf die ausführliche Darlegung der Glaubenslehre und ihre philosophische Begründung, wohingegen die im Teil 4 behandelten Gegenstände des Kultes und der kirchlichen Disziplin etwas zurücktreten. Bei der gelegentlichen Mitteilung apokrypher Wundergeschichten läßt der Autor als Kind seiner Zeit allerdings die erforderliche Kritik vermissen. Die Abfassungszeit liegt vor 1260, da ein vom Verfasser selbst gefertigter Auszug aus diesem Werk *(Kitāb at-taḥṣira al-muḥtaṣara – Buch der Belehrung im Auszug)* 1260 entstanden ist. Nach der allgemeinen Vorrede, die vom Zweck, von der Entstehung und der Anlage des Werks handelt, folgen zwei einleitende Kapitel mit der Aufzählung der Quellen und der Autoren (die in den weiteren Kapiteln ausgewertet werden) und der Erklärung der wichtigsten philosophischen Grundbegriffe. Der erste Hauptteil ist der allgemeinen Dogmatik gewidmet und behandelt Schöpfer und Schöpfung, Mensch, Offenbarung (ihre Erkennbarkeit und Glaubwürdigkeit), Lehrunterschiede der verschiedenen christlichen Konfessionen. Die übrigen Hauptteile befassen sich mit Themen der speziellen Dogmatik: Trinitätslehre (Teil 2), Christologie (Teil 3) und Eschatologie (Teil 5). Der vierte Teil hingegen handelt von Gegenständen des Kultes und der Sittenlehre: Marien-, Kreuz- und Heiligenverehrung, Bilderverehrung, Kirchengesang, Engellehre, kirchliche Hierarchie, Buße und Sündenbekenntnis (für dessen Notwendigkeit sich der Verfasser einsetzt), Vorsehung und Weltordnung. Breiten Raum nimmt im ganzen Werk die philosophisch-vernunftmäßige Darlegung und Begründung der einzelnen Glaubenslehren ein. Hier ist der Verfasser dem jakobitischen Philosophen Yaḥyā IBN ʿADĪ († 974) und seiner Bagdader Schule verpflichtet, aber auch ARISTOTELES, PLATON, PORPHYRIOS und AMMONIOS werden als philosophische Autoritäten herangezogen. Dabei ist al-Muʾtaman außerordentlich gewissenhaft bei der literarischen Auswertung fremden Gedankenguts; er nennt die benutzten Quellen und grenzt eigenes und entlehntes Schriftgut deutlich voneinander ab.

Das Werk hat große Bedeutung für die Kenntnis der Theologie der koptischen Kirche in ihrer Blütezeit im 13. Jh. Darüber hinaus ist es aber auch von größtem Interesse für die Geschichte der christlichen arabischen Literatur, weil es zahlreiche, oft längere Auszüge aus vielen anderweitig nicht bekannten oder nicht mehr enthaltenen Schriften bietet. Die angeführten Autoren verteilen sich auf Griechen, Melchiten, Nestorianer, Jakobiten und vor allem natürlich Kopten, was nicht nur die beachtliche Belesenheit al-Muʾtamans, sondern auch seine ungewöhnliche Aufgeschlossenheit den anderen Konfessionen gegenüber beweist. Leider ist das wichtige Werk bis jetzt weder vollständig ediert noch übersetzt. Nur einige wenige Auszüge liegen in Urtext oder Übersetzung vor.   J.As.

AUSGABEN UND ÜBERSETZUNGEN (Ausz.): E. Renaudot, *La perpétuité de la foy de l'église catholique sur les sacrements*, Bd. 5, Paris 1713. – Hannallāh Iskārūs u. Naʿūm Benyamīn, *Kitāb silk al-fuṣūl fī muḫtaṣar al-uṣūl*, o. O. 1900 (vgl. dazu Orientalia, N.S. 1, 1932, S. 195/196). – Ḥabīb Iddih, *Maqāla fī l-manṭiq* (in Mašriq, 7, 1904, S. 811–819; 1072–1082; aus Kap. 2). – L. Cheikho, *Maqāla fī aqsām ad-dīn* [aus Kap. 13] (in L. Ch., *Seize traités théologiques d'auteurs arabes chrétiens*, Beirut 1906, S. 110–120). – G. Graf, *Die Philosophie u. Gotteslehre des Jaḥjá ibn ʿAdī u. späterer Autoren*, Münster 1910, S. 68–70. – Ders., *Das Schriftstellerverzeichnis des Abū Isḥāq ibn al-ʿAssāl* (in OC, N.S. 2, 1912, S. 208–226). – Ǧirǧis Fīlūṭāʾūs ʿAwad, *Aṯārāt al-kanīsa al-qibṭīya I*, Kairo 1930, S. 145–151 [aus Kap. 53]. – M. Khouzam, *L'illumination des intelligences*, Rom 1941, S. 209–212.

AṢ-ṢAFĪ IBN AL-ʿASSĀL

† vor 1260

MAǦMŪʿ AL-QAWĀNĪN

(arab.-chr.; *Sammlung der Kanones*). Nomokanon von aṣ-Ṣafī IBN AL-ʿASSĀL. – Dieses große Rechtswerk der koptischen Kirche ist in zwei Rezensionen überliefert, die sich durch Umfang und teilweise auch in der Anlage unterscheiden. Die längere, nur in wenigen Handschriften erhaltene ist als die ursprüngliche anzusehen; die kürzere stellt eine jüngere, für die Praxis geschaffene Neubearbeitung mit etwas veränderter Anordnung des Stoffes dar. Beide Rezensionen ordnen den Stoff nach Sachgebieten und umfassen kirchliches und weltliches

Recht, sind also mit Recht als Nomokanon zu bezeichnen.

Die längere Rezension beginnt mit einer etwas weitschweifigen Einleitung über das göttliche Wirken am Menschen durch die Gabe der Vernunft, durch Gottes Gebote und die Gesetze der Machthaber, wozu auch die kirchlichen Kanones und die Bestimmungen des weltlichen Rechts gehören. Eine Vorrede führt die verwendeten Quellen und Autoren namentlich auf. Der Verfasser nennt sein Werk *Maǧmūʿ min al-qawānīn al-bīʿīya (Sammlung aus den kirchlichen Kanones)*. Die Kanones gruppiert er zunächst in fünf Gruppen, je nachdem sie von »allen drei Kirchen« zusammen, nämlich der der Kopten, der Melchiten und der Nestorianer, oder von zweien oder nur von einer der genannten Kirchen anerkannt werden. Wichtig ist der dann folgende Abschnitt, der ausführlich über Herkunft, Inhalt und Geltungsbereich der einzelnen als Quellen benutzten Kanonessammlungen handelt. – Das Corpus der Kanones ist in 51 Kapiteln angeordnet, wobei Stoffverteilung, Kapitelerzählung und Wortlaut der mitgeteilten Kanones oftmals von der kürzeren Rezension abweichen. Diese längere Rezension kann aus inhaltlichen Gründen (Einheitlichkeit des Aufbaus wie aus einem Guß, durchgehende persönliche Note) nicht eine nachträgliche Erweiterung der kürzeren Textform sein. Ob aṣ-Ṣafī der Verfasser ist oder sein jüngerer Stiefbruder al-Muʾtaman IBN AL-ʿASSĀL, auf den eine handschriftliche Notiz hinweist, bleibt unentschieden. Das Werk ist noch nicht ediert, sondern nur in einigen alten Handschriften (z. B. Ms. Borg. arab. 230 [Rom], Ende des 13. Jh.s) erhalten.

Viel größere Bedeutung und Verbreitung erlangte die kürzere Redaktion des Werks, die sicher von aṣ-Ṣafī stammt, der dazu die längere Redaktion benutzt hat. Das Werk teilt das bestehende Recht in zwei Klassen, das kirchliche Recht (Kap. 1–22) und das weltliche Recht (Kap. 23–51). – Das Kirchenrecht umfaßt die Bestimmungen über kirchliche Gebäude, Bibelkanon, Sakramente, Ränge der kirchlichen Hierarchie, Gebet, Fasten, Almosen, Sonn- und Feiertage, Heiligenverehrung, Sorge für Kranke und Tote. Für jedes Rechtsgebiet werden die geltenden Rechtsbestimmungen aus den maßgeblichen Quellen zusammengestellt: *Heilige Schrift*, Kanones des Konzils von Nikaia und anderer Synoden, Kanones des HIPPOLYT (3. Jh.), Kanones des PSEUDO-BASILIOS, des GREGOR aus Nyssa (4. Jh.) und des JOHANNES CHRYSOSTOMOS (um 354–407) sowie die Verordnungen der koptischen Patriarchen TIMOTHEUS († 384), CHRISTODULUS († 1077) und CYRILLUS IBN LAQLAQ († 1243). – Das Zivilrecht gliedert sich in Personenrecht, Ehe- und Erbschaftsrecht. Als Quellen dienen die sogenannten *Kanones der Könige* sowie das in Ägypten von der islamischen Rechtsschule der Malikiten vertretene Zivilrecht. – Die Sammlung ist nach einer Notiz in einer vom Autograph kopierten Handschrift von aṣ-Ṣafī im September 1238 vollendet worden. Das Gesetzeswerk erlangte im Bereich der koptischen Kirche höchstes Ansehen und allgemeine Geltung, verdrängte den bis dahin gültigen Nomokanon des MICHAEL aus Dimyāṭ († 1208) und wurde nach seiner Übersetzung ins Äthiopische als *Fethā Nagast (Recht der Könige)* auch das verbindliche Rechtsbuch der von Alexandrien abhängigen äthiopischen Kirche. J.As.

AUSGABEN: Kairo 1908 (Ǧirǧis Fīlūṯā'ūs 'Awad, *al-Maǧmū' aṣ-Ṣafawī*). – Kairo 1927 (Murquṣ Ǧirǧis, *Kitāb al-qawānīn*).

ÜBERSETZUNG: vgl. *Fethā Nagast* (äth.; *Recht der Könige*; anonym).

LITERATUR: E. Renaudot, *La perpétuité de la foy de l'église catholique sur les sacrements*, Bd. 5, Paris 1713, S. 445; 660–662. – W. Riedel, *Die Kirchenrechtsquellen des Patriarchats Alexandrien*, Lpzg. 1900, S. 65/66; 117/118. – C. A. Nallino, *Libri giuridici bizantini in versioni arabe christiane dei secoli XII–XIII* (in Rendiconti dell'Academia dei Lincei, cl. scienze morali, Ser. VI, 1, Rom 1925, S. 144–156). – A. d'Emilia, *Influssi di diritto musulmano nel capitolo XVIII, 2 del Nomocanone arabo cristiano di Ibn al-'Assāl* (in Rivista degli Studi Orientali, 19, 1941/42, S. 1–15). – G. A. Costanzo, *L'ecloga araba nel »Fetha Nagast« e la sua prima versione in italiano* (in Annuario di Diritto Comparato e di Studi Legislativi, 3. Ser., 20, Rom 1947, S. 1–74). – Graf, 2, S. 398–403.

ʿIZZADDĪN ʿALĪ IBN AL-AṮĪR

* 12.5.1160 Jazīrah
† 1233 Mosul

(AL-KITĀB) AL-KĀMIL FĪ T-TĀRĪḪ

(arab.; *Das Vollständige [Buch] über die Geschichte*). Eine Universalgeschichte bis zum Jahr 1231 von ʿIzzaddīn ʿAlī IBN AL-AṮĪR. – Der arabischen Geschichtsschreibung entsprechend teilt sich auch diese Universalgeschichte in eine vorislamische und eine islamische Periode, dazwischen stehen die Berichte über die »Kampftage der Araber« (vgl. *Ayyām al-'Arab*). Die vorislamische Zeit umfaßt die Erschaffung der Welt, die Geschichte der Propheten vor Muhammad und die Geschichte der Perserkönige, nämlich jenes Iraniertums, das das glanzvollste weltliche Element der islamischen Kultur darstellt. Diesem zur Seite gestellt, erfüllen die Berichte über die »Kampftage der Araber« das Bedürfnis, auch der arabischen Vergangenheit einen weltlichen Glanz zu verleihen und der Ankunft des Propheten einen würdigen Rahmen zu geben. Mit dem Jahr 622, dem Jahr der Auswanderung des

Propheten von Mekka nach Yaṯrib, später Madīna (t an-Nabī), die (Propheten-)Stadt, und dem Beginn der islamischen Zeitrechnung, wird der Stoff in Annalen gegliedert: Zu Beginn jedes Abschnitts werden die politischen Ereignisse des Jahres aufgezählt und im Anschluß daran andere bedeutsame Begebenheiten, wie z.B. der Tod berühmter Leute, Erdbeben, Hungersnöte, Mond- und Sonnenfinsternisse und dergleichen, berichtet; bisweilen werden auch eigene Erlebnisse, wie die Teuerung in Mossul, als die Leute Hunde- und Katzenfleisch essen mußten, erwähnt.

Vom Anfang bis zum Jahr 622 ist diese Geschichte mit Ausnahme des Abschnitts über die »Kampftage der Araber« eine durch Zusätze aus anderen Quellen vermehrte Abkürzung des von AṮ-ṮABARĪ (839–923) verfaßten Werks *Tārīḫ ar-rusul walmulūk (Geschichte der Gottgesandten und der Könige)*. Welche anderen Quellen der Kompilator verwendet hat, läßt sich allerdings nur zum Teil vermuten, weil er selbst sie nicht nennt. Dies gilt auch für die nachfolgende Zeit, ja auch für jenen Teil der Geschichte der Kreuzzüge, den der Verfasser nicht miterlebt hat; für diesen schöpft er viel aus IBN AL-QALĀNISĪ († 1160). Im Jahr 1088 nahm er unter Ṣalāḥaddīn (Saladin, † 1193), dem Sultan von Ägypten und Syrien, am Kampf gegen die Kreuzfahrer in Syrien teil. Aber auch für diesen Teil, für den sein Werk Quellenwert haben könnte, muß der Leser immer mit dem Mossuler Lokalpatriotismus rechnen und mit der persönlichen Abneigung des Verfassers gegen Saladin, den er einseitig und ungerecht beurteilt. Dagegen lobt schon AN-NASAWĪ († 1231) die genaue Darstellung der zentralasiatischen Geschichte und der Eroberungszüge der Mongolen unter Činggis-Khan, der zu Lebzeiten des Verfassers schon iranisches Gebiet (1221 Nišāpūr) erobert und verwüstet hatte. Ibn al-Aṯīr beginnt die Chronik von 1220 mit der Klage, er wäre *»lieber früher gestorben als die größte Zerstörung seit Anfang der Welt erleben zu müssen, die jetzt auf islamischem Gebiet angerichtet wird«*.

Obwohl meist kompilatorisches Geschichtswerk, erschöpft sich *Das vollständige Buch über die Geschichte* nicht in chronologischen Aufzählungen, sondern erhebt durch die gefällige Form der Darstellung, den lebendigen Erzählstil und vor allem durch die geschickt ausgewählten Dichterzitate auch literarische Ansprüche. KLL

AUSGABEN: Uppsala/Leiden 1851–1876 (*Ibn-el-Athiri Chronicon quod perfectissimum inscribitur*, Hg. C. J. Tornbreg, 14 Bde.; ern. Beirut 1965 bis 1967, 13 Bde.). – Kairo 1886, 12 Bde. – Kairo 1929–1939, 9 Bde.

LITERATUR: C. Brockelmann, *Das Verhältnis von Ibn-ul-Athîrs »Kâmil fit-Tarich« zu Tabaris «Aḫbārer-rusul walmulūk«*, Diss. Straßburg 1890. – M. Zaǧlul Salām, *Diyā'addīn Ibn-al-Aṯīr*, Kairo 1966; ²1981. – 'Abdalqādir Aḥmad Tulaimāt, *Ibn-al-Aṯīr al-Ǧazārī al-mu'arriḫ*, Kairo 1969.

ŠARAFADDĪN ῾UMAR IBN AL-FĀRIḌ

* 22.3.1181 Kairo
† 23.1.1235 Kairo

NAẒM AS-SULŪK

(arab.; *Die rechte Ordnung des Weges,* auch *at-Tā᾿iya al-kubrā, Das große Gedicht mit dem Reimbuchstaben Tā᾿*). Mystisches Gedicht von Šarafaddīn ῾Umar IBN AL-FĀRIḌ. – Die islamische Mystik *(taṣawwuf)* mit ihren verschiedenen Entwicklungen und Ausrichtungen hat im 13. Jh. bereits ihren Höhepunkt erreicht. Die Anfänge des Sufismus, der mystisch-asketischen Richtung des Islam, finden sich schon im ersten islamischen Jahrhundert. Der Sufismus war zu jeder Zeit ein recht heterogenes Gebilde, in dem mancherlei Gedanken aus nichtmuslimischen Bereichen ihren Niederschlag fanden. Die großen islamischen Mystiker unterschieden sich sowohl in ihrer Lehre als auch in ihrem mystischen Ziel. AL-ǦUNAID aus Bagdad († 910) erstrebte z. B. die Vereinigung des Menschen mit Gott; sein Schüler AL-ḤALLĀǦ dagegen ging weiter und verstand den Menschen in der höchsten mystischen Erfahrung als Inkarnation Gottes und kam so zur Apotheose des Menschen, was von der Orthodoxie freilich nur als Leugnung der Einheit Gottes ausgelegt werden konnte, weshalb er 921 hingerichtet wurde. Von großer Bedeutung war ferner eine pantheistische Richtung, der ῾Umar Ibn al-Fāriḍ zumindest nahestand. – Während jedoch der Sufismus Irans in einer großartigen Poesie seinen Ausdruck fand und viele Mystiker persischer Sprache, wie SANĀ᾿Ī († 1131), ῾AṬṬĀR (1142/43–1220), Ǧalāladdīn RŪMĪ (1207–1273), SA῾DĪ († 1292) u. a. hervorragende Dichtungen schufen, ist die mystische Dichtung in arabischer Sprache von nur bescheidenem Umfang und wäre ohne Ibn al-Fāriḍ mehr oder weniger bedeutungslos geblieben.

Die arabische mystische Dichtung schließt sich in Form und Ausdruck an die profane Qaside an und verwendet deren Bilder in einer Weise, daß sie häufig als mystisch wie auch als profan interpretiert werden kann und sich für die tatsächliche Absicht des Dichters kein Anhaltspunkt mehr ergibt. Die mystische Aussage ist hinter einer komplizierten Symbolik verborgen, deren Hauptthemen Liebe, Wein und Schönheit sind. Durch die körperliche Schönheit des jungen Menschen erschließt sich dem Sufi – das arab. Wort *ṣūfī* bezeichnet ursprünglich den in einen Mantel aus rauher, meist weißer Wolle *(ṣūf)* gekleideten islamischen Asketen – die Vollkommenheit Gottes. Ja im Erlebnis der höchsten Schönheit des Körpers und der Seele findet für den Mystiker die Liebe zu Gott ihren schönsten und innigsten Ausdruck. Das Bild der Trunkenheit, des Weinrausches, symbolisiert die mystische Ekstase, d. h. den Zustand des Sufi, der seiner körperlichen Sinne beraubt ist durch das sei-

ne Seele erfüllende Gotteslicht. Der Primat aber gebührt der Liebe, denn die Gottesliebe (die von der irdischen Liebe her verstanden wird und als eine gleichsam vertiefte Erotik Ausdruck findet) und das Aufgehen des einzelnen im göttlichen Sein stehen am Ziel aller mystischen Übungen.

῾Umar Ibn al-Fāriḍ trug zur Entwicklung des Sufismus selber nicht bei, stellte aber seine ganze poetische Begabung in den Dienst des *taṣawwuf* und blieb als Sufi-Dichter unerreicht. Seine Gedichte, die Anfang des 14. Jh.s von seinem Enkel ῾Alī zu einem Diwan zusammengefaßt wurden, sind Dichtung über das mystische Leben und Erleben und gleichzeitig eine Art »Kult«-Dichtung für die Sufis, die seine Verse z. T. bei ihren Versammlungen rezitierten, so z. B. die berühmte *ḥamrīya* (»Weingedicht«). – Sein längstes Gedicht, *Naẓm as-sulūk,* ist ein Lehrgedicht. Es ist an einen nicht mit Namen genannten – möglicherweise fiktiven – Schüler gerichtet. Ibn al-Fāriḍ beginnt mit einem Rückblick auf die Zeit, als seine Gottesliebe noch unvollkommen war, und beschreibt dann von Stufe zu Stufe seine mystischen Erfahrungen und Fortschritte auf dem Pfad der Liebe, d. h. der Gottesliebe. Dabei belehrt er den Schüler u. a. über die Natur des *ittiḥād* (mystische Vereinigung) und erklärt ihm, daß alle irdische Schönheit eine Manifestation des göttlichen Seins sei, prägt ihm die Wichtigkeit ein, sich an *Qur᾿ān* und *Sunna* (die verbindliche Norm, die Muḥammad durch sein Leben gesetzt hat) zu halten, und fordert ihn auf, ihm auf dem Weg der göttlichen Liebe zu folgen, warnt ihn aber davor, nach dem allerhöchsten Grad des Einsseins mit Gott zu trachten. – Von diesem Einsein berichtet der zweite Teil des Gedichts, in dem der Dichter schildert, wie sein Geist und seine Seele eine immer tiefere Einheit mit dem Geliebten, dem göttlichen Sein, d. h. der Weltenseele und dem Weltengeist, so daß er selber schließlich zum Pol des Alls wird, vollkommen im Ganzen aufgeht und am Ende selbst in allem verborgen ist.

Ibn al-Fāriḍs Poesie ist voll mystischer Begeisterung und Leidenschaft. Doch so groß auch die Leidenschaft und das Bestreben, das System der Gottesliebe darzustellen, sein mögen: Vieles bleibt doch im Dunkeln, denn exakt beschreiben und in Worte fassen läßt sich eine mystische Erfahrung nicht. – *Naẓm as-sulūk* besteht aus 756 (in anderer Überlieferung 760) Versen im Versmaß *ṭawīl.* Das Gedicht fand auch außerhalb des Diwans weite Verbreitung, wurde häufig kommentiert (mindestens zehn Kommentare sind erhalten) und einmal mit demselben Metrum und Reim nachgeahmt, und zwar von dem sonst nicht bekannten Ibn ῾Āmir AL-BAṢRĪ, dessen Qaside den Titel *Dāt al-anwār (Die Lichtspendende)* trägt. – Die Bezeichnung *at-Tā᾿iya al-kubrā* versteht sich im Gegensatz zu Ibn al-Fāriḍs *at-Tā᾿iya aṣ-ṣuġrā (Das kleine Gedicht mit dem Reimbuchstaben Tā᾿)*.   S.Gr.

AUSGABE: Wien 1854 (*Das arabische Hohe Lied der Liebe. D. i. Ibnol Fáridh's Táijet,* Hg. J. v. Hammer-Purgstall; krit.; m. Übers.).

ÜBERSETZUNGEN: *Das arabische Hohe Lied der Liebe*, J. v. Hammer-Purgstall, Wien 1854. – R. A. Nicholson, *Studies in Islamic Mysticism*, Cambridge 1921 [Ausw.; engl.].

LITERATUR: R. A. Nicholson, *The Lives of ʿUmar Ibnuʾl-Fārid and Muhyīuʾddīn Ibnuʾl-ʿArabī* (in JRAS, 1906, S. 797–824). – C. A. Nallino, *Il poema mistico arabo dʾIbn al-Fārid in una recente traduzione italiana* (in Revista degli Studi Orientali, 8, 1919, S. 1–106). – R. A. Nicholson (in *Studies in Islamic Mysticism*, Cambridge 1921, S. 189–199).

ʿABDALLĀH IBN AL-MUQAFFAʿ

* um 720 Ğūr / Iran
† 756 (oder kurz danach) Basra

(KITĀB) AL-ADAB AL-KABĪR

(arab.; *Das größere Buch über das rechte Verhalten*). Ethik von ʿAbdallāh IBN AL-MUQAFFAʿ. – Der Titel *Kitāb al-Adab al-kabīr* stammt höchstwahrscheinlich nicht vom Verfasser selbst. IBN QUTAIBA (828–889) zitiert das Buch schlicht als *Kitāb al-Ādāb (Buch der Lebensregeln)*. Auch *Risāla fī l-ahlāq (Abhandlung über die guten Sitten)* und *ad-Durra al-yatīma fī tāʿat al-mulūk (Die unvergleichliche Perle oder der Gehorsam gegenüber den Königen)* kommen als Titel vor. *Al-kabīr* (»das größere«) ist als Gegensatz zu dem Ibn al-Muqaffaʿ zugeschriebenen *Kitāb al-Adab as-sağīr*, dem »kleineren adab-Buch«, zu verstehen.

Zwei Formen der menschlichen Relationen kommen in diesem Werk zur Sprache: Der erste Teil behandelt in der Art eines Fürstenspiegels das Verhalten dessen, der Macht ausübt, sei er Souverän oder als Fürst einem Herrscher unterstellt, sodann das Verhalten des in einem Abhängigkeitsverhältnis zu einem Herrschenden stehenden Beamten. Der zweite Teil behandelt das Verhältnis zwischen Freunden. In beiden Teilen des Buches gibt Ibn al-Muqaffaʿ praktische Ratschläge und begründet sie. Im Gegensatz zu den späteren Adab-Werken fehlen Zitate gänzlich. Die Ratschläge und Warnungen sind die des Verfassers, der aus eigener Lebenserfahrung schöpft. Er predigt eine Moral, die keine hohen ethischen Ansprüche erhebt, sondern vor allem auf den Nutzen ausgerichtet ist, den sie für den Leser haben kann. Er tritt nicht für moralische Prinzipien ein, sondern für taktische Klugheit: Für den Herrscher ist oberstes Gebot, das wirklich Wichtige zu erkennen und zu tun, das weniger Wichtige aber gegebenenfalls zu lassen, wobei als wichtig das anzusehen ist, was der eigenen Person und dem Amt oder der Amtsführung von Nutzen ist. Der Herrscher oder Fürst soll mit den Untergebenen reden, um nicht hochmütig zu erscheinen,

dabei aber die Freundlichkeit nicht übertreiben, um nicht als einfältig zu gelten. Er soll sich bewußt sein, daß viele ihn zum Vorbild nehmen, und sich deshalb besonderer Frömmigkeit und Rechtschaffenheit befleißigen. Wenn er auch nicht den Beifall aller finden kann, soll er sich doch um dreierlei Wohlgefallen bemühen: um das Gottes, um das des Herrschers, so ein solcher über ihm steht, und um das der Rechtschaffenen unter den Untertanen. – Dem Beamten oder Untergebenen, der mit einem Herrschenden zu tun hat und mit Mächtigen Umgang hat oder haben muß, rät Ibn al-Muqaffaʿ, sich vor Vertraulichkeit, die als Respektlosigkeit gedeutet werden könnte, zu hüten. Auf objektive oder vermeintliche Rechte soll er nicht pochen, von alten Verdiensten nicht sprechen, sondern neue erwerben, denn dadurch wird der Fürst sich auch an die früheren erinnern. Jemand, der am Hof ein und aus geht, tut gut daran, seinen Umgang mit Rücksicht auf den Herrscher auszuwählen, vor allem nicht mit Leuten zu verkehren, die bei jenem in Ungnade stehen oder ihm mißliebig sind. Überhaupt verlangt der Umgang bei Hof oft Zurückhaltung bis zur Selbstverleugnung: »*Du solltest Umgang mit dem Herrscher erst dann pflegen, wenn du gelernt hast, ihm auch da gehorsam zu sein, wo es dir zuwider ist, und ihm zuzustimmen, wo du gegenteiliger Ansicht bist.*« Ein Hofbeamter muß gelernt haben, die Dinge nach den Wünschen des Herrschers zu beurteilen, zu bestätigen, was er behauptet, und zu glauben, was er sagt, seine guten Taten zu verbreiten und die schlechten zu verbergen. Richtiges Verhalten gegenüber den Fürsten ist bisweilen unmöglich, denn »*bist du dauernd bei ihnen, so bist du nicht sicher davor, ihnen lästig zu sein, und trennst du dich von ihnen, so bist du nicht sicher davor, daß sie dich vermissen; verlangst du eine Entscheidung, so bringst du Mühe über sie, entscheidest du allein, so bist du nicht sicher davor, ihrem Willen entgegen zu handeln. Sagst du ihnen die Wahrheit, bist du nicht sicher vor ihrem Zorn, sprichst du ihnen gegenüber die Unwahrheit, so erntest du vielleicht ihren Mißmut.*« Kein Wunder, daß Ibn al-Muqaffaʿ einem aufrechten Charakter nur raten kann: »*Meide sie* [die Machthabenden] *so weit du kannst, und hüte dich vor ihnen mit allen Kräften!*«

Im zweiten Teil seiner Ethik gibt Ibn al-Muqaffaʿ Verhaltensregeln zum Umgang mit Freunden. Er hebt immer wieder den Wert der Freundschaft hervor, die man nicht durch Eitelkeit, Torheit u. ä. aufs Spiel setzen sollte. Er gibt Richtlinien für die Auswahl von Freunden und weist auf Eigenschaften hin, die einer Freundschaft abträglich sind. Es liegt in der Natur der Sache, daß der Verfasser in diesem Zusammenhang nicht nur von Nützlichkeit spricht, sondern vor allem auch von klugem und weisem Verhalten, daß er mehr von Takt spricht als vom Taktieren. Denn »*aufrichtige Freunde sind der beste Gewinn auf der Welt*«. – Das Werk beschließen allgemeine Regeln zur Lebensführung, wie Ermunterung, sich Bildung anzueignen, Warnung vor Neid oder Ratschläge zur Arbeitseinteilung. Als Quintessenz aber gibt Ibn al-Muqaffaʿ dem Leser mit: »*Wisse, die beste Klasse von Menschen auf der Welt ist jene, die ich dir so beschreibe:* [zu ihr gehört] *derjenige, der sich über den Niedrigen nicht erhaben dünkt und vor dem Hohen nicht erniedrigt.*«   S.Gr.

AUSGABEN: Beirut 1897, Hg. Šakīb Arslān. – Kairo 1912, Hg. Zakī Paša. – Beirut 1960.

ÜBERSETZUNGEN: *De Wel-Levendheid von ʿAl. b. al-M.*, G. van Vloten (in Tweemaandelijk Tijdschrift, 21, 1902; ndl.). – *La perle incomparable*, C. F. Destrée, Brüssel 1906 [nach der ndl. Version v. G. van Vloten; frz.]. – *Das Kitáb »el-adab el-kebír« des Ibn al-M.*, O. Rescher (in MSOS, 20, 1917, H. 2). – In *Altarabische Prosa*, Hg. M. Fleischhammer, Lpzg. 1988 (Ausz.; RUB).

LITERATUR: G. Richter, *Studien zur Geschichte der älteren arabischen Fürstenspiegel*, Lpzg. 1932. – D. Sourdel, *La biographie d'Ibn al-Muqaffaʿ* (in Arabica, 1, 1954, S. 307–323). – P. Charles-Dominique, *Le système éthique d'Ibn al-M. d'après ses deux épitres dites »al-saǧīr« et »al-kabīr«* (ebd., 12, 1965, S. 45–66).

ABŪ L-ʿABBĀS ʿABDALLĀH IBN AL-MUʿTAZZ

* 1.11.861 Samarra
† 28.12.908 Bagdad

(KITĀB) AL-BADĪʿ

(arab.; *Das Buch des neuen Stils*). Werk über Rhetorik von Abū l-ʿAbbās ʿAbdallāh IBN AL-MUʿTAZZ, vollendet 887. – Die *muḥdatūn* (»Modernen«) der frühen ʿAbbasidenzeit (Dichter wie ABŪ NUWĀS, ABŪ TAMMĀM, AL-BUHTURĪ) verwandten in ihrer Dichtung die rhetorischen Mittel freier als die alten Dichter und dazu in einem Ausmaß, das für viele Zeitgenossen unerträglich war, vor allem, wenn dies mit der äußeren Form der alten Qaside verknüpft war. Überdies war der Eindruck entstanden, die *muḥdatūn* hätten diese Figuren überhaupt als Neuerung eingeführt. In den literarischen Kreisen des 9. Jh.s wurde deshalb heftig darüber diskutiert, ob und inwieweit dieses Neue (arab. *badīʿ*) zulässig sei. Nach Ibn al-Muʿtazz ist die Bezeichnung *badīʿ* von den Dichtern und Kritikern – allerdings nicht den Philologen – seiner Zeit bereits auf die rhetorischen Figuren selber übertragen worden und war ihnen als Terminus für diese vermeintlich neuen Figuren geläufig. Ibn al-Muʿtazz wählt deshalb den Titel *Kitāb al-Badīʿ* für das Buch, mit dem er in die literarische Diskussion eingreifen will. Es ist vor allem seine Absicht zu zeigen, daß die Anwendung der *badīʿ*-Figuren nicht neu ist, »*daß Baššār, Muslim, Abū Nuwās und ihre Anhänger nicht als*

erste diese Kunst ausüben, sondern daß diese (bereits seit langem existierende) Kunst in ihren Gedichten nur sehr massiv vertreten ist, so daß sie in ihrer Zeit bekannt und mit diesem Namen benannt wurde«. In dieser Absicht stellt Ibn al-Muʿtazz Material zu einem Buch zusammen, das als erstes Werk über arabische Rhetorik gelten kann.

Ibn al-Muʿtazz behandelt fünf Phänomene als echte *badīʿ*-Figuren, ist sich aber bewußt, daß dies nicht die endgültige Zahl sein würde, und fügt selbst schon dreizehn weitere Figuren hinzu; später werden über 200 *badīʿ*-Figuren gezählt werden. Die fünf *badīʿ*-Figuren bei Ibn al-Muʿtazz sind: Metapher *(istiʿāra)*, Paronomasie *(taǧnīs)*, Antithese *(muṭābaqa)*, Epanalepsis *(radd aʿǧāz al-kalām ʿalā mā taqaddamahā)* und die Figur, »*die ʿAmr al-Ǧāḥiz al-maḏhab al-kalāmī (das dialektische Verfahren) nennt*«. Ibn al-Muʿtazz geht nach einem Schema vor, das allerdings nur im ersten Kapitel exakt durchgeführt ist: Er bringt zunächst eine Definition, danach Belege aus dem Koran, dem *ḥadīṯ*, der Prosa der Prophetengenossen und anderer alter Prosa, der alten Dichtung und schließlich aus Prosa und Dichtung der *muḥdatūn*. Insgesamt zitiert er Verse von nahezu 200 verschiedenen Dichtern. Am Ende bringt er stets Beispiele von Prosa und Dichtung, in denen die betreffende *badīʿ*-Figur schlecht angewandt ist. Nach den *badīʿ*-Kapiteln behandelt Ibn al-Muʿtazz den plötzlichen Übergang *(iltifāt)* als Stilmittel und als *maḥāsin* (Zierat) die folgenden Formen: *ruǧūʿ* (Selbstverbesserung), *iʿtirāḍ* (Parenthesis), *ḫurūǧ min maʿnā ilā maʿnā* (das Hinübergleiten von einem Topos zu einem anderen), *taʾkīd madḥ bimā yušbih aḏ-ḏamm* (Verstärkung des Lobes durch etwas, das wie Tadel aussieht), *taǧāhul al-ʿārif* (das fingierte Nichtwissen des Wissenden), *hazl yurād bihī l-ǧidd* (Scherz, mit dem Ernst gemeint ist), *taḍyīn* (Einfügung eines Zitates in das eigene Gedicht), *taʿrīḍ* und *kināya* (Anspielung und Metonymie), *ifrāṭ fī ṣ-ṣifa* (Übertreibung in der Beschreibung), *ḥusn at-tasbīh* (schöner Vergleich), *iʿnāt aš-šāʿir nafsahū fī l-qawāfī* (Verlängerung des Reimes über das Notwendige hinaus; später: *luzūm mā lā yalzam*) und *ḥusn al-ibtidaʾāt* (schöne Anfänge). Diese Kapitel sind weit kürzer als die der ersten fünf *badīʿ*-Figuren. Auf Belege aus der Prosa ist fast ganz verzichtet, die Einteilung nach alten und neuen Dichtern aufgegeben. Es kam dem Verfasser wohl hauptsächlich darauf an, auf die Existenz weiterer Stilfiguren überhaupt hinzuweisen.

Ibn al-Muʿtazz enthält sich – von seltenen Fällen abgesehen – jeder Deutung oder Erklärung und reiht kommentarlos Zitat an Zitat. Eine gewisse ästhetische Wertung kommt durch seine Einteilung zum Ausdruck, je nachdem, ob er das Zitat als Beleg für die (gute) Anwendung als *badīʿ* einordnet oder »*mimmā ʾība*« (»was schlecht gemacht ist«), allerdings auch hier ohne Begründung. Es zeigt sich auch, daß Ibn al-Muʿtazz, der wohl zu Recht behauptet, als erster diese Materie behandelt zu haben, noch keine die Rhetorik betreffende Terminologie kennt. Für ihn ist *badīʿ* jedes rhetorische Mittel schlechthin, und unter dem Einfluß seines Buches wird die Lehre von den rhetorischen Mitteln zu einer eigenen wissenschaftlichen Disziplin, eine Zeitlang unter der Bezeichnung *ʿilm al-Badīʿ*. Seine Nachfolger schlossen sich methodisch an das *Kitāb al-Badīʿ* an. Erst AL-ǦURǦĀNĪ gab dieser Wissenschaft frische Impulse und führte sie in eine neue Richtung.   S.Gr.

AUSGABE: Ldn. 1935 (in Gibb Memorial, New Ser., 10, Hg. J. Kratchkovsky).

LITERATUR: O. Loth, *Über Leben u. Werk des ʿAbdallāh ibn al-Muʿtazz*, Lpzg. 1882. – J. Kratchkovsky, *Die arabische Poetik im IX. Jh.* (in Le Monde Oriental, 23, 1923, S. 23–39). – S. A. Bonebakker, *Reflections on the »Kitāb al-badīʿ« of Ibn al-Muʿtazz* (in Atti del Terzo Congresso di Studi Arabi e Islamici, Neapel 1967, S. 191–209).

FUSŪL AT-TAMĀṮĪL FĪ TABĀŠIR AS-SURŪR

(arab.; *Die Kapitel der Gleichnisse über die ersten Zeichen der Freude*). Adab-Anthologie, zusammengestellt von dem ʿAbbasidenprinzen Abū l-ʿAbbās ʿAbdallāh IBN AL-MUʿTAZZ. – Die Sammlung *Fuṣūl at-tamāṯīl* gehört zu den ältesten arabischen Anthologien mit überwiegend neuerer Dichtung. In vier Kapiteln hat Ibn al-Muʿtazz Gedichte und Verse, Anekdoten und Überlieferungen zusammengetragen, die sich auf den Wein beziehen: die etwas aussagen über seine Eigenschaften und Vorzüge sowie über seine Behandlung und Pflege bei den verschiedenen Völkern; weiter Dichtung und Prosatexte, die Beschreibungen der vielerlei Arten von Trinkgefäßen und Weinbehältern enthalten, die juristische wie auch religiöse Vorschriften über den Weingenuß darlegen oder erwähnen und sich mit den verschiedenen Trinksitten sowie mit dem Rausch, seiner Verhütung und Heilung befassen. Hinsichtlich der aufgenommenen dichterischen Proben kommt es Ibn al-Muʿtazz nicht nur darauf an, darzustellen, was die Dichter zu diesen Themen zu sagen hatten, welche Aussagen sie machten, sondern auch darauf, welche rhetorischen Mittel wie Bilder und Vergleiche sie benutzten. Gedichte und Versbeispiele von 27 namentlich genannten Dichtern von IMRU ʾUL-QAIS bis in seine Zeit, dazu 21 anonyme Gedichte hat Ibn al-Muʿtazz zusammengestellt, doch fällt auf, daß die frühe Periode der arabischen Dichtung nur schwach vertreten ist, Dichter des 8. und 9. Jh.s hingegen bevorzugt zu Wort kommen, was nicht nur mit den unterschiedlich bevorzugten Themen der alten und neuen Dichtung zu tun hat, sondern auch den Zeitgeschmack dokumentiert. Muslim IBN AL-WALĪD, ABŪ TAMMĀM, ABŪ NUWĀS, AL-BUḤTURĪ – die »Neuerer« der frühen ʿAbbasidenzeit *par excellence* – sowie Ibn al-Muʿtazz' eigener *Dīwān* liefern hauptsächlich das Material für den dichterischen Teil der Anthologie, die damit auf einem speziellen

Gebiet die neuen Ausdrucksformen der von der beduinischen zur höfischen gewandelten Poesie vorstellt.   S.Gr.

AUSGABE: Kairo 1925.

LITERATUR: J. Goldziher, *Abhandlungen zur arab. Philologie*, Leiden 1896, S. 166 ff.

AHMAD IBN MUHAMMAD IBN ʿARABŠĀH

* 6.11.1389 Damaskus
† 25.8.1450 Kairo

ʿAǦĀʾIB AL-MAQDŪR FĪ NAWĀʾIB TĪMŪR

(arab.; *Die Wunder des Geschicks bezüglich der Wechselfälle in Tīmūrs Leben*). Literarische Biographie von Aḥmad Ibn Muhammad Ibn ʿARABŠĀH. – Als Tīmūr (1336–1404) im Februar 1401 Damaskus, wo Ibn ʿArabšāh geboren worden war und seine Kindheit verbrachte, eroberte, hatte er in 20 Jahre währenden Feldzügen von Samarqand aus Afghanistan, Persien, Kurdistan und Mesopotamien erobert, hatte über ein Jahr lang Moskau besetzt gehalten, Indien und schließlich Nordsyrien in Schrecken versetzt. Er hatte blühende Städte, wie Delhi, Isfahān, Bagdad oder Aleppo plündern lassen, zerstört und Zehntausende der Einwohner massakriert. Er hatte, wenn man den Berichten glauben muß, Menschen lebendig begraben und Pyramiden aus Schädeln errichten lassen. Von allen diesen Greueln hatte Ibn ʿArabšāh sicher bereits gehört, als er als Elfjähriger Zeuge der Eroberung von Damaskus durch Tīmūr wurde. Im Zuge der von Tīmūr befohlenen Deportation der Gelehrten, Handwerker und Künstler von Damaskus nach Samarqand kam auch er mit seiner Familie in die neue Residenz, in der Tīmūr Kunst und Geist seiner Zeit versammelte. Die Berichte von Tīmūrs weiteren Feldzügen nach Westen bis Ankara und schließlich nach China wird Ibn ʿArabšāh als Jugendlicher mit Schaudern vernommen haben.
Die Familie scheint sich in Samarqand indessen nicht unglücklich gefühlt zu haben. Der junge Ahmad erhielt guten Unterricht und lernte Türkisch, Persisch und Mongolisch. 1408 ging er zu theologischen und philologischen Studien nach Ḥaṭāʾ (Mongolei), dann zu juristischen Studien nach Khwarizm, ehe er Vertrauter des osmanischen Sultans Beyazid wurde. Erst 1422 kehrte er für 14 Jahre in seine Heimatstadt zurück. Ab 1436 lebte er in Kairo, wo er auch die *Aǧāʾib* schrieb.
Ibn ʿArabšāh beginnt seine Tīmūr-»Biographie« mit der Herkunft Tīmūrs und seinem Aufstieg zur Macht. Dann folgt die Beschreibung der Ereignisse

während Tīmūrs Feldzügen, danach die Zeit unter Tīmurs Sohn und Nachfolger Šāh Ruḫ. Das letzte Kapitel handelt noch einmal von Tīmūr, von seinen *»einzigartigen Eigenschaften und wofür er von seiner Charakteranlage und Natur her geschaffen war«*. Während vorher nur von Tīmūrs negativen Seiten berichtet wird, gesteht ihm der Verfasser in diesem Kapitel auch positive Züge zu und rühmt u. a. sein Engagement für Wissenschaft und Kunst, seinen Wissensdurst, sein historisches Interesse, seine Leidenschaft für das Schachspiel als ein Mittel zur Schärfung des Denkens.

Ibn ʿArabšāh hat seine Tīmūr-Biographie vollständig im *saǧʿ*, der sog. Reimprosa, abgefaßt, was zu dieser Zeit durchaus üblich war. Durch den *saǧʿ* leidet naturgemäß die Präzision der Darstellung, aber Ibn ʿArabšāh ging es – mehr als 30 Jahre nach Tīmūrs Tod – weniger um Mitteilung von Tatsachen und Darstellung historischer Wahrheit als um die literarische Form.

Die *Aǧāʾib* sind in Europa bereits 1636 durch die Veröffentlichung von J. GOLIUS bekannt geworden und haben lange Zeit unter den Quellen zur Timuridenzeit einen hervorragenden Platz eingenommen. Später bekannt gewordene Werke, wie vor allem der Bericht IBN ḪALDŪNS (1332–1406), der 1401 in Damaskus mit Tīmūr zusammengetroffen war, bestätigen zwar in manchen Punkten Ibn ʿArabšāh, zeigen aber auch, daß die so lange nach Tīmūrs Tod verfaßte »Biographie« als historische Quelle keinen Anspruch erheben kann.   S.Gr.

AUSGABEN: Leiden 1636, Hg. J. Golius. – Kalkutta 1816/17. – Kairo 1868/69.

ÜBERSETZUNGEN: *Ahmedis Arabsiadis vitae et rerum gestarum Timuri historia*, J. Golius, Leiden 1636 [lat.; Oxford ²1703/04, Hg. J. Meyer; Leeuwarden ³1767–1772, Hg. S. H. Manger]. – *Histoire du grand Tamerlan*, P. Vattier, Paris 1658 [frz.]. – *The Timur-Namah or the Life of Tamerlan*, J. Oliver, Kolhapur 1888 [engl.]. – *Tamerlane or Timur the Great Amir*, J. H. Sanders, Ldn. 1936 [engl.].

ABŪ MUḤAMMAD ĠAʿFAR AL-QĀRĪ IBN AS-SARRĀĠ

fälschlich auch as-Sarrāǧ

* um 1027 Bagdad
† 22.10.1106 Bagdad

MAṢĀRIʿ AL-ʿUŠŠĀQ

(arab.; *Die Leiden der Liebenden*). Adab-Werk von Abū Muḥammad Ġaʿfar al-Qārī IBN AS-SARRĀĠ. – Wie die meisten Adab-Werke ist auch *Maṣāriʿ al-*

ʿuššāq eine Kompilation, deren einzelne Beiträge als möglichst wortgetreue Zitate wiedergegeben sein sollen. Als Beweis der unverfälschten, wörtlichen Wiedergabe gilt die vorangestellte Überliefererkette, die außerdem noch die Fiktion einer wahren Begebenheit hervorruft. Denn literaturfähig war im allgemeinen nur, was zumindest formal als »Bericht« deklariert war. Aus dieser Literaturvorstellung heraus ist es zu verstehen, daß begleitende Texte, persönliche Stellungnahmen oder Schlußfolgerungen des Kompilators – wenn überhaupt – nur spärlich und dann ganz knapp beigegeben werden. Die Auswahl der Texte soll für sich sprechen, und in ihrer Art und Weise sowie ihrem Umfang ist sie der Maßstab für den literarischen Wert und das künstlerische Ansehen der Sammlung.

Maṣāriʿ al-ʿuššāq gehört zu den zahlreichen schöngeistigen Adab-Werken, die die Liebenden und die Liebe zum Gegenstand haben, in diesem Fall die »Leiden der Liebenden«. Ibn as-Sarrāǧ – nach dem Urteil seiner Biographen IBN ḤALLIKĀN und YĀQŪT der größte Gelehrte seiner Zeit – stellt sein immenses Wissen und seine Kenntnis von Dichtung und Prosa unter Beweis, indem er zu dem verhältnismäßig engen Thema etwa 600 Geschichten, Anekdoten und Gedichte zusammenträgt. Es sind »Erlebnisse« von Liebenden aus allen Schichten und Ständen, von Beduinen und Städtern, bekannten Dichtern wie DŪ R-RUMMA († 735) und AL-FARAZDAQ (641 – um 728) oder Fürsten, wie Yazīd I. (Kalif 680–683) und Yazīd II. (Kalif 720–724). Auch die Schilderungen der Leiden der klassischen arabischen Liebespaare wie Ġamīl und Buṭaina, Qais und Lubnā oder Waddāḥ al-Yamanī und Umm al-Banīn fehlen nicht. Verhältnismäßig hoch ist der Anteil der ursprünglich aus der jüdischen Überlieferung stammenden Geschichten, der sog. »Isrāʾīlīyāt«, deren bekanntestes Beispiel in dieser Sammlung wohl die *Geschichte von der keuschen Susanna* ist. – Das Werk ist in 22 Teile gegliedert mit je einem Dreizeiler des Autors als Motto. Die Thematik reicht von platonischer Liebe und mystischer Gottesliebe bis zur Erscheinung geistiger Verstörtheit infolge der irdischen Liebe, umfaßt Askese, Treue und Keuschheit sowie auch Briefwechsel von Liebespaaren.

Ibn as-Sarrāǧs Sammlung ist aus dreierlei Quellen gespeist: Aus der mündlichen Überlieferung stammen Geschichten, die der Kompilator von Bekannten, Freunden oder Lehrern, u. a. auf seinen ausgedehnten Studienreisen, gehört hat, darunter viele aus dem großen Reservoir an Erzählungen, die mündlich von Generation zu Generation tradiert wurden; aus der schriftlichen Adab-Literatur wie dem *Kitāb al-Aǧānī* von AL-IṢFAHĀNĪ (vgl. dort) und schließlich aus eigenen Gedichten des Kompilators. – J.-C. VADET führt die strikte Anwendung des *isnād* bei Ibn as-Sarrāǧ darauf zurück, daß jener hanbalitischer Rechtsgelehrter war. Jedoch dürfte die strenge Auffassung dessen, was als Literatur tradiert werden konnte und wie zitiert werden mußte, ihre Wurzeln in der Ḥadīt-Wissenschaft überhaupt haben. Darüber, ob und wie weit hanbalitisches Denken die Auswahl beeinflußt hat, gehen in der Forschung die Meinungen auseinander.

Ibn as-Sarrāǧs Werk erfreute sich Jahrhunderte lang großer Beliebtheit; davon zeugen nicht zuletzt zwei Bearbeitungen aus dem 15. bzw. 16. Jh. Die frühere ist eine Erweiterung der Sammlung von AL-BIQĀʿĪ († 1480) mit dem Titel *Aswāq al-aswāq min masāriʿ al-ʿuššāq (Die Märkte der Sehnsüchte von den Leiden der Liebenden)*, die spätere ein Auszug von DĀʿŪD AL-ANṬĀKĪ († 1596) mit dem Titel *Tazyīn al-aswāq bi-tafṣīl tartīb aswāq al-ʿuššāq (Die Ausschmückung der Sehnsüchte durch die ausführliche Darlegung der Sehnsüchte der Liebenden)*. S.Gr.

AUSGABEN: Konstantinopel 1884. – Kairo 1916. – Beirut 1958 [in dieser Ausg. ist der *isnād* generell weggelassen].

ÜBERSETZUNG: in R. Paret, *Früharabische Liebesgeschichten. Ein Beitrag zur vergleichenden Literaturgeschichte*, Bern 1927 [Ausw.; m. Einf.].

LITERATUR: J.-C. Vadet (in *L'Esprit Courtois en Orient dans les cinq premiers siècles de l'Hégire*, Paris 1968, S. 379–430). – J. N. Bell, *Al-Sarrāj's »Masāriʿ al-ʿushshāq«: A Hanbalite work?* (in JAOS, 99, 1979, S. 235–248).

MUHAMMAD IBN ʿABDALLĀH IBN BAṬṬŪṬA

* 25.2.1304 Tanger
† 1369 oder 1377 Marokko

TUHFAT AN-NUZZĀR FĪ ǦARĀʾIB AL-AMṢĀR WA-ʿAǦĀʾIB AL-ASFĀR

(arab.; *Das Geschenk der Beobachtenden, betreffend die Merkwürdigkeiten der großen Städte und die Wunder der Reisen*). Reisebeschreibung von Muhammad Ibn ʿAbdallāh IBN BAṬṬŪṬA. – Seit den Anfängen des Kalifats haben Angehörige der islamischen Gesellschaft weite Reisen durch die islamische Welt unternommen. Motiv war außer dem Handel in besonderem Maß das *Hadīt*-Studium, das viele Gelehrte veranlaßte, weite Strecken zurückzulegen, um bei berühmten Autoritäten Material zu sammeln. Vor allem aber wurde die religiöse Pflicht der Pilgerfahrt nach Mekka *(haǧǧ)* zum Anlaß für ausgedehnte Reisen, und mancher Mekkapilger hat eine interessante Beschreibung seiner Fahrten hinterlassen. Auch Muhammad Ibn Baṭṭūta war ursprünglich aufgebrochen, um den *haǧǧ* zu vollziehen, doch gehörte er zu jenen Reisenden, die mit besonders lebhaftem Interesse fremde Länder und die Sitten ihrer Bewohner beobachteten. Während dreier Reisen lernte er mehr von der islamischen Welt kennen als irgendein anderer seiner

Glaubensgenossen, und hinsichtlich der Ausdehnung und Dauer übertrafen seine Reisen sogar die des Marco POLO (1254–1324). Mit zweiundzwanzig Jahren verläßt Ibn Baṭṭūṭa seine Heimat Tanger, um nach Mekka zu pilgern. Sein Weg führt ihn durch Nordafrika, Ägypten und Palästina. Nach dem Besuch der heiligen Stätten unternimmt er von Mekka aus drei Exkursionen, wobei er vor jedem neuen Aufbruch wieder die Riten des *haǧǧ* vollzieht. Auf der ersten Exkursion besucht er den Irak, Persien und Anatolien, auf der zweiten Ostafrika, Oman und Bahrain, auf der dritten, via Syrien und Anatolien, die Halbinsel Krim und Konstantinopel, von wo aus er zurück zur Krim und dann durch die Wolgagegend nach Turkestan, Afghanistan und Indien reist. Nachdem er in Delhi zwei Jahre als Qadi (Richter) gewirkt hat, schließt er sich einer Gesandtschaft des Sultans nach China an, gelangt jedoch nur bis zu den Malediven-Inseln, wo er, gegen seinen Willen mit dem Amt des Qadi betraut, eineinhalb Jahre bleiben muß. Über Ceylon und Bengalen gelangt er schließlich doch nach China, vermutlich aber nicht weiter als bis Kanton. Die Rückreise führt ihn über Sumatra, Ostarabien, Persien, Syrien nach Ägypten und zurück nach Mekka, wo er ein viertes Mal den *haǧǧ* vollzieht. Dann reist er über Ägypten und Tunis nach Fes. Von 1326 bis 1350, also vierundzwanzig Jahre, dauerte diese erste Reise Ibn Baṭṭūṭas. Schon ein Jahr später unternimmt er seine zweite Reise, diesmal von Fes über Tanger ins muslimische Spanien nach Gibraltar, Malaga und Granada. – Seine dritte Reise dauert von 1352 bis 1353 und führt ihn nach Afrika in das damals mächtige Negerreich Mali am Niger.

Von diesen drei Reisen berichtet *Tuḥfat an-nuzzār*. Ibn Baṭṭūṭa hat das Werk nicht selbst geschrieben, sondern seine Erlebnisse in den Jahren 1355/56 auf Wunsch des in Marokko regierenden Marinidenfürsten Abū ʿInān Fāris dessen Sekretär, dem aus Granada stammenden IBN ǦUZAYY († 1356), diktiert. Dieser, ein Mann von hoher Bildung, bekannter Kalligraph und Dichter, gestaltete das Itinerar zu einer unterhaltsamen Lektüre, indem er das Diktierte stilistisch und formal überarbeitete und mit literarischen Zitaten sowie mit Gedichten ausschmückte. Von ihm sind wahrscheinlich auch verschiedene Exzerpte aus früheren Reisewerken, so z. B. aus der *Riḥla (Reisebeschreibung)* des IBN ǦUBAIR und aus einem gleichnamigen Buch von AL-ʿABDARĪ (13. Jh.) eingefügt worden. – Ibn Baṭṭūṭa erlebt das Fremde stets als frommer Muslim und schildert es in Relation zu dem ihm Vertrauten. Er beachtet selbst die kleinsten Details und berichtet von historischen Ereignissen und persönlichen Erlebnissen ebenso wie von Speisefolgen, Hausrat und anderem. Nicht weniger interessant und aufschlußreich als die Berichte selbst ist der Kommentar, den er häufig beifügt. Sein Interesse gilt in erster Linie der politischen sowie der Kulturgeschichte, weniger der geographischen Beschreibung. So gibt er nur selten genaue Informationen über Entfernungen und dergleichen. Häufig erzählt er Anekdoten über bestimmte Persönlichkeiten und mit besonderer Vorliebe Heiligengeschichten.

Von seinen Zeitgenossen wurde Ibn Battūta oft der Übertreibung, ja sogar der Lüge bezichtigt, doch meint MŽIK wohl mit Recht, seine Berichte seien im allgemeinen zuverlässig, *»von gelegentlichen Übertreibungen abgesehen, die aber zu sehr landesüblich sind und waren, als daß wir sie ihm speziell zum Vorwurf machen dürften«*. Manches, was seinen Zeitgenossen unglaubhaft erschien, wurde von späteren Reisenden bestätigt. Europa erfuhr verhältnismäßig spät von der großen Reisebeschreibung des Ibn Battūta, nämlich erst durch U. J. SEETZEN, der 1808 von Kairo aus ein Manuskript, das allerdings nur einen Auszug enthielt, nach Gotha schickte. Auch unter den in der Folgezeit aufgefundenen Handschriften sind nur sehr wenige, die das gesamte Werk enthalten.   S.Gr.

AUSGABEN: Paris 1854–1858, Hg. Ch. F. Defrémery u. B. R. Sanguinetti, 4 Bde. [m. frz. Übers.; krit.]; ²1854–1860; Nachdr. Paris 1969 [Anm. V. Monteil].

ÜBERSETZUNGEN: *Die Reise des Arabers Ibn Batuta durch Indien u. China*, H. v. Mžik, Hbg. 1911 [Ausz.]. – *Travels in Asia and Africa, 1325–1354*, H. A. R. Gibb, Ldn. 1929 [m. Einl. u. Anm.; engl.]; ³1953. – *Reisen ans Ende der Welt. 1325–1353*, Hg. H. D. Leicht, Tübingen/Basel 1975; Stg. ⁴1985. – Dass., ders., Mchn. 1982 (Knaur Tb). – In *Altarabische Prosa*, Hg. M. Fleischhammer, Lpzg. 1988 (aus d. Frz.; Ausz.).

LITERATUR: H. Yule, *Cathay and the Way Thither*, Bd. 2, Ldn. 1866, S. 395–526. – C. Q. Rodriguez, *B. Batuta, un viajero tangerino del siglo XIV* (in Archivo del Instituto de Estudios Africanos, 6, 1952, Nr. 20, S. 11–27). – H. A. R. Gibb, *Notes sur les voyages d'Ibn Battūta en Asie Mineure et en Russie* (in Études d'Orientalisme dédiés à la Mémoire de Lévi-Provençal, Paris 1962, 1, S. 125–133). – Y.-D. Papin, *Ibn Battuta: le plus grand Voyageur médiéval* (in Archéologia, 165, 1982, S. 81–85).

ABRAHAM IBN DAUD

genannt Rabad der Erste

* um 1110 Córdoba
† um 1180 Toledo

LITERATUR ZUM AUTOR:
L. Elbogen u. J. Guttmann, Art. *Abraham Ibn Daud* (in EJ, 1, 1928, Sp. 438–449). – M. Waxman, *A History of Jewish Literature*, Bd. 1, NY 1930, S. 432 ff.; Nachdr. 1960. – G. D. Cohen

(in Proceedings of the American Acad. for Jewish Research, 29, 1960/61, S. 55–131). – Art. *Ibn Daud* (in EJ², 8, Sp. 1159–1163).

EMUNA RAMA

(hebr.; *Der erhabene Glaube*). Religionsphilosophisches Werk von Abraham IBN DAUD (Spanien). Das 1161 in arabischer Sprache unter dem Titel *Al-aqīda ar-rafī'a (Der erhabene Glaube)* verfaßte Werk führte das aristotelische System in die jüdische Philosophie ein. Am Ende des 14. Jh.s entstanden zwei Übersetzungen ins Hebräische; das arabische Original, gegen Ende des 15. Jh.s noch vorhanden, existiert anscheinend nicht mehr. – Ibn Dauds Rationalismus geht weiter als der, den SA'ADJA in seinem 930–933 geschriebenen Werk *Emunot we-de'ot (Glaubenssatzungen und Meinungen)* vertrat. Ibn Daud postuliert die Wesensgleichheit von religiöser und philosophischer Wahrheit und sieht als edelstes Ziel menschlichen Strebens nicht die ethische Beziehung zum Nächsten (wiewohl er sie als Erziehungsziel bezeichnet), sondern die metaphysische Erkenntnis. Dieser dienen auch alle anderen Wissenschaften. Damit wird bereits die später von MAIMONIDES weitergeführte Idee vom Primat des Intellekts ausgesprochen, wiewohl Ibn Daud diesen als naturgegebenerweise begrenzt definiert. Im Gegensatz zu den islamischen Aristotelikern hält er die Welt nicht für ewig, sondern – in Übereinstimmung mit der jüdischen Tradition – für erschaffen. Aus logischen Gründen verneint er die Allwissenheit Gottes; zwar weiß Gott alle Möglichkeiten, diese aber werden erst durch die absolute Willensfreiheit des Menschen zu – vorher nicht wißbaren – Tatsachen. Das Problem der Willensfreiheit sollte ursprünglich das Hauptthema des Werkes bilden, das als Epistel an einen Freund konzipiert ist; aber dann hat der Autor auch die übrigen theologischen Grundfragen behandelt. Ibn Daud erklärt das Wesen Gottes als das des absolut transzendenten, unpersönlichen ersten Bewegers des Weltmechanismus. Als nüchterner Logiker, der einen knappen und klaren Stil schreibt, kritisiert Ibn Daud den mystischen neuplatonischen Ideen-Materialismus des als *Fons vitae (Quell des Lebens)* bekannt gewordenen Werks des Salomon IBN GABIROL ebenso scharf wie dessen weitschweifigen Stil. *Emuna rama* umfaßt drei Teile: Physik und Metaphysik, Theologie, Ethik. Die beiden ersten Teile sind in Kapitel aufgeteilt, die jeweils eine philosophische Darstellung nebst beweisenden Bibelstellen enthalten. Die Ethik liegt nur in einer Skizze vor, in der aristotelische und platonische Elemente miteinander verschmolzen sind und Ethik gleichbedeutend ist mit der Sittenlehre der jüdischen Tradition.   P.N.

AUSGABEN: Ffm. 1852 (*Ar Rafiat, Die hebr. Übers. des Samuel Ben Labi*, Hg. S. Weil; m. dt. Übers.; ern. Bln. 1919). – Bln. 1967 [Nachdr. des hebr. Textes v. 1852].

LITERATUR: J. Guttmann, *Die Religionsphilosophie des A. ben D.*, Göttingen 1879. – I. Husik, *A History of Medieval Jewish Philosophy*, NY 1916; ²1930, S. 197–235. – J. Guttmann, *Die Philosophie des Judentums*, Breslau 1933, S. 163–173. – H. u. M. Simon, *Geschichte der jüdischen Philosophie*, Mchn. 1984, S. 123–133.

SEFER SEDER HA-KABBALA

(hebr.; *Buch der Anordnung der Überlieferung*). Geschichtswerk von Abraham IBN DAUD (Spanien). – Dieses Werk des Theologen und Philosophen besteht aus einem Hauptteil und zwei Anhängen. Der 1160/61 verfaßte Hauptteil bringt zunächst einen Abriß der biblischen Geschichte und dann die Aufzählung der talmudischen Tradenten-Generationen mit kurzer Beleuchtung der Zeitepochen. Den Nachweis der Lückenlosigkeit der nachbiblischen jüdischen Tradition versucht der Verfasser vor allem im Hinblick auf die Sekte der Karäer zu erbringen, die die Authentizität der sog. mündlichen (d. h. nachbiblischen) Lehre bestritten (vgl. *Karäische Schriften*). Ibn Daud betont ausdrücklich die apologetische Tendenz seiner Ausführungen; auch läßt er sich zuletzt in eine weltanschauliche Polemik gegen die Karäer ein.

Die in flüssigem Hebräisch geschriebene Chronik führt bis etwa 1150. Die beiden Anhänge sind: 1. *Sichron diwre Romi* (*Leitfaden der Geschichte Roms*), der die Zeit von Romulus bis zum Westgotenkönig Reccared (reg. 586–601) umfaßt; 2. *Diwre malchut bajit scheni* (*Geschichte des Königtums zur Zeit des zweiten Tempels*), eine politische Geschichte der Juden von Alexander dem Großen bis zur Zerstörung des zweiten Tempels durch die Römer (70 n. Chr.). Von seinen Quellen nennt der Autor den *Talmud* und das *Sefer Jossipon*, er hat aber außerdem noch ungenannte und heute unbekannte Quellen benutzt. Wenn er auf Ereignisse seiner Zeit oder auf kurz davor liegende Begebenheiten zu sprechen kommt, stellt er selbständige Forschungen an. »*Seine Angaben sind kurz, aber äußerst genau und zuverlässig*« (H. Graetz). Das Werk ist eines der wenigen umfassenden jüdischen Geschichtsbücher, die vor der im 19. Jh. einsetzenden wissenschaftlichen Geschichtsforschung geschrieben wurden. L.Pr.

AUSGABEN: Mantua 1516. – Basel 1580. – Amsterdam 1711. – Warschau 1905. – Oxford 1887 (in A. Neubauer, *Medieval Jewish Chronicles*, Bd. 1; krit.). – Ldn. 1967, Hg. G. D. Cohen [krit.; m. Komm. u. engl. Übers.].

ÜBERSETZUNGEN: In J. Winter u. A. Wünsche, *Die jüdische Literatur seit Abschluß des Kanons*, Bd. 3, Trier 1896, S. 322–326 [Ausz.]. – *Sefer ha-kabala*, M. Katz, Diss. Bern 1913/14 [m. Quellennachw.].

LITERATUR: H. Graetz, *Geschichte der Juden*, Bd. 6, Lpzg. 1861 u. ö.

ABŪ BAKR MUḤAMMAD IBN DĀ'ŪD

* 869 Bagdad
† 21.5.909 Bagdad

(KITĀB) AZ-ZAHRA

(arab.; *Das Buch der Blume*). Anthologie, um 890 zusammengestellt von dem ẓāhiritischen Theologen und Dichter Abū Bakr Muḥammad IBN DĀ'ŪD. – Die frühesten Anthologien arabischer Dichtung, die von Gelehrten in Basra und Kufa im ausgehenden 8. Jh. zusammengestellt wurden, galten den vorislamischen Dichtern, deren Qasiden durch *ruwāt* (»Überlieferer«) z. T. über Generationen mündlich verbreitet und überliefert worden waren. Daß die schriftliche Fixierung der frühesten Dichtung nicht lückenlos zu bewerkstelligen war, liegt auf der Hand; doch auch die schriftliche Überlieferung der islamischen Dichtung ist nur unvollständig erfolgt. So stellen Anthologien wertvolle Quellen dar. Das *Kitāb az-Zahra* gehört zu den frühesten erhaltenen Anthologien, die ausschließlich Dichter der islamischen Zeit berücksichtigen. Es gehört ferner zu der besonderen Art von Anthologien, in denen nach Themen und Motiven geordnet Verse und Gedichte zusammengestellt wurden, die nach dem Urteil der Literaturkritik in sprachlich-rhetorischer Hinsicht interessant waren und als vorbildlich gelten konnten.

Der erste Teil von Ibn Dā'ūds Anthologie ist eine Sammlung umayyadischer und abbasidischer Liebeslyrik. Es sind die ersten 50 der insgesamt 100 Kapitel, die nach Ibn Dā'ūds Plan je hundert Verse enthalten sollten. Die Themen der nach literarkritischen Gesichtspunkten ausgewählten Verse betreffen die Erscheinungsformen, Gesetze und Wechselfälle der Liebe. Der zweite Teil der Anthologie (Edition begonnen 1985) enthält »*die restlichen Arten der Dichtung in Kürze*«, so Ibn Dā'ūd in der Disposition, die er seiner Anthologie voranstellte. – Als Kapitelüberschriften wählte der Kompilator Sprüche in Reimprosa (*saǧʿ*), von denen sich viele als echte Sprichwörter nachweisen lassen. Die Anordnung der Kapitel ist mehr oder weniger willkürlich. In einem weitgehend ebenfalls in Reimprosa abgefaßten Begleittext hat Ibn Dā'ūd Glossen und Erläuterungen zu einzelnen Versen beigefügt, ferner auf Verse bezogene Anekdoten sowie Betrachtungen zum Thema. Mehr als 150 verschiedene Dichter, sich selber eingeschlossen, läßt der Kompilator allein zum Thema »Liebe« zu Wort kommen, darunter so bekannte wie 'UMAR IBN ABĪ RABĪ'A, ABŪ NUWĀS, ABŪ TAMMĀM, AL-BUḤTURĪ, aber auch zahlreiche Gedichte damals schon nicht mehr bekannter Herkunft sind, da sie Ibn Dā'ūds kritischen Anforderungen entsprachen, aufgenommen. Die Auswahl der Verse – die geplante Anzahl von 100 je Kapitel wird allerdings meist nicht erreicht – zeigt Ibn Dā'ūd als ausgezeichneten Kenner der arabischen Dichtung des 8. und 9. Jh.s, der den späteren Generationen mit seiner Anthologie eine Quelle allerersten Ranges, vor allem für die höfische Liebeslyrik in die Hand gegeben hat.

Nach dem Vorbild des *Kitāb az-Zahra* hat Ibn Faraǧ al-Ǧayyānī († 977) seine allerdings nur in Zitaten erhaltene Anthologie *Kitāb al-Ḥadāʾiq (Das Buch der Gärten)* mit Gedichten ausschließlich spanischer Dichter zusammengestellt, und zwar, um Ibn Dāʾūd zu übertrumpfen, 200 Kapitel mit je 200 Versen.   S.Gr.

Ausgaben: Chicago 1932, Hg. A. R. Nykl [Kap. 1–50]. – Neapel 1985, Hg. M. Vallaro (Kap. 51–55; krit.; AION, Suppl., 45, fasc. 4).

Literatur: A. R. Nykl, *Nuevos datos sobre el »Kitāb al-zahra«* (in Andalus, 4, 1936, S. 147–154). – J.-C. Vadet, *L'Esprit courtois en Orient dans les cinq premiers siècles de l'Hégire*, Paris 1968, S. 267–316.

ABŪ L-ḤAṬṬĀB ʿUMAR IBN DIḤYA

* Mitte 12.Jh. Valencia (?)
† 30.10.1235

AL-MUṬRIB MIN AŠʿĀR AHL AL-MAǦRIB

(arab.; *Die in Entzücken versetzenden Gedichte der Leute des Westens*). Anthologie von Abū l-Ḥaṭṭāb ʿUmar Ibn Diḥya. – Der weitgereiste Dichter und Gelehrte Ibn Diḥya, der einige Jahre auch in Ägypten als Erzieher des späteren Sultans al-Malik al-Kāmil (reg. 1218–1238) am ayyubidischen Hof lebte, war nicht zuletzt auch ein angesehener *Ḥadīṯ*-Forscher. Selbst in der vorliegenden Anthologie verleugnet sich der Traditionarier Ibn Diḥya nicht: Er wendet bei der Kompilation die für eine Gedichtsammlung ungewöhnliche, in Ḥadīṯ-Sammlungen jedoch übliche, ja obligatorische Methode des Zitierens an, indem er den Versen und Gedichten meist die ganze Überliefererkette *(isnād)* voranstellt, angefangen mit dem Namen dessen, von dem er die Verse gehört hat, bis zum Verfasser der Verse selbst.

Ibn Diḥya hat die Anthologie in Ägypten im Auftrag des Sultans Muḥammad al-Kāmil zusammengestellt. Er präsentiert in ihr über 50 Dichter des arabischen Spanien und Nordafrika mit längeren oder kürzeren Proben ihrer Dichtung. Die Anordnung der Dichter überließ er dem Zufall. Angaben zur Biographie der Dichter, Anekdoten sowie Verse auch zahlreicher östlicher Dichter, wie Ibn al-Muʿtazz, Abū Nuwās, al-Mutanabbī neben vielen anderen, als weitere Belege im jeweiligen Zusammenhang, flocht er nach Laune ein. Bekannte Dichter wie Ibn ʿAbd Rabbih, Ibn Ḥazm, Ibn Zaidūn, Ibn Šuhaid, Kalifen und Kleinfürsten,

wie al-Ḥakam al-Mustanṣir (Kalif von al-Andalus 961–976), al-Muʿtaḍid Ibn ʿAbbād (Sultan in Sevilla 1042–1069) oder al-Mutawakkil (Sultan in Badajoz 1068–1094), aber auch weniger bekannte Namen sind in eigenen Kapiteln vertreten. – Ibn Diḥyas Hauptanliegen war es, von der Dichtung des arabischen Westens das Wertvollste zu sammeln: Verse, »*die den Hörenden in Erstaunen versetzen und entzücken, Liebespoesie (ḡazal) und nach Art der vorislamischen Qaside verfaßte Liebesklage (nasīb), schöne Beschreibungen (waṣf) und Verse, die durch neue Gedanken ebenso wie durch geistreiche Einfälle*« sich auszeichnen. So weist die Sammlung thematisch große Vielfalt auf: Liebesgedichte, Trinklieder, Beschreibungen von Pferden, Panegyrik u. a. Die Gedichte sind der Form nach fast ausschließlich Qasiden oder *qiṭaʿ* (»Stücke«), die Gattung des *muwaššaḥ* (d. i. ein Strophengedicht) ist mit nur zwei Gedichten des Dichters Abū Bakr Muḥammad vertreten. – Zu den frühesten Dichtern der Sammlung gehören Yaḥyā Ibn Ḥakam al-Ǧazāl († um 870) und Abū l-Qāsim Muḥammad Ibn Hāniʾ (938–973). Am zahlreichsten vertreten sind die Dichter des 12. Jh.s sowie Zeitgenossen Ibn Diḥyas.

Nur von einer kleinen Anzahl der arabischen Dichter Spaniens und Nordafrikas ist ein Dīwān überliefert, so daß wir auf Anthologien wie diese angewiesen sind. Ibn Diḥyas *Muṭrib* ist in seiner Vielfalt eine wichtige Quelle für unsere Kenntnis der Poesie im Westen der arabischen Welt.   S.Gr.

Ausgaben: Kairo 1954, Hg. I. al-Ibyārī, Ḥāmid ʿAbdalmaǧīd u. Aḥmad A. Badawī; Nachdr. Beirut o. J. – Khartum 1958, Hg. M. ʿIwaḍ al-Karīm.

ABRAHAM IBN ESRA

* um 1092 Tudela
† 1167 Calahorra

Literatur zum Autor:
K. Albrecht, *Studien zu den Dichtungen Abrahams ben Ezra* (in ZDMG, 57, 1903, S. 421–473). – I. Levin, *Abraham Ibn Ezra. His Life and His Poetry*, Tel Aviv 1969 [hebr.]. – S. Assaf u. a., Art. *Abraham Ibn Ezra* (in EJ², 8, Sp. 1163–1170). – H. Greive, *Studien zum jüdischen Neuplatonismus. Die Religionsphilosophie des Abraham Ibn Esra*, Bln./NY 1973 [zugl. Hab.Schr. Köln; m. dt. Übers.].

CHAI BEN MEKIZ

(hebr.; *Lebend, Sohn des Erwachenden*). Allegorische Versnovelle von Abraham Ibn esra. – Das kleine Werk schildert in knapper, lebhafter Darstellung eine Reise durch das Weltall. Auf seinen weiten Wanderungen trifft der Erzähler einen ehrwürdigen, rüstigen Greis aus Jerusalem, der ihn vor seinen drei schlimmen Gefährten warnt und ihn durch drei Bereiche geleitet: das Wasser, das Feuer und die Sternenwelt bis nah an Gottes Thron. Die Bewohner der acht Planetenreiche sind entsprechend der astrologischen Charakterlehre beschrieben. Auch die übrigen Personen haben – ebenso wie die geschilderten Vorgänge – allegorisch-typologische Bedeutung; ihr Symbolgehalt bildet sozusagen die unterschwellige Schicht des Werkchens: Das Ich des Erzählers ist die Seele, die Gestalt des Greises verkörpert die Idee der Erkenntnis, und die drei Genossen sind Sinnbilder der Triebe, die den Menschen von Einsicht und Glückseligkeit fernhalten. – Wahrscheinlich haben jüdische *Apokryphen* über Himmelfahrten und andere mystische Überlieferungen Ibn Esra als Quellen für die Thematik seiner Versnovelle gedient. Als direkte Vorlage bei der dichterischen Bearbeitung scheint er einen philosophischen Traktat des persischen Schriftstellers, Arztes und Philosophen IBN SĪNĀ (Avicenna) benutzt zu haben. P.N.

AUSGABEN: Bln. 1886 (in *Diwân des Abraham Ibn Esra mit seiner Allegorie Hai ben Mekiz*, Hg. J. Egers). – Jerusalem ²1960 (in *Ha-schira ha-ivrit bi-Sefarad u-bi-Provans*, Hg. J. Schirmann, Bd. 2; Ausw.).

DIWAN ABRAHAM IBN ESRA

(hebr.). Sammlung der nichtreligiösen Gedichte von Abraham IBN ESRA. – Die von Abraham Ibn Esra, dem klassischen Bibelexegeten aus dem Dichter- und Gelehrtenkreis um JEHUDA HA-LEVI (vgl. dessen *Diwan*), verfaßte weltliche Dichtung teilt das Schicksal eines Großteils der mittelalterlichen hebräischen Belletristik: Während viele der gelehrten und liturgischen Werke des Autors in zahlreichen europäischen Handschriften verbreitet waren und auch schon früh im Druck erschienen, hat sich sein *Diwan* nur in einigen orientalischen Handschriften erhalten. Immerhin sind auf diese Weise Hunderte seiner Gedichte – zum überwiegenden Teil Wein- und Liebeslieder – überliefert; daneben enthält der *Diwan* scharfsinnige Rätsel und auch einige lustige Rangstreitgedichte; besonders interessant ist ein spannungsvolles Kampfgedicht über das Schachspiel. Mit viel Ironie beschreibt Abraham Ibn Esra in zahlreichen seiner Verse das erbärmliche Los des wandernden Gelehrten, der fast immer auf die Gunst und gute Laune seiner manchmal recht geizigen Gastgeber angewiesen ist. Häufig bilden Essen und Trinken das Thema solcher meist derb realistischen Gedichte.

Ein anschauliches Beispiel für den humorvollen, mit Ironie gewürzten Ton vieler seiner Gedichte bieten die folgenden Verse, in denen er sich darüber beklagt, wie hartnäckig er auf seinem Lebensweg vom Pech verfolgt wird:

»*Es haben böse Himmelszeichen, / Als ich geboren ward, auf mich gesehen. / Gut, daß ich nicht mit Kerzen handle, / Sonst würde nie die Sonne untergehen. / Vergebens such' ich nach dem Glücke, / Es täuschen stets mich meines Lebens Sterne, / Ja, handelt' ich mit Sterbekleidern, / Der Tod blieb ewig dieser Erde ferne.*«
(Ü: G. Karpeles)

Abraham Ibn Esra beherrscht meisterhaft die in der Dichtkunst seiner Zeit gebräuchlichen Formen und Metren (eine Fertigkeit, in der er auf seinen Wanderungen durch Italien, Frankreich und England die dort ansässigen hebräischen Dichter unterrichtete). Auch das in Südspanien entstandene »Strophen-« oder »Gürtelgedicht« (arab. *muwaššaha*), dessen Endstrophe – auch »Abgesang« (arab. *harǧa*) genannt – meist in mozarabischer Mundart (einer Mischsprache aus Spanisch und Arabisch) abgefaßt ist, kommt wiederholt in seinem *Diwan* vor. – Nicht im *Diwan* enthalten sind Abraham Ibn Esras religiöse Hymnen (die in die jüdische Liturgie aufgenommen wurden) sowie die Verse, mit denen er seine Kommentare zu den Büchern der Heiligen Schrift einleitete und abschloß. P.N.

AUSGABEN: Bln. 1886 (*Diwân des Abraham Ibn Esra mit seiner Allegorie Hai ben Mekiz*, Hg. J. Egers). – Jerusalem ²1960 (in *Ha-schira ha-ivrit bi-Sefarad u-bi-Provans*, Hg. J. Schirmann, Bd. 1; Ausw.).

ÜBERSETZUNGEN: S. I. Kaempf (in *Nichtandalusische Poesie andalusischer Dichter aus dem elften, zwölften u. dreizehnten Jh.*, Bd. 1, Prag 1858; Ausw.). – *Reime u. Gedichte*, 2 Tle., D. Rosin, Breslau 1885–1894 (hebr.-dt.; Jahresbericht des Jüdisch-theolog. Seminars). – S. Heller (in *Die echten Hebr. Melodieen*, Hg. D. Kaufmann, Trier 1893; Ausw.).

LITERATUR: K. Albrecht, *Studien zu den Dichtungen Abrahams ben Ezra* (in ZDMG, 57, 1903, S. 421–473). – S. M. Stern, *The Muwashshahs of Abraham Ibn Esra* (in *Hispanic Studies in Honour of I. Gonzáles Llubera*, Hg. F. Pierce, Oxford 1959). – K. Heger, *Die bisher veröffentlichten Ḥarǧas u. ihre Deutungen*, Tübingen 1960.

MOSCHE IBN ESRA

* um 1055 Granada
† nach 1135

LITERATUR ZUM AUTOR:
L. Dukes, *Moses ben Esra aus Granada. Darstellung seines Lebens u. literarischen Wirkens, nebst hebr. Beylagen u. dt. Übersetzungen*, Altona 1839; Nachdr. Hildesheim 1973. – A. Díez Macho, *Moše Ibn'Ezra como poeta y preceptista*, Madrid/Barcelona 1953. – D. Pagis, *Secular Poetry and Poetic Theory*.

Moses Ibn Esra and His Contemporaries, Jerusalem 1970 [hebr.]. – Art. *Moses ben Jacob Ibn Ezra* (in EJ², 8, Sp. 1170–1174). – R. I. Braun, *Structure and Meaning in the Secular Poetry of Moshe Ibn Ezra*, Diss. NY Univ. 1981 (vgl. Diss. Abstracts, 42, 1982, S. 5138A).

HA-ANAK

(hebr.; *Die Kette*), auch *Tarschisch (Kleinod)* genannt. Eine Spruchdichtung von Mosche IBN ESRA. – Dieses Jugendwerk eines der bedeutendsten Dichter der Blütezeit der hebräischen Literatur in Spanien enthält in zehn ungleich langen Kapiteln etwa 500 Epigramme. Jedes Kapitel ist nach einem Edelstein benannt, so daß man – da im Hebräischen die Buchstaben auch als Ziffern verwendet werden – aus dem Namen des Edelsteins zugleich die Anzahl der in dem betreffenden Kapitel enthaltenen Sprüche ablesen kann. In den einzelnen Kapiteln werden die Hauptthemen der jüdischen höfischen Dichtung in Spanien behandelt: 1. *Lob des Mäzens* (etwa ein Drittel des Gesamtwerks); – 2. *Von Gelagen, Mundschenken und Musikantinnen*; – 3. *Von Brunnen, Gärten und Singvögeln*; – 4. *Von Liebe und Liebesleid*; – 5. *Von den Plagen des Alters*; – 6. *Von ungetreuen Freunden*; – 7. *Vom Abschiednehmen*; – 8. *Von der Nichtigkeit der Welt und vom Sterben*; 9. *Von der Genügsamkeit*; – 10. *Lob der Dichtkunst und der Weisheit*.
Diese Epigramme des Mosche Ibn Esra bestehen aus Wortspielen mit den verschiedenen Bedeutungen gleichlautender oder gleichgeschriebener Wörter (arab. *taǧnīs*, hebr. *zimudim*; Homonyme). In der arabischen Rhetorik, an der der Autor sich schulte, gilt der *taǧnīs* oder »Vollreim« als höchste Reimkunst; er wurde jedoch nie als Grundlage für ein arabisches Dichtwerk verwendet. – Mit seinem Werk *ha-Anak* wurde Mosche Ibn Esra daher zum Schöpfer einer neuen Literaturgattung, die dann Autoren wie J. ALCHARISI, T. ABULAFIA und – in Ägypten – JOSEF aus Jerusalem (13. Jh.) weiterführten.   P.N.

AUSGABEN: Bln. 1886, Hg. D. H. Günzburg. – Bln. 1935 (in *Schiré ha-Chol*, Hg. H. Brody, S. 295–404).

LITERATUR: T. Lewenstein, *Prolegomena zu M. I. E.s Buch der Tegnis*, Diss. Halle 1893. – S. A. Josef aus Bombay, *Mischbèzet ha-Tarschisch*, Hg. S. Krauss, Wien 1926 [Komm.]. – L. Kopf, *Les gloses françaises dans deux commentaires du Tarsīs de M. I. E.* (in Revue des Études Juives, 11, 1952, S. 87–142).

DIWAN MOSCHE IBN ESRA

(hebr.). Sammlung der weltlichen Gedichte des Mosche IBN ESRA. – Von den nichtreligiösen Gedichten des älteren der beiden Ibn Esra sind etwa 250 erhalten geblieben. Der vor allem als Dichter religiöser Hymnen berühmte Lehrmeister des JEHUDA HA-LEVI (vgl. dessen *Diwan*) besingt in seiner weltlichen Dichtung die Schönheit von Knaben und Mädchen, die Wiederkehr des Frühlings, die Pracht blühender Gärten und den lieblichen Anblick der Natur; er preist Freundschaft und Liebe und die Freuden des Weins, aber er schildert auch die Verzweiflung der durch Kriegswirren heimatlos Gewordenen und beklagt deren hartes Los. Neben der Qaside mit ihren mannigfachen metrischen Möglichkeiten verwendet er in seinen Gedichten auch noch andere Strophen- und Refrainarten der arabischen Poetik. – In dem *Diwan* sind nicht enthalten die von Mosche Ibn Esra verfaßten Hymnen und liturgischen Gedichte (ebenfalls etwa 250); aber seine »Strophen-« oder »Gürtelgedichte« (arab. *muwaššaḥāt*), seine poetischen Episteln sowie seine unter dem Titel *ha-Anak (Die Kette)* zusammengefaßte umfangreiche Spruchsammlung sind ihm angeschlossen. – Einblick in die von Mosche Ibn Esra und seinen Zeitgenossen vertretene Theorie der Dichtkunst gewährt sein in arabischer Sprache geschriebenes Werk *Kitāb al-muhādara wal-mudākara (Buch der Betrachtung und Erinnerung)*, das eine umfassende Darstellung der hebräischen Literatur zu geben versucht.   P.N.

AUSGABEN: Tel-Aviv 1928 (*Schirej Mosche ben Ja'akov Ibn Esra*, Hg. H. N. Bialik u. J. H. Rawnitzki, 2 Bde.). – Bln. 1935, Jerusalem 1940, 2 Bde. (*Schirej*, Hg. H. Brody). – Jerusalem ²1960 (in *Ha-schira ha-ivrit bi-Sefarad u-bi-Provans*, Hg. J. Schirmann, Bd. 1; Ausw.).

ÜBERSETZUNGEN: S. I. Kaempf (in *Nichtandalusische Poesie andalusischer Dichter aus dem elften, zwölften u. dreizehnten Jh.*, Bd. 1, Prag 1858; Ausw.). – S. Heller (in *Die echten Hebr. Melodieen*, Hg. D. Kaufmann, Trier 1893; Ausw.). – *Selected Poems*, S. de Solis Cohen, Philadelphia 1934 [engl.; m. hebr. Text].

LITERATUR: H. Brody, *Der Diwan des Mose Ibn Esra* (in Korrespondenzblatt d. Vereins zur Gründung einer Akad. f. d. Wissenschaft d. Judentums, 9, 1928, S. 27–39).

KITĀB AL-MUHĀDARA WAL-MUDĀKARA

(arab.; *Buch der Erörterungen und Erinnerungen*). Abhandlung über Poetik und Rhetorik von Mosche IBN ESRA. – Der Autor gehört mit JEHUDA HA-LEVI und Salomon IBN GABIROL zu den drei berühmtesten hebräischen Dichtern der spanisch-jüdischen Blütezeit. Seine Schrift über die Poetik und Rhetorik der zeitgenössischen hebräischen Dichter ist wohl das einzige damals entstandene Werk dieser Art. Die Abhandlung ist auch insofern ein Unikum, als der sonst nur hebräisch schreibende Verfasser sich hier seiner arabischen Muttersprache bedient. Dies wird jedoch dadurch gerechtfertigt, daß die Metren der hebräischen Poesie den arabischen nachgestaltet bzw. nachempfunden sind. Der Form nach stellt das Werk eine Antwort auf acht Fragen eines wißbegierigen Mannes dar.

Ibn Esra verteidigt – entgegen der Meinung einiger seiner Zeitgenossen – u. a. die Metapher als legitimes Mittel der Poetik. Zur Bestätigung seiner Auffassung führt er biblische Wendungen an, die nur als Metaphern verstanden werden können. Hierzu bemerkt freilich S. W. BARON mit Recht, daß die Kritik der Zeitgenossen sich weniger gegen die Anwendung der Metapher an sich als vielmehr gegen deren exzessive Verwendung richtet. – Am wichtigsten sind das letzte Kapitel, in dem Moses Ibn Esra die Poesie als Kunstform im allgemeinen behandelt, und der zwanzig »Pforten« umfassende Anhang, der – als eine Art Abriß der Literaturgeschichte – eine Zusammenstellung der von arabischen und hebräischen Dichtern gebrauchten Satzbildungen und Ausdrucksformen bietet.   L.Pr.

AUSGABEN: Petersburg 1895 (in *Wostočnyja sametki*, Hg. P. Kokowzew). – Lpzg. 1924 (*Schirath Israel*, hebr. Übers. v. B. Halper; vollst.). – Jerusalem 1975, Hg. A. S. Halkin [arab.-hebr.]. – Madrid 1985/86, Hg. M. Abumalham Mas, 2 Bde. [m. span. Übers.].

LITERATUR: S. W. Baron, *A Social and Religious History of the Jews*, Bd. 5, NY ²1958, S. 198 u. 315/316. – N. Roth, *Seeing the Bible Through a Poet's Eyes: Some Difficult Biblical Words Interpreted by Moses Ibn Ezra* (in Hebrew Studies, 23, 1982).

SALOMON IBN GABIROL

Avicebron oder Avencebrol

* um 1020 Málaga
† um 1057 oder 1070 Valencia

LITERATUR ZUM AUTOR:
J. Guttmann, *Die Philosophie des Salomon Ibn Gabirol*, Göttingen 1889; Nachdr. Hildesheim/NY 1979. – D. Kaufmann, *Studien über Salomon Ibn Gabirol*, Budapest 1899. – J. M. Millás Vallicrosa, *Šelomo Ibn Gabirol como poeta y filósofo*, Madrid/Barcelona 1945. – E. Bertola, *Salomon Ibn Gabirol (Avicebron). Vita, opere e pensiero*, Padua 1953. – J. Kohlmeier, *Bibliographie zu Ibn Gabirol* (in Freiburger Zs. für Philosophie u. Theologie, 13/14, 1966/67, S. 207–209). – S. Pines u. a., Art. *Gabirol* (in EJ², 7, Sp. 235–246). – J. Schirmann, *Salomon Ibn Gabirol, sa vie et son œuvre poétique* (in Revue des études juives, 131, 1972, S. 323–350). – *Salomon Ibn Gabirol. Ostwestliches Dichtertum*, Hg. F. P. Bargebuhr, Wiesbaden 1976.

DIWAN SALOMON IBN GABIROL

(hebr.). Sammlung der weltlichen Gedichte von Salomon IBN GABIROL; wird seit der Mitte des 19. Jh.s aufgrund eingehender Handschriftenforschungen veröffentlicht. – Außer der berühmten Hymne *Keter malchut (Königskrone)* und dem unter dem Titel *Fons vitae (Quelle des Lebens)* ins Lateinische übersetzten philosophischen Werk über Form und Materie hat Ibn Gabirol etwa 400 lyrische Gedichte (einschließlich seiner zum Teil sehr verbreiteten liturgischen Dichtungen) verfaßt. Obwohl sich seine Lyrik in Form und Thematik stark an arabische Vorbilder anlehnt, ist der Inhalt seiner Gedichte deutlich vom Charakter und persönlichen Schicksal des Verfassers geprägt. Seit früher Jugend an einer schweren Krankheit leidend, hat er einen frühen Tod vor Augen. So zeigt er sich auch seelisch unausgeglichen und voller Spannungen: Oft befallen ihn Ungeduld und Verzweiflung, weil er befürchtet, sein großes philosophisches Werk nicht mehr vollenden zu können; er ist voller Spott und Hohn gegenüber denen, die ihm an intellektueller oder dichterischer Begabung unterlegen sind; Unzufriedenheit und Verbitterung treiben ihn in eine ständige Streitsucht hinein. – Bereits mit fünfzehn Jahren verfaßt er Trink- und Liebeslieder und erwirbt sich dadurch bei der jüdischen Aristokratie, besonders in Malaga und Saragossa, zahlreiche Gönner und Freunde, die ihm Unterstützung und Hilfe gewähren, als er kurz hintereinander beide Eltern verliert. Viele Lob- und Freundschaftsgedichte zu Ehren seiner Gönner sind in jener Zeit entstanden. Doch kurz darauf raubt ihm der Tod gerade den am innigsten verehrten Mäzen, den Fürsten Jekutiel ibn Hassan aus Saragossa (hingerichtet 1039). Die Klage um Jekutiel gehört zu seinen besten dichterischen Schöpfungen. – Auch der als Staatsmann wie als Dichter bedeutende SAMUEL IBN NAGRELLA (genannt Samuel ha-Nagid – »der Fürst«), Minister und Feldherr des Kalifen von Granada, hat den jungen Ibn Gabirol gefördert – trotz mancher heftiger Ausfälle, die sich dieser gegen den älteren und berühmteren Dichter erlaubte. In einer Reihe von Gedichten dokumentiert sich das widerspruchsvolle Verhältnis der beiden. – Die folgende Übersetzung aus einem seiner in Qasidenform abgefaßten Liebeslieder möge einen Eindruck von Ibn Gabirols dichterischem Schaffen vermitteln:

»Mein Freund, deine Blicke schlugen ins Herze mir Wunden. / Du bist Fron mir und Heiland, an dir nur kann ich gesunden. Doch bleibest du harten Herzens, so will ich von hinnen / ins Land der Gazellen ziehn. Sein Rebensaft soll mir dann munden, Und voller Neid magst du wohl auf all die Gazellen hin schaun, / die rings um mein Zelt wie Tauben ihr Lager gefunden.«

Ibn Gabirol beherrscht die hebräische und die arabische Sprache ebenso sicher, wie er die schwierigsten Metren meistert; sein Stil ist flüssig und melodisch, wenn auch manche seiner Gedichte wenig ausgefeilt sind und deshalb sprachliche Unebenheiten aufweisen. Seine genaue Beobachtungsgabe zeigt sich vor allem in Natur- oder Architekturbeschreibungen. Im Gegensatz zu seinen weltlichen Versen, in denen er oft einen sehr herben Ton anschlägt, finden sich in seiner religiösen Dichtung neben ekstatischen Hymnen viele Strophen im Volksliedstil, die von inniger Gottesliebe zeugen.

P.N.

AUSGABEN: Hannover 1858 (*Schire Schlomo. Hebr. Gedichte von Salomon ben Gabirol*, Hg. L. Dukes; Nachdr. Tel Aviv 1969). – Bln. 1898 (*Weltliche Gedichte des Abu Ajjub Soleiman b. Jahja Ibn Gabirol*, Hg. H. Brody, 2 Hefte). – Bln./Tel Aviv 1924 bis 1932 (*Schirej Schelomo ben Jehuda Ibn Gabirol*, Hg. H. N. Bialik u. J. H. Rawnitzki, 7 Bde.). – Tel Aviv ⁵1959, Hg. J. Schirmann [krit.; Ausw.]. – Jerusalem ²1960 (in *Ha-schira ha-ivrit bi-Sefarad u-bi-Provans*, Hg. ders., Bd. 1; Ausw.). – Jerusalem 1975/76 (*Sire ha-ḥol*, Hg. D. Jarden, 2 Bde., m. Einl. u. Komm.).

ÜBERSETZUNGEN: S. Heller (in *Die echten Hebräischen Melodieen*, Hg. D. Kaufmann, Trier 1893; Ausw.). – *Selected Religious Poems*, I. Zangwill, Philadelphia 1923 [Einl. I. Davidson; engl.; Nachdr. NY 1973].

LITERATUR: A. Geiger, *Salomon Gabirol und seine Dichtungen*, Lpzg. 1867 [m. einzelnen Übers.].

FONS VITAE

(mlat.; *Quelle des Lebens*). Philosophischer Dialog von Salomon IBN GABIROL. – Diese älteste überlieferte Fassung eines verlorengegangenen, arabisch geschriebenen Originals mit dem Titel *Yanbu' al-ḥayya (Quelle des Lebens)* stammt aus dem Jahr 1150. Damals übersetzte ein Komitee unter dem Vorsitz des Erzbischofs von Toledo, Raimondo, das Werk des spanisch-jüdischen Neuplatonikers und Moralisten ins Lateinische. Der arabische Name Ibn Gabirols (Abū Ayyub Sulaimān Ibn Gabirul) wurde durch die Übersetzer in Avencebrol bzw. Avicebron entstellt; daß damit Ibn Gabirol gemeint war, geriet in der Folgezeit in Vergessenheit, und man hielt mehrere Jahrhunderte lang Avicebron für einen christlichen Autor. Erst 1846 wurde eine auszugsweise Übersetzung des arabischen Originals ins Hebräische (Titel: *Meqor chajim*) gefunden, die SCHEMTOB FALAQERA im 13. Jh. verfertigt hatte. Seine Bedeutung verdankt dieses Zwiegespräch zwischen Meister und Schüler der Tatsache, daß hier Ibn Gabirol, der auch der »jüdische Platon« genannt wird, als erster in Europa den Neuplatonismus systematisch darstellte und so eine ähnliche Mittlerrolle übernahm wie PHILON aus Alexandria (15/10 v. Chr. bis 45/50 n. Chr.), der ein Jahrtausend vorher Platonisches und jüdisch-orientalisches Gedankengut in seiner Philosophie vereinigt hatte. Obwohl beide Philosophen auf die jüdischen Kreise ihrer Zeit nur geringen Einfluß ausüben

konnten – Ibn Gabirols metaphysische Spekulationen führten zu Zwistigkeiten mit der jüdischen Gemeinde zu Malaga, das er daraufhin verlassen mußte, und sein *Fons vitae* wurde in der jüdischen Philosophie durch die ebenfalls arabisch verfaßten aristotelischen Schriften des MAIMONIDES (1135 bis 1204) verdrängt –, hinterließen beide tiefe Spuren: Philon im Urchristentum, Ibn Gabirol in der christlichen Scholastik des Mittelalters. Allerdings fanden seine Ideen später durch eine dichterische Bearbeitung, seine Hymne *Keter malchut (Königskrone)*, die in die Liturgie des Versöhnungstages einging, auch Aufnahme in die jüdische Geisteswelt.

Die »Quelle des Lebens« ist für Ibn Gabirol die Materie, die er als Grundlage der Existenz und als Lebensursprung alles Geschaffenen auffaßt. Diese Idee zieht sich als Leitfaden durch den ganzen Dialog, der sich aus fünf Abschnitten zusammensetzt: Alle Wesen verdanken ihre Entstehung dem Zusammenwirken von Stoff und Form, und zwar nicht nur die körperlichen, sondern ebenso die »einfachen« oder geistigen Substanzen, die Verbindungsglieder sind zwischen der Ursubstanz (Gott) und der sich auf die neun Kategorien (die physische Welt) verteilenden Substanz. Stoff und Form finden sich stets in der Beziehung von Grundlage und Gegründetem, von Qualifiziertem und Qualität, von Substrat und Attribut: eine und dieselbe Materie durchfließt das ganze Universum, von den höchsten Formen der Geistigkeit bis zu den niedrigsten Stufen der physischen Welt. Doch je mehr sich die Materie von ihrem Ursprung entfernt, desto ungeistiger ist sie. Die Weltmaterie ist das Substrat alles Seienden. Diese Idee der Universalität der Materie ist einer der eigentümlichsten Aspekte der Philosophie Ibn Gabirols. Nach seiner Ansicht kann alles Seiende auf drei Kategorien zurückgeführt werden: auf die Ursubstanz (Gott), auf Materie und Form und auf die Welt. Der Wille Gottes, ausgedrückt durch sein schöpferisches Wort, ist nicht »Vermittler«; dieses Wort ist weder Attribut noch gesonderte Substanz.

Man hat bisweilen geglaubt, daß Ibn Gabirol mit seiner Theorie – einer Mischung von Platonismus, Empedokleischer Philosophie und jüdischem Monotheismus – die jüdische Konzeption mit der PLATONS in Einklang bringen wollte. Dazu muß man jedoch bemerken, daß im Gegensatz zu der Scholastik (auch der jüdischen), die in der Philosophie die »Dienerin« der Theologie sah, die philosophischen Spekulationen Ibn Gabirols frei sind von theologischer oder biblischer Beeinflussung. Daher wurde seine Philosophie auch zum Streitobjekt zwischen den platonisierenden Franziskanern und den in aristotelischem Denken geschulten Dominikanern unter ALBERTUS MAGNUS und THOMAS VON AQUIN. Dieser widersprach Ibn Gabirol in drei Punkten: Die Universalität der Materie, die Vielheit der Formen in einem physischen Wesen (Thomas vertrat stofflose »gesonderte Formen«) und das Vermögen der physischen Substanzen zur Aktivität wurden von ihm nicht anerkannt. – WIL-

HELM VON AUVERGNE nannte Salomon Ibn Gabirol den »*edelsten aller christlichen Philosophen*«; ALEXANDER VON HALES und BONAVENTURA nahmen seine Lehre von den auf Stoff und Form gegründeten geistigen Substanzen an, DUNS SCOTUS und Giordano BRUNO waren ihre glühendsten Verteidiger. Mit Recht schrieb JOURDAIN, man könne das 13. Jh. nicht begreifen, wenn man nicht die Philosophie Ibn Gabirols und ihren Einfluß kenne.

G.Pl.-KLL

AUSGABEN: Münster 1892–1895, Hg. C. Bäumker, 3 Bde. (Beitr. z. Gesch. d. Philosophie d. MA, 1, 2 u. 4). – Jerusalem 1926 (*Sefer Mekor-hajjīm*, J. Bluwstein, hebr. Übers. a. d. Lat.; Einl. J. Klausner; ²1950). – Jerusalem 1964, Hg. A. Zifroni [dies. Übers.].

ÜBERSETZUNGEN: *La source de vie. Livre III*, F. Brunner, Paris 1950 [m. Anm. u. Einl.; frz.]. – *The Fountain of Life*, H. E. Wedeck, NY 1962 [Einl. E. James. Ausw.; engl.]. – *Livre de la source de vie*, J. Schlanger, Paris 1970 [m. Einl. u. Anm.; frz.].

LITERATUR: S. Munk, *Mélanges de philosophie juive et arabe*, Paris 1857, S. 151–167; 262–265; ern. 1955. – D. Kaufmann, *Geschichte der Attributenlehre in der jüdischen Religionsphilosophie des MA*, Gotha 1877, S. 95–115. – J. Guttmann, *Das Verhältnis des Th. v. Aquino zum Judenthum u. zur jüdischen Literatur*, Göttingen 1891. – R. Seyerlen, *Die gegenseitigen Beziehungen zwischen abendländischer und morgenländischer Wissenschaft mit besonderer Rücksicht auf S. I. G. u. seine philosophische Bedeutung*, Jena 1899. – M. Wittmann, *Die Stellung des hl. Th. v. Aquin zu Avencebrol*, Münster 1900. – Ders., *Zur Stellung Avencebrols im Entwicklungsgange der arabischen Philosophie*, Münster 1905 (Beitr. z. Gesch. d. Philosophie des MA, 5/1). – A. Heschel, *Der Begriff des Seins in der Philosophie G.s* (in *Fs. f. Jakob Freimann*, Bln. 1937, S. 68–77). – Ders., *Das Wesen der Dinge nach der Lehre G.s* (in Hebrew Union College Annual, 14, 1939, S. 359–385). – F. Brunner, *Sur le »Fons Vitae« d'Avice'mbron (I. G.), livre 3* (in Studia Philosophica, 12, 1952, S. 171–183). – Ders., *Sur l'hylémorphisme d'I. G.* (in Études Philosophiques, 8, 1953, S. 28–38). – Ders., *La doctrine de la matière chez Avicébron* (in Revue de Théologie et de Philosophie, 6, 1956, S. 261–279; 285–293). – H. Simon, *Der philosophische Gehalt von G.s »Kether Malkhut« im Verhältnis zu seinem »Fons Vitae«* (in WZ Halle, 10, 1961, 6, S. 1351–1354). – F. Brunner, *Études sur le sens et la structure des systèmes réalistes. Ibn Gabirol. L'Ecole de Chartres* (in Ccm., 1, 1958, S. 295–317). – F. Klein-Franke, *Zur Stellung der Philosophie Salomon Ibn Gabirols innerhalb der jüdischen Philosophie des Mittelalters* (in Freiburger Zs. für Philosophie u. Theologie, 13/14, 1966/67, S. 153–160). – J. Kohlmeier, *Der Seinsbegriff Ibn Gabirols* (ebd., S. 161–197). – V. Cantarino, *Ibn Gabirol's metaphysic of light* (in Studia Islamica, 26,

1967, S. 49–71). – J. Schlanger, *La philosophie de Salomon ibn Gabirol. Étude d'un néoplatonisme*, Leiden 1968. – F. Brunner, *Sur la philosophie d'Ibn Gabirol. A propos d'un ouvrage récent* (in Revue des études juives, 128, 1969, S. 318–337). – I. Myer, *Qabbalah. The Philosophical Writings of Salomon Ben Yehuda Ibn Gabirol or Avicebron and Their Connection With the Hebrew »Qabbalah« and »Sepher ha-Zohar«*, NY 1971. – H. Greive, *Salomo Ibn Gabirol u. Johannes Scotus Eriugena. Zu den literarischen Quellen der Philosophie Ibn Gabirols, insbesondere seiner Lehre vom göttlichen Willen* (in Kairos, 14, 1972, H. 1, S. 52–57). – J. L. Rojo Seijas, *Valoración amorraibalista de Abengabirol* (in Repertorio de Historia de las Ciencias Eclesiásticas en España, Bd. 4, Salamanca 1972, S. 149–184). – J. I. Saranyana, *Sobre la inmaterialidad de las sustancias espirituales. Santo Tomás versus Avicebrón* (in Rivista di Filosofia Neo-Scolastica, 70, 1978, S. 63–97). – E. Betton, *Avicebron e l'unica fonte dell'ilemorfismo universale?* (in Actas del V Congreso internacional de filosofía medieval, Bd. 1, Madrid 1979, S. 619 bis 629). – J. A. Weisheipl, *Albertus Magnus and universal hylemorphism: Avicebron* (in Southwestern Journal of Philosophy, 10, 1979, Nr. 3, S. 239 bis 260). – F. Millett, *La connaissance de l'homme dans la philosophie d'Avicebron* (in Journal philosophique, 1, 1985, S. 273–292). – F. Brunner, *Réflexion sur le réalisme de l'idée à propos d'Ibn Gabirol* (in L'Art des confins. Mélanges offerts à Maurice de Gandillac, Hg. A. Cazenave u. J.-F. Lyotard, Paris 1985, S. 99–120).

KETER MALCHUT

(hebr.; *Krone des Königreichs*). Hymnus von Salomon IBN GABIROL. – Neben seinem philosophischen Hauptwerk Fons vitae (hebr.: *Meqor chajim – Quelle des Lebens*) ist dies die bedeutendste Schrift des spanisch-jüdischen Dichters und Philosophen. In *Keter malchut* vereinigen sich religiöse, nationale und philosophische Ideen zu einem gewaltigen Ganzen und geben ein treues Bild von der Weltanschauung der Juden jener Zeit. Hier sind die Grundelemente der Gedankenwelt des Judentums in poetischer Form dargeboten. Eine Betrachtung des Wirkens Gottes im Sinne der mystischen Emanationslehre leitet das Werk ein, doch dann befaßt sich der Dichter mit dem Menschen, mit seiner Seele und ihren göttlichen Kräften. Der Philosoph Ibn Gabirol ist sich der Schwächen der menschlichen Seele bewußt, und er beklagt die Unvollkommenheit, von der sie sich nicht befreien kann. Buße und reuige Umkehr nur bleiben dem Menschen, der sich vervollkommnet seinem Gotte nähern will. Das Gedicht war ursprünglich nicht für die Synagoge bestimmt, doch sein religiöser Inhalt und die Gedanken über Buße und Umkehr, mit denen es schließt, haben nahegelegt, es in die Liturgie des Versöhnungstages der Juden aufzunehmen. Der Hymnus findet sich daher schon seit langem in beinahe allen Gebetsriten für dieses Fest. H.I.G.-KLL

AUSGABEN: Bln. 1838 (*Kether Malchuth*, Hg. J. Hirschfeld, in J. Hapenini, *Bechinoth Olam*). – Tel Aviv 1944/45. – Jerusalem 1950, Hg. I. A. Zeidman. – NY 1972, Hg. P. O. Bernadete u. D. N. Barocas [m. Übers. in mehreren Sprachen].

ÜBERSETZUNGEN: *Kether Malchuth. Königskrone*, X. Richter, Mchn. 1856 [m. Einl. u. Anm.]. – *La couronne royale*, P. Vuillaud, Paris 1953 [m. Einl. u. Anm.; frz.]. – *The Kingly Crown*, B. Lewis, Ldn. 1961 [m. Einl. u. Anm.; engl.].

LITERATUR: A. Geiger, *S. G. u. seine Dichtungen*, Lpzg. 1867. – I. Elbogen, *Der jüdische Gottesdienst in seiner geschichtlichen Entwicklung*, Lpzg. 1913, S. 345. – T. L. Steinberg, *Spheres of Influence. The Cosmographies of Solomon Ibn Gabirol and Bernardus Silvestris* (in Acta, 1980, Nr. 7, S. 39–63).

TIKKUN MIDDOT HA-NEFESCH

(hebr.; *Veredelung der Eigenschaften der Seele*). Populäres Handbuch praktischer Sittenlehre von Salomon IBN GABIROL. – Dieses 1045 in Saragossa (Spanien) in arabischer Sprache (unter dem Titel *Kitab Islah al-ahlaq*) verfaßte Jugendwerk des als Dichter wie als Philosoph gleichermaßen berühmten jüdisch-spanischen Autors wurde 1167 von Jehuda IBN TIBBON aus Granada (um 1120 – um 1190) ins Hebräische übersetzt. Seitdem ist das Werk nur in der hebräischen Fassung überliefert worden. Die mit poetischem Schwung abgefaßte und von großer Lebensklugheit zeugende Schrift ordnet jedem der fünf Sinne des Menschen zwei Tugenden und zwei Laster zu, so daß sich insgesamt zwanzig menschliche Charaktereigenschaften ergeben. Aufgrund dieser eigentümlichen Deutung der fünf Sinne entwickelt der Verfasser eine Ethik, die eine freie, leidenschaftslose Seele und das Streben nach reiner Erkenntnis fordert. Wie auch sonst bei Ibn Gabirol ist nur wenig von den kultisch-zeremoniellen Vorschriften die Rede, die gerade für die jüdische Religion charakteristisch sind, sondern fast ausschließlich von allgemeinen moralischen Gesetzen, die für die jüdische ebenso wie für die anderen monotheistischen Religionen grundlegend sind. So zitiert der Autor neben *Bibel* und *Talmud* auch arabische Philosophen und Dichter. – Das vorliegende Werk hat allerdings längst nicht dieselbe Bedeutung wie Ibn Gabirols späteres philosophisches Hauptwerk *Fons vitae* (*Quelle des Lebens*).   L.Pr.

AUSGABEN: Konstantinopel o. J. [ca. 1500] (in *Chowot ha-lewawot*; Anhang). – Riva di Trento 1562 (u. d. T. *Goren nachon*). – Preßburg 1896 [m. hebr. Komm.]. – Tel Aviv 1951, Hg. Ch. Braun. – Jerusalem 1967 (*Goren nachon*).

ÜBERSETZUNG: in J. Winter u. A. Wünsche, *Die jüdische Literatur seit Abschluß des Kanons*, Bd. 2, Trier 1894, S. 727/728 [Ausz.; Nachdr. Hildes-

heim 1965]. – *The Improvement of the Moral Qualities*, Hg. H. S. WISE, NY 1902 [arab.-engl.; Nachdr. 1966].

ABŪ L-ḤUSAIN MUHAMMAD IBN AḤMAD IBN ĞUBAIR

* 1145 Valencia
† 29.11.1217 Alexandria

RIḤLAT IBN ĞUBAIR

(arab.; *Die Reisebeschreibung des Ibn Ğubair*). Reisetagebuch von Abū l-Ḥusain Muhammad Ibn Aḥmad IBN ĞUBAIR. – Das arabische Reiseschrifttum erlebte im 12. bis 14. Jh. eine Hochblüte. Nachdem die früheren Reisebücher in der Hauptsache Routenbücher waren mit Angaben der Entfernungen und einfachen Mitteilungen, die hauptsächlich praktischen Zwecken dienten, entwickelt sich nun eine neue Art der geographischen Beschreibung, nämlich die *rihla* (Reisebeschreibung) als Schilderung der Pilgerfahrt nach Mekka, wobei sowohl die Wallfahrt selbst als auch die Hin- und Rückreise ausgiebig behandelt werden. – Ibn Ğubairs *Rihla* gehört zu den ersten dieser Art; die bekanntesten nach ihm (in denen er z. T. zitiert wird) sind die Reisebücher von AL-ʿABDARĪ (13. Jh.), AL-BALAWĪ (14. Jh.) und IBN BAṬṬŪṬA (14. Jh.). Neben geographischen Beschreibungen und praktischen Hinweisen enthalten alle diese *rihlāt* (Plural von *rihla*) hauptsächlich Berichte über Erlebnisse auf der Reise, eingehende Schilderungen von Altertümern und Sehenswürdigkeiten, theoretische Betrachtungen über Land und Leute unterwegs, ferner zahlreiche Exkurse literarischer Art sowie Gedichteinlagen (fremde wie auch eigene Gedichte) und ähnliches. Einleitungen zu Stadtbeschreibungen in Reimprosa finden sich zuerst bei Ibn Ğubair; in den späteren *rihlāt* gehören sie unbedingt zum Stil, wobei bisweilen aus der *rihla* des Initiators einfach abgeschrieben wird. Ibn Ğubair, Sekretär des Gouverneurs von Granada, Abū Saʿīd ʿUtmān Ibn ʿAbdalmuʾmin, trat seine Pilgerreise nach Mekka von Granada aus an.
Die Stationen der Hinreise sind Alexandria, Kairo, Aydāb, Ğidda. Auf der Rückreise führte ihn der Weg über Medina durch die arabische Halbinsel nach Bagdad, über Mossul nach Aleppo und Damaskus und von dort nach Tyros und Akko, wo er sich nach Spanien einschiffte. Die Rückreise führte über Sizilien, Sardinien und Ibiza nach Denia. Die gesamte Reise dauerte vom 15. Februar 1183 bis zum 25. April 1185.
Ibn Ğubair hat seine *rihla* in Form eines Tagebuchs abgefaßt und nach dem muslimischen Kalender eingeteilt: Mit jedem muslimischen Monat beginnt er ein neues Kapitel. Zunächst erschöpft sich die

Aufzeichnung in einer knappen Angabe des Reisewegs. Eine erste ausführliche Schilderung verbindet er mit seiner Ankunft in Alexandria. Schon die Einfahrt in den Hafen und die Formalitäten bei der Landung geben Ibn Ǧubair Anlaß zur Klage, die selbst heute an Aktualität nichts eingebüßt hat. Als wunderbar kann Ibn Ǧubair noch den alten Leuchtturm von Alexandria rühmen, der im Jahr 1324 teilweise einstürzte und ein Jahrhundert später endgültig in Trümmern lag. Auch an den folgenden Stationen seiner Reise erzählt er gern von Altertümern und Sehenswürdigkeiten, so beschreibt er den großen Tempel östlich von Iḥmīm (Panapolis) in Oberägypten, die Kaʿba in Mekka, die große Moschee in Aleppo, die Umayyadenmoschee in Damaskus u. a. Da der Autor aus der Zeit vor dem 1219 losbrechenden Ansturm der Mongolen berichtet, die 1258 Bagdad zerstörten und das Abbasiden-Kalifat vernichteten, sind seine Berichte von besonderem Interesse. Am ausführlichsten ist natürlich die Beschreibung der muslimischen heiligen Stätten, wo Ibn Ǧubair am 4. August 1183 ankam und dort verweilte, bis er im muslimischen Monat Ḏū l-Ḥiǧǧa, dem Wallfahrtsmonat (16. März bis zum 13. April 1184), die eigentliche Wallfahrt vollzog.

Außerdem finden sich in dem Werk viele Bemerkungen über die Bevölkerung, ihr Leben und ihre Religion, ferner Notizen zur Historie und historischen Legende sowie Schilderungen von Reiseerlebnissen. Zu den Dingen, die ihm in Syrien besonders auffielen, gehört die Gastfreundschaft, der er vor allem in Damaskus begegnete, wo die Bewohner die zurückkehrenden Mekkapilger bewirteten und die Armen unter ihnen mit Geld versorgten. In Syrien kam er auch in Berührung mit den Kreuzfahrern. Die Städte Akko und Tyros, die er besuchte, waren in der Hand der Kreuzritter, und er wunderte sich, daß dort Muslime unter den ungläubigen Franken lebten, wo es doch für einen Muslim »*keine Entschuldigung vor Gott gibt, falls er in einem der Gebiete der Ungläubigen bleibt, außer vorübergehend, wenn ihm die Möglichkeit offensteht, in ein muslimisches Gebiet zu gehen*«. Beim Anblick muslimischer Gefangener, die schwere Arbeit verrichten müssen, packte ihn das Mitleid, mehr aber noch der Abscheu, Muslime in der Gewalt der Ungläubigen zu sehen. Interessant ist ferner ein Bericht über Palermo, das damals auch noch muslimische Einwohner hatte, die Moscheen und eigene Märkte besaßen. In Trapani auf Sizilien, wo er das muslimische Fest des Fastenbrechens mitfeierte, war er durch äußere Umstände gezwungen, sich über zwei Monate aufzuhalten. So hatte er Zeit, sich über die blühende Kultur Siziliens zu freuen, die »*die Preise niedrig hält und das Leben angenehm macht*«, und vor allem auch darüber, hier den Islam noch weitgehend als die vorherrschende geistige Macht anzutreffen.   S.Gr.

AUSGABEN: Leiden 1852, Hg. W. Wright [krit.]. – Leiden/Ldn. 1907, Hg. M. J. de Goeje [krit.; Nachdr. NY 1973].

ÜBERSETZUNGEN: *Ibn Jobair. Voyages*, M. Gaudefroy-Demombynes, 4 Bde., Paris 1949–1956 (m. Anm.; frz.; Documents relatifs à l'histoire des croisades, 4–7). – *The Travels of Ibn Jubayr*, R. J. C. Broadhurst, Ldn. 1952 [m. Einl. u. Anm.; engl.]. – *Tagebuch eines Mekkapilgers*, R. Günther, Stg. 1985. – Dass., dies., Mchn. 1988 (Goldm. Tb). – in *Altarabische Prosa*, Hg. M. Fleischhammer, Lpzg. 1988 (aus d. Engl.; Ausz.; RUB).

LITERATUR: W. Hoenerbach, *Das Nordafrikanische Itinerar des ʿAbdari vom Jahre 688/1289*, Lpzg. 1940, S. 18–28. – A. Gateau, *Quelques observations sur l'intérét du voyage d'Ibn Jubayr* (in Hespéris, 36, 1949, Nr. 3/4, S. 289–312). – R. Blachère u. H. Darmann, *Géographes arabes*, Paris 1957, S. 318–348.

BADRADDĪN IBN ḤABĪB

* 1310 Damaskus
† 1377 Aleppo

NASĪM AṢ-ṢABĀ

(arab.; *Der Hauch des Ostwindes*). Adab-Werk von Badraddīn IBN ḤABĪB, verfaßt 1355. – Die Reimprosa *(saǧʿ)*, die von der islamischen Freitagspredigt und der politischen Ansprache seit dem 9. Jh. weiter in die Epistolographie, das literarische Vorwort und sogar in die historiographische Literatur übernommen worden war und in Werken wie den *Maqāmāt* von AL-ḤARĪRĪ (s. dort) oder dem *Fatḥ al-qussī* des ʿIMĀDADDĪN AL-KĀTIB al-Iṣfahānī (s. dort) ihre höchste Entfaltung gefunden hatte, wird von Ibn Ḥabīb in seinem *Nasīm aṣ-ṣabā* betitelten Buch durchgängig angewandt und gibt ihm damit eine Sonderstellung innerhalb der Adab-Literatur. Diese durchgehende Anwendung der Kunstprosa nämlich unterscheidet, neben seiner Form und der Intention seines Autors, dieses Werk nicht nur von den didaktischen, sondern auch von anderen schöngeistigen Adab-Werken. In *Nasīm aṣ-ṣabā* ist die kunstvolle Prosa Selbstzweck, und Ibn Ḥabīb fungiert nicht als Berichterstatter oder Überlieferer, sondern ist selbst schöpferischer Künstler, dem ein Adab-Werk von besonderer literarischer Qualität gelingt.

Nasīm aṣ-ṣabā umfaßt dreißig Kapitel von variierendem Aufbau. Die Kapitel 1–9 handeln vom Himmel und den Gestirnen, den Wolken, von Tag und Nacht, von den Jahreszeiten, vom Meer und von der Pflanzenwelt; Kapitel 10 beschreibt den schönen *ǧulām* (»Jüngling«) und Kapitel 11 die ideale *ǧāriya* (»Maid«). Die anschließenden Kapitel beschäftigen sich – abgesehen von drei Kapiteln (18–20) über das Pferd, das Kamel, das Wild und die Vögel – mit allen möglichen Bereichen des menschlichen Lebens, wie der Liebe, dem Trinken, dem grauen Haar und den Farbemitteln, dem Gebrauch verschiedener Waffen, der Schreibkunst; außerdem mit bestimmten Tugenden, wie Tapferkeit, Edelmut, Gerechtigkeit, ferner dem Ausdruck für verschiedene Anlässe, wie etwa Dank und Lob, Glückwunsch und Trauer.

Ibn Ḥabīb richtet sich nicht nach einem durchgängigen Schema, was sich in literarischer Hinsicht durchaus als Vorteil erweist, da der Autor frei ist, seine Meisterschaft in verschiedenen Genres zu zeigen, z. B. mit der *mufāḫara* (»Wettrühmen«) der vier Jahreszeiten (Kap. 5): Frühling, Sommer, Herbst und Winter halten eine Versammlung ab, während der jede Jahreszeit ihre Eigenarten darlegt und ihre Vorzüge rühmt (der Wettstreit endet unentschieden). Hervorzuheben ist auch Kap. 8, das Verse und kurze Prosastücke enthält, in denen Äpfel, Bananen, Granatäpfel, Pistazien und andere Früchte beschrieben oder verglichen werden. – Nicht aus Gründen der Glaubwürdigkeit, sondern aus rein literarischen Gesichtspunkten tarnt Ibn Ḥabīb einige Abschnitte als eigene Erlebnisse, so z. B. das letzte Kapitel, wo er – vielleicht in Anlehnung an die Makamen von AL-HAMAḎĀNĪ und al-Ḥarīrī – die Ermahnungen eines Scheichs wiedergibt, der die Anwesenden auffordert, an Gott festzuhalten, Gutes zu tun, Gewalttätigkeit zu meiden und im Unglück auszuharren.

Der jede Schwerfälligkeit vermeidende Aufbau des Werkes sowie die kunstvolle Prosa mit den eingestreuten Versen und Gedichten formen sich zu literarischen Arabesken, deren Eleganz viel gerühmt wurde und Dichtern und Gelehrten zu Lobreden (*taqrīẓāt*) Anlaß gab, von denen AL-MAQQARĪ († 1632) sechs in seinem historisch-literarischen Sammelwerk *Nafḥ aṭ-ṭīb (Das Duften des Wohlgeruches)* wiedergibt. Die Alexandriner Ausgabe stellt jene *taqrīẓāt* dem Text voran.   S.Gr.

AUSGABEN: Alexandria 1872. – Istanbul 1885. – Kairo 1889/90; ern. 1902.

ʿABDARRAḤMĀN IBN ḤALDŪN

* 27.5.1332 Tunis
† 17.3.1406 Kairo

(KITĀB) AL-ʿIBAR

(arab.; *Das Buch der Beispiele*). Geschichtswerk von ʿAbdarrahmān IBN ḤALDŪN. – Das in drei Bücher eingeteilte Werk behandelt die Geschichte der Araber und Berber. Das erste Buch ist das weitaus interessanteste. Es ist bekannt geworden unter dem Titel *Muqaddima (Vorrede)*. Der Verfasser legt darin zunächst seine Gedanken zur Geschichtswissen-

schaft im allgemeinen nieder und entwickelt geschichtsphilosophische Theorien, die seinen Ruhm als Historiker und Geschichtsphilosoph nicht nur im arabischen Raum begründeten und die wohl nicht zuletzt die Früchte der Erfahrungen sind, die er während seiner Tätigkeit als Politiker und schließlich als Oberkadi von Kairo sammeln konnte. Er ist der erste arabische Schriftsteller, der die Geschichtsschreibung zur Wissenschaft erhebt und sich mit Kulturgeschichte befaßt.

Ibn Ḥaldūn unterscheidet zwei Gesellschaftsformen: das Nomadentum mit den Tugenden Einfachheit, Aufrichtigkeit und gesundes Stammesbewußtsein einerseits und die sich daraus entwickelnde städtische Zivilisation andererseits. Diese erreicht ihre höchste Entwicklungsstufe in der Staatenbildung, ist aber durch den Verlust der ursprünglichen Tugenden der Nomadenbevölkerung, durch zunehmendes Luxusbedürfnis und die immer mehr um sich greifende Korruption schließlich dem Verfall anheimgegeben, bis das dekadente Volk am Ende von einem andern Volk abgelöst wird. So ist die Geschichte ein nicht endender Zyklus von Aufstieg und Niedergang. – An die Darstellung dieses Geschichtsbildes, der die ganze *Muqaddima* gewidmet ist, schließt sich das zweite Buch an, das Nachrichten über die Araber von der Schöpfung bis zur Zeit des Verfassers sowie über andere berühmte Völker, mit denen sie zu tun hatten, enthält, und das dritte Buch, das von der Geschichte der Berber handelt. Doch sind die letzten beiden Bücher lediglich Kompilationen in der herkömmlichen Art.   S.Gr.

AUSGABEN: Beirut 1900. – Beirut 1961. – Aix-en-Provence 1981–1983, 2 Bde. *(Al-Muqaddima)*.

ÜBERSETZUNGEN: *Ibn Chaldun*, A. Schimmel, Tübingen 1951 [Ausz.; m. Bibliogr.]. – *An Introduction to History: The Muqaddimah*, F. Rosenthal, Ldn. 1967 [Ausz.; engl.; Nachdr. 1987]. – *Peuples et nations du monde*, Abdessalam Cheddadi, 2 Bde., Paris 1986 [Ausz.; frz.]. – In *Altarabische Prosa*, Hg. M. Fleischhammer, Lpzg. 1988 (Ausz. aus *Muqaddima*; RUB). – *Abhandlungen über die Künste. Die fünf Abschnitte aus dem Buch Muqaddima* (»*Prolegomena*«), W. Hein, Innsbruck 1988 (arab.-dt.; Innsbrucker Beiträge zur Kulturwiss., Sonderh., 64).

LITERATUR: A. v. Kremer, *Ibn Chaldun u. seine Culturgeschichte der islamischen Reiche*, Wien 1879. – H. Simon, *Ibn Khalduns Wissenschaft von der menschlichen Kultur*, Lpzg. 1959 (Beiträge zur Orientalistik, 2). – M. Alam, *Ibn Khaldun's Concept of the Origin, Growth, and Decay of Cities* (in Islamic Culture, 34, 1960, S. 90–106). – Y. Lacoste, *Ibn Khaldoûn. Naissance de l'histoire, passé du tiers monde*, Paris 1967. – *Ibn Ḥaldun u. seine Zeit*, Hg. D. Sturm, Halle/Saale 1983 (Wiss. Beiträge der Univ. Halle, 1983, 4/ I, 19). – B. Lawrence, *Ibn Khaldun and Islamic Ideology*, Leiden 1984.

AḤMAD IBN ḤANBAL

* November 780 Bagdad
† 31.7.855 Bagdad

MUSNAD IBN ḤANBAL

(arab.; *Der Musnad des Ibn Ḥanbal*). Ḥadīt-Sammlung von Aḥmad IBN ḤANBAL. – Zu einem *ḥadīt* (»Nachricht, Überlieferung, Tradition«) gehören stets zwei Teile: *isnād* und *matn*. Der vollkommene *isnād* (»Stütze«) ist die lückenlose Kette der Tradenten mit einem Prophetengenossen als letztem Glied; *musnad* (»gestützt«) ist die Bezeichnung für einen mit einem vollkommenen *isnād* versehenen *ḥadīt*, gleichzeitig auch für eine Sammlung, deren einzelne Ḥadīte die genannte Bedingung erfüllen und nach dem *isnād* geordnet sind. Der *matn* (»Hauptteil, Text«) ist ein Bericht über Worte oder Verhaltensweisen des Propheten, die seine Stellungnahme zu Fragen des religiösen wie auch des täglichen Lebens erkennen lassen. Sowohl für die Dogmatik und Ethik des Islam als auch für die Rechtsprechung, Wirtschaft und Politik waren die Ḥadīt-Sammlungen nebst dem Koran die wichtigste Informationsquelle und Entscheidungsgrundlage. Die muslimische Gemeinde hatte folglich größtes Interesse, alle Nachrichten von und über Muḥammad zu sammeln. Sammeln und in späterer Zeit kritische Sichtung der Tradition waren Gegenstand der Ḥadīt-Wissenschaft. Die Glaubwürdigkeit eines *ḥadīt* wurde nach einem für unser Empfinden äußerlichen Kriterium beurteilt: Nur von glaubwürdigen Personen Berichtetes war selbst glaubwürdig; ebenso war die Echtheit eines *ḥadīt* erwiesen, wenn die Überliefererkette ausschließlich aus glaubwürdigen Personen bestand. Ibn Ḥanbals *Musnad* ist nicht das früheste, aber das berühmteste Werk dieser Art. Es genoß große Autorität und Wertschätzung und ist – wohl auch deshalb – das am besten erhaltene »Musnad«-Werk. Ibn Ḥanbal strebte Genauigkeit und Vollständigkeit an und erreichte dies durch Aufnahme selbst aller Varianten, deren er auf seinen zu diesem Zweck unternommenen Studienreisen nach Syrien, dem Ḥiǧāz und Jemen sowie im Irak habhaft werden konnte. Das Ergebnis ist ein Mammutwerk: Nahezu 29 000 Traditionen gehen zuletzt auf etwa 700 Prophetengenossen zurück, nach denen sie geordnet sind. Zuerst kommen die hervorragendsten Genossen, beginnend mit den vier »rechtgeleiteten« Kalifen *(ar-rāšidūn)* Abū Bakr, ʿUmar, ʿUtmān und ʿAlī, dann die männlichen Mitglieder von Muḥammads Familie, andere hervorragende Genossen, die medinensischen *anṣār* (»Helfer« des Propheten nach seiner Auswanderung – *hiǧra* – von Mekka nach Medina), dann Autoritäten aus Mekka, Medina, Kufa, Basra, Syrien, schließlich Frauen, vor allem Muḥammads Lieblingsgattin ʿĀ'iša. Das Werk liegt uns in einer Fassung vor, die nach gängiger Meinung von Ibn Ḥanbals Sohn ʿAbdalläh (828–903) nach dem mündlichen Vortrag seines Vaters redigiert ist. Wenn auch ʿAbdallāh nachweislich – er erscheint häufig als jüngstes Glied im *isnād* – Zusätze hinzufügte und das Werk weitertradierte, so gibt es nach F. SEZGIN doch »*deutliche Angaben darüber, daß Ibn Ḥanbal dieses Corpus selbst gesammelt und vollkommen bearbeitet hat*«. Die Sammlung wurde später öfter erweitert, exzerpiert oder umgestaltet; infolgedessen differieren die erhaltenen Handschriften hinsichtlich Umfang und Anordnung des Materials. – Auch nach Ibn Ḥanbals umfangreichem Werk wurden noch zahlreiche Musnad-Werke zusammengestellt, doch konnten sie sich gegen die nach dem *matn*, d. h. nach dem Inhalt der Traditionen geordneten und in der Praxis weit besser zu handhabenden »Muṣannaf«-Werke nicht durchsetzen.
Während Ibn Ḥanbal bezüglich der Textmitteilung von großer Genauigkeit war und auch kleinste Abweichungen im Wortlaut vermerkte, legte er bei der Auswahl der Traditionen noch nicht die strengen Maßstäbe der Ḥadīt-Kritik an, wie etwa der nur wenig jüngere BUḤĀRĪ, Verfasser des Muṣannaf-Werkes *aṣ-Ṣaḥīḥ* (vgl. dort); infolgedessen ist bei ihm weit mehr Material zu finden als bei späteren und strengeren Sammlern. Ibn Ḥanbals *Musnad* diente darum nicht nur den muslimischen Theologen, Rechtsgelehrten und Geschichtsschreibern bis ins 12. und 13. Jh. als unmittelbare Quelle, seine Reichhaltigkeit macht ihn auch für die moderne religions- und kulturhistorische Forschung unentbehrlich.   S.Gr.

AUSGABEN: Kairo 1894 [unvollst.]. – Kairo 1948–1956, Hg. Aḥmad Muḥ. Šākir, 15 Bde. [unvollst.].

LITERATUR: I. Goldziher, *Neue Materialien zur Literatur des Überlieferungswesens bei den Muhammedanern* (in ZDMG, 50, 1896, S. 465–506). – GAS, Bd. 1, S. 504 ff. [m. ausführl. Bibliogr.]. – H. Laoust, Art. *Aḥmad b. Ḥanbal* (in EI², Bd. 1, Sp. 280–286).

ABŪ MUḤAMMAD ʿALĪ IBN ḤAZM AL-ANDALUSĪ

* 7.11.994 Córdoba
† 16.8.1064 Casa Montija

TAUQ AL-ḤAMĀMA FĪ L-ULFA WA-L-ULLĀF

(arab.; *Das Halsband der Taube, über die Liebe und die Liebenden*). Adab-Werk von Abū Muḥammad ʿAlī IBN ḤAZM al-Andalusī. – Als Ibn Ḥazm in Córdoba geboren wurde, war das muslimische Spanien bereits inneren Schwierigkeiten ausgesetzt, Machtkämpfe schwächten das Regime der in Cordoba residierenden Kalifen der Umayyaden-Dynastie und führten schließlich (1031) zu ihrem Sturz. Ibn Ḥazm, dessen Vater unter dem Kalifen Hišām II. (reg. 976–1009) bzw. unter dessen *ḥāǧib* (zu jener Zeit Titel des mächtigsten Mannes nach dem Kalifen) Ibn Abī ʿĀmir al-Manṣūr, der von 978 bis 1002 die eigentliche Macht ausübte, Wesir geworden war, wurde schon früh in das politische Geschehen hineingezogen. Mit dem Sturz seines Vaters (1009) und dessen Tod (1012) endete die glückliche Jugendzeit Ibn Ḥazms, in der er die beste Erziehung genossen hatte. Nach der Eroberung Cordobas durch die Berber (1013) mußte er seine Heimatstadt verlassen. Erst 1019 kehrte er dorthin zurück und wurde 1023 von dem gerade zum Kalifen gewählten Umayyaden al-Mustazhir zum Wesir ernannt, was ihn, nachdem der Kalif von seinen Gegnern ermordet worden war, vorübergehend ins Gefängnis brachte. In der Folgezeit zog sich Ibn Ḥazm völlig aus der Politik zurück und widmete sich ganz der Wissenschaft, besonders der Theologie, und wurde zum bedeutendsten Verfechter der Lehre der Zāhiriten (von *ẓāhir*, »Wortlaut«), jener theologischen Richtung, die nur den äußeren Wortlaut von *Qurʾān* und *ḥadīt* als Grundlage des islamischen kanonischen Rechts gelten ließ und keinerlei Spekulationen duldete. Doch blieb dem Gelehrten echte Anerkennung versagt, und von seinen zahlreichen Schriften sind nur ganz wenige erhalten geblieben.

Ṭauq al-ḥamāma ist ein Frühwerk Ibn Ḥazms, das kurz nach seinem Rückzug aus der Politik entstanden ist. In der Einleitung entschuldigt er sich für die Abfassung einer so weltlichen Schrift: Das Thema »Liebe« habe er auf Wunsch eines Freundes gewählt. Erfreulicherweise verzichtet der Autor darauf zu wiederholen, was andere vor ihm berichtet hatten, Liebesgeschichten der Beduinen z. B. und der »Altvorderen«, wie er in der Einleitung schreibt. Er will nicht die Liebe ferner Zeiten besingen, sondern schildern, was er selber empfunden und erlebt, was er von Freunden und Bekannten erfahren oder an ihnen beobachtet hat, wobei er häufig diskret ihre Namen verschweigt. Das Werk spiegelt die glückliche Jugendzeit des Verfassers wider und gibt einen Einblick in die gebildete muslimische Gesellschaft Spaniens im 11. Jh. Mit Feinsinn und Verstand gibt Ibn Ḥazm eine in der arabischen Literatur einzigartige Darstellung der höfischen Liebe, wobei in vollendetem Stil abgefasste theoretische Erörterungen mit Anekdoten und vielen Gedichten abwechseln, in denen sich der Autor als Dichter von Rang erweist (nur ganz wenige Gedichte anderer Verfasser werden zitiert). Von den dreißig Kapiteln des Werkes befassen sich zehn mit den Ursprüngen der Liebe, zwölf mit ihren Akzidenzien, ihren löblichen und tadelnswerten Eigenschaften, sechs mit den Schicksalsschlägen gegen die Liebe. Immer wieder werden auch die Probleme dargestellt, die mit der Liebe verbunden sein können. Die letzten beiden Kapitel handeln von der Abscheulichkeit der Sünde und der

Vortrefflichkeit der Keuschheit. – Die Kapitel sind nach der Aufeinanderfolge der verschiedenen Stadien der Liebe eingeteilt und zum Teil antithetisch angeordnet. So folgt dem Kapitel, das die Wahrung des Liebesgeheimnisses zum Gegenstand hat, das Kapitel über das Preisgeben des Liebesgeheimnisses und dem Kapitel über die Unterwürfigkeit dasjenige über ungefügiges Verhalten usw. Bei aller Freiheit, mit der Ibn Ḥazm sein Thema behandelt, und bei aller persönlichen Leidenschaft, von der er berichtet, wird seine starke Bindung an den Islam und seine hohe sittliche Lebensauffassung deutlich. S.Gr.

AUSGABEN: Leiden 1914, Hg. D. K. Pétrof [krit.; vgl. dazu Rez. v. J. Goldziher in ZDMG, 69, 1915, S. 192–207]. – Kairo 1959, Hg. H. K. aṣ-Ṣairafī. – Beirut 1980 (*Rasāʾil Ibn Ḥazm al-Andalusī*, Bd. 1, Hg. Iḥsān ʿAbbās).

ÜBERSETZUNG: *Halsband der Taube, über die Liebe und die Liebenden*, M. Weisweiler, Leiden 1941 [m. Vorw.]. – *Halsband der Taube. Von der Liebe und den Liebenden*, ders., Ffm. 21988.

LITERATUR: EI2, Bd. 3, Sp. 814–822. – Q. al-Samarrai, *New Remarks on the Text of Ibn Ḥazm's »Tawq al-Ḥamāma«* (in Arabica, 30, 1983, S. 57–72).

MUḤAMMAD IBN ISḤĀQ

* um 704 Medina
† 767 (?) Bagdad

SĪRAT SAYYIDINĀ MUḤAMMAD

auch *Sīrat rasūl Allāh* oder *as-Sīra an-nabawīya* (arab.; *Das Leben unseres Herrn Muḥammad*, auch *Das Leben des Gesandten Gottes* oder *Die Prophetenbiographie*). Biographie Muḥammads von Muḥammad IBN ISḤĀQ in der Bearbeitung von ʿAbdalmalik IBN HIŠĀM († um 830). – Ibn Isḥāq besaß für sein Vorhaben, eine Biographie des Religionsstifters zu verfassen, die besten Voraussetzungen. Bereits sein Vater ISḤĀQ und sein Onkel MŪSĀ waren anerkannte Überlieferer (sog. »Traditionarier«), die in der ersten Generation nach dem Propheten dessen Handlungen und Worte weitergaben. Muḥammad Ibn Isḥāq selbst galt sowohl bei seinen Zeitgenossen als auch in späteren Generationen als kenntnisreicher Traditionarier, der ein ungewöhnlich gutes Gedächtnis besaß und vor allem über die *maġāzī* (die Kriegszüge Muḥammads) viele Nachrichten gesammelt hatte; doch wurde ihm oft der Vorwurf gemacht, hinsichtlich des *isnād* (d. i. die Kette der Überlieferer) allzu unkritisch gewesen zu sein und auch weniger zuverlässige Informationen verwertet zu haben.

Die *Sīra* – wie das Werk kurz genannt wird – ist Teil eines großen, in seiner ursprünglichen Form nicht erhaltenen Geschichtswerkes mit dem Titel *Kitāb al-Maġāzī*, das aus drei Teilen mit den Überschriften *al-Mubtada'* *(Der Anfang), al-Mab'at (Die Sendung)* und *al-Maġāzī (Die Kämpfe)* bestand. Der erste Teil, eine Geschichte der Menschheit von der Schöpfung an, führte hin zur Person des Propheten und war seiner Funktion nach eine heilsgeschichtliche Vorgeschichte zur Prophetenbiographie. Die Teile zwei und drei waren eine ausführliche Darstellung der Vita Muḥammads, seiner religiösen Sendung und seiner zur Festigung und Ausbreitung des Islam unternommenen *maġāzī*. – Als Quellen benutzte Ibn Isḥāq die Werke seiner Vorgänger, vor allem des Wahb Ibn Munabbih († 728 oder 732) und des Abū ʿAmr aš-Šaʿbī († 721). – In der folgenden Generation wurde Ibn Isḥāqs Geschichtswerk von zahlreichen *ruwāt* (»Tradenten«) überliefert, der Text war in wenigstens fünf Rezensionen im Umlauf. Es wurde viel zitiert, so in dem biographischen Werk von Ibn Saʿd († 845), im Korankommentar und im Geschichtswerk von aṭ-Ṭabarī († 923) u. a., so daß sich der Text des im Original nicht erhaltenen Werkes aus diesen Zitaten zusammen mit der von Ibn Hišām bearbeiteten *Sīra* weitgehend rekonstruieren läßt. Der Gelehrte Ibn Hišām benutzte Ibn Isḥāqs Gesamtgeschichtswerk, um eine Biographie Muḥammads zusammenzustellen; alle Passagen, die sich nicht auf den Propheten bezogen oder auf Ereignisse, die im *Qurʾān* erwähnt sind, ließ er aus, ebenso kürzte er bei vielen Gedichten. Dagegen machte er häufig Anmerkungen und Zusätze, die er jedoch, ebenso wie die Kürzungen, deutlich kennzeichnete, so daß stets erkennbar ist, welche Passagen von Ibn Isḥāq stammen. Da er außerdem den größten Teil der Zitate wörtlich von Ibn Isḥāq übernahm, kann dieser mit Recht als Autor der *Sīra* genannt werden.

Die Vita beginnt mit Muḥammads Genealogie, die bis auf Adam zurückgeführt wird. Es folgen Kapitel über die Könige Südarabiens, über vorislamische Kultstätten und die politische Lage in Mekka. Kapitel über die Eltern des Propheten leiten über zur Biographie Muḥammads, die bis zur *hiǧra* (Auswanderung nach Medina) vor allem anhand von Anekdoten und Legenden dargestellt ist. Über genauere Angaben verfügt Ibn Isḥāq erst für die folgende Periode vor allem für die Zeit der *maġāzī*, für die er sich meist auf Augenzeugenberichte stützen kann. Zu dem dargestellten Stoff äußert sich Ibn Isḥāq nur in wenigen Fällen selbst, ebenso stellt er nur selten abweichende Versionen von Traditionen einander gegenüber. Verhältnismäßig häufig streut er Verse und Gedichte ein; besonders zahlreich sind sie im Zusammenhang mit den *maġāzī* zu finden, wo sie dieselbe Funktion erfüllen wie in der profanen Adab-Literatur: Schmähungen des Gegners, Anstachelungen zum Kampf oder auch die Klage um gefallene Kämpfer. – Ibn Isḥāqs *Sīra*, deren Bewahrung wir Ibn Hišām verdanken, dürfte das älteste Werk dieser Art sein.   S.Gr.

Ausgaben: Göttingen 1858–1860 (*Das Leben Muhammeds nach M. Ibn Isḥāq* bearb. von *A. Ibn Hišām*, Hg. F. Wüstenfeld, 2 Bde.; Nachdr. zul. Ffm. 1962, 3 Bde.). – Kairo 1936, Hg. M. as-Saqqā' u. a. – Kairo 1937, Hg. M. Muḥyiddīn ʿAbdalḥamīd, 4 Bde. – Beirut 1987, 4 Bde.

Übersetzungen: *Das Leben Muhammeds nach M. Ibn Isḥāq* bearb. v. *Ibn Hišām*, G. Weil, Stg. 1864. – *The Life of Muhammad*, A. Guillaume, Oxford 1955 [m. Einl. u. Anm.; engl.]. – *Das Leben des Propheten*, G. Rotter, Tübingen/Basel 1976; Stg. ³1986. – Dass., ders., Mchn. 1988 (Goldm. Tb). – In *Altarabische Prosa*, Hg. M. Fleischhammer, Lpzg. 1988 (Ausz.; RUB).

Literatur: J. Fück, *Muhammad Ibn Isḥāq*, Ffm. 1925. – J. Horovitz, *Die poetischen Einlagen der Sīra* (in Islamica, 2, 1926, S. 308–312). – A. Guillaume, *The Biography of the Prophet in Recent Research* (in Islamic Quarterly Review, 1954). – Ders., *A Note on the Sīra of Ibn Isḥāq* (in BSOAS, 18, 1956, S. 1–4). – R. Sellheim, *Prophet, Kalif und Geschichte. Die Muhammad-Biographie des Ibn Isḥāq* (in Oriens, 18/19, 1967). – GAS, Bd. 1, S. 288 f. [m. Bibliogr.].

MUḤAMMAD IBN AḤMAD IBN IYĀS

* 9.6.1448
† um 1524

BADĀʾIʿ AZ-ZUHŪR FĪ WAQĀʾIʿ AD-DUHŪR

(arab.; *Die Wunder der Blüten bezüglich der Geschehnisse der Zeiten*). Chronik von Muḥammad Ibn Aḥmad Ibn Iyās. – Ibn Iyās beginnt sein Geschichtswerk, dessen Bedeutung in der Darstellung der Geschichte Ägyptens der späten Mamlukenzeit, des Niedergangs der Mamlukenherrschaft und der frühen osmanischen Zeit liegt, nach guter arabischer Tradition mit den Anfängen der Geschichte Ägyptens. Er hat alle Nachrichten über Ägypten zusammengetragen, die im Koran und in den Aussprüchen des Propheten Muḥammad enthalten sind, sodann Äußerungen der Gelehrten, etwa zur Ableitung und Bedeutung des Namens *Miṣr* (d. i. Ägypten), oder über die Wunder Ägyptens (Pyramiden u. a.), sowie zur Beschreibung der Provinzen, Distrikte und Städte des Landes. Auch Verse, in denen Dichter Ägypten, den Nil, den ägyptischen Frühling usw. beschrieben haben, dazu eigene Verse, hat Ibn Iyās aufgenommen. Danach beginnt das eigentliche Geschichtswerk mit den Berichten über die Dynastien und Herrscher Ägyptens von den Pharaonen bis zum Jahr 1522, zwei Jahre vor Ibn Iyās' Tod.

Ibn Iyās hat seine Geschichte Ägyptens von der islamischen Eroberung an nach den Kalifen geordnet; zweites Ordnungsprinzip sind die Gouverneure, später die Mamlukensultane. Innerhalb dieser Ordnung setzt sich allmählich die Annalenform durch, die ab 1248 konsequent eingehalten wird. Die Berichterstattung wird, je mehr sie sich der Zeit des Autors nähert, um so ausführlicher, die Einteilung präziser, die Ereignisse werden Monat für Monat, so weit wie möglich – und ab 1516 fast immer – Tag für Tag notiert.

Bei der Darstellung der früheren Epochen verzichtet Ibn Iyās auf Ausführlichkeit und Länge. Er erweist sich jedoch als gewissenhafter Rechercheur, der sich auch durch Genauigkeit beim Zitieren seiner Quellen auszeichnet, und als wohlunterrichtet. In seiner Einleitung schreibt er, er habe u. a. 37 Geschichtswerke durchgearbeitet. Er bemüht sich, aus widersprüchlichen Informationen die Wahrheit herauszufinden, macht häufig kritische Anmerkungen, vergleicht frühere Ereignisse mit Geschehnissen seiner Zeit und konstatiert gegebenenfalls kausale Zusammenhänge. Dadurch ist sein Werk auch für den Zeitraum von großem Interesse, über den er nicht als Augenzeuge aussagt. – Am ausführlichsten sind die 55 Jahre von 1468 bis 1522 behandelt, jene Zeit also, die der Verfasser als Erwachsener miterlebt hat. Die Chronik dieser Jahre ist von um so größerer Bedeutung, als Ibn Iyās einer der ganz wenigen zeitgenössischen Historiker dieser Epoche war – soweit uns bekannt, der einzige, der in Kairo lebte – und als Augenzeuge und Mitbetroffener berichtet. Er selbst stammt aus einer Mamlukenfamilie – sein Urgroßvater hatte es zum *amīr silāḥ* (»Waffen-Emir«) der Sultane Ḥasan und al-Ašraf Šaʿbān gebracht, sein Vater zum *dawādār tānī* (»Zweiter Sekretär«) des Sultans an-Nāṣir Faraǧ. Er selbst bekleidete kein politisches Amt, kannte aber die Verhältnisse bei Hof und nahm sie und die Fähigkeiten der Herrschenden kritisch unter die Lupe.

In Ägypten herrschten zu dieser Zeit noch die Burǧī-Mamluken: al-Ašraf Qāyitbāy, der 29 Jahre lang mit Umsicht regierte, und – nach vier kurzen Zwischensultanaten – von 1501–1516 al-Ašraf Qānṣauh al-Ǧaurī, den Ibn Iyās als fähigen Herrscher würdigt, dem er aber große Grausamkeit und Härte gegenüber der Bevölkerung, die er unbarmherzig ausbeutete, vorzuwerfen hat. Es ist die Zeit der Ausbreitung des Osmanischen Reiches nach der Eroberung Konstantinopels im Jahr 1453, der Eroberung Syriens, Palästinas und schließlich Ägyptens unter Selīm. Ibn Iyās bringt Nachrichten, die nach Kairo gelangt waren, über die Einnahme der Städte Aleppo und Damaskus, Klagen der Zivilbevölkerung über das Vorgehen der osmanischen Truppen usw. Von der Warte des Bürgertums beobachtet er nach der Einnahme Kairos durch Selīms Armee im Jahr 1517 die Osmanen in den ersten Jahren ihrer Herrschaft, die als eine der ersten Maßnahmen die Deportation der Notablen von Kairo nach Konstantinopel befahlen. – Neben den politischen Ereignissen sind vor allem auch Ibn Iyās' Berichte über das normale Leben in Kairo interessant, über Feste und Skandale, Bauvorhaben, gesellschaftliche Ereignisse und Verbrechen, über Geldwertmanipulationen und die Marktlage. – Die Sprache des Werks steht der Gebrauchsprosa jener Zeit nahe. Die Normen des klassischen Arabisch sind eher nachlässig beachtet.

Die *Badāʾiʿ az-zuhūr* sind nicht in einer Schlußredaktion des Verfassers auf uns gekommen. Aus Teilhandschriften, darunter auch Autographen, mußte die Gesamtchronik zusammengesetzt werden. Die frühen Druckausgaben weisen deshalb Lücken auf, deren letzte erst 1975 geschlossen werden konnte. Von manchen Epochen existieren mehrere Versionen, so vor allem für die Jahre 1468–1516, für welche eine knappe, umgangssprachliche und eine längere und hochsprachliche vorhanden sind. Die kürzere Fassung ist sicher ein Tagebuch, eine Art Notizbuch, das dem Verfasser für die spätere Ausarbeitung als Grundlage diente.

S.Gr.

Ausgaben: Kairo 1884–1888. – Bulak 1893/94. – Lpzg. 1931–1939, Hg. P. Kahle, M. Mustafa u. M. Sobernheim (Tl. III, IV, V; Bibliotheca Islamica, 5c, 5d, 5e; Indices v. A. Schimmel, 1945, 5f; ²1960–1963). – Kairo 1951 (*Unpublished Pages of the Chronicle of Ibn Iyās*, Hg. M. Mostafa). – Wiesbaden 1972–1975, Hg. M. Mostafa (Tl. I u. II; Bibliotheca Islamica, 5a u. 5b). – Wiesbaden 1984–1986, Hg. ders. (Indices; Bibliotheca Islamica, 5f 1/2, 5g, 5h).

Übersetzungen: *An Account of the Ottoman Conquest of Egypt in the Year of H. 922/1516*, W. H. Salmon, Ldn. 1921 (engl.; Oriental Translation Fund, N. S., 25). – *Histoire des Mamlouks circassiens*, G. Wiet (in Bulletin de l'Institut Français d'Archéologie Orientale, 1945, Nr. 2; frz.; enth. die Jahre 1467–1500). – *Journal d'un bourgeois du Caire*, ders., 2 Bde., Paris 1955–1960 [frz.; enth. die Jahre 1501–1522]. – *Alltagsnotizen eines ägyptischen Bürgers*, A. Schimmel, Stg. 1985 [Ausz. aus den Jahren 1501–1516]. – Dass., dies., Mchn. 1988 (Goldm. Tb).

Literatur: W. M. Brinner (in EI², Bd. 3, Sp. 835 bis 837).

ABŪ MUHAMMAD ʿABDALLĀH IBN QUTAIBA

* September/Oktober 828 Kufa
† 889 Bagdad

Literatur zum Autor:
G. Lecomte, *Ibn Qutayba, l'homme, son œuvre, ses idées*, Damas 1965 [Addenda in Arabica, 13, 1966].

(KITĀB) ADAB AL-KĀTIB

(arab.; *Die Bildung des Sekretärs*). Adab-Werk von Abū Muḥammad ʿAbdallāh IBN QUTAIBA. – Mit dem Ausbau von Bürokratie und Verwaltung im Kalifenreich hatte sich das Amt des *kātib* (»*Sekretär*«) zu einem der wichtigsten Ämter überhaupt entwickelt. Im 9. Jh. war der *kātib* ein Beamter, dem nicht nur die Schlußausfertigung, sondern auch die Formulierung von Briefen und Dokumenten oblag, der sogar die Möglichkeit hatte, den Inhalt zu beeinflussen. Seine Stellung war alles andere als untergeordnet, sein Ansehen groß. Man erwartete von ihm Kompetenz in Politik und Finanzfragen, sein Umgang mit höchsten Kreisen verlangte Wissen und Bildung. Eine für seinen Beruf besonders wichtige Voraussetzung war eine exzellente Beherrschung des Arabischen in Grammatik und Stil. Sprachliche Eleganz war ein weiteres Postulat auch für die Erledigung der politischen Korrespondenz. Diese Fähigkeiten waren zu Ibn Qutaibas Zeit offensichtlich nicht mehr selbstverständlich, vor allem die Kenntnis der Feinheiten der arabischen Sprache konnte weniger denn je vorausgesetzt werden, zumal im 9. Jh. mehr noch als in der Anfangszeit der islamischen Verwaltung die Sekretäre *(kuttāb)* iranischer Herkunft waren und ihre Muttersprache nicht das Arabische war. Den Universalgelehrten Ibn Qutaiba erfüllte dieser drohende Bildungsverfall mit Sorge, und er schrieb speziell für die *kuttāb* sein *Adab al-kātib* als ein Kompendium des für sie wichtigen sprachlichen Rüstzeugs.

Ibn Qutaiba gliedert sein Lehrbuch in vier Teile, die er »Bücher« nennt. Im ersten, dem *kitāb al-maʿrifa*, behandelt er Lexikalisches. Nach Beispielen falschen Wortgebrauchs und Interpretationen bestimmter Dualformen und Redensarten bringt er Materialsammlungen zur Erweiterung und Präzisierung des Wortschatzes, wie Personencharakterisierungen, Lexikalisches über Pflanzen, handwerkliche und landwirtschaftliche Geräte, Kleidungsstücke, Waffen usw. und besonders ausführlich über das Pferd: was an ihm geschätzt bzw. als Mangel angesehen wurde, die möglichen Farben und die exakten Benennungen dafür usw. – Der zweite Teil, das *kitāb taqwīm al-yad*, behandelt die Orthographie, der dritte, das *kitāb taqwīm al-lisān*, die korrekte Aussprache, d. h. die korrekte Vokalisierung und Formenwahl. Der letzte Teil, das *kitāb al-abniya*, beschäftigt sich mit der Sprachstruktur. In ihm sind die korrekten Ableitungsformen bei problematischen Radikalen zusammengestellt.

Diesen vier Teilen stellt Ibn Qutaiba ein berühmt gewordenes, für seine Zeit ungewöhnlich umfangreiches und ausführliches Vorwort voran. Dort beklagt er zunächst, daß das Bildungsniveau überhaupt und bei den *kuttāb* im Besonderen auf ein bedauernswertes Maß herabgesunken sei. Dann bemängelt er die fehlende Eleganz im Stil der *kuttāb*, denen zwar die schöne Handschrift wichtig sei, die aber die Stilistik vernachlässigten und z. B. im sprachlichen Ausdruck die Stellung des Adressaten nicht berücksichtigten. Vor allem aber müsse sich der *kātib* um seine Bildung und um die Entwicklung seiner positiven Charakteranlagen bemühen. – Ob nun mit Hilfe Ibn Qutaibas oder aus anderen Gründen, die Schicht der *kuttāb* blieb von einem geistigen Niedergang bewahrt, ihre politische Bedeutung nahm ebenso zu wie ihre Bildung. In der Mamlukenzeit waren sie *die* kultivierte Schicht der arabischen Gesellschaft und kompetent, selber als Verfasser enzyklopädischer Adab-Werke hervorzutreten, wie z. B. AL-QALQAŠANDĪ mit seinem *Ṣubḥ al-aʿšā*. S.Gr.

AUSGABEN: Kairo [?] 1882. – Leiden 1900, Hg. M. Grünert. – Beirut 1982.

ÜBERSETZUNG: *An Extract of I. Kutaiba's Adab al-kātib or the Writers' Guide*, W. O. Sproull, Lpzg. 1877 [Ausz. aus Tl. I; engl.; m. Anm.].

(KITĀB) AL-MAʿĀRIF

(arab.; *(Das Buch) der Kenntnisse*). Adab-Werk von Abū Muḥammad ʿAbdallāh IBN QUTAIBA. – Das *Kitāb al-Maʿārif* ist einerseits als Ergänzung zum *Kitāb Adab al-kātib* gedacht, andererseits aber für einen größeren Leserkreis bestimmt, nämlich für alle, die als gebildet *(adīb)* gelten wollten, denn der Verfasser hat laut Vorrede – ähnlich wie er es im *Kitāb Adab al-kātib* moniert – »*bei vielen hochstehenden Personen*« peinliche Wissenslücken bemerkt. Die Kenntnisse, die Ibn Qutaiba in diesem Werk vermitteln will, sind vor allem historischer Art, d. h. er bringt einen Abriss der Geschichte aus arabisch-islamischer Sicht. Für Ibn Qutaiba ist Geschichte, was in islamischer Tradition als solche überliefert ist; eigene kritische Sondierung erlaubt er sich nicht. Infolgedessen finden sich für die Frühzeit historische Berichte und legendäre Überlieferungen gleichrangig nebeneinander. Ibn Qutaiba beginnt mit dem Schöpfungsbericht und dem Sündenfall. Danach behandelt er die vorislamische Geschichte von Adam über die Patriarchen der *Thora* bzw. des *Alten Testaments*, die Propheten bis Jesus, legendäre Gestalten, wie die Aṣḥāb al-Kahf (Die Siebenschläfer) und Personen monotheistischer Weltanschauung, deren Lebenszeit in die Zeit zwischen Jesus und Muḥammad fällt. Er fährt fort mit den Genealogien der arabischen Stämme, der Genealogie und dem Leben Muḥammads. Daran schliessen sich die Genealogien und Biographien der ersten, der sog. »rechtgeleiteten« Kalifen Abū Bakr, ʿUmar Ibn al-Ḥaṭṭāb, ʿUtmān und ʿAlī an sowie die frühislamische Geschichte anhand zahlreicher Kurzbiographien. Die Geschichte des Kalifats von Muʿāwiya Ibn Abī Sufyān bis al-Muʿtamid ʿalā-llāh (870–892) ist ebenfalls anhand der Kalifenbiographien, zuletzt jedoch nur noch in Form von Aufzählung, dargestellt.

Der folgende Abschnitt ist eine Art »Who's Who« der frühislamischen Kulturgeschichte mit Angaben zur Herkunft und zum Leben (teilweise mit Anekdoten) von berühmten und mächtigen Personen, von Rebellen, Gouverneuren, je weiter fortschreitend, um so mehr in eine Aufzählung übergehend: Vertreter bestimmter Lehrmeinungen und islamische Gelehrte, wie Traditionarier und Koranexegeten, ferner Genealogen, Nachrichtensammler, Grammatiker, Dichtertradenten usw., deren Namen ein Gebildeter kennen sollte, werden von Ibn Qutaiba genannt. Danach folgen enzyklopädische Appendices in Adab-Manier: Ein Abschnitt über die berühmtesten Moscheen, Geographisches, eine Aufzählung der Anführer der islamischen Eroberungen, Bemerkenswertes am Rande der Geschichte, wie die Berufe berühmter Muslime, eine Aufzählung bekannter Personen mit bestimmten Gebrechen, Berichte über berühmt gewordene Kämpfe der vorislamischen Araber (vgl. *Ayyām al-ʿarab*), je ein Abschnitt über die Religionen der vorislamischen Zeit und über islamische Sekten und schließlich je eine kurze Chronik der vorislamischen arabischen Dynastien und der Perserkönige.

Als Quellen nennt Ibn Qutaiba für die archaische und die vorislamische Zeit die Thora, die mündliche und schriftliche christliche arabische Bibelüberlieferung, sowie WAHB (d. h. Wahb Ibn Munabbih, wahrscheinlich dessen *Kitāb al-Maġāzī*). An schriftlichen Quellen benutzte Ibn Qutaiba vermutlich auch IBN AL-MUQAFFAʿS Übersetzungen mittelpersischer Chroniken, freilich ohne ausdrückliche Nennung. Für die spätere Zeit beruft sich Ibn Qutaiba vor allem auf AL-WĀQIDĪ, IBN AL-KALBĪ und IBN ISHĀQ. Außerdem enthält das *Kitāb al-Maʿārif* Zitate früherer Geschichtsschreiber und Fragmente aus verschollenen Werken, z. B. des in Kufa 747 gestorbenen Historikers al-Haitam Ibn ʿAdī.   S.Gr.

AUSGABEN: Göttingen 1850 (*Ibn Coteiba's Handbuch der Geschichte*, Hg. F. Wüstenfeld; Nachdr. Osnabrück 1977). – Kairo 1934, Hg. Muḥammad aṣ-Ṣāwī u. ʿUṭmān Ḥalīl. – Kairo 1960, Hg. Tarwat ʿUkāša.

LITERATUR: G. Lecompe, *L'Ifrīqiya et l'Occident dans le »Kitāb al-Maʿārif« d'Ibn Qutayba* (in Cahiers de Tunisie, 1957, S. 252–255). – G. Lecomte, *Les citations de l'Ancien et du Nouveau Testament dans l'œuvre d'Ibn Qutayba* (in Arabica, 5, 1958, S. 34–46).

(KITĀB) AŠ-ŠIʿR WA-Š-ŠUʿARĀʾ

(arab.; *Über die Dichtung und die Dichter*). Biographische Anthologie von Abū Muḥammad ʿAbdallāh IBN QUTAIBA. – Nachdem um die Mitte des 8. Jh.s die Philologen in Basra und Kufa damit begonnen hatten, das auf ihre Zeit überkommene poetische Erbe zu sammeln und zu sichten, entstand neben den Diwanen und Anthologien auch eine Kategorie von Werken, deren Zweck es war, neben philologischen Kommentierungen *aḫbār* (»Nachrichten«) zu übermitteln, die sich auf die jeweiligen Dichter und deren Gedichte beziehen, ähnlich den biographischen Werken über die Traditionarier. Derartige biographisch ausgerichtete Sammlungen hießen *Ṭabaqāt aš-šuʿarāʾ* (*Die Klassen der Dichter*) oder *Kitāb aš-šiʿr wa-š-šuʿarāʾ*; sie boten die Nachrichten nach Dichtern geordnet, die in einer im großen und ganzen chronologischen Reihenfolge vorgeführt wurden. Die Existenz mehrerer solcher biographischer Anthologien in früher Zeit bezeugen der *Fihrist* (Verzeichnis) des IBN AN-NADĪM oder Zitate in der frühen arabischen philologischen Literatur. Erhalten sind nur das *(Kitāb) Ṭabaqāt aš-šuʿarāʾ* von Muḥammad Ibn Sallām al-Ǧumaḥī († 845) und Ibn Qutaibas *(Kitāb) aš-šiʿr wa-š-šuʿarāʾ*, das bedeutendere der beiden, mit vielfältigen Informationen über berühmte und bedeutende Dichter, »*Nachrichten über ihre Zeit, ihre besonderen Fähigkeiten, die Verse betreffende Umstände, die Stammeszugehörigkeit der Dichter, ihre Abstammung und ihre sämtlichen Namen*« – so des Verfassers programmatische Ankündigung in der Einleitung. Außerdem enthält die Sammlung die für Adab-Kompilationen typischen Anekdoten sowie sachdienliche und sachkundige Anmerkungen über Stil- und Denkfehler, Plagiate u. ä. – Ibn Qutaiba hat das ganze Material nach den Dichtern geordnet und diese wiederum generell, wenn auch nicht durchgehend, in chronologischer Folge von IMRU ʾUL-QAIS bis zu Dichtern der frühen ʿAbbasiden-Zeit.

Mehr als das eigentliche Werk selber interessiert den heutigen Leser Ibn Qutaibas Einleitung, die mit ihrem Abschnitt über die alte und neue Poesie, mit ihren Überlegungen und Theorien zur Dichtung als einer der ältesten arabischen literaturkritischen und literaturwissenschaftlichen Texte angesehen werden kann. Ibn Qutaiba führt aus, daß nicht alle erhaltenen Verse ihrer Qualität wegen überliefert sind und es kaum einen Dichter gibt, der mehrere Gedichtarten gleich gut beherrscht; er legt dar, um wieviel besser es ist, ein Gedicht zu hören, als es nur zu lesen, u. a. mehr. Als Kritiker hält er nur solche Verse für vollkommen, die einen guten Gedanken mit besonders geglücktem sprachlichem Ausdruck vereinen. Von den beiden Arten der Dichter, den hart arbeitenden und den genialen, gibt er den letzteren den Vorzug, wenngleich er einräumt, daß ein Gedicht, an dem der Dichter lange gearbeitet und gefeilt hat, von höchster künstlerischer Vollendung sein kann. In seiner Kritik der arabischen Dichtung ist Ibn Qutaiba frei von Vorurteilen und eingebürgerten Meinungen. Er wendet sich scharf gegen die Überbewertung der alten Dichtung gegenüber der neueren sowie gegen die Tendenz, Gedichte allein schon ihres Alters wegen hoch einzuschätzen und läßt sich bei seinem Urteil allein von sachlichen und ästhetischen Maßstäben leiten.

Von Ibn Qutaiba wird außer dem *Kitāb aš-šiʿr wa-š-šuʿarāʾ* auch ein *Kitāb Ṭabaqāt aš-šuʿarāʾ* genannt, zitiert wird ferner ein *Aḫbār aš-šuʿarāʾ* (*Nachrichten über die Dichter*). Außerdem existiert eine Handschrift mit dem Titel *Dīwān aš-šiʿr wa-š-šuʿarāʾ*. In allen Fällen handelt es sich um dasselbe Werk, das in verschiedenen Redaktionen und mit unterschiedlichen Titeln verbreitet war. S.Gr.

AUSGABEN: Leiden 1875, Hg. H. Rittershausen [nur Einl.]. – Leiden 1904, Hg. M.J. de Goeje [krit.; Nachdr. o. O. u. J.]. – Kairo 1932.

ÜBERSETZUNGEN: *Die Einleitung zu den Dichterbiographien von Ibn Qutaiba*, Th. Nöldeke (in Th. N., *Beiträge zur Kenntnis der Poesie der alten Araber*, Hannover 1864; Nachdr. Hildesheim 1967). – *Introduction au livre de la poésie et des poètes*, M. Gaudefroy-Demombynes, Paris 1947 [frz.; m. Text, Einl. u. Komm.].

'UYŪN AL-AḪBĀR

(arab.; *Die Quintessenz der Nachrichten*). Adab-Enzyklopädie von Abū Muḥammad 'Abdallāh IBN QUTAIBA. – Nachdem Ibn Qutaiba mehrere Spezialwerke verfaßt hatte, die den Wissensstandard bestimmter Gruppen aufbessern oder Kenntnisse über ein bestimmtes Gebiet verbreiten sollten, stellte er mit den *'Uyūn al-aḫbār* eine Enzyklopädie zusammen, die das gesamte Wissen, über das ein Gebildeter unbedingt verfügen sollte, umfaßt und systematisch abhandelt. In dieser Hinsicht leistet Ibn Qutaiba Pionierarbeit, denn die früheren Adab-Werke, soweit sie uns bekannt sind, entbehren eines Systems. AL-ĞĀḤIZ preist sogar seinen Verzicht auf ein System als Vorteil, da er vor allem viele Leser ansprechen und unterhalten, aber auf keinen Fall überfordern will. Ibn Qutaiba dagegen ist ernsthaft wegen der Lücken im Allgemeinwissen der sog. »gebildeten Schicht« besorgt und will – wenn auch unterhaltend – einen ihm unerläßlich scheinenden Fundus an Kenntnissen auf den verschiedensten Gebieten vermitteln, eben diese Auswahl als Quintessenz des Bildungsgutes seiner Zeit.

Der Autor hat den Stoff übersichtlich in zehn Bücher eingeteilt. In Buch 1 behandelt er das Wesen der Herrschaft, die Fähigkeiten, die ein Herrscher haben muß, die Beamten (Statthalter, Richter, Sekretäre), die er benötigt, und die Gesichtspunkte, nach denen er sie auswählen sollte. In Buch 2 sind *aḫbār* über den Krieg zusammengestellt, über Kriegslisten, Waffen, gute und schlimme Vorzeichen, sowie Anekdoten über Feiglinge und Helden. Buch 3 handelt von den Merkmalen und den Ursachen edler Gesinnung, untermauert von Berichten über Taten edler Menschen. Buch 4 dagegen befaßt sich mit den schlechten Charaktereigenschaften: Verlogenheit, Geiz, Dummheit u. a. Sodann wendet sich der Autor den Tieren, Pflanzen und Steinen zu und behandelt abschließend die Geister. Buch 5 ist der Wissenschaft (*'ilm*) gewidmet und belehrt über Bücher und Gelehrte, über das Memorieren und die Rhetorik sowie über die Kunst geistreichen Antwortens und Disputierens. Buch 6 beschäftigt sich mit der Askese, den Ansich-

ten von Asketen zu bestimmten religiösen und ethischen Fragen und endet mit Anekdoten über Gespräche zwischen Asketen und Königen bzw. Kalifen. Buch 7 spricht von dem, was Freunde einander schulden und was sie verbindet, erzählt aber auch von Menschen, die von Freunden zu erbitterten Feinden geworden waren. Buch 8 handelt davon, wie man durch Zurückhaltung, Beharrlichkeit, Geduld, Freundschafts- und Bestechungsgeschenke an das Ziel seiner Wünsche gelangen kann; das gleiche Buch bringt auch Beispiele geistreicher Rede, Dank und Lobpreis. Buch 9 informiert über Nahrungsmittel, Speisen und Getränke, über deren Nutzen und Schaden, sowie über die beim Essen zu beachtenden Sitten, über das Hungern und Fasten, ferner über Leute, die sich beim Bewirten ihrer Gäste als Geizhälse erwiesen, sowie über Heilmittel und gibt medizinische Ratschläge. Buch 10 beschreibt die Frauen und ihre Charakteranlagen, befaßt sich dann mit den Themen Heirat und Coitus und schließt mit Berichten und Geschichten über einige unglücklich Liebende.

Ibn Qutaibas Enzyklopädie ist ebenso wie andere Adab-Werke eine Kompilation. Als Quellen benutzte der Verfasser sowohl mündliche als auch schriftliche Informationen, wobei er bei den ersteren die Kette der Überlieferer (*isnād*) angibt, während die Herkunft der schriftlichen Quellen meist nur ungenau angegeben ist. Häufig zitiert er auch »die Byzantiner« oder »die Inder«, von deren Werken eine große Anzahl in arabischer Übersetzung existierte, nennt aber keine Titel. Ebenso anonym bleiben Zitate, die mit einer der Floskeln *qālat al-atibbā'* (»die Ärzte sagen«), *qāla ba'd al-ḥukamā'* (»einer der Weisen sagt«) o. ä. eingeleitet sind. Außerdem schöpfte Ibn Qutaiba aus dem großen literarischen allgemeinen Bildungsrepertoire, zu dem Anekdoten ebenso gehörten wie die Poesie, die alten *amṯāl* (»Sprichwörter«) und die ganze religiöse und profane Überlieferung der frühislamischen Zeit. Die *'Uyūn al-aḫbār* mit ihrem »Basiswissen« wurden Vorbild und Quelle für spätere Adab-Werke, unter denen die beiden Enzyklopädien *al-'Iqd al-farīd* von IBN 'ABD RABBIH und *al-Mustaṭraf* von AL-IBŠĪHĪ hervorzuheben sind. S.Gr.

AUSGABEN: Weimar/Straßburg 1898–1908, Hg. C. Brockelmann (in Beihefte zur ZA, Bde. 18–21; Buch 1–4; krit.). – Kairo 1925–1930.

ÜBERSETZUNGEN: *Ibn Quteiba's 'Uyun al-Akhbar*, J. Horovitz (in Islamic Culture, 4, 1930, S. 171 bis 198; 488–530; 5, 1931, S. 1–27; 194–224; bis Anfang des 2. Tls.; engl.). – *The Natural History Section from a 9th Century Book of Useful Knowledge, The 'Uyun al-akhbar of Ibn Qutayba*, L. Kopf, Paris/ Leiden 1949 [Tl. des 4. Buches].

LITERATUR: Ch. Pellat, *Les encyclopédies dans le monde arabe* (in Cahiers d'Histoire Mondiale, 9, 1966, Nr. 3; ern. abgedr. in Ch. Pellat, *Études sur l'histoire socio-culturelle de l'Islam (VIIe–XVe s.)*, Ldn. 1976, S. 631–658).

ABŪ BAKR IBN ʿABDALMALIK IBN QUZMĀN

† 2.10.1160 Córdoba

IṢĀBAT AL-AĠRĀD FĪ ḎIKR AL-AʿRĀḌ

(arab.; *Das Treffen des Zieles in der Beschreibung des Ruhmes*). Gedichtsammlung von Abū Bakr Ibn ʿAbdalmalik IBN QUZMĀN. – Die Sammlung enthält ausschließlich *zaǧal*-Gedichte. Das *zaǧal* ist ein Strophengedicht in arabischer Umgangssprache. Es trat zuerst im 11. Jh. im arabischen Spanien auf und erfreute sich dort größter Beliebtheit in der höfischen und der bürgerlichen Gesellschaft. Durch Ibn Quzmān, seinem wichtigsten Vertreter, hat das *zaǧal* literarischen Rang erlangt. Es besteht aus einer Einleitungsstrophe von meist nur einem Verspaar. Daran schließen sich beliebig viele Strophen von meist mehreren Verszeilen an, wobei die letzte jeweils auf die Einleitungsstrophe reimt. Neben dem sich so ergebenden Reimschema (*aa/ bbba/ccca* usw.) finden sich kompliziertere Varianten (z. B. *abab/cdcdcd/abab/efefef/abab/* usw.). Welche Metren dem *zaǧal* zugrunde liegen, ist in der Forschung umstritten, nicht einmal über das metrische Prinzip herrscht Einigkeit. Diese Unsicherheiten hängen mit der verwendeten Sprache zusammen. – Unklar ist auch die Herkunft des *zaǧal*. Es besteht sicher ein Zusammenhang mit dem hocharabischen Strophengedicht *al-muwaššaḥ* (5 Strophen, Reimschema: *aa/bbbaa/cccaa/* usw.), das weit früher gerade im arabischen Spanien und in Marokko bezeugt ist. Formale und inhaltliche Parallelen zur altprovenzalischen Troubadour-Dichtung haben zu kontroversen Theorien über Abhängigkeiten geführt. Inhaltlich zeigt das *zaǧal* im allgemeinen eine Dreiergliederung: erotische Einleitung (*ġazal*), kurzer Übergang (*duḫūl*) und Lob (*madḥ*). Mit dem *ġazal* ist oft das Thema »Wein« verknüpft. Das Lob gilt vor allem der Generosität dessen, dem das Gedicht gewidmet ist, und von dem sich der Dichter Belohnung erhofft.

Ibn Quzmāns Stärke liegt vor allem im ersten Teil des *zaǧals* mit seinen Szenen aus dem bürgerlichen, städtischen Leben. Sein Ton ist häufig scherzend, ja frivol, doch sind seine *zaǧals* auch voll zarter Empfindung. Ibn Quzmān gibt vor, alle seine *zaǧals* improvisiert zu haben. Tatsächlich erzielt er durch die verwendete Sprache (das im täglichen Leben gesprochene Spanisch-Arabische), seine spontan wirkende Ausdrucksweise und den behutsamen Umgang mit rhetorischen Figuren den Eindruck unmittelbarer Improvisation. Seine Sammlung *Iṣābat al-aġrād*, die nur in einer einzigen Handschrift überliefert ist, enthält 149 *zaǧals*, das längste besteht aus 42 Strophen. Die meisten Gedichte der Sammlung sind panegyrische Gedichte nach dem oben beschriebenen Schema, andere haben jeweils nur ein Thema: Liebe und Wein, Bettelei oder Lob.   S.Gr.

AUSGABEN: Bln. 1896 (*Le Divan d'Ibn Guzman*, Hg. D. de Gunzburg; Fasc. I). – Madrid 1933 (A. R. Nykl, *El Cancionero de Šeiḫ, Nobilisimo Visir, Maravilla del Tiempo Abū Bakr Ibn ʿAbd-al-Malik Aben Guzmán*). – Helsinki 1941 (in *Ibn Quzmān*, Hg. O. J. Tuulio; krit.). – Madrid 1972 (in *Todo Ben Quzmān*, Hg. E. García Gomez, 3 Bde.; m. span. Übers. u. Erl.). – Madrid 1980 (in *Gramática, Métrica y Texto del Cancionero Hispanoárabe de Aban Quzmán*, Hg. F. Corriente; m. Erl.).

LITERATUR: W. Hoenerbach u. H. Ritter, *Neue Materialien zum Zacal* (in Oriens, 3, 1950). – S. M. Stern, *Studies on Ibn Quzman* (in Andalus, 16, 1951, S. 379–425). – EJ², Bd. 3, Sp. 873–876.

ABŪ ʾL-WALĪD MUHAMMAD IBN AHMAD IBN RUŠD (AVERROES)

* 1126 Córdoba
† 1198 Marrakesch

TAFSĪR KITĀB AN-NAFS

(arab.; *Großer Kommentar zum Buch über die Seele*). Kommentar von Abū ʾl-Walīd Muḥammad ibn Aḥmad IBN RUŠD zur Schrift des ARISTOTELES *Peri psychēs*. – Der arabische Philosoph hat zu den meisten Schriften des Aristoteles sowohl »große« und »mittlere« Kommentare als auch kürzere Zusammenfassungen geschrieben. Der wichtigste und im Abendland einflußreichste dieser Kommentare ist der *Große Kommentar zum Buch über die Seele*. Das Werk ist nicht in der arabischen Originalfassung, sondern nur in der lateinischen Übersetzung (vor 1230) des MICHAEL SCOTUS erhalten: *Commentarium magnum in tres libros de anima*.

Averroes schließt unter den Aristotelikern der arabischen Falsafa am engsten an Aristoteles an; doch auch seine Philosophie zeigt den für den arabischen Aristotelismus typischen neuplatonischen Einschlag. Aristoteles gilt ihm als unangreifbare Autorität, als »*Idealbild, das die Natur hervorgebracht hat, um die höchste menschliche Vollkommenheit darzustellen*«. In seinem Kommentar bemüht sich Averroes um engen Anschluß an die aristotelische Schrift. Er gliedert sie in 325 kleine Textstücke auf und schließt an jedes Textstück ein mehr oder weniger ausführliches *commentum* an. Averroes entwickelt seine Aristoteles-Interpretation in kritischer Auseinandersetzung mit anderen Aristotelikern, besonders ALEXANDER aus Aphrodisias, THEMISTIOS, al-FĀRĀBĪ und IBN BĀǦǦA (Avempace).

Die philosophisch bedeutsamste und geistesgeschichtlich wirksamste Lehre des Kommentars ist die These, daß es für alle Menschen nur einen einzigen Intellekt gebe. Soweit sich diese These auf den aktivwirkenden Intellekt bezog, war sie nicht neu; schon IBN SĪNĀ (Avicenna) hatte gelehrt, daß es nur eine *intelligentia agens* gebe, die Bedingung und Quelle des Wissens aller Menschen sei. Averroes behauptet dagegen, daß auch der rezeptiv erkennende Intellekt (er nennt ihn durchweg *intellectus materialis*) numerisch einer sei für alle Menschen. Jeder Mensch hat zwar eine ihm eigene Seele, diese ist aber nichts anderes als eine besonders hochentwickelte Tierseele, der typisch geistige Fähigkeiten fehlen. Die von der einzelnen Menschenseele aufgenommene und in ihr verarbeitete Sinneserfahrung ist bloße Bedingung und bloßes Material der geistigen Erkenntnis, deren eigentliches Subjekt der vom individuellen Menschen verschiedene und mit ihm nur in Wirkgemeinschaft stehende Intellekt ist. Nicht die individuelle Menschenseele ist geistig und unsterblich, sondern nur der allgemein-menschliche Intellekt. Das eigentliche philosophische Motiv für diese Lehren ist in dem Bemühen zu suchen, durch Einführung eines vom körperlichen Menschen völlig unabhängigen apriorischen Erkenntnisprinzips die Allgemeingültigkeit des Erkennens zu begründen.

Das geistige Leben im lateinischen Kulturkreis, in den der Kommentar des Averroes bald nach 1230 eintrat, war gekennzeichnet von den Auseinandersetzungen um das Für und Wider der Aristotelischen Philosophie. Es ist verständlich, daß die Thesen des Averroes, die vor allem wegen ihrer Abwertung der individuellen menschlichen Person und wegen ihrer Konsequenzen für die Lehre von der persönlichen Unsterblichkeit den christlichen Philosophen unannehmbar erscheinen mußten, einerseits die Antiaristoteliker in ihrer ablehnenden Haltung bestärkten, andererseits die christlichen Aristoteliker zur Reaktion gegen die averroistische Interpretation und zur Ausbildung eines eigenständigen Aristotelismus anregten. Schon 1256 disputierte ALBERTUS MAGNUS am päpstlichen Hof zu Anagni gegen die averroistische Intellektslehre; die Disputation hat später in der Schrift *De unitate intellectus contra Averroem* ihren Niederschlag gefunden. THOMAS VON AQUIN schrieb 1270 sein Opusculum *De unitate intellectus contra Averroistas*. Mittlerweile war seit etwa 1265 an der Universität Paris eine philosophische Richtung entstanden, die in der Aristoteles-Interpretation weitgehend dem Averroes folgte und aristotelisch-averroistische Lehren als philosophische Wahrheit vertrat, auch wenn diese Lehren der christlichen Offenbarung widersprachen (die Offenbarungswahrheiten wurden trotzdem nicht geleugnet); als wichtigste Vertreter dieser Bewegung gelten BOETIUS VON DAKIEN und SIGER VON BRABANT. Obwohl der sogenannte »lateinische Averroismus« 1277 vom Pariser Erzbischof feierlich verurteilt wurde, lebte er als eine beachtliche philosophische Strömung im Spätmittelalter und in der Renaissance weiter, so bei JOHANNES VON JANDUN († 1328), THADDÄUS VON PARMA (um 1320), AUGUSTINUS NIPHUS († 1538). Die Gedanken des Averroes sind in der

europäischen Philosophie immer präsent geblieben. LEIBNIZ setzt sich oft kritisch mit ihnen auseinander. Als KANT 1781 die *Kritik der reinen Vernunft* veröffentlichte, haben seine Gegner ihm vorgehalten, seine Philosophie sei eigentlich ein erneuerter Averroismus, eine These, die nicht als völlig absurd gelten kann. J.Ve.

AUSGABEN: Padua 1472. – Venedig 1562 (in *Aristotelis opera cum Averrois commentariis*, 10 Bde. u. 3 Suppl. Bde., 1562–1574, Suppl. Bd. 3; Nachdr. Ffm. 1962). – Cambridge (Mass.) 1953, Hg. F. S. Crawford (*Corpus commentariorum Averrois in Aristotelem, versionum Latinarum*, Bd. 6/1). – Die in Cambridge (Mass.) begonnene Reihe *Corpus Commentariorum Averrois in Aristotelem* ist mit mehreren Erst- u. Neuausgaben in Jerusalem, Madrid und Kairo fortgesetzt und zu einem *Corpus Averrois* (neuerdings *Averrois Opera* oder *Opera Averrois*) erweitert worden [noch nicht abgeschlossen].

LITERATUR: W. Totok, *Handbuch der Geschichte der Philosophie*, Bd. 2, Ffm. 1973, S. 277–283; 455–461; 586 bis 589. – R. Lerner, *A. on Plato's Republic: Translated With an Introduction and Notes*, Ithaca/Ldn. 1974. – G. C. Anawati, *Bibliographie d'A.*, Algier 1978. – *Multiple A.: Actes du Colloque International organisé à l'occasion du 850e anniversaire de la naissance d'A.*, Paris 1978. – *Convegno internazionale. L'averroismo in Italia*, Rom 1979. – K. P. Bland, *The Epistle on the Possibility of Conjunction with the Active Intellect by Ibn Rushd ... A Critical Edition and Annotated Translation*, NY 1982. – C. Genequand, *Ibn Rushd's Metaphysics: A Translation With Introduction of Ibn Rushd's Commentary on Aristotle's Metaphysics, Book Lām*, Leiden 1984. – B. S. Kogan, *A. and the Metaphysics of Causation*, Albany 1985.

JOSEPH BEN ME'IR IBN SABARA

* um 1140 Barcelona
† um 1200 Barcelona

SEFER HA-SCHA'ASCHU'IM

(hebr.; *Buch des Ergötzens*). Ethisch-satirischer Roman von Joseph ben Me'ir IBN SABARA (Spanien). – Der Autor, der als Arzt in Barcelona lebte, ist neben seinem Zeitgenossen Jehuda ben Salomo AL-CHARISI der wichtigste Vertreter des hebräischen mittelalterlichen satirischen Romans, worunter freilich nicht ein Roman im modernen Sinn verstanden werden darf, sondern eine lose Folge von kleinen Novellen, Anekdoten, Wechselgesprächen, Parabeln und Sprüchen, eingebettet in eine Rahmenerzählung. In dem vorliegenden Werk, das als erstes in der hebräischen Literatur durchgehend in

Reimprosa geschrieben ist, werden nach der Art der Makamendichtung zwei Personen vorgeführt, die gemeinsam eine Reise unternehmen: der Verfasser und sein Begleiter, der Dämon Enan. Der Ich-Erzähler sträubt sich zunächst gegen die von Enan vorgeschlagene Reise und erzählt als warnendes Beispiel die Fabel vom Leoparden, der sich vom Fuchs verleiten ließ, sein Heim zu verlassen, dann vom Fuchs betrogen wird und schließlich samt seiner Familie bei einer Überschwemmung umkommt. Die Frau des Leoparden hatte ihren Mann rechtzeitig vor der Reise gewarnt, was zu vielen, manchmal sehr pikanten Abschweifungen zum Thema der guten und der schlechten Frau Anlaß gibt, also zu Einschaltungen innerhalb der größeren, eingefügten Geschichte vom Leoparden und vom Fuchs. – Hierauf tritt die Haupterzählung aus dem Stadium des Dialogs in das der Handlung: Der Erzähler läßt sich überreden, dem Dämon zu folgen, und bereist mit ihm zahlreiche Länder. Immer wieder geben kleine Zwischenfälle Anlaß zu eingestreuten Fabeln und Anekdoten, wobei das Thema »Frau« im Vordergrund steht. Dieses Thema zieht sich wie ein roter Faden durch die ganze Erzählung (auch über Sokrates und Xanthippe findet sich eine Anekdote) und bewahrt dadurch dem Werk – trotz der vielen Abschweifungen – eine gewisse innere Einheit. Die Erzählung klingt auch aus in einem Lob des wackeren Weibes: Enan heiratet nach Beendigung der Reise eine gute Frau, die einen mäßigenden Einfluß auf seinen »dämonischen« Charakter ausübt. Der Erzähler kehrt indessen in seine Heimatstadt Barcelona zurück.

Die Erzählung ist trotz ihrer lehrhaften Tendenz nie in moralisierendem Ton gehalten; der Autor ist vielmehr bestrebt, durch lebendige, humorvolle, oft sarkastische Schilderungen zu unterhalten, und sucht die Welt zu verbessern, indem er ihr auf drastische Weise einen Spiegel vorhält. Die einzelnen Geschichten und Anekdoten sind nur zum Teil eigene Erfindungen des Verfassers; oft hat er überlieferte Stoffe verarbeitet, darunter bekannte Motive der Weltliteratur. Indische Motive dürften der Leopard-Fuchs-Erzählung zugrunde liegen. – Da der Autor tatsächlich ausgedehnte Reisen unternahm, sehen manche in dem Roman auch eine schalkhaft-ironische Reaktion auf seine mehr schlechten als guten Reiseerfahrungen.   L.Pr.

AUSGABEN: o. O. u. J. [Konstantinopel 1577], Hg I. Akrisch. – NY 1914, Hg. I. Davidson [krit.] Bln. ²1924.

ÜBERSETZUNGEN (Ausz.): In J. Winter u. A. Wünsche, *Die jüdische Literatur*, Bd. 3, Trier 1896, S. 140–150. – In M. J. ben Gorion, *Der Born Judas*, Bln. 1934, S. 175–177.

LITERATUR: I. Abrahams (in Jewish Quarterly Review, Ldn. 1894, S. 502–532). – M. Waxman, *A History of Jewish Literature*, Bd. 1, NY 1930, S. 458–463; Nachdr. 1960. – H. Schwarzbaum, *The Value of Ibn Zabara's 12th-Century »Sepher*

Sha'ashu'im« (Book of Delight) for the Comparative Study of Folklore (in *Folklore Studies in the 20th Century*, Hg. V. J. Newall, Woodbridge 1978, S. 391–397). – J Dishon, *»Sefer Sha'ashu'im«*, Jerusalem 1985.

MUḤAMMAD IBN SAʿD

* um 784 Basra
† 16.2.845 Bagdad

(KITĀB) AṬ-ṬABAQĀT AL-KUBRĀ

auch *(Kitāb) at-Ṭabaqāt al-kabīr* (arab.; *Das große Klassenbuch*). Biographisches Werk von Muḥammad IBN SAʿD. – Das vorbildhafte Verhalten des Propheten Muḥammad, seine Anordnungen und Belehrungen, für die islamische Gesellschaft später zur Rechtsnorm geworden, sind im *ḥadīt* (»Überlieferung«) tradiert. Die Echtheit einer Überlieferung ergibt sich für den Muslim nicht aus inhaltlichen Gründen des Traditionstextes *(matn)*, sondern aus der lückenlosen Kette glaubwürdiger Gewährsleute bzw. Überlieferer dieser Tradition. Diese besondere Art der Ḥadīt-Kritik erforderte Nachschlagewerke, mittels derer Lebensdaten und Glaubwürdigkeit der betreffenden Frauen und Männer überprüft werden konnten. Eine spezielle Gattung dieser Nachschlagewerke ordnet die Überlieferer nach »Gruppen« oder »Klassen« *(ṭabaqāt)*, d. h. gemäß ihrer zeitlichen oder geographischen Zugehörigkeit. Das älteste Werk dieser Art – soweit uns bekannt – ist das *Kitāb aṭ-Ṭabaqāt* des Ibn Saʿd, des bedeutendsten Schülers AL-WĀQIDĪS – des Verfassers des *Kitāb al-Maǧāzī* (vgl. dort) –, dessen Werke Ibn Saʿd als Quelle zitiert.

Ibn Saʿd beginnt mit einer ausführlichen Lebensbeschreibung des Propheten Muhammad, die nach dem *Fihrist* (»Verzeichnis«) des IBN AN-NADĪM im 10. Jh. separat unter dem Titel *Aḫbār an-nabī (Nachrichten über den Propheten)* verbreitet war. Die eigentlichen *Ṭabaqāt* beginnen mit den Biographien der *aṣḥāb* (Prophetengenossen), die direkt von Muḥammad Gehörtes oder als Augenzeugen Erlebtes berichten. Die Prophetengenossen sind in folgende »Klassen« gegliedert: 1. Diejenigen *muhāǧirūn* (das sind die Mekkaner, die mit Muhammad nach Medina ausgewandert waren), die in der Schlacht von Badr (624) mitkämpften; 2. diejenigen *ansār* (das sind die Medinenser, die Muhammad aufgenommen hatten), die in der Schlacht von Badr mitkämpften; 3. die übrigen *muhāǧirūn* und *ansār*; 4. weitere Prophetengenossen, die noch vor der Eroberung von Mekka (630) den Islam angenommen hatten. Danach folgen die Biographien der *tābīʿūn* (»Nachfolgende«), d. h. der Überlieferer, die von den *aṣḥāb* tradierten, wobei öfter diejenigen zusammengefaßt sind, die auf dieselben Gewährsleute der ersten Generation zurückgehen. Die »Klassen« der *tābiʿūn* stellt Ibn Saʿd nach geographischer Ordnung zusammen, beginnend mit den *tabaqāt* der Mediner und Mekkaner, dann die der Gewährsleute aus Taʾif (südlich von Mekka), aus dem Jemen, aus Jamama, Bahrain, Kufa, Basra, Wasit, aus Chorasan, Syrien, Nord-Irak, Ägypten, Akaba, Afrika und Spanien (die beiden letzteren mit jeweils nur einem Namen). Den Abschluß des Werks bilden die *tabaqāt* der in Überlieferketten genannten Frauen. Anders als bei den Prophetengenossen, die *eo ipso* über jeden Zweifel erhaben waren, verzeichnet Ibn Saʿd bei den *tābiʿūn* nach Angaben zur Genealogie und Biographie auch Bemerkungen über den Charakter und die Zuverlässigkeit der einzelnen, wobei die Frömmigkeit einer Gewährsperson der Maßstab für ihre Autorität hinsichtlich der Überlieferung ist.

Ibn Saʿds *Kitāb aṭ-Ṭabaqāt* ist das hervorragendste Werk dieser Gattung. Jahrhundertelang wurde es von arabischen Gelehrten als Quelle für die Frühzeit des Islam benutzt. Erhalten ist es teils in der Redaktion des Hārit Ibn Abī Usāma, teils in der des Ḥusain Ibn Fahm, beide Schüler des Verfassers. – Durch Ibn Saʿd wurde – nach unserem Kenntnisstand – das Wort *tabaqāt* als Terminus in die biographische Literatur eingeführt. Das Prinzip der »Tabaqāt«-Einteilung, das zunächst nur in der Literatur der theologischen Disziplinen *ḥadīt* und *fiqh* verwendet wurde, wurde später auch für die Klassifizierung profanen biographischen Materials übernommen.　　　　　　　　　　S.Gr.

Ausgaben: Leiden 1904–1940, Hg. E. Sachau [krit.]. – Beirut 1957–1960.

Literatur: O. Loth, *Das Klassenbuch des Ibn Saʿd*, Lpzg. 1869. – Ders., *Ursprung u. Bedeutung der Tabaqat, vornehmlich des Ibn Saʿd* (in ZDMG, 23, 1869, S. 593–614). – H. Ritter, *Die Lücken in Ibn Saʿd V* (in der Islam, 18, 1929, S. 196–199). – J. Hafsi, *Recherches sur le genre »Tabaqāt« dans la littérature arabe I* (in Arabica, 23, 1976, S. 227–265). – GAS, Bd. 1, S. 300 f. [Bibliogr.].

ʿALĪ IBN MŪSĀ IBN MUHAMMAD IBN SAʿĪD

* 4.2.1214 Qalʿat Yaḥsūb / Spanien
† 1286 Tunis

AL-MUĠRIB FĪ ḤULĀ L-MAĠRIB

(arab.; *Das in Erstaunen Versetzende unter den Pretiosen des Westens*). Adab-Werk in der Bearbeitung des Dichters und Gelehrten ʿAlī Ibn Mūsā Ibn Muhammad Ibn Saʿīd. – *Al-Muġrib* ist der zweite Teil des großen, als Ganzes jedoch nicht erhaltenen

Werks *Falak al-arab al-muhīṭ bi-ḥulā lisān al-ʿarab al-muhtawī al-kitābai al-muśriq fī ḥulā l-maśriq wal-muġrib fī ḥulā l-maġrib* (Die Sternenbahn des Wunsches, die sich zieht um die Kostbarkeiten der arabischen Sprache, enthaltend die beiden Bücher »Das Leuchtende unter den Pretiosen des Ostens« und »Das in Erstaunen Versetzende unter den Pretiosen des Westens«). An diesem Werk haben während eines Zeitraums von rund 150 Jahren sechs Kompilatoren gearbeitet, von denen fünf ein und derselben Familie angehörten. – Den Grundstock bildet das Buch *Al-mushib fī ġarāʾib al-maġrib* (Das Ausführliche über die Denkwürdigkeiten des Westens) von Abū ʿAbdallāh Muhammad Ibn Ibrāhīm al-Hiǧārī (12. Jh.). Als dieser im Jahr 1135 ʿAbdalmalik Ibn Saʿīd, den Ururgroßvater des letzten Kompilators, besuchte, konnte er ihn für die andalusische Poesie und Prosa begeistern. ʿAbdalmalik bat deshalb seinen Besucher, ein Buch zu verfassen, das der Dichtung der Andalusier gewidmet sein sollte. So entstand *Al-mushib fī ġarāʾib al-maġrib*. ʿAbdalmalik selbst machte dann noch Zusätze; andererseits aber brachte er von Kapiteln, die ihn weniger interessierten, nur Auszüge. Diese Anthologie übergab er seinen Söhnen Abū Ǧaʿfar Ahmad Ibn Saʿīd, der selbst Dichter war, und Muhammad Ibn Saʿīd zur weiteren Bearbeitung und Ergänzung. Muhammads Sohn Mūsā, ein außerordentlich gebildeter und kenntnisreicher Mann, setzte das Werk mit großer Sorgfalt fort und gab es schließlich an seinen Sohn ʿAlī zur Bearbeitung weiter. Von diesem stammt die vorliegende Fassung.

Das Werk läßt sich ebenso als Anthologie wie auch als Literatur- oder Geistesgeschichte bezeichnen; es enthält weit mehr als lediglich eine Auswahl von Gedichten: Notizen zur Geographie des Landes, Angaben zur Geschichte; Nachrichten über praktisch alle bedeutenden Leute wie Staatsmänner, Fürsten, Wesire, Sekretäre, Richter, Ärzte, Grammatiker u. a. unter besonderer Berücksichtigung ihrer literarischen Tätigkeit geben – weil die andalusische Dichtung hier nicht isoliert, sondern im Zusammenhang mit ihrer Umwelt betrachtet wird – ein recht umfassendes Bild der westlichen arabischen Welt etwa zwischen dem 8. und dem 13. Jh. Das Werk *al-Muġrib fī ḥulā l-maġrib* besteht aus drei Teilen: Teil 1 berichtet über Ägypten, Teil 2 über den Maġrib (die Berber), Teil 3 über Spanien. (Eine vollständige Edition existiert bisher nur vom dritten Teil.) Dieser dritte Teil, der den Untertitel *Waśy aṭ-ṭurus fī ḥulā ǧazīrat al-Andalus* (Die Verzierung der Blätter über den Schmuck der spanischen Halbinsel) trägt, hat ein neues Ordnungsprinzip, das bis ins kleinste Detail exakt durchgeführt ist: Er enthält je ein Buch über den westlichen, den östlichen und den mittleren Teil Spaniens. Die einzelnen Bücher sind jeweils wieder unterteilt nach den einzelnen Provinzen (*mamālik*, Plural von *mamlaka*), Distrikten (*kuwar*, Plural von *kūra*) und Ortschaften, so daß jeder Ortschaft ein eigenes Kapitel – hier *kitāb* (Buch) genannt – gewidmet ist. Zu Beginn stehen Angaben zur Geographie. Das übrige historiographische, geistesgeschichtliche, biographische und literarische Material ist jeweils um Persönlichkeiten gruppiert. Das erste Kapitel, das von der Stadt Cordoba berichtet, enthält Geschichtsdarstellungen in Annalenform für die Jahre 796 bis 851. Cordoba als Sitz der Kalifen ist sehr ausgiebig behandelt. Das Kapitel beginnt mit al-Hakam, dem dritten umayyadischen Kalifen (reg. 796 bis 822), und enthält Berichte über 117 Persönlichkeiten (einschließlich der Dichter).

Wie so mancher arabischen Anthologie verdanken wir auch dieser viel Material, das sonst nicht erhalten ist. Zu den wichtigsten schriftlichen Quellen gehören die Anthologien *Harīdat al-qasr (Die undurchbohrte Perle des Schlosses)* von ʿIMĀDADDĪN AL-KĀTIB (vgl. dort) und *aḏ-Ḏahīra (Der Schatz)* von IBN BASSĀM († 1148) sowie die als Ganzes nicht erhaltene Sammlung *Simṭ al-ǧumān (Die Schnur der Perlenkette)* von IBN AL-IMĀM (12. Jh.). Dazu kommen mündliche Quellen, Kenntnisse, die die verschiedenen Kompilatoren durch Befragung zeitgenössischer Gelehrter gewonnen und persönliche Beobachtungen, die sie auf ihren Studienreisen gemacht hatten. – Eine Kurzfassung des *Muġrib* hat ʿAlī Ibn Saʿīd selbst zusammengestellt: *Rāyāt al-mubarrizīn wa-ġāyāt al-mumayyizīn (Die Banner der Überlegenen und die Ziele der Einsichtigen)*. S.Gr.

AUSGABEN: Bln. 1894 (*Fragmente aus dem Muġrib des Ibn Saʿīd. Bericht über die Hs. u. d. Leben des Ahmed ibn Tūlūn von Ibn Saʿīd nach Ibn ed-Dāja*, Hg. K. Vollers; Semitistische Studien, H. 1). – Leiden 1899 (*Geschichte der Iḥšīden und fustātensische Biographien*, Buch IV, 2 Tle., Hg. K. L. Tallqvist; Text u. dt. Bearb.; m. Anm. u. Reg.). – Kairo 1953–1955, Hg. Šauqī Ḍaif, 3 Bde. ; Kairo ²1964, 2 Bde. – Madrid 1942–1978 (*Rāyāt al-mubarrizīn wa-ġāyāt al-mumayyizīn: El libro de las banderas de los campeones*, Hg. E. García Gómez; arab.-span.).

ÜBERSETZUNG: *The Pennants of the Champions and the Standarts of the Distinguished*, A. J. Arberry, Cambridge 1953 (*Rāyāt al-mubarrizīn*; engl.).

LITERATUR: G. Potiron, *Un polygraphe andalou du XIIIe siècle, Ibn Saʿīd* (in Arabica, 13, 1966).

ABŪ ʿALĪ AL-ḤUSAIN IBN ʿABDALLĀH IBN SĪNĀ (AVICENNA)

* 980 bei Buchara
† 1037 Hamadan

KITĀB AŠ-ŠIFĀ

(arab.; ... *Buch der Heilung / des Heils*). Gesamtdarstellung der Philosophie im Sinne der aristotelischen Tradition, philosophisches Hauptwerk des Mediziners und Philosophen Abū ʿAlī al-Ḥusain ibn ʿAbdallāh IBN SĪNĀ, entstanden zwischen 1016 und 1027. – Der Titel (oft als »Buch der Genesung« wiedergegeben) spielt auf den antiken Gedanken an, daß der Philosoph der Arzt der Seele sei. Das Wort »Heilung« ist bewußt in soteriologischem Sinne verwendet, wie aus dem Titel *Naǧāt (Rettung, Erlösung)* eines Auszugs hervorgeht, in dem Avicenna wenig später denselben Stoff zusammenfaßte. Das Werk ist der wichtigste Beitrag zur »Falsafa«, jener aristotelisch-neuplatonischen Philosophie, die im arabischen Kulturraum seit dem 9. Jh. aufblühte und in einem ständigen Spannungsverhältnis zum »Kalām«, der orthodoxen islamischen Theologie, stand.

Der *Kitāb aš-šifā* ist in vier Hauptteile gegliedert. 1. Logik (einschließlich Rhetorik und Poetik), 2. Physik (Naturphilosophie, einschließlich der Psychologie), 3. Mathematik (einschließlich Musik und Astronomie), 4. Metaphysik. Die Philosophie des Ibn Sīnā basiert auf dem System des ARISTOTELES und ist stark beeinflußt von den Schriften des AL-FĀRĀBĪ (870?–950) und von der sogenannten *Theologie des Aristoteles*, einem Auszug aus den *Enneaden* des PLOTIN; da Ibn Sīnā dieses neuplatonische Buch für aristotelisch hielt, war er sich der Tatsache, daß er eine schwierige Synthese von zwei mehr oder weniger heterogenen Philosophien unternahm, selbst nicht voll bewußt.

Schon im 12. Jh. haben der Jude AVENDAUTH (Ibn Dawud) und DOMINICUS GUNDISSALINUS die philosophisch interessantesten Teile des *Kitāb aš-šifā*, nämlich Teile der elementaren Logik (*Logica*), die allgemeine Naturphilosophie (*Sufficientia*), die Psychologie (*De anima* oder *Liber sextus naturalium*) und die Metaphysik (*Philosophia prima*) ins Lateinische übersetzt. Im 13. Jh. übertrug MICHAEL SCOTUS, Gelehrter am sizilianischen Hof Friedrichs II., die Zoologie (*De animalibus*). (Die genannten Übersetzungen sind zusammen mit einer nicht von Ibn Sīnā stammenden Schrift *De caelo et mundo* 1508 gedruckt worden.) Ibn Sīnas Einwirkung auf das 12. und 13. Jh. war so stark, daß manche Historiker von einem »lateinischen Avicennismus« oder von einem »avicennisierenden Augustinismus« gesprochen haben. Die Werke der beiden bedeutendsten abendländischen Aristoteliker jener Zeit, des ALBERTUS MAGNUS und des THOMAS VON AQUIN, zeigen allenthalben Spuren der Auseinandersetzung mit den Gedanken des Ibn Sīnā: Albert steht weitgehend unter dem Einfluß des arabischen Philosophen, während sich bei Thomas eine wachsende kritische Reserve zeigt.

Als philosophisch besonders wichtig gelten die Seinslehre und die Intellektslehre des Ibn Sīnā. Die endlichen Seienden sind zusammengesetzt aus Wesen und Existenz; sie entstehen dadurch, daß zu ihrem Wesen, das an sich etwas bloß Mögliches ist, die Existenz hinzutritt. Quelle der Existenz ist das schlechthin notwendige Sein, zu dessen Wesen die Existenz nicht hinzutritt, sondern immer schon hinzugehört. Dieses absolute Sein (Gott) läßt in einem naturnotwendigen (d. h. nicht willentlich gesetzten) Prozeß das Endliche in einer geordneten Stufenfolge aus sich hervorströmen. Aus dem Ureinen emaniert die höchste endliche Intelligenz (reiner Geist), aus der dann weitere Intelligenzen hervorgehen, die den beseelten Himmelssphären zugeordnet sind. Die unterste Stufe der Intelligenzen bildet der »*wirkende Intellekt*« (*'aql fa''āl – intelligentia agens*); er wirkt ein auf die passive Materie und gibt den Körpern der sublunarischen Welt Gestalt und Leben *(dator formarum)*. Er ist auch Bedingung und Quelle des höheren menschlichen Erkennens. Ihm korrespondiert im Menschen der »*materielle Intellekt*« *(intellectus materialis)*; dieser wird nicht etwa deshalb materiell genannt, weil er körperlich wäre, sondern weil er vom wirkenden Intellekt Erkenntnis empfängt – in ähnlicher Weise, wie die Materie Form und Gestalt aufnimmt. Jeder Mensch besitzt einen ihm eigenen materiellen Intellekt, der eine körperunabhängige geistige Substanz und folglich unsterblich ist.

Avicenna geht wie sein Vorgänger Fārābī von dem Gedanken aus, daß die menschliche Vernunft dem Wirkintellekt um so näher komme, je mehr sie tätig denkend begreife. Für Fārābī ist der vollkommene Mensch ein Philosoph und Staatsmann wie der Prophet Muḥammad, dessen theoretische Vernunft das Wesen der Dinge versteht und dessen praktische Vernunft von Fall zu Fall die richtige Entscheidung trifft. Die Vollendung des einzelnen ist nur in einer vollkommenen staatlichen Gesellschaft möglich, in der Philosoph und Staatsmann (vorzugsweise in einer Person) regieren und jeder Untertan die ihm gemäße Stelle einnimmt.

Avicenna konnte angesichts der fortgeschrittenen Zerrüttung des islamischen Reiches die von Fārābī offenbar gehegte Hoffnung auf eine Wiederherstellung des Kalifats auf philosophischer Grundlage nicht mehr teilen. Seine Philosophie spiegelt das steigende Interesse seiner Zeit an der Möglichkeit gesellschaftsunabhängiger persönlicher Erfüllung. Zwar stellt er im Gefolge Fārābīs die »praktische Philosophie« (Ethik und Politik) an den Schluß, doch wird sie vom krönenden Hauptstück zu einem verhältnismäßig kurzen Anhang zur Metaphysik. Seine denkerische Aufmerksamkeit gilt in erster Linie dem Thema der Vollendung der Einzelseele, die er im Bereich der theoretischen Vernunft für möglich hält. Der menschliche Geist denkt und begreift mühsam, bruchstückhaft und zeitweilig, der Wirkintellekt mühelos, total und immerzu. Doch kann auch einem philosophisch befähigten und geübten Geist etwas von dieser Mühelosigkeit zuteil werden, wenn ihm ein begrifflicher Zusammenhang plötzlich einleuchtet. In solchen Augenblicken vereinigt sich die Einzelseele mit dem Wirkintellekt; darin liegt ihre Vollendung.

Im Anschluß an eine Stelle aus der aristotelischen Apodeiktik erklärt Avicenna die Gabe intellektueller Intuition *(eustochia – ḥads – ingenium)* als die Fähigkeit, die Glieder (»Mittelbegriffe«) einer Beweiskette in wunderbarer Schnelle zu erfassen. Auch anderen Seelenvermögen fließen aus der Vereinigung mit dem wirkenden Intellekt ungewöhn-

liche Kräfte zu. Im Einklang mit dem aufblühenden Heiligen- und Wunderglauben seiner Zeit wird bei Avicenna der vollkommene Philosoph zum Nachfolger des Propheten nicht so sehr als idealer Kalif im Sinne des Fārābī, sondern zunächst als Seher und Wundertäter im Sinne der islamischen Mystik.

Avicennas Erklärung des Sehertums als einer Funktion der theoretischen Vernunft wurde in der Folgezeit abgelehnt. Der Theologe GHAZĀLĪ (1059 bis 1111) weist der Intuition – vom alltäglichen Aha-Erlebnis bis zur *unio mystica* und Prophetie – eine höhere, der bloßen Vernunft unzugängliche Stufe der Erkenntnis zu. Dieser Sicht schließt sich im 12. Jh. auch der Philosoph IBN ṬUFAIL aus Córdoba an (vgl. *Ḥayy ibn Yaqẓān*). J.Ve.-F.W.Z.

AUSGABEN: Venedig 1508 (*Logica, Sufficientia, De anima, De animalibus, Philosophia prima*, in *Opera*; Nachdr. Ffm. 1961; lat.; Ausz.). – Teheran 1886, 2 Bde. [unvollst.]. – Kairo 1952 ff., Hg. I. Madkour u. a. – Prag 1956 (*Kitāb an-nafs: Psychologie d'Ibn Sīnā d'après son œuvre Aš-šifā'*, Hg. J. Bakoš, 2 Bde.; m. frz. Übers.). – Ldn. 1959 (*Kitāb an-nafs: A.'s De anima Being the Psychological Part of Kitāb al-shifā'*, Hg. F. Rahman; arab.). – Löwen/ Leiden, 1968–1972, 2 Bde. (*Liber de Anima seu Sextus De Naturalibus*, Hg. S. van Riet; Einl. G. Verbeke; lat.; krit., in *A. Latinus*, 1968 ff.). – Löwen/Leiden 1977–1985, 3 Bde. (*Liber de Philosophia Prima sive Scientia Divina*, Hg. S. van Riet; lat.; krit., in *A. Latinus*, 1968 ff.).

ÜBERSETZUNGEN: *Die Metaphysik*, M. Horten, Halle/NY 1907 [Nachdr. Ffm. 1960; Ausz.]. – *De congelatione et conglutinatione lapidum*, E. J. Homyard, D. C. Mandeville, Paris 1927 (arab., lat., engl.; Ausz.). – *Musique*, R. d'Erlanger (in R. d'E., *La musique arabe*, Bd. 2, Paris 1935; frz.; Ausz.).

LITERATUR: E. Bloch, *A. und die aristotelische Linke*, Bln. 1952; ern. Ffm. 1963 (es). – W. Totok, *Handbuch der Geschichte der Philosophie*, Bd. 2, Ffm. 1973, S. 264–272. – E. R. Harvey, *The Inward Wits: Psychological Theory in the Middle Ages and the Renaissance*, Ldn. 1975. – D. Gutas, *A. and the Aristotelian Tradition*, Leiden u. a. 1988.

MARĪ IBN SULAIMĀN

um 1150

KITĀB AL-MIǦDAL LIL-ISTIBṢĀR WAL-ǦADAL

(arab.-christl.; *Buch des Turmes zum Ausschauen und Kämpfen*). Theologisches Werk von Marī IBN SULAIMĀN. – In seinem »Turmbuch« unternahm

Marī Ibn Sulaimān zum erstenmal den Versuch, in arabischer Sprache die Theologie der nestorianischen Kirche in einem einheitlichen, originellen System zusammenzufassen. Sein Werk enthält alles für seine Glaubensgenossen Wichtige aus Glaubens- und Sittenlehre, Kirchenordnung und Kult, *Bibel* und Kirchengeschichte.

Entsprechend dem Titel *Buch des Turmes* (besser »Buch der Burg«) gliedert der Verfasser den Stoff in sieben Kapitel, die das Bild der »Burg« weiter ausführen. So handelt Kapitel 1 *(Das Fundament)* vom Gottesbeweis, Kapitel 2 *(Die Erklärung [des Burgplans])* von den drei göttlichen Personen und der Menschwerdung des Sohnes. *Die Eckpfeiler* (Kap. 3) sind die Sakramente, das *Evangelium* und die Verehrung des heiligen Kreuzes; *Die Lampen*, die die Burg erleuchten (Kap. 4), sind die christlichen Tugenden. *Die Säulen* (Kap. 5) umfassen verschiedene Gegenstände des *Alten Testaments*, Prophezeiungen, die sich im *Neuen Testament* erfüllt haben, von den Aposteln erlassene Vorschriften, die wichtige Darstellung der Geschichte der nestorianischen Patriarchen bis 1147, Nachrichten über die auf den verschiedenen Konzilien verurteilten Häresien, die Liste der von den Nestorianern als kanonisch anerkannten biblischen Bücher mit der Angabe ihrer Stichometrie. *Die Kanäle*, die die »Burg« mit Wasser versorgen (Kap. 6), sind die Gegenstände des nestorianischen Kults, wie z. B. die Gebetsrichtung nach Osten, die Sonntagsfeier, die liturgischen Gewänder und der Gebrauch von Lichtern und Weihrauch beim Gottesdienst. *Die Gärten* (Kap. 7) sind die Freiheiten und Vorrechte der Christen gegenüber dem Mosaischen Gesetz, wie die Befreiung von der Beschneidung, von der Sabbatheiligung und von den alttestamentlichen Speisevorschriften.

Dem Werk kommt als ältester Gesamtdarstellung der nestorianischen Theologie große Bedeutung zu. Besonders wertvoll ist der historische Teil (Kap. 5, Abschnitt 5), der zahlreiche Auszüge aus frühen (meist aus dem 7. und 8. Jh. stammenden), sonst verlorenen Geschichtswerken der Nestorianer in arabischer Übersetzung gerettet hat. Auch über die Geschichte der Kalifen von Bagdad und deren Beziehungen zu den nestorianischen Patriarchen enthält das »Turmbuch« wichtige Aufschlüsse. Dieser Teil des Werks ist auch bereits herausgegeben und untersucht worden, während die übrigen leider noch unediert sind. Über die näheren Lebensumstände des Verfassers ist nichts bekannt. Da der historische Teil bis 1147 reicht, hat der Verfasser wohl um die Mitte des 12. Jh.s gelebt.   J.As.

AUSGABEN UND ÜBERSETZUNGEN: J. S. Assemanus, *Bibliotheca orientalis*, Bd. 3/1, Rom 1725, S. 581–586 [Inhaltsangabe]. – A. Mai, *Scriptorum veterum nova collectio*, Bd. 4/1, Rom o. J. [1828; Inhaltsangabe]. – H. Gismondi, *Maris Amri et Slibae de patriarchis Nestorianorum commentaria. Pars prior. Maris textus arabicus*, Rom 1899 [hist. Tl.; arab. Text]. – *Maris versio latina*, Rom 1899 [hist. Tl.; lat. Übers.].

LITERATUR: G. Westphal, *Untersuchungen über die Quellen und Glaubwürdigkeit der Patriarchenchroniken des Mārī ibn Sulaimān, ʿAmr ibn Matai und Salībā ibn Johannān*, Kirchhain/N.-L. 1901. – Graf, 2, S. 200–202.

ABŪ L-MAḤĀSIN IBN TAĠRĪBIRDĪ

* um 1410/11 Kairo
† 5.6.1470 Kairo (?)

AN-NUǦŪM AZ-ZĀHIRA FĪ MULŪK MIṢR WA-L-QĀHIRA

(arab.; *Die leuchtenden Sterne betreffend die Könige von Ägypten und Kairo*). Annalenwerk des Historikers Abū l-Maḥāsin IBN TAĠRĪBIRDĪ. – Ibn Taġrībirdī, dessen Vater bereits 1412 als mamlukischer Gouverneur von Damaskus und Aleppo gestorben war, ist einer der bedeutendsten und interessantesten Historiker der Mamlukenzeit und Verfasser mehrerer historischer Werke. Sein Annalenwerk *an-Nuǧūm az-zāhira*, ein Höhepunkt der seit dem 10. Jh. in Ägypten gepflegten Landesgeschichte, ist eine Geschichte Ägyptens von 641, dem Jahr der Eroberung durch den muslimischen Feldherrn ʿAmr Ibn al-ʿĀṣ, bis zum Jahr 1467. Die Nachbarländer, vor allem Palästina und Syrien, sind teilweise mit einbezogen. Ursprünglich hatte Ibn Taġrībirdī sein Annalenwerk, das er laut Vorwort u. a. für Muḥammad, den Sohn des Sultans az-Zāhir Ġaqmaq (reg. 1438–1453) geschrieben hatte, mit den Ereignissen des Januar 1453 beendet. Später hat er selbst die Ergänzung bis 1467 vorgenommen.

Ibn Taġrībirdī hat für sein Hauptwerk eine spezielle Form der Annalen gewählt: Jeweils mit dem Regierungsantritt eines Herrschers beginnt er ein neues Kapitel, an dessen Anfang er eine kurze Biographie des betreffenden Herrschers stellt. Dann bringt er, nach Jahren geordnet, die in die Regierungszeit fallenden wichtigen Ereignisse, das Nekrologium, häufig mit Kurzbiographien, am Schluß die für die Wirtschaft Ägyptens so wichtigen und bedeutsamen Angaben über die Wasserstände des Nils, jeweils das Niedrigwasser und den Höchststand. Im Verlauf der Chronik hat er sein Konzept etwas geändert; Nekrologium und Nilwasserstände sind von den Ereignissen getrennt und, nach Jahren gegliedert, erst nach den historischen Ereignissen der gesamten Regierungszeit angefügt. Für die früheren Jahrhunderte stützt sich Ibn Taġrībirdī auf ältere historische und biographische Werke, deren Angaben er häufig kritisch miteinander vergleicht. Er zitiert u. a. AL-QĀLĪS *Kitāb al-Amālī* (10. Jh.), das Annalenwerk *Mirʾāt az-zamān* von SIBṬ IBN AL-ĠAUZĪ († 1257) und das biographische Werk *Tadḥīb at-tahdīb* von AD-DAHABĪ

(† 1348). Am interessantesten jedoch sind seine Annalen für die Jahre, deren Ereignisse er als Zeitzeuge schildert. Ibn Taġrībirdī hatte selber guten und engen Kontakt zu Sultan Barsbāy (reg. 1422–1437) und dessen Nachfolgern und war durch eigene Anschauung, ferner durch Verwandte und Freunde unter den höchsten weltlichen und geistlichen Würdenträgern über alle wichtigen politischen Ereignisse, sowie über Personen gut informiert. Manche interessante Einzelheit aus dem politischen und privaten Bereich des Lebens am Hof, über Intrigen und Feste, feierliche Zeremonien u. dgl. verdanken wir diesem Umstand und nicht zuletzt seiner Freude am Klatsch.   S.Gr.

AUSGABEN: Leiden 1852–1857, Hg. F. G. Juynboll u. B. F. Matthes, 2 Bde. [krit.; Tl. I: Jahre 641–976]. – Berkeley 1909–1936, Hg. W. Popper, 4 Bde. [Tl. II: Jahre 977–1467].

ÜBERSETZUNGEN: *Extraits relatifs au Maghreb*, Fagnan (in Recueil de Notices et Mémoires de la Société Archéologique de Constantine, 30, 1906; Ausz.; frz.). – *History of Egypt 1382–1469 A.D.*, W. Popper, Berkeley 1954–1960 [Ausz.; engl.].

ABŪ BAKR MUHAMMAD IBN ṬUFAIL AL-QAISĪ

* Anfang 12.Jh. Wādī Āš (heute Guadix)
† 1185 Marrākuš

(RISĀLAT) ḤAYY IBN YAQẒĀN

(arab.; *Der Traktat von Ḥayy Ibn Yaqẓān*). Philosophisch-allegorischer Roman von Abū Bakr Muhammad IBN ṬUFAIL al-Qaisī (Spanien). – In einer ausführlichen Einleitung setzt Ibn Ṭufail Sinn und Zweck seines Romans auseinander: An der Entwicklung des Helden Ḥayy Ibn Yaqẓān – der Name bedeutet »Lebend, Sohn des Wachen [Gottes]« – soll gezeigt werden, daß Religion und Philosophie durchaus miteinander vereinbar sind, da beide letzten Endes Gott zum Ziel haben. Freilich gelangen sie auf verschiedenen Wegen dorthin: die eine geht den Weg der spekulativen, die andere den der mystischen Gotteserkenntnis. Bei seinen Vorgängern unter den Philosophen – er nennt ARISTOTELES, AL-FARĀBĪ, IBN BĀĠĠA und besonders IBN SĪNĀ (Avicenna) – vermißt der Autor die Darstellung der mystischen Gotteserfahrung, wohingegen seiner Auffassung nach AL-GAZZĀLĪ, der große islamische Theologe in Bagdad, der, wie Ibn Ṭufail glaubt, die höchste Stufe der Gottesnähe erlangt hat, von seinen mystischen Erlebnissen zu wenig berichtet, als daß ihm jemand auf diesem Weg zu folgen vermöchte. – Als Muster für den äußeren Rahmen seines Erzählwerks hat Ibn Ṭufail einen

damals sehr beliebten Volksroman (vgl. auch *Chai ben Mekiz* von Abraham IBN ESRA) benützt; den Namen des Helden hat er einem von Ibn Sīnā, dem arabisch schreibenden persischen Arzt und Philosophen, verfaßten allegorischen Traktat entnommen, in dem Ḥayy Ibn Yaqẓān den Intellekt symbolisiert.

Auf einer unbewohnten Insel genau unter dem Äquator wird ein Kind, Ḥayy Ibn Yaqẓān, von einer Gazelle gesäugt. Ibn Ṭufail stellt zwei Möglichkeiten zur Wahl, wie das Kind dorthin gelangt sein könnte: entweder es wurde in einem Kästchen auf das Meer ausgesetzt und auf der Insel angetrieben, oder es ist durch Urzeugung aus gärendem Schlamm entstanden, in dem Feucht und Trocken, Kalt und Warm in der rechten Mischung vorhanden waren und in dessen Blasen der Geist des Lebens sich wie in einem Hohlspiegel fing. – Der Knabe wächst heran, macht sich das Feuer nutzbar, zähmt Tiere, fertigt sich Waffen an, baut sich eine Hütte. Gleichzeitig bemüht er sich Stufe um Stufe um die Erkenntnis der Welt. Er gelangt zu der Einsicht, daß es außer der Welt ein höheres Wesen gibt, das Himmel und Erde erschaffen hat und erhält. Er wird sich auch darüber klar, daß seine Fähigkeit, etwas von diesem Wesen zu erkennen, daher rührt, daß in einem Teil seines eigenen Selbst etwas von dem höheren Wesen enthalten ist, und erkennt diesen Teil als sein wahres Wesen an, das es rein zu erhalten gilt. In mystischer Erkenntnis schaut er die letzten Wahrheiten; er erfährt das Glück der Gottesnähe und schaut das Leid der Gottesferne. Als Ḥayy auf dieser Stufe angelangt ist, ist er fünfzig Jahre alt.

Auf der benachbarten Insel bekennen die Menschen sich zu einer »*wahren, von Propheten geoffenbarten Religion*« (es handelt sich natürlich um den Islam, der absichtlich beim Namen genannt wird). Bei den Inselbewohnern leben zwei fromme Männer: Salāmān, der den der Welt zugekehrten und sich in der Gesellschaft der Menschen bewährenden, äußeren Aspekt des Islam verkörpert, und Asāl, der mehr das innere, von der Welt abgekehrte Gesicht des Islam erkennen läßt. Beide halten sich an die Vorschriften und Gebote der Religion, nur mißt Asāl ihnen vornehmlich symbolischen Charakter bei. Er läßt sich schließlich zu der Insel des Ḥayy bringen, um dort als Einsiedler in Gebet und Betrachtung sein Leben zu beschließen. Asāl, der alsbald mit Ḥayy zusammentrifft, lehrt ihn die Sprache und erfährt von ihm, daß jener all das unverhüllt hat schauen dürfen, was ihm selber nur in Symbolen und Bildern bekannt geworden ist. Dann begeben sie sich zu der anderen Insel, auf der Salāmān inzwischen König geworden ist, und berichten von ihren Erlebnissen und Erfahrungen. Doch niemand will davon etwas wissen, und sie erkennen, daß ihr Weg nur für wenige gangbar ist, daß die Masse der Menschen aber Vorschriften, feste Regeln und äußere Zeichen braucht, um nicht von dem Weg, den Gott geoffenbart hat, abzuweichen. Sie kehren schließlich auf ihre Insel zurück. – Das Werk war verhältnismäßig früh in Europa bekannt (erste Edition in lateinischer Übersetzung von E. POCOCKE, Oxford 1671) und während der Aufklärung sehr verbreitet. S.Gr.-KLL

AUSGABEN: Algier 1900, Hg. L. Gauthier [m. frz. Übers.]. – Beirut 1936, Hg. ders. [m. frz. Übers.; krit.]. – Kairo 1952, Hg. A. Amīn.

ÜBERSETZUNGEN: *Philosophus autodidactus*, E. Pococke, Oxford 1671 [lat.]. – *Der von sich selbst gelehrte Weltweise*, J. G. Pritius, Ffm. 1726 [nach d. lat. Übers. v. E. Pococke]. – *Wat geen oog heeft gezien, geen oor heeft gehoord en in geen mensenhart is opgekomen. De geschiedenis von Hayy ibn Yaqzan*, R. Kruk, Leiden 1985 [ndl.]. – *Ibn Jaqzan, der Naturmensch*, J. G. Eichhorn, Hg. u. Komm. S. Schreiner, Lpzg./Weimar 1983. – *Der Ur-Robinson*, O. F. Best, Mchn. 1987.

LITERATUR: Khwaja Abdul Ḥamid, *The Philosophical Significance of Ibn T.'s »Haiy Ibn Yaqzān«* (in Islamic Culture, 22, 1948, S. 50–70). – M. Zerrouk Kaddour, *Ibn T. et son roman philosophique »Hayy Ibn Yaqdhan«* (in IBLA, 14, 1951, S. 409–415). – G. F. Hourani, *The Principal Subject of Ibn T.'s »Hayy Ibn Yaqzān«* (in JNES, 15, 1956, S. 40–46). – A.-M. Goichon, *Le prétendu ésotérisme d'Avicenne dans le récit de »Hayy Ibn Yaqzān«* (in *Akten des 24. Internationalen Orientalisten-Kongresses München, 28. Aug. bis 4. Sept. 1957*, Hg. H. Franke, Wiesbaden 1959, S. 299–301). – S. Hawi, *Islamic Naturalism and Mysticism. A Philosophic Study of Ibn Tufayl's »Hayy ibn Yaqzān«*, Ldn./NY 1974.

SALOMO IBN VERGA

* 2. Hälfte 15.Jh. Sevilla
† 1. Hälfte 16.Jh. Neapel (?)

SCHEWET JEHUDA

(hebr.; *Die Zuchtrute Judas*). Geschichte der Judenverfolgungen, größtenteils verfaßt von Salomo IBN VERGA (Spanien), erschienen 1551. – Wie der in Sevilla geborene Autor (Geburtsdatum unbekannt), der 1492 nach Portugal auswanderte, dort 1497 zur Annahme des Christentums gezwungen wurde, 1506 in die Türkei floh und später wahrscheinlich in Neapel starb, in der Einleitung bemerkt, soll der Titel des Werkes besagen, daß die Leiden, die bei den Verfolgungen in Spanien über Juda (d.h. die Juden) gekommen sind (Salomo Ibn Verga gehörte selbst zu den Vertriebenen), von den Betroffenen als göttliche Zuchtrute, als Strafe für ihren zu wenig gottgefälligen Lebenswandel hingenommen werden sollten, »*damit die Israeliten darauf achten und sich im Gebet an den Herrn des Erbarmens wenden, auf daß er ihre Sünden sühne durch*

das, was sie erlitten, und ihren Leiden Einhalt gebiete«. Möglicherweise ist der Name Jehuda im Titel eine Anspielung auf den Vater (oder Verwandten) Salomos, den angesehenen Hofastronomen Jehuda IBN VERGA aus Sevilla, dessen Notizen über die hauptsächlichen Verfolgungen in der jüdischen Geschichte von Salomo, wie er selbst angibt, verwertet wurden. Als dritter Verfasser nach Salomo und Jehuda nennt sich der Sohn Salomos, Joseph IBN VERGA, der das Werk durch Zusätze ergänzte und es 1551 in Adrianopel drucken ließ.

Schewet Jehuda ist alles andere als eine systematische Chronik. »*Dieses Martyrologium der Ibn Verga ist ... alles aus einem Gusse, sondern ein zusammengewürfeltes Allerlei, ohne Plan und Ordnung. Erdichtete Gespräche zwischen gelehrten Juden und portugiesischen Königen sind darin als tatsächliche Begebenheiten mit angeführt*« (H. Graetz). Aber auch diese erdichteten Erzählungen sind, aus folkloristischen Gründen, von Interesse. So findet sich LESSINGS Parabel von den drei Ringen (vgl. *Nathan der Weise*) in abgewandelter, vielleicht ursprünglicher Form als Antwort eines jüdischen Gelehrten auf die Frage Don Pedros III. von Aragonien (reg. 1275–1285) nach der wahren Religion. Der schillernde Inhalt und der brillante Stil machten das Werk zu einem populären Lesebuch, von dem bis heute über 25 Auflagen erschienen sind. Besonders eindrucksvoll – und auch historisch am wertvollsten – sind die mitgeteilten Beobachtungen aus dem Leben und vor allem aus dem Leiden der Juden zur Zeit der Verfasser. Die am Ende des 15. Jh.s (1492) von der Iberischen Halbinsel vertriebenen Juden erfuhren jedoch auf ihrer Flucht nicht nur Schlechtes: »*Als sich die Juden bei schwerer Hungersnot auf einem Feld in der Nähe von Fez aufhielten, begab es sich, daß mancher von ihnen nach der Stadt ging und seinen Sohn um ein Stück Brot als Sklaven verkaufte. Aber der damals regierende König war ein frommer Mann, und nachdem die Hungersnot vorüber war, ließ er ausrufen, daß jeder, der einen jüdischen Knaben um Brot gekauft habe, diesen seinen Eltern zurückgeben solle*« (Kap. 54). Gleich darauf (Kap. 55) wird freilich ein trauriger Vorfall berichtet: »*An einem Ort unweit von Fez befand sich ein von Heiden bemanntes großes Schiff. Mehrere jüdische Knaben pflegten in der Nähe jenes Ortes, der Saleh hieß und am Meer lag, sich Nahrung zu suchen. Der Herr des Schiffes rief sie ans Ufer und gab jedem von ihnen ein Stück Brot ... Am Tag darauf kamen etwa 150 Knaben dorthin. Der Schiffsherr lud sie ein, aufs Schiff zu kommen, aber als sie darin waren, lichtete er die Segel und führte sie alle fort ... Jener Räuber sonderte die schönsten und blühendsten Knaben aus und gab sie den Vornehmen des Landes zum Geschenk. Die übrigen verkaufte er nach einem fremden Land.*« L.Pr.

AUSGABEN: Adrianopel 1551. – Sabionetta 1554. – Hannover 1855/56, Hg. M. Wiener, 2 Bde. [m. dt. Übers., Vorw., Anm. u. Reg.; Neudr. 1924]. – Jerusalem 1947, Hg. E. Schochat [Vorw. F. Baer]. – Tel Aviv 1947, Hg. S. Robinson.

LITERATUR: H. Graetz, *Geschichte der Juden*, Bd. 9, Lpzg. ⁴1907. – F. Baer, *Untersuchungen über Quellen u. Komposition des »Schebet Jehuda«*, Bln. 1923; ern. 1936. – M. Waxman, *A History of Jewish Literature*, Bd. 2, NY 1933, S. 469–473; Nachdr. 1960. – F. Baer, *History of the Jews in Christian Spain*, 2 Bde., Philadelphia 1961–1966. – A. Shochat, Art. *Salomon Ibn Verga* (in EJ², 8, Sp. 1203–1205). – Y. H. Yerushalmi, *The Lisbon Massacre of 1506 and the Royal Image in the »Shebet Yehudah«*, Cincinnati 1976. – M. Awerbach, *Zwischen Vernunft u. Hoffnung. Geschichtsdeutung der Juden in Spanien vor der Vertreibung . . .*, Bln. 1985.

GALIMDŽAN IBRAGIMOV

kasan-türk. Galimğan Ibrahimov

* 12.3.1887
† 21.1.1938

LITERATUR ZUM AUTOR:
Bibliographie:
R. Tagirov u. G. Muchamedova, *Bibliografija proizvedenij Galimdžana Ibragimova* (in Vestnik naučnogo obščestva tatarovedenija, 8, 1928).
Biographien:
M. Chäsänov, *G. I.*, Kasan 1964 [mit Bibliogr.]. – M. Ch. Gajnullin, Art. *G. I.* (in *Kratkaja literaturnaja ènciklopedija*, Bd. 3, Moskau 1966, Sp. 25/26). – M. Chäsänov, *Revoljucija bajragy astynda* (in Kazan utlary, 1967, Nr. 1, S. 3–15). – G. Ibrahimov, *Avtobiografija* (ebd., Nr. 2, S. 4–26). – E. Muchamedova, *Bol'šaja žizn'. O G. Ibragimove*, Kasan 1968. – M. Chasanov, *G. I.*, Kasan 1969; ern. 1977. – *Ädipneñ jaña tabylgan chatlary* (in Kazan utlary, 1976, Nr. 12, S. 137–149). – *Pisatel', revoljucioner, učenyj*, Kasan 1980. – M. Ch. Chasanov, *Pisatel', učenyj, revoljucioner. Stranicy žizni i tvorčestva Galimdžana Ibragimova*, Moskau 1987.
Gesamtdarstellungen und Studien:
G. Chalit, Art. *G. I.* (in *Istorija tatarskoj sovetskoj literatury*, Moskau 1965, S. 147–170). – *G. Ibrahimovnyñ tuuyna 80 el* (in Kazan utlary, 1967, Nr. 3, S. 3–17; 72–84; 94–109; 129–145). – M. Mannurova, *G. Ibrahimovnyñ »Bezneñ könnär« romanynda rus obrazlary* (ebd., Nr. 2, S. 119–121). – R. Gajnanov, *G. I. »Äl'islach« ta* (ebd., 1968, Nr. 9, S. 94–97). – S. Räimova, *G. Ibrahimovnyñ ber chikäjase turynda* (ebd., 1974, Nr. 5, S. 140–141). – *G. Ibrahimovnyñ tuuyna 90 el* (ebd., 1977, Nr. 3, S. 108–164). – A. Mahmudov, *Tatar adabijotining fachri* (in Šark yuldizi, 1977, Nr. 5, S. 224/225). – Ä. Machmüdov, *Tatar ädebietinini maktanyšy* (in Žūldyz, 1977, Nr. 3, S. 211/212). – Ja. Abdullin, *G. I. häm tatarlarda ißtimagyj fiker tarichy* (in Kazan utlary, 1978,

Nr. 9, S. 136–142). – S. Š. Povarisov, *Sistema obraznych sredstv v chudožestvennoj proze G. Ibragimova*, Ufa 1980. – *G. Ibrahimovnyñ 100 ellygyna* (in Kazan utlary, 1987, Nr. 3, S. 3–93). – M. Mähdiev, *Ädäbijat häm čynbarlyk*, Kasan 1987, S. 183–197.

KAZAK KYZY

(kasan-türk.; *Ü: Die Tochter der Steppe*). Erzählung von Galimdžan IBRAGIMOV, erschienen 1924. – Der im Gebiet der heutigen Baschkirischen SSR gebürtige Autor, Mitbegründer der tatarischen Sowjetliteratur, war einige Jahre Lehrer an einer islamischen Lehranstalt *(medrese)* liberaler Observanz in Ufa und nahm schon früh an der revolutionären Bewegung teil. Seine vor 1917 geschriebenen Werke – so auch die Erstfassung von *Kazak kyzy* aus den Jahren 1909–1911 – konnten z. T. erst in sowjetischer Zeit gedruckt werden. Das ursprüngliche Manuskript der (von einigen tatarischen Literaturwissenschaftlern als »Roman« bezeichneten) umfangreichen Erzählung war von der Polizei beschlagnahmt worden; der Autor schrieb das Werk dann anhand seiner Entwurfsskizzen neu.
Kazak kyzy gibt ein lebenskräftiges, durch viele folkloristische und soziologische Details bereichertes Bild kasachischen Stammeslebens in der Mitte des 19. Jh.s. Die Stämme und Sippen sind durch Fehden und Führungskämpfe zerrissen; die russischen Kolonisatoren wissen ihren Nutzen daraus zu ziehen. Vor dem realen historischen Hintergrund wird die romantische Liebesgeschichte der jungen Karlygač (»Schwalbe«), der Tochter Sarsembajs, des Sippenältesten der Sarman, und des tapferen Dschigiten (Stammeskriegers) Arslanbaj dargestellt. Das Mädchen ist nach patriarchalischem Brauch im Kindesalter mit einem gleichaltrigen Knaben aus der Nachbarsippe Kara-Ajgyr verlobt worden. Als sie herangewachsen ist, hat sie nur beißenden Spott für den im Interesse der Sippenpolitik ausgewählten »Bräutigam« übrig. Sie liebt Arslanbaj, der einer dritten Sippe, den Tanabuga, zugehört. Damit durchkreuzt sie die wohldurchdachten Pläne ihres Vaters. Dramatische Verwicklungen sind die Folge, neue Sippenfehden zwischen befreundeten Teilstämmen drohen. Unbeirrt trotzen die Liebenden allen Widrigkeiten; Arslanbaj entführt Karlygač und heiratet sie. Bald darauf wird er zusammen mit anderen Kasachenführern, unter ihnen Sarsembaj, wegen »Aufruhrs gegen den weißen Zaren« verbannt. Karlygač versucht ihrem Mann zu folgen. – Trotz des im Dunkel bleibenden Ausklangs verkörpert die junge Heldin einen neuen, optimistischen Behauptungswillen der Frau, die ihr Leben selbst mitbestimmen will und sich mit Erfolg dem Zwang der patriarchalischen Gesellschaft widersetzt. *»Diesen Aspekt hat Ibragimov als erster Sowjetschriftsteller behandelt«* – so der bekannte türkmenische Romancier Berdi KERBABAEV, der im übrigen betont, daß er in eigenen Gestaltungen der gleichen Problematik von dem tata-

rischen Vorgänger gelernt habe. Schon vom Thema her mußte die Erzahlung auch die neue kasachische Prosa beeinflussen; darüber hinaus gilt Ibragimov als Anreger für alle nachrevolutionären Literaturen der mittelasiatischen Türkvölker.

Obwohl der begabte Erzähler, Literaturhistoriker und Verfasser tatarischer Lehrbücher nach 1917 als aktiver Kommunist auch maßgebenden Anteil an der »neuen Nationalitätenpolitik« der Sowjetmacht gegenüber den islamischen Bevölkerungsgruppen hatte und 1932 mit dem Ehrentitel »Held der Arbeit« ausgezeichnet wurde, kam er 1937 als »Volksschädling« in Gefängnishaft, wo der schwer Lungenkranke nach wenigen Monaten starb. (Nach Angabe der *Kratkaja literaturnaja ènciklopedija* wurde er *»als Opfer der Verletzung sozialistischer Gesetzlichkeit postum rehabilitiert«*.)　　　H.W.Br.

AUSGABEN: Moskau 1924. – Kasan 1956 (in *Sajlanma äsärlär*, Bd. 2). – Kasan 1957. – Kasan 1975 (in *Äsärlär*, Bd. 2, Hg. M. Chäsänov).

ÜBERSETZUNGEN: *Doč' stepi*, G. Šaripova, Moskau 1957 [russ.]. – *Die Tochter der Steppe*, Moskau 1957.

LITERATUR: L. Ju. Tuguševa, *O jazyke romana G. Ibragimova »Kazak kyzy«* (in *Tjurkologičeskie issledovanija*, Moskau/Leningrad 1963, S. 256–264). – G. Ädhämova, *Kini dala – čal tarichnyŋ ǧanly šahite* (in Kazan utlary, 1967, Nr. 3, S. 103–105).

TIRÄN TAMYRLAR

(kasan-türk.; *Ü: Tiefe Wurzeln*). Erzählung von Galimdžan IBRAGIMOV, erschienen 1928. – Der Autor nahm in den Jahren nach der Oktoberrevolution auch durch seine nun stärker tendenzbetonten belletristischen Arbeiten aktiven und führenden Anteil an der Sowjetisierung Tatariens. Für diese spätere Schaffensperiode ist *Tirän tamyrlar* – vom Autor selbst als *chikäja* (Erzählung) bezeichnet, von den tatarischen Literaturhistorikern jedoch als Roman klassifiziert – charakteristisch. Das in früheren Werken (vgl. *Kazak kyzy*) hervortretende folkloristische Element fehlt hier fast ganz.

Die Erzählung ist als Lehrstück über den Klassenkampf angelegt. Sie kreist um einen Mord, dessen politischer Hintergrund zunächst nicht klar wird. Mit dem Satz *»Man hatte Fachri ermordet«* beginnend und mit dem Gerichtsurteil über die Schuldigen schließend, umspannt sie die Jahre des Bürgerkriegs und der ersten Kollektivierungsphase im tatarischen Hinterland. In den Vernehmungen und in den Erinnerungen der zahlreichen auftretenden Personen entsteht ein Bild der Zeitläufte, allerdings aus geringer Distanz und in vereinfachender Schwarzweißzeichnung. Der Autor versucht, in dem jahrelangen Kampf zwischen dem kommunistischen Aktivisten Fachretdin Gilmanov (Fachri) und dem heimtückischen Vali Chasanov – einem ehemaligen Grundbesitzer *(baj)*, der sich auch in

der Kollektivwirtschaft wieder eine führende Stellung erschlichen hat – einen soziologischen Modellfall zu gestalten, um das Weiterwirken der »fortschrittsfeindlichen Kräfte« auch unter den neuen Verhältnissen zu demonstrieren. Der Prozeß, der sich, durch Erinnerungspassagen und Rückblenden unterbrochen, über die gesamte Handlung hinzieht, entlarvt Chasanov als den Anstifter eines Komplotts zur Beseitigung Fachris. Der überführte Konterrevolutionär wird zur Höchststrafe – Tod durch Erschießen – verurteilt und exekutiert. Die Wandlung des Erzählers zum politischen Didaktiker zeigt sich besonders deutlich im Plädoyer des Staatsanwalts, in dem auf die »tiefen Wurzeln« des Konflikts hingewiesen wird, um das gesellschaftliche Bewußtsein vieler Zeugen der Ereignisse, die in dem Kampf zwischen Fachri und Vali nur eine persönliche Rivalität gesehen hatten, zu schärfen.

In der Gestaltung des Stoffs sind erhebliche Mängel nicht zu übersehen; der Künstler tritt hinter dem Agitator zurück, und für eine psychologische Differenzierung der Charaktere bleibt kein Spielraum. Aus der Sicht der frühen zwanziger Jahre und aus eigenen Erlebnissen des Autors (der ein Jahrzehnt später selbst als »Volksschädling« im Gefängnis umkam) ergibt sich jedoch mancher Aufschluß, der die Erzählung als Zeitdokument bedeutsam erscheinen läßt.　　　H.W.Br.

AUSGABEN: Moskau 1928. – Kasan 1957. – Kasan 1975 (in *Äsärlär*, Bd. 3, Hg. M. Chäsänov).

ÜBERSETZUNGEN: *Tiefe Wurzeln*, Moskau 1957. – *Glubokie korin*, Kasan 1973 [russ.]. – *Glubokie korin*, Moskau 1982 [russ.].

LITERATUR: R. Bikmuchametov, *Rasskaz ili roman »Glubokie korni« (K probleme sjužeta v tvorčestve G. I.)* (in Družba Narodov, Moskau 1957, Nr. 3).

ṢUNʿALLĀH IBRĀHĪM

* 1937/38 Ägypten

AL-LAǦNA

(arab.; *Ü: Der Prüfungsausschuß*). Roman von Ṣunʿallāh IBRĀHĪM (Ägypten), erschienen 1981. – Diese Satire nimmt symbolhaft die Situation in Ägypten während der von Anwar as-Sadat verfolgten Politik des »Infitāḥ«, der ökonomischen und politischen Öffnung des Landes nach Westeuropa und den USA, aufs Korn.

Ein Ich-Erzähler berichtet, wie er vor einen (anonym bleibenden, aber durch die Sprache und Physiognomie seiner Angehörigen als nichtarabisch definierten) Prüfungsausschuß bestellt wird und sich auf diese Situation lange und intensiv vorbereitet hat. Der Grund der Begegnung bleibt offen. Nach entwürdigenden Fragen und kaum noch zu überbietenden Demütigungen gibt man ihm ein Rätsel auf: »*Wofür, seien es nun Kriege, Revolutionen, Neuerungen, wird man sich künftig an dieses Jahrhundert erinnern?*« Er zieht v. a. Marilyn Monroe, das arabische Erdöl, die Eroberung des Weltalls, den Vietnam-Konflikt in Erwägung, kommt aber dann auf die Coca-Cola-Flasche: »*In einer Zeit, in welcher sich Begriffe wie ›Gott‹, ›Liebe‹, ›Glück‹ von Land zu Land und von einer Sprache zur anderen unterscheiden, bedeutet Coca-Cola an jedem Ort und in allen Sprachen dasselbe.*« Man unterbricht ihn, er solle seine historischen Kenntnisse mit der Schilderung der Erbauung der Pyramiden beweisen. Er resümiert dahingehend, daß die Ägypter weder über die umfangreichen architektonischen Kenntnisse noch über die ungeheuren schöpferischen Fähigkeiten verfügt haben könnten, um diese Bauwerke zu errichten; daß man sich also der Theorie anschließen müsse, Cheops sei einer der heimlichen Könige Israels gewesen. Befriedigt entläßt ihn der Ausschuß, er solle seiner Beschlußfassung harren.

Einige Wochen später fordert ihn ein Telegramm auf, eine Abhandlung über »*die strahlendste arabische Persönlichkeit unserer Zeit*« zu verfassen. Nach längeren Überlegungen bringt ihn ein Zeitungsfoto über eine Bankengründung auf den »*Herrn Doktor*«. Nicht ohne auf Widerstände zu stoßen, recherchiert er in Bibliotheken und Archiven und findet eine Fülle von z. T. verschlüsseltem Material über eine schillernde Persönlichkeit, einen Mann, der mühelos Lager und Meinungen wechselt, im Hintergrund in Politik und Wirtschaft Drähte zieht, in Verbrechen verwickelt ist. Nach einem Jahr erscheint überraschend der Prüfungsausschuß, durchsucht seine Wohnung und fordert ihn auf, sich ein anderes Thema zu suchen. Da er sich weigert, bleibt eines der Ausschußmitglieder bei ihm, bis er sich entschieden habe. »*Der Kurzgewachsene*« beobachtet ihn Tag und Nacht, folgt ihm auch ins Bett und auf die Toilette. Zufällig stellt der Erzähler fest, daß sein Überwacher mit einem riesigen Revolver ausgerüstet ist. Sich seiner Bedrohtheit bewußt werdend, ersticht er ihn mit einem Küchenmesser. Im letzten Kapitel versucht der Erzähler, sich vor dem Prüfungsausschuß zu rechtfertigen, er habe aus Notwehr gehandelt. Man sagt ihm, er verdiene »*die Höchststrafe*«, ohne diese zu definieren. Der Wächter vor dem Saal erklärt ihm auf seine Frage, was »*die Verspeisung*« bedeutete, er habe sich selbst zu verzehren. Nach mehreren Szenen aus dem Kairoer Alltagsleben, die die Verrohung der zwischenmenschlichen Beziehungen, die Korrumpierung der Gesellschaft deutlich werden lassen, kehrt der Erzähler in seine Wohnung zurück, erfreut sich noch einmal seiner »*schlüpfrigen Bücher*« und der befreienden Phantasien, die sie in ihm wecken, und beginnt, sich selbst zu verzehren. Auch hier berichtet ein Ich-Erzähler in knappen Sätzen, kühl, emotionslos, reiht additiv äußere

Vorgänge aneinander, scheinbar ohne jede Verinnerlichung. Das Thema der Gefängnisse, das in Ṣ. Ibrāhīms zweitem Roman *Naǧmat Aǧustus*, 1974 *(Auguststern)*, immer noch stark anklingt, spielt hier keine Rolle mehr. Alle Personen bleiben anonym, einige werden mit Epitheta benannt. Bis auf die letzten Szenen sind die Außenkontakte des Erzählers auf den Prüfungsausschuß und auf Personen beschränkt, mit denen er durch dessen Aufgabenstellung in Berührung kommt. Die Reduktion aller menschlichen Beziehungen auf die Erledigung einer Aufgabe, die der Ausschuß, der sie veranlaßt hat, später unterbinden will, legt die Absurdität der Situation bloß. In der Gestalt des »*Herrn Doktor*« kristallisieren sich Charakterzüge und Handlungsweisen mancher prominenten Vertreter von Politik und Wirtschaft in arabischen Ländern. Der Roman kann auch als symbolhafte Darstellung der Konfrontation des Individuums mit der Allmacht der Bürokratie oder eines totalitären Staats verstanden werden, der es sich bei Strafe der Selbstvernichtung unbedingt zu fügen hat. *Al-Laǧna* erscheint wie eine in die arabische Gegenwart übertragene Adaption von KAFKAS Roman *Der Prozeß*, auch wenn der Autor, der 1968–1971 als Mitarbeiter der arabischen Abteilung des Nachrichtenbüros ADN in Ostberlin lebte und anschließend drei Jahre in Moskau Kinematographie studierte, eher Georges SIMENON und Albert CAMUS (u. a. dessen Roman *Der Fremde*) zu seinen Vorbildern zählt. W.W.

AUSGABEN: Kairo 1979 (in Al-Fikr al-Muʿāṣir, Mai-H; Kap. 1). – Beirut 1981. – Kairo 1982.

ÜBERSETZUNG: *Der Prüfungsausschuß*, H. Fähndrich, Basel 1987 [m. Nachw.].

LITERATUR: Mahmud Amīn al-ʿĀlim, At-Taʾrīḫ wa-l-fann wa-d-dalāla fī ṯalāṯ riwāyāt miṣriyya (in *Ar-Riwāya al-ʿarabiyya – wāqiʿ wa-afāq*, Beirut 1981, S. 37–54). – C. K. Draz, *In Quest of New Narrative Forms... Ironical Echos in »The Committee« by Sunʿallāh Ibrāhīm (1979)* (in JAL, 12, 1981, S. 154–158). – ʿIṣām Maḥfūẓ, *Ar-Riwāya al-ʿarabiyya at-talīʿiyya*, Beirut 1982, S. 21–29. – Maḥmud Amīn al-ʿĀlim, *Ṯulāṯiyyat ar-rafḍ wa-l-hazīma. Dirāsa naqdiyya li-ṯalāṯ riwāyāt li-Ṣ. I. »Tilka r-rāʾiḥa« – »Naǧmat Aǧustus« – »al-Laǧna«*, Kairo 1985. – Mahmud Hifnī Kassāb, *Laǧnat Ṣ. I.* (in Ibdāʿ, 3, 1985, Nr. 1). – M. N. Mikhail, *Structure and Ideology in Ṣ. I.'s Novella »al-Lajna«* (in World Literature Today, 1986, S. 221–223).

TILKA R-RĀʾIḤA

(arab.; *Jener Geruch*). Erzählung von Ṣunʿallāh IBRĀHĪM (Ägypten), erschienen zuerst 1965 in der Beiruter Zeitschrift ›al-Fikr‹; die Buchausgabe wurde nach ihrem Erscheinen in Kairo im Februar 1966 als erstes Literaturwerk überhaupt von Nasser verboten, provozierte aber trotzdem eine kontroverse Debatte in ägyptischen Zeitschriften und Zeitungen wie ›Ṣabāḥ al-Ḫair‹, ›Aḫbār al-Yaum‹, ›Āḫir Sāʿa‹ und ›Al-Ǧumhūriyya‹. Erst 1986 kam die erste vollständige Ausgabe in Kairo heraus. – Ibrāhīm, der die Erzählung unmittelbar nach einer fünfjährigen Gefängnishaft aus politischen Gründen schrieb, galt nun als Begründer der »Literatur über das Gefängnisdasein« *(Adab as-suǧūn))*. Ein Ich-Erzähler berichtet über die ersten zehn Tage nach seiner Entlassung in »kontrollierte Freiheit«. Am ersten Tag muß er wieder ins Gefängnis zurückgebracht werden, weil er nirgendwo eine Bleibe findet. Das gibt Gelegenheit zur minutiösen Schilderung des gnadenlosen Umgangs der Wächter mit den Häftlingen wie der Häftlinge miteinander. Genauso kühl registrierend beschreibt er die folgenden Tage mit ihren Routinevorgängen Essen, Trinken, Rauchen, Schlafen, gelegentlichen sozialen Kontakten mit Verwandten oder Frauen, die er von früher kennt. Der tägliche Besuch des Polizisten, der die Anwesenheit des Erzählers kontrolliert, kann sich zur erpresserischen Drohung steigern, ihn ins Gefängnis zurückzubringen. Alle sozialen Interaktionen vollziehen sich ohne jede menschliche Wärme, werfen den Erzähler immer wieder auf sich selbst, auf eine ebenfalls emotionslose Autoerotik zurück. Unmittelbar vor der zu erwartenden zehnten Kontrollinspektion des Polizisten in seinem Zimmer verläßt es der Erzähler in Richtung Metro.

Der Autor reiht knappe Sätze in sparsamer, lediglich auf die Registrierung äußerer Vorgänge gerichteter Diktion aneinander, unterbricht die chronologische Addition von Begebenheiten nur gelegentlich durch Rückblenden. Das vorangestellte Motto aus dem Roman *Portrait of the Artist as a Young Man* (1916) von James JOYCE, »*This race and this country and this life produced me ... and I shall express myself as I am*«, erhöht den durch den Ich-Bericht hervorgerufenen Authentizitätseindruck und stellt ihn gleichzeitig auf die Ebene der Verallgemeinerung.   W.W.

AUSGABEN: Beirut 1965 (in Al-Fikr al-Muʿāṣir). – Kairo 1966 [gek.]. – Kairo 1986 [erste vollst. Ausg. in Arab.].

ÜBERSETZUNG: *The Smell of it*, D. Johnson-Davies, Ldn. 1971 [engl.].

LITERATUR: Ṣunʿallāh Ibrāhīm, *Taǧribatī ar-riwāʾiyya* (in al-Adīb, 2, 1980, Nr. 3; ern. in *Ar-Riwāya al-ʿarabiyya – wāqiʿ wa-āfāq*, Beirut 1981, S. 291–302). – N. Tomiche, *L'œuvre de Ṣunʿallāh Ibrāhīm et la ›Littérature des Prisons‹* (in Annales Islamologiques, 18, 1982, S. 225–271). – A. B. Jad, *Form and Technique in the Egyptian Novel 1912–1971*, Ldn. 1983, S. 297–304. – A. S. Abu Shariefah, *The Prison in the Contemporary Arabic Novel*, Diss. Univ. of Michigan, Ann Arbor 1983, S. 207–209. – Maḥmūd Amīn al-ʿĀlim, *Tulāṭiyyat ar-rafḍ wa-l-hazīma. Dirāsa naqdiyya li-ṭalāṯ riwāyāt Ṣ. I. ...*, Kairo 1985.

GARABET IBRĂILEANU

* 23.5.1871 Iaşi
† 11.3.1936 Bukarest

ADELA. Fragment din jurnalul lui Emil Codrescu

(rum.; *Ü: Adela. Aus dem Tagebuch Emil Codrescus*). Roman von Garabet IBRĂILEANU, erschienen 1933. – Codrescu ist die Hauptfigur des Romans, der im ausgehenden 19. Jh. in der Provinz Moldau spielt und autobiographische Züge trägt. Er ist Arzt, Mitte vierzig, als er eine junge Frau wiedersieht, die er schon als Kind gekannt hatte. Adela, erst zwanzig und bereits geschieden, ähnelt sehr ihrer Mutter, deren reife Schönheit ihn früher besonders angezogen hatte. In Bălţăteşti, einem Kurort am Osthang der Karpaten, verbringen Mutter und Tochter die Ferien. Codrescu begegnet ihnen täglich und ist danach häufig zu Gast in ihrem Haus. Er denkt an die zärtlich-kindliche Zuneigung, die ihm Adela einst entgegengebracht hat, als er im Haus ihrer Eltern verkehrte, ihr Märchen erzählte und mit ihr Versteck spielte. Er erinnert sich auch an seine ersten Verliebtheiten. Bilder aus der Studentenzeit in Wien tauchen vor ihm auf, wo er zunächst eine junge Frau, danach eine Studienkollegin kennengelernt und geliebt hatte. Diese Erinnerungen machen ihm bewußt, daß er die um zwanzig Jahre jüngere Adela nicht lieben darf. Er versucht, sich ihr zu entziehen. Doch ihre heitere und unbefangene Art fesselt ihn immer stärker, sosehr er sich auch gegen dieses Gefühl sträubt. Er beobachtet sich und das Mädchen mit jenem Mißtrauen, das man empfindet, wenn man sich nicht zutraut, einer Versuchung zu widerstehen. Auch als sie ihn eines Abends nach einem Spaziergang in mondbeschienener Landschaft fragt, was er für sie empfinde, bleibt er zurückhaltend. Am Abend vor ihrer Abreise zieht er den Handschuh von ihrer Hand, küßt ihre Finger und geht dann davon. Am nächsten Morgen, bevor sie in die wartende Kutsche steigt, ergreift sie plötzlich seine Rechte und küßt sie, drückt ihm den Handschuh in die Hand, gleichsam als Andenken an einen glücklichen Augenblick, vielleicht auch als Pfand für kommendes Glück. Damit endet der Roman.

Dieses sehr poetische Werk fragt weniger nach dem Schicksal einer früh geschiedenen jungen Frau – wir erfahren nichts über die Ursache der Trennung ihrer Ehe –, sondern analysiert die Gefühle eines gebildeten alleinstehenden Mannes: Codrescu ist kein gewöhnlicher Landarzt mit nur begrenztem Fachwissen, eher eine philosophisch veranlagte Natur, die sich selbst und ihre Umgebung unvoreingenommen und kritisch beobachtet. Er bemüht sich, alle Ereignisse und Gefühlsregungen zu analysieren, sie als »psychologische Einheit« zu betrachten. Nur in seinen Beziehungen zu Adela vermag er nicht zu sagen, ob er richtig oder falsch gehandelt hat; er verzichtet auf eine Klärung ihres Verhältnisses zueinander, die eine Entscheidung von ihm verlangen würde.   E.T.

AUSGABEN: Bukarest 1933 [v. Verf. erg. Ausg. 1934 u. 1935]. – Bukarest 1963. – Bukarest 1978 (in *Opere*, Hg. R. Rotaru, Bd. 5; krit.). – Iaşi 1983. – Bukarest 1987.

ÜBERSETZUNGEN: *Adela. Aus dem Tagebuch Emil Codrescus*, J. u. J. Uhlisch, Bln./Weimar 1980. – *Adela*, A. Békés, Bukarest 1987.

LITERATUR: G. Călinescu, *»Adela«* (in Viaţa românească, 25, 1933, 5, S. 201). – Ders., *Romanul lui G. I. »Adela«* (in Adevărul Literar şi Artistic, 12, 1933, 652). – G. C. Nicolescu, *Ideologie literară poporanistă. Contribuţiunea lui G. I.*, Bukarest 1937. – A. Piru, *Viaţa lui G. I.*, Bukarest 1946. – S. Bratu, *Moştenirea lui G. I.*, Bukarest 1955. – A. Dima, *Concepţia despre artă şi literară a lui G. I.*, Bukarest 1955. – A. Piru, *Opera lui G. I.*, Bukarest 1959. – D. Micu, *Poporanismul şi »Viaţa Românească«*, Bukarest 1961, S. 39–168. – *Scrisori către I.*, Hg. M. Bordeianu, 4 Bde., Bukarest 1966–1982. – A. Piru, *G. I. Viaţa şi opera*, Bukarest 1967; ³1971. – I. Raşcu, *Amintiri şi medalioane literare. G. Bacovia şi G. I.*, Bukarest 1967. – I. Creţu, *G. I.*, Bukarest 1968. – V. Streinu, *G. I. – »Adela«* (in V.S., *Pagini de critică literară*, Bd. 2, Bukarest 1968, S. 128–145). – M. Drăgan, *G. I.*, Bukarest 1971. – O. Papadima, *Faţa literară a unui filozof: »Adela«* (in O. P., *Scriitori şi înţelesurile vieţii*, Bukarest 1971, S. 126–130). – M. Sebastian, *G. I.: »Adela«* (in M. S., *Eseuri. Cronici. Memorial*, Bukarest 1972, S. 298–301). – I. Popescu-Sireteanu, *Amintiri despre G. I.*, 2 Bde., Iaşi 1974–1976. – M. D. Gheorghiu, *I. Romanul criticul*, Bukarest 1981. – G. Grigurcu, *Între critice. T. Maiorescu, E. Lovinescu, G. I.*, Cluj-Napoca 1983.

HENRIK IBSEN

* 20.3.1828 Skien
† 23.5.1906 Oslo

LITERATUR ZUM AUTOR:
Bibliographien und Forschungsberichte:
H. Pettersen, *H. I. Bedømt af samtid og eftertid*, Oslo 1928. – I. Tedford, *I.-Bibliography 1928–1957*, Oslo 1961. – F. Meyen, *I.-Bibliographie*, Braunschweig 1928. – R. Fallenstein u. Chr. Hennig, *Rezeption skandinavischer Literatur in Deutschland 1870–1914. Quellenbibliographie*, Neumünster 1977, S. 162–254. – Ibsenårbok, Skien/Oslo 1952 ff. [fortlaufende Jahresbibliographien]. –

J. McFarlane, *Recent Trends in I. Scholarship and Criticism* (in Scandinavica, 2, 1963, S. 108–121). – *Contemporary Approaches to I.*, Oslo 1966 ff. [m. Bibliogr.; erscheint in unregelmäßigen Abständen]. – E. Beyer, *I. Today* (in Ibsenårbok 1972, S. 42–54). – C. Westling, *Hundert Jahre I.-Forschung* (in *Die nordischen Literaturen als Gegenstand der Literaturgeschichtsschreibung*, Hg. H. Bien, Rostock 1982, S. 407–413).
Lexika:
R. Iversen, *I.-ordbok. Ordforrådet i H. I.s samlede verker*, Oslo 1958. – G. B. Bryan, *An I.-Companion. A Dictionary Guide to the Life, Works and Critical Reception of H. I.*, Westport 1984. – H. Noreng u. a., *Ibsens ordskatt. Vokabular over hans diktning*, Bergen 1987.
Biographien:
H. Jæger, *H. I. 1828–88. Et litterært livsbillede*, Kristiania 1888 [dt. Dresden/Lpzg. ²1897]. – G. Brandes, *H. I.*, Kopenhagen 1898; ²1916. – J. Paulsen, *Samliv med I.*, 2 Bde., Kristiania 1906–1913 [dt. Bln. 1907]. – G. Gran, *H. I. – liv og verker*, 2 Bde., Kristiania 1918 [dt. Lpzg. 1928]. – H. Koht, *H. I. – eit diktarliv*, Oslo 1928; ²1954. – H. Eitrem, *I. og Grimstad*, Oslo 1940. – B. Ibsen, *De tre. Erindringer om H. I., Suzannah Ibsen, Sigurd Ibsen*, Oslo 1948. – O. Mosfjeld, *H. I. og Skien*, Oslo 1949. – F. Bull, *I. The Man and the Dramatist*, Oxford 1954. – H. Heiberg, ... *født til kunstner. Et I.-portrett*, Oslo 1967. – M. Meyer, *H. I.*, 3 Bde., Ldn. 1967–1971. – E. Østvedt, *H. I. Barndom og ungdom*, Skien 1973. – M. Gravier, *I.*, Paris 1973. – E. Beyer, *H. I.*, Oslo 1978. – D. Haakonsen, *H. I. Mennesket og kunstneren*, Oslo 1981. – P. J. Nordhagen, *H. I. i Roma 1864–1868*, Oslo 1981. – G. E. Rieger, *H. I. in Selbstzeugnissen und Bilddokumenten*, Reinbek 1981 (rm). – D. Thomas, *H. I.*, Ldn. 1983.
Gesamtdarstellungen und Studien:
G. B. Shaw, *The Quintessence of Ibsenism*, Ldn. 1891; ²1913. – E. Reich, *H. I.s Dramen*, Bln. 1894; ⁸1910. – L. Andreas-Salomé, *H. I.s Frauengestalten*, Jena ²1906. – A. Aall, *H. I. als Dichter und Denker*, Halle 1906. – R. Woerner, *H. I.*, 2 Bde., Mchn. ²1912; ³1923. – W. H. Eller, *I. in Germany 1870–1900*, Boston 1918. – M. Jacobs, *I.s Bühnentechnik*, Dresden 1920. – E. Kihlman, *Ur I.-dramatikens idéhistoria*, Helsinki 1921. – E. v. Aster, *I. und Strindberg*, Mchn. 1923. – H. J. Weigand, *The Modern I.*, NY 1925; ²1961. – W. Möhring, *I. und Kierkegaard*, Lpzg. 1928. – K. Wais, *H. I. und das Problem des Vergangenen*, Stg. 1931. – L. Löwenthal, *Das Individuum in der individualistischen Gesellschaft. Bemerkungen über I.* (in Zs. f. Sozialforschung, 5, 1936, S. 321–363). – H. Brenel, *Etiska motiv i H. I.s dramatiska diktning*, Stockholm 1941. – C. Stuyver, *Psychologie en symboliek van I.s ouderdomsdramas*, Amsterdam 1942 [dt. Amsterdam 1952]. – J. Faaland, *H. I. og antikken*, Oslo 1943. – A. Duve, *Symbolikken i I.s skuespill*, Oslo 1945. – R. Zander, *Der junge Gerhart Hauptmann und H. I.*, Limburg 1947. – L. Binswanger, *H. I. und das Problem der*

Selbstrealisation in der Kunst, Heidelberg 1949, – B. W. Downs, *A Study of Six Plays by I.*, Cambridge 1950. – J. Northam, *I.s Dramatic Method. A Study of the Prose Dramas*, Ldn. 1953. – H. Bjørn-Hansen, *Menneskenes livsoppgaver i H. I.s nåtidsdramaer fra »Samfundets støtter« til »Når vi døde vågner«*, Oslo 1954. – G. Ollén, *I.s dramatik*, Stockholm 1955. – P. Fraenkl, *I.s vei til drama*, Oslo 1955. – L. Mæhle, *I.s rimteknikk*, Oslo 1955. – D. Haakonsen, *H. I.s realisme*, Oslo 1957. – J. McFarlane, *I. and the Temper of Norwegian Literature*, Ldn. 1960 [m. Bibliogr.]. – J. Northam, *I.s Search for the Hero* (in Edda, 60, 1960, S. 101–120). – F. L. Lucas, *The Drama of I. and Strindberg*, Ldn. 1962. – J. McFarlane, *Discussions of H. I.*, Boston 1962. – R. Raphael, *From »Hedda Gabler« to »When we Dead awaken«. The Quest for Self-Realization* (in Scandinavian Studies, 36, 1964, S. 34–47). – A. Haaland, *Seks studier i I.*, Oslo 1965. – R. Fjelde, *I. – A Collection of Critical Essays*, Englewood Cliffs/N.J. 1965. – H. G. Meyer, *I.*, Velber 1967; 2 1977. – D. E. R. George, *H. I. in Deutschland. Rezeption und Revision*, Göttingen 1968. – F. Paul, *Symbol u. Mythos. Studien zum Spätwerk H. I.s*, Mchn. 1969. – B. Hemmer, *Keiser eller Galiléer – konfliktstrukturen i H. I.s diktning 1850–73*, Oslo 1970. – O. I. Holtan, *Mythic Patterns in I.s Last Plays*, Minneapolis 1970. – P. Szondi, *Theorie des modernen Dramas*, Ffm. 1970, S. 22–31. – K.-D. Bolz, *Die Bühnengestalten H. I.s im Licht der Psychiatrie*, Würzburg 1970. – H. Bien, *H. I.s Realismus. Zur Genesis u. Methode des klassischen kritisch-realistischen Dramas*, Bln. 1970. – J. McFarlane, *H. I. – A Critical Anthology*, Harmondsworth 1970. – H. Ruin, *Höjder och stup hos I. och några andra*, Stockholm 1971. – H. Noreng, *Die soziale Struktur in I.s Gegenwartsdramen* (in Skandinavistik, 1, 1971, S. 17–38). – R. Nitschke, *Studien zur retrospektiven Technik bei H. I.*, Poznań 1971. – C. R. Lyons, *H. I. – The Divided Consciousness*, Carbondale/Ill. 1972. – J. Hurt, *Catiline's Dream. An Essay on I.s Plays*, Urbana 1972. – J. Northam, *I. – a Critical Study*, Cambridge 1973. – A. Biörnstad-Herzog, *H. I.s Bühnenkunst. Studien zu seinem Dramenbau*, Diss. Zürich 1974. – W. Friese, *I. auf der dt. Bühne. Texte zur Rezeption*, Tübingen 1976. – F. Paul, *H. I., metode. Den indre utvikling gjennom I.s dramatik*, Oslo 1977. – R. Gray, *I. – a Dissenting View. A Study of the Last Twelve Plays*, Cambridge 1977. – U. Strømberg u. J. Wiingaard, *Den levende I. Analyser of udvalgte forestillinger 1973–78*, Kopenhagen 1978. – B. Hemmer, *I. og Bjørnson*, Oslo 1978. – A. Haaland, *I.s verden*, Oslo 1978. – K. Johansen, *Marxister om I.*, Oslo 1978. – J. Kott, *Der Freud des Nordens. I. – neu gelesen* (in Theater heute, 1979, H. 12, S. 35–49). – *En ny I.? – Ni I.-artikler*, Hg. H. Noreng, Oslo 1979. – E. Haugen, *I.s drama. Author to Audience*, Minneapolis 1979. – B. Johnston, *To the Third Empire. I.s Early Drama*, Minneapolis 1980. – J. E. Tammany, *H. I.'s Theatre Aesthetic and Dramatic Art*, NY 1980. – M. Strässner, *I.s analytische Dramatik* (in M. S., *Analytisches Drama*, Mchn. 1980, S. 170–222). – E. Østerud, *Det borgerlige subjekt. I. i teorihistorisk belysning*, Oslo 1981. – R. N. Nettum, *Den åpne og den lukkede verden. En kommentar til noen av H. I.s samtidsskuespill* (in Ibsenårbok 1981/82, S. 47–72). – E. Durbach, *I. the Romantic. Analogues of Paradise in the Later Plays*, Ldn. 1982. – J. Haugan, *Diktersfinxen. En studie i I. og I.-forskningen*, Oslo 1982. – J. S. Chamberlain, *I. – The Open Vision*, Ldn. 1982. – V. Moe, *I.-Parodien im dt. Naturalismus* (in *Contemporary Approaches to I.*, Bd. 5, Oslo 1985, S. 143–153). – E. M. Christensen, *H. I.s realisme: illusion, katastrofe, anarki*, 2 Bde., Kopenhagen 1985. – I. Hauge, *Den fremmede passasjer. Studier i I.s dramatikk fra Peer Gynt til Fruen fra havet*, Oslo 1986. – P. Schelde Jacobsen u. B. Fass Leavy, *I.s Forsaken Merman. Folklore in the Late Plays*, NY/Ldn. 1988. – K. Brynhildsvoll, *Studien zum Werk u. Werkeinfluß H. I.s*, Leverkusen 1988. – K. Hamburger, *I.'s Drama in seiner Zeit*, Stg. 1989. – B. Johnston, *I.s Text and Supertext*, Philadelphia 1989. – F. u. L.-L. Marker, *I.'s Lively Art. A Performance Study of the Major Plays*, Cambridge 1989. – R. Young, *Time's Disinherited Children. Childhood, Regression and Sacrifice in the Plays of H. I.*, Norwich 1989.

BRAND

(norw.; *Brand*). Dramatisches Gedicht in fünf Akten von Henrik IBSEN, erschienen 1866, Uraufführung: Stockholm, 24. 3. 1885, Nya Teatern; deutsche Erstaufführung: Berlin, 19. 3. 1898, Schillertheater. – Der eifernde, strengen Grundsätzen verpflichtete Pfarrer Brand steht mit seinen Ansichten in scharfem Kontrast zu seiner Umwelt, besonders zu seinem ehemaligen Schulfreund Ejnar, einem Künstler, und dessen Braut Agnes. Er setzt ihnen, die er wie die Zeit, in der sie leben, für krank hält – für Halbheiten und Kompromisse allzu anfällig –, seine Religion entgegen, deren Mittelpunkt ein Gott der Härte, des Leidens und der Unnachgiebigkeit ist. Agnes wird von seinen Worten tief getroffen. In einer an den Beginn von SCHILLERS *Wilhelm Tell* erinnernden Szene sehen wir Brand trotz eines gewaltigen Sturms mutig über den Fjord setzen, um einem Sterbenden den letzten Trost zu bringen. Agnes folgt ihm. Brand wird Gemeindpfarrer und Agnes seine Frau. Noch vor ihrer Heirat sagt er ihr, daß er niemals bereit sein wird zu irgendwelchen Kompromissen, auch nicht in persönlichen Dingen, denn seine Devise lautet: »*Alles oder nichts.*« Dieser Leitsatz erfährt seine erste erschütternde Bestätigung, als Brand seine Mutter in ihrer Sterbestunde allein läßt, weil sie seiner Forderung, sich von ihrem Reichtum zu lösen, nicht nachgekommen war. Eine weitere furchtbare Konsequenz dieses Grundsatzes ist der Tod seines Sohnes Alf, dem das Leben in der rauhen Gegend nicht bekommen war. Um der Gemeinde willen hatte Brand hier ausgehalten. Auch seine Frau Agnes scheitert an den starren, unbeugsamen Prinzipien des Pfarrers: Seine Forderung, auch die letzten Erinnerungen an den Sohn zu opfern, erfüllt sie zwar, aber sie überlebt sie nicht. Von dem ererbten Geld seiner Mutter baut Brand nun eine neue Kirche, deren Schlüssel er jedoch in einer symbolischen Geste wegwirft, als er die Halbheit der orthodoxen Theologie und der herrschenden Kirchenpraxis zu erkennen vermeint. In einer leidenschaftlichen Rede verlangt er von seiner Gemeinde, mit ihm fortzuziehen, neuen Idealen entgegen. Die Gemeinde folgt ihm; ein langer Zug begibt sich ins Gebirge. Aber die Nachricht, ein Fischstrom, der einen großen Verdienst erwarten läßt, sei in den Fjord gedrungen, bewegt die Menge zur Umkehr. Allein marschiert Brand weiter und hält Abrechnung mit seinem Leben. Das heißt, er muß erkennen, daß sein Streben, die Menschen die wahre Religion zu lehren, vergeblich war. Als Traumgestalt tritt ihm noch einmal Agnes entgegen; sie verspricht, ihm alles zurückzugeben, was er verloren hat, wenn er auf sein *»Alles oder nichts«* verzichtet. Hart und konsequent lehnt Brand ab. Der Verführung durch die in den Bergen streunende Gerd, die ihn als Heiland preist, widersteht er. Bis zum letzten Augenblick ringt er mit Gott, und seine letzte Frage, ob nicht allein durch den Willen das Heil zu erreichen sei, beantwortet eine mystische Stimme: *»Gott ist deus caritatis.«* Dann stürzt eine Lawine auf ihn herab und reißt ihn mit sich.

Mit diesem im Sommer 1865 in Ariccia geschriebenen Drama, das aber erst zwanzig Jahre später – 1885 – aufgeführt wurde, erregte Ibsen in Skandinavien großes Aufsehen. Mehrere Auflagen von *Brand* im nächsten Jahr haben Ibsen endlich zu einer sicheren Existenzgrundlage verholfen. Die Meinungen über das Stück waren geteilt; so lehnten BJØRNSON und VINJE es vollkommen ab, während sich Georg BRANDES begeistert darüber äußerte. – *Brand* ist ein typisches Ideendrama. Die einseitige Idee des *»Alles oder nichts«* wird jedoch mit keiner entsprechenden Gegenidee konfrontiert. Die Tragödie endet mit einer Niederlage (dem Tode) und einem Sieg des Helden (der Treue zu sich selbst). Der letzte Satz des Dramas läßt darauf schließen, daß auch Brand, der auf seiner Gottsuche einen falschen Weg gegangen war, nicht verdammt ist, sondern durch die Liebe des barmherzigen Gottes erlöst werden kann. – Zur Entstehung des Dramas hat die persönliche Bekanntschaft Ibsens mit dem Pfarrer G. Lammers, der in den fünfziger Jahren eine außerhalb der Staatskirche stehende freireligiöse Gemeinde gründete, ebensoviel beigetragen wie das Studium der Schriften KIERKEGAARDS. Das dramatische Gedicht umfaßt mehr als 5000 Verse; die meisten sind in vierfüßigen Jamben abgefaßt, Brands Monologe und die wichtigsten Szenen mit Agnes und Gerd in vierfüßigen Trochäen. Eine gewisse Schwäche wird allgemein darin gesehen, daß der 5. Akt etwas zu lang geraten ist. H.Ue.

AUSGABEN: Kopenhagen 1866. – Kopenhagen 1898 (in *Samlede Værker*, 10 Bde., 1898–1902, 3). – Oslo 1928 (in *Samlede verker. Hundreårsutgave*, 21 Bde., 1928–1957, 5). – Oslo 1962; ⁵1981 (in *Samlede verker*, 3 Bde., 2; Tb.). – Oslo 1978 (in *Samlede verker*, 7 Bde., 2).

ÜBERSETZUNGEN: *Brand*, P. F. Siebold, Kassel 1872. – Dass., L. Passarge, Lpzg. 1923 (RUB). – Dass., Chr. Morgenstern (in *Dramen*, Bd. 1, Mchn. ²1978).

VERTONUNG: O. Kielland, *Musikk til H. I.s dramatiske digt »Brand«: op. 9*, Oslo 1985.

VERFILMUNG: Rußland 1915 (Regie: P. Orlenev).

LITERATUR: R. Petsch, *I.s »Brand«*, Würzburg 1902. – H. Ruin, *I.s »Brand«* (in Finsk Tidskrift, 1914, S. 58–76). – A. O. Vinje, *»Brand«* (in Skrifter i Samling, 2, 1917, S. 181–196). – J. Bing, *H. I.'s »Brand«. En kritisk studie*, Kristiania 1919. – S. Svensson, *»Brand« och den svenska göticismen* (in Edda, 30, 1930, S. 316–399). – P.-G. la Chesnais, *»Brand« d'I. Étude et analyse*, Paris 1933. – H. W. Freihow, *H. I.s »Brand«. Literær-psykologisk studie*, Oslo 1936. – D. Håkonsen, *H. I.s »Brand«* (in Edda, 41, 1941, S. 350–378). – F. Bull, *Tretten taler på Grini*, 1945, S. 83–91. – A. Janzén, *I.s »Brand«. En självuppgörelse*, Göteborg 1954. – P. Frænkl, *I.s »Brand« og europeisk titanisme* (in Edda, 56, 1956, S. 324–337). – V. Hellern, *»Brand«, symboler og tolkninger* (ebd., S. 91–110). – R. Williams, *I.s Non-Theatrical Plays »Brand« and »Peer Gynt«* (in Ibsenårbok 1960–1962, S. 186–192). – Å. H. Lervik, *I.s verskunst i »Brand«*, Oslo 1969. – A. Haaland, *Barnemorderen Bethlehem. En studie i I.s »Brand«* (in Samtiden, 78, 1969, S. 311–322). – J. Nome, *I.s »Brand« som diktning for ›vor tid‹* (in J. N., *Dikternes verden*, Oslo 1969, S. 16–36). – B. Hemmer, *»Brand« – »Kongsemnerne« – »Peer Gynt«. En studie i I.s romantiske diktning*, Oslo 1972, S. 23–87. – S. Svensson, *Idéproblematik och Tegnér-inflytande i I.s »Brand«* (in Edda, 72, 1972, S. 1–26). – H. Ruge, *I. og »Brand«* (in Samtiden, 82, 1973, S. 429–439). – S. E. Saari, *I.s »Brand«: The Nineteenthcentury Play and the 1978 British National Theatre Production* (in Scandinavian Studies, 51, 1979, S. 413–427). – A. Bjerke, *Rytmen i »Brand« og »Peer Gynt«* (in A. B., *Versekunsten*, Oslo 1980, S. 21–33). – F. Thorn, *Lov og evangelium. Tanker om I.s »Brand«*, Oslo 1981. – J. E. Bellquist, *I.s »Brand« and »Når vi døde vågner«: Tragedy, Romanticism, Apocalypse* (in Scandinavian Studies, 5, 1983, S. 344–370).

BYGMESTER SOLNESS

(norw.; *Baumeister Solness*). Schauspiel in drei Akten von Henrik IBSEN, erschienen 1892, Uraufführung: London, 7. 12. 1892, Haymarket; deutsche

Erstaufführung: Berlin, 19. 1. 1893, Lessingtheater. – Der Architekt Halvard Solness hat es durch
seine berufliche Tüchtigkeit so weit gebracht, daß
sein ehemaliger Chef, Knut Brovik, bei ihm als Assistent arbeiten muß. Auch Ragnar, Broviks Sohn,
ist bei ihm tätig. Da Solness jedoch befürchtet, von
Ragnar überflügelt zu werden, weigert er sich, seine Zeichnungen zu begutachten und ihm so eine
Aufstiegschance zu geben. Dabei ist Solness, die
nach außen hin brillante und erfolgreiche Persönlichkeit, seiner selbst gar nicht so sicher. Seit dem
Brand des Hauses seiner Schwiegereltern, bei dem
seine beiden Kinder umkamen, lebt seine Frau Aline gebrochen und apathisch dahin. Das Grund-
stück hat er inzwischen nach seinen eigenen Wünschen neu bebaut. Nun setzt sich in ihm allmählich
die Vorstellung fest, er habe diesen Brand herbeigewünscht und sich dadurch mitschuldig gemacht.
Hinzu kommt seine eingefleischte Furcht davor,
sich eines Tages von der Jugend ablösen lassen zu
müssen. Da wird er plötzlich in der Gestalt der
zweiundzwanzigjährigen Hilde Wangel mit der Jugend konfrontiert. Vor zehn Jahren, als Hilde noch
ein kleines Mädchen war, hatte Solness – von ihr
tief bewundert – beim Richtfest einer von ihm erbauten Kirche den Festkranz selber an der Turm-
spitze angebracht. Er hatte ihr damals versprochen,
wieder vom Turm herunterzukommen und ihr das
Königreich »Apfelsinia« zu schenken. Nun ist Hilde da, um ihr Versprechen erfüllt zu sehen, und
Solness hat plötzlich die Angst vor der Jugend verloren; Hilde scheint ihm die Kräfte zu verleihen,
deren er eben jetzt bedarf. Sie will sich jedoch nicht
in Solness' Ehe drängen, sondern wieder verschwinden, nachdem Solness ihr ein Schloß errichtet hat. Sie ist bereit, mit ihm Luftschlösser zu bau-
en, aber zuerst soll er eine Probe seines unverändert
kühnen Mutes ablegen: Wiederum soll er am Turm
eines von ihm erbauten Hauses den Kranz aufhängen. Der zehn Jahre älter gewordene Solness ist jedoch nicht mehr schwindelfrei. Obwohl seine Frau
Aline versucht, ihn von dem Wagnis abzuhalten,
besteigt Solness, von Hilde getrieben, den Turm,
befestigt den Kranz und stürzt vor den Augen der
jubelnden Hilde und zum Entsetzen der Umste-
henden in den Tod.
Dieses Drama über das Jugend-Alter-Problem,
über Künstlerehrgeiz und menschliches Glück leitete Ibsens letzte Schaffensperiode ein. Nur noch
der Mensch und seine persönlichen Konflikte stehen im Mittelpunkt, nicht mehr die Gesellschaft
oder das Milieu. *Bygmester Solness* bildet den Übergang von Ibsens Gesellschaftsstücken zu seinen
vier letzten symbolistischen Dramen. Die Philosophie NIETZSCHES, die Georg BRANDES Skandinavien vermittelte, hat die Konzeption der Hauptfigur beeinflußt: Solness kann seine Wesensverwandtschaft mit Nietzsches »Herrenmenschen«
nicht verleugnen. Hildes Vorgängerinnen sind bereits in der *Frau vom Meer* und in *Hedda Gabler* zu
finden. In der Person des Ragnar darf man ein Bild
Knut HAMSUNS erblicken. (Hamsun hatte 1891 in
einigen Literaturvorträgen die vier Säulen der da-

maligen norwegischen Literatur – IBSEN, BJØRN-
SON, LIE und KIELLAND – heftig angegriffen. Ibsen
zeigte sich verärgert, konnte aber Hamsuns Werk
seine Bewunderung nicht versagen.) Auch die anderen Personen des Stücks wurden nach Vorbildern aus Ibsens Umgebung gestaltet; so hat Hilde
Ähnlichkeit mit Hildur Andersen und Emilie Bar-
dach, mit denen er befreundet war; Aline ist ein Abbild seiner Frau Susannah, und Halvard Solness
trägt Züge des Dichters selbst.
In *Bygmester Solness* hat Ibsen viel von dem, was
Hamsun für die neue Literatur forderte, vorweggenommen; beispielsweise erfüllte er die von Hamsun postulierte Aufgabe, die Dichtung müsse sich
auch, oder vor allem, derjenigen seelischen Bezirke
annehmen, die rational noch nicht faßbar seien.

H.Ue.

AUSGABEN: Kopenhagen 1892. – Kopenhagen
1900 (in *Samlede Værker*, 10 Bde., 1898–1902, 7).
– Oslo 1935 (in *Samlede verker. Hundreårsutgave*,
21 Bde., 1928–1957, 12). – Oslo 1962; ⁵1981 (in
Samlede verker, 3 Bde., 3; Tb.). – Oslo 1978 (in
Samlede verker, 7 Bde., 6).

ÜBERSETZUNGEN: *Baumeister Solness*, S. Ibsen,
Lpzg. 1893 (RUB). – Dass., P. Hermann, Halle
1893. – Dass., S. Ibsen (in *SW*, Bd. 8, Bln. 1902). –
Dass., H. E. Gerlach, Stg. 1966 (RUB). – Dass.,
S. Ibsen (in *Dramen*, Bd. 2, Mchn. ²1978). – Dass.,
P. Zadek u. G. Greiffenhagen, Ffm. 1983 (m. *Die
Wildente* u. *Hedda Gabler*; FiTb).

LITERATUR: F. Neumann, »*Baumeister Solness*«.
Skizze zu einer Wesenserkenntnis H. I.s (in Edda, 20,
1923, S. 1–56). – M. Mori, *The Creation of Suspense
in Act 1 of* »*The Master Builder*« (in Ibsenårbok
1967, S. 72–102). – C. R. Lyons, »*The Master
Builder*« *as a Drama of the Self* (in Scandinavian
Studies, 39, 1967, S. 329–339). – H. Sehmsdorf,
*Two Legends About St. Olaf, the Masterbuilder: A
Clue to the Dramatic Structure of H. I.'s* »*Bygmester
Solness*« (in Edda, 67, 1967, S. 263–271). –
E. Törnqvist, *The Illness Pattern in* »*The Master
Builder*« (in Scandinavica, 11, 1972, S. 1–12). –
M. Hinden, *I. and Nietzsche. A Reading of* »*The
Master Builder*« (in MD, 16, 1973, S. 403–410). –
H. Politzer, *Die Wunde Glück: zu H. I.s* »*Baumei-
ster Solness*« (in H. P., *Hatte Ödipus einen Ödipus-
komplex? Versuche zum Thema Psychoanalyse u. Lite-
ratur*, Mchn. 1974, S. 127–155). – O. Homlung,
Om sceneoppsetningen av »*Bygmester Solness*« (in Ib-
senårbok 1975/76, S. 146–152). – E. Törnqvist,
Individualism in »*The Master Builder*« (ebd.,
134–145). – J. Northam, *I. – Romantic, Realist,
Symbolist* (in *Contemporary Approaches to I.*, Bd. 3,
Oslo 1977, S. 155–162). – S. E. Saari, *Of Madness
or Fame: I.s* »*Bygmester Solness*« (in Scandinavian
Studies, 50, 1978, S. 1–18). – B. Bigley, *Praxis and
Stasis in I.s* »*Bygmester Solness*« (ebd., S. 195–210).
– A. Kittang, *Realisme som mytekritikk i* »*Bygmester
Solness*« (in *En ny I? – Ni I.-artikler*, Hg. H. No-
reng, Oslo 1979, S. 100–113). – A. Groven Micha-

elsen, *I.s »Bygmester Solness« som tidsdiagnose*, Tangen 1982. – J. L. Calderwood, *»The Master Builder« and the Failure of Symbolic Success* (in MD, 27, 1984, S. 616–636). – J. Wiingaard, *Teatersemiotik*, Kopenhagen 1987, S. 85–160.

CATILINA

(norw.; *Catilina*). Drama in drei Akten von Henrik IBSEN, erschienen 1850 unter dem Pseudonym Brynjolf Bjarme; Uraufführung: Stockholm, 3. 12. 1881, Nya Teatern; deutschsprachige Erstaufführung: Zürich, 12. 10. 1906. – Dieses erste Drama des Dichters erschien während seiner Studentenzeit und zeigt noch offensichtliche formale Mängel. Das Christiania-Theater lehnte das Stück höflich, aber entschieden ab, und von den 250 gedruckten Exemplaren konnten, trotz einiger anerkennender und lobender Kritiken, nur 45 verkauft werden. Der Rest der ersten Auflage wurde als Makulatur verhökert. – Catilina, ein adeliger Römer, hat sich von den Ausschweifungen seiner Jugend abgewandt. Er fühlt sich in den Ruf, etwas Großes zu leisten, und will seine Kräfte nun zur Rettung des im Verfall begriffenen Rom und zu seinem eigenen Ruhm einsetzen. Noch kann er sich jedoch nicht zum offenen Aufruhr gegen die Stadt entschließen. Catilinas Geliebte, Furia, die entdeckt hat, daß er es war, der ihre Schwester einst geschändet und dadurch in den Selbstmord getrieben hatte, will sich nun an dem Verführer rächen. Zur gleichen Stunde beschließt Catilina, bestärkt von seiner Frau Aurelia, die Stadt zu verlassen, um nun an einem geheimgehaltenen Ort zu leben. Doch der magischen Anziehungskraft Furias gelingt es, ihn zum Aufruhr zu bewegen. Mit einem bunt zusammengewürfelten Haufen vergnügungssüchtiger junger Römer, die sich durch den Umsturz nur bereichern wollen, bereitet Catilina den Staatsstreich vor. Dabei treiben ihn selbst andere Motive: Er will das alte, sittenstrenge, freiheitliche Rom in Catos Sinn wieder erstehen lassen. Während die Verschwörer bei Catilina ihre Vorbereitungen treffen, gelingt es Furia, Catilinas besten Freund, Curius, zum Verrat aufzuhetzen. Catilina schlägt die Warnungen und Bitten seiner Frau in den Wind und zieht mit seinem Heerhaufen der entscheidenden Schlacht entgegen. Curius bekennt ihm seinen Verrat und bittet ihn zu fliehen. Catilina jedoch bleibt; er will den Heldentod sterben. Sein Heer ist umzingelt, aber als einziger Überlebender kehrt er aus der Schlacht zurück. Wieder ist sein Racheengel, Furia, da und treibt ihn so weit, Aurelia, die eigene Frau, zu erstechen. Darauf fällt Catilina durch Furias Hand. Im Tode ist er mit Aurelia vereint; Catilinas Schlußworte an sie sind: *»Den Geist der Nacht hast du besiegt durch deine Liebe.«*
Den Stoff entnahm Ibsen SALLUST und CICEROS *Catilinarischen Reden*. In seiner Bearbeitung ist daraus jedoch kein politisches, sondern ein psychologisches Drama geworden, d. h., im Mittelpunkt steht der Mensch Catilina. Der Konflikt wurde in die Seele des Helden verlagert, dessen Dilemma im äußeren Bereich deutlich von den beiden Frauengestalten verkörpert wird. Wie Ibsen im Vorwort zur zweiten Fassung des *Catilina* (1875) ausführte, war hier schon angedeutet, was erst in späteren Dramen voll zur Geltung kommen sollte – *»der Gegensatz zwischen Fähigkeit und Trachten, zwischen Wille und Möglichkeit«*. Gut gelungen ist die Charakterisierung der beiden Frauen, besonders der Furia. Diese Figur ist in vielen Zügen als Vorstufe zu Ibsens späteren Frauengestalten anzusehen.

H.Ue.

AUSGABEN: Kristiania 1850 [u. d. Pseud. Brynjolf Bjarme]. – Kopenhagen 1875 [umgearbeitete Ausg.]. – Kopenhagen 1898 (in *Samlede Værker*, 10 Bde., 1898–1902, 1). – Oslo 1928 (in *Samlede verker. Hundreårsutgave*, 21 Bde., 1928–1957, 1). – Oslo 1962; ⁵1981 (in *Samlede verker*, 3 Bde., 1; Tb.). – Oslo 1978 (in *Samlede verker*, 7 Bde., 1).

ÜBERSETZUNGEN: *Catilina*, H. Greinz, Paris/Lpzg./Mchn. 1896. – Dass., Chr. Morgenstern (in *SW*, Bd. 1, Bln. 1903). – Dass., ders. (in *Dramen*, Bd. 1, Mchn. ²1978).

LITERATUR: A. Thuesen, *Om førsteutgaven av I.s »Catilina«*, Kristiania 1922. – E. Skard, *Kjeldone til I.s »Catilina«* (in Edda, 21, 1924, S. 70–90). – O. Myre, *H. I. og Catilina* (in Bokvärnen, 1950, S.72–77). – K. Haugholt, *Samtidens kritikk av I.s »Catilina«* (in Edda, 52, 1952, S. 147–161). – H. Anker, *»Catilina« – I.s dramatiske prolog* (ebd., 56, 1956, S. 41–90). – Å. H. Lervik, *I.s verskunst: »Catilina«* (ebd., 63, 1963, S. 269–286). – S. Bretteville-Jensen, *Lys og mørke i »Catilina«* (ebd., 66, 1966, S. 225–235). – Ders., *Blomstersymbolikken i »Catilina«* (in Ibsenårbok 1967, S. 61–71). – J. Nygaard, *»Catilina« – en bearbeidelse og en oppsetning* (ebd., 1974, S. 184–193). – S. G. McLellan, *On »Catilina«. A Structural Examination of I.s First Play and Its Sources* (in Scandinavian Studies, 55, 1983, S. 39–54).

ET DUKKEHJEM

(norw.; *Ein Puppenheim*). Schauspiel in drei Akten von Henrik IBSEN, Uraufführung: Kopenhagen, 21. 12. 1879, Det kgl. Teater; deutsche Erstaufführung: München, 3. 3. 1880, Residenztheater. – Mit dem in Deutschland unter dem Titel *Nora* bekannt gewordenen Schauspiel, dem zweiten seiner großen Gesellschaftsdramen nach *Samfundets støtter (Die Stützen der Gesellschaft)*, brach Ibsen die Vorherrschaft der französischen Stücke auf den skandinavischen und deutschen Bühnen. Die Grundzüge der Handlung stimmten mit dem Eheschicksal der ihm bekannten Schriftstellerin Laura KIELER überein. Weitere Anregungen erhielt Ibsen von einer Streitschrift Camilla COLLETTS (1813 bis 1895), die für die Frauenemanzipation eintrat, sowie von der ihm ungerechtfertigt erscheinenden

ablehnenden Haltung des Skandinavischen Vereins in Rom gegenüber zwei Anträgen zur Gleichstellung der Frau innerhalb dieses Kreises.

Die drei Akte spielen während der Weihnachtstage
in der Wohnung des strebsamen und überaus korrekten Rechtsanwalts Torvald Helmer (*»Keine
Schulden! Niemals Geld leihen!«*). Soeben ist er nach
finanziell sorgenreichen Jahren zum Direktor einer
Aktienbank ernannt worden. Seine Frau Nora ist
eine kapriziöse, verschwenderische Person, die für
Helmer in ihrer achtjährigen Ehe nie etwas anderes
gewesen ist als seine *»Lerche«*, sein *»lockerer Zeisig«*,
eine kindliche, schutzbedürftige, zärtlich angebetete Geliebte, die in ihrem »Puppenheim« tanzt und
singt und sich gelegentlich mit Lügen herausredet,
wenn sie beim Naschen ertappt wird. Doch aus einem Gespräch mit ihrer Freundin, der Witwe Christine Linde, die um der Versorgung ihrer Angehörigen willen eine Vernunftehe eingegangen ist,
wird deutlich, daß die scheinbar am Ernst des Lebens vorbeitändelnde Nora, die immer wieder neue
Facetten ihres Wesens offenbart und zwischen
sorglosem Glück und tiefer Verzweiflung, Hoffnung und Angst hin und her schwankt, einst ihren
Mann in einer schwierigen Situation unterstützte:
Bald nach der Hochzeit war Helmer schwer erkrankt, und sie hatte für den erforderlichen Gene-
sungsaufenthalt im Süden heimlich bei einem gewissen Krogstad ein Darlehen aufgenommen, das
noch immer nicht voll zurückbezahlt ist. Der beruflich gescheiterte frühere Advokat hat inzwischen ir.
Erfahrung gebracht, daß Nora die bürgende Unterschrift ihres Vaters drei Tage nach dessen Tod
gefälscht hatte. Als Helmer, in dessen Bank Krogstad jetzt als kleiner Angestellter tätig ist, ihm wegen seiner anrüchigen Vergangenheit kündigen
will, droht er Nora, alles aufzudecken, falls sie seine
Entlassung nicht verhindere. Ihr Versuch, sein
Bleiben zu erwirken, schlägt jedoch fehl. Daß sie ihrem Mann das Leben gerettet hat, soll er nicht erfahren; sie weiß, wie peinlich dieser Gedanke für
den so selbstbewußten Torvald wäre. (*»Später vielleicht – in vielen Jahren, wenn ich nicht mehr so hübsch
bin wie jetzt . . . Dann könnte es vorteilhaft sein, etwas
im Hintergrund zu haben.«*)
Während das verhängnisvolle Schreiben Krogstads, in dem er Helmer die Unterschriftsfälschung
mitteilt, im Briefkasten liegt, ist Nora hin und her
gerissen zwischen Selbstmordgedanken und der
Hoffnung auf das »Wunderbare«, das geschehen
wird, wenn ihre Verfehlung an die Öffentlichkeit
dringt und ihr Mann sich schützend vor sie stellen,
ihre Schuld als die seinige bekennen wird. Aber das
»Wunderbare«, das Nora gleichzeitig fürchtet, weil
sie ein so großes Opfer von ihrem Mann nicht erwarten kann, tritt nicht ein. Nachdem Helmer die
Enthüllungen gelesen hat, überschüttet er Nora
mit Vorwürfen, nennt sie eine Verbrecherin, der er
all die Jahre leichtsinnig vertraut hat, eine Mutter,
der man die Erziehung ihrer Kinder verwehren
muß. Kein Wort des Verstehens und der Dankbarkeit; seine einzige Sorge ist, die drohende gesellschaftliche Kompromittierung zu vermeiden. Auch

als unvermutet ein zweiter Brief Krogstads eintrifft, in dem dieser den Schuldschein zurück-
schickt und die Angelegenheit für erledigt erklärt,
gilt Helmers erster Gedanke der eigenen Situation:
»Ich bin gerettet!« Nun ist er auch bereit, zu verzeihen und zu trösten und seine Rolle als überlegener
Beschützer seiner hilflosen kleinen Frau wiederauf-
zunehmen. Aber sein Verhalten hat Nora begreifen
lassen, daß er um ihretwillen niemals seinen guten
Ruf preisgegeben hätte. Zugleich hat sie auch das
Scheinglück ihres bisherigen Lebens durchschaut
und erkannt, daß sie für ihren Mann nur ein Spielzeug gewesen ist, keine gleichwertige Partnerin:
*»Ich war recht vergnügt, wenn du mit mir spieltest, so
wie die Kinder vergnügt waren, wenn ich mit ihnen
spielte. Das war unsere Ehe, Torvald.«* Sie will nun
versuchen, außerhalb ihres »Puppenheims« ein
selbständiger Mensch mit eigenen Gedanken und
Erfahrungen zu werden. Als Helmer sie an ihre
Pflichten als Gattin und Mutter erinnert, kontert
sie mit dem Hinweis auf die Pflicht gegenüber sich
selbst. Sie verläßt ihre Kinder und ihren Mann, den
sie nicht mehr liebt. (Eine abgeänderte Schlußfassung – Nora bleibt um der Kinder willen –, die Ibsen kurz nach der deutschen Erstaufführung in
Flensburg am 6. 2. 1880 auf Drängen der Schauspielerin Hedwig Niemann-Raabe schrieb, ist im
Grunde nie von ihm gebilligt worden und wurde
bald wieder rückgängig gemacht; so auch für die
Münchner Aufführung).

Et dukkehjem gilt als einer der bedeutendsten literarischen Beiträge zu dem zu Ibsens Zeit viel diskutierten Thema der Emanzipation der Frau. Aber
wenn diese Diskussion dem Dichter auch den unmittelbaren Anreiz zur dramatischen Gestaltung
lieferte, bleiben Noras Forderungen nach persönlicher Freiheit doch nicht auf ihre Geschlechtsgenos-
sinnen beschränkt, sondern sind als allgemein
menschliche Ansprüche zu verstehen. – Mit äußerster Konsequenz sind alle Elemente des Schauspiels
auf das seelische und geistige Verhältnis zwischen
den Eheleuten konzentriert. Das »Wunderbare«,
auf das Nora vergeblich wartet, erlebt Krogstad in
Gestalt seiner Jugendliebe Christine Linde, die mit
ihm ein neues Leben beginnen will und auch seinen
Verzicht auf Rache an Helmer bewirkt hat. Der
todkranke Dr. Rank, ein Freund des Hauses, der
Nora seine langjährige Liebe gesteht und damit ihr
Vertrauen verliert, ist das Gegenbild Helmers und
seiner egoistischen Leidenschaft.
Auf alles spezifisch Bühnenwirksame hat Ibsen zugunsten einer präzisen Wiedergabe des Alltags verzichtet. So findet Noras Tarantellatanz beim Mas-
kenfest nicht auf der Bühne statt, sondern wird nur
durch die aus dem oberen Stockwerk klingende
Musik angedeutet. Die mit der allmählichen Aufdeckung des Vergangenen fortschreitende Span-
nungsentwicklung und die klassische Einheit von
Ort, Zeit und Handlung bewirken eine ungewöhnliche Geschlossenheit des dramatischen Aufbaus.
Die Titelrolle ist noch heute eine der begehrtesten
und wurde von vielen berühmten Schauspielerin-
nen (u. a. Eleonora Duse) verkörpert.   KLL

AUSGABEN: Kopenhagen 1879. – Kopenhagen 1899 (in *Samlede Værker*, 10 Bde., 1898–1902, 6). – Oslo 1932 (in *Samlede verker. Hundreårsutgave*, 21 Bde., 1928–1957, 8). – Oslo 1962; ⁵1981 (in *Samlede verker*, 3 Bde., 3; Tb.). – Oslo 1978 (in *Samlede verker*, 7 Bde., 4).

ÜBERSETZUNGEN: *Nora*, W. Lange, Lpzg. 1880 (RUB). – *Ein Puppenheim*, M. v. Borch, Bln. 1890 (Nordische Bibl., 12). – Dass., dies. (in *SW*, Bd. 6, Bln. 1900). – *Nora oder Ein Puppenheim*, R. Linder, Stg. 1951 (RUB). – Dass., G. Schulte-Frohlinde, Mchn. 1961 (GGT). – Dass., M. v. Borch (in *Dramen*, Bd. 1, Mchn. ²1978). – *Ein Puppenheim*, A. Gundlach, Ffm. 1978 (Insel Tb). – Dass., dies., Ffm. 1979 [m. Materialien].

VERFILMUNGEN: *A Doll's House*, USA 1917 (Regie: J. de Grasse). – *Eë žertva*, Rußland 1917 (Regie: Č. Sabinskij). – *Nora*, Deutschland 1923 (Regie: B. Viertel). – Dass., Argentinien 1943 (Regie: E. Arancibia). – Dass., Deutschland 1944 (Regie: H. Braun). – *A Doll's House*, England/Frankreich 1973 (Regie: J. Losey). – *Nora*, BRD 1974 (TV; Regie: R. W. Faßbinder).

LITERATUR: K. Frenzel, *Das Residenz-Theater. »Nora« von H. I.* (in DRs, 26, 1881, S. 306 ff.). – J. de Vries, *En vrouw als Nora* (in Groot Nederland, 1, 1924, S. 277–290). – F. Fassbaender, *»Nora oder Ein Puppenheim«* (in F. F., *I., Sudermann, Hauptmann*, Münster ²1926, S. 47–77). – E. Høst, *»Nora«* (in Edda, 46, 1946, S. 13–28). – D. Haakonsen, *Tarantellamotivet i »Et dukkehjem«* (ebd., 48, 1948, S. 263–274). – H. Noreng, *»Et dukkehjem«* (ebd., 56, 1956, S. 350–363). – L. Jacobsen, *En trilogi. Studie over tre I.ske trylleord* (ebd., 60, 1960, S. 53–70). – S. Bretteville-Jensen, *»Et dukkehjem«. Noen tolkningsproblemer* (in Årbok for Universitetet i Bergen. Humanistisk serie, 1971, S. 1–42). – H.-D. Heistrüvers, *Bild u. Rolle der Frau in unserer patriarchalischen Gesellschaft, behandelt am Beispiel einer soziologischen Interpretation von I.s Schauspiel »Nora oder Ein Puppenheim«* (in DU, 24, 1972, S. 94–118). – P. Olivarius, *Kvindesag og kvindelyst. Om H. I.s »Et dukkehjem« og »Hedda Gabler«* (in Kritik, 1972, Nr. 22, S. 27–42). – J. Øverland, *Kvinnelige kjønnsroller og dramatisk konflikt i H. I.s realistiske skuespill og Helge Krogs dramaer* (in Edda, 74, 1974, S. 7–18). – G. E. Rieger, *Madame Bovary und Nora. Die Frau als Medium gesellschaftlicher Erkenntnis* (ebd., 75, 1975, S. 17–27). – E. Østvedt, *»Et dukkehjem«. Forspillet-Skuespillet-Etterspillet*, Skien 1976. – T. Ystaas Sanborn, *Strindberg og Nora. Om »det vidunderlige«* (in Vinduet, 31, 1977, Nr. 2, S. 83–88). – G. E. Rieger, *Noras Rollenengagement* (in OL, 32, 1977, S. 50–73). – G. Mahal, *Ein Puppenspieler? Zur Rolle Thorvald Helmers in H. I.s »Ein Puppenheim«* (in Skandinavistik, 10, 1980, S. 118–133). – A. Bolckmans, *De constellatie der personages in I.s »Een Poppenhuis«* (in Tijdschrift voor Skandinavistiek, 4, 1983, Nr. 1, S. 35–51). – M. Giesing, *I.s Nora und die wahre Emanzipation der Frau. Zum Frauenbild im wilhelminischen Theater*, Ffm. u. a. 1984. – A. E. Quigley, *»A Doll's House« Revisited* (in MD, 27, 1984, S. 584–603). – Y. Shafer, *Approaches to Teaching I.s »A Doll House«*, NY 1985. – T. Lerdrup Hansen, *Kampen om Nora. Et dukkehjems tilblivelse og dets modtagelse 1879–80*, Kopenhagen 1988.

EN FOLKEFIENDE

(norw.; *Ein Volksfeind*). Schauspiel in fünf Akten von Henrik IBSEN, Uraufführung: Kristiania, 12. 1. 1883, Christiania Theater; deutsche Erstaufführung: Berlin, 5. 3. 1887, Ostende-Theater. – Im Gegensatz zu den noch von der Nationalromantik beeinflußten historischen Bühnenwerken Ibsens spielen die gesellschaftskritischen Dramen in norwegischen Provinzstädten seiner Zeit und stellen aktuelle Probleme zur Debatte. Das gilt auch für *En folkefiende*. Der Kurarzt Doktor Tomas Stockmann stellt fest, daß in der Stadt, in der er praktiziert, die Wasserleitung durch die von seinem Schwiegervater betriebene Gerberei verseucht wird und sich das Bad auf *»verpestetem Grund«* befindet. Als die Stadtverwaltung, vor allem in Gestalt seines Bruders Peter, der mehrere Ämter angehäuft hat und mit Hilfe der opportunistischen Presse ohne jede demokratische Kontrolle regiert, sich weigert, dem Übel abzuhelfen, protestiert er gegen den Betrug an den Heilung suchenden Kranken. Sein Kampf gilt allmählich aber immer mehr dem geistigen Morast in dem Badeort, denn er erkennt, daß aus egoistischen Gründen kaum jemand bereit ist, gegen die Mißstände etwas zu unternehmen. Zu den bühnenwirksamsten, pointiertesten Szenen zählt zweifellos die Volksversammlung, vor der Tomas Stockmann eine leidenschaftliche Rede hält. Inmitten einer verlogenen, von innerer Fäulnis befallenen Bürgerschar spricht er die berühmt gewordenen Worte über die Wahrheit: *»Jawohl, ob ihr mir's nun glaubt oder nicht; aber die Wahrheiten sind durchaus nicht so zählebige Methusalems, wie die Leute sich einreden. Eine normal gebaute Wahrheit lebt – sagen wir – in der Regel siebzehn bis achtzehn, höchstens zwanzig Jahre; aber selten länger. Aber solche bejahrten Wahrheiten sind immer schauerlich spindeldürr. Und trotzdem macht sich erst dann die Mehrheit mit ihnen bekannt und empfiehlt sie der Gesellschaft als gesunde geistige Nahrung ... Diese ganzen Majoritätswahrheiten kann man mit Rauchfleisch vom vorigen Jahr vergleichen; sie sind etwas wie ranzige, verdorbene ... Schinken. Und davon kommt dieser ganze moralische Skorbut, der rings in allen Gesellschaftsschichten grassiert.«* Im Verlauf der Handlung wird immer deutlicher, daß Stockmann auf verlorenem Posten steht in seinem Kampf gegen *»die verfluchte, kompakte Majorität«* der Stadt. So wird er schließlich zum meistgehaßten Mann der Stadt – zum »Volksfeind«, dessen Haus man mit Steinen bewirft. Allerdings trägt er an dieser Entwicklung eine gehörige Portion Mitschuld, denn in seiner flammenden Rede versteigt er sich in einen geistigen Aristokratismus, der beispielsweise zwischen »Rassehunden« und »Straßenkötern« differenziert – Ibsen selbst hat es entschieden abgelehnt, mit seinem Protagonisten identifiziert zu werden. Das Ende des Dramas, das den Badearzt *(»Seht Ihr, die Sache ist die: der stärkste Mann hier auf dieser Welt, das ist der, der ganz für sich allein steht«)* in die geistige Nähe von SCHILLER und NIETZSCHE führt, ist von einer für Ibsen typischen Ambivalenz getragen: Mut und Unnachgiebigkeit werden als positive Charaktereigenschaften Stockmanns herausgestellt, doch warnt das Stück gleichzeitig davor, sich in elitärer Weise gänzlich vom Volk abzuwenden.

In seiner dramatischen Struktur durchbricht das Schauspiel teilweise die Prinzipien, die für Ibsens gesellschaftskritische Stücke und auch für seine Familiendramen charakteristisch sind. Während der Autor sich in der Regel auf einige wenige Personen beschränkt, fügt er in einem Akt des *Volksfeindes* eine Massenszene ein. Auch weicht er hier von seiner vielfach angewandten retrospektiven Technik der schrittweisen Enthüllung vergangener schicksalhafter Ereignisse weitgehend ab. – Bei seinem Erscheinen löste das Werk in Norwegen einen heftigen Meinungsstreit aus, der zum Teil sogar politische Akzente trug, obwohl es wohl kaum – oder nur in sehr geringem Maße – Ibsens Absicht gewesen sein dürfte, konkrete Kritik an den politischen Verhältnissen zu üben. Vielmehr lag ihm daran, grundlegende Mißstände im öffentlichen Leben aufzuzeigen – Mißstände, die auch heute noch anzutreffen sind, so daß, im Unterschied zu manchem anderen Ibsen-Drama, *Ein Volksfeind* kaum an Aktualität verloren hat und immer wieder neu inszeniert wird. F.W.V.-KLL

AUSGABEN: Kopenhagen 1882. – Kopenhagen 1900 (in *Samlede Værker*, 10 Bde., 1898–1902, 7). – Oslo 1932 (in *Samlede verker. Hundreårsutgave*, 21 Bde., 1928–1957, 9). – Oslo 1962; ⁵1981 (in *Samlede verker*, 3 Bde., 3; Tb.). – Oslo 1978 (in *Samlede verker*, 7 Bde., 4).

ÜBERSETZUNGEN: *Ein Volksfeind*, W. Lange, Lpzg. o. J. [1883] (RUB). – Dass., M. v. Borch, Bln. 1890 (Nordische Bibl., 14). – Dass., dies. (in *SW*, Bd. 7, Bln. 1900). – Dass., H. E. Gerlach, Stg. 1956 (RUB). – Dass., M. v. Borch (in *Dramen*, Bd. 2, Mchn. ²1978). – Dass., H. Gimmler, Nördlingen 1989 [zus. m. *Gespenster*].

VERFILMUNGEN: *Ein Volksfeind*, Deutschland 1937 (Regie: H. Steinhoff). – *An Enemy of the People*, USA 1978 (Regie: G. Schaefer).

BEARBEITUNG: A. Miller, *An Enemy of the People*, NY 1951; Nachdr. 1980.

LITERATUR: O. Brahm, »*Ein Volksfeind*« (in Freie Bühne für modernes Leben, 1, 1890, S. 1204/ 1205). – H. Noreng, *En folkefiende – helt eller klovn?* (in H. N., *I. på festspillscenen*, Bergen 1969,

S. 15–27). – K. Bang-Hansen u. a., *Når det kommer til stykket. I.s »En folkefiende« på Trøndelag teater*, Oslo 1972. – J. Asplund, *Strukturer i ett skådespel av I.* (in J. A., *Inledning til strukturalismen*, Stockholm 1973, S. 81–107). – H. Rønning, *Individualism and the Liberal Dilemma. Notes Towards a Sociological Interpretation of »An Enemy of the People« by H. I.* (in *Contemporary Approaches to I.*, Bd. 3, Oslo 1977, S. 101–121). – B. Johnston, *The Poetry of »An Enemy of the People«* (in Scandinavica, 18, 1979, S. 109–122). – J. B. Berlin, *The Concept of Truth in I.s »An Enemy of the people«* (in Ibsen-årbok 1981/82, S. 8–22). – P. Kramer, *H. I.: »Ein Volksfeind« und »Die Wildente«*, Ffm. u. a. 1985. – R. Kejzlar, *Auf der Suche des Motivs in I.s »Volksfeind«* (in *Scandinavian Literature in a Transcultural Context*, Hg. S. Rossel u. B. Steene, Seattle 1986, S. 90–95).

FRUEN FRA HAVET

(norw.; *Die Frau vom Meere*), Schauspiel in fünf Akten von Henrik IBSEN, Uraufführung: Kristiania, 12. 2. 1889, Christiania Theater; deutsche Erstaufführung: Weimar, 12. 2. 1889, Hoftheater. – Erste Anregungen zu dem Stück empfing Ibsen schon, als er noch an *Rosmersholm* arbeitete. Damals lernte er in der norwegischen Stadt Molde allerlei seltsame Geschichten des Volks- und Seemannsaberglaubens kennen. Den unmittelbaren Impuls zu *Fruen fra havet* erhielt er in Saby an der weit offenen Küste Nordjütlands, wo der Dichter den Sommer 1887 verbrachte. Der landschaftliche Hintergrund des 1888 in München entstandenen Werks erinnert freilich weniger an eine dänische Naturszenerie als vielmehr an die strenge Schönheit der Felsenküste Mittelnorwegens.

Das Mädchen Ellida, von Kindheit an von der unberechenbaren Gewalt des Meeres fasziniert, hatte in jungen Jahren ein rätselhaftes Erlebnis, das tiefe Spuren in ihr hinterließ: Ein fremder Seemann, für Ellida gleichsam die Verkörperung des Meeres, zog sie ganz in seinen Bann. In einem symbolischen Trauungsakt versenkte er zwei Ringe in die Fluten; dann verschwand er wieder aus ihrem Leben. – Jahre später wird Ellida die zweite Frau des Distriktarztes Dr. Wangel und Stiefmutter seiner beiden Töchter. Das Zusammenleben verläuft in alltäglichen Bahnen, bis eines Tages der Seemann erscheint und Ellida für sich fordert. Doch Wangel, nicht gesonnen, auf seine ihm rechtmäßig angetraute Frau zu verzichten, ist bereit, um sie zu kämpfen. So beginnt ein Ringen zwischen ihm, dem Repräsentanten eines nüchtern-bürgerlichen Daseins, und jenem Fremden, der aus einer irrealen, dämonischen Welt kommt. Wangel trägt – fast wider Erwarten – den Sieg davon, nachdem er sich überwunden hat, in der letzten Phase der Auseinandersetzung Ellida selbst entscheiden zu lassen; in dem Augenblick, in dem sie in Freiheit wählen kann, ist die Macht des mysteriösen Unbekannten gebrochen.

Das Schauspiel zählt zu den wenigen Stücken Ibsens, in denen der zentrale Konflikt, wenn der Vorhang fällt, eindeutig gelöst ist. Zwei Momente erscheinen in diesem Zusammenhang von Bedeutung: zum einen der Einfluß KIERKEGAARDS, mit dessen Philosophie Ibsen sich eingehend befaßt hatte (Wangels Entschluß, seiner Frau die Freiheit der Entscheidung zu überlassen, erinnert auffallend an Kierkegaards These von der »ethischen Wahl«); zum andern die Tatsache, daß der Zauberbann des Meeres letztlich im Sinne der Psychologie gebrochen wird, der man sich in jenen Jahren – in der Literatur wie in der Wissenschaft – in wachsendem Maß zuwandte.

In dramaturgischer Hinsicht bemerkenswert ist die geheimnisvoll-beziehungsreiche Eingangsszene, die den Verlauf des Geschehens bereits andeutend vorwegnimmt: Der Maler Ballested, eine Nebenfigur, arbeitet an einem Bild, das er »Das Ende der Meerfrau« nennt; es stellt eine gestrandete, sterbende Seejungfrau dar, die nicht mehr ins nasse Element zurückzugleiten vermag. Man könnte vermuten, Ballested sei von ANDERSENS Märchen *Den lille Havfrue (Die kleine Seejungfrau)* inspiriert worden, wenn auch dessen Inhalt mit Ibsens Stoff nichts gemein hat. – *Die Frau vom Meer* markiert einen deutlichen Wendepunkt im Schaffen des Autors, denn hier zeigt sich – nach verborgenen Ansätzen in früheren Stücken – zum erstenmal in aller Klarheit, daß Ibsen eine Verknüpfung von Realismus und hintergründigem Symbolismus anstrebt. In den Werken seiner letzten Periode, die mit diesem Schauspiel beginnt, steigert sich dieser Symbolismus nicht selten sogar zu ausgesprochenem Mystizismus.   F.W.V.

AUSGABEN: Kopenhagen 1888. – Kopenhagen 1900 (in *Samlede Værker*, 10 Bde., 1898–1902, 8). – Oslo 1934 (in *Samlede verker. Hundreårsutgave*, 21 Bde., 1928–1957, 11). – Oslo 1962; 51981 (in *Samlede verker*, 3 Bde., 3; Tb.). – Oslo 1978 (in *Samlede verker*, 7 Bde., 5).

ÜBERSETZUNGEN: *Die Frau vom Meere*, J. Hoffory, Bln. 1888 (Nordische Bibl., 1). – *Die Frau vom Meer*, M. v. Borch, Lpzg. 1889 (RUB). – *Die Meerfrau*, W. Lange (in *Dramat. Werke*, Bd. 2, Bln. 1907). – *Die Frau vom Meere*, J. Hoffory (in *SW*, Bd. 8, Bln. 1902). – *Die Frau vom Meer*, ders. (in *Dramen*, Bd. 2, Mchn. 21978). – Dass., H. E. Gerlach, Stg. 1979 (RUB).

VERFILMUNGEN: *The Lady from the Sea*, USA 1911 (Regie: T. Marston). – *La Donna del Mare*, Italien 1921 (Regie: N. Valentini). – *[The Lady from the Sea]* Argentinien 1953 (Regie: M. Soffici).

LITERATUR: F. Ording, *Lidt Ibseniana. Da »Fruen fra Havet« blev til* (in Verdens Gang 20.–27. 6. 1909). – R. Werner, *I.s »Frau vom Meere«*, Hbg. 1910. – A. Le Roy Andrews, *I.s »Fruen fra Havet« and Molbech's »Klintekongens Brud«* (in Scandinavian Studies and Notes, 7, 1920/21, S. 176–179). –

P. Fraenkl, *»Fruen fra havet« og nordisk folketro* (in Ibsenårbok 1954, S. 7–18). – G. Brandell, *Freud och sekelslutet* (in G. B., *Vid seklets källor*, Stockholm 1961, S. 37–138). – R. Raphael, *Illusion and the Self in »The Wild Duck«, »Rosmersholm«, and »The Lady from the Sea«* (in Scandinavian Studies, 35, 1963, S. 37–50). – F. Fergusson, *»The Lady from the Sea«* (in Ibsenårbok 1965/66, S. 51–59). – E. Hartmann, *»Fruen fra havet«. En psykologisk analyse* (in Samtiden, 77, 1968, S. 320–330). – B. Erbe, *»Fruen fra havet« – funderinger over Ellida-skikkelsen* (in *I. på festspillscenen*, Hg. H. Noreng, Bergen 1979, S. 51–64). – R. Åse, *»Fruen fra havet«* (in Ibsenårbok 1968/69, S. 113–198). – R. Fjelde, *»The Lady from the Sea«: I.s Positive World-View in a Topographic Figure* (in MD, 21, 1978, S. 379 bis 391). – M. S. Barranger, *»The Lady from the Sea«: I. in Transition* (ebd., S. 393–403). – K. Unruh des Roches, *A Problem of Translation: Structural Patterns in the Language of I.s »The Lady from the Sea«* (ebd., 30, 1987, S. 311–326).

GENGANGERE. Et familjedrama i tre akter

(norw.; *Gespenster. Ein Familiendrama in drei Akten*). Schauspiel von Henrik IBSEN; Uraufführung: Chicago, 20. 5. 1882, Aurora Turner Hall; deutsche Erstaufführung: Augsburg, 14. 4. 1886, Stadttheater.

Ibsen hat mehrfach auf den Zusammenhang seiner Dramen untereinander hingewiesen, darauf, daß sein Gesamtwerk als ein »*kontinuierliches Ganzes*« verstanden werden müsse. Und so bemerkt er über *Gengangere*: »›Gespenster‹ mußte *geschrieben werden; ich konnte nicht bei ›Ein Puppenheim‹ stehenbleiben; nach Nora mußte notwendigerweise Frau Alving kommen.*« Anstatt ein Drama über Noras Schicksal nach ihrem Aufbruch von Heim und Familie zu schreiben, setzt er wieder neu an und macht Frau Alving zum Mittelpunkt des neuen Stückes, eine Frau, die aus Pflichtbewußtsein bei ihrer Familie blieb. Formal entwickelt Ibsen die Handlung des Stückes als eine retrospektive Analyse, eine Vergegenwärtigung von Vergangenem, die dramaturgisch an SOPHOKLES' *König Ödipus* anknüpft.

Frau Helene Alving, in deren Schicksal Ibsen die fatalen Folgen der »Lebenslüge« – das Kernthema des Stücks – aufzeigt, hat zehn Jahre nach dem Tod ihres Mannes, des hochangesehenen Kammerherrn Alving, ein Asyl, d. h. ein Kinderheim, errichten lassen, das seinen Namen tragen soll. Unmittelbar vor der geplanten Einweihung dieses Heims spielt das Drama, in dem Frau Alving im Gespräch mit ihrem Jugendfreund Pastor Manders, der gekommen ist, um die feierliche Handlung vorzunehmen, Zug um Zug ihre Lebensgeschichte enthüllt: Von ihren Verwandten beeinflußt, hatte sie einst gegen die Entscheidung ihres Herzens den wohlhabenden Leutnant Alving dem mittellosen Pfarrer Manders vorgezogen, aber dann bald erkennen müssen, daß Alving ein übler Wüstling war. In ihrer Not suchte sie bei Manders Zuflucht, aber dieser schickte sie, da die Pflicht höher stehe als das Glück, zu ihrem Gatten zurück – in seinen Augen die heldenhafteste Tat seines Lebens. Helene schenkte Alving einen Sohn, und von nun an bestimmten »Pflicht« und »Rücksichten« ihr Leben. Ein nicht folgenloses Verhältnis ihres Mannes mit dem Dienstmädchen Johanne wurde vertuscht – der Tischler Engstrand, der das Mädchen heiratete, gilt als der Vater von Alvings Tochter Regine. Um sie dem Einfluß dieses verkommenen Subjekts zu entziehen, nahm Frau Alving Regine zu sich. Gleichzeitig gab sie ihren Sohn Osvald außer Haus, damit er nie die Wahrheit über seinen Vater, der weiter seinen zweifelhaften Vergnügungen nachging, erfahre. Ihrer Lebenslüge verdankte ihr Mann den Aufstieg zum Kammerherrn und ihr Sohn den angesehenen Vater. Durch den Bau des Heims hoffte Frau Alving, diese Fassade aufrechtzuerhalten und zugleich durch Verzicht auf sein Geld sich und den Sohn ganz von dem Verhaßten zu befreien.

Das Heim steht. Pastor Manders, der die Betreuung übernommen hat, ist zum erstenmal wieder im Hause Alving; seit dem Tag, an dem er Helene zu ihrem Mann zurückschickte, hat er ängstlich jeden Umgang mit ihr vermieden. Osvald ist aus Paris zurückgekehrt und schockiert den Pastor durch seine freiheitlichen Ansichten über die bürgerliche Moral. Auch Regine ist da und Engstrand, ihr vermeintlicher Vater, der die Schreinerarbeiten für das Heim ausgeführt hat. – Von dem Gartenzimmer, in dem sich das Stück abspielen wird, *»sieht man durch die Glaswand die Umrisse einer düsteren, in gleichmäßigen Regen getauchten Fjordlandschaft«*, über der am Schluß die Sonne aufgeht. Auch die Charaktere und das Schicksal der Personen werden nur allmählich erhellt. Ibsen erreicht das durch den Kunstgriff, die in der Vergangenheit liegenden Ereignisse nicht einfach in der Form nur für das Publikum bestimmter Berichte oder Monologe wiederzugeben; vielmehr war das, was der Zuschauer nach und nach erfährt, bis dahin jeweils auch einer Person im Drama unbekannt. So hört Pastor Manders im ersten Akt, daß er Helene in eine Ehe zurückgeschickt hat, die nichts anderes war als ein *»verdeckter Abgrund«*. Im zweiten Akt muß sich Frau Alving eingestehen, daß ihr Sohn von seinem Vater eine Krankheit geerbt hat, die auf die Ausschweifungen Alvings zurückgeht, und daß Osvald sich Rettung von Regines Frische und Lebensfreude verspricht – er möchte sie heiraten. Im dritten Akt erfährt Regine, daß sie in Wirklichkeit Alvings uneheliche Tochter und der *»junge Herr«* ihr Halbbruder ist und daß sie vergeblich darauf spekuliert hat, seine Frau zu werden. Langsam und in stetiger Steigerung spitzt sich die Handlung zu. Am Ende steht die völlige Zerstörung: Das Heim brennt ab. Regine, die dort arbeiten sollte, entschließt sich, Manders und Engstrand, der an den Bauarbeiten beteiligt war, in die Stadt zu folgen. Vermutlich wird sie in Engstrands geplantem Seemannsheim landen, einem dubiosen Etablissement, das nun anstelle des Kinderheimes den Namen Alvings tragen

soll. Manders wird Engstrand unterstützen, der die Naivität und Gutgläubigkeit des Pastors ausnützt und in seiner Skrupellosigkeit die Kehrseite der von Manders propagierten Pflichtmoral verkörpert. Im geschlossenen Haus bleiben Frau Alving und Osvald zurück; Osvalds Gehirnparalyse kommt zum Ausbruch, und Frau Alving muß entscheiden, ob sie ihm den Wunsch nach Sterbehilfe erfüllen kann. Am Ende des Stücks geht über der in Todverfallenheit erstarrten Szenerie – unerreichbar für Osvald – die Sonne auf, das Symbol des Lebens und der Freude.

In den *Gespenstern* gelang es Ibsen (der bereits 1851 gegen ein Stück von Karl GUTZKOW kritisch eingewandt hatte, hier entwickelten sich die Situationen, nicht die Charaktere) in vielbewunderter Weise, die Spannung nicht so sehr aus dem äußeren Geschehen als aus der Entwicklung eines Charakters entstehen zu lassen. Mit großer Sorgfalt zeichnet er Frau Alvings Weg zu der Erkenntnis, daß die »Rücksichten«, »Ideale« und »Pflichten« ihres Lebens nichts anderem entsprangen als dem Mangel an Mut zur Wahrhaftigkeit. Sie durchschaut jetzt auch den wahren Charakter der Menschen, die sie umgeben. Pastor Manders' Sittenfestigkeit und Biederkeit sind in Wirklichkeit Feigheit, Dummheit und Selbstgerechtigkeit. Die verlogenen Konventionen, die er repräsentiert und deren Opfer Helene ist, sind die eigentlichen »Gespenster«: *»Es sind alle erdenklichen alten, toten Ansichten und allerhand alter, toter Glaube und so weiter. Es lebt nicht in uns, aber es sitzt uns trotzdem im Blut und wir können es nicht loswerden ... Es müssen ringsum im ganzen Land Gespenster leben. Sie müssen so zahlreich sein, ..., wie Sand am Meer. Und dann sind wir alle so gottsjämmerlich lichtscheu, einer wie der andere.«*

Wie recht Frau Alving mit diesen Worten hatte, zeigte die Reaktion auf die *Gespenster*. In Norwegen, aber auch im Ausland wirkten Ibsens Angriffe auf Heuchelei und doppelte Moral und seine Behandlung so heikler Themen wie Geschlechtskrankheit und Inzest schockierend. Er brachte nicht nur die Spießbürger, sondern auch das liberale Bildungsbürgertum gegen sich auf; denn ein Kunstwerk sollte *»Genuß, Freude, Erhebung bereiten, nicht Entsetzen, Qual und, was noch schlimmer ist, hoffnungslose Verzweiflung«* (Vossische Zeitung, 10. 1. 1887). *»Solche Bücher schreibt man nicht«*, meinte Paul HEYSE. Indessen war Ibsen, wie er an Georg BRANDES schrieb, *»auf den Sturm, der sich gegen die ›Gespenster‹ erhoben hat«*, vorbereitet. Mit Recht fragt er – und denkt dabei an die norwegischen »Freiheitskämpen«: *»Soll denn das Werk der Befreiung bei uns nur auf dem Feld der Politik erlaubt sein? Sind es denn nicht die Geister, die Befreiung brauchen?«*

Doch gab es vereinzelt auch Stimmen, die sich von Anfang an begeistert für die *Gespenster* aussprachen, wie der dänische Kritiker Julius HOFFORY, der nach einer Berliner Aufführung ausrief: *»Heute beginnt eine neue Zeit für die deutsche Literatur!«* Auch BJØRNSON verteidigte das Stück, und der norwegische Altphilologe P. O. SCHJØTT sah in der

Einheit von Familientragödie und Gesellschaftsdrama »*die antike Tragödie, wiederauferstanden auf
modernem Boden*«. Ibsens Drama ist aus der Geschichte des modernen Theaters nicht mehr wegzudenken. In Skandinavien wurde es erstmals am
22. 8. 1883 von August Lindbergs Wandertruppe
in Helsingborg gespielt und von den großen Bühnen (wie von außerskandinavischen) zunächst heftig abgelehnt – das norwegische Nationaltheater
nahm es erst beinahe zwanzig Jahre nach seiner
Veröffentlichung ins Repertoire auf. Von den Anhängern des Naturalismus wurde das Stück als Offenbarung begrüßt. So eröffnete der u. a. von Otto
BRAHM und Maximilian HARDEN begründete Verein »Freie Bühne« seine Vorstellungen 1889 mit einer Inszenierung der *Gespenster* in Berlin. In den
neunziger Jahren begann dann sein Siegeszug über
die Bühnen der ganzen Welt. – Besonders stark beeinflußten die *Gespenster* noch bis weit ins 20. Jh.
hinein die amerikanische Dramatik (vor allem
E. O'NEILL, T. WILLIAMS, A. MILLER).

F.J.K.-KLL

AUSGABEN: Kopenhagen 1881. – Kopenhagen
1899 (in *Samlede Verker*, 10 Bde., 1898–1902, 6).
– Oslo 1932 (in *Samlede verker. Hundreårsutgave*,
21 Bde., 1928–1957, 9). – Kopenhagen 1966
(Gyldendals Teater). – Oslo 1962; ⁵1981 (in *Samlede verker*, 3 Bde., 3; Tb.). – Oslo 1978 (in *Samlede
verker*, 7 Bde., 4).

ÜBERSETZUNGEN: *Gespenster*, M. v. Borch, Lpzg.
o. J. [1884] (RUB; zul. Stg. 1963). – Dass.,
A. Zinck, Bln. 1890 (Nordische Bibl., 13). – Dass.,
G. Morgenstern, Lpzg. 1893. – Dass. A. Zinck od.
M. v. Borch (in *SW*, Bd. 7, Bln. 1900). – Dass.,
W. Lange, Bln. 1906. – Dass., A. Zinck od. M. v.
Borch (in *Dramen*, Bd. 2, Mchn. ²1978). – Dass.,
H. E. Gerlach, Stg. 1978 (RUB). – Dass.,
H. Gimmler, Nördlingen 1989 [zus. m. *Ein Volks-
feind*].

VERFILMUNGEN: *Prividenija [Za grehi otcov strada-
jut deti]*, Rußland 1915 (Regie: V. Rostislavovich
Gardin). – *Ghosts*, USA 1915 (Regie: J. Emerson
u. G. Nicholls). – *Gli spettri*, Italien 1917 (Regie:
A. A. Caldiera). – *Gespenster*, Österreich 1918 (Regie: O. Kreisler). – Dass., Deutschland 1922 (Regie: C. Boese).

LITERATUR: L. H. Aaberg, *Betraktelser öfver I.s
»Gengangere«*, Stockholm 1882. – R. Lorenz, *Moderne Regiekunst entwickelt an I.s »Gespenster« und
Gerhart Hauptmanns »Versunkene Glocke«*, Halle
1909. – K. Andersen, *»Gjengangere«* (in Kirke og
kultur, 1926, S. 449–475). – R. Stecher, *Erläuterungen zu H. I.s Familiendrama »Gespenster«*, Lpzg.
1926. – G. Høst, *I.s Samfundsstøtter. Konsul Bernick. Advokat Helmer. Pastor Manders* (in Edda,
1946, S. 1–12). – G. J. Nathan, *»Ghosts«* (in
G. J. N., *Theatre Book of the Year 1947–1948*, NY
1948, S. 257–278). – F. Fergusson, *The Idea of a

Theater, New Jersey 1949. – F. Amon, *La estructura didáctica de »Espectros« de I.* (in La Torre, 2,
1954, 8, S. 81–96). – A. S. Downer, *The Art of the
Play*, NY 1955, S. 184–194. – H. Wexelsen Freihow, *Helene Alving. Studie* (in Ibsenårbok 1954,
S. 67–82). – I. Deer, *I.s Aims and Achievement
in »Ghosts«* (in Speech Monographs, 24, 1957,
S. 264–274). – E. Lecky, *»Ghosts« and »Mourning
Becomes Electra«. Two Versions of Fate* (in Arizona
Quarterly, 13, 1957, S. 320–338). – F. Prunier, *I.
et le mariage du réalisme et du symbolisme* (in La
RLMod, 30, 1958, S. 73–411). – E. Høst, *Francis
Fergusson's analyse av I.s »Gengangere«* (in Edda,
60, 1960, S. 71–86). – D. Halvorsen, *»Gengange-
re« og vi* (in Syn og Segn, 71, 1965, S. 220–229). –
E. Törnqvist, *I. and O'Neill: A Study in Influence*
(in Scandinavian Studies, 37, 1965, S. 211–235). –
D. Haakonsen, *The Function of Sacrifice in I.s Real-
istic Drama* (in *Contemporary Approaches to I.*, Bd. 1,
Oslo 1966, S. 21–34). – D. Russell Davis, *A Re-
appraisal of I.s »Ghosts«* (in *H. I. – A critical Anthol-
ogy*, Hg. J. McFarlane, Harmondsworth 1970,
S. 369–383). – M. Mori, *I.s Dramatic Irony* (in
Contemporary Approaches to I., Bd. 2, Oslo 1971,
S. 118–139). – J. Northam, *Some Uses of Rhetoric in
»Ghosts«* (in Ibsenårbok 1972, S. 7–31). – B. Hem-
mer, *Kaptejn Alvings minde. Språk og symbol i I.s
analytiske drama »Gengangere«* (in Edda, 72, 1972,
S. 27–40). – O. I. Langholm, *Kammerherre Alvings
asyl* (in Kirke og kultur, 78, 1973, S. 347–356). –
D. Thomas, *Patterns of Interaction in I.s »Ghosts«*
(in Ibsenårbok 1974, S. 89–117). – C. W. Leland,
Ghosts Seen From an Existential Aspect (ebd.,
S. 118–126). – A. Aarseth, *Scenisk rom og dramatisk
erkjennelse i I.s »Gengangere«* (in *Drama-analyser
fra Holberg til Hoem*, Hg. L. Longum, Oslo 1977,
S. 41–53). – H. Rønning, *»Gengangere« – et fami-
liedrama* (ebd. S. 54–64). – J. S. Chamberlain,
»Gengangere« and »Emigrantlitteraturen« (in Scan-
dinavica, 16, 1977, S. 1–10). – E. Durbach, *The
Dramatic Poetry of I.s »Ghosts«* (in Mosaic, 11,
1978, Nr. 4, S. 55–66). – E. Törnqvist, *The End of
the »Ghosts«* (in *Contemporary Approaches to I.*,
Bd. 4, Oslo 1979, S. 50–61). – J. S. Chamberlain,
*»Ghosts« as a Psychological, Social and Existential
Work* (ebd., S. 62–73). – A. Bolckmans, *Group
Interaction in I.s »Ghosts«* (ebd., S. 74–82). –
E. Sprinchorn, *Science and Poetry in »Ghosts«* (in
Scandinavian Studies, 51, 1979, S. 354–367). –
N. Egebak, *Skrift, subjekt, fiktion*, Fredensborg
1980, S. 76–95. – E. Østerud, *Syndefall og alveslag.
Om samfunnskritikk og eksistensialisme i H. I.s »Gen-
gangere«* (in Norskrift, 1980, Nr. 28, S. 1–81). –
E. Törnqvist, *Hur inleds I.s »Gengangere«? Kring
dramareceptionens metodologi* (in Tijdschrift voor
skandinavistiek, 4, 1983, Nr. 1).

HÆRMÆNDENE PAA HELGELAND

(norw.; *Die Helden auf Helgeland*). Schauspiel in
vier Akten von Henrik IBSEN, Uraufführung: Kristiania, 24. 11. 1858, Det norske Theater; deutsche

Erstaufführung: München, 10. 4. 1876, Hoftheater. – Die Handlung spielt in zwei Tagen und Nächten auf dem Hof des reichen Lehnsmannes Gunnar im nordnorwegischen Helgeland und in dessen Umgebung zur Zeit von König Erik Blutaxt. Im Mittelpunkt steht Hjørdis, eine heroische Frauengestalt, wie sie für Ibsens spätere Werke typisch ist, kaum je aber mit solcher Konsequenz und Dramatik von ihm beschworen wurde: Stolz, kompromißlos, unbürgerlich, streitbar, geradezu männlich, stark und rücksichtslos in ihrer Liebe wie in ihrem Haß, erinnert sie an die Heldinnen der *Islendingasögur*.

Zurückliegende Ereignisse, die erst allmählich enthüllt werden, bestimmen das dramatische Geschehen. Bei einer Heerfahrt nach Island hatten sich einst die beiden Waffenbrüder Sigurd und Gunnar gelobt, die beiden schönsten Mädchen heimzuführen. Die Schönste war Hjørdis, die Pflegetochter des Helden Ørnulf, die dem Freier zur Bedingung machte, einen zwanzig Mann starken Bären zu überwinden. Gunnar, der Hjørdis liebte, sah sich der Aufgabe nicht gewachsen, und unerkannt bestand Sigurd in der Rüstung des Freundes die Probe und eroberte ihm die Frau, während er für sich selbst Ørnulfs Tochter Dagny gewann. Die Handlung setzt fünf Jahre nach diesen Ereignissen ein. – Ørnulf ist mit Heeresgeleit von Island gekommen, um sich mit dem Seekönig Sigurd und dem mächtigen Gunnar wegen des Frauenraubs zu vergleichen. Sigurd versöhnt sich mit ihm, auch Gunnar ist dazu bereit, aber Hjørdis tritt dazwischen und verhindert eine Einigung. Von Ørnulf als Kebse bezeichnet, sagt sie ihm und allen, die zu ihm halten, bittere Fehde an, scheint dann aber doch zur Versöhnung bereit, und Gunnar lädt die Recken zu einem Fest in seine Halle ein. Zögernd sagen sie zu. Auf die Nachricht hin, daß Gunnars und Hjørdis' Sohn in Gefahr ist, brechen Ørnulf und seine Söhne – mit Ausnahme des jüngsten, Thorolf – auf, um dem Bauern Kåre, der mit Hjørdis in Fehde liegt, den kleinen Egil zu entreißen. Ahnungslos rüsten sich inzwischen Sigurd und Dagny zum Gelage. Da er vermutet, daß Hjørdis auf Böses sinnt, erzählt Sigurd seiner Frau, was einst geschah. Das Fest beginnt, und Hjørdis schlägt vor, daß nach altem Brauch jeder der anwesenden kühnen Recken seine größte Tat erzählen solle. Als diese widerwillig damit begonnen haben, erinnert Hjørdis, um Sigurd zu demütigen, Gunnar daran, daß das Heldenhafteste, was ein Mann vollbringen konnte, der Kampf um sie gewesen, Gunnar also der Stärkste von allen sei. Aber auch damit kann sie Sigurd nicht reizen, und auch die zutiefst gekränkte Dagny schweigt zunächst. Hjørdis' Aggressivität wendet sich jetzt gegen Thorolf, Ørnulfs jüngsten Sohn. Aufs äußerste von ihr gereizt, deutet er, der des Vaters knappe Andeutungen über sein Vorhaben mißverstanden hat, an, daß Ørnulf habe Egil aus Rache ermordet. Gunnar erschlägt Thorolf, da betritt Ørnulf die Halle, Egil in den Armen; seine Söhne sind im Kampf gegen Kåre und dessen Mannen gefallen, aber er konnte Egil befreien und bringt ihn nun dem Vater – um zu erfahren, daß sein eigner Sohn inzwischen von Gunnar getötet wurde. Von Hjørdis erneut herausgefordert, bricht Dagny nun das Sigurd gegebene Schweigeversprechen: Sie zeigt ihr den Ring, der Hjørdis einst von ihrem Bezwinger abgenommen wurde, und schleudert ihr die Wahrheit ins Gesicht, die Gunnar ruhig bestätigt. Mit diesem dramatischen Höhepunkt am Ende des zweiten Akts hat das Drama seine Peripetie erreicht. Vergeblich versucht Sigurd weitere Katastrophen dadurch zu verhindern, daß er Hjørdis eine Saga erzählt, »schwer, wie das Leben selbst«, die seine: Er hat sie immer geliebt und nur aus Freundestreue auf sie verzichtet. Erschüttert erfährt er, was er nie für möglich gehalten hätte: daß auch Hjørdis ihn von Anfang an geliebt hat und ihr ganzes Verhalten sich aus ihrem Schmerz darüber, ihn »als den Gatten einer andern zu wissen«, erklärt. Im Gegensatz zu Sigurd ist sie nicht der Meinung, daß sie getrennt bleiben müssen: »Ich will, ich muß dir folgen – hinaus ins Leben, in den Kampf! Zu eng ist's mir in Gunnars Haus.« Da sieht Sigurd nur noch einen ehrenhaften Ausweg: Er muß Gunnar zum Zweikampf fordern, weil, wenn er Hjørdis' Gatten tötet, diese verpflichtet ist, den Mörder in den Tod zu schicken. Der vierte Akt bringt nochmals eine Verzögerung des dramatischen Endes: Dagny kann den über den Verlust auch des letzten Sohnes trauernden Vater dazu überreden, in einem Preislied *(drápa)* die Taten der Söhne zu rühmen – ein Motiv aus der *Egils saga*: Der Skalde Egil verwindet durch eine *drápa* (vgl. *Sonatorrek*) den Verlust seiner Söhne. Inzwischen hat Hjørdis sich überlegt, daß es nur eine Lösung für Sigurd und sie gibt: ». . . aus dem Leben müssen wir – dann können wir zusammenbleiben!« Sie tötet den Geliebten mit einem Pfeil, um wenigstens im Jenseits mit ihm vereint zu sein. Da hört sie aus dem Mund des sterbenden Sigurd, daß er Christ geworden ist, sie also nie zu ihm gelangen kann, und stürzt sich verzweifelt ins Meer.

Die meisterhafte Komposition des Dramas zeigt Ibsens große Begabung, den Zuschauer dadurch in Spannung zu halten, daß er ihn fast bis zuletzt im unklaren über die wirklichen Gefühle der handelnden Personen läßt – Georg BRANDES nannte das die »Ibsensche Geheimniskrämerei«. Die herbe und kraftvolle, aller Floskeln abholde Sprache dieses Dramas, in dem der Dichter, wie er in einem Brief schrieb, »ein Bild vom Leben der Sagazeit« geben wollte, ist der verhaltenen und dramatischen Diktion der isländischen Familiensagas nachgebildet, denen Ibsen auch die Motive entnahm, so vor allem *Egils saga, Laxdæla saga* und *Njáls saga*. Den Stoff entlehnte Ibsen, wie er selbst betont, nicht dem deutschen *Nibelungenlied*, sondern der altnordischen *Vǫlsunga saga*, entheroisierte ihn aber nach der Art der Familiensagas, die ihm ein zutreffenderes Bild vom nordischen Altertum zu geben schienen. Damit steht sein Drama aber in deutlichem Gegensatz zu den üblichen Bearbeitungen nordischer Stoffe, etwa von OEHLENSCHLÄGER, und die Öffentlichkeit reagierte deshalb auf die wohltuende Vermenschlichung der Gestalten Ibsens zunächst mit Befremden, wenn nicht sogar mit Ablehnung. F.J.K.

AUSGABEN: Kristiania 1858. – Kopenhagen 1898 (in *Samlede Værker*, 10 Bde., 1898–1902, 2). – Oslo 1930 (in *Samlede verker. Hundreårsutgave*, 21 Bde., 1928–1957, 4). – Oslo 1962; ⁵1981 (in *Samlede verker*, 3 Bde., 1; Tb.). – Oslo 1978 (in *Samlede verker*, 7 Bde., 1).

ÜBERSETZUNGEN: *Nordische Heerfahrt*, E. Klingenfeld, Mchn. 1876. – Dass., M. v. Borch, Lpzg. o. J. [1890] (RUB). – *Die Helden auf Helgeland*, E. Klingenfeld (in *SW*, Bd. 3, Bln. 1898). – *Nordische Heerfahrt*, R. A. Hartner (in *Dramen*, Bd. 1, Mchn. ²1978).

LITERATUR: F. G. Lynner, »*Hærmændene paa Helgeland*«. *H. I.s forhold til kilderne: den norrøne litteratur*, Oslo 1909. – F. Bull, *Fra* »*Hærmændene*« *over* »*Vidderne*« *til* »*Kjærlighedens Komedie*«, Oslo 1928. – R. Rudler, *I. og* »*Hærmændene*« *på Christiania Theater* (in Ibsenårbok 1963/64, S. 32–41).

HEDDA GABLER

(norw.; *Hedda Gabler*). Schauspiel in vier Akten von Henrik IBSEN, Uraufführung: München, 31. 1. 1891, Hoftheater; norwegische Erstaufführung: Kristiania, 28. 8. 1891, Christiania Theater. – Nachdem Ibsen sein zuvor abgeschlossenes Drama *Fruen fra havet* (Die Frau vom Meer) mit einer Hoffnung auf Verständnis und Vertrauen enden ließ, hat dieses Stück die tragischen Widersprüche in der Hauptfigur Hedda Gabler zum Thema. In einer Notiz Ibsens heißt es: »*Das Stück soll vom Unerreichbaren handeln, vom Streben und Trachten nach dem, was gegen die Konvention, gegen das Aufgenommene im Bewußtsein eines jeden steht – auch in Heddas.*«
Der Kulturhistoriker Jørgen Tesman ist mit seiner Frau Hedda von einer mehrmonatigen Hochzeitsreise nach Kristiania zurückgekehrt. Während er diese Zeit zu ausgiebigen Archivstudien und der Promotion an einer ausländischen Universität nutzen konnte, hat Hedda sich gelangweilt. In den folgenden sechsunddreißig Stunden, auf die sich die Handlung des Stückes konzentriert, vollziehen sich die Konsequenzen einer bereits seit langer Zeit andauernden Entwicklung. Die schöne, anspruchsvolle und kalt berechnende Hedda, als Tochter des Generals Gabler aristokratisch erzogen, aber ohne große Mitgift, hat den gutmütigen, naiven, in seinem Fachgelehrtentum verkümmerten Tesman, dessen stereotype und hausbackene Floskeln sie verachtet, nur aus Versorgungsgründen geheiratet. Sie sagt, sie habe sich »*müde getanzt … Meine Zeit war um.*« Tesman hat gute Aussichten auf eine Professur und kann ihr eine standesgemäße Stellung sichern; er wiederum sieht in ihr ein kostbares Objekt und Statussymbol. Ein Paar alter Pantoffeln,

ein Geschenk der beiden alten Tanten, bei denen Tesman aufgewachsen ist, symbolisiert seine Häuslichkeit und Bravheit, während Hedda ein Paar Duellpistolen aus dem Nachlaß ihres Vaters zugeordnet ist. Diese bedeutungsvollen Requisiten weisen eher auf eine Umkehrung der traditionellen Geschlechterrollen hin, und in diesem Sinn sind auch Heddas Ablehnung ihrer Schwangerschaft und die Tatsache zu verstehen, daß Ibsen sie unter ihrem Geburtsnamen, als Tochter ihres Vaters, nicht als Hedda Tesman, die Ehefrau ihres Mannes, vorstellt. Tatsächlich aber fügt sich Hedda, obwohl sie ihren Mann überlegen-ironisch behandelt, den Konventionen. Dem Verlangen, ihren Wünschen und Ansprüchen gemäß zu leben, steht das, was sie als »*meine schreckliche Angst vor dem Skandal*« bezeichnet, die Furcht vor den Folgen ihres Handelns, entgegen. Sie zieht es vor, das Leben als eine Art Spiel zu betrachten, der Verantwortung auszuweichen und Konfrontationen zu vermeiden. In ihrer Jugend ließ sie sich so von ihrem Freund Ejlert Løvborg von dessen ausschweifendem Leben berichten, seine Annäherungen wies sie jedoch ab. Um die Leere ihres jetzigen Lebens auszufüllen, bleiben ihr ein zur Schau getragener Stolz und eine diffuse Sehnsucht nach Schönheit.
Nun wird sie wieder mit Løvborg konfrontiert. Nach einer Phase der Verkommenheit hat er sich wieder gefangen und eine vielversprechende kulturhistorische Abhandlung veröffentlicht, die ihn zum Konkurrenten Tesmans macht. Während dessen Stärke das penible Sammeln und Ordnen von Fakten ist, präsentiert der von allen als genialisch, aber auch gefährdet angesehene Løvborg große Entwürfe. Sein noch unveröffentlichtes Manuskript zum zweiten Band der Abhandlung, mit dem er in die Zukunft greift, steht u. a. von den »*Kulturmächten der Zukunft*«. Hedda erfährt dies von Thea Elvsted, einer flüchtigen, schon immer von ihr beneideten Bekannten, die aus ihrer freudlosen Ehe ausgebrochen und Løvborg, dem Hauslehrer ihrer Stiefkinder, nachgereist ist. Sie hat dem labilen, nicht zuletzt wegen seiner unglücklichen Liebe zu Hedda gestrandeten Menschen seelischen Halt gegeben und war ihm bei der Abfassung seines wissenschaftlichen Werkes behilflich. Theas Liebesfähigkeit, ihr Mut, gegen die Regeln der Gesellschaft zu verstoßen und ohne Furcht vor Skandal ihren Gefühlen zu folgen, erregen Heddas Eifersucht. Dazu kommt das Vertrauensverhältnis zwischen Thea und Løvborg, den Hedda gegen ihr Eingeständnis wohl doch geliebt hat. Treffsicher gelingt es ihr, dieses Vertrauensverhältnis zu zerstören. Dann bringt sie Løvborg dazu, den Junggesellenabend des Richter Brack, ihres Hausfreundes und Vertrauten, zu besuchen, obwohl sie weiß, daß er sich dem Alkohol fernhalten sollte. Sie behauptet – und dies mag wohl die eine Seite ihres Wünschens sein –, ihn dort »*mit Weinlaub im Haar*« über eine Schwäche siegen zu sehen. Er soll so stellvertretend für sie eine Freiheit wiedererlangen. Doch die Macht, die sie hier ausübt – »*Ich will ein einziges Mal in meinem Leben die*

Herrschaft haben über ein Menschenschicksal« –, kann nur noch destruktiv wirken, da sie zutiefst zerstörerischen Tendenzen entspringt. Die Feier wird zu einem Gelage. Løvborg, der wie viele der Figuren Ibsens als Ausnahmemensch gleichzeitig selbstzerstörerische Anlagen hat, kompromittiert sich erneut und verliert außerdem sein Manuskript, das Tesman findet und unvorsichtigerweise seiner Frau zur Verwahrung gibt. Brack, der seine Stellung als Hausfreund und Partner in einem spielerisch zwischen ihm und Hedda verabredeten, rein theoretisch-verbalen Dreiecksverhältnis gefährdet sieht, erinnert Hedda an die gesellschaftliche Unmöglichkeit eines weiteren Umgangs mit Løvborg. Nun gibt sie den destruktiven Kräften nach und stiftet Løvborg zum Selbstmord an, als er ihr den Verlust des Manuskripts berichtet; sie gibt ihm eine ihrer Pistolen und verlangt, daß die Tat *»in Schönheit«* zu geschehen habe. Noch einmal fordert sie eine große, schöne Tat – nunmehr den Mut, mit sich abzurechnen – von einem anderen. Dann verbrennt sie das Manuskript, das *»Kind«* Theas und Løvborgs. Doch dieser stirbt keinen schönen Tod, er hat sich in den Unterleib geschossen. Da Brack die Pistole erkannt hat, will er sein Schweigen damit erkaufen, daß er von Hedda verlangt, mit ihm intime Beziehungen aufzunehmen. Sie hat ihre Macht an den *»amüsanten Unterhalter«* verloren, der die unter Schmeichelei und Heuchelei versteckte Brutalität der Gesellschaft verkörpert. Tesman und Thea sind bereits damit beschäftigt, Løvborgs Werk aus seinen Notizen zu rekonstruieren; diese Aufgabe wird sie einander näherbringen – Hedda ist bereits überflüssig geworden. Vor die Wahl gestellt, entweder einen öffentlichen Skandal zu riskieren oder in Unfreiheit und Abhängigkeit von Brack zu leben, wählt sie jetzt doch den Skandal: Sie geht ins Nebenzimmer und bringt sich durch einen Schuß in die Schläfe um. Die Pistolen sind vom Symbol ihrer eingebildeten Macht und ihres Selbstbewußtseins zu dem der Machtlosigkeit und Kapitulation vor den Verhältnissen geworden; gleichzeitig ist dieser Selbstmord Heddas erste und einzige selbständige Tat. Brack kommentiert sie bezeichnenderweise mit Heddas stehender Replik auf unbotmäßiges Verhalten: *»So was tut man doch nicht.«*

Ibsen schreibt in einem Brief, er habe in diesem Drama *»nicht eigentlich sogenannte Probleme behandeln wollen ... In der Hauptsache ist es mir darum zu tun gewesen, Menschen, menschliche Stimmungen und Schicksale auf Grund gültiger sozialer Verhältnisse und Anschauungen zu schildern.«* Mit der Figur Hedda Gablers gelingt ihm die Darstellung eines Frauenschicksals, das von den gesellschaftlichen und sozialen Zwängen des 19. Jh.s bestimmt ist – vergleichbar dem einer Anna Karenina, Emma Bovary oder Effi Briest. Ibsen verzichtet weitgehend auf umfangreiche Selbstcharakteristiken oder Beschreibungen seiner Figuren, auch von der Vorgeschichte Heddas ist in diesem gleichwohl analytischen Drama wenig zu erfahren. So erfaßte die zeitgenössische, enttäuschte und verwirrte Kritik die

Komplexität der Figur nicht, die sich unter der Oberfläche eines oft im Konversationston gehaltenen, mit Elementen der Gesellschaftskomödie operierenden Schauspiels entfaltet. Mit Meisterschaft hat Ibsen, der selbst auf die *»Hysterie«* hinwies, die Heddas Handeln motiviere, in diesem Drama eine in ihren psychischen Strukturen auf die Theorien Sigmund FREUDs weisende Gestalt geschaffen.

K.Hö.

AUSGABEN: Kopenhagen 1890. – Kopenhagen 1900 (in *Samlede Værker*, 10 Bde., 1898–1902, 8). – Oslo 1934 (in *Samlede verker. Hundreårsutgave*; 21 Bde., 1928–1957, 11). – Oslo 1962; 5 1981 (in *Samlede verker*, 3 Bde., 3; Tb.). – Oslo 1978 (in *Samlede verker*, 7 Bde., 5).

ÜBERSETZUNGEN: *Hedda Gabler*, E. Klingenfeld, Bln. 1891 (Nordische Bibl., 16). – Dass., M. v. Borch, Lpzg. o. J. [1891] (RUB). – Dass., E. Klingenfeld (in *SW*, Bd. 8, Bln. 1902). – Dass., W. Lange, Bln. 1906. – Dass., H. E. Gerlach, Stg. 1961. – Dass., E. Klingenfeld, Ffm. 1965 (EC, 12). – Dass., dies. (in *Dramen*, Bd. 2, Mchn. 2 1978). – Dass., P. Zadek u. G. Greiffenhagen, Ffm. 1983 (m. *Die Wildente* u. *Baumeister Solneß*; FiTb.).

BEARBEITUNG: J. Osborne, *Hedda Gabler*, Ldn. 1972.

VERFILMUNGEN: USA 1917 (Regie: F. Powell). – Italien 1919 (Regie: P. Fosco). – Deutschland 1924 (Regie: F. Eckstein). – *Hedda*, England 1975 (Regie: T. Nunn).

LITERATUR: Ch. H. Caffin, *»Hedda Gabler«* (in Ch. H. C., *The Appreciation of the Drama*, NY 1908, S. 162–237). – R. Stecher, *Erläuterungen zu H. I.s »Hedda Gabler«*, Lpzg. 1931. – J. O. Wisdom, *The Lust for Power in »Hedda Gabler«* (in Psychoanalytical Revue, 31, 1944, S. 419–437). – C. W. Mayerson, *Thematic Symbols in »Hedda Gabler«* (in Scandinavian Studies, 22, 1950, S. 151–161). – E. Le Gallienne, *I.: »Hedda Gabler«*, NY 1955. – J. Arup, *On »Hedda Gabler«* (in OL, 12, 1957, S. 3–37). – E. Høst, *»Hedda Gabler«*, Diss. Oslo 1958. – S. Skard u. P. Svendsen, *Else Hosts doktordisputas om »Hedda Gabler«* (in Edda, 60, 1960, S. 1–52). – P. Simonsen, *Om »Hedda Gabler«, »Lille Eyolf« og Lord Byron* (ebd., 62, 1962, S. 176–184). – P. Meyer Spacks, *The World of »Hedda Gabler«* (in Tulane Drama Review, 7, 1962, S. 155–164). – I. Nissen, *Sjelelige kriser i menneskets liv. H. I. og den moderne psykologi*, Oslo 1931, S. 142–183. – J. Northam, *»Hedda Gabler«* (in Ibsenårbok 1968/69, S. 60–81). – W. B. Fleischmann, *»Hedda Gabler«. A Cascade of Triangles* (in Scandinavica, 8, 1969, S. 49–53). – E. Durbach, *The Apotheosis of »Hedda Gabler«* (in Scandinavian Studies, 43, 1971, S. 143–159). – O. Moe, *»Hedda Gabler« og den moderne tragedies dilemma* (in Edda, 72, 1972, S. 41–50). – A. Ryvold, *»Hed-*

da Gabler« som sosialt drama (in Samtiden, 81, 1972, S. 39–51). – H. Rønning, *Könets fånge och klassens. Om I.s »Hedda Gabler«* (in OoB, 82, 1973, S. 490–499). – E. Davidsen, *»Hedda Gabler«* (in Ibsenårbok 1977, S. 107–120). – D. R. Jones, *The Virtues of Hedda Gabler* (in Educational Theatre Journal, 29, 1977, S. 447–462). – S. E. Saari, *»Hedda Gabler«: The Past Recaptured* (in MD, 20, 1977, S. 299–316). – C. Marowitz u. L. Schøyen, *Hedda*, Oslo 1978 (Aschehougs litteraturverksted, 5). – A. Ganz, *Miracle and Vine Leaves: An I. Play Rewrought* (in PMLA, 94, 1979, S. 9–21). – Y. L. Sandstroem, *Problems of Identity in »Hedda Gabler«* (in Scandinavian Studies, 51, 1979, S. 368–374). – A. R. Braunmuller, *»Hedda Gabler« and the Sources of Symbolism* (in *Drama and Symbolism. Themes in Drama*, Bd. 4, Cambridge 1982, S. 57–70). – S. Haugom Olsen, *Why Does Hedda Gabler Marry Jørgen Tesman?* (in MD, 28, 1985, S. 591–610). – P. E. Larson, *French Farce Conventions and the Mythic Story Pattern in »Hedda Gabler«* (in *Contemporary Approaches to I.*, Bd. 5, Oslo 1985, S. 202–223). – K. Fjørtoft, *»Hedda Gabler« i samtid og ettertid*, Tromsø 1986.

JOHN GABRIEL BORKMAN

(norw.; *John Gabriel Borkman*). Schauspiel in vier Akten von Henrik IBSEN, Uraufführung: Helsinki, 10. 1. 1897; deutsche Erstaufführung: Frankfurt/Main, 16. 1. 1897, Stadttheater; norwegische Erstaufführung: Drammen, 19. 1. 1897. – Wie in vielen anderen seiner ab 1877 erscheinenden Gegenwartsdramen versinnbildlicht auch in diesem Alterswerk, Ibsens vorletztem Stück, ein Haus die in eine tiefe Sinnkrise geratene bürgerliche Ideologie des ausgehenden Jahrhunderts. Das unweit der Hauptstadt Kristiania gelegene, ehemals feudale Gut der Familie Rentheim, das sich nun in *»vergilbter Pracht«* darbietet, wird vom früheren Bankdirektor John Gabriel Borkman und seiner Frau Gunhild bewohnt. Vor Jahren schon ist jede Kommunikation zwischen den Eheleuten versiegt; in selbstgewählter Einsamkeit und Isolation, ohne sich umeinander zu bekümmern, verbringen sie freudlos ihre Tage. Der bald siebzigjährige Mann, der sich in das Obergeschoß des Hauses zurückgezogen hat und wie *»ein kranker Wolf in einem Käfig«* in seinem Zimmer auf und ab geht, ist ein Stockwerk tiefer, wo sich Gunhild einquartiert hat, nur durch das Geräusch seiner Schritte anwesend. Kontakt hält er lediglich zu einem Jugendfreund, dem devot auftretenden Hilfsschreiber Vilhelm Foldal, und zu dessen Tochter Frida, die dem Bankdirektor auf dem Klavier vorspielt, vor allem die *Danse macabre* von Camille Saint-Saëns.
Motive, Ursachen und Hintergründe dieses bedrückenden Totentanzes im Hause Borkman enthüllt Ibsen sukzessive mit Hilfe seiner oft bewunderten analytischen Dramentechnik. An einem stürmischen Winterabend kommt es, nach acht Jahren beharrlichen Schweigens, zu einem langen

Gespräch zwischen Gunhild und ihrer schwerkranken Zwillingsschwester Ella Rentheim, die, vor ihrem offenbar kurz bevorstehenden Tod, eine Aussprache mit ihren Verwandten sucht. Beide Frauen hatten einst den Bergmannssohn John Gabriel Borkman geliebt, der dank einer maßlosen Machtbesessenheit, gipfelnd in der gigantischen Vision von der Schöpfung eines neuen Reiches, in kurzer Zeit eine der einflußreichsten Positionen des Landes erklomm. Auf dem Höhepunkt seiner Karriere kommt er jedoch zu Fall: Ein befreundeter Advokat, der Borkman zuvor in seine geschäftlichen Pläne eingeweiht hatte, überführt ihn der Unterschlagung großer Geldsummen, die viele Menschen, unter ihnen Foldal und andere gute Freunde, ihm anvertraut hatten. Dieser Skandal, der das ganze Land erschüttert, trägt ihm drei Jahre Untersuchungshaft und fünf Jahre Gefängnis ein – doch seine Auswirkungen reichen bis weit in die Gegenwart hinein. Gunhild, die seinerzeit über ihre Schwester obsiegte und Borkmans Frau wurde, leidet immer noch unter der *»gräßlichen, entsetzlichen Schande«* und richtet ihre ganze Energie darauf, die Ehre der Familie Borkman eines Tages wiederhergestellt zu sehen. Ähnlich träumt auch der Bankdirektor davon, bald wieder zu einstiger Größe aufzusteigen, zumal er sich, in hybrider Verhöhnung seiner Opfer, innerlich keiner Schuld bewußt ist.
Gunhild wie auch Borkman sehen in ihrem einzigen Kind, dem 23jährigen Studenten Erhart, den großen Hoffnungsträger. Zur Befriedigung ihrer eigenen Ambitionen ist vor allem Gunhild so sehr von ihrem Sohn abhängig, daß der Kompensationscharakter ihrer Mutterliebe deutlich zutage tritt. Doch in dieser Nacht zeigt sich, daß selbst Ella, die zunächst von einer altruistischen Gesinnung geleitet scheint, einen Anspruch auf den jungen Mann erhebt. Sie erinnert ihre Schwester daran, daß sie das Kind viele Jahre lang – während Borkmans Abwesenheit – selbstlos versorgte und wie eine Mutter behandelte; nun ist sie der Überzeugung, daß auch sie *»so etwas wie ein Recht auf Erhart«* habe. Zuvor entwickelt sich ein Dialog mit dem alten Borkman zu einer emotionsgeladenen Abrechnung mit den dunklen Ereignissen der Vergangenheit. Jetzt erst erfährt sie, daß sie für John Gabriel einst *»das Teuerste auf Erden«* war, er jedoch die Karriere vorzog und seine Liebe unterdrückte. Daß der Bankdirektor sich derart *»versündigen«* konnte, mag sie nicht verzeihen.
In der Zeit des Wartens auf die Rückkehr Erharts von einem Fest spitzt sich das Geschehen zwischen den Beteiligten hyperbolisch zu. Sie alle, die zu keiner Aktivität oder geistigen Veränderung mehr fähig scheinen, beanspruchen mit egoistischer Überheblichkeit die Zukunft des Studenten für ihre je eigenen Zwecke. Erhart jedoch erteilt ihnen eine klare Absage. In bewegenden Worten verkündet er, daß er noch in dieser Nacht, gemeinsam mit der mondänen Fanny Wilton und der jungen Frida, in den Süden aufbrechen wolle, um dort, befreit von den Lasten der Vergangenheit, sein Leben zu genießen. – In einem letzten Aufflackern seiner Tat-

kraft wankt der alte Borkman daraufhin in die Schneelandschaft hinaus. Auf einer Berghöhe angelangt, erscheinen ihm noch einmal die Traumbilder von der Gründung eines Reiches zum Segen der gesamten Menschheit – doch in diesem Augenblick greift ihm eine »*Hand aus Eis*« ans Herz und tötet ihn. Über seiner Leiche reichen sich die verfeindeten Schwestern die Hand, doch es bleibt ungewiß, ob dieses Zeichen der Versöhnung, das – in recht ironischer Weise – die humane Geste aus GOETHES *Iphigenie auf Tauris* repetiert, eine Umkehr einleitet.

Thematisch wie in Motivwahl und Charakterzeichnung weist dieses Schauspiel, das Ibsen nach gründlichen Vorstudien im Laufe von nur sechs Wochen in Oslo niederschrieb, viele Parallelen zu anderen Stücken des Autors auf. Die hedonistische Revolte der Jugend gegen die viktorianisch beeinflußte Pflichtethik der Alten (vgl. *Gengangere*) gehört ebenso zum Inventar seiner poetischen Welt wie die Elevation ins Gebirge (vgl. Ibsens Lyrik, die übrigen späten Stücke, vor allem aber *Brand* und *Peer Gynt*) oder die ironische Demontage der bourgeoisen Lebenslüge (vgl. etwa *Vildanden*), die hier am Beispiel des naiv an seine Dichterberufung glaubenden Durchschnittsmenschen Vilhelm Foldal vollzogen wird. Auch im Figurenaufbau greift Ibsen auf bewährte Muster zurück, wie seine Vorliebe für archetypische Dreieckskonstellationen nachdrücklich unter Beweis stellt. Die Fülle der Autoreferenzen wird durch eine zentrale Aussage Ibsens bestätigt, der 1898, anläßlich der Edition seiner gesammelten Werke, davor warnte, seine Dramen isoliert zu betrachten, und statt dessen dazu aufforderte, sie im Kontext des Gesamtwerks zu begreifen. Doch obwohl sich Ibsens Schauspiele infolge ihrer zahlreichen stofflichen Berührungspunkte quasi gegenseitig kommentieren, darf ein genereller Entwicklungszug zu einem immer stärker ausgeprägten Symbolismus nicht übersehen werden. Noch in Stücken wie *Samfundets støtter* oder *En folkefiende* stand eine zum Teil scharfe Kritik an Verfallsformen der bürgerlichen Kultur im Vordergrund; in *John Gabriel Borkman* hingegen erörtert Ibsen, dialektisch einen Raum zwischen Zeitgebundenheit und Zeitenthobenheit ausfüllend, die Frage nach der Authentizität selbstbestimmten, individuellen Lebens im nivellierenden Zeitalter der Moderne.

Einen wichtigen Hinweis auf die Konfliktstruktur des Dramas enthält der doppelte Vorname des Bankdirektors, den Ibsen, bekannt für seine penible Sorgfalt bei der Namengebung, zunächst schlicht »Jens« nennen wollte. Der anglizistische erste Namensteil, »John«, verweist auf das Mutterland des Industrialismus und damit auf eine der wichtigsten Quellen der bürgerlich-kapitalistischen Lebenswelt im 19. Jh. In merkwürdigem Kontrast hierzu steht die sowohl aus der altiranischen Überlieferung als auch aus dem *Alten Testament* bekannte Namensform »Gabriel«. Die sich hier andeutende Spannung zwischen diesseitiger Orientierung und transzendenter, mythischer Überhöhung prägt und erklärt das Wesen des alten Borkman: Einerseits verkörpert er in typischer Weise gründerzeitlichen Geschäftsgeist, andererseits scheinen ihm die Resultate des Prozesses der Moderne ein Lebensgefühl von Anonymität und Leere vermittelt zu haben. In seinen Visionen, die immer klarer den Charakter unerfüllter Sehnsüchte annehmen, konstruiert er das Idealbild einer Gesellschaft, die eindeutig vertikal strukturiert ist, hierarchischen Ordnungsprinzipien folgt und ihn selbst, den erklärten »*Ausnahmemenschen*«, zum strahlenden Oberhaupt hat. Dieses elitär-utopische Gegenmodell zur Realität der zeitgenössischen Verhältnisse manifestiert sich immer wieder von neuem in einer Vielzahl religiöser Allusionen, märchenhafter Verklärungen und in fingierten Affinitäten zu historischen Heldengestalten längst verblaßter Epochen. So empfängt er mit napoleonischer Grandezza – die Linke auf die Tischplatte gestützt, die Rechte an die Brust geführt – seine wenigen Gäste, oder er wähnt sich in der Rolle eines Sehers, der mit dem »*wiedergeborenen Auge*«, seinem einzigen, wie der weise Gott Odin das Land überschaut.

In vergleichbarer Weise ist Gunhild von dem Gedanken besessen, die stolze Vornehmheit der Familie zurückzuerobern, um ihrem Leben noch einmal einen Sinn zu geben. Und auch Ella ist darauf fixiert, daß Erhart, der in Gunhilds Plan die Funktion eines »*Rächers*« ausfüllt, nach ihrem Tod den Namen Rentheim annimmt, damit sie nicht länger zu befürchten braucht, bald endgültig »*vom Dasein ausgelöscht*« zu sein. Das Trio kann seine ehrgeizigen Pläne jedoch nicht in die Tat umsetzen und wird zunehmend in Passivität und Agonie gezwungen. Eine bemerkenswerte Entwicklung in der dramatischen Produktion Ibsens liegt darin, daß er in früheren Stücken demonstrierte, wie »*die verkündeten bürgerlichen Ideale und die bürgerliche Praxis überhaupt nichts mehr miteinander gemein haben*« (E. Bloch), während in *John Gabriel Borkman* jeder Idealismus einem beklemmenden Realitätsverlust gewichen ist, der sich, wie am Beispiel des Bankdirektors demonstriert, in gespenstischen Allmachtsphantasien artikuliert.

Wegen seiner düster-pessimistischen Grundstimmung wurde das Drama zunächst recht zurückhaltend aufgenommen, zählt inzwischen aber unbestritten zu den »*vollkommensten und stärksten Schauspielen, die Ibsen je zu Papier gebracht hat*«, wie der norwegische Literaturwissenschaftler E. BEYER urteilte. In Deutschland konnte es zuerst nur in einer zensierten Fassung auf dem Theater aufgeführt werden, da insbesondere einige freizügige Repliken Fanny Wiltons die Opposition konservativer Moralapostel herausforderten.   U.En.

AUSGABEN: Kopenhagen 1896. – Kopenhagen 1900 (in *Samlede Værker*, 10 Bde., 1898–1902, 9). – Oslo 1936 (in *Samlede verker. Hundreårsutgave*, 21 Bde., 1928–1957, 13). – Oslo 1962; ⁵1981 (in *Samlede verker*, 3 Bde., 3; Tb.). – Oslo 1978 (in *Samlede verker*, 7 Bde., 6).

ÜBERSETZUNGEN: *John Gabriel Borkman*, S. Ibsen, Paris/Lpzg./Mchn. 1897. – Dass., anon. (in *SW*, Bd. 9, Bln. 1899). – Dass., H. E. Gerlach, Stg. 1962 (RUB). – Dass., anon. (in *Dramen*. Bd. 2, Mchn. ²1978).

VERFILMUNGEN: Deutschland 1923 (Regie: M. Hartwig). – BRD 1967 (TV; Regie: W. Schlechte).

LITERATUR: B. v. Schrenck, *Was ist von I.s neuestem Drama »John Gabriel Borkman« zu halten?*, Riga 1897. – J. Mortensen, *»John Gabriel Borkman«* (in J. M., *Likt och olikt*, Stockholm 1908, S. 301–315). – A. Grolman, *»John Gabriel Borkman«* (in A. G., *Europäische Dichterprofile*, Düsseldorf 1947, S. 78–92). – G. B. Shaw, *»John Gabriel Borkman«* (in G. B. S., *Plays and Players. Essays on the Theatre*, Oxford 1952, S. 221–230). – A. Kjellén, *»John Gabriel Borkman« – ensamhetens tragedi* (in OoB, 68, 1959, S. 27–38). – B. Krane, *Bergmannen og John Gabriel Borkman* (in Ibsenårbok 1967, S. 14–26). – C. R. Lyons, *The Function of Dream and Reality in »John Gabriel Borkman«* (in Scandinavian Studies, 45, 1973, S. 293–309). – B. Johnston, *The Tragic Farce of John Gabriel Borkman* (in Edda, 79, 1979, S. 99–108). – A. Aarseth, *The Idea of Freedom in »Ghosts«, »Rosmersholm« and »John Gabriel Borkman«* (in *Contemporary Approaches to I.*, Bd. 4, Oslo 1979, S. 22–33). – C. Leland, *Anagnorisis in »John Gabriel Borkman«* (ebd., S. 138–153). – A. Røed, *The Utter Necessity* (ebd., S. 154–168). – E. M. Fleck, *»John Gabriel Borkman« and the Miner of Falun* (in Scandinavian Studies, 51, 1979, S. 442–459). – B. Johnston, *The Demons of »John Gabriel Borkman«* (in *Drama in the Twentieth Century*, Hg. C. Davidson u. a., NY 1984, S. 57–72).

KEJSER OG GALILÆER

(norw.; *Kaiser und Galiläer*). »Welthistorisches Schauspiel« von Henrik IBSEN, Uraufführung: Kristiania, 20. 3. 1903, Nationaltheatret; deutsche Erstaufführung: Leipzig, 5. 12. 1896, Stadttheater, nach der Bühnenbearbeitung von Leopold ADLER. Das Werk besteht aus zwei Schauspielen in je fünf Akten: *Cæsars frafald (Cäsars Abfall)* und *Kejser Julian (Kaiser Julian)*. – Als Ibsen 1864 am Schluß seines Schauspiels *Kongs-Emnerne* König Håkon über seinen Widersacher resümieren ließ: *»Skule war Gottes Stiefkind auf Erden; das war das Rätsel an ihm«*, hatte er schon einen neuen dramatischen Plan über eine geschichtliche Persönlichkeit gefaßt, auf die dieses Urteil noch besser zutrifft: Julian Apostata (reg. 361–363), einen der letzten Kaiser des römisch-byzantinischen Imperiums in beginnender christlicher Zeit. In Rom trieb er eingehende Quellenstudien (AMMIANUS MARCELLINUS, LIBANIOS, GREGOR aus Nazianz u. a.), aber gerade die ungeheure Stofffülle, die er in seinem Doppelschauspiel verwertete, die *»Herkulesarbeit«*, sich *»anschaulich in eine so ferne und fremde Zeit ein-*

zuleben«, wirkten belastend. In der Zeit zwischen der ersten Konzipierung und der endgültigen Vollendung des Werks, das zunächst aus drei Teilen, den beiden Dreiaktern *Julian und die Weisheitsfreunde* und *Julians Abfall* sowie dem fünfaktigen Schauspiel *Kaiser Julian* bestehen sollte, verfaßte Ibsen *Brand* und *Peer Gynt*, außerdem das ganz andersgeartete Stück *De unges forbund (Der Bund der Jugend)*. Der Abstand von vier Jahren – Ibsen arbeitete sehr regelmäßig und brachte fast genau jedes zweite Jahr ein Drama heraus – zwischen *De unges forbund* und *Kejser og Galilæer* sowie dem darauffolgenden Werk *Samfundets støtter (Die Stützen der Gesellschaft)* ist bemerkenswert, ebenso, daß das Erscheinungsjahr 1873 fast genau die Mitte von Ibsens Schaffensperiode bezeichnet: zwischen dem Erstling *Catilina* (1850) und dem »dramatischen Epilog« *Når vi døde vågner*, 1898 *(Wenn wir Toten erwachen)*. Ibsen selbst hat *Kejser og Galilæer* mehrmals als sein »Hauptwerk« bezeichnet. Den Untertitel hat er damit erklärt, daß sein Stück *»von Himmel und Erde«* handle (Brief an seinen Verleger Frederik Hegel, 6. 2. 1873) und *»einen Kampf zwischen zwei unversöhnlichen Mächten im Weltleben, der sich zu allen Zeiten wiederholen wird«*, schildere (Brief an den befreundeten Historiker Ludwig Daae, 23. 2. 1873). Warum das Werk eine so große Bedeutung für ihn hat, erklären zwei Stellen aus Briefen Ibsens an Edmund GOSSE: *»Es ist ein Teil meines eigenen geistigen Lebens, den ich in diesem Buch niederlege, was ich schildere, habe ich, unter anderen Formen, selber durchlebt«* (14. 10. 1872); es *»liegt viel Selbstanatomie in diesem Buch«* (20. 2. 1873).

Der junge, wissensdurstige Julian, Vetter des Kaisers Konstantios, aus der Weltabgeschiedenheit nach Byzanz an den Hof berufen, verrät schon durch seine heftigen Gebärden die Unruhe, die ihn heimlich verzehrt. Er erbleicht, wenn der Kaiser ihn anspricht, und die Angst zwingt ihn, demütig und heuchelnd die Hand des Grausamen zu küssen; das Gerücht, er würde Nachfolger des Konstantios auf dem Kaiserthron, beunruhigt ihn: *»Meine ganze Jugend war eine Furcht vor dem Kaiser und vor Christus.«* Seit frühester Jugend zieht ihn eine kaum eingestandene Sehnsucht zur heidnischen Antike. In der Osternacht, mit der das Drama beginnt, wird ihm sein Wunsch, in Athen die Alten studieren zu dürfen, gewährt. Freilich steht er ganz auf dem Boden des Christentums, er will in die *»Höhle des Löwen gehen«*, um im Kampf mit ihm *»die christliche Wahrheit gegen die Lüge des Heidentums zu behaupten«*. Aber bald ergibt er sich mit Leib und Seele dem Heidentum, doch auch von ihm ist er enttäuscht: *»Die alte Schönheit ist nicht länger schön, und die neue Wahrheit nicht länger wahr.«* Der orientalische Mystiker Maximos weiht Julian in die Lehre von den drei Reichen ein: Das erste Reich ist gegründet auf dem Baum der Erkenntnis, das zweite auf dem des Kreuzes, das dritte schließlich ist *»das Reich des großen Geheimnisses, das Reich, das auf den Baum der Erkenntnis und den des Kreuzes zusammen gegründet werden soll, weil beide haßt und liebt und weil es seine Lebensquellen unter dem Hain*

Adams hat und unter Golgatha«. Dieses Reich stehe vor der Tür. Eine Stimme verkündet Julian: *»Du skal grundfeste riget.«* Der Doppeldeutigkeit dieses Wortes *grundfeste* zufolge kann das ausgelegt werden als *»Du sollst [bzw. wirst] das Reich gründen«* – also das dritte Reich; es kann aber auch heißen *»das Reich befestigen«,* nämlich das zweite. Julian soll es auf dem *»Weg der Freiheit«* tun, der identisch ist mit dem *»Weg der Notwendigkeit«: »Wollen heißt Wollenmüssen.«* In einem geheimnisvollen Symposion will Maximos Julian *»die drei Ecksteine unter dem Zorn der Notwendigkeit«* vorstellen, die bei der Begründung der jeweiligen Reiche vonnöten waren. Aber nur die ersten beiden, Kain und Judas, erscheinen – der dritte sei nicht fern. Die Vermutung, Julian sei dieser dritte, liegt nahe. Aber die Unbestimmtheit ist bedeutsam für das ganze Stück. Denn könnte nicht auch Maximos gemeint sein, der durch ein Widerstreben beim Heraufführen des dritten Reichs helfe, oder ist es ein noch ungeborener Dritter?

Da erscheint der Quästor Leontes, um Julian vom Kaiser den Purpur des Cäsaren anzubieten. Dabei wiederholt er die Worte des unberechenbaren Herrschers, Julian werde es sicher glücken, das Reich zu begründen (oder festigen? – auch hier wieder: *grundfeste*). Trotz der Bedenken des Maximos und der Warnungen seiner christlichen Freunde ergreift Julian, dem das Reich und das reine Weib verheißen sind, den Purpur und nimmt Helena, die Schwester des Kaisers, zur Gattin. Vom Kaiser an die gefährdeten Grenzen Galliens geschickt – vielleicht nur, damit er dort umkomme –, trägt Julian als Feldherr einen so entscheidenden Sieg über die Barbaren davon, daß seine Legionen ihm als Kaiser huldigen wollen. Auch die herrschsüchtige Helena reizt ihn zum Abfall, aber noch immer steht Julian im Bann seiner doppelten Furcht. Erst als Helena plötzlich stirbt, von Konstantios vergiftet, und Julian erkennt, daß sie ihn schändlich betrogen hat, läßt er sich zum Gegenkaiser ausrufen. Helena, ein üppiges Weib von berückender Schönheit, symbolisiert die Verderbnis des entarteten Christentums am Hof. Aber auch noch nach Helenas Tod fehlt ihm der Mut zu handeln. Erst als die Priester Hymnen auf Helena, die Reine, die Heilige, anstimmen und an ihrer Leiche Wunder geschehen, fällt er endgültig ab: Mit dem Blut eines Opfertieres wäscht er sich die Taufe ab.

Am Ende eines jeden der fünf Akte des ersten Teils steht Julian vor einer Wahl: Im ersten Akt trennt er sich von der Tradition und folgt dem Weisheitslehrer Libanios auf dem Weg der Erkenntnis und des Verstandes, im zweiten Akt wendet er sich unter Führung des Maximos dem vollen Schauen des Verborgenen zu, im dritten nimmt er den vom Kaiser angebotenen Purpur an, im vierten empört er sich offen gegen den Kaiser, und im letzten Akt bricht er schließlich mit dem Christentum und dem Idealbild des Kaisers und des reinen Weibes. Damit ist zugleich seine Periode des Suchens abgeschlossen und sein weiterer Lebensweg vorausbestimmt. *Cæsars frafald* bietet also eine Entwicklung, der

zweite Teil, *Kejser Julian,* das Ergebnis und die Katastrophe. Jetzt, da er Kaiser ist, stellt sich Julian die Frage, ob *»der künftige Messias vom Kaiser oder vom Galiläer ausgehen«* wird, und er will neben der weltlichen auch die geistliche Macht an sich reißen. In einem Entwurf Ibsens heißt es: *»Er sieht sich selbst als Kaiser an Gottes Statt auf Erden.«* Aber hierin stellt sich ihm Christus entgegen. In künstlicher Weise sucht Julian sein »drittes Reich« aus Elementen der Vergangenheit aufzubauen, er setzt den Kult alter, vergessener Götter wieder ein und macht sich zum Oberpriester. Schließlich wird er zu einem wütenden Verfolger des Christentums, das er zunächst noch neben dem Heidentum duldete. Das erste Reich spielt er gegen das zweite aus, denn er glaubt nicht mehr, *»dieses Gegensätzliche je vereinen zu können«.* Der Galiläer muß fallen; *»es ist nicht Platz für uns beide«.* Dadurch aber kommt Julian vom Weg zum dritten Reich ab.

Julian kann weder im ersten noch im zweiten Reich aufgehen. Zwar will er das *»Leben in Schönheit«* der Antike wieder heraufführen, aber dazu ist er nicht in der Lage. Er ist ein Asket, ohne Schönheit und körperliche Kraft und nicht der sinnenfreudige Mensch des heidnischen Altertums. Wenn er nun dennoch diese Rolle spielt, so aus Trotz gegen Christus. Von Huren und Gesindel umgeben, er selbst als Dionysos, auf einem Esel reitend, feiert er einen Dionysoszug und fragt sich dann angeekelt selbst: *»War darin Schönheit?«* Makrina, die Schwester des Basilios, zu der er schon in Athen durch die Schilderungen ihres Bruders Zuneigung gefaßt hatte, sagt es ihm ins Gesicht: *»Warum eiferst du so heftig gegen einen, den du tot nennst? ... Was ist es, das du hassest und verfolgst? Nicht er, sondern dein Glaube an ihm. Und lebt er nicht in deinem Haß und in deiner Verfolgung gerade so, wie er in unserer Liebe lebt?«*

Allmählich umdüstert sich Julians Geist im Cäsarenwahn. Beim Krieg gegen die Perser läßt er im Lager seine Brustbilder aufstellen und sich, in der irrigen Ansicht, damit sei *»das dritte Reich gekommen, der Geist Fleisch geworden und das Fleisch Geist«,* göttliche Ehren erweisen, und in zunehmender geistiger Umnachtung bezeichnet er sich selbst als den *»Messias der Welt«.* Aber er hat nicht die Kraft, sich allein auf sich selbst zu stellen. Damit ist Julians Geschick, seine völlige Niederlage vor dem Galiläer, besiegelt, der ihm zuvor schon in einem schrecklichen Gesicht erscheint, den Sarg des Kaisers zimmernd, und mit dem er dann in der Schlacht leibhaftig zu kämpfen meint. Mitten im dichtesten Kampfgewühl von der Lanze des Christen Agathon, seines Jugendgefährten, hinterrücks zu Tode getroffen, bricht Julian zusammensinkend in die Worte aus: *»Du hast gesiegt, Galiläer!«* Julian hat das Christentum gestärkt, anstatt es zu vernichten. Nachträglich wird klar, daß mit dem Orakelspruch das zweite Reich gemeint war. An seiner Leiche sagt Basilios: *»Groß und strahlend geht es vor mir auf, daß hier ein herrliches zerstörtes Werkzeug des Herrn liegt. Kaiser Julian war uns eine Zuchtrute, – nicht zum Tode, sondern zur Wiederaufrichtung.«*

Noch ist das dritte Reich nicht angebrochen. Ibsens Lehre von den drei Reichen erinnert an HEGELS geschichtsphilosophische Dialektik; es besteht die Möglichkeit, daß Ibsen durch den Hegelianer Markus Jakob MONRAD, der seit 1851 Philosophieprofessor in Kristiania war, auf die Hegelsche Philosophie hingewiesen wurde. Bei Ibsen jedoch sind Thesis und Synthesis vertauscht: Das »erste Reich« ist nicht das der absoluten Vernunft (Thesis), sondern das im Heidentum verwirklichte der Sinnlichkeit (Symbol: Pan), das »zweite Reich« ist nicht das der Natur, der sich entfremdeten Idee, wie bei Hegel (Antithesis), sondern das im Christentum verkörperte Reich der reinen Geistigkeit und Übersinnlichkeit (Logos). Im dritten Reich schließlich (Synthesis) sind Heidentum wie Christentum »aufgehoben«. Den Begriff vom »Weltwillen« scheint Ibsen von SCHOPENHAUER übernommen zu haben. Auch SCHELLING hat offenbar den norwegischen Dramatiker beeinflußt. In seinem *System des transzendentalen Idealismus* (1800) ist die Geschichte als Ganzes eine fortschreitende, allmählich sich enthüllende Offenbarung des Absoluten, die sich in drei Perioden ausdrückt: Schicksal, Natur, Vorsehung. Die dritte Epoche bringt die bewußte Versöhnung der ursprünglichen Gegensätze, was, auf die Religionsgeschichte übertragen, bedeutet: Das Reale ist im griechischen Heidentum verwirklicht, das Ideale im Christentum. Mehr noch hat wohl FICHTE mit seiner Betonung des ethischen Moments auf Ibsen eingewirkt (Ich, Nicht-Ich, absolutes Ich). Auch LESSING weist in seiner *Erziehung des Menschengeschlechts* (1777) auf ein drittes Zeitalter hin. Der Julian-Stoff hat immer wieder die Dichter beschäftigt. So schrieb SCHILLER an GOETHE (5. 1. 1798): »*Ich möchte wohl einmal, wenn es mir mit einigen Schauspielen gelungen ist, mir unser Publicum geneigt zu machen, etwas recht Böses thun und eine alte Idee mit Julian dem Apostaten ausführen. Hier ist nun auch eine ganz eigene bestimmte historische Welt, bei mir ich's nicht leid sein sollte, eine poetische Ausbeute zu finden, und das fürchterliche Interesse, das der Stoff hat, müßte die Gewalt der poetischen Darstellung desto wirksamer machen.*« Bei Schiller freilich wäre Julian das Opfer seines Idealismus gewesen, während es für Ibsen selbstverständlich ist, daß der untergehen mußte, der mit Gewalt das Untergegangene wieder ans Licht reißen will. – Auch HEBBEL hat gemeint, »*Julianus Apostata müßte eine gute Tragödie geben*« *(Tagebücher).*
EICHENDORFF schrieb ein längeres Gedicht, *Julian* (1853), Felix DAHN einen dreibändigen Roman, *Julian der Abtrünnige* (1893), der Niederländer Marcellus EMANTS das Schauspiel *Juliaan de afvallige* (1874). Die wichtigsten Bearbeitungen des Julian-Stoffs im skandinavischen Raum sind der Roman *Den siste athenaren* (1859) des Schweden Viktor RYDBERG, das postum 1867 erschienene Fragment *Julianus* seines Landsmanns Bernhard Elis MALMSTRÖM, STRINDBERGS Novelle *Julianus* in der Sammlung *Historiska miniatyrer* (1905) und die Tragödie *Julian den Frafaldne* (1866) des Dänen Johannes Carsten HAUCH. Zu der Arbeit des letzteren schrieb Ibsen: »*Daß das Sujet von Hauch behandelt ist, kann mich natürlich nicht abhalten, da ich sicher bin, daß meine Auffassung in allen Stücken von der seinen grundverschieden sein wird. Hauchs Dichtung beabsichtige ich aus diesem Grunde übrigens nicht zu lesen.*« – Ibsens Doppelschauspiel ist die künstlerisch bedeutsamste Auseinandersetzung mit der Gestalt Julians geblieben. Aber über dem Sujet scheint ein Fluch zu liegen: Auch Ibsen, der sonst einen Instinkt für Bühnenwirksamkeit hatte, gelang nur ein Lesedrama.   F.J.K.

AUSGABEN: Kopenhagen 1873. – Kopenhagen 1899 (in *Samlede Værker*, 10 Bde., 1898–1902, 5). – Oslo 1929 (in *Samlede verker. Hundreårsutgave*, 21 Bde., 1928–1957, 7). – Oslo 1962; ⁵1981 (in *Samlede verker*, 3 Bde., 2; Tb.). – Oslo 1978 (in *Samlede verker*, 7 Bde., 3).

ÜBERSETZUNGEN: *Kaiser u. Galliläer. Welthistorisches Schauspiel.* E. Brausewetter, Lpzg. o. J. [1888] (RUB). – *Kaiser u. Galiläer. Ein weltgeschichtliches Schauspiel in zwei Teilen,* P. Hermann, Bln. 1888. – Dass., ders. (in *SW*, Bd. 5, Bln. 1899).

LITERATUR: A. Garborg, *I.s »Kejser og Galilæer«. En kritik studie,* Kristiania 1873. – H. Zimpel, »*Kaiser und Galiläer«. Eine psychologische Studie* (in Nord und Süd, 103, 1902, S. 343–352). – R. Sokolowsky, *Ein neuer tragischer Held. Ein Beitrag zur Kenntnis der Weltanschauung H. I.s* (in Zs. f. Philosophie u. philos. Kritik, Halle 1904, S. 47–62). – R. Förster, *Kaiser Julian in der Dichtung alter und neuer Zeit* (in StvLg, 5, 1905, S. 1–120). – J. B. Meerkerke, *Om het deerde rijk. Eene studie over H. I.,* Rotterdam 1906. – F. Paasche, »*Kejser og Galilæer«* (in For kirke og Kultur, 1909, S. 521–527). – E. G. Moore, *I.'s »Emperor and Galilean« und Hauptmann's »Kaiser Karl's Geisel«* (in Nebraska Univ. Studies, 10, 1910, S. 243–259). – G. Knoller, *Welt- und Lebensanschauung in I.s »Kaiser und Galiläer«* (in Jeschurun, Bln., 1916, S. 95–107). – W. Kroll, *I.s Juliandrama* (in PJb, 1919, S. 34–46). – F. Voigt, *Die Entstehung von I.s »Kaiser und Galiläer«* (in *Satura Viadrina altera,* Breslau 1921, S. 54–64). – A. Steffen, *Julian ›den frafaldne‹ og de ›kristelige‹ kynikere* (in Vidar, 1925, S. 3–14). – A. L. Constandse, *H. I. en het derde Rijk,* Den Haag 1927. – P.-G. la Chesnais, *I. et Julien l'Apostat* (in MdF, 15. 3. 1928, S. 513–542). – H. Wagenvoort, *I.s »Keizer en galliläer«* (in Stemmen de Tijds, 2, 1931, S 643–671). – P. Svendsen, *Om I.s kilder til »Kejser og Galilæer«* (in Edda, 1933, S. 198–256). – P.-G. la Chesnais, *Les sources historiques de »Empereur et Galiléen«* (ebd., 1937, S. 533–564). – Ders., *L'historicité de »Empereur et Galiléen«* (ebd., 1938, S. 542–574). – P. Svendsen, *Det tredje rige* (in P. S., *Gullaldersdrøm og utviklingstro,* Diss. Oslo 1940, S. 471–508). – J. Hohlenberg, *Kejser eller Galilæer?* (in Samtiden, 53, 1942, S. 50–60). – A. Strømme, *I.s tredje rike,* Oslo 1950. – O. Koppang, *Kallstanken i »Kejser og Ga-*

lilæer« (in Ibsenårbok, 1952, S. 17–25). – C. Hage,
H. I.: »Kejser og Galilæer« (ebd., 1953, S. 43–56). –
J. Jansen, *De første oppførelser af »Kejser og Galilæer«*
(ebd., 1955/56, S. 176–181). – H. Koht, *Korleis
»Kejser og Galilæer« vart skriven* (ebd., S. 114–125).
– B. M. Kinck, *I. og historien i »Kejser og Galilæer«*
(in Samtiden, 65, 1956, S. 297–309). – E. Øfsdahl,
Det tredje Rige (in Vinduet, 10, 1956,
S. 139–145). – P. Svendsen, *»Kejser og Galilæer«* (in
Edda, 56, 1956, S. 338–350). – J. Torgersen, *Juli-
ans død. Kallstanken hos I.* (in Vinduet, 10, 1956,
S. 146–154). – S. Eitrem, *Keiser Julian og den mis-
lykte renessanse* (in Samtiden, 66, 1957, S. 41–48).
– J. C. Pearce, *Hegelian Ideas in Three Tragedies
by I.* (in Scandinavian Studies, 34, 1962,
S. 245–257). – G. Ramm, *H. I.s realisme i »Kejser
og Galilæer«* (in *Et festskrift fra studentene til professor Daniel Haakonsen på 50-årsdagen*, Oslo 1967). –
D. Skipenes, *Ironi og virkelighetsstruktur i »Kejser
og Galilæer«* (in Ibsenårbok 1977, S. 90–106). –
E. A. Wyller, *Platonisme og kristendom i I.s »Keiser
og Galilæer«* (in *Dikt og idé. Festskrift til Ole Koppang*, Hg. S. Dahl, Oslo 1981, S. 205–218). –
P. Normann Waage, *H. I. und Kaiser Julian der Abtrünnige* (in Individualität – Europäische Viertel-
jahresschrift, 5, 1986, H. 9, S. 3–28).

KJÆRLIGHEDENS KOMEDIE

(norw.; *Die Komödie der Liebe*). Komödie in drei
Akten von Henrik IBSEN, Uraufführung: Kristi-
ania, 24. 11. 1873, Christiania Theater; deutsche
Erstaufführung: Berlin, 18. 10. 1896, Belle-Alli-
ance-Theater. – Bei einem Gartenfest im Haus der
Witwe Halm verlobt sich überraschend einer ihrer
Zimmerherren, der Theologiestudent Lind, mit
Anna, einer ihrer beiden Töchter. Auch zwischen
ihrem anderen Untermieter, dem jungen Dichter
Falk, und Annas Schwester Svanhild bahnt sich eine Romanze an. Doch die beiden Liebenden sind
von dem banalen Getue um Verlobungen und
Ehen und von dem Tantengeschwätz angewidert.
Kontrastreich sind Falk und Svanhild von drei Paaren umgeben, die das *sic transit gloria amoris* demonstrieren: Zwischen Lind und Anna drängt sich
die penetrante Fürsorglichkeit der Verwandten –
Falk: *»Da schlachten sie der Liebe Poesie!«*; Fräulein
Skjære (Elster) und ihr Aktuar sind Dauerverlobte,
deren Liebe im Grunde schon erkaltet ist; und
schließlich erscheint als krasseste Karikatur die Pastorsfamilie Straamand (Strohmann) mit ihren
zwölf Töchtern – am Schluß des Dramas bekennt
der Pastor, daß bereits ein dreizehnter kleiner
Strohmann unterwegs sei. Aus dem hoffnungsvol-
len, genialischen jungen Mann ist ein moralisieren-
der Spießer geworden, der sich seiner früheren begeisterten Schwärmereien schämt, und seine Frau,
ehemals ein begabtes und ungewöhnlich schönes
Mädchen, ist jetzt ein verbrauchtes, stupides Weib.
Mit beißendem Spott attackiert Falk diese Philister, und es kommt zum Zerwürfnis. Svanhild, in
ihrer seelischen Größe über das Alltägliche erha-

ben, ist bereit, ihm zu folgen. Aber Falk, dessen
Künstleregoismus ihn hindert, eine feste Bindung
einzugehen, schlägt ihr vor, in freier Liebe diesen
einen Sommer zusammen zu verbringen, damit sie
seiner Dichtung den Höhenschwung verleihe.
Nach einem Gespräch mit dem verständnisvollen,
väterlichen Großhändler Guldstad – die einzige
Person der »Gesellschaft«, die Ibsen sympathisch
gezeichnet hat – verzichten schließlich Falk und
Svanhild aufeinander, weil sie fürchten, auch ihre
Liebe werde einst dahinwelken. Falk zieht mit einer
Gruppe singender Studenten fort in die Freiheit
der Berge, das Mädchen aber wird Guldstad heiraten, der ihr zwar nicht den Liebesrausch der Jugend
bieten kann, dafür aber ein gesichertes Leben in
Freundschaft und gegenseitiger Achtung.
Schon bald nach seiner Heirat mit Suzannah Tho-
resen 1858 faßte Ibsen den Plan zu seiner *Komödie
der Liebe*. Den Namen Svanhild hat der Dichter aus
der *Vǫlsunga saga* übernommen: Dort muß die unschuldige junge Frau ein grauenvolles Los erleiden,
weil sich ihre Sippe vergangen hat. Auch Ibsens
Svanhild ist eine Walkürennatur; für sie stand, wie
schon für die Hjørdis in *Hærmændene paa Helgeland* (1858), seine junge Gattin Modell, einer der
wenigen Menschen, der nach des Dichters Worten
das Stück begriff. Der *»Selbstbefreiungsdrang«*, der
seit seiner Verehelichung in ihm erwacht war, fand,
wie er selbst bezeugt hat, erst in *Kjærlighedens Komedie* seinen vollen Ausdruck. – Die witzige und
geistreiche Komödie – freilich eher eine Tragikomödie – ist in geschliffenen fünffüßigen Jamben
abgefaßt. Die Gespräche wirken vor allem dadurch
sehr lebendig, daß jede der Personen (die schon
durch die Namen treffend gekennzeichnet sind)
den nach Stand und Mentalität angemessenen
Wortschatz benutzt.
Für die Thematik des Werks dürften zwei Autoren
von maßgeblicher Bedeutung gewesen sein: Camilla COLLETT, die erste norwegische Schriftstellerin der Frauenemanzipation, die in ihrem Roman
Amtmanndens Døttre, 1855 *(Die Amtmannstöch-
ter)*, die konventionelle Heirat zugunsten der Liebesheirat verwarf, und der dänische Philosoph Søren KIERKEGAARD. Obwohl es zweifelhaft ist, ob
Ibsen zu dieser Zeit Kierkegaards Werke aus eigener Lektüre schon gekannt hat, fällt die Ähnlichkeit
der Gedankengänge auf. So stellt Falk den im Au-
genblicksgenuß verharrenden Ästhetiker dar, während Svanhild schon eine höhere ethische Entwicklungsstufe erreicht hat und in der Liebe »alles oder
nichts« fordert. Kein Werk Ibsens, außer vielleicht
Brand, ist so sehr im Kierkegaardschen Geist geschrieben. – Zum erstenmal erscheint hier auch das
Problem der »Lebenslüge«, ein zentrales Thema im
späteren Schaffen des Dramatikers. Die Angriffe
auf die geltenden Vorstellungen der Gesellschaft
(auch von deren »Stützen«, hier Pastor und Aktuar,
ist schon die Rede) lösten heftige Kontroversen aus
– das Stück wurde als »unsittlich« und »unpoe-
tisch« verschrien – und trugen wesentlich dazu bei,
Ibsens Geltung zu schmälern und ihm die Heimat
auf lange zu verleiden.   F.J.K.

AUSGABEN: Kristiania 1862 (als *Illustreret Nyheds-blads Nytaarsgave for 1863*). – Kopenhagen 1898 (in *Samlede Værker*, 10 Bde., 1898–1902, 4). – Oslo 1930 (in *Samlede verker. Hundreårsutgave*, 21 Bde., 1928–1957, 4). – Oslo 1962; ⁵1981 (in *Samlede verker*, 3 Bde.; Tb.). – Oslo 1878 (in *Samlede verker*, 7 Bde., 1).

ÜBERSETZUNGEN: *Comödie der Liebe*, M. v. Borch, Bln. 1889 (Nordische Bibl., 5). – *Die Komödie der Liebe*, Ph. Schweitzer, Lpzg. o. J. [1890] (RUB). – *Komödie der Liebe*, M. v. Borch, Bln. 1897. – Dass., Chr. Morgenstern (in *SW*, Bd. 3, Bln. 1898). – Dass., ders. (in *Dramen*, Bd. 1, Mchn. ²1978).

LITERATUR: Ch. Møller, *Elskovskravet. En Sammenligning mellem Søren Kierkegaards »Gjentagelsen« og H. I.s »Kjærlighedens komedie«* (in Nordisk Tidskrift, N. S. 1, 1888, S. 293–324). – J. Bing, *»Kjærlighedens Komedie«* (in *Festskrift til W. Nygaard*, 1913, S. 106–119). – F. Ording, *H. I., »Kjærlighedens komedie«. Til introduktion*, Kristiania 1914. – H. Düwel, *Der Entwicklungsgedanke in Sören Kierkegaards »Entweder-Oder« und H. I.s »Komödie der Liebe«*, Diss. Rostock 1920. – F. Bull, *Fra »Hærmendene« over »Vidderne« til »Kjærlighedens Komedie«*, Oslo 1928. – A. Hoel, *»Kjærlighedens Komedies« forhold til samtidens litterære strømninger*, Oslo 1937. – E. Høst, *I.s lyriske dramaer* (in Edda, 41, 1941, S. 379–406). – Ø. Anker, *Omkring førsteopførelsen av »Kjærlighedens komedie«* (ebd., 61, 1961, S. 59–81). – J. R. Northam, *»Love's Comedy«* (in Scandinavica, 3, 1964, S. 17–34). – S. G. McLellan, *Tête-à-tête in a ménage à trois from »Love's Comedy«* (in *Contemporary Approaches to I.*, Bd. 5, Oslo 1985, S. 224–237).

KONGS-EMNERNE

(norw.; *Die Kronprätendenten*). Historisches Schauspiel in fünf Akten von Henrik IBSEN, Uraufführung: Kristiania, 17. 1. 1864, Christiania Theater; deutsche Erstaufführung: Meiningen, 30. 1. 1876, Hoftheater. – Håkon Håkonsson und der Jarl Skule, historische Gestalten aus der ersten Hälfte des 13. Jh.s, erheben Anspruch auf den norwegischen Thron. Skule, der lange Zeit Regent war, ist der mächtigste Mann im Reich, aber der viel jüngere Håkon gilt als nächster Verwandter des Königshauses und erhält die Krone. Er vermählt sich mit Skules Tochter, um sich der Gefolgschaft des Jarls zu versichern, und ernennt diesen sogar zum Herzog. Der selbstsichere, von seiner Berufung überzeugte Håkon vertraut auf Gottes Hilfe; alles gelingt ihm, der den *»großen Königsgedanken«* verwirklichen will, wie im Spiel. Dem unsicheren und grüblerischen Skule dagegen fehlt der Glaube an sich selbst. Bischof Nikolas, ein dämonischer Intrigant, schürt den alten Streit zwischen der Partei des Königs und der des Jarls und nährt in Skule den Verdacht, daß Håkon gar kein Königssohn sei. Als beim Bischof ein Brief eintrifft, aus dem hervorge-

hen könnte, welcher der beiden Rivalen den Thron zu Recht beansprucht, scheint sich eine Lösung anzubahnen. Aber der ehrgeizige Bischof vernichtet in seiner Todesstunde das entscheidende Dokument, ohne dessen Inhalt zu kennen: *»Keiner von Euch soll des andern Höhe seinem eigenen Wuchse zulegen; es gäbe einen Hünen hier im Lande, wenn das geschähe, und es soll hier keinen Hünen geben; denn ich war niemals ein Hüne.«* Skule fordert nun vom König, das Reich mit ihm zu teilen oder in der Regierung mit ihm zu alternieren; er könne nicht immer nur der zweite bleiben. Håkon aber weist diese Vorschläge entrüstet zurück, und Skule läßt sich daraufhin zum König ausrufen. Der alsbald ausbrechende, jahrelang dauernde Bürgerkrieg verheert das Land. Obwohl Skule zunächst siegreich kämpft, kann auch das Schlachtenglück sein Selbstvertrauen nicht stärken. Der Sorge um einen Nachfolger – sein Gegenspieler Håkon hat einen Sohn – ist Skule enthoben, als ihm eine frühere Jugendgeliebte seinen illegitimen Sohn bringt, von dessen Existenz er bisher nichts gewußt hat. Dieser glaubt mit ganzer Inbrunst an den Vater und schreckt in seiner grenzenlosen Hingabe nicht einmal vor einem Sakrileg zurück. Als Skule gar droht, das Königskind zu töten, um seinem Sohn das Erbe zu sichern, schwört Håkon dem Gegner den Tod. – Skules zögernde und unentschlossene Haltung verursacht schließlich die Niederlage seiner Anhänger und den Abfall der letzten Getreuen. Er selbst entkommt in das Kloster Elgeseter bei Nidaros, wohin das Königskind in Sicherheit gebracht wurde. Dort trifft der geschlagene Rebell seine Familie wieder und muß erkennen, daß er mit dem vermessenen Griff nach der Krone sein ganzes persönliches Glück preisgegeben hat. In der Einsicht, nur noch mit dem eigenen Leben sühnen zu können, entsagt er der Königswürde, verläßt Arm in Arm mit seinem Sohn das Kloster und läßt sich draußen widerstandslos niedermetzeln. Während in Nidaros die Friedensglocken läuten, schreitet Håkon über die Leiche seines Schwiegervaters hinweg, der *»Gottes Stiefkind auf Erden«* war. Die ersten Pläne zu dem Werk faßte Ibsen bereits 1858, aber erst seine Teilnahme an einem Sängerfest in Bergen im Juni 1863 und die dort erneuerte Freundschaft mit dem gefeierten BJØRNSON sowie die Bewilligung eines Stipendiums gaben den Anstoß zur Vollendung des Dramas. Den Stoff entnahm der Dichter der 1264/65 verfaßten *Hákonar saga Hákonarsonar* des Isländers STURLA Thordarson (Þórðarson, 1214–1284) und Peter Andreas MUNCHS Werk *Det norske Folks Historie*, 1851–1863 *(Geschichte des norwegischen Volkes)*. Der Gegensatz zwischen dem lichten Genie und dem düsteren Grübler, der an die Thematik von OEHLENSCHLÄGERS *Aladdin* (1805) erinnert, darf sicher als Anspielung auf den tiefen charakterlichen Unterschied zwischen Ibsen selbst und Bjørnson verstanden werden. Während der unproblematische Bjørnson mühelos und mit traumwandlerischer Sicherheit einen Sieg nach dem anderen errang und die Gunst des Publikums genoß, fand Ibsen trotz größter persönlicher Anstrengung lange kein Verständnis und wurde, zumal seit seinem letzten Werk, *Kjærlighedens Komedie*, gar als talentlos bezeichnet. Deshalb darf man wohl die Antwort des Skalden Jatgeir auf Skules Frage, wie er Dichter geworden sei, als Ibsens eigene betrachten: *»Ich empfing die Gabe des Leids, und da ward ich Skalde.«* Im Gegensatz zu *Hærmændene paa Helgeland* (1858) ist die Sprache in *Kongs-Emnerne* nicht mehr archaisierend und dem Sagastil nachempfunden. Das Vorbild für den weiträumigen dramatischen Aufbau – häufiger Szenenwechsel, Massenauftritte, große zeitliche und örtliche Distanz zwischen den Akten, Anzahl der handelnden Personen –, aber auch für die Charakterzeichnung (vor allem von Bischof Nikolas) war offenbar SHAKESPEARE, dessen Größe Ibsen in der Tat in einigen Szenen erreicht. Die opferbereiten und entsagungsvollen Frauengestalten bleiben im Hintergrund; um so wirkungsvoller treten sie an den Wendepunkten des Dramas in Erscheinung. – *Kongs-Emnerne* ist Ibsens letztes nationalhistorisches Schauspiel und das vollendetste Werk seiner ersten Schaffensperiode, das ihm endlich auch den ersehnten Erfolg brachte. Der Kontrast zu der gängigen, epigonalen und meist an Oehlenschläger orientierten historischen Dramatik wird aus dem Vergleich mit *Hertug Skule (Herzog Skule)* von Andreas MUNCH deutlich, das den gleichen Stoff behandelt und im gleichen Jahr zur Aufführung gelangte, jedoch schon bald von Ibsens Schauspiel verdrängt wurde.   F.J.K.

AUSGABEN: Kristiania 1864. – Kopenhagen 1870 [2., endgültige Ausg.]. – Kopenhagen 1898 (in *Samlede Værker*, 10 Bde., 1898–1902, 2). – Oslo 1928 (in *Samlede verker. Hundreårsutgave*, 21 Bde., 1928–1957, 5). – Oslo 1962; ⁵1981 (in *Samlede verker*, 3 Bde., 1; Tb.). – Oslo 1978 (in *Samlede verker*, 7 Bde., 2).

ÜBERSETZUNGEN: *Die Kronprätendenten*, A. Strodtmann, Bln. 1872 (Nordische Bibl., 4). – Dass., M. v. Borch, Lpzg. o. J. [1887] (RUB). – Dass., A. Strodtmann (in *SW*, Bd. 3, Bln. 1898).

LITERATUR: W. H. Vogt, *»Hákonar saga«* – *»Kongsemnerne«* (in Edda, 21/22, 1924, S. 113 bis 154; 300–325). – Aa. Knudsen, *Om »Kongsemnerne« af H. I. Fortolkning og Noter*, Kopenhagen 1931. – K. I. Osnes, *H. I.:»Kongsemnerne«. Studier til en tolkning*, Oslo 1935. – S. Lazarsfeld, *Jarl Skules Weg zu Gott. I.s »Kronprätendenten«* (in Zs. f. Individualpsychologie, 14, 1936, S. 176–191). – H. Wexelsen Freihow, *I.-studium um »Kongsemnerne«*, Oslo 1951. – Aa. Foss Abrahamsen, *Historiske skikkelser i H. I.s »Kongsemnerne«*, Oslo 1956. – J. C. Pearce, *Hegelian Ideas in Three Tragedies by I.* (in Scandinavian Studies, 34, 1962, S. 245–257). – R. Rudler, *I.s iscenesettelse av »Kongs-Emnerne«* (in Edda, 65, 1965, S. 165–192). – E. Bråstad, *I.s Bisp Nikolas på historisk og litterær bakgrunn* (in Ibsenår-

bok 1967, S. 140–203). – B. Hemmer, *»Brand«* – *»Kongsemnerne«* – *»Peer Gynt«. En studie i I.s romantiske diktning*, Oslo 1972, S. 91–108. – A. Kittang, *»The Pretenders«. Historical Vision or Psychological Tragedy?* (in *Contemporary Approaches to I.*, Bd. 3, Oslo 1977, S. 78–88). – F. u. L.-L. Marker, *Edward Gordon Craig and »The Pretenders«. A Production Revisited*, Carbondale/Ill. 1981. – E. Østerud, *Nasjonens skald eller varemarkedets frie dikter? »Kongsemnerne« som bilde på et skifte i H. I.s samfunnsmessige situasjon og selvforståelse* (in Norskrift, 1983, Nr. 40, S. 1–42).

LILLE EYOLF

(norw.; *Klein Eyolf*). Schauspiel in drei Akten von Henrik IBSEN, Uraufführung: London, 3. 12. 1894, Haymarket Theatre; deutsche Erstaufführung: Berlin, 12. 1. 1895, Deutsches Theater; norwegische Erstaufführung: Kristiania, 15. 1. 1895, Christiania Theater. – Der frühere Lehrer Alfred Allmers, eine introvertierte, grüblerische Natur, insgeheim noch auf das vergangene stille Zusammensein mit seiner Stiefschwester Asta fixiert, hat mit seiner berückend schönen und reichen Frau Rita einen Sohn, Eyolf, der durch die Unachtsamkeit seiner Eltern zum Krüppel geworden ist. Zu Beginn des Dramas hat Alfred auf einer mehrwöchigen einsamen Wanderung den Entschluß gefaßt, sein selbstgenügsames Studierkammer-Dasein aufzugeben und, statt an seinem gelehrten Lebenswerk, einem Buch »über die menschliche Verantwortung«, weiterzuschreiben, sich ganz seinem kleinen Sohn zu widmen: *»Ich will mit allen Kräften versuchen, ihm das Unabänderliche so lind und leicht zu machen wie möglich ...«* Dieser Absicht widersetzt sich entschieden seine von leidenschaftlicher Sinnlichkeit umgetriebene Frau, die auf einer uneingeschränkten Befriedigung ihres Besitz- und Sexualtriebs besteht: *»Ich will dich ganz und gar besitzen! Für mich allein! So wie ich dich besessen habe in der ersten wunderschönen, entzückenden Zeit.«* In ihrer Verzweiflung wünscht sie fast, Eyolf nie geboren zu haben. Für die Schuld der Eltern und ihr gequältes, widerspruchsvolles Verhältnis steht allegorisch die Gestalt der »Rattenmamsell«, die ins Haus kommt und fragt, ob es dort »*etwas Nagendes*« gebe. Unbemerkt folgt ihr Eyolf und ertrinkt in der nahe gelegenen See. In dumpfer Gewissensqual flieht Allmers seine Frau: *»Wie ein verzehrendes Feuer war unsere Liebe. Jetzt muß sie erloschen sein!«* Im Vertrauen auf die »reinere«, beständigere Geschwisterliebe sucht er Zuflucht bei Asta. Als sich jedoch herausstellt, daß die beiden gar keine Halbgeschwister sind, entsagt Asta dem vermeintlichen Stiefbruder und reist zusammen mit dem Ingenieur Borgheim ab, der schon lange still um sie geworben hatte. Alfred aber wendet sich wieder seiner Frau zu – *»Hier auf die Erde gehören wir Lebenden heim«* –, und beide erfahren an sich, erschüttert und zur Selbstbesinnung gezwungen durch den schweren Schicksalsschlag, den Prozeß seelischer Reifung, das »*Gesetz der Wandlung*«. Vereint wollen sie ihre Schuld am Unglück Eyolfs durch opferbereites Handeln für die Gemeinschaft sühnen. Ihre Idee, ein Kinderasyl zu gründen, deutet auf ihre entscheidende Wandlung vom selbstsüchtig sinnlichen Begehren (Rita) und von egoistischer Strebsamkeit (Alfred) zu geläuterter, selbstloser Liebe.

Das Stück ist gekennzeichnet von der für das Spätwerk des Dichters typischen Beschränkung auf wenige handlungstragende Personen und einen prägnanten Dialog, in dem die Gestalten Plastizität gewinnen. Symbolische Elemente (wie etwa die »Rattenmamsell«) greifen tief in das Geschehen ein, aber nicht als *dei ex machina*, sondern als Verkörperungen uneingestandener psychischer Regungen. Durch seinen betont versöhnlichen Schlußakkord fällt dieses Schauspiel freilich aus dem Rahmen von Ibsens späten Schöpfungen: Der gefürchtete Seelenanalytiker, der mit quälerischer Minuziosität die geheimsten inneren Regungen aufspürt, hat sich hier zu einem Schluß bekannt, der geradezu optimistisch ist, so daß man dem Stück die Goethe-Worte »*Alle menschlichen Gebrechen sühnet reine Menschlichkeit*« als Motto unterlegen möchte. F.J.K.

AUSGABEN: Kopenhagen 1894. – Kopenhagen 1900 (in *Samlede Værker*, 10 Bde., 1898–1902, 9). – Oslo 1935 (in *Samlede verker. Hundreårsutgave*, 21 Bde., 1928–1957, 12). – Oslo 1962; ⁵1981 (in *Samlede verker*, 3 Bde., 3; Tb.). – Oslo 1978 (in *Samlede verker*, 7 Bde., 6).

ÜBERSETZUNGEN: *Klein Eyolf*, H. Ibsen, Bln. 1895. – Dass., E. Klingenfeld (in *SW*, Hg. J. Elias, Bd. 9, Bln. 1899). – Dass., dies. (in *Dramen*, Bd. 2, Mchn. ²1978).

LITERATUR: I. Nissen, *Hemmeligholdelsens forbannelse. I.s »Lille Eyolf« individualpsykologisk belyst* (in Samtiden, 1932, S. 229–244). – J. Vevstad, *Av »Lille Eyolfs« saga. Et 50 års minne*, Oslo 1944. – G. B. Shaw, *»Little Eyolf«* (in G. B. S., *Plays and Players. Essays on the Theatre*, Oxford 1952, S. 124–133). – S. Arestad, *»Little Eyolf« and Human Responsibility* (in Scandinavian Studies, 32, 1960, S. 140–152). – P. Simonsen, *Om »Hedda Gabler«, »Lille Eyolf« og Lord Byron* (in Edda, 62, 1962, S. 176–184). – A. Aarseth, *Holdning og struktur i »Lille Eyolf«* (ebd., 66, 1966, S. 260 bis 269). – K. Ericsson, *Lille Eyolf og familiemyten* (in Samtiden, 81, 1972, S. 8–19). – A. Røed, *The Crutch is Floating* (in Ibsenårbok 1974, S. 64–88). – M. S. Barranger, *I.s »Little Eyolf« and Modern Tragicomedy* (in Quarterly Journal of Speech, 21, 1978, S. 393–403). – B. Jacobs, *I.s Little Eyolf: Family Tragedy and Human Responsibility* (in MD, 27, 1984, S. 604–615). – D. Russell Davies u. D. Thomas, *Liberation and Entrapment in »Little Eyolf«* (in *Contemporary Approaches to I.*, Bd. 5, Oslo 1985, S. 48–57).

NÅR VI DØDE VÅGNER. En dramatisk epilog

(norw.; *Wenn wir Toten erwachen. Ein dramatischer Epilog*). Trauerspiel in drei Akten von Henrik IBSEN, Uraufführung: London, 16. 12. 1899, Haymarket Theatre; deutsche Erstaufführung: Stuttgart, 26. 1. 1900, Hoftheater; norwegische Erstaufführung: 6. 2. 1900. – In Ibsens letztem Schauspiel vereinigen sich viele der Problemkonstellationen seiner späten Werke zu einem »Epilog« von bedrückender Symbolhaftigkeit. Das konzentrierte und vieldeutige Stück ist zugleich das persönlichste, von ironischer Resignation geprägte Bekenntnis des Dichters.

Die Szene ist ein Kurort an der norwegischen Küste, wo der berühmte Bildhauer Arnold Rubek gemeinsam mit seiner jungen Frau Maja einige Ferientage verbringt. Beider Beziehung zueinander ist, von Überdruß und Verständnislosigkeit ausgehöhlt, nur noch im konventionellsten Sinn eine Ehe zu nennen. Der latente Konflikt entwickelt sich zur offenen Krise, als zwei weitere Gestalten auftreten und den analytischen Prozeß in Gang setzen, den der Dichter hier wiederum (vgl. vor allem *Gengangere, John Gabriel Borkman* und *Lille Eyolf*) aus den Tiefen einer längst überwunden geglaubten Vergangenheit dialogisch entfaltet und der zum Bewegungselement der katastrophalen Entwicklung wird. Rubek trifft im Kurpark die von Irrsinn gezeichnete, aus der Heilanstalt entlassene Irene wieder. In ihrer Jugend ein Geschöpf von großer Schönheit, war sie einst sein Modell für die Plastik »Auferstehungstag«, die seinen weltweiten Ruhm begründet hatte. Irenes Liebe zerbrach, ihr Geist verwirrte sich, sie »starb«, wie sie selbst sagt, weil sie hatte erkennen müssen, daß sein Sinn allein dem Werk zugewandt war, er den Reiz ihrer Körperlichkeit nur bewunderte, weil er das Wesen der »Auferstehung« darin gesehen hatte. Aber auch Rubek ist an seinem eigenen vermessenen Anspruch, ausschließlich der Verwirklichung seiner künstlerischen Existenz leben zu wollen, zugrunde gegangen. In der Begegnung mit Irene spürt er, der, seit das große Werk vollendet ist, unter dem Verfall seiner schöpferischen Kräfte leidet, daß er ebenfalls zu den »Toten« gehört: »*Wenn wir Toten erwachen*«, sagt Irene, »*sehen wir, daß wir niemals gelebt haben.*« Es ist jenes Leben, dessen unwiederbringlicher Verlust hier beklagt wird, das Maja herbeisehnt, als sie die Avancen des »Bärentöters« und Gutsbesitzers Ulfheim erwidert. Von seiner grobschlächtigen und aggressiven Männlichkeit zugleich abgestoßen und fasziniert, verabredet sie sich mit ihm zu einem Jagdausflug ins Gebirge. Gleichzeitig beschließen Rubek und Irene, im Überschwang ihres neu entflammten Gefühls, »*empor zum Licht und zu all der strahlenden Herrlichkeit*« zu wandern, »*den Berg der Verheißung*« zu besteigen. Dort, in der zerklüfteten Wildnis des Hochgebirges, erfüllt sich das Schicksal der beiden ungleichen Paare. Während Maja gemeinsam mit Ulfheim, dessen Hoffnungen auf ein Abenteuer an ihrem nüchternen Sinn gescheitert sind, den Abstieg beginnt, begegnen ihnen noch einmal Rubek und Irene. Ungeachtet eines drohenden Unwetters wollen die beiden den Gipfel erreichen und werden von einer plötzlich niedergehenden Lawine in die Tiefe gerissen.

Zweifellos hat Ibsen mit diesem Schauspiel ein Meisterwerk »analytischer« Dramatik geschaffen, aber zugleich die Grenzen dieser Gattung erreicht und überschritten. Die äußere Handlung ist auf ein Minimum reduziert, der Dialog dient fast ausschließlich dazu, die aus der Erinnerung der ganz retrospektiv angelegten Hauptgestalten erwachsenden Erkenntnisse zu vermitteln. Die Vielfalt der angedeuteten Probleme (Leben und Kunst, Tod und Wiederkunft, Versündigung und Erlösung, Selbsttäuschung und Selbsterkenntnis), die hier symbolisch überhöhte Gestalt gewinnen (im Kunstwerk, in den Naturgewalten, im Sonnenglanz, im Berggipfel), bewirkt andererseits, daß die dramatischen Personen zu reliefartigen Bedeutungsträgern verflachen. So verlieren sie, die aus dem Schatten ihrer Vergangenheit ans Licht treten, am Ende gerade jene Dimension der Geschichtlichkeit, die doch als einzige Voraussetzung ihrer Existenz erscheint. Sie alle vereinigen sich zur Stimme des Dichters, der hier, wie Thomas MANN gesagt hat, »*die schaurige Beichte des Werkmenschen, der bereut, die späte, zu späte Liebeserklärung an das Leben*« abgelegt hat.   KLL

AUSGABEN: Kopenhagen/Bln. 1899. – Kopenhagen 1902 (in *Samlede Værker*, 10 Bde., 1898–1902, 10). – Oslo 1936 (in *Samlede verker. Hundreårsutgave*, 21 Bde., 1928–1957, 13). – Oslo 1962; ⁵1981 (in *Samlede verker*, 3 Bde., 3; Tb.). – Oslo 1978 (in *Samlede verker*, 7 Bde., 6).

ÜBERSETZUNGEN: *Wenn wir Toten erwachen*, E. Klingenfeld, Bln. 1900. – Dass., dies. (in *SW*, Bd. 9, Bln. 1899). – Dass., H. E. Gerlach, Stg. 1965 (RUB). – Dass., u. Mitarb. v. Chr. Morgenstern (in *Dramen*, Bd. 2, Mchn. ²1978).

VERFILMUNGEN: *Kogda my, mërtvye, voskresnëm?*, Rußland 1918 (Regie: J. Poselskij). – Norwegen 1973 (TV; Regie: P. Bronken).

LITERATUR: H. Lichtenberger, »*Quand nous réveillons de la mort*«, Bordeaux 1901. – K. Falke, »*Wenn wir Toten erwachen*«, Zürich 1908. – K. Andersen, »*Naar vi døde vaagner*« (in Kirke og kultur, 1921, S. 123–145). – R. C. Boer, *De poëtische motieven i I.'s epiloog* (in Onze Eeuw, 1923, 2, S. 145–183). – N. C. Brøgger, »*Når vi døde vågner*«. *Kunsten og livet* (in N. C. B., *Det moderne mennesket og andre essays*, Oslo 1937, S. 76–106). – H. Anker, »*Når vi døde vågner*«. *I.s dramatiske epilog* (in Edda, 56, 1956, S. 178–220). – S. Arestad, »*When We Dead Awaken*« *Reconsidered* (in Scandinavian Studies, 30, 1958, S. 117 ff.). – J. Joyce, »*When We Dead Awaken*« (in *Discussions of H. I.*, Hg. J. W. McFarlane, Boston 1962, S. 61–65). – E. Østerud, »*Når*

vi døde vågner« *på mytologisk bakgrunn* (in Ibsenårbok 1963/64, S. 72–97). – Th. Mann, *I. u. Wagner* (in Th. M., *Reden u. Aufsätze I*, Ffm. 1965, S. 152–155). – Y. Ustvedt, *Professor Rubek og H. I.* (in Edda, 67, 1967, S. 272–287). – P. Fraenkl, *Tabu og drama i* »*Når vi døde vågner*« (in Nordisk tidskrift, 43, 1967, S. 340–363). – G. Hovde Gvåle, *H. I.s* »*Når vi døde vågner*«. *En epilog til eit livsverk* (in Ibsenårbok 1968/69, S. 22–38). – A. Aarseth, »*Når vi døde vågner*« – *myte og symbolikk* (in *I. på festspillscenen*, Hg. H. Noreng, Bergen 1969, S. 65–78). – E. Beyer, »*When we dead awaken*« (in *Contemporary Approaches to I.*, Bd. 2, Oslo 1971, S. 26–41). – S. Grabowski, *Livets kunstverk* (in Samtiden, 81, 1972, S. 20–30). – M. S. Barranger, *I.s Endgame: A Reconsideration of* »*When we dead awaken*« (in MD, 17, 1974, S. 289–299). – D. Thomas, *All the Glory of the World: Reality and Myth in* »*When we Dead Awaken*« (in Scandinavica, 18, 1979, S. 1–19). – J. E. Bellqvist, *I.s* »*Brand*« *and* »*Når vi døde vågner*«: *Tragedy, Romanticism, Apocalypse* (in Scandinavian Studies, 55, 1983, S. 344–370). – G. Rosholm, »*Når vi døde vågner*«. *En analys*, Stockholm 1987. – H. Detering, *Allegorisierung u. Modernität in I.s* »*Når vi døde vågner*« (in Skandinavistik, 19, 1989, S. 1–19).

PEER GYNT

(norw.; *Peer Gynt*). Versdrama in fünf Akten von Henrik IBSEN, Uraufführung: Kristiania, 24. 2. 1876, Christiania Theater; deutschsprachige Erstaufführung: Wien, 9./10. 5. 1902, Deutsches Volkstheater. – Mit dem Ausruf »*Peer, du lügst!*« beginnt das Drama, und Peer Gynts Mutter Aase bezeichnet damit unmittelbar die Kategorie des Phantastischen, die das Stück inhaltlich und formal kennzeichnet. Der Charakter Peers, dem Phantasie alles und Wirklichkeit wenig bedeutet, wird bereits in dieser ersten Szene voll umrissen, wenn er – in einer hinreißenden Schilderung – seiner Mutter die Lügengeschichte von einer Bocksjagd im Hochgebirge auftischt. Peer, als Herumtreiber und Geschichtenerzähler allenthalben bekannt, hätte den wegen der Trunksucht des Vaters verkommenen Hof durch die Heirat mit der reichen Bauerntochter Ingrid retten können; doch diese soll nun einen Tölpel heiraten. Peer eilt zur Hochzeit, wo er, »der Prahlhans«, jedoch wenig willkommen ist. Nur die Häuslerstochter Solvejg möchte mit ihm tanzen; doch selbst ihre am Rand der Gesellschaft lebenden Eltern verweigern wegen Peers schlechtem Ruf die Erlaubnis dazu. Der Abgewiesene rächt sich für die allgemeine Ablehnung, indem er die Braut Ingrid ins Hochgebirge entführt, sie jedoch schon nach einer Nacht wieder von sich weist. Nur eine Frau, Solvejg, bleibt ihm unauslöschlich im Sinn.

Peer gerät nun, auf der Flucht sich immer mehr »versteigend«, in den dämonisch-mythischen Bereich des »Dovre-Alten« und wird, nach einem erotischen Intermezzo mit drei Sennerinnen, von dessen Tochter, der »Grüngekleideten«, ins Reich der

Trolle verlockt, wo er als ihr Mann dem mythischen Alten auf dem Thron folgen soll. Peer wehrt sich gegen Verführung und Gewalt; die Szene gipfelt, als er zu erliegen droht, in seinem Aufschrei: *»Hilf, Mutter, ich sterbe!«* Glockengeläute beendet den Spuk; *»die Halle stürzt ein«.* Doch Peer sieht sich sogleich wieder den Kräften des unfaßlich magisch-mythischen Bereichs ausgesetzt: Er ringt mit dem »Großen Krummen«, *»der tot ist ... der lebt«.* Erneut bricht fernes Glockengeläut den magischen Bann, und Peer erwacht vor der Sennhütte seiner Mutter, wo er Solvejg trifft. Diese findet im dritten Akt auch den Weg zu Peers Waldhütte. Sein Schicksal scheint sich für Augenblicke durch Solvejg, sein »Königskind«, die »Holde«, die »Reine«, zu wenden, doch da wird er erneut mit der dämonischen Trollwelt konfrontiert. Die Tochter des Dovre-Alten bringt ihm in der Gestalt eines alten Weibes die angebliche Frucht seiner Verbindung mit ihr, einen häßlichen Jungen mit Trollfratze. Damit ist sein *»Königspalast in Scherben«.* Er verläßt Solvejg, die auf ihn warten wird, und erscheint am Sterbebett seiner Mutter, der er durch Phantasie und Imagination den Abschied leichtmacht.

Der vierte Akt spielt viele Jahre später an der Küste von Marokko. Peer ist in Gesellschaft von Master Cotton, Monsieur Ballon und der Herren von Eberkopf und Trumpeterstråle, alle offensichtlich nationale Karikaturen im Bannkreis des Norwegers Peer, der es am schlimmsten treibt. Durch Sklavenhandel und Verkauf von Götterbildern nach China reich geworden, will er nun als *»Weltbürger von Gemüt«* mit Hilfe seines Geldes Kaiser werden, *»in aller Welt«,* um *»das Gyntsche Ich, – das ist das Heer / von Wünschen, Lüsten und Begehr, / ... von Forderungen, Phantasien«* zu realisieren. Von den Insassen des Irrenhauses zu Kairo wird er schließlich zum Kaiser der Selbstsucht gekrönt. Damit endet die orientalische Episode Peers, nachdem er in der Begegnung mit Anitra, der Häuptlingstochter eines Wüstenstamms, zuvor den erotischen Höhepunkt seines Daseins erlebt hat. Anitra tanzt vor dem als Propheten verehrten Peer, und dieser paraphrasiert halb ironisch, halb ernst den Schluß von *Faust II: »Das ewig Weibliche zieht uns an!«* – Im fünften Akt kehrt Peer nach vielen Jahren als alter Mann an Bord eines Schiffs in seine norwegische Heimat zurück. Skrupellos stößt er nach einer Havarie den Koch von der Planke des gekenterten Bootes und rettet damit vorläufig auch seinen eigenen »Leichnam«, den ein unheimlicher »fremder Passagier« noch an Bord des Schiffs von ihm gefordert hatte. Peer Gynt wandert nun zu den Stätten seiner Jugend und erkennt schließlich beim Zerpflücken einer Zwiebel, daß, wie Georg LUKÁCS es formuliert, *»sein Leben aus lauter Schalen ohne Kern besteht, daß er eine Reihe von Episoden erlebt hat, ohne einen Charakter zu haben«,* und er weiß nun beim Klang von Solvejgs Stimme: *»Hier war mein Kaisertum!«* Noch einmal begegnen ihm mythische Gestalten, »die Knäuel«, die ihn fesseln wollen, »der Knopfgießer«, der ihn umgießen möchte, der »Dovre-Alte« und schließlich »der Magere« (Perso-

nifikationen des Teufels?), dem er sein Sünderleben erzählt und der seine Seele verschmäht, weil ihm dieses Leben zu gering erscheint. – In der letzten Szene tritt Peer als Sünder vor Solvejg und erlangt von ihr Verzeihung. Beim Aufgehen der Sonne verbirgt er *»das Angesicht in ihren Schoß«.* Solvejg, *»Mutter, Weib; Magd ohne Schuld und Fehle«,* singt ihm ein Wiegenlied, das die Forderung des »Knopfgießers« übertönt.

Ibsens *Peer Gynt* entstand in wenigen Monaten des Jahres 1867 in Italien. Die ersten, vor allem skandinavischen Kritiken befaßten sich hauptsächlich mit der Tatsache, daß sich in Peer Gynt der norwegische Nationalcharakter, *»Eigenliebe, Engstirnigkeit und Selbstzufriedenheit«,* widerspiegeln sollte, und daß die Motivik teils der norwegischen Folklore, vor allem ASBJØRNSENS und MOES *Folkeeventyr (Volksmärchen),* entnommen war, teils aber auch durchaus aktuelle, reale politisch-soziale Verhältnisse von Ibsens und Peers Vaterland ironisch-allegorisch reflektierte. Von diesen einseitigen Voraussetzungen ausgehend, bemängelte man die vermeintliche Poesielosigkeit des Werks und dessen *»Gedankenschwindelei«* (C. Petersen), wogegen sich Ibsen scharf zur Wehr setzte: *Mein Buch ist Poesie; und ist es keine, dann soll es Poesie werden. Der Begriff Poesie wird sich schon dem Buche noch anpassen.«* Georg BRANDES, Ibsens späterer Herold, vermißte noch im Bann einer traditionellen Ästhetik, *»Schönheit und Wahrheit«,* und selbst Edvard Grieg, der für die Uraufführung seine bekannte Bühnenmusik schuf, äußerte sich BJØRNSON gegenüber skeptisch. H. C. ANDERSEN gar hielt das Stück für das *»Schlimmste, was er gelesen hatte«.*

Es dauerte längere Zeit, bis man die weit in die Zukunft weisende Kunst des Dramas erkannte, das in vielen Punkten bereits Symbolismus, Expressionismus, Surrealismus, ja sogar episches und absurdes Theater vorwegnimmt und tiefenpsychologisch über FREUD hinausweist. Als man schließlich die nationalen Voraussetzungen als zweitrangig betrachtete, war der Blick frei auf Peer Gynt als einen *»Typus der Menschheit, aber an einer norwegischen Gestalt gezeigt«* (Hermann Bahr). Peer wurde so, als Typus des negativen Helden, des Phantasten und Illusionisten, ein Vorbild für das ganze moderne Theater. Die Neigung zur Phantastik macht ihn zu einer der vielen Künstlergestalten Ibsens, und seine Lügengeschichten sind nichts als die Äußerungen eines verkappten Dichters. Den episodischen Lebensstil seines Helden hat Ibsen dem formalen Aufbau seines Werkes eingeschmolzen, wobei er in diesem »Stationendrama« im Gegensatz zu den Spätwerken nicht die analytische, sondern die synthetische Technik angewandt hat.

Das freie, den *folkeviser* nachempfundene und doch so komplizierte Versmaß macht dieses »dramatische Gedicht« zu einem der schwierigsten Übersetzungsprobleme, an dem selbst MORGENSTERN ehrenvoll gescheitert ist. Die Sprachleistung Ibsens ist im Hinblick auf Zwischentöne, Vieldeutigkeit und Wechsel der Stilebenen – vor allem in den dämonisch-surrealen Szenen – kaum überbietbar.

Einzelne Versatzstücke, die in vielen späteren Dramen wieder auftauchen, sind hier bereits voll integriert, so z. B. das König-(Kaiser-)reich-Motiv *(Kejser og Galilæer; Bygmester Solness)*, die Elevation ins Gebirge *(Lille Eyolf; Når vi døde vågner)* oder das Sonnensymbol am Ende *(Gengangere; Når vi døde vågner)*. Die Nähe zum Epischen weist auf Ibsens Vorbilder hin: Byrons *Don Juan*, Paludan-Müllers *Adam Homo*, im Atmosphärischen Bjørnsons *Synnøve Solbakken*, nicht zuletzt auch Ibsens *Brand*, als dessen Gegensatz Peer vom Autor selbst bezeichnet wurde.

Die mißverstandene Anitra-Szene und das im Schauspiel zweifellos dominierende Motiv von der Erlösung durch das Weib führten dazu, daß einige Interpreten, vor allem in den dreißiger Jahren, *Peer Gynt* als den »nordischen Faust« darstellten. Heute interessieren vor allem die szenischen Zukunftsvisionen Ibsens, mit ihrer Affinität zu Wagner und zum modernen Film, und die tiefenpsychologischen Auslotungen, die in der Mutterbindung Peers, repräsentiert durch Aase und Solvejg, einen Kristallisationspunkt finden, aber auch die mythischen Kategorien, die zwar psychologisch oder dramatisch-formal erklärbar sind, sich aber bis heute einer eindeutigen inhaltlichen Aufhellung entzogen haben. *»Sie bedeuten nicht bloß, sie sind«*, erkannte bereits 1900 der Ibsenforscher Roman Woerner bei der Interpretation des »Großen Krummen«, des »Knopfgießers« usw. Dagegen sind die allegorischen Komponenten, vor allem des exotischen vierten Akts, bei genauer Kenntnis der Hintergründe eher durchsichtig. Man rechnet *Peer Gynt* im allgemeinen zusammen mit *Brand* und *Kejser og Galilæer* zu Ibsens mittlerer Periode, die stark auf Typus und Allegorie basiert. Literaturgeschichtlich läßt sich das Werk wegen seiner Modernität kaum einordnen, auch wenn die (in Norwegen verspätete) Romantik und der Realismus Spuren hinterlassen haben.   F.Pa.

Ausgaben: Kopenhagen 1867; Nachdr. Osnabrück 1974. – Kopenhagen 1898 (in *Samlede Værker*, 10 Bde., 1898–1902, 3). – Oslo 1930 (in *Samlede verker. Hundreårsutgave*, 21 Bde., 1928 bis 1957, 6). – Oslo 1962; ⁵1981 (in *Samlede verker*, 3 Bde., 3; Tb.). – Oslo 1978 (in *Samlede verker*, 7 Bde., 2).

Übersetzungen: *Peer Gynt*, L. Passarge, Lpzg. 1881. – Dass., ders., Lpzg. ²1887 (umgearb.; RUB). – Dass., Chr. Morgenstern (in *SW*, Bd. 4, Bln. 1901). – Dass., H. Stock, Stg. 1953 (RUB). – Dass., Chr. Morgenstern (in *Dramen*, Bd. 1, Mchn. ²1978).

Vertonung: W. Egk, *Peer Gynt* (Text: W. Egk; Oper; Urauff.: Bln., 24. 11. 1938).

Verfilmungen: USA 1915 (Regie: O. C. Apfel). – Deutschland 1918 (Regie: V. Barnowsky). – Deutschland 1934 (Regie: F. Wendhausen). – USA 1941 (Regie: D. Bradley).

Literatur: O. Weininger, *Peer Gynt u. I.* (in O. W., *Die letzten Dinge*, Wien 1906, S. 1–47). – H. Logeman, *A Commantary on H. I.s »Peer Gynt«, Its Language, Literary Associations and Folklore*, Den Haag ²1917; ²1970. – H. Beyer, *H. I.s »Peer Gynt«*, Oslo 1928; ³1967. – H. Ording, *I. og Kierkegaard om ›å være sig selv‹. Til belysning av det kristelige i »Peer Gynt«* (in Norsk teologisk Tidsskrift, 1928, S. 100–122). – A. Aall, *»Peer Gynt« als Lebensphilosophie und als Kunstwerk* (in Deutsch-nordische Zs., 2, 1929, S. 92–101). – P. Kluften, *»Peer Gynt«* (in Edda, 1930, S. 120–128). – G. M. Coward, *De litterære forutsetninger for H. I.s »Peer Gynt«. Av et dikterverks bakgrunn*, Oslo 1935. – G. Groddeck, *Tre läroböcker i psykoanalys.»Nibelungens ring«* – *»Peer Gynt«* – *»Faust«*, Stockholm 1935. – A. Lidén, *Peer Gynt i Egypten* (in Edda, 1940, S. 237–265). – Ø. Ch. Wessel Blom, *»Peer Gynt« og »Driftekaren«. En sammenstilling og sammenligning*, Oslo 1942. – W. Kohlschmidt, *I.s »Peer Gynt« und die Krise des Individualismus im 19. Jh.* (in Straßburger Monatshefte, 7, 1943, S. 448–463). – F. Bull, *H. I.s »Peer Gynt«. Diktningens tilblivelse og grunntanker*, Oslo 1947. – H. J. Nilsen, *»Peer Gynt« – eit antiromantisk verk*, Oslo 1948. – N. Brantzeg, *Otto Weininger og »Peer Gynt«* (in Vinduet, 3, 1949, S. 571–577). – F. J. Schöningh, *Der unbekannte I. Bemerkungen zu »Peer Gynt«* (in Hochland, 43, 1950/51, S. 116–138). – K. Smidt, *I. and the Galilean. Aspects of Christianity in His Trilogy »Brand«, »Peer Gynt« and »Emperor and Galilean«* (in Friends' Quarterly, Ldn. 1951, S. 52–64). – B. M. Kinck, *Gamle og nye »Peer Gynt«-reflekser* (in Kirke og kultur, 58, 1953, S. 293–303). – W. Kohlschmidt, *Das Motiv der Entscheidung in I.s »Peer Gynt«* (in W. K., *Die entzweite Welt*, Gladbeck 1953, S. 50–68). – L. Tjersland, *Den fremmede passager i »Peer Gynt«* (in Ibsenårbok, 1953, S. 72–82). – E. A. Wyller, *Peer Gynt-skikkelsens dramatiske enhet* (in Edda, 53, 1953, S. 93 ff.). – F. Fischer, *»Peer Gynt«* (in F. F., *Der abendländische Mensch in der Entscheidung*, Wien 1954, S. 49–69). – D. Haakonsen, *Genre-Problemet i »Peer Gynt«* (in Vinduet, 8, 1954, S. 199–211). – L. Rosenblum Edwards, *A Structural Analysis of »Peer Gynt«* (in MD, 1965, S. 28–39). – R. Gaskell, *Symbol and Reality in »Peer Gynt«* (in Drama Survey, 4, Minneapolis 1965, S. 57–64). – R. Koskiemis, *Der nordische Faust. »Adam Homo«–»Peer Gynt«–»Hans Alienus«*, Helsinki 1967. – D. Haakonsen, *H. I.s »Peer Gynt«*, Oslo 1967. – Ders., *Prestens tale i »Peer Gynt«* (in Ibsenårbok 1967, S. 109–118). – G. Ramm, *Solveig-skikkelser i »Peer Gynt«* (ebd., S. 32–47). – H. L. Tveterås, *Botten-Hansens »Huldrebrylluppet« og I.s »Peer Gynt«* (in Edda, 67, 1967, S. 247–262). – *Omkring »Peer Gynt«. En antologi*, Hg. O. Hageberg, Oslo 1967. – H. Noreng, *Litt om dyresymbolikken i »Peer Gynt«* (in Norsk Litterær Årbok, 1968, S. 33–53). – A. Aarseth, *Peer Gynt 1867–1970. En bibliografi*, Bergen 1970. – F. Thorn, *H. I.s »Peer Gynt«. Et drama om kristen identitet*, Oslo 1971. – B. Hemmer, *»Brand«* –

»*Kongsemnerne*«–»*Peer Gynt*«. *En studie i I.s roman-tiske diktning*, Oslo 1972, S. 109–170. – I. Brand-vol, *Den historiske Per Gynt* (in Årbok for Gud-brandsdalen, 1975, S. 160–166). – A. Aarseth, *Dy-ret i mennesket. Et bidrag til tolkning av H. I.s »Peer Gynt*«, Bergen 1975. – B. J. Tysdahl, *Byron, Norway and I.s Peer Gynt* (in ES, 56, 1975, S. 396–402). – H. Bien, Peer Gynt – i dag (in Ibsenårbok 1975/76, S. 91–98). – S. Bergh, *Peer Gynt og tre norske kom-ponister* (ebd., S. 245–250). – H. Midbøe, *Peer Gynt – teatret og tiden*, 3 Bde., Oslo 1976–1980. – R. Bark, *Gå udenom, Peer Gynt!* (in Edda, 76, 1976, S. 207–212). – E. Thune, *The Paradox of the bøyg: A Study of Peer Gynt's Humanization* (in MD, 19, 1976, S. 89–99). – H. Lång, *I., Peer Gynt och trollen*, Viken 1976. – K. Brynhildsvoll, *Über Rolle u. Identität u. ihr gegenseitiges Verhältnis in »Peer Gynt*« (in Edda, 78, 1978, S. 95–105). – A. Aarseth, *Peer Gynt som tolkningsproblem* (ebd., S. 371–377). – D. Groven Myhren, *Hverken eller og Enten eller: Et bidrag til belysning av personlighets-problematikken i H. I.s »Peer Gynt*« (ebd., 79, 1979, S. 73–98). – T. Schiff, *Providence and Dispensation in H. I.s »Peer Gynt*« (in Scandinavian Studies, 51, 1979, S. 375–391). – H. Eifring, *Selvets tønne. Peer Gynt og virkeliggjørelsens etikk* (in Dyade, 12, 1980, Nr. 2, S. 4–12). – O. Lysberg, »*Peer Gynt*« – *eit an-tiromantisk drama?* (in Kirke og kultur, 85, 1980, S. 470–476). – A. Bjerke, *Rytmen i »Brand« og »Peer Gynt*« (in A. B., *Versekunsten*, Oslo 1980, S. 21–33). – T. Brynjulvsrud, »*Peer Gynt*« *under bi-belens lupe*, Oslo 1981. – J. O. Askedal, *H. I.s »Peer Gynt« og Ludwig Tiecks »Franz Sternbalds Wande-rungen*« (in *Dikt og idé. Festskrift til Ole Koppang*, Hg. S. Dahl, Oslo 1981, S. 189–204). – S. E. Lar-sen, ›*Angst‹, Fiction, Personality – an Interpretation of »Peer Gynt*« (in Scandinavica, 20, 1981, S. 5–42). – S. G. Mc Lellan, *The Problem of Genre in I.s »Peer Gynt*« (in JEGPh, 80, 1981, S. 486–501). – K. Brynhildsvoll, *Hans Henny Jahnn und H. I.*, Bonn 1982. – P. Marivale, »*Peer Gynt«: I.s faustiad* (in CL, 35, 1983, S. 126–140). – A. N. Bentson, *Ambiguity, Discontinuity and Overlapping in »Peer Gynt*« (in MD, 27, 1984, S. 157–173). – Chr. Hen-nig, *Der »deutsche« Peer Gynt* (in *Der nahe Norden. Otto Oberholzer zum 65. Geburtstag*, Hg. W. Butt u. B. Glienke, Ffm. 1984, S. 161–174). – H. Bien, *Ideelle u. ästhetische Aspekte in I.s »Peer Gynt*« (in Nordeuropa, 18, 1984, S. 3–12). – H. Uecker, *Peer Gynt in Deutschland* (in *Contemporary Approaches to I.*, Bd. 5, Oslo 1985, S. 154–179).

ROSMERSHOLM

(norw.; *Rosmersholm*). Schauspiel in vier Akten von Henrik IBSEN, Uraufführung: Bergen, 17. 1. 1887, Det norske Theater; deutsche Erstaufführung: Augsburg, 6. 4. 1887, Stadttheater. – Der drama-tische Vorgang und die Grundkonstellation des Werkes ähneln in vielem Ibsens früherem Werk *Gengangere*, 1881 *(Gespenster)*: Auf einem alten norwegischen Herrenhof vollzieht sich der Unter-gang eines dekadenten Geschlechts, wobei die Schatten der Vergangenheit und die Toten auf selt-same Weise den inneren Vorgang und die äußere Handlung beeinflussen. Seit auf dem Gut Ros-mersholm die Herrin sich wegen der Gesellschafte-rin Rebekka West das Leben genommen hat, wagt sich der ehemalige Pfarrer Johannes Rosmer, der letzte Nachkomme auf Rosmersholm, wo die Kin-der niemals schreien und die Erwachsenen nie la-chen, nicht mehr auf den Steg über den reißenden Mühlbach, da seine Frau Beate dort umgekommen ist. Der Meinung Rebekka Wests, auf Rosmers-holm hingen »*sie lange an ihren Toten*«, wider-spricht Madam Helseth, die Haushälterin: es seien im Gegenteil »*die Toten, die so lange an Rosmersholm hängen*«, und begründet dies mit der Erscheinung des weißen Pferds, das die Lebenden zu den Toten hole.

Johannes Rosmer verfolgt inzwischen weiter sein Ziel, sich möglichst von jedem Zwang der Gesell-schaft zu lösen und in individueller Freiheit sein ei-genes Ich als »Adelsmensch« zu finden, wobei er Verständnis und seelische Hilfe bei Rebekka er-hofft. Bald folgt jedoch der Einbruch von außen, von der Gesellschaft, und Rosmer gerät in einen Zwiespalt von pseudoliberalem Freisinn und kon-servativer Philisterei; sein Schwager Kroll hält ihm die moralische Verderbtheit seines Verhaltens vor, und der Redakteur Mortensgård will um jeden Preis den »Freisinn« Rosmers als politisches Aus-hängeschild für seine gefürchtete liberale Zeitung »Das Blinkfeuer« gewinnen. Beide stützen ihre Versuche, Einfluß auf Rosmers Haltung zu neh-men, erpresserisch auf Aussagen und Briefe der ver-storbenen geisteskranken Frau Rosmers, die darin in zweideutiger Weise den Abfall Rosmers vom rechten Glauben und sein sündhaftes Verhältnis zu Rebekka dementiert, zugleich aber das Erscheinen des weißen Pferds nach ihrem Tod ankündigt. Ros-mer verteidigt jedoch seine Ansprüche auf Indivi-dualität und wird durch den Besuch seines ehemali-gen Lehrers Brendel, eines verkommenen Halbge-nies, noch darin bestärkt. Hilflos läßt sich dieser Brendel im folgenden als Figur in der politischen Intrige gegen Rosmer mißbrauchen. In langen Ge-sprächen mit Rebekka versucht Rosmer nun, sei-nen Standort als »Adelsmensch« gegenüber der Gesellschaft abzugrenzen, wobei er immer wieder auf sein Prinzip der »Freimachung« (ein Haupt-symbol des Stücks) hinweist. Zugleich will er aber auch das Vergangene analytisch durchleuchten und bewältigen.

Bald stellt sich indes heraus, daß Rebekka die Ver-storbene absichtlich »*auf Irrwege gelockt*«, dieser ein Verhältnis zwischen ihr und Rosmer suggeriert und sie damit in den Tod getrieben hat. Um einer zweifelhaften Vergangenheit zu entgehen, wollte sie Herrin auf Rosmersholm werden. Doch die Vergangenheit ist stärker: »*Die rosmersche Lebens-anschauung adelt . . . aber sie tötet das Glück.*« – Im-mer wieder taucht das weiße Pferd unvermittelt in den Gesprächen auf. Rebekka will nach ihrem Ge-ständnis den Herrensitz verlassen, denn auch ihr ist, als habe sie »*einen Schein von weißen Pferden ge sehen*«. Ein letztes Gespräch mit Rosmer klärt jedoch ihr Verhältnis ab und läßt sie ihre gegenseitige unerotische Liebe erkennen. Nun erst ist die innere »Freimachung« gelungen, und beide wagen nun, ungeachtet der gesellschaftlichen Vorurteile, als Mann und Frau den Weg über den Steg des Mühlenbachs. Machtlos muß Frau Helseth zusehen, wie beide den Steg betreten. Sie erkennt »*das Weiße da –!*« und sieht ihren Sturz in den Wasserfall: »*Die Selige hat sie geholt.*«

Ibsen befindet sich mit diesem 1886 in München entstandenen Werk bereits deutlich auf dem Weg zum Symbolismus und zur Allegorie seines Spätwerks. Positive und negative Kritiken sahen das Stück zunächst einmal von der gesellschaftlich-weltanschaulichen Seite. Man diskutierte die scharfen Angriffe Ibsens auf die philiströsen norwegischen Lokalpolitiker und registrierte sein vermeintlich mutiges Eintreten für Emanzipation und freisinniges Verhalten. BJØRNSON wiederum kritisierte das epische Sujet, das bestenfalls für eine Erzählung und nicht für ein Drama geeignet sei. In Wirklichkeit verwendet Ibsen in diesem Stück mit nahezu traumwandlerischer Sicherheit alle Techniken des analytischen Dramas, um den in der Tat epischen Stoff dramatisch darstellbar zu machen. Der Konflikt entsteht nicht in der Gegenwart, sondern ist im Vergangenen begründet. Die Zeit selbst wird, wie in allen späten Stücken, thematisch und muß in den Gesprächen aufbereitet werden, wobei die Gesellschaft vor allem den Gegensatz zum Individuum repräsentiert und der Mensch in seiner Vereinzelung dargestellt wird. Diese Abkehr vom Typus des reinen Gesellschaftsdramas erkannte bereits der junge Marxist Paul ERNST, und er gestand in einem Brief an Friedrich ENGELS seine maßlose Enttäuschung über die Tatsache, daß Ibsen »*die sozialreformerische Diskussion*« eingestellt hatte.

Wie in allen späten Stücken Ibsens ist auch hier eine Vorwegnahme moderner Tiefenpsychologie zu erkennen, etwa in der Teilsublimierung des (impotenten?) Rosmer durch dessen Konzept vom »Adelsmenschen« oder in der verborgenen inzestuösen Vorgeschichte Rebekkas (S. FREUD); darüber hinaus wird ein mythisch-symbolischer Vorgang als Motor des Dramas wirksam. Die weißen Pferde von Rosmersholm – im Entwurf sollte das Werk zunächst sogar den Titel »Weiße Pferde« tragen – sind deutlich als strukturierendes Todessymbol erkennbar, verlieren aber durch ihre symbolische Eigenschaft nicht die mythische Erfahrbarkeit für die Personen des Stücks. Literarisch wirkt dieses Symbol bis zu T. S. ELIOTS Gedicht *Journey of the Magi* (1927), wo ebenfalls ein weißes Pferd als vieldeutige Chiffre eingeführt wird. Integriert wird bei Ibsen dieser Mythos in der umfassenden Gegenwart und Vergangenheit von Rosmersholm, die Menschen und Landschaft, Lebende und Tote einschließt und der der Individualitätsanspruch des einzelnen nicht gewachsen ist. Diesen »Übermächten« werden Rosmer und Rebekka konsequent durch den Tod entzogen.   F.Pa.

AUSGABEN: Kopenhagen 1886. – Kopenhagen 1900 (in *Samlede Værker*, 10 Bde., 1898–1902, 8). – Oslo 1932 (in *Samlede verker. Hundreårsutgave*, 21 Bde., 1928–1957, 10). – Oslo 1962; ⁵1981 (in *Samlede verker*, 3 Bde., 3; Tb.). – Oslo 1978 (in *Samlede verker*, 7 Bde., 5).

ÜBERSETZUNGEN: *Rosmersholm*, M. v. Borch, Bln. 1887 (Nordische Bibl., 5). – Dass., A. Zinck, Lpzg. 1887 (RUB). – Dass., E. Brausewetter, Lpzg. 1890. – Dass. W. Lange, Bln. 1899. – Dass., M. v. Borch [?] (in *SW*, Bd. 8, Bln. 1902). – Dass., H. E. Gerlach, Stg. 1964 (RUB). – Dass., M. v. Borch [?] (in *Dramen*, Bd. 2, Mchn. ²1978).

VERFILMUNG: BRD 1961 (Regie: R. Freitag).

LITERATUR: P. Levin, *Om »Rosmersholm«* (in Tilskueren, 1910, 1, S. 453–465). – F. Neumann, *Die Entstehung von »Rosmersholm«* (in Edda, 21, 1921, S. 240 ff. u. 1922, S. 120 ff.). – R. Stecher, *Erläuterungen zu I.s »Rosmersholm«*, Lpzg. 1930. – E. Alten, *Rosmer* (in Samtiden, 55, 1946, S. 611–615). – K. Andersen, *»Rosmersholm«* (in Kirke og kultur, 53, 1948, S. 332–353; 570–573). – F. Hougen, *Rebekka og doktor West i »Rosmersholm«* (ebd., 53, 1948, S. 569–574). – E. Feise, *Hauptmanns »Einsame Menschen« und I.s »Rosmersholm«* (in *Xenion. Themes, Forms and Ideas in German Literature*, Baltimore 1950, S. 241–260). – I. C. Normann, *»Faderen« og »Rosmersholm«* (in Edda, 52, 1952, S. 166–173). – P. Fraenkl, *Drama og ord i »Rosmersholm«. En stildramaturgisk studie* (in Ibsenårbok 1955/56, S. 52–76). – T. van Laan, *Art and Structure in »Rosmersholm«* (in MD, 6, 1963, S. 150–163). – A. Gustafson, *Aspects of Theme and Form in »Rosmersholm«* (in *Scandinavian Studies. Fs. f. H. G. Leach*, Hg. C. F. Bayerschmidt u. E. J. Friis, NY 1965, S. 213–226). – J. R. Northam, *Dividing Worlds. Shakespeare's »The Tempest« and I.s »Rosmersholm«*, Oslo 1965. – B. Johnston, *The Dialectic of »Rosmersholm«* (in Drama Survey, 6, 1967, S. 181–220). – K. Slyngstad, *Skyld, psyke og skjebne. En analyse av fortids-perspektivet i »Rosmersholm«* (in Ibsenårbok, 1968/69, S. 82–113). – W. Dahl, *Rosmersholm i dag* (in *I på festspillscenen*, Hg. H. Noreng, Bergen 1969, S. 29–50). – S. Freud, *»Rosmersholm«* (in S. F., *Einige Charaktertypen aus der psychoanalytischen Arbeit*, in Studienausg., Bd. 10, Ffm. 1969, S. 244–251). – J. Kruuse, *The Function of Humour in the Later Plays of I.* (in *Contemporary Approaches to I.*, Bd. 2, Oslo 1971, S. 42–59). – M. Carlsson, *Patterns of Structure and Character in I.s »Rosmersholm«* (in MD, 17, 1974, S. 267–275). – J. S. Chamberlain, *Tragic Heroism in »Rosmersholm«* (ebd., S. 277–288). – J. Northam, *A Note on the Language of »Rosmersholm«* (in Ibsenårbok 1977, S. 209–215). – D. Russell Davis u. D. Thomas, *»Rosmersholm«: Existentialist Tragedy or Escapist Fantasy?* (in *Contemporary Approaches to I.*, Bd. 4, Oslo 1979, S. 83–100). – M. Gravier, *La conversion de Rebekka* (ebd., S. 120–137). – A. Carlsson, *»Rosmersholm« – ein Beitrag zur Psy-*

chologie des Verbrechens. I.s »Schuld und Sühne« (in DVLG, 53, 1979, S. 544–566). – E. Østerud, *Den rosmerske adelighet og dybdepsykologien. En studie i H. I.s »Rosmersholm«* (in Norskrift, 1981, Nr. 34, S. 1–45). – F. Engelstad, *»Rosmersholm« – et forvekslingsdrama om skyldfølelse* (in *Skriften mellom linjene*, Hg. I. Engelstad, Oslo 1985, S. 59–89). – A. Sæther, *The Female Guilt Complex. A Study of Rebekka West in I.s »Rosmersholm« in the Light of Recent Feministic Psychoanalytical Theory* (in *Contemporary Approaches to I.*, Bd. 5, Oslo 1985, S. 39–47).

SAMFUNDETS STØTTER

(norw.; *Die Stützen der Gesellschaft*). Schauspiel in vier Akten von Henrik IBSEN, Uraufführung: Odense, 14. 11. 1877, Theatret i Odense; norwegische Erstaufführung: Bergen, 30. 11. 1877, Det norske Theater; deutsche Erstaufführung: Berlin, 25. 1. 1878, Belle-Alliance-Theater. – Der reiche Schiffsreeder Konsul Bernick und seine Geschäftsfreunde gelten wegen ihrer bekannten und allseits geachteten moralischen Integrität und ihrer Sorge für die öffentliche Wohlfahrt als die »Stützen der Gesellschaft« einer kleinen norwegischen Küstenstadt um 1870. In Bernicks Haus tagt häufig der von Adjunkt Rørlund geleitete Sittlichkeitsverein, der sich aus den Damen der besten Gesellschaft zusammensetzt und dessen Mitglieder meist nur traditionalistische Gemeinplätze äußern: *»Es gilt ... die Gesellschaft rein und die Verirrungen von ihr zu halten, die eine fieberhafte Zeit uns aufdrängen will.«* Auch hier werden immer wieder Bernick und seine Familie als leuchtende Vorbilder hervorgehoben. Ein Schatten trübt allerdings dieses Bild: Johan Tønnesen, der Schwager des Konsuls, soll vor vielen Jahren die alte Frau Bernick bestohlen und ein Verhältnis mit einer verheirateten Schauspielerin unterhalten haben. Nach ihrem Tod hatte Fräulein Bernick, die Schwester des Konsuls, deren Kind Dina zu sich ins Haus genommen, um die Verfehlungen ihres Jugendfreunds zu sühnen, und wartet nun seit Jahren auf dessen Rückkehr aus Amerika, wohin er mit seiner als exzentrisch geltenden Halbschwester Lona Hessel nach dem Jugendstreich verschwunden war.

Diese unliebsame Verwandtschaft taucht nun gerade in dem Augenblick wieder in der Stadt auf, als der Konsul sein ganzes Ansehen braucht, um ein unsoziales Eisenbahnprojekt, in das er sein ganzes Vermögen investiert hat, durchsetzen zu können. In mehreren Gesprächen mit Lona Hessel und dem Schwager Johan zerbricht die mühsam aufgerichtete Fassade der moralischen Wohlanständigkeit, und es stellt sich heraus, daß Johan aus Freundschaft und jugendlichem Leichtsinn die Verfehlungen des Konsuls selbst auf sich genommen hatte und daß dieser die Gerüchte über Johans Unterschlagungen ausgestreut hatte, um sein Haus vor dem Bankrott zu retten. Aus dem gleichen Grund verließ Bernick die heimlich mit ihm verlobte Lona

und heiratete deren reiche Halbschwester, die während der ganzen fünfzehnjährigen Ehe immer geglaubt hatte, sie müsse ihrem Mann für die unzumutbaren Verwandten Lona und Johan Abbitte tun. Der Konsul verpflichtet diese beiden mit dem Appell an ihre Familienbindung zum Schweigen über die alten Vorgänge, da er um seinen Ruf und damit auch um sein Geschäft und seine Macht fürchten muß. Sein Schwager lernt nun aber Dina kennen und möchte sie als seine Frau mit nach Amerika nehmen. Eifersüchtig klärt der moralische Adjunkt Rørlund das Mädchen über die vermeintliche Vergangenheit Johans auf. Dieser droht nun dem Konsul, er werde mit dem nächsten Schiff nach Amerika fahren, dort seine Angelegenheiten ordnen und dann zurückkehren, um sich zu rächen, indem er die Wahrheit ans Licht bringe. Der Konsul sieht nur noch einen Ausweg: Er veranlaßt seinen Schiffsbauer Aune mit erpresserischen Drohungen, daß das amerikanische Schiff »Indian Girl«, mit dem Johan zurückfahren will, ungenügend repariert auslaufen soll, obwohl er weiß, daß das Fahrzeug ein »schwimmender Sarg« ist. Sein Prokurist Krap entdeckt, welches Unheil der Konsul plant, aber dieser beschwichtigt ihn. Sein kleiner Sohn Olav ist indessen von den großsprecherischen Tiraden seines anderen Onkels Hilmar so tief beeindruckt, daß er aus Abenteuerlust Johan als blinder Passagier nach Amerika folgen will.

Am nächsten Abend wartet die Familie Bernick auf eine Ovation, welche die Bewohner der Stadt ihrem ersten Mitbürger darbringen wollen, während dieser in nervöser Angst jeden Augenblick mit der Meldung vom Untergang des unzulänglich reparierten Schiffs rechnet. Statt dessen kommt die Nachricht, daß Dina auf Johans Drängen diesem trotz seines schlechten Rufs gefolgt ist und daß beide mit einem anderen Schiff abgereist sind und niemals wiederkommen wollen. Der Mordanschlag erweist sich somit als sinnlos. Zum Entsetzen des Konsuls bringt Hilmar nun die Nachricht, der kleine Olav habe sich auf dem Schiff, das nicht mehr aufzuhalten sei, eingeschmuggelt. Die Katastrophe wird jedoch abgewendet, da Frau Bernick mit einem Lotsen das Schiff gestoppt und der Schiffsbauer Aune es zur Umkehr veranlaßt hat. Bernick findet nun zu sich selbst (oder fingiert dies zumindest), gesteht seinen Mitbürgern das frühere Versagen und bittet sie um ihr Vertrauen.

Mit *Samfundets støtter* schuf Ibsen die neue, ganz eigene und vom Publikum enthusiastisch und schockiert aufgenommene Gattung des »Gesellschaftsstücks«, die – vor allem in Deutschland – eine Revolution des Theaterbetriebs auslöste. Ohne Zweifel hatte neben dem eigenen gesellschaftskritischen Versuch des Lustspiels *De unges forbund*, 1869 *(Der Bund der Jugend)*, Bjørnstjerne BJØRNSONS sehr ähnliches Schauspiel *En fallit*, 1874 *(Ein Bankrott)*, Ibsen zu diesem seinem ersten modernen Zeitstück angeregt, das 1875–1877 in München entstand. Gleichzeitig verwendete er eigene Lustspielpläne von 1870, die mit dem Motiv des unerwarteten und unerwünschten Heimkehrers vor allem die satirische und ironische Struktur des Schauspiels begründeten. Enttäuscht von einem Besuch in Norwegen 1874, wollte der selbst keiner realpolitischen Richtung zuzuordnende Ibsen, der stets das aufgrund seiner Stücke kolportierte Gerücht, er sei ein Sozialdemokrat, dementierte, die gesellschaftlichen Zustände, die Engstirnigkeit und Kleinbürgerei seines Heimatlands schildern und karikieren. Kleinstadtton und Alltagssprache bilden denn auch, wiederum in Anlehnung an Bjørnsons Stück, das realistische Gerüst für die Diskussion aktueller Fragen: der Frauenemanzipation in der Gestalt Lona Hessels, der Arbeiterfrage in der des Schiffsbauers Aune usw. Damit befand er sich in Einklang mit den Intentionen seines Freundes, des Literaturkritikers Georg BRANDES, der in seinen berühmten Kopenhagener Vorlesungen (vgl. *Hovedstrømninger...*) seit 1871 eine neue, an den Problemen des Alltags und an der Wirklichkeit orientierte Literatur gefordert hatte. Inhalt und Form des neuen Stücks sollten diesen neuen ästhetischen Normen genügen. Ibsen verzichtete daher endgültig auf die von ihm bisher so sicher beherrschte Versform und schuf den Typ einer neuen, sachlichen Prosa. Die von ihm später so meisterhaft verwendete analytische Technik wird hier zum ersten Mal recht eigentlich erprobt. In einem Prozeß der Wahrheitsfindung rollt der Autor die Vergangenheit neu auf, und bald zeigt sich, daß sie stärker als die Gegenwart ist. Allerdings werden weniger als in den Spätwerken seelische Landschaften, sondern durchaus reale gesellschaftliche Vorgänge und persönliches Fehlverhalten zutage gefördert, und die handelnden Personen erscheinen auch noch mehr als Typen (die in späteren Stücken wieder auftauchen) denn als ausgeprägte Charaktere, mit einer Ausnahme: Der Konsul Bernick erweist sich in jeder Hinsicht als ausgereifte Vorstudie zur Titelgestalt des Alterswerks *John Gabriel Borkman*. Beide verfehlen aus einem ungezügelten Macht- und Schaffenstrieb ihr inneres Lebensziel, beide opfern ihrem Egoismus die Jugendgeliebte und heiraten deren Schwester, beide sind gleichsam berauschte Künstler und Organisatoren der Macht. Die desillusionierende Enthüllung von Bernicks wahrem Charakter, aber auch der ihn umgebenden Gesellschaft, die selbst thematisiert wird, ist durch den versöhnlichen Schluß keineswegs aufgehoben, sondern verstärkt. Die Katastrophe ist nur scheinbar nicht abzuwenden; in Wirklichkeit kann diese Satire von ihrer Konzeption her nicht tragisch enden. Die Affinität zum bürgerlichen Trauerspiel und zur Schicksalstragödie ist daher nur oberflächlich und formal begründet, die Nähe zum französischen Sitten- und Intrigenstück dagegen noch deutlich erkennbar. Angesichts der Komödie des letzten Akts wird selbst die Tatsache, daß sich Bernick offensichtlich (für einen Augenblick?) zu seinem besseren Ich durchringt, in ein fragwürdiges Licht getaucht. Die idealistische Absicht Lona Hessels, die in ihren Schlußworten »*Der Geist der Wahrheit und der Geist der Freiheit – das sind die Stützen der Gesellschaft*« gipfelt, wird davon nicht berührt, da Ambivalenz, Vieldeutigkeit und Doppelsinn eine spezifische Eigenart von Ibsens dramatischer Technik sind und er das Theater durchaus als moralische Anstalt begreift. – Mit *Samfundets støtter* hat Ibsen den dem Kollektivtheater sich nähernden Typus des Gesellschaftsstücks am klarsten herausgearbeitet. Obwohl die späteren berühmten Dramen alle auf dieser Voraussetzung basieren, wendet Ibsen sich mehr und mehr von der Sozial- und Gesellschaftskritik ab und Individualproblemen zu, die er erst im Symbolischen und Allegorischen verallgemeinert. Man ordnet das Stück daher konsequenterweise dem Beginn der dritten und letzten Schaffensperiode Ibsens zu.   F.Pa.

AUSGABEN: Kopenhagen 1877. – Kopenhagen 1899 (in *Samlede Værker*, 10 Bde., 1898–1902, 6). – Oslo 1933 (in *Samlede verker. Hundreårsutgave*, 21 Bde., 1928–1957, 8). – Oslo 1962; 5 1981 (in *Samlede verker*, 3 Bde., 3; Tb.). – Oslo 1978 (in *Samlede verker*, 7 Bde., 4).

ÜBERSETZUNGEN: *Die Stützen der Gesellschaft*, E. Jonas, Bln. 1878. – Dass., W. Lange, Lpzg. 1878 (RUB). – *Stützen der Gesellschaft*, E. Klingenfeld, Bln. 1889 (Nordische Bibl., 10). – Dass., G. Morgenstern, Lpzg. 1891. – Dass., E. Klingenfeld (in *SW*, Bd. 6, Bln. 1900). – *Die Stützen der Gesellschaft*, H. E. Gerlach, Stg. 1960 (RUB). – Dass., G. Schulte-Frohlinde, Mchn. 1961 (GGT; ern. 1978; Goldm. Tb). – Dass., E. Klingenfeld (in *Dramen*, Bd. 1, Mchn. ²1978).

VERFILMUNGEN: *The Pretenders*, USA 1916 (Regie: R. Vignola). – *The Pillars of Society*, USA 1916 (Regie: R. Walsh). – Dass., England 1920 (Regie: R. Wilson). – *Stützen der Gesellschaft*, Deutschland 1935 (Regie: D. Sierck). – Dass., Österreich 1962 (Regie: E. Neuberg). – Dass., BRD 1978 (TV; Regie: W. Schlechte).

LITERATUR: R. Stecher, *Erläuterungen zu H.I.s »Die Stützen der Gesellschaft«*, Lpzg. 1926. – A. M. Sturtevant, *The Women Characters in I.s »Pillars of Society«* (in Scandinavian Studies, 10, 1929, S. 131–137). – G. Høst, *I.s samfundsstøtter. Konsul Bernick. Advokat Helmer. Pastor Manders* (in Edda, 46, 1946, S. 1–12). – H. Anker, *Dina Dorf i »Samfundets Støtter«* (in Ibsenårbok 1953, S. 102–108). – H. Bien, *Om den realistiske metode i »Samfundets støtter«* (in Ibsenårbok 1963/64, S. 22–31). – J. McFarlane, *Meaning and Evidence in I.s Drama* (in *Contemporary Approaches to I.*, Bd. 1, Oslo 1966, S. 35–50). – I.-S. Ewbank, *Drama and Society in I.s »Pillars of the Community«* (in *Drama and Society. Themes in Drama*, Bd. 1, Cambridge 1979, S. 75–97). – A. Aarseth, *»Samfundets støtter« – underveis mot et nytt drama* (in *En ny I.? – Ni I.-artikler*, Hg. H. Noreng, Oslo 1979, S. 52–61). – J. Lunde, *Konsul Bernicks bekjennelse. Økonomi og etikk i »Samfundets støtter«* (in Bedriftsøkonomien, 43, 1981, S. 582–586).

DE UNGES FORBUND

(norw.; *Der Bund der Jugend*). Lustspiel in fünf Akten von Henrik IBSEN, Uraufführung: Kristiania, 18. 10. 1869, Christiania Theater; deutsche Erstaufführung: Berlin, 18. 10. 1891, Freie Volksbühne. – In einer kleinen Handelsstadt im südlichen Norwegen um 1855 gründet der neuangekommene Rechtsanwalt Stensgård am Verfassungstag mit nationalem Pathos einen »Bund der Jugend«, der gegen die verknöcherten Traditionen *(»alles erbt sich hier fort«)* eine neue liberale Gesellschaft in der Stadt etablieren will. In seiner Rede prangert Stensgård den noblen alten Kammerherrn Bratsberg als den größten Reaktionär an und findet damit allgemeinen Beifall. Bratsberg glaubt jedoch, der Angriff gelte dem neureichen, unsoliden Geschäftemacher Monsen. Geschickt weiß Stensgård die aus dem Irrtum resultierende Konfusion für seine Pläne auszunützen; er will nämlich die Nachfolge des alten Reichstagsabgeordneten Lundestad antreten und zugleich durch Einheirat in eine reiche Familie in der Stadt Karriere machen. Unter der Maske des liberalen Idealisten entpuppt sich Stensgård bald als rücksichtsloser Profitjäger und Intrigant, der ständig zwischen den verschiedenen Lagern laviert und dabei den heruntergekommenen Journalisten Aslaksen als Marionette vorschiebt. Es beginnt ein Karussell von geplanten und aufgeschobenen Verlobungen mit den Töchtern Monsens und des Kammerherrn, ja sogar mit der nicht mehr taufrischen, aber reichen Krämerswitwe Rundholmen. Stensgårds ehemaliger Schulfreund und Gegenspieler Doktor Fjeldbo sowie vor allem der Spötter Daniel Hejre durchkreuzen indes seine Absichten. Geschickt streut Hejre unkontrollierbare Bankrottgerüchte über den Kammerherrn, den Gutsbesitzer Monsen und Frau Rundholmen aus, wobei ein gefälschter Wechsel eine große Rolle spielt. Der Opportunist Stensgård weiß zuletzt nicht mehr, an wen er sich halten soll. Sein Doppelspiel wird schließlich entlarvt, und er muß als geprellter »*Glücksritter und Wühler*« die Stadt verlassen. Doch Lundestad prophezeit: »*In zehn bis fünfzehn Jahren sitzt Stensgård im Reichstag oder im Ministerium.*«

Auf den ersten Blick erscheint diese satirisch-ironische Komödie als ein Fremdkörper zwischen den Ideendramen von Ibsens mittlerer Periode *(Brand, Peer Gynt, Kejser og Galilæer)*; das Stück gehört eher in den Zusammenhang der späteren »Gesellschaftsstücke« (vor allem *Samfundets støtter*, 1877 –*Die Stützen der Gesellschaft*, und *En folkefiende*, 1882 – *Ein Volksfeind*). Ibsen experimentiert hier zum erstenmal mit einer sachlichen Alltagsprosa, die aber noch nicht den realistischen Ton der späteren Werke erreicht. In den Kategorien des Komischen und Satirischen sowie in der noch wenig entwickelten Sozialkritik konnte er auf Ludvig HOLBERGS vielgelesene meisterhafte Charakterkomödien und auf eigene Erfahrungen mit seinem Versdrama *Kjærlighedens Komedie*, 1862 *(Die Komödie der Liebe)*, zurückgreifen. Durch die schlechte Aufnahme seiner vorhergehenden Stücke *Brand* und *Peer Gynt* fühlte sich Ibsen förmlich zu dem neuen Genre gezwungen: »*Bin ich kein Dichter, so habe ich ja nichts zu verlieren. Ich werde es nun als Fotograf versuchen.*« Diesen »*fotografischen Standpunkt*«, in dem »*Wirklichkeit und Wahrheit dasselbe sind*«, hatte er noch 1857 als Theaterkritiker leidenschaftlich abgelehnt, und die Komödie *De Unges Forbund* entstand zunächst im Gegensatz zu seinen ästhetischen Theorien, gleichsam als Trotzreaktion gegenüber der verständnislosen Presse. Es wurde schließlich doch ein formal ausgewogenes Werk, eine Art Schlüsselstück, in dessen Figuren und Typen sich neben liberalen Politikern auch Ibsens Antipode Bjørnstjerne BJØRNSON karikiert wiederzuerkennen glaubte. Das Werk, das nach Ibsens eigener Aussage durch die »*schwere deutsche Luft*« (es entstand im Winter 1868/69 in Dresden) so realistisch geworden war, wurde in Norwegen von den Konservativen begeistert, von den Liberalen aber mit Verbitterung aufgenommen. Außerhalb Skandinaviens ist es erst nach Ibsens späteren Erfolgen bekannt geworden.   F.Pa.

AUSGABEN: Kopenhagen 1869. – Kopenhagen 1899 (in *Samlede Værker*, 10 Bde., 1898–1902, 4). – Oslo 1930 (in *Samlede verker. Hundreårsutgave*, 21 Bde., 1928–1957, 6). – Oslo 1962; ⁵1981 (in *Samlede verker*, 3 Bde., 2; Tb.). – Oslo 1978 (in *Samlede verker*, 7 Bde., 3)

ÜBERSETZUNGEN: *Der Bund der Jugend*, A. Strodtmann, Bln. 1872 (Nordische Bibl., 9). – Dass., W. Lange, Lpzg. o. J. [1881] (RUB). – Dass., A. Strodtmann (in *SW*, Bd. 6, Bln. 1900). – Dass., ders. (in *Dramen*, Bd. 1, Mchn. ²1978).

LITERATUR: A. O. Vinje, »*De Unges Forbund*« *(1869)* (in A. O. V., *Skriftir i samling*, Bd. 2, Kristiania 1917, S. 368–375). – B. Johnston, *The Mediocre Angels of »De unges forbund«* (in Scandinavian Studies, 50, 1978, S. 304–317).

VILDANDEN

(norw.; *Die Wildente*). Schauspiel in fünf Akten von Henrik IBSEN, Uraufführung: Bergen, 9. 1. 1885, Den nationale Scene; deutsche Erstaufführung: Berlin, 4. 3. 1888, Residenztheater. – Während eines Abendessens, das der alte Großhändler Werle einer typenhaft dargestellten norwegischen Provinzgesellschaft gibt, werden die Konflikte des Stücks, die größtenteils in der Vergangenheit wurzeln, exponiert. Gregers Werle, ein »Idealist« und Wahrheitsfanatiker, hat seinen ehemaligen Schulfreund Hjalmar Ekdal, einen lebensuntauglichen Phantasten, der sich als Fotograf durchs Leben schlägt, zu dieser Einladung gebeten und erfährt, daß diesen nun mit Gina Hansen, der ehemaligen Aufwärterin seines Vaters, verheiratet ist und daß der alte Werle die kleine Hedvig, das Kind der Ekdals, finanziell unterstützt. Die beiden Freunde führen diese Tatsache zunächst auf Werles schlechtes Gewissen zurück, der vor vielen Jahren den alten Ekdal in einer ungeklärten Affäre zugrunde gerichtet hat und diesem nun ein Gnadenbrot als Schreiber in seinem Geschäft gewährt. Wie ein Gespenst erscheint der alte Ekdal für einige Augenblicke auf der Szene und wird von seinem Sohn Hjalmar verleugnet. Gregers überwirft sich wegen der alten Geschichte mit seinem Vater und verläßt dessen Haus; dabei erwacht in ihm der Verdacht, daß Hedvig in Wirklichkeit die Tochter seines Vaters ist. Äußere Anzeichen, wie ihre Kurzsichtigkeit, scheinen dies zu bestätigen.

Gregers mietet sich nun bei den Ekdals ein und durchschaut bald die seltsamen Verhältnisse in dieser Familie. In Wirklichkeit führt nämlich die lebenskluge, aber ungebildete Frau Gina das Fotografengeschäft, während Hjalmar seine Zeit über einer imaginären »Erfindung« verträumt. Traum und Wirklichkeit begegnen sich auch in der Bodenkammer des Hauses, wo allerhand zahmes Getier sich in einem »Jagdrevier« zwischen vertrockneten Bäumen tummelt und wo der alte Ekdal mit seinem Sohn »auf die Jagd geht«. Inmitten der Tiere lebt auch eine flügellahme Wildente, die allein Hedvig gehört und von ihr an den abgöttisch geliebten Vater sowie an den Großvater zur »Jagd« jeweils nur ausgeliehen wird. In ihrer heilen Welt ist die Ente noch ein »*richtig wilder Vogel*«, während der Vater die unnatürliche Lebensweise des Tieres unbewußt als sein eigenes Schicksal kommentiert: »*Sie ist fett geworden ... sie hat das richtige wilde Leben vergessen; und nur darauf kommt es an.*« Die illusionäre Dachbodenwelt und die Geschichte von der Wildente, die sich todwund am Meeresboden festbeißt, bis der Jagdhund sie emporholt, wird für Gregers zum Symbol der in Illusion und Lüge verstrickten Ekdalschen Familie. Er will nun gleichsam als Spürhund die Wahrheit ans Licht bringen und das Lügengewebe zerreißen, das nach den Worten des liberalen Doktors Relling allein die Gesellschaft erhält. Deshalb eröffnet er Hjalmar die (vermeintliche) Wahrheit über Ginas Vergangenheit beim alten Werle, erreicht aber bei seinem Freund nicht einen Neubeginn in »*Wahrheit und Aufrichtigkeit*«, sondern nur Gekränktheit und Zerstörung seiner Illusionen. Wortreich will sich Hjalmar von seiner Familie trennen, bringt aber nicht einmal dazu genügend Energie auf. Hedvig aber wird ungewollt Zeuge der Aussprache zwischen Gregers und Hjalmar, und sie erinnert sich sowohl an Gregers' Worte, sie müsse zum Beweis ihrer Liebe dem Vater das größte Opfer bringen – gemeint war die Wildente –, als auch an die entsetzlich pathetische, aber nicht ernst gemeinte Frage ihres Vaters, ob sie für ihn das Leben opfern würde. Da sie in ihrem unreflektierten Weltverständnis dies alles völlig ernst nimmt, tötet sie in einem eigentlich untragischen Mißverständnis nicht die Wildente, sondern sich selbst mit der Pistole in der Dachkammer und bleibt als Opfer der unmenschlichen »Jagd« Gregers' auf der Strecke. Doktor Relling, für den die »*Lebenslüge das stimulierende Prinzip*« ist, glaubt sicher, daß das Kind in kurzer Zeit für den Vater nur noch »*ein schönes Deklamationsthema*« sein wird.

Ibsen hat in diesem 1883/84 in Deutschland entstandenen Gesellschaftsstück die Szenerie erstmalig und einmalig vom bürgerlichen Plüschsalon der Mittel- und Oberklasse in die armseligen Wohnverhältnisse der Unterklasse verlegt und zugleich zu seinem typischen Spätstil und dessen Verfahrensweisen gefunden. Zur analytischen Technik tritt nun ein auffallender Symbolisierungsprozeß, der den Realismus bzw. Naturalismus der Szene transzendiert. Das sozialkritische Engagement wird von Individualproblemen überlagert, darunter von zwei Hauptproblemkreisen: der in Gregers und Relling personifizierten Dialektik von Wahrheit und Lüge und dem in der Wildente und der Bodenkammer gespiegelten Problem von Schein und Wirklichkeit. Der Pseudonatur der Dachkammer entspricht die Pseudokunst des Fotoateliers. Nach Ibsens eigenen ästhetischen Anschauungen darf man den Fotografen Hjalmar als verkappten, gescheiterten Künstler (Dichter) interpretieren, der als »Sybarit« den Rest seines Künstlertums in die Illusionistik des Bodenkammer-Waldes und seiner »Erfindung« investiert. Diese verschiedenen Bezugsebenen werden alle im Bild der Wildente vereinigt und zusammengehalten, da dieses Symbol alle Kategorien von Schein und Sein, Künstlichkeit und Natur usw. in sich vereint. Der tödliche Ausgang wird durch die komisch-satirische Zeichnung der Charaktere nicht abgeschwächt, sondern realistisch vertieft, da er die idealistische Dialektik als unwirklich entlarvt. Gregers ist so auf keinen Fall als Sprachrohr des Autors zu sehen, wie manche Kritiker damals vermuteten. Der Realismus der Szene dürfte auch, den Einwänden von Ibsens Zeitgenossen BJØRNSON und KIELLAND zum Trotz, den Siegeszug des Werks nach der deutschen Erstaufführung 1888 über die europäischen Bühnen begründet haben, denn, wie Theodor FONTANE in einer Berliner Theaterkritik äußerte, »*was hier gepredigt wird, ist echt und wahr ..., und in dieser Echtheit und Wahrheit der Predigt liegt ihre geradezu hinreißende Gewalt*«.   F.Pa.

AUSGABEN: Kopenhagen 1884. – Kopenhagen 1900 (in *Samlede Værker*, 10 Bde., 1898–1902, 7). – Oslo 1932 (in *Samlede verker. Hundreårsutgave*, 21 Bde., 1928–1957, 10). – Oslo 1962; 5 1981 (in *Samlede verker*, 3 Bde., 3; Tb.). – Oslo 1978 (in *Samlede verker*, 7 Bde., 5).

ÜBERSETZUNGEN: *Die Wildente*, E. Brausewetter, Lpzg. o. J. [1887] (RUB). – Dass., M. v. Borch, Bln. 1887 (Nordische Bibl., 6). – Dass., G. Morgenstern, Lpzg. 1888. – Dass., W. Lange, Bln.-Steglitz 1907. – Dass., M. v. Borch [?] (in *SW*, Bd. 7, Bln. 1900). – Dass., H.-E. Gerlach, Stg. 1958 (RUB). – Dass., W. Lange, Ffm./Hbg. 1960 (zus. m. *Hedda Gabler*; EC, 12). – Dass., G. Schulte-Frohlinde, Mchn. 1962 (zus. m. *Hedda Gabler*; GGT). – Dass., M. v. Borch [?] (in *Dramen*, Bd. 2,

Mchn. ²1978). – Dass., P. Zadek u. G. Greiffenha-
gen, Ffm. 1983 (m. *Baumeister Solneß* u. *Hedda Gabler*; FiTb).

VERFILMUNGEN: *Haus der Lüge*, Deutschland 1925 (Regie: L. Pick). – Norwegen 1963 (Regie: T. Ibsen). – *Die Wildente*, BRD/Österreich 1976 (Regie: H. W. Geissendörfer).

LITERATUR: V. Erichsen Lynner, *Gregers Werle og I.s selvironi* (in Edda, 28, 1928, S. 249–262). – P. F. D. Tennant, *A Critical Study of the Composition of I.'s »Vildanden«* (ebd., 34, 1934, S. 327 bis 354). – O. Koppang, *Forutsetningene for »Vildanden« i I.'s tidligere diktning*, Oslo 1935. – A. Wyller, *»Vildanden«. En innledning og en kritikk* (in Edda, 36, 1936, S. 269–305). – K. Andersen, *Livsløgn og idealitet i »Vildanden«* (in Samtiden, 53, 1942, S. 297–306, 434–437). – S. Arestad, *»The Iceman Cometh« and »The Wild Duck«* (in Scandinavian Studies, 20, 1948, S. 1–12). – E. Thomsen, *»Vildanden« som centraldrama i H. I.s produktion*, Kopenhagen 1949. – P. Simonsen, *»Hamlet« og »Vildanden«* (in Edda, 50, 1950, S. 281–288). – O. Mosfjeld, *Det menneskelige innhold i »Vildanden«* (in Ibsenårbok 1952, S. 8–16). – G. Lindström, *Strindberg contra I.* (in Ibsenårbok 1955/56, S. 77–98). – F. Fleisher, *Livsløgnen hos O'Neill og »Vildanden«* (in Vinduet, 10, 1956, S. 154–160). – J. Kruuse, *»Vildanden«* (in J. K., *Mesterværker*, Kopenhagen 1956, S. 345–353). – O. Mosfjeld, *»Vildanden«* (in Edda, 56, 1956, S. 380–394). – O. Reinert, *Sight Imagery in »The Wild Duck«* (in JEGPh, 55, 1956, S. 457–462). – B. Urdal, *»Vildanden«* (in Edda, 58, 1958, S. 155 ff.). – E. Østvedt, *Mørkeloftet og miljøet i »Vildanden«* (in Ibsenårbok 1957–1959, S. 93 bis 108). – D. U. Seyler, *»The Sea Gull« and »The Wild Duck«: Birds of a Feather* (in MD, 8, 1965, S. 167–173). – F. Bull, *»Vildanden« og andre essays*, Oslo 1966 (vgl. dazu H. Noreng in Edda, 68, 1968, S. 139/140). – K. S. Guthrie, *Analysis of »The Wild Duck«* (in K. S. G., *Modern Tragicomedy*, NY 1966, S. 144–165). – B. Johnston, *The Metaphoric Structure of »The Wild Duck«* (in *Contemporary Approaches to I.*, Bd. 1, Oslo 1966, S. 72–95). – E. Høst, *»Vildanden« av H. I.*, Oslo 1967. – T. Støverud, *»The Wild Duck« – a Study in Ambiguity* (in T. S., *Milestones of Norwegian Literature*, Oslo 1967, S. 103–118). – E. M. Christensen u. L. Nilssen, *Om I.s »Vildanden«. To artikler*, Odense 1969. – O. Stokland, *Hjalmar Ekdal* (in Ergo, 1, 1970, S. 140–158; 2, 1971, S. 8–22). – E. Durbach, *Sacrifice and Absurdity in »The Wild Duck«* (in Mosaic, 7, 1973/74, Nr. 4, S. 99–107). – T. van Laan, *Language in »Vildanden«* (in Ibsenårbok 1974, S. 41–63). – E. Beyer, *Samfunnsbildet i »Vildanden«* (in Norskrift, 1, 1975, Nr. 2, S. 29–39). – J. S. Chamberlain, *I.s »Vildanden« in Relation to Georg Brandes' »Gustave Flaubert« and Gustave Flaubert's »Un cœur simple«* (in Scandinavica, 14, 1975, S. 37–43). – G. E. Rieger, *Indizien der Austauschbarkeit in »Vildanden«* (ebd., 15,

1976, S. 137–157). – J. Carr, *The Forest's Revenge: Subconscious Motivation in »The Wild Duck«* (in MLR, 72, 1977, S. 845–856). – C. Braw, *Gregers Werle* (in Horisont, 29, 1982, S. 48–51). – E. Durbach, *On the Centenary of »Vildanden«: The Life-Lie in Modern Drama* (in Scandinavian Studies, 56, 1984, S. 326–332).

ŠIHĀBADDĪN MUḤAMMAD IBN AḤMAD ABŪ L-FATḤ AL-IBŠĪHĪ

* 1388 Abšūya / Fayyūm (Ägypten)
† 1446

AL-MUSTAṬRAF FĪ KULLI FANN MUSTAẒRAF

(arab.; *Das Originelle über alle geistreichen Künste*). Adab-Enzyklopädie von Šihābaddīn Muḥammad Ibn Aḥmad AL-IBŠĪHĪ. – Mit seinem *Mustaṭraf* setzt al-Ibšīhī eine Tradition fort, die IBN QUTAIBA mit den *'Uyūn al-aḫbār* begründet hatte, und die mit IBN 'ABD RABBIHS *al-'Iqd al-farīd* u. a. fortgesetzt worden war. Wenn er der Reihe von Adab-Enzyklopädien eine neue hinzufügt, so tut er das, ebenso wie seine Vorgänger, in der Absicht, eine Sammlung zu bieten, *die alle geistreichen Künste umfassen soll*. Al-Ibšīhī wendet sich nicht an den Spezialisten, sondern an den bildungsbeflissenen Muslim und erhebt wie seine Vorgänger den Anspruch, in einem einzigen Werk alles das zusammengetragen zu haben, was ein gebildeter Durchschnittsbürger seiner Zeit an Kenntnissen haben sollte. Aber weit mehr als seine Vorgänger spezifiziert er den im Lauf der Jahrhunderte beträchtlich angewachsenen Stoff und bringt in 84 Kapiteln zu den verschiedensten abstrakten und konkreten Themen, wie Rhetorik, Freigebigkeit, Geiz, Kleidung, Gastlichkeit, Namen, Geschenke, Liebe, Wein, Krankheiten usw., was ihm zu dem betreffenden Sujet bekannt war, oder was er für besonders geistreich hielt. Er tut dies nicht erschöpfend oder wissenschaftlich, sondern kurzweilig und unterhaltend mit Zitaten aus der religiösen und profanen Überlieferung, Anekdoten usw., sowie zahlreichen Versen und Gedichten. Im Vorwort beruft sich al-Ibšīhī auf den *Qur'ān*, die *ḥadīṯ*-Literatur und Legenden, sowie auf AZ-ZAMAḪŠARĪS *Rabī' al-abrār* und Ibn 'Abd Rabbihs *al-'Iqd al-farīd*. Häufig jedoch sind die Angaben im Text recht vage, so daß die Vorlagen und direkten Quellen nur schwer bestimmbar sind.

Als Beispiel für die Themengliederung al-Ibšīhīs sei hier Kapitel 35, *Über das Speisen und die betr. Regeln* (ādāb), *Über die Gastlichkeit und das richtige Verhalten von Gastgeber und Gast, sowie Berichte* (aḫbār) *über Mahlzeiten u. a.*, angeführt: Es beginnt mit relevanten Zitaten aus dem Koran, an die sich medizinische und andere Ratschläge Muḥammads an seine Frau ʿĀʾiša und andere Personen anschließen, danach folgt ein Abschnitt über die Enthaltsamkeit hinsichtlich bestimmter Speisen. Im Zusammenhang mit den guten Sitten beim Essen zitiert al-Ibšīhī den angeblichen Ausspruch Muḥammads: »*Man soll mit der rechten Hand essen und trinken, denn mit der linken tut es der Teufel.*« Im nächsten Abschnitt wird vor unmäßigem Essen und Trinken gewarnt. Es folgen Anekdoten und schließlich ein längerer Abschnitt über die Gastlichkeit, über die rechte Bewirtung eines Gastes nebst Anweisungen, wie der Gast sich zu benehmen hat.

Al-Ibšīhīs *Mustaṭraf* fand überaus weite Verbreitung. Davon zeugen auch die vielen erhaltenen Handschriften und die große Zahl orientalischer Drucke, ferner eine türkische Übersetzung von Asʿad Efendi sowie eine anonyme Nachahmung mit dem Titel *Al-Mustazraf min zubd al-mustaṭraf (Das Geistreiche vom Allerbesten aus dem Mustaṭraf)*.   S.Gr.

AUSGABEN: Bulak 1855. – Kairo 1862. – Kairo 1949 u. ö.

ÜBERSETZUNG: *Al-Mostatraf*, G. Rat, 2 Bde., Paris/Toulon 1899 [frz.].

LITERATUR: Ch. Pellat, *Les encyclopédies dans le monde arabe* (in Cahiers d'Histoire Mondiale, 9, 1966, Nr. 3; ern. abgedr. in Ch. Pellat, *Études sur l'histoire socio-culturelle de l'Islam (VIIe–XVe s.)*, Ldn. 1976, S. 631–658).

IBUSE MASUJI

* 15.2.1898 Kamo / Präfektur Hiroshima

LITERATUR ZUM AUTOR:
J. W. Treat, *Pools of Water, Pillars of Fire: The Literature of Ibuse Masuji*, Seattle 1988.

KUROI AME

(jap.; *Ü: Schwarzer Regen*). Roman von IBUSE Masuji, von Januar 1965 bis September 1966 vorabgedruckt in der Zeitschrift ›Shinchō‹, und zwar bis Juli 1965 noch unter dem Titel *Mei no kekkon (Die Verheiratung der Nichte)*; als Buchausgabe erschienen 1966. – Gegenstand ist die durch den Atombombenabwurf über Hiroshima am 6. August 1945 über die Stadt und ihre Bewohner heraufbeschworene Katastrophe in all ihren grauenhaften unmittelbaren und mittelbaren Auswirkungen. Insofern handelt es sich bei diesem Roman gleichsam um eine späte Fortsetzung der weitgehend eigenes Erlebnisse Ibuses nachzeichnenden, bereits 1951 erschienenen Erzählung *Kakitsubata (Die Schwertlilie)*. Nicht nur der Gegenstand als solcher, sondern auch Bilder und Motive daraus kehren in dem vierzehn Jahre später entstandenen Roman wieder.

Im Mittelpunkt des Geschehens stehen der kleine Angestellte Shizuma Shigematsu und seine Frau Shigeko sowie deren Nichte Yasuko. Zu dritt leben sie jetzt in Kobatake, einem Dorf fast hundert Kilometer von Hiroshima entfernt, nachdem sie getrennt voneinander und auf unterschiedliche Weise dem Inferno am Morgen des 6. August 1945 entgangen sind. Der Verdacht, Yasuko könnte an der heimtückischen Strahlenkrankheit leiden, hatte bisher alle Hoffnungen auf eine Ehe für sie immer wieder zerschlagen. Doch fast fünf Jahre nach Kriegsende bietet sich plötzlich noch einmal eine recht verheißungsvolle Aussicht auf eine Heirat. »*Shigematsu, der diesmal ganz sichergehen wollte, daß nicht wieder Gerüchte über die Strahlenkrankheit alles zunichte machten, ließ von einem angesehenen Arzt ein Gesundheitszeugnis für Yasuko ausstellen, das er der Vermittlerin mit der Post zuschickte.* ›*Diesmal wird es klappen*‹*, meinte er reichlich selbstsicher.*« »*Im Verlauf der Dinge stellte sich aber heraus, daß er mehr Vorsicht als Voraussicht hatte walten lassen. Die Heiratsvermittlerin mußte sich bei jemand im Dorf nach Yasukos Gesundheit erkundigt haben, denn es kam ein Brief, in dem gefragt wurde, wo in Hiroshima sich Yasuko an dem Tag, als die Bombe fiel, aufgehalten habe und wo sie bis zu ihrer Rückkehr nach Kobatake gewesen sei.*« Nicht mehr selbstsicher, dafür aber um so empörter sagt daraufhin Shigematsu: »›*Eine Schande ist das, einen wie einen unheilbaren Invaliden zu behandeln, bloß weil die Leute blödes Zeug reden. Laßt sie nur tratschen. Wir werden auch das überstehen. Wir finden schon einen Ausweg, bestimmt.*‹« – Und als Ausweg erscheint ihm, minutiös jenen schicksalsschweren Tag nachzuzeichnen, um damit den Nachweis zu erbringen, daß Yasuko weit vom Zentrum der Bombenexplosion entfernt war – woraus dann zu schließen wäre, daß sie keinerlei Schäden davongetragen haben kann. Zweifaches Geschehen ist also darzustellen: das sich gegenwärtig vollziehende, das ist der Alltag der drei Hauptpersonen und ihrer Mitbewohner in dem Dorf Kobatake, und zweitens das, was sich etwa fünf Jahre zuvor in den ersten Augusttagen des Jahres 1945 in Hiroshima zugetragen hat. Um diesem in Raum und Zeit mehrdimensionalen Bild größtmögliche Authentizität zu verschaffen, greift Ibuse auf ein Verfahren zurück, das er seit 1930 mit der allerdings erst 1938 vollendeten Erzählung *Sazami gunki (Wellen. Ein Kriegstagebuch)* bereits mehrfach erfolgreich erprobt hatte, nämlich die Verwendung des Tagebuchs, um Unmittelbarkeit zu simulieren.

»*Ein Ereignis wie ›Hiroshima‹ ist viel zu gewaltig, um es zum Gegenstand eines literarischen Werkes zu machen*«, schrieb Ibuse 1970 in einer Reflexion über den eigenen, vier Jahre zuvor abgeschlossenen Roman. Darin bekennt er sich noch einmal nachdrücklich zum Anliegen, zur Methode und zu dem bei diesem Werk gewählten Verfahren: »*Es ist kein Gegenstand, den jemand gestützt auf seine Phantasie gestalten könnte. Je genauer man zu schreiben bemüht ist, desto mehr stockt die Feder. Sogar dem, der die Atombombenexplosion miterlebte, dürfte es schwerfallen, das Gesamtbild zu erfassen.*« Ein so grausiges, sich der Beschreibung entziehendes Ereignis könne also nach Ibuses Auffassung ein einzelner nicht bewältigen, der einzige Weg sei vielleicht, so meint er, »*das Gesehene und Gehörte vieler Zeugen getreu aufzuschreiben, es abzuwägen, es zu einem Ganzen zu ordnen*« und es zu veröffentlichen, um »*den Leser zu dem Gedanken zu führen: Das ist die Wirklichkeit. Nie wieder Atombomben!*«

Das Werk, gleichsam eine Synthese von nüchternem Protokoll und psychologischem Roman, erscheint am Ende als eine Montage aus verschiedenen Tagebüchern oder tagebuchähnlichen Aufzeichnungen, ergänzt durch auktoriale Verbindungspassagen. Ausgangspunkt ist Yasukos Tagebuch aus den Augusttagen 1945. Die Hauptsache aber bildet das mit einer Eintragung vom 15. August 1945 – dem Ende des Zweiten Weltkriegs – abgeschlossene »Tagebuch von der Bombe« Shigematsus. Dieses Tagebuch, das dokumentarische Akribie mit psychologischer Verdichtung der Empfindungen verbindet, rückt in dem Maße in den Mittelpunkt, wie die fast fünf Jahre lang genährte Hoffnung schwindet, Yasuko habe »Hiroshima« unbeschadet überstanden; die Strahlenkrankheit, also die Anämie Yasukos wird manifest, und das Mädchen siecht rettungslos dahin. Hinzu kommen ein Bericht von Shigematsus Frau über die »Kriegsbeköstigung in Hiroshima« sowie das Tagebuch, das Yasuko zu führen beginnt, als ihre Krankheit ausbricht, und schließlich gleichsam als Kontrapunkt zum Krankheitstagebuch Yasukos der Bericht eines Arztes, der schwerste Verwundungen bei der Bombenexplosion davontrug und durch äußerste Willensanspannung trotzdem überlebte, ergänzt durch Notizen seiner Frau.

Die Erzählung innerhalb der Erzählung, der damit oft verbundene Wechsel der Perspektive und der Zeitebene führen zu einer ständigen Verbindung und Durchdringung von Gegenwärtigem und Vergangenem. Einerseits entstehen aus den verschiedenen Blickwinkeln, die die Sicht auf ein und denselben Gegenstand eröffnen, nämlich »Hiroshima«, unerhört verdichtete und eindringliche Bilder, die sich facettenartig wie ein Mosaik zu einem Gemälde des Grauens zusammenfügen, aus dessen Architektur suggestiv moralische und philosophische Kommentare entstehen, wobei aber eine merkwürdige Distanziertheit zum Gesamtgeschehen ein bestimmendes Merkmal bleibt. Das scheinbare Unbeteiligtsein des Autors entspringt offenbar seiner Ästhetik, weil sich der Wirklichkeitsstoff dem Mit- und Einfühlen widersetzte. Ein Shigematsu z. B. ist zum Mitleiden mit dem anderen in dieser Apokalypse nicht mehr fähig, weil ihn ein Mitleiden unweigerlich in den Wahnsinn getrieben hätte. – Andererseits stehen den Schreckensbildern zutiefst poetische Sequenzen und Bilder von

menschlicher Wärme gegenüber, die zwar das Ausmaß des Furchtbaren noch deutlicher machen, aber zugleich auch das Versinken in bodenlosen Pessimismus verhindern. Und selbst als zur Gewißheit wird, daß Yasuko sterben muß, bleiben menschliche Hoffnung und der Wille zum Überleben das Bestimmende, symbolisiert dadurch, daß es Shigematsu und seinen zwei Freunden – sie sind selber von der Strahlenkrankheit gezeichnet – endlich gelungen ist, Karpfen in einem Zuchtteich heranzuziehen. Ibuse gelingt es, den Menschen inmitten dieser Katastrophe zu porträtieren, den Schrecken der Atombombe zu verbildlichen und damit zwar nicht die historischen Dimensionen dieses Themas auszuleuchten, wohl aber die menschlichen, auf das Individuum bezogenen, das selbst ein direktes oder indirektes Opfer ist. Er verzichtet auf melodramatische Töne; Verhaltenheit und stille Resignation herrschen vor; genaue Beobachtung und Beschreibung, eine subtile Ironie und bisweilen selbst feiner Humor machen auch diesen Roman, der bis 1986 in elf Sprachen übersetzt wurde, zu einem unverwechselbaren Werk Ibuses.   J.B.

AUSGABEN: Tokio 1966 u. ö. – Tokio 1974/75 (in *Ibuse Masuji: zenshū*, 14 Bde.).

ÜBERSETZUNG: *Schwarzer Regen*, O. Brandstätter, Bln./DDR 1974; ²1984 [aus d. Engl.; Nachw. J. Berndt]. – Dass., ders., Ffm. 1985 (Nachw. S. Schaarschmidt; FiTb).

VERFILMUNG: Japan 1989.

LITERATUR: A. G. Kimball, *After the Bomb* (in A. G. K., *Crises in Identity and Contemporary Japanese Novels*, Tokio 1973). – A. V. Liman, *Ibuse's »Black Rain«* (in *Approaches to the Modern Japanese Novel*, Hg. K. Tsuruta u. T. E. Swann, Tokio 1976). – A. V. Liman, *The Old Man and the Bomb* (in *Life, Death and Age in Modern Japanese Fiction*, Hg. Reiko Tsukimura, Tokio 1978).

SANSHŌUO

(jap.; *Ü: Der Salamander*). Kurzgeschichte von IBUSE Masuji, erschienen 1923 unter dem ursprünglichen Titel *Yūhei (Einkerkerung)*, 1929 überarbeitet und umbenannt in *Sanshōuo*. – »*Der Salamander war betrübt. Er hatte aus dem Felsloch, in dem er wohnte, herausgewollt, aber sein Kopf blieb im Ausgang stecken, und so war nichts daraus geworden. Das Felsloch, nun für alle Ewigkeit sein Domizil, hatte einen gar zu schmalen Zugang. Ziemlich finster war es auch. Als er sich mit Gewalt hinauszuzwängen versuchte, pfropfte sein Kopf wie ein Korken den Eingang zu. Jetzt hatte der Salamander den Beweis dafür, wie sehr er in den letzten beiden Jahren gewachsen war. Das machte ihn bestürzt und betrübt. ›So ein Reinfall!‹ . . . Er stieß einen tiefen Seufzer aus, und als hätte er einen großen Entschluß gefaßt, murmelte er dann vor sich hin: ›Sollte ich hier wirklich nicht mehr* rauskommen, weiß ich schon, was ich tue.‹ In Wahrheit aber hatte er gar keinen nützlichen Gedanken.« – Die Tragödie des Salamanders ist total, aber er will es sich nicht eingestehen, sondern versucht sich zu trösten: »… aus dem Dunkeln heraus einen hellen Ort zu beobachten, das ist doch interessant … Und man sieht niemals so viele Dinge, als wenn man aus einem kleinen Fenster hinausblickt.« Dann setzt die Auflehnung ein, aber der Kopf ist zu dick für das kleine Loch im Felsen, und er muß erkennen: Eingekerkert auf Lebenszeit! Es folgt erst laute, doch schließlich immer stiller werdende Verzweiflung, in der er auch einem Frosch, der sich in seine Höhle verirrt hat, den Weg nach draußen nicht mehr freigibt, so daß sie beide Gefangene für ewig sind. Am Ende bleibt nur noch Resignation. Der Frosch gesteht: »›Ich bin so verhungert, daß ich mich nicht mehr bewegen kann.‹ ›Dann ist es also aus mit dir?‹ Der andere antwortete: ›Ja, es scheint so.‹ Nach einer Weile fragte der Salamander: ›Woran denkst du jetzt eigentlich?‹ ›Ach weißt du‹, erwiderte der andere sehr schüchtern, ›selbst jetzt bin ich nicht mal böse auf dich.‹« – Diese Kurzgeschichte, die üblicherweise als das Erstlingswerk Ibuses und heute als ein Kleinod moderner japanischer Kurzprosa gilt, ist eine feinsinnige, leicht skurrile, Spott und Selbstverspottung einschließende Satire auf intellektuelles Getue im allgemeinen und auf die Haltung und Bewußtseinslage eines großen Teils der damaligen jungen Intellektuellen im besonderen. »Als ich den ›Salamander‹ las«, schrieb der Erzähler DAZAI Osamu, den zeitlebens eine enge Freundschaft mit Ibuse verband, »wurde ich so aufgeregt, daß ich nicht mehr stillsitzen konnte.« Allein dieser Ausspruch beweist, wie genau Ibuse in kritisch-humorvoller Art entscheidende Verhaltensweisen vieler Angehöriger seiner Generation in dieser Kurzgeschichte, einer Tierfabel im klassischen Sinne, nachgezeichnet hat. In der Gestalt des Salamanders symbolisiert sich das Schicksal des Intellektuellen, dessen Kopf so groß wird, daß er seine enge Behausung nicht mehr verlassen kann und elend in ihr zu Grunde geht.   J.B.

AUSGABEN: 1923. – Tokio 1974/75 (in *Zenshū*, 10 Bde.).

ÜBERSETZUNG: *Der Salamander*, J. Berndt (in I. M., *Pflaumenblüten in der Nacht*, Lpzg. 1981; ern. Bln. 1985).

YOFUKE TO UME NO HANA

(jap.; *Ü: Pflaumenblüten in der Nacht*). Kurzgeschichte von IBUSE Masuji, erschienen 1925 und Titelgeschichte der 1930 veröffentlichten ersten Sammlung von Kurzprosa Ibuses. – Von Hunger und Mißmut geplagt, trottet der Ich-Erzähler nachts um zwei durch die verlassenen Straßen des Ushigome-Benten-Viertels auf der Suche nach einem billigen Lokal. »Hinter dem hohen Zaun eines vornehmen Hauses blühte ein Pflaumenbaum. Er war

hübsch anzusehen. Ich hatte den Kopf ein wenig gehoben, weil ich mir gerade den Mantelkragen hochschlagen wollte. Genau in dem Moment und für mich völlig überraschend kam ein Mann aus dem Schatten eines Telegrafenmastes hervorgetorkelt und vertrat mir den Weg. Er streckte sein Kinn vor und rief: ›He, du! Ist mein Gesicht nicht blutverschmiert?‹« In der Tat, der Betrunkene ist verletzt, er drängt sich in einer geradezu gewalttätigen Art dem Ich-Erzähler auf und drückt ihm schließlich völlig unmotiviert einen Fünf-Yen-Schein in die Hand. »›Für mich? Nein, mein Lieber, den behalt mal schön.‹ Ich legte den Geldschein auf die Krempe seines Hutes und wollte losrennen. Aber er hielt mich am Mantel fest. Und ehe ich mich's versah, hatte er mich auch schon an der Brust gepackt. ›Loslassen! Loslassen, sag ich! Was fällt dir ein!‹ ›Du willst den Schein nicht nehmen! So was Eingebildetes! Du nimmst ihn, oder ich erzähl allen, daß du es warst, der mich so zugerichtet hat.‹ Von sich und seinen Fähigkeiten offenbar selbst sehr überzeugt, begann er mich zu würgen. ›Hör auf!‹ Jetzt hieß es, Besonnenheit zu zeigen. ›Hör auf! Ich nehm den Schein ja.‹ ›Dann nimm ihn! Ich laß mich nicht gern beleidigen.‹« – Unverschuldet ist der Ich-Erzähler, der sich ohnehin »dauernd von der Welt bedroht« fühlt und in bedrückender Ziellosigkeit seine Tage verbringt, zum Schuldner geworden. Schon am nächsten Tag nimmt er sich vor, dem Mann die fünf Yen zurückzugeben, um sein Gewissen zu erleichtern, aber sein Geld reicht nicht. »Denn um die Wahrheit zu sagen, hatten Zigaretten, Briefumschläge, die Reparatur meiner Holzsandalen und das Abendessen die fünf Yen der letzten Nacht ziemlich schrumpfen lassen. Und nun lagen mir die fünf Yen mehr auf der Seele, als wenn ich einen Diebstahl begangen hätte.« Es gelingt ihm dennoch nicht, sein Geld zusammenzuhalten. Nach einem Jahr aber schreitet er zur Tat, versetzt seinen Mantel und seine Uhr. Nur ist jetzt der Mann nirgendwo mehr aufzufinden. So trinkt sich der Erzähler nun selber einen Rausch im Ushigome-Benten-Viertel an, sieht hinter dem hohen Zaun den blühenden Pflaumenbaum und vor sich den Telegrafenmast, bis ihn die rauhe Stimme eines Polizisten von seinen Wahnbildern und zugleich von seinen Gewissensbissen befreit.

Ohne – wie viele seiner Zeitgenossen – in Selbstmitleid zu verfallen, zeichnet Ibuse in dieser Kurzgeschichte mit ihrer traumhaften Atmosphäre ganz offensichtlich ein Selbstporträt, undramatisch, unpathetisch, dafür voller Ironie und dem ihm eigentümlichen humorvollen Grundton, durch den selbst die Banalitäten des Alltags für ihn nicht zum Trivialen werden. Es ist die Fähigkeit zur Selbstverspottung, die das Gefühl der eigenen Hilflosigkeit, des Verfolgtseins, der kreatürlichen Angst vor Einsamkeit und des Verdrossenseins überwindet.   J.B.

AUSGABEN: 1925. – 1930. – Tokio 1974/75 (in *Zenshū*, 10 Bde.).

ÜBERSETZUNG: *Pflaumenblüten in der Nacht*, J. Berndt, Lpzg. 1981; ern. Bln. 1985.

YŌHAI TAICHŌ

(jap.; *Ü: Ehrerbietung aus der Ferne*). Erzählung von IBUSE Masuji, erschienen 1950. – Bisweilen wird die Ruhe in dem kleinen, entlegenen Dorf Sasayama durch den ehemaligen Oberleutnant Okazaki Yuichi, der nach einer Verwundung kurz vor Kriegsende als wehruntauglich in seine Heimat entlassen wurde, gestört. Er *»ist nicht ganz richtig im Kopf. Für gewöhnlich verhält er sich recht still und zurückhaltend, lebt aber ständig in dem Glauben, der Krieg dauere noch an und er sei nach wie vor Soldat.«* Wenn er jedoch einen seiner Anfälle bekommt, befiehlt er auf der Dorfstraße manchmal: *»Zum Sturmangriff! Vorwäärrts!‹ und manchmal auch: ›Volle Deckung!‹ Die den Befehl zum Angriff bekommen, sind noch am besten dran. Denn wenn sie befehlsgemäß losstürmen, können sie sich ohne viel Umstände im Laufschritt gleich aus dem Staub machen. Wer aber den Befehl erhält, volle Deckung zu nehmen, der kann nur hoffen, daß er in seiner Arbeitskluft steckt. Hat er sich jedoch zum Ausgehen fein herausgeputzt, dann ist er übel dran. Macht er nun Anstalten, in Deckung zu gehen, zeigt Yuichi sich hocherfreut. Fügt er sich indessen dem Befehl nicht, dann schreit Yuichi: ›Du Idiot! Da vorn steht der Feind! Volle Deckung!‹ und versucht, den anderen in den Graben zu stoßen.«* – In dieser für Ibuse typischen humorvollen Art wird anfangs mehr in menschlich warmem ironischen denn in bitterbösem satirischen Grundton von dem »antiheldischen« Kriegshelden Okazaki, seiner Herkunft und seinem Werdegang, von seinem jetzigen Gebaren und Leben erzählt. Abgesehen von einigen seltenen ernsthaften Zusammenstößen vor allem mit Ortsfremden bleiben die gelegentlichen Schikanen durch den lahmenden, geistesgestörten ehemaligen Oberleutnant Episoden am Rande des ländlichen Alltags. Allerdings weiß niemand – selbst seine Mutter nicht – um die näheren Umstände der Verwundung und Bewußtseinstrübung des jetzt zweiunddreißigjährigen Yuichi. Eines Tages jedoch kann ein aus sowjetischer Kriegsgefangenschaft heimkehrender Dorfbewohner das Geheimnis lüften, denn bei seiner Rückkehr ist er zufällig einem ehemaligen Untergebenen Yuichis begegnet. – Und nun wird eine zweite Handlungs- und Zeitebene eingefügt, es beginnt eine Erzählung innerhalb der Erzählung. Zunehmend klingen bissige satirische Töne an, die unmenschlichen Mechanismen in der Armee werden enthüllt und der Irrsinn jeglichen Krieges vorgeführt, wobei zweifellos persönliche Erfahrungen des Autors, die er als Kriegskorrespondent auf dem südostasiatischen Kriegsschauplatz sammelte, mit einfließen: Der stramme Zugführer Okazaki Yuichi, der keine Gelegenheit ausließ, seine Leute antreten zu lassen, um dem kaiserlichen Kriegsherrn mit dem *»Blick nach Osten«* aus der Ferne die Ehrerbietung zu erweisen, ist auf sehr unheldische Art, die zudem einem Gefreiten das Leben kostet, zu seiner Verwundung gekommen. Bei der Überquerung einer Behelfsbrücke in der Nähe von Kuala Lumpur versagt plötzlich der Motor des Füh-

rungsfahrzeuges, es bleibt stehen. Die Soldaten hinten auf dem Wagen lassen den Blick über die mit Bombentrichtern übersäte Landschaft schweifen, und laut meint der Gefreite Tomomura: *»Der ganze Krieg ist reine Verschwendung! Und was für eine Verschwendung! Der kostet was!«* Der Zugführer Oberleutnant Okazaki springt aus der Fahrerkabine, steigt hinten hinauf zu den Soldaten, stellt den Gefreiten zur Rede und schlägt ihm wegen seiner defätistischen Äußerung ins Gesicht. Im selben Augenblick ruckt der Wagen an. Der Zugführer verliert das Gleichgewicht und klammert sich im Fallen an den Gefreiten. Beide *»stürzten auf den Rand der Brücke, prallten gegen eine Seitenplanke und fielen in den Fluß. Zu allem Unglück warteten dort die Reste der ehemaligen Betonbrücke auf sie. Der Zugführer schlug der Länge nach auf die Trümmer auf. Der Gefreite aber stürzte kopfüber in die Tiefe und rollte über die Betonbrocken hinweg ins Wasser.«* – *»Hier hatte man, auf wenige Augenblicke zusammengedrängt, erlebt, was Krieg ist. ›Verschwendung‹ war wohl noch nicht mal das richtige Wort.«* Die Erzählung geht wieder in die erste Zeit- und Handlungsebene über, und bald erlebt auch der Heimkehrer seine Begegnung mit dem Immer-noch-Oberleutnant.
In gänzlich unpathetischer Manier zeichnet Ibuse in dieser Erzählung – im Unterschied zu seinen oft allegorischen und symbolhaften Frühwerken – realistisch mit sehr viel Liebe zum Detail Bilder, die einen in der japanischen Literatur seltenen Blickwinkel auf das Thema Krieg und Kriegsopfer eröffnen und sich in ihrer Komik, ihrem spröden Humor und ihrer Ironie – ohne daß damit der gebotene Ernst verletzt würde – zu einer Szenenfolge bündeln, die den Stempel des Unverwechselbaren trägt und durch ihre besondere Art der Darstellung zu einem der überzeugendsten Werke japanischer Antikriegsliteratur wird.   J.B.

AUSGABEN: 1950. – Tokio 1974/75 (in *Zenshū*, 10 Bde.).

ÜBERSETZUNG: *Ehrerbietung aus der Ferne*, J. Berndt (in *Träume aus zehn Nächten. Moderne japanische Erzählungen*, Hg. ders., Bln./DDR 1975). – Dass., ders. (in I. M., *Pflaumenblüten in der Nacht*, Lpzg. 1981; ern. Bln. 1985).

IBYKOS

2. Hälfte 6. Jh.v.Chr.

DAS LYRISCHE WERK (griech.) des IBYKOS. Der aus der süditalienischen Kolonie Rhegion stammende frühgriechische Chorlyriker besuchte auf ausgedehnten Reisen das Stammgebiet des

Griechentums und verknüpfte dabei seinen Namen vor allem mit der Insel Samos und mit der Person des dortigen Tyrannen Polykrates (522 gestürzt), an dessen Hof sich zu jener Zeit auch ANAKREON befand. Man glaubte im Altertum den Grund für das Verlassen der Heimat angeben zu können: Dem jungen, einem altadligen Einwanderergeschlecht entstammenden Dichter habe sich die Gelegenheit geboten, Tyrann seiner Heimatstadt zu werden, Ibykos aber habe sich der Aufgabe, durch die Emigration entzogen. Wann und wie er gestorben ist, läßt sich nicht mehr feststellen; die in SCHILLERS Ballade *Die Kraniche des Ibykus* verarbeitete Version ist eine antike Wandersage, die schon früh auch auf Ibykos übertragen worden ist.

So dürftig diese biographischen Notizen und so spärlich die erhaltenen Fragmente sind (von den etwa sechzig Bruchstücken ist das meiste unbrauchbar), es läßt sich von ihnen doch noch Wichtiges über die Persönlichkeit des Dichters und sogar über seine innere Entwicklung ablesen. Solange er in Unteritalien wirkte, scheint er ganz unter dem Einfluß der STESICHOROS gestanden zu sein. Seine Tanzlieder waren erfüllt vom Geist der Epen HOMERS und HESIODS, wozu sich noch einzelne Züge der alten Orphik gesellten. Auch Diktion und Stil eignete er sich in dieser Sphäre an (und er blieb ihnen sein Leben lang treu): eine wort- und bildreiche Sprachform, der epische Kunstdialekt im Gewand dorischer Würde; man gewinnt das Gefühl des Überladen-Schweren, vermißt die ionische Zierlichkeit.

In Samos jedoch, in der städtisch-zivilisierten Aura des Hofes, wandeln sich plötzlich die Motive, und der Dichter wird zu dem, als der er ins Gedächtnis von Mit- und Nachwelt einging: zum »*liebeswahnsinnigsten*« aller frühen Poeten (so die *Suda*, und CICERO hat ähnlich geurteilt). Nun spricht er nicht mehr von Kassandra und Priamos, von Tydeus und Althaia, von Eris und Helena; sein einziges, allbeherrschendes Thema wird der Eros, das Leiden und die Leidenschaft für die Schönheit der Knaben. Die Natur kennt ihren ruhigen Wechsel, singt er einmal (Frg. 6D.), im Frühling blühen Quitten und Wein, »*mir aber ruht die Liebe keine Stunde*«, wie ein thrakischer Sturmwind dörrt ihn der Wahnsinn der Kypris. Ein andermal heißt es: »*Wiederum blickt mich Eros unter schwarzen Lidern mit schimmernden Augen an und wirft mich mit vielfachem Zauber in die unentrinnbaren Netze der Kypris*«; der Dichter aber zittert bei seinem Nahen wie ein alterndes Rennpferd, das den Kampf verweigern möchte (Frg. 7D.). Liebe und Altern, begehrenswerte Schönheit und leidenschaftliche Sehnsucht – das sind Klänge, die wir auch bei SAPPHO, ALKAIOS, MIMNERMOS vernehmen. Und doch, wie anders, wieviel stürmischer, impulsiver klingt sein »*Ich aber...*«; da wird plötzlich der ihm eigene Sprachschatz, die reiche, kraftvoll altertümliche Diktion genuines Mittel der Expression. Dennoch verströmt sich – wie bei jenen – das Lied nicht in der poetisch-pathographischen Darstellung der persönlichen Empfindung, sondern wird gebunden durch ein Element objekti-

vierender Distanz: Diese höchst privaten Themen werden nicht von einem einzelnen, gar vom Poeten selbst vorgetragen, sondern von einer tanzenden Gruppe gesungen, das lyrische Ich wechselt über in die Gestalt des Männerchores, die Passion wird ganz im Vollzug ihres Ausdrucks aufgehoben.

Im Alter scheint die Schaffenskraft des Ibykos zuweilen nachgelassen zu haben: Das längste, auf einem Papyrus gerettete Fragment – eine panegyrische Ode auf den jungen Polykrates, den Sohn des Tyrannen – ist eine endlose Aposiopese in Strophe-Antistrophe-Epoden-Form ohne innere Kraft. Sie ist denn auch manchem Tadel ausgesetzt gewesen. Doch ist die Zuweisung an Ibykos unumstößlich, und der Schluß liegt nahe, daß es sich hier eben um ein zweckbezogenes Huldigungsgedicht handelt – ein Metier, in dem sich der Poet sichtlich unwohl fühlte. Sein Gebiet war und blieb die chorisch getanzte Liebeslyrik, und seine Stellung im Kreis der alten Tanzkomponisten ist so unbestritten, daß ihn die Alexandriner selbstverständlich in den Kanon aufnahmen und mit ALKMAN, Stesichoros, SIMONIDES, BAKCHYLIDES und PINDAR den exemplarischen Monodikern Sappho, Alkaios und Anakreon zur Seite stellten.

E.Sch.

AUSGABEN: Göttingen 1833 (*Ibyci Rhegini Carminum Reliquiae*, Hg. F. G. Schneidewin). – Lpzg. 1925 (in *Anthologia Lyrica Graeca*, Hg. E. Diehl, Bd. 2, Tl. 5; ³1954; Nachdr. 1964). – Oxford 1962 (in *Poetae Melici Graeci*, Hg. D. L. Page). – Reggio Calabria 1966 (in *Testimonianze e frammenti*, Hg. F. Mosino; m. ital. Übers.). – Oxford 1986 (in *Lyrica Graeca Selecta*, Hg. D. L. Page).

ÜBERSETZUNGEN: In *Altgriechische Lyrik in Deutsch*, J. Geffken u. J. Schultz, Bln. 1895. – In *I lirici greci tradotti*, G. Fraccaroli, Turin 1913 [ital.]. – In *Griechische Gedichte*, H. Rüdiger, Mchn. 1944. – In *Poems of Alcman, Sappho and Ibycus*, O. Mark u. E. Morwitz, NY 1945 [engl.]. – In *Fragmente frühgriechischer Lyrik*, E. Peterich, Zürich 1948. – In *Das Erwachen*, M. Hausmann, Bln. 1949; ern. Zürich 1976.

LITERATUR: Schmid-Stählin, 1/1, S. 489–197. – C. M. Bowra, *Greek Lyric Poetry*, Oxford 1936; ²1961, S. 241–267. – D. L. Page, *Ibycus' Poem in Honour of Polycrates* (in Aegyptus, 31, 1951, S. 158–172). – A. Presta, *I poeti calabrese della Magna Grecia* (in *Almanacco Calabrese*, Rom 1957, S. 55–72). – A. Colonna, *L'antica lirica greca*, Turin ⁵1962, S. 213–219. – M. Macri, *Ibico, poeta del sogno* (in Annuario scolastico 1964/65 della scuola Media Statale ›Vittorino da Feltre‹ di Reggio Calabria, 1965, S. 58–64). – H. Fränkel, *Dichtung u. Philosophie des frühen Griechentums*, Mchn. ³1969, S. 319–332; Nachdr. 1976. – J. P. Barron, *Ibycus. To Polycrates* (in Bull. of the Institute of Classical Studies of the Univ. of Ldn., 16, 1969, S. 119–149). – B. Gentili, *Poeta – committente – pubblico. Stesicoro e Ibico* (in *Studi in onore di A. Ardizzoni*, Hg. E. Livrea u. G. A. Privitera, Rom

1978, S. 393–401). – C. Gallavotti, *La primavera di Ibico* (in Bollettino dei classici, 2, 1981, S. 120–135). – J. Person, *Le poème à Polycrate, une ›palinodie‹ d'Ibycus* (in RPh, 56, 1982, S. 33–56). – L. Woodbury, *Ibycus and Polycrates* (in Phoenix, 39, 1985). – M. Davies, *Symbolism and Imagery in the Poetry of Ibycus* (in Herm, 114, 1986).

JORGE ICAZA

* 10.6.1906 Quito
† Mai 1978 Quito

HUASIPUNGO

(span.; *Ü: Huasipungo*). Roman von Jorge ICAZA (Ekuador), erschienen 1934. – »Huasipungo« ist das Ketschua-Wort für ein kleines Stück Land, das der Großgrundbesitzer den Indios als Lohn für die Bearbeitung seiner Ländereien zur Nutzung überläßt. Dieses Stückchen Boden ist ihre Heimat, ihr einziger Besitz und ihre einzige Erwerbsquelle. Nimmt man es ihnen, so nimmt man ihnen die Möglichkeit zu leben. Eben das geschieht immer dann, wenn diese armseligen Parzellen aus irgendeinem Grund für die *gringos*, die ausländischen Ausbeuter und Investoren, wertvoll werden. In Schuldknechtschaft und Leibeigenschaft unter einem gesellschaftlichen und wirtschaftlichen System, das die schlimmsten Mißstände der mittelalterlichen Feudalherrschaft verewigt hat, sind die Eingeborenen schutzlos der Willkür der Landherren und ihrer Hintermänner ausgeliefert; ihre Rebellionen werden stets brutal niedergeschlagen.
Der konkrete Fall, den Icaza schildert, spielt in den zwanziger Jahren dieses Jahrhunderts auf der Hochebene von Ekuador. An den Osthängen der Anden haben die Nordamerikaner Erdöl entdeckt; zu den Lagerstätten muß eine Straße durch den Sumpf gebaut werden. Der Großgrundbesitzer Alfonso Pereira schickt, unterstützt vom Pfarrer und anderen Weißen, die an dem Geschäft interessiert sind, scharenweise Indianer zu dieser mörderischen Arbeit; ihre Leichen säumen bald die Baustelle. Die Überlebenden treibt der Pfarrer an: »*Für jeden Meter, den ihr vorankommt, lächelt euch der Vater im Himmel.*« Schließlich bricht auf der Hacienda Cuchitambo ein Indioaufstand los: Man hat die Eingeborenen von ihren Huasipungos vertrieben und das Land an die Ölgesellschaft verkauft. Kurze Zeit können sich die Rebellen halten, dann werden sie von einer Strafexpedition aus Quito bis zum letzten Mann niedergemetzelt. Die alte Ordnung ist wiederhergestellt.
Dieser Roman, der Icaza international bekannt gemacht hat, gilt als eines der bedeutendsten Werke des Indigenismus, in dem die jahrhundertewährenden unmenschlichen Lebensbedingungen und die soziale Rechtlosigkeit der Indianer aufgezeigt und angeprangert werden. Der Autor schildert Leben und Kampf der Eingeborenen mit schonungslosem Realismus und in einer Sprache von kalter, aggressiver, grausamer Ironie. Der kleinen Gruppe unmenschlicher Weißer, deren einziges Motiv die Gewinnsucht ist, steht die *indiada* gegenüber, eine gleichförmige Masse, in der es keine individuellen Schicksale mehr gibt, sondern nur noch kollektives Leid an der brutalen, mörderischen Ausbeutung. Wegen seiner einseitigen und kompromißlosen Parteinahme für die Eingeborenen sind Werk und Autor als demagogisch und kommunistisch abqualifiziert worden. Jede Einzelheit dieses Bildes barbarischer Scheußlichkeiten läßt sich indes dokumentarisch belegen. Damit wird der Roman selbst zum Zeugnis des Protests gegen die Verachtung der Menschenwürde.   A.F.R.

AUSGABEN: Quito 1934. – Buenos Aires 1960. – Mexiko 1961 (in *Obras escogidas*). – Barcelona 1979.

ÜBERSETZUNGEN: *Huazi-Pungo, Ruf der Indios*, P. Zech, Rudolfstadt 1952. – *Huasipungo. Roman aus Ekuador*, E. Bluth, Ffm. 1955. – *Huasipungo. Unser kleines Stückchen Erde*, S. Heintz, Bornheim-Merten 1981 [Vorw. J. E. Adoum].

LITERATUR: G. H. London, *Quichua Words in I.'s »Huasipungo«* (in Hispania, 35, 1952, S. 96–99). – T. Bremer, *J. I.* (in Eitel, Stg. 1978, S. 283–296). – J. Rodríguez-Luis, *Hermenéutica y praxis del indigenismo*, Mexiko 1980. – A. Cruz, *Similitud y contraste en las novelas »Huasipungo« y »The Pearl«* (in Káñina, 4, 1980, S. 109–115). – J. E. Adoum, *»Huasipungo«: el indio, persona o personaje* (in Casa de las Américas, 22, 1981, Nr. 127, S. 22–29). – M. A. Sáinz u. T. Aguirre, *La narrativa indigenista a la luz del modelo estructural* (in Anales de la Literatura Hispanoamericana, 10, 1981, S. 263–275). – K. N. March u. L. Marul Tobío, *Las sorpresas del virtuoso compromiso: El indigenismo de J. I.* (in Ideologies and Literature: A Journal of Hispanic and Luso-Brazilian Studies, 4, 1983, Nr. 17, S. 163–180). – M. Sáinz de los Terreros, *Funciones narrativas en la narrativa indigenista* (in Anales de la Literatura Hispanoamericana, 13, 1984, S. 57–67). – K. N. March, *El bilingüismo literario y la verosimilitud* (ebd., S. 195–201).

YŪSUF (AUCH JUSSUF) IDRĪS

* 19.5.1927 Bairum

LITERATUR ZUM AUTOR:
N. K. Kocarev, *Pisateli Egipta XX vek. Materialy k biobibliografii*, Moskau 1976, S. 107–110. – V. N.

Kirpičenko, *Jusuf Idris*, Moskau 1980. – P. M. Kurpershoek, *The Short Stories of Y. I.*, Leiden 1981, S. 1–56 [m. ausführlicher Bibliogr.]

AL-FARĀFĪR

(arab.; *Die Farfürs*). Schauspiel in zwei Akten von Yūsuf IDRĪS (Ägypten), Uraufführung: Kairo 1964. – Idrīs wollte mit diesem Stück ein typisch arabisches Theater, frei von europäischen Einflüssen, unter denen sich das Theater in arabischen Ländern seit etwa 1870 herausgebildet hatte, instituieren. Mit der Schelmengestalt des Farfür will er an Helden ägyptischer Volksmärchen und -romane wie 'Alī Zaibaq oder auch die klugen Schalksnarren aus der arabischen Maqāmenliteratur anknüpfen. Laut Regieanweisung soll das Stück auf einer runden Bühne gespielt, die Barriere zwischen Schauspielern und Publikum beseitigt werden. Daß das Stück Symbolcharakter trägt, wird aus den Orts- und Zeitangaben deutlich: *»1. Akt. Ort: Irgendwo, Zeit: Irgendwann, 2. Akt: Derselbe Ort, Zeit: Irgendwann nach den Ereignissen des 1. Akts oder auch davor. Das Stück kann aber auch ohne Vorhang und Aktaufteilung von Anfang bis Ende durchgespielt werden.«*
Spritzige Dialoge zwischen Farfür und dem »Herrn« über die Wechselbeziehung Herr – Diener, in die gelegentlich fiktive Schauspieler, der (fiktive) Autor und die Frauen der beiden Protagonisten eingreifen, machen das Stück aus. Ähnlich dem Vorführer eines Schattenspiels will zunächst der fiktive Autor, grotesk gekleidet, dem Publikum seine beiden Protagonisten vorstellen. Doch Farfür, clownesk und akrobatisch, mit einer dicken Puderschicht auf dem dunkelhäutigen Gesicht, wirbelt herein und verlangt nach einem respektablen Herrn. Der Autor verweist ihn auf einen Schläfer aus dem Publikum, den Farfür mit Stockschlägen weckt, damit sie das Spiel beginnen können. Ihre spielerische gedankliche Suche nach einem akzeptablen Job für den Herrn endet schließlich bei der Arbeit des Totengräbers. Farfür muß trotz allen Protests diese Rolle übernehmen und soll danach eine Braut für seinen Herrn suchen. Seine Wahl fällt auf eine Dame mit zweifelhafter Vergangenheit aus dem Publikum. Da der Autor ebenfalls mit einer Braut daherkommt, entscheidet sich der Herr gegen den Wunsch der Damen für beide gemeinsam. Für Farfür hat der Autor einen als Frau verkleideten hageren Mann mitgebracht. Kurz darauf erscheinen beide Gattinnen mit einem Säugling: Sohn und Tochter, Farfürs Frau mit einem wie ein Säugling schreienden Mann auf der Schulter, und verlangen Geld für ihre Kinder. Der Herr fordert Farfür auf zu arbeiten; wenn es keine Leichen gebe, solle er jemanden töten. Ein fiktiver Zuschauer bietet sich an – es sei sein Beruf zu sterben. Der »Herr« erwürgt ihn, da Farfür sich weigert; dieser muß ihn dann begraben. Als der »Herr« nach dem nächsten Opfer ruft, verläßt ihn Farfür, Status und Autorität des Herrn damit in Frage stellend.

Im zweiten Akt kommt Farfür als Trödler mit den Attributen *»vergangener Größe«*, mit surrealistischen Darstellungen von Europa und Amerika, Kanonen, Flugzeugen und Galgen aus dem Zuschauerraum. Der »Herr«, der verzweifelt nach einem anderen Farfür gesucht hat, zieht ihn auf die Bühne und erzählt ihm von seinen Söhnen Alexander, Thutmoses, Napoleon, Mussolini, Hitler, die Hunderttausende getötet und begraben hätten. Farfür dagegen nennt unter seinen Söhnen dunkelhäutige Volkshelden wie Spartakus, die Hyksos, Abū Zaid al-Hilālī. Der »Herr« will das Spiel, dem Skript folgend, weiterführen, doch Farfür sträubt sich dagegen, seine alte Rolle zu übernehmen. Wieder kommen die Ehefrauen mit Geldforderungen. Zunächst versucht jeder der beiden, als sein eigener Herr zu arbeiten, doch sie behindern sich gegenseitig. Ein fiktiver Zuschauer schlägt vor, sie sollten gemeinsam einen Staat bilden, in dem jeder »Herr« sei, und den Staat arbeiten lassen. Nun befiehlt »Imperator Herr« dem »Imperator Farfür«, zu arbeiten, da jeder Imperator sich eine Weile dem Staat zur Verfügung stellen müsse. Farfür muß mehr Gräber schaufeln als zuvor. Da dafür auch mehr Leichen gebraucht werden, fordert der »Herr« wieder Farfür auf, jemanden zu töten. Der aber begreift endlich und streikt.
Eine fiktive Zuschauerin schlägt vor, das Reich der absoluten Freiheit auszurufen, und betritt als Freiheitsstatue die Bühne. Doch auch das zielt auf ein Verhältnis Boss – Arbeiter, in dem der letztere jederzeit entlassen werden, ein Blick zuviel auf die Freiheit das Leben kosten könne. Nach längeren Debatten über die Lösung des Problems und weiteren Geldforderungen der Frauen legt der Vorhangschließer, den es zu seiner Frau nach Hause zieht, dem »Herrn« und Farfür nahe, das sinnlose Spiel durch ihren Tod zu beenden. Sie legen den Kopf gemeinsam in eine Schlinge. Als sie wieder zu sich kommen und Farfür meint, endlich seien sie nun zu Atomen geworden und daher einander gleich, widerspricht ihm der »Herr«: Farfür als der Leichtere müsse sich um ihn als den Schwereren drehen. Während sein Herr zum nicht mehr kommunizierenden System erstirbt, dreht sich Farfür mit wachsender Geschwindigkeit, verzweifelt nach einer Lösung schreiend, weiter.
Idrīs hat im Textsubstrat den ägyptischen Dialekt vorgegeben und trägt damit der Diglossie in den arabischen Ländern Rechnung: Die Sprache der direkten sozialen Interaktion ist die Umgangssprache. Die Hochsprache ist auf Literatur und Wissenschaft, das geschriebene Wort beschränkt. Das stellt die Dramatik vor besondere Probleme. Idrīs weist die Schauspieler an, ihre Rollen nicht textfixiert, sondern kreativ zu gestalten. Das Stück wirkt wie eine typisch ägyptische, aber doch universal rezipierbare reizvolle Variation des aus der Weltliteratur bekannten Herr-Diener-Motivs, eine symbolhafte Darstellung menschlicher Beziehungen unter dem Aspekt des in allen sozialen Systemen herrschenden Rasters von Macht und Unterwerfung und des sinnlosen Aufbegehrens des Men-

schen dagegen. Die im Namen des Sozialismus begangenen Verbrechen werden ebenso denunziert wie die scheinbare Freiheit im Kapitalismus. Bei allen typisch ägyptisch-arabischen Zügen ist doch der Einfluß des epischen Theaters Bertolt BRECHTS in der Gestaltung als Spiel im Spiel, als jederzeit revidierbare Improvisation ebenso erkennbar wie etwa der von Luigi PIRANDELLO. Der Farfūr trägt auch Züge des Arlecchino der *Commedia dell'arte* oder des Schwejk.   W.W.

AUSGABEN: Kairo 1959. – Kairo 1974 (in *Naḥwa masraḥ ʿarabī*).

ÜBERSETZUNG: *Al-Farafir* (in F. Abdel Wahab, *Modern Egyptian Drama*, Minneapolis/Chicago 1974; engl.).

LITERATUR: Ilhām Saif an-Naṣr, Rez. (in Ṣabāḥ al-Hair, 23. 4. 1964, S. 10 f.). – Ramsīs Yunān, Rez. (in Al-Kātib, Juni 1964, S. 50–54). – ʿA. al-Bārūdī, Rez. (in Ar-Risāla, 11. 6. 1964). – Nādiya Raʾūf Faraǧ, *Y. I. wa-l-masraḥ al-miṣrī al-ḥadīṯ*, Kairo 1976. – Ch. El-Khouri, *Le théâtre arabe de l'absurde*, Paris 1978, S. 79–93. – P. M. Kurpershoek, *The Short Stories of Y. I.*, Leiden 1981, S. 209–211. – M. M. Badawi, *Modern Arabic Drama in Egypt*, Cambridge/NY 1987, S. 156–160.

AL-ḤARĀM

(arab.; *Ü: Die Sünde*). Kurzroman von Yūsuf IDRĪS (Ägypten), erschienen 1959. – Idrīs' zweiter Roman nach dem patriotischen *Qiṣṣat ḥubb*, 1956 *(Eine Liebesgeschichte)*, und einigen Erzählbänden variiert ein in der modernen arabischen Literatur beliebtes Thema – die repressive Sexualmoral in den arabischen Ländern – voller Ironie, Tragik und humanistischer Grundideen.

In der Nähe eines ägyptischen Dorfes vor der Revolution von 1952 wird ein Neugeborenes gefunden, sichtlich getötet. Die Nachricht verbreitet sich wie ein Lauffeuer im Dorf. Die Einheimischen verdächtigen die als »Fremde« verachteten Saisonarbeiter, die wie jedes Jahr zur Erntezeit ins Dorf gekommen sind, weil sie dort Arbeit finden. Gleichzeitig sucht nahezu jeder insgeheim die Schuldige in der eigenen Familie. Mit viel Humor zeichnet der Autor Gestalten und Verhaltensweisen in diesem Dorf, in dem, wie in der ganzen islamisch-arabischen Welt, sexuelle Beziehungen außerhalb der Ehe tabuisiert sind, ein getöteter Säugling also nur einer solchen Beziehung entstammen kann. Bliebe er am Leben, würde die Mutter geächtet, ausgestoßen. Schließlich findet man die Mutter, ʿAzīza, tatsächlich, schon im Delirium des Kindbettfiebers, unter den Saisonarbeitern. Sie wird von diesen, ebenso wie vom Vorarbeiter, seitdem sie in Fieberträumen ihr Schicksal preisgab, vor dem Entdecktwerden geschützt. ʿAzīza hat in ihrem Heimatdorf ihren kranken Mann und drei kleine Kinder mühsam durch ihre Arbeit ernährt. Als sie eines Tages

ihrem Mann den Wunsch nach Bataten erfüllen wollte, war sie vom jungen Besitzer des Feldes, der ihr zunächst geholfen hatte, in plötzlichem Begehren genommen worden. Sie hatte sich ihm, nach langer Frustration, ohne viel Gegenwehr gegeben. Unter wachsenden Qualen hatte sie die Schwangerschaft und dann die nächtliche Geburt am Kanalufer geheimgehalten und war unmittelbar darauf aus Angst vor Entdeckung und dem Verlust ihres Lohnes wieder aufs Feld gegangen. Die Einheimischen fühlen sich in ihrer Verachtung der Fremden wie in ihrer eigenen moralischen Integrität bestätigt und kommen, die Leidende zu besichtigen. Aus Neugier wird Mitgefühl; zuerst durchbrechen die Kinder die Barriere, finden sich mit den Kindern der Fremden zu gemeinsamen Spielen. Die Erwachsenen eint nach und nach Mitleid, Verantwortungsbewußtsein und Hilfsbereitschaft für die Todkranke, die keinem Arzt übergeben werden kann, weil ihre Tat geheim bleiben muß. Als ʿAzīza schließlich fieberfrei, also auf dem Weg der Besserung zu sein scheint, stürzt sie laut schreiend zum Kanal, um wie im Zwang den Geburtsvorgang nachzuvollziehen, und stirbt. Aus dem Weidenzweig, auf den sie während der Preßwehen biß, wird ein Baum, zu dem Unfruchtbare in der Hoffnung auf ein Kind pilgern.

Der Ausdruck *Al-Ḥarām* (»die Sünde« oder auch »das Tabu«) bezieht sich zunächst auf ʿAzīza und ihre Tat, die durch ihr Leiden, ihren Tod gestraft wird. Der Begriff meint aber zugleich weitere Problemfelder, die Gegenstand der Romanhandlung sind: etwa die Beziehung zwischen Linda, der einzigen Tochter des (christlichen) Hauptschreibers Masīḥa, und dem jungen Schwerenöter Aḥmad Sulṭān, einem Muslim, die durch die Vermittlung einer Kupplerin zustande kommt; oder die vielfältigen Versuche von Männern und Frauen, die sexuelle Repression zu umgehen. Yūsuf Idrīs zeichnet Wünsche und Frustrationen der Dorfbewohner mit dem Geschick eines Schriftstellers, der, von Beruf Arzt, also psychologisch geschult, und auf dem Lande aufgewachsen, sich in diesem sozialen Geflecht auskennt. ʿAzīza als das Opfer solcher sozialen Normen führt durch ihr Martyrium über sie hinaus, bringt durch ihren Leidensweg Einheimische und Fremde einander näher. Idrīs läßt die Handlung in chronologischer Folge vom Auffinden des Säuglings bis zur Entdeckung seiner Mutter und ihrem Tod vor den Leser erstehen. Eingeschoben ist die Rückblende über die Motive der Tat. Idrīs bedient sich nicht nur in Dialogen der ägyptischen Umgangssprache, er verwendet auch Dialektelemente in deskriptiven und narrativen Passagen und orientiert sich in der Bevorzugung parataktischer Reihungen ebenfalls an der Umgangssprache. Er erreicht so einen lebendigen, die Emotionen ägyptischer Leser ansprechenden Stil, dessen Besonderheiten freilich in Übersetzungen kaum wiederzugeben sind.   W.W.

AUSGABEN: Kairo 1959. – Kairo 1965. – Beirut o. J. [1970 ?]. – Kairo 1977.

ÜBERSETZUNGEN: *Die Sünde*, H. L. Teweleit (in *Die billigsten Nächte*, Bln./Weimar 1977). – *The Sinners*, K. Peterson-Ishak, Washington, D.C. 1984 [m. Vorw.; engl.].

VERFILMUNG: Ägypten 1965.

LITERATUR: Ṣalāḥ 'Abd aṣ-Ṣabūr, Rez. (in *Ṣabāḥ al-Ḥair*, 21. 5. 1959, S. 31). – 'Amīd Al-Imām, Rez. (in *al-Masā'*, 5. 6. 1959, S. 8). – Gālī Šukrī, *Azmat al-ǧins fī l-qiṣṣa al-'arabiyya*, Beirut 1962, S. 231–255. – H. Kilpatrick, *The Modern Egyptian Novel. A Study in Social Criticism*, Ldn. 1974, S. 117–122. – P. M. Kurpershoek, *The Short Stories of Y. I.*, Leiden 1981, S. 189 f.; 209. – A. B. Jad, *Form and Technique in the Egyptian Novel 1912–1971*, Ldn. 1983, S. 169 f.

AUGUST WILHELM IFFLAND

* 19.4.1759 Hannover
† 22.9.1814 Berlin

LITERATUR ZUM AUTOR:
A. Stiehler, *Das Ifflandsche Rührstück, ein Beitrag zur Geschichte der dramatischen Technik*, Hbg. 1898. – G. Höcker, *Die Vorbilder der deutschen Schauspielkunst. Schröder, I. u. Ludwig Devrient. In biographischen Erzählungen*, Glogau 1899. – K. Lampe, *Studien über I. als Dramatiker mit besonderer Berücksichtigung der ersten Dramen*, Celle 1899. – K.-H. Klingenberg, *I. u. Kotzebue als Dramatiker*, Weimar 1962.

DIE JÄGER. Ein ländliches Sittengemälde

Drama in fünf Akten von August Wilhelm IFF-LAND, erschienen 1785, Uraufführung: Dürkheim, 9. 3. 1785, Leiningisches Gesellschaftstheater. – Neben A. v. KOTZEBUE war Iffland der meistgespielte Theaterautor seiner Zeit; als »Maschinenmeister« des deutschen Theaters bezeichnete A. MÜLLER die beiden in seinen *Vorlesungen über die deutsche Wissenschaft und Literatur* (1805/06). Iffland, ursprünglich Schauspieler am Gothaer Hoftheater bei K. Ekhof sowie – ab 1779 – am Mannheimer Nationaltheater, wo auch die ersten Stücke Ifflands gespielt wurden (*Liebe und Pflicht im Streit*, 1781; *Verbrechen aus Ehrsucht*, 1784; *Reue versöhnt*, 1788), avancierte 1792 zum künstlerischen Leiter des Hauses, 1796 zum Direktor des Berliner Nationaltheaters. Sein *ländliches Sittengemälde Die Jäger* stammt aus seiner Mannheimer Zeit.
Anton, Sohn des ehrbaren und gutmütigen, aber poltrigen Oberförsters Warberger, liebt seine Kusine und Pflegeschwester Friederike und möchte

sie heiraten. Seine Mutter jedoch ist dagegen, denn sie liebäugelt mit einer Verbindung zwischen ihrem Sohn und Kordelchen von Zeck, der hochmütigen, affektierten und heiratswütigen Tochter des ebenso reichen wie korrupten Amtmanns. Anton verläßt darauf voller Verzweiflung das Elternhaus, um sich als Soldat anwerben zu lassen. Unterwegs gerät er mit Matthes, dem früheren Untergebenen seines Vaters und jetzigen Diener des Amtmanns, in Streit und bedroht ihn. Wenig später wird Matthes schwer verwundet im Wald gefunden. Der Amtmann sieht den Augenblick gekommen, sich an seinem alten Gegner Warberger zu rächen: Er beschuldigt Anton der Tat und setzt ihn gefangen. Dessen Unschuld wird jedoch klar erwiesen, zudem hat sich die Oberförsterin längst besonnen, und so kann Anton sein Glück in der Ehe mit Friederike finden.
Ifflands Schauspiele gehören, auch wenn sie nicht immer ausdrücklich als solche gekennzeichnet sind, dem Genre des bürgerlichen Trauerspiels an. Auch in *Die Jäger*, einem seiner erfolgreichsten Stücke, steht einem bieder-moralisch gezeichneten Bürgertum die politische Welt des Adels entgegen. Bürgerliche Alltagsnöte, kleine Familienstreitigkeiten wechseln mit rührenden Szenen, und am Ende lösen sich alle Verwicklungen und finden die Gegner zu »vernünftiger« Aussöhnung. Der Prosadialog ist, dem Milieu angepaßt, natürlich und schlicht, ohne dichterische Emphase, doch auch ohne Vulgarismen. – Im Jahr 1800 ließ Iffland den *Jägern* (der Oberförster war zu einer der Paraderollen des Schauspielers geworden) eine Fortsetzung, das Schauspiel *Das Vaterhaus*, folgen.   KLL

AUSGABEN: Bln. 1785 [1. Fassg.]. – Lpzg. 1799 (in *Dramatische Werke*, 17 Bde., 1798–1802, 3; 2. Fassg.). – Lpzg. 1827 (in *Theatralische Werke*, 11 Bde., 1827/28, 2; 2. Fassg.). – Wien 1843 (in *Theater*, 24 Bde., 2; 2. Fassg.). – Stg. 1891, Hg. u. Einl. A. Hauffen (DNL, 139/1; 1. Fassg.). – Stg. 1976, Hg. J. Mathes (RUB).

LITERATUR: B. Seuffert, *I.s »Jäger« – Ludwigs »Erbförster«* (in Euph, 25, 1924, S. 86–111). – K. Binneberg, *Zwischen Schwärmerei u. Realismus. Die beiden Fassungen von A. W. I.s Drama »Die Jäger«* (in *Textkritik u. Interpretation*. Fs. f. K. H. Polheim, Ffm. u. a. 1987, S. 161–175).

DER SPIELER

Schauspiel in fünf Akten von August Wilhelm IFFLAND, Uraufführung: Wien, 4. 12. 1795, Burgtheater. – Titelheld ist ein junger Adeliger (Baron von Wallenfeld), der sich durch die Mesalliance mit einer Bürgerlichen um die Sympathien und das Erbe seines standesbewußten Onkels, des Geheimrats von Wallenfeld, gebracht hat. Als bislang designierter Alleinerbe ohne nennenswerte Ausbildung sucht der Baron sein Heil im Kartenspiel: Er büßt nach und nach nicht nur sein ganzes Vermögen ein, sondern gerät überdies so tief in Schulden, daß ihm Pfändung und Arrest drohen. Hofrat von Fernau, ein weiterer Neffe des Geheimrats, intrigiert gemeinsam mit dem infamen Haussekretär Gabrecht beim Onkel gegen den Rivalen um das Erbe; den beiden gelingt es, Wallenfeld endgültig aus der Gunst des Onkels zu verdrängen. Da der Baron trotz allem nicht bereit ist, seine unstandesgemäße Ehe aufzulösen, verweigert ihm der Geheimrat jede Hilfe. Um die ärgste Not für Frau und Kind sowie seine Arretierung abzuwenden, bleibt dem Verzweifelten keine andere Wahl, als sich dem gerissenen Bankhalter von Posert zu verkaufen, der mit einem Adeligen als Croupier seine betrügerischen Machenschaften wirksamer zu kaschieren hofft. Die prekäre wirtschaftliche Lage und die Ankunft Leutnant Sterns, des Vaters der Baronin, belasten das Verhältnis zwischen den Eheleuten. Stern, sittenstrenger Biedermann und altgedienter Soldat, will dem labilen Schwiegersohn Frau und Kind entreißen. Aber nicht nur als Vater verlangt er Genugtuung, sondern auch als Soldat: Trotz seiner großen Verdienste hat man ihn bei der Beförderung bisher stets übergangen. Beim Kriegsminister, General Graf Bildau, laufen die Fäden der Handlung zusammen: Er macht eine Intrige der Geheimrats-Clique gegen den Baron zunichte, entlarvt von Posert als Gauner und weist ihn außer Landes, läßt Stern endlich Gerechtigkeit widerfahren, indem er ihn zum Major befördert, und verordnet dem Baron als Therapie gegen die Spielsucht harte Arbeit. Mit überschwenglichen Dankesbezeigungen und Gefühlsausbrüchen endet das Melodram.

Thematik und Figurenkonstellation sind ausgesprochen typisch für die Familienstücke Ifflands, der neben KOTZEBUE zu den meistgespielten Dramenautoren der Zeit gehörte und GOETHE und SCHILLER an Publikumswirkung weit übertraf. Zumeist wird bei Iffland der Konflikt zwischen Adel und Bürgertum zum auslösenden Faktor der Handlung. Und es ist stets das gleiche Schwarz-Weiß-Schema von Gut und Böse, Tugend und Laster, Unschuld und Intrige, das die Standesunterschiede markiert: Bürger sind redlich, aufrecht und ehrbewußt wie der Leutnant, Adelige niederträchtig, korrupt und unmenschlich wie der Geheimrat und Konsorten. In seiner Kritik am Adel folgt Iffland einem Trend der Zeit, versteigt sich aber nie zu ernsthafter Kritik am Staat und am System: Den Kriegsminister umgibt die Aura des gerechten und weisen Richters, der die Bösen bestraft und die Guten belohnt. Was Iffland der Negativität des Adels entgegensetzt, ist fragwürdig genug: »*Junge, lerne das Feld graben, Korn bauen, erwirb Dir Brod, ein Dach und Frieden hier, hier!* (*Auf das Herz deutend*)«, rät der Leutnant seinem Enkel. Die moralische Hinrichtung des Falschspielers ist mit einer patriotischen Apotheose des »deutschen Mannes« verknüpft: »*Nun dann – Kampf gegen Dich, Räuber, vom deutschen Manne!*« (der General zu v. Posert). Iffland eröffnet den tragischen Horizont des bürgerlichen Trauerspiels – um ihn in trä-

nenseliger Rührung zerfließen zu lassen. Die Unausweichlichkeit, mit der der Standeskonflikt etwa bei Schiller (*Kabale und Liebe*) zum Tod der bürgerlichen Heldin führt, ist ihm fremd. Aber gerade darin lag offenbar der Schlüssel für seinen Erfolg beim bürgerlichen Publikum: Es ließ sich von der schmeichelhaften Darstellung seiner selbst ergreifen und erlag der Illusion einer sozialen Gleichstellung, die ihm in der Wirklichkeit auch nach 1789 versagt blieb. KLL

AUSGABEN: Lpzg. 1798 (in *Dramatische Werke*, 17 Bde., 1798–1802, 3). – Wien 1825 (Dt. Schaubühne, 7). – Lpzg. 1827 (in *Theatralische Werke*, 11 Bde., 1827/28, 2). – Wien 1843 (in *Theater*, 24 Bde., 3).

LITERATUR: G. Fritz, *Der Spieler im deutschen Drama des 18. Jh.s*, Diss. Bln. 1896. – A. Reimers, *Die Gefährdung der Familiengemeinschaft durch den Individualismus in I.s Dramen von 1781 bis 1811*, Diss. Kiel 1933.

IGNACIO DE LOYOLA

Ignatius von Loyola
eig. Íñigo López de Loyola

* 1491 Loyola
† 31.7.1556 Rom

EXERCITIA SPIRITUALIA

(nlat.; *Geistliche Übungen*). Religiös-didaktisches Werk von IGNACIO DE LOYOLA, erschienen 1548. – Der Autor hat lange an der Zusammenstellung des kleinen Buches gearbeitet, das zunächst nur handschriftlich verbreitet wurde. Die Grundgedanken gehen bis auf die Jahre 1522/23 zurück, eine Zeit, in der Ignatius in Manresa ein einsames Büßerleben führte. Eine vorläufige, aber bereits vollständige Fassung war schon 1534 fertiggestellt, und der Autor selbst übertrug sie in Paris ins Lateinische. Die endgültige Redaktion der *Exercitia* besorgte André des FREUX 1548. Sie wurden Papst Paulus III. vorgelegt, der durch ein Breve ihre Übereinstimmung mit den Dogmen und ihre Nützlichkeit offiziell bestätigte. Nach einer frommen Legende soll die Jungfrau Maria dem Autor die *Geistlichen Übungen* »Wort für Wort« diktiert haben.

Die Regeln und Anleitungen sind für die Hand der geistlichen Erzieher gedacht, die ihre jungen Zöglinge zu einem Leben der Frömmigkeit führen sollen. Das Werk ist in vier Abschnitte eingeteilt, die Übungsanweisungen für jeden Wochentag je einer Woche enthalten. Die Übungen der ersten Woche entsprechen ungefähr dem, was die Asketen und Mystiker als »Reinigungsweg der Seele« bezeich-

nen; die Themen für die übrigen drei Wochen erinnern an den aus der Mystik bekannten »Erleuchtungs- und Einigungsweg«, wenngleich es sich bei Ignatius in keiner Weise um das Ziel der Vereinigung eines einzelnen mit der persönlich erlebten Gottheit handelt. Ihm geht es vielmehr darum, die Menschen zu lehren, nach dem vollkommenen Vorbild Jesu Christi, das im Mittelpunkt aller Meditationen steht, ihre Leidenschaften zu überwinden, ihre Sinne abzutöten, Willen und Eigenart zu unterdrücken, damit der Geist durch nichts gestört oder getrübt werde. Die so gereinigte Vernunft unterwirft sich bedingungslos den Lehren und dem Willen der Kirche. Bezeichnenderweise steht am Schluß des Werkes eine Reihe von *Regeln, um mit der Kirche zu fühlen;* darin findet sich auch der berühmte Satz: *»Glauben, daß das Weiße schwarz ist, wenn die Kirche es befiehlt.«* An anderer Stelle heißt es: *»Bereit zu sein in allen Dingen, der Braut Christi, Unseres Herrn, der militanten Kirche zu gehorchen, die unser aller Heilige Mutter ist.«*
Den Versuchen der Renaissance und der Reformation, die Autorität der katholischen Kirche zu untergraben, begegnet Ignatius dadurch, daß er den Christen zu blindem Glauben und absolutem Gehorsam verpflichtet, wobei es nicht ausgeschlossen ist, daß diese Forderungen selbst von der reformatorischen Lehre vom »Wort« beeinflußt worden sind – nur daß es bei Loyola nicht die *Bibel,* sondern *»die Stimme der Kirche«* ist, der man glauben und gehorchen muß. Auch machiavellistische Züge hat man bei ihm entdecken wollen, vor allem deshalb, weil er in ganz ähnlicher Weise wie MACHIAVELLI die Persönlichkeit in den Dienst eines höheren Zweckes stellt – wenn auch nicht eines weltlichen, sondern eines kirchlich-religiösen. Mit seinen *Geistlichen Übungen* will er den vollkommenen christlichen Ritter, den *miles christianus,* den Soldaten des Königs Jesus Christus, heranbilden. Dieses Thema hatte schon ERASMUS VON ROTTERDAM in seinem *Enchiridion militis christiani (Handbüchlein des christlichen Soldaten)* behandelt. Ignatius in seiner intellektuelleren und in mancher Hinsicht gefühlskalten Frömmigkeit lehnte das Buch, das er kannte, jedoch ab.
Literarisch ist das Werk, das sich in einer fast dürren Trockenheit ausschließlich auf Unterweisung beschränkt, ohne Reiz. In dieser Beschränkung zeigt sich Loyolas Abneigung gegen alles Spekulative, zeigen sich aber auch seine große Begabung für die praktische Psychologie und sein außerordentliches Geschick in der Menschenführung. Das Werk bildete die Grundlage zur Organisation der »Gesellschaft Jesu« und trug damit in nicht geringem Maße zur geistigen Prägung der Gegenreformation bei.   A.F.R.

AUSGABEN: Rom 1548; Faks. Paris 1910; Faks. Osnabrück 1971. – Rom 1615 (*Exercicios spirituales;* 1. span. Ausg.). – Rom 1908 [Faks. des Autographs]. – Rom/Madrid 1919 [krit.; Monumenta Historica Societatis Iesu, Ser. 2a). – Madrid 1952 (in *Obras completas,* Hg. I. Iparraguirre; m. Einl. u.

Bibliogr.). – Rom 1955 (*Directoria exercitiorum spiritualium;* Monumenta Historica Societatis Iesu, Ser. 2a). – Barcelona 1965 (*Ejercicios espirituales y directorios;* span. Übers. M. Lop).

ÜBERSETZUNGEN: *Exercitia spiritualia, das ist geistliche Übungen,* Ingolstadt 1645. – *Die geistlichen Übungen des hl. Ignatius v. Loyola,* J. Leitner, Augsburg 1870. – *Geistliche Übungen,* O. Karrer, Paderborn 1926. – Dass., A. Feder, Freiburg i. B. 1940 [m. Einl., Bibliogr. v. E. Raitz v. Frentz; ern. 1961]. – *Die Exerzitien,* H. U. v. Balthasar, Luzern 1954; Einsiedeln ⁸1983. – *Die Exerzitien u. aus dem Tagebuch,* F. Weinhandl, Mchn. 1978. – *Geistliche Übungen,* P. Knauer, Graz ²1983 [m. Erl.]. – Dass., A. Haas, Freiburg i. B. ⁷1985 [m. Erl.; Vorw. K. Rahner].

LITERATUR: H. Böhmer, *L.* (in H. B., *Studien zur Geschichte der Gesellschaft Jesu,* Bd. 1, Bonn 1914). – Ders., *L. und die deutsche Mystik,* Lpzg. 1921. – A. Codina, *Los orígenes de los »Ejercicios espirituales« de S. I. de L.,* Barcelona 1926 (Biblioteca histórica de la Biblioteca Balmes, 2, 1). – H. Bernard-Maître, *Essai historique sur les »Exercices« de s. Ignace depuis la conversion d'Ignace (1521) jusqu'à la publication du Directoire (1599),* Löwen 1926 (Museum Lessianum, sect. ascét. et myst., 21). – H. Schilgen, *In der Schule L.s,* Freiburg i. B. 1935. – E. Allison Peers, *Studies on the Spanish Mystics,* Bd. 1, Ldn. 1937. – L. Marcuse, *I. v. L. Ein Soldat der Kirche,* Amsterdam 1937; ern. Zürich 1973; ern. 1984 (detebe). – E. Przywara, *Deus semper maior,* Freiburg i. B. 1938–1940; Wien/Mchn. ²1964 [Komm.]. – I. Casanovas, *Comentario y explanación de los »Ejercicios espirituales«,* Barcelona 1944. – I. Iparraguirre, *Historia de la práctica de los »Ejercicios espirituales« de S. I. de L.,* Rom 1946–1955 (Bibliotheca Inst. Hist. Societatis Jesu, 3, 5). – H. Boehmer, *I. v. L.,* Stg. 1951. – G. M. Colombás, *Un reformador benedictino en tiempo de los Reyes Católicos, García de Cisneros,* Montserrat 1955, S. 454–472 (Scripta et documenta, 5). – H. v. Bacht, *Der heutige Stand der Forschung über die Entstehung des Exerzitienbuches des hl. I. v. L.* (in Geist und Leben, 29, 1956, S. 327–338). – G. Díaz-Plaja, *El estilo de san I. y otras páginas,* Barcelona 1956. – G. Fessard, *La dialectique des »Exercices spirituels« de s. I. de L.,* Paris 1956. – J. F. Gilmont u. P. Daman, *Bibliographie ignatienne (1894–1957),* Paris/Löwen 1958, S. 77–180 (Museum Lessianum, sect. hist., 17). – A. Guillermou, *I. v. L. in Selbstzeugnissen u. Bilddokumenten,* Reinbek 1962; ²1981 (rm). – H. Coathalem, *Commentaire du Livre des exercices,* Paris 1965. – K. Rahner, *Betrachtungen zum ignatianischen Exerzitienbuch,* Mchn. 1965. – L. Bakker, *Freiheit u. Erfahrung I. v. L.,* Würzburg 1970. – *I. v. L.,* Freiburg i. B. ²1978 [Essay K. Rahner]. – P. Köster, *Ich gebe euch ein neues Herz,* Stg. 1978 [Vorw. K. Rahner]. – Ders., *Lebensorientierung an der Bibel,* Stg. ²1978. – J. R. de Rivera, *Kommunikationsstrukturen in den geistlichen Exerzitien des I. v. L.,* Hbg. 1978. – P. Quirl,

I. v. L., Leutesdorf ²1979. – U. König, *I. v. L. Studien zur Entwicklung einer neuen Heiligen-Ikonographie im Rahmen einer Kanonisationskampagne um 1600*, Bln. 1982. – A. Ravier, *I. v. L. gründet die Gesellschaft Jesu*, Bearb. J. Stierli, Würzburg 1982. – L. Lies, *I. v. L. Theologie – Struktur – Dynamik der Exerzitien*, Innsbruck 1983. – G. Fessard, *La dialectique des »Exercices spirituels« de S. Ignace de L.*, Paris/Namur 1984. – A. v. Speyr, *Ignatiana*, Einsiedeln 1985. – R. Barthes, *Sade, Fourier, L.*, Ffm. 1986. – B. Fellinghauer, *I. v. L.*, Wülfrath, 1987. – C. de Dalmases, *I. v. L.*, Mchn. 1989.

JAKOV IGNJATOVIĆ

* 8.12.1822 Szentendre / Ungarn
† 5.7.1889 Novi Sad

VEČITI MLADOŽENJA

(serb.; *Der ewige Bräutigam*). Roman von Jakov IGNJATOVIĆ, erschienen 1878. – Gegenstand des Romans ist der Konflikt zwischen der Generation der Pioniere des serbischen Bürgertums in Ungarn und der Generation ihrer Nachfolger, die das von den Vätern erwirtschaftete Gut in Luxus und Arbeitsscheu vertut. Der breitangelegte Roman, der ein eingehendes Bild der gesellschaftlichen und familiären Verhältnisse in Szentendre zeichnet, gliedert sich in zwei Teile. Der erste schildert mit Anteilnahme den Unternehmergeist, den Fleiß und den wirtschaftlichen Erfolg der frühen serbischen Kaufmannschaft Szentendres, der zweite das ausschweifende Leben und den Ruin ihrer verweichlichten Nachkommen. Im Mittelpunkt der Handlung steht die Familie Sofra Kirićs. Sofra ist der Vertreter der vitalen und strebsamen Kaufmannsgeneration, die die wirtschaftliche Macht der ungarischen Serben begründete. Er weiß seine Unternehmungen erfolgreich abzuschließen, unternimmt ausgedehnte Handelsreisen und besteht alle Fährnisse dank seiner Tapferkeit und Entschlossenheit. In der farbigen Schilderung seiner Reiseabenteuer erweist Ignjatović sein Talent, fesselnd zu erzählen und Zeit und Gestalten überzeugend lebendig werden zu lassen.
Der zweite, umfangreichere Teil des Romans ist dem tragikomischen Schicksal von Sofras Sohn Šamika gewidmet. Ein gebildeter und hübscher Mensch, doch ohne den Arbeitswillen und die Energie des Vaters, frequentiert er die kleinstädtischen Bälle und Salons und verbringt seine Zeit damit, den Mädchen Szentendres den Hof zu machen. Unentschlossen und im Grund leidenschaftslos, gelingt es ihm nicht, eine Frau fürs Leben zu gewinnen. Als ihn ein Mädchen darum bittet, sie gegen den Willen ihres Vaters aus dem Elternhaus zu entführen, fehlt ihm der Mut. Williges Opfer je-

der Modetorheit, verbringt Šamika sein leeres Dasein damit, sich als »ewiger Hochzeiter« den Töchtern seiner ehemaligen Geliebten zu nähern. Episodenhaft schildert der Roman das Schicksal seiner Geschwister: Der ältere Bruder Pera ist zum Dieb und Saufbold geworden, die Schwester Katica hat sich nach unglücklicher Liebe mit dem Schicksal, ein alterndes Fräulein zu sein, abgefunden.
Stilistisch und konzeptionell ist Ignjatovićs Roman über die Krise des serbischen Bürgertums in Ungarn dem Biedermeier verpflichtet. Mit der deutschen Literatur der ersten Jahrhunderthälfte teilt er vor allem den Gegensatz zwischen besonnter Vergangenheit und abstoßender Gegenwart. Allerdings ist die eskapistische Haltung hier in eine realistische Grundstruktur eingebettet, so daß der Roman durch seinen Reichtum an Genrebildern, durch Verwendung der Umgangssprache und lebhafte Invention sowie dank der melancholisch-humoristischen Intonation echte Lebensnähe ausstrahlt. Wegen seiner kompositionellen Geschlossenheit und der Weite seiner Perspektive gilt er als das vollendetste Werk des Autors.   D. Ž.

AUSGABEN: Wien 1878 (in *Srpska zora*). – Belgrad 1910 (Srpska književna zadruga, Bd. 130). – Novi Sad 1948 (in *Odabrana dela*, Hg. M. Jerkov, 8 Bde., 1948–1953, 1). – Novi Sad/Belgrad 1959 (in *Odabrana dela*, Hg. Ž. Milisavac, 2 Bde., 2); ern. 1969. – Belgrad 1962; ern. 1966 [Vorw. D. M. Jeremić]. – Belgrad 1968 [Vorw. M. Kašanin]. – Belgrad 1981, Hg. D. Živković.

DRAMATISIERUNGEN: Belgrad 1932. – Belgrad 1950. – Belgrad 1952. – Belgrad 1963.

LITERATUR: V. Gligorić, *J. I.*, Belgrad 1949. – Ž. Boškov, *J. I. 1822–1889* (in J. I., *Večiti mladoženja*, Belgrad 1954). – D. Živković, *Bidermajerski stil J. I.* (in Zbornik Matice srpske za književnost i jezik, 15, 1967, 1, S. 42–62). – Ž. Boškov, *J. I. i Mađari* (ebd., 19, 1971, 1, S. 40–66). – J. Jerković, *Jezik J. I.*, Novi Sad 1972. – Z. Milisavac, *Pred stopedesetgodišnjicu rođenja J. I.* (in Z. M., *Pisci i ideje*, Belgrad 1974).

IHARA SAIKAKU

auch Ibara Saikaku
d.i. Hirayama Togŏ

* 1642 Osaka
† 10.8.1693 Osaka

LITERATUR ZUM AUTOR:
Suzuki Toshiya, *Saikaku no shinkenkyū*, Tokio 1920. – K. P. Kirkwood, *Renaissance in Japan. A Cultural Survey of the Seventeenth Century*, Tokio

1938; ern. 1971. – Noma Kōshin, *Saikaku nempu kosho*, Tokio 1952. – H. S. Hibbett, *Saikaku as a Realist* (in HJAS, 15, 1952, S. 408–418). – R. Lane, *Postwar Japanese Studies of the Novelist Saikaku* (ebd., 18, 1955, S. 181–199). – H. S. Hibbett, *Saikaku and Burlesque Literature* (ebd., 20, 1957, S. 53–73). – R. Lane, *Saikaku's Prose Works: A Bibliographical Study* (in Monumenta Nipponica, 14, 1958, S. 1–26). – Noda Hsiao, *Saikaku*, Tokio 1958. – I. Morris, *Economic Realism in the Later Works of Ihara Saikaku* (in Transactions of the Asiatic Society of Japan, 3. Ser., 7, 1959, S. 1–30). – H. S. Hibbett, *The Floating World in Japanese Fiction*, Oxford 1959. – Ders., *The Japanese Comic Linked Verse Tradition* (in HJAS, 23, 1960/61, S. 76–92). – Sase Hisashi, *Saikaku no sakuhin ni okeru seikatsu genri*, Tokio 1974. – Noma Koshin, *Saikaku's Adoption of »Shuko« from »Kabuki« and »Jōruri«* (in Acta Asiatica, 28, 1975, S. 62–83). – Ichikawa Yukio, *Ihara Saikaku no sekai*, Tokio 1976.

KŌSHOKU-GONIN-ONNA

(jap.; *Fünf Frauen der Liebe*). Erotische Erzählungen von IHARA Saikaku, erschienen 1686. – Auffällig ist, daß in diesen fünf Stücken Mädchen und Frauen aus dem Bürgerstand, nicht aus der Welt der Freudenviertel im Mittelpunkt stehen. Dem Autor gelingt es meisterhaft, das Geschehen, das – ausgenommen in der letzten Geschichte – stets tragisch endet, dramatisch zu steigern. Der Einfluß des Theaters seiner Zeit macht sich hier wohl bemerkbar, denn auch die Motive des Handelns werden von dem Widerstreit zwischen Verpflichtung (*giri*) und menschlichem Gefühl (*ninjō*) bestimmt. Noch deutlicher als in den Werken *Kōshoku-ichidai-onna (Eine Freundin der Wollust)* und *Kōshoku-ichidai-otoko (Ein Freund der Wollust)* wird hier die Absicht des Autors, zu belehren, seinen Mitmenschen einen Spiegel vorzuhalten, in dem sie sich und ihre Laster erblicken können. Als Vorbilder für seine fünf Erzählungen greift Saikaku wirkliche Geschehnisse auf, die er mit der ihm eigenen Fähigkeit zu einem bunten Mosaik zusammenfügt. Das tragische Ende der Helden beklagt er, ohne jedoch den durch zeitgenössische Gesetze bedingten Schicksalsablauf in Frage zu stellen. Vom Menschlichen her entschuldigt er – das buddhistische *karma*, das Gesetz von Ursache und Wirkung, heranziehend – eher die Taten der Handelnden, als daß er sie den Akteuren anlastet. Vier von diesen fünf Erzählungen wurden als Bühnenstücke bearbeitet: drei von CHIKAMATSU Monzaemon und eine von KI no Kaion. H.Ham.

AUSGABEN: Osaka 1686. – Tokio 1903 (in *Saikaku bunzui*, Bd. 3). – Tokio 1926 (Kindai-Nihon-bungaku-taikei, 3). – Tokio 1939 (in *Teihon Saikaku zenshū*, 2). – Tokio 1958 (Nihon-kotenbungaku-taikei, 47). – Tokio 1979 (in *Ihara Saikaku shū*; Nihon-kotenbungaku-zenshū, 38).

ÜBERSETZUNGEN: *Five Women Who Loved Love*, W. Th. de Bary, Tokio/Rutland 1956 [engl.]. – *Fünf Geschichten von liebenden Frauen*, W. Donat, Mchn. 1960.

LITERATUR: Mitamura E., *»Kōshoku-gonin-onna« rinkō*, Tokio 1930. – Fujii O., *Saikaku Gonin-onna-hyōkai*, Tokio 1931. – Tsunekawa A., *»Kōshoku-go-nin-onna«* (in Kaishaku to kanshō, 1948, Nr. 3). – Kasai K., *Saikaku tankyū – Gonin-onna no bunshuyō wa shūdō bakari ni tsuite* (in Kaishaku to kanshō, 1949, Nr. 7). – Yokoyama Sh., *Tōsei-joyōki no sampon – »Kōshoku-gonin-onna« no kaidaihon* (Saikaku-kenkyū, 1949, Nr. 10).

KŌSHOKU-ICHIDAI-ONNA

(jap.; *Eine Freundin der Wollust*). Erotischer Roman von IHARA Saikaku, erschienen 1686. – In dieser Rahmenerzählung schildert Saikaku das Schicksal einer Frau, die – aus angesehener Familie – durch ihre Gier nach Lust immer tiefer sinkt, um schließlich in Not und Armut ihrem Ende entgegenzusehen. In ihrer nun armseligen Klause, der sie einst den Namen »Hütte der Wollust« gegeben hatte, wird sie von zwei jungen Lebemännern besucht, die sie bitten, doch ihre an Liebeserfahrung so reiche Lebensgeschichte zu erzählen. So entfaltet sich vor den Augen des Lesers der bunte Fächer ihrer Erlebnisse. Sie war alles, und nichts ist ihr fremd geblieben. Als Nebenfrau, als Dirne, als Beischläferin eines Mönchs, als Dienstmagd führt sie ein Leben, dessen Inhalt einzig und allein der Liebesgenuß ist. Alt und häßlich geworden, erfährt sie dann die Verachtung all derer, für deren Welt sie einst Mittelpunkt war. Reue und Furcht vor dem Danach überfallen sie jetzt. So wendet sie sich der Lehre des Buddha zu, um dort Trost zu finden.

Der Autor dieses Ichromans ist ein glänzender Stilist, ein scharfer Beobachter und ein intimer Kenner des geschilderten Milieus. Von der *Haikai*-Dichtung herkommend, versteht er es, mit wenigen, aber lebendigen Farben, mit einer erstaunlichen Treffsicherheit des Ausdrucks Szene an Szene zu reihen und die Welt der Freudenviertel wie des satten und genußfreudigen Bürgertums festzuhalten. Volkstümliche Wendungen, verbunden mit klassischer Sprache (oft – bei dem Reichtum an doppelsinnigen Anspielungen – nicht leicht zu entschlüsseln), Witz, Einfall und Ironie geben seinen Romanen jenes Etwas, das die Mit- und Nachwelt stets gefangennahm. Mag seine Darstellung oft allzusehr der Oberfläche verhaftet scheinen, so wird doch deutlich, daß hier – besonders an Stellen, wo er die Psyche seiner Helden oder Heldinnen beschreibt – ein bedeutender Meister am Werk ist. Unter seinen Werken dürfte das *Kōshoku-ichidai-onna* mit zu den besten zählen: ein treffliches Beispiel jener realistischen Erzähltechnik der *Ukiyo-zōshi*, der Geschichten aus der vergänglichen Welt (*ukiyo*), in welcher der Bürger jener Zeit frei von den Moralregeln konfuzianischer Prägung ganz seinen Sinnenfreuden leben darf. Aber wie in Japan jeder Stand und jede Zeit ihr Ideal haben, das die Lebensführung bestimmt, so hat auch diese Zeit das ihre. Der Sinnengenuß bleibt stets verbunden mit einem ganz eigenen Lebensbewußtsein, das in seiner Stilisierung des Gefühls fast zum Kulturprinzip geworden ist. Noch deutlicher zeigt sich dies in Saikakus Roman *Kōshoku-ichidai-otoko (Ein Freund der Wollust)*. H.Ham.

AUSGABEN: Osaka 1686. – Tokio 1903 (in *Saikaku bunzui*, Bd. 2). – Tokio 1915 (in *Ukiyozōshi*, Bd. 5). – Tokio 1926 (Kindai-Nihon-bungaku-taikei, 3). – Tokio 1935 (Hyōshaku Edo-bungaku-sōsho, 1). – Tokio 1939 (in *Teihon Saikaku zenshū*, Bd. 2). – Tokio 1941 (Teikoku-bunko, 20). – Tokio 1947 (in *Yakuchū Saikaku zenshū*, Bd. 6). – Tokio 1958 (Nihon-kotenbungaku-taikei, 47).

ÜBERSETZUNG: *Koshokumono. Japanische Kurtisanengeschichten aus dem 17. Jh.*, Tsukakoshi S., Zürich 1957.

LITERATUR: H. Zachert, *Saikaku und die Entstehung der Volksliteratur zur Tokugawazeit* (in Asiatische Studien 6, 1952, S. 130–140). – Oda S., *Saikaku shinron*, Tokio 1947. – Teruzaki Y., *Saikaku hyōron to kenkyū*, Tokio 1948–1953.

KŌSHOKU-ICHIDAI-OTOKO

(jap.; *Ein Freund der Wollust*). Erotischer Roman von IHARA Saikaku, erschienen 1682, mit Illustrationen des Holzschnittmeisters Hijikawa Moronobu 1685. – Dieses Erstlingswerk machte den Autor mit einemmal berühmt. Der Held Yonosuke, Sohn eines reichen Kaufmanns, lernt schon in seinem siebten Jahr die Liebe kennen und bewahrt sich die Freude am Sinnengenuß sein ganzes Leben. In den Freudenvierteln der großen Städte ist er zu Hause, keine Abart der Liebe bleibt ihm fremd. Durch sein Verhalten zieht er sich den Zorn des Vaters zu und wird enterbt; so versucht er sich in den verschiedensten Berufen, ohne dabei seinen Lebenswandel zu ändern. Er verführt zahllose Mädchen und Frauen, widmet sich indes auch der Knabenliebe. Als er dreißig Jahre alt ist, stirbt sein Vater. Nun kommt Yonosuke doch noch in den Besitz eines großen Vermögens, das er aber ohne Reue in kurzer Zeit durchbringt. Mit sechzig Jahren – Japan kann ihm an Genüssen nichts Unbekanntes mehr bieten – bricht er mit Freunden auf, um mit seinem Schiff »Wollust« die sagenhafte »Insel der Frauen« zu suchen: *»Und wenn wir dort durch unsere unbändige Sinnenlust ein Ende finden sollten, so dürfte das wohl für uns, die wir nun einmal als Männer geboren wurden, das Ziel unserer Wünsche sein!«* So verläßt er Japan, wo er nach seinen Notizen mit 3742 Frauen und 725 Knaben die Liebe genossen hat.
Im Stil und in der realistischen Darstellung gleicht das Werk dem *Kōshoku-ichidai-onna (Eine Freundin der Wollust)*; allerdings kennt der Held nicht – wie

dort die Heldin – die Reue und sucht auch nicht den Weg zu Buddha. Auch weist der ganze Roman, obwohl er ein Einzelschicksal schildert, nicht dieselbe Geschlossenheit auf. Die einzelnen Episoden wirken eher wie kurze Einzelerzählungen, zumal im zweiten Teil des Buchs die Person des Yonosuke mehr und mehr in den Hintergrund und die von ihm erlebte Welt greifbarer in den Vordergrund rückt. Dennoch bleibt der eigene Charakter dieser Literaturgattung gewahrt: die kaleidoskopartige Aneinanderreihung bunter, genau beobachteter Augenblicksbilder. H.Ham.

AUSGABEN: Osaka 1682. – Edo 1685. – Tokio 1903 (in *Saikaku bunzui*, Bd. 1). – Tokio 1926 (Kindai-Nihon-bungaku-taikei, 3). – Tokio 1935 (Hyōshaku Edo-bungaku-sōsho, 1). – Tokio 1941 (Teikokubunko, 20). – Tokio 1947 (in *Yakuchū Saikaku zenshū*, Bd. 5). – Tokio 1958–1963 (Nihon-kotenbungaku-taikei, 47).

ÜBERSETZUNG: *Yonosuke, der dreitausendfache Liebhaber*, Kani K., Herrenalb 1965.

LITERATUR: Kobayashi I., »*Ichidai-otoko*« no nenritsu ni kansuru kōsai (in Kokugo to kokubun, 7, 1948). – Mitamura E., *S rinkō*»*Kōshoku-ichidai-otoko*«, Tokio 1927. – Abe J., »*Kōshoku-ichidai-otoko*« (in Tokugawa-jidai no geijutsu to shakai, Tokio 1931). – Yamaguchi T., »*Kōshoku-ichidai-otoko*« no seiritsu (in Edo-bungaku-kenkyū, Tokio 1933). – Kamiya T., »*Kōshoku-ichidai-otoko*«-hyōshaku, Tokio 1934.

NIPPON-EITAIGURA.
Daifuku-shinchōjakyō

(jap.; *Das ewig währende Schatzhaus Japans. Ein Reichtum weisender neuer Spiegel für reiche Leute*). Dreißig Erzählungen von IHARA Saikaku, erschienen 1688 in Kyōto, Edo und Osaka, mit Illustrationen von Yoshida Hanbei. – Der Autor schildert in diesen Geschichten die Welt der Kaufleute, Handwerker und Bauern; er erzählt von ihrem Bemühen, Reichtum zu erwerben, und von ihrer Neigung, das Erworbene ebenso rasch wieder zu vergeuden. Dabei zeichnet er ein lebensvolles Bild der bürgerlichen Gesellschaft jener Zeit, die tatsächlich beherrscht war von Gier nach Geld und Wohlhabenheit und vom Verlangen, das Leben in vollen Zügen zu genießen. Es sind also für die Epoche typische Gestalten, deren Haltung zur »*flüchtigen Welt des Sinnengenusses*« (ukiyo) dem Leser vor Augen geführt wird. Die Hefte, die sich mit dieser Welt und ihren Erscheinungsformen befaßten, bildeten eine eigene Literaturgattung, die ukiyozōshi, unter deren charakteristischste Beispiele man das *Nippon-eitaigura* zählen darf. H.Ham.

AUSGABEN: Kioto 1688. – Edo 1688. – Osaka 1688. – Tokio 1907 (in *Kōtei Saikaku zenshū*, Bd. 2). – Tokio 1909 (in Kokumin-bunko, 20). –

Tokio 1912 (in Yūhōdō-bunko, 37). – Tokio 1915 (in *Ukiyozōshi*, Bd. 1). – Tokio 1925 (in *Nihon-koten-zenshū*, I, Bd. 38). – Tokio 1926 (in *Nihon-meicho-zenshū*, Bd. 2). – Tokio 1928 (in Teikoku-bunko, 37). – Tokio 1939 (in *Teihon Saikaku zenshū*, Bd. 7). – Tokio 1947 (in *Yakuchū Saikaku zenshū*, Bd. 4). – Tokio 1958–1963 (Nihon-kotenbungaku-taikei, 48).

ÜBERSETZUNGEN [engl.]: *A Way to Wealth*, Mizuno S., Tokio 1955 [Ausz.]. – *The Japanese Family Storehouse*, G. W. Sargent, Cambridge 1959.

LITERATUR: Vgl. *Kōshoku-ichidai-onna*. – Nodal H., *S. no egaku chōnin no mita kenkaikyū* (in Kokubungaku Kaishoku to kanshō, 1953, Nr. 1). – Urayama M., *S no egaku shōka no seikatsu* (ebd.). – Mizuno M., *S. no egaku zatsuwa-mono* (ebd.). – Sondernr. *S. hyakuryō* (ebd., 1957, Nr. 6).

SEKEN-MUNEZANYŌ

(jap.; *Weltliche Kalkulationen*). In fünf Bändchen zusammengefaßte Kurzgeschichten von IHARA Saikaku, mit Bildern versehen von dem Lackmaler Minamoto Gensaburō, entstanden und erstmals gedruckt 1692, Zweitdruck 1698. – Saikaku gab dem Werk, das sich der Welt des Bürgertums zuwendet, den Untertitel *Ōtsugomori wa ichinichi-senkin (Des Jahres letzter Tag, ein Tag mit tausend Goldstücken)*. Am Jahresende stellte der japanische Kaufmann seine Kalkulation auf, prüfte Gewinn und Verlust; dieser Tag wurde für ihn zum wichtigsten Tag des Jahres, er war für arm und reich gleich bedeutsam. Die hier vereinigten Kurzgeschichten kreisen alle um diesen Tag, der über künftiges Glück oder Unglück entscheidet; jede zeichnet ein Schicksal auf, sie spielen in Edo, Osaka, Kioto, Nara und Nagasaki. Im Gegensatz zu den anderen Werken von Saikaku, in deren Mittelpunkt eine Hauptperson oder ein fest umrissenes, das Ganze beherrschendes Thema steht (vgl. *Kōshoku-ichidai-otoko, Kōshoku-ichidai-onna* u. a.), bleiben hier die Handelnden anonym: ein Hausherr, eine Bürgersfrau, ein altes Mütterchen, ein Sohn, ein Rechnungskassierer, Hauptakteur ist die namenlose Menge. Jede der Geschichten führt ihr Eigenleben; nur durch ihre Aneinanderreihung entsteht ein Kaleidoskop des buntfarbigen bürgerlichen Lebens einer Zeit, in der das Geld zur herrschenden Macht geworden war. Der konfuzianische Gelehrte KUMAZAWA Banzan (1619–1691) kritisiert die Zustände mit den Worten: »*Von Tag zu Tag reicher wird der Kaufmann, von Tag zu Tag ärmer der Samurai*«, und der Begründer der »Shingaku« (Lehre vom Herzen), ISHIDA Baigan (1685–1744), der sich um die Besserung der Moral des Bürgertums müht, beklagt sich bitter: »*Profit zu erlangen, das allein ist der Weg des Kaufmanns.*« Auch Saikaku selbst stellt fest: »*Der Betrug ist es, der zum Beruf wird, mit dem man in der Welt vorankommt.*« Auf dieser Bühne läßt er Spieler und Gegenspieler auftreten. Dem vom har-

ten Geiz Geprägten steht der Mitleidige gegenüber, dem über seinen Schulden Verzweifelnden der mit allen Mitteln das Leben meisternde Egoist, dem alles Zerstörenden, der an allem Verzagende. Doch werden nicht nur dunkle Seiten des Daseins gezeigt, vielmehr das Widerspiel von Gut und Böse, Glück und Unglück, Leid und Freude, Ernst und Humor.

Das Werk nimmt im Schaffen des Autors einen bedeutenden Platz ein. Es setzt die Tendenzen, die er bereits in seinem *Nippon-eitaigura* verfolgte, zielbewußt fort, und der Weg führt über das *Sekenmunezanyō* weiter zu den ebenfalls in Kioto, Osaka und Edo gleichzeitig erschienenen Sammlungen von Kurzgeschichten, dem *Saikaku okimiyage*, 1693 *(Saikakus Reiseandenken)*, und dem *Saikaku oridome*, 1694 *(Saikakus Webkante)*, dessen erste zwei Hefte den Untertitel *Honchō-chōninkagami (Ein Bürgerspiegel unseres Landes)* tragen; bei den letzten vier Heften lautet er allgemeiner: *Yo no hitogokoro (Menschenherzen unserer Zeit)*. Diese Werke, in dem gepflegten Stil des mit einem Blick für das Wesentliche ausgezeichneten Verfassers geschrieben, sind mit ihren realistischen Bildern nicht nur hervorragende Beispiele für die *Ukiyozōshi*-Literatur, die sich der gegenwärtigen, vergänglichen Welt zuwendet, sie vermitteln der Nachwelt ein lebendiges Bild von den Menschen ihrer Zeit in ihrem Denken, Handeln und Brauchtum. H.Ham.

AUSGABEN: Osaka 1692; ²1698. – Tokio 1926 (Kindai Nihon-bungaku-taikei, 3). – Tokio 1958–1963 (Nihon-kotenbungaku-taikei, 48).

ÜBERSETZUNG: *Reckonings That Carry Men through the World*, I. Morris (in *The Life of an Amorous Woman and Other Writings*, Ldn. 1963; engl.; Ausz.).

LITERATUR: Vgl. *Kōshoku-ichidai-onna*. – Noma K., *Saikaku-kenkyū no tebiki* (in Kokugo-kokubun, 1952, Nr. 9; 1953, Nr. 3). – Kaishaku to kanshō, 1957, Nr. 6; 1960, Nr. 11; 1963, Nr. 13; 1967, Nr. 8 [Sondernr. *S. hyakuryō*].

WITI IHIMAERA

* 7.2.1944 Gisborne

TANGI. – WHANAU

(engl.; *Tangi. – Ü: Der Tag nach der Hochzeit*). Romane von Witi IHIMAERA (Neuseeland), erschienen 1973 bzw. 1974. – Ihimaera hat *Tangi* als ein »*poetisches Drama in Prosa*« und als »*Roman*« bezeichnet (das erste von einem Maori – dies die ursprüngliche Bevölkerung Neuseelands – geschriebene und veröffentlichte Werk dieser Art). Der Titel sowie die zahlreichen im Text selbst verwendeten Begriffe aus der Maori-Sprache einerseits und die der literarischen Tradition der Pakehas (der Europäer) entstammenden Gattungsbezeichnungen andererseits verweisen auf die »*zwei kulturellen Landschaften*«, die Ihimaera zufolge das Land prägen. Der Autor hat, so betonte er, zu schreiben begonnen, um die beiden einander immer noch mit Mißtrauen begegnenden Bevölkerungsgruppen – das jedenfalls zeigen die Kurzgeschichten der Sammlung *The New Net Goes Fishing*, 1977 *(Das neue Netz wird ausgeworfen)* – auf ihr doppeltes kulturelles Erbe aufmerksam zu machen. Ihimaera wendet sich also – seine eigene Lebensgeschichte bis hin zum Studium an den Universitäten von Auckland (1963–1966) und Wellington (1966 bis 1972) literarisch verarbeitend – an den Maori-Leser, der seiner Meinung nach letztlich eine »*Pakeha-Landschaft*« bewohnt, ebenso wie an den Neuseeländer europäischer Abstammung; er bedient sich nicht nur der englischen Sprache, sondern versucht den Pakeha – deutlich etwa im zweiten Kapitel von *Whanau* – erzählerisch lenkend in die andersartige Lebenswelt der Maoris einzuführen.

Die Romane und Kurzgeschichten Ihimaeras – 1972 war bereits die Sammlung *Pounamu, Pounamu* (der Maori-Begriff bedeutet »Grünsteintuff«) erschienen – nehmen europäische wie einheimische literarische Traditionen auf. Sowohl die Titel *Tangi* und *Whanau* als auch die Figuren und deren Situierung in einer noch weitgehend intakten Maori-Lebenswelt deuten darauf hin, daß es Ihimaera aber vornehmlich um die Bewußtmachung der »Maoritanga«, der Wertwelt der eigenen Bevölkerungsgruppe, geht; dazu war es jedoch notwendig, die fast ausschließlich mündlich tradierten kulturellen Wissensbestände mit Hilfe der auf Schriftlichkeit basierenden europäisch-amerikanischen Techniken aufzuarbeiten, da der Autor letztlich auf ein weißes Lesepublikum angewiesen ist.

Tangi ist in diesem Sinne der Bericht des zweiundzwanzigjährigen Tama Mahana von den drei Tage dauernden Klagefeierlichkeiten um den toten Vater (sowie von deren Vor- und Nachgeschichte), zugleich aber auch die Literarisierung dieser Klagethematik, die ein Zurückgreifen auf europäische Traditionen, Erzählstrukturen und Symbolisierungsverfahren erfordert. Tama fährt – so die grundlegende Handlungsstruktur – nach der Bestattung seines Vaters von seiner Heimatgemeinde Gisborne aus ein letztes Mal nach Wellington zurück, wo er während der letzten vier Jahre in der andersartigen Welt der Pakehas gelebt und gearbeitet hat; er ist entschlossen, dem Wunsch des Vaters zu folgen und als der älteste und daher verantwortliche Sohn wieder zur Mutter und zu den Geschwistern zurückzukehren.

Die Motive von Trennung und Rückkehr sind zum einen eingebettet in die mythische Vorstellungen von den »*ersten Eltern*«, Rangitane (Himmel) und Papatuanuku (Erde), die die Menschen aus der Dunkelheit ihrer zeugenden Umarmung in den an-

brechenden Tag entlassen haben. Dem entspricht auf der Handlungsebene Tamas Trennung von der Familie und seine Begegnung mit einer fremdartigen, aber auch teilweise faszinierenden urbanen Welt unvermeidlicher Isolation, die er schließlich wieder verläßt, um in den Zusammenhang der Familie zurückzukehren. Ihimaera bewertet diese Art des Kontaktes mit der Welt des Pakeha und dessen die Maori-Kultur eigentlich bedrohender Lebensweise im Sinne des mythischen Grundmusters positiv: Der kreisförmig angelegte Prozeß führt zum Ursprung zurück. Die mythische Dimension liefert mithin die ideologische Legitimation für Ihimaeras spezifisches Konzept der kulturellen Öffnung.

Tamas Entschluß zur Rückkehr in die eigene Kultur und Wertwelt resultiert letztlich aus seiner Teilnahme am drei Tage währenden Tangi; er leitet während der Bahnreise zum erinnernden Eintauchen in die individuelle Lebensgeschichte des weitgehend im Präsens vortragenden Erzählers über, in die Geschichte der Familie im engeren und im weiteren Sinne (des *Whanau* als der Dorfgemeinschaft) und schließlich in den Maori-Mythos, also die ursprüngliche »Geschichte« des Volkes. Dieser für Ihimaeras gesamtes Werk typische Erinnerungsprozeß wird einerseits (ein Motiv der europäischen Literatur) beim Blick aus dem Fenster auf die vorbeiziehende Landschaft über Assoziationen ausgelöst, ist jedoch tatsächlich ein bewußtes Eintauchen des Protagonisten in eine für ihn noch nicht verlorene Zeit; die Rückkehr ist deshalb für den gerade einundzwanzig Jahre alten, also ins Mannesalter übergetretenen Erzähler zugleich ein Neubeginn, ebenso wie für Ihimaera selbst die Literarisierung der Totenklage die Möglichkeit des aus der Rückkehr zur Maoritanga resultierenden kulturellen Neubeginns bietet.

Im Zentrum dieser Maoritanga steht die Vorstellung einer die Lebenden und Toten, die verwandtschaftlich Nahen und Fernen umschließenden Gemeinschaft, die durch *aroha* zusammengehalten wird; d. h. »*die Liebe, die wir einander entgegenbringen, so daß sie [die Geschwister] nie allein sein werden, wenn sie eines Tages Waituhi verlassen und in die Stadt gehen werden*«. Diese am Wert der Gemeinschaft orientierte *aroha* erwächst für Ihimaera aus der besonderen Nähe des Maori zur Erde und zum Boden, den er bestellt. Wenn sich der Mensch dem Rhythmus der mit den »*ersten Eltern*« identifizierten Natur anvertraut, gewinnt er jene Ruhe und Gelassenheit, die er in der Stadt zu verlieren droht. Gerade sein Vater, so erinnert sich Tama, strahlte Ruhe und Gelassenheit aus; er bezeichnet ihn deshalb wiederholt als »*Achse [seines] Universums*«, als »*Licht gebende Sonne*«, während die Mutter im komplementären Bild der Erde erscheint.

Ihimaera will jedoch nicht etwa die Maoritanga in ihrer kulturellen Reinheit konservieren, sondern auf die Notwendigkeit einer Rückbesinnung auf Werte hinweisen, die eine sinnvolle Existenz in der von Pakehas beherrschten »*Landschaft*« ermöglichen. Symbol für die angestrebte Synthese zweier Kulturformen ist das traditionelle Gemeinschaftshaus, das Ihimaera hier fast mit den gleichen Worten beschreibt wie in *Whanau*. In dieser vor mehreren Generationen gebauten *marae*, deren Dachgebälk den Himmel abzustützen (in ihn überzugehen) scheint, sind Elemente der Maori- und der Pakeha-Kunst harmonisch miteinander vereint, und zwar im Wissen um die Unvermeidbarkeit eines notwendigerweise auf Öffnung gerichteten Traditionswandels. Wie die kulturelle Synthese aber jenseits ihrer symbolischen Repräsentation lebensweltlich beschaffen sein könnte, das führt Ihimaera in *Tangi* nicht aus. Wenn er jedoch im Kontext von Tamas Familiengeschichte besonders ausführlich auf den gemäßigten wirtschaftlichen Aufstieg der Mahanas eingeht, die zunächst umherziehende Landarbeiter, später selbst Farmer sind, deutet das auf ein Plädoyer für den Gedanken der sozialen Modernisierung im Sinne europäisch-amerikanischer Gesellschaftstheorien hin. Allerdings geht es dann letztlich doch nicht allein um den sozialen Aufstieg, sondern auch um die damit gegebene Möglichkeit, daß die Mahanas an einem Ort ein stabiles Lebenszentrum errichten, wo mit der *marae* auch die Maoritanga am Leben erhalten werden kann.

Ein derartiger Gedanke steht – nach der Auszeichnung von *Tangi* durch den James Wattie-Buchpreis (1974) – im Zentrum von Ihimaeras zweitem Roman *Whanau*. Das sich über vierundzwanzig Stunden erstreckende Geschehen in einem Maori-Dorf wird erneut im Präsens dargeboten; an die Stelle des Ich-Erzählers ist jedoch ein behutsam lenkender auktorialer Erzähler getreten, unter dessen Regie die um eine Fülle unterschiedlicher Figuren mit verschiedenartigen kulturellen Positionen zentrierten Handlungsfäden zusammengehalten und schließlich zusammengeführt werden. *Whanau* vermittelt mit seinen Momentaufnahmen eines Sonntags das Panorama eines Dorfes, in dem die negativen Einflüsse der 16 Meilen entfernten Stadt bereits sehr viel deutlicher zu spüren sind als im Ort des vorangegangenen Romans. Da gibt es dem Trunk hingegebene *no-hopers*; Menschen, die in die Pakeha-Welt integriert werden möchten; aber auch solche, die noch stärker in der Maoritanga verwurzelt sind, die nostalgisch in der Erinnerung an die Vergangenheit schwelgen oder an der Restaurierung ihrer *marae* arbeiten.

Der sich im letzten Drittel des Buches herauskristallisierende Konflikt resultiert – anders als in *Tangi* – aus den unterschiedlichen soziokulturellen Vorstellungen zweier Halbschwestern: Die eine möchte den alten und kranken Vater – den Kaumatua, den Ältesten des Dorfes – bei sich im eigenen Haus pflegen, während die außerhalb des Dorfes Wohnende ihn in ein Krankenhaus bringen will. Pene, ein neunjähriger Junge, der sich liebevoll um den alten Paora kümmert, flieht mit dem Alten in die dunkle Nacht. Alle Dorfbewohner – selbst die Hoffnungslosen – beteiligen sich dann an der Suche nach den beiden, die in die Nähe der *marae* geflüchtet sind. Im Augenblick, da der Alte das Gebäude betreten will, sieht der Junge *»das Dorf, wie es

einmal war«, und erkennt, *»wohin er geht«*: *»In ein Dorf kleiner Holzhäuser, wo alle zusammen immer noch eine Familiengemeinschaft bilden. Zu einem Gemeinschaftshaus, das nicht einstürzt und zerfällt, sondern den Himmel stützt. Zu einem Gemeinschaftshaus, das vom Lärm der Familientreffen widerhallt und das noch nicht verlassen ist. Zur Wärme des Familienherdfeuers, bevor die Glut erstirbt.«*
Der Zusammenhang, den die Suche nach Paora in die individuellen Geschichten bringt, manifestiert sich symbolisch im Bild des Drachens, den Kinder über dem Dorf fliegen lassen und das dem Erzähler den imaginativen Blick aus der Überschau ermöglicht, und im abschließenden mythischen Bild der Mutter Erde, die das Dorf mit ihrer schützenden Wärme umfängt. U.Bö.

AUSGABEN: *Tangi*: Auckland/Ldn. 1973. – Auckland/Ldn. 1975. – *Whanau*: Auckland 1974. – Ldn. 1975. – Ldn. 1983.

ÜBERSETZUNG: *Der Tag nach der Hochzeit*, O. u. E. Fetter, Bln./DDR 1977 *[Whanau]*.

LITERATUR: G. Wynn, *Tradition and Change in Recent Maori-Fiction: The Writings of W. I.* (in International Fiction Review, 2, 1975, S. 17–31). – J. Metge, *The Maoris of New Zealand*, Ldn. 1977. – N. Simms, *Maori Literature in English: W. I.* (in Pacific Quarterly, 3, 1978, S. 336–348). – N. Wattie, *The Community as Protagonist in the Novels of Ch. Achebe and W. I.* (in *Individual and Community in Commonwealth Literature*, Hg. D. Massa, Msida/Malta 1979, S. 69–74). – P. Nightingale, *All Any Man with a Club Can Do: A. Wendt and W. I.* (in *Myth and Metaphor*, Hg. R. Selick, Adelaide 1982). – S. Beckmann, *Language as Cultural Identity* (in *Language and Literature in Multicultural Contexts*, Hg. S. Nandan, Suva/Fiji 1983). – H. Isernhagen, *W. I.'s Fiction: From Indigenous Myth to late Modernist City Night?* (in WLWE, 24, 1984, S. 189–199). – R. Corballis u. S. Garrett, *Introducing W. I.*, Auckland 1984. – S. Garrett, *A Maori Place in New Zealand Writing* (in *A Sense of Place in the New Literatures in English*, Hg. P. Nightingale, St. Lucia 1986).

JEAN IKELLÉ MATIBA

* 26.4.1936 Song bei Ndong
† 1984

CETTE AFRIQUE-LÀ

(frz.; *Ü: Jenes Afrika*). Chronik von Jean IKELLÉ MATIBA (Kamerun), erschienen 1963. – Im Vor-

wort zu seinem im Erscheinungsjahr mit dem
»Grand Prix Littéraire de l'Afrique Noire d'Expression Française« ausgezeichneten Werk betont der
Autor, daß es ihm vor allem um eine Dokumentation zur Kolonialgeschichte Kameruns ging. Mit
dieser Verbindung zum Zeitgeschehen und dem
offenkundig lehrhaften Charakter der Chronik
steht der Autor ganz in der Tradition der neoafrika-
nischen Literatur, für die Kunst immer einen sozialen Impetus hat. Sowohl formal als auch stilistisch
schöpft Ikellé Matiba aus der Folklore seiner Heimat.

Franz Mômha erzählt zur Belehrung der Jugend an
zwei Abenden die Geschichte seines Lebens: Als
Junge erlebte er die rigorose, aber korrekte Koloni-
sation durch die Deutschen; er studiert mit Erfolg
an ihren Schulen und erhielt dann einen Posten in
der Verwaltung. Der Erste Weltkrieg macht seinen
hochfliegenden Plänen ein Ende. Obwohl er den
Franzosen zunächst ein humaneres Vorgehen bei
den Kämpfen um Kamerun bescheinigen muß, will
er aus Treue gegenüber dem deutschen Kaiser nicht
den neuen Herren dienen; denn er ist, wie er selbst
sagt, fast zum Preußen geworden. Als einfacher
Bauer zieht er sich auf sein Land zurück. Die Verehrung, die ihm überall zuteil wird, kann ihn während des Zweiten Weltkrieges jedoch nicht vor der
Zwangsarbeit bewahren. Verständnislos steht er
der Grausamkeit, Willkür und Korruption der
Franzosen gegenüber und flüchtet sich in die Religiosität. Auch späterhin kann Mômha neue Einrichtungen der französischen Verwaltung, wie die
demokratische Wahl oder das moderne Schulwesen, kaum begreifen.

Zahlreiche Abschweifungen – wie die Beschreibung von Bräuchen und Fruchtbarkeitsriten, minuziöse Schilderungen von Schulfeiern und die
breite Stellungnahme zu den vieldiskutierten Problemen des Kolonialismus und der Rassenfrage –
gehören zur äußeren Form des weitgespannten
afrikanischen Palavers. Der anspruchslose Erzählstil entspricht wohl der Absicht des Autors, die
Dinge jeweils aus der momentanen Perspektive des
Helden heraus zu beschreiben, um so eindringlich
das Schicksal des afrikanischen Menschen unter
dem negativen Einfluß der europäischen Herrschaft aufzuzeigen und die Wirkungen des Kolonialismus zu veranschaulichen.   U.F.

AUSGABE: Paris 1963; Nachdr. 1973.

ÜBERSETZUNG: *Adler und Lilie in Kamerun. Lebensbericht eines Afrikaners*, E. de Bary, Herrenalb
1966 [Vorw. J. Jahn].

LITERATUR: Rez. (in Afrique, 1963, Nr. 27, S. 43).
– M. Towa, Rez. (in Abbia, Yaoundé 1963, Nr. 3,
S. 184–186). – J. P. Trout, *J. I. M.* (in *The New
African Literature and the Arts*, Hg. J. Okpaku, NY
1970, S. 31–42). – M. Schipper-de Leeuw, *Le blanc
et l'occident au miroir du roman négro-africain de
langue française*, Assen 1973, S. 39 ff. u. ö.

IKKYŪ SŌJUN

* 1394 Kioto
† 1481 Takigi bei Kioto

KYŌUNSHŪ

(sino-jap.; *Die Sammlung des Meisters Verrückte
Wolke*). Gedichtsammlung in chinesischer Sprache
von IKKYŪ Sōjun (Japan). – Selbst wenn es wahr ist,
daß sich in Japan ein Individualismus im westlichen
Sinn nicht entwickelt hat, so brachte es doch einige
große Exzentriker hervor, unter denen Ikkyū Sōjun
einer der faszinierendsten ist. Er wurde am Neujahrstag 1394 geboren; sein Vater soll der Kaiser
Go-Komatsu (1377–1433) gewesen sein. Über
seine Mutter ist wenig bekannt, außer daß sie einer
Seitenlinie der bedeutenden Familie Fujiwara entstammte. Mit fünf Jahren trat er als Novize in den
Ankokuji-Tempel in Kioto ein, wo er in die großen
Sutren des Mahâyâna-Buddhismus eingeführt
wurde; mit zwölf Jahren schon soll er Gedichte
nach den Formgesetzen der chinesischen Lyrik
(kanshi) geschrieben haben. Seine Frömmigkeit
und die strikte klösterliche Lebensführung seiner
frühen Jahre steht in schroffem Gegensatz zu seinem späteren – als extravagant und lasterhaft geltenden – Verhalten, in dem er selbst indes die vollendete Art einer vom Denken des Zen geprägten
Lebenspraxis sah. Seit 1410 Schüler des Mönchs
Ken'ō, vertiefte Ikkyū nach dessen Tod im Jahr
1414 seine Studien unter der Leitung des für seine
Härte bekannten Mönchs Kesō (1352–1428). Im
Jahre 1420 soll er seine Erleuchtung *(satori)* erlebt
haben, als er nachts während der Meditation im
Boot auf dem Biwa-See den Schrei einer Krähe hörte. Später praktizierte Ikkyū den für ihn eigentümlichen, nonkonformistischen, »verrückten« Zen:
Bordelle, Gasthäuser und Herbergen hielt er für ge-
eignetere Meditationsräume als Tempelhallen, in
denen sich Luxus, Dekadenz und »wirkliche« Sitten-
losigkeit eingenistet hätten. Seine Verachtung
drückte er vor allem in den zahlreichen bitteren – und
wohl auch übertriebenen – gegen den Mönch Yōsō
(1376–1458) gerichteten – Schimpf- und Spottge-
dichten aus; Yōsō war 1428 nach dem Tod Kesōs Abt
des Tempels Daitokuji geworden.

Als er sechsundsiebzig Jahre alt war, verliebte Ikkyū
sich in die blinde Nonne Mori (auch Shin), die er in
seiner Sammlung chinesischer Gedichte, dem *Kyōunshū*, der »*Sammlung des [Meisters] Verrückte Wolke*«, feiert: »*Die Blätter waren gefallen, der Baum
war morsch; aber der Frühling ist zurückgekehrt. /
Der alte Stamm blüht wieder, neue Hoffnungen erwachen, / Mori, sollte ich je vergessen, was ich dir verdan-
ke, / dann mag ich als wildes Tier die Ewigkeit verbringen!*« Schon im Namen »Verrückte Wolke«, den er
sich gab, deutet sich die ganze paradoxe Grundbe-
findlichkeit an, der er sich zeit seines Lebens ausgesetzt sah und der er dichterisch Ausdruck zu verleihen versuchte: Einerseits ist die »Wolke« ein Bild

für das vom Buddhismus geforderte »Nichthaften«
an den Dingen der Welt, andererseits lautet der si-
no-japanische Euphemismus für körperliche Liebe
un'u (»Wolke und Regen«), was dem Namen
»Verrückte Wolke« die Konnotation »verrückt
nach Liebe« gibt. Mitten unter den Gedichten, die
der Geliebten gelten, findet sich eines, in dem Ikkyū seines Erleuchtungserlebnisses gedenkt und
die ganze Ambivalenz seines Daseins zusammenfaßt: »*Wut, Zorn und Leidenschaft tobten mir im
Herzen / zwanzig Jahre lang! Jetzt aber ist die Zeit: /
eine Krähe lacht, ich verlasse den Staub und werde ein
Heiliger. / Und was ist das? – Ein Antlitz aus Jade
singt im Sonnenlicht.*«
Die 880 Gedichte des *Kyōunshū* feiern jedoch nicht
nur die Liebesnächte mit der blinden Mori als ekstatische Annäherungen an die Transzendenz (im
Sinne des Buddhismus). Der bei weitem überwiegende Teil der Gedichte (mehr als 700) ist religiösen Themen gewidmet, etwa den philosophischen
Grundansichten des Rinzai-Buddhismus. Neben
Texten, die die großen, vorbildhaften Patriarchen
der zen-buddhistischen Tradition preisen *(busso-
san)* und solchen, die ein fast prätentiöses Selbstvertrauen zur Schau stellen *(jisan)*, finden sich andere, die von höchstem Selbstzweifel zeugen und
Ikkyūs eigene Daseinsweise radikal in Frage stellen.
Eine weitere Kategorie *(nenkō)*, Trauergedichte,
fordern dichterisch zu einem *Memento mori* auf – in
dem Sinne, in dem Ikkyū an einem Neujahrstag
einmal eine Stange, an deren Ende ein Totenkopf
befestigt war, durch die Straßen getragen haben
soll, um das allzu ausgelassen feiernde Volk an die
Vergänglichkeit aller Erscheinungen zu erinnern.
Einen wesentlichen Bestandteil aber machen Gedichte aus, in denen der Zen und die Zen-Erfah-
rung in der für die Zen-Literatur typischen paradoxen und metaphernreichen Sprache zum Ausdruck
kommen. Insofern zumindest entsprechen sie einer
»Konvention«, nämlich der des Zen-Buddhismus,
die Rationalität herauszufordern und an ihren eigenen Grenzen scheitern zu lassen. »*Kälte, Hitze,
Leid, Freude, Zeit sich zu schämen. / Ursprünglich
sind die Ohren zwei Streifen Haut. / Eins. Zwei. Drei.
He! Drei. Zwei. Eins. / Nanquan tötete die Katze mit
einem Schlag seiner Hand.*«
Die Gedichte bestehen aus vier Zeilen zu je sieben
Worten (resp. Schriftzeichen), mit einer Zäsur
nach dem vierten Wort. Literaturgeschichtlich gehören sie zum Genre der sogenannten »Gozan-Li-
teratur« *(Gozan bungaku)*, worunter das von den
Zen-Priestern der bedeutenderen Tempel von Ka-
makura und Kioto seit der zweiten Hälfte des
13. Jh.s bis zum Ende des 17. Jh.s – vornehmlich
auf Chinesisch – abgefaßte Schrifttum verstanden
wird.   P.Pö.

AUSGABE: In *Kokuyaku Zenshū Sōsho 9*, Tokio
1920.

ÜBERSETZUNGEN: *Im Garten der schönen Shin. Die
lästerlichen Gedichte des Zen-Meisters »Verrückte
Wolke«*, Übers., Komm. u. Einl. Shuichi Kato u.

E. Thom, Düsseldorf/Köln 1979. – *Ikkyū and the
Crazy Cloud Anthology. A Zen Poet of Medieval Ja
pan*, S. Arntzen, Tokio 1986 [Vorw. Shūichi Ka-
tō].

LITERATUR: J. C. Covell [in Zusammenarbeit mit
Abt Sobin Yamada], *Unraveling Zen's Red Thread,
Ikkyu's Controversial Way*, Elizabeth (N.J.)/Seoul
1980.

KONSTANTINOS IKONOMOS

* 27.8.1780 Tsaritśani / Thessalien
† 8.3.1857 Athen

O FILARJIROS

(ngriech.; *Der Geizkragen*). Bekannt auch unter
dem Titel *O Exintavelonis*, den die Ausgabe Smyrna
1873 eingeführt hat. Komödie von Konstantinos
IKONOMOS, anonym erschienen 1816. – Wie viele
führende griechische Gelehrte seiner Epoche verfolgte der Autor dieser ersten neugriechischen Umarbeitung der Komödie *L'avare* von MOLIÈRE vor
allem pädagogische Absichten. Im *Filarjiros*
schwebte ihm sogar eine doppelte Wirkung vor:
Zum einen sollte das Stück der Charakterbildung
der Jugend dienen, zum andern wollte Ikonomos,
ein sehr gelehrter und rühriger Geistlicher aus der
Zeit der neugriechischen Aufklärung vor und nach
der Befreiung Griechenlands, seinen geistig des-
interessierten Mitbürgern in Smyrna, die ihn aus
seinem Lehramt am städtischen humanistischen
Gymnasium zu drängen suchten, eine Lektion erteilen. Er selbst nennt in der Einleitung noch einen
weiteren Grund für seine Bearbeitung des französischen Stücks: die indirekte Abhängigkeit Molières
von der attischen Komödie (über die *Aulularia* des
PLAUTUS).
Ikonomos verlegte die Handlung des Werkes nach
Smyrna; den Personen gab er sehr treffende griechische Namen. Außerdem fügte er neue Personen
sowie einige kurze lokal- und zeittypische Szenen
hinzu. Darin zeigt sich ein origineller Sinn für ko-
mödiantische Details, die dem Stück bei dem griechischen und natürlich besonders dem smyrnäi-
schen Leser eine starke Wirkung sicherten. Nach
dem Vorbild der italienischen Dialektkomödie verwendete der Autor verschiedene griechische Idiome – ein weiterer Zug, um die Figuren dem griechischen Publikum lebensecht und überzeugend erscheinen zu lassen. Im ganzen kann kein Zweifel
daran bestehen, daß Ikonomos die Anpassung der
französischen Komödie an die griechische Mentalität und Lebensweise vollkommen geglückt ist; sein
Werk hat denn auch verdientermaßen Schule gemacht. Das ist um so erstaunlicher, als es zu jener
Zeit, von einigen Liebhaberaufführungen im Aus-

land abgesehen, kein griechisches Theater gab; Ikonomos schrieb nur für Leser. Erst 1836, im freien Griechenland, konnte das Stück uraufgeführt werden, und seitdem ist es, bis heute, eine der erfolgreichsten neugriechischen Komödien geblieben. A.Kum.

AUSGABEN: Wien 1816. – Smyrna 1835. – Athen 1871. – Smyrna 1873 *(O Exintavelonis)*. – Athen 1970, Hg. u. Einl. K. Skalióras.

LITERATUR: A. G. Jeromichalákis, *K. I. o ex Ikonómon*, Thessaloniki 1958. – K. Th. Dimaras, *O Korais ke i epochí tu*, Athen 1953 [ern. in K. Th. D., *Neoellinikos Diafotismós*, Athen 1977]. – Ekklissía, 34, 1957, 24 [Sondernr. *K. I.*]. – K. Th. Dimaras, *Istoría tis neoellinikís logotechnías*, Athen ⁷1985, S. 346 u. ö.

ILAŃKŌVAṬIKAḶ

auch kurz Ilaṅkō genannt

2./3. Jh. oder 5./6. Jh.

CILAPPATIKĀRAM

(tamil; *Die Geschichte von der Fußspange*). Epischer Versroman von ILAŃKŌVAṬIKAḶ. – Neben dem *Manimēkalai* von CĀTTANĀR und dem *Cīvaka-cintāmani* von TIRU-T-TAKKA-TĒVAR gehört das *Cilappatikāram* zu den drei ältesten erhalten gebliebenen epischen Romanen der Tamil-Literatur. In dem einleitenden Vers wird es als ein »mit Prosa und Lyrik vermischtes dichterisches Werk« *(urai-itaiyitta-pāṭṭutai-c-ceyyul)* bezeichnet, und der Kommentator ATIYĀRKUNALLĀR nennt es *iyal-icai-nātaka-p-poruḷ-toṭarnilai-c-ceyyul* (eine erzählende Dichtung mit lyrischen Partien, Musik und dramatischen Szenen). Eine ähnliche Definition charakterisiert das Werk als *mu-t-tamil-k-kāppiyam* (Kunstdichtung der dreifachen Tamil). Es wird auch als *nātaka-k-kāppiyam* (dramatische Kunstdichtung) oder kurz als *kāppiyam* (Kunstdichtung) bezeichnet. Vom formellen Standpunkt aus betrachtet, sind diese Definitionen nicht unrichtig; seinem Wesen nach ist das *Cilappatikāram* aber als epischer Versroman zu definieren. – Das Werk besteht – wie das bereits erwähnte *Manimēkalai* – aus dreißig Gesängen *(kātai)*, die auf drei Abschnitte *(kāntam)* verteilt sind, nämlich a) *Pukār-k-kāntam (Der Pukār-Abschnitt)* mit den Gesängen 1–10; b) *Maturai-k-kāntam (Der Madurai-Abschnitt)*, enthaltend Gesang 11-23; c) *Vañci-k-kāntam (Der Vañci-Abschnitt)* mit den Gesängen 24–30; das Ganze umfaßt über 5200 Zeilen. Das Metrum ist überwiegend das klassische *akaval* mit verschiedenen Typen von *kalippā* und *venpā*-Versen. In einigen Gesängen wechseln – nach Art der *campu*-Kompositionen – metrische Partien mit Prosastücken ab.

Das *Cilappatikāram* erzählt die Erlebnisse des in Pukār, der alten Hauptstadt des Chola-Reiches, wohnenden reichen Kaufmannssohns Kōvalan und seiner Gattin, der schönen Kaufmannstochter Kannaki. Nach einigen Jahren ehelichen Glücks lernt Kōvalan auf einem zu Ehren des Gottes Indra veranstalteten Fest die hübsche Sängerin und Tänzerin Mātavi kennen. Er verliebt sich in sie, verläßt seine Frau und lebt mehrere Jahre mit der Tänzerin zusammen. Nachdem sein ganzes Hab und Gut dahingeschwunden ist, kehrt er reumütig wieder zu seiner Frau Kannaki zurück. Diese gibt ihm ihre sehr wertvollen goldenen Fußspangen, damit er mit dem Erlös aus deren Verkauf ein neues Geschäft gründen kann. – Kōvalan und Kannaki verlassen die Stadt Pukār und ziehen nach Madurai, der Hauptstadt des Pāndya-Landes. In der Nähe von Madurai läßt Kōvalan seine Frau in der Obhut der Hirtin Mātāri zurück und begibt sich in die Stadt, um eine der Fußspangen zu verkaufen. Zufällig bietet er sie einem Goldschmied an, der kurz zuvor eine kostbare goldene Fußspange der Königin aus dem Königspalast entwendet hat. Da die ihm zum Kauf angebotene Fußspange der gestohlenen sehr ähnlich ist, eilt der Goldschmied, der froh ist, für sein Vergehen einen Sündenbock gefunden zu haben, zum König und beschuldigt Kōvalan des Diebstahls. Ohne den Sachverhalt näher zu untersuchen, läßt der König sogleich Kōvalan hinrichten.

Nun erscheint Kannaki, die, beim Anblick ihres toten Gatten von Schmerz und Zorn übermannt, vor den König tritt und ihn des Mordes an einem Unschuldigen anklagt. Zum Beweis bricht sie die zweite Fußspange auseinander, und diese enthält nicht Perlen, wie die der Königin, sondern Diamanten. Als der König das von ihm begangene Unrecht erkennt, fällt er vor Entsetzen tot nieder. Die Königin folgt ihm in den Tod. Kannaki aber verflucht die Stadt Madurai und fleht zu dem Feuergott Agni, der alsbald erscheint und die Stadt in Flammen aufgehen läßt. Alle Bewohner, ausgenommen die Brahmanen, die Tugendsamen, die Alten und die Kinder sowie die Kühe, kommen um. – Kannaki begibt sich nach dem Chera-Land. Auf dem Berg Netunvēḷ erscheint ihr Kōvalan in seiner verklärten Gestalt, und mit ihm zusammen wird sie in einem göttlichen Wagen zum Himmel getragen. Der Schluß der Dichtung spielt in Vañci (heute Karūr), der Hauptstadt des damaligen Chera-Reiches. Der König von Vañci läßt einen Tempel errichten und aus einem vom Himalaja geholten großen Stein ein Bildnis der neuen Göttin anfertigen.

Die Hauptperson und Heldin dieses epischen Romans ist Kannaki; sie verkörpert nicht nur die Keuschheit und eheliche Treue, sondern auch die ideale Frau. Als Kōvalan sie verlassen hat, wartet sie geduldig auf seine Rückkehr. Den Vorschlag, während der Abwesenheit ihres Gatten eine Pilgerfahrt zu unternehmen, lehnt sie strikt ab. Als Kōvalan dann zurückkommt, macht sie ihm keine Vorwürfe, sondern gibt ihm ihre goldenen Fußspangen, die ihr als Rest ihres früheren Reichtums geblieben sind. Nachdem der in Madurai residierende Pāṇdya-König ihren Gatten unschuldig hat hinrichten lassen, nimmt sie furchtbare Rache an der Stadt. – Gegenüber der fast übermenschlichen Gestalt der Kaṇṇaki erweist sich Kōvalaṇ als eine Persönlichkeit, die neben manchen Vorzügen auch viele menschliche Fehler und Schwächen besitzt und der Verführung nur allzu willig nachgibt. Immerhin vollbringt er während seines Zusammenlebens mit der Tänzerin Mātavi auch manche gute Tat. Nachdem er Mātavi aufgegeben hat und zu seiner Frau zurückgekehrt ist, bleibt er fest bei seinem Entschluß. Auf Mātavis Versuche, ihn zurückzugewinnen, geht er nicht ein; aber er nimmt die Schuld für das, was geschehen ist, auf sich: »*Sie ist nicht zu tadeln, ich allein bin zu tadeln.*« – Mātavi liebt Kōvalaṇ von ganzem Herzen. Als er sie verläßt, bittet sie ihn zurückzukommen. Da er ihr nicht antwortet, schreibt sie ihm einen zweiten Brief und ermahnt ihn, seine besorgten Eltern über seinen Aufenthalt in Madurai zu unterrichten. Wie sehr sie Kōvalaṇ geliebt hat, erweist sich, als die Nachricht von seinem Tod eintrifft: Mātavi gibt ihren Beruf auf und wird Nonne.

Ilaṅkō hat den Stoff für seine Dichtung wahrscheinlich einer lokalen Überlieferung entnommen. Indem er die Begebenheiten nach Art der Kunstdichtung *(kāvya)* eingehend beschreibt und unter Verwendung zahlreicher Bilder und Vergleiche farbenprächtig ausschmückt, hat er ein echtes Meisterwerk geschaffen. Die einzelnen Phasen der Handlung werden – wie im Drama *(nāṭaka)* – nach verschiedenen Orten verlegt. Zwischen die einzelnen Szenen sind häufig lyrische Partien eingeschaltet, die entweder als Intermezzi oder aber funktionellen Sinn haben, wie z. B. die Lieder des Kōvalaṇ und der Mātavi, welche die Trennung zwischen ihnen einleiten.

Das *Cilappatikāram* ist im Gegensatz zum *Maṇimēkalai* eine ganz und gar einheitliche Komposition. Das supranaturalistische Element ist reichlich vertreten, auch fehlt es nicht an lehrhaften Partien. Aber dadurch wird die Einheit der Komposition nicht gestört und die Schönheit der Dichtung nicht beeinträchtigt. – Die Gestalten der handelnden Personen sind lebensnah gezeichnet und geschickt charakterisiert. Der Stil ist durchweg elegant; den Autor paßt ihn jeweils dem Inhalt an, indem er z. B. bei Liebesliedern ein anderes Versmaß verwendet als bei der Schilderung dramatischer Szenen. Von besonderer Schönheit sind die lyrischen Partien, so z. B. Kaṇṇakis Klage bei der Nachricht von Kōvalaṇs Tod.

Neben seiner literarischen Qualität besitzt das *Cilappatikāram* aber auch eine nicht geringe Bedeutung als Quelle für unsere Kenntnis des alten Tamilgebiets und seiner Kultur. Wenn auch die Beschreibungen zuweilen etwas umständlich erscheinen, so bieten sie doch ein getreues Bild des täglichen Lebens sowie der Sitten und Gebräuche der

verschiedenen Gesellschaftsschichten im alten Tamil-Land. Am Schluß seiner Dichtung sagt der Autor selbst: »*Wie ein Spiegel die Berge, so reflektiert dieser Roman das Tamil-Land – vom Vēṅkata-Gebirge bis zum Kap Komorin, vom westlichen bis zum östlichen Ozean.*« K. de V.

AUSGABEN: Madras 1892; Tirunelvēli ⁸1968. – Madras 1969. – Chittur 1976.

ÜBERSETZUNGEN: *The Shilappadikaram, or the Lay of the Anklet*, V. R. Ramachandra Dikshitar, Madras/Ldn. 1939 [engl.; ²1978]. – *Le roman de l'anneau*, A. Daniélou u. R. S. Desikan, Paris 1961 [frz.]. – *The Anklet Bracelet*, A. Daniélou, NY 1965 [engl.].

LITERATUR: R. P. Cētu Piḷḷai, *Studies in »Chilappathikaram«*, Madras 1937. – T. S. Srīpāl, *Ilaṅkōvatikal camayam yātu*, Madras 1957 [ern. 1978; rev.]. – W. H. Schomerus, *Die Tamil Literatur* (in H. v. Glasenapp, *Die Literaturen Indiens*, Stg. 1961, S. 386–388). – *Cilappatikāra camutāyam*, Madras 1963. – P. Tirukūtacūntaram, *»Cilappatikāram«*, Aṇṇāmalainakar 1967. – E. Kasirajan, *Cilappatikara ayvadankal*, Trivandrum 1973 [Bibliogr.]. – K. V. Zvelebil, *Tamil Literature*, Wiesbaden 1974, S. 131–135. – K. Ilaṭcumaṇacāmi, *»Cilappatikāram« – »Maṇimēkalai« kāppiya marapu*, Aṇṇāmalainakar 1977. – S. Ramanathan, *Music in »Cilappatikaram«*, Madurai 1979 [rev. Diss. Wesleyan Univ. 1970]. – K. Chellapan, *Shakespeare and Ilango as Tragedians: A Comparative Study*, Thanjavur 1985 [zugl. Diss. Madurai Univ.; m. Bibliogr.]. – S. V. Subramanian, *Ilaṅkōvum Kampaṇum*, Madras 1986.

ILARION

Metropolit von Kiew

11. Jh.

SLOVO O ZAKONE I BLAGODATI

(aruss.; *Rede über das Gesetz und die Gnade*). Theologischer Traktat, mit gewichtigen Gründen dem Priestermönch ILARION zugeschrieben, der von 1051 bis spätestens 1055 Metropolit von Kiew war; entstanden ca. 1036–1051. – Das Werk, von dessen Popularität mehr als vierzig Handschriften zeugen, nimmt in der altrussischen Literaturgeschichte einen hervorragenden Platz ein und wurde Vorbild für eine große Zahl hagiographischer Lobpreisungen. Der vollständige Titel lautet: *Über das Gesetz, das durch Mose gegeben ist, und über die Gnade und Wahrheit, die durch Jesus Christus geworden ist; und wie das Gesetz vergangen ist, die Gnade aber und Wahrheit die ganze Erde erfüllt hat, und der Glaube sich zu allen Völkern verbreitet hat, auch bis zu unserem russischen Volke; und Lobpreis auf unseren Kagan Vladimir, von dem wir getauft sind, und Gebet zu Gott von unserem ganzen Land.* Auch dieser lange Titel gibt den Reichtum des Inhalts nicht vollständig wieder. Der Gesamttraktat besteht aus sieben ungleichmäßig langen, ursprünglich offenbar selbständigen Teilen.

Der erste Teil, die *Rede über das Gesetz und die Gnade*, schildert die spannungsreiche Beziehung zwischen dem *Alten Testament* (dem »Gesetz«) und dem *Neuen* (der »Gnade«): Das Gesetz existierte zwar zuerst, aber die Gnade ist größer; das Gesetz war nur einem Volk gegeben (den Juden), die Gnade gilt allen Völkern. Unter den ehemals heidnischen Völkern, die seit dem Erscheinen Christi durch die Gnade zum neuen Gottesvolk geworden sind, ist auch das russische. Mit der Schilderung der Bekehrung dieses Volks und seines neuen Lebens und einem kurzen Gebet schließt dieser Teil. Es dürfte ursprünglich eine Festpredigt gewesen sein. Nach Thema und Durchführung paßt sie gut zum Osterfest oder auch zum Fest der Erscheinung des Herrn (6. Januar).

Der zweite Teil trägt nicht, wie der erste, festlich-rhetorischen, sondern mehr theologisch-wissenschaftlichen Charakter: Fünfzehn aneinandergereihte Zitate aus dem *Alten Testament* sollen beweisen, daß die Berufung der Heiden von Gott schon während der Zeit des Alten Bundes geplant war. Ilarion steht hier in der Tradition der theologischen Polemik gegen das Judentum. Der Stil ist trocken und eintönig und hebt sich stark ab von dem schwungvollen und abwechslungsreichen Redefluß des vorangehenden (ersten) und des folgenden (dritten) Teils.

Dieser hat wieder die Form einer Festrede. Der Lobpreis auf den Fürsten Vladimir, unter dem das Christentum im Jahr 989 zur Staatsreligion des russischen Reiches gemacht worden war, dürfte vorgetragen worden sein in einem Gedenkgottesdienst zu seinen Ehren, an einem 15. Juli (dem Tag, an dem Vladimir im Jahr 1015 gestorben war) gegen Ende der vierziger Jahre des 11. Jh.s, am ehesten im Jahr 1049, in der Muttergotteskirche in Kiew, die von Vladimir gebaut und in der er begraben war. In geschickter Stilisierung der historischen Wirklichkeit wird aus dem Leben und Werk Vladimirs das hervorgehoben, was ihn als Heiligen erscheinen läßt und für seine Kanonisierung spricht. Am Ende wird diese Kanonisierung, die in Wirklichkeit erst zweihundert Jahre später erfolgt ist, vom Festredner vorweggenommen, indem Vladimir mit liturgisch-hymnischen Formeln als Heiliger gepriesen und um seine Fürbitte bei Gott gebeten wird.

Der vierte Teil ist ein Bußgebet. Es ist auf einen ganz anderen Ton gestimmt als der erste und der dritte Teil. Wurden dort die großen Erfolge des Christentums in Rußland begeistert gepriesen (und vielleicht übertrieben), so wird hier gesagt, daß das Christentum in Rußland noch jung und

schwach sei, eine kleine Herde, neu gekaufte Sklaven, die den Willen ihres Herrn noch nicht recht zu erfüllen wissen. Von schweren Gefahren ist die Rede, die dem Lande drohen, um der Sünden seiner Bewohner willen. Das Gebet könnte erheblich früher entstanden sein als der Lobpreis auf Vladimir – etwa 1036, als Kiew von den Petschenegen bedroht war. Möglicherweise ist es aber auch ohne Rücksicht auf konkrete Zeitereignisse als allgemeines Bußgebet für Fälle nationalen Unglücks oder allgemeiner Gefahren abgefaßt worden.

Der fünfte Teil enthält das nicäno-konstantinopolitanische Glaubensbekenntnis. Dieses wird bei jeder Feier der orthodoxen Meßliturgie gesungen. Der Wortlaut Ilarions weicht von dem sonst gebräuchlichen an einigen Stellen ab. Vielleicht wollte Ilarion den überaus wichtigen liturgischen Text in dem von ihm vorgeschlagenen Wortlaut für den kirchlichen Gebrauch fixieren.

Das eigene Glaubensbekenntnis des Ilarion, im sechsten Teil des Traktats, gibt den Inhalt des orthodoxen Glaubens wesentlich ausführlicher und mit Einsatz aller Mittel der Kunstprosa wieder. Wie aus dem letzten Satz hervorgeht, hat Ilarion es bei seiner Inthronisierung als Metropolit von Kiew vorgetragen. – Der letzte, siebte Teil ist eine kurze autobiographische Notiz. Ilarion berichtet, in engem Anschluß an das Ende des Glaubensbekenntnisses, in zwei schönen Sätzen über seine Weihe und Inthronisation zum Metropoliten von Kiew im Jahr 1051.

Die sieben Teile des Werks zeigen die große Spannweite der theologischen und kirchlichen Arbeit Ilarions. Sie stehen aber nicht unverbunden nebeneinander, sondern sind, offenbar durch den Verfasser selbst, durch feine stilistische und gedankliche Überleitungen zu einer Einheit zusammengearbeitet. Das Gesamtwerk zeugt von einer guten Kenntnis der *Bibel*, der patristischen Literatur und der liturgischen Dichtung, von einer vollkommenen Beherrschung der Formensprache der byzantinischen Kunstprosa und von einem bewundernswerten künstlerischen Taktgefühl. Es ist schwer zu begreifen, wo und wie Ilarion, wenige Jahrzehnte nach der Christianisierung Rußlands, eine so hervorragende theologische und literarische Bildung hat erwerben können. L.Mü.

AUSGABEN: Petersburg 1844 (in *Pribavlenija k tvorenijam svjatych otcov.*, Hg. A. V. Gorskij, Bd. 2). – Wiesbaden 1962 *(Des Metropoliten Ilarion Lobrede auf Vladimir den Heiligen u. Glaubensbekenntnis*, Hg., Einl. u. Erl. L. Müller). – Prag 1963, Hg. N. N. Rozov (in *Slavia*, 32, H. 2).

ÜBERSETZUNGEN: K. Rose (in K. R., in *Grund und Quellort des russischen Geisteslebens*, Bln. 1956, S. 167–184). – L. Müller (in *Die Werke des Metropoliten I.*, Hg. ders., Mchn. 1971, S. 23–39).

LITERATUR: N. K. Gudzij, *Geschichte der russischen Literatur. 11.–17. Jh.*, Halle 1959, S. 96–106. – N. N. Rozov, *Iz nabljudenij nad istoriej teksta »Slo-*

va o zakone i blagodati« (in Slavia, 35, 1966,
S. 365–379). – L. Müller, *Eine westliche liturgische
Formel in I.s Lobpreis auf Vladimir den Heiligen* (in
L'Annuaire de l'Institut de Philologie et d'Histoire
Orientales et Slaves, 18, 1966/67, S. 299–305). –
M. Mainka, *Von Gesetz u. Gnade. Die heilsgeschicht-
liche Sicht im »Slovo« des Kiever Metropoliten I.* (in
Claretianum, 9, 1969, S. 273–304). – H. Elbe, *Die
Handschrift der Werke des Metropoliten I.* (in Russia
Mediaevalis, 1975, 2, S. 121–161). – L. Müller,
*Neue Untersuchungen zum Text der Werke des Me-
tropoliten I.* (ebd., S. 3–91). – Ders., *Vzaimootnoše-
nija meždu opublikovannymi spiskami »Slova o zakone
i blagodati« i »Pochvaly Vladimiru« mitropolita I.* (in
Kul'turnoe nasledie Drevnej Rusi. Istoki, stanovlenie,
tradicii, Moskau 1976, S. 372–378). – »Slovo o zakone i blagodati« I., Hg. A. M. Moldovan, Kiew
1984.

SELİM İLERİ

* 1949 Istanbul

YAŞARKEN VE ÖLÜRKEN

(ntürk.; *Im Leben und Sterben*). Roman von Selim
İLERİ, erschienen 1981. – Der Autor hat mit Kurzgeschichten und Romanen innerhalb recht kurzer
Zeit in der türkischen Kritik hohes Ansehen als
»junger Meister unseres Romans« (F. Naci) erworben. In seinen Texten kommt ein konsequenter
Formwille zum Ausdruck; die moderne Erzähltechnik und die durchgehende Verwendung auch
entlegener Neologismen machen seine Werke
höchst artifiziell. Einerseits steht İleri in einer bestimmten Tradition der türkischen Literatur – die
durch Autoren wie Sait Faik ABASIYANIK oder Ab-
dülhak Hamit HİSAR zu charakterisieren ist –, andererseits beeinflussen ihn so unterschiedliche Autoren der Weltliteratur wie z. B. Virginia WOOLF,
Marcel PROUST oder Fëdor DOSTOEVSKIJ. Darüber
hinaus bestimmt die Auseinandersetzung mit den
Normen einer marxistischen Poetik sein Schaffen.
Gegen den von orthodoxen Vertretern des sozialistischen Realismus erhobenen Vorwurf des »Individualismus« und »Subjektivismus« wehrte sich
der selbst als »links« geltende Autor stets mit dem
Hinweis, daß erst das innere Erleben seiner Figuren
die gesellschaftlichen Verhältnisse widerspiegeln
könne.
Im Mittelpunkt seiner Romane stehen meist junge,
»kleinbürgerliche« Intellektuelle, problematische,
egoistische und krisenanfällige Charaktere, die sich
in ihrer Welt nicht zurechtfinden. Freilich ist in dieser Hinsicht ein Wandel zu beobachten: Das İleri
berühmt machende *Her Gece Bodrum*, 1976 *(Jede
Nacht Bodrum)*, war ein eher bekenntnishaftes, leidenschaftliches Werk, dem die »rhetorischen«,

lehrhaften Romane *Ölüm İlişkileri*, 1979 *(Todesbe-
ziehungen)*, und *Cehennem Kraliçesi*, 1980 *(Königin der Hölle)*, folgten. Mit *Yaşarken ve Ölürken*
versuchte İleri im Sinne des von ihm zitierten Bene-
detto CROCE eine höhere Stufe der Ästhetik zu verwirklichen: die der »Unbestimmtheit«.
Ästhetische Überlegungen stehen auch am Beginn
dieses Romans. Ein Ich-Erzähler, der stark autobiographische Züge trägt, sieht sich in einer literarischen Fehde mit einem Freund, einem materialistisch gesinnten Dichter, über die Rolle des Individuums in einer mit gesellschaftlich relevanten Themen befaßten Literatur. Mit Erschrecken erkennt
der Erzähler, daß seine Überlegungen zur Ästhetik
schon insofern ins Leere gehen, als sein Schreiben
sich am Geschmack des Publikums orientiert: Der
öffentliche Streit über Literatur wird so für ihn zur
materiellen Bedrohung, die wichtiger ist als das eigentlich umstrittene Problem. Schreiben kann unter diesen Umständen für den Autor selbst so nicht
mehr sinnstiftend sein, da er finanziell davon abhängig ist.
An dieser Stelle tritt der junge Lehrer Turan in das
Leben des Erzählers, der zwei Jahre in einer abgelegenen Kleinstadt des türkischen Ostens verbracht
hat. Nun, nach einem tief enttäuschenden Aufenthalt in Istanbul, wird er wieder dorthin zurückkehren. Doch zuvor übergibt Turan dem Erzähler Aufzeichnungen über seine Erlebnisse, damit jener sie
als Material für einen Roman verwerte. Der Ich-Erzähler, höchst beeindruckt von diesen Erinnerungen, legt sie allerdings dem Leser unverändert vor.
Der Aufenthalt im Osten wird darin als bitter-gro-
teske Widerspiegelung der Verhältnisse in den großen Städten des Westens gesehen: Verzerrt und absurd erscheinen alle Gefühle, literarischen Diskussionen, politischen Bemühungen – eine Erkenntnis, mit der sich İleri von der bemühten Authentizität und den Stereotypen des türkischen »Dorfro-
mans« deutlich absetzt. Istanbul dagegen ist in den
Aufzeichnungen Turans ein Ort intellektueller Unaufrichtigkeit und des Unernstes, der beständige
Gefühle und wirkliche Kunst nicht zuläßt.
Als der Ich-Erzähler dann in jene Kleinstadt im
Osten reist, um Turan aufzusuchen, muß er erfahren, daß dessen »Erinnerungen« fiktiv sind: Der
junge Mann war nie Lehrer, und er lebte nie in Ost-
anatolien. Auf der Suche nach dem Autor so düsterer Aufzeichnungen erhält der Erzähler von der
Schriftstellerin Tuna Suna die unfertige Skizze eines Romans, in dem Turan eine Rolle spielt. Auch
gelingt es ihm, Cemil, einen Freund Turans, zu finden, der ihm ausführlich über die gemeinsam verbrachte Zeit berichtet. Beide »Dokumente« stehen
am Ende des Buches, bieten Materialien an zur
Deutung der Aufzeichnungen Turans. Alle Protagonisten repräsentieren wohl dabei bestimmte Wesenszüge des Autors: Turan seine seelische Verfassung, Tuna seine materia-
listische Weltanschauung und Cemil sein der Tradition der *Art nouveau* verpflichtetes Künstlertum.
Alle drei Berichte illustrieren so die am Anfang des
Romans angestellten ästhetischen Überlegungen

des Erzählers: Denn dem Leser bleibt die Rekonstruktion der »wirklichen« Geschichte Turans selbst überlassen; er muß sich »sein« Kunstwerk selbst herstellen. Dabei geht es İleri jedoch nicht nur um die persönliche Geschichte seiner Protagonisten, sondern auch um die einer bestimmten historischen Situation: Die Erlebnisse Turans betreffen die Jahre 1978 bis 1980, als die Türkei von blutigen politischen Unruhen erschüttert wurde, aber die Personen des Buches erinnern sich aus der Perspektive der Zeit nach dem darauf folgenden Militärputsch, in der niemand wußte, wann und wie es eine Rückkehr zur Demokratie geben würde. Im ganzen Buch ist die äußere Bedrückung und Eskalation der Gewalt spürbar, die zu Entfremdung und Glücksunfähigkeit der Individuen führte. Gerade die Tatsache, daß İleri – ohne deswegen unbeteiligt zu sein – keiner Partei angehört, macht das Buch zu einer Art innerer Chronik der in der Erzählung selbst nur unterschwellig angedeuteten Machtergreifung der Militärs. İleris Urteil über diesen »Versuch, die Türkei zu retten«, wird darin erkennbar, daß die Protagonisten seines Romans weder glücklicher werden, noch fähiger, für ihr Unglück Gründe zu benennen und diese zu bekämpfen.   C.K.N.

AUSGABEN: Istanbul 1981. – Istanbul 1983.

LITERATUR: Z. Karabey, Rez. (in Yazko edebiyat, 2, 1981, H. 12, S. 150–154). – G. Aytaç, Rez. (ebd., H. 13, S. 111–121). – M. Kutlu, Art. *S. İ.* (in *Türk dili ve edebiyatı ansiklopedisi*, Bd. 4, Istanbul 1981, S. 360). – F. Naci, *100 soruda Türkiye'de roman ve toplumsal değişme*, Istanbul 1981, S. 381–389. – A. Oktay, Rez. (in Yazko edebiyat, 3, 1982, H. 15, S. 81–103). – A. M. İdil, Rez. (in Yarın, 7, 1982, H. 3, S. 20/21). – B. Necatigil, *Edebiyatımızda isimler sözlüğü*, Istanbul 12 1985).

IL'JA ARNOL'DOVIČ IL'F
EVGENIJ PETROVIČ PETROV

Il'ja Arnol'dovič Il'f
eig. Il'ja Arnol'dovič Fajnsil'berg

* 15.10.1897 Odessa
† 13.4.1937 Moskau

Evgenij Petrovič Petrov
eig. Evgenij Petrovič Kataev

* 13.12.1903 Odessa
† 2.7.1942 bei einem Flugzeugabsturz
zwischen Sevastopol' und Moskau

LITERATUR ZU DEN AUTOREN:
V. E. Ardov, *I. i P. Vospominanija i mysli* (in Znamja, 1945, S. 116–148). – L. Gurovič, *I. I. i E. P. – satiriki* (in Voprosy literatury, 1957, 4). – T. Sincova, *I. I i E. P. Materialy dlja biografii*, Leningrad 1958. – A. Vulis, *I. I. i E. P. Očerk tvorčestva*, Moskau 1960. – B. Galanov, *I. I. i E. P. Žizn'. Tvorčestvo*, Moskau 1961. – G. Munblit, *Rasskazy o pisateljach: Bagrickij, I., P., Makarenko*, Moskau 1962. – *Vospominanija ob I. I. i E. P. Sbornik*, Hg. ders. u. A. Raskin, Moskau 1963. – V. Akimov, *I. A. I. i E. P. P.* (in *Russkie sovetskie pisateli. Prozaiki*, Bd. 2, Leningrad 1964, S. 204–238). – L. Janovskaja, *Počemu vy pišete tak smešno? Ob. I. I. i E. P., ich zizni i ich jumore*, Moskau 2 1969.

DVENADCAT' STUL'EV

(russ.; *Ü: Zwölf Stühle*). Satirischer Roman von Il'ja A. IL'F und Evgenij P. PETROV, erschienen 1928. – Frucht des Teamworks zweier geborener Humoristen und Satiriker von unerschöpflichem Einfallsreichtum, schildert der Roman die Jagd geldgieriger Männer nach zwölf Stühlen, in deren einem eine verstorbene Aristokratin bei Ausbruch der Revolution ihren Millionenschmuck versteckt hat. Ihr vertrottelter Schwiegersohn Vorobev, als Beamter in einer Kleinstadt untergetaucht, macht sich als erster auf die Suche; der Pope, das Beichtgeheimnis für sich nützend, folgt ihm auf eigene Faust; der Dritte im Bunde wird der »große Kombinator« Ostap Bender, ein junger Herr von ebenso kaltschnäuziger Frechheit wie spitzbübisch charmanter Schläue. Er wird Vorobevs Gesellschafter, wenig später dessen Chef und bringt die übers Land verstreuten Stühle alle zusammen. Deren Polster bergen allerdings nicht den ersehnten Schatz. Bevor der letzte Stuhl untersucht wird, befreit sich Vorobev, der die Dankbarkeit nicht schätzt, vom »großen Kombinator«, indem er ihm die Kehle durchschneidet. Doch auch der zwölfte Stuhl enttäuscht: Der Schmuck war schon gefunden und aus seinem Erlös ein prächtiges Klubhaus für die Allgemeinheit gebaut worden.

Il'f und Petrov schreiben mit großer Leichtigkeit. Situationskomik und die chaplineske Tücke des Objekts bauen sie ebenso brillant in die Jagd-Handlung ein wie GOGOL'sche Groteskszenen und zwerchfellerschütternde Lustspielakte; neben gezügelten, nie zum puren Selbstzweck ausartenden Übertreibungen steht das klug berechnete *understatement*; und wo es absurde Utopien zu entwerfen gilt (z. B. den »*interplanetaren Schachkongreß*«), entwickelt das Zweierkollektiv des Humors wahre Katarakte von detaillierten Zukunftsträumen. Wenn aber Il'f und Petrov dem »lebenden Leichnam« der bourgeoisen Endzeit begegnen, wird ihre Feder spitz und scharf und trifft Bürokratismus und Bestechlichkeit, Feigheit, Lüge oder Organisationssucht gleichermaßen wie die Schmarotzer im Sowjetstaat. Noch schärfer geschliffen ist die Satire im zweiten Teil des Buches *(Zolotoj telënok – Das goldene Kalb)*.   M.Gru.

AUSGABEN: Riga 1928 (in Tridcat'dnej). – Moskau 1928. – Moskau 1935 [zus. m. *Zolotoj telënok*]; ern. 1948. – Moskau 1961 (in *Sobr. soč.*, Hg. A. G. Dement'ev u. a., 5 Bde., 1; krit.; m. Einl. v. D. Zaslavskij). – Eriwan 1962. – Minsk 1983.

ÜBERSETZUNG: *Zwölf Stühle*, E. Brod u. M. v. Pruss-Glowatzky, Hbg. 1954 (rororo). – Dass., E. v. Eck, Mchn. 1978.

DRAMATISIERUNG: H. Kipphardt, *Die Stühle des Herrn Szmil* (in *Junges Deutsches Theater von heute*, Mchn. 1961).

VERFILMUNG: *The Twelve Chairs*, USA 1970 (Regie: M. Brooks).

LITERATUR: D. Nikolaev, *Satiričeskie romany I. i P.* (in Lit. gazeta, 25. 9. 1956). – L. Ryn'kov, *Perenosnoe upotreblenie slov v romanach I. I. i E. P.*»*Dvenadcat' stul'ev« i »Zolotoj telënok«* (in Uc. zap. Kustanajskogo ped. inst., Bd. 4, 1959, S. 148–204). – V. Bolen, *Analysis of the Comic in I. I. and E. P.'s* »*Twelve Chairs« and »The Golden Calf«*, Diss. Univ. of Michigan 1968. – A. Starkov, *»Dvenadcat' stul'ev« i »Zolotoj telënok« I. i P.*, Moskau 1969. – J. Wright, *I.'s und P.'s »The Twelve Chairs« and »The Golden Calf« and the Picaresque Tradition*, Diss. Univ. of Wisconsin 1973. – U. Zehrer, *»Dvenadcat' stul'ev« u. »Zolotoj telënok« I. I. u. E. P. Entstehung, Struktur, Thematik*, Gießen 1975.

ZOLOTOJ TELËNOK

(russ.; *Ü: Das goldene Kalb*). Roman von Il'ja A. IL'F und Evgenij P. PETROV, erschienen 1931. – Im Mittelpunkt der gelungenen Fortsetzung der *Dvenadcat' stul'ev*, 1928 (*Zwölf Stühle*), steht, zu neuem Leben erwacht, deren Held, der Gauner Ostap Bender. Unverwüstlich, schlagfertig und witzig setzt er sich mit unter merkwürdigen Umständen erworbenen Komplicen auf die Fährte eines illegalen Millionärs, des *»goldenen Kälbchens«* Korejkov, der sich während der NEP-Zeit ein Vermögen ergaunerte und nun als bescheidener Buchhändler getarnt auf die Rückkehr des Kapitalismus wartet. Die atemberaubende, groteske Jagd des *»großen Kombinators«* Bender nach den fremden Millionen endet in Sibirien, wohin der Held mit seinen Kumpanen, als angebliche Vorhut eines staatlichen Autorennens von den Provinzfunktionären mit Benzin versorgt und mit Ehrengaben überhäuft, in einem klapprigen Auto reist. Der Millionär wird gestellt und um sein Geld gebracht. Doch was kann ein Mann vom Schlage des *»großen Kombinators«* in der Sowjetunion mit einer Million Rubel beginnen? Die exotischen Vergnügungslokale sind verschwunden, die feinen Hotelzimmer sind für Tagungsteilnehmer reserviert, Autos sind Kollektivgenossenschaften vorbehalten, Häuser dürfen nur von staatlichen Unternehmen gebaut werden. Bender verzweifelt und überweist die

schwer erworbene Million der Staatsbank. Sogleich aber bereut er seinen Entschluß, holt das Geld zurück, deckt sich mit ausländischer Währung und Preziosen ein und schleicht bei Nacht und Nebel über die russisch-rumänische Grenze. Doch der Empfang durch die bürgerliche Gesellschaft ist niederschmetternd. Die rumänischen Grenzer plündern den Helden bis aufs Hemd aus. Mit letzter Kraft erreicht er wiederum das rettende sowjetische Ufer, das er resigniert begrüßt: *»Ich brauche keine Ovationen! Ein Graf von Monte Christo bin ich nicht geworden. Ich werde mich umqualifizieren und Hausverwalter werden müssen.«* Nach dem Muster des klassischen Schelmenromans weiß sich auch der sowjetischen Picaro für seine Zwecke geschickt der bestehenden Einrichtungen seines Landes zu bedienen, um so den Autoren Gelegenheit zu bieten, ein satirisches Gesamtbild der Sowjetgesellschaft zu zeichnen. Die Handlung des erfolgreichen Romans ist ausgewogener als die der *Dvenadcat' stul'ev* und übertrifft sie an trockener Situationskomik und sprühendem Wortwitz. KLL

AUSGABEN: Moskau 1931 (in 30 dnej, Nr. 1–7; 9–12). – Moskau 1933. – Moskau 1935 [zus. m. *Dvenadcat' stul'ev*]; ern. 1948. – Moskau 1936. – Moskau 1938 (in *Sobr. soč.*, 4 Bde., 1938/39, 2). – Moskau 1961 (in *Sobr. soč.*, 5 Bde., 2). – Odessa 1962. – Minsk 1983 [zus. m. *Dvenadcat' stul'ev*].

ÜBERSETZUNGEN: *Ein Millionär in Sowjetrußland*, E. Brod, M. v. Pruss-Glowatzky u. R. Hoffmann, Bln. 1932. – *Das goldene Kalb*, E. Italiener, Stockholm 1946. – Dass., M. Schillskaja, Mchn. 1967. – *Das goldene Kalb. Oder die Jagd nach der Million*, T. Reschke, Mchn. 1979. – *Das goldene Kalb: ein Millionär in Sowjetrußland*, W. Rathfelder u. P. Todorović, Zürich 1986.

DRAMATISIERUNG: M. Korolev, *Zolotoj telënok*, Moskau 1961.

VERFILMUNG: SU 1968 (Regie: M. Švejcer).

LITERATUR: V. Šklovskij, *»Zolotoj telënok« i staryj plutovskij roman* (in Literaturnaja gazeta, 6. 5. 1934). – L. Janovskaja, *Delo Nr. 2 (K tvorčeskoj istorii »Zolotogo telënka«)* (in Voprosy literatury, 1963).

ATTILÂ İLHAN

* 15.6.1925 Menemen

LITERATUR ZUM AUTOR:
A. İlhan, *İşe kurtuluş savaşından başlamak zorunluluğu* (in Türk Dili, 34, 1976, H. 298, S. 116–120). – A. Özkırımlı, *A. İ.'in üç romanında*

kurtuluş savaşı (ebd., S. 94–100). – H. B. Karaman, *Roman dedik – A. İ. ile bir konuşma* (in Varlık, 1978, H. 851, S. 24–26). – E. Kongar, *A. İ.'in romanında toplum anlayışı* (in *Bedrettin Cömert'e armağan*, Ankara 1980, S. 135–144). – M. Kutlu, Art. *A. İ* (in *Türk dili ve edebiyatı ansiklopedisi*, Bd. 4, Istanbul 1981, S. 363–365). – İ. G. Kaya, *A. İ.'in romanlarında insanlar* (in Çevren, 10, 1983, H. 40, S. 121–126; 11, 1984, H. 41, S. 81–87; H. 42, S. 91–98). – B. Necatigil, *Edebiyatımızda isimler sözlüğü*, Istanbul 12 1985, S. 171/172.

AYNANIN İÇİNDEKİLER

(ntürk.; *Die im Spiegel*). Romanzyklus in fünf Bänden von Attilâ İLHAN), erschienen 1973–1988. – Die locker aneinandergefügten Teile des Zyklus – *Bıçağın Ucu*, 1973 *(Auf Messers Schneide)*, *Sırtlan Payı*, 1974 *(Der Anteil der Hyäne)*, *Yaraya Tuz Basmak*, 1978 *(Salz in die Wunden streuen)*, *Dersaadet'te Sabah Ezanları*, 1981 *(Morgengebetsruf in Istanbul)*, und *O Karanlıkta Biz*, 1988 *(Wir in der Dunkelheit)* – schließen thematisch an das zweibändige Werk *Kurtların Sofrası*, 1963/64 *(Tafel der Wölfe)*, an. Im Mittelpunkt steht die Epoche des ersten Militärputsches in der Türkei (27. 5. 1961) – eine für die demokratische Linke der Türkei traumatische Zeit, weil die mit diesem Staatsstreich beabsichtigte sozialliberale Rekonstruktion und Weiterführung der Reformen des türkischen Staatspräsidenten M. Kemal Atatürk (1880–1938) mißlang und auf den Coup d'État zwar eine freiheitliche Verfassung, nicht aber die gewünschte Reformpolitik folgte. Die Schilderung dieser Zeit, die im zweiten Band mit der des türkischen Befreiungskrieges in Zusammenhang gebracht ist, wird so für İlhan, der selbst als linksnationaler Neo-Kemalist bezeichnet werden kann, zur Trauerarbeit und neuen Standortbestimmung; ein schwieriger Prozess, wie sich schon aus der langen Entstehungszeit des Werks ablesen läßt. Der Autor begann 1963 mit der Arbeit am ersten Band, und der Zyklus gilt noch nicht als abgeschlossen.

Der erste Band, *Bıçağın Ucu*, erzählt die Geschichte Halims, eines wenig erfolgreichen Schauspielers, und seiner Frau Suat bis zum Putsch von 1961. Unter dem wachsenden ökonomischen und politischen Druck der letzten Zeit vor dem Eingreifen des Militärs erleben diese beiden linken Intellektuellen, wie sie sich in Alkoholexzessen (Halim) bzw. sexuellen Phantasien (Suat) verlieren, ohne die Kraft oder den Mut zu finden, zum Sturz des Regimes beizutragen. – Der zweite Roman, *Sırtlan Payı*, schildert das Sterben von Suats Onkel, des Obersten Ferid. Dieser, ein Haudegen aus der Zeit des Weltkriegs und Gefolgsmann Atatürks im Befreiungskrieg, hat einen Herzinfarkt erlitten, dem er nach sechs Wochen erliegt. Von tiefer Sorge um die politische Entwicklung und den Putsch und um die Zukunft seiner Familie erfüllt und in langen Erinnerungen an das besetzte Istanbul des Jahres 1914, wo er im Untergrund arbeitete und sein er-stes Glück mit seiner Frau erlebte, resümiert er ein Leben, in dem sich der Geist der Epoche Atatürks spiegelt. – Der dritte Band, *Yaraya Tuz Basmak*, ist die Geschichte Demirs, eines Leutnants, der aus dem Koreakrieg körperlich wie seelisch schwer verletzt zurückkehrt. Mühsam findet er sich wieder, als seine Geliebte Ümid, eine linke Journalistin, seinem Offiziersdasein wieder politischen Sinn zuweist. Doch als aus dem Militärputsch keine kemalistische Volksbewegung hervorgeht, sondern es bei oberflächlichen Änderungen bleibt, scheitert er beruflich und erleidet einen seelischen Zusammenbruch. – Der vierte Band, *Dersaadet'te Sabah Ezanları*, öffnet den engen Kreis der drei ersten Romane wieder. Der Politiker Abdi, der zu den Jungtürken gehörte, die 1908 putschten, wird 1909, zu Zeiten des Erfolges, wie 1919 im von den Alliierten besetzten Istanbul gezeigt. Dieser hedonistische Charakter repräsentiert die Atmosphäre jener Epoche, in der Kemal Atatürks Auftreten zur historischen Notwendigkeit wurde: Den Verlust an türkischer Identität, das Streben nach Selbstbestimmung und Selbstbewußtsein. In einer Zeit des Ausverkaufs nationaler Traditionen der Türkei an die europäischen Mächte bleiben als Symbol einstiger Größe nur die im Titel des Werks zitierten »Morgengebetsrufe« über der Stadt.

O Karanlıkta Biz, den bislang letzten Band des Zyklus, verfaßte İlhan, nachdem er einige Jahre die Arbeit an diesem Romanprojekt unterbrochen hatte. Er verknüpft die Handlungsstränge des vierten Teils mit den zuvor erschienenen Bänden. Im Mittelpunkt der nun im Istanbul der Jahre zwischen 1940 und 1942 spielenden Geschichte stehen zwei Figuren, die als Randgestalten der ersten Bände dem Leser bereits vertraut sind: der Ingenieur Ahmet Ziya, der mit seinem Schwager Abdi Bey verfeindet ist, und Matmazel Raşel, dessen jüdische Geliebte. Eine weitere Hauptgestalt ist Abdis Sohn Doğan: Ähnlich wie sein Onkel Ahmet Ziya ist er Kommunist – eine in der Türkei des Zweiten Weltkriegs nicht ungefährliche politische Überzeugung. Denn das Land, außenpolitisch von beiden Seiten bedrängt, als Verbündeter in den Krieg einzutreten, durchlebt eine Wirtschaftskrise, in der die Regierung İsmet İnönüs, des Nachfolgers des Staatsgründers Atatürk, immer autoritärer herrscht: »... die Türkei geht durch das Dunkel von Krieg und Faschismus«. Das im Titel angesprochene »wir« meint die (linken) Intellektuellen des Landes, die ideologisch zerstritten und persönlich verfeindet sind. Konsequenterweise endet der Roman nicht nur mit der Verhaftung Doğans, sondern auch des mittlerweile desillusionierten Ahmed Ziya, der sich innerlich bereits vom Kommunismus stalinscher Prägung abgewandt hatte. *O Karanlıkta Biz* ist allerdings mehr als eine Abrechnung mit der Geschichte der türkischen Linken oder mit den Fehlentwicklungen der Regierungszeit İnönüs. Verbunden mit einer farbigen Liebesgeschichte im Spionagemilieu und mit hohem erzähltechnischem Aufwand schildert İlhan die inneren Konflikte vor allem Ahmet Ziyas, der wichtigsten Figur des Romans. Ahmet Ziya versteht, daß universale Konzepte wie der Kommunismus auf türkische Verhältnisse nicht anwendbar sind, aber er ist nicht in der Lage, für sein Handeln daraus Schlüsse zu ziehen. So wird er zum klarsichtigen, aber handlungsunfähigen »bürgerlichen« Intellektuellen, einem Opfer der Geschichte. Dieses Schicksal teilt er mit den Protagonisten der anderen Bände des Zyklus. So erzählt *Aynanın İçindekiler* die Geschichte der Türkei im 20. Jh. als die eines politischen Mißerfolgs – und daraus erklärt es sich wohl, daß İlhan die Zeit des von ihm bewunderten Atatürk jedenfalls bisher ausgespart hat.

İlhans Stärke ist die Darstellung der politischen, äußeren durch die persönlichen, inneren Konflikte seiner Figuren, ihre Gedankengänge und Assoziationsketten werden zum eigentlich tragenden Element des Romanzyklus. Ihre Widersprüchlichkeiten, ihre innersten Wünsche und Phantasien werden zum Gegenbild der Zeit, in der sie dem Leser begegnen; darüber hinaus wird der subjektive Erlebnisraum des Romangeschehens immer wieder durch eingeschobene historische »Quellentexte« objektiviert und in Distanz gerückt. Die komplexe Erzählstruktur verhindert trotz der klar erkennbaren Parteinahmen des Autors, daß die Figuren seiner Bücher zu schematisierten Typisierungen verflachen.   C.K.N.

AUSGABEN: *Bıçağın Ucu*: Ankara/Istanbul 1973; ern. 1981. – *Sırtlan Payı*: Ankara/Istanbul 1974; ern. 1981. – *Yaraya Tuz Basmak*: Ankara/Istanbul 1978; ern. 1982. – *Dersaadet'te Sabah Ezanları*: Ankara/Istanbul 1981. – *O Karanlıkta Biz*: Ankara 1988.

LITERATUR: Zu *Bıçağın Ucu*: M. Uyguner, Rez. (in Türk dili, 32, 1975, H. 287, S. 465/466). – S. İleri, Rez. (in Yeni ufuklar, 23, 1975, H. 262, S. 24–30). – F. Naci, *100 soruda Türkiye'de roman ve toplumsal değişme*, Istanbul 1981, S. 241–247. – Zu *Sırtlan Payı*: M. Eroğlu, »*Bıçağın Ucu*« – *Sırtlan Payı*« derken A. İ.' la *(bir konuşma)* (in Varlık, 41, 1975, H. 810, S. 6/7). – M. Uyguner, Rez. (in Türk dili, 32, 1975, H. 289, S. 596/597). – C. A. Kansu, Rez. (in Varlık, 42, 1975, H. 825, S. 5/6). – İ. G. Kaya, Rez. (ebd., 47, 1980, H. 877, S. 15/16). – Zu *Yaraya Tuz Basmak*: Ders., Rez. (ebd., H. 879, S. 16/17). – Zu *Dersaadet'te Sabah Ezanları*: G. Aytaç, Rez. (in Yazko edebiyat, 2, 1981, H. 11, S. 103–106). – H. Altınkaynak, Rez. (in Sanat olayı, 1981, H. 9, S. 106/107). – E. Türkcan, Rez. (ebd., S. 103–106). – A. İ. »*Dersaadet'te Sabah Ezanları*« üstüne *Varlık'ın* sorularını yanıtlıyor (in Varlık, 48, 1981, H. 887, S. 6/7). – O. Ural (in Türk dili, 44, 1982, H. 364).

SOKAKTAKİ ADAM

(ntürk.; *Der Mann auf der Straße*). Roman von Attilâ İLHAN, erschienen 1954. – Das Buch bildet den ersten Teil einer Trilogie, die außerdem die Roma-

ne *Zenciler Birbirine Benzemez*, 1957 *(Die Neger ähneln einander nicht)*, und *Kurtlar Sofrası*, 1963/64, 2 Bde. *(Tafel der Wölfe)*, umfaßt.

Attilâ İlhan versucht in diesem Werk, das ihn als einen der bemerkenswertesten, wenn nicht als den bedeutendsten türkischen Romancier der Nachfünfzigerjahre ausweist, drei prägnante Typen der Intelligenzija herauszuarbeiten, wie sie im Verlauf der »Verwestlichungs«-Bewegung seit den Tanzimat (den politischen Reformen von 1839) in der türkischen Gesellschaft entstanden sind. – Hasan, der Held von *Sokaktaki Adam*, sagt von sich selbst: »*Ich weiß, was ich nicht will, aber nicht, was ich will.*« Er verkörpert den soziologisch, psychologisch und kulturell heimatlos gewordenen Angehörigen jenes Teils der Bourgeoisie, der die sogenannten westlichen Errungenschaften aus einem Minderwertigkeitskomplex heraus unkritisch aufgesogen hat. Dieser Typus ist zwar mit der »europäischen« Denk- und Lebensweise bis zu einem gewissen Grad vertraut, bleibt jedoch, da ihm die gesellschaftlich-historische Basis, der sie entspringt, gänzlich fehlt, unfähig zu jeder Neubestimmung seines eigenen Standorts und verfällt in Lethargie und tödliche Langeweile. Versuche, Klarheit über sein Leben zu gewinnen, scheitern, denn er besitzt weder die Energie, die gestellten Fragen zu Ende zu denken, noch die sozialen und kulturellen Voraussetzungen, um seine eigene Entfremdung zu durchschauen. – Der zweite Typus unterscheidet sich vom ersten im wesentlichen darin, daß er zwar noch seine Zugehörigkeiten kennt, jedoch die fraglose Gewißheit schon verloren hat. Deshalb ist er auf ständiger und intensiver Suche nach seiner verlorenen Harmonie und seinem noch nicht gefundenen Glück: Er ist von der europäischen Krankheit sozusagen erst »angenagt«. Diesen Typus behandelt İlhan im zweiten Teil seiner Trilogie, *Zenciler Birbirine Benzemez*. Wie leicht feststellbar, sind die Unterschiede nur graduell; beide bleiben negative Gestalten. – Die türkische Reformbewegung und besonders deren letzter Höhepunkt, der Kemalismus, vermochten aber noch einen dritten und diesmal positiven Menschentyp hervorzubringen, der zwar eine verschwindend kleine Minorität darstellt, aber doch als ein schwacher Hoffnungsschimmer dafür angesehen werden kann, daß das hundertjährige Ringen des türkischen Volkes um den Anschluß an das moderne Zeitalter nicht völlig fehlgeschlagen ist. Dieser neue Mensch ist nicht dazu verurteilt, an Pessimismus zugrunde zu gehen, er kann in solidarischem Handeln die Isolation durchbrechen, von der der Intellektuelle in jeder traditionellen Gesellschaft bedroht ist. Er hat sich das abendländische Gedankengut angeeignet, hat es aber mit der türkischen Realität zu verbinden gewußt, die er nicht aus den Augen verloren, sondern immer als einen untrennbaren Teil seiner selbst betrachtet hat. Die Geschichte solcher Menschen, die gewissermaßen das Idealbild repräsentieren, ist das Thema des dritten Teils der Trilogie, *Kurtlar Sofrası*. Der Roman *Sokaktaki Adam* besteht aus 22 Kapiteln, in denen jeweils sechs Hauptpersonen der

Handlung in der Ichform das Wort ergreifen. Der eigentliche Held der Geschichte, der Schiffssteward Hasan, der sein Studium abgebrochen hat und, ein geistiges Wrack, zur See fährt, verwickelt einen Kollegen in eine Schmuggelaffäre, in die er selbst aus bloßer Langeweile hineingeraten ist. In Istanbul, kurz vor der Abwicklung des Geschäfts, droht die Sache zu platzen. Die zwei Komplizen, von ihren Partnern im Stich gelassen, versuchen trotzdem, die Ware an die vorgesehenen Empfänger loszuwerden, wobei Hasan Verbindung zu einer vornehmen Prostituierten aufnimmt, mit der er gleich ein Verhältnis beginnt. Mit vielen Komplikationen ist diese Beziehung belastet, die Meryem, die Dirne, verwirrt und Hasans ohnehin großen Pessimismus ins Unerträgliche steigert. Ein gesuchtes Wiedersehen mit seiner nie vergessenen Jugendliebe, Ayhan, erhöht nur die psychologische Ausweglosigkeit seiner Situation, die infolge ungünstiger Entwicklungen nach und nach auch kriminalistisch ausweglos zu werden droht. In vielen Dialogen – sie bilden die interessanteste Seite des Romans – enthüllt sich der seelische Tod, in dem sich Hasan befindet. Die einzige Gemütsbewegung verspürt er Ayhan gegenüber. Nach einigen Ansätzen wird jedoch von neuem klar, daß ein Zusammenkommen beider unmöglich ist, obgleich er immer noch den Wunsch hegt, sie *»weiter als nach Babylon«* zu führen. Diese Fernsucht ist übrigens für die beiden oben geschilderten Typen in der kulturellen Metamorphose charakteristisch.

Hasans Tod ähnelt in etwa seinem Leben – er stirbt sinn- und teilnahmslos bei einer Messerstecherei, mit der er eigentlich nichts zu tun hat. In mehreren Kapiteln tritt ein »Mann auf der Straße« auf, der ebenfalls in Ichform dargestellt ist und gleichzeitig in allen möglichen Gestalten erscheint; er verkörpert symbolhaft den Durchschnitts-Istanbuler und soll zugleich die unüberbrückbar erscheinende Kluft zwischen Hasan und den Menschen seiner Gesellschaft zeigen.

Der Stil des Werks ist in Form und Expression von dichterischer Brillanz und von einer eigenartigen, bildreichen Schönheit, wie sie sowohl die Prosa als auch die Lyrik des Autors auszeichnen. Attilâ İlhan, zu Ruhm gelangt als Dichter des Außerordentlichen, der atmosphärischer Spannung, in seinen kritischen Arbeiten jedoch dem sozialen Realismus verpflichtet, erregte bereits mit diesem ersten Teil seiner Trilogie großes Aufsehen. Es kam darüber in manchen Literatenkreisen zu langen Auseinandersetzungen und harten Polemiken; der Grund dürfte darin zu suchen sein, daß İlhan zweifellos weit moderner, »zeitgenössischer« ist als viele seiner türkischen Kollegen, die bisweilen den Eindruck erwecken, in ihren Romanen auf der Linie des 19. Jh.s geblieben zu sein.   B.At.

AUSGABEN: Istanbul 1954; ²1969. – Istanbul 1982.

LITERATUR: I. Soysal, Rez. (in Son Havadis, März 1954). – A. Oktay, Rez. (in Mavi, Mai 1954). – Z. Arman, Rez. (in Mülkiye, Juli 1954). – S. Uzer, Rez. (in Gurbet, September 1954). – T. Çavdar, *Sanatın Kaçakları* (in Yeditepe, November 1959).

ZENCİLER BİRBİRİNE BENZEMEZ

(ntürk.; *Die Neger ähneln einander nicht*). Roman von Attilâ İLHAN, erschienen 1956. – Das Buch bildet als Mittelstück einer Trilogie das thematische Bindeglied zwischen den Romanen *Sokaktaki Adam*, 1954 *(Der Mann auf der Straße)*, und *Kurtlar Sofrası*, 1963/64 *(Tafel der Wölfe)*. Es erzählt die Geschichte eines jungen Türken, der unter den Widersprüchen seiner Zeit, der Epoche nach dem Zweiten Weltkrieg, leidet. Gegenüber dem anarchistisch-nihilistischen »Mann auf der Straße« verkörpert er jenen Typus des türkischen Intellektuellen, der um eine Synthese zwischen der islamischen Tradition und modernen westlichen Lebensformen und Wertvorstellungen kämpft. Der Verlauf der Handlung wie auch viele geschickt eingebaute Rückblenden machen klar, daß und warum dieser Kampf sinnlos ist: Ausschließlich auf der Ebene des individuellen Erlebens geführt, stößt er nicht zur sozialen Wirklichkeit durch und endet in einer fragwürdigen Selbstbefreiung auf der Flucht aus allen Bindungen.

Mehmed Ali, Waisenkind und Autodidakt, der es zu einem kleinen Geschäft in Istanbul gebracht hat, ist auf der Suche nach dem tieferen Sinn seines Daseins. Nach jahrelangem vergeblichem Bemühen entschließt er sich, alles aufzugeben und mit dem Erlös aus dem Verkauf seines Ladens in Paris *»etwas frische Luft zu schnappen«*. Hier, in der Boheme der fünfziger Jahre, droht sein Geld bald auszugehen, und mit jedem Tag stellt sich dringender die Frage, ob er ausharren oder zurückkehren solle. Auch zwischen zwei Frauen – der in Istanbul zurückgebliebenen Sabiha, mit der er eine bürgerliche Existenz aufbauen könnte, und Hilde, der Tochter eines französischen Intellektuellen, kann er sich nicht entscheiden: Es gibt Momente, in denen beide Mädchen zu einer verwirrenden Einheit werden. Schließlich zieht es Mehmed Ali vor, ohne Geld und ohne Paß in Paris zu bleiben – aber auch ohne Hilde, der seine Liebe zu erklären er nie den Mut gehabt hat. Erst dieser Entschluß »befreit« ihn und gibt ihm die Lebensfreude zurück: *»Der Regen fiel quer. Als ob jemand uns unaufhörlich ins Gesicht spuckte. Und er drang in uns hinein ... Wir wollten eine Zigarette anzünden. Der Wind pustete unser Streichholz aus. Wir machten noch ein Streichholz an. Es ging wieder nicht. – Du Wind, sagten wird, du Blöder, du auch? Zwischen zwei Türen fanden wir eine geschützte Ecke. Diesmal konnten wir unsere Zigarette anzünden. Und freuten uns darüber, als gehörte uns die ganze Welt.«*

Die Gebärde des Genesenden, mit der sich der Erzähler den kleinen Freuden des Daseins zuwendet, kann nicht darüber hinwegtäuschen, daß der Keim seiner Krankheit noch in ihm sitzt: Mehr denn je ist er isoliert von den Mitmenschen. Auch wenn er

»wir« sagt, kann er nicht verbergen, daß darin kein »du« oder »ihr« enthalten ist. Der Schritt vom Anarchismus der Gefühle zur existentialistisch gefärbten Askese der eigenen Innenwelt – Zeit und Schauplatz legen ebenfalls einen Zusammenhang mit dem französischen Existentialismus nahe – erscheint als das Äußerste, was der bürgerliche Individualist erreichen kann. Soweit dieser Typus für die neue türkische Gesellschaft relevant ist, hat Attilâ İlhan mit *Zenciler Birbirine Benzemez* einen der wichtigsten Romane der türkischen Nachkriegsliteratur geschrieben. B.At.

Ausgabe: Ankara 1956; ³1984.

Literatur: T. Alangu, Rez. (in Vatan, Juni 1956). – A. Hünalp, Rez. (in Tercüman, 1956). – M. Körükcü, Rez. (in Varlık, Sept. 1956). – A. Oktay, Rez. (in Forum, Aug. 1956). – I. Soysal, Rez. (in Akis, Juni 1956). – T. Uyar, Rez. (in Pazar Postası, Sept. 1956). – B. Necatigil, *Edebiyatımızda eserler sözlüğü*, Istanbul 1971, S. 350/351.

VOJISLAV ILIĆ

* 20.4.1860 Belgrad
† 21.1.1894 Belgrad

Literatur zum Autor:
M. Begović, *V. I. Studija*, Mostar 1904. – V. Ćorović, *V. I. Književna studija*, Mostar 1906. – A. G. Matoš, *Eseji i feljtoni o srpskim piscima*, Belgrad 1952, S. 222–253. – Z. Gavrilović, *Od V. do Disa*, Belgrad 1958. – R. Felber, *V. I. Leben und Werk*, Diss. Mchn. 1965 (Slavistische Beiträge, 11). – *V. I. Zbornik radova*, Belgrad 1966. – D. Živković, *Simbolizam V. I.* (in *Evropski okviri srpske književnosti*, Belgrad 1970, S. 325–348). – M. Pavić, *V. I. i evropsko pesništvo*, Novi Sad 1971. – Ders., *V. I., njegovo vreme i delo*, Belgrad 1972; ern. 1976. – *Pesništvo od V. do Bojica*, Hg. M. Pavlović, Belgrad 1973. – *Pesnici o V. I.* (in V. I., *Pesme*, Hg. I. V. Lalić, Belgrad 1981, S. 99–122). – *Hronologija života V. I.* (ebd., S. 123–126). – V. I., *Prepiska. Hronika pesničke porodice I. Bio-bibliografska građa. Porodični album I.*, Belgrad 1981 (in *Sabrana dela*, Hg. M. Pavić, 4 Bde., 4).

PÉCINA NA RUDNIKU

(serb.; *Die Höhle auf dem Rudnik*). Episches Gedicht von Vojislav Ilić, erschienen 1887. – Ilićs literarisches Werk bedeutet in der serbischen Literaturgeschichte die Überwindung des Niedergangs der heimischen Poesie in den sechziger und siebziger Jahren, der epigonenhaften Verflachung der mit Branko Radičević (1824–1853) einsetzenden serbischen Romantik. Unter dem Einfluß der russischen Klassiker (Puškin, Žukovskij, Lermontov) und im Rückgriff auf die »objektive Lyrik« der vierziger Jahre (J. S. Popović, Đ. Maletić) setzt Ilić der exaltiert-subjektivistischen, bis zum Chauvinismus nationalistischen, von der Begeisterung für das eigene Volk und der Verachtung des »faulen Westens« getragenen Dichtung der Nachfahren der »Omladina« (politischer Zusammenschluß der Träger der Romantik) ein bewußt rationales, von der nationalen Volksdichtung unabhängiges und die Verbindung mit der europäischen Literatur suchendes künstlerisches Schaffen entgegen. Wie andere Gedichte des gleichen Jahres *(Maskenbal na Rudniku* – *Maskenball auf dem Rudnik*; *Rudnikova ispovest* – *Beichte auf dem Rudnik)* ersetzt *Pécina na Rudniku* das romantische Symbol des Serbentums, die Crna Gora (Montenegro), durch das Symbol des Rudnik, jenes südlich Belgrad gelegenen Berges, der Ausgangspunkt des ersten serbischen Aufstandes von 1804 und der Befreiung von der türkischen Herrschaft war.

Das Gedicht beschreibt den Tod des Despoten Lazar Branković. Das Krächzen eines Raben kündet dem Herrscher das nahe Ende. Kaum hat er noch Zeit, einem alten Priester die schwerste Verfehlung seines Lebens, die Ermordung der eigenen Mutter, zu beichten. Auf seinen ausdrücklichen Wunsch wird der Despot, von einem langen Fackelzug schwarzgekleideter Priester geleitet, auf dem Grunde eines Sees in der Tiefe des Rudnik zur letzten Ruhe gebettet. Das umfangreiche Gedicht ist ein bezeichnendes Beispiel für die aus dem Bemühen um Sachlichkeit und Objektivität resultierende bildhaft-deskriptive Darstellungsweise des Dichters, zugleich für die melancholisch-elegische Grundstimmung seines Werks. Das ganze Gedicht ist von düsterer Todesahnung getragen. Die Nacht, die Finsternis, die tote Kälte und Unbeweglichkeit des Sees, das Dunkel der kahlen Höhle sind, wirkungsvoll unterbrochen durch die unheilkündenden Geräusche der unsichtbaren Nachtvögel, die bestimmenden symbolträchtigen Elemente des Bildmaterials.

Besondere Aufmerksamkeit schenkt Ilić – im Gegensatz zu der intuitiven, dem Gefühlsinhalt mehr als der künstlerischen Form des Gedichts aufgeschlossenen Poesie der ausgehenden Romantik – der sprachlichen und verstechnischen Gestaltung seines Werks. Ein Charakteristikum seiner Technik ist die bewußte Verwendung des Epithetons im Dienst des beherrschenden Grundtons des Gedichts. So häufen sich im vorliegenden Werk an kompositionell oder bildhaft exponierter Stelle die Attribute *schwarz, finster, düster, dumpf, stumm, öde, leer, kalt, tot, tödlich* usw. ausdrucksvoll alternierend mit sinnverwandten Lexemen anderer Wortarten. Kein Zufall ist das lautliche Überwiegen des dunklen Vokals *u* und des vokalischen und konsonantischen *r*. Die zehnzeiligen Strophen des Gedichts weisen dreierlei Reimschema auf. Ilić benutzt den syllabisch-tonischen Vers Radičevićs in trochäischer Skansion. Der zwölfsilbige Vers des

Gedichts zeigt das Bemühen des Dichters um die Auflockerung der Verszeile durch ihre freie rhythmische Gliederung. Er teilt den Vers – u. a. durch die bevorzugte Verwendung dreisilbiger Wörter – in drei Moren umfassende Akzenteinheiten auf. Nicht das Metrum, sondern der Satzakzent spielt die beherrschende Rolle. Dadurch rückt die Diktion des epischen Gedichts in die Nähe der Prosaerzählung. Unterstützt wird dieser Eindruck durch häufiges Enjambement und mehrmaligen Satzbeginn an der Zäsur des Verses.   I.v.W.

AUSGABEN: o. O. 1887 (in Stražilovo, 26. 3.). – Belgrad 1887 (in *Pesme*). – Belgrad 1948 (in *Pesme*, Vorw. V. Gligorić, Komm. M. Đurić). – Belgrad 1961 (in *Sabrana dela*, 2 Bde., 1; Komm. u. Vorw. M. Pavić). – Novi Sad/Belgrad 1962 (in *Izabrana dela*, Vorw. V. Đurić); ern. 1971. – Belgrad 1981 (in *Sabrana dela*, Hg. M. Pavić, 4 Bde., 3).

RIBAR

(serb.; *Der Fischer*). Dramatisch-epische Dichtung von Vojislav Ilić, erschienen 1880. – Leidenschaft und Liebe sind das Thema dieser frühen, zugleich größten Dichtung Ilićs, das Begehren *(želja)* ist ihr Schlüsselwort. In erregten Wachträumen beschwört der Held wieder und wieder das Bild der Geliebten: »*. . . hingerissen gibt er sich neuen Träumen hin . . . Hier besitzt er, was er begehrt, alles ist seiner Macht unterworfen . . . Im Traum erblickt er die süße, liebliche Geliebte . . . und begehrend steht er vor ihr, dem Engel . . . Ein guter Engel, von einer Schar von Sklaven umgeben! Ach, zu ihr, zu ihr, auf ihren weichen Schoß sehnt sich des Fischers Liebesbegehren.*« Als er aus seinen Träumen erwacht, bietet ihm ein Dämon die Erfüllung aller seiner materiellen Wünsche unter der Bedingung an, nach Jahresfrist die Geliebte des Fischers aus dem Dorf holen zu dürfen. Nach anfänglichem Entsetzen willigt der Fischer, von seinen Wünschen und Begierden verblendet, ein. Ein »*verzärteltes Kind wollüstiger Wünsche*«, besitzt er nun alle Herrlichkeit der Erde, vor allem ein reiches Haus, in dem er ungehindert »*Ausschweifungen genießen*« und des Abends mit Gesinnungsgenossen »*schamlose Orgien*« feiern kann. »*Alles verhöhnend, was heilig ist: die reine Liebe und die teure Freiheit*«, lebt der Fischer im Strudel seiner Begierden dahin. Mitunter aufkeimende Spuren der Reue vertreibt der wachsame Dämon. Nur in der Einsamkeit der Mitternacht, wenn sich die Gesellschaft, des Feierns müde, verloren hat, regt sich in dem Helden »*ein Funke längst vergangener Sehnsucht gleich einem heiligen Strahl über einem Grab*«: In Träumen anderer Art überbringen ihm alte Freunde Grüße der Mutter und erzählen ihm alte Märchen, die ihm die Erinnerung an die Heimat der Kindheit wecken. Bitter vergleicht er »*das Glück verwelkter Tage*« mit seiner jetzigen Häßlichkeit.
Doch es gibt keine Wiederkehr der verlorenen Unschuld, der Reinheit der Seele und der ersten Liebe:

»*. . . vorwärts möchte ich nicht, und zurück kann ich nicht.*« Das Glück der paradiesischen Existenz ist für immer verspielt. Eine einzige Rettung bleibt dem Verlorenen: die Gnade reiner Liebe. »*Ein leeres Herz bedarf der reinen Liebe, einer Liebe, die stärkt, die Leben gibt; oder kennst du nicht jenen teuren Ort, wo es alles gibt, was in dir selbst nicht ist?*« Als der Dämon den Preis für seine Dienste fordert, widersetzt sich der Fischer. »*Liebe ist der Quell, der mir Leben gibt, und das feste Band, das mich mit den Menschen als einen der ihren verbindet*«, hält er dem Widersacher erregt entgegen. Er zieht es vor, die Geliebte zu töten. Durch die Tat verliert er jedoch selbst die Grundlage seines Lebens, das Glück, das Heil seiner Seele, ja die Ewigkeit, denn: »*Liebe ist die Mutter der Ewigkeit und der Seele, wer nach ihr strebt, strebt nach Vollkommenheit, und glücklich ist, wer ihr dient.*« Der Dämon selbst ist in »reiner Liebe« zu der Geliebten des Fischers entbrannt. Das Gedicht endet mit dem titanisch-trotzigen Versuch des Fischers, den Kraftlosen und vergebens Aufstrebenden »*wie ein schwaches Kind*« gen Himmel zu tragen: Bei diesem Kraftakt wird er selbst zum Dämon und stürzt mit seinem Versucher in den Abgrund.
Der Vorwurf des Gedichtes erinnert gleichermaßen an GOETHES *Faust* wie an LERMONTOVS *Demon (Der Dämon)*, entstanden 1829–1840. Scheint die Gestalt des Versuchers Goethes Mephisto nachgebildet, so ist die lyrisch-dramatische Gesamtkonzeption des Werkes an Lermontovs Dichtung orientiert. In seiner aus der Abgrenzung gegen die unreflektierte Dichtung der Omladina resultierenden strengen Gedanklichkeit wirkt das Gedicht mitunter traktathaft. Seine »Handlung« spielt sich bei aller äußeren Staffage nicht in der Wirklichkeit des Alltags, sondern im Inneren des Helden ab. Der Vernachlässigung der äußeren Form des dichterischen Kunstwerks durch die Epigonen der Romantik setzt der Autor die äußerste Sorge um die sprachliche und verstechnische Vollendung seines Werkes entgegen. Sein Gedicht entwickelt den der sapphischen Strophe entstammenden Elfsilber fort, den in der serbischen Kunstdichtung zuerst S. POPOVIĆ (1806–1856) verwandte. Seine (gereimten) Verszeilen weisen eine Zäsur nach der fünften Silbe auf. Der durch Auftakt gestützte jambische Grundakzent tritt häufig hinter den syllabischen Momenten des Verses (Zäsur und feste Silbenzahl) in den Hintergrund. Die relative Freiheit des lediglich tonisch stilisierten Verses begünstigt seine Verwendung zur Wiedergabe der durch Dialog und direkte Rede bestimmten Dramatik des Vortrags.   I.v.W.-KLL

AUSGABEN: Belgrad 1880 (in Otadžbina, 6). – Belgrad 1889 (in *Pesme*, Hg. P. P. Zorić). – Belgrad 1948 (in *Pesme*, Vorw. V. Gligorić, Komm. M. Đurić). – Belgrad 1961 (in *Sabrana dela*, 2 Bde., 2; Komm. u. Vorw. M. Pavić). – Novi Sad/ Belgrad 1962 (in *Izabrana dela*; Vorw. V. Đurić; ern. 1971. – Belgrad 1981 (in *Sabrana dela*, Hg. M. Pavić, 4 Bde., 3).

IVAN ILLICH

* 4.9.1926 Wien

TOOLS FOR CONVIVIALITY

(engl.; *Ü: Selbstbegrenzung. Eine politische Kritik der Technik. ›Tools for Conviviality‹*). Zivilisationskritischer Essay von Ivan ILLICH, erschienen 1973. – Die Schrift beruht auf systematischen Untersuchungen verschiedener gesellschaftlicher Bereiche, die der ehemalige katholische New Yorker Arbeiterpriester und spätere Rektor der Universität von Puerto Rico in dem 1960 von ihm und anderen gegründeten sozialanthropologischen Institut CIDOC (Centro Intercultural de Documentacion) im mexikanischen Cuernavaca vorgenommen hat. Diese Analysen über das Schulwesen (*Deschooling Society*, 1971 – *Entschulung der Gesellschaft*), das Verkehrswesen (*Energy and Equity*, 1974 – *Die sogenannte Energiekrise*), die Industriegesellschaft (*Celebration of Awareness*, 1971 – *Schulen helfen nicht*) und das Gesundheitswesen (*Medical Nemesis*, 1974 – *Nemesis der Medizin*) waren ob ihrer ungewöhnlichen und radikalen Argumentation aufsehenerregend. In *Tools for Conviviality* entwickelt Illich nun eine radikale Kritik an der durch ein falsches Verhältnis des Menschen zu seinen Werkzeugen charakterisierten industriellen Produktionsweise. Als »Werkzeug« bezeichnet Illich all jene Instrumente und Mittel, die aus einer herstellenden, organisierenden oder rationalisierenden Tätigkeit hervorgegangen sind. Seine Kritik orientiert sich an zwei Grundthesen: Die industrielle Produktionsweise kehrt sich im Laufe ihrer Entwicklung gegen ihre Träger, die Menschen, und macht sie zu ihren Sklaven. Eine Änderung dieser Entwicklung kann nur durch eine nicht planbare, aus einer Krise hervorgehende politische Einsicht der einzelnen erfolgen. Politisch ist dieser Ansatz insofern, als Illich Chancengleichheit und Gerechtigkeit im »*Konzept eines* multidimensionalen Gleichgewichts *des menschlichen Lebens*« zur Leitlinie seiner Kritik macht und technizistische Lösungen ausschließt.

Die industrielle Produktionsweise strebt nach Illich eine »*maximale Befriedigung der größtmöglichen Zahl von Menschen durch den größtmöglichen Konsum industrieller Güter und Dienstleistungen*« an und gewinnt mit dieser ihr innewohnenden und scheinbar nicht aufhebbaren Logik eine immer stärkere Macht über die Menschen. Diese Logik bestimmt zunehmend alle Lebensbereiche, so daß diese selbst einer industriellen Produktionsweise unterliegen. Für sie ist nicht der Mensch mit seinen physischen und psychischen Eigenschaften Richtschnur des Handelns, sondern allein eine davon abgelöste Konsumsteigerung, die Grenzen lediglich als – außerhalb des Menschen liegende – physische anerkennt. So ist schließlich nicht allein die Herstellung von Gütern industrialisiert, auch die gesellschaftlichen Werte werden zunehmend durch die Normen der Industrialisierung geprägt. Der Mensch muß sich und damit auch seine sozialen Beziehungen der Logik des Werkzeugs unterwerfen. Folge dieser allumfassenden und alle Bereiche des Lebens durchdringenden Handlungsmaxime ist eine Zerstörung des »*institutionellen Gleichgewichts*«. Gesellschaftliche Einrichtungen, wie Gesundheits-, Verkehrs- und Schulwesen, entwickeln sich zu »*radikalen Monopolen*«. Sie dienen nicht mehr nur ihrem Zweck, sie beherrschen vielmehr ganze Lebensbereiche. »*Den Menschen ist die Fähigkeit angeboren, zu heilen, zu trösten, sich fortzubewegen, Wissen zu erwerben, ihre Häuser zu bauen und ihre Toten zu bestatten. Jeder dieser Fähigkeiten steht ein Bedürfnis gegenüber. Die Mittel zur Befriedigung dieser Bedürfnisse sind nicht knapp, solange die Menschen von dem abhängig bleiben, was sie, bei marginalem Rückgriff auf Fachleute, selbst machen und für sich selber machen können. ... Diese elementaren Befriedigungen werden knapp, wenn die soziale Umwelt in der Weise verändert wird, daß die elementaren Bedürfnisse nicht mehr außerhalb des Kommerzes befriedigt werden können. Und ein radikales Monopol etabliert sich, wenn die Menschen ihre angeborene Fähigkeit, das, was sie brauchen, für sich selbst und die anderen zu machen, im Austausch gegen irgend etwas ›Besseres‹ verlieren, das nur ein beherrschendes Werkzeug für sie produzieren kann.*« Das radikale Monopol setzt »*an die Stelle der persönlichen Reaktion ... das standardisierte Objekt*«, das »*neue Formen der Knappheit*« schafft. »*Diese Neueinteilung führt den Menschen in abwehrlose Abhängigkeit.*« Er verliert die Fähigkeit, »*das Bild seiner eigenen Zukunft selbst zu entwerfen*«, er wird »*im Wesenskern zur Mentalität des Verbrauchers/Benutzers abgerichtet*«.

Aus der Kritik der Beziehung des Menschen zu seinen Werkzeugen erwächst für Illich ein Maßstab für ein neu zu gewinnendes, nicht zerstörerisches Verhältnis: Werkzeuge sind übereffizient, weil sie das Gleichgewicht Mensch–Natur stören und weil sie das Verhältnis zwischen dem, was Menschen selbst machen müssen, und dem, was sie von der Industrie beziehen, ändern. Illich setzt dagegen die Forderung nach »*konvivialen*«, das heißt lebensgerechten Werkzeugen, deren Qualität an jenen Grenzen zu bemessen wäre, die den Umschlag von Gleichgewicht in Ungleichgewicht bedeuten.

Er unterscheidet fünf Gefahrenbereiche, in denen die industrielle Entwicklung die Erdbevölkerung bedroht: 1. Das Recht des Menschen auf Verwurzelung in seiner physischen Umwelt ist durch übersteigertes Wachstum bedroht. 2. Das Monopol der Industriegüter macht den Menschen abhängig und bedroht seine Autonomie des Handelns. 3. Die Überprogrammierung des Menschen auf unaufhörliche Steigerung des Konsums bedroht seine Kreativität. 4. Die zunehmende globale Verflechtung aller Produktionsprozesse führt zu einer »*strukturellen Despotie*«, die das Recht auf Mitsprache, das heißt auf Politik, bedroht. 5. Schließlich entwurzelt der Verschleiß an materiellen wie ideellen Werten den Menschen und bedroht sein Recht auf Tradition, seine Möglichkeit des Rückgriffs auf das Vorhergegangene. In jedem dieser Bereiche ist der Mensch gefordert, sein Verhältnis zum Werkzeug zu überdenken und zu entscheiden, ob er es dazu bestimmen will, seine eigene Existenz mit seiner Hilfe zu verantworten und zu kontrollieren, oder ob er sich von ihm ersetzen lassen und sich damit der Logik des Werkzeugs unterwerfen will. Die Gattung kann nur dann überleben, wenn es ihr gelingt, Verfahren zur Unterscheidung zwischen diesen beiden Formen der Verwendung des Werkzeugs zu entwickeln. Hindernisse liegen im Bereich der Wissenschaft, die von der Mythisierung der Expertenmacht befreit werden muß, weil sie andernfalls die politische Funktion untergräbt; im Bereich der Sprache, die vom »*Operationscode des industriellen Werkzeugs*« befreit werden muß; und im Bereich des Rechts, in dem ein Verfall der formellen Verfahren zur Strukturierung sozialer Entscheidungsprozesse die Handlungsfähigkeit der Bürger gegenüber den Bedrohungen durch die Industrie zunehmend einschränkt.

Mit seiner Kritik richtet sich Illich weder in erster Linie gegen eine unkontrollierte Ausbeutung globaler Ressourcen noch gegen die ökologische Zerstörung der Erde noch gegen die industrielle Produktion schlechthin. Als politische Kritik ist sein Essay vielmehr an den Formen der Bedingungen menschlichen Lebens interessiert. Die vorgenannten Faktoren bilden einen Rahmen, innerhalb dessen die Frage nach einem menschenwürdigen Leben eine erhöhte Dringlichkeit erhält und die Kritik ausgebildet werden kann. »*Selbstbegrenzung*« und lebensgerechte Werkzeuge sind essentielle Momente einer politischen Konzeption, mit der menschliches Leben sich – so Illichs Hoffnung – in Richtung Chancengleichheit und Gerechtigkeit entfalten könnte. Dies schließt einen verantwortlichen Umgang mit den ökologischen Bedingungen unseres Lebens notwendigerweise mit ein.

Illich hat weder zur Zeit der Niederschrift seines Essays eine reale Grundlage für einen unmittelbaren Umbau der Systemstrukturen gesehen – »*Im Augenblick wäre ein Votum gegen das Wachstum schlechthin genauso wirkungslos wie ein Votum gegen den Sonnenuntergang*« – noch eine praktische Anweisung für eine Veränderung geben wollen. Veränderung könne erst dann erwartet werden, wenn eine globale Krise der industriellen Produktionsweise eintrete und das Vertrauen der Bevölkerungen in die herrschenden Institutionen und die Verwalter der Krise zusammenbreche. Dann könne sich, »*in der Interpretation des rationalen Interesses jedes Einzelnen verwurzelt*«, die zwingende Notwendigkeit zu politischer Umkehr zeigen.

Die Zivilisationskritik Illichs ist bei den öffentlichen Medien auf Irritation gestoßen. Hielt man ihm den aufklärerischen Aspekt der Schrift zugute, überwog angesichts der Radikalität seiner Thesen doch die Skepsis. Man warf ihm Überreaktion, monokausales Denken, Absurdität und die Unterschlagung von Gegenargumenten vor und versuchte die Brisanz der Argumentation herunterzuspie-

len. Neuere Veröffentlichungen zu diesem Themenbereich bestätigen hingegen, daß die Grundzüge von Illichs Kritik nach wie vor zutreffen. Illich hat seine Analyse 1978 mit dem Essay *The Right to Useful Unemployment and Its Professional Enemies (Schöpferische Arbeitslosigkeit oder Die Grenzen der Vermarktung)*, einer Kritik der Expertenherrschaft, ergänzt und aktualisiert. W.Ma.

AUSGABEN: NY 1973. – Paris 1974 [erw.].

ÜBERSETZUNG: *Selbstbegrenzung. Eine politische Kritik der Technik. ›Tools for Conviviality‹*, Th. Lindquist, Reinbek 1975. – Reinbek 1980 (rororo).

LITERATUR: M. Dönhoff, Rez. (in Die Zeit, 11. 4. 1975). – W. Rieger, Rez. (in FRs, 14. 6. 1975). – H. v. Hentig, *Die Wiederherstellung der Politik. Cuernavaca Revisited*, Mchn. 1973. – G. Anders, *Die Antiquiertheit des Menschen*, Bd. 2: *Über die Zerstörung des Lebens im Zeitalter der dritten industriellen Revolution*, Mchn. 1980. – U. Beck, *Gegengifte, Die organisierte Unverantwortlichkeit*, Ffm. 1988.

GYULA ILLYÉS

* 2.11.1902 Rácegrepuszta
† 15.4.1983 Budapest

LITERATUR ZUM AUTOR:
L. Gara, *Az ismeretlen I.*, Washington/D.C. 1965. – L. Vörös, *I. G. lirájának realizmusa*, Szeged 1967. – *I. G. Tanulmányok a költőről*, Hg. L. Illés, Budapest 1972. – I. Fodor, *Szembesítés. I. G. életútja Párizsig*, Budapest 1975. – L. Ferenczi, *G. I., Poet of a Nation* (in New Hungarian Quarterly, 1977, Nr. 68, S. 54–65). – L. Mész, *Mai magyar drámák. I. G.*, Budapest 1977; ³1983. – I. Izsák, *I. G. költői világképe*, Budapest 1982; ²1986. – L. Kiss, *Babits és I. költészetének néhány rokonvonása*, Szeged 1983. – T. Tüskes, *I. G. alkotása és vallomásai tükrében*, Budapest 1983. – B. Köpeczi, *I. és Franciaország* (in Kortárs, 1983, Nr. 7, S. 1004–1009). – J. Alföldy, *G. I.* (in *Literatur Ungarns 1945 bis 1980*, Bln. 1984, S. 101–115). – E. George, *In memoriam G. I.* (in Crosscurrents 1984, Nr. 3, S. 321–332). – *I. G. emlékkönyv*, Budapest 1984. – *A költő felel. Beszélgetések I. G. val*, Hg. A. Földes, Budapest 1986. – M. Béládi, *I. G.*, Budapest 1987.

DAS LYRISCHE WERK (ung.) von Gyula ILLYÉS.

Gyula Illyés lebte nach der Niederlage der Revolution von 1918 und dem Ende der Räterepublik 1919 einige Jahre in der Emigration in Paris. An-

fänglich schrieb er surrealistische Verse und stand dem Kreis um Lajos Kassák (1887–1967) nahe. Nach Ungarn zurückgekehrt, schloß er sich der Gruppe um die Zeitschrift ›Nyugat‹ (Westen) an, da er eingesehen hatte, daß die Nachhutgefechte der Avantgarde nichts in der ungarischen Gesellschaft bewirken konnten. Gleichzeitig wahrte er seine Beziehungen zur sozialistischen Bewegung. Illyés' erster Gedichtband *Nehéz föld*, 1928 *(Schweres Land)*, läßt noch viel von der aufrührerischen Leidenschaft der Surrealisten und deren freier Bildassoziation erkennen. Der zweite, *Sarjúrendek*, 1931 *(Krummetmahd)*, signalisiert die Wende: Hier werden die Traditionen der literarischen Volkstümlichkeit erneuert, gleichzeitig aber auch die Errungenschaften der Avantgarde gewahrt, vor allem der kühne Gebrauch freier Phantasie. Daß sich Illyés der Richtung der neuen Volkstümlichkeit (literarischer Populismus) anschloß, war in erster Linie von öffentlich-politischen Zielsetzungen motiviert. Aus Paris in die Heimat zurückgekehrt, war Illyés zu der Überzeugung gelangt, Fortschritt und Weiterentwicklung könne sich in seinem Land nur auf das Bauerntum stützen. Im anstehenden Kampf um die gesellschaftliche Umgestaltung mußten nach seiner Ansicht zuallererst die Interessen der Bauernschaft vertreten werden. Und eine Erneuerung der ungarischen Dichtkunst schien ihm nur über die Traditionen der Volks- bzw. volkstümlichen Dichtung möglich. Lyrischer Realismus und die Wiederbelebung der epischen Dichtung als Gattung waren die Konsequenzen, die Illyés für sein eigenes Schaffen aus dieser Überzeugung zog. In den Poemen *Három öreg*, 1931 *(Drei Alte)*, *Ifjúság*, 1932 *(Jugend)*, *Hősökről beszélek*, 1933 *(Von Helden rede ich)*, gab er dem Revolutionserleben der Jugend und den Forderungen der armen Bauernschaft Ausdruck.
Als sich die notwendigen Gesellschaftsreformen mehr und mehr verzögerten und der Faschismus sich auszubreiten begann, nahm seine Lyrik eine dunklere Tönung an. Die Bände *Szálló egek alatt*, 1935 *(Unter schwebenden Himmeln)*, *Rend a romokban*, 1937 *(Ordnung in den Trümmern)*, *Külön világban*, 1939 *(In einer anderen Welt)*, kreisen um das Thema der Bedrohung der nationalen Existenz. Illyés bekundet auch weiterhin seine Verbundenheit mit dem Volk, sucht dessen revolutionäre Traditionen wiederzuerwecken und fühlt sich doch immer einsamer. Er hat mit Krisen zu kämpfen. Die frühere Unmittelbarkeit seines Tons wird nun von träumerischer Resignation und bitterer Ironie abgelöst. Gedankliche Tiefe, die Analyse bedrückender historischer Erfahrungen und der Imperativ, moralisch standzuhalten, kennzeichnen Illyés' Dichtung dieser Periode. Im Zeichen strenger Selbstprüfung beginnt er sich der Prosa zuzuwenden. Die epischen Werke dieser Zeit berichten über die Geschehnisse seiner Jugendzeit.
Im literarischen Leben Ungarns der Zwischenkriegszeit hat Illyés eine führende Rolle gespielt. Seine öffentlich-publizistische Tätigkeit, seine Essays und Studien erlangten große Breitenwirkung.

1934 nahm er am sowjetischen Schriftstellerkongreß teil. Erlebnisse und Eindrücke dieser Reise sind in dem Buch *Oroszország*, 1934 *(Rußland)*, niedergelegt. Als einer der Initiatoren und eine der Leitfiguren der populistischen Schriftstellerbewegung schuf Illyés in seinem stark mit autobiographischen Elementen durchsetzten Werk *(Puszták népe*, 1936 *(Pusztavolk)*, das klassische Musterbeispiel der literarischen Soziographie. Er hatte darüber hinaus aktiven Anteil an der Entwicklung und Formulierung der Ideologie des ungarischen Populismus. Als einer der obersten Leitwerte galt Illyés die nationale Unabhängigkeit. Als deren Unterpfand wiederum betrachtete er die soziale und demokratische Umgestaltung seines Landes. Er zählte zu den führenden Mitarbeitern der Zeitschrift ›Válasz‹ (Antwort) und wurde später neben Mihály Babits (1883–1941) Mitherausgeber der Zeitschrift ›Nyugat‹ (Westen). Nach Babits' Tod führte er sie unter dem Titel ›Magyar csillag‹ (Ungarischer Stern) weiter. Dabei versuchte Illyés zum Schutz der literarischen und kulturellen Werte des Ungarntums eine Art »literarische Wagenburg« zu errichten, ein Forum geistigen Widerstands.
Zur Zeit der deutschen Besatzung Ungarns war Illyés gezwungen unterzutauchen. Nach der Befreiung war er eine Zeitlang als Abgeordneter der Nationalen Bauernpartei aktiv politisch tätig. Zwischen 1946 und 1949 leitete er die Redaktion der wiederbelebten Zeitschrift ›Válasz‹. 1945 erschien der Gedichtband *Egy év (Ein Jahr)*, der die Erfahrungen des letzten Kriegsjahrs und der Befreiung thematisiert, 1946 der autobiographische Roman *Hunok Párizsban (Hunnen in Paris)*, an dem er schon während des Krieges gearbeitet hatte. Hier läßt Illyés die Emigrationsjahre seiner Jugend wieder aufleben und legt Rechenschaft ab über seinen eigenen Werdegang und die Entwicklung seiner künstlerischen Identität. 1949 folgten die Gedichtsammlung *Szembe nézve (Aug in Auge)* und das Reisetagebuch in Versen *Tizenkét nap Bulgáriában (Zwölf Tage in Bulgarien)*.
Die Werke dieser Periode stellen das veränderte Leben der Nachkriegsjahre dar, den großen historischen Neubeginn *(Az uj nemzetgyűléshez – An die neue Nationalversammlung; Cserepező – Dachdekker)*. In dem längeren Gedicht *Két kéz*, 1950 *(Zwei Hände)*, wird die schöpferische Kraft des einfachen Werkvolks gefeiert. Mit Ausnahme der *Válogatott versei*, 1952 *(Ausgewählte Gedichte)*, die kaum neueres Material enthielten, erschien dann längere Zeit keine Lyrik von Illyés, und der Autor trat nur mehr mit historischen Dramen an die Öffentlichkeit. Mit immer größerem Mißtrauen betrachtete er die stalinistische Willkürherrschaft und deren gesellschaftliche, politische und moralische Folgen. In seinem Gedicht *Egy mondat a zsarnokságról (Ein Satz über die Tyrannei)*, das erst in den Tagen des Aufstandes von 1956 veröffentlicht werden konnte, rechnete Illyés mit jenen bedrückenden Konsequenzen ab. Eine Bilanz und zugleich eine neuerliche Wende in seinem lyrischen Schaffen stellt auch der ebenfalls 1956 erschienene Band

Kézfogások (Händedruck) dar. In großen Versen formuliert Illyés hier die Lehren aus den Kämpfen der Geschichte *(A reformáció genfi emlékműve előtt – Vor dem Genfer Denkmal der Reformation)*, sein Vertrauen in die Kraft des einfachen Volkes und sein hierauf gegründetes Nationalbewußtsein *(Egy falusi forradalmár sírjánál – Am Grabe eines ländlichen Revolutionärs; Árpád – Arpád; Szekszárd felé – Auf Szekszárd zu)* und bestimmt die Wahrheitssuche als die Berufung von Dichtung *(Bartók; A költő felel – Der Dichter antwortet)*. Über den Zenit des Mannesalters hinaus gibt Illyés auch seinen individuellen Ängsten Ausdruck *(Menedék – Zuflucht)* und legt seine Lebensphilosophie dar *(Doleo, ergo sum; Mors bona, nihil aliud)*. Der moralische Imperativ, den Kampf aufzunehmen und zu Ende zu führen, ist der eigentliche Inhalt dieser stoischen Philosophie.

Die Verse sind von der Leidenschaftlichkeit eines Glaubensstreiters erfüllt, einer inneren Glut, die sich auch in der Intensität und Kraft der dichterischen Sprache zeigt, ja selbst auf die Verskomposition auswirkt, die sich strukturell der dramatischen Gattung nähert. Sieger im Ringen der Ideen und Gefühle gegeneinander bleibt am Ende stets der Gedanke eines sinnerfüllten Lebens, das Ethos des Standhaltens.

Die späteren Gedichtbände hingegen zeugen eher von psychischer Ausgeglichenheit. Die Bände *Új versek*, 1961 *(Neue Gedichte)*, *Dőlt vitorla*, 1965 *(Segel unterm Wind)* und *Feketefehér*, 1968 *(Schwarz-Weiß)*, sind geprägt von der heiteren Stimmung schöpferischen Lebens. Hier beschwört Illyés mit üppigem Realismus und meditativer Kraft die Vergangenheit *(A gyulavári főutcán – Auf der Hauptstraße von Gyulavár; Hiány a kéziratban – Lücke im Manuskript)*, berichtet von seinen Alltagserfahrungen *(Levél a partról – Brief vom Ufer)*. Er malt in kräftigen Farben das wechselhafte Treiben des Lebens in seiner engeren Heimat *(Mozgó világ – Welt in Bewegung)*, gibt seiner Liebe zum Ungarntum mit bewegter Freude Ausdruck *(Szívközelben – In Herzensnähe)*, spricht von der Berufung und Verantwortung der Kunst *(Ferenczy Béni – Béni Ferenczy; Bevezetés egy Kodály-hangversenyhez – Einführung zu einem Konzert von Kodály; Óda a törvényhozóhoz – Ode an den Gesetzgeber)* und legt in lyrischen Symphonien mit großen Bögen beredtes Zeugnis ab für ein schöpferisches Leben in Arbeit *(Az orsók ürügyén – Unter dem Vorwand der Spindeln; Ditirambus a nőkhöz – Dithyrambe an die Frauen; Teremteni – Schöpfung)*.

Auch in der Prosa dieser Periode herrscht das Gefühl der Geborgenheit in der Welt, des Wohlbehaustseins vor. So z. B. in dem »Essay-Roman« *Kháron ladikján*, 1969 *(Im Boot des Charon)*, in dem Illyés die »Symptome des Alterns« beschreibt und im schöpferischen, tätigen Leben das Gegenmittel gegen die Vergänglichkeit findet.

Daß hinter dem Gleichgewichtszustand friedvoller Harmonie neuerliche Unruhe lauert, zeigen nur wenige Passagen: Ganz ohne Bangen erwartet auch Illyés nicht das nahende Greisenalter, und der lang-

same demographische Schwund des Ungarntums läßt bei ihm nationalen Pessimismus aufkeimen. In den neuen Gedichtbänden *Minden lehet*, 1973 *(Alles ist möglich)*, *Különös testamentum*, 1977 *(Ein sonderbares Testament)* und *Közügy*, 1981 *(Gemeinsame Sache)*, wird dieses unruhige Bangen deutlich spürbar. Die Störungen des nationalen Bewußtseins, die Verschlechterung der Lage des Ungarntums jenseits der Landesgrenzen, die Vergangenheit des ungarischen Volkes und seine Zukunft als eine kleine Nation, die Schönheit der ungarischen Sprache, die Aufgabe ihrer Pflege und Reinhaltung – dies sind die großen Themen der späten Lyrik Illyés'. B.Po.

AUSGABEN: *Haza a magasban. Összegyűjtött versek 1920–1945*, Budapest 1972. – *Teremteni. Összegyűjtött versek 1945–1968*, Budapest 1973. – *I. G., művei*, Budapest 1982, 3 Bde. – *Szemben a támadással. Összegyűjtött versek 1969–1981*, Budapest 1984. – *Menet a ködben. Hátrahagyott versek*, Budapest 1986.

LITERATUR: Vgl. Literatur zum Autor.

DÓZSA GYÖRGY

(ung.; *György Dózsa*). Historisches Drama in drei Akten von Gyula ILLYÉS, Uraufführung: Budapest, 20. 1. 1956, Nemzeti Színház. – Thema ist der ungarische Bauernkrieg 1514, dessen wichtigste Ereignisse in großangelegten Szenen dargestellt werden, die die innere Entwicklung des historischen Geschehens widerspiegeln. Die Kenntnis des Stoffes setzt der Autor beim Zuschauer voraus.

György Dózsa, nichtadeliger Führer einer Szekler Grenzwache, wird zum Anführer eines Kreuzzuges gegen die Türken bestimmt. Das auf Grund einer päpstlichen Bulle zusammengerufene, aus Bauern bestehende Kreuzfahrerheer soll aber nicht so sehr zur Verteidigung des Landes gegen die Türken eingesetzt werden als vielmehr die Hausmacht des Erzbischofs Bakócz stärken. Zápolya hingegen, der mächtigste Aristokrat Ungarns, will durch ein Bündnis mit Dózsa die Krone Ungarns an sich reißen. Die von solchen Machtansprüchen beunruhigten, aber von der geballten Kraft der Bauern noch mehr erschreckten Aristokraten des Landes setzen durch, daß die Kreuzfahrtsbulle zurückgezogen wird. Die Bewegung läßt sich jedoch nicht mehr aufhalten. Dózsas Heer wendet sich auf Anraten des sektiererischen Priesters Mészáros gegen die Adligen, und der Bauernkrieg bricht aus. Die Unfähigkeit der Bauern jedoch, sich einer zentralen Führung unterzuordnen, sowie ihre nur auf das eigene Stück Land beschränkten Interessen müssen unweigerlich zur Niederlage der Aufständischen führen. Zápolya versucht bis zuletzt, Dózsa dazu zu überreden, den sozialen Kampf aufzugeben und mit Hilfe der Bauern ein zentral regiertes, mächtiges Ungarn zu schaffen. Da Dózsa aber immer mehr zu der Überzeugung gelangt, daß Zápolya nur ehrgeizige Machtansprüche durchsetzen will, bleibt er den Klasseninteressen der Leibeigenen bis zu seinem Tode treu. Damit endet das Stück. Doch der geschichtlich informierte Zuschauer vermag die weiteren Ereignisse klar als Folgen der im Stück dargestellten Entwicklung zu erkennen: die blutige Rache der Aristokratie an den Bauern, die ihnen alle Hoffnung auf soziale Veränderungen nimmt, und die Niederlage der Ungarn bei Mohács (1526), die den Verlust der nationalen Eigenständigkeit für lange Zeit bedeutet.

Es war gewiß kein Zufall, daß Illyés das Dózsa-Thema gerade im Jahre 1956 auf der Bühne zur Diskussion stellte. Mit dem Thema selbst und dem Schlagwort Dózsa verleiht er der damaligen Unzufriedenheit mit den herrschenden Verhältnissen in Ungarn revolutionären Ausdruck. Seine Darstellung des historischen Geschehens kann aber durchaus auch als Warnung vor spontanen Aktionen verstanden werden (und in diesem Sinne gibt ihm der Ausgang des ungarischen Aufstands im Oktober 1956 recht).   T.P.I.

AUSGABEN: Budapest 1956. – Budapest 1969 (in *Drámák*, Bd. 2). – Budapest 1982 (in *Művei*, Bd. 2).

LITERATUR: T. Klaniczay, *Dózsa, vagy a magyar nép tragédiaja* (in Irodalmi Ujság, 1956). – L. Véri, *Két konfliktus kérdése I. Dózsa-drámájában* (in Vásárhelyi Szó, 1956). – S. Illés, *»Dózsa György«* (in Színház és Filmművészet, 1956). – M. Béládi, *Dózsa* (in Új Hang, 1956). – I. Hermann, *Történelmünk elmulasztott lehetőségei* (in Csillag, 1956). – L. Vekerdi, *A tettenért idő. Vázlat I. G. történelemszemléletéről* (in Tiszatáj, 1973, Nr. 2).

HŐSÖKRŐL BESZÉLEK

(ung.; *Ich spreche von Helden*). Episches Gedicht von Gyula ILLYÉS, erschienen 1933. – In der Ausgabe von 1945, die zum ersten »Tag des Buches« in dem von der deutschen Besatzung befreiten Ungarn erschien, bezeichnet Illyés sein Epos als ein »Präludium« und berichtet über dessen Entstehung: er habe das – in jambischen, zum Teil aber auch in trochäischen Versen geschriebene – Gedicht im Sommer des Jahres 1932 als Gast von Mihály BABITS in dessen Esztergomer Villa verfaßt. Während Babits, der gläubige Katholik und Meister der symbolistischen Formkunst, an seinen Übersetzungen mittelalterlicher lateinischer Hymnen feilte, arbeitete Illyés an seinem revolutionären »Präludium«. In den Ruhepausen tauschten beide Schriftsteller ihre Meinungen über die fertigen Verse aus – eine höchst paradoxe Situation, wenn man bedenkt, daß der als Formalist verschriene Herausgeber der Zeitschrift ›Nyugat‹ und Übersetzer der *Divina Commedia*, der sich nach Esztergom wie in einen Elfenbeinturm zurückgezogen hatte, dem jungen Revolutionär Illyés gegenübersaß, der, gerade erst aus dem Pariser Exil zurückgekehrt, sich

auf den Moskauer Schriftstellerkongreß vorbereitete und nun in einem hymnischen Gedicht die Revolution in Ungarn ankündigte und die Enteignung der herrschaftlichen Güter als Heldentat pries. *»Unschuldig-liebenswürdige Stibitzer«*, Knechte und Bauern ohne Land, ziehen nachts zum herrschaftlichen Gutshof und »nehmen« sich aus den Kartoffelmieten und Lagerhäusern alles, was ihre Familien brauchen; selbst die Nachtwächter des Gutsherrn lassen diese »Enteignung« zu, ja sie regeln sogar den »Verkehr« und helfen mit, die Karren der Armen zu beladen. *»Stehlt! Das Knurren eures Magens ist ein göttlicher Fingerzeig«*, fügt der Dichter aufmunternd hinzu, der als Kind zusammen mit seiner Großmutter ähnliche nächtliche Raubzüge unternommen hat und dem jetzt der Rausch der gemeinschaftlichen Aneignung fremden Eigentums als etwas Göttliches erscheint. *»Die Feenvölker des Sommernachtstraums, die fröhlichen Götter lebten einst so glücklich.«* Der sozialrevolutionäre Stoff, den Illyés gestalten wollte, widersetzte sich auf die Dauer jedoch der idyllischen Stimmung und der hochstilisierten, grazilen Form, die in dem Epos angestrebt wurde. So mußte das Gedicht ein »Präludium« ohne nachfolgende »Fuge« bleiben. Die Themen, die hier hätten verarbeitet werden sollen, behandelte Illyés später, um vieles bitterer, in seinem soziographischen Roman *Puszták népe (Das Pusztavolk)*.   M.Sz.

AUSGABEN: Budapest 1933 (in Korunk). – Budapest 1945. – Budapest 1977 (in *Összegyűjtött versei*, Bd. 1). – Budapest 1982 (in *Művei*, Bd. 1).

LITERATUR: A. Schöpflin, *I. G. A költő* (in Nyugat, 1940). – G. Rónay, *I. A költő* (in Sorsunk, 1941, Nr. 1). – Gy. Rába (in Kritika, 1945, Nr. 1). – A. Laczkó, *I. G. versei* (in Kortárs, 1980, S. 1993/94). – J. Izsák, *Menekülés »külön világba«. I. Gy. magánéleti lírája* (in Irodalomtörténet, 1978, S. 85–110).

HUNOK PÁRISBAN

(ung.; *Hunnen in Paris*). Autobiographischer Roman von Gyula ILLYÉS, erschienen 1943. – Anfang der zwanziger Jahre verließen viele Auswanderer und politische Flüchtlinge Ungarn, unter letzteren der junge Illyés, der wegen Teilnahme an einer revolutionären – richtiger romantischen – »Verschwörung« steckbrieflich gesucht wurde. Ihr Ziel war Paris, wo sich Emigranten jeglicher Provenienz trafen, um sich sogleich in verschiedene Gruppen aufzuspalten: Vom Rechtssozialismus bis zum Anarchismus war jede nur denkbare politische Richtung vertreten. Illyés, der zunächst als Hilfsarbeiter, später als Lehrer und Buchbinder arbeitete und gleichzeitig an der Sorbonne studierte, schloß sich einem Proletkult-Kreis an. Er hielt Vorträge über kulturelle und politische Themen, gab Sprachunterricht, organisierte Sprechchöre, für die er auch die Texte verfaßte, und beteiligte sich an der Arbeit einer Theatertruppe. Daneben schrieb er Gedichte und Artikel für ungarische Zeitungen in Amerika und übersetzte französische Gedichte.

Der Roman schildert die sich überstürzenden Ereignisse eines Jahres aus dem Leben ungarischer Emigranten – der »Hunnen in Paris« –, deren hektische Betriebsamkeit im Vergleich zu dem, was sie erreichen, lächerlich erscheint. Zudem hat der junge Dichter auch in seinem Privatleben kein Glück: Das Arbeitermädchen Anna weist seine Liebe zurück, da er ein »anderer Mensch« – d. h. ein Intellektueller – sei, und aus dem Proletkult-Kreis wird Illyés wegen einer törichten Anschuldigung ausgeschlossen: Weil er beim Namen der Muttergottes fluchte, habe er sich »religiöser Tendenzen« schuldig gemacht und sich damit der proletarischen Sache unwürdig erwiesen. – Der Roman verdient wegen seiner stilistischen Qualitäten Beachtung. Zu einer Zeit, da die Umgangssprache in der ungarischen Literatur Mode war, schrieb Illyés eine mustergültige, von allen Manierismen freie Prosa, die vergessen läßt, daß die Handlung des breitangelegten Romans sich nur zögernd entfaltet und allzu dürftig bleibt. M.Sz.

AUSGABEN: Budapest 1943 (in Nyugat). – Budapest 1946. – Budapest 1949. – Budapest 1970. – Budapest 1978. – Budapest 1982 (in *Művei*, Bd. 2).

LITERATUR: M. Bélády, *I. G. és a szürrealizmus* (in Irodalomtörténeti Közlemények, 1961). – Gy. Bodnár, *Törvénykeresők*, Budapest 1976. – Gy. Száraz, *Magyarázó sorok egy forgatókönyvhöz*, (in Kritika, 12. 3. 1983).

KHÁRON LADIKJÁN VAGY AZ ÖREGEDÉS TÜNETEI

(ung.; *Ü: Im Boot des Charon, oder die schönen alten Jahre*). »Essay-Roman« von Gyula ILLYÉS, erschienen 1969. – Scheinbar mit leichter Hand geschrieben und mit viel Humor gewürzt, sind die Erzählungen, Tagebuchausschnitte und Notizen dieses Bandes in Wahrheit Ergebnis außerordentlicher geistiger Anspannung und intensivster Reflexion. Ausgangspunkt der Überlegungen des Autors ist seine Erkenntnis, daß für die Fragen des Alterns und des Todes weder die Konventionen des Verhaltens noch die Religionen, noch die Lehren der verschiedensten philosophischen Richtungen verläßliche Antworten und akzeptable Weisungen zu bieten haben. Illyés macht daher jedwede stereotype, reflexartige Reaktion des Bewußtseins, die versucht, das Verhältnis zu Alter und Tod nach den »Vorschriften« einer kulturellen Tradition zu bestimmen und zu gestalten, zum Gegenstand erbarmungsloser Kritik. Die Furcht vor dem Tode ist nach Illyés' Bekenntnis nur dadurch zu überwinden, daß der Mensch bis zum letzten Augenblick darum kämpft, den Bereich aktiven, lebendigen Lebens ständig zu erweitern. Wenn ihm dies physisch

bereits nicht mehr möglich ist, so ist er dazu geistig noch immer imstande. Wer seinen Geist unablässig beschäftigt, dessen Merkfähigkeit wird vielleicht vom Alter zum Narren gehalten, seine Fähigkeit zum Denken aber nicht zerstört. Und wer fähig ist zu denken, der ist auch zur Kreativität in der Lage. Und dies ist für Illyés das Wesentliche. Die Bearbeitung eines Spatens und die Formulierung eines Gedankens sind für ihn gleichermaßen schöpferische Akte, und der schöpferische Mensch hat nichts mit dem Tod gemein. Illyés hält es mit EPIKTET, der sagte: »*Solange ich bin, ist hier kein Tod; ist der Tod erst hier, bin ich schon nicht mehr.*« Daher erscheint ihm die Furcht vor dem Tode sinnlos.

In Illyés' Haltung klingt die heitere Rationalismus der Aufklärung nach. Gleichwohl verläuft sein Denken keineswegs ausschließlich in den Bahnen eines philosophischen Diskurses. Zwar kann er sich selbst bei der Erörterung solch alltäglich-publizistischer Themen wie der Umweltverschmutzung in philosophische Höhen aufschwingen, analysiert aber dann an anderer Stelle die Symptome des »Altwerdens« und der tödlichen Krankheiten der ungarischen Gesellschaft mit dem Pathos des Künstlers als eines Moralisten und mit intensiver, ins Ästhetische aufgelöster politischer Leidenschaft.

Die kleine Erzählung mit dem Titel *Isaias und Jeremias* ist einer der künstlerischen Höhepunkte des Werks. Der Anblick von umweltgeschädigten Weingärten eines berühmten ungarischen Weinbaugebietes löst die Diskussion aus zwischen dem verzweifelten Winzer Isaias und dessen Gast Jeremias, der glaubt, in aller Zerstörung noch Sinnhaftes entdecken zu können. Dabei kann man sich des Eindrucks kaum erwehren, daß eigentlich beide Gesprächspartner ein *alter ego* des Schriftstellers sind, deren Disput vermitteln soll: Nie ist Zerstörung schrecklich, wenn sie dem expansiven Drang des Lebens Platz macht. Geben wir unsere Werte jedoch dem Verfall preis, ohne an ihre Stelle neue zu setzen, verurteilen wir uns selbst zum Tod.

Was die Fragen von Sein oder Nichtsein angeht, akzeptiert Illyés weder die Lehren des Christentums, noch macht er sich den Standpunkt des Marxismus zu eigen. Ersteres – so urteilt er – legt mit dem Befehl des *memento mori* die schöpferische Kraft der menschlichen Geistes in Fesseln, letzterer wiederum weicht dem existentiellen Problem des Todes aus. Illyés' Ziel ist – wie sein Monograph József Izsák formuliert – »*das allerhumanste: die Todesfurcht zu beseitigen, dieses Schreckgespenst zu zähmen, es der höherrangigen Vernunft zu unterwerfen, d. h. in Übereinstimmung zu bringen mit dem Bewußtsein des modernen Menschen von seiner eigenen Würde, mit seinem ... rationalen Vermögen und Wissen und seinem ethischen Habitus*«. F.Ku.

AUSGABEN: Budapest 1969. – Budapest 1976.

ÜBERSETZUNGEN: *Im Boot des Charon, oder die schönen alten Jahre*, Gy. Sebestyén, Eisenstadt 1975 [m. Nachw.]. – *In Charons Nachen oder Altwerden in Würde*, J. Buschmann, Bln./Weimar 1983.

LITERATUR: G. Garai, *A szembenézés könyve*, Budapest 1973, S. 119–123. – A. Tamás, *Irodalom és emberi teljesség*, Budapest 1973, S. 190–196. – L. Kiss, *Az esztétikum keresése*, Budapest 1975. – B. Tolvaj, *A költő – népe őrszelleme*, Bratislava 1977, S. 70–95. – J. Izsak, *I. G. költői világképe 1950–1983*, Budapest 1986, S. 255–274.

PUSZTÁK NÉPE

(ung.; *Pusztavolk*). Soziographisch-autobiographischer Bericht von Gyula ILLYÉS, erschienen 1936. – Außer den Ödflächen der Tiefebene bezeichnet das ungarische Wort *»puszta«* den ehemaligen, vorwiegend in Transdanubien vertretenen Typus einer Kleinsiedlung im Umkreis eines Herrenhauses. Das meist nur aus wenigen Häusern bestehende Dorf von etwa hundert Einwohnern umfaßte den herrschaftlichen, parkumgebenen Landsitz des Grundbesitzers, eine kleine Kirche, ein baufälliges Schulgebäude und die ärmlichen Hütten des Pusztavolkes, der von den Launen der Witterung und des Grundherrn gleichermaßen abhängigen Landarbeiter ohne eigenen Grund und Boden. Illyés gibt in seinem Buch ein detailliertes Bild von ihrem Leben, ihren wirtschaftlichen und sozialen Verhältnissen, Sitten und Bräuchen, ihren spezifischen – von den jahrhundertealten Gesetzen der Dorfgemeinschaft ebenso wie von einer schlichten Menschlichkeit geprägten – Verhaltensweisen. – Vielseitigkeit des dargebotenen Materials, Fülle der Einzelbeobachtungen und die bis ins Detail gehende Exaktheit der Beschreibung werden selbst den Ansprüchen einer soziologischen Untersuchung gerecht, doch mischen sich in die äußerst objektive und präzise Darstellung immer wieder Töne warmer Sympathie und persönlicher Betroffenheit. Als Nachkomme von Schäfern, den »Aristokraten« unter den Landarbeitern, war Illyés selbst in einer Puszta geboren und aufgewachsen. Mit dem Gegenstand der Beschreibung wechseln Blickpunkt und Ausdrucksmittel des Autors, wobei objektive Tatsachenschilderung und lyrisch gefärbte Erinnerung ohne Stilbruch miteinander verbunden werden. Doch ist diese »Bauernchronik« mehr als eine künstlerisch hochstehende, umfassende bevölkerungsstatistische, psychologische und soziologische Studie mit autobiographischem Hintergrund und mehr als eine brillant geschriebene, zum Gesellschaftsbild ausgeweitete Autobiographie. Hinter den wissenschaftlich exakten Deskriptionen, den epischen Exkursen, lyrischen Abschweifungen, hinter der leisen und melancholischen Ironie verbirgt sich der von starkem Solidaritätsgefühl getragene, scharfe Protest gegen einen der größten sozialen Mißstände im Ungarn vor dem Zweiten Weltkrieg. Der Bericht des Dreißigjährigen – zu jener Zeit bereits bekannter Schriftsteller und Herausgeber einer literarischen Zeitschrift – galt bei seinem Erscheinen sofort als Sensation: Sein Gegenstand war vollkommen neu, weder Soziologen noch Ethnographen, weder Politiker noch Schrift-

steller hatten sich bis dahin mit dem Phänomen des Pusztavolkes beschäftigt; seine Authentizität war durch die soziale Herkunft des Verfassers gesichert, seine politische Intention der bekannt linksgerichtet-fortschrittlichen Einstellung des Dichters wegen offenkundig. – Anfang der sechziger Jahre besuchte Illyés jenes Dorf wieder, das ihm einst als Modell für *Pusztavolk* gedient hatte. Seine neuen Eindrücke schilderte er in dem romanartigen Bericht *Ebéd a kastélyben*, 1962 *(Mittagessen im Schloß)*. Beide Bände wurden in zahlreiche Fremdsprachen übersetzt; sie gehören zur »Pflichtlektüre« für ein besseres Verständnis des heutigen Ungarn. M.Sar.

AUSGABEN: Budapest 1936. – Budapest 1962 *(Ebéd a kastélyben)*. – Budapest 1964 *(Puszták népe)*. – Bratislava 1970. – Budapest 1972. – Kolozsvár 1972. – Budapest 1980. – Budapest 1985.

ÜBERSETZUNGEN: *Pusztavolk. Roman einer Volkskaste*, T. Podmaniczky, Mchn. o. J. [1947]. – *Pusztavolk. Roman einer Kaste*, ders., Bln. 1948 [Ill. O. Ebert]. – *Pußtavolk – Mittagessen im Schloß*, G. Engl, Budapest/Stg. 1969.

LITERATUR: Babits M., Rez. (in Nyugat, 28, 1936). – B. G. Németh, *Erkölcsi autonómia – müvészi autonómia* (in Új Irás, 1982, Nr. 11). – E. Kulcsár Szabó, *Az epikai tárgyiasság új alakzata, I. Gy.: »Puszták népe«* (in Kortárs, 1983, Nr. 2, S. 288–299). – N. Cazelles, *Le monde singulier de »Puszták népe«* (in Hungarian Studies, 1985, Nr. 1). – W. Jens, *Blick von den Sternen, Blick aus dem Staub* (in Budapester Rundschau, 1986, Nr. 24). – Gy. Bodnár, *A »Puszták népe« ötven éve*, (in Uj Auróra, 1987, Nr. 2).

ʿIMĀDADDĪN AL-KĀTIB AL-IṢFAHĀNĪ

* 6.7.1125 Iṣfahān
† 5.6.1201 Damaskus

AL-FATḤ AL-QUSSĪ FĪ L-FATḤ AL-QUDSĪ

(arab.; *Die Offenbarung im Stil des Quss* [= ein legendärer altarabischer Redner] *betreffend die Eroberung von al-Quds* [= Jerusalem]). Geschichtswerk in Reimprosa von ʿIMĀDADDĪN AL-KĀTIB al-Iṣfahānī. – Die Entscheidung, welcher literarischen Gattung dieses Werk zuzuordnen ist, fällt nicht ganz leicht. Der Autor hatte indessen die Absicht, ein Geschichtswerk zu verfassen; er sagt dies deutlich in seinem Vorwort, in dem er seine auch heute noch lesens- und beachtenswerten Gedanken vorträgt über die Bedeutung, die für ein Volk das Wissen um seine Geschichte habe, und aus der sich die Pflicht der Geschichtsschreibung ergebe. Die kunstvolle sprachliche Gestaltung, auf die er nicht verzichten wollte, verlieh jedoch der Form seines Berichts eine Bedeutung, die den Inhalt unwichtig erscheinen ließ. 'Imādaddīn, einer der glänzendsten Stilisten seiner Zeit, hatte 1175 durch eine Lobqaside das Wohlwollen des Sultans Ṣalāḥaddīn al-Ayyūbī (Saladin) erlangt und hielt sich fortan in dessen engster Umgebung auf. Im Gefolge Saladins erlebte er die Kriegszüge gegen die Kreuzfahrer und die Rückeroberung Jerusalems im Jahre 563/1187 mit, über die er berichtet.

Das Werk beginnt mit den Ereignissen des Jahres 583 der *hiǧra* (begann am 13.3.1187), in dessen siebtem Monat Jerusalem wieder unter muslimische Herrschaft gelangte, und endet mit dem Jahr 589 der *hiǧra* (begann am 7.1.1193), in dem Saladin starb. Im einleitenden Kapitel vergleicht 'Imādaddīn die Rückeroberung Jerusalems in ihrer geschichtlichen Tragweite mit der *hiǧra*, der Auswanderung Muhammads von Mekka nach Medina, die für die Muslime den Wendepunkt der Geschichte und den Beginn ihrer Zeitrechnung darstellt, und bezeichnet sie direkt als die zweite *hiǧra*. Mit der kühnen Gleichsetzung rechtfertigt er auch, daß er alles ausläßt, was vor Beginn dieser neuen Zeitwende geschah.

Der Bericht über die historischen Ereignisse dieser sieben Jahre ist ganz in eine hochartifizielle manieristische Reimprosa gekleidet, die mit ihren phonetischen, etymologischen und semantischen Wortspielereien und einer den ganzen Wortschatz des Arabischen ausschöpfenden Synonymik der Sprache von AL-ḤARĪRĪS *Makamen* in nichts nachsteht. 'Imādaddīns *Fatḥ* wurde daher im arabischen Kulturraum vor allem als ein panegyrisches Werk auf den großen Sultan bewundert und fand als Prototyp einer neuen literarischen Gattung immer wieder Nacheiferer (z. B. IBN 'ARABŠĀH, vgl. dort). Erst moderne westliche Forschung betont wieder den historischen Wert des durch die prunkvolle Sprache mehr verdeckten denn mitgeteilten Berichts eines Augenzeugen der Ereignisse.   S.Gr.

AUSGABEN: Leiden 1888 (*Conquête de la Syrie et de la Palestine par Ṣalāḥ ed-dín*, Hg. C. Landberg). – Kairo 1904.

ÜBERSETZUNG: *Conquête de la Syrie et de la Palestine par Ṣalāḥ ed-dín*, H. Massé, Paris 1972 [frz.].

LITERATUR: J. Kraemer, *Der Sturz des Königreichs Jerusalem (583/1187) in der Darstellung des Imād ad-Dīn al-Kātib al-Isfahānī*, Wiesbaden 1952.

ḤARĪDAT AL-QAṢR WA-ǦARĪDAT AHL AL-'AṢR

(arab.; *Die undurchbohrte Perle des Schlosses und die Palmgerte der Zeitgenossen*). Anthologie von 'IMĀDADDĪN AL-KĀTIB al-Isfahānī. – 'Imādaddīn wurde

nach eigener Aussage zur Abfassung seiner Anthologie durch die Werke zweier Vorgänger aus dem 11. Jh. angeregt: AṬ-ṬA'ĀLIBĪS *Yatīmat ad-dahr*, die als Fortsetzung der Anthologie *(Kitāb) al-Ba–rī fī aḫbār aš-šu'arā' al-muwalladīn (Das Vorzügliche in den Nachrichten über die nachklassischen Dichter)* von HĀRŪN Ibn 'Alī al-Munaǧǧim († 901) zusammengestellt ist, und AL-BĀḪARZĪS *Dumyat al-qaṣr (Das Standbild des Schlosses)*. 'Imādaddīn schließt an diese Sammlungen an und bringt in *Ḥarīdat al-qaṣr* die Dichter ab der zweiten Hälfte des 11. Jh.s. Die Anthologie ist primär geographisch gegliedert und berücksichtigt die arabischen Dichter der islamischen Welt vom Irak bis Spanien. Die einzelnen Kapitel beginnen mit in Kunstprosa abgefaßten Einleitungen zum Lob des betreffenden Dichters und seiner Dichtung, gelegentlich sind auch Nachrichten zu seiner Biographie enthalten. Bei der Auswahl der Poesie stützte sich 'Imādaddīn, dessen *Ḥarīda* weitaus reichhaltiger ist als andere Anthologien aus dieser Zeit, zum einen auf den mündlichen Vortrag der Dichter selbst bzw. ihrer Rezitatoren, zum andern auf schriftliche Quellen wie Dīwāne oder Anthologien. Da viele dieser Werke selber nicht bewahrt sind, stellt 'Imādaddīns Anthologie ein wichtiges Dokument dar und bildet eine Hauptquelle unserer Kenntnis der arabischen Dichtung im späten 11. und 12. Jh.   S.Gr.

AUSGABEN: Kairo 1951, Hg. Aḥmad Amīn, Šauqī Ḍaif u. Iḥsān 'Abbās [enth. Tl. Ägypten]. – Bagdad 1955, Hg. Muḥammad Al-Aṭarī u. Ǧamīl Sa'īd [enth. Tl. Irak]. – Damaskus 1955–1959, Hg. Šukrī Faiṣal, 2 Bde. [enth. Tl. Syrien]. – Tunis 1966 [enth. Tl. Maġrib].

IMMANUEL BEN SALOMO HA-ROMI

genannt Manoello Romano
auch Manoello Giudeo

* um 1261 Rom
† nach 1328 Fermo

MACHBAROT IMMANUEL HA-ROMI

auch: *Diwan Immanuel ha-Romi* (hebr.; *Die Makamen* bzw. *Der Diwan des Immanuel aus Rom*). Poetisches Hauptwerk von IMMANUEL ben Salomo HA-ROMI (Italien), des bedeutendsten jüdischen Dichters in Italien. – Das Werk besteht aus einer Sammlung der zu verschiedenen Zeiten entstandenen Gedichte (Makamen, Epigramme, Distichen, Sonette) des Autors und enthält auch Parodien, Novellen, ja sogar Gebete. Es stellt also keineswegs eine einheitliche, in sich geschlossene Komposition dar. Die Gedichte zeichnen sich zwar durch ihren meisterlichen hebräischen Stil aus, der sie den Liedern des Jehuda ha-Levy und des Salomon Ibn Gabirol vergleichbar macht, doch unterscheiden sie sich durch ihren beißenden satirischen Ton von aller anderen hebräischen Poesie und haben dem Verfasser viele Feinde geschaffen. Andererseits aber haben Immanuels Makamen ebenso die Freunde des Dichters wie auch die Frauen erfreut und begeistert, deren Schönheit er besingt. In ihrer Form zeigen die Lieder der *Machbarot* eine sehr nahe Verwandtschaft zur zeitgenössischen italienischen Lyrik. Das Gedicht *Hölle und Paradies*, das zu der Sammlung der *Machbarot* gehört, gleicht z. B. in Aufbau, Stil und Rhythmus der *Divina Commedia* des Dante Alighieri, den Immanuel – wie man annimmt – persönlich gekannt hat. Ein bedeutsamer Unterschied besteht freilich zwischen der *Göttlichen Komödie* und den *Makamen* des Juden aus Rom insofern, als in Immanuels Paradies die Gerechten aller Welt Aufnahme finden, während Dante nur denen Einlaß gewähren will, die zum »wahren Glauben« gefunden haben.   H.I.G.

Ausgaben: Brescia 1491. – Konstantinopel 1535. – Bln. 1796. – Lemberg 1870. – Bln. 1926, Hg. H. Brody [Tl. 1]. – Tel Aviv 1946 [recte 1950], Hg. A. M. Habermann [m. Komm. u. Übers. der ital. Sonette]. – Jerusalem 1957, Hg. D. Jarden, 2 Bde. [m. Komm. u. Bibliogr.].

Literatur: H. Vogelstein u. P. Rieger, *Geschichte der Juden in Rom*, Bd. 1, Bln. 1896, S. 421. – L. Modona, *Vita e opere di Immanoele Romano*, o. O. 1904. – G. Blustein, *Storia degli Ebrei in Roma dal 140 av. Chr. fino ad oggi*, Rom 1921, S. 73–81. – U. Cassuto, *Dante e Manoello*, Florenz 1921. – G. Karpeles, *Geschichte der jüdischen Literatur*, Bd. 2, Bln. 1921, S. 104 ff.; Nachdr. Graz 1963. – S. Morais, *Italian Hebrew Literature*, NY 1926. S. 9–51. – M. Waxman, *A History of Jewish Literature*, Bd. 2, NY 1933, S. 65–74; Nachdr. 1960. – U. Cassuto, Art. *Immanuel of Rome* (in EJ², 8, Sp. 1295–1298).

KARL LEBERECHT Immermann

* 24.4.1796 Magdeburg
† 25.8.1840 Düsseldorf

Literatur zum Autor:
H. Maync, *I. Der Mann u. sein Werk im Rahmen der Zeit- u. Literaturgeschichte*, Mchn. 1921. – E. Guzinski, *K. I. als Zeitkritiker. Ein Beitrag zur Geschichte der dt. Selbstkritik*, Bln. 1937. – M. Windfuhr, *I.s erzählerisches Werk. Zur Situation des Romans in der Restaurationszeit*, Gießen 1957. – B. v. Wiese, *K. I. Sein Werk u. sein Leben*, Bad Homburg 1969. – H. J. Halm, *Formen der Narrheit in I.s Prosa*, Marburg 1972. – G. J. Holst, *Das Bild*

des Menschen in den Romanen K. I.s, Meisenheim a. Gl. u. a. 1976. – F. Sengle, *Biedermeierzeit. Dt. Literatur im Spannungsfeld zwischen Restauration u. Revolution 1815–1848*, Bd. 3, Stg. 1980, S. 863–874.

DIE EPIGONEN. Familienmemoiren in neun Büchern

Roman von Karl Leberecht Immermann, erschienen 1836. – Die Anfänge des Romans, der als Immermanns Hauptwerk gilt, liegen in den frühen zwanziger Jahren, als die historischen Romane W. Scotts in Deutschland erfolgreich waren; neben der von M. Windfuhr hervorgehobenen Episode aus Immermanns Lustspiel *Die Prinzen von Syrakus* (1821) existierte 1822 der Plan eines komischen Romans mit dem Titel *Die Schicksale des vortrefflichen Armino von Syrakus*, der 1823 sich ändert zu: *Leben und Schicksale eines lustigen Deutschen*. Gegenüber seinem Verleger A. Brockhaus betont Immermann 1823 die zeitkritische Tendenz seines Vorhabens – er wolle »*sämmtliche komische Elemente der deutschen Natur und des deutschen Lebens*« darstellen –, und 1825 erscheinen drei Kapitel aus diesem ansonsten nicht erhaltenen ersten Versuch. In der Folgezeit werden die Einflüsse von Goethes *Wilhelm Meisters Wanderjahre* (1821–1829) stärker, Immermann wählt für sein Projekt den Titel *Die Zeitgenossen*, und erst im April 1830 schreibt er an seinen Bruder über den Roman: »*Er hat jetzt den Namen bekommen: ›Die Epigonen‹, und behandelt ... den Segen und Unsegen des Nachgeborenseins. Unsere Zeit, die sich auf den Schultern der Mühe und des Fleißes unserer Altvordern erhebt, krankt an einem gewissen geistigen Überflusse. Die Erbschaft ihres Erwerbes liegt zu leichtem Antritte uns bereit, in diesem Sinne sind wir Epigonen. Daraus ist ein ganz eigentümliches Siechtum entstanden, welches durch alle Verhältnisse hindurch darzustellen die Aufgabe meiner Arbeit ist. Das Schwierigste bei derselben ist ... aus diesem verwünschten Stoffe ein heiteres Kunstwerk zu bilden; denn der Abweg in eine trübe Lazarettgeschichte liegt sehr nahe.*« Diesen Abweg hat Immermann vermieden, und das mit kühlem Skeptizismus entwickelte Motiv der gesellschaftlich-kulturellen Erschöpfung wird durch die Andeutung einer möglichen Heilung aufgehoben. Hermann, der Held des Romans, durchschaut und bekämpft die Kränklichkeit seiner Zeit, die er selbst auf Grund seiner eigentümlichen gesellschaftlichen Mittelstellung am meisten zu spüren bekommt. »*Mit Sturmesschnelligkeit eilt die Gegenwart einem trockenen Mechanismus zu; wir können ihren Lauf nicht hemmen, sind aber nicht zu schelten, wenn wir für uns und die Unsrigen ein grünes Plätzchen abzäunen und diese Insel solange wie möglich gegen den Sturz der vorbeirauschenden industriellen Wogen befestigen.*« Dem Autor gelingt es, in dem Werk allerlei miteinander zu verbinden: die Memoiren einer adeligen und einer durch Ehebruch mit ihr verwandten bürgerlichen Familie, die mit viel Geschick vorgenommene kulturkritische Analyse und den individuellen Bildungsgang Hermanns. Er ist vermeintlich der Sohn eines Bremer Senators, in Wirklichkeit aber, wie sich erst am Schluß herausstellt, das uneheliche Kind eines Aristokraten. Auf der Wanderung zu seinem Oheim, einem großen Fabrikherrn, trifft er mit einem Herzogspaar zusammen, auf dessen Erbschaft der Oheim nach altverbrieftem Recht Anspruch erhebt. Als Hermann zu vermitteln versucht, wird er selbst in allerhand Abenteuer verwickelt. Er liebt die Herzogin und ihre Schwägerin Johanna, verlobt sich mit Kornelie, der Pflegetochter seines Oheims, verbringt mit seinem Schützling »Flämmchen« eine Liebesnacht, nicht, wie er glaubt, mit Johanna, die in Wahrheit seine Stiefschwester ist. Schuldgefühle wegen des vermeintlichen Inzests treiben ihn vorübergehend fast zum Wahnsinn, ehe er Kornelie schließlich doch heiraten kann.

Die Forschung hatte, neben Bezügen zur *Odyssee* (H. J. Halm) und der biblischen Parabel vom verlorenen Sohn, immer wieder auf die Beeinflussung durch Goethes *Wilhelm Meister* aufmerksam gemacht. Wie Wilhelm Meister unternimmt Hermann, um dem ungeliebten praktischen Beruf zu entgehen, Reisen, durch die er mit verschiedenen Schichten der Gesellschaft in Berührung kommt, kehrt auf Schlössern ein und gerät in Beziehung zur Kaufmannswelt. Auch ähneln mehrere Personen Goethes Gestalten: In Flämmchen erkennt man unschwer Mignon, in Kornelie Natalie wieder. Doch kann man nicht von Nachahmung sprechen, da Hermanns Bildungserlebnisse ganz eigener Natur sind: In einem studentischen Kreis lernt er die Aufgeblasenheit und politische Unvernunft der Burschenschafter, in der Berliner Gesellschaft Antisemitismus und Kunstnobismus kennen, in dem Arzt Wilhelmi entdeckt er den schroffen Materialisten und in Johannas Gatten Medon den brutalen, vor keiner Bosheit zurückschreckenden Machtpolitiker. Der Adel ist für ihn lediglich eine »*Ruine*«, und an seinen lächerlichen Ritterspielen, die eine vergangene Zeit heraufbeschwören sollen, beteiligt er sich nur, um die Gastfreundschaft nicht zu verletzen. Er ist einer der wenigen, die die Scheinhaftigkeit und den erheuchelten Ernst ihrer Zeit, sowohl des untergehenden privilegierten Feudalismus als auch des aufsteigenden Industrialismus, entlarven und über den Ekel an ihrer Zeit hinaus zu einer neuen Wahrheit vordringen. Zwar weiß auch er: »*Wir armen Menschen! Wir Frühgereiften! Wir haben keine Knospen mehr, keine Blüten; mit dem Schnee auf dem Haupt werden wir schon geboren.*« Dennoch resigniert er nicht wie andere Figuren des Werkes, obwohl er dazu Grund genug hätte; denn auch die Existenz seines Oheims erweist sich als brüchig: Dessen einziger Sohn entstammt dem Ehebruch seiner von ihm als tugendhaft eingeschätzten Gattin, und Hermann selbst muß sich über seine illegitime Herkunft aufklären lassen. »*Das Erbe des Feudalismus und der Industrie fällt endlich einem zu, der beiden Ständen angehört und keinem.*« Aber er betrachtet sein Eigentum in stol-

zer Bescheidenheit nur als »*Depositar für kommende Geschlechter*«. Ob sein Plan, die neu entstandenen Fabriken eingehen zu lassen und die Ländereien dem Ackerbau zurückzugeben, eine sehr realistische Lösung ist, mag bezweifelt werden.

Immermanns *Epigonen* sind, auch nach dem Anspruch des Autors, das Dokument einer Übergangszeit (»*In unsern Geschichten ... spielt gleichsam der Kampf alter und neuer Zeit, welcher noch nicht geschlichtet ist*«), in der die übergreifenden philosophisch-ästhetischen Systeme der Klassik und Romantik mit ihrem Objektivitätsanspruch sich zunehmend auflösen, wie auch die alte gesellschaftliche Ordnung durch die zunehmende Industrialisierung eine grundlegende Umwälzung erfährt. Das individualistische Ende des Romans fand bei der zeitgenössischen Kritik ein überwiegend negatives Echo, aber eine allgemein verbindliche Utopie zu formulieren, war Immermann nicht möglich; was bleibt, sind Facetten, die durchaus widersprüchlich zueinander stehen: »*Feudalismus und Industrialismus stellen im Verständnis Immermanns Gegenpositionen dar, die, jede für sich genommen, in der Zukunft verderblich werden können. Der Adel als tragende politische Kraft im Staat wird von Immermann kritisch ad absurdum geführt. ... Das fortschrittliche Moment des aufkommenden Industrialismus vertreten die Person des Oheims und die von ihm geschaffene ... Organisation eines ... Industriebetriebs. Das Negative einer solchen Industrialisierung konzentriert sich für Immermann ... in den schädlichen Wirkungen, die von der industriellen Arbeit auf den einzelnen Menschen ausgehen*« (P. Hasubek). Was bleibt, ist die Hoffnung des Autors auf die Zukunft: »*Zwar sehe ich morsch gewordne Einrichtungen, die dahinstürzen, aber ich erblicke ein verjüngtes Geschlecht, welches der Atem des Lebens beunruhigt und in jedem Sinne vorwärts stößt. Dieses wird nach einem unbekannten Plan das unendliche Werk wiederaufbaun, dessen stete Erschaffung und Herstellung Gott dem Menschen anvertraut hat: sein eignes Geschick.*«
W.v.S.-KLL

AUSGABEN: Bln. 1925 (*Bruchstücke aus einem Roman, »Leben und Schicksale eines lustigen Deutschen«*, in Der Gesellschafter oder Blätter für Geist und Herz, 56.–61. Bl., 8.–16. April). – Stg./Tübingen 1830 (*Der Lieutenant und das Fräulein. Anekdote aus der Praxis eines Arztes*, im Morgenblatt für gebildete Stände, Nr. 89–92, 14.–17. April). – Düsseldorf 1836 (in *Schriften*, 14 Bde., 1835–1843, Bd. 5–7). – Bln. 1883 (in *Werke*, Hg. R. Boxberger, 20 Bde., 5–8). – Lpzg./Wien 1906 (in *Werke*, Hg. H. Maync, 5 Bde., 3–4). – Ffm./Wiesbaden 1971 (in *Werke*, Hg. B. v. Wiese, 5 Bde., 1971–1977, 2). – Mchn. 1981, Hg. P. Hasubek [nach der Erstausg. v. 1836; m. Dokumenten zur Entstehungs- u. Rezeptionsgeschichte, Textvarianten, Kommentar u. Nachw.].

LITERATUR: E. Spohr, *Die Darstellung der Gestalten in I.s »Die Epigonen«*, Diss. Greifswald 1915. – B. v. Wiese, *Zeitkrisis u. Biedermeier in Laubes »Das junge Deutschland« u. I.s »Epigonen«* (in DuV, 36, 1935, S. 163–197). – E. Grütter, *I.s »Epigonen«, ein Beitrag zur Geschichte des dt. Romans*, Diss. Zürich 1951. – A. Moritz, *Die Romanstruktur in I.s »Epigonen«. Eine Untersuchung der epischen Raumgestaltung am Beispiel eines Zeitromans*, Diss. Göttingen 1955. – M. Windfuhr, *Der Epigone. Begriff, Phänomen u. Bewußtsein* (in Archiv f. Begriffsgeschichte, 4, 1958/59, S. 182–209). – H. Mayer, *K. I.s »Epigonen«* (in H. M., *Von Lessing bis Thomas Mann. Wandlungen der bürgerlichen Literatur in Deutschland*, Pfullingen 1959, S. 247–272). – B. v. Wiese, *I. als Kritiker seiner Zeit* (in B. v. W., *Zwischen Utopie u. Wirklichkeit. Studien zur dt. Literatur*, Düsseldorf 1963, S. 163–176). – H.-G. Gadamer, *Zu I.s Epigonen-Roman* (in H.-G. G., *Kleine Schriften II. Interpretationen*, Tübingen 1964, S. 148–160). – F. Rumler, *Realistische Elemente in I.s »Epigonen«*, Diss. Mchn. 1964. – P. Hasubek, *K. I.: »Die Epigonen«* (in *Romane u. Erzählungen zwischen Romantik u. Realismus. Neue Interpretationen*, Hg. P. M. Lützeler, Stg. 1983, S. 202–230). – M. Minden, *Problems of Realism in I.s »Die Epigonen«* (in Oxford German Studies, 16, 1985, S. 66–80). – M. Schwering, *Epochenwandel im spätromantischen Roman. Untersuchungen zu Eichendorff (»Ahnung und Gegenwart«), Tieck (»Der junge Tischlermeister«) u. I. (»Die Epigonen«)*, Köln 1985.

MERLIN. Eine Mythe

Drama von Karl Leberecht IMMERMANN, erschienen 1832, Uraufführung: Berlin, 4. 9. 1918, Volksbühne. – Das in ein Widmungsgedicht – *Zuneigung* –, ein *Vorspiel*, das eigentliche Drama – *Der Gral* – und ein kurzes Nachspiel – *Merlin der Dulder* – gegliederte Stück ähnelt in seiner verfließenden Struktur noch jenen ausladend-theaterfernen, eher episch-lyrischen romantischen Lesedramen wie Ludwig TIECKS *Leben und Tod der heiligen Genoveva* (1800) oder Achim von ARNIMS *Halle und Jerusalem, Studentenspiel und Pilgerabenteuer* (1811), obwohl die erklärte und nahezu zwanghafte Intention Immermanns, sich im *Merlin »auf Tod und Leben mit Goethe messen«* zu müssen (Brief an Ferdinand Immermann, 3. 8. 1831) – und gerade mit dessen *Faust* –, ihn zur Herausarbeitung schärferer Konturen drängte; in der Gestalt des Klingsor ironisiert Immermann den Autor des *Faust*. Auf eine von Dorothea von SCHLEGEL unter dem Namen ihres Gatten Friedrich herausgegebene Sagenfassung – *Geschichte des Zauberers Merlin* (1804) – und zahlreiche zeitgenössische Quellen gestützt (vor allem F. F. HOFSTÄTTERS *Altdeutsche Gedichte aus den Zeiten der Tafelrunde*, 1811), unternahm es Immermann, eine vermittelnde – und wie der Dramenschluß zeigt: scheiternde – Synthese des Widerspruchs von christlichen und heidnischen Lebenswelten, Geist und Natur, symbolisch-künstlerisch hervorzubringen. In ihr sollte auch die in seinen wenig später entstandenen *Chiliastischen Sonetten* (1833) zum Ausdruck kommende Hoff-

nung auf ein unbestimmtes »drittes« Weltreich eines neuen messianischen Erlösers aufgehoben sein.

Das Vorspiel des kaum spielbaren Dramas exponiert den Konflikt: Der aus seiner reinen Einheit mit sich selbst an die Schöpfung sich entäußernde Gott hat sich in Satan-Demiurgos seinen Widersacher gesetzt, der, als Gott seine schroffe Distanz zur »Welt« durch den Mittler Christus abschwächt, in dieser gnädigen Hinneigung nichts als einen arglistigen Verrat und einen Bruch des alten Verhältnisses zwischen ihm und seinem Widerpart sieht. So zeugt Satan mit der Jungfrau Candida ein Kind, das für ihn eine ähnliche Mittlerrolle wie Christus für Gott übernehmen soll – Merlin. Der Knabe wird von dem Eremiten Placidus nach England gebracht und dort aufgezogen. Als Placidus ihm das Gralsmysterium deutet, erwacht in dem mit magischen Kräften begabten Merlin, der nichts sehnlicher wünscht als die Taufe, ein ungestümes Sendungsbewußtsein, das ihn dazu treibt, den in Christi Blut fortzeugenden »Doppelsegen« als Erneuerer alter gnostischer Mythen wieder zu verkörpern. Seinem Vater, Satan, der ihn in einer großen Auseinandersetzung für sich und für eine weltlich-natürlich-heidnische Sinnenfreude zu gewinnen sucht, verschließt sich Merlin; er stellt sich im Gegenteil zur Aufgabe, die Tafelrunde des Königs Artus – die mythischen Helden Gawein, Erek, Gareis, Lanzelot usw. – zum Gral zu führen und als »dritter Zeuge« das Heilswerk Gottes und Christi fortzuführen und zu vollenden. Die Anmaßung des selbstberufenen Erlösers rächt sich jedoch, als er der Liebe zu Niniane, der Schwester der Artus-Gemahlin Ginevra, verfällt, einem elfisch-dämonischen Wesen, Symbol reiner Naturwüchsigkeit und ungebrochener Einheit. Indem er sich völlig zum »Sohn der Erde« geworden wähnt, versäumt er die Führung seiner Gefährten zum Gral, die auf dem Wege verschmachten. Von Titurel, dem Wächter des Grals, zum Antichrist erklärt, wird Merlin mit Wahnsinn gestraft. Im Nachspiel – nach der Klage der Gralsritter Lohengrin, Parzifal und Titurel um die Mitglieder der Artus-Runde – befreit Satan seinen unglücklichen Sohn aus dem Wahnsinn. Seiner erneuten Aufforderung, dem »Entsetzlich-Unergründlichen« sich hinzugeben, verweigert sich Merlin erneut: Er stirbt unter der tödlichen Berührung Satans, mit den Worten des Vaterunsers auf den Lippen, ohne daß der stumme, ferne Gott ihm Erlösung verhieße.

Das im Versbau keineswegs glücklich zwischen Knittelversen, Terzinen, Stanzen, fünffüßigen Jamben und sogar der sog. jüngeren Titurelstrophe häufig wechselnde Drama verweist die Schuld und das Scheitern des »Halbgottes« Merlin auf dessen eigenwilligen und eigenmächtigen Drang zur Selbsterhöhung des »Heilbringers«. Seine *»Bravour der Frömmigkeit«* (Brief an Deycks, 29. 6. 1836) bleibt vergeblich, weil das Heilige *»nicht auf solche Weise erstürmt werden«* kann. Immermann selbst, der Unausgeglichenheit eines Stückes sich durchaus bewußt, dessen *»Figuren unter der meta-*

physischen Rüstung erliegen«, hat in einer späteren Deutung die eigentliche Problematik des Dramas scharf umrissen: *»Nicht die Sünde schwebte mir als das Unglück der Welt vor, sondern der Widerspruch. ›Merlin‹ sollte die Tragödie des Widerspruchs werden. Die göttlichen Dinge, wenn sie in Erscheinung treten, zerbrechen, dekomponieren sich an der Erscheinung. Selbst das religiöse Gefühl unterliegt diesem Gesetze. Nur binnen gewisser Schranken wird es nicht zur Karikatur, bleibt aber dann freilich jenseits der vollen Erscheinung stehen. Will es in diese übergehen, so macht es Fanatiker, Bigotte ... Der Sohn Satans und der Jungfrau, andachttrunken, fällt auf dem Weg zu Gott in den jämmerlichsten Wahnwitz«* (Memorabilien). KLL

AUSGABEN: Düsseldorf 1832. – Düsseldorf 1835 (in *Schriften*, 14 Bde., 1835–1843, 3). – Bln. 1883 (in *Werke*, Hg. R. Boxberger, 20 Bde., 15). – Lpzg./Wien 1906 (in *Werke*, Hg. G. Maync, 5 Bde., 4). – Ffm./Wiesbaden 1977 (in *Werke*, Hg. B. v. Wiese, 5 Bde., 1971–1977, 5).

LITERATUR: Th. Zielinski, *Die Tragödie des Glaubens. Betrachtungen zu I.s »Merlin«*, Lpzg. 1901. – F. Muncker, *Die Gralssage bei einigen Dichtern der neueren deutschen Literatur*, Mchn. 1903 (SBAW, H. 3, S. 35 ff.). – P. Kunad, *I.s »Merlin« und seine Beziehungen zu R. Wagners »Ring des Nibelungen«*, Lpzg. 1906 (Beitr. zur Literaturgeschichte, H. 3). – O. Fischer, *Zu I.s »Merlin«*, Dortmund 1909. – S. v. Lempicki, *I.s Weltanschauung*, Bln. 1910, S. 45–47. – K. Schultze-Jahde, *Zu I.s »Merlin«* (in ZfdU, 39, 1925, S. 616–640). – Ders., *Kritische Studien zu I.s »Merlin«* (in Euph, 28, 1927, S. 595–615). – E. Frahm, *I.s »Merlin«-Dichtung* (in Montagsblatt, Beil. der Magdebugischen Zeitung, 82, 1940, S. 65 ff.). – M. Scherer, *I.s »Merlin«-Drama* (in GRM, 41, N. F. 10, 1960, S. 34–44). – H. Moenkemeyer, *I.s »Merlin«. Die Tragödie des selbsternannten Erlösers* (in Jb. der Dt. Schiller-Ges., 5, 1961, S. 226–266). – D. Baacke, *Das romantisch-allegorische Drama in I.s »Merlin«*, Diss. Göttingen 1963. – A. Seemann, *Merlin – Prophet u. Zauberer? Eine komparatistische Studie zum Merlin-Stoff im Mittelalter u. im 19. u. 20. Jh. Unter besonderer Berücksichtigung der Identitätsproblematik*, Diss. Ffm. 1987.

MÜNCHHAUSEN. Eine Geschichte in Arabesken

Humoristischer Roman in vier Bänden von Karl Leberecht IMMERMANN, erschienen 1838/39. – Der *Münchhausen* – neben den *Epigonen* Immermanns bedeutendstes Werk – teilt mit diesem wenige Jahre zuvor erschienenen Roman die zeitkritische Intention. Viele Anspielungen und Seitenhiebe auf zeitgenössische Autoren wie G. W. F. HEGEL, J. v. GÖRRES, D. F. STRAUSS, J. KERNER, H. v. PÜCKLER-MUSKAU, K. GUTZKOW und andere sind zwar heute kaum mehr unmittelbar verständlich, haben aber als grundsätzliche Ideologiekritik – Immermann wendet sich polemisch gegen die Auswüchse des subjektivistischen, von der Goethezeit ererbten Idealismus – an Aktualität nichts eingebüßt. Neben dem satirisch-ironischen *Münchhausen*-Teil (Buch 1, 3, 4, 6), in dem alle Formen dieses Subjektivismus und seiner Pervertierungen bar jeder stringenten Handlung durchgespielt werden, steht der *Oberhof*-Teil (Buch 2, 5, 7, 8), der – seiner losen Verknüpfung mit dem Ganzen des Romans wegen – immer wieder herausgelöst und gesondert veröffentlicht wurde.

Münchhausen, der sich als Enkel des berühmten Lügenbarons ausgibt, kommt mit seinem Diener Karl Buttervogel, dem *»einzigen praktischen Charakter dieses Buches«*, zu dem halb verfallenen Schloß Schnick-Schnack-Schnurr, wo er sich als Erzähler der absonderlichsten Abenteuer unentbehrlich zu machen weiß. Die abstruse Exotik der Ereignisse, die, wie versichert wird, alle wirklich geschehen sind, wird von Münchhausen in einer grotesk anmutenden wissenschaftlichen Terminologie vorgetragen, deren pompöser Beweiskraft sich keiner der Zuhörer zu entziehen vermag. Sein Publikum besteht aus einem senilen Baron mit gänzlich antiquierten Standesvorstellungen, der nichts Angenehmeres kennt, als sich das Gehirn mit Münchhausens Lügengeschichten vollstopfen zu lassen, dessen empfindsamer Tochter Emerentia, die seit Jahrzehnten auf die Werbung eines Fürsten aus dem längst erloschenen Hechelkramschen Geschlecht wartet, und dem Schulmeister Agesel, der über der Beschäftigung mit Phonetik den Verstand verloren hat. Obwohl alle von einer fixen Idee besessen sind, läßt jeder sich bereitwillig von Münchhausen überzeugen, daß er der einzige Normaldenkende sei. Münchhausen nutzt diese Situation, um alle gleichermaßen an der Nase herumzuführen, vor allem mit seinem phantastischen Projekt einer *»Luftverdichterkompanie«*. Die Manipulierbarkeit derer, die keinen Realitätsbezug mehr haben, da sie entweder nur in der Vergangenheit oder nur in der Zukunft leben, ist der einzige Genuß, den Münchhausen noch kennt. Er selbst klammert sich an nichts, da er die abgenutzten Ideale seiner Zeit durchschaut hat. Nur die Freude an der eigenen Überlegenheit bleibt ihm, *»das selige Behagen, mit allen stolzen Torheiten der Zeit zu tändeln, zu scherzen, zu spielen«*. Münchhausen ist für Immermann der Prototyp des bindungslosen modernen Menschen, dessen hypertrophiertes Bewußtsein jede Gefühlsregung und alle Spontaneität im Keim erstickt und der auf eine Zerstörung der Person hinsteuert, deren fleischgewordener Ausdruck Münchhausens Existenz ist: Geheimnisvoll wird angedeutet, daß er nicht – wie alle Menschen – geboren wurde, sondern Produkt eines chemischen Prozesses sei. Das Resultat einer solchen Bewußtseinshaltung ist Nihilismus: *»Woher kommen wir als aus dem Nichts? – Wohin werden wir gehen anders als ins Nichts?«* Folgerichtig läßt der Dichter denn auch Münchhausen ins Nichts verschwinden, als dessen erzählerische Funktion beendet ist. Nur noch

Gerüchte geben über sein weiteres Leben Auskunft.

Im *Oberhof*-Teil treten Satire und Ironie fast völlig zurück. Die restaurative Tendenz bestimmt in diesem Teil sowohl die Figurengestaltung als auch Komposition und Sprachgebung. Alles, was auf dem Oberhof und in seinem Umkreis geschieht, sei es nun eine Hochzeit oder das geheime Femegericht der Bauern, verläuft nach den uralten Regeln des »Herkommens«. Die zentrale Gestalt, in der sich dieses Ideal des Überindividuellen verkörpert, ist der Hofschulze – eine Gestalt, die einem der Bauernromane Jeremias GOTTHELFS entstammen könnte. Immermann ist sich, bei aller Idealisierung des Bauernstandes, des Vergangenheitscharakters solcher Lebensformen durchaus bewußt; denn am Ende des Romans findet auch die Tradition des Femegerichts, in dem sich die Eigenständigkeit der Oberhofbauern am deutlichsten manifestierte, ihr Ende. Das Hauptargument dafür aber, daß der Oberhof nicht letzte Norm sein kann, wird von dem Liebespaar, das die Handlung der Oberhofgeschichte bestimmt, geliefert. Zwar ist der Oberhof der Ort, an dem sie, »außer dem Pferch der Zivilisation«, sich gefunden haben; aber gerade das »Herkommen« wird von ihnen immer wieder zugunsten eines Höheren, der Liebe, überwunden. Die Standesschranken zwischen dem Grafen Oswald und dem Findelkind Lisbeth werden übersprungen wie die gesellschaftlichen Formen bei der Verlobung und Hochzeit.

Immermann selbst gibt in einem Brief am Ende des Romans zu verstehen, worin das Neue dieser Liebesgeschichte liegt: »*Mein Sinn stand darauf... der Liebe zu folgen bis zu dem Punkte, wo sie den Menschen für Haus und Land, für Zeit und Mitwelt reif, mündig, wirksam zu machen beginnt.*« Realitätsbezogenheit der Liebe wird verlangt, nicht ein romantisches Schwärmen, wie Emerentia es im *Münchhausen*-Teil vorführt. Eine Grundeinstellung Immermanns ist damit charakterisiert: Die Tätigkeit soll innerhalb der gegebenen Welt den Vorrang haben vor einem zeitenthobenen und versponnenen Ästhetentum. – Die poetischen Sünden der zeitgenössischen und romantischen Schriftsteller, die selbst nur Ausflüsse eines krankhaften Subjektivismus sind, werden durch Übersteigerung ad absurdum geführt: Illusionsdurchbrechung durch Auftreten des Autors, Potenzierung der Erzählebenen, Konfusion des Aufbaus und endlose Einführungen entlarven die Willkürlichkeit des parodierten Musters. Das *Fragment einer Bildungsgeschichte* mit dem Titel *Ich*, eine Parodie auf den deutschen Bildungsroman, wendet sich gegen die Übersteigerung des klassischen Persönlichkeitskults. Stil und Aufbau des *Oberhof*-Teils dagegen sind geschlossener. Dem Subjektivismus Münchhausens, der seine Geschichten bis zur Unverständlichkeit verschachtelt, wird jenes Gesetz der organischen Entwicklung entgegengesetzt, das den inneren Rhythmus der Oberhofgeschichte beherrscht. Freilich entgeht Immermann bei der Darstellung der Bauernwelt nicht immer der Gefahr, ins Senti-

mentale abzuleiten. Auch wirkt – vor allem am Schluß des Romans – der Versuch des Autors, Komisches und Tragisches nach SHAKESPEARES Vorbild zusammenzubringen, gewollt und verkrampft.

Durch die dialektische Bezogenheit des *Oberhof*-Teils auf den *Münchhausen*-Teil, dessen Komposition an E. T. A. HOFFMANNS *Kater Murr* geschult ist, gelingt es jedoch, den Reflex der Offenheit und Unabschließbarkeit prosaischer Wirklichkeitserfahrung, wie sie für den nachklassischen Roman typisch ist, auch in die scheinbar harmonische Geschlossenheit der Idylle hineinzutragen.   G.Le.

AUSGABEN: Düsseldorf 1838/39 (in *Schriften*, 14 Bde., 1835–1843, 8–11). – Bln. 1883 (in *Werke*, Hg. R. Boxberger, 20 Bde., 1–4). – Lpzg./Wien 1906 (in *Werke*, Hg. H. Maync, 5 Bde., 1–2). – Ffm. 1972 (in *Werke*, Hg. B. v. Wiese, 5 Bde., 1971–1977, 3). – Mchn. 1977, Hg. P. Hasubek. – Ffm. 1984, Hg. H.-J. Piechotta (Insel Tb).

LITERATUR: W. Schweizer, *Die Wandlungen Münchhausens*, Lpzg. 1921. – H. Fehrlin, *Die Paralipomena zu I.s »Münchhausen«*, Diss. Bern 1923. – N. Göke, *Untersuchung der literarischen u. stofflichen Quellen von I.s »Münchhausen«*, Münster 1925. – W. Kohlschmidt, *Entzweite Welt*, Gladbeck 1953, S. 33–49. – J. Wassermann, *I.s »Münchhausen«* (in Der magische Schrein, 1956, S. 161–169). – M. Windfuhr, *I.s erzählerisches Werk*, Gießen 1957. – B. v. Wiese, *I. »Münchhausen«* (in B. v. W., *Der deutsche Roman*, Bd. 1, Düsseldorf 1963, S. 353–406). – M. Scherer, *I.s »Münchhausen«-Roman* (in GQ, 36, 1963, S. 236–244). – B. v. Wiese, *I.s »Münchhausen« u. der Roman der Romantik* (in *Formenwandel. Fs. für P. Böckmann*, Hbg. 1964, S. 363–382). – D. Statkow, *Über die dialektische Struktur des I.-Romans »Münchhausen«* (in WB, 11, 1965, S. 195–211). – G. Konrad, *I.s »Münchhausen«* (in Acta Germanica, 3, 1968, S. 167–185). – W. Mieder, *Die Funktion des Sprichworts in K. I.s »Münchhausen«* (in ZfdPh, 90, 1971, S. 228–241). – D. Käferlein, *Erzählsituation u. fiktive Wirklichkeit in I.s »Münchhausen«. Ein Beitrag zur Typologie des auktorialen Romans*, Diss. Erlangen-Nürnberg 1971. – S. Kohlhammer, *Resignation u. Revolte. I.s »Münchhausen«. Satire u. Zeitroman der Restaurationsepoche*, Stg. 1973.

TULIFÄNTCHEN. Ein Heldengedicht in drei Gesängen

von Karl Leberecht IMMERMANN, erschienen 1830, in Neufassung 1835. – Zunächst als Teil der Novelle *Der Karneval und die Somnambule* geplant, entstand im Sommer 1829 das komisch-satirische Versepos *Tulifäntchen*, das sich bald aus diesem Kontext emanzipierte und schließlich einen Umfang von nahezu 3000 Versen annahm. Ende 1829 konnte Immermann seinem Freund Michael BEER, dem *Tulifäntchen* gewidmet ist, das »*fertig abge-schriebene und korrigierte Gedicht*« nach Paris sen-den, der es überschwenglich lobte und Änderungen vorschlug, die Immermann z. T. realisierte. Be-deutsamer wurde die Mitarbeit H. HEINES, der im Januar 1830 bei seinem Hamburger Verlag Hoff-mann und Campe auf das *Tulifäntchen*-Manu-skript gestoßen war. Begeistert über den »epischen Kolibri« schrieb er an Immermann und sandte ihm am 25. April eine Liste mit über hundert Verbesse-rungsvorschlägen metrischer und stilistischer Art, deren größeren Teil Immermann zum Vorteil sei-nes Werks annahm. Sollte das Versepos zunächst »im Jambenschritt« beginnen, so entschied sich der Autor bald für den Trochäus, das Versmaß der al-ten spanischen Heldenepen, das in Deutschland durch HERDERS Nachdichtung des *Cid* und die Romantiker Verbreitung gefunden hatte. Der pa-thetische, dem großen Epos angemessene vierfüßi-ge Trochäus »[soll] *sich selbst parodieren*«, wie Hei-ne in einem Brief an den Autor bemerkte. Gele-gentlich eingestreut sind italienische Madrigale – Dialoge der handelnden Personen.

In einem Kartoffelkeller wird Tulifäntchen, lang ersehnter Erbe des verarmten Geschlechts der Tuli-fant, geboren, ist aber zur Enttäuschung seiner El-tern nur »*fingerlang und fingerdick*«. Die Fee Libel-le, Schutzgeist des Hauses, erscheint und prophe-zeit große Taten des Neugeborenen. Der zieht dann auch bald, im Ohr seines Schimmels Zuckla-doro sitzend, auf Abenteuer aus und gelangt nach Micromona, ins »*Land der Weiber*«. Tulifäntchen tötet eine Fliege, die Königin Grandiose beim Nachdenken über das Glück ihrer Untertanen stört, und wird als Held gefeiert. Als er erfährt, daß Prinzessin Balsamine, ihrer enormen Gelehrtheit wegen, von dem bildungshungrigen Riesen Schla-gododro geraubt worden ist, entschließt er sich, sie zu befreien. Aber die Prinzessin ist inzwischen von der »echten Urnatur« des Riesen, seiner »*unge-schliffnen Einfalt/ Höchst energisch angesprochen!*«, und Schlagododro, um seine Jungfräulichkeit ernsthaft besorgt, beschließt, sie umzubringen. Verzweifelt sitzt Tulifäntchen, dessen energische Herausforderungen der Riese überhört hat, im Wald, als die Fee erscheint, ihm das Geheimnis der gewaltigen stählernen Mauer, die das Schloß Schla-gododros umgibt, verrät – ein einziger Stift nur hält sie zusammen – und ihm ein Wunder-werk moderner Mechanik trägt. Als seine Auffor-derung zum Zweikampf wiederum ungehört bleibt, zieht er nun den Stift aus der Mauer, die donnernd umstürzt und dem Riesen das Genick bricht. – »*Auf den Spezialbefehl/ Kön'gin Grandio-sens*« wird Tulifäntchen der Prinzessin angetraut, aber: »*Die Ehe haßt den Schein, sie will die Werke.*« Und da scheitert der Held, all seinen kuriosen Be-mühungen zum Trotz, kläglich. Nach einem Streit der beiden ungleichen Ehepartner wird Tulifänt-chen von seiner Gemahlin in einem Vogelbauer vor das Fenster gesperrt und schmählich verhöhnt, so daß er beschließt, seinem Leben ein Ende zu ma-chen. Doch auf einer Wolke eilt die Fee Libelle mit ihrem ganzen Hofstaat zu Hilfe und trifft gerade noch rechtzeitig zu seiner Rettung ein: Tulifäntchen ist »*bei den Seinen*« angekommen, und auf der Reise ins Märchenland »Ginnistan« entschwindet der Wolkenpalast »in den Azur«: »*Nicht auf Erden mehr gesehen/ Ward der Held, Don Tulifäntchen.*«

»*Jetzo ist die Zeit der Kleinen, / Taten im verjüngten Maßstab / Will die Welt*«: Die Satire trifft nicht mehr allgemein menschliche Schwächen, sondern einen bestimmten historischen Zustand – das Zeit-alter der Epigonen. »*. . . es ist dem Stoffe nach, das einzige Epos, was in unsrer Zeit möglich war*«, heißt es in einem Brief des Autors. Tulifäntchen, der als ein-ziger seinem Wesen und Wollen nach den An-spruch des Heldenepos erfüllen könnte, scheitert nicht nur an der Unangemessenheit seiner »*sinnli-chen Länge und Größe*«; daß er diese nicht durch-schaut und in sein subjektives Meinen, seine inad-äquate Idealität verbohrt bleibt, stellt auch ihn in die Reihe der satirisch behandelten Figuren. Das Besondere dieses Werks, »*mit allem Zauber phanta-stischer Lyrik eine wahrhaft universelle Satire verei-nigt zu haben*«, erkannte schon Michael Beer. Die Breite der Satire auf Adel, Kleinstaaterei, Geniekult oder Frauenemanzipation weist voraus auf die spä-teren großen Zeitromane Immermanns, *Die Epigo-nen* (1836) und *Münchhausen* (1838/39). Die für die Satire konstitutiven Widersprüche fin-den sich nicht nur in der dargestellten »Realität«, die Form der Darstellung selbst entfaltet ihren ei-genen Widerspruch, »*Epos und Parodie des Epos zu gleicher Zeit*« zu sein (Immermann), im ironischen Vollzug der Stileigenheiten der Epopöe. Das gilt ebenso für das Metrum wie für die Epitheta – »*der loyale Zuckladoro*«, »*die lavendelduft'ge Fürstin*« – und die Wortungeheuer wie »*abenteuerdurstgequä-let*«, »*maschinengrübeltief*«, »*Reichs-Kron-Würden-trägerinnen*«, »*Spaniol-Reichsapfel-Dose*«. Diese – sehr bewußt vom Autor intendierten – stilistischen Dissonanzen sind Ausdruck der durchgängigen Kollision des pathetischen Anspruchs der Form mit der »*Albernheit*« des Dargestellten. Die Kritik an den Formen der großen Epik erfolgt jedoch nicht vom Standpunkt einer normativen Poetik, sondern aus historischer Sicht. *Tulifäntchen*, als ironische Negation der Epopöe, spricht das Urteil über das historische Veralten einer literarischen Tradition, und wenn Immermann selbst sich später noch einmal mit *Tristan und Isolde* (1841) in den Formen der großen Epik versuchte, so liefert des-sen Mißlingen den Beweis für den kritischen Be-fund, den der Autor mit seinem Versepos *Tulifänt-chen* festgestellt hatte.   S.K.

AUSGABEN: Hbg. 1830. – Düsseldorf 1835 (in *Schriften*, 14 Bde., 1835–1843, 1; Neufassg.). –

Bln. 1883 (in *Werke*, Hg. R. Boxberger, 20 Bde., 12). – Lpzg./Wien 1906 (in *Werke*, Hg. H. Maync, 5 Bde., 5). – Bln. 1923 [Ill. M. Slevogt]. – Stg. 1968 (m. Änderungsvorschlägen v. H. Heine; Anh. P. Hasubek; RUB]. – Ffm./Wiesbaden 1971 (in *Werke*, Hg. B. v. Wiese, 5 Bde., 1971–1977, 1).

ARNOLD IMMESSEN

2. Hälfte 15.Jh.

DER SÜNDENFALL

(mnd.). Geistliches Spiel von Arnold IMMESSEN, in einer um 1500 in Goslar geschriebenen Papierhandschrift überliefert. – Durch das Akrostichon des Prologs ist der Autor bekannt, der vermutlich um 1480 das 3962 Verse umfassende Drama schrieb. Als Entstehungsort ist das südliche Niedersachsen, der Raum um Einbeck, anzusehen. Die Handschrift trägt keinen Titel. Sie wurde 1855 von Otto SCHÖNEMANN unter dem unzutreffenden Titel *Der Sündenfall* veröffentlicht und ist so in die Literaturgeschichte eingegangen. Das Werk umfaßt jedoch die Weltschöpfung und die Hauptereignisse des *Alten Testaments* vom Sündenfall bis zur Darstellung der Mutter Gottes im Tempel. Dabei hat der Verfasser aber nicht nur eine Auswahl getroffen, sondern seine Absicht war, die Rolle Marias als Vermittlerin zur Erlösung darzustellen. Die Handlung ist stets auf sie bezogen, so reiht sich das Werk ein in die Tradition der zur Verherrlichung Marias verfaßten mittelalterlichen Dramen. Dieser, etwa von W. STAMMLER vertretenen Interpretation steht die von B. MURDOCH entgegen, der in Adam die zentrale Figur sieht.

Es beginnt mit einem doppelten Prolog. Ihm schließt sich der Bericht von der Weltschöpfung an, der zu den Luzifer-Szenen überleitet. Nach der Darstellung des Sündenfalls folgen einige lose aneinandergereihte Szenen: Seths Sendung ins Paradies, die Sintflut, das Opfer Abrahams, die Begegnung zwischen Moses und Gott, das Opfer des Melchisedek und Adams Klage aus der Hölle. Die Klagen Adams werden von David vernommen, der die »großen Propheten« zusammenruft, um mit ihnen über die Erlösung Adams und der Menschen zu disputieren. Ein ähnliches Gespräch zwischen Salomon und den »kleineren Propheten« läuft nebenher. Beide münden in die gemeinsamen Bitten an Gott, Adam und die in der Unterwelt weilenden Seelen zu erretten. Erst nach den erneuten Klagen aus der Hölle werden die Bitten erhört, Gott läßt Gabriel das Kommen Marias verkünden, deren Weihung und Lobpreisung im Tempel das Werk beschließt.

Arnold erweist sich als ein echter Dramatiker. Das Werk ist ganz auf die Handlung hin konzipiert; trotz seines Umfangs wirkt es nicht langweilig. Der Dialog ist für ein mittelalterliches Spiel sehr lebhaft. Eine Vielzahl von Personen (92 einzelne und neun Chöre) agieren auf dem als Spielraum angegebenen Marktplatz. Manche kleinen Abweichungen von den Quellenvorlagen dienen der Belebung des Geschehens, längere Passagen werden durch Zwischenspiele unterbrochen. Hierbei vermeidet der Verfasser aber alles Possenhafte und Burleske. Seine Sprache ist gravitätisch, ernst und zeugt von dem Willen, belehrend zu wirken und nicht zu unterhalten. Als Quelle sind die *Vulgata* und das niederländische Gedicht *Dboec van den houte (Kreuzholzlegende)* nachgewiesen. Das Werk ist in paarweise gereimten Versen in der üblichen Art des ausgehenden 15. Jh.s verfaßt. Die Reden der einzelnen Sprecher sind konsequent durch Reimbrechung verknüpft.

Das Stück ist trotz der Länge und der Fülle der Personen sicher zur Aufführung bestimmt gewesen. Dies läßt sich aus einigen Anspielungen im Text erschließen, nachgewiesen ist eine Aufführung aber nicht. Nicht nur weil der Autor bekannt ist, hat der *Sündenfall* in der Wissenschaft besonderes Interesse gefunden, sondern vor allem, weil das Werk durch die Thematik, die Komposition und durch die dramatische Behandlung des Stoffes einen Höhepunkt der mittelalterlichen Theatergeschichte darstellt.   W.L.

AUSGABEN: Hannover 1855, Hg. O. Schönemann (zus. m. *Marienklage*). – Heidelberg 1913, Hg., Einl., Annm. u. Wörterverz. F. Krage (Germanische Bibl., 2. Abt., Untersuchungen u. Texte, 8).

LITERATUR: W. Stammler, *Geschichte der niederdeutschen Literatur von den ältesten Zeiten bis auf die Gegenwart*, Lpzg. 1920; Nachdr. Darmstadt 1968. – G. Rosenhagen, *Die Wolfenbütteler Spiele u. das Spiel des A. I.* (in *Niederdeutsche Studien. Fs. für Conrad Borchling*, Neumünster 1932, S. 78–90). – G. Cordes, *Alt- u. mittelniederdeutsche Literatur* (in DPhA, 2, Sp. 2473). – E. Hartl u. F. Weber, *Das Drama des Mittelalters* (ebd., 3, Sp. 1949–1996). – L. Wolff, *A. I. Bedeutung u. Stellung seines Werks in der Geschichte der geistlichen Spiele*, Einbeck 1964. – L. Humburg, *Die Stellung des Redentiner Osterspiels in der Tradition der mittelalterlichen geistlichen Schauspiels*, Neumünster 1966, S. 89 ff. – R. Steinbach, *Die dt. Oster- u. Passionsspiele des MA.s*, Wien 1970. – W. F. Michael, *Das dt. Drama des MA.s*, Bln./NY 1971. – R. Bergmann, *Studien zur Entstehung u. Geschichte des dt. Passionsspiels des 13. u. 14. Jh.s*, Mchn. 1972. – D. Brett-Evans, *Von Hrotsvit bis Folz zu Gengenbach*, Bd. 2, Bln. 1975. – B. Murdoch, Art. *A. I.* (in VL², 4, Sp. 366/367).

INAKA-RŌJIN TADA NO JIJII

auch Tadaya Reibei oder Tanbaya Ribei

18.Jh.

YŪSHI-HŌGEN

(jap.; *Jargon eines Freudenviertelbesuchers*). Ein zur *Sharehon*-Gattung gehörendes Werk von INAKA-RŌJIN Tada no Jijii, eines Buchhändlers aus dem

Horie-Viertel in Edo. Es wurde im Jahr 1770 von dem Verleger Suwaraya Ichibei herausgegeben, später im Eigenverlag des Ribei. Der Titel ist eine Travestie des chinesischen *Yangzi fangyan* (jap. *Yōshi-hōgen – Dialektwörterbuch des Meister Yang*), das von dem Han-Gelehrten Yang Xiong (53 v. bis 18 n. Chr.) kompiliert wurde. – Die Themen der *sharehon* wenden sich vornehmlich den Freudenvierteln zu, so daß man geradezu von einer eigenen Literatur dieser Viertel (*Yoshiwara-bungaku, Hanamachi-* oder *Yūri-bungaku*) spricht. Sie schildern das Leben dieser Viertel, die der Bürger nicht nur aus Leidenschaft, sondern auch als Connaisseur ihrer Sitten besuchte.

In sechs kurzen Abschnitten läßt uns das *Yūshi-hōgen* eine Nacht im Yoshiwara-Viertel von Edo erleben. Die beiden Hauptpersonen sind ein etwa vier- oder fünfunddreißigjähriger Mann und ein zwanzigjähriger unbescholtener Jüngling *(kimusuko)*. Der Ältere, der sich einbildet ein echter »Connaisseur« des Viertels *(tōrimono, tsūjin)* zu sein, überredet den jungen Mann zu dem Besuch des Yoshiwara, um dort mit seinen Kenntnissen angeben zu können. Sie mieten an der Yanagi-Brücke ein Boot, lassen sich den Sumida-Fluß bis hinauf nach Sanyabori fahren und wandern dann über den Nihontsutsumi zum Yoshiwara, wo sie zunächst ein an der Hauptstraße des Viertels gelegenes Teehaus besuchen, um sich zu erkundigen und sich die gewünschten Mädchen vermitteln zu lassen. Im Teehaus aber erkennt man rasch das Angebertum des Älteren und behandelt ihn auch dementsprechend, während die jungenhafte Natürlichkeit des Jüngeren Anklang findet und ihm zu dem gewünschten Erfolg verhilft.

Das Werk ist im Dialogstil geschrieben und schildert in der Umgangssprache von Edo, vermischt mit dem Jargon des Freudenviertels, in ungeheuer lebendiger Form die Welt des Yoshiwara. Neben der ironisch-witzigen Darstellung der verschiedenen Typen, die das Yoshiwara frequentieren oder dort ihren Berufen nachgehen, finden wir detaillierte Beschreibung von Kleidung und Gebrauchsgegenständen, die den Verfasser als einen wirklichen Kenner ausweisen, der es ausgezeichnet versteht, uns die von der Zeit bestimmte Lebenshaltung des Edo-Bürgers nahezubringen. H.Ham.

AUSGABEN: Edo 1770. – Tokio 1926 (Kindai Nihon-bungaku-taikei, 11). – Tokio 1930 (in *Share-hontaikei*, Bd. 1). – Tokio 1958 (Nihon-kotenbungaku-taikei, 59).

LITERATUR: D. M. Richardson, *Kibyōshi and Sharehon* (in Phi-Theta-Annual II, Berkeley 1951). – Asō I., *Tsū to sharehon* (in Nihon-bungaku-renkō, Kinsei 2, 1930). – Ders., *Tsū Iki* (in Kawade Nihon-bungaku-kōza, 7, 1941). – Hisamatsu Senichi, *Nihon-bungakushi*, Bd. *Kinsei*, Tokio 1956, S. 614 ff. – Ōnishi N., *Yūshi-hōgen no danteihyōgen ni tsuite* (in Seikatsugo-kenkyū, 6, 1967).

INBE NO HIRONARI

8./9. Jh.

KOGO-SHŪI

(jap.; *Gesammelte Reste alter Geschichten*). Japanische Chronik, aufgrund der in der Shintō-Priesterfamilie Inbe (Imube, Imibe, Imbe) überlieferten historischen Berichte um die Jahreswende 807/808 von Inbe No Hironari verfaßt. Den Auftrag zur Niederschrift hatte Kaiser Heizei (774–824; 51. Tenno; reg. 806–809) gegeben, nachdem es im Jahr 806 zwischen den Familien Inbe und Nakatomi zu einer juristischen Auseinandersetzung wegen ihrer Kompetenzen bei den religiösen Hofzeremonien gekommen war. Der Autor wollte mit seinem Buch, in dem er die Mythen und die Geschichte Japans bis zur Mitte des 8. Jh.s darstellt, nachdrücklich die Ansprüche seiner Familie begründen und gegen die Nakatomi, die auch politisch immer größere Bedeutung gewonnen hatten, durchsetzen; die Ahnengottheit der Inbe wird einmal sogar als mit der Ahnengottheit des Kaiserhauses teilweise gleichgestellt betrachtet. Ist die erklärte Absicht des Verfassers auch oft überbetont, so kommt dem Mitgeteilten doch als Quellenmaterial, das die in den Geschichtswerken *Kojiki* und *Nihon-shoki* enthaltenen Nachrichten ergänzt, ein beachtlicher Rang zu. H.A.D.

AUSGABEN: o. O. 1685 [Holztafeldruck]. – Tokio 1941. – Tokio 1960 (Gunsho ruijū, 446).

ÜBERSETZUNGEN: *Kogo-shūi*, K. Florenz (in K. F., *Die historischen Quellen der Shinto-Religion*, Göttingen/Lpzg. 1919, S. 413–455). – *The Kogoshūi or Gleanings from Ancient Japanese Stories*, Katō Genchi u. Hoshino Hikoshirō, Tokio ³1926 [engl.].

LITERATUR: Iida Sueharu, »*Kogo-shūi*« shinkō, Tokio 1942. – Tsuda Sōkichi, *Nihon koten no kenkyū*, Bd. 2, Tokio 1950. – »*Kogo-shūi*« (in *Nihon bungaku-shi*, Hg. Hisamatsu Senichi, Bd. 1, Tokio 1955). – Tsuda Sōkichi, »*Kogoshūi*« no kenkyū (in T. S., *Zenshū*, Bd. 2, Tokio 1963).

VERA MICHAJLOVNA INBER

* 10.7.1890 Odessa
† 11.11.1972 Moskau

LITERATUR ZUR AUTORIN:
E. F. Usevič, *O nekotorych čertach tvorčestva V. I.* (in Znamja, 1945, Nr. 12). – K. L. Zelinskij, *V. I. K 35-letiju literaturnoj dejatel'nosti* (in Oktjabr',

1946, Nr. 5). – E. F. Usevič, *O V. I.* (in E. F. U., *Knigi i zizn'*, Moskau 1949, S. 95–110). – A. Tarasenkov, *V. I.* (in A. T., *Sila utverždenija*, Moskau 1955, S. 181–213). – I. Grinberg, *V. I. Krit.-biogr. očerk*, Moskau 1961. – N. Zacharenko u. I. Chanukaeva, *V. M. I.* (in *Russkie sovetskie pisateli. Poéty*, Bd. 9, Moskau 1986, S. 339–420).

MESTO POD SOLNCEM

(russ.; *Ü: Der Platz an der Sonne*). Erzählung von Vera M. INBER, erschienen 1928. – Die autobiographische Erzählung zeigt die Entwicklung einer jungen Frau aus der bürgerlichen Intelligenz, die versucht, den ihr angemessenen Platz in der durch die Oktoberrevolution aufgewühlten russischen Gesellschaft zu finden. Während ihre Freunde Rußland verlassen, bleibt die Heldin in ihrer Heimatstadt, weil sie den schweren Existenzkampf in den ersten Jahren des Sowjetstaats der Unsicherheit der Emigration vorzieht. Mit ihrem Töchterchen erträgt sie Hunger, Kälte und Krankheit. Als Sachbearbeiterin im staatlichen Amt für Lebensmittelversorgung kläglich gescheitert, beginnt sie mit der Herstellung von Pantoffeln, hält Vorlesungen über die *»Geschichte des Kostüms«*, versucht sich im Schwarzhandel, schließt sich einer illegalen Fischereigenossenschaft an, züchtet in ihrer Wohnung Kaninchen, betätigt sich als Pastetenbäckerin und wird schließlich zur Mitbegründerin eines futuristischen Theaters. Hier glaubt sie ihre Aufgabe gefunden zu haben. Als jedoch das Theater in der NEP-Periode erneut zum Treffpunkt bourgeoiser Geschäftemacher wird, wendet sie sich davon ab. Es scheint ein Wink des Schicksals zu sein, daß in dieser Zeit ein Brand ihre Wohnung zerstört: Alle Verbindungen zur Vergangenheit sind nun vernichtet, nichts hindert sie daran, nach Moskau, dem Zentrum des neuen Rußland, zu ziehen. Ihr Versuch, sich dort als Schriftstellerin durchzusetzen, scheitert an der dogmatischen Haltung des Redakteurs, dem sie ihre erste Erzählung vorlegt. Von ihren Erlebnissen geprägt, möchte sie die Wirklichkeit in ihrer Problematik darstellen, die *»menschliche Einsamkeit in der Übergangszeit«*; aber der Redakteur verlangt Gestalten, die in einem positiv gesehenen gesellschaftlichen Zusammenhang existieren, und er vermißt den *»lebensfrohen Schluß einer guten Sowjeterzählung«*. Erst eine zweite Erzählung, zu der die Autorin ausgerechnet bei einem Besuch des Moskauer Zoos angeregt wird, ebnet ihr den Weg zu einem *»Platz an der Sonne«*. Die ironisch-distanzierte Haltung, welche die Ich-Erzählerin sich selbst und der Umwelt gegenüber einnimmt, erreicht hier ihren Höhepunkt. Diese Ironie ermöglichte es Vera Inber aber, trotz aller Vorbehalte ein positives Verhältnis zur neuen Gesellschaftsordnung zu gewinnen. Sie hat die Erzählung, die einen umfassenden Eindruck der ersten Jahre des sozialistischen Aufbruchs der Sowjetunion vermittelt, als das gelungenste ihrer Prosawerke betrachtet.   M.Gru.

AUSGABEN: Moskau 1928. – Moskau 1958 (in *Izbr. proizv.*, 3 Bde., 2). – Moskau 1965 (in *Sobr. soč.*, 4 Bde., 2).

ÜBERSETZUNGEN: *Der Platz an der Sonne*, E. Frank, Bln. 1929. – *Platz an der Sonne*, D. Pittel (in *Platz an der Sonne u. andere Novellen*, Stockholm 1947). – *Der Platz an der Sonne*, E. Frank, Lpzg. 1954 (RUB).

PULKOVSKIJ MERIDIAN

(russ.; *Der Meridian von Pulkovo*). Poem von Vera M. INBER, einzelne Kapitel erschienen 1942, vollständig publiziert 1943. – Das Poem beschreibt in Form eines lyrischen Tagebuchs das Schicksal der von den faschistischen Truppen eingeschlossenen Stadt Leningrad. Ein flammender Aufruf des Hasses gegen die Aggressoren, ist es zugleich getragen von der Idee des engagierten Humanismus: *»Die Welt, den Planeten von der Pest zu befreien – das ist Humanismus! Und die Humanisten – das sind wir!«* Das Poem schildert, begleitet von den erläuternden Kommentaren der Autorin, den Alltag der belagerten Leningrad, den Hunger und das Sterben, aber auch die Tapferkeit seiner Bewohner, die unermüdliche Energie und Siegesgewißheit seiner Verteidiger und schließlich – in dem Bild eines jungen Palmenblatts, das sich wieder *»der Wärme anvertraut«* – das Wiederaufleben der Stadt nach der Durchbrechung der Blockade.

Die in fünffüßigen Jamben geschriebene Dichtung besteht aus mehr als 130 Strophen, die in sechs Kapitel gegliedert sind. Erhaben rhetorische Verse wechseln mit Zeilen, die der Alltagssprache entnommen sind. Kühne Vergleiche (der verstummte Lautsprecher ist *»eine Muschel, von der sich das Meer zurückgezogen hat«*) und eine präzise, treffsichere Diktion (der Blindgänger, der in ein Lazarett fiel, war *»gütiger als der ihn warf«*) machen die formalen Vorzüge des Gedichts aus.   KLL

AUSGABEN: Moskau 1943 (in *Novyj mir*, Nr. 4). – Moskau 1957 (in *Stichi i poémy*). – Moskau 1958 (in *Izbr. proizv.*, 3 Bde., 1).

ELIZABETH INCHBALD

* 15.10.1753 bei Bury St. Edmunds
† 1.8.1821 London

A SIMPLE STORY

(engl.; *Eine einfache Geschichte*). Prosaromanze von Elizabeth INCHBALD, erschienen 1791. – Der am englischen College in St. Omer erzogene römisch-katholische Priester Dorriforth lebt seit fünf Jahren in London – ein weltzugewandter Seelsorger, der es versteht, den »*philosophischen und den abergläubischen Teil*« seines Berufs säuberlich zu trennen. Als Dreißigjähriger wird er zum Vormund der achtzehnjährigen Tochter seines Jugendfreunds Milner bestellt. Die kokette Miss Milner findet Aufnahme in seinem Haushalt, dem die ältliche Mrs. Horton vorsteht. Vormund und Mündel entdecken bald Gefühle gegenseitiger Zuneigung, die sie sorgsam voreinander verbergen. Erst als Dorriforth zum rechtmäßigen Lord Elmwood avanciert und Rom ihn von seinen Gelübden entbindet, ist der Weg frei für die Heirat. Als Lady Elmwood jedoch von einem früheren Verehrer, dem jungen Lord Frederick Lawnly, verführt wird, weist ihr Mann sie und ihre Tochter Matilda aus dem Haus. Ein anderer Priester, der arrogante Sandford, Frauenkenner und Vertrauter Lord Elmwoods, knüpft aus dem Hintergrund eifrig an den Fäden der Ereignisse mit. Erst nach dem Tod ihrer Mutter wird Matilda, die von dem brutalen Viscount Margrave entführt wurde, von Lord Elmwood reumütig wieder aufgenommen. Ihr langjähriger Verehrer Harry Rushbrook, Elmwoods Neffe und Adoptivsohn, bewirbt sich um ihre Hand. Mit einer indirekten Wendung deutet die Autorin Matildas Zustimmung und endgültig gesichertes Glück an: »*Ob Matildas Herz, so wie es geschildert wurde, ihm [Rushbrook] ins Unglück stürzen konnte, mag der Leser selbst herausfinden; und wenn er vermutet, daß dem nicht so war, hat er guten Grund zu der Annahme, daß ihr Eheleben ein glückliches war.*« Die Geschichte endet nach der Mode des damaligen Frauenromans mit einer etwas aufgepfropft wirkenden Moral: An den gegenteiligen Schicksalen Matildas und ihrer Mutter zeige sich der Wert einer »richtigen Erziehung«.

Kurz nach Beendigung ihrer achtzehnjährigen Schauspielerkarriere veröffentlichte Mrs. Inchbald, die bereits als Bühnenautorin hervorgetreten war, diese Prosaromanze, zu der sie schon 1777 erste Entwürfe skizziert hatte. In der Endfassung stellt das Werk eine Kombination zweier ursprünglich voneinander unabhängiger Erzählungen dar. Das autobiographische Element im ersten Teil ist unverkennbar: In Miss Milner schuf die Autorin gleichsam die Komplementärfigur zu ihrem eigenen Ich. Bei der Arbeit an dem Buch ließ sie sich von Thomas HOLCROFT und William GODWIN beraten. Im Vorwort gesteht sie, daß die Schriftstellerei ihr Mühe bereite und daß ihre Muse *necessity* heiße. Dessenungeachtet wurde das Buch ein großer Erfolg. Zeitgenössische Rezensenten lobten seine Neuartigkeit, die vor allem darin lag, daß hier erstmals das Milieu des katholischen Kleinadels literarische Gestaltung fand. Ohne konfessionelle Tendenz beschreibt die katholische Autorin glaubhaft einen Lebensbereich, der um diese Zeit dem englischen Publikum kaum vertraut war. Wahrscheinlich spekulierte sie auch auf das nach »Gordon Riots« (1780) neu erwachte allgemeine Interesse an Fragen des Katholizismus. Dennoch gründet der Erfolg des Buches nicht allein im Thematischen. »*Nie zuvor habe ich einen Roman gelesen, der mich so tief von der wahren Existenz der dargestellten Charaktere überzeugt hat*«, schrieb Maria EDGEWORTH 1810 an die Autorin; Mrs. Inchbald lasse der Phantasie einen weiteren Spielraum als die meisten anderen Autoren, und dies rege die Vorstellungskraft des Lesers in besonderem Maße an.

Diese richtig beobachtete Wirkung erklärt sich daraus, daß Mrs. Inchbald, viel stärker noch als FIELDING, dramatische Techniken in ihren Romanen benutzt hat, vor allem eine ausgeprägte Gestik und eine hochentwickelte Dialogkunst. Dazu kommen die geschickte Szeneneinteilung und die Auflockerung durch komische Einlagen. Der geheime Charme des Werks liege darin, daß es »*vollkommen dramatisch*« sei, schrieb die ›Monthly Review‹ 1791. Hierin dürfte in der Tat der Hauptgrund dafür liegen, daß die mit dem englischen und französischen Roman ihrer Zeit wohlvertraute Autorin nicht der Gefahr des Epigonentums erlag. Auf der dadurch erzielten Verlebendigung, der individuellen und psychologisch glaubhaften Charakterzeichnung sowie der – wie Lytton STRACHEY 1908 in seiner Einleitung zu *A Simple Story* schrieb – »*französischen*« Ökonomie der Darstellungsmittel beruht die bleibende Anziehungskraft des Werks, das nicht nur als erster »katholischer« Roman Englands Erwähnung verdient. Neben William Godwins *Caleb Williams* (1974) zählt es zu den wenigen *minor novels* des späten 18. Jh.s, deren Popularität bis heute ungebrochen blieb. W. Fü.

AUSGABEN: Ldn. 1791, 4 Bde. – Ldn. 1799, 4 Bde. – Ldn. 1810 [Einl. A. L. Barbauld]. – Ldn. 1908 [Einl. G. L. Strachey]. – Ldn. 1967, Hg. J. M. S. Tompkins (Oxford English Novels; m. Einl. u. Komm.). – Ldn. 1987. – Ldn. 1988, Hg. J. M. Tompkins u. J. Spencer.

ÜBERSETZUNG: *Eine einfache Geschichte*, D. M. Liebeskind, Lpzg. 1792.

LITERATUR: C. Tobler, *Mrs. E. I., eine vergessene englische Bühnendichterin u. Romanschriftstellerin des 18. Jh.s*, Diss. Göttingen 1910. – S. R. Littlewood, *Mrs. I. and Her Circle*, Ldn. 1921. – G. L. Joughin, *An I. Bibliography*, Austin 1934. – W. McKee, *E. I., Novelist*, Baltimore 1935. – F. Moreux, *E. I. et la revendication féminine au dix-huitième siècle*, Paris 1973. – G. Kelly, *The English Jacobin Novel 1780–1805*, Oxford 1976, S. 64 bis 113. – E. H. Patterson, *E. I.'s Treatment of the Family and the Pilgrimage in »A Simple Story«* (in Études anglaises, 29, 1976, S. 196–198). – P. M. Sigl, *The Literary Achievement of E. I.*, Diss. Univ. of Wales/Swansea 1981. – R. Manvell, *E. I.: England's Principal Woman Dramatist and Independent Woman of Letters in Eighteenth-Century London*, NY 1988 [m. Ill.].

ROMAN INGARDEN

* 5.2.1893 Krakau
† 14.6.1970 Krakau

UNTERSUCHUNGEN ZUR ONTOLOGIE DER KUNST.
Musikwerk – Bild – Architektur – Film

Kunsttheoretische Abhandlungen von Roman INGARDEN (Polen), erschienen 1962. – Die in dem Band *Untersuchungen zur Ontologie der Kunst* gesammelten Abhandlungen sind, bis auf den abschließenden Abschnitt über den Film, im direkten Anschluß an Roman Ingardens ebenfalls zuerst in deutscher Sprache erschienenes ästhetisches Hauptwerk *Das literarische Kunstwerk* (1931) ausformuliert worden. Gedacht waren sie zunächst als ergänzender Anhang zu der phänomenologischen Ontologie des literarischen Kunstwerks, weiteten sich jedoch bei der Ausarbeitung zu einer übergreifenden *Ontologie der Kunst* aus. Der Krieg verhinderte eine Publikation, erst ab 1946 erschienen Auszüge zunächst in polnischer Sprache. Nach der *Studien zur Ästhetik* (1956) und unmittelbar vor dem Erscheinen der deutschen Übersetzung seines ontologischen Hauptwerks *Spór o istnienie świata*, 1947/48 (*Der Streit um die Existenz der Welt*; dt. 1964/65), hat Ingarden die ersten drei Abschnitte seiner *Untersuchungen*, über das *Musikwerk* (*Zagadnienie tożsamości dzieła muzycznego*, 1933), *Das Bild* (*O budowie obrazu*, 1946) und *Das Werk der Architektur* (*O dziele architektury*, 1946) für eine deutsche Fassung überarbeitet. Den abschließenden Abschnitt über den Film – er erschien 1947 in Französisch und 1958 in Polnisch im zweiten Band der *Studien zur Ästhetik* – hat er für die deutsche Ausgabe der Untersuchungen hinzugefügt. In dem Vorwort weist Ingarden nachdrücklich darauf hin, daß trotz aller Überarbeitungen die Grundthesen der ersten drei Abschnitte bereits 1928 festlagen und im Zusammenhang mit dem *Literarischen Kunstwerk* zu sehen sind: »*Sie stehen mit den Grundbehauptungen des Buches* Das literarische Kunstwerk *in engen Zusammenhang und bilden nur eine Erweiterung der Problematik desselben. Das Hauptproblem, das mich damals beschäftigte, betrifft die Struktur und die Seinsweise der Kunstwerke als bestimmt gearteter rein intentionaler Gegenständlichkeiten.*« Seine »*formale, phänomenologisch fundierte Kunsttheorie*« versuchte Ingarden mit einer »*existential- und formalontologischen*« Betrachtungsweise zu verknüpfen, welche »*die Grundlagen zur Behandlung des Idealismus-Realismus-Problems zu schaffen suchten*«. Im Anschluß an E. HUSSERLS Phänomenologie und H. BERGSONS Physiologie, und in Abgrenzung zu Nicolai HARTMANNS »Neuer Ontologie«, versucht Ingarden die ontologische Objektivität des Kunstwerks gegen den zeitgenössischen Subjektivismus und Psychologismus zu behaupten, was den systematischen und historischen

Ort – und zugleich die Grenzen – seiner ontologisch-phänomenologischen Perspektive markiert, die in sich auch formalistische und strukturalistische Fragestellungen aufgreift.

Wie in seinem ästhetischen Hauptwerk *Das literarische Kunstwerk* geht es Ingarden darum, zu zeigen, daß die Kunstwerke sich nicht in der Intention der Künstler erschöpfen, da sie erst durch den Hörer und den Betrachter immer wieder neu geschaffen werden. Das Kunstwerk existiert so nur durch den intentionalen Prozeß, wie er am Beispiel des Musikwerks erläutert: »*Diesen Charakter eines rein intentionalen Gegenstandes dem Musikwerk zuzuerkennen, bedeutet aber noch nicht, es zu ›subjektivieren‹ oder gar es als eine psychische Realität aufzufassen. Das Musikwerk bleibt bei unserer Auffassung etwas, was wir zwar nur intentional – und nicht realiter – schaffen können und womit wir andererseits nur intentional verkehren können. Es bleibt aber zugleich etwas, was allen konkreten individuellen Erlebnissen transzendent ist (also keinen ›reellen Teil‹ – wie Husserl sich ausdrückte – ›dieser Erlebnisse bildet‹).*« Ingarden beansprucht nicht, eine »*Ästhetik der Musik aufzubauen*«, ebensowenig wie eine des »*Bildes*«, der »*Architektur*« und des »*Films*«, aber Bausteine zu einer ontologischen Ästhetik liefert er die, auch abgelöst von den methodischen Prämissen, ihre Prägnanz noch nicht verloren haben. Ausgehend vom alltäglichen Umgang mit der Kunst, versucht er die scheinbare Selbstverständlichkeit ästhetischer Urteile in Frage zu stellen: »*Wir sehen: Musikwerke, die uns ja im Leben etwas gut und allseitig Bekanntes zu sein scheinen, mit denen wir, wie mit guten Freunden, tag-täglich verkehren, die einen zur Selbstverständlichkeit herabgesunkenen Bestandteil der uns umgebenden kulturellen Welt bilden, sind den angedeuteten Schwierigkeiten zufolge zu etwas ganz Rätselhaftem geworden, dessen Wesen und Existenz uns völlig unklar ist.*« Das beginnt mit dem Verhältnis zwischen dem Musikwerk und seinen Ausführungen, zwischen Werk und psychischen Erlebnissen und den Beziehungen zwischen dem Werk und der Partitur. Ähnlich gegliedert sind die Ausführungen über Bild, Architektur und Film, die jeweils in die Frage nach der Objektivität ästhetischer Urteile münden: »*Der ästhetische Wert im allgemeinen (und die »Schönheit« im besonderen) ist etwas vom Gefallen völlig verschiedenes*«, er ist das, »*was an einem ästhetischen Gegenstand als dessen eigentümliche Qualität auftritt.*« Das Festhalten an dem ästhetischen und künstlerischen Wert, bei Ingarden definiert als das »*ontologisch und phänomenal Gegebene*«, widerspricht der Beliebigkeit im Umgang mit der Kunst. Ingarden versucht gegen allen Relativismus die Geltung und Gegenwärtigkeit der Kunst zu behaupten – zugleich ist die von ihm behauptete transzendente Realität der Kunst der Maßstab jeglicher Interpretation; denn Bescheidenheit des Interpreten im Umgang mit der Kunst vermag ihre aktuelle Erscheinung einzig zu befördern: »*Weder ist es so, daß unsere Fähigkeit des Sehens und des ästhetischen Umgangs mit dem Kunstwerke dem entsprechenden ästhetischen Gegenstande durch das Werk selbst fundierte ästhetische Werte* verleiht, *noch so, daß unsere Unfähigkeit zu diesem Umgang dem Gegenstande den Wert entzieht. Unser Verhalten ist in seiner Leistung viel bescheidener: es entdeckt lediglich oder verdeckt die dem ästhetischen Gegenstand zukommenden Werte und trägt nur zu ihrem aktuellen Erscheinen bei, oder es verhindert dieses.«* H.S.B.

AUSGABE: Tübingen 1962.

LITERATUR: A. T. Tymieniecka, *Essence et existence. Essai sur la philosophie de R. I. et N. Hartmann*, Paris 1957. – *Szkice filozoficzne. R. I. w darze*, Hg. Z. Żarnecka, Warschau 1964 [Fs.]. – *Fenomenologia R. I.*, Hg. J. Kuczyński, Warschau 1972. – *Ruch Filozoficzny*, 30, 1972 (Sondernr. *R. I.*). – W. Schopper, *Das Seiende und der Gegenstand. Zur Ontologie R. I.s*, Diss. Mchn. 1974. – *R. I. and Contemporary Polish Aesthetics. Essays*, Hg. P. Graff u. S. Krzemień-Ojak, Warschau 1975. – *Ingardiana. A Spectrum of Specialised Studies Establishing the Field of Research*, Hg. A. T. Tymieniecka, Boston 1976. – B. Kotowa, *Założenia filozoficzne programu badań literackich R. I.*, Warschau 1980. – E. H. Falk, *The Poetics of R. I.*, Chapel Hill/N.C. 1981. – Ders., *I.s Concept of the Aesthetic Object* (in Comparative Literature Studies, 18, 1981, S. 230–237). – J. W. Sarna, *Fenomenologia R. I. na tle filozofii Edmunda Husserla*, Kielce 1981. – M. Golaszewska, *I.s Concept of Aesthetic Values in the Light of His Theory of Partly Isolated Systems* (in Phenomenology Information Bull. 8, 1984, S. 26–42). – M. H. Mitias, *I. on the Aesthetic Object* (in Dialectics and Humanism, 12, 1985, S. 199–220). – *The Philosophy of R. I.* (in Reports on Philosophy, 1986, Nr. 10; Kongreßakten: Okt. 1985; m. Beiträgen von W. Biemel u. a.). – R. Shusterman, *I., Inscription and Literary Ontology* (in Journal of the British Society of Phenomenology, 18, 1987, S. 103 bis 119). – E. M. Swiderski, *I.s Puzzling Ontology – Metaphysics Distinction* (in Reports on Philosophy, 1987, Nr. 11, S. 67–85). – L. G. Taylor, *A Critical Study of R. I.s Phenomenology of Literary Works of Art*, Ann Arbor/Mich. 1987.

WILLIAM (MOTTER) INGE

* 3.5.1913 Independence / Kans.
† 10.6.1973 Los Angeles

LITERATUR ZUM AUTOR:
W. D. Sievers, *Freud on Broadway*, NY 1955, S. 352–356. – G. Weales, *American Drama Since World War II*, NY 1962, S. 40–49. – R. Brustein, *Seasons of Discontent*, NY 1965, S. 83–93. – R. B. Shuman, *W. I*, NY 1965 (TUSAS). – J. Gould, *Modern American Playwrights*, NY 1966, S. 264–272. – *The Playwrights Speak*, Hg.

W. Wager, NY 1967, S. 110–139. – J. Y. Miller, *W. I.: Last of the Realists?* (in Kansas Quarterly, 2, 1970, Nr. 2, S. 17–26). – C. Jauslin, *W. I.* (in *Amerikanische Literatur der Gegenwart*, Hg. M. Christadler, Stg. 1973, S. 471–487). – M. Mitchell, *W. I.* (in American Imago, 35, 1978, S. 297–310). – R. F. Voss, *W. I.* (in DLB, Bd. 7/1, 1981, S. 325–337). – A. F. McClure, *W. I.: A Bibliography*, NY/Ldn. 1982.

BUS STOP

(amer.; *Ü: Bus Stop*). Schauspiel in drei Akten von William INGE, Uraufführung: New York, 2. 3. 1955, Music Box Theatre; deutschsprachige Erstaufführung: Wien, September 1955, Theater in der Josefstadt. – Wie in allen Stücken von Inge, der als *der* amerikanische Dramatiker der fünfziger Jahre gilt, werden auch hier Konflikte zwischen Außenseitern und einer ungefestigten Gesellschaft im mittleren Westen der USA dargestellt und – da es sich bei Inges Figuren nie um bewußte Auflehnung, sondern um durch Umstände verfestigte Idiosynkrasien handelt – durch naiv aufbrechende Gefühlsentscheidungen gelöst oder zumindest erträglich gemacht.

Während eines Schneesturms in Kansas muß ein Greyhound-Bus spät in der Nacht und länger als üblich bei einem kleinen Eckrestaurant haltmachen. Bo Decker, ein eigensinniger junger Cowboy und Ranchbesitzer aus Montana, ist mit seinem väterlichen Freund Virgil Blessing auf der Heimfahrt vom alljährlichen Rodeo in Kansas City, wo er sich mit Chérie, einer primitiven, verängstigten kleinen Nachtklubsängerin, eingelassen hat. Überzeugt, daß er Chérie liebt und daß auch sie ihn heiraten will, hat er sie einfach in den Bus gedrängt. Doch nun nimmt sie die Gelegenheit wahr, sich Grace, der Besitzerin des Ausschanks, anzuvertrauen, und Will Masters, der örtliche Sheriff, verspricht ihr, den »gemeinen« Cowboy zur Räson zu bringen. Während Grace – deren Mann ständig abwesend ist – und Carl, der Busfahrer, einander ohne großes Sentiment im ersten Stock gefällig sind und Elma Duckworth, eine niedliche kleine Schülerin mit literarischen Ambitionen, die nachts als Aushilfsbedienung arbeitet, sich von einem anderen Fahrgast, Dr. Gerald Lyman (der sich später als polizeilich gesuchter Verführer Minderjähriger entpuppt) bezaubern läßt, muß Bo erkennen, daß Chérie ihn nicht liebt, sondern, vor seiner selbstsicheren Großspurigkeit zitternd, Fluchtpläne schmiedet. Auch eine improvisierte Darbietung mit Virgil als Gitarrespieler, Dr. Lyman und Elma als Romeo und Julia sowie Chérie als Halbweltchanteuse kann Bos Wutausbruch nicht aufhalten. Er wird vom Sheriff zusammengeschlagen. Doch jetzt, nachdem ihm handfest beigebracht worden ist, daß man nur durch Bescheidenheit und Demut der Dinge, die man liebt, würdig wird, und er Chérie schwerfällig um Verzeihung gebeten hat, wird auch ihr bewußt, daß sie *»schon schlimmer in ihrem Leben behandelt* *worden*« ist. Sie beginnt ihre Gefühle für Bo zu entdecken und entschließt sich, ihn zu heiraten. Virgil bleibt allein zurück, während Dr. Lyman, von Elmas Unschuld und Bewunderung gerührt, eine Verabredung mit ihr rückgängig macht und dankbar spürt, daß er endlich einmal »das Richtige« getan hat.

William Inges drittes – mit Marilyn Monroe als Chérie überaus erfolgreich verfilmtes – Stück ist geradeheraus optimistisch und dank der ironischen Charakterzeichnung mitreißend komödiantisch. Die handelnden Personen und ihr Lebensbereich sind auch hier seiner engsten Heimat entlehnt. Die Umgangssprache einfacher Land- und Kleinstadtbewohner ist genau getroffen; auch der College-Lehrer Dr. Lyman ist, ähnlich dem »Doc« in *Come back, little Sheba (Komm wieder, kleine Sheba)*, nicht eigentlich gebildet, sondern eher gerissen als intelligent und nur aus beruflichen Gründen literaturbeflissen. In kritischer und zugleich hochgemuter Selbstbespiegelung zeigt sich hier ein Amerika, das zwar das Zutrauen in die Manipulierbarkeit der Welt verloren hat, aber um so stärker an seinem Glauben, die Wirklichkeit durch die Aktivierung innerer Werte verwandeln zu können, festhält.

R. G.

AUSGABEN: NY 1955. – NY 1956. – NY 1958 (in *Four Plays*; ern. 1979).

ÜBERSETZUNG: *Bus Stop*, W. H. Thiem, Wiesbaden 1955 [Bühnenms.].

VERFILMUNG: USA 1956 (Regie: J. Logan).

LITERATUR: L. M. Wolfson, *I., O'Neill and the Human Condition* (in Southern Speech Journal, 22, 1957, S. 221–232). – J. W. Lambert, *Criticism of »Bus Stop« by W. I.* (in Drama, 1976, S. 56–58).

COME BACK, LITTLE SHEBA

(amer.; *Ü: Komm wieder, kleine Sheba*). Schauspiel in zwei Akten von William INGE, Uraufführung: New York, 15. 2. 1950, Booth Theatre. – Bereits in diesem Erstlingswerk, das – obwohl ihm am Broadway nur ein mäßiger Erfolg beschieden war – starke Beachtung fand, läßt Inge unter Verzicht auf jedes sozialkritische Engagement ein unbedeutendes Schicksal im kleinstädtischen Milieu seiner eigenen Heimat, des amerikanischen Mittelwestens, sich exemplarisch entfalten.

Der Heilpraktiker »Doc« Delaney hat vor zwanzig Jahren sein Medizinstudium abbrechen müssen, weil es schien, als ob seine Beziehung zu Lola, einem lebensfrohen, einfältigen Mädchen, nicht ohne Folgen geblieben sei. In der Zwangsehe, die dann doch kinderlos blieb, hat er bald keinen Ausweg mehr finden können aus dem Konflikt zwischen Begabung, enttäuschtem Ehrgeiz und seiner immer noch großen Zärtlichkeit für die ihm so ungleiche Gefährtin. Er hat es rasch gelernt, diese unerträgliche Spannung in Alkoholexzessen zu lösen, hat aber im Rausch Lola stets als die ständig präsente Ursache seines eigenen Scheiterns beschimpft und mißhandelt, während sie sich, frustriert und untätig, in eine jeder geregelten Haushaltsführung abträgliche Traumwelt zurückgezogen hat und ihre Liebe auf ihr Hündchen Sheba konzentriert.

Kurze Zeit nach dem Verschwinden von »Little Sheba« und am Ende einer bereits elf Monate währenden »trockenen« Periode, zu der sich Doc mit dem Beistand der Antialkoholiker-Vereinigung (wie Inge selbst) hat durchringen können, setzt die Handlung des Stücks ein. Die Anteilnahme der Delaneys am Leben ihrer neunzehnjährigen Untermieterin Marie, einer gutaussehenden, eigenwilligen Kunststudentin, die ihre Gunst ohne große Gewissensqual zwischen dem fernen Verehrer Bruce und dem physisch attraktiven College-Sportsmann Turk zu teilen weiß, bringt die latenten Konflikte wieder zum Ausbruch. Lola, die noch immer ununterdrückbar kokett ist und, nach Gesellschaft hungernd, den Postboten, den Milchmann und die Nachbarin bedrängt, glaubt sich in Marie wiederzuerkennen. Während sie einerseits neugierig und wohlwollend-fasziniert deren Beziehung zu Turk miterlebt, der sie, wo immer möglich, Vorschub leistet, quittiert sie andererseits die Ankündigung von Bruce' Besuch mit derselben Aufregung, mit Hausputz und Dinnervorbereitung – ohne darin, ähnlich wie Marie selbst, einen Widerspruch zu sehen. Doc dagegen empfindet eine starke väterliche Zuneigung für die junge Hausgenossin, sieht in ihr aber auch das Abbild seiner Frau, die in ihrer Jugend durch ihre – wie er glaubt – hemmungslose Sexualität über sie beide so viel Unglück gebracht hat. Er will nicht begreifen, wie Marie sich trotz ihrer Freundschaft mit dem ordentlichen, am Beginn einer bürgerlichen Karriere stehenden Bruce mit Turk einlassen konnte, setzt jedoch unbegrenztes Vertrauen in die natürlichen, »guten« Instinkte des Mädchens. Als er nun erfährt, daß sie am Vorabend von Bruce' Besuch – scheinbar mit Wissen und mittelbarer Unterstützung seiner Frau – Turk für eine Nacht mit auf ihr Zimmer genommen hat, verliert er seine mühsam aufrechterhaltene Selbstbeherrschung. Während Bruce und Marie ganz selbstverständlich und voller Freude Verlobung feiern, kommt Doc sinnlos betrunken heim und versucht, seine Frau zu erschlagen. Erst als sie die Erinnerung an das heraufbeschwört, was sie ihm früher bedeutet hat, bricht er zusammen. – Nach seiner Rückkehr von einer Entziehungskur wird beiden klar, daß sie trotz allem, was geschehen ist, *»weitermachen müssen«* – und daß ihnen das auch gelingen wird.

Die Botschaft dieses außerordentlich routiniert gebauten und auch in der Charakterzeichnung spannungsreich angelegten Stückes ist einfach und in ihrer Unmittelbarkeit bestürzend allgemeingültig: Menschliches Scheitern und menschliche Schwächen sind immanente Kategorien, die weder durch therapeutischen Scharfsinn noch durch fortschrittsüberzeugte Aufklärungsarbeit der Gesellschaft behoben oder auch nur entscheidend gemildert werden, sondern allein in der liebenden und selbst ohne letztes Verständnis geduldigen Gemeinschaft von Mensch zu Mensch ertragen und vielleicht dadurch, daß man sich in Gegebenes schickt, zu einem bescheidenen Erfolg umgemünzt werden können. R.G.

AUSGABEN: NY 1950. – NY 1952 (in *Best American Plays, Third Series 1945–1951*, Hg. J. Gassner). – NY 1955 (in *Modern Drama for Analysis*, Hg. P. M. Cubeta). – Ldn. 1960 (in *Four Plays*; ern. 1979).

ÜBERSETZUNG: *Komm wieder, kleine Sheba*, L. Mittler, Wiesbaden 1955 [Bühnenms.].

VERFILMUNG: USA 1953 (Regie: D. Mann).

LITERATUR: W. Inge, *Schizophrenic Wonder: Analysis of »Come Back, Little Sheba«* (in Theatre Arts, 34, Mai 1950, S. 22/23; auch in *American Playwrights on Drama*, Hg. H. Frenz, NY 1965, S. 89–93). – Rez. (ebd., Nov. 1950, S. 60–88). – Ph. Anderson, *Diary of a Production* (ebd., S. 58–59). – G. J. Nathan, »*Come Back, Little Sheba*« (in *The Theatre Book of the Year, 1949–1950*, NY 1950, S. 232–236). – Ders., *W. I.* (in G. J. N., *The Theatre in the Fifties*, NY 1953, S. 71–76). – W. L. Dusenbury, *Personal Failure* (in W. L. D., *The Theme of Loneliness in Modern American Drama*, Gainesville/Fla. 1960, S. 8–37).

PICNIC

(amer.; *Ü: Picnic*). Schauspiel in drei Akten von William INGE, Uraufführung: New York, 19. 2. 1953, Music Box Theatre; deutsche Erstaufführung: Hamburg, 30. 9. 1954, Thalia Theater. – Das erfolgreiche, 1953 u. a. mit dem Pulitzer-Preis ausgezeichnete Werk ist aus dem frühen Einakter *Front Porch* hervorgegangen; eine revidierte Fassung erschien 1962 unter dem Titel *Summer Brave*. Wieder wählt Inge als Ort der Handlung eine Kleinstadt des ihm vertrauten Mittelwestens und baut dort einen geschlossenen Mikrokosmos kleinbürgerlicher Prägung auf, dessen puritanische Ehrbarkeitsmoral das Leben der Menschen beherrscht und es zu einer überschaubaren, geregelten Ordnung vereinfacht hat, allerdings auf Kosten seiner Vielschichtigkeit. Erst durch das Erscheinen des Vagabunden Hal Carter, der vorübergehend in diese überwiegend feminine Gemeinschaft einbricht und in ihr wie ein Katalysator wirkt, werden verdrängte Fragen aufgegriffen und frei von lähmendem Konformitätszwang erörtert. Wieder einmal hat die alleinstehende Mrs. Potts einen Landstreicher aufgenommen, der sein Frühstück in Haus und Garten abarbeiten muß. Durch seine jugendlich-männliche Erscheinung fällt Hal der Nachbarin Flo Owens und ihren Töchtern Madge und Millie auf. Flo verspürt sofort eine in-stinktive Abneigung gegen den Fremden, der in seiner Attraktivität und Unstetigkeit ihrem davongelaufenen Mann gleicht und ihre Zukunftspläne für die Töchter zu gefährden scheint: Die ältere, bildhübsche Madge soll ihren reichen Bewerber Alan Seymour heiraten, während die unscheinbare, aber intelligente Millie studieren soll. Madge, die sich in Alans Freundeskreis fremd vorkommt und ihre Schönheit als belastend empfindet, weil sie dadurch mehr als Ware denn als Mensch behandelt wird, sieht dagegen in Hal die Verkörperung ihrer vage empfundenen Sehnsucht nach einem Ausbruch aus der Enge ihres Lebenskreises. Millie wiederum will, wie man ihr für das am Abend stattfindende Picknick Hal als Begleiter zudiktiert, diese Gelegenheit dazu nutzen, sich von ihrer Schwester zu emanzipieren. Aber sie scheitert mit ihrem Plan ebenso wie Rosemary Sydney, eine von drei altjüngferlichen Lehrerinnen, die es nicht länger ertragen kann, ein Leben ohne Ehemann zu führen. Rosemary bedrängt Hal auf schamlose Weise, wird jedoch abgewiesen und gibt sich schließlich mit Howard Bevans zufrieden, einem farblosen, nichtsahnenden Ladeninhaber, der sich zu einer Heirat übertölpeln läßt. Im Gegensatz zu Millie und Rosemary wird für Madge die Begegnung mit Hal zur Erfüllung. Kurz vor dem Aufbruch zum Picknick finden sich beide auf der Veranda in einem Tanz, der »*wie ein primitiver Ritus wirkt, der die beiden jungen Menschen paart*«. Sie scheinen, wie Mrs. Potts bemerkt, »*füreinander geschaffen*«; sie gleichen sich in ihrer Suche nach einem die Eintönigkeit des täglichen Lebens transzendierenden Sinn, den sie in der den andern ohne Vorbehalte akzeptierenden Liebe finden, die einerseits dazu führt, daß Hal aus der Stadt flüchten muß, andererseits aber Madge veranlaßt, ihm nachzureisen, um sich nicht wieder mit Kompromissen und Halbheiten zufriedengeben zu müssen und um so das allein Erhaltenswerte in ihrem Leben zu bewahren. (In der revidierten Fassung von *Summer Brave* allerdings folgt Madge Hal nicht nach.)

Durch treffliche Charakterisierung, die Inge vor allem durch die Kontrastierung der Personen, sei es durch Gegensatzpaare, sei es durch Differenzierungen nach Alter oder Anschauung erreicht und der er die Aktion unterordnet, entlarvt der Autor die scheinbar zufriedene Atmosphäre der Gesellschaft als eine trügerische Ruhe an der Oberfläche, unter der man ungelöste Konflikte weiterschwelen läßt und dadurch als Mensch verkümmert. Statt dessen fordert Inge, das eindimensionale, unschuldige Denken aufzugeben und die Ambivalenz der menschlichen Situation zu bejahen. In der Liebe kann dabei der Mensch seine Bestimmung voll verwirklichen, ohne in Resignation zu verfallen.

H. Kei.

AUSGABEN: NY 1953. – NY 1955. – NY 1956. – NY 1958 (in *Four Plays*; ern. 1979).

ÜBERSETZUNG: *Picnic*, W. H. Thiem, Wiesbaden 1954.

VERFILMUNG: USA 1956 (Regie: J. Logan).

LITERATUR: B. Atkinson, Rez. (in The NY Times, 2, 1. 3. 1953). – Anon. Rez. (in The Nation, 7. 3. 1953). – Anon., Rez. (in New Republic, 16. 3. 1953). – H. Clurman, *Lies Like Truth*, NY 1958, S. 59–62. – J. L. Toohey, *A History of the Pulitzer Prize Plays*, NY 1967, S. 250–257. – Ph. M. Armato, *The Bum as Scapegoat in W. I.'s »Picnic«* (in Western American Literature, 10, 1976, S. 273 bis 282). – M. Mitchell, *The Teacher as Outsider in the Works of W. I.* (in Midwest Quarterly, 17, 1976, S. 385–393). – T. P. Adler, *Mirror on the Stage*, West Lafayette/Ind. 1987, S. 30–33.

BERNHARD SEVERIN INGEMANN

* 28.5.1789 Torkildstrup / Falster
† 24.2.1862 Sorø

LITERATUR ZUM AUTOR:
J. Nørregaard, *B. S. I.s Digterstilling og Digterværd*, Kopenhagen 1886. – H. Schwanenflügel, *I.s Liv og Digtning*, Kopenhagen 1886. – G. Brandes, *B. S. I.* (in G. B., *Samlede Skrifter*, Bd. 1, Kopenhagen ²1919, S. 383–399). – K. Galster, *I.s historiske Romaner og Digte*, Kopenhagen 1922. – F. Rønning, *B. S. I.s Liv og Digtning*, Kopenhagen 1927. – C. Langballe, *B. S. I. Et Digterbillede i ny Belysning*, Kopenhagen 1949. – J. Breitenstein, *I. og Tasso* (in DS, 1964, S. 67–84). – Sv. Møller Kristensen, *Den dobbelte eros*, Kopenhagen 1967, S. 74–105. – *Dansk Litteraturhistorie*, Bd. 2, Hg. F. J. Billeskov Jansen u. G. Albeck, Kopenhagen 1976, S. 556–603. – *Dansk Biografisk Leksikon*, Hg. Sv. Cedergreen Bech, 16 Bde., 7, Kopenhagen 1979–1984, S. 103–107. – *Dansk Litteraturhistorie*, Bd. 5, Hg. St. Auring u. a., Kopenhagen 1984, S. 348–359; 513–518. – I. York Møller-Christensen, *B. S. I. og eventyrgenren* (in Nordica, 3, 1986, S. 121–150). – Dies., *Den danske eventyrtradition 1800–1870. Harmoni, splittelse, erkendelse*, Odense 1988.

HOLGER DANSKE. Et Digt

(dän.; *Holger der Däne. Ein Gedicht*). Gedichtzyklus von Bernhard Severin INGEMANN, erschienen 1837. – Nachdem Ingemann 1836 die Reihe von Werken über dänische mittelalterliche Geschichte – hervorzuheben sind *Waldemar den Store og hans Mænd* (1824), *Valdemar Seier* (1826), *Erik Menveds Barndom* (1828), *Kong Erik og de Fredløse* (1833) und *Prins Otto af Danmark* (1835) – abgeschlossen hatte, gab er den Zyklus über die Sagengestalt Holger Danske heraus, indem er den dänischen Volksgeist repräsentiert sieht, den er mit sei-

nen Romanen hatte wiedererwecken wollen. Als Quelle benutzte er das Volksbuch *Kong Olger Danskes Krønike*, die erstmals 1534 herausgegebene Übersetzung und Bearbeitung eines französischen Romans über Ogier le Danois, die in Dänemark sehr beliebt war und noch nach 1800 als Volksbuch gelesen wurde.

Holger Danske ist in fünf Liederkreise mit insgesamt 67 Gedichten in wechselnden Strophenformen eingeteilt und schildert Holgers Leben am Hofe Karls des Großen und an dessen Seite im Kampf; Höhepunkt ist die Schlacht in Roncevaux, bei der die zwölf Recken Karls des Großen fallen. – Nach einem Zweikampf mit dem indischen Fürsten Carvel wird Holger gefangengenommen und im Gefängnis von der indischen Prinzessin Gloriant gepflegt, über deren Schönheit er begeistert ist. Durch die Hilfe von Kaiser Karl befreit, erwirkt er, daß Carvel und Gloriant nach ihrer fernen Heimat reisen können. Beim Abschied sieht er als eine Luftspiegelung ein Schloß mit der Fee Morgana, die jetzt das Ziel seiner Sehnsucht wird. Nach abenteuerlichen Reisen in den Norden und Pilgerfahrten nach Osten, ins Heilige Land und nach Indien, wo er Carvel und Gloriant wiedersieht und sie tauft, findet er schließlich Morgana und lebt nun bei ihr mit Oberon und Titania in Jahrhunderten, die wie Tage erscheinen, bis er sich wieder seiner Sendung als König und Retter seines Landes bewußt wird und von Morgana nach Dänemark geschickt wird. Als dort seine Hilfe nicht mehr nötig ist, fährt er wieder zu Morgana, kehrt aber jedesmal dann nach Dänemark zurück, wenn Krieg oder Not herrscht und er vom Volk gerufen und erwartet wird. – In den Taten Holgers spiegeln sich so für Ingemann die Taten des dänischen Volkes durch die Jahrhunderte hindurch wider, und seine Aufenthalte bei Morgana versinnbildlichen die Zeiten, da der Volksgeist träumend schlummert. – Einige Lieder aus dem Zyklus werden noch immer gelesen und gesungen und bilden zusammen mit Ingemanns um dieselbe Zeit geschriebenen *Morgen-og Aftensange (Morgen- und Abendlieder)* den bedeutendsten Beitrag dieses Dichters zur dänischen Lyrik. In *Holger Danske* gehen, wie G. ALBECK feststellt, »*Ingemanns Universalromantik und Nationalromantik in einer höheren künstlerischen Einheit auf*«, und nach H. BRIX bildet das Werk »*auch den Übergang von der Wirksamkeit des Dichters als Romanverfasser zu seiner religiösen Produktion*«. M.Ku.-KLL

AUSGABEN: Kopenhagen 1837. – Kopenhagen 1845 (in *Samlede Skrifter*, 41 Bde. 1843–1853, Abt. 4, 6; ²1864). – Kopenhagen 1944 [Einl. C. P. O. Christiansen; Ausw.].

LITERATUR: H. F. Feilberg, »*Holger Danske*« *og Antikrist* (in DS, 1920, S. 97–125). – K. Galster, *Fra »Ahasverus« til »Landsbybørnene«*, Kopenhagen 1927. – H. Brix, *Fagre Ord*, Kopenhagen ²1963, S. 112–121. – G. Albeck, »*Holger Danske*« (in G. A., O. Friis u. P. P. Rohde, *Dansk litteratur historie*, Bd. 2, Kopenhagen 1965, S. 206–209).

VALDEMAR SEIER

(dän.; *Waldemar der Sieger*). Historischer Roman von Bernhard Severin INGEMANN, erschienen 1826. – Ingemann, der die Reihe seiner Schilderungen aus der dänischen Geschichte mit dem Versepos *Valdemar den Store og hans Mænd* (1824) eingeleitet hatte, gab in den folgenden Jahren vier historische Romane heraus: *Valdemar Seier, Erik Menveds Barndom*, 1828 *(Die erste Jugend Erik Menveds), Kong Erik og de Fredløse*, 1833 *(König Erik und die Geächteten)*, und *Prins Otto af Danmark og hans Samtid*, 1835 *(Prinz Otto und seine Zeit)*; abgeschlossen wurde dieser Teil seiner Produktion mit dem Epos *Dronning Margrethe*, 1836 *(Königin Margarethe)*. Seine Quellen waren in erster Linie die dänischen mittelalterlichen Volksballaden *(folkeviser, kæmpeviser)*, von denen er mehrere zitiert oder paraphrasiert (so z. B. die Ballade vom Tod Königin Dagmars in *Valdemar Seier)*. Daneben bildet in diesem Roman die wichtigste Stoffquelle die große Geschichte Dänemarks von SAXO GRAMMATICUS (vgl. *Gesta Danorum)*; außerdem benutzte Ingemann spätere Geschichtswerke wie Arild HUITFELDTS (1546–1609) *Danmarckis Rigis Krønicke* und P. F. SUHMS (1728–1798) *Historie af Danmark*. Die Vorlagen hat er sehr frei und unkritisch verwertet, mit dem Ziel, durch poetische Verlebendigung der großen Helden der Vergangenheit und ihrer Taten den »Volksgeist« wiederzuerwecken.

Valdemar Seier spielt in der Zeit von 1204 bis ungefähr 1228, während die späteren, friedlichen Jahre der Regierungszeit des Königs Waldemar (bis 1241) auf der letzten Seite des Romans zusammengerafft werden. Der Historiker Saxo selbst steht im Mittelpunkt der ersten Kapitel des Romans, wie er des Nachts in seiner Zelle im Kloster Sorø an seinem Lebenswerk arbeitet. In den weiteren Kapiteln wird eine großangelegte Exposition zur ganzen Romanserie gegeben, in der der Leser einen gründlichen Eindruck vom Dänemark der damaligen Zeit erhält. Erst dann – nach etwa 100 Seiten – tritt die zentrale Gestalt in Erscheinung, König Waldemar, dessen konfliktreiches Liebesleben, dessen Ehrgeiz und Drang nach Ruhm und Macht die spannungsgeladene Handlung forttreiben, bis er sich nach seiner ersten verlorenen Schlacht bei Bornhøved, die er als eine gerechte Züchtigung Gottes für seine Rachsucht auffaßt, demütig zur Ruhe setzt und alle stolzen Erobererpläne aufgibt, um seine letzten Tage den Taten des Friedens und der Gerechtigkeit zu widmen. Um ihn scharen sich die übrigen Personen des Buches, seine zwei Königinnen, die fromme, engelsgleiche Dagmar aus Böhmen und die stolze, leidenschaftliche Portugiesin Berengaria, seine edlen und tapferen Ritter und die lumpigen Schurken, angeführt von Bischof Waldemar und dem Herzog von Schwerin. Spukszenen und übernatürliche Erscheinungen, wie sie in dem Buch vorkommen, mag man als Zugeständnisse an ein breites Publikum akzeptieren. Als eine Art Leitfigur erscheint Carl af Rise, der als kleiner Junge an den Hof Waldemars kommt und dessen Wiedervereinigung mit seiner geliebten Frau die dramatische Schlußszene bildet.

Wenngleich die historischen Romane Ingemanns von Fachleuten wegen historischer Ungenauigkeiten und kompositioneller Schwächen scharf kritisiert wurden und der Vergleich zwischen ihm und seinem Vorbild Walter SCOTT stets zugunsten des letzteren ausging, so wurden diese Bücher doch außerordentlich gern gelesen. Man muß auch berücksichtigen, daß Ingemann – anders als Scott – die historischen Gestalten zentral im Roman agieren läßt und nicht nur mittelalterliches Kolorit nachzeichnet. Ohne Zweifel haben diese Romane die Auffassung vom Mittelalter für Generationen entscheidend geprägt und das Nationalbewußtsein des 19. Jh.s in Dänemark beeinflußt. M.Ku.-KLL

AUSGABEN: Kopenhagen 1826. – Kopenhagen 1847 (in *Samlede historiske Digte og Romaner*, 2. Abt., Bde. 2–4). – Kopenhagen 1889. – Kopenhagen 1912 (in *Historiske Romaner*, Einl. u. Komm. P. E. Langballe, 4 Bde., 1911/12, 3). – Kopenhagen ²1966. – Kopenhagen 1988, Hg. M. Akhøj Nielsen [m. Nachw. u. Anm.].

ÜBERSETZUNG: *Waldemar der Sieger*, L. Kruse, 4 Bde., Lpzg. 1827.

LITERATUR: H. M. Svendsen, *På rejse ind i romanen*, Kopenhagen 1962, S. 34–46. – M. Akhøj Nielsen, *Teksthistoriske og ortografiske iagttagelser i B. S. I.s »Valdemar Seier«* (in DS, 1986, S. 60–71).

MEINRAD INGLIN

* 28.7.1893 Schwyz
† 4.12.1971 Schwyz

LITERATUR ZUM AUTOR:
E. Staiger, *M. I.* (in Atlantis, 10, 1953, S. 459–462). – E. Wilhelm, *M. I. Weite u. Begrenzung*, Zürich 1957. – K. Schmid, *M. I.* (in K. S., *Bestand u. Versuch*, Zürich 1964). – B. v. Matt, *M. I. Eine Biographie*, Zürich/Freiburg i. B. 1976. – Dies., *M. I.* (in *Bürgerlichkeit u. Unbürgerlichkeit in der Literatur der deutschen Schweiz*, Hg. W. Kohlschmidt, Bern/Mchn. 1978, S. 119–135). – Th. Hürlimann, *Hotelbrand u. Bergtod* (Nachw. zu M. Inglin, *Der schwarze Tanner u. a. Erzählungen*, Zürich 1985).

DIE GRAUE MARCH

Roman von Meinrad INGLIN, erschienen 1935. – Das Werk zählt neben dem *Schweizerspiegel* zu den wichtigsten Romanen des Schweizer Erzählers; es schildert den Jahreslauf in einem fiktiven innerschweizerischen Berggebiet. Aus dem Geflecht von Ereignissen hebt sich allmählich das Schicksal Josef Schecklis von der Lauimatt heraus, eines jungen Bauern und Jägers. Er verschweigt dem Wildhüter halb aus Stolz, halb aus Fatalismus, daß er zwei Bauern aus dem Nachbartal beim Wildern ertappt hat. Der Verdacht fällt deshalb auf ihn selber, doch auch dies trägt er mit trotzigem Gleichmut während des ganzen folgenden Jahres – eines Jahres voller Schicksalsschläge: Sein halbherziges Werben um die Tochter des reichen Ulminer bleibt erfolglos, seine Landwirtschaft wird durch den mörderischen Raubzug eines Marders im Hühnerhof geschädigt, seine Schwester Anna erwartet von Wendel Stapfer, einem Jagdkameraden, ein uneheliches Kind. Scheckli ist nicht der Mann, diese Schwierigkeiten zu meistern. Schon immer dem Schnaps zugetan, wird er vollends zum Alkoholiker; er stirbt am letzten Tag der folgenden Jagdsaison, nachdem er noch einmal vergeblich sein Weidmannsheil zu zwingen versucht hat, betrunken im Tiefschnee. Die Wilderer glauben inzwischen ihre Tat verjährt und gestehen sie dem Wildhüter, der sich in der Nacht noch aufmacht, um Scheckli Abbitte zu leisten, aber erfahren muß, daß er zu spät kommt. Vater und Schwester Schecklis sind nicht imstande, die Lauimatt allein weiterzuführen; eine Fehlgeburt im Stall verschlimmert die Lage noch. Da macht sich Anna auf zu Wendel und vermag es, ihn zur Anerkennung der Vaterschaft, zur Ehe und zur Übernahme des Hofes zu überreden. Herr Inderhalten, »*der Grosse*«, ein halb aristokratischer, halb bäuerlicher Jäger mit mythischen Zügen, den die Bauern achten und zugleich scheuen, leistet dem Paar finanzielle Unterstützung. Im Gegenzug müssen sich die beiden verpflichten, der halbwüchsigen, feenhaften Waise Berta, die mit fahrendem Volk in die graue March gelangt ist und sich wegen der brutalen Jagdmethoden dieser Menschen von ihnen abgesetzt hat, auf der Lauimatt Unterschlupf und freies Kommen und Gehen zu gewähren.

Die graue March zeigt, in jeder Hinsicht, Menschen an der Vegetationsgrenze. Ihre trotzige Gleichgültigkeit dient ihnen als Selbstschutz im täglichen Kampf ums Existenzminimum; bei Scheckli schlägt diese Indifferenz freilich auf unheilvolle Art in Selbstaufgabe um. In den autobiographischen Romanen Inglins, besonders in *Werner Amberg* (1949, Neufassung 1969) ist dargelegt, wie sich der früh verwaiste Autor als Knabe in ähnlich gleichmütigem Trotz von autoritär-katholischen Erziehungsmethoden im Schwyz der Jahrhundertwende abzukapseln pflegte. Ekstatische Befreiung aus dieser Panzerung boten ihm der Tanz, die Schwyzer Fasnacht mit ihrem Maskentreiben, später die Jagd, vor allem aber eine besondere Art des Naturerlebens, ein selbstvergessenes Einswerden mit der Vegetation, das für *Die graue March* das Grundmuster abgegeben haben dürfte. Inglin selber hat erklärt, daß »*Menschliches und Naturhaft-Kreatürliches in diesem Buche zusammengeschweißt und in ihrer Verwandtschaft dargestellt sind*

… *und daß der Mensch der ›Grauen March‹* … *Glanz und Elend, Schwung und Dreck des Daseins mit andern Geschöpfen teilt, auch wenn er selber natürlich das geheimnisvollste Geschöpf ist*« (Brief an E. Wilhelm). – Am nächsten kommen sich Mensch und Tier in der Jagd. Sie bedeutet in der Depression der grauen March die manische Phase. Einmal im Jahr werden die jüngeren Männer als Jäger Teil jener unberechenbaren Elementarkräfte, vor denen sie sich während der übrigen Jahreszeiten als Bauern zu schützen versuchen.

Der Roman erhält seinen eigenwilligen Charakter dadurch, daß die Gegensätze zwischen Mensch und Tier, Mensch und Dingen, Mensch und Landschaft durch die Polarität zwischen Persönlichem und Unpersönlichem überlagert werden. Einerseits werden Tiere, Pflanzen, Landschaften von Inglin gezielt personalisiert, wodurch sie den menschlichen Bewohnern der grauen March als gleichberechtigte Subjekte entgegentreten. Das Gefühl inniger Vertrautheit mit der Natur, das sich beim Leser hieraus ergibt, wird dann aber vom Autor durch plötzliche Einblicke ins Brutale und schmerzlich Unbegreifliche natürlicher Abläufe brüskiert, indem er etwa mitten in einer harmonischen Naturschilderung ein Tier grausam zupacken läßt. Das jederzeit mögliche Umschlagen des Vertrauten ins Unmenschliche, der persönlichen Nähe in befremdende Unpersönlichkeit (oder umgekehrt) gibt dem Roman seine Spannung und bildet den dominierenden Unsicherheitsfaktor; daß Mensch, Tier und Pflanze gleichermaßen dieser Möglichkeit ausgeliefert sind, läßt die Schicksalsgemeinschaft aller Lebewesen im exponierten Bergtal besonders deutlich werden. Auf der Jagd wird dieser sonst so verstörend wirkende Unsicherheitsfaktor von den Männern spielerisch genutzt, ähnlich wie das Zufallselement im Glücksspiel. Die Jäger, vor allem Scheckli, zeigen denn auch an Spielsucht erinnernde Symptome: Halb verharren sie in Apathie, halb sind sie gebannt vom unkalkulierbaren Wechsel des Zufalls. Erst Annas mutige Fahrt zu Wendel bricht diesen Bann.

Der Roman kam dem Wunsch des deutschen Lesers der Zwischenkriegszeit nach schweizerischer »Schollenliteratur« zweifellos entgegen. Er entspricht in seinem Preis des Männerbündischen, seiner Betonung der Volksgemeinschaft weitab vom modernen Staat, dem Mythos von der Grenze als Lebensraum, dem Nebeneinander von Lebensdrang und Todestrieb, der negativen Sicht der Zigeuner in mancher Weise dem Zeitgeist nach 1933. In seiner formalen Kühnheit, in seiner pessimistischen Diagnose der bergbäuerlichen Lebensweise die krankhafte Züge nicht ausspart, in seinen lakonischen Einsprengseln helvetischer Alltagssprache entfernt er sich aber deutlich von jeder Glorifizierung von Blut und Boden. Das Nebeneinander von Darwinismus und Erlösungssehnsucht, die Verschränkung von Nähe und Fremde im Lebensgefühl der alpinen Proletarier, ihre gebrochene Vitalität, ihr soziales Elend und ihre emotionale Hilflosigkeit inmitten einer bald chaotisch-düsteren, bald strahlenden Natur bilden Grundzüge des Romans, die eher auf den deutschen Naturalismus zurückweisen, etwa auf G. HAUPTMANNS Erzählung *Bahnwärter Thiel*.　　　　　　U.Fr.

AUSGABEN: Lpzg. 1935. – Zürich 1956 [2. Fassg.]. – Zürich 1981 (in *Werkausg.*, Hg. B. v. Matt. 8 Bde., 3; Erstfassg.; ern. Küsnacht 1984). – Zürich 1987 (in *GW*, Hg. G. Schoeck, 10 Bde., 1987 ff., 4; Erstfassg.; m. Brief v. C. J. Burckhardt an M. I. vom 22. 1. 1957).

LITERATUR: T. Vogel, Rez. (in NZZ, 26. 10. 1956).

SCHWEIZERSPIEGEL

Roman von Meinrad INGLIN, erschienen 1938. – Aus dem Blickwinkel der vom Faschismus bedrohten Schweiz kurz vor Ausbruch des Zweiten Weltkriegs geschrieben, stellt der Roman in epischer Breite die Schweiz während des Ersten Weltkriegs dar. Er schildert die Jahre 1912 (Besuch des deutschen Kaisers in der Schweiz) bis 1919 (Nachwehen des Generalstreiks) am Beispiel der fiktiven Zürcher Großbürgerfamilie Ammann. Der Vater, Alfred Ammann, Oberst der Schweizer Milizarmee, vertritt als Parlamentsabgeordneter in Bern die freisinnige (liberale) Partei. Es ist die Unternehmerpartei, der einst Gottfried KELLER literarische Unterstützung lieh, als sie Mitte des 19. Jh.s gemeinsam mit Handwerkern, Arbeitern, Bauern und Kleinbürgern das Ancien régime der städtischen Aristokratie aus den Angeln hob und den modernen Schweizer Bundesstaat schuf. In diesem Staat spielte sie wegen des Mehrheitswahlrechts bis 1919 eine mächtige Rolle und entfesselte durch bewußtes *laissez-faire* eine wirtschaftliche Dynamik, die die schweizerische Gesellschaft grundlegend umgestaltete und die politischen Partner von einst in Bedrängnis brachte. Inglins Roman setzt an jenem geschichtlichen Punkt ein, an dem die politischen und sozialen Grenzen des Wachstums für die liberalen Unternehmer nicht mehr länger zu ignorieren sind.

Die Söhne Oberst Ammanns sind sich der Krise, in die der Liberalismus geraten ist, mehr oder weniger deutlich bewußt. In allen dreien spiegeln sich Haltungen, die der junge Inglin bei seiner eigenen Suche nach einem politisch-weltanschaulichen Standpunkt durchdacht und durchlebt hat. An allen dreien zeigt der Autor auf, wie die Selbstbestimmung des Individuums, zu Beginn des 19. Jh.s noch die große Sehnsucht der Liberalen, hundert Jahre später zur Mühsal geworden ist, zur täglichen Herausforderung, die alle Kräfte anspannt. Dem Erlebnis der Arbeiter, stark zu sein durch Gemeinsamkeit, stellt Inglin den aristokratisch-individualistischen Gedanken gegenüber, wieviel Stärke nur schon jeder einzelne braucht, um er selber zu sein. Diese Selbstfindung des einzelnen muß nicht in Selbstverwirklichung gipfeln, sie bedeutet oft gerade, mit

unvollkommenen Resultaten, halb abgeschlossenen Entwicklungen leben zu können. In einem Gespräch gegen Ende des Romans bekennt sich der hohe Offizier Bosshart, in bemerkenswerter Distanzierung vom blinden Siegeswillen der preußischen Militärs, zum Prinzip des »Gefechtsabbruchs«, zum Leben mit halben Lösungen. Aus Sehnsucht nach einer totalen Herausforderung haben viele Schweizer 1914 ihre ausländischen Altersgenossen um die Kriegsteilnahme beneidet; die Tatsache, daß die Schweiz wieder einmal im weltpolitischen Abseits stand, hat sich aber, so Bosshart, im nachhinein als Segen erwiesen. Auch ein Leben ohne Größe und höhere Weihe, so meint er, erfordere Charakter.

Nicht alle jungen Ammanns bringen die Kraft zur halben Lösung auf. Vor allem nicht Severin, der älteste Sohn: Er neigt nietzscheanischen Herrenmenschen-Gedanken zu und möchte gegen die streikenden Arbeiter die reine Lehre vom freien Unternehmertum mit Gewalt durchsetzen, wobei er in Kauf nimmt, den Liberalismus mit illiberalen Methoden zu verteidigen. – Der zweite Sohn Ammanns, Paul, weicht vom väterlichen Kurs in die Gegenrichtung ab und solidarisiert sich mit den Zürcher Arbeitern. In der Schlußphase des Generalstreiks spürt er dann freilich, daß er bei aller Sympathie zwar zum großbürgerlichen Humanisten und Pazifisten, doch nicht zum Revolutionär taugt; er bricht das Gefecht ab und kehrt ins Elternhaus zurück. – Der dritte Sohn, Fred, steht als »Weltkind in der Mitten« bald unbekümmert, bald ratlos zwischen den beiden politisch bewußteren Brüdern. Näher fühlt er sich seinem bäuerlichen Vetter Christian; er beginnt eine Ausbildung als Agronom und will aufs Land zurück ziehen, wo die Ammanns ursprünglich herstammen. – Während des Einsatzes seiner ländlichen Armee-Einheit gegen Zürcher Arbeiter stirbt Christian im Lazarett an der Grippe. Nur der energische Zuspruch eines andern Cousins, des westschweizerischen Militärarztes René, hindert den zornigen und erschütterten Fred noch eben rechtzeitig daran, der neugegründeten vaterländischen Saubermänner-Partei Severins beizutreten, in der sich faschistische Tendenzen schon abzeichnen.

Die einzige Tochter Ammanns, Gertrud, ist mit dem Berufsoffizier Hartmann verheiratet, einer Inkarnation des preußischen Militarismus schweizerischer Prägung, wie ihn der deutschstämmige General Wille bei der Heeresreform 1911 durchsetzte. Hartmann erweist sich als so soldatisch, so unfähig zu Zärtlichkeit, daß sich Gertrud von ihm scheiden läßt und sich dem Lyriker Albin zuwendet, einem Freund Pauls, der freilich aus entgegengesetzten Motiven keine volle Partnerschaft mit ihr einzugehen vermag. Auch er stirbt an der Grippeepidemie; danach ist auch Gertruds Rückkehr ins Elternhaus absehbar.

Der Roman stellt die Verhältnisse von 1912 bis 1919 aus schweizerisch-bürgerlicher Sicht dar. Diese Beschränkung des Blickwinkels führt dazu, daß gewisse Aspekte der Epoche nur angedeutet oder gar ausgespart werden. Neben den Ausblicken über die Grenze kommen vor allem die Einblicke ins Arbeitermilieu zwangsläufig zu kurz. Andererseits läßt Inglin erkennen, daß er seine politischen Hoffnungen für die Zukunft der Schweiz nicht etwa auf die Offizierselite setzt, sondern auf die Unteroffiziere der Milizarmee, auf Handwerker und stadtnah wohnende Bauern vom Schlage Christians. Es ist die Schicht, aus der Inglin selbst stammt. Auch Arbeiter zählt er durchaus zu dieser neuen Elite, freilich nicht die Kämpfer des Generalstreiks, sondern eher jene, die zwar die politische Entwicklung im Staat verfolgen, aber selbst nur im Notfall aktiv werden.

Der *Schweizerspiegel* spart auch die weltbürgerliche Schweiz von 1912 bis 1919 fast völlig aus, sowohl die touristische der großen Hotels, die Inglin in *Grand Hotel Excelsior* (1928) beschrieben hat, als auch die der Zürcher Bohème, in der Exilpolitiker neben führenden Künstlern der europäischen Moderne wirkten. Die wenigen Schlaglichter aufs Kosmopolitische, die die Erstausgabe enthielt, hat Inglin in der verknappten Zweitfassung von 1955 getilgt. Der Roman ist somit in seiner helvetischen Selbstbesinnung nicht nur geprägt vom Geist der Zeit, die er beschreibt, sondern auch von der *»geistigen Landesverteidigung«* der späten dreißiger und frühen fünfziger Jahre: Er ist, obwohl Jahrzehnte jünger, weniger modern, als die Epoche es war, die er darstellt. Mit seinem überaus geschlossenen Bild der Schweiz reiht er sich unter die zahlreichen Erzählungen Inglins ein, die Inseln oder inselähnliche Bezirke in der innerschweizerischen Landschaft darstellen. Isolation und Abgrenzung sind wichtige Themen in Inglins Werk.

Der künstlerische Rang des Romans liegt in der fugenlosen Verschränkung des Fiktiven mit dem riesigen historischen Material, die vor allem durch raffinierten Wechsel der Perspektive erreicht wird; ferner im glanzvoll lakonischen Stil. So wie die Hauptgestalten sich fortwährend neu einstufen müssen, um ihren wechselnden Lebenslagen nichts schuldig zu bleiben und ihre Haut weder unter noch über ihrem Wert zu Markte zu tragen, so zeigt sich auch die Sprache des Romans streng gewichtend und bemessend, nicht schildernd. Inglin verfügt über ein geradezu strukturalistisches, reich und präzis gefächertes System der Intensitätsstufung, neben dem jede Farbigkeit verblaßt. Literaturgeschichtlich gehört der Roman mit seinem inhaltlichen und formalen Zug zum Unheroischen, »Farblosen«, Nüchternen in die Neue Sachlichkeit (B. v. Matt). Zugleich fügt er sich – als gewichtigster Schweizer Roman der ersten Hälfte des 20. Jh.s – ein in eine Tradition liberaler Schweizer Erzähler, die den real existierenden Liberalismus an dessen eigenen Idealen mißt; eine Tendenz, die beim GOTTHELF des *Bauernspiegels* beginnt, sich in KELLERS pessimistischem *Martin Salander* fortsetzt und bis in neueste Zeit die Auseinandersetzungen des progressiven Liberalen Max FRISCH mit dem Freisinn der Schweizer Bankiers kennzeichnet.   U.Fr.

AUSGABEN: Lpzg. 1938. – Zürich 1955 [2. Fassg.]. – Zürich 1965 [2. Fassg.; rev.; ern. 1980]. – Zürich 1981, Hg. Ch. Linsmayer [2. Fassg.; Nachw. U. Frei]. – Zürich 1981 (in *Werkausg.*, Hg. B. v. Matt, 8 Bde., 4; Erstfassg.). – Zürich 1987 (in *GW*, Hg. G. Schoeck, 10 Bde., 1987 ff., 5/1 u. 5/2; Erstfassg.).

LITERATUR: A. Zollinger, *M. I.s »Schweizerspiegel«* (in NSRs, 10, 1939, S. 628–635). – I. Leisi, *Die beiden Fassungen von M. I.s »Schweizerspiegel«* (in NZZ, 3.12. 1972). – M. Inglin, *Zur Arbeit am »Schweizerspiegel«* (in M. I., *Notizen des Jägers*, Zürich 1973). – P. W. Hubatka, *Schweizergeschichte im »Schweizerspiegel«*, Bern 1985. – N. Meienberg, *I.s Spiegelungen* (in N. M., *Morgen sind wir alle schon bleich u. tot*, Zürich 1989, S. 125–137).

THOMAS INGOLDSBY

d.i. Richard Harris Barham

* 6.12.1788 Canterbury
† 17.6.1845 London

THE INGOLDSBY LEGENDS, or: Mirth and Marvels

(engl.; *Die Ingoldsby-Legenden oder Fröhliches und Wunderbares*). Sammlung von Vers- und Prosaerzählungen von Thomas INGOLDSBY, erschienen 1840–1847. – Einen Teil seiner humoristischen und tragikomischen Dichtungen hatte der anglikanische Geistliche Barham bereits von 1837 an unter seinem Pseudonym in Zeitschriften veröffentlicht. Er behauptete, es handle sich um alte Schriften aus dem Familienbesitz der »Ingoldsbys«. Sosehr die anglikanische Kirche an der Respektlosigkeit, die der Autor ehrwürdigen Überlieferungen, vor allem auch kirchlichen Traditionen, gegenüber an den Tag legte, Anstoß nahm, so populär wurde Barhams Werk bei dem mit Frivolitäten nicht gerade verwöhnten viktorianischen Publikum.

Abgesehen von einigen ernsten, nach dem Tod von Barhams Tochter entstandenen Gedichten, finden sich in den *Ingoldsby Legends* vorwiegend scherzhafte bis derbe Angriffe auf Zeiterscheinungen sowie groteske »Nacherzählungen« von meist mittelalterlichen Sagen, volkstümlichen Legenden und Schauergeschichten. Angehörige aller sozialen Schichten – Ritter, Könige, Mönche, Schullehrer, Köche, Milchmädchen und Bauern – treten auf. Neben irischen, schottischen und englischen Überlieferungen hat Barham auch spanische, italienische, französische und deutsche nachgeahmt, wobei er mit Seitenhieben auf nationale Eigenheiten nicht spart und Taten wie Charakter historischer Persönlichkeiten auf seine Weise beleuchtet. So läßt er in *The Auto-da-fé* König Ferdinand II. von Spanien seine Begeisterung für öffentliche Ketzerverbrennungen wie folgt bekunden: »*Pooh! Pooh! Burn them all!* / *For once we'll be gay,* / *a grand auto-da-fé* / *is much better fun* / *than a ball or a play.*« Freigebig streut Barham fremdsprachliche Vokabeln ein und übernimmt auch – in eigener Übersetzung – ganze Gedichtzeilen und Sprichwörter aus anderen Sprachen. Seinen mittelalterlichen »Vorbildern« folgend, gibt er dem Leser gern eine Moral mit auf den Weg. In *Hermann, or The Broken Spear* klingt das so: »*Take warning, young people of every degree,* / *from Hermann's example, and don't live too free!*« Viele seiner witzig-lakonischen Aussprüche werden noch heute zitiert, vor allem Stellen aus *The Jackdaw of Rheims (Die Dohle von Reims)*, einer Verssatire auf das kirchliche Zeremoniell. Sprichwörtlich geworden ist auch ein Zweizeiler aus seiner *Ode auf Summer Hill aus der Nähe betrachtet* (einer Persiflage der berühmten *Ode auf Eton College, aus der Ferne betrachtet* von Thomas GRAY): »*'Tis hard to say which works the quicker,* / *to make folks blockheads, love or liquor.*« – Barhams Erzähltalent, seine Phantasie, seine Fähigkeit, mit Reimen zu jonglieren und den Ton vom harmlos Scherzhaften ins Skurrile, ja Unheimliche umschlagen zu lassen, haben u. a. in THACKERAY einen Bewunderer gefunden, dessen humoristische Gedichte häufig an die *Ingoldsby Legends* erinnern.   R.B.

AUSGABEN: Ldn. 1840–1847, 3 Bde. – Ldn. 1870, Hg. R. H. D. Barham. – Ldn. 1903, Hg. J. B. Atley. – Ldn. 1951, Hg. J. Tanfield u. G. Boas [Ausw.]. – Ldn. 1960, Hg. D. C. Browning (Everyman's Library).

LITERATUR: M. Elwin, *Ingoldsby* (in M. E., *Victorian Wallflowers*, Ldn. 1937, S. 128–153). – W. G. Lane, *R. H. Barham*, Columbia/Mo. 1968.

ANTON INGOLIČ

* 5.1.1907 Spodnja Polskava

LITERATUR ZUM AUTOR:
L. Legiša, *Pot Ingoličevega realizma* (in Dejanje, 2, 1939, S. 320–325). – F. Vurnik, *Novele in povesti A. I.* (in Naša sodobnost, 8, 1960, S. 469–471). – F. Bohanec, *Skica Ingoličevega literarnega portreta*, (in F. B., *Živa stvarnost*, Maribor 1973, S. 416–423).

KJE STE, LAMUTOVI?

(sloven.; *Wo seid ihr, Lamuts?*). Roman von Anton INGOLIČ, erschienen 1958. – Wie viele slovenische Bergleute, die die wirtschaftliche Not nach dem Er-

sten Weltkrieg von zu Hause forttreibt, verläßt auch Vater Lamut die Heimat und sucht sich in Frankreich einen neuen Arbeitsplatz. Nach und nach läßt er seine Familie nachkommen, die nun schwer kämpfen muß, um nicht in den wirtschaftlichen und politischen Umwälzungen der Zwischenkriegszeit und des Zweiten Weltkriegs unterzugehen. Die Lamuts schließen sich der französischen Arbeiterbewegung an und beteiligen sich am Widerstand gegen die deutsche Besatzung. Als die Existenzschwierigkeiten im Nachkriegsfrankreich immer größer werden, kehrt der Sohn, wie viele seiner Landsleute, ins Vaterland zurück.
Der realistische Roman, der erste, der das Schicksal der vielen aus Frankreich ausgewanderten Slovenen behandelt, ist in Ichform aus der Perspektive des Sohnes Marko erzählt. Das sichert der breitangelegten Chronik Wärme und Unmittelbarkeit. Überzeugend wird dargestellt, wie sich in der Familie kleinbäuerlicher Herkunft allmählich Knappensolidarität und bergmännisches Selbstbewußtsein entwickeln. Ingoličs Stärke ist die kundige und teilnehmende Schilderung des Menschen bei seiner Arbeit und im Verhältnis zum Gegenstand seiner Arbeit, hier der Erde beim Aufschachten und Hauen der Kohle. Trotz optischer Unschärfe sind die einzelnen Bilder voll Atmosphäre. Der Autor ist engagiert, doch seine Analysen bleiben stets unpolemisch.   H.Ber.

AUSGABE: Ljubljana 1958.

LITERATUR: M. Mejak, »*Kje ste, Lamutovi?*« (in Naša sodobnost, 6, 1958, S. 1120–1122). – O. Hudales, *Na robu podobe Marka Lamuta* (in Nova obzorja, 11, 1958, S. 465–469).

NA SPLAVIH

(sloven.; *Ü: Die Drauflößer*). Roman von Anton INGOLIČ, erschienen 1940; überarbeitete Fassung 1959. – Die Handlung des erfolgreichen Romans spielt in den dreißiger Jahren des 20. Jh.s im oberen Tal der Drava (Drau). Skrupellose Profitgier und raffinierte Geschäftstüchtigkeit haben den einstigen Flößer Knez, der nun die größte Holzhandlung der Umgebung, ein angesehenes Gasthaus und eine florierende Kolonialwarenhandlung sein eigen nennt, zum Herrn über das Flußtal gemacht. Konkurrenzlos bestimmt er das wirtschaftliche und soziale Geschick der Talbewohner, und die Drauflößer sind seinen Anstellungsbedingungen schutzlos ausgeliefert. Der Roman legt dar, wie Profitstreben und Geschäftssinn des Unternehmers, ursprünglich die Grundlage seines ökonomischen Aufstiegs, mit unausweichlichem Zwang zur Ursache seines menschlichen und geschäftlichen Ruins werden. Knez hat die Forderungen seiner Arbeiter nach höheren Löhnen ausgeschlagen und Miha, seinen besten Floßführer, entlassen. Nun zwingt er seinen unerfahrenen und labilen Sohn Marko, die Flößer zu führen. Es kommt zu Unglücksfällen, die erhebliche Unruhe unter den Arbeitern hervorrufen. Zugleich baut der entlassene Floßführer eine bedrohliche Konkurrenz auf. Dazu mißlingt die brutale Intrige, die den Erfolg des Unternehmers »krönen« sollte: Um sich den Besitz des reichen Robnik anzueignen, verkuppelt Knez dem alternden Widersacher seine eigene willenlose Geliebte Gela, die er mit einer beträchtlichen Geldsumme bestochen hat, sich – und damit Knez – mit der Zeit den Besitz Robniks überschreiben zu lassen. In ihrem erfüllten Leben an der Seite Robniks findet Gela jedoch die Kraft, sich den Forderungen Knez' zu widersetzen. Weder die Abkehr Gelas noch der geschlossene Streik und Zusammenschluß der Flößer vermögen Knez zu beugen. Erst der hartnäckige Widerstand Markos, der nun endlich zu dem ersehnten Studium nach Ljubljana geht, bringt den Geschäftsmann zur Einsicht. Schließlich verunglückt Knez tödlich, als er – wie in seiner Jugend – ein Floß mit eigener Hand zu lenken versucht.

Aufgrund der unmittelbaren Vertrautheit des Autors mit den sozialen Gegebenheiten der beschriebenen Landschaft zeichnet der an folkloristischen Elementen reiche Roman ein wirklichkeitsgetreues, jeden Anflug von Idylle vermeidendes Bild des Alltags der Drauflößer. Die kritisch-realistische Beschreibung ihrer Kollektivarbeit und ihres solidarischen Kampfes um ihre Rechte kontrastiert gelungen mit der von hohem psychologischem Einfühlungsvermögen zeugenden Darstellung der inneren Kämpfe und Konflikte der Einzelgestalten. Das Werk, das vielfach übersetzt wurde, gehört zu den populärsten sozialkritischen Romanen über die slovenische Landbevölkerung zwischen den beiden Weltkriegen.   H.Ber.

AUSGABEN: Ljubljana 1940. – Koper 1959 [rev.].

ÜBERSETZUNG: *Die Drauflößer*, F. Hille u. S. Hafner, Wien 1943.

LITERATUR: I. Brnčič, *A. I., »Na splavih«* (in *Ljubljanski zvon*, 60, 1940, S. 191–196). – L. Legiša, *A. I., »Na splavih«* (in *Dejanje*, 3, 1940, S. 402 f.).

INJANASI

* 15.4.1837 Westtümed
† 1892

YEKE YÜWEN ULUS-UN MANDUĠSAN TÖRÜ-YIN KÖKE SUDUR

(mong.; *Blaue Chronik über den Aufstieg des Reiches des Großen Yüan-Volkes*, auch kurz: *Köke sudur*, *Blaue Chronik*). Historischer Roman von INJANA-SI, einem ostmongolischen Adligen aus dem Gebiet der Westtümed, dem heutigen Pei-piao hsien in der ostchinesischen Provinz Liao-ning; entstanden 1861 bis 1892. – Injanasi war der Sproß einer künstlerisch hochbegabten Familie. Sein Bruder GULERAĠSA († um 1851) hinterließ eine Reihe bedeutender lyrischer Gedichte im chinesischen Stil und ist als Übersetzer des chinesischen Romans *Shui-hu chuan (Die Geschichte vom Flußufer)* ins Mongolische bekannt; sein Vater WANGČINBALA (1795–1847), ein bekannter Bibliophile, konzipierte den Plan des von Injanasi dann ausgeführten Romans *Köke sudur*, und er schrieb selbst auch die ersten acht Kapitel des Werks. Die Weiterführung des Werks nach dem Tod Wangčinbalas war auf Beschluß der Familie zuerst dem älteren Bruder Guleransa übertragen worden, doch starb dieser schon 1851, ohne den Auftrag ausgeführt zu haben. Mit Unterstützung der beiden älteren Brüder GUNGNAČUĠA und SUNGWAIDANJUNG machte sich schließlich Injanasi daran, das literarische Vermächtnis des Vaters weiterzuführen, und schuf so in der *Blauen Chronik* den ersten mongolischen historischen Roman.

Unter Heranziehung zahlreicher mongolischer und chinesischer Quellen beschreibt Injanasi in der *Blauen Chronik* romanhaft das Schicksal der Mongolen und ihres Herrscherhauses von der Geburt Činggis Khans an bis zur Zeit von Kaiser Ögedei (1162–1235); dabei überträgt der Autor ohne Bedenken das mongolische Brauchtum und die höfischen Sitten der Mandju-Zeit auf die Zeit der Yüan-Herrschaft. Injanasi ging es um eine Richtigstellung des chinesischen, den Mongolen oft abträglichen Geschichtsbildes; doch er folgte dabei mehr seiner dichterischen Vorstellung von der Mongolenherrschaft im 13. Jh. als den Angaben historischer Quellen.

Der so entstandene historische Roman ist die Antwort auf die kulturelle und wirtschaftliche Unterwanderung des östlichen Mongolentums durch die Chinesen und stellt einen Panegyrikus auf die Blütezeit der Mongolen dar. Dennoch folgte Injanasi der Darstellungsweise der volkstümlichen chinesischen Romane, mit denen er wohlvertraut war: Er hatte schon als junger Mann zu dem berühmten chinesischen Sozialroman *Hung-lu meng (Traum der Roten Kammer)* eine Fortsetzung unter dem Titel *Nigen dabqur asar (Eine Terrasse hoch)* geschrieben. In dem soziologischen Roman schilderte er das Schicksal der eigenen Familie unter seinem Vater Wangčinbala und, damit verbunden, das Schicksal einer chinesischen Familie – ein Thema, das nur aus dem Nebeneinander und Miteinander von Chinesen und Mongolen in der östlichen Mongolei zu verstehen ist. Schon im Alter von zwanzig Jahren hatte Injanasi außerdem einen autobiographischen Roman *Ulaġan önggetü-ü nilbusu (Die Tränen des Sinnlichen)* im Stil chinesischer Vorbilder verfaßt, später auch einen weiteren Sittenroman, der unter dem Titel *Ulaġana ukilaqu dingkim (Gi qung ting) (Die Halle, in der man aus Sehnsucht weint)* verbreitet ist.

Bei aller Ablehnung des Chinesentums ist Injanasi mit seinem Werk ein Musterbeispiel für die in den gebildeten, seßhaften ostmongolischen Grundbesitzerfamilien des 19. Jh.s anzutreffende Symbiose chinesischen und mongolischen Wesens. Die *Blaue Chronik*, aus den Spannungen zwischen Mongolen und Chinesen erwachsen, ist in den ersten Jahrzehnten der Zeit der chinesischen Einwanderung in die östliche Mongolei zu einem Symbol mongolischen Widerstandswillens geworden und wurde in zahlreichen Abschriften und mehreren Drucken verbreitet. Erhalten sind freilich nur 69 Kapitel; doch soll die Chronik ursprünglich die Geschichte der Mongolen bis ins frühe 17. Jh. geschildert haben; auch die Version in 69 Kapiteln ist nur eine gekürzte Bearbeitung, wie ein Vergleich mit den 1942 entdeckten Kapiteln 30/31 der Originalhandschrift des Werks zeigt. Eine Übersetzung des überaus spannend geschriebenen Romans steht noch aus. In jüngster Zeit wurden bei der mongolischen Bevölkerung Teile der Handlung *Köke sudur* von mongolischen Spielleuten, in epischer Weise umgeformt, vorgetragen. W.Hei.

AUSGABEN: Peking 1929 (*Yüwen ulus-un teüke*; Kap. 1–12). – Kailu 1940; Kalgan [2]1944; Peking [3]um 1955 (*Yeke yuwen ulus-un manduġsan törü-yin köke sudur*). – Wiesbaden 1978/79 (*Köke Sudur Nova*, Hg. G. Hangin, 3 Bde.; Faks.).

LITERATUR: L. Ligeti, *Rapport préliminaire d'un voyage d'exploration fait en Mongolie chinoise 1928 à 1931*, Budapest 1933, S. 23–25. – W. Heissig, *Einige Bemerkungen über die »Köke sudur«, eine neuere mongolische Darstellung der Yüan-Zeit* (in Monumenta Serica, 8, 1943, S. 244–259). – *Erdenitoġtaqu, Injanasi*, Kökehota 1958. – *Erdenitoġtaqu, Injanasi ba tegün-ü ǰokiyal-un tuqai* (in Studia Mongolica, 2, Ulan-Bator 1961, S. 108–161). – W. Heissig, *Ein Volk sucht seine Geschichte*, Düsseldorf/Wien 1964. – Ders., *Geschichte der mongolischen Literatur*, Bd. 1, Wiesbaden 1973, S. 278 bis 323. – J. G. Hangin, *»Köke sudur« (The Blue Chronicle)*, Wiesbaden 1973. – W. Heissig, *Neue Literatur zur I.-Forschung* (in Zentralasiatische Studien, 17, 1984, S. 226–229). – Qoosbayar, *Köke-sudur quǰur-un üliger*, Kökehota 1984.

FRANZ INNERHOFER

* 2.5.1944 Krimml bei Salzburg

SCHÖNE TAGE

Roman von Franz INNERHOFER, erschienen 1974. – Das Werk läßt sich, zusammen mit den Romanen *Schattseite* (1975), *Die großen Wörter* (1977) sowie der Erzählung *Der Emporkömmling* (1982), als eine breit angelegte Lebensgeschichte des Autors lesen. In dem enthusiastisch aufgenommenen, 1975 mit dem Bremer und dem Rauriser Literaturpreis ausgezeichneten Debütroman Innerhofers wird in spröd-distanzierter Erzählhaltung von der Jugendzeit des unehelich geborenen Holl berichtet, der nach Jahren des Herumgeschobenwerdens als Sechsjähriger auf dem Bergbauernhof des Vaters im Salzburgischen ein Unterkommen findet. Eingeschüchtert, verstört, ein Bettnässer, verbringt der Bub seine Kindheit in »*versteckter Leibeigenschaft*«. Elf Jahre lang schuftet Holl auf dem Hof 48 in Haudorf; jeglicher Willkür ausgesetzt, vegetiert er zwischen Mägden, Knechten, Taglöhnern und der Bauernfamilie; keinem zugehörig, von den Halbgeschwistern als Knecht gedemütigt, vom Gesinde als Bauernsohn mit Mißtrauen aufgenommen. Untereinander empfindet »*einer für den andern mehr Haß als Mitgefühl*«, das Leben und der Wert des einzelnen bestimmen sich einzig und allein nach seiner Arbeitskraft: »*Arbeiten, das Lernen und Beherrschen von Arbeitsgängen und der völlige Verzicht auf sich selbst waren das Um und Auf.*« Die mühevolle Sicherung des Lebensunterhalts führt zu einer Vertierung des Menschen, an der Schule, Kirche und Behörden vorbeisehen. Über Prügeln, Befehlen und dem Joch der Arbeit geht jeder individuelle Anspruch auf ein menschenwürdiges Dasein verloren. Doch die Zeiten ändern sich, und mit ihnen die Lebensumstände auf dem Hof. Ende der fünfziger Jahre werden die ersten Traktoren angeschafft, und Holl, der gelernt hat, die Arbeit als »*Rückendeckung und Gesichtsmaske zugleich*« zu gebrauchen, erringt auf dem Hof eine gewisse Achtung, da er als einziger mit den neuen Maschinen umgehen kann. Die Aushilfsköchin Helga und der Melker Klein machen Holl aufmerksam auf Grundrechte des Menschen wie Meinungsfreiheit und Selbstbestimmung. Holl bringt den Mut zur Rebellion auf, er verläßt seine »*zusammengelebte Kindheitsschrecklichkeit*« und geht zu einem Schmied in die Lehre, »*nach mehr als siebzehn Jahren war er plötzlich unter Menschen*« – ein hoffnungsvoller Romanschluß, der sich im Folgeband bald als Wunschdenken erweisen wird.

Innerhofer hat mit *Schöne Tage* einen schonungslos realistischen, nahezu volkskundlichen Dokumentarbericht über die anachronistische Lebensweise einer patriarchalischen bäuerlichen Welt aus vormaschineller Zeit vorgelegt. Seine Eindringlichkeit bezieht der Text aus einer Sprache, die mit dem engen Verständnishorizont des Protagonisten zur Deckung gebracht wird: So werden aus der vorbewußten Zeit der frühen Kindheit Erlebnisse nur in Episodenform erinnert; zerhackte, oft auch nur aus einem Wort bestehende Sätze evozieren die dumpfe Beschränktheit und Sprachlosigkeit des dargestellten Elendsmilieus. Mit der zunehmenden Identitätsbildung Holls richtet sich das eigentliche Erzählinteresse, bei aller Genauigkeit in der Schilderung der quälenden Abfolge des bäuerlichen Jahreskreises, auf den Bewußtwerdungsvorgang in Holl, der schließlich zu seinem Ich findet.

Konsequenterweise wechselt Innerhofer in *Schattseite* die Erzählperspektive zur Ich-Form. Das Buch berichtet vom weiteren Bildungsweg Franz Holls, der als Schmiedelehrling und Berufsschüler allerdings ähnliche Erfahrungen wie auf dem Bauernhof machen muß. *»Nichts ist leichter, als einem Lehrling mit dem Arbeitsgang gleichzeitig auch zu zeigen, daß er ein Idiot ist.«* Holl stellt fest, daß auch in der Handwerkerwelt Arbeit ein selbst-entfremdendes Herrschafts- und Zwangsinstrument ist, das den individuellen Selbstbehauptungswillen im Interesse des Vorgesetzten bricht. Der Milieuwechsel hat Holls Lebensbedingungen nicht entscheidend verbessert, doch von Helene, der Mutter seines Meisters, hat Holl gelernt, Fragen zu stellen, kritisch zu denken, Literatur zu lesen. Holl zieht in die Stadt, nimmt eine Stelle als Fabrikarbeiter an und geht mit großem Bildungseifer daran, das Abitur zu machen. – Mit *Schattseite* konnte Innerhofer nicht an den Erfolg seines ersten Romans anknüpfen. Zwar entspricht den *»mühsamen Versuchen, in proletarischer Umgebung Selbständigkeit zu entwickeln, . . . eine formale Unsicherheit des Textes, die den spezifischen Bewußtwerdungsprozeß des Helden genau widerspiegelt«* (J. Jung), doch bricht der Autor die scheinbare Unmittelbarkeit der *Schönen Tage*, ohne damit jedoch eine überzeugende neue Erzählform zu finden.

Das erhöhte reflexive Moment im Erzählen hat eine Kopflastigkeit der Handlung zur Folge, die mit der Fortschreibung der Entwicklungsgeschichte in *Die großen Wörter* noch zunimmt. Holl begibt sich in die »Welt des Redens«, er verläßt seinen Arbeitsplatz in der Fabrik und geht nach Abitur und Militärdienst als Student an die Universität Salzburg. Hier setzt sich der Desillusionierungsprozeß weiter fort. Holl, der sich das akademische Leben als objektiven Erkenntnisbereich vorgestellt hatte, begreift, nachdem er sich fünf Semester lang auf den intellektuellen Diskurs der sechziger Jahre eingelassen hat, daß die *»großen Wörter«* Herrschaftssysteme zwar analysieren, nicht aber verändern oder gar abschaffen können. Innerhofer, der sich mit der Beschreibung der krisenhaften Subjekt-Werdung Holls nahe an seine eigene Existenz herangeschrieben hat, decouvriert das Bewußtsein Holls im nachhinein als schichtspezifisches und zeitgebundenes, am Ende ist Holl eine zerrissene, ratlose Figur (*»er, der von den Arbeitern weg in die Welt des Redens gelockt worden war, konnte auf die Dauer nicht übersehen, daß außer den Unternehmern auch die Welt des Redens auf ihnen lastete«*).

Autobiographisch authentisch ist auch der letzte Teil der Tetralogie, die fünf Jahre später gleichsam als Epilog von Innerhofer vorgelegte Erzählung *Der Emporkömmling*. In ihr wird die Rückkehr des Erzähl-Ichs, das hier Hans Peter Lambrecht heißt, in die Arbeitswelt beschrieben. Lambrechts unbändiger Wille, allen Widerständen zum Trotz sich selbst zu verwirklichen, bringt ihn zur Erkenntnis, daß für seine Existenz manuelle Arbeit und Denken in Übereinstimmung gebracht werden müssen: *»Du mußt dir deine Hände zurückerobern. Die Hände sind dein Ausweg. Nur über sie kannst du vielleicht zu dir finden.«* Lambrecht verdingt sich als Wochenendpendler in einer Baufirma nahe München (*»Jetzt war ich froh, es selbst noch einmal als Arbeiter versuchen zu können. Ich wollte wissen, wie sie leben, was sie denken, wofür sie sich interessieren und worüber sie sich unterhalten. Vor allem wollte ich herausfinden, ob ich mich überhaupt noch mit ihnen verständigen konnte«*) und betritt nach langen Jahren wieder das Vaterhaus. Das Annehmen seiner Lebensgeschichte, eine differenziertere Sicht auf die Welt der Arbeiter und erste Erfolge als junger Schriftsteller stärken sein Ichgefühl, ein privates Glück scheint möglich. Am Ende des Buches ist Lambrecht ganz zufrieden, ein *»Individualist«* zu sein. Mit der schmalen Erzählung schließt sich der Bogen der Autobiographie, die dem Wechsel der Lebensumstände der Hauptfigur entsprechend in ihren einzelnen Teilen auch literarisch verschiedene Gestaltungsformen annimmt. Mit *Schöne Tage* setzt die Entwicklungsgeschichte in der Form des traditionellen Bildungsromans ein, allerdings unter geändertem Vorzeichen: Die für seine »Menschwerdung« wesentlichen Erfahrungen macht Holl nicht im ästhetisch-ethischen Bereich, sondern in einer Schreckenswelt. Vom »Anti-Heimatroman«, von der »Anti-Idylle« wechselt Innerhofer mit *Schattseite* und *Die großen Wörter* in das Genre der in den sechziger Jahren forcierten ›Literatur der Arbeitswelt‹, das er in der Erzählung *Der Emporkömmling* wieder verläßt, einem *»aufregend ehrlichen Bericht«* (M. Skasa), der in der Loslösung von politisch-ideologischen Erklärungsmustern zugunsten authentischer Erfahrung eine neue Unmittelbarkeit gewinnt. C.Fi.

AUSGABEN: *Schöne Tage*: Salzburg 1974. – Ffm. 1977 (st). – *Schattseite*: Salzburg 1975. – Ffm. 1980 (st). – *Die großen Wörter*: Salzburg 1977. – Ffm. 1979 (st). – *Der Emporkömmling*: Salzburg 1982.

VERFILMUNG: *Schöne Tage*, BRD 1982 (TV; Regie: F. Lehner).

LITERATUR: K. Zelewitz, *Fest in den Mechanismus eingespannt. Bemerkungen zur Literatur der Arbeitswelt in Salzburger Verlagen* (in *Fs. f. Adalbert Schmidt*, Hg. G. Weiss, Stg. 1976, S. 429–455). – W. Emmerich, *Zwischen Anpassung u. Widerstand. Lernen aus Lebensläufen* (in Berliner Hefte, 1977, H. 5, S. 47–57). – K. Heydemann, *Jugend auf dem Lande. Zur Tradition des Heimatromans in Österreich* (in Sprachkunst, 9, 1978, S. 141–157). – A. Auer, *Nach Haudorf u. anderswo hin* (in Austriaca, 1978, Nr. 7, S. 37–44). – U. Greiner, *F. I.* (in U. G., *Der Tod des Nachsommers*, Mchn. 1979, S. 101–122). – P. R. Frank, *Heimatromane von unten – einige Gedanken zum Werk F. I.s* (in Modern Austrian Literature, 13, 1980, S. 163–175). – E. Wessel, *Kindheit in Österreich. Über die Anti-Heimatromane F. I.s* (in Dikt of idé, 1981, S. 281–293). – M. Skasa, *Nachrichten von Stirn u.*

Faust (in SZ, 11. 12. 1982). – W. M. Lüdke, *F. I.* (in KLG, 16. Nlg., 1984). – A. Brandstetter, *Keine Lust an der Natur. Zur Naturdarstellung in F. I.s Roman »Schöne Tage«* (in DU, 38, 1986, S. 5–10). – J. Jung, *F. I.* (in LdtG, S. 277/278).

ANTOINE INNOCENT

* 1874 Port-au-Prince
† 1960 Port-au-Prince

MIMOLA ou L'histoire d'une cassette

(frz.; *Mimola oder Die Geschichte eines Schatzes*). Roman von Antoine INNOCENT (Haiti), erschienen 1906. – Tante Rosalie, in Afrika geboren, befiehlt bei ihrem Tode ihrer Tochter, die Kassette, die sie zeitlebens bei sich hatte, ins Meer zu werfen. Die Tochter, Frau Georges, erfüllt den Wunsch, doch von nun an ist sie von Unheil verfolgt. Ihr Mann und sechs ihrer sieben Kinder sterben. Das letzte Kind, Mimola, will sie nicht auch noch verlieren. Doch Ärzte und christliche Kirche versagen. Als Mimola in ihren Krämpfen das Wort »Dan-Maoua« wiederholt, sucht Frau Georges Rat bei einer alten Freundin von Tante Rosalie und erhält die Antwort auf kreolisch, der Volkssprache Haitis: »*Piti moé, gangnin mystè dans la vie que criol pas connin, tandé? Et bin, piti moé, Dan-Maoua, cé nom nanchonm té gangnin là-bas, lan pays Whydah-Alla-dah-Dahomey*« (»*Meine Kleine, es gibt im Leben Geheimnisse, die ein Kreole nicht errät, verstehst du? Na schön, meine Kleine, den Namen Dan-Maoua hatte deine Mutter drüben im Lande Whydah-Alladah-Dahome*«). Mimola und ihre Mutter träumen zur gleichen Zeit, daß sie sterben oder den Ahnen die unerläßlichen Opfer bringen müssen. Als sie zu einem Wodu-Heiligtum pilgern, schließen sich ihnen eine Witwe und deren Sohn Léon an, die die gleichen Ängste haben und den gleichen Weissagungen folgen. Léon verwirft den Glauben seiner Ahnen, Mimola aber bringt nacheinander die drei Opfer dar. Sie wird gesund und selber Wodu-Priesterin, den Spötter Léon hingegen befällt der Wahnsinn. Die Einzelheiten der verschiedenen Opfer und Zeremonien hat der haitianische Lehrer Innocent mit naturalistischer Präzision beschrieben. Man hat den Eindruck, daß die Handlung eher Beiwerk der kultischen Szenen ist. Innocent zeigt Fakten und Reaktionen, er psychologisiert und moralisiert nicht. Die evolutionistischen Thesen, die er kommentierend zwischen die Beschreibungen stellt, kann man getrost ignorieren. Was bleibt, ist ein Buch, das, gehorsam der naturalistischen Schule jener Zeit, die Riten der ländlichen Bevölkerung Haitis mit fotografischer Genauigkeit darstellt. Innocent nahm damit den Indigenismus vorweg, jene

von von Jean PRICE-MARS (*Ainsi parla l'oncle*, 1928) angeregte Literaturströmung Haitis, die das Leben der Bauern und deren afrikanisches Kulturerbe in den Mittelpunkt stellte. Innocents Werk, das bei seinen Zeitgenossen Ärgernis erregte, gilt heute als ein Vorläufer der Erneuerung der afroamerikanischen Literatur.   J.H.J.

AUSGABEN: Port-au-Prince 1906. – Port-au-Prince 1935; Nachdr. Nendeln 1970. – Port-au-Prince 1981.

LITERATUR: J. Price-Mars, *A. I., ethnographe* (in Conjonction, 1953, Nr. 48, S. 37–45). – G. Gouraige, *Histoire de la littérature haïtienne*, Port-au-Prince 1960, S. 140–144. – P. Pompilus et les Frères de l'Instruction Chrétienne, *Manuel illustré d'histoire de la littérature haïtienne*, Port-au-Prince 1961, S. 302–306. – U. Fleischmann, *Ideologie u. Wirklichkeit in der Literatur Haitis*, Bln. 1969. – P. Pompilius, *F. Hibbert, J. Lhérisson et A. I., romanciers réalistes* (in Conjonction, 1974, Nr. 122/123). – W. Romeus, *»Mimola«, ou la voie vaudouesque de l'haïtianité* (in Le nouvelliste, 1976, Nr. 26–30).

INOUE MITSUHARU

* 15.5.1926 Port Arthur (Dalian) / China

CHI NO MURE

(jap.; *Horden der Erde*). Roman von INOUE Mitsuharu, erschienen 1963. – Mit dieser Prosa, einem sog. *chōhen-shōsetsu* (»mittellanger Roman«, auch »Langerzählung«), endet die früheste Schaffensperiode des Autors, die um 1950 mit der Kritik an der »verfilzten« Kommunistischen Partei Japans, dem Engagement für streikende Arbeiter und dem Widerstand gegen das amerikanische Eingreifen in Korea begann. Sasebo, der Wohnort Inoues, diente der US-Flotte als Stützpunkt im Koreakrieg, der wie eine Fortsetzung des Pazifischen Krieges erschien. Aus dieser Sicht befaßt sich Inoue mit Fragen der Verantwortlichkeit, der Kriegsschuld (auch des Tennō) und der eigenen »Verführtheit« damals. Schließlich beschreibt er die Opfer: die japanischen Outcasts *(Burakumin)*, die vom Imperialismus gedemütigten Völker, voran die Koreaner, sowie die von der Atombombe gezeichneten *Hibakusha* (die »neuen« *Burakumin*). In *Chi no mure* fließt das alles in ein konturloses »Tableau« zusammen, bewegen sich in einer Vielzahl von Handlungsfragmenten an der Gleichzeitigkeit eines heißen Sommertages 1962 vom Abend bis in den folgenden Morgen hinein die – wie es der Titel beschreibt – *Horden der Erde*, ausweglos in ihre Erinnerungen verstrickt, über einen zumeist schlickig dumpfen Boden. Sie sind beherrscht von Egoismus oder Scham, Haß, Vorurteil oder einer irrationalen Furcht, durch Verunreinigung des Blutes noch tiefer hinabgedrückt zu werden. Es gibt keine Hauptfigur in dem Roman, der im Armenviertel von Sasebo spielt. Die meisten der Beteiligten aber – altansässige *Burakumin* und aus Nagasaki zugewanderte *Hibakusha* – haben oder suchen Kontakt zu Unan Chikao, einem Arzt, der während des Krieges im Bergbau gearbeitet hatte und der als junger Akademiker in der Nachkriegszeit für die kommunistische Bewegung tätig gewesen war. Unan Chikao lebt in unglücklicher Ehe mit einer Frau, die einst zwischen ihm und einem für die Partei gestorbenen Freund stand. Er leidet an dem, was sich unter gegebenen sozialen Bedingungen schicksalhaft wiederholt. Er hatte als Sechzehnjähriger eine Koreanerin vergewaltigt, die dann Selbstmord verübte, und erlebt nun, daß ein *Hibakusha* eine junge *Burakumin* notzüchtigt. So wie Unan verschweigt, daß seine Mutter eine *Burakumin* war, wofür sie von seinem Vater verstoßen wurde, so vertuscht eine Mutter aus Nagasaki, daß sie eine *Hibakusha* ist und ihre kurz nach der Katastrophe geborene Tochter an unstillbaren Menstruationsblutungen leidet.

Neben den zahlreichen weiteren Figuren des Romans, deren Schicksale und Erlebnisse eher beiläufig in der Grautönung dieses Handlungsgewebes aufgehoben sind, hat der neunzehnjährige Tsuyama Nobuo eine relativ selbständige Rolle. Sein Vater starb in Nagasaki am Tag des Bombenabwurfs, seine Mutter später an den Strahlungsfolgen, so zog ihn die Großmutter auf; auch er also ein *Hibakusha*, aber von robuster Gesundheit und einer ungeheuren Sehnsucht nach (mütterlicher) Umarmung. Einmal stiehlt er vor der Kirchenruine in Nagasaki einen bronzenen Marienkopf, der, als er aufs Pflaster schlägt, zu Staub zerfällt. In Sasebo gerät er in den Ruf eines »Nachsteigers« und wird daher verdächtigt, jenes *Burakumin*-Mädchen namens Tokuko vergewaltigt zu haben. Am Tag der Handlung wieder freigekommen, stellt er Tokuko, die bisher über den Hergang geschwiegen hat, zur Rede. Der Vergewaltiger, sagt sie, habe (über Keloidnarben?) einen weißen Handschuh getragen. Nobuo kennt ihn; er zeigt ihr das Haus. Tokuko verlangt, daß der Täter zu ihr stehe, und sein Vater unterstützt sie. Als er aber merkt, daß sie eine *Burakumin* ist, jagt er sie davon. Nun erscheint die Mutter des Mädchens und hält ihm vor, die *Hibakusha* seien die schmutzigeren *Burakumin* (»mit ihrem nicht zu stillenden Bluten«). Im Streit wird die Mutter von einem Stein tödlich getroffen.

Inoues Sprache ist eine aus Elementen der Umgangssprache kunstvoll »hergestellte« Sprache, was – wie die gedrängte, in der Struktur höchst komplizierte Erzählweise – das Ganze zu einer schwierigen Lektüre macht; dennoch fielen die Kritiken weithin positiv aus, und den Akutagawa-Preis soll er nur deshalb nicht erhalten haben, weil er bereits als »etablierter« Autor galt. Für die zweite Periode der *Gembaku-bungaku* (»*Atombomben-Literatur*«),

nun aus der Feder von Nicht-*Hibakusha*, war dieser Roman in seiner genauen, unsentimentalen Annäherung an die Fakten von großer Bedeutung. Er wurde sowohl dramatisiert wie verfilmt.　S.Schaa.

AUSGABEN: Tokio 1963. – Tokio 1970. – Tokio 1977. – Tokio 1983/84 (in *Inoue Mitsuharu Chōhen-shōsetsu-zenshū*).

VERFILMUNG: Japan 1970.

DRAMATISIERUNG: *Chi no mure* (Urauff.: Tokio 1970, Bungaku-za).

LITERATUR: K.Takahashi, *Honkaku-shōsetsu e no kanōsei* (in Shin-Nihon-bungaku, 9, 1963). – T.Morikawa, »*Chi no mure« no sekai* (ebd.). – K.Ōe, *Inoue Mitsuharu ni mukatte* (in *Warera no bungaku 20*, Tokio 1966). – K.Isoda, *Inoue Mitsuharu-ron* (in Gunzō, 3, 1968).

INOUE YASUSHI

* 6.5.1907 Asahikawa / Hokkaidō

LITERATUR ZUM AUTOR:
Inoue Yasushi-kenkyū, Hg. Hasegawa I., Tokio 1974. – I.Hijiya-Kirschnereit, *I. Y.* (in KLFG, 2. Nlg., 1983). – F.Dürrenmatt, *Einführung Yasushi Inoue* (in Sprache im technischen Zeitalter, 12, 1985; ern. in F. D., *Versuche*, Zürich 1988, S.137–158).

HYŌHEKI

(jap.; *Ü: Die Eiswand*). Roman von INOUE Yasushi, erschienen 1957. – An Neujahr 1955 war ein Alpinist in der Steilwand des Vorderen Hodaka, eines Dreitausenders in der Hida-Kette der Japanischen Alpen, zu Tode gestürzt. Inoue hörte von dem Unglück, als er sich im September 1956 dort im Gebirge aufhielt, um den Herbstmond zu betrachten; zwei Monate später begann er, *Hyōheki* als »*rensai-shōsetsu*« (»*fortlaufend publizierten Roman*«) in der Tageszeitung ›Asahi-shimbun‹ zu veröffentlichen. Bis August 1957 erschienen 270 Folgen. Während dieser Zeit suchte der Autor wiederholt den Schauplatz in den Bergen auf – ein Beleg für die bei solchen Romanen übliche abschnittweise Niederschrift. Die (überarbeitete) Buchfassung erschien im Oktober desselben Jahres.

Uozu Kyōta und Kosaka Otohiko, beide Anfang dreißig und Freunde seit der Schulzeit, sind begeisterte Bergsteiger. Bevor sie zu einer Neujahrstour in die Hodaka-Wand aufbrechen, lernt Uozu die verheiratete Minako kennen, in die Kosaka heillos verliebt ist. Minako bittet Uozu, den nun selbst Zuneigung für sie faßt, er möge seinem Freund erklären, daß sie ihn, obwohl sie ihm einmal nachgegeben habe, nicht liebe. Verzweifelt über diese Nachricht, träumt Kosaka im Gebirge noch immer davon, Minako einmal mitzunehmen und ihr die weißverschneite Felswand zu zeigen. Am zweiten Tag der Klettertour rutscht Kosaka ab, das über eine Felskante laufende Seil reißt, und er stürzt in die Tiefe.

Nach dieser Vorgeschichte, die knapp ein Viertel des Romans ausmacht, folgt die analytische Aufarbeitung der Ereignisse als eines (psycho-kriminologischen) »Falles«. Wenn es – was Uozu behauptet – zutrifft, daß das Seil gerissen ist, kann das entweder an einem Materialfehler, einer unbemerkt gebliebenen schadhaften Stelle oder einer falschen Handhabung des Seils gelegen haben. Möglich wäre aber auch, daß sich Kosaka fehlerhaft angeseilt und Uozu um die Bergsteigerehre des Freundes zu retten, das Seil nachträglich durchgeschnitten hat. Vielleicht aber wurde das Seil während des Aufstiegs absichtlich gekappt, von Kosaka, um Selbstmord zu begehen, oder von Uozu, um sich in Sicherheit zu bringen. Nachdem diese Spekulationen für eine Weile sogar die Öffentlichkeit beschäftigt haben, wirkt das Unglück schließlich nur noch in einem Kreis von Freunden nach: vor allem auf Kaoru, die insgeheim in Uozu verliebte jüngere Schwester des Toten, und auf Yashiro Minako, die sich von Uozus entschlossener Ernsthaftigkeit mehr und mehr angezogen fühlt. Minakos Mann, Yashiro Kyōnosuke, wird als Experte mit einem Gutachten über das Nylonseil beauftragt und entscheidet einen Test sachlich und ohne Voreingenommenheit gegen Uozu. Als Uozu eine Wiederholung des Tests verlangt, muß er erfahren, daß sich niemand mehr für den Fall interessiert und er die Bürde, die er nie mehr loswerden wird, allein tragen muß. Im Frühjahr findet man Kosakas Leiche. Jetzt fleht Kaoru den Freund ihres toten Bruders an, er möge sie heiraten. Uozu bittet sich Bedenkzeit aus. Noch einmal will er den Hodaka besteigen; doch im »*Tal der Wasserfälle*« wird er von einer Steinlawine getroffen. Als ihn der Suchtrupp entdeckt, ist er bereits gestorben.

Mit *Hyōheki* begründete Inoue ein für die japanische Literatur neues Genre, den »*Bergsteiger-Roman*«, wie er in der Folgezeit vor allem in der »*Breitenliteratur*« beliebt wurde. Strukturell und stilistisch von einer geradezu selbstverständlich wirkenden Sicherheit, bezieht das Buch den größten Reiz aus der »*Soft-focus*«-Technik einer niemals ganz zu fassenden, eben »*verwischten*« Argumentation.　　　　　　　　　　　S.Schaa.

AUSGABEN: Tokio 1957. – Tokio 1972–1975 (in *Inoue Yasushi shōsetsu-zenshū*, 32 Bde.).

ÜBERSETZUNG: *Die Eiswand*, O. Benl, Ffm. 1968. – Dass., ders., Bln./DDR 1973. – Dass., ders., Ffm. 1979 (st).

VERFILMUNG: 1958.

LITERATUR: Noma H., »*Hyōheki*« *no hito – Inoue Yasushi no hito to sakuhin* (in Bessatsu/Bungeishunjū, 2, 1957). – Hasegawa I., »*Hyōheki*« (in *Inoue Yasushi-kenkyū*, Hg. ders., Tokio 1974). – A. Andersch, *Hätte ich Tolstoi nicht gelesen…* (in Merkur, 1, 1969).

RYŌJŪ

(jap.; *Ü: Das Jagdgewehr*). Erzählung von INOUE Yasushi, erschienen 1949. – Nach einigen frühen literarischen Versuchen und einer Zeit als Journalist wandte sich Inoue 1946 wieder der Literatur zu. Er veröffentlichte zunächst Prosagedichte, so im Oktober 1948 das Gedicht *Ryōjū* (*Das Jagdgewehr*; in deutscher Übersetzung in dem Band *Eroberungszüge*, 1979). Im Oktober 1949 folgte seine Erzählung gleichen Titels, in der eine Variante des Gedichts Auslöser der Erzählhandlung ist. Diese Entwicklung der Prosa aus einem Gedicht läßt sich bei Inoue häufiger belegen; hieraus könnten sich gelegentlich auffällige lyrische Elemente in seinen Erzählungen und Romanen erklären.

Der Ich-Erzähler berichtet, wie er, zwei Monate nach Abdruck seines Gedichts *Das Jagdgewehr* in einer Zeitschrift für Freunde der Jagd, die Zuschrift eines Mannes erhält, der sich – offensichtlich unter einem Pseudonym – als Misugi Jōsuke vorstellt und erklärt, er sei der in dem Gedicht geschilderte Jäger. Das ergebe sich aus den Details (die der Dichter teilweise erfunden zu haben glaubte). Er sei an einem Novembertag am Fuße des Amagi-Berges jagen gegangen und habe sich gefühlt wie der beschriebene »*einsame Mann in mittleren Jahren*«, von dem man hätte denken können, daß sich hinter ihm »*ein verödetes, weißes Flußbett*« breite. Dazu werde er dem Dichter drei Briefe aus dieser Zeit zuschicken. Die Briefe bilden dann den folgenden Hauptteil der Erzählung. – Der erste Brief stammt von Shōko, der zwanzigjährigen Tochter Saikos. Saiko, geschieden und dreizehn Jahre lang Misugis Geliebte, war die ältere Cousine seiner Frau Midori. Shōko offenbart nun »*Onkel Jōsuke*«, daß sie drei Wochen zuvor, am Vortag des Selbstmords ihrer Mutter, heimlich deren Tagebuch, das sie verbrennen sollte, gelesen und von dem Verhältnis erfahren habe. Es habe sie erschreckt, mit welcher Perfektion die Beziehung auch vor ihr geheimgehalten worden ist. Midori sei ihr dabei bald als die bedauernswerte Betrogene, bald als die schreckliche Bedrohung erschienen, die ihrer Mutter das Gefühl gegeben habe, im »*Verbrechen*« zu leben, so daß sie schließlich vom Gewicht dieses Wortes in den Tod gerissen worden sei. Wenn sie all das bedenke, komme ihr die Welt der Erwachsenen unerträglich einsam vor. – Bei dem zweiten Brief handelt es sich um Midoris Antrag, in die Scheidung einzuwilligen. Daß Misugi auf der von der Besatzungsmacht publizierten Liste der »*Gesäuberten*« (1947) steht, hält sie für eine gute Gelegenheit, ihre »*unnatürliche Verbindung*« zu beenden. Einerseits vor ihm, dem betrogenen Betrüger, mit ihrem ausschweifenden Lebensstil prahlend, gesteht sie andererseits, nur die Scham über ihre eigene Unzulänglichkeit habe sie damals daran gehindert, es laut herauszuschreien, als sie kurz nach der Heirat schon entdeckte, daß er sie mit der Cousine hinterging. Nun habe sie es Saiko am Tag vor deren Selbstmord auf den Kopf zugesagt. *»In diesem Augenblick muß der Tod in sie hineingesprungen sein.«* – Der dritte und letzte Brief ist von Saikos Hand; Shōko, die ihn nach dem Tod ihrer Mutter fand, hat ihn ihrem Brief an *»Onkel Jōsuke«* beigelegt. Im Bewußtsein, sterben zu müssen, nachdem sie weiß, daß Midori die Situation von Anfang an begriffen hat, habe sie, schreibt Saiko, wie erleichtert eine seltsame Ruhe empfunden. Gleich darauf jedoch, auf die Nachricht von der Wiederverheiratung ihres früheren Ehemannes, sei sie erst auf ihr eigentliches Ich gestoßen: nie bereit, aktiv zu lieben, sondern immer auf der Jagd nach dem Glück, geliebt zu werden, habe sie die Einsamkeit des Ungetreuen benötigt, um – wie einst mit Misugi beschworen – alle Welt zu betrügen; nur eben (das ist die Einsicht) Misugi, den Geliebten, und sich selbst auch.

Die drei Briefe sind so unterschiedlich wie ihre Schreiberinnen, naiv, geschwätzig, besessen. Formal erinnert die vielfache Spiegelung des Geschehens an AKUTAGAWA Ryūnosukes *Yabu no naka (Im Dickicht)*, aber es geht um keinen Kriminalfall wie dort, vielmehr um eine psychologische Studie, um die Darstellung nach innen gerichteter Verhaltensweisen, und zwar ausschließlich der drei Frauen. Sie bereiten dem Adressaten ihrer Briefe, dem sich nirgends selber artikulierenden Misugi Jōsuke und mit ihm dem ebenso konturlos bleibenden Ich-Erzähler, den Abgrund des »weißen Flußbetts« unter ihren Füßen.   S.Schaa.

AUSGABEN: Tokio 1949 (in Bungakukai, Okt.-H.). – Tokio 1950 (in *Tōgyū*). – Tokio 1972–1975 (in *Inoue Yasushi shōsetsu-zenshū*, 32 Bde.)

ÜBERSETZUNG: *Das Jagdgewehr*, O. Benl, Ffm. 1964 (BS; zul. 1988).

VERFILMUNG: Japan 1961.

LITERATUR: Tsuruta K., *Inoue-bungaku ni okeru kodoku to jōnetsu* (in *Inoue Yasushi-kenkyū*, Hg. Hasegawa I., Tokio 1974). – Osakabe M., *»Ryōjū« to »Tōgyū«* (ebd.).

TONKŌ

(jap.; *Ü: Die Höhlen von Dun-huang*). Roman von INOUE Yasushi, erschienen 1959 als das zentrale Werk innerhalb der Reihe der zwischen 1950 und 1965 entstandenen »Seidenstraßen«-Prosa Inoues. – Das historische Thema Dun-huang habe ihn, erklärt der Autor im Vorwort zur englischen Übersetzung (1978), bereits als Student in den frühen

dreißiger Jahren beschäftigt. Als er damals die Berichte über die von Sir Aurel Stein, Paul Pelliot u. a. seit 1907 in einer der »Tausend-Buddha-Höhlen« nahe der Oasenstadt gefundenen Schriftrollen las, sei ihm vieles an diesem so bedeutsamen Fund rätselhaft geblieben: *»Wann wurden diese Dokumente in der Höhle verborgen und warum so viele? Welche Zwänge nötigten zu ihrer Verwahrung?«* Im Jahr 1953, noch immer von denselben Fragen ausgehend, habe er dann ein intensives Studium vor allem chinesischer Quellen aufgenommen, einiges auch verifizieren können, um bei der 1958 begonnenen Niederschrift des Romans die noch fehlenden Tatsacheninformationen durch eingepaßte Fiktion zu füllen.

Im Jahre 1026 ist bei der Dritten Staatsprüfung in der song-chinesischen Hauptstadt Kaifeng der zweiunddreißigjährige Zhao Xing-de einer unter Tausenden von Kandidaten. Doch wartend schläft er ein, träumt zwar, daß er vor dem Kaiser eine wohlfundierte Rede hält über die Bedrohung der Westgrenze durch die tangutischen Xi-xia, die Prüfung indessen verschläft er. Der Hoffnung auf die sicher geglaubte Karriere beraubt, irrt er verzweifelt durch die Gassen, als er durch ein zufälliges, höchst fremdartiges Ereignis in eine ganz andere Lebensrichtung gelenkt wird: Ein Uigure bietet eine Frau, eine *»Xi-xia-Teufelin«*, zum Verkauf feil, »stückweise«, wie er droht; Zhao Xing-de erlegt die volle Kaufsumme und läßt die Frau frei, was diese ihm dadurch dankt, daß sie ihm ein mit seltsamen Schriftzeichen beschriebenes Tuch zum Geschenk macht. Sogleich ist er überzeugt, die Xi-xia, im Begriff, eine Nation von Rang zu werden, haben sich in Anlehnung an die chinesische eine eigene Schrift gegeben. Da ihm niemand glaubt, bricht er in die schon tief in Innerasien liegenden westlichen Grenzgebiete auf, um Schrift und Wesen der Xi-xia zu studieren. Nach monatelangem Ritt überquert er den Oberlauf des Gelben Flusses und erreicht Liang-zhou, das die Xi-xia soeben erobert haben. Sie verdächtigen ihn zunächst der Spionage, stecken ihn dann aber kurzerhand in ihre Armee, wo er die Freundschaft des ebenfalls chinesischen Söldnerkommandeurs Zhu Wang-li gewinnt. Unter ihm an den Kämpfen gegen die Uiguren beteiligt, macht er, der Gelehrte, einigermaßen Figur, so daß ihm Zhu Wang-li einen Studienaufenthalt in der Xi-xia-Hauptstadt verschaffen kann. Zum Abschied bittet er Zhu Wang-li, er möge sich um seine Geliebte, eine vor den Xi-xia verborgene uigurische Prinzessin, kümmern.

Rasch erlernt Zhao Xing-de die fremde Schrift und verfaßt mit seinen neuen Kenntnissen ein Wörterbuch, das vom Chinesischen her die Sprache erschließt. Nach zwei Jahren steht er vor der Entscheidung: Geht er zurück nach China, um vor dem aufsteigenden Xi-xia-Reich zu warnen, oder wieder an die Front zu Freund und Geliebter? Er entscheidet sich für die Rückkehr an die Front und trifft auf einen gealterten, zornigen Zhu Wang-li, der ihm berichtet, die Uigurin sei krank gewesen und gestorben. Doch eines Tages erblickt er die Geliebte im Gefolge des fürstlichen Oberbefehlshabers, der sie in Wahrheit gezwungen hat, ihm zu Willen zu sein. Kurz darauf stürzt sich die Uigurin in den Tod. Und Zhu Wang-li gesteht: »*Auch ich habe sie geliebt.*« Schon befinden sich die Nachbarvölker ebenfalls in Gefahr, von den Xi-xia überrannt zu werden, und versuchen fromme Stadtfürsten, sich durch Stiftung buddhistischer Sutren, die Zhao Xing-de übersetzt hat, dem neuen Reich gefällig zu erweisen, da wechselt Zhu Wang-li rachedürstend die Seiten: Er wendet seine Truppen gegen die nachrückende Xi-xia-Hauptarmee, wird jedoch in die Flucht geschlagen und setzt sich zuletzt in Dunhuang fest. Hier übernimmt es Zhao Xing-de, die wertvollen Schrift- und Bilderrollen als fürstlichem und Tempelbesitz im Jahre 1036 in einer der »Tausend-Buddha-Höhlen« einzumauern, bevor auch über ihn – sein Freund Zhu Wang-li ist gefallen – die Hufe der Xi-xia-Reiterei hinwegdonnern. – Ein Schlußkapitel referiert die meist historisch belegten Ereignisse am Ort bis hin zur Wiederentdeckung der Schriftrollen in unseren Tagen.

In diesem Roman, der mit dem Großen Mainichi-Kunstpreis ausgezeichnet wurde, verharrt der Autor bewußt in der Rolle des lediglich chronikalisch berichtenden, sozusagen naiven »Story-tellers«; aber gerade indem er sowohl ohne den strahlenden Helden wie ohne den abscheulichen Finsterling auskommt und weder altertümelnd noch modernistisch psychologisierend schreibt, gelingt es ihm, den fremdesten Schauplatz und eine kaum geläufige historische Periode aufs lebendigste zu veranschaulichen.   S.Schaa.

AUSGABEN: Tokio 1959. – Tokio 1972–1975 (in *Inoue Yasushi shōsetsu-zenshū*, 32 Bde.). – Tokio 1981/82 (in *Inoue Yasushi rekishi-shōsetsu-shū*).

ÜBERSETZUNGEN: *Tun-huang*, J. Oda Moy, Tokio 1978 [engl.; Vorw. Inoue Y.]. – *Die Höhlen von Dun-huang*, S. Schaarschmidt, Ffm. 1986. – Dass., ders., Ffm. 1989 (st).

LITERATUR: Hirano K., *Kongetsu no shōsetsu* (in Mainichi-shimbun, 24. 12. 1959). – Inoue H., *»Roran« to »Tonkō«* (in *Inoue Yasushi-kenkyū*, Hg. Hasegawa I., Tokio 1974). – G. Metken, Rez. (in SZ, 28. 6. 1986). – R. Zimmer, Rez. (in FAZ, 16. 8. 1986)

WAGA HAHA NO KI

(jap.; *Ü: Meine Mutter*). Erzählungstrilogie von INOUE Yasushi, in vollständiger Fassung erschienen 1975. – Zu dem in der modernen japanischen Literatur häufig vertretenen Genre der Ich-Erzählung gehörig, bilden die um das Altern der Mutter kreisenden drei Prosastücke schon von ihrer Entstehungsgeschichte her einen Sonderfall. Im Juni 1964 erschien in der Zeitschrift ›Gunzō‹ das erste Stück, *Hana no shita (Unter den Blüten)*, beginnend mit der Zeile: »*Vater starb vor fünf Jahren,*

achtzig Jahre alt . . .«, und: »*Heute hat meine Mutter das gleiche Alter, in dem Vater starb . . .*« In derselben Zeitschrift publizierte Inoue im August 1969 den zweiten Teil, *Tsuki no hikari (Im Glanz des Mondes)*, in dem er sich eingangs auf jenes ältere Stück über seine Mutter bezieht, um dann fortzufahren: »*Seitdem sind unversehens fünf Jahre vergangen, und sie ist jetzt fünfundachtzig Jahre alt.*« Beide Stücke legte Inoue, ebenfalls 1969, in dem Sammelband *Tsuki no hikari* vor. Im November 1973 schließlich starb seine Mutter, und der dritte, nun aus dem Abstand der Erinnerung geschriebene Teil *Yuki no omote (Die Schneedecke)* erschien in ›Gunzō‹ im Mai 1974 und vier Monate später in dem Sammelband *Tōriki (Von Pfirsichen und Pflaumen)*. Im Nachwort zu *Waga haha no ki* in der vollständigen Fassung (1975) bemerkt Inoue, tatsächlich habe er sogleich nach Abschluß des zweiten Teils den dritten geplant und den Titel dafür bereits festgelegt, dann jedoch aus dem unbehaglichen Gefühl heraus, er »verkaufe« das Altern seiner Mutter, die Arbeit daran abgebrochen. Vier Monate nach ihrem Tod indessen »*empfand ich plötzlich ein heftiges Verlangen, die Ereignisse um Mutters Sterben festzuhalten. . . . Ich sollte, ich mußte einen Teil (hinzu-)schreiben, der Mutters Seele besänftigen würde.*« Einen Teil, der nun allerdings anders aussah als einst geplant: Obwohl sich der Autor das Recht auf partielle Fiktionalisierung vorbehält, läßt er es zu, daß sein Werk wesentlich von der erlebten Wirklichkeit bestimmt wird.

Schon bald nach dem Tod des Vaters beginnt sich die Familie um die zunehmende Vergreisung der Mutter zu sorgen. Man überredet sie, das einsame Haus im heimatlichen Dorf zu verlassen; sie lebt bei der jüngsten Tochter in Tokio, körperlich rüstig, aber so vergeßlich, daß sie »*einer gesprungenen Schallplatte gleich von früh bis spät dasselbe*« redet. Das Bild des Mannes, mit dem sie verheiratet war, verblaßt; um so lebendiger ist ihre Erinnerung an einen geliebten, jung verstorbenen Vetter: Es war, als suchte sie nachträglich den lästigen Alltagspflichten eines langen Ehelebens zu entkommen. Ja, sie selber befindet: »*Nichts ist zu schade, um vergessen zu werden.*« Mit achtzig läßt man sie in das alte Haus der Familie zurückkehren, das jetzt eine andere verheiratete Tochter bewohnt. Vorübergehend bessert sich nun ihr Zustand, doch allmählich geht ihr Realitätsverlust so weit, daß sie nicht nur ihre Umgebung nicht mehr recht zu erkennen vermag, sondern Personen und Namen verwechselt, ja sogar die Abfolge der Generationen vertauscht und die eigene Tochter für »die Großmutter« hält. Über solchen Verfall rümpft indessen keiner die Nase, im Gegenteil: Sie alle nehmen teil, nehmen wahr, »*ohne die alte Frau zu entmündigen oder abzuschieben, sondern mit unendlicher Ehrfurcht vor dem Abspulen eines Lebens, wie dieses in die Zeit zurücksinkt*« (F. DÜRRENMATT). Im Schlußteil berichtet der Ich-Erzähler, wie die Mutter sich noch einmal eine Zeitlang in seinem Haus in Tokio aufhält. Eines Tages erklärt sie ihm vor seinem Arbeitszimmer: der Mann, der da zu sitzen pflegte, sei vor drei Tagen gestorben. Eine gewisse Unruhe im Haus könnte sie, meint der Erzähler, auf diesen Gedanken gebracht haben. Sie lebt, entdeckt er, in einer Art »Situationsgefühl«; auf bestimmte »Daten« von außen entsteht in ihr die Bühne, auf der sie in einem *»von ihr geschaffenen Drama beliebig viele Rollen spielen«* kann. Ein anderes Mal bildet sie sich ein, er, der Sohn, das Baby, sei verschwunden, und sie müsse ihn suchen; oder sie meint, einen Monat vor ihrem Tod, als er ihr nachts in ihrem alten Haus begegnete, nun habe es zu schneien begonnen. Am Ende ist sie wieder am Anfang: die jungverheiratete Dreiundzwanzigjährige im hohen Norden während der langen, schneereichen Winter und in ihren Armen ihn, den Erstgeborenen.

Waga haha no ki gehört zu den bedeutendsten Texten Inoues. Das Thema, seine Behandlung, der zurückgenommene Stil bilden eine überzeugende Einheit.   S. Schaa.

AUSGABEN: Tokio 1975. – Tokio 1977 [m. Komm. v. Nakamura M.; Tb.].

ÜBERSETZUNG: *Unter den Blüten. Der Glanz des Mondes. Die Schneedecke*, O. Benl (in *Die Berg-Azaleen auf dem Hira-Gipfel*, Ffm. 1980; BS). – *Meine Mutter*, ders., Ffm. 1987 [rev.].

LITERATUR: I. Hijiya-Kirschnereit, Rez. (in FAZ, 30. 6. 1987). – H. Dittberner, Rez. (in FRs, 31. 10. 1987).

HEINRICH INSTITORIS
JAKOB SPRENGER

Heinrich Institoris
(Heinrich Krämer)

* um 1430 Schlettstadt
† 1505 Mähren

Jakob Sprenger

* um 1436 Rheinfelden
† 6.12.1495 Straßburg

MALLEUS MALEFICARUM

(nlat.; *Der Hexenhammer*). Zusammenfassendes Werk über das Hexenwesen von den Dominikanern Heinrich INSTITORIS und Jakob SPRENGER, erschienen 1487. – Die Hexenverfolgung, wie sie Institoris und Sprenger in diesem Werk propagieren, ist unmittelbar aus den Ketzerprozessen erwachsen, durch die die kirchlichen Gerichte dem seit dem 11. Jh. offenkundigen inneren Zerfall entgegenzuwirken suchten. Aus der in den einzelnen Landschaften unterschiedlich verlaufenen Entwicklung lassen sich einige Hauptpunkte hervorheben: Die Schauergeschichten von Geheimbünden, Kindermorden, Gotteslästerungen und nächtlichen Orgien, wie sie MINUCIUS FELIX über die frühen Christen zu berichten weiß, wurden schon früh den Katharern, Albigensern und Waldensern angedichtet. Nachdem Papst Innozenz III. die südfranzösischen Albigenser durch einen Kreuzzug (1209–1229) nahezu ausgerottet hatte, wurden 1229 auf der Synode von Toulouse die kirchlichen Inquisitionsgerichte durch die Berufung von außerordentlichen Ketzerrichtern institutionalisiert. Damit trat neben die Form des herkömmlichen Anklageverfahrens der Inquisitionsprozeß. Es konnten also auf bloße Denunziation hin Verhaftungen vorgenommen, die Namen der Denunzianten in den Verhören geheimgehalten und Geständnisse durch die Folter erzwungen werden; das Vermögen des Verurteilten wurde gewöhnlich zugunsten der Kirche des Gerichts und des Denunzianten konfisziert. Außerdem wuchs sich während des 13. und 14. Jh.s – nicht zuletzt als Reaktion auf die rasche Ausbreitung der im katholischen Lager verrufenen Sekten – die Furcht vor dem Teufel zu einem geradezu monströsen Aberglauben aus. Selbst die über Spanien eingedrungenen naturwissenschaftlichen Kenntnisse gerieten rasch in den Sog des überall sprießenden Aberglaubens; sie verloren in der weißen Magie weitgehend ihre experimentelle Grundlage, und die schwarze Magie mit ihren dubiosen Mitteln der Dämonenbeschwörung und der Totenknochen rückte immer näher an die Seite ihrer in Spekulationen sich erschöpfenden naturwissenschaftlichen Schwester. Alchimisten vom Schlag eines DELLA PORTA mischten bereits alkaloidhaltige Hexensalben, deren Anwendung – wie PEUCKERT nachgewiesen hat – zu Rauscherlebnissen führte, die den Hexen dann als wirklich vollbrachte Untaten vorgeworfen wurden.

Angesichts wachsenden Okkultismus, zunehmenden kirchlichen Separatismus und erstarkenden Teufelsglaubens erscheint es nicht verwunderlich, daß schon um die Mitte des 13. Jh.s Ketzerei und Zauberei auf eine gemeinsame Wurzel – den Bund mit dem Teufel – zurückgeführt wurden. Die Erneuerung dieser schon im Altertum vorhandenen Identifizierung wurde infolge der besonderen historischen Konstellation für die bis ins 18. Jh. anhaltenden Hexenpogrome entscheidend. Doch konnten die Verfolgungen und das Inquisitionsverfahren im deutschsprachigen Raum erst in der zweiten Hälfte des 15. Jh.s – eben mit Sprenger und Institoris – endgültig Fuß fassen. Die beiden Inquisitoren wurden dabei nachdrücklich unterstützt durch eine Bulle Innozenz' VIII. (*Summis desiderantes affectibus*, 1484), die ausführlich das Hexenunwesen in Deutschland behandelt, die inquisitorische Tätigkeit Sprengers und Institoris' befürwortet und den offenbar starken Widerstand in Klerus und Volk durch die Androhung schwerer Strafen zu brechen sucht.

Im *Hexenhammer* schufen die Verfasser das Instrument einer in der Argumentation weit ausholenden »Aufklärung« über die Hintergründe, den Inhalt und die Bekämpfung allen Hexenwesens. Sie stützen sich hierbei nicht nur auf die allerorts aus dem Boden geschossene einschlägige Literatur der letzten Jahrhunderte, sondern greifen bis auf die Kirchenväter und das *Alte Testament* zurück. So wird das Werk zu einem Sammelbecken alter und neuer Lehrmeinungen, gestrafft durch eine systematische Darstellung und vereinfacht durch eine trivialisierende Interpretation. Sprenger betont diese Traditionsgebundenheit in der dem Werk vorangestellten *Apologia*: Das Buch sei zugleich alt und neu; alt in dem Sinn, daß hier »*aus unserem eigenen Scharfsinn wenig und gleichsam nichts hinzugefügt wurde*« und der Inhalt gewissermaßen als Kompendium jahrtausendealter Überzeugungen zu verstehen sei. Neu sei lediglich die Zusammenstellung und die Verbindung der vorher verstreut vorhandenen Einzelelemente. Die Befürchtung, daß die aus dieser Kompilation für die Hexenverfolgung sich ergebenden Konsequenzen keine Zustimmung finden würden, veranlaßte die Urheber, an der theologischen Fakultät zu Köln um ein empfehlendes Gutachten nachzusuchen. Da dieses allzu reserviert ausfiel, wurde der Wortlaut gefälscht und eine nun den Intentionen Sprengers und Institoris' entsprechende Fassung im *Malleus* abgedruckt – mit Ausnahme der für den Kölner Raum zum Verkauf bestimmten Exemplare.

Am Anfang der eigentlichen, in drei Teile gegliederten Ausführungen wird jede prinzipielle Leugnung des Hexenglaubens als verwerfliche Ketzerei verurteilt. In der Folgezeit gab gerade diese These dem Hexenrichter freie Hand, gegen jede grundlegende Kritik an seiner Arbeit aufs schärfste vorzugehen und bis ins 17. Jh. hinein jede Auflehnung zu ersticken. Im Fortgang der Argumentation konzentrieren sich die Verfasser auf den Nachweis, daß keine Hexentat ohne Mitwirkung des Teufels, jedoch auch nicht ohne Zustimmung Gottes vollzogen werden könne, daß in erster Linie Frauen – von Natur aus in der Wollust unersättlich – zum Teufelspakt bereit seien und daß der Sexualverkehr mit Sukkuben und Inkuben, die Bewirkung von Impotenz und Frigidität, das Einfahren in Tierleiber sowie der rituale Kindermord spezifische Verbrechen dieser heimlichen Sekte seien. Nur Luzifers *non serviam* überbiete das Maß solcher Bosheit, die in jedem Fall mit dem Tod zu bestrafen sei. Als Stützen dieser Doktrin werden eine Unzahl von Autoritäten zitiert: die *Bibel*, ARISTOTELES, DIONYSIOS AREOPAGITA, AUGUSTINUS, ALBERTUS MAGNUS, THOMAS AQUINAS, BONAVENTURA und natürlich der ganze Bodensatz der eigentlichen Hexenliteratur der vorhergehenden Jahrzehnte.

Der zweite Teil – anknüpfend an die beiden Fragen, wem Hexerei schaden könne und wie die Schäden zu heilen seien – zielt auf die Spezifizierung der Malefizien ab. Hier werden unter dem strengen Gewand des wissenschaftlichen Beweises und des religiös sanktionierten Besserungsanspruchs nochmals alle den Hexen angelasteten Untaten aufgerollt: die Sakramentsschändung, der Wetterzauber, die Schädigung von Mensch und Vieh, der Ritt auf Bock und Besen, der Unfug mit Inkuben und Sukkuben, der Teufelspakt. Hier tritt die nuancierte Abwertung des weiblichen Geschlechts besonders stark hervor; hier enthüllen die Verfasser ihre eigenen Erfahrungen aus Prozessen gegen 48 Frauen, die am Hexenpfahl sterben mußten; hier begegnet auch bereits das Argument, daß die unter der Folter verzweifelten Inquisiten, die im Gefängnis Selbstmord begingen, vom Teufel dazu getrieben worden seien, der dadurch ihre mögliche Buße und Rückkehr in den Schoß der Kirche vereitelte – eine Motivierung, der sich alle Nachfolger Sprengers und Institoris' in ähnlichen Fällen angeschlossen haben, selbst dann, wenn die stundenlang am Seil aufgezogene Angeklagte gestorben war, während Richter und Henker beim Gelage saßen.

Gegenstand des dritten Teils ist das Prozeßverfahren, konzipiert als praktische Anleitung für die profanen und geistlichen Inquisitoren. Die Autoren greifen hier weitgehend auf das *Directorium inquisitorum* (1376) von Nicolaus EYMERICUS zurück – ein Buch, das besonders auf der Iberischen Halbinsel und in Frankreich vor Erscheinen des *Hexenhammers* bereits über hundert Jahre lang eine ähnliche Rolle als Kriminalordnung gespielt hatte wie später dieser. Unverhohlen vom Anklageverfahren abratend, heben Sprenger und Institoris die »Vorzüge« des Inquisitionsprozesses hervor: die leichte Ermittlung der Verdächtigten durch Denunziation, die Entbindung des Denunzianten von jeder Verantwortung, die Ungebundenheit des Richters. Alle Christen – Adlige, Geistliche, Bürger, Knechte, Feind, Verbrecher –, alle sollten »*mit dem Dolch der Exkommunikation durchbohrt*« werden, wenn sie dem Tribunal einen Verdacht auf Hexerei verschwiegen. Nur wenn Todfeind gegen Todfeind zeuge, sei die Klage gegenstandslos, wobei jedoch im gleichen Atemzug eine Reihe von Kunstgriffen empfohlen wird, um die Todfeindschaft nur als Feindschaft erscheinen und die Anklage dadurch rechtskräftig werden zu lassen. Für das Ermittlungsverfahren wird in der Regel Kerkerhaft empfohlen; durch tiefgreifende Einschränkungen wird die Verteidigung des Angeklagten durch einen Anwalt nahezu unterbunden. In den Anweisungen zur peinlichen Frage wird das kanonische Verbot einer Wiederholung der Folter dadurch umgangen, daß die Richter neue Termine »*zur Fortsetzung der Tortur, nicht aber zur Wiederholung bestimmen können*«. Dieses Sophisma wurde in der Geschichte der Hexenverfolgung eine feste Regel und machte es dem Angeklagten nahezu unmöglich, der einmal angelaufenen Justizmaschinerie unbeschadet zu entrinnen. (Es ergaben sich Fälle, in denen die Inquisiten mehr als fünfzigmal den schwersten Folterungen widerstanden, um am Ende aber doch jedes gewünschte Geständnis abzulegen und auf die Suggestion des Richters hin die nächsten Angehörigen der schrecklichsten Verbrechen zu beschuldigen.) Das Werk endet mit der Erörterung der Urteilsfällung und des Strafvollzugs, wobei das Verbrechen der Zauberei als *crimen mixti fori* betrachtet wird. Sobald ein Angeklagter für schuldig befunden wurde, lieferte ihn der Inquisitor dem Profangericht aus, dem lediglich die Urteilsverkundung und der Strafvollzug oblagen.

Das Werk wurde zwischen 1487 und 1520 dreizehnmal und zwischen 1574 und 1669 sechzehnmal aufgelegt (davon elf französische und zwei italienische Auflagen). Im deutschen Sprachraum wurde es zum Markstein einer zweifachen Entwicklung: Einerseits trat das im *Malleus* empfohlene Inquisitionsverfahren in nahezu allen Rechtsfällen, in denen gegen Ketzer und Hexen ermittelt wurde, an die Stelle des Akkusationsprozesses; andererseits gelang es Sprenger und Institoris, den im Volk, wenn auch in schwächerer Form, schon lange bestehenden Aberglauben in die von Päpsten, Inquisitoren und bald auch von führenden Protestanten gewiesenen Bahnen zu leiten. Eine Unzahl von Männern und Frauen starb in den folgenden zweieinhalb Jahrhunderten am Hexenpfahl; keiner konnte sich wirksam vor Denunzianten schützen, deren Motive oft genug Haß, Neid, Feindschaft oder Geldgier waren. Achtjährige Kinder wurden ebenso gefoltert wie achtzigjährige Greisinnen, viele auf Lebenszeit eingemauert. Als im Dreißigjährigen Krieg die Verelendung des Volks ein unvorstellbares Ausmaß erreicht hatte, gehörte das Inquisitions- und Henkersamt zu den einträglichsten Berufszweigen. Die Hinrichtungen wurden zum Volksschauspiel, und die allgemeine Verrohung ging so weit, daß in einer Nürnberger *Druten-Zeitung* (1627) die Schicksale der Verbrannten in der Form eines Gassenhauers angepriesen wurden. Theologen und Juristen lieferten die theoretische Basis für eine Bewegung, in der die Glaubenslehre auf die Stufe einer fanatischen Ideologie herabsank und das Recht einem Wahn dienstbar gemacht wurde. Johann Weyers *De praestigiis daemonum et incantationibus ac veneficiis*, 1563 *(Von den Blendwerken der Dämonen, von Zaubereien und Giftmischern)*, wie auch die *Cautio criminalis* (1631) des Hexenbeichtvaters Spee blieben in der Bekämpfung dieser Exzesse lange Zeit Einzelerscheinungen. Erst um die Wende vom 17. zum 18. Jh. setzte mit Balthasar Bekker und Christian Thomasius im Zuge der erwachenden Aufklärung die entscheidende Reaktion ein, die um die Mitte des 18. Jh.s die Hexenprozesse allmählich unterband und später auch zur Beseitigung der Tortur in der Rechtsprechung führte.   A.U.

AUSGABEN: Köln 1487. – Köln 1494. – Nürnberg 1494. – Straßburg 1582. – Lyon 1669.

ÜBERSETZUNG: *Der Hexenhammer*, J. W. R. Schmidt, Einl. ders., Bln. 1906, 3 Bde.; ³1922/23. – Dass., ders., Darmstadt 1980. – Dass., ders., Mchn. 1982 (dtv).

LITERATUR: J. Diefenbach, *Der Hexenwahn vor u. nach der Glaubensspaltung in Deutschland*, Mainz 1886, S. 209–229; Wiesbaden ⁵1988. – G. Längin, *Religion u. Hexenprozeß*, Lpzg. 1888. – J. Hansen, *Der »Malleus maleficarum«, seine Druckausgaben u.*

die gefälschte Kölner Approbation vom Jahre 1487 (in Westdt. Zs. f. Geschichte u. Kunst, 17, 1898, S. 119–168). – Ders., *Zauberwahn, Inquisition u. Hexenprozeß im Mittelalter u. die Entstehung der großen Hexenverfolgung*, Mchn./Lpzg. 1900, S. 473 ff.; Nachdr. Aalen ²1983. – Ders., *Quellen u. Untersuchungen zur Geschichte des Hexenwahns u. der Hexenverfolgung im Mittelalter*, Bonn 1901. – H. Ch. Lea u. A. C. Howland, *Material towards a History of Witchcraft*, Bd. 1, NY/Ldn. 1957, S. 306–347. – K. Baschwitz, *Hexen u. Hexenprozesse. Die Geschichte eines Massenwahns u. seiner Bekämpfung*, Mchn. 1963. – W.-E. Peuckert, *Die große Wende. Das apokalyptische Saeculum u. Luther*, Bd. 1, Darmstadt 1966, S. 119–130. – *Volkserzählung u. Reformation*, Hg. W. Brückner, Bln. 1974. – C. Gérest, *Le démon dans le paysage théologique des chasseurs de sorcières. Étude d'après le »Marteau des sorcières« XVᵉ siècle* (in Concilium, 103, 1975, S. 55–70). – G. Zilboorg, *Aspetti fisiologici e psicologici del »Malleus maleficarum«* (in *La stregoneria in Europa, 1450–1650*, Hg. M. Romanello, Bologna 1975, S. 323–343). – *The Damned Art. Essays in the Literature of Witchcraft*, Hg. S. Anglo, Ldn./Boston 1977, S. 1–31. – H. Bruckert, *Der »Hexenhammer« u. die Verfolgung der Hexen in Dtld.* (in *Philologie u. Geschichtswissenschaft*, Hg. H. Rupp, Heidelberg 1977, S. 106–116). – H. P. Kneubühler, *Die Überwindung von Hexenwahn u. Hexenprozeß*, Dießenhofen 1977. – M. Kunze, *Straße ins Feuer. Vom Leben u. Sterben in der Zeit des Hexen-Wahns*, Mchn. 1982. – A. Schnyder u. F. J. Worstbrock, Art. *H. I.* (in VL², 4, Sp. 408–415). – M. Hammes, *Hexenwahn u. Hexenprozesse*, Ffm. ⁸1987 (FiTb). – G. Schwaiger, *Teufelsglaube u. Hexenprozesse*, Mchn. ²1988. – *Entstehung u. Umfeld des »Malleus maleficarum« von 1487*, Hg. P. Segl, Köln u. a. 1988.

IOANE BAGRATIONI

* 16.5.1768 Tiflis
† 15.2.1830 St. Petersburg

KALMASOBA

(georg.; *Die Kollektenreise*). Fiktiver Reisebericht von Ioane Bagrationi, erschienen 1862–1867. – Das um 1801 begonnene und 1828 abgeschlossene Werk des Prinzen Joane Bagrationi – Sohn König Giorgis XII. – gilt als ein origineller letzter Ausläufer der georgischen Aufklärungsliteratur. Der vielseitig gebildete Verfasser war sich der Reformbedürftigkeit der überkommenen Gesellschaftsstruktur und vor allem der Notwendigkeit bewußt, durch Erziehung zu selbständigem Denken zu führen. Als Sprachrohr seiner Ideen läßt er in *Kalmasoba* einen Zeitgenossen, den mit dem Königshaus

freundschaftlich verbundenen Mönch Jona Hela-
švili, Beobachtungen einer Reise mitteilen, die jenen, zusammen mit einem munteren Burschen namens Zurab Gambarašvili, durch das ganze Land
führt. Beider Ziel ist es, Getreide und Wein für das
Heimatkloster zu beschaffen, eine Aufgabe, die sie
mit Menschen aller Schichten in Berührung bringt,
mit Politikern, geistlichen Würdenträgern, einfachen Mönchen, Ärzten, Dichtern, Lehrern, Gutsbesitzern und Beamten des königlichen Hofs. Der
kritischen Darstellung rückständiger Lebensgewohnheiten fügt der Verfasser eine Einführung in
verschiedene Wissensgebiete, wie Astronomie,
Geodäsie, Mathematik, Botanik, Medizin, Philosophie, Theologie, Geschichte, Grammatik, Poetik
u. a., bei und bekundet damit die aufklärerische
Neigung zu enzyklopädischer Bestandsaufnahme
des Wissens, der wirkungsvollsten Waffe gegen die
Macht unreflektiert überlieferter Konventionen.
Die *Kollektenreise*, der die Geschichtsforschung wesentliche Kenntnisse der georgischen Lebensverhältnisse am Ende des 18. Jh.s verdankt, hat dank
ihrer unbestrittenen literarischen Qualitäten die
Entwicklung der georgischen Prosa des 19. Jh.s
entscheidend beeinflußt.   I. Ku.

AUSGABEN: Tiflis 1862–1867, 2 Tle., Hg. Z. Čičinadze. – Tiflis 1933, 2 Bde., Hg. G. Džavahišvili.
– Tiflis 1948, 2 Bde., Hg. K. Kekelidze u. A. Baramidze [unvollst.]. – Tiflis 1974 (*Kalmasoba. P'ilo-
sop'iuri nacili*, Hg. G. Dedabrišvili; krit.).

LITERATUR: A. Leist, *Das georgische Volk*, Dresden
1903, S. 229/230. – D. Karitčašvili, *Vin aris »Kal-
masobis« avtori?* (in Sak'art'velos ark'ivi, 1927). –
D. M. Lang, *Prince Joann of Georgia and His »Kalmasoba«* (in The American Slavic and East European Review, 2, 1952, S. 274–287). – A. Baramidze,
Iovane Batonišvilis biograp'iidan (in *Narkvevebi k'ar-
t'uli literturis istoriidan*, Tiflis 1952). – Tarchnišvili,
S. 258/259; 305–309. – G. K'ik'odze, *Etiudebi da
portretebi*, Tiflis 1958. – K. Salia, *La littérature gé-
orgienne (XIIIe–XIXe siècle)* (in Bedi Kartlisa, 1965,
Nr. 48/49, S. 88/89). – L. K'ut'at'eladze, *Iovane
Bagrationis »K'art'uli lek'sikoni«*, Tiflis 1975. –
A. Baramidze (in GeoEnz, 5, 1980, S. 188). –
H. Fähnrich, *Die georgische Literatur*, Tiflis 1981,
S. 78.

IOANE SABANISDZE

8. Jh.

ABO [HABO] T'BILELI

(georg.; *Das Martyrium des hl. Abo von Tiflis*). Heiligenlegende von IOANE SABANISDZE, aufgezeichnet zwischen 786 und 790. – Abo, ein arabischer

Essenzenhändler, folgt dem georgischen Fürsten
Nerses von K'art'li aus Bagdad nach Tbilisi (Tiflis),
lernt in Georgien das Christentum kennen und läßt
sich taufen; am 27. 10. 785 wird er von den Arabern wegen seines Abfalls vom »väterlichen Glauben« gefangengenommen und am 6. 1. 786 enthauptet; sein Leib wird verbrannt, die Asche in den
Fluß Mtkwari geworfen. – Sabanisdze, der mit Abo
persönlich bekannt war, schrieb das Werk auf
Wunsch des Katholikos Samuel, wie aus dessen
Brief und Sabanisdzes Antwortschreiben, die dem
Werk als Vorwort dienen, hervorgeht. Dem Leben
und dem Martyrium Abos sind drei Kapitel gewidmet, denen sich als letztes ein *Lob des heiligen Abo*
anschließt. Der Autor bemüht sich, seinen Landsleuten die Größe des Christentums zu zeigen und
sie vor dessen Vermischung mit fremden Elementen zu warnen. Sie sollen nicht vergessen, daß Georgien »Mutter der Heiligen« genannt wurde. Wie
sein Auftraggeber Katholikos Samuel, so ist der
Autor selbst überzeugt, daß Abo *»für Georgien ge-
litten hat«*.   J. J.

AUSGABEN: Petersburg 1882 (in M. Sabinini,
Sak'art'velos samot'he, S. 333–350). – Tiflis 1899
(in P. Karbelašvili, *Cmida mocame Abo t'bileli*; Sae
klesio muzeumis gamoc'ema, 3). – Tiflis 1935 (in
K. Kekelidze, *Adrindeli p'eodaluri k'art'uli literatura*, S. 55–80). – Tiflis 1946 (in S. Qubaneišvili,
Dzveli k'art'uli literaturis k'restomat'ia, Bd. 1,
S. 55–71). – Tiflis ²1953 (in I. Imnaišvili, *K'art'uli
enis istoriuli k'restomat'ia*, S. 176–202).

ÜBERSETZUNGEN: *Das Martyrium des hl. Abo von
Tiflis*, K. Schultze, Lpzg. 1905, N. F. 13/IV. – *The
Martyrdom of Abo, the Perfumer from Baghdad*,
D. M. Lang (in D. M. L., *Lives and Legends of the
Georgian Saints*, Ldn. 1956, S. 115–133; engl.). –
In K. Kekelidze, *Pamjatniki drevnegruzinskoj agio-
grafičeskoj literatury*, Tiflis 1956, S. 31–60.

LITERATUR: V. Vasil'evskij, *Russko-Vizantijskie
otryvki. Žitie Ioanna Gotfskogo* (in Žurnal Mini-
sterstva Narodnogo Prosveščenija, 1877,
S. 121–125). – K. Kekelidze, *Ahali sagaloblebi Abo
t'bilelisa* (in Mcqemsi, 1905, Nr. 13/14; ern. in
K. K., *Etiudebi dzveli k'art'uli literaturis istoriidan*,
Bd. 6, Tiflis 1960, S. 414–417). – P. Peeters, *Les
Khazars dans la passion de St.-Abo de Tiflis* (in An-
Boll, 52, 1934, S. 21–56). – G. Garitte, *Le calen-
drier palestino-géorgien du Sinaiticus 34 (Xe siècle)*,
Brüssel 1958, S. 44; 126 f.; 133 (Subsidia hagio-
graphica, 30). – L. Menabde, *Dzveli k'art'uli mcer-
lobis kerebi*, Bd. 1, Tiflis 1962, S. 130–132. – Karst,
S. 77–79. – Kekelidze, 1, S. 129–132; 621 [Regi-
ster]. – Tarchnišvili, S. 94 f.; 120; 122; 124; 256;
455 f. – I. Abuladze, *Ert'-ert'i uc'nobi cqaro Ioane
Sabanisdzis Abo Tp'ilelis martvilobisa* (in Trudy Tbi-
lissk. Gos. Universit. im. Stalina, 35b, 1949,
S. 221–232). – M. van Esbroeck, *Archéologie d'une
homélie sur la Pâque attribuée à Chrysostome ou Épi-
phane de Chypre* (in *Armenian and Biblical Studies*,

Jerusalem 1976, S. 165–181). – Ders., *Amphiloque d'Iconium et Eunome* (in Augustinianum, 21, 1981, S. 517–539).

IOANE ŠAVTʿELI

12.Jh.

ABDULMESIA

(georg.; *Knecht des Gesalbten*). Panegyrische Ode, der Tradition nach IOANE ŠAVTʿELI zugeschrieben. Doch sind Autorschaft, Entstehungszeit und selbst die in der Ode besungenen Personen nicht völlig sicher zu ermitteln. Schon der Titel *Abdulmesia* scheint ein Irrtum der Überlieferung zu sein, wie K. KEKELIDZE ausführt: Der Titel deutet auf ein schon früh in die georgische Sprache übersetztes syrisches Werk über den Märtyrer ʿAbdalmasīh (4. Jh.), das Šavtʿeli wahrscheinlich in Verse brachte; später könnte der Titel fälschlich auf die Ode übertragen worden sein, und somit fungierte Šavtʿeli als ihr Autor. Im Gegensatz zu anderen (N. Marr, S. Kakabadze, S. Nucʿubidze) legt Kekelidze die Entstehungszeit der Ode zwischen 1210 und 1215, die besungenen Personen entschlüsselt er als Davitʿ den Erbauer und die Königin Tʿamar. Er gab dem Gedicht auch den neuen Titel *Davitʿ aǧmašeneblisa da Tʿamaris kʿeba (Lobgesang auf Davitʿ den Erbauer und Tʿamar)*, der dem Inhalt mehr entspricht: Neben der Königin wird ein Herrscher von göttlicher Herkunft besungen als strahlend schöner und kühner Vorkämpfer des echten Glaubens. Die Ode beginnt mit der Anrufung der Heiligen Dreifaltigkeit. Sie ist reich an Bildern, Vergleichen und Symbolen, die sowohl der christlichen als auch der klassisch-griechischen Literatur, Philosophie und Theologie entlehnt sind, auch orientalisches Gedankengut fehlt nicht. Überhaupt verrät das Gedicht eine erstaunlich vielseitige Bildung seines Verfassers, der die musikalische Čʿaḥruḥadze-Strophe (*Čʿaḥruḥauli*) als Form wählte: zwanzigsilbige Vierzeiler (insgesamt 107) mit gleichem Reim, mittlerer Zäsur und Innenreim nach jeder 5. und 10. Silbe; vielfache Verwendung des homonymen Reims, homonymer Wortgruppen und Wendungen.　　　　　　　　　　　　　　　　J.J.

AUSGABEN: Tiflis 1838, Hg. Pl. Ioseliani. – Petersburg 1863 (in D. *Čʿubinov, Kʿartʿuli kʿrestomatia*, Bd. 2, S. 47–59). – Tiflis 1883, Hg. Z. Čičinadze. – Petersburg 1920 (in N. Marr, *Teksty i razyskanija po armjano-gruzinskoj filologii*, Bd. 4). – Tiflis 1913 (in S. Kakabadze, *Kʿebani Davitʿ mepʿisa Davitʿ mcʿiris mier*). – Tiflis 1915, Hg. M. Džanašvili; ern. 1920. – Tiflis 1937, Hg. S. Kakabadze. – Tiflis 1949 (in S. Qubaneišvili, *Dzveli kʿartʿuli literaturis kʿrestomatʿia*, Bd. 2, S. 198–209).

ÜBERSETZUNGEN: *Abdul-Messija*, Š. Nucʿubidze, Tiflis 1942 [russ.; dazu: A. Baramidze, in Literaturuli Dziebani, 1, Tiflis 1943, S. 257–274]. – K. Lipskerov (in *Poézija Gruzii*, Moskau/Leningrad 1949; russ.; Frgm.). – *Abdul-Messija*, S. Lipkin (in *Antologija gruzinskoj poézii*, Moskau/Leningrad 1958, S. 109–113; russ.; Frgm.).

LITERATUR: A. Chachanov, *Očerki po istorii gruzinskoj slovesnosti*, Moskau 1897, S. 232–243. – N. Marr, *Drevne-gruzinskie odopiscy* (in *Teksty i razyskanija po armjano-gruzinskoj filologii*, Bd. 4, Petersburg 1902, S. 1–27). – M. Džanašvili, *Tʿamar mepʿis meḥotbeni* (in Tribuna, Tiflis 1923, Nr. 462–464). – Karst, S. 123 f. – S. Qubaneišvili, »*Abdul Mesianis« aḥladaǧmočʿenili stropʿebi* (in Sakʿartʿvelos SSR Mecʿnierebatʿa Akademiis Moambe, 5, Tiflis 1944, S. 849–854). – A. Baramidze, *Narkvevebi kʿartʿuli literaturis istoriidan I*, Tiflis 1945, S. 105–254; 383–400. – K. Kekelidze, *Komentarebi »Abdul Mesianis« zogiertʿi taepisa* (in Literaturuli Dziebani, 2, Tiflis 1941, S. 233–247). – Tarchnišvili, S. 238 f. – Kekelidze, 2, S. 233–247. – A. Baramidze, Š. Radiani, V. Žgenti, *Istorija gruzinskoj literatury*, Moskau 1958, S. 38 ff. – S. Čʿaišvili (in GeoEnz, 5, 1980, S. 192/193).

IOANE ZOSIME

10.Jh.

KʿEBAY DA DIDEBAY KʿARTʿULISA ENISAY

(georg.; *Lob und Preis der georgischen Sprache*). Apologetische Schrift des Mönchs IOANE ZOSIME, die in der zweiten Hälfte des 10. Jh.s verfaßt wurde und im Sinaikloster aufbewahrt wird. – Die Verteidigung des »*erniedrigten und verachteten*« Georgischen gegenüber dem Griechischen war der Sinn dieser kleinen Schrift, in der nicht nur die Gleichrangigkeit beider Sprachen behauptet, sondern auch in einer kühnen Zukunftsschau vorausgesagt wird, daß Gott am Jüngsten Tag in georgischer Sprache alle anderen Sprachen verhören und richten werde.　　　　　　　　　　　　　　　　J.J.

AUSGABEN: Tiflis 1924, Hg. P. Ingoroqva (in Kavksioni, Nr. 1/2). – Moskau/Leningrad 1940 (in N. Marr, *Opisanie gruzinskich rukopisej Sinajskogo monastyrja*). – Tiflis 1946 (in S. Qubaneišvili, *Dzveli kʿartʿuli literaturis kʿrestomatʿia*, Bd. 1). – Tiflis 1954 (in P. Ingoroqva, *G. Merčʿule*). – Tiflis 1958 (in A. Shanidze, *Sinuri Mravaltavi 864 clisa*).

LITERATUR: P. Ingoroqva, *G. Merčʿule*, Tiflis 1954, S. 746–753. – Tarchnišvili, S. 112. – G. Garitte, *Catalogue des manuscrits géorgiens littéraires du Mont Sinaï,* Löwen 1956. – Kekelidze, 1, S. 167. – L. Žgamaia (in GeoEnz, 5, 1980, S. 189/190).

IOANNES CHRYSOSTOMOS

* 344 oder 354 Antiochien / Syrien
† 21.9.407 Pontos / Kleinasien

LITERATUR ZUM AUTOR:
Ch. Baur, *S. Jean Chrysostome et ses œuvres dans l'histoire littéraire,* Löwen/Paris 1907. – Ders., *Der Hl. J. Ch. und seine Zeit,* 2 Bde., München 1929/30. – A. J. Festugière, *Antioche païenne et chrétienne. Libanius, Chrysostome et les moines de Syrie,* Paris 1959. – S. Verosta, *J. Ch., Staatsphilosoph u. Geschichtstheologe,* Graz 1960. – P. Petit, *Les étudiants de Libanius,* Paris 1966. – A. K. Damassis, *J. Ch. Pädagogisch-psychologische Ideen in seinem Werk,* Bonn 1971. – E. Nowak, *Le chrétien devant la souffrance. Étude sur la pensée de J. Ch.,* Paris 1972. – A. M. Ritter, *Charisma im Verständnis des J. Ch. und seiner Zeit,* Göttingen 1972. – *Symposion. Studies on S. John Chrysostom,* Thessaloniki 1973 (Analekta Blatadon, 18). – *Jean Chrysostome et Augustin. Actes du Colloque de Chantilly, 22–24 sept. 1974,* Hg. Ch. Kannengiesser, Paris 1975. – H. M. Biedermann, *Die Bedeutung der drei Kappadokier und des J. Ch. als Fundament der byzantinischen Geisteshaltung* (in Ostkirchliche Studien, 32, 1983, S. 281–293). – R. Wilken, *J. Ch. and the Jews. Rhetoric and Reality in the Late Fourth Century,* Berkeley/London 1983. – R. A. Krupp, *Saint J. Ch.: A Scripture Index,* Lanham u. a. 1984. – A. Stötzel, *Kirche als ›Neue Gesellschaft‹. Die humanisierende Wirkung des Christentums nach J. Ch.,* Münster 1984. – M. A. Schatkin, *J. Ch. as Apologist,* Thessaloniki 1987 (Analekta Blatadon, 50).

PERI PARTHENIAS

(griech. Patr.; *Über die Jungfräulichkeit*). Traktat von IOANNES CHRYSOSTOMOS, verfaßt in der Zeit seines Diakonats in Antiochien, also zwischen 381 und 386. Die Ausführungen des Chrysostomos basieren auf den Empfehlungen, die der Apostel Paulus im *1. Korintherbrief* (7) hinsichtlich der Ehe und Jungfräulichkeit gibt. Jungfräulichkeit darf nach Chrysostomos nicht Selbstzweck sein und nicht bloß negativ als geschlechtliche Enthaltsamkeit bestimmt werden: »*Denn der Umstand, daß eine Frau nicht verheiratet sei, reicht noch nicht aus, sie zu einer Jungfrau zu machen; es ist vielmehr die Keuschheit der Seele notwendig. Unter Keuschheit verstehe ich aber, nicht bloß von schmutziger und schändlicher*

Wollust, von Schmuck und Neugierde frei, sondern auch von den Sorgen des Lebens entbunden und frei sein. Wenn das nicht der Fall ist, wozu die Keuschheit des Leibes?« Wer jungfräulich lebt, muß also geistig Frucht tragen, sonst gleicht er einer der fünf törichten Jungfrauen, denen ihre Jungfräulichkeit nichts nützte. So ist die Jungfräulichkeit der Häretiker, die die Ehe verdammen (wie MARKION, VALENTINOS und MANES), nicht nur nichts wert, sondern sogar noch schimpflicher als Ehebruch; ja die Verachtung der Ehe ist eine teuflische Bosheit.

Andererseits teilt Chrysostomos die Ansicht des Paulus, daß die Ehe nur ein Zugeständnis Gottes an die menschliche Schwäche sei. Ursprünglich hatte die Ehe den Zweck, Kinder hervorzubringen, doch nun, nachdem die Erde mit Menschen erfüllt ist und die Geschichte an ihr Ziel kommt, ist dies entfallen, und der einzige Zweck liegt im *remedium concupiscentiae:* »*Denn denjenigen, die sich auch jetzt noch in diesen Lastern wälzen oder ein Leben nach Art der Schweine führen oder in Hurenhäusern umkommen wollen, nützt die Ehe nicht wenig, weil sie die Ehe von jenem Schmutz und jener Not befreit und in der Heiligkeit und Keuschheit erhält.*« Wer aber als Jungfrau leben könnte und dennoch heiratet, fügt sich den größten Schaden zu, denn die Jungfrau kann das Himmelreich leichter gewinnen als der Verheiratete, da die Ehe eine große und unvermeidliche Knechtschaft mit sich bringt. Die mit der Ehe verbundenen Beschwerden und Bitternisse – Eifersucht, Mitgift, Furcht vor Unfruchtbarkeit, Sorge um die Kinder – werden von Chrysostomos breit ausgemalt. An dieser Stelle fügt er für den, der sich verehelichen will, einige lebenskluge Ratschläge ein: Man soll keine reiche Frau suchen, denn diese wird übermütig sein; doch auch die Ehe mit einer unterwürfigen reichen Frau ist eine Last, da der Zwang alles Vergnügen verbannt.

Was Chrysostomos in der Ehe verdammt, sind Schwelgerei und Luxus. Den Beischlaf aber dürfen die Partner einander nicht versagen, ja die Frau, die gegen den Willen des Mannes enthaltsam ist, wird schwerere Strafe erleiden als der Mann, der einen Ehebruch begeht. Die Ehe ist, auch wenn sie von allen Übeln frei ist, letzthin nichts Großes, »*ein Schatten und ein Traum*«, der in der Ewigkeit nicht zählt. Warum also nicht allen Menschen die Jungfräulichkeit anraten? »*Ich trage Bedenken, dich zum Gipfel der Jungfrauschaft emporzuheben, damit du nicht in den Abgrund der Hurerei herabstürzest ... Mich macht die Erfahrung und die Gefahr dieses Kampfes zu ängstlich, um ihn auch anderen zu raten.*« Denn man müsse über glühende Kohlen schreiten, ohne zu verbrennen, und durch Schwerter einhergehen, ohne von ihnen verwundet zu werden.

Den Einwand, daß die Ehelosigkeit das Menschengeschlecht zum Aussterben verurteile, läßt Chrysostomos nicht gelten, denn dieses werde nicht durch die Ehe, sondern durch den Segen Gottes fortgepflanzt und erhalten. Er nimmt an, daß Adam und Eva vor dem Fall in vollkommener Jungfräulichkeit lebten und den »*Stachel des Fleisches*« nicht kannten. Die Ehe, obzwar an sich nichts Böses, habe ihren Ursprung in der Sünde der Stammeltern. Am reinsten wird die menschliche Bestimmung daher in der Jungfräulichkeit verwirklicht, deren zeitliche Vorteile und künftiger Lohn von dem Autor in kräftigen Farben geschildert werden.

Die Schrift bietet eine erstaunlich reizvolle Lektüre, da es der Verfasser versteht, den Leser durch die Vielseitigkeit und Interessantheit der dargebotenen Gesichtspunkte wie auch durch seinen – bei allem Eifer für den evangelischen Rat der Keuschheit – überraschenden Realismus für sich einzunehmen. So ist das Werk nicht nur in einem gepflegten Griechisch geschrieben, sondern atmet auch griechischen Geist. Deutlich scheint durch das Jungfräulichkeitsideal des Chrysostomos das griechische Ideal der *eudaimonia*, der Glückseligkeit, hindurch, und auch die von dem Autor vorgebrachten Begründungen für seine Auffassung muten oft genug eudämonistisch an.   H.L.H.

AUSGABEN: Venedig 1565. – MG, 48. – Paris 1966, Hg. H. A. Musurillo (Einl., Anm. u. frz. Übers. v. B. Grillet; SCh, 125).

ÜBERSETZUNGEN: *Des heiligen Kirchenlehrers Johannes Chrysostomos Buch von dem jungfräulichen Stande*, J. Ch. Mitterrutzner, Kempten 1869. – In S. Lilla, *Gregorio di Nissa – Giovanni Crisostomo, La verginità*, Rom 1976 [ital.]. – *John Chrysostom, On Virginity. Against Remarriage*, S. R. Shore, NY 1983 [Einl. E. A. Clark; engl.].

LITERATUR: E. A. Clark, *Sexual Politics in the Writings of J. Ch.* (in Anglican Theological Review, 59, 1977, S. 3–20).

PERI STĒLŌN

(griech. Patr.; *Über die Bildsäulen*). 21 Homilien von IOANNES CHRYSOSTOMOS, in Antiocheia gehalten im Jahr 387. – Als der Kaiser Theodosios 387 anläßlich der Proklamation seines Sohnes Arkadios zum Augustus Antiochien mit einer ungewöhnlich hohen Steuer, den »Quinquennalien«, belegte, kam es in der Stadt zu einem Aufruhr, in dessen Verlauf die erregte Menge die Bildsäulen des Kaisers zertrümmerte. Anschließend bemächtigte sich der Stadt eine Panik wegen des zu befürchtenden Strafgerichts des Kaisers. In dieser Situation hielt Ioannes, damals Prediger an der Hauptkirche zu Antiocheia, seine 21 Reden über die Bildsäulen, um der zwischen Verzweiflung und Hoffnung hin und her gerissenen Bürgerschaft wieder Halt zu geben.

Chrysostomos fordert die Gemeinde auf, die Leiden jeder Art getrost auf sich zu nehmen und in ihnen Gottes Willen zu sehen, sich aber von den Übeltätern eindeutig zu distanzieren. Er predigt gegen Hochmut und Habsucht und empfiehlt die Demut. Der Demütige führe sich stets die mit dem Reichtum verbundene Unsicherheit und Gefahr

vor Augen; statt sich irdischen Besitzes wegen zu überheben, trachte er vielmehr danach, sich einen Schatz im Himmel zu erwerben. In der Trübsal solle man die Geduld der Heiligen nachahmen (Hiob) und nicht den Tod, sondern nur die Sünde fürchten. Auch ein gewaltsamer und unschuldiger Tod sei nicht zu fürchten, nur ein unbußfertiger. Es folgen Ermahnungen zur Zucht und zur Furcht vor der Obrigkeit. Nicht die der Sünde folgende Strafe, sondern die Sünde selber sei zu fürchten, da Gottes Liebe und Güte sich gerade auch in den Strafen erweise. Die Sorge für die Gesundheit der Seele sei weitaus wichtiger als die für materielle Güter, zudem sei sie völlig kostenlos.

Nachdem Chrysostomos seinen Zuhörern auf diese Weise ins Gewissen geredet hat, wendet er sich (von der neunten Homilie an) einer kosmologischen Betrachtung zu, die von der Herrlichkeit und Hinfälligkeit der Weltdinge und der Weisheit ihres Schöpfers handelt. Unser Leib dürfe nicht verlästert werden: Seine Endlichkeit sei ein Beweis göttlicher Gnade, weil durch sie der Abgötterei von vornherein der Boden entzogen sei. Von der Erschaffung der Welt leitet Ioannes sodann auf ihre Einrichtung über. Besonders hat es ihm der Fleiß der Biene und der Ameise angetan, an denen sich der Mensch, dem als natürliches Gesetz das Gewissen eingepflanzt sei, ein Beispiel nehmen könne. – Daneben sieht sich Ioannes gedrängt, die Antiochener immer wieder zu ermahnen, von ihrem Hauptlaster, dem Schwören, abzulassen. Eindringlich stellt er ihnen die biblischen Beispiele des göttlichen Zorns vor Augen. In der 21. Homilie kann Chrysostomos eine erfreuliche Bilanz ziehen: Der Kaiser hat sich durch die Fürsprache des Bischofs Flavian besänftigen lassen, die Stadt ist zu neuem Gottvertrauen erwacht.

Die Homilien *Über die Bildsäulen* sind die berühmtesten unter den zahlreichen Gelegenheitsreden des Autors. Sie zeugen von seiner glänzenden Beredsamkeit, durch die er – von LIBANIOS (314 bis um 393) als Rhetor ausgebildet und an den klassischen Schriften, besonders PLATONS, geschult – den Zuhörer allenthalben für sich einzunehmen weiß. Seine Sprache ist lebendig, sein Ausdruck einfach und kunstvoll zugleich; seine Schriften bieten christlichen Inhalt in einer klassisch-antiken Form. Die daraus entspringende Wertschätzung seiner Reden hat ihm auch den Beinamen Chrysostomos, d. h. »Goldmund«, eingetragen, der vom 8. Jh. an allgemein üblich wurde.   H.L.H.

AUSGABEN: Paris 1609–1624 (in *Opera*, Hg. F. du Duc, 12 Bde.). – MG, 49. – Paris 1864–1872 (in *Opera*, 19 Bde., 3; m. frz. Übers. v. J. Bareille).

ÜBERSETZUNG: *Des hl. Kirchenlehrers Johannes Chrysostomos einundzwanzig Homilien über die Bildsäulen*, J. Ch. Mitterrutzner (in *AS*, Bd. 2, Kempten 1874; BKV).

LITERATUR: O. Pasquato, *Gli spettacoli in S. Giovanni Crisostomo*, Rom 1976.

IOANNES DAMASKENOS

* um 650 Damaskus / Syrien
† vor 754

PĒGĒ GNŌSEŌS

(griech. Patr.; *Quelle der Erkenntnis*). Philosophisches Hauptwerk von IOANNES DAMASKENOS. – Das Werk besteht aus drei Teilen: *Kephalaia philosophika (Philosophische Kapitel); Peri haireseōn (Über die Häresien); Ekthesis akribēs tēs orthodoxu pisteōs (Genaue Darlegung des orthodoxen Glaubens)*. Der Autor war der letzte große Kirchenvater. Er hat das Wahrheitsgut seiner Vorgänger zusammengetragen, neu formuliert und zu einer großartigen Synthese vereinigt. Er war in erster Linie Kompilator und Systematiker, der dank seinem griechischen Lehrer KOSMAS im damals schon arabischen Damaskus noch fest in der Tradition der griechischen Väter und der antiken Philosophie stand.

Da nach Meinung des Ioannes auch die heidnischen Philosophen an der göttlichen Vorsehung teilhaben, will er im ersten Teil seiner Schrift, den *Kephalaia philosophika*, die Erkenntnisse jener Philosophen für die orthodoxe Theologie erschließen. So behandelt er in 68 Kapiteln logische und ontologische Kategorien im Anschluß an ARISTOTELES und PORPHYRIOS: Die Philosophie soll Werkzeuge und Bausteine für das Lehrgebäude der katholischen Wahrheit liefern. Sie hat also in erster Linie einen bestimmten Begriffsapparat bereitzustellen (an eine Metaphysik als natürliche Erkenntnisstufe vor der Theologie hat Ioannes noch nicht gedacht). Die Aristotelischen Grundbegriffe werden vom Autor im Hinblick auf ihre Anwendung auf die Glaubenslehre korrigiert und ergänzt (so z. B. die Begriffe »Substanz« und »Hypostase«). Die Königin der Wissenschaften ist nach Ioannes' Meinung die Theologie; die Philosophie aber ist als Dienerin der Theologie den anderen Wissenschaften beigeordnet. Diese Anschauung von der Philosophie als *ancilla theologiae* (»Magd der Theologie«) wurde im Abendland zur maßgeblichen Lehrmeinung der Scholastiker.

Der zweite Teil, *Peri haireseōn*, der sich an das häresiologische Werk *To panarion (Der Arzneikasten)* des EPIPHANIOS aus Salamis (um 315–403) anlehnt, zählt in mehr als 100 Artikeln die christlichen Häresien auf und befaßt sich ausführlich mit den Irrtümern der Heiden, der Juden und der Mohammedaner. Die ersten achtzig Häresien sind fast wörtlich dem Werk des Epiphanios entnommen. Bei der Darstellung der Häresien von der Zeit des Epiphanios bis zum Bilderstreit, in dem Ioannes auf der Seite der Bilderfreunde stand, hält er sich an die einschlägigen Werke von THEODORETOS aus Kyrrhos (um 393–457/58), LEONTIOS aus Byzanz (475–543) und SOPHRONIOS († 638). Der dritte Teil, die *Ekthesis akribēs tēs orthodoxu pisteōs*, ist für die Theologie des Damaszeners am

wichtigsten. In 100 Kapiteln, die im Mittelalter in vier Bücher eingeteilt worden sind (im Anschluß an den Sentenzenkommentar des PETRUS LOMBARDUS, der sich stark an Ioannes anlehnt), gibt der Autor eine umfassende Darstellung des christlichen Glaubensinhalts – ungefähr in der Reihenfolge des apostolischen Symbolums. Dabei stützt er sich auf die *Heilige Schrift*, die angesehensten Kirchenväter und die Konzilsbeschlüsse. In der Lehre von Gott und den Geistern hält er sich in der Hauptsache an die großen Kappadokier, vor allem an GREGORIOS aus Nazianz sowie an LEONTIOS aus Byzanz. In seinen anthropologischen Anschauungen ist er MAXIMOS HOMOLOGETES und NEMESIOS aus Emesa verpflichtet. Beim Ordnen und Systematisieren des reichhaltigen Begriffsvorrates war ihm wiederum die Aristotelische Dialektik behilflich. – Buch 1 handelt von Gott – seiner Erkennbarkeit, Existenz und Einzigkeit – sowie von der Dreieinigkeit; Buch 2 bespricht die Schöpfungslehre in enger Anlehnung an die *Genesis*. Außerdem findet sich hier eine Engellehre und eine Darlegung der anthropologischen und psychologischen Vorstellungen des Verfassers; Buch 3 behandelt christologische Fragen; in Buch 4 steht ebenfalls die Christologie im Zentrum, gefolgt von einer Darlegung der Sakramentenlehre. In einem abschließenden Supplement erörtert Ioannes verschiedene Probleme, wie die Mariologie der *Heiligen Schrift*, die Taufe, das Kreuz, die Bilderverehrung, den Ursprung des Bösen und seine Substanzlosigkeit, und spricht von der Liturgie, der Jungfräulichkeit, dem Antichrist und der Auferstehung der Toten.

Ioannes Damaskenos wollte den Glaubensinhalt noch einmal in seiner ganzen Schönheit und Tiefe darstellen, ihn »*schmücken und zieren mit den Worten der vom Heiligen Geist inspirierten Propheten, der von Gott belehrten Fischer und der göttlichen Hirten und Lehrer. Ihre Aussprüche sollen der Theologie wie goldene Fransen sein, damit die göttliche Herrlichkeit von innen hervorleuchte und jene, die mit reinem Herzen und ohne verwirrende Gedanken hinzutreten, durch ihre Strahlen erleuchte*« (Prolog 525 A). – Das Werk fand bei Griechen und Abendländern gleichermaßen günstige Aufnahme. 1151 wurde es auf Betreiben Papst Eugens III. von dem Rechtsgelehrten BURGUNDIO VON PISA ins Lateinische übersetzt und fand unter dem Titel *De fide orthodoxa* unter den Scholastikern weite Verbreitung. ALBERT DER GROSSE und THOMAS VON AQUIN berufen sich des öfteren auf den Damaszener, der neben MAXIMOS HOMOLOGETES die Hauptquelle für ihre Kenntnis von den griechischen Kirchenvätern darstellte. Auch für die Ostkirche ist der dritte Teil der *Pēgē gnōseōs* als souveräne methodische Zusammenfassung aller bislang in verschiedenen Schriften zerstreuten Lehrmeinungen zu einer *summa theologica* geworden, die dem Autor eine überragende Autorität unter den byzantinischen Theologen verschaffte.   A.Ku.

AUSGABEN: Paris 1712, Hg. M. Le Quien u. L. Allatus, 2 Bde. – MG, 94. – Löwen 1955 (*De fide or-*

thodoxa ..., Hg. E. M. Buytaert). – Bln./NY 1973 (in *Die Schriften des J. v. D.*, Bd. 2: *Expositio fidei*, Hg. P. B. Potter).

ÜBERSETZUNGEN: *Die Quelle der Erkenntnis. Des Heiligen J. v. D. genaue Darlegungen des Orthodoxen Glaubens*, D. Stiefenhofer, Mchn. 1923 (BKV², 44). – L. Sadnik, *Des Hl. J. v. D. Ekthesis akribēs ... in der Übers. des Exarchen Johannes II.*, Freiburg i. B. 1981 [dt.-griech.-ksl.].

LITERATUR: V. Ermoni, *Saint Jean Damascène*, Paris 1904. – P. Minges, *Zum Gebrauch der Schrift »De fide orthodoxa« des Johannes Damaszenus in der Scholastik* (in Theologische Quartalschrift, 96, 1914, S. 225–247). – Ueberweg-Geyer, *Die patristische und scholastische Philosophie*, Bln. ¹¹1927, S. 130/131. – J. Nasrallah, *Saint Jean de Damas. Son époque, sa vie, son œuvre*, Harissa 1950. – B. Kotter, *Die handschriftliche Überlieferung der »Pēgē gnōseōs« des hl. J. v. D.*, Diss. Mchn. 1956. – B. Studer, *Die theologische Arbeitsweise des J. v. D.*, Ettal 1956. – Beck, S. 479/480. – A. Kallis, *Handapparat zum Johannes Damaskenos-Studium* (in Ostkirchliche Studien, 16, 1967, S. 200–213). – Ch. K. Paraskeviades, *Hē peri christologias didaskalia tu en hagiois patros hemōn Iōannu tu Damaskēnu*, Athen 1976. – A. Siclari, *Il pensiero filosofico di Giovanni di Damasco nella critica* (in Aevum, 51, 1977, S. 349–383). – D. J. Sathas, *Encounter and Refutation: J. of D.' Attitude Towards the Muslims and His Evaluation of Islam*, Ldn. 1981. – H. G. Thümmel, *Zur Entstehungsgeschichte der sog. »Pēgē gnōseōs« des J. v. D.* (in Byzantinoslavica, 42, 1981, S. 20–30). – J. Backus, *J. of D., »De fide orthodoxa«: Translations by Burgundio (1153/4), Grosseteste (1235/40), and Lefèvre d'Etaples (1507)* (in Journal of the Warburg and Courtauld Institutes, 49, 1986, S. 211–217).

IOANNES KLIMAKOS

* um 575
† um 650

KLIMAX

(griech.-byzant.; *Leiter* [zum Paradies – nach dem alttestamentlichen Traum Jakobs]). Moralischer Traktat von IOANNES KLIMAKOS. – Der griechische Mönchsheilige Ioannes, Abt des Katharinenklosters auf dem Berg Sinai, der in die Weltliteratur als »Autor der Klimax« (*ho tēs Klimakos*) einging, verfaßte das Werk auf Anregung seines Zeitgenossen und Namensvetters Ioannes, Hegumenos des Klosters Raithu. Als Begleiter eines streng asketischen Lebenswandels verspricht das Buch den ihm treu anhangenden Mönch über 30 Stufen, welche symbolisch für die 30 Lebensjahre Christi stehen, zur Vollkommenheit hinzuführen. Diese »Sprossen« des steilen Wegs verkörpern – ohne daß freilich eine logisch zwingende Konsequenz in der Reihenfolge der Abschnitte erkennbar wäre – Absage an das weltliche Leben, Verzicht auf Affekte, Flucht aus Heimat und Besitz, strikter Gehorsam, Reue, Vergegenwärtigung des Tods, freiwillige, in Freude sich wandelnde christliche Betrübnis, Milde, Verzeihung, Zügelung der Zunge, Schweigen, Meiden von Lüge und Sorglosigkeit, Mäßigung, Keuschheit und Selbstbeherrschung, Freigebigkeit, Armut, innere Abtötung, nächtliches Gebet und Wachen, Mut, Abschwur aller Eitelkeit, Demut, Arglosigkeit, Zerknirschung, Gewissenserforschung, innerer Frieden, Versenkung ins Gebet und darin Vereinigung mit Gott, Beglückung aus vollendeter Vollkommenheit, seelische Auferstehung schon im Diesseits. Kapitel 30 setzt als Schlußstein christlicher Läuterung die Verwirklichung umfassender Liebe. Das umfangreiche monitorische Opus mündet in die Aufforderung zur Nachfolge auf dem vom Autor vorgezeichneten Pfad.

Ioannes Klimakos schöpft aus dem reichen Schatz der berühmten Apophthegmenliteratur der Wüstenväter wie aus den Ratschlägen von *Bibel* und Kirchenvätern; seine sittlichen Maximen erläutert er farbig an einer Fülle konkreter historischer Beispiele. Seine Betrachtung des vertieften Gebets führt über die reine Ethik hinaus in die Sphäre der Mystik. Innerhalb der mittelalterlichen griechischen »Nachfolgeliteratur« bildet das Werk einen unbezweifelten Höhepunkt; es diente allen späteren Autoren dieser Gattung, wie beispielsweise ELIAS EKDIKOS, als Richtschnur. Die äußere Darstellung ist nicht so karg und spröde wie bei vielen vergleichbaren Traktaten des abendländischen Mittelalters, sondern beeindruckt noch den heutigen Leser durch ihren rhetorischen Glanz. Der hochgebildete Autor beherrscht souverän die ganze Skala stilistischer Figuren und Topen; dazu kommt, daß er die philosophischen Definitionen und ethischen Leitsätze, die den Kern seines Traktats bilden, immer wieder durch eingestreute, aus eigener Erfahrung gewonnene sittliche Erkenntnisse veranschaulicht. Die weite Verbreitung und Beliebtheit der *Klimax* während des griechischen Mittelalters fand ihren Niederschlag in einer lebhaften, viele Jahrhunderte überspannenden Kommentatorentätigkeit. P.W.

AUSGABEN: Paris 1633 (in *Opera omnia*, Hg. M. Rader; griech.-lat.). – MG 88. – Oropos 1978 (in A. Ignatios, *Kloster tu Parakletu*; m. ngriech. Übers. u. Komm.).

ÜBERSETZUNGEN: *Die Leiter zum Paradiese oder: Vorschriften, wodurch eifrige Seelen zur christlichen Vollkommenheit geleitet werden*, F. Handwercher, Landshut 1834. – Dass., ders., Regensburg 1874. – *L'échelle sainte*, P. Deseille, Abbaye de Bellefontaine 1978 [frz.]. – *The Ladder of Divine Ascent*, C. Luibheid u. N. Russell, Ldn. 1982 [engl.].

LITERATUR: Krumbacher, S. 143/144. – Bardenhewer, 5, S. 79–82. – S. Petrides – S. Salaville, *Saint Jean Climaque, sa vie et son œuvre* (in Échos d'Orient, 22, 1923, S. 440–454). – A. Saudreau, *Doctrine spirituelle de saint Jean Climaque* (in La Vie Spirituelle, 9, 1924, S. 353–370). – I. Hausherr, *La méthode d'oraison hésychaste*, Rom 1927, S. 134–137. – A. Colunga, *»La escala espiritual« de san Juan Climaco* (in Vida Sobranatural, 31, 1936, S. 269–277). – J. R. Martin, *The Illustration of the »Heavenly Ladder« of John Climacus*, Princeton 1954. – H. Ball, *Byzantinisches Christentum*, Einsiedeln ²1958, S. 9–62. – Beck, S. 451/452. – W. Völker, *Scala Paradisi. Eine Studie zu Johannes Climacus u. zugleich eine Vorstudie zu Symeon dem Neuen Theologen*, Wiesbaden 1968. – J. Chryssavgis, *The Notion of ›Divine Eros‹ in the »Ladder« of S. John Climacus* (in St. Vladimir Theological Quarterly, 29, 1985, S. 191–200). – Ders., *The Resurrection of the Body According to St. John of the Ladder* (in Greek Orthod. Theological Review, 30, 1985, S. 447–453). – Ders., *The Jesus Prayer in the »Ladder« of S. John Climacus* (in Ostkirchliche Studien, 35, 1986, S. 753–764).

IOANNES LYDOS

* um 490 Philadelphia / Lydien
† wahrscheinlich vor 565

LITERATUR ZUM AUTOR:
K. Wittig, *Quaestiones Lydianae*, Königsberg 1910. – Schmid-Stählin, 2/2, S. 1041–1044. – Hunger, 1, S. 251.

PERI ARCHŌN TĒS RHŌMAIŌN POLITEIAS

(griech.-byzant.; *Über die Ämter des römischen Staats*). Darstellung der Verwaltungsstruktur des oströmischen Reichs um die Mitte des 6. Jh.s in drei Büchern von IOANNES LYDOS, entstanden 559. – Der Beiname des Autors weist auf seine Herkunft aus der kleinasiatischen Landschaft Lydien, wo seine Geburtsstadt Philadelphia lag. Bevor er sein Werk *Über die Ämter* schrieb, war er selbst hoher Beamter am Hof der byzantinischen Kaiser Anastasios I. und Iustinian I. gewesen. Seine Schrift bietet weit mehr denn einen nüchternen Aufriß, wie ihn ihr Titel zunächst vermuten läßt. In die Erklärung der verschiedenen Offizien flicht Ioannes Lydos nicht nur Entstehung und Geschichte der einzelnen Würden mit ein, sondern zugleich die gesamte oströmische Kaisergeschichte seit Konstantin dem Großen, mit interessanten Rückblicken auch auf die römische Republik und Kaiserzeit. Für die Anlage des Werks dürften dem Autor – seinem Vorwort nach zu schließen – vor allem die *Antiquitates rerum humanarum et divinarum* (bekannt als *Römische Altertümer*) des römischen Schriftstellers und Gelehrten Marcus Terentius VARRO (116–27 v. Ch.) als Muster vorgeschwebt haben. Die Quellen und Vorlagen freilich, welchen Lydos seine für uns kostbaren Nachrichten und Details entnahm, sind zum überwiegenden Teil bis heute unbekannt. Das am Ende verstümmelte Zeitdokument besticht den Leser trotz inhaltlicher Fehler auch durch die Eleganz seines gepflegten, mit reichen Zitaten ausgeschmückten Vortrags, den die ältere klassische Philologie vorschnell abkanzelte. Noch KONSTANTINOS MANASSES benutzte im 12. Jh. das Werk für seine *Synopsis chronikē*. P.W.

AUSGABEN: Paris 1812, Hg. J. D. Fuß. – Bonn 1837, Hg. I. Bekker. – Lpzg. 1903 (R. Wuensch, *De magistratibus populi Romani libri tres*; Nachdr. Stg. 1967). – Lawrence/Kans. 1971 (in T. F. Carney, *John the Lydian on the Magistracies of the Roman Constitution*; m. engl. Übers.). – Philadelphia 1983 (in A. C. Bandy, *Joannes Lydus, On Powers or The Magistracies of the Roman State*; m. engl. Übers. u. Komm.).

LITERATUR: W. Ensslin, *Zur Abfassungszeit von des Johannes Lydus »Peri archōn«* (in Phil. Wochenschrift, 62, 1942, S. 452–454). – F. Dölger, *Nochmals zur Abfassungszeit von des Johannes Lydus »Peri archōn«* (ebd., S. 667–669). – E. Stein, *Histoire du Bas-Empire*, Bd. 2, Paris 1949, S. 729–734; 838–845. – Gy. Moravcsik, *Byzantinoturcica*, Bd. 1, Bln. ²1958, S. 328/329. – T. F. Carney, *Burocracy in Traditional Society: Romano-Byzantine Burocracies Viewed From Within*, Lawrence/Kans. 1971. – C. N. Tsirpanlis, *John L. on the Imperial Administration* (in Byzantion, 44, 1974, S. 479–501). – Hunger, 2, S. 427/428. – J. Caimi, *Burocrazia e diritto nel »De magistratibus« di Giovanni Lido*, Mailand 1984.

PERI DIOSĒMEIŌN

(griech.-byzant.; *Über Himmelserscheinungen*). Astrologische Schrift von IOANNES LYDOS, verfaßt um 560. – Ioannes Lydos, Professor an der kaiserlichen Universität zu Konstantinopel, verfaßte dieses Werk etwa gleichzeitig mit zwei weiteren, *Peri archōn tēs Rhōmaiōn politeias* und *Peri mēnōn*. Im Vorwort umschreibt Lydos das Programm seiner Schrift, die sich nur mit den sogenannten übernatürlichen Vorzeichen auseinandersetzen soll; in diesem einleitenden Abschnitt nennt er auch seine wichtigsten Gewährsleute, darunter insbesondere PLINIUS den Älteren (vgl. *Historia naturalis*), APULEIUS (vgl. *Metamorphoses*) sowie NIGIDIUS FIGULUS. Bemerkenswert ist auch der Rückgriff auf die berühmte *Tetrabiblos* des KLAUDIOS PTOLEMAIOS, welche noch heute eine der Hauptgrundlagen der abendländischen Astrologie bildet. Die eigentliche Darstellung setzt mit den aus Sonnenerscheinungen, der Stellung des Mondes und von den Sternen bezogenen Weissagungen ein, beschäftigt sich dann eingehend mit den Kometen, gibt ein aus Nigidius Figulus geschöpftes Donnerkalender, scheidet hiervon einen ausführlichen Abschnitt über Blitzerscheinungen und schließt mit der Erklärung seismologischer Ereignisse. Den Anhang des ansehnlichen Bandes bilden ein aus Clodius Tuscus gewonnener ganzjähriger Wetterkalender und eine astrologisch orientierte Weltkarte. Die Bedeutung des Werks liegt vor allem in der Vermittlung wertvollen wissenschaftlichen Gedankenguts der Antike. Sein Inhalt wird zum beredten Zeugen menschlichen Aberglaubens über mehr als ein volles Jahrtausend hin. Noch Ioannes Kamatesos, ein profilierter Astrologe des 12. Jh.s, benützte die Schrift des Lydos.   P.W.

Ausgaben: Paris 1823, Hg. C. B. Hase. – Lpzg. ²1897, Hg. C. Wachsmuth.

Literatur: G. Hellmann, *Beiträge zur Geschichte der Meteorologie*, Bd. 2, Bln. 1917. – F. Boll, *Sternenglaube u. Sterndeutung*, Bln./Lpzg. 1918, S. 3 ff. – Hunger, 2, S. 234. – S. M. Oberhelman, *The Interpretation of Dream-Symbols in Byzantine Oneirocritic Literature* (in Byzantinoslavica, 47, 1986, S. 8–24).

PERI MĒNŌN

(griech.-byzant.; *Über die Monate*). Traktat von Ioannes Lydos, entstanden bald nach der Mitte des 6. Jh.s. – Das von dem aus Philadelphia in Lydien gebürtigen Autor – vormals Beamter am Hof der oströmischen Kaiser Anastasios I. und Iustinian I. – etwa um dieselbe Zeit wie seine Schriften *Peri archōn tēs Rhōmaiōn politeias* und *Peri diosēmeiōn* verfaßte Werk ist heute lediglich teilweise in Form eines verkürzten Abrisses, dem überwiegenden Umfang nach jedoch nur noch in kurzen Fragmenten überliefert. Die Bücher 1–3 sind nur annähernd in ihren Umrissen erkennbar, Buch 4 ist relativ am besten erhalten. Der erste Abschnitt der Publikation befaßt sich mit der altrömischen Geschichte, der Entstehung der republikanischen Staatsverwaltung sowie der römischen Jahresrechnung, wobei Lydos ausgiebige Bemerkungen zur Mythologie einfließen läßt. Buch 2 gilt dem Begriff »Tag« als Zeiteinheit aus astronomischer und philosophischer Sicht. Der dritte Abschnitt des Werks untersucht die Geltung der Bezeichnung »Monat« in einem weit ausholenden Querschnitt durch die Kalendarien der Alten Welt, Buch 4 endlich klärt anhand reichhaltiger geschichtlicher Exkurse die Bedeutung der einzelnen Monatsnamen, streift die für den jeweiligen Monat wesentlichen astronomischen Beobachtungen und berichtet über die wichtigeren Feste des ägyptischen, jüdischen, griechischen und römischen Jahres. Besonderes Interesse bekundet der Autor allenthalben für die griechische Philosophie. In der Vermittlung sonst verlorenen

Gedankenguts der Antike liegt denn auch der hauptsächliche Wert des Traktats, der sich in seinen noch erhaltenen zusammenhängenden Passagen weniger zur Lektüre denn als kostbares Nachschlagewerk empfiehlt.   P.W.

Ausgaben: Lpzg. 1794, Hg. N. Schowius. – Paris 1823, Hg. C. B. Hase. – Bonn 1837, Hg. I. Bekker. – Lpzg. 1898 (*Liber de mensibus*, Hg. R. Wuensch).

IOANNES MALALAS

* 491 Antiochien / Syrien
† wahrscheinlich um 570 Konstantinopel (?)

CHRONOGRAPHIA

(griech.-byzant.; *Chronographie*). Geschichtswerk von Ioannes Malalas. – Über den Autor dieser Weltchronik in 18 Büchern, die mit Adam einsetzt und im Jahr 565 abbricht, ist so gut wie gar nichts bekannt. Wahrscheinlich war er als Advokat (das syrische *malal* entspricht dem griechischen *rhētōr*) im Staatsdienst tätig, zunächst in Antiochien, nach 540 möglicherweise in der Hauptstadt des Kaiserreiches, in Konstantinopel.

Die Chronik behandelt zunächst die biblische Geschichte sowie die Frühgeschichte der Perser, Griechen und Römer (Buch 1–8). Dabei werden Themen der antiken Mythologie gleichrangig mit historischen Ereignissen dargestellt. Ein längerer Abschnitt befaßt sich mit Alexander dem Großen. Unter Auslassung der Zeit der römischen Republik folgen dann (ab Buch 9) Abschnitte über die Geschichte der einzelnen römischen Kaiser, die jeweils einleitend durch eine Beschreibung ihrer körperlichen Erscheinung charakterisiert werden. Für diesen Teil beruft sich Ioannes Malalas auf eine Anzahl verschiedener älterer Autoren, z. B. Sextus Iulius Africanus, Eusebios, Domninos, Nestorianos. Von Buch 15 an kann er sich auf Augenzeugenberichte und eigene Erlebnisse stützen, und die Darstellung wird insgesamt ausführlicher, so daß den Kaisern Zenon, Anastasios I., Iustin I. und Iustinian jeweils ein ganzes Buch gewidmet ist.

Ioannes Malalas, ein Zeitgenosse Iustinians, ist dem Kaiser gegenüber von loyaler Gesinnung und interpretiert die Geschichte von einem christlichen Standpunkt aus. In seiner Darstellung sind Ereignisse von weltpolitischem Rang vermischt mit Lokalnachrichten (er zeigt ein besonderes Interesse für das Schicksal von Antiochien und hat wohl auch die Annalen dieser Stadt benutzt), Meldungen über Naturkatastrophen, Anekdoten und Kuriositäten, wie die Tournee einer Riesin oder die Kunststücke eines dressierten Hundes. Nicht nur durch diese Art der Materialauswahl und den chronologisch gegliederten Aufbau mit gelegentlichen Kalkulationen von Jahreszahlen, sondern auch durch die dem umgangssprachlichen Griechisch angenäherte Sprachform erweist sich das Werk als typisch für das Genre der christlich-byzantinischen Chronik, dessen ältestes erhaltenes Beispiel es ist. Es war von großem Einfluß auf die spätere byzantinische Chronistik (etwa auf das *Chronikon Paschale* und auf Theophanes, Georgios Synkellos, Ioannes Tzetzes, Konstantinos Manasses, um nur einige zu nennen) und erfuhr schon früh Übersetzungen ins Lateinische, Armenische und Georgische. Besonders im slavischen Sprachraum erfreute sich die Chronik großer Beliebtheit. – Eine kritische Neuausgabe der Chronik durch K. Weierholt und J. Thurn ist in Vorbereitung. C.Ra.

Ausgaben: Oxford 1691, Hg. E. Chilmeadus. – MG, 97. – Bonn 1831, Hg. L. Dindorf.

Übersetzungen: *The Chronicle of John Malalas, Books VIII – XVIII*, M. Spinka u. G. Downey, Chicago 1940 [aus d. Ksl.; engl.]. – *The Chronicle of Malalas*, E. Jeffreys, M. Jeffreys u. R. D. Scott, Melbourne 1986 [engl.].

Literatur: A. Schenk Graf Stauffenberg, *Die römische Kaisergeschichte bei M. Griechischer Text der Bücher 9–12 und Untersuchung*, Stg. 1931. – G. Downey, *Imperial Building Records in M.* (in ByZ, 38, 1938, S. 1–15; 299–311). – Ders., *A History of Antioch in Syria from Seleucus to the Arab Conquest*, Princeton 1961. – K. Weierholt, *Studien zum Sprachgebrauch des M.*, Oslo 1963. – Z. V. Udalcova, *La chronique de Jean M. dans la Russie de Kiev* (in Byzantion, 35, 1965, S. 575–591). – E. M. Jeffreys, *The Attitudes of Byzantine Chroniclers towards Ancient History* (ebd., 49, 1979, S. 199 bis 238). – S. W. Reinert, *Greek Myth in Johannes M.' Account of Ancient History before the Trojan War*, Diss. Univ. of California, Los Angeles 1981. – R. D. Scott, *M., The Secret History and Justinian's Propaganda* (in Dumbarton Oaks Papers, 39, 1985, S. 99–109).

IOANNES MOSCHOS

* um 550 Aigai / Kilikien
† 619 oder 634 Rom

LEIMŌN

auch *Leimōnarion* oder *Neos Paradeisos* (griech.-byzant.; *[Geistliche] Wiese*, auch *Kleine Wiese* oder *Neues Paradies*). Sammlung erbaulicher Texte von Ioannes Moschos, auch unter dem lateinischen Titel *Pratum spirituale (Geistliche Wiese)* bekannt. – Ioannes Moschos war Mönch in Palästina und unternahm in Begleitung seines Freundes und Schü-

lers Sophronios (dem späteren Patriarchen von Jerusalem, 634–638) seit den siebziger Jahren des 6. Jh.s, teils aus persönlichem Interesse, teils aus Furcht vor dem Vordringen der Perser und später der Araber, ausgedehnte Reisen, die ihn nach Syrien, Palästina, Ägypten, Zypern, Samos und schließlich nach Rom führten, wo er auch sein Ende fand. Auf diesen Reisen begegnete er vielen heiligmäßig lebenden Männern, Mönchen und Einsiedlern, und er notierte, was ihm an diesen Begegnungen erbaulich erschien. Das können persönliche Gespräche oder einfach nur Aussprüche der Betreffenden sein, das können aber auch Berichte über den Lebenswandel dieser »heiligen Männer« sein, die Ioannes Moschos entweder selbst kennengelernt hat oder von denen ihm ein Gewährsmann berichtet. Diese in chronologischer Abfolge kompilierte Materialsammlung hat er kurz vor seinem Tod thematisch geordnet. Sie wurde dann sehr bald entweder von Sophronios selbst oder von einer Person aus seinem Umkreis überarbeitet und ediert.

Das Werk ist ein wichtiges Zeugnis für die Geschichte der byzantinischen Frömmigkeit und des Mönchtums. Zudem enthält es eine Fülle von Details, die uns einen Einblick in das tägliche Leben in diesen Regionen am Vorabend der Araberinvasion vermitteln. Dieser lebendige Eindruck wird noch unterstrichen durch eine eher volkstümliche Sprache, die weniger literarisch als von der Heiligen Schrift geprägt ist. – Der *Leimōn* besteht insgesamt aus ca. 300 Kapiteln, deren Anzahl in den einzelnen Handschriften variiert. Kürzere oder längere Teile davon sind nicht nur im griechischen Mittelalter viel gelesen und tradiert worden, sondern wurden auch ins Lateinische, Arabische, Armenische, Äthiopische, Georgische und Kirchenslavische übersetzt. C.Ra.

Ausgaben: Paris 1624, Hg. Fronton Du Duc. – Paris 1681, Hg. J.-B. Cotelier. – MG, 87/3 [Nachdr. d. Ausg. Paris 1624 u. 1681]. – Lpzg. 1907 (in H. Usener, *Der hl. Tychon*; Neuausg. d. Prologs; sonst nur noch in der ersten Ausg.). – Mchn. 1938 (*Unbekannte Erzählungen aus dem Pratum Spirituale*, Hg. Th. Nissen, in ByZ, 38; enth. weitere 14 Kap.). – Rom 1951 (*Il Pratum Spirituale di Giovanni Mosco*, Hg. E. Mioni, in Orientalia Christiana Periodica, 17; enth. 12 teilw. neue Kap.). – Ldn. 1975 (*The Text of the Pratum Spirituale*, Hg. Ph. Pattenden, in JThSt, N. S. 26; enth. weitere 4 Kap.; krit. Neuausg. in Vorb.).

Übersetzungen: *Le pré spirituel*, M.-J. Rouet de Journel, Paris 1946 (frz.; SCh, 12). – *Blühende Wüste*, S. Feldholm, Düsseldorf 1957.

Literatur: D. J. Chitty, *The Desert a City*, Oxford 1966. – Ch. v. Schönborn, *Sophrone de Jérusalem*, Paris 1972. – H. Chadwick, *John Moschus and His Friend Sophronius the Sophist* (in JThSt, N. S. 25, 1974, S. 41–74). – E. Mioni, *Jean Mosch* (in Dictionnaire de spiritualité ascétique et mystique, Bd. 8,

Paris 1974, Sp. 632–640). – Ph. Pattenden, *Johannes Moschus* (in *Theologische Realenzyklopädie*, Bd. 17, Bln. 1987, S. 140–144).

IOANNES PHILOPONOS

* gegen Ende 5.Jh.
† kurz nach 570

EIS TĒN MŌYSEŌS KOSMOGONIAN EXĒGĒTIKŌN LOGOI

(griech. Patr.; *Kommentar zum Schöpfungsbericht des Moses*), häufig auch lateinisch zitiert als *De opificio mundi* oder *De creatione mundi* (*Von der Schöpfung der Welt*). Exegetische Schrift zur biblischen *Genesis* in sieben Büchern von IOANNES PHILOPONOS, verfaßt vor 543.

Die gewöhnlich unter dem Kurztitel *Peri kosmopoiias* (*Von der Weltschöpfung*) zitierte Schrift ist identisch mit dem seines Stils wegen von PHOTIOS (9. Jh.) gelobten *Hexaēmeron* (*Sechstagewerk*) und soll, ebenfalls nach Photios, gegen die *Hermēneia tēs ktiseōs* (*Genesis-Erklärung*) des THEODOROS aus Mopsuestia (†428), des Exegeten der antiochenischen Schule, gerichtet gewesen sein. Gewidmet ist sie Sergios, dem späteren Patriarchen von Antiochia.

Mit seinem *Genesis-Kommentar* holt Ioannes Philoponos ein Versäumnis nach. Wie er im Vorwort berichtet, war von den Gläubigen Kritik daran geübt worden, daß er in seinen bisherigen Schriften bei seinen Beweisen für die göttliche Weltschöpfung die *Heilige Schrift* nicht berücksichtigt hatte. Im vorliegenden Werk nun geht er mit einem großen Aufgebot an Bibelzitaten daran, den Mosaischen Schöpfungsbericht Wort für Wort zu erklären. Dabei dient ihm das *Hexaēmeron* seines – mutmaßlichen – Landsmannes BASILEIOS des Großen (um 330–379), der von ihm überschwenglich gelobt wird, als Vorbild. Auf Basileios geht wohl auch zum guten Teil das vom Autor ausgebreitete physikalische, biologische, astronomische, geographische und mathematische Wissen zurück, das für den Stand der wissenschaftlichen Kenntnisse am Ausgang des Altertums repräsentativ ist. Ioannes Philoponos will die Übereinstimmung des Mosaischen Berichts mit den wirklichen Naturvorgängen demonstrieren; freilich müssen sich diese dabei manche Zurechtbiegung gefallenlassen. Heidnische Autoren werden nur zitiert, um entweder die Dürftigkeit ihrer Aussagen, verglichen mit dem Bericht des Moses, zu illustrieren oder um ihre Abhängigkeit von diesem (so bei PLATON) zu veranschaulichen.   A.Ku.

AUSGABEN: Wien 1630 [griech. u. lat.]. – Lpzg. 1897, Hg. G. Reichardt.

ÜBERSETZUNG: In W. Böhm, *J. Ph., Grammatikos von Alexandrien, Christliche Naturwissenschaft im Ausklang der Antike, Vorläufer der modernen Physik, Wissenschaft und Bibel. Ausgew. Schriften*, Mchn. u. a. 1967.

LITERATUR: W. Kroll, Art. *J. Ph.* (in RE, 9/2, 1916, Sp. 1764–1795). – G. Furlani, *Unità e dualità di natura secondo Giovanni il Filopono* (in Bessarione, 27, 1923, S. 45–65). – E. Evrard, *Les convictions religieuses de J. Ph. et la date de son »Commentaire aux météorologiques«* (in Bull. de la Classe de Lettres de l'Académie Royale de Belgique, 39, 1953, S. 299–357). – H. D. Saffrey, *Le chrétien J. Ph. et la survivance de l'école d'Alexandrie au 6e siècle* (in REG, 67, 1954, S. 396–410). – P. Joannou, *Le premier essai chrétien d'une philosophie systématique. J. Ph.* (in *Papers Presented to the Third International Conference on Patristic Studies Held at Christ Church, Oxford 1959*, Hg. F. L. Cross, Bd. 3, Bln. 1962, S. 508 ff.; Studia patristica, 5). – H. Martin, *J. Ph. et la controverse trithéite du 6e siècle* (ebd., S. 519–525). – S. Sambursky, *The Physical World of Late Antiquity*, Ldn. 1962. – H. A. Wolfson, *The Problem of the Souls of the Spheres. From the Byzantine Commentaries on Aristotle through the Arabs and St. Thomas to Kepler* (in Dumbarton Oaks Papers, 16, 1962, S. 65–93). – G. E. R. Lloyd, *Greek Science after Aristotle*, Ldn. 1973. – H. A. Davidson, *J. Ph. as a Source of Medieval Islamic and Jewish Proofs of Creation* (in JAOS, 89, 1969, S. 357 bis 391). – H. Dörrie, *Was ist ›spätantiker Platonismus‹? Überlegungen zur Grenzziehung zwischen Platonismus u. Christentum* (in Theol. Rundschau, N. F. 36, 1971, S. 285–302). – M. Wolff, *Fallgesetz u. Massebegriff. Zwei wissenschaftshistorische Untersuchungen zur Kosmologie des J. Ph.*, Bln. 1971. – G. Podskalsky, *Theologie u. Philosophie in Byzanz*, Mchn. 1977. – *Philoponus and the Rejection of Aristotelian Science*, Hg. R. Sorabji, Ldn. 1987.

IOANNES VON EPHESOS

* um 507 nahe Amida / Syrien
† wahrscheinlich 586 Chalkedon / Kleinasien

KTĀBĀ D-TAŠ'YĀTĀ D-'AL DUBBĀRĒ D-ṬŪBĀNĒ MADNḤĀYĒ

(syr.; *Buch der Geschichten von der Lebensweise der östlichen Seligen*). Sammlung von Geschichten von IOANNES VON EPHESOS. Johannes von Ephesus, Mönch im Raum von Amid und später als Bischof in Konstantinopel und Ephesus ein leidenschaftlicher Vorkämpfer des Monophysitismus, ist einer der ersten und bedeutendsten Kirchenhistoriker syrischer Zunge. Von seiner umfangreichen *Kirchengeschichte*, die trotz einseitig monophysitischer

Einstellung großen historischen Wert besitzt, ist leider nur der die Jahre 575–585 behandelnde Teil 3 ganz erhalten. Früher entstanden (wohl kurz nach 567 vollendet) und fast vollständig erhalten sind seine *Geschichten von der Lebensweise der östlichen Seligen*, bei denen es sich in der Hauptsache um verstorbene Mönche, Kleriker und fromme Laien monophysitischen Bekenntnisses handelt, die meist aus dem Raum von Amid stammten. Viele von ihnen waren dem Verfasser persönlich bekannt oder standen ihm zeitlich und räumlich nahe, was seinen Erzählungen besondere Anschaulichkeit und Glaubwürdigkeit verleiht.

Die insgesamt 58 (vielleicht aber waren es schon von Anfang an – wie heute – nur 57) Geschichten reiht der Verfasser nach einer Einleitung einfach aneinander, wobei er den Stoff häufig nach Verwandtschaft oder räumlicher bzw. zeitlicher Nähe der Seligen ordnet. So beginnt die Sammlung mit der Geschichte von Habib und seinem Schüler Zurʿa. Es folgen die Geschichten der Brüder und Styliten Abraham und Maron aus Kalesch bei Amid (im Kloster des letzteren hatte Johannes seine Jugend verbracht). Aufgeführt werden Asketen aller Art, so etwa die Anachoreten Paulus, Simon, Mara, Addai und Abraham, Reklusen (Asketen, die sich in Zellen einschließen oder einmauern ließen) wie Abraham, Simon und Sergius, Mönche wie Mare und Abbi. Aber auch Repräsentanten aller kirchlichen Ränge werden vorgestellt, z. B. die vier Diakone Abraham, Cyriacus, Barhadbšabbā und Sergius, die Priester Aaron aus Armenien, Leontius und Abraham, die Archimandriten Mari, Sergius und Daniel, die Chorbischöfe Addai und Harfat, die Bischöfe Johannes von Tella, Johannes als Hephaistupolis in Ägypten, Thomas von Damaskus, Jakob von Tella, Simeon der Perser, Jakob und Theodor, die zur Zeit der Verfolgung der Monophysiten in Konstantinopel waren, und Qaššiš, Bischof von Chios. Auch mehrere Patriarchen wurden als Monophysiten verfolgt und deswegen von Johannes unter seine Seligen aufgenommen, z. B. Severus von Antiochien, Theodosius von Alexandrien und Anthimus von Konstantinopel. Außerdem erwähnt der Autor noch eine Reihe von Asketen aus den verschiedensten Berufen und Schichten, so die Notare Thomas und Stephan, der reiche Armenier Thomas, der Familie und Besitz verließ, Malka, den Bettler, der auf seiner Wanderschaft nach Amid kam, die beiden Kaufleute und Brüder Elias und Theodor, die über ihren Handelsgeschäften keineswegs die himmlischen Dinge vernachlässigten. Andere Geschichten berichten von anonymen Seligen, z. B. von einem Fremden, der seinen Namen nicht nennen wollte, von einem, der einen Diebstahl beging und dann Buße tat, von den monophysitischen Flüchtlingen in Konstantinopel und von den Klöstern im Raum von Amid, deren Mönche 521 vertrieben wurden. Auch eine Anzahl heiliger Frauen fehlen nicht in diesem Kreis von Seligen, wie etwa die heiligen Schwestern Euphemia und Maria, die Jungfrau Susanna aus Arzun, die Anachoretin Maria und die Patrizierin Caesaria aus

Samosata mit ihrem Dienerpaar Johannes und Sosiana, ihrem Kanzler Petrus und ihrem Chartularius (Archivar) Photius. Den Abschluß bildet als Kap. 58 die Geschichte des Johannesklosters in Amid von 389 bis 567 (d. i. das Kloster, dem Johannes seit seinem 15. Lebensjahr angehörte). Da die Geschichte des Klosters mit dem Jahr 567 abbricht, dürfte auch die ganze Sammlung etwa zu diesem Zeitpunkt abgeschlossen worden sein.

Die Erzählungen sind in anschaulichem, lebhaftem Stil geschrieben und wollen in erster Linie erbauen und den verfolgten Monophysiten Mut zusprechen. Sie sind aber auch eine erstrangige Quelle für die Geschichte des mesopotamischen Mönchtums, besonders im Raum von Amid, für die Verfolgungen, die die Monophysiten erdulden mußten, und gewähren in ihrer Unmittelbarkeit und Lebensnähe auch einen guten Einblick in die damalige Lebensweise aller möglichen Bevölkerungsschichten. Somit ist dieses Werk, das »*eine Folge in ihrer einfachen Lebenswahrheit kulturgeschichtlich unschätzbarer Bilder aus der oft genug gar wunderlichen Welt mesopotamischen Asketenlebens*« (A. Baumstark) umfaßt, von gleich hohem Wert für Kirchengeschichte, Hagiographie und Kulturgeschichte und darüber hinaus ein vorbildliches Zeugnis syrischer erzählender Prosa. J.As.

AUSGABEN: Leiden 1868 (in J. N. P. Land, *Anecdota Syriaca*, Bd. 2). – Paris 1923–1925 (in E. W. Brooks, *John of Ephesus, Lives of the Eastern Saints*; Patrologia Orientalis, 17/1, 1923; 18/2, 1924; 19/2, 1925; m. engl. Übers.).

LITERATUR: J. N. P. Land, *Joannes, Bischof von Ephesus, der erste syrische Kirchenhistoriker*, Leiden 1856. – A. Djakonov, *Ioann Efesskij i ego cerkovnoistoriceskie trudy*, Petersburg 1908. – E. Honigmann, *Évêques et Évéchés monophysites d'Asie antérieures au VIe siècle*, Löwen 1951 (CSCO, 127). – Baumstark, S. 181 f. – Urbina, S. 166 f. – Altaner, S. 241. – A. Vööbus, *History of Asceticism in the Syrian Orient*, Bd. 2: *Early Monasticism in Mesopotamia and Syria*, Löwen 1960 (CSCO). – P. R. L. Brown, *The Rise and Function of Holy Man in Late Antiquity* (in Journal of Roman Studies, 61, 1971). – S. A. Harvey, *The Politicization of the Byzantine Saint* (in *The Byzantine Saint*, Hg. S. Hackel, Ldn. 1981).

IOANNES XIPHILINOS

11. Jh. Trapezunt

EPITOMĒ TĒS DIŌNOS TU NIKAEŌS

auch: *Eklogai* (griech.-byzant.; *Abriß der Geschichte des Dion aus Nikaia*). Geschichtswerk von IOANNES XIPHILINOS. – Wie schon aus dem Titel hervorgeht, ist das Werk eine Kurzfassung der (ursprünglich aus 80 Büchern bestehenden) *Römischen Geschichte (Rhōmaikē historia)* des griechischen Historikers und römischen Senators und Konsuls Cassius Dio (um 163–235). Die von Ioannes Xiphilinos angefertigten »Auszüge« *(eklogai)* aus dem Werk des Cassius Dio geben freilich nur das Wichtigste aus den Büchern 36–80 wieder, in denen Dio über den Verlauf der römischen Geschichte von Caesar und Kaiser Augustus bis Kaiser Elagabal (reg. 218–222) berichtet. Die Redaktion des Xiphilinos ist – ähnlich wie das Werk des ein Jahrhundert später lebenden Ioannes Zonaras – insofern von historischem Interesse, als die Bücher 61–80 des Cassius Dio im Original größtenteils verlorengegangen sind. Xiphilinos, der einfach und klar schreibt und zumeist kurze Sätze bevorzugt, beschränkt sich in seiner Darstellung bewußt auf die wesentlichsten Ereignisse.   P.W.

Ausgaben: Paris 1551 [griech. u. lat.]. – Bln. 1901 (in *Cassii Dionis Cocceiani historiarum Romanarum quae supersunt*, Hg. U. Ph. Boissevain, 5 Bde., 1895–1931, 3).

Übersetzung: *Das Leben u. die Geschichte des Kaisers M. Aurel. Antonius aus dem Xiphilin übersetzt*, J. A. B. Bergsträsser, Hanau 1770.

Literatur: W. A. Schmidt, *Über die Quellen des Zonaras* (in Zs. f. d. Altertumswiss., 6, 1839, Sp. 238–244; 249–285). – E. Zander, *Quibus e fontibus Ioannes Zonaras hauserit annales suos Romanos*, Ratzeburg 1849. – H. Haupt, *Neue Beiträge zu den Fragmenten des Dio Cassius* (in Herm, 14, 1879, S. 431–446). – J. Melber, *Beitr. zur Neuordnung der Fragmente des Dio Cassius* (in SBAW, phil.-hist. Kl., 1889, S. 93–118). – E. Patzig, *Über einige Quellen des Zonaras* (in ByZ, 5, 1896, S. 24–53; 6, 1897, S. 322–356). – Krumbacher, S. 370–376. – Gy. Moravcsik, *Byzantinoturcica*, Bd. 1, Bln. ²1958, S. 347/348. – F. Millar, *A Study of Cassius Dio*, Ldn. 1964. – L. Canfora, *Xifilino e il libro LX di Dione Cassio* (in Klio, 60, 1978, S. 403–407).

ginn der Menschheitsgeschichte bis zum Jahr 1118 n. Chr. reichende Weltchronik besteht aus achtzehn Büchern; von diesen behandeln die ersten zwölf die Ereignisse bis zur Zeit Kaiser Konstantins I. des Großen (reg. 306–337), der die alte Stadt Byzanz, indem er ihr den Namen Konstantinopel verlieh, zur kaiserlichen Residenz und zweiten Hauptstadt des Römischen Reichs erhob. Die anschließenden sechs Bücher der Chronik (Buch 13–18) sind speziell der Darstellung der eigentlichen byzantinischen Epoche bis zum Tod Kaiser Alexios' I. Komnenos (reg. 1081–1118) gewidmet.

Zonaras schöpft aus zahlreichen antiken und spätgriechischen Geschichtsquellen, besonders aus Herodot, Xenophon, Arrian, Plutarch, Cassius Dio und Eusebios, für die späteren Jahrhunderte namentlich aus Ioannes Malalas, Prokopios aus Kaisareia, Theophanes, Georgios Monachos und Konstantinos (Michael) Psellos, um nur die wichtigsten seiner Gewährsmänner zu nennen. In der sprachlichen Darstellung folgt der Autor den für die griechisch geschriebenen Werke dieser literarischen Gattung allgemein geltenden Regeln und Gesetzen: Weil er einen möglichst breiten Leserkreis ansprechen will, zeigt er sich jeweils auch gern zu Zugeständnissen an die damals gebräuchliche Umgangssprache bereit. Unter der Vielzahl der überlieferten mittelalterlichen griechischen Chroniken gebührt der des Zonaras wegen ihrer sorgfältigen und zuverlässigen Berichterstattung ein besonderer Ehrenplatz.   P.W.

Ausgaben: Basel 1557, Hg. H. Wolf. – Paris 1686/87, Hg. C. Du Cange (Pariser Corpus). – Bonn 1841–1844, Hg. M. Pinder, 3 Bde. (Bonner Corpus, 25; enth. Buch 1–12). – MG, 134/135 [m. lat. Übers.]. – Lpzg. 1868–1875, Hg. L. Dindorf. – Bonn 1897, Hg. Th. Büttner-Wobst (Bonner Corp.; enth. Buch 13–18).

Übersetzungen: In A. Jacobs, *Zonaras-Zonara. Die byzantinische Geschichte bei J. Z. in slavischer Übersetzung*, Mchn. 1970. – In E. Trapp, *Militärs u. Höflinge im Ringen um das Kaisertum. Byzantinische Geschichte von 969–1118. Nach der Chronik des J. Z.*, Graz u. a. 1986.

Ioannes Zonaras

1. Hälfte 12. Jh.

EPITOMĒ HISTORIŌN

(griech.-byzant.; *Abriß der Geschichte*). Weltchronik von Ioannes Zonaras, entstanden um 1120. – Der Verfasser, Historiograph und ehemaliger Beamter am byzantinischen Kaiserhof, verfaßte sein Geschichtswerk in dem Mönchskloster auf der Insel Glykeria, wohin er sich nach Niederlegung seiner Hofämter zurückgezogen hatte. Seine vom Be-

Literatur: W. A. Schmidt, *Über die Quellen des Z.* (in Zs. f. d. Altertumswiss., 6, 1839, S. 238–285). – F. Hirsch, *Byzantinische Studien*, Lpzg. 1876, S. 377–391. – Th. Büttner-Wobst, *Studia Byzantina*, I, Dresden 1890. – Ders., *Die Abhängigkeit des Geschichtsschreibers Z. von den erhaltenen Quellen* (in *Commentationes Fleckeisenianae*, Lpzg. 1890, S. 123–170). – Ders., *Studien zur Textgesch. des Z.* (in ByZ, 1, 1892, S. 202–244; 594–597). – Krumbacher, S. 370–376. – O. Lampsides, *I chronografia tu Psellù pigì tis »Epitomìs« tu Z.*, Athen 1951. – Gy. Moravcsik, *Byzantinoturcica*, Bd. 1, Bln. ²1958, S. 344–348. – K. Ziegler, Art. *Zonaras Joannes* (in RE, 10A, 1972, Sp. 718–732). – M. Di-

Maio, *History and Myth in Z.' »Epitome Historia-rum«: The Chronographer as Editor* (in Byzantine Studies – Études Byzantines, 10, 1983, S. 19–28).

JORGOS IOANNU

* 20.11.1927 Thessaloniki
† 16.2.1985 Athen

JA ENA FILOTIMO

(ngriech.; *Für die Ehre*). Sammlung von 22 Prosa-texten von Jorgos IOANNU, erschienen 1964. Die ersten fünf dieser Texte waren bereits 1962 in der Zeitschrift ›Diagonios‹ abgedruckt worden. – Die-ser erste Band von »*Prosastücken*«, wie sie der Autor selbst nennt, enthält bereits alle wichtigen Grund-züge des literarischen Werks des klassischen Philo-logen und Volkskundlers. Die kurzen Texte, die al-le in Ich-Form geschrieben sind, entbehren einer zugrundeliegenden Handlung, die durch assoziati-ve Zusammenstellung von Erzählmotiven ersetzt wird. Gegenstand sind subjektive Empfindungen aller Art, die durch das Erzählen von Begleitum-ständen, durch Analyse und in Bildern dem Leser erläutert und fühlbar gemacht werden. Ioannus Werk enthält also erzählerische, essayistische und poetische Elemente, ohne einem dieser Bereiche ausschließlich anzugehören.

Die geschilderten Szenen, Gefühle und Erinnerun-gen gehören hauptsächlich der Zeit der deutschen Besatzung Griechenlands an. Untrennbar verwo-ben sind diese Impressionen, die eindeutig auto-biographischen Charakter haben, mit der Stadt Thessaloniki, mit ihren Armenvierteln und ihrer (infolge der griechisch-türkischen Umsiedlungen der zwanziger Jahre) heterogenen Bevölkerung. In diesem Milieu verbrachte Ioannu seine Jugendjah-re. In einigen der 22 Texte verarbeitet der Autor auch die Eindrücke seiner Referendarzeit in den pe-loponnesischen Bergen und in Libyen.

Die meisten der auftretenden Personen bleiben na-menlos *(»ein Freund«, »ein Bekannter«)*, in einem Fall sogar unbestimmten Geschlechts *(»eine mir gut bekannte Person«)*. Ausnahmen sind der Schul-freund Batis (in dem Text *Batis*), der von den Deut-schen »*zur Abschreckung*« hingerichtet wird, und Dadínis, der von Zeit zu Zeit in sinnlosem Herois-mus sein Leben aus einer Laune heraus aufs Spiel setzt: »*für die Ehre*« (diese Antwort ist Titel des ent-sprechenden Texts und der ganzen Sammlung). Viele der sogenannten »Freunde« scheinen nur eine Projektion der eigenen Subjektivität des Autors auf eine andere Person, somit auf einen »objektiven« Zeugen zu sein.

Die Welt von *Ja ena filotimo* ist eine reine Männer-gesellschaft, die Trennung zwischen den Ge-schlechtern ein immer wiederkehrendes Motiv. Die Schuld an diesem Phänomen wird in *I Katigories (Die Kategorien)* den – griechischen – Frauen zuge-schrieben, die sich nicht aus ihren traditionellen Zwängen befreien. Sexualität erscheint – wo sie praktiziert wird – als etwas Zwanghaftes, Perverses (z. B. in *Ta evréika mnímata – Der jüdische Fried-hof*) und nimmt oft die Form der Selbstbefriedi-gung an (z. B. in *Kato stis aktés tis Afrikís – Unten an Afrikas Küsten* und *I Katigories*). Das Gefühl einer inneren Einsamkeit, das diesen Schilderungen zu-grunde liegt, findet einen konkreteren Ausdruck in der Idee der Isolation, die Gegenstand u. a. des er-sten *(Ta keliá – Die Zellen)* und des letzten Texts *(I lissasméni ajeláda – Die tollwütige Kuh)* ist; im er-sten wird diese Isolation gesucht, im zweiten wird sie von außen verursacht. Als Ausweg aus dieser Einsamkeit erscheint nur die zwischenmenschliche Zuneigung: »*ohne Zärtlichkeit ist die Welt leer*« (in *Ora ja to kukúli – Zeit sich abzukapseln*).

Ein hoher Stellenwert kommt dem Motiv des To-des zu, das u. a. Gegenstand des Texts *I Sfachtes – Die Schlächter* ist. Erzählt wird von einem dem Er-zähler bekannten Mann, der beim bloßen Anblick eines Menschen erkennt, daß dieser einen Mord be-gangen hat. Der Vorgang des Tötens scheint aber in seinem Grauen anziehend zu wirken, da der Er-zähler und sein Bekannter den Umgang mit diesen Menschen suchen. Selbstmordgedanken sind der Gegenstand des zentralen Texts *Ja ena filotimo*. Im Vordergrund stehen jedoch traumatische Erinne-rungen aus der Besatzungszeit, an Hinrichtungen (z. B. *Batis; Fterúga skotiní – Dunkler Flügel; † 13. 12. '43*), die Vernichtung der Juden, Hunger und Schwarzmarkt (z. B. *Ádendro*). Erschütternd wirkt die Schilderung der Ausgrabung einer Kin-derleiche, der der Kopf abgetrennt wurde, auch wenn es sich um eine für Filmaufnahmen gestellte Szene zu handeln scheint *(Sta kaména – Bei den Brandruinen)*. Diese Erinnerungen prägen die ge-samte Erlebniswelt des Erzählers: »*Wir erzählen ständig Geschichten, vor allem aus der Besatzungszeit. Dabei sind wir doch noch so jung. Meist bin ich schuld an diesen Geschichten*« (*O Xeniteménos*).

Es verwundert nicht, wenn eine so pessimistische und von subjektiven Gefühlen getragene Literatur auch auf Ablehnung stößt. D. MARONITIS vermißt im weiteren Werk des Autors einen Reifeprozeß in der Erzählperspektive, statt dessen beobachtet er die Entwicklung einer Manier. Die Verwendung »*anthropogeographischer*« Elemente des Schauplat-zes Thessaloniki sieht er zur Nostalgie verkommen, die Prosastücke durch moralisierende Tendenzen zunehmend die Form einer »*modernen Erbauungs-literatur*« annehmen. Andererseits wird die sehr präzise Sprache Ioannus, die gleichzeitig den rhythmischen Gesetzen des gesprochenen Wortes folgt, hervorgehoben. Die Prosatexte des Autors erscheinen dadurch geradezu hörbar, was ihrem insgesamt persönlichen Charakter in harmonischer Weise entspricht. U.Moe.

AUSGABEN: Athen 1964. – Athen 1976 (in *Pezo-grafimita*).

LITERATUR: Interview (in Diavazo, 9, 1977, S. 14–29). – D. Maronitis, *Erotimata ja tin eparchiaki logotechnia* (ebd., 10, 1978, S. 30–39). – A. Kotzias, *Metapolemiki pezografi*, Athen 1982, S. 42–54. – G. Arajis, *J. I.* (in *I metapolemiki pezografi*, Bd. 3, Athen 1988, S. 150–227; m. Bibliogr.).

ION AUS CHIOS

5. Jh.v.Chr.

EPIDĒMIAI

(griech.; *Reisebilder*). Die »Memoiren« des ION aus Chios, der in der Antike vor allem als Tragiker geschätzt wurde. – Obwohl nur fünfzehn kleine Bruchstücke erhalten sind, gewinnen wir ein überraschend intensives Bild von diesem ersten autobiographisch-zeitdokumentarischen Memorienbuch der europäischen Literatur. Den formalen Rahmen deutet der Titel an: Der wohlhabende Poet von der ionischen Insel hatte einen Großteil seines Lebens auf Reisen verbracht, war in Athen ebenso daheim wie in Sparta und auf Chios, ja vielleicht in dem kulturellen Zentrum des Kontinents noch mehr als anderswo; er verkehrte in den Villen der politischen Koryphäen seiner Tage und empfing die geistigen Führer des Hellenentums in seinem Hause; er duzte den Politiker und Feldherrn Kimon (den er überaus schätzte) und den berühmten Staatsmann Perikles (den er unsympathisch fand); als Zwanzigjähriger wanderte er mit dem greisen AISCHYLOS zu den Isthmischen Spielen, als Vierzigjähriger zechte er mit SOPHOKLES. Und dieser Mann, der seine Zeit und seine Welt kannte wie kein zweiter, hat dies alles mit dem scharfen Auge eines weltoffenen, genießenden Geistes festgehalten und in seinem Werk höchst anschaulich dargestellt. Die Subjektivität seiner Schilderung wird nirgends verleugnet; aus reicher Beobachtung wählt er das Einzelne, aber Typische. Freilich bietet er keine Belehrung; er will unterhalten. Sein Stilprinzip ist die *variatio*, Buntheit und Abwechslung: Die Episode ersetzt die Handlung, ein Porträt wird mit derselben Anteilnahme gezeichnet wie die Zubereitung eines Muschel- oder Lebergerichts. Er bringt das individuelle Detail aus der zufälligen Perspektive des Augenblicks – und läßt es zum gültigen Symptom der Epoche werden; ein pointiertes Wort charakterisiert die Persönlichkeit, eine sparsame Geste enthüllt den Charakter, eine Sekunde steht für ein Leben. Berühmt bis in unsere Tage sind dank PLUTARCHS Zitat zwei ungemein prägnante Momentaufnahmen: die grüblerisch-schlagfertige Bemerkung des Aischylos angesichts eines Faustkampfs: »*Da kannst du sehen, was Zucht ist: Der Geprügelte schweigt, die Zuschauer aber brül-*

len«, und die listig-charmante Bemerkung des Sophokles, der einem Knaben beim Gelage einen Kuß raubte: »*Perikles meint, ich verstehe nichts von Strategie. Nun, ist mir dieser kleine Angriff nicht gut geglückt?*« Ions selbstbewußter Mut zur persönlichen Note ist für einen Schriftsteller des 5. Jh.s v. Chr. unerhört. Selten wird man den Verlust eines Werkes so bedauern wie den der *Epidēmiai*.   E.Sch.

AUSGABE: Stg./Bln. 1939 (*Ion von Chios. Die Reste seiner Werke*, Hg. A. v. Blumenthal).

LITERATUR: L. Holzapfel, *Untersuchungen über die Darstellung der griechischen Geschichte von 489–413 v. Chr.*, Lpzg. 1879. – I. Bruns, *Das literarische Porträt der Griechen*, Bln. 1896, S. 46–55. – Schmid-Stählin, 1/2, S. 674 f. – G. Misch, *Geschichte der Autobiographie*, Bd. 1/1, Ffm. ³1949, S. 102 f. – H. Ruediger, *Göttin Gelegenheit. Gestaltwandel einer Allegorie* (in Arcadia, 1, 1966, S. 121–166). – H. B. Mattingly, *Poets and Politicians in Fifth-Century Greece* (in *Fs. für F. Schachermeyr*, Hg. K. H. Kinzl, Bln. 1977, S. 231–245). – U. Duse, *La lira di Ione di Chio* (in Quaderni Urbinati di cultura classica, 33, 1980, S. 113–123). – L. Leurini, *Il boreios hippos di Ione di Chio* (ebd., 38, 1981, S. 155–161). – Ders., *Alcune glosse di Esichio relative a Ione di Chio* (ebd., 42, 1983, S. 145–156). – M. L. West, *Ion of Chios* (in Bull. of the Institute of Classical Studies of the Univ. of Ldn., 32, 1985, S. 71–78).

EUGÈNE IONESCO

* 26.11.1912 Slatina / Rumänien

LITERATUR ZUM AUTOR:
Bibliographien:
G. R. Hughes u. R. Bury, *I., A Bibliography*, Cardiff 1974. – W. Leiner u. a., *Bibliographie et index thématique des études sur I.*, Fribourg 1980.
Gesamtdarstellungen und Studien:
A. Schulze-Vellinghausen u. G. R. Sellner, *Das Abenteuer I.*, Zürich 1957. – S. Benmussa, *I.*, Paris 1966. – J.-H. Donnard, *I. dramaturge, ou l'artisan et le démon*, Paris 1966. – E. Wendt, *I.*, Velber 1967. – P. Ronge, *Polemik, Parodie und Satire bei I.*, Bad Homburg 1967. – C. Abastado, *E. I.*, Paris 1971. – H. Hanstein, *Studien zur Entwicklung von I.s Theater*, Heidelberg 1971. – R. N. Coe, *I., A Study of His Plays*, Ldn. 1971. – P. Vernois, *La dynamique théâtrale de I.*, Paris 1972. – *I., A Collection of Critical Essays*, Hg. R. C. Lamont, Englewood Cliffs/Ldn. 1973. – *Les critiques de notre temps et I.*, Hg. R. Laubreaux, Paris 1973. – S. Tobi, *I. ou A la recherche du paradis perdu*, Paris 1973. – E. C. Jacquart, *Le théâtre de dérision. Beckett, I., Adamov*, Paris 1974. – F. Bondy, *I. in*

Selbstzeugnissen und Bilddokumenten, Reinbek 1975 (rm). – C. Petersen, *I.*, Bln. 1976. – R. Daus, *I.* (in R. D., *Das Theater des Absurden in Frankreich*, Stg. 1977, S. 43–70; Slg. Metzler). – J. Bessen, *I. und die Farce*, Wiesbaden 1978. – E. Schlögl, *Das Wunder der Alltäglichkeit. Studien zum Aufbau des dichterischen Werkes von E. I.*, Wien 1980. – *I., situation et perspectives*, Hg. M.-F. Ionesco u. P. Vernois, Paris 1980 (Colloque de Cérisy). – M. Schwarz, *Musikanaloge Idee und Struktur im frz. Theater. Untersuchungen zu J. Tardieu u. I.*, Mchn. 1981. – A. G. Satijn, *Le labyrinthe de la cité radieuse. Les peregrinations de Bérenger chez I.*, Amsterdam 1982. – *Modernes frz. Theater. Adamov – Beckett – I.*, Hg. K. A. Blüher, Darmstadt 1982 (WdF). – *The Dream and the Play. I.s Theatrical Quest*, Hg. M. Lazar, Malibu 1982. – U. Quint-Wegemund, *Das Theater des Absurden auf der Bühne und im Spiegel der literaturwissenschaftlichen Kritik. Eine Untersuchung zur Rezeption und Wirkung Becketts und I.s in der BRD*, Ffm. 1983. – J. Bessen, *I.* (in KLFG, 1. u. 2. Lfg., 1983). – M. Esslin, *Das Theater des Absurden. Von Beckett bis Pinter*, Reinbek 1985 [erw.]. – L. A. C. Dobrez, *The Existential and Its Exits. Literary and Philosophical Perspectives on the Works of Beckett, I., Genet and Pinter*, Ldn. 1986. – M.-C. Hubert, *Langage et corps fantasmé dans le théâtre des années cinquante*, Paris 1987.

AMÉDÉE OU COMMENT S'EN DÉBARRASSER

(frz.; *Ü: Amédée oder Wie wird man ihn los*). Komödie in drei Akten nach einer eigenen Erzählung *(Oriflamme – Goldfackel)* von Eugène IONESCO, Uraufführung: Paris, 14. 4. 1954, Théâtre de Babylone; deutsche Erstaufführung: Bochum 1956. – Wie vielen der Stücke Ionescos liegt auch diesem ein alltägliches Thema zugrunde: Amédée ist das Drama vom Verfall einer Verbindung zweier Menschen – der Ehe – in der Zeit. Zeit aber ist hier nichts anderes als die Summe aller jener unsäglich banalen, eben alltäglichen Momente, in denen eine solche Verbindung sich abnutzt, zusammenschrumpft, stirbt, bis von ihr nichts übrigbleibt als der Leerlauf der immer gleichen Gesten und Worte. Nichts ist von Natur undramatischer als solch ein langsamer, unmerklich fortschreitender Verfall. Ionesco dramatisiert dieses Thema dadurch, daß er die psychologischen oder existenziellen Sachverhalte verdinglicht, konkret durch Gegenstände darstellt und diese wiederum zum Gegenstand einer Art Kriminalhandlung werden läßt. Er spielt das Thema ins Surrealistische hinüber, das als Überhöhung der Wirklichkeit diese Wirklichkeit selbst sichtbar macht.
Wie die »Alten« in *Les chaises*, 1952 *(Die Stühle)*, sind auch Amédée und seine Frau Madeleine eingeschlossen in ihre Wohnung, die sie seit Jahren nicht mehr verlassen haben und in der sie niemanden empfangen. Aber diese Beschränkung im Raum ist

nur der konkrete Ausdruck für die Ehe der beiden Leute, die ihnen zum Gefängnis geworden ist. Die erfolglose Schriftstellerei des ewig bedrückten, des müden und schwachen Amédée, die Geldnot, die ewigen Vorwürfe Madeleines bilden den engen Kreis, in dem die beiden auf der Stelle treten. Daß sie ihre Wohnung nicht verlassen, hat seinen besonderen Grund. Im Zimmer nebenan liegt seit fünfzehn Jahren ein Toter – vielleicht hat Amédée ihn getötet; vielleicht ist er aber doch nur zum Teil schuld an seinem Tod; vielleicht ist der Mann auch von selbst gestorben … Dieser Tote, dessen Augen grün leuchten wie Scheinwerfer, wächst unaufhörlich, und um ihn herum, in seinem Zimmer, wachsen giftige Pilze aus dem Boden.
Die Eheleute versuchen, gut zu ihm zu sein, damit er ihnen vielleicht verzeihn; aber sie können sein Wachstum nicht aufhalten. Obwohl er in seinem Zimmer, das zu klein geworden ist für seine Länge, bereits zusammengefaltet worden ist, kommt der fatale Augenblick, da der Zuschauer seine Füße sich durch die Tür ins Zimmer hereinschieben sieht, denen langsam, ruckweise, in »geometrischer Progression«, der »Krankheit der Toten«, unendlich lange Beine folgen. Was soll man tun, wenn, wie vorauszusehen, der Tote die Tür zur Außenwelt durchstößt und so das lang gehütete Geheimnis ruchbar wird? Amédée, der Schwache, wäre bereit, ihm das Feld zu überlassen; er würde auf einem Stuhl genügend Platz haben. Die strengere, härtere Madeleine drängt ihn jedoch, zu mitternächtlicher Stunde den riesigen Leichnam wegzuschaffen, und Amédée schleppt ihn mühsam durch die Straßen von Paris der Seine zu. Aber der sonderbare Kadaver scheppert und klirrt und schreckt durch sein Getöse die Leute auf. Schon kommt Polizei, verfolgt Amédée, der flieht und sich plötzlich, unter den erstaunten Oh-Rufen der Zuschauer, in die Lüfte erhebt, getragen von dem endlich gelüfteten Ehekadaver.
Ionesco will »absurdes Theater« schaffen; er erkennt die logischen Gesetze des traditionellen Theaters für sich nicht an. Das von jedem rationalen Sinn abgelöste Spiel mit den Eheleuten ist ihm Möglichkeit der Gebärde, der Mimik und der Sprache, in der Groteske den Sinn, oder besser: den Unsinn, das Absurde der menschlichen Existenz und ihrer von aller Wirklichkeit entleerten Begriffe zu erhellen, wie er es in der Vorbemerkung zu *Les chaises* dargelegt hat.   A.B.

AUSGABEN: Paris 1954 (in *Théâtre*, 7 Bde., 1954–1981, 1). – Paris 1958.

ÜBERSETZUNG: *Amédée oder Wie wird man ihn los*, W. Düggelin u. J. Zaunay (in *Theaterstücke*, Bd. 1, Darmstadt/Bln./Neuwied 1959). – Dass., dies. (in *Werke*, Hg. F. Bondy u. I. Kuhn, 6 Bde., 1, Mchn. 1985).

LITERATUR: J. Vannier, *»Comment s'en débarrasser« and »Le nouveau locataire«* (in Théâtre Populaire, November 1957, Nr. 27, S. 76–83). – D. Watson,

The Plays of I. (in Tulane Drame Review, 3, 1958, H. 1, S. 48–53). – J. Schérer, *L'évolution de I.* (in Les Lettres Nouvelles, 8, 1960, H. 1, S. 91–96). – R. Kempf, *L'homme et la femme dans l'espace de I.* (in RF, 72, 1960, S. 95–98). – P. Sénart, »*Amédée ou comment s'en débarasser*« (in RDM, Juli–Sept. 1970, S. 708–710). – C. Abastado, »*Amédée ...*« (in FrMo, Sept. 1973, Nr. 99, S. 6–13). – L. D. Kyle, *The Grotesque in »Amédée or How to Get Rid of It«* (in MD, 19, 1976, S. 281–290).

LA CANTATRICE CHAUVE

(frz.; *Ü: Die kahle Sängerin*). »Anti-Stück« in zwölf Szenen (ein Bild) von Eugène IONESCO, Urauffühung: Paris, 11. 5. 1950, Théâtre des Noctambules; deutschsprachige Erstauffühung: Bern, 21. 6. 1956, Kleintheater. – Der Titel hat mit dem Stück überhaupt nichts zu tun. Er bezieht sich lediglich auf eine Anspielung in der vorletzten Szene. Der Feuerwehrhauptmann fragt Mrs. Smith unvermittelt: »*Was macht die kahle Sängerin?*« Die Antwort lautet: »*Sie trägt immer noch die gleiche Frisur!*« Die ausführliche Regieanweisung zu Beginn gibt den Ton an: »*Ein gutbürgerliches englisches Interieur mit englischen Fauteuils. Eine englische Abendunterhaltung. Mr. Smith, ein Engländer, mit seinen englischen Pantoffeln, sitzt in seinem englischen Fauteuil, raucht eine englische Pfeife und liest eine englische Zeitung an einem englischen Kaminfeuer. Er trägt eine englische Brille, einen kleinen grauen englischen Schnauz. – Neben ihm, in einem zweiten englischen Fauteuil, Mrs. Smith, eine Engländerin, die englische Socken strickt. – Ein langes englisches Schweigen. Die englische Wanduhr schlägt siebzehn englische Schläge.*« Die Aufdringlichkeit des Wortes »englisch« ist Ausdruck für die Monotonie eines Abends zwischen Eheleuten. »*Sieh mal an, es ist neun Uhr*«, sagt Mrs. Smith und leitet damit eine Unterhaltung mit ihrem Ehemann ein, die sie mit dem mechanisch-monotonen Geklapper ihrer Stricknadeln scharf skandiert. Es ist eine jener Unterhaltungen, die von äußerster Banalität und Trivialität geprägt sind; der unsinnige Dialog zwischen einander völlig entfremdeten Ehepartnern, die sich wie Bahnreisende zugleich gelangweilt und neugierig miteinander unterhalten. – Mr. und Mrs. Martin kommen auf Besuch zu den Smiths, und während sie auf die Hausherrin warten, entspinnt sich ein sonderbares Gespräch zwischen ihnen. »*Verzeihung, Madame, doch es scheint mir, wenn ich mich nicht irre, als wäre ich Ihnen bereits irgendwo begegnet. – Mir auch Monsieur, mir scheint, als wäre ich Ihnen bereits irgendwo begegnet.*« Und mit den immer gleichen Formeln »*mir scheint*«, »*ich weiß nicht*« und den immer gleichen Ausrufen »*wie seltsam*«, »*wie merkwürdig*«, »*welches Zusammentreffen*« entdecken die beiden, daß sie aus derselben Stadt sind, im gleichen Zug nach London gefahren sind, im gleichen Hause wohnen, im gleichen Zimmer, im gleichen Bett schlafen, das gleiche Kind haben. Sie entdecken durch einen Zufall ihr gemein

sames Leben oder vielmehr, ironisch-tragisch, ihre Gemeinsamkeit als ein indifferentes Nebeneinander in der Einsamkeit.

Folgt, gleichsam unter der Lupe gesehen, die schwierige, mit vielen »hm, hm« beginnende und mit peinlichem Schweigen durchsetzte Konversation zwischen den Besuchern und den Smiths, in der jeder x-beliebige Gegenstand zum rettenden Strohhalm wird, an den sie sich klammern, bis er ihnen wieder davonschwimmt. Dann taucht ein Feuerwehrmann auf, erkundigt sich höflich, ob kein Feuer ausgebrochen sei – nein, diesmal leider nicht –, und treibt mit seinen stupend stupiden Witzen die tödliche Langeweile zu jenem Paroxysmus, wo sie in eine völlig ungezügelte, unkontrollierbare, nervöse Überspanntheit umschlägt und sich Luft macht in einem wilden Durcheinander von Sprichwörtern, Wörtern, Sätzen, die nur noch, wie bei spielenden Kindern, aus sinnlosen Wortassoziationen bestehen – ein Durcheinander, das in einem ekstatischen Chorus endet, in dem die Vokale des Alphabets und dann die Konsonanten aufgesagt werden oder ein besessenes »tsch, tsch, tsch«, das zugleich wieder anmutet wie die phonetische Quintessenz eines von fern gehörten allgemeinen Gespräches. – Der Vorhang fällt darüber und geht nochmals auf über dem Anfangsbild. Nur, daß nun die Martins an die Stelle der Smiths getreten sind, die nun denselben, seit Jahrhunderten abgegriffenen Dialog über Gemüse, Wetter, Verwandte und Vermischtes wiederaufnehmen und in die Haut dieses ausgewalzten Lebens hineinschlüpfen.

Ionesco hat sich von den burlesken Wirkungen des Puppentheaters anregen lassen. In der Übertreibung wird die Absurdität menschlicher Existenzen sichtbar. Der Autor drückt es in seinen *Ganz einfachen Gedanken zum Theater* so aus: »*Die Groteske und die Karikatur waren radikal zu verstärken und in Gegensatz zur blassen Geistreichelei der Salonkomödie zu setzen. Keine Salonkomödie, sondern Farcen, äußerste parodistische Übertreibung. Humor, ja! Doch mit den Mitteln des Burlesken. Das Komische hart, übertrieben, ohne Zartheit ... Alles bis zum Paroxysmus treiben, dahin, wo sich die Quellen des Tragischen öffnen. Ein Drama der ursprünglichen Mächtigkeit schaffen: ursprünglich mächtige Komik steht neben ursprünglich mächtiger Tragik.*« Dem entspricht die Sprache: antiintellektuell, arational, bis »*zum Bodensatz der verschliffensten Klischees*« und zu den »*äußersten Grenzen der Alltagssprache*« vorstoßend, vermag sie genau den Punkt zu bezeichnen, an dem das Alltägliche in das Groteske und das Absurde umschlägt. (Siehe auch Ionescos Vorbemerkung zu *Les chaises*, 1952.) A. B.

AUSGABEN: Paris 1953 (in *Théâtre I*). – Paris 1954 (in *Théâtre*, 7 Bde., 1954–1981, 1). – Paris 1964. – Paris 1972 (Folio).

ÜBERSETZUNG: *Die kahle Sängerin*, S. Stauffer (in *Theaterstücke*, Bd. 1, Darmstadt/Bln./Neuwied 1959). – Dass., ders. (in *Werke*, Hg. F. Bondy u. I. Kuhn, 6 Bde., 1, Mchn. 1985).

LITERATUR: S. Doubrowsky, *I. and the Comic of Absurdity* (in Yale French Studies, 23, 1959, S. 3–10). – Ders., *Le rire de I.* (in NRF, 15, 1960, S. 313–323). – H. Beckmann, *Die Leiche des Herrn I., oder: Der Seitensprung ins Absurde auf dem heutigen Theater* (in Wort und Wahrheit, 16, 1961, 1, S. 215–224). – M. Esslin, *Das Theater des Absurden*, Ffm./Bonn 1964, S. 138–145 u. ö. – O. u. I. Reuzine, *Experimentation sémiotique chez I.* (»La cantatrice chauve« et »La leçon«) (in Semiotica, 4, 1971, S. 240–262). – G. Valiaparampil, *I., »Die kahle Sängerin«* (in R. Geißler u. G. V., *Sprachsuchungen und Einsichten in eine zeitgenössische literarische Tendenz*, Ffm. u. a. 1971, S. 89–105). – R. Jouanny, *»La cantatrice chauve« »La leçon« de I.*, Paris 1975. – K. W. Hempfer, *Die Theorie der Präsuppositionen und die Analyse des Dialogs im ›absurden Theater‹* (am Beispiel von I.s »La cantatrice chauve«) (in *Aufsätze zur Literaturwissenschaft*, Hg. A. Noyer-Weidner, Wiesbaden 1977, Bd. 1, S. 33–70). – L. Schirmer, *Avantgardistische und traditionelle Aspekte im Theater von I. Zur Rezeption von »Die kahle Sängerin« auf deutschsprachigen Bühnen*, Ffm./Bern 1977. – A. Greive, *Das Paradox des Dialogs in der »Cantatrice chauve«* (in *Studia neolatina. Fs. P. M. Schon*, Hg. J. Thomas, Aachen 1978, S. 68–79). – B. Schlieben-Lange, *La cantatrice chauve. Ein Lehrstück über gelungene Konversation?* (in *Literatur und Konversation*, Hg. E. W. B. Hess-Lüttich, Wiesbaden 1980, S. 239–257).

CE FORMIDABLE BORDEL!

(frz.; *Ü: Welch gigantischer Schwindel!*). Stück in fünfzehn Szenen von Eugène IONESCO, Uraufführung: Paris, 14. 11. 1973, Théâtre Moderne; deutsche Erstaufführung: Lübeck, 10. 11. 1974, Bühne der Hansestadt Lübeck. – Wie bereits bei Ionescos Stücken *Les rhinocéros*, 1959 *(Die Nashörner)*, und *Le piéton de l'air*, 1962 *(Fußgänger der Luft)*, ging der Theaterauffassung eine Prosaversion – der Roman *Le solitaire (Der Einzelgänger)* – voraus. Im Zentrum des Geschehens steht in beiden Fassungen ein kleiner Büroangestellter, der unerwartet eine Erbschaft macht. Diese erlaubt es ihm, bereits im Alter von fünfunddreißig Jahren in den Ruhestand zu treten. Er kauft sich eine Wohnung am Stadtrand von Paris und lebt nun ganz sein Schicksal als Einzelgänger.
Die Handlung auf der Bühne setzt mit den unterschiedlichen Reaktionen seiner Mitmenschen auf die Erbschaft ein. In fünfzehn Szenen defilieren diese Repräsentanten eines »universalen Kleinbürgertums« – bei Ionesco immer Sinnbild für den Menschen allgemein – mit ihren Ratschlägen und in monologischen Selbstdarstellungen an ihm vorüber: Sein Chef und sein Kollege, ein unermüdlicher Weltverbesserer, versuchen ihn zu überreden, das Geld in die Firma bzw. in die Gewerkschaft zu investieren. Seine ehemalige Büroliebschaft entdeckt wieder ihre »Liebe« zu ihm. Die neuen Mitbewohner – die exzentrische, von Langeweile geplagte Ehefrau mit Hündchen, ihr resignierter Gatte, der alte pessimistische Philosoph und die Concierge – machen ihm ihre Aufwartung. Während die anderen Figuren vom Namen oder sozialen Status her individualisiert sind, tritt der Held bezeichnenderweise als unpersönlicher »Er« auf. Stumm läßt er ihre Ratschläge über sich ergehen. Auch die Ereignisse in seiner Umwelt – seine Erbschaft, die Liebe der Kellnerin Agnès, mit der er vier Jahre zusammenlebt, und die wie aus dem Nichts auftauchende Revolution – bewegen ihn zu keinerlei Reaktion. Allenfalls bewirkt der Bürgerkrieg, daß er sich mehr und mehr in seine Wohnung zurückzieht und diese auch nach Abklingen der Unruhen nicht mehr verläßt. Die Jahre vergehen, Agnès hat ihn inzwischen verlassen. Die Concierge, die ihn mit dem Nötigsten versorgt, vergreist zunehmend, bis sie schließlich stirbt und durch ihre Tochter ersetzt wird. Längst verstorbene Personen, darunter seine Mutter und Lucienne, nehmen Kontakt mit ihm auf. Ärgerlich wirft er mit Konservendosen nach ihnen, um sie zu verscheuchen. Da treten die Wände zurück, und »Er« ist von einer unendlichen Leere umgeben. Hinter ihm wächst ein Baum empor – der Baum der Erkenntnis. Erheitert und entsetzt zugleich begreift er die Absurdität des Lebens: *»Ah! Nein, so was! Das hätte ich längst merken müssen. Was für eine Farce! … Was für ein ungeheuerlicher Witz! … Welch gigantischer Schwindel! …«*
Der Kontrast zwischen der Sprachlosigkeit und Passivität des Helden und der monologischen Geschwätzigkeit der anderen Figuren akzentuiert die Problematik des Stücks: »Er« sieht in den Gesetzmäßigkeiten des menschlichen Tuns und Wollens nichts als das absurde Bemühen, der prinzipiellen Unbegreiflichkeit des Universums ein begrenztes, engstirniges Verstehen als Überlebensstrategie entgegenzusetzen. Die anderen Figuren arrangieren sich mit der Absurdität, doch die Angst vor dem Chaos bricht auch aus ihnen immer wieder hervor. Auch hier erteilt Ionesco jeder Form der Daseinsbewältigung – sei sie rationaler, emotionaler oder politischer Natur – eine klare Absage. Die Welt zeigt sich hier von Anfang an als tragische Farce, die in ihrer Ausweglosigkeit an das Universum der Kafkaschen Figuren erinnert. Der Spannungsaufbau des Stücks basiert einzig auf dem dramaturgisch gelungenen Gegensatz von Geschwätzigkeit und Stummheit. Das »Sich-Erforschen« des Helden und sein »Forschen nach dem Mysterium«, worin Ionesco das Grundmotiv dieses Stücks sieht, bleiben in der Theaterfassung im Gegensatz zum Roman zu unkonturiert.   E.D.

AUSGABEN: Paris 1973 (in *Théâtre*, 7 Bde., 1954–1981, 7). – Paris 1975 [mit *L'homme aux valises*].

ÜBERSETZUNG: *Welch gigantischer Schwindel!*, L. Kornell, Mchn. 1974. – Dass., dies., Zürich 1974. – Dass., dies. (in *Werke*, Hg. F. Bondy u. I. Kuhn, 6 Bde., 4, Mchn. 1985).

LITERATUR: M. Galey, Rez. (in NL, 26. 11. 1973).
– W. Bokenkamp, Rez. (in FAZ, 6. 12. 1973). –
H. Spiel, Rez. (in FAZ, 23. 11. 1974). – H. Schef-
fel, Rez. (in FAZ, 30. 11. 1974). – J. D. Suther, *I.'s
Symbiotic Pair:* »*Le solitaire*« and »*Ce formidable bor-
del!*« (in FR, 49, 1976, S. 689–702).

LES CHAISES

(frz.; *Ü: Die Stühle*). Einakter von Eugène IONES-
CO, Uraufführung: Paris, 22. 4. 1952, Théâtre
Lancry; deutsche Erstaufführung: Berlin, 22. 9.
1957, Tribüne. – Diese »tragische Farce« wirkt wie
eine Parodie auf das ewig menschliche Verlangen
nach Transzendenz, Weltbeglückung und Rechtfertigung des eigenen Scheiterns. Ionesco stellt es
dar an zwei Personen, die das letzte Stadium des
Verfalls erreicht haben, zwei greisen Eheleuten, denen – wie naiven und wundergläubigen Kindern –
das Verlangen zum Wunschtraum und der
Wunschtraum zur Wirklichkeit wird.
In einem Haus, umgeben von Wasser und schon
lange abgeschnitten von aller Welt, leben die »Alten«. In innigem Einverständnis nennen sie sich
mit kindlichen Kosenamen. Ihr Verhältnis zueinander ist wie das zwischen Mutter und Sohn geworden. »Der Alte« gleicht dem zwischen Überheblichkeit und Beängstigung schwankenden Knaben, der des Schutzes und der Bestätigung bedarf;
»die Alte«, Semiramis, bewundert ihn und weiß ihn
mit Worten zu trösten, die aus Torheit und Liebe
gemischt sind wie jene, die man an Kinder richtet.
Er ist Hausmeister. Aber: »*Ach ja, bestimmt bist du
ein großer Gelehrter*«, redet ihm Semiramis ein, »*du
hättest Chefpräsident werden können, Chefkönig oder
gar Chefarzt oder Chefmarschall, wenn du gewollt
hättest.*« Seit undenklicher Zeit hat der Alte an einer
Botschaft für die Menschheit geschrieben. Auf diesen Abend nun hat er alle geladen, damit sie die
Botschaft empfangen: »*Die Wächter, die Bischöfe,
die Chemiker, die Kupferstecher, die Geiger, die Abgeordneten … die Gebäude, die Federhalter, die Chro-
mosomen.*« Und in der Tat: sie kommen. Eine Dame
zuerst, eine alte Bekannte, dann ein Oberst, die
Schöne und ihr Mann. Die beiden Alten öffnen ihnen die Tür, holen ihnen Stühle und unterhalten
sich mit diesen Besuchern, die nur ihnen sichtbar
und nur durch sie für die Zuschauer »da« sind. Wieder und wieder tönt die Klingel, eilen die Alten, die
Türen zu öffnen und immer neue Stühle zu holen.
Plätze anzuweisen. Überwältigt von diesem Ansturm drehen sie sich, in kopfloser Geschäftigkeit,
schließlich nur noch im Kreis und suchen sich,
durch das Publikum, das den Saal überflutet, voneinander getrennt, ängstlich mit der Stimme.
Schließlich öffnet sich das Portal und herein
kommt, unsichtbar, der Kaiser. Schluchzend vor
Freude und Rührung begrüßt der Alte die erhabene Majestät, in abgerissenen, aus Sinn und Unsinn
gemischten Worten, die am anderen Ende des Saales Semiramis als Echo wiederholt. Endlich kann
der Alte sich vor dem allerhöchsten Ohr rechtferti-

gen: »*Ich bin nur ein Hausmeister, ich habe viel erlitten … Ich war der Sammler aller Bankrotte, der Blitzableiter aller Katastrophen … Um zu vergessen, Majestät, wollte ich Sport treiben … Bergsteigen … in
den Alpen … man zog mich an den Füßen, damit ich
stürzte … ich wollte über die Pyrenäen, da gab es keine
Pyrenäen mehr.*« Und dann kündigt er die Botschaft
an und den Redner, der alles, alles sagen wird. Sie
aber, die Alten, werden nun abtreten, in dem Bewußtsein, daß ihr Leben zur ruhmvollen Legende
werden wird. Das Publikum, die Welt, ist da, der
Redner ist gekommen: die Alten stürzen sich aus
dem Fenster ins Wasser.
Vor dem unsichtbaren Publikum der Bühne steht
nun, er allein sichtbar, der Redner. Aber aus seinem
Munde kommen nur die gutturalen und heiseren
Laute eines Taubstummen. Er schreibt einige
Schriftzeichen, darunter ein einziges lesbares Wort,
»*Adieu*«, auf die Wandtafel und geht ab. »*Die Bühne ist leer – mit ihren Stühlen, der Brüstung, dem Boden voller Konfetti und Papierschlangen. Die Tür im
Hintergrund ist weit geöffnet – auf das schwarze
Nichts …*« heißt es in der letzten Regieanweisung.
Über den »Sinn« dieses Theaters schreibt Ionesco
in seiner Vorbemerkung: »*Die Welt erscheint mir
mitunter leer von Begriffen und das Wirkliche unwirklich. Dieses Gefühl der Unwirklichkeit, die Suche
nach einer wesentlichen, vergessenen, unbenannten
Realität, außerhalb derselben ich nicht zu sein glaube,
wollte ich ausdrücken – mittels meiner Gestalten, die
im Unzusammenhängenden umherirren und die
nichts ihr eigen nennen außer ihrer Angst, ihrer Reue,
ihrem Versagen, der Leere ihres Lebens. Wesen, die in
ein Etwas hinausgestoßen sind, dem jeglicher Sinn
fehlt, erscheint nur grotesk erscheinen, und ihr Leiden
ist nichts als tragischer Spott. Wie könnte ich, da die
Welt mir unverständlich bleibt, mein eigenes Stück
verstehen? Ich warte, daß man es mir erklärt.*« A.B.

AUSGABEN: Paris 1954 (in *Théâtre*, 7 Bd.,
1954–1981, 1; Vorw. J. Lemarchand). – Paris
1973 (Folio).

ÜBERSETZUNG: *Die Stühle*, J. u. U. Seelmann-Eg-
gebert (in *Theaterstücke*, Bd. 1, Darmstadt/Bln./
Neuwied 1959). – Dass., dies., Mchn./Wien/Basel
1960. – Dass., dies., Stg. 1966 (RUB). – Dass.,
dies. (in *Werke*, Hg. F. Bondy u. I. Kuhn, 6 Bde., 1,
Mchn. 1985).

LITERATUR: J. Anouilh, *Du chapitre des* »*Chaises*«
(in Le Figaro, 23. 4. 1956). – R. Abirached, *I. et
*»*Les chaises*« (in Études, 1956, S. 116–120). – J. Le-
marchand, »*Les chaises*« *d'E. I. au Studio des
Champs-Elysées* (in FL, 25. 2. 1956, S. 12). – C. R.
Stange, *Der Wahn als das Natürliche* (in SchwRs,
58, 1958/59, S. 180–182). – R. Schechner, *The
Enactment of the* »*Not*« *in* »*Les chaises*« *of E. I.* (in
YFS, 1962, Nr. 29, S. 65–72). – M. Esslin, *Das
Theater des Absurden*, Ffm./Bonn 1964, S. 153 ff. –
D. Mendelsohn, *Science and Fiction in I.'s* ›*Experi-
mental*‹ *Theatre (An Interpretation of* »*The Chairs*«)
(in *I., A Collection of Critical Essays*, Hg. R. Cla-

mont, Englewood Cliffs/Ldn. 1973, S. 64–93). – R. Champigny, *Designation and Gesture in »The Chairs«* (in *The Two Faces of I.*, Hg. R. C. Lamont u. M. J. Friedman, Troy/N.Y. 1978, S. 155–174). – P. Zimmerman, *L'image du néant dans »Les chaises« de I.* (in Chimères, 14, 1981, S. 57–69). – K. A. Blüher, *I.s »Les chaises«* (in *Modernes frz. Theater*, Hg. ders., Darmstadt 1982, S. 382–400). – I. H. Coleman, *Memory into ›Message‹. The Forgetting of the Myth of Origins in I.'s »Les chaises«* (in Perspectives on Contemporary Literature, 9, 1983, S. 60 bis 68). – A. E. Quigley, *I. »The Chairs«* (in A. E. Q., *The Modern Stage and Other Worlds*, Ldn. 1985, S. 172–198).

L'HOMME AUX VALISES

(frz.; *Ü: Der Mann mit den Koffern*). Stück in 19 Szenen von Eugène IONESCO, Uraufführung: Paris, 1. 12. 1975, Théâtre de l'Atelier; deutsche Erstaufführung: München, 2. 4. 1978, Werkraum der Münchner Kammerspiele. – In dieser alptraumhaften Parabel des Realitätszerfalls verarbeitet Ionesco autobiographische Motive der Heimatlosigkeit, des Sprach- und Identitätsverlustes, wie er sie bereits im *Journal en miettes* (1967) festgehalten hat. In einer Atmosphäre, die ausschließlich von Verdächtigungen, Verlusten, Verwandlungen, Verwechslungen und Verboten geprägt ist, sucht der Held – kurz *»Der erste Mann«* genannt – an seine Vergangenheit anzuknüpfen. Diese Suche nach der verlorenen Zeit wird für ihn zu einer gespenstischen Reise durch das eigene Unterbewußtsein. Alles ändert sich laufend auf bedrohliche Art und entzieht sich jeglicher Einordnung.

Die Irrfahrt des Protagonisten setzt mit seiner Rückkehr in die Heimatstadt ein: Als Tourist irrt er in einem ihm seltsam entfremdeten Paris umher, wo man mit Kähnen durch die Straßen fährt. Er erkennt nicht nur die Örtlichkeiten nicht wieder, auch sein Zeitgefühl ist ihm abhanden gekommen: Befindet er sich im Jahr 1938, 1944 oder 1950? Symbol für diesen fortschreitenden Realitätszerfall ist der Verlust seines Gepäcks, darunter ein unersetzbares Manuskript. Nur zwei Koffer bleiben ihm – als einziger Besitz – die ganze Zeit über erhalten. Unter zunehmendem Gedächtnisschwund leidend und von unklaren Schuldgefühlen getrieben, irrt er nun in diesem Niemandsland des Grauens umher, in dem lebende wie tote Personen plötzlich auftauchen oder verschwinden, abwechselnd altern und sich verjüngen oder ihre Identität wechseln. Mit einer Frau, die sich in der Folge abwechselnd in Gattin, Mutter und Schwester verwandelt, sucht er das Haus seiner Kindheit auf. Seine Verwandten und Freunde kennen ihn nicht mehr, überdies hat er ihre Sprache vergessen. In diese Haupthandlung werden immer wieder traumatische Szenen eingeblendet: Eine zwanzigjährige Mutter wiegt ihr Kind, eine verfallene Greisin, in den Armen; eine junge Frau gesteht am Telefon verzweifelt ihre Liebe – dem Falschen, wie sich herausstellt, denn sie

hat sich verwählt! Die Verrätselung des Bühnengeschehens erfährt eine Steigerung in mystische Dimensionen, als der Protagonist in eine Patrouille der Straßenpolizei gerät und sich dem Verhör einer Sphinx stellen muß. Sie verweigert ihm die Aufenthaltsgenehmigung. Zudem stellt sich heraus, daß ihm der Paß abhanden gekommen ist und er seinen Namen nicht mehr weiß: *»Ich habe vergessen, wie ich vergessen konnte. Ich habe vergessen, wieso ich beschlossen habe, hierher zu kommen. Wie kam ich zu diesem Entschluß? . . . Im Traum vielleicht.«* Endlich, nach langer Suche, erreicht er das französische Konsulat. Doch statt des erhofften Passes vertröstet man ihn aufgrund seiner unklaren Personalien mit einem wertlosen Passagierschein. Von einem Polizisten verfolgt, landet er alsdann in einer Irrenanstalt, wo er – um eine freie Bettstelle zu erhalten – bei der Tötung einer Patientin behilflich ist. Er entkommt, um aber gleich darauf wegen nichtiger Streitereien mit einer Gemüsefrau vor Gericht gestellt zu werden. Zuletzt steht er nach einem gescheiterten Treffen mit seiner Frau und einem vereitelten erotischen Abenteuer auf einem Fest völlig ratlos und verwirrt mit seinen zwei Koffern auf der Bühne. Diese entwickeln auf einmal ein dämonisches Eigenleben, vermehren sich rege, überwuchern die Bühne und kreisen den Protagonisten in einem makabren Tanz immer enger ein, bis sie ihn schließlich lebendig unter sich begraben. Diese zwei Gepäckstücke versinnbildlichen die unbewältigte Vergangenheit des Helden, die ihn nach und nach einholt und ihn schließlich vollends überwältigt.

In *L'homme aux valises* thematisiert Ionesco zum erstenmal mit aller Konsequenz, d. h. sowohl formal als auch inhaltlich, die Übermacht des Unbewußten, deren Eigengesetzlichkeit und Inkohärenz jede Form der Wirklichkeitsmodellierung vereiteln, wie sie ARISTOTELES in der Forderung nach der Einheit von Raum, Zeit und Handlung in klassischer Form für das Theater formuliert hat: Schauplätze und Zeitebenen gehen ineinander über, Raum und Gegenstände entwickeln Eigendynamik, ontologisch relevante Grenzen wie die von Leben und Tod, Alter und Jugend, oder die der Einheit der Person werden überschritten. Die Sprache ist alogisch, Kommunikation so von Anfang an unmöglich; zudem zerfällt die Handlung in viele unzusammenhängende Episoden, die über die universale Angst- und Traumsymbolik zusammengehalten werden. E.D.

AUSGABE: Paris 1975 [mit *Ce formidable bordel*].

ÜBERSETZUNG: *Der Mann mit den Koffern*, L. Kornell, Mchn. 1975. – Dass., dies., Zürich 1975. – Dass., dies. (in *Werke*, Hg. F. Bondy u. I. Kuhn, 6 Bde., 4, Mchn. 1985).

LITERATUR: W. Bökenkamp, Rez. (in FAZ, 19. 12. 1975). – F. Nourissier, Rez. (in Le Figaro, 3. 12. 1975). – F. Vossen, Rez. (in SZ, 27. 12. 1975).

LA LEÇON

(frz.; *Ü: Die Unterrichtsstunde*). »Komisches Drama« in einem Akt von Eugène IONESCO, Uraufführung: Paris, 20. 2. 1951, Théâtre de Poche; deutsche Erstaufführung: Mainz, Juni 1956, Zimmerspiele. – Ein alter Professor, der in seiner Wohnung Privatunterricht erteilt, empfängt seine neue Schülerin, ein achtzehnjähriges Mädchen. Er prüft sie zuerst in Mathematik, dann in Philologie, wobei er gänzlich unsinnige Lehrsätze behauptet und eine immer merkwürdigere didaktische Methode entwickelt. Die Schülerin, zu Beginn noch heiter und gutwillig, wird zunehmend verwirrter und apathischer, bis sie sich der Diktatur des Professors völlig unterwirft, der schließlich mit ihr *»wie auf einem Instrument spielt, ganz wie es ihm gefällt«*. In Raserei ersticht er zuletzt das willenlose Opfer mit einem kolossalen Messer. Das Dienstmädchen Marie, das den Professor seinerseits tyrannisiert, schafft die Tote zu den 39 übrigen Leichen ehemaliger Schülerinnen; kurz darauf meldet sie das Eintreffen der nächsten Schülerin.

Die ungeachtet der unerbittlichen Konsequenz der Parabel mit burlesken und pantomimisch-komischen Zügen durchsetzte Farce – Ionescos zweites Stück – läßt sich auf mehreren Ebenen interpretieren: literarisch als Parodie auf das realistische Problem- und Argumentationstheater, philosophisch als Sieg des Absurden und Irrationalen über die Erkenntnis, kulturkritisch als Satire auf abstraktes Pseudowissen und Bildungsgeschwätz, politisch als Darstellung der Terrorisierung und Zerstörung des Schwächeren durch den Stärkeren, psychologisch als exemplarische Gestaltung des Kampfs der Geschlechter. Der Mord kann als sexueller Akt begriffen werden, als imaginäre Vergewaltigung des Mädchens durch den in einen Autoritätsrausch versetzten alten Professor. (Die Regieanweisung verlangt von dem auf einen Stuhl gesunkenen, toten Mädchen, die Beine, *»schamlos gespreizt zu beiden Seiten«* herabhängen zu lassen.) An die Stelle der zur Verständigung untauglich gewordenen Sprache tritt ein sadistischer Zerstörungstrieb, der über den psychologischen Sachverhalt hinaus in eine metaphysische Dimension führt, in einen menschlichen Erfahrensbereich, der sich nach Meinung des Autors dem *»amputierten Realtitätsbegriff«* des einseitig am sozialen Verhalten orientierten ideologischen Theaters im Sinne BRECHTS überlegen erweist.   U.J.

AUSGABEN: Paris 1954 (in *Théâtre*, 7 Bde., 1954–1981, 1). – Paris 1972 (Folio).

ÜBERSETZUNG: *Die Unterrichtsstunde*, E. de Bary u. L. Kornell (in *Theaterstücke*, Darmstadt/Bln./Neuwied 1960, Bd. 1). – Dass., dies. (in *Werke*, Hg. F. Bondy u. I. Kuhn, 6 Bde., 1, Mchn. 1985).

LITERATUR: O. u. I. Reuzine, *Experimentation sémiotique chez I.* (*»La cantatrice chauve« »La leçon«*) (in Semiotica, 4, 1971, S. 240–262). – R. Jouanny,

»La cantatrice chauve« »La leçon« de I., Paris 1975. – H. J. Baum, *Das Kurzdrama im Französisch-Unterricht. I. »La leçon«, Beckett »Fin de partie«* (in Der fremdsprachl. Unterricht, 49, Febr. 1979, S. 60–71). – I. H. Coleman, *The Professor's Dilemma* (in Perspectives on Contemporary Literature, 7, 1981, S. 44–53).

MACBETT

(frz.; *Ü: Macbett*). Tragikomödie in einem Akt (drei Bilder) von Eugène IONESCO, Uraufführung: Paris, 27. 1. 1972, Théâtre Rive Gauche; deutschsprachige Erstaufführung: Wien, 24. 11. 1972, Burgtheater. – Inspirationsquelle für dieses Stück ist, was Figureninventar und Handlungsschema betrifft, SHAKESPEARES *Macbeth*. Der bei Shakespeare trotz aller blutrünstigen Raserei noch erhaltene moralische Grundantrieb fehlt hier jedoch gänzlich: *»In meinem Stück geht es um das Problem der Macht, des Ehrgeizes und der bösen Aktion ... Was mir wirklich keine Ruhe gelassen hat, ist zum Beispiel, daß ein treuer und tugendhafter General zum Verbrecher, zu einem Monstrum wird.«*

Bereits die Hetzrede der beiden Lehnsträger Cawdor und Glamis gegen König Duncan hebt dieses symbiotische Verhältnis der Macht mit dem Bösen hervor. Beide steigern sich in gleichlautender Rede in einen wütenden Haß gegen den König und beschließen den Aufstand – aus durchaus eigennützigen Motiven. Bei der anschließenden Niederschlagung der Revolte berauschen sich die beiden königstreuen Generäle Banquo und Macbett an den gigantischen Ausmaßen der Vernichtung. Ihre gleichlautende Schlachtbeschreibung und ihre äußere wie innere Ähnlichkeit charakterisieren beide als blind gehorsame »Killermaschinen«; nicht um übergeordnete Werte kämpfen sie, sondern um die Belohnung, die Duncan ihnen im Falle des Sieges in Aussicht gestellt hat. Dieser, ein opportunistischer Hasenfuß, delegiert alle Kriegsgeschäfte an seine Generäle und hält sich, immerzu fluchtbereit, am Rande des Kampfgeschehens auf. Nach gewonnener Schlacht ordnet Duncan die Guillotinierung von Cawdor und seinen 137 000 Soldaten an. Bei der nun folgenden Massenhinrichtung vergnügen sich die königlichen Herrschaften samt ihren Generälen bei Tee und Kuchen. Lady Duncan flirtet zudem recht handfest mit Macbett. Als ein Offizier meldet, daß Glamis entkommen ist, guillotiniert man ihn kurzerhand mit.

Der blinde Gehorsam von Banquo und Macbett beginnt sich zu verflüchtigen, als Duncan die versprochene Belohnung rückgängig machen will. In ihrem Machthunger werden beide von zwei Hexen bestärkt, die Macbett die Königswürde prophezeien und Banquo, daß er der Stammvater von Königen werde. Vor den Augen Macbetts verwandeln sich die beiden Hexen in recht aufreizender, erotischer Manier in Lady Duncan und ihre Zofe. Erstere stiftet Macbett zum Königsmord an und stellt ihm dafür ihre Gunst in Aussicht. Als Macbett den

ursprünglich Banquo zugedachten Titel erhält, sinnt der Benachteiligte auf Rache. Er und der von Liebes- und Machthunger geradezu besessene Macbett stacheln sich gegenseitig in einem Wechselgesang auf, der den gleichen Wortlaut hat wie zuvor die Hetzrede von Cawdor und Glamis zu Beginn des Stückes. Als Kranke verkleidet, nähern sie sich zusammen mit Lady Duncan dem König. Macbett meuchelt ihn nieder, um sich selbst zum neuen König zu ernennen, nicht ohne zuvor seinen Rivalen Banquo mit einem Dolchstoß aus dem Wege geräumt zu haben. Als während der Krönungsfeierlichkeiten der Geist Duncans und kurz darauf auch der Banquos erscheinen und Macbett des Mordes anklagen, erkennt dieser auf dem Höhepunkt seiner Macht, daß er in Wirklichkeit nur Werkzeug dieser Macht war: *»Die Geschichte ist listig. Alles entgleitet uns. Wir sind nicht Herr dessen, was wir ausgelöst haben ... Herrschen, herrschen ... die Ereignisse beherrschen den Menschen und nicht der Mensch die Ereignisse.«*
Unmittelbar auf diese Erkenntnis folgt der Niedergang Macbetts: Kurz nachdem er vom Verschwinden Lady Macbetts, ehemals Lady Duncan, erfahren hat, erscheint diese im Saal und verkündet, daß sie noch immer Lady Duncan sei und daß Macbett einem Hexenwahn aufgesessen sei. Da betritt Malcolm, der Adoptivsohn Duncans, die Szene und enthüllt seine wahre Identität als leiblicher Sohn Banquos. In einer Art Opernparodie erdolcht er nun seinerseits Macbett und kündet in einem Originalzitat aus *Macbeth* eine noch grausamere Tyrannenherrschaft als die seiner Vorgänger an; Drohworte, die bei Shakespeare Malcolms Partner auf die Probe stellen sollen, bei Ionesco aber blutiger Ernst sind. Macht und das Streben nach ihr setzen einen Automatismus der Grausamkeit in Gang, der auf der Ebene des Individuums die existentielle Bedeutung des Todes und damit zugleich des Lebens unsichtbar macht, auf der Ebene des Kollektivs indes jede Entwicklung verhindert.
Ionesco thematisiert hier seinen geschichtsphilosophischen Pessimismus über eine inhaltliche wie formale Zirkulärstruktur: Mord folgt auf Mord, Niedertracht auf Niedertracht, Gewaltherrschaft auf Gewaltherrschaft; die Reden verfeindeter Protagonisten haben oft den gleichen Wortlaut; zudem definieren sich die austauschbaren Figuren einzig über ihr Machtstreben. Aufgrund dieser Absenz jedes inneren Konflikts ist *Macbett* gattungstypologisch nicht als Tragödie einzustufen. Zur Komödie fehlt dieser Groteske aber der äußere Konflikt – der Widerstand und die Gegenspieler. Die Komik erwächst erst aus einer stillschweigenden Übereinkunft von Autor und Publikum.   E.D.

AUSGABEN: Paris 1972. – Paris 1974 (in *Théâtre*, 7 Bde., 1954–1981, 5). – Paris 1975 (Folio).

ÜBERSETZUNG: *Macbett*, L. Kornell, Mchn. 1973. – Dass., dies., Zürich 1973. – Dass., dies. (in *Werke*, Hg. F. Bondy u. I. Kuhn, 6 Bde., 4, Mchn. 1985).

LITERATUR: J.-J. Gautier, Rez. (in Le Figaro, 2. 2. 1972). – B. Poirot-Delpech, Rez. (in Le Monde, 3. 2. 1972). – W. Bökenkamp, Rez. (in FAZ, 7. 2. 1972). – R. C. Lamont, *From »Macbeth« to »Macbett«* (in MD, 15, 1972/73, S. 231–253). – E. Kern, *I. and Shakespeare.* *»Macbeth« on the Modern Stage* (in South Atlantic Bull., 39, Jan. 1974, S. 3–16). – J. Morimoto, *Fonctions du rire dans le théâtre français contemporain*, Paris 1984, S. 73–95.

NU

(rum.; *Nein*). Polemisch-kritischer Essay von Eugène IONESCO, erschienen 1934. – Den Kern dieses Essays bildet die Kritik an Camil PETRESCU im Jahre 1933 veröffentlichtem Roman *Patul lui Procust (Das Prokrustesbett)*. Da sich kein Verleger bereit fand, diesen Angriff zu veröffentlichen, entschloß sich Ionesco, selbst Literaturhefte unter dem Titel ›Nu‹ herauszugeben. Dieser Plan konnte jedoch aus finanziellen Gründen nicht verwirklicht werden. Der erweiterte Essay wurde 1934 von einem »Komitee zur Förderung junger unbekannter Autoren« ausgezeichnet und publiziert.
Die Schrift umfaßt zwei Teile: *Eu, Tudor Arghezi, Ion Barbu şi Camil Petrescu (Ich, Tudor Arghezi, Ion Barbu und Camil Petrescu)* und *Fals itinerar critic (Kritische Irrwege)*. Im ersten Teil setzt sich der damals zweiundzwanzigjährige Schriftsteller und Kritiker mit der gesamten rumänischen Literatur, deren Werte er größtenteils negiert, auseinander. Seine schärfsten Angriffe gelten neben Petrescu vor allem Tudor ARGHEZI (1880–1967). Ionesco bezweifelt Arghezis Talent und wirft ihm mangelnde Intelligenz sowie einen rhetorischen und klischeehaften Stil vor. Er läßt die gesamte Arghezi gewidmete Kritik Revue passieren und versieht sie mit ironischen Kommentaren. Im Gegensatz zu Tudor Arghezi findet der Dichter und Mathematiker Ion BARBU (1895–1961) eine äußerst positive Beurteilung. Die Kritik an *Patul lui Procust* ist nicht anders als vernichtend zu bezeichnen; Ionesco nennt den Roman Petrescus *»eines der schlechtesten Bücher, die in den letzten zehn Jahren erschienen sind«*. Er zieht *Răscoala*, 1932 *(Der Aufstand)*, von Liviu REBREANU zum Vergleich heran und bezeichnet dieses Werk als den *»besten rumänischen Roman«*. In seinen Angriffen gegen Petrescu verläßt Ionesco sogar die Ebene der literarischen Kritik und wird stark persönlich. – Im zweiten Teil seines Essays richtet Ionesco zwar weniger persönliche, aber nicht minder polemische Angriffe gegen die Repräsentanten der rumänischen Literaturkritik (Garabet IBRĂILEANU, Vladimir STREINU, Titu MAIORESCU, Mihail RALEA, Mircea ELIADE, I. PETROVICI, Eugen LOVINESCU u. a.). Der nahezu pauschalen Verurteilung der rumänischen literarischen Tradition stellt Ionesco sein eigenes Genie gegenüber, das sich in den engen, ihm gesteckten Grenzen nicht entfalten könne. Fast prophetisch mutet der Satz an: *»Wenn ich Franzose wäre, wäre ich vielleicht genial.«*

Nu spiegelt das Dilemma eines jungen, zweifellos hochbegabten Schriftstellers und Kritikers, der nur durch die Negation der traditionellen literarischen Werte zur Bestätigung seiner eigenen Fähigkeiten gelangen konnte. Die Beurteilung der relativ jungen rumänischen Literatur ergibt sich bei Ionesco aus dem Vergleich mit der französischen Literatur. Sein Essay enthält eine Fülle intelligenter, glänzend formulierter kritischer Bemerkungen, jedoch haben sich viele der von ihm so peremptorisch gefällten Werturteile, vor allem dasjenige hinsichtlich des Romans *Patul lui Procust*, als irrig erwiesen. *Nu* bleibt mehr als nur eine literarische Kuriosität; wenn der kritische Aussagewert des Essays auch nicht immer unwidersprochen bleiben kann, so lassen seine formalen Qualitäten ein bedeutendes literarisches Talent erkennen, das sich erst im französischen Sprachraum ganz entfaltet hat.   G.Sc.

AUSGABE: Bukarest 1934.

ÜBERSETZUNG: *Non*, M.-F. Ionesco, Paris 1986 [frz.].

LITERATUR: E. Jacquart, *Mon cœur mis à nu ou I. avant I.* (in RDM, April–Juni 1986, S. 653–661).

LE PIÉTON DE L'AIR

(frz.; *Ü: Fußgänger der Luft*). Theaterstück in einem Akt von Eugène IONESCO, Uraufführung (in deutscher Sprache): Düsseldorf, 15. 12. 1962, Schauspielhaus; französische Erstaufführung: Paris, 8. 2. 1963, L'Odéon-Théâtre de France. – Wiederum ist Bérenger, der »Jedermann« des Ionescoschen Theaters, die Hauptperson eines Stücks, das wie *Les rhinocéros*, 1959 *(Die Nashörner)*, aus einer Erzählung entstanden ist. Spürbar bleibt der erzählerische Ursprung an der verhältnismäßig geringen dramatischen Spannung: Das einzige herausragende, dramaturgisch ergiebige Geschehen ist der Flug Bérengers.
Bérenger ist immer auf der Flucht. Nachdem er versucht hat, die Welt von ihrem Mörder zu befreien *(Tueur sans gages – Mörder ohne Bezahlung)* und als Individualist der uniformierten Nashorngesellschaft zu entgehen *(Les rhinocéros)*, bedeutet der Fluchtversuch in diesem Stück eine weitere Steigerung. Er vollzieht sich in zwei Etappen: Aus einem prologartigen Interview mit einem Journalisten geht hervor, daß der Schriftsteller Bérenger »*aus Europa nach England*« kam, um sich dort inkognito zu erholen. Da aber dieser Fluchtweg noch nicht ausreicht, um mit seinen künstlerischen und existentiellen Problemen fertig zu werden, beschließt er, der irdischen Enge überhaupt zu entfliehen. Glücksgefühl, Selbstvertrauen und Willenskraft befähigen ihn, sich in die Lüfte zu erheben. Aber der Flug an die Grenze von Zeit und Raum bringt ihn nicht der Lösung seiner Probleme näher, sondern stürzt ihn in die schrecklichste existentielle Not: Er hat das Inferno gesehen, hinter dem sich

das Nichts auftat (»*Ich habe ganze Erdteile von Paradiesen in Flammen gesehen. Die Seligen brannten ... Dahinter ist nichts mehr*«).
Ein harmloser Sonntagsspaziergang Bérengers mit Frau und Tochter auf der einzigen schönen Straße des englischen Städtchens, auf der sich Kleinbürger und Intellektuelle ergehen (unter den Spaziergängern, parodistisch eingeführt, eine kleine kahle Sängerin), steigert sich zu einer apokalyptischen Vision. Während Bérenger das Ende der Welt erlebt, wird seine Frau Joséphine, die das rationale Element verkörpert, von Psychosen – Halluzinationen von einem letzten Gericht mit Richter und Henker – heimgesucht. Das »Sich Auswachsen« eines zunächst harmlosen alltäglichen Geschehens in Absurdes oder Abnormes ist aus Ionescos anderen Stücken und Erzählungen bekannt. Neu dagegen ist der bittere Ernst, mit dem das im Mittelpunkt stehende existentielle Problem verfolgt wird. In die Frage nach dem Sterben mündet jede Erörterung existentieller Problematik, im *Piéton* beschäftigen sich Haupt- und Nebenfiguren mit ihr. – Doch trotz der neuen Fragestellung kommt das groteskabsurde Element nicht zu kurz. Es wird vertreten durch zwei Kleinbürgerfamilien und zwei alte Engländerinnen, deren Äußerungen nicht mehr sind als eine Reihung von Platitüden und Gemeinplätzen, die den Kontrast zu der fürchterlichen Vision Bérengers und den Halluzinationen Joséphines bilden. Formal wird das Nebeneinander von banaler Ahnungslosigkeit und endzeitlicher Vision durch die Diskontinuität des Dialogs verdeutlicht: Nur bestimmte Personen führen jeweils untereinander den Dialog, der aber ständig durch einen anderen Gesprächskreis unterbrochen wird, so daß sich in der chronologischen Abfolge groteske Beziehungen bzw. Beziehungslosigkeiten ergeben.
Ionesco hat sich im *Piéton* von seiner Auffassung, daß ein Kunstwerk »*ganz und gar Spiel ... Spiel einer freien Wahrheit*« ist und sich nur »*im Spiel die Wahrheit [findet]*« (wie er es in einer Entgegnung auf eine Polemik Piscators gegen ihn in der Zeitschrift ›Théâtre‹ ausdrückte), teilweise gelöst, und er spricht das im Drama selbst in dem Interview des Schriftsteller Bérenger mit dem Journalisten aus: »*Die literarische Tätigkeit ist für mich kein Spiel mehr, kann kein Spiel mehr für mich sein. Sie müßte ein Übergang zu etwas anderem sein.*« Indem – im Sinne der modernen Ästhetik – Zweifel daran angemeldet werden, ob Literatur und Theater überhaupt noch imstande sind, »*die ungeheure Vielfalt des Wirklichen wiederzugeben*«, wird der literarischen Fiktion eine Absage erteilt zugunsten einer Wirklichkeitserfassung, die gerade mit den bühnentechnischen Möglichkeiten des absurden Theaters realisierbar erscheint. (Bérenger fliegt, eine Säule taucht auf und verschwindet, das Haus Bérengers wird aus heiterem Himmel von einer Bombe getroffen, eine lautlos schießende Pistole tötet Kinder.) Teilweise erinnert der *Piéton* stark an MAJAKOVSKIJ, mit »*all den ›bio-mechanischen‹ Elementen darin ... der Akrobatik des Fliegens und der ›kinetischen‹ Szenerie ...*« (E. Wendt). – Der Schlußef-

fekt des Stücks ist eine solche »kinetische« Szene, in der Feuerwerksknallerei und Weltuntergangsgetöse in eins gesetzt werden; er verdeutlicht noch einmal die das Stück durchziehende Diskrepanz von vordergründiger Harmlosigkeit und Schreckensvision. H.Bs.

AUSGABE: Paris 1963 (in *Théâtre*, 7 Bde., 1954–1981, 3).

ÜBERSETZUNG: *Fußgänger der Luft*, L. Kornell (in *Theaterstücke*, Bd. 3, Darmstadt/Bln./Neuwied 1964). – Dass., dies., Ffm. 1971 (mit *Der König stirbt*; FiTb; ern. 1982). – Dass., dies. (in *Werke*, Hg. F. Bondy u. I. Kuhn, 6 Bde., 3, Mchn. 1985).

LITERATUR: H. Contesse, »*Le piéton de l'air« à l'Odéon* (in Théâtre Populaire, 49, 1. Trim. 1963, S. 72–75). – I. David, *I., un piéton mécontent* (in Culture Française, Bari, 10, 1963, S. 329–331). – J. Kaiser, *I.s ›politisches‹ Theater. Zu seinem neuen Stück »Fußgänger der Luft«* (in Theater heute, 2, Febr. 1963, S. 8–10). – J. Lemarchand, »*Le piéton de l'air« à l'Odéon* (in FL, 16. 2. 1963, S. 20). – R. Queneau, *Promenade piétonne autour de I.* (in CRB, 41, Febr. 1963, S. 75–78). – E. Wendt, *I.s Jedermann: »Fußgänger der Luft« u. »Le roi se meurt«* (in Theater heute, 3, März 1963, S. 8/9 u. 16). – R. C. Lamont, *Air and Matter: I.'s »Le piéton de l'air« and »Victimes du devoir«* (in FR, 38, 1964/65, S. 349–361). – E. Wendt, »*Kaspar« und »Der Fußgänger der Luft«* (in E. W., *Moderne Dramaturgie*, Ffm. 1974, S. 65–90). – P. M. Cryle, *Refusing to Go Down. »Rhinocéros« and »Le piéton de l'air«* (in P. M. C., *The Thematics of Commitment*, Princeton 1985, S. 295–331).

LES RHINOCÉROS

(frz.; *Ü: Die Nashörner*). Stück in drei Akten von Eugène IONESCO, Uraufführung (in deutscher Sprache): Düsseldorf, 31. 10. 1959, Schauspielhaus; französische Erstaufführung: Paris, 22. 1. 1960, L'Odéon-Théâtre de France. – An einem Sonntagmittag treffen sich vor dem Restaurant einer Provinzstadt die Freunde Bérenger und Jean. Bérenger, ein vom Leben gelangweilter, müder Mensch (*»Ich fühle mich unbehaglich auf dieser Welt. Ich kann mich nicht an das Leben gewöhnen«*), vermag seine Arbeit als Büroangestellter nur noch mit zunehmendem Alkoholgenuß zu ertragen. Jean, ein Karrierist, für den es keine Probleme gibt, treibt seinen Freund an, eine positive Einstellung zu Beruf und Leben zu finden. Da galoppiert ein Nashorn über den Platz. Und bevor sich die allgemeine Aufregung der Passanten gelegt hat (Jean: *»Man muß protestieren!«*), erscheint es erneut (oder ein zweites) und zertrampelt ein Kätzchen. Das allgemeine Mitleid mit dem Tier weicht bald einer absurden Diskussion über das Rassenproblem; schließlich geraten Jean und Bérenger in Streit über die Frage, ob das Nashorn ein- oder zweihörnig ge-

wesen sei, und gehen zornig auseinander. In der Kanzlei, wo Bérenger arbeitet, geht am Montagmorgen die Nashörner-Diskussion weiter, auch die Rassenfrage wird erneut aufgeworfen. Der Sozialist Botard bestreitet zunächst die Existenz von Nashörnern in der Stadt und bezeichnet sie dann als propagandistische Machenschaft der Partei des Assessors Dudard. Der Bürochef und die Sekretärin Daisy, die Bérenger heimlich liebt, suchen zu vermitteln. Da erscheint die Frau des Angestellten Bœuf, der nicht zur Arbeit erschienen ist, und meldet, ihr Mann habe sich in ein Nashorn verwandelt. Das Nashorn Bœuf (»Ochs«) wütet im Parterre des Bürohauses und zerstört die Treppe. Daisy empfindet Mitleid mit dem Tier, die anderen sind entsetzt. (*»Wenn Sie sich scheiden lassen wollen, jetzt haben Sie einen guten Grund.«*) Frau Bœuf stürzt sich zu ihm hinab und wird ebenfalls ein Nashorn. – Immer mehr Nashörner werden aus allen Stadtteilen gemeldet. Die Bürobelegschaft flieht aus dem Fenster. Am Nachmittag besucht Bérenger Jean, um sich mit ihm zu versöhnen. Er muß erleben, wie sich dieser, von einer mysteriösen Wut gepackt, vor seinen Augen in ein Nashorn verwandelt und das Mobiliar zertrümmert. Anderntags wird Bérenger in seinem Zimmer von Dudard besucht. Die »Rhinozeritis« hat weiter um sich gegriffen, auch der Bürovorsteher ist ihr verfallen. Während Bérenger nichts von den Nashörnern wissen will, versucht Dudard »objektiv« zu sein. Da erscheint Daisy und meldet, daß die Nashörner Behörden und Rundfunk erobert haben; auch Botard ist zu ihnen übergelaufen nach der Parole: *»Man muß mit der Zeit gehen!«* Dudard verteidigt ihn: *»Jeder hat das Recht, sich weiterzuentwickeln!«* Auch er selbst kann dem *»Gemeinschaftsgeist«* nicht länger widerstehen: *»Es ist meine Pflicht, Vorgesetzten und Kameraden in guten wie in schlechten Tagen zu folgen.«* Daisy und Bérenger bleiben als einzige, letzte Menschen zurück. Trotz ihrer Liebe gewinnt schließlich auch in Daisy Angst die Oberhand. Mit den Worten: *»Die Nashörner singen, sie spielen, sie tanzen! Sie sind schön!«* geht sie zu den Nashörnern über. Bérenger bleibt allein, verzweifelt: *»Ich habe kein Horn, leider! Oh, wie gerne wäre ich wie sie!«* Aber dann ergreift er sein Gewehr: *»Ich bin der letzte Mensch! Ich werde es bleiben bis zum Ende! Ich kapituliere nicht!«*

Es ist Ionesco gelungen, die Entindividualisierung des Menschen, die Uniformierung des Lebens, die Barbarei jedes ideologischen Massenwahns in einer geradlinigen, unmittelbar überzeugenden und doch ganz poetischen Parabel zu gestalten. In glänzend geführten, satirisch knappen Dialogen voller Doppelsinn, in zahlreichen scharf umrissenen Figuren zeigt Ionesco in den ersten Szenen die latenten Neigungen zu einer Massenbewegung (sentimentale Pseudo-Humanität, Gedankenlosigkeit, Ressentiments gegen Minderheiten usw.) und die Symptome des Ausbruchs. Die Handlung konzentriert sich dann immer stärker auf Bérenger und erhebt diesen abseits stehenden »Individualisten« zum letzten Helden, zum Repräsentanten und Verteidiger der bedrohten Humanität. U.J.

AUSGABEN: Paris 1959. – Paris 1963 (in *Théâtre*, 7 Bde., 1954–1981, 3). – Paris 1976 (Folio).

ÜBERSETZUNGEN: *Die Nashörner*, C. Bremer u. Ch. Schwerin (in *Theaterstücke*, Darmstadt/Bln./ Neuwied, Bd. 2, 1960). – Dass., Ch. Schwerin, Zürich 1960 (m. Dokumenten; ern. 1979). – Dass., ders. u. a., Ffm./Hbg. 1964 (FiBü; ern. 1982; FiTb). – Dass., dies. (in *Werke*, Hg. F. Bondy u. I. Kuhn, 6 Bde., 2, Mchn. 1985).

LITERATUR: R. Abirached, *»Rhinocéros« d'E. I. au Théâtre de France* (in Esprit, 28, 1960, S. 391–394). – G. Marcel, *Sommes-nous tous des rhinocéros?* (in NL, 28. 1. 1960). – Th. Maulnier, *»Les rhinocéros«* (in Revue de Paris, März 1960, S. 136–139). – A. Simon, *De la difficulté d'être rhinocéros* (in Esprit, 28, 1960, S. 727–730). – R. Treiber, *I. und die Genashörnten* (in Geist und Zeit, 1960, H. 1, S. 150–155). – J. Vannier, *»Les rhinocéros« mis en scène par J.-L. Barrault, au Théâtre de France; et mis en scène de K. H. Stroux, avec le Schauspielhaus de Düsseldorf au Théâtre des Nations* (in Théâtre Populaire, 37, 3. Trim. 1960, S. 101–104). – F. N. Mennemeier, *I. – Das Antidrama und das »Unerträgliche«. Entfesselte Requisitenpantomime* (in F. N. M., *Das moderne Drama des Auslandes*, Düsseldorf 1961, S. 292–303). – H. Mayer, *I. und die Ideologie* (in H. M., *Ansichten. Zur Literatur der Zeit*, Hbg. 1962, S. 170–179). – W. Leiner, *I. »Rhinocéros«* (in *Das frz. Theater vom Barock bis zur Gegenwart*, Hg. J. v. Stackelberg, Düsseldorf 1968, Bd. 2, S. 341–357, 420–426). – E. Frois, *I. »Rhinocéros«*, Paris 1970; ern. 1984. – P. Knowles, *I.'s »Rhinocéros«* (in FS, 28, 1974, S. 294–307). – S. Spengler, *»Rhinocéros« und »Andorra«*, Diss. Saarbrücken 1976. – J.-L. Barrault, *»Rhinocéros«, un cauchemar burlesque* (in CRB, 97, 1978, S. 41–46). – *Les faces et les préfaces de »Rhinocéros«* (ebd., S. 67–92). – P. E. Knabe, *»Rhinocéros« (1959)* (in *Einführung in das Studium der frz. Literaturwissenschaft*, Hg. W.-D. Lange, Heidelberg 1979, S. 167–173). – J. Guérin, *Des rhinocéros et des hommes* (in NRF, 323, 1. 12. 1979). – G. R. Danner, *Berenger's Dubious Defense of Humanity in »Rhinocéros«* (in FR, 53, 1979/80, S. 207–214). – C. E. J. Dolamore, *I. »Rhinocéros«*, Ldn. 1985. – P. M. Cryle, *Refusing to Go Down. »Rhinocéros« and »Le piéton de l'air«* (in P. M. C., *The Thematics of Commitment*, Princeton 1985, S. 295–331).

LE ROI SE MEURT

(frz.; *Ü: Der König stirbt*). Theaterstück in einem Akt von Eugène IONESCO, Uraufführung: Paris, 15. 12. 1962, Théâtre de l'Alliance Française; deutsche Erstaufführung: Düsseldorf, 16. 11. 1963, Schauspielhaus. – Der Einakter inszeniert das Sterben Jedermanns, ein thematisches Grundmuster, das im modernen Drama auffallend häufig behandelt wird, sei es im Rückgriff auf die alte Form des mittelalterlichen Mysterienspiels (vgl. auch HOF-

MANNSTHALS *Jedermann*) oder in neuer Gestalt (vgl. BECKETTS *Fin de partie*). Den Zug zum engagierten Theater (im Gegensatz zum unverbindlichen »freien Spiel« des absurden Theaters), der sich bereits in *Le piéton de l'air*, 1962 *(Fußgänger der Luft)*, ankündigt, verfolgt Ionesco in diesem Drama weiter.

Bérenger, schon aus den drei vorhergehenden Stücken bekannt *(Tueur sans gages; Les rhinocéros; Le piéton de l'air)*, ist wiederum die Hauptperson. Er ist König geworden, aber ein Herrscher ohne Land, ohne Untertanen, ohne Macht. Um ihn herum zerfällt die Welt, und auch er ist im allmählichen Absterben begriffen, gegen das er sich noch wehrt, als es bereits sinnlos ist, denn der Zeitpunkt seines Todes steht schon fest: *»Du stirbst in anderthalb Stunden. Am Ende der Vorstellung bist du tot.«* Bérenger ist ein geistiger Bruder von Becketts Hamm und die Gegenfigur zu DÜRRENMATTS grotesk-komischem Dr. Schwitter *(Der Meteor)*, der aus Überdruß und grenzenloser Langeweile am Leben sterben möchte, aber selbst auf dem Totenbett noch daran gehindert wird. Wie Hamm wohnt Bérenger seinem eigenen Verfall bei. In anderthalb Stunden Bühnengeschehen (das bedeutet Einheit der Zeit im exakten Sinn des Wortes) durchmißt er alle Phasen des Sterbens, vom körperlichen Zerfall bis zur vollkommenen, durch ein Entkleidungsritual symbolisierten Auflösung ins Nichts. Am Beginn steht die grotesk-irreale Auffassung, ein König könne alles, auch den Zeitpunkt seines Todes, selbst bestimmen, und am Ende die Erkenntnis: *»Ich sterbe!«* Das Phänomen des Todes, von Ionesco wie von kaum einem anderen modernen Autor immer wieder umkreist – in den frühen Stücken meist versteckt hinter banalem Geschwätz, deutlich ausgesprochen in den Tagebuchaufzeichnungen –, wird in diesem Stück absolut gesetzt. Hinter Bérenger steht die Figur Richards II., über den Ionesco in seinen *Ganz einfachen Gedanken über das Theater* (1957) schreibt: *»Wenn der abgesetzte Richard verlassen und gefangen in seiner Zelle sitzt, so ist das nicht allein Richard II. . . . sondern alle heruntergekommenen Könige dieser Erde. Und mit den entthronten Königen zusammen sehe ich unsere verbrauchten, zerstörten und entheiligten Glaubensgehalte . . . Richard II. macht mir eine ewige Wahrheit hell bewußt . . . die im Grunde genommen einfach und beinahe banal ist: Ich sterbe, du stirbst, er stirbt.«* Diese Wahrheit wird in dem Stück durch überdeutliche Symbolik (sinnentleerte Embleme königlicher Macht, Rollstuhl als Thronersatz, ein zunehmend breiter werdender Riß in der Wand) ausgedrückt. Das Nebeneinander von Ausdrucksformen verschiedener Epochen (gotische Spitzbögen, *living-room*, Zentralheizung, *»lächerlich-königliche Musik des 17. Jahrhunderts«*) verdeutlicht den Jedermann- und Jederzeit-Charakter von Bérengers Schicksal. Die beiden weiblichen Hauptpersonen sind ebenfalls überindividuelle Symbolfiguren. Die junge Königin versucht Bérenger auf die Seite des Lebens zu ziehen, erweist sich aber als ohnmächtig gegenüber der alten Königin, die ihn zwingt, sich seines

Sterbens bewußt zu werden. Die bestürzende Erfahrung des Todes wird aber immer wieder relativiert; in der ersten Phase durch das kindisch-senile Gebaren des sich noch wehrenden Bérenger, dann durch die »Presseberichte« des tumben Wächters und die familiären Kommentare der Haushälterin. Die dem Stück immanente Idee, den »*Vorgang des Sterbens als eigentlich absurden*« (E. Wendt) darzustellen, wird erst in der Schlußphase, dem großen Ritual zwischen der alten Königin und Bérenger, voll sichtbar, obwohl oder gerade weil Ionesco nun darauf verzichtet, »*die verstörende Wendung*« (E. Wendt) mit den Mitteln der Groteske in Szene zu setzen.   H.Bs.

AUSGABEN: Paris 1963. – Paris 1966 (in *Théâtre*, 7 Bde., 1954–1981, 4). – Paris 1970. – Paris 1973 (Folio). – Paris 1977.

ÜBERSETZUNG: *Der König stirbt*, C. Bremer u. H. R. Stauffacher (in *Theaterstücke*, Bd. 3, Darmstadt/Bln./Neuwied 1964). – Dass., dies., Ffm. 1971 (mit *Der Fußgänger der Luft*; FiTb; ern. 1982). – Dass., dies. (in *Werke*, Hg. F. Bondy u. I. Kuhn, 6 Bde., 3, Mchn. 1985).

LITERATUR: R. Abirached, *I. et l'obsession de la mort* (in Études, 317, 1963, S. 88–91). – C. Roy, Rez. (in NRF, 21, 1963, S. 348–350). – Theater heute, 1963, H. 2, S. 10; H. 3, S. 8, 16. – H. Beckmann, Rez. (in Zeitwende, 35, 1964, S. 66/67). – Theater heute, 1964, H. 1, S. 17/26. – L. C. Pronko, *E. I.*, NY/Ldn. 1965. – J.-H. Donnard, *I., dramaturge ou L'artisan et le démon*, Paris 1966. – F. Bradesco, *Le monde étrange de I. Essai d'explication d'un théâtre qui s'impose sans se définir*, Paris 1967. – B. Gros, »*Le roi se meurt*«, Paris 1972. – M. Krüger, *I. »Der König stirbt*« (in M. K., *Wandlungen des Tragischen*, Stg. 1973, S. 168–192). – M. Döring-Klüsman, *Theater der Vergänglichkeit. I.s »Le roi se meurt« und »Jeux de massacre« auf dem Hintergrund des mittelalterlichen religiösen Theaters*, Bern/Ffm. 1974. – H. Plocher, *Zur Struktur von I.s »Le roi se meurt*« (in *Imago linguae*. Fs. F. Paepcke, Hg. K.-H. Bender u. a., Mchn. 1978, S. 471–485). – W. B. Berg, *Das Zeichen des Königs* (in Degré Second, Juli 1982, Nr. 6, S. 177–202). – J. Claude, *La mort au théâtre. L'exemple du »Roi se meurt« de I.* (in *La mort en toutes lettres*, Hg. G. Ernst, Nancy 1983, S. 239 bis 252). – S. L. Cole, *A lot of Fuss about Nothing. I.'s »Exit the King*« (in S. L. C., *The Absent One*, University Park/Pa. 1985, S. 85–100).

LA SOIF ET LA FAIM

(frz.; *Ü: Hunger und Durst*). Stück in drei »Episoden« von Eugène IONESCO, Uraufführung (in deutscher Sprache): Düsseldorf, 30. 12. 1964, Schauspielhaus; französische Erstaufführung: Paris, 28. 2. 1966, Comédie Française. – Das Triptychon *La soif et la faim* mit den drei »Episoden« *La fuite*

(*Die Flucht*), *Le rendezvous* (*Die Verabredung*) und *Les messes noires dans la bonne auberge* (*Schwarze Messe in der guten Herberge*) ist eine »Conclusio« zu den voraufgegangenen großen Dramen und setzt deren Grundthema, die ewige Pilgerschaft des Menschen, absolut. Marianne KESTING hat bis in Einzelheiten die Parallelen zu *Nach Damaskus* (*Till Damaskus*) und *Ein Traumspiel* (*Ett drömspel*) von STRINDBERG aufgezeigt. Das beginnt bereits beim Titel, der auf ein Gespräch des Unbekannten mit dem Konfessor in *Nach Damaskus* anspielt. »Hunger« und »Durst« sind im Stück leitmotivisch verwandte Metaphern für die unstillbare Sehnsucht des Menschen nach einer anderen als seiner augenblicklichen Existenz, nach Licht, Schwerelosigkeit und Glück.

In der ersten »Episode« versucht Jean aus seiner düsteren und feuchten Kellerwohnung zu fliehen, denn das, was ihm seine Frau als erstrebenswert einreden möchte, die Beschränkung auf ein ruhiges, bürgerliches Glück, trägt für ihn die Züge sinnentleerten Lebens. Nur die reine, erinnerungs- und vergangenheitslose Existenz soll bestehen bleiben: »*Er litt an brennender Sehnsucht*«, wird seine Frau antworten, wenn man sie nach seiner »*Krankheit*« fragen sollte. – In der zweiten »Episode« schickt Ionesco Jean, wie Strindberg seinen Unbekannten, auf die Wanderschaft. Vor einem kafkaesk-labyrinthischen Museum wartet Jean auf »sie«, die ideale Frau, ohne sie aber näher beschreiben zu können. Die Gesetze von Zeit und Raum sind aufgehoben, und alles Geschehen wird durch einen Schwebezustand und durch Traumverworrenheit (symbolisiert durch die Labyrinthe des Museums) entwirklicht und transzendiert. Die beiden Museumswächter, die durch banales Geschwätz über Essen und Feierabend merkwürdig mit der verklärten Traumwirklichkeit kontrastieren, sind im übertragenen Sinne die Wächter der Realität und Garanten der eng begrenzten Bürgerlichkeit, der Jean zu entfliehen versucht.

In der dritten »Episode« schließlich führt der Weg zurück in die irdische Drangsal; in der »guten Herberge« (bei Strindberg das Kloster »Die gute Hilfe«), die sich als Ort einer totalitären Ordensgemeinschaft entpuppt, wird Jean sich mehr als je vor Antritt seiner Wanderung seiner Kreatürlichkeit bewußt. Er muß einer »*schwarzen Messe*«, einer Gehirnwäsche, beiwohnen, in der Hunger und Durst zum ganz konkreten Mittel werden, um zwei Gefangene, »Tripp«, einen christlichen Dichter, und »Brechtoll«, einen Vertreter marxistisch engagierter Literatur, in dem unschwer BRECHT zu erkennen ist, zu zwingen, ihrer Weltsicht abzuschwören. Aus der vollkommenen Erinnerungslosigkeit kehrt Jean schließlich in den Zustand des Wiedererkennens zurück, der aber qualvoller ist als der, aus dem er glaubte, ausbrechen zu müssen. Jetzt, da er zu einer wahren Sisyphosarbeit verurteilt wurde (er muß bis in alle Ewigkeit die Brüder beim Essen bedienen), erscheint ihm der Traum von seiner Frau und Tochter als Inbegriff der Freiheit und Erfüllung der Sehnsucht.

Die in diesem Stück inszenierte Welt ist bedrükkend; Ionesco führt hier – insbesondere in der dritten »Episode« – seine Auffassung von einer in ihre ideologischen und religiösen Widersprüche und Zwänge verstrickte Gesellschaft vor, ohne daß er – im Unterschied zu *Les rhinocéros* – seinen Protagonisten Jean zum Schluß Widerstand leisten läßt. Während Bérenger am Ende der *Rhinocéros* versichert: »*Je ne capitulerai pas*«, muß sich Jean den Gesetzen der Gesellschaft beugen, in deren Abhängigkeit er geraten ist. H.Bs.

AUSGABE: Paris 1966 (in *Théâtre*, 7 Bde., 1954 bis 1981, 4).

ÜBERSETZUNG: *Hunger und Durst*, L. Kornell, Neuwied/Bln. 1964. – Dass., dies. (in *Theaterstükke*, Bd. 4, Darmstadt/Bln./Neuwied 1967). – Dass., dies. (in *Werke*, Hg. F. Bondy u. I. Kuhn, 6 Bde., 3, Mchn. 1985).

LITERATUR: H. Schwab-Felisch, Rez. (in Theater Heute, Jahresheft 1965, S. 152 ff.). – A. Schulze-Vellinghausen, Rez. (in FAZ, 2. 1. 1965). – J. Carat, Rez. (in Preuves, 182, April 1966, S. 63–65). – H. Gouhier, Rez. (in La Table Ronde, 221, Juni 1966, S. 122–125). – D. Nores, Rez. (in Les Lettres Nouvelles, Mai/Juni 1966, S. 152–154). – J. Tournier, Rez. (in Études, 324, 1966, S. 496–501). – J. Lemarchand, Rez. (in FL, 1097, 24. 4. 1967, S. 3748). – Ph. Sénart, Rez. (in RDM, Mai/Juni 1967, S. 599–604). – J. Kaiser, Rez. (in SZ, 11./12. 10. 1969). – M. Kesting, *Panorama des zeitgenössischen Theaters*, Mchn. 1969, S. 118–124. – J. Montférier, *L'insolite dans »La soif et la faim«* (in *L'onirisme et l'insolite dans le théâtre français contemporain*, Hg. P. Vernois, Paris 1974, S. 159–170). – W. Leiner, I. *»La soif et la faim«* (in *Modernes frz. Theater*, Hg. K. A. Blüher, Darmstadt 1982).

TUEUR SANS GAGES

(frz.; *Ü: Mörder ohne Bezahlung*). Stück in drei Akten von Eugène IONESCO, entstanden 1957 in London nach einer eigenen Novelle *(La photo du colonel)*; Uraufführung (in deutscher Sprache): 14. 4. 1958, Darmstadt, Landestheater; französische Erstaufführung: Paris, 19. 2. 1959, Théâtre Récamier. – Der *Tueur* ist nach den absurden, frühen Kammerspielen das erste der großen Wander- und Fluchtdramen, in denen der einzelne aus der familiären Enge ausbricht, mit der weiteren sozialen Umwelt konfrontiert wird, utopische, visionäre Räume durchmißt und am Ende immer wieder erkennen muß, daß sein Individualismus nur eine Spielart des Konformismus ist, daß sein letztlich in der Allmacht des Todes begründetes Leiden an der Welt unaufhebbar ist. Der Individualismus des Jedermann Bérenger, der hier zum ersten Mal in einem Drama Ionescos auftaucht, ist resistenter Natur. Er gedenkt weniger durch den Willen zur Veränderung als durch die Flucht zu überleben. Im

Tueur flieht Bérenger in die »cité radieuse«, um »*einen vollkommenen Einklang des inneren und äußeren Ich*« wiederherzustellen. Aber die lichte, an Le Corbusiers städtebauliche Projekte erinnernde Sonnenstadt, Inbegriff alles Guten und Reinen für Bérenger, hat einen Makel: Sie beherbergt einen Mörder, der angeblich nicht zu fassen ist, obwohl man vieles über ihn weiß – er wartet als Bettler verkleidet am Eingang der »cité radieuse« auf seine Opfer, bietet ihnen Kleinigkeiten zum Verkauf an und zeigt ihnen das Foto eines Offiziers, bevor er sie in einen Brunnen stößt. Die Indizien würden zum Erfassen des Täters ausreichen, aber man hat sich mit seiner Anwesenheit abgefunden, mehr noch, alles deutet auf eine geheime Komplicenschaft mit dem Mörder hin. Der Architekt der Sonnenstadt ist zugleich der Polizeikommissar, eine geheimnisvolle schwarze Aktentasche mit dem Foto des Offiziers taucht überall auf, selbst in den Händen von Bérengers Freund Édouard. Bérenger, der isolierte Individualist, ist der einzige Unwissende. Die anderen haben sich arrangiert.

Das Kernstück des Dramas ist der große Schlußmonolog des dritten Aktes, ›*tout un petit acte*« (»ein kleiner Akt für sich«), in dem Bérenger den Mörder, ein kretinhaftes Ungeheuer, stellt. Im Laufe dieses Monologs, der nur ab und zu vom höhnischen Gelächter des »Tueur« unterbrochen wird, spürt Bérenger das ganze Ausmaß seiner Ohnmacht. Nach erfolglosen, naiven Versuchen, den Mörder, der die Sinnlosigkeit des Todes und damit das Inhumane schlechthin verkörpert, mit Argumenten kleinbürgerlicher Ideologie zur Rückkehr in die Gesellschaft zu bewegen, entdeckt er plötzlich das Böse in sich selber, übernimmt er wie alle Figuren des Stücks die Doppelrolle, Opfer und Komplice zugleich zu sein. »*Bérenger findet tatsächlich in sich, wider Willen, gegen sich selbst Argumente, die für den Mörder sprechen*«, heißt es in einer Regieanweisung. In blutrünstigem Mordrausch zieht er zwei Pistolen (altmodische Modelle), aber ein Messer in der Hand des Mörders zwingt ihn zur Kapitulation. Mit diesem Theaterstück stellt sich zum ersten Mal auf der Bühne der »andere« Ionesco, der Mystiker und Visionär des Todes, vor, dem mancher Kritiker und Theaterbesucher freilich den Verfasser absurder Grotesken und Clownerien vorzieht. Der relativ geringe Erfolg des Stücks ist vielleicht Ausdruck für Ionescos eigene Unsicherheit über die Möglichkeit einer Synthese dieser beiden »Seelen« in ihm. So gibt er z. B. dem Regisseur freie Hand, jede nötige Streichung in den breit angelegten »*anecdotes absurdes*« des zweiten Aktes vorzunehmen – mit dem Gespür, daß eine ideale Verschmelzung hier noch nicht erreicht ist. H.Bs.

AUSGABEN: Paris 1958 (in *Théâtre*, 7 Bde., 1954 bis 1981, 2). – Paris 1974 (Folio).

ÜBERSETZUNG: *Mörder ohne Bezahlung*, C. Bremer (in *Theaterstücke*, Bd. 2, Darmstadt/Bln./Neuwied 1960). – Dass., ders. (in *Werke*, Hg. F. Bondy u. I. Kuhn, 6 Bde., 2, Mchn. 1985).

LITERATUR: R. Thieberger, *I. am Scheideweg. Zur Darmstädter Uraufführung seines ersten Dreiakters* (in Antares, 6, 1958, S. 219–221). – D. Fernandez, *Une longue pièce de I.* (in NRF, 13, 1959, S. 705–711). – E. Triolet, *Un M. Bérenger* (in Les Lettres Françaises, 5. 3. 1959, S. 1 u. 7). – J. Vannier, *»Tueur sans gages« au Théâtre Récamier et »Victime du devoir« au Studio des Champs Élysées* (in Théâtre Populaire, 34, 2. Trim. 1959, S. 81–85). – M. Dumont, *»Tueur sans gages«* (in La Revue Dominicaine, 67, 1961, Nr. 1, S. 308–310). – S. B. Purdy, *A Reading of I.'s »The Killer«* (in MD, 10, 1967/68, S. 416–423). – K. Engelhardt, *Une source roumaine du »Tueur sans gages« de I.* (in NSp, 21, 1972, S. 9–14). – R. J. Parish, *I.'s »Tueur sans gages«, a Pascalian Reading* (in NFSt, 15, 1976, S. 32–47). – M. van Strien-Chardonneau u. Y. Went-Daoust, *Binarisme de l'espace dans »Tueur à gages«* (in Neoph, 66, 1982, S. 49–55).

VOYAGES CHEZ LES MORTS. Thèmes et variations

(frz.; *Ü: Reise zu den Toten. Themen und Variationen*). Stück in 18 Szenen von Eugène IONESCO, Uraufführung (in englischer Sprache): New York, September 1981, Guggenheim Theater; deutschsprachige Erstaufführung: Basel, 27. 11. 1982, Stadttheater. – Ionescos eigene Biographie, Stationen aus seinem Leben, Träume, wie er sie bereits im Tagebuch *Présent passé, passé présent* (1968) aufgezeichnet hat, sowie seine Rolle als Schriftsteller stehen im Mittelpunkt dieses Alterswerks.
Die Suche nach der verstorbenen Mutter führt Jean – das *alter ego* Ionescos – in das Reich der Toten, wo in zahlreichen Begegnungen mit seiner weitverzweigten, inzwischen verstorbenen Verwandtschaft die eigene unbewältigte Vergangenheit wieder auflebt. Die *Reise zu den Toten* wird zu einer Reise durch die eigene Erinnerung, in der die Schauplätze – Paris, Bukarest, das Dorf der Kindheit, ärmliche, düstere Wohnungen und schmutzige Landstraßen – ebenso ineinander übergehen wie die Lebensabschnitte mit beteiligten Personen; die Zeit verläuft *»im Schatten des Gedächtnisses«* nicht linear: Einmal ist Jean der junge Student und erfolglose Lyriker, der seiner Familie noch immer auf der Tasche liegt, dann wieder der erfolgreiche Schriftsteller, der den Nobelpreis nur knapp verfehlt hat, einmal die alternde Berühmtheit, die voller Selbstironie auf das eigene Werk und den bereits verblassenden Ruhm zurückblickt, dann wieder der 17jährige Schüler, der das Elternhaus gerade verlassen hat. In allen Altersphasen stößt Jean immer wieder auf der übermächtigen Vater, der im Zentrum dieser Abrechnung mit der Vergangenheit steht. Doch Jeans Vorwürfe an den Vater, der die literarischen Aktivitäten des Sohnes als *»bekritzeltes Papier«* abtat, sich erfolgreich mit allen politischen Parteien arrangierte und als Inquisitor bis ins oberste Polizeiministerium aufstieg, greifen ins Leere; denn *»die Ewigkeit nivelliert alles«*, wie ihn der Vater belehrt. Auf seinen Verwandtschaftsbesuchen im Totenreich wird Jean immer wieder von Heißhungeranfällen heimgesucht, während derer er alle vorhandenen Lebensmittel wahllos in sich hineinstopft. Geldnöte und Erbschaftsstreitigkeiten unter den Familienmitgliedern sind an der Tagesordnung: Ein verschuldeter Onkel bittet Jean um Geld, eine Stimme aus einem nicht vorhandenen Telefon mahnt Jean, seiner verarmten Familie zu helfen, die Großeltern werfen ihm seine parasitäre Existenz vor, und Jean schachert mit einem Filmregisseur um das Honorar für ein Drehbuch, das er schreiben soll. Geld spielt auf dieser Reise zwar eine bedeutende Rolle, doch Jean kann nichts mit ihm ausrichten, denn immer sind es wertlose, veraltete Banknoten, die er mit sich herumträgt. Schließlich findet er zusammen mit seinem Freund Alexander die Mutter, eine schwachsinnige Greisin, die sich in der Zimmerdecke versteckt hält. Ängstlich und widerwillig läßt sie sich ans Licht ziehen, um sich alsbald als blutrünstige Richterin über die an ihrem Schicksal Schuldigen aufzuspielen. Kurzerhand macht sie Jean zum Gerichtsassessor, dann zerfleischt sie mit ihren Fingernägeln den Bruder der Stiefmutter, einen rassistischen Militärrichter, massakriert die junge Stiefmutter, bis sich diese in eine bucklige alte Hexe verwandelt, und zu guter Letzt befiehlt sie der Geliebten des Vaters, diesen zu erdrosseln. Die Rache ist vollbracht, die Massakrierten erheben sich lachend und verlassen Hand in Hand mit ihrer Richterin die Bühne. Jean bleibt allein zurück. Am Ende dieser Reise steht damit nicht die Erlösung, sondern das totale Chaos des Nichtwissens.
In Jeans langem Schlußmonolog entkleiden sich die Worte ihrer Bedeutung, um in ebenso poetischen wie absurden Bildern der existentiellen Unbehaustheit der Menschen – dieser *»metaphysisch mißratenen Quasiexistenz«* – Ausdruck zu verleihen. Am Ende offenbart sich die *Reise zu den Toten* als Fegefeuer ohne Erlösung, das Jenseits als Heimsuchung durch das unbewältigte, weil dem äußeren Schein verfallene Leben. Katharsis und das Erkennen einer authentischen Wirklichkeit sind in diesem Begriffs- und Bedeutungschaos der sich zersetzenden Sprache unmöglich geworden. Sarkastisch rechnet Ionesco hier mit seinem Werk und Ruhm ab: *»In der Tat wer kennt mich noch? . . . Du hast keine einzige Botschaft hinterlassen, du hast nur gestottert und gestammelt, Wortfetzen, Scheinwörter . . . nichts als gähnende Leere.«* E.D.

AUSGABE: Paris 1981 (in *Théâtre*, 7 Bde., 1954 bis 1981, 7).

ÜBERSETZUNG: *Reise zu den Toten. Themen und Variationen*, E. Tophoven (in *Werke*, Hg. F. Bondy u. I. Kuhn, 6 Bde., 4, Mchn. 1985).

LITERATUR: J. Guérin, Rez. (in NRF, 1. 10. 1981). – G. Hensel, Rez. (in FAZ, 29. 11. 1982). – J. Weightman, *Sour Remembrances* (in TLS, 30. 1. 1987).

IOSEB TʻBILELI

eig. Ioseb Saakadze, Bischof von Tiflis

* 1620
† 1688

DIDMOURAVIANI

(georg.; *Gedicht über den großen Mouravi*). Episches historisches Gedicht von IOSEB TʻBILELI, entstanden etwa 1683–1688; veröffentlicht 1851. – In elf Gesängen (484 Verse im traditionellen *šairi* – sechzehnsilbige Vierzeiler) werden die Taten und Verdienste des berühmten georgischen Heerführers Giorgi Saakadze († 1629) geschildert, der als »Didi Mouravi« (Großer Verwalter) in die georgische Geschichte einging. Das Epos sollte der Ehrenrettung des Heerführers dienen, der der Großvater des Autors war. – Als der große Mouravi Anfang des Jahres 1626 mit dem kʻartʻlo-kaḥetʻischen König Tʻeimuraz I. in der Stadt Chinvali weilte, wurde ihm insgeheim berichtet, daß der König ihn zu töten beabsichtige. Von dem herbeigerufenen georgischen Bischof Domenti erfährt er, daß er für den Tod des georgischen Königs Luarsab verantwortlich gemacht wird. Der große Mouravi verteidigt sich gegen diese Anschuldigung mit der Aufzählung seiner Verdienste um Georgien.

Den Stoff zu dieser Verteidigungsrede entnahm der Autor hauptsächlich einer Reihe von Briefen, die sein Großvater angeblich dem König Tʻeimuraz schrieb. Die mitgeteilten Tatsachen (aus dem ersten Viertel des 17. Jh.s) sind vor allem historisch interessant und erhellen die Beziehungen der beiden Königreiche Kʻartʻli und Kaḥetʻien zueinander und zum Iran. Der mächtige, aus dem Kleinadel stammende Mouravi, der in der Verfolgung seiner politischen Ziele (Kampf gegen den Hochadel) sich selbst mit dem Feind (dem persischen Schah) verbündete, war besonders bei dem einfachen Volk populär. Wie G. LEONIDZE mitteilt, sind mindestens zwei volkstümliche Dichtungen über die Flucht des Mouravi in die Türkei und sein tragisches Ende bezeugt. – Unter dem Einfluß des vorliegenden Gedichts schrieb die russische Schriftstellerin A. ANTONOVSKAJA die Trilogie *Velikij Mouravi*, 1949–1953 *(Der große Mouravi)*.   J.J.

AUSGABEN: Tiflis 1851, Hg. P. Ioseliani. – Tiflis 1897, Hg. I. Imedašvili u. S. Čelidze. – Tiflis 1939, Hg. G. Leonidze. – Tiflis 1960 (in Cʻveni saundže, 4).

ÜBERSETZUNGEN: *Velikij Mouravi*, G. Cagareli, Moskau 1945 [russ.]. – Dass., ders. (in *Poėzija Gruzii*, Moskau/Leningrad 1949, S. 143–151; russ.; Ausw.). – Dass., ders. (in *Antologija gruzinskoj poėzii*, Moskau/Leningrad 1958, S. 189–197; russ.; Ausw.). – V. Urushadze, *Anthology of Georgian Poetry*, Tiflis 1958, S. 13 [engl.; Ausw.].

LITERATUR: G. Leonidze, *I. T. da »Didmouraviani«* (in *Dziebani kʻartʻuli literaturis istoriidan I*, Tiflis 1949, S. 3–62). – Karst, S. 142. – Kekelidze, 2, S. 522–527. – S. C. ʻAišvili, *Šotʻa Rustʻaveli – Davitʻ Guramišvili*, Tiflis 1974. – R. P. ʻIrchalaišvili, *Ioseb Tʻpilelis »Didmouravianis« ḥelnaceruli Momkvidreobisatʻvis* (in Macʻne, Enisa, 1975, Nr. 2).

ŞTEFAN OCTAVIAN IOSIF

* 23.10.1875 Braşov
† 22.6.1913 Bukarest

PATRIARHALE

(rum.; *Patriarchalische Lieder*). Gedichtzyklus von Ştefan Octavian IOSIF, erschienen 1901. – Den thematischen Mittelpunkt dieses Zyklus bildet der elegische Rückblick des Dichters auf die geschichtliche Vergangenheit und auf seine eigene Kindheit. Er fühlt sich einsam und heimatlos: sein Heimatdorf ist ihm fremd geworden, und in der Stadt wird er immer ein Fremder bleiben. Iosif kann als Adept *avant la lettre* der traditionalistischen und nationalistischen Richtung in der rumänischen Literatur betrachtet werden, die von der Zeitschrift ›Semănătorul‹ propagiert wurde, deren Mitherausgeber er von 1906 bis 1908 war.

In dem Gedicht *E mult deatunci (Lang, lang istʼs her)* rekapituliert der Großvater des Dichters längst vergangene Ereignisse aus früherer Zeit, wie z. B. die Türkenherrschaft; wehmütig gedenkt er der Lieder und der Feste von damals. In der Erinnerung an sein Elternhaus (in dem Gedicht *Nucul – Der Nußbaum*) und an ländliche Sitten und Gebräuche (*Veselie – Fröhlichkeit* und *Cobzarul – Der Lautenspieler*) findet Iosif, ähnlich wie nach ihm Ion PILLAT (vgl. *Pe Argeş în sus*, 1923 – *Den Argeş entlang*) in die verzauberte Welt seiner Kindheit zurück. In seinen deskriptiven Gedichten erweist sich der Dichter als begabter Nachahmer der »Pastell«-Technik Vasile ALECSANDRIS (1821–1890). Im Gegensatz zu der gefühlsbestimmten Vision des Dorfes steht das düstere Bild der Großstadt in dem Gedicht *Singur (Einsam)*. Dem quälenden Gefühl der Heimatlosigkeit und Entwurzelung kann der Dichter nur durch die Flucht in die heile Welt seiner Kindheit entgehen. In der volksliedhaften Elegie *Doina*, einem der künstlerischen Höhepunkte des Zyklus, beschreibt Iosif in den diese Gedichtgattung kennzeichnenden rhythmisierten Kurzversen den Ritt dreier Heiducken durch die Karpathen.

Die Sprache der *Patriarhale* ist volkstümlich und ungekünstelt. Die einfachen Strophenformen und der liedhafte Charakter dieser Gedichte verrät den Einfluß der deutschen Romantik, vor allem LENAUS und HEINES.   G.C.

AUSGABEN: Bukarest 1901. – Bukarest 1939. – Bukarest 1962 (in *Opere alese*, Bd. 2). – Bukarest 1970–1976 (in *Opere*, 3 Bde.). – Bukarest 1984 (in *Poezii*).

LITERATUR: P. I. Papadopol, *Un sol al biruinţei: poetului Şt. O. I.*, Bukarest 1930. – S. Cioculescu, *Şt. O. I., viaţa şi opera lui*, Bukarest 1941. – I. A. Popescu, *Şt. O. I. cîntăreţ al copilărei* (in Făclia, 5. 1. 1957). – G. G. Ursu, *Izvoarele folclorice ale poeziei lui Şt. O. I.* (in Limbă şi Literatură, 4, 1960, S. 277–291). – I. Roman, *Şt. O. I.*, Bukarest 1964. – D. Micu, *Început de secol. 1900–1916*, Bukarest 1970, S. 236–249. – I. D. Bălan, *Etos şi cultură sau vocaţia ţinereţii*, Bukarest 1972, S. 335–353. – M. Vaida, *Introducere în opera lui Şt. O. I.*, Bukarest 1977. – L. Grasoiu, *Şt. O. I. Doinivea ca vocaţie şi destin*, Bukarest 1985.

SIR MUḤAMMAD IQBĀL

* 22.2. oder 9.11.1877 Sialkot
† 21.4.1938 Lahore

LITERATUR ZUM AUTOR:
Bibliographien:
K. A. Waheed, *A Bibliography of I.*, Karachi 1965. – M. M. N. Azhar, *A Bibliography of Articles on I. (1900–1977)*, Lahore 1978. – M. Riyāż, *Ketābšenāsi-ye Eqbāl*, Islāmābād 1986.
Zeitschriften:
I., Lahore 1952 ff. – I., kā mauzū'ātī taġzi'ī išārīya, Islāmābād 1986 ff. [m. fortlauf. Bibliogr.].
Biographien:
I. Singh, *The Ardent Pilgrim*, Ldn. 1951. – S. A. Vahid, *I. His Life and Thought*, Ldn. ²1959. – L. S. May, *I. His Life and Times*, Lahore 1974. – M. Ḥ. Šāhīd, *I. kī kahānī, I. kī zabānī*, Lahore 1977. – Ġ. Iqbāl, *Zinda rūd: ḥayāt-i I. kā wastī daur*, 3 Bde., Lahore 1981. – 'A. Ḥ. Sāğid, *I. dī ḥayātī*, Multān Ṣadr 1982. – Ġ. Azād, *M. I., ek adabī sawāniḥ ḥayāt*, New Delhi 1983.
Gesamtdarstellungen und Studien:
I. as a Thinker, Lahore 1944; ²1952. – A. Bausani, *Classical Muslim Philosophy in the Work of a Muslim Modernist: M. I.* (in AGPh, 1960). – L. R. Gordon-Polonskaja, *Musul'manskie tečenija vobščestvennoj mysli Indii i Pakistana*, Moskau 1963, S. 195–212. – J. Khatoon, *The Place of God, Man and Universe in the Philosophic System of I.*, Karachi 1963; Lahore ²1977. – A. Schimmel, *Gabriel's Wing. A Study Into the Religious Ideas of Sir M. I.*, Leiden 1963 [m. Bibliogr.]. – *I. Poet of Tomorrow*, Hg. Kh. Abdur Rahim, Lahore 1968. – B. A. Dar, *A Study in I.'s Philosophy*, Lahore 1971. – *Dānā-yi rāz: I.*, Karachi 1977. – *M. I. und die drei Reiche des Geistes*, Hg. W. Koehler, Hbg. 1977 (Schriftenreihe des Dt.-Pakistanischen Forums, 3).

– *I. Essays and Studies*, Hg. A. A. Ansārī, Delhi 1978. – S. E. Ashraf, *A Critical Exposition of I.'s Philosophy*, Patna 1978 [m. Bibliogr.]. – *I. Commemorative Volume*, Hg. A. S. Jafri u. K. S. Duggal, Delhi o. J. [ca. 1980]. – *I. und Europa*, Hg. J. Chr. Bürgel, Bern u. a. 1980 [m. 4 Aufsätzen v. A. Bausani, J. Chr. Bürgel, J. Marek u. A. Schimmel]. – M. S. Rašīd, *I.'s Concept of God*, Ldn./Boston 1981; ²1986. – *I. Centenary Papers, Presented at the International Congress on Allama M. I., 2–8 Dec. 1977 Lahore*, Hg. M. Munawwar, 4 Bde., Lahore 1982. – *Tvorčestvo Muchammada Ikbala*, Hg. N. I. Prigarina, Moskau 1982 [engl. *The Work of M. I.*, Lahore 1983]. – *Sahīfa-yi I.*, Hg. Y. Ğawīd, Lahore 1986. – S. M. Burney, *I. Poet and Patriot*, NY 1987. – T. Ch. Rastogi, *Western Influence in I.*, Delhi 1987. – S. Durrani, *I. Europe meñ*, Lahore 1988. – *I. Through Western Eyes*, Hg. M. K. Masud u. M. M. Liaqat, NY 1989. – A. Schimmel, *M. I. Dichter u. Philosoph*, Mchn. 1989.

ASRĀR-E ḪUDI

(iran.-npers.; *Die Geheimnisse des Ich*). Dichtung philosophischen und religiösen Inhalts von Sir Muḥammad IQBĀL (Pakistan), erschienen 1915. – Der im islamischen Nordwesten des indischen Subkontinents (im heutigen Pakistan) geborene Autor hatte von 1905 bis 1908 in Cambridge und München Rechtswissenschaft und Philosophie studiert. Seine Dissertation, mit der er 1907 in München zum Dr. phil. promovierte, erschien unter dem Titel *The Development of Metaphysics in Persia (Die Entwicklung der Metaphyik in Persien)* 1908 in England. Nach der Rückkehr in sein Heimatland lehrte er eine Zeitlang Philosophie und englische Literatur am Government College in Lahore und ließ sich dann am gleichen Ort als Rechtsanwalt nieder. – Der in mehreren Sprachen (Urdu, Persisch und Englisch) schreibende Iqbāl, der sich schon früher als Schriftsteller betätigt und u. a. eine Dichtung mit dem Titel *Homāla (Himalaja)* verfaßt hatte (1899), fühlte sich immer mehr dazu gedrängt, zur Erneuerung und zum Wiederaufstieg des Islams beizutragen. Deshalb beschloß er, den Gedanken und Empfindungen, die ihn bewegten, in dichterischer Form Ausdruck zu verleihen. Das Ergebnis ist das vorliegende Werk, das die Form eines *maṯnawi* (Dichtung in Doppelversen aus paarweise reimenden Halbversen) hat und aus einem Prolog und achtzehn Kapiteln verschiedener Länge besteht.

Da sich Iqbāl nicht nur an die indischen, sondern an alle Muslime wenden wollte, verfaßte er *Asrār-e ḫudi* nicht in seiner hindustanischen Muttersprache, sondern in persischer Sprache, die ihm wegen ihrer Geschmeidigkeit am besten zur Wiedergabe seiner Gedanken geeignet schien. (Für den Europäer sind Iqbāls Ideen und orientalische Denkweise allerdings nicht immer leicht zu verstehen.) In dem Prolog führt er aus, daß er eine Botschaft zu verkünden habe und auf Jünger warte, die bereit sind, ihm zu folgen. Er gibt zwar an, daß der »Meister aus Rum« (d. i. der persische Mystiker Ǧalāl o'd-Din Rumi) ihn inspiriert habe, doch lehnt er dessen Lehren wegen ihrer quietistischen und asketischen Tendenzen im Verlauf seiner Dichtung ab. (In seinem späteren Werk *Payām-e maśreq, Botschaft des Ostens*, kehrt er jedoch wieder zu jener sufischen Mystik zurück.)

In den dithyrambischen Versen seiner Dichtung erweist sich Iqbāl als religiöser Enthusiast. Als Ideal schwebt ihm ein großer theokratischer Staat vor, in dem alle Muslime – nicht mehr getrennt durch Rasse, Herkunft oder Heimatland – glücklich und in Frieden leben sollen. Nationalismus und Imperialismus werden strikt abgelehnt. Iqbāl träumt von einer Welt, in der nicht die Politik, sondern die Religion regiert. Mit besonderem Nachdruck verweist er auf den Niedergang des Islams und legt dar, daß die Muslime aus ihrer kontemplativen Haltung und Inaktivität wieder zurückfinden müssen zur Dynamik der Aktion, zur befreienden Tat. In diesem Zusammenhang übt er u. a. auch scharfe Kritik an dem klassischen persischen Dichter Hāfez, den er als Exponenten einer in dekadenten Mystizismus versunkenen islamischen Welt bezeichnet, die sich nicht dazu aufraffen konnte, dem fremden Eroberer (Timur) Widerstand zu leisten.

Immer wieder betont er die Notwendigkeit eines tatenreichen Lebens, das aber erst ermöglicht werde durch Entwicklung und Stärkung des »Selbst«. Der größte Teil der Dichtung handelt deshalb vom Leben des Muslims als Einzelpersönlichkeit. (Das Wort *ḫudi* bedeutet »Ich« im Sinne von »Ego« als Einzelwesen, Individualität, Persönlichkeit.) Jeder Muslim, der bestrebt ist, sich selbst zu verwirklichen, sich zu vervollkommnen, sich zu einer kraftvollen und selbstsicheren Persönlichkeit zu entwikkeln, trägt zur Erneuerung des Islams und zur Entstehung einer geeinten islamischen Gesellschaft bei; denn soziale Organisationen, Gesetze, Gebräuche, die Errungenschaften der Wissenschaft und der Kunst stellen – nach Iqbāls Auffassung – im Grunde nichts anderes dar als das aus dem »Ich« hervorgegangene Bestreben, sich selbst als eigenständiges Individuum zu manifestieren und zu verwirklichen.

Iqbāls noch immer vieldiskutiertes Werk rief zahlreiche Kritiker auf den Plan, die dem Verfasser vorwerfen, daß die von ihm verkündete Doktrin allzu viele Anklänge an Nietzsche und H. Bergson enthalte. Besonders heftig angegriffen wurde Iqbāl wegen seines Urteils über Hāfez – eine Passage, die später entfernt wurde. Begeisterten Anklang fand seine Dichtung dagegen gleich nach ihrem Erscheinen bei der jungen Generation in den islamischen Gebieten Indiens.   A.He.

Ausgaben: Lahore 1915 u. ö.

Übersetzung [engl.]: *The Secrets of the Self*, R. A. Nicholson, Ldn. 1920; ern. 1955. – Dass., ders., Lahore 1969.

Literatur: A. Ahmad, *Concept of Self and Self-Identity in Contemporary Philosophy· An Affirmation of I.*, Lahore 1986.

ǦĀWID-NĀME

(iran.-npers.; *Ü: Buch der Ewigkeit*). Dichtung philosophischen, religiösen und politischen Inhalts von Sir Muḥammad Iqbāl (Pakistan), erschienen 1932. – Das von Iqbāl seinem 1924 geborenen Sohn Javid (»Ewig«) zugeeignete *Ǧāwid-nāme* ist zweifellos das bedeutendste seiner persisch geschriebenen Werke, deren erstes die programmatische Dichtung *Asrār-e ḫudi*, 1915 *(Die Geheimnisse des Ich)*, war. Auch der Autor selbst hat das *Ǧāwid-nāme* als sein *magnum opus* betrachtet.

Es beschreibt eine Reise durch die himmlischen Sphären, auf der der Dichter (ähnlich wie Dante Alighieri von Vergil) von Ǧalāl o'd-Din Rumi, dem großen persischen Mystiker des 13. Jh.s, begleitet wird. Die Form einer Wanderung durch die verschiedenen Sphären hat Iqbāl gewählt, um auf anschauliche und eindrucksvolle Weise seine politischen, religiösen und philosophischen Gedanken und Ideale nicht nur seinen muslimischen Landsleuten, sondern – die Benutzung der persischen Sprache (statt des Urdu) deutet darauf hin – auch den in anderen orientalischen Ländern wohnenden Muslimen darzulegen. Das Motiv der Sphärenreise oder Jenseitswanderung taucht schon im mittelpersischen *Ardā Virāf-nāmak (Buch von Ardā Virāf)* auf. Iqbāl selbst beruft sich in seinen Briefen auf das Vorbild, das ihm Dantes *Divina Commedia* bot, ferner auf Inspirationen, die er aus Miltons *Paradise Lost* schöpfte; auch Themen aus Goethes *Faust* klingen an. – Für den Muslim ist das Motiv der Himmelsreise von besonderer Bedeutung im Hinblick auf die zu Beginn der siebzehnten Sure des *Koran* erwähnte Himmelfahrt des Propheten, die zum Prototyp mystischer Entrückungen für die islamischen Mystiker seit der Zeit des Persers Bāyazid Bestāmi († 874) geworden ist.

Iqbāl leitet sein Werk – nach dem traditionellen Gebet – mit einem *Prolog im Himmel* (hier macht sich der Einfluß Goethes bemerkbar) ein: Die Erde wird als künftige Trägerin des Menschen gepriesen, der als »vollkommenstes Geschöpf« und »Ebenbild Gottes« zu betrachten ist. Im *Prolog auf Erden* wendet sich der Dichter an den Geist des unter allen islamischen Großen von ihm am tiefsten verehrten iranischen Mystikers Ǧalāl o'd-Din Rumi, der ihm die Geheimnisse von Zeit und Sein erklärt. – Beim Aufstieg in die höheren Regionen werden der Dichter und sein Begleiter von Zurwān, dem Geist der Zeit, initiiert; unter dem Symbol des altpersischen Zeitgottes findet sich hier eine sublime Darstellung von Iqbāls Zeitphilosophie, die sich mit dem Gegensatz zwischen der irdischen, durch die Schöpfung entstandenen »seriellen« Zeit und der göttlichen Zeit befaßt, in der alles Vergangene, Gegenwärtige und Zukünftige zugleich vorhanden ist und an welcher der Mensch auf der höchsten Stufe des religiösen Erlebens teilnimmt (wie Muḥammad bei seiner Himmelfahrt). – Die Sterne begrüßen singend die Wanderer, die zunächst zur Mondsphäre auffahren, wo ihnen der Hindu-Weise Gahāndost (d. h. »Weltfreund«, skrt. Viśvāmitra) das Wesen von Mensch und Gott erklärt und der Engel Saroš, aus altpersischer Überlieferung als »Geist des Hörens« bekannt, sich aus seinem reinen Engelsdasein in die schöpferische Unruhe der Menschenwelt hinabsenkt. – In den *ṭawāsīn* der Propheten (künstliche Wortbildung aus den geheimnisvollen Buchstaben *ṭa* und *sīn* im *Koran* und Anspielung auf das *Kitāb aṭ-ṭawāsīn* des 922 hingerichteten arabischen Mystikers Ḥusain ibn Mansūr AL-ḤALLĀǦ) werden die Eigenarten der Weltreligionen durch den Mund der größten Gegner ihrer Stifter dargelegt; die prophetische Aktivität Zarathustras und seiner Anhänger wird dabei ebenso erörtert wie die »klassenlose Gesellschaft« des Islam; und Judas Ischariot, der Jesu Leib für dreißig Silberlinge verkauft, findet sich im Gespräch mit der Jungfrau Europa, die tagtäglich Christi Geist verrät. – In der Merkursphäre schweben die Geister zweier Politiker; es sind Ǧamāl ad-dīn al-Afǧānī († 897), der panislamische Reformer, und der türkische Prinz Saʾīd Ḥalīm Paša (1863–1921), dessen Werk *Islāmlašmaq (Islamisierung)*, das die Verbesserung der Verhältnisse auf der Grundlage einer Erneuerung des Islam propagiert, Iqbāl in der deutschen Übersetzung (1922) von August FISCHER kennengelernt hatte. In Iqbāls Dichtung werden an dieser Stelle Themen wie Nationalismus, Glaube und Vaterland erörtert, die Gefahren der Verwestlichung dargelegt, die Grundlagen der islamischen Welt aufgezeigt und eine Botschaft an das russische Volk gerichtet, das zwar die Götzen zerschlagen habe, aber doch nicht zum Glauben an den einzigen wahren Gott gelangt sei. – In der Sphäre der Venus begegnen die Wanderer den Göttern der alten Völker. Den Bemühungen der Orientalisten sei es zuzuschreiben, daß die Vergangenheit wieder ausgegraben und der Vergessenheit entrissen wird, so daß auch die alten Götter wieder aufleben und den Islam bedrohen. Auch Pharao und Kitchener tauchen aus den Wassertiefen auf; beide sind für Iqbāl Unterdrücker frommer Völker: der eine, weil er die Juden knechtete, so daß sie, um der Unterdrückung zu entgehen, unter Moses' Führung aus Ägypten auszogen; der andere, weil er durch seinen Sieg bei Omdurman (1898) die Anhänger des Mahdi niederwarf und die Völker des Sudan der britischen Herrschaft unterstellte. Der Mars wird, entgegen der allgemeinen astrologischen Vorstellung, der Iqbāl sonst meist folgt, nicht als Planet des Krieges, sondern als ein Stern mit idealen Lebensbedingungen geschildert. Der dort herrschende Frieden wird jedoch durch eine teuflische, frauenrechtlerische Europäerin gestört, die mit freigeistigen Parolen die muslimischen Frauen locken und ins Verderben führen will. – Den Höhepunkt der Jenseitsreise bildet der Besuch in der Jupitersphäre, wo die Wanderer die Geister des Mystikers al-Ḥallāǧ, des persisch und in Urdu

schreibenden Dichters Mirza Gālib (1796–1869) aus Delhi und der Dichterin Tāhira († 1822), einer Anhängerin der schiitischen Bābī-Sekte, beschwören. Bei dieser Gelegenheit wird auch die Bedeutung des Propheten für die Menschheit gewürdigt und das Geheimnis der Vorherbestimmung alles Geschehens erörtert. Hierauf erscheint Iblis (Diabolus), der Teufel, und beklagt sich über die allzu folgsamen Menschen, die, statt ihn – wie er es sehnlich wünscht – zu bekämpfen, sich ihm bereitwillig hingeben und dadurch sein Schuldkonto immer noch mehr belasten. Er, der Stolze und Ernste, der den Gedanken vertritt, daß Trennung schöpferischer – und darum besser – sei als Vereinigung, ist eine der faszinierendsten Gestalten nicht nur in diesem Werk, sondern auch in Iqbāls persischer Dichtung *Payām-e maśreq*, 1923 *(Botschaft des Ostens)*. – In der Sphäre des Saturn treffen die Wanderer auf zwei indische Landesverräter, und jenseits aller Sphären kreist in ewiger Wiederkehr Nietzsche, der trotz seiner Entrücktheit nicht erkannte, daß der wahre »Übermensch« nur in der Abhängigkeit von einem starken Gott existieren kann. – Am Ende ihrer Reise gelangen der Dichter und sein Begleiter ins Paradies, wo sie verschiedenen Gestalten aus der indischen Geschichte und Literatur begegnen; hierbei werden die mit dem Kaschmir-Problem zusammenhängenden Fragen erörtert und Askese und Martyrium als Weg zur höheren Vollkommenheit gepriesen. Nachdem der Dichter an den Huris des Paradieses vorübergezogen ist, erlebt er einsam die göttliche Gegenwart: ein »*Wachsen ohne Abnehmen*«, in dem er die Botschaft der Einheit von Denken und Tat erfährt.

Das *Ǧāwid-nāme* ist in persischen Doppelversen vom Metrum *ramal mosaddas* abgefaßt, einem Metrum, das bereits von Ǧalāl oʾd-Din Rumi in seiner Dichtung *Maṯnawi-ye maʾnawi (Das dem inneren Sinn aller Dinge zugekehrte Maṯnawi)* verwendet wurde. In die Erzählung sind wiederholt Gedichte in freien Versen eingeschoben. Überdies enthält das Werk eine Fülle von weit über den Rahmen der traditionellen islamischen Literatur hinausreichenden Anspielungen, in denen sich – als Ergebnis der langjährigen Studien Iqbāls an den Universitäten Cambridge und München – seine umfassenden Kenntnisse der europäischen Philosophie und Religionsgeschichte dokumentieren. Obwohl die zahlreichen Andeutungen die Lektüre manchmal etwas erschweren, ist es dem Autor gelungen, nicht nur eine Reihe der sprödesten theologischen Probleme, die er – wie z. B. das für den Islam zentrale Problem der Willensfreiheit – bereits 1928 in seinen *Six Lectures on the Reconstruction of Religious Thought in Islam* in wissenschaftlicher Prosa erörtert hatte, sondern auch aktuelle politische Fragen (wie Landreform, Frauenemanzipation) und andere Themen in eingängigen Versen darzulegen. – Wenngleich es an schöpferischer Kraft und dichterischem Schwung andere Werke des Autors – wie etwa die Dichtung *Zabur-e Aǧam*, 1927 *(Persischer Psalter)*, oder das große Urdu-Werk *Bāl-i Ǧibrīl*, 1934 *(Gabriels Schwinge)*, nicht ganz erreicht, hat das *Ğawid-nāme* dennoch Partien von ergreifender Schönheit und ist durchaus zu Recht das am häufigsten übersetzte und kommentierte Werk Iqbāls.

A.Schi.

AUSGABEN: Lahore 1932. – Lahore 1946. – Teheran 1964, Hg. A. Sorūš; Nachdr. 1984.

ÜBERSETZUNGEN: *Buch der Ewigkeit*, A. Schimmel, Mchn. 1957 [Versübers.]. – *Javidname*, A. J. Arberry, Ldn. 1966 [m. Einl. u. Anm.; engl.]. – In *Persischer Psalter*, A. Schimmel, Köln 1968 [Ausw.]. – *Javidname*, A. Q. Niaz, Lahore 1984 [engl.].

LITERATUR: A. Schimmel, *The »Javidname« in the Light of Comparative History of Religions* (in Pakistan Quarterly, 6, 1955, Nr. 4). – Dies., *Einige Bemerkungen zu M. I.s »Javidname«* (in WO, 2, 1959, 4, S. 520–527). – Dies., *Die Gestalt Satans im Werke Sir M. I.s* (in Kairos, 2, 1963).

PAYĀM-E MAŜREQ

(npers.; *Ü: Botschaft des Ostens*). Sammlung lyrischer, didaktischer, philosophischer und politischer Gedichte von Sir Muḥammad IQBĀL (Pakistan), erschienen 1923. – Mit seinem dritten in persischer Sprache abgefaßten Werk wollte der Autor ein (erstes und bislang einziges) Gegenstück zu GOETHES *West-östlichem Divan* schaffen. Er hat seine Gedichtsammlung, entsprechend dem Goetheschen *Divan*, in mehrere Bücher aufgeteilt: Nach einer in Urdu geschriebenen historischen Einleitung folgt unter dem Titel *Lāla'-e Tūr (Die Tulpe des Sinai)* eine Sammlung von 164 Vierzeilern. Iqbāl hat die Tulpe wiederholt als Sinnbild der Flamme besungen, und als Schauplatz der Offenbarung Gottes in der Gestalt des brennenden Dornbuschs ist der Berg Sinai eines seiner Lieblingssymbole. In diesen Vierzeilern verkündet er als Kernstück der »Botschaft des Ostens« die Überzeugung von der Unerläßlichkeit und der gewaltigen Kraft der Liebe *('išq)* und legt dar, daß nur die geistige Liebe der rechte Weg zur Erkenntnis der Wahrheit sei. Damit kehrt er zu jener sufischen Mystik zurück, die er einige Jahre zuvor in seiner persischen Dichtung *Asrār-e ḫudi*, 1915 *(Die Geheimnisse des Ich)*, wegen ihrer quietistischen und asketischen Tendenzen abgelehnt hat. Zugleich wiederholt er in dichterischer Form, wenn auch mit einigen Abänderungen, seine früheren Ansichten über den islamischen Internationalismus, die Notwendigkeit eines tatenreichen Lebens und die Bedeutsamkeit der Entwicklung des eigenen Selbst.

Der dichterisch stärkste zweite Teil trägt die Überschrift *Afkār (Gedanken)* und enthält lyrische Gedichte in verschiedenen Formen. Einige sind Adaptationen deutscher Gedichte; so z. B. ist *Ğū-ye āb (Der Strom)* eine freie Nachbildung von Goethes *Mahomets Gesang*, und *Zendagī wa 'amal (Das Le-*

ben und die Tätigkeit) stellt eine Antwort auf Heinrich HEINES Gedicht *Fragen* dar. Andere verkünden Iqbāls ewiges Anliegen: die Stärkung des Menschen in seinem ständigen Kampf. Manche Gedichte behandeln Themen wie BERGSONS Begriff der reinen Zeit, oder sie besingen – in NIETZSCHES Art – die Freiheit des menschlichen Willens und die unbeschränkten Möglichkeiten des Menschen. Ähnliche Themen durchziehen den 45 Ghaselen umfassenden dritten Teil, betitelt *May-e bāqī (Ewiger Wein)*, in dem Iqbāls Ideen vom Verhältnis zwischen Gott und Mensch, vom Wachsen des Selbst und von der schöpferischen Liebe Ausdruck gefunden haben.

Im nächsten Abschnitt, der *Naqš-e Ferang (Bildnis Europas)* überschrieben ist, versucht der Verfasser in kurzen Gedichten Eigenheiten des westlichen Denkens einzufangen. Er macht seine Glaubensgenossen mit wissenschaftlichen und technischen Erfolgen des modernen Europa bekannt und stellt ihnen die – seiner Meinung nach – bedeutendsten Persönlichkeiten der europäischen Wissenschaft und Kunst vor. Freilich spart er dabei nicht an Kritik, und zwar kritisiert er – vom islamischen Standpunkt aus – sowohl MARX und LENIN als auch LOCKE, Bergson, KANT, SCHOPENHAUER, Nietzsche, COMTE, BYRON, TOLSTOJ, BROWNING, EINSTEIN und auch seinen Lieblingsphilosophen HEGEL. Er vergleicht Goethe und Hegel mit dem persischen Dichter Ğalāl o'd-Din RUMI und versucht die geistigen und seelischen Werte der westlichen und der östlichen Welt gegeneinander abzuwägen. Es ist selbstverständlich, daß bei diesem Vergleich immer der Orient siegt. Die Auseinandersetzung Iqbāls mit der westlichen Philosophie ist als Gegenstück zu Goethes Auseinandersetzung mit dem orientalischen Geist gemeint. – Eine kurze Lese von *Qeṭ'ē (Gedankensplitter)* beschließt das Werk, das Iqbāls schönste persische Dichtungen enthält und seine Gedanken in einer Form darlegt, die auch dem westlichen Leser den Zugang zu seinem Gesamtwerk ermöglicht.

J.Mar.

AUSGABEN: Lahore 1923. – Haidarabad 1951. – Karachi 1965.

ÜBERSETZUNGEN: *The Tulip of Sinai*, A. J. Arberry, Ldn. 1947 [engl.]. – *Message de l'orient*, E. Meyerovitch u. M. Achena, Paris 1956 [frz.]. – *Botschaft des Ostens*, A. Schimmel, Wiesbaden 1963 [m. Einl.; ern. Tübingen 1977]. – *A Message from the East*, M. Hadi Hussain, Karachi 1971 [Ausw.; engl.].

LITERATUR: R. A. Nicholson, *I.'s »Message of the East«* (in Islamica, 1, 1925, S. 112 ff.). – I. Singh, *The Ardent Pilgrim*, Ldn. 1951, S. 98–120. – M. I. Sud, *I. and His Poems*, Neu Delhi 1963. – N. I. Prigarina, *Poēzija Muchammada Ikbala, 1900–1924*, Moskau 1972. – I. H. Solbrig, *Die Rezeption des Gedichts »Mahomets-Gesang« bei Goethes Zeitgenossen u. in der modernen persischen Adaption M. I.s* (in GJb, 100, 1983, S. 111–126).

ǦALĀL O'L-MAMĀLEK IRAǦ MIRZĀ

* Oktober 1874 Täbris
† 13.3.1926 Teheran

LITERATUR ZUM AUTOR:
Z. N. Vorožejkina, *Iradž Mirza*, Moskau 1961. –
G.-R. Riyādi, *Iraǧ wa nohbe-ye ātāraš*, Teheran
1963. – B. Alavi, *Geschichte u. Entwicklung der
modernen persischen Literatur*, Bln./DDR 1964,
S. 45–51. – J. Rypka, *History of Iranian Literature*,
Dordrecht 1968, S. 384 f. – Y. Aryanpur, *Az Sabā
tā Nimā*, Bd. 2, Teheran 1972, S. 382–417. –
M. Zoroufi, *Die Frau in Iradsch Mirza's Gedichten*
(in Iranistische Mitt., 12, 1978, S. 71–77).

'ĀREF-NĀME

(iran.-npers.; *Buch über 'Āref*). Streitschrift in Versen von Ǧalāl o'l-Mamālek IRAǦ MIRZĀ gegen den
Dichter 'ĀREF (1882–1934), der sich wegen seiner
volkstümlichen Lieder größter Beliebtheit erfreute.
– Die Dichtung, bestehend aus 500 bis 700 Versen
(in manchen Ausgaben und Abschriften fehlen die
obszönen Stellen), enthält giftige Satiren gegen
den Liederdichter. Aber auch dessen Dichtung der
Revolutionsjahre (1905–1911), die politisch gefärbt war, wird darin kritisiert und abgeurteilt. Die
beiden Rivalen verkörperten sowohl in ihren Charakteren als auch in ihren politischen Auffassungen
zwei verschiedene Welten. 'Āref war ein Rebell, ein
ziellos umherschweifender Sänger, der mit allen
Kräften die revolutionäre Bewegung unterstützte,
während Iraǧ Mirzā, ein gutsituierter Beamter, abseits vom politischen Geschehen stand. 'Āref hatte
im Volkspark zu Mesched ein Konzert veranstaltet,
bei dem er seine Lieder gegen die herrschende Dynastie vortrug. Dies nahm Iraǧ Mirzā, ein Urenkel
Fath 'Ali Schahs (reg. 1779–1797), zum Anlaß, ihn
zu schmähen und zugleich seine Vorstellung von
der Aufgabe eines Dichters darzulegen: »*Verhalte
dich nicht wie eine Gazelle, mein Lieber, du bist ein
Wildschwein. Du bist kein Poet, du bist ein Lieder-
Dichter.*« Die Schlußverse zeigen, was er von Politik und Politikern hielt: »*Die Politiker sind nicht wie
du und ich. / Setzen nicht alles auf eine Karte, betrügen dich. / Scharlatane, gegen Treue blind, / Hängen
ihr Mäntelchen nach dem Wind. – Ständig wandelt
sich ihre Gestalt. / Heute verfassungstreu, morgen für
absolute Gewalt.*« Dieser Dichterstreit hat erhebliche Kontroversen ausgelöst. Iraǧ Mirzā, bekannt
als »*der letzte der Klassiker und der erste der Modernisten*«, gebührt das Verdienst, eine einfache, allgemein verständliche Sprache geschaffen zu haben,
die vielfach zur Modernisierung der persischen
Poesie beigetragen hat.   B.A.

AUSGABEN: Teheran o. J. – Teheran o. J. [um
1950] (in *Kolliyāt-e Diwān-e Iraǧ-Mirzā*).

HEǦĀB-NĀME

(iran.-npers.; *Buch über den Schleier*). Satire auf die
Verschleierung der mohammedanischen Frau von
Ǧalāl o'l-Mamālek IRAǦ MIRZĀ, entstanden um
1905. – Der Autor hat diese satirische Dichtung
später in seine gegen den Dichter 'ĀREF
(1882–1934) gerichtete Streitschrift *'Āref-nāme
(Buch über 'Āref)* aufgenommen, in der soziale
Mißstände, u. a. die gesellschaftliche Stellung der
unterdrückten Frau, einer scharfen Kritik unterzogen werden. Der Dichter legt in volkstümlichen
Versen recht humorvoll dar, wie der Schleier allein
für eine Frau – möge sie auch noch so orthodox und
streng konventionell erzogen sein – kein Hindernis
bedeutet, ein Liebesabenteuer zu erleben. Bei der
Begegnung mit einem jungen Mann packt sie fest
ihren Schleier, um nicht ihr Gesicht zu zeigen, ergibt sich dabei aber immer mehr seinen Liebkosungen. Der Schleier vermöge also der Tugend keinen
Schutz zu gewähren. Iraǧ Mirzā verspottet auch die
Sitte der strenggläubigen Mohammedaner, junge
Menschen miteinander zu verheiraten, ohne daß sie
vorher die Möglichkeit haben, sich zu sehen oder
gar sich kennenzulernen. – Aber mehr noch als die
in dieser Satire betont herausgestellte Frage der
Frauenemanzipation lösten die scharfen Angriffe
gegen den jedem Fortschritt feindlich gegenüberstehenden Klerus eine starke Empörung unter den
Gegnern der Frauenbewegung aus, so daß der Autor sogar sein Leben gefährdet sah und sich später
durch Veröffentlichung von Versen religiösen Inhalts reinzuwaschen versuchte.
Die Wirkung, die diese und ähnliche Schriften auf
die Meinungsbildung besonders der zur iranischen
Intelligenz zählenden Kreise ausübten, war beträchtlich; zweifellos hat diese Literatur nicht wenig dazu beigetragen, daß sich die 1935 von der iranischen Regierung verfügte Aufhebung des Schlei-
erzwangs durchsetzen konnte.   B.A.

AUSGABE: Teheran o. J. [um 1950] (in *Kolliyāt-e
Diwān-e Iraǧ-Mirzā*).

IRENEUSZ IREDYŃSKI

* 4.6.1939 Stanisławów
† 9.12.1985 Warschau

LITERATUR ZUM AUTOR:
J. Rogodziński, *I.* (in Nowa Kultura, 1961,
Nr. 40). – J. Trznadel, *O I.* (ebd., Nr. 44). – E. J.
Czerwiński, *Three Lesser Known Polish Dramatists of
Absurd: Grochowiak, I. and Drozdowski* (in The
Polish Review, 1968, Nr. 1, S. 58–65). –
A. Wróblewski, *Zamknięty świat I.* (in Życie
Literackie, 1969, Nr. 7). – A. Zieniewicz, *I.: mała*

Apokalipsa z figurami (in Dialog, 1975, Nr. 1). –
S. Lem, *Miniatura nihilisty* (in S. L., *Rozprawy i szkice*, Krakau 1978). – L. Bugajski, *I.*, Warschau o. J. – L. Eustachiewicz, *Ołtarz wzniesiony demonom – I. I.* (in L. E., *Dramaturgia współczesna*, Warschau 1985, S. 337–344). – L. Bugajski, *Opłakuję siebie* (in Pismo, 1986, Nr. 3). –
S. Bardijewska, *I. I. Moralista à rebours* (in Teatr, 1987, Nr. 3, S. 27–29). – J. Kłossowicz, *I: Męczeństwo z przymiarką* (in Dialog, 1987, Nr. 6).
– M. Sołtysik, *Chwila w czyśccu. Wspomnienie o I. I.* (in Akcent, 1987, Nr. 2, S. 118–125). –
S. Treugutt, *I. I. Portret z pamięci* (in Teatr, 1987, Nr. 3, S. 26 f.). – M. Nowakowski, *Śmierć* (in M. N., *Karnawał i post*, Paris 1988).

DZIEŃ OSZUSTA

(poln.; *Der Tag eines Betrügers*). Erzählung von Ireneusz IREDYŃSKI, erschienen 1962. – Beschrieben wird der Tag eines namenlosen jungen Mannes, dessen Leben außerhalb jeder sozialen Ordnung verläuft. Sein unartikulierter Protest gegen die gesellschaftlichen Normen bestimmt seine Lebensweise: Er arbeitet nicht, läßt sich treiben, lügt und betrügt, erschwindelt sich Geld, täuscht Mädchen und tötet ebenso unbewegt, wie er an sich Selbstmordversuche unternimmt. Keine seiner Handlungen ist motivierbar. Da er keine Tat bewußt plant, fürchtet er auch nicht ihre Konsequenzen. Er ist nicht unzufrieden, da er nichts begehrt, Haß kennt er nicht, weil er nicht weiß, was Liebe ist. So bleibt sein Leben – das, wie er selbst gesteht, nicht einmal vom Reichtum verändert werden könnte – dem Zufall überlassen. Seine einzige Aktivität besteht in der ziellosen Bewegung, die ihn davor bewahrt, *im Bett zu bleiben, im Bett seine Notdurft zu verrichten und niemanden ins Zimmer hereinzulassen«.*
Iredyńskis Porträt eines totalen Nihilisten, stark an ähnlichen Darstellungen vor allem des westlichen Films orientiert, zeigt herausfordernd und ohne politische Bedenken eine Weltanschauung, wie sie in der modernen polnischen Literatur bis dahin noch nicht vertreten worden war. Dieses »Nachholbedürfnis« der jungen polnischen Literatur und ihre Freude am Experimentieren mit modernen Erzähltechniken (innerer Monolog, berichtender Monolog, das Aneinander-Vorbeireden im Dialog) spiegelt Iredyńskis lapidar erzählter *Tag eines Betrügers* in kühner Form wider.   M.D.

AUSGABE: Krakau 1962.

LITERATUR: A. Bukowska, Rez. (in Współczesność, 1963, Nr. 3). – T. Drewnowski, Rez. (in Polityka, 1963, Nr. 16). – S. Grochowiak, Rez. (in Nowa Kultura, 1963, Nr. 3). – A. Kijowski, Rez. (in Przegląd kulturalny, 1963, Nr. 7). – S. Kisielewski, *I., czyli gest konwencjonalny* (in Tygodnik Powszechny, 1963, Nr. 6). – A. Lisiecka, Rez. (in

Życie Literackie, 1963, Nr. 7). – W. Sadkowski, *Pocieszni wykwintnisie* (in Nowa Kultura, 1963, Nr. 15).

ŻEGNAJ JUDASZU

(poln.; *Ü: Leb wohl, Judas . . .*). Schauspiel in drei Akten von Ireneusz IREDYŃSKI, erschienen 1965; Uraufführung (in deutscher Sprache): Zürich 1968, Schauspielhaus; polnische Erstaufführung: Krakau, 14. 3. 1971, Teatr Stary (Scena Kameralna). – *Żegnaj Judaszu* gehört nicht nur zu Iredyńskis meistgespielten Theaterstücken, sondern ist auch – formal wie thematisch – besonders kennzeichnend für sein in den sechziger und siebziger Jahren entstandenes umfangreiches Bühnenwerk. In all seinen in dieser Zeitspanne geschriebenen Dramen beschränkt sich Iredyński auf eine abstrakt-skizzenhafte Schilderung der Wirklichkeit und faßt die sich darauf beziehenden Schlußfolgerungen in allgemeingültigen Thesen zusammen. *»Meine Stücke sind Modelle einer Situation oder eines Problems«*, stellte er einmal fest. *»Ja, es sind Modelle. Eine Reduzierung ohne historisches, soziales und psychologisches Drumherum. Erfundene Welten, Handlungen, die überall und nirgendwo spielen. Phantome . . .«* Dieser Hang zum Abstrakten, der erst in dem 1979 entstandenen Schauspiel *Dacza (Die Datsche)* und den darauffolgenden Stücken einer mit konkretem politischen, historischen und sozialen Umfeld verbundenen Beobachtung weicht, wird eine Zeitlang von einer thematischen Vorliebe begleitet: von der wiederholten Analyse verschiedener Arten von Terror und Gewalt. Stücke wie *Żegnaj Judaszu, Dobroczyńca*, 1971 *(Der Gönner)*, oder *Trzecia pierś*, 1973 *(Die dritte Brust)*, zeigen *»den Mechanismus, nach dem der Terror – der psychische, physische, politische – entsteht und funktioniert, schildern die wechselnden Beziehungen zwischen dem Starken und dem Schwachen, dem Manipulierenden und dem Manipulierten. Es kehren in ihnen das Problem der geistigen Führerschaft und der Bedrohung wieder, die ihren Ursprung im Mißbrauch von Autorität und Macht hat, sowie die Analyse der moralischen und physischen Grausamkeit in den Kategorien eines Einzelnen, einer Gruppe, einer Gesellschaft«* (S. Bardijewska).
In *Żegnaj Judaszu* wird die Auseinandersetzung mit dem Phänomen des Terrors um die polemische Darstellung des Ideals der Treue ergänzt. Die bereits im Titel angekündigte Parallele zur Figur des als Synonym von Falschheit und Verrat geltenden Apostels wird nicht nur durch den im Mittelpunkt des Geschehens stehenden Namensvetter der neutestamentlichen Gestalt deutlich, sondern auch durch weitere Figuren und Begebenheiten. – Schauplatz der in der Gegenwart angesiedelten Handlung ist eine verwahrloste Turnhalle. Als Mitglied einer nicht näher genannten oppositionellen Bewegung gehört Judasz zu den zwölf engsten Mitarbeitern des Anführers, der nun von der Polizei gesucht wird. Da Judasz erst vor kurzem aus der

Haft entlassen wurde, schöpfen seine Mitverschwörer bald den Verdacht, er könne infolge der brutalen Verhörmethoden, die man ihm gegenüber angewendet hat, einiges gestanden und sie, vor allem den unter Einsatz aller polizeilichen Mittel gesuchten »Chef«, damit in Gefahr gebracht haben. Zwei von ihnen, mit den bedeutungsvollen Namen Jan (Johannes) und Piotr (Petrus), scheuen sich nicht – obwohl Judasz immer wieder seine Loyalität und Verschwiegenheit während des Polizeiverhörs beteuert –, zu einer Foltermethode zu greifen, um ihm ein Geständnis abzuzwingen. In der besagten Turnhalle inszenieren sie mit sichtlichem Genuß eine Verhörszene. Im letzten Moment jedoch greifen Polizisten ein und erschießen die beiden selbsternannten Richter. Statt aber nun Judasz zu befreien, drohen sie ihm mit denselben Foltern, vor denen sie ihn gerade bewahrt haben, falls er das Versteck des Anführers der Organisation nicht verrate. Nach kurzem Zögern gibt Judasz die von ihm verlangten Auskünfte, kassiert seine Belohnung und genießt eine Weile das luxuriöse Leben. Nach wenigen Monaten aber kehrt er zurück, um sich am Ort des Verrats zu erhängen.

Judasz' plötzlicher Verrat ist nur scheinbar auf die Angst vor dem physischen Schmerz zurückzuführen oder auf den Wunsch, ein Mädchen, das – ein schönes Geschöpf, das aber in seiner geistigen Entwicklung etwas zurückgeblieben ist – ihm, dem einzigen, der sie menschlich behandelt, grenzenlose Verehrung entgegenbringt, vor den Repressalien der Polizei zu bewahren. Vielmehr erscheint ihm der weitere Kampf gegen den Archetyp des Verräters völlig sinnlos, als er sich dessen bewußt wird, daß die beiden Parteien, zwischen die er geraten ist, seinen Versuch, treu zu bleiben – sei es einem Ideal, sei es sich selbst –, nicht nur mit Gewalt, sondern gar mit der gleichen Form von Gewalt beantworten. Auch sein Selbstmord ist weniger ein Akt der Verzweiflung als eine Kapitulation vor dem eigenen, durch den Mythos des Verräters vorgeprägten Schicksal. Mit der Entlarvung des Mädchens als Polizeiagentin erhält die Moralität über die perfekten Mechanismen der Gewalt eine bittere Pointe.

M.Ki.

Ausgabe: Warschau 1965 (in Dialog, Nr. 9).

Übersetzungen: *Leb wohl, Judas...*, J. v. Pilecki (in *Modernes polnisches Theater*, Hg. A. Wirth, 2 Bde., Neuwied/Bln. 1967, 2). – Dass. (in *Leb wohl, Judas... Zwei Dramen und zwei Kurzromane*, R. Buschmann u. D. Scholze, Lpzg. 1983).

Literatur: J. Kelera, *Etap syntezy* (in Dialog, 1965, Nr. 10). – E. Wysińska, *Spór o I.* (in Radar, 1965, Nr. 7). – Dies., *Pożegnanie z Judaszem, czyli sporu o I. ciąg dalszy* (ebd., Nr. 9). – T. Karren, Rez. (in Tydzień Polski, Ldn. 1968, Nr. 44). – F. J. Vinzenz, Rez. (in Dziennik Polski i Dziennik Żołnierza, Ldn. 1968, Nr. 255). – D. Scholze, *Judas bei I.* (in *Festschrift für Heinrich Kunstmann*, Hg. V. Setschkareff u. a., Mchn. 1988, S. 388–397).

TOMÁS DE IRIARTE

* 18.9.1750 Puerto de la Cruz / Teneriffa
† 17.9.1791 Madrid

FÁBULAS LITERARIAS

(span.; *Literarische Fabeln*). Fabelsammlung von Tomás de Iriarte, erschienen 1782. – Die letzte vom Autor selbst durchgesehene Auflage seiner *Gesammelten Werke* (1787/88) enthält 67 Fabeln. Späteren Ausgaben wurden postum noch weitere neun Fabeln aus dem Nachlaß angefügt. Die *Fábulas literarias*, das berühmteste Werk Iriartes, sind eine Art Lehrbuch, das Regeln für den guten Geschmack und das literarische Schaffen – im klassizistischen Geist der Zeit – geben will. Obwohl es sich um ein rein didaktisches Werk handelt, hat der Autor es vermieden, seine Ideen abstrakt darzustellen: Er kleidet sie in originelle und treffende Szenen aus dem Leben der Tiere. Die Neuartigkeit dieser Methode, literarische Lehren in Fabelform exemplarisch und unterhaltsam vorzutragen, trug zu der begeisterten Aufnahme der Sammlung bei.

Die empfohlenen literarischen Normen und Regeln verraten deutlich den Einfluß des Horaz *(De arte poetica)* und der französischen Klassizisten. Iriarte rät dazu, die Qualität eines Werkes zu beurteilen, nicht etwa die auf seine Abfassung verwandte Zeit; den Beifall der Gebildeten, nicht den der Ungebildeten zu suchen; die Alten nicht nur zu zitieren, sondern auch nachzuahmen. Man solle eine kraftvolle Sprache anstreben und sowohl unnötige Fremdwörter (wie sie damals Mode waren) als auch einen übertriebenen archaisierenden Purismus vermeiden. Der Autor verwirft Wortballast und unnützes Beiwerk, Einseitigkeit und aufdringliche Gelehrsamkeit; er sucht sein Ideal in der gelungenen Verbindung des Nützlichen mit dem Angenehmen und in der Ausgewogenheit von Inhalt und Form. Müsse ein Werk getadelt werden, so solle dies seiner Mängel, nicht der Persönlichkeit seines Autors wegen geschehen. Wer diese Regeln nicht beachten wolle, werde höchstens durch Zufall zu Erfolg gelangen.

Zwischen seine Lehrsätze schiebt der Autor immer wieder Verse ein, in denen er – versteckt zwar, aber nicht ohne Anzüglichkeit – alle jene Schriftsteller angreift, die sich in literarischen Fehden (wie sie für das spanische Geistesleben im 18. Jh. kennzeichnend waren) gegen ihn gewandt hatten, z. B. Juan Pablo Forner, Juan José López de Sedano und Félix María Samaniego.

A.A.A.

Ausgaben: Madrid 1782. – Madrid 1787/88 (in *Colección de obras en verso y prosa*, 6 Bde., 1). – Madrid 1925, Hg. R. Miquel y Planas [m. Ill.; enth. 24 Kompositionen v. J. Longoria]. – Madrid 1963 (in *Poesías*, Hg. A. Navarro González; m. Einl. u. Anm.; Clás. cast). – Madrid 1983, Hg. u. Einl. S. de la Nuez. – Madrid 1986 (Austral).

ÜBERSETZUNGEN: *Litterarische Fabeln*, F. J. Bertuch, Lpzg. 1788. – *Literarische Fabeln*, J. Speier, Bln. 1884.

LITERATUR: F. M. Samaniego, *Observaciones sobre las »Fábulas literarias« originales de Don T. de I.* (in F. M. S., *Obras inéditas o poco conocidas*, Vitoria 1866, S. 115–133). – E. Cotarelo y Mori, *I. y su época*, Madrid 1897. – G. Germain, *La Fontaine et les fabulistes espagnols* (in RLC, 12, 1932, S. 312 bis 329). – A. Cioranescu, *Sobre I., La Fontaine y fabulistas en general* (in A. C., *Estudios de literatura española y comparada*, La Laguna 1954). – G. Díaz-Plaja, *Historia general de las literaturas hispánicas*, Bd. 4/1, Barcelona 1956, S. 280–287. – P. R. Russel, *T. de I.: Poeta de rapto racional*, Oviedo 1961. – J. Jurado, *Repercusiones del pleito con I. en la obra literaria de Forner* (in Thesaurus, 24, 1969). – R. M. Cox, *T. de I.*, NY 1972 (TWAS). – M. Fabri u. a., *Finalitá, ideologiche e problematica litteraria in Salazar, I., Jovellanos*, Pisa 1974.

ANTONIO JOSÉ DE IRISARRI

* 7.2.1786 Guatemala
† 10.6.1868 Brooklyn

EL CRISTIANO ERRANTE. Novela de Costumbres

(span.; *Der wandernde Christ. Sittenroman*). Roman von Antonio José de IRISARRI (Guatemala), erschienen 1847. – Das Werk schildert in Ichform die Lebensgeschichte des Autors von seiner Geburt in Guatemala bis zu seiner Ankunft in Valparaiso (Chile) im Jahr 1811. Ein zweiter Teil war angekündigt, ist aber nicht erschienen.

Als Irisarri seine romanesken Memoiren niederschrieb, lag ein an Erfahrungen reiches Leben hinter ihm, das ihn von Guatemala über Mexiko schließlich nach Chile geführt hat. Irisarri berichtet chronologisch, aber seine Schilderung gibt nicht eine stufenweise Entfaltung des Ichs in der Auseinandersetzung mit der Umwelt, sondern sozusagen eine Rekonstruktion seiner selbst aus der Rückschau, unter Zuhilfenahme all der auf seinen weiten Reisen gesammelten Lebenserfahrungen. Diese Art der Darstellung bringt es mit sich, daß dem Leser der Einblick in die persönliche Erlebniswelt verwehrt bleibt; was er sieht, ist die durchsichtige und ironische Maske des Verfassers. Im Stil knüpft Irisarri an die Schelmenromane, vor allem an den *Periquillo Sarniento* von FERNÁNDEZ DE LIZARDI (1776–1827) an, nur daß an die Stelle der pikaresken Abenteuer und Streiche Erlebnisse autobiographischen Charakters treten.

Die mit der Neugier eines Touristen gesammelten Beobachtungen über das Leben in den Städten und auf dem Lande werden mit ausgeprägtem kritischem Sinn beschrieben. So entsteht ein farbiges Bild des gesamten Subkontinents, wie er sich im entscheidenden geschichtlichen Augenblick des Übergangs von der Kolonialzeit zur Unabhängigkeit darbot. Der Autor versteht es, seine Beobachtungen und Erfahrungen allzeit auf sein eigenes komödiantenhaftes und extravagantes Ich zu beziehen und so in einer fiktiven Welt neu erstehen zu lassen, und entgeht damit der Gefahr eines platten Reisejournalismus.   A.F.R.

AUSGABEN: Bogotá 1847. – Santiago de Chile 1929, Hg. G. Feliú Cruz [m. Anm. u. Bibliogr.]. – Guatemala 1960, Hg. A. Echeverría, 3 Bde.

LITERATUR: A. Batres Jáuregui, *Literatos guatemaltecos, Landívar e I.*, Guatemala 1896. – R. Donoso, *A. J. de I.*, Santiago de Chile 1934. – D. Vela, *Literatura guatemalteca*, Bd. 2, Guatemala 1943. – Seymour Menton, *Historia crítica de la novela guatemalteca*, Guatemala 1960. – M. William Pellino, *Guatemalan Narrative in the 19th Century*, Diss. Cincinnati 1960 (vgl. Diss. Abstracts, 20, 1959/60, S. 4399). – M. C. Suárez-Murías, *La novela romántica en Hispanoamérica*, NY 1963. – *Diccionario de la literatura latinoamericana. América central*, Bd. 1, Washington 1963, S. 111–116.

JOHN IRVING

* 2.3.1942 Exeter / N.H.

LITERATUR ZUM AUTOR: H. M. Ruppersburg, *J. I.* (in DLB, Bd. 6, 1980, S. 153–161). – M. Priestley, *Structure in the Worlds of J. I.* (in Crit, 23, 1981, S. 82–96). – E. C. Reilly, *A J. I. Bibliography* (in Bull. of Bibliography, 42, 1981, S. 12–18). – L. McCaffery, *Interview with J. I.* (in ConL, 23, 1982, S. 1–18). – G. Miller, *J. I.*, NY 1982. – R. Runyon, *Fowles, I., Barthes: Canonical Variations on an Apocryphal Theme*, Columbus/Oh. 1982. – J. B. Hill, *J. I.'s Aesthetics of Accessibility* (in South Carolina Review, 15, 1983, S. 38–44). – C. C. Harter u. J. R. Thompson, *J. I.*, Boston 1986 (TUSAS). – V. Hage, *Alles erfunden. Porträts deutscher u. amerikanischer Autoren*, Reinbek 1988, S. 135–151.

THE HOTEL NEW HAMPSHIRE

(amer.; *Ü: Das Hotel New Hampshire*). Roman von John IRVING, erschienen 1981. – Nach dem Erfolg von *The World According to Garp* (1978) wurde auch Irvings fünfter Roman auf Anhieb ein Bestseller. In zwölf Kapiteln wird die Geschichte von Win Berrys unerschütterlichen Versuchen erzählt, seinen Traum von einem Leben in Erfolg, Luxus, Geborgenheit und von einer glücklichen Familie zu verwirklichen. Diesen Traum möchte Win als Hotelier verwirklichen, allerdings ohne die wirtschaftlichen Grundlagen dieses Metiers genügend zu beherrschen. So stellen sich unweigerlich Rückschläge ein, erweist sich der Traum als Illusion.

Im Hotel Arbuthnot-by-the-Sea in Maine, in dem Mary Bates und Win Berry 1939 im Anschluß an ihr Highschool-Diplom arbeiten (beide kommen aus dem Provinznest Dairy in New Hampshire), eröffnet sich ihnen ein unbekanntes, verlockendes Leben. Da sind der weitgereiste jüdische Schausteller Freud mit seinem Tanzbären Earl, die Lichterglanz, die feinen Gäste und der wie eine Vision wahrgenommene, im weißen Dinnerjackett souverän, kultiviert und distinguiert wirkende Hotelbesitzer Arbuthnot. Jugendlich unbeschwert glauben Win und Mary, von Freud zu baldiger Heirat angehalten, ein solches Leben ebenfalls erreichen zu können. Harvard mit seiner Aura dünkt ihnen der richtige Einstieg. Darin bestärkt sie auch der nach Österreich zurückkehrende Freud. Überzeugt, daß Bären den Weg zum Geld weisen, verkauft er den beiden seinen Bären, mit dem sie nach Dairy zurückkehren. Ihr Leben entwickelt sich jedoch nicht wie erträumt. Die Familie wächst und besteht schließlich aus Wins Vater Bob sowie Frank (* 1940), Franny (* 1941), John (* 1942), Lilly (* ca. 1946) und Egg (* ca. 1949). In luxuriösen Ferienhotels tritt Win mit Earl auf, um das nötige Geld für die Familie zu verdienen, wenngleich diese Erwerbstätigkeit sein Studium in Harvard, das ihn schließlich in den unattraktiven Beruf des Lehrers führt, erheblich beeinträchtigt; als ebenso großes Hindernis für die Verwirklichung seiner Pläne erweist sich Wins Einsatz als Soldat im Zweiten Weltkrieg. Ein nostalgischer Besuch in Arbuthnot, bei dem der Bär erschossen wird, macht ihm die Distanz zu seinen Traumvorstellungen bewußt.

Win versucht eine Wiederannäherung durch die Gründung seines ersten eigenen Hotels, des Hotels New Hampshire, in der ehemaligen Mädchenschule von Dairy (Kap. 2–7), doch sein Streben nach einem guten Auskommen und nach Geborgenheit schlägt erneut fehl. Die Infrastruktur des Ortes ist so ungeeignet wie das Haus selbst, mit seiner schultypischen Ausstattung, mit festgeschraubten Tischen und Stühlen und einer Gegensprechanlage in allen Räumen. Auch in der Familie gibt es große Probleme: Frank entpuppt sich als Homosexueller, Franny wird eines Nachts überfallen und vergewaltigt, und es stellt sich heraus, daß die kleine Cilly unter Zwergenwuchs leidet. Voller Angst hat John, der Ich-Erzähler des Romans, im Hotel seine ersten sexuellen Erlebnisse; der Familienhund Sorrow wird, nach seinem Tod von Frank liebevoll präpariert, in den Händen des kleinen Egg in den absurdesten Situationen zum Schreckgespenst. Dem alten Football-Trainer Bob, Wins Vater, wird der Hund sogar zum Todesengel.

Neue Hoffnung keimt auf, als ein Brief von Freud aus Wien ankommt, der die Familie in sein dortiges Gasthaus einlädt. Nach einem Umbau wird dies das zweite Hotel New Hampshire der Familie Berry (Kap. 8–10), doch auch dieser Versuch steht unter keinem guten Stern: Als Nachreisende stürzen die Mutter und Egg mit dem Flugzeug ab; das Gasthaus ist in einem schlechten Zustand und wird von Prostituierten und politischen Aktivisten bewohnt; Freud ist erblindet und wird von Susie unterstützt, die in einem entsprechenden Kostüm einen Bären mimt. Wins Versuch, seinen Traum in Europa zu realisieren, hat am Ende einen hohen Preis. Als die Berrys einen Bombenanschlag der Aktivisten auf die Wiener Oper verhindern, kostet das Freuds Leben und Wins Augenlicht; einer der Attentäter stirbt durch Johns Hände, und das Hotel wird beschädigt.

Schließlich doch noch zu Reichtum gelangt – Lilly hatte ein Buch geschrieben, das Frank gut vermarktet –, kehrt die Familie mit Susie nach Amerika zurück (Kap. 11/12), zunächst ins New Yorker Stanhope Hotel. An diesem Ort des Übergangs versuchen die Kinder, sich mit ihrer Vergangenheit zu arrangieren, die so sehr durch die väterlichen Hotelambitionen geprägt wurde. Zurückgezogen fungiert Frank als Sachwalter der Familienangelegenheiten. Gemeinsam mit Susie, einer Leidensgenossin, kann sich Franny vom Trauma ihrer Vergewaltigung befreien. Susie und John, die sich schon früh zueinander hingezogen fühlten, erleben ihre Leidenschaft in einem stürmischen Liebesakt. Lilly allerdings scheitert an ihrem kleinen Wuchs und den eigenen schriftstellerischen Ambitionen und bringt sich um. Win gibt trotz allem das Träumen nicht auf und wünscht sich, das Arbuthnot-Hotel zu besitzen, das dann das dritte und letzte Hotel New Hampshire wird. Allerdings richten John und seine spätere Lebenspartnerin Susie hinter der Hotelfassade, unbemerkt vom blinden Win, eine Zufluchtstätte für Vergewaltigte ein. Als von einem Traum »Vergewaltigte« sind sich die Kinder darin einig, daß sie auf diese Weise den Hotelphantasmagorien ihres Vaters liebevoll ein Ende setzen.

In typisch Irvingscher Manier ist dieser Roman ein schillerndes Gebilde, Familienroman und (in einem doppelten Sinne) psychologischer Roman: Er ist eine fiktionale Auseinandersetzung mit Sigmund Freuds Traum- und Witzdeutung – worauf Anspielungen von Win und John sowie die Figur des Bärenführers Freud verweisen – und zugleich eine psychologisch motivierte Familiengeschichte. Für den vierzigjährigen Erzähler John (einen gleichaltrigen Namensvetter seines Autors) ist das Ganze auch eine Hommage an die toten Familienmitglieder. Seine Version – so verrät es u. a. ein eingeflochtenes Gedicht von Donald R. Justice (* 1925) – soll eine Vergangenheit beschließen, die er weit hinter sich lassen möchte.

Liest man Irvings Buch unter ideengeschichtlichen Aspekten, so greift der Roman die klassischen Themen des amerikanischen Traums bzw. Alptraums und des Amerikaners in Europa auf; Irvings eigene Wien-Aufenthalte standen dabei ebenso Pate wie Henry James und die Autoren der »Lost Generation«. Insbesondere F. Scott FITZGERALDS *The Great Gatsby* (1925) dient mehrfach als Bezugspunkt. So sieht Lilly in ihrem Vater Gatsby, an den auch die Figur des Hotelbesitzers von Arbuthnot erinnert. Fitzgerald leitet das Ende seines Romans mit »*So we beat on*« ein, Irving mit »*So we dream on*«. Beide Autoren weisen damit auf den gleichen Kerngedanken hin, daß sich dem Menschen die Träume, von denen er nie loskommen wird, in dem Maße entziehen, wie er nach ihnen zu greifen versucht. Doch geht Irving noch einen Schritt weiter: Mit seinem *alter ego* John argumentiert er, daß ein Leben, das aus Träumen heraus gestaltet wird, genauso ein Produkt der Imagination ist wie ein Märchen. In *The Hotel New Hampshire* sind die Hotels nicht nur Handlungsorte, sondern auch Metaphern für Luxus, Geborgenheit und physische wie mentale Unversehrtheit; im Sinne eines modernen Märchens sind sie Luftschlösser. Das Leben aber erlaubt kein Bewohnen von Luftschlössern. So regiert auch in diesem Roman das Chaos, ein grotesker Reigen von Sex und Gewalt, Unfällen und Zufällen. Trotz aller absurden Komik ist *The Hotel New Hampshire* ein zutiefst melancholisches Buch.

U.Ma.

AUSGABEN: NY 1981. – Ldn. 1981. – NY 1982. – Ldn. 1982. – NY 1984, zul. 1988.

ÜBERSETZUNG: *Das Hotel New Hampshire*, H. Hermann, Zürich 1982. – Dass., ders. Zürich 1984 (detebe).

VERFILMUNG: USA 1984 (Regie: T. Richardson).

LITERATUR: J. Atlas, Rez. (in NY Times Book Review, 13. 9. 1981). – B. DeMott, Rez. (in Atlantic Monthly, 248, 1981, S. 101–106). – R. Towers, Rez. (in NY Review of Books, 5. 11. 1981). – E. Korn, Rez. (in TLS, 6. 11. 1981). – J. Epstein, Rez. (in Commentary, 73, 1982, S. 59–63). – H. M. Ruppersburg, *J. I.*, »*The Hotel New Hampshire*« (in DLB Yearbook 1982, S. 165–168). – G. Beckmann, Rez. (in FAZ, 8. 1. 1983). – E. C. Reilly, *J. I.'s* »*The Hotel New Hampshire*« *and the Allegory of Sorrow* (in Publications of the Arkansas Philological Association, 9, 1983, S. 78–83). – E. T. Jones, *Checking Into While Others Run to Check Out of Tony Richardson's* »*The Hotel New Hampshire*« (in Literature/Film Quarterly, 13, 1985, S. 66–69).

THE WORLD ACCORDING TO GARP

(amer.; *Ü: Garp und wie er die Welt sah*). Roman von John IRVING, erschienen 1978. – Irvings vierter Roman machte den Autor (nicht zuletzt wegen der publikumswirksamen Vermarktung und des Welterfolgs der Verfilmung von 1982) schlagartig bekannt. In den USA brach die »Garpomanie« aus, und auch die zunächst wenig beachteten frühen Romane wurden mit Erfolg neu aufgelegt: *Setting*

Free the Bears (1969) *(Laßt die Bären los)*, *The Water-Method Man*, 1972 *(Die Wasser-Methode)*, und *The 158-Pound Marriage*, 1974 *(Eine Mittelgewichts-Ehe)*. Wie John FOWLES und Kurt VONNEGUT, mit denen er oft verglichen wird, zieht Irving in seinen bisher sechs Romanen den Leser durch Vitalität, stilistische Virtuosität (unter Einschluß metafiktionaler Elemente), grotesk-komische Einfälle und Tabubrüche in seinen Bann. In keinem anderen Roman gelang ihm die typische Mischung aus Sex und Gewalt, Verrücktheit und Leid, Realismus und Phantasie bisher so überzeugend wie in *The World According to Garp*.

Daß das Leben nur eine Determinierung kennt, nämlich die zum Tode, und daß es darum im Leben chaotisch und leidvoll zugeht, weiß Garps Mutter, die Krankenschwester Jenny Fields, eine feministische Einzelgängerin, nicht erst seit dem Zweiten Weltkrieg mit all seinen traurigen Begleitumständen. Sie erkennt jedoch, daß Leben Zukunft braucht, daß Zukunft ohne Erinnerung nicht möglich ist und daß dies ein Minimum an sprachlicher und sexueller Kommunikation unabdingbar macht. Die Erfüllung ihres Wunsches nach einem Kind bewerkstelligt sie ihrem Wesen gemäß: Zielstrebig und ohne große Worte nutzt sie die intakt gebliebene Libido des auf ihrer Station liegenden hilflosen, hochgradig invaliden Bordschützen Garp kurz vor seinem Tod. So kommen bereits bei der Zeugung des jungen T. S. Garp Absurdität und Pragmatismus zusammen. Garp muß dann in seinem Leben leidvoll lernen, beides auf einen Nenner zu bringen. – Als Krankenschwester an Garps Schule in New Hampshire, einer reinen Jungenschule, kümmert sich die Mutter liebevoll und engagiert um ihren Sohn, besonders jedoch bei so schmerzlichen Erlebnissen wie dem Abriß eines Ohrs, der Diskriminierung als ›Japse‹ oder dem Beinahe-Absturz von einem Dach. Erst gegen Ende der Schulzeit weckt die Begegnung mit seiner späteren Frau Helen Garps *Selbst*-Bewußtsein. Durch sie entdeckt er seine Imaginationsfähigkeit und die Notwendigkeit einer bewußten Lebenseinstellung. Daraus entsteht sein Plan, Schriftsteller zu werden und die dazu nötige Lebenserfahrung in Europa zu sammeln. In Wien zeigen ihm die Literatur (Dostoevskij, Grillparzer, Mark Aurel) und die Geschichte Wiens sowie Krankheit und Sterben einer befreundeten Prostituierten, daß Leiden, Schmerz und Vergänglichkeit Grundtatsachen des Lebens sind. Er begreift, daß es eine Illusion ist zu meinen, der Strom des Lebens führe irgendwohin oder lasse sich dirigieren. Statt dessen erkennt er die Bedeutung von auf Sprache und Sexualität gründenden Erinnerungen. Diese Einsicht erst macht ihn handlungsfähig. Noch in Wien schließt er sein erstes ernstzunehmendes Werk ab und gründet, nach New Hampshire zurückgekehrt, mit der umworbenen Helen eine Familie. Zunehmend gerät er nun unter den Druck der Realität: elterliche Ängste um die Kinder Duncan und Walt, die Interdependenz von Familie und Schriftstellerei, Eheprobleme. Die Belastungen verstärken sich noch

durch verschiedene Ereignisse, die u. a. durch die Veröffentlichung der Autobiographie seiner Mutter, *The Sexual Suspect (Eine sexuell Verdächtige)*, ausgelöst werden: Kinderbelästigung, Transsexualität, orale Selbstverstümmelung von feministischen Aktivistinnen aus Protest gegen die Vergewaltigung des Mädchens Ellen James (sog. Ellen-Jamesianerinnen) – all dies verdeutlicht ihm, wie stark das Chaos des Lebens gerade auch sprachlich und sexuell bedingt ist. Ausdruck von Garps Verwirrung ist ein von ihm verursachter, bizarrer Autounfall, bei dem der eine Sohn das Leben, der andere ein Auge, Helens Liebhaber seinen Penis und Garp selbst durch einen Kieferbruch vorübergehend die Sprache verliert. Die Geburt seiner Tochter Jenny wird dann zum Symbol für Garps psychische und physische Rehabilitation, die sich in einem neuen Roman und vor allem in seiner veränderten Einstellung zu einer unverändert grausamen Wirklichkeit zeigt: Als Helens Vater stirbt, übernimmt Garp von ihm, seinem ehemaligen Lehrer, die Aufgabe des Ringkampftrainers. Und als seine politisch aktiv gewordene Mutter ermordet wird, tritt Garp sogar mit seiner Field Foundation im Geist seiner Mutter für feministische Anliegen ein. Trotzdem verliert er seinen Ruf als Ultrachauvinist nicht, den er sich im Kampf gegen die Ellen-Jamesianerinnen erwarb; und von einer Ellen-Jamesianerin wird er schließlich ermordet.
Der Schriftsteller Garp durchläuft mit seinen z. T. ganz oder in Auszügen wiedergegebenen Werken als Autor eine ähnliche Entwicklung wie in seinem »privaten« Leben (als Romangestalt des Autors Irving). Seine Wiener Kurzgeschichte *The Pension Grillparzer* strahlt noch ungebrochenes Selbstvertrauen aus. Sein erster Roman *Procrastination (Zaudern)* zeigt bereits Unsicherheiten; seinem zweiten, *The Second Wind of Cuckold (Der Hahnrei fängt sich)*, mangelt es an Phantasie und Gestaltungskraft. Die Kurzgeschichte *Vigilance (Wachsamkeit)* fällt gänzlich ab. Den Roman *The World According to Bensenhaver (Bensenhaver und wie er die Welt sah)* kennzeichnet die Wiedererstarkung seiner künstlerischen Kräfte, und seinen postumen Roman *My Father's Illusions (Die Illusionen meines Vaters)* prägen Imaginationskraft und technisches Können. Angelpunkt dieser Entwicklung ist Garps Spannungsverhältnis zu biographischen Stoffen und deren künstlerischer Verarbeitung. Einerseits lehnt er sie als imaginationsfeindlich und bedeutungslos für das Leben ab, andererseits verwendet er seine Erinnerungen unverhohlen in seinen Werken oder macht sich die Sache seiner Mutter zu eigen. An seinen Ambivalenzen zerbricht Garp erst dann nicht mehr, als er zum Erinnern als einer *Verinner*lichung und Umgestaltung des Erinnerten bis hin zur persönlichen Veränderung findet. Das Wiedererblühen seines Familienlebens und seine Schaffenskraft sowie die wortlose Mahnung des Sterbenden an Helen, sich vor allem auf ihre Erinnerungen an ihn zu besinnen, deuten darauf hin. Das Schlußkapitel des Romans ist mehrschichtig angelegt. Es fungiert als Epilog zu Garps Leben und thematisiert die Wirkung dieses Lebens auf die Nachwelt. Gleichzeitig ist es aber auch ein Epilog zur Konzeption des Buches. Der Roman erweist sich am Ende als wohl weitgehend identisch mit *Lunacy and Sorrow: The Life and Art of T. S. Garp (Wahn und Leid: T. S. Garps Leben und Werk)* von Garps offiziellem Biographen D. Whitcomb. So wie Garp als autobiographische Gestalt teilweise mit seinem Autor Irving identisch ist, oszilliert auch *Garp* zwischen Roman und Historie, zwischen Fakt, Fiktion und Metafiktion. Im teilweise parodistischen Rückgriff auf viktorianische Erzähltraditionen (allwissender Erzähler, Komplettierung der Lebensläufe im Epilog) und auf die Konventionen so unterschiedlicher Genres wie des Romans über das Romanschreiben, des Entwicklungs-, Künstler-, Familien- oder Frauenromans gewinnen Garps Erfahrungen und Erlebnisse immer wieder eine für den Leser überraschende Gestalt. Das Ergebnis ist ein vitaler Roman, der John Barths einstigen Abgesang auf den Roman vergessen macht.   U.Ma.

Ausgaben: NY 1978. – Ldn. 1978. – Ldn. 1983. – NY 1984; zul. 1988.

Übersetzung: *Garp und wie er die Welt sah*, J. Abel, Reinbek 1979. – Dass., ders., Reinbek 1982; zul. 1988 (rororo).

Verfilmung: USA 1982 (Regie: G. R. Hill).

Literatur: E. B. Wymard, *A New Version of the Midas Touch* (in MFS, 27, 1981, S. 284–286). – R. Stumm, Rez. (in Basler Zeitung, 20. 11. 1982). – B. Lounsberry, *The Terrible Under Toad: Violence as Excessive Imagination in »The World According to Garp«* (in Thalia, 5, 1982/83, S. 30–35). – W. Nelson, *Unlikely Heroes* (in The Hero in Transition, Hg. R. B. Browne u. M. W. Fishwick, Bowling Green/Oh. 1983, S. 163–170). – M. J. O'Sullivan Jr., *Garp Unparadised: Biblical Echoes in J. I.'s »The World According to Garp«* (in Notes on Modern American Literature, 7, 1983, Item 11). – A. R. Morris, *The Importance of Names in Garp's and I.'s Worlds* (in Notes on Contemporary Literature, 14, 1984, S. 3–4). – A. H. Petry, *I.'s Garp and Christian Science* (ebd., 15, 1985, S. 9–11).

washington Irving

* 3.4.1783 New York
† 28.11.1859 Sunnyside / N.Y.

Literatur zum Autor:
V. W. Brooks, *The World of W. I.*, Cleveland/NY 1944. – W. A. Reichart, *W. I. and Germany*, Westport/Conn. 1957. – E. Wagenknecht, *W. I.:*

Moderation Displayed, NY 1962. – L. Leary *W. I.*, Minneapolis 1963. – W. L. Hedges, *W. I.: An American Study, 1802–1832*, Baltimore 1965. – *W. I. Reconsidered*, Hg. R. M. Aderman, Hartford 1969. – *Interpretationen zu I., Melville und Poe*, Hg. H. Finger, Ffm. 1971. – D. A. Ringe, *The Pictorial Mode: Space and Time in the Art of Bryant, I., and Cooper*, Lexington/Ky. 1971. – S. T. Williams, *The Life of W. I.*, 2 Bde., NY 1971 [zuerst 1935]. – H. Breinig, *I.s Kurzprosa*, Bern/Ffm. 1972. – *W. I.: A Tribute*, Hg. A. B. Myers, Tarrytown/N.Y. 1972. – *A. Century of Commentary on the Works of W. I.*, Hg. ders., Tarrytown/N.Y. 1976. – M. Roth, *Comedy and America: The Lost World of W. I.*, Port Washington/N.Y. 1976. – H. Springer, *W. I.: A Reference Guide*, Boston 1976. – P. McFarland, *Sojourners*, NY 1979. – M. W. Bowden, *W. I.*, Boston 1981 (TUSAS). – H. Springer u. R. Penner, *W. I.: A Reference Guide Updated* (in Resources for American Literary Study, 11, 1981, S. 257–279). – H. Bus, *Studien zur Reiseprosa W. I.s*, Ffm. 1982. – J. W. Tuttleton, *W. I.* (in *Fifteen American Authors Before 1900*, Hg. E. N. Harbert u. R. A. Rees, Madison/Wis. 1984, S. 330–356). – *The Old and New World Romanticism of W. I.*, Hg. S. Brodwin, NY 1986. – R. D. Rust, *W. I.* (in DLB, 74, 1988, S. 171–188). – J. Rubin-Dorsky, *»Adrift in the Old World«: The Psychological Pilgrimage of W. I.*, Chicago/Ldn. 1988.

A HISTORY OF NEW YORK, FROM THE BEGINNING OF THE WORLD TO THE END OF THE DUTCH DYNASTY. Containing among Many Surprising and Curious Matters, the Unutterable Ponderings of Walter the Doubter, the Disastrous Projects of William the Testy, and the Chivalric Achievements of Peter the Headstrong, the Three Dutch Governors of New Amsterdam; Being the Only Authentic History of the Times That Ever Hath Been, or Ever Will Be Published. By Diedrich Knickerbocker

(amer.; *Eine Geschichte New Yorks, vom Beginn der Welt bis zum Ende der holländischen Dynastie. Enthaltend – neben vielen erstaunlichen und seltsamen Dingen – die unaussprechlichen Ratschlüsse Walters des Zweiflers, die unheilvollen Unterfangen Wilhelms des Ungeduldigen und die ritterlichen Taten Peters des Dickköpfigen, der drei holländischen Gouverneure von Neu Amsterdam. Die einzige authentische Geschichte dieser Zeit, die jemals veröffentlicht wurde und veröffentlicht werden wird. Von Diedrich Knikkerbocker*). Satirische Pseudochronik von Washington IRVING, erschienen 1809. – Ursprünglich von Irving in Zusammenarbeit mit seinem Bruder Peter als *jeu d'esprit* begonnen und als Parodie auf Dr. Samuel MITCHILLS *Picture of New York; or: The Traveller's Guide through the Commercial Metropolis of the United States* (1807) gedacht, entwickelte sich das Werk allmählich zu einer einheitlichen, ko-

mischen Geschichte von den Anfängen der Stadt New York. Auf den ersten Blick ist es eine Satire auf die bürgerliche Behäbigkeit der Holländer, auf ihre erdnahe Handfestigkeit und Unerschütterlichkeit, also auf ein – burlesk übertriebenes – nationales Temperament. Dahinter verbirgt sich jedoch ein ganzes Arsenal an zeitgenössischen Anspielungen persönlicher und politischer Art. Irving war zeit seines Lebens im Herzen ein überzeugter Föderalist, kein offener Parteigänger zwar, aber ein stiller Anhänger von Alexander Hamiltons Partei mit ihrer Neigung zum Aristokratisch-Elitären und ihrem Mißtrauen gegenüber jeder radikalen Demokratisierung. So verwundert es nicht, daß man in »William the Testy« (gemeint ist William Kieft, der 1638–1647 Gouverneur der Kolonie Neuniederland war) Gepflogenheiten und Geisteshaltung Thomas Jeffersons ausführlich und zielstrebig karikiert findet. Dieses komische Porträt bildet im Verein mit denen der beiden anderen holländischen Gouverneure (Wouter van Twiller und Peter Stuyvesant) den hervorstechendsten Teil des Werkes. Daneben enthält es manchen Seitenhieb auf die politische Beweglichkeit und die Geschäftstüchtigkeit der Yankees. Auch war Irvings antiquarisches Interesse bei der Abfassung der Chronik ungemein groß, allerdings weniger in Richtung auf historische Genauigkeit (sein Instinkt für Volkslegenden wird schon hier spürbar) als im Sinne einer möglichst umfassenden Karikierung der verschiedensten literarischen Stile und Vorbilder. Irving ließ Anspielungen auf Hunderte von zeitgenössischen und älteren Autoren in unterschiedlichen Dosierungen in sein Buch einfließen, von den allgemeineren Quellen wie STERNE, FIELDING, SWIFT, RABELAIS, CERVANTES, DRYDEN, ARIOST, HESIOD, AESOP, HOMER usw. bis zu den spezielleren amerikanischen Quellen, unter ihnen *America* (1674) von John OGILBY, *Magnalia Christi Americana* (1702) von Cotten MATHER, *Histoire et description générale de la Nouvelle France* (1744) von Pierre de CHARLEVOIX und *Hazard's Historical Collections* (1794). Die Scheindokumentation und die pedantische Ausführlichkeit der ersten Fassung hat Irving allerdings in späteren Ausgaben, vor allem in denen von 1812 und 1848, reduziert. Zusammengehalten werden alle diese Materialsplitter und die manchmal unverhohlenen Plagiate durch den einheitlichen Ton der Satire – das Burleske und Absurde gibt sich in einem hie und da etwas langatmig ausgesponnenen, aber immer festgewebten und ausgewogen ruhigen Sprachmantel. Stilistisch steht Irving hier dem Klassizismus des 18. Jh.s am nächsten, seine Lehrmeister sind POPE und ADDISON (an einer Stelle, am Anfang von Buch 4, verfällt er unwillkürlich in Jamben). Noch ist nichts von seinem späteren romantischen Sentimentalismus zu spüren (der oft in so seltsamem Widerspruch zu seinem klassizistischen Stil stand), und so ist dieses Frühwerk gleichzeitig das robusteste und sprachlich vitalste des Autors und legt den Grund für seine spätere Sprachhaltung, in der ein gewisser detachiert-gutmütiger und eleganter Humor stets ein wesentliches konstituierendes Element bleiben sollte.

Diese burleske Chronik ist das erste bedeutende komische Werk der amerikanischen Literatur. Es gewann seinem Verfasser sofort ein großes Publikum und auch die Bewunderung von Walter Scott, der auf Irvings weitere literarische Entwicklung eine sehr befruchtende Wirkung ausübte. Eine Gruppe von geistreichen literarischen Freunden Irvings legte sich den Namen »Knickerbocker-Club« zu, und »Father Knickerbocker« (nach dem Pseudonym, das Irving von einer um 1674 in die Kolonie eingewanderten holländischen Familie entlehnt hatte) wurde zu einem noch heute lebendigen Symbol der Stadt New York.   K.E.

Ausgaben: NY 1809. – NY 1812 [rev.]. – NY/ Ldn. 1849 [rev.]. – NY 1880 (in *Works*, 27 Bde., 1850–1880, 1; G. Crayon-Ed.). – NY 1927, Hg. S. T. Williams u. T. McDowell. – NY 1959 (*Knickerbocker's History of New York*, Hg. A. C. Moore). – NY 1964, Hg.T. E. Bowden [m. Einl.]. – Tarrytown/N.Y. 1981 [Einl. A. B. Myers]. – NY 1983 (in *History, Tales & Sketches*, Bd. 3, Hg. J. W. Tuttleton). – NY 1983 [Ill. J. Daugherty]. – Boston 1984 (in *Complete Works*, Bd. 7, Hg. M. L. u. M. B. Black).

Übersetzungen: *Die Handschrift Dietrich Knickerbockers des Jüngeren*, anon., Lpzg. 1825. – *Humoristische Geschichte von New York*, anon. (in *SW*, Hg. Ch. A. Fischer, Bd. 38–40, Ffm. 1829). – *Dietrich Knickerbockers humoristische Geschichte von New York*, anon., NY/Philadelphia 1851. – Dass., anon., Hg. H. Petersen, Bln. 1978. – Dass., anon., Hg. ders., Ffm. 1982 (Insel Tb).

Literatur: Ch. G. Laird, *Tragedy and Irony in* »Knickerbocker's History« (in AL, 12, 1940, S. 157 bis 172). – H. M. Lydenberg, *I.'s* »Knickerbocker« *and Some of Its Sources* (in Bull. of the NY Public Library, 56, 1952, S. 544–553; 596–619). – W. L. Hedges, *Knickerbocker, Bolingbroke, and the Fiction of History* (in Journal of the History of Ideas, 20, 1959, S. 317–328). – W. R. Kime, *The Satiric Use of Names in I.'s* »History of New York« (in Names, 16, 1968, S. 380–389). – M. Roth, *The Final Chapter of Knickerbocker's* »New York« (in MPh, 66, 1969, S. 248–255). – D. Durant, *Aeolism in* »Knickerbocker's History of New York« (in AL, 41, 1970, S. 493–506). – M. E. Mengeling, *The Crass Humor of I.'s Diedrich Knickerbocker* (in Studies in American Humor, 1, 1974, S. 66–72). – *The Knickerbocker Tradition: W. I.'s New York*, Hg. A. B. Myers, Tarrytown/N.Y. 1974. – R. C. Wess, *The Use of Hudson-Valley Folk Traditions in W. I.'s* »Knickerbocker History of New York« (in NY Folklore Quarterly, 30, 1974, S. 212–225). – M. W. Bowden, *Knickerbocker's* »History« *and the* ›Enlightened Men‹ *of New York City* (in AL, 47, 1975, S. 159–172). – J. E. Evans, *The English Lineage of Diedrich Knickerbocker* (in EAL, 10, 1975, S. 3–13). – M. E. Mengeling, *I.'s Knickerbocker*

›Folktales‹ (in American Transcendental Quarterly, 40, 1978, S. 355–364). – D. R. Porter, *The Knickerbockers and the Historic Site in New York State* (in NY History, 64, 1983, S. 35–50).

THE LEGEND OF SLEEPY HOLLOW

(amer.; *Die Sage von der schläfrigen Schlucht*). Erzählung von Washington Irving, erschienen 1820. – Dies ist eine der virtuosesten Geschichten aus *The Sketchbook of Geoffrey Crayon, Gent (Das Skizzenbuch des Herrn Geoffrey Crayon)*, das Irving während seines langjährigen Europaaufenthaltes schrieb, das 1819/20 in Fortsetzungen erschien, den Verfasser in der Alten Welt (es wurde in alle europäischen Sprachen übersetzt) berühmt machte und ihm die Bewunderung so gefeierter Autoren wie Scott, Byron, Thomas Moore und Samuel Rogers eintrug. Die Bekanntschaft mit Scott und dessen Hinweise auf deutsches Märchen- und Sagengut hatten den Anstoß dazu gegeben, daß Irving auf seinen Reisen durch Deutschland eifrig Material sammelte. Als Hauptquellen für *The Legend of Sleepy Hollow* dienten ihm Bürgers Ballade *Der wilde Jäger* und eine Rübezahlgeschichte, deren Motive er der Landschaft seines Heimatstaates New York anverwandelte.

In der Nähe von Sleepy Hollow, einer sagenumwobenen Schlucht, in der u. a. der kopflose Geist eines ehemaligen hessischen Söldners sein Unwesen treiben soll, lebt in einem von Holländern besiedelten Marktflecken der abergläubische Schulmeister Ichabod Crane. Seine kümmerliche Entlohnung erlaubt ihm nicht, seiner Hauptleidenschaft, dem guten Essen, zu frönen. So futtert er sich bei den traditionell gastfreundlichen Farmern turnusmäßig durch. Der mit allen Attributen eines kleinbürgerlichen Ritters von der traurigen Gestalt ausgestattete Schulmeister verliebt sich ausgerechnet in die Dorfschöne Katrina Van Tassel oder vielmehr in ihr väterliches Erbteil, das er im Geist bereits in lecker garnierter und saftig gebratener Form auf sich zukommen sieht. Im Vertrauen auf seine intellektuelle Überlegenheit macht er dem koketten Mädchen den Hof, obwohl er weiß, daß Brom Van Brunt (genannt Brom Bones), der kräftigste, wildeste Bauernbursche, der verwegenste Reiter weit und breit und der Rädelsführer mancher übermütiger Streiche, ebenfalls hinter ihr her ist. Als Ichabod nach einem Fest im Haus der Van Tassels Katrina einen Antrag macht, erlebt er eine Enttäuschung. Niedergeschlagen besteigt er seinen geliehenen Klepper und macht sich auf den Heimweg. Da erscheint ihm plötzlich der »hessische Reiter« und jagt, den Kopf unterm Arm, hinter ihm her. Als der zitternde Schulmeister sich eingeholt fühlt und sich umwendet, wirft das Gespenst den Kopf nach ihm, und Ichabod fällt vom Pferd. Die nächtliche Geistererscheinung vertreibt ihn auf Nimmerwiedersehen aus seiner Schulgemeinde. Daß am nächsten Morgen ein geborstener Kürbis am Wegrand gefunden wird und daß fortan Brom Bones, der Katrinas Hand erhält, auf die Erwähnung der mysteriösen Entrückung seines einstigen Rivalen mit einem seltsamen Lächeln reagiert, kann die Dorfbewohner nicht davon abhalten, den Schulmeister als Opfer des Gespenstes zu betrachten.

Irving hat für diese Erzählung wieder den burlesken Stil des *mock heroic* gewählt, den er in *Knickerbocker's History of New York* vollendet getroffen hatte und nun mit weit ausholenden, genußvollen Beschreibungen von Milieu und Landschaft anreichert. So entstand eine Mischung aus Satirisch-Humorvollem und Volkstümlich-Heimatbezogenem, die, trotz der manchmal hochtrabend rhetorischen Ausschmückung, durchaus die Wesenszüge eines bodenständigen amerikanischen Volkshumors, des Humors der *frontier*, besitzt.

Im humoristischen Gewand bringt Irving dabei ein durchaus ernstes, kulturhistorisch relevantes Thema zur Sprache: das Aufeinanderprallen zweier konträrer Lebensformen und Wertnormen. Der bodenständigen, sinnlichen und gemeinschaftsfähigen Lebensform der holländischen Volksgruppe steht die körperfeindliche, auf Besitz und Dominanz ausgerichtete Einstellung des prototypischen Yankees gegenüber, der in der idyllischen Welt der Erzählung noch einmal aus dem Feld geschlagen werden kann, dem jedoch die Zukunft gehört: Daß Ichabod Crane an anderer Stelle reüssiert, wird im Text kurz vermerkt.   K.E.

AUSGABEN: NY 1820 (in *The Sketchbook of Geoffrey Crayon, Gent*). – NY 1880 (in *Works*, 27 Bde., 1850–1880, 2; *G. Crayon Ed*). – NY 1945 (in *Selected Writings*, Hg. S. Commins; Modern Library). – NY 1963 (in *The Sketchbook of Geoffrey Crayon*). Bloomington/Ldn. 1968 (in *W. I.'s Sketch Book*, Hg. H. S. Springer; krit.). – Ldn. 1976, Hg. G. Smith. – Boston 1978 (in *Complete Works*, Bd. 8, Hg. H. Springer). – Tarrytown/N.Y. 1981 (in *The Sketch Book of Geoffrey Crayon, Gentleman*; Einl. A. B. Myers). – NY 1983 (in *History, Tales Sketches*, Bd. 4, Hg. J. Tuttleton). – NY 1986 (in *Two Tales*, Ill. B. Moser). – Harmondsworth 1988 (in *Sketch Book*; Einl. W. L. Hedges).

ÜBERSETZUNGEN: *Die Sage von der schläfrigen Schlucht*, S. H. Spiker (in *Gottfried Crayons Skizzenbuch*, 2 Bde., Bln. 1825). – Dass., anon. (in *SW*, Hg. Ch. A. Fischer, Bd. 6, Ffm. 1826). – Dass., J. V. Adrian (in *Ausgew. Geschichten*, Bd. 1, Ffm. 21846). – Dass., K. Th. Gaedertz, Lpzg. 1877 (RUB). – *Die Legende von der Schlafhöhle*, A. Strodtmann, Lpzg. 1889. – *Die Sage von der schläfrigen Schlucht*, K. Th. Gaedertz (in *Skizzenbuch*, Linz 1947). – Dass., S. Schmitz (in *Das Skizzenbuch*, Mchn. 1968).

VERTONUNG: D. Moore, *The Headless Horseman* (Text: S. V. Benét; Operette; Urauff.: NY 1948).

VERFILMUNG: *Ichabod and Mr. Toad*, USA 1949 (Regie: J. Kinney, C. Geronimi u. J. Algar).

LITERATUR: H. A. Pochmann, *I.'s German Sources in »The Sketchbook«* (in StPh, 27, 1930, S. 477 bis 507). – D. G. Hoffman, *I.'s Use of American Folklore in »The Legend of Sleepy Hollow«* (in PMLA, 68, 1953, S. 425–435). – R. A. Bone, *I.'s Headless Hessian. Prosperity and the Inner Life* (in American Quarterly, 15, 1963, S. 167–175). – M. W. Bruner, *»The Legend of Sleepy Hollow«: A Mythological Parody* (in CE, 25, 1964, S. 278–283). – W. L. Hedges (in *Landmarks of American Writing*, Hg. H. Cohen, NY 1969, S. 56–65). – H. Breinig, *I.s Kurzprosa*, Ffm. 1972, S. 163–170. – W. Shear, *Time in »Rip van Winkle« and »The Legend of Sleepy Hollow«* (in Midwest Quarterly, 17, 1976, S. 158–172). – E. F. Pajak, *W. I.'s Ichabod Crane: American Narcissus* (in American Imago, 38, 1981, S. 127–134). – L. M. Daigrepont, *Ichabod Crane: Inglorious Man of Letters* (in EAL, 19, 1984, S. 68–81). – J. Seelye, *Root and Branch: W. I. and American Humor* (in NCF, 38, 1984, S. 415–425). – A. J. van Frank, *The Man That Corrupted Sleepy Hollow* (in Studies in American Fiction, 15, 1987, S. 129–143).

RIP VAN WINKLE. A Posthumous Writing of Diedrich Knickerbocker

(amer.; *Rip van Winkle. Ein nachgelassenes Werk von Diedrich Knickerbocker*). Erzählung von Washington IRVING, erschienen 1819. – In einem von holländischen Siedlern gegründeten, unweit des Hudson am Fuß der Catskill-Berge gelegenen Dorf lebt in den Jahren vor der amerikanischen Revolution Rip van Winkle, ein gutmütiger Mann, der gern in der Dorfschenke zecht und Geschichten erzählt, den jedoch das Regiment seiner Frau, eines wahren Hausdrachens, eingeschüchtert und arbeitsscheu gemacht hat. Wie schon oft zuvor flüchtet er sich eines Tages mit seinem Hund und Leidensgenossen Wolf auf die Jagd, gelangt dabei tief in die Berge und hört sich plötzlich aus einer wilden Schlucht von einem altmodisch gekleideten Greis beim Namen gerufen. Bereitwillig hilft Rip ihm, ein Faß zu einer Gruppe ähnlich unzeitgemäß ausstaffierter alter Männer zu schleppen, die mit todernsten Mienen kegeln, so daß es von den Bergen ringsum wie Donner widerhallt. Nachdem er sich als Mundschenk betätigt und selbst ausgiebig gezecht hat, sinkt Rip in tiefen Schlaf. Beim Erwachen findet er ein verrostetes Gewehr neben sich, ruft vergebens nach seinem Hund und steigt dann mit steifen Gliedern in ein völlig verwandeltes Dorf hinab, wo niemand ihn erkennt: Seit er es verlassen hat, sind zwanzig Jahre vergangen, Amerika ist unabhängig geworden, Rips Frau liegt unter der Erde, seine Tochter ist verheiratet, und bei ihr verbringt er einen geselligen Lebensabend. Von einem alten Dorfbewohner erfährt er, daß der Überlieferung nach Hendrick Hudson (der historische Entdecker des Flusses) als Schutzgeist des Landes alle zwanzig Jahre in den Bergen erscheint, um mit der Besatzung seines Schiffes zu kegeln.

Obwohl *Rip van Winkle* sich eng an eine Erzählung aus OTMARS *Volkssagen* anlehnt und in der Verbindung von Märchenhaftem und Realistischem deutliche Anklänge an TIECK zeigt, hat Irving in dieser Erzählung, in die auch Jugenderinnerungen und amerikanisches Sagengut eingeflossen sind, einen eigenen Ton gefunden. In dem klassizistisch geschliffenen Stil mit seinen witzig pointierten Aphorismen drückt sich die Neigung des Autors zu Satire und elegant verspielter Ironie aus, unüberhörbar sind aber auch die romantische Sehnsucht nach vergangener Beschaulichkeit und das melancholische Wissen um den allesverschlingenden Fluß der Zeit. Die psychologischen und archetypischen Implikationen des Stoffes (das Ausweichen vor sozialer Bindung und Sexualität in die Wildnis und die Jagd – ein Verhaltensmuster, das für die amerikanische Erzählliteratur von COOPER über MELVILLE und TWAIN bis zu HEMINGWAY und FAULKNER typisch ist) entwickelt Irving allerdings noch kaum – es geht ihm vielmehr darum, der Gestalt Rips nostalgisch-pittoreske Wirkung abzugewinnen und sie mit einigen virtuosen kleinen Charakterskizzen zu umrahmen. Die ironische Distanz des Erzählers zur Titelfigur und ihrer Umwelt wird noch verstärkt durch die Fiktion, die Geschichte stamme aus der Feder des Chronisten Knickerbocker, dem Irving auch sein komisch-satirisches Meisterwerk, *A History of New York* (1809), zugeschrieben hatte. – Die in einer einzigen Nacht niedergeschriebene Erzählung ist einer der geglücktesten – und berühmtesten – Versuche Irvings, altes europäisches Sagengut *(Kyffhäusersage, Peter Klaus)* der jungen amerikanischen Tradition anzuverwandeln. K.E.

AUSGABEN: Ldn. 1819 (in *The Sketch Book of Geoffrey Crayon*, 1). – NY 1880 (in *Works*, 27 Bde., 1850–1880, 2; *G. Crayon Ed.).* – Ldn./NY 1910; ern. 1959 [Ill. A. Rackham]. – NY 1930 [Einl. M. Van Doren]. – NY 1963 (zus. m. *The Legend of Sleepy Hollow*; Nachw. C. Fadiman; Ill. D. Levine). – Bloomington/Ldn. 1968 (in *W. I.'s Sketch Book*, Hg. H. S. Springer; krit.). – Boston 1978 (in *Complete Works*, Bd. 8, Hg. H. Springer). – Tarrytown/N.Y. 1981 (in *The Sketch Book of Geoffrey Crayon, Gentleman*; Einl. A. B. Myers). – NY 1983 (in *History, Tales & Sketches*, Bd. 4, Hg. J. Tuttleton). – NY 1986 (in *Two Tales*; Ill. B. Moser). – Harmondsworth 1988 (in *Sketch Book*; Einl. W. L. Hedges). – Boston 1988, Hg. u. Ill. J. Howe.

ÜBERSETZUNGEN: *Rip van Winkle*, S. H. Spiker (in *Gottfried Crayon's Skizzenbuch*, in SW, Hg. Ch. A. Fischer, Bd. 1, Ffm. 1826). – Dass., J. Piorkawska (in *Skizzenbuch*, Lpzg. 1875; ern. 1905). – Dass., R. Diehl, Wiesbaden 1909. – *Rip van Winkle. Der Gespensterbräutigam*, G. Pfandler, Wien 1947. – *Rip van Winkle*, K. Ziem, Ebenhausen 1963; ern. Mchn. 1975 (engl.-dt.; dtv). – Dass., S. Schmitz (in *Das Skizzenbuch*, Mchn. 1968). – Dass., G. Martin, Zürich 1970. – Dass., W. Pache, Stg. 1972 (engl.-dt.; RUB). – Dass., E. Gröger (in *Ausgew. Kurzgeschichten*, Lpzg. 1976).

BEARBEITUNGEN: H. L. Williams, *Rip Van Winkle. Or, The Sleep of Twenty Years. A Legend of the Kaatskills*, NY 1866. – J. Wehr, *Rip Van Winkle*, Ldn. 1947.

DRAMATISIERUNG: J. Jefferson u. D. Boucicault, *Rip Van Winkle* (Urauff.: Ldn., 4. 9. 1865, Adelphi Theatre).

VERTONUNGEN: R. Planquette, *Rip Van Winkle* (Text: H. B. Farnie; Operette; Urauff.: Ldn., 14. 10. 1882, Comedy Theatre). – R. H. L. De Koven, *Rip Van Winkle* (Text: P. Mackaye; Oper; Urauff.: Chicago, 2. 1. 1920, Chicago Opera Company).

LITERATUR: M. Heiman, *»Rip Van Winkle«. Psychological Note on the Story and Its Author* (in American Imago, 16, 1959, S. 3–47). – T. Martin, *Rip, Ichabod, and the American Imagination* (in AL, 31, 1959, S. 137–149). – P. Young, *Fallen from Time. The Mythic »Rip Van Winkle«* (in KR, 22, 1960, S. 547–573). – F. H. Link, *Stilanalysen amerikanischer Erzählkunst*, Bonn 1970, S. 13–20. – K. Lubbers, *W. I.: »Rip Van Winkle«* (in *Die amerikanische Kurzgeschichte*, Hg. K. H. Göller u. G. Hoffmann, Düsseldorf 1972, S. 25–35). – P. Kuczynski, *W. I. und der nordamerikanische Unabhängigkeitskrieg* (in WZHalle, 25, 1976, Nr. 4, S. 83–97). – D. L. Plung, *»Rip Van Winkle«: Metempsychosis and the Quest for Self-Reliance* (in Rocky Mountain Review of Language and Literature, 31, 1977, S. 65–80). – D. J. Kann, *»Rip Van Winkle«: Wheels Within Wheels* (in American Imago, 36, 1979, S. 178 bis 196). – H. J. Richards, *On the Plot Structure of »Rip Van Winkle« and »Rip Rip«* (in RoNo, 21, 1980, S. 138–144). – W. P. Dawson, *»Rip Van Winkle« as Bawdy Satire: The Rascal and the Revolution* (in Emerson Society Quarterly, 27, 1981, S. 198 bis 206). – R. J. Zlogar, *›Accessories That Covertly Explain‹: I.'s Use of Dutch Genre Painting in »Rip Van Winkle«* (in AL, 54, 1982, S. 44–62). – C. L. Karcher, *Patriarchal Society and Matriarchal Family in I.'s »Rip Van Winkle« and Child's »Hilda Silfverling«* (in Legacy, 2, 1985, Nr. 2, S. 31–44). – J. Rubin-Dorsky, *The Value of Story-Telling* (in MPh, 82, 1985, S. 393–406).

IRYŎN

* 1206
† 1289

SAMGUK-YUSA

(chin.; *Überlieferung der Drei Reiche*). In chinesischer Sprache geschriebene Sammlung der Überlieferungen der drei koreanischen Reiche Silla, Koguryŏ und Paekche, verfaßt 1279 von IRYŎN (Korea), dem Abt des In'gak-Klosters in der Provinz Kyŏngsang. – Das *Samguk-yusa* umfaßt insgesamt fünf Bücher. Nach chronologischen Darstellungen der Herrscherhäuser, die vollständiger und auch zuverlässiger sind als die im *Samguk-sagi* gegebene Chronologie, folgen im Abschnitt *Kii (Berichte über seltsame Ereignisse)* die Gründungsmythe Koreas, ferner die Mythen einzelner Stämme sowie die Erzählungen von den wunderbaren Geburten früher koreanischer Könige und deren Vermählungen. Der Abschnitt *Hŭngbŏp (Ausbreitung des Dharmas)* berichtet über die Anfangszeit des koreanischen Buddhismus und dessen Ausbreitung, der folgende Abschnitt *T'apsang (Stupen und Bildnisse)* enthält historisches Material über die Gründung von Klöstern, die Errichtung von Stupen und die buddhistische Malerei sowie aufschlußreiches Inschriftenmaterial. Die weiteren Abschnitte *Ŭihae (Erklärung der Rechtschaffenheit)*, *Sinju (Göttlicher Zauber)*, *Kamt'ong (Göttliche Beeinflussungen)*, *P'iŭn (Das Dunkle meiden)* und *Hyosŏn (Sohnespflicht und Güte)* sind angefüllt mit märchenhaften Erzählungen, die einer pragmatischen Geschichtswissenschaft wenig geben. Sie vermitteln jedoch ein lebendiges Bild vom Denken und Handeln des Volkes zur Zeit der »Drei Reiche« und lassen auf eine reiche Erzähltradition schließen. Die vierzehn im *Samguk-yusa* enthaltenen *Saenaennorae (Lieder des Ostens)* haben das besondere Interesse der Literatur- und Sprachwissenschaft gefunden. – Der Verfasser, der gelehrte Mönch Iryŏn, hat in den *Überlieferungen der Drei Reiche* versucht, die bodenständige koreanische Kultur aufzuzeichnen und der Nachwelt zu überliefern. Ausführlich berichtet er auch über die Ausbreitung des Buddhismus in Korea, ein Themenkreis, der in dem älteren koreanischen Geschichtswerk *Samguk-sagi* kaum Erwähnung findet. Dies alles und die Tatsache, daß sich Iryŏn in seiner Darstellung vom Zwang der Vorbilder, der chinesischen Historiographie, weitgehend frei gemacht hat, eröffnet die Möglichkeit, die Zeit der »Drei Reiche« zu verstehen.   H.J.Z.

AUSGABEN: o. O. 1394. – o. O. 1512. – Seoul 1946 *Chŭngbo Samguk-yusa*, Hg. Ch'oe Namsŏn [chin.]. – P'yŏngyang 1960 [chin.-kor.]. – Kwangju 1981, Hg. u. Übers. Sŏng Ŭngu [chin.-kor.]. – Indices: *Samguk-yusa saegin*, Hg. Yi Hongjik (in Yŏksa hakpo, 5, 1953). – *Samguk yusa saegin*, Hg. Yi Kiyóng Sŏngnam 1980.

ÜBERSETZUNG: *Samguk – yusa. Legends and Histories of the Three Kingdoms of Ancient Korea*, Tae-Hung Ha u. G. K. Mintz, Seoul 1972 [engl.].

LITERATUR: Chang Tŏksun, *Samguk-yusa soje ŭi sŏlhwa pullyu* (in Yŏnse taehakkyo nonmunjip inmun'gwahak, 2, 1958, S. 119–148). – Mishina Shoei, *Sangoku-iji kosho* (in Chōsen gakuhō, 29, 1963, S. 148–170; 30, 1964, S. 197–237). – Chang Tŏksun, *Iryŏn – Samguk yusae ŏlkhin sarok* (in Han'guk ŭi in'gansang, Bd. 3, Seoul 1966,

S. 155–168; Biogr.). – *Samguk-yusa ŭi yŏn'gu*, Hg. Tongbuk Asea Yŏn'guhoe, Seoul 1982. – *Samguk-yusa yŏn'gu*, Hg. Yŏngnam taehakkyo Minjok munhwa yŏn'guso, Kyŏngsan 1983. – Kim Yŏlgyu, *Samguk yusa wa Han'guk munhak*, Seoul 1983;²1985.

KAROL IRZYKOWSKI

* 23.1.1873 Błaszków bei Jasło
† 2.11.1944 Żyrardów bei Warschau

PAŁUBA

(poln.; *Vogelscheuche, Hexe*). Roman von Karol IRZYKOWSKI, erschienen 1903. – Das breitangelegte Werk ist ein bedeutsames Zeugnis der auf die Überwindung des modernistischen »jungpolnischen« Schrifttums gerichteten Literatur Polens zu Beginn des 20. Jh.s. Der dekadenten, antigesellschaftlichen Ideologie des »Jungen Polen« stellt Irzykowski die Forderung nach größtmöglicher Präzision in der Wiedergabe der komplexen sozialen Wirklichkeit entgegen; das oberflächlich-intellektualistische Menschenbild jener Literaturauffassung will er durch die wissenschaftlich-minuziöse Analyse der menschlichen Psyche und ihrer Abhängigkeit von den gesellschaftlich sanktionierten Maßstäben ersetzen. Drei Jahre nach Sigmund FREUDS *Traumdeutung* veröffentlicht, doch augenscheinlich unabhängig von dessen Lehre, stellt die dem Werk vorangestellte Novelle *Sny Marii Dunin*, entst. 1896 *(Die Träume der Maria Dunin)*, den ersten Versuch einer literarischen Nutzung psychoanalytischer Einsichten dar, der, jahrzehntelang übersehen, zum eigenwilligen Vorläufer der Prosa PROUSTS und JOYCES wurde. Die Erzählung ist die Keimzelle des eigentlichen Romans, der der modernistischen Literaturauffassung bereits in seiner äußeren Konzeption zuwiderläuft. Eine Mischform zwischen Roman und Essay, bald in die literaturtheoretische Erörterung, bald in den psychologischen Traktat überwechselnd, offenbart das Werk eine überaus rationale, intellektuelle, provokante Prosa.

Die von mannigfachen Erörterungen des literarischen Schaffensprozesses unterbrochene »Handlung« des Romans ist nach den eigenen Worten des Autors von untergeordneter Bedeutung. Der Handwerkersohn Piotr Włosek, der auf tragische Weise den Vater verlor, wächst im Hause des galizischen Großgrundbesitzers Strumieński auf; er wird dort so liebevoll umsorgt, daß die Leute ihn für ein uneheliches Kind des Gutsherrn halten. Auf jede Weise bevorzugt, übt Piotr, »*die gesunde plebejische Natur*«, mit Strumieńskis Billigung eine Art Kuratel über dessen leiblichen Sohn Robert aus, eine labile, moralisch haltlose Aristokratennatur von

eingebildeter künstlerischer Begabung. Nach Roberts Tod adoptiert Strumieński Piotr und hinterläßt ihm den bedeutenden Besitz seines Geschlechts mit der Auflage, das Gut zu mehren und gegen den verfeindeten Familienzweig der Mariusze zu verteidigen. Der neugewonnene Reichtum ermutigt Piotr, ein neues Leben zu beginnen. Er ahmt Roberts Künstlerattitüde nach und findet, da man ihn als willkommenes »*Material für einen Kunstmäzen*« betrachtet, Aufnahme in italienische Künstlerkreise. Mit der wenig talentierten, gefühlskalten Malerin Angelika Kaufmann, einer Namensvetterin der deutschen Malerin Angelika Kauffmann (1741–1807), kehrt er auf sein galizisches Gut zurück. Durch ein unnatürlich-schwülstiges Liebesverhältnis aneinander gebunden, führen beide ein aufwendiges, der Kunst gewidmetes Leben voller sexualpsychologischer, pseudophilosophischer und pseudoästhetischer Konflike, dem der mysteriöse Selbstmord Angelikas ein Ende setzt. Piotr vermählt sich, dem letzten Willen Strumieńskis zuwider, mit der jungen Ola aus dem Geschlecht der Mariusze, kann sich jedoch nicht aus dem Bann Angelikas befreien, die geschworen hatte, sie werde ihn auch nach ihrem Tode noch an sich zu binden wissen. Er verheimlicht Ola das Museum Angelikas, ein Sanktuarium der Kunst und der sexuellen Ausschweifung, liebt in Ola die Verstorbene und sucht auch seinen Sohn Pawełek in die Welt der Toten einzubeziehen. Unter dem nach wie vor wirksamen Einfluß Angelikas stillt Pawełek seine pubertären Triebe mit der geistesgestörten Ksenia, die von den Dorfbewohnern »Pałuba« (Vogelscheuche, Hexe) genannt wird. Piotrs Versuch, sich Ola in aufrichtiger Liebe zuzuwenden, scheitert. Das Gefühl, das er seiner Frau vorspielt, ist in Wahrheit eine unbewußte Selbsttäuschung, die ihren Ursprung in der »*Garderobe der Seele*« hat, jenem geheimen Winkel der menschlichen Psyche, in dem sich »*halbbewußte Gedanken und Zwangsvorstellungen aus kompromittierenden Bereichen aufhalten, ehe sie sich in ein Gewand kleiden, in dem sie sich der Welt zeigen können*«. In gleicher Weise krankhaft bleiben Piotrs Liebschaften zu der Schauspielerin Berestajka und zu Paulina, der Gouvernante seiner Kinder. Ola, die sich ihrerseits uneingestanden nach ihrem früheren Verehrer Gasztołd sehnt, duldet als »gute« Gemahlin die Abenteuer ihres Mannes, der bis an sein Ende der Erinnerung an Angelika verfallen bleibt: Als er nach dem Tode Pawełeks, der an den Folgen eines pubertären Abenteuers mit Ksenia stirbt, die halbentblößte »Pałuba« erschießt, flüchtet er sich ein letztes Mal in die gemeinsame Vergangenheit. Er beschließt »*im Angesicht des Todes noch einmal alle Bilder seiner vergötterten ersten Frau um sich aufzuhängen, sich noch einmal in alle Erinnerungen zu vertiefen, vor ihrem wundervollen Bild das Rubinlicht anzuzünden und auf den Händen der Geister in jenes Land hinüberzuschweben und zu sehen, wie es im Jenseits ist . . .*«
Die Schilderung des objektiven Handlungsrahmens tritt gänzlich hinter der Entfaltung des inneren Erlebens der Romanhelden zurück. Das Thema des Romans ist die auf dem Wege psychologischer Sondierung erschlossene »*innere Wahrheit des Menschen*«. Stil und Diktion des Romans halten sich im Rahmen des psychologischen Realismus und des erotischen Naturalismus. Durch die offene Behandlung der sexuellen Thematik und der psychologischen Hintergründe der gesellschaftlichen Moral entfachte der Roman einen Sturm der Entrüstung, der die Erkenntnis seiner außerordentlichen gedanklichen und literarischen Bedeutung erschwerte.   M.D.

AUSGABEN: Lemberg/Krakau 1903 [zus. m. *Sny Marii Dunin*]. – Lemberg 1948. – Warschau 1948 [Vorw. K. Wyka]. – Warschau 1957. – Warschau 1976 (in *Pisma*, Hg. A. Lam). – Breslau 1981 [zus. m. *Sny Marii Dunin*].

LITERATUR: S. Brzozowski, Rez. (in Głos, 1903, Nr. 47/48). – W. Jabłonowski, Rez. (in Książka, 1903, Nr. 11, S. 406–408). – W. Moraczewski, Rez. (in Krytyka, 1904, H. 7, S. 86–88). – K. L. Koniński, *Katastrofa wierności. Uwagi o »Pałubie« K. I.* (in Przegląd Współczesny, 1931, Nr. 37, S. 205). – K. Troczyński, *Próba krytyki »Pałuby«* (in *Od formizmu do moralizmu*, Posen 1935). – K. Wyka, *Recenzja z »Pałuby«* (in Pion, 1938, Nr. 24/25). – J. Lipiński, *»Pałuba« jako program literacki K. I.* (in Prace Polonistyczne, 7, 1950, S. 137–157). – K. Dąbrowska, *»Pałuba« – Gombrowicz – Sartre* (in Twórczość, Nr. 11, 1962). – Dies., *Struktura artystyczna »Pałuby« I.* (in Zeszyty Naukowe Uniwersytetu Mikołaja Kopernika w Toruniu, 1963, H. 9, S. 159–197). – A. Werner, *Człowiek, literatura i konwencja. Refleksja teoretyczno-literacka w »Pałubie« K. I.* (in *Z problemów literatury polskiej XX wieku*, Bd. 1, Warschau 1965). – R. Zengel, *»Pałuba« po latach* (in *Mit przyrody*, Warschau 1970). – W. Głowala, *Sentymentalizm i pedanteria. O systemie estetycznym K. I.*, Breslau 1972. – *Klerk heroiczny. Wspommienia o K. I.*, Hg. B. Winklowa, Krakau 1976. – A. Lam, *»Pałuba«* (in *Literatura Polska. Przewodnik encyklopedyczny*, Bd. 2, Warschau 1985). – B. Winklowa, *K. I. Życie i twórczość*, Krakau 1987.

JORGE ISAACS

* 1.4.1837 Cali
† 19.4.1895 Ibagué

MARÍA

(span.; *María*). Roman von Jorge ISAACS (Kolumbien), erschienen 1867. – Man hat diesen Erfolgsroman auch die »*Bibel der kolumbianischen Literatur*« genannt. Unter dem unmittelbaren Einfluß CHATEAUBRIANDS (1768–1848) entstanden, strömen in diesem Buch alle Motive der europäischen romantischen Liebesdichtung zusammen. Als oft nachgeahmtes, niemals erreichtes Vorbild der idealisierenden Liebesgeschichte bildet es Höhepunkt und Abschluß der romantischen Bewegung in Hispanoamerika. Formal ist der Roman aus den Erinnerungen aufgebaut, die in Efraín, dem Erzähler, aufsteigen, nachdem der Tod ihm die Geliebte entrissen hat. Nach einem kurzen, überschwenglichen Liebesglück, das allerdings durch die ererbte epileptische Veranlagung des Mädchens wie von einer düsteren Wolke überschattet ist, werden die beiden Liebenden, der junge Student und seine Kusine María, durch den Vater Efraíns getrennt, der in der Absicht, eine unmöglich erscheinende Verbindung zu verhindern, den Sohn zum Studium nach London schickt. Auf die Nachricht von Marías Erkrankung überstürzt zurückgekehrt, findet Efraín die Geliebte nicht mehr unter den Lebenden. Er durchwandert noch einmal die Landschaft, sucht noch einmal die Plätze auf, die Zeugen seines Glücks mit María waren; am Grab nimmt er Abschied von der Geliebten und reitet mit unbekanntem Ziel hinaus *»in die Unendlichkeit der Ebene, deren Horizont verhängt war vom Dunkel der Nacht«*. – Thematisch ist in dieser Geschichte das ganze Arsenal der Romantik vereinigt: sublimierte Sinnlichkeit in der verehrenden Anbetung der Geliebten, Todesahnung, Todessehnsucht und das Mysterium des Grabes, dunkles Verhängnis, Aufruhr des Gefühls, Ströme von Tränen, höchstes Glück und abgrundtiefe Verzweiflung.

Aus diesen konventionellen Elementen entsteht bei Isaacs eine Erzählung von unvergänglicher Poesie: einmal durch die Einbettung der Geschichte in die herrliche Natur des Caucatals und in das Leben auf der Hacienda von Efraíns Vater; dann durch die besondere, jüdisch-alttestamentliche Mentalität des Verfassers und seiner Figuren. Romantisch erlebt und zugleich mit fotografischer Genauigkeit gezeichnet sind die Täler und Berge, die Wälder, in denen man das Hochwild jagt und den Jaguar. Mit einem tiefen, echt romantischen Naturgefühl, das die menschlichen Empfindungen und Seelenzustände in der Natur sich widerspiegeln läßt, kontrastieren die geradezu realistischen, eigene Anschauung verratenden Beschreibungen des Familienlebens und Brauchtums im Caucatal und die Porträtschärfe der Personen. Die jüdisch-biblische Verankerung des Romans bedingt eigenartige, in der romantischen Dichtung sonst unbekannte Züge: einen unverwechselbaren Ton von Größe und Einfachheit in der Sprache, von edler Gesinnung, eine mystische Tiefe der Naturauffassung, innige, wechselseitige Durchdringung von Realem und Idealem, ein allumfassendes religiöses Empfinden. Dadurch unterscheidet sich Isaacs' Roman von der deklamatorischen oder sentimentalen Religiosität der Romantik.   A.F.R.

AUSGABEN: Bogotá 1867. – Mexiko 1951 [Vorw. E. Anderson Imbert]. – Santiago de Chile 1956, Hg. J. Loveluck. – Santiago de Chile 1965. – Mexi-

ko 1967 [Vorw. M. Gutiérrez Nájera]. – Barcelona 1968, Hg. B. Varela Jácome, – Buenos Aires 1970, Hg. A. Villanueva. – Bogotá 1972. – Madrid 1972. – Buenos Aires 1974. – Caracas 1978, Hg. G. Mejía. – Buenos Aires 1979 (Hg. S. Calero). – Cali 1984.

VERFILMUNG: Mexiko 1918 (Regie: R. Bermudez Zatarain).

LITERATUR: D. McGrady, *Las fuentes de »María de I.* (in Hispanofila, 24, 1965, S. 43–54). – Ders., *J. I.*, NY 1972. – V. Masson de Gómez, *Las flores como símbolos eróticos en la obra de J. I.* (in Thesaurus, 28, 1973, S. 117–127). – S. Bueno, *El negro en la novela romántica sentimental »María«* (ebd., 35, 1980, Nr. 3, S. 550–564). – F. Osborne, *¿Es negro el color de María? Análisis cuantitativo de los colores de »María«* (ebd., S. 535–549). – C. Beane, *Black Character. Toward a Dialectical Presentation in Three South American Novels* (in *Voices From Under: Black Narrative in Latin America and the Caribbean*, Hg. W. Luis, Greenwood 1984, S. 181–198). – S. Molloy, *Paraíso perdido y economía terrenal en »María«* (in Sin Nombre, 14, 1984, Nr. 3, S. 36–55). – J. Tittler, *Tropos tropicales: Paisajes figurados en »María«, »La vorágine« y »El otoño del patriarca«* (in Discurso Literario, 2, 1985, S. 507–518). – R. L. Williams, *The Problem of Unity in Fiction: Narrator and Self in »María«* (in MLN, 101, 1986, S. 342–353).

ISAAK ABOAB

* 1433
† um 1493

MENORAT HA-MA'OR

(hebr.; *Der Kandelaber des Lichts*). Religiös-philosophisches Volksbuch von ISAAK ABOAB (Spanien), erschienen 1514. – Das Werk entstand während der Kämpfe der rabbinischen Schulen gegen die philosophisch orientierten Schüler des MAIMONIDES. Es strebt eine volkstümliche Synthese zwischen überlieferten talmudischen Traditionen und zeitgenössischen philosophischen Lehren an, wobei besonderes Augenmerk darauf gerichtet ist, aus den erwähnten Quellen die zu praktischer Nutzanwendung dienlichen Lehren zu schöpfen. Der Zweck des Buches war, das sittliche Niveau breiter Schichten des jüdischen Volkes zu heben; die weite Verbreitung, die es fand, ist Beweis, daß es in diesem Sinne bei Männern und Frauen Anklang fand. Es wurde zum volkstümlichsten Buch der Zeit.

Das Werk ist – entsprechend den sieben Armen des Leuchters im Tempel – in sieben Teile gegliedert, von denen jeder sinngemäß »Licht« genannt wird.

Jedes »Licht« ist in Kapitel unterteilt und enthält eine Einleitung sowie am Schluß eine kurze Zusammenfassung des im vorangehenden Teil besprochenen Themas. So finden alle Bereiche der philosophischen Ethik – wenn auch nicht systematisch geordnet – ihren Platz und ihre im Sinne der talmudisch-rabbinischen Überlieferung angemessene Erklärung. – *Menorat ha-ma'or* hat auf zahlreiche spätere hebräische Autoren großen Einfluß ausgeübt. H.I.G.-KLL

AUSGABEN: Konstantinopel 1514. – Livorno 1657 [m. span. Übers.]. – Amsterdam 1739. – Fürth 1767. – Bln. 1873 *(Liber Menorat ha-Maor)*. – Jerusalem 1953 [m. Einl.]. – Jerusalem 1961.

ÜBERSETZUNGEN: *Licht verbreitender Leuchter*, R. J. Fürstenthal [fortges. von B. Behrend], 3 Bde., Krotoschin 1845–1848. – *Der lichtspendende Leuchter*, S. Bamberger, Hbg. 1920; ²1923 [rev.].

LITERATUR: G. Karpeles, *Geschichte der jüdischen Literatur*, Bd. 2, Bln. 1921, S. 148. – M. Waxman, *A History of Jewish Literature*, Bd. 2, NY 1933, S. 282–287; Nachdr. 1960. – D. G. Maseo, *Historia de la literatura hebrea*, Madrid 1959, S. 585/586. – Art. *Isaac Aboab* (in EJ², 2, Sp. 90–93).

RABBI ISAAK BEN MOSES

* um 1180 Böhmen
† um 1250 Wien

OR SARUA

(hebr.; *Gestreutes Licht*). Halachisches (d. h. religionsgesetzliches) Werk von Rabbi ISAAK BEN MOSES. – Der aus Böhmen stammende und in Wien gestorbene Verfasser war einer der größten Talmudgelehrten seiner Zeit. Der Form nach präsentiert sich *Or sarua* als eine besondere Gattung der talmudischen Sekundärliteratur: Das Werk ist weder ein Talmudkommentar mit fortlaufenden Erklärungen, wie z. B. der Talmudkommentar von Rabbi SCHLOMO BEN ISAAK (genannt Raschi, 1040–1105), noch eine selbständige systematische Verarbeitung des Stoffes, wie sie die Gesetzeskodices bieten (Prototyp *Mischne Thora*, der Kodex des MAIMONIDES), sondern steht etwa in der Mitte zwischen beiden Arten. Der *Talmud* wird zwar (ohne Einhaltung der Reihenfolge der Traktate) direkt kommentiert, aber nicht fortlaufend Satz für Satz, sondern Thema nach Thema. (Nach dieser Methode verfuhr bereits der Lehrer Isaaks, der 1225 in Würzburg verstorbene ELIESER ben Joel HA-LEVI).

Jedes Thema (aram. *sugja*, auch »juristischer Problemkreis«) gibt dem Verfasser Gelegenheit, die praktische Bedeutung der einzelnen Gesetze und Bräuche für seine eigene Zeit zu definieren, worauf er dann am Schluß seiner Darlegung jeweils mit den einleitenden Worten *»Folgendes scheint mir richtig zu sein«* kurz resümiert, wie das betreffende Gesetz durchzuführen sei. Dieser aktualisierenden Tendenz zuliebe läßt der Autor alle nicht mehr aktuellen Gesetze (wie Opferkult und dergl.) aus. Die ständige Beziehung auf die Situation der damaligen Gegenwart macht das Werk – vom Verfasser ganz unbeabsichtigt – zu einer Fundgrube für kulturhistorisches Material über das Leben der Christen und Juden im Mittelalter. (Mit Recht hat z. B. I. ABRAHAMS in seinem Buch *Jewish Life in the Middle Ages* viele Zitate aus dem *Or sarua* ausgezogen, die sich u. a. auf Synagogenbräuche, Steuerwesen, Fürsorgewesen, Heiratsvermittlung und dergl. beziehen.) Schwierige Wörter, die im *Talmud* vorkommen, werden im *Or sarua* zuweilen ins Tschechische, die Muttersprache des Verfassers, übersetzt. Wegen seines riesigen Umfangs, der dem des *Talmud* nicht nachsteht, blieb das Werk Generationen hindurch ungedruckt. Erst 1862 sind die ersten zwei Teile im Druck erschienen. L.Pr.

AUSGABEN: Schitomir 1862 [Tl. 1 u. 2]. – Jerusalem 1887–1890 [Tl. 3 u. 4, Hg. J. M. Hirschensohn].

LITERATUR: E. H. Weiss, *Dor dor we-dorschaw*, Bd. 5, NY/Bln. 1925, S. 73. – I. Abrahams, *Jewish Life in the Middle Ages*, Ldn. ²1932. – M. Waxman, *A History of Jewish Literature*, Bd. 2, NY 1933 S. 127/128; Nachdr. 1960. – M. Margalioth, *Encyclopedia of Great Men in Israel*, Bd. 3, Jerusalem 1961, S. 948/949. – S. Z. Havlin, Art. *Isaac ben Moses of Vienna* (in EJ², 9, Sp. 25–27).

ISAAK BEN SALOMON IBN SAHULA

* 1244 Guadalajara

MESCHAL HA-KADMONI

(hebr.; *Gleichnis der Vorzeit*). Fabelsammlung von ISAAK ben Salomon IBN SAHULA (Spanien). – Das 1281 verfaßte und ursprünglich als einheitliche Erzählung geplante Werk hat durch die damals weitverbreitete Manier der Einschaltung vieler fremder Sagen und Legenden die Form einer Fabelsammlung angenommen. In fünf Abschnitten diskutieren der Autor und ein Antagonist über Sinn und Notwendigkeit von Weisheit, Bußfertigkeit, guten Ratschlägen, Bescheidenheit und Mitleid. Zur Veranschaulichung ihrer Argumentation sind Tierfabeln in den Dialog eingefügt – so steht etwa der Hund für die Psychologie, der Hahn für die vier Temperamente und die Medizin –, die nicht nur menschliches Verhalten illustrieren, sondern auch das Wissen der Zeit dokumentieren. Diese Einschaltungen stören aber auch die Tendenz des Werkes, durch Betonung jüdischer Überlieferungen aus *Bibel, Talmud* und *Midrasch* ein Gegengewicht gegen fremde (arabische) Einflüsse zu schaffen. In der allegorischen Auslegung dieser jüdischen Überlieferungen ist Ibn Sahula freilich ganz ein Kind seiner Zeit. – Infolge seiner leichten Lesbarkeit, der Flüssigkeit seines Stils und der Unterhaltsamkeit seines Inhalts ist *Meschal ha-kadmoni* im Mittelalter zu einem vielgelesenen und weitverbreiteten Buch geworden.   H.I.G.-KLL

AUSGABEN: Frft./Oder 1693. – Frft./Oder 1764.

LITERATUR: G. Karpeles, *Geschichte der jüdischen Literatur*, Bd. 2, Bln. 1921, S. 92/93; Nachdr. Graz 1963. – M. Waxman, *A History of Jewish Literature*, Bd. 2, NY 1933, S. 596/597; Nachdr. 1960.

AVETIK' ISAHAKYAN

* 30.10.1875 Alexandropol
† 17.10.1957 Eriwan

ABU-LALA-MAHARI

(arm.; *Abul Ala Maari*). Epische Dichtung von Avetik' ISAHAKYAN, entstanden 1909, erschienen 1911. – Der europäisch gebildete, mehrere Jahre in Rußland wegen antizaristischer Betätigung eingekerkerte und schließlich im Jahr 1911 emigrierte armenische Lyriker zeichnet in diesem berühmt gewordenen, in alle wichtigen Sprachen übersetzten Werk das schmerzliche Bild des auf Erden und in der menschlichen Gesellschaft heimatlos gewordenen Dichters. Seine unerbittliche Kritik an dieser Gesellschaft, die kein Glück und keine Freude mehr zuläßt, legt Isahakyan dem arabischen Dichter, dessen (armenisierter) Name im Titel des Werks erscheint, in den Mund. Seine bitteren Reflexionen, deren verzweifelter Pessimismus an die Novellen des früh durch Selbstmord geendeten Russen GARŠIN denken läßt, artikulieren sich in menschenverachtenden Ausrufen, die, sich wiederholend und steigernd, dem Haß des Dichters auf alles Menschliche suggestiven Ausdruck verleihen. Das Hauptmotiv, das immer wieder aufgenommen wird, ist der trostlos melancholische nächtliche Auszug einer Karawane aus dem herrlichen Bagdad – eine Flucht in die weite, einsame Wüste und in ein Leben unter wilden Tieren, das dem unter Menschen immer noch vorzuziehen ist. Die Tradition des romantischen Asketismus der östlichen Ritterroma-

ne lebt hier fort. Symbolisch ist auch der Schluß: Der Dichter fliegt auf zur Sonne als der einzigen Quelle des Glücks und der Freude in der Welt. Die formale Gestalt der Dichtung – sieben Kapitel (vom Autor »Suren« genannt) zwischen Vor- und Schlußgesang – weist auf arabische Rezitationsstücke; als Versmaß verwendet Isahakyan meist den zwanzigsilbigen Zweizeiler mit Assonanz, der vollschwingend und leicht den Ton trägt.   J.J.

AUSGABEN: Alexandropol 1897 (in *Erger ou verk'er*). – Konstantinopel 1911. – Boston 1922. – Eriwan 1948 (in *Ëntir erker*). – Eriwan 1948 (in *Erker*, 3, S. 45–86). – Eriwan 1973–1977 (in *Erker*, 6 Bde.).

ÜBERSETZUNGEN: *Abul Ala Mahari. Eine Khaside von A. Isahakian*, H. Noeren u. L. Nasariantz (in *Der Neue Orient*, Bd. 6, S. 77–83). – *Abul-Ala-Maari. Kasit v 7 surach*, V. Brjusov (in *Poëzija Armen.*, Moskau 1916, S. 38–398).

LITERATUR: *Hay grakanut'yun*, Bd. 2, Eriwan 1955, S. 382–407. – H. T'amrazyan, *Hay grakanut'yun*, Eriwan 1958, S. 185–219. – A. M. Indžikjan, *Av. Isaakjan v russkoj kritike. Stati, vyskazyvanija, pisma*, Eriwan 1961. – K. Grigorjan, *Tvorčeskij put' Av. Isaakjana*, Moskau 1963. – G. N. Hovhanissyan, *Isahakyani steġcagorcakan asxarhě*, Eriwan 1969. – L. H. Haxverdjan, *Isahakjani kyankn ew gorcě*, Eriwan 1974. – R. Zaryan, *Av. I.*, Eriwan 1974. – H. M. Abeġyan, *Isahakyaně ew žoġovrdakan Eposě*, Eriwan 1975. – A. Ganalanyan, *Av. Isahakyani steġcagorcout'-yan žoġovrdakan akounkneř*, Eriwan 1975. – S. Ž. Gaysaryan, *A. I.*, Eriwan 1975. – A. V. Isahakyan, *A. Isahakyani arjakě*, Eriwan 1975. – M. M. Mkrjan, *Isahakyani houmanizmě*, Eriwan 1975. – A. M. Inčikyan, *A. Isahakyaně*, Eriwan 1977. – G. Hovhanissyan, *A. I.* (in ArmEnz, 4, 1978, S. 390–392).

ANTONIJE ISAKOVIĆ

* 6.11.1923 Belgrad

VELIKA DECA

(serb.; *Große Kinder*). Erzählungen von Antonije ISAKOVIĆ, erschienen 1953. – In seinem Vorwort zu diesem ersten Erzählungsband verweist Isaković auf die Bedeutung des Zweiten Weltkriegs für sein künstlerisches Schaffen. Dieser Krieg, *»der nicht nur ein Krieg war«*, ist zugleich räumlicher und zeitlicher Hintergrund sowie dominantes Handlungselement der Erzählungen. Durch die Vielzahl militärischer Rangbezeichnungen und Formationen und die Beschreibung von langen Märschen, Angriffs- und Rückzugstaktiken, Militärgerichten und Notlazaretten wird die ungeheuerliche Intensität und Relevanz des Partisanenkriegs betont. Denn es handelt sich nicht nur um die Befreiung des Landes und den Kampf um das eigene Überleben, sondern auch um einen politischen und gesellschaftlichen Umsturz. Dabei werden der Krieg und seine Folgen als gegenwärtig Erfahrenes dargestellt oder als bereits Zurückliegendes in Worte und Bilder umgeformt. Die thematische Einheit des Erzählbandes wird durch eine gewisse Chronologie der Ereignisse, Wiederholung von Namen, Figuren und Erzählelementen sowie durch inhaltliche Rückbezüge der einzelnen Erzählungen aufeinander noch verstärkt.

In der besonders signifikanten sechsten Erzählung, *Crveni šal (Der rote Schal)*, wird der historisch belegbare Marsch einer Partisanenkolonne über den 1500 Meter hohen Igman-Gebirgszug Ende Januar 1942 beschrieben. Die Erzählung gliedert sich in zwei Teile, wobei das Geschehen mit Hilfe verschiedener narrativer Techniken dargestellt wird. Zunächst werden die Strapazen und die Härte des Guerillakriegs anhand der Gedanken und Wahrnehmungen des jungen Partisanen Mirko vermittelt. Dieser ist nur noch fähig, Befehle und die sinnentleerten, schablonenhaften Dialoge seiner Kameraden zu registrieren oder den eigenen Erinnerungen assoziativ zu folgen. In seiner Erschöpfung nimmt er jedoch hauptsächlich die ihn umgebenden Gegenstände und die eigenen, durch Hunger, Kälte und Müdigkeit hervorgerufenen Empfindungen wahr. Im Morgengrauen kann sich die Kolonne kurz in einigen Bauernhäusern ausruhen und aufwärmen. Mirkos Zustand ermöglicht ihm nur noch eine selektive Wahrnehmung der Menschen und des Interieurs, zum Beispiel des typisch bosnischen Ofens und des roten Schals hinter der Tür. Eigene Erschöpfung, Verletzungen der Kameraden oder das angst- und vorurteilsvolle Verhalten der Bäuerin Soldaten gegenüber werden von ihm registriert, aber nicht reflektiert oder in Zusammenhänge gebracht. Schließlich gibt er den Bedürfnissen des Körpers nach und nimmt den roten Schal an sich. Damit verstößt er allerdings gegen das Prinzip des kollektiven Leids und der Askese. Sein individuelles Bedürfnis löst einen moralischen Konflikt aus, dessen einzig mögliche Lösung – seine Hinrichtung – er durch ein Geständnis akzeptiert. Die tragische Unausweichlichkeit des Todesstrafe wird noch verstärkt durch den eingefügten dramatischen Replikenwechsel des Standgerichts. Das Urteil wird vollstreckt, obwohl die Richtenden ihre Bedenken und ihre Befangenheit zum Ausdruck bringen.

Obgleich die Helden in Isakovićs Erzählungen anhand einer Vielzahl verschiedener Eigennamen und oft gegensätzlicher Eigenschaften charakterisiert werden, sind sie im Grunde Varianten desselben Menschentyps, die sich in den unterschiedlichen Phasen und Situationen des Krieges befinden. Es sind, wie Mirko, meist junge Männer, die bereits durch ihre spezifische Lage gekennzeichnet sind und für die der brutale, die Menschen aufs Animali-

sche reduzierende Krieg viele Normen und Verhaltensregeln überflüssig oder gar fraglich gemacht hat. Daher sind es keine komplexen, psychologisch nuancierten Figuren, deren individuelle Geschichte eine Rolle spielt. Der Lebensinhalt muß von ihnen vielmehr neu erkannt und erfahren werden, ohne daß sie zu desorientierten und mechanisch gehorchenden Wesen wie Mirko degradiert werden. Darin verbirgt sich auch die übergeordnete Aussage von Isakovićs Erzählungen. Das Individuelle zählt nur, wenn es von allgemeiner Bedeutung ist, und das Allgemeine, wenn sich darin die Summe aller Individuen spiegelt. Dieses Beharren auf der einmaligen Persönlichkeit des einzelnen wird auch in den letzten Zeilen von *Crveni šal* deutlich. Hier wird – wie auch in anderen Erzählungen – das Tagebuch der Krankenschwester Branka zitiert, in dem der Sinn des Krieges angezweifelt und die Frage nach Orientierungsmöglichkeiten gestellt wird. Die wenigen Frauenfiguren der Erzählungen werden so in ihrer traditionellen Rolle dargestellt. Als Heilende, Liebende, Hilfe und Hoffnung Bringende bewahren sie bestimmte menschliche und gesellschaftliche Strukturen und erneuern gleichsam die zerstörte Welt auf alten Fundamenten.   S.P.H.

AUSGABEN: Belgrad 1953. – Belgrad 1983 (in *Sabrana dela*, 5 Bde.).

LITERATUR: M. Marković, *A. I. »Velika deca«* (in Student, 18, 1953, Nr. 28). – H. Tahmiščić, *Svojstva moći i govora* (in Izraz, 5, 1961, Nr. 9). – S. Leovac, *Pripovedač A. I.* (in Život, 13, 1964, Nr. 10). – I. V. Lalić, *Pripovetke A. I.* (in *Kritika i delo*, Belgrad 1971). – P. Đađić, *Proza A. I.* (in *Kritike i ogledi*, Belgrad 1973). – D. M. Jeremić, *O ratniku pobedniku i pobeđenom* (in Književne novine, 27, 1975, Nr. 486). – V. Stevanović, *A. I. pisac oskudnih vremena. Pogovor* (in *Sabrana dela*, Bd. 5, Belgrad 1983).

ʿALĪ IBN AL-ḤUSAIN ABŪ L-FARAĞ AL-IṢFAHĀNĪ

* 897 Isfahān
† 20.11.967 Bagdad

KITĀB AL-AĠĀNĪ

(arab.; *Das Buch der Lieder*). Adab-Werk von Abū l-Farağ AL-ISFAHĀNĪ. – Ende des 8. Jh.s hatte der Kalif Hārūn ar-Rašīd (786–809) in Bagdad durch die drei berühmtesten Sänger seiner Zeit eine Sammlung von hundert Liedern, den ihrer Meinung nach besten, zusammenstellen lassen. Die Sänger waren die Hofmusiker Ibrāhīm al-Mauṣilī, Ismāʿīl Ibn Ğāmiʿ und Fulaiḥ Ibn al-ʿAurāʾ. Ihre Auswahl nahm Abū l-Farağ al-Iṣfahānī als Grundstock für sein *Kitāb al-Aġānī*. Er selbst hatte bereits, wie er in seinem Vorwort schreibt, eine (uns nicht erhaltene) Sammlung zusammengestellt, die das ganze ihm bekannte Liedgut umfaßte. Bei jener Sammlung hatte er auf Sekundärtexte ganz verzichtet. Sein neues »Liederbuch« aber sollte eine Art Literaturgeschichte werden, bei der es vor allem auf den Kontext ankam.

Al-Isfahānī erweiterte die Sammlung Hārūn ar-Rašīds beträchtlich, wobei er auch die Dichter und Komponisten nach Hārūn berücksichtigte, gibt aber stets an, bei welchem Lied es sich um ein Stück aus der »Sammlung der Hundert« handelt. Alle Lieder des *Kitāb al-Aġānī* sind der Form nach Qasiden bzw. Qasidenfragmente. Zu jedem Lied *(saut)* vermerkt al-Isfahānī die musikalischen Vorschriften. Die Angaben zu Melodie, Rhythmus und Spielweise sind jedoch nur noch teilweise verständlich. Ferner verzeichnet al-Isfahānī gewissenhaft den Dichter oder die Dichterin, den Komponisten bzw. Sänger oder die Sängerin (es handelt sich um Berufssänger/innen) des jeweiligen Liedes, deren Herkunft und Biographie, sowie weitere ihrer Lieder und Gedichte, zusammen mit den Umständen, die zur Entstehung geführt haben, häufig in Form von Anekdoten. Auf diese Weise kamen unzählige Angaben zur frühen Stammesgeschichte, zur Kultur- und Sozialgeschichte des Bürgertums, zum Leben am Hof der Umayyaden und der ʿAbbasiden bis gegen Ende des 9. Jh.s zusammen.

Mit zahlreichen grösseren und kleineren Werken, die allerdings nicht erhalten sind, hat al-Isfahānī Vorarbeit geleistet zu seinem großen *Kitāb al-Aġānī*, an dem er nach eigener Aussage 50 Jahre lang gearbeitet hat. Außer der bereits genannten Sammlung alter und neuer Lieder sind dies eine Sammlung von 1700 *Ayyām al-ʿarab* (Berichte über Schlachten und Fehden der vorislamischen Zeit), Abhandlungen über Genealogien von Stämmen und Sippen, über Sänger und Sängerinnen, Dichter und Weinhändler; außerdem stellte er Diwane der beiden Dichter ABŪ TAMMĀM und ABŪ NUWĀS zusammen. – Ausgehend von der Biographie der mehr als 200 Dichter und Musiker präsentiert al-Isfahānī mit dem *Kitāb al-Aġānī* eine literargeschichtliche Enzyklopädie, mit der der Höhepunkt auf dem Gebiet der arabischen literarischen Biographie erreicht ist. Alle Angaben untermauert er mit jeweils einem exakten *isnād* (d. i. die Kette der Überlieferer), jedoch ohne Werk-Angaben, und erweckt damit bewußt den Eindruck, sich allein auf die – zu jener Zeit noch höchstgeschätzte – mündliche Tradierung zu stützen, während er selbstverständlich größtenteils schriftliche Quellen benutzt. Dies wurde ihm von strengen Zeitgenossen gelegentlich zum Vorwurf gemacht. Dennoch war der Wert des *Kitāb al-Aġānī* von Anfang an unbestritten; schon früh waren Abschriften gesucht und mußten teuer bezahlt werden. Die Nachwelt aber verdankt al-Isfahānī mit dem *Kitāb al-Aġānī* eine arabische Literaturgeschichte, die lange Stücke älterer Dichter bewahrt hat, deren Werk sonst nicht erhalten ist.   S.Gr.

AUSGABEN: Bulak 1868/69, 20 Bde.; Bd. 21, Hg. R. E. Brünnow, Leiden 1888 [dazu Index v. J. Guidi, *Tables alphabétiques du Kitāb al-Aġānī*, Leiden 1900]. – Kairo (Dār al-Kutub) 1927–1974, 24 Bde.

ÜBERSETZUNG: *Und der Kalif beschenkte ihn reichlich. Auszüge aus dem Kitāb al-Aġānī*, G. Rotter, Stg. 1977. – Dass., ders., Mchn. 1988 (Goldm. Tb).

LITERATUR: I. L. Zolondek, *An Approach to the Problem of the Sources of the »Kitāb al-aġānī«* (in JNES, 19, 1960, S. 217–234). – M. Fleischhammer, *Reste zweier Dichterbücher im »Kitāb al-Aġānī«* (in *Studia Orientalia in memoriam C. Brockelmann*, Hg. ders., Halle/Saale 1968, S. 77–83; WZHalle, 17, 2/3).

CHRISTOPHER ISHERWOOD

eig. Christopher William
Bradshaw-Isherwood

* 26.8.1904 Disley / Cheshire
† 4.1.1986 Santa Monica / Calif.

LITERATUR ZUM AUTOR:
Bibliographien:
S. Westby u. C. M. Brown, *C. I.: A Bibliography 1923–1967*, Los Angeles 1968. – S. Orphanis, *C. I.: A Checklist 1968–1975* (in TCL, 22, 1976, S. 354–361). – R. W. Funk, *C. I.: A Reference Guide*, Boston 1979.
Biographien:
J. H. Fryer, *I.: A Biography of C. I.*, Ldn. 1977. – B. Finney, *C. I.: A Critical Biography*, Ldn./NY 1979. – J. Lehmann, *C. I.: A Personal Memoir*, NY 1988 [m. Ill.].
Gesamtdarstellungen und Studien:
G. H. Bantock, *The Novels of C. I.* (in *The Novelist as Thinker*, Hg. B. Rajan, Ldn. 1945, S. 46–57). – H. Maes-Jelinek, *The Knowledge of Man in the Works of C. I.* (in Revue des Langues Vivantes, 26, 1960, S. 341–360). – C. Heilbrun, *C. I.*, NY 1970. – A. Wilde, *C. I.*, NY 1971 (TUSAS). – M. S. Boretz, *The Discreet and Conspirational Contention: The Autobiographical Writings of C. I.*, Diss. Univ. of Southern Calif. 1974 (vgl. Diss. Abstracts, 35, 1974, S. 2258A). – A. Wilde, *Language and Surface: I. and the Thirties* (in ConL, 16, 1975, S. 478–491). – TCL, 22, 1976 [Sondernr. *C. I.*]. – S. L. Hynes, *The Auden Generation: Literature and Politics in England in the 1930s*, Ldn. 1976. – G. Vidal, *Art, Sex and I.* (in NY Review of Books, 9. 12. 1976, S. 10–18). – F. H. King, *C. I.*, Ldn. 1976. – P. Piazza, *C. I.: Myth and Anti-Myth*, NY 1978. – C. J. Summers, *C. I.*, NY 1980. –

P. Fussell, *Abroad. British Literary Travelling Between the Wars*, Oxford 1980. – C. J. Summers, *C. I.* (in DLB, Bd. 15, 1983, S. 206–219). – F. H. King, *C. I.* (in *British Writers*, Hg. I. Scott-Kilvert, Bd. 7, NY 1984, S. 309–320). – H.-Ch. Oeser, *C. I.* (in KLFG, 6. Nlg., 1985).

THE ASCENT OF F 6

(engl.; *Die Besteigung des F 6*). Tragödie in zwei Akten (Prosa und Vers) von Christopher Isherwood und Wystan Hugh Auden (1907–1973), erschienen 1936; Uraufführung: London, 26. 2. 1937, Mercury Theatre. – Von den Versdramen, die in den dreißiger Jahren im Zusammenhang der Bemühungen um eine Erneuerung des englischen Dramas und Theaters entstanden, war *The Ascent of F 6* neben T.S. Eliots *Murder in the Cathedral*, 1935 *(Mord im Dom)*, das erfolgreichste. Nach der Rückkehr aus Berlin, wo die Schulfreunde Auden und Isherwood zwischen 1928 und 1933 entscheidende Impulse für ihr weiteres Schaffen erhielten (allerdings weniger vom Drama des jungen Brecht als von Film, Kabarett und satirischen Revuen sowie generell von der Aufbruchstimmung jener Jahre und vom Aufkommen des Faschismus), arbeiteten beide eng mit dem 1932 gegründeten Group Theatre zusammen. Diese nichtkommerzielle Londoner Truppe, deren Arbeit sowohl von künstlerischen Experimenten als auch vom politischen Engagement geprägt war, hatte an der Realisierung der drei von Auden und Isherwood gemeinsam verfaßten Dramen *The Dog Beneath the Skin*, 1935 *(Des Pudels Kern)*, *The Ascent of F 6* und *On the Frontier*, 1938 *(An der Grenze)*, entscheidenden Anteil, besonders der Regisseur Rupert Doone, der Komponist Benjamin Britten, der die Bühnenmusik schrieb, und natürlich die Schauspieler, die sich mit den Zielen der Truppe identifizierten. Aber auch dem Group Theatre verbundene Autoren wie Stephen Spender, E. M. Forster, Cecil Day Lewis und Louis MacNeice trugen durch publizistische Schützenhilfe zum Gelingen bei.

Nach einer erfolgreichen Londoner Saison mit über 130 Aufführungen wurde *The Ascent of F 6* in den späten dreißiger, aber auch in den fünfziger Jahren in zahlreichen englischen Städten, in New York und auch als Hörspiel bei der BBC wiederaufgeführt. 1939 spielte Alec Guinness im Londoner Old Vic Theatre die Hauptrolle des Stücks und arbeitete dabei besonders deutlich heraus, was Audens und Isherwoods Zeitgenossen kaum verdeutlicht werden mußte: Der Bergsteiger Michael Ransom, der sich als eigentlich kontemplativer Mensch gegen seinen Willen zum Mann der Tat und zum Nationalhelden entwickelt und der einer imperialistisch motivierten Expedition zum Erfolg verhilft, ist dem berühmten Archäologen und Kolonialagenten T. E. Lawrence (»Lawrence von Arabien«) nachgebildet. Auch das Thema Bergsteigen lag im Zeichen der großen Himalaya-Expeditionen

der dreißiger Jahre nahe; wie zuvor schon die Flugpioniere wurden auch die Bergsteiger zu exemplarischen Helden der Zeit. Nicht um Heldenverehrung freilich geht es in *The Ascent of F 6*, sondern neben der individualpsychologischen Problematik des Willens- und Tatmenschen stehen vor allem der imperialistische Zusammenhang der Bergexpedition und eine von Oberschicht-Interessen geprägte, perfide Medienstrategie im Blickpunkt: die Art und Weise, wie das für die meisten Expeditionsteilnehmer tödliche Wagnis zur Domestizierung der unzufriedenen Massen daheim benutzt wird.

Der hauptsächlich der Exposition dienende erste Akt beginnt mit einem Prosamonolog Michael Ransoms, der in Dichterpose auf einem Berggipfel im englischen Lake District über die politischen und psychologischen Grundlagen der Zivilisation nachsinnt: Politisches Handeln ist Triebsublimation, Macht korrumpiert den Menschen. So dienen ihm die Berge als Refugium aus den Niederungen des Alltags, die sogleich im ersten der zahlreichen Versdialoge zwischen Mr. A und Mrs. A illustriert werden. Wie Ransom suchen die A's im öden, entfremdeten Alltag nach Lebenssinn und Abenteuer; als Vertreter der kleinen Leute sind sie zugleich Opfer der Verhältnisse und kommentierende Chorfiguren. Ihre stilisierten Dialoge bilden neben der stärker satirisch-realistisch geprägten Haupthandlung eine zweite Ebene des Stücks. Sodann wird in einer satirisch pointierten Szene die dritte Personengruppe des Stückes vorgestellt: Michaels Bruder Sir James Ransom, ein hoher Kolonialbeamter, diskutiert mit Vertretern der Oberschicht, einem General, einem Presselord und einer Lady, der Tochter eines Gouverneurs, die bedrohliche Lage in der Kolonie Britisch-Sudoland: Von der benachbarten Kolonie Ostnisch-Sudoland aus wird Aufruhr unter den Eingeborenen geschürt. Die Grenze zwischen beiden Kolonien bildet ein Gebirgszug, dessen höchster Gipfel der bisher unbezwungene F 6 ist, auf dem nach der Überlieferung der Eingeborenen ein Dämon haust. Über ganz Sudoland wird nach dieser Überlieferung herrschen, wer als erster den F 6 bezwingt. Also muß schnellstens eine britische Expedition auf diesen Berg geschickt werden, denn die Ostnier sind bereits unterwegs. Michael Ransom, der zu seinem Bruder allerdings ein gespanntes Verhältnis hat, soll als Expeditionsleiter gewonnen werden.

In der Kontrastwelt der Bergsteiger (neben Ransom die späteren Expeditionsteilnehmer Gunn, Shawcross, Lamp und Williams) treten nun wie im mittelalterlichen Moralitätendrama – außer der Stationentechnik verweisen auch andere strukturelle Eigenheiten von *The Ascent of F 6* auf diese in Eliots Versdramen ebenfalls herangezogene Dramenform – Sir James und seine Verbündeten als Versucher des Protagonisten auf. Freilich ohne Erfolg, denn Ransom durchschaut die Zusammenhänge. Erst die herbeigerufene Mutter kann ihn zum Kampf mit dem Dämon motivieren. An dieser Stelle wird die innere Widersprüchlichkeit der Motivation des Helden erstmals deutlich: Trotz Einsicht in den geplanten politischen Mißbrauch seines Tuns erliegt Ransom einem unbewältigten Ödipus-Komplex (Bruderrivalität um die Gunst der Mutter). So wird die Expedition für ihn vorrangig zur Suche nach dem Selbst, während sie sich zunächst doch als ideologiekritisches Lehrstück über imperialistische Interessenkonstellationen angelassen hatte.

Daß FREUD und MARX in *The Ascent of F 6* schließlich deutlich in Konflikt geraten, läßt sich in der Schlußszene des zweiten Aktes, mit der die Autoren und die meisten Kritiker trotz mehrfacher Revisionen unzufrieden blieben, nicht mehr verbergen: Nachdem die Kameraden, die den Skeptiker Ransom am Abbruch des Unternehmens gehindert hatten, mit Ausnahme von Williams, der im Basislager blieb, tödlich verunglückt sind, offenbart sich dem allein auf dem Gipfel des F 6 sterbenden Ransom in einer Halluzination der Dämon als seine Mutter. In Anspielung auf den Schluß von IBSENS *Peer Gynt* stirbt der Held im Schoß seiner Mutter. Das marxistische Denkmodell, das bis zur vorletzten Szene (Vertröstung der A's mit Ersatzheroismus) noch Gültigkeit besessen hatte, tritt endgültig zugunsten des psychoanalytischen zurück.

Während Handlungsentwurf und Prosapassagen weitgehend Isherwoods Werk sind, schuf Auden (laut Isherwood) die »Arien« zu dessen »Libretto«. Daß Auden dabei einige seiner eindrucksvollsten Verspartien gelangen, wird auch dadurch unterstrichen, daß er sie in seine *Collected Poems* aufnahm. Nicht nur die Bühnenfassung, sondern auch die Druckfassungen des Werkes wurden mehrfach revidiert.   H.Thi.

AUSGABEN: Ldn. 1936. – NY 1937. – Ldn. 1937 (rev.). – Ldn. 1958 (zus. mit *On the Frontier*); ern. 1961, zul. 1983.

LITERATUR: E. M. Forster, Rez. (in Listener, 14. 10. 1936). – F. R. Leavis, Rez. (in Scrutiny, 5, 1936, S. 323–327). – S. Spender, *Fable and Reportage* (in Left Review, Nov. 1936, S. 779–782). – A. R. Humphreys, Rez. (in Cambridge Review, 30. 4. 1937). – C. D. Lewis, Rez. (in Poetry, 49, 1937, S. 225–228). – L. MacNeice, Rez. (in The Spectator, 5. 3. 1937). – G. J. Nathan, Rez. (in Scribner's Magazine, Sept. 1937, S. 66–68). – J. A. Smith, Rez. (in The Criterion, 16, 1937, S. 329–333). – E. Wilson, Rez. (in New Republic, 24. 2. 1937). – D. Gerstenberger, *Poetry and Politics: The Verse Drama of Auden and I.* (in MD, 5, 1962/63, S. 123–132). – G. Stebner, »*The Ascent of F 6*« (in *Das moderne englische Drama*, Hg. H. Oppel, Bln. 1963). – M. K. Spears, *The Poetry of W. H. Auden*, NY 1963, S. 90–105. – B. C. Bloomfield, *W. H. Auden: A Bibliography. The Early Years Through 1955*, Charlottesville/Va. 1964, S. 16–19. – B. Mitchell, *W. H. Auden and Ch. I.: The ›German Influence‹* (in Oxford German Studies, 1, 1966, S. 163–172). – M. Jurak, *English Political Verse Drama of the Thirties: Revision and Alteration* (in Acta Neophilologica, 1, 1968, S. 67–78). –

Ders., *The Group Theatre: Its Development and Significance for the Modern English Theatre* (ebd., 2, 1969, S. 3–43). – J. Fuller, *A Reader's Guide to W. H. Auden*, Ldn. 1970, S. 90–95. – I. Hahnloser-Ingold, *Das englische Theater und Bert Brecht*, Bern 1970, S. 84–124, bes. 104–109. – S. Hynes, *The Auden Generation*, Ldn. 1976, S. 190 f., 236–241. – Ch. I., *Christopher and His Kind, 1929–1939*, NY 1976/Ldn. 1977, S. 179–181, 199–201.

GOODBYE TO BERLIN

(engl.; *Ü: Leb' wohl, Berlin. Ein Roman in Episoden*). Roman von Christopher ISHERWOOD, erschienen 1939. – Wie *Mr. Norris Changes Trains*, 1935 (*Mr. Norris steigt um*), schrieb Isherwood auch *Goodbye to Berlin* ursprünglich als Teil eines großangelegten (dann aber nicht vollendeten) Episodenromans über das Berlin kurz vor Beginn des Hitler-Regimes. Die beiden Bücher (bzw. drei, wenn man die bereits 1937 als unabhängige Novelle publizierte *Sally Bowles* – Sequenz aus *Goodbye to Berlin* mitzählt) brachten ihm den Ruf eines scharfsichtigen Chronisten der deutschen Entwicklung in den Jahren 1930 bis 1933 ein, die er selbst als Sprachlehrer in Berlin verbracht hatte.

In den sechs Episoden des Buches fungiert der mittellose Schriftsteller Mr. Isherwood, der sich schlecht und recht mit Englischstunden durchbringt, als Ich-Erzähler. Er nennt sich »*eine Kamera ... die registriert, nicht denkt*«. Aber allein schon die intelligente Auswahl der Objekte, die diese Kamera fotografiert, der Einstellungen und der Hintergründe ihrer Aufnahmen ist mehr als bloßes Registrieren. Die beiden ersten Abschnitte (*Berliner Tagebuch* und *Sally Bowles*) spielen vorwiegend in einer der für das Berliner Westend so kennzeichnenden kleinen Pensionen, in der die Mieter Isherwood bunt zusammengewürfelte Typen beobachtet. Hier lauscht er geduldig den leicht verrückten Geschichten, die Sally Bowles ihm von ihren Männerbekanntschaften erzählt, jene bei aller Flatterhaftigkeit und schockierend-naiven Amoralität liebenswerte »Barsängerin«, mit der der Autor einen später oft kopierten Typ kreiert hat (zu ihren »Nachfahrinnen« zählt beispielsweise Holly Golightly aus Truman CAPOTES *Breakfast at Tiffany's*). – In der dritten und vierten Episode (*Auf Rügen* und *Die Nowaks*) beobachtet Isherwood zuerst den Berliner Arbeiterjungen Otto Nowak, der, frech und lebenshungrig, mit recht fragwürdigen Mitteln versucht, der Wedding-Atmosphäre zu entrinnen, und dann Ottos Angehörige, bei denen er nicht nur das Berliner Proletariermilieu kennenlernt, sondern auch die Auswirkungen der politischen Schizophrenie jener Jahre auf den kleinen Kreis einer Familie. – Die fünfte Episode (*Die Landauers*) bringt den Erzähler in Kontakt mit der im Tiergartenviertel wohnenden Familie eines jüdischen Warenhausbesitzers, an deren einzelnen Mitgliedern er unterschiedliche Reaktionen auf die antisemitische Hetze der Nazis beobachtet. – Im letzten Teil (wieder *Berliner Tagebuch* betitelt) nimmt der englische Gast im Frühling 1933 Abschied von einer Stadt, auf deren Straßen der Terror herrscht. Wehmütig, noch kaum fähig zu glauben, daß es »sein« Berlin nicht mehr gibt, sagt er »Goodbye«. Den Kunstgriff, Fiktion, persönliche Erinnerung und politische Reportage zu kombinieren, beherrscht Isherwood souverän. Indem er einen nahezu gesichtslosen Erzähler zum Bindeglied zwischen den einzelnen Episoden macht, läßt er die teils exzentrischen, teils alltäglichen Charaktere und die Berliner Szene für sich selbst sprechen, vermeidet er den Ton des Moralisten oder des Leitartiklers. Daß der informierte Leser die Ereignisse durchweg besser in größere Zusammenhänge einordnen kann als der naive Erzähler, ist eine wichtige Quelle der Ironie. Das Ergebnis ist ein Buch, das bei aller Zeitbezogenheit noch heute nicht zeitgebunden wirkt, eine Darstellung der politischen und moralischen Auflösung Deutschlands, wie sie in dieser Intensität wenigen ausländischen Erzählern gelungen ist. Auch im Vergleich mit der nunmehr direkt-autobiographischen Schilderung derselben Berliner Jahre in *Christopher and His Kind 1929–1939* (1976), dem zweiten Band einer dreiteiligen Autobiographie, bleibt *Goodbye to Berlin* die faszinierendere Version.   J. v. Ge.-KLL

AUSGABEN: Ldn. 1937 *(Sally Bowles)*. – Ldn. 1939. – Ldn. 1952. – Ldn. 1980, Hg. G. Halson. – Ldn. 1985 [m. *Mr. Norris Changes Trains*]. – Ldn. 1987.

ÜBERSETZUNG: *Leb' wohl, Berlin. Ein Roman in Episoden*, S. Rademacher, Hbg. 1949. – Dass., dies., Bln. 1974. – Dass., dies., Ffm./Bln. 1986 (Ullst. Tb).

DRAMATISIERUNG: J. van Druten, *I Am a Camera*, Ldn. 1954.

VERTONUNG: J. Kander u. F. Ebb, *Cabaret*, NY 1966 (Musical; Buch: J. Masteroff; Film: USA 1972, Regie: B. Fosse).

LITERATUR: D. P. Thomas, »*Goodbye to Berlin*«: Refocusing I.'s Camera (in ConL, 13, 1972, S. 44 bis 52). – K. S. Knodt, »*Goodbye to Berlin*«: The Diaries as Structure (in Descent, 1, 1975, S. 40–48). – P. Thomas, ›Camp‹ and Politics in I.'s Berlin Fiction (in Journal of Modern Literature, 5, 1976).

PRATER VIOLET

(engl.; *Ü: Praterveilchen*). Roman von Christopher ISHERWOOD, erschienen 1945. – In gewisser Weise knüpft dieses Werk an Isherwoods Berlinromane *Mr. Norris Changes Trains* (1935) und *Goodbye to Berlin* (1939) an: Zum einen hat der handlungsarme, hauptsächlich charakterorientierte Kurzroman ebenfalls den Aufstieg des Nationalsozialismus (hier die Ausweitung auf Österreich, Dollfuß-Affäre 1933/34) zum weltpolitischen Hintergrund, zum andern wird die Ich-Erzählung aus *Goodbye to Berlin* weitergeführt, die den autobiographischen Gehalt durch die Namensidentität von Autor und Ich-Erzähler betont. Der Schauplatz jedoch hat sich von Berlin nach London verlagert, wo der Mr. Isherwood des Romans eine Stelle bei der Filmgesellschaft »Imperial Bulldog« als Drehbuchbearbeiter und Dialogregisseur für die Verfilmung des zweitrangigen Musicals »Prater Violet« annimmt. Seine eigentliche Aufgabe besteht jedoch darin, sich des aus Wien verpflichteten Regisseurs Dr. Friedrich Bergmann anzunehmen. Bergmann, früher in Berlin als hervorragender Regisseur gefeiert, wegen seiner jüdischen Abstammung aber nach Wien emigriert, vereinigt in seiner Person Tragisches und Komisches in außergewöhnlicher Intensität. »*Ein tragischer Punch*« – das ist Isherwoods erster Eindruck von ihm, dann aber wird ihm bewußt, daß er in »*das Gesicht einer politischen Situation, einer Epoche, das Gesicht Mitteleuropas*« blickt. Während Bergmann inmitten schockierend gleichgültiger Engländer (»*Ich verlange von dieser ganzen verdammten Insel, daß sie sich Sorgen macht!*«) jenen Film über ein Operettenwien dreht, in dem der Kronprinz Rudolf von Borodania sich inkognito in die Veilchenverkäuferin Toni verliebt und sie nach mancherlei Schwierigkeiten zum Altar führt, wird im wirklichen Wien, in dem Bergmann seine Familie zurückgelassen hat, der Arbeiteraufstand blutig niedergeschlagen und Hitlers Machtübernahme vorbereitet. Bergmann scheitert fast an dieser Diskrepanz: »*Diese elende, verlogene Scharade! In diesem Augenblick einen solchen Film zu drehen ist ausgesprochen gefühllos. Es ist ein Verbrechen. Er hilft zweifelsohne Dollfuß und Starhemberg und Fey und ihren Ganoven. Er deckt die schmutzige Syphilisschwäre ... mit den Blütenblättern dieses heuchlerischen reaktionären Veilchens zu.*« Dann jedoch gelingt es dem Produzenten durch eine List, Bergmanns Ehrgeiz anzustacheln, der Film wird fertiggestellt und verhilft dem Regisseur zu einem Job in Hollywood, wohin er 1935 mit seiner Familie auswandert.

Der Roman lebt von der Gestalt Bergmanns, die für den Ich-Erzähler (»*Sie sind ein typisches Muttersöhnchen. Das ist die Tragödie Englands*«, sagt der Emigrant zu ihm) zur bewunderten Vaterfigur wird. Bergmanns zornige Verzweiflung über die Indifferenten entspringt ebenso wie seine Vorahnung der Greueltaten des Dritten Reichs der Sorge um das Menschliche in einer immer unmenschlicher werdenden Welt; und unter diesem Aspekt sind auch seine eigenen allzumenschlichen Züge, seine Neigung zum Spielerischen und zur Selbstinszenierung zu verstehen.   J.v.Ge.-KLL

AUSGABEN: NY 1945. – Ldn. 1946.– NY 1956. – Ldn. 1984. – NY 1985. – NY 1987.

ÜBERSETZUNG: *Praterveilchen*, H. Bochow-Blüthgen, Hbg. 1953; zul. Reinbek 1988 (rororo).

LITERATUR: B. Viertel, *C. I. and Dr. Friedrich Bergmann* (in Theatre Arts, 30, Mai 1946, S. 295–298).

A SINGLE MAN

(engl.; *Ü: Der Einzelgänger*). Roman von Christopher ISHERWOOD, erschienen 1964. – Gewisse Züge von Isherwoods achtem Roman, der zu seinen besten zählt, erinnern an JOYCE' *Ulysses*: das letztlich alltägliche und gerade deshalb exemplarische Geschehen, das auf einen einzigen Tag (im November 1962, einen Monat nach der Kubakrise) konzentriert ist; die Aufgliederung dieses Zeitraums in szenenhafte Abschnitte mit wechselnden Schauplätzen; die Thematik zwischenmenschlicher Kommunikation, ihre Fragwürdigkeit und ihr Scheitern. Die Zentralgestalt, deren Erwachen an jenem Morgen ein langwieriger Prozeß des Bewußtwerdens der eigenen Identität ist, heißt George (der Nachname wird nicht genannt) und ist in mehrfacher Hinsicht ein Außenseiter: unter seinen Kollegen am San Tomé College in Los Angeles als Literaturdozent, dessen *»akademische Grade und dessen Herkunft britisch und damit suspekt sind«*; im kleinen Kreis seiner gutbürgerlichen Vorortsnachbarn als kontaktscheuer Sonderling und im großen Bereich der »normalen« amerikanischen Gesellschaft als Homosexueller. Seit dem Unfalltod seines Freundes und Wohnungsgenossen Jim hat er sein Einzelgängertum geradezu kultiviert. Charlotte, eine geschiedene Engländerin und ebenfalls eine vereinsamte »Überlebende«, erfährt dies am schmerzlichsten, da sie die Bindung mit ihm sucht. Die Umwelt wird von George nur dort akzeptiert, wo sie ihn bestätigt: in seiner Vorlesung über Huxleys *After Many a Summer*, wo er mit Ironie Lebenserfahrung vorgaukelt, in der Sporthalle oder bei einer spielerischen Rauferei mit einem Studenten am nächtlichen Strand, wo er sich und andern beweisen kann, daß er trotz seiner 58 Jahre körperlich »fit« geblieben ist. Andrerseits legitimiert sich für ihn die Umwelt dort, wo sie ihn an Jim erinnert. Sein Haß auf Doris, die für ihn *»unendlich mehr war als Doris, nämlich der Feind Weib, der Jim für sich beanspruchte«*, ist allerdings jetzt, da die an Krebs Erkrankte im Sterben liegt, verflogen, denn durch ihren Tod geht ihm *»wieder ein Stück von Jim für immer verloren«*. In der gleichen Ichbezogenheit, in der er diesen Tag – und alle anderen – verbracht hat, beendet er ihn auch: Der Akt der Onanie wird zur symbolischen Geste. Nach dieser Nacht gelangt er nicht mehr zu klarem Bewußtsein; er sinkt erneut in dumpfen Schlaf, und dann setzt sein Herz aus. Was von ihm übrig bleibt, *»ist dem Abfall im Mülleimer hinterm Haus verwandt. Beides muß möglichst bald fortgeschafft und beseitigt werden.«* Besondere Qualitäten des Romans sind die bei aller Offenheit feinfühlige Behandlung des Themas Homoerotik und die Ausleuchtung der damit verbundenen gesellschaftspsychologischen Probleme, die wiederum in die kritische Auseinandersetzung mit der amerikanischen Gegenwart mündet. Sein Außenseitertum und seine Intelligenz befähigen George, den der Autor einmal mit einem *»gramvollen jüdischen Propheten des Untergangs«* vergleicht, hinter die Fassade des »amerikanischen Utopia«, des »*Königreichs des guten Lebens auf Erden«* zu blicken, sie verbieten ihm aber auch die offene Stellungnahme. So bedient er sich der Ironie, um die *»Verständigungsmanie«* in einer Welt, in der letztlich Verständnislosigkeit herrscht, und um die Bildungsbeflissenheit eines Systems, dessen Institute Fließbandfabriken gleichen, zu geißeln. Einsamkeit, Furcht vor dem Anderssein, Tod: das sind Schlüsselwörter, die nicht nur seine Situation kennzeichnen, sondern auch das Klima einer Gesellschaft, die diese Phänomene tabuiert hat.   K.Hä.

AUSGABEN: Ldn. 1964. – NY 1964. – Ldn. 1978. – NY 1985. – Ldn. 1986. – NY 1986.

ÜBERSETZUNG: *Der Einzelgänger*, A. Kaun, Karlsruhe 1965. – Dass., ders., Bearb. G. Hoffmann u. P. Schmittinger, Bln. 1984.

LITERATUR: K. Harpprecht, Rez. (in SZ, 20.2. 1965). – S. Nagarajan, *C. I. and the Vedantic Novel: A Study of »A Single Man«* (in Ariel, 3, Calgary 1972, S. 63–71).

ISHIDA BAIGAN

* 1685 Tamba / Präfektur Kioto
† 1744 Kioto

TOHI-MONDŌ

(jap.; *Zwiegespräche mit Leuten von Stadt und Land*). Ein vierbändiges Lehrwerk des ISHIDA Baigan, in dem er seine in den Jahren 1729 bis 1739 geführten Lehrgespräche überarbeitet und zusammengefaßt hat; abgeschlossen und veröffentlicht 1740. – Das Buch gehört zu den grundlegenden Schriften der von Baigan begründeten »Shingaku« (Lehre vom Herzen), die nachhaltigen Einfluß auf die Volkserziehung und -aufklärung gewinnen sollte. Die Basis seines Lehrgebäudes bildete der Shintō, doch zog er zur Vertiefung seiner Thesen auch den Konfuzianismus, den Buddhismus und den Taoismus heran. Im Mittelpunkt des Shingaku-Denkens steht der Satz *»kokoro wo shiru«* (»das Herz erkennen«); denn der Mensch hat ein angeborenes gutes Herz, erkennt er dieses und richtet sich an ihm aus, so wird sein Wandel ohne Tadel sein: *»Hat man das Herz erkannt, dann respektiert man den Körper. Weil man den Körper respektiert, steht man mit den Sitten im Einklang. Aus diesem Grunde ist das Herz ruhig. Das Ruhigsein des Herzens, das ist Menschlichkeit... Das Erlangen die-*

ses Herzens muß Anfang und Ende der Wissenschaft sein.« Die Gespräche im *Tohi-mondō* kehren immer wieder zu diesem Thema zurück. In sechzehn Kapiteln erklärt Baigan, ausgehend von den verschiedensten Fragestellungen, wie wichtig es sei, die menschliche Natur wieder in Einklang mit der naturgegebenen Ordnung zu bringen, denn *»wenn man die Naturanlage kennt, dann ist der Weg zum Handeln leicht«.* Interessant ist sein Eintreten für die Gleichbewertung aller Stände; angesichts der strengen Klassenschranken seiner Zeit wirkt er darin fast revolutionär. *»Wenn man vom Weg der Kaufleute spricht, wie sollte dieser wohl vom Weg der Bauern, Krieger, Handwerker verschieden sein? ... Krieger, Bauer, Handwerker, Kaufmann – alle zusammen sind ein Wesen des Himmels. Gibt es im Himmel wohl zwei Wege?«* Und so werden im *Tohi-mondō* auch alle Fragen, gleich welchem Stand sie sich zuwenden mögen, grundsätzlich von diesem Standpunkt aus betrachtet und erörtert. Wenn der Kaufmannsschicht etwas mehr Raum gewidmet wird, so hat das seinen Grund in den Zeiterfordernissen, die sich aus der wirtschaftlichen Entwicklung ergaben. Der zunehmende Wohlstand der Kaufleute ließ in ihrem Stand schneller als anderswo die Moral erschlaffen und die Sucht nach Vergnügen und Genuß an die erste Stelle treten. Außerdem darf man nicht übersehen, daß der Autor selbst zwanzig Jahre lang diesem Berufsstand angehört hatte. Daß er erkannte, wie sehr ein besseres Zusammenspiel aller sozialen Kräfte den Wohlstand des Reichs mehren würde, spricht für seinen Weitblick, wenngleich zu seiner Zeit der Einfluß der Wirtschaft auf das kulturelle Leben in Japan sich besonders deutlich abzuzeichnen begann. H.Ham.

AUSGABEN: Kioto 1739. – Tokio 1904 (in *Shingaku-sōsho*, Bd. 3). – Tokio 1929 (in *Nihon-keizai-taiten*, Bd. 13). – Tokio 1956 (in *Ishida Baigan zenshū*, Bd. 1). – Tokio 1964–1969 (in Nihon-kotenbungaku-taikei, 97).

ÜBERSETZUNG: *Seiri Mondo, A Dialogue on Human Nature and Natural Order*, P. B. Brocchieri (in ISMEO, Rom 1961; engl.).

LITERATUR: Ishikawa K., *Sekimon-shingaku-shi no kenkyū*, Tokio 1938. – H. Hammitzsch, *Shingaku – Eine Bewegung der Volksaufklärung und Volkserziehung in der Tokugawazeit* (in Monumenta Nipponica, 4, 1941, Nr. 1). – R. N. Bellah, *Tokugawa Religion*, Glencoe 1957. – P. B. Brocchieri, *Some Remarks on the Buddhists Elements in the Philosophy of Ishida Baigan* (in Transactions of the International Conference of Orientalists in Japan 3, 1958). – Ishida I., *Chōnin-bunka*, Tokio 1961. – Shibata M., *Ishida Baigan*, Tokio 1962. – Takenaka S., *Sekimon-shingaku no keizai-shisō*, Tokio 1962. – R. P. Dore, *Education in Tokugawa Japan*, Berkeley 1965. – Shibata M., *Shingaku* 1967. – Ishikawa K., *Ishida Baigan to »Tohi-mondō«*, Tokio 1968. – Adachi Ritsuen, *Ishida Baigan: »Tohi mondō«*, Tokio 1969.

ISHIKAWA TAKUBOKU

* 20.2.1886 Hinoto / Präfektur Iwate
† 13.4.1912 Tokio

LITERATUR ZUM AUTOR:
Iwaki Yukinori, *Ishikawa Takuboku den*, Tokio 1955. – Ders., *Takuboku hyōden*, Tokio 1976. – V. N. Eremin, *Ishikawa Takuboku poét japonskogo naroda*, Moskau 1955. – Kawakami Hideo, *Ishikawa Takuboku shin kenkyū*, Tokio 1972. – Imai Yasuko, *Ishikawa Takuboku ron*, Tokio 1974. – Hijiya Yukihito, *Ishikawa Takuboku*, Boston 1979 (TWAS).

DAS LYRISCHE WERK (jap.) von ISHIKAWA Takuboku.
Das lyrische Werk des früh verstorbenen Autors besteht aus *tanka* (31silbige Gedichte in traditioneller Form) und *shi* (Gedichte in freien Rhythmen). In beiden Bereichen öffnete er der modernen japanischen Literatur neue Wege. Der Autor veröffentlichte ab 1902 in der Zeitschrift ›Myōjō‹, dem wichtigsten Organ der jungen romantisch-symbolistischen Dichtung in Japan, Tanka und Shi, die von seiner raschen und geschickten Absorption der symbolistischen Schreibweise zeugen. Seine frühen Shi sammelte er 1905 in dem Band *Akogare (Sehnsucht)*. Vor dem Hintergrund seines materiell bedrängten Lebens als Hilfslehrer in einer Grundschule seines Heimatdorfes und als Journalist bei Provinzzeitungen im hohen Norden Japans wie auch unter dem Eindruck des Naturalismus, der ab 1906 die literarische Diskussion beherrschte, wandte sich der Autor vorübergehend von der Dichtung ab und versuchte sich – mit wenig Erfolg – als Erzähler. Mit der Übersiedlung nach Tokio 1908 begann eine erneute intensive Beschäftigung mit der Tanka-Dichtung. Durch den Einsatz eines einfachen und modernen Vokabulars und das Aufgreifen alltäglicher »unpoetischer« Themen revolutionierte er das Tanka: *»Sprachlos vor den Bergen der Heimat/ dankbar für die Berge der Heimat«*; *»Dreiundzwanzig Jahre alt / bin ich durch eine Wüste gekommen? / keine Spur bleibt meiner Füße«*; *»Nur deswegen sterben? – Nur deswegen leben? / Hör auf, hör auf/ zu fragen; zu antworten«*; *»Wieso eigentlich sitze ich hier? / manchmal erschreckend / betrachte ich mein Zimmer«*. Themen wie der Verlust der Heimat und die Orientierungslosigkeit eines entfremdeten Lebens bestimmen die Gedichte, die – auch dank ihrer gelegentlichen Sentimentalität – für die bis heute andauernde außerordentliche Popularität des Dichters sorgen.
Eine erste Sammlung erfolgte 1910 in *Ichiaku no suna (Eine Handvoll Sand)*. In diesen Gedichten verwirklicht Takuboku in einem gleichzeitig entstandenen Essay (in bezug auf das Shi) formuliertes Ideal des »Gedichtes zum Essen«. Mit der Verschärfung der Unterdrückungspolitik der Re-

gierung gegenüber sozialistischen Gruppen im Jahre 1910 gewannen Takubokus Tanka eine noch größere gesellschaftliche Dimension: »*Wie gut das tut / das tiefe Aufheulen des Generators / wenn ich so sprechen könnte!*«; »*Wie aus Angst / daß man hört, was ich denke / unwillkürlich zurückweichend vor dem Stethoskop*«; »*Wenn ich sage: ich glaube daran / daß ein neuer Tag kommt / so lüge ich nicht, allerdings –*«. Diese späten Tanka sind in der 1912 postum erschienenen Sammlung *Kanashiki gangu (Trauriges Spielzeug)* zusammengefaßt. Als »trauriges Spielzeug« bezeichnete Takuboku sein Tanka-Dichten: In einer Situation, in der jedes politisch-gesellschaftliche Handeln unmöglich geworden war, blieb nur das Tanka als Ort einer eingeschränkten persönlichen Freiheit. Takuboku führte das Tanka dabei auch formal heraus aus den Fesseln einer traditionellen Emotionalität: Durch die Schreibung in drei Zeilen (bisher eine Zeile) und die Einführung westlicher Interpunktion näherte er es dem Shi an.

Während Takubokus frühe Shi sich am Symbolismus orientierten und die Shi der Jahre 1908 bis 1910 versuchten, auf die Herausforderungen des Naturalismus zu antworten, führte das vertiefte politische Bewußtsein im Jahre 1911 zu dem sprachlich und inhaltlich völlig neuartigen Gedichtzyklus *Hateshinaki giro no ato (Nach einer endlosen Diskussion)*, der in zwei handschriftlichen und einer gedruckten Fassung vorliegt (insgesamt elf Gedichte; alle im Juni/Juli 1911 entstanden). Die Gedichte, in denen sich auch die Auseinandersetzung des Autors mit europäischen sozialistischen Texten, darunter Schriften KROPOTKINS, widerspiegelt, sind in ihrer eigentümlichen Spannung zwischen revolutionärem Traum und privatem Glücksverlangen – und gerade auch in der unvollendeten Form ihrer Überlieferung – Zeugnis einer leidenschaftlichen Suche nach einer radikalen Reform der japanischen Gesellschaft und des eigenen Lebens: »*Einem dunklen, weiten Feld ähnelt / mein Gehirn, in welchem / von Zeit zu Zeit, wie ein fallender Blitz / der Gedanke der Revolution aufleuchtet, doch – / leider! / kein herrlicher Donner erreicht das Ohr des Wartenden.*«

W.Scham.

AUSGABEN: *Ishikawa Takuboku zenshū*, 8 Bde., Tokio 1967–1969, 1 u. 2. – Tokio 1976 (*Ishikawa Takuboku shū*, in Nihon kindai bungaku taikei, 23; m. Komm.).

ÜBERSETZUNGEN: *A Handful of Sand*, S. Sakanishi, Boston 1934; Nachdr. 1977 [engl.]. – *Lirika*, V. Markova, Moskau 1966 [russ.]. – *Poems to Eat*, C. Cesar, London 1966 [engl.]. – *Sad Toys*, S. Goldstein u. S. Shinoda, West Lafayette/Ind. 1977 [engl.]. – *Un puñado de arena*, A. Cabenas García, Pamplona/Madrid 1976 [span.].

LITERATUR: *Nihon bungaku kenkyū shiryō sōsho*, Hg. Ishikawa Takuboku, Tokio 1970. – R. Linhart, *Ishikawa Takuboku und der japanische Naturalismus*, Wien 1971 (Beiträge zur Japanologie, 8).

ISHIMURE MICHIKO

* 11.3.1927 Amakusa

KUGAI JŌDO: WAGA MINAMATA-BYŌ

(jap.; *Paradies im Meer des Leidens: Unsere Minamata-Krankheit*). Dokumentarischer Roman von ISHIMURE Michiko, erschienen 1969. – Es handelt sich um den ersten Teil einer Trilogie mit dem Titel *Kugai jōdo (Paradies im Meer des Leidens)*, deren dritter Teil, *Ten no uo (Fische vom Himmel)* 1974 erschien. Die ersten Kapitel des zweiten Teils der Trilogie, *Kugai jōdo: Dai ni bu (Paradies im Meer des Leidens: Zweiter Teil)* wurden 1970/71 in der Zeitschrift ›Henkyō‹ veröffentlicht. Seit 1986 erscheint die Fortsetzung des zweiten Teils in derselben Zeitschrift. Innerhalb der *Kugai-jōdo*-Trilogie, deren einzelne Teile durchaus unabhängig voneinander betrachtet werden können, fand *Kugai jōdo: Waga Minamata-byō* bei weitem die größte Anerkennung. Mehrfach mit Preisen ausgezeichnet, wurde dieses Buch immer wieder für die Bühne und das Fernsehen bearbeitet. Der Text regte verschiedene Dokumentarfilmer zu ihren Arbeiten an, und selbst Komponisten ließen sich davon inspirieren.

Hauptthema der Trilogie ist die Minamata-Krankheit, die durch den Verzehr großer Mengen quecksilberverseuchter Meerestiere hervorgerufen wird. Die Krankheit, gegen die es keine wirksame Therapie gibt, trat erstmals im Jahre 1956 auf, in kleinen Fischerdörfern um die Stadt Minamata (Präfektur Kumamoto) an der Ostküste der Shiranui-See, einem ruhigen Binnenmeer im Westen der Insel Kyushu. Die Erkrankten leiden u. a. an Empfindungsstörungen in Händen und Füßen, motorischen Lähmungen, Seh-, Hör- und Bewußtseinsstörungen. Auch Schwangere wurden geschädigt und brachten mißgestaltete und geistig behinderte Kinder zur Welt. Schon im Jahre 1959 konnte das Chemie-Unternehmen Chisso, das seit den dreißiger Jahren Abwässer ungeklärt in die Shiranui-See geleitet hatte, als Verursacher dieser schwerwiegenden Umweltvergiftung identifiziert werden. Aber erst 1973 wurde die Firma zu Schadenersatzzahlungen an die mehr als zweitausend Opfer und ihre Angehörigen verurteilt.

Kugai jōdo: Waga Minamata-byō zählt nicht nur zu den Meisterwerken der japanischen Gegenwartsliteratur – es hat auch wesentlich dazu beigetragen, daß sich eine landesweite Solidaritätsbewegung mit den Opfern bildete. Der Roman schildert in sieben Kapiteln, die durch ein äußeres chronologisches und ein inneres Prinzip der Erinnerung strukturiert sind, die frühe Geschichte der Krankheit von 1956 bis 1968. Das zweite und siebente Kapitel bilden die wichtigsten Zäsuren in der Handlung. Die Ereignisse des Jahres 1959 werden im zweiten Kapitel beschrieben: der Besuch einer Delegation von Parlamentsabgeordneten in Minamata, der mit Tumulten und der Demolierung von

Einrichtungen des Chisso-Werks endet, und die Unterzeichnung eines Vertrags über eine geringe Entschädigung durch das Unternehmen. Im siebenten Kapitel wird erzählt, wie die Bürger von Minamata 1968 einen Verein gründen, der die Kranken unterstützen und sie vor Diskriminierungen schützen soll und – eine Folge der öffentlichen Kampagne – daß der Firmenchef die Kranken und ihre Familien besucht und sich bei ihnen entschuldigt. In den Kapiteln drei und vier kommen in ausgedehnten Monologen zwei Betroffene zu Wort: Sakagami Yuki, eine aus Amakusa stammende Fischerin, und der Großvater des Jungen Ezuno Mokutarō, eines Opfers der fetalen Minamata-Krankheit. Das fünfte Kapitel schildert das Auftreten der Krankheit mit ihren bekannten Begleiterscheinungen in Fischerdörfern um die Minamata-Bucht. Man erfährt von dem anfänglichen Interesse der Presse, die die Quecksilbervergiftung als Quelle für Sensationsmeldungen betrachtete. Schließlich werden die physischen Leiden des im Alter von sechs Jahren an Quecksilbervergiftung erkrankten Mädchens Sugihara Yuri und die seelischen Qualen ihrer Eltern, die mit dem langsamen, unaufhaltsamen Verfall ihrer Tochter nicht fertig werden können, dargestellt. Im sechsten Kapitel wird dann der Verlauf der Ereignisse, die die Geschichte der Minamata-Krankheit zwischen 1956 und 1967 bestimmten, wiederholt und geschildert, wie die Autorin selbst bis 1968 versuchte, durch Fotoausstellungen, Filmvorführungen und Vorträge die Aufmerksamkeit der Öffentlichkeit auf das tragische Schicksal der Opfer und das zynische Verbrechen der Firma Chisso zu lenken.

Kugai jōdo: Waga Minamata-byō ist jedoch mehr als eine rein dokumentarische, historisch verifizierbare Darstellung; vielmehr handelt es sich bei diesem Roman um einen komplexen, vielschichtigen Text, der sich durch die kunstvolle Synthese verschiedener Stile auszeichnet. So werden lyrisch-romantischen Naturbeschreibungen schonungslose Anklagen gegen die Verbrechen der Firma Chisso gegenübergestellt. Die Passagen, in denen Minamata-Kranke über ihre körperlichen Behinderungen, ihr gestörtes Verhältnis zur Realität und ihre Ausschließung aus der »gesunden« Gesellschaft klagen, werden immer wieder durch Zeitungsartikel, Forschungsberichte, Sitzungsprotokolle und andere Originaldokumente zur Erforschung der Krankheit unterbrochen. In manche mystische, eine surreale Intensität und Schönheit ausstrahlende Vision der eindeutig mit Ishimure gleichzusetzenden Ich-Erzählerin drängt sich plötzlich der ebenso traumhafte Monolog eines Kranken. Die Autorin sieht die Minamata-Krankheit als das Resultat eines in der Meiji-Zeit (1868–1912) einsetzenden Verfallsprozesses: Ihre Warnung vor der Zerstörung der Natur und der traditionellen Kultur durch die Industriegesellschaft steigert sich zu einer apokalyptischen Vision. Mit den vielen neuen Wortschöpfungen, den im Text eingestreuten, volksliedartigen Gedichten, den Zitaten aus dem Kanon der klassischen japanischen und chinesischen Literatur

und der meisterhaften poetischen Fassung des Amakusa- und Minamata-Dialekts in den Dialog- und Monologpartien macht die Autorin über das bloße »sprachliche Kunstwerk« hinaus die Absicht deutlich, mit ihrem Werk ein neues literarisches Genre zu begründen.

Wie andere Werke Ishimures zum Thema Minamata, etwa die fiktionalisierten Autobiographien *Tsubaki no umi no ki*, 1976 *(Die Kameliensee)*, und *Ayatori no ki*, 1983 *(Das Fadenspiel)*, oder viele der in den Sammlungen *Kusa no kotozute*, 1977 *(Botschaft der Gräser)*, *Hi no Kanashimi*, 1986 *(Die Trauer der Sonne)*, und *Chichi no shio*, 1988 *(Flut aus der Brust des Meeres)*, enthaltenen Essays, ist auch *Kugai jōdo: Waga Minamata-byō* ein Aufruf für eine lebenserhaltende, menschlichere Gesellschaft. L.Mo.

Ausgaben: Tokio 1969. – Tokio 1972.

Übersetzung: *Paradise in the Sea of Sorrow: Our Minamata Disease*, L. Monnet, Kioto 1989 [engl.].

Literatur: Arai Toyomi, *Kugai jōdo no sekai*, Tokio 1986. – L. Monnet, *Paradies im Meer des Leidens: Die Minamata-Krankheit im Werk der Schriftstellerin Ishimure Michiko* (in Beiträge zur Japanologie, 26, 1988). – Dies., *Not Only Minamata* (in *Contemporary European Writing on Japanese Scholarly Views From Eastern and Western Europe*, Hg. I. Nish, Tenderdent/Kent 1988). – Dies., *In the Beginning Woman Was the Sun* (in *Japan Forum*, 1, 1989, Nr. 1 u. 2).

ISIDANGǰINWANGǰIL

* 1854 Tsakhar
† 1907

GÜNG-ÜN ǰUU-YIN GEGEN-Ü SURǦAL

(mong.; *Die Lehren des Erhabenen vom Herzogstempel*). Satirisch-sozialkritisches Gedicht von Isidangǰinwangǰil, entstanden um 1903, erschienen um 1920. – Der aus dem Tsakhargebiet der (von den Chinesen beherrschten) Inneren Mongolei stammende Autor kam schon mit sieben Jahren als Mönch in den »Herzogstempel« (Güng-ün ǰuu), ein lamaistisches Kloster im Ordusgebiet. Nach dem Studium der tibetischen Heilkunde zog er von seinem dreißigsten Lebensjahr an als Wanderarzt durch die südliche Innere Mongolei und erwarb dabei die intime Kenntnis der Nöte und Sorgen des mongolischen Volks, die in seinem Lehrgedicht zum Ausdruck kommt. Er setzt sich darin mit der hohen Geistlichkeit und dem mongolischen Adel auseinander und geißelt Mißstände in der Regierung wie im privaten Bereich des Alltagslebens.

Das Werk umfaßt sieben Abschnitte mit insgesamt 132 Vierzeilern in Stabreimen; es folgt dem Stil der bei den Mongolen von alters her verbreiteten buddhistischen Lehr- und Erbauungssprüche und verwendet auch gern die von Sprichwort und Lied her geläufige Metaphorik. *»Der eine, Mönch geworden, wünscht des Laien Stärke, / Ein andrer, Laie selbst, folgt nur der Kraft. / Die eine Frau will viele Männer wechseln, / Die andre still zu Haus des ganzen Landes Schmutz aufwühlen.«*
Die kritisch-satirischen Verse fanden in der von sozialen Unruhen und antichinesischen Strömungen aufgewühlten Inneren Mongolei des frühen 20. Jh.s rasche Verbreitung und bildeten noch im Zweiten Weltkrieg für die ostmongolische Bevölkerung ein literarisches Ventil ihrer politischen Unzufriedenheit.   W.Hei.

AUSGABEN: Mukden o. J. [um 1920]. – Urga [Ulan-Bator] 1923. – Hsinking [Tschang-tschun] 1944. – Ulan-Bator 1944 (in Cog, 2). – Ulan-Bator 1959, Hg. Damdinsürüng (m. Komm.; Corpus scriptorum mongolorum, 14).

LITERATUR: B. Sodnam, *Mongǧol-un udqa ǰokiyal-un kögǰil-ün teükečilegsen tölüb*, Sinzlech Uchaan 1946. – O. Lattimore, *Nationalism and Revolution in Mongolia*, Leiden 1955, S. 25 – W. Heissig (in Central Asiatic Journal, 2, 1956, S. 51–54). – HO, 5/2, S. 254/255. – W. Heissig, *Innermongolische Arbeiten zur mongolischen Literaturgeschichte und Folkloreforschung* (in ZDMG, 115, 1965, 1). – W. Heissig, *Geschichte der mongolischen Literatur*, Bd. 2, Wiesbaden 1972, S. 575–590.

ISIDORUS AUS SEVILLA

* um 560 Cartagena
† 4.4.636 Sevilla

LITERATUR ZUM AUTOR:
B. Altaner, *Der Stand der I.-Forschung* (in *Miscellanea Isidoriana*, Rom 1936, S. 1–32; m. Bibliogr.). – J. Madoz, *San Isidoro de Sevilla. Semblanza de su personalidad literaria*, León 1960 [m. Bibliogr.]. – *Isidoriana*, Hg. M. C. Díaz y Díaz, León 1961 [m. Bibliogr.]. – J. Pérez de Urbel, *I. von S. Sein Leben, sein Werk u. seine Zeit*, Köln 1962. – I. Quiles, *San Isidoro de Sevilla*, Madrid ²1965. – H. J. Diesner, *I. von S. und seine Zeit*, Stg. 1973. – F. J. Lozano-Sebastián, *Los fundamentos anthropológicos de la Etica en San Isidoro* (in Studium Legionense, 1976, Nr. 17). – J. N. Hillgarth, *The Position of Isidorian Studies: A Critical Review of the Literature 1936–1975* (in Studi medioevale, 24, 1983). – G. M. Göbel, *Weißer, weiser Isidor*, Düsseldorf 1987.

DE NATURA RERUM

(lat.; *Über die Natur der Dinge*). Naturwissenschaftliches Handbuch in 48 Kapiteln von ISIDORUS aus Sevilla. – Die Schrift, gewidmet dem Westgotenkönig Sisebut (reg. 612–620), mit dem Isidor korrespondierte und der die Zusammenstellung des Werkes gewünscht hatte, *»handelt von den Tagen der Woche, den Monaten, Jahren, Jahreszeiten, also von der Zeiteinteilung überhaupt, wendet sich dann zum Himmelsgewölbe, Sonne, Mond und Sternen, und spricht schließlich über Witterungserscheinungen, über Meer und Gewässer, über Festland und Erdbeben. Alles dies wollte Isidor, wie er in dem Widmungsschreiben an den König sagt, darstellen, secundum quod a veteribus viris ac maxime sicut in litteris catholicorum scripta sunt«* (Bardenhewer; *».. . so wie es von den Alten und besonders in den Schriften der katholischen Väter aufgezeichnet ist«*).
Das Werk ist abhängig vom *Hexaëmeron* des AMBROSIUS und den *Recognitiones* des Pseudo-CLEMENS (die in der Übersetzung des RUFINUS benutzt sind). Außerdem schöpfte der Verfasser aus den einschlägigen Schriften des AUGUSTINUS und ließ auch entsprechende Werke heidnischer Autoren wie HYGINUS, SERVIUS und SOLINUS nicht außer acht. Von den klassischen Dichtern kommen u. a. LUKREZ und VERGIL zu Wort.   A.Ku.

AUSGABEN: Augsburg 1472. – ML, 83. – Paris 1960, Hg. J. Fontaine [m. frz. Übers.].

LITERATUR: P. Weßner, *I. u. Sueton* (in Herm, 52, 1917). – J. Fontaine, *La diffusion carolingienne du »De natura rerum« d'Isidoro de Séville d'après les manuscrits conservés en Italie* (in Studi medioevale, 7, 1966). – W. M. Stevens, *The Figure of the Earth in Isidore's »De rerum natura«* (in Isis, 71, 1980).

ETYMOLOGIAE

(lat.; *Ursprünge*). Grammatisch-enzyklopädisches Werk von ISIDORUS aus Sevilla. – Der Bischof von Sevilla hinterließ die *Etymologien* unvollendet; sein Freund BRAULIO, Bischof von Saragossa, der Initiator und Adressat des Werkes, hat den immensen Stoff nach dem Tode des Autors in zwanzig Bücher eingeteilt und in dieser Form herausgegeben.
Das Werk ist keineswegs, wie der Titel nahelegt, ein linguistisches Kompendium. Die Sprachgeschichte und Spracherklärung ist für Isidor vielmehr nur der »Aufhänger« für eine lexikalisch-summarische Zusammenstellung des antiken Wissens aller möglichen Gebiete; so handeln Buch 1–3 von den sieben freien Künsten, Buch 4 von der Medizin, Buch 5 über das Recht und die Zeitrechnung, Buch 6–8 über Religion und Kirche, 9 und 10 über Sprachliches, 11 und 12 über den Menschen und die Tiere, 13 über die Elemente, 14 über die Erde, 15–17 von Gebäuden, Ländereien, Steinen und Metallen sowie vom Landbau, 18 vom Kriegswesen und von den Spielen, Buch 19 von Schiffen, Baukunst, Klei-

dung, Buch 20 von Speise und Trank und allerlei Haus- und Gartengeräten. Die trockene Aufreihung des Materials wird durch mannigfache Dichter- und Schriftstellerzitate belebt, die uns nicht selten wertvolle Reste, insbesondere der altrömischen Literatur, erhalten haben. Die Quellen des Isidorschen Wissens scheinen ungewöhnlich vielseitig (*Bibel*, SERVIUS, CASSIODOR, SUETON, BOETHIUS, HIERONYMUS, AUGUSTIN, LAKTANZ, PLINIUS, VERGIL, COLUMELLA, PETRON und viele andere), aber man muß annehmen, daß ein gut Teil seiner Kenntnisse seinerseits wieder mehrschichtigen Sammelwerken entnommen ist. Doch kann dies der Bewunderung für eine, gemessen am Niveau der Zeit, außergewöhnliche Belesenheit in der antiken Literatur keinen Abbruch tun.

Als Sprach-, Bildungs- und Reallexikon ist Isidors Werk das letzte in der erlauchten Reihe römischer Enzyklopädien (CATO, VARRO, CELSUS, PLINIUS, MARTIANUS CAPELLA, CASSIODOR). Die *Etymologiae* wurden neben *De nuptiis Mercurii et Philologiae* von Martianus Capella und den Cassiodorschen *Institutiones* zum bedeutendsten Vermittler antiker Gelehrsamkeit an das Mittelalter. E. Sch.

AUSGABEN: Straßburg 1470 (*Liber ethimologiarum*). – Augsburg 1472 (*Ethimologiarum libri XX*). – ML, 82. – Leiden 1909, Hg. R. Beer [Faks. des *Codex Toletanus*]. – Oxford 1911, Hg. W. M. Lindsay, 2 Bde. [Nachdr. zuletzt 1985]. – Paris 1981–1986 (*Étymologies, Book II: Rhetoric*, Hg. P. K. Marshall; m. engl. Übers.; *Livre IX: Les langues et les groupes sociaux*, Hg. M. Reydellet; m. frz. Übers.; *Livre XII: Des animaux, Livre XVII: De l'agriculture*, Hg. J. André; m. frz. Übers.). – Madrid 1982/83 (*Etimologías*, Hg. u. Komm. J. Oroz Reta u. M. A. Marcos Casquero, 2 Bde.; m. span. Übers.).

LITERATUR: J. Fontaine, *Isidore de Séville et la mutation de l'encyclopédisme antique* (in Cahiers d'histoire mondiale, 9, 1966). – H. Kolb, *Isidors Etymologien in der dt. Literatur des MA.s* (in ASSL, 1968, S. 431–453). – M. Gonzáles Pola, *La dialéctica: Arte liberal en San Isidoro* (in Philippiniana Sacra, 5, 1970). – J. Fontaine, *Cohérence et originalité de l'étymologie isidorienne* (in *Fs. E. Elorduy*, Bilbao 1978, S. 113–144). – K. N. Mac Farlane, *Isidore of Seville on the Pagan Gods (Origines VIII, 11)*, Philadelphia 1980. – G. Soto Posada, *La función de la semejanza en las etimologías de San Isidoro de S.* (in Questiones teológicas Medellin, 1980, H. 17/18). – J. Pigeaud, *De la mélancolie et de quelques autres maladies . . .* (in *Textes médicaux latins antiques*, Hg. G. Sabbah, Saint-Étienne 1984, S. 87–107).

HISTORIA GOTHORUM, VANDALORUM ET SUEVORUM

(lat.; *Geschichte der Goten, Vandalen und Sueben*). Historisches Werk von ISIDORUS aus Sevilla, auch unter dem Titel *Chronic* bekannt, vollendet 624. –

Die *Gotengeschichte* ist getragen von der Liebe Isidors zu seinem Heimatland und von seiner Bewunderung für das westgotische Volk (das er generell als »die Goten« bezeichnet). Obwohl Isidor selbst aus dem romanischen Provinzialadel stammte, konnte er sich wegen seiner hohen kirchlichen und damit auch politischen Stellung der gotischen Herrenschicht zugehörig fühlen. Am Anfang des Werkes steht ein Lob des Landes (*Laus Hispaniae*), das von dem ersten und hervorragendsten Volk der Welt, eben den Goten, beherrscht werde. Dem entspricht am Ende (Kap. 66–70) eine die Ereignisse noch einmal zusammenfassende *laudatio* auf die Goten. Dazwischen wird in den Kapiteln 1–65 chronologisch das Geschehen geschildert, das mit dem ersten Auftreten der Goten zur Zeit Kaiser Valerians (reg. 253–260) beginnt und mit der Regierung König Svinthilas (624) endet. Trotz äußerster Knappheit besitzt die Darstellung der westgotischen Geschichte – besonders vom Regierungsantritt König Eurichs (466) an – erheblichen Wert für uns. Für die Zeit nach 590 ist sie sogar unsere beste und weitgehend einzige Quelle. An die eigentliche *Gotengeschichte* fügte Isidor die von 406 bis 535 reichende Geschichte der Vandalen (Kap. 71–84) und, noch knapper, die die Jahre 409–585 umfassende Geschichte der Sueben (Kap. 85–92) an, deren Reich 585 im Westgotenreich aufging.

Isidor hat sich in seinem Werk nachweislich vor allem auf die verlorene Geschichte des Bischofs MAXIMUS von Saragossa (610) gestützt; daneben griff er aber auch auf die *Chronik* von EUSEBIOS und HIERONYMUS (bis 378), die *Historiae adversus paganos (Geschichte wider die Heiden)* des OROSIUS (vollendet 417), die *Chronik* des HYDATIUS (379–469) u. a. zurück. Überliefert sind zwei Fassungen, die beide auf das Original zurückgehen. Die erste erweitert den ursprünglichen Textbestand um ein geringes, während in der zweiten vornehmlich die rhetorischen Partien gekürzt sind; auch fehlt hier das abschließende Kapitel über König Svinthila. G. Hü.

AUSGABEN: Paris 1579, Hg. P. Pithou [Fassg. A]. – Madrid 1599, Hg. J. B. Pérez [Fassg. B]. – ML, 83 [Fassg. B]. – Bln. 1894, Hg. Th. Mommsen (MGH, auct. ant., 11). – León 1975 (*Las historias de los Godos, Vándalos y Suevos de Isidoro de Sevilla*, Hg. C. Rodríguez Alonso; m. span. Übers.).

ÜBERSETZUNGEN: *Geschichte der Gothen, Vandalen, Sueven*, D. Coste, Lpzg. 1887 (GdV, 7. Jh., 80; ³1909; veränd.; GdV, 10). – *Geschichte der Goten, Vandalen u. Sueven*, ders., Hg. A. Heine, Essen 1986.

LITERATUR: B. Sánchez Alonso, *Historia de la historiografía española*, Bd. 1, Madrid 1947. – J. Y. du Q. Adam, *The Political Grammar of Isidore of Seville* (in *Arts libéraux et philosophie au moyen âge*, Montreal/Paris 1969, S. 763–775). – H. J. Diesner, *Zeitgeschichte u. Gegenwartsbezug bei I. von S.* (in Phil,

119, 1975, S. 92–97). – P. M. Bassett, *The Use of History in the »Chronicon« of Isidore of Seville* (in History and Theory, 15, 1976, S. 278–292). – H. J. Diesner, *I. von S. und das westgotische Spanien*, Bln. 1977; ern. Trier 1978. – J. Fontaine, *Isidore de Séville et la culture classique dans l'Espagne wisigothique*, Paris 1983 [m. Bibliogr.].

ISISAMBUU

tib. Ṅag dbaṅ ye šes bzaṅ po

* 1847

† 1906/07 (?)

TARBAǦAN-U ÜGE

(mong.; *Worte eines Steppenmurmeltiers*). Tierparabel von Isisambuu, einem buddhistischen Mönch aus der nördlichen Khalkhamongolei. – Isisambuu ist durch die Gattung der Tierparabel berühmt geworden: Die *Önöčin inǧaǧa-yin üge (Worte einer verwaisten Antilope)* und die *Kögsin üniyen-ü üge (Worte einer alten Kuh)* gehören zum gleichen Genre wie die *Worte des Steppenmurmeltiers*. Ihnen allen ist die Forderung nach der Achtung des Menschen auch vor dem tierischen Leben gemeinsam. Im vorliegenden Tiermonolog läßt der Dichter das wegen seines wertvollen Felles gejagte Murmeltier mit großer Lebendigkeit all seine Ängste schildern. Der Realismus der Schilderung ist ein beredtes Zeugnis für die genaue Beobachtungsgabe der mit den Lebensgewohnheiten der Tiere eng vertrauten mongolischen Tierzüchter und Jäger. W.Hei.

AUSGABEN UND LITERATUR: Ulan-Bator 1959, Hg. C. Damdinsürung (Corpus Scriptorum Mongolicorum, 14). – M. Sanždorž, *Önčin janzaga, tarwaga, högsin ünee gurwyn üg gedeg hnučin zohiol* (in Cog, 1959). – G. Michajlov, u. K. Jackovskja, *Mongol'skaja literatura*, Moskau 1969, S. 59–61. – W. Heissig, *Geschichte der mongolischen Literatur*, Bd. 2, Wiesbaden 1972, S. 615–623.

NUR SUTAN ISKANDAR

* 9.11.1893 Sungai Batang / Sumatra

SALAH PILIH

(indon.; *Die falsche Wahl*). Roman von Nur Sutan ISKANDAR, verfaßt 1928. – Wie auch in *Salah Asuhan* und *Sitti Nurbaja* spielt die Handlung dieses Romans in Minangkabau (Sumatra). Um dem Wunsch seiner Mutter zu willfahren, verzichtet Asri nach Beendigung seiner Schulzeit auf ein weiteres Studium. Er bleibt in seinem Heimatdorf und heiratet Saniah, deren Familie an seine Mutter herangetreten ist. Die vornehme Abstammung Saniahs, ihr Reichtum und ihr schönes Aussehen lassen ihn sich widerspruchslos den überlieferten Bräuchen und der malaiischen Tradition *(adat)* fügen. Auch Saniah, die Asri nicht liebt, beugt sich dem *adat* ohne Einwand. Die Ehe der beiden leidet von Beginn unter dem Hochmut Saniahs, ihrem starren Festhalten am *adat* im täglichen Leben und unter ihrer abwehrenden Haltung gegenüber dem gemeinschaftlichen Leben mit der Familie Asris im Langhaus. Saniahs besonderer Haß richtet sich gegen Asnah, die Ziehschwester Asris, die Asri in Liebe zugetan ist. Um in seiner Nähe bleiben zu können, erträgt sie die Schmähungen Saniahs. Als Asris sterbende Mutter bedauert, mit Saniah die falsche Schwiegertochter gewählt zu haben (eine Ehe mit Asnah verbot das *adat*), als ein Freund Asris Asnah einen Heiratsantrag macht und die boshaften Klagen Saniahs kein Ende nehmen, wird Asri zum ersten Mal bewußt, daß auch ihn mehr als geschwisterliche Zuneigung an Asnah bindet. Der Unfalltod Saniahs bietet ihm die unerwartete Möglichkeit, erstmals eine freie Entscheidung zu fällen: Zum Entsetzen des Dorfes heiratet er Asnah und zieht nach Djawa. Bald wird er aber als *kepala negeri* (Distriktchef) in sein Heimatdorf berufen, und glücklich kehren beide zurück.

Die konstruierte Handlung dieses Romans von N. S. Iskandar läßt das Ziel des Autors erkennen, erzieherisch auf seine Landsleute in Minangkabau einzuwirken. In die Landschaft und Kultur Minangkabaus ist die Geschichte eines gewöhnlichen jungen Malaien gebettet, der, obwohl westlich erzogen, sich überlieferten Traditionen entsprechend in das Leben einer konservativen Gesellschaft eingliedert, deren Gesetze er grundsätzlich bejaht. Durch seine unerfreuliche Ehe mit Saniah und seine Liebe zu Asnah gerät Asri jedoch in eine Konfliktsituation, für die das *adat* nur die eine, von Saniah ständig geforderte Lösung hat: Asnah verläßt die Familie und Umgebung, in der sie aufwuchs und zu der sie gehört. Durch den Tod Saniahs gibt der Autor aber Asri die Möglichkeit zu einer Entscheidung, die in der Vorstellungswelt der dörflichen Gesellschaft beispiellos ist. Anders als *Sitti Nurbaja* und *Salah Asuhan* hat dieser Roman einen positiven Ausgang. N. S. Iskandar will damit die Gesellschaft zu Verständnisbereitschaft und sozialer Flexibilität auffordern. Er versucht sie auf sehr vorsichtige Weise dazu anzuregen, ihr Wesen zu überdenken, um möglichst ohne westlichen Einfluß (westlich-holländische Kultur spielt in diesem Roman eine sehr untergeordnete Rolle) zu Reformen zu gelangen. – Die Hauptcharaktere des Romans sind einprägsam beschrieben, und das dörfliche Milieu ist plastisch dargestellt. Die mit minangkabau-malaiischen Elementen durchsetzte Sprache trägt wesentlich zum Lokalkolorit bei. Die szenisch ablaufende Handlung ist flüssig geschrieben. Freilich ist auch dieser Roman nicht frei von Klischeevorstellungen, die in der Trivialliteratur beheimatet sind. U.K.

AUSGABEN: Djakarta 1928; ⁵1964. – Djakarta 1986.

LITERATUR: Z. Usman, *Kesusasteraan Baru Indonesia*, Djakarta 1959, S. 57/58. – A. Teeuw, *Modern Indonesian Literature*, Bd. 1, Den Haag 1967, S. 57/58.

FAZIL' ABDULOVIČ ISKANDER

* 6.3.1929 Suchumi

LITERATUR ZUM AUTOR:
H. P. Burlingame, *The Prose of F. I.* (in Russian Literature Triquarterly, 14, 1976, S. 123–165). – Z. Michajlova, *F. I.: bibliografičeskij ukazatel'*, Ul'janovsk 1982. – K. Haase, *F. I.: An Analysis of His Prose*, Diss. Michigan State Univ. 1986. – K. Ryan-Hayes, *Soviet Satire after the Thaw: Tvardovskij, Solženicyn, Vojnovič and I.*, Diss. Univ. of Michigan 1986. – U. Greiner, *Aus der neuen Welt. Begegnungen mit Tschingis Aitmatov, Daniil Granin, F. I. Gespräche über Literatur, Politik und das Leben* (in Die Zeit, 26. 5. 1989).

SANDRO IZ ČEGEMA

(russ.; *Ü: Onkel Sandro aus Tschegem*). Roman von Fazil' A. ISKANDER, erschienen 1973 in der Zeitschrift ›Novyj mir‹, in Buchform 1977. – Der Roman Iskanders – ein modernes abchasisches Epos – umfaßt mehr als 80 Jahre der Geschichte des kleinen südkaukasischen Volkes vom späten 19. Jh. über die Sowjetisierung, Kollektivierung und den Zweiten Weltkrieg bis in die siebziger Jahre. Das umfangreiche Werk setzt sich aus einer losen Aneinanderreihung von Abenteuergeschichten zusammen, die den Eindruck erwecken, nur durch die Hauptfiguren (Onkel Sandro und seine Familie) und den Handlungsort (das Dorf Čegem in der heute zur Sowjetrepublik Georgien gehörenden autonomen Republik Abchasien) verbunden zu sein. Die 21 Novellen des Werkes bilden aber vielmehr die Knotenpunkte einer zusammenhängenden, oft humorvollen Darstellung der alten kaukasischen bäuerlichen Welt, die im Laufe des 20. Jh.s nahezu vollständig zerstört wurde.
Sandros Vater, der abchasische Viehzüchter Chabug, kehrte im späten 19. Jahrhundert aus der Türkei in die Heimat zurück. Durch Fleiß und harte Arbeit brachte er es in zwanzig Jahren zu einem beachtlichen Viehbestand, wurde aber später von der bolschewistischen Regierung enteignet und muß nun in der kollektivierten Landwirtschaft arbeiten. Trotz aller Widrigkeiten behält er seine Würde und seine Verbundenheit mit der traditionellen Kultur. Auch sein Sohn, der schlaue, schlagfertige Sandro, überlebt alle Stürme des Schicksals, denn er versteht es, jeder Situation mit Witz und Einfallsreichtum zu begegnen. Im Bürgerkrieg 1921 gerät er zwischen die Fronten der um Georgien kämpfenden Einheiten der Menschewiken und der Bolschewiken. Nach der bolschewistischen Machtübernahme fällt er dem abchasischen Parteichef Nestor Lakoba durch seine Künste als Volkstänzer auf; er wird in eine Tanztruppe aufgenommen und zieht in die Hauptstadt Suchumi, wo er außerdem als Hausverwalter im Gebäude des Zentralkomitees arbeitet. Bei einem Bankett im Jahre 1935, zu dem die Führer des Sowjetstaates geladen sind, kommt es zu einer Begegnung zwischen Sandro und Stalin, der dessen kunstfertigen Tanz lobt und behauptet, Sandro schon einmal gesehen zu haben. Später erinnert sich Sandro, daß er als Kind dem jungen Stalin tatsächlich schon einmal begegnet war – nämlich als dieser, wegen Mordes gesucht, auf seiner Flucht durch Sandros Dorf ritt. Sandro schwieg damals aus Angst und verhinderte damit die Hinrichtung des jungen Stalin.
Im Zuge der stalinistischen Säuberungen wird Sandros Gönner Lakoba 1937 liquidiert. Sandro selbst kann sich in letzter Minute dank Chabugs Hilfe aufs Land retten. Später läßt er sich in einer Vorstadt nieder. Mitte der sechziger Jahre begegnet ihm der Ich-Erzähler, ein junger Redakteur der Suchumer Zeitung ›Die roten Subtropen‹, der Sandros Leben und Erzählungen dokumentiert. Durch die Zwischenschaltung des Standpunktes des Journalisten entsteht die notwendige Distanz zum Erzählten.
Für die innere Dynamik der abchasischen Gesellschaft sorgen strenge Gesetze, die Rangordnung der einzelnen Familien, die erbitterten Stammesfehden, aber auch die Feste, bei denen der Tamada, der Zeremonienmeister, eine wichtige Rolle spielt. In der Geschichte eines uralten Opferbaums, der in den dreißiger Jahren von jungen Kommunisten angezündet wird, aber den Anschlag überdauert, werden die alten Bräuche nicht nur humoristisch verarbeitet – hier kommt auch der tragische Konflikt zwischen der ungläubigen jüngeren Generation und der älteren zum Ausdruck. Das Thema des Opferbaumes wird im (bereits 1970 als Erzählung veröffentlichten) letzten Kapitel, *Der Baum der Kindheit*, wieder aufgegriffen. Der Erzähler besucht mit Sandro ein letztes Mal das Dorf Čegem. Fast alle alten Bewohner sind tot oder fortgegangen. Der Opferbaum – Sinnbild der Traditionen – ist längst abgestorben und existiert nicht mehr. Die glaubenslose moderne Generation hat gesiegt.
Die These der Kritikerin H. BURLINGAME, Iskanders künstlerische Prosa sei als ein einziges Werk anzusehen, wird durch *Sandro iz Čegema* belegt. Einige Charaktere und Motive des Romans sind auch in anderen Werken zu finden – so wird in ei-

nem Kapitel in modifizierter Form das Sujet von
Sozvezdie kozlotura (Das Sternbild des Ziegenturs)
verarbeitet. Während Iskander selbst seine Hauptfigur mit Don Quijote vergleicht, meinen B. BRI-
KER und P. DAL'TOR, Iskanders Werk stehe in
der Tradition des »magischen Realismus« von
W. FAULKNER und G. GARCIA MARQUEZ, die in ih-
ren Werken ebenfalls mit der Schilderung eines
Ausschnittes der Wirklichkeit zugleich eine ganze
Welt vermitteln.
Nachdem der Erzähler vom Absterben des Opferbaums erfährt, sinnt er darüber nach, ob der ganze
Zyklus der Čegemer Geschichte nicht von vorne
beginnen könnte. Der mythisch-zeitlose Charakter
der traditionellen Weltsicht wird im vorletzten
Kapitel durch die von unzähligen Generationen der
Čegemer weitergegebene Legende von »*Džansuch,
dem Hirsch-Sohn*« verdeutlicht. Der von einem
Hirsch aufgezogene, dann als Kind zu den Čegemern gekommene Džansuch wird als eine Art weiser Urahn verehrt. Seine durch Intrigen des abchasischen Königshofes bewirkte Ermordung steht für
die Bedrohung der traditionellen Weltanschauung.
Onkel Sandro und seine Familie sehen alle Ereignisse, auch die der sowjetischen Periode, vor dem
Hintergrund des »ewigen« Čegemer Kultur. Diese
Perspektive wirkt dem tendenziösen sowjetischen
Geschichtsbild der vorrevolutionären Zeit entgegen. So wird z. B. der Prinz von Oldenburg, ein
idealistischer Vetter des Zaren, der sich in Abchasien niederließ und dort um die Jahrhundertwende
Reformen durchführen wollte, als liebenswerter
Exzentriker dargestellt. Lenin wiederum wird seiner revolutionären Monumentalität beraubt, indem er bei den Čegemern »*der, der das Gute wollte,
es aber nicht schaffen konnte*« wird.
Diese und andere Abweichungen von der ideologischen Programmatik der Brežnev-Zeit führten dazu, daß in der sowjetischen Ausgabe des Romans
lediglich acht der 21 Kapitel enthalten waren und
daß selbst dieser Torso nicht von Eingriffen der
Zensur verschont blieb. So wurden u. a. alle expli-
ziten Erwähnungen von Stalin, Lakoba und Chruš-
čev getilgt. Diese aus nur einem Viertel des gesamten Werkes bestehende Fassung verstärkt den Eindruck, es handle sich lediglich um einen gefälligen
Schelmenroman. Sie liegt auch der ersten deutschen Übersetzung zugrunde, die mehr als zehn
Jahre später durch einige der ausgelassenen Kapitel
ergänzt wurde.   H.Mey.

AUSGABEN: Moskau 1973 (in Novyj mir, 8–11). –
Moskau 1977. – Ann Arbor 1979–1981 [vollst.
Fassung]. – Moskau 1988 (in Znamja, Nr. 9; bis-
her ungedr. Ausz.).

ÜBERSETZUNGEN: *Onkel Sandro aus Tschegem*,
A. Kaempfe, Mchn. 1976. – *Belsazars Feste. Aus
dem Leben des Sandro von Tschegem*, R. Reichert,
Ffm. 1987 [Ausz.].

LITERATUR: P. Vajl u. A. Genis, *Djadja Sandro i Jo-
sif Stalin* (in P. V. u. A. G., *Sovremennaja russkaja*

proza, Ann Arbor 1982, S. 19–32). – B. Briker u.
P. Dal'gor, »*Sandro iz Čegema« i magičeskij realizm I*. (in Scando-Slavica, 30, 1984, S. 103 bis
116).

SOZVEZDIE KOZLOTURA

(russ.; *Ü: Das Sternbild des Ziegentur*). Novelle von
Fazil' A. ISKANDER, erschienen 1966. – Der Ich-Erzähler, ein junger Journalist aus der autonomen
Republik Abchasien im Südkaukasus, verliert seine
Stelle bei einer Jugendzeitschrift im Süden Rußlands, weil er, ohne es zu wissen, ein Gedicht des
Chefredakteurs, das dieser unter einem Pseudonym
veröffentlicht hat, kritisiert. Er kehrt in seine Heimatstadt am Schwarzen Meer zurück und wird bei
der Lokalzeitung ›Die roten Subtropen‹ angestellt.
Zugeteilt wird er der Abteilung Landwirtschaft,
wie »*er es sich erträumt hat*«, da »*in jenen Jahren in
der Landwirtschaft Reformen durchgeführt wurden*«
und er »*wissen wollte, wo's lang geht*« – ein Hinweis
auf die Chruščev-Ära, die zur Zeit der Publikation
der Novelle gerade endete.
Das Werk ist eine Satire auf die abenteuerliche und
oft dilettantische Wirtschaftspolitik Chruščevs, die
zu seinem Sturz 1965 maßgeblich beigetragen hat.
Wie der Erzähler berichtet, ist diese Zeit durch unzählige von oben angeordnete »Kampagnen« gekennzeichnet, etwa zur Einsparung von Brennstof-
fen oder zur Abschiebung der Leute in die Rente.
Als der junge Journalist seine neue Stellung antritt,
läuft gerade eine vom Redakteur der Landwirt-
schaftsabteilung der ›Roten Subtropen‹, Plato
Samsonovič, initiierte Kampagne zur Propagierung des »Kozloturs«, einer Kreuzung zwischen einem kaukasischen Steinbock – dem Tur – und einer
Ziege. Diese völlig neue Züchtung, die in einem
Naturschutzpark gelungen ist, wird in einer kurzen
Meldung erwähnt, die einem Funktionär in Moskau auffällt. Als dieser die Kreuzung als einen »*viel-
versprechenden Anfang*« preist, lanciert die Redaktion großangelegte Meldungen über das Zuchtpro-
jekt, lobt Fleisch und Wolle des Tieres sowie seine
Sanftmut – ohne freilich Genaueres zu wissen. Angesichts der enormen Zahl der Leserbriefe richtet
die Zeitung zwei neue Rubriken ein: für (»*Auf den
Spuren des Ziegenturs*«) und gegen (»*Wir lachen
über Kleingläubige*«) das neue Tier. Dessen Benennung entfacht eine leidenschaftlichen Streit mit
nordkaukasischen Wissenschaftlern (Iskander
spielt auf die alte Rivalität unter den kaukasischen
Völkern an), die behaupten, ihre Bezeichnung
»*Turziege*« sei wissenschaftlich genauer als die süd-
kaukasische Variante »*Ziegentur*«.
Trotz seiner ironisch-distanzierten Haltung zur
Propagierung einer Idee, die offensichtlich der
Wirklichkeit nicht ganz standhält (man stellt zum
Beispiel bald fest, daß sich die Ziegen energisch dagegen sträuben, sich mit den Turs zu paaren), gerät
der Journalist-Erzähler selbst in den Sog der emotionsgeladenen Berichterstattung. Auf einer Reise
zur Untersuchung des Ziegenturs ist er eines

Abends in einem Alkoholrausch plötzlich überzeugt, in einem Sternbild am Himmel die Kopfform des Ziegenturs zu sehen. Bald nach seiner Entlassung aus der Ausnüchterungszelle (er wurde tief schlafend auf einer Parkbank aufgefunden) setzt auch eine Ernüchterung der Ziegentur-Euphorie ein. Der Grund ist ein umfangreicher Artikel in einer großen Moskauer Tageszeitung, in dem »*unbegründete Neuerungen in der Landwirtschaft*«, u. a. auch »*die unüberlegte Propagierung des Ziegenturs*«, kritisiert werden. Die Kampagne wird prompt beendet; die Tiere verschwinden unauffällig in den Kolchosenherden oder werden geschlachtet. – Neben der eigentlichen Handlung spielen auch die Erinnerungen des Erzählers an seine Kindheit auf dem abchasischen Land eine wichtige Rolle. In episch breiten Schilderungen wird die Atmosphäre der Republik während des Zweiten Weltkriegs vermittelt – einer Zeit, da »*Ziegen noch Ziegen waren, und noch nicht Ziegenturs*«. Den »*unbewußten Glauben an den gesunden Menschenverstand*« des Kindes stellt der Erzähler den unsinnigen Kampagnen der Chruščev-Funktionäre gegenüber.
Iskander geht aber über diesen spezifischen Zeitraum hinaus und parodiert die für alle Perioden der sowjetischen Geschichte typischen Versuche, breite Bevölkerungsmassen für eine Idee zu gewinnen und die öffentliche Meinung mit Hilfe der Medien zu lenken. Mit viel Humor und Situationswitz verspottet er den Berufsalltag der Redakteure Plato Samsonovič und Avandil Avandilovič. Der eine scheut nicht davor zurück, in die hohlen Zeitungsphrasen einen militärisch-propagandistischen Wortschatz einzubauen (»*Der Ziegentur – eine Waffe in der antireligiösen Propaganda*«, während der andere, ein Funktionär, der ohnehin nicht fähig ist, auch nur einen Artikel selbst zu verfassen, mit einem »*Kaninchen unter der Hypnose einer Losung*« verglichen wird.
Der Stil der Novelle ist mit dem der GOGOL'schen Erzählungen verglichen worden – lange Ketten von irrelevanten Details verleihen vielen Passagen einen komischen Effekt; beiläufige Bemerkungen einiger »*wichtiger Personen*« werden von den Untergebenen als die höchste Wahrheit behandelt. Dieser gelungene satirische Stil, verbunden mit dem spezifischen politisch-zeitgeschichtlichen Stoff (nach Iskanders Angaben geht er auf eine tatsächliche Zeitungsmeldung zurück), hat erheblich dazu beigetragen, daß *Sovezdie kozlotura* zu Iskanders größten Erfolgen zählt. H.Mey.

AUSGABEN: Moskau 1966 (in Novyj mir, 8). – Moskau 1970 (in *Derevo detstva*). – Moskau 1988 (in *Izbrannoe*).

ÜBERSETZUNG: *Das Sternbild des Ziegentur*, H. Grimm, Bln. 1968. – Dass., ders., Mchn. 1973. – Dass., ders., Bln. 1984.

LITERATUR: F. Iskander, *Idei i priëmy* (in Voprosy literatury, 12, 1968, Nr. 9, S. 73–76).

NESTOR ISKANDER

15. Jh.

POVEST' O VZJATII CAR'GRADA TURKAMI

(aruss.; *Die Erzählung von der Einnahme Konstantinopels durch die Türken*). Augenzeugenbericht des Nestor ISKANDER vom Fall Konstantinopels im Jahre 1453. – Iskander (türk. für Alexander) war von Geburt Russe. Auf unbekannte Weise in die Türkei verschlagen, hatte er den mohammedanischen Glauben angenommen und befand sich während der Belagerung Konstantinopels im Lager der Türken. Heimlich mit den Christen sympathisierend, registrierte er den Ablauf der Kämpfe in Tagebuchnotizen, die, wie zeitgenössische Quellen beweisen, von außergewöhnlicher Exaktheit sind. Nach der Einnahme der Stadt füllte er seinen Bericht mit den Schilderungen der Belagerten auf, so daß sich ein ausgewogenes Bild des historischen Geschehens ergab. Der literarische Wert des Berichts liegt in der sorgfältigen Wiedergabe der Ereignisse, der profilierten Zeichnung ihrer Hauptgestalten (Konstantins XI., Mehmeds II., des Genuesen Giovanni Giustiniani) sowie in der lebendigen, freien Diktion des Werks. Allerdings liegt die Erzählung des Iskander nicht in ihrer ersten Fassung vor. Vielleicht er selbst, wahrscheinlicher aber ein später Redaktor hat seine Aufzeichnungen ergänzt und überarbeitet und ihnen dabei das ideologische Moment mitgeteilt, das ihre ungeheure Verbreitung in Rußland um die Wende des 15. und 16. Jh.s bedingen sollte: Die zweite Fassung des Berichts enthält jene Prophezeiungen über das Schicksal Konstantinopels, welche der Moskauer Staatsideologie den Anschluß ihrer Politik an die von der göttlichen Vorsehung vorgezeichnete Weltgeschichte erlaubten. Schon während der Gründung der Stadt, so heißt es da, ereignete sich ein prophetisches Wunderzeichen: ein Kampf zwischen Adler und Schlange, in dem der Adler zunächst besiegt, hernach jedoch von den herbeieilenden Menschen gerettet wurde. Für das Schicksal der Stadt bedeutet das: Byzanz (der Adler) wird von den Ungläubigen (der Schlange) überwältigt, in letzter Stunde jedoch von den Christen befreit. In Zusammenhang mit dieser Prophezeiung, welche dem Autor in zahlreichen, teils eschatologisch gefärbten Varianten einer jahrhundertealten byzantinischen Tradition bekannt war, stehen auch die Wunderzeichen, welche sich während der Belagerung der Stadt ereignen: der Auszug des Schutzengels aus der Hagia Sophia und der blutige Regen, der das Ende Konstantinopels verkündet. Doch ist der Untergang der Stadt nicht endgültig. Das Werk schließt mit der Voraussage, daß eines Tages ein blondes Volk (russ. *rusyj narod*) Konstantinopel aus den Händen der Türken befreien werde.

Unter dem Eindruck des »Abfalls« der Griechen vom wahren Glauben auf dem Unionskonzil von Ferrara (1438/39) und ihrer gerechten Bestrafung durch die türkische Eroberung fiel es in Rußland nicht schwer, den Terminus *rusyj narod* als *russkij narod* (d. i. »russisches Volk«) zu lesen: Der Kaiser, welcher einst in das Zweite Rom zurückkehren wird, wird der russische Zar, der letzte rechtgläubige Herrscher auf Erden, sein. Durch diese tendenziöse Umdeutung wird das Werk Iskanders zu einem frühen Beleg jener Idee von »Moskau, dem dritten Rom«, welche ein Jahrhundert lang die Politik des moskovitischen Staates bestimmen sollte. Wurde das Werk literarisch zum Vorbild der *Istorija o kazan'skom carstve*, 16. Jh. *(Geschichte vom Zarenreich Kasan)*, so war es in ideologischer Hinsicht ein Vorläufer für das russische Nationalbewußtsein so bedeutsamer Werke wie der *Povest' o novgorodskom belom klobuke*, Ende des 15. Jh.s *(Erzählung von der Nowgoroder weißen Mitra)*. Durch Vermittlung des russischen *Chronograf (Chronograph)* gelangte die Erzählung auch in die serbische und bulgarische Literatur.   C.K.

AUSGABEN: Petersburg 1854 (in Učenye zap. Akad. nauk, 2). – Petersburg 1878 (in *Pamjatniki. Obščestvo ljubitelej drevnej pis'mennosti*). – Petersburg 1886 (Pamjatniki drevnej pis'mennosti i iskusstva, 61; Nachdr. Moskau/Leningrad 1958, in *Russkije povesti XV–XVI vv.*, Hg. M. O. Skripil' u. a.). – Petersburg 1902 u. 1911 (Polnoe sobranie russk. letopisej, 8 u. 22).

LITERATUR: G. P. Bel'čenko, *K voprosu o sostave istorič. »Povesti o vzjatii Car'grada«* (in *Sbornik statej k 40-letiju uč. dejatelnosti akademika A. S. Orlova*, Leningrad 1934, S. 507–513). – N. A. Smirnov, *Istoričeskoe značenie russkoj povesti N. I. »O vzjatii Car'grada turkami«* (in Vizantijskij vremennik, 7, 1953, S. 50–71). – M. N. Speranskij, *Povesti i skazanija »O vzjatii Car'grada turkami« (1453) v russkoj pis'mennosti XVI–XVII vv.* (in Trudy otdela drevnerussk. lit., 10, 1954, S. 136–165; 12, 1956, S. 188–225). – M. O. Skripil', *Istorija »O vzjatii Car'grada turkami«* (ebd., S. 166–184).

JOSÉ FRANCISCO DE ISLA

* 24.3.1703 Vidanes / León
† 2.11.1781 Bologna

HISTORIA DEL FAMOSO PREDICADOR FRAY GERUNDIO DE CAMPAZAS, ALIAS ZOTES

(span.; *Geschichte des berühmten Predigers Bruder Gerundio de Campazas, genannt Zotes*). Roman von José Francisco de ISLA, erschienen 1758–1770 un-

ter dem Pseudonym Francisco Lobón de Salazar. – In seinem Hauptwerk, das neben der *Vida . . .* von Diego de TORRES VILLARROEL das einzige nennenswerte Erzeugnis des spanischen Romanschaffens im 18. Jh. darstellt, wendet sich der Jesuitenpater Isla gegen die hohle Kanzelrhetorik seiner Zeit, die letzte Entartung des kultistischen Schwulststils, den der »Prediger der Könige und König der Prediger«, Hortensio Paravicino (1580–1633), in die Predigt eingeführt hatte.
In locker aneinandergereihten Episoden nach dem Vorbild des Schelmenromans schildert Isla das Leben des Bauernjungen Gerundio Zotes: Nachdem er die Dorfschule und den Lateinunterricht hinter sich gebracht hat, wird er wegen seiner großen Beredsamkeit in einen nicht näher bezeichneten Bettelorden aufgenommen. Der skurrile Bruder Blas bildet ihn zum Kanzelredner aus, und bald verdunkelt der Schüler den Ruhm seines Meisters mit Predigten, von denen ein Hauptmann sagt, daß sie »*die Melancholie in ihren eigenen Gräben besiegen könnten*«. Mit den gedrechselten Tiraden und den grotesken Stilblüten dieses »*Don Quijote der Prediger*« illustriert Isla in derber Komik den verheerenden Einfluß des spätbarocken Sprachprunks auf jene Kanzelredner, denen statt soliden theologischen Wissens und umfassender Bildung nur hohle scholastische Dialektik zu Gebote stand. Er stellt dem dummdreisten Geschwätz seines Helden seine eigene Theorie über die Kunst des Predigens vom Standpunkt des kultivierten Jesuiten gegenüber, die er in langen Exkursen erläutert.
Seine Satire zielt jedoch nicht auf eine bloße Einzelerscheinung: Gerundio ist ein typisches Kind seiner Zeit, und in ihm prangert Isla die erschreckende Unwissenheit weiter Kreise des Klerus an, der auch für den geistigen Niedergang des ganzen Landes verantwortlich sei, da in den Händen der Kirche das gesamte Erziehungswesen liegt. – Isla konnte mit der Wirkung seines Werks zufrieden sein: Die Veröffentlichung des ersten Teils entfesselte einen derart wilden Streit – vornehmlich unter der Geistlichkeit –, daß die Inquisition sich 1760 genötigt sah, den Band zu beschlagnahmen und jede weitere Diskussion darüber zu verbieten. Der künstlerische Wert des Werks ist dagegen gering. Zwar vermag der Autor seine selbstgefälligen Pfaffen und verschmitzten Bauern treffsicher zu typisieren, und es finden sich zuweilen Passagen, die in ihrer Detailgenauigkeit wie Vorwegnahmen der Beschreibungskunst der »Generation von 1898« anmuten, aber es gelingt Isla nicht, den romanhaften und den didaktischen Teil seiner Satire zu einer Einheit zu verbinden.   A.F.R.

AUSGABEN: Madrid 1758–1770, 4 Bde. – Paris 1824, 5 Bde. – Madrid 1960–1964, 4 Bde., Hg. u. Einl. R. P. Sebold (Clás. Cast). – Madrid 1983, Hg. u. Einl. J. E. Martínez.

ÜBERSETZUNGEN: *Geschichte des berühmten Predigers Bruder Gerundio von Campazas, sonst Gerundio Zotes*, F. J. Bertuch, 2 Bde., Lpzg. 1773 [nach der engl. Übers. 1772]. – *Des berühmten Predigers Gerundio von Kampazas, sonst Gerundio Zotes, Lotterie für die Herrn Prediger*, M. Hahn, Ranzelburg 1777.

LITERATUR: C. Eguía, Ruiz, *El estilo humanístico del autor de »Fray Gerundio«* (in Humanidades, 3, 1951, S. 262–276). – J. A. de Carvalho, *El ›monstruo de púlpito‹ portugués criticado en »Fray Gerundio de Campazas«* (in Archivum, 18, 1968, S. 349–376). – A. García Abad, *Correcciones y nuevos datos para la biografía del Padre I.* (in Revista de Literatura, 69/70, 1969, S. 39–55). – J. E. Palmer, *The Spanish Society as Seen in the Works of Padre I.*, Diss. Univ. of Columbia 1969 (vgl. Diss. Abstracts, 30, 1969, S. 693A). – A. Raetz, *F. J. de I. Der Mensch – der Reformer – der Kritiker*, Diss. Köln 1970. – H. Hatzfeld, *Humor der getarnten Aufklärung in »O Hissope« und »Fray Gerundio«* (in APK, 12, 1972/73, S. 55–69). – J.-E. Palmer, *Elements of Social Satire in Padre I.'s »Fray Gerundio de Campazas«* (in RoNo, 17, 1976, S. 170–176). – J. H. R. Polt, *The Ironic Narrator in the Novel: I.* (in Studies in Eighteen Century Culture, 9, 1979, S. 371–386). – J. Jurado, *Ediciones ›1758‹ del »Fray Gerundio de Campazas«* (in Thesaurus, 37, 1982, S. 544–580). – G. Smith, *El Padre I., su vida, su obra y su tiempo*, León 1983. – D. Briesemeister, *J. F. de I. – »Historia...«* (in *Der spanische Roman*, Hg. V. Roloff u. H. Wentzlaff-Eggebert, Düsseldorf 1986, S. 171–192). – Ders., *La aventura de leer en »Fray Gerundio«* (in IR, 23, 1986, S. 125–148).

ISLAM ŠAIR

usbek.-türk. Islom šoir Nazar üğli, d.i. Islam Nazarov

* 1874 Gala Kassab / Samarkand
† 17.7.1953 Gala Kassab / Samarkand

ORZIGUL

(usbek.-türk.; *Arzigül*). Volkserzählung (Novelle und Epos) der Özbek-Türken Turkestans. Die genaue Entstehungszeit ist unbekannt. Nacherzählung von ISLAM ŠAIR, erschienen 1938. – Der Schah Karachan wünscht sich sehnlichst einen Thronfolger. Bevor er auf die Jagd reitet, sagt er zu seiner Frau Barnagul: »*Wenn du mir einen Sohn schenkst, werde ich dich zur Herrscherin meines Reiches machen; wenn es eine Tochter ist, werde ich dich aufhängen lassen.*« In Abwesenheit des Schahs bringt seine Frau jedoch ein Mädchen zur Welt. Um Barnagul zu retten, schlägt die Hebamme vor, die Tochter mit dem neugeborenen Sohn des Gärtners Ernazar zu vertauschen. Nach langem Zögern und Überle-

gen erklärt sich der Gärtner schließlich bereit, seinen Sohn gegen die Tochter des Schahs auszutauschen. Von der Familie des Gärtners erhält die Tochter des Herrschers dann den Namen Orzigul (die gewünschte Blume). – Als Orzigul 18 Jahre alt ist, erblickt der Schah Karachan sie eines Tages im Garten. Von ihrer unvergleichlichen Schönheit ist er so tief beeindruckt, daß er das Mädchen zur Frau begehrt. Sofort schickt er seine Vertrauten zum Gärtner Ernazar, um dessen Genehmigung zur Heirat Orziguls mit dem Schah einzuholen. Aber Ernazar lehnt ab, da er weiß, daß Orzigul die Tochter des Schahs ist. Der Schah ist über die Ablehnung so ergrimmt, daß er dem Gärtner die Todesstrafe androht. Ernazar aber erzählt nun Orzigul, daß sie die Tochter des Schahs ist und daß der eigene Vater sie heiraten möchte. Um den Zorn des Schahs zu mildern, schlägt Orzigul dem Pflegevater vor, vierzig Tage Bedenkzeit zu erbitten. Ehe die Frist abgelaufen ist, verläßt Orzigul als »Kalender« (Angehöriger eines muslimischen Ordens) verkleidet ihre Heimat mit unbekanntem Ziel. In einem anderen Land findet sie ihr Glück. Nach einer anderen Version heiratet Orzigul den Gärtnerssohn, der nach dem Tode seines angeblichen Vaters, des Schahs Karachan, dessen Nachfolger wird. B.Ha.

AUSGABE: Taschkent 1961 (in *Üzbek še'rijati antologijasi*, Bd. 1, S. 195–216).

LITERATUR: O. Sobirov, *Islom šoir Nazar üğli. Chajoti va iğodi*, Taschkent 1967. – Art. *Islom šoir Nazar üğli* (in *Üzbek sovet ènciklopedijasi*, Bd. 5, Taschkent 1974, S. 99/100). – S. Askarov, *Chalkning dilidagini ajtgan bachši. Islom Šoir Nazar üğli tuğilganiga bir asr tüldi* (in Šark yuldizi, 10, 1975, S. 195/196). – Art. »*Orzigul*« (in *Üzbek sovet ènciklopedijasi*, Bd. 8, Taschkent 1976, S. 279/280). – *Islom šoir va uning chalk poèzijasida tutgan ürni*, Taschkent 1978. – *Islam Šair v vospominnijach sovremennikov*, Hg. A. Nachanov, Taschkent 1981. – T. Mirzaev, *Özbek halk destancılığı ve Islam Şâir* (in *II. Milletlerarası Türk Folklor Kongresi bildirileri*, Bd. 2, Ankara 1982, S. 307–312).

RABBI ISMAEL BEN ELISA

* 1. Hälfte 2.Jh.

MECHILTA

(hebr.; *Auslegungsweise [des Religionsgesetzes]*). »Halachischer Midrasch« (vgl. *Midrasch*) zu den im *Exodus* enthaltenen Texten, der dem Tannaiten (Lehrer der *Mischna*) Rabbi ISMAEL BEN ELISA zugeschrieben wird. – Als »halachische Midraschim« bezeichnet man in der jüdischen Traditionsliteratur im allgemeinen jene Schriften, in denen Religionsgesetze aus den Worten des *Pentateuch* entweder auf dem Wege der einfachen Worterklärung oder durch homiletische Deutung von Worten oder Wortpassagen gefunden werden, ohne daß sie aus dem offenbaren Wortsinn unmittelbar ableitbar wären. Es handelt sich dabei immer um mündliche Überlieferungen oder rabbinische Anordnungen, die auf diese Weise im Text des *Pentateuch* verankert sind.

Die *Mechilta* ist eine dieser Schriften. Sie bezieht sich auf das Buch *Exodus* (Kap. 12–Kap. 23, 19 sowie einige Verse aus Kap. 31 und 34) und besteht aus neun Hauptteilen, die insgesamt 79 Kapitel umfassen. – In der mittelalterlichen Literatur wird die *Mechilta* häufig zitiert, oft als *Mechilta des Rabbi Ismael*, und meist wird sie auch zum Buch *Exodus* in Beziehung gebracht (z. B. von Rabbinu NISSIM BEN JAKOB, SAMUEL IBN NAGRELLA, genannt ha-Nagid, MAIMONIDES u. a.). Doch werden neben Ismael ben Elisa auch andere Tannaiten als mögliche Autoren der *Mechilta* in Erwägung gezogen, so z. B. BEN ASSAI.

Außer den religionsgesetzlichen Teilen, derentwegen man die Schrift in die Kategorie der halachischen Midraschim einreiht, enthält die *Mechilta* auch eine ganze Reihe von Erzählungen, wie sie im allgemeinen den nichthalachischen Midraschim eigentümlich sind. Diese Erzählungen zeichnen sich durch ihre ethisch-didaktische Tendenz aus und haben dazu beigetragen, daß die betreffenden Teile der *Mechilta* sehr volkstümlich geworden sind.

H.I.G.-KLL

AUSGABEN: Konstantinopel 1515. – Venedig 1545. – Wien 1865 (*Der älteste halachische und hagadische Commentar zum zweiten Buch Moses*, Hg. J. H. Weiss; hebr.-dt.; krit.). – Bln. 1925 [Faks. der Ausg. v. 1515]. – Ffm. 1931 (*Mechilta des Rabbi Ismael*, Hg. H. S. Horovitz u. A. Rabin). – Philadelphia 1933–1935 (*Mekilta de Rabbi Ishmael*, Hg. J. Z. Lauterbach, 3 Bde.; m. engl. Übers., Einl. u. Anm.). – Jerusalem 1960.

ÜBERSETZUNG: *Ein tannaitischer Midrasch*, J. Winter u. A. Wünsche, Lpzg. 1909 [m. Beiträgen v. L. Blau].

LITERATUR: Z. Frankel, *Hodegetica in Mischnam librosque cum ea conjunctos Tosefta, »Mechilta«, Sifra, Sifri*, Lpzg. 1859. – D. Hoffmann, *Zur Einleitung in die halachischen Midraschim*, Bln. 1887. – M. Auerbach, *Wörterbuch zur »Mechilta« des Rabbi Ismael*, Bln. 1905 [m. Einl.]. – C. Albeck, *Untersuchungen über die halachischen Midraschim*, Bln. 1927. – L. Finkelstein, *The »Mekilta« and Its Text*, NY 1934. – I. Kepecs, *A Leviticus Jismaeli. Tannaitikus midrasai*, Budapest 1942. – *Otzar leshon hatanna'im. Concordantiae verborum quae in »Mechilta« de Rabbi Ismael reperiuntur*, 4 Bde., Jerusalem 1965/66 [A–T; hebr.]. – S. Safrai, Art. *Ishmael ben Elisha* (in EJ², 9, Sp. 83–86). – M. Kadushin, *A Conceptual Approach to the »Mechilta«*, NY 1981 [m. Ausz. in Arab. u. Engl.].

ISODA KŌICHI

* 18.1.1931 Yokohama
† 5.2.1987 Tokio

SENGOSHI NO KŪKAN

(jap.; *Der Raum der Nachkriegsgeschichte*). Literatur- und zeitkritische Essays von ISODA Kōichi, erschienen als Einzelessays von Januar 1981 bis Oktober 1982 in der literarisch orientierten Monatszeitschrift ›Shinchō‹, in leicht überarbeiteter Form 1983 als Buch veröffentlicht. – Der Autor, ein bekannter Literaturkritiker und Essayist, legt mit diesem vielbeachteten Werk eine Deutung der Entwicklung Japans seit 1945 vor, indem er anhand literarischer Zeugnisse einen Wandel von Gesellschaft und geistigem Klima nachzeichnet. Der Schwerpunkt seiner Darstellung liegt in den ersten beiden Dekaden der Nachkriegszeit, doch greift er häufig zum Vergleich in die frühe Moderne zurück und bezieht auch neuere Entwicklungen bis zum Beginn der achtziger Jahre in seine Betrachtung ein. Bekannte und weniger bekannte literarische Werke, Tagebücher und andere Dokumente von zeittypischem Aussagewert werden herangezogen und in kurzen Ausschnitten zitiert, um den vom Autor thematisierten Aspekt zu veranschaulichen und die Argumentation zu untermauern.

Das erste Kapitel (*Das Bild der Niederlage*) beschreibt, wie sich das Kriegsende im Bewußtsein der Bevölkerung im allgemeinen und der Intellektuellen im besonderen abbildete. Je nach politischem Standpunkt wurde es als Befreiung oder auch als loyal hinzunehmender kaiserlicher Entschluß, der eine neue Ära des Friedens einläuten sollte, verstanden. Die zeitgenössischen Aussagen werden mit der in den achtziger Jahren erneut kontrovers und ergebnislos diskutierten Frage konfrontiert, ob seinerzeit das ganze japanische Volk oder nur das Militär bedingungslos kapitulierte. Unter der Überschrift *Die Doppelstruktur der Besatzung* verfolgt Isoda im zweiten Kapitel die japanische Haltung gegenüber der von den Amerikanern verordneten Demokratisierung und die Deutungen der unmittelbaren Vergangenheit weiter. ŌOKA Shōheis romanhafte *Aufzeichnungen eines Kriegsgefangenen* (*Furyoki*, 1952) auf den Philippinen etwa liest er als Allegorie auf Japan während der Besatzungszeit. Das Kriegsgeschehen selbst wird unter Berufung auf Thesen aus den achtziger Jahren als Besatzung der japanischen Nation durch das eigene Militär gedeutet, die nach 1945 lediglich ausgewechselt wurde. Im dritten Kapitel (*Metamorphosen der ›Familie‹*) zeichnet der Autor anhand von Romanen wie ENCHI Fumikos *Onnazaka*, 1949–1957 (*Die Wartejahre*), DAZAI Osamus *Shayō*, 1947 (*Die sinkende Sonne*), KOJIMA Nobuos *Hōyō kazoku*, 1965 (*Familienumarmung*), und TSUSHIMA Yūkos *Chōji*, 1978 (*Glückskind*), den Verfall der patriarchalischen Familienordnung nach. Charakteristischen Verhaltensmustern unter politischem Druck und nach dessen Wegfall spürt Isoda an literarischen Beispielen im Zusammenhang mit dem literarisch-geistesgeschichtlichen Phänomen der *tenkō*, der politischen Konversion oder Apostasie marxistisch orientierter Autoren unter dem Militarismus nach. Das fünfte Kapitel über *Die Sexualität und ihre Tabus* beschreibt anhand von Beispielen vor allem weiblicher Autoren wie KŌNO Taeko, TSUSHIMA Yūko und ŌBA Minako gewandelte Einstellungen, vor allem aber die Entkoppelung von Sex und Fortpflanzung. Einen Einschnitt in der Bewußtseinsgeschichte der Gegenwart bilden die einer Volksbewegung gleichenden Proteste gegen die Verlängerung des amerikanisch-japanischen Sicherheitsvertrags von 1960, dem das sechste Kapitel gewidmet ist. Im darauf folgenden Kapitel geht es unter der Überschrift *Geschichtsbild und historischer Roman* um Werke, die sich mit Krieg und Nachkriegszeit, etwa den Tokioter Kriegsverbrecherprozessen, befassen. Wie immer werden auch hier den zeitgenössischen Aussagen retrospektive Abhandlungen und Diskussionen gegenübergestellt. *Das Dilemma des Wohnbewußtseins* (Kap. 8) beschreibt das ambivalente Gefühl der Japaner gegenüber ihrer Wohnung seit der Modernisierung. Das traditionelle Haus gilt bis heute als Ort der Geborgenheit und Heimat, zugleich jedoch als Inbegriff von Dörflichkeit und Rückständigkeit, westlich orientierte Wohnungen dagegen werden als Ausdruck mondäner Weltläufigkeit und Modernität gesehen. Wie sich das Wohn- und Lebensgefühl mit der sich ab 1955 durchsetzenden Mietwohnung *(danchi)* und der damit einhergehenden Verschiebung der Grenzzonen von »innen« und »außen« wandelte, wird an einer Fülle literarischer Beispiele belegt. Ergebnis dieses Prozesses ist eine weitreichende Privatisierung des Lebens.

Die Tradition des Studiums im Ausland wird im neunten Kapitel erörtert. Seit mit Beginn der Modernisierung ein Aufenthalt im westlichen Ausland für geistige Führer und Intellektuelle zur Regel wurde, sind die unmittelbaren Erfahrungen der Begegnung mit dem Ausland ein wichtiges literarisches Thema. Im Vergleich mit Werken aus der Meiji-Zeit hebt Isoda den Bewußtseinswandel seit den fünfziger Jahren hervor. Anhand der Erfahrungen des Autors TACHIHARA Masaaki exemplifiziert er die Dreieckserfahrung »Europa – Japan – Korea«. Das zehnte Kapitel *(Das Verlangen nach Zugehörigkeit und seine Brechungen)* erkundet Fragen nationaler und kultureller Identität am Beispiel bekannter Werke wie *Mau'en gannen no futtobōru*, 1967 *(Die Brüder Nedokoro)*, von ŌE Kenzaburō, aber auch anhand einer Erzählung einer Auslandsjapanerin, die ihr Verhältnis zu Amerika und ihrer Heimat zum Thema nimmt. Im letzten Kapitel *(Noch ein ›Japan‹)* wird im Anschluß an hypothetische literarische Entwürfe – Japan unter sowjetischer Besatzung oder Japan als 51. Bundesstaat der USA – die Frage nach dem Selbstverständnis der Nation gestellt. Für Isoda setzt die gesamte bisherige Nachkriegsgeschichte unter dem Schatten allzu großer Abhängigkeit von den Vereinigten Staaten, wie er auch den Wandel im Alltagsleben und in den Werthaltungen vor allem als Amerikanisierung begreift. Die geistige Leistung der Entwicklung in dieser Zeit sieht er in einer deutlichen Aufwertung des Individuums. Auf die Ebene der Nation übertragen bedeute Individuums-Werdung jedoch eine Loslösung vom Schutz Amerikas, der gleichzeitig immer auch Einflußnahme und Druck beinhalte. Im Nachwort betont Isoda, sein Buch enthalte zwar sein Geschichtsbild, er wolle dies jedoch niemandem aufdrängen, vielmehr gehe es ihm lediglich darum, den Zeitgenossen Anregungen zum Nachdenken über eine gemeinsam durchlebte Epoche zu vermitteln. In der Tat bezieht er nicht immer eindeutig Stellung, und seine Sichtweise ist nicht frei von Widersprüchen. Sein Werk ist repräsentativ für das in den achtziger Jahren wieder einsetzende Nachdenken über die jüngste Geschichte unter teilweise revisionistischen Vorzeichen. So weist Isoda selbst darauf hin, daß gleichzeitig mit Erscheinen des ersten Essays in einer anderen literarischen Zeitschrift die Frage der bedingungslosen Kapitulation intensiv von seinem Kollegen ETŌ Jun erörtert wurde.

Sengoshi no kūkan steht in einer Linie mit Isodas Studie *Rokumeikan no keifu*, 1983 *(Die Tradition des Rokumeikan)*, in der er, wieder anhand literarischer Dokumente, die japanische Bewußtseinsgeschichte in der Auseinandersetzung mit dem Westen während der Meiji-Zeit analysiert. Damit hat Isoda die beiden Hauptphasen im großen Projekt der Modernisierung erschlossen. Unabhängig davon, ob man mit seiner Interpretation und Bewertung im einzelnen übereinstimmen mag, ist der vielfach preisgekrönte und 1984 mit dem Preis der Akademie der Künste ausgezeichnete Autor einen brillanten Beitrag zur Mentalitäts- und Alltagsgeschichte im Japan der Gegenwart.   I.H.K.

AUSGABE: Tokio 1983 u. ö.

ÜBERSETZUNG: *Das Dilemma des Wohnbewußtseins* [im Einvernehmen m. dem Autor überarb. Fassg. des 8. Kap.], B. Yoshida-Krafft (in *Wohnen in Japan: ästhetisches Vorbild oder soziales Dilemma?*, Hg. R. Herold, Bln. 1987).

ISOKRATES

* 436 v.Chr. Athen
† 338 v.Chr. Athen

LITERATUR ZUM AUTOR:
F. Blaß, *Die attische Beredsamkeit*, Bd. 2, Lpzg. ²1892; Nachdr. Hildesheim 1962. – S. Preuss,

Index Isocrateus, Lpzg. 1904; Nachdr.
Hildesheim/NY ²1971. – J. Kessler, *I. und die
panhellenistische Idee*, Diss. Münster 1911; Nachdr.
Rom 1965. – G. Mathieu, *Les idées politiques
d'Isocrate*, Paris 1925. – W. Jaeger, *Paideia*, Bd. 3,
Bln. 1947; ³1959. – E. Mikkola, *I. Seine
Anschauungen im Lichte seiner Schriften*, Helsinki
1954. – C. Wolgast, *Zweigliedrigkeit im Satzbau des
Lysias und I.*, Diss. Kiel 1962. – P. Cloché, *Isocrate
et son temps*, Hg. P. Lévêque, Paris 1963. –
K. Bringmann, *Studien zu den politischen Ideen des
I.*, Göttingen 1965 (m. Bibliogr.; Hypomnemata,
14). – N. Albafuli, *I., un monárquico?* (in *Fs.
J. Alsina*, Barcelona 1969, S. 97–120). – D. Gillis,
The Ethical Basis of Isocratean Rhetoric (in La parola
del passato, 24, 1969, S. 321–348). – B. Wagner, *I.
und der Mythos*, Diss. Wien 1969. – S. Usher, *The
Style of I.* (in Bull. of the Institute of Classical
Studies of the Univ. of Ldn., 20, 1973, S. 39–67).
– *I.*, Hg. F. Seck, Darmstadt 1976 (m. Bibliogr.;
WdF). – K. Lahmer, *Utopie als typologische
Merkmalstruktur. Literaturwiss. u. literatur-
funktionale Untersuchungen zur utopischen Methode
u. Denkweise bei Aristophanes, I. und Platon*, Diss.
Salzburg 1980. – H. G. Kleinow, *Die Überwindung
der Polis. Studien zu den panhellenischen Reden bei
Lysias, Platon u. I.*, Diss. Erlangen-Nürnberg 1981.
– Ch. Eucken, *I., seine Positionen in der
Auseinandersetzung mit den zeitgenössischen
Philosophen*, Bln. 1983.

AREOPAGITIKOS

(griech.; *Areopagrede*). Rede des Atheners Isokrates, deren genaues Entstehungsdatum umstritten
ist. Wahrscheinlich gehört sie (wie W. Jaeger
zeigt) als ernste Mahnung an das athenische Volk
in die Zeit vor dem 2. Bundesgenossenkrieg
(357–355), nicht, wie man zuvor allgemein glaubte, in die Jahre nach der Niederlage; die Situation
nach dem Krieg zeichnet erst – unter anderem Aspekt – die *Rede über den Frieden (Peri tēs eirēnēs)*.
Der *Areopagitikos* nimmt unter den Reden, die
nicht dem persönlich-unmittelbaren Thema der
Isokrateischen Pädagogik gewidmet sind, eine gewisse Sonderstellung ein, indem sich der Autor in
strikter Konsequenz auf ein innenpolitisches Thema konzentriert: die restaurative Erneuerung der
für jene Tage charakteristischen Praxis extremer
Demokratie aus dem Geist der alten Verfassung
des Solon und des Kleisthenes. Dieser Gegensatz
des unheilschwangeren Heute zum wohlgefügten
Gestern bestimmt auch den Aufbau. Im Prooimion
(1–18) stellt der Autor das überhebliche Vertrauen
der Bürger auf ihre günstige politische Lage als einen Irrtum dar, der einzig deshalb in so großem
Maß um sich greifen konnte, weil dem Staat die
rechte Mitte, die »Seele«, d. h. eine gute Verfassung, mangelt. Im Hauptstück der Rede wird ausgeführt, wie diese wiederzugewinnende gute Verfassung aussah (20–27), wie sie sowohl das allgemeine als auch das Privatleben jedes einzelnen

durchdrungen hat (28–35) – ein Segen, der in erster Linie der strengen Autorität des Areopags zu
danken war (36–55). Der Gedanke, daß man solches sagen kann, ohne deshalb Antidemokrat und
Oligarch zu sein (56–70), weist zugleich mögliche
verdächtigende Einwände zurück. Doch trotz des
Lobs der Demokratie, zu dem sich Isokrates hierbei
aus politischen Erwägungen gezwungen sieht, ist
die Rückbesinnung unumgänglich (71–77); mit
dieser Mahnung schließt der Mittelteil. Der Epilog
(77–84) unterstreicht diese Paränese: In geraffter
Form stellt er Vergangenheit und gegenwärtige
Verhältnisse einander nochmals gegenüber.
Natürlich hat Isokrates diese nach klassischem Muster aufgebaute Ansprache so wenig wie seine anderen Reden vor der Volksversammlung gehalten;
auch der *Areopagitikos* ist eine literarische Arbeit,
eine politische Streitschrift, die sich als »Flugblatt«
verbreiten sollte. Daß die Rede von profunder Einsicht zeugt und richtige Diagnosen stellt, hat man
längst erkannt: Das ist nicht seniles Lamentieren
über den Verlust goldener Zeiten – wie es der er-
lauchte Niebuhr darin sehen wollte –, das Alte
steht vielmehr als Kontrast zur Gegenwart, um die
es dem Autor einzig geht. Und letztlich soll in dem
Ganzen – von der Warte des Kulturpatrioten aus –
einmal mehr die Größe und Einzigartigkeit Athens
beschworen werden. Von der Tagespolitik zeigt
sich damit der *Areopagitikos* so weit entfernt wie
von reaktionärer Geschichtshymnik; sein Ziel ist
historische Kritik zum Zweck politischer Bildung
und zur Erziehung des einzelnen.   E.Sch.

Ausgaben: Mailand 1493 (in der GA des Demetrios Chalkondylas). – Lpzg. ²1898 (in *Orationes*,
Bd. 1, Hg. G. E. Benseler u. F. Blaß). – Bln. ⁶1908
(in *Ausgew. Reden: »Panegyrikos« u. »Areopagitikos«*). – Paris ²1950 (in *Discours*, Hg. G. Mathieu u.
É. Brémond, Bd. 3; m. frz. Übers.). – Mailand
1956, Hg. C. Coppola. – Seregno Ciranna e Ferrara 1983 (*Areopagitico*, Hg. V. Costa).

Übersetzungen: *Areopagus*, J. M. Afsprung,
Frft. (Oder)/Lpzg. 1784. – *Areopagiticus*, A. H.
Christian (in *Werke*, Bd. 3, Stg. ²1871). – *Areopa-
gitikos*, W. Binder, Bln. ⁴1907.

Literatur: W. Jaeger, *The Date of I.'s »Areopagi-
ticus« and the Athenian Opposition* (in Harvard
Studies in Classical Philology, Suppl. 1, 1940,
S. 409–450; ern. in W. J., *Scripta minora*, Bd. 2,
Rom 1960). – M. Bock, *Der »Areopagitikos« des I.
in seinem Verhältnis zu den »Eumeniden« des Aischy-
los* (in Würzburger Jb., 4, 1949/50, S. 226–251). –
R. W. Wallace, *The Date of I.'s »Areopagitikos«* (in
Harvard Studies in Classical Philology, 90, 1986).

EUAGORAS

(griech.; *Euagoras*). Rede des Isokrates. – Das
Werk begründete eine neue und außerordentlich
fruchtbare Gattung: das Enkomion auf große Zeit-

genossen. Bislang waren solche Preisreden – die sich letztlich von der Kulthymnik herleiten und unmittelbar auf PINDAR fußen – stets den großen Gestalten der Vorzeit gewidmet gewesen, wie etwa des GORGIAS *Helena* oder des Isokrates eigene *Helena* und sein *Busiris* bezeugen. Von nun an jedoch wandte man sich, im »Windschatten« des überragenden Meisters, der Würdigung aktueller Persönlichkeiten zu, und schon bald erschöpfte sich die Gattung in purer Schmeichelei gegenüber den hellenistischen Fürsten, allen voran Philipp und Alexander. Einer der frühesten Nachfolger des *Euagoras* ist noch erhalten: Etwa zehn Jahre später, um 360, entstand XENOPHONS Nachruf auf den Spartanerkönig *Agesilaos*.

Euagoras war König in Salamis auf Zypern gewesen (vermutlich seit 411), hatte sich – wie unser Elogium breit ausführt – jahrelang, von Athen unterstützt, mit den Persern herumgeschlagen und war – was Isokrates dezent verhüllt – um das Jahr 374 in einer undurchsichtigen Harems- und Palastintrige von einem Eunuchen ermordet worden. Gewidmet ist das Werk (wie auch das vorausgehende Sendschreiben *An Nikokles* und die ergänzende Etüde *Nikokles oder Die Kyprier*, eine fingierte Rede des Herrschers an sein Volk) dem Sohn und Thronfolger des Euagoras: einem Mann, der von seinem Vater zwar die Neigung zur Großartigkeit im privaten Leben, aber nicht dessen politisches Format als vorbildlicher Monarch geerbt hatte, wie wir aus anderen Quellen wissen. Freilich wollte Isokrates – wie dann auch Xenophon – anderes und mehr geben als nur einen Epitaphios. Er ergreift die Gelegenheit, am Beispiel des überragenden Einzelnen den Typus der exemplarischen Herrschaft zu demonstrieren, eine »*Gesetzgebung für die Monarchien*«, wie er *An Nikokles* (8) schreibt, d. h. einen »Fürstenspiegel« zu entwerfen. Er verbindet damit noch ein anderes Ziel: Das Prooimion (1–11), dessen Gedanken der Epilog (73–81) in chiastischer Umkehrung wiederaufnimmt, spricht nicht nur davon, daß eine Lobrede die schönste Würdigung für einen Verstorbenen darstelle und keineswegs allein troianischen Kriegern gebühre, sondern benutzt erneut den Anlaß, eine Lanze für die Prosa zu brechen, die den Wettstreit mit der Poesie nicht zu scheuen brauche, ja die sehr wohl ihre Stelle einzunehmen vermöge; in diesem Sinne hatte sich der Redner schon im Sendschreiben *An Nikokles* (43) als Erbe eines HESIOD, THEOGNIS und PHOKYLIDES bekannt.

Daß der *Euagoras* es in der Tat an sprachlicher Kultur und Pracht mit jedem Poem aufnehmen kann, ist unbestritten; trotz der scheinbaren Selbstbescheidung am Ende (73) weiß der Autor auch hier »*immer, wie schön er spricht*« (Lesky). Die äußere Struktur ist, wohl proportioniert, behutsam auf allmähliche Steigerung berechnet (Vorfahren 12–20, Leben 21–40, Taten und Regierungsweise 41–72); der Vortrag ist glatt, elegant, mit breit schwingenden Satzperioden, die Sprache erlesen, bis ins Detail stilistisch gepflegt, in Rhythmus und Klangwirkung ebenso abgewogen wie – Genos

und Absicht gemäß – in den hymnischen Epitheta und den bis in göttliche Sphären ausgreifenden Vergleichen poetisch überhöht. Genau im Zentrum des Werkes findet sich eine hinreißende Klimax aus Antithesen wahrhaft Gorgianischen Formats.

Es nimmt nicht wunder, daß der *Euagoras* als literarisches Kunstwerk überall wohlwollende, als politisches Dokument dagegen nicht selten sehr heftige Kritik erfahren hat. Doch steht hinter dem Werk gewiß nicht schamlose Liebedienerei, sondern weit mehr die für das prähellenistische 4.Jh. symptomatische Sehnsucht nach historischen Vorbildern, an denen man sich in dürftiger Zeit ausrichten und aufrichten kann: Mumifizierung der Tradition und Glorifizierung überragender Persönlichkeiten gehen Hand in Hand. Wenn es dafür eines weiteren Beweises bedarf, so hat ihn Isokrates am Ende seines Lebens mit seinem *Philippos* und seinem *Panathēnaïkos* geliefert. E.Sch.

AUSGABEN: Mailand 1493 (in der GA des Demetrios Chalkondylas). – Lpzg. 1906 (in *Opera omnia*, Hg. E. Drerup, Bd. 1). – Ldn./Cambridge (Mass.) 1945 (in *I.*, Hg. L. van Hook, Bd. 3; m. engl. Übers.; Loeb; Nachdr. 1954). – Paris ⁴1961 (in *Discours*, Hg. G. Mathieu u. É. Brémond, Bd. 2; m. frz. Übers.).

ÜBERSETZUNGEN: *Euagoras*, J. G. Heynig, Lpzg. 1798. – Dass., W. Lange (in *Sämmtliche Reden und Briefe*, Bln. 1798). – Dass., A. H. Christian (in *Werke*, Bd. 1, Stg. 1832).

LITERATUR: K. Münscher, Art. *I.* (in RE, 9/2, 1916, Sp. 2191 ff.). – G. Schmitz-Kahlmann, *Das Beispiel der Geschichte im politischen Denken des I.*, Lpzg. 1939 (Phil, Suppl. 31/4). – T. Poulakas, *I.' Use of Narrative in the »Euagoras«. Epideictic Rhetoric and Moral Action* (in Quarterly Journal of Speech, 73, 1987, S. 317–328).

PANATHĒNAÏKOS

(griech.; *Panathenäische Festrede*). Das letzte Werk des ISOKRATES; vor dem großen Panathenäenfest des Jahres 342 – daher der recht zufällige Titel – begonnen, infolge einer schweren Krankheit des Autors aber erst im Jahr 339 vollendet. – Der Essay ist das seltsamste und literarisch mit Abstand das schwächste, was im Laufe des langen Lebens dieses Autors aus seiner Feder geflossen ist. Dennoch erscheint es bewundernswert und von fast rührender Größe, wenn man sieht, wie der Siebenundneunzigjährige allenthalben mit seinem Thema ringt, wie ihm die Formen unter der Hand zerfließen, wie die Gedanken sich zu dehnen beginnen und beharrlich an schon einmal Gesagtem festhaken, wie die logischen und sachlichen Verknüpfungen sich zur Phraseologie verflüchtigen, wie ihm die Sätze – die berühmten, unnachahmlichen Isokrateischen Perioden – während des Schreibens zu zerfallen beginnen. So ist der *Panathēnaikos* die einzige »Rede« des Autors (der fast alle seine Hauptwerke, *Peri eirēnēs – Über den Frieden*, *Areopagitikos – Areopagrede*, *Peri antidoseōs – Über den Vermögenstausch*, *Philippos – Philipp*, erst im achten Lebensjahrzehnt publizierte), in der sich, auf Schritt und Tritt spürbar, Spuren des Greisentums zeigen.

Am auffälligsten ist der Prozeß der Auflösung in der äußeren Struktur, der Disposition. Das Hauptstück des Traktats, nach einem zum übrigen beziehungslosen persönlichen Prooimion (1–34), zerfällt – im buchstäblichen Sinn – in drei Teile. Zunächst (35–107) geht es um die Leistungen der beiden größten griechischen Stadtstaaten, Athen und Sparta, für die panhellenische Einheit – eine stellenweise sehr heftige und gehässig-einseitige Synkrisis zum Lob Athens. Ein konstruierter Einwand leitet zum zweiten Teil (108–198) über, einem Preislied auf die athenische Verfassung (die Solonische Staatsform wird in die mythische Königszeit zurückverlegt), die als ein harmonischer Ausgleich der Grundtypen Monarchie, Aristokratie und Demokratie erscheint, sowie einer vergleichenden Abhandlung über die kriegerischen Erfolge der Athener und Lakedaimonier – natürlich wird wiederum die attische Metropole favorisiert. Und nun, nachdem das Thema von verschiedensten Seiten, mit mancherlei Wiederholungen und Doubletten, beleuchtet ist, das Allermerkwürdigste – ein völliger Umschwung – Isokrates berichtet in stilisierter Erzählung von dem Eindruck, den diese Rede auf seine Schüler machte, referiert die Diskussionen, die sich besonders an der scharfen Kritik gegenüber Sparta entzündeten und ihm den Gedanken nahelegten, das Opus zu vernichten, bis man schließlich gemeinsam den Entschluß faßte, das Werk samt seinem Kommentar, eben diesem »Sitzungsbericht«, zu edieren (199–265); das führt einigermaßen glatt in den Epilog (266–272) über, in dem der Autor den chronologischen Werdegang der Rede darlegt.

Die Absicht der ganzen Schrift ist so rätselvoll wie der Zweck des dritten Teils im besonderen; was der Schüler (246) über die Darstellung des Verhältnisses von Athen und Sparta sagt – Isokrates rede so, daß dem oberflächlichen Leser alles leicht und verständlich erscheine, während erst der tiefere Blick die Schwierigkeiten dahinter sehe, die Fülle historischer und gedanklicher Probleme im Gewand der Verstellung –, das muß für uns vom gesamten Traktat gelten. Freilich, der in Mystifikationen verborgene Sinn läßt sich doch erraten: Das Enkomion auf Agamemnon im ersten und auf Theseus im zweiten Teil (74–87; 127–130) sind deutliche Hinweise auf den Makedonenkönig Philipp II., und hinter dem dritten Teil dürfte, ebenso änigmatisch verklausuliert, der Hinweis auf diesen Hinweis, an die Adresse des Königs gerichtet, zu suchen sein. Trifft eine solche Deutung zu, dann ist der *Panathēnaikos*, allem gegenteiligen Anschein zum Trotz, doch nochmals ein politisches Werk – jedoch von drückender Resignation getragen: Das Unheil des Krieges mit Philipp hängt über der

Stadt und ist nicht mehr aufzuhalten. Wenige Monate später wird das athenische Heer bei Chaironeia vernichtet werden und der greise Isokrates freiwillig den Tod wählen. Der Traum von Hellas unter dem politischen Patronat des Makedonen und der geistigen Führung Athens scheint für immer zerstört.   E.Sch.

AUSGABEN: Mailand 1493 (in der GA des Demetrios Chalkondylas). – Lpzg. ²1879 (in *Orationes*, Hg. G. E. Benseler u. F. Blaß, Bd. 2). – Ldn./Cambridge (Mass.) 1929 (*Panathenaicus*, in *I.*, Bd. 2, Hg. G. Norlin; m. engl. Übers.; Loeb; mehrere Nachdr.). – Athen 1957, Hg. K. Th. Arapopulos [m. Komm.]. – Paris 1962 (*Panathenaïque*, in *Discours*, Hg. G. Mathieu u. É. Brémond, Bd. 4; m. frz. Übers.).

ÜBERSETZUNGEN: W. Lange (in *Sämmtliche Reden und Briefe*, Bln. 1798). – *Panathenaicus*, G. E. Benseler (in *Werke*, Bd. 4, Prenzlau 1831). – *Panathenaikus*, A. H. Christian (in *Werke*, Bd. 5. Stg. 1835; ern. in *AS*, Stg. 1854). – *Panathenaikos*, Th. Flathe (in *AW*, Bd. 1, Stg. ²1864 u. ö.).

LITERATUR: K. Münscher, Art. *I. (2)* (in RE, 9/2, 1916, Sp. 2217–2219). – F. Taeger, *Der Friede von 362/61*, Stg. 1930, S. 60 (Tübinger Beitr. zur Altertumswissenschaft, 11). – F. Zucker, *I.'* »*Panathenaikos*«, Bln. 1954 (Berichte über die Verh. d. sächs. Akad. d. Wiss. zu Lpzg., phil.-hist. Kl., 101/7). – H. O. Kroener, *Dialog u. Rede. Zur Deutung des Isokrateischen »Panathenaikos«* (in Antike u. Abendland, 15, 1969, S. 102–121). – C. Eucken, *Leitende Gedanken im isokrateischen »Panathenaikos«* (in MH, 39, 1982, S. 43–70). – C. Schaeublin, *Selbstinterpretation im »Panathenaikos« des I.?* (ebd., S. 165–178).

PANĒGYRIKOS

(griech.; *Panegyrische Rede*). Politische Rede des ISOKRATES. – Das Werk, nach den Worten von Friedrich BLASS das »*unübertroffene Meisterstück*« des attischen Rhetors, in der Antike als »*die schönste aller Reden*« bewundert, von ARISTOTELES gepriesen und in der *Rhetorik* oft zitiert, ein Werk, dem selbst der grimmige Rivale PLATON die Bewunderung nicht versagte, ist als Frucht ungemein langer und intensiver Bemühung (man spricht von zehn, ja fünfzehn Jahren der Ausarbeitung) zur Olympiade des Jahres 380 der Öffentlichkeit übergeben worden. Ob die Flugschrift in Olympia öffentlich vorgetragen wurde, ist zweifelhaft; wenn ja, dann nicht von ihrem seltsamerweise sehr publikumsscheuen Autor. Fest steht, daß sie in geradezu idealer Art die Pläne des Staatsmanns und Feldherrn Timotheos, eines Schülers des Isokrates, unterstützen half und als maßgebliches Manifest des Zweiten Attischen Seebundes (378 v. Chr.) angesehen wurde: Seither galt Isokrates als »*der bedeutendste politische Publizist seiner Zeit*« (K. Münscher).

Das Thema, dem sich Isokrates unter dem Zwang der politischen Stunde zuwendet, ist literarisch kein Neuland, und daß der Autor in Gattung und Form, ja sogar in den Gedanken auf Vorgängern fußt, wird unbedenklich zugegeben: Der *Olympikos* des Gorgias (408, vielleicht auch erst 392 entstanden) und der des Lysias (388) sowie eine ganze Reihe offizieller Epitaphien hatten sowohl das Motiv panhellenischer Einheit als auch den Preis Athens propagiert. Doch niemals zuvor war das Ziel – »*Krieg gegen die Barbaren und Eintracht zwischen uns selbst*« (3), beides unter athenischer Hegemonie – in solcher Klarheit, Folgerichtigkeit und Überzeugungskraft dargestellt worden.

In zwei Zügen entfaltet der Redner nach dem Prooimion (1–18) seine Vorstellungen. Der erste Teil, begründend und in epideiktischem Ton gehalten, handelt vom Verhältnis Athens zum übrigen Hellas, insbesondere zu Sparta. In einem hinreißenden Enkomion (19–99) wird Athen als die Geburtsstätte der hellenischen Kultur gepriesen, seinem Beispiel sind Agrikultur, Koloniengründung, ordentliche Verfassungen, Kunst und Literatur zu danken, und in ähnlicher Weise hat sich die Stadt seit Urzeiten bis hin zu den Perserkriegen als die militärische Vormacht Griechenlands erwiesen, der alle anderen Städte ihre Freiheit zu danken haben. Der Verherrlichung, die bis heute der klassische Preis der Verdienste Athens geblieben ist, folgt die Widerlegung der mancherlei Kritik an der Politik Athens und eine zum Teil recht heftige Abrechnung mit Sparta, das eindringlich zur Aussöhnung mit der Rivalin ermahnt wird (100–132). Denn der Feldzug gegen den gemeinsamen alten Feind ganz Griechenlands – der zweite, symbuleutische Teil der Schrift (132–174; 175–182 persönlicher Epilog) – ist nur möglich, wenn der Streit im Innern begraben wird. Noch nie war diese Forderung so dringlich wie jetzt, denn noch nie war die allgemeine Situation des persischen Reiches so günstig für einen erfolgversprechenden Krieg.

Daß Isokrates ein untrügliches Gespür für die Erfordernisse der politischen Aktualität besessen hat, darf man aus den Ereignissen ablesen, die 378 im neuen Seebund gipfelten. Daß der Traktat zugleich aber tagesbedingt und nur für den Augenblick, der seine Vorstellungen binnen kurzem veralten lassen kann, geschrieben ist, lehrt der Fortgang der griechischen Geschichte. Immerhin war Isokrates imstande – das zeugt für sein politisches Ingenium –, sich in wacher Reflexion mitzuwandeln und den veränderten Situationen neue Antworten entgegenzustellen; und wie die Rede *Über den Frieden* und vor allem der *Philippos*, aber auch noch der *Panathēnaïkos* kundtun, war er seinen Zeitgenossen dabei immer um einiges voraus, selbst wo seine Vorschläge in einseitigem Traditionsglauben wurzeln.

Diese auch im *Panēgyrikos* zentrale Verankerung der Gegenwart in einer glorifizierten Vergangenheit, durch die die Reden aus der Zeitgebundenheit in eine ideale Sphäre gehoben werden, ist eine der Ursachen für die jahrhundertelange, ja zeitlose

Bewunderung, die ihnen gezollt wird. Ein zweiter, noch ungleich wichtigerer Grund für das zu Recht überschwengliche Lob ist der sprachliche Rang dieser Rede. Die Abgewogenheit zwischen Absicht und Ausdruck, die bis ins letzte gefeilten und balancierten Sätze und Perioden, das gedanklich, rhythmisch und klanglich Schöne als die der Sache selbst wie dem ästhetischen Empfinden verbundene Mitte zwischen banausischer Nüchternheit und rhetorisch-autonomer, »gorgianischer« Brillanz – diese allgemeine artistische Bewußtheit und »handwerkliche« Kontrolle machen die lange Dauer der Ausarbeitung begreiflich. Rund vierzig Jahre nach der frühesten uns erhaltenen Schrift in attischem Dialekt hat die Sprache hier einen richtungweisenden und für das Griechentum wie für das europäische Erbe stets von neuem verpflichtenden Höhepunkt erreicht – durch strenge Beschränkung auf ihre genuinen Mittel und zugleich durch Aktivierung all ihrer Möglichkeiten ist die Prosa zur Vollendung gediehen und als Kunstwerk zur gleichberechtigten Schwester der Poesie geworden. E.Sch.

Ausgaben: Mailand 1493 (in der GA des Demetrios Chalkondylas). – Lpzg. ²1898 (in *Orationes*, Hg. G. E. Benseler u. F. Blaß, Bd. 1). – Wien 1903, Hg. J. Mesk [m. Komm.]. – Bln. ⁶1908 (in *Ausgewählte Reden*, Hg. R. Rauchenstein u. K. Münscher; m. Komm.). – Turin ²1922 (*Il panegirico*, Hg. G. Setti u. D. Bassi; m. Komm.; ern. 1960). – Ldn./Cambridge (Mass.) 1928 (*Panegyricus*, in I., Bd. 1, Hg. G. Norlin; m. engl. Übers.; Loeb; Nachdr. 1954). – Bamberg 1956, Hg. M. Mühl [m. Komm.]. – Paris ⁵1967 (*Panégyrique*, in *Discours*, Hg. G. Mathieu u. É. Brémond, Bd. 2; m. frz. Übers.). – Barcelona 1980 (in *Orationes II: Panegyricus, Philippus*, Hg. J. de Castellanos Vila).

Übersetzungen: Der *Panegyrikos*, Ch. M. Wieland (in Attisches Museum, 1, 1795). – *Panegyricus*, G. E. Benseler (in *Werke*, Bd. 1, Prenzlau 1829). – *Panegyrikos*, Th. Flathe (in *AW*, Stg. ²1864 u. ö.). – *Panegyrikos*, A. H. Christian (in *Werke*, Bd. 2, Stg. ³1869). – Dass., O. Güthling, Lpzg. 1882 (RUB).

Literatur: K. Münscher, Art. *I. (2)* (in RE, 9/2, 1916, Sp. 2185–2189). – J. Jüthner, *I. und die Menschheitsidee* (in WSt, 47, 1929, S. 26–31). – F. Taeger, *Der Friede von 362/61*, Stg. 1930, S. 24–26 (Tübinger Beiträge zur Altertumswissenschaft, 11). – E. Buchner, *Der »Panegyrikos« des I.*, Wiesbaden 1958 (Historia, Einzelschriften, 2). – Th. St. Tzannetatos, *I politiki enosis ton archeon Ellinon ke o Isokratis* (in Epistimoniki epetiris tis filosofikis scholis tu panepistimiu Athinon, 12, 1961/62, S. 437–457). – H. Popp, *Zum Verhältnis Athens zu seinen Bündnern im attisch-delischen Seebund* (in Historia, 17, 1968, S. 425–443). – D. Gillis, *I.' »Panegyricus«. The Rhetorical Texture* (in WSt, 5, 1971, S. 52–73). – F. Seck, *Die Komposition des »Panēgyrikos«* (in I., Hg. ders., Darmstadt 1976, S. 352–370; WdF).

PERI ANTIDOSEŌS

(griech.; *Über den Vermögenstausch*). Fiktive Rede des ISOKRATES, entstanden 353, im 82. Lebensjahr des Autors. – Dieses längste und, wie man allgemein zugesteht, zugleich langweiligste Werk des griechischen Rhetors ist neben PLATONS zur selben Zeit entstandenem siebten Brief das erste Beispiel einer dezidierten Autobiographie. Doch stellt die *Antidosis-Rede* mehr dar als nur einen nackten Lebensbericht oder einen Hymnus auf die eigene Persönlichkeit und Leistung. Sie ist darüber hinaus – und das macht sie, trotz allem, zum interessantesten Opus des Autors – eine fundamentale Abrechnung mit dem großen Rivalen und Antipoden des Redners, Platon, der Versuch einer gigantischen Widerlegung des Bildungs- und Erkenntnisanspruchs der akademischen Philosophie aus dem Wesen der eigenen, pragmatisch geprägten *philosophia*.

Der im Titel genannte Anlaß der Rede ist nur ein Vorwand. In Athen konnte jeder Bürger, dem eine Trierarchie (die Ausrüstung, Instandhaltung und Befehligung eines Kriegsschiffes) auferlegt worden war, einen reicheren Bürger an seiner Statt namhaft machen und den Austausch des gesamten Vermögens *(antidosis)* beantragen, falls jener sich der Übernahme der Leistung widersetzte. Isokrates hatte sich tatsächlich mit einem Prozeß dieser Art herumzuschlagen – und verlor ihn. Dieses Gerichtsverfahren und seine Hintergründe nahm er nun, wie er in einer der eigentlichen Rede vorangestellten Präambel (1–13) sagt, zum Anlaß, in einer fiktiven Verteidigungsrede *»den Charakter, der mir eigen ist, das Leben, das ich lebe, und die Bildung, um die ich mich bemühe, darzutun«*, und er hofft, damit ein Denkmal seiner selbst zu hinterlassen, *»das noch viel schöner ist als bronzene Weihestatuen«* (6 f.). Die literarische Tradition, in die sich Isokrates damit formal einordnet, ist durch Platons *Apologia Sokratus (Die Verteidigung des Sokrates)* gegeben, wie sich auch an zahlreichen Einzelzügen, besonders in Prooimion und Epilog, zeigt. Kompositorisch jedoch hält sich Isokrates viel enger an das Schema der Gerichtsrede als sein Vorbild, so daß bei einem Vergleich des künstlerischen Gesamteindrucks jenes mit Abstand den Vorrang verdient; die meisterhafte Schicht- und Klammerstruktur des Platonischen Werkes läßt die additive, immer wieder neu einsetzende Punkt-für-Punkt-Disposition der *Antidosis* nicht von ferne erahnen. Die immense Ausdehnung, noch gesteigert durch mehrere Einlagen aus früheren Reden *(Panēgyrikos; Über den Frieden; An Nikokles; Gegen die Sophisten)* hätte ein differenziertes und beziehungsvoll gestuftes Gefüge ohnehin nicht zugelassen. Dieser allgemeine Mangel an innerer und äußerer Stringenz ist dem Verfasser durchaus bewußt, weshalb er eine sukzessive Lektüre empfiehlt (12).

Trotz all dem wirkt die Rede keineswegs unübersichtlich; die rationale Disposition bleibt sauber und ist durch deutliche Pausenzeichen markiert. Einem kunstgerechten forensischen Prooimion (1–29) folgt die Formulierung der fiktiven Anklage, gegen die er sich zu verteidigen gedenkt (30–32): Verderbnis der Jugend durch rhetorischen Unterricht, den er zu sagenhafter Bereicherung ausnütze. Der Abwehr dieser persönlichen Vorwürfe dient der erste Teil (33–160). Der Autor legt den wahren Charakter seiner Werke dar, verweist auf seine zahlreichen im öffentlichen Leben tätigen Schüler und fügt in diesem Zusammenhang ein Enkomion auf den an seinem Lebensende so geschmähten athenischen Feldherrn Timotheos ein (dessen Freundschaft man ihm zum Vorwurf gemacht hatte), um schließlich, mit Hilfe eines ironischen Kunstgriffs, auf seine eigenen Verdienste in der Polis zu kommen. Von hier aus ist der Übergang zum grundsätzlichen zweiten Teil leicht (161–290; der Rest, bis 322, ist Abschluß und Epilog), worin er ausführlich Wesen und Nutzen seiner Paideia erläutert, in ständiger, bis ins Detail der philosophischen Kernbegriffe reichender Auseinandersetzung mit Platon. Der Wechsel der Positionen ist dabei radikal, der wissenschaftlich-dialektischen Erkenntnis *(epistēmē)* stellt Isokrates auf dem Höhepunkt der Rede (270–282) sein Postulat vom Vorrang der praktisch-realen Anschauung, der Vorstellung *(doxa)*, gegenüber, und wie Platon diesen als »Schein« gebrandmarkten Bereich dem »wahren Wissen« untergeordnet hat (vgl. etwa den *Menōn*), so schreibt nun Isokrates der Platonischen Wissenserkenntnis den Rang einer bloßen Propädeutik zu.

Wer die »Rede« liest, muß zugeben, daß es dem Rhetor in der Tat gelingt, ein äußerst eindrucksvolles Bild von seinem Wirken und seinen Zielen zu geben; und daß es ein in sich geschlossenes Bild ist, läßt sich gleichfalls nicht leugnen. Wer allerdings Platon im Ohr hat, fühlt auf Schritt und Tritt, um wieviel stärker das Konzept des Akademikers ist; denn die Waffen, mit denen der Redner kämpft, seine Begriffe und Vorstellungen, sind ihm vom Gegner aufgezwungen, das Terrain, das er verteidigt, ist ihm vom Opponenten als Gegenposition aufgedrängt. Der historische Einfluß freilich, die Wirkung in die Breite ist dem Rhetor, nicht dem Philosophen zuteil geworden.   E.Sch.

AUSGABEN: Mailand 1493 (in der GA des Demetrios Chalkondylas). – Lpzg. ²1879 (in *Orationes*, Hg. G. E. Benseler u. F. Blaß, Bd. 2). – Ldn./Cambridge (Mass.) 1929 (*Antidosis*, in *I.*, Bd. 2, Hg. G. Norlin; m. engl. Übers.; Loeb; mehrere Nachdr.). – Athen 1958, Hg. K. Th. Arapopulos [m. Komm.]. – Paris ⁴1966 (*Sur l'échange*, in *Discours*₃, Hg. G. Mathieu u. É. Brémond, Bd. 3; m. frz. Übers.).

ÜBERSETZUNGEN: W. Lange (in *Sämmtliche Reden und Briefe*, Bln. 1798). – *Vom Vermögenstausche*, A. H. Christian (in *Werke*, Bd. 6, Stg. 1836).

LITERATUR: K. Münscher, Art. *I. (2)* (in RE, 9/2, 1916, Sp. 2208–2212). – A. Burk, *Die Pädagogik des I.*, Würzburg 1923; Nachdr. NY/Ldn. 1968. –

H. Wersdörfer, *Die philosophia des I. im Spiegel seiner Terminologie*, Lpzg. 1940. – G. Misch, *Geschichte der Autobiographie*, Bd. 1/1, Ffm. ³1949, S. 158–180. – K. Ries, *I. und Platon im Ringen um die Philosophia*, Diss. Mchn. 1959. – M. Fuhrmann, *Rechtfertigung durch Identität. Über eine Wurzel des Autobiographischen* (in *Identität*, Hg. O. Marquard u. K. Stierle, Mchn. 1979, S. 685–690).

PERI (TĒS) EIRĒNĒS

auch: *Symmachikos* (griech.; *Über den Frieden*, auch: *Bundesgenossenrede*). Rede des ISOKRATES, sehr wahrscheinlich nach dem unglücklichen Ausgang des Bundesgenossenkrieges (357–355 v. Chr.) und nach dem *Areopagitikos (Areopagrede)* verfaßt. – Im Jahr 378 war es Athen gelungen, eine ganze Reihe griechischer Städte und Inseln, die sich von der Machtpolitik Spartas bedroht fühlten, im sogenannten Zweiten Attischen Seebund wieder unter seiner Führung zu vereinen; Grundlage dieses Bundes waren vertragsgemäß die Hauptbestimmungen des Antalkidas-Friedens von 386, der den einzelnen Griechenstädten – mit Ausnahme der dem persischen Einflußbereich zugefallenen kleinasiatischen – die volle Autonomie garantierte. Als jedoch Athen, zumal unter dem Feldherrn Timotheos, begann, den Bund zum Instrument eigener imperialer Machtpolitik zu machen, fielen einige maßgebliche Mitglieder – Byzanz, Chios, Kos und Rhodos – ab und wandten sich dem persischen Satrapen Maussolos von Karien zu. Der Versuch Athens, die abtrünnigen Alliierten in dem genannten Bundesgenossenkrieg zur Räson zu bringen, scheiterte. Das bedeutete praktisch das Ende des auf fast ein Drittel seiner einstigen Größe zusammengeschrumpften Seebundes und damit auch das Ende athenischer Großmachtträume.
Für Isokrates muß die Niederlage so etwas wie einen Schock bedeutet haben – war er es doch gewesen, der fünfundzwanzig Jahre zuvor seinem Schüler Timotheos und dem athenischen Volk mit dem *Panēgyrikos* die Programmschrift für die neue, der Wiedergewinnung einstiger Größe dienende Politik an die Hand gegeben hatte. Daß er diesen Schock überwand, daß er von seinem einstigen idealistischen Konzept aufgrund der neuen Verhältnisse Abstand zu nehmen vermochte, zeugt für die innere Größe und für den nach wie vor untrüglichen politischen Blick des greisen Rhetors. Freilich, was der Achtzigjährige seinen Athenern in dieser Broschüre (um eine wirklich vor der Volksversammlung gehaltene »Demegorie« dürfte es sich so wenig handeln wie etwa beim *Areopagitikos* oder beim *Panēgyrikos*) anzubieten hat, ist ein Konzept der Resignation: Ein Friedensschluß nach dem Bundesgenossenkrieg muß vor allem von dem einen Gedanken getragen sein, daß Athen die Grundlage des Antalkidas-Friedens – Selbstbestimmungsrecht für alle Griechenstädte – wieder ernst nimmt, daß es aus echtem, seiner würdigem Gerechtigkeitsgefühl auf alles Herrschaftsstreben gegenüber anderen Griechen verzichtet, konkret gesprochen: daß es von dem ebenso tyrannisch-ungerechten wie unnützen und unerreichbaren Ideal der Seeherrschaft Abschied nimmt. Isokrates war sich bewußt, wieviel an Verzicht auf Wünsche und Illusionen er dem Volk damit zumutete; das zeigt nicht nur die ungewöhnlich lange Einleitung mit der *captatio benevolentiae* (1–14), deren Warnung vor den allzeit gefährlichen Demagogen am Schluß des Hauptteils (15–131) wieder aufgenommen wird; es dokumentiert sich vielmehr insbesondere im Epilog (132–145), der durchaus mehr sein will als nur ein billiges Trostpflaster für die enttäuschten »Zuhörer«. Der von ihm vorgeschlagene Verzicht auf Herrschaft, so argumentiert Isokrates am Ende, bedeutet nicht Verzicht auf Größe, auf Macht und Hegemonie in Griechenland; aber diese Größe Athens muß – wie das spartanische Königtum – auf der Autorität seiner Integrität und Gerechtigkeit basieren, die den anderen Griechen die Überzeugung gibt, daß sie sich Athen anvertrauen können, weil es der Garant ihrer Freiheit – nicht, wie bisher, ihrer Unterjochung – ist.
Daß dieses optimistische Schlußprogramm seinerseits wiederum eine Illusion war, vermochte Isokrates nicht zu sehen, wie überhaupt das Werk eine seltsame, aber für den Autor typische Mischung von hellsichtiger Analyse und patriotisierender Befangenheit darstellt: Der schlafwandlerische Balanceakt zwischen Verzicht auf athenische Macht und Streben nach athenischer Größe beruht letztlich ebenso auf der nicht mehr reflektierten, traditionalistischen Glorifizierung der Vergangenheit wie schon das Konzept des *Panēgyrikos*. Daher bleiben auch alle konkreten Vorschläge zur Bewältigung der Zukunft aus, ganz im Gegensatz zu der nur wenig später und aus der gleichen besorgniserregenden Situation heraus entstandenen *Poroi*-Schrift des greisen XENOPHON. In Wirklichkeit ging es für Athen zu dieser Zeit schon gar nicht mehr um Macht und Größe, sondern um die nackte Selbstbehauptung, denn im Norden hatte bereits der Makedonenkönig Philipp II. (reg. 359–336) begonnen, sein Reich auszubauen. Das Erstaunliche freilich ist, daß Isokrates rund zehn Jahre später im *Philippos* seinen Standpunkt erneut zu revidieren vermochte und zu einer Zeit, als DEMOSTHENES aufs entschiedenste den Kampf gegen den Makedonenkönig predigte, bereits zu der Einsicht kam, daß nur Philipp der politische Führer Griechenlands auf dem Weg zu einer panhellenischen Einheit sein konnte. Athen aber blieb unter diesen Voraussetzungen – der *Panathēnaikos* führt es aus – die unbestrittene Rolle des kulturellen Zentrums der Hellenen. E.Sch.

AUSGABEN: Mailand 1493 (in der GA des Demetrios Chalkondylas). – Lpzg. ²1898 (in *Orationes*, Hg. G. E. Benseler u. F. Blaß, Bd. 1). – NY/Ldn. 1927 (*De Pace and Philippus*, Hg. M. L. W. Laistner; m. Komm.; Cornell Studies in Classical Philology, 22). – Ldn./Cambridge (Mass.) 1929 (*On the Peace*, in *I.*, Bd. 2, Hg. G. Norlin; m. engl.

Übers.; Loeb; mehrere Nachdr.). – Paris ⁴1966 (*Sur la paix*, in *Discours*, Hg. G. Mathieu u. E. Brémond, Bd. 3; m. frz. Übers.).

Übersetzungen: W. Lange (in *Sämmtliche Reden und Briefe*, Bln. 1798). – *Rede über den Frieden*, G. E. Benseler (in *Werke*, Bd. 3, Prenzlau 1830). – *Vom Frieden*, A. H. Christian (in *Werke*, Bd. 4, Stg. 1835).

Literatur: K. Münscher, Art. *I. (2)* (in RE, 9/2, 1916, Sp. 2205 f.). – F. Kleine-Piening, *Quo tempore Isocratis orationes quae »Peri eirēnes« et »Areopagitikos« inscribuntur compositae sint*, Paderborn 1930. – F. Taeger, *Der Friede von 362/61*, Stg. 1930, S. 53–55 (Tübinger Beiträge zur Altertumswissenschaft, 11). – W. Jaeger, *The Date of I.' »Areopagiticus« and the Athenian Opposition* (in Harvard Studies in Classical Philology, Suppl. 1, 1940, S. 409–450; ern. W. J., *Scripta minora*, Bd. 2, Rom 1960). – P. Orsini, *La date du discours »Sur la paix« d'Isocrate* (in Pallas, 12, 1964, S. 9–18). – D. Gillis, *The Structure of Arguments in I.' »De pace«* (in Phil, 114, 1970, S. 195–210). – R. A. Moysey, *I.' »On the peace«. Rhetorical Exercise or Political Advice?* (in American Journal of Ancient History, 7, 1982, S. 118–127).

PHILIPPOS

(griech.; *Philipp*). Sendschreiben des Isokrates an den Makedonenkönig Philipp II. (reg. 359–336), entstanden zwischen dem Abschluß des Philokrates-Friedens (April 346) und dem Phokerkrieg Philipps (im Juli desselben Jahres). – Das Werk gilt weithin als die *»politisch bedeutendste Schrift«* des Meisters, mit der er *»geradezu der Prophet des Hellenismus«* wurde (Münscher). Vergleicht man die zehn Jahre, während deren der Autor am *Panēgyrikos* feilte, oder die drei Jahre, in denen er am *Panathēnaikos* arbeitete, so ist die in Briefform gehaltene Schrift in einer relativ kurzen Spanne entstanden. Daß diese rasche Konzeption ihre Spuren hinterlassen hat, ist wiederholt bemerkt worden; die Länge des Prooimions (1–29), die Überschneidungen der beiden Hauptteile (30–80; 83–148), die vielfach parataktisch-simple Reihung der verschiedenen Gedanken und Paränesen (schon in *An Nikokles* vorgebildet), überhaupt eine gewisse Weitschweifigkeit, die als Mangel an konzentrierender Redaktion erscheint, deuten auf die Art der Entstehung. Immerhin stand der Schriftsteller damals im neunzigsten Lebensjahr, und mag das hohe Alter allgemein in einem Schriftsteller die Furcht erregen, nicht mehr alles sagen und sich nicht mehr deutlich genug ausdrücken zu können – Umständlichkeit ist zu allen Epochen ein notorisches Zeichen des Altersstils –, so dürfte bei Isokrates noch hinzukommen, schon beinahe im Angesicht des Todes von einer neuen, ja revolutionären politischen Erkenntnis Zeugnis geben zu müssen, die in seiner Heimatstadt – man nehme nur die jüngeren

Zeitgenossen Demosthenes – nicht eben gang und gäbe war, einer Einsicht, mit welcher der *grand old man* unter den politischen Denkern und Publizisten seinen Mitbürgern weit vorauseilte. Dabei sind die Grundgedanken des *Philippos* – Einigung der Griechen (Teil 1) und Feldzug gegen die Perser (Teil 2) – keineswegs neu in der Vorstellungswelt des Isokrates: Genau dieselben Ziele bildeten vierundvierzig Jahre zuvor den Tenor des *Panēgyrikos* (daher auch gelegentliche Anklänge und Übernahmen) – nur daß damals Athen im Verein mit der alten Rivalin Sparta das panhellenische Ideal und die Dämpfung der Feinde zu erfüllen auserkoren sein sollte, jetzt dagegen der Makedone; er, der der *»Wohltäter Griechenlands«* heißen darf, soll *»Anführer zur Eintracht der Hellenen und im Feldzug gegen die Barbaren sein«* (16). Daß er der richtige Mann für dieses Unternehmen ist, zu dem Isokrates die Athener vergeblich aufrief, wird in immer neuen Anläufen, unter immer neuen Gesichtspunkten herausgestrichen. Mit Lobpreis aller Art für den Herrscher und vielfältigen Ausblicken auf seinen Nachruhm wird dabei nicht gespart; man kann die Rede sogar ausgesprochen schmeichlerisch nennen, aber sie schmeichelt aus Diplomatie, um des Zweckes willen, nicht aus höfischer Liebedienerei. Und daß der Autor klug kalkulierte, zeigt die noch erschließbare Reaktion Philipps, der sicher nicht so sehr von der stilistischen Eleganz angetan war als vielmehr vom politischen Konzept, das ihm eine so hohe und dabei – wie seine und seines Sohnes Geschichte erweisen sollte – völlig angemessene Rolle zuwies. Das Wirken der Stadt Athen dagegen war künftig – das führt dann der *Panathēnaikos* aus – auf ihre Stellung als führende Kulturmacht Griechenlands beschränkt. Der *Philippos*, der als literarisches Produkt großen Anklang fand – Aristoteles zitiert in seiner *Technē rhētorikē (Rhetorik)* nicht wenig daraus –, dürfte auch als politische Flugschrift immensen Einfluß ausgeübt haben: Die monumentale Historiographie Theopomps (der übrigens gleichfalls ein *Enkomion auf Philipp* verfaßte) wäre undenkbar ohne Isokrates, und das Sendschreiben hat nicht nur allenthalben in der griechischen Welt den Boden für die äußeren Erfolge Philipps und Alexanders bereiten helfen, sondern auch zum erstenmal die für das hellenistische Zeitalter so brennende Frage der Rechtfertigung der Monarchie konkret am Exempel eines lebenden Zeitgenossen – nicht mehr eines toten, wie im *Euagoras* – zu klären versucht. E. Sch.

Ausgaben: Mailand 1493 (in der GA des Demetrios Chalkondylas). – Lpzg. ²1898 (in *Orationes*, Hg. G. E. Benseler u. F. Blaß, Bd. 1). – NY/Ldn. 1927 (*De Pace and Philippus*, Hg. M. L. W. Laistner; m. Komm.; Cornell Studies in Classical Philology, 22). – Ldn./Cambridge (Mass.) 1928 (*To Philip*, in *I.*, Bd. 1, Hg. G. Norlin; m. engl. Übers.; Loeb; Nachdr. 1954). – Paris 1962 (*Philippe*, in *Discours*, Hg. G. Mathieu u. É. Brémond, Bd. 4; m. frz. Übers.). – Barcelona 1980 (in *Orationes II: Panegyricus, Philippus*, Hg. J. de Castellanos Vila).

ÜBERSETZUNGEN: W. Lange (in *Sämmtliche Reden und Briefe*, Bln. 1798). – *Rede an Philipp*, G. E. Benseler (in *Werke*, Bd. 2, Prenzlau 1830). – *Philippus*, A. H. Christian (in *Werke*, Bd. 2, Stg. ³1869).

LITERATUR: A. Rostagni, *Isocrate e Filipo* (in *Entaphia in memoria di E. Pozzi*, Turin 1913, S. 129–156). – K. Münscher, Art. *I. (2)* (in RE, 9/2, 1916, Sp. 2213–2215). – F. Taeger, *Der Friede von 362/1*, Stg. 1930, S. 55–59 (Tübinger Beitr. zur Altertumswissenschaft, 11). – S. Perlman, *I.' »Philippus«. A Reinterpretation* (in Historia, 6, 1956, S. 306–317). – Th. S. Tzannetatos, *I politiki enosis ton archeon Ellinon kai he o Isokratis* (in Epistimoniki epetiris tis filosofikis scholis tu panepistimiu Athinon, 12, 1961/62, S. 437–457). – G. Dobesch, *Der panhellenische Gedanke im 4.Jh. v. Chr. und der »Philippos« des I. Untersuchungen zum korinthischen Bund. I*, Wien 1968. – S. Perlman, *I.'»Philippus« and Panhellenism* (in Historia, 18, 1969, S. 370–374). – D. Gillis, *I., the »Philippos«, and the Evening of Democracy* (in Centro di ricerche e documentazione sull'antichità classica, 8, 1976/77, S. 123–133). – M. M. Markle, *Support of Athenian Intellectuals for Philip. A Study of I.'»Philippus« and Speusippus' Letter to Philip* (in Journal of Hellenistic Studies, 96, 1976, S. 80–99).

PETRE ISPIRESCU

* Januar 1830 Bukarest
† 27.11.1887 Bukarest

LEGENDE SAU BASMELE ROMÂNILOR, adunate din gura poporului şi date la lumina de un culegător tipograf

(rum.; *Legenden oder Märchen der Rumänen, aus dem Volksmund von einem Schriftsetzer gesammelt und aufgezeichnet*). Volksmärchensammlung von Petre ISPIRESCU, erschienen 1872–1876. – Die 33 Märchen der Sammlung, die in ihrer Beliebtheit mit den *Kinder- und Hausmärchen* der Brüder GRIMM im deutschen Sprachraum vergleichbar sind, entstanden in einer Zeit der nationalen Renaissance und der Wiederbesinnung auf die Werte der Tradition und Geschichte in Rumänien. Bei ihrem Erscheinen wurden Ispirescus Märchen sowohl von Dimitrie BOLINTINEANU, der in seinen *Legende istorice (Historische Legenden)* die Helden der rumänischen Geschichte verherrlichte, als auch von Vasile ALECSANDRI, dem Herausgeber der ersten Sammlung rumänischer Volkslyrik, als bedeutendes literarisches Ereignis gefeiert. Das Verdienst Ispirescus besteht nicht nur darin, die von verschiedenen Erzählern stammenden Märchen und Legenden gesammelt und schriftlich fixiert zu

haben, sondern auch in dem individuellen Erzählton und seiner Technik der Stilisierung. Der Anfang der Märchen – die Formel *»Es war einmal...«* gefolgt von einer, für die rumänischen Volksmärchen typischen Häufung von Adynata – und ihre gleichbleibende, ebenfalls formelhafte Schlußwendung erwecken allerdings den Eindruck einer gewissen Gleichförmigkeit, besonders wenn man damit die Märchen von Ion CREANGĂ vergleicht.

Das Märchen *Tinereţe fără bătrîneţe şi viaţă fără de moarte (Zeitlose Jugend und ewiges Leben)*, das schon 1862 erstmals in einer Zeitschrift erschien, gehört zu den bekanntesten Stücken der Sammlung. An seinem Beispiel lassen sich zahlreiche, bei Ispirescu häufig wiederkehrende und für die rumänischen Volksmärchen allgemein typische Themen und Motive zeigen. Der Held Făt-frumos, der einzige und langersehnte Nachkomme eines Königspaares, reitet in die Welt, um das Land der ewigen Jugend und des zeitlosen Glücks zu finden. Mit Hilfe seines Pferdes, das mit übernatürlichen Fähigkeiten und Kräften ausgestattet ist, gelingt es dem Königssohn, die Ungeheuer zu besiegen, die ihn von seinem Vorhaben abbringen und vernichten wollen. Im Land des ewigen Lebens angelangt, heiratet der Held die jüngste Tochter des Kaisers. Eines Tages aber begibt er sich, allen Warnungen zum Trotz, ins »Tal der Tränen«, wo er von der Sehnsucht nach seinen Eltern und seinem Vaterland überwältigt wird. Bei seiner Rückkehr findet er den elterlichen Palast als Ruine vor, und in einem verfallenen Thronsessel erblickt er seinen eigenen Tod, bei dessen Berührung er zu Staub zerfällt. Auch der Held des Märchens *Prâslea cel voinic şi merele de aur (Der tapfere Benjamin und die goldenen Äpfel)* gelangt auf seiner Suche nach den wunderbaren Früchten in eine von gefährlichen Fabelwesen beherrschte Phantasiewelt. Der Titelheld eines anderen Märchens, *Greuceanu* zieht aus, um Sonne und Mond zu finden, die von drei Drachen geraubt worden waren. Nach seinem Sieg über die Ungeheuer gibt er der Welt das Licht wieder und gewinnt die Hand einer Königstochter.

Obwohl der Charakter dieser Märchenhelden vom Dualismus übernatürlicher und natürlich-menschlicher Züge bestimmt ist, erscheint in Ispirescus Wiedergabe die diesseitige Komponente als vorherrschend. Durch seine volkstümliche Erzählweise und durch große sprachliche Unmittelbarkeit gelingt es ihm, dem Leser die Träger der symbolischen Märchenhandlung mit ihren menschlichen Eigenschaften nahezubringen.   G.C.

AUSGABEN: Bukarest 1872 [Bd. 1]. – Bukarest 1874–1876 [Bd. 2, Tl. 1 u. 2]. – Bukarest 1966 *(Zîna zînelor)*. – Bukarest 1968. – Bukarest 1969–1971 (in *Opere*, 2 Bde.).

ÜBERSETZUNGEN: *Jugend ohne Alter und Leben ohne Tod*, E. Kornis, Bukarest 1962. – *Märchen*, L. Berg, Bukarest 1970. – Dass., ders., Bukarest 1975. – Dass., ders., Bln./DDR 1975.

LITERATUR: P. I. Papadopol, *O pildă vie: P. I.*, Bukarest 1939. – C. Bărbulescu, *P. I. şi basmele sale*, Bukarest 1970.

PANAÏT ISTRATI

---

* 10.8.1884 Brăila
† 16.4.1935 Bukarest

LITERATUR ZUM AUTOR:
E. Raydon, *P. I. Vagabond de génie*, Paris 1968. – M. Jutrin-Klener, *P. I., un chardon déraciné*, Paris 1970. – A. Oprea, *P. I. Dosar al vieţii şi al operei*, Bukarest 1976. – CREL, 1, 1981 [Sondernr. *P. I.*]. – L'Arc, 86/87, 1983 [Sondernr. *P. I.*]. – D. Seidmann, *L'existence juive dans l'œuvre de P. I.*, Paris 1984. – H. Stiehler, *Die Historizität des Erzählers. I.* (in *Widerstand, Flucht, Kollaboration*, Hg. J. Sieß, Ffm./NY 1984, S. 17–40). – *Le pélerin du cœur*, Hg. A. Talex, Paris 1984. – *P. I. notre contemporain. Le livre du centenaire, 1884–1984*, Aix-en-Provence 1986.

LES CHARDONS DU BARAGAN

(frz.; *Ü: Die Disteln des Baragan*). Roman von Panaït ISTRATI (Rumänien), erschienen 1928. – Die Erzählung, die um 1906/07 im südlichen Rumänien spielt, handelt von Mataké, einem fünfzehnjährigen Burschen aus einem Dorf an der Donau, wo die Menschen vom Fischfang leben. Seine Mutter, eine kluge und tüchtige Frau, erwirbt ein ärmliches Gespann und schickt Mataké und seinen Vater, den schweigsamen und verträumten Flötenspieler Martin, in die trockene Ebene des Bărăgan, um dort gesalzenen Fisch zu verkaufen. Bald schon brechen Pferd und Wagen zusammen, ein Zigeuner kauft den halben Vorrat zum Spottpreis, und Mataké und sein Vater schlagen sich mit Gelegenheitsarbeiten durch, um doch noch Geld heimzubringen. Als sie jedoch vom plötzlichen Tode der Mutter hören, ziehen sie ziellos umher und trennen sich schließlich, denn Mataké ist von innerer Unruhe und Fernweh getrieben, im Herbst den Distelflocken des Bărăgan nachzujagen und »die Welt« kennenzulernen. Im Dorfe »Drei Weiler« finden er und sein Freund Yonel schließlich eine Bleibe, wo sie den Winter verbringen können. Mataké verliebt sich dort in die junge Toudoritza, die ihrer Liebe zu Tänasse, einem jungen Burschen aus dem Dorfe nachtrauert, der vom Gutsverwalter gezwungen wurde, Stana, die Mätresse des Bojaren, zu heiraten, um dessen unehelichen Kindern einen legitimen Vater zu geben. Mataké gelingt es, Toudoritza neuen Lebensmut zu geben, doch bald lastet die Sorge um den Winter auf allen: Die Ernte war schlecht und es fehlt an Saatgut für das Frühjahr.

Im Februar ist das Dorf ausgehungert. Alle Bitten an den (fast immer abwesenden) Bojaren und seinen Verwalter fruchten nichts, und in tiefster Verzweiflung stürmen die Bauern das Bürgermeisteramt und den Sitz des Bojaren, nehmen sich die reichen Vorräte und verwüsten alles. Stana ist unter den Rebellen einer der kühnsten und haßerfülltesten. Doch bald kommt die Armee, die Artillerie richtet ein Massaker an, und Mataké, der noch erfahren muß, daß sein Vater wegen eines Liedes als »Aufwiegler« erschossen wurde, flieht mit seinem Freund Yonel wieder dem Flug der Distelflocken nach, in die Ferne.

Istrati malt in seinem eigentümlichen, an Rumänismen reichen Französisch ein packendes, farbiges Fresko rumänischen Landlebens der Jahrhundertwende. Seine Charaktere sind lebendig, die Schilderung ihrer Leiden ist von glühender Menschenliebe getragen. Immer wieder schiebt er, wie auch in seinen anderen Romanen, Sprichwörter und Lieder in der Originalsprache ein. Das Leitmotiv des Buches ist neben der bitteren Sozialkritik anhand des historischen Bauernaufstandes von 1907 auch die Sehnsucht nach Aufbruch und Ferne, nach Freiheit und Hoffnung, die vom immer wiederkehrenden Bild des Fluges der Distelflocken symbolisiert wird.   C.Dr.

AUSGABEN: Paris 1928. – Paris 1929. – Paris 1970 (in *Œuvres*, 4 Bde., 1968–1970, 4). – Paris 1984.

ÜBERSETZUNG: *Die Disteln des Baragan*, E. Redtenbacher, Hbg. 1928; ern. Lpzg. 1968 (RUB). – Dass., O. Pastior, Bukarest 1963. – Dass., ders., u. W. Zitzenbacher, Graz 1969 [Ill.].

LITERATUR: L. Ph. Néel, *Deux romans nouveaux de P. I.* (in NL, Juli 1928). – J. Bonsirven, *»Les chardons du Baragan«* (in Études, 2. 2. 1929).

LES RÉCITS D'ADRIEN ZOGRAFFI

(frz.; *Die Erzählungen des Adrian Zograffi*). Zyklus von Panaït ISTRATI (Rumänien/Frankreich), bestehend aus den Romanen *Kyra Kyralina* (1924), *Oncle Anghel* (1924) und *Les Haïdoucs* (1925/26). – Istrati, der uneheliche Sohn eines griechischen Kaufmanns und Schmugglers und einer verarmten rumänischen Bäuerin, veröffentlichte 1923, nach zwanzigjährigen Irrfahrten durch Vorderasien, Nordafrika und Südeuropa, seine erste Erzählung *Kyra Kyralina* in französischer Sprache. Später übersetzte er seine Werke teilweise selbst ins Rumänische, doch fehlt diesen Übersetzungen der Reiz des fremdsprachigen Idioms der Originalfassungen. Anstoß zur Niederschrift seiner Werke erhielt Istrati durch Romain ROLLAND, der ihn 1921, nach einem Selbstmordversuch in Nizza, zur dichterischen Gestaltung seiner Erinnerungen aufforderte. Alle Werke Istratis sind in gewisser Weise *»Beschwörung seines Lebens«* (R. Rolland), doch tritt der autobiographische Charakter am stärksten in den um Adrian Zograffi, dem dichterischen Ich Istratis, gruppierten Erzählungen hervor. Ihr Schauplatz ist Istratis Heimat, die Gegend um Bràila und Galatz am Zusammenfluß von Donau und Sereth, deren Schilderung zu dem starken Lokalkolorit der Erzählungen Istratis beiträgt. Steht Adrian Zograffi in den beiden unmittelbar nach den *Récits* entstandenen Romanen *Codine* (1926) und *Mikhail* (1927), die von seiner Kindheit und Jugend handeln, im Mittelpunkt des Geschehens, so beschränkt sich seine Rolle in den *Récits* im wesentlichen auf die des Zuhörers, der den Berichten seiner Verwandten und Freunde lauscht. So sind alle in diesem Werk vereinigten Dichtungen Rahmenerzählungen, von der Erinnerung als Ausgangssituation bestimmt. Die erzählten Begebenheiten reichen zum Teil bis zum Beginn des 19. Jh.s zurück, während die Rahmenhandlung selbst zwischen 1902 und 1909 spielt.

In *Kyra Kyralina* (1924) erzählt der Limonadenhändler Stavro drei Episoden aus seinem Leben, die aus dem verwöhnten Jungen Dragomir den seelischen Krüppel und »Possenreißer« Stavro gemacht haben. *Stavro* berichtet vom Scheitern seiner Ehe, *Kyra Kyralina* von seiner Kindheit. Seine schöne Mutter, »*geschaffen, gehätschelt und geküßt zu werden*«, ist von ihrem Vater an einen hartherzigen und lieblosen Mann verheiratet worden, der sich ihrer Freiheit, die sie sich mit ihrem Vermögen zurückkaufen möchte, widersetzt. Aus Rache für ihr ausschweifendes Leben mißhandelt er sie und ihre Kinder, Kyra Kyralina und Dragomir, erbarmungslos. Als er ihr ein Auge ausschlägt, flieht sie und stellt die Kinder unter den Schutz ihrer Brüder, der Haiduken Cosma und Elias. Sich selbst tötet sie, ihrem Schwur getreu, Selbstmord zu begehen, »*wenn jemals die Menschen sie zu einem anderen als dem von ihrer Natur gewollten Leben zwingen sollten*«. Dragomir und Kyra Kyralina werden von einem reichen Türken entführt, der Kyra als Haremsdame verkauft, Dragomir zum Lustknaben verführt. Die dritte Episode, *Dragomir*, berichtet von Stavros vierzehnjähriger vergeblicher Suche nach seiner Schwester, die ihn durch ganz Vorderasien führt und ihn tiefstes Elend kennenlernen läßt. Auf dem Höhepunkt seiner Leiden begegnet er dem weisen Griechen Barba Yani, »*dem Mann mit dem göttlichen Herzen*«, der ihn den Wert persönlicher Freiheit und die Schönheit der Erde schätzen lehrt. Im zweiten Roman des Zyklus, *Oncle Anghel* (1924), erleidet die Hauptfigur das Schicksal Hiobs: Durch Brandstiftung und Raub um ein Großteil seines Vermögens gebracht, verliert Anghel Frau und drei Kinder. Er lehnt sich gegen sein übermenschliches Leid auf, wird zum Gotteslästerer und Alkoholiker. Sein Ende ist erbärmlich: Drei Jahre lang wird er bei lebendigem Leib buchstäblich »*von den Würmern zerfressen*«; in seiner Nähe hält sich nur ein wasserköpfiger Diener auf, der ihm auf ein Pfeifzeichen hin Schnaps in den Mund gießt. Kurz vor seinem Tode begreift Anghel sein Elend als folgerichtige Sühne für seine Mißachtung des Geistes: »*Ich habe ein Menschenleben . . . als Skla-*

ve dieses Leichnams zugebracht . . ., und ich wurde keinen Augenblick inne, daß ich einen Kopf hatte, ein Gehirn, eine Leuchte, der Verwesung und Würmer nichts anhaben können . . .*« Er befiehlt dem greisen Jeremias, Adrian zur Warnung das leidenschaftliche Leben seines Vaters, des Haiduken Cosma, zu erzählen (*Cosma*), an dessen Liebe sich Jeremias' Mutter Floritschika, die »kleine Blume«, die Augen »verbrannt« hat. Nach Cosmas Tod hat Floritschika seine Stelle als Anführer der Haiduken übernommen (*Die Haiduken*). In *Die Haiduken erzählen, wer sie sind* fordert sie einzelne Haiduken – Freischärler, die als Räuber und Schmuggler in den Wäldern der Karpathen ein unabhängiges Leben führen und einzelne Untaten der herrschenden Bojaren rächen – zur Schilderung ihres Lebens auf. In *Domnitza von Snagow* gelingt es Floritschika, die im Gegensatz zu Cosma und Jeremias nicht mehr »*das ganze Glück für sich*« begehrt, die verstreuten Haiduenbanden zusammenzuschließen und ihnen eine politische Zielsetzung zu geben. Von ihrem Herrengut Snagow aus nimmt sie dank ihrer Beziehungen zu den mächtigsten Männern des Landes erfolgreich an den politischen Machtkämpfen in Rumänien nach dem Krimkrieg teil. Diese finden 1859 mit der Wahl Alexander Kusas zum Führer der vereinigten Fürstentümer Moldau und Walachei ein vorläufiges Ende. Durch Verrat ist Floritschika zur Flucht aus Snagow gezwungen und stirbt bald darauf. Die restlichen Haiduken lösen sich auf. – Beherrschendes Thema dieser Erzählungen ist die Idee der Freiheit des einzelnen. Sie wird entweder im Sinne ROUSSEAUS als Bekenntnis zu den Naturtrieben verstanden wie bei Kyra Kyralinas Mutter, die die freie körperliche Liebe gegen die Schranken von Ehe oder Moral als den »*Ruf ihres Herzens*« verteidigt, oder sie manifestiert sich in der Unabhängigkeit der ins Heldenhafte und Gigantische überzeichneten Gestalten Cosmas und Jeremias'. Das Haidukenleben bietet diesen die Möglichkeit schrankenloser Selbstverwirklichung, hinter der das Ziel einer Befreiung des Volkes, dessen »sklavische Gesinnung« sie verachten, zurücktritt. Andrerseits ist die Befreiung der Masse aber nur durch den großen Einzelnen, den »Helden«, zu verwirklichen. Diese individualistische Einstellung wurde dem ehemaligen Mitglied der Hafenarbeitergewerkschaft von Bràila von der marxistischen Literaturkritik als »idealistische Geschichtsauffassung« besonders verübelt. – Während die Szenen aus dem Haidukenleben nicht frei von Sentimentalität und einer unwirklichen Räuberromantik sind, liegt die eigentliche künstlerische Bedeutung der Erzählungen Istratis in der Darstellung menschlichen Leids. Mit zum Teil sadistischer Genauigkeit schildert Istrati die Qualen, die die rumänischen Bauern und Sklaven durch die Bojaren oder die kirchlichen Würdenträger erdulden müssen. Doch steht auch hinter dieser scharfen Gesellschaftskritik im Werk Istratis weniger marxistische Ideologie als menschliches Mitgefühl. Auch die gegenwärtige östliche Literaturkritik betont Istratis humanitäres gegenüber seinem politischen Anliegen: »*Eigent-*

lich hat Istrati sich die Grundsätze des wissenschaftlichen Sozialismus nie zu eigen gemacht. Die Position, von der aus er der bürgerlich-gutsherrlichen Gesellschaftsordnung den Kampf ansagte, war seine humanitäre Gesinnung ...« (A. Oprea). Istrati setzt in seinen Erzählungen der Bestialität der Menschheit die Menschlichkeit einzelner Gestalten wie des Barba Yani entgegen, *»denn die Güte eines einzigen Menschen ist mächtiger als die Schlechtigkeit von Tausenden. Das Böse stirbt mit dem, der es verübt hat; das Gute leuchtet weiter nach dem Heimgang des Gerechten.«* Bei ihrem Erscheinen wurden die Erzählungen Istratis vor allem in den westlichen Ländern begeistert aufgenommen, man feierte den Schriftsteller als *»Gorkij des Balkan«* (R. Rolland). Seine Werke erschienen in über 25 Ländern.   H.Ei.

AUSGABEN: Paris 1924 *(Kyra Kyralina).* – Paris 1924 *(Oncle Anghel).* – Paris 1925 *(Les Haïdoucs. Présentation des Haïdoucs).* – Paris 1926 *(Les Haïdoucs. Domnitza de Snagov).* – Bukarest 1966/67, 4 Bde. [frz.-rum.]. – Paris 1968 (in *Œuvres,* 4 Bde., 1968–1970, 1). – Paris 1981 ff. (Folio).

ÜBERSETZUNGEN: *Kyra Kyralina,* O. R. Sylvester, Ffm. 1950. – Dass., O. Pastior, Bukarest 1963 (zus. m. *Die Disteln des Bărăgan).* – *Kyra Kyralina. Onkel Angiel. Die Haiduken,* O. R. Sylvester, Köln/Bln. 1964. – *Kyra Kyralina,* ders., Ffm. 1984 (FiTb). – *Die Haiduken,* ders., Ffm. 1984 (FiTb). – *Kyra Kyralina,* E. Eichholtz, Ffm. 1985. – *Onkel Anghel,* K. Rohde, Ffm. 1985. – *Die Haiduken,* H. Boldt u. O. R. Sylvester, Ffm. 1986. – *Codin. Die Jugend des Adrian Zograffi,* E. Eichholtz, Ffm. 1986.

VERFILMUNG: *Kira Kiralina,* Rußland 1927 (Regie: B. Glagolin).

LITERATUR: G. Brandes, *P. I.* (in Sozialdemokraten, Juni 1926, Nr. 2/3). – H. Barbusse, *De chaque côté de la barricade* (in Humanité, 22. 5. 1927).

ĪŚVARAKRṢṆA

4. Jh. (?)

SĀMKHYA-KĀRIKĀ

(skrt.; *Memorialverse der Sāmkhya[-Lehre]).* Philosophische Schrift von ĪŚVARAKRṢṆA. – Handelt es sich auch um einen relativ späten Text, so werden die Lehren der alten Sāmkhya, eines der sechs klassischen indischen Philosophiesysteme, doch maßgebend dargestellt. Die Zahl der Verse, die im Ārya-Metrum geschrieben sind, schwankt in den Kommentaren zwischen 69 und 73. In der

Sāmkhya-kārikā wird eine evolutionistische, atheistische Lehre vertreten, in der 25 Grundprinzipien *(tattva)* eine Rolle spielen. Hauptzweck der Lehre ist es, einen Weg der Befreiung vom Leiden zu weisen. Diese ist möglich durch Erkenntnis *(vijñāna)* der Verschiedenheit von unbewußter, aber aktiver Natur *(prakṛti)* und den unzähligen bewußten, aber inaktiven Geistesmonaden *(puruṣa).* In ihr findet sich die Lehre von den drei *Guṇa-s* (Eigenschaften) – Dunkles *(tamas),* Aktives *(rajas)* und Klares *(sattva)* –, die alle Zustände bestimmen. – Die Gedankenführung der *Sāmkhya-kārikā* ist nicht immer sehr klar und logisch. Zu dem Werk sind sechs Kommentare überliefert, der bekannteste stammt von VĀCASPATIMIŚRA (10. Jh.). Zwischen 557 und 569 wurde der Text von dem buddhistischen Mönch PARAMĀRTHA ins Chinesische übersetzt. Diese Version (mit Kommentar) trägt den Titel *Suvarṇasaptati.* Der buddhistische Philosoph VASUBANDHU schrieb die *Paramārthasaptati,* um die Lehren der *Sāmkhya-kārikā* zu widerlegen.   G.Gr.

AUSGABEN: Bonn 1832 (in C. Lassen, *Gymnosophista,* Bd. 1; m. lat. Übers.). – Tirupati 1944 [chin.]. – Hoshiarpur 1963. – Benares [4]1963. – Ilāhābāda [d. i. Allahabad] [3]1966. – Kommentar: Hbg. 1967 (*Vācaspatimiśra's Tattvakaumudī,* Hg. S. A. Srinivasan; krit.).

ÜBERSETZUNGEN: In P. Deussen, *Allgemeine Geschichte der Philosophie,* Bd. 1, Abt. 3, Lpzg. [3]1920, S. 413–466. – Poona 1964 [engl.; m. Text]. – In G. J. Larson, *Classical Sāmkhya,* Delhi [2]1979 [engl.; m. Text].

LITERATUR: V. V. Sevani, *A Critical Study of the Sāmkhya System,* Poona 1935. – W. Totok, *Handbuch der Geschichte der Philosophie,* Bd. 1, Ffm. 1964, S. 30–32. – E. A. Solomon, *The Commentaries of the »Sāmkhya Kārikā«,* Ahmedabad 1974. – E. H. Johnston, *Early Sāmkhya,* Delhi 1974 [Nachdr.]. – M. Hulin, *Sāmkhya Literature,* Wiesbaden 1978, S. 138 ff. – P. K. Sasidharan, *A Study of the »Sāmkhya Kārikā«,* Madurai 1981. – K. H. Potter, *Encyclopedia of Indian Philosophies,* Bd. 1: *Bibliography,* Delhi 1983, S. 70–75. – *Encyclopedia of Indian Philosophies,* Bd. 4, Delhi 1987.

JEAN-CLAUDE VAN ITALLIE

* 25.5.1936 Brüssel

AMERICA HURRAH

(amer.; *Ü: Amerika, Hurra!).* Einakter-Trilogie von Jean-Claude van ITALLIE, Uraufführung: New York, 7. 11. 1966, Pocket Theatre; deutsche Erstaufführung: Berlin, 8.10. 1967, Schiller-Theater. – Zwei der drei Einakter des gebürtigen Belgiers, der seit 1963 mit Joseph CHAIKINS Off-off-Broadway-Theatertruppe »Open Theatre« zusammenarbeitete und von deren experimentellem Schauspielstil wesentlich mitgeprägt wurde, hatten sich bereits in Einzelaufführungen bewährt, ehe sie 1966 zu einem abendfüllenden Programm gekoppelt wurden. Mit seiner Mischung aus breitgestreuter Sozialkritik und rituellen Sequenzen, mit seiner vielfältig gebrochenen Darstellung der amerikanischen Alltagskultur, vor allem aber mit seiner starken Betonung von Mimik, Bewegungsrhythmus und musikalischen Sprachgebärden erregte *America Hurrah* weltweites Aufsehen. Daß van Itallies Theaterkonzeption von Antonin ARTAUDS antirealistischen Theorien (Theater als spontane, elementare, rituell-magische Lebensäußerung) beeinflußt ist, wird zwar in *The Serpent* (1968) noch deutlicher, ist aber auch in *America Hurrah* (besonders im ersten und dritten Teil) unverkennbar.

Interview, der erste Einakter, ist musikalisch strukturiert, was im Untertitel, *Eine Fuge für acht Darsteller*, ebenso anklingt wie im ursprünglichen Titel *Pavane* (1965 von der LaMama-Schauspieltruppe aufgeführt). Es gibt keine durchgehende (in van Itallies Terminologie: keine »lineare«) Handlung; vielmehr kommt das »Transformations«-Prinzip des »Open Theatre« zum Tragen: In fließenden Übergängen verwandeln sich Raum, Zeit und Rollenidentitäten ständig. Exemplarische Szenen aus dem Großstadtalltag, die alle mit Bewerbungen, Hilfersuchen und Imagepflege zu tun haben, gehen bei ständiger Temposteigerung als Thema mit Variationen ineinander über. Sinnentleerte Alltagsphrasen durchziehen das Stück wie Fugenthemen. (Hervorgegangen ist diese Technik aus Schauspielerübungen im Simultansprechen.) »Mechanische, rein situationsgesteuerte Abläufe« ersetzen personenorientierte Kommunikation (H. Grabes). Das Fehlen echter Hilfsbereitschaft sowie Beziehungslosigkeit und Selbstdistanzierung der Personen werden auch dadurch unterstrichen, daß diese ständig zwischen Dialog und Bericht ans Publikum hin und her schwanken. Soziale Identitäten klingen an, z. B. wenn im Arbeitsvermittlungsbüro ein Anstreicher mit Mafia-Verbindungen, eine Putzfrau irisch-jüdischer Abstammung, ein Bankdirektor und eine Kammerzofe zusammentreffen, die Sozialkritik des Autors bleibt jedoch bewußt global. Auf den Vietnamkrieg als konkreten Zeithintergrund wird hier wie im zweiten Einakter, *TV*, mehrfach verwiesen, aber es zählt nicht der Krieg, sondern die Art, wie er in Politikerreden und im Fernsehen behandelt wird.

Die Handlung von *TV*, das als letztes Stück der Trilogie erst 1966 entstand, ist im Kontrollraum eines Fernsehsenders lokalisiert, aber in zwei kontrapunktisch aufeinander bezogene Bereiche getrennt. Im Verlauf des Einakters werden die drei Kontrolleure Susan, Hal und George immer stärker von der Fernsehrealität beherrscht, bis sie am Ende als Teile eines geschlossenen Mediensystems

funktionieren. Ein kabarettartig überzeichnetes, aber durchaus noch als lebensnah erkennbares Fernsehprogramm (mit Comics-Serie, Nachrichten, Werbung, Western, Talkshow, Predigt und Familienserie) ermöglicht dem Autor wiederum weitgestreute Kritik am amerikanischen Leben. Die nivellierende Kraft der Fernsehbilder, die fünf Schauspieler in ständigem Rollenwechsel hervorbringen, wird deutlich: Banales erhält den gleichen Stellenwert wie die Grausamkeiten des Vietnamkrieges (man beachte die Sprachregelungen in den Nachrichtensendungen!).

Ziel und Höhepunkt der Trilogie ist der kurze surrealistische Einakter *Motel*. Er entstand bereits 1962 als direkte Reaktion des Autors auf seine Artaud-Lektüre und wurde am 28. 4. 1965 im Café »La Mama« uraufgeführt. Daß der ursprüngliche Titel dieses Stückes, *America Hurrah*, auf die ganze Trilogie überging, verweist auf die zentrale Bedeutung des dritten Teils. Drei überlebensgroße Puppen inszenieren die Zerstörung eines archetypisch überhöhten Motelraumes. Sprache und Handlung sind radikal getrennt. Es spricht nur die Wirtin, auch sie nur indirekt, durch einen Lautsprecher. In einer langen Suada preist sie die Vorzüge ihres Motels und der Zimmereinrichtung, während die beiden abstößend aufgemachten Touristen-Puppen wortlos alles kurz und klein schlagen. Die langen Warenhauskataloge von Einrichtungsgegenständen gehen in ein Licht- und Geräuschinferno über, als die Vandalen auch die Wirtin »zerlegen«. Das dem Text als Epigraph vorangestellte W. B. YEATS-Zitat vom Rückfall in die Barbarei impliziert einen *»mystifizierten historischen Determinismus«* (H. Grabes) und kulturkritischen Fatalismus. Zwar wird die Detailkritik der beiden ersten Einakter am amerikanischen Alltag dadurch relativiert, denn Reformen können *diesen* Untergang nicht aufhalten, aber im Bewußtsein der Zuschauer wirkt der surrealistische Schockeffekt, der die Trilogie beschließt, eindringlicher nach als alle vorangegangenen Details. – Als einziges Stück van Itallies wurde *America Hurrah* auch in vielen europäischen Ländern erfolgreich inszeniert. Zweifellos zählt es zu den bedeutendsten amerikanischen Dramen der sechziger Jahre.   H.Thi.

AUSGABEN: NY 1967. – NY 1978.

ÜBERSETZUNG: *Amerika, Hurra!*, G. Penzoldt (in Theater heute, 1967, H. 9).

LITERATUR: *Now: Theater der Erfahrung*, Hg. J. Heilmeyer u. P. Fröhlich, Köln 1971, S. 94–108; 116–120. – P. J. Wagner, *J.-C. van I.: Political Playwright* (in Serif, 9, 1972, Nr. 4, S. 19–74). – J. Brinkmann, *Off-Off-Broadway: Das amerikanische Experimentaltheater*, Diss. Kiel 1973, S. 225–231. – H. Grabes, *Möglichkeiten der Gesellschaftskritik im Drama: J.-C. van I.s »America Hurrah«* (in Amerikanisches Drama u. Theater im 20. Jh.*, Hg. A. Weber u. S. Neuweiler, Göttingen 1975, S. 328–349).

THE SERPENT

(amer.; *Die Schlange*). Dramatische Zeremonie
von Jean-Claude van ITALLIE, Uraufführung:
Rom, 2. 5. 1968, Teatro del Arte. – Als Gemein-
schaftsarbeit des Dramatikers van Itallie, des Regisseurs Joseph Chaikin und der Schauspieler der
New Yorker Off-off-Broadway-Truppe »Open
Theatre« wurde diese freie Version der Genesis-
Geschichte erstmals auf einer Europatournee (u. a.
in München) gespielt. Als eines der Schlüsselstücke
der amerikanischen Experimentaltheater-Bewe-
gung der sechziger Jahre fand *The Serpent* dann
auch in New York große Beachtung. Aus Improvi-
sationsübungen und Selbsterfahrungstraining der
Schauspieler hervorgegangen, ist die lockere Szenenfolge der ritualistischen Theaterkonzeption
Antonin ARTAUDS bzw. des polnischen Theater-
mannes Jerzy GROTOWSKI verpflichtet. Erstrebt
wird ein spontanes, mythisches Gemeinschaftser-
lebnis der Akteure und Zuschauer, die folglich
auch ins Spiel einbezogen werden (z. B. gemeinsames Apfelessen beim »Sündenfall«). Es gibt keine
durchgängig-lineare Handlung; vielmehr überlagern sich drei Zeitebenen: Das mythische Geschehen um den ersten Mord der biblischen Menschheitsgeschichte wird in Beziehung gesetzt zur politischen Mordserie, die die USA in den sechziger
Jahren erschütterte. Der Tod John F. Kennedys erhält so eine mythische Dimension, der biblische
Brudermord wird rational-imaginativ ausgedeutet.
Die dritte Zeitebene ist das Jetzt der Aufführung;
sie wird durch Schauspielerprozessionen am Anfang und Ende, durch Einbeziehung des Publikums und durch persönliche Erfahrungsberichte
der vier Chorfrauen akzentuiert. Van Itallie verlangt ausdrücklich, daß jede Aufführung »*Bewußtsein und Lebenserfahrung der Schauspieler*« einzubeziehen habe. Anti-mimetischer Schauspielstil und
montageartiger Wechsel von biblischen und zeitgenössischen Szenen bewirken eine dialektische Ver-
zahnung aller drei Zeit- und Realitätsebenen. Die
Vorführungen archetypischer Lebenszyklen (Zeugung, Geburt, Reife, Alter, Tod) und neurophysio-
logischer Forschungsergebnisse (Bestimmung des
Gehirntodes) beleuchten das Leitthema menschlicher Sterblichkeit ebenso von verschiedenen Seiten
wie die Metaphorik vom Todeszug der menschlichen Lemminge oder die Berichte der verwitweten
Chorfrauen. Derartig heterogene Szenen und Materialien erfordern fließende Übergänge und gesti-
sche Querverbindungen, die sich im Text nicht fest-
schreiben lassen; das Formenrepertoire des »Open
Theatre« enthielt viele Assoziationstechniken (vgl.
die Transformationen in *America Hurrah*), aber
das Stück ist auf den meisten Bühnen nicht ohne
weiteres nachspielbar.

Nach einem einleitenden Mummenschanz der
Schauspieler wird zunächst die gewaltsame Gegenwart beleuchtet und dann nach den biblischen Anfängen geforscht. Drei verschiedene Methoden der
Wahrheitsfindung werden dabei vorgeführt: In einer Gehirnoperationsszene sind *wissenschaftliche*

Analyse und rhythmischer Sprechgesang kontrapunktisch verknüpft; dann wird die berühmte
Filmszene vom Kennedy-Mord in Dallas nachge-
spielt und *experimentell* in Bewegungssegmente
zerlegt; als kontrapunktische Begleitung dient hier
Martin Luther Kings berühmte Bürgerrechtsrede
I Have a Dream. Erst danach beginnt der *imagi-
nativ-rituelle Nachvollzug* der Genesis-Geschichte.
Aber nicht die ganzheitliche Qualität eines mythisch überhöhten Menschen wird betont; vielmehr erscheinen der Sündenfall und seine Folgen
als Beginn der Entfremdung/Individuation (im
Sinne NIETZSCHES) des modernen Menschen. Der
Sündenfall als die »*Konstituierung des denkenden
Menschen*« (J. Brinkmann) zieht als Strafe nicht
Mühsal und Arbeit, sondern Selbstzweifel und die
Unzulänglichkeit menschlicher Rechtsordnungen
nach sich. Die Schlange verleitet Eva und Kain dazu, sich für Gott gleichberechtigt zu halten (Adam
und Abel hingegen akzeptieren Gott als absolute
Autorität); jedoch – so stellt es Gott in seinen Ver-
fluchungen heraus, und so erweist es sich im weite-
ren Verlauf der Menschheitsgeschichte – der
Mensch ist überfordert, wenn es darum geht, sich
selbst in Schranken und die Welt in Ordnung zu
halten. Es kommt aus berechtigter Eifersucht zum
Brudermord, wobei Kain (wie der Arzt der einleitenden Sektionsszene) körperliches Leben und
Persönlichkeit nicht als Einheit sieht und sozusagen experimentell mordet. Der schmerzverzerrte
Geist des toten Abel leitet ein Ritual des Alterns
und körperlichen Verfalls ein, das an BECKETTS
Darstellungen von Menschenwracks erinnert. Reflexionen und Berichte des Chors über Sterben,
Trennung und Aggressionen trennen dieses Ver-
fallsritual vom folgenden Zeugungsritual. Während der Chor das endlose Geschlechterregister
des Genesis-Buches rezitiert (allerdings von allen
narrativen Elementen bereinigt) und dazu, wie
schon in vielen vorangegangenen Szenen, Litanei-
gemurmel von sich gibt, führen die Schauspieler
den Kreislauf von Zeugung, Geburt, Altern und
Tod pantomimisch vor. Als alles Leben verflak-
kernd aus den verbrauchten Körpern gewichen ist,
springen die Schauspieler plötzlich auf und ziehen
unter Absingung eines sentimentalen Schlagers
durch den Zuschauerraum.

Ob die erwünschte elementar-mythische Zuschau-
erreaktion erreicht wird, hängt sowohl von der
Qualität der Aufführung als auch von der Prädis-
position des Publikums ab. Zwischen den Extremen von Banalität und technischer Virtuosität
kann das Archetypische leicht aus den Augen verloren werden, wie der Autor im Vorwort der Druck-
ausgabe selbst zugibt.   H.Thi.

AUSGABEN: NY 1969. – NY 1978.

LITERATUR: U. Jenny, *Das Open Theatre zu Gast in
München* (in Theater heute, 1978, H. 7, S. 41). –
J. Lahr, *Acting Out America*, Harmondsworth
1968, S. 122–135. – *Now: Theater der Erfahrung*,
Hg. J. Heilmeyer u. P. Fröhlich, Köln 1971,

S. 94–108; 116–120. – P. J. Wagner, *J.-C. van I.: Political Playwright* (in Serif, 9, 1972, Nr. 4, S. 19–74). – J. Brinkmann, *Off-Off-Broadway: Das amerikanische Experimentaltheater*, Diss. Kiel 1973, S. 231–235. – F. Wieselhuber, *The Serpent* (in *Das amerikanische Drama der Gegenwart*, Hg. H. Grabes, Kronberg/Ts. 1976, S. 133–148).

ITŌ SEI

eig. Itō Hitoshi

* 16.1.1905 Hokkaidō
† 15.11.1969 Tokio

SHŌSETSU NO HŌHŌ

(jap.; *Methoden des Romans*). Literaturtheoretische Abhandlung von ITŌ Sei, erschienen 1948; einzelne Kapitel dieses Buches, das zahllose Neuauflagen erlebte, wurden ab 1947 in literarischen Zeitschriften publiziert, für die Buchveröffentlichung jedoch gründlich überarbeitet. – Der Autor, ein renommierter Kritiker und Romanschriftsteller, legte mit diesem Werk die bis dato wohl umfassendste Studie zur modernen japanischen Prosa vor. Sein Ziel sei, so schreibt er im Nachwort, ein besseres Verständnis der modernen japanischen Literatur. Diesem Zweck diene ein Vergleich mit der klassischen und der modernen europäischen Literatur. Zugleich aber bezieht er auch die vormoderne japanische Tradition in seine Betrachtung ein. Das Ergebnis ist eine materialreiche und höchst originelle Auseinandersetzung mit der Literatur und den geistigen Traditionen Japans im 20. Jh.

Sein Augenmerk richtete Itō vor allem auf eine Gattung, die zu Beginn dieses Jahrhunderts ausgehend vom Naturalismus entstand und nach allgemeiner Auffassung als spezifisch japanisch gilt, den *shishōsetsu* (Ich-Erzählung, Ich-Roman), eine autobiographisch-egozentrische Form des Schreibens, die auch gegenwärtig noch große Verbreitung und Beliebtheit genießt. Der Einfluß der europäischen Literatur auf die japanischen Naturalisten liegt nach Itō weniger im Bereich der literarischen Technik als vielmehr in dem durch sie angeregten Impuls, sich von den Fesseln der feudalistischen Tradition zu lösen. Dieses Bemühen führte seinerseits zur Herausbildung des *bundan*, der »literarischen Welt«, einer Literatengemeinschaft, die sich als Außenseiter der Gesellschaft sieht und bar allen Interesses an öffentlichen Belangen ihr Selbstwertgefühl aus dem Bewußtsein ihrer Fortschrittlichkeit und ihres Künstlertums schöpft. Der *shishōsetsu* als Medium dieser Literaten nimmt ausschließlich Privates, unmittelbar Alltägliches zum Stoff und spiegelt laut Itō die tiefe Entfremdung der Autoren von der Gesellschaft wider. Er verlangt

aber auch nach einem Publikum, das mit dem Leben der Autoren so vertraut ist, daß viele Erklärungen und Beschreibungen von Lebensumständen unterbleiben können, weil die Autoren deren Kenntnis beim Schreiben voraussetzen. Diese Schreibweise ermöglichte wiederum die Umsetzung des literarischen Ideals, der ungeschönten Selbstaussage in absoluter Aufrichtigkeit ohne jegliche »Fiktionalisierung«, das auch zum zentralen Kriterium der Literaturkritik avanciert.

Für Itō stimmen japanische und europäische Literatur der Moderne darin überein, daß das Ich, die persönliche Aussage, im Mittelpunkt steht. Während der Schriftsteller in Europa das Persönliche jedoch nur in fiktionalisierter Form preisgeben, da ihre gesellschaftliche Stellung dies verlange, wählten japanische Autoren den Weg der Selbstentblößung, denn als soziale Außenseiter hätten sie nichts zu verlieren. Das moderne Genre des *shishōsetsu*, das unter dem Einfluß europäischer Literatur entstand, sieht Itō gleichwohl an die eigene literarische Tradition zurückgebunden und wesenhaft verwandt mit der mittelalterlichen Miszellenliteratur wie dem *Tsurezuregusa* und *Hōjōki*.

Seine kritische Sicht des Phänomens komprimierte Itō zur Formel vom »entlaufenen Sklaven« *(tōbō dorei)*, dessen eskapistische Mentalität, stilisiert als »Entsagung« nach dem Muster der buddhistischen Einsiedler, sich im sektiererischen Seklusionismus zu erkennen gibt. Demgegenüber verhalten sich europäische und die nicht dem *shishōsetsu* verfallenen japanischen Autoren gleich »maskierten Gentlemen« *(kamen shinshi)*. Diese Typologie ist Gegenstand eines im gleichen Jahr erschienenen Essays – *Tōbō dorei to kamen shinshi (Der entlaufene Sklave und der maskierte Gentleman)*.

Itō Sei bietet in den dreizehn Kapiteln seines Buches eine scharfsinnige Analyse der modernen japanischen Literatur in ihren geistes- und sozialgeschichtlichen Bezügen. Wie kein Autor vor ihm weist er auf wesentliche außerliterarische Einflußfaktoren hin. Die besondere Rolle und Funktion des *bundan* oder das Verhältnis von Autor und Publikum sind Aspekte, die erst durch Itō in ihrer Bedeutung für die literarische Kommunikation ins Blickfeld der japanischen Philologie traten. Mit NAKAMURA Mitsuos 1950 erschienener Untersuchung *Fūzoku shōsetsu ron, 1950 (Über den Sittenroman)*, gilt *Shōsetsu no hōhō* als bedeutendste Abhandlung der Nachkriegszeit zur modernen japanischen Literatur.

Itō selbst hat seine Thesen in einer Reihe weiterer Essays und Bücher, etwa dem 1955 erschienenen *Shōsetsu no ninshiki (Romanbewußtsein)* weiterentwickelt. Hervorgetreten ist er als origineller, eigenständiger Denker, als Literat, der selbst mit *shishōsetsu*-artigen Werken, wie dem 1950 erschienenen Roman *Narumi Senkichi* (so der Name der Hauptfigur, eines vierzigjährigen »Gentleman«), sowie als Übersetzer von James JOYCE und D. H. LAWRENCE bekannt wurde – die 1950 erschienene und nach fast siebenjährigem Prozeß wegen Obszönität endgültig verbotene Übersetzung von *Lady Chat-*

terley's Lover brachte Itō große Popularität. Er gehört so zu den wichtigsten Figuren des intellektuellen Japan der Nachkriegszeit.   I.H.K.

AUSGABEN: Tokio 1948 u. ö. – Tokio ¹⁶1971 [m. Komm. *Kaisetsu* von Senuma Shigeki].

LITERATUR: Sone Hiroyoshi, *Itō Sei* (in Kokubungaku – kaishaku to kanshō, 5, 1972, S. 83–87). – Ders., *Itō Sei* (ebd., 7, 1975, S. 94 f.). – Isoda Kōichi, *Itō Sei-ron* (in I. K., *Sengo hihyōka-ron*, Tokio 1977, S. 145–171). – I. Hijiya-Kirschnereit, *Selbstentblößungsrituale – Zur Theorie u. Geschichte der autobiographischen Gattung »Shishōsetsu«* . . ., Wiesbaden 1981, S. 63–65. – I. Powell, *Writers and Society in Modern Japan*, Ldn. 1983. – Ishizaka Mikimasa, *Shishōsetsu no riron*, Tokio 1985.

FRATER IULIANUS

1. Hälfte 13.Jh.

DE FACTO UNGARIAE MAGNAE A FRATRE RICARDO INVENTO TEMPORE DOMINI PAPAE GREGORII NONI UND EPISTOLA DE VITA TARTARORUM

(mlat.; *Bruder Ricardus über die tatsächliche Existenz von Ungaria Magna, entdeckt zur Zeit des Papstes Gregor IX.* und *Brief über das Leben der Tataren*). Zwei Reiseberichte von Frater IULIANUS (Ungarn), verfaßt in den Jahren 1237 und 1238. – Sie beschreiben seine Entdeckungsreisen, die ihn in das europäische Rußland bis zum Ural führten. Aufgrund von mündlichen Überlieferungen war man in Ungarn im Mittelalter der Ansicht (vgl. *Gesta Hungarorum*), daß im ursprünglichen Wohngebiet der Ungarn, irgendwo im Osten, ein Teil des ungarischen Volkes zurückgeblieben sei und dort immer noch ein Land, allgemein »Ungaria Magna« (Groß-Ungarn) genannt, in Besitz habe. Um die Wahrheit zu erfahren, wohl auch deshalb, um jene noch heidnisch gebliebenen Ungarn zu christianisieren, schickte König Béla IV. vier Dominikanermönche unter der Leitung des Frater Iulianus auf Erkundungsreise. Auf seinen Wanderungen von 1235–1237 schlug Iulianus folgende Route ein: von Buda aus nach Konstantinopel, Kerč, Astrachan und dem Uralgebiet, die Belaja entlang nach Nischnij-Nowgorod, und von Kiew aus nach Buda zurück. Unter größten Entbehrungen, die seine drei Gefährten nicht überlebten, fand Iulianus endlich im Ural zwischen der Belaja und der Ufa die gesuchte »Ungaria Magna« und dort auch ein Ungarisch sprechendes und nach ungarischen Sitten lebendes, wenn auch heidnisches Volk. Er kehrte unverzüglich nach Buda zurück und wurde von dort

nach Rom gesandt, wo sein Bericht an den Papst durch den im Titel erwähnten Frater Ricardo protokolliert wurde. Noch im selben Jahr, 1237, begab er sich auf eine zweite Reise, um jetzt die Christianisierung durchzuführen. Er gelangte jedoch nur bis Wladimir, wo er erfuhr, daß die Mongoltataren der Goldenen Horde »Ungaria Magna« überrannt hatten und sich schon auf den Einfall in Europa vorbereiteten. Ihm wurde ein Ultimatum des tatarischen Khans Batu (oder Ogotaj) an den ungarischen König übergeben, mit dem er sich unverzüglich auf den Heimweg begab. In seinem Brief an den Papst, der in Abschriften auch an europäische Fürsten versandt wurde, berichtet er über diese zweite Reise, über die Mongoltataren und wiederholt den Text des Ultimatums in lateinischer Sprache.

Die eigenartigerweise wenig bekannten Reisen des Bruder Iulianus zählen zu den ersten Ostreisen von Europäern. Einerseits ist er der erste, der Näheres über die Goldene Horde berichtete, andererseits beweist sein Bericht glaubwürdig die Existenz der sagenhaften »Ungaria Magna«.   T.P.I.

AUSGABEN: Buda 1748 (in *De initiis ac maioribus Hungariae commentarii*, Hg. J. I. Dezsericzky). – Budapest 1937 (in L. Bendefy, *Fontes authentici itinera (1235–1238) fratris Juliani illustrantes*; krit.). – Göttingen 1956 (H. Dörrie, *Drei Texte der Ungarn u. Mongolen. Die Missionsreise des fr. Julianus* . . . (in NAG, phil.-hist. Kl., 1, Nr. 6).

ÜBERSETZUNG: *Bericht des fr. Riccardus/Bericht des fr. Julianus*, H. Göckenjan (in *Der Mongolensturm*, Graz u. a. 1985).

LITERATUR: J. Bromberg, *Zur Geographie des Dominikaners J.* (in Finnisch-ugrische Forschungen, 26, 1940, S. 60–73). – *A magyarság őstörténete*, Hg. L. Ligeti, Budapest 1943. – Gy. Györffy, *Krónikáink és a magyar őstörténet*, Budapest 1948; ³1986. – I. Fodor, *Où le dominicain Julien de Hongrie retrouva-t-il les Hongrois de l'Est* (in Studia archaeologica, 6, 1977, S. 9–20). – Th. Bogyay, *Das Schicksal der östlichen Ungarn des J.* . . . (in Ural-Altaische Jbb., 50, 1978). – *J. barát és napkelet fölfedezése*, Hg. Gy. Györffy, Budapest 1986.

SEXTUS IULIUS AFRICANUS

† nach 240

CHRONOGRAPHIAI

(griech.; *Chronologische Berichte*). Historisches Werk von Sextus IULIUS AFRICANUS. – Über das Leben des frühchristlichen Autors mit dem irreführenden Beinamen gibt es wenige gesicherte Angaben. Er ist nicht in Afrika, sondern in Jerusalem geboren und nahm im Jahr 195 am Feldzug des Kaisers Septimus Severus (reg. 193–211) gegen die Osrhoëner (Mesopotamien) teil, in welcher Funktion, ist nicht bekannt. Er muß aber ein gewisses Ansehen genossen haben, denn seine Beziehungen zum Fürstenhaus von Edessa, der osrhoënischen Hauptstadt, sind sicher überliefert. Er lebte in Emmaus/Nikopolis, war aber nicht dessen Bischof, wie später fälschlicherweise tradiert wurde. Als Anführer einer Gesandtschaft von Emmaus nach Rom kam er in Kontakt mit Kaiser Alexander Severus (reg. 222–235). Wahrscheinlich war dieser es auch, der ihn mit der Einrichtung der Bibliothek im römischen Pantheon beauftragte. Seine christliche Ausbildung hat er offenbar in Alexandria genossen: Dort war er Schüler des HERAKLAS, eines Mitarbeiters des ORIGENES, zu dem auch er selbst in freundschaftliche Beziehung trat.

Iulius Africanus zeigt sich unter den frühchristlichen Schriftstellern jener Epoche, in der offizielle Christenverfolgungen noch fast an der Tagesordnung waren, in einer ganz ungewöhnlichen Rolle; wie in seiner Biographie, so ist er auch in seinem literarischen Werk ein Januskopf: Neben einem voluminösen enzyklopädischen Kompendium mit Exzerpten aus dem Bereich der Naturwissenschaften, der Medizin, der Magie, des Kriegswesens, der Landwirtschaft u. a. (*Kestoi – Stickereien* – betitelt und Alexander Severus gewidmet), in dem stellenweise ein ganz traditioneller heidnischer Aberglaube blüht, hat er in strikter, wörtlicher Bibelgläubigkeit als erster eine christliche Historiographie verfaßt, die ihm durch ihre Wirkung in der Folgezeit einen einzigartigen literarhistorischen Rang verschaffte: die *Chronographiai*.

Die nur fragmentarisch überlieferten *Chronologischen Berichte* sind die erste Universalgeschichte aus christlicher Sicht. Freilich stehen sie nicht in der kritischen antiken Tradition etwa eines THUKYDIDES, eines POLYBIOS oder eines TACITUS; eine wissenschaftlich-kritische Analyse der chronologischen Abläufe oder gar der politischen Hintergründe kommt überhaupt nicht in den Blick. Das Ziel des Autors ist vielmehr endzeitlich-chiliastisch im wörtlichen Sinn (*chilia*, tausend): Er will, streng an der *Heiligen Schrift* orientiert, den Geschichtsablauf so darstellen, daß am Ende des Weltgeschehens, im siebten Millennium, das endzeitliche Tausendjährige Reich Wirklichkeit geworden ist. Christus wurde im Jahr 5500 nach der Schöpfung geboren, weitere 500 Jahre bleiben dem zeitlichen Rest der »Welt«, dann bricht die verheißene Endzeit an. Der Autor selbst steht ungefähr in der Mitte des weltlichen »Restes«, denn das Werk endet im Jahr 217 oder 221. Vom Weltanfang bis zum Abfassungsjahr werden synchronistisch die dem Autor bekannten Daten aus biblischen, griechisch-hellenistischen, römischen und jüdischen »Quellen« – bzw. Handbüchern – zusammengetragen.

Das Ganze wäre ein geschichtswissenschaftlich wie literarisch vergessenswertes Nebenprodukt der Weltliteratur, wenn der Autor nicht – unfreiwillig –

sich zwei Verdienste erworben hätte: zum einen, aktiv, dadurch, daß er manche uns anderweitig nicht überlieferten Kompendien exzerpierte; zum andern, passiv, dadurch, daß er mit seiner Darstellung und Darstellungsmethode zum Fundament der zentralen *Kirchengeschichte* des Altertums wurde, der *Historia ekklēsiastikē* des EUSEBIOS aus Kaisareia. Wenn man Eusebios den »Vater der Kirchengeschichte« nennt, dann sollte mit gleichem Recht an Iulius Africanus als »Großvater der Kirchengeschichte« erinnert werden.   E.Sch.

AUSGABEN: Vgl. M. J. Routh, *Reliquiae sacrae*, Bd. 2, Oxford 1846, S. 238 ff.

LITERATUR: T. Rampoldi, *Giulio Africano e Alessandro Severo* (in Rendiconti dell' Istituto Lombardo, 115, 1981, S. 73–84). – B. Croke, *The Originality of Eusebius' Chronicle (im Verhältnis zu I. A.)* (in AJPh, 103, 1982, S. 195–200). – F. C. R. Thee, *Julius Africanus and the Early Christian View of Magic*, Tübingen 1984.

IULIUS FIRMICUS MATERNUS

1. Hälfte 4. Jh.

DE ERRORE PROFANARUM RELIGIONUM

(lat.; *Über den Irrtum der heidnischen Religionen*). An die Kaiser Constantius und Constans gerichtes Pamphlet des IULIUS FIRMICUS MATERNUS, eines vornehmen sizilischen Römers aus dem Senatorenstand; entstanden zwischen 346 und 350, nur verstümmelt überliefert. – Firmicus hatte rund ein Jahrzehnt zuvor ein von tiefer heidnischer Frömmigkeit getragenes astrologisches Werk geschrieben, die *Matheseos libri octo (Acht Bücher der Erkenntnis)*; daß er nunmehr, nach seinem Übertritt zum Christentum, in einer von fanatischem Konvertiteneifer geprägten Schrift mit derart haßerfülltem Pathos die Ausrottung der Heiden predigen könne, hat man vielfach für unmöglich gehalten und daher nicht selten die Existenz zweier Autoren postuliert. Sprache und Stil zeigen jedoch, daß es sich in der Tat um ein und denselben Schriftsteller handeln muß.

Bezeichnenderweise gilt das Augenmerk des christlichen Zeloten nicht dem griechisch-römischen Pantheon der alten olympischen Götter und ihres Gefolges, sondern vornehmlich den hellenistisch-orientalischen Natur- und Mysterienkulten: der Verehrung der Elemente (Kap. 1–5), der Dionysosreligion (6), den Demeter-Ceres- und Adonismysterien (7 ff.), dem Korybanten-, Kabiren- und Serapiskult (10–13); die Reste der »traditionellen«

Götter, wie Penaten, Vesta, das Palladium und die Minervagestalten (14–16), kommen demgegenüber sehr kurz zu Wort. Der Grund liegt auf der Hand: Das Christentum hatte nicht die Bildungswelt der klassischen Literatur zu fürchten, sondern die Konkurrenz der seit dem Hellenismus im Volk sich immer stärker ausbreitenden Erlösungs- und Geheimreligionen. Daß der zweite Teil der Schrift (Kap. 18–27) sich so ausführlich mit den geheimen Symbolen dieser dem Autor verhaßten Kulte befaßt, hat dieselbe Ursache.

Die Argumente, die Firmicus zur Verfügung stehen, sind weder geistreich noch tiefschürfend: Das gewöhnliche Schema ist eine euhemeristische Umdeutung der heidnischen Gottheit, aus der sich anschließend jeweils leicht die Lächerlichkeit und Verächtlichkeit solchen Glaubens ableiten läßt. Auch der Hinweis auf die Unmoral der alten Bräuche ist ein gängiger Topos. Der Stil paßt sich der Sache an: endlose Sequenzen von Bibelzitaten, erregtes demagogisches Pathos – charakterisiert vor allem durch ein Übermaß rhetorischer Fragen und Ausrufe (*»O beweinenswerter Wahn der Menschen! O blutiges Sinnen auf unselige Nachahmung! ... O jämmerlicher Zustand harter Knechtschaft!«*) – und immer wieder (besonders Kap. 28–29) der leidenschaftliche Anruf an die *»allerheiligsten Kaiser«*, sich endlich ihrer Verpflichtung bewußt zu werden und das Übel mit dem Schwert auszurotten.   E.Sch.

AUSGABEN: Straßburg 1572, Hg. Matthias Flacius Illyricus. – Brüssel 1938, Hg. G. Heuten [m. frz. Übers., Komm. u. Bibliogr.]. – Mchn. 1953, Hg. K. Ziegler. – Florenz 1956, Hg. A. Pastorino. – Paris 1982 (*L'erreur des religions paiennes*, Hg. R. Turcan; m. Komm. u. frz. Übers.).

ÜBERSETZUNGEN: *Des Firmicus Maternus Schrift vom Irrtum der heidnischen Religionen*, A. Müller, Kempten/Mchn. 1913 (BKV, 14). – *Vom Irrtum der heidnischen Religionen*, K. Ziegler, Mchn. 1953.

LITERATUR: F. Boll, Art. *F.* (in RE, 6/2, 1909, Sp. 2375–2379). – J. Coman, *Essai sur le »De errore profanarum religionum« de F. M.* (in Revista Classica, 4/5, 1932/33, S. 73–118). – K. Hoheisel, *Das Urteil über die nichtchristlichen Religionen im Traktat »De errore profanarum religionum« des I. F. M.*, Diss. Bonn 1972. – I. Opelt, *Schimpfwörter im der Apologie »De errore profanarum« des F. M.* (in Glotta, 52, 1974, S. 114–126). – D. M. Cosi, *Firmico Materno e i misteri di Attis* (in Annali della Facoltà di Lettere e Filosofia di Padova, 2, 1977, S. 55–81). – M. Annecchino, *La ratio physica nel »De errore profanarum religionum« di Firmico Materno* (in Vichiana, 9, 1980, S. 181–188).

MATHESEOS LIBRI OCTO

(lat.; *Acht Bücher der Erkenntnis*). Astrologische Schrift des IULIUS FIRMICUS MATERNUS, verfaßt zwischen 334 und 337. – Die *Mathesis*, Hauptwerk

des später zum Christentum konvertierten Autors und zugleich *»das umfangreichste Handbuch der Astrologie, das wir aus dem Altertum haben«* (Boll), ist nach didaktisch-systematischen Gesichtspunkten aufgebaut. Buch 1 bringt zunächst eine generelle apologetische Einführung in die Astrologie. Buch 2 erklärt die astrologischen Grundbegriffe. In Buch 3 wird die Stellung der sieben Planeten in den zwölf »Örtern« besprochen, in 4 der Zusammenhang zwischen Mond und Planeten, in 5 vor allem die Auf- und Untergänge, Kulminationen, Stellung der Planeten in den Tierkreiszeichen usw. Das von verschiedenen Themen bestimmte sechste Buch bringt die ersten Horoskope – zum Teil für mythologische und historische Persönlichkeiten wie Ödipus oder PLATON –, denen im besonderen dann Buch 7 gewidmet ist. Das achte Buch soll nach den Worten des Autors der Höhepunkt der Abhandlung sein: Es enthält die Darstellung der *Sphaera barbarica* (wörtlich des »Sternhimmels nach Art der Barbaren«) und bespricht die astrologische Bedeutung der Paranatellonten (neben den Tierkreiszeichen auf- und untergehende Sternbilder) und der Tierkreiszeichen im einzelnen.

Firmicus war von Hause aus kein Fachastrologe, sondern hat seinen Stoff – nicht selten fehlerhaft – verschiedenen, nur noch teilweise fixierbaren älteren Darstellungen entnommen (neben ägyptischen Quellen u. a. etwa den *Astronomica* des MANILIUS). Wie das Thema kann heute auch die literarische Aufbereitung kaum mehr Interesse erwecken. Zwar versteht Firmicus gefällig zu schreiben; was aber auf den ersten Blick als beachtliche Leistung erscheint, entpuppt sich bei genauerem Zusehen als routinierte Rhetorensuada – kein Wunder: Der Autor war Advokat von Beruf. Daß man dennoch in seinem Werk nicht nur ein unschätzbares Dokument der spätantiken Kulturgeschichte sieht, sondern auch Firmicus selbst immer wieder warmes Lob zollt, liegt an dem Ethos, mit dem er seinen Stoff verwaltet. Seine Sorge vor der Profanierung der hehren astrologischen »Wissenschaft«, seine mehr als einmal in Gebeten sichtbar werdende Frömmigkeit, nicht zuletzt aber seine hohe Auffassung von Leben und Wirken eines Astrologen, die das Schlußkapitel des zweiten Buchs bekundet, haben ihm viele Bewunderer geschaffen. Freilich ist zu bedenken, daß darin typische Verhaltensweisen esoterischer Geheimlehrer durchscheinen, für die selbst spärliche Reste früherer astrologischer Werke noch Parallelen bieten.   E.Sch.

AUSGABEN: Augsburg 1488 [Ausz.]. – Venedig 1497 (*Iulius Firmicus de nativitatibus*, Hg. Pescennius Franciscus Niger). – Lpzg. 1897–1913, Hg. W. Kroll und F. Skutsch, 2 Bde.

ÜBERSETZUNG: *Matheseos libri VIII*, H. Thorsonn, 8 Lfg., Königsberg 1927.

LITERATUR: F. Boll, *Sphaera*, Lpzg. 1903, S. 394–411. – Ders., Art. *F.* (in RE, 6/2, 1909, Sp. 2365–2375). – P. Henry, *Plotin et l'occident*.

F. M., Marius Victorinus, Saint Augustin et Macrobe, Löwen 1934, S. 25–43. – T. Wickström, *In Firmicum Maternum studia critica*, Uppsala 1935. – G. Blaskó, *Grundlinien der astrologischen Weltanschauung nach der »Mathesis« des F. M.*, Diss. Innsbruck 1956. – K. Ziegler, Art. *F. M.* (in RAC, 7, 1968, Sp. 946–959). – J. M. Vermander, *Un arien d'occident méconnu, F. M.* (in Bull. de Littérature Ecclésiastique Toulouse, 81, 1980, S. 3–16). – R. Montanari Caldini, *Cicerone, Firmico et la dittatura di Scipione Emiliano* (in Prometheus, 10, 1984, S. 19–32).

IUVENALIS

Decimus Iunius Iuvenalis

* um 60 Aquinum
† nach 128

SATURARUM LIBRI V

(lat.; *Fünf Bücher Satiren*). Sechzehn Satiren in Hexameterversen von IUVENALIS, entstanden etwa vom Jahr 100 an. – Obgleich unter den Kaisern Trajan und Hadrian verfaßt, gelten die *Satiren* Juvenals den unter dem Schreckenskaiser Domitian herrschenden Verhältnissen und Zuständen; sei es, weil der Verfasser die eigene Epoche nur im Gewand der bereits vergangenen so schonungslos zu zeichnen wagte, sei es, weil er, wie sein Zeitgenosse TACITUS, seiner Empörung über den halbverrückten Tyrannen erst unter dem nachfolgenden Regime Luft machen konnte. Die versteckte Ironie, mit der ein anderer Zeitgenosse, der Epigrammatiker MARTIAL, in raffinierter bis hinterhältiger Weise arbeitete, war nicht die Sache Juvenals; seine Zeitkritik ist ohne Distanz, pathetisch-moralistisch und so kraß wie die Gegenstände, an denen sie demonstriert wird.
Generalthema der fünf nacheinander erschienenen Bücher sind alle nur denkbaren Laster, Perversitäten und Verbrechen sowie die kaum mehr vorstellbare, Volk, Adel und Hof gleichermaßen durchdringende Korruption. Nur selten wird anderes behandelt: beispielsweise Domitians Hofhaltung (Satire 3), die schlechte Bezahlung der Intellektuellen (7), der alternde Großstadtganove (9), der Kannibalismus in Ägypten (15), die Schandtaten und Laster der Ehefrauen (6: die berüchtigte »Weibersatire«, die mit über 660 Versen das ganze zweite Buch ausfüllt).
Als ein echtes *opus continuum* ist das Werk im ganzen und in seinen Teilen ohne Anfang und Ende; überall wird eine litaneiähnliche, zynisch-pathetische Stilhöhe eingehalten, gleichgültig, ob die grausigsten Verbrechen angeprangert werden oder nur harmlose kleine Schwächen und Eitelkeiten.

Dennoch sieht sich Juvenal in einer satirischen Tradition, der auch LUCILIUS und HORAZ angehören; weniger dürfte die spezielle Art des Humors dieser Autoren dafür ausschlaggebend gewesen sein als die Tatsache, daß die Gattung der aggressiven Verssatire im ganzen sich auf ARCHILOCHOS beruft, wie ja auch Horaz in seinen bissigen *Iambi* ausführt. Denn von einem lockeren Schweben zwischen Polemik und Weltfreude, wie es für Horazens *Satirae* so charakteristisch ist, kann bei Juvenal keine Rede sein. Seine Derbheit, Vulgarismen und grotesken Übertreibungen gehören eher dem grobianischen Stil an, der bei CATULL schon gelegentlich ähnlich auftaucht. Als einen Humoristen kann man Juvenal nicht bezeichnen; er ist ein galliger Moralist, dessen überzeichnete Sittengemälde gleichsam einen umgekehrten Tugendspiegel darstellen. Öfter zeigt sich ein Zusammenhang mit dem Stoizismus, der A-la-mode-Philosophie des Jahrhunderts, auf deren Konto auch die Frauenfeindlichkeit des Autors geht. Hier gelangt die Satire an eine Grenze, wo sie ihren Reiz und ihre Wirksamkeit einbüßt – ein Kritiker, der unterschiedslos und ausschließlich alles verdammt, verliert an Gewicht. Die stilistische Prägnanz und Dichte der Satiren brachte freilich eine Fülle geschliffener Wendungen und Pointen mit sich, von denen manche bis heute als geflügelte Worte weiterleben: »*Difficile est saturam non scribere*« (»*Unmöglich, hierüber keine Satire zu schreiben*«; 1, 30) – »*Qui Curios simulant et Bacchanalia vivunt*« (»*Wasser predigen und Wein trinken*«; 2, 3) – »*Sit mens sana in corpore sano*« (10, 356). Solchen schlagkräftigen Formulierungen und einem gewissen Skandalhunger des Publikums verdankt Juvenal seinen zeitweise eminenten Ruhm. Bereits in der Antike, noch mehr aber im Mittelalter war es aber vor allem der *poeta ethicus*, der pessimistische, frauen- und weltfeindliche Zelot, der mittelalterlich-christlichen Jenseitserwartungen entgegenkam und gerade auch innerhalb des Klerus eine Reihe von Nachahmern fand. Noch die »Kapuzinerpredigten« eines ABRAHAM A SANCTA CLARA standen in dieser Tradition. In der neueren deutschen Literatur war es Heinrich HEINE, der Juvenals Vorstellung vom dichterischen Wort als einem »Schwert« (1, 165) wieder aufgriff.

R.M.

AUSGABEN: Rom o. J. [1470] *(Satirae)*. – Ldn. 1888–1893, Hg. J. E. B. Mager, 2 Bde. [m. Komm.]. – Paris 1921 (*Satires*, Hg. P. de Labriolle; m. frz. Übers. u. Komm.). – Turin 1935 (*Satirae*, Hg. N. Vianello). – Mchn. 1950, Hg. U. Knoche. – Bari ²1950 (*Giovenale*, Hg. E. V. Marmorale). – Oxford 1959 (*A. Persi Flacci et D. Iuni Iuvenalis Saturae*, Hg. W. V. Clausen, ²1966). – Paris 1963, Hg. P. de Labriolle u. F. Villeneuve. – Paris 1965 (*Saturae, III, IV, V*, Hg., Einl. u. Komm. R. Marache). – Ann Arbor/Mich. 1965 (*Iuvenalis Satires*, Hg. J. Mazzaro; Einl. u. Komm. R. E. Braun). – Bristol 1977 (*Satires I, III, X*, Hg. N. Ruud u. E. Courtney). – Ldn. 1979 (*The Satires*, Hg. J. Ferguson; m. Komm.).

ÜBERSETZUNGEN: *Die Satiren*, J. G. Findeisen, Bln./Lpzg. 1777 [lat.-dt.]. – *Juvenal*, C. F. Bardt, Lpzg. ²1810. – *Satiren*, J. J. C. Donner, Tübingen 1821. – In *Römische Satiren*, O. Weinreich, Zürich 1949; ²1962. – *Satiren*, U. Knoche, Mchn. 1951. – Dass., W. Plankl, Mchn. o. J. [1958] (GGT).

LITERATUR: J. Dürr, *Die zeitgeschichtlichen Beziehungen in den »Satiren« J.s*, Cannstatt 1902. – F. Vollmer, Art. *I. I. (87)* (in RE, 10/1, 1917, Sp. 1041–1050). – C. Marchesi, *Giovenale*, Rom 1921; Mailand ²1940. – Schanz-Hosius, 2, S. 567–570. – P. Ercole, *I frammenti Bodleyani della satira VI di Giovenale e i frammenti del Valla* (in Rivista di Filologia e d'Istruzione Classica, 1930, S. 429–448). – E. V. Marmorale, *Giovenale*, Neapel 1938. – G. A. Highet, *The Philosophy of J.* (in TPAPA, 80, 1949, S. 254–270). – Ders., *J. the Satirist*, Oxford 1954. – U. Knoche, *Die römische Satire*, Göttingen ²1957, S. 88–97; ⁴1982. – A. Serafini, *Studio sulla satira di Giovenale*, Florenz 1957. – H. A. Mason, *Is J. a Classic?* (in Arion, 1/1, 1962, S. 44; 2, S. 29–79). – A. Michel, *La date des »Satires«* (in Revue des Études Latines, 41, 1963, S. 315–327). – E. J. Kenney, *J., Satirist or Rhetorician?* (in Lat, 22, 1963, S. 704–720). – W. S. Anderson, *Anger in J. and Seneca*, Berkeley/Los Angeles 1964. – *Die römische Satire*, Hg. D. Korzeniewski, Darmstadt 1970 (m. Bibliogr.; WdF). – J. Adamietz, *Untersuchungen zu Juvenal*, Wiesbaden 1972. – N. Ebel, *D. Iunii Iuvenalis Satura decima. Ein inhaltlicher u. sprachlicher Kommentar*, Diss. Wien 1973. – J. Gérard, *Juvénal et la réalité contemporaine*, Paris 1976. – A. C. Romano, *Irony in Juvenal*, Hildesheim 1979. – R. Syme, *The Patria of Juvenal* (in Classical Philology, 74, 1979, S. 1–15). – M. Lowery, *A Study of Mythology in the Satires of Juvenal*, Diss. Indiana Univ., Indianapolis 1979 (vgl. Diss. Abstracts, 40, 1980, S. 4014/4015A). – F. Bellandi, *Etica diatribica e protesta sociale nelle Satire di Giovenale*, Bologna 1980. – E. Courtney, *A Commentary on the Satires of Iuvenal*, Ldn. 1980. – *Die römische Satire*, Hg. J. Adamietz, Darmstadt 1986, S. 231–307.

**GAIUS VETTIUS AQUILINUS
IUVENCUS**

1. Hälfte 4. Jh.

EVANGELIORUM LIBRI

(lat.; *Evangelienbuch*). Versepos von Gaius Vettius Aquilinus IUVENCUS, entstanden um 330. – Iuvencus, ein Priester aus vornehmer spanischer Familie, unternahm unter der Regierung Konstantins († 337 n. Chr.) das Wagnis, als christliches Gegenstück zu den Werken HOMERS und VERGILS ein

Epos über die Geschichte Christi zu dichten. Als Vorlage diente ihm eine alte lateinische Übersetzung des *Matthäusevangeliums*, er zog aber auch die anderen Evangelien heran und teilte den Stoff in vier Bücher. Man könnte das Werk, das sich an den Bericht des Evangeliums anlehnt, als poetisch irrelevante Versifikation abtun, wenn es nicht literarhistorisch in zweifacher Hinsicht bedeutsam wäre: zum einen als erster epischer Versuch im lateinischen Sprachraum seit STATIUS – d. h. als Vorläufer, wenn nicht Initiator der Renaissance dieser Gattung bei CLAUDIAN und PRUDENTIUS –, zum andern als erstes römisch-christliches Epos und als ein das ganze Mittelalter hindurch bis hin zu PETRARCA geschätztes exemplarisches Beispiel seiner Gattung. Daß Iuvencus sich mit seinem Unternehmen formal in die Tradition stellen mußte, die er ihrer poetischen Thematik wegen verdammte und zu überwinden suchte, ist selbstverständlich, und daß das überwältigende Vorbild, neben anderen, vor allem Vergil heißt, steht gleichfalls zu erwarten. Auffällig ist jedoch die legere Sicherheit, mit der Iuvencus die ererbten dichterischen Mittel handhabt – der Schwung des hohen Stils steht in eigenartigem Kontrast zur stofflichen Simplizität der Geschichte –, interessant auch die einem tiefverwurzelten heidnisch-antiken Lebensgefühl entspringende Hoffnung auf poetische Unsterblichkeit: Der Dichter glaubt, sein Werk vermöchte ihn am Tag des Jüngsten Gerichts vor den Flammen zu bewahren helfen.   E. Sch.

AUSGABEN: Prag/Wien/Lpzg. 1891 (*Gai Vetti Aquilini Iuvenci evangeliorum libri quattuor*, Hg. J. Huemer; CSEL, 24).

ÜBERSETZUNG: *Gai Vetti Aquilini Iuvenci evangeliorum libri quattuor in sermonem germanicum transtulit* A. Knappitsch (in Programm des Carolinum-Augustineum in Graz, 1910–1913).

LITERATUR: Schanz-Hosius, 4/1, S. 209–212. – F. Laganà, *Giovenco*, Catania 1947. – A. Hudson-Williams, *Virgil and the Christian Latin Poets* (in Proceedings of the Vergil Society, 6, 1966/67, S. 11–21). – P. Flury, *Zur Dichtersprache des Juvencus* (in Lemmata. Donum natalicium W. Ehlers, Mchn. 1968, S. 38–47). – M. Donnini, *Annotazioni sulla tecnica parafrastica negli »Evangeliorum libri« di Giovenco* (in Vichiana, 1, 1972, S. 231–249). – Ders., *Un aspetto della espressività di Giovenco. L'aggetivazione* (ebd., 2, 1973, S. 54–67). – P. C. van der Nat, *Die Praefatio der Evangelienparaphrase des I.* (in Studia I. H. Waszink, Hg. W. Boer u. a., Amsterdam 1973, S. 249–257). – F. Quadlbauer, *Zur Invocatio des I. (praef. 25–27)* (in Grazer Beiträge, 2, 1974, S. 185–212). – I. Opelt, *Die Szenerie bei I.* (in VC, 29, 1975, S. 191–207). – J. M. Poinsotte, *Juvencus et Israël*, Paris 1979. – Altaner, ⁹1980, S. 405. – S. Constanza, *Da Giovenco a Sedulio. I proemi degli »Evangeliorum libri« e del »Carmen Paschale«* (in Civiltà classica e christiana di Genova, 6, 1985, S. 253–286).

DRAGO IVANIŠEVIĆ

* 10.2.1907 Triest
† 1.7.1981 Zagreb

DAS LYRISCHE WERK (kroat.) von Drago IVANIŠEVIĆ.
Der Lyriker, Novellist, Essayist, Dramatiker und nicht zuletzt Maler Drago Ivanišević nimmt unbestritten einen ersten Rang in der kroatischen Avantgarde der Zwischen- und Nachkriegszeit ein und ist zugleich ihr bedeutendstes Bindeglied zu den zeitgenössischen zentraleuropäischen Strömungen. Seine progressive Ausrichtung, die er an GARCIA LORCA, UNGARETTI, ELIOT und NERUDA schulte, erlaubt ihm weder inhaltliche noch formale Kompromisse: Er verurteilt alle Formen von Unfreiheit und Inhumanität totalitärer, stalinistischer Prägung *(Rujna ruža – Rote Rose)* und verarbeitet all jene Erfahrungen des Surrealismus, Hermetismus, Simultanismus und Lettrismus, die seinem schöpferischen Temperament und Talent entsprechen.
Eine Reihe poetischer Techniken wurden von ihm als erstem erprobt; vom »automatischen Schreiben« über die simultane bildhaft-begriffliche Montage bis hin zur rhetorisch ausgefeilten Sprache der politischen Bühne; von der überlegten Zerstörung wohlartikulierter Vorlagen (um so die semantische Tragfähigkeit der Sprache zu erproben) über zahlreiche konstruktivistische Experimente jenseits aller semantischen Dichtung (z. B. Glossolalien) bis hin zu genau kalkulierten antipoetischen Schock-Versen. Im Bemühen, sich nicht zu wiederholen, formt er jedes Gedicht als selbständige organische Struktur (z. B. im 1941 entstandenen Sonett *Bez naslova I – Ohne Titel I*). Er wendet u. a. surrealistische Verfahren in der Erzeugung seiner Metaphern an und läßt immer wieder extreme, schockierende Bilder aufeinanderprallen.
Als betroffener Zeitzeuge faßt Ivanišević ebenso sein persönliches Drama in Bilder wie das apokalyptische Grauen, das den ganzen Planeten überzieht. Eine Anzahl thematischer Gedichte impliziert drei Dimensionen: eine historische, eine klassenkämpferische und eine ästhetische. Als ausgesprochen engagierter Dichter reagiert Ivanišević (mehr rhetorisch als lyrisch) auf den Untergang der griechischen Partisanen, auf die Schreckensbilder aus den Konzentrationslagern, auf den Mord an einem schwarzen Führer der Bürgerrechtsbewegung, auf den Tod des chilenischen Sozialisten Allende u. a. m. An traditionellen Themenbereichen finden wir vor allem Liebesgedichte *(Ali ti si u kiši u vjetru u listu*, 1940 – *Aber du bist im Regen im Wind im Blatt)* und erkenntnistheoretisch-existentiell ausgerichtete Motive *(Taj ponor koji jesam – Der Abgrund, der ich bin)*. Darüber hinaus hat Ivanišević, wie viele andere moderne Dichter, das Phänomen des Dichterischen selbst zum Thema erhoben und in zahlreichen Texten versucht, das eigene ästhetische Tun und eigene poetische Erfahrungen zu verdichten.
Als seine kohärenteste Sammlung gilt sein Dialektband *Mali libar* (1959), wo er sich u. a. in einer Art Testament an die jungen Dichter seiner dalmatinischen Heimat wendet *(Mladin pisniciman – An die jungen Dichter)*; er tut dies in ihrer gemeinsamen Sprachform, dem Čakavischen, das ihm das geeignetste Medium für seine bruchstückhaften Jugenderinnerungen schien, die – meist in Form von Gedichten in Prosa – zugleich einen Höhepunkt kroatischer Dialektdichtung überhaupt darstellen. Einige seiner anthologiereifen Gedichte sind von schwarzem Humor getragen *(Igre na evropskom maskenbalu – Spiele auf dem europäischen Maskenball)*; in seinen Reisebilder-Zyklen kommt das Verlangen nach immer neuen Ansichten und Ausblicken zum Ausdruck, allerdings mehr in meditativer als in evokativer Form *(Venecija – Venedig; Pariz u grlu – Paris in der Kehle)*. Den großen Namen der kroatischen Literatur zollt Ivanišević ebenso seinen Tribut (*U spomen Vladimiru Vidriću – Vladimir Vidrić zum Gedenken; Tinove metamorfoze – Tins* [d. i. Tin Ujević] *Metamorphosen)* wie seinen Lieblingsstädten *(Pjesma Zagrebu – Lied an Zagreb, Oda Splitu – Ode an Split)* oder seinem Heimatland *(Hrvatska – Kroatien)*. In ihrer Thematik ist die Dichtung von Ivanišević originell und entspringt unmittelbar subjektiver psychischer Erfahrung, wenn sie auch hin und wieder Geschehnisse globaler Bedeutung widerspiegelt. *»Universalität des Zufälligen und Objektivierung des Subjektiven«* (V. Pavletić) lautet die Kurzformel, auf die sich das dichterische Bemühen Ivaniševićs bringen läßt.

K.D.O.

AUSGABEN: *Zemlja pod nogama*, Zagreb 1940. – *Kotarica stihova*, Zagreb 1951. – *Dnevnik*, Zagreb 1957. – *Mali libar*, Zagreb 1959 [čakavisch]. – *Jubav*, Zagreb 1975 [čakavisch]. – *Srž*, Novi Sad 1961. – *Poezija*, Zagreb 1964 [Ausw.]. – *Igra bogova ili pustinje ljubavi*, Novi Sad 1967. – *Glasine*, Zagreb 1969. – *Vrelo vrelo bez prestanka*, Zagreb 1970. – *Od blata jabuka*, Zagreb 1971. – *Historija*, Zagreb 1974. – *Ljubav*, Zagreb 1977 [Ausw.; Schallplatte m. Rezitationen des Autors]. – *Čovjek*, Zagreb 1978. – *Izbrana djela*, Hg. V. Pavletić, Zagreb 1981. – *Druga sloboda*, Hg. V. Zuppan, Zagreb 1981 [Ausw.].

ÜBERSETZUNG: *Um aller Toten willen*, R. S. Baur (in Die Brücke, Zagreb 1972/73; Ausw.).

LITERATUR: J. Pupačić, *Uz »Dnevnik« D. I.* (in Krugovi, 4, 1958). – A. Šoljan, *Šarm dijalekta ili poezija* (in *Trogodišnja kronika poezije hrvatske i srpske 1960–1962*, Zagreb 1965). – Z. Mrkonjić, *D. I., pjesnik od vremena* (in Izraz, 4, 1978). – B. Petrović, *Reč o D. I.* (in Letopis Matice srpske, 1978, 5). – A. Stamać, *Via negativa pjesnika D. I.* (in A. S., *Ogledi*, Zagreb 1980, S. 43–56).

GEORGIJ VLADIMIROVIČ IVANOV

* 10.11.1894 Kovno
† 27.8.1958 Hyères / Frankreich

DAS LYRISCHE WERK (russ.) von Georgij V. IVANOV.
Der erste Gedichtband Ivanovs, *Otplyt'e na o. Citeru (Einschiffung nach der Insel Cythera)*, erschien in St. Petersburg im Jahre 1912. Er verschaffte dem Achtzehnjährigen den persönlichen Zugang zu Dichterkreisen und »Dichterschulen«, unter deren literarischem Einfluß er bereits stand. Es waren die Nachfolger des Symbolismus, die Egofuturisten (I. SEVERJANIN) und vor allem die Akmeisten (M. KUZMIN, A. ACHMATOVA, N. GUMILËV, O. MANDEL'ŠTAM). Den »metaphysischen Nebeln« des Symbolismus stellte der Akmeismus die »schöne Klarheit« und Gegenständlichkeit der realen Welt entgegen, wie sie das Auge in Natur und Kunst, besonders in ihren Details, erfreuen. Die kurz aufeinanderfolgenden Gedichtbände – *Gornica*, 1914 *(Das Himmelszelt)*, *Veresk*, 1916 *(Das Heidekraut)*, *Sady*, 1921 *(Gärten)*, und *Lampada*, 1922 *(Das Ikonenlämpchen)* – ähneln in der Thematik dem ersten Band und sind formal sehr gelungen. Nur *Pamjatnik slavy*, 1915 *(Ein Denkmal des Ruhmes)*, weicht thematisch ab: Er enthält, der damaligen Mode folgend, patriotische Verse. – Diese frühe Dichtung Ivanovs ist beschreibend, dekorativ, stilisiert; der Autor versucht sich zwar in möglichst mannigfachen Themen und Formen, verläßt jedoch nie das Diesseitige. Die Naturbilder sind meist keine direkten Beschreibungen, sondern Abbildungen von Malerei, Lithographien, Buchvignetten (*Vaza s fruktami – Vase mit Früchten* aus *Gornica, Vot rošča i ukromnaja poljanka – Hier ist ein Hain und eine abgeschiedene Lichtung* und *Už rybaki vernulis's lovli – Schon sind die Fischer heimgekehrt vom Fischfang* aus *Veresk* oder *Est' v litografijach starinnych masterov / Neizjasnimoe, no javnoe dychan'e – Es weht in den Lithographien der alten Meister / Ein unerklärbarer, doch spürbarer Atem* und *V melancholičeskie večera – An melancholischen Abenden* aus *Sady*). Die französischen Maler Watteau und Lorrain sind besonders häufig vertreten. Die zerbrechliche Eleganz des 18. Jh.s – in Form von teurem Porzellan, Schäferstatuetten, Nymphen, Faunen (*Osen' – Herbst* aus *Otplyt'e* oder *Kofejnik, sacharnica, bljudca – Eine Kaffeekanne, Zuckerdose, Untertassen* aus *Veresk*) – steht neben Bildern aus dem Leben der Wandertheater (in *Gornica* und *Veresk*) und neben religiöser Theatralik (*Osennij brat – Der herbstliche Bruder* aus *Otplyt'e*), doch die poetischen Bilder beschränken sich auf visuelle Eindrücke, und der Dichter übt sich, indem er sie beschreibt, in komplizierten Formen und Rhythmen. Das kaiserliche Petersburg, seine Kultur, ist schon hier ein Thema, das das spätere Werk Ivanovs nostalgisch durchzieht. Dieser äußerliche Glanz einer zwar echten, doch nur visuellen Poesie nimmt mit der Sammlung *Lampada* ein Ende.

Nach den Erfahrungen der Revolution 1917, des Zusammenbruchs des Zarenreichs und der Emigration (1922) ändert sich Ivanovs Dichtung grundlegend. Das »Paradies«, in dem er lebte, existierte nicht mehr, und es gab keine Hoffnung auf eine Wiederkehr. Die Dichterkreise in Paris, die Zeitschriften, an denen er mitarbeitete, die dem Untergang geweihte Kultur der russischen Emigration vermochten keinen Ersatz für das Verlorene zu bieten. Die Gedichtbände *Rozy*, 1931 *(Rosen)*, *Otplytie na ostrov Citeru*, 1937 (der Titel unterscheidet sich orthographisch von dem des ersten Bandes), und *Portret bez schodstva*, 1950 *(Ein Bildnis ohne Ähnlichkeit)*, die einzelnen, in Zeitschriften gedruckten Gedichte oder Zyklen sowie die kurz vor Ivanovs Tod erschienene Sammlung *1943–1958 Stichi*, 1958 *(1943–1958 Verse)*, zeigen einen Dichter mit gänzlich neuer Weltanschauung und eigenem, unverkennbarem Gesicht. Die Kritik sah in Ivanov zu diesem Zeitpunkt fast einmütig den bedeutendsten Dichter der russischen literarischen Diaspora.
Die schmerzvolle Erfahrung des Ausgestoßenseins, des Alleinseins in einer gleichgültigen oder feindlichen Welt, die Enttäuschung und Verzweiflung, die völlige Hoffnungslosigkeit der Emigration, die ihm zum Symbol des Lebens schlechthin wurde, den sich daraus ergebenden Nihilismus, zuweilen Zynismus, faßte Ivanov in »musikalische« Verse, getragen von einer eigenartigen Melodik, einer wohlberechneten Klangharmonie, einem einschmeichelnden Rhythmus und Reim, die in der russischen Dichtung kaum ihresgleichen haben. Auf dem Kontrast zwischen dem Wohllaut der Worte und ihrer beängstigenden Bedeutung beruht der Effekt und die Eigenart von Ivanovs Dichtung (*Nad rozovym morem vstavala luna – Über dem rosafarbenen Meer erhob sich der Mond* aus *Otplytie* oder *Kak vy kogda-to razborčivy byli – Wie wählerisch wart ihr einstmals* aus *Portret*). Seine Themen sind nun die Leere, das Nichts, der Untergang (*Uplyvajut malen'kie jaliki / V zolotoj mežduplanetnyj omut – Die kleinen Jollen schwimmen davon / In den goldenen interplanetaren Abgrund* aus *Stichi*). Die zauberhafte Musik, die Weichheit des Versklangs und die wenigen »poetischen« Realia, wie Rosen, Sterne, Meer, Sonnenuntergänge, blitzender Schnee, vielleicht auch die Liebe, vermögen zwar die Seele zu berauschen, jedoch den Eindruck der Sinnlosigkeit nicht zu überdecken. Ivanovs Ansätze zu einem »Dennoch« enden stets in der Leere, im Sinnlosen (*Byl zamysel stranno poročen – Die Idee war seltsam abwegig* aus *Portret*). So wie Rußland und seine Kultur zugrunde gingen, so wird alles im Nichts enden, scheint der Dichter zu sagen. Die Schönheit lügt, Poesie ist eine künstliche Pose, und doch ist die Schönheit da, sie ist real. Musik und die Sterne bleiben, obwohl sie nichts bewirken, nichts erklären, nur vorübergehend Trost spenden. Wenn aber der Mensch überhaupt imstande ist, sich mit Dichtung zu befassen – obwohl er weiß, daß es Selbst-

täuschung ist –, so wird ihm damit die Lebensangst erträglicher, und es ist nun gleichgültig, daß das Leben sinnlos ist, daß der Tod allem ein Ende setzen wird.

Ivanovs Dichtung gleitet auf der Schneide zwischen dem metaphysisch Unmöglichen und dem ästhetisch Realisierbaren; es ist eine Art Grenzsituation, bei der die Spannung des Negativen so intensiv ist, daß man meint, sie könnte ins Positive umschlagen – was allerdings nicht eintrifft (*Na grani tajanija i l'da* – *An der Grenze von Tauen und Eis* aus *Portret*). Die Möglichkeit einer Metamorphose *(perevoploščenie)*, das Leuchten *(sijanie)*, die Strahlen *(luči)*, von denen Ivanov zuweilen andeutungsweise spricht, muß man als Ausdruck einer Hoffnung in bezug auf die Zeit nach dem Untergang dieser Welt (das Böse im Menschen könnte sehr wohl auch die atomare Vernichtung herbeiführen) verstehen (*Ne stanet ni Evropy, ni Ameriki* – *Kein Europa wird es mehr geben, kein Amerika* aus *Stichi*). Hin und wieder wird Ivanovs Dichtung zu einer Art gegenstandslosen, lyrischen Strömens, wobei seltsamerweise der Zusammenklang »sinnloser« Wortketten einen höheren poetischen Sinn ergibt: »*Želtofiol'*« – *pochože na violu* / Na melancholiju, na kanifol' (»*Goldlack*« – *das ähnelt der Viola* / *Der Melancholie, dem Kolophonium* aus *Stichi*). Keine Übersetzungen, nur Paraphrasen solcher Gedichte sind möglich, doch kann auch hier nur eine Annäherung erreicht werden. – Die Paradoxie des Daseins, der ästhetischen Hoffnung ohne Sinn, führt den Dichter zuweilen zur Groteske (*Na poljanke poutru* / *Veselilsja kenguru* – *Auf der Lichtung in der Früh* / *Amüsierte sich ein Känguruh* aus *Stichi*). Sehr bewußt betont er das Paradoxe auch in seinen politischen Anschauungen. Er weiß um sein »*Talent des doppelten Blickwinkels*«, das ihm das Leben »*zerbogen*« hat. – Nicht selten sind Anleihen bei Dichtern, die Ivanov besonders schätzte (TJUTČEV, LERMONTOV, PUŠKIN, ANNENSKIJ), Zitate, die er seiner Weltanschauung entsprechend paraphrasiert (*Melodija stanovitsja cvetkom* – *Die Melodie wird zur Blume* oder *Golubizna čužogo morja* – *Die Bläue des fremden Meeres* aus *Stichi*). – Bemerkenswert sind die 38 Gedichte, die Ivanov einige Wochen vor seinem Tode schrieb: *Posmertnyj dnevnik (Das postume Tagebuch)*. Ohne neue Motive zu enthalten, sind sie in ihrer Aufrichtigkeit und in ihrer kreatürlichen Angst ein zusammenfassender Höhepunkt von Ivanovs kompromißlos tragischer Dichtung.

V.S.

LITERATUR: R. Gul', *G. I.* (in Novyj Žurnal, 1955, 42). – V. Markov, *O poèzii G. I.* (in Opyty, 1957, 8). – I. Agushi, *The Poetry of G. I.* (in Harvard Slavic Studies, 1970, 5). – J. Ivask, *Russkie poèty* (in Novyj Žurnal, 1970, 98). – V. Markov, *G. I.: Nihilist as Light-Bearer* (in *The Bitter Air of Exile: Russian Writers in the West 1922–1972*, Berkeley 1977).

VJAČESLAV IVANOVIČ IVANOV

* 28.2.1866 Moskau
† 16.7.1949 Rom

LITERATUR ZUM AUTOR:
Bibliographie:
Istorija russkoj literatury konca XIX-načala XX veka. Bibliografičeskij ukazatel', Hg. K. Muratova, Moskau/Leningrad 1963, S. 243–245.
Gesamtdarstellungen und Studien:
S. Makovskij, *V. I. v Rossii* (in Novyj Žurnal, 1952, 30, S. 135–151). – Ders., *V. I. v èmigracii* (ebd., 31, S. 160–174). – Ders., *V. I.* (in S. M., *Portrety sovremennikov*, NY 1951, S. 269–310). – F. Stepun, *W. I. Der russische Europäer* (in F. S., *Mystische Weltschau. Fünf Gestalten des russischen Symbolismus*, Mchn. 1964, S. 201–278). – Č. Tschöpl, *V. I., Dichtung und Dichtungstheorie*, Mchn. 1968 (Slavistische Beiträge, 30). – J. West, *Russian Symbolism. A Study of V. I. and the Russian Symbolist Aesthetic*, Ldn. 1970. – D. Dešart, *Einleitung* (in V. I., *Sobr. soč.*, Bd. 1, Brüssel, 1971, S. 7–227). – A. Klimoff, *The Late Poetry of V. I.*, Diss. Yale Univ. 1974. – S. S. Averincev, *V. I.* (in V. I., *Stichotvorenija i poèmy*, Leningrad 1976). – J. Holthusen, *V. I. als symbolistischer Dichter und als russischer Kulturphilosoph*, Mchn. 1982. – P. Davidson, *V. I. and Dante: Reflections of a Medieval Tradition in the Poetic Imagination of a Russian Symbolist*, Diss. Oxford 1983. – T. Malcovati, *V. I.: estetica e filosofia*, Florenz 1983. – P. Mueller-Vollmer, *Dionysos Reborn: V. I.'s Theory of Symbolism*, Diss. Stanford Univ. 1985. – *V. I. Poet, Critic and Philosopher*, Hg. R. Jackson u. L. Nelson, New Haven 1986.

AUSGABEN: *Otplyt'e na o. Citeru*, St. Petersburg 1912. – *Gornica*, St. Petersburg 1914. – *Pamjatnik slavy*, Petrograd 1915. – *Veresk*, Petrograd/Moskau 1916. – *Sady*, Petrograd 1921. – *Lampada*, Petrograd 1922. – *Rozy*, Paris 1931. – *Otplytie na ostrov Citeru*, Bln. 1937. – *Portret bez schodstva*, Paris 1950. – *1943–1958 Stichi*, NY 1958. – *Sobranie stichotvorenij*, Würzburg 1975 [enth. alle o. g. Bände und *Posmertnyj dnevnik*]. – *Izbrannye stichi*, Paris 1980. – *Izbrannaja poèzija*, Paris 1987. – *Nesobrannoe*, Orange Ct. 1987.

DAS LYRISCHE WERK (russ.) von Vjačeslav I. IVANOV.

Der Theoretiker und Lyriker Vjačeslav I. Ivanov gehört mit A. BLOK (1880–1921) und A. BELYJ (1880–1934) zu den herausragenden Vertretern der zweiten Symbolistengeneration in Rußland. Seine altphilologische Ausbildung – u. a. bei Th. MOMMSEN in Berlin – und seine Kenntnis der alten Mythologien finden in seinem Werk Ausdruck. Dem von der ersten Symbolistengeneration um V. BRJUSOV (1873–1924) geforderten Autonomieanspruch der Kunst setzte Ivanov einen »weltanschaulichen Symbolismus« entgegen. Wie seine Mitstreiter Blok und Belyj glaubte er an eine hinter der wahrnehmbaren Welt verborgene höhere Wirklichkeit. Das Streben nach Erkenntnis dieser Wirklichkeit brachte er in der Formel »*a realibus ad realiora*« zum Ausdruck. Den »idealistischen Symbolismus« kennzeichnete er als subjektivistisch und impressionistisch. Das Ziel des von Ivanov theoretisch begründeten »realistischen Symbolismus« bestand dagegen in der objektiven Enthüllung der »inneren« Wahrheit der Dinge.

Die in seinen theoretischen Essays enthaltenen Ansichten kommen auch in Ivanovs Lyrik zum Ausdruck. Während eines mehrjährigen Auslandsaufenthaltes in Griechenland, Ägypten und Palästina erschienen seine ersten Gedichtsammlungen, *Kormčie zvëzdy*, 1903 *(Leitsterne)*, und *Prozračnost'*, 1904 *(Durchsichtigkeit)*. Die Sprache dieser Gedichte zeichnet sich durch reiches Pathos, archaisierenden Stil, ungewöhnliche Adjektivzusammensetzungen und oft schwer erschließbare Bilder aus und brachte Ivanov daher den Vorwurf »*allzu großer philologischer Künstlichkeit*« (A. Blok) ein. Besonders *Kormčie zvëzdy* erweckt den Eindruck großer Gelehrsamkeit: Einem Drittel der Gedichte sind Motti von DOSTOEVSKIJ, PUŠKIN, OVID, DANTE, SCHILLER, GOETHE, NIETZSCHE u. v. a. vorangestellt; der Anhang enthält Übersetzungen und erklärende Anmerkungen zu den mythologischen Namen. Die Anordnung der Gedichte in Zyklen unterstreicht die Bedeutung des formalen Aspektes. Thematisch überwiegen Naturbilder, die jedoch über sich hinaus auf einen höheren Zusammenhang weisen. Das Dionysische gilt Ivanov nicht als Wiederbelebung antiker Mythologien, sondern wird symbolisch als Zustand des Erlebens in der Ekstase gedeutet (»*Und er tränkt und füllt schäumend das Gefäß des Daseins / Und die goldenen Blätter vergießen, halten ihm nicht, / Den unerschöpflich sprudelnden Willen*«). In *Prozračnost'* wird der Eindruck der Gelehrsamkeit schwächer – es finden sich nur zwei Motti und eine Anmerkung –, die Zusammenstellung in Zyklen indes wird beibehalten. Der Titel weist auf die Funktion des Dichters, das in den äußeren Erscheinungen verborgene Sein sichtbar zu machen (»*Durchsichtigkeit! mache die Gesichte des Lebens / Zu einem lächelnden Märchen / Durchscheinend den Schleier der Maja!*«). – Die beiden ersten Gedichtbände fanden ihr Publikum nur im begrenzten Kreis der Moskauer und Petersburger Symbolisten. Der zeitgenössische Kritiker PO-JARKOV urteilte gar, daß »*der Autor der ›Kormčie zvëzdy‹ und der ›Prozračnost'‹ nur für Auserwählte*« sei.

Und so wurde seit 1905 Ivanovs Wohnung in St. Petersburg zum Sammelpunkt dieser Auserwählten; die bis 1910 regelmäßigen Mittwochstreffen in seinem »Turm« wurden zum geistigen Stelldichein der Intellektuellen der Stadt, und Ivanov avancierte zum Führer und Anreger der Petersburger Symbolisten. Die in diesem Zeitabschnitt erschienene zweibändige Sammlung *Cor ardens*

(1909 u. 1911), die auch den bereits 1907 veröffentlichten Gedichtband *Eros* enthält, behandelt die aus den früheren Werken bekannten, um das dichterische Weltbild kreisenden Grundthemen. Manche Abschnitte, insbesondere im Zyklus *Pristrastija (Vorlieben)*, wirken wie fortgesetzte Gespräche; unter den Angesprochenen finden sich die meisten der russischen Symbolisten. *Cor ardens* ist der verstorbenen zweiten Frau Ivanovs, Lidija Zinov'eva-Annibal, gewidmet. Ein Zyklus trägt die Überschrift *Ljubov' i smert' (Liebe und Tod)*. Die Gedichte sind jedoch keinesfalls von unmittelbaren Gefühlsäußerungen geprägt, sondern sie wirken stilisiert und überladen-prunkvoll. Ivanov behält die Distanz zur vorgeblichen Realität, die irdische Liebe sehnt sich nach der grenzenlosen und wahren Wirklichkeit (»*Ich weiß: hier ist die Liebe eine Blume des Kerkers, / Eine nächtliche Wanderin durch den dichten Wald der Berge; / Vergebens folgen wir blind ihr nach. / Eng ist der einzigen Liebe die irdische Begrenzung, / Und in eine andere Welt wächst sie aus dem Dunkel*«). Eine besondere Rolle spielt in *Cor ardens* die Rosensymbolik als Ausdruck der Liebe und des Leidens (vgl. den Zyklus *Rosarium*).

Der 1912 erschienene Gedichtband *Nežnaja tajna (Zartes Geheimnis)* schließt stilistisch an die vorausgegangenen Werke an. Erwähnenswert ist hier, wie schon in *Cor ardens*, die Vielzahl von Widmungsgedichten. Der gesamte Band ist Aleksandr Blok gewidmet. Im Vorwort geht Ivanov auf die Problematik von Form und Inhalt ein. Er sieht in der »*künstlerisch in sich geschlossenen Identität mit dem Inhalt ... die Qualität der Form ... als Maßstab des Dichterischen ...*« Die untrennbare Einheit von Form und Inhalt im Kunstwerk sei das Merkmal wahrer symbolistischer Kunst. Der Formbegriff wird somit auf das gesamte Kunstwerk ausgedehnt. Die bedeutungstragende Form wird selber zum Symbol und Mythos. In einem Aufsatz von 1948 bezeichnete Ivanov die äußere Form eines Werkes als »*Forma formata*«, die formschaffende Vorstellung, die dem Künstler vorschwebt, als »*Forma formans*«. Diese setzt er mit dem Inhalt gleich. Wenngleich Ivanov keine bestimmte Technik für den Symbolismus verbindlich machte, so fallen seine Vorlieben für klassische Formen wie die sapphische oder die alkäische Strophe und vor allem für die Sonettform auf.

1919/20 entstanden *Zimnie sonety (Wintersonette)*, in denen Leid, Kälte und Hunger den Kräften menschlicher Seele und Geistes entgegengesetzt werden. Die späteren Werke zeichnen sich durch eine größere Einfachheit aus, der manieristisch-ornamentale Stil ist abgeschwächt. Im postum erschienenen Sammelband *Svet večernij*, 1962 *(Abendlicht)*, sind die Zyklen *De profundis amavi* (1920), *Rimskie sonety*, 1942 *(Römische Sonette)*, und *Rimskij dnevnik*, 1944 *(Römisches Tagebuch)*, enthalten sowie bislang unveröffentlichte Werke in einer vom Dichter noch kurz vor seinem Tode durchgesehenen Zusammenstellung. 1939 erschien in Paris der Band *Čelovek (Der Mensch)*. – Die Tendenz zur vereinfachten Ausdrucksweise kann als Versuch

Ivanovs gelten, seine beiden schwer zu vereinbarenden theoretischen Forderungen – nach Vermeidung der Alltagssprache durch den Dichter und nach der aktiven, mitschaffenden Rolle des Lesers – konkret zu realisieren. Der geschwundenen Bildfülle setzt Ivanov eine stärkere suggestive Klangwirkung und einen gestrafften Bewegungsablauf entgegen, was allerdings beim Übertragen aus dem Russischen ebenso schwierig zu vermitteln ist wie die verdunkelnde, mit Kirchenslavismen und archaisierenden Neologismen durchsetzte Sprache der frühen Gedichte.

Ivanov, der 1924 nach Italien ausgewandert und 1926 zum Katholizismus übergetreten war, vertrat zeitlebens einen Symbolismus, der über den Begriff einer zeit- und formgebundenen literarischen Strömung hinausging. Jede wahre Kunst war in seinen Augen symbolistisch, und er rechnete zu den Symbolisten so unterschiedliche Dichter wie Aischylos, Pindar, Goethe, Lermontov, Tjutčev, Puškin, Gogol', Dostoevskij und Dante. Ivanov sah im Begriff Symbolismus ein Prinzip dichterischen Schaffens, nicht einen literarhistorisch eingrenzbaren Dichterkreis. Seiner Überzeugung von der theurgischen Aufgabe des Dichters – für die hinter dem Wahrnehmbaren verborgene Realität eine Form zu schaffen und sie somit sichtbar zu machen – verlieh er sowohl in seinen theoretischen Schriften als auch in seiner Dichtung Ausdruck. (*»Und je spiegelgleicher der Kristall der Kunst / Das Erdenantlitz wiedergibt, / Desto deutlicher überrascht uns / In ihm ein anderes Leben, ein anderes Licht.«*)　　J.Bec.

Ausgaben: *Kormčie zvězdy*, St. Petersburg 1903. – *Prozračnost'*, Moskau 1904. – *Ėros*, St. Petersburg 1907. – *Cor ardens*, Moskau 1909 (Bd. 1); St. Petersburg 1911 (Bd. 2). – *Nežnaja tajna*, St. Petersburg 1912. – *Čelovek*, Paris 1939. – *Svet večernij*, Oxford 1962. – *Sobr. soč.*, Hg. D. Ivanova u. O. Dešart, 4 Bde., Brüssel 1971–1987.

DVE STICHII SOVREMENNOM SIMVOLIZME

(russ.; *Zwei Elemente des Symbolismus*). Essay von Vjačeslav I. Ivanov, erschienen 1909. – Dieser wichtige Aufsatz über den russischen Symbolismus, dessen bedeutendster Theoretiker der Autor war, sieht in der Geschichte symbolischer Kunst ein alternierendes Auf- und Absteigen zweier Ideale: des »realistischen« und des »idealistischen« Symbolismus, denen im ästhetischen Bereich etwa die von Gustav René Hocke geprägten Begriffe »asianisch« und »attizistisch« entsprechen. Ivanov erläutert seine Auffassung zunächst ausführlich an Beispielen aus der bildenden Kunst: »realistisch« nennt er die Symbolik der die Schöpfung bejahenden frommen Kunst der Gotik, »idealistisch« die phantasmagorische Kunst der Renaissance. Seine eigene Dichtung und die seiner symbolistischen Zeitgenossen (nicht jedoch den französischen Symbolismus) definiert der Autor als realistisch: Nach der Konzeption des russischen Symbolismus ist Dichten »*handwerklicher Dienst*« an den religiösen Ideen, Wiedergewinnung des Mythos. Aufgabe des Dichters ist es, »*durch das augustinische ›transcende ad ipsum‹ zur Losung ›a realibus ad realiora‹ vorzustoßen, das heißt, in der phänomenalen Wirklichkeit eine wirklichere Wirklichkeit zu erkennen, sie künstlerisch festzuhalten und in der Sprache zu einem ›ens realissimum‹ zu erheben«*. Kunst ist für Ivanov – wie D. S. Mirskij zusammenfassend urteilt – ein »*mystischer, religiöser Akt, … ein Aspekt der vollkommenen synkretistischen menschlichen Betätigung, der, von mystischen Worten beherrscht, nach religiösen Normen beurteilt werden sollte«*.

Die für Ivanovs essayistisches Schaffen charakteristische »*aristokratisch-pädagogische Darstellungsweise*« (Stepun) bedient sich einer archaisierenden Syntax und eines gesucht prächtigen, altertümlichen Vokabulars. Der Stil ist ornamental, ohne steif zu wirken. Jeder Satz des an kunstgeschichtlichem Beweismaterial reichen, doch den Tonfall der Gelehrsamkeit vermeidenden Texts erreicht eine Bedeutungsfülle und Konzentration, wie sie kaum je einem anderen Essayisten russischer Sprache gelungen ist.　　W.Sch.

Ausgabe: Petersburg 1909 (in *Po zvezdam. Stat'i i aforizmy*). – Brüssel 1974 (in *Sobr. soč.*, Hg. D. Ivanova u. O. Dešart, 4 Bde., 1971–1987, 2).

ĖLLINSKAJA RELIGIJA STRADAJUŠČEGO BOGA

(russ.; *Die hellenische Religion des leidenden Gottes*). Essay von Vjačeslav I. Ivanov, erschienen 1904. – Ivanovs berühmter Essay, den der Autor 1903 in der Pariser Hochschule für Gesellschaftswissenschaften vortrug, baut auf Nietzsches Dionysos-Entdeckung (*Die Geburt der Tragödie aus dem Geiste der Musik*) auf und stellt in erster Linie eine tiefgehende Analyse der hellenischen Orphik und der Mystik des dionysischen Opfers dar. Die Nietzsche weit übertreffende Gründlichkeit der Stoffbehandlung verrät den kundigen und gewissenhaften Gräzisten.

Geistesgeschichtlich bedeutsamer und für das Verständnis von Ivanovs Dichtung unumgänglich ist jedoch die religions- und kulturphilosophische Konzeption der Untersuchung, die u. a. interessante Beobachtungen über die Wesensähnlichkeit gewisser Symbole im Dionysos-Kult und in den *Evangelien* enthält. Ivanov billigt Nietzsche zu, den »*ästhetischen Wert des Dionysos-Phänomens*« richtig erkannt zu haben, doch kritisiert er: »*Die leidende Seele des dionysischen Menschen stand ihm offen, aber das Antlitz des leidenden Gottes blieb ihm unsichtbar.*« Ivanov begreift diesen leidenden Gott der Dionysos-Mysterien als eine »*Hypostase* [Erscheinungsform] *des Sohnes*«, die Religion des Dionysos als »*eine Flur, die einer Befruchtung durch das Christentum harrte*«. Dies bedeutet allerdings keine Gleichsetzung von Dionysos und Christus (wie D. S.

MIRSKIJ fälschlich behauptet); das Leiden des griechischen Gottes ist in einem durchaus anderen als dem christlichen Sinn schicksalhafte Notwendigkeit, so wie Ivanov es wenig später in seinem *Tantal' (Tantalos)* dramatisch interpretierte. Wohl aber strebt der Autor – in bewußtem Gegensatz zu Nietzsche – eine Synthese von Dionysos und Christus an, die sich mystisch vollzieht. In der dionysischen Ekstase erblickte Ivanov das »Wie«, die »Methode«, die allein schon durch ihr formales Sein zum »Was«, zu Christus, führt. Dionysos ist für Ivanov Symbol, Symbol im Sinne seines dichterischen Symbolismus und damit Schlüssel zu seiner gesamten Ästhetik: Kunst als theurgische Methode, als ein Weg, mit Gott in Verbindung zu treten.

W.Sch.

AUSGABE: Moskau 1904 (in Novyj put').

PEREPISKA IZ DVUCH UGLOV

(russ.; *Ü: Briefwechsel zwischen zwei Zimmerwinkeln*). Fiktive kulturphilosophische Korrespondenz von Vjačeslav I. IVANOV und Michail O. GERŠENZON (1869–1925), erschienen 1921. – Die eigenwillige Schrift, deren Bedeutung in Deutschland insbesondere E. R. CURTIUS hervorgehoben hat, entstand im Sommer 1920, als die beiden Autoren zufällig gemeinsam ein Zimmer in einem Moskauer Erholungsheim für Künstler bewohnten. Die beiden hochgebildeten Männer disputieren über die Frage, welche Rolle der Kultur bei der Erlangung des Absoluten zukomme. Geršenzon bedrückt die Last der in Jahrhunderten aufgetürmten geistigen Errungenschaften und erstarrten Wertsysteme: Er möchte sie abschütteln, um wieder unmittelbaren Erlebens und natürlicher, ursprünglicher Erfahrung fähig zu sein. Er ahnt die Möglichkeit einer persönlichen Freiheit, von der er jedoch keine klare Vorstellung gewinnen kann. Ivanov dagegen verteidigt die Tradition des Humanismus und der klassischen Kultur, die »Erinnerung«, die das Leben erst reich zu machen vermag. Das »Vergessen« der Werte, der Verlust des initiativen Charakters der Erinnerung bedeutet ihm Niedergang, Verfall, *décadence*. Will Geršenzon die Rückkehr zur Persönlichkeit durch den Abbau der Routine von Denken und Gewissen erreichen, so argumentiert der metaphysische Dialektiker Ivanov, daß das Einfache nicht durch Vergessen erlangt werden könne, sondern im Gegenteil durch Aufstieg und Kompliziertheit, durch den »*Feuertod im Geiste*«.

Der esoterische Disput mißt die Ideen ROUSSEAUS und NIETZSCHES an den revolutionären Ereignissen der Zeit. Er formuliert die drängenden Fragen der bürgerlichen Intelligenz vor dem Hintergrund der Oktoberrevolution und des russischen Bürgerkrieges: Wird das Proletariat die überkommenen Kulturwerte als das »*alte Wahre*« akzeptieren, oder wird es sie vom »*Dampfer der Gegenwart*« stoßen (Tabula-rasa-Theorie)?

In nachträglichen Ergänzungen des Briefwechsels (Schreiben an Charles DU BOS und A. PELLEGRINI) hat Ivanov, der 1926 zum Katholizismus konvertierte, seine Erinnerungs-Theorie ins Religiöse umgedeutet: Die großen Kulturen sind jeweils Emanationen einer religiösen Idee. Die »*Lehrer des Vergessens*« sind ihm nun zugleich die »*Totengräber der Religion*«, die Gegner der Religion notwendig »*Bilderstürmer und Fälscher der Kultur*«.

R.La.

AUSGABEN: Petrograd 1921 [Nachdr. Letchworth 1971]. – Brüssel 1979 (in *Sobr. soč.*, Hg. D. Ivanova u. O. Dešart, 4 Bde., 1971–1987, 3).

ÜBERSETZUNGEN: *Briefwechsel zwischen zwei Zimmerwinkeln*, anon. (in Die Kreatur, 1, 1926, Nr. 2). – Dass., N. v. Bubnoff, Ffm. 1946 [m. Vorw.]. – Dass., ders., Stg. 1948 [m. Nachw. u. Brief an Du Bos]. – Dass., ders., Wien 1949 [m. Brief an A. Pellegrini].

LITERATUR: G. V. Florovskij, *V mire iskanij i bluždanij.* »*Perepiska iz dvuch uglov*« *V. I.* (in Russkaja mysl', 1922, 4, S. 129–146; 1923, 3–5, S. 210–231). – R. Jackson, *I.'s Humanism: »A Correspondence from Two Corners«* (in *V. I. Poet, Critic and Philosopher*, Hg. ders. u. L. Nelson, New Haven 1986, S. 346–357).

VSEVOLOD VJAČESLAVOVIČ IVANOV

* 24.2.1895 Lebjaž'e / Gouvernement Semipalatinsk
† 15.8.1963 Moskau

LITERATUR ZUM AUTOR:
Bibliographie:
E. Žilina u. D. Berman, *V. I.* (in *Russkie sovetskie pisateli. Prozaiki*, Bd. 2, Leningrad 1964, S. 118–174).
Biographie:
V. I. Pisatel' i čelovek, Hg. T. Ivanova, Moskau 1970; 2 1975.
Gesamtdarstellungen und Studien:
A. Kručënych, *Zaumnyj jazyk u ... V. I. ...*, Moskau 1925. – A. Voronskij, *V. I.* (in A. V., *Literaturnye portrety*, Moskau 1928; auch in A. V., *Literaturnokritičeskie stat'i*, Moskau 1963, S. 126–156). – V. Polonskij, *V. I.* (in V. P., *O sovremennoj literature*, Moskau 1929, S. 5–40). – V. Šklovskij, *O prošlom i nastojaščem v proizvedenijach V. I.* (in Znamja, 1937, S. 278–288). – N. N. Janovskij, *V. I.*, Novosibirsk 1956. – N. Zajcev, *Dramaturgija V. I.*, Leningrad 1962. – M. Minokin, *Put' V. I. k romanu*, Orël 1966. – *V. I. Trudy Mežvuzovskoj konferencii posvjaščennoj 70-letiju roždenija pisatelja (Mart*

1965), Omsk 1970. – L. Gladkovskaja, *V. I. Očerk žizni i tvorčestva*, Moskau 1972. – *V. I.: problemy romantizma*, Hg. M. Minokin, Moskau 1976. – F. Snyder, *The Ornamental Prose of V. I.*, Diss. Univ. of Michigan 1989 [enth. Bibliogr.]. – E. Krasnoščekova, *Chudožestvennyj mir V. I.*, Moskau 1980. – A. Ivanov, *V. I. Literaturnyj portret*, Moskau 1982. – K. Schlögel, *Atem der Revolution. W. I., ein Mitbegründer der neuen russischen Literatur* (in FAZ, 3. 6. 1989).

BRONEPOEZD NO. 14-69

(russ.; *Ü: Panzerzug Nr. 14–69*). Erzählung von Vsevolod V. IVANOV, erschienen 1922; Uraufführung der dramatisierten Fassung: Moskau 1927, Künstlertheater, zum 10. Jahrestag der Oktoberrevolution. – Ivanovs Erzählung ist eines der ersten Prosawerke in der russischen Literatur, in denen der Kampf roter Partisanen gegen die Konterrevolution (Kolčak-Armee, amerikanische und japanische Intervenienten) geschildert wird. Den Stoff zu *Bronepoezd No. 14–69* fand Ivanov im Kriegsjahr 1919 in einem Bericht der Roten-Armee-Zeitung; die näheren Einzelheiten erfuhr er von beteiligten Partisanen.

Abgerissen, vor Hunger erschöpft und nur mit Gewehren bewaffnet, verfolgt eine Partisaneneinheit im Fernen Osten einen waffenstarrenden weißgardistischen Panzerzug. Weil nach den Gesetzen jeder Zug auch dann halten muß, wenn er einen Toten überfährt, erschießt sich, auf den Schienen liegend, der den russischen Partisanen als Kampfgenosse verbundene Chinese Sin-Bin-u freiwillig beim Herannahen des Panzerzuges und wird von den Rädern zermalmt. Eine solche Selbstaufopferung unterscheidet sich in der Darstellung Ivanovs grundlegend von dem sogenannten »pathetischen Heldentum«, wie es spätere Revolutionsschreiber (FURMANOV, SERAFIMOVIČ, FADEEV) kreierten. Ivanov, dem Steppensohn und Partisanenkämpfer, erschien die Revolution von Anfang an als ein elementarer Ausbruch lang angestauter menschlicher Kräfte und Leidenschaften, ja er sah sie als ein reißendes, feindvernichtendes Tier, dem der Mordruf vorangeht: »*Gib ihm, hau zu, vernichte!*« und »*Alles dreht sich, kreist, geht zugrunde.*« Dieses Tier ist es, das sich dem Panzerzug entgegenwirft, sich in ihn verkrallt und ihn schließlich zu Tode hetzt (wie denn auch die Beschreibung der Schlacht die Vorstellung suggeriert, es kämpfe ein vielgliedriges, vielköpfiges Tier mit einem stählernen, feuerspeienden Drachen). Und wenn dann die überlebenden Partisanen, von Blut und Schnaps berauscht, nach dem Kampf im besudelten Gehäuse ihrer Beute den Sieg feiern, so ist auch dies alles andere als die Siegesfeier einer klassenbewußten Arbeiter- und Bauernschaft: »*In der Nacht werden wir zum Tier, zum Tier!*«

Noch nicht unter dem Zwang einer Doktrin denkend und schreibend – erst in der Bühnenfassung wird die Führungsrolle der KP berücksichtigt –,

schuf Ivanov ein nicht nur wahres, sondern auch künstlerisch zeitloses Dokument über den Kriegskommunismus im Fernen Osten, das einem Vergleich mit Isaak BABEL's *Konarmija*, 1926 *(Budjonnys Reiterarmee)*, standhält. Der Aufbau der Erzählung Ivanovs ist dramatisch: Aus dreißig in acht Hauptkapitel gefaßten Einzelszenen wird die Handlung bei ständigem Wechsel von Ort, Zeit und Personen zusammengesetzt. Verflimmernde Großaufnahmen und unvermittelt dazwischengeblendete harte Nahbilder erzeugen die schwindelerregende Atmosphäre einer wilden Revolutionszeit, in der die brutale Ökonomie des Tötens sich mit lichten Zukunftsträumen paart. Der Sprachstil wechselt mit den Inhalten der Einzelszenen, ohne diffus zu werden. Im Gegenteil: Indem Ivanov von der Sprache des lakonischen Beobachters zu der expressiven des direkt Beteiligten übergeht, ganze Sätze auf Substantivreihen reduziert oder die ungelenke Sprache des Ungebildeten benutzt und dagegen kühne Phantasiebilder setzt, denen Wortströme von enthemmter Fiebrigkeit folgen, abgelöst vom Stakkato einer Revolutionsmarsch-Sprache, schafft er eine Wortklangsymphonie, die das Revolutionsgeschehen adäquat mitteilt.   M.Gru.

AUSGABEN: Moskau 1922 (in Krasnaja nov'; auch erste Buchausg.). – Moskau 1958 (in *Sobr. soč.*, Hg. M. Minokin, 8 Bde., 1958–1960, 1). – Kišinev 1979 (in *Povesti i rasskazy*).

ÜBERSETZUNGEN: *Panzerzug Nr. 14–69*, E. Schiemann, Hbg. 1923. – *Panzerzug 14–69*, A. Boettcher, Lpzg. 1955 (RUB). – Dass., M. Obermann, Ffm. 1970. – Dass. (in *Die Rückkehr des Buddha. Erzählungen*, G. Dalitz u. a., Nördlingen 1989).

DRAMATISIERUNG: *Bronepoezd 14–69*, Moskau 1934 (dt.: *Panzerzug 14–69*, A. Wagner, Bln. 1948; Bühnenms.).

LITERATUR: V. I., *Kak byla napisana povest' »Bronepoezd 14–69«* (in *Sobr. soč.*, Bd. 1, Moskau 1958, S. 45–51). – I. Levin, *»Armoured Train 14–69«: A One-Way Trip to Socialist Realizm* (in Russian History, 8, 1981, S. 233–241). – K. Globig, *Lehrmeister Sibirien: Der Traditionsbezug der Partisanenerzählungen W. I.s* (in K. G., *Erbe und Erben: Traditionsbeziehungen sowjetischer Schriftsteller*, Bln. 1982, S. 316–336).

DITJA

(russ.; *Ü: Das Kind*). Erzählung von Vsevolod V. IVANOV, erschienen 1924. – Entstanden wie *Bronepoezd No. 14–69 (Panzerzug Nr. 14–69)* unter dem unmittelbaren Eindruck des Bürgerkriegs, demonstriert diese Erzählung an einem Einzelfall jene Ökonomie des Tötens und Arterhaltens, die der junge Ivanov für die bolschewistische Revolution als typisch ansah. Der Spähtrupp einer in die Mongolei verschlagenen roten Partisanengruppe überfällt in der Steppe eine Kutsche, erschießt die Insassen (ein Mann und eine Frau in den Offiziersuniformen der Weißgardisten) und erbeutet – neben dem Reisegepäck – einen Säugling, dem bald die Liebe aller Partisanen gehört. Um das Kind nähren zu können, überfallen sie ein Kirgisendorf und rauben nicht nur eine Milchkuh, sondern auch eine stillende Kirgisin mit ihrem Säugling. Die Frau nährt von nun an zwei Kinder, doch stellen eines Tages die mißtrauischen Partisanen fest, daß der kirgisische »Balg« zusehends dicker, ihr russisches, zum »Volkseigentum« erklärtes Findelkind dagegen immer dünner wird: *»Also ... soll ein Russenmensch wegen irgendeines ungetauften Balgs zugrunde gehen?«* Der dies fragt, bekommt zur Antwort: *»Er stirbt dann eben, dieser Kirgisenbalg ... wir haben ihrer so viele umgebracht, auf einen mehr kommt's nicht an.«* Zwei Tage später versammeln sich die Partisanen vor dem Zelt der Kirgisin und beobachten befriedigt, wie das weiße Russenkind allein an der Brust der gelbhäutigen Frau liegt.

Die Sprache – in den Naturbeschreibungen sinnlich herb und expressionistisch verkürzt, in den Zustandsschilderungen unbarmherzig Realitäten anpackend, in der Charakterisierung des Menschen prall robust und in den Dialogen den rauhen Partisanenjargon nutzend – verleiht der Erzählung jene leidenschaftslos-träge, dabei aufreizende Atmosphäre, die für alle frühen Erzählungen Ivanovs typisch ist. Besonders deutlich wird hier seine Technik, über einen Vorgang distanziert, fast teilnahmslos zu berichten und der Erzählung am Schluß eine unerwartete, tragische Wendung zu geben, in der sich die Aussage kristallisiert. M.Gru.

AUSGABEN: Petersburg 1924. – Moskau 1974 (in *Sobr. soč.*, 8 Bde., 1973–1978, 2).

ÜBERSETZUNGEN: *Das Kind*, anon. (in Russ. Rundschau, Nov. 1925, S. 112–125). – Dass., anon. (in *Dreißig neue Erzähler des neuen Rußlands*, Bln. 1931). – Dass., F. C. Weiskopf (in *Russ. Erzähler. Erzählungen der russ. Literatur von 1917 bis heute*, Mchn. 1962).

LITERATUR: V. Ivanov, *Istorija moich knig* (in *Sobr. soč.*, Bd. 1, Moskau 1958, S. 5–126).

GOLUBYE PESKI

(russ.; *Blauer Sand*). Erzählung von Vsevolod V. IVANOV, erschienen 1922/23. – Diese Erzählung, die den Umfang eines Romans hat (über das Genre ist Ivanov hier mit sich selbst uneins), rechnete der Autor später den sogenannten »Partisanennovellen« zu. Ort der Handlung ist, wie in allen seinen Frühwerken, Sibirien zur Zeit der Revolution und des Bürgerkriegs.

Der bolschewistische Kommissar Vasilij Zapus (eine historische Gestalt) fährt mit seinem Kanonenboot von Omsk aus den Irtysch aufwärts, um einen Kosakenaufstand in »Ust'-Mongolsk« (Pawlodar)

zu beschwichtigen, notfalls auch niederzuschlagen. Verhandlungen mit dem Kosakenataman Trubyčev, die bei einem angesehenen Lieferanten für Schul- und Kircheneinrichtungen, Kačanov, geführt werden, sind zwar politisch ergebnislos, verhelfen aber dem Kommissar Zapus zu einem unverhofften privaten Erfolg: Die Frauen seiner Verhandlungspartner – Olimpiada und Fiosa – verlieben sich in den Draufgänger. Doch die Straßenschlacht gegen die Kosaken verliert er. Da ihm der Rückzug zu seinem Kanonenboot abgeschnitten wird, ist er gezwungen, sich im ehemaligen Verbannungsgefängnis am Ufer des Irtysch zu verbarrikadieren, wohin ihm Fiosa zeitweilig folgt. Olimpiada begleitet ihn – nach seinem tollkühnen Ausbruch über den Fluß – sogar in die Hungersteppe, wo schließlich im »blauen Sand« des »Gartens der Gottesmutter« die Entscheidung fällt: Trubyčev, den der Kommissar gefangennimmt, verzeiht zwar seiner Frau den »roten Fehltritt« (*»Viele Generale sind zu den Bolschewiken übergelaufen, und ein Weib mit einem General zu vergleichen, ist beschämend«*), er selber aber will kein »Renegat« werden, worauf Zapus ihn erschießt; der bolschewistische Held selbst bricht im Kugelregen der heranstürmenden Kosaken zusammen. – In einem ursprünglich selbständigen letzten Teil der Erzählung, *Raskol'ničij gost'* (*Der Gast der Schismatiker*), gibt ein Taschendieb namens Galkin eine weitere romantische Affäre des Kommissars zum besten: Zapus entführt die auserwählte Gemeindevorsteherin der Altgläubigen von der »Weißen Insel« im Syrjänengebiet und erschüttert damit die gesellschaftliche Ordnung der Altgläubigen nachdrücklicher, als dies die Revolution hätte tun können.

Ivanov schrieb den Roman in der Periode seines »ornamentalen« Stils (GOR'KIJ nannte das Werk ein *»chaotisches und redseliges, im Laufschritt geschriebenes Buch«*). Das Fehlen einer epischen Kontinuität macht sich in allen Teilen der Erzählung störend bemerkbar. Viele Abschweifungen, beispielsweise die Nacherzählungen kirgisischer Mythen, lassen sich kaum als Formexperimente rechtfertigen, sie deuten wohl eher darauf hin, daß der Erzähler seinen Stoff nicht in der Gewalt hatte und alles unterbringen wollte, was ihm an Fakten und Details bekannt war. Die Darstellung des Revolutionsgeschehens im kirgisischen und syrjänischen Gebiet vermittelt allerdings in einzelnen Skizzen der Erzählung starke Eindrücke von der Atmosphäre und den Menschen jenes vielsprachigen und polykulturellen Raumes, und an diesen Stellen findet auch der »asiatische« Erzählstil Ivanovs seine Berechtigung.   W.Sch.

AUSGABEN: Moskau 1922/23 (in Krasnaja nov', 1922, 3–6; 1923, 1 u. 3). – Moskau/Petersburg 1923, 3 Tle. – Leningrad 1933 (*Vas'ka Zapus, ili Golubye peski*; endgültige Fassg.). – Moskau 1937 (dass.; in *Izbrannoe*, 2 Bde., 1937/38, 1). – Moskau 1958 (in *Sobr. soč.*, Hg. M. Minokin, 8 Bde., 1958–1960, 1). – Moskau 1973 (in *Sobr. soč.*, 8 Bde., 1973–1978, 1).

PARTIZANY

(russ.; *Ü: Partisanen*). Erzählung von Vsevolod V. IVANOV, erschienen 1921. – Das Werk ist Teil eines Erzähltriptychons, das unter dem Titel *Partizanskie povesti*, 1923 *(Partisanengeschichten)*, bekannt geworden ist (die beiden anderen Teile, *Bronepoezd No. 14–69 – Panzerzug Nr. 14–69* und *Cvetnye vetra – Farbige Winde* – waren 1922 erstmals erschienen). Wie die übrigen Erzählungen, so spielt auch *Partizany* zur Zeit des Bürgerkriegs. Ort der Handlung ist ein Dorf in Sibirien. Kubdja, ein Handwerker, verdingt sich und seine Arbeitskameraden bei Emolin, einem Unternehmer. Anläßlich eines kirchlichen Festtags trifft sich das Volk im Dorf, wobei nach alter Sitte illegal gebrannter Wodka ausgeschenkt wird. Plötzlich erscheinen zwei Polizisten, die die Schwarzbrenner festnehmen wollen. Es entsteht ein Menschenauflauf. Als ein Polizist von einem der Handwerker erschossen wird, müssen Kubdja und seine Kameraden fliehen. Ein Polizeitrupp, den die »weißen« Behörden aussenden, wird von den Flüchtigen überfallen und zurückgeschlagen. Von da an erhalten die Aufständischen ständig neuen Zulauf von den Bauern und entwickeln sich rasch zu einer organisierten Partisaneneinheit. Bei einem Gefecht mit Truppen Kolčaks werden sie aufgerieben. Zwei Monate später zieht die Rote Armee in das umkämpfte Gebiet ein; den Gefallenen, unter ihnen Kubdja, wird die letzte Ehre erwiesen.

Wie auch die anderen frühen Erzählungen Ivanovs zeichnet sich *Partizany* durch das Fehlen romantischer Schönfärberei der Bürgerkriegsepoche aus, wie sie für viele sowjetische Werke typisch ist. Überhaupt sind Hinweise auf die übergreifende politische Bedeutung des Partisanenkampfes recht spärlich. Der Zusammenschluß der Bauern und Handwerker zu einem Partisanentrupp ist kein bewußter Akt politischer Einsicht, sondern erfolgt als Reaktion auf einen alltäglichen Streit mit der Polizei, der zufällig ein böses Ende nahm. Von den Schrecken des Bürgerkriegs, der das ganze Land erfaßt hat, ist wenig zu spüren. Gut gelungen erscheint die Zeichnung des einfachen Volkes, der Bauern und Handwerker Sibiriens. Ihre Bodenständigkeit und fast mythische Naturverbundenheit wird durch zahllose Vergleiche verdeutlicht. Der echte *mužik* gleicht »*einem entwurzelten Baumstumpf – schwarz, nach Erde duftend und nach irgendwelchen feuchten Säften*«. Lange, von der urwüchsigen Volkssprache durchsetzte Dialoge wechseln mit lyrischen Einschüben, in denen die landschaftliche Schönheit Sibiriens verherrlicht wird. Die Sympathien des Autors liegen eindeutig auf seiten der sibirischen Bauern. Die Gegenseite, seien es nun flachbrüstige Stadtleute oder Soldaten der »Weißen«, wird durchweg negativ gezeichnet. Der physische Überlegenheit der Bauern entspricht ihre undifferenzierte, instinktbetonte Verhaltensweise. Besonders deutlich wird dies bei der gleichmütigen Schilderung körperlicher Gewalt.

H.Fö.

AUSGABEN: Moskau 1921 (in Krasnaja nov'). – Petrograd 1921. – Moskau 1958 (in *Sobr. soč.*, Hg. M. Minokin, 8 Bde., 1958–1960, 1). – Moskau 1973 (in *Sobr. soč.*, 8 Bde., 1973–1978, 1).

ÜBERSETZUNG: *Partisanen*, anon., Hbg. 1922.

VOZVRAŠĆENIE BUDDY

(russ.; *Ü: Die Rückkehr des Buddha*). Erzählung von Vsevolod V. IVANOV, erschienen 1923. – Der Text gilt als typischer Höhepunkt der »exotischen Erzählungen« und des »ornamentalen Stils« des Autors. Das Thema des vorangegangenen Zyklus *Partizany*, 1921 *(Partisanen)*, ist hier in höchst eigenwilliger Weise stilisiert: Der Bürgerkrieg bestimmt das Handlungsgeschehen nicht mehr durch direkt geschilderte Szenen der Kämpfe zwischen »Weißen«, »Roten« und »Grünen«, sondern nur noch mittelbar durch seine gräßlichen Folgen – Hunger, Kälte und Not –, die eine sonderbare Reisegesellschaft zu spüren bekommt. Eine ehedem von dem zaristischen General Kaufmann (dem Großvater des Autors) aus einem mongolischen Lamakloster geraubte und in den Besitz der Grafen Stroganov gelangte Buddhastatue soll auf Anordnung des Volkskommissariats für Nationalitätenangelegenheiten von Dava-Dorči, einem mongolischen Soldaten der Roten Armee und heimlichen Gygen (menschliche Verkörperung Buddhas), sowie dem Professor Vitalij Safonov als unfreiwilligem wissenschaftlichem Berater der Expedition dem mongolischen Volk zurückgegeben werden. Im Verlauf der Eisenbahnfahrt durch das hungernde und kämpfende Rußland setzen sich nach Anisimov, dem Politkommissar der Gruppe, zuerst die Begleitsoldaten, dann eine die Strapazen bislang in stiller Ergebenheit ertragende Mongolin und endlich auch Dava-Dorči, der eigentliche Initiator der Fahrt, ab. Safonov reist allein weiter, bis er am Ende von Kirgisen, die Schätze in der Statue vermuten, ermordet wird. Während der ganzen Fahrt ist die Buddhastatue symbolisches Zentrum des Geschehens. Zuerst ihrer Holzverschalung, dann ihres Goldes beraubt, steht sie zuletzt mit aufgebrochener Brust einsam im Wüstensand auf dem Weg in ihr Ursprungsland.

Die Geschichte ist mit Erzählungen von Mythen und Volksbräuchen der Mongolen vermischt, die eine Art Verfremdung des furchtbaren Geschehens bewirken und so eine funktionale literarische Bearbeitung des Sujets ermöglichen.

H.J.S.

AUSGABEN: Moskau/Petrograd 1923 (in Naši dni, Nr. 3). – Moskau 1924. – Moskau 1958 (in *Sobr. soč.*, Hg. M. Minokin, 8 Bde., 1958–1960, 2). – Moskau 1973 (in *Sobr. soč.*, 8 Bde., 1973–1978, 1).

ÜBERSETZUNG: *Die Rückkehr des Buddha*, E. Honig, Bln. 1930. – Dass., ders., Hbg./Mchn. 1962. – Dass. (in *Die Rückkehr des Buddha. Erzählungen*, G. Dalitz u. a., Nördlingen 1989).

CHARLES EDWARD IVES

* 20.10.1874 Danbury / Conn.
† 19.5.1954 New York

ESSAYS BEFORE A SONATA

(amer.; *Essays vor einer Sonate*). Musikästhetische
Schrift von Charles Edward IVES, erschienen 1920.
– 1911 faßte Charles Ives die Idee zu seiner 2. Kla-
viersonate, die unter dem Titel *Concord, Mass.,
1840–1860* musikalische Porträts der amerikanischen Transzendentalisten Ralph Waldo EMER-
SON, Nathaniel HAWTHORNE, Louisa May und
Bronson ALCOTT sowie von Henry David THO-
REAU vereint. Ives konnte auf umfangreiche Kom-
positionsfragmente und -entwürfe von Orchester-
und Kammermusikwerken zurückgreifen, die seit
etwa 1904 entstanden waren und derselben Gedankenwelt verhaftet sind. Ähnlich wie sich damit die
Concord-Sonate als Kristallisationspunkt eines
langjährigen kompositorischen Prozesses erwiesen
hat, tragen die nach Abschluß der Komposition
(1915) geschriebenen *Essays Before a Sonata*, die
den einzelnen Sätzen der Sonate vorangestellt sind,
Züge eines Resümees von Ives' künstlerischem
Denken. Ursprünglich sollten die Texte zusammen
mit den Noten in einem Band publiziert werden,
was sich wegen ihres Umfangs jedoch als unprak-
tisch erwies.
Während in den Porträts der Titelgestalten Eindrücke der geistigen Landschaft des Neuengland-
Transzendentalismus beschrieben werden, behandelt Ives in den Rahmenteilen *Prolog* und *Epilog* die
damit verbundenen Aspekte seiner Musikanschauung. Die Kernfrage, die er im Prolog aufwirft, ist
die nach der Ausdrucksfähigkeit der Musik und ihren inspirativen Quellen. Ohne sich auf eine Kontroverse zwischen absoluter und programmatischer
Musik einzulassen, hält Ives den Tatbestand fest,
daß, was immer die Gegenstände und der Ursprung einer Inspiration auch sein mögen, eine tiefe emotionale Wirkung von ihnen ausgehe; und
ironisch pointierend fährt er fort: »*They do often
arouse something that has not yet passed the border line
between subconsciousness and consciousness – an artistic intuition (well named, but – object and cause un-
known). Here is a program! conscious or subconscious,
what does it matter?*« (»*Sie rufen oft etwas wach, das
die Grenze vom Unterbewußten ins Bewußtsein noch
nicht überschritten hat – eine künstlerische Intuition
[wohl benannt, aber – unbekannt vom Objekt und der
Ursache her]. Hier ist ein Programm! Bewußt oder
unbewußt, was spielt das für eine Rolle!*«)
Bereits hier wird deutlich, daß die Essays, im Unterschied zu den europäischen Denktraditionen,
weder als musikalische Programme noch als ästhetische Standortbestimmung zu verstehen sind,
wenngleich sie entsprechende Passagen enthalten
und auch Bezüge zur Musik Europas herstellen.

Ganz im Sinne seiner Vorbilder, hier vor allem
Emersons, geht es Ives nicht um die logische Entwicklung theoretischer Gesetzmäßigkeiten – die
äußerliche Disparatheit seiner Gedankensprünge
ist ein Beleg dafür –, sondern um die Sensibilisie-
rung für die intuitive Wahrnehmung der unendlich
vielfältigen, stets sich im Wandel befindlichen Beziehung von Mensch und Natur im allgemeinen, einer Beziehung, die ihrem Wesen nach auf dem
Prinzip der Analogie beruht. »*Nature*«, heißt es bei
Emerson, »*is the incarnation of a thought, and turns
to a thought again, as ice becomes water and gas*«
(»*Natur ist die Inkarnation eines Gedanken und sie
verwandelt sich so wieder in einen Gedanken zurück,
wie Eis zu Wasser und Gas wird*«). Diese Art des
Denkens gewinnt ihre Form aus der Beobachtung,
aus dem Sich-Hineinversetzen in das Bezugsfeld
von Geist und Materie; sie vertritt, indem sie den
Gegenwartsmenschen als souveränes Individuum
in den Mittelpunkt stellt, im Grunde eine ahistori-
sche Sichtweise, die keinem ausgrenzenden System
folgt, sondern von einem ganzheitlichen, zusam-
menhangstiftenden »*undercurrent stream*« (»*untergründige Strömung*«) getragen wird. Auf die Musik
projiziert, resultiert aus dieser universalistischen
Auffassung, dem eigentlichen Zentrum von Ives'
schöpferischem Denken, die Gegebenheit eines uneingeschränkten Materialreservoirs, dessen Einheit
(»*undercurrent stream*«) gewissermaßen unterschwellig als formbildende Komponente fungiert.
Diese gegenüber der Polarität von Form und Inhalt
grundsätzlich verschiedene Konstellation bringt
Ives mit der Dichotomie »*substance*« und »*manner*«
auf den Begriff, die er im Epilog, gleichsam als
Konzentrat der Essays, exponiert. Ohne diese Begriffe im strengen Sinne zu definieren bzw. in ein
theoretisches Umfeld zu stellen, was seinen Denk-
prinzipien zuwiderliefe, verdeutlicht Ives ihre qua-
litativen Unterschiede. »*Substance*« beinhaltet sowohl einen materiellen wie einen geistigen Aspekt
und umschließt jenen nicht zerlegbaren, einer Metamorphose verwandten Prozeß des Analogiever-
hältnisses von Mensch und Natur, während »*manner*«, als vorwiegend technischer Begriff verstanden
wird und die Art und Weise bezeichnet, mit der
»*substance*« im Kunstwerk zum Ausdruck gebracht
wird.
Vor dem Hintergrund einer Musikanschauung, die
Geschichte als gewordene Gegenwart betrachtet,
die ihr Klangmaterial aus der akustischen Totalität
schöpft und die der Simultaneität des Gegenwärtigen gerecht werden will, verlieren Begriffe wie
Eklektizismus, Synkretismus oder Zitatcollage, die
häufig im Zusammenhang mit Ives' Musik angeführt werden, ihre Schlagkraft. Rückblickend manifestiert sich in den *Essays Before a Sonata* jene spezifisch amerikanische Kunstanschauung, die nach
dem Zweiten Weltkrieg innovativ auf die europäische Entwicklung einwirkte.   Th.S.

AUSGABEN: NY 1920 [Privatdruck]. – NY 1961. –
NY 1970 (*Essays Before a Sonata, The Majority and
Other Writings*, Hg. H. Boatwright).

LITERATUR: A. F. Rosa, *Ch. I.: Music, Transcendentalism, and Politics* (in New England Quaterly, 44, 1971, S. 433–443). – W. A. Call, *A Study of the Transcendental Aesthetic Theories of John S. Dwight and Ch. E. I. and the Relationship of These Theories to Their Respective Works as Music Critic and Composer*, Diss. Univ. of Illinois 1971. – *Ch. E. I. Memos*, Hg. J. Kirkpatrick, NY 1972. – H. Isham, *The Musical Thinking of Ch. I.* (in Journal of Aesthetics and Art Criticism, 31, 1973, S. 395–404). – Ch. Ward, *Ch. I.: The Relationship Between, Aesthetic Theories and Compositional Processes*, Diss. Univ. of Texas, Austin 1974. – F. R. Rossiter, *Ch. I. and His America*, NY 1975. – *Neuland 1*, Hg. H. Henck, 1980. – J. P. Burkholder, *Ch. I. The Ideas Behind the Music*, New Haven/Conn. 1985. – W. Rathert, *Ch. I.*, Darmstadt 1989 (EdF).

JAROSŁAW IWASZKIEWICZ

* 20.2.1894 Kalnik bei Kiew
† 2.3.1980 Warschau

LITERATUR ZUM AUTOR:
Bibliographie:
B. Dorosz, *J. I., 1894–1980*, Warschau 1982.
Biographien:
R. Matuszewski, *I.*, Warschau 1965. – J. Rohoziński, *J. I.*, Warschau 1968. – A. Gronczewski, *J. I.*, Warschau 1972. – A. Iwaszkiewiczowa, *Szkice i wspomnienia*, Warschau 1987. – *Vospominanija o J. I.*, Moskau 1987.
Gesamtdarstellungen und Studien:
W. Kubacki, *Proza I.* (in W. K. *Lata terminowania*, Krakau 1963). – K. W. Zawodziński, *Liryka I. wczoraj, dziś i jutro* (in K. W. Z., *Wśród poetów*, Krakau 1964). – J. Kwiatkowski, *Eleuter. Szkice o wczesnej poezji J. I.*, Warschau 1966. – R. Przybylski, *Eros i Tanatas. Proza J. I. 1916–1938*, Warschau 1970. – A. Gronczewski, *J. I.*, Warschau 1972. – S. Morawski, *Wątki egzystencjalistyczne w polskiej prozie lat trzydziestych* (in *Problemy literatury polskiej lat 1890–1939*, Hg. H. Kirchner, Breslau 1972). – W. Pietrzak, *I.* (in W. P., *Rachunek z dwudziestoleciem*, Warschau 1972). – S. Burkot, *Kontemplacja i pasja życia – J. I.* (in *Prozaicy dwudziestolecia międzywojennego*, Warschau 1974). – J. Rohoziński, *Tradycje romantyczne w dziele J. I.* (in Miesięcznik Literacki, 1974, Nr. 2). – K. Wyka, *Oblicze świata* (in K. W., *Pogranicze powieści*, Warschau 1974). – H. Zaworska, *Pełnia i lęk pełni* (in Literatura, 1974, Nr. 8). – J. Kwiatkowski, *Poezja J. I. na tle dwudziestolecia międzywojennego*, Warszawa 1975. – E. Łoch, *Problemy literatury polskiej i francuskiej w twórczości publicystycznej J. I. z lat 1920–1939* (in Prace Humanistyczne, 1975, Nr. 4, S. 213–233). –

M. Jędrychowska, *Wczesna proza J. I.*, Breslau 1977. – E. Łoch, *Pierwiastki mityczne w opowiadaniach J. I.*, Rzeszów 1978. – Poezja, 1978, Nr. 4 (Sondernr. *J. I.*). – J. Speina u. J. Kwiatkowski, *J. I.* (in *Literatura polska w okresie miedzywojennym*, Bd. 2, Krakau 1979, S. 363–445; m. Bibliogr.). – G. Werwes, *J. I.*, Warschau 1979. – K. Dybciak, *»I tu diabeł gospodarzy ...« – czarna metafizyka I.* (in K. D., *Gry i katastrofy*, Warschau 1980). – Sz. Kobyliński, *Humor u J. I.* (in Twórczość, 1980, Nr. 2, S. 88–97). – J. Rohoziński, *J. I., son attitude à l'égard de la culture française et de la culture russe* (in Les Cahiers franco-polonais, 1980, S. 109–123). – A. Wajda, *O filmowaniu prozy I.* (in Dialog, 1980, Nr. 1). – M. Broński, *O twórczowści J. I.* (in M.B., *Teksty i preteksty*, Paris 1981). – *O twórczości J. I.*, Hg. A. Brodska, Krakau 1983. – H. Zaworska, *»Opowiadania« J. I.*, Warschau 1985. – E. Łoch, *Pisarstwo J. I. wobec tradycji i współczesności*, Lublin 1987. – M. Malkov, *J. I. i Aleksander Blok: opyt sopostavitel'no-tipologičeskogo issledovanija*, Leningrad 1988.

CZERWONE TARCZE

(poln.; *Ü: Die roten Schilde*). Historischer Roman von Jarosław IWASZKIEWICZ, erschienen 1934. – Hauptfigur des Romans ist Henryk von Sandomir, der zweitjüngste Sohn des Piasten Bolesław III. Krzywousty (»Schiefmund«, reg. 1107–1138), der das Reich unter seine vier Söhne teilte und über sie das Seniorat des Erstgeborenen, Władysław, setzte. In Henryk von Sandomir sieht Iwaszkiewicz eine tragische Gestalt. Das Scheitern seiner Einigungspläne an der Gleichgültigkeit der unter sich uneinigen Herrscher kann in Parallele zu der geschichtlichen Entwicklung Polens nach dem Ersten Weltkrieg gesetzt werden. Doch liegt es nicht so sehr in der Absicht des Autors, ein genaues Geschichtsbild über die Zeit nach dem Tode Bolesławs, über die Kreuzzüge, die Auswirkungen der Herrschaft Kaiser Friedrich Barbarossas auf Polen u. a. zu zeichnen, sondern die historischen Tatsachen in die frei ersonnene Biographie Henryks einzubauen, wobei ihm oft Anachronismen unterlaufen. Das Hauptthema dieser Biographie ist das Unvermögen des Helden, das in die Realität umzusetzen, wovon er in seinen geheimen Träumen genaue Vorstellungen hat: Zentralisierung des Reiches unter seiner Herrschaft, auch wenn es seine Brüder den Kopf kosten sollte. Eng mit dem Einigungsgedanken ist das Streben nach Anerkennung und Autonomie innerhalb des europäischen Raums verbunden, aus dem sich Polen immer wieder als Stiefkind des Westens verdrängt und in den slavischen Osten verwiesen sah. Der Roman schließt mit einem symbolischen Bild: Henryk versenkt die Königskrone seines Großvaters, die ihn selbst schmücken sollte, in der Weichsel. Der Autor knüpft daran die Frage, ob die junge Generation Polens diese Krone wiederfinden werde.

Iwaszkiewicz' erzählerische Stärke liegt nicht in der dramatischen Durchformung des Stoffes, sondern in der Kunst der Stimmungsmalerei, einer atmosphärisch dichten Naturschilderung und einer sensiblen Charakterzeichnung. Das besondere Interesse des Autors gehört auch hier der Psychologie des einsamen und – im wörtlichen Sinne – unverstandenen Individuums, das seine Kräfte im Kampf mit sich selbst verzehrt.   M.Gru.

AUSGABEN: Warschau 1934. – Warschau 1956. – Warschau 1958/59 (in *Dzieła*, 10 Bde., 4). – Warschau [10]1976.

ÜBERSETZUNG: *Die roten Schilde*, K. Harrer, Weimar 1954; [2]1955.

LITERATUR: K. Wyka, *»Czerwone tarcze«* (in K. W., *Stara szuflada*, Krakau 1967). – R. Przybylski, *Człowiek i historia* (in R. P., *Eros i Tanatos*, Warschau 1970). – J. Westermark, *Prawda dziejowa w »Czerwonych tarczach« J. I.* (in Twórczość, 1971, Nr. 9). – Z. Bąk, *»Czerwone tarcze« J. I.*, Warschau 1973. – Ders., *»Czerwone tarcze« I. a niepokoje kulturowe dwudziestolecia międzywojennego* (in Zeszyty Naukowe WSP w Opolu, 9, 1973, S. 97–108). – E. Bieńkowska, *»Czerwone tarcze«* (in Tygodnik Powszechny, 1974, Nr. 7). – J. Rohoziński, *»Czerwone tarcze«* (in *Literatura Polska. Przewodnik encyklopedyczny*, Bd. 1, Warschau 1984).

KOCHANKOWIE Z MARONY

(poln.; *Ü: Die Liebenden von Marona*). Erzählung von Jarosław IWASZKIEWICZ, erschienen 1961. – In dem polnischen Dorf Marona, in der Nähe eines Lungensanatoriums, lebt die Lehrerin Aleksandra (Ola) Czekaj. Bei einem Spaziergang im herbstlichen Wald begegnet sie dem schwindsüchtigen Janek, der sich von Zeit zu Zeit ohne Erlaubnis aus dem Sanatorium entfernt. Aus ihrer Begegnung erwächst ein stürmisches Liebesverhältnis. Janek besucht Ola häufig in der Dorfschule, wo sie ein kleines Zimmer bewohnt. Der Todkranke hat jede Hoffnung auf Genesung aufgegeben und schont sich nicht mehr. Auch Ola verdrängt jeden Gedanken an seine Krankheit und behandelt ihn wie einen Gesunden, um ihm neues Lebensgefühl einzuflößen. – Mit dem Erscheinen seines Freundes Arek kommt auch die Vergangenheit Janeks ans Licht: Er ist dreiundzwanzig, verheiratet, hat einen vierjährigen Sohn und ist – wie Arek – wegen Betrugs vorbestraft. Als der Leiter der Dorfschule, Horn, von den Beziehungen der Lehrerin zu dem Tbc-Kranken erfährt, glaubt er mit Rücksicht auf Moral und Gesundheit der Schüler Ola ihrer Pflichten entbinden und ihr das Zimmer kündigen zu müssen. Da sich Janek wiederholt der Behandlung der Ärzte entzogen hat, wegen unerlaubten Alkoholgenusses ermahnt worden ist und nun durch nächtliche Abwesenheit aufgefallen ist, wird er aus dem Sanatorium entlassen. Die Liebenden beziehen ein

Zimmer im Dorf. Janeks Gesundheitszustand verschlechtert sich zusehends. Als er schließlich im Sterben liegt, besucht ihn seine Frau. Während sie an seinem Sterbebett weilt, muß Ola vor der Tür bleiben und Janeks Todeskampf von dort aus miterleben. Verbittert geht sie mit der Gattin des Schulleiters wieder in die Schule zurück; der Tod hat über ihre Liebe gesiegt.

Die Gestaltung der zentralen Liebe-Tod-Problematik, die Darstellung von vorherrschend düsteren Stimmungen, wie Kummer, Ratlosigkeit und Verzweiflung sowie die Schilderung der melancholischen Herbststimmung in der Natur sind die wesentlichen Strukturelemente des Werks. Mit schonungsloser Deutlichkeit zeichnet Iwaszkiewicz eine Szenerie des Makaber-Schrecklichen und zeigt die Hauptpersonen der Erzählung resigniert und ohne jede Möglichkeit zur Veränderung ihrer hoffnungslosen Situation: Der Triumph des Todes über die Liebe steht von Anfang an fest.

Die Erzählung, deren künstlerischer Wert vor allem in der neuartigen stilistischen Bewältigung der psychologischen und soziologischen Probleme liegt, gehört zu den erfolgreichsten Werken der heutigen polnischen Literatur, zumal es Iwaszkiewicz hier gelang, den traditionellen Realismus durch surrealistische Stilelemente in Frage zu stellen.   M.D.

AUSGABEN: Warschau 1961. – Warschau 1963. – Warschau 1976. – Warschau 1979/80 (in *Dzieła*, Bd. 5). – Warschau 1987 (in *Brzezina i inne opowiadania ekranizowane*).

ÜBERSETZUNGEN: *Die Liebenden von Marona*, K. Staemmler, Mchn. 1962. – Dass., C. Rymarowicz, Bln./DDR 1973.

VERFILMUNG: Polen 1966 (Regie: J. Zarzycki).

LITERATUR: H. Bereza, Rez. (in Nowe Książki, 11, 1961, S. 664–666). – A. Wilkoń, Rez. (in Życie Literackie, 1961, Nr. 34, S. 9). – A. Lam, *Tragedie nietragiczne* (in Widnokręgi, 1961, Nr. 10, S. 74–76). – W. Sadkowski, *Baśń o miłości i śmierci* (in Trybuna Ludu, 1961, Nr. 223, S. 6). – J. Rogoziński, *Jeden z tematów I.* (in Nowa Kultura, 1961, Nr. 28, S. 5). – I. Maciejewska, *O »Brzezinie« i »Kochankach z Marony« J. I.* (in Lektury i problemy, Warschau 1976).

KONGRES WE FLORENCJI

(poln.; *Ü: Kongreß in Florenz*). Erzählung von Jarosław IWASZKIEWICZ, erschienen 1947. – Der international bekannte Autor erzählt hier eine melancholische, den Geist der feinsinnigen, spätbürgerlichen Empfindungswelt ironisch reflektierende Romanze.

Eine Abordnung polnischer Intellektueller reist in den zwanziger Jahren zu einer jener europäischen Kulturtagungen, auf denen mit schönen Phrasen

und geringem Erfolg über Frieden und Völkerverständigung diskutiert wird. Vor diesem offiziellen Hintergrund gerät der junge polnische Schriftsteller Krasowicz in eine höchst private Gefühlsverwirrung. Er erregt das Wohlgefallen und die Begehrlichkeit einer aristokratischen Kongreßschönheit, der Comtesse de Soudray, verliebt sich aber selbst in die Tochter seines Florentiner Pensionswirts. Carla, ein Aschenbrödel mit Unschuldsaugen und kindlichem Gemüt, hat schwer unter ihrem cholerischen Vater zu leiden, der ihr, um seinen polnischen Gästen zu imponieren, das Leben zur Hölle macht. Vergeblich versuchen Krasowicz und einer seiner Begleiter, Professor Cielinski, das hitzige Temperament des ehemaligen Bersaglierileutnants zu dämpfen. Unterdessen rollt der Kongreß ab: mit Festreden, Diners, Theaterbesuchen und gesellschaftlichen Amüsements. Die Comtesse, in Paris bekannt als »Madame Je Voudrais« – ein Name, der ihren Ruf entschieden gefördert hat –, lädt Krasowicz zusammen mit einem polnischen Komponisten ein, sie nach Paris zu begleiten. Ihr Plan ist, über Heidelberg, Rothenburg und Frankfurt zu fahren, um »*romantische Ruinen*« zu betrachten. Während die drei auf Reisen sind, werden Carla und ihr Vater aus der verschuldeten Pension geworfen. Auf diese Nachricht hin verläßt Krasowicz seine Begleiter und eilt nach Florenz, um Carla zu finden. Nur Professor Cielinski kehrt nach Hause zurück und erstattet Bericht über den Verlauf des Kongresses, der im darauffolgenden Jahr in Warschau stattfinden soll.
Iwaszkiewicz schildert diese gesellschaftlichen Schattenspiele mit kühler Skepsis als Satire auf die Ohnmacht der »Schöngeister«, die nur deshalb glimpflich davonkommen, weil niemand sie ernst nimmt. E.He.

Ausgaben: Warschau 1947 (in Tydzień, Nr. 11–19). – Warschau 1956 (in *Opowiadania 1918–1953*, 2 Bde., 2). – Warschau 1958 (in *Dzieła*, Hg. J. S. Miklaszewski, 10 Bde., 1956 bis 1958, 6). – Warschau 1979/80 (in *Dzieła*, Bd. 2).

Übersetzungen: *Kongreß in Florenz*, K. Staemmler, Mchn. 1958. – *Der Kongreß in Florenz*, K. Harrer, Lpzg. 1959.

LATO W NOHANT

(poln.; *Ein Sommer in Nohant*). Schauspiel in drei Akten von Jarosław Iwaszkiewicz, Uraufführung: Warschau, 4. 12. 1936. – Das Stück, das 1847 im Haus der Verfechterin der Frauenemanzipation George Sand in Nohant spielt, behandelt die Beziehung zwischen ihr und Frédéric Chopin kurz vor der endgültigen Trennung des bereits seit Jahren Schwerkranken von der langjährigen Lebensgefährtin. Obwohl Chopin erst gegen Ende des zweiten Akts auftritt, ist seine Anwesenheit dadurch angedeutet, daß immer wieder Takte der h-Moll-Sonate, an der er gerade arbeitet, in den Sa-

lon herüberklingen, in dem die Handlung spielt. Einen großen Teil des Dramas, das von einer desillusionierten, dekadenten Stimmung durchzogen ist, nehmen Liebesbeziehungen, amouröse Intrigen und Flirts zwischen den zahlreichen als Gäste im Haus lebenden jungen Leuten ein.
Chopin zeigt zwar gegenüber Solange, der Tochter von George Sand, unverhüllte Sympathie, doch die wirkliche Liebe des Komponisten, der sich auch dem Einfluß der Schriftstellerin bereits weitgehend entzogen hat, gilt einzig der Musik. George Sand, die das im Lauf der Jahre erkannt hat, warnt ihre Tochter eindringlich, ihr Herz an diesen Mann zu hängen. Die enttäuschte Solange verlobt sich in aller Eile mit dem über ihren unverhofften Sinneswandel erstaunten und erfreuten Clésinger, einem Bildhauer, der ehemals ein Geliebter ihrer Mutter war. George Sand weist das Paar, obwohl sie selbst früher diese Verbindung gewünscht hat, aus dem Haus. Solange, die mit ihrer überstürzten Bindung an Clésinger vor allem Chopin treffen will, bewirkt damit lediglich, daß der Komponist ihr kühl zur Verlobung gratuliert. Erst im dritten Akt wird deutlich, wie tief ihn die Nachricht von der bevorstehenden Vermählung getroffen hat.
Der Hauptgrund für die Spannungen zwischen George Sand und Chopin ist Maurice, der von seiner Mutter abgöttisch geliebte, intrigante und herrschsüchtige Sohn der Schriftstellerin. Eine Bagatelle bringt den in Chopins Herzen seit langem angestauten Haß gegen Maurice, der ihm das Leben im Haus der Mutter auf jede erdenkliche Weise zu vergällen sucht, zum Ausbruch und veranlaßt ihn zur endgültigen Abreise nach Paris. Mit ihm verlassen auch die jungen Leute das Haus in Nohant. Lediglich der über die erlangte Alleinherrschaft im Haus triumphierende Maurice wird bei der Mutter zurückbleiben, die zu spät erkennt, daß ihr Sohn sie von allen ihren Freunden getrennt hat. – Der Schluß des Stücks zeigt die handelnden Personen beim Verlassen des Salons. Da erscheint dort plötzlich noch einmal Chopin, dem nun, nach Tagen vergeblicher Mühe, ganz unverhofft der entscheidende Einfall zur Vollendung des Largos seiner h-Moll-Sonate gekommen ist. Magisch angezogen vom Spiel des genialen Komponisten, kommen alle bisherigen Bewohner des Hauses, auch Maurice, wieder in den Salon zurück. Für einen Augenblick sind alle persönlichen Feindschaften und Widerwärtigkeiten des Alltags vergessen. Der Vorhang fällt über dem lebenden Bild der ergriffen zuhörenden Gruppe.
Lato w Nohant ist eine dramatische Apotheose der Musik und des musikalischen Genies. Aus dem Schluß des Stückes spricht eine unverkennbar romantische Auffassung vom Künstlergenie, die Iwaszkiewicz' tiefe innere Beziehung zur Musik dokumentiert. In der realistischen, äußerst fein nuancierten Charakterisierung der Personen und ihrer Gefühlsregungen erinnert das Schauspiel bisweilen an die lyrischen Stimmungsdramen Čechovs oder Turgenevs. Es ist ein Konversationsdrama ohne ereignisreiche äußere Handlung. Alle Gefühlsaus-

brüche sind auf Andeutungen reduziert. Die Technik des unterschwelligen Dialogs, des Nicht-Aussprechens oder Nicht-Zuendesprechens – der russische Theaterregisseur und -theoretiker Konstantin S. STANISLAVSKIJ hat dieses für Čechov und Turgenev eigentümliche Stilmittel mit dem Terminus *podtekst* (»Untertext«) bezeichnet – läßt die wesentlichen Beziehungen und Spannungen zwischen den Personen sowie deren psychische Regungen oft nur zwischen den Zeilen erraten. Infolgedessen kommt den Gestik, Mimik und Intonation betreffenden Regieanweisungen eine besondere Bedeutung zu. Iwaszkiewicz erhielt für *Lato w Nohant*, mit dem er seinen größten Bühnenerfolg feierte, 1952 den polnischen Staatspreis.   I.v.W.

AUSGABEN: Warschau 1936/37 (in Skamander, Nr. 77; 78–80; 81–83). – Warschau 1937; ³1953. – Warschau 1958 (in *Dzieła*, 10 Bde., 8). – Warschau 1980 (in *Dzieła*).

LITERATUR: A. Słonimski, Rez. (in Wiadomości Literackie, 1936, Nr. 53/54). – T. Sinko, *Uśmiech J. I.* (in Czas, 1937, Nr. 159). – N. N., *Sztuka I. na scenie londyńskiej* (in Wola Ludu, 1945, Nr. 206). – W. Horzyca, *Słowo o dramatach I.* (in Arkona, 1947, Nr. 7/8). – K. Beylin, *Sonata h-moll i … zgnieciona kamizelka* (in Express Wieczorny, 1956, Nr. 79). – B. Butryńczuk, *Inauguracja czy kapitulacja?* (in Nowe Sygnały, 1956, Nr. 4). – W. Dzieduszycki, *Awantura o pulardę* (in Słowo Polskie, 1956, Nr. 266). – A. Grodzicki, *Chopin, I. i inni …* (in Życie Warszawy, 1956, Nr. 81). – L. Herdegen, *Po wileńskiej premierze »Lata w Nohant«* (in Gazeta Krakowska, 1956, Nr. 124). – J. A. Szczepański, *Chopin i inni* (in Trybuna Ludu, 1956, Nr. 101). – N. N., *Prasa austriacka o krakowskim przedstawieniu »Lata w Nohant«* (in Gazeta Robotnicza, 1956, Nr. 128).

MATKA JOANNA OD ANIOŁÓW

(poln.; *Ü: Mutter Joanna von den Engeln*). Erzählung von Jarosław IWASZKIEWICZ, erschienen 1946. – Der Jesuitenpater Suryn wird vom Prior seines Klosters als Exorzist in das Kloster der Ursulinen zu Ludyń entsandt, weil dessen Oberin, Mutter Joanna von den Engeln, seit geraumer Zeit von bösen Dämonen heimgesucht wird, die ihre Macht auch auf die Nonnen ausdehnen. Die von dem Pater zunächst öffentlich, dann unter Ausschluß der Öffentlichkeit vorgenommenen exorzistischen Übungen mit der Oberin bleiben erfolglos, ja, er selbst gerät immer stärker in den Bann der von der zarten, verwachsenen Frau ausgehenden Faszinationskraft. Ihr gefährlichster Dämon, *»Assanta, die Tochter der Begierde«*, beginnt auch auf ihn überzugreifen. Ein Besuch bei dem als »Wunderrabbiner« bekannten Isze, der das Wesen der Dämonen kennt und *»den Teufel mit Hilfe Beelzebubs«* auszu-

treiben versteht, besiegelt Suryns Schicksal, da der Rabbi mit seinem satanischen Rat die gläubigfromme Seele des Paters vergiftet: *»Willst du etwas über den Dämon wissen? – so erlaube ihm, in deine Seele einzudringen …«* Voll Entsetzen und in der Überzeugung, daß er »verdammt« sei, stürzt der Pater davon. Als er noch am gleichen Tag eine Übung mit der besessenen Oberin abhält, verlassen diese ihre »vier Teufel« und fahren dafür in den Exorzisten. Der Ordensprior ordnet die sofortige Rückkehr des Paters in sein Kloster an, wo die Abgeschiedenheit in der Zelle und die Beschäftigung mit frommen Büchern ihn von den Dämonen befreien sollen. Pater Suryn gesteht jedoch freimütig, daß er sich gar nicht vom Satan trennen wolle: *»Ist er doch der Satan, der ihre Seele und ihren Leib besessen hat.«* Auf dem Weg zu seinem Kloster machen Suryn und seine Begleiter, der Fuhrknecht Juraj, der Herbergsbursche Kaziuk, der Gutsbesitzer Wołodkowicz und eine entlaufene Nonne, in einer Zigeunerschenke Station. In der Nacht stellt der Satan Suryn vor die Wahl, ihm entweder Leib und Seele unwiderruflich zu überantworten oder aber zu dulden, daß die Dämonen erneut von Mutter Joanna Besitz ergreifen. Um die geliebte Frau zu retten und ihr den Weg zur Heilung zu bahnen, ist Suryn bereit, das von Satan geforderte Blutsiegel zu liefern. Am nächsten Morgen findet man die Leichen der beiden im Schlaf erschlagenen Burschen Kaziuk und Juraj, während der Pater blutbesudelt und lächelnd in seiner Kammer steht. Seine Verzückung weicht jedoch bald tiefster Verzweiflung: *»O Gott! … So bin ich nun auf ewig in Satans Händen.«* Er schickt die entlaufene Nonne, die von ihrem Liebhaber bereits wieder verlassen ist, nach Ludyń zurück mit dem Auftrag, der Oberin zu sagen, *»daß das alles um ihretwillen geschehen ist … um die Teufel bei mir zu behalten … denn sie wollten zu ihr zurückkehren.«* Am folgenden Tag wird Pater Suryn von seinem Prior abgeholt, und die Dämonen fahren erneut in Mutter Joanna. Erst nach Jahren gesundet sie und stirbt schließlich eines gottgefälligen Todes.

Der literarische Rang dieser umfangreichen, von erotischer Spannung beherrschten Erzählung ist unbestreitbar. Er liegt primär in der äußerst subtilen psychologischen Gestaltung der beiden Hauptpersonen, die der Autor im Falle Suryns durch innere Monologe und Reflexionen von starker emotionaler wie intellektueller Faszinationskraft und im Falle der Oberin durch leidenschaftlich-blasphemische Geständnisse erreicht. Dem übersensiblen, introvertierten Suryn ist die explosive Joanna gegenübergestellt, die sich aus maßlosem Geltungstrieb die Dämonen nicht austreiben lassen will, um nicht zu sein *»wie alle anderen Nonnen«*. Die Aussage dieser durch Dialoge über religiöse Fragen immer wieder retardierten Erzählung bricht mit der gängigen, kirchlich sanktionierten Vorstellung vom Dualismus der Welt; die Grenze zwischen dem Göttlichen und Teuflischen wird als fließend hingenommen. Auch der Teufel ist Gottes Geschöpf: *»Ohne den Willen des Herrn wird Satan* *keine Menschenseele in seine Gewalt nehmen.*« – Der ausgeprägte Hang zu psychologisch motivierter Dramatik und der volle Ton der rhythmisierten Sprache des einstigen Lyrikers und Musikers Iwaszkiewicz verbinden sich in diesem Werk zu einer dem Stoff höchst angemessenen Erzählform.

I.v.W.-KLL

AUSGABEN: Warschau 1946 (in *Nowa miłość i inne opowiadania*). – Warschau 1956 (in *Opowiadania 1918–1953*, 2 Bde., 2). – Warschau 1958 (in *Dzieła*, 10 Bde., 6). – Warschau 1975. – Warschau 1979/80 (in *Dzieła*, Bd. 3). – Warschau 1987 (in *Brzezina i inne opowiadania ekranizowane*).

ÜBERSETZUNGEN: *Mutter Johanna von den Engeln*, K. Harrer (in *Die Mädchen vom Wilkohof. Erzählungen*, Weimar 1956). – *Mutter Joanna von den Engeln*, K. Staemmler, Mchn. 1970. – Dass., K. Harrer, Bln./DDR 1979.

VERFILMUNG: Polen 1960 (Regie: J. Kawalerowicz).

LITERATUR: J. Dobraczyński, *I. po wojnie* (in Dziś i Jutro, 1946, Nr. 39). – W. Mach, *Proza I.* (in Odrodzenie, 1946, Nr. 42). – W. Kubacki, *Proza I.* (ebd., 1947, Nr. 35/36). – R. Matuszewski, *Wzór dobrej prozy* (in Kuźnica, 1947, Nr. 3). – K. Wyka, *Oblicze świata* (in Twórczość, 1947, Nr. 2). – R. Matuszewski, *O prozie J.I.* (in Twórczość, 1954, Nr. 5). – S. Lichański, *Na pograniczu epok. Ku naszym czasom* (in Dziś i Jutro, 1954, Nr. 38).

SŁAWA I CHWAŁA

(poln.; *Ü: Ruhm und Ehre*). Roman von Jarosław IWASZKIEWICZ, erschienen 1956–1962. – Die umfangreiche Trilogie des »Skamander«-Dichters (zu dieser Dichtergruppe, die sich um die Zeitschrift ›Skamander‹ bildete und die insbesondere dem Werk WYSPIAŃSKIS verpflichtet war, gehörten u. a. auch K. WIERZYŃSKI und J. LECHOŃ) ist eine Epopöe auf den Untergang der polnischen Adels- und Bürgerrepublik. Sie beschreibt die Geschichte Polens vom Beginn des Ersten bis zum Ausgang des Zweiten Weltkriegs. Das Panorama ihrer Helden bietet einen charakteristischen Querschnitt durch die polnische Gesellschaft der ersten Jahrhunderthälfte. Die Familien Bieliński und Myszyński repräsentieren die polnische Aristokratie, der Gutsherr Royski den Großgrundbesitz, die Fabrikanten Szyller, Hube und Złoty das Unternehmertum, die Familie Gołombek das Bürgertum, der galizische Hauslehrer Spychała die Intelligenz, Wiewiórski das Proletariat. Ist die Figur Edgar Szyllers dem polnischen Komponisten Karol Szymanowski nachgebildet, so trägt die Gestalt des Grafen Janusz Myszyński autobiographische Züge. Die ständische Gliederung der Helden bestimmt die Darstellung der politischen Strömungen auf allen Schau-

plätzen polnischen Lebens von der ländlichen Abgeschiedenheit Podoliens, den Gütern und Gärten Mazowiens, dem Weltbad Odessa und den Warschauer Salons bis zum Spanischen Bürgerkrieg und den Vergnügungsstätten der polnischen Aristokratie in Paris, Palermo, Rom und Heidelberg. Tragisch dokumentiert sich im Ablauf der politischen Ereignisse das Versagen der adeligen und bürgerlichen Gesellschaftskreise Polens. Dem wahrheitssuchenden Existentialisten Myszyński ist »*die Traurigkeit geradezu die Essenz des Lebens*«. »*Was für eine Wahrheit, zum Teufel, suchst du denn*«, hält ihm der Revolutionär Wiewiórski entgegen, »*wenn du nicht siehst, daß die russische Revolution das größte Ereignis des zwanzigsten Jahrhunderts ist?*« Der Vorwurf trifft in gleicher Weise den traditionsgebundenen Komponisten Szyller, für den der Wert des Lebens darin besteht, »*daß es seinen Ausdruck in der Kunst findet, daß durch sie ein Gebäude transzendenter, beständiger, allein existierender Werte errichtet wird*«. Weder der Verrat der Russischen Revolution, an dem alle leiden, noch die Erfahrung des Spanischen Bürgerkriegs bewegen zum Umdenken. »*Wir Intellektuellen denken nicht an den Krieg*«, bekennt Szyller, während der weitsichtige französische Professor Chouart Myszyński vergeblich über die untrüglichen Vorzeichen des Zweiten Weltkriegs aufzuklären sucht. Noch der Augenblick der polnischen Mobilmachung hat »*den Charakter eines Vergnügens, einer unwirklichen Begebenheit, eines Karnevals im Frühling*«. Der Tod Szyllers, der im Jahre des Kriegsausbruchs im Ausland in »*entsetzlicher Tolstoj'scher Einsamkeit*« stirbt, versinnbildlicht den unvermeidlichen Zusammenbruch seines Vaterlands.

Sprachlich und kompositorisch den klassischen Erzählwerken der polnischen Literatur verpflichtet, wurde Iwaszkiewiczs Trilogie von der Kritik als polnisches Gegenstück zu TOLSTOJS *Vojna i mir*, 1865–1869 *(Krieg und Frieden)*, aufgenommen.

E.J.K.

AUSGABE: Warschau 1956–1962, 3 Bde.; ⁹1978.

ÜBERSETZUNGEN: *Ruhm und Ehre*, K. Staemmler, 2 Bde., Mchn. 1960; ern. 1980. – Dass., ders., Gütersloh 1961. – Dass., ders. u. a., 3 Bde., Bln./Weimar 1961–1966.

LITERATUR: A. Kijowski, Rez. (in Twórczość, 1956, H. 9, S. 170–178). – Ders., Rez. (in Rocznik Literacki, 1956, S. 85 f.). – S. Kossobudzka, *Polska »Wojna i pokój«* (in Wiadomości, 1956, Nr. 42). – J. Kwiatkowski, *Epika I.* (in Życie Literackie, 1956, Nr. 36). – B. Mamoń, *Jeszcze o sprawie »Sławy i chwały«* (in Kierunki, 1956, Nr. 20). – W. Wawrzyniak, *»Sława i chwała« J.I.*, Warschau 1967. – A. Gronczewski, *»Sława i chwała« – gorzka radość poznania* (in Kultura, 1969, Nr. 20). – W. Żukrowski, *Piękna proza I.* (in Nowe Książki, 1969, Nr. 13). – Z. Starowieyska-Morstinowa, *J.I. »Sława i chwała«* (in Z. S.-M., *Szukam człowieka*, Krakau 1973). – S. Bąba, *Charakterystyka języ-*

kowa postaci w »Sławie i chwale« J I (in Poradnik Ję-
zykowy, 1974, Nr. 6). – H. Ch. Trepte, *Zu einigen
Fragen der Geschichts- und Menschengestaltung in
I.'s Epochenroman »Sława i chwała«* (in ZfSl, 1980,
Nr. 25, S. 621–636). – J. Rohoziński, *»Sława i
chwała«* (in *Literatura Polska. Przewodnik encyklopedyczny*, Bd. 2, Warschau 1985).

FERNANDO DE ALVA
IXTLILXÓCHITL

* um 1580 Texcoco
† 1648?

HISTORIA CHICHIMECA

(span.; *Geschichte der Chichimeken*). Historiogra-
phisches Werk von Fernando de Alva IXTLIL-
XÓCHITL (Mexiko), entstanden zwischen 1615 und
1650. – Der Autor stammte mütterlicherseits von
dem indianischen Herrscherhaus in Texcoco (am
Ostufer des Sees von Mexiko), väterlicherseits von
spanischer Familie ab. Er erhielt eine christlich, humanistisch und spanisch geprägte Ausbildung an
der Klosterschule von Santa Cruz de Tlatelolco und
stand danach in Diensten des Vizekönigs von
Neuspanien. Aus seinen Schriften ragt, als Hauptwerk, die *Historia Chichimeca* hervor. Der Text
gliedert sich in zwei große Teile. Der erste handelt –
in 76 Kapiteln – von der vorspanischen Geschichte
der Region: von verschiedenen Völkern, die sich
nach und nach ansiedelten; von kämpferischen
Konflikten, Siegen und Niederlagen; von Geburt
und Tod, Verfolgung und Behauptung der Herrscher; von Liebe, Mißgunst, Intrige und Rache;
von Tyrannen wie Tezozómoc und Weisen wie Ne-
zahualcóyotl; von ihren Kindern und Kindeskin-
dern. Die insgesamt 19 Kapitel des zweiten Teils
beziehen sich auf Etappen, Schauplätze und Akteure des spanischen Eroberungszuges durch Mexiko.
Der Bericht bricht allerdings ab, als Cortés vor der
Hauptstadt anlangt. Deren Belagerung und endgültige Einnahme bleiben unerwähnt. Man vermutet daher, daß Teile der *Historia* verlorengegangen
sind.
Ixtlilxóchitls Text gilt als wichtiges historiogra-
phisch-literarisches Dokument aus dem kolonialen
Mexiko. Dies nicht nur, weil sich gewisse historische Fakten (Genealogien, Bündnisse, Ereignisver-
läufe) oder künstlerische Prinzipien (romaneske
und dramatische Einschübe) darin finden lassen.
Die *Historia* interessiert vor allem auch als Ausdruck kolonialbedingten Kulturkontakts. Zwar ist
sie durchweg in schönstem Spanisch geschrieben.
Hinter der Einheit der sprachlichen Form verbergen sich jedoch ganz heterogene Traditionen, Positionen und Kompositionsprinzipien. Auch wenn
der Autor sich in der Sprache der Eroberer aus-

drückt, zeigt er das vergangene Geschehen noch
keineswegs aus offiziell-spanischer, sondern eher
aus indianischer Sicht. Dabei greift er zumeist auf
Bilderhandschriften zurück, in denen die Einheimischen ihre Erinnerungen und Überlieferungen
von alters her festgehalten hatten. Freilich interpretiert er die Codices anders als andere indianische
oder mestizische Chronisten. Als Texcocaner gehört er zu einer Bevölkerungsgruppe, die – im Rahmen des aztekischen Imperiums – politisch margi-
nalisiert worden war. Was er erzählt, ist aus der
Randperspektive und mit besonderem Augenmerk
für die Vorgänge in Texcoco geschrieben. Man
spürt deutlich den Unterschied zu Berichterstattern
aus dem ehemaligen Zentrum aztekischer Macht
(Mexiko-Tlatelolco) oder auch zu jenen, welche die
Außenperspektive (Tlaxcala) repräsentierten. Hinzu kommt, daß die Texcocaner sich nach Ankunft
der Spanier mit diesen gegen die Hauptstadt verbündeten. Dies hat seinem Blick auf die Vergangenheit eine eigentümliche, scheinbar paradoxe
Pointierung verliehen: Moctezuma, als Vertreter
der indianischen Hegemonialmacht, erscheint oft
in kritischem Licht. Cortés hingegen, der Spanier,
wird eher anerkennend beschrieben. Die Frage der
Zugehörigkeit des Autors – zu Europäern oder In-
dianern, zu Siegern oder Besiegten – durchzieht
den Text als unausgesprochener Widerstreit und
macht einen guten Teil seiner inneren Spannung
aus. Diese wird keineswegs aufgelöst, sondern (bis
in die Ebene der formalen Gestaltung und Komposition hinein) in der Schwebe belassen. So finden
sich Reminiszenzen an die einheimischen Quellen –
in Form von eingearbeiteten Liedern, Mythen, Gedichten und Gesängen; noch häufiger freilich organisiert der Autor das Material im europäischen Modus. Bei seinen Personenbeschreibungen etwa tauchen altbekannte Stereotypen wie die des »guten«
und des »schlechten« Herrschers auf. Unübersehbar sind auch Parallelen zur *Bibel*, zu spanischen
Romanzen, zum Cid-Epos, zur *Crónica General de
España* und zur zeitgenössischen spanischen Historiographie (mit ihrer Tendenz, die Conquista als
Akt göttlicher Vorsehung zu rechtfertigen).
Die Verknüpfung verschiedener kultureller Momente in der *Historia* zeigt Ixtlilxóchitl als einen
Autor, welcher – im Zwischenfeld von kolonisie-
render und kolonisierter Kultur – eigene Wege der
Vergegenwärtigung von Vergangenem sucht. Bei
der Rezeption seines Werks wird dieser Aspekt zunehmend berücksichtigt. Schon längst wird die
Historia nicht mehr nur als historischer Text und als
»ungenau« oder »einseitig« abgetan. Statt dessen
hat man begonnen, sie als regelrechte »mestizische«
Chronik und erstes Zeichen jener literarischen Differenz ernstzunehmen, die dann manche späteren
lateinamerikanischen Literaturen (etwa den sog.
indigenistischen Roman) von den europäischen
grundsätzlich unterscheiden sollte.   B. Scha.

AUSGABEN: Paris 1840 (*Histoire des Chichimèques
ou Les anciens rois de Tezcuco*, Hg. H. Termaux-
Compans). – Ldn. 1848 (in E. K. Kingsborough,

Antiquities of Mexico, Bd. 9). – Mexiko 1892 (in *Obras históricas*, Hg. A. Chavero, 2 Bde., 1891/92, 2; Faks. 1965). – Mexiko 1975 (in *Obras históricas*, Hg. E. O'Gorman, Bd. 2; m. Einl.). – Madrid 1985 (*Historia de la nación chichimeca*, Hg. G. Vázquez Chamorro; m. Einl.).

ÜBERSETZUNG: *Das Buch der Könige von Tezcuco*, H. G. Bonte, Lpzg. 1930.

LITERATUR: R. Iglesia, *Cronistas e historiadores de la conquista de México*, Mexiko 1942. – A. M. Garibay, *Historia de la literatura náhuatl*, Bd. 2, Mexiko 1954, S. 308–313. – E. del Hoyo, *Ensayo historiográfico sobre Don F. de A. I.* (in Memorias de la Academia Mexicana de la Historia, 15, 1957, S. 339–360). – F. Esteve Barba, *Historiografía indiana*, Madrid 1964.

IZUMI KYŌKA

* 4.11.1873 Kanazawa
† 7.9.1939 Tokio

KŌYA HIJIRI

(jap.; *Ü: Der Wanderpriester*). Erzählung von IZU-MI Kyōka, erschienen 1900. – Das Frühwerk des Autors, eines Schülers von OZAKI Kōyō (1867 bis 1903), der Zentralfigur des Literatenkreises »Ken'yūsha«, vereint idealistische und gesellschaftskritische Elemente und propagiert die freie Persönlichkeitsentfaltung. Die 1895 erschienenen Erzählungen *Yakō junsa (Schutzmann im Nachtdienst)* und *Gekashitsu (Die chirurgische Klinik)*, mit denen Kyōka seine literarische Laufbahn begründete, repräsentieren das neue Genre des sog. »Ideenromans« *(kannen shōsetsu)* und behandeln vor dem Hintergrund des Chinesisch-Japanischen Kriegs (1894/95) und des damit einhergehenden Aufstiegs des Kapitalismus Probleme, die aus der Unvereinbarkeit von feudalistischer und moderner Lebensauffassung resultierten.
Den Rahmen der Erzählung *Kōya hijiri*, eines Meisterwerks seines reifen Stils, bildet die Reisebekanntschaft eines jungen Mannes mit einem Mönch vom Berg Kōya, dem Hauptheiligtum der buddhistischen Shingon-Sekte. Während sie beide gemeinsam in einer Herberge übernachten, erzählt der Mönch eine wundersame Begebenheit aus seiner Zeit als junger Wanderprediger. Auf dem Weg über das Gebirge von Hida nach Shinshū (heute Präfekturen Gifu und Nagano) verirrte er sich damals auf einen schmalen, nicht mehr benutzten Bergpfad und gelangte – von Schlangen zu seinen Füßen geängstigt und von Blutegeln, die von den Bäumen auf ihn herabregneten, geplagt – schließlich zu einem einsam gelegenen Haus. Dort lebte ei-

ne schöne Frau zusammen mit einem verkrüppelten Narren, die ihm Unterkunft für die Nacht gewährt. Sie schlägt dem Erschöpften ein Bad in einem nahe gelegenen Bergbach vor; gegen seinen Willen wäscht sie ihn liebevoll und badet dann auch – nackt. Tief beeindruckt von ihrer Sanftmut und Schönheit, verwirrt und beschämt, glaubt er zu träumen. Kröten krabbeln in die Nähe der Frau, Fledermäuse umflattern sie, ein Affe springt ihr auf den Rücken, doch als sie freundlich zu den Tieren spricht, heute sei doch ein Gast da, ziehen sie sich zurück. Nachts hört der Priester auf seinem Lager, wie sich die Frau – anscheinend von einem Alpdruck gequält – im Nebenzimmer hin und her wälzt und stöhnt; gleichzeitig vernimmt er immer näher, lauter und bedrohlicher Getrappel, Tierstimmen und Flügelschlag rund um das Haus, dann ihre beschwichtigende Stimme, der Gast dürfe nicht belästigt werden. Von Grauen gepackt, betet er inbrünstig – Stille. Am nächsten Morgen versucht sie ihn zum Bleiben zu überreden, er bricht jedoch auf, wenngleich er in seinem Entschluß schwankend geworden ist. Unterwegs rastet er an einem Wasserfall, wo er einem alten Mann begegnet, der Botendienste für die Frau in dem einsamen Haus erledigt. Von ihm erfährt er, daß sie eine von Kindheit an mit übernatürlichen Kräften begabte Arzttochter sei, die durch Handauflegen von Schmerzen befreien und Tiere zähmen könne. Mit dem Narren lebe sie aus Mitleid zusammen, da ihr Vater durch eine verpfuschte Operation dessen bedauernswerten Zustand verursacht habe. Doch habe sie eine geheimnisvolle Macht über Männer: Wer sich dieser Frau, von ihrer Schönheit entflammt, nähere, den versklave sie, um ihn dann, seiner überdrüssig geworden, mit dem Wasser jenes Bergbachs in ein Tier zu verwandeln; ihr selbst diene der Bach als Jungbrunnen.
Zentrales Thema des Autors ist die Suche nach dem Ewig-Weiblichen; seine idealisierten, liebenden und zugleich leidenden Frauengestalten, mit Schönheit, erotischer Ausstrahlung und Klugheit ausgestattet, begegnen uns als sanfte, verständnisvolle, mütterliche Typen, zugleich aber auch als Dämoninnen. Das Hauptmotiv der Verwandlung – hier greift der Autor Anregungen aus chinesischen Erzählungen auf – ist Symbol für das Unreine, Animalische irdischer Leidenschaften, wobei Wasser als reinigendes Medium fungiert; der Priester verkörpert die religiöse Kraft der Erlösung. Die Erzählung besticht durch einen dichten ästhetischen Stil, durch die meisterhafte Schilderung der Natur, die dem Menschen vom Bereich des Realen bis ins Mystische gesteigert lauernd-bedrohlich entgegentritt und symbolisch für die Prüfungen, die das Leben dem Menschen auferlegt, steht; in die Szene im Wald der Blutegel fließen die buddhistischen Vorstellungen vom Endzeitalter *(mappō)* ein.
Kyōka, einer der originellsten und phantasievollsten japanischen Autoren, wird der romantischen Schule zugerechnet und hinterließ mit über 300 Erzählungen, Romanen und Bühnenstücken ein um-

fangreiches Werk. Er beeinflußte u. a. Tanizaki
Jun'ichirō (1886–1965), den Hauptvertreter des
literarischen Ästhetizismus in Japan, der in seinen
Werken dem Schönen und Weiblichen huldigt und
die Erniedrigung, Versklavung und den Untergang jener Männer schildert, die den Reizen einer
Frau verfallen.   M.Schb.

Ausgaben: Tokio 1900 (in Shin shōsetsu). – Tokio 1908. – Tokio 1955 (in *Gendai Nihon bungaku
zenshū*, Bd. 5). – Tokio 1970 (in *Nihon kindai bungaku taikei*, Bd. 7).

Übersetzung: *Der Wanderpriester*, W. Donat (in
Die fünfstöckige Pagode, Düsseldorf/Köln o. J.
[1960]).

Literatur: Maeda Ai, *Izumi Kyōka »Kōya hijiri«
tabibito no monogatari* (in Kokubungaku, Juli
1973). – Tōgō Katsumi, *»Kōya hijiri« no suichū
yume* (in Kokubungaku nōto, März 1975). – Oka
Yasuo, *»Kōya hijiri« seiritsu no kiban* (in Aoyama
gobun, März 1976). – Mita Hideaki u. Hashimoto
Yoshi, *Nihon kindai bungaku daijiten*, Bd. 1, Tokio
1977, S. 119–122. – D. Keene, *Dawn to the West.
Japanese Literature of the Modern Era. Fiction*, NY
1984, S. 202–219.

---

* um 960 (?)
† um 1030 (?)

IZUMI SHIKIBU NIKKI

auch: *Izumi Shikibu monogatari* (jap.; *Tagebuch der
Izumi Shikibu*). Tagebuch der Hofdame Izumi Shikibu. – Das nicht sehr umfangreiche, im Aufbau an
die *uta monogatari* erinnernde Werk erzählt die Ge-
schichte der Liebe Izumi Shikibus zum Kaisersohn
Atsumichi-shinnō (981–1007) bis zum Einzug der
Hofdame in dessen Palais; es umspannt die Zeit
vom vierten Monat des Jahres 1003 bis zum ersten
Monat des Jahres 1004. Als Verfasserin wurde
meist die Hofdame selbst angesehen, jedoch hat
Kawase Kazuma vor einigen Jahren auf die Möglichkeit der Autorschaft des Dichters Fujiwara no
Toshinari (Shunzei, 1114–1204) hingewiesen.
Er stützte sich dabei auf das Kolophon einer auf das
Jahr 1246 zurückgehenden Handschrift; das älte-
ste erhaltene Manuskript stammt wahrscheinlich
aus dem Jahre 1414.
Unzweifelhaft sind die 144 Gedichte des *Tagebuchs*
von Izumi Shikibu und Atsumichi-shinnō verfaßt

worden. Mag das in der dritten Person geschriebene Werk auch Produkt einer späteren Bearbeitung
und nicht, wie meist angenommen, entweder nach
dem Abbruch ihrer Beziehungen oder bald nach
dem Tod des Prinzen von der Dichterin aufgezeichnet worden sein: Nach Form und Stil gehört
es der Hofdamenliteratur an und ist keinesfalls
nach der Heian-Zeit entstanden. Die vielseitig gebildete Izumi Shikibu, in zweiter Ehe mit dem
ebenfalls als Lyriker hervorgetretenen Fujiwara
no Yasumasa (958–1036) verheiratet, war nach
dem Scheitern ihrer ersten Ehe die Geliebte des
Prinzen Tametaka († 1002) und dann seines Bruders Atsumichi. Ihres unkonventionellen Lebenswandels und ihrer Ungebundenheit wegen wurde
sie zwar angefeindet – so von ihrer berühmten Zeit-
genossin Murasaki Shikibu –, doch ihre Gelehrsamkeit und ihre große dichterische Begabung sicherten ihr die Zuneigung der Kaiserin, die sie als
Hofdame in ihren Dienst nahm (um 1009). Die
Gedichte des *Tagebuchs* sind von großer Schönheit
und zeugen von tiefem Gefühl; der realistische
Prosatext dagegen erreicht literarisch nicht ganz
das hohe Niveau, das die Lyrik auszeichnet.

                                                   H.A.D.

Ausgaben: o. O. 1670 [Holztafeldruck]. – Tokio
1960 (Nihon-kotenbungaku-taikei, 20).

Übersetzungen [engl.]: *The Diary of Izumi Shi-
kibu*, A. S. Omori u. K. Doi (in A. S. O. u. K. D.,
Diaries of Court Ladies of Old Japan, Tokio 1935). –
*The Izumi Shikibu Diary; A Romance of the Heian
Court*, E. A. Cranston, Cambridge/Mass. 1969.

Literatur: K. Florenz, *Geschichte der japanischen
Literatur*, Lpzg. 1906, S. 203/204. – Tamai Kōsu-
ke, *»Izumi Shikibu nikki« shinchū*, Tokio 1949. –
Kawase Kazuma, *»Izumi Shikibu nikki« wa Fujiwara no Toshinari no saku* (in Aoyama-Gakuin Joshi
Tanki Daigaku Kiyō, 2, 1953, Nr. 9). – *»Izumi Shikibu nikki«. Izumi Shikibu monogatari* (in *Nihon
bungakushi*, Hg. Hisamatsu Senichi, Bd. 2, Tokio
1955, S. 283–287). – Komuro Yoshizō u. a., *»Izumi Shikibu nikki« shōkai*, Tokio 1957. – Yoshida
Kōichi, *Izumi Shikibu kenkyū*, Bd. 1, Tokio 1959. –
Ōhashi Kiyohide, *»Izumi Shikibu nikki« no kenkyū*,
Kioto 1961. – Endō Yoshimoto, *Shinkō Izumi Shikibu monogatari*, Tokio 1962. – Enchi Fumiko u.
Suzuki Kazuo, *Zenkō »Izumi Shikibu nikki«*, Tokio
1963. – Yoshida Kōichi, *Izumi Shikibu zenshū: shi-
ryōhen*, Tokio 1966. – E. Miner, *Introduction to Japanese Court Poetry*, Stanford 1968. – J. A. Walker,
*Poetic Ideal and Fictional Reality in the »Izumi Shiki-
bu nikki«* (in HJAS, 37, 1977, Nr. 1). – G. Wenck,
Linguistische Textkritik des »Izumi Shikibu-nikki«,
Wiesbaden 1979.

EDMOND JABÈS

* 16.4.1912 Kairo

DAS LYRISCHE WERK (frz.) von Edmond
JABÈS.
Eine Betrachtung des dichterischen Werks von Jabès muß mit der Frage beginnen, ob es sich beim
Großteil seiner Texte (mit Ausnahme des eindeutig
lyrischen Frühwerks) überhaupt um Lyrik (im engeren Sinne) handelt – oder etwa um eine besondere Form von Prosa: um Philosophie, Metaphysik,
Theologie gar oder Mystik. »*Was ist Edmond Jabès*«, fragt C. DAVID dementsprechend: »*Dichter?
Mystiker? Rabbi?*«
Edmond Jabès wurde als Sohn einer jüdischen Familie französischer Sprache und Kultur und italienischer Staatsangehörigkeit in Kairo geboren. Er
besuchte dort französische Schulen. Einen tiefen
biographischen Einschnitt stellte 1924 der Tod seiner um zehn Jahre älteren Schwester Marcelle dar:
»*An diesem Tage*«, sagte er später, »*verstand ich, daß
es eine Sprache für den Tod gibt wie für das Leben.*« In
den dreißiger Jahren studierte Jabès in Paris und
veröffentlichte erste Gedichte, von denen er sich
später distanzierte. Seit dieser Zeit wurde er in
mehreren antifaschistischen und gegen den Antisemitismus gerichteten Organisationen in Kairo politisch tätig. Schon als Student korrespondierte Jabès mit dem Dichter Max JACOB (1876–1944), der
einen tiefen Einfluß auf ihn ausübte und den er
1935 in Paris persönlich kennenlernte. Doch bestand die dichterische »Unterweisung« dieses
»Lehrmeisters« im wesentlichen in der Warnung
vor Imitation, auch und besonders des bewunderten Vorbildes, und der Aufforderung zur Suche
nach dem eigenen Weg. Auf Empfehlung Jacobs
lernte Jabès 1937 Paul ÉLUARD (1895–1952)
kennen, den zweiten Dichter, der auf sein frühes
Werk Einfluß ausübte. Nach der Zeit des Zweiten
Weltkriegs, die Jabès in Ägypten und Palästina verbrachte, publizierte er in verschiedenen Zeitschriften in Frankreich und Ägypten. 1957 vom Nasse-
rismus ins Exil gezwungen, lebt Edmond Jabès
seitdem in Paris und ist seit 1967 französischer
Staatsbürger.
Die frühesten Gedichte, von denen sich Jabès 1943
distanziert hatte, seien hier außer acht gelassen; in
ihnen ist noch der Einfluß Jacobs dominant. Das
eigentliche Frühwerk beginnt mit dem 1943–1945
entstandenen und 1947 veröffentlichten Zyklus
*Chansons pour le repas de l'ogre (Lieder für das Mahl
des Menschenfressers)*, der dem Andenken des 1944
im KZ Drancy umgekommenen Meisters gewidmet ist. Diese Gedichte sind in ihrer bewußten
naiv-abgründigen Liedhaftigkeit noch der Atmosphäre Jacobscher Lyrik nahe, wie z. B. das *Chanson pour le roi de la nuit (Lied für den Nachtkönig)*:
»*Kennst du den schwarzen König / der im Herzen /
Schwert und Blumen trägt? / Kennst du seine Schwe-*

*stern?/ – Die erste weckt den Wind / Mit erhobenen
Armen, gelöstem Haar / Die zweite weckt das Meer /
Sie zählt hundert Jahr'.*« Tod, Abschied, Einsamkeit, unerwiderte Liebe (z. B. in *Chanson pour un
soir de pluie – Lied für einen Regenabend*), Fremdheit
und Entfremdung *(Chanson de l'étrangère – Lied
der Fremden)* und der Schatten des Kataklysmus
der Gegenwart *(Chanson du dernier enfant juif –
Lied des letzten jüdischen Kindes)* durchziehen thematisch diese in der Form noch zurückhaltend und
streng konstruierten Gedichte, die in ihrer Bildersprache verständlich und eindringlich sind. Diese
Eigenschaften treten in den in der Nachkriegszeit
verfaßten Sammlungen – z. B. *Le fond de l'eau*,
1947 *(Der Grund des Wassers)*, *La voix d'encre*,
1949 *(Die Tintenstimme)*, *La clef de voûte*, 1950
(Der Schlußstein), oder *Les mots tracent*, 1951 *(Die
Worte ziehen Spuren)* – allmählich zurück: Zunehmend tritt Reflexion über das Problem Wort an die
Stelle der Beschwörung von Bildern, und das lyrische Ich löst sich auf in der Vervielfältigung der
Standorte. Die Struktur der Gedichte wird dialogisch, wie z. B. in *Le rocher de la solitude (Der Fels der
Einsamkeit)* aus *La clef de voûte*, wo sechs »Stimmen«, das »Echo« und »fremde Stimmen« einander
abwechseln.
Mehr und mehr lösen sich in dieser Schaffensperiode Vers und Strophe auf. Die einzelnen Aussagen
atomisieren sich zu aphoristischen Sätzen über das
Wesen von Wort und Schrift, von Signal, Mitteilung, Dichtung. So wechseln sich in *Portes de secours (Notausgänge)*, aus *Les mots tracent*, schon
Sentenzen und Prosatext ab: »*Jede Tür hat als
Wächter ein Wort. Ein Kennwort, ein Zauberwort. /
Das Wort sichtbar machen, das heißt: schwarz. / Die
Stadt taucht aus der weißen Seite auf. In meiner Straße glaube ich, das Wort an der Leine zu führen; einen
Hund führe ich nie spazieren ... Der Satz stirbt,
kaum gebaut. Die Worte überleben ihn.*« Einzelne
Bilder können, ohne syntaktischen oder semantischen Zusammenhang, geradezu emblematisch
eingefügt werden, z. B.: »*Sanft gekreuzte Arme, wie
eine Hängematte*« oder: »*Kaltes Fleisch der Seile*«;
meist aber sind die Aussagen abstrakt, universell:
»*Nur der Leser ist wirklich*«, »*Der Schnee weißt das
Auge*«, und schließlich: »*Stets in der Fremde, bedient
sich der Dichter seiner Dichtung wie eines Dolmet-
schers*« (alle Zitate aus *Portes de secours*).
Langsam, Schritt für Schritt, Frage für Frage, lösen
sich auch die Formen einer traumhaft-surrealen
Bildwelt auf, immer häufiger hält der Dichter im
Strom der Zeichen inne. Doch bleibt auch in den
Gedichtsammlungen, die in den fünfziger Jahren
entstanden – z. B. *L'eau du puits*, 1955 *(Das Wasser
aus dem Brunnen)*, *L'écorce du monde*, 1955 *(Die
Weltrinde)*, oder *L'absence du lieu*, 1956 *(Die Abwesenheit des Ortes)* – der Zauber einer kraftvollen,
gerade in ihrer Disziplin suggestiven dichterischen
Sprache erhalten, und immer wieder ist es der Tod,
der zu den stärksten Bildern inspiriert, wie z. B. in
*Deux poèmes de l'amitié en deuil (Zwei Gedichte der
trauernden Freundschaft)*, Paul Éluard zum Gedächtnis (aus *L'écorce du monde*): »*Die Wege haben*

*Trauer angelegt / Die Lampe das Bewußtsein der
Nacht ... Die Nacht / hat sich in der Nacht Deines
Todes verborgen ... Unsere Narben sind in unseren
Augen / Die Zeit – schwere Lider – / macht uns nicht
blind.«*
Jabès' gesamtes dichterisches Schaffen seit 1943
wurde 1959 in dem Band *Je bâtis ma demeure (Ich
baue mir meine Bleibe)* – nach dem Refrain des Gedichtes *L'auberge du sommeil (Des Schlafes Herberge)* aus *La voix d'encre (»Avec mes poignards / volés à
l'ange / je bâtis ma demeure«* – *»Mit meinen Dolchen /
die ich dem Engel raubte / bau ich mir meine Bleibe«)*
– im Druck zusammengefaßt. Doch tritt 1957 mit
dem Exil Jabès' Wirken in eine neue Phase. Was
vorher liegt, ist in den Augen vieler Kritiker noch
nicht der »eigentliche Jabès«. Stellte das Jahr 1943
eine erste »Krise« (Krieg, Loslösung vom Vorbild
Max Jacob) dar, so bringt 1957 die zweite: die reale
Erfahrung der Fremdheit und Vertreibung, und
die Ablösung von der Lyrik im herkömmlichen
Sinne. Fortan erscheinen aus seiner Feder Bücher
mit dem, was H. Raczymov einfach *»texte-Jabès«*,
»Jabèstext« nennt, mit Texten also, die sich – *»jenseits der Dichtung«* (J. Guglielmi) – einer klaren gat-
tungsmäßigen Zuordnung entziehen. Jedoch erfordern es die vielfältigen thematischen und formellen Übereinstimmungen zwischen dem lyrischen Frühwerk und den Texten der späteren Zeit –
und vor allem die vielen lyrischen Züge der letzteren –, hier einen kurzen Ausblick auf die weiteren
Entwicklungen im Werke von Edmond Jabès vorzunehmen.
Das spätere Werk gliedert sich in zwei große Text-
zyklen: *Le livre des questions*, 1963–1973 *(Das Buch
der Fragen)*, und *Le livre des ressemblances*,
1976–1980 *(Das Buch der Ähnlichkeiten)*, einerseits und einige kleinere Bände, z. B. *Ça suit son
cours*, 1975 *(Das nimmt seinen Lauf), Le petit livre
de la subversion hors de soupçon*, 1982 *(Das kleine unverdächtige Buch der Subversion), Récit*, 1981 *(Erzählung)*, und *Le parcours*, 1985 *(Die Strecke)*, andererseits. Die Form dieser Texte ist unregelmäßig
und baut doch auf den altüberlieferten Strukturen
jüdischer Kommentarliteratur zur Bibel auf: Um
ein Thema, ein Motiv, gruppieren sich Fragen,
Dialoge, Kommentare und Überlegungen. Am
Anfang einer »Unterteilung« – um nicht von »Kapiteln« zu sprechen – kann ein Zitat, ein Aphorismus, eine Frage stehen. Der Text kann sich teilen,
durch kursivgedruckte Einschübe unterbrechen
lassen, Abschnitte in einem Buch können plötzlich
Rückbezug auf ein voriges nehmen; eigentlich ist
der »Jabèstext« seit 1957 eine homogene Masse, in
der die Unterteilungen nach Büchern oder Zyklen
lediglich etwas über die Gewichtung der Fragestellungen aussagen und keine klare Trennung mehr
bedeuten. Auch hier drängt sich die Analogie zu
den Traktaten des *Talmud* auf. Doch so wie im *Talmud* das Gesetz Mosis und seine Auslegung das
Zentrum der Überlegung bildet, so steht hier in der
Mitte der Betrachtung das »Buch an sich«, die
Schrift, das Wort, der Buchstabe. Auf einer Ebene
des Textes findet eine kaum angedeutete, nie narra-

tiv dargestellte und doch im Hintergrund allgegen-
wärtige Handlung statt, auf einer anderen setzt sich
der Autor in den Fragen und Bemerkungen imaginärer Rabbiner einer imaginären semiotischen *Je-
schiva* (Talmudschule) mit der Handlung einerseits
und ihrer schriftlichen Fixierung andererseits auseinander: Er kommentiert die Protagonisten und
sich selbst, das Buch, den Leser und den Leseakt.
So handelt beispielsweise der Zyklus *Le livre des
questions* von der Liebe eines jungen jüdischen Paares, Sarah und Yukel, zur Zeit des Holocaust. Jabès
kommentiert selbst später das Werk doppelt: »*Le
livre des questions ist das Buch der Erinnerung. Den
quälenden Fragen über Leben, Wort, Freiheit, Wahl,
Tod, antworten imaginäre Rabbiner, deren Stimme
die meine ist*« – und gleichzeitig: »*Der Roman von
Sarah und Yukel ist, durch verschiedene Dialoge und
Meditationen imaginärer Rabbiner hindurch, die Erzählung einer Liebe, die die Menschen und die Wörter
zerstört haben*«, sagt er in *Le parcours*. Im weiteren
Verlauf des Zyklus treten neue Gestalten auf, die in
anagrammatischem Zusammenhang miteinander
stehen: Yaël, »*das Wort, wo der Mensch ohne Botschaft ist*« und gleichzeitig die Frau, deren Kind tot
geboren ist; Elya, dieses totgeborene Kind, der
»*Lebenstraum des Todes*«; Aely, »*das Auge des Alles
und des Nichts*«; bis schließlich das »letzte Buch« –
nur EL heißt *(El ou le dernier livre*, 1980 – *El oder
das letzte Buch)*, wobei »El« das Integral der vorigen Namen war und gleichzeitig im Hebräischen
»Gott« bedeutet.
Le livre des ressemblances kommentiert die Handlung des *Livre des questions* und weist darüber hinaus auf tiefere metaphysische und erkenntnistheoretische Sinnzusammenhänge. Es wirft neue Fragen auf: »*Liest sich ein Buch durch seine Ähnlichkeit
mit dem verlorenen Buch? Ist nicht jedes Buch im
Buch der Ähnlichkeit?*«, es liefert Paradoxa: »*Gott
wiederholt nur Gott: aber der Mensch? Ach, der
Mensch wiederholt Gott auch*« und liefert philosophische Aphorismen: »*Jeder Leser ist der Auserwählte eines Buches.*« Doch so wie der Autor sein Schreiben in den Zwischenfragen der »Rabbiner« hinterfragt, so läßt er am Ende auch dieses Fragen richten, stellt sich dem Vorwurf, die »*Weisen des Judentums geschmäht*« zu haben, ihre Namen »*parodiert*«.
Seine Antwort ist eine Re-Interpretation seines Ju-
de-Seins: »*Ich sagte, Jude sein heißt alle Bücher aufzunehmen durch die Hingabe an das Eine Buch.*« Das
Judentum, das Dasein in der Welt als Jude, wird für
Jabès zum Paradigma der *conditio humana* zwischen Sein und Wort, zwischen Erlebnis und Sprache, zwischen Geist und Buch; die Fremdheit des
Juden, sein Exil, deckt sich mit dem essentiellen
Exil, das Jabès schon in seinen frühen Gedichten als
Charakteristikum des Dichters, des Schreibenden
schlechthin, erkannt hat.
Die Rezeption der Schriften Jabès' war und ist innerhalb und außerhalb Frankreichs rege. Im wesentlichen stehen sich zwei Interpretationsmuster
gegenüber: ein poetologisch-philosophischer, von
J. Derrida und den Dekonstruktivisten inspirier-
ter Ansatz, dessen Hauptvertreter Guglielmi ist,

und ein eher »judaisierender«, der die Verwurzelung Jabès', in den Traditionen des *Talmud* und der *Kabbala* einerseits sowie die prägende Bedeutung des Holocaust – die allerdings von keinem Kritiker geleugnet wird – andererseits in den Vordergrund stellt. Hier wäre unter anderen M. LAIFER zu nennen. Doch ist es noch zu früh, ein Werk, das auch heute weiter wächst, ganzheitlich auszuwerten, und es wird wohl mit weiteren Neuorientierungen und Überraschungen zu rechnen sein.

Jabès ist – und dies gilt für das frühe und das neuere Werk – ein Dichter/Autor, dessen Welt das Buch ist, ein Bewohner der »Bibliothek von Babel« des Jorge Luis BORGES, der Bibliothek, die die Welt ist. Schon seine frühe Dichtung war reich an Zitaten, an literarischen Bezügen, und erstaunlich frei von Lokalkolorit. Sie war vom Umkreis des Surrealismus, von dessen Methoden und Formen, beeinflußt und bewegte sich zusehends weiter ins Innere: jenseits der Zone, wo die Bilder des Unbewußten im freien Strome hervorbrechen, hin zu den Geheimnissen von der Entstehung der Wahrnehmung, der Vorstellung, des Wortes. Mit zunehmender Entfaltung der charakteristischen Jabès-schen Schreibart verbleichen in seinen Texten die lyrischen Bilder aus dem Symbolschatz des menschlichen Unterbewußtseins im Lichte einer kompromißlosen Fragestellung, die auch vor den letzten Selbstverständlichkeiten und Gewohnheiten nicht haltmachen will: »*Freiheit des Geistes – Du Spannung des Nichts – besteht in der Ächtung jedes stützenden Punktes*« *(El ou le dernier livre)*. C.Dr.

AUSGABEN: *Je bâtis ma demeure: Poèmes 1943–1957*, Paris 1959 (Vorw. G. Bounoure; ern. 1975; Nachw. J. Guglielmi). – *Le livre des questions 1*, Paris 1963. – *Le livre des questions 2: Le livre de Yukel*, Paris 1964. – *Le livre des questions 3: Le retour du livre*, Paris 1965. – *Le livre des questions 4: Yaël*, Paris 1967. – *Le livre des questions 5: Elya*, Paris 1969. – *Le livre des questions 6: Aely*, Paris 1972. – *Le livre des questions 7: El, ou le dernier livre*, Paris 1973. – *Ça suit son cours*, Montpellier 1975; ern. 1984. – *Le livre des ressemblances*, Paris 1976. – *Le livre des ressemblances 2: Le soupçon, Le désert*, Paris 1978. – *Le livre des ressemblances 3: L'ineffaçable, L'inaperçu*, Paris 1980. – *Le livre de l'errance. L'errance du livre* (in J. P. Faye, *L'ensemble des mesures. Montagne narratif*, Paris 1980). – *Récit*, Montpellier 1981. – *Le petit livre de la subversion hors de soupçon*, Paris 1982. – *Le livre du dialogue*, Paris 1984. – *Le livre des marges*, Montpellier 1985 [m. Ill. v. A. Tàpies]. – *Le parcours*, Paris 1985. – *Le livre du partage*, Paris 1987. – *Le livre des questions*, 2 Bde., St. Amand/Cher 1988/89. – *Un étranger avec, sous le bras, un livre de petit format*, Paris 1989.

ÜBERSETZUNGEN: *Das nimmt seinen Lauf*, F. Ph. Ingold, Ffm. 1981 (BS). – *Das kleine, unverdächtige Buch der Subversion*, ders., Mchn. 1985. – *Das Buch der Fragen*, H. Beese, Ffm. 1988 (BS). – *Vom Buch zum Buch*, F. Ph. Ingold, Mchn. 1989.

LITERATUR: G. Bounoure, *E. J.* (in NRF, Febr. 1958, S. 311–315). – J. Derrida, *E. J. et la question du livre* (in Critique, Febr. 1964; ern. in J. D., *L'écriture et la différence*, Paris 1967, S. 99–116). – M. Blanchot, *L'entretien infini*, Paris 1969. – Ders., *L'amitié*, Paris 1971. – *E. J. aujourd'hui* (in Les Nouveaux Cahiers, 31, Winter 1972/73; Sondernr.). – J. Guglielmi, *E. J. et la fascination du désert* (in Critique, Jan. 1972, S. 32–53). – E. Levinas u. J. Starobinski, *J. and the Difficulty of Being Jewish* (in European Judaism, Sommer 1973, S. 20–22). – *Dossier E. J.* (in Sub-Stances, 1973, Nr. 5/6; Sondernr.). – *L'imprononçable – L'écriture nomade* (in Change, 22, 1975; Sondernr.). – A. Fernandez-Zoila, *Le livre, recherche autre d'E. J.*, Paris 1978. – J. Guglielmi, *La ressemblance impossible: E. J.*, Paris 1978. – R. Stamelman, *E. J. »Le livre des questions«* (in MLN, 94, 1979, S. 869–877). – *Du désert au livre. Entretiens de E. J. avec M. Cohen*, Paris 1981. – Les Cahiers Obsidiane, 5, 1982 [Sondernr. *E. J.*]. – H. Grössel, *Wissen ist Fragen. Über J.* (in Merkur, 36, 1982, S. 421–424). – S. P. Thomas, *The Starting Point: J.'s »Je bâtis ma demeure«*, Diss. Manchester 1984. – G. Bounoure, *J., la demeure et le livre*, Paris 1985. – M. Laifer, *E. J. – Un judaisme après Dieu*, NY u. a. 1986. – J. Sojcher, *Sagesse de l'étranger* (in QL, 16.–30. 7. 1989). – *Écrire. Le livre autour d'E. J. Colloque de Cérisy-la-Salle*, Hg. R. Stamelman u. M. A. Caws, Seyssel 1989. – F. Ph. Ingold, *Der Fremde. Hinweis auf E. J.* (in NZZ, 8. 9. 1989). – U. Brunner, *E. J.: Nichts ver-nichten* (ebd.). – Ch. Dröge, *E. J.* (in KLRG, 1990).

PHILIPPE JACCOTTET

* 30.6.1925 Moudon / Vaud

LITERATUR ZUM AUTOR:
J. P. Richard, *Ph. J.* (in J.-P. R., *Onze études sur la poésie moderne*, Paris 1964, S. 257–276). – W. Mönch, *Laudatio auf Ph. J.* (in *Verleihung des Montaigne-Preises 1972*, Stiftung F. V. S., Hbg. 1972). – Revue des Belles-Lettres, 1976 [Sondernr. *Ph. J.*]. – A. Clerval, *Ph. J.*, Paris 1976. – J. Borel, *Poésie et nostalgie*, Paris 1979. – J. Onimus, *Ph. J. et l'insaisissable évidence*, Straßburg 1979. – Ders., *Ph. J., géographie d'une angoisse*, Straßburg 1980. – Sud, 1981, Nr. 32/33 [Sondernr. *Ph. J.*]. – J.-L. Seylaz, *Ph. J., une poésie et ses enjeux*, Lausanne 1982. – A.-M. Hammer, *Ph. J. ou l'approche de l'insaisissable*, Genf 1982 [Vorw. M. Raymond]. – J. Onimus, *Ph. J.: Une poétique de l'insaisissable*, Seyssel 1982. – *Ph. J., poète et traducteur. Colloque tenu le 2 juin 1984, Université de Pau*, Pau 1985. – *La poésie de Ph. J.*, Hg. M.C. Dumas u. A. Lacaux, Genf 1986. – Versants, 11, 1987 [Sondernr. *Ph. J.*].

DAS LYRISCHE WERK (frz.) von Philippe JACCOTTET (Schweiz).

Von seinem achten Jahr an wuchs Philippe Jaccottet in Lausanne auf; dort hat er die Schule und später die Universität besucht. Früh schon verbanden ihn Bewunderung und Freundschaft mit dem Schweizer Dichter und Übersetzer Gustave ROUD (1897–1976) und mit Giuseppe UNGARETTI (1888–1970), den er 1946 auf der ersten seiner häufigen Italienreisen kennenlernte. Seither lebte er in Paris, als Übersetzer und Mitarbeiter des Lausanner Verlags Mermod. 1953 heiratet er und zieht mit seiner jungen Frau, der Malerin Anne-Marie Haesler, nach Grignan im Département Drôme, wo er seither ansässig ist. Philippe Jaccottet hat Gedichte, Prosastücke, Essays, Rezensionen und Tagebuchaufzeichnungen und eine einzige Erzählung, *L'obscurité*, 1961 *(Die Dunkelheit)* veröffentlicht. Außerdem hat er sich als Übersetzer aus fünf Sprachen (Griechisch, Italienisch, Spanisch, Deutsch und Russisch) einen Namen gemacht. Aus dem Deutschen hat er unter anderem Werke von HÖLDERLIN, Thomas MANN, RILKE, Ingeborg BACHMANN, Adolf MUSCHG, vor allem aber nahezu das Gesamtwerk von Robert MUSIL übersetzt; aus dem Italienischen LEOPARDI, Ungaretti, MONTALE; aus dem Spanischen GÓNGORA; aus dem Russischen Osip MANDEL'ŠTAM. Seine Betrachtungen über zeitgenössische französische und Schweizer Dichter erschienen zwischen 1955 und 1966 in der ›Nouvelle Revue Française‹ oder in der ›Gazette de Lausanne‹. 1968 hat er diese *chroniques de poésie* unter dem Titel *L'entretien des muses* in einen Band zusammengefaßt, in dem sie so etwas wie einen fortgeleisteten Versuch darstellen, sich und dem Leser gewisse Grundforderungen der eigenen Poetik zu verdeutlichen.

Philippe Jaccottet ist früh mit Gedichten hervorgetreten. Seine dritte Veröffentlichung *Requiem* (1947) ist eine Klage über die von den Deutschen gefolterten und getöteten jungen Geiseln von Vercors. In spätere Auswahlausgaben hat er von seinen frühen Gedichten nur wenige, aus den beiden folgenden Bänden *L'effraie*, 1953 *(Das Käuzchen)*, und *L'ignorant*, 1958 *(Der Unwissende)*, aufgenommen. *L'ignorant* enthält die zwischen 1952 und 1956 entstandenen Gedichte. *»Plus je vieillis et plus je crois en ignorance...«* (*»Je älter ich werde, je mehr nehme ich zu an Unwissenheit...«*) Die über den Dichter verhängte Unwissenheit ist zugleich seine Rettung. Sie ist weder Naivität noch Blindheit, auch nicht eigentlich Bescheidenheit oder Demut, sondern seltsamerweise ein Verfahren, und ein Vertrauen. Das Verfahren hat seine Ahnen (SOKRATES, MONTAIGNE), es ist auf unvoreingenommene Wahrnehmung bedacht. Es will auch lieber versagen als überwältigen, eben im Vertrauen darauf, daß der Gefügige, der Willige, der arglos Offene vielleicht doch ein wenig Aussicht darauf hat, der Welt gerecht zu werden. Freilich geht es darum, sich zu behaupten, als Unterliegender nicht zu erliegen, sich und den Nächsten nicht in Verdüsterung und Ohnmacht abhanden zu kommen; vor al-

lem aber, und immer wieder, darum: der Welt, den Elementen, dem LICHT gegen die eigenen Unzulänglichkeiten Recht zu geben.

Das *Requiem* ist in freien, meist reimlosen Versen geschrieben; später treten auch strophische Gebilde auf, sogar Sonette; in ihnen herrscht der Alexandriner vor. Dann begegnete Jaccottet das japanische Haiku (in der vierbändigen Anthologie *Haiku* von R. H. Blyth, Hokuseido 1950), in dessen *»strahlender Unscheinbarkeit«* ihm das erreicht schien, was ihm immer vorschwebte: Transparenz, *»Beschränkung auf weniges innerhalb eines gewissen Zustandes«*, *»dank einem gänzlichen Sich-Auslöschen, dank einem Lächeln, einer Geduld, einer Achtsamkeit, die sehr verschieden waren von dem, was das abendländische Christentum des Mittelalters gelehrt hatte«.* Es entsteht die Sammlung *Airs*, 1967 *(Lüfte)*, die mehrere Zyklen kurzer Gedichte vereinigt, in denen Jaccottet seinerseits dem Haiku nacheifert, ohne es jedoch dabei auf die Verfertigung lyrischer Epigramme anzulegen. Der Titel des kleinen Bandes entspricht dem Bestreben, Worte so zu setzen, als wären sie in schwebenden Konfigurationen gleichsam ausgeatmet: *»Peu m'importe le commencement du monde// Maintenant ses feuilles bougent/ maintenant c'est un arbre immense/ dont je touche le bois navré/ Et la lumière à travers lui/ brille de larmes.«* (*»Wie sie begann, die Welt// was kümmerts mich// Jetzt regt ihr Laub sich/ jetzt ungeheuer steht ein Baum/ ich rühre sein harsches Holz an// Und das Licht hindurch/schimmert von Tränen.«*)

Auf diese leuchtenden, fast schwerelosen Impromptus folgen die *Leçons*, 1969 *(Lektionen)*, und die *Chants d'en-bas*, 1974 *(Gesänge von drunten)*, beide schmerzliche Meditationen über den Tod eines nahen Menschen, den Schwiegervater und die Mutter; Exerzitien, in denen das als Grundbaß das ganze Werk Philippe Jaccottets von Anfang an durchziehende Thema der menschlichen Hinfälligkeit und Bedrohtheit (Krankheit, Alter, der Tod; Anfechtung, Schwermut, Verschattung; die Greuel des Mordes, der Ausrottung, der Vernichtung) nun zum Gegenstand mitleidender Aufmerksamkeit wird. Jaccottet stellt sich dem mit großer Kühnheit, ohne jede Beschönigung, und doch mit einer Scheu und dem Alltagszeremoniell einer höheren Schicklichkeit, die den Rang dieses Bekenntnisses zu nichts als der schieren Diesseitigkeit bestimmen. Dann aber, als gelte es, den tiefsten Grund zu berühren, um sich der eigenen Schnellkraft zu versichern, kann der Dichter nicht anders, er muß dieses Irdische bestätigen, und in den *Chants d'en-bas* wird dieses Widerspiel zwischen dem unaussagbar Furchtbaren und dem unwiderstehlichen Aufschwung in einer wie träumerisch ausgreifenden Meditation beredet. Das steigert sich noch in der Sammlung *A la lumière d'hiver*, 1977 *(Dem Winterlicht)*, und in den *Pensées sous les nuages*, 1983 *(Gedanken unter den Wolken)*. Der Ton wird nicht fester, er täuscht keine Sicherheit vor, aber er gewinnt eine höhere Autorität aus immer größerer Gefügigkeit. Kein Triumph, eher Trost-losigkeit, diese aber als ein Gewinn aus der

Einsicht in die Unausweichlichkeit des Schmerzes. Immer drängender wird zugleich die Selbstprüfung, die Frage nach der Berechtigung des dichterischen Wortes, nach seiner Authentizität. Weniger die Unangemessenheit der Sprache, ihr unvermeidliches Defizit angesichts des Unaussprechlichen, macht diesem Dichter zu schaffen als vielmehr die eigene Unzulänglichkeit, ein schütteres Erdreich, in dem das Wort nur mühsam und unbeholfen Fuß faßt. Angezweifelt auch werden die Bilder – sind sie nicht ein Behelf, eine Lüge? Fühlt man sich nicht zu rasch in ihnen geborgen? »*J'aurais voulu parler sans images, simplement/ pousser la porte...*« (»Ich hätte ohne Bilder sprechen wollen, einfach/ die Tür aufstoßen...«)
In einem Gedicht eines späten kleinen Zyklus, *On voit*, 1976 *(Man sieht)*, in dem Jaccottet ein Äußerstes an Ausgespartheit und Einfachheit anstrebt, hat er sich selber so etwas wie ein Epitaph gesetzt: »*Tant d'annés,/et vraiment si maigre savoir,/cœur si défaillant?// Pas la plus fruste obole dont payer/ le passeur, s'il approche?// – J'ai fait provision d'herbe et d'eau rapide,/ je me suis gardé léger/ pour que la barque enfonce moins.*« (»So viele Jahre/ und wahrhaftig so dürftiges Wissen,/ so leicht versagendes Herz?// Nicht die schäbigste Münze, den Fährmann/ zu entlohnen, wenn er herankommt?// – Sieh meinen Vorrat: Gras und rasches Wasser,/ ich habe mich leicht erhalten,/ auf daß der Nachen weniger einsinkt.«)   F.Ke.

AUSGABEN: *Pour les ombres*, Lausanne 1944. – *Trois poèmes aux démons*, Porrentruy 1945. – *Requiem*, Lausanne 1947. – *L'effraie et autres poésies*, Lausanne 1953. – *L'ignorant*, Lausanne 1958. – *Airs*, Paris 1967. – *Leçons*, Lausanne 1969. – *Poésie 1946–1967*, Paris 1971 [Ausw.; Vorw. J. Starobinski]. – *Chants d'en-bas*, Lausanne 1974. – *A la lumière d'hiver*, *précédé de Leçons et de Chants d'en-bas*, Paris 1977. – *Pensées sous les nuages*, Paris 1983.

ÜBERSETZUNGEN: *Fin d'hiver*, W. H. Fritz, Darmstadt 1963. – *Gedichte*, F. Kemp, Stg. 1985 [frz.-dt.; m. Nachw.].

LA PROMENADE SOUS LES ARBRES

(frz.; Ü: *Der Spaziergang unter den Bäumen*). Prosastücke von Philippe JACCOTTET (Schweiz), erschienen 1957. – Philippe Jaccottets Werk verläuft in drei Strängen: Gedichte, Prosastücke, Tagebuchaufzeichnungen. In allen dreien geht es um das gleiche: um die dichterische Existenz, ihre Angefochtenheit, ihre Gefährdungen, ihre Rechtfertigung; auch um das Verhältnis von Poesie und Leben durch Ängste, Zweifel, Selbstvorwürfe hindurch. Immer wieder werden Verse, Sätze, Bilder aufgerufen, uns beizustehen gegen die Drohung des schieren Nichts, immer wieder erweisen sie sich als anfällig, bedroht, angezehrt, und immer wieder stellen sie sich unabweisbar aufs neue als Helfer ein. Ein lebenslang durchgehaltenes Für-und-Wider, in dem jedes Erworbene alsbald in Frage gestellt wird

und in dem keiner Position gestattet ist, sich als endgültig zu verfestigen. Der Dichter bleibt ausgesetzt. Aber er weiß, daß er nicht verlassen ist. Es gibt da Landschaften, Bäume, Vögel, Wasser, die Luft...
Seit 1953 wohnt Philippe Jaccottet in Grignan, einem kleinen Flecken der Drôme, dessen Häuser an dem Felsen kleben, über dem sich das Schloß der Herren von Grignan erhebt. (Dort ist 1696 Madame de Sévigné bei ihrer Tochter gestorben, an die so viele ihrer berühmten Briefe gerichtet waren.) Die Drôme mit den Montelles de Monmirail, dem Mont Ventoux, dem Massiv der Baronnies ist Jaccottets Wahlheimat geworden, und ihrer Erkundung ist auch sein erstes Prosabuch gewidmet: »*Der Spaziergang unter den Bäumen*«. Es besteht aus sieben Prosastücken, denen eine längere Betrachtung *Vision und Gesicht* vorausgeht. Es folgen *Anmerkungen ohne Ende* und weitere *Nachträge* aus den Jahren 1956 und 1961. Das nimmt sich auf den ersten Blick eher willkürlich und zufällig aus, läßt jedoch bald erkennen, daß es dem Verfasser nicht darauf ankam, einige Stücke vollendeter poetischer Prosa vorzustellen, ein Buch als Werk abzuliefern, sondern darauf, sein fortgeleistetes Tun als einen Prozeß des Lebens und Schreibens eindringlich zu machen. Als Motto steht dem Buch ein Satz von A. E. (George William RUSSELL, 1867–1935), aus dessen Buch *The Candle of Vision*, 1918 *(Die Kerze der Vision)*, voraus: »*Je durchlässiger unser Wesen für das Licht wird, um so mehr Wahrheiten werden uns zuteil.*« In der umfänglichen Einleitung des Buches setzt Jaccottet sich dann mit Russells »Gesichten« des Höheren, Ewigen auseinander, um ihnen »Gesehenes«, den Glanz des Irdischen, entgegenzustellen. »*Dieser Glanz scheint seinen Ursprung in dem Tod zu haben und nicht in dem Ewigen; diese Schönheit erscheint im Beweglichen, im Flüchtigen, Hinfälligen; und die höchste Schönheit endlich erstrahlt vielleicht aus dem höchsten Widerspruch; in dem bis zum Rätsel gesteigerten Widerspruch, bis zu einem Rätsel, das, wenn man ihm nachdenkt, uns wie sinnlos vorkommen kann: Schmetterlingsflügel, fliegende Samen, Blicke...*«
Die sieben Prosastücke liefern dann »Beispiele« eines Fortschreitens »*durch die Dichte der Sichtbarkeit hindurch, in der Welt des Widerspruchs, mit zweideutigen Mitteln und Gefühlen, insbesondere einer Mischung von Liebe und Abgelöstheit, von Eifer und Achtlosigkeit, von Anspruch und Ironie.*«
Das letzte Stück, welches dem Buch seinen Titel gibt, ist ein Gespräch, in dem der Dichter sich einem Zweifler gegenüber verteidigt: »*Es muß doch einen Grund geben für unser Glück unter diesen Bäumen. Für heute nur dieses Wenige noch...: daß die Bäume in meinen Augen die ersten Diener des Lichtes sind und daß, infolgedessen, wenn du mir diese Torheit durchgehen läßt, der Tod unsere Tage erhellt, wenn wir uns unserem Gespensterdasein entreißen.*«
Jaccottets zweites Prosabuch *Eléments d'un songe*, 1961 *(Elemente eines Traumes)*, nimmt die Themen des ersten wieder auf, um sie in breiter angelegten Prosastücken zu variieren: »*Gedanken über das Ende*

der Götter, über die Liebe, die sich verändert, das Leben, das zuruckweicht, den immer schwülcheren Atem der Poesie: Gedanken über die Asche.« Dennoch auch hier: *»Unaufhörlich ein Verlierender, unaufhörlich im Aufbruch: zurückgehalten bei jedem Schritt, entwinde ich mich mit jedem Schritt... Der Flügel des Nicht-Wissens trägt mich dahin.«* Diesmal nehmen die Betrachtungen, Schilderungen und Gespräche ihren Ausgang von Robert MUSILS »anderem Zustand«, dem Traum von dem rechten Leben, dem wiederhergestellten Paradies. Um ihn, wie Musil, als (unentbehrlichen) Traum zu entlarven.

Das Entscheidende in diesen beiden wie in den folgenden Büchern Jaccottets sind Begegnungen. Begegnung – das Wort hat bei ihm ein besonderes Gewicht. In jeder Begegnung, zwischen dem Menschen und einer Landschaft oder einer einzelnen Naturerscheinung – eine Wiese im Mai, ein Mandelbaumgarten, ein Starenschwarm –, erschließen Ich und Welt sich füreinander; eines hilft dem andern; es eröffnen sich Perspektiven, Fernblicke, Durchblicke. Großen Aufwands bedarf es dazu nicht; ein aufmerksamer Blick, geduldiges Hinsehen genügen. Und dann ist jeder dieser Texte, jedes seiner Fragmente für sich eine Lektion: Es wird uns etwas gelehrt, durch Winke, Fragen, Evokationen, hinter denen allen, unaufdringlich, ein Gefühl der Verantwortung am Werk ist.

Das steigert sich noch in den Tagebuchaufzeichnungen, die Jaccottet in Auswahl unter den Titeln *La semaison* und *Journées* veröffentlicht hat. Zur Erläuterung des einen Titels dient ihm eine Worterklärung aus LITTRÉS *Dictionnaire de la langue française:* »*Semaison: Dispersion naturelle des graines d'une plante.*« (*»Aussäung: Natürliche Verstreuung der Samenkörner einer Pflanze.«*) Absichtslos zu schreiben, unbefangen, das wäre das Höchste. »*Die Schwierigkeit liegt nicht im Schreiben, sondern darin, so zu leben, daß das Geschriebene natürlich entsteht. Und das ist heute fast unmöglich; aber ich sehe keinen anderen Weg. Dichtung als ein Sich-Entfalten, ein Erblühen, oder nichts. Und alle Kunst der Welt könnte dieses Nichts nicht verbergen.«*

Die eindrucksvollsten Niederschriften in diesen Tagebüchern sind vielleicht jene Ansätze, Entwürfe, Improvisationen, die sich, locker hingesprochen, auf ein Gedicht zubewegen. Da entsteht etwas, das der Schreibende im Entstehen durch nichts bedrängen möchte und deshalb als Unfertiges stehen läßt. Jaccottet gewinnt dort im Schwebenden eine fast mühelose Sicherheit, ganz und gar durchlässig zu sein.   F.Ke.

AUSGABEN: *La promenade sous les arbres,* Lausanne 1957; erw. 1961. – *L'obscurité, récit,* Paris 1961. – *Éléments d'un songe,* Paris 1961. – *La semaison, carnets 1954–1962,* Lausanne 1963. – *Paysages avec figures absentes,* Lausanne 1970; erw. Paris 1976. – *La semaison, carnets 1954–1967,* Paris 1971. – *A travers un verger,* Montpellier 1975 [m. Radierungen v. Tal Coat]. – *Journées, carnets 1968–1975,* Lausanne 1977. – *Les cormorans,* Marseille 1980 [m. Radierungen v. D. Esteban]. – *Beauregard,* Pa-

ris 1981 [m. Tuschezeichn. von Zao Wou-Ki]. – *Des histoires de passage, prose 1948–1978,* Denges/Lausanne 1983. – *A travers un verger, suivi de Les cormorans et de Beauregard,* Paris 1984. – *La semaison, carnets 1954–1979,* Paris 1984. – *Autres journées,* Montpellier 1987.

ÜBERSETZUNGEN: *Elemente eines Traumes,* F. Kemp, Mchn. 1968; ern. Stg. 1988. – *Der Spaziergang unter den Bäumen,* Zürich/Köln 1981; ern. 1988.

CHARLES JACKSON

* 6.4.1903 Summit / N.J.
† 21.9.1968 New York

LITERATUR ZUM AUTOR:
L. Barnett, *The Lost Novelist,* NY 1948. – H. R. Warfel, *American Novelists of Today,* NY 1951, S. 226 f. – S. J. Kunitz u. V. Colby, *Twentieth Century Authors,* NY 1955, S. 481 f. – H. Breit, *Ch. J.* (in H. B., *Writers Observed,* Cleveland 1956, S. 115–117). – D. H. Keller, *Ch. J. and Fitzgerald* (in Fitzgerald Newsletter, 29, 1965, S. 5/6). – S. Leonard, *Ch. R. J.: A Checklist* (in Bull. of Bibliography, 28, 1971, S. 137–141). – *Ch. R. J.* (in Serif, 10, 1973, Nr. 3, S. 1–52; Sondernr.). – *J., Ch. (R.)* (in *Contemporary Authors,* Bd. 101, Hg. F. C. Locher, Detroit 1981, S. 234 f.).

THE FALL OF VALOR

(amer.; *Das Ende der Tapferkeit*). Roman von Charles JACKSON, erschienen 1946. – John Grandin, der Protagonist des während des Zweiten Weltkrieges spielenden Romans, hat sein erstes Buch veröffentlicht und ist mit einer akademischen Stellung betraut worden, die die Krönung seiner Karriere bedeutet. Er ist etwa Mitte vierzig und mit einer zehn Jahre jüngeren Frau anscheinend glücklich verheiratet, hat zwei Söhne, ist frei von finanziellen Sorgen und glaubt, nun endlich die Früchte jahrelanger intensiver Arbeit ernten zu können; sein Glück scheint also in jeder Hinsicht vollkommen. Und doch gibt es von ihm selbst und seiner Frau anfangs nicht ernstgenommene Anzeichen für eine Ehekrise: Geringfügige Ursachen führen zu Auseinandersetzungen, kleine Mißverständnisse werden aufgebauscht. Die ehelichen Beziehungen haben fast ganz aufgehört, eine Entwicklung, für die Grandin allein verantwortlich ist und deren Ursache, wie sich kurz vor Antritt seiner neuen Stellung herausstellt, seine bisher verdrängte homosexuelle Veranlagung ist. Der Mann, der ihr zum Durchbruch verhilft, ist Clifford Hauman, ein junger Marineoffizier, den das Ehepaar in den Ferien kennenlernt und der gerade den Genesungsurlaub nach einer Kriegsverletzung mit seiner Hochzeitsreise verbindet. Er ist die faszinierendste Gestalt des Romans, ein destruktiver, für das Böse prädestinierter Charakter, im Frieden seinen Freunden ebenso gefährlich wie im Krieg seinen Feinden. Das eigentliche Lebenselement Haumans (der selbst nicht homosexuell ist) ist der Krieg. Die Armee hat ihn nach seiner Verwundung als wehruntauglich entlassen, und sein Ressentiment entlädt sich in der Begegnung mit Grandin. Hauman hat die gefährliche »Unschuld« des amoralischen, unreifen, unintellektuellen Menschen, ist aber verschlagen genug, die Wirkung seiner Handlungen einzukalkulieren. Seine Attacke in dem Augenblick, als Grandin seine Gefühle offen bekennt, entspringt nur scheinbar verletzter Rechtschaffenheit und empörter Unschuld; in Wirklichkeit ist sie der kaltblütig vorausberechnete Höhepunkt der Pseudoverführung, mit der er Grandin ruiniert.

Der Autor überläßt die Interpretation der Motive Haumans weitgehend dem Leser; doch die aufreizenden Geschichten, die Hauman erzählt, seine Anspielungen und die häufig geradezu zärtliche Aufmerksamkeit, mit der er Grandin umgibt, lassen kaum eine harmlosere Erklärung seines Verhaltens zu. Grandins allmähliche Erkenntnis seiner eigenen Veranlagung, die Reaktion seiner Frau und beider Verhältnis zueinander sind mit großem Takt und Einfühlungsvermögen dargestellt. Das Buch wurde bei seinem Erscheinen vor allem wegen des damals noch als sensationell empfundenen – wenn auch nicht sensationell behandelten – Themas lebhaft diskutiert. J.v.Ge.

AUSGABEN: NY/Toronto 1946; Nachdr. 1974. – Ldn. 1948. – NY 1955. – NY 1964. – NY 1986.

LITERATUR: E. Wilson, Rez. (in The New Yorker, 22, 5. 10. 1946, S. 110 u. 113). – H. Smith, *The Seed of Evil* (in Saturday Review of Literature, 5. 10. 1946). – F. Wertham, *The Illusion of Valor* (in New Republic, 7. 10. 1946). – Rez. (in Newsweek, 7. 10. 1946). – Rez. (in Time, 7. 10. 1946). – D. Trilling, Rez. (in The Nation, 19. 10. 1946). – F. Downing, Rez. (in Commonwealth, 1. 11. 1946). – Rez. (in Catholic World, 164, Dez. 1946, S. 283/284).

THE LOST WEEKEND

(amer.; *Ü: Fünf verlorene Tage*). Roman von Charles JACKSON, erschienen 1944. – Mit einem »verlorenen Wochenende« beginnt ein etwa fünf Tage dauernder Anfall von Trunksucht, wie er für den Protagonisten dieses Romans keine Seltenheit ist: Don Birnam, 33 Jahre alt, in New York ansässig, aus achtbarer Familie, intelligent und gebildet, ist ein unheilbarer Alkoholiker. Die verschiedenen Phasen seiner »Sauftour« bilden die Handlung des Romans. Birnam borgt und stiehlt die verhältnis-

mäßig geringen Geldsummen, die er braucht, um sich den nötigen »Stoff« zu beschaffen, entwendet ein teures Kleidungsstück seiner Freundin und versetzt es, betrinkt sich in Bars, Kneipen, zu Hause und in der Wohnung seines Bruders. Für kurze Zeit schafft man ihn in die Alkoholikerabteilung eines Krankenhauses, wo er einen Anfall von Säuferwahn erleidet. Schließlich gelingt es seinem Bruder und seiner Freundin, ihn zur Besinnung zu bringen, aber beide wissen, ebenso wie Birnam selbst, daß er früher oder später wieder zur Flasche greifen und sich eines Tages zu Tode trinken wird.

Im Verlauf der realistischen Schilderung dieser Ereignisse werden Birnams Charakter und seine Entwicklung zum Alkoholiker beleuchtet. Von Jugend an hat es ihm an Energie gefehlt, seine glänzenden Begabungen sinnvoll einzusetzen. Er ist ein Schriftsteller, der nie schreibt, ein Musiker, der nie musiziert oder komponiert, aber er träumt dennoch von Erfolgen. Er unterdrückt seine homosexuelle Veranlagung und ist in einem Narzißmus befangen, in dem ihm selbst der Alkoholismus dazu dient, die Aufmerksamkeit anderer auf sich zu lenken. Er ist ein unausgegorener Romantiker und geradezu besessen von den Schicksalen berühmter Selbstmörder und Frühverstorbener aus dem Bereich der Literatur, ein Mensch, der die Adoleszenz nicht überwunden hat und nicht überwinden will. Das mittelmäßige Dasein seiner Freunde und Bekannten ist ihm zuwider, und er verschließt die Augen davor, daß auch er, falls er jemals ins normale Leben zurückfinden könnte, es zu nichts anderem als Mittelmäßigkeit brächte.

In seinem Erstlingsroman ist es dem Autor, der auch in späteren Werken die Schicksale von Außenseitern der Gesellschaft behandelt hat (vgl. *The Fall of Valor*), gelungen, die Tragödie eines Haltlosen ohne sensationelles Beiwerk und ohne penetrantes Psychologisieren darzustellen. Der Erfolg des in viele Sprachen übersetzten Buches war außerordentlich. J.v.Ge.

AUSGABEN: NY/Toronto 1944. – NY 1947. – NY 1948. – NY 1961. – Ldn. 1967. – Cambridge/Mass. 1979. – NY 1983.

ÜBERSETZUNGEN: *Fünf verlorene Tage*, anon., Alfeld 1949. – *Fünf Tage*, R. Hertenstein, Hbg. 1951.

VERFILMUNG: USA 1945 (Regie: B. Wilder).

LITERATUR: Anon., *Damnation* (in Time, 43, 28. 2. 1944, S. 102 u. 104). – G. Munson, Rez. (in Atlantic Monthly, 1973, März 1944, S. 129). – M. Schorer, Rez. (in New Republic, 31. 1. 1944). – H. Smith, *The Drowning in the Abyss* (in Saturday Review of Literature, 29. 1. 1944). – Ph. Wylie, Rez. (in NY Times Book Review, 30. 1. 1944). – D. Trilling, Rez. (in The Nation, 12. 2. 1944). – E. Wilson, Rez. (in The New Yorker, 5. 2. 1944). – A. Hackett, *New Novelists of 1944* (in Saturday Review of Literature, 17. 2. 1945).

GEORGE L. JACKSON

* 23.9.1941 Chicago
† 21.8.1971 San Quentin / Calif.

SOLEDAD BROTHER

(amer.; *Ü: In die Herzen ein Feuer*). Gesammelte Briefe aus dem Gefängnis von George L. JACKSON, erschienen 1970. – Als Jacksons *Prison Letters* im Oktober 1970 erstmals erschienen, hatte ihr Autor gerade noch elf Monate zu leben. Nach mehr als zehnjähriger Haft – davon sieben in völliger Isolation im sogenannten Hochsicherheitstrakt – wurde er am 21. 8. 1971 im kalifornischen Staatsgefängnis San Quentin bei einem bewaffneten Fluchtversuch erschossen. Vorausgegangen war eine Reihe von Ereignissen, deren genauer Hergang – ebenso wie die Umstände, die zu seinem Tod führten – bis heute nicht restlos geklärt ist. Am 13. 1. 1969 hatte man im Soledad-Gefängnis, das wie die meisten kalifornischen Strafanstalten für seine rassistische Atmosphäre berüchtigt war, acht weiße und sieben schwarze Gefangene zum gemeinsamen Hofgang aufgeschlossen. Bei der Schlichtung der sich anschließenden, bewußt einkalkulierten Gewalttätigkeiten kamen drei Schwarze ums Leben, darunter einer, weil ihm von seiten der Aufsichtsbeamten jegliche medizinische Hilfe verweigert worden war. Nur eine halbe Stunde nach Bekanntgabe des offiziellen Untersuchungsergebnisses über den Gefängnissender, das den Vorgang als *»justifiable homicide«* (*»schuldlose Tötung«*) bewertete, wurde dann ein weißer Wärter erschlagen aufgefunden. Als Täter hatte die Staatsanwaltschaft schnell den unbequemen George Jackson sowie zwei weitere Häftlinge, Fleeta Drumgo und John Clutchette, ausgemacht. Diese Anklage, wäre sie bestätigt worden, hätte für Jackson gemäß der damaligen kalifornischen Rechtsprechung automatisch die Todesstrafe bedeutet.
Wie schon der charismatische Black-Muslim-Führer MALCOLM X hatte sich auch George Jackson erst im Gefängnis politisiert und war 1968 Mitglied der radikalen »Black Panther Party for Self-Defense« geworden. Anders als Malcom X jedoch, der sich einer fundamentalistisch-religiösen Bewegung anschloß, bezeichnete sich Jackson von Beginn an als überzeugten Marxisten maoistischer Prägung. Seine Analyse der gesellschaftlichen Verhältnisse in den USA, wie er sie dann vor allem auch in dem postum erschienenen Manifest *Blood in My Eye* (1972) entwickelte, ist daher in erster Linie historisch-materialistisch ausgerichtet und enthält sich weitgehend einer generellen Verteufelung der weißen Rasse als solcher. Aufgewachsen in den Ghettos von Chicago und Los Angeles, war der Autor – wie die meisten seiner schwarzen Altersgenossen – bereits als Jugendlicher immer wieder mit dem Gesetz in Konflikt geraten. Der knappen Autobiographie zufolge, die seinen Briefen aus der Zeit von

1964 bis 1970 vorangestellt ist, war er gerade fünfzehn, als er das erste Mal in eine geschlossene Anstalt für Schwererziehbare eingeliefert wurde. Und bereits hier macht er eine Erfahrung, die sein gesamtes weiteres (Gefängnis-)Leben bestimmen wird: *»The Youth Authority joints are places that demand complete capitulation; one must cease to resist altogether or else . . .«* Als er drei Jahre später wegen eines Überfalls auf eine Tankstelle, bei dem er ganze 70 Dollar erbeutete, vor Gericht steht, läßt er sich – in der Hoffnung auf ein geringeres Strafmaß – überreden, sich schuldig zu bekennen. Doch statt der erwarteten Bewährung wird er zu einer praktisch unbegrenzten Haft (*»one year to life«*) verurteilt und ist damit abhängig vom »good will« der Gefängnisbehörde, die schon aufgrund geringer Verfehlungen eine Aussetzung der Strafe jederzeit verhindern kann.
In dieser prekären Lage führt sein kompromißloses Eintreten für die Rechte der schwarzen Gefangenen, die in vielen Gefängnissen gut die Hälfte aller Insassen ausmachen, und sein Bekenntnis zu radikalen politischen Theorien fast zwangsläufig zu regelmäßiger Haftverschärfung und -verlängerung. So berichten seine Briefe nicht zuletzt von der immer wieder aufgeschobenen Hoffnung auf Entlassung, von nicht eingehaltenen Zusagen und provozierten Zwischenfällen, vom Trauma einer kafkaesken, jede Möglichkeit der Selbstkontrolle der Häftlinge unterbindenden Gefängniswelt. Im Bewußtsein, daß alle seine (schriftlichen) Äußerungen der Zensur unterliegen und ihre Freigabe oder Zurückbehaltung für den Autor kaum kalkulierbar ist, spricht Jackson von Soledad (in Anspielung auf George ORWELL) als der *»Animal Farm«* und von seinen Bewachern als dem Orwellschen *»Big Brother«*. Daß er in dieser repressiven, von Rassenvorurteilen gekennzeichneten Atmosphäre überhaupt so lange ungebrochen überleben kann, verdankt er dabei nicht allein seiner unglaublichen Willenskraft und seiner ausgeprägten Fähigkeit zur Selbstdisziplin, sondern in erster Linie der Unbeirrbarkeit, mit der er sein persönliches Schicksal als Teil eines übergeordneten soziopolitischen Kontextes begreift. Wie auch Jean GENET in seiner Einleitung zu den *Prison Letters* bemerkt, führt dies zu gelegentlicher, fast metaphysischer Überhöhung der eigenen Person und zu einer oft unrealistischen Einschätzung der politischen Lage bzw. der Widerstandsbereitschaft der schwarzen Bevölkerungsgruppe, von der Jackson als der einzig revolutionären Vorhut in den USA spricht. So sind sowohl die Briefe an seinen Vater, einen einfachen Postarbeiter mit geringer schulischer Ausbildung, als auch die an seine Mutter, deren Herkunft eher der schwarzen Mittelklasse zuzurechnen ist, abwechselnd von der Bemühung um Aufklärung über die historischen Ursachen ihrer ärmlichen Situation, aber auch von Unverständnis und dem Vorwurf mangelnder Solidarität gekennzeichnet. In den wenigen Briefen am Ende des Buches, die an Außenstehende, an Anwälte, an seine ehemalige Freundin sowie an Mitstreiter wie Angela Davis gerichtet sind, zeigt sich der

Autor dann allerdings zunehmend ernüchtert, ohne dabei an den grundlegenden Prinzipien seiner Überzeugung zu rütteln. Vor allem seine dogmatische bis chauvinistische Position bezüglich der Rolle von Frauen innerhalb des schwarzen Widerstands hat er hier – offensichtlich aufgrund seiner Bekanntschaft mit Angela Davis – durchaus selbstkritisch revidiert.

Wie der Mitbegründer der »Black Panther Party«, Huey P. Newton, so war auch George Jackson weitgehend Autodidakt. In den mehr als zehn Jahren, die er hinter Gittern verbringen mußte, hat er sich nicht nur ein profundes Wissen in marxistischer Theorie, in der Geschichte Afrikas sowie der verschiedenen Befreiungsbewegungen der Dritten Welt angeeignet, sondern auch mehrere Sprachen, darunter Spanisch, Swaheli und Chinesisch, erlernt und seinen Highschool-Abschluß nachgeholt. Das hohe Reflexionsniveau seiner Briefe, seine analytischen Fähigkeiten und sein versierter, unprätentiöser Stil bestätigen zweifellos Huey P. Newtons Urteil über diese bereits zu Lebzeiten weit über die Gefängnismauern hinaus legendäre Persönlichkeit: »*The greatest writer of us all.*« K.Ben.

AUSGABE: *Soledad Brother: The Prison Letters of George Jackson*, NY 1970 [Vorw. J. Genet].

ÜBERSETZUNG: *In die Herzen ein Feuer*, E. Schönfeld, Bern/Mchn. 1971.

LITERATUR: S. Carmichael u. C. V. Hamilton, *Black Power: The Politics of Liberation in America*, NY 1968. – *Black Protest Thought in the Twentieth Century*, Hg. F. L. Broderick, NY 1971. – G. Jackson, *Blood in My Eye*, NY 1972. – H. P. Newton, *Revolutionary Suicide*, NY 1973. – M. Heuwagen, *Sammeln für das letzte Gefecht* (in SZ, 22. 1. 1986).

HELEN HUNT JACKSON

* 15.10.1830 Amherst / Mass.
† 12.8.1885 San Francisco

RAMONA

(amer.; *Ramona*). Roman von Helen Hunt JACKSON, erschienen 1884. – Zu dem sozialkritischen Anliegen, aus dem heraus dieses Werk entstand, fand die Autorin, als Tochter eines Professors in Amherst/Mass. aufgewachsen und zu den Jugendfreundinnen Emily DICKINSONS zählend, erst spät im Leben, nämlich nach ihrer Übersiedlung nach Colorado, wo die unwürdige und grausame Behandlung der Indianer ihren Sinn für Gerechtigkeit empörte. Schon ihre drei Jahre früher erschienene Studie *A Century of Dishonor* (1881) widmete sie diesem Thema, doch erst mit ihrem vor dem ro-

mantischen Hintergrund der alten spanischen Kultur Südkaliforniens spielenden Roman *Ramona*, einem Versuch, ähnlich wie Harriet Beecher STOWE es mit *Uncle Tom's Cabin* (1852) für die Neger getan hatte, echte Anteilnahme für die Indianer zu wecken, gewann sie ein breites Publikum.

Ramona, eine Mestizin, wächst als Pflegetochter auf der Hazienda Señora Morenos auf, die ein eisernes Regiment führt und sie und ihren eigenen Sohn, den sensiblen und gutherzigen Felipe, gerecht, aber lieblos erzieht. Als sich Ramona in den Indianer Alessandro verliebt, die Señora einer Heirat aber ihre Zustimmung verweigert, fliehen beide und ziehen, immer wieder von landhungrigen Amerikanern vertrieben, rastlos umher, bis Alessandro in geistiger Umnachtung ein Pferd stiehlt und erschlagen wird. Felipe sucht Ramona, bringt sie und ihre beiden Kinder auf die nach dem Tod der Mutter in seine Hände übergegangene Hazienda zurück und heiratet sie. Nachdem er seinen Besitz einem Amerikaner verkauft hat, lassen sie sich in Mexiko nieder.

Entgegen der ursprünglichen Absicht der Autorin, das Schicksal einer verfolgten Minderheit realistisch darzustellen, dominiert in dem Roman die melodramatische und sentimentale Schilderung des Märtyrer-Liebespaares inmitten einer romantisierten Zeit und Landschaft. Aber gerade darauf sind sein überwältigender Anklang bei der Leserschaft und die Tatsache, daß er Generationen von Schulkindern begeisterte, zurückzuführen. R.B.

AUSGABEN: Boston 1884. – Boston 1900, 2 Bde. [Einl. S. Coolidge; Ill. H. Sandham]. – Boston 1913, 2 Bde. [Einl. A. C. Vroman]. – Boston 1939 [Einl. M. L. Becker; Ill. N. C. Wyeth]. – Los Angeles 1959 [Einl. J. F. Dobie; Ill. E. G. Jackson]. – NY 1970. – NY 1975. – Norwood/Pa. 1981. – NY 1988.

ÜBERSETZUNGEN: *Ramona. Eine Erzählung aus dem amerikanischen Leben*, E. H. Denio, Lpzg. 1886; ern. 1898. – *Ramona. Eine Liebesgeschichte aus Kalifornien*, R. Lampert, Linz u. a. 1947. – *Ramona*, K. Hackenberg, Rudolstadt 1956.

VERFILMUNGEN: USA 1910 (Regie: D. W. Griffith). – USA 1916 (Regie: D. Crisp). – USA 1928 (Regie: E. Carewe). – USA 1936 (Regie: H. King).

LITERATUR: R. Odell, *H. H. J.*, NY 1939. – A. Nevins, *H. H. J.: Sentimentalist vs. Realist* (in American Scholar, 10, 1941, S. 269–285). – J. F. Dobie, *H. H. J. and »Ramona«* (in Southwest Review, 44, 1959, S. 93–98). – J. R. Byers, *H. H. J. (1830–1885)* (in ALR, 2, 1969, S. 143–148; Biliogr.). – A. A. Hamblen, *»Ramona«: A Story of Passion* (in Western Review, 8, 1971, S. 21–25). – E. J. Banning, *H. H. J.*, NY 1973. – J. R. u. E. S. Byers, *H. H. J. (1830–1885): A Critical Bibliography of Secondary Comment* (in ALR, 6, 1973, S. 197–241). – J. R. Byers, *The Indian Matter of*

H. H. J.'s »Ramona«: From Fact to Fiction (in American Indian Quarterly, 2, 1975, S. 331–345).
R. Fernandéz Retamar, *Sobre »Ramona« de H. H. J. y José Martí* (in *Mélanges à la Mémoire d'André Jou-cla-Ruau*, Aix-en-Provence 1978, S. 699–705). – M. T. Marsden, *H. H. J.: Docudramatist of the American Indian* (in Markham Review, 10, 1980/81, S. 15–19). – K. Keller, *H. H. J.: Pioneer Activist of Southern California* (in Seacoast, 2, 1981, S. 60–65). – R. E. Friend, *H. H. J.: A Critical Study*, Diss. Kent State Univ. 1985 (vgl. Diss. Abstracts, 47, 1986, S. 177/178A). – W. Oandasan, *»Ramona«: Reflected Through Indigenous Eyes* (in Calif. Courier, 7, 1986). – R. Whitaker, *H. H. J.*, Boise 1987.

SHIRLEY JACKSON

* 14.12.1919 San Francisco
† 8.8.1965 North Bennington/Vt.

LITERATUR ZUR AUTORIN:
R. S. Phillips, *Sh. J.: A Checklist* (in PBSA, 56, 1962, S. 110–113). – Ders., *Sh. J.: A Chronology and a Supplementary Checklist* (ebd., 60, 1966, S. 203–213). – S. E. Hyman, *Sh. J., 1919–1965* (in Saturday Evening Post, 18. 12. 1965, S. 61–69). – L. Friedman, *Sh. J.*, Boston 1975 (TUSAS). – S. K. Hoffman, *Individuation and Character Development in the Fiction of Sh. J.* (in Hartford Studies in Literature, 8, 1976, S. 190–208). – M. Ragland, *Sh. J.* (in DLB, Bd. 6, 1980, S. 161–167). – J. G. Parks, *Chambers of Yearning: Sh. J.'s Use of the Gothic* (in TCL, 30, 1984, S. 15–29). – M. Kittredge, *The Other Side of Magic: A Few Remarks about Sh. J.* (in *Discovering Modern Horror Fiction I*, Hg. D. Schweitzer, Mercer Island 1985, S. 3–12). – J. Oppenheimer, *Private Demons: The Life of Sh. J.*, NY 1988.

HANGSAMAN

(amer.; *Henker*). Roman von Shirley JACKSON, erschienen 1951. – Als Verfasserin diabolischer, das Spannungsprinzip der Kriminalnovelle aufgreifender Kurzgeschichten (berühmtestes Beispiel: *The Lottery*, 1949) steht Shirley Jackson in einer seit Edgar Allan POE bestehenden amerikanischen Erzähltradition. Auch in ihren Romanen schildert sie, wie die Untiefen der vordergründigen Realität, das Okkulte, Fremdartige und Geisterhafte, sich im Bewußtsein übersensibler (meist junger) Menschen zu grauenerregenden Alpträumen verdichten. Die Entwicklung eines gefährdeten Bewußtseins wird im Roman *Hangsaman* bis zu dem Moment dargestellt, in dem die Katastrophe gerade noch verhindert wird.

Für die siebzehnjährige Natalie Waite besteht die Wirklichkeit aus Kulissen, vor denen ihre Eltern täglich ein unverständliches Stück aufführen, hinter denen aber erregend *»seltsame Länder«* der Erforschung harren. Geheimnisvolle Stimmen dringen an ihr Ohr, nehmen sie ins Verhör, heischen Antwort. Natalies literarisch ambitionierter Vater deutet ihre Sensibilität anders. Er glaubt, in seiner Tochter eine schriftstellerische Begabung zu erkennen, der es durch Ausdrucksübungen auf die Sprünge zu helfen gilt. Sie soll eine Welt gestalten, die angefüllt ist mit seinen Interessen, mit intellektuellem Partygeschwätz und einstudierten Gesten, jene Welt also, in der sie ständig zu Gast, die aber nicht die ihre ist. Das College mit seinem pädagogischen Kasernenbetrieb macht sie erst recht zur Außenseiterin. Für ihresgleichen ist kein Platz im System, psychische Probleme sind weder eingeplant noch erwünscht. Natalies Versuche, die Magie der Träume zu entkräften, scheitern. Die anfangs vielversprechende Bekanntschaft mit der Lehrersfrau Elizabeth Langdon erweist sich schließlich doch nur als Begegnung mit einem anderen isolierten, hilflosen Wesen. Natalie verstrickt sich immer mehr ins Traumgespinst; ihr Bewußtsein spaltet sich in verschiedene Personen auf, die ihr Verständnis entgegenbringen und mit denen sie die endgültige Flucht aus der qualvollen Realität vorbereitet. Tony, ihr Traum-Ich, nimmt sie mit auf eine Reise, die ins Uferlose führt. Erst im Zustand äußerster Depression und Gefährdung (als ihr gewissermaßen der Strick des Henkers schon um den Hals liegt) erfolgt die Rettung. Natalie überwindet ihr feindliches *alter ego* und öffnet sich der Wirklichkeit, die sie umgibt.

Dieser optimistische Schluß kommt nicht ohne Not zustande: Um ihn zu ermöglichen, muß die Autorin die bis dahin konsequent durchgehaltene Spannung zwischen sichtbarer und unsichtbarer Welt aufheben. Die Katastrophe wird nicht verhindert, weil der Alptraum sich von selbst in Spuk auflöst, sondern weil Natalie plötzlich erkennt, in welcher Gefahr sie sich befindet, weil eine Angst sie überfällt, die von dieser Welt ist. Es wird ihr also gerade in dem Augenblick eine Distanz zu sich selbst zugemutet, in dem sie am wenigsten dazu fähig sein dürfte. – In Shirley Jacksons verhalten-dramatischer, nicht auf Effekte angelegter Prosa gewinnt das Unheimliche Gestalt, wirken die Übergänge zwischen der gegenständlichen Ebene und der zweiten – abstrusen – Realität gleitend. Ihre Studie eines pathologischen Falles gewinnt insofern einen zeitkritischen Aspekt, als darin geheiligte amerikanische Erziehungsprinzipien in Frage gestellt werden: Mit ihrer legeren Pädagogik versagen Elternhaus und Schule vor subtilen seelischen Problemen.   W. D.

AUSGABEN: NY 1951. – NY 1976.

LITERATUR: A. S. Morris, *Adventure into Reality* (in NY Times Book Review, 22. 4. 1951, S. 5). – W. T. Scott, *Dreaming Girl* (in Saturday Review,

5. 5. 1951, S. 11). – J. O. Lyons, *The College Novel in America*, Chicago 1952, S. 62–67. – C. Cleveland, *Sh. J.* (in *And Then There Were Nine ... More Women of Mystery*, Hg. J. S. Bakerman, Bowling Green/Oh. 1985, S. 199–219).

THE LOTTERY

(amer.; *Die Lotterie*). Kurzgeschichte von Shirley JACKSON, erschienen 1948. – In zahlreichen Kurzgeschichten und vor allem in den Romanen *Hangsaman* (1951) und *The Bird's Nest* (1954) hat sich Shirley Jackson mit den Nachtseiten der menschlichen Existenz befaßt. Für ihre zur Perfektion entwickelte Technik, beiläufig geschilderte, alltägliche Situationen gleichsam umkippen zu lassen und dadurch ungeahnte Abgründe zu enthüllen, für ihre Begabung, auf wenigen Seiten formale Geschlossenheit, inhaltliche Komplexität, knisternde Spannung und eine schaurig-groteske Klimax zu erreichen, ist *The Lottery* ein Musterbeispiel.

Dem Leser wird ein ländliches Sommeridyll im Amerika der Gegenwart suggeriert, eine Welt, in der die Farmer ihrer Arbeit nachgehen und die Kinder Schulferien haben, eine Welt, zu der man Zutrauen haben kann. Auf dieses Zutrauen rechnet die Erzählerin, wenn sie die Versammlung der Dorfbewohner auf dem Marktplatz beschreibt. Wie alljährlich Ende Juni findet eine Lotterie statt, deren Ursprung längst vergessen ist. Man scherzt und lacht – wenn auch etwas gedämpfter als sonst, man bespricht Alltagsprobleme und ermahnt die Kinder, bis dann schließlich die Lose gezogen werden. Eine Diskussion über einen Verfahrensfehler zögert die Öffnung der Lose hinaus. Als alle Zettel entfaltet sind, fällt plötzlich die Maske der Gemeinsamkeit und Friedfertigkeit: Mit Steinen in den Händen stürzen sich die Nachbarn auf ihr wehrloses Opfer, die Farmersfrau, die das Los mit dem schwarzen Punkt gezogen hat. Blitzartig enthüllt sich der bestialische Sinn der Lotterie, wird das Gesellschaftsspiel zum Opferritual.

Die groteske Peripetie dieser makabren Parabel führt den Glauben an die Sicherheit zivilisierter Ordnungen ad absurdum und macht sinnfällig, daß unter einer dünnen, brüchigen Oberfläche das Chaos lauert. Der Preis, den die Gesellschaft immer wieder für eine präsentable Fassade bezahlt, ist die Steinigung des Mitmenschen. Der atavistische Trieb wird beschwichtigt, indem man ihn reglementiert, ihm von Zeit zu Zeit ein Ventil verschafft, ihn zur »Tradition« erhebt.   W.D.

AUSGABEN: NY 1948 (in The New Yorker). – NY 1949 (*Lottery; or, The Adventures of James Harris*). – Ldn. 1950 (dass.). – NY 1965 (in *The Magic of Sh. J.*, Hg. S. E. Hyman). – Cambridge/Mass. 1980. – Minneapolis 1983.

LITERATUR: S. Lainoff, *J.'s »The Lottery«* (in Explicator, 12, 1954, Item 34). – C. Brooks u. R. P. Warren, *Understanding Fiction*, NY ²1959,

S. 72–76. – H. E. Nebeker, *»The Lottery«: Symbolic Tour de Force* (in AL, 46, 1974, S. 100–107). – H. Brinkmann, *Sh. J.: »The Lottery«* (in *Die amerikanische Short Story der Gegenwart*, Hg. P. Freese, Bln. 1976, S. 101–109). – R. H. Williams, *A Critique of the Sampling Plan Used in Sh. J.'s »The Lottery«* (in Journal of Modern Literature, 7, 1979, S. 543/544). – B. Allen, *A Folkloristic Look at Sh. J.'s »The Lottery«* (in Tennessee Folklore Society Bull., 46, 1980, Nr. 4, S. 119–124). – J. M. Gibson, *An Old Testament Analogue for »The Lottery«* (in Journal of Modern Literature, 11, 1984, S. 193–195). – P. Kosenko, *A Marxist/Feminist Reading of Sh. J.'s »The Lottery«* (in New Orleans Review, 12, 1985, S. 27–32).

MAX JACOB

* 11.7.1876 Quimper
† 5.3.1944 KZ Drancy

LITERATUR ZUM AUTOR:
A. Salmon, *M. J., poète, peintre, mystique et homme de qualité*, Paris 1927. – A. Billy, *M. J., une étude*, Paris 1947; ²1960. – G. Kamber, *M. J. and the Poetics of Cubism*, Baltimore/Ldn. 1971. – R. Plantier, *M. J.*, Paris 1972. – P. A. Jannini, *L'angelo funambulo. Le poetiche di M. J.*, Mailand 1973. – *M. J., 1: Autour du poème en prose*, Hg. J. Palacio, Paris 1973 (RLMod, 336–339). – Y. Belaval, *La rencontre avec M. J.*, Paris ⁴1974. – J. Pérard, *M. J., l'universel*, Colmar 1974. – U. Pfau, *Zur Antinomie der bürgerlichen Satire. Untersuchung über Leben und Werk M. J.s*, Bern/Ffm. 1975. – R. Guiette, *La vie de M. J.*, Paris 1976. – R. Plantier, *L'univers poétique de M. J.*, Paris 1976. – A. Thau, *Poetry and Antipoetry. A Study of Selected Aspects of M. J.'s Poetic Style*, Chapel Hill 1976. – J. M. Schneider, *Clown at the Altar. The Religious Poetry of M. J.*, Chapel Hill 1978. – L. Lachgar, *M. J.*, Paris 1981. – P. Andreu, *Vie et mort de J.*, Paris 1982.

LE CORNET À DÉS

(frz.; *Ü: Der Würfelbecher*). Gedichte in Prosa von Max JACOB, erschienen 1917. – Die in dieser Sammlung von *poèmes en prose* enthaltenen Texte sind größtenteils vor dem Ersten Weltkrieg entstanden. Verwandte Stücke waren bereits in den *Œuvres burlesques et mystiques de Frère Matorel*, 1912, veröffentlicht worden, weitere ebenfalls frühe Stücke finden sich in *La défense de Tartufe*, 1919, andere, meist spätere Texte in *Visions infernales*, 1924, in *Derniers poèmes en vers et prose*, 1945 (erw. Ausgabe 1961) und in der von André Salmon herausgegebenen Sammlung *Cornet à dés II*, 1955.

Das Gedicht in Prosa, wie Max Jacob es auffaßte und praktizierte, darf aus den verschiedensten Ingredienzen zusammengeschüttelt sein; es darf sich nahezu jeden Stiles, jeden Stilbruchs auch bedienen. Seine Skala reicht vom Wortspiel und *pastiche* bis zur Legende und Betrachtung, bis zum Gebet. Jeder Ton, jeder Tonwechsel ist erlaubt; nur eines wird gefordert: der grundsätzliche Verzicht auf alle überlieferten Mittel und Techniken des Gedichts (regelmäßig wiederkehrende Rhythmen, metrische Gliederung, Reime). Das *poème en prose* singt nicht, es spricht; es ist nicht Gesang, sondern Rede. Es prunkt auch nicht, wie noch bei den Symbolisten (etwa SAINT-POL-ROUX, MILOSZ), mit reichen, ausgefallenen oder weithergeholten Bildern und Vergleichen. Max Jacob will zwar verzaubern, doch eher wie ein Taschenspieler durch unauffällige Künste.

Max Jacob war der Überzeugung, mit diesem Buch über seine Vorgänger (BAUDELAIRE, RIMBAUD, MALLARMÉ) hinaus einen entscheidenden Schritt getan zu haben, und die Folgezeit hat ihm recht gegeben. Sein poetisches Credo hat er wiederholt formuliert; zum erstenmal in der 1916 geschriebenen Vorrede des *Cornet à dés*, dann in dem kleinen Aphorismenband *Art poétique*, 1922, bei jeder sich bietenden Gelegenheit in zahlreichen Briefen an jüngere Freunde und zuletzt in den *Conseils à un jeune poète*, 1945 *(Ratschläge für einen jungen Dichter)*. Was in seinen Augen den Wert eines Kunstwerks bestimmt, ja was eine Hervorbringung überhaupt erst zum Kunstwerk macht, ist seine *situation*, der Ort, der Abstand, der Rang, die Höhe, die es gewinnt und behauptet. *Extérioriser, situer, transplanter, percher* nennt er das. Je weiter hinausgerückt dieser Ort ist, desto besser; wobei immer vorausgesetzt wird, daß etwas des Hinausstellens, Abrückens und damit Zeigens Würdiges in dem Künstler vorhanden sei. Dieses heißt *émotion*. Deshalb rät Max Jacob seinen Freunden, sie möchten nicht mit dem Kopf, sondern »*mit der Brust schreiben*«; er steigt sogar noch tiefer, empfiehlt als den besten Stil den *style du ventre:* »*Der gute Stil ist Vergeistigung von unten herauf. Es gibt eine Reinheit aus dem Bauch, die selten und vortrefflich ist*« *(Art poétique)*.

Die Gedichte in Prosa des *Cornet à dés* werden häufig als eine Vorwegnahme des Surrealismus und gewisser neuerer Übungen im Absurden gedeutet. Im Hinblick auf die angewandte Technik wird man dem beistimmen. Nur sind die Voraussetzungen dieser Technik bei Max Jacob gänzlich andere. Er beabsichtigt keineswegs, eine zu enge Wirklichkeit durch radikale Verfremdung auf eine Überwirklichkeit hin zu sprengen; er weigert sich nur, zwischen den verschiedenen Wirklichkeitsbereichen die allgemein geltenden Grenzen anzuerkennen. Er unterscheidet nicht zwischen Menschen und Geistern, Engeln, Teufeln oder Dämonen, zwischen Mitlebenden und historischen oder mythologischen Gestalten, zwischen konkreten sinnlichen Erfahrungen und Vorstellungen, Träumen, Halluzinationen, zwischen Diesseits und Jenseits, zwischen Gestern, Heute und Morgen; alles kann jetzt und hier sich manifestieren. Hinzu kommt, daß in diesem durchgehenden Zusammenhang von allem mit allem jede Einzelgestalt leicht etwas anderes bedeutet, als sie darzustellen scheint. Was diesem Dichter begegnet, ist je nachdem verdächtig oder wunderbar, jedenfalls fragenswürdig und der Auslegung bedürftig. Das erklärt die immer lauernde Angst in Max Jacobs Dichtungen, seinen Hang zur Astrologie, Chiromantie, Kabbala und anderen Geheimwissenschaften; macht auch begreiflich, warum er sich selber, als seiner Identität keineswegs versichert, oft unheimlich war und warum er seine Zuflucht zum Gebet, als der einzigen erlaubten und unfehlbaren Magie, nahm. Diesem für ihn selbstverständlichen Sachverhalt eines mehr oder minder verborgenen Ineinanders aller möglichen Wirklichkeiten entlockte er nicht nur hohe, herzerweiternde und herzbeklemmende Wirkungen; er trieb auch allerlei Allotria und erheiternde Gaukelkünste damit und steigerte seine Sprache durch die lebhafteste Mimik, Gestik, ja unermüdliche Gestikulatorik zu Leistungen, die, wie manches bei seinem Freunde Guillaume APOLLINAIRE, der Analyse wie der Nachahmung spotten.   F.Ke.

AUSGABEN: Paris 1917. – Paris 1923 [erw.]. – Paris 1943 (zus. m. *Petite histoire du Cornet à dés*). – Paris 1945 (in *Derniers poèmes en vers et prose*; erw. Ausg. 1961). – Paris 1955 (*Cornet à dés II*, Hg. A. Salmon). – Paris 1967.

ÜBERSETZUNG: *Der Würfelbecher*, F. Kemp, Mchn. 1969 (ausgew. Texte aus der Ausg. von 1923, *Le cornet à dés II* u. *Derniers poèmes en vers et prose*). – Dass., ders., Ffm. 1968; ern. 1986 (BS).

LITERATUR: J. Pelletier, *Le manuscrit du »Cornet à dés* (in Inf. litt, 26, 1974, S. 226–228). – R. R. Hubert, *The Poetics of »Le cornet à dés«* (in *About French Poetry from Dada to ›Tel Quel‹*, Hg. M. A. Caws, Detroit 1974, S. 99–111). – S. Lévy, *The Play of the Text. M. J.s »Le cornet à dés«*, Madison/Wis. 1981. – O. Longère, *Les modalités de la répétition dans »Le cornet à dés«* (in Centre de recherches Jacob, 6, 1984, S. 77–92).

LA DÉFENSE DE TARTUFE, Extases, remords, visions, prières, poèmes et méditations d'un juif converti

(frz.; *Die Verteidigung des Tartüff, Ekstasen, Gewissensbisse, Visionen, Gebete, Gedichte und Meditationen eines bekehrten Juden*). Gedichte und Prosa von Max JACOB, erschienen 1919. – Die vier Teile dieses Buches enthalten Texte, die bis in das Jahr 1909 zurückreichen, in dem Max Jacob seine erste Christus-Vision hatte. Dieses Erlebnis fand seinen frühesten, mehr oder minder verschlüsselten Niederschlag in dem realistisch-phantasmagorischen Triptychon *Saint Matorel*, 1911–1914. Im Dezember 1914 hatte Max JACOB eine zweite Vision: Im

Kinematographen glaubte er auf der Leinwand die Gestalt Christi wiederzuerkennen, wie sie ihm vor fünf Jahren auf der Wand seines Zimmers in der Rue Ravignan erschienen war. Nach längerer Vorbereitung empfing er im Februar 1915 im Konvent Notre-Dame de Sion in Paris die Taufe; sein Freund Picasso war Taufpate. Er bemühte sich fortan, »*in der Welt ein christliches Leben zu führen*«; was sich jedoch, vor allem seiner homosexuellen Neigungen und Gewohnheiten wegen, als so schwierig erwies, daß er sich 1921 zum erstenmal nach Saint-Benoît-sur Loire begab und 1937 endgültig dorthin zurückzog. Hier wurde er am 24. Februar 1944 seiner jüdischen Herkunft wegen im Auftrag der Gestapo verhaftet; er starb am 5. März 1944 an einer Lungenentzündung im Konzentrationslager Drancy.

Le défense de Tartufe ist dem Maler Juan Gris gewidmet: »*Die Etappen dieses Buches führen den Autor von der Ausschweifung, von welcher der Mystizismus ihn nicht geheilt hatte, zum Katholizismus.*« – Der erste Teil, *Antithèse*, besteht aus meist längeren durchaus scherzhaften und weltlichen Gedichten. Diese burlesken Stücke liefern, worauf Max Jacob großen Wert legte, den kontrastierenden Hintergrund, von dem die folgenden Texte sich abheben. Manche Gedichte verwandter Art aus derselben Zeit wurden zurückbehalten; sie fanden später in anderen Sammlungen (insbesondere *Le laboratoire central*, 1921) Aufnahme. – Der zweite Teil, *La révélation*, besteht aus fünf kurzen Prosatexten über das entscheidende Erlebnis der ersten »Erscheinung«, darunter die zu Recht berühmt gewordene *Visitation*. Vorfassungen dieser Texte, welche die Achse des Buches bilden, finden sich bereits in *Saint Matorel*. – Die Gedichte und Prosatexte des dritten Teils, *La décadence ou Mystique et pécheur (Der Abstieg oder Mystiker und Sünder)* dokumentieren das Schwanken des einer solchen Erleuchtung gewürdigten Sünders zwischen Welt und Gott, Ausschweifung und Reue. Er enthält unter anderem ein Gedicht über die zweite Vision, das große Bekenntnisgedicht *Le Christ à Montparnasse*, Auszüge aus einem authentischen Tagebuch, die aus der Zeit zwischen November 1914 und Februar 1915 stammen, und schließlich vier längere Gewissensprüfungen über die Demut und die drei theologischen Tugenden Glaube, Hoffnung und Liebe. – Der vierte Teil, *La vie dévote*, enthält ebenfalls Gedicht und Prosa. Hier finden sich auch die ersten Meditationen über biblische und andere geistliche Themen nach den Anleitungen in den *Exerzitien* des heiligen IGNATIUS VON LOYOLA und nach der *Introduction à la vie dévote* des heiligen FRANZ VON SALES. An der Gewohnheit, täglich, meist in der Morgenfrühe, über ein gewähltes Thema zu meditieren und seine Betrachtung niederzuschreiben, hat Max Jacob bis zu seinem Tode festgehalten. Die meisten dieser Meditationen blieben ungedruckt; viele wurden an Freunde verschenkt. Eine erse Auswahl (mit einem Vorwort des Abbé MOREL) erschien 1947, eine zweite, umfangreichere (von R. PLANTIER) 1972.

La défense de Tartufe ist, wie der Titel sagt, eine Apologie. Max Jacob wollte den Vorwürfen begegnen, die seine Umgebung angesichts seines wenig erbaulichen Lebenswandels ihm zu machen nicht verfehlte. Sollte er sich von seinen besten Freunden einen Heuchler und Lügner schelten lassen, der sich und andere mit seinen Anwandlungen zur Frömmigkeit betrog? Max Jacob war, im Leben wie in seinen Schriften, ein unwiderstehlicher Schauspieler. Wollte er sich rechtfertigen, so mußte er versuchen, wenigstens »*ein redlicher Komödiant*« (A. Blanchot) zu sein, um als solcher Vergebung zu finden. Kein Mittel erschien ihm dazu angemessener als eine offene Selbstdarstellung vor Gott und den Menschen. Daß dabei mehr als ein aufschlußreiches autobiographisches Dokument zustande kam, konnte und wollte der Dichter in ihm nicht verhindern. F.Ke.

AUSGABEN: Paris 1919. – Paris 1964 [Vorw. A. Blanchot].

LITERATUR: M. Jacob, *Récit de ma conversion* (im Anhang zu M. Jacob, *La défense de Tartufe*, Paris 1964). – J. M. Schneider, »*La défense de Tartuffe*« (in RLMod, 1981, Nr. 621–626, S. 39–53).

SAINT MATOREL, roman suivi des Œuvres burlesques et mystiques de Frère Matorel, mort au couvent, et du Siège de Jérusalem, drame céleste

(frz.; *Sankt Matorel, Roman; angehängt sind die Burlesken und mystischen Werke des im Kloster verstorbenen Bruders Matorel, nebst dem himmlischen Drama Die Belagerung Jerusalems*). Dichtungen von Max Jacob, entstanden um 1909, erschienen in drei Büchern mit Illustrationen von Picasso und André Dérain, 1911, 1912 und 1914. – Der als Sohn eines jüdischen Antiquitätenhändlers in der bretonischen Kreisstadt Quimper/Finistère geborene Dichter Max Jacob, der seit 1894 als Student, Kanzleischreiber, Lehrer, Warenhausverkäufer, Maler und Schriftsteller in Paris lebte, seit 1907 mit seinem Freunde Picasso in dem berühmten »Bateau-Lavoir« der Rue Ravignan wohnte und bisher kaum mit Veröffentlichungen hervorgetreten war, hatte am 22. September 1909 eine Vision: In einer von ihm selber gezeichneten Landschaft erschien ihm, auf der Wand seines Zimmers, Christus. Dieses Erlebnis wurde zum Wendepunkt in Max Jacobs Leben. Es dauerte freilich noch Jahre, ehe es ihm gelang, durch die Taufe Aufnahme in die katholische Kirche zu finden. Ein Haupthindernis bildeten seine astrologischen und kabbalistischen Studien, mit deren Hilfe er sich eine kunterbunte gnostische Theosophie entwickelt hatte, die ihm unentbehrlich geworden war. Führen Erkenntnis oder Liebe, Erforschung der Geheimnisse oder vertrauendes Gebet sicherer und rascher zu Gott? Sind Kunst, Dichtung, Phantasie ein Weg zu ihm, oder sind sie dämonisches Blendwerk, das den Menschen nur tiefer in seine Sünde verstrickt? Die Geister locken, die Menschen verlachen Max Jacob, die Kunst und einige andere Laster will er, kann er nicht aufgeben. All diese Bedrängnisse, Skrupel, Sehnsüchte treiben zur Erfindung eines Doppelgängers, an dessen Gestalt sie sich in einer Art Phantasmagorie entfalten und durchspielen lassen. Der Schreiber des ersen Teils, des »Romans«, erzählt, wie Victor Matorel, Warenhausangestellter und Métroschaffner in Paris, mit seiner Freundin Léonie lebt, wie sein Freund Émile Cordier ihn beredet, als Vertreter einer Konfektionsfirma durch die Provinz zu reisen, wie er hie und da einen kleinen Diebstahl begeht, sich nach einer Reihe visionärer Erlebnisse bekehrt und in Barcelona in ein Kloster der Lazaristen eintritt; nach seinem Ableben durchreist er, zusammen mit seinem ebenfalls bekehrten Freund Cordier, unter der Führung Merkurs, auf einem schwarzen Pferd die Planetenhimmel. Diese Ereignisse werden nicht fortlaufend berichtet, sondern in Bruchstücken (Erinnerungen, Dialoge, Auszüge aus Matorels hinterlassenen Aufzeichnungen); der Erzähler bewegt sich frei in der Zeit und Überzeit, wechselt den Blickpunkt, den Ton, mischt Geschwätz und lyrische Emphase, Spott und Gebet, Banalitäten und überweltliche Phantastik zu einem unaufhörlich kaleidoskopisch sich verändernden Potpourri. – Die später zu Recht als zweites Stück eingefügte »große himmlische Versuchung« der *Belagerung Jerusalems* ist eine Art allegorisches Psychodram: halb symbolistisches Mysterienspiel, halb Zauberposse und Revue. Drei Könige – Pergamus, Karthagenus und Kambyses, Fürst von Andrinopel – und der Söldnerführer Écorce belagern seit zwölf Jahren das Himmlische Jerusalem. Sie sind miteinander verfeindet, und das Spiel endet mit einem allgemeinen Gemetzel. Écorce (»Rinde, Borke«), der plumpste und ungeschliffenste der vier Fürsten, in Wahrheit ein »double« Bruder Matorels, hat jedoch den Schlüssel zu dem »Mekka der Engel« in der Hosentasche. Bei seiner Ermordung fliegt eine Taube mit diesem Zauberschlüssel davon. Matorel erkennt, daß er »*im Himmel den Versuchungen Satans*« ausgesetzt war: Er demütigt sich und stirbt den Märtyrertod, um in diesem zweiten Sterben aufzufahren in das wahre Licht des Paradieses. – Als dritter Teil des Buches folgt eine gelegentlich kommentierte Auswahl aus Sankt Matorels (das heißt Max Jacob) vor und nach der »Bekehrung« geschriebenen Versen und *poèmes en prose*, die nach seinem Tode bei einem Trödler halbverkohlt in der Matratze des Heiligen gefunden wurden. Die gereimten Gedichte geben sich teils als Improvisationen mit parodistischem Einschlag, teils als freie Nachbildungen von Volks- und Straßenliedern. Die meist kurzen Prosagedichte deuten auf die Sammlung *Le cornet à dés*, 1917 *(Der Würfelbecher)*, voraus. Die wichtigsten Stücke sind die zehn Texte, die den Abschluß dieses Zyklus und des ganzen Buches bilden. Sie sind der »mystischen Krise« Bruder Matorels gewidmet und geben das Resümee dieser Ausschweifungen und Exerzitien einer von dem Scheinwer-

ferlicht der Gnade geblendeten Seele: »*Nein, nein, ich fürchte mich vor euch, Gedichte der Lüge!... Biete mir ferner nicht, o Nacht, deine Könige, noch deine Götter, ob von teuflischer oder himmlischer Farbe, gleichviel!... Geh, Schönheit! geh, poche anderswo an als an meiner Tür. Mag sein, mein Traum war Wahrheit, doch ich will nur die Ewigkeit lieben!... Karneval ist nicht die Wahrheit für mich... Verlaßt das Schattenreich, in dem ihr redet, Geister; weint über den, den ihr verliert und der nun wächst*« *(Abschied an die Geister).*   F.Ke.

AUSGABEN: Paris 1911 (*Saint Matorel*; Ill. P. Picasso). – Paris 1912 (*Œuvres burlesques et mystiques du Frère Matorel, mort au convent*, Ill. A. Dérain). – Paris 1914 (*Le siège de Jérusalem, drame céleste*). – Paris 1936 [vollst. Ausg.].

LITERATUR: M. Leiris, *Saint Matorel martyr* (in M. L., *Brisées*, Paris 1966, S. 82–90).

FRIEDRICH HEINRICH JACOBI

* 25.1.1743 Düsseldorf
† 10.3.1819 München

EDUARD ALLWILLS BRIEFSAMMLUNG

Briefroman von Friedrich Heinrich JACOBI, endgültige Fassung erschienen 1792. – Der jüngere Bruder des anakreontischen Lyrikers Johann Georg JACOBI (1740–1814) machte in den siebziger Jahren die Bekanntschaft der Stürmer und Dränger um GOETHE, gab seinen Kaufmannsberuf auf und veröffentlichte zwei empfindsam gestimmte, mit philosophischen Reflexionen durchsetzte Romane, *Woldemar* (1779) sowie *Eduard Allwills Briefsammlung*, mit denen er großen Erfolg beim zeitgenössischen Publikum fand. Einzelne Teile von *Eduard Allwills Briefsammlung* veröffentlichte Jacobi unter wechselnden Titeln zunächst in der von seinem Bruder 1774–1777 herausgegebenen Zeitschrift ›Iris‹, dann in WIELANDS ›Teutschem Merkur‹, schließlich erschien eine weitergeführte Fassung in seinen *Vermischten Schriften*. Den fragmentarischen Charakter verliert das Werk auch in der abschließenden Fassung von 1792 nicht ganz.
Der Roman besteht aus einer Reihe von Briefen, zum größten Teil von empfindsamen, moralisch reflektierenden Frauen geschrieben, in denen allmählich der Charakter, die Gesinnung und die innere Entwicklung des Titelhelden sichtbar werden. Er ist zunächst eine Verkörperung des freien »Genies« der Sturm-und-Drang-Welt, das seine eigene Persönlichkeit als moralisches Gesetz statuiert. In dem Briefwechsel (u. a. zwischen der jungen Witwe Silly, ihrem Schwager Clerdon und dessen Gattin Amalie) geht es vor allem darum, ein junges

Mädchen, Clara, vor dem gefährlichen Allwill zu warnen; dieser jedoch macht – nach vertrautem Muster unter dem Einfluß des »reinen« Mädchens – eine Entwicklung durch, die ihn von der Selbstherrlichkeit des »Genies« zur Verwirklichung einer sittlichen, verantwortlichen Persönlichkeit führt – nicht im Sinne der Aufklärung oder der Moral I. KANTS, sondern im Sinne Jacobis, für den ein persönlich erlebter Glaube an bestimmte höhere Werte entscheidend ist.

Ebenso wie Johann Martin MILLERS *Briefwechsel dreier akademischer Freunde* (1776/77) oder *Geschichte Karl von Burheim und Emiliens von Rosenau* (1778/79) gehört auch Jacobis Roman zu jenen zahlreichen Briefromanen, die sich im Gefolge von GOETHES *Werther* (1774) im späten 18. Jh. großer Beliebtheit erfreuten. H.L.-KLL

AUSGABEN: Düsseldorf 1775 (*Aus Eduard Allwills Papieren*, in Iris, Bd. 4, S. 193–236; unvollst.). – Weimar 1776 (*Aus Eduard Allwills Papieren*, in Der Teutsche Merkur, April 1776, 2. Stück, S. 14–75; Juli 1776, 3. Stück, S. 57–71; Dez. 1776, 4. Stück, S. 229–262; erw.). – Breslau 1781 (*Eduard Allwills Papiere*, in *Vermischte Schriften*; neubearb.). – Königsberg 1792 [neubearb.]. – Lpzg. 1812 (*Allwills Briefsammlung*, in *Werke*, 6 Bde., 1812–1825, 1; Nachdr. Darmstadt 1976). – Lpzg. 1826 [AlH]. – Groningen 1957 (*Allwill*; Hg. u. Komm. J.U. Terpstra). – Stg. 1962 (*Eduard Allwills Papiere*; Faks. a.d. Teutschen Merkur; Nachw. H. Nicolai; Slg. Metzler).

LITERATUR: A. Holtzmann, *Über »Eduard Allwills Briefsammlung«*, Jena 1878. – H. Schwartz, *F.H. J.s »Allwill«*, Halle/Saale 1911. – S. Sudhof, *Die Edition d. Werke F.H. J.s, Gedanken zur Neuausgabe des »Allwill«* (in GRM, 12, 1962, S. 243–253). – V. Verra, *F.H. J. Dall'illuminismo all'idealismo*, Turin 1963.

VON DEN GÖTTLICHEN DINGEN UND IHRER OFFENBARUNG

Philosophisches Werk von Friedrich Heinrich JACOBI, erschienen 1811. – Jacobi setzt mit dieser Schrift, seiner letzten philosophischen Abhandlung, seinen Streitzug gegen den Pantheismus fort, den er bereits 1785 mit seinem Buch *Über die Lehre des Spinoza in Briefen an den Herrn Moses Mendelssohn* begonnen hatte. Darin berichtet Jacobi von seinen Gesprächen mit LESSING, in denen dieser sich kurz vor seinem Tode zur pantheistischen Philosophie SPINOZAS bekannt hatte, woraus sich der sogenannte Spinoza-Streit entwickelte, eine Debatte, in die sich auch HERDER, GOETHE, HAMANN und KANT einschalteten und die sich letztlich um die Frage drehte, wieweit Spinoza als Atheist einzustufen war. Jacobi deutete, im Gegensatz etwa zu Goethe und Herder, Spinozas Philosophie als ein mechanistisches, letztlich atheistisches Denken, das anstelle eines personalen Gottes das abstrakte Prinzip der Notwendigkeit und der Kausalität als eigentlich bestimmende Faktoren der Wirklichkeit ansetze; dagegen hebt Jacobi, gegen Verstand und Vernunft, den Glauben als entscheidendes Mittel menschlicher Erkenntnis hervor – eine Vorstellung, gegen die noch H. HEINE 1834 in seiner Schrift *Zur Geschichte der Religion und Philosophie in Deutschland* zu Felde zog.

Vor diesem Hintergrund ist Jacobis späte Schrift *Von den göttlichen Dingen und ihrer Offenbarung* zu sehen, in der er die Philosophie SCHELLINGS angreift, allerdings ohne dessen Namen ausdrücklich zu nennen. Auch hier erhebt Jacobi den Vorwurf des Pantheismus und damit des Atheismus. Denn alle pantheistische Philosophie schließe Gott notwendig aus, da Gott entweder persönlich sein müsse oder gar nicht existieren könne. Gleicherweise bekräftigt Jacobi im Gegensatz zu KANT die Möglichkeit einer metaphysischen Erkenntnis, zu der man indessen nicht durch Beweisverfahren, sondern durch ein übersinnliches Empfinden, das Gemüt, gelange. Wenn die Erkenntnis ausschließlich von der Dialektik abhängt, betont Jacobi, so ist sie für immer die Gefangene ihres eigenen logischen Mechanismus; das Wissen hat vielmehr seine Grundlage im Unbeweisbaren. Der Verstand, der durch Beweisverfahren erkennt, gründet sich auf der Vernunft als einem unmittelbaren geistigen Empfinden, das nicht durch »Beweise«, sondern allenfalls durch »Weisen« zur Erkenntnis gelangt. Das Gemüt lehrt uns nichts Genaues von Gott, aber gerade darin unterscheidet sich die Erkenntnis des Göttlichen, das Wissen des Nichtwissens, von dem Gesetz der logischen Erkenntnis. Eben deshalb kann die Religiosität nur das Empfinden einer persönlichen Gottheit sein, die man anbeten kann. Die Wissenschaft, die letztlich auf die demonstrative Erkenntnis abzielt, entfernt sich nur immer weiter von der Erkenntnis Gottes.

Schelling antwortete darauf äußerst scharf mit dem Werk *Denkmal der Schrift Jacobis von den göttlichen Dingen und der von ihm in derselben gemachten Beschuldigung eines absichtlich täuschenden, Lügen redenden Atheismus* (1812). Entschieden verwarf er Jacobis Behauptung, daß Pantheismus gleich Atheismus sei, und verneinte Jacobis Satz, die auf Demonstration abzielende Wissenschaft müsse zur Negation Gottes führen. Damit verteidigte er zugleich seine eigene Philosophie. Sie wolle die Gegensätze ausgleichen und, letztlich ebenfalls über eine intuitive, allerdings systematisch ausgerichtete Erfassung des Ganzen der Welt, zeigen, daß der Geist aus der Natur und der persönliche Gott aus dem vor allem Bewußtsein liegenden, unpersönlichen »Urgrund« hervorgegangen sei.

Jacobis Philosophie ist ein Beispiel für jene im Zeitalter der Aufklärung virulent gebliebene Tradition, die gegen die zeitgenössische Tendenz der Rationalisierung und Arbeitsteilung auch in der Wissenschaft, die Max WEBER als »Entzauberung der Welt« beschreibt, ein theologisch begründetes Denken stellt. Es legitimiert sich zum einen in der Sicherheit subjektiv erfahrenen Glaubens, zum andern beklagt es an der zunehmend an objektiven, nachvollziehbaren Gesetzmäßigkeiten, aber auch an Verwertung des Wissens interessierten Moderne den Zerfall, den Verzicht auf eine einheitsstiftende und auch gesellschaftlich anerkannte Instanz – eine Funktion, die in der Vergangenheit Theologie und Kirche übernommen hatten. Gerade durch die Vehemenz, mit der Jacobi subjektive Intuition und Glauben zur letzten Instanz des Wissens erhebt, ist sein philosophisches Werk bis heute Gegenstand der Diskussion und lassen sich Entwicklungslinien zur Lebensphilosophie des 19. Jh.s herstellen, ein geistesgeschichtlicher Zusammenhang, den schon G. LUKÁCS in seiner *Zerstörung der Vernunft* gesehen hatte, als er Jacobi in jene Reihe deutscher Intellektueller stellte, die »*ein Leugnen des begrifflich-philosophischen, des vernünftigen Denkens überhaupt*« propagiert hätten.   KLL

AUSGABEN: Lpzg. 1811. – Lpzg. 1816 (in *Werke*, 6 Bde., 1812–1825, 3; Nachdr. Darmstadt 1976). – Darmstadt 1967 (in *Streit um die göttlichen Dinge. Die Auseinandersetzung zwischen J. u. Schelling*; Einl. W. Weischedel).

LITERATUR: E. Cassirer, *F. H. J.* (in E. C., *Das Erkenntnisproblem in der Philosophie u. Wissenschaft der neueren Zeit*, Bd. 3, Bln. 1920, S. 17–33). – G. Fischer, *Johann Michael Sailer u. F. H. J.*, Freiburg i. B. 1955. – V. Verra, *F. H. J. Dall'illuminismo all'idealismo*, Turin 1963. – G. Baum, *Vernunft u. Erkenntnis. Die Philosophie F. H. J.s*, Bonn 1969 [m. Bibliogr.]. – K. Hammacher, *Kritik u. Leben*, Bd. 2: *Die Philosophie F. H. J.s*, Mchn. 1969. – K. Homan, *F. H. J.s Philosophie der Freiheit*, Mchn. 1973. – G. Baum, *Freundschaft u. Liebe im Widerstreit von Ideal u. Leben. F. H. J.s Moralphilosophie in ihrem ideengeschichtlichen Verhältnis zu Arthur Schopenhauer* (in Schopenhauer-Jb., 66, 1985, S. 103–114). – Th. Horst, *Konfigurationen des unglücklichen Bewußtseins* (in *Poetische Autonomie? Zur Wechselbeziehung von Dichtung u. Philosophie in der Epoche Goethes u. Hölderlins*, Hg. H. Bachmaier, Stg. 1987, S. 185–206).

WILLIAM WYMARK JACOBS

* 8.9.1863 Wapping bei London
† 1.9.1943 London

THE MONKEY'S PAW

(engl.; *Die Affenpfote*). Kurzgeschichte von William Wymark JACOBS, erschienen 1902. – Die verschrumpelte Affenpfote, nach der diese berühmte Schauergeschichte benannt ist, soll einst von einem Fakir mit magischen Kräften ausgestattet worden sein: Sie erfüllt dem, der sie besitzt, drei Wünsche.

Allerdings geschieht deren Verwirklichung jeweils auf eine dem alltäglichen Leben des Besitzers angepaßte Weise. Eines Tages überläßt ein Polizist, den sie offenbar nicht glücklich gemacht hat, die Affenpfote einem gewissen Mr. White. Dieser braucht dringend zweihundert Pfund, um das Häuschen, das er mit seiner Frau und seinem Sohn bewohnt, abzuzahlen. Er spricht den Wunsch aus, und entsprechend den Spielregeln erhält er das Geld kurz darauf auf ganz normalem Weg, nämlich als Entschädigung dafür, daß sein Sohn bei einem Arbeitsunfall ums Leben gekommen ist. Auf das Drängen seiner Frau äußert White nach einigem Zögern den zweiten Wunsch: Er möchte, daß sein Sohn (der bei dem Unfall gräßlich verstümmelt wurde und seit zehn Tagen tot ist) zurückkommt. Kaum hat er die Worte ausgesprochen, da packt ihn Entsetzen. Er sieht im Geist den Toten aufs Haus zukommen, und plötzlich glauben er und seine Frau, laute Schläge an der Tür zu vernehmen. Bebend vor Angst macht White mit seinem dritten Wunsch den zweiten rückgängig, öffnet dann mit letzter Kraft die Tür – die Straße ist leer.

Daß *The Monkey's Paw* sich rasch einen Platz unter den »klassischen« englischsprachigen Kurzgeschichten erobern konnte, ist zum einen Jacobs' souveräner Beherrschung der Erzähltechnik dieses Genres zu verdanken, zum anderen der Art und Weise, wie er den Rahmen der traditionellen Geistergeschichte erweitert hat: Wie häufig bei ihm, gehören die auftretenden Personen der Arbeiterschicht an, deren Milieu und Sprachgepflogenheiten er treffend wiedergibt. Als Meister dieser Art des Erzählens erwies sich der Autor auch in zahlreichen anderen Kurzgeschichten, etwa in den unter dem Titel *Many Cargoes (Viele Frachten)* 1896 erschienenen Seemannsgeschichten.   J.v.Ge.

AUSGABEN: Ldn./NY 1902 (in *The Lady of the Barge and Other Stories*). – Ldn. 1920 (in dass.). – Harmondsworth/NY 1943 (in dass.).

DRAMATISIERUNG: L. N. Parker, *The Monkey's Paw*, Ldn. 1910.

LITERATUR: J. B. Priestley, *W. W. J.* (in J. B. P., *Figures in Modern Literature*, Ldn. 1924, S. 103 bis 123). – V. S. Pritchett, *W. W. J.* (in V. S. P., *Books in General*, Ldn. 1953, S. 235–241).

JENS PETER JACOBSEN

* 7.4.1847 Thisted
† 30.4.1885 Thisted

LITERATUR ZUM AUTOR:
H. Bang, *Realisme og Realister*, Kopenhagen 1879. – G. Brandes, *Det moderne Gjennembruds Mænd*,

Kopenhagen 1883 [auch in G. B., *Samlede Skrifter*, Bd. 3, Kopenhagen ²1919]. – J. P. Jacobsen, *Breve*, Hg. E. Brandes, Kopenhagen ²1899 [m. Einl.]. – V. Andersen, *J. P. J.* (in *Litteraturbilleder*, Bd. 2, Kopenhagen 1907). – Sv. Møller Kristensen, *Impressionismen i dansk prosa 1870–1900*, Kopenhagen 1938; ²1955. – S. Hallar, *J. P. J. Hjem og Barndom*, Kopenhagen 1950. – Aa. Knudsen, *J. P. J. i hans digtning*, Kopenhagen 1950. – F. Nielsen, *J. P. J. Digteren og Mennesket*, Kopenhagen 1953; ²1968. – E. Lunding, *J. P. J.* – *Wirkung u. Wesen* (in *Probleme des Erzählens in der Weltliteratur. Fs. f. Käte Hamburger*, Stg. 1971, S. 195–211). – H. Nägele, *J. P. J.*, Stg. 1973 (Slg. Metzler). – Sv. O. Madsen, *J. P. J. – virkelighed og kunst*, Kopenhagen 1974. – B. Glienke, *J. P. J.s lyrische Dichtung. Ein Beitrag zur Geschichte der modernen Poesie*, Neumünster 1975 [vgl. dazu M. Brønsted in Skandinavistik, 6, 1976, S. 147–149]. – *Dansk Litteraturhistorie*, Bd. 4, Hg. H. Stangerup u. F. J. Billeskov Jansen, Kopenhagen 1977, S. 58–95. – B. Algot Sørensen, *J. P. J. und der Jugendstil. Zur J.-Rezeption in Deutschland u. Österreich* (in OL, 33, 1978, S. 253–279). – *Dansk Biografisk Leksikon*, Hg. Sv. Cedergreen Bech, 16 Bde., 7, Kopenhagen 1979–1984, S. 186–190. – N. Lyhne Jensen, *J. P. J.*, Boston 1980 (TWAS). – K. Rifbjerg, *J. P. J.* (in *Forfatternes forfatterhistorie*, Hg. P. S. Møller, Kopenhagen 1980). – C. Bauer, *Die Rezeption J. P. J.s in der deutschsprachigen Kritik 1890–1910* (in *Fin de Siècle. Zu Naturwissenschaft u. Literatur der Jahrhundertwende im deutsch-skandinavischen Kontext*, Kopenhagen/Mchn. 1984, S. 128–146; Text & Kontext, Sondernr. 20). – J. Vosmar, *J. P. J.s digtning*, Kopenhagen 1984 [zugl. Diss.; m. dt. Zusammenfassung]. – *Dansk Litteraturhistorie*, Bd. 6, Hg. L. Busk-Jensen u. a., Kopenhagen 1985, S. 240–266; 293–300. – *J. P. J.s spor i ord, billeder og toner. Tolv afhandlinger*, Hg. F. J. Billeskov Jansen, Kopenhagen 1985. – M. Pahuus, *J. P. J.s forfatterskab. En eksistentiel fortolkning*, Kopenhagen 1986.

FRA SKITSEBOGEN

(dän.; *Aus dem Skizzenbuch*). Prosaskizze von Jens Peter Jacobsen, erschienen 1882. – Der Schauplatz des ironisch-phantastischen Feuilletons war zuerst konkret fixiert: Rom, im Garten des Palastes der Colonna. Auch hatte Jacobsen bei seiner Arbeit zunächst die Form des damals in Dänemark sehr beliebten *proverbe dramatique* vor Augen, in dem von zwei Pagen einerseits die feurige und erobernde Liebe, andererseits die passive und melancholisch sich verzehrende symbolisiert werden sollte. Bei der Ausarbeitung des Einakters geriet der Dichter jedoch in technische Schwierigkeiten, wie schon vorher bei *Gorm Lokedyrker* oder *Anne Charlotte*. Er ließ den Stoff aber nicht liegen, sondern arbeitete den ursprünglichen Text (der mit den Worten

»*Nein, es gibt nichts auf der Welt, das den Frauen gleicht*« begann) in einen Prosatext um, dessen einleitender Teil freilich nichts weiter als eine erweiterte Szenenbeschreibung darstellt. Der besondere Reiz liegt aber gerade darin, daß Jacobsen seine Notlage in einen Vorteil verwandelte, indem er wie ein Magier die Szenerie und ihre Personen vor dem Leser erstehen läßt. Dieser Kunstgriff tritt schon in dem Irrealis des ersten Satzes in Erscheinung *(»Der burde have været Roser«* – »*Dort hätten Rosen sein sollen*«*)*, der den Beginn einer ganzen Reihe von irrealen Sätzen bildet und schließlich den offiziellen Titel *Fra Skitsebogen* verdrängt hat. Da Jacobsen das zuerst nur hypothetisch Angenommene am Schluß als Realität behandelt, ergibt sich ein reizvolles Spiel zwischen Schein und Wirklichkeit, wie es in ähnlicher Weise, aber zielsicherer dann später Schnitzler in seinen Einaktern inszenierte. A.H.

Ausgaben: 1882 (in Ude og Hjemme, 5, 1. 1. 1882). – Kopenhagen 1882 (*Der burde have været Roser*, in *Mogens og andre Noveller*). – Kopenhagen 1927 (*Der burde have været Roser*, in *Samlede Værker*, Hg. M. Borup, 5 Bde., 1924–1929, 3). – Kopenhagen 1963 (*Der burde have været Roser*, in *Samlede værker*, 2 Bde., 2). – Kopenhagen 1973/74 (in *Samlede værker*, Hg. F. Nielsen, 5 Bde.; m. Einl. u. Komm.).

Übersetzungen: *Dort müßten Rosen blühen*, M. Mann (in Zeitgeist, Monatsbeilage d. Berliner Tageblatts, 1889, Nr. 9). – *Hier müßten Rosen stehen*, M. Herzfeld (in *Novellen*, Bln. 1889). – *Es hätten Rosen da sein sollen*, J. Sandmeier (in *GW*, Bd. 3, Mchn. 1927). – *Hier müßten Rosen stehen*, R. M. Baring (in *Niels Lyhne. Novellen*, Mchn. 1951). – Dass., F. M. Wiesner, Zürich o. J. – *Hier sollten Rosen blühen*, M. Mann u. a. (in *Die Pest in Bergamo. U. a. Novellen*, Ffm. 1977; Insel Tb). – *Da hätten Rosen sein sollen*, A. O. Schwede (in *Das erzählerische Werk*, Stg. 1978).

Literatur: J. Erslev Andersen, *Dryssende roser. Om spor i J. P. J.s skrift* (in Kritik, 1987, Nr. 81, S. 44–61).

FRU FØNSS

(dän.; *Frau Fönss*). Novelle von Jens Peter Jacobsen, erschienen 1882. – Dieses letzte vollständige Werk Jacobsens spielt im gehobenen dänischen Mittelstand. Frau Fønss, eine vierzigjährige Witwe, reist mit ihren Kindern in die Provence, um ihrer Tochter über die erste Liebesenttäuschung hinwegzuhelfen. Ihr Sohn Tage verliebt sich in Avignon in die Tochter der dänischen Kaufmannsfamilie Kastager. Seine Mutter steht dieser Verbindung skeptisch gegenüber, denn die Eltern des Mädchens stammen zwar aus angesehenen Kreisen, aber Herrn Kastager ist eine etwas vulgäre Begeisterungsfähigkeit eigen, die ihn zum Gespött der Gesellschaft macht. Trotz ihrer Liebe zu Tage ist Frau Fønss zu sehr in Konventionen befangen, als daß sie über diese zwar nebensächliche, aber doch lächerliche Eigenschaft hinwegsehen könnte. Da begegnet sie unerwartet Thorbrøgger wieder, dem Mann, den sie in ihrer Jugend geliebt hat, auf den sie aber wegen der finanziellen Notlage ihrer Familie verzichten mußte, um einen anderen zu heiraten, der mehr als nur seine unwandelbare Treue anzubieten hatte. Nach acht Jahren einer nicht allzu unglücklichen Ehe starb ihr Gatte; sie lebte fortan zurückgezogen, wie es das ungeschriebene Gesetz ihrer Gesellschaftsklasse verlangte, und widmete sich ausschließlich der Erziehung ihrer Kinder. Jetzt, als reife Frau, empfindet sie für den ledig gebliebenen Thorbrøgger noch immer tiefe Zuneigung, und so beschließt sie, ihn gegen den erbitterten Widerstand ihrer Kinder zu heiraten.

Frau Fønss' Entscheidung ist, ähnlich wie die der Nora IBSENS, ein Aufbegehren gegen die Konventionen der Gesellschaft, die als unnatürlich gebrandmarkt werden, weil sie die Selbstverwirklichung des Menschen verhindern. Doch will Jacobsen keineswegs nur sozialkritisch anklagen, sondern zugleich zeigen, welchen Mut man braucht, um glücklich zu werden: Nur starke, zuversichtliche Naturen haben die Kraft, mit überlebten sozialen Tabus zu brechen. – Die Novelle schließt mit einem Brief, den Frau Fønss vor ihrem Tod an ihre Kinder richtet, die alle Beziehungen zu ihr abgebrochen und frühere Schreiben ungeöffnet zurückgesandt haben. Dieser Brief ist wohl mit Recht auch als Abschiedswort des tuberkulosekranken Jacobsen an seine Freunde interpretiert worden: *»Denkt daran: nicht vergessen zu werden, das ist alles, was von der Welt der Menschen nun noch mein sein wird. Nicht vergessen zu werden – weiter nichts.«*

A.H.

AUSGABEN: Kopenhagen 1882 (in *Mogens og andre Noveller*). – Kopenhagen 1927 (in *Samlede Værker*, Hg. M. Borup, 5 Bde., 1924–1929, 3). – Kopenhagen 1973/74 (in *Samlede værker*, Hg. F. Nielsen, 5 Bde.; m. Einl. u. Komm.).

ÜBERSETZUNGEN: *Frau Fönß*, anon. (in DRs, 35, April 1883). – Dass., M. Herzfeld (in *GW*, Bd. 1, Florenz/Lpzg. 1899). – Dass., J. Sandmeier in *GW*, Bd. 3, Mchn. 1927). – Dass., M. v. Borch, Stg. 1952 (Nachw. F. Nothardt; RUB). – Dass., M. Mann u. E. v. Mendelssohn (in *Novellen u. Gedichte*, Zürich 1956; Nachw. F. M. Wiesner). – Dass., R. M. Baring (in *Niels Lyhne. Novellen*, Mchn. 1951). – Dass., M. Mann u. a. (in *Die Pest in Bergamo. U. a. Novellen*, Ffm. 1977; Insel Tb). – Dass., A. O. Schwede (in *Das erzählerische Werk*, Stg. 1978).

LITERATUR: P. E. Sørensen, *Fascination og handling. Et essay omkring J. P. J.s noveller* (in Kritik, 1970, Nr. 14, S. 22–38). – Ders., *Fascinationens overvindelse. Et essay omkring J. P. J. og det moderne gennembrud* (ebd., 1971, Nr. 20, S. 31–33). –

D. Palis, *»Fru Fønss«* (in DS, 1976, S. 136–139). – M. Kjøller Ritzu, *Fortælleperspektiv, forfatteridentifikation og lykkebegær i »Fru Fønss«* (in Nordica, 4, 1987, S. 35–46).

FRU MARIE GRUBBE. Interieurer fra det syttende Aarhundrede

(dän.; *Frau Marie Grubbe. Interieurs aus dem siebzehnten Jahrhundert*). Roman von Jens Peter JACOBSEN, erschienen 1876. – Die jütische Gutsbesitzerstochter Marie Grubbe heiratet zuerst den norwegischen Statthalter Ulrik Frederik Gyldenløve, einen Sohn von König Frederik III., geht dann nach einem Verhältnis mit ihrem Schwager Sti Høg und dem jungen deutschen Adligen Remigius eine Ehe mit Palle Dyre, einem Angehörigen des Kleinadels, ein und wird sechzehn Jahre später die Frau des Knechts und späteren Fährmanns Søren Ladefoged (Færgemand). – Auf die historische Gestalt der Marie Grubbe hatte schon Ludvig HOLBERG in seiner *89. Epistel* hingewiesen, später hatten diesen Stoff Steen Steensen BLICHER in seiner Erzählung *Brudstykker af en Landsbydegns Dagbog*, 1824 (*Bruchstücke aus dem Tagebuch eines Dorfküsters*), und H. C. ANDERSEN in der Geschichte *Hønse-Grethes Familie*, 1869 (*Hühnergrethes Familie*), gestaltet. Die Anregung zu Jacobsens Roman stammt wohl von Georg BRANDES, der 1869 in seinem Essay über Andersen äußerte, Marie Grubbe sei *»allzusehr ein Charakter, als daß es einem Märchendichter möglich wäre, ihr Wesen darzustellen oder zu erklären«*.

Jacobsen versucht in *Fru Marie Grubbe* eine Synthese zwischen wissenschaftlich dokumentierter Zeitschilderung und modernem psychologischem Roman. Nach den authentischen Scheidungsakten war Marie eine verrohte Nymphomanin, die gesellschaftlich so tief sank, *»weil sie so gern Teer und Pferdeschweiß riechen mochte«*. Mit dieser Frau hat Jacobsens zwar überaus sinnliche, aber stolze, träumerische Heldin wenig gemein. Ihr Charakter ist viel differenzierter; ihre *»Seligkeit der Selbsterniedrigung«* wird psychologisch und soziologisch durchleuchtet. – Die Vierzehnjährige ist im Gartenhaus, umgeben von stark duftenden Blumen, in die Lektüre der grausam-sinnlichen alten Legenden von der frommen Griseldis und der mißhandelten Königin Bruhnhylde vertieft, die in ihr ein frühes Begehren wecken. Wenig später erlebt sie die Belagerung Kopenhagens durch die Schweden und begegnet ihrem ersten »Helden«, dem siegreichen Junker Ulrik Christian Gyldenløve. An seinem Sterbelager werden ihre Illusionen zerstört; der ideale Held zeigt sich angesichts des Todes erbärmlich feige und lüstern. Nach einer Periode übertriebener Religiosität – ihre asketische Frömmigkeit, von Jacobsen unbarmherzig bloßgestellt, hat etwas Masochistisches – stürzt Marie sich in das gesellschaftliche Leben der Hauptstadt. Stolz und sich ihrer Schönheit bewußt, nimmt sie den stattlichen Sohn des Königs zum Gatten. Die Ehe zerbricht, weil der Mann Marie in ihrer Weiblichkeit verletzt. (*»Liebe ist wie eine zarte Blume; wenn die Kälte einer frostigen Nacht ihr Herz verwelkt, so geht sie von der Spitze aus bis zur Wurzel.«*) Trost findet Marie in der kurzen Episode mit dem blutjungen Remigius, der sie aufrichtig liebt, bald aber bei einem Unfall ums Leben kommt. – In der Ehe mit Palle Dyre wird Marie dann vollends zerstört: »*Wie ein schönes und edles Kunstwerk in den Händen der Barbaren verwahrlost und verdorben wird . . . so wurde auch Marie Grubbe in diesen sechzehn Jahren verwahrlost und verdorben.*« Erst bei Søren, ihrem dritten Mann, fühlt sie sich geborgen. Ihre Liebe zu ihm kommentiert Jacobsen so: »*Es war in dieser Selbsterniedrigung ein seltsamer Genuß, der halb mit grober Sinnlichkeit verwandt war, aber auch verwandt mit dem, was zum Edelsten und Besten in der Natur des Weibes gerechnet wird.*«

Jacobsen, der Naturwissenschaftler und Darwin-Übersetzer, hat mit *Fru Marie Grubbe* das erste große Werk des hauptsächlich von den Brüdern Brandes angeregten und geförderten dänischen Naturalismus geschaffen. Ein historischer Roman entsprach zwar nicht ganz den Forderungen der modernen Bewegung, hatte aber durch die Interieurzeichnung und den archaisierenden Sprachton doch demonstrativen Charakter. Jacobsens Naturalismus ist individualistisch; seine Psychologie ist Individualpsychologie. Er schildert den Menschen »*in sein Milieu plaziert*«, von diesem geformt und im Kampf mit ihm. Mit der Moral des Individualisten verteidigt er Marie Grubbe: Sie hat gelebt, wie sie nach ihrer Natur leben mußte. – Die bemerkenswerte Einfühlung in die geschilderte Zeit und die farbenreiche Bildersprache riefen beim Erscheinen des Buches allgemeine Bewunderung hervor, wenn auch seine Irreligiosität von der konservativen Kritik verurteilt wurde; einhellig bedauert wurde allerdings die lose Komposition des Romans. – Lange Zeit unter psychologischen, historischen und philologischen Gesichtspunkten gedeutet oder als Dokument des brandesianischen Naturalismus gefeiert oder verworfen, ist das Buch dank der Schönheit seiner Sprache eines der wenigen Werke des »modernen Durchbruchs« geblieben, die in ursprünglicher Frische diese Literaturströmung überdauert haben. KLL

AUSGABEN: Kopenhagen 1876. – Kopenhagen 1924 (in *Samlede Værker*, Hg. M. Borup, 5 Bde., 1924–1929, 1). – Kopenhagen 1948. – Kopenhagen 1963 (in *Samlede værker*, 2 Bde., 1). – Kopenhagen 1969. – Kopenhagen 1973/74 (in *Samlede værker*, Hg. F. Nielsen, 5 Bde.; m. Einl. u. Komm.). – Kopenhagen ⁷1984, Hg. J. Ottosen. – Kopenhagen 1985.

ÜBERSETZUNGEN: *Frau Marie Grubbe, Interieurs aus dem 17. Jh.*, A. Strodtmann, Bln. 1876. – *Marie Grubbe*, M. Herzfeld (in *GW*, Bd. 2, Florenz/Lpzg. 1898). – Dass., M. Mann, Lpzg. 1918 (RUB). – Dass., J. Sandmeier (in *GW*, Bd. 1, Mchn. 1927). – Dass., P. Hagengast, Bln. 1976 [m. Ill.]. – *Frau*

Marie Grubbe, A. O. Schwede (in *Das erzählerische Werk*, Stg. 1978). – *Frau Marie Grubbe. Interieurs aus dem 17. Jh.*, R. M. Baring, Ffm./Bln. 1980 (m. Nachw.; Ullst. Tb). – Dass., M. Mann, Ffm. 1985.

DRAMATISIERUNG: Sv. Lange, *Marie Grubbe*, dt. Übers. G. I. Klett, Mchn. 1905.

LITERATUR: G. Brandes, *J. P. J.* (in G. B., *Menschen u. Werke*, Ffm. 1894, S. 434–481). – H. Brix, *Gudernes Tungemaal*, Kopenhagen 1911, S. 139–155. – S. Hallar, *Synselementerne i Naturskildringen hos J. P. J.*, Kopenhagen 1921. – P. V. Rubow, *Saga og Pastiche*, Kopenhagen 1923; ²1968, S. 172–211. – O. Holmberg, *Darwinistisk människoskildring. Anteckningar till »Fru Marie Grubbe«* (in *Studier tillägnade E. Liljeqvist*, Hg. G. Aspelin u. E. Åkesson, Bd. 1, Lund 1930). – B. Tigerschiöld, *J. P. J. och hans roman »Niels Lyhne«*, Diss. Göteborg 1945, S. 110–146. – Sv. Møller Kristensen, *Digtning og livssyn*, Kopenhagen 1959. – *Omkring »Fru Marie Grubbe«*, Hg. J. Ottosen, Kopenhagen 1972 [m. Bibliogr.]. – J. Holmgaard, *Interieur fra det 19. århundredes borgerlige kultur*, Kopenhagen 1976. – A. Heitmann, *Noras Schwestern. Weibliche Hauptpersonen in Romanen männlicher Autoren des modernen Durchbruchs. Eine Untersuchung des Entwicklungsaspekts*, Ffm. 1982.

MOGENS

(dän.; *Mogens*). Novelle von Jens Peter JACOBSEN, erschienen 1872 in der Zeitschrift ›Nyt dansk Maanedsskrift‹. – Der junge Naturschwärmer Mogens lernt die Justizratstochter Kamilla kennen, als deren Familie den Urlaub auf dem Land verbringt; die Begegnung der beiden ist in der berühmten einleitenden »Regenwetterszene« geschildert, einem längst klassisch gewordenen Glanzstück dänischer Prosakunst. Die beiden verlieben sich ineinander und verloben sich. Doch unversehens findet das Mädchen bei einem Brand den Tod; Mogens muß den Tod der Geliebten mit ansehen. Die Fassungslosigkeit und die Verzweiflung über das furchtbare Geschehen treiben den jungen Mann an den Rand des Wahnsinns. Um seinen Schmerz über die Sinnlosigkeit von Kamillas schrecklichem Tod zu betäuben, stürzt sich Mogens nun in ein wildes, unstetes und ausschweifendes Bummlerleben und geht ein Verhältnis mit der leichtlebigen, üppigen Laura ein, bis er voller Ekel über das Dasein mit ihr bricht. Heimatlos in der Welt – das Unglück hat ihn auch seines Kinderglaubens beraubt –, gewinnt er schließlich durch die Begegnung mit der zärtlich-liebevollen Thora neuen Lebensmut. Mogens heiratet sie, und ihr gelingt es mit instinktsicherer, inniger Weiblichkeit, daß der Mann, der sich durch sein früheres zügelloses Leben besudelt fühlt, seine Vergangenheit überwindet und zum Glück findet. Die Begegnung Mogens' mit Kamilla wie die mit Thora geht in der Natur vor sich: In der Eingangsszene war es der junge Mann, der durch seinen Gesang das Mädchen anlockte; am Schluß wird Mogens durch Thoras Lied auf sie aufmerksam. Der Mensch ist ein Glied in der Natur, und Mogens' Entwicklung vollzieht sich von der instinktfrischen Freude am Dasein zum reflektierten Verständnis der Natur und der daraus gewonnenen Freude, sich ihren Gesetzen unterzuordnen – der Sieg des Darwinisten über den Romantiker.

Mogens ist Jacobsens Debütwerk und sein entscheidender Beitrag zur Literatur des »Durchbruchs« (vgl. *Hovedstrømninger* von Georg BRANDES). Der Darwin-Übersetzer und Atheist hat hier seine Theorien in poetischer Form dargelegt, jedoch werden die Gestalten aus sich selbst heraus gesehen und geschildert. Mit dieser objektiven Schreibweise lenkte Jacobsen die dänische Literatur in neue Bahnen: Er malt, anstatt zu erklären, der Stil ist adjektivisch, wobei Farbadjektive überwiegen und in völlig neuen Differenzierungen und Kompositionen angewandt werden. Die Prosa ist wirklichkeitsnah, aber suggestiv-impressionistisch, so daß sie zur »poetischen Prosa« wird. – *Mogens* entstand unter dem Eindruck von Brandes' Vorlesungen und war deren erstes künstlerisch gültiges Echo; die Novelle repräsentierte eine neue, aristokratische Kunst. Weltanschaulich gesehen ist sie das Manifest einer neuen Auffassung vom Menschen, das erste Werk des dänischen Naturalismus, ein Ereignis, das ähnlich durchschlagend wirkte wie seinerzeit OEHLENSCHLÄGERS *Sanct Hansaften-Spil* (1802).   F.J.K.

AUSGABEN: Kopenhagen 1872 (in Nyt dansk Maanedsskrift, 3, S. 439–461; 489–507). – Kopenhagen 1882 (in *Mogens og andre Noveller*). – Kopenhagen 1927 (in *Samlede Værker*, Hg. M. Borup, 5 Bde., 1924–1929, 3). – Kopenhagen 1963 (in *Samlede værker*, 2 Bde., 2). – Kopenhagen 1970. – Kopenhagen 1973/74 (in *Samlede værker*, Hg. F. Nielsen, 5 Bde.; m. Einl. u. Komm.). – Kopenhagen 1973 (in *Mogens og andre noveller*; 41983).

ÜBERSETZUNGEN: *Mogens*, A. Strodtmann, Bln. 1877. – Dass., M. Mann, Lpzg. 1910 (IB). – Dass., M. v. Borch, Stg. 1952 (RUB; ern. 1964). – Dass., M. Mann u. a. (in *Die Pest von Bergamo. U. a. Novellen*, Ffm. 1977; Insel Tb). – Dass., A. O. Schwede (in *Das erzählerische Werk*, Stg. 1978).

LITERATUR: S. Hallar, *Synselementerne i naturskildringen hos J. P. J.*, Kopenhagen 1921. – B. Tigerschiöld, *J. P. J. och hans roman »Niels Lyhne«*, Göteborg 1945, S. 101–109. – J. Fjord Jensen, *Turgenjev i dansk åndsliv 1870–1900*, Kopenhagen 1961, S. 102–115. – J. Ottosen, *J. P. J.s »Mogens«*, Kopenhagen 1968 [vgl. dazu K. Wentzel, *Da subjektivt og objektivt blev adskilt*, in Poetik, 1, 1969]. – P. E. Sørensen, *Fascination og handling. Et essay omkring J. P. J.s noveller* (in Kritik, 1970, Nr. 14, S. 22–38). – M. Pahuus, *Erfaring, symbolisering og litteratur – med særlig henblik på J. P. J.s »Mogens«* (in Dansk udsyn, 1983, Nr. 63, S. 227–249).

NIELS LYHNE

(dän.; *Niels Lyhne*). Roman von Jens Peter JACOBSEN, erschienen 1880. – Schon 1867, noch als Student, faßte Jacobsen den Plan, einen Roman »Der Atheist« zu schreiben; mit dem in den Jahren 1874 und 1877–1880 entstandenen *Niels Lyhne* hat er diese Idee verwirklicht. Er hatte für das Werk zunächst den Untertitel *En Ungdoms Historie (Die Geschichte einer Jugend)* vorgesehen, verzichtete darauf aber dann mit der Begründung, daß »*Niels Lyhne völlig dominiert*«. In der Änderung des Titels ist zugleich eine Wandlung der künstlerischen Absicht erkennbar: Das Interesse gilt nicht mehr dem vordergründigen Problem des Atheismus, auch nicht dem historischen Zusammenhang, in dem Niels Lyhne als Repräsentant einer »Jugend«, nämlich der um 1830 geborenen Generation, erscheint, sondern ausschließlich der Entwicklung dieses einzelnen Menschen. Zwar hat der Verfasser an der Fiktion festgehalten, der neue Roman handle von »*denen vor uns*«, er sei »*eine psychologische Schilderung freidenkerisch angelegter Romantiker, die bei uns von den politischen Naturen des Jahres 48 und den religiös Erweckten aus derselben Zeit zurückgedrängt und überflügelt wurden*«, doch ist das Geschichtliche kaum noch als Rahmen der individuellen Lebensbeschreibung zu erkennen. *Niels Lyhne* ist ein psychologischer Entwicklungsroman aus naturalistisch-darwinistischer Sicht.

Die Entwicklung Niels Lyhnes stellt eine absteigende Lebenslinie dar, die Geschichte seines Lebens ist die Geschichte seiner Niederlagen, seines Scheiterns, dessen tiefere Ursache in seiner durch Erbe und Milieu bedingten zwiespältigen, innerlich gebrochenen Natur liegt. Begabt mit einem Übermaß an Phantasie, ist Lyhne unfähig, Traum und Wirklichkeit miteinander zu versöhnen; er bleibt ein Phantast, dem weder das Leben noch die Kunst gelingt. Alle Versuche, der Wirklichkeit habhaft zu werden, schlagen fehl, sei es in der Liebe, der Freundschaft oder der Ehe. Auch sein Atheismus, gemeint als Ausdruck äußerster Wirklichkeitsbejahung gegenüber allen Phantastereien, nimmt bei ihm zunächst phantastisch-ideologische Züge an, bis er – nach schmerzlichen Erfahrungen – schließlich reduziert wird zu einem jener »*Flittergoldnamen für das eine Einfache: das Leben zu tragen, wie es war, und sich das Leben nach den eigenen Gesetzen des Lebens formen zu lassen*«. Nachdem seine Frau Gerda angesichts ihres Todes Zuflucht im alten Glauben gesucht hat und er selbst am Sterbebett seines Kindes der Versuchung erlegen ist, Gott um Hilfe anzurufen, bleibt ihm nur noch die Resignation. Er endet in einem passiven Individualismus, der von der traurigen Einsicht in die absolute Einsamkeit des Menschen und die Unmöglichkeit einer Verschmelzung der Seelen bestimmt ist. Im Deutsch-Dänischen Krieg 1864, an dem er als Freiwilliger teilnimmt, wird er verwundet und stirbt endlich »*den Tod, den schweren Tod*«.

Neben der Phantasterei bildet der Atheismus ein wesentliches Motiv des Romans. Doch ist das Freidenkerische nicht dessen Thema, sondern ein Ingrediens, das – nach Jacobsens Worten – nur so weit aufgenommen wurde, »*als es notwendig ist für das Verständnis der Menschen*«. In bewußtem Gegensatz zu der Forderung eines Georg BRANDES, die Literatur solle »*Probleme zur Debatte stellen*« (vgl. *Hovedstrømninger*), will Jacobsen im Sinne eines konsequenten Naturalismus objektiv die Entwicklung eines Menschen beschreiben. Er widerspricht darum auch der Auffassung, »*Niels Lyhne sei das Ideal des Verfassers oder als Muster zur Nachfolge aufgestellt*«, mit dem Hinweis, »*daß es für Naturalisten wie für Kammerdiener (sans comparaison) keine Helden gibt*«. Andererseits hat er das Werk eine »persönliche Rechenschaft« genannt. Damit ist das streng naturalistische Prinzip durchbrochen. Die persönliche Problematik hat bewirkt, daß Jacobsen sich in diesem Roman mehr als in früheren Werken auch in formaler Hinsicht vom Naturalismus entfernt, etwa durch die Wiedereinführung des Erzähler-Ichs, das zwar nur einmal direkt hervortritt, aber – wie Jacobsen selbst betont – das ganze Werk hindurch immer wieder in der Form lyrischer Weltanschauungsbekenntnisse auftaucht. Damit hängen der Lyrismus des Stils, die zahlreichen reflektorischen Partien mit allgemeinen Betrachtungen des Dichters sowie auch die äußere Struktur zusammen: die Aufgliederung in bedeutsame Episoden oder Situationen an Stelle einer fortlaufenden Erzählung. – Der Erfolg des Werks war zunächst nur mäßig. Die Brüder Georg und Edvard BRANDES waren von ihm enttäuscht. Begeistert urteilten dagegen Henrik IBSEN und Alexander L. KIELLAND. Die Wirkung des Romans auf die Entwicklung der Literatur war dagegen außerordentlich groß, besonders in der impressionistischen oder neuromantischen Epoche. Außerhalb Skandinaviens hat es vor allem in Deutschland von allen Werken Jacobsens den stärksten Einfluß ausgeübt, von dem kaum ein Schriftsteller um die Jahrhundertwende unberührt geblieben ist und der sich bis in die Heimat- und Unterhaltungsliteratur hinein nachweisen läßt. Von besonderer Bedeutung war dieser Einfluß sowohl in künstlerischer als auch in geistiger Beziehung für die Entwicklung RILKES; ihm ist es auch in hohem Maß zu verdanken, daß *Niels Lyhne* und die übrigen Werke Jacobsens überhaupt in Deutschland lebendig geblieben sind.   H. Fau.

AUSGABEN: Kopenhagen 1880. – Kopenhagen 1926 (in *Samlede Værker*, Hg. M. Borup, 5 Bde., 1924–1929, 2). – Kopenhagen ²1962, Hg. N. Ferlov [m. Nachw.]. – Kopenhagen 1963 (in *Samlede værker*, 2 Bde., 2). – Kopenhagen 1964, Hg. N. Barfoed [m. Nachw.; ³1980]. – Kopenhagen 1973/74 (in *Samlede værker*, Hg. F. Nielsen, 5 Bde.; m. Einl. u. Komm.). – Kopenhagen 1974; ²1977. – Kopenhagen 1986, Hg. J. Vosmar [m. Nachw. u. Anm.].

ÜBERSETZUNGEN: *Niels Lyhne*, M. v. Borch, Lpzg. 1889 (RUB). – Dass., M. Mann, Paris/Lpzg. 1895. – Dass., M. Herzfeld (in *GW*, Bd. 3, Florenz/Lpzg.

1898). – Dass., J. Sandmeier (in *GW*, Bd. 2, Mchn. 1927). – Dass., F. M. Wiesner, Zürich o. J. – Dass., R. M. Baring, Mchn. 1951. – Dass., O. Enking, Lpzg. 1969. – Dass., E. Vollmer, Wiesbaden 1969. – Dass., A. O. Schwede (in *Das erzählerische Werk*, Stg. 1978). – Dass., M. Mann, Ffm. 1981 [Nachw. F. Paul; Ill. H. Vogeler]. – Dass., M. v. Borch, Stg. 1984 (rev.; Nachw. u. Dokumentation K. Bohnen; RUB). – Dass., A. Matthiesen, Zürich ³1986.

LITERATUR: *Omkring Niels Lyhne*, Hg. N. Barfoed, Kopenhagen 1970 [m. Bibliogr.]. – K. Wentzel, *J. P. J.: »Niels Lyhne«. Fortolkning og skæbne*, Kopenhagen 1970. – J. Holmgaard, *Den forsvundne produktivitet* (in J. H., *Tekststrukturer*, Kopenhagen 1971). – A. Heitmann, *Noras Schwestern. Weibliche Hauptpersonen in Romanen männlicher Autoren des modernen Durchbruchs. Eine Untersuchung des Entwicklungsaspekts*, Ffm. 1982. – P. Borum, *Livstydninger*, Kopenhagen 1984.

PESTEN I BERGAMO

(dän.; *Die Pest in Bergamo*). Novelle von Jens Peter JACOBSEN, erschienen 1882. – In dem norditalienischen Städtchen Bergamo bricht die Pest aus. Die Menschen suchen zunächst ihre Zuflucht in inbrünstigen Gebeten, dann in hemmungslosen Orgien. Sie geben sich dem Trunk, Ausschweifungen und der Gottlosigkeit hin, bis eines Tages ein Zug von Flagellanten das Städtchen erreicht. Zunächst werden die Pilger verhöhnt, dann aber gerät die Menge doch in den düsteren Bann des Bußpredigers. Diese späte Novelle von Jacobsen ist eine Aneinanderreihung präziser Stimmungsbilder von der Pest und eine Darstellung ihrer psychologischen Auswirkungen. Keine Person ist individuell profiliert, und wenn einzelne aus der Masse des Volkes heraustreten, so nur, um Schwerpunkte der Darstellung zu bilden, die den malerischen Effekt symbolisch überhöhen. So verkörpert der Prediger im Dom, wo sich sowohl die Geißler, die Gottes Gnade durch unmenschliche Bußübungen zu erreichen suchen, als auch die von Todesangst besessenen und enthemmten, gottlos gewordenen Bergamasker versammeln, die ekstatische religiöse Sinnlichkeit, in der sich beide Gruppen vereinigen werden und die in Akten der Selbsterniedrigung ihre Befriedigung findet – eine psychologische Erkenntnis Jacobsens, mit der er schon 1865, als Achtzehnjähriger, in einem Schulaufsatz seine Lehrer verblüffte: »*. . . Bußübungen sind Sinnlichkeit.*«
In der Beschreibung der Erscheinungsform der Pest stützte er sich vermutlich auf das berühmte Eröffnungskapitel des *Decamerone* von G. BOCCACCIO; die Stadt Bergamo dagegen lernte er auf seiner letzten Auslandsreise kennen; daher zeigt das Werk, dessen Akzent auf der Darstellung massenpsychologischer Phänomene liegt, auch die für Jacobsen typische Genauigkeit im lokalen wie historischen Detail.   A. H.

AUSGABEN: Kopenhagen 1882 (in *Mogens og andre Noveller*). Kopenhagen 1927 (in *Samlede Værker*, Hg. M. Borup, 5 Bde., 1924–1929, 3). – Kopenhagen 1963 (in *Samlede værker*, 2 Bde., 2). – Kopenhagen 1969. – Kopenhagen 1973/74 (in *Samlede værker*, Hg. F. Nielsen, 5 Bde.; m. Einl. u. Komm.).

ÜBERSETZUNGEN: *Die Pest in Bergamo*, J. Sandmeier (in *GW*, Bd. 3, Mchn. 1927). – Dass., ders., Heidelberg/Lpzg. 1946 [zus. m. *Frau Fönß*]. – Dass., A. Rausch (in *Mogens und andere Novellen*, Bln. 1947). – Dass., M. Mann (in *Die Pest in Bergamo. U. a. Novellen*, Ffm. 1977; Insel Tb). – Dass., A. O. Schwede (in *Das erzählerische Werk*, Stg. 1978).

LITERATUR: N. Ingwersen, *J. P. J.s »Pesten i Bergamo«* (in Meddelelser fra Dansklærerforeningen, 1969). – K. Wentzel, *Omkring J. P. J.s »Pesten i Bergamo« og Henrik Pontoppidans »Ilum Galgenbakke«* (in Kritik, 1970, Nr. 15, S. 26–43). – J. Holmgaard, *Den nådesløse identitet* (in *Analyser af dansk kortprosa*, Bd. 1, Hg. J. Dines Johansen, Kopenhagen 1971). – H. Leth Pedersen, *J. P. J.s »Pesten i Bergamo«* (in DS, 1977, S. 45–61).

ET SKUD I TAAGEN

(dän.; *Ein Schuß im Nebel*). Novelle von Jens Peter JACOBSEN, erschienen 1875 in der Zeitschrift ›Det nittende Aarhundrede‹. – Auf Stavnede übt der etwa fünfundzwanzigjährige Henning Lind die Tätigkeit eines Gutsverwalters aus. Als sein übel beleumundeter Vater verarmt und verschuldet gestorben war, hatte sich ein Onkel seiner angenommen, ihn jedoch trotz seiner Begabung nur bis zur Konfirmation auf der Lateinschule belassen. Henning mußte sich der Landwirtschaft widmen – auf dem Gut Stavnede ein hoffnungsloses Unterfangen. Der Hof ist in äußerst schlechter Verfassung. Verbesserungen können nicht vorgenommen werden, da das nötige Kapital fehlt. Die Stellung des jungen Mannes ist somit recht schwierig, zumal die alte Lind den Neffen ständig demütigt und ihn darauf hinweist, wie sehr er ihm zu Dank verpflichtet sei. Was Henning dennoch hindert, Stavnede zu verlassen, ist seine geradezu »hündische« Liebe zu Agathe, der Tochter des Hauses. Die demütigende Behandlung, die er über sich ergehen lassen muß, hat ihn indessen in Agathes Augen gänzlich abgewertet – für sie ist Henning einer aus einer niedrigeren Klasse; seine Unterwürfigkeit macht ihn zum Sklaven. Die Tatsache, daß Agathe sich mit dem schmucken Niels Bryde verlobt hat, will Henning einfach nicht wahrhaben. In seiner maßlosen Eifersucht geht er sogar so weit, Agathe gegenüber anzudeuten, Niels betrüge sie – mit dem Erfolg, daß sie Henning jetzt gänzlich verachtet und ihm eine Ohrfeige gibt. Nun erwachen in Henning brutale Instinkte. Er will endlich Rache für »*die langen Jahre der Erniedrigung, die tausend qualvoller Stunden, Rache für seine verlorene Selbstachtung, Rache für sei-*

ne sklavische Liebe und für den Backenstreich«. – Kurze Zeit später bietet sich eine Gelegenheit: Bei dichtem Nebel mit Niels zusammen auf der Jagd, wird Henning von seinem leidenschaftlichen Haß übermannt, erschießt hinterrücks seinen Nebenbuhler und tarnt den Mord als Unfall. Am Tag nach der Beerdigung verläßt er Stavnede und geht zu seinem anderen Onkel nach Schleswig, der ihm angeboten hat, die Geschäftsführung seiner Holzhandlung zu übernehmen.

Der zweite Teil der Novelle spielt vier Jahre später. Henning hat inzwischen den Holzhändler beerbt, der alte Lind auf Stavnede ist gestorben. Er hat den Hof so hoch verschuldet hinterlassen, daß er verkauft werden mußte; Agathe hatte fast nichts übrig behalten. Henning ist jetzt der Eigentümer des Hofes, während Agathe mit einem gewissen Klavsen verlobt ist. Doch Henning findet keine Ruhe, der Mord lastet auf seinem Gewissen, nur der Haß auf Agathe gibt ihm Lebenskraft: Sie hat seinen Seelenfrieden zerstört und ahnt nicht einmal etwas von »*der ganzen Welt von Qual und Elend, die sie geschaffen hat*«. Doch er läßt sich nichts anmerken, sondern trägt sogar die Kosten für ihre Aussteuer, macht ihren Brautführer und unterstützt Klavsen bei gewagten Spekulationen. Dieser macht bei ihm immer mehr Schulden, und als er das Geschäft seines Lebens ahnt, das ihn zum reichen Mann machen könnte, Henning sich schließlich jedoch zurückzieht, fälscht er Wechsel auf dessen Namen. Das Unternehmen mißlingt, Klavsen steht vor dem Ruin. Da sucht Agathe, die kurz zuvor ein Kind geboren hatte, Henning auf, gesteht ihm die Fälschungen und versucht ihn zu bewegen, die Wechsel anzuerkennen. Kniefällig bittet sie ihn um Hilfe, doch vergebens. Ihrem Mann bleibt jetzt nur noch die Flucht, doch Henning hat bereits die Polizei alarmiert, damit sie ihn fasse. Agathe erkrankt und stirbt. Jetzt hat Henning endlich seine Rache. Auf dem Heimweg von ihrem Totenbett – wieder herrscht dichter Nebel – hat er das unheimliche Gefühl, verfolgt zu werden. Immer näher kommt ihm dieses Etwas, und schließlich spürt er den Griff klammer, weißer Finger an seiner Kehle. – Am nächsten Tag erwartet man ihn beim Begräbnis Agathes vergebens.

Henning Lind steigert sich, immer in der Überzeugung von seiner »Sklavennatur« lebend, in ein geradezu pathologisches Racheverlangen, und selbst der Mord kann ihm kein natürliches Selbstgefühl vermitteln. Eine dumpfe Befriedigung überfällt ihn erst, als er alles zerstört hat – Agathes Glück und sein eigenes. Aber er konnte nicht einmal im Negativen eine »große« Tat vollbringen; von den Erinnyen wird er zu Tode gejagt. – Der Aufbau der Novelle ist streng symmetrisch. In äußerst konzentrierter, fast unterkühlter Sprache, die jede Nuance im Seelenleben der Hauptgestalt ans Licht bringt, entwickelt Jacobsen diesen geradezu masochistischen Charakter, dem seine Selbsterniedrigung zum perversen Genuß wird – in gewissem Sinn eine männliche Parallele zur Titelgestalt in *Fru Marie Grubbe* (1876).

                                      F.J.K.

Ausgaben: Kopenhagen 1875 (in Det nittende Aarhundrede). – Kopenhagen 1927 (in *Samlede Værker*, Hg. M. Borup, 5 Bde., 1924–1929, 3). – Kopenhagen 1963 (in *Samlede værker*, 2 Bde., 2). – Kopenhagen 1973/74 (in *Samlede værker*, Hg. F. Nielsen, 5 Bde.; m. Einl. u. Komm.).

Übersetzungen: *Ein Schuß im Nebel*, anon., Bln. 1877. – Dass., Ch. H. Kleukens, Mainz 1951. – *Ein Schuß in den Nebel*, M. Herzfeld, Mchn. 1961. – Dass., M. Mann u. a. (in *Die Pest in Bergamo. U. a. Novellen*, Ffm. 1977; Insel Tb). – *Ein Schuß im Nebel*, A. O. Schwede (in *Das erzählerische Werk*, Stg. 1978).

Literatur: P. E. Sørensen, *Fascinationens overvindelse. Et essay omkring J. P. J. og det moderne gennembrud* (in Kritik, 1971, Nr. 20, S. 20–24). – J. Dines Johansen, *Pletten der voksede. Om tematisk og skriptuel analyse anvendt på J. P. J.s »Et Skud i Taagen«* (in J. D. J., *Tegn, Tekst, Betydning. Introduktion til nyere fransk filosofi*, Kopenhagen 1972).

JØRGEN-FRANTZ JACOBSEN

* 29.11.1900 Tórshavn
† 24.3.1938 Vejlefjord

BARBARA

(dän.; *Ü: Barbara und die Männer*). Roman von Jørgen-Frantz Jacobsen (Färöer), postum erschienen 1939. – Die Quelle des Romans bildet ein Zyklus von Volkssagen, die sich um die Landschreiberstochter Bendte Christine Broberg († 1752) ranken. Sie soll eine engelsgleiche Gestalt und einen bösartigen Charakter, zuweilen gar Hexenkräfte besessen haben. Nacheinander war sie mit drei Pastoren verheiratet, und die Volkssage wirft ihr vor, daß sie den ersten beiden den Tod, dem dritten eine schmähliche Amtsenthebung gebracht habe. Jacobsen behält das äußere Handlungsschema der Volkssage bei bis auf die Szenen, die von den zauberischen Fähigkeiten der Heldin und ihres dritten Ehemannes berichten. Er gibt ein kulturgeschichtlich zuverlässiges und sehr anschauliches Bild des Lebens auf den Färöern in der Mitte des 18. Jh.s.

Barbara ist jedoch im Gegensatz zu ihrem historischen Vorbild keine von Grund auf böse Frau, sondern vielmehr »wie die Natur selbst, verantwortungslos, aber zugleich blind, leicht zu hintergehen«. Sie ist gegen alle gut und freundlich, und niemand kann ihrem Zauber widerstehen; sie will alle lieben und von allen geliebt werden. Jacobsen zeichnet eine Frau von kindhafter Unmittelbarkeit der Gefühle, sie schenkt ihre Liebe jedesmal ganz und ohne Vorbehalt, aber ebenso rasch wendet sie ihre Neigung in ebenso wahrhafter und rückhaltloser Weise einem anderen zu. Als der junge dänische Pastor Poul Aggersøe auf die Färöer kommt, verfällt er der zweimal Witwe gewordenen Barbara völlig, aber auch sie ist diesmal ehrlich bemüht, ihm eine gute und treue Frau zu sein. Zwar erkennt der Pastor bald den zwiespältigen Charakter Barbaras, aber eben diese Unberechenbarkeit zieht ihn gleichzeitig an; er vertraut ihr und weiß doch zugleich, daß er sich selbst damit belügt. Barbaras Jugendfreund, der Student Andreas, erhält von der dänischen Regierung den Auftrag, auf die Färöer zu reisen und einen Bericht über die soziale und wirtschaftliche Situation der Inseln auszuarbeiten. Barbara vermag ihm nicht zu widerstehen, sosehr sie sich auch gegen ihn wehrt, und des Pastors Versuch, seine Frau mit allen Mitteln wiederzugewinnen, mißlingt; er wird zum Säufer, verkommt und verliert Amt und Ansehen. Andreas hingegen ist in seinen Gefühlen ebenso heftig und unbeständig wie Barbara selbst, und was bei ihr Wahrhaftigkeit – zumindest des Augenblicks – ist, ist bei ihm Sucht nach Abenteuer und Selbstbestätigung. Als sein Onkel, ein Amtmann auf den Färöern, ihm mit einer umfangreichen Materialsammlung die rasche Erfüllung des königlichen Auftrags ermöglicht, flieht Andreas heimlich nach Kopenhagen. Barbara zerbricht an dieser Treulosigkeit in gleicher Weise, wie der Pastor an ihrer Treulosigkeit zugrunde gegangen ist.

Die psychologische Zeichnung der Personen, vor allem der Heldin und des Studenten, aber auch des Pastors, ist von zeitloser Gültigkeit (mit Ausnahme des Amtmanns, dessen von der beginnenden Aufklärung beeinflußtes Charakterbild eher wie ein epochenspezifischer Typus wirkt). Insgesamt bilden die Hauptgestalten des Romans einen Kontrast zu der farbigen Schilderung des Lebens auf den entlegenen Inseln in der Mitte des 18. Jh.s mit ihrer kleinstädtischen Gesellschaft, der die Maßlosigkeit und erschreckende Natürlichkeit Barbaras ein Ärgernis ist. – Der jung verstorbene Autor hat mit diesem Roman, der sein einziges größeres erzählendes Werk geblieben ist, zum erstenmal einen beachtenswerten färöischen Beitrag zur Literatur des 20. Jh.s geleistet. K.S.

Ausgaben: Kopenhagen 1939. – Tórshavn 1972 (*Baba og Harra Pál*; fär.). – Kopenhagen ³1980, Hg. u. Nachw. W. Heinesen.

Übersetzung: *Barbara und die Männer*, W. v. d. Mülbe, Hbg. 1940. – Dass., ders., Hbg. 1950 u. ö. (rororo; ern. 1978).

Literatur: O. Jacobsen, *J.-F. J.* (in *Danske digtere i det 20. århundrede*, Bd. 2, Kopenhagen 1955, S. 283–289). – H. Brønner, *Three Faroese Novelists*, NY 1973 [m. Bibliogr.]. – A. Dahl, *Bókmentasøga*, Bd. 2, Tórshavn 1981, S. 133–137. – *Det dyrebare liv. J.-F. J. i strejflys af hans breve*, Hg. W. Heinesen, Kopenhagen ³1985.

MAGNUS DAM JACOBSEN

* 6.7.1935 Tórshavn
† 21.8.1978 Kopenhagen

Í GRØNLANDI VIÐ KONGSHAVN.
Heilsan frá einum proletari

(fär.; *In Grönland mit der Kongshavn. Gruß eines Proleten*). Aufzeichnungen von Magnus Dam JA-COBSEN, erschienen 1976. – Ausgangspunkt und Grundlage dieses »Berichts« waren, so der Verfasser im Vorwort, vor allem Tagebucheintragungen während eines Fischfangs vor Grönland vom 8. 6. bis 12. 11. 1965, die er in der darauffolgenden Zeit zehnmal bearbeitet hat: *»Vielleicht ist das Buch mehr eine Wiedergabe meines verworrenen Lebens als ein Bericht über das Schiff Kongshavn und seine Mannschaft, aber das muß der Leser selbst entscheiden. Jedenfalls bildet der Alltag an Bord das Gerüst des Buches.«*
Dieses Gerüst dient als Stütze für sehr unterschiedliche Texte. Die einzelnen Tagebuchaufzeichnungen geben Gespräche des täglichen Lebens wieder, die den Erzähler dazu veranlassen, alle möglichen Erlebnisse, Lektüreerfahrungen, Fragen der Lebenseinstellung und Begegnungen mit Menschen zu diskutieren. Der Besatzung des Schiffes, z. B. dem Koch, werden dabei Gedanken und Äußerungen des Verfassers zugeschrieben, wie Jacobsen im Vorwort zu seinem einzigen Roman, *Skitsur – býurin og stórbýurin*, 1977 *(Skizzen – Stadt und Großstadt)*, nochmals darlegt. Insofern vermittelt das Buch tatsächlich ein Bild von Jacobsen selbst und weniger einen Eindruck vom Schiff und von der Fangexpedition. Ein Schiff ist »wie ein Mensch«, sagt der Verfasser, demzufolge besteht das »Bewußtsein« des Schiffes wohl aus dem kollektiven Bewußtsein der auf ihm lebenden Seeleute, ihrer jeweiligen Nationalität und ihren Interessen.
I Grønlandi viδ Kongshavn ist zwar ein Tagebuch mit den korrekten Namen der authentischen Besatzungsmitglieder, mit vielen Fotos und biographischen Details zu diesen Personen, aber es wird ganz deutlich, daß sich der Autor hier nicht auf journalistischen Dokumentarismus beschränken will. Die Glaubhaftigkeit soll zwar durch wahrheitsgetreue Einzelheiten, die einen Eindruck von genau dieser Fahrt vermitteln, unterstrichen werden, aber die Seeleute sind dennoch typisierend gesehen, insofern der Verfasser immer wieder Dinge, die sich auf diesem Schiff ereignen mit analogen Verhältnissen und Erlebnissen auf anderen Schiffen vergleicht, ob es nun um die Schiffsköche geht oder um die Schiffsjungen, mit denen allerhand Schabernack getrieben wird, oder ob das allenthalben spürbare Heimweh zum Thema wird.
Mit diesem »Bericht vom Arbeitsplatz« schuf Magnus Dam Jacobsen ganz bewußt eine neue Art von Literatur für die Färöer. Der Untertitel *Gruß eines Proleten* ist im Zusammenhang mit den dokumen-

tarischen Berichten vom Arbeitsplatz zu sehen, die in den sechziger und siebziger Jahren in ganz Skandinavien geschrieben wurden (Sara LIDMAN, Dagmar ANDREASSEN u. a.). Diese Art Literatur wird hier allerdings nicht diskutiert; zwar entsteht der Eindruck, der Autor sei ein engagierter, international orientierter Sozialist, aber die historische und literarische Tradition der Färöer liegt ihm durchaus näher – und er will mit seinem Werk zu ihrer Bereicherung beitragen.
Die Sprache Jacobsens hatte für die Färinger eine schockierende Wirkung. So urteilte etwa der Schriftsteller Hanus ANDREASSEN in ›Sosialurin‹: *»Dieses Buch ist für die färöische Literatur sprachlich … ein kalter Guß, der die seichte Lache mit ihren steifen Übersetzungen und sprachlich verdrehten, zaghaften Romanen aufwühlt …«* Auch Arni DAHL wies darauf hin, daß Jacobsen sich von den anderen färöischen Schriftstellern unterscheide: *»Als Autor ging Magnus Dam Jacobsen sprachlich seinen eigenen Weg; so weit es ihm möglich war, näherte er die Schriftsprache der gesprochenen Sprache an.«* In dieser Erneuerung des Färöischen sieht der Autor selbst seine wesentliche Aufgabe, denn nichts sei wichtiger als eine lebendige Sprache, die sich weiterentwickelt und von jedermann benutzt werden kann. Kinder sollen lernen, daß *»Regeln gut sind, wenn nichts anderes zur Verfügung steht, daß es aber viel besser ist, selbst produktiv zu sein«.*   K.Al.

AUSGABE: o. O. 1976 [Selbstverlag].

LITERATUR: H. Andreassen, *Ein spann í støðuhylin* (in Sosialurin, 6. 11. 1976). – A. Dahl, *Bókmentasøga*, Bd. 3, Tórshavn 1983, S. 79–81.

ROLF JACOBSEN

* 8.3.1907 Oslo

DAS LYRISCHE WERK (norw.) von Rolf JACOBSEN.
Rolf Jacobsen darf für sich beanspruchen, gemeinsam mit Claes GILL, Emil BOYSON und anderen der modernen Lyrik in seinem Heimatland zu einem späten Durchbruch verholfen zu haben. Auch wenn er sich zunächst dagegen wehrte, *»modernist«* genannt zu werden – er selbst sah sich als Dichter des Imagismus –, befinden sich seine seit 1933 erscheinenden Sammlungen deutlich in Opposition zu traditionellen Mustern. So wie er auf konventionelle Reimschemata verzichtet und sich als Anhänger des *»vers libre«* zu erkennen gibt, zeugt auch sein poetisches Verfahren, das ihn vom Ausgangspunkt einer visuellen Idee zu prägnanten Dinggedichten führt, von einem wachsamen, modernen Bewußtsein. – Jacobsen zählt heute nicht nur zu den zentra-

len Gestalten der norwegischen Lyrik dieses Jahrhunderts, sondern hat sich allmählich auch internationales Renommee erworben. Bereits 1960 wurde er in H. M. ENZENSBERGERS berühmter Anthologie *Museum der modernen Poesie* einem deutschen Publikum vorgestellt; und inzwischen liegen seine Gedichte in nicht weniger als 19 Sprachen vor.

Jacobsen stammt aus bürgerlichem Milieu in Oslo, doch schon als sechsjähriges Kind zog er mit seiner Familie in die Landschaft Solør nördlich der Hauptstadt. Über den Dialekt dieser Gegend urteilte Jacobsen später, daß er seine Sprache nachhaltig beeinflußt und bereichert habe – ebenso wie die altnordische Edda- und Skaldendichtung, die er auf dem Gymnasium gründlich kennenlernte. Er schätzte die ästhetische Vollkommenheit und Klangfülle dieser Gedichte und Lieder und hielt sie wegen ihrer harten, schlagenden Rhythmik und assoziativen Sprachverdichtung – und trotz ihrer mittelalterlichen Herkunft – für treffende Artikulationen seiner Zeit. Vorübergehend studierte Jacobsen Philologie, doch die angespannte ökonomische Lage in den zwanziger und dreißiger Jahren verhinderte einen Abschluß; statt dessen sah er sich gezwungen, unter anderem als Garderobier, Buchverkäufer und Nachtredakteur der ›Hamar Stiftstidende‹ Geld zu verdienen.

Nach anfänglichen Versuchen als Maler und Zeichner führte ihn die Lektüre von Autoren wie Karel ČAPEK, Bertolt BRECHT, Harry MARTINSSON, APOLLINAIRE und Carl SANDBURG zu ersten eigenen literarischen Arbeiten. 1932, ein Jahr vor seinem Debut, erschien Aldous HUXLEYS düstere Utopie *Brave New World*, doch die eindringliche Warnung vor einer sich zum Schaden des Menschen verselbständigenden Technik berührte ihn zu diesem Zeitpunkt kaum. Sein erstes Buch, *Jord og jern (Erde und Eisen)*, muß ganz im Gegenteil als Huldigung an die moderne Zivilisation verstanden werden: Jacobsen versuchte mit seiner Poesie, Tempo, Dynamik und Kraft seiner Zeit in Wort und Rhythmus zu bannen – und die veränderte Welt der Dinge, mit ihren Industriekränen, ihrem Flugzeuglärm und ihren Eisenbahnschwellen, so bildhaft und sinnlich wie möglich vor Augen zu führen. Durchaus im Einklang mit sozialdemokratischem Gedankengut ließ sich Jacobsen von der Vorstellung leiten, daß auf der Grundlage der neuen Industrie und Technologie eine bessere zukünftige Gesellschaft realisiert werden könne. Auch im folgenden Band, *Vrimmel (Gewühl)*, ist dieser Standpunkt gegenwärtig, doch aus einzelnen Gedichten spricht hier bereits ein nüchterner Pessimismus. Latent scheint die Möglichkeit auf, daß die Entwicklung der Zivilisation in einer Katastrophe enden könnte. Jacobsen kommentiert mitunter von einem ironisch-makabren, olympischen Standort herab, und erstmals sind seine Gedichte von beklemmender Angst, einer Atmosphäre der Unheimlichkeit vor allem einem Gefühl der Vergänglichkeit des menschlichen Lebens durchwirkt. Nach einer sechzehnjährigen Pause veröffentlichte er 1951 – im gleichen Jahr, als er zum Katholizis-

mus konvertierte – seine Sammlung *»Fjerntog« (Fernzüge)*, die sensible Naturschilderungen enthält. Die Gedichte eröffnen einen Blick auf die Schönheiten des Kosmos, von der kleinsten Blume bis zum mächtigen Nordeismeer, ohne doch jemals in falsche Idyllik umzuschlagen.

Der 1954 erschienene, von der Kritik einhellig gefeierte Band *Hemmelig liv (Heimliches Leben)* gilt im allgemeinen als Jacobsens zweites Debutbuch. Die Maschinen erscheinen nun als Feinde, als lebens- und umweltbedrohende Ungeheuer, die überhandnehmen und für den Menschen kaum noch kontrollierbar sind. Plastisch tritt zutage, die geistlose Supermarktkultur *(Butikk-kvartalet I–IV – Geschäftsviertel I–IV)*, überhaupt der materialistische Götzendienst der Zeit, Emotionen der Unbehaglichkeit und Frustration, ja nackten Schmerz hervorruft. Mit seismographischem Bewußtsein spürt Jacobsen aktuelle Strömungen und die sich in eine Skepsis gegenüber der Technologie wandelnde Haltung der Menschen auf. In stärkerem Maße als je zuvor wendet er sich der Natur und den alten, ursprünglichen Werten zu. In den folgenden Bänden *Sommeren i gresset*, 1956 *(Der Sommer im Gras)*, *Brev til lyset*, 1960 *(Brief an das Licht)*, *Stillheten efterpå*, 1965 *(Die Stille danach)*, *Headlines*, 1969 *(Headlines)* und *Pass for dørene – dørene lukkes*, 1972 *(Vorsicht an den Türen – die Türen schließen sich)* verdichten sich Bilder von der Rastlosigkeit der Zeit, der kosmischen Einsamkeit des Menschen und der Bedrohung durch die bevorstehende Apokalypse zu einer Grundstimmung des Pessimismus und der Entfremdung. Jacobsens unermüdliche, sich stets erneuernde poetische Ironie verhindert indes, daß seine Lyrik in Monotonie und Schwarzmalerei erstarrt.

Schon Jahre vor der »grünen«, ökologischen Welle versuchte Jacobsen den Lesern ein Bewußtsein von den Gefahren der technokratischen Gesellschaft zu vermitteln, während es ihm gleichzeitig darauf ankam, zu zeigen, daß die Ressourcen sich in den Menschen selbst befinden – aber so bald wie möglich mobilisiert werden müssen. *Pusteøvelse*, 1975 *(Atemübung)* kann als Synthese seiner literarischen Produktion bis dahin begriffen werden: alte Themen und Motive, in denen sich dieselben, alten Befürchtungen ausdrücken, werden hier jedoch unmittelbarer und wirkungsvoller als in seinen früheren Gedichten mit satirischen Elementen konfrontiert. Die Hoffnung liegt darin, zurückzuschauen und eine Balance zu finden: die eingeatmete neue, frische Luft säubert die Lungen von allen Verunreinigungen. Nach der 1979 publizierten Sammlung mit dem ironischen Titel *Tenk på noe annet (Denk an was anderes)* gesteht Jacobsen in dem schmalen Bändchen *Nattåpent*, 1985 *(Tag und Nacht geöffnet)* ein, daß die moderne Technik beachtlichen Wohlstand und bessere physische Bedingungen geschaffen hat, aber gleichzeitig Defizite im psychischen Bereich hinterläßt. Jacobsen fordert dazu auf, die Schwierigkeiten im Kampf gegen Einsamkeit, Kontaktlosigkeit, Isolation, Angst und Verzweiflung bewußt in Kauf zu nehmen: »... *mar-*

schiere gegen den Wind, du bekommst rotere Wangen / finde den unwegsamen Pfad. Verlasse ihn nicht.« *(Nord)* Es gelte, Brücken zu bauen zwischen den Individuen, den Nationen, den Kontinenten, zwischen dem Irdischen und dem Kosmischen. Die Liebe werde sich als die siegende Kraft erweisen, die auch den Tod überdaure. Besonders eindringlich variiert Jacobsen diese Botschaft in den Liebesgedichten *(Rom 301 – Zimmer 301)* an seine im Krankenhaus verstorbene Frau Petra. Rasch waren acht Auflagen und 13 000 Exemplare des Buches vergriffen – keine andere Sammlung hatte einen so durchschlagenden Erfolg wie diese.

Schon Jacobsens frühe Lyrik läßt erkennen, daß ihm daran gelegen war, die Gegensätze seiner Zeit zu überbrücken und ein Gleichgewicht zwischen der Technik und der Natur oder – wie er selbst formulierte – dem Eisen und der Erde, dem »Grauen« und dem »Grünen« herzustellen. Dem Menschen ist aufgetragen, nicht nur in beiden Reichen zu leben, sondern sie kontinuierlich in Balance zu halten. Indem Jacobsen Phänomene der Technik, wie etwa Telefondrähte, Gasleitungen, Abflußkanäle – diese *»eisenverkleideten Eingeweide der Städte«* – aus nächster Distanz beschreibt, erschließt er der Lyrik neue Symbol- und Motivkreise und nähert sich in seiner Diktion dem Rhythmus der Alltagssprache an. Bei der Wahl moderner Sinnbilder hat er sich nach eigener Aussage von den *kenningar*, den poetischen Umschreibungen der Edda- und Skaldenlyrik, inspirieren lassen, während er die Präzision des Ausdrucks und die äußerste Wortknappheit von den anonymen Erzählern der isländischen Sagaliteratur erlernt habe. – In Jacobsens zuletzt erschienenen Gedichten kommt immer stärker ein Bewußtsein dafür zum Ausdruck, daß die Zerstörung der Umwelt eine benennbare Ursache hat. Diese Einsicht mündet in eine dezidiert politische Kritik am unverantwortlichen Raubbau an den natürlichen Rohstoffen, generell an der kapitalistischen Konsumkultur und dem Eskapismus der Unterhaltungsindustrie. Der Mensch befinde sich in einer existentiellen Zone zwischen der Natur (dem Seienden) und der Kultur (dem Werdenden); da der Mensch jedoch die langfristigen Folgen und Gefahren der Kultur nicht erkennen könne, ist sein Verhältnis zu ihr stets von Ambivalenz, sowohl von Furcht als auch von Faszination, getragen. Es ist das Ziel von Jacobsens Dichtung, dieser kontinuierlichen Reflexion Nahrung zu geben und auf diese Weise dazu beizutragen, die Aufmerksamkeit für die Probleme der Menschheit zu schärfen.　　T.Pe.

Ausgaben: *Jord og jern*, Oslo 1933. – *Vrimmel*, Oslo 1935. – *Fjerntog*, Oslo 1951. – *Hemmelig liv*, Oslo 1954. – *Sommeren i gresset*, Oslo 1956. – *Brev til Iyset*, Oslo 1960. – *Stillheten efterpå*, Oslo 1965. – *Dikt i utvalg*, Oslo 1967. – *Headlines*, Oslo 1969. – *Pass for dørene – dørene lukkes*, Oslo 1972. – *Samlede dikt*, Oslo 1973. – *Pusteøvelse*, Oslo 1975. – *Samlede dikt*, Oslo 1977. – *Tenk på noe annet*, Oslo 1979. – *Samlede dikt*, Oslo 1982. – *Nattåpent*, Oslo 1985.

Literatur: A. M. Bjørkan u. a., *Olav H. Hauge og R. J. En bibliografi*, Oslo 1980. – C. F. Prytz, *Lyrikeren R. J. En moderne eventyrdikter* (in Vinduet, 10, 1956, H. 1, S. 57–64). – B. Nilsen, *R. J. og den moderne sivilisasjon* (in Nye navn i norsk kunst, Hg. A. Skartveit, Oslo 1962, S. 71–83). – E. Straume, *»Men vi seiler –«. To motiver i R. J.s lyrikk* (in Norsk Litterær Årbok 1967, S. 43–48). – D. Haakonsen, *R. J.: »Landskap med gravemaskiner«* (in O. Bjørklund u. a., *Å lese dikt*, Oslo 1967, S. 78–81). – J. Wollebæk, *R. J.s diktsamling »Stillheten efterpå«* (in Festskrift til Daniel Haakonsen på femtiårsdagen, Oslo 1967, S. 86–93). – I. Havnevik, *Det fortettede uttrykk* (ebd., S. 94–99). – B. Myhre, *Intervju med R. J.* (in Profil, 25, 1967, H. 5, S. 5–10). – W. R. Kastborg, *R. J.* (in W. R. K., *I kunstnerens verksted*, Oslo 1967, S. 41–47). – P. Borum, *R. J.s hemmelige sprog* (in Minervas kvartalsskrift, 1970, H. 1, S. 37–45). – G. Austrheim, *R. J. Poeten i den moderne kvardagsverda* (in Norsk Litterær Årbok 1971, S. 84–95). – H. Næss, *The poetry of R. J.* (in American-Scandinavian Review, 62, 1974, S. 265–269). – T. Sørheim, *Stjernemotivet i R. J.s diktning* (in Samtiden, 83, 1974, S. 89–92). – K. Faldbakken, *Stifinneren. Et portrett av R. J.* (in Vinduet, 29, 1975, H. 1, S. 2–6). – I. Havnevik, *»Men dag og natt er ennå tilt«. En presentasjon av R. J.s lyrikk* (ebd., S. 9–14). – Chr. Eriksson, *Observatören. Ett möte med R. J.* (in BLM, 46, 1977, S. 88–92). – J. Severud, *Historie, natur, teknikk – hovedelementer i R. J.s poesi*, Bergen 1982. – A. Groven Michaelsen, *».. . av mangel på seg selv«. To dikt av R. J. (analyse) og et dikt om modernistisk isolasjon*, Tangen 1985. – Ø. Berg u. F. Øglænd, *Det forferdelige øyet* (in Vinduet, 39, 1985, H. 2, S. 9–14). – L. R. Langslet, *Til et dikt av R. J.* (in Festskrift til L. R. Langslet på 50-årsdagen, Oslo 1986, S. 175–179). – S. Skjønsberg, *Å gjøre synlig. Å se. Nye diktsamlinger av Paal-Helge Haugen og R. J.* (in Norsk Litterær Årbok 1986, S. 97–105). – *Geografi. Barndom. Ungdom. Ord. R. J. i samtale med Jan Erik Vold* (in Samtiden, 95, 1986, S. 82–96). – O. Gouchet, *R. J. La pierre, la lumière et l'être* (in Europe, 1987, S. 11–35). – P. O. Kaldestad, *»Himlen har stillet sin harpe på skrå mot jorden«. Om R. J.* (in P. O. K., *Glade bodskapar*, Oslo 1987, S. 47–59). – E. Aadland, *Temporalitet og historisitet* (in Norsk Litterær Årbok 1988, S. 77–92).

STEINBJØRN B. JACOBSEN

* 30.9.1937 Sandvík

HALL

(fär.; *Hallur oder Das Defizit*). Roman von Steinbjørn B. Jacobsen, erschienen 1984. – In doppelter Hinsicht stellt dieser Roman eine Neuerung in der literarischen Landschaft der Färöer dar: Zum einen greift er Probleme der modernen färöischen Gesellschaft auf, zum anderen erinnert er in Form und Stil an den Existentialismus (vor allem an CA-MUS' Erzählung *L'étranger*) und den Impressionismus (besonders an J. P. JACOBSEN): Wie dem »Fremden« bei Camus ist auch dem färöischen Rechnungsprüfer Hallur nicht bewußt, welche Kräfte sein Leben bestimmen; es gibt nur die Gewißheit, daß er es nicht selbst steuert. – Die Namengebung im Titel ist ein Wortspiel, denn »Hallur« ist im Färöischen nicht nur ein Eigenname, sondern auch ein Begriff aus der Arbeitswelt der Hauptperson: »Defizit«. In dieser ambivalenten Anspielung klingt auch bereits das Thema des Romans an, in dem es um die Defizite in der Persönlichkeit des Protagonisten und in der ihn umgebenden Gesellschaft geht.

Hallur ist nach außen ein völlig normaler, wenngleich sehr angepaßter Angestellter, auch wenn ihm seine politischen Aktivitäten während seiner Studienzeit in Kopenhagen gelegentlich vorgeworfen werden. Der lange Aufenthalt in Kopenhagen hat ihn dem Leben auf den Färöern entfremdet, so daß er nach seiner Rückkehr nach Hause zunehmend den Kontakt zur Realität verliert. Das wirkt sich auf sein Verhältnis sowohl zu seiner Arbeit als auch zu anderen Menschen aus, vor allem auf seine Beziehungen zum anderen Geschlecht: Er gleitet immer weiter in eine Phantasiewelt ab, wird haltlos und gleichgültig. Beziehungen zu Frauen scheitern an seiner Angst vor Bindung und Forderungen. Symptom dieser vollständigen Gleichgültigkeit gegenüber der Umwelt ist Hallurs Teilnahme an einer färöischen Demonstration, zu der ihn ein Studienfreund überreden kann, obwohl er auch an der Politik inzwischen jegliches Interesse verloren hat: Seine Höflichkeit verbietet ihm einfach, dem Freund eine Bitte abzuschlagen.

J. ISAKSEN erwähnt in seiner Rezension, daß der Autor ausschließlich Aktionen der Personen aneinanderreihe, ohne sie näher zu motivieren oder zu begründen. Der Rezensent bemerkt zudem, daß Hallur nicht als psychologisch durchgestalteter Charakter in Erscheinung trete, sondern eher einem »Schattenbild« gleiche. In der Tat wollte Jacobsen keinen realistischen Helden gestalten, denn Hallur ist tatsächlich nur ein Schattenbild der ihn bestimmenden Umstände. Seine Vorlieben und privaten Beschäftigungen haben ihren Ursprung in jenen modischen Trends, die er in Dänemark kennengelernt hat, auch sie sind nicht als eigenständige Aktivitäten zu werten. Gerade das Fehlen eigener, aus bestimmten persönlichen Neigungen erwachsener Interessen zeigt Hallur als einen Menschen ohne Identität, der keine weitergehenden Forderungen an sein Leben stellt: Wie der »Fremde« bei Camus ist er unfähig, Gefühle zu mobilisieren. Hallurs Gleichgültigkeit dient zugleich als Folie der von ihm beobachteten Umwelt. Er betrachtet sie als leer und von hohlen Gewohnheiten bestimmt. Die Färöer werden beschrieben als eine kapitalistische Gesellschaft mit weit fortgeschrittener

Arbeitsteilung und ausgeprägtem Konsumdenken. Deutlich wird auch die Kritik an den von außen (vor allem aus Dänemark) bestimmten Umgangsformen spürbar: Die Entfremdung der modernen färöischen Gesellschaft von ihren althergebrachten Überlieferungen wird zur Ursache einer Vereinsamung, der auch Hallur ausgeliefert ist. Ein anschauliches Beispiel dafür sind die Familientreffen, deren Formen nur noch leere Hülsen bilden, weil Gastfreundschaft, Liebe und Herzlichkeit verlorengegangen sind.

Der Autor will mit dieser Geschichte eine Reaktion des Lesers provozieren, der sich immer wieder von dem passiven, abgleitenden Hallur distanzieren soll, der als eine Art Schreckbild erscheint, das beim Leser Mitleid hervorruft und bisweilen lächerlich wirkt. Nur Hallurs dumpfes Empfinden von Mißständen in der modernen färöischen Gesellschaft kann zur Identifikation anregen: Die meisten anderen Romanfiguren erhalten die traditionellen Fassaden aufrecht in dem Glauben, die damit assoziierten Inhalte seien noch lebendig.

S. B. Jacobsen erlangte Bedeutung vor allem als Dramatiker und Hörspielautor. Daneben umfaßt sein Werk seit 1966 zahlreiche Erzählungen, Kinderbücher und modernistische Lyrik. Aus der Erfahrung des Dramatikers und Lyrikers hat sich Jacobsen auch um eine Erneuerung der färöischen Erzählliteratur bemüht. 1976 erhielt er den Kinderbuch-Preis der Stadt Tórshavn, 1981 den M. A. Jacobsen-Preis für Belletristik.   K.Al.-KLL

AUSGABE: Tórshavn 1984.

LITERATUR: A. Dahl, *Bókmentasøga*, Bd. 3, Tórshavn 1983, S. 67–71. – J. Isaksen, *Maðurin, ið misti sambandið við umheimin ella tann burturvilsti grannskoðarin* (in Brá, 1985, Nr. 7, S. 70–74).

DAN JACOBSON

* 7.3.1929 Johannesburg

LITERATUR ZUM AUTOR:
M. Decter, *Novelist of South Africa* (in Commonwealth, 25, 1958, S. 539–544). – C. Ricks, *One Little Liberal* (in New Statesman, Juni 1966). – M. Yudelman, *D. J.: A Bibliography*, Johannesburg 1967. – S. Roberts, *South African Postrevolutionary Fiction* (in Standpunte 159, 35, 1982, Nr. 3, S. 44–51). – S. Roberts, *D. J.*, Boston 1984 (TWAS). – Dies., *»Tamar« and After: A Glance at D. J.'s Recent Work* (in *Momentum. On Recent South African Writing*, Hg. M. J. Daymond u. a., Pietermaritzburg 1984, S. 141–146). – D. Jacobson, *A Way of Seeing* (ebd. S. 287/288). – Ders., *Time and Time Again*, Ldn. 1985.

THE CONFESSIONS OF JOSEF BAISZ

(engl.; *Die Bekenntnisse des Josef Baisz*). Roman von Dan JACOBSON (Südafrika), erschienen 1977. – Obwohl Dan Jacobson seit Ende der fünfziger Jahre in London lebt, rechnet ihn Sheila ROBERTS, selbst eine weiße südafrikanische Schriftstellerin im Exil, ohne Zweifel zur südafrikanischen Literatur und postuliert über deren Kernthema – die Frage der Macht – eine Gemeinsamkeit der durch die Apartheid in getrennte Lager verwiesenen schwarzen und weißen Autoren. *»Die Romane und Kurzgeschichten von Dan Jacobson handeln von der Psychologie der Macht und den Machtlosen. Ja, die gesamte südafrikanische Literatur, die Anspruch auf Seriosität erhebt, kreist um diesen Themenkomplex. Der Besitz der Macht, ihre Struktur, ihr Gebrauch, vor allem aber der Mißbrauch der Macht hat die Autoren von Olive Schreiner bis Coetzee beschäftigt; es ist das Kardinalthema aller schwarzen Autoren«* (S. Roberts). Mit *The Rape of Tamar* (1970), einem biblischen Thema am Hofe König Davids, hatte Jacobson Südafrika als literarische Lokalität scheinbar hinter sich gelassen; auch *The Confessions of Josef Baisz* spielen in der Phantasierepublik Sarmeda, jedoch die Lokalitäten wie die Gefängnisinsel, die Hauptstadt Bailaburg oder Josefs Geburtsort Vliss sind leicht als Robben Island, Pretoria oder Transvaal zu erkennen. Jacobsons Geschichte vom Aufstieg des skrupellosen Karrieristen Josef Baisz stellt die Gegenposition zu J. M. COETZEES *Life and Times of Michael K.*, 1983 *(Leben und Zeit des Michael K.)*, und Breyten BREYTENBACHS *The True Confessions of an Albino Terrorist*, 1983 *(Wahre Bekenntnisse eines Albino-Terroristen)*, dar. Er beschreibt die Grausamkeit pervertierter politischer Macht nicht aus der Perspektive des Opfers *(Michael K.)* oder des Oppositionellen *(Albino Terrorist)*, sondern aus der Innensicht des »Lagers«, aus der Perspektive dessen, der aus der Handhabung der Macht einen perversen, geradezu erotischen Lustgewinn zieht.

Jacobsons *Confessions* folgen der alten literarischen Form der Herausgeber-Fiktion, mit der einer außergewöhnlichen Geschichte ein besonderer Wahrheitsgehalt verliehen wird; denn die Erzählung figuriert ja nicht als Erfindung des Autors, sondern gewissermaßen als eigenständiges Dokument, und der Autor gibt vor, nur der Übermittler zu sein. Dem Rahmenerzähler M. D. de B., der wie Jacobson in London lebt, wird von einem Unbekannten das Manuskript übergeben zusammen mit dem kryptischen Begleitbrief eines »gemeinsamen Freundes«. Er überprüft einige Fakten von Josef Baisz' Autobiographie, die sich als korrekt erweisen. Dennoch bleiben seine Vorbehalte gegen den Wahrheitsgehalt dieser Skandalgeschichte bestehen; aber er übersetzt (wohl aus Afrikaans) und publiziert Baisz' Geschichte.

Josef Baisz stammt aus dem erbärmlichen Nest Vliss im Norden der Republik. Sein Vater war ein kleiner Beamter, der wegen Veruntreuung und Unterschlagung ins Gefängnis kam und sich in seiner Zelle erhängte. Die Mutter führte einen Krämerladen und zeigte früh Anzeichen von Geisteskrankheit. Josefs ältere Schwester zieht in die Stadt – als Prostituierte. Nur zu seiner jüngeren Schwester Beata hat Josef ein herzliches Verhältnis. Das Milieu und die Region, aus der Josef stammt, sind nicht die besten Voraussetzungen zum Aufstieg bis zum stellvertretenden Minister für »Moral Guidance«, jedenfalls nicht in einem normalen Land. Aus der pubertären Entwicklung des jungen Baisz werden vom Autor zusätzlich bezeichnende Indizien für die Persönlichkeitsstruktur seines Autobiographen mitgeteilt: Tierquälereien, jugendliche Sexspiele, Anschwärzen von Mitschülern weisen voraus auf den Sadismus, die Verschlagenheit und Josefs Hang, Sexualität als Mittel der Macht über andere zu mißbrauchen.

Während seiner Militärzeit bei der Nationalgarde macht sich Josef als Informant verdient. In Anerkennung dieser Spitzeldienste nimmt ihn sein Kommandant als Leibwächter/Adjutant in die Hauptstadt mit, als er einen Ministerposten ergattern kann. Aus den Niederungen seiner sozialen Herkunft ist Josef der Sprung ins Zentrum der Macht gelungen – ein rasanter Aufstieg, der allerdings über die Hintertreppe moralischer Selbstäußerung führt und ihm auch den Hinterhof der Macht als seinen Bereich zuweist: Dort, wo all die heimlichen Abscheulichkeiten zur Machterlangung und -erhaltung begangen werden, ist Josef künftig zu Hause. Sein Chef beauftragt ihn schon bald, seiner eigenen Frau Gita nachzuspionieren. Sie stammt aus einer altehrwürdigen Familie, die dem neuen Regime reserviert gegenübersteht. Josef aber beginnt ein Verhältnis mit ihr und inszeniert einen Unfall, der den Chef ins Krankenhaus bringt und ihm Gelegenheit gibt, mit Gita endlich ungestört zusammen zu sein. Bei einem seiner wenigen Familienbesuche in Vliss resümiert er trotzig seinen bisherigen Weg. *»Da stand ich also, da war meine Familie, meine Herkunft; da war ihre und meine Geschichte, die es mir unmöglich macht, mich völlig von ihnen zu lösen – der Vater ein Selbstmörder, die Mutter verrückt, eine Schwester eine Nutte, die andere ein gefallenes Mädchen. Und dann Josef, der Sohn, der es in der Stadt zu was gebracht hat! Der seinen Chef attackiert hatte und die Frau des Chefs beschlief... Welch ein Triumph.«*

Mit sicherem Gespür für politische Intrige wechselt Josef Baisz seinen »Herrn«. Er arbeitet jetzt für den Chef des Sicherheitsdienstes, Brigadier Kerrick, der ihn als Spitzel auf den Obersten Richter Haifert ansetzt. Josef wird in die Familie eingeschleust, weil Haifert verdächtigt wird, Kontakt zu Oppositionellen zu pflegen. Baisz soll Haiferts Kinder entführen, damit der Richter die Namen seiner Kontaktleute preisgibt. Der Plan mißlingt jedoch: Haifert begeht Selbstmord, aber auch Brigadier Kerrick fällt einer Palastrevolte innerhalb des Regimes zum Opfer. Josef ist mit dabei, als der Mob das Gebäude des Sicherheitsdienstes stürmt und die johlende Menge Kerrick lyncht; er johlt eifrig mit und versäumt nicht, im Gebäude des Sicherheitsdien-

stes zu randalieren und seine eigenen Akten zu verbrennen. Bei seiner Schwester Beata im verhaßten heimatlichen Vliss wartet er dann die politische Entwicklung ab, lauert auf seine nächste Chance. Wieder resümiert er zynisch seine Rolle: *»Ich war der Experte in Sachen Verrat! Ich war der Experte in Liebe! Nur die, die ich verraten habe, habe ich geliebt. Na und!«*
Schließlich heiratet er die Witwe des Obersten Richters, den er zum Selbstmord getrieben hatte; er wird Stiefvater der Kinder, die er entführt hatte. Wie Richard III. in SHAKESPEARES Drama genießt er die Perversität dieser Beziehung. Der angstvolle Haß seiner Frau, die Furcht der Kinder verschaffen ihm tiefe Befriedigung. Inzwischen ist er zum Leiter der moralischen Führung des Gefängniswesens aufgestiegen. Ihm gelingt, dank seiner »psychologischen Einfühlsamkeit«, das Unvorstellbare: Die politischen Gefangenen, die es offiziell natürlich gar nicht gibt, wandeln sich unter seiner Führung von aufsässigen Rebellen zu reuigen Sündern, die an den Staatspräsidenten eine Petition richten, ihr Strafmaß zu erhöhen, damit sie vollkommen umerzogen werden können. Josef Baisz versteht es, seine Verdienste ins rechte Licht zu rücken. Er inszeniert für den Staatspräsidenten eine Loyalitäts- und Unterwerfungskundgebung der Gefangenen. Bei dieser Gelegenheit wird er mit dem höchsten Orden ausgezeichnet und zum stellvertretenden Minister ernannt. Nur ein winziges Detail verläuft unplanmäßig: Als er mit dem »Heerser«, dem Diktator, die Front der Gefangenen abschreitet, ruft eine Frau Josefs Namen, stürzt vor und wirft sich Josef zu Füßen. Es ist seine Schwester Beata. Josef verleugnet sie und geht ungerührt weiter. Er hat den Höhepunkt seiner politischen Karriere, zugleich aber auch den Gipfel moralischer Verworfenheit erreicht; den Verrat seiner eigenen Schwester, des einzigen Menschen, der ihm in seinem Leben etwas bedeutet hat. Später bringt Josef in Erfahrung, daß Beata ins Gefängnis kam, weil sie ihren Mann, der sie verlassen hatte, vor der Polizei versteckte. Beatas beispielhaftes Verhalten, auf Vertrauensbruch mit noch größerer Loyalität zu antworten, bringt sein pervertiertes Ego ins Wanken. Er zieht sich zurück und schreibt seine »Bekenntnisse«, seine Lebensbeichte.
E.Bre.

AUSGABE: Ldn. 1977.

A DANCE IN THE SUN

(engl.; *Ü: Tanz in der Sonne*). Roman von Dan JACOBSON (Südafrika), erschienen 1956. – Zwei weiße südafrikanische Studenten, die per Anhalter auf dem Weg nach Kapstadt sind, verbringen eine Nacht in einem abgelegenen Dorf im Karru (Trockensteppe). Die Gastgeber, das Ehepaar Fletcher, beschwören die Studenten, länger bei ihnen zu bleiben; beide scheinen in Furcht vor Mrs. Fletchers Bruder Ignatius Louw und vor dem schwarzen Afrikaner Joseph zu leben, der ständig in der Nachbarschaft umherstreicht. Im weiteren Verlauf der Handlung schält sich allmählich der wahre Sachverhalt heraus: Louw hat mit Josephs Schwester ein uneheliches Kind gezeugt – an sich schon ein Verbrechen in einem Lande, in dem geschlechtliche Beziehungen zwischen Schwarzen und Weißen verboten sind – und hat sich dann aus dem Staub gemacht. Aber auch Josephs Schwester und ihr Kind sind spurlos verschwunden – offensichtlich unter Mithilfe von Mrs. Fletcher, deren Liebe zu ihrem Bruder vom Autor der Liebe Josephs zu seiner Schwester gegenübergestellt wird. Die Ironie der Situation, die sich bei Josephs Rückkehr ergeben hat, liegt darin, daß Louw und den Fletchers keine tatsächliche Gefahr von seiner Seite droht; ihm liegt weniger an der Rache als daran, das Schicksal seiner Schwester und ihres Kindes aufzuklären, soweit ihm dies als Schwarzem in Südafrika überhaupt möglich ist. Als er Louw und den Fletchers schließlich das Geständnis, ein Verbrechen begangen zu haben, abgerungen hat, straft er die Weißen auf seine Art: Er zwingt sich ihnen als Hausboy auf, um sie durch seine Gegenwart ständig an ihre Schuld zu erinnern.
Jacobson geht es in seinem Buch nicht nur um die Folgen der Apartheid für die Farbigen, sondern mehr noch um die Konsequenzen dieser Rassenpolitik für diejenigen, die sie zum Gesetz erhoben haben. Über sein unmittelbares Thema hinausgehend, demonstriert er an Hand von Einzelfällen, was geschehen kann, wenn eine Gesellschaft einen Kurs verfolgt, der nicht nur an sich selbstmörderisch, sondern auch unmoralisch und widernatürlich ist und dessen Anfechtbarkeit sich die einzelnen Mitglieder dieser Gesellschaft weitgehend bewußt sind. Sein prekäres Thema behandelt der junge Autor ohne Effekthascherei und Sentimentalität. In dieser Parabel von Verbrechen, Schuld und Sühne hat er mit einem manchmal an CONRAD erinnernden psychologischen Verständnis das Verhalten der Weißen in Beziehung gesetzt zu ihrer Isolierung und Verlorenheit in einem Land der ungeheuren Entfernungen, zu ihrem Ausgeliefertsein an eine feindliche, noch weitgehend unbezwungene Natur. *A Dance in the Sun* gilt als Jacobsons bisher bester Roman.
J.v.Ge.

AUSGABEN: Ldn. 1956. – Kapstadt 1985.

ÜBERSETZUNG: *Tanz in der Sonne*, H. Stiehl, Stg. 1959.

LITERATUR: H. K. Girling, *Compassion and Detachment in the Novels of D. J.* (in The Purple Renoster 2, 1957, S. 16/23). – D. R. M. Wilkinson, *A Comment on Race Relationships: D. J.'s »The Trap« and »A Dance in the Sun«* (in Dutch Quarterly Review of Anglo-American Letters, 5, 1975, S. 270–281). – C. Baxtor, *Political Symbolism in »A Dance in the Sun«* (in English in Africa, 5, 1978, Nr. 2, S. 44–50). – D. J., *»A Dance in the Sun«* (in *Perspectives on South African Fiction*, Hg. S. Christie, Johannesburg 1980, S. 105–120).

EDOUARD JACOTTET

* 1858
† 1920

LITSOMO TSA BASOTHO

(südsotho; *Märchen der Sotho*). Märchensammlung von Edouard JACOTTET, erschienen 1908 und 1911. – Die Sammlung enthält Märchen und Erzählungen verschiedener Art: Mythen, Legenden, Volkserzählungen und Fabeln. Ihre Form ist noch nicht standardisiert; deshalb sind sie nicht nur von literarischem Wert, sondern auch von sprachkundlichem Interesse. Mythen, die den Ursprung der Sotho deuten, sind nicht in die Sammlung aufgenommen; sogenannte »romantische Mythen« sind jedoch zahlreich darin vertreten.

Die Art, in der die einzelnen Geschichten erzählt werden, ist volkstümlich und ungekünstelt. Ebenso volkstümlich ist auch der Inhalt dieser Erzählungen, in denen sich die ganze Gefühls- und Geisteswelt des südafrikanischen Sothovolkes von Lesotho (Basutoland) widerspiegelt. Manche der Erzählungen mögen zwar bisweilen etwas kindlich wirken, doch steckt in ihnen meist ein tiefer Wahrheitsgehalt. Eine Erzählung bringt z. B. die unter den in Polygamie lebenden Frauen herrschende Eifersucht und Rivalität nebst den vielen dabei zutage tretenden menschlichen Schwächen in höchst anschaulicher Weise zur Darstellung. Andere Erzählungen geben ein eindrucksvolles Bild von dem in der Seele des Menschen sich abspielenden Kampf zwischen Gut und Böse. Da geht es z. B. um Versprechungen, die gegeben, aber nicht gehalten werden, oder um die Rache eines Mannes, dem Unrecht geschah. Ganz besonders wird der gute Mensch gewürdigt, der seinen Mitmenschen gegenüber uneigennützig handelt oder gar sich selbst für sein Volk und Vaterland opfert.

Ein beliebtes Thema zahlreicher Mythen und Erzählungen ist die Freundschaft zwischen Mensch und Tier. Durch diese Freundschaft tritt der Mensch mit dem Übernatürlichen in Beziehung, da nach Ansicht der Sotho im Tier übernatürliche Kräfte wohnen. Wenn der Mensch in Not ist, kann ihm durch diese Kräfte geholfen werden, allerdings muß er zunächst den Willen zeigen, sich selbst zu helfen: Selbsthilfe wird bei den Sotho besonders hoch eingeschätzt. Manchmal kommt ein Kind in der Gestalt eines Tiers zur Welt. Es kann aber dadurch, daß eine junge Frau bereit ist, sich mit ihm zu verehelichen, seine menschliche Gestalt zurückgewinnen. Muß ein Mensch aus irgendeinem Anlaß die Unterwelt besuchen, so wird ihm häufig von einem kleinen Tier, etwa einem Frosch, geholfen, wie es z. B. in der Erzählung von Dinanabolele geschieht. In der Vorstellung der Sotho unterscheidet sich die Unterwelt nicht wesentlich von der irdischen Welt, nur daß dort alles in größerer Fülle vorhanden ist. Den Tod betrachten die Sotho – wie die Erzählung von Masilo und Masilonyane zeigt – nicht als das Ende des Lebens: Nachdem Masilo, um in den Besitz von Masilonyanes prächtiger Herde zu gelangen, diesen ertränkt hat, erscheint Masilonyane als Vogel. Dadurch erklärt sich sein Verschwinden als Mensch; sein Wiedererscheinen als Vogel deutet zugleich auf sein Fortleben hin. Eine der eindrucksvollsten und beliebtesten Legenden der Sammlung ist die von dem Knabenhelden Senkatane, der seine Leute, die ein Drache zu verschlingen droht, rettet und dabei selber das Leben verliert. Dagegen wird in der Legende von dem Menschenfresser Dimo dieses Ungeheuer von seinen eigenen Opfern besiegt. – In den Fabeln, die die Sammlung *Litsomo tsa Basotho* enthält, zeigen die Tiere als handelnde Personen stets ihre charakteristischen Eigenschaften und Merkmale: Den Löwen kennzeichnet seine brüllende Stimme, den Fuchs seine Schlauheit, den Adler seine Würde und Stärke, den kleinen Zaunkönig seine Wachsamkeit und Behendigkeit. Die Sympathie gehört immer den Kleinen und Schwachen; das Häschen gilt als klug, die kleineren Vögel werden meist als schlau und gerissen charakterisiert. In fast allen Tiergeschichten offenbart sich die innige Vertrautheit des Erzählers mit den Eigenarten und Gewohnheiten der Tiere.

Obwohl die von Jacottet gesammelten Volkserzählungen in erster Linie typisch für die Gefühls- und Geisteswelt des Sothovolkes von Basutoland sind, dürfen sie auch als Beispiele für die Volkserzählungen gelten, die allgemein bei den südafrikanischen Bantuvölkern in Umlauf sind.   D.Z.

AUSGABE: Ldn. 1908 (*The Treasury of Ba-Suto Lore*, Bd. 1: *Folk Tales of the Ba-Suto*, Tl. 1; enth. Orig.-Text u. engl. Übers.; Morija ²1930 u. d. T. *Buka ea pele*). – Morija 1911 (Bd. 2: *Buka ea bobeli*; ²1941).

LITERATUR: A. Werner, *Myths and Legends of the Bantu*, Ldn. 1933. – G. P. Lestrade, *Linguistic and Literary Development in Southern Sotho* (in Roma Magazine, 1941). – S. M. Guma, *The Form, Content and Technique of Traditional Literature in Southern Sotho*, Pretoria 1967.

NORBERT JACQUES

* 6.6.1880 Luxemburg
† 16.5.1954 Koblenz

DR. MABUSE, DER SPIELER

Roman von Norbert JACQUES, erschienen 1921. – Noch vor dem Ersten Weltkrieg verfaßte der Autor, ursprünglich Journalist, seine ersten Abenteuer- und Unterhaltungsromane, die heute, mit Ausnahme seiner *Mabuse*-Romane, vergessen sind. Die Handlung des Romans ist recht unwahrscheinlich, wird aber trotz eines manchmal schwülstigen Stils überaus spannend erzählt: Ein Verbrecher macht die Spielsalons der jungen Weimarer Republik unsicher. Er tritt in wechselnden Verkleidungen auf und listet seinen Mitspielern große Summen Geldes ab, ohne daß man ihm Falschspiel nachweisen kann. Der ehrgeizige und idealistisch gesinnte Staatsanwalt von Wenk geht dem nach, findet sich jedoch bald einer ganzen Geheimorganisation gegenüber, an deren Spitze der Psychiater und Hypnotiseur Dr. Mabuse steht. Dieser ebenso herrschsüchtige wie skrupellose Mann nutzt seine hypnotischen Fähigkeiten in den Spielsalons aus, betreibt daneben aber auch Schmuggel und Mädchenhandel. Er hat »*unterhalb der Organisation des Staates einen Staat für sich gegründet mit Gesetzen, die er allein ausgab, mit Macht über Leben und Tod von Menschen. Mit seiner Hilfe wollte er Geld erraffen, um sein Kaiserreich in den Urwäldern Brasiliens zu gründen, das Reich Eitopomar.*« In dem mit allen Mitteln geführten Kampf zwischen Mabuse und Wenk geht es bald auch um eine Frau; Mabuse entführt sie und macht sie sich gefügig. Als der Staatsanwalt Mabuse zu unterliegen scheint, befreit sie sich jedoch aus ihrer Hörigkeit, tötet den Verbrecher, und alles kommt zu einem guten Ende. Der Roman, dem eine weniger bekannte Fortsetzung unter dem Titel *Dr. Mabuses letztes Spiel* folgte, hat zahlreichen Filmen als Grundlage gedient. Die beiden berühmtesten sind *Dr. Mabuse, der Spieler* und *Das Testament des Dr. Mabuse* (Regie: Fritz Lang); sie gelten als frühe Warnungen vor dem Faschismus. J.F.

AUSGABEN: Bln. [1921]. – Hbg. 1952 (rororo).

VERFILMUNG: Deutschland 1922 (Regie: F. Lang). Vgl. hierzu: S. Kracauer, *Von Caligari bis Hitler*, Hbg. 1958 (rde).

LITERATUR: G. Scholdt, *Der Fall N. J.*, Stg. 1976 [zugl. Diss. Saarbrücken].

Wundern aufzuwarten hat, wie denn der Baum als Geistwesen ein bekanntes Motiv in der slavischen Märchenwelt ist. Maryśka, die Tochter des Bauern Lavon, heiratet, und der gerührte Brautvater gibt ihr beim Hochzeitsfest und beim Abschied den Rat, sich – sollte sie einmal von einem schweren Kummer heimgesucht werden – stets nur einer so treuen Seele anzuvertrauen wie der seinen, sonst aber ihr Leid im Wald einem Baum zu klagen. Nach langer Zeit kommt der Vater die Tochter besuchen, und nach der ersten Wiedersehensfreude fragt er, wie sie mit ihrem Kummer fertig geworden sei. Sie verrät ihm, daß sie sich einer jungen Birke anvertraut habe, und als sie zusammen in den Wald gehen, finden sie die Birke mit vertrockneten schwarzen Blättern wieder. Der Vater fällt sie mit der Axt, und es zeigt sich, daß auch innen der Stamm vermorscht ist – von Maryśkas Kummer, wie der Vater sagt. – Diese kurze Erzählung, die einer ganzen Novellensammlung den Titel gab, weist den Autor als einen Meister der Kurzgeschichte aus, die er, wie ČECHOV, schon zu einer Zeit pflegte, da diese Form noch nicht modern oder gar modisch war. Seine *short stories*, oft nur zwei bis drei Seiten lang, verraten den Humoristen, der jedoch weiß, wie hier in *Biarozka*, auch Ernstes in dieser Form auszusagen. E.Ko.

AUSGABEN: Wilna 1912. – Wilna 1927 (in F. Dvarčanin, *Chrestamatyja novaj bielaruskaj literatury*). – Leningrad 1952 (in *Belorusskie rasskazy*, Hg. P. S. Kobzarevskij).

LITERATUR: M. Harecki, *Historyja belaruskae literatury*, Moskau/Leningrad 1924, S. 267–269. – M. Pijatuchovič, *J. Š. (Anton Ljavicki)* (in Zapiski, 1928, S. 276–290). – A. Luckevič, *Die weißruthenische Literatur in der Vergangenheit und Gegenwart* (in JbKGS, 7, 1931, S. 377; 385). – C. Il'jaševič, *J. Š.*, Wilna 1933. – J. Dvarčanin, *J.* (in Zmahanne, 3, 1952, S. 36–39). – *Störche über den Sümpfen*, Hg. N. Randow, Bln./DDR 1971, S. 490 f. – A. Lojka, *Historyja belaruskaj litaratury*, Bd. 2, Minsk 1980, S. 278–302. – C. Il'jaševič, *J. Š.* (in *Nedapetaja pesnja*, Hg. J. Žyvica, Pirmasens 1981, S. 177–185).

JADVIHIN Š.

d.i. Anton Ljavicki

* 25.6.1869 Dobasnja
† 24.2.1922 Wilna

BIAROZKA

(wruth.; *Die kleine Birke*). Erzählung von JADVIHIN Š., erschienen 1912. – *Biarozka*, das ist eine kleine Birke im weißrussischen Wald, der mit vielen

HANS JÆGER

* 2.9.1854 Drammen
† 8.2.1910 Oslo

FRA KRISTIANIA-BOHÊMEN

(norw.; *Ü: Kristiania-Bohême*). Roman von Hans JÆGER, erschienen 1885. – Hinsichtlich der Personengalerie, des Motivkreises und der dezidiert antibürgerlichen Lebenshaltung seiner Protagonisten steht Jægers breit angelegter, in zwei Bänden erschienener Roman in der Tradition der europäischen Bohèmeliteratur, die Henri MURGER mit seinem 1851 veröffentlichten Buch *Scènes de la bohème* begründet hatte. Doch obgleich sich Jæger, nicht zuletzt mit dem Titel seines Romans, auf die französische Vorlage zu beziehen scheint, könnten die Kontraste kaum größer sein. Während Murger episoden- und skizzenhaft den Alltag der Künstler und Literaten im Pariser Quartier Latin bis hin zur Idylle verklärte, zudem eine politisch völlig indifferente Haltung einnahm, gelingt es Jæger, die Schilderung des Bohèmelebens mit einem aufrüttelnden Protest gegen die vorherrschenden bourgeoisen Zivilisationsformen zu verbinden. Dieses *»Monstrum von einem Buch – literarisch wie sozial«* (Jæger in der einen Monat vor Erscheinen des Romans publizierten *Vorrede*) verweigert sich in doppelter Weise dem konventionellen Diskurs: zum einen beschreitet es radikal subjektive Wege bei der Ausleuchtung und Interpretation der bestehenden Gesellschaft, zum anderen verwirft es die kuranten ästhetischen Konzepte zugunsten einer konsequent naturalistischen Literatur ZOLAscher Prägung.

Wie in der *Vorrede* programmatisch angekündigt, zeichnet der Roman die Entwicklungslinie eines jungen Mannes nach, der den vielfältigen Zwängen der gesellschaftlichen Ordnung zum Opfer fällt. Die entscheidenden Abschnitte aus dem Leben des Studenten, Rechtsanwaltsgehilfen und späteren Offiziersanwärters Jarmann werden verständnisvoll aus der Perspektive seines Freundes Herman Eek nacherzählt, der unschwer als das *alter ego* des Autors zu identifizieren ist. Nur mit großer Mühe legt Jarmann fernab von seinem Elternhaus in der Hauptstadt Kristiania sein Abitur ab und öffnet sich damit den Zugang zur Universität. Ständig wird er jedoch von Depressionen, fortwährenden Konzentrationsschwächen und einer allmählich unüberwindbaren Arbeitsunlust heimgesucht. Anstatt sich auf das erste Examen vorzubereiten, gibt er sich schlechten Gewissens sexuellen Phantasien und Sehnsüchten hin, die er schon während seiner Pubertät nicht auszuleben wagte. Jæger veranschaulicht am Beispiel des hilflosen Studenten, wie sich die bereits im Kindesalter vorgenommene rigide Trennung der Geschlechter, die streng christliche Erziehung und die pedantischen Ermahnungen zu Sittlichkeit und Moral zu einer freudlosen Pflichtethik kumulieren, die die Wünsche der jungen Menschen völlig ignoriert und auf diese Weise ein nicht mehr einzudämmendes Verlangen schürt, das bald jede disziplinierte Tätigkeit unterminiert. Deutlich macht sich hier der Einfluß des englischen Mediziners George Drysdale bemerkbar, der in einer seinerzeit weitverbreiteten neovitalistischen Schrift die Theorie vertrat, daß die Unterjochung des Geschlechtstriebes durch soziale Instanzen dem Menschen schwere seelische Schäden zufüge. Analog zu Jægers deterministischem Kunstverständnis ist der weitere Weg Jarmanns vorgezeichnet: Nach anfänglichem Widerstand läßt er sich re-

gelmäßig mit den Straßenmädchen im Armenviertel Vika ein, bis er selbst den Geschlechtsakt ohne innere Teilnahme mechanisch vollzieht und zu keinerlei Lustempfinden mehr fähig ist. In Gesprächen mit Eek erkennt er zum ersten Mal einen Zusammenhang zwischen der Lieblosigkeit seiner Jugendjahre und dem jetzigen trostlosen Dasein, doch für eine Umkehr ist es längst zu spät. Als er auch für einige Prosaskizzen nicht die erhoffte Anerkennung als Schriftsteller erhält, beschließt er, seinem Leben nach nur 24 Jahren ein Ende zu bereiten. – Ein vergleichbares Schicksal erleidet Eek selbst, der immer wieder Bruchstücke seiner eigenen Biographie mit derjenigen Jarmanns verknüpft. Nach zwei provozierenden Vorträgen im Arbeiterverein, in denen er die *»freie Liebe«* der prüden, viktorianischen Moral entgegenhält und die diskriminierend niedrigen Löhne für die Frauen als eine der Hauptursachen der Prostitution entlarvt, wird er von seiner bürgerlichen Umgebung systematisch ins soziale Abseits getrieben. Neue Hoffnung schöpft er erst, als seine Liebe zu der beträchtlich jüngeren Schülerin Gerda, die ihn mit ihrer kindlich-naiven Erotik magnetisch anzieht, scheu erwidert wird – bis die Eltern ihrer Tochter jeden Umgang mit dem allerorten als *»unsittlich«* verrufenen Bohémien untersagen. Das Ende dieser zärtlichen Freundschaft begräbt gleichzeitig Eeks Träume von der Gründung einer eigenen, progressiven Schule für junge Mädchen, denn er begreift, daß er nach seinen öffentlichen Auftritten zur unerwünschten Person geworden ist. Gegen Ende des Buches versinkt auch er in eine lähmende Grübelei und Kränklichkeit; er konstatiert an sich selbst eine *»psychische Impotenz«* und sieht sich nicht mehr in der Lage, *»eine gewaltige Unmittelbarkeit gegen die Reflexionssucht«* aufzubieten.

Literarhistorische Bedeutung hat Jæger mit seinem Buch unter anderem dadurch erlangt, daß er mit bemerkenswertem Scharfsinn aufzeigte, in welchem Maße bestimmte Dispositionen der Kindheit sich zu lebenslang nachwirkenden Verhaltensmustern und psychischen Strukturen verhärten, die später auch unter größten Anstrengungen nicht mehr zu durchbrechen sind. Die starke Mutterbindung Eeks etwa, die sich in frühen Traumbildern mitteilt, ist Ursache dafür, daß er als erwachsener Mann zu kaum einem Menschen – und am wenigsten zu Frauen – eine dauerhafte emotionale Beziehung herstellen kann. Indem Jæger derart den Determinismusbegriff um eine psychologische Komponente erweitert, kommt er dem Ideal eines tiefendimensionalen Menschenbildes, wie es der junge Knut HAMSUN einige Jahre später postulieren sollte, phasenweise schon recht nahe. Innovativ ist der Roman auch deshalb zu nennen, weil er in erstaunlichem Umfang dokumentarisches Material verarbeitet, ferner eine Fülle intimer Details aus dem Leben von Hans Jæger bereithält und auf diese Weise eine fast brutale Authentizität entstehen läßt. Zu den Schwachstellen des Buches gehört zweifelsohne die wenig homogene Komposition mit ihren oftmals kantigen Perspektivenwechseln, doch wird dieses Defizit durch den kompromißlos-persönlichen Standpunkt des Erzählers, der in einem permanenten Prozeß die Sittenlehre des Bürgertums in Frage stellt, mehr als ausgeglichen. Als Aufklärer versteht sich Jæger dabei nur noch insofern, als er *»die Macht der Umstände«*, d. h. den negativen Einfluß des komplexen sozialen Apparates auf die Entfaltungsmöglichkeiten des Individuums beschreibt, eine Chance auf Besserung aber von einer grundlegenden Umstrukturierung der Gesellschaft abhängig macht.

Noch am Tag der Veröffentlichung wurde der Roman von den Justizbehörden beschlagnahmt; der Autor mußte sich vor Gericht verantworten und erhielt eine Arreststrafe von 60 Tagen. Ihm wurde vor allem Gotteslästerung und eine Vielzahl von angeblich »anstößigen« und »obszönen« Darstellungen zur Last gelegt – so etwa die freimütige Diskussion des Gebrauchs von Kondomen, die Jarmann im zweiten Teil des Buches als *»Blitzableiter«* introduziert. Die Universität sprach ein lebenslanges Studienverbot gegen Jæger aus, außerdem verlor er seine Stellung als Stenograph des norwegischen Parlaments. Nachdem der Buchdrucker Christian Holtermann Knudsen in Schweden eine zweite Auflage des Romans mit einem Tarnumschlag unter dem Titel *Julefortællinger (Weihnachtserzählungen)* feilgeboten hatte, wurde Jæger zu weiteren 150 Tagen Gefängnis verurteilt. Er konnte jedoch zunächst nach Frankreich fliehen, wo er auch später, nach Verbüßung der Strafe, viele Jahre seines Lebens in äußerst kümmerlichen Verhältnissen verbrachte. Die Publikation von *Fra Kristiania-Bohéme* hatte Jægers bürgerlicher Existenz ein Ende gesetzt.   U.En.

AUSGABEN: Kristiania 1885, 2 Bde.; ²1886. – Minneapolis 1894. – Kristiania 1895. – Oslo 1950, 2 Bde. [Vorw. O. Eidem]. – Oslo 1976, 2 Bde. [Nachw. F. Juel Haslund].

ÜBERSETZUNGEN: *Christiania-Bohème*, anon., Wien 1902. – *Kristiania-Bohème*, N. Hoyer (in *Werke*, 5 Bde., Potsdam 1920/21, 4). – *Dass.*, anon., Bln. o. J. [1926].

LITERATUR: P. Ulleland, *»Fra Kristiania-Bohémen« og pressefriheden* (in Nyt tidsskrift, 1886, S. 198). – A. Garborg, *H. J.: »Fra Kristiania-Bohémen«* (in A. G., *Straumdrag*, Kristiania 1920, S. 51–69). – A. L. Koren, *Et responsum. Beslaglæggelsen av H. J.s »Kristiania-Bohémen«* (in Tidsskrift for den norske lægeforening, 1923, S. 1162–1168). – J. J. Ipsen, *H. J.*, Kopenhagen 1926. – O. Storstein, *H. J.*, Oslo 1935. – A. Thuesen, *Beslaglagte og supprimerte bøker vedrørende Norge*, Oslo 1960, S. 138–146. – R. Koskimies, *Die Bohème als Dekadenz* (in R. K., *Der nordische Dekadent*, Helsinki 1966, S. 58–70). – H. Kreuzer, *Die Bohème*, Stg. 1968. – P. Buvik, *H. J. – en realistisk romantiker? Eller: Apropos J. og Hamsun* (in Vinduet, 34, 1980, H. 2, S. 47–51). – P. Kolstø, *H. J. og den samfunnsskapte lidderlighet*

(in Kirke og kultur, 85, 1980, S. 40–46). – J. Hareide, *Om morsbinding, narsissisme og depresjon – en psykoanalytisk lesning av H. J.s »Fra Kristiania-Bohémen«* (in J. Askelund u. a., *Kan virkeligheten uttrykkes?*, Oslo 1986, S. 82–102). – I. Engelstad, *»Smertens børn«* (in Samtiden, 95, 1986, S. 52–62). – H. Fosli, *Draumen om Bohemia* (in Syn og Segn, 95, 1989, S. 275–281).

WERNER JAEGER

* 30.7.1888 Lobberich (heute zu Nettetal)
† 19.10.1961 Boston / Mass.

PAIDEIA. Die Formung des griechischen Menschen

Kulturhistorisches Werk in drei Bänden von Werner JAEGER, erschienen 1934–1947. – Die *Paideia* (griech.; Erziehung) darf mit Recht eine griechische Literatur- und Kulturgeschichte unter dem Aspekt der Menschenbildung genannt werden, deren Darstellung mit HOMER einsetzt und die bis zu DEMOSTHENES, also bis herab in die zweite Hälfte des 4. Jh.s, untersucht wird. Dem Werk liegt die Konzeption einer »Paideia« zugrunde, die *»nicht ein bloßer Inbegriff abstrakter Ideen, sondern ... die griechische Geschichte selbst in der konkreten Wirklichkeit des erlebten Schicksals«* ist. »Paideia« faßt der Autor ferner als die Form der Kultur schlechthin, in der *»die Griechen endlich ihre geistige Gesamtschöpfung als Erbe an die übrigen Völker des Altertums weitergegeben haben«*. Menschenformung ist unwiderruflich an die Gemeinschaft gebunden und damit eine typische Wirkungsweise des Menschen als eines *zōon politikon* (griech.; etwa »gemeinschaftsbezogenes Lebewesen«). Die Geschichte des Hellenentums manifestiere sich vom Anbeginn als *»Aufbruch einer neuen Schätzung des Menschen«*, die sich deutlich von den vor- und paragriechischen Kulturen des Altertums abhebe, jedoch im Christentum mit seinem *»Gedanken des unendlichen Wertes der einzelnen Menschenseele«* in eigenständiger Weise fortgesetzt worden sei. Was ferner dem Griechen zu seiner exemplarischen Bedeutung in der Bildung des Menschen verholfen habe, sei die »organische« Betrachtung der Dinge, die *»das einzelne als Glied eines Ganzen erfaßt«* und ihn derart erst zur Schöpfung des Begriffes »Natur« (griech.: *physis*) befähigt habe. In engstem Zusammenhang damit stehe der Sinn des Hellenen für das Gesetzmäßige in allen Phänomenen dieser »Natur«, d. h. für das Gesetz, *»welches in den Dingen selbst wirkt«*. Diese Einsicht in die immanenten Gesetze des menschlichen Wesens und die *»aus ihnen entspringenden Normen der persönlichen Seelenführung und des Aufbaus der Gemeinschaft«*, gepaart mit einem *»allbeherrschenden Formtrieb«* und aktualisiert durch eine Staatsgesinnung, die in allen Bereichen des geistigen Lebens beheimatet ist, befähigt nach Jaegers Darstellung das Volk der Griechen dazu, *»das höchste Kunstwerk, das es sich zur Aufgabe gestellt fand«*, den lebenden Menschen, zu »bilden«. Diese Vorliebe des Griechen für den Menschen schlägt sich in der Literatur ebenso wie in allen Formen bildender Kunst nieder und läßt den Griechen sogar die Götter in menschlicher Gestalt fassen und darstellen. Doch ist dieses Menschenbild nicht vorwiegend individualistisch geformt, über allem steht *»der Mensch als Idee ... als allgemeingültiges und verpflichtendes Bild der Gattung«*.

Das Werk Jaegers ist in drei »Bücher« gegliedert. – Das erste Buch *(Die griechische Frühzeit)* umfaßt den Zeitraum von Homer bis zu den Tyrannen des ausgehenden 6. Jh.s v. Chr., als literarische Persönlichkeiten treten neben Homer besonders HESIOD, die frühen Lyriker, wie ARCHILOCHOS, SAPPHO und PINDAR, sowie die vorsokratischen Philosophen in den Vordergrund. Eingehende Behandlung wird auch dem griechischen Polis-Gedanken und der *Spartanischen Staatserziehung* zuteil.

Das zweite Buch *(Höhe und Krisis des attischen Geistes)* setzt sich unter dem Gesichtspunkt der »Paideia« mit der athenischen Klassik, vor allem AISCHYLOS, SOPHOKLES und EURIPIDES, ferner mit dem Komödiendichter ARISTOPHANES, dem Historiker THUKYDIDES sowie mit der so folgenschweren philosophischen Strömung der Sophistik auseinander.

Schwerpunkt des monumentalen dritten Buchs sind SOKRATES und PLATON. Da durch diese beiden Denker eben der Mensch in das Zentrum des philosophischen Interesses gerückt worden war, entfaltet sich hier Jaegers Darstellung zur größten Breite und kulminiert in Kapiteln wie dem über *Platos Staat*, in dem die Auslese und Erziehung der Besten einer Gemeinschaft zu den Herrscher-Philosophen untersucht wird. Daneben sind aber auch die Kapitel über XENOPHON, ISOKRATES und DEMOSTHENES im dritten Band von großem Wert; besonders bei den letzteren bedeutet die Freilegung des politischen Gedankenguts von allem rhetorischen Beiwerk einen positiven Fortschritt der Interpretation.

Daß Jaeger in seiner *Paideia* die Tendenzen und Leistungen der Griechen in der Menschenformung gerade anhand der Literatur entwickelt, liegt an dem unmittelbaren und präzisen Aussagewert dieser Kunstgattung für alle geistesgeschichtlichen Prozesse, durch den sie etwa der bildenden Kunst überlegen ist und selbst für faktische Vorgänge der vorklassischen Zeit oft die einzigen brauchbaren Zeugen liefert.

Der Verfasser schrieb das Werk aus einer gewissen Reaktion auf die vorwiegend historisch orientierte, »sachlich-enzyklopädische« Altertumswissenschaft des 19. Jh.s heraus, der im Bestreben nach einer reinen Schau der realen Vorgänge der Vergangenheit *»die Antike ein bloßes, wenn auch bevorzugtes Stück Geschichte«* wurde, *»bei dem man ungern nach der unmittelbaren Wirkung fragte«*. Ohne nun die Arbeitsweise und den gesicherten Boden der Erkennt-

nisse dieser philologischen Richtung aufzugeben, ist Jaeger bestrebt, sie gleichsam zu transzendieren, um das Griechentum in einem völlig neuen Zugriff nach seiner Wirkung und Bedeutung für die gegenwärtige Kultur zu befragen, immer das Ziel im Auge, *»das unvergängliche erzieherische Phänomen der Antike und den für immer richtungsgebenden Anstoß, den die Griechen der geschichtlichen Bewegung gegeben haben, aus ihrem eigenen geistigen Wesen zu verstehen«*.

Trotz mancher Einwände, die auch den Gebrauch einzelner »Leitbegriffe« wie »Kultur« bzw. »Rasse« betreffen, hat die Kritik fast durchweg den originellen Ansatz, die großartige Konzeption und die von tiefem Verständnis für die Welt der Hellenen getragene Durchführung des Werks sowie seinen vornehmen, aber permanenten Zeitbezug zu würdigen verstanden. Die weitreichende Wirkung der *Paideia* bezeugen ebenso mehrere Neuauflagen wie Übersetzungen ins Englische, Französische, Italienische, Spanische sowie zuletzt auch ins Polnische.

O.P.

AUSGABEN: Bln./Lpzg. 1934–1947, 3 Bde. – Bln. ⁴1959, 3 Bde.; Nachdr. Bln./NY 1973 [in einem Bd.].

LITERATUR: *Das Problem des Klassischen u. die Antike, 8 Vorträge, gehalten auf der Fachtagung der Klassischen Altertumswissenschaft zu Naumburg 1930*, Hg. W. Jaeger, Naumburg 1930; ern. Darmstadt 1961. – W. Jaeger, *Humanistische Reden u. Vorträge*, Bln. 1937; ²1960 [erw.]. – Ders., *Humanismus u. Theologie*, Heidelberg 1960; ern. Stg. 1964. – A. Mansion, *W. J. 1888–1961* (in Revue Philosophique de Louvain, 59, 1961, S. 693–696). – J. M. G. Mora, *W. J. Filólogo, filósofo y humanista* (in Convivium, 11, 1961, S. 175–180). – N. de Anquín, *W. J. 1888–1961* (in Humanitas, 10, 1962, S. 245–251). – W. Schadewaldt, *Gedenkrede auf W. J. 1888–1961*, Bln. 1963 [m. Bibliogr.]. – O. Gigon, *W. J. zum Gedenken* (in ZphF, 18, 1964).

URS JAEGGI

* 23.6.1931 Solothurn / Schweiz

BRANDEIS

Roman von Urs JAEGGI, erschienen 1978. – Obwohl zehn Jahre zwischen *Ein Mann geht vorbei* (1968), Jaeggis zweitem Roman, und *Brandeis* liegen, Jahre, in denen wichtige wissenschaftliche und publizistische Arbeiten entstanden (*Literatur und Politik. Ein Essay*, 1972; *Kapital und Arbeit in der Bundesrepublik. Elemente einer gesamtgesellschaftlichen Analyse*, 1973), folgt der Soziologe und Schriftsteller Jaeggi auch in *Brandeis* seinem erzählerischen Grundmuster: Scheitern des Selbstentwurfs an der Unentschiedenheit zwischen Engagement und Distanzhaltung. *»Es war ein Aufschwung«*, hieß es bereits im ersten Roman *Die Komplicen* (1964), *»wenn auch ein Aufschwung ins Leere (heute sehe ich die Nutzlosigkeit einer Flucht ein, man entkommt nicht; lockere elastische Fesseln sind schwerwiegender als harte«)*. Schon der Name, mit dem Jaeggi seine Hauptgestalt versieht, bringt die Unentschiedenheit zwischen zwei Verhaltensmöglichkeiten zum Ausdruck: Das Oxymoron *»Brandeis«* zwingt ein *»Di-lemma«* ins Bild. Brandeis empfindet *»eine ruhige, starke Lust, die gegebenen Verhältnisse aufzubrechen, ins Gegenteil zu verkehren, und plötzlich wieder die Angst, all dies führe zu nichts«*. Spontaneität und Aufschwung, *»Brand«*, schlagen um in Reflexion und Distanzierung, *»Eis«*. Dennoch weist *Brandeis* weit über die Thematik von Erfahrungshunger, Ausbruch aus Rollenzwang, Sich-Einrichten in der Offenheit von Zweifel und Frage hinaus. Die Geschichte vom Scheitern des Soziologieprofessors Brandeis, des als *»Spinner«*, *»Scheißliberaler«* eingestuften Außenseiters, der sich für die Interessen der rebellierenden Studenten einsetzt, ist zugleich eine Art Bilanz der Studentenbewegung und der Jahre danach. Zweimal, am Anfang und am Ende, findet sich in dem Roman der Satz: *»Alles hat sich jedenfalls so zugetragen, daß sich darüber berichten läßt.«* Auf die zweite Erwähnung folgt wenig später der Hinweis: *»Dieses Buch wird man als Autobiographie lesen; man soll es und soll es nicht … Ich habe versucht, aufrichtig zu sein.«* Zu solcher autobiographischen Betroffenheit merkt der Autor in dem Aufsatz *Leben* an: *»Mir selbst war wichtig, je präziser ich über mich schreibe, je mehr stimmige Details miteinanderflochten sind, je unmittelbarer scheint ein Text. Als Momente der Ichdarstellung sind autobiographische Details dabei freilich unwichtig; wichtig höchstens für das Erkennen des Allgemeineren.«* Das Werk, dessen Erzählzeit von September 1965 bis Spätherbst 1977 reicht, das in seiner erzählten Zeit jedoch bis in die Familien- und Lebensgeschichte des Erzählers zurückgreift, ist ein aus dokumentarischem Bericht, Zitaten, fiktionalen Handlungselementen, Tagebucheintragungen und Traumprotokollen gefügter Montageroman. Reflexion und Kommentierung gesellschaftlicher und politischer Ereignisse kommt dabei gegenüber unmittelbarer Beschreibung der Vorrang zu. Wie die Liebesgeschichte mit der studentischen Aktivistin Susanne das »Allgemeinere« der Studentenrevolte auf einen persönlichen Nenner bringt, so steht auch die in New York sich zuspitzende Ehekrise mit Anne in einem größeren Zusammenhang. Sie wird ausgelöst durch Annes Gleichziehen, ihren Wunsch nach einer »offeneren« Beziehung. Lothar BAIER trifft den Sachverhalt, wenn er schreibt, es sei Jaeggi gelungen, *»äußere und innere Veränderungen in einer einzigen Schreibbewegung zu erfassen und dabei die Kluft zwischen theoretischer Analyse und subjektiver Deskription zu überwinden«*. – Im Aufbau des aus drei unterschiedlich langen Büchern bestehenden Romans deutet sich dialektische Bewegung an. Im Scheitern als (vorläufigem) Endpunkt ist bereits der erneute, von der nächsten Generation getragene Aufbruch enthalten: *»Wir fangen an«*, lautet der letzte Satz des Werkes. Brandeis sagt ihn zu seiner rebellierenden Tochter. Endet das erste Buch mit der Feststellung: *»Die Zeit ist verrückt«*, so läuft das zweite aus in Brandeis' Aufbruch als Gastprofessor nach den USA und in ein Zitat, das von *»Verzweiflung«* und *»Erlösung«* spricht. Das dritte Buch spielt in New York, wo Brandeis sich erinnert, daß er einmal sagte: *»Flucht ist genauso ein Mythos wie Dauer«* und für sich kommentierte: *»Ist das der Anfang vom Verrücktwerden, von der Gesichtslosigkeit?«* Wenn es dann tatsächlich zu diesem *»Verrücktwerden«*, diesem seelischen Zusammenbruch kommt, ist dies nur folgerichtig. Auch daß es im ersten Teil heißt: *»Längst steht der Hörsaal in Flammen«* und im dritten Teil berichtet wird, Brandeis habe *»mehrfach, mit zwei geglückten Versuchen, sein Bett angezündet«*, entspricht der inneren Logik des Falles. Selbstverbrennung soll der Unentschiedenheit, die den Intellektuellen Brandeis angesichts von Gewalt und Elend in der (bloß) geistig eingreifenden, sympathisierenden Haltung sich genügen ließ, statt den entscheidenden *»Sprung«* zu wagen, ein Ende setzen, das zugleich Protest ist wie die Entschlossenheit des Augenzeugen und Mitakteurs, *»jetzt, 1968«*, wo Literatur plötzlich als *»das Überflüssige, das Gefährliche, das Narkotikum«* gilt, da sie *»politisches Handeln«* verhindere, heimlich an seinem bilanzierenden Manuskript zu arbeiten. Unentschiedenheit mag solcherart für Resignation stehen, genährt aus vorgreifendem Wissen, sie artikuliert aber auch ein unüberhörbares »Dennoch« und weist damit entschieden über die kritische Perspektive von J. BENDAS *Trahison des clercs*, 1927 *(Der Verrat der Intellektuellen)*, hinaus, auf die in dem Roman angespielt wird.

Als gelungener Versuch, Geschehen zu *»registrieren«*, es *»aufzubewahren«*, Erfahrungen im Horizont von marxistischem Gesellschafts- und existentialistischem Seinsverständnis zu materialisieren, ist *Brandeis* ein zeitgeschichtlicher Roman. Er verdichtet persönlich Erlebtes und in dessen Widerschein Gedachtes zum Spiegel eines Stückes gesellschaftlicher Entwicklung, das wie kaum ein zweites die Geschichte Nachkriegsdeutschlands geprägt hat. Von der Kritik wurde diese kritische politische, soziale und psychologische Positionsbestimmung als das *»gültigste«* und *»wichtigste«* Buch zur Studentenrevolte eingestuft. O.F.B.

AUSGABEN: Darmstadt/Neuwied 1978. – Ffm. 1980 (FiBü).

LITERATUR: F. Benseler, *Der Terror der Verhältnisse* (in FH, 1979, H. 11, S. 72–74). – M. Th. Greven, *… vielleicht eine Perspektive …* (in Ästhetik u. Kommunikation, 1979, H. 39, S. 112–114). – H. Hartung, *Marionetten des Zeitgeistes von '68* (in NRs, 1979, H. 1, S. 133–137). – G. Ullrich, *U. J.* (in KLG, 13. Nlg., 1983).

ARVID JÄRNEFELT

* 16.11.1861 Pulkova
† 27.12.1932 Helsinki

LITERATUR ZUM AUTOR:
P. Häkli, *A. J. ja hänen lähimaailmansa*, Helsinki 1955. – R. Koskimies, *A. J.* (in *Suomen kirjallisuus*, Bd. 4, Helsinki 1965, S. 219–237). – K. Laitinen, *Finnlands moderne Literatur*, Hbg. 1969, S. 24–26. – L. Viljanen, *Eleettömän perusihmisen kuvaaja* (in L. V., *Ajan ulottuvuudet*, Porvoo 1974, S. 109–116). – P. Lounela, *Ken talonsa jättää: A. J.*, Helsinki 1977. – A. Sarajas, *Arvid Järnefeltin tie kirjailijaksi Juhani Ahon rinnalla* (in A. S., *Orfeus nukkuu*, Porvoo 1980, S. 280–290). – K. Laitinen, *Suomen kirjallisuuden historia*, Helsinki 1981, S. 250–254.

GREETA JA HÄNEN HERRANSA

(finn.; *Greeta und ihr Gott*). Roman von Arvid JÄRNEFELT, erschienen 1925. – Dieses Alterswerk des Dichters, das während eines längeren Frankreichaufenthalts entstand, gilt allgemein als seine beste literarische Arbeit. Der Stoff basiert auf einer wahren Begebenheit: Der junge finnlandschwedische Bauer Helge Nyholm baut nach dem frühen Tod des Vaters seiner Mutter und den sechs Schwestern einen neuen, schönen Hof auf und heiratet die junge Finnin Maija. Seine Wahl erweist sich jedoch bald als problematisch, da sie ihn in einen Konflikt zwischen seiner Frau und den übrigen Familienangehörigen bringt, der um so unlösbarer scheint, als der sehr sensible Mann seine Empfindungen nicht auszusprechen und nur in den Erzeugnissen seiner handwerklichen Kunst zum Ausdruck zu bringen vermag. So ist er trotz – oder gerade wegen – seiner großen Liebe zu Maija und seiner Familie nicht imstande, ein harmonisches Verhältnis zwischen seiner ein wenig robusten Frau und seiner bisher sehr behüteten Mutter sowie den Schwestern zu schaffen. Als erschwerender Umstand hinzu, daß auch die Sprache Maija von den schwedischsprechenden Familienmitgliedern trennt. Außerstande, die Anpassungsschwierigkeiten beider Teile zu beheben, verzweifelt Helge schließlich und wählt den Freitod.
In dem breitangelegten Schlußteil des Romans wird die Mutter des Helden, Greeta, zur Hauptgestalt. Der ahnungsvolle Traum, in dem sie, noch zur Zeit von Helges heimlicher Verlobung, mit ihrem Gott um das Heil des Sohns gerungen hatte, erfährt jetzt eine Deutung, die das Geschehen unter einen höheren Aspekt stellt. Greeta erkennt die leidvolle Fügung als eine Prüfung, die ihrem Gottvertrauen auferlegt wurde, und sie besteht sie, weil sie es über sich bringt, dem Willen Gottes keinen Widerstand entgegenzusetzen. Nach dem Tod ihres Sohnes zur Einsicht in die tieferen Zusammen-

hänge gelangt, bemüht sie sich aufrichtig und geduldig um ein gutes Zusammenleben mit Maija, dessen Harmonie, als diese einem Sohn das Leben schenkt, endgültig gefestigt ist. In der Wohlgestaltetheit dieses Kindes erblickt Greeta ein Symbol der Versöhnung zwischen den beiden verschieden gearteten Elternteilen. Überzeugt, daß die Verbindung gerade entgegengesetzter Kräfte und Charaktere gottgewollt ist, erreicht Greeta schließlich auch, daß Maija einen älteren Mann, den ursprünglichen Besitzer ihres Anwesens Koivikko, heiratet. Damit hat sie für alle Bewohner Koivikkos ein Schicksal erfüllt.
Die Glaubwürdigkeit des versöhnlichen Ausgangs gründet sich sowohl auf die Prägnanz und Sicherheit der künstlerischen Gestaltung als auch auf Järnefelts genaue Kenntnis der mit äußerster Subtilität erfaßten, höchst differenzierten Denkweise und Gefühlswelt des »einfachen Volkes«. Der Autor vermeidet es – wie die Kritik so besonders hervorhob –, die Mentalität der Personen als typisch finnlandschwedisch oder finnisch zu charakterisieren. Der Darstellungsstil ist ein idealistisch getönter Realismus, dessen gelassene Leichtigkeit durch liebenswürdigen Humor eine besondere Lebensnähe bekommt.   M.E.S.

AUSGABEN: Porvoo 1925. – Porvoo ⁴1957 (in *Valitut teokset*). – Hämeenlinna 1984.

LITERATUR: R. Koskimies, *Elävä kansalliskirjallisuus*, Bd. 1, Helsinki 1944, S. 434–438.

MAAEMON LAPSIA

(finn.; *Kinder der Mutter Erde*). Roman von Arvid JÄRNEFELT, erschienen 1905. – In dem Roman verleiht der Autor seinen von TOLSTOJ beeinflußten sozialen Ideen Ausdruck, insbesondere der Überzeugung, der Boden solle denen gehören, die ihn bearbeiten. Der reiche Gutsbesitzer und der Kätner, der arme Kleinpächter, sind für Järnefelt Kinder derselben Mutter Erde. – Das vom Autor mit großer Anteilnahme geschilderte Schicksal des Kätners Janne Kinturi steht stellvertretend für eine ganze Gesellschaftsschicht, die unter derselben sozialen Ungerechtigkeit leidet. Kinturi, zu Unrecht verdächtigt, Hafer gestohlen zu haben, gerät in Streit mit seinem Gutsherrn und muß mit seiner Familie – er hat sieben Kinder – das Stückchen Land, das in generationenlanger Rodungsarbeit urbar gemacht wurde, verlassen. Die Kate Kinturis wird dem Gut einverleibt. Nach und nach vertreibt der Grundbesitzer von Vaanikkala auch die übrigen, durch keinerlei Verträge abgesicherten Kleinpächter, um sich ihr Land anzueignen und es zur Beschaffung von Mitteln für seine aufwendige Lebensführung zu verkaufen. Es ist unter solchen Bedingungen nicht verwunderlich, daß der Haß der besitzlosen finnischen Landbevölkerung wächst und die russische revolutionäre Bewegung des Jahres 1905 auf Finnland übergreift. – Seine Ansich-

ten über die Bodenfrage legt der Verfasser einem jungen Mann namens Edvard in den Mund, dem Sohn eines hohen Offiziers, der mit der Gutsbesitzerstochter Martta verlobt und dazu ausersehen ist, den Herrenhof Rauhalahti (d. h. Friedensbucht) einmal zu übernehmen. Auf der Feier von Marttas zwanzigstem Geburtstag nimmt Edvard, unterstützt von Martta, offen zur Frage des Grundbesitzes Stellung und sagt unter Hinweis auf die großen ungenutzten Landflächen des Guts: *»Das ist eine Ungerechtigkeit! Was für ein Recht hat ein Mensch auf den Boden, den andere roden? ... Nach der Ordnung der Natur sollte der Boden allen gehören, wie die Luft, die wir atmen.«* – Eines Tages trifft den Besitzer des Herrenhofs Rauhalahti ein schwerer Schlag: Er wird beschuldigt, die Rekrutierung für das russisch-zaristische Heer auf seinem Gut zu behindern, und muß das Land verlassen. Als Martta, die vorerst die Verwaltung des Besitzes übernimmt, in einem Brief schreibt: *»Wir sind Parasiten! ... Das Bodenbesitzrecht ist ein grausames Unrecht«*, billigt der Vater im norwegischen Exil die Anschauungen seiner Tochter: *»Ich sehe jetzt die Welt mit anderen Augen als früher.«*
Järnefelt, einer der bedeutendsten Vertreter des Jungen Finnland und Anhänger der liberal-sozialreformerischen Bewegung der Freisinnigen, gab Anfang der neunziger Jahre unter dem Einfluß der Tolstojschen Lehre seine Richterlaufbahn auf, um fortan als Landwirt zu leben. Nach einem Besuch bei Tolstoj im Jahre 1899 begann er sich vor allem Fragen der Landreform zuzuwenden. Als Schriftsteller verkündete er die Idee der Bruderschaft aller Menschen und trat für eine Welt ohne kapitalistischen Privatbesitz und Unterdrückung ein, mit der inneren Verpflichtung der Nächstenliebe als einzigem Gesetz. Den Nationalismus, dem viele seiner finnischen Zeitgenossen huldigten, lehnte er entschieden ab.   F.E.

AUSGABEN: Helsinki 1905. – Helsinki ⁴1957 (in *Valitut teokset*).

LITERATUR: R. Koskimies, *Elävä kansalliskirjallisuus*, Bd. 1, Helsinki 1944, S. 430–434.

ARTTURI JÄRVILUOMA

* 9.8.1879 Alavus
† 30.1.1942

POHJALAISIA

(finn.; Ü: *Pohjalaisia [Österbottnier]*). Schauspiel in drei Akten von Artturi JÄRVILUOMA, Uraufführung: Helsinki, 2. 10. 1914. – Dieses Drama gilt als finnisches Nationalschauspiel und zählt – mit bisher über 3000 Aufführungen – zu den beliebtesten

Werken der finnischen Dramatik. Das Stück spielt um 1850 während der zaristischen Herrschaft über Finnland; Schauplatz ist die Heimat des Verfassers, die Landschaft Pohjanmaa (Österbottnien) im Bezirk Vaasa an der Küste des Bottnischen Meerbusens, deren Bewohner Pohjalaisia genannt werden.

Die Verhöre für eine bevorstehende Gerichtsverhandlung werden jeweils in einem Bauernhof durchgeführt; ein angesehener Bauer ist zum Gefangenenwärter bestimmt, und der Untersuchungshäftling bei ihm einquartiert. Aus dieser Situation erwächst die Tragödie, denn es ist ausgerechnet der Hofbauernsohn Antti, der wegen einer Messerstecherei – die in dieser Gegend an der Tagesordnung ist – in Gefangenenkleidung und in schweren Ketten dem Hofbauern (und Gefangenenwächter) Harri übergeben wird: Antti ist der Verlobte von Harris Tochter Maija. Zwischen ihr und Antti kommt es zunächst zu einer kleinen Auseinandersetzung, doch Maijas Bruder Jussi, ein aufrichtiger Patriot, glaubt daran, daß sein künftiger Schwager freigesprochen werden wird. Doch da erscheint der Polizeikommissar – ein Finne, der als willfähriges Werkzeug der russischen Despoten gilt und bei der freiheitsliebenden Bevölkerung verhaßt ist. Als Jussi bei der Übergabe von Anttis Gefangenenpaß vor dem Kommissar seine Mütze aufbehält, schlägt dieser sie ihm mit der Peitsche vom Kopf. In rasender Wut entreißt Jussi dem Polizisten die Peitsche, zerbricht sie und wirft sie ihm vor die Füße. Eingeschüchtert, aber auf Rache sinnend, verläßt der Kommissar die Verhörstube. Am nächsten Tag findet die Gerichtsverhandlung statt; der Kommissar ist der Ankläger. Antti wird zu einer Gefängnisstrafe verurteilt – was Sibirien bedeuten kann –, aber Maija verhilft ihm zur Flucht. Antti wird vergeblich gesucht, der Kommissar, der bereits eine Kompanie Kosaken angefordert hat und sie auf die Bauernhöfe zur Unterkunft verteilen will, verdächtigt Jussi der Fluchthilfe und sucht belastende Aussagen zu erhalten. Die Methoden, die der Polizist anwendet, um von Jussi ein Geständnis zu erzwingen, führen zu einer heftigen Auseinandersetzung, in deren Verlauf der Kommissar zwei Schüsse auf Jussi abfeuert. Obwohl Jussi getroffen ist, ersticht er den Kommissar mit einem Puukkomesser. Antti kommt freiwillig zurück; jeder Fluchtweg ist abgeschnitten. Jussi aber stirbt mit den Worten: *»Dieses Volk wird niemals unterworfen und nie mit der Peitsche zum Gehorsam gezwungen werden!«*
Das Stück vereint das Pathos freiheitlicher Gesinnung mit einer eindringlichen Schilderung der Menschen von Pohjanmaa. Der Autor fängt die Atmosphäre der Zeit mit ihren sozialen und nationalen Spannungen ein – Bauern ohne Land, die pietistische Bewegung, der Widerstand gegen die zaristische Fremdherrschaft – und gibt ein intensives Charakterbild dieses seines eigenen selbstbewußten und leicht erregbaren Volksstamms, das er durch eingestreute Volkslieder noch vertieft; die Vertonung durch den bedeutenden finnischen

Komponisten Leevi Madetoja sicherte auch der Opernfassung des Werks eine Geltung über die Grenzen Finnlands hinaus.   F.E.

AUSGABEN: Helsinki 1914. – Helsinki ¹⁴1978.

ÜBERSETZUNG: *Pohjalaisia (Österbottnier)*, F. Ege, Mchn. 1942 [Bühnenms.]. – *Das Dorfgericht*, ders., Bln. 1956 [Bühnenms.].

VERTONUNG: L. Madetoja, *Pohjalaisia* (Text: A. Järviluoma; Oper; Urauff.: Helsinki, 25. 10. 1924, Finnische Oper).

VERFILMUNGEN: Finnland 1925 (Regie: J. Lahdensuo). – Finnland 1936 (Regie: T. J. Särkkä u. J. Norta).

LITERATUR: K. S. Laurila, *Hiukkasen A. J. »Pohjalaisia« näytelmän vaihe- ja syntyhistoriaa* (in Kirjall. tutk. s. vuosik, 6, 1942). – H. Sihvo, *»Pohjalaisten« syntyperinteestä* (in Kotiseutu, 1972, S. 218–223). – H. Ylikangas, *Pohjalaisia-näytelmän taustasta* (ebd., 1984, S. 174–178).

RABBI MORDECHAI JAFFE

* um 1535 Prag
† 1612

LEWUSCHIM

(hebr.; *Gewänder*). In Anlehnung an *Esther* 8, 15 gewählte Sammelbezeichnung für die zehn Werke des Rabbi Mordechai JAFFE aus Prag, verfaßt in der zweiten Hälfte des 16. Jh.s. – Während die letzten fünf dieser *Gewänder* verschiedene Einzelthemen behandeln, bilden die ersten fünf ein in sich geschlossenes, groß angelegtes Kompendium des gesamten jüdischen Religions- und Zivilrechts. Es war nicht der erste umfassende Gesetzeskodex dieser Art: Bereits seit dem Ende des 12. Jh.s existierte das Werk *Mischne Thora* des MAIMONIDES. Ihm gegenüber unterscheidet sich aber das Werk des religiös und profan vielseitig gebildeten Rabbi Mordechai Jaffe prinzipiell in der Darbietung des Stoffes: Während Maimonides ohne Hinweis auf die Kontroversen um jedes einzelne Gesetz in der Quellenliteratur (also im *Talmud*) einfach diejenige talmudische Ansicht, die er für richtig hält, als einzige in seinen Kodex aufnimmt und so zum Gesetz erhebt, beteiligt Mordechai Jaffe in seinen *Lewuschim* den Leser insofern an der Ausarbeitung der Entscheidung, als er auf die talmudischen Quellen hinweist und auch kurz die verschiedenen Ansichten und deren jeweilige Begründung aus dem Talmud exzerpiert – dies alles aber doch wieder nicht so ausführlich wie sein Zeitgenosse Rabbi

Josef KARO (vgl. *Bet Jossef*). Als Mordechai Jaffe erfuhr, daß Josef Karo eine verkürzte Fassung des *Bet Jossef* unter dem Titel *Schulchan aruch (Der gedeckte Tisch)* vorbereitete, brach er seine Arbeit ab und wartete das Erscheinen des *Schulchan aruch* ab. Aber erst, als ihn auch diese Fassung nicht befriedigte, da ihm die Formulierungen dort zu knapp erschienen (Quellenangaben fehlen – wie bei Maimonides – dort ganz), vollendete er sein eigenes Werk.

Auch im Bereich der jüdischen Literatur *»haben Bücher ihre Schicksale«*: Das Monumentalwerk der *Lewuschim* konnte sich in der Praxis der Rechtsprechung gegenüber dem kongenialen *Schulchan aruch* nicht durchsetzen. Die *Lewuschim* gerieten zwar nicht in Vergessenheit, sanken aber zu einem Nachschlagewerk für Spezialisten herab, während der Zwillingsbruder *Schulchan aruch* zum Gesetzbuch schlechthin geworden und es bis heute geblieben ist.   L.Pr.

AUSGABEN: Lublin 1590 (*Lebusch ha-Techelet*; ern. Prag 1689). – Krakau 1594 (*Lebusch Ateret Sahab*). – Lublin 1594 (*Lebusche Or Jekarot*; enth. *Lewuschim* 8–10). – Krakau 1598/99 (*Lebusch ha-Buz Weha-Argaman* u. *Lebusch Ir Schuschan*). – Prag 1609/10 [enth. *Lewuschim* 1–5, Suppl. v. M. Jaffe; Glossen v. R. Josef ha-Laban]. – Prag 1604 (*Lebusch ha-Ora*).

LITERATUR: J. Perles, *Geschichte der Juden in Posen* (in Monatsschrift f. Gesch. u. Wiss. des Judentums, 14, 1865). – M. Waxman, *A History of Jewish Literature*, Bd. 2, NY 1933, S. 150–152; Nachdr. 1960. – *Enzyklopädie der großen Persönlichkeiten in Israel*, Hg. M. Margalioth, Bd. 4, Tel Aviv 1961, S. 1067 ff. [hebr.]. – E. Kupfer, Art. *Mordecai ben Abraham Jaffe* (in EJ², 9, Sp. 1263/64).

BOUKE BONIFACIUS JAGT

* 5.5.1942 Padang / Sumatra

DE MUSKIETENOORLOG

(ndl.; *Der Moskitokrieg*). Erzählungen von Bouke B. JAGT, erschienen 1978. – Die sieben Erzählungen des Prosadebuts von Jagt – schon 1967 war ihm der später vom Autor verworfene Gedichtband *Gerart van Velsen* vorangegangen – sind alle dem letzten, wenig erfreulichen Kapitel der Kolonialbeziehungen zwischen den Niederlanden und Indonesien gewidmet, dem von vornherein zum Scheitern verurteilten Versuch der niederländischen Regierung, den ihr noch verbliebenen Rest des gewaltigen Inselreichs, Niederländisch Neu-Guinea (West-Irian), vor den indonesischen Machtansprüchen zu schützen.

Die Kämpfe zwischen den niederländischen Soldaten und den sie unterstützenden Papuas gegen die indonesischen Infiltranten vor dem Hintergrund einer in feuchter tropischer Hitze flimmernden Urwaldwelt bilden den Hintergrund der stilistisch außerordentlich virtuosen Texte, die Soldatenslang, malaysische Elemente, Papua-Idiom – dem Band ist eine erklärende Wörterliste beigefügt – und eine zu ungewöhnlich prägnanten Bildern neigende, betont »literarische« Sprache mit manieristischer Gekonntheit zu einer Einheit verschmelzen. Obwohl eigene Erfahrungen des Autors, der 1963 als Soldat an den militärischen Auseinandersetzungen beteiligt war, die 1964 mit der Übergabe der Insel an Indonesien beendet wurden, zweifellos das auslösende Moment der Erzählungen bilden, wird jede zu starke autobiographische Identifikation vermieden.

Auch in den Ich-Erzählungen wie *Spooksoldaat (Spuksoldat)* oder *Lichtblauwe rook (Blaßblauer Rauch)* handelt es sich nicht um Erlebnisprotokolle Jagts, sondern um den inneren Monolog eines älteren Unteroffiziers und die vom zunehmenden Suff geprägte Lebensbeichte eines anderen. In beiden freilich wird das Motiv einer aus Angst vor Zurückweisung oder aus einem zu rigide verinnerlichten Männlichkeitsbegriff heraus verschwiegenen homoerotischen Zuneigung zum Auslöser dieser sehr emotional gefärbten Monologe. Immer wieder klingt bei Jagt das Thema einer existentiell bedeutsamen Freundschaft zwischen Männern an, die insbesondere in geschlossenen Gemeinschaften wie der Armee oder der Schule (im großen Roman *Het pijnboomspook*, 1979 *Der Zirbengeist*) gefördert wird und keineswegs immer erotisch gefärbt sein muß. So scheint Jagt insbesondere fasziniert von der Gemeinschaft mittelalterlicher Ritter und Knappen beim Kreuzzug. In der ungewöhnlichsten Geschichte des Bandes, *Middeleeuw op terugtocht (Mittelalter auf dem Rückzug)*, sind der vom Militärarzt für verrückt aber harmlos gehaltene Leutnant Meijnders und sein Aufpasser Verlinde, die mit ihrem Jeep mitten im Urwald verunglücken, gezwungen, verletzt mehrere Tage lang der Hitze, den Moskitos und dem steigenden Fieber Widerstand zu leisten, bis sie endlich gerettet werden. Jagt erreicht eine verblüffende Verschiebung der Realität dadurch, daß Meijnders glaubt, ein Prior der Tempelritter zu sein, der mit seinem verletzten Kameraden unterwegs nach Jerusalem ist. Angedeutet zumindest wird die Möglichkeit, daß es gerade seine »verrückte« Vision ist, in der sich schließlich auch Verlinde zurechtfindet, die beiden das Leben rettet. Nachdem am Anfang das heroische Templerideal im besten Fall verspottet wird, wird die damit verbundene Vorstellung von Freundschaft, (*»ein Prior der Templer läßt seinen Bruder nicht im Stich«*) von Jagt als die einzig angemessene dargestellt. Eine ähnliche Sicht prägt auch die letzte Geschichte des Bandes, *De muskietenoorlog*. Als sich Kapitän Richard Boschwijk und der lange von ihm gejagte indonesische Leutnant Tjakrawinoto, nachdem der Moskitokrieg, dieser sinn-lose von vornherein für die Niederländer verlorene Kampf zu Ende gegangen ist, endlich gegenüber stehen, erkennen sie sich wieder: als Kinder waren sie einmal, in der damaligen Kolonie Niederländisch Ost-Indien, enge Freunde. Die Erinnerung an diese tiefe Verbundenheit löscht die später entstandene Feindschaft aus.

Während schon *Middeleeuw op terugtocht* neben der realistisch-psychologischen Interpretationsmöglichkeit eine phantastische Lesart anzubieten scheint, gilt dies in noch stärkerem Maße für die Erzählung *Koortsdansen (Fiebertänze)*, die vom schrecklichen Sterben eines niederländischen Korporals berichtet, das offenbar von Zaubertänzen der sich an ihm rächenden Papuas gelenkt wird. Kein anderer Autor hat diese Schlußphase des Kolonialreichs in Asien mit so atemberaubender Intensität beschrieben: *De muskietenoorlog*, eine Art modernes Pendant zu Couperus' *De stille kracht*, gehört zu den Hauptwerken der niederländischen Kolonialliteratur. R.A.Z.

AUSGABE: Amsterdam/Brüssel 1978.

LITERATUR: W. Hazeu, *Boeiende soldatenverhalen* (in Haagsche Courant, 6. 6. 1978). – F. de Rover, *Een wereld van mannen en oerwouden* (in Vrij Nederland, 15. 7. 1978). – M. Boll, *De werkelijkheid als richtingwijzer. De strategie van B. J.* (in Bzzlletin, 15, 1986, Nr. 139, S. 66–75). – M. Boll, *B. J.* (in *Kritisch lexicon van de Nederlandstalige literatuur na 1945*, Hg. A. Zuiderent u. a., Alphen aan den Rijn u. a., Nlg. Febr. 1988).

FRIEDRICH LUDWIG JAHN ERNST WILHELM BERNHARD EISELEN

Friedrich Ludwig Jahn

* 11.8.1778 Lanz
† 15.10.1852 Freyburg

Ernst Wilhelm Bernhard Eiselen

* 27.9.1792 Berlin
† 24.8.1846 Misdroy

DIE DEUTSCHE TURNKUNST zur Einrichtung der Turnplätze. Lern- und Lehrbuch für den Turn- und Geländesport

von Friedrich Ludwig JAHN und Ernst Wilhelm Bernhard EISELEN, erschienen 1816. – In der Ideologie einer »Körperkultur«, wie sie Jahn in diesem Werk als erster – nach ganz spärlichen Ansätzen zu einer »Gymnastik« im 18. Jh. (VIETH, GUTS-MUTHS) – begründete, überwog zum Zeitpunkt ihres Entstehens das progressive Moment: Gegen die körperfeindliche Pädagogik des 18. und des beginnenden 19. Jh.s gerichtet, initiierte sie eine bürgerliche Turn-Bewegung die politisch auf nationale Einheit und auf Unabhängigkeit von der Napoleonischen Fremdherrschaft abzielte. In dem Maße, in dem nach den Freiheitskriegen die historische Legitimation wegfiel, die in der Vorbereitung auf die Anforderungen eines patriotischen Befreiungskrieges bestanden hatte, traten jedoch die abstrusen und reaktionären Züge in Jahns Konzeption immer deutlicher hervor und verselbständigten sich schließlich. *»Es lag in der Natur der Sache, daß man schon damals, als das Turnen begann, den Knaben und Jünglingen nicht verschwieg, daß ihre Übungen vorzüglich den Zweck hätten, sich körperlich zum Kampf gegen den Feind des Vaterlandes zu erkräftigen, daß man sie mit glühendem Enthusiasmus für das Vaterland zu beseelen, mit Haß gegen den Feind zu erfüllen suchte. Ersteres, daß nämlich die Turnübungen dazu dienen sollten, in den Turnern kräftige Verteidiger des Vaterlandes zu erschaffen, wurde auch noch später fortwährend den Turnern mitgeteilt.«* Der ursprünglich paramilitärische Charakter mancher Sportarten ist bei Jahn noch deutlich erkennbar. So entwickelte sich der Stabhochsprung aus dem mit Hilfe des Gewehrs durchgeführten Sprung über ein natürliches Hindernis, wie z. B. einen Wasserlauf.

Jahn, seit 1810 Gymnasiallehrer in Berlin, begann 1811 zusammen mit seinen Schülern auf dem dadurch berühmt gewordenen Turnplatz auf der Hasenheide mit einfachen Turn- und Geländespielen. Bis 1816 entwickelte er dann eine Reihe bereits bekannter Turngeräte weiter, erfand aber auch neue und stellte sie in einem Plan für einen »Turnplatz« zusammen, der, in übersichtlicher Gliederung, zumindest die folgenden Einrichtungen haben sollte: Rennbahn (samt »Schlängelbahn«), »Freispringel« (Weitsprunganlage), »Stabspringel« (Stabhochsprunganlage), Schwebebaum, »Schwingel« (Pferd), Reck, Barren, Hangelreck, Kletterbaum samt Klettermast, »Gerwurf«-(Speerwurf-)Bahn, »Schockbahn« (eine Vorstufe des Kugelstoßens) und »Ziehbahn« (für Mannschaftskämpfe im Tauziehen). Die umfassende Körpererziehung sah neben den eigentlichen Turn- und Geländeübungen Unterricht im Schwimmen, Reiten, Tanzen, Fechten, in den »Kriegsübungen« und im Schlittschuhlaufen vor. Durchgängig ist eine scharfe Polemik gegen ständische, d. h. feudalistische Erziehungsprivilegien: So soll auf alle »Buhltänze«, für Jahn lediglich *»Verderber der Sittlichkeit und Verführer zur Sünde«*, zugunsten der alten »Reigen« verzichtet werden; das Reiten ist – ohne den *»Dünkel von Erwachsenheit und Vornehmigkeit«* – erst im fortgeschrittenen Alter zu erlernen und das Fechten lediglich *»nach Deutscher Art auf Hieb und Stoß«* zu praktizieren.

Auch in der *Deutschen Turnkunst*, die diese Sportarten ausspart und nur die eigentlichen Turn- und Leichtathletikübungen behandelt, findet sich neben der detaillierten Beschreibung aller Geräte,

Übungen und Spiele ein ausgearbeitetes pädagogisches Programm, das, weit über die Körpererziehung im engeren Sinne hinausgreifend, die Begriffe Anständigkeit, Sauberkeit, Geradlinigkeit, Ordnungsliebe und Staatstreue als normative Tugenden ins Spiel bringt. *»Keiner darf zur Turngemeinschaft kommen, der wissentlich Verkehrer der Deutschen Volksthümlichkeit ist und Ausländerei liebt, lobt und beschönigt.«* Jahns Franzosenhaß, in der Zeit vor den Befreiungskriegen noch politisch motiviert, steigert sich – schon in der *Deutschen Turnkunst* – immer mehr zu reaktionärem Chauvinismus: *»Wälschen ist Fälschen, Entmannen der Urkraft, Vergiften des Sprachquell, Hemmen der Weiterbildsamkeit, und gänzliche Sprachsinnlosigkeit.«* Die Neigung zu archaisierender »Sprachthümlichkeit« – Begriffe wie »Volksthum« und »Turnkunst« sind seine Prägungen – läßt Jahn in seinem Turnlehrbuch ein teils puristisches, teils germanische Wortstämme neologistisch weiterbildendes Idiom verwenden. Sowohl H. HEINES Vorwurf, daraus resultiere ein auftrumpfend *»idealistisches Flegeltum«*, als auch die Charakterisierung von F. ENGELS, der vom *»Turnwütherich Jahn«* sprach, sind berechtigt. Jahn liefert das sprachliche Modell für eine ressentimentgeladene Ideologie, die alte Vorurteile in Begriffe faßt. Die emanzipatorische Funktion eines neuen Körperbewußtseins, die Jahn anfangs betonte, wird von dem rigiden moralistischen Impetus seiner *»Turngesetze«* selbst sabotiert: *»Tugendsam und tüchtig, rein und ringfertig, keusch und kühn, wahrhaft und wehrhaft sei sein Wandel ... Frisch, frey, fröhlich und fromm – ist des Turners Reichthum ... So wird man am besten heimliche Jugendsünden verhüten, wenn man Knaben und Jünglingen das Reifen zum Biedermanne als Bestrebungsziel hinstellt. Das Vergeuden der Jugendkraft und Jugendzeit durch entmarkenden Zeitvertreib, faultierisches Hindämmern, brünstige Lüste und hundswütige Ausschweifungen werden aufhören – sobald die Jugend das Urbild männlicher Lebensfülle kennt.«*
                                                           H.H.H.

AUSGABEN: Bln. 1816. – Bln. ²1847, Hg. E. Linden [Tl. 1; verm.]. – Hof 1885 (in *Werke*, Hg., Einl. u. Anm. C. Euler, 2 Bde., 1883–1887, 2/1). Dresden 1927, Hg. M. Schwarze [Nachdr. d. Ausg. Bln. 1816]. – Bln. 1960. Hg. W. Beier [Einl. W. Schröder]. Fellbach 1967 [Nachdr. d. Ausg. Bln. 1816]. – Mchn. 1979 [dass.].

LITERATUR: R. Körner, *F. L. J. u. sein Turnwesen*, Mchn. o. J. [1928]. – E. Neuendorff, *Turnvater J. Sein Leben u. Werk*, Jena 1928. – K. Wildt, *F. L. J. u. das deutsche Turnen*, Rostock 1931. – G. Lukas, *F. L. J.*, Halle 1952. – J. Recla, *Wissenschaftliches Arbeiten über Leibesübungen: J. u. seine Zeit*, Graz 1958. – H. Überhorst, *Zurück zu J.? Gab es kein besseres Vorwärts?*, Bochum 1969. – G. Stöcker, *Volkserziehung u. Turnen. Untersuchungen der Grundlagen des Turnens von F. L. J.*, Schorndorf 1971. – H. Überhorst, *F. L. J. 1778/1978*, Mchn. 1978. – *Internationales J.-Symposium. Berlin 1978*,

Red. H. Becker u. H. Bernett, Köln/Leiden 1979.
– R. K. Sprenger, *Die J.-Rezeption in Deutschland
1871–1933. Nationale Identität u. Modernisierung*,
Schorndorf 1985 [teilw. zugl. Diss. Bln. 1985].

MORITZ JAHN

* 27.3.1884 Lilienthal
† 19.2.1979 Göttingen

LITERATUR ZUM AUTOR:
U. Bichel, *M. J. als niederdeutscher Dichter* (in
JbNd, 93, 1970, S. 154–167). – W. W. Seeger, *The
East Frisian Dialect in the Low German Works of
M. J.*, Diss. Univ. of Wisconsin 1970 (vgl. Diss.
Abstracts, 31, 1970/71, S. 2907/08A). – *M. J.
Freundesgabe*, Göttingen 1974 [Vorw. H. Blome].
– U. Bichel u. a., *M. J.* (in Quickborn, 69, 1979,
S. 590–599). – *Studien zu M. J.*, Hg.
D. Stellmacher, Rinteln 1986.

LUZIFER

(nd.). Novelle von Moritz JAHN, entstanden 1938,
erschienen 1956. – Das in altertümelndem, ostfrie-
sischem Niederdeutsch geschriebene Werk besteht
aus einem Brief, den der Maler Jabbo van Huysen
an seinen Bruder richtet. Es geht darin um das
Schicksal eines Ketzers namens Weert Syassen.
Dieser, der auch den Gelehrtennamen »Magister
Wiardus« führt – wie der Briefschreiber keine historische Gestalt –, hat als Prediger alle Bilder aus
seiner Kirche verbannt, darunter ein Marienbild
seines ehemaligen Mitschülers Jabbo. Von der
Kanzel verkündigt der Magister die Lehre, es gebe
nur einen Gott, keine Dreifaltigkeit. Deshalb wird
er der Ketzerei angeklagt. Vor dem mit Geistlichen
und Ratsherren besetzten Glaubensgericht erklärt
er außerdem, daß der allmächtige Gott keinen Gegenspieler haben könne, daß also auch der Teufel,
Luzifer, nicht existiere. Um den Sinn des Magisters
Wiardus zu ändern, wird Jabbo vom Rat beauftragt, eine Teufelskappe zu bemalen, die Weert auf
dem Scheiterhaufen tragen soll, falls er nicht widerruft. Jabbo hat darauf – in der Absicht, seinem ehemaligen Mitschüler zu helfen – ein Bild des Satans
gemalt, in dessen Fängen er Weert sieht. Er hat jedoch bei der Arbeit gespürt, daß das Böse in Gestalt
des Hochmuts ihn selbst ergriff, und malt das Antlitz Luzifers als Bild eines unendlich hochmütigen
und zugleich traurigen Menschen. Nach dem Betrachten dieser Kappe widerruft Weert in der Tat
seine frühere Lehre. Seine neue Lehre ist: Luzifer,
das Böse, sei die Erstgeburt aus dem Chaos, seine
Macht gehe über alles Maß; aber Luzifer sei traurig,
weil er von Gott entfernt sei und wisse, daß

er sich mit zunehmender Macht weiter von ihm
entferne. An der Trauer werde er zugrunde gehen,
und dann werde allein die Güte Gottes noch sein.
Diese Aussage führt zur Verurteilung Weerts. Er
fürchtet das Urteil nicht – getreu seiner Überzeugung: Selig, der tut, was er soll. Mit ihm verbrennt
das Luzifer-Bildnis Jabbos, von dem der Maler
weiß, daß es sein bestes Werk gewesen ist. Seitdem
kann der Künstler nicht mehr so arbeiten wie früher; das Antlitz Luzifers verfolgt ihn. Er fragt, weshalb Weert Syassen hat sein müssen, wie er war,
und weshalb er, Jabbo, anders ist. Er bittet schließlich seinen Bruder, zu ihm zu kommen und ihm in
seiner Not beizustehen.
Das Werk ist Charakternovelle und zugleich Pro-
blemgestaltung von hoher Darstellungsdichte. Der
Briefschreiber, der als Erzähler fungiert, betrachtet
das Ketzertum des Magisters Wiardus als Ausdruck
der unauflösbaren Verflochtenheit menschlicher
Größe mit dem Bösen. Dabei ist die Erzählweise
sehr volkstümlich gehalten und von Humor durchwirkt. Jahns »*dichterischer Rang aber ist gerade dadurch so außerordentlich, daß er, trotz seiner philosophisch-theologischen Gelehrsamkeit, sprachlich näher
an der Mundart geblieben ist als irgend ein anderer*«
(D. Bellmann). U.B.-KLL

AUSGABEN: Hbg.-Wellingsbüttel 1956 [Ill. I. Gu-
degast-Pisulla]. – Göttingen 1963 (in *GW*, Hg.
H. Blome, 3 Bde., 1963/64, 2).

LITERATUR: D. Bellmann, »*Luzifer*«. *Briefnovelle
von M. J. Eine Interpretation* (in *Almanach
1949–1964*, Hbg./Wellingsbüttel 1964, S. 82 bis
95). – U. Bichel, »*Luzifer*«, *eine protestantische
Dichtung von M. J.* (in *Plattdeutsche Erzähler u.
plattdeutsche Erzählungen der Gegenwart*, Hg. J. D.
Bellmann u. W. Lindow, Neumünster 1968).

ULENSPEGEL UN JAN DOOD

(nd.; *Eulenspiegel und Johann Tod*). Niederdeutsche Gedichte von Moritz JAHN, erschienen 1933. –
Eine vielgestaltige Folge von Gedichten in der niederdeutschen Mundart Ostfrieslands enthält dieser
Band. Stücke von lyrischem, von balladenhaftem
und selbst von dramatischem Charakter sind darunter. Dennoch ist das Werk eine Einheit. Es erhält
seine Geschlossenheit jedoch nicht – wie GROTHS
Quickborn – durch die Darstellung einer in sich geschlossenen Welt, sondern durch seine Art der Auseinandersetzung mit dem menschlichen Dasein,
die sich nicht nur einer niederdeutschen Mundart
bedient, sondern auch auf manche geistige Tradition zurückgreift, die im niederdeutschen Raum lebendig ist.
Bezeichnend dafür sind schon die Gestalten Ulenspegel und Jan Dood, die zu Recht der Sammlung
ihren Titel gegeben haben: nicht nur, weil das letzte
der Gedichte mit diesen Namen überschrieben ist,
sondern weil in diesen Figuren nach volkstümlich
niederdeutscher Überlieferung jene das menschli-

che Dasein prägenden Kräfte personifiziert sind, um die es im ganzen Band geht. Der Tod als Gestalt tritt in einer ganzen Reihe von Gedichten auf, so im ersten als eine Art niederdeutscher Charon *(Koptein Dood)*, dann, im Gedicht auf den Tod der Schwester, als gütiger Tröster *(Dood in Blömen)*; schlimmer als im Puppenspiel ergeht es Jan Dood in der Ballade *Ok een Dodendanz*, wo ihm die reichlich resolute Rieka Reentz den Kopf abschlägt und nicht minder selbstbewußt mit ihrem nächsten Tänzer in ein Leben ohne Tod tanzt. Im Schlußgedicht erscheint Ulenspegel als Gegenspieler von Jan Dood, wobei das Lachen als eine den Tod überlebende Kraft hervortritt. Kennzeichnend für das Werk sind außerdem Ketzergestalten, in denen Licht und Schatten einer im undogmatischen Sinne »protestantischen« Haltung offenbar werden *(De Ketter, De Fischer un sien Fru, Jan van Leyden)*.

Mit der Art, wie Jahn mit dem sprachlichen Bild arbeitet, wie er sich des Wortspiels bedient und in antithetischer Zuspitzung formuliert, mit dem Stoff seiner Darstellung, seinen Ausdrucksmitteln und seiner Denkweise steht er fest in Traditionen des niederdeutschen Raums. Dennoch hat er keine volkstümliche Dichtung geschaffen. Er gestaltet kaum alltägliches Leben, sondern die Frage nach dem eigenen Sein, nach Leben, Tod und Gott. Seine Antworten bringen keine Lösung der Fragen, sondern eine Gestaltung der in den Augen des Dichters nicht lösbaren Spannung, deren Tragik ein protestierendes »Dennoch«, oft in der Haltung des Humors, entgegengesetzt wird: *»De Welt, de's nich to'n Lachen. / Man kannst wat Bäters doon?«* *(He staart int Füür)*.   U.B.

AUSGABEN: Lübeck 1933 (Das niederdt. Gesicht, 3). – Mchn. 1940; ern. 1943. – Hbg. 1955 [m. hochdt. Übers.]. – Göttingen 1963 (in *GW*, Hg. H. Blome, 3 Bde., 1963/64, 2).

LITERATUR: F. E. Peters, *»Ulenspegel un Jan Dood«* (in Das Innere Reich, 7, 1940/41, S. 669–675). – U. Bichel, *Zwei Wege zur niederdeutschen Lyrik: Klaus Groths »Quickborn« u. M. J.s »Ulenspegel un Jan Dood«* (in Klaus-Groth-Ges., Jahresgabe, 1979, S. 9–26). – M. Schröder, *Die Maske des Ulenspegel* (in *Studien zu M. J.*, Hg. D. Stellmacher, Rinteln 1986, S. 47–62).

HANS HENNY JAHNN

* 17.12.1894 Hamburg-Stellingen
† 29.11.1959 Hamburg

LITERATUR ZUM AUTOR:
Bibliographien:
J. Meyer, *Verzeichnis der Schriften von u. über H. H. J.*, Mainz 1970. – J. Meyer, *Kommentierte*

Auswahl-Bibliographie (in *H. H. J.*, Hg. H. L. Arnold, Mchn. ²1980, S. 139–158; Text + Kritik).
Gesamtdarstellungen und Studien:
H. H. J. Zum 60. Geburtstag J.s im Auftrag der Freien Akademie der Künste in Hamburg, Hg. R. Italiaander, Hbg. o. J. [1954]. – *H. H. J. Buch der Freunde. Zum 1. Todestag i. A. der Freien Akademie der Künste in Hamburg*, Hg. R. Italiaander, Hbg. o. J. [1960]. – W. Muschg, *H. H. J.* (in W. M., *Von Trakl zu Brecht. Dichter des Expressionismus*, Mchn. 1961, S. 264–334). – H. Wolffheim, *H. H. J. Der Tragiker der Schöpfung. Beiträge zu seinem Werk*, Ffm. 1966. – W. Muschg, *Gespräche mit H. H. J.*, Ffm. 1967. – W. Emrich, *Das Problem der Form in H. H. J.s Dichtungen*, Mainz/Wiesbaden 1968. – J. Hassel, *Der Roman als Komposition. Eine Untersuchung zu den Voraussetzungen u. Strukturen von H. H. J.s Erzählen*, Diss. Köln 1968. – R. Wagner, *Der Orgelreformer H. H. J.*, Stg. 1970. – W. Blohm, *Die außerrealen Figuren in den Dramen H. H. J.s*, Hbg. 1971. – H. J. Eichhorn, *Mythos u. Tragik. H. H. J.s Dramen*, Diss. Zürich 1973. – B. Goldmann, *H. H. J. Schriftsteller, Orgelbauer. 1894–1959. Eine Ausstellung*, Wiesbaden 1973. – P. Kobbe, *Mythos u. Modernität. Eine poetologische u. methodenkritische Studie zum Werk H. H. J.s*, Stg. u. a. 1973. – Ch. Linsmayer, *Das Todesproblem bei H. H. J.*, Diss. Zürich 1973. – W. Helwig, *Die Parabel vom gestörten Kristall*, Mainz 1977. – E. Jäger, *Untergang im Untergrund. Die jugendliche Gruppe in den Dramen H. H. J.s*, Ffm. u. a. 1979. – *H. H. J.*, Hg. H. L. Arnold, Mchn. ³1980 (Text + Kritik). – M. Maurenbrecher, *Subjekt u. Körper. Eine Studie zur Kulturkritik im Aufbau der Werke H. H. J.s, dargestellt an frühen Texten*, Ffm. u. a. 1983. – *Die Suche nach dem rechten Mann. Männerfreundschaft im literarischen Werk H. H. J.s*, Hg. W. Popp, Bln. 1984 (Argument, Sonderbd.). – H. Mayer, *Versuch über H. H. J.*, Aachen 1984. – *Siegener H. H. J.-Kolloquium 1985: Homosexualität u. Literatur*, Hg. D. Molitor u. a., Essen 1986. – T. Freeman, *H. H. J.: eine Biographie*, Hbg. 1986. – F. Krey, *H. H. J. u. die mann-männliche Liebe*, Ffm. u. a. 1987. – G. Rupprecht, *H. H. J.* (in KLG, 33. Nlg., 1989). – E. Wolffheim, *H. H. J. mit Selbstzeugnissen u. Bilddokumenten*, Reinbek 1989 (rm).

ARMUT, REICHTUM, MENSCH UND TIER

Drama in vier Akten von Hans Henny JAHNN, entstanden 1933 in Zürich, dabei in einer Version als Drehbuchfassung; eine überarbeitete Fassung erschien 1948; Uraufführung: Hamburg, Juni 1948, Schauspielhaus (im Haus der Jugend in Altona). – Das verhältnismäßig spät entstandene herbe, karge Stück gehört zum Kreis der Werke, die ihre Impulse aus Jahnns norwegischer Emigration (1915–1918) empfangen haben. Die Mystik, lebendig im Bereich von Unirdischem, Kobolden, weißen Pferden, die in dem Vorläufer *Der Arzt, sein Weib, sein Sohn* (1922) noch unklar, sprachlich ungefestigt erscheint, hat in diesem neuerlichen Drama der *unio mystica* »Mann-Ding-Weib« eine außerordentliche Steigerung erfahren.

Die Essenz des Versuchs, das Un-Heimliche, das aus Gefels, Wind, Getier, Geschlechtlichkeit und Fortpflanzung inständig andrängt, einzufangen, kann – vereinfachend – als eine Kontrapostierung des *alter ego* und des Kreatürlichen beschrieben werden. Ausgelöscht ist jedoch die bekannte Jahnnsche Verzweiflung; beherrscht wird der große Gedanke von einer ruhigen, klaren, männlichen Würde. Sie entspricht der Hauptgestalt des Stückes, dem Bauern Manao Vinje, dem Herrn auf dem hochgelegenen Steinehof. In der Vorrede wird mitgeteilt, er sei »*ein guter Mann*« gewesen, »*fleißig und zuverlässig*«. »*Die meisten Worte machte er als Kind, als er seltsame Gedanken hatte und manches zu erfahren begehrte. Die wichtigen der späteren Unterhaltungen sind hier gesammelt. Sie zeigen, in der ersten Hälfte des Lebens war sein Schicksal unverschuldet schwer.*« Im Winter von der Ebene abgeschlossen, kam er im Sommer »*mit Vieh und Waren zum Marktplatz an der Bucht*«. Freunde, die öffentliche Meinung, auch der Troll Yngve, dazu der Geist Brönnemann, meinen, es sei gut, wenn der Bauer, reif an Jahren, heirate. Nur Tunrider – Spökenkieker, Geist – behauptet, die Auflösung ins Natürliche sei besser, er, ein Ertrunkener, verstehe das. Auf Manao Vinje wartet seit langem die Erbin Anna Frönning, nach der allgemeinen Ansicht die geeignete Frau für den Hof. Aber Manao Vinje entscheidet sich für die arme und wenig gut beleumundete, schwindsuchtverdächtige Sofia Fuur. Mit Hilfe von Vinjes Knecht Ole versucht Anna, Vinjes Plan zu hintertreiben. Da sie die öffentliche Meinung auf ihrer Seite hat, gelingt es ihr leicht, Sofia zu verdächtigen, zumal Gunvald Tosse, der Knecht auf ihrem Hof, Sofia seit langem nachstellt. Vinje lebt, nachdem er einige Nächte mit Sofia verbracht hat, lange Zeit in den Bergen allein. Sofia erwartet ein Kind. Vinje wird erzählt, es stamme von Gunvald Tosse. An sich unentschlossen, steht er nun von dem Vorhaben, Sofia zu heiraten, ab. Auf dem Frönninghof, auf den sich Sofia in ihrer Verzweiflung begeben hat, bringt sie das Kind zur Welt, das von Anna und Ole getötet wird. Der Mord wird Sofia zugeschoben; das Gericht billigt ihr mildernde Umstände zu; sie kommt ins Gefängnis. Aber Anna hat sich verrechnet: Vinje gibt den Steinehof, den Ole übernimmt, auf und zieht sich als Rentierzüchter noch weiter in die Berge zurück. Seine Zuneigung gilt besonders seiner Stute, auf die Anna eifersüchtig ist. Man verdächtigt Vinje der Sodomie. – Sofia kommt krank aus dem Gefängnis zurück, lebt noch eine Zeitlang bei Vinje, bis zum Tod gepflegt von der sechzehnjährigen, kräftigen Jytte, einem dänischen Mädchen, von dem viele glauben, es sei die erlöste Stute, die Anna umbringen ließ. Die Bäuerin glaubt, nunmehr sei Vinje für sie frei. Aber in einer Art Gerichtsverhandlung be-

weisen die Unirdischen, daß sie die Kindsmörderin war. Vinje läßt sie straflos ausgehen und zeigt ihr nur seine Verachtung. Zu ihrem Entsetzen geht er mit Jytte in die Berge zurück.

Das Märchenhafte der Handlung erscheint völlig konkret. Weder kindliche noch sentimentale Töne klingen an. Die Verschmelzung wirklicher und möglicher (das heißt gedachter oder vorgestellter) Dinge und Relationen vollzieht sich ganz unmittelbar, scheinbar rational und dreidimensional. Die Parallele zu dem Stück ist fraglos Jahnns geniales Jugendwerk *Perrudja*, jenes ungefüge Prosa-Monstrum, das Teile der Handlung vorgebildet enthält. Das Drama hat eine spielbare Handlung, einen gut sprechbaren Dialog, eine angemessene Exposition und entsprechende Durchführung und ist dennoch nichts weniger als ein bühnengerechtes Schauspiel. Vielmehr treten aus einer Folge von dialogisierten Prosateilen Kreaturen heraus und teilen das, was über Berg, Kuh, Butter, Käse, kurz die einfachen Dinge, die sind, wie sie sind, zu sagen ist, dem Hörenden mit. Von allen dramatischen Werken Jahnns ist *Armut, Reichtum, Mensch und Tier* das unmittelbar verständlichste, auch wenn die dargestellte Welt die fremdeste ist. W.P.

AUSGABEN: Mchn. 1948. – Ffm. 1965 (in *Dramen*, 2 Bde., 1963–1965, 2; Nachw. W. Muschg). – Hbg. 1974 (in *Werke u. Tagebücher in 7 Bdn.*, Hg. T. Freeman u. Th. Scheuffelen, 5; Einl. H. Mayer).

LITERATUR: W. Muschg, *»Armut, Reichtum, Mensch und Tier«. Ein neues Drama H. H. J.s* (in Frankfurter Ztg., 28. 1. 1934; ern. in W. M., *Pamphlet u. Bekenntnis. Aufsätze u. Reden*, Hg. A. Bloch, Freiburg i. B. 1968, S. 145–154). – Dr. H., Rez. (in Die Welt, 29. 6. 1948). – J. Schüddekopf, Rez. (in Neue Zeitung (München), 1. 7. 1948). – O. Hermann, Rez. (in Hamburger Tagesspiegel, 4. 7. 1948).

DER ARZT, SEIN WEIB, SEIN SOHN

Drama in dreizehn Szenen von Hans Henny JAHNN, erschienen 1922, Uraufführung: Hamburg, 1. 4. 1928, Kammerspiele (Matinee; Regie: G. Gründgens). – Jahnn veröffentlichte sein drittes Drama – nach *Pastor Ephraim Magnus* (1919) und *Die Krönung Richards III.* (1921) – im Verlag der von ihm gegründeten Glaubensgemeinschaft »Ugrino«, da er nach den Angriffen auf seine Stücke keinen Verleger mehr gefunden hatte.

Der norwegische Chefarzt Menke, Gynäkologe, der seinem nüchternen Assistenten Müller, einem aufklärerischen Fortschrittler, die Widersprüchlichkeit medizinischer Praktiken angesichts einer Geburt vorhält, glaubt nicht, daß die Hilfestellung bei natürlichen Vorgängen dem Sinn der auf die physische Unsterblichkeit gerichteten Kreatur entspricht. Menke gilt der Gesellschaft als suspekt, neben seinen unorthodoxen Auffassungen beargwöhnt man seinen Umgang mit Pferden (für

Jahnn, in allen Werken nachweisbar, Symbol der ursprünglichen vitalen Güte) auf seinem Berghof. Ulrich – Sohn eines Staatsanwalts und Freund von Menkes Sohn Karl – weiß von den Beschuldigungen; ihm wird der Umgang mit der Familie Menke verboten. Doch aus Liebe zu seinem Freund (und zu Frau Anna Menke, die mit ihrem Mann nicht mehr in ehelicher Gemeinschaft lebt, da dieser sie auf die Probe stellen will) überwirft er sich mit seinem Vater. Karl erkennt Ulrichs Abhängigkeit von seiner Mutter, die sein Vater mit unmenschlicher Gelassenheit dem jungen Mann, in dessen träumerischer Passivität er eine Reaktion seiner jugendlichen Lebenswünsche zu entdecken meint, in die Arme treibt. Gewisse inzestuöse Neigungen sublimiert Karl, indem er sich mit seinem Freund identifiziert; auch er glaubt, daß seine Mutter und Ulrich füreinander bestimmt sind. Auf einem Fest finden die beiden zueinander. Während er in der neuerlichen Schwangerschaft Annas die Überwindung des Zum-Tode-Alterns sieht, baut sich Menke in einem Bergstollen eine riesige Gruft, die an ägyptische Königsgräber erinnert (die Unverweslichkeit des Leibes, der einen irdischen Sinn haben muß, ist schon im *Pastor Ephraim Magnus* wesentliches Thema). Ulrich und Karl suchen schließlich den Tod im »Felsgrab«, nachdem Frau Menke das Gift genommen hat, das sie von ihrem Mann gefordert hatte. In der letzten Szene erschießt Menkes Knecht Soter den Vater Ulrichs, der Rechenschaft über das Schicksal seines Sohnes verlangt. Menke bleibt allein zurück: »*Was soll ich tun, da ich versinke, wer rettet mich, da nichts mir gegenwärtig? Wer straft mich und wofür?*«.

Nach der Einschätzung des Jahnn-Biographen T. FREEMAN ist das Stück Ausdruck der Misere, in die Jahnns Privatleben Anfang der zwanziger Jahre geriet. Wie die vorangegangenen Dramen wirkte auch *Der Arzt, sein Weib, sein Sohn* durch die sexuelle Thematik – »*Jede nur denkbare heterosexuelle, homosexuelle und inzestuöse Bindung wird dargestellt*« (T. Freeman) – wie durch die archaisierende Langsamkeit des fallenden Wortes, der rhythmischen Prosa, die schwerlich anders als oratorisch vorzubringen ist, eher verstörend auf Publikum und Kritik.   W.P.-KLL

AUSGABEN: Klecken 1922. – Ffm. 1963 (in *Dramen*, 2 Bde., 1963–1965, 1; Nachw. W. Muschg). – Hbg. 1974 (in *Werke u. Tagebücher in 7 Bdn.*, Hg. T. Freeman u. Th. Scheuffelen, 4; Einl. H. Mayer).

LITERATUR: J. Owen, Rez. (in SL, 24, 1923, S. 337). – Reif., Rez. (in Hamburger 8-Uhr-Abendblatt, 4. 4. 1928). – Weem., Rez. (in Hamburger Echo, 2. 5. 1928). – P. Wittko, Rez. (in DD, 7, 1928, S. 184). – G. Gründgens, *Er vertraute mir sein Stück an* (in *H. H. J. zum 60. Geburtstag*, Hg. R. Italiaander, Hbg. 1954, S. 19 f.). – E. Jäger, Rez. (in FRs, 3. 1. 1978; anläßlich der Bielefelder Inszenierung vom 22. 12. 1978).

FLUSS OHNE UFER

Roman in drei Teilen von Hans Henny JAHNN. Der erste Teil (*Das Holzschiff*) erschien 1949, der zweite (*Die Niederschrift des Gustav Anias Horn, nachdem er neunundvierzig Jahre alt geworden war*) in zwei Teilbänden 1949 und 1950; der dritte Teil (*Epilog*) wurde 1961 in fragmentarischer Form von Walter MUSCHG aus dem Nachlaß herausgegeben. – Im Jahre 1934 emigrierte Jahnn auf die dänische Insel Bornholm, wo bis 1946 dieser Roman, sein bedeutendstes Werk, entstand. Nach der Rückkehr nach Hamburg behinderten den Autor finanzielle Schwierigkeiten und sein verzweifelter Kampf gegen das atomare Wettrüsten so in seiner Arbeit, daß der letzte Teil unvollendet blieb.

Die Handlung, die sich über 2200 Druckseiten erstreckt, ist nicht wesentlicher Bestandteil des Werks. Der Roman als Gattung des 19. Jh.s, das »Romanhafte«, interessiert – wie schon MUSIL und BROCH – auch Jahnn nicht mehr. Die Thematik wird nicht mehr im und durch das Geschehen ausgedrückt, sondern in der Widersprüchlichkeit der Personen. »*Sie gelangen ans Ziel, an ihre Wirklichkeit, weil sie der Schauplatz von Ereignissen sind, musikalisch ausgedrückt, von Themen, Strophen, Motiven, Anklängen, Rhythmen*« (Brief an Werner Helwig, 29. 4. 1946). – Auf diesem seelischen Schauplatz findet eine »*fast naturwissenschaftliche Betrachtung oder Erforschung des Wesens der Schöpfung, der Geschlechtlichkeit des Menschen und der interstellaren Einsamkeit seines Herzens*« statt: So faßte HELWIG (Brief an Jahnn, 23. 3. 1946) die Absichten des Autors zusammen. Der Protagonist dieses erzählerischen Experiments, der deutsche Tonsetzer Gustav Anias Horn – ein Vergleich mit Thomas MANNS Adrian Leverkühn im *Doktor Faustus* (1947) liegt nahe –, begibt sich auf die Suche nach der verlorenen Zeit. – Im ersten Teil beschreibt ein keineswegs allwissender Erzähler die Ausfahrt eines »*dreimastigen Vollschiffs*« mit dem Namen »Lais«. Ein junger Mann, Gustav genannt, macht die Reise als blinder Passagier mit, um seiner Verlobten Ellena Strunck, der Tochter des Kapitäns, nahe zu sein. Nach deren mysteriösem Verschwinden kommt es zur Meuterei, weil die Mannschaft, die man über Fracht und Ziel nicht unterrichtet hat, beunruhigt ist. Gustavs angestrengte Suche nach Ellena führt allerdings nur dazu, daß der Schiffsrumpf bei der durch ihn veranlaßten Öffnung eines verborgenen Laderaums vom Zimmermann beschädigt wird und das Schiff untergeht. Das Mädchen bleibt verschwunden, und der Erzähler teilt nur Mutmaßungen über die geheimnisvollen Vorgänge auf dem Schiff mit.

Ließ die Seegeschichte noch an Joseph CONRAD denken, so nimmt der zweite Teil alle Elemente des inneren Monologs, der Sprechweise der Personen, der Gedankenspiele und Abschweifungen auf, wie sie aus Jahnns früherem Roman *Perrudja* (1930) bekannt sind. *Die Niederschrift des Gustav Anias Horn*, jenes Verlobten des verschollenen Mädchens, schildert in einem fortlaufenden Bewußtseinsstrom Vergangenheit, Gegenwart und Erwartungen des Komponisten. Angesichts der Mumie seines einbalsamierten Freundes Alfred Tutein, der als Matrose auf dem Holzschiff gedient hatte, versucht er, ihn der Vergessenheit zu entreißen, der Vergänglichkeit Herr zu werden: Er erinnert sich der Aufklärung der rätselhaften Geschehnisse auf dem Holzschiff. Alfred Tutein hatte Ellena ermordet, aber Gustavs Verzeihung, ja sogar seine Liebe erlangt. Der Mörder ist an die Stelle des Opfers getreten, in einer Symbiose von Körper und Geist haben die beiden in mystischem Bluttausch eine dauernde homoerotische Blutsfreundschaft geschlossen, die bis zu Tuteins Tod währt. Die Flucht vor der Vergangenheit, Erlebnishunger und Freiheitsdurst treibt sie durch die Kontinente. Alle Experimente zur Überwindung des Zweiseins stoßen immer wieder an die Grenzen, die Tod und Vergänglichkeit setzen. Auf der Flucht vor der barbarischen Zivilisation kommen sie erst in Norwegen und Schweden zur Ruhe, Horn als Komponist, Tutein als Pferdehändler (Autobiographisches aus Bornholm spielt hier herein; keineswegs ist jedoch der Orgelbauer Jahnn dem Komponisten Horn gleichzusetzen). Nach Tuteins Tod zieht Horn Erkundigungen nach Überlebenden jenes lange zurückliegenden Schiffsunglücks ein. Ein junger Mann, Ajax von Uchri, gibt sich als Leidensgefährte Horns aus, versucht Tuteins Rolle zu übernehmen und wird schließlich zum Mörder Horns. Das Prinzip der Wiederholung bestimmt diesen Teil des Romans, in dem über weite Strecken musikalische Formen nachgebildet werden. Ein Brief Horns an seine verstorbene Mutter bringt nochmals eine »enge *Durchführung*« der Themen. Mit dem Verschwinden Uchris endet der zweite Teil.

Er habe bewußt jede traditionelle Handlung vermieden, schreibt Jahnn an Helwig (10. 6. 1946) und fährt fort: »*Das ist die innere Ursache des ›Epilog‹ geworden. Dort leite ich die Niederschrift des Einzelnen gleichsam in die Menschenwelt zurück, allerdings nicht in jene des ›Holzschiffs‹, sondern in eine absonderliche, die gleichsam die ›Aufzeichnungen des G. A. Horn‹ gelesen und daraus ihre Schlüsse gezogen hat.*« – In der norwegischen Stadt Halmberg erfährt Gemma Bohn vom Tode ihres einstigen Liebhabers Horn, von dem sie einen Sohn, Nikolaj, hat. Das Phänomen der Knabenliebe wird an der Begegnung Nikolajs mit Ajax von Uchri beschrieben, die die Liebesfreundschaft zwischen Horn und Tutein wiederholt. Die einzelnen Handlungsstränge sind jedoch nicht mehr verknüpft, der epische Fluß ist nicht mehr einzudämmen. Das Leben imitiert die Literatur: Weder Horn noch sein Schöpfer Jahnn können ihr Experiment zu Ende bringen. Der Mystik der Vergeblichkeit und Vergänglichkeit hat Jahnn eine neue entgegengesetzt: die der Verehrung des Menschen, der Verherrlichung der Natur, der Heiligung des Irdischen. Sein nach- und antichristliches Heidentum stieß auf Unverständnis, die unverstellte Offenheit seiner Darstellung, die Jahnn vor keinem tabuierten Bereich menschlichen Lebens zurückschrecken ließ, hat ihm oft verständnislose Kritik eingebracht. Über den *Fluß ohne Ufer* schreibt der Autor in einem Brief an H. Chr. MEIER: »*Der Todeskampf eines Menschen erstreckt sich über 500 Druckseiten – und alle menschlichen Werte werden hineingeworfen. Das ist eine Reinigung à la Sartre, bei der dem Leser die Haut abgebeizt wird . . . Ich gehe im ›Fluß‹ bis an die Grenze der mir erreichbaren Wahrheit, und ich habe die Unerschrockenheit, die die völlige Einsamkeit gibt, eingesetzt*« (22. 9. 1946). – Der Glaube an einen persönlichen Gott wird immer wieder scharf abgelehnt, die Freiheit des Willens geleugnet. Dem konventionellen Christentum wird eine erneuerte Religion entgegengehalten, eine neue Humanität der Liebe in allen ihren Variationen, des Erbarmens, besonders mit den Unterdrückten und Entrechteten, mit den Tieren, mit der ganzen Natur.

Das zentrale Problem der modernen Epik – die Reflexion auf ihr Medium, den Erzähler – wird auch bei Jahnn deutlich: Das Erzählen selbst ist Thema und Problem. Der zwanghafte Ablauf der Geschehnisse, das Prinzip der Wiederholung schaffen eine mythische Welt. Das alte mythologische Menschheitsepos von Gilgamesch und Engidu (das Horn zu vertonen sich müht) dient als Grundmuster der Zwillingsbruderschaft, der gleichgeschlechtlichen Bindung. Verhaltensmuster werden entworfen und verworfen – »*Ich übe mich in der Kunst, Menschen zu begegnen*«, sagt Ajax von Uchri –, typisiert und stilisiert, mythisiert. Auch die Sprache, die Kunst überhaupt, um die im und durch den Roman gerungen wird, dient der Schöpfung dieser mythischen Welt; sie ist nicht realistisch, aber doch ausdrucksstark, sinnlich und sehr anschaulich. Helwig vergleicht sie mit LUTHERS und KLOPSTOCKS Ausdrucksweise. Thomas Mann schrieb in seiner Würdigung: »*Mag Jahnn Anstoß erregen bei anderen, nicht bei mir, dem das künstlerisch Kühne immer ein Hauptspaß ist.*«   R.Ra.

AUSGABEN: Mchn. 1949 *(Das Holzschiff)*. – Mchn. 1949/50 *(Die Niederschrift des Gustav Anias Horn, nachdem er neunundvierzig Jahre alt geworden war*, 2 Bde.). – Ffm. 1959 (3 Bde.; überarb. Fassg. von *Das Holzschiff*). – Ffm. 1961 *(Epilog*, Hg. W. Muschg; mit Nachw.). – Mchn. 1964 *(Das Holzschiff*; Fassg. von 1958; dtv). – Gütersloh 1964 *(Das Holzschiff*; Fassg. von 1958; Nachw. W. Emrich). – Hbg. 1974 (in *Werke u. Tagebücher in 7 Bdn.*, Hg. T. Freeman u. Th. Scheuffelen, 2/3; Einl. H. Mayer). – Ffm./Bln. 1981 (Ullst. Tb). – Hbg. 1986 (3 Bde., in *Werke in Einzelbänden*, Hg. U. Schweikert, 1985 ff.: *Fluß ohne Ufer I. Das Holzschiff. Die Niederschrift des Gustav Anias Horn*, Hg. ders.; *Fluß ohne Ufer II. Die Niederschrift des Gustav Anias Horn II*, Hg. ders.; *Fluß ohne Ufer III. Epilog. Bornholmer Aufzeichnungen. Erzählungen u. Texte aus dem Umkreis von »Fluß ohne Ufer«*, Hg. ders. u. U. Bitz).

LITERATUR: H. Boetius, *Utopie u. Verwesung. Zur Struktur von H. H. J.s »Fluß ohne Ufer«*, Bern u. a. 1969. – R. E. Brown, *H. H. J.s »Fluß ohne Ufer«*,

Bern 1969. – R. Wagner, *H. H. J.s Roman »Fluß ohne Ufer«* – *Summa Harmonica* (in Antaios, 10, 1969, S. 66–84). – R. Joswig, *Weltbewältigung. Zu H. H. J.s Roman »Fluß ohne Ufer«*, Diss. Freiburg i. B. 1969. – R. Schmitt, *Das Gefüge des Unausweichlichen in H. H. J.s Romantrilogie »Fluß ohne Ufer«*, Göppingen 1969. – J. Vogt, *Struktur u. Kontinuum – Über Zeit, Erinnerung u. Identität in H. H. J.s Romantrilogie »Fluß ohne Ufer«*, Mchn. 1970. – Th. Scheuffelen, *H. H. J. im Exil – Exilmotive in seinem Roman »Fluß ohne Ufer«. Eine Chronik von Leben u. Werk 1933–1945*, Diss. Mchn. 1972. – J. Bachmann, *Die Handschrift der Niederschrift: Manuskriptlektüre des Romans »Die Niederschrift des Gustav Anias Horn, nachdem er neunundvierzig Jahre alt geworden war« von H. H. J.*, Bern. u. a. 1977. – A. Schmidt, *Die Tugenden der Kaulquappe. Ein Bericht über H. H. J.s nunmehr fertig vorliegenden Roman »Fluß ohne Ufer«* (in Der Rabe, 1985, Nr. 12, S. 55–62). – J. Vogt, *H. H. J.s Romantrilogie »Fluß ohne Ufer«*, Mchn. ²1986. – D. Hoffmann, *Die Wirklichkeit u. der Andere: zu H. H. J.s Roman »Fluß ohne Ufer«*, Ffm. u. a. 1987.

MEDEA

Tragödie in einem Bild von Hans Henny Jahnn, Uraufführung: Berlin, 4. 5. 1926, Staatliches Schauspielhaus; eine zweite, überarbeitete Fassung erschien 1959 (Erstaufführung: Wiesbaden, 13. 12. 1964, Staatstheater). – Der antike Sagenstoff, der in fast allen Epochen der Dramengeschichte Bearbeiter fand – die bedeutendsten sind Euripides (*Medea*, um 430 v. Chr.) und Franz Grillparzer (*Das goldene Vließ*, 1821) –, wird von Jahnn einerseits als vorantiker Mythos mit »ägyptischen Anklängen« aufgefaßt, andererseits auf spezifisch moderne Rassenprobleme hin ausgelegt. Analog zu der Diskriminierung der Barbaren durch die Griechen setzt der Autor die Diskriminierung der farbigen Völker durch die weißen: *»Was für die Griechen die Barbaren, sind für uns heutige Europäer Neger, Malaien, Chinesen. – Einer der schamlosesten Gebräuche des europäischen Menschen ist die Nichtachtung vor den einzelnen Vertretern nicht weißhäutiger Rassen. Das Eheproblem Medea-Jason konnte ich im ganzen Umfang nur deutlich machen, indem ich die Frau als Negerin auf die Bühne brachte«* (Jahnn in der Zeitschrift ›Die Scene‹). – Jahnn weicht nur geringfügig vom Gang der überlieferten Fabel ab. Medea tritt nicht als Fürstin der Kolcher, sondern als Tempeldienerin göttlicher Abstammung auf und lebt, dem Isis-Osiris-Kult gemäß, in jungfräulicher Gemeinschaft mit ihrem Bruder. Besessen von der Liebe zu dem Argonauten Jason, verhilft sie diesem zum Goldenen Vlies, tötet den Bruder und folgt dem Geliebten in seine Heimat. Dort muß sie erleben, wie Jason sie verrät, indem er einer Jüngeren, Kreons Tochter Kreusa, den Vorzug gibt. Rasend vor Eifersucht und verletztem Mutterstolz, tötet die Alternde ihre beiden Söhne und bringt sie in tiefe Felsengrotten, wo sie

sich in archaische Gottheiten verklären (hier wird der in fast allen Werken des Autors vorhandene Bezug zum altägyptischen Gräberkult besonders evident). Danach wendet sich Medea von der Welt Jasons ab und befreit sich sowohl von einer fremden Zivilisation wie von der unheilvollen Determiniertheit des Menschen durch den Trieb. *»Bis auf den Grund des Meeres und tausend Klafter tiefer noch«* verbannt sie den aus ihrem Denken, der die Ursache ihrer Schuld und ihres Leidens ist. Der Schluß bringt den stärksten Eingriff in die traditionelle Medea-Handlung: Nicht tragischer Untergang, sondern Wiederherstellung einer ekstatischen, uneuropäischen Heiligkeit ist der Titelheldin gemäß.

Formal variiert Jahnn Elemente der antiken Tragödie: Der das dramatisch bewegte Geschehen um Medea lyrisch kommentierende Chor besteht aus einer Gruppe von schuldlos leidenden Sklaven, so daß auch von hier aus der zivilisationskritische Ansatz des Stücks ins Blickfeld gerät. Der spröde, zwischen feierlichem Pathos und eruptiven Sprachentladungen schwankende Vers ist frei rhythmisiert, poetische Chiffre jenes Zwiespalts zwischen Kreatürlichkeit und Göttlichkeit, der sich für Jahnns Medea unüberbrückbar auftut.

Kurz vor seinem Tod unterzog der Autor die zu seinen frühen Arbeiten zählende Dichtung einer gründlichen, glättenden Bearbeitung, deren Aufführung in Hamburg der Germanist W. Emrich anläßlich von Jahnns 65. Geburtstag dem Senat der Stadt antrug: *»Ich halte das Werk uneingeschränkt für die bedeutendste dramatische Dichtung in deutscher Sprache nach 1945 . . .. Das Drama stellt nichts Geringeres dar als eine Genesis, Kritik und Überwindung dessen, was man heute landläufig den modernen Nihilismus nennt. Formal gesehen ist es nach Hofmannsthal der erste gelungene Versuch, die Struktur der antiken Tragödie legitim in eine moderne dichterische Sprache umzusetzen.«* Neuinszenierungen unternahmen H. Heyme (1964) sowie E. Wendt (1981). KLL

Ausgaben: Lpzg. 1926. – Ffm. 1959 [Neufassg.]. – Ffm. 1963 (in *Dramen*, 2 Bde., 1963–1965, 1; Nachw. W. Muschg). – Mchn./Wien 1963 (in *Medea. Slg. verschiedener Formungen des Medea-Stoffes von Euripides bis zu M. Braun*, Hg. J. Schondorff; Vorw. K. Kerényi). – Stg. 1966 (Nachw. H. L. Arnold; RUB). – Hbg. 1974 (in *Werke u. Tagebücher in 7 Bdn.*, Hg. T. Freeman u. Th. Scheuffelen, 4; Einl. H. Mayer).

Literatur: J. Bab, Rez. (in Berliner Volkszeitung, 5. 5. 1926). – K. Pinthus, Rez. (in 8-Uhr-Abendblatt (Bln.), 5. 5. 1926). – H. Ihering, Rez. (in Literarische Welt, 14. 5. 1926). – W. Muschg, *Zu H. H. J.s »Medea«* (in *Worte u. Werke. B. Markwardt zum 60. Geburtstag*; Hg. G. Erdmann u. A. Eichstaedt, Bln. 1961, S. 276–280). – S. Hohl, *Das Medea-Drama von H. H. J. Eine Interpretation unter besonderer Berücksichtigung der Problematik des Mythischen*, Diss. Mchn. 1966. – G. Rühle, *Theater für die Republik 1917–1933. Im Spiegel der Kritik*, Ffm. 1967, S. 710–716 [enth. Rez. v. A. Faktor, A. Kerr, P. Fechter]. – L. Secci, *Il mito di Medea nella tragedia di H. H. J.* (in Studi germanici, 5, 1967, S. 207–239). – R. Detsch, *The Theme of the Black Race in the Works of H. H. J.* (in Mosaic, 7, 1973/74, H. 2, S. 165–187). – F. Kröhnke, *Pasolinis »Medea«, H. H. J.s »Medea«* (in *Siegener H. H. J.-Kolloquium 1985*, Essen 1986, S. 90 bis 101). – G. Hensel, *Die Dämonie des leeren Bettes. Die Urfassg. der »Medea« von H. H. J., inszeniert von Manfred Karge, in Köln* (in FAZ, 17. 9. 1988).

DIE NACHT AUS BLEI

Roman von Hans Henny JAHNN, erschienen 1956. – Dieser letzte und kürzeste Prosatext des Autors war ursprünglich als Traumsequenz innerhalb des Fragment gebliebenen Romanprojekts *Jeden ereilt es* (1968, Hg. R. BURMEISTER) konzipiert; Hauptfigur und Szenerie weisen jedoch auf die Fragmente zu *Perrudja* (1929) zurück. – Die parabolische Knappheit, der karge, mehr andeutende als enthüllende Stil und die akausale Technik traumhafter Motivverknüpfung erschweren das Verständnis des Werks. Es trägt deutliche Züge eines »Altersstils«: esoterische Begrifflichkeit und apodiktische Härte der Sprache, das Dämonische in der Maske des unbeteiligten Berichts, auktorialen und personalen Standort des Erzählers, der alles und nichts zu wissen scheint. Aus der Umarmung seines Engels, der homoerotischen Signatur einer früheren Stufe des Selbst, wird der dreiundzwanzigjährige Matthieu in eine fremde nächtliche Stadt entlassen, um sie zu »erforschen«. Die Ödipus-Struktur, d. h. die Selbstfindung durch Selbstzerstörung, zeichnet seine Suche vor. Die vermeintlich freien Richtungnahmen seines Handelns erweisen sich als Zwänge einer ihm zugeordneten Verhaltensweise, die wesentlich narzißtisch ist und daher nicht in der Liebe zum anderen erfüllt werden kann. Die gesamte Stadt stellt sich auf dieser psychologischen Ebene als Konstruktion der Nichtidentität heraus. Indem der Roman den Abbau und die Unzulänglichkeit menschlicher Verhaltensnormen angesichts der unauslotbaren Wirklichkeit des Psychophysischen demonstriert, übt er zugleich Kulturkritik. An Matthieus Begegnung mit der Dirne Elvira und ihrem Groom Franz entfaltet Jahnn das Motiv der versäumten Liebesleistung und der damit zusammenhängenden Reue. Elviras *»einzigartige Verwandlungen«* haben wie der traurige Charme des Grooms »Eselchen« ihren Ursprung in der Imagination Matthieus. Die verkitschte, zugleich traumsymbolische Räumlichkeit des Hauses, Ungenießbarkeit und Fadheit von Trank und Speise, insbesondere die verfälschende und entlarvende Schminke Elviras und des Grooms, die Matthieu für Geschwister hält, geben ihren Worten und ihrem Tun den Anschein eines lügenhaften Zeremoniells der Verführung. Was ihnen fehlt, ist die sin-

nenhafte Leiblichkeit, die sie als *»Form der Form«*, als *»Existenz ohne Gestalt«* nur vortäuschen können. Wenn Matthieu im Spiegelkabinett sich zum erstenmal entgegengeht und mit seinem Anblick die Erinnerung an Gari, seinen Engel, traumhaft auftaucht – als Signal der antiweiblichen Psyche Matthieus, die er in der Umarmung mit Elvira zu verraten bereit ist – so ist sein eigentliches Ziel zeichenhaft vorweggenommen. Er kann in der Berührung des weiblich dämonisierten Nichts nicht enden. Seine Wiederholung in Anders, dem *»gültigeren Zustand seiner Existenz«*, erkennt er – wiederum narzißhaft – im Spiegel einer verlassenen Gaststube, die zum Schauplatz der Auflehnung der Elemente gegen ihre technische Verfügung durch den Menschen wird: Wasser und Elektrizität versagen ihren Dienst. Erneut in die Finsternis vertrieben, trägt Matthieu den von einem unsichtbaren Leiden behinderten »Reiter‹ Anders auf seinen Schultern durch einen alles verwischenden Schneesturm. Die homoerotische Chiffre des Pferdes, die im Kosenamen des Grooms schon anklang, ist augenfällig. Die Rückkehr in das Kellergeschoß Anders‹, zu der dieser sich wegen der Unentrinnbarkeit seines nahen Todes entschließt, wird zur letzten großen Phase des Romans.

Wieder überlagern sich psychologische und metaphysische Bedeutungsebenen. Das Kellerlabyrinth ist einerseits der Ort des kollektiven Unbewußten, *»der Mutterschoß der Anfänge«*, in dem die Vertauschungen der Identität und der Verlust des Selbst möglich sind. Aber der von der Hauptkloake der Stadt erwärmte *»Grabkeller«*, in dessen Mitte das sargähnliche Bett Anders‹ eingelassen ist, dieser unbekannteste Bezirk des Matthieuschen Ichs, auf den schon Elvira hinwies, ist andererseits der kultische Raum der Zuflucht vor der modernen Anonymität der Vernichtung. Inmitten einer niedergehenden Zivilisation verbirgt sich die sakrale Architektur, die das Geheimnis des Zeitstillstands umschließt.

Die Wunde in der Leibesmitte Anders‹, auffällig an KAFKAS *Landarzt* gemahnend, ist die Wiederkehr der früh vernarbten »Entstellung« Matthieus und wurde ihm von der kohlefarbenen Bevölkerung der Stadt aus Haß gegen das erotische Ärgernis seiner Andersheit zugefügt. Sie ist das Stigma der Anarchie, jener »Ausnahme«, die den »Gesetzen« und »Vorrechten« der Gesellschaft nicht zugeordnet ist. Zugleich ist sie der *»Einlaß für Engel und Dämonen«*, für die Möglichkeit der »Gnade«, auf die zu Beginn des Romans angespielt wird. Sie allein führt zur Selbsterfahrung in einem letzten Akt des liebenden Erbarmens, der das durchschnittliche Dasein Matthieus aufheben wird; ihre tödliche Verschlimmerung ist im Roman mit dem qualvollen Erkenntnisprozeß parallelisiert. Der von Anders erzwungene Einbruch der Hand Matthieus in das Innere seines Leibes ermöglicht, um den Preis des Todes, die Aufhebung der Trennung von Vergangenheit und Gegenwart. Gari, der Negerbastard, der einst die mörderische Vertiefung einer Matthieu von Halbwüchsigen zugefügten Wunde verhindert, ist als die männliche Gestalt des Romaneingangs zurückgekehrt. Der Todesengel »Malach hamoves« trägt so die Züge der ersten homoerotischen Faszination Matthieus. Das Engelsmotiv, das in den späten Dramen *Spur des dunklen Engels* (1952), *Thomas Chatterton* (1955) und in der Trilogie *Fluß ohne Ufer* (1949–1961) eine bedeutende Rolle spielt, ist hier am überzeugendsten gestaltet: Weit entfernt vom bloß Mythologischen wird es im Verlauf des Romans, ähnlich wie in der Lyrik Georg TRAKLS, zum vertrauten Bestandteil menschlicher »Biographie«. Es ist, inmitten irdischer Hinfälligkeit, ein Prinzip erotisch-geistiger Selbstvollendung.   P.Ko.

AUSGABEN: Hbg. 1956. – Bln. u. a. 1960. – Mchn. 1962 (Nachw. H. Bienek; dtv). – Ffm. 1980 [Nachw. J. Winkler].

LITERATUR: W. M. Marr, *Compassion and the Outsider: H. H. J.'s »Die Nacht aus Blei«* (in GR, 39, 1964, S. 201–210). – D. M. Weible, *H. H. J. »Die Nacht aus Blei«. A Critical Analysis*, Diss. Stanford Univ. 1964.

PASTOR EPHRAIM MAGNUS

Drama von Hans Henny JAHNN, begonnen 1916 in Norwegen, erschienen 1919; Uraufführung durch B. BRECHT und A. BRONNEN: Berlin, 24. 8. 1923, Schwechtenhalle. – Mit diesem umfangreichen, 1917 bereits abgeschlossenen Werk beginnt Jahnns literarische Laufbahn, die von Anfang an von Kontroversen begleitet war. Als O. LOERKE dem Stück, dessen Ausgabe an Minderjährige nicht verkauft werden durfte, 1920 den Kleist-Preis zuerkannte, führte dies zu zahlreichen Polemiken, u. a. durch V. KLAGES, P. FECHTER, J. BAB und E. GROSS *(»ein masochistisch-sadistisches Produkt eines sich genial gerierenden . . . Geistes«)*; auch die Uraufführung geriet zu einem Mißerfolg.
In vierzehn Szenen entwirft das Drama, das nachhaltig vom Expressionismus der Zeit geprägt war daneben aber auch Anklänge an das barocke Trauerspiel sowie an G. BÜCHNER (T. Freeman) zeigt, den *»Kampf«* um die *»Entfaltung des Urmenschen im Menschen«* (O. Loerke). Vor seinem Selbstmord verkündet der kranke Pastor Magnus seinen Kindern Ephraim, Johanna und dem unehelichen Sohn Jakob die Lehre von der Überwindung des Todes, dem er selbst anheimfällt, weil er mit der Liebe zu seiner verstorbenen Frau auch seine Seele verlor. Die *»zwei Wege, die Sicherheit bergen«*, sind der anarchistische Vollzug des Eros oder die qualvolle Nachfolge Christi. Aber schon in der Deutung des alten Magnus wird Christus zum knabenhaften Opfer des Triebverzichts, zur Gestalt des unterdrückten *»Mysteriums des Lebens«*. Damit ist die Transzendenz zur Leiblichkeit und libidinösen Dynamik entmythologisiert, die ihrerseits religiöse Züge annehmen. Da der von Jahnn kulturkritisch

geforderte Archaismus des Gefühls und des Denkens auf den Widerstand eingefahrener Denk- und Verhaltensmodelle stoßen muß, richtet sich das Stück noch vor jeder revolutionären Handlung gegen die bestehende Sprache. Sprachskepsis und Sprachkritik sowie die mannigfachen Formen der Unsagbarkeit sind Grunderfahrungen der Hauptakteure. Sprachmagie und hymnische Monologik, märchenhafte, dämonisierende Perspektiven und eine forcierte Metaphorik des Gräßlichen reflektieren den neuen Denkstil, den im ersten Teil des Dramas Jakob eindringlich entfaltet, wenn er, durch sein Bastardtum zum Anarchisten prädestiniert, die »aufklärerische« Funktion übernimmt, Ephraim, Johanna und sich selbst der unbewußten und zweckfreien Liebesgewalt zu unterwerfen. Die Demaskierung der Partner der Geschwister erfolgt bewußt durch die jede Übereinkunft sprengenden Forderungen und Bekenntnisse der Liebenden. Dabei erweist sich das Gefühl als gesellschaftliches Klischee, das den Menschen zum bloßen Mittel entwürdigt. Zusehends enthüllen sich bei Jakob wie bei Ephraim und Johanna jene Schichten des Bewußtseins, die die *»Geschichte ihrer ersten Liebe«* von vornherein vereiteln: Homoerotische und inzestuöse Strukturen lassen sie zu gesellschaftlich Ausgestoßenen werden, deren anarchische Erotik unter dem Vorzeichen der Regression sich vollziehen muß.
So zeigt der zweite Abschnitt des Dramas den Weg ihrer *»ungestillten Seelen«*. Wie fast immer bei Jahnn sind auch hier Pathologie und überformende Sinngebung, Tiefenpsychologie und Religiosität untrennbar verknüpft. *»Konfrontiert mit einer Welt ohne Gott oder ohne Sinn, erlebt Jakob eine gewissermaßen psychotische Auflösung: Unfähig zu jeder sinnvollen Kommunikation, begibt er sich . . . auf die Suche nach Erlösung, indem er zuerst mit menschlichen Beziehungen, dann mit menschlichem Fleisch experimentiert«* (T. Freeman). Er zwingt seine Verlobte Mathilde, mit dem Bildhauer Paul zu schlafen, um einen Beweis für ihre Unterwerfung zu erhalten, verweigert ihr dann aber die Ehe, als sie schwanger ist – das Mädchen stirbt bei der Geburt des Kindes. Nun wendet er in maßloser Ernüchterung den sexuellen Zynismus der Sprache (*»aufreißen«*) direkt auf eine Dirne an und wird zum Mörder. Vor Gericht stellt er seine archaische Existenz als das Gegenbild einer Kultur dar, die den organisierten Mord sanktioniert, um den Verbrecher aus Verirrung und Leidenschaft um so nachhaltiger zu verfolgen.
Nach der Hinrichtung läßt Pastor Ephraim die Leiche seines Bruders Jakob in die Krypta des Doms entführen. Die Unsterblichkeitsfrage und der unbegreifliche Übergang vom Leben zum Tod treiben Ephraim in die Stationen des Grauens. Die Identifikation mit Christus, bis in zitathafte Anklänge nachweisbar, wird als regelrechter Ritus vollzogen. Aber der Aufstieg zum *»Mysterium der Qual«* Gottes ist zugleich die Abkehr von ihm. Die Marter des Leibes und der Sinne um der Heiligung und Erlösung willen, eine Marter, die durch Ka-

stration und Blendung den Kreuzestod Christi noch zu überbieten sucht, gliedert sich in »Erkenntnisstufen«, die am Ende die Lust als Vollendung des Menschen erweisen werden.

Auch hier betreibt Jahnn Sprachkritik als »Vernunftkritik«, wenn er die Greuel als Zwänge der hybriden Spekulationen Ephraims darlegt. Aber erst über diesen Weg wird die Erfüllung der Liebe als versäumte Tat sichtbar. Ephraims extremer Masochismus, der in den eingeblendeten Totentanzfiguren auch als Folge der Verdrängung des inzestuösen Triebes gedeutet werden kann, zwingt auch Johanna zur Entsagung, die sie durch die Ausbrennung ihres Schoßes endgültig macht. Sie wird in ihrer ursprünglichen Hingabebereitschaft zum eigentlichen Opfer des Gottsuchertums, dargebracht durch den Ritualmord Ephraims. Indem Ephraim in die »Lichtlosigkeit« seiner zermarterten Seele hinabsteigt, überwindet er die Verwesung Jakobs, dessen Leib in der Gruft allmählich zur Statue verwandelt wird. Dieses »Wunder« der statuenhaften Restauration von Schönheit versinnbildlicht, daß der *»Weg von einem Lebenden zu einem Toten«* in der unbedingten brüderlichen Treue zu ihm gelungen ist. Restaurativ ist diese Schönheit, weil sie die des Knaben ist. Regression ist somit unpsychologisch als Rückkehr in den *»Rhythmus unserer Knabentage«* zu werten, in eine noch »experimentierende« Liebe und die schöpferische Kraft des Unbewußten. Das Motiv der Bachschen Musik gehört ebenso diesem Bereich zu, den Ephraim jedoch nur im Geistigen wiedergewinnen kann. Für ihn geht es darum, die über den Umweg der Gottessuche gewonnene Einsicht in das *»Mysterium der Lust«*, das sich an Jakobs und Johannas Unverweslichkeit, an ihrer Schönheit im Tode darstellt, ins Künstlerische zu transponieren. Er wird Baumeister des Münsters, das Paul erneuert wird; die Bewahrung seiner Geliebten durch eine unzugängliche Grabkammer ist gesichert. Die totale Identität von Seele und Leib, von Geistigem und sinnlich Geformtem drängt einerseits zur Verewigung des Fleisches im Totenkult und andererseits zum sakralen Innenraum der aufgestellten Knabenleiber, die als Konfigurationen der Seelen das physische Dasein gleichsam nach innen überschritten haben. Die Utopie dieser Stätte – des in der Kunst überwundenen Todes – ist eine Herausforderung der Jahnnschen Dramatik.

Der Autor selbst verhielt sich dem Stück gegenüber zeitlebens ambivalent; er bedauerte nachträglich mitunter seine Veröffentlichung, erklärte den Text gegenüber Walter MUSCHG als Reflex auf die Erfahrung des etablierten Literaturkanons *(»nur keine Literatur wie alle ... machen, nur das nicht, was man einem in der Schule als Dichtung eintrichtert, nur ja nicht jene Sprache«)*, an P. SUHRKAMP (18. 8. 1936) schrieb er: *»Ich habe, wiewohl dies Werk mir mehr geschadet als irgend eine andere Dummheit meines Lebens, niemals verleugnet.«* Auch Jahnns zweites Drama, die Tragödie *Die Krönung Richards III.* (1921), fand bei seiner Uraufführung 1922 in Leipzig eine zwiespältige Aufnahme. P.Ko.-KLL

AUSGABEN: Bln. 1919. – Ffm. 1963 (in *Dramen*, 2 Bde., 1963–1965, 1; Nachw. W. Muschg). – Hbg. 1974 (in *Werke u. Tagebücher in 7 Bdn.*, Hg. T. Freeman u. Th. Scheuffelen, 4; Einl. H. Mayer).

LITERATUR: E. Gross, Rez. (in LE, 15. 5. 1921). – J. Bab, Rez. (in Die Weltbühne, 16. 6. 1921). – O. Loerke, *H. H. J.* (ebd., 23. 6. 1921; ern. in *Deutsche Literaturkritik*, Hg. H. Mayer, Bd. 3, Mchn. 1978, S. 329–335; dtv). – G. Harms, *H. H. J.: »Pastor Ephraim Magnus«* (in Kleine Veröffentlichungen der Glaubensgemeinde Ugrino, Aug. 1921, H. 3, S. 42–50). – E. Faktor, Rez. (in Berliner Börsen-Courier, 25. 8. 1923). – A. Michel, Rez. (in Vossische Ztg., 28. 8. 1923). – H. Kienzel, Rez. (in Hamburger Nachrichten, 28. 8. 1923). – A. Döblin, *H. H. J. »Pastor Ephraim Magnus«* (in A. D., *Die Zeitlupe. Kleine Prosa*, Freiburg i. B. 1962, S. 44). – A. Bronnen, *Die Tage mit Brecht*, Mchn. u. a. 1960, S. 152–156. – *Der Kleist-Preis 1912–1932. Eine Dokumentation*, Hg. H. Sembdner, Bln. 1968, S. 75–77.

PERRUDJA

Roman von Hans Henny JAHNN, unvollendet in zwei Bänden erschienen 1929. – Mit *Perrudja* gelang Jahnn der endgültige Durchbruch in die Kunst der Moderne. Naturwissenschaft und Tiefenpsychologie, Sprachkrise und musikalisch-analoge Verfahrensweise des Erzählens haben das Werk entscheidend geprägt; zwar behauptete Jahnn rückblickend, er habe den Roman in einem Zuge niedergeschrieben, nach T. FREEMAN führte die Lektüre des *Ulysses* von J. JOYCE jedoch zwischen 1927 und 1929 zu einer gravierenden Umarbeitung des ersten Textentwurfs. Zugleich spiegelt das Werk, dessen Beeinflussung durch den Roman von Joyce der zeitgenössischen Kritik bereits aufgefallen war, die hochfliegenden Pläne des jungen Jahnn wider; Gründung und Ende der »Glaubensgemeinde Ugrino« (1921–1925), einer utopischreligiösen Sekte, haben hier ihr fiktives Nachspiel. Dieser Dualismus von naturwissenschaftlicher Durchdringung und phantasmagorischer Sinngebung des Erzählten ist Ursache für die eigenartige Widersprüchlichkeit des Romans. Was Jahnn mit seinen Zeitgenossen – Joyce, DÖBLIN oder BROCH – verbindet, ist vor allem die Darstellungstechnik des inneren Monologs, eine bis zur Abstraktion vorstoßende Leitmotivik, die Erschließung psychischer Tiefendimensionen des Menschen und die virtuose Mischung verschiedener Stilebenen und Perspektiven: *»So wie bei Döblin überstürzen sich bei Jahnn die Anekdoten und die Aufzählungen, die Liederrefrains, medizinischen Konstatierungen, alten Sprüche, Kochrezepte, Obszönitäten, Legenden; die Namen von Edelsteinen, spanischen Generalen, Fleisch-, Gemüse-, Marmeladensorten, technischen Einrichtungen wirbeln, jagen sich durcheinander«* (K. MANN). Die Hereinnahme des Unbewußten, der Triebregungen und primitiven Denkformen sowie die exzessive Beschreibung physiologischer Vorgänge und die Betonung der Fleischgebundenheit sind jedoch nur Voraussetzung für eine radikale Umdeutung der Stellung des Menschen im Kosmos. Vornehmlich geht es Jahnn um die Ausgeliefertheit des Menschen an physische und biologische Kräfte und um seine Preisgabe an die von jedem Kalkül und jeder moralischen Wertung freizuhaltenden »Versuchungen« des Lebens. Daher ist Perrudja nicht mehr unverrückbare Gestalt, fraglos beschreibbarer Charakter, sondern »*Schauplatz für Abläufe*«, für elementare Erfahrungen; von einem »*Nicht-Helden*« spricht die dem Roman durch Jahnn vorangestellte »*Inhaltsangabe*«.

Der Roman gibt einen Erkenntnisprozeß wieder, der Perrudja die eigene Bedingtheit Stufe um Stufe enthüllt: die Leibnähe zum Tier, vor allem zum Pferd, gipfelnd im sehnsuchtsvollen Motiv kreatürlicher Einheit, dem Kentauren; Fremdheit und Tröstlichkeit der Natur, die sich immer wieder ins Außermenschlich-Erhabene oder Katastrophale entzieht; Angst und Verödung des Fürsichseins, die die Nähe des Nächsten und die Erlösung im Fleische fordern.

In seiner norwegischen Bergeinsamkeit bereitet Perrudja den »*Antrag an die Schöpfung*« vor; er sucht die Erfüllung in der Liebe. Aber sie wird ihm nicht zuteil, denn er handelt getreu der Jahnnschen Auffassung »*von mehreren getrennten Bewußtseinsebenen aus*«. Alle Pläne werden durch in ihm selbst wirkende gegenläufige Tendenzen der psychischen Schichten vereitelt. Die Magd Lina, die ihm wegen ihrer Verbindung mit seinem Knecht Hjalmar versagt bleiben muß, ist nur der Anlaß zur Aufdeckung eines verdrängten Abschnittes seiner Kindheit, in den seine erste homoerotische Neigung zu einem Schlächterburschen und die frühe schmerzliche Begegnung mit Signe Skaerdal, seiner weiblichen Gegenspielerin, fallen. In Signe glaubt er nun, nach einer kurzen und heftigen Verirrung mit dem Burschen Alexander, seine wahre künftige Partnerin gefunden zu haben. Er wirbt um sie und tötet nach langwierigen und demütigenden Wettkämpfen ihren tierhaft-barbarischen Verlobten Hoyer. Aber seine nichtheldische Veranlagung hindert Perrudja, den gemeinsam mit Signes Bruder Hein begangenen Mord zu bekennen, den sie, die archetypisch weibliche Heldin, gutgeheißen hätte. Die Hingabe in der Hochzeitsnacht wird dadurch unmöglich: Signe nimmt sein verspätetes Eingeständnis nicht mehr an. Der Sieg der nach Macht- und Zweckprinzipien arbeitenden Vernunft ist damit vollkommen; Perrudja zergliedert seine Liebe zynisch zu bloßer Begrifflichkeit, während Signes stolzes Ich über die Hingabebereitschaft des Leibes triumphiert. Nunmehr kann sich die utopische Zielsetzung des Romans entfalten. Die »*späte und einseitige Blutsbrüderschaft*« mit Hein, in der sich die homoerotische Konstitution Perrudjas endgültig manifestiert, macht ihn empfänglich für seine kosmopolitische Sendung. Das Motiv des märchenhaften Reichtums, dem Perrudja seine Unabhängigkeit und den Bau seines phantastischen Bergschlosses verdankt, tritt jetzt in den Vordergrund. Als Herr eines internationalen Konzerns ist er der reichste Mann der Erde, dem das gesamte Großkapital zur Verfügung steht. Die Begegnung mit der Jugend und die kulturkritische Entlarvung der ausbeuterischen Zweckhaftigkeit und verlogenen Moral der industriellen Massengesellschaft veranlassen ihn, das Geldmonopol seines Konzerns für einen letzten Krieg zu nutzen, der die alte Welt zugunsten des paradiesischen Inselreiches einer neuen, an »*fleischliche Eide*« gebundenen Rasse vernichten soll. Dieser utopisch-inhumane Überbau kann jedoch die Vergeblichkeit auch dieses Unterfangens nicht verschleiern. Es ist nur ein letzter Schritt im Erkenntnisprozeß: Der Auseinanderfall von Wollen und Handeln, von Absicht und Wirkung wird hier am deutlichsten offenbar. Der Fragment gebliebene Roman mündet aus in das »*Hohelied des Gesetzes*«, in dem Signe ihre Demütigung unter die Gewalt der physischen Bestimmung erfährt und sich erneut dem Nichthelden Perrudja zugeordnet weiß, den sie mit dem Menschen schlechthin in eins setzt.

Die Modernität des Werks liegt nicht in der expressionistisch getönten Menschheitserlösung, sondern wesentlich in der inneren Entwicklung Perrudjas: in der Zerstörung eines herkömmlichen Begriffs vom Menschen. Daher ist das Künstlertum Perrudjas besonders hervorzuheben; in ihm wird die Dichtung selbst zum Thema. Seine schweifenden Visionen und Vorstellungsfluchten, denen mythische Gestalten, orientalische Geschichtsdeutungen und archaisch stilisierende Erzählungen entspringen, werden an der Wirklichkeit gemessen und korrigiert. Der Roman entfaltet ein betont anarchisches und gleichermaßen ästhetisches Denken, das die Liebe als »*das große Gesetz*« in natürlichsten und entlegensten Konstellationen zum Gegenstand hat – Liebe immer verstanden als Abtrünnigkeit und geistiges Bündnis über den Tod hinaus. Die homoerotische Komponente erhält von daher ihre das Psychologische übersteigende Funktion. Sie entwirft modellhaft die Auseinandersetzung zwischen Archetypus und Individuum, das Ringen zwischen der ewigen Wiederkehr des Gleichen und seiner Aufhebung im tragischen Vollzug der Liebe. Das *Gilgamesch*-Motiv, das in den Musikeinlagen des Romans anklingt und in seine Struktur esoterisch verflochten ist, wird so zum mythischen Grundmuster der Auflehnung und Schöpfungsklage: »*Er ertrug es nicht länger, die Schöpfung ohne Moral zu sehen.*« Im Jahre 1933 brach Jahnn die Arbeit am zweiten Teil des Textes ab und wandte sich dem Roman *Fluß ohne Ufer* zu; er habe, so schreibt er im Vorwort zur Ausgabe von 1958, damals jede Hoffnung auf jene bessere Welt verloren, mit deren Schilderung er *Perrudja* beenden wollte.

P. Ko.-KLL

AUSGABEN: Bln. 1929, 2 Bde. – Ffm. 1958. – Ffm. 1966 (FiTb). – Ffm. 1968 (*Perrudja II; Fragmente aus dem Nachlaß*). – Hbg. 1974 (in *Werke u. Tagebücher in 7 Bdn.*, Hg. T. Freeman u. Th. Scheuffelen, 1; Einl. H. Mayer). – Hbg. 1985 (in *Werke in Einzelbänden*, Hg. U. Schweikert; enth. *Perrudja, Perrudja, Zweites Buch (Fragmente aus dem Nachlaß)*, Hg. G. Rupprecht).

LITERATUR: H. Liepmann, Rez. (in Die Weltbühne, 26, 1930, S. 879–882). – K. Mann, Rez. (in Neue Freie Presse, 3. 8. 1930; ern. in K. M., *Prüfungen. Schriften zur Literatur*, Hg. M. Gregor-Dellin, Mchn. 1968, S. 162–167). – W. Koeppen, Rez. (in Berliner Börsen-Courier, 15. 7. 1932). – R. Lund [d. i. R. Hartung], »*Perrudja«. Ein Werk H. H. J.s* (in Literarische Revue, 4, 1949, S. 262–266). – G. Blöcker, *Eine neue Art Mensch* (in FAZ, 15. 11. 1958). – W. Muschg, *Monument des Naturmystizismus* (in FH, 14, 1959, S. 209–212). – Y. Bar-David, *H. H. J. ou le roman devenue musique* (in Critique, 17, 1961, S. 111 bis 131). – R. Wagner, *H. H. J.s Roman »Perrudja« – Sprache u. Stil*, Diss. Mchn. 1965. – T. Freeman, *Structure and Symbolism in H. H. J.'s »Perrudja«*, Diss. Stanford Univ. 1970. – B. Mitchell, *H. H. J. and James Joyce. The Birth of the Inner Monologue in the German Novel* (in Arcadia, 6, 1971, S. 44–71). – Y. Bar-David, *Leitmotiv et roman. »Perrudja« de H. H. J.*, Diss. Paris 1972. – K. Hock, *Untersuchungen zu H. H. J.s »Perrudja«*, Diss. Mchn. 1976. – K. Brynhildsvoll, *H. H. J. und Henrik Ibsen. Eine Studie zu H. H. J.s Roman »Perrudja«*, Bonn 1982. – M. Mahlstedt, *Erlösungsfigurationen in H. H. J.s »Perrudja«*, Hbg. 1982. – J. Wohlleben, *Versuch über »Perrudja«*, Tübingen 1985. – H. Kiesel, *Kombination disparater Elemente. Zur Neuausgabe des Romans »Perrudja« von H. H. J.* (in NZZ, 28. 2. 1986). – H. J. Fröhlich, Rez. (in *Romane von gestern – heute gelesen*, Hg. M. Reich-Ranicki, Bd. 2, Ffm. 1989, S. 178–186).

SPUR DES DUNKLEN ENGELS

Drama von Hans Henny JAHNN, Musik von Yngve Jan Trede, entstanden 1948/49, erschienen 1952; Uraufführung: Münster, 6. 12. 1969, Städtische Bühnen. – Das Drama entstand gegen Ende von Jahnns Aufenthalt auf Bornholm, wo er während der NS-Zeit gelebt hatte, und geht auf ein früheres Fragment mit dem Titel *Jonathan* zurück. Biographischer Hintergrund ist Jahnns Begegnung mit dem Komponisten Yngve Jan Trede, dessen Musik bei der Abfassung des Stücks von Anfang an mit eingeplant war: »*Das Drama ist ohne Musik nicht denkbar*«, schrieb Jahnn, der »*deshalb auch keine Veröffentlichung des gesonderten Worttextes*« wünschte, wie es im Vorwort zu seinem Drama heißt. Während der Überarbeitung der ersten Fassung sah Jahnn sich »*aus dramaturgischen Gründen*« dazu »*gezwungen, den weltanschaulichen Teil so gut wie ganz zu streichen, so daß nur ein paar Andeutungen stehen bleiben ... Dennoch wird man die genaue Fügung des Dialogs erkennen können und meine alte Stärke, daß ich ein ›Thematiker‹ bin.*« Von der

»Thematik« des Stücks zu reden, bereitet allerdings Schwierigkeiten. Das Thema des schöpferischen Menschen in seiner Auseinandersetzung mit dem Mächtigen, das Jahnns späte Dramen durchzieht; das für sein Spätwerk so typische Motiv des Engels, der den Berufenen beigesellt ist; nicht zuletzt Homoerotik als bestimmendes Element – damit sind nur einige zentrale Aspekte des Dramas benannt. Wie sehr zudem die Ergebnisse seiner Hormonforschung die Konzeption des Werks bestimmten, deutet Jahnn selbst im Vorwort an: »*Die Ursache für die Freundschaft zwischen David und Jonathan ist ihre von der Schöpfung bestimmte hormonale Beschaffenheit, für die sie nicht verantwortlich sind. Die Konstitution hat in ihnen das Schaffen und Erleiden angeordnet.*« Zum Stoff selbst bemerkte Jahnn: »*Den Autor hat nicht die Absicht bewegt, einen Abschnitt aus der jüdischen Geschichte darzustellen. Dem 1. Buch Samuelis sind nur die Elemente der Handlung entnommen, die ins Überallgültige übersetzt wurden.*« Diese Handlungselemente werden in drei Abschnitten von insgesamt fünfzehn Szenen entfaltet.

Der geistliche Fürst und »Königemacher« Schmuel zeigt dem Thronfolger Jonathan den schönen Hirtenknaben David. Jonathan sieht in dem jungen musikalischen Genie sogleich den »Auserwählten«, den »*Sohn eines Engels*«. Er verfällt ihm und tritt ihm seine künftige Königswürde ab. Auch Jonathans Vater Saul, der regierende Herrscher, ist von David tief beeindruckt, als dieser ihm eigene Kompositionen vorspielt. Bald jedoch schlägt Sauls Sympathie um in Haß gegen den störrischen und selbstbewußten Jüngling, in dem er, zumal nach Davids spektakulärem Sieg über den Landesfeind Goliath, den Aufrührer sieht, der ihm den Sohn entfremdet hat und den Thron streitig machen könnte. Er verletzt David mit einer Pistole, während dieser ihm vorspielt, denn: »*Ihm soll etwas angetan werden – abgenommen werden von seiner verbrecherischen Anmut.*« Daraufhin läßt er ihn nachts überfallen, aber David wird durch eine List Jonathans gerettet. Er muß untertauchen und sammelt, ein zweiter Karl Moor, im Untergrund eine Schar von Asozialen, »*lebende Leichname*«, um sich. Fürst Schmuel, der dem »Räuberhauptmann« auf seinem Territorium Asyl gewährt, will Saul stürzen und verbündet sich deshalb mit Herzog Achis, dem jungen Führer der Philister. Ein Staatsstreich wird jedoch von Saul blutig niedergeschlagen. Auf Jonathans Bitte salbt Schmuel David heimlich zum König, denn »*Davids Genie ist der Ausdruck höchster Legitimität*«. Saul selbst verzeiht den Verschwörern: »*Ich beuge mich dem Genie Davids – trotz meiner Einsicht, daß etwas faul an ihm ist.*«

Einige Jahre später erscheint David, der unterdessen bei Herzog Achis im Exil war, in einer Höhle, inmitten von ihm ergebenen »Räubern«. Er hat jetzt keinerlei Illusionen mehr: »*Es gibt nur ein Recht in der Welt, und es ist göttlich und menschlich: das Recht des Stärkeren.*« Der Kampf gegen die Diktatur Sauls wird von ihm und seiner Bande mit Guerilla-Methoden geführt: »*Die Taktik des Sich-*

zerstreuens, Untertauchens, Ausweichens bewährt sich.« Als ihn Saul aufsucht, um mit ihm zu verhandeln, fragt David: *»Warum hat man die Musik, die ich schrieb, im Lande verboten?«* Saul antwortet, daß sie denjenigen, *»die sie als Rede des Geistes nehmen«*, erlaubt sei. *»Doch den weniger Schwermütigen, der Masse, die in jeder Note nur den Aufrührer erkennen möchten, wird sie vorenthalten. Die Zeitungen verschweigen, daß du schaffst. Darin erschöpft sich unsere Maßnahme.«* David geht ein zweites Mal ins Exil, um zusammen mit den Philistern gegen Saul Krieg zu führen. Außer Saul kommt in diesem Feldzug auch Jonathan ums Leben. David läßt in seinem Schmerz um den geliebten Freund den Boten, der ihm die Todesnachricht überbringt, töten. Als man sich sträubt, den Befehl auszuführen und einen Unschuldigen umzubringen, sagt David – und man mag darin einen Kommentar Jahnns zu den Verbrechen des Naziregimes sehen: *»So etwas begeht sich leichter, wenn man es in Anordnung und Ausführung zerlegt. Du übernimmst die Ausführung.«* Nach dem Sieg über Saul ist David König und damit Inhaber der politischen Macht: *»Ab heute ist meine Musik keine revolutionäre Musik mehr … Sie ist klassisch geworden.«*

Die resignative Tendenz des Dramas wird durch einen Ausspruch Jonathans akzentuiert: *»Die undelikaten Betrachtungen sind immer die richtigen. Wohin sollte es führen, wenn wir dem Herzen folgten? Wir alle würden in der Liebe umkommen.«* Für den Jahnn-Biographen T. FREEMAN ist das Stück das Ergebnis des Versuchs, *»aus der selbstmörderischen Melancholie seiner um Yngve kreisenden Gedanken«* zu flüchten. Die Aufführung seines Werkes erlebte der Autor nicht mehr, die unter Kürzung des Textes und der Verwendung von Rockkompositionen erfolgte und ein zwiespältiges Echo bei der Kritik hervorrief.   T.R.S.

AUSGABEN: Hbg. 1952. – Ffm. 1965 (in *Dramen*, 2 Bde., 1963–1965, 2; Nachw. W. Muschg). – Hbg. 1974 (in *Werke u. Tagebücher in 7 Bdn.*, Hg. T. Freeman u. Th. Scheuffelen, 5; Einl. H. Mayer).

LITERATUR: H. Schwab-Felisch, Rez. (in FAZ, 8. 12. 1969). – R. Lindemann, Rez. (in Stuttgarter Ztg., 11. 12.1969). – H. Vormweg, Rez. (in SZ, 11. 12. 1969). – K. Koch, *Zur Interpretation* (in Programmheft Städtische Bühnen Münster, Spielzeit 1969/70). – Y. J. Trede, *Bemerkungen zur Musik* (ebd.). – H. Schwab-Felisch, *David in Hosen* (ebd.).

THOMAS CHATTERTON

Tragödie in fünf Akten von Hans Henny JAHNN, entstanden 1954; Uraufführung: Hamburg, 26. 4. 1956, Deutsches Schauspielhaus. – Angeregt durch W. MUSCHGS *Tragische Literaturgeschichte* (1948), beschäftigte sich Jahnn mit den historischen Quellen und Bearbeitungen (A. de VIGNY, *Chatterton*, 1835; E. PENZOLDT, *Der arme Chatterton*, 1929)

des Stoffs, an dem Jahnn vor allem das Motiv des scheiternden Künstlers faszinierte. Die 1956 von Gustaf Gründgens inszenierte Uraufführung wurde kein Publikumserfolg, nach wenigen Vorstellungen mußte – bei Jahnns Dramen geradezu die Regel – das Stück abgesetzt werden. Es war die letzte Aufführung eines seiner Stücke, die Jahnn erlebte; sein letztes Stück *Die Trümmer des Gewissens – Der staubige Regenbogen* (1961) erschien postum.

»Die Tragödie … ist der geschichtlichen Wirklichkeit nachgezeichnet«, vermerkt Jahnn in der Buchausgabe. Und in seinem Vortrag *Zur Tragödie Thomas Chattertons* (1954) heißt es: *»Wenn man keine Kenntnis von den ruchlosen Zuständen im England des 18. Jh.s hat, erscheint das taumelnde Leben des überbegabten Jungen nur wie eine beunruhigende Genieäußerung, durch und durch krankhaft. Man muß schon die härtesten Blätter Hogarths wortwörtlich, realistisch nehmen, um zu schmecken, welche Art Luft über England wehte.«* Die Tragödie des genialischen Dichters und Fälschers spielt bei Jahnn in einem Zeitraum von drei Jahren, von Juni 1767 bis zum Todesdatum, dem 24. August 1770.

Als Fünfzehnjähriger wird Thomas Chatterton, Absolvent der »wohltätigen« Colston-Schule in Bristol, zu einem Advokaten in die Lehre gegeben – wie es der Brauch will, für sieben Jahre. Dazu Jahnn in dem erwähnten Vortrag: *»Die Lehrverträge, die den entlassenen Schülern aufgezwungen wurden, bestimmten, daß sie sieben Jahre lang ›kein Gasthaus betreten, nicht mit Würfeln spielen, keine Unzucht treiben, keine Ehe eingehen‹ dürften … Die Grausamkeit war eine Gewohnheit geworden. Schwere Verbrechen, entsetzliche Strafmethoden, Tierplagerei, Triumphe des Handels und der Schiffahrt, durch und durch verzweifelte soziale Verhältnisse, das gehört zum Bild der Stadt.«* In seiner freien Zeit erfindet Chatterton den Dichter und Mönch Thomas Rowley, den er als eine historische, in Bristol ansässige Gestalt aus dem 15. Jh. vorstellt. Die *»Poems«* dieser Phantasiegestalt schreibt Chatterton in altertümlicher Sprache und Schrift auf alte Pergamente, die er einigen gebildeten Bürgern Bristols zum Kauf anbietet. Seine wohlhabenden und gelehrten Gönner sind von dieser »Entdeckung« so fasziniert, daß er ihren Wünschen nach weiteren »trouvaillen« kaum schnell genug zu willfahren vermag.

Dem historischen Stoff fügt Jahnn eine neue, für sein Spätwerk typische Figur hinzu: den Engel Aburiel, der an entscheidenden Stationen von Chattertons kurzem Leben auftaucht und ihm zu helfen versucht. Bei Jahnn ist es auch Aburiel, der Chatterton den Mönch Rowley als magische Erscheinung sehen läßt und den Jungen, der sich mit Nekromantie beschäftigt, dadurch erst auf dessen Spur bringt: *»Es ist Thomas Rowley, der Dichter. Ihn gibt es nicht; ihn spann nur Phantasie. Sein Mund wird niemals sprechen; doch die unsichtbare Hand in seiner Kutte wird dir die Feder führen. Er ist, schau hin, nur Dunst, auch seine Hand ist Dunst und Dunst sein Hirn.«* Als Chatterton später seinen Gönnern gesteht, er, nur er habe die »Rowley Papers« verfaßt und Thomas Rowley sei ein lediglich fiktiver Name – da erntet er totales Unverständnis, Hohn und Ablehnung. Niemand will die Wahrheit auch nur als Möglichkeit in Betracht ziehen. Chatterton ist für seine Umwelt ein Lügner und Geistesgestörter, nicht etwa ein Fälscher oder gar ein Dichter. Schließlich verläßt er Bristol und versucht in London Fuß zu fassen, wo er bald für diverse Zeitungen schreibt: »*Ich habe meinen Sattel längst einem Halbhengst in der politischen Arena aufgelegt. Es geht immer um Freiheit oder Knechtschaft. Die Freiheit hat nicht die besten Pferde.*« Wieder taucht Aburiel auf, der, von Thomas nach seiner Funktion befragt, erklärt: »*Ich bin ein Werkzeug; – dir ein Fremder, der deinen Weg kreuzt; eine Zugabe zu deinem Dasein. Ich will nichts weiter, als daß du bestehst.*« Aber Chatterton muß erfahren, was auch Jahnn selbst erfahren mußte: »*Die gewaltigen Herren der Banken und Schiffe . . . – sie verachten die Künste, hassen sie, bekämpfen sie, indem sie über die Freiheit des Geistes herfallen. Poesie, Musik, Malerei sind für sie Papperlapapp, genauso wie die hingemordeten Neger, diese Hunderttausende, bei der Gewinnung der Menschenware. Dreck ist, wer arm ist.*« So setzt Chatterton denn seinem Leben ein Ende. Aburiel, im Reiseanzug, erscheint und löscht die Kerze. Seine letzten Worte, vielzitiert, können als »Vermächtnis« des Dichters Jahnn gelten: »*Wenn ein Achtzehnjähriger, der vom Genie berührt war, hungernd und ausgestoßen erlischt, bleiben Schuldige zurück. Die Armen, die nichts besitzen, sind freizusprechen. Die Regierenden, die Besitzenden, die Herren, die den Mund voll nehmen, darf man fragen: Erwartet ihr, daß der machtlose Engel, der den Berufenen beigegeben wird, Handel treibt, stiehlt, raubt, betrügt, euresgleichen niederschlägt, um ein wertvolles Leben zu erhalten? Die Pflicht der Engel ist eine andere. Die Pflicht der Menschen aber ist es, nicht an den Besten schuldig zu werden.*« 1970 und 1978 kam es zu Neuinszenierungen des Stücks in Lübeck und Düsseldorf.   T.R.S.

Ausgaben: Bln./Ffm. 1955. – Ffm. 1965 (in *Dramen*, 2 Bde., 1963–1965, 2; Nachw. W. Muschg). – Hbg. 1974 (in *Werke und Tagebücher in 7 Bdn.*, Hg. T. Freeman und Th. Scheuffelen, 5; Einl. H. Mayer).

Literatur: H. H. J., *Zur Tragödie Thomas Chattertons* (in Jb. der Akad. d. Wiss. u. d. Literatur zu Mainz, 1954, S. 280–298). – H. E. Nossack, *Vorwort zu »Thomas Chatterton«* (in Akzente, 2, 1955, H. 2, S. 152–155). – R. Drommert, Rez. (in Hamburger Anzeiger, 27. 4. 1956). – W. Haas, Rez. (in Die Welt, 27. 4. 1956). – K. Wagner, Rez. (in FAZ, 30. 4. 1956). – Ch. E. Lewalter, Rez. (in SZ, 4. 5. 1956). – N. Höpfner, *Das Wunderkind. Thomas Chattertons Versuch, ein Leben auf die Literatur zu gründen* (in FAZ, 14. 11. 1970). – B. Keith-Smith, *The Chatterton Theme in Modern German Literature* (in *Affinities. Essays in German and English Literature*, Fs. O. Wolff, Hg. R. W. Last, Ldn. 1971).

RABBI JAKOB BEN ASCHER

* 1270 (?)
† 1340

TURIM

(hebr.; *Reihen*). Kodex des jüdischen Religionsgesetzes, verfaßt von Rabbi JAKOB BEN ASCHER. – Der Kodex ist in vier Teile – nach den vier »Reihen« von Edelsteinen im Brustschild des Hohepriesters (*Exodus* 28, 17) *Turim* genannt – gegliedert: 1. *Orach chajjim (Lebenspfad)*, mit Vorschriften für das tägliche Leben, den Sabbat, die Fest- und Fasttage; 2. *Joreh deah (Erkenntnislehre)*, mit Bestimmungen über Götzendienst, Aberglauben, rituelles Schlachten, Speisegesetze, Beschneidung, Proselyten, Wohltätigkeit u. a.; 3. *Ewen ha-eser (Stein der Hilfe)*, eine Darlegung des Eherechts; 4. *Choschen mischpat (Brustbild des Rechtes)*, die Bestimmungen des Zivil- und Strafrechts enthaltend. Ebenso wie in der *Mischne Thora (Wiederholung der Lehre)* des MAIMONIDES, dem einzigen vergleichbaren früheren Rechtssystem, ist in die *Turim*, entsprechend dem Charakter des jüdischen Religionsgesetzes, die Gesamtheit des menschlichen Lebens einbezogen. Im Gegensatz zur *Mischne Thora* sind hier jedoch die nach der Zerstörung des Tempels nicht mehr aktuellen Vorschriften über Opferkult, Priesterabgaben usw. weggelassen. Während Maimonides alle Diskussionen über die einzelnen Gesetzesentscheidungen wegläßt, orientieren die *Turim*, wenn auch in ganz knapper Form, über die verschiedenen Lehrmeinungen, oft ohne sich definitiv für die eine oder die andere zu entscheiden. Besonders berücksichtigt Rabbi Jakob die Meinung seines ebenfalls berühmten Vaters Rabbi ASCHER BEN JECHIEL (um 1250–1327), dessen Entscheidungen, in Form einer Art »kondensierten« *Talmud*-Textes, noch heute den meisten *Talmud*-Ausgaben beigedruckt sind. (Für die weitere Entwicklung der Kodex-Literatur vgl. *Schulchan aruch*.) Um einen Eindruck von der Art der Erörterungen zu vermitteln, sei aus Teil 4 *(Choschen mischpat)* ein Kapitel (228) über »Onaa« (»Benachteiligung«, zunächst durch falsche Angaben und zu hohen Preis im Geschäftsverkehr, dann auch durch kränkende Worte u. ä.) zitiert: »*Das ›Onaa‹-Gesetz verbietet nicht nur, die Schwäche und Unwissenheit des Nebenmenschen im Geschäftsverkehr zu dessen Nachteil zu mißbrauchen, sondern es verbietet auch jeden Mißbrauch der Schwäche des Nebenmenschen (wie zum Beispiel der Verletzbarkeit seines Gemütes) zu dessen Nachteil, also auch jedes Wehetun mit Worten. Ein Wehetun mit Worten ist eine noch schwerere Sünde als das Ausbeuten der Unwissenheit des Nebenmenschen, durch welches wir ihn materiell schädigen, denn wir können es nicht so leicht gutmachen, wie wir den Geldschaden gutmachen können, den wir ihm zugefügt haben. Durch den Geldschaden greifen wir eben nur seinen Besitz an, durch eine Kränkung mit Worten seinen Leib und seine Seele, und schreit er deswegen zu Gott empor, dann wird sein Schreien erhört ...«*

Da sowohl der Vater als auch der Sohn erst in Deutschland, dann in Spanien wirkten (Rabbi Jakob wanderte 1305 nach Toledo aus), entstand in den Werken beider zum erstenmal eine Mischung der sephardischen (spanisch-orientalischen) Gelehrtenschule, die im Werk des Maimonides kulminierte, und der aschkenasischen (deutsch-französischen) Schule, die vor allem durch den *Talmud*-Kommentar des Rabbi SCHLOMO BEN ISAAK (genannt Raschi, 1040–1105) und die Tosafisten (vgl. *Tosafot*) repräsentiert wurde.   L.Pr.

AUSGABEN: Pieve de Sacco 1475. – Soncino 1490. – Konstantinopel 1503. – Wilna 1903.

ÜBERSETZUNG: J. Winter u. A. Wünsche, *Die jüdische Literatur seit Abschluß des Kanons*, Bd. 2, Trier 1894; Nachdr. Hildesheim 1965.

LITERATUR: M. Waxman, *A History of Jewish Literature*, Bd. 2, NY 1933, S. 140–144; Nachdr. 1960. – E. Kupfer, Art. *Jacob ben Asher* (in EJ², 9, Sp. 1214–1216).

JAKOB BEN SALOMON IBN CHABIB

* 1445 (?) Zamora
† 1515/16

EJN JA'AKOW

(hebr.; *Jakobs Born*). Sammlung der erbaulichen und legendären Abschnitte *(Agada)* des *Babylonischen Talmud*, zusammengestellt von JAKOB ben Salomon ben CHABIB aus Zamora und seinem Sohn LEVI (um 1483–1545), erschienen ab 1516. – Die Sammler wirkten in Saloniki, um ihren aus Spanien vertriebenen Leidensgenossen Trost und Zuversicht zu spenden. Das Werk bringt die einzelnen Stücke in der Reihenfolge der Talmudtraktate und Talmudordnungen in der Originalform; es setzt daher Kenntnis der Sprachen und Lehrmethoden dieses schwierigen Schrifttums voraus. Die Auszüge aus den beiden ersten »Ordnungen«, die der Vater Chabib kurz vor seinem Tode in Druck gab, enthalten auch seine Anmerkungen zur Verteidigung des *Talmud* und seiner Ethik gegen die Angriffe der Kirche. – *Ejn Ja'akow* wurde ein weitverbreitetes Volks- und Erbauungsbuch bei den Juden im Orient sowie im christlichen Europa. In Lerngruppen studierten es bis zur Gegenwart die einfachen Leute, denen die juristischen Hauptstücke des *Talmud* unverständlich waren; durch die Männer wurde das Material, wie das anderer Er-

bauungsbücher, den Frauen und Kindern vermittelt. Neben volkstümlichen Auszügen gibt es gelehrte Ausgaben mit klassischen Kommentaren zum *Talmud*. Manche der Ausgaben heißen *Ejn Jisrael (Born Israels)*, andere *Bet Ja'akow (Haus Jakobs)* bzw. *Bet Jisrael (Haus Israels)*. Es gibt etwa hundert Auflagen, Nachdrucke und Erweiterungen. – Als Fortsetzung des Werkes sammelte SAMUEL JAFFE ASCHKENASI die agadischen Lehrstücke des *Palästinensischen Talmud* unter dem Titel *Jefeh mar'eh (Augenweide)*. Dieses 1587 beendete und 1590 erschienene Werk enthält Anmerkungen, Homilien (Predigten) und Hinweise auf Parallelstellen in den *Midraschim* und dem *Babylonischen Talmud*.
Beide Sammelwerke sind ein Teil des Quellenmaterials der umfangreichen modernen Sammlungen und Bearbeitungen jüdischer Sagen, Legenden und Lehrstücke.   P.N.

AUSGABEN: Saloniki 1516. – Bln. 1701 u. ö. *(Beth Ja'akow)*. – Erg.-Bd. *Kotnot Or*, Bln. 1708. – Koretz 1789. – Wilna 1883 u. ö., 3 Bde. [m. Erg. aus über 100 Predigtsammlungen]. – NY 1916–1922, Hg. S. H. Glickman, 5 Bde. [m. engl. Übers.; gek.; rev.].

LITERATUR: J. Maitlis, *Das Ma'assebuch. Seine Entstehung u. Quellengeschichte*, Bln. 1933, S. 123. – I. Zinberg, *Di geschichte fun der literatur bei jidn*, Bd. 4, Wilna 1933. – M. S. Goodblatt, *Jewish Life in Turkey in the 16th Century*, NY 1952. – J. Hacker, Art. *Jacob ben Salomon Ibn Habib* (in EJ², 8, Sp. 1176–1178).

JAKOB C'URTAVELI

5. Jh.

ŠUŠANIKIS MARTVILOBA

(georg.; *Das Martyrium der hl. Šušanik*; auch: *Cameba cmindisa Šušanikisi dedop'lisa*). Hagiographie von JAKOB C'URTAVELI, entstanden vermutlich zwischen 476 und 483, zu einer Zeit also, da Persien seinen Einfluß in Georgien mit allen Mitteln zu stärken versuchte. Die Schrift, die größtenteils von tatsächlichen historischen Ereignissen berichtet, gilt als das älteste erhaltene Werk der georgischen Literatur.
Šušanik war die Tochter des bekannten armenischen Heerführers Vardan, der sich in einem Aufstand gegen Persien hervorgetan hatte. Ihr Gemahl Varsk'en stammte aus einer vornehmen, nicht minder bekannten Familie Georgiens und hatte die Stellung eines Pitiaḫši (Statthalters) in K'art'lien inne. Während eines Aufenthaltes am persischen Hofe fiel Varsk'en, vermutlich aus politischem Ehrgeiz, vom Christentum ab, ging zum Mazdais-

mus über und erhielt auf seine Bitte hin »eine Tochter des Königs« zur Frau. Er versprach dem persischen Herrscher, seine ursprüngliche Gattin, Šušanik, und die Kinder ebenfalls zum Feuerkult zu bekehren. Als Šušanik, noch vor Varskʿens Rückkehr, vernahm, daß er vom christlichen Glauben abgefallen sei, beschloß sie, sich von ihrem Gemahl zu trennen, und begann ein einsames, abgeschiedenes Leben. Varskʿen empfand dies als Schmach. Dazu konnte er seine Absicht, sie zum Mazdaismus zu bekehren, nicht ausführen. Da alle seine Versuche, sie erneut für ein gemeinsames Leben zu gewinnen, fruchtlos blieben, unterwarf er sie mehrmals grausamsten seelischen und körperlichen Qualen und stieß sie zuletzt ins Gefängnis. Dort verbrachte sie sechs Jahre, in Fesseln gelegt, unermüdlichem Fasten, Wachen und Beten hingegeben. Durch ihre geistige Ausstrahlung vermochte sie »*die ganze Festung zu erleuchten*«. Von da an wurden ihre Taten in ganz Georgien bekannt, und die Menschen suchten sie auf, um ihre geistige Hilfe zu erhalten. Kraft ihres Gebets heilte sie Kranke und machte »Blinde sehend«. Doch ihre Körperkräfte schwanden bald dahin, und schon im siebten Jahr, nach unsäglichen Leiden, starb sie im selben Gefängnis.

Als Verfasser der Schrift nennt sich der Seelsorger Šušaniks, ein gewisser Jakob aus Cʿurtavi, der vielleicht identisch ist mit jenem Jakob, der 506, auf der Synode von Dvini, als fünfter Bischof von Cʿurtavi genannt wird. Jakob Cʿurtaveli gehörte zu den Personen, die das Martyrium der Heiligen aus nächster Nähe miterlebten. Er suchte sie immer wieder auf, auch im Gefängnis, und nahm auf ergreifende Weise Anteil an ihrem Schicksal. Er tröstete und stärkte sie und milderte ihre physischen Qualen. Daß er der Verfasser der Schrift sein dürfte, geht aus denjenigen Stellen hervor, wo er über sich selbst in der ersten Person spricht.

Jakob Cʿurtaveli zeichnet das Bild einer geistig und seelisch starken, willensmächtigen Frau, die ihrem väterlichen Glauben und ihrem Volke treu ergeben ist. Ihr stellt er das Abscheu erregende Bild des grausamen Varskʿen gegenüber, der einer fremden Macht hörig ist. Es werden genaue Angaben über Charakter und Herkunft der handelnden Personen gemacht, mit einer gewissen Unvoreingenommenheit positive und negative Seiten ihrer Wesensart gezeigt und interessante psychologische Aspekte geboten. Auch die Orte des Geschehens sind bisweilen mit großer Anschaulichkeit geschildert. Der Leser erhält so ein lebendiges Bild der Lebensweise im damaligen Georgien, der religiösen und kulturellen Situation, der sozialen und politischen Einrichtungen, des Familienlebens usw., wodurch das Ganze den Charakter eines historischen Dokumentes bekommt. Den Ton der Erzählung kennzeichnen Aufrichtigkeit und Natürlichkeit, »*die schöne, knapp gefaßte Sprache verrät unbestreitbare literarische Begabung und künstlerischen Geschmack des Autors*« (K. Kekelidze). TARCHNIŠVILI nennt den Bericht »*frei von Übertreibungen, übermäßigen biblischen Zitaten und Wundersucht, im Gegensatz zu vielen hagiographischen Werken jener Zeit*«. Er sei

hierin »*als Vorläufer und Wegweiser aller georgischen Hagiographen der späteren Jahrhunderte zu betrachten*«.   R. N.

AUSGABEN: Petersburg 1882 (in Sabinini, *Sakʿartʿvelos samotʿhe*). Tiflis 1938 (in I. Abuladze, *Iakob Cʿurtaveli, Martviloba Šušanikisi*, georg. u. arm. Texte). – Tiflis 1960.

ÜBERSETZUNGEN: In D. M. Lang, *Lives and Legends of Georgian Saints*, Ldn. 1956 [engl.]. – S. Tsouladze, *Le martyre de la sainte reine Chouchanik* (in Bedi Kartlisa, 36, 1978, S. 56–68; frz.).

LITERATUR: A. Haḫanašvili, *Materialy po gruz. agiologii*, Moskau 1910. – I. Dzavaḫišvili, *Dzveli kʿartʿuli saistorio mcerloba*, Tiflis 1945. – P. Peeters, *Le tréfonds oriental de l'hagiographie byzantine*, Brüssel 1950. – J. Aßfalg, *Die kirchliche georgische Literatur*, Paris 1957. – N. Džanašia, *Šušanikis cameba, istoriul cqarotʿmecʿodneobitʿi gamokvleva*, Tiflis 1980.

RABBI JAKOB JOSEF HA-KOHEN

† um 1782 Polonnoje / Wolhynien

TOLDOT JAKOB JOSEF

(hebr.; *Die Erzeugnisse des Jakob Josef*). Chassidische Schrift von Rabbi JAKOB JOSEF ha-Kohen, erschienen 1780. – Der Verfasser war der erste literarische Wortführer des Chassidismus, dessen Begründer, der 1760 verstorbene Baal-Schem-Tow, seine Lehren nur mündlich verbreitet hatte (vgl. *Schiwchej ha-Bescht*). Jakob Josef, der nach anfänglicher Gegnerschaft durch persönlichen Kontakt zum begeisterten Anhänger des Baal-Schem-Tow geworden war, hat in der vorliegenden Schrift, die sein Hauptwerk darstellt, viele Aussprüche des Baal-Schem (zwar ohne Nennung seines Namens, aber mit der Einleitungsformel »*Ich hörte von meinem Meister*«) wörtlich zitiert, darüber hinaus aber auch ganz allgemein die Grundlagen des Chassidismus dargelegt: Verständnis der gesamten sinnlich wahrnehmbaren Welt als Ausstrahlung der Gottheit; Auffassung des chassidischen Rabbi, des Zaddik, als Fürsprecher der Gläubigen vor Gott; und Förderung des Guten im Menschen durch Lebensfreude. Diese Ideologie wird allerdings nicht systematisch dargebracht, sondern eingeflochten in homiletische Betrachtungen zu den Wochenabschnitten des *Pentateuch*.

Die Predigten des Jakob Josef unterscheiden sich der Form nach kaum von den sonstigen zu jener Zeit bekannten Beispielen der gleichen Gattung: Es ist dasselbe Über- und Durcheinander von Bibelversen und Stellen aus dem *Talmud*, den *Midra*-

schim und dem *Sohar.* »*Nur aus dem Inhalt der Deutungen und Erläuterungen wird der neue von Jakob
Josef eingeschlagene Weg sichtbar, und erst seine
schroffen Ausfälle gegen die Rabbinen geben seinem
Werk das eigentliche Relief«* (S. Dubnow). – Die
scharfe Kritik Jakob Josefs an den altfrommen
Rabbinen, die einen Jahrzehnte währenden inner-
jüdischen Kulturkampf hervorrief, richtete sich vor
allem gegen ihre angebliche Überbetonung des rein
intellektuellen, nur Gelehrten zugänglichen *Talmud*-Studiums und gegen ihr mangelndes Verständnis für die religiösen Bedürfnisse des einfachen Volkes.   L.Pr.

AUSGABEN: Koritz 1780. – Lemberg 1858. – Warschau 1881 u. ö.

LITERATUR: S. Dubnow, *Geschichte des Chassidismus*, Bd. 1, Bln. 1931, S. 156–169 [m. Übers.-
ausz.]. – M. Waxman, *A History of Jewish Literature*, Bd. 3, 1936, S. 29 u. 47; Nachdr. 1960. –
M. Halle, Art. *Jacob Joseph ben Zevi ha-Kohen* (in
EJ², 9, Sp. 1228–1230).

SVAVA JAKOBSDÓTTIR

* 4.10.1930 Neskaupstaður / Island

LITERATUR ZUR AUTORIN:
H. Seelow, *Jakobsdóttir, Svava: Jugendfreunde
(Æskuvinir)* (in *Der Schauspielführer*, Hg.
M. Dietrich, Bd. 11, Stuttgart 1979, S. 100–102).
– H. Kress, *Kvinnebevissthet og skrivemåte. Om S. J.
og den litterære institusjonen på Island* (in *Norsk
litterær årbok*, 1980, S. 151–166). –
D. Kristjánsdóttir, »*Frihed og sikkerhed er dybest set
modsætninger.*« *Introduktion til S. J.s forfatterskab*
(in *Litteratur & Samfund*, 33–34, 1981,
S. 123–149). – Á. Eysteinsson, *Að gefa í boðhætti.
Módernismi og kvennapólitík í Gefið hvort öðru ...
eftir Svövu Jakobsdóttur* (in *Tímarit Máls og
menningar*, 1983, S. 535–549). – H. Seelow,
Jakobsdóttir, Svava: Generalprobe (Lokaæfing) (in
Der Schauspielführer, Hg. W. Greisenegger,
Bd. 14, Stuttgart 1989, S. 120–122).

LEIGJANDINN

(isl.; *Der Mieter*). Roman von Svava JAKOBSDÓT-
TIR, erschienen 1969. – Nach zwei Sammlungen
mit kurzen Erzählungen etablierte sich Svava Jakobsdóttir mit diesem ersten Roman als eine der
interessantesten und wichtigsten isländischen Pro-
saautorinnen nach Halldór LAXNESS. – Die äußere
Handlung der Geschichte ist minimal: Eines Tages
kommt ein Fremder in die Wohnung eines isländischen Ehepaares. Die unsichere junge Frau, die von

ihm bei ihrer morgendlichen Hausarbeit überrascht wird, begegnet dem unangemeldeten, unge-
betenen Besucher mit großer Höflichkeit. Als ihr
Mann Peter zum Essen nach Hause kommt, behandelt auch er den Fremden als Gast. Dieser macht es
sich bequem und nistet sich für einen längeren Aufenthalt ein; aus dem Gast wird eine Art Mieter. Seine Anwesenheit in der Wohnung beeinflußt in der
Folgezeit immer stärker das Leben der Eheleute.
Dank seiner finanziellen Unterstützung können sie
den Bau ihres Einfamilienhauses vorantreiben.
Doch als sie in das neue, eigene Haus einziehen,
zieht der Mieter ganz selbstverständlich mit; sie haben sich damit abgefunden, daß er an ihrem Leben
teilhat. – Im Garten des Hauses, das am Meer liegt,
taucht ein zweiter Fremder auf. Peter geht hinaus
und spricht mit ihm, jagt ihn aber nicht fort. Dem
Mieter mißfällt die Anwesenheit des Fremden am
Strand und er beobachtet ihn argwöhnisch. Die
Frau stürzt sich in Weihnachtsvorbereitungen;
zum Festessen am Heiligen Abend ist alles pünkt-
lich fertig. Als sie eben zu Tisch bitten will, klingelt
es an der Haustür. Der Fremde vom Strand steht
draußen, doch weder Peter noch der Mieter noch
die Frau lassen ihn herein.

Diese Geschichte wird in der dritten Person erzählt,
doch ganz aus der Perspektive der Frau, deren Ahnungen, Gefühle und Reaktionen den eigentlichen
Gegenstand der Handlung ausmachen. Aus einem
scheinbar festgefügten Hausfrauenalltag gleitet der
Text immer wieder hinüber in eine brüchige Welt
aus Ängsten, Verdrängungen und Lebenslügen.
Die Grenzen zwischen Realität und Unterbewußtsein verschwimmen. – Wie schon in ihren Erzählungen – *Tólf konur*, 1965 *(Zwölf Frauen)*, und
Veizla undir grjótvegg, 1967 *(Party vor Naturstein-
wand)* – benützt Svava Jakobsdóttir hier die Symbolkraft des Absurden. Als eines von vielen Beispielen sei hier nur genannt, daß das zunehmend symbiotische Verhältnis zwischen dem Ehepaar und
dem Mieter gegen Ende des Romans darin seinen
Ausdruck findet, daß der Ehemann Peter und der
Mieter zu einem Lebewesen mit zwei Köpfen, vier
Armen und zwei Beinen verschmelzen.

Svava Jakobsdóttirs grotesker Realismus mit seiner
vielschichtigen Symbolik läßt auch im Falle dieses
Romans recht unterschiedliche Interpretationen
zu. Wurde das Werk in den ersten Jahren nach seinem Erscheinen vor allem als politische Parabel gedeutet (der Mieter als die sich hereindrängende Na-
to-Schutzmacht USA), so sieht die feministisch
sensibilisierte Literaturwissenschaft unserer Zeit
die Entfremdung der Frau gegenüber dem Mann
und der vom Mann geprägten Gesellschaft als das
zentrale Thema des Buches an.
Um den Ausdruck weiblicher Erfahrung in einer
männlich ausgerichteten technologisierten Welt
geht es der Autorin auch in mehreren dramatischen
Texten (zuletzt in dem Bühnenstück *Lokaæfing*,
1983 – *Generalprobe)* sowie in einer dritten Sammlung von Erzählungen *(Gefið hvort öðru . . ., 1982 –
Reicht einander . . .)* und in dem Roman *Gunnlaðar
saga*, 1987 *(Die Saga von Gunnlöd)*.   H.Se.

Ausgabe: Reykjavik 1969.

Literatur: N. P. Njarðvík, *Undir verndarvæng. Nokkrar athuganir á Leigjandanum eftir Svövu Jakobsdóttur* (in *Afmælisrit til Steingríms J. Þorsteinssonar*, Reykjavik 1971, S. 117–127).

JAKOB JAKOBSEN

* 22.2.1864 Tórshavn
† 13.8.1918 Kopenhagen

FÆRØSKE FOLKESAGN OG ÆVENTYR

(fär.; *Färöische Volkssagen und Märchen*). Färöische Volkserzählungen, gesammelt und herausgegeben von Jakob Jakobsen, erschienen 1898–1901. – Der Sprachwissenschaftler J. Jakobsen, der bereits 1891 im zweiten Band von V. U. Hammershaimbs *Færøsk anthologi* das erste färöische Wörterbuch veröffentlicht hatte, unternahm 1892/93 und 1898 mehrere Reisen auf die Färöer und sammelte dort eine Fülle von Volkssagen und Märchen. Zwar waren schon früher verschiedentlich einzelne färöische Volkssagen publiziert worden, aber die Reichhaltigkeit der Sammlung Jakobsens übertrifft alle ihre Vorläufer und ist – nach Hammershaimbs Volkssagen und seinen Skizzen über das Volksleben – zugleich das erste größere gedruckte Prosawerk in färöischer Sprache. Das beigegebene umfangreiche Wörterverzeichnis, als Ergänzung des in der *Færøsk anthologi* gebotenen gedacht, stellt eine bedeutende Erweiterung des schriftlich fixierten und lexikalisch erschlossenen färöischen Sprachschatzes dar. Allerdings weicht Jakobsens Rechtschreibung von der von Hammershaimb eingeführten und im wesentlichen bis heute gültigen Orthographie in einigen Punkten ab.
Die neunzig Sagen des Bandes behandeln zum großen Teil historische Ereignisse und Personen – vor allem aus der Geschichte der Färöer – und stammen meist aus dem 17. und 18. Jh.; einige dürften bis in das Mittelalter zurückgehen. In seiner späteren Arbeit *Færøsk sagnhistorie (Färöische Sagengeschichte)* hat Jakobsen viele der Sagen auf ihren dokumentarischen Gehalt untersucht. In manchen Fällen ist es möglich, ihre Überlieferungstreue durch den Vergleich mit historisch zuverlässigen Quellen nachzuweisen. Aber selbst wenn ein beträchtlicher Teil der Sagen, vor allem der älteren, nicht den geschichtlichen Tatsachen entspricht, liefern sie doch ein erstaunlich farbenreiches Bild des einstigen Lebens auf den Färöern, über das sonst sehr wenig bekannt ist, sieht man von Urkunden, Kirchen- und Rechnungsbüchern sowie von den Reisebeschreibungen ab, die besonders seit dem letzten Viertel des 17. Jh.s entstanden sind. Für die Forschung war es ein großer Gewinn, daß Jakobsen noch so viele

Sagen aufzeichnen konnte, denn der Strom der mündlichen Tradition von Prosastücken begann damals bereits spärlicher zu fließen; zwar sind später noch weitere Sagen niedergeschrieben worden, doch können sie nur als – wenngleich sehr wertvolle – Ergänzungen zu Jakobsens Sammlung gelten.
Die nichthistorischen Volkssagen in dieser Ausgabe, darunter vor allem zahlreiche Huldrensagen (Huldren sind menschenähnliche, meist unsichtbare Wesen, ähnlich den irischen Elben), sowie die etwa fünfzig Volksmärchen weisen zwar spezifisch färöische Formen auf, gehören aber im ganzen doch eng zu dem ihnen verwandten isländischen und teilweise norwegischen Überlieferungsgut.

K.S.

Ausgabe: Kopenhagen 1898–1901 (Samfund til Udgivelse af gammel nordisk Litteratur, 27).

Literatur: J. Jakobsen, *Færøsk sagnhistorie med en indledende oversigt over øernes almindelige historie og literatur*, Kopenhagen 1904. – Ch. Matras, *Folkedigtning* (in *Færøerne*, Hg. N. Djurhuus, Bd. 2, Kopenhagen 1958, S. 83–99). – A. Dahl, *Bókmentasøga*, Bd. 2, Tórshavn 1981, S. 15–21.

ROMAN JAKOBSON

* 23.10.1896 Moskau
† 18.7.1982 Boston

LINGUISTICS AND POETICS

(amer.; *Ü: Linguistik und Poetik*). Literaturtheoretische Schrift von Roman Jakobson, 1960 erstmals veröffentlichter Schlußvortrag *(closing statement)* einer im Jahre 1958 abgehaltenen Konferenz in Bloomington/Ind. – Roman Jakobson gehört als Mitbegründer des »Moskauer linguistischen Kreises«, neben der Leningrader »Opojaz« seit 1915 einer der Säulen des »russischen Formalismus«, und – nach seiner Übersiedlung in die Tschechoslowakei – seit 1926 als Mitbegründer des »Prager Linguistischen Kreises« zu den fast schon legendären Vätern des Strukturalismus. Obwohl Jakobson in erster Linie Linguist war, behielt er seit seinen Moskauer Anfängen, wo er in engem Kontakt mit der künstlerischen Avantgarde gestanden hatte, stets auch literaturwissenschaftliche und allgemein ästhetische Fragestellungen im Auge; in vieler Hinsicht erscheinen ihm ästhetische Probleme als Teilgebiete der Linguistik. So definiert er in *Linguistics and Poetics* die Poetik als diejenige Teildisziplin der Literaturwissenschaft, die sich mit der *differentia specifica* der Wortkunst in Abgrenzung einerseits zu anderen, nichtverbalen Richtungen der Kunst und andererseits zu nichtkünstlerischen verbalen Äußerungen beschäftigt. Insofern also Poetik in diesem Sinne in einem starken Maße mit Problemen sprachlicher Strukturierung beschäftigt ist, erscheint sie selbst als Teilgebiet der Linguistik, der *»umfassenden Wissenschaft von der Sprachstruktur«.* Gleichzeitig jedoch sind sowohl Poetik als auch Linguistik als kommunikative Zeichensysteme eingebettet in das weite Gebiet der allgemeinen Semiotik, der allgemeinen Zeichentheorie. Gegen einen literaturhistorischen Positivismus, der zur reinen Faktensammelei verkommt, und gegen einen literaturästhetischen Symbolismus, der sich in metaphysischen Spekulationen verliert, betont diese strukturalistische Literaturtheorie den empirischen Wert und die intersubjektive Nachvollziehbarkeit ihrer aus der genauen Analyse konkreter Einzeltexte gewonnenen Ergebnisse.

Hatte Jakobson in seinen Anfängen zunächst noch von der Dichotomie »poetischer« und »praktischer« Sprache gesprochen, so geht er in *Linguistics and Poetics* von einem polyfunktionalen Sprach- und Zeichenmodell aus. In Erweiterung von Karl BÜHLERS Kommunikationsmodell, das das sprachliche Zeichen mit drei am Kommunikationsprozeß beteiligten Elementen verbindet und ihm dementsprechende Funktionen zuweist (Sender: Ausdrucksfunktion; Empfänger: Appellfunktion; Gegenstände und Sachverhalte: Darstellungsfunktion), legt Jakobson sechs Faktoren als unabdingbare Elemente jeder sprachlichen Kommunikation zugrunde und ordnet diesen jeweils eine bestimmte Funktion zu:

EMOTIV	KONATIV
REFERENTIELL	
POETISCH	
PHATISCH	
METASPRACHLICH	
SENDER	EMPFÄNGER
KONTEXT	
NACHRICHT	
KONTAKTMEDIUM	
KODE	

Bei konkreten sprachlichen Äußerungen werden diese unterschiedlichen Funktionen in unterschiedlicher Weise in hierarchisch strukturierte Beziehungen zueinander gesetzt, wobei die jeweils dominante Funktion die jeweilige sprachliche Struktur der Äußerung prägt. Zielt die Äußerung primär auf die Darstellung des »Kontextes« ab, so dominiert die »referentielle« (auch »denotative« oder »kognitive«) Funktion, die »emotive« Funktion konzentriert sich auf die Haltung des »Sprechers«, während die »konative« Funktion den »Adressaten« als Zielpunkt der Information in den Vordergrund rückt. Steht die Verständigung über den »Code«, d. h. über den der kommunikativen Äußerung zugrundegelegten Zeichenvorrat, im Mittelpunkt, wird Sprache damit selbst zum Gegenstand des Sprechens, so dominiert die »metasprachliche« Funktion. Dient die Sprache hingegen in erster Linie der Herstellung des »Kontakts« und der Aufrechterhaltung der kommunikativen Beziehung, so spricht Jakobson in Anlehnung an den Verhaltensforscher Bronislaw MALINOWSKI von der Dominanz der »phatischen« Funktion. Dominiert jedoch bei einer sprachlichen Äußerung die Einstellung auf die Gestaltung der »Nachricht« selbst, so handelt es sich hier um die Dominanz der »poetischen« Funktion. Diese poetische Funktion konkreter sprachlicher Äußerungen existiert, wie Jakobson immer wieder betont, durchaus auch außerhalb rein »poetischer« Kommunikation, gleichzeitig erschöpft sich die sprachliche Analyse poetischer Werke nicht in der Beschreibung der poetischen Funktion. Gleichwohl sieht Jakobson in dieser poetischen Funktion, in dieser Einstellung der Nachricht auf sich selbst, das zentrale Element poetischen Schaffens, das er linguistisch zu beschreiben versucht als die *»Projektion des Äquivalenzprinzips von der Achse der Selektion auf die Achse der Kombination«.* Das heißt, während in einem nichtpoetischen Sprechakt zwar bei der Auswahl aus einem Paradigma das Prinzip der Äquivalenz besteht, für die Kombination der ausgewählten Elemente zu einem Syntagma (einer Wort-Verbindung) aber nicht auf Äquivalenz, sondern lediglich auf Kontiguität geachtet wird, legt die poetische Funktion auch bei der Kombination zum Syntagma das Äquivalenzprinzip zugrunde. So hat z. B. der Sprecher ohne poetische Ambitionen, der den unangenehmen Charakter eines »Harry« beschreiben will, die Wahl zwischen verschiedenen – untereinander äquivalenten – Adjektiven, die alle dem gleichen Paradigma angehören, etwa: *dreadful, terrible, horrible*, etc. Legt der Sprecher Wert auf die poetische Funktion, d. h. will er die Aufmerksamkeit auch auf die sprachliche Gestaltung seiner Nachricht lenken, so wird er sich – zumindest in Jakobsons Beispiel – für *»horrible«* entscheiden, da dies in der Alliteration »h« eine bestimmte Äquivalenz zu »Harry« aufweist.

Durch diese Vorstellung von der Projektion des Äquivalenzprinzips auf die Achse der Kombination werden letztlich Parallelismen – d. h. rekurrente Sprachstrukturen – auf allen Ebenen eines Textes zum zentralen Kennzeichen poetischer Texte und zum wichtigsten Gegenstand literaturwissenschaftlicher Analyse. Mit dieser Beschreibung strukturalistischer Literaturbetrachtung erwies sich Jakobson als einer der einflußreichsten Literaturtheoretiker der sechziger und siebziger Jahre, und er prägte die Entwicklung der modernen Literaturwissenschaft bis in die späten achtziger Jahre hinein ganz entscheidend mit. Jakobson selbst demonstriert seine Arbeitsweise auch an zahlreichen Beispielen, die zumeist aus dem Bereich der Lyrik stammen und sich auf die metrisch-rhythmische Gestaltung beziehen. Diese Konzentration auf lyrische Texte gab bei einem Teil der Kritiker auch Anlaß zu Zweifeln an der Anwendbarkeit der Thesen Jakobsons auf narrative und dramatische Texte. Ein weiterer, zunehmend in den Blickpunkt geratender Ansatzpunkt für die Kritik ist die weitgehende Aussparung der pragmatischen Dimension bei der Beschreibung literarischer Texte. Die strukturalistische Analyse literarischer Texte läuft damit Gefahr, den Text zu sehr als autonomes Kunstwerk zu betrachten, dessen Strukturen völlig unabhängig vom kommunikativen Rahmen, in dem sie stehen, beschrieben werden können. H.Qu.

AUSGABEN: Cambridge/Mass. 1960 (in *Style in Language*, Hg. T. A. Sebeok). – Den Haag 1981 (in *Poetry of Grammar and Grammar of Poetry. Selected Writings*, 8 Bde., 3).

ÜBERSETZUNG: *Linguistik und Poetik* (in *Literaturwissenschaft u. Linguistik*, Bd. 2/1, Hg. J. Ihwe, Ffm. 1971; ern. in *Strukturalismus in der Literaturwissenschaft*, Hg. H. Blumensath, Köln 1972). – Dass., T. Schelbert (in R. Jakobson, *Poetik*, Ffm. 1979, stw).

LITERATUR: *Zur strukturellen Interpretation von Gedichten* (in Sprache im technischen Zeitalter, 1969, H. 29, S. 1–58). – *R. J. A Bibliography*, Hg. C. H. van Schooneveld, Den Haag/Paris 1971. – R. Posner, *Strukturalismus in der Gedichtinterpretation* (in *Strukturalismus in der Literaturwissenschaft*, Hg. H. Blumensath, Köln 1972, S. 202–242). – M. Riffaterre, *Strukturale Stilistik*, Mchn. 1973. – E. Holenstein, *R. J.s phänomenologischer Strukturalismus*, Ffm. 1975 (stw). – Ders., *Linguistik, Semiotik, Hermeneutik*, Ffm. 1976. – *R. J. – Echoes of His Scholarship*, Hg. D. Armstrong u. C. H. van Schooneveld, Lisse 1977. – G. Saße, *J.* (in *Klassiker der Literaturtheorie*, Hg. H. Turk, Mchn. 1979). – R. Jakobson u. K. Pomorska, *Poesie u. Grammatik. Dialoge*, Ffm. 1982 (stw). – E. J. Brown, *R. J.: The Unity of His Thought on Verbal Art* (in *Language, Poetry, and Poetics. The Generation of the 1890s: J., Trubetzkoy, Majakovskij*, Hg. K. Pomorska u. a., Bln./NY 1987, S. 233–256). – T. G. Winner, *The Aesthetic Semiotic of R. J.* (ebd., S. 257–274).

JAKOB VON VARAZZE

Jacobus de Voragine

* 1228/29 Varazze
† 13./14.7.1298 Genua

LEGENDA AUREA

auch: *Legenda sanctorum, Nova legenda, Historia Lombardica* u. a. (mlat.; *Goldene Legende*, auch: *Heiligenlegende, Neue Legende, Lombardische Geschichte* u. a.). Sammlung von Legenden über die Heiligen des kirchlichen Kalenders von JAKOB VON VARAZZE, etwa zwischen 1263 und 1273 zusammengestellt. – Jacobus gehörte dem Dominikanerorden an und wurde später zum Erzbischof von

Genua bestellt. Als Quellen für seine Sammlung von »Heiligenleben« nennt der Verfasser in der Einleitung zu seinem Werk die *Heilige Schrift*, AUGUSTINUS, EUSEBIOS, HIERONYMUS, CASSIODOR, BEDA VENERABILIS und BERNHARD VON CLAIRVAUX; diese Liste kann aber keineswegs als vollständig aufgefaßt werden, da sie zumindest nicht für nahezu zeitgenössische Heilige wie BONAVENTURA, DOMINICUS und FRANZ VON ASSISI gelten kann. Der Inhalt deutet darauf hin, daß Jakob von Varazze auch auf volkstümliche Überlieferungen und Ausschmückungen zurückgriff, um seinen Stoff abzurunden. Zeitgenössische wissenschaftlich-literarische Praktiken dürften die Gestaltung des Werks mit beeinflußt haben: einerseits die umfassenden Darstellungen großer Themenbereiche in der *Summen*-Literatur der Zeit, andererseits die Predigtzyklen für den gesamten Jahreskreis, die gerade in den Häusern der Dominikaner und Franziskaner als Handbücher zur Predigtvorbereitung sich großer Beliebtheit erfreuten. Der Aufbau des Werks weist insbesondere auf diesen letzten Zusammenhang hin, da Jacobus es strikt nach den Tagen im Kirchenjahr, beginnend mit dem ersten Sonntag im Advent, ordnet – und nicht etwa in einem lexikalischen Sinn nach den Namen der Heiligen. Es dürfte gleichermaßen für die erbauliche Lesung während des gemeinschaftlichen Mahles in Klöstern und anderen religiösen Institutionen als auch für das schnelle Auffinden von *exempla* für die Predigtvorbereitung konzipiert gewesen sein. (Mit *exempla* werden insbesondere in der mittelalterlichen religiösen Literatur vorbildhafte oder abschreckende Erzählungen bezeichnet, die den Leser oder Zuhörer zu einer Änderung seines Lebenswandels anregen sollen.) Derlei praktischen Zielsetzungen sind die größtenteils phantastischen Geschichten von Heldenmut und Leidensfähigkeit der Heiligen und Märtyrer, die diese Sammlung bietet, wohl angemessen, nicht zuletzt, weil sie wohl zum Ansporn für Fromme werden können, zugleich aber ihre vollständige Nachahmung im Detail im allgemeinen als jenseits des einem Menschen Möglichen erkannt und deshalb nicht von ihm erwartet werden kann. Die übermenschlichen Leistungen der Heiligen betonen natürlich – neben der Berufung auf den bereitwilligen Wunderglauben der Epoche – auch den theologisch wichtigen Aspekt, daß solche Tugendgröße nur mit Gottes Hilfe (Gnade), nicht etwa als Eigenleistung des Menschen erreicht wird. In der Mehrzahl der Erzählungen fehlt auch jeder örtliche oder historische Hintergrund; auch in Fällen, in denen tatsächliche Orte oder Ereignisse erwähnt werden, erscheinen sie auf den typischen, allgemeinen Gehalt reduziert – eher ein Anlaß für die Erzählung als für ihre besondere Akzentuierung. Dies wird auch deutlich durch die Tatsache, daß viele Legenden einander zum Verwechseln ähnlich sind; sie wirken wie von einem gemeinsamen Muster kopiert, das schon alle Details möglicher Folter oder Versuchung enthält. Diese einprägsam gleichartigen Leidens- und Erfahrungsmuster scheinen äußerst wirksam gewesen zu sein, wofür ihr Aufgreifen in der sakralen Kunst des hohen und späten Mittelalters Zeugnis ablegt. Sie verhelfen diesen »Heiligenleben« zu einer zeitlosen Aktualität. Obwohl dem heutigen Leser die Darstellungen naiv erscheinen müssen, zeigte sich Jakob von Varazze unter seinen Zeitgenossen von einer Geisteshaltung, die ihn zu einer kritischen Distanz befähigte. Dies dokumentiert sich zunächst darin, daß er es konsequent vermied, mit seinen Legenden auf die Streitigkeiten seiner Zeit über richtige christliche und asketische Lebensführung direkt Einfluß zu nehmen. Seine wissenschaftlichen Bemühungen um die Behandlung seines Stoffes kommen einerseits in den etymologischen Erklärungen von Heiligennamen, andererseits in der offenen Diskussion von widersprüchlichen Elementen in der Überlieferung ihrer Lebensgeschichten zum Ausdruck. Die etymologischen Namenserklärungen sind zwar unter philologischen Gesichtspunkten unzulänglich und meist falsch, aber sie stehen im Einklang mit den Sprachvorstellungen seiner Zeitgenossen, abgesehen vielleicht von einigen wenigen, die gerade anfingen, sich mit Griechisch und mit den semitischen Sprachen zu beschäftigen. Wo ihm widersprüchliche Überlieferungen einer Legende oder Widersprüche zwischen einer Legende und bekannten geschichtlichen Tatsachen begegnen, stellt Jacobus nicht einfach stillschweigend eine »berichtigte« Fassung des Stoffes her, sondern er stellt die verschiedenen Fassungen vor und diskutiert dann die Widersprüche und manchmal sogar Lösungsvorschläge. In der *Legende von den sieben Schläfern* beispielsweise, die während der Christenverfolgung unter Kaiser Decius von Gott in einen Schlaf versetzt werden, dank dessen sie dem ihnen zugedachten Hungertod entgehen, und dann nach 372 Jahren – so die Überlieferung – unter der Regierung von Kaiser Theodosius im Jahre 448 wiedererweckt werden, um für die Auferstehung vom Tode Zeugnis zu geben, weist Jacobus darauf hin, daß Decius im Jahre 255 regierte; die sieben Schläfer könnten also nur 196 Jahre geschlafen haben. Vorsichtige Kritik dieser Art kann natürlich heutigen Vorstellungen von Geschichtsschreibung in keiner Weise genügen, aber sie zeigt doch, daß Jakob von Varazze Anstrengungen gemacht hat, den Wert seiner Quellen zu beurteilen.

Die Vereinigung von volkstümlich schlichter Darstellung und erkennbarer verstandesmäßiger Beurteilung liegt möglicherweise dem unvergleichlichen publizistischen Erfolg der *Legenda aurea* zugrunde. Die Sammlung wurde in relativ kurzer Zeit so häufig abgeschrieben, daß sie bald in geradezu jeder Klosterbibliothek zu finden war. Sie wurde auch in den verschiedenen Regionen mit Legenden der Landesheiligen ergänzt und bald auch in die bedeutenderen Volkssprachen Europas übersetzt. In kurzer Zeit verdrängte die *Legenda aurea* ältere und lokale Legendensammlungen und wurde so zu einer Art von autoritativer Schrift über die Heiligen der gesamten Kirche, was ihr letztlich den Ehrentitel »Goldene Legende« eintrug. H. Sta.

AUSGABEN: o. O. u. J. [ca. 1470]. – Dresden/Lpzg. 1846, Hg. J. G. Th. Graesse; Breslau/Dresden ³1890. – Osnabrück 1965 [Nachdr. d. Ausg. ³1890].

ÜBERSETZUNGEN: *Die Legenda aurea*, Hg. A. Birlinger (in Alemannia, 13/14, 1885/86). – Dass., R. Benz, 2 Bde., Jena 1917–1921; Heidelberg ¹⁰1984 [m. Einl.]. – *Legenda aurea – Heiligenlegenden*, J. Laager, Zürich 1982; ²1986 [m. Nachw.]. – *Legenda sanctorum et martyrum / Legenden von Heiligen und Märtyrern*, A. Fest, Mchn. 1988 (lat.-dt.; Ausw.; dtv). – *Legenda aurea*, R. Nickel, Stg. 1988 (Ausw.; lat.-dt.; RUB).

LITERATUR: A. Baudrillart, *La psychologie de la »Légende dorée«* (in Minerva, 5, 1902, S. 24–43). – J. B. M. Roze, Einl. zur Ausg. *»La Légende dorée«*, Paris 1902. – J. C. Broussolle, *Le Christ de la »Légende dorée«*, Paris 1904. – H. Meyer, *Untersuchungen über die elsässische Übersetzung der »Legenda aurea«*, Diss. Freiburg i. B. 1939. – G. Monleone, *La vita e le opere di Jacopo da Varagine*, Rom 1941. – J. J. A. Zuidweg, *De werkwijze van J. de V. in de »Legenda aurea«*, Oud-Beijerland 1941. – E. Mâle, *L'art religieux du XIIIe siècle en France*, Paris 1948. – R. Aigrain, *L'hagiographie, ses sources, ses méthodes, son histoire*, Paris 1953. – H. Rosenfeld, *Legende*, Stg. 1964; ⁴1982 [m. Bibliogr.]. – M. v. Nagy u. Chr. v. Nagy, *Die »Legenda aurea« u. ihr Verfasser J. de V.*, Bern/Mchn. 1971. – K. Kunze, *Alemannische Legendare I* (in Alemannisches Jb., 1971/72, S. 20–45). – W. Williams-Krapp, *Die dt. Übersetzungen der »Legenda aurea« des J. de V.* (in Beitr. [Tübingen], 101, 1979, S. 252–276). – P. Brown, *The Cult of Saints. Its Rise and Function in Late Christianity*, Chicago 1981. – K. Kunze, Art. *J. a (de) V.* (in VL², 4, Sp. 448–466). – F. Karlinger, *Legendenforschung. Aufgaben u. Ergebnisse*, Darmstadt 1986. – A. J. Gurjewitsch, *Mittelalterliche Volkskultur*, Mchn. 1987.

ĐURA JAKŠIĆ

* 27.7.1832 Srpska Crnja/Banat
† 16.11.1878 Belgrad

POSLEDNJI CRNOJEVIĆI

(serb.; *Die letzten Crnojevići*). Historisches Drama in fünf Akten von Đura JAKŠIĆ, erschienen 1868. – Das Drama gestaltet die letzten Tage des montenegrinischen Fürstengeschlechts der Crnojevići, die im 15. Jh. als Heerführer Venedigs dem türkischen Vordringen erfolgreichen Widerstand leisteten, bis der Konflikt des Fürsten Đurađ (Đurđe) mit seinem Bruder der Pforte Gelegenheit bot, ihren Einfluß auf Montenegro zu verstärken und das Land schließlich (1499) dem Sandžak von Skadar anzuschließen. Ohne vorausgehende historische Studien bediente sich der Romantiker Jakšić seines Stoffs mit der größten dichterischen Freiheit. Das geschichtliche Sujet bot ihm lediglich den allgemeinen Rahmen einer in Konzeption und Formgebung authentisch romantischen Dramenhandlung. Seine Gestalten sind Fiktion nach dem Vorbild des romantischen Helden, ihre Sprache ist die Sprache der Romantik.

Nicht zuletzt aus politischen Erwägungen hat Đurađ Crnojević Jelisaveta, die Tochter des venezianischen Dogen, geheiratet. Das hochmütige, herrische Verhalten der Italienerin, die sich in ihrer rauhen, kaum zivilisierten neuen Heimat, deren Sprache ihr fremd ist, nicht einleben kann, weckt den Unmut ihrer Untertanen. Als Đurđe auf Betreiben seiner Frau den Venezianern Truppen gegen die Türken verspricht, kommt es zum offenen Konflikt. Boško und Bogdan, zwei Edle aus dem Hause Orlović, versuchen das Abkommen zu hintertreiben. Auf ihrer Seite steht zunächst der Hauptmann Đuraško, der in seine überaus schöne Herrin verliebt ist. Um ihre Aufmerksamkeit zu erregen, verrät er das Komplott der Verschwörer, verdächtigt jedoch zugleich Staniša, den zum Islam übergetretenen Bruder des Fürsten, in dem er einen Rivalen in der Gunst der Fürstin vermutet. Staniša hat sich mit dem Fürsten überworfen, da ihm Jelisaveta den patriarchalischen Handkuß verweigert hat. Đuraškos Denunziation führt zum völligen Bruch zwischen den Brüdern. Radoš, der Vater der Orlovići, verweigert dem Abkommen mit Venedig seine Zustimmung; darauf läßt Đurđe ihn des Landes verweisen. Staniša verbündet sich mit den Orlovići zum Sturz des Fürsten, doch aus Eifersucht über die Zuneigung ihres Mannes zu Jelisaveta warnt Đuraškos Frau Marta die Verschwörer vor dem Verrat des Hauptmanns. Den Rebellen gelingt die Flucht ins türkische Lager. Sie treten zum Islam über und kehren an der Spitze eines türkischen Heeres zurück, um Montenegro zu erobern. Die entscheidende Schlacht endet mit dem Tod der Orlovići, zugleich jedoch mit der vernichtenden Niederlage des Fürsten; die Fürstin verfällt auf die Nachricht vom Ausgang der Schlacht dem Wahnsinn. Đurđe legt seinen Besitz in die Hände des greisen Bischofs und flieht mit Jelisaveta nach Venedig, während Radoš Orlović in das von den Türken eroberte Land zurückkehrt. Auf dem Schlachtfeld beweint er den Tod seiner Söhne und den Verlust des Vaterlands. In seine Klage mischen sich die Wahnsinnsschreie der fliehenden Fürstin.

Jakšićs in Jamben geschriebenes Drama, das sich unter dem geläufig gewordenen Titel *Jelisaveta, kneginja crnogorska (Jelisaveta, die Fürstin von Montenegro)* lange Zeit großer Beliebtheit erfreute, ist neben Laza Kostićs thematisch verwandtem *Maksim Crnojević* (1863, erschienen 1866) das beste Drama der serbischen Romantik. Gleich Kostić dienen dem Autor die historischen Volkslieder um Ivan Crnojević, einen Vorfahren Đurađs, als Quelle für das historische Kolorit des Dramas. Span-

nung und Konflikt des Werks erwachsen weniger aus der Anlage der Handlung als aus dem Gegensatz der Charaktere und der divergierenden Kulturen, welche sie verkörpern. Manche Passagen zählen zur besten serbischen Liebeslyrik. Die Vielgestaltigkeit der Handlung zeugt von dem Ideenreichtum des Autors. Die charakteristischen Schwächen des Dichters – epische Weitschweifigkeit, übermäßiges Pathos des Vortrags, Sentimentalität und mangelnde strukturelle Durcharbeitung – meidet das Stück glücklicher als Jakšićs übrige Dramen. Zwar sind auch hier manche Gestalten simplifizierend zum Guten oder zum Schlechten überzeichnet, doch enthält das Werk ebenso in Wesen und Handeln überzeugende Figuren (Marta), glaubwürdige tragische Konflikte (die Entzweiung der fürstlichen Brüder) und Szenen voll dramatischer Kraft. KLL

AUSGABEN: Belgrad 1868. – Belgrad 1882/83 (in *Dela*, 10 Bde., 8–10). – Belgrad 1906. – Belgrad o. J. [1931] (in *Celokupna dela*, 4 Bde., o. J. [1927–1931], 4; Vorw. J. Živanović). – Novi Sad/ Belgrad 1961; ern. 1970. – Belgrad 1978 (in *Sabrana dela*, Hg. D. Ivanić, 6 Bde., 2).

LITERATUR: J. Popović, *Đ. J. i njegovo dobo*, Belgrad 1949. – R. Konstantinović, *Đ. J.*, Belgrad 1950. – M. Popović, *Đ. J.*, Belgrad 1961. – M. Radojević, *Đ. J. u. Jagodini (1869–1872)*, Svetozarevo 1969. – B. Nušić, *Drame Đ. J.* (in *Drama*, Hg. R. V. Jovanović, Belgrad 1973). – K. Sukuljević, *Drame Đ. J. na beogradskim scenama 1863–1979*, Belgrad 1980. – *Bibliografija Đ. J.*, Belgrad 1984. – M. Popović, *Đ. J. (1832–1878)* (in M. P., *Istorija srpske književnosti*, Bd. 2, Belgrad 1985, S. 190 bis 223).

JAKUAN SŌTAKU

* 1. Hälfte 17. Jh.
† nach 1715

ZENCHAROKU

(jap.; *Aufzeichnungen über den Zen-Tee*). Eine Schrift des Zen-Mönchs JAKUAN Sōtaku über die enge Verbindung des Zen-Geistes mit dem Tee-Weg, erschienen 1828. – Es bleibt unklar, ob sich Sōtaku auf eine Kopie seines Tee-Meisters TAKUAN Shūhō (1573–1645), der eine Schrift des Tee-Meisters SEN Sōtan (1578–1658) zugrunde lag, gestützt und diese erweitert hat oder ob er seine eigenen Gedanken festhielt. Das Manuskript ist mit dem Jahr 1715 datiert, aber die Schrift wurde erst 1828 publiziert und fand dann allerdings rasch unter den Tee-Anhängern Verbreitung. Sie hat wesentlich dazu beigetragen, der zunehmenden Ver-

flachung der Tee-Zeremonie *(chanoyu)* entgegenzuwirken.

In zehn Abschnitten wird die enge Bindung zwischen dem Zen- und dem Tee-Weg aufgezeigt. Für
den Verfasser gibt es zwischen dem inneren Anliegen der Tee-Lehre und dem der Zen-Lehre keinen
Unterschied. Das Heranzüchten eines ästhetisie-
renden Geschmacks und das Ausüben vielerlei
Formkrams ist auf das Entschiedenste abzulehnen.
Die Tee-Bereitung muß im echten Sinn als Zen-
Praxis eine geistige Übung zur klaren Erfassung
des eigenen Wesens sein, eine Methode der Betrachtung, die den Urgrund des Selbst zu offenbaren vermag.   H. Ham.

AUSGABEN: Edo 1828. – Tokio 1941 (in *Chadō-
zenshū*, Bd. 1). – Tokio 1955 (in *Nihon-tetsugaku-
shisō-zensho*, Bd. 16). – Tokio 1956 (in *Shinshū
Chadō-zenshū*, Bd. 9). – Tokio 1957 (in *Chadō-
koten-zenshū*, Bd. 10).

ÜBERSETZUNG: *Das Zencharoku des Jakuan Sōtaku*,
H. Hammitzsch (in Oriens Extremus, 11, 1964,
Nr. 1).

LITERATUR: Nishibori I., *Nihon-chadō-shi*, Tokio
1940. – H. Hammitzsch, *Cha-dō, der Tee-Weg. Eine Einführung in den Geist der japanischen Lehre vom
Tee*, Mchn.-Planegg 1958.

EDMOND JALOUX

* 19.6.1878 Marseille
† 22.8.1949 Lutry / Schweiz

FUMÉES DANS LA CAMPAGNE

(frz.; *Rauch auf dem Lande*). Roman von Edmond
JALOUX, erschienen 1917. – Der Erzähler dieses
Ich-Romans ist Raymond de Bruys, der hier eine
Art Lebensbeichte ablegt. Raymond ist noch ein
Kind, als sein mürrischer, jähzorniger Vater stirbt.
Seine Mutter Lucie heiratet in zweiter Ehe ihren Jugendfreund, den lebensfrohen Maurice de Cordou-
an, der dem Knaben Vorbild und bester Freund zugleich wird. Doch Lucie, grüblerisch und fanatisch
religiös, kann sich mit der Unbeschwertheit und
Unbeständigkeit ihres Mannes nicht abfinden und
entwickelt sich immer mehr zur intoleranten Puri-
tanerin. Maurice hält sich für einen Maler, ist aber
nicht imstande, seinen Sehnsüchten und Ideen Gestalt zu geben. Als Raymond in seiner Heimatstadt
Aix-en-Provence studiert, verliebt er sich in Calixte
Aigrefeuille. Sie erwidert seine Gefühle nicht, beginnt vielmehr ein Liebesverhältnis mit seinem
Stiefvater, das Raymond in schwere Konflikte
stürzt: sein Idol Maurice und das Mädchen, das er
liebt, betrügen seine Mutter, an der er trotz ihrer

Wesenswandlung sehr hängt. Er schweigt, um sie
nicht zu belasten und zu kränken. Als Lucie die ihrem Mann inzwischen schon fast lästig gewordene
Liaison entdeckt, verbietet sie dem Sohn, der an
dem Betrug mitschuldig ist, das Haus. Dann erkrankt sie schwer. Erst fünf Jahre später verlangt
sie, nur noch ein Schatten ihrer selbst, ihn wiederzusehen, vermag ihm und Maurice aber immer
noch nicht zu verzeihen und stirbt bald darauf. Sein
Stiefvater ist zu Raymonds Erschütterung jetzt ein
gebrochener Mann, ein aus seinen Träumen er-
wachtes altes Kind. Zwar rafft er sich endlich dazu
auf, den größten Wunsch seines Lebens, eine Italienreise, zu verwirklichen, aber er stirbt in Genua
»wie Moses auf der Schwelle des Gelobten Landes«.
Raymond lebt fortan in Paris seinen Erinnerungen
an flüchtige Momente des Glücks, die im Roman
als das einzig Bleibende in einer Welt der Vergänglichkeit dargestellt werden, als ein Refugium, aber
zugleich auch Gefängnis des Menschen.

Diese Funktion der Erinnerung, Vergangenes zu
vergegenwärtigen und somit vor der Vergänglichkeit zu retten, läßt von ferne an PROUSTS Zyklus *A
la recherche du temps perdu* denken, dessen erster
Band 1913 erschien, zur gleichen Zeit, als Jaloux
seinen Roman zu schreiben begann. Doch geht es
Jaloux weniger um das Problem der vergehenden
Zeit als um die Unfähigkeit der Menschen, einander glücklich zu machen, um das Unvermögen der
Liebenden, die Verschiedenartigkeit ihrer Charaktere und die Unsicherheit in einer Welt zu überwinden, in der das Erlebnis des Glücks auf den Augenblick beschränkt und nur in der Erinnerung von
Dauer ist. Die schwermütige Lebensauffassung
wird symbolisch ausgedrückt durch den Hauch der
Vergänglichkeit, der die Schönheit der Landschaft
(Provence) streift und der sich gegen Ende des Romans im Rauch der Herbstfeuer verdichtet (daher
der Romantitel); ihr Leben überdenkend, erkennen Maurice und Raymond: Tod und Leben, Vergänglichkeit und Schönheit sind eins wie der
Rauch des brennenden Laubes und die Luft. – Im
Rahmen einer strengen und geschlossenen Komposition, die weder Abschweifungen noch Reflexionen erlaubt, gibt Jaloux einem innerlich stark
Beteiligten das Wort, der scharf beobachtete Seelenzustände nicht nur sachlich registriert, sondern
in seiner fast lyrischen Sprache zugleich die Trauer
über das Gefangensein des Menschen spürbar werden läßt.   B. Sch.

AUSGABEN: Sept./Okt. 1917 (in Revue de Paris). –
Paris 1918. – Paris 1929.

LITERATUR: A. Billy, Rez. (in Œuvre, 19.8.
1918).– P. Souday, Rez. (in Temps, 1.8.1918). –
A. Thibaudet, Rez. (in NRF, 1.6.1918). – A.
Beaunier, *Les romans de E. J.* (in RDM, 57, 1920,
S. 697–709). – M. Autrelier, *»Fumées dans la campagne«* (in Études, 15.3.1926). – Y. Delétang-Tar-
dif, *E. J.*, Paris 1947. – J. Colbert, *E. J. et sa critique
littéraire*, Genf/Paris 1962. – M. Rosenfeld, *E. J.
The Evolution of a Novelist*, NY 1972.

'JAM-DPAL-CHOS-KYI-BSTAN-
'DZIN-'PHRIN-LAS

* 1789
† 1838 gSer-khog / A-mdo

'DZAM-GLIŃ RGYAS-BŚAD

(tib.; *Ausführliche Beschreibung von Jambudvīpa* [d. h. der den Buddhisten bekannten Welt]). Ein geographischer Traktat (mit vollem Titel *'Dzam-gliṅ chen-po'i rgyas bśad snod bcud kun gsal me-loṅ*), verfaßt von 'JAM-DPAL-CHOS-KYI-BSTAN-'DZIN-'PHRIN-LAS aus dem nordosttibetischen Kloster gSer-khog. Das Werk enthält trotz seiner späten Abfassungszeit neben moderneren Informationen wertvolles altes Material zur historischen Geographie. Daß diese alten Nachrichten unangetastet stehengeblieben sind und nicht mit den Angaben aus neuerer Zeit harmonisiert wurden, ist besonders erfreulich. So beruht z. B. die Beschreibung von Chinesisch-Turkestan zwar im allgemeinen auf den zur Zeit der Mandschu-Dynastie (1644–1912) gültigen Verhältnissen, bringt aber dazwischen unvermittelt uralte Reminiszenzen an die Tocharer *(tho-gar)* der Oase von Kutscha und Notizen über die Verhältnisse im 1. Jahrtausend n. Chr. Da die Beschreibung außertibetischer Länder begreiflicherweise weithin eine »Geographie nach dem Hörensagen« sein muß, deren Quellen von sehr unterschiedlichem Wert sind, dürfte der bedeutsamste Teil der Abschnitt über Tibet selbst sein; denn hier verfügte der Verfasser über wirkliche Kenntnisse. Im Vordergrund seines Interesses stehen – natürlich – die religiösen Institutionen des Landes, wobei er selten vergißt, der berühmten Lamas zu gedenken, die an den betreffenden Stätten gewirkt haben; aber auch Erinnerungen an die alte tibetische Königszeit fehlen nicht. Soweit es gelingt, die Quellen und Gewährsmänner zu identifizieren, deren Informationen der Verfasser wiedergibt, ist jedoch auch die Darstellung der außertibetischen Länder, z. B. Europas, für den historischen Geographen durchaus nicht ohne Interesse. Schilderungen Italiens, Österreichs und der Balkanländer scheinen auf Nachrichten einerseits der Kapuziner, die im 18. Jh. als Missionare in Tibet wirkten, andererseits der Jesuiten in China zurückzugehen. Neben der Redaktion von 1820 gibt es eine überarbeitete Fassung von 1830. H.H.

AUSGABEN: Delhi 1980. – Gangtok 1981.

ÜBERSETZUNGEN: In T. V. Wylie, *The Geography of Tibet According to the »'Dzam-gling Rgyas-bshad«*, Rom 1962 [engl.; m. Text]. – In ders., *A Tibetan Religious Geography of Nepal*, Rom 1970.

LITERATUR: T. V. Wylie, *Dating the Tibetan Geography »'Dzam gling rgyas bshad« Through Its Description of the Western Hemisphere* (in Central Asi-
atic Journal, 4, 1959, S. 300–311). – Ders., *Tibetan Tradition of Geography* (in Bull. of Tibetology, 2, 1965, S. 17–25). – A. I. Vostrikov, *Tibetan Historical Literature*, Kalkutta 1970, S. 230 f.

JAMES I

Jakob I., König von Schottland
* 1394 Dunfermline
† 20./21.2.1437

THE KINGIS QUAIR

(mengl.; *Das Buch des Königs*). Allegorisches Gedicht von JAMES I, König von Schottland, entstanden um 1423/24, Erstdruck 1783. – Das 197 Strophen lange Gedicht wurde erst im 18. Jh. in einer Sammlung von Geoffrey CHAUCERS Dichtung entdeckt und durch den Schotten William Tytler veröffentlicht. Die Autorschaft von James I ist bis heute nicht unbestritten. Der historische Hintergrund des Gedichts ist die Gefangennahme von James durch die Engländer während seiner Reise nach Frankreich 1406 und seine achtzehn Jahre währende Gefangenschaft als politische Geisel unter Heinrich IV. und Heinrich V. Das Gedicht entstand vermutlich kurz vor seiner Rückkehr nach Schottland und schildert im wesentlichen seine Liebe zu Lady Joan Beaufort, einer englischen Adligen, die James 1424 als Teil der Bedingungen für seine Freilassung heiratete.
Zu Beginn des Gedichtes begründet der Autor zunächst die literarische Gestaltung seiner Erfahrung von Gefangenschaft und Liebe. In einer schlaflosen Winternacht denkt er zutiefst verstört über das ungerechte Wirken des Schicksals nach. Er greift zu *De Consolatione Philosophiae* von Boethius und erfährt darin, wie der Philosoph unverschuldet in das Elend gestürzt wurde, jedoch in seiner Tugend und Philosophie Kraft und Trost fand, so daß sein innerer Friede nicht mehr von den widrigen äußeren Gegebenheiten abhängig war. Der Autor reflektiert daraufhin sein eigenes Ausgeliefertsein an die Göttin Fortuna und ihr Schicksalsrad; er findet Trost in der Güte Gottes und beginnt, den Menschen zur Lehre, seine Geschichte aufzuschreiben: Die Ratgeber seines Vaters beschließen, den Dreijährigen nach Frankreich zu schicken. Er wird von einem englischen Schiff gefangengenommen und muß achtzehn Jahre seines Lebens als Gefangener im Exil verbringen. Als die Jahre vergehen und nichts für seine Freilassung unternommen wird – auch dies in Analogie zu James' realen Erfahrungen –, erfaßt ihn Bitterkeit, und er zweifelt an der Gerechtigkeit der Welt. Von einem Fenster in seinem Gefängnisturm aus hat er Einblick in einen idyllischen Garten, den eines Tages eine ihm über-

irdisch schön erscheinende Frau mit ihren Begleiterinnen betritt. Er verliebt sich in sie, und von diesem Augenblick an wird ihm die Gefangenschaft zur unerträglichen Qual. In der Einsamkeit und Verzweiflung der folgenden Nacht erlebt der Dichter eine Traumvision: Er wird durch die Sphären zum Palast der Venus emporgetragen, dort mit dem Glück und Unglück der Liebenden in der Welt konfrontiert und zum wahren Dienst an einer reinen Liebe aufgefordert. Als Schüler der personifizierten Göttlichen Vernunft lernt er, daß nur die Liebe von Dauer ist, die den Geboten Christi folgt, und daß die Liebessehnsucht ihre Bestimmung in der christlichen Ehe finden muß. Er verläßt das göttliche Reich der Liebe und Vernunft und gelangt auf seiner Erkenntnisreise in ein irdisches Paradies, in dessen Schönheit er die Liebe Gottes zu seiner Schöpfung erkennt. Voll neuer Hoffnung sucht er die Schicksalsgöttin Fortuna auf, die jetzt ihren Schrecken für ihn verloren hat, denn er hat erkannt, daß sie den Menschen zwar Schmerzen zufügt, aber auch Hilfe gewährt. Als er ihr Schicksalsrad besteigt, erhält er von der Göttin einen Schlag auf das Ohr, der ihn aus seiner Traumvision in die Wirklichkeit zurückholt. Hier findet er schließlich, nach anfänglichen Zweifeln und Ängsten, Trost im Gebet, und ein Brief von seiner Geliebten verheißt ihm zu guter Letzt die Erfüllung seiner Wünsche. Das Gedicht endet mit seinem Lobpreis der ehelichen Liebe und der Weisheit Gottes, die seinen Lebensweg von Verzweiflung zu höchstem Glück führte.

Das Gedicht stellt einen Lernprozeß dar, der von unreflektierter Unschuld über die rebellische Unvernunft zu einem Neuanfang unter Anleitung durch die christliche Vernunft führt. Die Vorstellung eines zur Erkenntnis führenden Zyklus liegt dem Werk auf verschiedenen Bedeutungsebenen zugrunde: Sie kennzeichnet einerseits die persönliche Erfahrung des lyrischen Ich und damit, in der biographisch-historischen Deutung, des gefangenen James I. Sie entspricht aber in der allegorischen Deutung auch dem Weg des Christen schlechthin, der von der Abwendung von Gott in Verzweiflung zur erneuten, vertieften Hinwendung zu ihm als Ruhepol der christlichen Seele gelangt. Die Vorstellung eines Zyklus, dem das menschliche Leben unterworfen ist, entspricht aber auch dem dominanten Thema des Rads der Fortuna, das das lyrische Ich erst mit Hilfe der göttlichen Vernunft richtig zu sehen lernt: Erst als es beide Gesichter der Fortuna als gerecht akzeptiert, kann es auch die Liebe als eine Macht erkennen, die zwar von Fortuna beeinflußt wird, letztlich aber stärker ist als sie. Als es dann die persönliche Liebeserfahrung in christlichen Kategorien sieht, kann es auch in dieser Liebe die Liebe Gottes finden. Die Ehe als Erfüllung der Liebessehnsucht erhält die Bedeutung christlicher Erlösung. Der Autor vertritt hiermit eine Liebeskonzeption, die dem Ideal der *courtly love* entgegengesetzt ist.

The Kingis Quair, das zu den bekanntesten allegorischen Gedichten des Spätmittelalters zählt, ist eine Synthese höfischer Konventionen, des Einflusses von Geoffrey Chaucer (um 1343–1400) und John LYDGATE (1370 – um 1450) und der damals weitverbreiteten Anschauungen von Anicius Manlius Severinus BOETHIUS (475/480–524). Dabei übernimmt James die bei Boethius vorgegebene Grundsituation – der von seinen Sorgen überwältigte Philosoph findet Trost in der Begegnung mit der personifizierten Philosophie und der Göttin Fortuna, erkennt seine mangelnde Selbsterkenntnis als Ursache seines Kummers und findet sein Glück in der Liebe zu Gott – nicht als eine bloße Formel, sondern füllt dieses Grundgerüst mit individuellen Erfahrungen und Stimmungslagen, so daß stets der Autor als konkretes Individuum hinter seinem Werk spürbar bleibt und das Gedicht von einem warmen, persönlichen Ton geprägt ist. Gleichzeitig finden sich in dem Werk jedoch auch vielfältige Spuren von James' Belesenheit. Die Gartenszene erinnert an Chaucers *The Knight's Tale*, und das Bild des ruderlosen Boots als Metapher der Lebensreise zeigt die Vertrautheit mit Chaucers *Troylus and Criseyde*, wie auch die weitgehend schlichte, z. T. sogar kolloquiale Sprache mit ihren subtilen Stiländerungen deutliche Anklänge an Chaucers Wortkunst aufweist. Nur gelegentlich bedient der Autor sich schottischer Formen und Ausdrücke – ein frühes Beispiel der sprachlichen Assimilation schottischer Dichter in späteren Jahrhunderten. Stärker noch als der Einfluß Chaucers tritt der von Lydgates *Temple of Glas* (1400–1403), einer moralisierenden Liebesallegorie, hervor in der Vermischung von Realismus, Phantastik und Allegorie. James gelang es, all diese verschiedenen Traditionslinien zusammen mit den Konventionen der neoplatonischen Liebesdichtung zu einem neuen homogenen Ganzen zu verschmelzen und den von Chaucer übernommenen *rime royal* (siebenzeilige jambische Pentameter) den Erfordernissen von Erzählung, Reflexion und Description dienstbar zu machen. J.Ass.

AUSGABEN: Edinburgh 1783. – Paisley 1908 [modernisierte Fassg. v. W. Mackean]. – Ldn. 1910; Nachdr. NY 1974, Hg. A. Lawson. – Edinburgh/Ldn. 1911, Hg. W. W. Skeat. – Ldn. 1939; Nachdr. St. Clair Shores/Mich. 1971, Hg. W. M. Mackenzie. – Leiden 1981, Hg. J. Norton-Smith.

LITERATUR: W. Wischmann, *Untersuchungen über das »Kingis Quair« Jakobs I von Schottland*, Wismar 1887. – R. S. Rait, *»The Kingis Quair« and the New Criticism*, Aberdeen 1898. – W. A. Craigie, *The Language of »The Kingis Quair«* (in *Essays and Studies*, 25, 1939, S. 22–38). – R. M. Slabey, *»Art Poetical« in »The Kingis Quair«* (in NQ, 7, Juni 1960, S. 208–210). – A. v. Hendy, *The Free Thrall: A Study of »The Kingis Quair«* (in Studies in Scottish Literature, 2, 1965, Nr. 3, S. 141–151). – J. Brown, *The Mental Traveller: A Study of »The Kingis Quair«* (ebd., 5, 1968, Nr. 5, S. 246–252). – W. Scheps, *Chaucerian Synthesis: The Art of »The Kingis Quair«* (ebd., 8, 1971, Nr. 3, S. 143–165).

CYRIL LIONEL ROBERT JAMES

* 4.1.1901 Chaquannes

LITERATUR ZUM AUTOR:
S. R. Cudjoe, *Resistance and Caribbean Literature*,
Athens/Oh. 1970. – K. Ramchand, *The West
Indian Novel and Its Background*, Ldn. 1970. –
I. Munro u. R. Sander, *Interview with C. L. R. J.* (in
Interviews with Three Caribbean Writers in Texas, in
Kas-Kas, Austin 1972, S. 22–41). – E. Collier,
C. L. R. J. (in *Fifty Caribbean Writers*, Hg. D. C.
Dance, NY u. a. 1986, S. 229–238).

THE BLACK JACOBINS. Toussaint
L'Ouverture and the San Domingo Revolt

(engl.; *Ü: Schwarze Jakobiner. Toussaint L'Ouverture und die San-Domingo-Revolution*). Historiographische Darstellung von Cyril L. R. JAMES (Trinidad), erschienen 1938. – Nach den frühen literarischen Arbeiten *Triumph* und *Minty Alley* übersiedelte James von Trinidad nach London, wo er sich als freier Publizist niederließ und sich in trotzkistischen Kreisen bewegte. Seinen Lebensunterhalt verdiente er allerdings als Cricket-Kommentator. James verlegte seinen Arbeitsschwerpunkt von der Belletristik auf die politische und kulturkritische Publizistik, insbesondere auf die Kolonialismuskritik und die Revolutionstheorie. Sein erstes politisches Buch, *The Life of Captain Cipriani* (1932), aus dem drei Kapitel unter dem Titel *The Case for West Indian Self-Government* 1933 in London erschienen, ist eines der wichtigen Dokumente der beginnenden Unabhängigkeitsbestrebungen in der Karibik. 1936 hatte James ein Theaterstück über den haitianischen Revolutionshelden Toussaint L'Ouverture geschrieben, das mit dem bekannten schwarzen Schauspieler Paul Robeson in der Hauptrolle aufgeführt wurde. Diese Beschäftigung mit Toussaint als Helden der schwarzen Geschichte, mit der Geschichte der Revolution im allgemeinen und der schwarzen Revolution in Haiti im besonderen hat zur Abfassung des panafrikanischen Polit-Klassikers *The Black Jacobins* geführt. Zu einem Zeitpunkt, da die Geschichtsschreibung eurozentrisch in der Perspektive und im Ansatz auf die Darstellung politischer Ereignisgeschichte ausgerichtet war, hat James sein Gegenmodell der Kolonialgeschichte aus der Perspektive der Kolonisierten mit einem wirtschafts- und sozialgeschichtlichen Ansatz vorgelegt. Aus diesem Bemühen, die Geschichte des Kolonialismus zu berichten, hat James vor allem in den Anfangskapiteln eine polemische Strukturierung seines Stoffes vorgenommen, die schon allein in ihrer Anordnung und ihrer Nomenklatur eine Provokation der herkömmlichen Historiographie darstellt.
Die Hauptakteure der haitianischen Revolution, die schwarzen Sklaven, führt James im Eingangskapitel unter dem Titel *Das Eigentum* ein. Damit denunziert er die Rolle der westlichen Industrienationen bei der kolonialistischen Ausbeutung der Dritten Welt, sowie die aus diesem System hervorgegangene Historiographie, die als rassen- und klassengebundene Geschichtsschreibung automatisch die Perspektive der Sklavenhalter einnehmen mußte, und somit den Schwarzen ihre Humanität, wie auch jede Möglichkeit, eine geschichtsträchtige oder geschichtsprägende Rolle zu übernehmen, absprechen mußte. Die Protagonisten der Revolution in Haiti sind bis zum Beginn des Aufstandes im Sinne von James' marxistischem Ansatz reines Produktionsmittel. Sie stehen aber in der Priorität an erster Stelle. Erst im zweiten Kapitel geht James auf die »Besitzer« dieses Produktionskapitals, die Sklavenhalter und Plantagenbesitzer, näher ein. Er entwickelt das Bild einer dekadenten und korrupten bourgeoisen Gesellschaft, zeichnet aber auch den für das Verhältnis zur Dritten Welt entscheidenden Prozeß nach – die Abschöpfung der in der Kolonie erwirtschafteten Gewinne durch die Metropole. Wie sein späterer politischer Kontrahent in Trinidad, Eric WILLIAMS in *Capitalism and Slavery* (1944), legt James dar, daß die Gewinne der vorindustriellen Plantagenwirtschaft in die technologisch-industrielle Entwicklung des Mutterlandes investiert wurden und damit die Grundlage bildeten für die spätere Phase der kolonialen Expansion am Ende des 19. Jh.s, die von den Interessen der Exportwirtschaft beherrscht wurde.
Die Kapitel über die Anfänge der Französischen Revolution und deren Auswirkungen auf Wirtschaft und Gesellschaft in Saint Domingue/Haiti unter dem Titel *Parlament und Eigentum* legen dar, daß die bürgerliche Revolution bis hin zu den Girondisten den Widerspruch zwischen den Idealen der Revolution und den sozioökonomischen Gegebenheiten des Kolonialismus nicht aufzulösen gewillt waren. Die bürgerliche Revolution – und hier zieht James implizit die Parallele zu den Revolutionen im 20. Jh. – muß unvollständig bleiben, da sie allein auf die Beteiligung des Bürgertums an der politischen Macht ausgerichtet ist, die dessen bereits erreichter wirtschaftlichen Macht entsprechen soll. In diese systemkritische Analyse führt James dann Toussaint L'Ouverture als historische Persönlichkeit im Sinne eines Katalysators historischer und gesellschaftlicher Kraftfelder ein. Toussaint erscheint in James' Darstellung zwar durchaus als positive Persönlichkeit, aber nicht als Spezies einer personalisierenden, hagiographischen Geschichtsschreibung. James zeichnet das Bild eines genialen Organisators und Strategen, ja eines beinahe konservativen Zuchtmeisters seiner Revolutionsarmee, der wegen seiner vertrauensseligen Anhänglichkeit an die revolutionären Führer in Frankreich und seiner Unerfahrenheit im politischen Ränkespiel letztendlich scheitern muß. In der Person Toussaints wird die regionalgeschichtliche Bedeutung der Revolution in Haiti faßbar gemacht, zugleich aber ihre überregionale Signalwirkung und ihre nahtlose Einbindung in den großen

Rahmen der weltgeschichtlichen Ereignisse offenkundig.

Toussaint ist der unangefochtene Führer der eben erst befreiten Sklaven, der Kommandeur der von ihm selbst aufgebauten und ihm treu ergebenen Armee von Exsklaven. Aber er agiert in wechselnden Koalitionen mit den Spaniern im benachbarten Santo Domingo, den aus Frankreich entsandten Politkommissaren und den verschiedenen Mulattenführern. Sein besonderes Augenmerk richtet James, der zur Zeit der Abfassung dieses Buches in England lebte, auf die konterrevolutionäre Rolle des britischen Empire in seiner Auseinandersetzung mit dem revolutionären Frankreich und den für die Sklavenbefreiung kämpfenden westindischen Kolonien. England fürchtet seinerseits das Ausgreifen der Sklavenrevolte auf seine eigenen Kolonien, auf der anderen Seite sieht es in den revolutionären Wirren seine weltpolitische Chance, die reichste Kolonie sich einzuverleiben und damit unbestrittene wirtschaftliche Führungsmacht zu werden.

James' historisches Meisterwerk besticht durch die weitgespannten Bögen historischer Zusammenhänge, in der Darlegung politischer aktueller Vergleiche, aber auch durch die bildhafte Beschreibung dramatischer Aktionen, sowie psychologischer oder lokaler Details. Für die panafrikanische wie auch die antikoloniale Bewegung der Nachkriegszeit war der Autor als Gesprächspartner von George Padmore, Jomo Kenyatta, Kwame Nkrumah einflußreich. Sein Hauptwerk *The Black Jacobins* ist für beide Bewegungen zu einem Schlüsseltext geworden. E.Bre.

AUSGABEN: NY 1938. – NY 1963 [rev.]. – Ldn. 1972.

ÜBERSETZUNG: *Schwarze Jakobiner. Toussaint L'Ouverture u. die Unabhängigkeitsrevolution in Haiti*, G. Löffler, Köln 1984. – *Schwarze Jakobiner. Toussaint L'Ouverture u. die San-Domingo-Revolution*, ders., Bln. 1984.

LITERATUR: I. Oxaal, *Black Intellectuals Come to Power: The Rise of the Creole Nationalism in Trinidad and Tobago*, Cambridge 1968. – P. Griffith, *C. L. R. J. and Pan-Africanism: An Interview* (in Black World, 21, 1971, S. 4–13).

MINTY ALLEY

(engl.; *Münzgasse 2*). Roman von Cyril L. R. James (Trinidad), erschienen 1936. – Zusammen mit den beiden portugiesisch-stämmigen Trinidadern A. M. GOMES und A. MENDES gehört der Afro-Karibe C. L. R. James zum Kern einer Intellektuellen- und Künstlergruppe, die mit den beiden Zeitschriften ›Trinidad‹ und vor allem ›The Beacon‹ das »Trinidad Awakening« Ende der zwanziger Jahre einleitete. Die literarisch-kulturpolitische Bewegung der Beacon-Gruppe ist in ihrer Zielset-

zung den gleichzeitigen kulturemanzipatorischen Bewegungen der Harlem Renaissance, des *indigenismo/indigénisme* in Kuba, Puerto Rico und Haiti vergleichbar. In der literaturgeschichtlichen Entwicklung der anglophonen Karibik stellt das »Trinidad Awakening« ein wichtiges Bindeglied zwischen den Anfängen unter Tom REDCAM mit seinem volksbildnerischen Bemühen der *All Jamaica Library* und der Blüte des westindischen Romans ab 1950 dar. Im Gegensatz zu der provinziell-westindisch ausgerichteten Bewegung von Tom Redcam und Herbert George DE LISSER und der im Londoner Exil wirkenden Autoren der fünfziger Jahre war die Literatur des »Trinidad Awakening« fest in den lokalen Verhältnissen verwurzelt und dennoch mit der weltweiten intellektuellen Diskussion der zwanziger Jahre verbunden. So sind James' frühe Kurzgeschichten *Triumph* und *La Divina Pastora* in der englischen Anthologie von E. J. O'BRIENS *Best British Short Stories* (1928) und dem linksintellektuellen Organ ›Saturday Review‹ erschienen.

Mit *Minty Alley* schuf C. L. R. James den Prototyp eines westindischen Genres – den *yard-novel*. Dieses sozialkritische Genre konzentriert sich auf den topographischen Ort der Handlung: die Wohnquartiere der Unterschicht in den wachsenden Städten der Region. In den Unterkünften von Minty Alley 2 ereignen sich die kleinen alltäglichen Tragödien von Mrs. Rouse, Benoit McCarthy, Philomen oder Maisie – jeweils unter wortreicher Anteilnahme der anderen Yard-Bewohner, die in ihrer Summe jedoch das Bild einer echten sozialen Tragödie ergeben. Hauptfigur des Romans ist Mrs. Rouse, die mit ihrer Plackerei als Bäckerin gegen ihren sozialen und wirtschaftlichen Abstieg ankämpft. Sie ist eine dieser typischen westindischen Frauenfiguren, die ihre Umgebung dominiert, mit viel Pathos und Theatralik die anderen Yard-Bewohner an ihrem Schicksal Anteil nehmen läßt und sich dennoch mit ihrem mageren Einkommen von einem dandyhaften Schürzenjäger, Mr. Benoit McCarthy ausbeuten läßt. Die beiden hatten über viele Jahre in einer »common law«-Ehe zusammengelebt. Sie hatten zusammen das Anwesen Minty Alley 2 erworben und aufgebaut, so wie Mr. Biswas (in NAIPAULS Roman) sich sein provisorisch-dauerhaftes Heim gezimmert hatte. Sie hatten sich oft und heftig in ihrem Ehekrieg bekämpft, aber erst als Benoits Verhältnis mit der ebenfalls im Yard wohnenden Krankenschwester auffliegt, zerbricht die Beziehung endgültig. In einer melodramatischen Szene, bei der Mrs. Rouse vorgibt, ihren untreuen Partner im eifersüchtigen Affekt erstechen zu wollen, vertreibt sie Benoit samt Freundin aus dem Hinterhofquartier. Zutiefst gedemütigt fühlt sich Mrs. Rouse dadurch, daß sich Benoit mit der Krankenschwester kirchlich trauen läßt, was er ihr immer verweigert hatte. Daß sie mit ihrer Beziehung zu Benoit indessen noch lange nicht zum Ende gekommen ist, wird daran deutlich, daß sie sich von anderen Yard-Bewohnern detailliert von der Hochzeitsfeier berichten läßt und somit einen masochistischen Zug ihrer Anhänglichkeit offenbart. Mrs. Rouses Konfliktfreudigkeit konzentriert sich nun auf ihre Nichte Maisie, die nicht minder starrköpfig ist als ihre Tante. Diese beiden Frauen verkörpern gegensätzliche Verhaltensmuster zweier Generationen der kolonialen Gesellschaft. Mrs. Rouse repräsentiert die koloniale Mentalität des späten 19. Jh.s, die die Ärmlichkeit des Yard und die Härte des Lebens darin fraglos akzeptiert. Sie weiß, daß die Bedingungen ihres Lebens im fernen London bestimmt werden, aber das unverrückbare Zentrum, der Fixpunkt ihres Lebens ist der Yard in Minty Alley. Maisie dagegen kann die Beschränktheit des Hinterhofes und die Enge der Insel Trinidad auf Dauer nicht ertragen. Sie revoltiert gegen ihre Tante, aber damit auch gegen die Gesellschaft in Trinidad und sucht, wie viele Westinder, eine bessere Zukunft im fernen Amerika. Auch der Bruch dieser Beziehung wird in einer an Stummfilmkomödien erinnernden Theatralik dargestellt. Maisie und Mrs. Rouse haben das Zimmer des jeweiligen Gegners erobert und werfen dessen Habseligkeiten auf den vom Gewitterregen in einen Sumpf verwandelten Hof.

Berichterstatter über das Leben in Minty Alley 2 ist Mr. Haynes, Angestellter in einer Buchhandlung, der aus Sparsamkeit in das Haus eingezogen ist, das eigentlich unter seinem sozialen Niveau liegt. Er ist Angehöriger der kleinbürgerlichen Schicht, als solcher auch eher ein unbeteiligter Beobachter als ein echtes Mitglied der Gemeinschaft im Yard. Dies wird daran deutlich, daß viele der Begebenheiten im Hof von ihm durch ein Astloch beobachtet werden. Haynes ist von seiner Lebenserfahrung und von seiner Klassenzugehörigkeit her prädestiniert zum naiven Erzähler, dem die Mentalität und die Vitalität der Yard-Bewohner unverständlich bleiben. Mit Haynes als Erzählmedium thematisiert James eines seiner wichtigsten Anliegen: die Entfremdung der Mittelschicht vom einfachen Volk. Als Angehöriger einer sozial höheren Schicht wird Haynes immer wieder als Schlichter in Streitigkeiten, als Ratgeber in schwierigen Situationen bemüht. Damit kann James glaubhaft machen, daß sein Erzähler über viele Interna Bescheid weiß. Aber Haynes bleibt Außenseiter. Auch erscheint er farblos gegenüber den emotionalen Ausbrüchen von Mrs. Rouse oder Maisie. Mr. Haynes spiegelt einige Erfahrungen des Autors wider, der selbst in einem der Yards gewohnt hat. James' frühe Kurzgeschichten und der Roman *Minty Alley* sind im Grunde auch Milieustudien und Materialsammlungen für seine späteren politischen und soziologischen Schriften. E. Bre.

AUSGABEN: Ldn. 1936. – Ldn. 1971.

LITERATUR: J. Wickham, Rez. (in Bim, 14, Jan.–Juni 1972, S. 111–113). – L. S. Lawrence, *Three West Indian Heroines: An Analysis* (in CLA, 21, 1977, S. 238–250). – M. Gilkes, *The West Indian Novel*, Boston 1981, S. 28–35 (TWAS). – L. S. Lawrence, *Women in Caribbean Literature:*

The African Presence (in Phylon, 44, 1983, S. 1–11). – R. Sander, *The Trinidad Awakening*, Westport/Conn. 1988.

HENRY JAMES

* 15.4.1843 New York
† 28.2.1916 London

LITERATUR ZUM AUTOR:
Bibliographien:
R. N. Foley, *Criticism in American Periodicals of the Works of H. J. from 1866 to 1916*. Washington 1944. – B. Ricks, *H. J.: A Bibliography of Sendondary Works*, Metuchen/N.J. 1975. – L. Edel u. D. Laurence, *A Bibliography of H. J.*, Oxford ³1982 [überarb.]. – N. Bradbury, *An Annotated Critical Bibliography of H. J.*, NY 1987. – American Literary Scholarship [jährl. Bibliogr.].
Zeitschrift:
The Henry James Review, Baton Rouge/La. 1979 ff.
Biographien:
T. Bosanquet, *H. J. at Work*, Ldn. 1924. – P. Edgar, *H. J.: Man and Author*, Boston 1927. – S. Nowell-Smith, *The Legend of the Master: H. J.*, NY 1948. – F. W. Dupee, *H. J.*, NY 1951; ern. 1965. – L. Edel, *H. J.: The Untried Years*, Philadelphia/NY 1953. – Ders., *H. J.: The Conquest of London, 1870–1881*, Philadelphia/NY 1962. – Ders., *H. J.: The Middle Years: 1882–1895*, Philadelphia/NY 1962. – Ders., *H. J.: The Treacherous Years: 1895–1901*, Philadelphia/NY 1969. – Ders., *H. J.: The Master: 1901–1916*, Philadelphia/NY 1972. – Ders., *H. J.: A Life*, Philadelphia/NY 1985.
Gesamtdarstellungen und Studien:
F. O. Matthiesen, *H. J. The Major Phase*, NY 1944. – Ph. Rahv, *The Great Short Novels of H. J.*, NY 1944. – *The Question of H. J., a Collection of Critical Essays*, Hg. F. W. Dupen, NY 1945. – O. Andreas, *H. J. and the Expanding Horizon: A Study in the Meaning and Basic Themes of J.'s Fiction*, Seattle 1948. – E. T. Bowden, *The Themes of H. J.: A System of Observation through the Visual Arts*, New Haven 1956. – Q. Anderson, *The American H. J.*, New Brunswick/NY 1957. – F. C. Crews, *The Tragedy of Manners: Moral Drama in the Later Novels of H. J.*, New Haven 1957. – L. B. Levy, *Versions of Melodrama. A Study of the Fiction and Drama of H. J. 1865–1897*, Berkeley 1957. – MFS, 3, 1957, Nr. 1 [Sondernr. H. J.]. – C. Wegelin, *The Image of Europe in H. J.*, Dallas 1958. – R. Marks, *J.'s Later Novels*, NY 1960. – R. Poirier, *The Comic Sense of H. J.: A Study of the Early Novels*, NY/Ldn. 1960. – O. Cargill, *The Novels of H. J.*, NY 1961. – R. W. Stallman, *The Houses that J. Built, and Other Studies*, East Lansing/Mich. 1961. – J. A. Ward,

The Imagination of Disaster. Evil in the Fiction of H. J., Lincoln/Nebr. 1961. – D. Krook, *The Ordeal of Consciousness in H. J.*, NY 1962. – M. Geismar, *H. J. and the Jacobites*, Boston 1963. – *H. J.: Selected Literary Criticism*, Hg. M. Shapira, Ldn. 1963. – J. Wiesenfarth, *H. J. and the Dramatic Analogy: A Study of the Major Novels of the Middle Years*, NY 1963. – *H. J., A Collection of Critical Essays*, Hg. L. Edel, Englewood Cliffs/N.J. 1963. – L. B. Holland, *The Expense of Vision: Essays on the Craft of H. J.*, Princeton/N.J. 1964. – D. W. Jefferson, *H. J. and the Modern Reader*, Edinburgh 1964. – K. B. Vaid, *Technique in the Tales of H. J.*, Cambridge 1964. – R. L. Gale, *Plots and Characters in the Fiction of H. J.*, Hamden/Conn. 1965. – N. Lebowitz, *The Imagination of Loving: H. J.'s Legacy to the Novel*, Detroit 1965. – A. Holder-Barell, *The Development of Imagery and Its Functional Significance in H. J.'s Novels*, NY 1966. – MFS, 12, 1966, Nr. 1 [Sondernr. *H. J.*]. – S. G. Putt, *A Reader's Guide to H. J.*, Ithaca (N.Y.)/Ldn. 1966. – *H. J.: The Critical Heritage*, Hg. R. Gard, Ldn. 1968. – W. Isle, *Experiments in Form: H. J.'s Novels: 1896–1901*, Cambridge 1968. – E. D. Leyburn, *Strange Alloy: The Relation of Comedy to Tragedy in the Fiction of H. J.*, Chapel Hill/N.C. 1968. – S. Sears, *The Negative Imagination: Form and Perspective in the Novels of H. J.*, Ithaca/N.Y. 1968. – *H. J.: Modern Judgements*, Hg. T. Tanner, Ldn. 1968. – J. Kraft, *The Early Tales of H. J.*, Carbondale/Ill. 1969. – G. Markow-Tozevy, *H. J.*, NY 1969. – L. H. Powers, *Guide to H. J.*, Columbus/Oh. 1969. – M. G. Shine, *The Fictional Children of H. J.*, Chapel Hill/N.C. 1969. – P. Buitenhuis, *The Grasping Imagination: The American Writings of H. J.*, Toronto 1970. – L. H. Powers, *H. J.: An Introduction and Interpretation*, NY 1970. – K. Schuhmann, *Ethik und Ästhetik im Spätwerk von H. J.* (in Amerikastudien, 15, 1970, S. 77–87). – O. Segal, *The Lucid Reflector: The Observer in H. J.'s Fiction*, New Haven 1970. – V. H. Winner, *H. J. and the Visual Arts*, Charlottesville/Va. 1970. – R. E. Long, *Adaptations of H. J.'s Fiction for Drama, Opera, and Films: With a Checklist of New York Theatre Critics' Reviews* (in ALR, 4, 1971, S. 268–278). – L. H. Powers, *H. J. and the Naturalist Movement*, East Lansing/Mich. 1971. – C. T. Samuels, *The Ambiguity of H. J.*, Urbana/Ill. 1971. – P. M. Weinstein, *H. J. and the Requirements of the Imagination*, Cambridge 1971. – M. Banta, *H. J. and the Occult: The Great Extension*, Bloomington/Ind. 1972. – S. Chatman, *The Later Style of H. J.*, Oxford 1972. – H. Friedl, *Die Funktion der Bildlichkeit in den kritischen und theoretischen Schriften von H. J.: Ein Entwurf seiner Literaturtheorie*, Heidelberg 1972. – *The Air of Reality: New Essays on H. J.*, Hg. J. Goode, Ldn. 1972. – *Critics on H. J.*, Hg. J. D. Vann, Coral Gables/Fla. 1972. – D. L. Mull, *H. J.'s »Sublime Economy«: Money as Symbolic Center in the Fiction*, Middletown/Conn. 1973. – *H. J.'s Major Novels: Essays in Criticism*, Hg. L. H. Powers, East Lansing/Mich. 1973. – T. Todorov, *The Structural Analysis of Literature: The Tales of H. J.* (in *Structuralism: An Introduction*, Hg. D. Robey, Oxford 1973, S. 73–103). – P. Grover, *H. J. and the French Novel: A Study in Inspiration*, NY 1973. – E. Nierlich, *Kuriose Wirklichkeit in den Romanen von H. J.: Ein methodischer Beitrag zur Werkanalyse in der Literaturwissenschaft*, Bonn 1973. – W. R. Macnaughton, *The First-Person Narrators of H. J.* (in Studies in American Fiction, 2, 1974, S. 145–164). – H. T. Moore, *H. J. and His World*, NY 1974. – R. A. Hocks, *H. J. and Pragmatistic Thought: A Study in the Relationship between the Philosophy of William James and the Literary Art of H. J.*, Chapel Hill/N.C. 1974. – L. Auchincloss, *Reading H. J.*, Minneapolis 1975. – K. Graham, *H. J.: The Drama of Fulfilment: An Approach to the Novels*, Oxford 1975. – G. Jones, *H. J.'s Psychology of Experience: Innocence, Responsibility, and Renunciation in the Fiction of H. J.*, Den Haag 1975. – W. T. Stafford, *A Name, Title, and Place Index to the Critical Writings of H. J.*, Englewood/Col. 1975. – W. Veeder, *H. J. – the Lessons of the Master: Popular Fiction and Personal Style in the Nineteenth Century*, Chicago 1975. – R. Wallace, *H. J. and the Comic Form*, Ann Arbor/Mich. 1975. – R. B. Yeazell, *Language and Knowledge in the Late Novels of H. J.*, Chicago 1975. – G. Leeming, *Who's Who in H. J.*, NY 1976. – M. Mackenzie, *Communities of Honor and Love in H. J.*, Cambridge 1976. – S. B. Purdy, *The Hole in the Fabric: Science, Contemporary Literature, and H. J.*, Pittsburgh 1976. – S. Rimmon, *The Concept of Ambiguity: The Example of H. J.*, Chicago 1977. – D. J. Schneider, *The Crystal Cage: Adventures of the Imagination in the Fiction of H. J.*, Lawrence/Kans. 1978. – E. Wagenknecht, *Eve and H. J.: Portraits of Women and Girls in His Fiction*, Norman/Okla. 1978. – N. Bradbury, *H. J.: The Later Novels*, Oxford 1979. – R. E. Long, *The Great Succession: H. J. and the Legacy of Hawthorne*, Pittsburgh 1979. – K. McColgan, *H. J. 1917–1959: A Reference Guide*, Boston 1979. – D. Scura, *H. J. 1960–1974: A Reference Guide*, Boston 1979. – S. Kappeler, *Writing and Reading in H. J.*, NY 1980. – A. Berland, *Culture and Conduct in the Novels of H. J.*, Cambridge 1981. – S. B. Daugherty, *The Literary Criticism of H. J.*, Athens/Oh. 1981. – D. M. Fogel, *H. J. and the Structure of the Romantic Imagination*, Baton Rouge/La. 1981. – R. Norrman, *The Insecure World of H. J.'s Fiction: Intensity and Ambiguity*, NY 1982. – S. R. Moore, *The Drama of Discrimination in H. J.*, St. Lucia/Queensland 1982. – L. Taylor, *H. J. 1866–1916: A Reference Guide*, Boston 1982. – P. B. Armstrong, *The Phenomenology of H. J.*, Chapel Hill/N.C. 1983. – *Studies in H. J.*, Hg. R. P. Blackmur u. V. A. Makowsky, NY 1983. – R. E. Long, *H. J.: The Early Novels*, Boston 1983 (TUSAS). – E. Allen, *A Woman's Place in the Novels of H. J.*, NY 1984. – C. Kaston, *Imagination and Desire in the Novels of H. J.*, New Brunswick/N.J. 1984. – MFS, 13, 1984

[Sondernr. *H. J.*]. – *H. J.: Interviews and Recollections*, Hg. N. Page, NY 1984. – E. Wagenknecht, *The Novels of H. J.*, NY 1984. – H. Ickstadt, ›*The Salt That Saves*‹: *Fiction and History in the Late Work of H. J.* (in *Mythos u. Aufklärung in der amerikanischen Literatur*, Hg. D. Meindl u. F. Horlacher, Erlangen 1985, S. 299–319). – T. Tanner, *H. J.: The Writer and His Work*, Amherst/Mass. 1985. – E. Wagenknecht, *The Tales of H. J.*, NY 1985. – W. R. Goetz, *H. J. and the Darkest Abyss of Romance*, Baton Rouge/La. 1986. – A. R. Tintner, *The Museum World of H. J.*, Ann Arbor/Mich. 1986. – *H. J.'s »Daisy Miller«, »The Turn of the Screw«, and »Other Tales«*, Hg. H. Bloom, NY 1987. – *H. J.*, Hg. ders., NY 1987. – *Critical Essays on H. J.: The Late Novels*, Hg. J. W. Gargano, Boston 1987. – *Critical Essays on H. J.: The Early Novels*, Hg. ders., Boston 1987. – A. R. Tintner, *The Book World of H. J.: Approaching the Classics*, Ann Arbor/Mich. 1987. – R. P. Gage, *Order and Design: H. J.'s Titled Story Sequences*, NY 1988. – D. W. Smit, *The Language of the Master: Theories of Style and the Late Writing of H. J.*, Carbondale/Ill. 1988. – M. Seymour, *A Ring of Conspirators. H. J. and His Literary Circle, 1895–1915*, Boston 1989. – A. R. Tintner, *The Pop World of H. J.: From Fairy Tales to Science Fiction*, Ann Arbor/Mich. 1989.

THE ALTAR OF THE DEAD

(amer.; *Der Altar der Toten*). Erzählung von Henry JAMES, erschienen 1895. – Der frühe Verlust einer geliebten Freundin hat auf Stransom eine innerlich lähmende Wirkung ausgeübt: Er lebt nur noch der Erinnerung an sie und andere Freunde, die im Lauf der Jahre gestorben sind. Seine Gedanken und Gefühle bewegen sich immer ausschließlicher in dieser Vergangenheit, bis er eines Tages – vor dem mit Kerzen erleuchteten Altar in einer Kirche, in die er zufällig hineingeraten ist – auf den Gedanken kommt, »seinen Toten« einen Altar zu weihen und seinem inneren Kult mit der Aufstellung einer ewigen Kerze für jeden toten Freund sichtbaren Ausdruck zu verleihen. Nur einem einzigen Freund, der ihm nach langer Zeit tiefster Verbundenheit ein großes Unheil zugefügt hatte, gibt er in dem Kerzenchor keinen Platz. – Oft, wenn Stransom vor den brennenden Kerzen Zwiesprache mit seinen Toten hält, bemerkt er, daß eine schwarzgekleidete Frau seinen Altar für ihre eigene Andacht benutzt. Als er sie endlich anspricht, erfährt er, daß in ihrer Vorstellung alle seine Kerzen nur für *einen* Toten brennen. Vom ersten Augenblick an fühlen die beiden Rückgewandten eine tiefe Verbundenheit, ohne daß Stransom zunächst auch nur den Namen jener Andächtigen wüßte. Doch als er sie nach Jahren endlich in ihrer ärmlichen Wohnung besucht, verraten ihm Bilder und Andenken, die ihr Zimmer zu einer Art Museum machen, daß sie keinem anderen als eben seinem falschen Jugendfreund ihre Erinnerung und seinen Altar geweiht hat, obwohl er auch sie treulos verließ. Der Geist dieses Toten und Stransoms Weigerung, eine Kerze für ihn aufzustellen, läßt ihre Freundschaft versiegen. Wieder ist Stransom allein vor seinem Altar, dessen Kerzenchor stetig gewachsen ist. Er lebt sich langsam immer tiefer in den Gedanken ein, daß *»nur noch eine«* Kerze seinem Altar hinzugefügt werde – seine eigene. Er hatte sich diesen Dienst von der nun verlorenen Gefährtin seiner Totenverehrung erhofft, der er zugleich seinen Altar hinterlassen wollte. Als er nach kaum überstandener schwerer Krankheit wieder an seiner Andachtsstätte weilt und seine Toten – fiebrige Visionen – ihm aus dem Kerzenlicht entgegentreten, sieht er plötzlich die Gefährtin neben sich: Die Last der Vergangenheit ist von ihr genommen, und sie fühlt sich nun frei für ihn. Doch in diesem Augenblick hat Stransom das Ende seines zurückgewandten Lebens, die Erfüllung seines letzten seltsamen Wunsches erreicht – sie hält einen Toten in den Armen.

Die Geschichte, in der James' eigene Erinnerung an die verehrte, frühverstorbene Jugendfreundin Minny Temple anklingen mag, hat trotz des spürbar Konstruierten ihrer Thematik eine unheimliche, allmählich sich steigernde Faszinationskraft. In ihrer intellektuellen Unerbittlichkeit läßt diese Variante des charakteristischen James-Motivs vom nichtgelebten Leben an KAFKA denken.   K.E.

AUSGABEN: Ldn. 1895 (in *Terminations*). – NY 1907–1918 (in *Novels and Tales*, 26 Bde., 17; *New York Ed.*; ²1963). – Ldn. 1921–1923 (in *Novels and Stories*, Hg. P. Lubbock, 35 Bde., 22). – Ldn. 1962–1964 (in *Complete Tales*, Hg. L. Edel, 12 Bde., 9).

ÜBERSETZUNG: *Der Altar der Toten*, K. Lerbs, Bergen/Obb. 1949.

LITERATUR: M. E. Hartsock, *Dizzying Summit: J.'s »The Altar of the Dead«* (in SSF, 11, 1974, S. 371–378).

THE AMBASSADORS

(amer.; *Die Gesandten*). Roman von Henry JAMES, in Fortsetzungen erschienen 1903 in ›The North American Review‹, als Buch veröffentlicht 1903, vom Autor erweitert und revidiert. – Lambert Strether, bislang Herausgeber einer obskuren literarischen Zeitschrift, wird von der reichen Witwe Mrs. Newsome, Erbin eines großen Unternehmens in Woollett/Mass., nach Europa geschickt, um ihren Sohn Chad zur Rückkehr aus dem »Sündenbabel« Paris in eine solide Existenz als amerikanischer Geschäftsmann zu bewegen. Sie gibt ihm zu verstehen, daß er nach vollendeter Mission auf ihre Hand rechnen dürfe. Schon seine ersten Eindrücke in Europa bringen Strether, einem fünfundfünfzigjährigen Witwer, zum Bewußtsein, daß sein bisheriger Horizont recht begrenzt war. Damit steht er in Gegensatz zu seinem Freund Waymarsh, einem

Rechtsanwalt, der, befangen in seinem Amerika-nertum, sich von Europa befremdet und zum Widerspruch herausgefordert fühlt. – Bei Maria Gostrey, einer expatriierten Amerikanerin (sie spielt die Rolle der Mrs. Tristram aus James' frühem Roman *The American*, zu dem auch weitere motivliche Parallelen bestehen), findet Strether eine verwandte Sensibilität, und mit ihrer Hilfe lernt er die vielschichtigen kulturellen Traditionen Europas verstehen. Das *»schillernde Juwel«* Paris und die stilvolle Umgebung, in der er Chad vorfindet, lassen ihn intuitiv begreifen, warum es diesen nicht nach Amerika zurückzieht. Er muß sich gestehen, daß Chad sich zu seinen Gunsten verändert hat. Bald entdeckt er, daß diese Metamorphose einer Frau zu verdanken ist: Mme. de Vionnet, die, von ihrem Mann getrennt, mit ihrer Tochter in Paris lebt. Auch Strether kann sich dem Einfluß dieser kultivierten Europäerin nicht entziehen und erkennt immer klarer, daß es Werte gibt, zu denen er in seinem bisherigen Leben keinen Zugang hatte. In einem Gespräch mit Chads Künstlerfreund Bilham gibt er diesem in leidenschaftlicher Überzeugung den Rat, den er selbst nicht mehr befolgen kann: *»Live all you can«* (*»Lebe, soviel du kannst«*). Und als Chad gerade beginnt, Interesse an einer eventuellen Geschäftslaufbahn zu äußern, kann Strether ihm – in ironischer Verkehrung ihrer Positionen – nur raten, Mme. de Vionnet und all das, was sie verkörpert, um keinen Preis mit dem Leben in Woollett zu vertauschen.

Auch die zur Hilfe für Strether ankommenden »Abgesandten« der Familie Chads – nämlich dessen höchst ehrbare Schwester Sarah, ihr grobschlächtiger Mann Jim Pocock und ihre blasse Schwägerin Mamie, die Chad heiraten soll – tragen nur dazu bei, die puritanische Engherzigkeit und Phantasielosigkeit des Lebens in Woollett für Chad und Strether noch weniger erstrebenswert erscheinen zu lassen. Letzterem wird bei einem Ausflug an das Seine-Ufer, wo er den beiden unverhofft begegnet (einer der poetischen Höhepunkte des Romans) klar, daß zwischen Chad und Mme. de Vionnet intime Beziehungen bestehen, und so unterdrückt er seine eigene Neigung zu der Französin, obwohl in einem letzten Gespräch zwischen ihm und Chad beide erkennen, daß Chad früher oder später Mme. de Vionnet zugunsten einer finanziell ertragreichen Karriere in den USA verlassen wird. Strether schlägt nun auch die Hand Maria Gostreys aus und geht, *»um aus der ganzen Sache nichts für sich herausgeschlagen zu haben«*, in paradox-freiwilliger Entsagung nach Amerika zurück, obwohl auch die geplante Verbindung mit Mrs. Newsome nicht mehr zustande kommen wird.

Der Roman ist (bei sorgfältig kaschierter Wahrung eines fast unmerklichen Restes an auktorialer Kontrolle) ganz aus der Perspektive Strethers geschrieben, so daß dessen geistige Befreiung und Bereicherung zum zentralen Erlebnis für den Leser werden. In der konsequenten Anwendung von James' eigenstem Kunstmittel (der Einschaltung eines dramatischen, mitbeteiligten und reflektierenden

Bewußtseins, in diesem Fall zusätzlich differenziert durch die Gefühlslage eines überaus sensiblen Mannes in vorgerücktem Alter, dessen Stärken im kontemplativen, nicht im aktiven Leben liegen), in der souveränen Verwendung eines Dialogs, der die Probleme umkreist, um sie, in Spiegelung und Wiederspiegelung, Gestalt annehmen zu lassen, und in der Vielschichtigkeit des *international theme* von der Begegnung Europas und Amerikas als geistig-kultureller Bereiche darf das Werk wohl als Höhepunkt in James' letzter Schaffensperiode gelten. Es verbindet Figurenkonstellation und Schauplätze eines Gesellschaftsromans mit der für die Entstehungszeit außergewöhnlich differenzierten Durchleuchtung eines Bewußtseins und dessen allmählicher Veränderung. James' Vertiefung erzähltechnischer Mittel wurde für den europäischen Roman bahnbrechend, selbst wenn dank der sehr anspruchsvollen sprachlichen Gestaltung, die für den Spätstil des Autors charakteristisch ist, diese erzähltechnische Verfeinerung stets nur einem relativ kleinen Leserkreis von literarisch Hochgebildeten zugänglich blieb. Der symmetrische Aufbau des Romans, wegen seiner ironischen Inversion der Rollen Strethers und Chad Newsomes von E. M. FORSTER mit einer Sanduhr verglichen, harmoniert perfekt mit der impressionistischen Sicht der Stadt Paris. Auch Henry James selbst sah den Roman als sein vollendetstes Werk an.   K.E.

AUSGABEN: NY 1903 (in North American Review, Jan. – Dez. 1903). – Ldn. 1903 [erw. u. rev.]. – NY 1907–1918 (in *Novels and Tales*, 26 Bde., 21/22; *New York Ed.*; ²1963). – Ldn. 1921–1923 (in *Novels and Stories*, Hg. P. Lubbock, 35 Bde., 32/33). – NY 1964, Hg. S. P. Rosenbaum [krit.]. – Ldn. 1970 (in *The Bodley Head H. J.*, Hg. L. Edel, 11 Bde., 1967–1974, 8). – NY 1987.

ÜBERSETZUNG: *Die Gesandten*, H. M. Braem u. E. Kaiser, Köln/Bln. 1956. – Dass., dies., Ffm./Bln. 1985 (Ullst. Tb).

LITERATUR: W. M. Gibson, *Metaphor in the Plot of »The Ambassadors«* (in New England Quaterly, 24, 1951, S. 291–305). – J. A. Ward, *»The Ambassadors«: Strether's Vision of Evil* (in NCF, 14, 1959, S. 45–58). – O. Cargill, *»The Ambassadors«, a New View* (in PMLA, 75, 1960, S. 439–452). – L. Edel, *The Text of »The Ambassadors«* (in Harvard Library Bull., 14, 1960, S. 453–460). – R. E. Garis, *The Two Lambert Strethers: A New Reading of »The Ambassadors«* (in MFS, 7, 1961/62, S. 305–317). – M. Geismar, *»The Ambassadors«: A New View* (in Studi Americani, 7, 1961, S. 105–132). – B. Lee, *H. J.'s »Divine Consensus«* (in Renaissance and Modern Studies, 6, 1962, S. 5–24). – T. Tanner, *The Watcher from the Balcony: H. J.'s »The Ambassadors«* (in Critical Quarterly, 8, 1966, S. 35–52). – F. Busch, *Erzähler-, Figuren- u. Leserperspektive in H. J.'s Roman »The Ambassadors«*, Mchn. 1967. – F. Friese, *Auf der Suche nach dem Muster im Teppich: Eine Einführung in den Roman »The Ambassa-*

dors« (in Text + Kritik, 15/16, 1967, S. 22–43). – D. J. Schneider, *The Ironic Imagery and Symbolism of J.'s »The Ambassadors«* (in Criticism, 9, 1967, S. 174–196). – A. E. Stone, *Twentieth-Century Interpretations of »The Ambassadors«*, Englewood Cliffs/N.J. 1969. – J. A. Ward, *»The Ambassadors« as a Conversion Experience* (in Southern Review, 5, 1969, S. 350–374). – E. Nettels, *»The Ambassadors« and the Sense of the Past* (in MLQ, 31, 1970, S. 220–235). – H. R. Wolf, *The Psychology and Aesthetics of Abandonment in »The Ambassadors«* (in Literature and Psychology, 21, 1971, S. 133–147). – T. R. Deans, *H. J.'s »The Ambassadors«: The Primal Scene Revisited* (in American Imago, 29, 1972, S. 233–256). – R. Wallace, *Comic Form in »The Ambassadors«* (in Genre, 5, 1972, S. 31–50). – J. J. Kirschke, *H. J.'s Use of Impressionist Painting Techniques in »The Sacred Fount« and »The Ambassadors«* (in Studies in the Twentieth Century, 13, 1974, S. 83–116). – D. M. Fogel, *The Jamesian Dialectic in »The Ambassadors«* (in Southern Review, 13, 1977, S. 468–491). – J. M. Warner, *›In View of Other Matters‹: The Religious Dimension of »The Ambassadors«* (in Essays in Literature, 4, 1977, S. 78–94). – J. A. Higgins, *The Ambassadorial Motif in »The Ambassadors«* (in Journal of Narrative Technique, 8, 1978, S. 165–175). – D. Robinson, *J. and Emerson: The Ethical Context of »The Ambassadors«* (in StN, 10, 1978, S. 431–446). – P. Rosenzweig, *J.'s ›Special Green Vision‹: »The Ambassadors«* (ebd., 13, 1981, S. 367–387). – W. Greenslade, *The Power of Advertising: Chad Newsome and the Meaning of Paris in »The Ambassadors«* (in ELH, 49, 1982, S. 99–122). – A. W. Bellringer, *The Ambassadors*, Ldn. 1984. – S. M. Griffin, *The Selfish Eye: Strether's Principles of Psychology* (in AL, 56, 1984, S. 396–409). – J. Rivkin, *The Logic of Delegation in »The Ambassadors«* (in PMLA, 101, 1986, S. 819–831). – C. Johnson, *H. J. and the Evolution of Consciousness: A Study of »The Ambassadors«*, East Lansing/Mich. 1987.

THE AMERICAN

(amer.; *Der Amerikaner*). Roman von Henry JAMES, erschienen 1877. – Der Vorabdruck von James' zweitem bedeutenden Roman in ›Atlantic Monthly‹ begann zur Hundertjahrfeier der Vereinigten Staaten im Sommer 1876. Entsprechend trägt auch die Figur des Protagonisten programmatische Züge. – Nach einer erfolgreichen Geschäftskarriere, die ihn zum wohlhabenden Mann gemacht hat, kommt der Kalifornier Christopher Newman nach Europa, um die Früchte seiner Arbeit zu genießen und »das Beste« auf allen ihm bisher fremden Lebensgebieten kennenzulernen. Er ist eine Art barbarischer Apoll, »ein Edelmann von Natur«, wenig sensibel, doch mit einem »ungeübten, aber lebendigen Geist«, intelligent und naiv zugleich, ein Mann, der mit »seiner unauslotbaren Gutmütigkeit« und einer im Lebenskampf erworbenen optimistischen Zuversicht »unbeirrbar in der

Welt zu Hause zu sein schien«. Bei Beginn seiner Reise erscheint ihm alles zunächst als »Zeitvertreib«, »die Welt als ein großer Bazar, in dem man herumschlendert und hübsche Sachen kaufen kann«, und er will von allem nur »den besten Artikel« haben. Seine Freunde in Paris, die expatriierten Amerikaner Mr. und Mrs. Tristram, machen ihn mit einer Tochter des Fürstenhauses Bellegarde bekannt, mit der nach kurzer Vernunftehe verwitweten Claire de Cintré. Dank seiner unkonventionellen Direktheit gelingt es Newman nicht nur, in das düstere, schicksalumwitterte »Hôtel« der Bellegardes Eingang zu finden, sondern auch, Mme. de Cintré zu beeindrucken und sich bei ihr als Freier einzuführen. Obwohl alle Traditionen des Hauses gegen die Aufnahme eines »Geschäftsmanns« in den Familienkreis sprechen, obwohl die alte Fürstin und ihr ältester Sohn (nach dem Tod des Fürsten Oberhaupt der Familie) sofort Abneigung gegen die »barbarische« Herkunft und die Unbekümmertheit des Amerikaners empfinden, wird er schließlich von der mit Geld nicht gesegneten Familie akzeptiert, gewinnt die Freundschaft des brillanten, aber ziellosen Valentin, Claires jüngerem Bruder, und immer mehr auch deren eigene Achtung und Zuneigung. Schon glaubt sich Newman am Ziel seiner Wünsche; die Verlobung ist bereits offiziell durch einen Empfang besiegelt, als die Bellegardes unvermittelt die Verbindung aufkündigen: Sie wurzeln zu tief in der Tradition, um sich mit dem Eindringling abzufinden. Claire lehnt zwar einen ihr vorgeschlagenen standesgemäßen Bewerber ab, ist aber zu schwach, sich der Autorität ihrer Familie zu widersetzen, ihre eigene Skepsis gegenüber persönlichem Glück aufzugeben und sich für den heftig um sie kämpfenden Newman zu entscheiden. Sie tritt in ein Karmeliterkloster ein. Newman erfährt von dem sterbenden Valentin, der in sinnlosem Duell verwundet wurde, daß die Fürstin und ihr ältester Sohn am Tod des Fürsten nicht unschuldig waren, und kann ihnen mit Hilfe einer alten Magd den Mord nachweisen. In seiner ganzen Menschlichkeit verletzt und herausgefordert, schwört er den Bellegardes Rache. Doch im letzten Augenblick verzichtet er angeekelt auf eine Anzeige und erduldet den Verlust Claires.

Der Amerikaner ist ein Roman von markanten Umrissen, in dessen Mittelpunkt das komplexe, oft sogar humorvolle Porträt des »neuen Menschen« Christopher Newman steht. Reich an subtiler Gesellschaftsbeobachtung, an lebendigen Metaphern und an farbigen Einzelzügen (manchmal auch etwas romantischer Natur im Sinn der *gothic novel*), ist er die erste überzeugende, wenn auch noch in vielem vereinfachende Darstellung des *international theme*, das James danach in vielen seiner Romane vertiefen sollte. James' eigene Dramatisierung des Romans im Zuge seiner Bemühungen um eine Karriere als Dramatiker wurde im Januar 1891 in Southport mit geringem Erfolg aufgeführt. In dieser Fassung machte James dem Publikumsgeschmack sogar die Konzession eines (inkonsequenten) *happy ending*.   K.E.

AUSGABEN: Boston 1876/77 (in Atlantic Monthly, Juni 1876 – Mai 1877). – Boston 1877. – NY 1907–1918 (in *Novels and Tales*, 26 Bde., 7; *New York Ed.*; ²1963). – Ldn. 1921–1923 (in *Novels and Stories*, Hg. P. Lubbock, 35 Bde., 2). – NY 1963. – Hg. R. H. Pearce [m. Einl.]. – NY 1981.

ÜBERSETZUNGEN: *Der Amerikaner oder Marquis und Yankee*, v. Heichen-Abenheim, Bln. 1877. – *Der Amerikaner*, M. Busch, Lpzg. 1877. – *Der Amerikaner*, H. Haas, Köln 1966. – Dass., dies., Ffm./Bln. 1983 (Ullst. Tb).

DRAMATISIERUNG: *The American* (Urauff.: Southport, 3. 1. 1891).

LITERATUR: S. Spender, *The School of Experience in the Early Novels* (in Hound and Horn, 7, 1934, S. 417–433). – R. A. Gettmann, *H. J.'s Revision of »The American«* (in AL, 16, 1945, S. 279–295). – I. Traschen, *H. J. and the Art of Revision* (in PQ, 35, 1956, S. 39–47). – F. C. Watkins, *Christopher Newman's Final Instinct* (in NCF, 12, 1957, S. 85–88). – J. A. Clair, *»The American«, a Reinterpretation* (in PMLA, 74, 1959, S. 613–618). – S. Hoftun, *The Point of View in H. J.'s »The American«* (in Edda, 61, 1961, S. 169–176). – G. Knox, *Romance and Fable in J.'s »The American«* (in Anglia, 83, 1965, S. 308–323). – J. V. Antush, *The ›Much Finer Complexity‹ of History in »The American«* (in Journal of American Studies, 6, 1972, S. 85–95). – S. P. Ward, *Painting and Europe in »The American«* (in AL, 46, 1975, S. 566–573). – K. G. Probert, *Christopher Newman and the Artistic American View of Life* (in Studies in American Fiction, 11, 1983, S. 203–215). – H. Keyishian, *Cross-Currents of Revenge in J.'s »The American«* (in MLS, 17, 1987, S. 3–13).

THE ASPERN PAPERS

(amer.; *Asperns Nachlaß*). Novelle von Henry JAMES, erschienen 1888. – Ein Amerikaner, der einen verstorbenen Dichter namens Aspern – einen an SHELLEY erinnernden Romantiker – leidenschaftlich verehrt und Mitherausgeber kritischer und biographischer Schriften über ihn ist, hat erfahren, daß in Venedig noch eine Jugendliebe Asperns, Miss Bordereau, lebt und Briefe von seiner Hand besitzen soll. Er reist nach Venedig und mietet sich unter falschem Namen in dem Palazzo ein, der nur von der alten Frau und ihrer Nichte Tita bewohnt wird. Dieser Palast mit seinen verfallenen Mauern, öden Zimmern und dem verwilderten Garten ist – wie so oft bei James – ein konkreter Spiegel für das abgeschlossene, stagnierende, dürftige und von Erinnerungen zehrende Leben der beiden Frauen. Miss Bordereau, mißtrauisch, alt und egoistisch geworden, hütet die wahrscheinlich intimen Briefe Asperns wie einen Schatz und gibt dem Eindringling keine Gelegenheit, ihr Vertrauen zu gewinnen. Nach monatelangem Warten gelingt

es ihm, für den der publizistische Zweck jedes Mittel heiligt, mit der Nichte in engeren Kontakt zu kommen und ihr von seinem Interesse an den Schriftstücken zu erzählen. Die unerfahrene, gutgläubige Miss Tita nimmt seine Bemühungen um sie für bare Münze. Da der Manuskriptjäger befürchtet, die alte Frau könne die Briefe vor ihrem Tod vernichten, verspricht Tita ihm schließlich, darüber zu wachen und sie ihm zu erhalten. Als die inzwischen schwer erkrankte Miss Bordereau ihn eines Abends dabei ertappt, wie er in ihrem Schreibtisch nach den Briefen sucht, verläßt der Amerikaner zeitweilig beschämt und erschrocken Venedig, kehrt aber nach dem Tod der alten Frau zurück. Titas unverhohlener Hinweis darauf, daß ihm die begehrten Manuskripte gehören würden, falls er in »verwandtschaftliche« Beziehungen zu ihr träte, ruft anfangs sein kaum verhülltes Entsetzen hervor. Als er am Tag danach schon fast dazu bereit ist, teilt eine gefaßt lächelnde Tita ihm mit, daß sie die Briefe in der Nacht verbrannt habe. In dieser »Seelenstärke« der Miss Tita gegenüber der kaltblütigen Habgier des Eindringlings, die sie als naiv-liebende Frau erst im letzten Augenblick erkennt, finden sich bereits Anklänge an die Haltung Milly Theales in James' späterem Roman *The Wings of the Dove*, 1902 *(Die Flügel der Taube).* – James, der den amerikanischen Publizisten diese Geschichte selbst erzählen läßt, beweist in *The Aspern Papers* wiederum, wie virtuos er das Kunstmittel der allmählichen Selbstenthüllung eines Charakters beherrscht. Hier verbindet er die perspektivisch-dramatische Darstellung mit einem eindringlichen atmosphärischen Bild von Venedig, dessen verfallende Pracht in bedeutungsvoller innerer Beziehung zu den geschilderten Schicksalen steht.   K.E.

AUSGABEN: Boston 1888 (in Atlantic Monthly, März–Mai). – Ldn./NY 188. – Ldn. 1907–1918 (in *Novels and Tales*, 26 Bde., 12; *New York Ed.*; ³1963). – Ldn. 1921–1923 (in *Novels and Stories*, Hg. P. Lubbock, 35 Bde., 17). – Ldn. 1962–1964 (in *Complete Tales*, Hg. L. Edel, 12 Bde., 6). – Harmondsworth 1984 (*The Aspern Papers & The Turn of the Screw*, Hg. A. Curtis).

ÜBERSETZUNG: *Asperns Nachlaß*, H. Kahn (in *Meisternovellen*, Zürich 1953).

LITERATUR: L. Edel, *»The Aspern Papers«: Great-Aunt Wyckoff and Juliana Bordereau* (in MLN, 67, 1952, S. 392–395). – W. B. Stein, *»The Aspern Papers«: A Comedy of Masks* (in NCF, 14, 1959, S. 172–178). – M. Hartsock, *Unweeded Garden: A View of »The Aspern Papers«* (in SSF, 5, 1967, S. 60–68). – R. McLean, *›Poetic Justice‹ in J.'s »Aspern Papers«* (in Papers on Language and Literature, 3, 1967, S. 260–266). – A. S. Brylowski, *In Defense of the First Person Narrator in »The Aspern Papers«* (in Centennial Review, 13, 1969, S. 215–240). – P. C. Rodgers, *Motive, Agency, and the Act in J.'s »The Aspern Papers«* (in South Atlantic Quarterly, 73, 1974, S. 377–387). – J. W. Crowley, *The Wiles of a ›Witless‹ Woman: Tita in* »*The Aspern Papers*« (in Emerson Society Quarterly, 22, 1976, S. 159–168). – R. F. Franklin, *Military Metaphors and the Organic Structure of H. J.'s* »*The Aspern Papers*« (in Arizona Quarterly, 32, 1976, S. 327–340). – B. C. Bell, *Beyond Irony in H. J.:* »*The Aspern Papers*« (in StN, 13, 1981, S. 289–293). – J. J. Waldmeir, *Miss Tita Did It: A Fresh Look at* »*The Aspern Papers*« (in Centennial Review, 26, 1982, S. 256–267). – R. T. Levine, *A Failure of Reading:* »*The Aspern Papers*« *and the Ennobling Force of Literature* (in Essays in Arts and Science, 12, 1983, S. 87–98). – D. Krook, »*The Aspern Papers*«: *A Counter-Introduction* (in *Essays on English and American Literature and a Sheaf of Poems*, Hg. J. Bakker u. a., Amsterdam 1987, S. 223–234).

THE AWKWARD AGE

(amer.; *Das unbeholfene Zeitalter*). Roman von Henry James, in Fortsetzungen veröffentlicht in ›Harper's Weekly‹, 1898/99, als Buch erschienen 1899. – In den exklusiven Londoner Salon der Mrs. Brookenham, der sich zwischen den prekären Grenzen von Offenheit und Andeutung seine eigene brillante Konversationskunst geschaffen hat, führt der junge Staatsbeamte Vanderbank den bedeutend älteren Mr. Longdon ein. Dieser hatte einst eine tiefe, aber hoffnungslose Leidenschaft für Mrs. Brookenhams Mutter empfunden und wendet sich nun mit lebhaftem Interesse Nanda, der Tochter der Gastgeberin, zu, die ihrer Großmutter ungemein ähnlich ist und die gerade in die Gesellschaft eingeführt werden soll. Hinter der angeregten Unterhaltung dieser Menschen verbergen sich die ständigen Bemühungen Mrs. Brookenhams und ihrer Freundin (»the Duchess«), ihre beiden etwa gleichaltrigen Töchter Nanda und Aggie vorteilhaft zu verheiraten, die beide keinerlei Mitgift zu erwarten haben. Der reiche, anständige, aber unattraktive Mr. Mitchett bewirbt sich um Nanda, die jedoch den mittellosen, aber mit dem »*heiligen Schrecken*« einer großen Anziehungskraft ausgestatteten Vanderbank verliebt ist. Die Duchess wiederum möchte Mr. Mitchett für Aggie gewinnen. Mrs. »Brooks«, wie ihre Freunde die Dame des Hauses nennen, sieht die Neigung ihrer Tochter nicht nur aus finanziellen Gründen ungern, sondern auch weil sie selbst sich zu dem jungen Vanderbank hingezogen fühlt. Diesem Kräftespiel sieht sich nun der Einzelgänger Longdon gegenüber. Zunächst überrascht von der modernen Lebensanschauung Nandas, von ihrer Unbekümmertheit in der Wahl ihres Umgangs und der Offenheit, mit der sie ihre Gefühle zeigt, wächst seine Sympathie für das junge Mädchen. Aus einer Art »poetischer Gerechtigkeit« gegenüber seinen früheren Gefühlsbindungen, aber auch um Nanda vor seinem eigenen Schicksal zu bewahren, versucht er, ihre Verbindung mit Vanderbank zu fördern, in-

dem er diesem unverhohlen eine hohe Mitgift verspricht. Doch Vanderbank, unentschlossen, vielleicht betroffen von Nandas unkonventioneller Art, vielleicht mehr fasziniert von der Mutter, lehnt das Angebot ab. Nanda, die weiß, daß sie mit Mitchett nie glücklich werden könnte, überredet ihn zur Ehe mit Aggie. Immer deutlicher glaubt nun Mr. Longdon einen gewissen tragischen Zug im ernsten, zwar nicht brillanten, aber um so aufrichtigeren Wesen des Mädchens zu erkennen. Das gegenseitige Verständnis zwischen ihm und Nanda vertieft sich. Als der Kreis um Mrs. Brookenham langsam auseinanderbricht und Nanda in einer letzten Unterredung Vanderbank großherzig bittet, wenigstens ihre Mutter nicht ganz im Stich zu lassen, entschließt sich Longdon, Nanda zu adoptieren und aus der schillernden Welt der Londoner Gesellschaft auf seinen Landsitz zu holen.

Alle diese Vorgänge entwickelt James ausschließlich aus Dialogen, denen ein Maximum an Anspielungs- und Evokationsfähigkeit abverlangt wird. Die zehn Bücher des Romans sind wie Akte eines Dramas in szenenähnliche Abschnitte unterteilt, in formaler Hinsicht geht James auf die französischen Vorbilder des *roman dialogué* der Gyp und von Henri Lavedan zurück. Auf virtuose Weise läßt James gesellschaftliche Formen zum Spiegel subtiler Gefühlsströmungen und -affinitäten werden, wobei er auch bei den Nebenfiguren feine idiomatische Unterschiede herausarbeitet. Immer deutlicher zeichnen sich unter der anfangs täuschend glitzernden Oberfläche der Konversation die zentralen Themen von Nandas wirklicher und Aggies anerzogener Unschuld ab, von der echten Konventionalität Vanderbanks und der nur äußerlichen Mr. Longdons – Eigenschaften, die schon vom Titel her als Symptome einer Übergangszeit nicht nur im Sinn der persönlichen Entwicklung, sondern auch im Sinn der geschichtlichen Wandlung von Gesellschaftsformen und Generationen verstanden sein wollen.

K.E.

Ausgaben: NY 1898/99 (in Harper's Weekly, Okt. 1898 – Jan. 1899). – Ldn. 1899 [rev.]. – NY 1907–1918 (in *Novels and Tales*, 26 Bde., 9; *New York Ed.*; ²1963). – Ldn. 1921–1923 (in *Novels and Stories*, Hg. P. Lubbock, 35 Bde., 14). – Ldn. 1967 (in *The Bodley Head H. J.*, Hg. L. Edel, 11 Bde., 1967–1974, 2). – NY 1984, Hg. V. Jones. – Harmondsworth 1987, Hg. R. Blythe.

Literatur: S. Cooney, *Awkward Ages in* »*The Awkward Age*« (in MLN, 75, 1960, S. 208–211). – L. H. Hill, »*The Revolt of the Daughters*«, *a Suggested Source for* »*The Awkward Age*« (in NQ, 8, 1961, S. 347–349). – E. Bass, *Dramatic Scene and* »*The Awkward Age*« (in PMLA, 74, 1964, S. 148–157). – E. Owen, »*The Awkward Age*« *and the Contemporary English Scene* (in Victorian Studies, 11, 1967, S. 63–82). – J. W. Gargano, *The Theme of* ›*Salvation*‹ *in* »*The Awkward Age*« (in Texas Studies in Literature and Language, 9, 1967, S. 273–287). – W. F. Hall, *J.'s Conception of Society in »The Awkward Age«* (in NCF, 23, 1968, S. 28–48). – A. E. Davidson, *J.'s Dramatic Method in »The Awkward Age«* (ebd., 29, 1974, S. 320 bis 335). – M. Jacobson, *Literary Convention and Social Criticism in H. J.'s »The Awkward Age«* (in PQ, 54, 1975, S. 633–646). – E. A. Sklepowich, *Gilded Bondage: Games and Gamesplaying in »The Awkward Age«* (in Essays in Literature, 5, 1978, S. 187–193). – J. F. Blackall, *Literary Allusions as Imaginative Event in »The Awkward Age«* (in MFS, 26, 1980, S. 179–197). – S. Culver, *Censorship and Intimacy: Awkwardness in »The Awkward Age«* (in ELH, 48, 1981, S. 368–386).

THE BEAST IN THE JUNGLE

(amer.; *Das Raubtier im Dschungel*). Erzählung von Henry JAMES, erschienen 1903. – Auf einer Gesellschaft begegnet John Marcher in May Bartram jener Frau wieder, der er als einzigem Menschen vor zehn Jahren das große Geheimnis seines Lebens anvertraut hatte: die in ihm seit frühester Jugend lebendige Vorahnung, er sei für etwas Seltsames, wahrscheinlich Schreckliches vorbestimmt. Diese Ahnung hat in seiner Vorstellung allmählich das Bild eines *»im Gestrüpp der Monate und Jahre auf ihm lauernden Raubtieres«* angenommen, von dem er nicht zu sagen weiß, ob er es eines Tages besiegen oder ob er ihm unterliegen werde. Überrascht stellt er fest, daß May Bartram sein Lebensgefühl immer ernst genommen und verstanden hat, ja daß sie bereit ist, mit ihm zusammen darauf zu warten, ob sich seine Vermutung bestätigen wird. Ihre Frage, ob die sein ganzes Bewußtsein bestimmende Ahnung sich vielleicht auf die künftige Liebe zu einem anderen Menschen beziehen könne, verneint er mit der Erklärung, daß er bereits Liebe erfahren habe und daß auch sie seine innere Spannung nicht habe lösen können. Da das Vorgefühl der bevorstehenden ungeheuerlichen Gefahr Marcher davon abhält, May zu heiraten, bleibt sie lediglich Gefährtin und Mitwisserin der *»wirklichen Wahrheit«* über ihn, um die von nun an ihre wesentlichen Gedanken und Gespräche kreisen, als versteckte Strömung ihrer nach außen hin konventionellen, oberflächlichen Freundschaft.

Im Lauf der Jahre verstärkt sich Marchers Gefühl, daß May mehr über die von ihm erwartete Katastrophe wisse; er kann sie jedoch nicht zum Sprechen bringen. Schließlich erkrankt sie, erschöpft vom langen, fruchtlosen Warten auf den Moment, von dem sie sich eine plötzliche Gefühlsänderung bei Marcher erhofft hatte (*»das Springen des Tieres«*). Als auch das zwar nicht in Worte gefaßte, aber dennoch deutlich spürbare Bekenntnis ihrer eigenen Liebe zu ihm Marcher nicht seiner seelischen Isolierung und Ichbezogenheit entreißen kann, stirbt sie entmutigt. Bei ihrem Begräbnis sieht Marcher sich wie einen Fremden behandelt und erkennt, wie schemenhaft ihr Freundschaftsverhältnis der Außenwelt erscheinen mußte; und während er vorher noch geglaubt hatte, der Verlust

der teuren Freundin könne den »Sprung des Tieres« bedeuten, so überkommt ihn nun immer mächtiger das Gefühl, als sei es dafür endgültig zu spät, *»als habe sich das Tier davongestohlen«*. Wie er bisher den entscheidenden Augenblick immer nur in der Zukunft vermutet hatte, so scheint er ihn jetzt nur noch in der Vergangenheit suchen zu können. Als er am Grab der Gefährtin im Gesicht eines Fremden die Spuren *»einer leidenschaftlichen Wunde«* erblickt, trifft ihn plötzlich Selbsterkenntnis *»wie der Schnitt einer Klinge«*: Er war *»der Mann, dem nichts, ganz und gar nichts widerfahren sollte«*, dessen Schicksal *»im Warten selbst«* lag und im *»Ausloten der Leere seines Lebens«* und der erst nachträglich den Ausweg aus diesem Schrecken in der nun unwiederbringlich verlorenen Liebe zu May Bartram erkennen sollte.

Die unerbittliche Konsequenz in der Schilderung des Verhängnisses, der verschlungene, allzu Konkretes sorgfältig vermeidende Stilfluß, der der blutlosen, fast geisterhaften Existenz der Hauptfigur so gut entspricht, und die parabelhafte Konzentration auf nur zwei Figuren, denen die übrige Welt wie im Dunst zu verschwimmen scheint, machen *Das Tier im Dschungel* zu einer der bedeutendsten Erzählungen von James.   K. E.

AUSGABEN: Ldn. 1903 (in *The Better*). – NY 1907–1918 (in *Novels and Tales*, 26 Bde., 17; *New York Ed.*, ²1963). – Ldn. 1921–1923 (in *Novels and Stories*, Hg. P. Lubbock, 35 Bde., 22). – Ldn. 1962–1964 (in *Complete Tales*, Hg. L. Edel, 12 Bde., 11). – NY 1984 (in *Tales*, Hg. Ch. Wegelin; krit.).

ÜBERSETZUNGEN: *Das Tier im Dschungel*, H. M. Braem u. E. Kaiser (in *Erzählungen*, Köln/Bln. 1958). – Dass., dies., Mchn. 1961. – *Das Raubtier im Dschungel*, A. Seiffert, Lpzg. 1968.

DRAMATISIERUNG: M. Duras u. J. Lord (Urauff.: Paris, 11. 9. 1962).

LITERATUR: F. E. Smith, *»The Beast in the Jungle«: The Limits of Method* (in Perspective, 1, 1947, S. 33–40). – D. Kerner, *A Note on »The Beast in the Jungle«* (in Univ. of Kansas City Review, 17, 1950, S. 109–118). – M. Geismar, *H. J.:»The Beast in the Jungle«* (in NCF, 18, 1963, S. 35–42). – S. Reid, *»The Beast in the Jungle« and »A Painful Case«* (in American Imago, 20, 1963, S. 221–239). – J. L. Kraft, *A Perspective on »The Beast in the Jungle«* (in LWU, 2, 1969, S. 20–26). – R. Küsgen, *H. J., »The Beast in the Jungle«* (in *Die amerikanische Kurzgeschichte*, Hg. K. H. Göller u. G. Hoffmann, Düsseldorf 1972, S. 169–180). – J. Kau, *H. J. and the Garden: A Symbolic Setting for »The Beast in the Jungle«* (in SSF, 10, 1973, S. 187–198). – O. P. Jones, *The Cool World of London in »The Beast in the Jungle«* (in Studies in American Fiction, 6, 1978, S. 227–235). – J. W. Gargano, *Imagery as Action in »The Beast in the Jungle«* (in Arizona Quarterly, 42, 1986, S. 351–367).

THE BENCH OF DESOLATION

(amer.; *Die Bank der Verlassenheit*). Erzählung von Henry JAMES, erschienen 1910 in dem Band *The Finer Grain (Das feinere Korn)*. – Herbert Dodd, Besitzer eines kleinen Antiquariats in einem englischen Küstenstädtchen, erinnert sich an seine Vergangenheit: Vor Jahren hatte er es als Beweis für die Vulgarität von Kate Cookham angesehen, daß sie ihn wegen Bruchs eines Heiratsversprechens vor Gericht bringen, ja daß sie sogar angesichts seines Abscheus vor ihr nach wie vor sein Leben teilen wollte und ihm sagte, daß sie diese Absicht nie aufgeben werde. Um seinen mühsam geretteten Stolz nicht vor einem Tribunal verlieren zu müssen, hatte sich Dodd mit Kates Rechtsvertretern auf eine Entschädigungssumme von vierhundert Pfund geeinigt. Danach fühlte er sich frei, Nan Drury zu umwerben und mit ihr auf der Bank am Ende der Strandpromenade, auf der er vorher oft mit Kate Cookham gesessen hatte, seine unglückliche finanzielle Lage zu besprechen und sich die Richtigkeit seines Verhaltens von der nie widersprechenden Nan bestätigen zu lassen. Er nahm Hypotheken auf und zahlte einen Teil der Entschädigung ab. Nachdem er Nan geheiratet hatte, kam zu seinem eigenen Mißgeschick auch noch der Bankrott ihres Vaters hinzu. In immer größeres Elend absinkend, plagte ihn der von seiner Frau geschürte Zweifel, ob er bei guter juristischer Beratung den Forderungen Kates hätte entgehen können. Nach dem Tod seiner beiden Kinder und seiner schließlich ganz von diesem Zweifel besessenen Frau pflegte er nach der Arbeit mit monotoner Regelmäßigkeit zu seiner Bank zurückzukehren, um den ihn immer wieder überfallenden qualvollen Erinnerungen nachzuhängen. Eines Tages sitzt eine Dame auf seiner Bank: Kate Cookham, gealtert wie er selbst, aber in ihrem Benehmen vorteilhaft verändert, dezent und beherrscht erscheinend. Sie ist zurückgekehrt, um ihm zu sagen, daß sie ihn, der sie wankelmütig um eines hübscheren Mädchens willen verlassen hatte, nie aufgegeben und nur deshalb Geld von ihm gefordert habe, weil sie ihm einst die vielfache Summe zurückgeben wollte. Nach furchtbaren inneren Skrupeln, hin und her gerissen zwischen der Erinnerung an die düstere Vergangenheit und der plötzlichen Aussicht auf Erlösung aus Armut und Hoffnungslosigkeit, entschließt er sich endlich zur Annahme ihres Angebotes. Kate Cookham erreicht nach jahrelangem, verzweifeltem Warten ihr Ziel: Dodd hindert sie nicht daran, ihre Arme um ihn zu legen, er setzt ihrer Absicht, nun immer für ihn sorgen zu wollen, keinen Widerstand entgegen.
Ganz aus der Perspektive Herbert Dodds erzählt, spiegelt die Erzählung dessen Erinnerungen und schmerzhafte Einsichten, seine Selbstrechtfertigung und Selbstzerfleischung, seinen falschen Stolz und seine schließlich passive Resignation vor der ihn unerbittlich überwältigenden, bedenkenlosen Liebe der Frau – ein Seelenporträt von eindringlicher Sensibilität. Herbert Dodd gehört zu jenen für James' Werk charakteristischen Gestal-

ten, die zu spät erkennen, daß sie aus Ängstlichkeit und Unentschlossenheit ein erfülltes Leben versäumt haben.

K.E.

AUSGABEN: Ldn. 1910 (in *The Finer Grain*). – Ldn. 1921–1923 (in *Novels and Stories*, Hg. P. Lubbock, 35 Bde., 28). – Ldn. 1962–1964 (in *Complete Tales*, Hg. L. Edel, 12 Bde., 12).

LITERATUR: W. Lynskey, *Reading Modern Fiction*, NY 1952, S. 306–310.

THE BOSTONIANS

(amer.; *Die Damen aus Boston*). Roman von Henry JAMES, in Fortsetzungen veröffentlicht in »Century Magazine«, 1885/86, als Buch erschienen 1886. – Der Anwalt Basil Ransom aus Mississippi, Traditionalist und Fatalist, humorvoller Südstaatler von lässig-stolzer Lebensart, lernt in Boston seine beiden Cousinen kennen: die verwitwete Mrs. Luna, die ihn mit den Mitteln einer ans Groteske grenzenden Sexualstrategie zu gewinnen sucht, und ihre Schwester Olive Chancellor, die ihn in einen Kreis von Frauenrechtlerinnen und Reformerinnen einführt, dessen Mittelpunkt die altjüngferliche Miss Birdseye ist. Letztere (ihre Gestalt soll James der zeitgenössischen Sozialreformerin Elizabeth Peabody nachgebildet haben) besitzt die exzentrische Liebenswürdigkeit einer echten Philanthropin, während die reformerische Neigung bei Olive sich rasch als eine Perversion weiblicher Instinkte herausstellt. Bei Miss Birdseye lernen Basil und Olive die junge Verena Tarrant kennen, die unter dem Einfluß ihres Vaters, eines hypnotisch begabten Scharlatans, ein ungewöhnliches Redetalent entwickelt hat und damit ganz Boston in Erstaunen setzt. Olive wittert in dem jungen Mädchen ein brauchbares Werkzeug, nimmt sie in ihre luxuriöse Wohnung auf, gewinnt sie für die Sache der Feministen und versucht, ihr das Versprechen abzuringen, sich nie zu verheiraten. (Ihrer Beziehung zu Verena verleiht James deutliche psychopathologische Züge.) – Basil Ransom ist von dem jungen Mädchen fasziniert und versucht in offener Rivalität zu Olive, Verena der von ihm bespötelten Frauenrechtsbewegung abspenstig zu machen. Ihre erste öffentliche Rede wird durch Basils Anwesenheit zu einer sehr zwiespältigen Erfahrung für Verena. Als nach dem Tod der vitalen und integren Miss Birdseye Verenas Vertrauen in die Sache der Suffragetten nachläßt, gelingt es dem hartnäckig um sie werbenden Basil schließlich, sie zur Frau zu gewinnen. Olive bleibt – nach einem letzten verzweifelten Versuch, das Mädchen an sich zu fesseln – als bemitleidenswertes Opfer ihrer eigenen Vorstellungen zurück.
Wie aus James' *Notebooks* hervorgeht, wollte er mit diesem Roman »eine sehr amerikanische Geschichte schreiben«, die für die »sozialen Umstände« jener Zeit »charakteristisch« sein sollte. Der Niedergang des *sentiment of sex*, der Status der Frau und die

Agitation um ihre gesellschaftliche Stellung erschienen ihm symptomatisch für die damalige gesellschaftliche Entwicklung. Wenn auch manche Details dieses noch zu James' Frühwerken gerechneten Romans auf HAWTHORNE und andere Vorbilder zurückgehen dürften, so hat das Buch als Ganzes doch seine eigene scharfe Atmosphäre und einen hohen Grad an Anschaulichkeit, oft von beißender Satire akzentuiert. Trotz einer gewissen Voreingenommenheit des Autors gegen feministische Ideen, die sich in einer nicht ideologiefreien Gewichtung der Figuren und des Handlungsablaufes niederschlägt, kann *The Bostonians* als das bedeutendste sozialkritische Werk von James über sein Ursprungsland angesehen werden. Die ungünstige Aufnahme des Romans bei der Erstveröffentlichung in den USA veranlaßte James unter großem Bedauern, ihn nicht in die vierundzwanzigbändige New Yorker Werkausgabe (1907 bis 1909) aufzunehmen.   K.E.

AUSGABEN: NY 1885/86 (in Century Magazine). – Ldn. 1886, 3 Bde. – NY 1886. – Ldn. 1921–1923 (in *Novels and Stories*, Hg. P. Lubbock, 35 Bde., 8/9). – NY 1956, Hg. I. Howe. – Ldn. 1967 (in *The Bodley Head H. J.*, Hg. L. Edel, 11 Bde., 1967–1974, 3). – NY 1986.

ÜBERSETZUNG: *Die Damen aus Boston*, H. Haas, Köln/Bln. 1964. – Dass., dies., Ffm./Bln. 1984 (Nachw. D. Haack; Ullst. Tb).

VERFILMUNG: England 1984 (Regie: J. Ivory).

LITERATUR: W. McMurray, *Pragmatic Realism in »The Bostonians«* (in NCF, 1962, S. 339–344). – A. Habegger, *The Disunity of »The Bostonians«* (ebd., 24, 1969, S. 193–209). – R. C. McLean, *»The Bostonians«. New England Pastoral* (in Papers on Language and Literature, 7, 1971). – E. Schultz, *»The Bostonians«: The Contagion of Romantic Illusion* (in Genre, 4, 1971, S. 45–59). – P. Page, *The Curious Narration of »The Bostonians«* (in AL, 46, 1974, S. 374–383). – H. D. Pearce, *Witchcraft Imagery and Allusion in J.'s »Bostonians«* (in StN, 6, 1974, S. 236–247). – S. J. Hall, *H. J. and the Bluestockings: Satire and Morality in »The Bostonians«* (in *Aeolian Harps: Essays in Literature in Honor of Maurice Browning*, Hg. D. G. u. D. C. Fricke, Bowling Green/Oh. 1976, S. 207–225). – C. Rihoit, *»The Bostonians«: An Investigation of the Female Feature in J.'s Cosmogony* (in *Myth and Ideology in American Culture*, Hg. R. Durand, Villeneuve d'Ascq/Lille 1976, S. 81–110). – T. A. Birrell, *The Greatness of »The Bostonians«* (in Dutch Quarterly Review of Anglo-American Letters, 7, 1977, S. 242–264). – L. J. Taylor, *Contemporary Critical Response to H. J.'s »The Bostonians«: An Annotated Checklist* (in Resources for American Literary Studies, 7, 1977, S. 134–151). – S. Wolstenholme, *Possession and Personality: Spiritualism in »The Bostonians«* (in AL, 49, 1978, S. 580–591).

S. Davis, *Feminist Sources in »The Bostonians«* (ebd., 50, 1979, S. 570–587). – R. E. Quebe, *»The Bostonians«: Some Historical Sources and Their Implications* (in Centennial Review, 25, 1981, S. 80–100). – J. A. Gabler, *The Narrator's Script: J.'s Complex Narration in »The Bostonians«* (in Journal of Narrative Technique, 14, 1984, S. 94–109). – Dies., *J.'s Rhetorical Arena: The Metaphor of Battle in »The Bostonians«* (in Texas Studies in Literature and Language, 27, 1985, S. 270–283). – S. L. Mizruchi, *The Politics of Temporality in »The Bostonians«* (in NCF, 40, 1985, S. 187–215). – J. Wilt, *Desperately Seeking Verena: A Resistant Reading of »The Bostonians«* (in Feminist Studies, 13, 1987, S. 293–316).

DAISY MILLER. A Study

(amer.; *Daisy Miller*). Novelle von Henry JAMES, in Fortsetzungen veröffentlicht in ›Cornhill Magazine‹, 1878, als Buch erschienen 1879. – Annie P. (»Daisy«) Miller gibt dem seit langem im kalvinistischen Genf lebenden jungen Amerikaner Frederick Winterbourne, der sie auf unkonventionelle Weise in einem Hotelgarten in Vevey kennenlernt, einige Rätsel auf. Die Begegnung mit der jungen Amerikanerin aus einer reichen Kaufmannsfamilie in Schenectady/N.Y., die in Europa mit ihrer nachgiebigen Mutter und ihrem tyrannischen kleinen Bruder ihren Wohlstand genießt, läßt Winterbourne spüren, daß ihm in Europa die Fähigkeit verlorengegangen ist, seine eigenen Landsleute zu beurteilen. Mit ihrem *»hellen, süßen, oberflächlichen kleinen Gesicht«* erscheint sie ihm hübsch, wenn auch *»etwas ausdruckslos«*, und er weiß nicht, ob er ihre freie Art und gutgelaunte Eigenwilligkeit für raffiniert-kokett oder für naiv halten soll. Trotz eines besonders von seiner Tante geschürten Mißtrauens, die Daisy als grenzenlos vulgär ablehnt, hält er sie zunächst für einen aufrichtigen, vertrauensvollen Menschen. Bei dem verabredeten Wiedersehen in Rom muß er allerdings erfahren, daß sich Daisy in den sittenstrengen und förmlichen Kreisen der amerikanischen Kolonie inzwischen durch ihr unkonventionelles Benehmen und ihre Freundschaften mit nicht gesellschaftsfähigen Italienern einen höchst zweifelhaften Ruf erworben hat. Obwohl er Daisy anfangs verteidigt, wird er durch ihre trotzig-rebellische Reaktion auf seine Vorhaltungen – die besonders ihrem herausfordernd freien Verhalten gegenüber dem attraktiven, unbemittelten Italiener Giovanelli gelten und nicht frei von Eifersucht sind – selbst immer mehr auf den Standpunkt der Gesellschaft gedrängt und kann nicht verhindern, daß sie sich gesellschaftlich schließlich völlig geschnitten wird und sich auch ihm entfremdet. Eines Nachts trifft er sie und den Italiener im Kolosseum, das sie, die Bedenken Giovanellis in den Wind schlagend, besucht hat, obwohl es im Volksglauben ganz Roms als gefährliche Fieberbrutstätte gilt. Kurz darauf erkrankt sie schwer an Malaria. In der letzten Nachricht vor ihrem Tod läßt sie Winterbourne wissen, daß zwischen ihr und Giovanelli keine ernsthafte innere Bindung bestand. Nun wird Winterbourne klar, daß er sie im Grunde verkannt und es versäumt hat, ihre versteckte Zuneigung zu erwidern. Giovanelli selbst bestätigt ihm, daß Daisy lediglich »*tat, was immer sie wollte*«, ansonsten aber völlig unschuldig war.

Daisy – in dieser Charakterstudie mehr Typ als Persönlichkeit – erleidet das Schicksal eines gänzlich ungebundenen Menschen, der außerhalb jeder schützenden, bergenden Tradition und ohne Bindung an irgendeine menschliche Gemeinschaft die absolute Freiheit des Individuums verlangt, unbekümmert um die Mißdeutungen, denen er sich aussetzt. Sie ist nicht bereit, auch nur einen geringen Teil dieser Freiheit, mit der sie doch letztlich nichts anzufangen weiß, für die Achtung jener Gesellschaft zu opfern, von der Fredericks Haltung so stark bestimmt wird. Als sie sich verschmäht fühlt, bleiben ihr nur selbstzerstörerische Resignation und Bedenkenlosigkeit. – Unmittelbarkeit und Freiheitswille, die positiven Züge amerikanischer »*innocence*«, mischen sich in Daisy mit einer von James kritisch betrachteten Oberflächlichkeit, die den Sinn gewisser Grenzen und die Notwendigkeit der Anpassung an die menschliche Gemeinschaft negiert. Daisys Unreife entspringt ihrer Unschuld, und es erscheint wie tragische Ironie, wenn ihr Leben schließlich in sinnloser Weise einer Krankheit zum Opfer fällt, deren Vorhersage ihr so nichtig erschien wie gesellschaftliche Konventionen. Andererseits bedeutet der Verlust Daisys für Winterbourne den Lohn seiner »*Steifheit*« und seines zu weit getriebenen Verzichts auf moralische Selbständigkeit. – Die begeisterte Aufnahme dieser knappen, komplexen Studie, deren Ruf den Autor später irritierte, weil er bedeutendere Leistungen zu überschatten drohte, beweist James' Treffsicherheit in der exemplarischen Darstellung eines Frauentyps und sicherte ihm für sein »*international theme*« ein großes Publikum beiderseits des Atlantik. (Allerdings galt es zunächst, den Widerstand amerikanischer Verleger gegen die Darstellung Daisys zu überwinden, die als Verunglimpfung amerikanischer Natürlichkeit empfunden wurde.) Mit seiner ökonomischen, konstruktiven und suggestionsreichen Gestaltung und der in der Person Winterbournes schon weitgehend entwickelten Methode der perspektivischen Darstellung aus *einem* dramatischen Bewußtsein heraus bereitete er die reichere Ausarbeitung des Themas von der in Europa eine Bewußtseinserweiterung erfahrenden jungen Amerikanerin (vgl. *The Portrait of a Lady*) bereits vor. James' Umarbeitung der Novelle zu einer dreiaktigen Komödie mit glücklichem Ausgang verlagert den Schwerpunkt von der Bewußtseinsdarstellung auf die Intrige und zerstört dabei die ironische Komplexität der Erzählung. K.E.

AUSGABEN: Ldn. 1878 (in Cornhill Magazine, Juni/Juli 1878). – NY 1879. – NY 1907–1918 (in *Novels and Tales*, 26 Bde., 18; *New York Ed.*;

[2]1963). – Ldn. 1921–1923 (in *Novels and Stories*, Hg. P. Lubbock, 35 Bde., 23). – Ldn. 1962–1964 (in *Complete Tales*, Hg. L. Edel, 12 Bde., 4). – Ldn. 1974 (in *The Bodley Head H. J.*, Hg. ders., 11 Bde., 1967–1974, 11). – NY 1985 (in *Daisy Miller & Other Stories*, Hg. J. Gooder).

ÜBERSETZUNG: *Daisy Miller*, H. M. Braem u. E. Kaiser (in *Erzählungen*, Köln/Bln. 1958). – Dass., dies., Wiesbaden 1961 (IB). – Dass., dies., Köln 1986.

DRAMATISIERUNG: H. J., *Daisy Miller*, Boston 1883. – Dass. (in *The Complete Plays*, Philadelphia/NY 1949).

VERFILMUNG: USA 1974 (Regie: P. Bogdanovich).

LITERATUR: V. Dunbar, *The Revision of »Daisy Miller«* (in MLN, 65, 1950, S. 311–317). – B. R. McElderry, *The »Shy, Incongruous Charm« of »Daisy Miller«* (in NCF, 10, 1955). – W. D. Howells, *Prefaces to Contemporaries (1882–1920)*, Gainesville/Fla. 1957, S. 155–163. – P. Buitenhuis, *From »Daisy Miller« to Julia Bride: A Whole Passage of Intellectual History* (in American Quarterly, 11, 1959, S. 136–146). – J. W. Gargano, *»Daisy Miller«: An Abortive Quest for Innocence* (in South Atlantic Quarterly, 59, 1960, S. 114–120). – *J.'s »Daisy Miller«: The Story, The Play, the Critics*, Hg. W. T. Stafford, NY 1963. – M. J. Mendelsohn, *»Drop a Tear ...« H. J. Dramatizes »Daisy Miller«* (in MD, 7, 1964, S. 60–64). – C. Ohmann, *»Daisy Miller«* (in AL, 36, 1964, S. 1–11). – M. F. Deakin, *»Daisy Miller«, Tradition, and the European Heroine* (in Comparative Literature Studies, 6, 1969, S. 45 bis 59). – C. N. Davidson, ›*Circumsexualocution*‹ in *H. J.'s »Daisy Miller«* (in Arizona Quarterly, 32, 1976, S. 353–366). – D. Galloway, *H. J.: »Daisy Miller« and the International Novel* (in Dutch Quarterly Review of Anglo-American Letters, 6, 1976, S. 304–317). – C. H. Kirk, *»Daisy Miller«: The Reader's Choice* (in SSF, 17, 1980, S. 275–283). – F. Wilson, *»Daisy Miller« and the Metaphysician* (in ALR, 13, 1980, S. 270–279). – T. Yacobi, *Hero or Heroine?* (in Style, 19, 1985, S. 1–35).

THE EUROPEANS. A Sketch

(amer.; *Die Europäer*). Roman von Henry JAMES, erschienen 1878. – Felix Young und seine Schwester Eugenia, als Baronin Münster nicht standesgemäß mit einem deutschen Kleinfürsten verheiratet, der sich aus Gründen der Staatsräson von ihr losgesagt hat, sind nach Boston gekommen, um ihre Verwandten zu besuchen. Felix ist ein Mensch von »*unbegrenzter Genußfähigkeit*«, der allen Eindrükken aufgeschlossen ist und dessen gleichbleibende Heiterkeit sich auch in seiner freilich nicht sehr ehrgeizig betriebenen Malerei spiegelt. So steht er vom ersten Moment an in reizvollem Kontrast zu den

Wentworths, die auf ihrem abgelegenen idyllischen Landsitz bei Boston in strenger Nüchternheit und puritanischer Gewissenhaftigkeit leben. Zu dem Kreis um den steifen, ernsten und doch freundlichen Mr. Wentworth, seine beiden Töchter Charlotte und Gertrude und seinen Sohn Clifford gesellen sich ein Freund der Familie, der weitgereiste Robert Acton, dessen jüngere Schwester Lizzie und Mr. Brand, ein junger, schwerfällig-ernsthafter unitarischer Pfarrer, der sich um die Hand Gertrudes bemüht. Acton, der einzige Kosmopolit in diesem Kreis, zieht sofort die Aufmerksamkeit der Baronin Eugenia auf sich. Felix' unproblematisches Naturell gibt indessen den Wentworths ständig Grund zur Verwunderung, weckt aber gleichzeitig in der eigenartigen, tiefveranlagten Gertrude eine wachsende Zuneigung, in der auch die Sehnsucht des Mädchens nach der Welt außerhalb des engen Bostoner Bereiches zum Ausdruck kommt. Bei aller Unbekümmertheit ist Felix keineswegs ein Hohlkopf; nach anfänglicher Zurückhaltung, die er den Gastgebern schuldig zu sein glaubt, wird ihm bald klar, daß Gertrude den jungen Brand nicht liebt und nichts mit ihm gemeinsam hat, daß aber andererseits Charlotte unter dem Deckmantel schwesterlicher Sorge um das Wohl Gertrudes ihre eigene Zuneigung zu dem jungen Geistlichen verbirgt. Indessen fühlt sich Robert Acton von Eugenia immer stärker fasziniert. Diese jedoch, durch ihre gesellschaftliche Stellung in Europa an äußeren Glanz, Macht über andere und gesellschaftliche Intrigen gewöhnt, kann sich Acton gegenüber nicht offen geben, obwohl sie mit dem Gedanken an eine günstige Wiederverheiratung nach Amerika gekommen ist und die menschlichen Qualitäten Actons im Vergleich mit anderen Vertretern der Bostoner Gesellschaft wohl zu erkennen vermag. Unfähig, die Vorzüge einer anderen Welt anzuerkennen, verpaßt sie ihre große Chance, schreckt Acton durch ihre Unaufrichtigkeit ab und muß schließlich, unzufriedener denn je, abreisen. Felix dagegen, der seiner Umwelt stets die guten, erfreulichen Seiten abgewinnt, erhält die Hand Gertrudes, nachdem er Charlotte und Brand mit großem Feingefühl und taktischem Geschick zusammengeführt hat.

Das als Gegenstück zu *The American* (1877) als »*sketch*« (Skizze) konzipierte Buch hat einen ganz eigenen künstlerischen Charakter; es ist von einer für James ungewöhnlichen lyrischen Geschlossenheit, in seinen atmosphärischen und farblichen Nuancen einem Bild von Corot vergleichbar, dabei von tänzerischer Grazilität und Klarheit in der dramatischen Abfolge. Die heiter-unkonventionellen, ironisch-gutmütigen Kommentare Felix' werden dabei zum konstanten Bezugspunkt für die fein unterschiedenen, jeweils ihre eigene Prägung tragenden Idiome der anderen Charaktere – ein Kunstgriff, der dem Werk einen leicht schwebenden, musikalischen Rhythmus verleiht. Das Frühwerk ist eine der humorvollsten und sprachlich anmutigsten Ausformungen eines Vorwurfs, den James immer wieder wählte, um am Beispiel seiner Protago-

nisten moralische Sensibilität und Intelligenz auszuloten – ein kleines Meisterwerk mit komödienhaften Zügen. K.E.

AUSGABEN: Boston 1978 (in Atlantic Monthly, Juli–Okt.). – Ldn. 1878, 2 Bde. – Ldn. 1921–1923 (in *Novels and Stories*, Hg. P. Lubbock, 35 Bde., 3). – NY 1947 (in *American Novels and Stories*, Hg. F. O. Matthiessen). – Ldn. 1952 [Einl. E. Sackville-West]. – Ldn. 1967 (in *The Bodley Head H. J.*, Hg. L. Edel, 11 Bde., 1967–1974, 1). – NY 1987.

ÜBERSETZUNGEN: *Die Europäer*, F. Bench (in Die Romanwelt, 1, Stg. 1894). – Dass., H. Haas, Köln 1970. – Dass., dies., Ffm./Bln. 1983 (Ullst. Tb).

VERFILMUNG: USA/England 1979 (Regie: J. Ivory).

LITERATUR: S. Spender, *The School of Experience in the Early Novels* (in Hound and Horn, 7, 1934, S. 417–433). – F. R. Leavis, *The Novel as Dramatic Poem: »The Europeans«* (in Scrutiny, 15, 1948, S. 209–221). – D. Austin, *Innocents at Home, a Study of the »Europeans« of H. J.* (in Journal of General Education, 14, 1962, S. 103–129). – P. Buitenhuis, *Comic Pastoral, H. J.'s »The Europeans«* (in Univ. of Toronto Quarterly, 31, 1962, S. 152 bis 163). – J. A. Ward, *J.'s »The Europeans« and the Structure of Comedy* (in NCF, 19, 1964, S. 1–16). – J. W. Tittleton, *Propriety and Fine Perception: J.'s »The Europeans«* (in MLR, 73, 1978, S. 481–495). – G. Fincham, *›The Alchemy of Art‹: H. J.'s »The Europeans«* (in English Studies in Africa, 23, 1980, S. 83–92). – A. Hirsh, *»The Europeans«: H. J., James Ivory, ›And That Nice Mr. Emerson‹* (in Literatur/Film Quarterly, 11, 1983, S. 112–119). – M. Winkgens, *Die Bedingungen einer »Ideal Civilization« oder das Äquivalenzsystem des Textes: Wirkungsästhetische Überlegungen zu H. J.'s »The Europeans«* (in Sprachkunst, 16, 1985).

THE GOLDEN BOWL

(amer.; *Die goldene Schale*). Roman von Henry JAMES, erschienen 1904. – Fürst Amerigo, einem verarmten römischen Adelsgeschlecht entstammend, will in London Maggie, die Tochter des amerikanischen Millionärs und Kunstsammlers Adam Verver, heiraten. Wenige Tage vor der Hochzeit erfährt er von der plötzlichen Ankunft der Jugendgefährtin seiner Braut, jener Charlotte Stant, die einst in Rom seine Geliebte war. Nur weil sie beide mittellos waren, hatten er und Charlotte damals auf eine Heirat verzichtet. Jetzt, am Vorabend seiner Hochzeit, bittet Charlotte ihn, ihr bei der Auswahl eines Geschenks für Maggie zu helfen. In einem Antiquitätengeschäft fällt ihnen eine vergoldete Kristallschale auf, in der Amerigo, obwohl sie makellos erscheint, intuitiv einen unsichtbaren Sprung vermutet. Er, der eingestandenermaßen abergläubisch ist, hält Charlotte vom

Kauf der Schale ab. – Inzwischen hat Mrs. Assingham, die vertraute Freundin aller Beteiligten, die den Fürsten mit Maggie bekannt gemacht hat und von seiner früheren Beziehung zu Charlotte weiß, sich vorgenommen, auch dieser zu einem Gatten zu verhelfen. Unabhängig davon fühlt Maggie sich verpflichtet, ihren früh verwitweten Vater, dem sie stets eng verbunden war, nicht vereinsamen zu lassen und ihm eine Frau zu suchen. So wird Charlotte Mrs. Verver. Da Maggie und ihr Vater sich nach alter Gewohnheit auch jetzt noch häufig zusammenfinden und dazu neigen, gesellschaftliche Pflichten ihren Ehepartnern zu überlassen, sehen sich Charlotte und Amerigo einander nähergebracht als je zuvor. Doch gerade als sie sich gelobt haben, die ihnen unvermeidlich aufgedrängte Bundesgenossenschaft durch nichts zu mißbrauchen, was ihre nicht nur ahnungslosen, sondern auch im tiefsten Sinn unschuldigen Ehepartner verletzen könnte, beginnt Maggie, sich der Eigentümlichkeit dieser Konstellation bewußt zu werden, spürt sie das geheime Einverständnis zwischen Amerigo und Charlotte. Und durch einen Zufall (sie erwirbt jene goldene Schale für ihren Vater und erfährt beim Antiquitätenhändler von dem früheren Besuch der beiden) glaubt sie schließlich, Gewißheit erlangt zu haben. Sie beschließt, ihren Mann mit allen Kräften ihrer Seele, ohne jeden Eklat, zurückzugewinnen. In der einzigen heftigen Szene (und dem dramatischen Höhepunkt) weist Mrs. Assingham beim Anblick der Schale Maggies Verdacht in der besten Absicht zurück und zerschmettert ostentativ das »Indiz«. Vor den Bruchstücken der Schale erklärt Maggie ihrem Mann, was geschehen ist. Es kommt nicht zu stürmischen Auseinandersetzungen: Die Tragödie hat sich zwar angebahnt, doch wie ihr Ausbruch verhindert werden kann, macht jeder der Beteiligten mit sich selbst aus – ein Vorgang, der sich in meisterhaft kondensierten Szenen spiegelt, etwa in den beiden Konfrontierungen Maggies und Charlottes in dem von drückender Sommerschwüle erfüllten englischen Landhaus der Ververs. Unter der Oberfläche spätviktorianischer Wohlanständigkeit entwickelt sich ein stiller moralischer Kampf, in dem jeder – unter Wahrung gegenseitiger Diskretion und Hochachtung – nur auf seine eigenen Intuitionen und inneren Kräfte angewiesen ist. Maggie, die in diesem Kampf Intelligenz und Geschmack beweist (Qualitäten, die Henry James als Voraussetzungen moralischer Größe gelten), sublimiert selbst noch die Eifersucht zu Mitleid und Verständnis und gewinnt damit die Achtung und schließlich die Liebe Amerigos, der sich anfangs ratlos in eine Art Erstarrung geflüchtet hat. Charlotte wiederum muß, ohne je zu erfahren, was Maggie wirklich über sie weiß, schmerzlich erkennen, daß alles sich rätselhaft verwandelt hat und die neue Situation von ihr den endgültigen Verzicht fordert. Und Adam Verver, dem niemand – auch nicht Maggie – anmerkt, ob er sich des ihn umgebenden Gefühlsgeflechts bewußt wird, beschließt endlich, mit Charlotte nach Amerika zurückzukehren, und macht mit diesem für

keinen schmerzlosen Schritt den unheimlich schwelenden Konflikten ein Ende, die, überdeckt von immer gleichbleibend beherrschten Formen, das Zusammenleben der vier bedroht haben – ein Ende also, das wie die goldene Schale den unsichtbaren Sprung in sich trägt, ein Ende, »*wo die Kapitulationen gegenseitig sind, bejahend, wechselnd, uferlos*« (R. P. Blackmur).

In *The Golden Bowl*, seinem letzten großen Erzählwerk, hat James' Bemühung, den Roman dadurch zu »entmaterialisieren«, daß das Geschehen fast ausschließlich in den Reflexionen der Personen rekreiert wird und damit in vielfach gespiegelter Gestalt erscheint, seine schärfste Ausprägung gefunden. Die Vorgänge werden im ersten Teil aus der Perspektive Amerigos, im zweiten aus der Maggies dargestellt, während Mrs. Assingham als selbstberufene Confidente in immer wieder eingestreuten anspielungsreichen Gesprächen mit ihrem skeptisch-trockenen Ehemann die für James' Erzähltechnik so kennzeichnende Erhellung von außen her beisteuert. – Über diese Seelenlandschaft spannt sich ein kunstvoll geknüpftes Netz aus Bildern und Metaphern, die dort dem Bereich des Kommerziellen entnommen sind, wo Henry James – nicht ohne beißende Ironie – die amerikanische »Unschuld« der Ververs ausleuchtet, denen selbst der italienische Fürst ein erworbenes Kunstobjekt von hohen Graden ist, vergleichbar einem seltenen Kunstwerk, einem »*Palladion*« oder einer »*Pagode*«. Doch spielt das *international theme* der früheren Werke James' in den Beziehungen der vier Personen nur noch eine verhältnismäßig untergeordnete Rolle, und obwohl auf der einen Seite Geld und Besitz mit einer für die andere Seite fast grausamen Selbstverständlichkeit und Sicherheit vorhanden sind, wird – unter Verzicht auf solch raffinierte, von Ehrgeiz und Habsucht diktierte Intrigen, wie sie noch in dem zwei Jahre früher erschienenen Roman *The Wings of the Dove (Die Flügel der Taube)* eingefädelt wurden – allen Beteiligten in gleichem Maß eine innere Bewährung auferlegt, die sie in ein neues, schmerzliches Wirklichkeitsbewußtsein hineinwachsen läßt. *K. E.*

AUSGABEN: NY 1904. – NY 1907–1918 (in *Novels and Tales*, 26 Bde., 23/24, *New York Ed.*; ²1963). – Ldn. 1921–1923 (in *Novels and Stories*, Hg. P. Lubbock, 35 Bde., 34/35). – Ldn. 1962 [Einl. R. P. Blackmur]. – Ldn. 1971 (in *The Bodley Head H. J.*, Hg. L. Edel, 11 Bde., 1967–1974, 9). – Harmondsworth 1985, Hg. G. Vidal.

ÜBERSETZUNG: *Die goldene Schale*, W. Peterich, Köln/Bln. 1963. – Dass., ders., Ffm./Bln. 1984 (Ullst. Tb).

LITERATUR: F. Ferguson, »*The Golden Bowl*« Revisited (in SR, 63, 1955, S. 13–28). – H. U. Giring, *The Function of Slang in the Dramatic Poetry of* »*The Golden Bowl*« (in NCF, 11, 1956, S. 130–147). – J. Kimball, *H. J.'s Last Portrait of a Lady: Charlotte Stant in* »*The Golden Bowl*« (in AL, 28, 1957,

S. 449–468). – J. L. Spencer, *Symbolism in J 's* »*The Golden Bowl*« (in MFS, 3, 1957/58, S. 333–344). – W. Wright, *Maggie Verver: Neither Saint nor Witch* (in NCF, 12, 1957). – R. T. Todasco, *Theme and Imagery in* »*The Golden Bowl*« (in Texas Studies in Literature and Language, 4, 1962, S. 228–240). – N. Lebowitz, *Magic and Metamorphosis in* »*The Golden Bowl*« (in SR, 73, 1965, S. 58–73). – S. Byrd, *The Spoils of Venice: H. J.'s* »*Two Old Houses and Three Young Women*« *and* »*The Golden Bowl*« (in AL, 43, 1971, S. 371–384). – M. E. Hartsock, *Unintentional Fallacy: Critics and* »*The Golden Bowl*« (in MLQ, 35, 1974, S. 272–288). – A. Ling, *The Pagoda Image in H. J.'s* »*The Golden Bowl*« (in AL, 46, 1974, S. 383–388). – T. A. Riese, *H. J.: * »*The Golden Bowl*« (in *Der amerikanische Roman im 19. u. 20. Jh.*, Hg. E. Lohner, Bln. 1974, S. 92–105). – M. L. Krupnick, »*The Golden Bowl*«. *H. J.'s Novel about Nothing* (in ES, 57, 1976, S. 533–540). – R. Norrman, *Referential Ambiguity in Pronouns as a Literary Device, in H. J.'s* »*The Golden Bowl*« (in *Studia Neophilologica*, 51, 1979, S. 31–71). – Ders., *End-Linking as an Intensity-Creating Device in the Dialogue of H. J.'s* »*The Golden Bowl*« (in ES, 61, 1980, S. 236–251). – R. B. J. Wilson, *H. J.'s Ultimate Narrative: * »*The Golden Bowl*«, St. Lucia/Queensland 1981. – A. Medina, *Edwardian Couples: Aesthetics and Moral Experience in* »*The Golden Bowl*« (in New Literary History, 15, 1983, S. 51–71). – C. C. Wessel, *Strategies for Survival in J.'s* »*The Golden Bowl*« (in AL, 55, 1983, S. 576–590). – L. A. Westervelt, *The Individual and the Form: Maggie Verver's Tactics in* »*The Golden Bowl*« (in Renascence, 36, 1984, S. 147–159). – J. A. Boone, *Modernist Maneuverings in the Marriage Plot: Breaking Ideologies of Gender and Genre in J.'s* »*The Golden Bowl*« (in PMLA, 101, 1986, S. 374–388). – M. Steele, *The Drama of Reference in J.'s* »*The Golden Bowl*« (in Novel, 21, 1987, S. 73–88).

AN INTERNATIONAL EPISODE

(amer.; *Ein internationaler Zwischenfall*). Erzählung von Henry JAMES, in Fortsetzungen 1878/79 veröffentlicht in ›Cornhill Magazine‹, als Buch erschienen 1879. – Während ihres ersten Amerikaaufenthalts suchen zwei junge Engländer, Lord Lambeth und Percy Beaumont, den New Yorker Geschäftsmann Westgate auf, der sie angesichts des heißen Wetters sofort in sein Sommerhaus in dem mondänen Badeort Newport/R.I. schickt. Dort lernen die beiden die großzügige Gastfreundschaft und die teils naive, teils weltklug-durchtriebene Gesprächigkeit der sehr englandfreundlichen Mrs. Westgate kennen, und dort treffen sie auch deren Schwester, Bessie Alden aus Boston. Die Engländer nehmen sich in dieser ungezwungenen Gesellschaft zwar etwas steif und borniert aus, fühlen sich aber von ihr angeregt. Lord Lambeth ist besonders von der intelligenten, ihm sehr unbefangen begegnenden Bessie fasziniert, die sich ihrerseits dem

ganz unintellektuellen Charme des Aristokraten nicht entziehen kann. Beaumont, der der standesbewußten Mutter des Lords, der Herzogin von Bayswater, versprochen hat, auf den Umgang ihres Sohns zu achten, spürt, daß Gefahr im Verzug ist, und sorgt für seine und Lambeths überstürzte Abreise. – Bei ihrem ersten Englandbesuch im folgenden Jahr rechnet Bessie fest damit, den Lord wiederzusehen, wird aber von ihrer Schwester belehrt, daß englische Aristokraten die Aufmerksamkeiten ihrer amerikanischen Gastgeber im eigenen Land nicht zu erwidern pflegen. Leicht verwirrt, verhält sich Bessie daraufhin passiv. Doch als die Schwestern dem Lord zufällig im Hyde Park begegnen, zeigt er sofort lebhaftes Interesse. In den folgenden Tagen widmet er sich, trotz Beaumonts Warnungen, den beiden Amerikanerinnen, ja er lädt sie sogar auf seinen Landsitz ein. Seine Zuneigung zu Bessie ist so offensichtlich, daß schließlich seine Mutter, kurz bevor die Schwestern der Einladung folgen, drastische Maßnahmen ergreift. Zusammen mit ihrer Tochter, einer Gräfin Pimlico, besucht sie die beiden im Hotel und versucht, sie auf arrogant-ungezogene Weise die gesellschaftliche Kluft zwischen ihresgleichen und den alten englischen Familien spüren zu lassen. Bessie und Mrs. Westgate sind weder eingeschüchtert noch um Antworten verlegen. Aber obwohl sie von den Schachzügen der Herzogin nicht unbeeindruckt ist, entscheidet sich Bessie kurz danach gegen Lord Lambeth: Sie hat nicht nur erkannt, wie überlegen sie ihm in ihrer weltoffenen Intelligenz ist, sie läßt sich auch nicht mehr von der pittoresken Oberfläche der aristokratischen Tradition Englands blenden. Die Amerikanerinnen fahren nach Paris weiter. Mrs. Westgate bedauert, daß man ihre Abreise als Flucht verstehen wird. »*Aber Bessie Alden schien nichts zu bedauern.*«

Mit der selbständigen, unbefangen selbstsicher handelnden Bessie hat James bewußt ein Gegenstück zu der verletzlicheren Titelheldin der wenige Monate zuvor ebenfalls in ›Cornhill Magazine‹ erschienenen Erzählung *Daisy Miller* geschaffen. Während diese bei der Begegnung mit der komplexen Welt des alten Europa an ihrer naiven Bedenkenlosigkeit tragisch zugrunde geht, erweist sich jene dank ihrem sicheren Gefühl für echte Werte als der etablierten Gesellschaft Englands überlegen. Da der geistige Horizont des die Alte Welt repräsentierenden Gegenspielers sehr begrenzt ist, stellt sich das von James so oft variierte »internationale Thema« in dieser Erzählung im engeren Rahmen einer allerdings funkelnd satirischen Gesellschaftskomödie dar.   K.E.

AUSGABEN: Ldn. 1878/79 (in Cornhill Magazine, Dez.–Jan.) – NY 1879. – NY 1907–1918 (in *Novels and Tales*, 26 Bde., 14; *New York Ed.*; ²1963). – Ldn. 1921–1923 (in *Novels and Stories*, Hg. P. Lubbock, 35 Bde., 19). – Ldn. 1962–1964 (in *Complete Tales*, Hg. L. Edel, 12 Bde., 4). – Harmondsworth 1986 (in *An International Episode & Other Stories*, Hg. G. S. Purr).

Literatur: H. Daniels, *H. J. and »An International Episode«* (in British Association for American Studies Bull., 1, 1960, S. 3–35).

IN THE CAGE

(amer.; *Im Käfig*). Erzählung von Henry James, erschienen 1898. – Tagein, tagaus sitzt die namenlose Hauptfigur dieser Geschichte, eine junge Telegrafistin, hinter den Gitterstäben eines Postschalters, der sich in einem eleganten Londoner Kaufhaus befindet und ständig von den Gerüchen der benachbarten Lebensmittelabteilung durchzogen wird. Auch draußen, außerhalb ihres Käfigs, erwartet sie nichts Ungewöhnliches. Ihr Verehrer, Mr. Mudge, ein kleiner Kaufmann, hat nur ein Ziel: Er spart, um einen Hausstand gründen zu können. Um in der tödlichen Monotonie ihres Lebens nicht ganz zu verkümmern, nimmt die junge Frau gierig Anteil an den Schicksalen und Gefühlen, die sie aus den Telegrammen ihrer Kunden bruchstückhaft kennenlernt. Sie entwickelt dabei soviel Wahrnehmungs- und Einfühlungsvermögen, daß der karge Alltag einer Telegrammannahmestelle für sie zum absorbierenden emotionellen Drama wird. Ihre Aufmerksamkeit konzentriert sich vor allem auf zwei ihrer Kunden, Lady Bradeen und Captain Everard, die sie nie zusammen sieht, die aber, wie sie aus den Telegrammen der beiden immer deutlicher spürt, heimlich liiert sind. Ihre Phantasie folgt den verschiedenen Phasen dieses Verhältnisses, und immer ausschließlicher kreisen ihre Gedanken um Everard. Als sie ihm eines Tages auf der Straße begegnet, kann sie ihre Gefühle für ihn nur mühsam verbergen, gesteht ihm aber offen, daß sie ihm gern einen großen, uneigennützigen Dienst erweise. Beflügelt von dem Gefühl eines geheimen Einverständnisses, arbeitet sie hinfort gleichsam nur für ihn in ihrem Käfig weiter. Endlich bietet sich ihr die ersehnte Gelegenheit: Sie hilft Everard, einen Skandal zu vermeiden, indem sie den Wortlaut eines in falsche Hände geratenen Telegramms, an den weder er noch Lady Bradeen sich genau erinnern können, rekonstruiert. Als der erleichterte Everard ihr danach für immer den Rücken kehrt, wird sich die Telegrafistin resigniert ihrer Wirklichkeit bewußt, erkennt sie, daß die Zukunft nichts anderes als jenes farblose Leben für sie bereithält, das ihre sehnsüchtige Phantasie für einen Augenblick zu überwinden schien. Bald darauf erfährt sie, daß Lady Bradeen nach dem Tod ihres Mannes ihren nicht mehr ganz willigen Liebhaber gezwungen hat, die Konsequenz aus ihrer gemeinsamen skandalträchtigen Vergangenheit zu ziehen und sie zu heiraten. Nun sieht die Telegrafistin Everard in seinem eigenen Käfig gefangen, und mit dieser leidvollen Erweiterung ihres Bewußtseins (einer Erfahrung, die sie mit vielen Gestalten James' teilt) fügt sie sich in ihr Schicksal und nimmt den Antrag Mudges an.

Von der banalen, nur momentan sich erhöhenden Existenz dieser einfachen, zu soviel menschlicher Hingabe fähigen Frau, deren vage schweifenden oder schmerzlich sich kristallisierenden Sehnsüchten James in einer höchst sensiblen, figurativen Sprache Ausdruck verleiht, geht eine zwingende Kraft aus. Die unverständlicherweise lange in Vergessenheit geratene Erzählung ist in der reichen mittleren Schaffensperiode des Autors entstanden und zählt zu den besten Leistungen, die er – nach seinen fehlgeschlagenen dramatischen Versuchen – im novellistischen Bereich erzielte. K.E.

Ausgaben: Ldn. 1898. – NY 1907–1918 (in *Novels and Tales*, 26 Bde., 11; *New York Ed.*; ²1963). – Ldn. 1921–1923 (in *Novels and Stories*, Hg. P. Lubbock; 35 Bde., 16). – Ldn. 1962–1964 (in *Complete Tales*, Hg. L. Edel, 12 Bde., 10). – Harmondsworth 1983 (in *In the Cage & Other Stories*).

Literatur: A. C. Friend, *A Forgotten Story by H. J.* (in South Atlantic Quarterly, 50, 1954, S. 100–108). – J. F. Blackall, *A Probable Source for a J. Nouvelle* (in MLN, 74, 1959, S. 225/226). – J. F. Blackall, *J.'s »In the Cage«: an Approach through the Figurative Language* (in Univ. of Toronto Quarterly, 31, 1961/62, S. 164–179). – W. B. Stone, *On the Background of J.'s »In the Cage«* (in ALR, 6, 1973, S. 243–247). – R. Norrman, *Techniques of Ambiguity in the Fiction of H. J.: With Special Reference to »In the Cage« and »The Turn of the Screw«*, Abo 1977. – J. Salzberg, *Mr. Mudge as Redemptive Fate: Juxtaposition in J.'s »In the Cage«* (in StN, 11, 1979, S. 63–76). – S. Hutchinson, *J.'s »In the Cage«: A New Interpretation* (in SSF, 19, 1982, S. 19–25). – D. Bauer u. A. Lakritz, *Language, Class, and Sexuality in H. J.'s »In the Cage«* (in New Orleans Review, 14, 1987, S. 61–69).

THE NOTEBOOKS OF HENRY JAMES

(amer.; *Tagebuch eines Schriftstellers*). Aufzeichnungen aus den Jahren 1878–1911 von Henry James, erschienen 1947, herausgegeben von Francis O. Matthiessen und Kenneth B. Murdock. – Neben den systematischeren *Prefaces* der New Yorker Werkausgabe (1907–1917) – achtzehn Vorworten, die der Autor selbst als *»eine Art umfassendes Handbuch und Vademecum«* für literarische »Aspiranten« bezeichnete – sowie einer großen Zahl von Briefen vermitteln die *Notebooks* den wohl intimsten Einblick in die Werkstatt des Schriftstellers Henry James. Nur drei kürzere Tagebücher beziehen sich nicht direkt auf literarische Fragen: Ein frühes (1881/82) enthält einen gedrängten Rückblick auf die vorausgegangenen sechs Jahre, in dem sich James über seine erste, ganz in Europa verbrachte Schaffensperiode Rechenschaft ablegt; ein zweites (1904/05) hält Erinnerungen an Cambridge/Mass. und Boston fest, die der Autor später für *The American Scene* (1907) und *Notes of a Son and Brother* (1914) verwertete; in einem dritten (1907–1909) finden sich Skizzen für ein – nicht ausgeführtes – Buch über London. Die übrigen sechs Tagebücher bestehen aus minuziösen Auseinandersetzungen des Künstlers mit dem Material und den formalen Bedingungen seiner Erzählkunst. Nur selten geht James dabei (wie etwa HAWTHORNE) von einer abstrakten Idee als Einfall aus; gewöhnlich entdeckt er die »*Keimzelle*« oder das »*Saatkorn*« seiner erzählerischen Pläne in dem »*donné*« eines konkreten Vorfalls, einer beiläufigen Bemerkung, einer prägnanten oder auch höchst alltäglichen Situation, die er jeweils zu filtrieren und anzureichern versucht, bis sie klare Konturen annehmen und erzählerischen Erfolg versprechen. Etwa achtzig solcher Einfälle wurden ausgeführt (in den *Notebooks* ist die Entstehung fast aller veröffentlichten Erzählwerke James' mehr oder weniger ausführlich vermerkt), knapp halb so viele wieder fallengelassen. Einige der in Angriff genommenen ruhten längere Zeit und wurden dann zum zweiten Mal oder auch mehrmals wieder aufgegriffen. Bei den ins Auge gefaßten Motiven unterscheidet der Autor zwischen »*anekdotischen*«, die einen »*einzigen Vorfall*« betreffen, und »*entwicklungsfähigen*«, wobei sich unter seinen Händen die meisten unvorhergesehen ausweiten, so daß aus geplanten Kurzgeschichten Novellen und aus Novellenentwürfen Romane werden.

Wie die Abwandlungen des thematischen Materials zu *What Maisie Knew* (1897) besonders deutlich zeigen, folgte James bei der Ausarbeitung seiner Einfälle immer stärker einem Hang zur progressiven Komplizierung, zur Gestaltung der »*vollen ironischen Wahrheit*« im Sinne des intellektuell und moralpsychologisch »*Interessanten*«, wobei nicht selten die ursprünglich als eindeutig aufgefaßte Empfindung oder Situation (z. B. Maisies Leiden angesichts des moralischen Verfalls und des Auseinanderlebens ihrer Eltern) in eine sich selbst fortspinnende Ambivalenz einmündet. Das Eindämmen der schier unerschöpflichen Möglichkeiten seines Materials stellt denn auch für James eines der dringlichsten erzähltechnischen Probleme dar. Zur Klärung und Eingrenzung seiner Sujets bedient er sich hauptsächlich des szenischen Aufrisses (den er mit Vorliebe »*scenario*« nennt). Nur die von James selbst verloren geglaubte, von den Herausgebern jedoch den Tagebüchern beigefügte Exposition zu *The Ambassadors* (1903) – die ausführlichste von seiner Hand – stellt kein Gespräch des Künstlers mit sich selbst dar, sondern ist als Vorentwurf an den Verleger gerichtet. Sie ist von besonderem Interesse, weil sie ein bezeichnendes Licht auf Erzählform und Einzelaspekte dieses exemplarischen Werks wirft.

Die *Notebooks* verdeutlichen neben einigen künstlerischen Leitgedanken James' vor allem auch das ungewöhnlich hohe Maß an Selbstreflexion, ja Selbstverleugnung, das ein im Dienst einer »*überlegenen Schöpfung*« stehender Künstler erreichen kann – eine Haltung, zu der James sich unbeirrt bekannte, der er einerseits immer mehr allgemeines Lebensinteresse zu opfern bereit war, die ihn andrerseits aber auch befähigte, selbst schwere Rückschläge wie etwa den Mißerfolg seines letzten Bühnenversuchs,

Guy Domville (1895), durch energische Hinwendung zu aussichtsreicheren Projekten rasch zu überwinden. K.E.

AUSGABEN: NY 1947, Hg. F. O. Matthiessen u. K. B. Murdock. – NY 1955. – NY/Ldn. 1962. – NY 1987 (*The Complete Notebooks of H. J.*, Hg. L. Edel u. L. H. Powers).

ÜBERSETZUNG: *Tagebuch eines Schriftstellers*, A. Claes, Köln 1965. – *Tagebuch eines Schriftstellers: notebooks*, dies., Ffm./Bln. 1986 (Ullst. Tb).

LITERATUR: M. Roberts, Rez. (in SR, 56, 1948, S. 510–514). – Q. Anderson, Rez. (in MLN, 64, 1949, S. 116–119). – J. W. Beach, *The Method of H. J.*, Philadelphia 1954. – L. Edel, *Autobiography in Fiction. An Unpublished Review by H. J.* (in Harvard Library Bull., 11, 1957, S. 245–257). – Ders., *The Literary Convictions of H. J.* (in MFS, 3, 1957, S. 3–10). – R. Wellek, *H. J.'s Literary Theory and Criticism* (in AL, 30, 1958, S. 293–321). – W. Walsh, *Autobiographical Literature and Educational Thought*, Leeds 1959. – H. T. McCarthy, *H. J. The Creative Process*, NY/Ldn. 1959. – R. Thorberg, »*Germaine*«, *J.'s »Notebooks«, and »The Wings of the Dove«* (in CL, 22, 1970, S. 254–266).

THE PORTRAIT OF A LADY

(amer.; *Bildnis einer Dame*). Roman von Henry JAMES, in Fortsetzungen 1880/81 veröffentlicht in ›Macmillan's Magazine‹ und in ›Atlantic Monthly‹, als Buch erschienen 1881. – Nach dem Tod ihres Vaters verläßt Isabel Archer mit hochgespannten Erwartungen ihre Heimatstadt Albany/N.Y., um ihre Tante, Mrs. Touchett, nach Europa zu begleiten. Auf dem englischen Landsitz der Touchetts findet sie in ihrem schwer lungenkranken Vetter Ralph einen Bewunderer ihrer frischen Schönheit und Weltoffenheit und – da sein Zustand ihm nicht erlaubt, um sie zu werben – einen aufmerksamen, manchmal ironischen, aber immer liebevollen Beobachter ihres weiteren Lebenswegs. Sein bester Freund, der am Beginn einer glänzenden Karriere stehende Lord Warburton, hält um ihre Hand an, doch Isabel, die schon in Amerika den jungen Geschäftsmann Caspar Goodwood ausweichend beschieden hatte, sich nach Bewährungsproben sehnt und der romantischen Vorstellung anhängt, ihr Schicksal allein bestimmen zu können, scheut davor zurück, eine Ehe mit allen Rechten und Pflichten auf sich zu nehmen. In der Absicht, ihre Entscheidungsfreiheit zu vergrößern, bewegt Ralph seinen sterbenden Vater, einen Teil der Hinterlassenschaft auf Isabel zu überschreiben. Ihr neuer Reichtum erregt die Aufmerksamkeit Madame Merles, einer in Florenz lebenden amerikanischen Freundin ihrer Tante. Der weltgewandten geschiedenen Frau gelingt es rasch, das Mädchen an sich zu fesseln. Sie macht es mit Gilbert Osmond, einem ebenfalls in Florenz ansässigen, wenig begüterten Amerikaner katholischen Glaubens bekannt, dessen Tochter Pansy im Kloster erzogen wird. (Daß Serena Merle Pansys Mutter und Osmonds frühere Geliebte ist, erfährt Isabel erst später.) Gegen den Rat ihrer Verwandten, denen die glatte, selbstgefällige Art Osmonds mißfällt, gibt sie ihm ihr Jawort. Erst Jahre später, nachdem sie ein Kind geboren und verloren hat, enthüllt sich ihr der wahre Charakter ihres Gatten: Er ist engherzig, kalt, ein humorloser Egoist, der sich vom äußeren Schein blenden läßt. Immer tiefer entfremdet sie sich ihm, immer stärker fühlt sie sich auch von der Atmosphäre des Palazzo Roccanera, ihrer römischen Residenz, bedrückt. Als Osmond mit ihrer Hilfe die arglos-kindhafte Pansy trotz ihrer Zuneigung zu einem andern mit dem zufällig in Rom anwesenden Warburton verheiraten will, kommt es zum offenen Konflikt. Gegen Osmonds Verbot reist Isabel nach England, wo ihr Vetter im Sterben liegt; sie gesteht ihm ihre verzweifelte Situation und ihre wachsende Angst, er tröstet sie mit den Worten, sie werde nicht für immer unter »*einem so großzügigen Irrtum*« zu leiden haben. Als Caspar Goodwood erneut versucht, sie für sich zu gewinnen, flieht sie vor seinem Ungestüm und Zukunftsoptimismus und entschließt sich, das Pansy gegebene Versprechen zu halten und nach Rom zurückzukehren. Ihrer Freundin Henrietta Stackpole erklärt sie, daß sie ihren Irrtum eingesehen habe, aber nicht bereit sei, ihn vor der Welt zu bekennen. Ihrem Traum von Freiheit und Selbstverwirklichung entsagend, nimmt sie das Martyrium ihrer Ehe und damit vielleicht die endgültige Selbstaufgabe und Erstarrung auf sich.

Der Mangel an Instinkt, den Isabel bei der Beurteilung anderer beweist, unterstreicht die Fragwürdigkeit ihres romantischen Unabhängigkeitsideals und deutet die Grenzen ihrer Natur an. Einige Leitmetaphern des Romans und besonders die abschließende Szene mit Goodwood lassen vermuten, daß ihre Blindheit in Zusammenhang mit einem latenten Puritanismus steht, den sie zwar intellektuell und ästhetisch überspielt, der sich aber in ihrer Scheu vor körperlicher und seelischer Hingabe bemerkbar macht. (Ihr Name – Archer – kann als Hinweis auf die jungfräuliche Göttin Diana verstanden werden.) Die tragische Ironie ihrer gescheiterten Selbstverwirklichung wird allerdings durch die karikaturähnliche Zeichnung Goodwoods als eines aggressiven, geistig wie emotional undifferenzierten, kommerziell orientierten Vitaltypus ebenso abgeschwächt wie durch den Kommentar, den die instinktsicher beobachtende junge Pansy zu Isabels Charakter liefert. – Neben Henrietta Stackpole (in der James Isabels Unabhängigkeitsstreben burlesk variiert – ein Porträt, das er später im Vorwort zur New Yorker Werkausgabe selbst als zu amüsant bezeichnet hat) verkörpert auch Mrs. Touchett eine skurrile Spielart persönlicher Autarkie. Grenzen und Wert individueller Freiheit und menschlicher – insbesondere ehelicher – Gemeinschaft sind die zentralen Themen des Bu-

ches; die »internationale« Thematik spielt nur insofern herein, als die Amerikaner, die hier fast ganz unter sich bleiben, in verschiedenster Weise auf die Begegnung mit Europa reagieren.

Wie vor allem O. CARGILL betont, bestehen enge thematische Bezüge zu George ELIOTS *Daniel Deronda* und *Middlemarch*, zu Thomas HARDYS *Far from the Madding Crowd*, aber auch zu Jane AUSTENS Romanen. (W. D. HOWELLS' *A Modern Instance* wiederum ist thematisch unmittelbar von James' Roman beeinflußt.) Struktur und Erzählhaltung sind dagegen eigenständig. Das Bewußtsein der Heldin bestimmt die Erzählperspektive zwar nicht durchgehend, aber in so entscheidendem Maße, daß alle anderen Figuren auf sie hin orientiert sind und zur Konturierung ihres Charakters beitragen. Der Entwicklung von Isabels Bewußtsein entsprechend, gewinnen in der zweiten Hälfte des Buches immer mehr Nebenfiguren Eigengewicht und »Interesse« (im Sinn von James' Romantheorie). Der Stil des Werks, vom Autor für die erste Veröffentlichung in Buchform und später für die New Yorker Ausgabe sorgfältig überarbeitet, ist von bemerkenswerter Klarheit und Sparsamkeit, ist lebendig und reich an ironischen Untertönen. *The Portrait of a Lady* ist das erste größere Werk, in dem James systematischen Gebrauch von der Metapher, einem seiner bevorzugten Stilmittel, macht. Der Roman ist die Krönung seiner frühen Schaffensperiode, bezeichnet eine wichtige Station in der Ausformung seiner erzähltechnischen Prinzipien und präsentiert in der Titelheldin eine der interessantesten jener »amerikanischen Erbinnen« (Ph. Rahv), die – wie zuvor Daisy Miller und danach die jungen Amerikanerinnen aus *The Wings of the Dove* und *The Golden Bowl* – ausziehen, um die Welt zu erfahren und womöglich zu erobern.   K.E.

AUSGABEN: Ldn. 1880/81 (in Macmillan's Magazine, Okt. 1880 – Nov. 1881). – Boston 1880/81 (in Atlantic Monthly, Nov. 1880 – Dez. 1881). – Boston/NY 1882; ern. 1897. – NY 1907–1918 (in *Novels and Tales*, 26 Bde., 3/4; *New York Ed.*; ²1963). – Ldn. 1921–1923 (in *Novels and Stories*, Hg. P. Lubbock, 35 Bde., 6/7). – Ldn. 1968 (in *The Bodley Head H. J.*, Hg. L. Edel, 11 Bde., 1967–1974, 5). – NY 1975, Hg. R. D. Bamberg [def. Text; m. Studie u. Rezz.]. – Harmondsworth 1984, Hg. G. Moore.

ÜBERSETZUNG: *Bildnis einer Dame*, H. Blomeyer, Köln/Bln. 1950; ern. 1957 [Nachw. H. James]. – Dass., dies., Ffm./Bln. 1982 (Nachw. R. Schostack; Ullst. Tb).

LITERATUR: E. Sandeen, »*The Wings of the Dove*« and »*The Portrait of a Lady*«. *A Study of H. J.'s Later Phase* (in PMLA, 69, 1954, S. 1060–1075). – S. J. Krause, *J.'s Revisions of the Style of »The Portrait of a Lady*« (in AL, 30, 1958, S. 67–102). – L. H. Powers, »*The Portrait of a Lady*«. *The Eternal Mystery of Things* (in NCF, 14, 1959, S. 143–155). – M. E. Grenander, B. J. Rahn u. F. Valvo, *The Time-*

Scheme in »The Portrait of a Lady« (in AL, 32, 1960, S. 127–135). – V. F. Blehl, *Freedom and Commitment in J.'s »Portrait of a Lady«* (in Person, 42, 1961, S. 368–381). – J. H. Friend, *The Structure of »The Portrait of a Lady«* (in NCF, 20, 1965, SW. 85–95). – T. Tanner, *The Fearful Self. H. J.'s »The Portrait of a Lady«* (in Critical Quarterly, 7, 1965, S. 205–219). – M. Mackenzie, *Ironic Melodrama in »The Portrait of a Lady«* (in MFS, 12, 1966, S. 7–23). – *Perspectives on J.'s »The Portrait of a Lady«*, Hg. W. T. Stafford, NY 1967. – R. Poirier, *H. J., »The Portrait of a Lady«* (in *The American Novel from James Fenimore Cooper to William Faulkner*, Hg. W. Stegner, NY 1965, S. 47–60). – D. Galloway, *H. J.: »The Portrait of a Lady«*, Ldn. 1967. – *Twentieth Century Interpretations of »The Portrait of a Lady«: A Collection of Critical Essays*, Hg. P. Buitenhuis, Englewood Cliffs/N.J. 1968. – S. W. Liebman, *The Light and the Dark: Character Design in »The Portrait of a Lady«* (in Papers on Language and Literature, 6, 1970, S. 163–179). – *Studies in »The Portrait of a Lady«*, Hg. L. H. Powers, Columbus/Oh. 1970. – E. Wolff, *J.: »The Portrait of a Lady«* (in *Der amerikanische Roman*, Hg. H.-J. Lang, Düsseldorf 1972, S. 168–193). – A. Niemtzow, *Marriage and the New Woman in »The Portrait of a Lady«* (in AL, 47, 1975, S. 377 bis 395). – N. Baym, *Revision and Thematic Change in »The Portrait of a Lady«* (in MFS, 22, 1976, S. 183–200). – M. Collins, *The Narrator, the Satellites, and Isabel Archer: Point of View in »The Portrait of a Lady«* (in StN, 8, 1976, S. 142–157). – M. S. Schriber, *Isabel Archer and Victorian Manners* (ebd., S. 441–457). – S. Stambaugh, *The Aesthetic Movement and »The Portrait of a Lady«* (in NCF, 30, 1976, S. 485–510). – M. Routh, *Isabel Archer's ›Inconsequence‹: A Motif Analysis of »The Portrait of a Lady«* (in Journal of Literary Technique, 7, 1977, S. 128–141). – S. Hutchinson, *Beyond the Victorians: »The Portrait of a Lady«* (in *Reading the Victorian Novel: Detail into Form*, Hg. I. Gregor, Ldn. 1980, S. 274–287). – L. A. Westervelt, *›The Growing Complexity of Things‹: Narrative Technique in »The Portrait of a Lady«* (in Journal of Narrative Technique, 13, 1983, S. 74–85). – M. T. Gilmore, *The Commodity World of »The Portrait of a Lady«* (in New England Quarterly, 59, 1986, S. 51–74). – *H. J.'s »The Portrait of a Lady«*, Hg. H. Bloom, NY 1987. – J. Warner, *Renunciation as Enunciation in J.'s »The Portrait of a Lady«* (in Renascence, 39, 1987, S. 354–364).

THE PRINCESS CASAMASSIMA

(amer.; *Prinzessin Casamassima*). Roman von Henry JAMES, in Fortsetzungen veröffentlicht 1885/86 in ›Atlantic Monthly‹, als Buch erschienen 1886. – Zentrales Bewußtsein und eigentliche Hauptperson des Romans ist der unehelich geborene Hyacinth Robinson. Seine Mutter, eine französische Näherin, sieht er zum letzten Mal im Gefängnis, nachdem sie seinen Vater, einen engli-

schen Lord, erdolcht hat. Von der altjüngferlichen Amanda Pynsent (»Pinnie«) am Rand der Londoner Slums im Sinne eines romantischen Standesanspruchs großgezogen, wendet sich der sensible Hyacinth dem damals noch als Kunsthandwerk geltenden Buchbindergewerbe zu. Sein Kollege Paul Muniment führt ihn in einen Kreis von Anarchisten ein (den James in Anlehnung an TURGENEVS *Vov'– Neuland* – und an die Ideen BAKUNINS konzipierte). Hyacinth erwärmt sich immer mehr für die Pläne der Revolutionäre, lernt aber gleichzeitig durch die Bekanntschaft mit Prinzessin Christina Casamassima, einer blendend schönen, von ihrem italienischen Gatten getrennt lebenden Frau (deren Vorgeschichte in James' frühem Roman *Roderick Hudson* erzählt wird), und durch eine von seinem Gönner Mr. Vetch, einem anarchistischen Musiker, ermöglichte Bildungsreise nach Frankreich und Italien das Kunsterbe Europas und das Traditions- und Kulturbewußtsein der privilegierten Klasse kennen. Schwankend zwischen dieser ihn faszinierenden Welt und den auf ihren Umsturz zielenden Ideen seiner Freunde, denen sich, auf der Suche nach einem Lebensinhalt, auch die von ihm glühend verehrte Prinzessin anschließen will, übernimmt Hyacinth in einem Moment spontaner Begeisterung eine terroristische Mission: die Beseitigung eines englischen Aristokraten zu einem noch nicht bestimmten Zeitpunkt. Doch als er spürt, daß die Prinzessin ihr Interesse immer mehr dem zielbewußten, männlichen Muniment zuwendet, und als er sich auch von dem Cockney-Mädchen Millicent Henning, seiner Jugendgefährtin, deren Vitalität und instinktive Mütterlichkeit ihm ein Gefühl der Geborgenheit gaben, betrogen fühlt, wird sein Dilemma ausweglos. Zur Ausführung des Attentats, an dessen Sinn er nicht mehr glauben kann, aufgerufen, nimmt er sich das Leben. Prinzessin Casamassima, die ihm ihren Entschluß, den Auftrag selbst zu übernehmen, mitteilen will, trifft zu spät bei ihm ein.

Die von der Kritik heftig umstrittene Frage, wieweit James mit den Motiven und Organisationsformen englischer Anarchisten vertraut war, ist für die Würdigung des Romans von untergeordneter Bedeutung. Wesentlich ist, daß ihm die Vergegenwärtigung verschiedener, für das zeitgenössische London exemplarischer Milieus und Charaktere gelungen ist. In kaum einem anderen Roman James' findet sich ein ähnlich breites Spektrum scharf gezeichneter Typen unterschiedlichster sozialer Prägung. Diese panoramische Schilderung, die Ableitung von Hyacinths Schicksal aus Erbanlagen und Umwelteinflüssen, sowie der vom Autor belegte Rückgriff auf persönliche Milieustudien rücken das Werk in unmittelbare Nachbarschaft zum naturalistischen Roman. – Der wirrköpfige Kleinbürger Poupin, der nüchtern-gewissenhafte deutschstämmige Handwerker Schinkel, der beherrschte, charismatische, bis zum Zynismus unpersönliche Muniment (dessen radikaler Idealismus vielleicht nur eine Form von Machtliebe darstellt) und die aus privater Malaise und warmherzigem, letztlich aber vagem sozialem Mitgefühl Bekehrten (Hyacinth, die Prinzessin, Lady Aurora Angrish) sind als Ausprägungen des revolutionären Typus plausibel, während ihr persönlich kaum in Erscheinung tretender Spiritus rector Hoffendahl stark mystifiziert ist. Dasselbe gilt für die okkult anmutenden Bedingungen, unter denen die Zusammenkünfte stattfinden. – Bei aller (von O. CARGILL und D. LERNER bis in Einzelzüge nachgewiesenen) Anlehnung an Turgenev ist die für James kennzeichnende thematische Pointierung nicht zu verkennen: Der nie ganz erwachsen werdende Hyacinth bleibt trotz seiner unersättlichen Aufnahmebereitschaft und seiner sensiblen Intelligenz ein Waisenkind des Lebens, findet keinen Platz in der vielschichtigen Gesellschaft, in der er sich bewegt, fühlt sich immer mehr als deren Spielball und verzweifelt schließlich an seiner Unfähigkeit, seinem Dasein einen Sinn zu geben (und sei es in der kontemplativen schriftstellerischen Arbeit). In vielem Hamlet ähnlich (worauf James selbst im Vorwort zur New Yorker Werkausgabe hinweist), unterscheidet er sich von ihm durch ein kindliches Anlehnungsbedürfnis, das ihn den Manipulationen anderer aussetzt. (L. TRILLING spricht in diesem Zusammenhang davon, daß Hyacinth, obwohl von zahlreichen Vater- und Mutterfiguren umgeben, letztlich am Entzug der Liebe stirbt.) Es ist daher eher als bittere Ironie denn als Tragik zu bezeichnen, daß er sich zu einer seinem ganzen Wesen widersprechenden Gewalttat bereit erklärt, und das gerade zu einer Zeit, als er soziale Ungerechtigkeit als Preis für die bewunderten Kulturleistungen der Vergangenheit und vielleicht für Zivilisation überhaupt zu begreifen beginnt. So ist es nicht zuletzt das Gefühl, der Gegenwart und der Vergangenheit gegenüber schuldig geworden zu sein, das ihn in den Tod treibt.

Dem Tragischen näher kommt die Titelfigur des Romans: Die Prinzessin scheitert an der Stärke ihrer Natur; ihre großmütige, nur leicht von persönlichen Interessen verfärbte Einsatzbereitschaft bringt sie der Lebenserfüllung nicht näher. Der wahre Charakter dieser Frau (der einzigen Romanfigur, der James in zwei Werken eine tragende Rolle zuwies) erschließt sich allerdings nur dem, der mit ihrer Vorgeschichte (vgl. *Roderick Hudson*) vertraut ist, aus der auch einige bedeutsame Parallelen zwischen ihrem und Hyacinths Lebensweg ersichtlich werden. Ihr Drang nach Selbstverwirklichung, ihre Suche nach einer ihr gewachsenen starken Persönlichkeit können in diesem Roman leicht als Marotte aufgefaßt werden. Diese Lücken erschweren das Verständnis ihrer zentralen Funktion und ihrer Beziehung zu Hyacinth, dessen Zweifel sich in hohem Maße auf ihre und Muniments moralische Ambivalenz gründen.

Zu den erzähltechnisch interessantesten Aspekten dieses Romans aus der mittleren Schaffensperiode des Autors gehört es, daß es James durch die Einschaltung eines auf die Umwelt äußerst sensibel reagierenden Bewußtseins gelungen ist, individualpsychologische Probleme mit dem panorami-

schen Überblick über eine ganze Gesellschaft zu verbinden und seiner kultur- und ideologiekritischen Thematik zu integrieren. K.E.

AUSGABEN: Boston 1885/86 (in Atlantic Monthly, Sept. 1885 – Okt. 1886). – Ldn. 1886, 3 Bde. – NY 1886. – NY 1907–1918 (in *Novels and Tales*, 26 Bde., 5/6; *New York Ed.*; ²1963). – Ldn. 1921–1923 (in *Novels and Stories*, Hg. P. Lubbock, 35 Bde., 10/11). – Ldn. 1972 (in *The Bodley Head H. J.*, Hg. L. Edel, 11 Bde., 1967–1974, 10). – Harmondsworth 1986, Hg. D. Brewer.

ÜBERSETZUNG: *Prinzessin Casamassima*, H. Hennecke, Köln/Bln. 1954. – Dass., dies., Ffm./Bln. 1983 (Ullst. Tb).

LITERATUR: G. Woodcock, *H. J. and the Conspirators* (in SR, 60, 1952, S. 219–229). – J. J. Firebaugh, *A Schopenhauerian Novel. J.'s »The Princess Casamassima«* (in NCF, 13, 1958, S. 177–197). – R. W. Kretsch, *Political Passion in Balzac and H. J.* (in NCF, 14, 1959). – W. H. Tilley, *The Background of »The Princess Casamassima«*, Gainesville/ Fla. 1961. – E. C. Hamilton, *H. J.'s »The Princess Casamassima« and I. Turgenev's »Virgin Soil«* (in South Atlantic Quarterly, 61, 1962). – S. J. M. Luecke, *»The Princess Casamassima«. Hyacinth's Fallible Consciousness* (in MPh, 60, 1963, S. 274–280). – G. Monteiro, *The Campaign of H. J.'s Disinherited Princess* (in ES, 45, 1964, S. 442–454). – D. G. Halliburton, *Self and Secularization in »The Princess Casamassima«* (in MFS, 11, 1965, S. 116–128). – W. Dubler, *»The Princess Casamassima«. Its Place in the James Canon* (ebd., 12, 1966, S. 44–60). – J. L. Kimmey, *»The Princess Casamassima« and the Quality of Bewilderment* (in NCF, 22, 1967, S. 47–62). – T. Stoehr, *Words and Deeds in »The Princess Casamassima«* (in ELH, 37, 1970, S. 95–135). – R. Badger, *The Character and Myth of Hyacinth: A Key to »The Princess Casamassima«* (in Arizona Quarterly, 32, 1976, S. 316–326). – T. Hubert, *»The Princess Casamassima«: Ideas against Persons* (ebd., S. 341–352). – M. Jacobson, *Convention and Innovation in »The Princess Casamassima«* (in JEGPh, 76, 1977, S. 238–254). – M. Seltzer, *»The Princess Casamassima«: Realism and the Fantasy of Surveillance* (in NCF, 35, 1981, S. 506–534). – J. D. Barbour, *»The Princess Casamassima« as Tragedy* (in Arizona Quarterly, 40, 1984, S. 5–34). – H. Weber, *›The Pleasures of Gentility‹: Ästhetik und Ethik in H. J.'s »The Princess Casamassima«* (in GRM, 35, 1985, S. 412–430). – W. Johnson, *»Hyacinth Robinson« or »The Princess Casamassima«* (in Texas Studies in Literature and Language, 28, 1986, S. 296–323).

RODERICK HUDSON

(amer.; *Roderick Hudson*). Roman von Henry JAMES, in Fortsetzungen veröffentlicht 1875 in ›Atlantic Monthly‹, als Buch erschienen 1876. – Der

wohlhabende, alleinstehende Rowland Mallet entdeckt in den ersten Skulpturen des blutjungen Roderick Hudson soviel künstlerische Begabung, daß er beschließt, den begeisterungsfähigen Jüngling aus der ihn bedrückenden Lehre bei einem Rechtsanwalt zu befreien und nach Rom mitzunehmen. Bevor sie der puritanischen, kunstfremden Provinzstadt Northampton/Mass. den Rücken kehren, verlobt sich Roderick überstürzt mit der charaktervollen, zurückhaltenden Mary Garland. Unter der Patronage des besonnenen älteren Freundes und im Feuer der ersten Begeisterung gelingen ihm in Rom einige vielversprechende Werke. Doch er ist impulsiv, leicht zu beeinflussen, zudem eitel und ichbezogen, und seine von frühen Erfolgen geweckte Lebenslust lenkt ihn allmählich von der inneren Sammlung des Künstlers ab (eine Kontrastfigur ist der keineswegs geniale Maler Singleton, ein hartnäckig kunstbeflissener Landsmann Rodericks) und läßt ihn nach immer neuen Zerstreuungen (z. B. in Baden-Baden) suchen. Auslösendes Moment dieser Entwicklung ist Rodericks Bekanntschaft mit Christina Light, einem Mädchen von klassischer Schönheit und launenhafter Eigenwilligkeit, der unehelichen Tochter eines degenerierten Adligen und einer Amerikanerin, die für Christina ehrgeizige Heiratspläne hegt. Durch eine einseitige Erziehung an jeglicher Selbstentfaltung gehindert, erhofft sich Christina von einer starken Persönlichkeit die Befreiung aus ihren Fesseln. Während Roderick sie immer leidenschaftlicher begehrt, durchschaut sie bald seinen unsteten Charakter. In Mallet dagegen glaubt sie mehr männliche Kraft zu erkennen, stößt bei ihm jedoch auf kaum verhohlene Verachtung. Als auf sein Betreiben Mrs. Hudson und Mary Garland Roderick in Rom besuchen, ist dessen künstlerischer und moralischer Niedergang bereits besiegelt. (James selbst erklärte später, er habe die einzelnen Phasen dieses Verfallsprozesses nicht klar genug herausgearbeitet.) Roderick vernachlässigt seine von Christina so verschiedene Verlobte derart, daß Mallet, der sich seine Neigung für Mary bis dahin kaum selbst eingestanden hat, sich Hoffnungen zu machen beginnt.
Jetzt beobachtet er Rodericks *»großes Talent zur Selbstvernichtung«*, das seine hochfliegenden Erwartungen in quälende Zweifel verwandelt hat, mit einer gewissen Genugtuung. Christina, der eine glanzvolle gesellschaftliche Stellung schließlich als einziger Ausweg erscheint, heiratet den Prinzen Casamassima. (Ihr weiteres Schicksal schildert James in *Princess Casamassima*, 1886.) Die Wirkung auf Roderick ist vernichtend: Nach einer letzten Begegnung in den Alpen stürzt er sich von einer Klippe. Mary Garland scheint sich nach der Rückkehr nach Amerika ganz ihren romantischen Erinnerungen an Roderick hinzugeben – Mallet sieht sich um die Früchte seiner Anteilnahme betrogen. Die Erzählperspektive dieses ersten bedeutenden Romans von James wird durchgehend von Rowland Mallets Bewußtsein bestimmt, von der *»ganzen Unklarheit, Ratlosigkeit und Unruhe«* eines

»ziemlich begrenzten Geistes« (wie der Autor im Vorwort zur New Yorker Ausgabe schreibt). Das Drama des ikarushaft aufsteigenden, aus der Zeiten Berufung ins Dilemma zwischen Leben und Kunst stürzenden und ungeachtet allen äußeren Beistands sich schließlich selbst vernichtenden Roderick wird durch das parallellaufende Drama Mallets – von James als das eigentliche Thema bezeichnet – akzentuiert. Roderick ist weder dem Ansturm der Leidenschaft noch der neuen Umwelt gewachsen. (Für ihn bedeutet Europa allerdings nicht, wie für spätere Protagonisten James', die Bedrohung seiner – amerikanischen – Unschuld, sondern lediglich ein offenes Prüffeld.) Mallet, der sich, einem Parasiten gleich, aus der Substanz eines andern nähren zu können glaubt, scheitert ebenso wie sein Protegé, der sich rückhaltlos und gierig dem Leben hingibt. Darin, wie James die beiden Motive der Lebensfurcht und des Lebenshungers zueinander in Spannung setzt, wie er sie einander erhellen und ironisch kommentieren läßt, deutet sich seine verblüffend rasche Entwicklung zum Romankünstler an. In seinem ganzen Romanwerk finden sich wenige Charaktere, die so scharf konturiert und so originell sind wie Christina und Roderick. Mit ihnen verglichen, wirken die anderen Figuren, besonders Mary Garland, schemenhaft – die Vagheit Mallets allerdings ist durch die Perspektive einleuchtend begründet. Thematisch ist der Roman so sicher im Psychologisch-Exemplarischen verankert, daß weder gewisse Auswüchse der Handlung noch die Neigung zur Überbetonung melodramatischer Elemente, noch die deutliche Anlehnung an andere Autoren – HAWTHORNE, TURGENEV, DICKENS und George SAND (worauf vor allem O. CARGILL hingewiesen hat) – seine Überzeugungskraft entscheidend mindern können. Indem James durch Erzählperspektive und Themenparallelisierung dem Leser ein hohes Maß an selbständiger Interpretation abverlangt, erreicht er bereits in diesem frühen Roman jene Wechselwirkung zwischen Leser und Werk, um deren Intensivierung er fortan bemüht blieb.   K. E.

AUSGABEN: Boston 1875 (in Atlantic Monthly, 36). – Boston 1876. – Ldn. 1879 [rev.]. – NY 1907–1918 (in *Novels and Tales*, 26 Bde., 1; *New York Ed.*; ²1963). – Ldn. 1921–1923 (in *Novels and Stories*, Hg. P. Lubbock, 35 Bde., 1). – Harmondsworth 1986, Hg. G. Moore.

ÜBERSETZUNGEN: *Roderick Hudson*, M. Busch (in *Amerikanische Novellisten*, Bd. 2/3, Lpzg. 1876). – Dass., W. Peterich, Köln 1983. – Dass., ders., Ffm./Bln. 1985 (Ullst. Tb).

LITERATUR: H. Harvitt, *How H. J. Revised »Roderick Hudson«* (in PMLA, 39, 1924, S. 203–227). – V. Dunbar, *A Source for »Roderick Hudson«* (in MLN; 63, 1948, S. 303–310). – Ders., *The Problem in »Roderick Hudson«* (in MLN, 67, 1952, S. 109–113). – M. E. Grenander, *H. J.'s Capricciosa. Christina Light in »Roderick Hudson« and »The*

Princess Casamassima« (in PMLA, 75, 1960, S. 309–319). – R. L. Gale, »*Roderick Hudson*« *and Thomas Crawford* (in American Quarterly, 13, 1961, S. 495–504). – M. Takahashi, *The Design and Point of View of H. J.'s »Roderick Hudson*« (in Essays and Studies in British and American Literature, 11, 1963, S. 1–29). – J. Scherting, »*Roderick Hudson*«: *A Re-evaluation* (in Arizona Quarterly, 25, 1969, S. 50–66). – S. E. Marovitz, »*Roderick Hudson*«: *James's »Marble Faun*« (in Texas Studies in Literature and Language, 11, 1970, S. 1427–1443). – P. S. Speck, *A Structural Analysis of H. J.'s »Roderick Hudson*« (in StN, 2, 1970, S. 292–304). – P. J. Conn, »*Roderick Hudson*«: *The Role of the Observer* (in NCF, 26, 1971, S. 65–82). – P. A. Newlin, *The Development of »Roderick Hudson*«: *An Evaluation* (in Arizona Quarterly, 27, 1971, S. 101–123). – E. Nettels, *Action and Point of View in »Roderick Hudson*« (in ES, 53, 1972, S. 238–247). – J. A. Cook, *The Fool Show in »Roderick Hudson*« (in Canadian Review of American Studies, 4, 1973, S. 74–86). – R. E. Long, *J.'s »Roderick Hudson*«: *The End of the Apprenticeship: Hawthorne and Turgenev* (in AL, 48, 1976, S. 312–326). – R. K. Martin, *The ›High Felicity‹ of Comradeship: A New Reading of »Roderick Hudson*« (in ALR, 11, 1978, S. 100–108). – R. Ellman, *H. J. Among the Aesthetes* (in Proceedings of the British Academy, 69, 1983, S. 209–228). – R. Emerick, *The Love Rectangle in »Roderick Hudson*«: *Another Look at Christina Light* (in StN, 18, 1986, S. 353–366).

THE TURN OF THE SCREW

(amer.; *Die Drehung der Schraube*). Novelle von Henry JAMES, erschienen 1898. – Am Kamin eines englischen Landhauses liest ein Mann namens Douglas seinen Freunden eine authentische Geistergeschichte vor, die ihm vor vierzig Jahren von der inzwischen verstorbenen Gouvernante seiner Schwester anvertraut wurde: Von einem galanten Junggesellen, dem Onkel und verantwortungsunwilligen Vormund zweier seit kurzem elternloser Kinder, wird die jüngste Tochter eines Landpfarrers als Erzieherin angestellt. Auf dem abgelegenen Landsitz Bly soll sie die kleine Flora und den etwas älteren Miles betreuen. Die empfindsame, leicht exaltierte Gouvernante hat sich auf der Stelle in ihren Auftraggeber verliebt – die engelhafte Schönheit und Liebenswürdigkeit der Kinder wecken in ihr einen geradezu missionarischen Schutz- und Hingabeeifer. Zwei mysteriöse Erscheinungen – eine männliche Gestalt auf dem Turm des Hauses und eine weibliche Gestalt am See – identifiziert sie bald mit dem Diener Peter Quint und ihrer Vorgängerin Miss Jessel, die beide in Bly gestorben sind, eine Liebschaft miteinander hatten und den Kindern offenbar sehr nahe standen. Von dem korrumpierenden Einfluß und den bösen Absichten der beiden auf Flora und Miles überzeugt und in der sicheren Annahme, daß auch die Kinder die Erscheinungen sehen, es ihr aber verschweigen, treibt sie durch rigorose Überwachung das kleine Mädchen schließlich in ein Nervenfieber, das ärztliche Behandlung in London erfordert, und den allein mit ihr zurückgebliebenen Jungen bei einer letzten Konfrontation mit Quints Geist in einen Schock, der im Augenblick ihrer, wie sie meint, rettenden Umarmung sein Herz stillstehen läßt.

Die Realität der Geistererscheinungen in diesem für die perspektivische Erzählkunst James' exemplarischen und in seinem künstlerischen Rang unumstrittenen Werk ist zu einem der meistdiskutierten Probleme in der neueren Literatur geworden. Weder die Gegenwart der nüchtern-handfesten Haushälterin von Bly, Mrs. Grose, von der die Gouvernante in ständigen Gesprächen die Bestätigung ihrer eigenen Eindrücke zu erhalten hofft, noch die Schlüssigkeit bzw. Lückenhaftigkeit der Überlegungen, die sie im Zusammenhang mit ihren Wahrnehmungen anstellt, und auch nicht James' eigene Bemerkungen im *Preface* zu *The Aspern Papers* (New Yorker Werkausgabe 1907 ff.), in dem er mit widersprüchlichen Hinweisen auf den »*rein märchenhaften*« bzw. kühl kalkulierten bzw. alles Notwendige implizierenden Charakter des Textes seine Absichten eher verbirgt als verrät, können die grundsätzliche Ambivalenz des Themas auflösen: Kommt die zerstörerische Kraft des »Bösen« aus der sich in Halluzinationen manifestierenden, vom Vater her vorgegebenen Labilität der Gouvernante (H. Goddard) oder in einem präziseren, Freudschen Sinn aus deren unterdrückten sexuellen Wünschen (E. Kenton, E. Wilson) und quälender innerer Vereinsamung? Oder reagiert ihre geradezu erschreckende Unschuld auf tatsächlich in den Kindern vorhandene Neigungen und Vorstellungen, die sich für die sensible, ganz auf diesen Verdacht konzentrierte Erzieherin zu Erscheinungen konkretisieren? Oder handelt es sich gar um eine Allegorie des christlichen Dualismus von Gut und Böse, in der die Kinder gefallene Engel verkörpern und die leidenswillige Gouvernante als Seelenretterin fungiert (R. Heilman)? Die durchweg an das Bewußtsein der Erzieherin gebundene Erzählperspektive und die sorgfältige psychologische Ausformung der dramatischen Wende- und Höhepunkte deuten eher darauf hin, daß mit den religiösen Assoziationen eine ironische Wirkung erzielt werden soll, daß das Grauenhafte zum Teil der Selbstrechtfertigung der Gouvernante mittels eines puritanischen Heilsanspruchs entspringt, einer seelischen Verfassung also, die tiefenpsychologisch so genau diagnostiziert wird, daß in diesem Zusammenhang auf eine von FREUDS und BREUERS *Studien über Hysterie* (1895) verwiesen wurde (O. Cargill). Etwas zu spitzfindig dürfte lediglich die Auslegung sein, die im Rahmenerzähler mit seiner eingestandenen jugendlichen Neigung zur Gouvernante den Knaben Miles wiedererkennen und dessen Tod somit zur Wahnvorstellung oder gar zur bloßen Liebesmetapher erklären will (L. D. Rubin). In neueren semiotischen Interpretationen tritt immer deutlicher auch der exemplarische Charakter bewußter Unbestimmtheitsstellen im Text hervor (wobei der Akt der sprachlichen mit dem der psychologischen Entzifferung symbolisch gleichgesetzt wird; S. Felman). – Aus allen Interpretationen aber geht klar hervor, daß die zwingende Kraft der Erzählung zum einen auf der Evokation des unversehens in den berechtigten Lebensanspruch der Kinder und ihrer Erzieherin eindringenden und sie in ihren Sog ziehenden Irrationalen, Zerstörerischen, Unheimlichen beruht, zum anderen auf der im Spätwerk James' immer seltener werdenden Ausgewogenheit von Suggeriertem und Konkretem.   K.E.

AUSGABEN: NY 1898 (in Collier's Weekly, 27. 1.–16. 4.). – Ldn. 1898 (in *The Two Magics*, zus. m. *Covering End*). – NY 1907–1918 (in *Novels and Tales*, 26 Bde., 12; *New York Ed.*; ²1963). – Ldn. 1921–1923 (in *Novels and Stories*, Hg. P. Lubbock, 35 Bde., 17). – Ldn. 1962–1964 (in *Complete Tales*, Hg. L. Edel, 12 Bde., 10). – Ldn. 1974 (in *The Bodley Head H. J.*, Hg. ders., 11 Bde., 1967–1974, 11). – NY 1985 [zus. m. *Washington Square*].

ÜBERSETZUNGEN: *Die Drehung der Schraube*, H. Kahn (in *Die Meisternovellen*, Zürich 1953). – *Die sündigen Engel*, L. Laporte u. P. Gan, Mchn. 1954. – *Bis zum Äußersten*, dies., Ffm. 1962. – *Schraubendrehungen*, A. Seiffert, Stg. 1970 (RUB; ern. 1980). – *Die Tortur*, C. Grote, Ffm. 1972.

DRAMATISIERUNG: W. Archibald, *The Innocents* (Urauff.: NY 1950).

VERTONUNG: B. Britten, *The Turn of the Screw* (Libretto: M. Piper, Oper; Urauff.: Venedig 1954).

VERFILMUNG: *The Innocents*, USA 1961 (Regie: J. Clayton; Buch: T. Capote).

LITERATUR: *A Casebook on H. J.'s »The Turn of the Screw«*, Hg. G. Willen, NY 1959. – D. P. Costello, *The Structure of »The Turn of the Screw«* (in MLN, 75, 1960, S. 312–321). – H.-J. Lang, *The Turns in »The Turn of the Screw«* (in Amerikastudien, 9, 1964, S. 110–128). – L. D. Rubin, *One More Turn of the Screw* (in MFS, 9, 1964, S. 314–328). – M. West, *A Stormy Night with »The Turn of the Screw«*, Phoenix/Ariz. 1964. – T. M. Cranfill, *An Anatomy of »The Turn of the Screw«*, Austin/Tex. 1965. – A. W. Thomson, *»The Turn of the Screw«: Some Points in the Hallucination Theory* (in Review of English Literature, 6, 1965, S. 26–36). – H. Domaniecki, *Die Daumenschrauben der Erziehung* (in Text + Kritik, 15/16, 1967, S. 44–61). – G. Irle, *Auswirkungen des Wahns auf eine Gemeinschaft* (in Studium Generale, 20, 1967, S. 700–708). – E. Aswell, *Reflections of a Governess: Image and Distortion in »The Turn of the Screw«* (in NCF, 23, 1968, S. 49–63). – E. Siegel, *J. and the Children: A Consideration of H. J.'s »The Turn of the Screw«*, NY 1968.

– T. J. Bontly, *H. J.'s ›General Vision of Evil‹ in »The Turn of the Screw«* (in SEL, 9, 1969, S. 721–735). – S. E. Lind, *»The Turn of the Screw«: The Torment of Critics* (in Centennial Review, 14, 1970, S. 225–240). – S. R. Crowl, *Aesthetic Allegory in »The Turn of the Screw«* (in Novel, 4, 1971, S. 107–122). – R. Norton, *»The Turn of the Screw«: Coincidentia Oppositorum* (in American Imago, 28, 1971, S. 373–390). – E. Voegelin, *»The Turn of the Screw«* (in Southern Review, 7, 1971, S. 3–48). – C. Brinckmann u. U. Keller, *Erzählen und Lügen: Zur Auslegung von H. J.'s »The Turn of the Screw«* (in *Miscellanea Anglo-Americana: Fs. für Helmut Viebrock*, Hg. K. Schuhmann u. a., Mchn. 1974, S. 26–77). – H. Domaniecki, *Zum Problem literarischer Ökonomie: H. J.'s Erzählungen zwischen Markt u. Kunst*, Stg. 1974. – D. Krook, *Intentions and Intentions: The Problem of Intention and H. J.'s »The Turn of the Screw«* (in *The Theory of the Novel: New Essays*, Hg. J. Halperin, NY 1974, S. 353–372). – E. A. Sheppard, *H. J. and »The Turn of the Screw«*, Auckland/Oxford 1974. – C. Brooke-Rose, *The Squirm of the True: A Structural Analysis of H. J.'s »The Turn of the Screw«* (in PTL, 1, 1976, S. 513–546). – E. Stone, *Edition Architecture and ›The Turn of the Screw‹* (in SSF, 13, 1976, S. 9–16). – D. Timms, *The Governess's Feelings and the Argument from Textual Revision of »The Turn of the Screw«* (in Yearbook of English Studies, 6, 1976, S. 194–201). – S. Felman, *Turning the Screw of Interpretation* (in YFS, 55/56, 1977, S. 94–207). – J. Nardin, *»The Turn of the Screw«: The Victorian Background* (in Mosaic, 12, 1978, S. 107–124). – W. Glasser, *»The Turn of the Screw«* (in *Essays in Honour of Erwin Stürzl on His Sixtieth Birthday*, Hg. J. Hogg, Salzburg 1980, S. 212–231). – R. Schleifer, *The Trap of the Imagination: The Gothic Tradition, Fiction, and »The Turn of the Screw«* (in Criticism, 22, 1980, S. 297–319). – R. W. Hill, *A Counterclockwise Turn in J.'s »The Turn of the Screw«* (in TCL, 27, 1981, S. 53–71). – L. S. Kauffman, *The Author of Our Woe: Virtue Recorded in »The Turn of Screw«* (in NCF, 36, 1981, S. 176 bis 192). – J. H. McElroy, *The Mysteries at Bly* (in Arizona Quarterly, 37, 1981, S. 214–236). – S. Felman, *Turning the Screw of Interpretation* (in *Literature and Psychoanalysis: The Question of Reading Otherwise*, Ldn. ³1982, S. 94–207). – J. C. Rowe, *Screwball: The Use and Abuse of Uncertainty in H. J.'s »The Turn of the Screw«* (in Delta, 15, Montpellier 1982, S. 1–31). – D. S. Miall, *Designed Horror: J.'s Vision of Evil in »The Turn of the Screw«* (in NCF, 19, 1984, S. 305–327). – D. Mansell, *The Ghost of Language in »The Turn of the Screw«* (in MLQ, 46, 1985, S. 48–63). – P. G. Beidler, *Ghosts, Demons, and Henry James*, Columbia/Mo. 1989.

WASHINGTON SQUARE

(amer.; *Die Erbin vom Washington Square*). Roman von Henry JAMES, in Fortsetzungen veröffentlicht 1880 in ›Cornhill Magazine‹, als Buch erschienen 1881. – Der angesehene New Yorker Arzt Austin Sloper, der trotz aller Berufserfahrung weder seinen Erstgeborenen noch seine schöne, intelligente Frau vor dem Tod retten konnte, sieht mit wachsender Enttäuschung seine Tochter Catherine zu einer jungen Dame von mittelmäßigem Aussehen und bescheidenen geistigen Fähigkeiten heranwachsen. Daß er ihre Erziehung seiner törichten Schwester, der Witwe Penniman, überläßt, die sich in dem prächtigen Haus am Washington Square eingenistet hat, spricht für seine an Verachtung grenzende Geringschätzung Catherines; daß sie »gut ist wie gutes Brot«, genügt ihm nicht, daß sich unter der schlichten Oberfläche ein sensibles Wesen verbirgt, bemerkt er nicht. Catherine dagegen verehrt und liebt den Vater mit der ganzen Kraft ihres unbeholfenen Herzens. Eines Tages lernt die inzwischen Zwanzigjährige im Haus von Verwandten einen blendend aussehenden jungen Mann namens Morris Townsend kennen, der ihr unverblümt den Hof macht und nach kurzer Zeit ihr Jawort erhält. Überzeugt davon, daß kein Mann Catherine um ihrer selbst willen lieben könnte, stellt Dr. Sloper Erkundigungen an und erfährt, daß Townsend, gegen den er eine instinktive Abneigung empfindet, im Ausland sein ererbtes Vermögen durchgebracht hat, keinem Beruf nachgeht und sich von seiner kinderreichen verwitweten Schwester unterstützen läßt. Daraufhin äußert Sloper, für den feststeht, daß Townsend es auf Catherines Erbteil abgesehen hat, seine Bedenken, stößt aber zu seiner Überraschung auf den hartnäckigen Widerstand der Tochter: Von tiefer Leidenschaft ergriffen, kämpft sie um den Geliebten. Als der Vater auf ihre flehentliche Bitte um Verständnis mit schneidender Ironie reagiert, wird ihr schmerzlich klar, daß er sie nie geliebt hat. Seine Drohung, sie zu enterben, bestärkt sie nur in dem (von der dümmlich-romantischen Mrs. Penniman unterstützten) Entschluß, Townsend niemals aufzugeben. Als dieser ihr rät, den Vater zu »besänftigen«, erklärt sie sich zu einer Europareise bereit, die Sloper geplant hat, um seine Tochter zur Räson zu bringen. Aber seine angeblich unfehlbare Menschenkenntnis versagt vor Catherine, die ihn zwar widerspruchslos im Jahr lang begleitet, ihm aber immer wieder mit ruhiger Bestimmtheit erklärt, sie werde Townsend nach der Heimkehr heiraten. Townsend jedoch, der währenddessen Mrs. Pennimans Nachsicht weidlich ausgenutzt und sich im Haus der Slopers heimisch gemacht hat, läßt angesichts der unvermeidlichen Enterbung Catherines die Zurückgekehrte im Stich. Anfangs starr vor Schmerz, fügt sie sich schließlich in das »unerbittliche Geschäft« der Wohltätigkeit und des altjüngferlichen Lebens. Als siebzehn Jahre später der gescheiterte Townsend sich ihr wieder nähern will, weist sie ihn mit der gleichen stillen Unerschütterlichkeit ab, mit der sie vorher ihrem sterbenden Vater das Versprechen, Townsend nie zu heiraten, verweigert und damit den größten Teil ihres Erbes verloren hat. Um den Preis eines verschütteten Lebens bewahrt sie die Selbstachtung.

Wie viele Erzählungen aus James' früher Schaffensperiode ist auch _Washington Square_ eine auf die amerikanische Szene beschränkte Charakter- und Milieustudie, in der sich der Autor von den französischen Naturalisten beeinflußt zeigt. Das von konventionellen und melodramatischen Elementen nicht freie Werk verdankt seine nachhaltige Wirkung der psychologisch eindringlichen Gegenüberstellung des geistig souveränen, aber gefühlskalten Dr. Sloper und seiner weltunerfahrenen, aber gefühlsstarken Tochter – eine Konfrontation, wie sie ähnlich im größeren Rahmen des _international theme_ in James' späteren Erzählungen und Romanen immer wieder zu finden ist. KLL

AUSGABEN: Ldn. 1880 (in Cornhill Magazine, Juni–Nov.). – NY 1881. – Ldn. 1881. – Ldn. 1921–1923 (in _Novels and Stories_, Hg. P. Lubbock, 35 Bde., 5). – Harmondsworth 1964. – Ldn. 1967 (in _The Bodley Head H. J._, Hg. L. Edel, 11 Bde., 1967–1974, 1). – NY 1986.

ÜBERSETZUNG: _Die Erbin vom Washington Square_, A. Kuoni, Zürich 1956. – _Die Erbin_, ders., Ffm. 1960 (FiBü). – _Die Erbin vom Washington Square_, ders., Ffm./Bln. 1982 (Nachw. D. Haack; Ullst. Tb).

DRAMATISIERUNG: A. u. R. G. Goetz, _The Heiress_, NY 1948; Ldn. 1949; ern. 1951.

VERFILMUNG: _The Heiress_, USA 1949 (Regie: W. Wyler).

LITERATUR: J. W. Gargano, »_Washington Square_: A Study in the Growth of an Inner Self« (in SSF, 13, 1976, S. 355–362). – J. W. Carlson, »_Washington Square_« and »_The Heiress_« (in _The Classic American Novel and the Movies_, Hg. G. Peary u. R. Shatzkin, NY 1977, S. 95–104). – V. Rosenberg, »_Washington Square_«: ›The Only Good Thing ... Is the Girl‹ (in Dalhousie Review, 63, 1983).

WHAT MAISIE KNEW

(amer.; _Maisie_). Roman von Henry JAMES, erschienen 1897. – Vom Zeitpunkt der Scheidung ihrer Eltern an hat die sechsjährige Maisie Anlaß und Gelegenheit genug, genau zu registrieren, was sich um sie herum abspielt, und sich Gedanken über das seltsame Treiben der Erwachsenen zu machen. Für jeweils ein halbes Jahr dem Vater (Beale Farange) bzw. der Mutter (Ida Farange) überlassen, ist das Kind zunächst Instrument des mit Gusto geführten Kleinkriegs und Opfer des Geizes der Geschiedenen, bald aber auch Vorwand für das wachsende Einverständnis zwischen ihrem Vater und Miss Overmore, ihrer ersten Gouvernante. Die Heirat der beiden kontert Maisies Mutter prompt mit der Legalisierung ihrer Liaison mit Sir Claude, einem liebenswürdigen Lebemann, zu dem sich das Kind immer stärker hingezogen fühlt. Da Maisies vornehmlich von Geldgier getriebener Vater und ihre offenbar nymphomane, maßlos selbstsüchtige Mutter sich bald andere Partner suchen (die der Mutter passieren in raschem Wechsel vor Maisie Revue), sehen Sir Claude und »Mrs. Beale« (wie die zweite Mrs. Farange genannt wird) den Weg frei zu einer Verbindung, mit der sie von Anfang an geliebäugelt haben. Wieder wird die ahnungslose Maisie »zwischengeschaltet«, wieder stehen ihre eigenen Gefühle nicht ernsthaft zur Debatte. Die schwärmerische Jungmädchenliebe, die die inzwischen Dreizehnjährige dem Stiefvater entgegenbringt, kann an seiner Absicht, Mrs. Beale zu heiraten, nichts ändern. Als er auf Maisies Ultimatum, sich entweder für sie oder für Mrs. Beale zu entscheiden, nicht eingeht, bleibt Maisie nur das Zusammenleben mit ihrer langjährigen zweiten Erzieherin, Mrs. Wix, die ihr bei aller Verschrobenheit in uneigennütziger mütterlicher Zuneigung verbunden ist.

Die allmähliche Entwicklung von Maisies moralischem und geschlechtlichem Bewußtsein aus dem Konflikt zwischen ihrem kindlichen Liebebedürfnis und den eigensüchtigen sexuellen Interessen der erwachsenen Bezugspersonen ist das zentrale Thema des Romans, dessen Erzählperspektive in einer – von der Kritik immer wieder als bewunderungswürdige Leistung bezeichneten – romantechnischen Tour de force ganz dem sich entfaltenden Bewußtsein Maisies angepaßt ist (wobei dieser allerdings eine ungewöhnlich hohe, von kindlichen Launen ungetrübte Intelligenz zugeschrieben wird). Ehescheidung und fortgesetzt praktizierte, aber verschleierte Promiskuität erscheinen im Roman als Symptome des moralischen Verfalls der britischen Oberschicht. Ihre Immoralität, nach Meinung vieler zeitgenössischer und mancher späterer Kritiker James' vor allem an der »*Abscheulichkeit der illegitimen sexuellen Beziehungen*« (S. P. Sherman) abzulesen, zeigt sich wohl besonders in der scheinheiligen Verschleierung des Sexuellen, in der korrumpierenden Macht des Geldes und dem durch solche Konventionen geförderten skrupellosen Egoismus. Es bleibt durchaus zu bezweifeln, ob James jede Form von ausgelebter Sexualität von vornherein moralisch verurteilen wollte; manches spricht dafür, daß er sehr wohl zu unterscheiden wußte zwischen der Sexualität von Maisies Eltern und der ihrer Stiefeltern, denen er mehr Vitalität und auch eine größere Fähigkeit zur Anteilnahme an Maisies Schicksal zugesprochen hat. Im Zusammenhang mit solchen Überlegungen steht auch die von der Kritik besonders heftig diskutierte Frage, ob Maisie am Schluß des Buches »*ihre heitere Unschuld unangefochten behauptet*« (P. Edgar) oder ob sie mit wachsendem Verständnis für tabuisierte Vorgänge selbst korrumpiert wird, ob das Ende ihrer Kindheit in »*zynische Einsichten*« (H.W. Wilson) oder gar in den »*Abfall ansaugenden stillen Punkt im Wirbel eines verantwortungslos-chaotischen Lebensstroms*« (O. Cargill) einmündet. Jedenfalls sind Maisies erwachende Sinnlichkeit und Eifersucht ebenso wie Sir Claudes leichtsinnige Veranla-

gung nicht als a priori unmoralisch zu verstehen. Und schließlich läßt der Autor Maisie im Gegensatz zur Titelfigur von Edmond de GONCOURTS Roman *Chérie* (1884), der für James' Buch thematisch Pate gestanden hat, nicht an der ihr zugefügten Lieblosigkeit zugrunde gehen. Es ist auch keineswegs sicher, daß die ihr aufgezwungenen Erfahrungen, die frühe Erweiterung ihres moralischen Horizonts, sich auf ihre »Lebenskraft« (James) nur nachteilig auswirken werden. Der Roman bleibt jedenfalls dem Genre der hintergründigen Gesellschaftskomödie (man hat ihn mit CONGREVES *comedies of manners* verglichen, und auch aus James' eigenen dramatischen Versuchen der Jahre um 1890 ist einiges eingeflossen) bis zum Schluß treu. Alles direkte moralische Pathos wird bewußt der gelegentlich an Figuren von DICKENS erinnernden, komisch-grotesken Mrs. Wix in den Mund gelegt.

K.E.

AUSGABEN: Ldn. 1897 (in Chap Book, 15. 1.–1. 8.). – Ldn. 1897 (in New Review, Febr. – Sept.; rev. u. gek.). – Ldn. 1897. – Chicago/NY 1897. – NY 1907–1918 (in *Novels and Tales*, 26 Bde., 11; *New York Ed.*; ²1963). – Ldn. 1921–1923 (in *Novels and Stories*, Hg. P. Lubbock, 35 Bde., 16). – Ldn. 1969 (in *The Bodley Head H. J.*, Hg. L. Edel, 11 Bde., 1967–1974, 6). – Harmondsworth 1986, Hg. P. Theroux.

ÜBERSETZUNG: *Maisie*, H. Hennecke, Bln./Köln 1955. – Dass., ders., Ffm. 1982.

LITERATUR: W. S. Worden, *H. J.'s »What Maisie Knew«: A Comparison with the »Notebook«* (in PMLA, 68, 1953, S. 371–383). – H. W. Wilson, *What Did Maisie Know?* (in CE, 17, 1956, S. 275–285). – W. Walsh, *Maisie in »What Maisie Knew«* (in W. W., *The Use of Imagination*, Ldn. 1959, S. 148–163). – G. Cambon, *What Maisie and Huck Knew* (in Studi Americani, 6, 1960, S. 203–220). – J. W. Gargano, *»What Maisie Knew«: The Evolution of Moral Sense* (in NCF, 16, 1961, S. 33–46). – J. A. Hynes, *The Middle Way of Miss Farange: A Study of J.'s »Maisie«* (in ELH, 32, 1965, S. 528–535). – J. C. McCloskey, *What Maisie Knows: A Study of Childhood and Adolescence* (in AL, 36, 1965, S. 485–513). – H. R. Wolf, *»What Maisie Knew«: The Rankian Hero* (in American Imago, 23, 1966, S. 227–234). – A. A. Hamblen, *H. J. and the Power of Eros: »What Maisie Knew«* (in Midwest Quarterly, 9, 1968, S. 391–399). – S. B. Girgus, *The Other Maisie: Inner Death and Fatalism in »What Maisie Knew«* (in Arizona Quarterly, 29, 1973, S. 115–122). – C. Kaston, *Houses of Fiction in »What Maisie Knew«* (in Criticism, 18, 1976, S. 27–42). – W. L. Nance, *»What Maisie Knew«: The Myth of the Artist* (in StN, 8, 1976, S. 88–102). – P. B. Armstrong, *How Maisie Knows: The Phenomenology of J.'s Moral Vision* (in Texas Studies in Literature and Language, 20, 1978, S. 517–537). – J. Snyder, *J.'s Girl Huck »What Maisie Knew«* (in ALR, 11, 1978, S. 109–123). –

T. L. Jeffers, *Maisie's Moral Sense: Finding Out for Herself* (in NCF, 34, 1979, S. 154–172). – K. Marotta, »*What Maisie Knew*«: *The Question of Our Speech* (in ELH, 46, 1979, S. 495–508). – C. Brown, *The Rhetoric of Closure in* »*What Maisie Knew*« (in Style, 20, 1986, S. 58–65).

THE WINGS OF THE DOVE

(amer.; *Die Flügel der Taube*). Roman von Henry JAMES, erschienen 1902. – Kate Croy, die schöne, vitale Tochter eines moralisch und finanziell heruntergekommenen Londoners, lebt in der Stadtwohnung ihrer Tante, Mrs. Lowder, die ihr für den Fall ihrer Einheirat in die gute Gesellschaft ihr Vermögen in Aussicht gestellt hat. Der berechnende Lord Mark wäre Mrs. Lowder als Ehemann der Nichte willkommen, Kate aber hat sich in den mittellosen Journalisten Merton Densher verliebt, den sie zwar aus Furcht vor einer kümmerlichen Existenz nicht zu heiraten wagt, mit dem sie sich aber dennoch heimlich verlobt. Während eines dienstlichen Aufenthalts in New York lernt Densher Milly Theale, die wohlbehütete Erbin eines großen Vermögens, kennen, die kurz darauf nach Europa reist und von ihrer Begleiterin, Mrs. Stringham, bei deren Schulfreundin Mrs. Lowder eingeführt wird. Vom naiven Charme der Amerikanerin beeindruckt, will Mrs. Lowder sie dazu benutzen, Denshers Interesse von Kate abzulenken. Kate, bald gut mit Milly befreundet, beschließt, nachdem sie erfahren hat, daß diese unheilbar krank ist, den Plan der Tante zu fördern, und ist schließlich sogar bereit, so lange auf Densher zu verzichten, bis er Milly beerbt hat. Halb unwillig, halb fasziniert, widmet der ganz unter Kates Einfluß stehende Densher Milly seine Aufmerksamkeit und folgt ihr in Gesellschaft der englischen Freunde nach Venedig, wo sie einen Palazzo gemietet hat. Für Milly, die von Anfang an Zuneigung für Densher empfunden hat, bedeutet die Liebe zu ihm neue Lebenshoffnung. Da erfährt sie von ihrem abgewiesenen Bewerber Lord Mark von Kates und Denshers Verlöbnis. Ihr Lebenswille zerbricht. Vergeblich bittet Mrs. Stringham den in Venedig gebliebenen Densher, seine Verbindung mit Kate zu leugnen. Bei einer letzten Begegnung mit Milly fühlt er, daß sie ihm verzeiht. In London macht Kate ihm gegenüber kein Hehl daraus, daß sie selbst Lord Mark informiert hat. Einen Brief Millys, der, wie beide vermuten, die Mitteilung enthält, daß sie Densher zum Erben eingesetzt hat, wirft Kate mit großer Geste ungelesen ins Feuer, doch als Densher, zur Ablehnung der Erbschaft entschlossen, sie nach Millys Tod vor die Wahl stellt, entweder das ihm tatsächlich vermachte Vermögen oder ihn selbst zu akzeptieren, entscheidet sie sich gegen beides. Ist Denshers Liebe zu Kate immer mehr verkümmert, je stärker er die »Flügel der Taube« über sich gespürt hat (d. h. sich des Seelenadels Millys bewußt geworden ist), so ist damit auch Kates scheinbar so wohlkalkulierter Plan gescheitert.

Milly Theales Lebenswille zerbricht nicht allein an der Täuschung durch Kate und Densher, sondern ebenso an ihrer eigenen Unschuld und an der Barriere ihres Reichtums, den Ursachen ihrer Selbsttäuschung über die Motive und Gefühle anderer. Seiner *heiress of all ages* (der amerikanischen Universalerbin, die in der Titelfigur von *Daisy Miller*, in Isabel Archer aus *Portrait of a Lady* und in Maggie Verver aus *The Golden Bowl* zu konkreter Ausprägung gelangte) schreibt James in diesem Roman neben der finanziell gesicherten Existenz auch ein Wesen von vollkommener Reinheit zu, während er gleichzeitig die anderen Hauptfiguren für die in einer rätselhaften Krankheit begründete Lebensunfähigkeit Millys moralisch verantwortlich macht. Der Verklärung Millys opfert James nicht nur die genauere Ausformung ihres Charakters, sie zwingt ihn auch, die Gestalt der Kate mit einem inneren Widerspruch zu belasten: Kates Widerstand gegen die Heiratspläne, die ihre Tante für sie hegt, ihre Entscheidung für den mittellosen Densher und ihre Heißblütigkeit stehen in eklatantem Widerspruch zu ihrem fast ausschließlich von Habgier motivierten Verhalten gegen Ende des Romans. Interpreten, die im Willenskonflikt zwischen Kate und Mrs. Lowder das eigentliche Motiv suchen, übersehen, daß die verschiedenen Erscheinungsformen der Liebe in diesem Roman von ebenso zentraler Bedeutung sind wie das Geld (O. CARGILL glaubt sogar, eine gewisse – von der Wagnerschen Liebestod-Version unabhängige – Affinität zum *Tristan*-Stoff feststellen zu können.) Die durch christliche und märchenhafte Motive unterstrichene Läuterung der Liebe Millys (von *erōs* zu *agapē*) gerät erst durch Millys Verklärung und Kates Verteufelung in ein bedenkliches Licht; ohne diese Schwarz-Weiß-Zeichnung könnte sie auch als Zelebrierung des ersehnten, ihr aber verwehrten *erōs* durch Milly verstanden werden, was freilich Millys Bedeutung als Bezugspunkt aller anderen Personen schmälern würde. Die zentrale Funktion Millys (für deren ätherische, geradezu präraffaelitische Erscheinung nicht zufällig die idealisierte Gestalt der Hilda aus HAWTHORNES *The Marble Faun* Pate stand) spiegelt sich in der Metaphorik des Romans und bestimmt seine Erzählstruktur: Obwohl nur drei der zehn Kapitel aus der Perspektive Millys erzählt sind, bestimmt auch in den an das Bewußtsein Kates, Denshers und Mrs. Stringhams gebundenen Kapiteln Milly das Geschehen. Einzig im Bewußtsein Denshers spiegelt sich eine Wandlung wider: Seine Gefühle für Milly sind von einem bestimmten Zeitpunkt an eigenständig, von seiner Beziehung zu Kate und von deren Täuschungsmanöver unabhängig, und nur in seinem Fall kann man von einer tragischen Erfahrung sprechen, wenn man unterstellt, daß er Millys Wesen nicht nur schätzen, sondern auch lieben lernt. Das Buch selbst läßt allerdings offen, ob es sich bei Denshers Empfindungen um moralische Wertschätzung, um Mitleid oder um echte Zuneigung handelt. Die Auszehrung von Kates und Denshers Liebe durch wachsendes Besitzstreben und Geltungsbedürfnis, die Kommerzialisierung menschlicher Beziehungen – auch in der Bildersprache des Romans betont – hätte, plausibler dargestellt, zum tragenden und tragischen Thema werden können; die Auszehrung ihrer *amour-passion* durch den Kontakt mit einer todgeweihten schönen Seele, die fähig ist, ihre eigenen Lebensansprüche in engelhafter Reinheit und Resignation zu sublimieren, deutet dagegen auf eine moralische Voreingenommenheit des Autors, die sich nicht allein dadurch rechtfertigen läßt, daß er die Erinnerung an seine in der Blüte ihrer Jahre an Tuberkulose gestorbene, von ihm zeitlebens verehrte Kusine Mary (»Minnie«) Temple in den Roman einbezogen hat. Zu Recht aber hat James selbst in den *Prefaces* zur New Yorker Gesamtausgabe auf die poetischen Qualitäten von *The Wings of the Dove* hingewiesen, die besonders in den symbolischen Metaphern und in einigen emphatisch gesetzten Schlüsselsituationen (Milly auf einem Felsen über dem Abgrund und vor einem Bronzino-Porträt, Kate im erstickend kleinbürgerlichen Milieu ihrer Schwester) hervortreten.   K.E.

Ausgaben: NY 1902. – Ldn. 1902. – NY 1907–1918 (in *Novels and Tales*, 26 Bde., 19/20; *New York Ed.*; ²1963). – Ldn. 1921–1923 (in *Novels and Stories*, Hg. P. Lubbock, 35 Bde., 30/31). – Ldn. 1969 (in *The Bodley Head H. J.*, Hg. L. Edel, 11 Bde., 1967–1974, 7). – Harmondsworth 1986, Hg. J. Bailey.

Übersetzung: *Die Flügel der Taube*, H. Haas, Köln/Bln. 1962. – Dass., dies., Ffm./Bln. 1985 (Ullst. Tb).

Literatur: P. Lubbock, *The Craft of Fiction*, NY 1921, S. 174–185. – M. Bewley, *J.'s Debt to Hawthorne: The Marble Faun and »The Wings of the Dove«* (in Scrutiny, 16, 1949, S. 301–317). – E. Standeen, *»The Wings of the Dove« and »The Portrait of a Lady«* (in PMLA, 69, 1954, S. 1060–1075). – R. P. Blackmur, *The Lion and the Honeycomb: Essays in Solicitude and Critique*, NY 1955, S. 268–288. – J. Kimball, *»The Abyss« and »The Wings of the Dove«: The Image as Revelation* (in NCF, 10, 1956, S. 281–300). – J. J. Firebaugh, *The Idealism of Merton Densher* (in Univ. of Texas Studies in English, 37, 1958, S. 141–154). – C. Wegelin, *H. J.'s »The Wings of the Dove« as an International Novel* (in Amerikastudien, 3, 1958, S. 151–161). – C. R. Crow, *The Style of H. J.: »The Wings of the Dove«* (in *Style in Prose Fiction*, Hg. H. C. Martin, NY 1959, S. 172–189). – J. Thurber, *The Wings of H. J.* (in New Yorker, 7. Nov. 1959, S. 188–201). – L. Bersani, *The Narrator as Center in »The Wings of the Dove«* (in MFS, 6, 1960, S. 131–144). – M. Bell, *The Dream of Being Possessed and Possessing: H. J.'s »The Wings of the Dove«* (in Massachusetts Review, 10, 1969, S. 97–114). – A. Habegger, *Reciprocity and the Market Place in »The Wings of the Dove« and »What Maisie Knew«* (in NCF, 25, 1971, S. 455–473). – M. Kornfeld,

Villainy and Responsibility in »The Wings of the Dove« (in Texas Studies in Literature and Language, 14, 1972, S. 337–346). – R. M. McLean, *›Love by the Doctor's Direction‹: Disease and Death in »The Wings of the Dove«* (in Papers on Language and Literature, 8, [Suppl.] 1972, S. 128–148). – J. C. Rowe, *The Symbolization of Milly Theale: H. J.'s »The Wings of the Dove«* (in ELH, 40, 1973, S. 131–164). – S. Vincec, *›Poor Flopping Wings‹: The Making of H. J.'s »The Wings of the Dove«* (in Harvard Library Bull., 24, 1976, S. 60–93). – S. Hutchinson, *J.'s Medal: Optimism in »The Wings of the Dove«* (in EIC, 27, 1977, S. 315–335). – W. B. Stein, *»The Wings of the Dove«: J.'s Eucharist of »Punch«* (in Centennial Review, 21, 1977, S. 236–260). – E. L. Stelzig, *H. J. and the ›Immensities of Perception‹: Actors and Victims in »The Portrait of a Lady« and »The Wings of the Dove«* (in Southern Humanities Review, 11, 1977, S. 253–265). – A. W. Bellringer, *»The Wings of the Dove«: The Main Image* (in MLR, 74, 1979, S. 12–35). – K. L. Komar, *Language and Character Delineation in »The Wings of the Dove«* (in TCL, 29, 1983, S. 471–487). – M. Ian, *The Elaboration of Privacy in »The Wings of the Dove«* (in ELH, 51, 1984, S. 107–136). – E. Greenwald, *›I and the Abyss‹: Transcendental Romance in »The Wings of the Dove«* (in StN, 18, 1986, S. 177–192). – M. Moon, *Sexuality and Visual Terrorism in »The Wings of the Dove«* (in Criticism, 28, 1986, S. 427–443). – J. Gabler-Hover, *Truth and Deception: The Basis for Judgment in »The Wings of the Dove«* (in Texas Studies in Literature and Language, 29, 1987, S. 169–186).

WILLIAM JAMES

* 11.1.1842 New York
† 26.8.1910 Cocorua/New Hampshire

Literatur zum Autor:
R. B. Perry, *The Thought and Character of W. J.*, Boston/Toronto 1935, Bd. 2, S. 207–249. Nachdr. Westport/Conn. 1979. – L. Morris, *W. J., The Message of a Modern Mind*, NY 1950. – H. Schmidt, *Der Begriff der Erfahrungskontinuität bei W. J. und seine Bedeutung für den amerikanischen Pragmatismus*, Heidelberg 1959. – G. A. Roggerone, *J. e la crisi della coscienza contemporanea*, Mailand 1961. – J. D. Roberts, *Faith and Reason: A Comparative Study of Pascal, Bergson an J.*, Boston 1962. – G. W. Allen, *W. J.*, Minneapolis/Minn. 1970. – *The Philosophy of W. J.*, Hg. W. R. Corti, Hamburg 1976 [m. Bibliogr.]. – M. P. Ford, *W. J.'s Philosophy, A New Perspective*, Amherst/Mass. 1982. – E. K. Suckiel, *The Pragmatic Philosophy of W. J.*, Notre Dame u. a. 1982. – J. Barzun, *A Stroll with W. J.*, NY u. a.

1983. – D. W. Bjork, *The Compromised Scientist: W. J. in the Development of American Psychology*, NY 1983. – R. J. O'Connell, *W. J. on the Courage to Believe*, NY 1984. – H. M. Feinstein, *Becoming W. J.*, Ithaca/N.Y. u. a. 1984. – J. Klapwijk, *Philosophien im Widerstreit. Zur Philosophie von Dilthey, Heidegger, J., Wittgenstein und Marcuse*, Asslar 1985. – G. Bird, *W. J.*, Ldn. 1986 [m. Bibliogr.]. – G. E. Meyers, *W. J., His Life and Thought*, New Haven/Conn. u. a. 1986 [m. Bibliogr.]. – E. Fontinell, *Self, Good and Immortality. A Jamesian Investigation*, Philadelphia 1986. – J. M. Edie, *W. J. and Phenomenology*, Bloomington/Ill. u. a. 1987.

PRAGMATISM. A New Name for Some Old Ways of Thinking. Popular Lectures on Philosophy

(amer.; *Der Pragmatismus. Ein neuer Name für alte Denkmethoden. Volkstümliche philosophische Vorlesungen*). Sammlung von Vorlesungen von William JAMES, erschienen 1907. – Diese Darstellung enthält die Hauptthesen des Pragmatismus als einer philosophischen Denkrichtung, wie sie besonders die amerikanische Geisteswelt mitbestimmte. Die Vortragsform ist von gesprächhaft lebendiger Direktheit und ungezwungener, unsystematischer Anschaulichkeit; es werden viele sprechende Beispiele herangezogen, um die Thesen des Pragmatismus zu belegen, der zugleich in seinen wesentlichen Beziehungen zu anderen philosophischen Richtungen der Gegenwart und Vergangenheit ausgedeutet wird; ebenso wird häufig Bezug genommen auf die wissenschaftliche Forschung und die Glaubenspostulate der Religion.

James versteht den Pragmatismus vor allem aus seiner Mittlerrolle zwischen dem Positivismus der einzelnen Wissenschaften und ihrer Forschungszweige *(the tough-minded)* und den religiös-metaphysischen Glaubens- und Prinzipienfragen *(the tender-minded)*. Die Prinzipien des Seins, welche die Philosophie entdeckt und durch ihre rationale Argumentation entfalten kann, dürfen nach James nicht so spekulativ angesetzt werden, daß sie zur Errichtung von Gesamtsystemen führen. Das widerspreche dem pluralistisch-positivistischen Grundsatz, daß alles Wissen mit der Erfahrung anhebt und auf sie bezogen bleibt. In diesem positiv praktischen Bezug jedoch will James den philosophischen Prinzipien eine neue Relevanz zuweisen, die sich statt in einem totalen Weltsystem in nebeneinander bestehenden Teilgebieten, in deren Fortschritt und Wechselbezug auszuweisen hat. James bezieht sich ausdrücklich auf den Aufsatz von Ch. S. PEIRCE *How to Make Our Ideas Clear* (1878). Während Peirce aber nur die Begriffe nach den praktischen Konsequenzen eines experimentell kontrollierten Teilgebietes definiert, will James praktische Konsequenzen prinzipieller Grundsätze auch im Weltverhalten des Menschen feststellen, so wie es aus dessen religiösem Glauben und dessen Moral folgt. Von hier aus bestimmt James den Pragmatismus als »Methode«, die philosophischen Prinzipien in Hinsicht auf ihren praktischen Gehalt im konkreten Verhalten der Menschen immer erneut zu überprüfen. Diese Methode steht im Zusammenhang mit einer »*Auffassung vom Ursprung der Wahrheit*«, nämlich der Wahrheit eines pluralistischen Universums, in welchem nur Teilzusammenhängen Wahrheitsgeltung zukommt. Die Wahrheit eines Gedankens betrifft das Objekt nach dessen Effekten, und zwar als Versuch, sie zusammenzufassen.

Die kategorialen Bedingungen, die für das Zusammenfassen experimenteller Wirkungen eines Objekts bedeutend sind und die es einem positivistisch-pluralistischen Wahrheitsgebiet zuordnen (etwa Raum- und Zeitfunktion der Schwere in der Kinetik, Bewegungs- und Mengenproportion der primären Qualitäten in der Chemie), werden von James nicht ausdrücklich thematisiert. Der spezifische Zusammenhalt jeder Erfahrungskontinuität wird jedoch (besonders in *The One and the Many*) entschieden hervorgehoben, wobei betont wird, daß in der Wirkung eines Gedankens die Interferenz der Einzelfakten eine Frage der zweckmäßigen, von der Nutzungslage des Menschen bestimmten Deutung ist. Offen aber bleibt die Frage, ob die Interferenz substanzmäßig, durch die Verfassung der Materie, fundiert ist oder ob es sich nur um eine zweckhafte Auslegung aus der Berührung mit dem spezifisch menschlichen Sinn (in der Optik mit der Netzhaut etc.) handelt. Der funktionalmathematische Charakter der Interferenz der Wirkungen im formulierten Naturgesetz wird ebenfalls nicht hervorgehoben. Deutlich wird dagegen das Problem des gegenseitigen Übergreifens bzw. Unterlaufens der verschiedenen positivistischen Bezugssysteme herausgestellt (etwa der Optik und des Gesamtgebiets der Physik). Vom Raum heißt es, daß er gerade deshalb ebensosehr verbindet wie trennt, weil er den pragmatischen Wirkungscharakter der Prinzipien, etwa der Schwere der Masse, sowohl auf die Zeitmomente verteile wie in der Bewegung zusammenfasse. – Von kulturphilosophischer Bedeutung sind einige Hinweise auf die Pluralität der Konzeptionssysteme in der modernen Industriegesellschaft: Neben die wissenschaftliche tritt die wirtschaftliche und neben diese die ästhetisch-persönliche Konzeption, in der letztlich jedes Ding eine andere Geschichte *(story)* zu erzählen imstande sei.　　　　　　　　　H. W. Sch.

AUSGABEN: NY/Ldn. 1907, Hg. R. B. Perry. – NY 1931. – NY 1959. – NY 1968 (in *The Writings of W. J.*, Hg. u. Einl. J. J. McDermott; m. Bibliogr.). – Cambridge (Mass.)/Ldn. 1975 (in *Works*, Hg. F. Burckhardt u. a., 1975 ff., Bd. 1).

ÜBERSETZUNG: *Der Pragmatismus. Ein neuer Name für alte Denkmethoden. Volkstümliche philosophische Vorlesungen*, W. Jerusalem, Lpzg. 1908. – *Pragmatismus. Ein neuer Name für alte Denkmethoden*, Ders., Hbg. 1977 (PhB).

LITERATUR: E. Baumgarten, *Der Pragmatismus. R. W. Emerson, W. J., J. Dewey* (in E. B., *Die geistigen Grundlagen des amerikanischen Gemeinwesens*, Bd. 2, Ffm. 1938, S. 3–96). – J. F. McCormick, *The Pragmatism of W. J.* (in The Modern Schoolman, St. Louis 1942/43, Nr. 20, S. 18–26). – E. F. Allen, *Philosophical Notes: Pragmatism* (in The New Philosophy, 63, 1960, S. 221–224). – H. D. Aiken, *American Pragmatism Reconsidered*, 2: *W. J.* (in Commentary, 34, 1962, S. 238–246). – C. W. Mills, *Sociology and Pragmatism. The Higher Learning in America*, NY 1964.

THE PRINCIPLES OF PSYCHOLOGY

(amer.; *Die Prinzipien der Psychologie*). Wissenschaftliche Abhandlung von William JAMES, entstanden 1880–1890, erschienen 1890. – Dieses sein erstes großes Werk machte James als Vertreter des Pragmatismus berühmt und trug ihm eine Reihe von Einladungen zu Vorträgen ein, in denen er die prinzipiellen Ansätze seiner Psychologie in philosophischer Hinsicht modifizierte, vertiefte und erweiterte. Der sehr umfangreichen Darstellung folgte eine Kurzfassung (*Psychology. Briefer Course*, 1892).

Seinem Programm nach will James die Psychologie als Naturwissenschaft aufgefaßt wissen, die einen eigenen Tatsachenbereich nach eigener Methode behandelt, nämlich den der Psyche mit allen Arten von Bewußtseinszuständen (*states of mind*). Der Verfasser setzt sich mit den Versuchen E. H. WEBERS und G. Th. FECHNERS auseinander, die das Empfindungsvermögen experimentell durch kontrolliertes Vergleichen des Verhältnisses von Reiz und Empfindung zu erforschen suchten. Er kritisiert dabei die verfälschten Bedingungen solcher Experimente und postuliert als grundlegende Bedingung der wissenschaftlichen Betrachtung der Bewußtseinszustände die ganzheitlich strukturierte Zeitlage unserer konkreten Lebenssituationen mit ihren Vergangenheits- und Zukunftsaspekten. Unter diesen Aspekten will James das Verhältnis von Empfinden, Wissen und Selbstbewußtsein durch Beschreibung beispielhafter Bewußtseinszustände klären, wobei er der Gehirntätigkeit als physiologischer Grundlage wichtige Bedeutung zumißt. James bildet hier seine originäre Konzeption des »Bewußtseinsstromes« (*stream of consciousness*) aus, die grundlegende Voraussetzungen seines weiteren Philosophierens impliziert: die Offenheit für religiöse Erfahrungen inmitten der Erkenntislage der Wissenschaften, die Konzeption einer pragmatischen Untersuchung metaphysischer Postulate von der Seelen- und Weltverfassung nach deren praktisch-konkreten Folgen. Doch weicht er jeder Antwort auf die Frage nach einer Seelensubstanz aus. Seele ist Bewußtseinsprozeß in seinem Strömen, wobei diese Metapher allerdings verstanden werden muß als Bezeichnung für die Zusammenhänge zwischen einzelnen Sensationen (*transitive parts of the stream*), deren Vorstellung (*substantive parts of the stream*) und der jeweiligen offenen Gesamtlage unseres Selbstgefühls (*feeling of warmth and intimacy*). Das Wesentliche ist für James, daß der Übergang zwischen zwei Sensationen (*feeling of transition*), etwa zwischen Stille und Donnerschlag, selbst nichts Negatives, sondern das eigentlich Strömende und strömend Verbindende ist (*a joint in a bamboo*), das in die Vorstellung eingeht, von ihr aus aber auch alle weiteren Schattierungsmöglichkeiten (*shades*) erweckt, die die Vorstellung in den unterschiedlichsten Lebenslagen unseres Selbst annehmen kann. Daß der »Strom« nicht einfach das sukzessive Abfließen einzelner Bewußtseinszustände ist, sondern die sich in dieser Folge stets neu strukturierende Lage zweier oder mehrerer Sensationen in den Vorstellungen und damit der Vorstellungen in der offenen Gesamtlage des Selbstgefühls, erweist sich für James vor allem auch bei der Erfahrung des Besprechens der Bewußtseinszustände im Rückbezug auf unser Empfinden. Den Worten wohnt ein *feeling of tendency* inne, mit dem sie sich in Anbetracht der zu den Worten wechselnden Empfindungen wie von selbst ständig umgruppieren lassen und dabei das Assoziationsfeld gewohnter Vorstellungen in Unendliche subjektiver Schichtungen und Nuancen differenzieren. Von hier aus übte James' Konzeption des Bewußtseinsstroms auch in der schönen Literatur weittragende Einflüsse auf den Roman (James JOYCE, Virgina WOOLF) und die Lyrik (der Imagisten) aus.

Von der philosophischen Tradition her ist sich James des Zusammenhangs seiner Konzeption des Bewußtseinsstroms mit dem Logosprinzip des HERAKLIT bewußt (»*Niemand steigt zweimal in denselben Fluß*«). Der Folgecharakter der Sensationen in den Vorstellungen gibt aber nicht nur den Vorstellungen Wirkungstendenzen nach außen, sondern wird seinerseits auch von äußeren Wirkungstendenzen her angezielt, wie sie aus der offenen Gesamtlage des Mitbewußten, des Vor- und Unbewußten unserer von der Vergangenheit in die Zukunft reichenden Antriebe in die Vorstellungen hineinweisen. James ergänzt hier die Strommetapher durch die Metapher des Bewußtseinshorizontes (*fringe, halo, pernumbra*) und nimmt damit Einsichten vorweg, die bald darauf in der Philosophie durch die Phänomenologische Schule seit Edmund HUSSERL entwickelt wurden und die in der modernen Existenzanalyse wie auch in der Psychoanalyse (das Unbewußte nicht nur als Reservoir leibbestimmter Triebe, sondern auch als deren Vergangenheitshorizont) zentral bleiben. H. W. Sch.

AUSGABEN: NY 1890, 2 Bde. – NY 1902, 2 Bde. – NY 1931, 2 Bde. – Gloucester/Mass. 1962, 2 Bde. – Cambridge (Mass.)/Ldn. 1981 (in *Works*, Hg. F. Burckhardt u. a., 1975 ff., Bd. 10).

LITERATUR: A. Ménard, *Analyse et critique des »Principes de la psychologie« de W. J.*, Paris 1911. – J. Linschoten, *Auf dem Wege zu einer phänomenologischen Psychologie. Die Psychologie von W. J.*, Bln.

1961. – A. Gurwitsch, *W. J.'s Theory of the ›Transitive Parts‹ of the Stream of Consciousness* (in A. G., *Studies in Phenomenology and Psychology*, Evanston 1966, S. 301–331). – *The Philosophical Psychology of W. J.*, Hg. M. H. DeArmey u. S. Skousgaad, Washington D.C. 1986.

THE WILL TO BELIEVE, and Other Essays in Popular Philosophy

(amer.; *Der Wille zum Glauben und andere popularphilosophische Essays*). Sammlung von zehn philosophischen Essays von William JAMES, erschienen 1897. – In diesen meist aus Vorträgen entstandenen Abhandlungen legt der Autor erstmals die Denkrichtung seines Pragmatismus an Hand einer Reihe von Themen der Philosophie dar. Ein Leitmotiv aller Aufsätze bildet dabei die Frage der Einheit oder Vielheit des Universums (Pluralismus oder Monismus) sowie seiner Erfassung in rationalen Prinzipien und daraus resultierend die Auffassung des Verhältnisses der Wahrheit zum Erkennen, zu Glauben und Handeln des Menschen. Im ersten Essay, der der Sammlung den Titel gibt, nimmt James Bezug auf die Wette in den *Pensées* von Blaise PASCAL: Statt den weltimmanenten Konsequenzen der forschenden Vernunft zu folgen, die zeitlich bedingt bleiben und den sterblichen Menschen immer nur endlich binden, hält es Pascal für besser, auf den zeitübergreifenden Ewigkeitsanspruch göttlicher Offenbarung und den christlichen Glauben zu setzen. James entwickelt bei der Erörterung des Pascalschen Arguments eine vermittelnde Konzeption, in der Wissen und Glauben durch die *living option* aufeinander bezogen sind, nämlich durch eine Art glaubender Affirmation »bestehender Tendenzen«, mit denen die erkannte Natur der Dinge über sich selbst hinausweist. Diese Tendenzen gehen zunächst von der historischen Lage des Erkennenden aus: Wir sind in der Auslegung unserer Erkenntnisse »parteiisch« und stehen unter einem »Umweltdruck«. Wissenschaftliche Theorien lassen sich einerseits durch empirische Forschung verifizieren, gewinnen dabei aber stets nur die Geltung eines Teilbereichs (etwa in der Mechanik, Optik, Physik, etc.), der in seinem Verhältnis zum Ganzen des kosmischen Seins »offen« bleibt, aber zu »absolutistischen« Hypothesen (Rationalismus als Physikalismus, Panpsychismus) anhält *(The Sentiment of Rationality)*. Bei diesen Hypothesen kommt es darauf an zu erweisen, wie weit sie nicht »tot«, sondern »lebendig« sind, d. h. aus der gegebenen pluralistischen Gruppierung bestimmter Methoden und ihrer Forschungsbereiche zu einer höheren Gruppierung zu führen vermögen. Hier wirkt einerseits die reine Reflexionskraft des »Denkens des Denkens« (die *noēsis noēseōs* des ARISTOTELES: *»we know that we do know«*), die aber nach James empirisch gebunden bleibt, nämlich einerseits skeptisch in die Überprüfung der Tatsachenbereiche hinabsteigt, sie im Ganzen des Seins neu aufzufassen sucht und dabei hinge-

führt wird zu einer den Fakten dieses Versuchs entsprechenden neuen und wirksamen Prinzipienannahme *(living hypotheses)*. James differenziert nicht genau, wieweit eine Erweiterung im Bereich des Erkennens, die diesem pragmatischen Prinzip entspricht (etwa die Verbindung von Physik und Chemie nach den Prinzipien der physikalischen Chemie), auch noch mit der für das Erkennen spezifisch relevanten sozialen Handlungslage der Menschen zusammenhängt (etwa Organisation eines Forschungsteams, Investitionskapazitäten und -kompetenzen einer bestimmten Eigentumsordnung) und wie diese weiteren gesellschaftlichen Lagen vom glaubenden Verständnis des einzelnen in seiner Gruppe bestimmt werden können (als avantgardistischer Kapitaleigner, als konservativer Familienpatriarch etc.).

Die Sammlung enthält auch einen Essay zum ethischen Problem *(The Moral Philosopher and the Moral Life)*. Hier plädiert James zugunsten der Vielfalt von Lebensansprüchen *(demands)* unterschiedlicher Individuen und Gruppen und für die Vielfalt der Lebensideale, die diesen Ansprüchen bestimmte Haltungen und Geschicklichkeiten zuweisen. Es gibt keine *per se* gute Lebenshaltung (Ablehnung der Kasuistik); doch bieten der Umfang und der Grad der Wirklichkeitsbewältigung ein Kriterium für die erstrebenswertesten Ideale: Das umfänglichste Ideal, das doch möglichst viele toleriert und assimiliert, ist dasjenige, das der Philosoph postulieren und praktisch unterstützen sollte.   H.W.Sch.

AUSGABEN: NY 1897 – NY 1960. – Cambridge (Mass.)/Ldn. 1979 (in *Works*, Hg. F. Burckhardt u. a., 1975 ff., Bd. 6).

ÜBERSETZUNG: *Der Wille zum Glauben und andere popularphilosophische Essays*, Th. Lorenz, Stg. 1899.

FRANCIS JAMMES

* 2.12.1868 Tournay-en-Bigorre
† 1.11.1938 Hasparren

LITERATUR ZUM AUTOR:
A. de Bersaucourt, *F. J., poète chrétien*, Paris 1910. – A. Schilla, *F. J., unter besonderer Berücksichtigung seiner Naturdichtung*, Diss. Königsberg 1929. – A. Guidetti, *F. J.*, Turin 1931. – M. Ewald, *F. J. und der franziskanische Geist*, Diss. Münster 1934. – H. Burkhard, *Natur und Heimat bei F. J.*, Diss. Jena 1937. – A. Bertschi, *F. J.*, Paris 1938. – J. P. Inda, *F. J.*, Lyon 1952. – R. M. Dyson, *Les sensations et la sensibilité chez F. J.*, Genf 1954. – M. Parent, *F. J. Étude de langue et de style*, Paris 1957. – Dies., *Rythme et versification dans la poésie de F. J.*, Paris 1957. – R. u. L. van der Burght, *F. J.,*

le faune chrétien, Brüssel 1961. – R. Mallet, *F. J. Le jammisme*, Paris 1961. – Ders., *F. J., sa vie, son œuvre*, Paris 1961. – Ders., *F. J.*, Paris 1969. – J. P. Inda, *F. J. par delà les poses et les images d'Épinal*, Pau 1975. – M. Suffran, *Les Pyrénées de J.*, Paris 1985.

DE L'ANGELUS DE L'AUBE
À L'ANGELUS DU SOIR

(frz.; *Vom Angelus der Frühe bis zum Angelus des Abends*). Gedichtsammlung von Francis JAMMES, erschienen 1898. – Francis Jammes ist in Deutschland vor allem durch RILKES rühmenden Hinweis (in den *Aufzeichnungen des Malte Laurids Brigge*: »*Ich sitze und lese einen Dichter* . . .«), durch Ernst STADLERS Übertragung seiner *Quatorze prières*, 1898 (*Gebete der Demut*, 1913) sowie durch den *Hasenroman*, 1903 (*Le roman du lièvre*), und die Romane dreier junger Mädchen (*Clara d'Ellébeuse, Almaïde d'Étremont, Pomme d'Anis*, 1904) bekannt geworden. Auf Stadler folgten Joachim HUPPELSBERG und Remigius NETZER mit Übersetzungen der *Élégies* (aus dem Sammelband *Le deuil des primevères*, 1901 – *Elegien*, 1948, und *Die traurigen Schlüsselblumen*, 1952).

Francis Jammes ist in den Pyrenäen geboren, wo er auch in ländlicher Abgeschiedenheit sein Leben verbracht hat. Väterlicherseits stammte seine Familie von den Antillen, und in seinen Gedichten liebt er es, seine meridionale Bukolik mit allerlei kolonialen Reminiszenzen, einer Art exotischem Biedermeier, zu durchsetzen. Seine Poesie ist betont einfältig, kleinbürgerlich, provinziell, ein bißchen lüstern, trotz allem Angelusgeläute durchaus nicht zimperlich *in eroticis*, ein bißchem sentimental, ja zur Wehleidigkeit neigend, bei aller franziskanischen Frömmigkeit nicht ohne Pfiffigkeit. »*Ich habe die Seele eines Fauns und eines jungen Mädchens*«, schrieb Jammes einmal von sich selbst. »*Und bisweilen die eines Kobolds*«, hat man hinzugefügt. Was ihn, wenn seine Naivität sich gelegentlich allzu selbstgefällig vorträgt, stets wieder rettet, ist die innige Vertrautheit mit seiner ländlichen Umwelt, ein aufgeweckter Natursinn und die Fülle liebenswürdiger Einfälle, in denen sich Beobachtungsgabe, schalkhafte Laune und eine seltene Sicherheit des scheinbar nachlässig improvisierten Vortrags verbinden. Er ist ein lyrischer Fabulist der geschöpflichen Kleinwelt, von einer südlich behenden Sinnenhaftigkeit und immer wieder überraschenden Bildsicherheit.

Mit André GIDE und Paul CLAUDEL befreundet, ist Jammes, unter dem Einfluß des letzteren, um 1900 zum katholischen Glauben seiner Kindheit zurückgekehrt. Die Frucht dieser »Bekehrung« sind die in den beiden Sammlungen *Le deuil des primevères* und *Clairières dans le ciel* (1906) vereinigten Gedichte. Vielleicht wird man finden, daß der Dichter seither manche lyrische Devotionalien hervorgebracht hat, in denen Demut und Kindersinn sich eher wie Beschränktheit ausnehmen; das ändert nichts daran, daß Jammes, in der Nachfolge François COPPÉES

und Paul VERLAINES, ein Meister des gesprochenen, des sprechenden, nicht singenden Gedichtes ist. An regelrechten, abgezählten Versen ist ihm wenig gelegen; den Reim behandelt er nachlässig, er liebt den unreinen, den assonierenden oder nur rhythmischen Reim, das Enjambement auf schwachbetonten Silben und weiß, solcherart der Prosa sich annähernd, mit den einfachsten Mitteln eine schwebende, wendige Diktion zu erzielen, die der Herzlichkeit nicht minder fähig ist wie der Ergriffenheit und der (dezenten) Purzelbäume. F.Ke.

AUSGABEN: Paris 1898. – Paris 1921 (in *Œuvres*, 5 Bde., 1921–1926, 1; Nachdr. Genf 1978). – Paris 1971 [Vorw. J. Borel].

LITERATUR: J. Borel, »*De l'angelus de l'aube à l'angelus du soir*« (in J. B., *Poésie et nostalgie*, Paris 1979, S. 37–44).

LE ROMAN DU LIÈVRE

(frz.; *Ü: Der Hasenroman*). Roman von Francis JAMMES, erschienen 1903. – Das Werk des Regionalisten Jammes, dessen Seinsverständnis in der Antike und im franziskanischen Christentum wurzelt, ist getragen von einem naiven, mystischen Naturempfinden. Der Begriff »Jammismus«, zunächst als Scherzwort von dem Dichter selbst geprägt, wurde in der Folgezeit von der Literaturkritik aufgegriffen, um eine geistige Haltung zu benennen, die in der Natur die Gotteserfahrung sucht, in der Liebe zu den Geschöpfen aber ganz dem Irdischen verhaftet bleibt. »*Er [Jammes] hat Gott in den Dingen und Lebewesen entdeckt, er wird diese Lebewesen in Gott wiederfinden*« (R. Mallet). Am zwölften Kilometerstein zwischen Castétis und Balansun – im südfranzösischen Béarn, der engeren Heimat des Dichters – hält der Hase nach einer Verfolgungsjagd inne. Er ist den Jägern und Hunden entkommen und verbringt nun seine Mittagsruhe in einer abgelegenen Scheune. Erst in der Stille der Nacht wagt er sich wieder ins Freie: »*Das Leben war für ihn eine Musik, und jede Dissonanz riet ihm, mißtrauisch zu sein.*« Da begegnet er, ohne Furcht zu empfinden, einem Fremden, keinem anderen als Franz von Assisi, der von Tauben, Hunden, einem Wolf, einer Eule, einem Sperber und Lämmern begleitet wird. Langohr wird im Namen des Glaubens, der »*das Leben selbst ist*«, aufgefordert, den anderen Tieren zu folgen; von nun an ist er vor allen Feinden sicher. Als aber der Winter näherrückt und die Nahrung knapp wird, fordert der Heilige seine Begleiter auf, ihn zu verlassen. Er löst ihnen die Zunge, doch alle Tiere flehen ihn an, in seiner Nähe bleiben zu dürfen, da sie ohne seine Liebe nicht leben könnten. Langohr, der Kälte und Entbehrung am besten erträgt, ist bald der letzte Überlebende und erhält vom heiligen Franz den Auftrag, die Tiere ins Paradies zu führen. Jedes Tier geht in den für ihn eigens geschaffenen Teil des Paradieses – ins Hundeparadies, Vogelparadies usw.

– ein, nur Langohr, der noch nicht den Tod erfahren hat, sehnt sich nach den Mühsalen und Unbilden des Erdendaseins. Er erhält von Gott die Erlaubnis zur Rückkehr und wird, kaum daß er heimgekehrt ist, von der Kugel eines Jägers getroffen. Vom Irdischen erlöst, geht er ins Hasenparadies ein.

Als der knappe Roman – er umfaßt in der Erstausgabe nur 63 Seiten – 1902 entstand, war Jammes' Religiosität noch weitgehend bestimmt von heidnischen Vorstellungen, die es ihm erlaubten, das Übersinnliche anthropomorph darzustellen (so erscheint Gott in der Gestalt eines Landstreichers), und von denen er sich erst zwei Jahre später mit seinem Bekenntnis zum orthodoxen Christentum löste. Anders als LA FONTAINE, der in seinen Fabeln menschliche Denk- und Empfindungsweisen auf die Tiere überträgt, läßt Jammes, hierin ein Schüler des FRANZ VON ASSISI, die Seele der Tiere selbst sprechen: *»Ich will mein fühlendes Herz mit dem Empfinden der Tiere anfüllen.«* Sein Ideal der liebenswerten Einfachheit, das für ihn stets mit der Wahrheit und der Schönheit identisch war und das er auch im sprachlichen Ausdruck zu verwirklichen trachtete, brachte ihm nicht nur Zustimmung, sondern auch Kritik ein, die nachwies, daß er zuweilen der Gefahr manierierter Süßlichkeit und falscher Naivität erlegen war. Trotz dieser zweifellos berechtigten Einwände wurde Jammes gerade durch den *Hasenroman* über die Grenzen seiner Heimat hinaus auch im Ausland bekannt. R.L.

AUSGABEN: Paris 1903. – Paris 1924 (in *Œuvres*, 5 Bde., 1921–1926, 4; Nachdr. Genf 1978).

ÜBERSETZUNGEN: *Der Hasenroman*, J. Hegner (in Die Weißen Blätter, 3, 1916, H. 7). – Dass., ders., Mchn./Lpzg. o. J. [1918] (Ill. R. Seewald; ern. o. J. [1934]). – *Das Paradies der Tiere. Geschichte von Menschen, Tieren u. Dingen*, E. A. Rheinhardt, Hellerau 1926 [Ausz.]. – *Der Hasenroman*, J. Hegner, Köln/Olten 1948; ern. 1988. [Ill. R. Seewald].

DRAGO JANČAR

* 13.4.1948 Maribor

GALJOT

(sloven.; *Ü: Der Galeot*). Roman von Drago JANČAR, erschienen 1978. – Dem Roman liegt das Motiv eines slovenischen Volksliedes zugrunde, in dem der Galeot von der Sträflingsarbeit auf der Galeere zermürbt einen am Ufer stehenden »schönen Jüngling« voller Sehnsucht nach seiner Heimat fragt. Die Handlung spielt im 17. Jh., als nach dem großen reformatorischen, humanistisch-freigeisti-

gen Aufbruch religiöser Eifer und kirchliche Unduldsamkeit den Süden und Südosten Europas heimsuchen, als Entdeckungen und Erfindungen nicht nur den menschlichen Horizont umfassend erweitern, sondern auch eine tiefe existenzielle Unruhe auslösen, die vor dem Hintergrund der Türkeneinfälle und der Pest zu Aberglauben, Hexenwahn, Sektierertum und Geheimbündelei führt. Der Romanheld Johann Ott kommt, vermutlich als Flüchtling, aus einem nicht näher gekennzeichneten Fürstentum Neiße, *»aus dem Sumpf, aus der Dunkelheit, aus der tauben Stille«*, und siedelt sich im Steirischen an, wo er sich, aufgrund merkwürdigen Benehmens immer ein verdächtiger Fremder bleibend, in seiner triebhaften Unruhe mit einer Stifterin, der Angehörigen einer häretischen Sekte, zusammentut. Wegen seiner Teilnahme an einem Stifterritual kommt er vor Gericht. Von den Stiftern zwar aus den Klauen der »Steirischen Carolina«, der hochnotpeinlichen Gerichtsbarkeit, gerettet, kehrt sich Ott von der Sekte ab und schließt sich reisenden Kaufleuten an. In deren Gesellschaft erlebt er die Ankunft Kaiser Leopolds und ein etwas mißglücktes Liebesabenteuer in Ljubljana. Auch diese kurze Periode eines relativ angenehmen Lebens ist von der Angst vor weiterer gerichtlicher Verfolgung oder vor einem Racheakt der Geheimbündler überschattet. Die Geschehnisse um den Kaiserbesuch führen zu gefährlichen Verwicklungen, so daß Otto wieder fliehen muß. Zusammen mit dem Bettler Anton durchirrt er das Land, kommt ans Meer (nach Triest?), wo er wegen angeblicher Teilnahme an einer Verschwörung des Zauber-Jackl zu lebenslanger Galeerenstrafe verurteilt wird. Als Galeot durchfährt Johann Ott das »westliche Meer«, doch die angelaufenen Häfen an den Küsten Zyperns, Spaniens, Korsikas, Frankreichs, Dalmatiens, auf den griechischen Inseln bleiben für ihn namen- und konturlos. Das eintönige Sklavenleben wird nur von den periodischen Grausamkeiten der Schiffsbesatzung, von Piratenüberfällen oder durch Neuankömmlinge mit kargen Nachrichten aus der Heimat unterbrochen. Allein der Gedanke an Flucht hat schon fürchterliche Strafe zur Folge. Schließlich gerät Ott nach einem Schiffbruch in Quarantäne. Um ihn herum breitet sich Angst und Grauen vor der Pest aus, er selbst scheint vorerst verschont zu bleiben. Gemeinsam mit einem todkranken jungen Mann, dem »schönen Jüngling« aus der slovenischen Volksballade, durchbricht Ott den Pestkordon und schleppt die tödliche Krankheit in die Heimat ein.

Schlüsselmotive dieses Romans sind das Getriebensein des Menschen (*»Nur Flucht, Flucht vor niemand und Flucht vor allen«*), Mißtrauen gegen alles Fremde, Angst vor der Pest und anderen Krankheiten, Verstrickung in Zauberei und Magie, Sektenverfolgung und Hexenprozesse. Jančars Erzählverfahren erinnert an die ironisch-distanzierte Führung des Franz Bieberkopf in DÖBLINS *Berlin Alexanderplatz* (1929): Nicht das Schicksal, sondern der souveräne Autor manipuliert seinen Helden. *»Damit könnten wir die Geschichte von der Ankunft* *des ungewöhnlichen Fremden in unserem Land beenden, denn er hatte sich schließlich Vertrauen erworben und lebte geradeso, wie die Menschen hier seit jeher gelebt hatten. Aber wir haben ihm nicht deshalb auserwählt, um ihn jetzt hier, unter diesen guten und anständigen Menschen, in Ruhe zu lassen. Er wird seinen Kelch bis zur Neige leeren, bis zum letzten Tropfen.«* Die »erzählte Gegenwart« bezieht den Leser ein, der sich trotz aller Zeitgebundenheit, teilweise detailliert ausgeführten Lokalkolorits und kenntnisreicher Schilderung der Lebensumstände in diesem letzten »mittelalterlichen« Jahrhundert in seiner neuzeitlichen Entwurzeltheit und Heillosigkeit wiedererkennt. Ein dumpfes Gefühl der Ausweglosigkeit kennzeichnet die Welt, in die Johann Ott geworfen ist, eine Welt der Irrtümer und Verwirrtheiten, über der sich die *»niedrige Kuppel des leeren Himmels«* wölbt.　　　　　　　　　　　K.D.O.

AUSGABE: Murska Sobota 1978; ²1980.

ÜBERSETZUNGEN: *Der Galeot*, K. Grah u. M. Šetinc, Ljubljana 1985 [Manuskr.]. – Dass., K. D. Olof, Ljubljana/Klagenfurt 1990.

LITERATUR: H. Malek, Rez. (in Dialogi, 1978, 14, S. 494–496). – M. Forstnerič-Hajnšek, *Pripovedni sistem in kompozicija J. »Galjota«* (ebd., 1981, 5, S. 340–347).

ERNST JANDL

* 1.8.1925 Wien

LITERATUR ZUM AUTOR:
K. Riha, *E. J.* (in KLG, 5. Nlg., 1980). – *E. J. Materialienbuch*, Hg. W. Schmidt-Dengler, Darmstadt/Neuwied 1982. – *E. J.* Begleitheft zur Ausstellung der Stadt- u. Universitätsbibliothek Frankfurt a. M., Hg. A. Estermann, Ffm. 1984. – *Für E. J. Texte zum 60. Geburtstag. Werkgeschichte*, Hg. K. Pfoser-Schewig, Wien 1985. – W. Schmidt-Dengler, *Drei Naturen: Bernhard, J., Handke – Destruktion, Reduktion, Restauration* (in *Zeit ohne Manifeste? Zur Literatur der 70er Jahre in Österreich*, Hg. F. Aspetsberger u. H. Lengauer, Wien 1987, S. 150–165). – L. Harig, *E. J.* (in LdtG, S. 280/281).

DAS LYRISCHE WERK von Ernst JANDL.
»kennen du ernsten jandeln? / ihm du kennen nicht dürfen / du sein guten jungen!« (an einen grenzen).
Ernst Jandl gehört zu den international bekanntesten Autoren der deutschsprachigen experimentellen Literatur. Neben Hörspielen, Theaterstücken, Übersetzungen, Rezensionen und Vorträgen veröffentlichte der studierte Anglist und Germanist

mehr als zwanzig Gedichtbände. Dabei besticht das Werk dieses Autors durch ein breites Spektrum sowohl experimenteller als auch konventioneller Texte in englischer wie in deutscher Sprache. Die Texte scheinen sich zunächst grundsätzlich zu unterscheiden: Neben Gedichten in Alltagssprache, oft gekoppelt mit traditionellen poetischen Mustern und Verfahren, stehen experimentelle Formen von Lyrik – visuelle Gedichte, Lautgedichte, Sprechgedichte und (ab 1976) »Gedichte in heruntergekommener Sprache«.

Jedoch existiert trotz aller Verschiedenheit der einzelnen Gedichte ein inhaltlicher Zusammenhang des Werks, der sich zunächst in den Themen äußert. Diese Verbindung von Varianz und Konstanz, die Bandbreite der lyrischen Formen bei gleichbleibenden Themen – Alltagserfahrungen, Familiensituationen, Liebe und Eros, Tier- und Dingbeschreibungen, Krieg, gesellschaftliche Konventionen und Restriktionen, psychische Reaktionen und Selbstreflexionen des schreibenden Ich – resultiert aus Jandls poetologischen Vorstellungen: »*. . . er habe immer etwas zu sagen gehabt, und er habe immer gewußt, daß man es so und so und so sagen könne; und so habe er sich nie darum mühen müssen, etwas zu sagen, wohl aber um die art und weise dieses sagens. denn in dem, was man zu sagen hat, gibt es keine alternative; aber für die art und weise, es zu sagen, gibt es eine unbestimmte zahl von möglichkeiten. es gibt dichter, die alles mögliche sagen, und dies immer auf die gleiche art und weise. solches zu tun habe ihn nie gereizt; denn zu sagen gebe es schließlich nur eines; dieses aber immer wieder, und auf immer neue weise.*« Das poetologische Selbstbekenntnis Ernst Jandls – es leitet den 1973 erschienenen Gedichtband *dingfest* ein – gilt noch heute. Alle Texte des Lyrikers basieren auf einer wesentlichen Voraussetzung: »*Kunst heute, also auch Dichtkunst, kann*«, so Jandl in einem Vortrag 1969, »*als eine fortwährende Realisation von Freiheit interpretiert werden.*« Kunst ist »*Schauspiel des Vollzugs von Freiheit*«. Sie kann »*ohne Lenkung von außen immer wieder neue Modelle von Freiheit entstehen*« lassen, ermöglicht jedem »*sein eigenes Modell von Freiheit*«. Die Realisation von Freiheit allerdings drückt sich für Jandl nicht nur im Thematischen aus, sondern vor allem im Umgang mit Sprache: Das Spiel mit der Sprache ist – trotz der so oft betonten Komik und Groteske der Gedichte – Ernst. »*Die Ernsthaftigkeit des Spielerischen und das Spielerische des Ernstes sind in Jandl zur existentiellen Einheit verschmolzen. Jandl ist ein ernster Mensch, der spielt, weil die Notwendigkeit des Spiels zum Überleben des Menschen für ihn zum Programm geworden ist: Der Mensch überlebt nur, wenn er Interesse zeigt, Anteil nimmt, dazwischentritt*« (L. Harig). Ernst Jandl selbst: *was ich will, sind gedichte, die nicht kalt lassen.*«

Nach seinem Debüt mit dem Gedichtband *Andere Augen* (1956), der im Rahmen der Nachkriegsliteratur und gemessen an den späteren Texten dieses Autors durchaus herkömmliche Gedichte in Umgangssprache enthält, veröffentlichte Jandl 1957 erstmals seine berühmten Sprechgedichte in der

Zeitschrift ›Neue Wege‹. Sprechgedichte, so erläutert Jandl in seiner Vorbemerkung, entfalteten ihre volle Wirkung erst bei lautem Lesen. Sie müßten gehört werden, erst dann würden die verschiedenen Techniken, Zusammenziehung und Dehnung *(booooooooooooooooooooooorrrrrannn)*, Verhärtung des Wortes *(schtzngrmm)*, Zerlegung des Wortes und Zusammensetzung neuer Lautgruppen *(ode auf N)* und ironisches Spiel mit dem Sinn *(philosophie)* sichtbar. Da lautes Lesen für die Wirkung des Sprechgedichts konstituierend ist, zog Jandl Konsequenzen: Er nahm selbst mehrere Platten mit Sprechgedichten, später auch Videokassetten auf – und gilt als der beste Interpret seiner Texte. Wie das Lautgedicht arbeitet das Sprechgedicht mit den Möglichkeiten der Stimme, die beiden Formen unterscheiden sich aber dadurch, daß das Wort Bezugspunkt des Sprechgedichtes bleibt, während es im Lautgedicht aufgelöst wird.

Dennoch hat das Lautgedicht – mit seinen Schwerpunkten Rhythmus und Klang – hier Pate gestanden, gehen einige Sprechgedichte schon fast in Lautgedichte über. Dies hat historische Gründe. In den fünfziger Jahren wurde durch die Autoren »konkreter Poesie« (E. GOMRINGER, F. MON, H. HEISSENBÜTTEL) und durch die »Wiener Gruppe« (H. C. ARTMANN, G. RÜHM, O. WIENER, K. BAYER) der Anschluß an die Avantgarde-Literatur der Vorkriegszeit gesucht. Jandl kam über seinen Kontakt zur »Wiener Gruppe« mit dieser Tradition in Berührung. Als Ausgangspunkte seiner lyrischen Arbeit nennt er neben den Lautgedichten von H. BALL, R. HAUSMANN und K. SCHWITTERS die frühe expressionistische Lyrik A. STRAMMS, aber auch Johannes R. BECHERS als wichtige Vorbilder. Gegenüber diesen Einflüssen bleiben Jandls lyrische Experimentalanordnungen jedoch eigenständig, gekennzeichnet durch den Zusammenhang mit anderen Traditionen experimenteller Literatur, vor allem dem Werk Gertrude STEINS und der Literatur der Nachkriegszeit: Arbeiten Artmanns und Rühms, Konstellationen Gomringers, Verse und Kurzszenen René ALTMANNS und sicherlich nicht zuletzt Texte Friederike MAYRÖCKERS. Zudem baut Jandl immer wieder traditionelle Formen von Lyrik in seine Gedichte ein, sieht gerade das Zusammensetzen von experimentellen und traditionellen Formen als produktiv an: »*meine experimente nahmen oft züge der traditionellen lyrik auf, was durch die gleichzeitige konfrontation von bekannten und unbekannten elementen stärkere reaktionen hervorrief.*«

Seinen ersten großen Erfolg als experimenteller Autor hatte Jandl 1966 mit seinem Gedichtband *Laut und Luise.* Dieses »*Musterbuch moderner Textverfahren*« (K. Riha) versammelt Gedichte vorwiegend aus den Jahren 1956–1958, darunter jene 1957 in den ›Neuen Wegen‹ publizierten »skandalösen« Sprechgedichte ebenso wie den bereits 1964 ohne große Resonanz veröffentlichten visuellen Zyklus *klare gerührt.* Neben witzigen und grotesken Sprachspielen enthält der Band dadaistisch anmutende lyrische Prosa, Figurengedichte, jedoch

ebenso Gedichte über den Krieg. Sie unterscheiden sich grundsätzlich von konventionellen Kriegsgedichten. Das Sprechgedicht *schtzngrmm* zum Beispiel bringt zugleich das sprachliche Erlebnis des Themas: »*schtzngrmm / schtzngrmm / t-t-t-t / t-t-t-t / grrrmmmmm / t-t-t-t / s-----c-----h / tzngrmm / tzngrmm / tzngrmm / grrrmmmmm / schtzn / schtzn / t-t-t-t / ..... scht / scht / scht / grrrrrrrrrrrrrrrrrrrrrrrrrrrrrrr / t-tt*«. Die Sprache führt vor, wovon das Gedicht handelt. Dies kann auch zu witzigen, Sprach- und Weltverständnis gleichermaßen entlarvenden Texten führen: »*manche meinen / lechts und rinks / kann man nicht / velwechsern. / werch ein illtum!*« *(lichtung)*. Das komische und groteske Element ist ein wesentliches Merkmal Jandlscher Texte, wird jedoch häufig unter Vernachlässigung anderer Elemente überinterpretiert. Denn Jandls Spiel mit der Sprache ist nicht Selbstzweck. Es bleibt immer auf eine bestimmte Realität bezogen, allerdings im Bemühen um eine »*projektive Grammatik*«, ein »*vorauseilendes Wörterbuch*«, das zukünftige Möglichkeiten und Formen der Sprache antizipiert und damit Modelle von Freiheit ermöglicht. »*Jandl verfällt nicht der Möglichkeit, die Sprache von der sogenannten Realität abzuziehen, er läßt sie in ihrer ganzen Funktion sein, weiß aber, daß sie als Welterzeugerin ihre Methoden und Tricks hat. Und diese sucht er auf und wendet sie, gestaltet sie um und sprengt dadurch den naiven Weltbezug, das heißt eine naiv-objektive Sprachbetrachtung*« (A. Kolleritsch).

Besonders deutlich wird dieser Zusammenhang an einem der faszinierendsten Gedichte des Bandes *Laut und Luise,* dem Text *wien: heldenplatz:* »*der glanze heldenplatz zirka / versaggerte in maschenhaftem männchenmeere / drunter auch frauen die ans maskelknie / zu heften sich versuchten, hoffensdick. / und brüllzten wesentlich. // verwogener stirnscheitelunterschwang / nach nöten nördlich, kechelte / mit zunummernder aufs bluten feilzer stimme / hinsensend sämmertliche eigenwäscher. // pirsch! / döppelte der gottelbock von SA-Atz zu SA-Atz / mit hünig sprenkem stimmstummel. / balzerig würmelte es im männechensee / und den weibern ward so pfingstig ums heil / zumahn: wenn ein knie-ender sie hirschelte.*« Der Text bezieht sich auf eine konkrete historische Situation, die Jandl als Vierzehnjähriger selbst miterlebt hatte: eine Kundgebung zu Ehren Hitlers nach dem Anschluß Österreichs am 15. März 1938 auf dem Wiener Heldenplatz. Das Gedicht erinnert an expressionistisches Pathos, streng grammatikalisch und semantisch genommen bleibt es jedoch zunächst unverständlich. Dennoch eröffnet sich ein weiter Assoziationsraum mit einigen Anhaltspunkten. Verschiedene Motivketten ziehen sich durch das Gedicht, vor allem Hinweise auf tierisches und triebhaftes Verhalten, ebenso wie Jagdmotive. »*Als Zentrum dieser von primitiven Regungen umspülten Situation steht, ohne Namensnennung, Hitler im Gedicht, charakterisiert in Erscheinung und Diktion*«, erläutert Jandl in seinem Aufsatz *Mein Gedicht und sein Autor* (1969). Die beschädigte Sprache, verstümmelte wie reduzierte Normalsprache, aber auch Kunstworte, steht im Gegensatz zur intakten umgangssprachlichen Syntax. Dies erzeugt einerseits die ungeheure Spannung innerhalb des Textes, eröffnet andrerseits einen Zugang und läßt dennoch keine eindeutige Interpretation zu. Die Sprache des Gedichts ahmt nationalsozialistisches Pathos nach und destruiert es gleichzeitig, indem sie es »*verhunzt*« (J. Drews) nachäfft. Dadurch wird implizit die Aggressivität und Triebhaftigkeit nicht nur einer solchen Sprache enthüllt, sondern auch eine Analyse des Mythos Hitler versucht.

In den nächsten Jahren veröffentlicht Jandl weitere Bände mit experimentellen Gedichten: *sprechblasen* (1968) und *der künstliche baum* (1970). Mit kleineren Publikationen fügen sich diese drei Bände zu einem umfangreichen eigenständigen Textkorpus zusammen, »*... dem Dadaismus nur neffenhaft, der Wiener Gruppe nur vetterlich verwandt. Im ›künstlichen baum‹ fächert sich noch einmal das Spektrum Jandlscher Möglichkeiten auf: visuelle Gedichte, Wortwitze, Montagen, Permutationen, Lautverschiebungen, Sprechtexte, Fremdsprachengags und Partituren für akustische Experimente*« (A. Okopenko). 1973 erscheinen mit dem Gedichtband *dingfest* formal ganz andere Texte. Die Gedichte dieses Bandes – alle vor und während der Arbeit mit experimentellen Textverfahren entstanden – beschreiben in Umgangssprache die banalen Erlebnisse und kleinen Dinge des Alltags. Sie bestechen durch »*unkomplizierten Satzbau und eine Wortwahl, die alle Kostbarkeit vermeidet*« und arbeiten mit traditionellen poetischen Mitteln: Reihungstechnik, Reim, Volksliedhaftes, wobei sich immer wieder surrealistische Elemente einschleichen. Kausale Zusammenhänge werden nicht benannt, die Beobachtungen stehen unvermittelt nebeneinander, wie in dem Titelgedicht *dingfest:* »*auf einem stuhl / liegt ein hut. / beide / wissen voneinander / nichts. / beide / sind / so dingfest.*« Dingfest, so erläutert H. MAYER in seinem Nachwort, hat mehrere Bedeutungen: »*Etwas wird dingfest gemacht ... durch Sprache. Die Dinge selbst sind fest, in einem doppelten Sinn verstanden: durch ihre Räumlichkeit und dadurch, daß sie sich so schwer verändern lassen. Schließlich jedoch wird in diesem Band gleichzeitig auch ein Fest der Dinge gefeiert ...*« Neben einer überschäumenden Vitalität, dem Fest der Dinge, zeigen Jandls Texte deren Gegenteil. Trauer, Wut, Verzweiflung, Angst, Auseinandersetzung mit dem Tod werden – wohl zur Vermeidung eines falschen Pathos – häufig ausgedrückt in einem knappen ironisch-sarkastischen Ton: »*wir sind die menschen auf den wiesen / bald sind wir menschen unter den wiesen / und werden wiesen, und werden wald / das wird ein heiterer landaufenthalt*« *(sommerlied)*.

In den weiteren Veröffentlichungen Jandls kommt diese verzweifelte, depressive Seite seiner Texte immer mehr zum Tragen. Dabei entwickelt der Autor noch einmal ein neues poetisches Verfahren, das gerade das Zerstörte und Zerstörerische als Spracherlebnis möglich macht. Dieses Prinzip wird – nach Versuchen in dem Stück *die humanisten* (1976) – zum ersten Mal in dem *Zyklus tagenglas*

das 1978 erschienenen Bandes *die bearbeitung der mütze* durchgängig verwendet. Jandl schreibt hier Gedichte in »*einer heruntergekommenen Sprache*«, einer Art Gastarbeiterdeutsch, das im schärfsten Gegensatz zu der Vorstellung von poetischer, gar lyrischer Sprache steht, bewußt unter das Niveau der Umgangssprache gedrückt ist. »*Drei Dinge werden damit bezweckt*«, so Jandl in seinen Frankfurter Poetik-Vorlesungen: »*erstens wird ein Tabu durchbrochen, denn auch diese Art Sprache kommt im Leben vor, wenn sie auch aus der Poesie verbannt war; ... Zweitens ist diese Sprache poetisch unverbraucht, ... sie erlaubt die Behandlung von Themen, die im Gedicht konventioneller Sprache heute kaum mehr möglich sind. Schließlich, und das ist das dritte, muß mancher, der zeitlebens Gedichte schreibt, immer wieder einen neuen Weg finden, um seine Tätigkeit fortsetzen zu können; ein solcher Weg ist für mich diese ›heruntergekommene Sprache‹.*«

Dabei ist der Zusammenhang von Sprache und Inhalt immer mitzudenken: »*schreiben und reden in einen heruntergekommenen sprachen / sein ein demonstrieren, sein ein zeigen, wie weit / es gekommen sein mit einem solchenen: seinen mistigen / leben er nun nehmen auf den schaufeln von worten / und es demonstrieren als einen den stinkigen haufen / denen es seien. es nicht mehr geben einen beschönigen / nichts mehr verstellungen. oder ein worten, auch stinkigen / auch heruntergekommenen sprachen-worten in jeden fallen / einen masken vor den wahren gesichten denen zerfressenen / haben den aussatz. das sein ein fragen, einen tötenen*« *(von einen sprachen).* Die »*Stammel- und Tölpel-Sprache*« (J. Drews) erlaubt Lebenszweifel auszudrücken, existentielle Hilflosigkeit, ohne in salbaderndes Pathos zu verfallen. Im Stammeln drückt sich die Ohnmacht eines unbedingten Wahrheitssuchers aus, der sich selbst zerfleischt mit Skepsis, der keine Antworten auf seine Frage nach dem richtigen Wort findet, der selbst kein »richtiges« Wort (mehr) erfindet: »*das sein ein fragen, einen tötenen*«. Am Horizont dieser Schreib- und Lebensangst steht immer der Tod: »*und doch habe ein fürchten / nicht vor wiesen und schlüssen / doch fürchten zwergen als riesen / und erdenewigkeit / wo himmel helfen müssen*«. Die Zeilen entstammen dem Gedicht *tagenglas*, das den gleichnamigen Zyklus den Titel gab. *tagenglas* – der Titel erinnert an Stundenglas, an das Ablaufen der Zeit, der Lebenszeit. Dieses Thema setzt sich in den zwei weiteren Gedichtbänden fort: *der gelbe hund* (1980) und *selbstporträt des schachspielers als trinkende Uhr* (1983), teils in heruntergekommener Sprache, teils in eher positiver Wendung (in dem Zyklus *Gedichte aus der Kindheit*) in Kindersprache, teils aber auch in Gedichten aus alltäglicher Umgangssprache. Schreibhemmung, Schreibunfähigkeit macht dem sprechenden Ich der Gedichte die begrenzte (Lebens-) Zeit zur Hölle: »*wie oft-oft sein ich gesessen haben vorn vom / weißen papieren und nicht / gefüllen sich haben mit lettern und wörtern den / weißen papieren sondern / weißen geblieben sein*« *(von tauben).* Quälend wird der Dichteralltag zwischen Schachcomputer, Alkohol, Zigaretten und Schreibmaschine

(selbstporträt des schachspielers als trinkende Uhr) beschrieben. Das Schreiben».... *poesie / seinen widerli-
chen / lebenszweck« (kommentar)* ist gleichzeitig
Auslöser der Qual und letzte Rettung: »*das chaos
und der dreck / sind seither in mir drin / ich stoße sie
zurück / indem ich schreibend bin« (am 28. mai
1979)*.
Ernst Jandl gehört zu den wichtigsten deutschen
Gegenwartsautoren. Von anderen Vertretern der
experimentellen Literatur unterscheidet er sich vor
allem dadurch, daß er sich nicht scheut, in herkömmlicher Weise zu schreiben und traditionelle
poetische Muster in sein Experimentieren mit einzubeziehen. Daher ergibt sich das weite Spektrum
seiner Arbeit. Einen hervorragenden Überblick
bieten hier die zum sechzigsten Geburtstag des Autors erschienenen *Gesammelten Werke* (1985): In
den beiden ersten Bänden sind – nach Publika-
tionszeit geordnet – alle Gedichte, auch entlegene
Veröffentlichungen, versammelt. Daneben enthält
die Gesamtausgabe auch bislang Unveröffentlichtes und – im dritten Band – außer den Hörspielen
und der Prosa Faksimiles einiger Manuskripte, die
den Arbeitsprozeß des Autors zeigen. Die Ausgabe
wird als exemplarisch für Gegenwartsliteratur gelobt: ein außerordentliches Unternehmen für einen
außergewöhnlichen zeitgenössischen Dichter.

D.R.M.

AUSGABEN: *Andere Augen*, Wien 1956. – *lange gedichte*, Hg. M. Bense u. E. Walter, Stg. 1964. – *klare gerührt*, Frauenfeld 1964. – *mai hartlieb zapfen
eibe hold*, Hg. B. Cobbing, Ldn. 1965. – *Sprechge-
dichte/Sound Poems* [zus. m. B. Cobbing], Ldn.
1965. – *Hosi-Anna*, Bad-Homburg 1966. – *Laut
und Luise*, Olten 1966 (Nachw. H. Heißenbüttel;
ern. Neuwied/Bln. 1971; SLu; Stg. 1976; RUB). –
No Music Please, Ldn. 1967. – *sprechblasen. gedichte*,
Neuwied/Bln. 1968; ern. Stg. 1979 (m. einem
Nachw. des Autors; RUB). – *der künstliche Baum*,
Darmstadt/Neuwied 1970. – *flöda und der schwan.
mit vier zeichnungen des autors*, Stierstadt/Ts. 1971.
– *dingfest. gedichte*, Darmstadt/Neuwied 1974
[Nachw. H. Mayer]. – *übung mit buben*, Bln. 1973.
– *serienfuss*, Darmstadt/Neuwied 1974. – *wischen
möchten*, Bln. 1974. – *für alle*, Darmstadt/Neuwied
1974; ern. Darmstadt/Neuwied 1984 (m. einem
Nachw. des Autors; SLu). – *der versteckte hirte. mit
zeichnungen des autors*, Düsseldorf 1975. – *was
freut, was alle freut. Ein Märchen in 28 Gedichten.
Frei nach Zeichnungen von W. Trier*, Köln 1975. –
Die schöne Kunst des Schreibens, Darmstadt/Neu-
wied 1976; ern. 1983 [erw.]. – *die bearbeitung der
mütze. gedichte*, Darmstadt/Neuwied 1978; ern.
1980 (SLu). – *der gelbe Hund. gedichte*, Darmstadt/
Neuwied 1980; ern. 1981 (SLu). – *Augenspiel. Gedichte*, Hg. u. Nachw. J. Schreck, Bln./DDR 1981.
– *falamaleikum. gedichte und bilder*, Darmstadt/
Neuwied 1983 [Ill. J. Spohn]. – *Das Öffnen u.
Schließen des Mundes. Frankfurter Poetik-Vorlesungen*, Darmstadt/Neuwied 1985. – *GW*, Hg. K. Siblewski, Darmstadt/Neuwied 1985, Bd. 1 u. 2. –
Idyllen. Gedichte, Ffm. 1989.

SCHALLPLATTEN: *Sprechgedichte / Sound Poems*,
[zus. m. B. Cobbing], Ldn. 1965 (Writers Forum
Record 1). – *Laut und Luise. E. J. liest Sprechgedichte*, Bln. 1968 (Quartplatte 2). – *der künstliche baum*,
Neuwied 1970 (Luchterhand Schallplatte). – *hosi +anna*, Bln. 1971 (Quartplatte 6). – *him hanf-
lang war das wort. Neue Sprechgedichte, gelesen vom
Autor*, Bln. 1980 (Quartplatte 20). – *Laut und Luise / hosi +anna*, Bln. 1983 (Wagenbachs Quartplatte 22). – *bist eulen?*, Wien 1984 (Extraplatte EX
316141). – *E. J. spricht Gedichte*, Ffm. 1984 (Inter-
press-Tonträger).

TONBAND: *13 radiophone Texte*, Düsseldorf 1977
(S Press Tonband 50).

VIDEOBAND: *E. J. live. Gedichte und Szenen aus zwei
Autorenlesungen*, Darmstadt 1984.

LITERATUR: H. Heißenbüttel, *Möglichkeiten des
Gedichts im 20. Jh.* (in Deutsche Zeitung, 23./
24. 11. 1963). – A. Okopenko, *Ärger, Spaß, Experiment u. dgl. Der Wiener Antilyriker E. J.* (in Wort
in der Zeit, 1964, H. 1, S. 8–18). – A. Kolleritsch,
Rez. (in manuskripte, 1966). – W. Höllerer, *E. J.*
(in *Ein Gedicht u. sein Autor. Lyrik u. Essay*, Bln.
1967, S. 381). – B. Frank, *Alchimie der Buchstaben.
E. J.s »Sprechblasen«* (in FAZ, 17.9. 1968). –
H. Salzinger, *Spielgedichte zum Selbermachen. Zu
den lyrischen Experimenten des Wieners E. J.* (in Die
Zeit, 28. 3. 1969). – K. Riha, *»schtzngrmm«. Zu
E. J.* (in Replik, 1970, H. 4/5, S. 54–56). – A.
Okopenko, *Baum seitlich der Kunstbaumgruppe* (in
Wort u. Wahrheit, 1971, H. 3, S. 268). – K. Riha,
*Cross-Reading u. Cross-Talking. Zitatcollagen als
poetische u. satirische Technik*, Stg. 1971. – G.
Dischner, *E. J. u. die ästhetische Funktion* (in neue
texte, 1972, H. 8/9). – J. P. Wallmann, *Gedichte, die
nicht kalt lassen. Texte u. Theorien von E. J.* (in Die
Tat, Zürich, 26. 10. 1974). – *my right hand. my writ-
ting hand. my handwriting. e. j.*, Hg. H. Bäcker (in
neue texte, H. 16/17, 1976; Sonderh.; erw. Neu-
aufl. 1985). – P. Pabisch, *Sprachliche Struktur u. assoziative Thematik in E. J.s experimentellem Gedicht
»Wien: Heldenplatz«* (in Modern Austrian Literature, 1976, Nr. 2, S. 73–85). – P. H. Neumann,
*»tagenglas« – Versuch über E. J. Mit Kommentaren
zu 14 Gedichten* (in Merkur, 30, 1976, H. 11,
S. 1053–1064). – B. Murdoch u. M. Read, *An Approach to the Poetry of E. J.* (in New German Studies,
1977, Nr. 5, S. 125–155). – M. Wulff, *Konkrete
Poesie u. sprachimmanente Lüge. Von E. J. zu Ansätzen einer Sprachästhetik*, Stg. 1978. – K. Jezior-
kowski, *»... kann der kopf nicht bearbeitet werden,
dann immer noch die mütze«* (in FAZ, 17. 10.
1978). – H. Heißenbüttel, *was 1978 poesie heißen
kann* (in Deutsche Zeitung, 20. 10. 1978). – J. P.
Wallmann, *E. J.: »die bearbeitung der mütze«* (in Literatur u. Kritik, 1979, H. 133, S. 180 f.). –
J. Drews, *Über ein Gedicht von E. J.* (in manuskripte, 1980, H. 69/70, S. 162–164; zu wien: heldenplatz). – A. Berger, *E. J.s Bearbeitung der Sprache.
Anmerkungen zu seiner Poesie u. Poetik heute* (in Ly-

rik – von allen Seiten, Hg. I. Jordan u. a., Ffm. 1981, S. 429–438). – V. Hage, *Rückblick auf die »konkrete Poesie«: E. J. und G. Rühm* (in V. H., *Die Wiederkehr des Erzählers*, Ffm./Bln. 1982, S. 32–53; Ullst. Tb). – E. Jandl, *Notizen zur eigenen poetischen Arbeit* (in *Formen der Lyrik in der österr. Gegenwartsliteratur*, Hg. W. Schmidt-Dengler, Wien 1981, S. 110–133). – A. Allkemper, *Das Drehen der Worte um nichts als quittierte Grimassen. Anmerkungen zu E. J.* (in Sprachkunst, 18, 1987, S. 93–109). – H. Brülls, *Nach der Artistik. Zur immanenten Poetik in drei Gedichten E. J.* (in DVLG, 62, 1988, S. 363–386).

AUS DER FREMDE. Sprechoper in 7 Szenen

von Ernst JANDL, Uraufführung: Graz, 28. 9. 1979, Schauspielhaus. – Seit 1966 beschäftigt sich Jandl, dessen Renommee als Avantgardeschriftsteller sich hauptsächlich auf seine *»Sprechgedichte«* gründet, auch mit Texten für die Bühne. Allerdings sind seine frühen *»autonomen«* Spiele und Versuche szenischer Lyrik (*Szenen aus dem wirklichen Leben*, 1966; *der raum. szenisches gedicht für beleuchter und tontechniker*, 1970) nicht unbedingt zur Realisierung auf dem Theater gedacht. Erst mit dem einaktigen Konversationsstück *Die Humanisten* (1976) hat Jandl eine zwar experimentelle, aber doch auch an der Aufführungspraxis orientierte Bühnenhandlung vorgelegt.

Sein Zweipersonenstück *Aus der Fremde* – eine Auftragsarbeit des »Steirischen Herbstes«, die bei der jährlichen Kritikerumfrage der Zeitschrift ›Theater heute‹ als bestes Stück des Jahres 1980 ausgezeichnet wurde – ist ein *»Vers-Drama«* mit stark autobiographischen Zügen. Die Handlung spielt innerhalb von 24 Stunden im Büro eines Schriftstellers und gibt quasi im Zeitraffer Einblick in das Leben des Künstlers; banale Situationen aus dem Alltag des Protagonisten (»ER«) unterbrechen die *»fruchtlosigkeit seiner papierenen tage«*, das zähe Ringen um schöpferische Tätigkeit. Das zum Ritual gewordene allabendliche Essen mit der ebenfalls schriftstellerisch tätigen Partnerin (»SIE«) ist der einzige Lichtblick in der selbstauferlegten Isolation. In der dritten Szene nimmt das Geschehen durch die Idee des Schriftstellers für ein Theaterstück eine Wendung. Im Verlauf des Arbeitsgesprächs mit der Lebensgefährtin erläutert er die ästhetisch-poetische Konzeption des in Entstehung begriffenen Werkes: Als *»motor«* und Ordnungsprinzip jenes Versdramas fungiert die Dreizahl. Jeweils drei Kurzzeilen ergeben eine Strophe, die serielle Textanordnung der fortlaufend numerierten Strophen erfolgt so lange, *»bis es ein stück sei«*. Durchgängige sprachliche Stilmerkmale sind der Konjunktiv und die Rede in der dritten Person, wodurch, nach den Vorstellungen des Dichters, ein wiederum dreifacher Sinn entsteht: nämlich Objektivierung, Relativierung und Zerbrechen der Illusion. Diesen episierenden Sprachmitteln entspricht die Spielebene des projektierten Stücks:

Zum Gegenstand der Handlung nimmt ER den augenblicklichen Alltag seiner schriftstellerischen Existenz, *»die chronik der laufenden / Ereignislosigkeit / mit ihm, ihr und dem erwarteten«*. Dieser, der Intellektuelle *»ER 2«*, betritt konsequenterweise mit seiner Erwähnung auch realiter die Szene, Bühnenfiktion und Bühnenrealität fallen in eins. Die Schlußszenen zeigen die drei Figuren im Gespräch über Produktivität, mitmenschliche Beziehungen und Lebenskrisen; wieder allein, begibt der Schriftsteller sich zu Bett.

Jandls Künstlerdrama gerät zum avantgardistischen Schlüsselstück: In einer pointenreichen Spielsituation nimmt der Autor seinen Arbeitsalltag und den seiner Kollegin und Lebensgefährtin Friederike Mayröcker selbst zum Gegenstand, reflektiert Jandl mit episch-lyrisch-dramatischen Mitteln sein experimentelles Text- und Dialogverfahren und rückt es mit der Transposition in ein fiktives Bühnengeschehen gleichzeitig in ironisch-kommentierende Distanz.   C.Fi.

AUSGABEN: Neuwied 1980. – Ffm. 1981 (in *Spectaculum*, Bd. 34). – Neuwied/Bln. 1985 (SLu). – Darmstadt/Neuwied 1985 (in *GW*, Hg. K. Siblewski, 3 Bde., 3).

LITERATUR: H. Sichrovsky, Rez. (in Arbeiter-Zeitung Wien, 30. 9. 1979). – K. Kathrein, Rez. (in Die Presse, 1. 10. 1979). – M. Skasa, Rez. (in SZ, 3. 10. 1979). – G. Hensel, Rez. (in FAZ, 21. 2. 1980). – H. Karasek, Rez. (in Der Spiegel, 25. 2. 1980). – P. Iden, Rez. (in FRs, 1. 3. 1980). – H. Schödel, Rez. (in Die Zeit, 14. 3. 1980). – M. Loew Cadonna, *Lösung. Die dramatische Struktur von E. J.s »Aus der Fremde«* (in Protokolle, 2, 1985, S. 49–77). – G. Guntermann, *E. J.: »Aus der Fremde«. Von der Dramatik des Indirekten u. der Kunst des Lebens* (in *Dt. Gegenwartsdramatik*, Hg. H. Pikulik u. a., Bd. 2, Göttingen 1987, S. 122 bis 147).

DAS RÖCHELN DER MONA LISA. Ein akustisches Geschehen für eine Stimme und Apparaturen

Hörspiel von Ernst JANDL; Erstsendung: 13. 11. 1970, Bayerischer Rundfunk. – Zusammen mit Friederike MAYRÖCKER hatte Jandl 1968 sein erstes Hörspiel, *Fünf Mann Menschen*, produziert und sofort die Möglichkeiten des Mediums Hörfunk ganz anders zu nutzen begonnen als das konventionelle deutsche Nachkriegshörspiel: *Fünf Mann Menschen* bietet einen entindividualisierten, schematisierten und skelettierten (und konsequenterweise auch unpersönlich und chorisch gesprochenen) Lebenslauf eines Durchschnittsmannes; in sparsamen, kurz angebunden gesprochenen Sequenzen wird ein Leben zwischen Geburt, Militär, Kinderzeugen, Kriegsgericht und Tod präsentiert. Dabei wird nicht eine Geschichte erzählt, ein Schicksal poetisiert, sondern eher eine höhnisch klischierte Lebensgeschichte, die zugleich die von fünf Kameraden beim Militär ist, in einen Hallraum quasi hineingebrüllt und hineingesungen, unter Ausnutzung der in Stereophonie – die hier in der deutschen Hörspielgeschichte erstmals angewandt wurde – genau unterscheidbaren Sprecherpositionen.

Zwei Jahre nach diesem Hörspiel, das sogleich mit dem renommierten »Hörspielpreis der Kriegsblinden« für 1968 ausgezeichnet wurde, öffnete Jandl, diesmal als alleiniger Autor und zugleich auch als Realisator und Regisseur des Stücks, mit *Das Röcheln der Mona Lisa* das Hörspiel als Gattung in eine ganz andere Richtung, die der Untertitel andeutet: Er benutzt einzig und allein seine eigene Stimme und deren Ausdrucksmöglichkeiten und zugleich alle technischen Möglichkeiten der elektronischen Akustik um 1970 wie Verzerrung oder Echoeffekt. Mit jener Art Rücksichtslosigkeit gegen sich selbst, die das künstlerische Ethos Jandls bis in seine späten Gedichte hinein ausmacht, setzt er sich selbst als Laute, Wörter und Sätze erzeugenden – d. h. sich ausdenkenden und artikulierenden – Apparat ein; er kramt gewissermaßen im Reservoir seines Sprachmaterials und bietet dann eine überraschende, auch programmatisch auf Verblüffung angelegte Sequenz von teils gedicht-, teils lautgedicht-ähnlichen Einzelteilen. Dabei kommen Jandl seine Qualitäten als poetischer Alleinunterhalter zugute, der schon vor diesem Hörspiel in vielen öffentlichen Rezitationen alle möglichen Ausdruckswerte und Stimm- und Klangfarben seines Kehlkopfs ausprobiert hatte; verglichen mit dem Jandlschen Organ wirken die Stimm- und Modulationsfähigkeiten der üblichen Sprecherstimmen geradezu ärmlich. Auf Handlung im herkömmlichen Sinn verzichtet Jandl wieder, ähnlich wie bei *Fünf Mann Menschen*; im Zentrum steht ein Tatbestand, der zwar Sarkasmen und wildes Gelächter, aber keine belanglosen Nettigkeiten aufkommen läßt: der Tod und jene Leere, auf die wir zugehen, indem wir uns auf den Tod zubewegen, jene Unsicherheit, die alle befallen muß, denen durch keine religiöse oder philosophische Instanz die Sinnhaftigkeit des Lebens beglaubigt wird. Diese Verstörung, dies dauernde Uneins-Sein mit sich selbst, das ja auch aus vielen der Gedichte Jandls (und mit dem Alter des Autors zunehmend mehr) spricht, wird ungeschlichtet durchgehalten und nirgends getröstet.

Der Blick, den der hier ein Individuum auf die Welt und in sich selbst wirft, ist ein »*Blick ohne Focus*«, da es den Trost einer deutenden zentralen Lebensperspektive nicht mehr gibt, jedenfalls nicht mehr für den hier Sprechenden und Sich-Ausdrückenden.

Jandl erklärte rückblickend zu Konzeption und Absicht von *Das Röcheln der Mona Lisa*, es sollten darin »*Dinge eintreten, die nicht erwartet wurden, und womöglich in ununterbrochener Folge*«; was in der Tat nicht eintritt, ist ein Nachlassen von Spannung, etwas Menschenfreundliches. Kaum hat das Hörspiel begonnen, reimt sich auf das zuversichtlich lautstark gesprochene Wort »*aufgewacht*« ein pessimistisch geflüstertes »*umgebracht*«; eine Donald-Duck-Stimme quäkt »*Schöner sterben*«; das Wort »*Strick*« wird unbarmherzig scharf prononciert wiederholt, und dem gegenwartsfreudigen Satz »*Wir sind jung*« wird ein ».*.. und das war schön*« beigestellt, dessen Vergangenheitsform alles Positive des ersten Satzes schon dementiert. Es ist ein schier unglaubliches Sammelsurium von infantilen Versen, beschädigten Sätzen und Kalauern, begleitet von halbartikuliert plappernden Chören und unterbrochen von Einwürfen aus so verhunzt pathetischen Sätzen, daß man sich als Hörer fast ihres Pathos schämt. Das spaßhafte Element, das sich etwa auch in der Verwandlung des berühmten »Lächelns« der Mona Lisa in ein »Röcheln« zeigt, ist zwar da, wird aber immer sarkastisch unterschnitten; es weht einen ziemlich kalt an aus diesem Hörspiel. Jandls Pathos ist unbarmherzig, befremdlich unfein und rauhbeinig, und dies hat damit zu tun, daß Jandls Literatur überhaupt die Hierarchie aufheben will, die vor der experimentellen Poesie das Feine und Bedeutsame auch nur mit feinen und bedeutsamen Sprach- und Stilmaterialien ausgedrückt sehen wollte.

Zum Zeitpunkt der Entstehung des Hörspiels plädierte Jandl im Zusammenhang mit dem *Röcheln der Mona Lisa* für eine »*Dichtung der Sprachfetzen*«, die er so kennzeichnete: »*Sie erfaßt Sprache als Körpergeräusch, verwirft die Idee des Konstruktiven und beseitigt das Possierliche aus der Dichtung.*« Auf eine schwer faßbare Weise hängt Jandls unerbittliches und bis heute durchgehaltenes Insistieren auf einer Literatur, die nicht glatt und vorschnell versöhnlich ist, sondern auf den Härten und Brüchen in der Wirklichkeit beharrt, mit einer politischen Stimmung zusammen, die in der dauernden konkreten Negation und in der beharrlichen Kritik dessen, was schlecht ist, von gesellschaftlichen Mißständen bis zum Skandalon des Todes, fraglos eine Voraussetzung des Besseren und der Veränderung zum Besseren hin sah.

Zugleich deutet das Wort »*Apparaturen*« im Untertitel des Hörspiels an, daß Jandl weiß, daß »Ausdruck« und »Unmittelbarkeit« heute in der Literatur nur mit Reflexion der künstlerischen Mittel, also nur mit höchster Künstlichkeit zu realisieren sind. Unter diesem Aspekt eines notwendigen Arrangements von kürzeren sprachlichen Gebilden, Zitaten und stimmlich-expressiven Passagen zu größeren Text- und Sprechtext-Einheiten, die höchst komplex und artifiziell zu strukturieren sind, ist Jandls *Röcheln der Mona Lisa* neben jene längeren Quasi-Romane zu stellen, in denen die Autoren der experimentellen Literatur um 1970 (die ja zugleich auch die wichtigsten Hörspielautoren jener Jahre waren) über die kurzen Texte der sogenannten »Konkreten Poesie« (zu der Jandl nur bedingt zu zählen ist) hinauszugelangen suchten: Franz MONS *Herzzero* (1968), Ludwig HARIGS *Sprechstunden für die deutsch-französische Verständigung* (1971) und Helmut HEISSENBÜTTELS *D'Alemberts Ende* (1970). *Das Röcheln der Mona Lisa* gilt als eines der bedeutendsten aus jenen zwei

Dutzend Hörspielen, aus denen sich der Ruhm der Epoche des sogenannten »Neuen Hörspiels« herleitet. J.Dr.

AUSGABE: Darmstadt/Neuwied 1985 (in *GW*, Hg. K. Siblewski, 3 Bde., 3).

SCHALLPLATTE: *Das Röcheln der Mona Lisa*, Neuwied 1972 (Luchterhand/Deutsche Grammophon 2574003).

LITERATUR: E.-M. Lenz, *Die Hörspiele E. J.s. Das Lächeln der Mona Lisa* (in FAZ, 26. 7. 1979). – R. Döhl, *Das Neue Hörspiel*, Darmstadt 1988.

GABRIEL JANER MANILA

* 1.11.1940 Algaida / Mallorca

LITERATUR ZUM AUTOR:
O. Pi de Cabanyes u. G.-J. Graells, *La generació literària dels 70*, Barcelona 1971, S. 63–70. – G.-J. Graells, *La narrativa de G. J. entre la rebel·lió i la impotència* (in Serra d'Or, 14, 1972, S. 679–681). – R. Saladrigas, *La narrativa de G. J. M.* (in Mundo, Mai 1974, Nr. 4, S. 47/48). – J. Hösle, *Zur Literatur Mallorcas* (in IR, 9, 1979, S. 122–135).

ANGELI MUSICANTI

(kat.; *Musizierende Engel*). Roman von Gabriel JANER MANILA, erschienen 1984. – Der Autor ist einer der erfolgreichsten katalanischen Romanciers der Gegenwart und gilt als der bedeutendste lebende Kinder- und Jugendbuchautor Spaniens. – Mehr als fünf Jahre hat Janer Manila an seinem achten Roman gearbeitet, der trotz seiner unverkennbaren Wurzeln in der Tradition der mallorquinischen *Rondaies* (Märchen) eine zeit- und ortlose Welt magischen Surrealismus, ein im Nirgendwo gelegenes Macondo (vgl. G. GARCÍA MÁRQUEZ' *Cien años de soledad*), phantasievoll beschreibt. Zentrales Thema des Romans ist die Auflehnung gegen menschliche Willkür, gegen Gewalt und vor allem gegen die alles zersetzende Furcht, *la por*, die zwar nicht direkt als Allegorie erscheint, aber ständig präsent ist und für das Funktionieren der dialektischen Beziehung zwischen Unterdrückern und Unterdrückten verantwortlich gemacht wird. Die Handlung setzt mit der Kriegsdienstverweigerung des Ich-Erzählers ein; anläßlich dessen Flucht vor der Zwangsrekrutierung erfährt der Leser in immer weiter ausgreifenden Erzählkreisen nähere Einzelheiten über ein bewußt nicht konkretisiertes Dorf und über die Motive und Empfindungen einiger Personen der Dorfgemeinschaft. Leitmoti-

visch und eindringlich verdichten sich bestimmte Themenkreise: Die ständig präsenten Trommeln dorffremder Soldaten und deren Versuche, den Widerstand der Dorfbewohner zu brechen, symbolisieren das dominierende negative Prinzip, den Tod und die Zerstörung sinn- wie freudvollen Lebens. Ein anfangs sparsamer Einsatz magischer und phantastischer Elemente vertieft den bedrükkend-beklemmenden Charakter der Schilderung. Nicht so sehr die Romanhandlung steht im Vordergrund, entscheidend sind Stimmungen und Motive. – Gaspar Setrill, Vater des Ich-Erzählers, leistet den Soldaten Widerstand und wird erschossen; aus seiner tödlichen Wunde schwingt sich ein großer schwarzer Vogel gen Himmel, Symbol der Freiheit und des ungebrochenen Widerstandswillens des Helden. Das Ereignis wiederholt sich bei der Exekution fünf weiterer Dorfbewohner. Wie die Furcht entsteht, sich ausbreitet und das Klima vergiftet, wird ausführlich geschildert. Magie und Realität, Zauberhaftes und brutal Alltägliches fließen ohne Grenzen ineinander über. Man darf sich nicht wundern, wenn eine Tote auf einmal den Mund öffnet und lacht; die Gesetze unserer Welt sind in Janer Manilas Erzählkosmos wie selbstverständlich aufgehoben.

Im zweiten Teil lebt der Ich-Erzähler in der äußeren und inneren Emigration. In der Einsamkeit der Natur, zurückgezogen aus der Welt der Menschen, stößt er zu immer animalischeren Schichten seines Seelenlebens vor. Eine Fülle von Allegorien verdeutlicht seine Reise nach innen und den allmählichen Triumph des Furchtprinzips; den Höhepunkt dieser Allegorienkette bildet der Beischlaf des Ich-Erzählers mit der Mumie Circene, Tochter der Sonne und Verkörperung des Bösen.

Im Schlußteil versucht der Ich-Erzähler, den Rückweg in die ihm nun fremde Welt der Menschen zu finden, die ihn ihrerseits für ein Tier halten. Seine Liebe zu Jana baut einen lebensbejahenden Kontrapunkt zu dem noch immer dominierenden Einfluß des Bösen und der Furcht auf; gleichzeitig dient sie dem Autor als Spiel mit dem alten Thema »die Schöne und das Tier«. Freiheit und Menschlichkeit werden wiederholt durch das Bild des Falken – des großen Vogels, der den toten Körper des Gaspar Setrill verließ – symbolisiert. Schließlich überwindet der Ich-Erzähler sich selbst und tötet die Gestalt eines alten Feindes seines Vaters, die sich mit der Mumie der Sonnentochter als identisch erweist. Damit besiegt er zugleich endgültig seine eigene Furcht.

In *Angeli musicanti* steht der formale Charakter eines autobiographischen Wirklichkeitsberichts in ständiger Spannung zu der offensichtlichen Fiktion auf inhaltlicher Ebene; aber auch der Einblick in das Seelenleben dritter Personen sprengt die Grenzen der herkömmlichen Ich-Erzählung. Janer Manila weicht in *Angeli musicanti* wie auch in anderen Romanen von der gebräuchlichen katalanischen Wortstellung systematisch ab; er bevorzugt die hervorhebende Nachstellung wichtiger Satzteile und verwendet vor allem Hauptsätze. Nahezu dichterische schmückende Beiwörte vertiefen die Eindringlichkeit der Darstellung einer bizarren, subjektiv erlebten Welt, die sowohl konkreten Dingen wie auch abstrakten Vorstellungen ein eigenes Leben verleiht. Bestimmte Themenkreise und Symbole sind auf die in London erschienene Dissertation *Marcos: Wild Child of the Sierra Morena, 1982 (Marcos: Wildes Kind der Sierra Morena)*, und auch auf das Jugendbuch *El corsari de l'illa dels conills, 1984 (Der Korsar von der Kanincheninsel)*, des Autors bezogen: Die Doktorarbeit beschreibt einen spanischen Kaspar Hauser, den man gespiegelt und gebrochen in dem einsam in der Natur lebenden Protagonisten des zweiten Teils von *Angeli musicanti* wiedererkennt; *Der Korsar von der Kanincheninsel* thematisiert den Kampf gegen die Furcht und deren Überwindung. Die Kenntnis dieser beiden Werke führt somit zu einem tieferen Verständnis der psychischen Verfassung des in der Einsamkeit lebenden Ich-Erzählers sowie der durchgängig beschworenen Furcht in *Angeli musicanti*. A.Schö.

AUSGABE: Barcelona 1984.

LITERATUR: A. Schönberger, *Mallorquinische Schriftsteller der Gegenwart: Eine kommentierte Textauswahl; A: G. J. M.* (in Hispanorama, 40, Juni 1985, S. 115–117; 124/125).

LA DAMA DE LES BOIRES

(kat.; *Die Nebeldame*). Roman von Gabriel JANER MANILA, erschienen 1987. – Im Zentrum des Romans steht die Liebe zwischen Erzherzog Ludwig Salvator von Österreich und der Mallorquinerin Catalina Homar zur Zeit der Jahrhundertwende. Ein Mönch fungiert als Ich-Erzähler und gibt in 27 vom 11. 4. 1905 bis zum 4. 4. 1906 datierten, chronologisch fortlaufenden tagebuchartigen Eintragungen in überblickender Rückschau ein allmählich sich aus vielen bunten Fragmenten zusammensetzendes Bild des Geschehens. Die Erzählstruktur spielt mit drei verschiedenen Zeitebenen der Erzählvergangenheit, die einander ständig abwechseln und größtenteils unchronologisch auf der Basis von Assoziationen oder ausgreifenden Erzählkreisen aneinandergereiht sind.
Am Tage nach dem Tod der von dem Erzherzog infolge einer mysteriösen Krankheit verlassenen Mallorquinerin beginnt der erste Eintrag, mit der Information über die todbringende Erkrankung des Ich-Erzählers bricht die Erzählung ab. Der Tod und vielfältige Spielarten der Liebe stehen im Mittelpunkt des Romans. Verschiedene Haupt- und Nebenpersonen werden zu gegebener Zeit kurz eingeführt, in ihrem Liebesverhalten charakterisiert, zum Teil mit einer sparsamen, über mehrere Kapitel verteilten und sich ständig verdichtenden Informationsvergabe. Alle finden schließlich auf unterschiedliche Weisen den Tod. Verschiedene Zeitumstände und vor allem historische Persönlichkeiten werden dabei aus einer eigenwilligen psychologisierenden Sicht neu interpretiert. Der aufopfernden Liebe der Mallorquinerin Catarina stehen dabei die sexuellen Ausschweifungen des ungeniert seinen Lüsten frönenden Erzherzogs gegenüber. Anklänge an Llorenç VILLALONGAS berühmten Roman *Mort de dama* (1931) sind offensichtlich. Die politischen Betrachtungen über das allmählich auseinanderbrechende Vielvölkerreich der österreichischen Habsburger scheinen untergründig auf den modernen spanischen Staat bezogen zu sein und einer Loslösung der Katalanen von Spanien das Wort zu reden. Im Vergleich zu früheren Werken des Autors wird ein sparsamerer Gebrauch von leitmotivischen Symbolen gemacht; neu ist der spielerische Umgang mit ausgefeilten erzählerischen Kunstmitteln unter Kenntnis der modernen Erzähltheorie. Mit *La dama de les boires* hat der mallorquinische Universitätsprofessor Janer Manila erneut unter Beweis gestellt, daß er zu Recht als einer der bedeutendsten zeitgenössischen Schriftsteller katalanischer Sprache gilt. A.Schö.

AUSGABE: Barcelona 1987.

LITERATUR: A. Schönberger, *Zeitebenen und Informationsvergabe in G. J. M.s neuestem Roman: »La dama de les boires«* (in Zeitschrift für Katalanistik, 1, 1988, S. 80–92).

SLAVKO JANEVSKI

* 11.1.1920 Skopje

LITERATUR ZUM AUTOR:
D. Mitrev, *Romanot na S. J.*, Skopje 1953. – M. D'určinov, *Vreme i izraz*, Skopje 1956. – D. Mitrev, *Vrz opusot na S. J.* (in Sovremenost, 1964, 7, S. 733–748). – M. Drugovac, *Romanite na S. J.* (in *Sovremenici*, Skopje 1969, S. 41–57). – G. Stardelov, *Čovekoviot bol i bes*, Skopje 1969. – M. Drugovac, *Kniga za J.*, Skopje 1971. – *S. J.* (in *Makedonskata kniževnost vo kniževnata kritika*, Bd. 3, Skopje 1973, S. 297–334; 506–511). – *S. J. vo kniževnata kritika*, Hg. u. Vorw. M. Drugovac, Skopje 1976 [enth. Bibliogr.]. – *S. J., Tvrdoglavi*, Skopje 1983 [enth. Bibliogr.].

I BOL I BES

(maked.; *Schmerz und Wut*). Roman von Slavko JANEVSKI, erschienen 1964. – 1963 hatte die Literaturzeitschrift ›Sovremenost‹ mit dem Vorabdruck von Janevskis Roman begonnen, dieses Unternehmen nach dem Skopjer Erdbeben aber abgebrochen. Bereits aufgrund der erschienenen Fragmente vermeinte die Kritik alle Ingredienzien der »sozialistisch-realistischen« Erzählweise wiederzuerkennen: Schwarz-Weiß-Darstellung der Personen, »positive« Helden, revolutionäre Phrasen etc. Erst bei genauerem Hinsehen zeigte sich die Wandlung des Autors: Die Personen sind psychologisch differenzierte Akteure in einem Geschehen voll Kampf und Verfolgung, das für alle denselben letalen Ausgang bereithält – »die Revolution« findet vor allem in den einzelnen Charakteren statt.

Die Handlung von *I bol i bes* ist denkbar einfach konstruiert: Eine makedonische Partisanenbrigade muß sich vor einer Strafaktion der bulgarischen Besatzungstruppen zurückziehen. Ihre Munition geht zu Ende, es gibt immer mehr Verwundete. In dieser Lage bestimmt der Kommandeur sechs »Kämpfer«, die – versehen mit den letzten Munitionsbeständen – den Rückzug der Brigade sichern sollen. Die sechs bleiben in »*proletarischer Verantwortung gegenüber dem Proletariat und der Welt*« zurück, aber Schnee und Kälte, Verzweiflung und feindliche Übermacht setzen ihnen hart zu: Der eine fällt in einer Salve, der zweite desertiert und verirrt sich im unwegsamen Gelände, der dritte tritt auf eine Mine, das einzige Mädchen der Gruppe wird gefaßt und aufgehängt, der fünfte erfriert (nachdem er kurz zuvor noch einige Wölfe abwehren konnte), und der sechste stirbt qualvoll an Wundbrand. – Da man im Brigadenstab nichts mehr von den Zurückgelassenen hört, stellt man dort zahlreiche Mutmaßungen um ihr Schicksal an. Lange kann man sich damit jedoch nicht befassen, denn die Aggressivität des Feindes steigt immer mehr – er zündet Dörfer an, terrorisiert die Bevölkerung, tötet Geiseln. In ständigen Kämpfen wird die Brigade neu formiert, womit ihre Aussichten auf einen Sieg steigen. Zunächst aber gehen ihre Leiden weiter – kleine Siege und große Niederlagen, geringer Trost und tiefe Verzweiflung bestimmen den harten Partisanenalltag.

I bol i bes spielt in der heutigen makedonischen Literatur – wie die meisten der frühen Romane Janevskis – keine große Rolle mehr. Moderne Komposition, versteckte Ironie, die zwischen symbolhaftem Tiefgang und bäuerlicher Naivität wechselnde Sprache, die »synthetische«, konstruiert anmutende Natur der Personen (in die der Verfasser mitunter autobiographische Züge eingebracht hat) und nicht zuletzt die Aussage des Romans (*»Schönheit des Opferns im Namen der Schönheit des Lebens«*) wirken auf heutige Leser eher befremdlich. Die »chiffrierte« Natur dieses Romans, dem noch die Spuren ideologischer Nachkriegswirren anhaften, interessiert daher im Grunde nur noch die Literaturwissenschaftler. Die einen interpretieren das Werk als Übergang vom »sozialistisch-realistischen« zum »psychologischen« (gar »militärpsychologischen«) Roman; die anderen als das Ende einer »abzeichnenden«, »illustrierenden« Darstellung der Wirklichkeit unter stärkstem Einfluß einer mehr oder minder dogmatischen Ideologieauffassung.   W.Osch.

AUSGABE: Skopje 1964.

SELO ZAD SEDUMTE JASENI

(maked.; *Das Dorf hinter den sieben Eschen*). Roman in drei Teilen von Slavko JANEVSKI, erschienen 1952, zweite Fassung 1965 u. d. T. *Stebla (Baumstämme)*. – Schauplatz der Handlung ist ein makedonisches Dorf nördlich der griechischen Grenze im Jahre 1947. Im Mittelpunkt des öffentlichen Lebens steht die Einführung der Kollektivierung im Dorf, wodurch sich zwei Lager in der Bevölkerung bilden. Dieses Ereignis steht im Hintergrund der persönlichen Schicksale. Apostol Kocev, der Sohn der alten Trpana, wird beschuldigt, das Haus Dane Noveskis, des kommunistischen Dorfführers, angezündet zu haben. Er flieht in die Berge, stellt sich außerhalb der Gesellschaft und unterhält ehebrecherische Beziehungen zu Kostadinka, der Frau des Boris. Nur noch mit Panko Okanica, einem Wirrkopf und Intriganten, hat er Kontakt. – Ilija ist sich in Borjanka, ein Mädchen aus dem Nachbardorf verliebt, weshalb es zu Meinungsverschiedenheiten mit seinem Vater (Stojan) kommt. Als Ilija nach der Rückkehr vom Militär in der Nähe der sieben Eschen, die die Grenze zum verfeindeten Nachbardorf bilden, erschossen wird, legt man seinen Tod dem unschuldigen Apostol zur Last, der wenige Monate später tot in den Bergen aufgefunden wird. Boris erschießt seine Frau Kostadinka, die ihn betrogen hat. Die beiden verfeindeten Dörfer überwinden ihren gegenseitigen Haß und versprechen sich künftig Zusammenarbeit. Janevski schuf den ersten zeitgenössischen Roman in der jungen makedonischen Sprache, die seit 1944 als offizielle Schrift- und Amtssprache gilt, und gleichzeitig den ersten jugoslawischen über die Kollektivierung der Landwirtschaft. Schematische Darstellung der Figuren sowie reichliches Zitieren programmatischer Reden hatten allerdings zur Folge, daß der Roman wie eine Art Parteibroschüre mit literarischem Anspruch wirkte und der Autor sich genötigt sah, eine neue Fassung vorzulegen. Sie erschien 1965 unter dem Titel *Stebla (Baumstämme)*.   D.Ku.-KLL

AUSGABEN: Skopje 1952. – Skopje 1965 *(Stebla)*; ern. 1976. – Skopje 1969 (in *Izbor*, 8 Bde., 7).

JANEZ SVETOKRIŠKI

d.i. Tobija Lionelli

* 1647 Vipavski Križ
† 17.10.1714 Görz

SACRUM PROMPTUARIUM

(sloven.; *Geistliches Handbuch*). Predigtsammlung von JANEZ SVETOKRIŠKI, erschienen 1691–1707. – Das mit dem lateinischen Titel versehene, als prak-

tische Anleitung des katholischen Geistlichen gedachte Sammelwerk des bedeutendsten Repräsentanten der slovenischen rhetorischen Prosa enthält,
nach dem Ablauf des Kirchenjahres geordnet, in
fünf Bänden 233 seiner Sonntags-, Festtags- und
Gelegenheitspredigten. Wenngleich das Tridenti-
num mit der Wiederentdeckung der Predigt als
starker Impuls zur Fortentwicklung der Gattung
wirkte, so wurden doch die entsprechenden Handbücher nach wie vor in deutscher und lateinischer
Sprache geschrieben. Svetokriški, der als einer der
ersten die Bedeutung des gedruckten Buches erkannte, verfocht zugleich als erster die Ansicht, es
sei »*nötig und förderlich, in der Muttersprache zu
schreiben und zu drucken*«. Sein Handbuch, das als
erste Sammlung slovenischer Kurzprosa gelten
kann, verwirklicht dieses Postulat auf nahezu
3000 Seiten.
Die Predigten behandeln ihren Stoff in der Tradition der Scholastik. In der Proposition schöpfen sie
aus antiken Schriftstellern, den *Gesta Romanorum*,
aus Renaissancenovellen, Anekdoten, historischen
Vorwürfen und dem slovenischen Alltag. Von kulturgeschichtlichem und – durch die Eigenständigkeit ihrer Gedankenführung – literarischem Interesse sind insbesondere die Gelegenheitspredigten
über die Belagerung Wiens durch den polnischen
König Jan Sobieski (1683), über Pest, Hungersnot, Dürre, Todesfälle usf. Nach dem Geschmack
der Zeit ist die Sprache der Predigten in allen Stilebenen mit Emblemata und rhetorischen Figuren
überladen. Als orthographisches Vorbild wählte
der Autor Matija KASTELEC (1620–1688), als
schriftsprachliche Norm das Niederkrainische. Da
die Sprachkultur der Reformationszeit jedoch keine kontinuierliche Tradition begründete, weist die
Sprache des Handbuchs neben Germanismen und
Romanismen vielfache Anleihen aus dem westlichen Heimatdialekt des Autors auf. Die Verwendung der Volkssprache, die Janez Svetokriški an die
Seite der slovenischen Reformatoren stellt, förder-
te die weite Verbreitung der Sammlung, deren
Vorbild die slovenischen Predigten des Janez Lud-
vik SCHÖNLEBEN (1618–1681) gewesen sein mögen.   H.Ber.

AUSGABEN: Venedig 1691–1695 [Bd. 1 u. 2]. –
Ljubljana 1696–1707 [Bd. 3–5]. – Ljubljana
1937, Hg. u. Einl. M. Rupel. – *Pridige*, Hg. F. Bohanec, Ljubljana 1969. – *Izbrano delo*, Hg. F. Bohanec, Ljubljana 1969.

LITERATUR: F. Tomšič, »*Sacrum promptuarium« in
knjižna slovenščina* (in Časopis za slovenski jezik,
književnost in zgodovino, 8, 1931, S. 1–15). –
A. Rakar, *Barok v pridigah J. S.* (in Bori, 5/6, 1955,
S. 320–339). – G. Stökl, *Der Beginn des Reforma-
tionsschrifttums in slovenischer Sprache*, Mchn. 1956
(Südost-Forschungen, 15). – J. Pogačnik, *Uvod u
slovenačke začinjavce* (in Začinjavci, Hg. ders., Novi
Sad 1979, S. 7–60). – *Slovenische Texte aus der Reformationszeit*, Hg. G. Friedhof, Nachw. G.Pogač-
nik, Mchn. 1981 (Specimina, 31).

MARIA JANITSCHEK

* 22.7.1859 Mödling bei Wien
† 4.5.1927 München

DIE AMAZONENSCHLACHT

Novelle von Maria Janitschek, erschienen 1897. –
Die Autorin gehört mit ihren Erzählungen, Romanen (*Ins Leben verirrt*, 1898; *Die neue Eva*, 1902)
und Gedichten zu jenen naturalistisch beeinflußten
Schriftstellerinnen wie Gabriele REUTER (1859 bis
1941) oder Helene BÖHLAU (1856–1940), die in
ihren Werken die Situation der Frau thematisierten
und damit, wenn auch durchaus widersprüchlich,
auf die beginnende Bewegung der Frauenemanzipation reagierten. Die Erzählung beschreibt und
ironisiert zugleich die heftige Auflehnung der
Frauenrechtlerinnen gegen von der Gesellschaft
sanktionierte männliche Privilegien der Zeit um
die Jahrhundertwende. Auf das kriegerisch-hand-
feste Gebaren ihrer berühmten griechischen Na-
mensschwestern haben die modernen Kampfge-
nossinnen indessen zugunsten lautstarker Rhetorik
verzichtet.
Im Mittelpunkt der Novelle steht die junge Künst-
lersgattin Hildegard Wallner, die – sich eines Tages
ihres Freiheitsdranges bewußt werdend – Hals
über Kopf ihren ruhigen, verständnisvollen Mann
verläßt, ihr gesichertes Leben auf dem Land aufgibt
und in die Großstadt nach Berlin flieht. Sie tut es in
der Überzeugung, ihr Gatte Einhart Wallner habe
ihrem Selbstentfaltungsdrang von jeher im Weg
gestanden und sei vor allem ihrem Anspruch auf
freiheitliche Selbstverwirklichung niemals gerecht
geworden, obschon Einhart seiner Frau zuliebe seinen Künstlerberuf aufgegeben hat und sie auch
jetzt noch, trotz ihrer eigensinnigen Abreise nach
Berlin, finanziell unterstützt. Von ihren emanzipierten Mitstreiterinnen in der Hauptstadt die Erfüllung aller Wunschvorstellungen erhoffend, erleidet Hildegard statt dessen bald Schiffbruch. Sie
muß erkennen, daß die Worte der ihr vermeintlich
Gleichgesinnten nur hohles Geschwätz sind – ein
kümmerliches, von den Männern bespötteltes
Kampfgewinsel, das zudem meist von durchsichti-
gen egoistischen Privatinteressen diktiert wird.
Stellungslos und einsam verbringt sie in einer trostlosen Berliner Hinterhofwohnung die Tage mit
Warten auf den Briefträger und eine rettende
Nachricht von Einhart. Diese kommt dann auch,
und Hildegard Wallner kehrt reumütig in ihr bescheidenes Heim zurück, bereichert um die Erkenntnis, daß weibliche Freiheit in Aufopferung
und Liebe besteht. – Maria Janitschek geht es auch
in dieser Erzählung wieder, wie in nahezu allen ihren Schriften, um die Darstellung von Konflikten
zwischen Mann und Frau in einer gesellschaftlichen
Situation, die noch von Vorstellungen patriarchalischer Verfügungsgewalt bestimmt ist. Ihre weiblichen Gestalten sind fast ausnahmslos unbefriedigt,

weil sie Freiheit und Autonomie mehr schätzen als Glück – zumal familiäres. Hildegard Wallner findet jedoch zu ihren wahren Aufgaben zurück. Die ironischen Beschreibungen der wortgewaltigen Emanzipationspredigerinnen – die, wie die Berliner Milieuschilderungen, eine scharfe, von naturalistischer Objekttreue beeinflußte Beobachtungsgabe erkennen lassen – deuten an, daß auch die Autorin die von ihrer Heldin gefundene Lösung des Konfliktes zu bevorzugen scheint.   D.A.-KLL

Ausgabe: Lpzg. 1897.

Literatur: L. Berg, *Zwischen zwei Jahrhunderten*, Ffm. 1896. – I. Wernbacher, *M. J. Persönlichkeit u. dichterisches Werk*, Diss. Wien 1950. – G. Brinker-Gabler, *M. J.* (in G. B.-G., *Deutsche Dichterinnen vom 16. Jh. bis zur Gegenwart*, Ffm. 1978, S. 239–243).

JURIJ JANOVS'KYJ

* 27.8.1902 Jelysavethrad
† 25.2.1954 Kiew

Literatur zum Autor:
A. M. Lejtes u. M. F. Jašek, *Des'jat' rokiv ukrajins'koji literatury (1917–27)*, Bd. 1, Charkow 1928, Nachdr. Mchn. 1986, S. 597–599. – O. Babyškin, *J. J. Žyttja i tvorčist'*, Kiew 1957. – O. Kylymnyk, *J. J. Žyttja i tvorča dijal'nist'*, Kiew 1957. – S. Plačynda, *Kompozycja i charaktery v novelach J. J.*, Kiew 1957. – A. Trostjaneckij, *J. J. Krit.-biogr. očerk*, Moskau 1959. – *Ukrajins'ki pys'mennyky. Bio-bibliohrafičnyj slovnyk*, Bd. 5, Kiew 1965, S. 815–833.

ČOTYRY ŠABLI

(ukr.; *Vier Säbel*). Historischer Roman von Jurij Janovs'kyj, erschienen 1930. – Im Mittelpunkt des Romans, der den Bürgerkrieg in der Südukraine im Jahre 1919 zum Thema hat, steht der Kampf der ukrainischen aufständischen Armee gegen die französisch-griechischen Interventionstruppen an der Küste des Schwarzen Meeres. Der Anführer der Aufständischen Šachaj ist zwei authentischen Gestalten nachempfunden: den linken Sozialrevolutionären Matvij Hryhorijiv und Jurij Tjutjunnyk, die aufständische Bauern und Anarchisten um sich versammelt und mit deren Hilfe die Interventionstruppen geschlagen haben. Der Roman ist allerdings keine getreue Wiedergabe der Bürgerkriegsereignisse, auch die Figuren des »Steppennapoleons« Šachaj und dessen drei »Marschälle« sind der Phantasie des Autors entsprungen. Sie verkörpern den alten Geist der Saporogerkosaken, deren Ei-

genschaften wie Freiheitsdrang, Draufgängertum, Treue, Lebensfreude und Todesverachtung bereits Nikolaj Gogol' in seiner Novelle *Taras Bul'ba* porträtiert hat.

Der Roman beginnt mit der Hochzeit Šachajs, die nach altem ukrainischen Brauch in einer Kosakenkirche in der Steppenukraine stattfindet. Die knappen, jedoch deutlichen Andeutungen der Hochzeitsgäste lassen den Eindruck aufkommen, daß die Aufständischen im Bewußtsein des großen Unrechts aufgewachsen sind, das ihnen seitens des zaristischen Rußlands angetan wird. Damals, im 18. Jahrhundert, haben ihre Vorfahren den mächtigen Nachbar um Schutz gebeten, dieser schlug jedoch bald in Ausbeutung um. Gleichzeitig wird aber auch der anarchistische Geist der Steppenbewohner hervorgehoben, die sich stets gegen jegliche Unterdrückung erhoben haben: »*Sie sind mutig, diese anarchischen Riesen, ... und doch fehlt ihnen der Punkt, an den sich diese Kraft zu richten hat. Die Sehenden werden erst später kommen, sie werden die Getreideäcker mit ihren Pferden niedertrampeln und ihre Speere tief in den Boden bohren, um die Grenzen abzustecken. Vor den anarchischen Blinden muß man sich indes hüten: ihre Handlungen schieben den Sieg in die Finsternis der kommenden Jahrhunderte hinaus.*« – Nach der Hochzeit zieht Šachaj mit seinen Partisanen in die Steppe, um von Militärtransporten, die von der Front zurückkehren, Waffen zu erbeuten. Mit List und Überrumpelungstaktik gelingt es ihnen, ein großes Waffenarsenal zu erobern. In harten, verlustreichen Kämpfen besiegen schließlich die Aufständischen, deren Zahl erheblich gewachsen ist, die Franzosen und Griechen, die sich gezwungen sehen, auf ihre Schiffe zurückzukehren.

Der Roman besteht aus sieben Novellen (»Liedern«), denen jeweils ein thematisch an das folgende Geschehen anknüpfendes Gedicht vorangeht. Während die ersten vier Novellen den Kampf der Aufständischen zum Thema haben und den Versuch Šachajs und seiner drei Kampfgefährten darstellen, die anarchische Rotte in eine reguläre, disziplinierte Armee zu verwandeln, schildern die letzten drei »Lieder« das Schicksal der vier Anführer nach dem Bürgerkrieg. Janovs'kyj versetzt sie zunächst in zwei entgegengesetzte Welten, nach Paris und nach Ostsibirien, um sie schließlich in einem Bergwerk des Donezbeckens als klassenbewußte Werktätige zusammenzuführen. Der ehemalige Drehbuchautor – Anfang der zwanziger Jahre war Janovs'kyj ein enger Mitarbeiter des Dichters und Regisseurs Oleksander Dovženko – bedient sich dabei der für jene Zeit typischen filmischen Stilmittel: der Rückblenden und Träume sowie zahlreicher Monumentalszenen.

Janovs'kyjs Roman ist gleich nach dem Erscheinen auf harte Kritik gestoßen. Man warf seinen Helden mangelndes Klassenbewußtsein und völlige Isolierung von der Arbeiterklasse und von dem sowjetischen Revolutionszentrum vor. Dem Autor wurde ebenfalls angekreidet, daß die wenigen Arbeiter, die an der Handlung seines Romans teilhaben, in der anarchischen Bauernmasse völlig verschwinden würden. Und schließlich: daß er die Rolle der Kommunistischen Partei nicht begriffen habe und wahre Revolutionsromantik von der zerstörerischen Elementarkraft nicht unterscheiden könne. Aufgrund all dieser ideologischen Widersprüche sei der Roman unakzeptabel und schädlich.

Die Verschärfung des ideologischen Kampfes und der massive Druck, der seitens der Partei auf alle Autoren ausgeübt wurde, die ersten Schauprozesse und Verhaftungen führten dazu, daß Janovs'kyj sich von seiner Vergangenheit lossagte und dem Druck der Kulturfunktionäre nachgab. Er begann an dem ebenfalls der Bürgerkriegszeit gewidmeten Novellenroman *Versnyky*, 1935 *(Die Reiter)*, zu arbeiten, in dessen Mittelpunkt er einen klassenbewußten und parteitreuen Revolutionär stellte. – Der Roman *Vier Säbel* erschien in der Sowjetukraine nur zweimal: 1930 und in einer Gesamtausgabe von 1931. In die fünfbändige Werkausgabe von 1959 wurde er nicht aufgenommen, obwohl sich deren Herausgeber Oleh Babyškin mit dem Werk Janovs'kyjs kritisch-wohlwollend auseinandersetzte. A.H.H.

Ausgaben: Charkow 1930. – Charkow 1931 (in *Zbirka tvoriv*, 4 Bde., 4). – Neu-Ulm 1954.

Literatur: F. Jakobovs'kyj, *Kryza romantyky (Pro »Cotyry sabli« J. J.)* (in Žyttja i revol'ucija, 1930, 10, S. 90–104). – J. Adel'heim, *»Cotyry sabli« J. J.* (in Proletars'ka pravda, 11, 1930, 6). – J. Lavrinenko, *J. J.* (in J. L., *Rozstril'ane vidrodzennja*, Paris 1959, S. 557–568).

MAJSTER KORABLJA

(ukr.; *Der Schiffsmeister*). Autobiographischer Roman von Jurij Janovs'kyj, erschienen 1928. – In den fiktiven Memoiren eines Siebzigjährigen, des Redakteurs, Schriftstellers und Filmautors To-Ma-Ki (*TOvarys-MAjster-KIno* – Genosse Kinomeister), hat Janovs'kyj eigene, erst wenige Jahre zurückliegende Erlebnisse aus Odessa (im Buch *Olesa*) verarbeitet. Es ist die Jugend- und Liebesgeschichte um die Tänzerin Tajach und den Seemann Bohdan, den der Erzähler, dessen Freund, der Maler Sev, und die Künstlerin nach einem Sturm bei einem Strandpicknick als Schiffbrüchigen aus dem Schwarzen Meer fischen. Animiert vom Mentor der jungen Leute, einem im Filmatelier mit Kulissen experimentierenden Architekturprofessor (von dem der Memoirenschreiber zu berichten weiß: *»Seine kühnen und einfachen Gebäude zieren bis heute die Städte unserer Republik«*), bauen To-Ma-Ki und seine Clique schließlich eigenhändig eine Brigg. In doppelter Weise erscheint dabei das Titelmotiv: Auslösendes Moment für das Hobbywerft sind Baupläne eines chinesischen »Schiffsmeisters«, die sich in der Sammlung des Professors befinden. Zugleich ist »Majster korablja« ein ukrainisches Synonym für »Galionsfigur«; Bohdan

schnitzt eine solche Galionsfigur in Erinnerung an ein malaiisches Mädchen, das im Roman symbolisch für die Ballerina Tajach steht. Die atmosphärische und kombinatorische Durchdringung von Eros, Ares und Thalassa bildet das konzeptionelle Zentrum des Romans: *»Hände, die Frauen und ihren Körper lieben, lieben auch ein Segel und eine Waffe.«*

Der Sowjetkritik war Janovs'kyjs Romanerstling lange Zeit etwas unheimlich, und sie beschränkte sich im wesentlichen auf die Feststellung, es handle sich um eine autobiographische Hymne auf die Gleichwertigkeit aller schaffenden Arbeit, wie sie in einer Reflexion To-Ma-Kis über Hände und deren Beziehung zu *»Feder und Pinsel, Messer und Axt, einem talentierten Hammer«* apostrophiert wird. Gerühmt wurde auch die (in der ukrainischen Literatur erstaunlich seltene) Meerespoesie, die freilich – von romantischen Schwarzmeer-Stimmungen abgesehen – meist in nautischen Exkursen oder exotischen Anekdoten des weitgereisten Matrosen Bohdan besteht. Daß das Interesse am Exotischen und Mondänen im Vordergrund steht, wird auch aus den langen Briefen deutlich, die Tajach Anfang der zwanziger Jahre aus Genua, Mailand und Berlin an den jungen To-Ma-Ki geschickt und die dieser seinen Memoiren »beigefügt« hat. Solche Einschübe, wie auch Reportagen, Logbucheintragungen, Verse oder novellistische Inversionen stellen das in kompositorischer Hinsicht etwas wirre Werk in die Tradition der »Serapionsbrüder« und ihrer epischen Experimente. – »Beigefügt« sind auch zwei briefliche *Anmerkungen* von To-Ma-Kis Söhnen Mike und Henry, die – Schiffskapitän der eine, Schriftsteller der andere – die beiden motivischen Leitlinien des Romans verkörpern, wobei Henry die »autobiographische« Erzählhaltung seines Vaters kritisch beurteilt.

Der Roman krankt daran, daß Janovs'kyj einen Siebzigjährigen im Jahre 1975 erzählen läßt, was diesem etwa 1925 als Zwanzigjährigem widerfuhr. Der Autor hätte in utopische Spekulation ausweichen müssen, um reale und fiktive Autobiographie logisch miteinander zu verknüpfen. Da er das nicht wollte oder konnte, gleichwohl auf Betrachtungen, die auf der Ebene der Zeit um 1975 liegen, nicht verzichten mochte, gerieten diese zu völlig abstrakten Dithyramben des alten To-Ma-Ki auf sein Leben und sein Alter, dessen »Banner« er mit Würde trage. Die Briefe der Söhne – von der Erscheinungszeit des Romans her gesehen ebenfalls bereits in die Zukunft fallend – befassen sich denn auch nur mit Dingen, die dem historischen Wandel weitgehend entzogen sind, wie der Südsee oder Fragen der Erzähltechnik. Die technische Utopie des Radiotelefons, aus dem am Ende des Romans die Stimme des Sohnes Mike von hoher See in die Wohnung seines Vaters dringt, unterstreicht den substantiellen Mangel, statt ihn zu mildern.

W.Sch.

Ausgaben: Charkow 1928. – NY 1954. – Kiew 1958 (in *Tvory*, 5 Bde., 1958/59, 2).

LITERATUR: V. Pančenko, *»Majster korablja« J. J. (do tvorčoji istoriji)* (in Radjans'ke literaturoznavstvo, 1985, 6, S. 50–56).

VERŠNYKY

(ukr.; *Die Reiter*). Historischer Roman von Jurij JANOVS'KYJ, erschienen 1935. – *»Jurij Janovs'kyjs ›Reiter‹ waren für unsere Kultur sozusagen das Reifezeugnis ukrainischer Prosa«*, befand Pavlo TYČYNA, der Altmeister der sowjetukrainischen Schriftsteller, über diesen novellistischen Roman aus dem *»neunzehnten Jahr des zwanzigsten Jahrhunderts«*, der wie kein zweites ukrainisches Werk der stalinistischen dreißiger Jahre protegiert und in fast alle Sprachen der UdSSR übersetzt wurde. Freilich wäre es ungerecht, den Erfolg des Romans ausschließlich auf die Steuerung durch den Staatsverlag zurückzuführen. Wie BABEL'S *Konarmija*, mit der die *Veršnyky* nicht nur der gleiche Stoff, sondern auch dessen optimistisch-romantische Umsetzung verbindet, traf die Verherrlichung der Roten Armee und der Revolution in ihrer siegreichen Phase auf eine heroisierende Haltung in der sowjetischen Jugend. Der lapidare Kommentar des Kommissars Hert am Ende des ersten Abschnitts zu einem Brudermord – *»Vom gleichen Blut, doch nicht von gleicher Klasse«* – macht deutlich, wie sehr die heldisch empfundene Priorität des klassenbewußten Handelns gegenüber dem Gefühl – zumindest theoretisch – gesellschaftspolitisch bereits akzeptiert war. Im ersten Teil, einer blutigen Präambel, stellt Janovs'kyj die ukrainische Situation durch das Schicksal der fünf Brüder Polovec' (schon der Familienname läßt Patriotisch-Historisches assoziieren) dar. Overko, Anhänger des Hetmans Petljura, ersticht Andrij, der Offizier des zaristischen Generals Denikin ist. Overko, dieser erste Brudermörder, wird seinerseits von dem vierzehnjährigen Saško, dem jüngsten Bruder, erschossen, ehe ihn Panas Polovec', wie Saško Anhänger des anarchistischen Steppenräubers Nestir Machno, ersäufen lassen kann. Panas wiederum schießt sich eine Kugel in den Mund, als er Ivan, einem Truppenführer der Roten Armee, in die Hände fällt. In einer an Vsevolod IVANOV geschulten stilisierten Sprache geschildert, wirken diese blutrünstigen Vorgänge wie eine Prosaballade. Ähnlich auch die anderen Kapitel, die den Bürgerkrieg behandeln. Inhaltlich sind sie nur durch die Personen miteinander verknüpft: Danylko, über dessen *Kindheit* in der Steppe berichtet wird, kehrt später, in *Sveds Bataillon*, als Kommissar wieder. In seiner *Barke im Meer* rettet Vater Musij Polovec' den *Regimentskommandeur Čubenko*, der seinerseits mit einem Dithyrambus auf seinen Hochofenmeister *Adamenko* den Roman beschließt. Auf dem *Weg der Armeen* taucht Frunse, der legendäre Held des Donezbeckens, in der kolportierten Biographie eines Artem auf, findet sich die Geschichte eines Briefträgers, der Offiziere des weißen Generals Wrangel an der Nase herumführt,

um für die Roten Zeit zu gewinnen, und der für seinen hinhaltenden *Brief in die Ewigkeit* von den Württembergern zu Tode gefoltert wird.

Untadelig sozialistisch-realistisch in Konzeption und Fabel, sind die Helden-Charaktere sorgfältig nach dem Rezept erbaulicher Parteilichkeit komponiert. Beherrschte, jedoch immerhin menschliche Gefühle zeigen nur die Bolschewiki; so heißt es beispielsweise von dem wackeren Adamenko, er sei *»ein empfindsamer Meister und Mensch«* gewesen. An dieser Revolutionsfigur zeigt sich besonders deutlich, wie sehr Janovs'kyj alle Tugend aus dem proletarischen Erbe ableitet. Die Glorifizierung der Bolschewiki wirkt jedoch nicht so penetrant unglaubwürdig wie in anderen zeitgenössischen Revolutionsepen (selbst in ŠOLOCHOVS *Tichij Don*). Dazu fehlt es einfach an »weißem« Kontrast. Bis auf die Figuren der Anfangs-»Novelle« vom *Doppelkreis* und der Briefträger-Story bleiben die sozialistischen Helden unter sich. Die Sprache, in der ihre Erinnerungen, Taten und Träume geschildert werden, ist auf derart prunkvoller, oft aphoristischer Ebene angesiedelt, daß sie eher wie rein zufällig in ihre Zeit geratene Helden aus den *Bylinen* wirken. In dieser ebenso künstlichen wie kunstvollen Ritterlichkeit, die den »Reitern« angeschneidert ist, liegt wohl auch ein Teil des Erfolgs begründet, den der Roman hatte.   W.Sch.

AUSGABEN: Kiew/Charkow 1935. – Kiew 1958 (in *Tvory*, 5 Bde., 1958/59, 2).

ÜBERSETZUNGEN (Ausz.): *Die Barke im Meer*, A.-H. Horbatsch (in *Blauer November. Anthologie ukrainischer Prosa*, Heidelberg 1959, S. 316–320). – *Der doppelte Kreis*, A.-H. Horbatsch (in *Ein Brunnen für Durstige und andere ukrainische Erzählungen*, Tübingen/Basel 1970, S. 58–69).

LITERATUR: J. K. Bilodid, *Mova i styl' romana »Veršnyky« J. J.*, Kiew 1955.

CORNELIUS JANSENIUS

Cornelius Otto Jansen

* 28.10.1585 Acquoi bei Leerdam

† 6.5.1638 Ypern

AUGUSTINUS SEU DOCTRINA SANCTI AUGUSTINI DE HUMANAE NATURAE SANITATE, AEGRITUDINE, MEDICINA ADVERSUS PELAGIANOS ET MASSILIENSES

(nlat.; *Augustinus oder Die Lehre des heiligen Augustinus über Gesundheit, Krankheit und Heilung der menschlichen Natur, gegen die Pelagianer und Massi-*

lienser). Theologische Schrift von Cornelius JANSENIUS, erschienen 1640 in einer von Freunden hergestellten Ausgabe. – Cornelius Jansenius, Bischof von Ypern, hat sein Werk in drei Bücher oder Abhandlungen eingeteilt. Er versucht, die Lehre des heiligen AUGUSTINUS über die Gnadenwahl und die Willensfreiheit *»in ein übersichtliches System zu bringen«* (Sainte-Beuve), ohne, wie die Scholastiker, der dialektischen Methode des *sic et non* zu folgen.

Vor dem Sündenfall besaß der Mensch die vollkommene Willensfreiheit. Die Gnade war seinem Willen unterworfen. Er konnte zwar ohne die Gnade nicht das Gute tun, aber sein Handeln war durch die Gnade nicht determiniert. Er war frei, von ihr Gebrauch zu machen oder nicht. Mit dem Sündenfall hat sich dieser Zustand grundlegend geändert. Aus dem ursprünglichen Zustand der Unschuld geriet der Mensch in den unheilbaren und ständigen Zustand *(état constant)* der Sündhaftigkeit, aus dem ihn nur die göttliche Gnade erretten kann. Denn seine Freiheit zum Guten ging verloren. Nicht allen Menschen wird die Gnade zuteil. Gott verleiht sie nach seinem unerforschlichen Ratschluß, wem er will. Damit ist der Prädestinationsgedanke, wie ihn auch CALVIN vertrat, formuliert. Jansenius wollte keine neue Lehre aufstellen, geschweige denn sich in Widerspruch zur katholischen Kirche setzen. Unter Berufung auf den abendländischen Kirchenlehrer wollte er die katholische Religion wieder in ihrer ganzen Strenge und Reinheit herstellen. Die einst gegen die Pelagianer und Semi-Pelagianer gerichteten theologischen Streitschriften des Augustinus sollten nun eine Waffe sein wider die Molinisten, aber zugleich auch gegen die Ausformungen der Prädestinationslehre im niederländischen Calvinismus.

Die nach dem britischen Mönch PELAGIUS (um 400) benannte Lehre gründet auf der Willensfreiheit des Menschen und lehnt die Erbsünde ab. Der Mensch kann demnach aus eigener Kraft zum Heil gelangen. Das Konzil von Ephesus (431) verurteilte den Pelagianismus. Darauf bildete sich, vornehmlich in Gallien, eine mittlere Richtung – die Lehre der Semi-Pelagianer, auch Massilienser genannt, weil einer ihrer führenden Vertreter, Cassius, aus Massilia (Marseille) stammte. Sie versuchten, die Gnadenwahl mit der Willensfreiheit zu vereinen, um sich *»von da aus selbst in den absoluten Abgrund des göttlichen Willens zu stürzen«* (Sainte-Beuve, I, 595). In der Lehre des spanischen Jesuiten MOLINA (1535–1600), der die Allwissenheit Gottes mit der menschlichen Freiheit und der Gnade in Einklang bringen wollte, erkannte Jansenius die Wiedererweckung der Pelagianischen Irrlehren, die sein *Augustinus* bekämpfen sollte. Statt dessen wurde er selbst – postum – der Häresie bezichtigt. Bereits 1642 hatte Papst Urban VIII. sein Werk verurteilt. 1649 legte der Theologe Nicolas CORNET (1592–1663) der Sorbonne fünf Lehrsätze – keineswegs Zitate – aus dem *Augustinus* vor, die als ketzerisch verworfen wurden. Mit der Bulle *Cum occasione* (1653) verdammte Papst Innozenz X. offiziell die fünf Sätze *(les cinq propositions)*, die dann Gegenstand des eigentlichen Jansenistenstreites werden sollten. Der sinngemäße Inhalt der Sätze lautet:

I. Etliche Gebote Gottes sind für die Gerechten unmöglich (zu halten), weil ihnen die Gnade dazu fehlt.

II. Im Zustand der Erbsünde widersteht der Mensch niemals der inneren Gnade.

III. Um der Gnade teilhaftig zu werden, bedarf es nicht einer der Notwendigkeit widerstehenden Willensfreiheit, es genügt eine dem Zwang widerstehende Freiheit.

IV. Die Pelagianer sind Häretiker, weil nach ihrer Lehre die Gnade so beschaffen ist, daß der Mensch ihr widerstehen oder gehorchen kann.

V. Jesus Christus ist nicht für alle Menschen gestorben.

Der Streit um die fünf Sätze wurde mit aller Schärfe und dem ganzen Aufwand theologischer Spitzfindigkeiten ausgetragen. Der schwerwiegende Satz III wurde in drei Kolonnen, das heißt drei verschiedenen Versionen vorgelegt: der häretisch-kalvinistischen, der augustinisch-jansenistischen, der molinistischen. Am gravierendsten war Satz V. Daß nach Augustinus und Jansenius aus der *»Masse der verderbten Welt« (massa perditionis)* nur wenige auserwählt seien, Christus demnach für diese Auserwählten allein gestorben war, konnte durch Christi Wort selbst bezeugt werden: *»Denn viele sind berufen, aber wenige auserwählt«* (Matt. 20,16). Die Anhänger des Jansenius bestritten zwar nicht, daß die Sätze rechtmäßig *(en droit)* gegen die Lehre der katholischen Kirche verstießen, behaupteten jedoch, daß sie in Wirklichkeit *(en fait)* so *nicht* im *Augustinus* stünden.

Auf ihrer Seite standen die frommen, gelehrten Männer *(solitaires)* von Port-Royal. Das Nonnenkloster Port-Royal im Tal von Chevreuse (südlich von Versailles) war zu Beginn des 17. Jh.s von der achtzehnjährigen Äbtissin Angélique, geb. Arnauld, durch die Wiederherstellung strenger Ordensregeln von Grund auf reformiert worden. Seit 1636 war der Abbé Saint-Cyran, Freund und Mitarbeiter des Jansenius, geistlicher Direktor und Seelsorger der Nonnen. Ein Bruder der Äbtissin, Antoine ARNAULD, Theologe und Doktor der Sorbonne, zog mit einer Reihe anderer Gelehrter nach Port-Royal, wo sie ein mönchisches Leben führten. In den von ihnen gegründeten Schulen wurde nach neuen Methoden unterrichtet. Blaise PASCAL, der sich nach Port-Royal zurückgezogen hatte, griff mit seinen *Lettres à un Provincial (Briefe an einen Provinzler)* in den Streit ein. Dieser war in voller Schärfe zwischen Jesuiten (Molinisten) und Jansenisten ausgebrochen, als Arnauld 1643 in seiner Broschüre *La fréquente communion* den allzu häufigen Gebrauch der Sakramente kritisierte. König Ludwig XIV., der für die Jesuiten Partei nahm, ließ nach mehrfachen Verfolgungen der Einsiedler Port-Royal schließen und 1709 bis auf den Grund zerstören. Die Kirche verlangte von allen Geistlichen und Ordensleuten die Unterzeichnung des sogenannten »Formulaire«, das heißt die Verurteilung der fünf Sätze. Anfang des 18. Jh.s flammte der Streit um den *Augustinus* des Jansenius und insbesondere um die Erklärung des *Neuen Testaments* durch Pasquier QUESNEL (1634–1719), einen Schüler von Antoine Arnaud, erneut auf. Papst Clemens XI. verurteilte die Lehre noch einmal ausdrücklich mit der Bulle *Unigenitus* (1713).

Der Jansenismus hat weit über die Theologie hinausweisende Spuren in der französischen Kultur- und Geistesgeschichte hinterlassen. In den Tragödien RACINES, des ehemaligen Schülers von Port-Royal, waltet das antike Fatum mit der Unerbittlichkeit der jansenistischen Prädestination. Vom aufklärerischen 18. Jh. bis in unsere Zeit haben Geschichtsschreiber, Literarhistoriker und Dichter sich mit dem Jansenismus in Frankreich auseinandergesetzt. Zuletzt hat Henry de MONTHERLANT in seinem Drama *Port-Royal* (1953) den Gewissenskonflikt dargestellt, in den die Nonnen durch die Verfolgung gestürzt wurden.   J.Th.

AUSGABE: Löwen 1640, 3 Bde.; Nachdr. Ffm. 1965.

LITERATUR: Ch. Sainte-Beuve, *Port-Royal*, 5 Bde., Paris 1840–1859; ern. 1961, 3 Bde. (Pléiade). – P. Honigsheim, *Die Staats- und Soziallehren der französischen Jansenisten im 17. Jh.*, Heidelberg 1914; Nachdr. Darmstadt 1969. – L. Bournet, *La querelle janséniste*, Paris 1924. – J. Orcibal, *La correspondance de J.*, Löwen 1947. – L. Cognet, *Le jansénisme*, Paris 1961. – A. Adam, *Du mysticisme à la révolte. Les jansénistes du 17e siècle*, Paris 1968. – W. R. Newton, *Port-Royal and Jansenism. Social Experience, Group Formation and Religious Attitudes in 17th-Century France*, 3 Bde., Diss. Ann Arbor/ Mich. 1974. – A. Sedgwick, *Jansenism in Seventeenth-Century France. Voices from the Wilderness*, Charlottesville/Va. 1977. – P. F. Barton, *Jesuiten, Jansenisten, Josephiner. Eine Fallstudie zur frühen Toleranzzeit*, Wien 1979. – *L'Image de C. J. jusqu'à la fin du XVIII siècle*, Hg. E. J. M. van Eijl, Löwen 1987.

JĒKABS JANŠEVSKIS

eig. Jēkabs Janovskis
* 16.2.1865 Nīgranda / Kurland
† 22.12.1931 Riga

LITERATUR ZUM AUTOR:
E. Blese, *Storia della letteratura lettone* (in *Storia delle letterature baltiche*, Hg. G. Devoto, Mailand 1957). – *Latviešu literatūras vēsture*, Bd. 5, Riga 1958, S. 527–542.

BANDAVA

(lett.; *Bandava*). Roman in vier Bänden von Jēkabs JANŠEVSKIS, erschienen 1928. – In der südkurländischen Heimat des Autors spielt – wie schon das Erzählwerk *Dzimtene (Heimat)* – dieser umfangreiche Roman, der auch einen Teil der Romanfiguren aus *Dzimtene* übernimmt. Held des Werks ist Jēkabs, dessen spannungsreiches Verhältnis zu Maruta, seiner Verlobten, den Handlungskern des Romans abgibt: Während Jēkabs in Dorpat studiert, reist Maruta mit einem litauischen Maler nach Italien, wo sie die Welt der Kunst kennenlernt. Jēkabs' Studium und Marutas Kunstbegeisterung sind als Ausdruck des Bildungshungers der jungen Letten vor dem Ersten Weltkrieg zu verstehen – ein Impuls, der auch zur Besinnung auf die Vergangenheit des Landes führte: Vorchristliche Überlieferungen wurden zum Gegenstand bewußter Pflege, und zur Demut als christlicher Lebenshaltung gesellte sich, ausgleichend und zugleich bewegend, heidnische Lebensfreude. An das historische Erbe soll auch der Romantitel *Bandava* erinnern, die altkurische Benennung des Landstrichs, wo Maruta und Jēkabs schließlich gemeinsam ihren Hof bauen, dem sie den Namen »Bandava« geben. – Wie in allen Romanen Janševskis' besticht auch hier die Vielzahl der dargestellten Menschentypen, vom Baron bis zum niedrigsten Hofknecht, die jeweils in einem Kapitel in den Vordergrund treten, um dann wieder anderen Gestalten Platz zu machen, wodurch der Roman farbig und abwechslungsreich wird. Der Stil ist vorwiegend dialogisch. Eingestreute Lituanismen deuten die enge Beziehung zum Nachbarvolk an. Da ein dritter Roman geplant war und das Gesamtwerk so zu einer Trilogie abgerundet werden sollte, brechen einige Handlungsstränge etwas abrupt ab, was jedoch den positiven Gesamteindruck nicht mindert.   A.Schm.

AUSGABEN: Riga 1928, 2 Bde. – Riga 1940 (in *Kopoti raksti*, 4 Bde.). – Minneapolis 1954/55, 4 Bde.

DZIMTENE

(lett.; *Heimat*). Roman in fünf Teilen von Jēkabs JANŠEVSKIS, erschienen 1924/25. – Das umfangreiche, vielgliedrige Werk ist mosaikartig aus vielen Einzelteilen (Episoden, Szenen aus dem Bauernleben, Landschaftsbilder u. a.) zusammengesetzt, die nicht durchgehend auf ein beherrschendes Thema bezogen sind. In realistischer Manier beschreibt der Autor Mensch und Landschaft seiner Heimat Kurland gegen Ende des 19. Jh.s. Eine lange Reihe eindrucksvoll gezeichneter Personen – Bauern, Knechte, Tagelöhner, deutsche Barone, Juden, Litauer, Zigeuner – durchzieht den Roman, der mit vitaler Freude am Fabulieren erzählt ist. So wird etwa der Alltag einer armen Kleinbauernfamilie lebendig, die nach der harten Arbeit den Tag mit einem festlichen Mahl beschließt. Eine andere Episode macht deutlich, wie trübselig demgegenüber das

Leben auf einem Herrenhof ist: Die junge Tochter eines Gutsherrn sucht in ihren Träumen von einem schönen Freier dem monotonen Leben in der Abgeschiedenheit des Hofs zu entfliehen, während ihre Mutter an der Seite eines um vieles älteren Mannes freudlos dahinwelkt und ihrer Jugend nachtrauert. Mitten in dieses eintönige Alltagsgeschehen hinein platzt die Nachricht, daß das Land an die Tagelöhner aufgeteilt werden solle. Diese frohe Kunde regt zu endlosen Diskussionen, zu allerlei Plänen und Hoffnungen an. Herbeigeeilte Vermittler bieten ihre Dienste für die Abwicklung der rechtlichen Formalitäten an und machen sich auf den Weg zu dem Lehnsherrn des Gebiets, um mit ihm zu verhandeln. Sie richten Bittgesuche an die Regierungsbehörde – bis ganz plötzlich alle Hoffnungen in sich zusammenfallen und das Leben wieder in seine ausgefahrenen Bahnen zurückkehrt. – Einen wesentlichen Platz nehmen in dem Roman folkloristische Studien und ethnographische Beobachtungen ein; auch gesellschaftskritische Aspekte – etwa in der Schilderung des Verhältnisses zwischen Gutsherren und Tagelöhnern – fehlen nicht. Eine Art Fortsetzung des Romans erschien 1928 unter dem Titel *Bandava*. M.Ra.-KLL

AUSGABEN: Riga 1924/25, 5 Bde. – Riga 1940 (in *Kopoti raksti*, 4 Bde.). – Sengwarden 1948/49, 4 Bde. – Minneapolis 1953/54, 8 Bde. – Minneapolis 1969/70, 3 Bde.

DRAMATISIERUNG: Riga 1932 (Dailes teatris).

GYSBERT JAPICX

* 1603 Bolsward
† September 1666 Bolsward

FRIESCHE RYMLERYE

(westfries.; *Friesische Dichtung*). Gedichtsammlung mit einem Prosateil von Gysbert JAPICX, erschienen 1668. – Vom Werk des ersten bedeutenden friesischen Dichters wurde nur wenig zu seinen Lebzeiten veröffentlicht. Als er an der Pest starb, lagen jedoch zwei fast druckreife Manuskripte in nur wenig voneinander abweichenden Fassungen vor, so daß 1668 die Bolswarder und 1681 die Leeuwarder Ausgabe, beide mit dem gleichen Titel, erscheinen konnten. Die Ausgabe von 1821, der 1824 ein großes Wörterbuch von EPKEMA folgte, behielt den Titel *Friesche Rymlerye*; 1936 wurden die niederländischen Gedichte in die Gesamtausgabe *(Wirken)* mit aufgenommen.
Die *Rymlerye* besteht aus drei Teilen, die jeweils auch eine Periode im Leben des Dichters charakterisieren: 1. *Ljeafd in Bortlycke Mingeldeuntjes (Liebesgedichte und verspielte gemischte Gedichte)*. Neben

freien Nachdichtungen u. a. von HORAZ, OVID, CATULL und holländischen Renaissancedichtern findet sich hier teils ganz offen erotische, teils in mythologische Motive gekleidete eigene musikalische Poesie. Die für das Barock typische Dualität von Erde und Himmel ist hier noch nicht zugunsten des letzteren entschieden. – 2. *Gemiene aef Huwzmanne Petear, in ore Katerye (Gemeines Hausmannsgespräch und andere Unterhaltungen)*. Den Hauptbestandteil bilden umfangreiche Dialoge zwischen Personen, die ohne Zweifel je einen Wesenszug des Dichters verkörpern und alle ausgeprägte, lebensnahe Persönlichkeiten sind. Jetzt spricht schon der gereifte, erfahrene Mann, der das irdische Leben scharf beobachtet und darstellt, den Himmel aber bevorzugt. – 3. *Himmelsch Harpluwd (Himmlischer Harfenklang)*. Zu eigener religiöser Poesie kommt eine Reimübersetzung von fünfzig *Psalmen* Davids. Der leidgeprüfte Dichter, dessen Familie schwer heimgesucht wurde, findet hier die innigsten Töne, z. B. in dem im sapphischen Metrum geschriebenen *Juwn-bede (Abendgebet)*, einem Gedicht von größtem Wohlklang. Viele der Psalmen aber sind in der Diktion schwerfällig und durch lange, fast unaussprechbare Wortverbindungen entstellt. Ob diese Veränderung im Stil auf persönliche Gründe zurückzuführen ist, ob sie ein Zugeständnis an die Barockmode war oder ob sie unter dem negativen Einfluß seines Gönners Simon Abbes GABBEMA (1628–1688) entstand, konnte in der Forschung bis heute noch nicht eindeutig geklärt werden.
Japicx ist auch der erste bedeutende friesische Prosaschriftsteller. Er entwickelte einen eigenen Briefstil, und in seinen Übersetzungen aus den französischen mythologischen Hirtenromanen und besonders des *Discours de la vie et de la mort* von Philippe de MORNAY gelangte er zu einer hochkultivierten Kunstprosa, voll origineller Neubildungen für Begriffe, die es im Friesischen, das bis zum Anfang des 17. Jh.s zur Bauernsprache herabgesunken war, nicht gab. Weitere große Verdienste erwarb sich der geniale Sprachkünstler als Beschreiber des damaligen friesischen Lautsystems, wie der niederländische Philologe W. Gz. HELLINGA hervorgehoben hat, der ihn auch als den größten Sprachbaumeister der Niederlande im 17. Jh. bezeichnete. Als kalvinistischer Barockdichter nimmt er (auch nach dem Urteil des Osloer Gelehrten K. Langvik Johannessen) einen – wenn auch bescheidenen – eigenen Platz in der europäischen Literatur seiner Zeit ein. Y.P.

AUSGABEN: Bolsward 1668 (in *Wurken*, Hg. J. H. Brouwer). – Leeuwarden 1681. – Leeuwarden 1821 (s. dazu E. Epkema, *Woordenboek*, Leeuwarden 1824). – Bolsward 1936 (in *Wurken*, Hg. J. H. Brouwer u. a.). – Bolsward ²1966 (in *Wurken*, Hg. dies.; m. Komm.).

LITERATUR: J. Haantjes, *G. J. Fries dichter in de zeventiende eeuw*, Diss. Utrecht 1929. – D. Kalma, *G. J., in stúdzje yn dichterskip*, Dokkum 1938 [zugl.

Diss. Groningen]. – C. Kramer, *G. J. as oersetter en biwirker*, Assen 1943. – E. B. Folkertsma, *De Christen G. J.*, Sneek 1946. – A. Campbell, *G. J.: The Oxford Text of Four Poems*, Bolsward 1948. – E. Howard Harris, *The Literature of Friesland*, Assen 1956, S. 35–45. – J. Jansen, *G. J. lieten*, Drachten 1956. – J. J. Kalma, *G. J.*, Leeuwarden 1956 [Bibliogr.]. – J. Piebenga, *Koarte skiednis fan de Fryske skriftekennisse*, Drachten ²1957, S. 41–55. – K. Langvik Johannessen, *G. J. en de litteraire barok* (in Fryske stúdzjes, 1960, S. 177–184). – J. J. Kalma, *Om G. J. hinne*, Bolsward 1963. – J. H. Brouwer, *Oan tekeningen op G. P. Wurken*, Bolsward 1966. – A. Feitsma, *De autografemen in het werk van G. J.*, 2 Bde., Leeuwarden 1974.

MIRAN JARC

* 5.7.1900 Črnomelj
† 24.8.1942 Rog

DAS LYRISCHE WERK (sloven.) von Miran Jarc.
Die Dichtung von Miran Jarc spiegelt deutlich den Entwicklungsgang der slovenischen Literatur zwischen den beiden Weltkriegen wider. Anfänglich noch unter dem Eindruck des französischen Symbolismus und des führenden slovenischen Modernen Oton ŽUPANČIČ nimmt Jarc mit seinen ab 1919 in den Zeitschriften ›Ljubljanski zvon‹ und ›Dom in svet‹ veröffentlichten Gedichten größten Anteil an der slovenischen Variante des Expressionismus. Sein erster selbständiger Gedichtband, *Človek in noč (Mensch und Nacht)*, den er nach großen Schwierigkeiten erst 1927 im Selbstverlag herausgeben konnte, bildet den Höhepunkt seiner expressionistischen, von starkem Subjektivismus geprägten Schaffensperiode. Jarc erlebt die Welt in Metaphern und Symbolen *(Bele roke – Weiße Hände; Človek in noč)*. Mit den Bänden *Novembrske pesmi*, 1936 *(Novembergedichte)*, und *Lirika*, 1940 *(Lyrik)*, schließlich wendet er sich der Neuen Sachlichkeit zu, die mit ihrem sozialen und nationalen Engagement in der slovenischen Literatur ebenfalls eine eigene Ausprägung erfahren hat.
Zu Beginn seines expressionistischen Schaffens erscheint vor uns ein Dichter, dessen Imagination auf der Suche nach ungewohnten Bildern, Formen und Symbolen, mit denen sich die »andere Wirklichkeit« ausdrücken läßt, keinerlei Rücksicht auf Lebensrealität und Verstandeslogik zu nehmen scheint. Für ihn ist der Mensch nach dem Zerfall der alten Ordnung im Ersten Weltkrieg, als sich auch die zwischenmenschlichen Beziehungen in eine Kette aus Zufallsbegegnungen und -verbindungen auflösen, zum Spielball von Mächten und Kräften geworden, die mit den hergebrachten Mitteln der Kunst nicht zu bewältigen sind. Jarc reagiert auf das spezifische Erlebnis der »Menschheitsdämmerung« mit einem übermächtigen Subjektivismus, der den autonomen Menschen zum Mittelpunkt des Makrokosmos erhebt und in schwindelerregenden Ahnungen und Visionen alle Grenzen von Raum und Zeit überwindet. Das aus dem jähen gesellschaftlichen Wandel und der Menschheitskatastrophe erwachsene tragische Lebensgefühl der Zeit verdichtet sich bei Jarc zu einer Art kosmischen Unruhe, die ihren weltanschaulichen Ausdruck im Titanismus als der wesentlichen Komponente seiner Dichtung findet. In seiner betont vitalistischen Ausformung des Expressionismus ereignet sich die Urschöpfung des Menschen im vorzeitlichen Chaos. Aus der Gestaltlosigkeit der Nacht tritt der Traum hervor: *»Am Horizont kristallt Geläut, ein ewiger Wunschtraum ist zum Bild erperlt: ganz verschneit die Weite, und wir zwei im All allein ...«* (Pot skozi noč – Weg durch die Nacht). Jarc' Lexik ist ganz dem *»Unendlichen«* und *»Zeitlosen«* verschrieben. Andere Schlüsselbegriffe sind *»Unermeßlichkeit«, »Endlosigkeit«, »Abgründe der Sehnsucht«, »sternlose Nächte«, »grenzenloses Schweigen«, »Urwälder der Geheimnisse«, »Urgründe des Himmels«*; das *»Chaos«* läutert sich schließlich zum *»Kosmos«*, das *»Schweigen«* geht ein in die *»Harmonie der Sphären«*. Alles ist dem titanischen Wollen untergeordnet, seinen persönlichen Platz im Weltall zu finden, doch dieses Streben, aus dem Willen erwachsen, nicht aus dem Fühlen, mündet letztlich in Ernüchterung. Die kosmischen Fragen treten zurück, innere Unruhe und persönliche Tragik nehmen deren Platz ein. Dem Dichter bleibt die quälende Erkenntnis, daß der Mensch zu schrecklicher Vereinsamung verurteilt ist.
In den letzten Schaffensjahren wendet sich Jarc immer deutlicher sozialer Thematik zu und wird auch in seiner nationalen Aussage engagierter. Auf formaler Ebene läßt sich zugleich eine Abkehr vom freien Vers, auf der Ausdrucksebene die Zurücknahme der kosmisch-visionären Metaphorik beobachten. Seine neuen Themen gestaltet Jarc vorwiegend in Sonettform *(Slovenski soneti – Slovenische Sonette)* oder in zwei- und vierzeiligen Reimstrophen. Eine Vorahnung des persönlichen tragischen Schicksals, das er im Partisanenkampf mit dem seines Volkes verbindet, gibt sein vorletztes, 1940 im Band *Lirika* veröffentlichtes Gedicht *Sejalec v zimi (Sämann im Winter)* wieder: *»Wie ein Korn bin ich, das reift in eine tote Zeit, / Ein neuer Schnitter kommt, uns alle hinzumähn.«*   K.D.O.

AUSGABEN: *Človek in noč*, Ljubljana 1927. – *Novembrske pesmi*, Ljubljana 1936. – *Lirika*, Ljubljana 1940. – *Izbrano delo*, Hg. F. Zadravec, Ljubljana 1969 u. ö. [zus. m. S. Kosovel].

LITERATUR: F. Petrè, *Kozmična poezija M. J.* (in Naša sodobnost, 2, 1955, S. 127–151). – Ders., *Der slovenische Expressionismus* (in WdS, 1, 1956, S. 159–171). – I. Gedrih, *Ob Jarčevem pesniškem prvencu* (in Jezik in slovstvo, 9, 1964, S. 183–185).

– B. Stojanović, *Određenje ekspresionizma i njegovo naslede* (in Književna istorija, 1965, 65/66, S. 175–178). – F. Zadravec, *Osamljeni človek M. J.* (in *Lirika, epika, dramatika. Študije iz novejše slovenske književnosti*, Murska Sobota 1965, S. 85–103). – I. Gedrih, *Nekaj metričnih problemov ob Jarčevem prvencu* (in Dialogi, 1971, 2, S. 106–109). – F. Zadravec, *M. J.* (in *Zgodovina slovenskega slovstva*, Bd. 7, Tl. 2, Maribor 1972, S. 37–41). – B. Stojanović, *Poetika M. J.*, Novo mesto 1987.

NOVO MESTO

(sloven.; *Novo mesto*). Roman von Miran JARC, erschienen 1930. – Die Handlung des Romans, der zur Zeit des Ersten Weltkriegs in Novo mesto, der Heimatstadt des Autors, spielt, hat autobiographische Züge. Im Mittelpunkt steht die Suche des jugendlichen Helden Daniel Bohorič nach seiner Identität. Die Sehnsucht des schwärmerischen Gymnasiasten nach Schönheit und Liebe findet ihr Ziel in Nataša, einem Mädchen, das sozial höhergestellt ist. Diese Beziehung regt Daniel zu ersten schriftstellerischen Versuchen an, denen die Enttäuschung seiner Liebe ein bitteres Ende bereitet. Auch die Freundschaften mit anderen Gymnasiasten spiegeln die einzelnen Phasen seiner Entwicklung wider: Einer der Freunde (in dessen Gestalt der Autor den slowenischen Dichter PODBEVŠEK porträtiert hat) beschließt sein Leben als religiöser Visionär in einem Irrenhaus, ein anderer ist Verfechter der rationalistischen Philosophie, ein dritter sieht sein Lebensziel in der Erfüllung seines Machtstrebens, der vierte wird zum politischen Revolutionär. Indem er von diesen Freunden verschiedenartige Denkanstöße empfängt, sich aber auch rechtzeitig von ihnen lösen kann, findet Bohorič immer mehr zu sich selbst. Die unübersehbaren Auswirkungen des Krieges auf das Leben der Zivilbevölkerung verstärken in ihm die Bereitschaft, die Realität zur Kenntnis zu nehmen, was sich zunächst als Hinwendung zu den »kleinen Dingen«, als Vorliebe für Atmosphärisches – den Anblick des Marktplatzes am Morgen, die Schönheit einer Nacht – äußert. Allmählich wird er sich auch über seinen Platz in der Gesellschaft klar.

Aus den Briefen seiner Freunde, die bereits eingezogen sind, erfährt Bohorič von der desillusionierenden Wirklichkeit des Militärlebens. Er bleibt allein in der provinziellen Enge der slowenischen Kleinstadt zurück, wo er das Erwachen des nationalen Selbstbewußtseins miterlebt: Die Slowenen, denen der Krieg immer größere Opfer abverlangt, drängen auf Frieden und Unabhängigkeit von der Donaumonarchie. Der Tod des Vaters kurz vor Kriegsende zwingt den jungen Helden zu einer Entscheidung. Um die restliche Familie durchzubringen, nimmt er eine Stellung als kleiner Angestellter in Ljubljana an. In der Sorge für seine Mitmenschen findet er die gesuchte Lebensaufgabe. In der neuen Umgebung erlebt er auch ein wildes

Freudenfest, mit dem die Slowenen den langersehnten Friedensschluß feiern. – Sein Gefühl, am Ende eines langen Weges angekommen zu sein, schildert der Epilog. Seine ehemaligen Freunde erscheinen ihm rückblickend als Verkörperungen seines eigenen Ichs, Novo mesto als eine Krankheit, ohne die seine Gesundung nicht hätte stattfinden können. Mit seinem Ziel hat Bohorič auch Gott gefunden. Er verstummt, damit »*der rede, den er gefunden hat*«.

Der Roman verbindet die Darstellung spezifischer Entwicklungsprobleme junger Menschen mit der Schilderung zeitbedingter Umstände. In der Kritik wurde dem Roman zu große Subjektivität vorgeworfen (J. VIDMAR), dennoch vermittelt er ein genaues Bild jener Epoche der niedergehenden Donaumonarchie und spiegelt die Situation wider, aus der die expressionistische Literatur Sloweniens hervorgegangen ist. U.Cl.

AUSGABEN: Ljubljana 1930 (in Ljubljanski zvon, Nr. 1–12). – Ljubljana 1932. – Ljubljana 1966. – Maribor 1989, Hg. I. Gedrih.

LITERATUR: J. Vidmar, *M. J., »Člověk in noč«, »Novo mesto«* (in J. V., *Literarne kritike*, Ljubljana 1951, S. 429–436). – J. Gedrih, *Jarčev roman »Novo mesto« v luči avtobiografske refleksije* (in Sodobnost, 1988, 8/9, S. 836–841). – Ders., *M. J. in roman »Novo mesto«* (in M. J., *Novo mesto*, Maribor 1989, S. 185–232).

MILAN JARIŠ

eig. Milan Ležák

* 13.8.1913 Valašské Meziříčí

ONI PŘIJDOU

(tschech.; *Sie werden kommen*). Erzählungen von Milan JARIŠ, erschienen 1948. – Das Erstlingswerk des Autors, der 1942 als tschechischer Kommunist von den Nationalsozialisten in das Konzentrationslager Mauthausen eingeliefert wurde, aus dem er erst bei Kriegsende freikam, gehört zu den besten Werken der tschechischen »Lagerliteratur«. Es zeichnet aus eigener, eingehender Kenntnis des Gegenstands, doch ohne die in der Gattung verbreitete naturalistische Faktengenügsamkeit ein Bild der Grausamkeit, der Brutalität, des moralischen Verfalls, doch auch der Stärke, der Widerstandskraft und des Muts des Menschen in der extremen Grenzsituation des nationalsozialistischen Vernichtungslagers. Die erste Erzählung *(Oni přijdou)*, in der die Verhaftung eines Angehörigen einer illegalen Widerstandsorganisation geschildert wird, und die letzte *(Charašo)*, die das Verhalten der Gefangenen nach der Befreiung behandelt, bilden den äußeren Rahmen der im übrigen ausschließlich dem Geschehen im Lager gewidmeten Prosastücke. Im Mittelpunkt der Erzählungen steht die Frage nach der Würde des Menschen und dem Sinn des menschlichen Lebens angesichts ihrer scheinbar extremen Nichtigkeit unter den Bedingungen des faschistischen Vernichtungsapparats. Jariš zeigt die Gefangenen in ihren aus der Hierarchie der Lagerbeziehungen, aus individuellen und gesellschaftlichen Gegensätzen resultierenden Konflikten.

Überzeugend schildert Jariš das tragische Ende eines Gefangenen, der seine Isolierung in der Lagergemeinschaft nicht zu überwinden vermochte *(Miska jídla – Die Essensschüssel)*, das Geschick eines Menschen, dessen Hilfsbereitschaft das genaue Gegenteil seiner Absicht bewirkt *(Pomohl jsem Jeanovi – Ich habe Jean geholfen)*, die unüberlegte Tat eines einzelnen, die zum Tod einiger Mithäftlinge führt und die Arbeit des illegalen Lagerwiderstands gefährdet *(Polská – Die Polnische)*. Eine kurze Erzählung beschreibt die Reparatur der Türen zur Hinrichtungskammer, eine andere die Evakuierung eines Teils der Gefangenen, weil Platz für ein Konzert des Lagerorchesters geschaffen werden muß *(Nedokončená – Die Unvollendete)*. In anderen Erzählungen jedoch ist der Gefangene nicht allein passives, gequältes Opfer, sondern selbst im Lager Träger des aktiven Kampfes gegen den Faschismus: Sie erzählen von der Tätigkeit der Widerstandsgruppe der deutschen Kommunisten *(Hans Ackermann)*, von dem Häftling, der sein Leben aufs Spiel setzt, um andere zu retten *(Klidný život – Ein ruhiges Leben)*, von dem heldenhaften Kampf der sowjetischen Gefangenen *(Za vlast – Für das Vaterland)*. Auch die andere Seite des Lagerlebens sucht der Autor zu erfassen: die »Prüfung« eines neuangekommenen SS-Schergen, die mit der Ermordung zweier Gefangener endet *(Esesman Schlimmbach)*, und die gegenseitige Rivalität, die Hinterlist und Habsucht der Lageraufseher, deren Opfer die Gefangenen sind *(Komando Sankt Hyppolit)*.

Der Autor verzichtet darauf, kommentierend in die ohne Abschweifung erzählte Handlung einzugreifen, und ist um die unvoreingenommene Darstellung der verschiedenen Schichten, Gruppierungen und Einzelfiguren des Lagerlebens bemüht. Das innere Erleben seiner Gestalten gibt er vorwiegend an ihrem äußeren Verhalten zu erkennen. Charakteristisch für seine Erzählung ist die rasche Lösung der auftretenden Konflikte.   M.Pro.

Ausgaben: Prag 1948. – Prag ²1949 [verb.]. – Prag ³1953 [verb.]. – Prag ⁴1956 [verb.]. – Prag ⁶1963 [Nachw. S. Machonin].

Literatur: F. Buriánek, *Strhující povídky* (in Zemědělské noviny, 28. 6. 1949). – M. Luskač, *Žili v Mauthausenu* (in Kulturní politika, 4, 1949, Nr. 19, S. 1). – *Z diskuse o Jarišově knize »Oni přijdou«* (in Lidové noviny, 12. 2. 1950; Beilage, S. 2). – P. Horňák, *Influiu témy a trvalé hodnoty* (in Kultúrny život, 14, 1959, Nr. 30). – M. J., *Mých deset let v literatuře* (in Literární noviny, 4, 1955, Nr. 16, S. 3). – S. Machonin, *M. J. je padesát* (ebd., 12, 1963, Nr. 32, S. 4).

J̌arliġ-un erketü dalai

tib. Ṅag dbaṅ rgya mc'o

16./17.Jh.

ENDEGÜREL QAĠAN-U TUĠUǰI

(mong.; *Geschichte des trügerischen Königs*). Reimerzählung in 165 vier- und fünfzeiligen, alliterierenden Strophen von J̌arliġ-un erketü dalai, entstanden 1602. – Der Autor war ein mongolischer Schüler des dritten Dalai Lama (1543–1588) und schrieb sein Werk auf Wunsch des Abadai, Khan des ostmongolischen Stammes der Khalkha, und anderer Khalkha-Adliger. Die Erzählung schildert auf sehr poetische Weise unter Verwendung buddhistischer Motive die Lebensgeschichten des guten Naran-u gerel (Sonnenlicht) und des bösen Saran-u gerel (Mondlicht). Das Werk liegt nur in einer fehlerhaften Handschrift in Ulan-Bator und in einem Manuskript in Leningrad vor; es ist noch nicht in andere Sprachen übersetzt.

W.Hei.

Ausgabe: Ulan-Bator 1959 (in Corpus Scriptorum Mongolorum, S. 298–313).

Literatur: HO, 5/2, S. 943. – *Mongolyn uran zohiolyn tojm*, Hg. C. Damdinsüren u. D. Cend, Bd. 2, Ulan-Bator 1976, S. 49–61.

benjamin Jarnés

* 7.10.1888 Codo / Saragossa
† 10.8.1949 Madrid

Literatur zum Autor:
V. J. Vinch, *The Narrative Art of B. J.*, Diss. Univ. of Michigan 1968 (vgl. Diss. Abstracts, 28, 1968, S. 2680A). – J. S. Bernstein, *B. J.*, NY 1972 (TWAS). – E. de Zuleta, *Arte y Vida en la obre de B. J.*, Madrid 1977. – M. Andújar, *Grandes escritores aragoneses en la narrativa española del siglo XX*, Saragossa 1981. – M. C. Guilott, *La poética novelística de B. J.*, Diss. Tulane Univ. 1984 (vgl. Diss. Abstracts, 45, 1985, S. 3653A).

LOCURA Y MUERTE DE NADIE

(span.; *Niemandes Narrheit und Tod*). Roman von Benjamin JARNÉS, erschienen 1929. – Von Jarnés wird gesagt, er habe den Roman *»entwirklicht«* (Valbuena Prat), seine Kunst mit ihrer Tendenz zur metaphorischen Stilisierung und ihrer starken intellektuellen Prägung sei eine *»entmenschlichte«* Kunst (García López). Auf *Locura y muerte de nadie* treffen diese Beobachtungen in besonderem Maße zu, weil eben das Erlebnis der »Entwirklichung« Thema dieses Romans ist. Nach den Worten des Verfassers im Vorwort geht es um *»das alte, schwere Problem der Erscheinung«*, wobei mit »Erscheinung« das Sosein des Menschen, sein Leben und Platz in der Welt, gemeint ist. Der Bankangestellte Juan Sánchez wird von der Vorstellung gequält, etwas Zerstörbares, Auswechselbares, ein Irgendwer zu sein, also eigentlich niemand. Die Entdeckung, daß seine Frau ihn betrügt, verstärkt dieses Gefühl des Welt- und Persönlichkeitsverlustes und treibt ihn in die Rolle des Ausgeschlossenen hinein, dem die Mitmenschen nichts sind als Spiegel, die er benutzt, um sich des eigenen unzerstörbaren Selbst zu vergewissern. In seinem Drang nach Selbstfindung von Bekannten und Freunden verspottet, überhört der ständig Getäuschte, weil ständig sich selber Täuschende, den Rat eines seiner zahllosen Gesprächspartner, er solle, statt einem fiktiven Selbst nachzustreben, sich als den akzeptieren, der er ist. Sein Wahn nimmt pathologische Züge an: In der Ahnengalerie eines Schlosses vermeint er, seiner Identität endlich innezuwerden. Aber er fühlt sich vernichtet, als er im Kino auf der Leinwand sich selbst als zufälligen Statisten erblickt. Er stürzt auf die Straße und wird das Opfer eines Verkehrsunfalls.

Wie die meisten Romane des Autors ist auch dieser handlungsarm. Er ist in einer der Lyrik und dem Essay nahestehenden, äußerst verfeinerten Prosa geschrieben. Mit den Stilmitteln der Ironie und der Metaphorik treibt Jarnés ein hochintellektuelles Spiel und läßt so den Entwirklichungsprozeß von der erzählerischen auf die sprachliche Ebene übergreifen.　　　　　　　　　　　A.As.-KLL

AUSGABE: Madrid 1929.

LITERATUR: S. Putnam, *B. J. y la deshumanización del arte* (in RHM, 2, 1935/36, S. 17–21). – E. G. de Nora, *La novela española contemporánea*, Bd. 2/1: *1927 a 1960*, Madrid 1962, S. 151–187 [m. Bibliogr.]. – G. Pérez Firmat, *»Locura y muerte de nadie«: Two Novels by J.* (in RomR, 72, 1981, S. 66–78).

LA VIDA DE SAN ALEJO

(span.; *Das Leben des heiligen Alexius*). Roman von Benjamin JARNÉS, erschienen 1928. – Die in Syrien entstandene, auf ihrem Weg in das Abendland durch byzantinische Elemente bereicherte Alexius-Legende, die im 11. Jh. in Frankreich in der *Vie de Saint Alexis (Alexiuslied)* und im 13. Jh. in dem *Alexius* des KONRAD VON WÜRZBURG literarischen Niederschlag fand, wurde im 17. Jh. von dem Spanier Augustín MORETO (1618–1669) zum Gegenstand eines Dramas gemacht und in moderner Zeit, noch vor Erscheinen des Romans von Jarnés, wiederum dramatisch bearbeitet in dem Stück *Le pauvre sous l'escalier*, 1920 *(Der Arme unter der Treppe)*, von Henri GHÉON (1875–1944).

Jarnés verwendet in seiner Lebensgeschichte des zu Beginn des 5. Jh.s verstorbenen Gottesmannes und Büßers die wesentlichen epischen und psychologischen Aspekte der ursprünglichen Legende. Als Sohn einer reichen römischen Familie wird Alexius in jungen Jahren mit einer edlen Jungfrau vermählt. Doch in der Hochzeitsnacht verläßt er, ohne sie zu berühren, abschiedslos seine Braut. Nach langer Pilgerfahrt lebt er siebzehn Jahre als namenloser Bettler in Edessa, kehrt dann nach Rom zurück und lebt dort wiederum siebzehn Jahre unerkannt und von der Dienerschaft verspottet in einer Rumpelkammer unter der Treppe des väterlichen Hauses. Erst nach seinem Tod offenbaren Aufzeichnungen, die man bei ihm findet, wer er war.

Jarnés, der in seinen Romanen einen echten Erzählstil oft vermissen läßt, liefert in diesem Buch einige der schönsten Proben hoher erzählerischer Kunst, beispielsweise in der mit sensibler Sprachpoesie und tiefer psychologischer Einsicht gestalteten Schilderung der inneren Zerrissenheit des Alexius vor dem Brautgemach und der sehnsuchtsvollen Erwartung der Braut oder in der eindrucksvollen Darstellung des Kampfes zwischen Heidentum und Christentum in Rom während des 4. und 5. Jh.s. Das Buch, das gewisse Parallelen zu dem Roman *Der Erwählte* (1951) von Thomas MANN aufweist, läßt die künstlerische Absicht seines Verfassers nur schwer erkennen. Sicherlich bestand diese nicht lediglich darin, *»das verkleinerte Bild des Alexius auf eine Ebene lächerlicher Frömmigkeit«* herabzuziehen. (E. de Nora). Alexius ist bei Jarnés durchaus der bewundernswerte Vertreter einer Lebensauffassung, die alle profanen Neigungen im Menschen verwirft, dient aber gleichzeitig auch dazu, den christlichen Helden, der in Verzicht, Weltentsagung und Selbstaufgabe die höchste Form der Sittlichkeit erreicht, in Frage zu stellen. Mit einer Mischung von skeptischer Ironie, lächelndem Unglauben und nachdenklichem Erstaunen steht der Autor seiner Figur gegenüber, deren Leben er freundlich spottend mit ästhetisierender Anteilnahme erzählt.　　　　　　　　　　A.F.R.

AUSGABEN: Madrid 1928 (in Revista de Occidente, Nov.). – Madrid 1934 *(San Alejo)*.

LITERATUR: P. Ilie, *B. J., Aspects of the Dehumanized Novel* (in PMLA, 76, 1961, S. 247–253). – E. G. de Nora, *La novela española contemporánea*, Bd. 2, Madrid 1962, S. 168 f. – E. de Zuleta, *La novela de B. J.* (in Insula, 203, 1963, S. 7). – Dies., *B. J.* (in Universidad de Santa Fe, 55, 1963,

S. 21–60), – H. Th. Oostendorp, *El sentido de »San Alejo« de B. J.: Reinterpretación moderna de una leyenda antigua* (in Neoph, 56, 1972, S. 417–434).

PETER JAROŠ

* 22.1.1940 Hybe

TISÍCROČNÁ VČELA

(slovak.; *Die tausendjährige Biene*). Roman von Peter JAROŠ, erschienen 1979. – Dieser sozialhistorische Roman, dessen Schauplatz die kleine Provinzstadt Hybe, der Geburtsort des Autors, ist, spiegelt am Beispiel von drei Generationen einer hier ansässigen und für diese Gegend typischen Familie die gesellschaftspolitische und nationale Situation des slowakischen Volkes in der Zeit von der Jahrhundertwende bis zum Ende des Ersten Weltkriegs. Es war eine Zeit, in der die Slowaken nach einer tausendjährigen von Ungarn dominierten Existenz starkes Nationalbewußtsein entwickelten, was nach dem Ersten Weltkrieg in der Gründung des unabhängigen tschechoslowakischen Staates gipfelte. – In dem breiten Erzählstrom seines Romans benutzt der Autor alle Stilebenen und Verfahren seines vorangegangenen Schaffens: vom satten realistischen Erzählen mit Beschreibungen und Dialogen bis hin zu Verfahren des pikaresken Romans, der Humoreske und Groteske.

Im Mittelpunkt der Handlung, die im Jahre 1891 beginnt, steht die Familie Pichanda. Der fünfzigjährige Martin Pichanda fristet mit seiner Frau Ružena und den drei Kindern, Samo, Valent und Kristína, ein armes, von harter Arbeit bestimmtes Kleinsiedlerdasein. In seiner Freizeit träumt er, über Landkarten gebeugt, von einem besseren, autonomen Leben der Slowaken im Sinne von J. HOLLÝ und Ľ. ŠTÚR. Zur Generation von Martin Pichanda gehören auch der Jude Gersch und der Katholik Ondrej Nader, die – beide streng gläubig – die Heirat und damit das Glück ihrer Kinder aus Glaubensgründen vereiteln, ferner der Lehrer Ľudovít Orfanides, ein Atheist und Marxist, der eine starke Revolution der Proletarier nach dem Vorbild der 6. Pariser Kommune erträumt, und schließlich Július Haderpán, ein kapitalistischer Unternehmer, dem das eigene Fortkommen über alles geht. – Die Träume von einem besseren Leben nehmen im Falle der erwachsen gewordenen Kinder, zumindest der Söhne – Kristína führt ein sehr bescheidenes, völlig auf privates Glück orientiertes Leben – konkretere Konturen an: Valent geht nach seinem Jurastudium eine Vernunftehe mit der Tochter des Kapitalisten Haderpán ein; Samo bemüht sich, durch Fleiß und politisches Engagement bei den Sozialdemokraten sowohl seine private als auch die nationale Situation zu verbessern –

er träumt von der Gleichberechtigung der Menschen, von der Demokratisierung der Gerichte, der Rechtsprechung und Gesetzgebung, vom Abbau des Heeres, von der Trennung von Kirche und Staat. Als Atheist ist er davon überzeugt, daß *»der Mensch Gott nicht braucht, um ein Mensch zu sein und zu bleiben«*. Anders als zwei seiner Freunde, die nach Kanada auswandern, um dort ihr Glück zu finden, bleibt er seiner Familie und seinem Land treu. Der Verlust eines Sohnes bei der Niederschlagung eines Eisenbahnerstreiks führt bei ihm zu einem extremen Rückzug ins Private, was ihn jedoch nicht vor weiteren Schicksalsschlägen bewahrt. Erst mit dem Ausbruch des Ersten Weltkriegs, der eine öffentliche Polarisierung in Kriegsgegner und Kriegsbefürworter und damit in Anhänger und Gegner der ungarischen Monarchie bewirkt, gelangt Samo, von dessen drei übrigen Söhnen der eine nach Kanada ausgewandert ist, der andere in Italien fällt und der dritte in der lettischen Armee für den Sieg der russischen Revolution kämpft, zu einem entschlossenen Engagement für die nationale Unabhängigkeit der Slowaken. Wie viele andere wird er, gemeinsam mit seinem Mitstreiter Ján Anošta, für seine antimonarchistische Gesinnung in Österreich-Ungarn inhaftiert und nach dem Kriegsende in die neugegründete Tschechoslowakei entlassen, freudig bereit, für diesen neuen Staat zu arbeiten.

Mit *Tisícročná včela* gehört Peter Jaroš zu jenen jüngeren Vertretern der slowakischen Literatur, die sich um eine Aufarbeitung nationaler Geschichte bemühen. Bei der offiziellen Kritik fand der Roman mit einigen Ausnahmen breite Anerkennung. Er erhielt den Klement-Gottwald-Preis und den Preis des Slowakischen Schriftstellerverbandes, er wurde verfilmt und in mehrere Sprachen übersetzt. Zwar leistet auch er – wie P. ŠTEVČEK feststellte – keine universale epische Gesamtschau der slowakischen Geschichte, sondern lediglich einen weiteren Beitrag zu deren exemplarischer, miniatur- und detailhafter Bebilderung, jedoch einen Beitrag, der *»den Kern einer Perspektive in sich birgt: die Möglichkeit und die Verpflichtung, an eine weitere Etappe der Entwicklung des slowakischen Romans zu denken. Vielleicht die Etappe einer souveränen Intellektualität des Romans, die Etappe einer philosophischeren epischen Reflexion?«*   E.A.

AUSGABEN: Preßburg 1979. – Preßburg 1982. – Preßburg 1984.

VERFILMUNG: ČSSR 1983 (Regie: J. Jakubisko).

LITERATUR: V. Kochol, *Včelia metafora* (in Nové slovo, 1980, Nr. 8, S. 10). – I. Sulík, *Jarošovo viacrozmerné »Ad patres«* (in Slovenské pohľady, 96, 1980, Nr. 7, S. 89–93). – D. Okáli, *Román o láske a práci* (ebd., Nr. 8, S. 86–91). – T. Žilka, *Rodinný román s rustikálnou tematikou* (ebd., Nr. 9, S. 45–49). – O. Marušiak, *List spolurodákovi* (ebd., Nr. 10, S. 75–79). – L. Patera, *Nové možnosti socialistickej epiky* (ebd., Nr. 11, S. 98–102). –

P. Števček, *Román mimo diskusie* (ebd., Nr. 12, S. 84–88). – A. Mašková, *K problému žánru »Tisícročnej včely«* (in Romboid, 18, 1983, Nr. 7, S. 55–61). – E. Jenčíková, *Človek a dejiny v Jarošovej »Tisícročnej včele«* (in Slovenská literatúra, 33, 1986, Nr. 5, S. 447–454). – E. Jenčíková, *K vztahu faktu a fikcie v »Tisícročnej včele«* (ebd., 22, 1987, Nr. 6, S. 70–75). – V. Šabík, *Premeny rozprávača P. J.* (in V. Š., *Čítajúci Titus*, Preßburg 1987, S. 185–193).

RANDALL JARRELL

* 6.5.1914 Nashville / Tenn.
† 14.10.1965 bei Chapel Hill / N.C.

LITERATUR ZUM AUTOR:
R. J., 1914–1965, Hg. R. Lowell, P. Taylor u. R. P. Warren, NY 1967. – Sr. M. B. Quinn, *R. J.*, Boston 1981 (TUSAS). – *Critical Essays on R. J.*, Hg. S. Ferguson, Boston 1983. – South Carolina Review, 17, 1984, Nr. 1 [Sondernr. R. J.]. – S. Wright, *R. J.: A Descriptive Bibliography, 1929–1983*, Charlottesville/Va. 1985. – S. Ferguson, *R. J.* (in DLB, Bd. 48, 1986, S. 246–266).

DAS LYRISCHE WERK (amer.) von Randall JARRELL.

Mit Robert LOWELL, John BERRYMAN, Richard WILBUR u. a. gehörte Randall Jarrell zur zweiten Generation modernistischer Lyriker in den USA. Zwar studierte er an der berühmten Vanderbilt University in Nashville, der Hochburg der konservativ-südstaatlichen, agrarisch orientierten Lyriker und Kritiker, doch fühlte er sich von agrarischem Gedankengut weniger angezogen als vom literarischen Können der bedeutenden Schriftsteller, die er in Vanderbilt kennenlernte und denen er zeitlebens verbunden blieb: John Crowe RANSOM, Robert Penn WARREN und Allen TATE. Als sein Mentor Ransom, einer der Begründer des »New Criticism«, 1937 an das Kenyon College in Gambier/ Ohio ging, wo er mit der ›Kenyon Review‹ eine der führenden Literaturzeitschriften der USA begründete, folgte ihm Jarrell dorthin. Bei Ransom lernte er Robert Lowell kennen, mit dem ihn eine lebenslange Freundschaft verband.

Wie Ransom, Warren und Tate war Jarrell Lyriker und Kritiker in einer Person; als Kritiker und akademischer Lehrer zählte er zu Lebzeiten zu den renommiertesten der USA. Über Lyriker, die für sein eigenes lyrisches Œuvre entscheidende Bedeutung hatten, etwa über Robert FROST, W. H. AUDEN, Walt WHITMAN, Robert GRAVES und William Carlos WILLIAMS, schrieb er substantielle. z. T. bahnbrechende kritische Essays. Andere, wie z. B. RILKE

und GOETHE, übersetzte er. Seine besondere Affinität zur deutschen Kultur äußerte sich auch in Märchenübersetzungen (Brüder GRIMM, Ludwig BECHSTEIN) sowie in dichterischen Anspielungen auf deutsche und österreichische Landschaften (Salzburg, Schwarzwald) und Musik (Richard Strauss, Gustav Mahler). Wenn auch Jarrells lyrisches Werk weder besonders umfangreich ist (er starb früh bei einem Verkehrsunfall) noch zu den Gipfelleistungen der amerikanischen Lyrik im 20. Jh. zählt, gehört er zu den anerkannten, auch heute noch interessanten, in Anthologien und Lehrplänen vertretenen Lyrikern der USA.

Obwohl im Frühwerk, besonders in dem Gedichtband *Blood for a Stranger*, 1942 *(Blut für einen Fremden)*, der alle früheren, einzeln oder in Gruppen veröffentlichten Gedichte enthält, der Einfluß von Auden und T. S. ELIOT noch so übermächtig ist, daß manches wie Auden-Imitationen wirkt (weshalb Jarrell kaum Gedichte aus dieser Zeit in seine kanonbildende Auswahl *Selected Poems*, 1955, aufnahm), lassen sich schon hier thematische Schwerpunkte feststellen, die für Jarrells Gesamtwerk charakteristisch bleiben sollten: Kriegslyrik, psychologische Porträts vereinsamter Stadtmenschen (häufig Frauen), Traum- und Märcheninterpretationen, Gedichte über bildende Kunst und Autobiographisches. Daß Jarrells Studien-Hauptfach Psychologie war, ehe er zur Literatur überwechselte, daß er zeitlebens trotz Aufgeschlossenheit für Archetypisches im Sinne C. G. JUNGS Freudianer blieb, wird in seiner Themenwahl ebenso deutlich wie sein Engagement im Zweiten Weltkrieg (während Lowell als Kriegsdienstverweigerer ins Gefängnis ging, war Jarrell von 1942–1946 in der Luftwaffe aktiv, allerdings nur als Ausbilder im Bodendienst).

Besonders die Bände *Little Friend, Little Friend*, 1945 *(Mein kleiner Freund;* der Titel ist der Flieger-Codesprache entnommen), und *Losses*, 1948 *(Verluste)*, enthalten zahlreiche Kriegsgedichte, die zu den besten in englischer Sprache zählen und die seither in zahlreiche Anthologien aufgenommen wurden. *The Death of the Ball Turret Gunner*, 1945 *(Der Tod des Bordkanoniers)*, vielleicht Jarrells bekanntestes Gedicht, ist zugleich auch eines seiner prägnantesten. »*From my mother's sleep I fell into the State, / And I hunched in its belly till my wet fur froze. / Six miles from earth, loosed from its dream of life, / I woke to black flak and the nightmare fighters. / When I died they washed me out of the turret with a hose.*« *(»Aus meiner Mutter Schlaf fiel ich in den Staat / Und krümmte mich in seinem Bauch, bis mein nasses Fell gefror. / Sechs Meilen über der Erde, vom Traum des Lebens losgelöst, / Erwachte ich im schwarzen Flakfeuer und im Alptraum der Jagdflugzeuge. / Als Toten spritzten sie mich mit dem Schlauch aus dem Geschützturm.«)*

Eindrucksvoller läßt sich das ganze Elend eines jungen Soldatenlebens in tiefenpsychologischen Bildern nicht zusammenfassen: Ein eigenständiges Leben hat dieser Bordschütze nie gekannt, wie ein Embryo lebte er im Bauch eines Staates, der ihn schließlich zur »Abtreibung« freigab. Das Leben als böser Traum ist zu Ende, ehe es richtig begonnen hat. Mit seiner Kompaktheit steht dieses Gedicht in Jarrells Werk allein da, doch weist es alle von diesem Autor bevorzugten Stilmittel auf: variierte jambische Pentameter, eine Persona als Sprecher (oft im dramatischen Monolog), Umgangssprache, assonanzreiche Lautstrukturen *(black flak)*. – Der moderne, technisierte Krieg ist bei Jarrell kein Tummelplatz für Helden. (Vielfach autobiographische) Detailbeobachtungen aus dem Soldatenalltag und Fragen nach Sinn und Schuld stehen im Vordergrund (*Eighth Air Force; Second Air Force; Siegfried* u. a.). *Burning the Letters* ist ein komplexer dramatischer Monolog, der Versuch einer Fliegerwitwe, mit ihrem Schicksal und ihren religiösen Zweifeln fertig zu werden.

Dramatische Monologe aus dem Alltag enttäuschter, trauernder oder im Alter vereinsamter Frauen, die stellenweise an entsprechende Werke Robert Frosts erinnern (z. B. an *Home Burial*, das Jarrell in einem kritischen Essay ausführlich interpretierte), machen einen weiteren wichtigen Teil von Jarrells lyrischem Werk aus. Besonders das Titelgedicht seines mit dem »National Book Award« ausgezeichneten fünften Lyrikbandes, *The Woman at the Washington Zoo* (1960), ragt neben *Burning the Letters, Seele im Raum* und *Next Day* (aus *The Lost World*, Jarrells letztem Gedichtband, der 1965 kurz nach seinem Tod erschien) aus dieser Werkgruppe heraus. Mit geringem rhetorischem Aufwand und subtiler Ironie gelingt es Jarrell, Alltagstragödien heraufzubeschwören.

Oft sind dramatische Monologe oder erzählende Szenen auch in Märchensituationen eingebettet (z. B. *Cinderella*). Immer wieder zieht Jarrell Parallelen zwischen der archetypischen Realität von Träumen und Märchen und der amerikanischen Alltagsrealität (z. B. *In the Ward: The Sacred Wood*). Auch zahlreiche Gedichte über kindliche und jugendliche Sozialisation durch Lektüreerlebnisse gehören in diesen Zusammenhang *(Children Selecting Books in a Library; The Carnegie Library, Juvenile Division; A Girl in a Library)*, gleichfalls Traumgedichte wie *90 North* (1942) über einen kleinen Jungen, der Admiral Byrds Nordpol-Expedition bis zur totalen Identifikation nacherlebt. – Die großen autobiographischen Kindheitsgedichte des Spätwerks (*The Lost World* und *Thinking of the Lost World*, 1962 entstanden, und Jarrells letztes Gedicht, *Player Piano*) nehmen ähnliche Gedanken zwar wieder auf, aber im Mittelpunkt steht nun eine an PROUST erinnernde Reflexion über Zeit, Erkenntnis und Erinnerung, Verstehen und Vergeben.

Wie seine Vorbilder Rilke und Auden setzte sich Jarrell intensiv mit bildender Kunst auseinander, vor allem mit deutscher und italienischer. Während er z. B. in *The Knight, Death, and the Devil* (1951 in *The Seven-League Crutches, Die Siebenmeilenstiefel*, erschienen), einem Gedicht über Dürers bekannten Stich *Ritter, Tod und Teufel*, das Verfahren der »Übersetzung«, einer lyrischen Bildbeschreibung

im Zusammenhang mit den Gedanken des Betrachters wählte (ähnlich auch in *The Bronze David of Donatello*, 1960), ist das späte Gedicht *The Old and the New Masters* eine implizite Auseinandersetzung mit Audens *Musée des Beaux Arts* und der Frage individueller Leidensdarstellung in älteren Kunstepochen.

Wie bei Robert Frost zeigt sich unter der oft täuschend einfachen Oberfläche des *plain style*, der distanzschaffenden Ironie und des Rollenspiels in Jarrells Lyrik eine zutiefst pessimistische Weltsicht. Der Aufruf an den einzelnen und an die Gesellschaft insgesamt, sich verantwortungsbewußt zu verhalten und sich zu wandeln, um den drohenden Untergang der Menschheit abzuwenden, zieht sich wie ein Leitmotiv durch das Gesamtwerk, ohne Hoffnung auf einfache Lösungen. Gleichzeitig aber konnte Jarrell in verschiedenen Kinderbüchern (am bekanntesten *The Bat-Poet*, 1964, *Der Fledermausdichter*) und bei seiner Umdeutung traditioneller Märchen den Charme eines jovialen Plauderers entfalten. KZ, Krieg und Holocaust waren ihm ebenso zentrale Bestandteile der westlichen Zivilisation wie Goethe und Michelangelo; und als Freudianer war er sich der tiefenpsychologischen Implikationen seiner Sehnsucht nach Geborgenheit bewußt. Jarrell war, mit den Worten Robert Lowells, »a poor modern-minded exile from the forests of Grimm«. H.Thi.

AUSGABEN: *Blood for a Stranger*, NY 1942. – *Little Friend, Little Friend*, NY 1945. – *Losses*, NY 1948. – *The Seven-League Crutches*, NY 1951. – *Poetry and the Age*, NY 1953; Ldn. 1955. – *Selected Poems*, NY 1955; Ldn. 1956. – *The Woman at the Washington Zoo: Poems and Translations*, NY 1960. – *A Sad Heart at the Supermarket: Essays and Fables*, NY 1962; Ldn. 1965. – *The Lost World*, NY/Ldn. 1965. – *The Complete Poems*, NY 1969; Ldn. 1971. – *The Third Book of Criticism*, NY 1969. – *Goethe's Faust Part I: An English Translation by R. J.*, NY 1976. – *Kipling, Auden & Co.: Essays and Reviews, 1935–1964*, NY 1980. – *R. J.'s Letters*, Hg. M. Jarrell, Boston 1985.

ÜBERSETZUNG: *Poèmes Choisis*, R. de Jouvenal, Paris 1965 [Ausw.; frz.].

LITERATUR: Sr. M. B. Quinn, *The Metamorphic Tradition in Modern Poetry*, New Brunswick/N.J. 1955, S. 168–206. – W. Rideout, »*To Change, To Change!*«: *The Poetry of R. J.* (in *Poets in Progress*, Hg. E. B. Hungerford, Evanston/Ill. 1962, S. 156–178). – S. Ferguson, *The Poetry of R. J.*, Baton Rouge/La. 1971. – H. Hagenbüchle, *The Black Goddess: A Study of the Archetypal Feminine in the Poetry of R. J.*, Bern 1975. – J. Mazzaro, *Postmodern American Poetry*, Champaign/Ill. 1980, S. 32–58. – R. T. Fowler, *Charting the »Lost World«: Rilke's Influence on R. J.* (in TCL, 30, 1984, Nr. 1, S. 100–122). – J. Meyers, *R. J.: The Paintings in the Poems* (in Southern Review, 20, 1984, Nr. 2, S. 300–315). – Ch. H. Beck, *R. J.'s Modernism:*

The Sweet Uses of Personae (in South Atlantic Review, 50, 1985, Nr. 2). – Field: Contemporary Poetry and Poetics, 35, 1986 [Sondernr. *R. J.*].

PICTURES FROM AN INSTITUTION.
A Comedy

(amer.; *Bilder einer Institution. Eine Komödie*). Roman von Randall JARRELL, erschienen 1954. – Jarrell schrieb mit seinem einzigen Roman eine Satire auf das akademische Leben in den USA. Er selbst war lange Zeit an einem Mädchencollege in North Carolina als Literaturdozent tätig und zählte zu den begehrtesten Gastdozenten des Landes. Sein Buch über ein kleines »progressives« College namens Benton wurde häufig als Schlüsselroman aufgefaßt (Benton als Sarah Lawrence College in Bronxville/N.Y.), ist aber wohl eher das Konzentrat einer lebenslangen Erfahrung mit dem Lehrbetrieb an Institutionen verschiedenster Prägung. Nicht nur der Titel des Romans, auch seine Struktur erinnert an Musorgskijs Klavier-Suite *Bilder einer Ausstellung*. Dem Betrachter, der hier von Gemälde zu Gemälde wandert, entspricht in Jarrells Buch der Ich-Erzähler, der, identisch mit dem Autor und stets im Hintergrund bleibend, während seines einjährigen Aufenthalts in Benton Menschen und Atmosphäre auf sich wirken läßt, als scharfer Beobachter und geduldiger Zuhörer die Fassade durchschaut und seine Eindrücke in geistreich-ätzenden Charakterskizzen wiedergibt. Sein besonderer Kunstgriff besteht darin, daß er, der zur Entschuldigung menschlicher Schwächen neigt, dem Leser die »Institution« Benton noch aus einer zweiten Perspektive vorführt, der Gertrude Johnsons, einer Romanautorin, die ein Winterhalbjahr lang als *writer-in-residence* in Benton lebt, die Studentinnen in informellen Diskussionen im Handwerk des Schriftstellers unterweist, aber vor allem damit beschäftigt ist, Material für ihren nächsten Roman zusammenzutragen. Für Gertrude heißt das, Opfer zu sammeln, denn »*in ihren Büchern fällte sie, systematisch, detailliert und endgültig, ein Verdammungsurteil über die dumme und schlechte Menschheit*«. Der Lehrkörper von Benton ist für diese seltsame Moralistin, die mit Worten mordet, eine wahre Fundgrube. Da ist vor allem der Collegepräsident Dwight Robbins, der, Benton, wo er nach einer Blitzkarriere gelandet ist, für den Nabel der akademischen Welt und sich selbst für den liberalsten Erzieher der Vereinigten Staaten hält. Weil er seine sportliche Jugendlichkeit kultiviert, ist· er überzeugt, die Jugend zu verstehen; in pompösen Phrasen tut er seinen unerschütterlichen Glauben an den Schöpfer der besten aller Welten kund, in Wahrheit aber glaubt er nur, »*was für den Präsidenten von Benton nützlich ist*«. Seiner Umgebung hat er sich »*so vollkommen angepaßt..., daß man manchmal nicht zwischen der Umgebung und Präsident Robbins unterscheiden konnte*«. Da ist seine Frau Pamela, eine Kolonial- und deshalb Super-Engländerin (»*Wenn man einer echten*

Engländerin begegnet... hat man häufig das Gefühl, Gott selbst habe auf diesem Weg nicht weitergehen wollen. Mrs. Robbins war auf der Welt, um zu zeigen, was dabei herausgekommen wäre, wenn er's versucht hätte*«), und da sind ihr Sohn Derek, ein kleines Ungeheuer, und die beiden Windhunde Yang und Yin. Ein weiteres Musterexemplar ist der »fast berühmte« Dr. Whittaker, ein Soziologe der alten Schule (»*Er war eine Art letztes Bindeglied zwischen Soziologie, Anthropologie und Psychologie, und Soziologen, Anthropologen und Psychologen beobachteten ihn mit respektvoller Ungeduld, denn sie wußten, daß sie sich getrennt voneinander wohler fühlen würden*«). Bezeichnenderweise vermag Gertrude Johnson das liebenswerteste Mitglied des Lehrkörpers in ihre Materialsammlung einzuordnen: den österreichischen Komponisten Dr. Gottfried Knosperl Rosenbaum, der nicht nur durch sein höchst eigenwilliges (im Buch phonetisch wiedergegebenes) Englisch eine exotische Note in die sterile Atmosphäre Bentons bringt. Sein Porträt und das seiner russischen Frau, einer ehemaligen Opernsängerin, verraten den Poeten Jarrell, seine enge Verbundenheit mit der europäischen, vor allem der deutschen Musik und Literatur und sein erstaunliches Verständnis für die Probleme des in der europäischen Kulturtradition wurzelnden Emigranten. Die Szene, in der Jarrell die Begegnung Rosenbaums mit der ebenfalls traditionsgebundenen Lebensform der Südstaaten schildert, zählt zu den Höhepunkten des Buches. – Die beiden wichtigsten nichtakademischen Figuren sind Robbins' Sekretärin Constance, mit der der Autor das Porträt eines jungen amerikanischen Menschen zeichnet, der sich auf der Suche nach sich selbst von der europäischen Wesensart (hier der Rosenbaums) faszinieren läßt, und Sidney, der dritte Ehemann Gertrudes, die sich ohne seine bedingungslose Bewunderung und im Da-Sein verloren fühlen würde – ein menschlicher Zug an der auf ihre Umwelt zumeist grotesk denaturiert wirkenden Schriftstellerin. Jarrells Jahrmarkt der akademischen Eitelkeiten kulminiert in dem Kapitel *Art Night*, in dem er die einmal im Jahr stattfindende Zurschaustellung der künstlerischen Ambitionen Bentons aufs Korn nimmt. Eine dominierende Rolle fällt in dieser Charaktergalerie der Gestik und dem Dialog als Mittel der Selbstenthüllung zu. Auch die versteckten und offenen literarischen Anspielungen, von denen das Buch überquillt, dienen vornehmlich der Charakterisierung der auftretenden Personen – nicht selten ersetzt hier ein beziehungsvoller literarischer Vergleich eine tiefschürfende Seelenanalyse. Jarrells Talent, in epigrammatischer Kürze ein Maximum an Aussage zu vermitteln, prägt den Stil des Buches und bereitet, im Verein mit zahlreichen Wortspielen und sprachlichen Jongleurakten, dem Leser ein seltenes intellektuelles Vergnügen – vorausgesetzt, daß er genügend Konzentrations- und Assoziationsfähigkeit besitzt. Das virtuose Spiel mit der englischen Sprache und mit amerikanischen Idiotismen, die burleske Verwendung poetischer Klangmittel (z. B. Alliteration) und -figuren (z. B.

Diaphora) machen *Pictures from an Institution* zu einem kaum übersetzbaren Buch. Zu seinen Bewunderern zählten Wallace STEVENS *(»Ein köstliches, wahrhaft einsichtiges Werk«)*, James AGEE *(»... sein Witz und sein Scharfblick wurzeln in Menschlichkeit«)* und William Carlos WILLIAMS *(»Sein Humor dringt in Schichten vor, die in der modernen Literatur selten berührt wurden«)*.   G.Ba.

AUSGABEN: NY 1954. – NY 1968. – Ldn. 1974. – Chicago 1986. – Ldn. 1987.

LITERATUR: Anon., Rez. (in NY Times, 2. 5. 1954, S. 4). – Anon., Rez. (in Saturday Review, 8. 5. 1954). – *R. J.* (in Analects [Univ. of N.C.], 1, 1962, Nr. 2; Sondernr.). – S. Angus, *R. J., Novelist: A Reconsideration* (in Southern Review, N.S. 2, 1966, S. 689–696). – *The Achievement of R. J.*, Hg. F. Hoffman, Glenview/Ill. 1970. – D. J. Gillikin, *A Check List of Criticism on R. J. 1941–1970* (in Bull. of the NY Public Library, 75, 1971, S. 176–194). – S. Ferguson, *The Poetry of R. J.*, Baton Rouge 1971. – M. L. Rosenthal, *R. J.*, Minneapolis 1972. – H. Hagenbüchle, *The Black Goddess: A Study of the Archetypal Feminine in the Poetry of R. J.*, Bern 1975. – R. A. Wilson, *R. J.: A Bibliographical Checklist* (in American Book Collector, 4, 1982, Nr. 3, S. 32–40). – Ch. H. Beck, *World and Lives: The Poetry of R. J.*, Port Washington/N.Y. 1983. – S. Ferguson, *To Benton, with Love and Judgement: J.'s »Pictures from an Institution«* (in *Critical Essays on R. J.*, Hg. dies., Boston 1983, S. 272–283). – K. D. Finney, *The Poet, Truth, and Other Fictions: R. J. as Storyteller* (ebd., S. 284–297). – J. Meyers, *R. J. and German Culture* (in Salmagundi, 61, 1983, S. 71–89). – *R. J.: A Symposium* (in Field: Contemporary Poetry and Poetics, 35, 1986, S. 7–67; Sondernr.). – J. A. Bryant, *Understanding R. J.*, Columbia/S.C. 1986.

ALFRED JARRY

* 8.9.1873 Laval
† 1.11.1907 Paris

LITERATUR ZUM AUTOR:
F. Lot, *A. J., son œuvre*, Paris 1934. – A. Lebois, *A. J., l'irremplaçable*, Paris 1950. – J.-H. Levesque, *A. J.*, Paris 1954; ²1963. – C. Giedion-Welcker, *A. J.*, Zürich 1960. – L. Perche, *A. J.*, Paris 1965. – M. Arrivé, *Les langages de J.*, Paris 1972. – F. Caradec, *A la recherche d'A. J.*, Paris 1973. – H. Béhar, *J., le monstre et la marionnette*, Paris 1973. – N. Arnaud, *A. J. D'»Ubu roi« au »Docteur Faustroll«*, Paris 1974. – M. Arrivé, *Lire J.*, Brüssel 1976. – M. M. La Belle, *A. J. Nihilism and the Theater of the Absurd*, NY/Ldn. 1980. – H. Béhar, *J. dramaturge*, Paris 1980. – Europe, 1981,

Nr. 623/24 [Sondernr. *A. J.*]. – J. Grimm, *Das Theater J.s* (in J. G., *Das avantgardistische Theater Frankreichs, 1885–1930*, Mchn. 1982, S. 42–74). – L. K. Stillman, *J.*, Boston 1983 (TWAS). – K. S. Beaumont, *J. A Critical and Biographical Study*, Leicester 1984. – I. Pollak, *Pataphysik, Symbolismus und Anarchismus bei J.*, Wien 1984. – C. Schumacher, *J. and G. Apollinaire*, Paris 1984. – *A. J.*, Hg. H. Bordillon, Paris 1985 (Colloque de Cérisyla-Salle). – H. Bordillon, *Gestes et opinions de J. écrivain*, Laval 1986. – RSH, 203, Juli–Sept. 1986 [Sondernr. *A. J.*].

GESTES ET OPINIONS DU DOCTEUR FAUSTROLL, PATAPHYSICIEN. Roman néo-scientifique, suivi de Spéculations

(frz.; *Taten und Meinungen des Pataphysikers Doktor Faustroll. Neoszientifischer Roman mit einem Anhang von Spekulationen*). Roman von Alfred JARRY, nach zahlreichen Zeitschriften-Vorabdrucken einzelner Kapitel in den Jahren 1898–1903 postum erschienen 1911. – Der Titelfigur dieses Romans, von dem Jarry in einer Notiz am Schluß des Manuskripts behauptete, er werde erst veröffentlicht werden, *»wenn sein Verfasser genug Erfahrungen gesammelt hat, um alle seine Schönheiten voll auskosten zu können«*, und der von ihr erfundenen absurden Geheimwissenschaft der »Pataphysik« kommt im Gesamtwerk des Autors entscheidende Bedeutung zu. Sein Ubu, ein bizarres, dickwanstiges, feiges, autoritär-grollendes Ungeheuer – die erste Aufführung eines seiner berühmten *Ubu*-Stücke, des *Ubu roi*, am 10. 12. 1896 im Pariser Théâtre de l'Œuvre entfesselte einen Skandal – hatte dem Autor den Ruf eines clownesk-exzentrischen Sonderlings eingetragen, den dieser Roman bekräftigt. Faustroll – ein Name, der als Kontamination, die an JOYCE erinnert, verschiedene Assoziationen zuläßt: Faust (der titanische Gelehrte), das deutsche Verbum »rollen«, der nordische Wald-»Troll«, oder »Faustdrôle« (Faust, der Närrische), dient, wie Ubu, als Führer durch eine ebenso groteske, jedoch eher phantastisch-halluzinatorische Welt, die am ehesten den skurrilen Asteroiden-Landschaften von Jarrys deutschem Geistesverwandten Paul SCHEERBART zu vergleichen ist.
»Dr. Faustroll wurde 1898 in Tscherkessien geboren (das XX. Jahrhundert war damals – [2] Jahre alt), und zwar im Alter von dreiundsechzig Jahren. In diesem Alter, das er sich das ganze Leben hindurch bewahrte, war Dr. Faustroll durchschnittlich groß, d. h. um ganz genau zu sein, er bestand aus ($8 \times 10^{10} + 10^9 + 4 \times 10^8 + 5 \times 10^6$) Atomdurchmessern; von goldgelber Haut, mit bartlosem Gesicht, von einem meergrünen Schnurrbart abgesehen, wie ihn König Saleh trug; das Haar war Borste für Borste abwechselnd aschblond und tiefschwarz in kastanienbrauner Zwitterhaftigkeit, die sich mit dem Stand der Sonne veränderte; die Augen, zwei Kapseln mit einfacher Schreibtinte, nach Art des Danziger Goldwassers zubereitet, mit darin herumschwimmenden Goldsamen.« Er

macht sich, da seine Wohnung wegen Mietschulden gepfändet wird, zusammen mit zwei Gefährten, dem Gerichtsvollzieher René-Isidore Panmuphle und »Bosse-de-nage« (Schwimmbuckel), einem »*weniger hunde- als wasserköpfigen*« Pavian, auf die Suche nach einem neuen Domizil, und zwar in seinem zwölf Meter langen Bett aus lackiertem Kupfer, das jedoch kein Bett, sondern ein als Boot dienendes langes Sieb ist, dessen mit einer Glasur aus gehärtetem Paraffin überzogene Maschen wohl wasserdurchlässig sind, die Bett-Arche aber gleichzeitig unsinkbar machen. Natürlich findet diese Reise nicht zu Wasser, sondern auf dem Festland statt – genauer: »*de Paris à Paris par mer.*« Es ist eine an die *voyages extraordinaires* des 16. und 17. Jh.s, an die »wunderbaren Reisen« Münchhausens erinnernde Fahrt zu den Eilanden einer diktatorischen Phantasie, die Faustroll mit Hilfe seiner pataphysischen Wissenschaft entdeckt.

»*Ein Epiphänomen ist das, was zu einem Phänomen hinzukommt. Die Pataphysik, deren Etymologie mit epi (meta ta physika) zu schreiben ist, ist die Wissenschaft von dem, was zur Metaphysik hinzukommt – sei es innerhalb, sei es außerhalb ihrer selbst – und die sich ebenso weit jenseits dieser ausdehnt wie diese jenseits der Physik ... Sie soll die Gesetze untersuchen, denen die Ausnahmen unterliegen, und will das zu dem existierenden zusätzlich vorhandene Universum deuten.*« Als gegen das rationale Induktionsmodell der positiven Wissenschaften gerichtete, skurrile Verfahrensweise befähigt die Pataphysik Faustroll zu phantastischen Taten – so läßt er sich etwa auf die Größe einer Milbe zusammenschrumpfen, um die wechselseitigen Beziehungen der Größenunterschiede zu untersuchen, und kollidiert dabei auf einem Kohlblatt mit einem Wassertropfen.

Das Buch setzt mit einer gravitätischen, von Panmuphle vorgenommenen Pfändungszeremonie ein, der auch die 27 »*gleichrangigen*« Bücher des Helden zum Opfer fallen, darunter, in chaotischer Mischung, das *Lukas-Evangelium*, Rimbauds *Illuminations*, Vernes *Le voyage au centre de la terre*, Grabbes *Scherz, Satire, Ironie und tiefere Bedeutung* (die Jarry ins Französische übersetzte), Rabelais' *Gargantua*, Lautréamonts *Chants de Maldoror*, der eigene *Uhu roi* und die *Märchen aus tausendundeiner Nacht*. Und wie Faustrolls Bibliothek den geistigen Spielraum Jarrys repräsentiert, so bieten auch die einzelnen Stationen der Odyssee des großen Pataphysikers versteckte Huldigungen an die imaginären Kunstwelten von Jarry bewunderter Autoren und Freunde: »*le pays de Dentelles*« (das Spitzenland) ist aus Szenerien und Motiven von Aubrey Beardsley gewoben, die »*île Fragrante*« ist Paul Gauguin, die »*île de Ptyx*« – eine aus einem einzigen makellosen Edelstein bestehende Insel vom »*erhabenen, durchschimmernden Glanz des weißen Saphirs*« – Stéphane MALLARMÉ, die »*grande église de Muflefigueire*« dem Maler Laurent Tailhade, die »*île sonnante*« dem Musiker Claude Terrasse gewidmet, der die Musik zum *Ubu roi* schrieb. Jarrys Sprachkomik hat entscheidende Züge mit RABELAIS' monströser, »pantagruelischer« Drastik

gemein, dessen *Gargantua* der Autor bewunderte und den er während der Entstehungszeit des *Faustroll* intensiv las. Wenn etwa der junge Gargantua den Parisern seinen Willkomm entbietet, indem er von den Türmen von Notre-Dame seinen »*Spritzschlauch*« entleert, so daß »*260 418 eines bitteren und feuchten Todes starben – Weiber und Kinder nicht eingerechnet!*«, oder Panurge die Keuschheit der Pariser Mädchen bestreitet, deren er, obwohl erst seit neun Tagen in der Stadt, bereits »*an die 417 verbimmelt*« habe, so finden diese grotesken Überproportionierungen genaue Parallelen bei Faustroll, der plötzlich, aus divinatorischem Übermut, eine Kerze entzündet, deren giftigen Ausdünstungen am ersten Tag alle »*Klempner und Militärs*«, am zweiten alle Frauen, am fünften alle »*Hahnreie und Gerichtsvollziehergehilfen*« (mit Ausnahme Panmuphles), am sechsten alle »*Radfahrer, und zwar ausnahmslos die, die ihre Hosenbeine festklammern*« zum Opfer fallen – Ausdruck einer bizarren Kombinatorik, die die Dadaisten und Surrealisten beeinflußt hat, die Jarry neben LAUTRÉAMONT und RIMBAUD zu ihren Ahnen zählten. Die Pataphysik hat sich außerdem im Jahre 1950 als »seriöse« Wissenschaft in Form des »Collège de Pataphysique« etabliert, dessen Mitglieder auf verschiedenen Stufen der Einweihung – Raymond QUENEAU etwa hatte den Grad eines »transzendentalen Satrapen« – an der Fortführung jener Lehre arbeiten, deren Summa Jarry in der Formel » ± *Gott ist der kürzeste Weg von 0 bis ~ (im einen oder anderen Sinne)*« zusammenfaßte.   H.H.H.

AUSGABEN: Paris 1911. – Paris 1920 *(Le docteur Faustroll)*. – Paris 1923 (*Gestes et opinions du docteur Faustroll, pataphysicien*; Vorw. Ph. Soupault; m. Porträt A. J.s v. P. Picasso). – Monte Carlo/Lausanne 1948 (in *Œuvres complètes*, Hg. R. Massat, 8 Bde., 1: *Faustroll*; 6: *Spéculations*; Nachdr. Genf 1975). – Paris 1955. – Paris 1980, Hg. N. Arnaud u. H. Bordillon. – Paris 1983 (in *Œuvres complètes*, Hg. M. Arrivé, 2 Bde., 1; Pléiade).

ÜBERSETZUNGEN: *J.s Pataphysik*, M. S. Morel u. R. Zoll (in Akzente, 6, 1959, H. 4, S. 313–318; enth. Kap. 2, 8, 10 u. 28; m. Studie). – *Heldentaten und Lehren des Dr. Faustroll*, I. Hartig u. K. Völker, Bln. 1969. – *Heldentaten u. Ansichten des Doktor Faustroll, Pataphysiker*, K. Völker, Ffm. 1987.

LITERATUR: A. Breton, *A. J.* (in A. B., *Les pas perdus*, Paris 1924, S. 47–65). – C. Giardini, »*Faustroll*« *ou De la vitesse* (in '900, Cahiers d'Italie et d'Europe, 1927, 6, S. 153–158). – P. Chaveau, *A. J. ou La naissance, la vie et la mort du père Ubu. Avec leurs portraits*, Paris 1932. – M. Jean u. A. Mezei, *Genèse de la pensée moderne, ses sept écrivains ›essentiels‹. Sade, Lautréamont, Rimbaud, Mallarmé, J., Apollinaire, Roussel*, Paris 1950, S. 147–163. – I. L. Sandomir, *Opus pataphysicum: Testament de Sa Feue Magnificence ...*, Collège de Pataphysique, LXXXVI Ère Pataphysique, o. O. u. J. [Paris 1958]. – H. Bouché u. F. Lachenal, *Was ist »Pataphysik«?*

Elementare Prolegomena zu einer Einführung in die ›Pataphysik‹, Offenbach 1959. – S. Shattuck, *The Banquet Years: The Arts in France 1885–1918*, NY 1959, S. 146–172. – K. Völker, *J.s Panoptikum des wissenschaftlichen Zeitalters* (in Akzente, 6, 1959, H. 4, S. 300–311). – L. K. Stillman, *Physics and Pataphysics* (in KRQ, 26, 1979, S. 81–92). – G. Gillespie, *Faust en Pataphysicien* (in Journal of European Studies, 13, 1983, S. 98–108). – P. Gayot, *Les problèmes du Faustroll* (in *A. J.*, Hg. H. Bordillon, Paris 1985, S. 103–110).

MESSALINE

(frz.; *Messalina*). »Roman aus dem alten Rom« von Alfred JARRY, erschienen 1901. – Als Roman scheint Jarrys *Messaline* auf den ersten Blick eine Art Sittengemälde des vitalistisch-orgiastischen Heidentums, wie es Anatole FRANCE (*Thaïs*, 1890) und Pierre LOUŸS (*Aphrodite*, 1896) in der Nachfolge HEINES und der Parnassiens verherrlicht hatten. Stilhaltung und Bildwahl jedoch, eine schwer zu beschreibende Mischung von Tiefsinn und Farce, von Feierlichkeit und Trivialität, entspringen eher symbolistischen oder »dekadenten« Tendenzen. Manches erinnert an MALLARMÉ, VILLIERS DE L'ISLE-ADAM, LAUTRÉAMONT. Den Stoff entnahm Jarry vor allem dem 11. Buch der *Annalen* des TACITUS; weitere Anregungen fand er bei SUETON, JUVENAL und anderen Autoren der römischen Kaiserzeit.

Messalina, die dritte Gemahlin des erheblich vertrottelten Kaisers Claudius, ist wegen der Unersättlichkeit ihres wahllosen Liebeshungers berüchtigt. Bei Jarry ist sie um eben dieses unbedingten Glücksverlangens willen Augusta und *lupa*, Herrscherin und Hure, die Verkörperung der Stadt Rom, ihrer Schutzgottheit Venus und ihrer mythischen Wölfin. Locker, fast ohne psychologische Motivierung, reihen sich die einzelnen Episoden aneinander: Messalina im Bordell; Messalina bei der Morgentoilette; Messalina in den Gärten des Lucullus, nachdem deren Besitzer, Valerius Asiaticus, durch einen erzwungenen Selbstmord aus dem Wege geräumt ist; der Pantomime Mnester, ein Günstling des verstorbenen Caligula, tanzt zu dessen Ehre im Zirkus und weigert sich, Messalina zu Willen zu sein; in Abwesenheit des Kaisers vermählt Messalina sich mit dem jungen Konsul Caius Silius; aus Furcht, dieser »legitime« Rivale könnte ihm die Herrschaft streitig machen, läßt Claudius kurzerhand die sämtlichen Galane der Augusta und zuletzt sie selber töten.

Diese nach der Überlieferung zusammengestückte Handlung ist jedoch offensichtlich nur der Vorwand für eine Reihe hochphantastischer Szenen, bei denen Kostüm, Attitüde, exotische Gerätschaften und allerlei symbolisches Beiwerk einem halb magischen, halb blasphemisch-parodistischen Ritual dienen. Die umflehte und ständig sich entziehende Mitte dieses Rituals ist der Phallus, ein »tierisches und göttliches Emblem«; Priapus, der Gott

der Gärten, mit dem mächtigen Glied und mit drohender Sichel; der zeugende Große Pan und zugleich der Gott, der »den Tod sät«; Kind, Jüngling, Mann; Wurm und Sonnen-Phönix; zuletzt das gereckte Schwert, das Messalina verzückt in ihren Leib empfängt; als todbringendes Schwert auch ein Spiegel und, nach dem bei Jarry unverkennbar vorherrschenden homosexuellen Narzißmus, wie der zum Ei eingekrümmte Mnester ein »kalter Mann«. Der Kult der kalten Schönheit bei BAUDELAIRE und Mallarmé wird hier zu einer burlesk-manieristisch ironisierten Apotheose der in sich selber seligen, starren, bösen, doch »göttlichen Obszönität«.

Dem entspricht die überaus artifizielle Diktion mit ihrer überdehnten Syntax, den nicht immer leicht durchschaubaren Anzüglichkeiten und den weithergeholten Neubildungen (*endromide, xystes, jectigation, usucapion, sphingitique, ablepsique, éoplipyle*), die wie lauter falsche Steine klirren und glitzern. Eine sonderbare Parallele zu diesem Kompositstil bilden, hundert Jahre früher, in der homoerotischen Idyllik (*Kyllenion. Ein Jahr in Arkadien*, 1805) des Herzogs AUGUST VON SACHSEN-GOTHA (1772 bis 1822) die häufig eingestreuten Gräzismen (*Hodoiporos, Periklima, Strephon, Chalybs, Katapetasmen* und *Thymben*). Einen Gipfel des beklemmend Absonderlichen erreicht Jarrys Darstellungsstil bei der Schilderung von Mnesters akrobatischer Darbietung, wie er, *en posture de cubiste*, auf dem Nacken kreiselnd, »die Sonne zerlegt« und eine jähe Nacht in Gestalt einer Sonnenfinsternis ertanzt.   F.Ke.

AUSGABEN: Paris 1901. – Paris 1922. – Monte Carlo/Lausanne 1948 (in *Œuvres complètes*, Hg. R. Massat, 8 Bde., 3). – Paris 1977. – Paris 1987 (in *Œuvres complètes*, Hg. H. Bordillon, 2 Bde., 2; Pléiade).

ÜBERSETZUNGEN: *Messalina*, B. Weidmann, Mchn. 1971. – Dass., dies., Reinbek 1980 (rororo). – Dass., G. Osterwald, Ffm. 1987.

LITERATUR: A. Breton, *A. J.* (in A. B., *Les pas perdus*, Paris 1924, S. 47–65). – B. Eruli, *J.'s »Messaline«* (in EsCr, 24, 1984, S. 57–60).

LE SURMÂLE

(frz.; *Der Supermann*). Roman von Alfred JARRY, erschienen 1902. – In zum Teil parodistischer Weise als Zukunftsroman für das Jahr 1920 konzipiert, enthält dieser die eigene literarische Gattung ironisierende *roman moderne* – er steht in der Nachfolge von VILLIERS DE L'ISLE-ADAM – den Versuch, den auf technische Perfektion ausgerichteten Rekordwahn der Jahrhundertwende zu persiflieren. Die vermeintliche adelig-bürgerliche Geborgen- und Gediegenheit des 19. Jh.s wird in der Gestalt des auf Schloß Lurance lebenden 30jährigen André Marcueil in ihrer Scheinhaftigkeit enthüllt und ins

Groteske umgebogen; André hält einerseits an den leeren Hülsen der Konvention fest (geistvolle Salongespräche) und huldigt andererseits als »der Supermann« bis zum Exzeß der fortschreitenden Mechanisierung des Lebens, hinter der die universelle Dominanz des bloß Numerischen spürbar wird. Der Autor reiht in lockerer, zum Teil achronologischer Folge einige bezeichnende Episoden aus der Welt der Technik und des Eros aneinander; in beiden, an sich inkommensurablen Lebensbereichen ist das an bloßer Leistungssteigerung orientierte Kalkül an die Stelle authentischen Lebens getreten. In einem sogenannten Zehntausendmeilenrennen – einem Wettkampf zwischen fünf Radrennsportlern auf einem Fünfsitzerrad und einer Lokomotive –, dessen Ablauf teils spielzeughaft, teils ins Monströs-Makabre übergehend bis ins Detail geschildert wird, stellt Jarry die lebensbedrohende Abhängigkeit des modernen Menschen von der Technik dar. Das Phänomen Technik wird von ihm noch als überschaubares Teilstück der Umwelt eingegrenzt, wenngleich die Bedrohlichkeit der beginnenden Usurpation des Lebensalltags durch die Technik nirgends verkannt oder gar verharmlost wird. Inadäquat ist allerdings des Autors Bemühen zu nennen, den mechanisch-maschinellen Aspekt durch eine Art Verlebendigung einzufangen (s. die entsprechenden Vergleiche aus der Tierwelt); überzeugender wirken seine Versuche, das spielerische Element im mechanischen Vollzug festzuhalten, wie es etwa in den späteren Produkten des Surrealisten M. Duchamp geschieht. Die Maschine wird gleichsam noch in ihrem teils liebenswerten, teils bereits furchterregenden Embryonalzustand gesehen – so wie man etwa in der Renaissance die Anfertigung von Automaten plante. In einen ähnlichen Traditionszusammenhang läßt sich die alte Frage nach der sexuellen Potenz des Mannes einordnen, die im Mittelpunkt des zweiten Teils des Romans steht. Aus einem bloßen Gesprächsthema *(»Der Liebesakt ist ein Akt ohne Bedeutung, da man ihn unendlich fortsetzen kann«)* läßt der Autor ein wissenschaftliches Experiment sich entwickeln, um die sexuelle Potenz des als legendärer »Indianer« verkleideten »Supermanns« zu testen; auch in diesem Falle gibt es prophetisch vorausgesehene Parallelen zur Gegenwart (s. die entsprechenden »Versuche« bei den Nationalsozialisten). Die gegenseitige Durchdringung von Rationalität und Irrationalität, die Verschränkung von Physis und Psyche wird vom Autor teils dokumentiert, teils kritisiert. Losgelöst von dieser inhaltlich fixierten Wirklichkeit mit ihren einzelnen Elementen läßt der Autor, der sich bewußt in Gegensatz zu jeglichem bloß abbildenden Realismus oder Naturalismus stellt, mittels einer besonderen – surrealen – Metaphorik eine (Über-)Realität erstehen, die analytisch nicht mehr reproduzierbar ist, sondern nur am Text selbst abgelesen werden kann. Dichtung erweist sich in diesem satirisch angelegten, aber in der Ausführung surrealen Roman ganz im klassischen Sinne als ein kreativer Akt, dessen Ergebnis autonomen Charakter besitzt. G.Hz.

AUSGABEN: Paris 1902. – Paris o. J. [1945]. – Paris/Lausanne 1948 (in *Œuvres complètes*, Hg. R. Massat, 8 Bde., 3). – Paris 1970. – Paris 1977. – Paris 1979. – Paris 1987 (in *Œuvres complètes*, Hg. H. Bordillon, 2 Bde., 2; Pléiade).

ÜBERSETZUNGEN: *Der Supermann*, G. Tüllmann u. R. Gerhardt, Bln. 1969; ²1985. – *Der Übermann*, H. Becker, Ffm. 1987.

LITERATUR: H. Boulenger, »Le surmâle« (in Renaissance Latine, 15. 7. 1902, S. 447/448). – Rachilde, »Le surmâle« (in MdF, Juni 1902, S. 733–755). – J.-H. Levesque, *A. J.*, Paris 1954, S. 144 ff. – A. C. Taylor, *Le vocabulaire de J.* (in CAIEF, 11, 1959, S. 307–322). – M. Kesting, *Ein Pop-Roman von 1902. J.s »Supermann«* (in M. K., *Auf der Suche nach der Realität*, Mchn. 1972, S. 34–37). – J. Updike, »The Supermale« (in J. U., *Hugging the Shore*, Ldn. 1984, S. 394–398). – A. Taeger, *Nach dem Bilde des Herrn* (in A.T., *Die Kunst, Medusa zu töten*, Bielefeld 1987, S. 61–72).

UBU ROI

(frz.; *König Ubu*). Drama in fünf Akten von Alfred Jarry, Uraufführung: Paris 10. 12. 1896, Théâtre de l'Œuvre. – *Ubu roi* geht auf den Schülerulk *Les Polonais* zurück, den der spätere Artillerieoffizier Charles Morin gegen den Physiklehrer Hébert in Rennes verfaßt hat und den der fünfzehnjährige Alfred Jarry 1888 zu einer grotesken Komödie, ursprünglich für Marionetten, umschrieb. Das spätere Stück *König Ubu* wurde jedoch mehr als die Karikatur eines einfältigen und egoistischen Bürgers; Jarry, der Vorläufer der Dadaisten und Surrealisten, schuf eine mythische Gestalt in einer Welt grotesker archetypischer Bilder.

Polen, *»das heißt Nirgendwo«* (Jarry), ist das Land von Vater Ubu, dem Exkönig von Aragon und hochdekorierten Vertrauensoffizier des polnischen Königs, der bei seinem ersten Erscheinen auf der Bühne einen Theaterskandal auslöste. Auf Drängen der Mutter Ubu usurpiert er nach dem Gemetzel den polnischen Thron. König Ubu, der von seinen Launen, seiner Brutalität und seinen niederen Instinkten geleitet wird, richtet nach einer kurzen Zeit der Popularität seine habsüchtige Bestialität auch gegen das einfache Volk. Bordure, sein ehemaliger Günstling, überredet den Zaren von Rußland zum Krieg gegen den Usurpator. Während Ubu mit seinen Kumpanen nach Rußland aufbricht, stürzt Bougrelas, der einzige überlebende Thronaspirant, die »Regentin« Mutter Ubu. Der Schlacht mit dem russischen Heer und dem überall aufflammenden Widerstand entkommt König Ubu dank seiner Feigheit. Mit seiner Frau, die vergeblich versucht hat, den Schatz des polnischen Königs zu rauben, gelingt ihm die Flucht in sein Heimatland Frankreich.

Dieser Bürger, der zum Bürgerschreck wird und in dessen Rabelais imitierender Sprache sich niedrigste Instinkte und höchste Machtbesessenheit spiegeln, besteht aus »*der ewigen Idiotie des Menschen, seiner ewigen Geilheit, seiner ewigen Freßsucht, aus der zum Tyrannen erhobenen Gemeinheit des Instinkts, aus der Prüderie, den Tugenden, dem Patriotismus und dem Ideal der Leute, die gut zu Abend gegessen haben*« (Mendès). Das monströse Puppenspiel überträgt in parodistischer Übertreibung psychische Vorgänge direkt auf die Bühne und wird somit zum Vorläufer des modernen absurden Theaters. – *König Ubu*, als bewußte Persiflage der Theaterkonventionen konzipiert, ist durchsetzt von literarischen Parodien, vor allem auf SHAKESPEARE-Figuren. So erscheint König Ubu als eine Travestie des Königs Lear, Mutter Ubu als Vulgarisierung der Lady Macbeth.

Die Gestalten des Vater Ubu und seiner Schar, in denen das Tragische in verzerrter Komik gespiegelt ist, begleiten Jarrys gesamtes Werk. 1899 entstand als Gegenstück und Fortsetzung das ebenfalls fünfaktige Drama *Ubu enchaîné (Ubu in Ketten*; erschienen 1900), das Ubu im Exil in Frankreich zeigt, wo er sich bewußt in einen Sklaven verwandelt und sich in dieser Rolle mit derselben Brutalität behauptet wie als König. »*Ich bin Sklave, Dreiteufelswanst, niemand wird mich hindern, meine Sklavenpflicht zu tun. Ich werde erbarmungslos dienen. Mordet, zermanscht die Gehirne.*« Ubu, dem Verkünder einer neuen Freiheit, der totalen Versklavung, gelingt die freiwillige Unterwerfung der Menschen, die das Leben in Ketten bequemer finden und sich wie Ubu ganz ihrem Wanst widmen können. Die Satire ist hier direkt und beißend, doch fehlt diesem Drama die Ursprünglichkeit und Präzision im dramatischen Aufbau des ersten Stükkes.

Jarrys »*eigenartige Spannung von Farce und visionärer Symbolik*« (Völker) charakterisiert auch das dritte, zur selben Zeit wie *Ubu roi* konzipierte Stück *Ubu cocu* (*Ubu Hahnrei*; erschienen 1944), in dem die Titelfigur als Doktor der Pataphysik auftritt, der sein Gewissen, dessen Ratschläge er jedoch stets ablehnt, in einem Koffer mit sich schleppt. Ubu will Achras, einen Wissenschaftler, der an einer Abhandlung über die »Sitten der Polyeder« schreibt, pfählen, um diese Methode später auch bei dem Ägypter Memnon anzuwenden, mit dem ihn Mutter Ubu betrügt. Doch das hilfsbereite Gewissen befreit Achras und bewahrt auch Ubu später vor dessen Rache. Beißende Ironie verbindet sich mit surrealistischen Effekten, so als Memnon als Säule das »Enthirnungslied« singt. Ubu etabliert sich inzwischen im Haus des Achras als vollendeter Bürger. In seiner Unangreifbarkeit und Gewissenlosigkeit ist er das Symbol makabrer menschlicher Abgründe, die sich hinter einer grotesken Grimasse vor dem Publikum verbergen, das zu schockieren und zu schöpferischer Phantasie zu ermuntern Jarrys Ziel war. H.Ged.

AUSGABEN: Paris 1896. – Monte-Carlo 1949 (in *Œuvres complètes*, Hg. R. Massat, 8 Bde., 4). – Paris 1965 [zus. m. *Ubu enchaîné*; Einl. C. Bonnefoy]. – Paris 1966 [ill. J. Miró]. – Paris 1974 (zus. m. *Ubu cocu* u. *Ubu enchaîné*; Poche). – Paris 1978 (zus. m. *Ubu cocu* u. *Ubu enchaîné*; Folio). – Paris 1983 (in *Œuvres complètes*, Hg. M. Arrivé, 2 Bde., 1: *Ubu roi, Ubu enchaîné, Ubu cocu, Almanachs du Père Ubu, Ubu sur la Butte*; Pléiade).

ÜBERSETZUNGEN: *König Ubu*, M. u. P. Pörtner, Zürich 1959. – *König Ubu, Ubu Hahnrei, Ubu in Ketten*, dies., Mchn. 1970. – *König Ubu*, dies., Mchn. 1974 (dtv). – *Ubu*, H. Schwarzinger, Ffm. 1987 [enth. *Ubu Rex; Ubu der Knecht; Ubu Hahnrei; Ubu Hahnrei oder Der Archaeopterix; Ubu auf dem Berg; Die Teufelsinsel; Schriften zu Ubu*]. – *Ubu roi*, U. Klein, Mchn. 1987. – *König Ubu*, M. u. P. Pörtner, Darmstadt 1988.

LITERATUR: Ch. Chassé, *Les sources d'»Ubu roi«*, Paris 1921. – Rachilde, *A. J. ou le surmâle des lettres*, Paris 1928. – H. Bouché u. F. Lachenal, *Was ist Pataphysik?*, Offenbach 1959. – W. Engler, *»Ubu roi«* (in *Das moderne frz. Drama*, Hg. W. Pabst, Bln. 1971, S. 49–69). – M. Arrivé, *Les langages de J.*, Paris 1972. – J. Cooper, *»Ubu roi«*, New Orleans 1974. – J. H. Biermann, *The Antichrist »Ubu«* (in Comparative Drama, 9, 1975, S. 226–247). – J. M. Lipski, *J.s »Ubu«* (in ZfrzSp, 85, 1975, S. 39–51). – J. P. Lasalle, *»Ubu« et quelques mots jarryques*, Toulouse 1976. – E. Krumm, *Die Gestalt des Ubu im Werk J.s*, Diss. Köln 1976. – H. Béhar, *»Ubu« au T. N. P.* (in RHT, 29, 1977, S. 79–94). – L. K. Stillman, *The Morphophonetic Universe of »Ubu«* (in FR, 50, 1976/77, S. 585–595). – R. R. Hubert, *Raw and Cooked. An Interpretation of »Ubu roi«* (in EsCr, 24, 1984, S. 75–83). – G. Damerval, *»Ubu roi«. La bombe comique de 1896*, Paris 1984.

CHRISTO JASENOV

eig. Christo Pavlov Tudžarov
* 24.12.1889 Etropole
† April 1925

RICARSKI ZAMĂK

(bulg.; *Die Ritterburg*). Gedichtzyklus von Christo JASENOV, erschienen 1921. – Der symbolistische Zyklus umfaßt zwölf in den Jahren 1909–1912 entstandene Gedichte. Zum Zeitpunkt ihrer Veröffentlichung hatte Jasenov, der später als Mitglied der Kommunistischen Partei Bulgariens hingerichtet wurde, seine symbolistische, von TRAJANOV und DEBELJANOV beeinflußte Schaffensperiode bereits überwunden und war zum Dichter der aktuellen gesellschaftlichen Auseinandersetzungen geworden. Sein Gedicht *Petrograd*, 1919 *(Petrograd)*, ist das erste literarische Echo Bulgariens auf die russische Oktoberrevolution. Die Gedichte dieses Zyklus entsprachen daher – nach den Worten des Autors im Vorwort der bibliophilen Erstausgabe – seinen »*späteren Ideen und literarischen und ästhetischen Prinzipien überhaupt nicht mehr*«. Der Zyklus umfaßt die ganze Skala der symbolistischen Ausdrucksmittel. Aus dem Alltag zieht sich der Dichter in seine »Ritterburg« zurück, leidet jedoch an seiner Isolation und sehnt sich nach Befreiung. In dem Gedicht *Zaključena duša (Die eingeschlossene Seele)* stellt er sich als heimatlosen Individualisten dar: »*Ich habe weder ein Haus, wo ich Unbehauster ruhen kann, / noch Frühlingsgärten mit Morgentau – / ich bin wie ein Wanderer ohne Zuflucht und Heimat / und leide unter den Himmelszelten.*« Die Abgeschiedenheit ist selbstgewählt: »*Ich will mit geschlossenen Augen leben / und friedlich meine Wünsche träumen.*« – Der Tenor der Gedichte ist nicht so elegisch gestimmt wie die Dichtung Debeljanovs, deren Diktion Jasenov mitunter epigonenhaft übernimmt, sondern in impressionistischen Landschaftsgemälden lebenstrunken und optimistisch gefärbt. Die zauberhafte, romantische Welt von Frühling und Herbst ist ein wiederkehrendes Motiv seiner Lyrik, dessen Entfaltung in dem Gedicht *Pan* ihren berauschenden Höhepunkt findet. Die ästhetische, mit reichen Epitheta geschmückte Sprache der meist jambischen Gedichte erhebt sich in ihren Bildern über den gewöhnlichen Alltag und sucht in einer überirdischen Wirklichkeit nach einer besseren Welt. Das auffallendste Charakteristikum dieser Dichtung ist ihr musikalischer Klang und ihre rhythmische Sprache, die Jasenov zu Recht den Namen eines »bulgarischen Bal'mont« eingetragen haben. **D.Ku.**

AUSGABEN: Sofia 1921. – Sofia 1965 (in *Sǎčinenija*, Hg. M. Nikolov); ern. 1979.

LITERATUR: S. Nikolov, *Ch. Ja. Biogr. očerk*, Sofia 1956. – G. Veselinov, *Ot ricarskija zamǎk do barikadite* (in G. V., *Literaturni očerci i portreti*, Sofia 1959). – V. Aleksandrov, *Ch. Ja.*, Sofia 1967. – Ž. Videv, *»Ricarski zamǎk« v tvorčeskoto razvitie na Ch. Ja.* (in Ezik i literatura, 1968, H. 1, S. 3–16). – Iv. Popivanov, *Ch. Ja.*, Sofia 1968.

BRUNO JASIEŃSKI

russ. Bruno Jasenskij
urspr. Wiktor Bruno Zysman

* 19.7.1901 Klimontów bei Sandomierz
† 16.12.1939 bei Vladivostok

LITERATUR ZUM AUTOR:
M. Stępień, *Twórczość literacka B. J. w świetle ocen Polonii radzieckiej* (in Ruch Literacki, 1965, H. 3).

– E. Balcerzan, *Styl i poetyka twórczości dwujęzycznej B. J.*, Breslau u. a. 1968. – E. M. Chorošuchin, *Chudožestvennaja proza B. J.*, Leningrad 1969. – A. Stern, *B. J.*, Warschau 1969. – A. Milska, *B. J.* (in *Pisarze polscy. Wybór sylwetek*, Warschau 1972, S. 129–135). – B. Prutcev, *B. J. Očerk tvorčestva*, Rzeszów 1974. – M. Stępień, *B. J.*, Warschau/Krakau 1974. – J. Dziarnowska, *Słowo o B. J.*, Warschau 1978. – H. Karwacka, *B. J.* (in *Literatura polska. Przewodnik encyklopedyczny*, Bd. 1, Warschau 1984, S. 393).

DAS LYRISCHE WERK (poln.) von Bruno JASIEŃSKI.
Zu Beginn der zwanziger Jahre exzentrischer Vertreter und Haupttheoretiker des polnischen Futurismus, emigrierte Jasieński, inzwischen überzeugter Sozialrevolutionär, 1925 nach Frankreich und 1929 in die Sowjetunion, wo er den stalinistischen Säuberungen zum Opfer fiel. Hier entstanden (am Rande seines Prosa- und Bühnenwerks) einige – zunehmend traditionellere – russischsprachige Gedichte, in denen sich der Autor zum Sozialismus und zur neuen Heimat bekannte. Der Großteil seines lyrischen Werks sowie drei längere Versdichtungen gehören jedoch der ersten, muttersprachlichen Schaffensphase an.
Gemeinsam mit Tytus CZYŻEWSKI und Stanisław MŁODOŻENIEC hatte Jasieński 1919 in Krakau den Futuristenklub »Pod Katarynką« (Zur Drehorgel) ins Leben gerufen und am 13. März 1920 den ersten »Poesoabend« (Neologismus: *»poezowieczór«*) veranstaltet. Er veröffentlichte die grundlegenden Manifeste in der ersten ›Jednodńuwka futurystuw‹ (etwa: »Aintagstsaitung der Futuristen«; korrekte Schreibweise: »Jednodniówka futurystów«) vom Juni 1921 und gab der Bewegung ihre aktive Ausrichtung, die auf eine Umgestaltung der Gesellschaft durch *»sofortige Futurisierung des Lebens«* zielte. Dementsprechend heterogen war das Programm; es verlangte die Gleichberechtigung der Frau und eine neue, konsequentere Orthographie (von den Futuristen u. a. in beiden Nummern ihrer ›Jednodńuwka‹ verwendet) ebenso wie im Alltagsleben verankerte Massenkunst die, stets brandaktuell in Thematik und Ausdrucksmitteln, überholte Kultur- und Literaturtraditionen über Bord werfen sollte.
Jasieńskis erster, Anfang 1921 erschienener Lyrikband *But w butonierce (Stiefel im Knopfloch)* entsprach den provokativen Zielen allerdings nur wenig. Zwar kommen die (ambivalente) Faszination durch das Großstadtleben (*Morga – Leichenschauhaus; Przejechali – Überfahren*) und die moderne Technik, besonders durch das Auto (*Miłość na aucie – Liebe im Auto*) und das Flugzeug (*Spacer – Spazierflug*), sowie die Aufbruchsstimmung eines genialischen Zukunftsstürmers (etwa im Titelgedicht) deutlich zum Ausdruck, doch herrschen Ästhetizismus, Spleen und dekadente Erotik in einer Welt der Kaffeehäuser und Boudoirs vor. Unverkennbar ist der Einfluß russischer Symbolisten

wie K. BAL'MONT oder A. BLOK und insbesondere des Egofuturisten I. SEVERJANIN, eine Anlehnung, die Jasieński sogar den Vorwurf des Plagiats eintrug; er hatte die neue russische Dichtung vermutlich bereits während seiner Moskauer Gymnasialzeit (1914–1918) kennengelernt. Neben freien Versen, die den Duktus der Alltagssprache wiederzugeben suchen, stehen traditionelle Gedichte wie *Panienki w lesie (Die Fräulein im Walde)*, die mit raffinierten Neologismen (*»cicholas«* – Stillwald; *»ekstazerki«* – Ekstasinen) und extravaganten Reimen (*»crêpe de chine – walansjenki – demimondainki – spleen«*) brillieren. Ein zaghaftes Experiment im Sinne von F. MARINETTIS Forderung, die Wörter aus den Fesseln der Syntax zu befreien (*»les mots en liberté«*), ist der häufig rezitierte *Marsch (Marsz)*, dessen ungewöhnliche Interpunktion das Bild der in den Krieg ziehenden Soldaten rhythmisch akzentuiert. In seiner ersten längeren Versdichtung *Miasto (Die Stadt)* komponiert Jasieński aus locker gefügten Einzelbildern ein Panorama des nächtlichen Großstadttreibens – eine Synthesie *(Syntezja)*, wie er die neue Gattung im Untertitel bezeichnet.

Der Prolog des zweiten, 1922 in phonetischer Orthographie erschienenen Poems *Pieśń o głodźe (Lied vom Hunger*; korrekt: *Pieśń o głodzie)* spricht den Dichtern gar ihre Daseinsberechtigung ab, denn die Stadt selbst schreibe die interessanteste Literatur; die Zeitungsspalten seien voller tragischer Ereignisse. Im Zentrum des Werks steht der Gegensatz von Arm und Reich: Der hungernde Ich-Erzähler springt während einer Fiebervision aus dem Fenster, ersteht bei seiner Beerdigung (vor Hunger) von den Toten auf und erklärt sich zum Führer der Hungrigen dieser Welt, während Christus als Verkörperung der die Verhältnisse sanktionierenden Religion von der Menge gelyncht wird. Die revolutionäre Thematik, der hyperbolische Stil, die wirkungsvollen freien Verse mit gedämpftem Reim und manche konkreten Details sind deutlich von V. MAJAKOVSKIJS Poem *Oblako v štanach*, 1915 *(Wolke in Hosen)*, inspiriert, doch stellt Jasieński dessen individualistischen Zügen die bedingungslose Identifikation seines Erzählers mit den unterdrückten Massen entgegen.

Thematisch verwandt mit dem *Lied vom Hunger* ist ein Teil der nur in Zeitschriften veröffentlichten Gedichte; sie befassen sich auf meist konventionelle, oft sentimentale Weise mit dem Schicksal von Hungerleidern, Prostituierten und Syphilitikern, aber auch mit werdenden Müttern und dem Tod der Schwester Jasieńskis, Renia. Daneben stehen vereinzelte Texte, die im Geiste der »transmentalen« Sprache *(zaumnyj jazyk)* der russischen Kubofuturisten mit dem Klangkörper der Wörter experimentieren *(Na rzece – Auf dem Fluß*; *Wiosenno – Lenzlich)*, in denen sich die klappernden *ZemBY* (etwa: *ZääNE*; korrekt: *Zęby)* einer ganzen Stadt zur grotesken Vision auswachsen oder der Mensch als Glied eines umfassenden Kommunikationsprozesses zum Morseapparat degradiert wird *(Morse)*.

1923 deklarierte Jasieński das Ende des Futurismus, der seine Mission, Polen mit dem Geist der technischen Zivilisation vertraut zu machen, erfüllt habe. Im Vorwort zu dem 1924 von ihm gemeinsam mit Anatol STERN veröffentlichten Gedichtband *Ziemia na lewo (Erde links)* erklärten die beiden *»ehemaligen Futuristen«*, ihr Buch, das dem *»Massenmenschen, diesem heimlichen Helden der Geschichte«*, gewidmet sei, solle den Untergang der verhaßten bürgerlichen Kultur beschleunigen, um Platz für eine neue zu schaffen. Die im Band enthaltenen Gedichte haben dementsprechend sozialkritischen, pazifistischen und antireligiösen Charakter.

1926 erschien in Paris Jasieńskis bekannteste Dichtung, die Verserzählung *Słowo o Jakubie Szeli (Lied von Jakub Szela)*, deren erklärtes Ziel es war, den Führer des galizischen Bauernaufstands von 1846, der in Geschichtsschreibung wie Literatur (u. a. von Stanisław WYSPIAŃSKI und Stefan ŻEROMSKI) einhellig als Verräter an der nationalen Sache gebrandmarkt wurde, zu rehabilitieren: Szela reift, nachdem sich seine (vierte) Ehe mit der blutjungen Maryś als Fehlschlag erwiesen hat, zur kollektiven Tat heran. Er übernimmt es, die Klagen der bedrückten Bauernschaft gegen ihre (ebenfalls polnischen) Herren beim österreichischen Statthalter in Lemberg vorzubringen. Nach seiner Rückkehr wird er eingekerkert, doch vom Bezirkshauptmann Breinl befreit und im Namen des Kaisers gegen den polnischen Adel aufgehetzt, der eine nationale Erhebung plant. Als die Bluttat der Bauern nicht, wie versprochen, mit Landzuteilung und Abschaffung des Frondienstes belohnt wird, handelt Szela auf eigene Faust – und endet am Galgen. Dieser Heldentod entspricht zwar nicht der historischen Wahrheit, umgibt aber den Bauernführer mit einer legendären Aura; demselben Zweck dienen wundersame Begebenheiten in Szelas Vita, etwa seine Auseinandersetzung mit Christus, der gekommen ist, um das Blutvergießen zu beenden, doch von Szela in den Himmel zurückgeschickt wird, weil er den leidenden Bauern nie geholfen habe. Jasieński versteht es, sich authentische Motive und Stilmittel der Volksdichtung zunutze zu machen. Geschickt läßt er auf elegisch-getragene Passagen dynamische Verse folgen, die den Fortgang der Handlung und besonders das Leitmotiv des karnevalistisch ambivalenten Tanzes (Hochzeit, Massaker, Feuersbrunst) wirkungsvoll unterstreichen. Harte Dissonanzen, frappierende Bilder und originelle Reime deuten auf die futuristische Provenienz des Autors hin; sein Versuch, einen anarchischen Bauernführer zum modernen Revolutionshelden umzuinterpretieren, läßt indes die Verwandtschaft mit zeitgenössischen russischen Dichtungen wie S. ESENINS *»dramatischem Poem« Pugačev* (1921) erkennen.   H.P.H.O.

AUSGABEN: *But w butonierce. Poezje futurystyczne*, Warschau/Krakau 1921. – *Pieśń o głodźe*, Krakau 1922. – *Ziemia na lewo*, Warschau 1924 [zus. m. A. Stern]. – *Słowo o Jakubie Szeli*, Paris 1926. – *Ut-*

wory poetyckie, Hg. u. Einl. A. Stern, Warschau 1960. – *Slovo o Jakube Šele. Poėmy i stichotvorenija*, Hg. A. Gidaš, Moskau 1962 [russ. Originalgedichte]. – *Utwory poetyckie, manifesty, szkice*, Hg. u. Einl. E. Balcerzan, Breslau u. a. 1972. – *Poezje wybrane*, Hg. Z. Jarosiński, Warschau 1979.

ÜBERSETZUNGEN (in Anthologien): *Polnische Lyrik aus fünf Jahrhunderten*, Hg. H. Bereska u. H. Olschowsky, Ü. dies. u. a., Bln./DDR 1975. – *Sto wierszy polskich / Hundert polnische Gedichte*, Hg. u. Ü. K. Dedecius, Krakau 1982 [poln.-dt.].

LITERATUR: J. Brzękowski, *Droga poetycka B. J. Wspomnienie o poecie* (in Kultura, Paris 1956, Nr. 4, S. 99–103). – M. Rawiński, »*Slowo o Jakubie Szeli*« *B. J. wobec folkloru* (in Pamiętnik Literacki, 62, 1971, H. 1, S. 81–118). – Ders., »*Archaistów*«*i »nowatorów*« *racje rewolucji. (Nad »Slowem o · Jakubie Szeli*« *B. J.*) (in Po obu stronach granicy. Z powiązań kulturalnych polsko-radzieckich w XX-leciu międzywojennym, Hg. B. Galster u. K. Sierocka, Breslau u. a. 1972, S. 53–82). – J. Sawicka, »*Na skrzyżowaniu dwóch wrogich epok*« – *B. J.* (in Poeci dwudziestolecia międzywojennego, Hg. I. Maciejewska, Warschau 1982, S. 367–401). – E. Balcerzan, »*But w butonierce*« *albo wehikuł czasu* (in E. B., Kręgi wtajemniczenia. Czytelnik. Badacz. Tlumacz. Pisarz, Krakau 1982, S. 304–311).

ČELOVEK MENJAET KOŽU

(russ.; *Ein Mensch wechselt die Haut*). Roman von BRUNO JASENSKIJ (Jasieński; Polen), erschienen 1932/33; polnische Ausgabe *(Człowiek zmienia skórę)* 1935. – Die Handlung spielt um 1930 im Süden der Sowjetunion, in Tadschikistan, wo eine riesige Bewässerungsanlage gebaut wird. Drei amerikanische Spezialisten, die Ingenieure Clark, Barker und Murry, sind von den Sowjets zur Übernahme besonderer Arbeiten verpflichtet worden. Die Ausländer finden nicht nur ungewohnte Arbeitsverhältnisse und ein ihnen wenig zusagendes Klima vor, sondern auch gefährliche politische Spannungen: In Tadschikistan wird noch immer ein konterrevolutionärer Bandenkrieg geführt, der sich jetzt vor allem gegen den Bau der Bewässerungsanlage richtet. Die Ankunft der Amerikaner paßt, wie es zunächst scheint, den Konterrevolutionären nicht ins Konzept – jedenfalls drohen sie den Ausländern mit Mord, sollten sie auf der Baustelle bleiben. Ingenieur Barker reist in die Staaten zurück; Murry und Clark nehmen unter dem Schutz der geheimen Staatspolizei ihre Arbeit auf. Als Dolmetscherin wird Clark die junge Komsomolzin Marina Polozova zugeteilt, die – nach einem mißglückten Attentatsversuch auf ihn und Murry – seine ständige Begleiterin wird und ihn im Laufe der Zeit in die Welt des Sozialismus einführt, ihm solche Begriffe wie »sozialistische Arbeitsmoral« erklärt und bestrebt ist, den Amerikaner für den Kommunismus zu gewinnen. Die Versuche der Polozova stoßen

bei Clark anfangs auf Ablehnung und Kritik. Zwischen beiden entsteht ein latenter ideologischer Konflikt, der in heftigen Diskussionen über die Bedeutung und die Ziele des Kommunismus ausgetragen wird. Allmählich erweist sich aber, daß der hochintelligente Amerikaner den Argumentationen der jungen, dialektisch geschulten Komsomolzin, für die er sich auch als Mann zu interessieren beginnt, keineswegs gewachsen ist. Zwischen ihnen bahnt sich ein Liebesverhältnis an, und im weiteren Verlauf der Handlung »*wechselt Clark schließlich seine Haut*«, das heißt, er wird ein überzeugter Kommunist, dessen Einsatz es zu danken ist, daß trotz zahlreicher Sabotageakte ein Teil der Bewässerungsanlage termingemäß fertig wird. Die ideologische Wandlung des Amerikaners wird vom Autor mit der Vergangenheit Clarks begründet, mit seiner proletarischen Herkunft und seinem schweren Los als arbeitsloser Ingenieur in den USA.

Diese didaktische Fabel ist in die Handlung eines recht harten politischen Kriminalromans eingebaut, in dem die geheime Staatspolizei (GPU) die wichtigste Rolle spielt. Sie entdeckt ein gut organisiertes und getarntes Netz von Spionen und Saboteuren, die auf der Baustelle ihr Unwesen treiben. Die ersten Verhafteten sind ein russischer Ingenieur auf verantwortlichem Posten und dessen Frau. Weitere Spuren führen zu dem sich harmlos gebenden und indifferenten Amerikaner Murry, bei dessen Überprüfung sich herausstellt, daß er über riesige Geldsummen verfügt, mit denen die Sabotageaktionen finanziert werden. Als Agent einer fremden Macht wird er verhaftet, und nun stellt sich heraus, daß er es war, der sowohl die Mordandrohungen als auch den Attentatsversuch auf dem Gewissen hat: Er wollte seine Landsleute von der Baustelle vertreiben, um freie Hand für seine verbrecherischen Unternehmungen zu haben. Jasenskijs nahezu siebenhundert Seiten starker Roman wurde von der sowjetischen Kritik eine der großen »*Errungenschaften des sozialistischen Realismus*« genannt. Sein Autor allerdings wurde schon wenige Jahre später als ein Trockij-Anhänger angeklagt, 1937 erschossen und erst nach dem XX. Parteitag (1956) rehabilitiert.

Der Roman – teils Dokumentation, teils Kriminalstory und freie Dichtung – hat einen klaren Handlungsaufbau. Rückblenden, vom Autor »Pausen« genannt, werden dazu benutzt, die Vergangenheit der einzelnen Personen zu erhellen, sie indirekt zu charakterisieren oder ihre Verhaltensweisen zu motivieren; andere »Pausen« kommentieren bestimmte Handlungsabschnitte oder erzählen die jüngste Geschichte der Sowjetrepublik Tadschikistan. Die Sprache des Romans verrät oft den Einfluß des russischen Futurismus (bizarre Metaphorik, brutaler, entpoetisierter Realismus, krasse Farbgebung).

M.D.

AUSGABEN: Moskau 1932/33 (in Novyj mir). – Moskau 1934. – Warschau 1935 *(Człowiek zmienia skórę)*. – Moskau 1957 (in *Izbr. proizv.*, 2 Bde., 2; m. Einl. v. A. Berzin').

LITERATUR: Z. Grabowski, *Wśród nowych książek* (in Kur. Lit.-Nauk., 1934, Nr. 47). – J. Kaden-Bandrowski, Rez. (in Gazeta Polska, 1934, Nr. 145). – A. Sendlikowski, *Odnajdywanie utraconej ojczyzny* (in ABC Lit.-Artyst., 1934, Nr. 28). – G. Lasota, *Człowiek zmienia skórę* (in Twórczość, 1958, Nr. 2). – Z. Żabicki, *Dwa modele kultury* (in Nowe książki, 1961, Nr. 6, S. 336–339).

PALĘ PARYŻ

(poln.; *Ü: Pest über Paris*). Roman von Bruno JASIEŃSKI, erschienen 1929. – Der aufsehenerregende Roman, der dem Emigranten Jasieński die Verfolgung durch die französische Bourgeoisie eintrug, ist eine Antwort auf das antikommunistische Pamphlet Paul MORANDS *Je brûle Moscou* (*Ich zünde Moskau an*; die wörtliche Übersetzung des polnischen Titels lautet *Ich zünde Paris an*). Morands gehässiger Invektive gegen den ersten sozialistischen Staat der Erde setzt der engagierte Schriftsteller, der seinen literarischen Weg als Vertreter des polnischen Futurismus begann, den symbolischen Untergang der französischen Hauptstadt, einer Metropole des Kapitalismus, entgegen. Die Handlung des Romans spielt in den zwanziger Jahren, zur Zeit der Wirtschaftskrise und der Massenarbeitslosigkeit. Auf grausame Weise rächt der Feinmechaniker Pierre den Verlust seines Arbeitsplatzes an der kapitalistischen Gesellschaft: Er entwendet aus dem Bakteriologischen Institut Kulturen von Pestbakterien und setzt sie, vorübergehend bei den Pariser Wasserwerken beschäftigt, dem Trinkwasser der Stadt zu. Eine grauenhafte Pestepidemie vernichtet binnen sechs Wochen jegliches Leben in Paris. Auch Pierre selbst und seine Freundin Jeannette fallen der Seuche zum Opfer. Durch eine Sperrkette französischer Soldaten von der Außenwelt abgeriegelt, stirbt die Stadt, noch im Untergang durch eine Vielzahl einander bekämpfender und zerfleischender Interessengruppen zerrissen, einen qualvollen Tod. Ihr Fall symbolisiert den unausweichlichen Untergang der kapitalistischen Gesellschaft. Die Katastrophe überleben lediglich 32 000 Pariser Proletarier und Kommunisten, die unter dem alten Regime verhaftet worden waren; sie überleben sie, weil das Gefängnis nicht an das städtische Wassernetz angeschlossen ist. Auf den Ruinen des alten Paris gründen sie einen kommunistischen Staat, der, unter dem Schutz der Pestquarantäne innerhalb von zwei Jahren konsolidiert, zum Fanal der gesellschaftlichen Befreiung der Menschheit wird.
Das Schicksal des Chinesen P'an Tsiang Kuei und das des amerikanischen Geschäftsmannes David Lingslay reflektieren die Haupthandlung aus kontrastierender Perspektive. Der Kommunist Kuei sucht sich in Paris die Errungenschaften der europäischen Kultur anzueignen, um sie der asiatischen Revolution dienstbar zu machen. Lingslay ist ein Agent des amerikanischen Großkapitals, der die Moral des Dollars auf dem europäischen Konti-

nent zu verbreiten trachtet. Beiden wird die verpestete Stadt zum Verhängnis. Kuei erliegt der Seuche im Bakteriologischen Institut, das er als Diktator der während der Pest im Quartier Latin ausgerufenen autonomen Republik der »Gelben« überwacht. Lingslay wird auf dem Schiff vom Pesttod ereilt, das ihn nach der Flucht aus Paris in die USA zurückbringen soll. Weltanschauung und Verhaltensweise beider sind die charakteristischen Produkte einer Zeit revolutionärer Unruhe, in der, bestärkt durch das Vorbild der Oktoberrevolution, der Kampf gegen die Unterdrückung und Ausbeutung des Proletariats, der Haß gegen die Welt der Satten und Besitzenden und der Glaube an den Sieg des Sozialismus zu entscheidenden Kräften der erbitterten, widersprüchlichen gesellschaftlichen Auseinandersetzungen werden. Die Intonation der Erzählung variiert zwischen dem Defätismus der todgeweihten alten Welt und dem revolutionären Pathos der siegreichen Bewegung. Sprachlich knüpft Jasenskij durch das exzentrische Kolorit der avantgardistischen Metaphorik an seine futuristische Lyrik an.   M.D.

AUSGABEN: Moskau 1929. – Warschau 1931. – Moskau 1934. – Warschau 1957. – Moskau 1957 (in *Izbr. proizv.*, 2 Bde., 1).

ÜBERSETZUNG: *Pest über Paris*, K. Staemmler, Kiel 1984.

LITERATUR: A. Stern, *Niezwykła powieść* (in Gazeta Krakowska, 1956, Nr. 196). – H. Bereza, »*Palę Paryż*« (in Nowe książki, 1957, Nr. 8, S. 5–7). – M. Bielicki, »*Palę Paryż*« (in Żołnierz Polski, 1957). – A. Drawicz, *Paryż płonie* (in Sztandar młodych, 1957, Nr. 82). – Z. Greń, Rez. (in Dziennik Polski, 1957, Nr. 86, S. 3/4). – A. Urbańczyk, *Tęsknoty rewolucjonisty* (in Życie Literackie, 1957, Nr. 18). – J. Wyka, Rez. (in Nowiny Literackie i Wydawnicze, 1957, Nr. 5).

ZAGOVOR RAVNODUŠNYCH

(russ.; *Die Verschwörung der Gleichgültigen*). Roman von Bruno JASENSKIJ (Jasieński; Polen), erschienen 1956. – Der unvollendete Roman spielt in den ersten Tagen des Jahres 1935. Zahlreiche Rückblenden stellen den Bezug zur Vergangenheit her. Relich, Direktor eines Rüstungsbetriebs der Stadt N., entlarvt mit detektivischem Spürsinn für alle Abweichungen von der Politik der KPdSU eine trotzkistische Schädlingsgruppe. Der Feind hat versucht, das Betriebsklima zu vergiften und betriebsorganisatorische Fragen gegen die Parteilinie zu lösen. Insbesondere verfolgt Relich den jungen Redakteur Jurij Garanin, der in der Betriebszeitung den Artikel eines Trotzkisten erscheinen ließ. Relich gelingt es, Garanins Frau zu überzeugen, daß ihr Mann im Dienste des Feindes steht, worauf sie Jurij erschießt. In Berlin begegnet Relich dem deutschen Antifaschisten Ernst Heil, der, wegen seiner illegalen Tätigkeit von den Nazis verfolgt, nach Paris fliehen muß. Relich folgt ihm in die französische Hauptstadt, wo er sich als faschistischer Agent entpuppt, der im Auftrag der Nazis gegen die Sowjetunion arbeitet.

Damit bricht der Roman nach sieben fesselnd erzählten Kapiteln ab, da Jasenskij, selbst als Trotzkist beschuldigt, den stalinistischen Säuberungen der Jahre 1937/38 zum Opfer fiel. Inhaltlich erhebt sich das Fragment nicht über das Niveau des zeitgenössischen Sowjetromans. Seine Helden bewegen sich wie Marionetten in der verwickelten Entlarvungsszenerie. Ihre Dialoge beschränken sich auf Diskussionen der Parteilinie und Dispute über die Entstehung von Mensch und Universum. Die Sprache des Romans spiegelt den Parteijargon der Zeit. Von größerem Interesse sind die kompositorischen Neuerungen des Autors, der als erster in der Sowjetliteratur Simultanerzählung und »Filmtechnik« als Strukturelemente verwendet. M.Sz.

AUSGABEN: Moskau 1956 (in Novyj mir, Nr. 5–7). – Moskau 1957 (in *Izbr. proizv.*, 2 Bde., 1).

LITERATUR: A. Berziń, Rez. (in Nowa Kultura, 1956, Nr. 23). – J. Kowalewski, *Niezakończona powieść B. J. »Zmowa obojętnych«* (in Trybuna Ludu, 1956, Nr. 133). – W. Ozjerow, Rez. (in Sowjetwissenschaft. Kunst und Lit., 1957, S. 39–53).

RUDOLF JAŠÍK

* 2.12.1919 Thurzovka
† 30.7.1960 Preßburg

LITERATUR ZUM AUTOR:
A. Matuška, *R. J.*, Preßburg 1964. – B. Truhlář, *R. J.* (in *Tri portréty*, Preßburg 1969, S. 115–150). – I. Lipová, *Pozostalosť R. J.*, Martin 1970. – J. Findra, *Rozbor štýlu prózy. (Prostriedky a postupy J. individuálneho štýlu)*, Preßburg 1971. – J. Števček, *J. novelistická próza* (in Slovenská literatúra, 20, 1973, S. 241–253). – O. Čepan, *Epický obraz minulosti* (ebd., 22, 1975, S. 305–326). – J. Noge, *Pokusy o epickú syntézu* (ebd., S. 327–345). – A. Bagin, *Literatúra v premenách času*, Preßburg 1978, S. 188–200. – *R. J. Seminár o živote a diele*, Preßburg 1979. – V. Petrík, *Hodnoty a podnety*, Preßburg 1980, S. 264–272. – M. Tomčík, *Epické súradnice*, Preßburg 1980, S. 87–97.

MŔTVI NESPIEVAJÚ

(slovak.; *Die Toten schlafen nicht*). Roman von Rudolf JAŠÍK, erschienen 1961. – Das Hauptwerk des früh verstorbenen Autors, zugleich einer der Höhe-

punkte des modernen slovakischen Romans, ist der erste Teil einer umfangreich angelegten, unvollendet gebliebenen Trilogie. Er behandelt die gesellschaftliche und politische Entwicklung der Slovakei in den Jahren des Zweiten Weltkriegs bis zum Beginn des antifaschistischen Aufstands. Das Romangeschehen vollzieht sich in zwei komplizierten Handlungssträngen: Der eine umfaßt die Kriegshandlungen an der Ostfront, der zweite das kleinstädtisch-dörfliche Milieu des slovakischen Hinterlandes.

Hauptgestalt des Frontgeschehens ist der junge Leutnant Kľak, ein tapferer, ehrenhafter Mann, der im Krieg, Auge in Auge mit dem Tod, moralisch und weltanschaulich reift. In einer Szenenfolge, die Jašíks Meisterschaft der psychologischen Analyse voll zum Ausdruck bringt, lernt Kľak die Mentalität der faschistischen Armee in eigener Anschauung kennen. Er tritt auf die Seite der einfachen Soldaten, denen der Krieg verhaßt ist. Im gemeinsamen Widerstandskampf bildet sich zwischen Kľak und seiner Mannschaft ein Verhältnis von Vertrauen und gegenseitiger Achtung heraus. Diese Seite des Romangeschehens hat die Funktion, den inneren Weg eines zunächst unbeteiligten Menschen zur aktiven Parteinahme für die volksdemokratische Revolution zu verfolgen. Sein innerer Wandel wirkt um so glaubwürdiger, als Jašík den Vorgang aus der Auseinandersetzung Kľaks mit einer vielfältigen konkret-historischen Erfahrung motiviert. Jašíks Darstellung der Front gehört zum Erschütterndsten, was die slovakische Kriegsliteratur hervorgebracht hat. – Das Kriegsgeschehen kontrastiert der Autor mit dem Leben in einer Provinzstadt des Hinterlandes, in der Bürger slovakischer und deutscher Nationalität zusammenleben. Dieser Teil des Romans ist als breites gesellschaftliches Panorama der mannigfaltigsten Charaktere konzipiert, die der Autor in ihren wechselseitigen Beziehungen wie in ihrer gedanklichen und gefühlsmäßigen Entwicklung verfolgt. In den Romanfiguren verbindet sich die Darstellung objektiver historischer Entwicklungstendenzen und exemplarischer Erfahrungen mit individualisierender Gestaltung. Jašíks Werk erschien in den Jahren, als der große gesellschaftskritische historische Roman, der seine Zeit am Zusammenspiel divergierender Anschauungen und Charaktere darzustellen suchte, in der slovakischen Literatur als Gattung kompromittiert zu werden drohte, weil er sich seinem Thema zu schematisch näherte. *Mŕtvi nespievajú* bezeichnet eine Art Wiedergeburt dieser Romangattung. J.Le.

AUSGABEN: Prag 1961. – Preßburg 1962; ³1963. – Prag 1971 (in *Dielo*, Bd. 4). – Prag 1979 (in *Dielo*, Bd. 2).

NÁMESTIE SVÄTEJ ALŽBETY

(slovak.; *St. Elisabeth-Platz*). Roman von Rudolf JAŠÍK, erschienen 1958. – Die Handlung des Romans spielt während des Zweiten Weltkrieges in der slowakischen Kreisstadt Nitra. Sein Thema ist die Verfolgung der slowakischen Juden durch die nationalsozialistischen Besatzer und das einheimische Bürgertum. Im Mittelpunkt des Romans steht die Liebe des jungen Arbeiters Igor Hamar zu der Jüdin Eva Weimann. Obwohl die Vorahnung der Judenverfolgung bereits wie ein Alpdruck auf der Stadt liegt, prallen die apokalyptischen Prophezeiungen des alten Maxi und die weitsichtigen Warnungen des Kommunisten Maguš an dem Egoismus und der fatalistischen Teilnahmslosigkeit der Menschen ab. An ihnen scheitert auch der verzweifelte Versuch Igors, die Geldsumme aufzubringen, die der Pfarrer für die Rettung Evas verlangt. Evas eigener Vater verweigert das Geld, um es kurz darauf für ein Paar Pferde auszugeben. Als Igor zuletzt den benötigten Betrag von Maxi erhält, ist es zu spät. Eva soll zusammen mit den anderen Juden der Stadt deportiert werden, kommt jedoch bereits auf dem Wege zum Bahnhof um.

Um die zentralen Gestalten des Romans gruppieren sich die charakteristischen Vertreter der zeitgenössischen slowakischen Gesellschaft in ihrem Verhältnis zu den grausamsten und unmenschlichsten Folgen der deutschen Okkupation. Skrupellos bedient sich der kollaborierende Teil der Bevölkerung der verbrecherischsten Methoden, um sich das Eigentum der entrechteten Juden anzueignen. Von dem »gelben Dodo«, einem Subjekt der Unterwelt, läßt sich der Kreissekretär der faschistischen Partei eine Liste der »verdächtigen« Juden anfertigen, um ihre Deportierung und die Konfiszierung ihres Vermögens anordnen zu können. Als Dodo die Tragweite seiner Handlung erfaßt, sucht er den Rest seines Gewissens im Alkohol zu ertränken. Mit Entsetzen betrachtet Haso, der Stellvertreter des Sekretärs, der aus Idealismus in die Partei eingetreten ist, die Entwicklung: Er begeht Selbstmord, als er die Unaufhaltbarkeit des Verbrechens erkennt. Auf der anderen Seite kostet der ehemalige Friseur Flórik seine Macht als Kulturreferent und Gardeoffizier in vollen Zügen aus. Sein Ziel ist ein eleganter Salon in der Hauptstraße der Stadt. Die Plünderung jüdischer Geschäfte, zu der er die Schüler des örtlichen Gymnasiums anstiftet, und die bevorstehende Deportierung der Juden scheinen der Verwirklichung seines Traumes zu bedeuten. Doch in diesem Augenblick rächt Igor an Flórik die Ermordung des geliebten Mädchens.

Über die Eindringlichkeit der Ereignisse hinaus nimmt der Roman durch die gelungene Milieuschilderung und die exakte Analyse der gesellschaftlichen Ursachen von Faschismus und Antisemitismus in der von den nationalsozialistischen Truppen besetzten Slowakei ein. Vor allem aber zeichnet er sich durch die glänzende Charakteristik der handelnden Personen aus. Die Diktion des Romans knüpft an die lyrische Prosa an. Dem mit großer Empfindsamkeit beschriebenen Liebesmotiv verbunden, deutet sie in der Wirklichkeit der nationalsozialistischen Grausamkeiten die Möglichkeit der Rückkehr zu einer humaneren und menschenwürdigen Gesellschaft an.   E.P.N.

AUSGABEN: Preßburg 1958. – Prag 1960. – Preßburg ³1962 [Nachw. J. Spitzer]. – Preßburg 1976. – Preßburg 1979 (in *Dielo*, Bd. 1).

LITERATUR: V. Mináč, *Súvislosti*, Preßburg 1976, S. 328–332.

ALEKSANDR JAKOVLEVIČ JAŠIN

eig. Aleksandr Jakovlevič Popov
* 27.3.1913 Bludnovo / Gouvernement Vologda
† 11.7.1968 Moskau

RYČAGI

(russ.; *Die Hebel*). Erzählung von Aleksandr Ja. JAŠIN, erschienen 1956. – Jašins Erzählung, die in gesellschaftskritischer Hinsicht zweifellos den Höhepunkt im zweiten Band des spektakulären »Tauwetter« Almanachs *Literaturnaja Moskva (Literarisches Moskau)* bildet, entstand unter dem unmittelbaren Eindruck der nachstalinistischen Übergangsperiode in der Sowjetunion. Richten sich die Angriffe der seit 1953 erschienenen kritischen Literatur – so auch der Erzählungen von DUDINCEV (*Ne chlebom edinym*, 1956 – *Der Mensch lebt nicht vom Brot allein*) oder GRANIN (*Sobstvennoe mnenie*, 1956 – *Die eigene Meinung*) – in erster Linie gegen die vom Stalinismus begünstigte Entfremdung zwischen der Sowjet-Administration und den einfachen Menschen, so setzt Jašins Erzählung tiefer an: Sie sucht die zerstörerischen Folgen des Personenkults – die übertriebene Reglementierung der Gesellschaft, die Unterdrückung der fortschrittlichen Initiative der Massen, die zunehmende Bürokratisierung, den Opportunismus der Aufstrebenden usf. – an den Wurzeln des gesellschaftlichen Gefüges, im Charakter des durchschnittlichen Parteimitglieds aufzudecken.

Im Klubraum eines Kolchosbetriebs im Norden der Sowjetunion treffen sich vier Funktionäre, der Viehzüchter Cipyšev, der Lagerverwalter Ščukin, der Kolchosvorsitzende Kudrjavcev und der Leiter der Feldwirtschaftsbrigade Konoplev, zu einer der vom Bezirkskomitee angeordneten Parteisitzungen und unterhalten sich, solange der fünfte Funktionär, die Lehrerin Akulina Seménovna, noch auf sich warten läßt, *»ohne jegliche Rücksichtnahme ... wie langjährige, gute Genossen«*. Freimütig diskutieren sie die Schwierigkeiten des Kolchos, freimütig machen sie dafür die unrealistischen Planungsmethoden des Bezirkskomitees verantwortlich und kritisieren den bürokratischen, autoritären Sekretär. Einhellig verurteilen sie die mangelnde Berücksichtigung der Vorschläge und Interessen der unmittelbar im Produktionsprozeß stehenden Kolchosarbeiter durch die leitenden Parteigremien. Ihr Gespräch wird plötzlich durch das Murren der Putzfrau, der alten Marfa, unterbrochen, die jedes Wort der offenen Diskussion mit angehört hat. Augenblicks legt sich eine lähmende, nur durch das nervöse Lachen Ščukins unterbrochene Stille über die Versammlung. Als die fünfte Genossin endlich eintrifft, kann die offizielle Sitzung beginnen. Das Radio wird ausgeschaltet, und die Versammelten erleben eine spukhafte Metamorphose: Aus den ungezwungenen Gesprächspartnern werden »*Hebel der Partei auf dem Dorfe*«, die die gleichen Themen wie vorher im privaten Gespräch behandeln, nur daß sie nun alles zuvor Beanstandete einstimmig gutheißen. Reibungslos werden die Tagesordnungspunkte erledigt. Erst als die Sitzung geschlossen ist, verwandeln sich die »*Hebel*« zurück in natürliche Menschen. Aus dem Radio ertönt die Ankündigung des XX. Parteitags.

Wie Jašins parabolische Erzählung zeigt, hat die undemokratische Phase der sozialistischen Gesellschaft tiefgreifende Veränderungen in der Persönlichkeitsstruktur des einzelnen hinterlassen, die die Rückkehr zu den leninistischen Prinzipien der proletarischen Demokratie erschweren. Daß bewußtseinslähmende Furcht sich zum Automatismus steigern kann, verdeutlicht die Szene des belauschten Gesprächs, wo die Auswirkung der Deformierungen des sozialistischen Gesellschaftsgefüges auf die zwischenmenschlichen Beziehungen gezeigt wird. Die den parodistisch gestalteten Diskussionsobjekten innewohnende Symbolkraft überhöht die Parabel zu einer Grundsatzfrage, und ihre Beantwortung ist die in der nachstalinistischen Literatur erstmalig aufgestellte Behauptung, daß – im Rückblick auf den Stalinismus – der Mensch der Partei gegenüber prinzipiell im Recht sei.   W.Sch.

AUSGABEN: Moskau 1956 (in *Literaturnaja Moskva*, Bd. 2). – Ldn. 1965.

LITERATUR: K. Zedrina, *Bol'saja sila* (in Znamja, 1950, 3). – V. Dement'ev, *Dar severa* (in Oktjabr', 1958, 6). – G. Struve, *Die Anklageliteratur* (in G. S., *Die Geschichte der Sowjetliteratur*, Mchn. 1964, S. 524 ff.; GGT). – A. A. Michajlov, *A. Ja.*, Moskau 1975. – N. A. Jašina, *Vospominanija ob otce*, Moskau 1977.

KARL JASPERS

* 23.2.1883 Oldenburg
† 26.2.1969 Basel

LITERATUR ZUM AUTOR:
Bibliographien:
G. Gefken u. K. Kunert, *K. J. Eine Bibliographie*, Oldenburg 1978.

Biographie:
H. Saner, *K. J. in Selbstzeugnissen und Bilddokumenten*, Reinbek 1970; ²1984 (rm).
Gesamtdarstellungen und Studien:
L. Pareyson, *La filosofia dell'esistenza di C. J.*, Neapel 1940. – M. Dufrenne u. P. Ricœur, *K. J. et la philosophie de l'existence*, Paris 1947. – P. Ricœur, *G. Marcel et K. J.*, Paris 1947. – G. Masi, *La ricerca della verità in K. J.*, Bologna 1953. – Th. Räber, *Das Dasein in der Philosophie von K. J.*, Diss. Bern 1955. – L. Armbruster, *Objekt und Transzendenz bei J.*, Innsbruck 1957. – *The Philosophy of K. J.*, Hg. P. A. Schilpp, NY 1957 (dt., *K. J.*, Stg. 1957. – J. Paumen, *Raison et existence chez K. J.*, Brüssel 1958. – X. Tiliette, *K. J.*, Paris 1960. – B. Tollkötter, *Erziehung und Selbstsein. Das pädagogische Grundproblem im Werke von K. J.*, Ratingen 1961. – U. Hommes, *Die Existenzerhellung und das Recht*, Ffm. 1962. – *K. J. Werk und Wirkung*, Hg. K. Piper, Mchn. 1963. – W. Schneiders, *K. J. in der Kritik*, Bonn 1965. – H. Gottschalk, *K. J.*, Bln. 1966. – Ch. F. Wallraff, *K. J. An Introduction to His Philosophy*, Princeton 1970. – S. Samay, *Reason Revisited. The Philosophy of K. J.*, Notre Dame/Ind. 1971. – O. Schrag, *Existence, Existenz, and Transcendence. An Introduction to the Philosophy of K. J.*, Pittsburgh/Pa. 1971. – *K. J. in der Diskussion*, Hg. H. Saner, Mchn. 1973. – L. H. Ehrlich, *K. J. Philosophy as Faith*, Amherst/Mass. 1975. – K.-M. Olson, *Transcendence and Hermeneutics. An Interpretation of the Philosophy of K. J.*, Den Haag 1979. – J. Hersch, *K. J.*, Lausanne 1978 (dt. *K. J. Eine Einführung in sein Werk*, Mchn. 1980). – P. Ricci Sindoni, *I confini del conoscere. J. della psichiatria alla filosofia*, Neapel 1980. – B. Negroni, *J. e la metafisica*, Chieti 1981. – J. Schultheiss, *Philosophieren als Kommunikation*, Königstein/Ts. 1981. – F.-P. Burkard, *Ethische Existenz bei K. J.*, Würzburg 1982. – F. J. Fuchs, *Seinsverhältnis. K. J.' Existenzphilosophie*, Ffm. 1984. – E. Hybasek, *Das Menschenbild bei K. J.*, Graz 1985. – K. Salamun, *K. J.*, Mchn. 1985. – G. Penzo, *J. Esistenza e trascendenza*, Rom 1985. – *K. J. Philosoph, Arzt, politischer Denker*, Hg. J. Hersch, Mchn. 1986. – Y. Örnek, *K. J. Philosophie der Freiheit*, Freiburg i. B./Mchn. 1986. – J.-M. Paul, *Situation de l'homme et histoire de la philosophie dans l'œuvre de K. J.*, Nancy 1986. – F. Röhr, *Die pädagogische Theorie im Denken von K. J.*, Bonn 1986. – G. A. van der Wal, *J. und Spinoza. Ein philosophisches Gespräch*, Leiden 1987. – R. P. Warsitz, *Das zweifache Selbstmißverständnis der Psychoanalyse. Die Psychoanalysekritik von K. J.*, Würzburg 1987. – *K. J. Today*, Hg. L. H. Ehrlich u. R. Wisser, Washington D.C. 1988.

DIE ATOMBOMBE UND DIE ZUKUNFT DES MENSCHEN

Politisch-philosophische Hauptschrift von Karl JASPERS, erschienen 1958. – Das weltweit beachtete

Werk bildet den Höhepunkt von Jaspers' Zeitkritik, die er mit *Die geistige Situation der Zeit* (1931) erstmals zum Ausdruck brachte, wie auch seines geschichtsphilosophischen (*Vom Ursprung und Ziel der Geschichte*, 1949) und seines politischen Denkens, und zwar sowohl was die Stellungnahme zu aktuellen Fragen (*Die Schuldfrage*, 1946) als auch die politische Theorie (*Max Weber*, 1932) betrifft. Die Schrift verdeutlicht außerdem die enge Verbindung zwischen Jaspers' gereiftem Seinsdenken (seiner Periechontologie) und den verschiedenen Aspekten seines Alterswerks; er formuliert hier sein Verständnis von Philosophiegeschichte: *»Keine Philosophie ist ohne politisches Denken ... Was eine Philosophie ist, zeigt sich in ihrer politischen Erscheinung.«*

Jaspers unternimmt den Versuch, die politischen Möglichkeiten der Zukunft der Menschheit angesichts der richtungweisenden Einschnitte der Zeitgeschichte grundsätzlich zu bestimmen. Solche Einschnitte markieren erstens die technische Neuerung der Gewinnung und Verwertung von Atomenergie, insbesondere zu militärischen Zwekken, wie zum Bau von Atombomben, wie zweitens der Totalitarismus. Er steht der Freiheit entgegen, deren zentrale Bedeutung für unsere Zeit Jaspers in *Vom Ursprung und Ziel der Geschichte* hervorhob. Die Atombombe und der Totalitarismus sind Grundgefahren für die Menschheit: die Atombombe für deren Dasein überhaupt, der Totalitarismus für ein lebenswertes Dasein. Jaspers gliedert seine Ausführungen dazu wie folgt: 1. *Wie allgemeine Erörterungen an Grenzen führen: Politik. Ethos. Opfer.* 2. *Die gegenwärtige politische Weltlage vom Standpunkt des Abendländers.* 3. *Erhellung der Situation des Menschseins im Umgreifenden.*

1. Politische Wirklichkeit spielt sich in einem begrenzten Raum ab; im politischen Denken und in der konsequent durchgeführten Politik erweist sich das jenseits der Grenzen liegende »Überpolitische« als Grund der politischen Wirklichkeit. Die Debatte, wie die Zukunft der Menschheit angesichts der Gefahr ihrer atomaren Vernichtung durch die Stiftung eines Weltfriedens zu gewährleisten ist, führt an die ihr eigenen Grenzen und weist auf das entsprechende Überpolitische. Nach geltenden politischen Prinzipien bewahrt jede Macht – zusammen mit ihrer absoluten Souveränität, der Forderung auf Nichteinmischung und dem Vetorecht – den Anspruch auf die eigene Willkür. Prinzipiell schließt dieser Anspruch die Möglichkeit des Unrecht-Tuns den eigenen Bürgern und die Kriegsbedrohung anderer Staaten gegenüber ein. Eben dies jedoch bedeutet eine Gefahr für den Weltfrieden im Zeitalter der Atombombe, denn auch friedlich gesinnte Staaten können es sich nicht leisten, sich willkürlicher Bedrohung preiszugeben. Der erforderliche Wandel in der geltenden Souveränitätspolitik kann nicht nur durch neue Gesetze und Einrichtungen erfolgen. Darüber hinaus ist eine überpolitische Bestimmung notwendig: Durch freie Informationsmöglichkeiten, offenes Miteinanderreden, Vertragstreue und Vertrauen kann die Ge-

fährdung gebannt werden. Dies setzt seinerseits den Wandel menschlicher Gesinnung überhaupt voraus, sowohl im Sinne des schon von jeher erfolgten Rufs nach dem überpolitischen Willen, nach der *»sittlichen Idee«*, als auch durch die in der Geschichte sich geltend machende überpolitische Bereitschaft des Menschen zum *»Opfer«*.

2. Um die Möglichkeiten des Wandels der Politik kraft des Überpolitischen ins Auge zu fassen, versucht Jaspers *»vom Standpunkt des Abendlandes«* aus die weltpolitische Wirklichkeit der Zeit in ihren großen Zügen zu erkennen und diese durch eine Prüfung der Tatbestände zu belegen. In diesem Zusammenhang führt er auch Themen früherer Schriften weiter aus, wie Phänomene der Moderne, die Folgen der europäischen Expansion, die Befreiungsbewegungen, die Situation des materiellen Fortschritts. Zentrales Thema ist aber die Frage einer möglichen *»Weltordnung der Freiheit«*. Die Idee eines Weltstaates findet Jaspers verwerflich, die Idee einer Konföderation begrüßt er. Doch aufgrund der realen Machtverhältnisse sei eine friedliche, freiheitliche Weltordnung noch in weiter Ferne. Jaspers beschäftigt sich schließlich mit der Frage nach der Entscheidungsbereitschaft zum Einsatz der Atombombe in der möglichen Situation, in der das Streben nach einer freiheitlichen Weltordnung durch die übliche Politik der *»Verträge und Rechtsordnung«* scheitert und in der die *»mögliche Alternative«* gestellt ist: *»totale Herrschaft oder Atombombe«*.

3. Im Hinblick auf diese Problematik skizziert Jaspers die Bedingungen der notwendigen Umkehr des Menschen zum Überpolitischen der Vernunft, die zu einer neuen, den Gefahren und Ansprüchen der Zeit gerechter werdenden Politik führen könnte. Er untersucht die Relevanz des wissenschaftlichen Denkens und der Forschung, wie auch die Alternativen zur Vernunft: den *»politischen Realismus«* und die *»kirchliche Religion«*. Die Vernunft selbst sei eine Sache der Solidarität vernünftiger Menschen, vor allem der Staatsmänner, die das Wagnis der *»Liberalität und Strenge«* des Miteinanderredens unternehmen. Nur auf diese Weise des Wirkens ist Vernunft nach Jaspers wirklich, nicht als Wirklichkeit. Vernunft lasse sich nicht planen, sei nicht vergleichbar mit einem zuhandenen Werkzeug des politischen Gewerbes. So hegt Jaspers keine Illusionen über die Wirklichkeit der Vernunft: Die beiden wichtigsten Kapitel seines Buches befassen sich mit der Wirklichkeit des Widervernünftigen und mit der Frage, ob die Vernunft eine Utopie sei. Die Vernunft dürfte sich seiner Einschätzung nach, jenseits aller Realpolitik und angesichts der Bedrängnis *»der irdischen Katastrophe«*, als die letzte Chance für die freiheitliche Weltordnung aufdrängen.   L.H.E.

AUSGABEN: Mchn. 1958; ⁷1983. – Stg./Hbg. 1963. – Mchn. 1961 (gekürzt; dtv). – Mchn. 1962.

LITERATUR: H. Gollwitzer, *Die Atombombe und der Friedenspreis* (in Kultur, 1. 5. 1959). – J. Hersch, *Le philosophe devant la politique* (Vorw. zu *La bombe atomique* ..., Paris 1958, S. 1–20). – G. Mann, *Strategie und Philosophie der Atombombe* (in Merkur, 12, 1958, S. 1185–1190). R. Schaeffler, *Existenzielles Philosophieren in der Bedrängnis der Gegenwart* (in Philosophische Rundschau, 7, 1959, S. 260–293). – R. Wisser, *In Politik verstrickt?* (in R. W., *Verantwortung im Wandel der Zeit*, Mainz 1967, S. 83–140).

DIE GEISTIGE SITUATION DER ZEIT

Kulturphilosophische Abhandlung von Karl JASPERS, erschienen 1931. – Die Schrift wurde gleichzeitig mit Jaspers' Hauptwerk *Philosophie* abgeschlossen und veröffentlicht. In bewußter Nachfolge einer alten Tradition der »Zeitkritik«, insbesondere im Anschluß an S. KIERKEGAARD und F. NIETZSCHE und in Unterscheidung von O. SPENGLERS »naturalistisch« konzipierter »Kulturmorphologie« fragt Jaspers nach Sinn und Grenzen einer Zeitkritik und besinnt sich auf die Situation und die Möglichkeiten des Menschseins in der Moderne der Zwischenkriegszeit.

Das Werk ist einerseits von Jaspers' radikal auf den Seinsgrund gerichteter Philosophie des Menschseins geprägt, die er zu dieser Zeit noch Existenzphilosophie nannte und der er im zweiten Band *(Existenzerhellung)* seiner *Philosophie* ihren grundlegenden Ausdruck gab. Andererseits zeigt es deutlich die liberale politische Gesinnung, die er von Haus aus empfangen und die durch seinen Mentor Max WEBER ihre kritisch-prüfende Schulung erfahren hatte. *Die geistige Situation der Zeit* brachte Jaspers nach eigener Einschätzung »*auf den Weg öffentlichen Redens über politische Dinge*«. Kurz vor der (nicht erwarteten) Machtergreifung des nationalsozialistischen Regimes spricht Jaspers hier noch nicht den Nationalsozialismus oder Totalitarismus, wohl aber den »*Bolschewismus*«, »*Faschismus*« und die »*Rassentheorie*« an. Im kritischen Aufzeigen der Gefahren der Moderne für das Menschsein und im Aufruf an den einzelnen, die Möglichkeiten verantwortlicher Freiheit zu realisieren, wurde die Schrift für viele zum Vademecum durch die Jahre der nationalsozialistischen Herrschaft.

Jaspers diagnostiziert die moderne Situation, die, da sie gegenwärtig sei, nicht in ihrer Ganzheit, sondern nur perspektivisch ins Auge gefaßt werden könne. Daher richtet er seinen Blick auf das Dasein, in dem der Mensch das, worauf es ihm jeweils und letzthin ankomme, verwirklichen könne. Was die moderne Daseinsordnung vornehmlich bestimme, sei das Massenwesen. Das Massenhafte scheine zu dominieren, andererseits scheine die Daseinsordnung auf Versorgung der Masse und Kontrolle über sie abgestimmt zu sein. Dies werde durch den Aufschwung der modernen Wissenschaft und des technischen Könnens ermöglicht. Jedes Lebensgebiet könne auf diese Weise der Machbarkeit unterzogen werden. Der Apparat sei vorherrschend, alles könne ihm dienlich sein, auch die geistigen Kräfte,

die den Menschen eigentlich dazu befähigten, sich seiner Seinsursprünge gewiß zu werden und sein Leben zu lenken. Durch die Macht des Apparates jedoch werde das Geistige nivelliert, die Aspekte des Menschseins würden auf das Allgemeine reduziert. Autoritäten seien zu Funktionären des Apparats geworden und somit sei der Sinn ihrer Rolle als Vermittler des Seinsgrundes zerstört. Dem Einzelnen entgleite die Macht, Lebensentscheidungen mit eigenem Risiko zu treffen; diese würden mitunter dem staatlichen »*Willen im Ganzen*« und den »*anonymen Kräften*« zufallen, deren Autorität gegenüber der Mensch kein Vertrauen, sondern nur fraglose Fügung aufbringen könne.

Doch Jaspers' Diagnose ist nicht nur als »*betrachtende Prognose*« hinzunehmen, als eine Vorhersage dessen, was da kommen muß. Vielmehr will er verdeutlichen, daß die moderne Wirklichkeit nicht nur die aufgezeigten Tendenzen fördert, sondern Möglichkeiten anderen Menschseins in sich birgt und dazu anspornt, diese zu realisieren. So stellt Jaspers den Begriff des Menschen, auf den die Existenzphilosophie weist, dem der Wissenschaften vom Menschen gegenüber. Diese betrachten den Menschen als Objekt des Wissens und des Manipulierens, ob im Marxismus, in der Psychoanalyse oder in der Rassenlehre. Jene aber sei »*das alle Sachkunde nutzende, aber überschreitende Denken, durch das der Mensch er selbst werden möchte*«. Die Schrift kulminiert somit in der »*erweckenden Prognose*«, daß der Mensch die positiven Möglichkeiten des eigentlichen Menschseins angesichts der Gefahren, die es in der Moderne bedrohen, in sich selbst finden müsse: den eigenen Bezug zu den Ursprüngen des Seins, die Kraft der Toleranz gegenüber dem Anderen in dessen Bezug zu seinen anderen Ursprüngen, die Verantwortlichkeit »*für das, was geschieht ... sofern man nicht getan hat, was man konnte, um für das zu sorgen, was geschehen sollte*«.   L.H.E.

AUSGABEN: Bln. 1931; ⁵1932. – Mchn. 1979 [Nachdr. der 5. Aufl. 1932].

LITERATUR: O. F. Bollnow, *Existenzphilosophie u. Geschichte. Versuch einer Auseinandersetzung mit K. J.* (in BdPh, 11, 1937/38, S. 337–378). – G. Lukács, *Die Zerstörung der Vernunft*, Neuwied/Bln. 1962, S. 453 ff. – D. Scholz, *Mensch und Geschichte in der Philosophie K. J.'* (in GWU, 15, 1964). – H. Pieper, *Selbstsein und Politik. J.' Entwicklung vom esoterischen zum politischen Denker*, Meisenheim a. Gl. 1973.

PHILOSOPHIE

Philosophisches Hauptwerk von Karl JASPERS, erschienen 1931 in drei Bänden: Bd. 2: *Existenzerhellung*; Bd. 3: *Metaphysik*. – Bereits in der *Allgemeinen Psychopathologie*, einem beachteten Werk des dreißigjährigen Mediziners Karl Jaspers, der sich über die vorherrschenden Schulen des Faches erhob und mit Hilfe einer pluralistischen Methodologie Ordnung in die psychiatrische Forschung brachte, wurden Motive seines späteren philosophischen Denkens erkennbar. Dazu gehört die Klärung des wissenschaftlichen Denkens durch ein Denken, das dieses zu einem *»offenen Horizont«* des Seins transzendiert. Weitere Motive zeigten sich in *Psychologie der Weltanschauungen* (1919). Dort zog Jaspers den Schluß: Das, worauf es dem Menschen letztlich ankommt, ist nicht durch wissenschaftliches Denken zu bestimmen, sondern beruht auf Wahl und Einsatz des existierenden Einzelnen; Philosophie kann bloß Möglichkeiten aufweisen. In den zwanziger Jahren führte Jaspers diese Motive dann mit rebellischer Konsequenz in der Niederschrift seiner *Philosophie* aus. Es war das Jahrzehnt, in dem er, nicht ohne Argwohn von seiten der etablierten »Philosophenzunft«, von der Psychologie zur Philosophie überwechselte und den Versuch unternahm, in kritischer Anlehnung an I. Kant, S. Kierkegaard und F. Nietzsche und jenseits der »Schulphilosophie« einen Neubeginn der Philosophie zu bewirken. Es war auch die Zeit der Freundschaft mit M. Heidegger; die Gespräche der beiden in jenen Jahren dürften die gleichzeitige Niederschrift ihrer ersten Hauptwerke (Heideggers *Sein und Zeit*, Jaspers' *Philosophie*) beeinflußt haben, Werke, die sich für die weitere Entfaltung ihres divergierenden Denkens, wie überhaupt für die moderne Erneuerung der Seinsfrage, als grundlegend erweisen sollten.

Im Brennpunkt der breit angelegten *Philosophie* steht die Frage nach dem Sein. Im Sinne jener Motive, die Jaspers zur Philosophie führten, ist sie dadurch bestimmt, daß sie dem denkenden Menschsein in seiner Situation und seiner Geschichtlichkeit entspringt: In der Perspektive des denkenden Ausgerichtetseins zerfällt das Sein in Weisen und Begriffe. So ist auch das Fragen sowohl nach dem Sein wie nach den Weisen des Seins ein Denken, das sich aus dem Vielen und Bestimmten erhebt – ein Transzendieren. Das Suchen nach dem Sein erfordert damit auch eine Klärung des geschichtlichen Charakters des *»Denkendseins«*, das jeweils das Stellen der Seinsfrage bestimmt. Seinszerfallenheit, Transzendieren, Geschichtlichkeit des Denkendseins bestimmen die Ausführung wie die Disposition des Werks: Die drei Bücher befassen sich thematisch mit dem Weltsein, dem Menschsein, und der *»Transzendenz«* als dem Seinsgrund schlechthin. Jeder dieser Themenkreise erfordert ihm gemäße Weisen des transzendierenden Denkens. Die geschichtliche Bestimmtheit der Denkmöglichkeiten wird bewußt und durchgehend im Auge behalten, obwohl die Geschichtlichkeit des Menschseins nur im zweiten Teil thematisiert wird. Im ersten Buch wird demgemäß das Thema Welt als *Weltorientierung* aufgefaßt. Die Welt ist nach Jaspers aber nicht bloß ein Moment des menschlichen *»In-der-Welt-Seins«*, auch nicht der Begriff des *»objektiv Wirklichen«* gegenüber der *»Subjektivität«*, sondern ist sowohl *»gegeben«* als *»hervorgebracht«*. Erst in diesem Sinne könne von einer Orientierung seitens des denkenden Menschseins

in bezug auf das Weltsein die Rede sein und könnten die Weisen der Orientierung in ihren Grenzen umschrieben und die möglichen Weltbegriffe erörtert werden. Jaspers behandelt das *»zweckhafte Handeln«* in der Welt wie das Wissen um die Welt, zumal das moderne wissenschaftliche Denken, als Weisen der Weltorientierung. So wie das Phänomen der Orientierung in Weisen zerfalle, so führe die Endlosigkeit dessen, was sich als wirklich zeige, nicht zu einem einheitlichen, fundamentalen Weltbild, sondern zu Begriffen der Wirklichkeitsweisen, die durch den Wandel des Wissens bedingt seien. Die Weltorientierung sei kein endgültig *»sich schließendes«* Gefüge, wie etwa Positivismus und Idealismus sie zu sehen vermeinten. Statt eines Systems erfordere die wissenschaftliche Weltorientierung vielmehr eine im Prinzip offen bleibende *»Systematik«* des errungenen Wissens. Als Weisen der *»Verabsolutierung«* dessen, was weltorientierend gewußt werden könne, zeigten sich im Positivismus und Idealismus Denkmotive, die die Weltorientierung transzendieren. Dies sei der Denkbereich der *»Weltanschauung«*, des *»Glaubens und Unglaubens«*, und der Philosophie. Weltorientierendes Denken, das an seine Grenzen stößt, ist nach Jaspers somit der Ursprung eines Denkens *»zur Freiheit in transzendenter Bezogenheit, ohne ein Wissen, wohin es geht«*. Die Gebundenheit der Philosophie an Weltorientierung besteht, wie er hinzufügt, aber auch darin, daß diese in ihren Gestalten, wie auch die Wirklichkeit, die sie eröffnet, die unumgängliche *»Daseinsform der Philosophie ist«*.

In Abhebung von der Welt und dem *»Weltdasein«* des Menschen wird im zweiten Buch die *»Existenz«* des Menschen thematisiert. Soweit in ihm die Dimensionen des Existenziellen ihre transzendentalphilosophische Begrifflichkeit und ihren sprachlichen Ausdruck finden, und zwar anders als in M. Heideggers fundamentalontologisch ausgerichteter *»Daseinsanalyse«*, darf dieses Buch mit Recht als Grundtext der modernen Existenzphilosophie gelten. Seine darüber hinausgehende Bedeutung ergibt sich aus dem Kontext des ganzen Werkes, wonach *das Suchen nach dem Sein* [auf] *die Frage nach dem, der sucht«* zurückgeworfen wird. Nur so kann, in Jaspers' Sinn, die Konfusion von Sein und dem Sein, wie es für den Menschen in seiner Geschichtlichkeit von Bedeutung ist, verhütet und der Reduktion der Seinsfrage auf eine Frage der Anthropologie entgegengewirkt werden. Das ist die eigentliche Absicht des zweiten Buchs. In ihm wird folgender Gedankengang dargelegt: Nicht in seinem Weltsein, nicht durch sein Denken, sondern in seinem Existieren werden dem Menschen die Modalitäten der Seinsfrage wirklich und sagbar. Die Existenz ist aber keinem Wissen, sondern nur einem transzendierenden Denken zugänglich und kann somit nur *»erhellt«* werden, und zwar nicht in ihrer Wirklichkeit, sondern als *»mögliche Existenz«*. Die Seinsfrage, wie sie sich dem Menschen wirklich stellt, ist immer eine Frage des je Einzelnen in der Gestaltung seiner Zeitlichkeit und in seiner Beziehung zum Mitmenschlichen.

Demgemäß stehen »*Geschichtlichkeit*« und »*Kommunikation*« an führender Stelle in Jaspers' Phänomenologie der »*möglichen Existenz*«. Geschichtlichkeit bedeutet hier, daß das, was aus dem Grunde des Seins durch das menschliche Denkendsein Geschichte wird, sich nicht ohne die Existenzialität des Einzelnen zeitigt. Existenzialität ist an die Situation gebunden, die der Mensch mehr oder minder übersieht, der gegenüber er Wahl und Entscheidung vollzieht, und umfaßt somit das Risiko seiner beschränkten Zeitlichkeit und der Bewährung dem gegenüber, als was er sich glaubend versteht, der Schuld für die durch ihn zu bewirkende Wirklichkeit und der Verantwortlichkeit für das, was aus seiner Handlung erfolgt und was in ihr auf dem Spiele steht. Die Wahrheit des Seins ist – so Jaspers – nicht vorhanden, um sich durch die Verwirklichung des Menschen zu ereignen, sondern wird innerhalb der ursprünglichen Verwirklichungen des Menschen entschieden. Existierend ist der Mensch »*kommunikativ*«, das heißt in Hinsicht auf den Anderen; Mensch sein heißt mit und gegeneinander sein in einem »*liebenden Kampf*« um die Wahrheit. Somit ist die Artikulation der Frage nach dem Sein und nach der Wahrheit ein fortwährender Prozeß des »*kommunikativen*« Sich-Richtens an den Anderen und dessen Erwiderung.

Jaspers unterscheidet Freiheit vom *liberum arbitrium* (freie Willkür) des Willens. In einem Denken, das seinen Ansatz bei Kant findet, ist Freiheit nicht als Wißbares im Weltsein zu finden, viel weniger als Wesenseigenschaft des Menschen zu erfassen, sondern ist im Vollzug aus dem Grunde des Seins, in dem der Mensch zu sich findet: »*ich bin mir in meiner Freiheit geschenkt*«. – Die angedeutete »*Unbedingtheit der Existenz*« wird in der Erörterung weiterer Begriffe thematisch: Das Menschsein spiele sich »*immer in Situationen*« ab, sei als bloßes Dasein »*fragwürdig*«, nie »*ohne Kampf und ohne Leid*«, »*unvermeidlich*« in Schuld verstrickt und müsse scheitern und sterben. Solche Begrenztheit sei Grundbedingung des Menschseins und nicht aus einer Überschreitung der Grenzen abzuleiten. Aber die Konfrontation mit solchen »*Grenzsituationen*« könne dazu führen, daß man die ursprüngliche Wahl treffe, das Sein, das nur durch den jeweils existierenden Menschen wirklich wird, aus dem Grunde jenseits aller Grenzen zu verwirklichen. Das Sein sei nicht bloß ein durch den Menschen vermitteltes Sein, denn Verwirklichung erfordere das Opfer seiner Zeitlichkeit und den Einsatz seines Daseins. Der Mensch verwirkliche aufgrund von Möglichkeiten, die durch kein Wissen zu bestimmen und abzuleiten seien, er empfange sie ursprünglich aus dem Grunde, in dem er Wurzeln schlage. Das Bewußtsein des je eigenen Originärseins sei »*absolutes Bewußtsein*«, im Unterschied zu HEGELS Begriff des menschlichen Bewußtseins als vermittelnde Besonderung des absoluten Allgemeinen. Das Handeln aus je eigener Seinsgewißheit (Glaube, Liebe, Phantasie) und je eigenem Gerichtetsein auf den Seinsursprung (Nichtwissen, Angst, Gewissen) sei als das Wagnis zu betrachten, das Dasein mit Gel-

tung und Verwirklichung zu durchdringen, die diesem nicht eigen sind. Demgemäß ist – so Jaspers – originäre Verwirklichung aus jeweils eigener Seinsgewißheit als »*unbedingtes Handeln*« zu betrachten, als die Wiedergewinnung des Menschen aus der »*Zerstreuung*« des vielartigen Daseins zu sich selbst in bedingungsloser Bindung an den einen Grund des Seins.

Jaspers schließt mit der Erörterung von Fragen der Beziehung sowohl der existenziellen Wirklichkeit zum objektiven Dasein, zur Öffentlichkeit des Gemeinwesens und zum ontologischen Wissen als auch der Existenzen zueinander. Diese letztere Beziehung ist als »*Glaube gegen Glaube*« bestimmt, und zwar durch den je eigenen Bezug zum Grunde des Seins.

Der Bezug »*zur Transzendenz*« wird im dritten Buch, *Metaphysik*, erarbeitet: Metaphysik bezeichnet hier den Bezug des denkend Seienden zum Seinsgrund und keineswegs die Vergegenständlichung desselben im üblichen Sinne der heute allgemein und auch von Jaspers ausdrücklich verworfenen Metaphysik. Die Problematik dieser herkömmlichen Metaphysik ergibt sich aus der unvermeidlichen Gestaltung des Denkens zum Gegenständlichen, gemäß der jedoch der Grund des Seins konsequent als »*transzendent*« gedacht werden muß. Die Aspekte dieser Problematik berücksichtigt Jaspers im einleitenden Kapitel mit Nachdruck auf die »*Wirklichkeit*« und der »*Geschichtlichkeit*« des metaphysischen Denkens, dessen Weisen in drei weiteren Kapiteln erörtert werden. Als »*formales Transzendieren*« interpretiert Jaspers die reichen Traditionen der spekulativen Metaphysik. Im Mittelpunkt aber stehen die »*existenziellen Bezüge zur Transzendenz*«, deren Phänomenologie als eine der originellsten Partien des Buches gelten darf: »*Verknüpft mit dem eigenen Seinsbewußtsein offenbart sich Transzendenz in der Weise, wie ich zu ihr stehe.*« Der »*Trotz*« des Ivan Karamazov wird hier der »*Hingabe*« der Theodizee gegenübergestellt, das »*Gesetz des Tages*« (Vernunft) der »*Leidenschaft zur Nacht*«, der »*Reichtum des Vielen*« (Polytheismus) dem »*Einen*« der Wahrheit des Seins. Originell ist auch die Auslegung des ausdrücklichen Denkens des Seins in seiner Transzendenz als das »*Lesen von Chiffren*«: Symbole sind – so Jaspers – an und für sich unverbindlich. Erst in der Verbindlichkeit des existenziellen Seinsbezugs wirken sie in der Gestaltung des dem Sein unangemessenen menschlichen Denkens als »*Chiffren der Transzendenz*«. Wohl alles Denkbare dürfte als Chiffre wirken können, doch sinngemäß sei das Scheitern des Denkens, zumal des menschlichen Denkendseins, die »*letzte Chiffre*«. L.H.E.

AUSGABEN: Bln. 1932, 3 Bde. [recte 1931]. – Bln. u. a. 1948 [Reg. M. Salditt]. – Bln. u. a. 1956, 3 Bde. [m. Nachw.]; ern. 1973.

LITERATUR: J. Wahl, *Le problème du choix, l'existence et la transcendence dans la philosophie de J.* (in Revue de métaphysique et de morale, 41, 1934,

S. 405–444). – F. Imle, *J. als Existenzphilosoph* (in PhJB, 49, 1936, S. 487–504; 1937, 78 93; 238–251). – O. F. Bollnow, *Existenzerhellung und philosophische Anthropologie* (in BdPh, 9, 1938, S. 133–174). – G. Marcel, *Situation fondamentale et situation-limit chez K. J.* (in G. M., *Du refus à l'invocation*, Paris 1940, S. 284–326). – A. Lichtigfeld, *J.'s Metaphysics*, Ldn. 1954. – E. Frank, *Die Philosophie von J.* (in E. F., *Wissen, Wollen, Glauben*, Zürich/Stg. 1955, S. 269–288). – L. H. Ehrlich, *Truth and Its Unity in J.* (in Revue internationale de philosophie, 147, 1983, S. 423–439).

DER PHILOSOPHISCHE GLAUBE ANGESICHTS DER OFFENBARUNG

Alterswerk von Karl JASPERS, erschienen 1962 als eine Art Summe seiner Philosophie, insbesondere eine Erweiterung und Vertiefung seiner Lehre von der Philosophie als einem Glauben aus eigenem Ursprung. – Schon 1947 hatte Jaspers in einer kleinen Schrift *Der philosophische Glaube* den Begriff dieses Glaubens von dem des Offenbarungsglaubens abgehoben. Im Spätwerk werden vor allem die beiden philosophischen Hauptthesen, die Lehre von den Chiffren und die Lehre vom Umgreifenden, weitergeführt. Jaspers geht von der Überzeugung aus, daß *»in der Situation unserer Tage die Verwandlung der biblischen Religion für uns Abendländer, der anderen Religionen für deren Gläubige, der Philosophie für alle«* sich vollzieht. Damit die Menschen im Ringen um die Wahrheit einmütig werden, bedarf es der Wahrhaftigkeit gegen sich selbst und den Anderen, zunächst aber der *»Reinigung des erkennenden Bewußtseins … unter den Bedingungen der Wissenschaft und aus dem Ursprung der Philosophie«*. Heute ist die moderne Dreigliederung: Wissenschaft, Philosophie, Theologie an die Stelle des alten Gegensatzes von Vernunfterkenntnis und Glaubenserkenntnis getreten. Moderne Wissenschaft ist methodische Erkenntnis von zwingender Gewißheit und Allgemeingültigkeit, die alles erfaßt, *»was als Realität und Denkbarkeit vorkommt«*; aber sie *»weiß zugleich mit dem Wissen dessen Grenzen«*. Ihr gegenüber begreift sich die Philosophie als *»selbständiger Ursprung zwischen Wissenschaft und Offenbarungsglauben«*, ihr Kern ist die *»Denkbewegung der Erhellung philosophischen Glaubens«*, ihre Wahrheit entspringt *»in der Wirklichkeit des inneren und äußeren Handelns, in der Verfassung der Seele, im Entschluß«*, kurz: *»in der Wirklichkeit der Existenz«*. Die Philosophie wendet sich also gegen den sie verneinenden Offenbarungsglauben nicht aus der Verachtung der aufgeklärten Vernunft, sondern übt ihm gegenüber *»Verweigerung der Aneignung und Gefolgschaft«*. Aber *»nur dogmatische Theologie und dogmatische Philosophie, beide unheilvoll pochend auf die unwahre Absolutheit ihres vermeintlich gewußten Grundes, schließen sich aus«*; sie werden sich finden, wenn sie nicht aufhören *»im Versuch, sich zu verstehen«*. Zum Abbau jener Begrifflichkeit, die sich in Jahrtausen-

den um den Offenbarungsglauben gelegt hat, bedarf es darum zwar auch der historisch-wissenschaftlichen Analyse, wesentlicher ist jedoch *»ein philosophisches Grundwissen«*, welches die Unterscheidung lehrt zwischen *»Dasein, Bewußtsein, Geist, Welt und Transzendenz, Existenz und Vernunft«*. Es ist nicht Ontologie, sondern in seiner höchsten Ausprägung Periechontologie, d. h. Lehre von der Transzendenz als dem Umgreifenden, das sich uns in mannigfachen Weisen als der tragende Grund unserer Existenz kundtut und in existentiell motivierter Reflexion erfaßbar ist. Wir erlangen so Zugang zum *»Reich der Chiffren«*, in denen die Wirklichkeit der Transzendenz zu uns spricht. Hier ist auch das Feld, auf dem heute die eigentliche Auseinandersetzung zwischen Philosophie und Offenbarungsglauben geführt werden muß: *»Der große Schritt, mit dem der Mensch selbst sich verwandelt, wird getan, wenn die vermeintliche Leibhaftigkeit des Transzendenten als täuschende Realität preisgegeben wird zugunsten des Hörens der vieldeutigen Sprache der Chiffren.«* Jahrtausende haben in den Chiffren Realitäten gesehen, die – wie etwa die Höllenstrafen – den Menschen sogar physisch bedrohen. Heute können wir wissen: Weder Leibhaftigkeit und Direktheit der Mitteilung noch das in allen Kulten geübte *»Sakrale«* sind für die Vergegenwärtigung der Transzendenz notwendig. Auch die Offenbarung selbst muß als Chiffre erkannt werden, aber sie wird *»durch die Abstreifung der Offenbarungsrealität«* nur reiner und wahrer. So wird es für die Zukunft des biblischen Glaubens entscheidend sein, ob es gelingt, unter Verzicht auf den Christus als eine der besonderen historischen Glaubensformen *»den Menschen Jesus zur Geltung zu bringen und seinen Glauben«*. Auf solche Art reflektiert Jaspers die überkommenen Dogmen, um sie als Chiffren zu interpretieren und dadurch ihre Wahrheit zu bewahren und anzueignen. Letzte Instanz ist dabei stets *»das Philosophieren und die Lebenspraxis der Existenz«*.

Die geistige und reale Situation ist jedoch vor allem durch die institutionelle Kirche bestimmt. Aber Jaspers hält, auch nachdem KIERKEGAARD die Unvereinbarkeit von Christlichkeit und Kirchentum aufgewiesen hat, wenigstens *»auf protestantischem Boden«* die Idee einer *»Reformation im Grund der Erscheinung des biblischen Glaubens«* nicht für utopisch. Ihr Ziel wäre *»der Wiedergewinn der einst fraglosen Einheit«* der beiden Glaubensursprünge von Theologie und Philosophie *»durch die nunmehr bewußte Einheit der Unterschiedenen in der Kommunikation der sich immer auch abstoßenden Pole«*.   H.Z.

AUSGABEN: Mchn. 1962. – Mchn. 1963 [Reg. H. Saner]; ³1984.

LITERATUR: B. Welte, *Der philosophische Glaube bei K. J. u. die Möglichkeit seiner Deutung durch die thomistische Philosophie* (in Symposion, 2, 1949, S. 1–190). – M. Werner, *Existenzphilosophie und Christentum bei K. J.* (in Schweizerische Theologische Umschau, 23, 1953, S. 21–40). – K. J. u. R. Bultmann, *Die Frage der Entmythologisierung*, Mchn. 1954. – W. Lohff, *Glaube u. Freiheit. Das theologische Problem der Religionskritik von K. J.*, Gütersloh 1957. – R. D. Knudsen, *The Idea of Transcendence in the Philosophy of K. J.*, Kampen 1958 [zugl. Diss. Amsterdam]. – B. A. Willems, *Zu K. J.'s Philosophie der Transzendenz* (in Freiburger Zs. f. Phil. u. Theologie, 9, 1962, S. 247–255). – K. J. u. H. Zahrnt, *Philosophie und Offenbarungsglaube*, Hbg. 1963. – J. B. Lotz, *Nachtrag zu Analogie und Chiffre* (in J. B. L., *Sein und Existenz*, Freiburg i. B. u. a. 1965, S. 290–295). – J. Schmitz, *Darstellung u. Kritik des Offenbarungsglaubens bei K. J.* (in Trierer Theolog. Zs., 74, 1965, S. 83–99).

VOM URSPRUNG UND ZIEL DER GESCHICHTE

Geschichtsphilosophisches Werk von Karl JASPERS, erschienen 1949. – Das Werk gehört zu Jaspers' politisch-zeitkritischen Schriften, steht aber auch in Verbindung mit seinem gereiften Seinsdenken. Es ordnet sich in die Folge der Werke ein, die mit *Die geistige Situation der Zeit* (1931) begann; Jaspers hält diese frühere Schrift *»für eine Ergänzung der gegenwärtigen. Jene frühere war unhistorisch, diese gegenwärtige ist historisch gedacht. Beide beziehen sich auf die Gegenwart.«* Die im Brennpunkt der Ausführungen stehende Gegenwart ist nicht mehr bloß die geistige Situation des möglichen Menschseins, sondern die der Chancen und der Gefahren für die Menschheit, die sich eklatant in der Herrschaft des nationalsozialistischen Regimes und im Zweiten Weltkrieg gezeigt haben. So ist das Werk auch in die Reihe politischer Schriften einzuordnen, die mit *Die Schuldfrage* (1946) eingeleitet, mit vielen Schriften zur deutschen Nachkriegspolitik fortgeführt wurde und im Bereich der Weltpolitik mit *Die Atombombe und die Zukunft des Menschen* (1958) ihren Höhepunkt erreichte.

Bewußt konzipiert Jaspers die Geschichte nicht als eine des Abendlands, die sich als Weltgeschichte gebärdet, sondern als die der Menschheit ist, deren unterschiedliche Teile miteinander in Verbindung stehen, einander beeinflussen, bedrohen und fördern können. Entgegen vorherrschenden totalen Anschauungen und Tendenzen möchte Jaspers eine wirksame Geschichtsauffassung fördern, die in der Vereinheitlichung der Menschheit die Chancen der Toleranz für das Besondere und für die Würde des freien geschichtlich-jeweiligen Menschseins realisieren kann. Bei seiner Suche nach solch einer wirksamen Offenheit in der bisherigen Geschichte und in der gegenwärtigen Situation beruft er sich – ohne sie ausdrücklich anzuführen – auf die Errungenschaften seines periechontologisch konzipierten Seinsdenkens (das im Gegensatz zur bisherigen Ontologie eine offene, kategorienlose Systematik des Seienden entwirft – ohne geschlossenes Welt-

bild) und insbesondere auf den ihm integralen Begriff der Vernunft.

Im mittleren der drei Teile des Werkes behandelt Jaspers das Thema *Gegenwart und Zukunft*. Er betrachtet es aus der Perspektive einer eigentlichen *Weltgeschichte*, die im ersten Teil erläutert wird; im dritten beschäftigt er sich mit dem *Sinn der Geschichte*:

1. Die Orientierung in der Gegenwart und der Ausblick auf die Zukunft beruhen nach Jaspers auf Erinnerung an das Vergangene. Die Vergangenheit sei immens, das Erinnerte beschränkt. Ursprung und Ziel, Gesamtheit und Einheit der Geschichte seien dem Wissen unzugänglich. In unserer Situationsgebundenheit, zumal im Zeitalter der anhebenden Weltgeschichte, könne ein Geschichtsbild, an dem wir uns orientieren können, nur eine Idee sein. Um wirkungsvoll zu sein, müßte es sowohl den Gegebenheiten der Vergangenheit angemessen wie auch für die aus der Gegenwart sich ergebenden Aufgaben zukunftsweisend sein. In kritischer Abhebung von gegenwärtigen Geschichtstheorien (O. SPENGLER, A. J. TOYNBEE) erkennt Jaspers einen Ruck im Menschsein, den er als »*Achsenzeit*« der Weltgeschichte ausmachen zu können glaubt. Jaspers versteht unter ihr jedoch nicht die »Achse der Geschichte« im Sinne HEGELS, die durch die Geburt Christi gekennzeichnet ist, dem für die Frage nach dem Sinn der Geschichte im Abendland so maßgeblichen Ereignis, sondern er kennzeichnet die »Achsenzeit« mit einem Wandel im denkenden Menschsein. Dieser habe sich im ersten vorchristlichen Jahrtausend in verschiedenen Kulturen völlig unabhängig voneinander vollzogen, in China, in Indien, in Persien, im jüdischen Volk und bei den Hellenen. Aus einer vornehmlich pragmatisch ausgerichteten Denkweise, in der die großen Fragen bildlich-konkret und unbefangen mythisch behandelt wurden, seien Menschen zu einem Denken erwacht, das sich eine weitere, offenere und freiere Sicht verschaffte, sich über die Enge der Differenzen erheben konnte, indem es versöhnende und vereinende Ideen erdachte, dem das Wißbare der Welt, wie sie ist, nicht genügte und das, was weniger ist als die eine und letzte Wahrheit, fraglich fand, diese aber ruhelos suchte. Jaspers erblickt in ihm das Denken der Vernunft, im Unterschied zum Verstandesdenken, welches durch die Errungenschaften der modernen Wissenschaft zum wirkungsvollsten Mittel der Herrschaft über Menschenmassen geworden sei und somit zur Gefährdung der Freiheit geführt habe. Die Besinnung auf den Sinn der Geschichte könne die Macht der Vernunft im Modus der Kommunikation wiederbeleben.

2. Wissenschaft und Technik sind nach Jaspers das »*schlechthin Neue*« der Moderne, das für die Gegenwart wie auch für die Zukunft bezeichnend ist. Sie seien keineswegs gleichzusetzen. Jaspers bestimmt die der modernen Wissenschaft eigene Logik, ihre geschichtliche Herkunft und die in ihr vorherrschenden Denkmotive, besonders das des Willens zur Wahrheit. Den »*großen historischen Einschnitt*«,

die Ablösung der alten mechanischen Technik durch die moderne, sieht Jaspers in der Erfindung von »*Arbeitsmaschinen*«, die nicht mehr durch natürlich vorhandene Arbeitskraft, sondern durch Energiequellen betrieben werden, die ihrerseits gewonnen und gebrauchsfähig gemacht werden müssen. All das wurde allerdings durch wissenschaftliche Erkenntnisse möglich. Das Wesen der modernen Technik führt Jaspers zur Frage von Wesen und Wert der Arbeit und der neuen Beziehung zur Natur. – In der Charakterisierung der »*gegenwärtigen Situation der Welt*« steht, wie in *Die geistige Situation der Zeit*, das Massenwesen an erster Stelle. Die Nivellierung des Geistigen wird hier aber als Zerstörung »*überlieferter Glaubenswerte*« gesehen, die sich vornehmlich in der Vorherrschaft ideologischen Denkens zeige. – Im Hauptstück des Werkes befaßt sich Jaspers mit der »*Frage nach der Zukunft*«. Als »*Ziel*« der Geschichte erkennt er die Freiheit, wobei er zwischen dem grundlegenden »*philosophischen*« Begriff der Freiheit, die den Menschen in seinem Sein mit dem Mitmenschen zum eigentlichen Menschsein verwandelt, und dem in Anbetracht der Macht des Gemeinwesens zu entfaltenden Begriff der politischen Freiheit unterscheidet. Am Maßstab jenes Zieles prüft Jaspers die »*Grundtendenzen*« unserer Zeit (Sozialismus, Welteinheit, Glaube) auf ihre Chancen und Gefahren für die Menschheit hin. Im Brennpunkt der Ausführungen über Sozialismus steht die Frage nach der Reichweite und den Grenzen der Planung, wobei die »*Totalplanung*« die große Gefahr darstelle. Der Zustand der Welteinheit erfordere eine der Freiheit angemessene Weltordnung, allerdings bestehe diese betreffend die Gefahr der durch moderne Machtmittel und Planung ermöglichten Tendenz zum Weltimperium. Nur drei Jahre nach dem Ende der Herrschaft der Nationalsozialisten und dem Beginn des Atomzeitalters erkennt Jaspers die möglichen Gefahren der Zukunft und antizipiert seine politische Hauptschrift *Die Atombombe und die Zukunft des Menschen*. Er stellt den Glauben dem Nihilismus gegenüber und weist darauf hin, daß die Kraft, die aus einem Glauben, zumal dem an die Zukunft, entspringt, ohne Toleranz für den Mitmenschen, der aus anderen Glaubenskräften lebt, nicht freiheitsfördernd ist. Als Grundgefahr nennt er den Willen zum Totalen.

3. Jaspers selbst bezeugt, wie Orientierung in der Gegenwart und Ausblick auf die Zukunft erst durch eine Besinnung auf den »*Sinn der Geschichte*« ermöglicht wird. In seiner Geschichtsphilosophie kann er auf die Quellen der kommunikativen Vernunft verweisen, mit deren Hilfe die Möglichkeiten der Freiheit in einer Zeit technisch verfeinerter Herrschaftsmittel gefördert werden können. Doch auch das Geschichtsdenken berge eine Gefahr in sich, soweit es eine Absolutisierung eines vermeintlichen Wissens vom Ursprung und Ziel der Geschichte darstelle. Denn indem der Mensch seinen Platz im gewußten Schema zugewiesen bekomme, beeinträchtige sie die Freiheit. Um dieser Gefahr zu begegnen, weist Jaspers auf die weiteren Perspekti-

ven hin, in denen die Geschichte selbst in ihrer Begrenztheit erscheint. Entscheidend unter diesen ist die Geschichtlichkeit der Existenz.   L.H.E.

Ausgaben: Mchn./Zürich 1949. – Mchn. 1950. – Ffm. 1955 (FiBü; ⁸1983). – Mchn. 1963.

Literatur: G. F. Klenk, *Die Achse der Weltgeschichte* (in Stimmen der Zeit, 151, 1953, S. 241–250). – J. Sperna Weiland, *Historie en geschichte bij K. J.* (in Algemeen Nederlands Tijdschrift voor Wijsbegeerte en Psychologie, 54, 1961/62, S. 75–87). – R. Dietrich, *K. J. als Geschichtsdenker* (in R. D., *Historische Theorie u. Geschichtsforschung der Gegenwart*, Bln. 1964, S. 75–98). – G. Simon, *Die Achse der Weltgeschichte nach K. J.*, Rom 1965. – N. Rigali, *Die Selbstkonstitution der Geschichte im Denken von K. J.*, Meisenheim a. Gl. 1968.

VON DER WAHRHEIT

Philosophisches Hauptwerk von Karl Jaspers, erschienen 1947. – *Von der Wahrheit* ist der erste und einzige von Jaspers vollendete Teil und Band einer auf zwei Teile und vier Bände (Bd. 2: *Kategorienlehre*; Bd. 4: *Wissenschaftslehre*) projektierten *Philosophischen Logik*. Die Idee zu dieser Logik reicht bis in die Anfänge seines philosophischen Denkens zurück und ist schon im Vorwort seiner *Philosophie* (1932) avisiert. Entgegen der verbreiteten Auffassung, die *Philosophie* und *Von der Wahrheit* beruhten auf unterschiedlichen Denkansätzen mit den Schwerpunkten Existenz *(Philosophie)* und Vernunft *(Von der Wahrheit)*, besteht ein enger Zusammenhang der beiden Werke darin, daß sie zwei Etappen von Jaspers' Behandlung der Seinsfrage markieren. Dies geschieht durch eine grundsätzliche Orientierung über die Möglichkeit der Seinsfrage als eine, die sich das menschliche Denkendsein stellt. In *Philosophie* wird die Suche nach dem Sein zur Frage nach demjenigen, der in seiner Beschaffenheit als »mögliche« geschichtliche Existenz auf der Suche nach dem Sein ist. Darüber hinaus erfolgt dort die Erneuerung der Seinsfrage in Hinsicht auf die Einheit des Seins und der Wahrheit, das heißt in dem Sinne, in dem sie in *Von der Wahrheit* thematisch aufgegriffen wird. Somit ist dieses Werk als die zweite Etappe von Jaspers' Seinsdenken zu betrachten.

Die Problematik, die *Von der Wahrheit* motiviert, ist an erster Stelle die der Spannung zwischen dem einen Sein und der geschichtlichen Vielheit der einen Wahrheit im Denken des Menschen: Ohne einigenden Seinsgrund, jenseits aller bedingten Vielheit, wäre für den Menschen alles bedingt, er wäre unfrei. Doch was dem Menschen Grundwahrheit ist, ist die glaubensgemäße Vorwegnahme in die jeweilige Zeitlichkeit dessen, was in seiner Einheit, in seiner Transzendenz, jenseits der Zeit verbleibt. Zudem ist das, was dem einen Menschen als Grundwahrheit gilt, nie dem des anderen gleich:

Existenzen stehen einander als »*Glaube gegen Glaube*« gegenüber. Das Fazit ist: »*Wir besitzen die eine Wahrheit nicht und werden sie nicht besitzen, doch kann die Wahrheit nur eine sein.*« Wie angesichts des durch die Zeitlichkeit des Menschen bestimmten Denkens die Wahrheit des Seins in ihrer Einheit thematisch sein kann, ist die durchgehende Grundfrage des Werkes. Aus ihr ergibt sich eine weitere, politische. Denn die Vielheit der menschlich erdachten Wahrheit ist nicht nur der Auflösung der Einheit der Menschen gleichzusetzen, sondern auch, soweit sich solche Wahrheit im Umgang mit dem Mitmenschen als die Wahrheit in ihrer letzten Einheit gebärdet, der Zerstörung der Freiheit. Ein Sinn für die Einheit der Wahrheit angesichts der Vielheit menschlicher Geschichtlichkeit müßte – so Jaspers – dieser gegenüber tolerant, nicht zerstörerisch sein. Jaspers dachte über diese Fragen in den Jahren nach, als er durch das nationalsozialistische Regime in den Ruhestand gezwungen worden war und die Niederschrift seines Werkes oft unter Umständen der Lebensgefahr für sich und seine jüdische Frau erfolgte. Der durch die politischen Gesinnungsunterschiede bedingte Bruch in der Freundschaft zu Heidegger wirkte ebenfalls motivierend für sein Nachdenken über diese Problematik: »*Während ich mein Buch ›Von der Wahrheit‹ ausarbeitete, war das gelegentliche Denken an Heidegger von Bedeutung ... er* [war] *der offenbar gewordene substanzielle Gegner in der Wirklichkeit des Lebens und Tuns, jener Wirklichkeit, in der das sich mitteilende werkhafte Philosophieren nur eine Funktion ist« (Philosophische Autobiographie).*

Im ersten Teil befaßt sich Jaspers mit der Seinsfrage, soweit sie, im Sinne jener Orientierung, in der Perspektive der Geschichtlichkeit des Denkendseins gestellt wird. So gesehen ist für den Menschen in der Zeit das Sein in seiner Einheit absolut transzendent: Das Sein schlechthin »*umgreift*« einerseits das Sein für den Menschen; andererseits zerfällt es für den Menschen ursprünglich in »*Weisen*« des Seins, die ihrerseits »*umgreifend*« sind. Jaspers versucht nun ein entsprechendes »*radikales*« Seinsdenken, durch das die Seinsweisen als »*Horizonte*« freigelegt werden, in denen sich das Sein und dessen Wahrheit in der Zeitlichkeit des menschlichen Denkendseins offenbaren. Er nennt dieses Seinsdenken in Unterscheidung herkömmlicher Ontologien (Seinslehren) *Periechontologie,* das heißt Lehre vom umgreifenden Sein. Das Aufzeigen der »*Weisen des Umgreifenden*« erfolgt weder durch konstruktives noch durch destruktives Denken, das Jaspers für sich verwirft, sondern mittels eines kommunikativen Bezugs zum Zeugnis der bisher erlangten Realisierung der Wahrheit und des Seins. Demnach ist Jaspers' parallele Arbeit an der großangelegten, in mehreren Ansätzen konzipierten (und ebenfalls nur in kleinen Teilen vollendeten) *Weltgeschichte der Philosophie* wesentlich mit der periechontologischen Neubegründung der Seinsfrage verbunden. Beide Werkfragmente stützen sich auf das Zeugnis des Seinsdenkens in der Philosophie wie auch in der Sprache, der Dichtung, der

Kunst, der Wissenschaft, der Praxis, der Religion, dem Mythos usw. Periechontologie ist noch kein »*Grundwissen*«, sondern der »*offene Horizont*«, in dem Menschen unterschiedlichen Grundwissens sich mit Toleranz begegnen können. Sinngemäß ist Periechontologie geschichtlich bedingt und wandelbar. Die Weisen des Umgreifenden, die Jaspers aufgrund seines Bezugs zum tradierten Zeugnis des Seinsdenkens unterscheidet, sind einerseits die Weisen des Umgreifenden, »*das wir* [die Menschen] *sind oder sein können*«, das heißt die »*immanenten*« Weisen (Dasein, Bewußtsein überhaupt, Geist) und die Existenz, andererseits die Weisen des Umgreifenden, »*das das Sein selbst ist*«, das heißt das »*immanente*« Sein der Welt und die Transzendenz. Schließlich ist die Vernunft »*das Band aller Weisen des Umgreifenden in uns*«.

Thema des zweiten Teils ist das Denken, das Umgreifende des Bewußtseins überhaupt. Der Titel betont das Erkennen, die Erfüllung des Bezugs zu den verschiedenen Seinsweisen im Denken. Keine Weise des umgreifenden Seins erscheint dem Menschen außerhalb des Denkens; die »*vorlogische*« Unterscheidung der Weisen des Umgreifenden ist auch Denkwerk. »*Denken und Sein*«, »*Begriff und Urteil*«, »*Das Wesen der Sprache*« gehören zu den kanonischen Themen der Philosophie des Denkens, die Jaspers hier in seinem Sinne erörtert. Da die Weisen des Seins durch das Denken für den Menschen sind, ist das Denken vornehmlich als ein Tun zu erfassen, und so stehen die Ausführungen über »*Die Bewegung des Erkennens*« im Mittelpunkt: Das Denken ist Umgang mit der Zeitlichkeit, ist ein in vielen Abwandlungen erfolgendes Handeln, ob als Erkennen, als Wahl, als »*Hervorbringen in der Welt*«, als »*Erwirken der Freiheit*« oder als Mitteilung.

Im dritten Teil erfolgt die eigentliche Inangriffnahme des Themas Wahrheit. Grundsatz ist, daß Wahrheit in ihrer Einheit der Zeit transzendent bleibt, das heißt, wir befinden uns innerhalb der umgreifenden Wahrheit, die wir erhellen, aber nicht realisieren können. Jaspers verwirft nicht die üblichen theoretischen Erörterungen des Wesens des Wahrseins – ob als »*Übereinstimmung*« oder als »*Offenbarwerden*« (*alētheia*), oder als »*Geltung von Aussagen*« –, aber er befragt sie, in welchem Sinne sie »*periechontologisch*« als eine Erhellung der Wahrheit in ihrer umgreifenden Einheit und als eine Bestimmung der Weisen der Wahrheit für den Menschen in der Zeit fungieren. Statt eine Bestimmung des Wesens der Wahrheit zu geben, versucht Jaspers in drei »*Zügen*« zu erhellen, wie angesichts der Transzendenz der einen Wahrheit der Sinn des Wahrseins in der Zeit begriffen werden kann.

Der erste der drei Züge betrifft die Gegenüberstellung wahr und falsch. Der Sinn des Wahrseins ist hier aus der Perspektive des Umstands erhellt, daß für den Menschen Wahrheit eher als Kriterium denn als Wirklichkeit gegenwärtig ist. Daran gemessen ist, was der Mensch realisiert, nicht Wahrheit schlechthin, sondern zugleich auch Unwahrheit. Realisierte Unwahrheit ist der Pfad, auf dem wir uns auf der Suche nach Wahrheit befinden; sie ist mitunter ein bewußt gewählter und gar ein kritisch bestimmter, jedenfalls ein unvermeidlicher und unentbehrlicher Weg des Denkens, des Handelns, des Umgangs mit anderen. Demgemäß erörtert Jaspers die Bedeutungsweisen der Unwahrheit als Funktion der Wahrheit in der Mitteilung; so kann z. B. das Symbol, das als vermeintliche Vergegenwärtigung transzendenter Wirklichkeit eine Täuschung ist, als Vermittlung der an sich unmittelbaren Transzendenz der göttlichen Wahrheit fungieren. So versteht Jaspers auch B. FRANKLINS Aufruf zu einem »*working compromise*« in der Politik als einem Vermögen, »*die Unwahrheit vorläufig auf sich zu nehmen ... Die Wahrheit liegt nicht hinter mir*«, sondern »*vor mir ... in dem, was durch mein vernünftiges Hinzutun allmählich wird*«.

Die Frage, die Jaspers unter dem Titel *Gestalten der Wahrheit* aufgreift, ist die, wie und in welchen Gestalten die Einheit der Wahrheit in der Zeit erscheint, und zwar angesichts der Vielheit der Wahrheiten und der Wahrheitsweisen. Selbst das Gerichtetsein auf die einigende Gottheit erfolgt in Form von Wirklichkeiten, die wahrheits-einbeziehend wie auch -ausschließend wirken. Die Erkenntnis, daß Wahrheit in der Zeit nicht Wahrheit in ihrer eigentlichen Einheit ist und jene nicht die Stelle dieser in ihrer umgreifenden Einheit einnehmen dürfte, eröffnet für Jaspers das Phänomen der »*Wahrheit im Durchbruch*«. Spielt die eigentlich eine Wahrheit innerhalb der Zeit doch eine Rolle, dann nur, soweit sie durch die Schranken der Wahrheit in der Zeit hindurch in diese hineinbricht. »*Autorität*« und »*Ausnahme*« sind die einander entgegengesetzten, konkreten Hauptgestalten, durch die sich Wahrheit in ihrem Durchbruch in die menschliche Zeitlichkeit manifestiert. Autorität geht ihrer Absicht und Möglichkeit nach alle Menschen an. Doch ist menschliche Allgemeinheit selbst begrenzt, so benötigt die umgreifende Wahrheit für den Menschen die Herausforderung der Ausnahme. Andererseits, falls ihn keine Autorität nährt und herausfordert, ist die Wahrheit in der Ausnahme der menschlichen Geschichtlichkeit eine Verengung. Das Motiv, das sowohl der Autorität wie auch der Ausnahme zugrunde liegt und in ihnen wirksam ist, ist das zeitlich-menschliche Gerichtetsein auf die eine Wahrheit. Die Gestaltungen dieses »*letzten*« Motivs sind in der Spannung der ebenfalls gegensätzlichen Möglichkeiten der »*Vernunft*« und der »*Katholizität*« zu finden. Vernunft geht davon aus, daß die Suche nach der Einheit in der Zeit nicht erfüllt ist. In seiner Bejahung der Geschichtlichkeit ist dies der Begriff der Vernunft, die in kommunikativer Offenheit der unabschließbaren Einheit der Wahrheit zustrebt; es ist ein Begriff, der hier die Konsolidierung früherer Ansätze Jaspers' erfährt und die Gebiete seines späteren Denkens prägt. Die Gegenstellung zur kommunikativen Vernunft ist die der Katholizität, deren Begriff im Schatten des nationalsozialistischen Totalitarismus entstanden ist. In ihrer Gerichtetheit auf das Eine ist die letzte Einheit der Wahrheit in der

Zeit für sie erfüllt, und die Realisierung einer Vision der einen Wahrheit wird als gültig für alle und für alle verbindlich ausgegeben.

Im letzten Abschnitt, *Vollendung des Wahrseins*, sind nicht so sehr die eher logischen Fragen der Wahrheit in ihrer umgreifenden Einheit und in ihrer zeitlichen Erfüllung Thema, sondern die ihrer existenziell-wirksamen Vollendung: »*Es gehört zum Menschen als Menschen, den Blick in den Grund der Wahrheit zu tun. Die Wahrheit ist jederzeit für ihn und in ihm durch eine Sprache da, wenn diese auch noch so roh und dunkel ist.*« Die Form, in der Wahrheit wirksam vollendet erscheint, ist also eine Sache der jeweiligen Existenz. Philosophie kann hier nur typisieren. Demgemäß berücksichtigt Jaspers zwei Typen der existenziell wirksamen Vollendung, die »*ursprünglichen Anschauungen*« (Religion, Kunst, Dichtung, das »*tragische Wissen*«) und das »*Philosophieren*«. Dieses ist die vorzügliche existenziell wirksame Vollendung der Wahrheit in der Zeit, doch nicht als Lehre, sondern als denkende Handlung. Die Endlichkeit der menschlichen Handlung ist das fehlbare Instrument des zeitlichen Werdens der Wahrheit. Kraft der Tätigkeit der kommunikativen Vernunft bezeugt der Mensch, daß er in seiner Endlichkeit etwas Geringeres als Wahrheit realisiert, aber durch die prägende Beziehung zu anderen die vollendende Reichweite realisierter Einheit erweitert. Die Wahrheit des Seins schlechthin ist Symbol und »*Chiffre*«. L.H.E.

AUSGABEN: Mchn. 1947; ³1983.

LITERATUR: J. Thyssen, *J.' Buch »Von der Wahrheit«* (in Archiv für Philosophie, 1954, S. 170 bis 224). – R. Wisser, *Von der Wahrheit und vom Wahrsein* (in Areopag, 9, 1974, S. 1–19). – L. H. Ehrlich, *Truth and its Unity in J.* (in Revue internationale de philosophie, 147, 1983, S. 423–439). – L. Pereyson, *La verità* (in L. P., *K. J.*, Casale Monferrato 1983, S. 173 ff.).

MIECZYSŁAW JASTRUN

* 29.10.1903 Korolówka bei Tarnopol
† 23.2.1983 Warschau

DAS LYRISCHE WERK (poln.) von Mieczysław JASTRUN.

In der modernen polnischen Dichtung wird seit Ende der dreißiger Jahre der meditativen Lyrik Jastruns ein herausragender und ebenso spezifischer Rang eingeräumt. Flankiert von einem ansehnlichen, nicht weniger anerkannten essayistischen Werk zur polnischen und europäischen Literatur- und Kulturgeschichte, weiß sie vor allem durch ihre philosophisch geprägte Lebens- und Daseinsdeutung zu überzeugen. Der renommierte Übersetzer deutscher (v. a. F. HÖLDERLIN und R. M. RILKE), russischer und französischer Literatur, der von klassischer und philologischer Bildung, von humanistischer Moral und mediterranem Kulturbewußtsein zutiefst geprägt war, reflektierte sein Lebens- und Kunstverständnis primär in metaphysischen, existentiellen und kulturrelevanten Dimensionen. Nur die epochalen, dramatischen Erschütterungen in den Jahren des Krieges und der sozialistisch-stalinistischen Herrschaft in Polen vermochten diese Grundhaltung zugunsten der historisch-politischen Aktualität zuweilen zu verdrängen und didaktischen, ideologischen Zielsetzungen den Vorrang einzuräumen.

Der künstlerische Ertrag des etwa vier Jahre anhaltenden Engagements im Zeichen des Sozialistischen Realismus *(Rok urodzaju – Jahr der Fruchtbarkeit; Barwy ziemi – Farben der Erde; Poemat o mowie polskiej – Poem von der polnischen Sprache)* fiel unter anderem deshalb so bescheiden aus, weil Jastruns Kunst- und Literaturverständnis den Postulaten dieser staatlich verordneten Kunstkonzeption nahezu völlig widersprach. Sowohl die als repräsentativ geltenden Gedichtbände aus der Zeit vor 1939 *(Spotkanie w czasie – Begegnung in der Zeit; Inna młodość – Die andere Jugend; Dzieje nieostygłe – Nicht erkaltete Geschichte; Strumień i milczenie – Strom und Schweigen)* als auch die nach 1956 veröffentlichten Sammlungen zeigen deutlich, daß sich diese Lyrik nicht realistischen Kunstverfahren oder didaktisierender Eindeutigkeit verbunden fühlt, sondern der künstlerischen Tradition und der lyrischen Diktion der Symbolisten. Die Tendenz, die Grenzen von Raum und Zeit aufzuheben, dem Wort und dem Bild keine klaren Bedeutungskonturen zu geben, den konkreten Erscheinungen, Empfindungen und Situationen jegliche Eindeutigkeit zu entziehen, zeichnet bereits Jastruns literarisches Debüt (1929) aus und charakterisiert sein Gesamtwerk. Das Innovatorische dieser Dichtung liegt in der lautlich-musikalischen Gestaltung, vor allem aber im semantischen Bereich, im nur schwer auszulotenden Spiel von Bedeutungen. Das lyrische Subjekt dieser Verse benennt seine Gefühle nicht direkt, sondern signalisiert sie durch verschiedene, ihnen entsprechende Realien und Begriffe. Im Halbdunkel der Anspielung und der Andeutung zeichnet sich so nur ein recht vages Bild des lyrischen Ichs ab.

Mehrdeutigkeit und Distanz sind in Jastruns Literaturverständnis programmatisch verankert. Hinzu kommt die Überzeugung, daß inneres Erleben in Worte nicht gefaßt werden kann und daß auch die Realität, das Geschehen sich einer sachlichen Darstellung entzieht. Auf die charakteristischen Elemente dieser lyrischen Reflexion weisen nachhaltig die Verszeilen hin, die den ersten, 1929 publizierten Gedichtband *(Spotkanie w czasie)* eröffnen: das traumhafte Sehen (*»All mein Geschehen, alle Erlebnisse / sind wie Traumgebilde«*) und das Sehen aus der Erinnerung heraus. Das Motiv der Erinnerung korrespondiert auch in diesem Band, der

unter dem so bezeichnenden Titel erschien, mit dem Hauptmotiv der Lyrik Jastruns: dem der Zeit. Als objektiv und absolut wirkende Kraft – dies in den Dimensionen des Kosmischen wie des Historischen, in denen der Kunst wie des individuellen Lebens – wird sie als die allein dauerhafte Kategorie des Seins anerkannt. Die dem Weltganzen, der Natur, vor allem aber dem Phänomen des Lebens inhärente Beständigkeit erscheint demgegenüber nur als eine Illusion. Leitmotivisch eingebunden in Gefühle der Ohnmacht und der Angst, insbesondere der existentiellen Angst des Menschen, wird die Zeit, ihre Flüchtigkeit und der durch sie bewirkte Wandel, erfahren und im Bewußtsein festgehalten. Die Erinnerung als ein von der Zeit schon suspendierter, sozusagen mumifizierter Extrakt menschlichen Lebens wird in die Nähe des Dauerhaften gerückt und bildet zunehmend einen Gegensatz zum Vergänglichen. Das Wissen um die elementare Bedeutung dieser Polarität für sein Lebens- und Dichterverständnis ließ Jastrun 1962 erkennen: *»Meine zweiflügelige Natur: / Die Veränderlichkeit und die Erinnerung«* (Idąc w słońcu – In der Sonne gehend).

Die der lyrischen Reflexion zugrundeliegende Distanz korrespondiert mit dem Gefühl, ein Fremder und Außenseiter zu sein *(»Fern aller Dinge, zwischen Menschen irrend / schnitze ich meine Finsternis mit Seufzern aus Sonne« – Spotkanie w czasie)*. Dieses dem lyrischen Ich eigene Gefühl der Fremde läßt sich auch in der Biographie des Autors ausmachen. Den literarischen Gruppen der dreißiger Jahre stand er als Künstler fern. Mit »Skamander« verband ihn nur seine Vorliebe für die Kultur der Antike; die »Krakauer Avantgarde« war ihm vor allem wegen ihres Antitraditionalismus', Optimismus' und ihrer Begeisterung für die technische Zivilisation fremd. Am Vorabend des Krieges trat infolge des rassistischen Terrors und der faschistischen Kulturfeindlichkeit zu der Angst vor der Zeit als einem existentiell bedingten Zerstörungsfaktor die Angst vor der historischen Zeit und der ihr anhaftenden, durch Menschen zu verantwortenden Lebensvernichtung hinzu *(Strumień i milczenie)*. Unter dem Druck der tragischen Kriegserfahrungen revidierte auch Jastrun seine Auffassung der Kunst und der Aufgabe des Dichters. Er trat aus seiner Isolation heraus und verfaßte als Chronist nationaler Erfahrungen mehrere meisterhafte Dichtungen (u. a. *Sen nocy zimowej – Traum einer Winternacht)*, die an die patriotische Tradition der polnischen Romantik anknüpften.

Anders als die Kriegslyrik *(Godzina strzeżona – Bewachte Stunde; Rzecz ludzka – Menschensache)* vermochte sein künstlerisches Engagement für den Neuaufbau Polens wenig zu überzeugen. Schemenhaft, rhetorisch und deklarativ wirkten die Dichtungen, die der kulturpolitischen Forderung nach Realismus und Massenwirksamkeit gerecht zu werden versuchten *(Sezon w Alpach – Saison in den Alpen)*. Darüber hinaus erwies sich die Thematisierung sozialistischer Lebensideale bald als fragwürdig, denn um 1954 wurde die Diskrepanz zwischen den postulierten Idealen des Sozialismus und der Praxis des Stalinismus immer sichtbarer. Tief enttäuscht, rechnete Jastrun als einer der ersten mit den Mißständen und der geistig-ethischen Manipulation dieser Jahre ab *(Gorący popiół – Heiße Asche)*. Desillusioniert und mißtrauisch löste er sich von den Versuchungen und Fassaden der historischen Realität und bemühte sich von nun an, die Kunst in den Dienst der Wahrheit zu stellen: *»Poesie, um Poesie zu bleiben, / Muß den Dialog mit der Wahrheit führen« (Poezja i prawda – Poesie und Wahrheit)*.

Über die bittere Anklage gegen die Mechanismen der Menschenführung gelangte Jastrun Ende der fünfziger Jahre *(Genezy – Genesis)* allmählich wieder zu den Ufern seiner früheren existentialistischen Weltschau. Seine späteren Gedichte reflektieren das menschliche Sein im Raster der Vergänglichkeit, der Illusion, fragwürdiger Lebensnormen und vergeblicher Hoffnungen. Dem *»philosophischen Kommentator des Vergehens«* (J. Łukasiewicz) scheint allein die Kunst den Zersetzungen der Zeit und der Nichtigkeit widerstehen zu können, denn ihr ist die Dauer inhärent.   H.Kn.

AUSGABEN: *Spotkanie w czasie*, Warschau 1929. – *Inna młodość*, Warschau 1933. – *Dzieje nieostygłe*, Warschau 1935. – *Strumień i milczenie*, Warschau 1937. – *Godzina strzeżona*, Lublin 1944. – *Rzecz ludzka*, Warschau 1946. – *Sezon w Alpach i inne wiersze*, Krakau 1948. – *Rok urodzaju*, Warschau 1950. – *Barwy ziemi*, Warschau 1951. – *Poemat o mowie polskiej*, Warschau 1953. – *Poezja i prawda*, Warschau 1955. – *Gorący popiół*, Warschau 1956. – *Genezy*, Warschau 1959. – *Większe od życia*, Warschau 1960. – *Intonacje*, Warschau 1962. – *Strefa owoców*, Warschau 1964. – *W biały dzień*, Warschau 1967. – *Godła pamięci*, Warschau 1969. – *Wyspa*, Warschau 1973. – *Błysk obrazu*, Krakau 1975. – *Scena obrotowa*, Krakau 1977. – *Punkty świecące*, Warschau 1980. – *Wiersze z jednego roku*, Warschau 1981. – *Inna wersja*, Warschau 1982. – *Poezje zebrane*, 2 Bde., Warschau 1984.

ÜBERSETZUNGEN (in Anthologien): *Polnische Poesie des 20. Jahrhunderts*, Hg. u. Ü. K. Dedecius, Mchn. 1964. – *Polnische Lyrik der Gegenwart*, Hg. u. Ü. ders., Stg. 1973 (RUB). – *Die Dichter Polens. Hundert Autoren vom Mittelalter bis heute. Ein Brevier*, Hg. ders., Ffm. 1982. – *Der Himmel voller Wunden*, Hg. F. Geerk, Ü. H. Bereska u. a., Karlsruhe 1982.

LITERATUR: J. Trznadel, *O poezji M. J.*, Breslau 1954. – J. Błoński, *Poeci i inni*, Krakau 1956, S. 161–218. – A. Sandauer, *Czas oswojony* (in A. S., *Poeci czterech pokoleń*, Krakau 1977, S. 220–235). – M. Sprusiński, *Ogrody czasu M. J.* (in M. S., *Imiona naszego czasu*, Krakau 1977, S. 107–117). – J. Łukasiewicz, *M. J. spotkania w czasie*, Warschau 1982. – A. Wilkoń, *M. J.* (in *Autorzy naszych lektur*, Hg. W. Maciąg, Breslau u. a. [4]1987, S. 92–107).

JORGIS JATROMANOLAKIS

* 1940 Heraklion / Kreta

ISTORIA

(ngriech.; *Geschichte*). Roman von Jorgis JATROMANOLAKIS, erschienen 1982. – Der nicht sehr umfangreiche Roman des klassischen Philologen Jatromanolakis ist in drei Abschnitte gegliedert, in denen die Ursachen und Folgen des zu Beginn geschilderten Mordes in immer tiefer gehenden Einzelheiten dargestellt werden. Der Titel des Buches steht in Verbindung mit seinem programmatischen Motto aus HERODOT II.99.1: *»was meine Geschichte beschreibt, das habe ich selbst beobachtet und mir ein Urteil darüber gebildet«*.

Die Grundzüge der äußeren Handlung werden auf den ersten Seiten dargestellt: Der Zinswucherer Emmanuél Zervós wird von dem Bauern Pavlos Dikeakis, genannt »Dikeos« (= der Gerechte), durch einen Bauchschuß getötet. Der Täter wird nach neuntägiger Flucht verhaftet, sein Sohn Grigoris, letzter Nachkomme der Familie, wird Jahre später Opfer der Blutrache. Zentrale Figur des ersten Teils ist Grigoris, aus dessen Wissensstand die Zusammenhänge der Tat aufgezeigt werden. Zentrale Figur des zweiten Teils ist Dikeos, geschildert werden die Ereignisse nach seiner Tat: sein armseliges Versteck in den kretischen Bergen und die Beerdigung des Opfers im Dorf, Dikeos' Festnahme und Szenen aus der Gerichtsverhandlung. Der dritte Teil – zentrale Figur ist wieder Grigoris – handelt vom Leidensweg der Familie Dikeakis, beginnend mit dem Tod der Mutter bei Grigoris' Geburt; es folgen der tödliche Sturz des Großvaters, der Tod des Dikeos im Gefängnis und der Mord an Grigoris, der durch die Wucherzinsen des Zervós verursachte Auflösungsprozeß des Grundbesitzes, der Verlust von Ernteerträgen, die kaum aufzubringenden Gerichtskosten – all dies endet mit der Vernichtung der Familie, während die opportunistische Sippe des Zervós sich in einem Prozeß zunehmender Bereicherung, wachsenden Einflusses und – durch Heiraten und Geburten – kontinuierlicher Vermehrung befindet. Das Buch endet in einer Exposition der Gerechtigkeitstheorie des Dikeos: Die göttliche Gerechtigkeit besteht in gerechtem menschlichem Handeln.

In die Ereignisse der Handlung eingewoben ist eine Schilderung der Laufbahn des Politikers Eleftherios Venizelos zu Beginn des 20. Jh.s bis zum Machtverlust der von ihm geführten liberalen Partei an die Royalisten (1932) und zu seinem zweiten mißglückten Putschversuch (1935). Die Familie Zervós wird in diesem Zusammenhang als typisches Beispiel opportunistischen Verhaltens dargestellt; der Roman versteht sich als Anklage der damit verbundenen Skrupellosigkeit.

Die Ereignisse entwickeln sich in *Istoria* nicht geradlinig, Zusammenhänge und Kausalbeziehungen zwischen verschiedenen, unabhängig erzählten Sachverhalten werden oft nur impliziert. Der ironische, unparteiische Erzählstil des Werkes, der vollkommen auf wörtliche Rede verzichtet, und das Fehlen jeder ausdrücklichen Stellungnahme des Autors unterbinden jede Identifikation mit den geschilderten Personen. Der Leser soll sich ein eigenes Urteil über die Tat des Dikeos bilden, unabhängig vom Urteil der Jurisdiktion, unter Berücksichtigung nicht nur der mit penibler Akribie geschilderten Daten und Fakten, sondern auch der als damit gleichwertig dargestellten, subjektiv erlebten Sachverhalte.

Die Kritik hat den Roman mit unterschiedlichem Verständnis, jedoch durchweg positiv aufgenommen. Bemerkt wurde die sprachliche Disziplin, das innere Gleichgewicht in der Komposition und der Verzicht auf psychologische Einflußnahme auf den Leser. In seinem experimentellen Charakter ist *Istoria* eines der eigenständigsten Werke der jüngeren neugriechischen Literatur. U.Moe.

AUSGABE: Athen 1982.

LITERATUR: D. Maronitis, *Eptá schólia* (in O Politis, 1982, Nr. 55, S. 64–69). – M. Meraklís, *Istoría ke míthos* (in Diavazo, 1982, Nr. 58, S. 86/87). – Interview (ebd., 1983, Nr. 73, S. 62–72).

JAUFRE RUDEL

* vor 1125 Blaye / Gironde
† nach 1148

LIEDER (aprov.) von JAUFRE RUDEL.

Obwohl von Jaufre Rudel nur ein schmales Œuvre in immerhin sechzehn Liederhandschriften überliefert ist, konnte seine Person in der Moderne zum Sinnbild des unglücklich liebenden Trobadors schlechthin werden. Wesentlichen Anteil an der schon im Mittelalter einsetzenden Legendenbildung um den berühmten Sänger der »Fernliebe«, dessen wahre Lebensumstände indes fast völlig im Dunkeln bleiben, kommt der in zwei Varianten überlieferten altprovenzalischen Lebensbeschreibung *(vida)* zu, deren Verfasser, indem er das Thema des *amor de lonh* aus der Kanzone *Lanquan li jorn son lonc en mai* weiterspann, die geheimnisvolle Liebesgeschichte zwischen dem Dichter-Fürsten von Blaya und der Gräfin von Tripoli gestaltete. Jaufre, so fabuliert die schönste und zugleich umstrittenste Trobadorbiographie, habe sich aufgrund enthusiastischer Pilgerberichte aus dem Heiligen Land unsterblich in die Gräfin von Tripoli verliebt, ohne sie je gesehen zu haben, und daraufhin aus Sehnsucht nach ihr das Kreuz genommen. Auf der Überfahrt erkrankt, sei er in Tripoli in den Armen seiner fernen Geliebten gestorben, die daraufhin vor Schmerz den Schleier genommen habe. Noch Mitte des 20. Jh.s versuchten seriöse Forscher der sog. »biographistischen Schule« allen Ernstes, die sagenumwitterte Gräfin von Tripoli zu identifizieren. Jaufres Teilnahme am Zweiten Kreuzzug (1147/48) als Gefolgsmann seines Lehnsherrn, des Grafen Guilhem VI. Talhafer von Angoulême, gilt immerhin als wahrscheinlich und wird darüber hinaus in der Widmung eines Sirventes (Streitgedicht) des Trobadors MARCABRU attestiert, das dieser an Jaufre »*outra mar*« (»*nach Übersee*«) schickt und das auf Mitte 1148 datiert wird. Ob der Trobador aber in Palästina gestorben oder in seine Heimat zurückgekehrt ist, bleibt völlig ungewiß.

Von Jaufre Rudel sind insgesamt nur sechs – noch *vers* genannte – Lieder sicherer Zuschreibung überliefert, vier davon mit Melodie, darunter die berühmte Kanzone (wenn auch noch ohne Gattungsterminus) *Lanquan li jorn son lonc en may*, in der Jaufre die Trauer und süße Melancholie beschreibt, die eine »Fernliebe« in ihm verursacht: »*Lanquan li jorn son lonc en may / m'es belhs dous chans d'auzelhs de lonh, / e quan me suy partitz de lai / vau de talan embroncx e clis / Si que chans ni flors d'albespis / no·m platz plus que l'iverns gelatz*« (»*Wenn die Tage im Mai lang sind, / gefällt mir der süße Vogelsang in der Ferne, / und wenn ich ihm nicht mehr zuhöre / gedenke ich einer Liebe in der Ferne: / Ich gehe, von Verlangen niedergedrückt und gebeugt / so daß mir Gesang und Weißdornblüte / nicht besser gefällt als der eisige Winter*«).

Hinter dieser rätselhaften »Liebe in der Ferne« *(amor de lonh)*, die in jeder *cobla* (Strophe) mit schon fast obsessiver Monotonie wiederkehrt, hat die Forschung, von der fiktiven *vida* beeinflußt, nicht nur eine reale Prinzessin (vorgeschlagen wurde Melisenda, die Tochter des Toulouser Grafen Raimon II., der die christliche Grafschaft von Tripoli gegründet hatte, bzw. dessen Ehefrau Odierna), sondern auch Eleonore von Aquitanien, die sich zur fraglichen Zeit mit ihrem Ehemann, dem französischen König Ludwig VII. in Palästina aufhielt, die Jungfrau Maria oder gar das Heilige Land selbst vermutet. Der Streit darüber, ob dem Lied eine christliche, mystische oder profane Liebeskonzeption zugrunde liegt, ist bis heute nicht verstummt. Dabei ist das Thema keineswegs neu: Schon Paris verliebt sich in den *Heroiden* des OVID in Helena, ohne sie je gesehen zu haben. Festzuhalten bleibt darüber hinaus, daß Jaufre in einer anderen Kanzone, *Quan lo rius de la fontana (Wenn das Wasser der Quelle)*, sein Verlangen nach »*Süßer Liebe*« (»*amor doussana*«) mit einem »*amor de terra lonhdana*« (»*Liebe in einem fernen Land*«) in durchaus irdischer Umgebung (»*Dinz vergier o sotz cortina*« – »*In einem Garten oder hinter einem Bettvorhang*«) zu stillen gedenkt.

Es erscheint plausibel, daß der Trobador die Forderungen der höfischen Liebe – die von dem schmerzhaften Bewußtsein des niedriggestellten Liebenden gekennzeichnet ist, seine verehrte adelige Herrin niemals erreichen zu können – dadurch zu erfüllen sucht, daß er die soziale Distanz, die der zum Hochadel gehörende Prinz von Blaya glaubwürdig kaum besingen kann, durch eine geographische ersetzt. Offenkundig sind die Anklänge der Kanzone Jaufres an das ironische Rätselgedicht WILHELMS IX. von Aquitanien, *Farai un vers de dreyt nien (Ich werde ein Lied über rein gar nichts machen)*, in dem der zwischen sinnlicher und höfischer Liebeskonzeption schwankende Herzog von einer nie gesehenen Geliebten singt, die zweifellos die höfische Liebe verkörpert. Doch ist bei Jaufre jene irreale Geliebte, über die sich Wilhelm noch spöttisch ausläßt, zum alles beherrschenden Thema geworden, das *»die Homogenität des dichterischen Repertoires von Jaufre Rudel ausmacht«* (D. Rieger).

Neben den übrigen Liedern des Trobadors ist *No sap chantar qui so no di* für die dichterische Einschätzung Jaufre Rudels, gerade in poetologischer Hinsicht, von besonderer Bedeutung. Die Kanzone baut wiederum auf Versen Wilhelms auf und bringt in exemplarischer Weise den emotionalen Spannungszustand des höfischen Liebhabers zur Sprache, der hier nur im Traum die Distanz zur niemals gesehenen Geliebten zu überwinden vermag, um mit dem Erwachen sogleich wieder schmerzhaft die Unerfüllbarkeit seiner Wünsche zu begreifen: *»Nuils hom no·s meravill de mi / sieu am so que ja no·m veira, / que·l cor joi d'autr'amor non a / mas de cela qu'ieu anc no vi«* (*»Niemand möge sich darüber wundern, / daß ich das liebe, was mich niemals sehen wird, / denn mein Herz freut sich an keiner anderen Liebe / als an der, die ich niemals sehen werde«*). In der ersten Strophe, die ohne den traditionellen Natureingang auskommt, formuliert Jaufre dichtungstheoretische Forderungen, deren oft mißverstandene Terminologie auch heute noch in der Forschung zu lebhaften Diskussionen Anlaß bietet: *»No sap chantar qui so no di / ni vers trobar qui motz no fa, / ni conoys de rima quo·s va / si razo non enten en si; / pero mos chans comens'aissi: / quon plus l'auziretz mais valra«* (*»Nicht zu singen versteht, wer den Ton nicht dichtet, / noch ›Vers‹ zu komponieren, wer die Worte nicht macht / noch weiß, wie es mit dem Reim geht, / wer die Materie nicht in sich selbst vernimmt; / dennoch beginnt mein Lied so: je mehr ihr es hören werdet, umso mehr wird es wert sein«*; Übers. J. Gruber). Je öfter das Lied also angehört wird, desto besser wird der Rezipient die Gedanken des Textes begreifen, zu deren rechtem Verständnis das Zusammenspiel von musikalischen, formalen und inhaltlichen Aspekten unabdingbar ist.

Will man dem Verfasser der *vida* Glauben schenken, so haben die mittelalterlichen Zuhörer an den Liedern Jaufres weniger das präzise und zugleich sparsame Vokabular (*»paubres motz«*) geschätzt, mit dem sich der Autor unter die Dichter des *trobar leu*, des leichtverständlichen Dichtens, einreiht (auch wenn dies, den poetologischen Aussagen Jaufres zufolge, in den Augen mancher Forscher den Intentionen des Dichters geradezu widerspricht). Vielmehr müssen wohl die eingängigen Melodien (*»bons sons«*) gefesselt haben, die in der

Tat als Meisterwerke der Trobadorlyrik gelten dürfen. Bis heute kämpft die Forschung allerdings weitgehend vergebens gegen die Auswirkungen der romantisierenden Legendenbildung um den unglücklichen Dichter der »Fernliebe«, zu der namhafte Schriftsteller des 19. Jh.s wie L. UHLAND, H. HEINE, G. CARDUCCI, E. BROWNING, A. Ch. SWINBURNE und E. ROSTAND beigetragen haben (letzteren inspirierte der Stoff sogar zu dem Drama *La princesse lointaine*, 1895). Dieser Mythos hat bis heute eine dem Trobador gerechter werdende Rezeption bei einem breiteren Publikum erschwert, das bei dem Namen Jaufre Rudel noch heute an Szenen denkt, wie sie beispielsweise Heine in seiner Ballade *Geoffroy Rudèl und Melisande von Tripoli* ausmalte: *»Über ihm beugt sich die Gräfin, / Hält ihn liebevoll umschlungen, / küßt den todesbleichen Mund, / Der so schön ihr Lob gesungen! // Ach der Kuß des Willkomms wurde / Auch zugleich der Kuß des Scheidens, / Und so leerten sie den Kelch / Höchster Lust und tiefsten Leidens.«*   W.R.

AUSGABEN: *Der Trobador J. R., sein Leben und seine Werke*, Hg. A. Stimming, Kiel 1873; ern. Bln. 1886 [krit.; m. dt. Übers.]. – *Les chansons de J. R.*, Hg. A. Jeanroy, Paris 1915; rev. 1924; ²1974 [krit.; m. frz. Prosaübers.; CFMA]. – *J. R., Liriche*, Hg. M. Casella, Florenz 1948 [krit.; m. ital. Übers.]. – *J. R. e Bernardo di Ventadorn*, Hg. S. Battaglia, Neapel 1949. – *The Songs of J. R.*, Hg. R. T. Pickens, Toronto 1978 [diplom. Ausg.; m. engl. Übers.]. – *Il Canzoniere di J. R.*, Hg. G. Chiarini, L'Aquila 1985 [krit.; m. ital. Übers.].

LITERATUR: V. Crescini, *Appunti su J. R.* (in C. C., *Per gli studi romanzi*, Padua 1892, S. 1–18). – G. Paris, *J. R.* (in Revue historique, 53, 1893, S. 225–260; ern. in G. P., *Mélanges de littérature française du moyen âge*, Paris 1912, S. 498–538). – C. Appel, *Wiederum zu J. R.* (in ASSL, 107, 1902, S. 338–349). – E. Hoepffner, *Pour l'étude de J. R.* (in Rom, 63, 1937, S. 93–102). – M. Casella, *Poesia e storia. II. J. R.* (in Archivio Storico Italiano, N. S., 2, 1938, S. 154–199; ern. in M. C., *Saggi di letteratura provenzale e catalana*, Bari 1967, S. 69–115). – G. Frank, *The Distant Love of J. R.* (in MLN, 57, 1942, S. 528–534). – L. Spitzer, *L'amour lointain de J. R., et le sens de la poésie des troubadours*, Chapel Hill 1944 (ern. in L. S., *Romanische Literaturstudien 1936–1956*, Tübingen 1959, S. 363–417). – G. Frank, *J. R., Casella and Spitzer* (in MLN, 59, 1944, S. 526–534). – P. Cravayat, *Les origines du troubadour J. R.* (in Rom, 71, 1950, S. 166–179). – D. W. Robertson Jr., *›Amors de terra lonhdana‹* (in StPh, 49, 1952, S. 566–582). – D. Zorzi, *L'›amor de lonh‹ di J. R.* (in Aevum, 29, 1955, S. 124–144). – I. Cluzel, *J. R. et l'›amor de lonh‹* (in Rom, 77, 1957, S. 86–97). – R. Lejeune, *La chanson de l'amour de loin de J. R.* (in *Studi … A. Monteverdi*, Bd. 1, Modena 1959, S. 403–442). – P. Zumthor, *Langue et techniques poétiques à l'époque romane (XIe–XIIIe siècles)*, Paris 1963, S. 205–217. – S. Battaglia, *La coscienza letteraria* *del Medioevo*, Neapel 1965, S. 241–262. – Y. Lefèvre, *L'>Amors de Terra Lonhdana< dans les chansons de J. R.* (in *Mélanges R. Lejeune*, Gembloux 1969, S. 185–196). – V. Bertolucci Pizzorusso, *Il grado zero della retorica nella vida di J. R.* (in Studi mediolatini e volgari, 18, 1970, S. 7–26). – L. Topsfield, *>Jois<, >Amors< and >fin'Amors< in the Poetry of J. R.* (in NphM, 71, 1970, S. 277–305). – Y. Lefèvre, *J. R. et son >Amour de loin<* (in *Mélanges P. Le Gentil*, Paris 1973, S. 461–477). – M. Majorano, *Lingua e ideologia nel canzoniere di J. R.* (in AION. Sezione Romanza, 16, 1974, S. 159–201). – J. Ch. Payen, *>Peregris<: de l'>amour de lonh< au congé courtois* (in Ccm, 27, 1974, S. 247–255). – R. T. Pickens, *J. R. et la poétique de la mouvance* (ebd., 20, 1976, S. 323–337). – E. Köhler, *>Amor de lonh< oder: Der >Prinz ohne Burg<* (in *Orbis medievalis. Mélanges R. R. Bezzola*, Bern 1978, S. 219–234; ern. in E. K., *Literatursoziologische Perspektiven*, Hg. H. Krauß, Heidelberg 1982, S. 40–61). – P. G. Beltrami, *La canzone >Belhs m'es l'estius< di J. R.* (in Studi mediolatini e volgari, 26, 1978/79, S. 77–105). – G. Chiarini, *Per una verifica testuale della poetica rudelliana della lontananza* (in Paradigma, 2, 1978, S. 3–29; 3, 1980, S. 3–28). – L. S. Crest, *Dieu ou ma Dame: The Polysemic Object of Love in J. R. >Lanquan li jorn son lonc en may<* (in MR, 29, 1979, S. 61–75). – M. Allegretto, *Il luogo dell'amore. Studio su J. R.*, Florenz 1979. – M. L. Meneghetti, *Una vida periculosa* (in CN, 40, 1980, S. 145–163). – P. Bec, *Le problème des genres chez les premiers troubadours* (in Ccm, 25, 1982, S. 31–47). – D. Rieger, *Die altprovenzalische Lyrik: J. R. >No sap chantar qui so no di<* (in *Lyrik des Mittelalters I: Probleme und Interpretationen*, Hg. H. Bergner, Stg. 1983, S. 264–277; RUB). – M. de Riquer, *Los trovadores. Historia literaria y textos*, Bd. 1, Barcelona 1983, S. 148–169. – J. Gruber, *Die Dialektik des Trobar*, Tübingen 1983, S. 85–91, 200–209. – D. A. Monson, *J. R. et l'amour lointain: les origines d'une légende* (in Rom, 106, 1985, S. 36–56).

JAUME I. EL CONQUERIDOR

Jakob von Katalonien-Aragon, der Eroberer

* 1./2.2.1208 Montpellier
† 27.7.1276 Valencia

LLIBRE DELS FEITS DEL REI JAUME

(kat.; *Das Buch der Taten des Königs Jaume*). Geschichtschronik, gedruckt 1557 unter dem Titel *Chronica o comentari del gloriosissim e invictissim rey En Iacme*. – Zusammen mit der Chronik von Ramon MUNTANER (1265–1336), der Chronik von Bernat DESCLOT und der Chronik des Königs Pere III., el Cerimoniós gehört dieses Geschichts-werk zu den vier großen Chroniken der spätmittelalterlichen katalanischen Literatur. Es ist sowohl in einer lateinischen, von dem Dominikaner PETRUS MARSILIUS 1313 aufgrund einer verlorenen katalanischen Urfassung bearbeiteten Version als auch in fünf Handschriften auf katalanisch erhalten, deren früheste auf 1343 zu datieren ist. In der katalanischen Fassung läßt sich zudem die Verwendung früherer, verlorener Spielmannsheldenlieder nachweisen.

Die Chronik ist als Memoirenwerk im *pluralis majestatis* gehalten. Man kann davon ausgehen, daß der König den größten Teil des Textes in verschiedenen Epochen seines Lebens seinen Kanzlisten selbst diktiert oder ihn zumindest überwacht hat. Besonders deutlich wird der autobiographische Charakter, wenn der Text »ich« verwendet, was an entscheidenden Stellen geschieht. Auch die wahrscheinlich gegen Ende seines Lebens diktierte und dem schon um 1244 verfaßten ersten Teil vorangestellte Einleitung bestätigt die Intention des Werks als rechtfertigende Selbstdarstellung, mit der der große König durch ständige Hinweise auf die göttliche Vorsehung seinen Führungsanspruch abzusichern sowie seine militärisch-politische Leistung in das gewünschte Licht zu setzen versucht; nicht umsonst wurde die Chronik später für die Prinzenerziehung herangezogen. Unter Auslassung weniger vorteilhaft erscheinender persönlicher oder historischer Gegebenheiten, jedoch ohne Verfälschung von Fakten, werden vor allem militärische Taktik und heroischer Patriotismus hervorgehoben. Die Wiedergabe von Reden sogar in ihrer jeweiligen sprachlichen Färbung und die sachkundige Verwendung arabischer Fachwörter lassen nicht nur den Willen zu lebendiger Darstellung, sondern auch die sorgfältige Dokumentation erkennen. – Die Chronik berichtet zunächst distanziert über die Vorfahren und die Kindheit Jaumes I. sowie über die anarchischen Unruhen während der Regentschaft nach dem Tod von Jaumes Vater, Pere I. (in der Schlacht von Muret, 1213); der Zeitraum zwischen 1228 und 1240 ist geradezu tagebuchartig erfaßt (so die Darstellung der Eroberung von Mallorca, 1229, und des Landes Valencia, 1232–1245). Der zweite Teil stellt komprimiert und wieder aus größerem zeitlichem Abstand die innenpolitischen Auseinandersetzungen Jaumes mit dem aragonesischen Adel und den eigenen Söhnen in Katalonien sowie die Einnahme von Murcia dar.   D. B.-T. D. S.

AUSGABEN: Valencia 1557 (*Chronica o comentari del gloriosissim e invictissim rey En Iacme*). – Barcelona 1873 (*Libre dels feyts ... del ... Rey en Jacme*). – Barcelona 1926–1962 (*Crònica de Jaume I.*, Hg. J. M. de Casacuberta, 9 Bde.). – Barcelona 1971. – Barcelona 1972 [Faks. der Hs. von 1343; Einl. M. de Riquer]. – Valencia 1980. – Barcelona 1982 [Vorw. F. Soldevila].

LITERATUR: E. Nicolau d'Olwer, *La crònica del Conqueridor i els seus problemes* (in Estudis Universitaris Catalans, 11, 1926, S. 79–88). – F. Soldevila, *Vida de Jaume el Conqueridor*, Barcelona 1958. – M. de Montoliu, *Les quatre grans cròniques*, Barcelona 1959 [m. Bibliogr.]. – J. F. Cabestany, *Jaume I.*, Barcelona 1976. – M. de Riquer, *Història de la literatura catalana*, Bd. 1, Barcelona 1980, S. 394–429. – S. Sobrequés i Callico, *El Rei Jaume I i la Renaixença als països catalans*, Barcelona 1981. – *The Worlds of Alfonso the Learned and James the Conqueror*, Hg. R. J. Burns, Princeton/N.J. 1985.

JĀNIS JAUNSUDRABIŅŠ

* 25.8.1877 Nereta / Semgallen
† 28.8.1962 Soest

LITERATUR ZUM AUTOR:
A. Bērziņš, *J. J.*, Västeras 1952. – J. Jaunsudrabiņš, *Mana dzīve*, Västeras 1957. – M. Dombrovska, *J. J.* (in *Latviešu literatūras vēsture*, Bd. 4, Riga 1957, S. 307–324). – E. Blese, *Storia della letteratura lettone* (in *Storia delle letterature baltiche*, Hg. G. Devoto, Mailand 1957). – M. Dombrovska, *J. J.* (in *Istorija latyšskoj literatury*, Bd. 1, Riga 1971, S. 411–419). – J. Rudzītis, *J. J.* (in J. R., *Starp provinci un Eiropu*, Västeras 1971, S. 47–54). – Ders., *Vecais trimdinieks* (ebd., S. 186–196). – Ders., *Rakstnieks no Dieva žēlastības* (in J. R., *Raksti*, Västeras 1977, S. 93–98). – I. Krontāle, *»Baltās grāmatas« autora mūžā ielūkojoties* (in J. J., *Tā pasaule paiet*, Riga 1977, S. 295–308). – A. Stikāne, *J. J.* (in *Latviešu bērnu literatūra*, Riga 1977, S. 94–102). – O. Zanders, *Rakstnieka darba diena* (in Varavīksne, 1977, S. 46–59). – O. Ņesterovs, *Par rakstnieku un gleznotāju* (ebd., 1978, S. 21–29). – M. Čaklais, *Balts pie Baltās grāmatas* (in M. Č., *Nozagtā gliemežnīca*, Riga 1980, S. 76–84). – A. Grigulis, *Jāņa Jaunsudrabiņa dzīve un literārā darbība* (in J. J., *Kopoti raksti*, Bd. 1, Riga 1981, S. 5–26). – J. Jaunsudrabiņš, *Mana dzīve* (ebd., Bd. 15, 1985, S. 279–419). – I. Bērsons, *Jāņa Jaunsudrabiņa radošā mūža ritējums* (ebd., S. 430–492).

AIJA

(lett.; *Ü: Aija*). Erzählung von Jānis JAUNSUDRABIŅŠ, erschienen 1911. – *Aija*, der erste Teil einer Trilogie – der zweite: *Atbalss*, 1920 *(Echo)*, der dritte: *Ziema*, 1925 *(Winter)* –, spielt wie fast alle Erzählungen Jaunsudrabiņš' in Hochkurland, der Heimat des Autors, und erzählt vom ländlichen Leben auf einem Gutshof, wo das Mädchen Aija als Jungmagd und der (fiktive) Erzähler Jānis Balodis – der Autor begegnet ihm auf seiner Wanderschaft und schließt sich ihm als Weggenosse an – als halb-

wüchsiger Hütebub gedient hatten. Aija ist ein frisches, lebensfrohes und einfaches Landmädchen und hat, wie es Sitte ist, auch schon einen Burschen, den Knecht Mikel, zum Freund. Da jedoch der Hütebub Jānis den Knecht beim Wettmähen schlägt, schenkt sie ihre Gunst dem jungen Sieger, der nun für einen Sommer ihr heimlicher Geliebter wird. Im Herbst aber erlischt Aijas spielerische Liebe zu ihm. Der heiße Mittsommertraum ist zerronnen, geblieben ist Aijas Wunsch nach einem eigenen Hausstand. So geht sie wieder zu Mikel zurück und läßt sich mit ihm aufbieten, da kein *»besserer Bräutigam«* zu finden ist. Kurz vor der Hochzeit aber freit um sie ein verwitweter Handwerker mit einem eigenen Häuschen, und ihm gibt Aija aus nüchterner Berechnung ihre Hand. Das Leben geht trotzdem weiter: Der enttäuschte Mikel betrinkt sich und schließt mit dem ebenfalls verlassenen Jānis Freundschaft; Aija zieht zu ihrem Mann, Mikel heiratet ein anderes Mädchen, und Jānis geht in die Stadt Riga und wird Fabrikarbeiter. – Der zweite Teil der Trilogie, *Echo*, schildert das erneute Zusammentreffen des einstigen Hütebuben Jānis mit Aija, die als Witwe mit drei Kindern im Elend lebt. Jānis bleibt bei ihr, doch kann er die unbeständige Frau nicht an sich binden: Der letzte Teil, *Winter*, berichtet, wie Aija mit einem anderen Mann eine neue Liebelei anfängt und damit Jānis schließlich zum Selbstmord treibt.

Die Trilogie ist das umfangreichste, aber nicht das beste Werk Jaunsudrabiņš'. Die Schwierigkeiten, die dem Meister der Kurzgeschichte die große Form bereitet, kommen schon in der Uneinheitlichkeit der Erzählweise zum Ausdruck: Der erste Teil, in welchem der Held dem Erzähler seine Erlebnisse berichtet, hat eine Rahmenhandlung. Sie wird in den beiden folgenden Teilen fallengelassen, und Jānis' weiteres Schicksal wird in der dritten Person erzählt. Dadurch entsteht ein Riß im Gesamtaufbau. Die aus seinen kurzen Erzählungen, wie *Balta grāmata*, bekannte Eindringlichkeit haben in der *Aija*-Trilogie nur die Schilderungen der Natur, die auch hier mit den Augen des Malers gesehen wird. Aus ihnen entsteht ein lebendiges Bild der Landschaft Hochkurlands und Rigas, die das Werk trotz der etwas verkrampften Handlung zu einem großen Erfolg machten. Es erschienen mehrere Neuauflagen.   A. Schm.

AUSGABEN: Riga 1911. – Riga 1926–1931 (in *Raksti*, 8 Bde.). – Riga 1957. – Brooklyn 1960. – Riga 1978 [Vorw. A. Jansons-Saiva]. – Riga 1981 (in *Kopoti raksti*, 15 Bde., 1981–1985, 5).

ÜBERSETZUNG: *Aija*, O. Grosberg, Riga 1922.

VERFILMUNG: UdSSR/Lettland 1958 *(Atbalss)*.

LITERATUR: E. Damburs, *Rakstnieks, kas nenoveco* (in Literatūra un Māksla, 13. 7. 1957). – J. Niedre, *Jan Jaunsudrabin'i ego roman »Aija«* (in J. Jaunsudrabiņš, *Aija*, Moskau 1973, S. 5–13). – I. Kiršentāle, *Latviešu romāns*, Riga 1979, S. 166.

BALTĀ GRĀMATA

(lett.; *Das weiße Buch*). Literarische Miniaturen von Jānis Jaunsudrabiņš, erschienen: 1. Teil 1914, 2. Teil 1921. – Die kurzen Skizzen des Malers und Erzählers, die in der lettischen Literatur zu einem Begriff geworden sind, beschreiben in der Form der Ich-Erzählung das Leben auf einem lettischen Bauernhof, wie es sich vor neugierigen Kinderaugen abspielt. Die Jahreszeiten und die mit ihnen wechselnde Arbeit, die Feste, Spiele und Kinderstreiche, kauzige Menschentypen, auch Zauberei und Spuk erstehen in liebevoll ausgearbeiteten Bildern vor den Augen des Lesers. Manche Erzählungen schildern nur flüchtige Erlebnisse, wie eine vergnügliche Schlittenfahrt; andere wieder umreißen ein ganzes Menschenleben, wie etwa das des »Lahmen Jurks«, der seiner skurrilen Eigenheiten wegen von den Erwachsenen nur geduldet, von den Kindern aber geliebt wird; er trägt das Schicksal körperlicher Unvollkommenheit und steten physischen Leidens ohne Auflehnung und Selbstmitleid; erst auf dem Totenbett fällt die fröhliche Maske: »*Ich sah dort nur Schmerzen, die Spuren eines langen und schweren Lebens.*« – Die eigene Kindheit des Autors dürfte in diesen Miniaturen Gestalt angenommen haben. Der Unbekümmertheit und Unvoreingenommenheit seines Blickes entspricht die einfache Sprache, die oft in die Ausdrucksweise des Landvolks übergeht und dadurch den Eindruck natürlicher Unmittelbarkeit verstärkt. Bewußt einfach und kindlich gehaltene Zeichnungen des Autors begleiten diese Erzählungen, die, außer in späteren Sammlungen Jaunsudrabiņš, in der lettischen Literatur keine Parallele haben. A.Schm.-KLL

Ausgaben: Riga 1914. – Riga 1921, 2 Bde. – Riga 1926–1931 (in *Raksti*, 8 Bde.). – Riga 1957 [Vorw. J. Sudrabkalns]. – Riga 1971. – Riga 1981 (in *Kopoti raksti*, 15 Bde., 1981–1985, 3).

Literatur: J. Sudrabkalns, *Jāņa Jaunsudrabiņa »Baltā grāmata«* (in J. S., *Kopoti raksti*, Bd. 3, Riga 1959, S. 423–429). – A. Bija, *No iemīļotās grāmatas vēstures* (in Varavīksne, 1977, S. 60–65). – J. Osmanis, *Bērnības atmiņu »Baltā grāmata«* (in J. O., *Saules akmens*, Riga 1977, S. 182–186). – M. Čaklajs, *V svetlom mire »Beloj knigi«* (in J. Jaunsudrabiņš, *Belaja kniga*, Moskau 1980, S. 5–12).

JAUNSAIMNIEKS UN VELNS

(lett.; *Der Bauer und der Teufel*). Roman von Jānis Jaunsudrabiņš, erschienen 1933. – Der Roman spielt im Lettland der zwanziger Jahre, als der junge Staat die Großgrundbesitzer enteignete und das Land unter die Teilnehmer des Befreiungskriegs aufteilte. In einem Sumpfsee in den Wäldern von Tiltene lebt ein alter Teufel, der eines Tages entdeckt, daß sich auf dem Hügel, den er als sein Eigentum betrachtet, ein ihm unbekannter Bauer, Indis Krasts, mit seiner Familie niedergelassen hat.

Der Fremde, ein junger Offizier außer Dienst, bringt es mit den Jahren in harter Arbeit zu beachtlichem Wohlstand, obwohl der ärgerliche Teufel allerlei Listen ersinnt, um ihm zu schaden. Einmal verscheucht er die Rinder, ein anderes Mal läßt er eine Schlange sich dem Wagen nähern, in dem des Bauern kleiner Junge liegt; seinen größten Trumpf aber spielt er aus, als er seinem Feind das schöne Mädchen Manga begegnen läßt. Indis Krasts verliebt sich leidenschaftlich und löst das Verhältnis erst nach dem Tod seines dritten Kindes. Jaunsudrabiņš verbindet ohne Stilbruch die phantastische Schilderung vom Ränkespiel des Teufels – in dem das lettische Volksmärchen weit eher einen einfältigen Kobold als den Gegenspieler Gottes sieht – mit der realistischen Darstellung all der Probleme, die die Bodenreform in seinem Land mit sich brachte. Die humorvolle und – durch die Märchenmotive – abwechslungsreiche Handlung sichert dem Roman einen besonderen Platz unter den Werken des zeitgenössischen lettischen Neorealismus. A.G.

Ausgaben: Riga 1933. – Stockholm 1949. – Riga 1982 (in *Kopoti raksti*, 15 Bde., 1981–1985, 7).

Literatur: I. Kiršentāle, *Latviešu romāns*, Riga 1979, S. 166–170. – V. Karaļuns, *Jāņa Jaunsudrabiņa romānu lasot: Vēsturnieka piezīmes* (in J. Jaunsudrabiņš, *Kopoti raksti*, Bd. 7, Riga 1982, S. 7–14).

NAUDA

(lett.; *Geld*). Roman von Jānis Jaunsudrabiņš, erschienen 1939. – In diesem (seinem letzten) Roman setzt sich der Autor mit dem Thema Geld als Mittel zur Macht über andere auseinander. Die beiden Hauptgestalten sind der aus kleinbäuerlichen Verhältnissen stammende Maler Andrejs Lumsts und Flora Resgale, die Tochter eines vermögenden Hausbesitzers in Riga. Andrejs konnte nur unter großen materiellen Opfern seine Ausbildung abschließen und sieht in der Malerei seine Lebensaufgabe. Für Flora dagegen zählt lediglich der Besitz: »*Den Kopf dieser Frau füllte nur Geld, mit Fremden sprach sie, wie es einer reichen Frau zukam, mit ihresgleichen stets ein wenig von oben herab, ganz von oben herab mit denen, die kein sechsstöckiges Haus besaßen.*«

Die Ehe mit Flora enthebt zwar den Maler finanzieller Sorgen, liefert ihn aber andererseits der Herrschsucht dieser Frau aus, die ihn als ihren »Besitz« betrachtet, als ein Wesen, das ihr hörig ist. Am erbittertsten bekämpft sie seine Kunst, weil sie spürt, daß Andrejs sich damit ihrem Willen entziehen kann und daß sie selbst dieser Leidenschaft gegenüber bedeutungslos wird. Tatsächlich findet Andrejs Mittel und Wege, seine künstlerische Laufbahn ohne Floras Wissen fortzusetzen, und befreit sich immer mehr aus ihrer Einflußsphäre, so daß seine endgültige Trennung von ihr nur noch ein äußerer Ausdruck der längst vollzogenen inneren

Loslösung ist. – Selten wurde in der lettischen Literatur eine derart abstoßende und auf den ersten Blick unmenschliche Gestalt wie die der Flora Resgale mit solch eindringlicher Lebendigkeit ausgestattet: Jede ihrer Äußerungen, jeder ihrer infantilegoistischen Verzweiflungsanfälle findet in ihrer Charakteranlage, ihrer Erziehung und ihrer Umwelt eine Begründung. In der Darstellung der seelischen und künstlerischen Entwicklung von Andrejs kamen dem Autor seine eigenen Erfahrungen als Maler zustatten.   A.Schm.

Ausgaben: Riga 1939 (in *Jaunākās Ziņas*). – Riga 1942. – Münster 1949. – Riga 1983 (in *Kopoti raksti*, 15 Bde., 1981–1985, 10).

Literatur: I. Bērsons, *Divi Jāņa Jaunsudrabiņa romāni trīsdesmito gadu beigās* (in J. J., *Kopoti raksti*, Bd. 10, Riga 1983, S. 445/446).

NĀVES DEJA

(lett.; *Todestanz*). Roman von Jānis Jaunsudrabiņš, erschienen 1922. – Schauplatz dieses ersten Romans des Autors ist die russische Ölstadt Baku in den Jahren zwischen 1915 und 1917. Vor dem Hintergrund der damaligen gesellschaftlichen, politischen und moralischen Wirren wird das Schicksal zweier Menschen geschildert, die psychisch wie physisch im Chaos des Kriegs und der Revolution zugrunde gehen.

Der lettische Schlosser Vilis Vītols wird von seiner Braut Ilze Nicmane, mit der zusammen er nach Jaroslavl evakuiert worden ist, verlassen, will aber nicht auf sie verzichten, sondern verfolgt ihre Spur und findet das Mädchen schließlich in Baku wieder, wo Ilze mit einem wohlhabenden Armenier zusammenlebt. Da er sich nun selbst von ihrer Treulosigkeit überzeugt hat, verliert Vītols jeden Halt. Er geht keiner geregelten Arbeit mehr nach, und als die reiche Ölstadt, in der Glanz und Elend dicht nebeneinander wohnen, von einer Hungersnot heimgesucht wird, schlägt er sich als Schwarzhändler durch. Die materielle Not der Bevölkerung beschleunigt den im stillen längst wirksamen Auflösungsprozeß der alten Moralbegriffe, bis schließlich die Revolution jede staatliche und rechtliche Ordnung beseitigt. Die Stadt wird zum Schauplatz des blutigen Bürgerkriegs, und Vītols begegnet dem Tod, der jetzt *»überall und mit allen tanzt«*, in seinen verschiedenen Gestalten: Unzählige Menschen verlieren durch Hunger, Seuchen, Feuersbrünste, Explosionen und Straßenkämpfe ihr Leben. In diesem Chaos entdeckt Vītols zufällig seine Braut in einer Typhusbaracke und bringt sie in Sicherheit. Um für sie sorgen zu können, begeht er an einem befreundeten Tataren einen Raubmord. Doch der in dieser Stadt immer gegenwärtige Tod entreißt ihm die wiedergefundene Geliebte und macht so seine letzte Hoffnung zunichte.

Der Verfasser, der gleichermaßen als Schriftsteller wie als Maler hervorgetreten ist, gibt hier eine realistisch-anschauliche Darstellung; überzeugend und eindringlich sind die Bilder des Todes, der Not und des Elends gezeichnet. Die plastischen Schilderungen der Revolutionszeit – der Autor hat sie selbst 1915–1918 im Kaukasus, vor allem in Baku miterlebt – sind derart mit psychologischen Analysen der Hauptpersonen verflochten, daß deren seelische Entwicklung die Auflösungserscheinungen der chaotischen Umwelt widerspiegelt.   A.Schm.

Ausgaben: Riga 1922 (in *Jaunākās Ziņas*). – Riga 1924. – Riga 1926–1931 (in *Raksti*, 8 Bde.). – Brüssel 1951. – Riga 1952 (in *Izlase*). – Riga 1981 (in *Kopoti raksti*, 15 Bde., 1981–1985, 4).

Literatur: I. Kiršentāle, *Latviešu romāns*, Riga 1979, S. 141–143. – I. Bērsons, *Četras Jāņa Jaunsudrabiņa prozas grāmatas 1923 gadā* (in J. Jaunsudrabiņš, *Kopoti raksti*, Bd. 4, Riga 1981, S. 306 bis 308).

JEAN JAURÈS

* 3.9.1859 Castres
† 31.7.1914 Paris

HISTOIRE SOCIALISTE (1789–1900)

(frz.; *Sozialistische Geschichte, 1789–1900*). Historisches Werk in zwölf Bänden, herausgegeben von Jean Jaurès, der sechs davon, die bedeutendsten, selbst verfaßte; erschienen 1901–1908. – Der Verleger Rouff erwog 1898 die Herausgabe einer mehrbändigen, im sozialistischen Geist verfaßten Darstellung der französischen Geschichte von 1789 bis zum Ende des 19. Jh.s, machte aber die Verwirklichung davon abhängig, daß Jaurès die Arbeit überwachen und einen Teil selbst verfassen würde. Jaurès griff die Idee begeistert auf und ging unverzüglich an die Vorstudien für eine sozialistische Geschichte der Französischen Revolution. Nach vierjähriger Lehrtätigkeit als Professor der Philosophie war er in die Politik übergewechselt, erst als Abgeordneter für die Republikanische Partei und später für die weiter links stehenden Sozialisten, bei denen er bald eine führende Rolle spielte. Im Gegensatz zu den Absichten Rouffs, der an ein lebendiges, dramatisches, aber nicht unbedingt aus dem Studium von Dokumenten hervorgehendes Werk gedacht hatte, ließ sich Jaurès ein eingehendes Quellenstudium angelegen sein. Trotzdem vollendete er in kaum drei Jahren ein Werk, für das ein anderer – wie der Historiker François Aulard bemerkt – wenigstens zwanzig Jahre gebraucht hätte. Aulard bestätigt dem Autor auch, daß er nicht, wie zu vermuten gewesen wäre, in die Redeweise des Philosophen, des Redners und Polemikers verfiel, sondern als Historiker schrieb.

Das Ergebnis von Jaurès' Studien waren die ersten vier Bände des geplanten Sammelwerks: *La Constituante, La Législative, La Convention* (Teil 1), *La Convention* (Teil 2). »*Vom sozialistischen Standpunkt aus wollen wir dem Volk, den Arbeitern, den Bauern die Ereignisse erzählen, die von 1789 bis zum Ende des 19. Jh.s geschehen sind*«, schrieb Jaurès in der *Introduction générale*. Die große Französische Revolution ist – und hierin widersprach der Verfasser Edmund Burke und Hippolyte Taine – folgerichtig aus der französischen Geschichte hervorgegangen. Im Ausbruch und im Verlauf der Revolution sieht der Autor viel mehr das Werk ökonomischer und sozialer Kräfte als das Ergebnis der vorbereitenden Tätigkeit von Ideologen. Gegen die älteren Historiker erhebt Jaurès den Vorwurf, bei ihrer Darstellung Sinn und Bedeutung der wirtschaftlichen Entwicklung und der sozialen Fragen außer acht gelassen zu haben, deren Verständnis erst durch Karl Marx, durch den Fortschritt des Sozialismus und durch die Arbeiten der historischen Schulen in Frankreich und Rußland geweckt worden sei. Anklagend stellt Jaurès fest, daß zuwenig Dokumente, die sich auf die sozialen Verhältnisse in der Provinz, auf den Verbleib der nationalen Güter und die wirtschaftliche Lage der Masse beziehen, herausgegeben worden seien. »*M. Taine hat höchstens daran gedacht, die Archivbestände für die Errechnung der Menge des bei den Volkserhebungen zerbrochenen Geschirrs heranzuziehen.*«
Im Sinne der marxistischen Geschichtsbetrachtung bemüht sich der Autor, in seinem Werk die Entwicklung und das Aufeinanderprallen der Klassen deutlich zu machen. »*Die Französische Revolution hat indirekt die Herrschaft des Proletariats vorbereitet. Sie hat die zwei wesentlichen Voraussetzungen des Sozialismus verwirklicht, die Demokratie und den Kapitalismus. Aber sie war im Grunde die Machtübernahme des Bürgertums.*« Die Proletarier seien vom Bürgertum gegen die Herrschaft des Absolutismus und des Adels vorgeschoben und benützt worden, selbst aber nur Werkzeug geblieben. Das Proletariat habe keine Konzeption einer neuen sozialen Gesellschaft, kein klares Klassenbewußtsein und keine Vorstellung einer anderen Besitzverteilung gehabt. Selbst der Kommunismus Babeufs sei nur eine »*leichte Erschütterung an der Oberfläche*« geblieben. Es kam während der ganzen Revolution (und noch lange danach) nur zu der politisch souveränen, aber ökonomisch stationären Demokratie kleinbäuerlicher Besitzer und kleinbürgerlicher Handwerker, wobei Jaurès den Begriff des Kleinbürgertums keineswegs abwertend gebrauchte: »*Die Theoretiker der Revolution etablierten die Größe, nicht den Egoismus des Bürgertums.*« Trotz seiner Hervorhebung der die Geschichte beeinflussenden wirtschaftlichen Kräfte übersah Jaurès nicht die Bedeutung der Persönlichkeit in der Geschichte, vergaß er über dem Zwang der Tatsachen nicht die Wirksamkeit der Idee. Er konnte deshalb von seinem Werk sagen: »*So bleibt unsere Deutung der Geschichte gleichzeitig materialistisch mit Marx und mystisch mit Michelet.*« Die übrigen Bände des Sammelwerks kamen mit einiger Schwierigkeit zustande. Weil nicht alle vorgesehenen Mitarbeiter ihrer Aufgabe gewachsen waren, mußte Jaurès, der sich von Anfang an außer der Geschichte der *Constituante* und der *Legislative* den Deutsch-Französischen Krieg 1870/71 vorbehalten hatte, noch die *Convention* und das abschließende Resümee übernehmen. Gewisse Schwächen – seine Zitate waren gelegentlich unvollständig und seine Darstellung hier lückenhaft, dort weitschweifig – waren bei dem Nichthistoriker wohl zu erwarten und sind nicht zuletzt auf seine außerordentliche Inanspruchnahme durch die Gegenwartspolitik zurückzuführen. Trotzdem übte seine *Sozialistische Geschichte der Französischen Revolution* – unter diesem Titel wurden die von ihm verfaßten Bände später gesondert herausgegeben – eine bedeutende Wirkung auf die Geschichtsschreibung der folgenden Jahrzehnte und auf die Öffentlichkeit aus, deren Interesse wohl auch der bedeutenden und lauteren Persönlichkeit Jaurès' galt. E.Wa.

Ausgaben: Paris o. J. [1901–1908], 12 Bde. [dazu 1 Suppl.-Bd.]. – Paris 1922–1924 (*Histoire socialiste de la révolution française*, Hg. A. Methiez, 8 Bde., enth. nur die v. J. J. verfaßten Texte). – Paris 1968–1973; ern. 1983–1986, Hg. A. Soboul, 7 Bde.

Literatur: Ch. Rappoport, *J. J. L'homme, le penseur, le socialiste*, Paris 1915 [Vorw. A. France]. – G. Holthusen, *Der reformistische Sozialismus bei J. J.*, Diss. Münster 1922. – Ho Ting Shao, *La pensée de J. J. et sa théorie de la Révolution*, Diss. Paris 1932. – M. Auclair, *La vie de J. ou La France d'avant 1914*, Paris 1954. – H. H. Harms, *J. J. als geschiedschrijver van het ancien régime*, Amsterdam 1958. – H. Goldberg, *The Life of J. J.*, Madison 1962. – H. Guillemin, *L'arrière-pensée de J.*, Paris 1966. – G. Lefranc, *J. et le socialisme des intellectuels*, Paris 1968. – U. Brand, *J. J.*, Göttingen u. a. 1973. – J. Rabaut, *J. J.*, Paris 1981. – M. Gallo, *Le grand J.*, Paris 1984. – H. Abosch, *J. Die vergebliche Hoffnung*, Mchn. 1986.

PEJO JAVOROV

eig. Pejo Kračolov

* 1.1.1877 Čirpan
† 16.10.1914 Sofia

Literatur zum Autor:
G. Najdenova-Stoilova, *P. K. Ja. Ist.-lit. izsledvanije*, Sofia 1957. – M. Arnaudov, *Ja. Ličnost, tvorčestvo, sădba*, Sofia 1961. – G. Najdenova, *P. K. Ja. Pătjat kăm dramata*, Sofia 1963. – *P. K. Ja. 1878–1914. Bio-bibliografija*, Hg. E. G. Furnadžieva u. a., Sofia 1978. – N. Gajdarov,

Žitejskata drama na Ja. Pravni i psichologičeski izsledvanija, Sofia 1979. – *Ja. – razdvo – enijat i edinnijat. Novi izsledvanija*, Hg. S. Iliev, Sofia 1980. – I. Sarandev, *V sveta na »Staroplaninski legendi«*, Sofia 1980. – *P. K. Ja.*, Hg. L. Georgiev, Sofia 1980. – L. Georgiev, *P. Ja.: Romanizirana monografija*, Sofia 1982. – P. Dančev, *Ja.: Tvorčeski pät; Poetika*, Sofia 1983. – P. Zarev, *P. K. Ja.*, Sofia 1984.

CHAJDUŠKI PESNI

(bulg.; *Heiduckenlieder*). Gedichtzyklus von Pejo JAVOROV, erschienen 1906 in der Zeitschrift ›Misäl‹ (Gedanke), dem Revolutionär Goce Delčev gewidmet. – Das Werk besteht aus vier Einzelgedichten, die in lyrischer Form die innere Problematik des bulgarischen Widerstandskämpfers vor 1878, seinen völligen Bruch mit dem bürgerlichen Leben und seine tragische Ausweglosigkeit in einer als »hamletisch« begriffenen Daseinsform schildern. In der knappen Abfolge eines elegischen Monologs, eines Wunschtraums (*»Ach wären, Geliebte, deine blonden Zöpfe mit Gold geflochten ... ich verkaufte sie um ein starkes Roß, die Türken zu verjagen«*), eines Dialogs zwischen zwei Heiducken (der eine liebt die Tochter eines »Blutsaugers«, der erschossen werden soll) und schließlich eines in die Zukunft deutenden elegischen Monologs (ein Traum als Prophezeiung: *»Ich träumte, träumte meine Zukunft, träumte mir mein Grab«*) stellt der Dichter das in der bulgarischen Literatur so ungemein fruchtbare Thema ohne jede nationalistische Tendenz dar; seine Verse werden vielmehr zu einem allgemeingültigen Bild des »ausgestoßenen Menschen«. Während die kunstvolle Anaphorik im ersten und zweiten Gedicht (teils mit Binnenreim-Paaren) an die zum Ausdruck von Emphase dienende Technik bei VRCHLICKÝ erinnert, wendet Javorov im dritten und teilweise auch im vierten Stück die Assoziationsform des bulgarischen Volkslieds an. Die ebenfalls in der Volksdichtung heimische *figura etymologica (»einen Kampf kämpfen«, »ein Spiel spielen«)*, die besonders im ersten und letzten Gedicht auftaucht, unterstreicht ebenfalls den liedhaften Charakter des Zyklus. W.Sch.

AUSGABEN: Sofia 1906 (in Misäl). – Sofia 1959/60 (in *Säbr. säč.*, Hg. L. Kackov u. a., 5 Bde., 1; krit.). – Sofia 1977 (in *Säbr. säč.*).

ÜBERSETZUNG: *Drei Bulgaro-Germanica*, H. Röhling, Ffm. 1983 [Ausz.].

V POLITE NA VITOŠA

(bulg.; *Am Fuße des Vitoša*). Tragödie in fünf Akten von Pejo JAVOROV, Uraufführung: Sofia 1911, Nationaltheater. – Das 1910 in Paris entstandene bürgerlich-psychologische Stück behandelt die Tragödie des gesellschaftlichen Außenseiters Chri-

sto Christoforov im Bulgarien der Jahrhundertwende. Nachdem er sich als radikaler Individualist und *»philosophierender Romantiker in der Politik«* von seiner linksgerichteten Partei getrennt hat, um seinen eigenen Weg zu verfolgen, ist dem Helden die Rückkehr zur bürgerlichen Konvention abgeschnitten: *»Die Natur oder der Teufel lassen uns leben und eine Fackel tragen. Wir müssen sie tragen von Geschlecht zu Geschlecht, denn das ist unsere Bedeutung und Pflicht.... Ich will einen neuen Weg finden und eine neue Fackel entzünden.«* Christoforov glaubt sich aufgrund *»bereits an sich selbst errungener Siege«* zum Einzelgängertum prädestiniert, vermag sich jedoch mit den vagen Metaphern, in denen er seinen Ideen Ausdruck verleiht, gegenüber seiner realistischen Umwelt nicht durchzusetzen. Überdies unterliegt er seinem ehrgeizigen Gegner Dragodanoglu im Kampf um dessen Schwester Mila. Mila geht nach dem von Stefan bestimmten Familienwillen eine aussichtsreichere Ehe ein, worauf sich Christoforov das Leben nimmt.

Die Komposition des Werks ist der Dramaturgie IBSENS verpflichtet. Auch hier bezweckt die Handlung weniger eine Entwicklung der Hauptfigur als die psychologische Analyse der Verhaltensweise des Helden in seiner aus der Vergangenheit resultierenden tragischen Situation. Bemerkenswert ist die Exposition des Dramas, die nicht als Handlungseinleitung, sondern als direkte Charakterzeichnung konzipiert ist. In Gesprächen über den Helden wird die Haltung der Umwelt zu Christoforov schrittweise zutage gebracht. Den individualistischen Stil Javorovs kennzeichnet am besten der dritte Akt, der in einem langen Gespräch zwischen Christoforov und Mila auf dem Friedhof den Höhepunkt des Dramas enthält. W.Sch.

AUSGABEN: Sofia 1911. – Sofia 1965 (in *Säčinenija*, 3 Bde., 2). – Sofia 1968 (in *Izbrani säčinenija*, 2 Bde., 1). – Sofia 1974 (in *Säčinenija*, Bd. 2). – Sofia 1978 (in *Säbr. säč.*, 5 Bde., 3). – Sofia 1984 (in *Stichotvorenija. V polite na Vitoša*, Hg. P. Dančev).

LITERATUR: Ch. Nedjalkov, *Iz rabotata na Ja. kato pisatel-dramaturg* (in Septemvri, 1958, 1, S. 111 bis 121). – P. Rusev, *Tragedijata na inteligenta-individualist v Javorovata drama »V polite na Vitoša«* (in Ezik i literatura, 33, 1978, 2, S. 1–24).

JAYADEVA

12. Jh. Bengalen

GÎTAGOVINDA

(skrt.; *Gedicht, in dem Govinda durch Lieder gefeiert wird*). Kunstgedicht (*kāvya*) in zwölf Gesängen *(sarga)* von JAYADEVA, dem Hofpoeten des bengalischen Königs Lakṣmaṇasena. – Govinda ist einer der Namen des Hirtengottes Kṛṣṇa, der als Inkarnation des Gottes Viṣṇu aufgefaßt wird und der Sage nach (wie in den *purānas* häufig dargestellt) im Vrindā-Wald an der Yamunā mit Tausenden von Hirtinnen seine Liebesfeste gefeiert hat. Das *Gītagovinda* handelt insbesondere von Kṛṣṇas Liebe zu Rādhā, deren Eifersucht, der vorübergehenden Trennung und schließlich der Versöhnung der Liebenden.

Das Werk ist eine Art Melodrama, das auch heute noch aufgeführt wird. Die Hauptgestalten, Kṛṣṇa, Rādhā und deren Freundin, singen Tanzlieder, deren Melodie jeweils angegeben ist; dazwischen stehen erzählende Verse, die die Situationen schildern. In den von der Glut orientalischer Leidenschaft erfüllten Tanzliedern vermischen sich Sinnliches und Übersinnliches, irdische und himmlische Liebe. Eine Reihe von Kommentatoren hat die wollüstigen Schilderungen in mystischer Weise gedeutet, und in diesem Sinne fassen die Inder das Werk allgemein auf: Es gehört in den Bereich der *bhakti*, der glühenden Liebe der menschlichen Seele (Rādhā) zur Gottheit (Kṛṣṇa). Als Stilprobe seien folgende Verse in der Nachdichtung (1837) des Romantikers Friedrich RÜCKERT zitiert: »*Mit den erschwellenden, wallenden Brüsten umfangend den Hari voll Preise, / Singet ihm eine der Hirtinnen nach die gewirbelte Pancama-Weise; / Hari im munteren Mädchengedräng, / Mit Scherzenden scherzt er im Freudengepräng. / Eine, geschmiegt an die Seite der Wangen, um etwas ins Ohr ihm zu raunen, / Küßt geschwinde den Liebsten und macht den Wonnedurchschauerten staunen. / Hari im munteren Mädchengedräng, / Mit Scherzenden scherzt er im Freudengepräng.*«

Man hat das *Gitagovinda* der Form und des Inhalts wegen nicht zu Unrecht das *Lied der Lieder* der Hindus genannt. In Europa fand das Gedicht die Bewunderung GOETHES, obwohl dieser es nur in der unzureichenden deutschen Übersetzung F. H. v. DALBERGS (nach der englischen Übertragung von Sir William JONES) kennenlernte; Goethe trug sich sogar mit dem Gedanken, es selbst neu zu übersetzen. – Es gibt mehr als vierzig Kommentare und etwa ein Dutzend Nachahmungen in Indien.

H.H.

AUSGABEN: Kalkutta 1808. – Bonn 1836, Hg. C. Lassen [m. lat. Übers.]. – Bombay ⁹1949, Hg. N. R. Acārya. – Tripunithura 1962. – Tanjore ²1963. – Hildesheim 1978, Hg. H. Quellet. – Delhi 1978. – Kalkutta 1982.

ÜBERSETZUNGEN: *Gitagovinda*, F. H. v. Dalberg, Erfurt 1802. – Dass., F. Majer, Weimar 1802. – Dass., A. W. Riemschneider, Halle 1818. – *Gita-Gowinda*, F. Rückert (in Zs. f. d. Kunde des Morgenlandes, 1, 1837; ern. in *Indische Liebeslyrik*, Hg. H. v. Glasenapp, Baden-Baden 1948). – *Gītagovinda*, nach F. Rückert, Hg. H. Kreyenborg, Lpzg. 1919 (IB). – *Gita Govinda, les amours de Krishna*,

F. di Dio, Paris 1957 [frz.]. – *Shri Jayadeva's Gītagovinda*, G. Keyt, Bombay ³1965 [engl.]. – *The Gita Govinda of J.*, M. Varma, Kalkutta 1968 [engl.]. – *Love Songs of the Dark Lord*, B. S. Miller, NY 1977 [engl.].

LITERATUR: R. Pischel, *Die Hofdichter des Lakṣmaṇasena*, Göttingen 1893. – Y. Cattopādhyāya, *J.*, o. O. 1927. – V. de Rigo, *Un antico codice inedito de »Gitagovinda«* (in Rivista degli studi orientali, 18, 1939, S. 59–90). – S. K. Chatterji, *J.*, Delhi 1973. – K. Mahapatra, *Sri J. Was Not a Poet of the Court of Lakshmana Sena* (in Orissa Historical Research Journal, 22, 1976, Nr. 2, S. 28–51). – E. te Nijenhuis, *Musicological Literature*, Wiesbaden 1977. – S. Sandahl-Forgue, *Le »Gītagovinda«*, Stockholm 1977. – L. Siegel, *Sacred and Profane Dimensions of Love in Indian Traditions as Exemplified in the »Gītagovinda« of J.*, Delhi ²1979 [m. Text u. engl. Übers.]. – A. J. Syrkin, *Interpretations of »Gitagovinda« and Their Analogies* (in Darshana International, 19, 1979, Nr. 4, S. 12–28). – B. Rath, *A Study of the Counterfeits of »Gitagovinda«* (in Orissa Historical Research Journal, 24–26, 1980, S. 199–212). – K. Vatsyayan, *Jāur »Gita-govinda«*, Delhi 1980. – Ders., *Miniatures of the »Gita-govinda«, 17th Century Manuscript of North Gujarat*, Jaipur 1980. – *J. and »Gitagovinda«, a Study*, Hg. G. Kuppuswamy, Trivandrum 1980. – M. S. Randhawa, *Kangra Paintings of the »Gita Govinda«*, Delhi ²1982. – A. Mangrulkar, *»Gīta-Govinda«: Structure, technique and Substance* (in Annals of the Bhandarkar Oriental Research Institute, 64, 1983, S. 149–163). – B. Rath, *A study on the Imitations of »Gīta Govinda«*, Berhampur 1984. – S. Lienhard, *A History of Classical Poetry. Sanskrit – Pali – Prakrit*, Wiesbaden 1984, S. 204–208. – R. P. N. Sinha, *Geeta Govinda in Basohli School of Indian Painting*, Delhi ²1987.

JAYADEVA

11. oder 13. Jh. (?)

PRASANNARĀGHAVA

(skrt.; *Der erfreute Rāghu-Sproß*). Von den Indern hochgeschätztes siebenaktiges Schauspiel eines Dichters JAYADEVA, der aus Kundina im Dekkhan stammte und in Werken des 14. Jh.s zitiert wird, aber nicht mit dem gleichnamigen Verfasser des *Gītagovinda* zu verwechseln ist. KONOW ist der Ansicht, daß man ihn nicht später als im 11. Jh. ansetzen kann, daß er aber jünger ist als MURĀRI, der Verfasser des *Anargharāghava*, eines anderen berühmten Rāma-Schauspiels.

Der erste Akt beginnt – typisch für die Technik des Dramas – mit einem Gespräch zweier Bienen, die sich darüber unterhalten, daß sich die Dämonen Bāṇa und Rāvaṇa um die Hand der schönen Sītā bemühen. Die beiden Dämonen erscheinen und bedrohen einander. In der Absicht, Sītā zu rauben, tritt Rāvaṇa von der Bühne ab. Der zweite Akt bringt die Werbung des Helden Rāma um Sītā sowie viele Schilderungen von Gärten, Jahreszeiten und Sonnenuntergängen, und im dritten Akt erfüllt Rāma die von Sītās Vater, dem König Janaka, gestellte Bedingung, Śivas Bogen zu spannen. Der vierte Akt stellt (dem *Rāmāyaṇa* entsprechend) den Sieg Rāmas über den Kriegerfeind Paraśurāma dar. Im fünften Akt treten nur Nebenpersonen wie die Flußgöttinnen Gaṅgā, Yamunā, Sarayū und Godāvarī sowie der Meergott Sāgara auf, die mit der Handlung selbst nichts zu tun haben; aus ihrer Unterhaltung erfahren wir aber von der Verbannung Rāmas aufgrund der Intrigen der Königin Kaikeyī, von seinem Waldleben, vom Raub Sītās durch Rāvaṇa und vom Tod des Geiers Jaṭāyu. Im sechsten Akt nehmen Rāmas Liebesklagen einen breiten Raum ein. Zwei Luftgeister lassen mit Hilfe ihrer übernatürlichen Künste Rāma die geraubte Sītā auf der Insel Laṅkā erblicken, wo Sītā, die von Rāvaṇa mit seiner Werbung verfolgt wird, sich nur nach ihrem Gatten sehnt. Am Ende dieses Aktes wird Sītā durch den Affenkönig Hanumat getröstet, der als Abgesandter Rāmas erscheint. Allen noch verbleibenden Stoff hat der Dichter in den siebenten Akt gepreßt: den Brückenbau der Affen nach der Insel Laṅkā, den Sieg Rāmas über Rāvaṇa und seine Rückkehr in die Heimat. Die eigentlichen Kämpfe werden, wie so häufig in Dramen dieser Art, nicht auf der Bühne dargestellt, sondern die Kenntnis der Vorgänge wird dem Zuschauer durch »Teichoskopie« (»Blick von der Mauer«) vermittelt: Luftgeister berichten einander von ihren aus der Höhe gemachten Beobachtungen. – Eine Übersetzung des Werks in eine europäische Sprache ist bisher noch nicht erschienen.   H.H.

AUSGABEN: Kalkutta 1868. – Bombay ³1922. – Benares ²1963. – Delhi 1970.

LITERATUR: M. Schnyder, *A Bibliography of the Sanskrit Drama*, NY 1906, S. 43. – S. Konow, *Das indische Drama*, Bln./Lpzg. 1920, S. 87 f.

MALIK MUḤAMMAD JĀYASĪ

* 1493 Ghazipur (?)
† 1542 Amethi (?)

PADAMĀVATA

auch *Padmāvati* oder *Padumāvati* (avadhī; *Erzählung von Padmāvatī*). Mystisches Liebesepos von Malik Muḥammad JĀYASĪ, verfaßt um 1540. – Die

Bedeutung dieses Werkes, das Liebesgeschichte, Heldenepos und religiöse Dichtung zugleich ist, wurde schon von G. A. GRIERSON hervorgehoben, der 1889 schrieb: »*Ich kenne kein Werk [der Hindi-Literatur], mit dem man sich eingehender beschäftigen sollte als mit dem Padmāwat ... sowohl wegen seiner Originalität als auch wegen seiner dichterischen Schönheit.*« Während die modernen Literaturen der Hindus bis ins 19. Jh. hinein weitgehend von der Sanskrit-Literatur abhängig waren, ging der aus Jāyas in Oudh stammende und später als Heiliger (Fakir) verehrte Mohammedaner Malik Muḥammad Jāyasī schon im 16. Jh. eigene Wege. Um seinen Glauben zu verbreiten, schrieb er nicht in persisch, der Sprache der Herrscher und der gebildeten Mohammedaner Nordindiens, sondern bediente sich der Sprache seiner Heimat, des Avadhī. Aus dem reichhaltigen Schatz der indischen Volkserzählungen wählte er eine Fabel aus, die von Heldenmut und ritterlichen Liebesabenteuern im Stil der Heldenlieder der Rājputen (kriegerische Adelsgeschlechter in Nordindien) berichtet und die vielleicht auch einen historischen Kern enthält. Jāyasī soll die Dichtkunst der Hindus gründlich studiert haben, aber er folgt ihren Regeln nicht blindlings, sondern erzählt seine Geschichte, ohne die übliche Aufgliederung der indischen Großgedichte zu beachten, in etwa 700 Strophen fortlaufend im Stil der persischen Maṭnavi-Dichtung. Seine Versformen (*caupāī* und *dohā*) entstammen der indischen Volkspoesie.

Aus diesen Elementen hat Jāyasī sein berühmtes Gedicht von der Prinzessin Padmāvatī (Padminī) von Sinhaldvīpa und dem König Ratanasena von Cittaur geschaffen. Der Aufbau der Erzählung folgt zwar einem Schema, das sich auch in anderen Werken der erzählenden Literatur indischer Sufis findet (geheimnisvolle erste Begegnung der Liebenden – leidvolles Suchen und Trennungsschmerz – Vereinigung), doch Jāyasī hat es auf besonders ansprechende Weise mit Geschehen gefüllt: Padmāvatī besitzt einen klugen Papagei (Hīrāmana), der aber wegen seiner losen Worte bei ihrem Vater in Ungnade fällt und fliehen muß. Er gelangt in die Hände des Königs Ratanasena von Cittaur und lacht dessen Gemahlin Nāgamatī aus, weil sie sich für die schönste aller Frauen hält. In poetischer Rede (eine der Prunkstellen des Gedichts) preist der Papagei die Schönheit der Padmāvatī, so daß Ratanasena vor Liebe außer sich gerät und aufbricht, um die Prinzessin zu suchen. Im Gewand eines Yogin gelangt er nach Sinhaldvīpa und sieht Padmāvatī im Tempel des Śiva. Padmāvatī verliebt sich in ihn, doch erst nach Überwindung zahlreicher Widerstände und Gefahren kann das königliche Paar Hochzeit feiern. Hierauf kehrt Ratanasena mit Padmāvatī nach Cittaur zurück, wo seine beiden Frauen enge Freundschaft miteinander schließen. Bald schenkt jede dem König einen Sohn. Durch eine Intrige erfährt der Kaiser in Delhi von der Schönheit Padmāvatīs und zieht mit einem großen Heer gegen Cittaur, um Ratanasenas Gattin und Schätze zu rauben. In der nun entfesselten kriegerischen Auseinandersetzung fällt Ratanasena. Nach der Sitte der Rājputen lassen sich die beiden Königinnen zusammen mit Ratanasena auf einem Scheiterhaufen verbrennen.

In einigen Handschriften wird am Ende des Gedichts folgende Deutung gegeben: »*Cittaur ist der Körper, der König ist die Seele; Sinhaldvīpa ist das Herz, Padminī die göttliche Weisheit. Der Papagei ist der [religiöse] Lehrer, der den Weg weist* ...« Damit wird auf den Glauben der Sufis hingewiesen, daß die irdische Schönheit das göttliche Licht ist, das den Menschen auf dem Pfade der Liebe zu Gott leitet. Jāyasī will aber in seinem Gedicht keine rational verschlüsselte Allegorie bieten, sondern er preist begeistert die Schönheit als Gegenwart Gottes, er beschreibt in Ratanasena die glühende Sehnsucht und den Trennungsschmerz des Sufi, den der Teufel von Gott entfernt hat, und er läßt in seiner Schilderung der leidenschaftlichen Begegnung des Königs mit der Prinzessin die mystische Vereinigung des Menschen mit Gott sich widerspiegeln. – Jāyasīs Gedicht überragt alle anderen mystischen Erzählungen Indiens; es hat viele Nachahmungen gefunden und wurde schon 1618 ins Persische übersetzt. P.G.

AUSGABEN: Kalkutta 1911, Hg. G. A. Grierson u. S. Dvivedi (Bibl. Indica, 135; Gesang 1–25; unvollst.; engl. Übers. vollendet von A. J. Shiref, Kalkutta 1944). – Lahore 1934, Hg. S. Śastri [Teilausg.; Gesang 1–25]. – Allahabad 1951, Hg. M. P. Gupta [ern. 1963; m. Komm.]. – Delhi ²1959, Hg. M. M. Gautam [³1974; m. Komm.]. – Kanpur 1970, Hg. M. S. Śarmā. – Allahabad 1971, Hg. S. M. Śarmā.

ÜBERSETZUNG: in *Padumāvatī. A Linguistic Study of the 16th Century Hindi (Avadhi)*, L. Dhar, Ldn. 1949 [unvollst.; avadhi-engl.].

LITERATUR: G. A. Grierson, *Modern Vernacular Literature of Hindustan*, Kalkutta 1889. – Y. D. Śarmā, J., Delhi 1955. – Ś. S. Pāṭhaka, *M. M. J. aur unkā kāvya*, Kanpur 1964. – G. Triguṇāyata, *J. kā »Padamāvata«: sāstrīya bhāṣya*, Delhi 1969. – D. B. Kapp, *Das Verbum paraba in seiner Funktion als Simplex u. Explikativum in J.s »Padumāvatī«*, Wiesbaden 1972 [zugl. Diss. Heidelberg]. – R. Mathur, *»Padmāvata«: An Etymological Study*, Kalkutta/Delhi 1974. – D. B. Kapp, *Der Strībhedavarnanakhaṇḍa in der »Padumāvatī« des M. M. J.* (in Indo-Iranian Journal, 1975, S. 183 ff.). – H. P. Gupta, *J.-kavya: pratibhā aura samracanā*, Allahabad 1982. – V. Sāhī, J., Allahabad 1983. – R. S. McGregor, *Hindi Literature from the Beginnings to the Nineteenth Century*, Wiesbaden 1984, S. 67–70. – J. Millis, *M. M. J.: Allegory and Religious Symbolism in His »Padmavat«*, Diss. Univ. of Chicago 1984 (vgl. Diss. Abstracts, 45, 1984, S. 1117A). – M. Pārāśara, *»Rāmacaritamānasa« evam »Padamāvata« mem kriyāpada-samracanā*, Āgarā 1985.

NIKOLAJ MICHAJLOVIČ JAZYKOV

* 16.3.1803 Gouvernement Simbirsk
† 7.1.1847 Moskau

ŽAR-PTICA

(russ.; *Der Feuervogel*). Dramatisches Märchen von Nikolaj M. JAZYKOV, erschienen 1836–1857. – Das dramatische Märchen des Autors, der mit DEL'VIG, BARATYNSKIJ und KJUCHEL'BEKER zu den Hauptvertretern der »Puškinschen Plejade« zählt, knüpft an die Tradition des romantischen Märchenpoems im Stil von PUŠKINS *Ruslan i Ljudmila* an, mit dem es trotz der Divergenz des Stoffes auch in der Fabel Ähnlichkeiten aufweist. Das ruhige Leben des alten Zaren Vyslav, dessen höchstes Glück im Genuß seiner im Palastgarten sorgsam gezüchteten Äpfel besteht, wird durch die Nachricht gestört, daß ein unbekannter Feuervogel, dessen man nicht habhaft werden kann, tagtäglich seine Lieblingsfrüchte stiehlt. Vyslav schickt seine beiden ältesten Söhne Vasilij und Dimitrij auf die Suche nach dem sagenhaften Wesen. Nur zögernd gibt er dem Wunsch des jüngsten Sohnes Ivan nach, sich den Brüdern anzuschließen. Mit Hilfe eines grauen Wolfes, der ihm nach dem Verlust seines Pferdes seine Hilfe anbietet, gelangt Ivan in den Garten des Zaren Dolmat, der den Feuervogel besitzt. Er wird jedoch ertappt und vor den Zaren geführt. Unter der Bedingung, daß ihm Ivan das goldmähnige Pferd des Zaren Afron bringe, läßt Dolmat ihn frei und verspricht ihm darüber hinaus den Feuervogel. Im Reich des Zaren Afron wiederholt sich das Geschehen. Ivan wird beim Raub des goldmähnigen Pferdes festgenommen, der Zar verspricht ihm jedoch die Freiheit und das Pferd, wenn er ihm die Schöne Helena herbeischaffe. Als es dem Wolf gelingt, das Mädchen zu entführen, verliebt sich jedoch Ivan selbst so heftig in sie, daß er beschließt, Helena für sich zu behalten. Dank einer neuen List des Wolfes, der sich dem vor Liebe blinden Afron als Helena präsentiert, gelangt Ivan in den Besitz des kostbaren Pferdes wie des Feuervogels. Auf der Heimreise jedoch wird er von seinen Brüdern, die bei ihrer lässigen Suche nach dem Feuervogel ihr Geld verspielt und verzecht haben, überfallen und ermordet. Das Los bestimmt Vasilij zum Besitzer Helenas, doch währt sein Glück nicht lange. Ivan wird von dem grauen Wolf durch ein heilendes Wasser ins Leben zurückgerufen, und die Schandtat der Brüder kommt ans Licht. Ivan, mit Helena vereint, verzeiht ihnen indes großmütig.

In der Entmythologisierung der Erzählung durch humoristisch-ironische Brechung der archaischen Märchenidylle, in der sich der Einfluß von TIECKS *Gestiefeltem Kater* geltend macht, geht das von BELINSKIJ als bestes Werk des Autors gepriesene Märchen weit über die ironischen Einschübe in Puškins *Ruslan i Ljudmila* hinaus, indem es Handlung und

Personen mit stilistischen und kompositionellen Mitteln konsequent auf aktuelle Elemente bezieht und so das ironische Moment mitunter zur Groteske steigert: Der Zar Dolmat droht dem eingeschüchterten Ivan, seinen Ruf durch eine breite Pressekampagne zu ruinieren; Ivans Bitte, sich an der Suche nach dem Feuervogel beteiligen zu dürfen, wird zum pathetischen Leidenschaftsausbruch in byronistischer Manier, die Liebeswerbung des Zaren Afron um die vermeintliche Helena zum sentimentalen Bekenntnis einer schönen Seele stilisiert; das Poem endet prosaisch mit dem überschwenglichen Lob des Zaren Vyslav auf den vortrefflichen Schwanz des Feuervogels. Andererseits verrät das Märchen des Geschichtenerzählers am Hofe Dolmats über den idealen Herrscher, der auszieht, für sich und sein Volk die rechte Bildung zu erwerben, deutlich politische Tendenz: Er spielt darauf an, daß das Erbe Peters des Großen im zeitgenössischen Rußland ohne Verbindlichkeit als politischer und gesellschaftlicher Auftrag nur mehr als Gegenstand erbaulicher Erinnerungen dient. – Igor Stravinskijs gleichnamiges weltberühmtes Ballett (uraufgeführt 1910) verwendet zwar das Sujet, geht jedoch nicht unmittelbar auf Jazykov zurück. A.Gu.

AUSGABEN: Moskau 1836 (in Sovremennik, 1836, Nr. 2 und Moskovskij nabljudatel', 1836, Tl. 8; Ausz.). – Moskau 1845 (in *Novye stichotvorenija*). – Petersburg 1857. – Moskau 1959 (in *Stichotvorenija. Skazki. Poėmy. Dramatičeskie sceny. Pis'ma*). – Moskau/Leningrad 1964 (in *Poln. sobr. stichotv.*).

VERTONUNG: I. Stravinskij, *Feuervogel* (Ballett; Urauff.: Paris, 25. 6. 1910, Opéra).

LITERATUR: V. Ja. Smirnov, *Žizn' i poėzija N. M. Ja.*, Perm' 1900. – D. Jazykov, *N. M. Ja. Biogr. očerk*, Moskau 1903. – I. Kolesnickaja, *Skazka o »Ivane-Careviče, Žar-ptice i serom volke« v obrabotke Ja. i Žukovskogo* (in Stud. zap. fil. fak. Leningr. univ., 1937, S. 75–89). – A. Leong, *The Poetics of N. M. Ja.*, Diss. Chicago 1970. – I. Lilly, *The Lyric Poetry of N. M. Ja. A Periodization Using Objective Criteria*, Diss. Univ. of Michigan [m. Bibliogr.]. – S. Rassadin, *Sputniki. Del'vid. Davydov. Benediktov. Ja. Vjazemskij*, Moskau 1983.

fasser, seit 1450 Admiral von Frankreich, einer der tapfersten Offiziere und klügsten Ratgeber Karls VII., begann mit der Niederschrift dieses bis ins 16. Jh. hinein weitverbreiteten autobiographisch-romanhaften Lehrbuchs der Kriegskunst, der Militärgeschichte und des soldatischen Ethos, nachdem er von Ludwig XI., dessen Thronfolge er bekämpft hatte, aller seiner Posten enthoben worden war. Der Held des dreiteiligen Werks, Jouvencel, stammt aus einem durch die Verwüstungen des Hundertjährigen Kriegs verarmten Adelsgeschlecht und muß – im Gegensatz zu den jungen Rittersleuten der Feudalzeit – von der Pike auf dienen, bevor er, nach Bewährung in vielen Schlachten und gründlicher Schulung in der strategischen Kunst, zum Leutnant befördert wird.

Le Jouvencel übertrifft die seit der Mitte des 14. Jh.s aufkommenden Traktate und Romane über die Ausbildung im Kriegshandwerk, die den Autor inspiriert haben mögen, durch die Vollständigkeit und Modernität der militärischen Unterweisung wie auch durch die geschliffene, bisweilen ironische Sprache. Jean de Bueil erweist sich als einer der ersten Krieger an der Schwelle vom Mittelalter zur Neuzeit, die im Waffendienst nicht nur eine Befriedigung der Abenteuerlust sehen. »*Hervorzuheben ist, daß hier die nüchterne Beurteilung militärischer Notwendigkeiten gegenüber der chevaleresken Auffassung des Rittertums in den Vordergrund tritt*« (G. Gröber). – Zum Verständnis der verschlüsselten Anspielungen auf die aktuelle politische Situation, auf Ereignisse und Personen aus der Zeit des Hundertjährigen Krieges wie aus der gesamten Kriegsgeschichte des Abendlandes dient ein Kommentar, den Jeans Adjutant Guillaume TRINGANT etwa fünfzehn Jahre später dem *Jouvencel* hinzugefügt hat. G.Wo.

AUSGABEN: Paris 1493 [unvollst.]. – Paris 1497. – Paris 1887–1889, Hg. C. Favre u. L. Lecestre, 2 Bde. [m. Komm. v. G. Tringant; krit.].

LITERATUR: G. W. Copland, »*Le Jouvencel*« Revisited (in Symposium, 5, 1951, S. 137–186). – S. Jauernick, *Bemerkungen zum Münchener u. zum Wolfenbütteler »Jouvencel«* (in NSp, 15, 1966, S. 59–67). – S. Jauernick, *Studien zu J. de B. »Le Jouvencel«*, Wiesbaden 1975.

JEAN DE BUEIL

* 1405
† 1478

LE JOUVENCEL

(frz.; *Der Jouvencel*). Didaktischer Roman von JEAN DE BUEIL, entstanden 1461–1466. – Der Ver-

JEAN DE JOINVILLE

* 1224/25 Schloß Joinville / Champagne
† 24.12.1317 Champagne

L'HISTOIRE DE SAINT LOUIS

(afrz.; *Die Geschichte des heiligen Ludwig*). Biographie- und Memoirenwerk von JEAN DE JOINVILLE, geschrieben 1305–1309 auf Wunsch von Johanna von Navarra, der Gemahlin Philipps IV., des Schönen. Da die Königin starb, bevor Joinville sein Werk vollendet hatte, widmete er es ihrem Sohn, dem späteren Ludwig X. von Frankreich. – Diese Geschichte zum Ruhme Ludwigs IX., des Heiligen, den die Kirche und das Volk schon zu Lebzeiten wegen seiner Frömmigkeit und seines Edelmuts verehrt hatten, war für Joinville mehr als nur ein Auftragswerk. Als blutjunger Seneschall der Champagne hatte er mit einem eigenen Truppenkontingent an der Kreuzfahrt seines Königs teilgenommen und nach dem unglücklichen Ausgang des Unternehmens die Gefangenschaft in Ägypten mit ihm geteilt. Nach Zahlung eines hohen Lösegelds wieder in die Heimat zurückgekehrt, gehörte Joinville auch weiterhin zum engsten Freundeskreis des Königs. Diese nahe Beziehung erklärt, warum es sich bei der *Histoire de saint Louis* gleichzeitig – oder richtiger: abwechselnd – um eine Biographie und eine Autobiographie handelt. Der Autor teilt das 149 Kapitel (bzw. 769 Abschnitte) umfassende Werk in zwei Hauptteile ein: *»Der erste Teil erzählt, wie Ludwig sein Leben lang Gott und der Kirche gemäß zum Nutzen seines Reiches regierte. Der zweite Teil des Buches berichtet von seinem Rittertum und seinen Waffentaten.«* Er beginnt damit, Beispiele der unbeirrbaren Gottergebenheit des Königs aufzuzählen, von denen einige als Anekdoten volkstümlich geworden sind, z. B. Ludwigs Gespräch mit Joinville über die Todsünden, die Fußwaschung der Armen durch den König am Gründonnerstag, seine Rechtsprechung unter einer Eiche. – Im zweiten Teil gibt der Verfasser zunächst einen Überblick über die Ahnenreihe des Kapetinger-Hauses, schildert dann Ludwigs Kindheit und Jugend, die eindrucksvolle große Hofversammlung in Saumur (1241), bei der der sechzehnjährige Jean seinen König zum ersten Mal sah, und nennt schließlich die Gründe, die den jungen König bewogen, zur Eroberung des Morgenlands auszuziehen. Die nun folgende Beschreibung des Sechsten Kreuzzugs (1248–1254) hat Joinville aus seinen bereits um 1272 aufgezeichneten Memoiren übernommen. Sie bildet mit etwa 550 Abschnitten den Hauptteil des Werks und ist als Augenzeugenbericht von größtem Quellenwert. Allerdings steht hier nicht Ludwig, sondern der Schreiber selbst im Vordergrund. Bei der anschließenden Behandlung des Siebten Kreuzzugs (1270), auf den er seinen König nicht begleitet hat, muß er sich auf die Auskünfte anderer verlassen und faßt sich daher kurz. Dennoch ist Joinville die wichtigste Quelle für diesen nur spärlich dokumentierten »Alleingang« Ludwigs, der so schnell scheitern sollte. Den Tod des Königs, der im Heerlager von Tunis an einer Seuche starb, beschreibt Joinville nach der Darstellung von Ludwigs fünftem Sohn, Pierre d'Alençon. Das Werk schließt mit einigen Mitteilungen über die Zeremonie der Heiligsprechung Ludwigs IX. in Rom (1297), der der Verfasser selbst beigewohnt hat, und mit der Erzählung eines Traums, in dem der König seinem Freund Joinville erschienen ist.

Man kann die Diskrepanz zwischen dem äußeren Ordnungsprinzip und der sprunghaften, kompositorisch unbeholfenen Ausführung nicht allein damit erklären, daß es sich um das Werk eines Achtzigjährigen handelt. Obwohl vielseitig gebildet, war Joinville im Unterschied zu dem versierten Chronisten GEOFFROY DE VILLEHARDOUIN, der hundert Jahre zuvor mit seiner *Histoire de la conquête de Constantinople* die Geschichtsschreibung in altfranzösischer Sprache begründet hatte, kein Intellektueller. Doch zeichnen ihn die gleiche Redlichkeit und das gleiche Gefühl der Verantwortung vor der Geschichte aus. Er ist den Aussagen seiner Gewährsmänner gegenüber skeptisch und erwähnt eher etwas gar nicht, als daß er vage oder unwahrscheinlich klingende Meldungen weitergibt. Er vermerkt ferner ausdrücklich, daß er einen großen Teil der Taten des heiligen Königs in einem »Roman« gefunden habe. Es handelt sich offensichtlich um eine Chronik, die in die Vita des heiligen Denis eingefügt ist. – Die Originalhandschrift Joinvilles ist schon früh verlorengegangen, und die drei überlieferten Manuskripte wie auch die ersten Buchausgaben aus dem 15. und 16. Jh. weichen stark voneinander ab. Um die Rekonstruktion der ursprünglichen Fassung hat sich Natalis de WAILLY (1805–1886) verdient gemacht.   G.Wo.

AUSGABEN: Poitiers 1547 (*L'histoire et chronique du tres-chrestien roy s. Loys IX . . .*, Hg. A. P. de Rieux). – Paris 1668 (*Histoire de s. Louys . . .*, Hg. Du Cange). – Paris 1761, Hg. A. Melot, C. Sallier, J. Capperonnier. – Paris 1858 (*Mémoires ou Histoire du roi s. Louis*, Hg. F. Michel). – Paris 1867 (in *Œuvres de J.*, Hg. N. de Wailly; nfrz.). – Paris 1874 (*Mémoires ou Histoire de s. Louis*, Hg. N. de Wailly; m. nfrz. Übers.). – Paris 1928 (*La vie du saint roi Louis*, Hg. H. Longnon; nfrz.). – Paris [20]1931, Hg. N. de Wailly. – Paris 1958 (in *Historiens et chroniqueurs du moyen âge*, Hg. A. Pauphilet; Pléiade). – Sherbrooke 1977, Hg. N. L. Corbett [krit.].

ÜBERSETZUNGEN: *Leben des heiligen Ludwig von Frankreich*, Th. Nissl, Regensburg 1852. – *Geschichte König Ludwigs des Heiligen*, N. Driesch, Trier 1853. – *Geschichte d. heiligen Ludwig*, S. Aschner, Mainz 1928.

LITERATUR: G. Paris, *Jean, sire de J.* (in *Histoire littéraire de la France*, Bd. 32, Paris 1897, S. 291–459). – A. Foulet, *Notes sur la vie de saint Louis de J.* (in Rom, 58, 1932, S. 551–564). – Ders., *When Did J. Write His »Vie de saint Louis«?* (in RomR, 32, 1941, S. 233–243). – H. Hatzfeld, *Studien z. Prosastil J.s* (in *Studia Romanica, Gedenkschr. f. E. Lerch*, Stg. 1955, S. 220–251). – P. Archambault, *The Silences of J.* (in Papers on Language and Literature, 7, 1971, S. 115–132). – J. Monfrin, *J. et la mer* (in *Mélanges F. Lecoy*, Paris 1973, S. 445–468). – P. Archambault, *J. History as Chivaric Code* (in P. A., *Seven French Chroniclers*,

Syracuse 1974, S. 41–57). – M. Zink, *J. ne pleure pas mais il rêve* (in Poétique, 9, Febr. 1978, S. 28–45). – M. K. Bilson, *J.'s »Histoire de Saint Louis«* (in The American Benedictine Review, 31, 1980, S. 418–442). – M. Slattery, *Myth, Man and Monarch. Louis IX in J.'s Sources*, NY u. a. 1985. – K. D. Uitti, *Nouvelle et structure hagiographique. Le récit historiographique nouveau de J.* (in *Mittelalterbilder aus neuer Perspektive*, Hg. E. Ruhe u. R. Bejrens, Mchn. 1985, S. 380–391).

JEAN PAUL

eig. Johann Paul Friedrich Richter

* 21.3.1763 Wunsiedel
† 14.11.1825 Bayreuth

LITERATUR ZUM AUTOR:
Bibliographien und Forschungsberichte:
F. Martini, *J.-P.-Forschung und J.-P.-Literatur* (in DVLG, 14, 1936, S. 305–323). – E. Berend, *J.-P.-Bibliographie* [neu bearb. u. erg. v. J. Krogoll], Stg. 1963. – E. Fuhrmann, *J.-P.-Bibliographie 1963–1965* (in Jb. der J.-P.-Ges., 1, 1966, S. 163–179). – J. Krogoll, *Probleme u. Problematik der J.-P.-Forschung 1936–1967* (in FDH, 1968, S. 425–523). – R. Merwald, *J.-P.-Bibliographie 1966–1969* (in Jb. der J.-P.-Ges., 5, 1970, S. 185–219). – R.-R. Wuthenow, *»Der sentimentale J. P. ist tot«. Anmerkungen zu neuer J.-P.-Literatur* (in *J. P.*, Hg. H. L. Arnold, Stg. 1970, S. 125–136; Text + Kritik). – P. Krumme u. B. Lindner, *Absolute Dichtung u. Politik. Tendenzen der J.-P.-Forschung 1963–1969* (in *J. P.*, Hg. H. L. Arnold, Mchn. ³1983, S. 190–199; Text + Kritik). – E. Weigl, *Subjektivismus, Roman und Idylle. Anmerkungen zur J.-P.-Forschung 1968–1973* (ebd., S. 200–215). – H. Birus, *Neue kleine Bücherschau. Über die jüngste J.-P.-Forschung 1974–1982/Vita J. P./Kommentierte Auswahlbibliographie J. P.* (ebd., S. 216–305). – S. Müller, *J.-P.-Bibliographie 1970–1983* (in Jb. der J.-P.-Ges., 19, 1984, S. 137–198). – J. Golz, *J.-P.-Forschung 1970–1983 in der BRD. Anmerkungen zu ihren Tendenzen u. ihren Ergebnissen* (in WB, 33, 1987, S. 663–678).
Zeitschrift:
Jb. der J.-P.-Gesellschaft, Hg. K. Wölfel, Bd. 1, Bayreuth 1966; Bd. 2 ff., Mchn. 1967 ff.
Biographien:
R. O. Spazier, *J. P. Fr. Richter. Ein biographischer Commentar zu dessen Werken*, 5 Bde., Lpzg. 1833. – P. Nerrlich, *J. P. Sein Leben u. seine Werke*, Bln. 1889. – J. Alt, *J. P.*, Mchn. 1925. – W. Harich, *J. P.*, Lpzg. 1925. – *J.-P.-Chronik. Daten zu Leben u. Werk*, Red. U. Schweikert u. a., Mchn. 1975. – R. Vollmann, *Das Tolle neben dem Schönen. J. P.*

Ein biographischer Essay, Tübingen 1975; ern. Nördlingen 1988. – G. de Bruyn, *Das Leben des J. P. Fr. Richter*, Halle 1975; ern. Ffm. ²1984 (FiTb). – H.-J. Ortheil, *J. P. mit Selbstzeugnissen und Bilddokumenten*, Reinbek 1984 (rm).
Gesamtdarstellungen und Studien:
E. Berend, *J. P.s Ästhetik*, Bln. 1909; Nachdr. Hildesheim 1978. – M. Kommerell, *J. P.*, Ffm. 1933; ⁵1977 [rev.]. – *J. P.s Persönlichkeit in Berichten der Zeitgenossen*, Hg. E. Berend, Bln./Weimar 1956. – W. Harich, *J. P.s Kritik des philosophischen Egoismus*, Ffm. 1968. – U. Schweikert: *J. P.*, Stg. 1970 (Slg. Metzler). – W. Harich, *J. P.s Revolutionsdichtung. Versuch einer neuen Deutung seiner heroischen Romane*, Bln./DDR 1974; Reinbek 1974. – *J. P.*, Hg. U. Schweikert, Darmstadt 1974 (WdF). – W. Schmidt-Biggemann, *Maschine u. Teufel. J. P.s Jugendsatiren nach ihrer Modellgeschichte*, Freiburg i. B./Mchn. 1975. – W. Proß, *J. P.s geschichtliche Stellung*, Tübingen 1975. – B. Lindner, *J. P. Scheiternde Aufklärung u. Autorenrolle*, Darmstadt 1976. – H. Vinçon, *J. P. Ein Klassiker? Bürgertum in der Opposition*, Gießen 1978. – *Sammlung der zeitgenössischen Rezensionen zu J. P.s Werken*, Hg. K. Wölfel, 4 Bde., Mchn. 1978–1988 (Jb. der J.-P.-Ges., 13; 16; 18; 23). – V. U. Müller, *Narrenfreiheit u. Selbstbehauptung. Spielräume des Humors im Werk J. P.s*, Stg. 1979. – J. Kiermeier, *Der Weise auf den Thron! Studien zum Platonismus J. P.s*, Stg. 1980 [Diss. Münster 1978]. – *J. P. im Urteil seiner Kritiker. Dokumente zur Wirkungsgeschichte J. P.s in Deutschland*, Hg. P. Sprengel, Mchn. 1980. – E. Weigl, *Aufklärung u. Skeptizismus. Untersuchung zu J. P.s Frühwerk*, Gießen 1980. – E. H. Rockwell, *Funktion u. Destruktion des Idyllen-Begriffs bei J. P.*, Ann Arbor/Mich. 1982 [zugl. Diss. Princeton Univ.]. – Chr. Sütterlin, *Wasser der Romantik. Eine Studie zu den Raum-Zeit-Bezügen bei J. P. und J. W. M. Turner*, Bern u. a. 1983. – P.-M. Oschatz, *J. P.scher Humor. Aufgezeigt an den Humoristen von den Jugendsatiren bis zum »Komet«*, Essen 1985. – A.-M. Bachmann, *Das Umschaffen der Wirklichkeit durch den »poetischen Geist«. Aspekte der Phantasie u. des Phantasierens in J. P.s Poesie u. Poetik*, Ffm. u. a. 1986 [zugl. Diss. Münster 1983]. – H. Birus, *Vergleichung. Goethes Einführung in die Schreibweise J. P.s*, Stg. 1986 [zugl. Hab. Schr. Göttingen]. – B. Allert, *Die Metapher u. ihre Krise. Zur Dynamik der »Bilderschrift« J. P.s*, Ffm. u. a. 1987. – A. Decke-Cornill, *Vernichtung u. Selbstbehauptung. Eine Untersuchung zur Selbstbewußtseinsproblematik bei J. P.*, Würzburg 1987 [zugl. Diss. Bln.]. – R. G. Eisenhauer, *Mythology of Souls. Philosophical Perspectives in the Novels of J. P.*, NY u. a. 1987. – A. Montadon, *J. P. romancier. L'étoile shandéenne*, Clermont-Ferrand 1987. – W. Nell, *Poetische u. historische Synthesis. J. P.s Kritik der höfischen Gesellschaft im poetologischen Kontext seiner Romane*, Ffm. 1987. – K. Wölfel, *J. P.-Studien*, Hg. B. Buschendorf, Ffm. 1989.

BLUMEN- FRUCHT- UND DORNENSTÜKKE ODER EHESTAND, TOD UND HOCHZEIT DES ARMENADVOKATEN F. ST. SIEBENKÄS IM REICHSMARKTFLECKEN KUHSCHNAPPEL

Humoristischer Roman mit Beigaben (u. a. *Rede des todten Christus*) von JEAN PAUL, erschienen 1796/97. – Als Lenette, die sich ihres Hochzeitsputzes wegen um einen Tag verspätet hat, mit zwei Haubenköpfen und in Begleitung des Schulrates Stiefel endlich in der möbliert gemieteten Stube ihres wartenden Bräutigams in Kuhschnappel eintrifft, ist die quälend-komische Konstellation dieser Ehe bereits gegeben: hier der sich und die Welt verspottende, an den »*Teufelspapieren*« (in Wahrheit ein satirisches Jugendwerk Jean Pauls, 1789) arbeitende Armenadvokat, der »*aus den Alten und seinem Humor eine unleugbare Verachtung gegen das Geld*« geschöpft hat – dort eine den Dingen des Alltags im Guten und Bösen verhaftete Hausfrau par excellence, die »*durch unverdroßne Feg- und Bürst-Arbeit seine dithyrambische Karthause so sauber, grade und glatt ... wie eine Billardtafel*« herstellt, aber nicht einsieht, daß sie die Schriftstellerruhe ihres Gatten mit ihren Lappen zugrunde »*kartätscht*«. Die behenden Verführungskünste eines Everard Rosa von Meyern vermögen wohl dem Gleichgewicht des Siebenkäs, nicht aber der Naivität Lenettens etwas anzuhaben. Dem trockenen Biedersinn Stiefels neigt diese indes immer vertrauensseliger zu. Als jener in einem Zwist Partei ergreift, bricht der schwelende Ehekonflikt zum offenen Zerwürfnis auf: Siebenkäs und Lenette verkehren nur noch brieflich miteinander. Ihre wirtschaftliche Notlage geht indirekt auf einen skurrilen Scherz des Mannes zurück: Er hat während des Studiums mit seinem ihm zum Verwechseln ähnlichen Freunde Leibgeber den Namen getauscht. Sein geiziger Vormund Blaise hat dies zum Anlaß genommen, eine ihm zustehende Erbschaft zurückzuhalten. Leibgeber nun, der die »*Teufelspapiere*« an den Verleger gebracht hat, ruft seinen Freund nach Bayreuth. Hier erlebt dieser ersten Schriftstellerruhm und eine uneingestandene Neigung zu Herrn von Meyerns gefühlstiefer Verlobten Nathalie; beides erfüllt ihn mit neuem Leben. Er läßt sich von Leibgeber dazu bestimmen, einen Scheintod zu inszenieren, Lenette auf seinem »*Sterbebett*« dem »*Pelzstiefel*« anzuvertrauen, an Leibgebers Stelle unter erneutem Namenswechsel beim Grafen Vaduz als Inspektor anzutreten und durch eine geschickte Manipulation sowohl Lenette als Nathalie aus der Witwenkasse versorgen zu lassen. Leibgeber selbst wandert in das Ungewisse der Welt hinaus und als »Schoppe« in Jean Pauls *Titan* hinein. Am Grabe Lenettens aber finden Siebenkäs und Nathalie zueinander: »*O Gott! O du Engel – im Leben und Tode bleibst du bei mir. – Ewig, Firmian! sagte leiser Nathalie.*« Vergleicht man den fünfzehn Jahre vor GOETHES *Wahlverwandtschaften* entstandenen Roman etwa mit Johann Karl WEZELS Versuch *Hermann und*

Ulrike (1780), so möchte man ihn den ersten realistisch-psychologischen Eheroman der deutschen Literatur nennen. Wie stets bei Jean Paul ist eine derartige Kategorisierung jedoch nur bedingt möglich. Wohl wandelt sich das Verhalten der Partner, nicht aber eigentlich ihr Verhältnis zueinander oder gar ihr Wesen. Dieses ist von vornherein in humoristisch typisierender Verschärfung festgelegt; die »Lagen«, in denen sich Siebenkäs und Lenette aufreiben, bleiben ihrem Kern nach beharrlich stets die gleichen. Das Geschehen ist bereits von allem Anfang an auf die Trennung hin konzipiert. In der Tat bildet der Scheintod des Siebenkäs – einen frühen satirischen Entwurf des Jahres 1789 *(Meine lebendige Begrabung)* aufgreifend – das »Senfkorn«, dem der Roman entwachsen ist (Brief vom 2. 6. 1796). Jean Paul selbst hat den *Siebenkäs* wie auch die *Flegeljahre* der »deutschen Schule« zugerechnet (*Vorschule*, § 72) und sie als Romane der »Ebene« von den »niederländischen« idyllischer Tiefe sowie den »italienischen« der Höhe abgesetzt. Stehen die *Flegeljahre* den Idyllen näher, so die Ehegeschichte den großen Romanen. Auch ihr Erzählgang, der die Erlebnissphären an verschiedene Ortschaften und soziologische Bereiche bindet (Kuhschnappel, Bayreuth, Vaduz), lehnt sich an die benachbarten großen Romane an. Schließlich deutet die Verbindung mit Nathalie, welche die Leiden des Helden ein für allemal beendet, an, daß das Schicksal an Siebenkäs – der »*an die reifen Spitzen der abgeblühten Disteln angespießet ...*«, über deren Himmelblau und Honiggefäße er sonst geschwebet, blutig und hungrig und epileptisch um sich« schlägt – »*wie am feinsten englischen Tuche jede kleine falsche Faser*« wegscheren und wegsengen wird, um ihn auf eine höhere Sphäre vorzubereiten. In dieser Ausrichtung zeigt sich nicht minder eine Annäherung an die großen Romane, und sie weist auf die inneren Gründe, die den *Siebenkäs* eigentlich als »Fragment« erscheinen lassen. Der Zweifel an der Erlebbarkeit des Unendlichen, der sich hier – zwischen *Hesperus* und *Titan* – in scheinbar humoristischem Realismus ausdrückt, wird in einer Hoffnung auf die Zukunft wiederaufgehoben, die Jean Paul zu gestalten jedoch unterlassen hat. Eine von ihm in Ansätzen konzipierte Fortsetzung des Romans – Siebenkäs' Ehe mit Nathalie – hätte vermutlich nur eine Neuauflage der ersten Ehe ergeben können und hätte so den Zweifel an der Versöhnbarkeit von Wunsch/Phantasie und Wirklichkeit, von Unendlichkeit und Endlichkeit nur bestätigt. Ein unmittelbares literarisches Vorbild läßt sich für den *Siebenkäs* nicht nachweisen. Jean Paul nennt in den Vorarbeiten RICHARDSON und STERNE. Das ist aber nur sehr allgemein zu verstehen. Vereinzelte stoffliche Bezüge lassen sich zu SMOLLETTS *Peregrine Pickle* und einer Erzählung aus MUSÄUS' *Straußenfedern* herstellen. Umgekehrt scheint die Figur Leibgebers auf die Gestalt des Nachtwächters in den *Nachtwachen von Bonaventura* eingewirkt zu haben. Nachklänge solcher Einwirkung sind auch aus TIECKS *Des Lebens Überfluß* wie aus STIFTERS *Feldblumen* herauszuhören. – Die zeitgenössische Kritik nahm das Werk mit einer teilweise von moralischen Bedenken diktierten Zurückhaltung auf. Erst 1818 kam es zu einer Neuauflage, in die Jean Paul Materialien für die geplante Fortsetzung eingearbeitet hat. In dieser Gestalt – oft unter Kupierung der Beigaben – gehört der *Siebenkäs* zu den meistgedruckten Werken des Dichters. Davon zeugen auch Übersetzungen ins Englische bzw. Amerikanische, ins Französische, Italienische und Russische.

Nachdem die Forschung unter positivistischen Vorzeichen sich zunächst vor allem für Jean Pauls Fortsetzungspläne zum *Siebenkäs* (K. Freye) und für die Entstehungsgeschichte interessiert hatte (K. Schreinert), versuchte sie anschließend, in werkimmanenten Interpretationen, in Struktur- und Einzelanalysen sich dem Roman zu nähern. Vor allem Sprachfärbung, Sprachfeld und die Metaphorik standen hier als zu untersuchende Kategorien im Vordergrund (W. Rasch, W. Höllerer). Leibgeber, der erste vollgültige Humorist in Jean Pauls Werk, erfuhr gesondertes Interesse (B. Böschenstein, M. Durzak), und auch auf die *Rede des todten Christus* konzentrierte sich von W. REHMS wichtiger geistesgeschichtlich-theologischer Studie (1940) bis zu psychoanalytisch orientierten und motivierten Arbeiten (C. Pietzcker) der jüngsten Zeit die Forschung eher wie auf Brennpunkte (diese Arbeiten siehe unter *Rede des todten Christus*). Leider ist im Falle des *»Ersten Blumenstücks«* der Zusammenhang mit dem *Siebenkäs* zumeist völlig unterschlagen. Für die nach 1968 besonders Forderungen nach Untersuchung gesellschaftlicher und ideologischer Bedingungen von Literatur erfüllende Wissenschaft schien der *Siebenkäs* und seine Ehegeschichte dann überhaupt zu wenig spektakulär. Aus diesem seither andauernden relativen Abseits innerhalb der Jean-Paul-Forschung könnte der Roman heute aber gerade wieder über die Analyse der Ehe und Geschlechterproblematik ansatzweise befreit werden. J.K.-J.K.D.

AUSGABEN: Bln. 1796/97, 3 Bde. – Bln. ²1818, 4 Bde. [erw.]. – Weimar 1928 (in *SW*, Hg. E. Berend, 1927–1964, Abt. 1, Bd. 6, Hg. K. Schreinert; hist.-krit.; Nachdr. Köln 1977). – Hbg. 1957, Hg. F. Burschell (RKl). – Mchn. 1959 (in *Werke*, Hg. N. Miller, 1959–1985, Abt. 1, Bd. 2, Hg. G. Lohmann; ⁴1987, Hg. N. Miller; korr.). – Stg. 1983, Hg. C. Pietzcker (RUB). – Mchn. 1986 [Nachw. W. Höllerer; Tb.]. – Ffm. 1987 (Nachw. H. Hesse; Insel Tb). – Stg. 1988, Hg. C. Pietzcker.

LITERATUR: *Die Studien zu J. P.s zweitem Eheroman*, Hg. K. Freye (in Euph, 15, 1908, S. 73–99). – K. Schreinert, *J. P.s »Siebenkäs«*, Weimar 1929. – H. A. Korff, *Siebenkäs u. Leibgeber als Typen* (in Hesperus, 5, 1953, S. 21–24). – W. Günther, *J. P.s »Siebenkäs«. Versuch einer Gesamtinterpretation*, Diss. Ffm. 1955. – H. Dahler, *J. P.s »Siebenkäs«. Struktur und Gesamtbild*, Bern 1962. – W. Steuber, *Der Humorist bei J. P. Eine Analyse der Gestalt Leibgeber-Schoppe*, Diss. Bern 1963. – H. Gamper, *J. P.s*

»Siebenkäs«. Ein Beitrag zu einer Interpretation, Winterthur 1967. – B. Böschenstein, *Leibgeber u. die Metapher der Hülle* (in B. B., *Studien zur Dichtung des Absoluten*, Zürich/Freiburg i. B. 1968, S. 45–50). – M. Durzak, *Siebenkäs u. Leibgeber. Die Personenkonstellation als Gestaltungsprinzip in J. P.s Roman »Siebenkäs«* (in Jb. der J.-P.-Ges., 5, 1970, S. 124–138). – G. Lindemann, *Fantasie u. Phantasie. Zu einer Szene in J. P.s Roman »Siebenkäs«* (in *J. P.*, Hg. H. L. Arnold, Stg. 1970, S. 49–59; Mchn. ³1983, S. 65–76; Text + Kritik). – M. Anderle, *J. P.s »Leibgeber« zwischen Doppelgängertum u. Ich-Verlust* (in GQ, 49, 1976, S. 13–24). – H. G. Göpfert, *»Welcher Fürst könnte mir Arbeit verbieten?« Zur Publikationsgeschichte der 2. Auflage von J. P.s »Siebenkäs«* (in *Akten des V. Internationalen Germanisten-Kongresses Cambridge 1975*, Hg. L. Forster u. H.-G. Roloff, Bern/Ffm. 1976, S. 29–35; auch in H. G. G., *Vom Autor zum Leser. Beiträge zur Geschichte des Buchwesens*, Mchn. 1977, S. 165–172; 228–230). – E. Kaufholz, J. P.: *Siebenkäs, éléments pour un roman en question* (in Romantisme, 20, 1978, S. 53–60). – G. Schulz, *J. P.s »Siebenkäs«* (in *Aspekte der Goethezeit. Fs. f. V. Lange*, Hg. St. A. Corngold u. a., Göttingen 1977, S. 215–230). – B. Guttmann, *»Siebenkäs«* (in B. G., *Das alte Ohr*, Ffm. 1979, S. 206–220). – U. Konitzer, *Über die »Blumen-, Frucht- und Dornenstücke« des J. P.* (in *Klassiker heute. Zwischen Klassik u. Romantik*, Hg. H.-C. Kirsch, Ffm. 1980, S. 16–67). – M. L. Davies, *Die Authentizität der Erfahrung. J. P.s Gestalt Leibgeber-Schoppe* (in Aurora, 42, 1982, S. 111–129). – W. Zimmermann, *J. P.: »Siebenkäs«. Frauenbild u. Geschlechterkonstellation. Beitrag zu einer psychoanalytischen Interpretation*, Freiburg i. B. 1982.

D. KATZENBERGERS BADEREISE; NEBST EINER AUSWAHL VERBESSERTER WERKCHEN

Roman von JEAN PAUL, erschienen 1809. – Nicht um zu baden, sondern um seinen Rezensenten, den Brunnenarzt Strykius, *»beträchtlich auszuprügeln«*, und zugleich um einer Gevatterschaft zu entkommen, deren *»bloße Verheißung«* für ihn schon eine *»Drohung«* ist, beschließt der verwitwete Arzt und Professor der Anatomie in Pira, Dr. Katzenberger, mit seiner Tochter Theoda das Bad Maulbronn aufzusuchen. (Es handelt sich um einen erfundenen, nicht um den schwäbischen Ort.) Wider Erwarten meldet sich auf sein öffentliches Angebot eines zu bezahlenden Mitreiseplatzes ein gewisser, vertrauenswürdig-zahlungsbereiter Herr von Nieß. Dieser heißt tatsächlich so, benutzt seinen wahren Namen aber als Pseudonym für sein Pseudonym »Theudobach«, das er als berühmter und von Theoda angeschwärmter Bühnendichter *»um seinen dünnen Alltagsnamen ... wie einen Königsmantel«* geworfen hat. Auch Nieß zieht es »geschäftlich« nach Maulbronn. Er will dort inkognito eigene Werke vortragen und sich dann zu erkennen geben, um sich wie auch den Zuschauern die Bewunderung mit Überraschung zu würzen. Die gemeinsame Fahrt gibt ihm Gelegenheit, seinen »Freund« Theudobach, also sich selbst, bei Theoda lobend einzuführen. Erst nach verschiedenen Abenteuern, die dem leidenschaftlichen Abstrusitätenjäger Katzenberger, Verfasser der »De monstris epistola«, u. a. eine »veritable ausgestopfte Mißgeburt« einbringen, gelangt die Gesellschaft in den Badeort. Nieß-Theudobachs Pläne scheitern: Ein junger Offizier und Wissenschaftler, ein echter Theudobach, heimst irrtümlich die Früchte des gelüfteten Inkognitos und die Zuneigung Theodas ein. Katzenberger kann zwar seiner zweiten Lieblingsbeschäftigung, anderer Leute Ekel zu erregen, ausgiebig frönen, seine eigentlichen »Geschäfte« dagegen zögern sich hinaus, ja scheitern zum Teil: Der Zoller Mehlhorn, Gatte von Theodas Freundin Bona, reist ihm nach, bringt seine Gevatter-Bitte doch noch vor und zwingt den Doktor, »auf die Schwefelpaste seines Gesichts die leichten Röthelzeichnungen eines matten Freudenroths hinzuwerfen ...« Von Theudobach begleitet, reist Theoda zurück, um ihre Freundin zu pflegen. Der Vater kann erst folgen, nachdem er seinen Kontrahenten Strykius durch Prügel in die Enge getrieben, aber gegen das Lösegeld, das in einer sechsfingerigen Hand besteht, freigegeben hat. In Pira kommt er gerade zurecht, um der Heirat Theodas und Theudobachs zuzustimmen – dem zukünftigen Schwiegersohn vor allem deshalb gewogen, weil dieser auf seinem Gut eine »Höhle voll Bären – und Gott weiß was für Knochen« besitzen soll.

Den Roman begleiten elf (ursprünglich zwölf) Beigaben, die *Verbesserten Werkchen.* Zu dieser Sammlung wurde Jean Paul durch den unberechtigten Nachdruck einer Anzahl verstreut erschienener Aufsätze angeregt (*Kleine Schriften,* 1804). Der Plan wurde 1807 entworfen. Gleichzeitig entstand auch der *Katzenberger* selbst; im Oktober des gleichen Jahres war die erste Fassung bereits konzipiert; sie wurde umgehend bearbeitet und erweitert. An der späten Drucklegung (1809) war die Suche nach einem Verleger schuld.

Drei Jahre nach den *Flegeljahren* entstanden, schließt das Werk äußerlich die mittlere Schaffensperiode Jean Pauls ab; innerlich bildet es jedoch bereits den Übergang zum Spätwerk, dessen Helden zwar demselben Wesensgrund entsteigen wie frühere Gestalten Jean Pauls, sich aber mit größeren Ansprüchen bestimmend in den Mittelpunkt umfänglicher Erzählungen stellen. So ist auch Dr. Katzenbergers Stammbaum über Sphex im *Titan* und Hoppedizel in der *Unsichtbaren Loge* bis zu dem im *Brief eines Naturforschers* in den *Teufelspapieren* glossierten Subrektor zurückzuverfolgen, zu Quellen also, die mehr am Rande des eigentlichen Erzählwerkes flossen. Eine absonderliche menschliche Eigenart, die dort jeweils das Thema einer episodenhaften Variationsreihe bildete, wird nun im *Katzenberger* zum bestimmenden Mittelpunkt der den Roman beherrschenden Gestalt. Jean Paul verleiht dieser die verwandelnde Traumkraft seiner hohen Helden und den vernichtenden Willen seiner Humoristen. Katzenberger sucht nicht nur das Ekle, er vermag auch, Gewöhnliches als etwas Ekliges zu sehen und eklig zu machen, d. h. die Welt dichterisch zu korrigieren. Er selbst stellt sich als »*Artista*« dem Dichter an die Seite. Da er dies nur gegen den vermeintlichen Schriftsteller Theudobach äußert, ironisiert sein Anspruch sich freilich wiederum selbst. Katzenberger unterscheidet sich durch die »*Vogelperspektive des untern Unraths ... ungemein von Hofdamen, die alles nahe nehmen*«, wird aber ein Opfer seiner eigenen Schwächen. Nicht zufällig gleiten ihm die Fäden des Geschehens aus der Hand. In der Gestalt des Arztes löst also nicht einfach ein Realist die Träumer Jean Pauls ab; vielmehr gibt der Dichter einer seiner frühesten individuellen Konzeptionen, dem Sonderling (wie später dem Narren), versuchsweise, aber vergeblich recht.

Die Zeitgenossen waren von diesem bis in den Sprachstil hinein zwiespältigen Werk etwas befremdet. Nur zwei Besprechungen würdigten es. GOETHE, TIECK, PLATEN und JACOBI konnten sich mit dem Abstoßenden und Ungewöhnlichen nicht befreunden, eher noch Justinus KERNER und vor allem E. T. A. HOFFMANN. Dennoch verbreitete sich das Werk überaus schnell unter den Lesern, und seit der zweiten, mehr erweiterten als überarbeiteten Auflage von 1823 erlebte der Roman (neben der Aufnahme in Sammel- und Gesamtausgaben) bis heute fast zwei Dutzend Neuausgaben, jedoch nur eine Übersetzung (ins Niederländische). Er mag HOLTEI zu seinem Riesen Schkramprl (*Die Vagabunden*) und RAABE zu seinem Wunnigel und zu Zuckriegel *(Keltische Knochen)* angeregt und einzelne aus SMOLLETTS *The Expedition of Humphry Clinker* und *The Adventures of Peregrine Pickle* entlehnte Züge weitervermittelt haben.

Die Jean-Paul-Forschung schien lange Zeit das Befremden der Zeitgenossen nach der Erstausgabe zu teilen, indem sie noch 1970 stillschweigend das Urteil akzeptierte, daß es sich bei *D. Katzenbergers Badereise* um »*ein etwas oberflächliches, weniger gelungenes Werk*« handle (U. Schweikert). Mittlerweile dürfte diese Ansicht allgemein als überholt angesehen werden. Daß mit der »florilegischen« Rezeption Jean Pauls und insbesondere im Falle dieses Werks (P. H. Neumann) zweifellos ein zutreffendes Moment benannt ist, kann nicht in Abrede gestellt werden, auch wenn dieser Umstand wenig geeignet erscheint, die Katzenberger-Geschichte als eines der geschlossensten »*Werkchen*« Jean Pauls erscheinen zu lassen. Wiewohl – und auch das ist mittlerweile wohl eher *opinio communis* bei den Interpreten – das Werk in der Werkreihe von *Schmelzles Reise nach Flätz* bis zu Nikolaus Marggrafs grotesker Reise im *Komet* gesehen wird, auch ihr Protagonist als eine sich neben den Hauptakteuren der anderen Werke vollgültig behauptende Figur anerkannt ist, bleibt das Spezifische der Katzenberger-Reise noch unerforscht. Daß Jean Paul in Katzenbergers Figur sich die Gefahr nochmals vergegenwärtigt, die als Möglichkeit in ihm selbst angelegt war, darauf wurde ansatzweise verwiesen

(H. Fritz). Ein Umschlag seines radikaler Aufklärung verpflichteten Zynismus der satirischen »Essigfabrik« in sein nachaufgeklärtes unglückliches Bewußtsein und einen die Anbetung einer instrumentellen Vernunft kompensierenden Zynismus war durchaus gegeben, und der *Katzenberger* ist wie auch viele andere Werke Jean Pauls ein Stück verdeckter »Selberlebensbeschreibung«. Auch der hohe Anteil ästhetischer Fragen, den der *Katzenberger*-Text aufwirft und transportiert, wurde erkannt (M. Schaer). Die Fragen demonstrieren sich wie in allen Texten seit den *Flegeljahren* und der *Vorschule* in ihrer Selbstbezüglichkeit und gesteigerten Selbstreflexivität als eingelöste poetische Poetik. Die implizite ästhetische Diskussion und die Geschichte stellen sich eben nicht wie im *Schmelzle*, wie im *Komet* über das epische Vehikel der »Reise« als Werk dar, sondern präsentieren sich als Jean Pauls »Kunst der Komödie«. Der *Katzenberger* ist seiner formalen Struktur nach eine Komödie, befindlich in poetologischer Reflexion über sich selbst, nicht Demonstrationsstück zur *Vorschule*, sondern eher Ergänzung der von ihr ausgesparten Gattung.   J.K.-J.K.D.

Ausgaben: Heidelberg 1809. – Breslau ²1823 [erw. u. rev.]. – Weimar 1935 (in *SW*, Hg. E. Berend, 1927–1964, Abt. 1, Bd. 13, Hg. K. Schreinert; hist.-krit.; Nachdr. Köln 1980). – Mchn. 1963 (in *Werke*, Hg. N. Miller, 1959–1985, Abt. 1, Bd. 6; ⁴1987; korr.). – Stg. 1986 (Nachw. O. Mann; Anm. M. Meier; RUB). – Mchn. 1987, Hg. u. Nachw. N. Miller [Tb.].

Literatur: H. Meyer, *Der Typus des Sonderlings in der dt. Literatur*, Amsterdam 1943. – D. Sommer, *J.P.s Roman »Dr. Katzenbergers Badereise«*, Diss. Halle 1960. – J. Hermand, *Dr. Katzenbergers Zynismus* (in Hesperus, 21, 1961, S. 46–49). – A. Siebert, *J.P.s »Dr. Katzenbergers Badereise«*, Diss. Göttingen 1961. – P. H. Neumann, *Die Werkchen als Werk. Zur Form- und Wirkungsgeschichte des Katzenberger-Korpus von J. P.* (in Jb. der J.-P.-Ges., 10, 1975, S. 151–186). – H. Fritz, *Instrumentelle Vernunft als Gegenstand von Literatur: Studien zu J.P.s »Dr. Katzenberger«, E. T. A. Hoffmanns »Klein Zaches«, Goethes »Novelle« und Thomas Manns »Zauberberg«*, Mchn. 1982. – M. Schaer, *Ex negativo. »Dr. Katzenbergers Badereise« als Beitrag J.P.s zur ästhetischen Theorie*, Göttingen 1983 (Palaestra, 276). – H. Kaiser, *J. P.: »Dr. Katzenbergers Badereise«* (in Literatur für Leser, 1985, S. 229–241).

DES FELDPREDIGERS SCHMELZLE REISE NACH FLÄTZ MIT FORTGEHENDEN NOTEN; NEBST DER BEICHTE DES TEUFELS BEY EINEM STAATSMANNE

Satirische Erzählung von Jean Paul, erschienen 1809. – Um »unsinnigen Gerüchten« entgegenzu-

wirken, die im Flätzischen umlaufen, daß nämlich der »*vorige Feldprediger*« Attila Schmelzle »*aus bedeutenden Schlachten Reißaus genommen (so pöbelhaft spricht man), und ... nachher, als man Feldprediger zu Dank- und Siegs-Predigten gesucht, nicht zu haben gewesen*«, verfaßt dieser einen »*Zirkelbrief*« an seine Freunde, in dem er die Gefahren schildert, die er auf seiner Bittfahrt um eine katechetische Professur zum General Schabacker mutvoll bestanden hat. Mit diesen Fakten will der Geschmähte den Gegenbeweis antreten, wiewohl das Lächerliche der Beschuldigung schon daraus hervorgehe, daß er in gar keinem Treffen gewesen sei, sondern sich »*mehrere Stunden vor demselben ... viele Meilen rückwärts gezogen habe ...*«, wo ihn seine Leute, »*sobald sie geschlagen worden, notwendig treffen mußten*«. Schmelzle ist nicht ängstlich, er sieht mögliche (und unmögliche) Gefahren nur schärfer als andere – nicht zuletzt die, welche seinen eigenen »*toll-kekken Phantasien und Gelüsten*« entspringen könnten. So hält er sich in Flätz in solcher Entfernung von der Hofgesellschaft, daß sein Gesicht, falls er ein zu stolzes ziehe, nicht bemerkt werden könne. Die Fährnisse, denen Schmelzle auf seiner Reise unter der Obhut seines Schwagers, eines leichtfertigen, tollkühnen Dragoners, ausgesetzt ist, sind in der Tat vielfältig. Mit verdächtigstem Gesindel – einer »*höchstwahrscheinlichen Hure*«, einem Zwerg, einem mordgierigen Kammerjäger, einem merkwürdig blickenden blinden Passagier, zuletzt gar mit einem Riesen – muß er die Postkutsche teilen und ein Gewitter überstehen. Eine zehn Jahre alte Warntafel vor Selbstschüssen läßt ihn mit seinem Leben abschließen; ein Gespenst – es ist allerdings nur sein übermütiger Schwager – verbannt seinen Schlaf. Mit knapper Not entgeht er dem Schicksal, auf dem Jahrmarkt als elender Dieb arretiert zu werden – da er doch hinter der Bude, hinter der man ihn aufspürt, »*nichts weniger ... als – nehmen*« will. Sein Gesuch um die Professur wird von Schabacker abgeschlagen, Schmelzle weiß sich aber auf tapfere und feine Art zu rächen, indem er den ungehobelten General später besonders höflich grüßt. Nachdem es ihm gelungen ist, Bergelchen, seine junge, ihm nachgereiste Frau, über die Vergeblichkeit der Fahrt zu trösten, ist auch er ausgesöhnt. Die Heimreise wird allerdings durch die Zwangsvorstellung überschattet, daß ein Chemiker ein Ferment erfinden könnte, das die Luft zersetzt – ein Gedanke, den Schmelzle bei G. Ch. Lichtenberg gefunden hat. Nur sein Bergelchen schaut er »*in Einem fort unterwegs an, teils um sie noch so lange zu sehen, als Leben und Augen dauern, teils um ... wenn nicht für sie, doch an ihr zu sterben*«. Diese kleine satirische Erzählung, die eine menschliche Schwäche in Episoden abzeichnet, greift thematisch und formal auf die frühen Satiren des Dichters zurück, doch weisen die liebenswürdigen Züge Schmelzles, wie z. B. seine Liebe zu Bergelchen, zugleich in die Erzählwelt voraus, die Jean Paul in späteren Jahren mit seinen Käuzen und Narren bevölkert (Dr. Katzenberger, Fibel u. a.). In Schmelzle ist lebendig, was Wuz seine Glückseligkeit und Albano seinen Adel verlieh und was später den Apotheker Marggraf wird toll werden lassen: die Phantasie, die ihn zum Angsthasen macht und ihm zugleich eingibt, daß er ein Held sei. Daß die bereits 1807, kurz vor *D. Katzenbergers Badereise*, konzipierte Satire trotz ihres politisch unverbindlich scheinenden Gegenstands und Tons nicht zuletzt auf die unentschlossene Stellung der deutschen Fürsten gegenüber Napoleon gemünzt war, bemerkten die Zeitgenossen nicht, außer ARNIM, dessen Rezension selbst wiederum ein Pasquill gegen den Zeitgeist ist. Diese Besprechung wurde jedoch nicht veröffentlicht. Aber jenseits einer vielleicht überanstrengten Frage nach dem politischen Grundton in der kleinen in Ich-Form gehaltenen Rechtfertigung des Hasenfußes Schmelzle steht die wichtige Frage nach dem eigentümlichen Wert einer mit Attila Schmelzle anhebenden Verlagerung der satirisch-inhaltlichen Tendenz zugunsten einer ironisch-parodistisch-ästhetischen Selbstentlarvung des Dichters und seines eignen Werks, die Jean Paul in *Katzenbergers Badereise* weitertreibt, die im *Fibel* am geschlossensten gelingt und die der *Komet* dem Konzept nach an eine absolute Grenze führen sollte. All diesen Versuchen war kein allzu großer Publikumserfolg beschieden, wie auch das kleine Werk über den sich selber als »*heldenhaft*« einstufenden Feldprediger wenig Beachtung fand und zu des Dichters Lebzeiten nicht wieder aufgelegt wurde. Die Forschung hält an dieser Nichtbeachtung bis heute fest, während eine literarische Wirkung sich als Lebenskraft des »*Werkchens*« nach und nach behauptete und entfaltete. Übersetzungen ins Englische, Französische und Italienische zeugen davon sowie zahlreiche Neuauflagen, ferner Bearbeitungen für Funk und Bühne. J.K.-J.K.D.

AUSGABEN: Tübingen 1809. – Weimar 1935 (in *SW*, Hg. E. Berend, 1927–1964, Abt. 1, Bd. 13, Hg. K. Schreinert; hist.-krit.; Nachdr. Köln 1980). – Stg. 1963; ern. 1981 (Nachw. K. Schreinert; RUB). – Mchn. 1963 (in *Werke*, Hg. N. Miller, 1959–1985, Abt. 1, Bd. 6; ⁴1987; korr.). – Ffm. 1980 (Insel Tb).

DRAMATISIERUNG: S. Feuerabendt, *Der Hypochonder*, Hof 1962.

LITERATUR: H. R. Liedke, *Arnims unveröffentl. Besprechg. von J. P.s »Schmelzle«* (in MDU, 33, 1941, S. 275–284). – R. Thiele, *»Des Feldpredigers Schmelzle Reise nach Flätz«. Eine psychopathologische Skizze* (in Hesperus, 7, 1954, S. 31–39). – W. Rehm, *J. P.s vergnügtes Notenleben ...* (in Jb. der dt. Schiller-Ges., 3, 1959, S. 244–337). – J. W. Smeed, *J. P. und die Tradition des theophrastischen »Charakters«* (in Jb. der J.-P.-Ges., 1, 1966, S. 53–77). – R. Bohren, *Zwischen Heros u. Hasenfuß. »Des Feldpredigers Schmelzle Reise nach Flätz«. J. P. als lutherischer Prediger* (in *Was aber (bleibt) stiften die Dichter?*, Hg. G. vom Hofe u. a., Mchn. 1986, S. 181–193).

FLEGELJAHRE. Eine Biographie

Roman in vier »Bändchen« von JEAN PAUL, erschienen 1804/05. – Die Entstehungsgeschichte des Romans ist ähnlich kompliziert wie die des *Titan*, mit der sie sich im übrigen zeitlich überschneidet. Erste Pläne zeichneten sich bereits 1795 ab, aber erst 1803 ging das Manuskript der ersten drei Bände an den Verleger. Jean Paul gab die Absicht, den Roman fortzuführen, bis zu seinem Tode nicht auf. Diese Tatsache wird man im Auge behalten müssen, wenn auch der vorläufige Abschluß dem Roman die fast paradigmatische Gestalt der »offenen Form« verliehen hat und dieses »*Offene und Unbestimmte*« als geradezu zum Wesen der *Flegeljahre* gehörig angesehen werden kann (H. Meyer).

Der Dichter fungiert in dieser fiktiven Biographie als vom Erblasser Van der Kabel testamentarisch gewünschter und vom Haßlauer Stadtrat eingesetzter Biograph des Universalerben. Als Honorar bezieht er für jedes Kapitel »*eine Nummer aus* [dem] *Kunst- und Naturalienkabinet*« des Verstorbenen, die zur jeweils abstrus irrelevanten oder symbolisch bedeutsamen Kapitelüberschrift wird.

Als das Testament Van der Kabels eröffnet wird, fahren »*sieben lange Gesichtslängen*« wie »*Siebenschläfer*« auf. Der verstorbene Haßlauer »*Krösus*« hatte nicht nur ein erstrebenswertes Vermögen, sondern auch ein Herz »*voll Streiche und Fallstricke*«, und der zynische Inspektor Harprecht, der eingebildete Kirchenrat Glanz, der Hofagent Neupeter, der Hoffiskal Knol, der Buchhändler Pasvogel, der Frühprediger Flachs, der Maler Fitte, sie alle erben vorderhand – nichts. Nur das Kabelsche Haus soll dem, der eher als seine sechs »*Nebenbuhler eine oder ein paar Tränen*« über den dahingegangenen Onkel vergießt, zugeschlagen werden und fällt schließlich, nach mühevollen Anstrengungen, an den Ärmsten, an Flachs. Universalerbe ist ein allen unbekannter junger Kandidat der Rechte, Gottwalt Peter Harnisch, genannt Walt, aus Elterlein, ein »*blutarmer, grund-guter, herzlich-froher Mensch*«. Allein, da er ein »*etwas elastischer Poet*« sei, habe er einige »*Nüsse vorher aufzubeißen*«: Er soll den Lebensweg Van der Kabels *in nuce* noch einmal durchlaufen und für jeden Fehler, den er dabei macht, einen Teil seines Erbes an die sieben »*Präsumptiv-Erben*« verlieren. Je eine Woche soll er bei jedem von ihnen wohnen, soll bestimmten praktischen Tätigkeiten nachgehen und darf vor allem sittlich nicht straucheln. – Am Tage seines Notariatsexamens wird dem dichtenden Träumer Walt sein Glück eröffnet. Er bricht sogleich in die Residenz auf. Sein Zwillingsbruder Quod Deus Vult (kurz: Vult), der sich mit vierzehn Jahren in übermütig-trotziger Jugendlichkeit von Hause fortgestohlen und einem herumziehenden Virtuosen angeschlossen hatte, hält sich konzertierend in Haßlau auf. Er läuft unerkannt nach Elterlein und verfolgt dort von einem Apfelbaum vor dem väterlichen Schulzenhause aus die mehr schlechte als rechte Prüfung Walts, dessen leidenschaftliche Begeisterung für die »*himmlische Dichtkunst*« und rührende

Dankbarkeit für das Van der Kabelsche Vermächtnis. Vult richtet es so ein, daß er in einem Wirtshaus auf dem Wege nach Haßlau mit Walt zusammentrifft. In seliger Wiedersehensfreude bauen die beiden »*Ätherschlösser*«. Der gewitzte – oft bitter-witzige – Vult will dem Bruder behilflich sein, die diesem »*arglosen Singvogel, der besser oben fliegen als unten scharren könne*«, sehr befremdlichen Forderungen des Testaments zu erfüllen; so bald als möglich wollen sie zusammenziehen und gemeinsam – der Satiriker und der empfindsame Phantast – einen Roman verfassen: »*Hoppelpoppel oder das Herz*«. – Mit gutherzigem Ungeschick müht Walt sich durch seine testamentarischen Aufgaben. Daß er dabei Teil für Teil seines Erbes einbüßt, ficht seine menschenselige Einfalt nicht an. Über die Enttäuschung, die ihm seine um Freundschaft werbende Verehrung für den Grafen Klothar einträgt, hilft ihm die innige Neigung zu Wina, der Tochter General Zablockis, hinweg. In einem Konzert Vults hat er sie bereits aus der Ferne ins Herz geschlossen. Ein Auftrag, die erotischen Briefmemoiren Zablockis zu kopieren, bringt ihn der heimlich Geliebten näher, vollends eine ins Blaue hinein unternommene Reise, auf der er den General und seine Tochter trifft. Der Bruder hat ihn unterdessen, wie versprochen, beschützt und zweimal aus den gefährlichen Netzen der betörenden jungen Schauspielerin Jakobine gelöst. Er ist zu Walt gezogen und hat mit ihm an dem gemeinsamen Roman geschrieben. Da er jedoch selbst auch für Wina entbrannt ist, werden die Konflikte, die zwischen zwei so verschiedenen Menschen entstehen müssen und die durch Vults eifersüchtiges Liebesbedürfnis noch gesteigert werden, zur Qual. Auf einer Redoute als Walt maskiert, gewinnt Vult Wina das dem Bruder geltende »*Liebes-Ja*« ab und scheidet dann unbemerkt von ihm. Sein Flötenspiel und selige Erinnerungen wiegen den glücklichen Walt in Traum – »*noch aus der Gasse herauf hörte Walt entzückt die entfliehenden Töne reden, denn er merkte nicht, daß mit ihnen sein Bruder entfliehe*«. – Hier bricht der Roman ab.
Eine frühe Notiz in den Vorarbeiten zu den *Flegeljahren* bezeichnet als die »*Summa*« des Romans »*Poesie und Liebe im Kampf mit der Wirklichkeit*«. Jedoch: »*Der Kampf, der sich hier vollzieht ... ist primordial ein sprachlich-gestalthaftes Ereignis*« (H. Meyer). Im Geschehen des Romans wirken beide Bereiche nicht verändernd aufeinander ein, ihre Vereinigung ist nur scheinbar. Walt bleibt der »reine Tor«, der er von Anfang an ist; er wird nicht tüchtiger und auch nicht schlechter. Er steht am Ende als Sieger da, ein »*Fürst von Traumes Gnaden*« (M. Kommerell) – nicht weil seine Welt der Poesie und Liebe die Wirklichkeit erobert hätte, sondern weil diese innere Welt reicher ist als die äußere und stark genug, sich diese anzuverwandeln. Richtet man den Blick auf die hohen Ziele, die Jean Paul den schöpferischen Kräften Albanos im *Titan* steckte, so scheint in der »Innerlichkeit« dieses Sieges eine gewisse Resignation zu liegen, die wohl auch das Verhältnis der poetischen Welt des Dichters selbst zur Wirklichkeit bestimmte. Resignation spricht auch aus der schließlichen Trennung der Brüder. Die Vorarbeiten zeigen, daß die Gestalt Vults sich aus der ursprünglichen Konzeption Walts abgespalten hat, ähnlich wie im *Titan* die Roquairols aus der Albanos. Walt sollte die Wesenszüge beider in sich vereinen, und so spricht aus der Uneinigkeit der sich dennoch liebenden Brüder und aus ihrer Trennung die Hinnahme unlöslicher innerer Probleme.

Gehaltlich und sprachlich verbinden die *Flegeljahre* die humoristischen Züge der späten Idyllen mit den dithyrambischen der großen, in der Definition Jean Pauls »*hohen*« Romane und dem scharfen Witz der Satiren. Jean Paul hat in seiner *Vorschule der Ästhetik* diesen Mischtypus als »*deutsch*« bezeichnet und damit, ohne dies mit seinem sehr speziell gemeinten Terminus zu beabsichtigen, den geistesgeschichtlichen Ort seines Werkes angedeutet: den einer Station auf dem Wege zur Romantik. Nicht zufällig nimmt Walt mit seiner »Fahrt ins Blaue« die Reise von EICHENDORFFS *Taugenichts* voraus, ohne dessen Möglichkeiten jedoch zum märchenhaften Schluß – »*und es war alles, alles gut!*« Hatte Jean Paul den *Siebenkäs* – »*und die Leiden unsers Freundes waren vorüber*« – im Sinne des Märchens mit seiner formelhaften Schlußwendung noch gewaltsam vor dem Fragmentstatus gerettet, so kommen die *Flegeljahre* weder zu solch gewaltsamem Schluß noch überhaupt zum Abschluß. Der Roman behauptet seiner Anlage nach sein Fragment-Schicksal, für das Jean Paul in der *Vorschule der Aesthetik* selber Gründe anführt: »*Der Held im Roman der deutschen Schule, gleichsam die Mitte und als Mittler zweier Stände, so wie der Lagen, der Sprachen, der Begebenheiten, und als Charakter, welcher weder die Erhabenheit der Gestalten der italienischen Form noch die komische aber auch ernste Vertiefung der entgegengesetzten niederländischen annimmt, ein solcher Held muß dem Dichter nach zwei Richtungen hin die Mittel romantisch zu sein, verteuern, ja rauben, und wer es nicht einsehen will, setze sich nur hin und setze die Flegeljahre fort*« (§ 72).
Das Werk fand zunächst nur ein geringes Echo – eine Folge der Befremdung, die das Erscheinen des *Titan* (1800–1803) ausgelöst hatte. Einzelne – wie Karoline Herder oder Ludwig TIECK – erkannten seinen Reiz, aber erst später verschaffte Tieck dem Werk die angemessene und dann stetig sich verstärkende Resonanz. Einige der »*Streckverse*« (oder »*Polymeter*«) Walts, die zu dem Poetischsten gehören, was Jean Paul geschrieben hat, haben eine Welle von – überwiegend drittrangigen – Vertonungen ausgelöst. Bedeutsamer sind die Anregungen, die Robert Schumann für seine »Papillons« aus dem Werk zog. Literarisch hat der Roman unleugbar weitergewirkt, doch ist diese Wirkung aufgrund ihrer allgemeinen Natur im einzelnen nur sehr schwer zu verfolgen.
In der Geschichte der Jean-Paul-Forschung scheinen die *Flegeljahre* in etwa das Schicksal mit dem *Siebenkäs* zu teilen. Auch hier wurde eine Phase positivistischer Materialsichtung und -sicherung

(K. Freye, E. Berend) abgelöst durch diverse Strukturanalysen, die in der grundlegenden und bis heute nicht überbotenen Arbeit von H. Meyer gipfeln. Diese Arbeit fand in der vorbildlichen werk-immanenten Interpretation von P. H. Neumann eine Fortführung, an die erst wieder – wohl auf Grund gewisser ideologischer Verdikte nach 1968 – die jüngste Forschung (P. Maurer) einen gewissen Anschluß herstellen konnte. Dort wird vor allem die Selbstbezüglichkeit der jean-paulschen Welt als ein wesentliches Merkmal des Textes der *Flegeljahre* herausgearbeitet, ein Merkmal, das im Werk der mittleren und späten Schaffensphase als eine potenzierte poetische Reflexivität mehr und mehr an Bedeutung gewinnt. Obwohl die *Flegeljahre* unter den großen Romanen Jean Pauls heute vermutlich das populärste Werk sind, markieren sie innerhalb des Forschungsspektrums paradoxerweise eher einen Randbereich als einen Schwerpunkt – *»Anlaß genug für melancholische Reflexionen über den ›growth of knowledge‹ in den Geisteswissenschaften«* (H. Birus). J.K.-J.K.D.

AUSGABEN: Tübingen 1804/05, 4 Bde. – Weimar 1934 (in *SW*, Hg. E. Berend, 1927–1964, Abt. 1, Bd. 10; hist.-krit.; Nachdr. Köln 1980). – Mchn. 1959 (in *Werke*, Hg. N. Miller, 1959–1985, Abt. 1, Bd. 2, Hg. G. Lohmann; [4]1987, Hg. N. Miller; korr.). – Mchn. 1979, Hg. u. Komm. N. Miller (Nachw. W. Höllerer; dtv). – Ffm. 1986 (Nachw. H. Meier; Insel Tb).

LITERATUR: K. Freye, *J. P.s »Flegeljahre«. Materialien u. Untersuchungen*, Bln. 1907 (Palaestra, 61; Nachdr. NY/Ldn. 1967). – W. Rasch, *Die Freundschaft bei J. P.*, Breslau/Oppeln 1929. – H. Jappe, *J. P.s »Flegeljahre«. Aus einer Darstellung der Freundschaft in seinem Werk und Wesen. Ein Beitrag zu einer Geschichte der Freundschaft im deutschen Geistesleben*, Diss. Köln 1930. – G. Voigt, *Die humoristische Figur bei J. P.*, Halle 1934. – E. Winkel, *Die epische Charaktergestaltung bei J. P. Der Held der »Flegeljahre«*, Hbg. 1940 (Dichtung, Wort und Sprache, 8). – H. Mielert, *J. P. u. der romantische Mensch* (in GRM, 28, 1940, S. 18–23). – A. Krüger, *Die humoristische Bauweise der »Flegeljahre«* (in Hesperus, 7, 1954, S. 18–23). – F. Henrich, *J. P.s »Hesperus« und »Flegeljahre«. Versuch einer morphologischen Einordnung auf dem Wege einer vergleichenden Zeitgestaltuntersuchung*, Diss. Bonn 1955. – B. Baumgärtner, *Sprachstruktur in J. P.s Roman »Flegeljahre«*, Diss. Erlangen 1959. – Th. Geissendoerfer, *Das Naturgefühl in den »Flegeljahren«* (in *Festgabe f. E. Berend*, Weimar 1959, S. 34–37). – H. Meyer, *J. P.s »Flegeljahre«* (in H. M., *Zarte Empirie*, Stg. 1963, S. 57–112). – G. Mayer, *Die humorgeprägte Struktur von J. P.s »Flegeljahren«* (in ZfdPh, 83, 1964, S. 409–426). – J. Schmeja, *Das Problem des Künstlers in J. P.s »Flegeljahren«*, Diss. Graz 1963. – P. H. Neumann, *J. P.s »Flegeljahre«*, Göttingen 1966 (Palaestra, 245). – H. Bosse, *Der offene Schluß der »Flegeljahre«* (in Jb. der J.-P.-Ges., 2, 1967, S. 73–84). – M.-L. Gansberg, *Welt-Verla-*

chung und »das rechte Land«. Ein literatursoziologischer Beitrag zu J. P.s »Flegeljahren« (in DVLG, 42, 1968, S. 373–398). – L. Tönz, *Das Wirtshaus »Zum Wirtshaus«. Zu einem Motiv in J. P.s »Flegeljahren«* (in Jb. der J.-P.-Ges., 5, 1970, S. 105 bis 123). – G. Bacmeister, *»Hoppelpoppel oder das Herz« und seine Bedeutung im Gefüge der »Flegeljahre«* (in *Vergleichen u. Verändern. Fs. für Helmuth Motekat*, Hg. A. Goetze u. G. Pflaum, Mchn. 1970, S. 140–146). – P. Dettmering, *Der Roman von den Zwei Brüdern: J. P.s »Flegeljahren«* (in P. D., *Dichtung u. Psychoanalyse. II: Shakespeare, Goethe, J. P.*, Doderer, Mchn. 1974, Ffm. [2]1978, S. 69–87). – R. L. Everett, *J. P.'s »Flegeljahre«: Aesthetic Biography and Novelistic Autobiography*, Diss. Cornell Univ. 1975. – J. C. Cortius Brandt, *Eine Seite J. P.* (in *Comparative Poetics. Poétique Comparative. Vergleichende Poetik. In Honour of Jan Kemerbeek Jr.*, Hg. D. W. Fokkema u. a., Amsterdam 1976, S. 199–214). – C. Kemper Columbus, *»Die Flegeljahre«, Papillons, Carnaval as Masques* (in Mosaic, 10, 1976, S. 69–89). – P. Maurer, *Wunsch u. Maske. Eine Untersuchung der Bild- und Motivstruktur von J. P.s »Flegeljahren«*, Göttingen 1981. – W. Wiethölter, *J. P.: »Flegeljahre«* (in *Romane u. Erzählungen der dt. Romantik*, Hg. P. M. Lützeler, Stg. 1981, S. 163–193). – L. R. Furst, *J. P.: »Flegeljahre«, 1804–5* (in L. R. F., *Fictions of Romantic Irony*, Cambridge/Mass. 1984, S. 121–157). – H. Kaiser, *Die Unvollendbarkeit des »Ganzen«. J. P.s »Flegeljahre« als Testament u. Fragment* (in Literatur f. Leser, 1987, S. 151–169).

HESPERUS ODER 45 HUNDSPOSTTAGE. Eine Biographie

Roman von JEAN PAUL, erschienen 1795. – Nach Beendigung seines ersten Romans, der *Unsichtbaren Loge* (1792), den Jean Paul nun als *»corpus vile«* (minderwertiges Werk) empfand, an dem er das *»Romanmachen«* nur gelernt habe, begann er noch im selben Jahr nach verschiedenen Entwürfen mit der Niederschrift des *Hesperus*, die ihn dann zwei Jahre beschäftigte.

Viktor, der im Hause des Pfarrers Eymann zu St. Lüne aufgewachsen ist, kehrt – inzwischen Arzt geworden – in den kleinen Badeort zurück, um seinen Vater, Lord Horion, am Star zu operieren. Bei dieser Gelegenheit blüht auch seine Jugendfreundschaft mit dem Pfarrerssohn Flamin wieder auf. Während der geheilte Lord nach England reist, um den fünften verschollenen Sohn des Fürsten Jenner von Flachsenfingen zu suchen – die anderen vier scheinen unauffindbar –, geht Viktor als Hofarzt an die Residenz, wohin sein Freund soeben vom Fürsten als Regierungsrat berufen worden ist. Die Freundschaft der Jünglinge wird bald durch beider Liebe zu der ätherischen Klotilde, der angeblichen Tochter Le Bauts, getrübt. Viktor bedrückt diese unglückliche Verkettung; dazu kommt, daß er von dem Lord vor dessen Abreise nach England erfahren hat, Flamin sei in Wahrheit einer der verschollenen Söhne Jenners und zugleich ein Bruder Klotildes. Der junge Arzt sucht Ablenkung in dem intriganten, für ihn verlockenden Leben am Hofe. Erst die Gewißheit, daß Klotilde seine Empfindungen erwidert, enthebt ihn weiterer Anfechtungen. Die Liebenden verleben in der idealischen Parklandschaft Maienthals bei ihrem gemeinsamen indischen Lehrer Emanuel Dahore vier selige Tage, bis sie durch die immer wilder auflodernde Eifersucht Flamins gestört werden. Dieser wird, als Viktor nun auch förmlich um die Geliebte wirbt, das blind-willige Opfer einer Verschwörergruppe um den Fürsten. Die Ereignisse überstürzen sich: Flamin läßt sich zu einem Duell mit Le Baut verleiten und wird unter dem Verdacht, seinen Gegner getötet zu haben (was er auch selbst glaubt), in Gewahrsam genommen. Viktor erfährt inzwischen von dem sterbenden Emanuel, daß er der Sohn des Pfarrers Eymann ist. Als Bürgerlicher meint er, nun der Geliebten entsagen zu müssen, ja er will sogar, um Flamin zu retten, sein eigenes Leben hingeben. Der aus England zurückgekehrte Lord klärt jedoch alle Mißverständnisse auf; er führt eine Versöhnung zwischen den Freunden herbei, und Viktor erhält Klotilde zur Frau. Auf der »Insel der Vereinigung« treffen am Ende alle Beteiligten zusammen. Drei Engländer entpuppen sich als die Söhne des Fürsten, und schließlich findet sich der Erzähler des Romans selbst als »*das fünfte so lange gesuchte Kind des Fürsten*« auf der Insel wieder. Lord Horion sucht im Tode Ruhe.

Jean Paul verbindet in seinem von STERNE, FIELDING und WIELAND nachweislich beeinflußten Roman die Trivialform der Intrigenerzählung mit der »hohen« Form des Entwicklungsromans. Organisationsprinzip des Romans ist die aus der Intrige hervorgehende Krise, in der sich das Wesen des Helden entfaltet. Nicht die äußeren Stationen eines wechselvollen Lebenswegs werden für seine Entwicklung wichtig, sondern die einzelnen aus Feindseligkeit und Verschwörung entstehenden Krisensituationen. Dabei entspringt die verwirrende, scheinbar zerfließende Vielfalt der oft grotesk anmutenden Ereignisse einem bewußten Formwillen; sie ist Spiegelung des inneren Wirrnisse des Helden, der, ein Weltschmerzler wie Werther und Roquairol *(Titan)*, dennoch ihren Weg in den Tod nicht zu gehen braucht, sondern gerettet werden kann. Ein »*Trostbuch für Weltschmerzler*« nennt H. A. KORFF den Roman, der – so geht aus Jean Pauls Vorrede von 1794 hervor – wie Hesperus, der Abendstern, den am Leben Leidenden und Verzweifelnden mild zu innerer Ruhe leuchten und vor den so Getrösteten als Morgenstern verheißungsvoll aufgehen soll.

Der »empfindsamen« Thematik des Romans entspricht eine Sprache von so schwelgender Gefühlsseligkeit, wie sie in dieser Intensität bei Jean Paul sonst nicht begegnet. Auch ihr ist wohl der geradezu sensationelle Erfolg des Werks zu verdanken; kein Roman hatte seit dem *Werther* (1774) eine vergleichbare Begeisterung hervorgerufen. Selbst GOETHE und SCHILLER waren von – wenngleich

zurückhaltendem – Wohlwollen. Wieland las den *Hesperus* gleich dreimal hintereinander, HERDER sah sich, wenn er darin geblättert hatte, zwei Tage außerstande, seinen Geschäften nachzugehen, GLEIM urteilte: »*Dieser Richter schreibt alle Romanschreiber nieder.*« Im 19. Jh. zeigten sich vor allem HAUFF, der frühe HEBBEL, STIFTER und Gottfried KELLER durch den Roman beeinflußt, der auch Stefan GEORGE zu seiner *Lobrede auf Jean Paul* (1896) anregte, die neues Interesse für den damals kaum beachteten Dichter wachrufen sollte.

Die Wissenschaft dagegen scheint bis heute mit dem Lieblingsroman des ausgehenden 18. Jh.s gewisse Schwierigkeiten zu haben. Die ältere Schule (H. Bach) hat zwar wertvolle philologische Basisarbeit geleistet, indem sie versuchte, in die im Nachlaß erhaltenen vieltausendfachen Einzelnotizen Jean Pauls im Sinne von Plan und Entstehung Struktur und Ordnung zu bringen, aber da der *Hesperus* den Weg von der *Loge* zum *Titan* markiert, ist ihm Interesse immer mehr als Entwicklungsstation zugewachsen, Interesse aber als einem Ergänzungsband innerhalb der Hauptbände von Jean Pauls »poetischer Enzyklopädie«. Selbst für W. HARICH, dem das von Jean Paul im *Hesperus* bis zur Zerreißprobe getriebene Spannungsverhältnis zwischen einer radikal bürgerlich-republikanischen Haltung und der Feudalordnung im Sinne seiner These von den drei großen »Revolutionsdichtungen« am willkommensten zur interpretatorischen Aufarbeitung sein müßte, behandelt den *Hesperus* als eine »Stufe zum Parnaß«. Nicht anders geschieht dies bei der Behandlung von »*Jean Pauls poetischem Republikanismus*« durch K. WÖLFEL oder von »*Jean Pauls Platonismus*« bei J. KIERMEIER. Zwar ergänzen sich viele Befunde dieser beiden Arbeiten und korrespondieren miteinander, machen offensichtlich, wie etwa auch das von Götz MÜLLER für die Erziehungs- und die Thronfolgeproblematik dargestellte, von L. S. MERCIER herrührende Motiv des »*Verborgenen Prinzen*«, wie zweifelhaft W. Harichs sozialgeschichtlich-marxistisch ausgerichtete Literaturbetrachtung ist, aber eine Studie, die auf der Basis des Textes all diese Fragen am »*Tragelaph von der ersten Sorte*« (Goethe an Schiller, 10. 6. 1795) eingehend behandelte, ersetzen sie keinesfalls. Die gehört vorerst noch zu den zahlreichen Desideraten der Jean-Paul-Forschung.

J.K.D.-KLL

AUSGABEN: Bln. 1795 [3 »Heftlein«]. – Bln. ²1798 [4 »Heftlein«; erw.]. – Bln. ³1819. – Weimar 1929 (in *SW*, Hg. E. Berend, 1927–1964, Abt. 1, Bd. 3/4, Hg. ders. u. H. Bach; hist.-krit.; Nachdr. Köln 1975). – Mchn. 1960 (in *Werke*, Hg. N. Miller, 1959–1985, Abt. 1, Bd. 1; ³1970). – Mchn. 1987, Hg. ders. [Nachw. W. Höllerer; Tb.].

LITERATUR: H. Bach, *J. P.s »Hesperus«*, Lpzg. 1929 (Palaestra, 166; Nachdr. NY/Ldn. 1970). – E. Jaloux, *Du rêve à la réalité*, Paris 1932, S. 103–141. – A. Béguin, *L'âme romantique et le rêve*, Marseille 1937; Paris ³1946 [Kapitel über *Hesperus*]. –

H. Villiger, *Die Welt J. P.s, dargestellt an der Sprache des »Hesperus«*, Diss. Zürich 1949. – H. Buchmann, *Die Bildlichkeit in J. P.s »Schulmeisterlein Wuz«, »Die unsichtbare Loge«, »Hesperus«, »Titan«, »Flegeljahre«*, Diss. Köln 1953. – F. Henrich, *J. P.s »Hesperus« u. »Flegeljahre«. Versuch einer morphologischen Einordnung auf dem Wege einer vergleichenden Zeitgestaltuntersuchung*, Diss. Bonn 1955. – R. Wolf, *Studien zur Struktur von J. P.s »Hesperus«*, Diss. Münster 1959. – E. Steck, *J. P.s »Hesperus«*, Diss. Zürich 1968. – W. Harich, *J. P.s Revolutionsdichtung. Versuch einer neuen Deutung seiner heroischen Romane*, Reinbek 1974. – M. Walser, *Goethe hat ein Programm, J. P. eine Existenz. Über »Wilhelm Meister« u. »Hesperus«* (in *Literaturmagazin 2: Von Goethe lernen? Fragen der Klassikrezeption*, Hg. H. C. Buch, Reinbek 1974, S. 101–112). – R.-R. Wuthenow, *Geschichtsphilosophische Ansätze im »Hesperus«* (in Jb. der J.-P.-Ges., 10, 1975, S. 69–83). – K. Wölfel, *J. P. und der Poetische Republikanismus. Über das Verhältnis von poetischer Form u. politischer Thematik im 18. Jh.* (in Jb. der J.-P.-Ges., 11, 1976, S. 79–135; ern. in K. W., *J. P.-Studien*, Hg. B. Buschendorf, Ffm. 1989, S. 171–237). – D. Hedinger-Fröhner, *J. P. Der utopische Gehalt des »Hesperus«*, Bonn 1977. – J. Campe, *Utopie u. Schizophrenie – über J. P.s »Hesperus«* (in *Literatur ist Utopie*, Hg. G. Ueding, Ffm. 1978, S. 159–188). – Ders., *Der programmatische Roman. Von Wielands »Agathon« zu J. P.s »Hesperus«*, Bonn 1979. – V. Teichmann, *Das Bewußtsein des Erzählens beim Erzähler: J. P.s »Hesperus« u. Uwe Johnsons »Das dritte Buch über Achim«*, Diss. Karlsruhe 1979. – H. Verschuren, *Der »Hesperus« als Erfolgsroman. Ein Beitrag zur zeitgenössischen J.-P.-Rezeption* (in Jb. der J.-P.-Ges., 14, 1979, S. 51–78). – Ders., *J. P.s »Hesperus« u. das zeitgenössische Lesepublikum*, Assen 1980. – L. L. Zylmann, *The »Hesperus« of J. P. Aspects of India in His Fiction*, Diss. John Hopkins Univ. Baltimore 1982. – G. Müller, *Der verborgene Prinz. Variationen einer Fabel zwischen 1768 und 1820* (in Jb. der J.-P.-Ges., 17, 1982, S. 71–89). – K. M. Michel, *Zu stark für ein zu weiches Herz. Denkmal des unbekannten Lesers* (in *Bausteine zu einer Poetik der Moderne. Fs. f. Walter Höllerer*, Hg. N. Miller u. a., Mchn. 1987, S. 253–270).

DER KOMET ODER NIKOLAUS MARGGRAF. Eine komische Geschichte

Roman von JEAN PAUL, erschienen (als Fragment) 1820–1822. – Henoch Elias Marggraf aus dem Landstädtchen Rom in der Marggrafschaft Hohengeist erfährt von seiner sterbenden Frau, einer einstmals am Hofe beliebten italienischen Sängerin, daß sein Sohn Nikolaus der illegitime Sproß eines Fürsten ist. Den Kleinen zeichnen *»zwei medizinische Merkwürdigkeiten«* aus: Einmal zieren seine Nase *»zwölf Blatternarben«*, zum anderen wird sein Haupt *»von einer Art Heiligenschein«* umstrahlt, ganz *»besonders wenn er schwitzte«*. Wenn er von seinem Schutzpatron erzählt, fühlt er sich ganz als dessen Nachfolger, denn er sieht im Spiegel, wie sein erhitzter Kopf *»den bekannten elektrischen Heiligenschein ... ausdampfte«*. Die tolldreisten und phantastisch ausgeschmückten Geschichten zeigen, *»wie unendlich viel der Kleine Nikolaus war, sowohl in der Wirklichkeit als auch in der Einbildung, und wie er sein eigener Papst ist und sich kanonisiert, nebst einer Schlägerei dabei«*. Diesem wahrlich fürstlichen Sohn hatte der alte Marggraf seine gesamten Ersparnisse hinterlassen, um ihm eine standesgemäße Erziehung in der Universitätsstadt Leipzig zu sichern. Peter Worble, ein wilder *»Springinsfeld«*, wird sein *»ewiger, höchst beständiger Blutfreund«*, Amanda, eine Prinzessin *»mit großrunden Augen, woraus ein mildes Ätherfeuer fortloderte«*, die Geliebte seines Herzens. Jedoch arm und in seiner hohen Abstammung verkannt, kann er nicht daran denken, eine Prinzessin zu seiner Gemahlin zu machen. So verliebt er sich in deren Wachsbüste, die er bei Nacht aus einem Gartenhause stiehlt. Als Heiligenbild stellt er sie in das leere Gehäuse einer Stutzuhr, um sie heimlich anzubeten. *»Sie anzurühren ... war ihm ebenso unmöglich, als etwa die Taube des heiligen Geistes zu rupfen und zu braten.«* – Nikolaus wird wie sein Vater Apotheker. Bei seinen alchimistischen Versuchen entdeckt er die Kunst, Diamanten herzustellen. Der so plötzlich entstandene wunderbare Reichtum erlaubt es ihm, sich mit einem prunkvollen Hofstaat zu umgeben, dem sein Freund Peter Worble als *»Hof- und Reisemarschall«* voransteht. In mehreren Kutschen verläßt die seltsame Gesellschaft das enge heimatliche Rom *»in Kleindeutschland«* und begibt sich auf die Suche nach des Prinzen leiblichem Vater. Auf der Reise treffen sie auf *»einen dürren Jüngling mit offener Brust und fliegenden Haaren, und mit einer Schreibtafel in der Hand, singend im Trabe laufend«*. Es ist *»der Kandidat Richter aus Hof im Vogtland«*. Kaum hat Worble dessen Namen gehört, als er ihm auch schon *»à la Hamlet«* um den Hals fällt, denn er erkennt in ihm den trefflichen Verfasser der *»Auswahl aus des Teufels Papieren«*. Richter erhält die Stelle eines *»Wetterpropheten ... mit allen Nutznießungen und Privilegien des Amts ...«*. Als man schließlich erwartungsfroh in festlichem Gepränge in die Residenz Lukas-Stadt einzieht, überfällt dikker Nebel, *»ohne Frage der dickste Nebel im vorigen Jahrhundert«*, die Stadt. Auf einer *»Nebel-Milchstraße«* trifft Nikolaus Marggraf auf eine unheimliche Gestalt, die ihn ab jetzt unaufhörlich verfolgt und die sich zunehmend als der Gegenspieler des Helden zu entpuppen scheint. Äußerlich *»ein ganz in Leder gekleideter, fleischloser, farbloser, langgedehnter Mann«*, zeigt er sich eifersüchtig auf den Prinzen Herrschaftsanspruch, der nur ihm als *»Fürsten der Welt«* gebühre. Als Ewiger Jude beim Volke verrufen, nennt er sich Kain und hält sich für den Teufel selber. Hier bricht der Roman ab.

Das Werk, das schon bei seinem Erscheinen keinen großen Anklang fand, dessen literarische Wirkung bescheiden ist und das trotz einiger neuerer Untersuchungen zu Unrecht immer noch wenig bekannt ist, hat eine ungewöhnlich lange Entstehungsgeschichte. Die ersten Pläne und Entwürfe reichen bis in das Jahr 1806 zurück, wurden aber erst seit 1811 systematisch ausgeführt. Oftmals durch Nebenarbeiten unterbrochen, schloß Jean Paul dann im Jahre 1822 die ersten beiden Bände seines unvollendeten *»rein-komischen Pantheons«* ab (an Paul Thieriot, 10. 1. 1806), dessen zahlreiche Verweise auf frühere Werke des Dichters nicht zufällig sind. So stellt Nikolaus Marggraf in krankhaft gesteigerter Form, im vollendeten Narrentum dar, was in früheren Helden Jean Pauls vorgebildet ist: Roquairols (im *Titan*) traumstarkes, in die *»grundsätzliche Unechtheit eines Spielers«* führendes Dasein und Walts (in den *Flegeljahren*) sentimentale *»Weltverkennung«*, sein schwärmerisch-phantasievolles *»Torentum«* (Kommerell). In der Gestalt des doppelten Größenwahns von Nikolaus Marggraf, seines Traums von der Heiligkeit und der Fürstlichkeit, beschreibt Jean Paul die der Phantasie immanenten Gefahren. Der Held wird *»zur stellvertretenden Figur der komischen Idee, nämlich des zur Wahnvorstellung gewordenen Ichtraumes.... Die schaffende Lüge dichtet nicht mehr bloß an der Welt herum, sondern am Ich.«* Darin liegt die Wesensverwandtschaft zwischen Nikolaus Marggraf und dem Don Quijote des CERVANTES begründet, dessen parodistischer Ritterroman in zahlreichen Episoden und Szenen des *Komet* wiederauflebt, wie schon F. J. SCHNEIDER nachgewiesen und wie W. NELL diesen Nachweis nun modifiziert hat. Die träumerische Wahnseligkeit, die von Jean Paul zugleich als Zeitkritik an bestimmten Tendenzen der Romantik und als Satire auf eine spezifisch deutsche versponnene Realitätsferne gemeint ist, macht Nikolaus zum Symbol des Selbstverlusts in Gestalt eines komischen Narrentums, wie umgekehrt sein unheimlicher, tragisch-grotesker Gegenspieler, der Ledermensch, durch die ungehemmte Freiheit des Denkens und mystischen Grübelns zum Symbol des intellektuell Bösen wird. Daß der Ledermensch am Ende des Fragments, durch Worbles magnetische Kunst in Schlaf versetzt, sein wahres Sein erfährt, deutet darauf hin, daß Marggraf durch die Anschauung seines – geheilten – Antipoden im vollendeten Roman zu seiner wahren Gestalt erwachen sollte. Als Vermittler hätte Worble wirken können, eine an den Vult der *Flegeljahren*, aber auch an RABELAIS' Panurge erinnernde Figur, die bei aller satirischen Schärfe und Frivolität Ansätze zu einem souveränen Humor erkennen läßt, den auch der Autor bezeugt. Beweis dafür sind seine durch Groteske und Komik distanzierten, bewußt ins Extrem getriebenen Selbstdarstellungen in der Person Marggrafs und des Ledermenschen, zu denen er gleichzeitig in seiner unmittelbarsten Selbstinszenierung, der Gestalt des Kandidaten Richter aus Hof, ein überlegenes Gegenbild schafft. Die manieristische Gepflogenheit alternder Dichter, bei ihrem eigenen Werk Anleihen zu nehmen, Motive und Themen weiterzuspinnen – Jean Paul begann damit spätestens seit seiner Umorientierung nach den Flegeljahren –, Selbstinszenierung als eine Problematisierung der eigenen Dichterphantasie zu begreifen, wie auch in *»Selbstparodie der Kunst«* (U. Schweikert) deren gesellschaftliche Selbstkritik und Verwerfung zu behaupten, ist in Jean Pauls *Komet* sehr ausgeprägt. Aber nicht nur die im parodistisch-humoristischen Spiel ermöglichten Reflexionen über sich selbst und über das Schreiben, die Selbstbesinnung des Dichters und seines Romans in der Manier STERNES machen den *Komet* modern, sondern auch die für Jean Paul typische Vermischung kontrastreicher Sprachebenen, des erhaben poetischen mit dem desillusionierend satirischen, wirklichkeitsgesättigten Stil.

Daß es Jean Paul dabei jenseits des Fragmentcharakters seines letzten Romans gelingt, neben der gesellschaftlichen Selbstkritik auch eine ästhetische Selbstkritik der Kunst seinem Erzähltext einzuschreiben, die als virtuos parodistisches Spielwerk auch gleichzeitig deren erneute apotheotische Rettung bedeutet (am gelungensten, weil am geschlossensten im *Fibel*), bedürfte weiterer Untersuchungen der Fachdisziplin. Das Muster des eigenen heroischen Romans mit seiner inhaltlichen Bestimmung der Darstellung des »hohen Lebens« gemäß der pathetisch erhabenen Forderung *»Der Weise auf den Thron!«* (J. Kiermeier) wird formal und inhaltlich konterkariert und parodistisch aufgehoben, da hier – im Gegensatz zum Weisen dort – der Narr sich für den Thron bestimmt glaubt. In Don Quichote, bzw. (in Jean Pauls eigener Terminologie der heroischen Romane) nicht im *»weisen«*, sondern im *»rasenden Sokrates«*, jenem Diogenes in der Tonne – er ist natürlich auch kynischer Spiegel einer zynisch-restaurativen Epoche –, gibt der Dichter das eigene sublime Muster formal-ästhetisch und inhaltlich für die parodistische Verlachung um den Preis der letztendlichen Rettung frei. So wie Cervantes' *Don Quijote* als die Parodie des Ritterromans die apotheotische Verklärung der Gattung wurde, so dürfte Jean Pauls letzter großer Torso als jener parodistisch-apotheotische Sieg und Triumph seines hohen Romans ex negativo konzipiert gewesen sein, in dem als in einem/seinem *»letzten komischen Werk«* der Dichter seine poetische Enzyklopädie mit einer Enzyklopädie des Komischen unter dem Titel *»Tausend und eine Narrheit«* oder *»Das Leben auf der Erde in allen Wechseln«* vergolden wollte. Der *Titan*, der eigentlich *»Anti-Titan«* heißen sollte (an Friedrich H. Jacobi, 14. 5. 1803) und der das enge Wechselverhältnis von Weisem und Narr schon vorführte und dort zugunsten des Erhabenen entschied, hat seinen korrespondierenden *»Anti-Titan«* (so hat Jean Paul den *Komet* selbst bezeichnet; vgl. Brief an Christian Otto, Nov. 1811) oder eigentlich Anti-»Anti-Titan« zumindest der Idee nach im *Komet* erhalten.

R.O.-J.K.D.

AUSGABEN: Bln. 1820–1822, 3 Bde. – Weimar 1937 (in *SW*, Hg. E. Berend, 1927–1964, Abt. 1, Bd. 15; hist.-krit.; Nachdr. Köln 1981). – Mchn. 1963 (in *Werke*, Hg. N. Miller, 1959–1985, Abt. 1, Bd. 6; ⁴1987; korr.).

LITERATUR: F. J. Schneider, *J. P.s Altersdichtung.* *»Fibel« und »Komet«. Ein Beitrag zur literarhistorischen Würdigung des Dichters,* Bln. 1901. – P. Kobielski, *J. P.s Spätstil,* Köln-Kalk 1939 [Diss. Köln 1938]. – Th. Langenmaier, *Der große Torso. Eine Betrachtung zu J. P.s letztem Roman »Der Komet«* (in Hesperus, 4, 1952, S. 1–11). – H. Zöbelein, *Nikolaus Marggraf als Selbstdarstellung J. P.s* (ebd., 7, 1954, S. 39–44). – R.-R. Wuthenow, *Nikolaus Marggraf und die Reise durch die Zeit* (in *J. P.,* Hg. H. L. Arnold, Stg. 1970, S. 60–70; Mchn. ³1983, S. 77–88; Text + Kritik). – U. Schweikert, *J. P.s »Komet«. Selbstparodie der Kunst,* Stg. 1971. – S. Gierlich, *J. P.: »Der Komet oder Nikolaus Marggraf. Eine komische Geschichte«,* Göppingen 1972. – D. de Chapeaurouge, *J. P.s ›Raphael‹ und die Künstler seiner Zeit* (in Arcadia, 9, 1974, S. 251–265). – W. Schütte, *J. P. »Der Komet«. Roman* (in *Spektrum der Literatur,* Hg. B. u. L. Clausen, Gütersloh/Bln. 1975, S. 186–187). – G. Müller, *Die Literarisierung des Mesmerismus in J. P.s Roman »Der Komet«* (in *Fr. A. Mesmer und die Geschichte des Mesmerismus. Beitrag zum internationalen Symposion anläßlich des 250. Geburtstages von Mesmer,* Stg. 1985). – W. Nell, *J. P.s »Komet« und »Der Teutsche Don Quichotte«* (in Jb. der J.-P.-Ges., 21, 1986, S. 77–96).

**LEBEN DES QUINTUS FIXLEIN,
AUS FUNFZEHN ZETTELKÄSTEN
GEZOGEN; NEBST EINEM MUSTHEIL
UND EINIGEN JUS DE TABLETTE**

Humoristische Idylle von JEAN PAUL, erschienen 1796. – Egidius Zebedäus Fixlein, Lehrer am Gymnasium von Flachsenfingen, verbringt, von seinem Pudel und einem seiner Quintaner begleitet, die Hundsferien in seinem Geburtsort Hukelum, wo seine Mutter in der Schloßgärtnerei beschäftigt ist. Seine Patin, die Frau Rittmeister von Aufhammer auf Schradek, verwendet sich für ihn, nachdem er sich an ihrem Krankenbett mit dem »Probeschuß« einer Vermahnpredigt qualifiziert hat, und verschafft ihm die Vokation auf das Konrektorat: Man hofft ja, Fixlein werde – wie alle Fixleins – mit 32 Jahren das Zeitliche segnen, so daß der Posten rasch wieder frei würde. Als seine Gönnerin stirbt, hinterläßt sie ihm nebst einem riesigen Bett ein großes Vermögen. Von seinem Glück und dem ungewohnten Wein berauscht, verlobt sich Fixlein auf der Stelle mit dem armen Edelfräulein Thienette. Nach dem Tod des Pfarrers wird er durch einen Kanzleiirrtum sogar als dessen Nachfolger auf die Pfarre von Hukelum berufen. Er fliegt nun *»gleichsam immer höher geschnellet auf einem Schwungbrete empor«* und nimmt alsbald *»unter einem Thronhimmel von Blütenträumen die Braut Christi in die eine Hand . . . und seine eigne in die andre«.* Thienette genest eines Knaben, und bald schlingen sich Investitur und Taufe zu einer fröhlichen Festeskette. Dabei stellt sich das von der Mutter vertuschte wahre Alter Fixleins heraus: Für den

verängstigten Pfarrer, der die ominöse Zahl schon überschritten glaubte, steigt damit *»in das helle glatte Meer, das ihm wiegend führte, schnaubend das Seeungeheuer des Todes aus dem vermoderten Abgrund herauf«* und treibt ihn wirklich in ein lebensgefährliches Fieber. Doch dem Erzähler, »Gevatter« Jean Paul, der sich ja auf die Phantasie der Menschen versteht, gelingt es, die hypochondrische *»Einbildung durch Einbildung«* zu kurieren. – Der vorangestellte *Mustheil für Mädchen* enthält zwei empfindsame kurze Erzählungen *(Der Tod eines Engels* und *Der Mond);* die angehängten fünf *Jus de tablette* (»Brühwürfel«) geben zumeist Materialien aus den Vorarbeiten zu der Idylle wieder (u. a. *Über die Magie der Einbildungskraft; Rektor Fälbel).*

Die humoristische Erzählung war von Jean Paul als Gegenstück zum vorangegangenen schwärmerisch-idealischen Roman *Hesperus* konzipiert. Zur Deutung gibt der Dichter selbst einen wichtigen Hinweis in der Vorrede *(Billett an meine Freunde),* wo er die (berühmt gewordenen) *»drei Wege, glücklicher (nicht glücklich) zu werden«,* darlegt: einen enthusiastisch-erhabenen der Vogelperspektive, einen komisch-idyllischen der Froschperspektive und einen humoristischen des Wechsels zwischen den beiden anderen. Fixlein soll als Beispiel für den zweiten dienen; sein Leben soll zeigen, *»daß man kleine sinnliche Freuden höher achten müsse als große, den Schlafrock höher als den Bratenrock . . . Gelingt mir das: so erzieh’ ich durch mein Buch der Nachwelt Männer, die sich an allem erquicken, an der Wärme ihrer Stuben und Schlafmützen«.*

Indem Jean Paul, der Parteigänger der Revolution, damit den Rückzug der deutschen Geister in die Pfarrhaus- und Provinzidylle ironisch preist und parodiert, verspottet er zugleich jene staatliche Verfassung, die nur den behäbigen Duodez-Epikureismus eines politisch entmündigten Winkelgelehrtentums zuließ. Es wirft ein bezeichnendes Licht auf die Willkür des deutschen Kleinstaatenabsolutismus, daß der theologisch ausgebildete Held seine Berufung nur einer Namensverwechslung mit dem beim Landesherrn gut angeschriebenen Koch Füchslein zu verdanken hat. – Dennoch bleibt das Satirische in dem Werk, das wie kaum ein anderes das repräsentiert, was man als »humoristische Klassik« bezeichnen könnte, verglichen mit der frühen Idylle *Schulmeisterlein Wuz* (1793), mehr auf einzelne Stilelemente beschränkt: Übersprudelnd in seiner Witzmetaphorik und Sprachkomik, mengt es sich vor allem in Form von Einfällen, Interpolationen und Beilagen, die im Digressions- und Lexikalstil gehalten sind (vgl. die Aufführung der absonderlichen stubengelehrten »Werke« Fixleins, die u. a. eine »Druckfehler-Sammlung« und eine »Philologie auf statistisch-numerischer Basis« aufweisen) in das im übrigen durchaus empfindsam-phantastisch gestimmte Ganze. *»Die Teile müssen wirklich, aber das Ganze idealisch sein«,* mit diesem und ähnlichen Sätzen wird in *Magie der Einbildungskraft* nachträglich noch eine gewisse Verklärung des Idyllischen in dieser Idylle vorgenommen. Max KOMMERELL faßt den Unterschied zu Jean Pauls erster Idylle so zusammen: *»Die Beschränktheit ist nicht so bis zum Märchen getrieben und kann also mit den geschilderten Seelenerhebungen und auch mit der hier geringeren Selbstbespiegelung und -belächelung eher ins Reine gedacht werden.«* So stellt der Tod für Fixlein, obwohl er ihn nur in der Einbildung erfährt, eine weit ernstere Bedrohung seines idyllischen Friedens dar als für Wuz. Die den Aufbau der Erzählung kennzeichnende Ineinanderschlingung von Festes- und Todesmotiven unterstreicht den Einbruch der idealischen Phantasiewelt Jean Pauls in das idyllisch-prosaische Winkelglück Fixleins. Sowohl die Störung und Gefährdung der Idylle, ja gar die radikale Umgestaltung der Gattung, die die *»epische Darstellung des Vollglücks in der Beschränkung«* zu leisten hat, wird *»durch die beständige Gegenwart des Todes«* bis zu deren Verkehrung betrieben. Begann die Forschung der sechziger Jahre das durch Literaturgeschichte und Schulbuch tradierte Jean-Paul-Bild vom verklärenden Idylliker auf diese Weise aufzubrechen (R.-R. Wuthenow, J. Krogoll, J. Tismar), so versuchte die Forschung im Anschluß daran, Jean Pauls Idylle, seine Innerlichkeit als durch sein Leiden an der Gesellschaft bedingt zu erklären (P. Sprengel). Da diese Bedingungen, schlechte zumeist, durch das Werk keineswegs geleugnet werden, da der zweite Weg zum *»Vollglück«* durchaus als ein Weg der Notwendigkeit und nicht der Freiheit bestimmt ist – *»gebundene Menschen ... die im Fischkasten des Staates stille stehen und nicht schwimmen sollen, weil schon der ans Ufer lang gekettete Kasten oder Staat im Namen der Fische schwimmt«* –, wird das Individuum, das sich so ins eigentlich »falsche« Glück emanzipiert, von Jean Paul keinerlei unbilliger Lächerlichkeit preisgegeben. Dennoch zeigt die idyllische Gattung die Spannungen, der sie ausgesetzt ist, als einen Spiegel mit erheblichen Sprüngen. Der Preis, den das idyllische Subjekt nämlich zu zahlen hat, ist doppelt hoch: Es muß die Bedingungen seiner Innerlichkeit einerseits aushalten, andererseits diese bis zur Selbstbeschränktheit verdrängen, sich *»völlig unempfindlich für das Leiden an der Entfremdung«* (P. Sprengel) machen.   R.M.-J.K.D.

AUSGABEN: Bayreuth 1796. – Bayreuth ²1801 [erw.]. – Weimar 1930 (in *SW*, Hg. E. Berend, 1927–1964, Abt. 1, Bd. 5; hist.-krit.; Nachdr. Köln 1977). – Mchn. 1962 (in *Werke*, Hg. N. Miller, 1959–1985, Abt. 1, Bd. 4). – Bln./DDR 1976, Hg. u. Nachw. G. de Bruyn. – Stg. 1979 (Nachw. R.-R. Wuthenow; RUB).

LITERATUR: S. M. Kreienbaum, *Die Idyllendichtung J. P.s*, Diss. Ffm. 1933. – O. Mann, *J. P. und die deutsche bürgerliche Idylle* (in DuV, 36, 1935, S. 262–271). – M. Thalmann, *J. P.s Schulmeister* (in MLN, 52, 1937, S. 341–347). – Th. Langenmaier, *Der junge J. P.* (in Hesperus, 2, 1951, S. 1–18). – H. Weidemann, *Die Komposition der Idyllen J. P.s*, Diss. Bln. 1953. – B. Cooper, *Compar-

ison of* »*Quintus Fixlein*« *and* »*Sartor Resartus*« (in Transactions of the Wisconsin Academy of Sciences, Arts and Letters, 47, 1958, S. 253 bis 272). – A. Krüger, *»Wuz« u. »Quintus Fixlein«. Eine vergleichende Betrachtung* (in Hesperus, 21, 1961, S. 38–45). – R. Minder, *Das Bild des Pfarrhauses in der deutschen Literatur von J. P. bis G. Benn* (in R. M., *Kultur u. Literatur in Deutschland u. Frankreich*, Ffm. 1962, S. 44–72; IB). – C. Girault, *Réalité et magie dans »Quintus Fixlein«* (in EG, 18, 1963, S. 26–45). – R.-R. Wuthenow, *Gefährdete Idylle* (in Jb. der J.-P.-Ges., 1, 1966, S. 79–94). – J. Krogoll, *Idylle u. Idyllik bei J. P. Eine Motivuntersuchung zur Rolle von Narrentum und Poesie im Werke des Dichters*, Hbg. 1972. – E. Bernardi, *Quintus Fixlein e l'idillio programmatico* (in *Annali della Facoltà di lingue e letterature straniere di Ca' Foscari*, Bd. 11, Brescia 1972, S. 327–341). – J. Tismar, *Gestörte Idyllen. Eine Studie zur Problematik der idyllischen Wunschvorstellungen am Beispiel von J. P., Adalbert Stifter, Robert Walser u. Thomas Bernhard*, Mchn. 1973. – K. Iwata, *»Kuvintusu Fikusurain« ni tsuite (Über »Quintus Fixlein«)* (in *Tōkyō toritsu daigaku jimbungakubu*. Jimbun gakuhō, 108, Tokio 1975, S. 31–44). – P. Sprengel, *Innerlichkeit. J. P. oder das Leiden an der Gesellschaft*, Mchn. 1977. – P. Jalabert, *Idylles jeanpauliennes.* »*Wutz*«, »*Fixlein*« (in Recherches Germaniques, 10, 1980, S. 65–76). – R. Campe, *Schreibstunden in J. P.s Idyllen* (in *Fugen. Deutsch-Französisches Jahrbuch für Text-Analytik*, Hg. M. Frank u. a., Olten/Freiburg i. B. 1980, S. 132–170). – W. Wiethölter, *Die krumme Linie. J. P.s humoristisches ABC* (in Jb. f. Internationale Germanistik, 18, 1986).

LEBEN DES VERGNÜGTEN SCHULMEISTERLEIN MARIA WUZ IN AUENTHAL. Eine Art Idylle

Erzählung von JEAN PAUL, erschienen 1793 als Anhang zur *Unsichtbaren Loge*. – Der kleine Wuz tritt nach glücklicher Kindheit in das Alumnat zu Scherau ein, dessen strenge Ordnung ihm willkommene Gelegenheit bietet, sich in der *»Wuzischen Kunst, stets fröhlich zu sein«*, zu üben. Den *»vielleicht durchdachtesten Paragraphen seiner Kunst«* arbeitet er als Sekundaner aus: Er erliegt den Reizen und dem roten Taschentuch der fünfzehnjährigen Justina. Nach dem Tode des Vaters bricht *»aus der zersprengten schwarzen Alumnus-Puppe ein bunter Schmetterling von Kantor ins Freie hinaus«*; und da Wuz so *»gescheit gewesen, daß er verliebt geblieben«*, kann er seine Justel nach *»elysischen Achtwochen«* auf *»Freuden-Meers Wogen«* in den Hafen der Ehe *»einholen«*. Nach genau 43 Jahren aber stürzt der Todesengel *»den blassen Leichenschleier«* auf das Angesicht des Schulmeisterleins, der nun den *»langen Traum des Lebens«* mit *»Entzückung«* vertauscht; *»immer lächelnder auseinander«* zieht sich der Mund des toten Wuz.

Die *»exzentrische«* Geschichte dieses liebenswürdig-beschränkten Sonderlings, *»dem der sinnliche*

Freudendünger die höhere Sonne vergütet« (Brief an K. Ph. Moritz vom 6. 7. 1792), bildet innerhalb von Jean Pauls Schaffen die Schwelle, über die er, aus der *»Essigfabrik«* der Jugendsatiren, zu seinen großen Romanen fand. Der Tod der Jugendfreunde A. L. v. Oerthel (1789) und J. B. Herrmann (1790) sowie die Vision des eigenen Todes am 15. 11. 1790 hatten ihn zur Einsicht geführt, er müsse *»die armen Menschen lieben ... die so bald mit ihrem bisgen Leben niedersinken«* (Tagebuch vom 15. 11. 1790). Im *Wuz* gewinnt dieser Vorsatz erste literarische Gestalt: Die schonungslose Typensatire (vgl. die Stücke *Freudel* und *Fälbel* im dritten Teil des *Quintus Fixlein*) wird zur heiter-schwermütigen Charakteridylle. Die Erzählung beschränkt sich darauf, das kauzige Wesen des Helden ohne alle satirischen Untertöne zu entfalten. Zu Unrecht hat man an Wuz philisterhafte Züge erkennen wollen; seine verspielte Phantastik nähert sich vielmehr bereits in bedenklichem Maße jener eigenmächtigen Subjektivität, welche die Narren des Spätwerks *(Fibel, Komet)* die Wirklichkeit verkennen und dadurch sich selbst gefährden läßt. Im *Wuz* jedoch zeigt sich erstmals Jean Pauls neue humoristische Haltung seinem Helden gegenüber, von dessen lächerlichen Schrulligkeiten er sich zwar ironisch distanziert, dessen komisches Glück er aber angesichts des alle Menschen gleichmachenden Todes gelten läßt: *»... so fühlt' ich unser aller Nichts und schwur, ein so unbedeutendes Leben zu verachten, zu verdienen und zu genießen.«* Der Erzähler hat mit Wuz zwar die Sehnsucht nach dem Glück in einer *»dürftigen«* Welt gemeinsam, die resignierende Einsicht hingegen, daß *»wir sie* [die Wuzische Freude] *nie so voll bekommen«*, trennt ihn von seinem *»kindischen«* Helden.

Literarhistorisch gesehen ist diese *»Art Idylle«* als eine Verbindung der sogenannten *Characters* – kurzer moral-satirischer Darstellungen eines Charaktertypus im Gefolge Theophrasts, La Bruyères und der Moralischen Wochenschriften des 18. Jh.s – mit der *Idylle* zu betrachten. Dabei erweitert Jean Paul den Typus zur individuellen Figur, während die sozialkritischen Momente in der Schilderung des zeitgenössischen Landschulmeister-Milieus die raum- und zeitlose ländliche Idylle des 18. Jh.s (Ewald v. Kleist, Salomon Gessner) aktualisieren. Das Schulmeisterlein kann auf eine zahlreiche literarische Nachkommenschaft blicken. Sie beginnt bereits im Werk Jean Pauls selbst *(Fixlein, Flegeljahre, Fibel)* und setzt sich über das Biedermeier bis ins 20. Jh. fort (vgl. Keller, Raabe, Seidel, Riehl, Steinhausen, Hans Hoffmann, Carl Busse). Bei den Zeitgenossen dagegen fand der *Wuz* kaum Beachtung, sieht man von Karl Philipp Moritz ab, der die Idylle begeistert begrüßte. Eine Neuauflage erfolgte erst 1821/22 zusammen mit der *Unsichtbaren Loge.* Nach dem Tod des Dichters wurde der *Wuz* jedoch rasch zu einem seiner beliebtesten Werke. Eine Fülle von Einzelausgaben, Aufnahmen in Anthologien und Lesebüchern sowie Übertragungen ins Englische, Französische und Tschechische zeugen davon.

Jean Pauls *»Kunst des freudigen Lebens«* brachte ihn – ganz im Gegensatz zu seinem Lesepublikum – schon beim ambitioniert intellektuellen Publikum des 19. Jh.s in Verruf. Nietzsches Urteil über Jean Paul, daß er ein *»Unkraut«* auf den *»zarten Fruchtfeldern Schillers und Goethes«* sei, *»ein bequemer, guter Mensch, und doch ein Verhängnis – ein Verhängnis im Schlafrock«*, wollte nicht nur Jean Pauls so gänzlich unklassischen Stil treffen, sondern vor allem auch das aus dem *Schulmeisterlein Maria Wuz* und der Vorrede zum *Quintus Fixlein* abstrahierte Bild Jean Pauls als eines bedingt durch den Fanatismus aufklärerischen Vernunft-Tugend-Glückseligkeitsdenkens pathologischen Moralisten. Das Urteil hat nachhaltig gewirkt, und selbst das Interesse der Forschung wandte sich erst spät Jean Pauls Idyllen zu; den Einsatz dieses Interesses markiert eigentlich erst der Aufsatz von R.-R. Wuthenow über die *»Gefährdetheit«* der Idylle bei Jean Paul. Ausgehend von den Idyllen versuchte J. Krogoll gleichzeitig Idyllik als ein das Gesamtwerk des Dichters begleitendes Motiv herauszustellen, wobei die neuere Jean-Paul-Forschung im Umkreis dieser Untersuchung dann bestrebt war, auch die historischen Dimensionen, die gesellschaftlichen Bedingungen, aber auch psychoanalytische Fragen dieser *»Art Idylle«* wie der Idyllik Jean Pauls zu erörtern. Wie die trotzige Würde des vermeintlichen Philisters sich gegen Verachtung behauptet, so konnte die Gattung der Idylle und speziell die Geschichte von Maria Wuz ihren Rang wieder zurückerobern, *»weil sie eine Schlüsselstellung im Werk Jean Pauls einnimmt«* (H.-J. Ortheil).   J.K.-J.K.D.

Ausgaben: Bln. 1793 (in *Die unsichtbare Loge. Eine Biographie,* 2 Bde., 2). – Weimar 1927 (in *SW*, Hg. E. Berend, 1927–1964, Abt. 1, Bd. 1; hist.-krit.; Nachdr. Köln 1975). – Mchn. 1960 (in *Werke*, Hg. N. Miller, 1959–1985, Abt. 1, Bd. 1; ³1970). – Den Haag 1962, Hg. E. J. Engel. – Stg. 1977; zul. 1987 (m. Anm.; RUB). – Ffm. 1984 (Nachw. P. Bichsel; Insel Tb).

Literatur: H. Küpper, *J. P.s »Wuz«. Ein Beitrag zur literarhistorischen Würdigung des Dichters*, Halle 1928 (Hermea, 22; Nachdr. Walluf b. Wiesbaden 1972). – H. Buchmann, *Die Bildlichkeit in J. P.s »Schulmeisterlein Wuz«, »Die unsichtbare Loge«, »Hesperus«, »Titan«, »Flegeljahre«*, Diss. Köln 1953. – H. Weidemann, *Die Komposition der Idyllen J. P.s*, Diss. Bln. 1953. – S. Hallgren, *J. P. och hans genombrottsverk idyllen »Wuz«* (in *Goteborgsstudier i litteraturhistoria tillägnade Sverker Ek*, Göteborg 1954, S. 71–82). – A. Krüger, *»Wuz« u. »Quintus Fixlein«. Eine vergleichende Betrachtung* (in *Hesperus*, 21, 1961, S. 38–45). – R. Ayrault, *»Leben des vergnügten Schulmeisterlein Maria Wuz in Auenthal« ou Les débuts du poète J. P.* (in *EG*, 18, 1963, S. 3–12); dt.: *J. P. »Leben des vergnügten Schulmeisterlein Maria Wuz in Auenthal« oder Die Anfänge des Dichters J. P.* (in *Interpretationen*, Bd. 4, Hg. J. Schillemeit, Ffm. 1965, S. 75–86; FiBü). – R. R. Wuthenow, *Gefährdete Idylle* (in *Jb. der J.-P.-Ges.*,

1, 1966, S. 79–94). – J. Krogoll, *Idylle u. Idyllik bei J. P. Eine Motivuntersuchung zur Rolle von Narrentum u. Poesie im Werke des Dichters*, Hbg. 1972. – J. Tismar, *Gestörte Idyllen. Eine Studie zur Problematik der idyllischen Wunschvorstellungen am Beispiel von J. P., Adalbert Stifter, Robert Walser u. Thomas Bernhard*, Mchn. 1973. – K. Blake, *What the Narrator Learns in J. P.'s »Wutz«* (in GQ, 48, 1975, S. 52–65). – H.-J. Ortheil, *Idylle u. Reflexion. Zur Geschichtlichkeit von J. P.'s »Wutz«* (in LJb, 17, 1976, S. 83–97). – G.-L. Fink, *Der proteische Erzähler u. die Leserorientierung in J. P.'s »Leben des vergnügten Schulmeisterlein Maria Wuz«* (in *Bild u. Gedanke. Fs. für G. Baumann zum 60. Geburtstag*, Mchn. 1980, S. 271–287). – P. Jalabert, *Idylles jeanpauliennes. »Wutz«, »Fixlein«* (in Recherches Germaniques, 10, 1980, S. 65–76). – R. W. Hannah, *The Tortures of the Idyll: J. P.'s »Wutz« and the Loss of Presence* (in GR, 56, 1981, S. 121–127). – C. Pietzcker, *Narzißtisches Glück u. Todesphantasie in J. P.s »Leben des vergnügten Schulmeisterlein Maria Wutz in Auenthal«* (in *Literatur u. Psychoanalyse. Vorträge des Kolloquiums am 6. und 7. Oktober 1980*, Kopenhagen/Mchn. 1981, S. 30–52). – Ders., *»Mutter«, sagt' er zu seiner Frau, »... ich fress' mich aber noch vor Liebe, Mutter!«* (in Freiburger literaturpsychologische Gespräche, 2, 1982, S. 49–97). – B. Böschenstein, *Anmerkungen zur Metaphorik in J. P.s »Leben des vergnügten Schulmeisterlein Maria Wutz in Auenthal«. Elemente zu einem Kommentar* (in *Digressionen. Wege zur Aufklärung. Festgabe für P. Michelsen*, Heidelberg 1984, S. 149–161).

LEBEN FIBELS, DES VERFASSERS DER BIENRODISCHEN FIBEL

Humoristisch-idyllischer Roman von JEAN PAUL, entstanden 1806–1811, erschienen 1811. – In der *Vorrede* umreißt der Verfasser den Inhalt des Werks folgendermaßen: »*... einige wenige harmlose, schuldlose, lichtlose, glanzlose Leute mit ähnlichen Schicksalen durchleben darin ihr Oktavbändchen – das Ganze ist ein stillendes Still-Leben – eine Wiege erwachsener Leser zum Farniente – ein leises graues laues Abendregnen, unter welchem statt der Blumen etwan die unscheinbare Erde ausduftet, wozu höchstens noch ein Fingerbreit Abendrot und drei Strahlen Abendstern kommen möchten.*« Diese Beschreibung ist wie bei Jean Paul fast immer zumindest eine relative Irreführung des Lesers. Sie legt ihm für das späte Werk das Muster der frühen Idyllen als Leseanleitung ans Herz, denn mit seiner Beschreibung des Inhalts konturiert Jean Paul nur die innere Geschichte für die »*Personen, die nur so lange ... bleiben, als das Erzählen dauert*«. Diesen Unterschied machte Jean Paul schon in *Katzenbergers Badereise* (8. Summula), und er radikalisierte im *Fibel* das Prinzip, den erzählten Erzähler in einer die innere Geschichte umgreifenden Geschichte als Helden neben den eigentlichen Helden zu stellen, um im Spiegel dieser beiden Helden sich als Autor Jean

Paul in seinen Taten und Leiden als der wahre Held zu feiern, zu ironisieren und zu parodieren. Das Abenteuer seines Schreibens – »*Kein Werk wurde von mir so oft – schon den 16. Nov. 1806 das erste mal – angefangen und unterbrochen als dieses Werkchen*« (erster Satz der *Vorrede*, die hier konstitutiver Bestandteil der Erzählung selber ist!) – besitzt in den Abenteuern Fibels seine Folie; die innere Geschichte ist Spiegel der übergeordneten beiden anderen Geschichten und vice versa.

In scheinbarer Idylle wächst dort der kleine Voglerssohn Gotthelf Fibel in Heiligengut in kärglichen Verhältnissen auf; nur wenn der eigenbrötlerische Vater außer Haus ist, entfaltet sich zwischen Mutter und Sohn eine Art idyllischen Glücks. Nach dem Tod des alten Fibel rückt Gotthelf an die Stelle des »Hausvaters«. Dabei vertiefen sich die von der Mutter ehrgeizig gehätschelten »Forschungen« des dörflichen After-Studiosus, und endlich gelingt ihm der »große Wurf«: die Abc-»Fibel«. Es bedarf noch der Mittel aus der väterlichen Erbschaft und der wenig wertvollen Ratschläge des vagabundierenden Magisters Pelz, damit Fibel einen »Verlag« gründen und die seit langem geliebte Wildhüterstochter Drotta heiraten kann. Unter dem Privileg des Markgrafen gedeiht der Verlag so gut, daß er neben Pelz noch zwei weitere Mitarbeiter, den Goldschneider Pompier und den Drucker Fuhrmann, mit zu ernähren vermag. Als der Bedarf der Schulen an Abc-Büchern gedeckt ist, stiftet Pelz eine »biographische« »antikritische« Akademie, die den »hochverdienten« Autor in die Unsterblichkeit eingehen lassen soll. – Aus den Bruchstücken dieses vierzigbändigen panegyrischen Mammutwerks der Akademie, das das Werk des vielbändigen Verfassers Fibel (neben dem Abc-Buch als 136stem hat er scheinbar noch 135 Werke jeden Formats und jeder Wissenschaft verfaßt) biographisch abschließt, trägt der erzählte Erzähler Jean Paul mit Hilfe der Heiligenguter Dorfjungen seinen Bericht zusammen (vgl. *Vor-Geschichte*). Die »Plagiats«-Biographie, für die er bei dem jüdischen Buchhändler Judas die Rechte erwirbt und die aus diversen im Umlauf befindlichen Papierschnitzeln ihre Kapitel rekurriert (das Papier des akademischen Mammutwerks geistert in prosaischen Verwendungsweisen, die dann die Kapitel-Überschriften bestimmen, durchs Dorf: als Heringstüten, als Zwirnwickler, für Papierdrachen, für den Abtritt, als Zuschneidepapier für Haubenmuster etc.), mündet aporetisch im 40bändigen biographischen Panegyrikos, wo dieser selbst schon mangels biographischer Daten seine eigene Entstehung zum Inhalt macht, und über dessen Unabgeschlossenheit landet der »Plagiats«-Biographie des Erzählers Jean Paul im Leben, in der innersten Geschichte selber. So führen, konsequent in sogenannte *Nach-Kapitel* abgetrennt, die Nachforschungen des erzählten Erzählers ihn nach Bienroda, wo er dem inzwischen 125jährigen, mit der eigenen Nichtigkeit kindlich versöhnten Fibel in natura begegnet. Der Punkt, wo die Biographie das Leben einholt, ist dann in jenem Augenblick erreicht, in dem Fibel stirbt, und genau mit seinem Tod schließt das Werk, das sonst auf allen Ebenen der »Biographie« »*ohne einen Ausweg zu einem ordentlichen Ausgang*« mitten im Buche festsäße. Erst jetzt kann die Biographik wieder anheben, und sie beginnt im *Anhang* mit dem Abdruck jenes Textes, der konstitutiv für Jean Pauls Textbiographie über die Macht und die Ohnmacht von »*Alphabetisierung und Aufklärung*« ist. Es ist der Abdruck der sogenannten *Bienrodischen Fibel*, nach der der Autor als Kind angeblich selbst lesen und schreiben gelernt hatte. Dieser *Anhang* ist keine kuriose Beigabe, als die sie zumeist verstanden wird, sondern nicht minder unerläßlicher Bestandteil einer komplexen Textstruktur. Er ist, da schon E. Berend für den Druck in der Historisch-kritischen Ausgabe kein Vorlagen-Exemplar dieser Fibel mehr auftreiben konnte, selbst schon fast Fiktion. Da in der Erstausgabe von *Leben Fibels* der *Anhang* auf Grund widriger Umstände zu Jean Pauls Leidwesen ohne die Fibelbilder erschien (eine zweite Auflage, die dieses hätte korrigieren können, kam zu Lebzeiten nicht zustande), hat Berend für seine Ausgabe auf eine Quelle zurückgegriffen, die ihrerseits nicht unbedingt die Authentizität der *Bienrodischen Fibel* verbürgt. Die Editionsgeschichte wurde damit aber unfreiwillig zum Mitspieler für Jean Pauls selbstreflektorisches Fiktionalisierungsspiel, wie es sein spätes Werk betreibt. Zu diesem Spiel gehört die komplexe Konstruktion, die über *Vorrede, Vor-Geschichte, Geschichte, Nach-Kapitel* und *Anhang* die Voraussetzungen für die Biographie des erzählten Erzählers Jean Paul bilden, die ihrerseits vorgibt, ein »Riesen«-Zitat zu sein, in das vorgebliche Dokumente aus Fibels Leben (etwa eine Lobrede auf Fibel, eine Rezension seines Abc-Buchs, eine Kritik der Kritik) eingewoben sind und das neben der eigentlichen Biographie des Autors Fibel vor allem sich abmüht, die Biographie des Abc-Buchs, seine Entstehung, Wirkung, Würdigung und Interpretation ironisch zu skizzieren. Zweifellos war hier für das Innerste des Fibelentwurfs die Flut einseitig panegyrischer und pedantischer Biographien über KANT und SCHILLER unmittelbar nach deren Tod im Jahre 1804 bzw. 1805 äußerer Anstoß für Jean Pauls literarische Attacke. Aber dieser parodistische Anlaß trifft das Werk nur auf der Ebene jener Anstöße und Quellen, die schon F. J. SCHNEIDERS philologisches Bemühen zu Beginn des Jahrhunderts dargestellt hat. Die falsche Elle einer sehr bescheidenen Jean-Paul-Forschung zu *Leben Fibels* (einem schon bei seinem Erscheinen wenig beachteten Werk), dieses nämlich mit Hilfe der Poetik der Gattung Idylle oder der Psychologie des Charaktertypus Sonderling auszumessen, brachte keinen wesentlichen Zuwachs an Einsichten in ein Werk, das heute unbestritten des Dichters »*besten Werken zuzurechnen ist*« (U. Schweikert). Mit gutem Recht kann es jenseits des parodistischen Anstoßes auch als eine durchgängige Parodie poetischen Schaffens überhaupt angesehen werden, als eine »*ästhetische Reflexion auf den ontologischen Status von Literatur*« generell. Erst die allerjüngsten Interpreta-

tionsleistungen (J. Fürnkäs) zeigen auf, daß die Welt Gotthelf Fibels eine Buchstabenwelt ist, in der Lesen und Schreiben und Büchermachen, kurz poetisch-ästhetisches Reflektieren (ein zu wenig beachtetes Moment in Jean Pauls gesamtem Werkkosmos) die wichtigste Tätigkeit darstellt. Nicht als Neuauflage der satirischen Jugendidyllen, sondern allenfalls als eine radikale Fortführung eines Motivs dieser Idyllenwelt – die Besessenheit ihrer Helden (Wuz, Fixlein) vom Glauben an eine unbeholfene Emanzipation durch Aufklärung, sprich ihres Vehikels, der Buchstaben, des Alphabets, des Lesens, des Schreibens, der Bücher – konturiert sich der *Fibel* in der Reihe der zur Selbstreflexion neigenden Spätwerke, die dem Glauben an Emanzipation durch Aufklärung eine melancholische Absage erteilen. J.K.D.-KLL

AUSGABEN: Nürnberg 1812 [recte 1811]. – Weimar 1935 (in *SW*, Hg. E. Berend, 1927–1964, Abt. 1, Bd. 13; hist.-krit.; Nachdr. Köln 1980). – Mchn. 1963 (in *Werke*, Hg. N. Miller, 1959–1985, Abt. 1, Bd. 6; ⁴1987; korr.).

LITERATUR: F. J. Schneider, *J. P.s Altersdichtung »Fibel« und »Komet«. Ein Beitrag zur literarhistorischen Würdigung des Dichters*, Bln. 1901. – G. Höller, *Einige Bemerkungen zum »Leben Fibels«* (in J. P.-Kalender, 1, 1928, S. 67–70). – G. Regler, *Die Spätwerke J. P.s im Spiegel der Volkskunde* (in J. P.-Blätter, 6, 1931, H. 3, S. 104–113). – K. v. Jezewsky, *Zur Fibelhahnforschung* (in ZfBf, 40, 1936, S. 108–112). – H. Weidemann, *Die Komposition der Idyllen J. P.s*, Diss. Bln. 1953. – G. Espagne, *Die blaue Blume im Ton-Töpfchen. Selbstparodie der Idylle u. literarische Satire im »Leben Fibels«* (in Jb. der J.-P.-Ges., 17, 1982, S. 31–45). – J. Fürnkäs, *Aufklärung u. Alphabetisierung. J. P.s »Leben Fibels«* (ebd., 21, 1986, S. 63–76).

LEVANA ODER ERZIEHUNGSLEHRE

Pädagogisch-philosophische Schrift von JEAN PAUL, erschienen 1806. – Sein ganzes Leben lang, und nicht nur während seiner fast zehnjährigen Tätigkeit als Privatlehrer in Töpen, Schwarzenbach und Hof (seit 1786), hat sich Jean Paul für Fragen der Erziehung interessiert. Nachdem er im »16. Sektor« der *Unsichtbaren Loge* eine Bildungslehre in nuce dargelegt und in der *Geschichte meiner Vorrede zum Fixlein* ein Werk über »*weibliche Erziehung*« angekündigt hatte, scheint er 1804 endgültig den Gedanken gefaßt zu haben, dem »pädagogischen« 18. Jh. einen späten Tribut zu zollen – ein Vorhaben, das der Dichter im Oktober 1806 verwirklicht hatte. Jean Paul sieht in Erziehung »*nichts ... als das Bestreben, den Idealmenschen, der in jedem Kinde unverhüllt liegt, frei zu machen durch einen Freigewordenen*«. Dieser »Ideal«- oder »Preismensch« ist der »Gottmensch«: »*... so nenne man kühn jenes Selberbewußtsein, wodurch zuerst ein Ich erscheint, ein Ge-*

wissen und ein Gott.« So steht die *Levana*, wie alle Schriften Jean Pauls zur Zeit und ihrem Geschehen, auf dem Fundament der Religion. *»Wie keine Körperwelt ohne Ich (oder keine Auferstehasche ohne Phönix), so ist keine Ich- oder Geisterwelt ohne Gott.«* Der *Bildung zur Religion* wird ein umfangreiches grundlegendes Kapitel gewidmet. Dabei verkennt Jean Paul nie, daß sein Begriff der *»Gottähnlichkeit«* des *»Idealmenschen«* sehr weit gefaßt und relativ ist. Einmal ist seine Religionsauffassung freizügig genug, jedem, der *»etwas Höheres im Wesen ... sucht, als das Leben geben oder nehmen kann«,* Religion zuzusprechen, *»glaub' er dabei immerhin nur ans Unendliche, nicht an den Unendlichen«.* Zum anderen weiß er, daß auch *»die beste Erziehung, als ein zweites Nachschaffen des göttlichen Ebenbildes im Menschen, uns alle doch nur als dunstige kalte Nebensonnen der urlebendigen Welt-Sonne zurücklassen kann«.* – So umreißt Jean Paul nach einer halb scherzhaften, halb ernsthaften Erörterung, ob Erziehung überhaupt möglich sei *(Erstes Bruchstück),* das Ziel seiner Vorstellung von Erziehung *(Zweites Bruchstück):* die *»Individualität des Preismenschen«* inmitten des *»Geistes der Zeit«* im Blick auf Gott. Das *Dritte Bruchstück* widmet er der Kindererziehung. Für das Jugendalter behandelt er die »weibliche Erziehung« *(Viertes Bruchstück)* und die Bildung des Knaben getrennt; hier unterscheidet er wieder sittliche *(Sechstes Bruchstück),* geistige *(Siebentes Bruchstück)* und ästhetische Bildung *(Achtes Bruchstück).* – Die Klarheit des Aufbaus täuscht allerdings. Ohnehin durch die spätere Aufteilung der ursprünglich zwei Bände in drei – der Epilog des ersten Bändchens steht jetzt am Anfang des zweiten – verschleiert, wird er sowohl durch die Vielfalt der Darbietungsformen (Aphorismus, Essay, fingierte Rede, fingierter Brief, Polymeter) als durch die sprunghaft-einfallsreiche Unsystematik des Dargebotenen von innen her wieder aufgelöst. Folgerichtig werden die Bruchstücke von einem *Neunten Bruchstückchen* abgeschlossen, das seinerseits in der kleinen polymetrischen Dichtung von den »zwei letzten Kindern« ausklingt.

Jean Paul war sich des aphoristischen Charakters seines Werks bewußt. Schon während der Vorarbeiten erhebt er dies geradezu zum Prinzip. *»Recht viele enthusiastische Unordnung, um zu reizen!«* notiert er, und: *»Ich will nichts geben als Reitz und Geist zum Erziehen, wie Rousseau.«* Er empfand seine Schrift als Bruchstück aus »Bruchstücken« innerhalb anderer Bruchstücke über einen *»unerschöpflichen Gegenstand«.* Er gesteht offen ein, daß er nicht alles gelesen habe, was über Erziehung geschrieben worden sei. ROUSSEAU, BASEDOW, PESTALOZZI nennt er selbst an erster Stelle; nachweisen läßt sich die Kenntnis von SALZMANN und CAMPE; mit SCHWARZ und mit NIEMEYER setzt er sich ausdrücklich auseinander, später, in der Vorrede zur zweiten Auflage, auch mit NIETHAMMER, GRASER und HERBART.

Dennoch ist die *Levana* ein originär geschaffenes Werk. Sie gehört letztlich weder einer Schule an, noch hat sie je Schule gemacht, wohl aber konnte

sie reiche Anregungen geben. Es ist kein Zufall, daß noch im Erscheinungsjahr die erste Blütenlese daraus veröffentlicht wurde (von O. F. Th. HEINSIUS). Zahllose »Perlenschnüre«, »Blätter und Blüten« und »Blumengärtchen« folgten. Übersetzungen ins Englische, Französische, Italienische, Holländische, Dänische und Ungarische, eine Fülle von Ausgaben sowie eine Flut pädagogischer Würdigungen zeugen von der relativen Beliebtheit des Werks als eines »witzigen Sachbuchs«, das in den ideologischen Kämpfen um eine »neue Pädagogik« nach 1968 als fremd geworden vorläufig verloren ging. Jenseits einer praktischen Pädagogik und eines auch *»quantitativ bedeutende[n] Schrifttum[s] zu Jean Pauls Pädagogik seit dem 19. Jahrhundert«* (L. Fertig) lag und liegt der Fall der *Levana* jedoch gänzlich anders. Während die aus Jean Pauls dichterischer Beschäftigung unter vergleichbaren Impulsen und innerhalb der nämlichen Lebensphase sich herauskristallisierende *Vorschule der Aesthetik* auch gegen das Dekret *»Die ›Vorschule‹ ist kein Schlüssel zur Intention Jeanpaulscher Romane«* (B. Lindner) als ein »witziges poetologisches Sachbuch« in der Literaturgeschichtsschreibung, auch der Biographik und der Literaturwissenschaft stets reichlich Beachtung fand, begegnet die *Levana* außerhalb der vielen Darstellungen der Erziehungsgeschichte in der eigentlichen Jean-Paul-Forschung mit ambitioniert literaturwissenschaftlichen Fragestellungen kaum. Untersuchungen zu Form und Stil, zur genuin ästhetischen Dimension und zur künstlerischen Form sowohl der *Vorschule* wie der *Levana* gehören zu den Desideraten der Forschung.   J.K.-J.K.D.

AUSGABEN: Braunschweig 1807 [recte 1806], 2 Bde. (mit *Ergänzungsblatt zur Levana*). – Stg./Tübingen ²1814, 3 Bde. (*Levana oder Erziehlehre*; erw.). – Stg./Tübingen 1817 (*Ergänzblatt zur Levana*). – Stg./Tübingen ³1845 (*Levana oder Erziehlehre*; aus dem Nachlaß erw.). – Weimar 1937 (in *SW*, Hg. E. Berend, 1927–1964, Abt. 1, Bd. 12; hist.-krit.; Nachdr. Köln 1980). – Mchn. 1963 (in *Werke*, Hg. N. Miller, 1959–1985, Abt. 1, Bd. 5; ⁵1987; rev.).

LITERATUR: W. Hoppe, *Das Verhältnis J. P.s zur Philosophie seiner Zeit. Mit besonderer Berücksichtigung der »Levana«,* Diss. Lpzg. 1901. – W. Münch, *J. P., der Verfasser der »Levana«,* Bln. 1907 (Die großen Erzieher, 1). – G. Brückner, *Die ästhetische Grundlage von J. P.s Pädagogik,* Diss. Erlangen 1910. – W. Hüttemann, *Die Ansätze zu einer Kinderpsychologie in J. P.s »Levana«* (in Jb. des Vereins für wiss. Pädagogik, 45, 1913, S. 280–302). – J. Adelmann, *Die Psychologie des Kindes bei J. P. und in der romantischen Dichtung,* Diss. Würzburg 1923. – M. Kommerell, *J. P.s Verhältnis zu Rousseau. Nach den Hauptromanen dargestellt,* Marburg 1924. – T. Molari, *L'autonomia dello spirito umano e l'educazione estetica nella »Levana« di Giampaolo Richter,* Florenz 1929. – S. Nimtz, *Der geistige Bildner J. P.,* Diss. Münster 1950. – H. Kügler,

Kindheit u. Mündigkeit. Die Grundproblematik der Erziehung bei J. P., dargestellt an der »Levana«, der »Unsichtbaren Loge« u. dem »Titan«, Diss. Freiburg i. B. 1954. – F. Fischer, *Gedanken zu drei Sentenzen aus J. P.s »Levana«* (in Hesperus, 15, 1965, H. 30, S. 33–35). – A. Giourtsi, *Pädagogische Anthropologie bei J. P.,* Ratingen 1966. – G. Hucke, *Das Verhältnis des Kindes zur Welt u. zu Gott in J. P. Fr. Richters Levana oder Erziehlehre. Beitrag zur Geschichte der differentiellen Anthropologie,* Münsterschwarzach 1968. – H. Rösch, *Das pädagogische Konzept Johann Michael Sailers und J. P. Fr. Richters,* Diss. Mchn. 1970. – H. Ikeda, *Jan Pauru »Revāna moshikuwa kyōiku nyūmon.* [Einf. in J. P.s *»Levana oder Erziehlehre«*] (in Doitsu Bungaku kenkyū, 20, 1973, S. 64–131). – G. F. Benham, *J. P.'s »Levana« in Contextual Perspective* (in GLL, 27, 1973/74, S. 194–204). – Ders., *On Some Salient Features of J. P.'s Pedagogical Writings* (in Colloquia Germanica, 11, 1978, S. 233–262). – J. D. Black, *Levana: Levitation in J. P. and Thomas de Quincey* (in CL, 32, 1980, Nr. 1, S. 42–62). – L. Fertig, *J. P. und die Pädagogik* (in Jb. der J.-P.-Ges., 17, 1982, S. 47–69). – D. Markau, *J. P. Friedrich Richters »Levana« als Repräsentation des Typs eines »literarisch-ästhetischen« Systems der Pädagogik. Eine Studie zum Problem von Typologien pädagogischer Systeme,* Diss. Halle 1983. – H.-Chr. Koller, *Pädagogische Druckfehler. Erziehungskonzeption u. Schreibweise in J. P.s »Levana«* (in MLN, 102, 1987, S. 522–543).

REDE DES TODTEN CHRISTUS VOM WELTGEBÄUDE HERAB DASS KEIN GOTT SEI

Traumdichtung von JEAN PAUL, erschienen 1796. – Die ersten Notizen zur späteren *Rede des todten Christus* datieren fast zehn Jahre vor der Konzeption des Romans *Blumen-, Frucht- und Dornenstücke oder Ehestand, Tod und Hochzeit des Armenadvokaten F. St. Siebenkäs im Reichsmarktflecken Kuhschnappel,* in den sie später als *Erstes Blumenstück* in ihrer endgültigen Fassung eingehen. Die Überschrift des ersten Entwurfes (1789) lautet: *Schilderung des Atheismus. Er predigt, es ist kein Gott.* Wenig später wird die paradoxe Anti-Predigt SHAKESPEARE in den Mund gelegt unter dem Titel *Todtenpredigt Shakespear* und schließlich erweitert zu *Des todten Shakespear's Klage unter todten Zuhörern in der Kirche, daß kein Gott sei;* dieser Text ist dann der *Baierischen Kreuzerkomödie* als *Ernsthafter Zwischenakt* eingefügt. Da aber weder dieses Werk zum Druck kommt noch HERDER für die *Klage* allein, die ihm Jean Paul mit zwei weiteren Aufsätzen im Herbst 1790 übersendet, die Druckvermittlung übernimmt, bleibt die Fassung ungedruckt. Erst 1795, als der Verleger K. Matzdorff Jean Paul um ein weiteres Werk für seinen Verlag bittet, plant der Dichter, unter dem Sammeltitel *Blumen-, Frucht- und Dornenstücke* neben anderen kleineren Dichtungen und Aufsätzen auch die umgearbeitete *Kla-*

ge von 1790 als *Rede des Engels beim Weltgebäude* zu veröffentlichen. Unter der Hand entwickelt sich jedoch das *Dornenstück,* d. i. der Roman der unglücklichen Ehe des Armenadvokaten Siebenkäs mit der kleinbürgerlich-beschränkten Lenette so stark, daß nur dem ersten Bändchen ein *Frucht-* und zwei *Blumenstükke* beigegeben werden. Der Titel des »Ersten Blumenstücks« lautet nun: *Rede des todten Christus vom Weltgebäude herab, daß kein Gott sei.* An dieser Abfolge von Titelformulierungen läßt sich die immer kühnere Gestaltung wie die stufenweise Ausweitung des Atheismus-Themas ablesen: Zuerst spricht der Atheismus selbst, dann Shakespeare als der erste Vertreter des neuzeitlichen tragischen Weltgefühls; es folgt als nächste Phase die Umwandlung der atheistischen Totenpredigt in die Predigt eines Toten an die Toten, wobei Shakespeare als Prediger von einem Engel abgelöst wird; schließlich verkündet in nicht mehr überbietbarer Steigerung der tote Christus selbst, *»daß kein Gott sei«.* Mit dieser Zuspitzung verbunden, weitet sich – ebenfalls an der Titelfolge ablesbar – der Schauplatz von einer spukhaften nächtlichen Totenversammlung in einer Friedhofskapelle zu der kosmischen Vision des auseinanderbrechenden Weltalls.

Jean Paul entschuldigt in einem *Vorbericht* die Kühnheit seiner Dichtung mit dem Hinweis auf das positive Ziel, echtes Glaubensgefühl durch die Darstellung dieser äußersten Negation alles Sinnvollen zu wecken. Er beharrt auf dem Recht, diese Negation wenigstens im Traum erleben und bis in äußerste Konsequenzen dann auch ästhetisch durchspielen zu dürfen. So ist die *Rede des todten Christus,* vergleichbar dem folgenden Blumenstück *Der Traum im Traum,* als Traumvision des Dichters konzipiert. Dieser ist in der Abendsonne eines Sommertages eingeschlafen und findet sich im Traum auf einem Friedhof elf Uhr nachts. Die Szene weitet sich sofort ins Kosmische: Unter einem *»ausgeleerten Nachthimmel«* und einem bedrohlich näherrückenden *»grauen schwülen Nebel«* erlebt der Träumende, wie die Schattenwelt des Kirchhofs und der Kirche in unaufhaltsame unverständliche Bewegung gerät. *»Zwei unaufhörliche Mistöne«* bringen die Kirche ins Schwanken, Unstimmigkeit ist überhaupt für die im Traum beschworene Anti-Welt bezeichnend, aus der die Sonne verbannt ist, in der es ein *»Augenlied«,* aber kein Auge mehr gibt, wo ein Zifferblatt existiert, das ohne Zahlen bleibt und sein eigener Zeiger ist. In diese dissonante, gleitende Welt *»sinkt eine hohe edle Gestalt mit einem unvergänglichen Schmerz aus der Höhe hernieder«,* und auf den Ruf der Toten *»Christus! ist kein Gott?«* antwortet diese: *»Es ist keiner.«* Christus schildert nun seine Suche nach Gott im Weltall, *»aber«* er mußte überall erfahren, *»es ist kein Gott«.* Nur *»die Ewigkeit lag auf dem Chaos und zernagte es und wiederkäute sich«.* Auch den toten Kindern, die ihn bestürmen, muß er sagen: *»Wir sind alle Waisen, ich und ihr, wir sind ohne Vater.«* Nach diesen Worten bricht die Kirche auseinander, *»und das ganze Weltgebäude sinkt mit seiner Unermeßlichkeit«* an Chri-

stus und dem Dichter *»vorbei«*. In tragischer Vereinsamung und Größe hält Christus nunmehr vor
dem *»Nichts«* und der *»leeren Unermeßlichkeit«* seine bittere Scheltrede auf das auseinandersinkende
Weltgebäude herab. *»Starres, stummes Nichts! Kalte, ewige Notwendigkeit! Wahnsinniger Zufall!«*
sind an die Stelle des ordnenden, liebenden Vaters
getreten. Absolute Sinnlosigkeit herrscht, sie
macht auch vor dem »todten Christus« nicht halt,
der jedoch nicht die Macht hat, *»sein eigener Würg-
engel«* zu sein. Wie sich der Schauplatz am Anfang
des Traums ausgeweitet hat, so wird er jetzt eingeengt, indem *»die Riesenschlange der Ewigkeit«* die
auseinanderfallenden *»Welten«* zu der *»Gottesacker-
Kirche«* wieder zusammendrückt und der Träumende nach dem Glockenschlag, der die letzte
Stunde ankündigen soll, erwacht. Wie der Erwachende die milde Abendsonne wiederfindet, so gewinnt seine Seele in einem plötzlichen Aufschwung
die Fähigkeit wieder, Gott anzubeten und im Vertrauen *»vor dem unendlichen Vater«* zu leben.
Jean Pauls Traumdichtung ist eine exemplarische
Gestaltung des modernen europäischen Nihilis-
mus-Erlebnisses, dem wohl Pascal als einer der ersten Ausdruck verliehen hat. Seit ihm ist die Behauptung der Autonomie des eigenen Ichs, wie sie
für Jean Paul durch ein Mißverständnis der Fichte-
schen Philosophie erneut aktuell wurde, mit der Erfahrung einer ins Unendliche entgleitenden Welt
verbunden, die als sinnentleert empfunden wird.
Ist bei Jean Paul wie bei Pascal oder später bei Dostoevskij dieses Erlebnis noch religiös bzw. ästhetisch in einer positiven Gesamtschau gebunden, so
wird schon in der Romantik und dann im Lauf des
19. Jh.s aus dem partiellen poetischen Nihilismus
Jean Pauls ein die ganze Existenz ergreifender Nihilismus. Grillparzer, Büchner, Heine, Gotthelf, Kierkegaard, Musset, Flaubert, Baudelaire und Nietzsche haben diese Erfahrung mit
ihren Zeitgenossen geteilt und in ihrem Werk gestaltet. Unter veränderten Perspektiven und Ak-
zentuierungen klingt Jean Pauls große »Vernicht-
Vision« selbst noch in jener Literatur des 20. Jh.s
stets nach, die in phantastischen Untergangsvisio-
nen – exemplarisch etwa für die apokalyptischen
Endvisionen vor dem Ersten Weltkrieg Kubins
Roman *Die andere Seite* (1909) – das Ende der
Welt poetisch zu gestalten versuchte. Wie ein roter
Faden ist, von Kubin ausgehend, der ja auch als Il-
lustrator Jean Paulscher Werke sich einen Namen
machte, Jean Pauls Text eingewoben in die durch
die geschichtlichen Ereignisse des 20. Jh.s intensivierte Apokalypse-Thematik der Literatur. Noch
G. Grass' *Rättin* (1986) umspielt zitatweise in einer »Rede vom Müllgebirge herab« Jean Pauls
Traumdichtung, und C. Amerys *Wallfahrer*
(1986) scheinen in ihrer science-fiction-artigen
Schlußvision, in der der Geschichte jegliches Gericht verweigert wird, des todten Christus Worte
weiterzuspinnen: *»Euer kleines Leben ist der Seufzer
der Natur oder nur sein Echo.«*
So sehr man verstehen kann, daß Jean Pauls *Rede des
todten Christus* aufgrund ihrer Bedeutung für die

moderne Geistesgeschichte bald aus dem Roman-
ganzen wieder herausgelöst und in verschiedenen
Ausgaben und Übersetzungen (die erste französische Teilübersetzung regte Madame de Staël an)
verbreitet wurde, so wird doch jede eingehende literarische Würdigung den engen Zusammenhang
der Rede mit dem Romangeschehen, insbesondere
mit dem vorausgehenden Nacht- und Kirchhofge-
spräch und der folgenden Traumdichtung berücksichtigen müssen. Gerade darin jedoch ist besonders die jüngste, vor allem psychoanalytisch interessierte Forschung defizitär.　　　　V.Ho.-KLL

Ausgaben: Bln. 1796 (in *Blumen-, Frucht- und
Dornenstükke oder Ehestand, Tod und Hochzeit des
Armenadvokaten F. St. Siebenkäs im Reichsmarktflecken Kuhschnappel*, 3 Bde., 1796/97, 1). – Weimar 1928 (in *SW*, Hg. E. Berend, 1927–1964,
Abt. 1, Bd. 6, Hg. K. Schreinert; hist.-krit.;
Nachdr. Köln 1977). – Mchn. 1959 (in *Werke*, Hg.
N. Miller, 1959–1985, Abt. 1, Bd. 2, Hg. G. Lohmann; ⁴1987, Hg. N. Miller; korr.). – Bayreuth
1986 (in *Des todten Shakespear's Klage. Rede des todten Christus*).

Literatur: V. Bachmann, *Die religiöse Gedankenwelt J. P.s*, Diss. Erlangen 1915. – E. W. List, *Reli-
giöse Elemente in J. P.s Dichtung*, Diss. Lpzg. 1924.
– K. Hamburger, *Das Todesproblem bei J. P.* (in
DVLG, 7, 1929, S. 446–474). – G. Jacob, *Das
Nichts und die Welt. Die metaphysische Frage bei J. P.*
(in Logos, 21, 1932, S. 65–89). – A. Béguin, *Le
songe de J. P. et Victor Hugo* (in RLC, 14, 1934,
S. 703–713). – U. Gauhe, *J. P.s Traumdichtungen*,
Bonn 1936, S. 44 u. ö. – H. U. v. Balthasar, *Apokalypse der deutschen Seele*, Bd. 1, Salzburg 1937,
S. 531 ff. – W. Rehm, *J. P. – Dostojewski. Eine Studie zur dichterischen Gestaltung des Unglaubens*,
Göttingen 1962. – H. Thiersch, *Die kosmischen Visionen J. P.s und die kosmischen Vorstellungen in der
dt. Dichtung*, Diss. Göttingen 1963. – H. Witten-
berg, *»Rede des toten Christus . . .«. Ein Weg zu J. P.*
(in DU, 16, 1964, S. 50–56). – J. W. Smeed, *J. P.'s
Dreams*, Ldn. 1966. – B. Blume, *Jesus der Gottes-
leugner: Rilkes »Der Ölbaum-Garten« und J. P.s
»Rede des toten Christus«* (in Herkommen u. Erneuerung. Essays für O. Seidlin, Hg. G. Gillespie u.
E. Lohner, Tübingen 1976, S. 336–364; dass. in
B. B., *Existenz u. Dichtung. Essays u. Aufsätze*,
Ausw. v. E. Schwarz; Ffm. 1980, S. 112–148). –
J. P. Vijn, *Carlyle and J. P. Their Spiritual Optics*,
Amsterdam 1982. – C. Pietzcker, *Einführung in die
Psychoanalyse des literarischen Kunstwerks. Am Bei-
spiel von J. P.s »Rede des toten Christus«*, Würzburg
1983; ²1985 [rev.]. – A. A. Kuzniar, *The Bounds of
the Infinite. Self-Reflection in J. P.'s »Rede des todten
Christus«* (in GQ, 57, 1984, S. 183–196).

TITAN

Roman von Jean Paul, erschienen 1800–1803 in
vier Bänden, zusammen mit *Komischer Anhang*

zum Titan (1800/01, zwei Bände). – Die ersten Aufzeichnungen Jean Pauls zu seinem *»Kardinal- und Kapitalroman«* (an Christian Otto, 15. 9. 1795) datieren aus dem Jahr 1792. Volle zehn Jahre hat ihn das *»liebste und beste unter seinen Werken«* beschäftigt, dessen eigentliche Niederschrift in die Jahre 1797–1802 fällt. Aus den frühen Skizzen lassen sich einige Motive erkennen, die Tendenz und Form des Romans schließlich bestimmen. Ursprünglich dachte Jean Paul an eine Art Erziehungsroman, dessen bürgerlicher Held ein *»gutes idealisches Genie in allem«* darstelle. Bei einer Erziehung in aufsteigender Linie sollte die Liebe der Hauptperson eine wichtige, aber nicht die zentrale Begebenheit des Romans sein. Entscheidend war Jean Pauls Änderung, nicht in der bürgerlichen, sondern *»auf dem kalten Montblanc der vornehmen«* Welt seine *»biographische Truppe«* spielen zu lassen (an Charlotte von Kalb, 5. 12. 1796). Dadurch verhinderte er, daß der ursprüngliche Erziehungsroman in einem Liebesroman endete. Als Handlung setzte er eine *»auf Kindesvertauschung beruhende geheimnisvolle genealogisch-dynastische Verwicklung«* (E. Berend) durch. Der bürgerliche Held wird zum *»heimlichen Prinzen«.* Der höfischen Gesellschaft entsprechend, sollte den ursprünglich vorgesehenen niederländischen (niederen) der italienische (hohe) Stil ersetzen, die komischen, räsonierenden, an L. STERNE orientierten rührenden Ausschweifungen sollten in den *Komischen Anhang zum Titan* verwiesen werden. Im ersten Bändchen des *Anhangs* sind in Form einer Zeitschriftenfolge einige satirische Digressionen Jean Pauls versammelt, während das zweite *Des Luftschiffers Giannozzo Seebuch* enthält. *»Ich lege viele meiner Urtheile einem über ganz Deutschland ... wegschiffenden Giannozzo, einem wilden Menschenverächter in den Mund, der blos in seinem Namen spricht«* (an Christian Otto, 23. 1. 1801). Trotz der Aussonderung der Digressionen in den *Komischen Anhang* wird der erhabene Grundton des *Titan* nicht konsequent durchgehalten. Daneben bestehen auch inhaltliche Korrespondenzen des Anhangs mit dem Roman selber. Obwohl Jean Paul offensichtlich auf eine Einkleidung seiner philosophischen Urteile und Überzeugungen im Sinne traditioneller Roman- und Handlungsmuster wie schon in der *Unsichtbaren Loge* und im *Hesperus* nicht verzichten mochte, ist die These, die Fabel des *Titan* bedeute an sich nicht eben viel (E. Staiger), keinesfalls zutreffend. In einem Brief der Fürstin Eleonore an ihren Sohn Albano ist sie noch einmal für den Leser zusammengefaßt (142. Zykel): Im Duodezfürstentum Hohenfließ scheint ein gewünschter Thronfolger auszubleiben. Im benachbarten Kleinstaat Haarhaar hofft man nicht nur dank verwandtschaftlicher Beziehungen zu Hohenfließ auf eine Erweiterung des Besitzes, sondern trachtet, als dort doch noch ein Erbfolger, Luigi, geboren wird, diesen umzubringen. Doch das Herrscherpaar in Hohenfließ erhält Kenntnis von diesen Mordplänen. Als die Fürstin wieder vor der Geburt eines Kindes steht, vereinbart sie mit ihrer Freundin, der Gräfin Cesara, die

vor ihr mit einer Tochter, Linda, niederkommt, im Fall der Geburt eines Sohnes die Kinder auszutauschen. Die Fürstin bringt aber Zwillinge, Albano und Julienne, zur Welt. Der Fürst entscheidet, Albano solle zwar als Sohn des Grafen Cesara, aber unter seinen Augen bei dem rechtschaffenen Bürger Wehrfritz erzogen werden. Der Graf verlangt als Lohn für das Abkommen, daß Albano und Linda ein Paar werden. Wenn auch das *»Schicksal des Helden von geheimnisvollen Unbekannten zu unbekannten Zielen gelenkt wird«* (E. Berend), so gelingt dieses Spiel hinsichtlich der Verheiratung Albanos nicht.

Drei Jahre seiner frühesten Kindheit verbringt Albano mit seiner angeblichen Zwillingsschwester Linda auf Isola bella. Bis zum siebzehnten Lebensjahr wächst er in Blumenbühl im Haus des Landschaftsdirektors Wehrfritz mit dessen Tochter Rabette auf. Für seine Bildung sorgen der Magister Wehmeier und der Exerzitienmeister Falterle. Als Vorbild wird Albano der Sohn des Ministers Froulay, Roquairol, vorgehalten, mit dem befreundet zu sein und dessen liebenswerte Schwester Liane kennenzulernen Albano sich wünscht. Als weitere Lehrmeister gesellen sich der Harmonist Dian (Landbaumeister), der Komikus Schoppe (Titularbibliothekar) und der Lektor Augusti hinzu. Mit letzteren verweilt Albano kurze Zeit noch auf Isola bella, bevor er zum ersten Mal in die Residenzstadt Pestitz auf die Akademie darf. Er lernt Luigi, Liane und schließlich auch Roquairol kennen. Roquairols Freundschaft erwirbt er in Tartarus, Lianens Liebe im Elysium des fürstlichen Gartens Lilar. Der Hofprediger Spener klärt Liane über Albanos fürstliche Abkunft auf, und sie entsagt ihrer Liebe zu ihm. Roquairol verführt Albanos Pflegeschwester Rabette. Darüber kommt es zum Bruch der Freundschaft. Liane liegt im Sterben und bittet ihren Geliebten noch einmal zu sich. Nach ihrem Tod verfällt Albano in ein schweres Fieber, von dem ihn nur die Erscheinung Lianens in Gestalt der ihr ähnelnden Idoine befreit. Der Graf Cesara schickt Albano auf eine Kunstreise nach Rom. Auf Ischia trifft er mit Linda zusammen; er weiß nicht, daß sie seine angebliche Schwester sein soll. Der Plan einer Heirat Lindas mit Albano scheint dank der Liebe Lindas zu Albano aufzugehen. Da offenbart sich Julienne als die wirkliche Schwester Albanos. Albano kehrt nach Hohenfließ zurück. Dort kündigt Roquairol ein Theaterstück mit dem Titel »Der Trauerspieler« an.

Schon lang ist Roquairol in Linda verliebt, die seine Liebe nicht erwidert. In seinem Haß gegen Albano will er Linda betrügen und sich so für seine verschmähte Liebe rächen. Er ahmt in einem Schreiben an Linda Albanos Handschrift nach und bestellt Linda in den fürstlichen Park. Da Linda wegen einer Augenschwäche in der Nacht nichts sieht, Roquairol aber Albanos Stimme zu imitieren versteht, hofft er, Linda zu verführen. Es gelingt ihm alles nach Wunsch. In seinem »Trauerspieler« spielt Roquairol sein Leben und die letzte Szene mit Linda nach, um sich schließlich auf offener

Bühne zu erschießen. Nach der Entdeckung ihres Irrtums reist Linda ab.

Luigi hatte die Thronfolge angetreten und sich mit der ältesten Fürstentochter Haarhaars vermählt. Schon seit der Geburt von schwächlicher Konstitution, stirbt er. Albano will nach Frankreich, um die französischen Revolutionäre zu unterstützen. Schoppe, der versucht, hinter die wahren genealogischen Verhältnisse zu kommen, wird ins Tollhaus gesteckt, fällt tatsächlich dem Wahnsinn anheim und stirbt beim Anblick seines Freundes und »Doppelgängers« Siebenkäs. Die tatsächlichen Verwandtschaftsverhältnisse werden Albano bekannt. Er verzichtet auf seine »Reise nach Frankreich« und übernimmt mit der Parole »*Freude am Throne, wo nur die geistige Anstrengung gilt*« (143. Zykel) die Regierung seines Kleinstaates. Idoine wird seine Braut. Mit einer Apotheose des Liebespaares und mit dem Appell an eine allgemeine Brüderlichkeit: »*wacht auf, meine Geschwister!*« endet Jean Pauls höfischer Gesellschaftsroman.

Als allgemeine Lehre des Romans dürfte zutreffen, daß »*der Versuch, das Leben als Mechanismus zu begreifen und demgemäß zu lenken, an der Gegenmacht des Herzens zerbricht*« (H. L. Markschies). Zwar wird Albano durch verschiedene Regiefiguren (Graf Cesara, seine Erzieher) geleitet, aber der Held emanzipiert sich von dem intriganten Zusammenhang und von seiner Passivität. Eine Schauerapparatur, Masken- und Attrappenwelt ist aufgeboten. Durch diese Fassade bricht Albano, während die meisten seiner Mitspieler einem fratzenhaften Titanismus verfallen. Gibt Albano ein Exempel recht bewahrter, so sein Gegenspieler Roquairol eines toter Innerlichkeit. Wird Schoppe das Opfer eines blinden philosophischen Egoismus, so Liane das einer selbstzerstörerischen Empfindsamkeit, während Linda an ihrem hohen Emanzipationsinteresse scheitert. Alle spielen Bewußtseinsrollen, ein Beweis für die individualistische Konzeption des Romans. Der Bürger begreift das gesellschaftliche bloß als ein theatralisches Leben.

Durchgängiges Thema des Romans in einem auch historisch spezifischeren Sinne ist die Kritik am »Titanismus«, an der »*allgemeinen Zuchtlosigkeit des Säkulums*« (an Friedrich H. Jacobi, 3. 12. 1798). Jean Pauls Versuch einer »Jahrhundertbiographie«, in der seine früheren Biographien gesteigert, zum erzählerischen Höhepunkt und zum krönenden philosophisch-weltanschaulichen Abschluß gebracht werden sollten, war als entschiedene Abrechnung mit den ästhetischen und philosophischen Entwürfen und Systemen seiner Zeit gedacht. Der *Titan* stellt sowohl eine scharfe Auseinandersetzung mit der Weimarer Klassik als auch mit den philosophisch subjektivistischen Systemen, mit Kants subjektivem Idealismus und insbesondere mit Fichtes solipsistischer Lehre dar. Die Auseinandersetzung mit Fichtes Philosophie konstituiert auch die meisten Korrespondenzen zwischen Roman und *Komischem Anhang*, besonders zwischen dem Komikus Schoppe und dem Luftschiffer Giannozzo.

Beim zeitgenössischen Publikum konnte Jean Pauls mit aktueller Problematik aufgeladener und auch in der Form konzentrierter Roman jedoch nicht annähernd an den Erfolg des *Hesperus* herankommen. Dennoch stellt der *Titan* – und darin ist sich die Forschung heute nach Abzug aller Streitigkeiten der Schulen und ihrer methodischen wie ideologischen Querelen einig – den Höhepunkt von Jean Pauls Schaffen dar. Hermann A. KORFFS Charakterisierung des Romans in seinem *Geist der Goethezeit* als »*die größte Kraftanstrengung der zweiten Generation*« hat den literarischen Stellenwert des *Titan* nach langandauernder Verkennung im Gefolge von Max KOMMERELLS genialischer Annäherung an Jean Pauls Hauptwerke auch für die Goetheschule festgeschrieben, und W. HARICHS Urteil, das den *Titan* »*den größten Roman deutscher Sprache*« nennt, hat endlich dem Werk auch im lange sich ablehnend verhaltenden gänzlich anderen ideologischen Lager Geltung verschafft.

Diese Anerkenntnis des hohen Stellenwerts vermochte jedoch nicht, geradezu diametral entgegengesetzte Interpretationen zu unterbinden. Der Roman mit seinem schillernden Titel *Titan – Titán*, in dem jeder Himmelsstürmer seine Hölle finden sollte und der eigentlich »*Anti-Titan*« heißen müßte (an Friedrich H. Jacobi, 14. 5. 1803), stand und steht – vermutlich weil Jean Paul sich mit ihm glänzend als der »aufgeklärte Romantiker« behauptet – im Zweifellicht radikaler Aufklärungspositionen einerseits sowie idealistischer und romantischer Verklärungen andererseits. W. Harichs 1974 erschienene große Ehrenrettungen der Jean Paulschen Staatsromane *Die Unsichtbare Loge*, *Hesperus* und *Titan* als Revolutionsdichtungen waren eben höchst widersprüchlich nicht nur eine Rettung vor vermeintlich idealistischen Verunklärungen, sondern genauso vor radikalen aufklärerischen Verurteilungen Jean Paulscher Schwärmerei aus Harichs eigener ideologisch-methodologischer Schule. Die Ehrenrettung offenbart sich aber als ein Salto mortale von einer extremen Wertung zur entgegengesetzten unter Aufrechterhaltung aller Widersprüche zur Autorintention, wie sie sich etwa in jener Briefstelle Jean Pauls an Emilie von Berlepsch ausdrückt: »*Ach möcht' es mein Titan so klar darstellen, als es in mir steht, daß die ganze idealische Welt nur vom innern, nicht vom äussern Menschen betreten und beschauet werden kan*« (23. 6. 1797).

Gegen diesen Entwurf einer idealischen Welt, die nur der innere Mensch betreten kann, versucht Harich und seine Schule, Jean Pauls zweifellos an der realen Welt und am äußeren Menschen Kritik übenden Roman ausschließlich als politisch-gesellschaftliches Manifest, als Hohes Lied auf die Französische Revolution zu lesen. Dabei ist es eine hochgemute »Revolution von oben«, die Jean Paul in aufsteigender Linie in seinen drei heroischen Romanen vorführt und deren offensichtliches Konzept nicht einfach als Jean Paulsche Inkonsequenzen und als Kompromiß mit der Zeit wegdiskutiert werden sollte. Die Widersprüche, die eine radikal-aufklärerische Lesart des *Titan* nicht beseitigen kann und die eine idealistische nur unterschlug, daß Albano nämlich nicht in den Krieg auf seiten der Französischen Revolution zieht, sondern daß er sich als Fürst entpuppt mit uneingeschränkter *»Freude am Throne«* (143. Zykel) (wie vermutlich der Held der *Unsichtbaren Loge*, wie die Helden des *Hesperus*), vermag eine moderate romantische Lesart, die sich der aufklärerischen Herkunft Jean Pauls bewußt bleibt, sehr wohl zu lösen.

Die Verwandlung des bürgerlichen idealischen Helden in einen zukünftigen Fürsten transformiert zwar die kritische Tendenz des Romans. Statt der Satire auf das Bürgertum wird die Adelssatire vorrangig. Dahinter steht jedoch nicht primär die Forderung nach einer Veränderung der gesellschaftlichen Verhältnisse, sondern die nach einer Veränderung der Erziehung generell und der feudalen insbesondere. Was Jean Paul in der *Unsichtbaren Loge* mit Gustavs unterirdischer Erziehung als Modell, orientiert an ROUSSEAUS Erziehungslehre, vermischt mit Platonischen Staatsauffassungen begann, wird im *Titan* konsequent zu Ende geführt. Die Jean Paulschen Helden, vor allem Albano, sind von allem Anfang an zum Thron bestimmt, und alle unterirdischen und heimlichen Erziehungsanstrengungen dienen dazu, an ihnen den Philosophenkönigsatz aus PLATONS *Politeia* zu demonstrieren, der in der Terminologie des ausgehenden 18. Jh.s lautet: *»Der Weise auf den Thron!«* (J. Kiermeier) Nach dieser Interpretation ist der *Titan* Jean Pauls nicht einfach das Hohe Lied der französischen Revolutionswirklichkeit, sondern ein aus Aufklärungsdenken entwickelter romantisch-utopischer Gegenentwurf zur konkreten französischen Freiheit.

Im harmonisierenden Schluß des Romans und der Auffassung einzelner Charaktere des *Titan* läßt sich, wie verschiedentlich nachgesagt, weniger eine Annäherung an den Weimarer Klassizismus (E. Berend, W. Höllerer, H. Widhammer) erkennen – dagegen steht allein schon Jean Pauls nach wie vor extremer Gleichnis- und Metaphernstil sowie die radikale Kritik klassisch-romantischer Ästhetikauffassungen –, sondern Jean Paul demonstriert damit seine an Platon ausgerichtete »Revolution von oben«. Der Schluß erweist sich keineswegs als ein vom geschlossenen Roman geforderter Kompromiß und wird mitnichten von der ästhetischen Konstruktion des Romans als schlecht utopischer denunziert. Das gleiche gilt für Charaktere wie Dian oder Albano. Der *Titan* ist nicht Abbild, sondern Antwort auf die Französische Revolution über ein drittes, sein Held nicht Jakobiner, sondern der Inbegriff des schon im Extrablatt der *Unsichtbaren Loge* entwickelten Platonisch eingefärbten Anti-Genies, in Jean Pauls Worten: *»der hohe Mensch«.* H.V.-J.K.D.

AUSGABEN: Bln. 1800–1803, 4 Bde. – Bln. 1800/01 (*Komischer Anhang zum Titan*, 2 Bde.). – Weimar 1933 (in *SW*, Hg. E. Berend, 1927–1964, Abt. 1, Bd. 8/9; hist.-krit.; Nachdr. Köln 1978). –

Mchn. 1961 (in *Werke*, Hg. N. Miller, 1959–1985, Abt. 1, Bd. 3; ³1970). – Ffm. 1982 (Nachw. H. J. Schneider; Insel Tb). – Bln./Weimar 1986, Hg. J. Golz, 2 Bde.

LITERATUR: R. Rohde, *J. P.s »Titan«. Untersuchungen über Entstehung, Ideengehalt u. Form des Romans*, Bln. 1920 (Palaestra, 105; Nachdr. NY/Ldn. 1967). – L. Stern, *Untersuchungen zu J. P.s »Titan« mit besonderer Berücksichtigung seines Verhältnisses zu »Wilhelm Meisters Lehrjahren«*, Diss. Ffm. 1921. – M. Kommerell, *J. P.s Verhältnis zu Rousseau. Nach den Hauptromanen dargestellt*, Marburg 1924. – H. Koeppen, *Kunstgestalten bei J. P. und Raabe. Eine vergleichende Untersuchung des »Titan« u. der »Akten des Vogelsangs«*, Diss. Bonn 1931. – H. Hartmannshenn, *J. P.s »Titan« und die Romane Fr. H. Jacobis*, Diss. Marburg 1934. – H. Garte, *Kunstform Schauerroman. Eine morphologische Begriffsbestimmung des Sensationsromans im 18. Jh. von Walpoles »Castle of Otranto« bis J. P.s »Titan«*, Lpzg. 1935. – W. Kacowsky, *Richters »Titan« u. Goethes »Wilhelm Meister«. Stellung u. Einfluß*, Diss. Wien 1938. – E. Staiger, *J. P.: »Titan«. Vorstudien zu einer Auslegung* (in E. S., *Meisterwerke deutscher Sprache aus dem 19. Jh.*, Zürich/Bln. 1943, S. 57–99; ³1957). – W. Rehm, *Roquairol. Eine Studie zur Geschichte des Bösen* (in W. R., *Begegnungen u. Probleme*, Bern 1957, S. 155–242). – H. L. Markschies, *Zur Form von J. P.s »Titan«* (in *Gestaltung. Umgestaltung. Fs. zum 75. Geburtstag von H. A. Korff*, Lpzg. 1957, S. 189–205). – G. Meier, *Zeit u. Augenblick. Das Problem der Welt im Werk J. P.s, dargestellt am »Titan«*, 2 Bde., Diss. Hamburg 1960. – H. Söhnlein, *Die Fabel des »Titan«. Ein Versuch zu ihrer Entschlüsselung* (in Hesperus, 1962, S. 32–43). – B. Böschenstein, *Antikes im »Titan«* (in B. B., *Studien zur Dichtung des Absoluten*, Zürich 1968, S. 51–58). – Ders., *Grundzüge von J. P.s dichterischem Verfahren dargestellt am »Titan«* (in Jb. der J.-P.-Ges., 3, 1968, S. 27–47). – H. Widhammer, *Satire u. Idylle in J. P.s »Titan«. Mit besonderer Berücksichtigung des Luftschiffers Giannozzo* (ebd., S. 69–105). – E. Engels, *Die Raumgestaltung bei J. P. Eine Untersuchung zum »Titan«*, Bonn 1969. – H. Bosse, *Theorie u. Praxis bei J. P. Paragraph 74 der »Vorschule der Ästhetik« und J. P.s erzählerische Technik, besonders im »Titan«*, Bonn 1970. – St. Moses, *Une affinité littéraire: le »Titan« de J. P. et le »Docteur Faustus« de Thomas Mann*, Paris 1972. – H. Schlaffer, *Epos und Roman. Tat und Bewußtsein. J. P.s »Titan«* (in H. S., *Der Bürger als Held*, Ffm. 1973, S. 15–50). – V. U. Müller, *Die Krise aufklärerischer Kritik u. die Suche nach Naivität. Eine Untersuchung zu J. P.s »Titan«* (in *Deutsches Bürgertum u. literarische Intelligenz 1750–1800*, Hg. B. Lutz, Stg. 1974, S. 455–507). – G. Mauch, *Theatermetapher u. Theatermotiv in J. P.s »Titan«*, Göppingen 1974. – W. Harich, *J. P.s Revolutionsdichtung. Versuch einer neuen Deutung seiner heroischen Romane*, Reinbek 1974. – K. W. Littger, *Erzählungsspiel? Zu J. P.s »Titan«* (in ZfdPh, 95, 1976, S. 161–185). –

J. Kiermeier, *Der Weise auf den Thron! Studien zum
Platonismus J. P.s*, Stg. 1980. – P. Sprengel, *Zur
Wirkungsgeschichte von J. P.s »Titan«* (in Jb. der
J.-P.-Ges., 17, 1982, S. 11–30). – P. Dettmering,
*Literatur als Selbstbefreiungsversuch. Zu J. P.s »Ti-
tan«* (in Psyche, 37, 1983, S. 254–268). – C. Süt-
terlin, *Wasser der Romantik. Eine Studie zu den
Raum-Zeit-Bezügen bei J. P. und J. M. W. Turner*,
Bern 1983. – K. Wölfel, *Die Unlust zu fabulieren.
Über J. P.s Romanfabel, besonders im »Titan«* (in Di-
gressionen. Wege zur Aufklärung. Festgabe für
P. Michelsen zum 60. Geburtstag*, Heidelberg 1984,
S. 163–175; ern. in K. W., *J. P.-Studien*, Hg.
B. Buschendorf, Ffm. 1989, S. 51–71). – W. Köpke, *J. P.s Auseinandersetzung mit Werther u. Wilhelm Meister im »Titan«* (in *Goethe im Kontext.
Kunst u. Humanität, Naturwissenschaft u. Politik
von der Aufklärung bis zur Restauration. Ein Symposion*, Hg. W. Wittkowski, Tübingen 1984, S. 69 bis
88). – H. Retzlaff, *Die Rücknahme eines Leitbilds.
Der hohe Mensch in J. P.s »Titan«* (in AION, 27,
1984, S. 31–57). – J. Fohrmann, *J. P.s »Titan«. Eine Lektüre* (in Jb. der J.-P.-Ges., 20, 1985,
S. 7–32). – H. C. Koller, *Bilder, Bücher u. Theater.
Zur Konstituierung des Subjekts in J. P.s »Titan«*
(ebd., 21, 1986, S. 23–62).

DIE UNSICHTBARE LOGE. Eine
Biographie

Roman von JEAN PAUL, erschienen 1793. – Nach
seinen beiden umfangreichen satirisch-aphoristi-
schen Werken, den *Grönländischen Prozessen*
(1783) und der *Auswahl aus des Teufels Papieren*
(1789), versuchte Jean Paul, die eher abstrakt-mo-
ralisierenden Exempel seines aufgeklärten Skeptizismus um den Mittelpunkt einer mit individuellen
Zügen ausgestatteten Figur zu gruppieren, sie mit
ihr zu verknüpfen. Er begann in jenem Ausmaß, in
dem er seine ganz persönliche und sehr radikale
Aufklärung (auf die die Jean-Paul-Forschung seit
den späten sechziger Jahren große Anstrengungen
verwandt hat: W. Harich, W. Schmidt-Biggemann, B. Lindner, W. Köpke, E. Weigl) *»unter
dem Einfluß der Glaubensphilosophie Jacobis«*
(E. Weigl) und seines Platonerlebnisses von 1785
(J. Kiermeier) philosophisch umzustrukturieren
unternahm, eine genuin poetische Produktion, deren Verpflichtetheit auf philosophische und poetologische Reflexion nicht zuletzt in dem Umstand
zu erkennen ist, daß der Erzähler Jean Paul stets
auch die *»Unlust zu fabulieren«* (K. Wölfel) zum
Gegenstand seines Erzählens macht.
Jean Pauls poetische Realisationen seiner philosophischen und poetologischen Recherchen zeitigen
demgemäß kaum neue Erzählgenres, Gattungen
und Handlungsmuster, sondern innovativ wird
Jean Pauls poetische Produktion (von ihm mit
Vorbildhaftigkeit bei L. STERNE erkannt) insofern,
als jener Riß im Bewußtsein – *»ich bin ein Ich«* (Selberlebensbeschreibung, Zweite Vorlesung) – auch ein
poetisch-poetologisches Selbstbewußtsein zeitig-

te, das sein Erzählen von allem Anfang an – darin
steht er einzig da in klassisch-romantischer Epoche
– modern macht und das er lebenslang übt, indem
er Werk auf Werk zu seiner poetischen Enzyklopädie zusammenfügt, wobei jedes dieser in wuchern-
de Gleichnisse, Bilder, Vergleiche und Metaphern
gekleideten Werke seiner Gattung nach nie mehr
Erzählung, Idylle, Roman oder Biographie bleibt,
sondern diese verweigernd immer zugleich Meta-
ebene des jeweiligen Genres, der jeweiligen Gattung darstellt, von der Biographie zur »Text-Bio-
graphie« wird.
So stehen am Übergang von der metaphern- und
reflexionsgesättigten Satirezeit zum Erzählen und
zum Roman durchaus konventionelle epische Muster bei gleichzeitiger *»höchster Textkomplexität«*
(K. Wölfel). Es entsteht die Idylle *Leben des vergnügten Schulmeisterlein Maria Wuz in Auenthal*,
und auch die ersten Pläne zu des Dichters Erzie-
hungs- und Staatsroman *Die unsichtbare Loge* fallen ins Jahr 1791. Die fertige, aber wahrscheinlich
noch unbetitelte Lebensbeschreibung sandte Jean
Paul nach einer Überarbeitung am 7. Juni 1792 an
Karl Philipp MORITZ, den Verfasser philoso-
phisch-pädagogischer Romane. Moritz, der dem
Werk zu einem Verleger verhalf, soll über Autor
und Manuskript befunden haben: *»Das begreif ich
nicht, der ist noch über Goethe, das ist ganz was Neues.«* Über den Titel *Die unsichtbare Loge* sagte Jean
Paul in der *Vorrede zur zweiten Auflage* (1822): Er
*»soll etwas aussprechen, was sich auf eine verborgne
Gesellschaft bezieht, die aber freilich so lange im Ver-
borgnen bleibt, bis ich den dritten oder Schlußband an
den Tag oder in die Welt bringe.«* Die in seinen Briefen vielfach für den Roman stehende Bezeichnung
Mumien brachte er als Nebentitel unter, der auf
sein *»ägyptisches Predigen der Sterblichkeit«* hinweisen sollte. *Die unsichtbare Loge* blieb Fragment.
Jean Paul hat kaum ernsthaft daran gedacht, die
»geborne Ruine« zu vollenden; so äußerte er schon
Anfang 1792, er habe *»jetzt etwas besseres im Kopf«*
(an Christian Otto), nämlich den *Hesperus*.
Die Fabel des Romans konzentriert sich um den
Lebenslauf des »romantischen Helden« Gustav. Es
handelt sich dabei aber keineswegs um einen bloßen Erziehungsroman, vielmehr werden – unter Inanspruchnahme einer genealogischen Verwicklung
– dessen Einzelheiten mit den Elementen des aufklärerischen Staatsromans verschmolzen. – Der
Obristforstmeister von Knör will seine Tochter Ernestine nur unter der Bedingung einem Mann zur
Frau geben, daß dieser sie im Schachspiel besiege.
Demgegenüber verlangt ihre Mutter, daß Ernestine ihr erstes Kind acht Jahre lang unter der Erde,
angeleitet einem herrnhutischen Erzieher, aufwachsen lasse. Der Rittmeister von Falkenberg, der
nichts so sehr wie Schach und Herrnhutismus haßt,
gewinnt dank eines von Ernestine provozierten
»Zufalls« die Partie und die Hand Ernestines. Ihr
erstes Kind wird, wie von der Mutter verlangt, von
einem Genius acht Jahre lang einem unterirdischen
Pädagogium unterworfen. Daraus entlassen, wird
Gustav von Falkenberg, im Wald verirrt, von der

ehemaligen Geliebten seines Vaters, der jetzigen Frau von Röper, aufgegriffen und wegen seiner Ähnlichkeit mit ihrem verschollenen Sohn Guido entführt und nach drei Tagen wieder ins väterliche Schloß geschickt. Falkenbergs verbringen die Winter in der Fürstenstadt Scheerau. Gustav wird mit dem fast gleichaltrigen Amandus bekannt und befreundet. Nach der herrnhutischen erhält er durch den Hofmeister Jean Paul eine musische Erziehung. Schließlich steckt man ihn, um ihm seine bisherige sentimentale Erziehung auszutreiben, ins Kadettenhaus zu Scheerau. Dort wird er unter der Regie des Höflings Herrn von Oefel in sämtlichen militärischen Disziplinen geschult. Nach dieser Ausbildung führt Oefel seinen Schützling am Hof des Fürsten von Scheerau ein. Hier trifft Gustav wieder auf Beata, die angebliche Schwester des verschollenen Guido, die ebenfalls den literarisch-musikalischen Unterricht Jean Pauls genossen hat. Amandus, Gustavs Rivale um die Gunst Beatas, wird von einer Krankheit hinweggerafft. Gustav lernt Ottomar, einen natürlichen Sohn des Fürsten, kennen. Immer stärker wird Gustav ins Hofleben hineingezogen. Während Beata den Fürsten abweist, erliegt Gustav den Verführungskünsten der Regentin Bouse. Gustav und Beata finden sich, nach einigen Verwicklungen, in dem traumhaften Ort Lilienbad. Der Roman bricht ab mit der Nachricht, daß Gustav im Gefängnis sitzt, da er mit einer angeblichen Verschwörergruppe, zu der auch Ottomar gehöre, ausgehoben wurde.

Aus drei verschiedenen Lokalitäten setzt sich der Ort der Handlung des Romans zusammen: aus dem satirisch beschriebenen der Residenz, der idyllischen des Falkenbergschen Schlosses und der paradiesischen Lilienbads. Zusammengehalten werden die idyllischen, kritischen und utopischen Details durch Jean Pauls emphatische Beschreibung der Welt als Kerker und Labyrinth, für die, wie der »Vorredner« behauptet, die umständliche Art der Erzählung die einzig angemessene und interessante sei und in der sich von Schauplatz zu Schauplatz der Zögling Gustav allmählich vorantastet, nachdem er seine »Auferstehung« aus seiner »Platos-Höhle« (3.–5. Sektor) feiern konnte.

In Gustavs »unterirdischem Pädagogium« (3. Sektor) ist zwar nun keineswegs eine aufklärerische Tendenz »in ihr gerades Gegenteil verkehrt« (E. Berend), aber ROUSSEAUS *Emile* doch insoweit romantisch-platonisch modifiziert und überhöht, daß man in Gustavs Erziehung und vor allem in der als *Extrablatt* »Von hohen Menschen« in den Roman gerückten Beschreibung des zum Thron bestimmten Platonischen Weisen Jean Pauls Verfahrensweise erblicken darf, wie er auch künftighin »das Verhältnis von poetischer Form und politischer Thematik« (K. Wölfel) zu lösen gedenkt. Während W. HARICH glaubt, daß sich politische Praxis bei Jean Paul in von ihm erfundenen politischen Gesinnungsträgern als Romanfiguren und in der Romanfabel als Leitfaden für deutsche Jakobiner als wesentliche Substanz unmittelbar offenbart, schuf sich Jean Paul in Wirklichkeit ein komplexes Diskurssystem, ein Tertium comparationis, über das er prosaisch-politisch-gesellschaftliche Inhalte als poetisch reiche Gegenwelt vergegenständlicht. Das *Extrablatt* der *Unsichtbaren Loge* beschreibt dieses Vehikel zum Transport seiner poetisch-republikanischen Verfassungen, die natürlich einem »pragmatischen Realitätsbewußtsein ebenso entzogen« sind »wie der Kontrolle politischer Vernunft« (K. Wölfel), denn der »Republikaner« Jean Pauls ist zuallererst im Sinne Platonischer Erziehung »Selbstregent« eines »besonnenen Lebens«, das allein »befähigt, selbst Regent zu sein, um zu erziehen«, sowohl als »Knaben-Führer« wie als »Staaten-Lenker« (J. Kiermeier). »Aber warum nehm' ich mein weißes Papier«, hebt Jean Paul rhetorisch am Ende des *Extrablatts* der *Unsichtbaren Loge* in der Benennung seiner poetischen Folie an, »und durchstech' es und bestreu' es mit Kohlenstaub oder Tintenpulver, um das Bild eines hohen Menschen hineinzustäuben; indeß vom Himmel herab das große, nie erblassende Gemälde herunterhängt, das Plato in seiner Republik vom tugendhaften Manne aus seinem Herzen auf die Leinwand trug«.

Der »hohe Mensch« Jean Pauls und PLATONS »Revolution von oben«, wie sie die *Politeia* programmatisch entwirft, nicht aber die »Französische Revolution von unten« sind Korrespondenzpunkte und generieren Jean Pauls poetisch-platonischen Kosmos. »Das Extrablatt der ›Loge‹ ist Entwurf und Programm dessen, was im ›Titan‹ am vollkommensten ausgeführt ist. Die Originale für die Schilderung ›solcher vom hohen menschlichen Adel‹ sind Sokrates und Platon«, der geräumige Ort für die Darstellungen ihrer Aktivitäten – zumeist der introvertierten, sehr selten einer wirklich politischen Art – »sind die drei heroischen Romane Jean Pauls« (J. Kiermeier). Zwar ist in ihnen scheinbar der Verzicht aufs Übermaß der Reflexion und der philosophischen Spekulation geleistet, aber naives Erzählen ist poetologisch-reflexiv konterkariert, unterlaufen durch die stilistisch keineswegs zugunsten des Erzählens aufgegebene Metaphern-, Bilder- und Gleichniswut der Satirenzeit. In den Versinnlichungen der Reflexion, den Metaphern (Jean Paul sieht in ihnen »Brotverwandlungen des Geistes«), gelingt es Jean Paul, ein philosophischer Dichter zu werden – analog zum Dichterphilosophen des Höhlengleichnisses –, der selbstironisch in seiner unvollendeten Autobiographie über sich sagen kann: »In der künftigen Kulturgeschichte unsers Helden wird es zweifelhaft werden, ob er nicht vielleicht mehr der Philosophie als der Dichtung zugeboren war« *(Zweite Vorlesung)*.

H. V.-J. K. D.

AUSGABEN: Bln. 1793, 2 Bde. – Bln. ²1822 *(Die unsichtbare Loge. Eine Lebensbeschreibung)*. – Weimar 1929 (in *SW*, Hg. E. Berend, 1927–1964, Abt. 1, Bd. 2; hist.-krit.; Nachdr. Köln 1975). – Mchn. 1960 (in *Werke*, Hg. N. Miller, 1959–1985, Abt. 1, Bd. 1; ³1970). – Mchn. 1981, Hg. K. Pauler [Text d. Erstausg. v. 1793 m. d. Varianten d. Ausg. v. 1826; m. Erl., Anm. u. Register]. – Mchn. 1986, Hg. u. Nachw. N. Miller [Tb.].

LITERATUR: W. G. Heckmann, *Die beiden Fassungen von J. P.s »Unsichtbarer Loge«*, Gießen 1920. – M. Kommerell, *J. P.s Verhältnis zu Rousseau. Nach den Hauptromanen dargestellt*, Marburg 1924. – H. Buchmann, *Die Bildlichkeit in J. P.s »Schulmeisterlein Wuz«, »Die unsichtbare Loge«, »Hesperus«, »Titan«, »Flegeljahre«*, Diss. Köln 1953. – H. Kügler, *Kindheit u. Mündigkeit. Die Grundproblematik der Erziehung bei J. P., dargestellt an der »Levana«, der »Unsichtbaren Loge« u. dem »Titan«*, Diss. Freiburg i. B. 1954. – W. Harich, *J. P.s Revolutionsdichtung. Versuch einer neuen Deutung seiner heroischen Romane*, Reinbek 1974. – N. Tsuneyoshi, *Das Leser-Motiv in der »Unsichtbaren Loge«* (in Doitsu Bungaku ronshū, 8, Tokio 1975, S. 64–72). – W. Köpke, *J. P.s »Unsichtbare Loge«. Die Aufklärung des Lesers durch den »Anti-Roman«* (in Jb. der J.-P.-Ges., 10, 1975, S. 49–67). – N. Miller, *Ottomars Vernichtungsvision. Bemerkungen zum Verhältnis von Traumwelt u. Wirklichkeit bei J. P.* (ebd., S. 29–48). – P. D. Rowson, *The Role of the Practical Joke in J. P.'s »Die unsichtbare Loge«* (in Neoph, 60, 1976, S. 412–420). – Ders., *The Opening Scene of J. P.'s »Die unsichtbare Loge«* (in GLL, 31, 1977/78, S. 221–227). – M. Brion, *»La Loge invisible« de J. P.* (in M. B., *L'Allemagne romantique*, Bd. 3, *Le voyage initiatique*, Paris 1977, S. 111–144). – J. Kohnen, *Ottomar und der »Sterbegraf«* (in GRM, 29, 1979, S. 185–199). – J. Kiermeier, *Der Weise auf den Thron! Studien zum Platonismus J. P.s*, Stg. 1980. – W. Nell, *Der künstlichfügende Traum. J. P.s Kritik der höfischen Gesellschaft im poetischen Kontext seiner Romane*, Diss. Mainz 1985. – W. Köpke, *Agathons u. Gustavs »Fall«: Wieland-Spuren in J. P.s »Unsichtbarer Loge«* (in Jb. der J.-P.-Ges., 21, 1986, S. 7–22).

VORSCHULE DER AESTHETIK, NEBST EINIGEN VORLESUNGEN IN LEIPZIG ÜBER DIE PARTEIEN DER ZEIT

Poetologisches Werk von JEAN PAUL, das nach des Autors eigenen Auskünften im ›Vaterblatt‹ in der Zeit vom 31. Oktober 1803 bis zum 16. Juli 1804 verfaßt wurde. Die beiden Abteilungen erschienen zur Michaelismesse des Jahres 1804, während der dritte Teil etwas später – doch ebenfalls noch 1804 – herauskam. Das Werk war erfolgreich und erlebte 1813 bei Cotta eine revidierte Auflage, die einige Ergänzungen aufweist, auch in der Bewertung der beiden literarischen Schulen, der »Alten« (»Nicolaiten«) und der »Jungen« (»Schlegeliten«), die Gewichte etwas zugunsten der Alten verschiebt, im ganzen aber, wie vor allem René WELLEK betont, eine Auffassung der Poesie entwickelt, die mit der Friedrich von SCHLEGELS im wesentlichen identisch ist. 1818 erschien ein unerlaubter Wiener Nachdruck. 1825 verfaßte Jean Paul die *Kleine Nachschule zur ästhetischen Vorschule*, die der Einteilung des ersten Werks folgt, insgesamt aber gegenüber der Phantasie eine gemessenere Haltung einnimmt. 1862 wurde in Paris eine französische Übersetzung *(Poétique ou Introduction à l'esthétique)* veröffentlicht.

Der Begriff »Vorschule« soll den propädeutischen Charakter des Werks zum Ausdruck bringen und ist nach Jean Pauls eigenen Angaben als »Proscholium« aufzufassen: »*Wollte ich denn in der Vorschule etwas anderes sein als ein ästhetischer Vorschulmeister, welcher die Kunstjünger leidlich einübt und schulet für die eigentlichen Geschmacklehrer selber?«* Freilich behandelt das Werk, das in der für Jean Paul typischen metaphorischen Sprache verfaßt, auch von seinem eigentümlichen Witz durchwoben ist, nicht so sehr die Gebiete der Ästhetik, sondern eher der Poetik, und zwar in lockerer, unsystematischer Folge. – Die erste Abteilung beschäftigt sich mit der Poesie überhaupt, der Phantasie, dem »Genie«, der Unterscheidung zwischen klassischer und romantischer Poesie und gipfelt in der Herausarbeitung des literarischen »Humors«, der »humoristischen Poesie«, zu deren Bestimmung Jean Paul zweifellos der berufene Autor war. – Wie die erste Abteilung durch die Wesensbestimmung des Humors ihre besondere Note erhält, ist die zweite Abteilung, die sich mit dem Witz, den literarischen Gattungen und dem Stil beschäftigt, durch die in ihr enthaltene Theorie des Romans ausgezeichnet – ebenfalls ein Thema, bei dem Jean Paul durch die theoretischen und historischen Ausführungen hindurch eine Darstellung seiner eigenen Dichternatur gibt. Die dritte Abteilung enthält drei in humoristischem Ton verfaßte Kollegs, eine *Miserikordia-Vorlesung für Stilistiker*, eine *Jubilate-Vorlesung für Poetiker* und eine *Kantate-Vorlesung über die poetische Poesie*, die in einem Preis HERDERS kulminiert und den höchsten Zweck der Poesie mit den Worten umreißt: »*Sie kann spielen, aber nur mit dem Irdischen, nicht mit dem Himmlischen. Sie soll die Wirklichkeit, die einen göttlichen Sinn haben muß, weder vernichten, noch wiederholen, sondern entziffern. Alles Himmlische wird erst durch Versetzung mit dem Wirklichen, wie der Regen des Himmels erst auf der Erde, für uns hell und labend.«* In diesen Sätzen spiegelt sich die für Jean Paul charakteristische Auffassung des poetischen Schaffensprozesses, der weder in einer rein phantasiebetonten Verachtung der Wirklichkeit (»*poetische Nihilisten«*) noch in einer bloßen Nachahmung der Wirklichkeit (»*poetische Materialisten«*) zur Erfüllung kommt, sondern auf der innigen Durchdringung der beiden entgegenstehenden Elemente des Unendlichen und der Wirklichkeit beruhen soll, den Himmel auf die Erde herabzaubert oder die Erde zum Himmel verklärt. Die Kunst ist mit anderen Worten eine neue Erschaffung und Offenbarung der Wirklichkeit, ein dämonisches Wesen, das Genialität, göttliche Schöpferkraft des Geistes voraussetzt und in dieser Vereinigung des Himmlischen und Irdischen »Schönheit« hervorbringt, die ein Wunder, etwas »Wunderbares« darstellt: »*Wie das organische Reich das mechanische aufgreift, umgestaltet und beherrscht und knüpft, so übt die poetische Welt dieselbe Kraft an der wirklichen und das Geisterreich am Körperreich. Daher wundert uns in der Poesie kein Wunder, sondern es gibt da keines, ausgenommen die Gemeinheit.«* – Auf dieser Dialektik des Unendlichen und Endlichen beruht auch Jean Pauls Bestimmung des Humors, die ein besonderes Glanzstück des Werks darstellt. Humor ist nach einer berühmt gewordenen Formulierung *»das umgekehrte Erhabene«*, er setzt das Endliche wie in einem Hohlspiegel in den *»Kontrast mit der Idee«*: *»Wenn der Mensch, wie die alte Theologie tat, aus der überirdischen Welt auf die irdische herunterschauet: so zieht diese klein und eitel dahin; wenn er mit den kleinen, wie der Humor tut, die unendliche ausmisset und verknüpft: so entsteht jenes Lachen, worin noch ein Schmerz und eine Größe ist.«* In dieser Herausarbeitung literarischer Techniken, Gattungen, Kategorien und von poetischen Kräften und Typen liegt die Bedeutung des Werks.

Tiecks Vorwurf, der die Gegenstimme zum durchaus positiven Publikumsecho markiert, die *Vorschule* sei *»doch eigentlich nur Rechenschaft eines Handwerkers über seine Arbeiten, oder vielmehr ein Rezept, um darnach auch J. Paulsche Bücher zu schreiben«* (an Solger, 29. 7. 1816), ist sicher unzutreffend. Aber in ihm ist indirekt schon jene Gefahr ausgesprochen, der die interpretierende und kritische Wissenschaft allzu leicht erlag, indem sie die *Vorschule* als philosophisch-ästhetische Programmformulierung und als bequeme poetologische Elle an Jean Pauls Praxis legte, sie damit ausschließlich maß, kritisierte und ideologisiert verwarf oder rettete. Dabei wurde die *Vorschule* überanstrengt und die poetische Praxis zuzeiten verfehlt. Zwar hat die Forschung den Wert der *Vorschule* damit nach E. Berends bereits 1909 erschienener grundlegender Arbeit über Jean Pauls Ästhetik endgültig sanktioniert, aber noch in den sechziger Jahren klingt Tiecks Vorwurf im resümierenden Fazit als gebilligte literaturwissenschaftliche Praxis nach: *»Wichtiger noch als diese theoretische Grundlegung sind Einzelergebnisse der ›Vorschule‹, die sich auf die jeanpaulischen Romane beziehen. In den meisten Punkten gibt der Autor das Fazit seiner Praxis, in einigen jedoch so, daß er nicht das, was er zustande brachte, zur Maxime erhebt, sondern das, was er zustande bringen wollte. Zuweilen predigt er sich selbst die Gegenregeln seiner eigenen, aufschießenden Begabung«* (W. Höllerer). Obwohl die Jean-Paul-Forschung der siebziger Jahre dann das Thema des »politischen« Jean Paul aufgriff, das gerade über dem berühmten § 32 der Vorschule zum 200. Geburtstag des Dichters 1963 in der Kontroverse zwischen H. Mayer und W. Killy aufbrach, blieb die *Vorschule der Aesthetik* dann außerhalb des Erkenntnisinteresses. Erst in jüngster Zeit zeichnet sich in Untersuchungen zentraler Kategorien der Jean Paulschen Ästhetik und Poetik (Witz, das Lächerliche, humoristische Dichtkunst, Phantasie) eine Rückkehr des Forschungsinteresses zur *Vorschule* ab (W. Wiethölter, V. U. Müller, E. Oehlenschläger). E.Be.-J.K.D.

Ausgaben: Hbg. 1804, 3 Bde. – Stg./Tübingen ²1813 [erw.]. – Breslau 1825 (*Kleine Bücherschau.*

Gesammelte Vorreden und Rezensionen, nebst einer kleinen Nachschule zur ästhetischen Vorschule, 2 Bde., 2). – Weimar 1935 (in *SW,* Hg. E. Berend, 1927–1964, Abt. 1, Bd. 11; hist.-krit.; Nachdr. Köln 1980). – Mchn. 1963 (in *Werke,* Hg. N. Miller, 1959–1985, Abt. 1, Bd. 5; ⁵1987; rev.).

Literatur: E. Berend, *J. P.s Ästhetik,* Bln. 1909; Nachdr. Hildesheim 1978. – K. Zimmermann, *J. P.s Ästhetik des Lächerlichen,* Diss. Lpzg. 1912. – R. Mund, *J. P. als Ästhetiker,* Diss. Köln 1921. – W. Schreiber, *J. P. und die Musik,* Diss. Lpzg. 1929. – T. Hauk, *J. P.s »Vorschule der Ästhetik« im Verhältnis zu Hamanns Kunstlehre,* Diss. Wien 1946. – G. Jäger, *J. P. und die Musik,* Diss. Tübingen 1952. – Th. Langenmaier, *J. P.s »Vorschule der Ästhetik«* (in Hesperus, 11, 1956, S. 7–19). – E. Behler, *Eine unbekannte Studie Friedrich Schlegels über J. P.s »Vorschule der Ästhetik«* (in NRs, 68, 1957, S. 647–653). – E. Endres, *J. P. Die Struktur seiner Einbildungskraft,* Zürich 1961. – K. Wölfel, *»Ein Echo, das sich selber in das Unendliche nachhallt«. Eine Betrachtung von J. P.s Poetik u. Poesie* (in Jb. der J.-P.-Ges., 1, 1966, S. 17–52). – G. Wilkending, *J. P.s Sprachauffassung in ihrem Verhältnis zu seiner Ästhetik,* Marburg 1968. – G. Möller[-Lindemann], *Phantasie u. Humor. Zum Verhältnis von Ästhetik u. Dichtung bei J. P.,* Diss. Göttingen 1968. – H. Bosse, *Theorie u. Praxis bei J. P. Paragraph 74 der »Vorschule der Ästhetik« und J. P.s erzählerische Technik, besonders im »Titan«,* Bonn 1970. – M. R. Hale, *J. P. Fr. Richter's »Vorschule der Ästhetik«: Fulcrum For Its Period,* Diss. Yale Univ. 1970. – U. Profitlich, *Zur Deutung der Humortheorie J. P.s, »Vorschule der Ästhetik« § 28 und § 31* (in ZfdPh, 89, 1970). – Ders., *»Humoristische Subjektivität«* (in Jb. der J.-P.-Ges., 6, 1971, S. 46–85). – E. M. Hembree, *Form u. Stil in der »Vorschule der Ästhetik« . . .,* Diss. Rice Univ. 1977. – W. Wiethölter, *Witzige Illumination. Studien zur Ästhetik J. P.s,* Tübingen 1979. – V. U. Müller, *Narrenfreiheit u. Selbstbehauptung,* Stg. 1979. – E. Oehlenschläger, *Närrische Phantasie. Zum metaphorischen Prozeß bei J. P.,* Tübingen 1980. – G. Müller, *J. P.s Ästhetik u. Naturphilosophie,* Tübingen 1983. – B. Heumann, *Kunstprogrammatik im Spannungsfeld von Autorenintention u. Publikumserwartung,* Diss. Lpzg. 1987.

Jedaja ha-Penini

* um 1270 Béziers (?)
† um 1340

BECHINAT OLAM

(hebr.; *Prüfung der Welt*). Philosophische Dichtung von Jedaja ha-Penini (d. h. aus Perpignan),

Sohn des Abraham Bedersi (d. h. aus Béziers). – In dreizehn Kapiteln wird die Rolle des Menschen in der Schöpfung geschildert. Die Darstellungsweise in den einzelnen Abschnitten der Kapitel ist abwechselnd philosophisch, rhetorisch und poetisch (in Reimprosa); dennoch wird das jeweilige Thema – trotz der Verschiedenartigkeit in der Form der Behandlung – stets von demselben Grundeinstellung aus erfaßt. Diese ist durch das Weltbild bestimmt, das MOSE BEN MAIMON (auch Moses Maimonides genannt) in seinen philosophisch-theologischen Schriften dargelegt hatte. – Die Erde ist der Mittelpunkt der gewaltigen Gestirne, die Gott mittels des Logos (oder Verstand) bewegt. Ihnen gegenüber ist der Mensch klein und unbedeutend. Er wäre der Zeit ausgeliefert, der schmalen Brücke über das Nichts, hätte Gott ihm nicht die Seele gegeben, durch die der Mensch sich über alle anderen Lebewesen zu erheben vermag. Aber die aus ihrem göttlichen Vaterhaus verbannte Seele ist nur glücklich, wenn der Mensch das Rechte will. Denn Gott verlieh dem Menschen die Seele als Werkzeug der Erkenntnis und der Einsicht. Um entscheiden zu können, was ihm gemäß sei, soll der Mensch sein Tun von Wissenschaft und Gotteslehre lenken lassen. – Nach S. PINES ist Jedaja von dem christlichen Philosophen Johannes DUNS SCOTUS (um 1266–1308) beeinflußt.

Das Werk ist umrahmt von einer Apologie des Ben Maimon gegen seine Widersacher und schließt mit einer Erläuterung seiner 13 Glaubensartikel. Als der Streit um die Schriften des großen Denkers sich gelegt hatte und dessen Philosophie richtunggebend für das Judentum wurde, verlor *Bechinat olam* keineswegs an Interesse für die Leser; vielmehr ist das Werk seither zu dem am weitesten verbreiteten jüdischen Volksbuch dieser Art geworden und hat über 70 Auflagen erlebt. Auch das christliche Europa zeigte großes Interesse an dem Buch; eine von dem getauften Juden Philippe D'AQUIN angefertigte französische Übersetzung (Paris 1629) ist dem Kardinal Richelieu gewidmet. Die meisten in Hebräisch und in anderen Sprachen erschienenen Auflagen des *Bechinat olam* sind mit Kommentaren versehen. P.N.

AUSGABEN: Mantua zwischen 1476 u. 1480. – Soncino 1484 [m. Komm.]. – Paris 1629 [hebr.-frz.]. – Bln. 1729. – Fürth 1807. – Wien 1847; ²1852 (*Betrachtungen über das Weltleben*, übers. u. bearb. v. M. E. Stern; hebr.-dt.). – Jerusalem 1954.

ÜBERSETZUNGEN: *Examen mundi*, A. Uchtmann, Leiden 1650; ²1688. – Dass., H. Prache, o. O. 1662. – *Philosoph. Betrachtungen über die Welt*, J. Wust, Dessau 1807.

LITERATUR: J. Chotzner, *Y. Bedaresi, a 14th Century Poet and Philosopher* (in Jewish Quarterly Review, 8, 1896). – S. Pines (in *Jewish Medieval and Renaissance Studies*, Hg. A. Altmann, Cambridge/ Mass. 1967). – A. S. Halkin, Art. *Jedaiah ben Abraham Bedersi* (in EJ², 9, Sp. 1308–1310).

JOSEF JEDLIČKA

* 16.3.1927 Prag

KDE ŽIVOT NAŠ JE V PŮLI SE SVOU POUTÍ

(tschech.; *Ü: Unterwegs*). Erzählung von Josef JEDLIČKA, erschienen 1966. – Bereits in den Jahren 1954–1957 entstanden, konnte der Text aus politischen Gründen erst ein knappes Jahrzehnt später, in der gelockerten Atmosphäre im Vorfeld des »Prager Frühlings« von 1968, publiziert werden. Den Ich-Erzähler, einen literarisch hochgebildeten jungen Intellektuellen, hinter dem leicht der Autor selbst zu erkennen ist, haben die politischen Verhältnisse in die von den Deutschen verlassene Industriestadt mit dem größten Chemiewerk der Tschechoslowakei verschlagen (Jedlička lebte jahrelang in der nordböhmischen Industriestadt Litvínov). Einfühlsam schildert er das triste Leben der dort aus allen Teilen des Landes zusammengeströmten, meist entwurzelten Menschen zu Beginn der fünfziger Jahre, also in der Hochzeit des tschechoslovakischen Stalinismus. Jedličkas Sicht ist dabei die eines »*derjenigen, die sehr bald – nachdem die Partei nur denkbar wenig Zeit gebraucht hatte, ihren Kredit beim bewußteren Teil der Bevölkerung zu verspielen – am Sinn der Revolution selbst verzweifelten*« (P. Urban).

Unter Anwendung der Montagetechnik stellt er die unterschiedlichsten Fakten nebeneinander: Erlebnisse aus der Schulzeit während des Protektorats, die Aufbruchsstimmung unter den Studenten in den Jahren 1945–1948, die Gründung des »ersten sozialistischen Kollektivhauses« in Litvínov, dazwischen intimste Episoden aus seinem eigenen Liebes- und Familienleben, sowie eine Reihe von Lebensläufen einiger weiterer Personen. Das grundlegende Bauprinzip ist die Polyphonie, die gegenseitige Durchdringung und der Wechsel vieler verschiedenartiger Erzähleben und Genres. Somit legt Jedlička ein persönliches Zeugnis von einem äußerst bewegten historischen Zeitabschnitt ab, das aber zugleich für einen nicht geringen Teil seiner Generation repräsentativ ist; es gelingt ihm, »*der Geschichte ihr Gedächtnis zurückzugeben und sie zu rekonstruieren, nicht als eine mit Kalk geweißte glatte Mauer, sondern als Mosaik oder Relief, an dem sich nichts ändern läßt*« (J. Opelík).

Bereits der Titel, *Wo unsres Lebens Pilgerfahrt die Mitte hat erreicht* – der erste Vers einer tschechischen Übersetzung von Dante ALIGHIERIS *La Comedia* –, weist auf die grundlegende literarische Inspiration dieses Werkes hin. Reminiszenzen an Dante sind genauso häufig wie die an den tschechischen Romantiker Karel Hynek MÁCHA, prägend jedoch für die gesamte Struktur des Textes sind die Theorien der russischen Formalisten, vor allem die von Viktor ŠKLOVSKIJ, dessen *Sentimental'noe pute-*

šestvie, 1923 *(Sentimentale Reise)*, als direktes Vorbild angesehen werden muß. Demnach werden die literarischen Inspirationen völlig offengelegt, Šklovskijs literaturwissenschaftlicher Begriff des »*priëm*« (Kunstgriff) findet auch auf das reale Geschehen Anwendung, die Scheidelinie zwischen Literatur und Wirklichkeit wird aufgehoben. »*Und so bleibt gerade nur noch das konstruktive Prinzip der Prosa, damit wir uns am Morgen noch an unsere gestrige Gestalt erinnern, denn diese Welt ist eine Welt der Digressionen und Retardationen, eine Welt idiotischer Novellen, bis zur Unkenntlichkeit peinlich ineinanderverwoben und selbständig weitergeflochten, eine Welt der Prosa, eine athematische Welt ohne Anfang und Ende.*«
Die zeitgenössische tschechische Literaturkritik nahm das Werk durchweg positiv bis begeistert auf. In der Prager Literaturzeitschrift ›Plamen‹ schrieb K. Kostroun:»*Jedlička konstruiert zwar einen Prosatext, aber in Wirklichkeit schafft er einen Mythos – oder besser gesagt, er legt oder erweitert dessen Fundament ... Das Objekt ist nicht mehr und nicht weniger als das Leben des Menschen in einer Zeit, als es nicht nur keine Zweifel am Sozialistischen Realismus ... sondern überhaupt keine Zweifel gab.*«
In der Brünner Zeitschrift ›Host do domu‹ hieß es: »*Zum ersten Mal in der Gegenwartsliteratur kommt es zu dem Versuch, zu skizzieren, was den Lebensstil unserer Jahre ausmacht*« (R. Grebeníčková). Diese Skizze des neuen Lebensstils war jedoch nicht gerade schmeichelhaft für die Gesellschaftsordnung, die ihn hervorgebracht hatte, und so folgte im Zentralorgan der tschechoslowakischen KP ›Rudé právo‹ auf eine positive Rezension von M. Pohorský ein scharfer Angriff gegen das Werk und seinen Rezensenten von F. Nečásek, woraus sich eine längere Polemik entwickelte, die mit dem Skandal um die Veröffentlichung von Josef Škvoreckýs *Zbabělci (Feiglinge)* im Jahre 1958 vergleichbar war. Wie zu erwarten, wurde das Werk nach der politischen »Normalisierung« in der Tschechoslovakei aus allen öffentlichen Bibliotheken entfernt, aber auch in der Emigration hat es bis heute keinen neuen Verleger gefunden. W.An.

Ausgabe: Prag 1966.

Übersetzung: *Unterwegs*, V. Černá, Ffm. 1969.

Literatur: *Třetí konfrontace* (in Sešity pro mladou literaturu, 1, 1966, Nr. 5, S. 51–53). – R. Grebeníčková, »*Kde život náš je v půli se svou poutí*« (in Host do domu, 13, 1966, Nr. 12, S. 32–35). – K. Kostroun, *Rozervanec* (in Plamen, 8, 1966, Nr. 11, S. 153–155). – J. Opelík, *Obraz ze života mého* (in Literární noviny, 15, 1966, Nr. 33, S. 4). – M. Pohorský, *Pozoruhodná první próza* (in Rudé právo, 20. 9. 1966, S. 2). – F. Nečásek, *O jedné knize a jedné recenzi* (ebd., 16. 11. 1966, S. 3). – V. Bechyňová, *Kniha svědectví a její přijetí* (in Literární noviny, 16, 1967, Nr. 9, S. 4). – P. Urban, *Nachwort* (in J. J., *Unterwegs*, Ffm. 1969, S. 131–150).

ROBINSON JEFFERS

* 10.1.1887 Pittsburgh
† 20.1.1962 Carmel / Calif.

Literatur zum Autor:
L. C. Powell, *R. J.: The Man and His Work*, Pasadena 1934; ern. 1940; ern. NY 1969; ²1973. – R. Squires, *R. J. and the Doctrine of Inhumanism*, Harvard 1952. – Ders., *The Loyalties of R. J.*, Ann Arbor/Mich. 1956. – M. Monjian, *R. J.: A Study in Inhumanism*, Pittsburgh 1958. – F. J. Carpenter, *R. J.*, NY 1962 (TUSAS). – R. J. Newsletter, Hg. R. Brophy, Los Angeles 1962 ff. – M. B. Bennett, *The Stone Mason of Tor House: The Life and Work of R. J.*, Los Angeles 1966. – Brother Antoninus [W. Everson], *R. J.: Fragments of an Older Fury*, Berkeley/Calif. 1968. – A. B. Coffin, *R. J.: Poet of Inhumanism*, Madison/Wis. 1971. – H. Lyon, *J. Country: The Seed Plots of R. J.'s Poetry*, San Francisco 1971. – A. A. Vardamis, *The Critical Reputation of R. J.: A Bibliographical Study*, Hamden/Conn. 1972. – R. J. Brophy, *R. J.: Myth, Ritual, and Symbol in His Narrative Poems*, Cleveland 1973. – B. Hotchkiss, *J.: The Sivaistic Vision*, Auburn/Calif. 1975. – J. Shebl, *In This Wild Water: The Suppressed Poems of R. J.*, Pasadena 1976. – M. Beilke, *Shining Clarity: God and Man in the Works of R. J.*, Amador City/Calif. 1977. – W. H. Nolte, *Rock and Hawk: R. J. and the Romantic Agony*, Athens/Ga. 1978. – R. Zaller, *The Cliffs of Solitude: A Reading of R. J.*, Cambridge u. a. 1983. – J. Boswell, *R. J. and the Critics, 1912–1983*, Metuchen (N.J.)/Ldn. 1986. – *R. J.: Poetry and Response: A Centennial Tribute*, Hg. R. Brophy, Los Angeles 1987. – J. Karman, *R. J.: Poet of California*, San Francisco 1987. – Brother Antoninus [W. Everson], *The Excess of God: R. J. as a Religious Figure*, Stanford/Calif. 1988.

DAS LYRISCHE WERK (amer.) von Robinson Jeffers.
Robinson Jeffers entstammte einer schottisch-irischen Presbyterianerfamilie. Durch seinen Vater, Geistlicher, Kirchenhistoriker und Altphilologe in Pittsburgh, wurde der Dichter schon früh nicht nur mit der *Bibel* vertraut, sondern lernte auch die klassischen Sprachen kennen und entwickelte besonderes Interesse für die englische Lyrik (vor allem D. G. Rossetti, Swinburne, Tennyson). Die Schulzeit (überwiegend in europäischen Internaten, in Leipzig, Genf und Zürich) und ein breitgefächertes Studium absolvierte er mit überdurchschnittlichem Erfolg.
Ab 1903 publizierte er Gedichte in verschiedenen Universitätszeitschriften, den ersten Gedichtband *Flagons and Apples* 1912 im Selbstverlag. Es waren Gelegenheitsgedichte, noch reichlich mit den »Reimtroddeln« behängt, die er späterhin so rigo-

ros »abzwicken« sollte. Auch die Gedichte des Bandes *Californians* (1916), der von der Kritik wohlwollend aufgenommen wurde, zeigten noch die konventionelle Metrik, deutlich beeinflußt von SHELLEY und WORDSWORTH.

Nachdem Jeffers seine Jugendliebe Una Call Kuster 1914 geheiratet hatte, wollten beide nach Europa gehen und sich irgendwo in der Ägäis niederlassen, doch der Erste Weltkrieg verhinderte das. Jeffers und seine junge Frau beschlossen, sich in dem damals noch idyllischen Carmel an der wilden Westküste anzusiedeln. Als die USA 1917 in den Krieg eintraten, geriet Jeffers in einen längeren Konflikt zwischen dem Kulturschock der mörderischen Materialschlachten im alten Europa und seinen ehelichen und staatsbürgerlichen Verpflichtungen – ein Konflikt, der zwar durch den Waffenstillstand des Jahres 1919 gegenstandslos wurde, der ihm aber vielerlei zu Bewußtsein gebracht hat. Immer entschiedener kehrte Jeffers sich nun von der großstädtischen industriellen Zivilisation ab. Wie einst THOREAU faßte er den Entschluß zu einem radikalen Ausstieg aus der Gesellschaft seiner Zeit und zu einer Rückkehr zur Natur. Mit eigenen Händen erbaute er auf einem Felsvorsprung über dem Pazifik sein legendäres Haus und einen Turm aus rohen Felsblöcken, die er vom Strand heraufwälzte. So ernst war es ihm nun mit dem Wort »*Es ist besser auf Granit gebettet zu sein als auf Illusionen*«. Weitgehend abgeschirmt vom Literaturbetrieb und Zeitgeschehen, führte er fortan mit seiner Frau und den Zwillingen Garth und Donnan ein Außenseiterdasein.

Der Gedichtband *Roan Stallion, Tamar and Other Poems* (1925) machte Jeffers mit einem Schlag berühmt. Im fortgeschrittenen Alter von 38 Jahren hatte er, der einst Frühreife, endlich seine unverkennbar eigene Stimme in der Literatur gefunden. Doch seine Thematik: eine Zivilisationskritik, die sich gegen Naturzerstörung, Überbevölkerung, Rüstungswahn richtete, war wieder seiner Zeit weit voraus.

»Poetic Realism«

In mehr als einer Hinsicht stellen die langen dramatisch-episch-lyrischen Verserzählungen von Jeffers eine Absage an die Moderne dar, die gerade um 1925 mit dem *Ulysses* von James JOYCE, dem *Waste Land* von T. S. ELIOT und den *Cantos I–XXX* von Ezra POUND einen Zenith erreicht hatte. Jeffers' Fixierung auf die brisanten Inhalte seiner Erzählungen stand dem modischen Formalismus dieser Werke diametral entgegen. Er, der unter allen literarischen Großen des Jahrhunderts sicher die fundiertesten Kenntnisse in der Literatur der alten und neuen Sprachen besaß und überdies eine beträchtliche naturwissenschaftliche Beschlagenheit, verzichtete in seiner Dichtung auf allen Bildungsballast. Der Zitatismus der Moderne stieß ihn ab. Ein wahrer Dichter, meinte er, müsse »*all die Selbstverliebtheit und alberne Gelehrsamkeit, die Primanerwitze und die gekünstelten Metaphern, die Sprunghaftigkeit und ertiftelte Mystifizierung, die in der gegen*

wärtigen Literatur vorherrschen, hinter sich lassen«. Gerade wenn der Dichter etwas Neues und Wichtiges zu sagen hätte, müsse es ihm deshalb darauf ankommen, verstanden zu werden. Der avantgardistische Wettlauf um größtmögliche formale Originalität sei im Grunde nur »*doktrinär getarnter Instinktverfall*«, denn der Verzicht auf eine ganzheitliche Vision und alle Sinngebung, die Atomisierung der Erfahrung in immer kleinere Fragmente, führe in der Lyrik zu einer Dichtung »*zweiter Wahl*«. Er wolle dagegen der Dichtung »*etwas von jener Kraft und Realität zurückgewinnen, die sie so hastig an die Prosa überantwortet hat*«, wolle »*erzählende Gedichte schreiben und Themen aus dem zeitgenössischen Leben nehmen, die die moderne Dichtung im allgemeinen übergeht, und überdies weltanschauliche und wissenschaftliche Gedankengänge in Versen zum Ausdruck bringen*«. Er habe lediglich im Sinn gehabt, »*ältere Freiheiten wieder in Anspruch zu nehmen*«. Mit der »*Frage der Realität*« steht und fällt für Jeffers die Qualität der Dichtung, die in den höheren Formen »*mit den Mitteln der Realität von realen Dingen handelt*«. Den Leitbegriff des »*poetic realism*« entwickelt er aufgrund einer Unterscheidung von Realitätsebenen, wobei nicht die bloße räumliche Anwesenheit der Dinge, sondern ihre zeitliche Dauer das wichtigste Kriterium bildet. »*Die Dauer ist ein wichtiger Aspekt der Realität; eine Eisenbahn etwa ist nicht so real wie ein Berg; sie existiert auf ihre wunderliche Weise für ein-zwei Jahrhunderte, aber sie ist nicht wirklich; in einem Großteil der menschlichen Vergangenheit und Zukunft kommt sie nicht vor. . . . gerade das macht das Leben in der modernen Großstadt poetisch steril: es ist ein Leben ohne Dauer und es wird unter Irrealitäten gelebt.*« Zur primären Realität gehören in Jeffers' Sinn die zyklischen Abläufe, die dem Leben von der Natur vorgegeben sind; die Evolution der Arten; die Rückkoppelung des Menschan an die belebte und unbelebte Natur, vor allem in seinen Triebstrukturen, die sich in den Mythen und im tragischen Geschehen manifestiert; sowie die Gewalt, »*der augenlose Schrecken, der Wurzelstock der Welt*« – eine Grundrealität des Daseins. Die Sekundärwirklichkeit der spätindustriellen Gesellschaft mit ihren Infrastrukturen, die die Sicht auf die primäre Wirklichkeit verstellen, ruft andererseits nach der Prosa, denn die »*wohnt im sicheren Zimmer, wo das Lampenlicht die Wiederkehr von Tag und Nacht abgeschafft hat, und wo wir den Wechsel der Jahreszeiten vergessen können. . . . Dichtung lebt nicht in dieser Welt, sondern in einer größeren. Sie kann nicht sprechen, ohne sich an die Phasen von Sonne und Mond zu erinnern, an den Rhythmus des Ozeans und die Abfolge der menschlichen Geschlechter, die steigenden und fallenden Wellen von Leben und Tod.*«

Um eine »*Wiedergewinnung von Substanz und Sinn, von physischer und psychischer Realität*« in die Wege zu leiten, entfesselt Jeffers seine mächtigen Bilder gegen die abstrakte und hohle Sprache der Gegenwart. Vor allem scheut er sich nicht, in seiner Dichtung die großen Sinnfragen aufzuwerfen: nach der Stellung des Menschen im All, nach der Zukunft einer Zivilisation, die auf dem Verrat an den Lebensgrundlagen beruht, nach der Krise der westlichen Vernunft, nach der unterschwelligen Gewalthörigkeit der spätindustriellen Gesellschaft, nach dem Sinn der kollektiven Blutopfer, die von den Staatenlenkern periodisch dargebracht werden. Durch den Schockwert seiner leidenschaftlichen und grausamen Fabeln will Jeffers die Menschen aus den Gewohnheitsbahnen ihres entfremdeten Großstadtalltags werfen. Unerbittlich zerstört er die wohlstandsbürgerliche Illusion, auf alle Zeit abgesichert von den Folgen eines ausbeuterischen Lebensstils zu bleiben, indem er durch eine »*Kauterisierung*« der unwesentlichen zivilisatorischen Anwüchse die eigentlichen Lebensgrundlagen wieder freilegt. In seinen Figuren verbinden sich die Symptome einer brüchigen Zivilisation mit den barbarischen Zügen der menschlichen Natur. Denn im Rahmen der kosmischen Vernetzung aller Dinge gesehen ist das stolze menschliche Bewußtsein, das sich das Blendwerk von Macht, Leiden und Untergang schafft, »*nichts als das Träumen, zuweilen der Alptraum der Natur*«.

Der »Inhumanismus«

Damit die objektive Vernunft der Außenwelt wieder in ihre Rechte eintreten kann, schreibt Jeffers eine fortgesetzte »*Satire auf das menschliche Selbstgefühl*«. Das Nicht-Ich, das, was von der subjektiven Vernunft des Menschen nicht manipuliert werden kann, ist das Maß seines Realismus. »*Es ist an der Zeit, daß die Gattung Mensch anfängt, erwachsen zu werden und aufhört sich zu benehmen wie ein egozentrisches Baby.*« Denn die Menschheit von heute weist bereits alle Merkmale eines »*verfehlten Experimentes*« auf, und ihr Tod liegt durchaus im Bereich des Möglichen. Das westliche Dogma von der zentralen Stellung des Menschen im Universum hat zum Ausbruch einer kollektiven Geisteskrankheit geführt. »*Ich habe oft den Inzest als Sinnbild solcher Introversion benutzt*«, schrieb Jeffers. »*Wenn ein Mensch all seine Gefühle in den eigenen Körper und die eigenen Befindlichkeiten investiert, dann ist er geisteskrank und diese Krankheit nennt man Narzißmus. ... Der glücklichste und freieste Mensch ist der Wissenschaftler, der die Natur befragt, und der Künstler, der sie bewundert, kurzum der Mensch, der sich für Dinge interessiert, die nicht menschlich sind. Oder wenn er an Menschen Anteil nimmt, dann soll er sie objektiv sehen, als einen sehr kleinen Teil der großen Musik.*« Dies Denken in kosmischen Perspektiven »*steht der humanistischen Einstellung denkbar fern*«. Der hypertrophierte westliche Ich-Begriff ist in Jeffers' Augen die wahre Hölle der industriellen Nutzmenschen, denn er führt zu der Unfähigkeit, sich zu transzendieren und für das Andere zu öffnen. Gerade aus dieser Ich-Befangenheit, die sich von allen ökologischen Grundlagen und Rückkoppelungen abgeschnitten hat, entsteht auch die falsche Gewichtung zwischen dem Menschlichen und dem Nicht-Menschlichen, die unsere »Naturbeherrschung« ausmacht. Da der Mensch jedoch in seiner Physis wie in seiner Psyche selber ein Teil der Natur

ist, sind seiner »Naturbeherrschung« Grenzen vorgegeben, die nicht allein von den Grenzen der Ausbeutbarkeit der äußeren Natur, sondern auch von der inneren Natur des Menschen selbst gesetzt sind. Diese innere Grenze, die, wie alle Grenzen, zugleich einen Übergang bildet, ist die Wasserscheide zwischen Menschlichem und Nicht-Menschlichem, Kultur und Natur, historischem Fortschritt und biologischer Invarianz. Sie bildet die Quintessenz des Mythischen. Sigmund FREUD hat diese Grenze als einen Teil des Unbewußten beschrieben, das *»für das Ich völlig unauflösbar«* bleibt. Jenseits der persönlichen Lebensgeschichte fungiert dieser Teil des Es vegetativ und unbeirrt von allen bewußten Vorgängen nach seinen eigenen Denkordnungen. Die technologisch-wissenschaftliche »*Selbsterzeugung*« (K. MARX) des Menschen ist demnach nicht nur die Geschichte des bewußten und (zweck-)rationalen Subjekts, sondern auch die Geschichte der unbewußten kollektiven Tiefenstrukturen, deren Aufgabe es ist, »*die Illusionen des Bewußtseins durch ihre stärkere Wahrheit zu korrigieren*« (C. LÉVI-STRAUSS). Auch die Psychologie der Charaktere in Jeffers' dramatischen und epischen Gedichten ist stets auf diese korrigierende Funktion der Tiefenstrukturen hin angelegt, die die tragischen Ereignisse auslösen und darauf verweisen, daß der menschliche Fortschritt wegen seiner relativen Irrealität jederzeit von einer äußeren Katastrophe von der Tafel der Geschichte gelöscht werden kann. Der schrecklichen, von der menschlichen Hybris ausgelösten Ereignisse bringen Jeffers' Figuren ihre Rückbindung an die natürliche Kette des Werdens – zu den Tieren über die Pflanzen bis zu den Mineralien – zu Bewußtsein, ein Vorgang, bei dem ihre »Individualität« auf tragische Weise ausgelöscht wird, der aber zugleich die Ekstase, im buchstäblichen Sinn des »Aus-sich-selbst-herausgetreten-seins«, zustande bringt. So unerträglich diese Fabeln oft erscheinen, erfüllt sich darin doch der lebenslang verdrängte Wunsch des Einzelwesens nach einer Rückkehr in den anorganischen Ursprung, in den »*traumlosen Schlaf der Natur*« (Jeffers).

Jeffers' Mystik

Jeffers' Dichtung entsteht aus einem Spannungsfeld, »*in dem das Herz eines urzeitlichen Mystikers mit dem Intellekt eines zeitgenössischen psychoanalytischen Rationalisten hadert*« (L. Morris, 1928). Gegen den ekstatischen Impuls, der ihn vorantreibt, stehen die rationalen Vorbehalte, vor allem in bezug auf das anthropomorphe Gottesbild der christlichen Überlieferung, in der er aufgewachsen ist. Der Gott des *Alten* und des *Neuen Testaments* erschien ihm als reiner Ausdruck der menschlichen Selbst-Fixierung bzw. als ödipale Projektion eines strafenden/liebenden Vaters auf den Himmel: »*ER ist kein Gott der Liebe, keine waltende Gerechtigkeit ... kein anthropoider Gott, der uns Gebote setzt.*« Die großen Religionsstifter, Christus oder Buddha, waren ebenso im Netz der egozentrischen Lüge gefangen wie die übrige Menschheit. Weltanschauliches Leitbild war ihm sein Lebtag lang das Lehrgedicht *De Rerum Natura* des Römers LUKREZ, das anhand der Atomtheorie EPIKURS nachweist, daß man zur Erklärung der Weltordnung keine göttliche Intervention bemühen muß. Noch in seinen letzten, postum erschienenen Gedichten hat Jeffers die Verwirklichung seines *»zentralen Gedichtes«* zwischen naturwissenschaftlicher Erklärung und mystischer Schau in Angriff genommen. In den USA ist Jeffers häufig wegen seiner »Gottlosigkeit« angegriffen worden. Er selber sagte: *»Ein weiteres Thema, das meine Verse öfters behandelt haben, ist der Ausdruck eines religiösen Empfindens, das man vielleicht Pantheismus nennen sollte... Es ist das Gefühl – ich wage zu sagen, die Gewißheit –, daß das Universum EIN Lebewesen ist, ein einziger Organismus, ein großes Leben, das alles Leben und alle Dinge in sich einbegreift, und das so schön ist, daß man es lieben und verehren muß. Und in Augenblicken mystischer Vision identifizieren wir uns mit ihm.«*

Wann immer Jeffers (rückfällig) von »Gott« spricht, meint er dieses sich selbst regulierende Weltganze, in dem die Gattung Mensch keine bedeutende Rolle spielt, es sei denn *»als ein Nervenende, ... eins der Gefühlsorgane Gottes«*, dem es aufgegeben ist, gewisse Extreme des Daseins zu erkunden – eine Aufgabe, die Jeffers parallel dazu in seiner Dichtung für die Menschheit übernimmt. Seine Gewißheit von der Existenz des Göttlichen bezieht er aus dem Phänomen der Schönheit der Schöpfung, die das Maß des strikt Naturnotwendigen weit überschreitet. Es ist dies *»Übermaß der Dinge, das zum Menschen spricht, / und das auch ihm zukäme / wenn Macht und Wünschen zu vermählen wären«* *(The Excesses of God)*. Das Vorkommen des organischen Lebens im Universum ist an sich schon *»ein notwendiger Überschwang / im eiskalten Getriebe der Materie / ein Sühnopfer des Weltalls«*. Die »Verausgabung« – nach George BATAILLE, dessen Gedanken viel Affinität zu Jeffers aufweisen, ein Synonym für das »Opfer« – wird innerhalb von Jeffers' poetischer und psychischer Ökonomie zu einem wichtigen Element. Das tragische Lebensgefühl, das sein Werk trägt, verlangt ja auch nach »Pathos«, bzw. nach Leiden, gemäß dem ursprünglichen Wortsinn. Es bewegt sich nicht innerhalb der Normen, sondern mit Schrecken und Mitleid zwischen den Extremen der Erfahrung. Dabei durchzieht ein Gefühl der Schuld, die er für sein persönliches Lebensglück außerhalb der Gesellschaft sowie als Artgenosse für den Verrat am Leben abzuleisten hätte, Jeffers' Verse. Ein verinnerlichtes Strafbedürfnis, die Empfindung einer nicht beglichenen Rechnung für die fortgesetzten Gewalthandlungen gegen alle Lebensgrundlagen, begleitet und verstört ihn immer wieder. Deswegen bringt Jeffers in seinen Gedichten wiederholt *»erdachte Menschenopfer«*, in denen die verdrängte Gewalthörigkeit der Zeit manifest wird, nicht etwa, weil er die Gewalt liebt, sondern weil er sie loswerden will. Es sind keine bloß literarischen Ersatzopfer, denn es handelt sich bei ihnen um Selbstprojektionen des Dichters, um *»mein Blut und meine Qual. Denn es waren Geschöpfe von mir.«* Das Selbstopfer des Dichters betrifft seinen Ausstieg aus der Gesellschaft, mit dem er einen Teil seines Ich amputiert hatte; er hungerte den jugendlichen Ehrgeiz aus, der ihn zu seinen akademischen Leistungen angespornt hatte, entleerte sich gefühlsmäßig von allen »unwesentlichen« Bindungen an die Mitlebenden und kultivierte eine mitleidlose Kälte, die seiner sensiblen Natur kaum entsprach. Und er mußte diese Amputationen immer wiederholen. Erst dank dieser selbstauferlegten mitmenschlichen Askese konnte sich die poetische Begabung, die in seinen Anfängen so lange blockiert war, frei entfalten. Es war sein »Dämon«, von dem er in dem späten Gedicht *»But I Am Growing Old and Indolent«* spricht, der dies Opfer von ihm fordert: *»Den Dichter ernährt diese Weltzeit erst, / Wenn er sie zerfetzt hat – und sich selber dazu.«*

Das poetische Werk

Jeffers hat eine Wortkunst entwickelt, die über die akademischen und tradierten Formen der Prosodie hinausweist. Er begann mit herkömmlichen Strophen, Sonetten, Reimpaaren, Oden, Chorliedern und dem ganzen Apparat der griechischen und abendländischen Versifizierung, aber er ließ ihn nach und nach hinter sich. Statt dessen versuchte er Formen zu entwickeln, die sich unmittelbarer an Vorbilder in der Natur hielten. Er hat sich damit ein einzigartiges Instrumentarium geschaffen – nie so frei wie die freien Verszeilen von Walt WHITMAN, aber auch nie so regelmäßig wie die überlieferte Metrik. Er selber sagte dazu: *»Ich möchte die willkürliche Form vermeiden und ebenso das willkürliche Aufbrechen einer Form. Ich folge meinem Gefühl für die Anzahl der Hebungen in der Verszeile. Aber ein quantitatives Zeitmaß, an dem die unbetonten Silben teilhaben, spielt mit hinein. Der Rhythmus kommt aus vielerlei Quellen: Physik, Biologie, Blutpuls, die ebbenden und flutenden Begleiterscheinungen des Lebens, aus dem Verlangen nach einer singenden Emphase, das die Prosa nicht besitzt.«* Die Verbindung von Zeitmaß und akzentuiertem Versmaß kommt Jeffers in den kurzen philosophischen wie in den langen erzählenden und dramatischen Gedichten zustatten. Dabei sind jedenfalls die kürzeren Gedichte zugänglicher, weil sie »ausgeglichener« sind, da sie kein mythisches und fiktives Geschehen zum Inhalt haben, sondern sich eher mit den »normalen« und »vernünftigen« Aspekten des Daseins befassen. Gleichwohl lassen sie sich nicht ohne weiteres einordnen und entsprechen eher einer Vielzahl von anderen lyrischen Formen. So hat man die *Apology for Bad Dreams* als »freie Ode« bezeichnet, andere Kurzgedichte als Fabeln, Balladen, Allegorien oder Gleichnisse. Immer reflektieren die Kurzgedichte Jeffers' philosophische Verarbeitung seiner Erfahrungen und Erkundungen von seinem eigentümlichen Standpunkt aus – der an den irrationalen und amoralischen Handlungen der Langgedichte nicht immer so deutlich auszumachen ist. Zugleich vermitteln die kürzeren Gedichte einen Eindruck von den Widersprüchen und Zwiespältigkeiten, in die sich der Dichter über längere Strecken verheddert, was vor allem bei der religiösen und politischen Thematik bemerkbar wird.

Während in den Kurzgedichten die Meditation überwiegt, ist »mythopoeia« der Grundtenor der Langgedichte. Es ist das Anliegen dieser Gedichte, zu den dunklen Kontinenten der Seele zu reisen und ihre Protagonisten die Vorstellungen des Dichters versuchsweise »*bis zur letzten Konsequenz, bis ans Ende der Nacht*« durchleben zu lassen (F. I. CARPENTER). Selbstverständlich hatten diese Erkundungsreisen ihre Höhe- und Tiefpunkte, was die dichterische Ausführung angeht, und dafür hat man vier Hauptperioden vorgeschlagen. In der ersten Periode (1925–1929) sah Jeffers seine Verserzählungen ausschließlich als moderne Naturmythen, und er erreichte in ihnen fast durchwegs die Dimension des Tragischen. Dies waren die Gedichte, die ihn mit einem Schlag berühmt machten: *Tamar* (1924), *Roan Stallion* (1925) und *The Tower Beyond Tragedy* (1925). In ihnen handeln die Charaktere stets unter naturgewaltigen Zwängen, denen ihre Individualität erliegt. Die Verserzählungen dieser ersten Periode seiner Reife hatte der Autor ohne einen Gedanken an ein Publikum für sich allein geschrieben. Sie fanden aber allergrößte Beachtung, und das zwang ihn in der Folge dazu, seine eigenen, z. T. nicht voll bewußten Motivationen zu rationalisieren und zu rechtfertigen. Vor allem beschäftigte ihn der Vorwurf, daß er gefühlsmäßig stets auf der Seite der Tiere und der Kriminellen stünde.

In der zweiten Periode (1929–1935) verlagert sich das Gewicht der Verse vom Mythischen zur realistischen Fiktion. Die langen erklärenden Briefe an seine Freunde und Kritiker aus dieser Zeit zeigen, wie Jeffers versuchte, seine Themen mit größerer Bewußtheit anzugehen. Das führte zu der poetischen Intensität und der psychologischen Komplexität von *The Women at Point Sur* (1927), einem Gedicht von 175 Seiten über die Gefahren des religiösen Sendungswahns und des Hedonismus, die Jeffers wohl auch in sich selber erkannte. Das Gedicht war ein totaler Mißerfolg in der Öffentlichkeit, und Jeffers' Absichten wurden gründlich verkannt. Mit *Dear Judas* und *The Loving Shepherdess* (1929) kehrte der Autor wieder mehr zu seiner ursprünglichen Thematik zurück, nun aber mit größerem Realismus. *The Loving Shepherdess* handelt von einem vagabundierenden Hippie-Mädchen, das, von den Männern vielfach mißbraucht, ihre Liebe den Tieren ihrer Herde zuwendet. Das Gedicht endet mit der berühmten Metapher des Lachsweibchens, das zum Laichen stromaufwärts zum Oberlauf seines Geburtsflusses steigt und an den Hindernissen seiner Wanderung verendet.

Die darauffolgenden Erzählungen *Cawdor* (1928), *Thurso's Landing* (1932) und *Give Your Heart to the Hawks* (1933) zeigen eine weitere Verlagerung vom mythisch-zeitlosen Grundthema zur realistischen Romanschreibung der Gegenwart. Die handelnden Personen sind weniger getrieben, dafür komplexer und einleuchtender individualisiert.

Immer noch amoralisch, sind sie sich in wachsendem Maße der moralischen Regeln, gegen die sie verstoßen, bewußt. Die Gedichte von Jeffers' zweiter Periode fanden viel Anklang bei denen, die sich von der Gewalttätigkeit und Zügellosigkeit der Gedichte der ersten Periode abgestoßen gefühlt hatten.

In Jeffers' dritter Periode (1935–1948) werden seine mythischen Fabeln unsicher und selbst-befangen. Immer mehr gleichen sie psychologischen Krankengeschichten und anomalen Fallstudien. In den frühen Verserzählungen wurde die krankhafte Deformation der handelnden Personen ausgeglichen von der kompensierenden objektiven Vernunft in den Dingen, einem Ideal, das, wie Jeffers zeigt, den Menschen unserer Tage unerreichbar geworden ist. Doch jetzt sind seine Erzählungen ganz aus dem Alptraum der subjektiven Vernunft heraus geschrieben, ohne jede größere Perspektive. Zum Teil ist das auch eine Folge der zunehmenden Verstrickung des Dichters in politischen Zeitgeschehen, die seinem ursprünglichen »inhumanistischen« Vorsatz zuwiderlief. Das erste Gedicht dieser Phase, *Solstice* (1935), ist eine Transposition der Medea-Geschichte in die kalifornische Umgebung, vielleicht die schwächste Verserzählung, die Jeffers je geschrieben hat. Es folgte *At the Birth of an Age*, eine Bearbeitung der Nibelungen-Sage, in der die prometheisch-christliche Vorstellung des selbstgeopferten Gottes (Odin) als mythische Grundlage der westlichen Kultur behandelt wird. Danach folgten *Mara, Such Counsels You Gave to Me* (1937) und *Be Angry at the Sun* (1941); letzteres enthält das Maskenspiel *The Bowl of Blood*, das sich mit der seelischen Struktur HITLERS befaßt. Niemand hielt viel von den Gedichten dieser Periode, nicht einmal ihr Autor.

Die vierte und letzte Periode (1948–1962) brachte eine Rückwendung zur »mythopoeia«, die aber nun eher die übermenschlichen als die untermenschlichen Bereiche anrührt. Schon in der Erzählung *At the Birth of an Age* hatte sich der Dichter an diese neue Dimension herangetastet. *The Double Axe* (1948), der erste Gedichtband dieser Schaffenszeit, brachte eine realistische »horror story«: *The Love and the Hate*, in der die Heimkehr des gefallenen GI in das Elternhaus und die damit verbundenen Ereignisse berichtet werden. Die Wahnvorstellungen des Helden im Leben werden nach seinem Tod zum übernatürlichen Fakt. »*Ereignisse, die wie ein Alptraum*« erschienen, »*sind nun ein Alptraum*« geworden, »*der wie wirkliches Geschehen erscheint. Der Alptraum ist objektiviert worden*« (F. I. Carpenter). Die Fortsetzung dieser Erzählung, *The Inhumanist*, erörtert die aufgeworfenen Probleme in poetischer und dramatischer Form. *The Double Axe* ist eine Art Hymnus der Entsühnung, ein religiöses und symbolisches Drama, in dem das endgültige Desengagement des Dichters von der menschlichen Tragödie ausagiert wird. Das Gedicht erinnert mitunter an das *Buch Hiob* und an NIETZSCHES *Also sprach Zarathustra*, ist aber ein eigenständiges und faszinierendes Werk, in dem der

Dichter seine anfängliche wortgewaltige und bildmächtige Kraft zurückgewinnt. In dem zweiten Gedichtband dieser Periode, *Hungerfield* (1954), geht Jeffers noch einen Schritt weiter: Er gestaltet den uralten Topos des Halbgottes, der den Kampf mit dem Tod aufnimmt, um einen geliebten Menschen ins Leben zurückzuholen. Die Erzählung weist alle »Realistik« einer Schauergeschichte von E. A. POE auf, steigert sich aber zu einer seltsamen Synthese von Übernatürlichem, Menschlichem und Natürlichem. Der Protagonist, Hungerfield, negiert den Tod, ringt ihn mit übermenschlicher Kraft nieder, bewirkt jedoch durch diesen Sieg nur noch mehr Tod und Leid. Die Erinnerung an das lange Krebssterben der geliebten Gefährtin und der Versuch, mit dieser Erinnerung zu leben, verleihen dieser Erzählung eine besondere Unmittelbarkeit. In dem, was wir von dem postum erschienenen und unfertigen Gedichtzyklus *The Beginning and the End* (1963) besitzen, läuft dann die andere Schaffenslinie, die Linie der meditativen kürzeren Gedichte aus und steigert sich zu einem letzten großen Höhepunkt.

Wertungsfragen

Das Ansehen keines anderen bekannten Autors unserer Zeit ist so extremen Schwankungen unterworfen wie das von Robinson Jeffers. Anfangs, in den Jahren von 1925 bis ca. 1935, galt Jeffers, gleichrangig mit T. S. ELIOT, als der größte amerikanische Lyriker und, gleichrangig mit Eugene O'NEILL als der größte amerikanische Tragiker. Damals erhorchte man aus seinem Werk die authentisch amerikanische Stimme (im Gegensatz zu ELIOT und POUND, den Überläufern nach Europa), eine Art pessimistischen Walt WHITMAN, und sah in seinen Versen den Beweis, daß anspruchsvolle Dichtung ohne esoterisches Buchwissen und ohne Niveauverlust direkt zu einfachen Menschen sprechen könne. Diese Einschätzung verkehrte sich ab Mitte der dreißiger Jahre ins Gegenteil: Jeffers' Gedichte wurden nun fast einhellig abgelehnt. Der Abstieg in der öffentlichen Gunst vollzog sich parallel zum Aufstieg der Reputation Eliots, dessen Kulturbegriff und religiöse Thematik ebenfalls pessimistische und antihumanistische Züge aufwiesen, aber Ziele verfolgten, die der von Jeffers anvisierten Versöhnung mit der Natur diametral entgegenstanden. Zudem war Eliot der Leitstern der Schule des »New Criticism«, die jahrzehntelang die amerikanische Literaturszene uneingeschränkt beherrschte. Yvor WINTERS, einer der führenden Köpfe der »New Critics«, hatte schon 1930 befunden, Jeffers' Aussagen seien *»schlecht ausgedacht und wesensmäßig trivial«*; mit seinen Gedichten wolle Jeffers implizite sagen, *»daß auch die griechischen und christlichen Moralvorstellungen überholt sind«*; für seine weltanschauliche Problematik gäbe es schließlich einen sehr einfachen Ausweg: den Selbstmord *(»einen Ausweg, den er selber, meines Wissens, nie benutzt hat«)*. Siebenundzwanzig Jahre später kam der namhafte Lyriker Kenneth REXROTH darauf zurück und pries Winters' Attacke als

»einen der verheerendsten Angriffe der modernen Kritik ... das Ansehen von Jeffers, das damals im Zenith stand, hat sich davon nie erholt, sondern ging ständig bergab. Die jungen Leute von heute lesen ihn einfach nicht.« Winters hatte in Jeffers einen Rivalen um den Ehrentitel des »Californian Poet« gesehen, Rexroth hatte ein ähnliches Anliegen. Erschwerend kam dazu, daß Jeffers großen Einfluß auf den jungen »West Coast«-Dichter William EVERSON (auch bekannt als BROTHER ANTONIUS) hatte, den Rexroth zu seiner Anhängerschaft rechnete. 1968, zur Zeit der Hippiebewegung, äußerte sich Everson dazu: *»Daß Kenneth sich gar nicht dazu durchringen konnte, seine ›West Coast‹-Bewegung auf das Vorbild von Jeffers hin zu zentrieren, das verdammte seine Bewegung in meinen Augen zur Bedeutungslosigkeit und zur Hinfälligkeit. Es steht außer Frage, wenn man von der ›entfremdeten Generation‹ unserer Zeit spricht, dann ist Jeffers unser aller Opa. Keins unserer kleineren Talente kann diese Lücke, diese gähnende Leere füllen, die durch diesen Ausschluß entstanden ist.«* Jeffers' Distanz zum Literaturbetrieb, verbunden mit seiner pazifistischen und isolationistischen Distanzierung von der herrschenden ideologischen Linie in der Politik, erleichterte es fortan einer Anzahl von maßgeblichen Kritikern und ehrgeizigen Autoren, ihn karrierefördernd als Prügelknaben zu mißbrauchen. Sein »Inhumanismus« wurde ihm, dem dezidierten Kritiker der allgemeinen Aufrüstung, jetzt als rohe Unmenschlichkeit und Gewalthörigkeit ausgelegt. Die meisten Angriffe auf sein Werk gingen völlig am inneren Kern der Sache vorbei. So warf man ihm wiederholt »Mangel an Humor« vor. Die Handlungen seiner »tragischen« Verserzählungen wurden abgeurteilt, weil sie den Regeln der antiken Tragödie nicht entsprächen; als Erzählungen wurden sie andererseits bemängelt, weil ihre Charaktere nicht so individualisiert und vielschichtig wären wie die des modernen Romans. Sofern man in seinen Texten die klassischen Vorlagen wiedererkannte, verdammte man sie, weil ihnen die hellenische Heiterkeit und Klarheit abginge. Die Presse verfemte ihn, weil er Kritik an der Gattung Mensch übte als Monster; die Moralisten prangerten ihn wegen seiner amoralischen Fabeln an; die Kirchgänger bezichtigten ihn, der sich auf eine »objektive Vernunft« berief, des Nihilismus; die Rationalisten wiesen ihn, unter Mißachtung seiner Orientierung an neueren naturwissenschaftlichen und humanwissenschaftlichen Erkenntnissen, als Irrationalisten ab.

Nach dem Ende des Zweiten Weltkriegs stieg die Erfolgskurve von Jeffers wieder an – seine Nachdichtung von EURIPIDES' *Medea* wurde am Broadway zu einem triumphalen Erfolg. Auch seine anderen Bearbeitungen von griechischen Tragödien, *The Tower Beyond Tragedy* (in einer Bühnenfassung) nach der *Orestie* des AISCHYLOS und *The Cretan Woman* nach dem *Hippolytos* des EURIPIDES, wurden übersetzt und weltweit auf vielen Bühnen aufgeführt. Doch 1948 erschienen die Gedichte, die er während des Krieges und kurz danach geschrieben hatte, u. d. T. *The Double Axe and Oth-*

er Poems und lösten einen Skandal sondergleichen aus. Amerika hatte sich nach dem großen Siegestaumel einer globalen Vormachtideologie und dem nuklearen Rüstungswettlauf verschrieben, doch Jeffers sagte seinen Landsleuten, daß damit der nächste Krieg und der Untergang Amerikas bereits vorprogrammiert seien. Zudem zeigte er in der Verserzählung *The Love and the Hate*, daß sich der Blutrausch des Krieges nicht im Tod der Kriegsteilnehmer erschöpfe. Kein Anstand, keine gegenseitige Rücksichtnahme könne solche Traumatisierung überstehen, sie würde in einer allgemeinen Deformation der menschlichen Natur weiterleben. Erst die Nachwirkungen des Krieges in Vietnam in der Psyche der Vietnam-Veteranen sollten Jeffers' Landsleuten die Richtigkeit dieser Beobachtung zu Bewußtsein bringen. Mit seinem Gedichtband hatte Jeffers die professionellen Patrioten zutiefst empört. Von nun an blieb er ein Geächteter in der öffentlichen Meinung. Der negative Konsensus der »New Critics« hatte eine Ergänzung von der Seite des »Manifest Destiny« gefunden.

Erst nach Jeffers' Tod kam allmählich ein Umdenken in Gang, und heute wird Jeffers von der Kritik zuweilen als der eigentliche »*Dichter des Atomzeitalters*« bezeichnet, als der einzige Warner vor einer nuklearen Katastrophe, vor dem ökologischen Umkippen der Natur oder den Folgen der Überbevölkerung und des Wachstumswahns in der literarischen Moderne. Der Tenor der kritischen Würdigung des Gesamtwerks geht inzwischen dahin, den Akzent auf die kürzeren Gedichte zu legen. Die jahrzehntelange Unterschätzung von Jeffers, heißt es, sei eine Folge der ausschließlichen kritischen Beschäftigung mit den Verserzählungen gewesen, wodurch die kürzeren Gedichte als bloße Anhängsel, wenn nicht gar als Füllsel der Einzelbände erschienen. Die langen erzählenden Gedichte dagegen seien mehr oder minder mißlungen, denn ihre Charaktere und Handlungen seien so außergewöhnlich, daß sie nur noch schockierend oder absurd wirkten. John R. ALEXANDER ortet das eigentliche Problem in dem Widerspruch zwischen Jeffers' »Inhumanismus«, der eine Abkehr von aller mitmenschlichen Verstrickung und eine Wende nach außen erforderte, und den realistischen Erzählungssträngen, die den Dichter zwangen, sich detailliert auf menschliche Emotionen einzulassen: »*Ob man die [antinomische] Spannung in den Erzählungen als Quelle der Stärke oder der Schwäche sieht, hängt ab von dem Maß, in dem sein [Jeffers'] ästhetisches Engagement sein weltanschauliches Engagement steigert oder vereitelt.*«

Abgesehen von allen Kontroversen gab es stets einige Leser, darunter sehr bedeutende Kritiker und namhafte Autoren, für die Jeffers einer der Großen des Jahrhunderts blieb, dazu gehören: Lincoln STEFFENS, Edward WESTON, Ansel ADAMS, Mark van DOREN, Langston HUGHES, William Rose BENET, Babette DEUTSCH; Edna St. VINCENT MILLAY, George STERLING u. a. m. Besonders in Kalifornien ist die Erinnerung an Jeffers – auch wenn sie bisweilen in einen Kult ausartet – sehr lebendig.

In Carmel findet alljährlich ein Jeffers-Festival mit Gedichtlesungen, Filmvorführungen, Fotoausstellungen statt, an dem sich Dichter wie Gary SNYDER, William EVERSON, Edward ABBEY, Charles BUKOWSKI oder der polnische Nobelpreisträger Czesław MIŁOSZ beteiligen. Die Stanford University bereitet unter der Federführung von Timothy HUNT eine Gesamtausgabe des Werks vor. Das Werk von Robinson Jeffers ist in den slawischen Ländern, vor allem in der ČSSR, in Jugoslawien und Bulgarien, seit vielen Jahren fest etabliert. Besonders die erzählenden Gedichte *The Women at Point Sur, The Loving Shepherdess* und *Hungerfield* fanden dort große Resonanz. In Jugoslawien wurde *The Loving Shepherdess* verfilmt, in der ČSSR entstanden Verfilmungen von *Cawdor* und *Roan Stallion*, ein tschechischer Film über *The Loving Shepherdess* wird zur Zeit (1989) in Wladiwostok gedreht.

In der deutschsprachigen Rezeption des Dichters gab es eine Zäsur von einigen Jahrzehnten: Gottfried BENN, der 1951 von einem Verlag in »*dieser Jeffers-Sache*« konsultiert wurde, befand ihn »*zu moralisierend, zu politisch-pazifistisch, zu pastoral*«, hinter dem ganzen stehe »*ein langweiliger Mensch*«. Paul CELAN übersetzte 1954 als Auftragsarbeit Jeffers' Vortrag *Poetry and Survival* für die Zeitschrift ›Perspektiven‹, und H. E. HOLTHUSEN schrieb dazu eine »Antwort an Robinson Jeffers«, in der er ihn (fälschlich) den »*Enthusiasten des Willens zur Macht*« zuschlug. Die zahlreichen deutschen Aufführungen von Jeffers' Bearbeitungen griechischer Tragödien in den fünfziger Jahren führten zur Veröffentlichung des Bandes *Robinson Jeffers. Dramen* (1960). Erst nach einem Zeitabstand von vierundzwanzig Jahren erschien dann eine Gedichtauswahl in deutscher Sprache, und der Dichter Uwe DICK entdeckte in Jeffers seinen »*Granitbruder*«. Botho STRAUSS setzte sich 1989 in seinem Werk *Fragmente der Undeutlichkeit* mit den Abschnitten *Jeffers-Akt* und *Sigé*, auf seine persönliche Weise mit dem »unbekannten« amerikanischen Dichter auseinander.

E.Hs.

AUSGABEN: *Flagons and Apples*, Los Angeles 1912. – *Californians*, NY 1916. – *Tamar and Other Poems*, NY 1924. – *Tamar, Roan Stallion and Other Poems*, NY 1925, ern. NY zehnmal v. 1926–1935; ern. Ldn. 1928. – *The Women at Point Sur*, NY 1927; ern. NY 1927, 1929, 1930. – *Poems*, San Francisco 1928. – *Cawdor and Other Poems*, NY 1928; ern. NY 1928, 1929, 1931; ern. Ldn. 1929. – *Dear Judas and Other Poems*, NY 1929; ern. NY 1930, 1933. – *Apology for Bad Dreams*, Paris 1930. – *Descent to the Dead*, NY 1931. – *Thurso's Landing and Other Poems*, NY 1932. – NY 1932. – *Give Your Heart to the Hawks*, NY 1933. – *Solstice and Other Poems*, NY 1935. – *Such Counsels You Gave to Me and Other Poems*, NY 1937. – *The Selected Poetry of R. J.*, NY 1938. – *Be Angry at the Sun*, NY 1941; ern. NY 1963. – *Medea*, NY 1946. – *The Double Axe and Other Poems*, NY 1948; ern. NY 1977, Hg. W. Everson; ern. u. d. T. *In This Wild Water: The*

Suppressed Poems of R. J., Pasadena 1976, Hg. James Shebl. – *Poetry, Gongorism and a Thousand Years*, California 1949; ern. Philadelphia 1971. – *Hungerfield and Other Poems*, NY 1954. – *Themes in My Poems*, California 1956. – *The Beginning and the End and Other Poems*, NY 1963. – *The Selected Poetry of R. J.*, NY 1963. – *The Selected Letters of R. J., 1897–1962*, Baltimore 1968, Hg. Ann. N. Ridgeway. – *The Alpine Christ and Other Poems*, Cayucos 1974. – *Rock and Hawk: A Selection of Shorter Poems by R. J.*, NY 1987. – *Selected Poems*, Manchester 1987, Hg. Colin Falck.

ÜBERSETZUNGEN: *Dramen*, E. Hesse, Reinbek 1960. – *Gedichte*, Dies., Passau 1984; ern. u. d. T. *Unterjochte Erde*, Mchn. 1987 [m. Nachw. u. Bibliogr.].

LITERATUR: G. Sterling, *R. J., the Man and the Artist*, NY 1926. – L. Morris, *R. J.: The Tragedy of a Modern Mystic* (in The New Republic, 54, Nr. 702, 1928, S. 386–390). – L. Adamic, *R. J. A Portrait*, Seattle 1929. – Y. Winters, *R. J.* (in Poetry, 25, 1930, H. 5, S. 279–286). – D. Macdonald, *R. J.: I* (in The Miscellany, Bd. 1, 1930, Nr. 3, S. 1–10); *R. J.: II* (ebd., Nr. 4, S. 1–24). – R. Gilbert, *Shine Perishing Republic: R. J. and the Tragic Sense in Modern Poetry*, Boston 1936; ern. NY 1965. – H. E. Holthusen, *Antwort an R. J.* (in Perspektiven, 9, 1954, S. 155–162). – K. Rexroth, *Decline of a Poet* (in Saturday Review of Literature, 40, 1957, S. 30). – E. Hesse, Vorwort (in R. J., *Dramen*, Reinbek 1960). – G. Benn, Brief v. 18. 1. 1951 an M. Niedermayer (in *Briefe an einen Verleger. M. Niedermayer zum 60. Geb.*, Hg. M. Schlüter, Wiesbaden 1965). – J. Dickey, *R. J.* (in R. D., *Babel to Byzantium*, NY 1964; ern. NY 1968). – R. Boyers, *A Sovereign Voice: The Poetry of R. J.* (in Sewanee Review, 77, Sommer 1969, S. 487–507). –J. R. Alexander, *Conflict in the Narrative Poetry of R. J.* (ebd., 80, Winter 1972, S. 85–99). – E. Hesse, *Die Exzesse von R. J.* (in R. J., *Gedichte*, Passau 1984; ern. u. d. T. *Unterjochte Erde*, Mchn. 1987). – Dies., *Poetry as a Means of Discovery: A Critico-Theoretical Approach to R. J.* (in American Poetry, Bd. 5, 1987, H. 1, S. 17–34). – B. Strauß, *Fragmente der Undeutlichkeit*, Mchn. 1989.

CAWDOR

(amer.; *Cawdor*). Episches Gedicht von Robinson JEFFERS, erschienen 1928. – Jeffers, Sohn eines puritanischen Geistlichen, war aufgrund seiner Erziehung schon früh mit der griechischen und biblischen Mythologie vertraut. Archaisch anmutende Konflikte sowie ständige Rückgriffe auf Stoffe und Motive der griechischen Tragödie kennzeichnen seine Langgedichte und Versdramen von Beginn an ebenso wie Zivilisationskritik und un-menschliches Denken in kosmischen Dimensionen. Daß sich in seinen Werken die prekäre, fast aussichtslose

Lage des Menschen immer wieder in bitteren, oft roh und grauenhaft anmutenden Bildern zeigt, brachte Jeffers häufig die Kritik ein, er weide sich an Dekadenz und Sensationen. Aber trotz des Pessimismus, mit dem er das Ergebnis der menschlichen Bemühungen in einer unmenschlich gewordenen Umwelt darstellt, und trotz der peitschenden Rhythmen seiner Verse hat die Geschichte vom tragischen Schicksal des Farmers Cawdor gewisse sentimentale, ja romantische Züge. Die Vorlage bildete (wie in O'NEILLS *Desire Under the Elms*, 1924) die Phaidra-Hippolytos-Tragödie des EURIPIDES, auf die Jeffers auch in seinem Drama *The Cretan Woman*, 1954 *(Die Frau aus Kreta)*, Bezug nahm.

Bis zu seinem fünfzigsten Lebensjahr verläuft Cawdors Leben so gut wie ereignislos. In harter Arbeit hat er sich an der Küste Kaliforniens eine Farm aufgebaut; nach dem Tod seiner Frau, die bei der Geburt des jüngsten Kindes starb, muß er allein seine drei Kinder großziehen. Während ein Sohn und eine Tochter auf der Farm bleiben, macht sich der rastlose Hood als Jäger selbständig und verläßt die Familie. Von dem Tag an, als Cawdor die durch einen Brand obdachlos gewordene neunzehnjährige Fera Martial und ihren sterbenden Vater aufnimmt, scheint die Atmosphäre vergiftet, wandelt sich Cawdors Leben in beunruhigender Weise. Fera, ein zugleich leidenschaftliches und berechnendes Wesen, entschließt sich, den Farmer zu heiraten, der wiederum glaubt, sie könne mit ihrer Jugend und Schönheit seinem Leben einen neuen Sinn geben. In Wirklichkeit zieht mit Fera das Böse in seine einfache Welt ein. Als Hood auf die Farm zurückkehrt, verliebt sich die junge Stiefmutter in ihn und versucht ihn zu verführen; sie scheitert jedoch an seiner Loyalität gegenüber dem Vater. Eines Nachts, als sie plötzlich aus dem Gebüsch auf Hood zuspringt, hält dieser sie für ein Stück Wild und verwundet sie. Um sich zu rächen, berichtet sie ihrem Mann, sie sei von Hood vergewaltigt worden. Wutentbrannt stellt Cawdor seinen Sohn zur Rede und stößt ihn im Verlauf der Auseinandersetzung von einer Klippe hinab. Als später Cawdors Tochter den verwundeten Adler tötet, den Fera gefunden und liebevoll gepflegt hat, rächt diese sich an der Familie, indem sie ihrem Mann die Wahrheit über sich und Hood erzählt. Cawdor, von seinem Schuldgefühl übermannt, nimmt sich (wie Oedipus) selbst das Augenlicht.

In Jeffers' kraftvollen, im Rhythmus wechselnden freien Versen stehen kompromißlos-realistische Schilderungen neben lyrisch gefärbten Naturszenen. Zwingend entwickelt der Autor in diesem Gedicht von der Selbstzerstörung des Menschen den Gedanken, daß derjenige, der mordet, auch sich selbst tödlich verletzt, daß die wahre menschliche Würde denen versagt bleibt, die nur sich selbst lieben.   J.D.Z.-KLL

AUSGABEN: NY 1928 (in *Cawdor and Other Poems*). – Ldn. 1929. – NY 1970 [zus. m. *Medea*; Einl. W. Everson].

LITERATUR: J. R. Alexander, *Conflict in the Narrative Poetry of R. J.* (in SR, 80, 1972, S. 85–99). – R. Brophy, *J.'s »Cawdor« and the Hippolytus Story* (in Western American Literature, 7, 1972, S. 171–178). – B. S. Nadel, *R. J.'s »Cawdor«: The Emergence of Man's Tragic Beauty* (in Journal of the American Academy of Religion, 1976). – J. D. Houston, *Necessary Ecstasy: An Afterword to »Cawdor«* (in Western American Literature, 19, 1984, S. 99–112).

DEAR JUDAS

(amer.; *Geliebter Judas*). Dramatische Dichtung von Robinson JEFFERS, erschienen 1929. – Der biblische Bericht vom Verrat Jesu und seiner Kreuzigung erscheint in Jeffers' Version, die Motive und Methoden des japanischen *Nō*-Spiels verwendet und die Charaktere der Hauptpersonen – Jesus, Judas, Maria – einer rigorosen psychologischen Analyse unterzieht, in so grimmig unorthodoxer, häretischer Beleuchtung, daß das kurze Versdrama 1947 in einigen Orten Neuenglands verboten wurde. Der Autor interpretiert die der Kreuzigung vorausgehenden Ereignisse mit den politischen Begriffen der Gegenwart, wie er auch die Motivationen der Charaktere vom Blickpunkt der modernen Psychologie aus bloßlegt.

Nach Jeffers' Darstellung hat Maria Ehebruch begangen und versucht, ihren Fehltritt durch die Ausrede von der Erscheinung des Heiligen Geistes zu mystifizieren. Jesus selbst ist zwar von seiner Gottessohnschaft nicht zutiefst überzeugt, ist sich jedoch seiner außergewöhnlichen Fähigkeiten bewußt und strebt, über das Ansehen eines großen Propheten hinaus, nach höherem Ruhm. Judas, der arme, feinfühlige Sohn eines Krämers, wird zum Jünger Christi, weil er sich von ihm Frieden in der Welt und ein Ende der Leiden erhofft. Doch bald erkennt er, daß sein Meister anderes im Sinn hat: Jesus will in Jerusalem einziehen und die Juden zur Revolte gegen Rom aufrufen. Er will die Macht und durch sie die Befreiung aus dem »Netz« Gottes. Als Judas merkt, daß Jesus willens ist, die Juden ins Chaos zu stürzen, versucht er ihn zurückzuhalten; Jesus aber zwingt ihn, den er von allen seinen Jüngern am meisten liebt, ihn zu verraten. So erreicht er sein Ziel: Märtyrertum und Göttlichkeit. In den für ihn charakteristischen getragenen freien Versen vergegenwärtigt Jeffers den Aufstieg Jesu zum Ruhm und die berechnende Haltung, mit der er Judas, der die Welt vor noch größerem Leid bewahren will, der Verzweiflung in die Arme treibt, in kalten, manchmal sogar brutalen Bildern. Das Symbol für die Gestalt Jesu ist der Habicht, und in einem der Monologe gibt Jesus, ganz im Stil eines ruchlosen Theaterschurken, seinen Plan preis: *».. . but I will possess them. / The hawk shines like the dove. Oh, power / bought at the price of these hands and feet and all this body / perishing in torture will pay is holy.«* (*».. . doch ich will sie besitzen. Der Habicht glänzt wie die Taube. Oh, Macht, die erkauft ist um den Preis dieser Hände und Füße und all dessen, was dieser in Qualen endende Leib zahlen wird, ist heilig.«*) Ein zweites zentrales Symbol ist das Netz, das Bild der Täuschung und zugleich des göttlichen Willens. Jesus, der ungezähmte, majestätische Habicht, versucht, diesem Netz auszuweichen. Lazarus' Worte zu Maria *»Dein Sohn hat das Menschenmögliche getan; er hat sein Schicksal selbst gewählt und gestaltet«* sollen ausdrücken, daß Jesus, als eine Art machiavellischer Held, nicht für die Menschheit, sondern, ironischerweise, im eigensten Interesse den Tod erlitten hat. Judas dagegen, zum *»Ungeziefer im Gefieder des Habichts«* (*»hawk's lice«*) erniedrigt, bleibt nur noch der Selbstmord des Verzweifelten.   J. D. Z.

AUSGABEN: NY 1929 (in *Dear Judas and Other Poems*). – Ldn. 1930. – NY 1977 [Einl. R. J. Brophy].

LITERATUR: M. van Doren, *Judas, Savior of Jesus* (in Nation, 130, Jan. 1930, S. 20–21). – R. Jeffers, *Preface to »Dear Judas«* (in NY Times, 5. 10. 1947). – G. J. Nathan, *Theatre Book of the Year, 1947–1948*, NY 1948, S. 77–80. – A. Wilder, *Theology in Modern Literature*, Cambridge/Mass. 1958, Kap. 4. – Ders., *The Cross: Social Trauma or Redemption* (in *Symbolism in Religion and Literature*, Hg. R. May, NY 1960, S. 99–117). – P. Pettingell, *R. J. Revisited* (in The New Leader, 22. 5. 1977, S. 20–21). – E. Vaughn, *»Dear Judas«: Time and Dramatic Structures of the Dream* (in R. J. Newsletter, 51, Juli 1978, S. 7–22).

MEDEA. Freely Adapted from the Medea of Euripides

(amer.; *Ü: Medea*). Drama in zwei Akten, in freien Versen, von Robinson JEFFERS, Uraufführung: New York, 20. 10. 1947, National Theater; deutsche Erstaufführung: Bad Hersfeld, 29. 6. 1958. – Von Jeffers' Nachdichtungen antiker Dramen errang *Medea* – wie *The Tower Beyond Tragedy*, eine Adaption der *Orestie* und der euripideischen *Elektra*, und *The Cretan Woman*, eine Adaption des *Hippolytos*, für die Schauspielerin Judith Anderson geschrieben – den größten Erfolg. Daß er in allen drei Fällen auf EURIPIDES zurückgriff, erklärte Jeffers in seinem 1948 erschienenen Vorwort zu *Medea* damit, daß dessen Tragödien entstanden seien, als die griechische Kultur ihren Höhepunkt bereits überschritten hatte und auf die eigenen Zersetzungserscheinungen mit einer *»Intensität und Heftigkeit«* reagierte, die in seinen, Jeffers' Augen den Vergleich mit der modernen Zivilisation nahelege. Mit der Gestalt der Medea hatte sich Jeffers bereits in seinem 1935 veröffentlichten Gedicht *Solstice (Sonnenwende)* beschäftigt, in dem er sie in die Landschaft Kaliforniens verpflanzte. Die Medea seines Dramas verkörpert den existentiell einsamen, ganz auf sich selbst zurückgeworfenen Menschen. Ihre absolute Heimatlosigkeit, die Ausweglosigkeit ihrer Situation und ihr leidenschaftliches

Bedürfnis, sich an den dafür Verantwortlichen zu rächen, motivieren ihren wahnwitzigen Vernichtungsdrang. *»Tod. Tod ist mein Wunsch ...«* sind ihre ersten Worte, später meditiert sie: *»Vernichtung. Das Wort ist reine Musik: Vernichtung ...«* Gegenüber Medeas »Primitivität« erscheint ihre »zivilisierte« Umwelt degeneriert. Die griechischen Antagonisten der Kolcherin sind Feiglinge und Heuchler: Kreon schickt Medea aus Angst vor ihrer Wildheit ins Exil, um sich angesichts des ihr geschehenen Unrechts die Hände in Unschuld zu waschen; Ägeus zittert vor den Folgen der Gastfreundschaft, zu der er sich Medea gegenüber verpflichtet fühlt; und Jason ist ein selbstgefälliger, von Macht- und Goldgier besessener Opportunist. Auch die Frauen von Korinth erscheinen in üblem Licht: Der dumme Patriotismus, der Aberglaube und die Besserwisserei der drei Klatschweiber, die bei Jeffers an die Stelle des euripideischen Chors getreten sind, veranlassen Medea zu dem bitteren Ausruf: *»Nichts ist privat in einer griechischen Stadt!«* Vor diesem Hintergrund wirkt Medea wie eine unbezähmbare Naturkraft. Ihre elementaren Leidenschaften und ihr Vernichtungsrausch übersteigen jede menschliche Dimension, ihre Rachetat entzieht sich allen menschlichen Maßstäben und bricht über die anderen herein wie jene Naturgewalt, die die Griechen »Schicksal« nennen.

Medeas Anderssein drückt sich auch im Sprachlichen aus. Während die übrigen Personen weitgehend Gedankengänge und Bilder verwenden, die Jeffers von Euripides übernommen hat, sind die Monologe der Kolcherin mit barbarischen Symbolen angereichert, die, wie z. B. die an den Strand gespülten Knochen oder die großen, alten Steine, leitmotivisch verwendet werden. Gelegentlich sind sprachliche Anklänge an SHAKESPEARE vernehmbar: An Shylock erinnert Medeas Charakterisierung ihrer asiatischen Rasse *(»... verletzt uns, und wir werden weinen«)*, an Macbeth ihr Wort vom »staubigen Tod«, an Lear ihr Aufschrei beim Anblick ihrer todgeweihten Kinder: *»Niemals, niemals, niemals ...«*

Jeffers hat in seinem Drama die zeitlose menschliche Problematik der antiken Vorlage in die Zeitbezogenheit seiner eigenen Zweifel an der modernen Zivilisation übertragen und Medea zur Inkarnation jenes »Inhumanismus« gemacht, den er in seinem gesamten Werk der Dekadenz des modernen Menschen entgegensetzt. G.Bj.

AUSGABEN: NY o. J. [1947]. – Ldn./Toronto o. J. [1948]. – NY 1970 [zus. m. *Cawdor*].

ÜBERSETZUNG: *Medea*, E. Hesse (in *Dramen*, Reinbek 1960; rororo).

LITERATUR: J. M. Brown, *Seeing More Things*, NY 1948, S. 231–237. – L. Bogan, *Selected Criticism: Prose and Poetry*, NY 1955, S. 302–304. – H. Clurman, *Lies Like Truth*, NY 1958, S. 88–90. – G. C. Weales, *American Drama Since World War II*, NY 1962, S. 182–202. – J. M. Brown, *Dramatis Perso-*

nae, NY 1963, S. 208–213. – M. Norma, *The Many Faces of Medea* (in Classical Bull., 45, 1968, S. 17–20). – K. Friar, *On Translation* (in Comparative Literature Studies, 8, 1971, S. 197–213). – R. Brophy, *J.' »Medea«: A Dionysian Retribution* (in R. J. Newsletter, 33, 1972, S. 4–6). – R. J. Scott, *R. J.' Tragedies as Rediscoveries of the World* (in Rocky Mountain Review of Language and Literature, 29, 1975, S. 147–165). – C. Georgoudaki, *J.' »Medea«: A Debt to Euripides* (in Revue des Langues Vivantes, 42, 1976, S. 620–623).

ROAN STALLION

(amer.; *Der rote Hengst*). Verserzählung von Robinson JEFFERS, erschienen 1925. – Wie in dem ein Jahr früher veröffentlichten langen Gedicht *Tamar* will Jeffers auch in *Roan Stallion*, der kürzesten seiner großen freirhythmischen Verserzählungen, einen alten Mythos – hier die Liebe eines Menschen zu einem Tier, Ursprung vieler antiker Götter und Halbgötter – für seine eigene Zeit und Umwelt, das kalifornische Küstengebiet, lebendig und bedeutsam machen. Das Verhalten der Heldin wird, im Gegensatz zu dem Tamars, psychologisch motiviert, so daß die mythischen Implikationen glaubhaft und gegenwartsnah erscheinen; daß sie, wie ihre Heimat, California heißt, legt den Gedanken an den Zeus-Europa-Mythos nahe. Nur die dritte und letzte Episode des Gedichts lebt von der äußeren Handlung, die ersten beiden Teile schaffen den symbolischen Rahmen: California, Abkömmling spanischer, indianischer und schottischer Vorfahren, lebt, physisch und psychisch frustriert, mit ihrem verkommenen, brutalen Mann Johnny und ihrer kränklichen kleinen Tochter Christine in einem einsamen Haus abseits von Monterey. Bevor sie am Weihnachtsmorgen in die Stadt fährt, um dem Kind das von Johnny vergessene Geschenk zu kaufen, erträgt sie widerstandslos die Lüsternheit ihres Mannes, nur, um ihm so schnell wie möglich zu entkommen. Als sie bei der Rückfahrt in einen Sturm gerät und den ihren Wagen ziehenden roten Hengst durch den Hochwasser führenden Fluß reiten muß, fühlt sie sich zum erstenmal von der Kraft und Schönheit des Tieres angezogen. Der Ritt stellt Californias symbolische Reinwaschung von der Unnatürlichkeit ihres bisherigen Lebens dar – ein Vorgang, der kennzeichnend ist für Jeffers' Idee des *inhumanism*, der zur Regeneration des Menschen notwendigen Befreiung aus rein menschenbezogenen Denk- und Gefühlskonventionen. California sucht, wie die zweite Episode zeigt, diese Befreiung zu vollziehen, indem sie sich, getrieben von religiöser Ehrfurcht und sexueller Begierde, dem Hengst wie einer Naturgottheit nähert, ihn nachts auf einen Hügel reitet, sich in mystischer Ekstase vor ihm niederwirft und ihn schließlich in der Erkenntnis: *»O du mein Gott, ich bin nicht gut genug!«*, verläßt. – Die letzte Episode übersetzt die seelischen Konflikte Californias in eine sich überstürzende dramatische Handlung: Angewidert von ihrem betrunkenen Mann, der sich ihr nähern will, flieht sie, von ihm und seinem Hund verfolgt, zur Koppel des Hengstes. Bewegungslos beobachtet sie den mörderischen Kampf zwischen Hund, Hengst und Mann, bis sie plötzlich von ihrem entsetzt mit einem Gewehr herbeieilenden Kind an ihre Pflicht erinnert wird. Aber anstatt ihren Mann zu retten, zielt sie zunächst auf den Hund und erschießt, *»von dunkler menschlicher Treue bewegt«*, den Hengst erst, als er Johnny zu Tode getrampelt hat. Ihr Ausbruchsversuch endet also damit, daß sie ihr Gefangensein in der menschlichen Existenz hinnimmt; aber die Tragödie, die sie heraufbeschwor, hat es vermocht, zum erstenmal verborgene Gefühlskräfte in ihr freizusetzen, *»die Kruste zu durchbrechen, die Kohle zu entzünden, das Atom zu spalten«*. So ist bereits in dieser frühen, balladenhaft knappen Verserzählung jene Auffassung von der Tragödie und ihrer Bedeutung für den einzelnen, die Jeffers' Nachgestaltungen griechischer Mythen prägt, im Kern enthalten. G.Bj.

AUSGABEN: NY 1925 (in *Roan Stallion, Tamar, and Other Poems*; ern. 1935). – Ldn. 1928 (in dass.). – NY 1965 (in *Selected Poems*).

LITERATUR: R. S. Breen, *Symbolic Action in Oral Interpretation of R. J.'*»*Roan Stallion*«, Diss. Northwestern State Univ. 1950. – K. Keller, *California, Yankees, and the Death of God: The Allegory in J.'s* »*Roan Stallion*« (in Texas Studies in Language and Literature, 12, 1970, S. 111–120). – J. R. Alexander, *Conflict in the Narrative Poetry of R. J.* (in SR, 80, 1972, S. 85–99). – R. J. Brophy, *The Ritual Ending of* »*Roan Stallion*« (in R. J. Newsletter, 34, 1973, S. 11–15). – D. D. Wilson, *R. J.: Poetry Versus Prose in* »*Roan Stallion*« (ebd., 54, 1979, S. 14–19). – J. Jerome, »*Roan Stallion*« (in Writers Digest, April 1983, S. 52–55).

THE TOWER BEYOND TRAGEDY

(amer.; *Ü: Die Quelle*). Versdrama (freie Rhythmen) in drei Akten von Robinson JEFFERS, erschienen 1925; Uraufführung: Carmel/Kalifornien, Oktober 1941, Carmel Theater. – Als dramatisches Gedicht veröffentlicht und später für die Bühne adaptiert, ist dieses Werk Jeffers' erste Bearbeitung eines antiken Sagenstoffes. In seiner »Neuen Orestie«, wie er das Versdrama ursprünglich nennen wollte, gelangte er zu einer mit den griechischen Atridendramen (neben AISCHYLOS beeindruckte Jeffers vor allem die *Elektra* des EURIPIDES) kaum noch verwandten, den Einfluß der modernen Psychoanalyse verratenden Konzeption der Hauptgestalten. Dadurch ergeben sich auch Berührungspunkte zu Eugene O'NEILLS *Orestie*-Bearbeitung *Mourning Becomes Electra*, 1931 *(Trauer muß Elektra tragen)*.
Zentralfigur des ersten Akts ist Klytämnestra. Nach der Ermordung Agamemnons versucht sie, die nach dem König rufenden Soldaten bis zur

Rückkehr ihres Liebhabers Ägisth in Schach zu halten. Aus dem Mund Kassandras spricht die anklagende Stimme des toten Gatten zu ihr und zwingt sie, den Mord einzugestehen. Doch Klytämnestra, der es um die Macht in Mykene geht, weiß ihre eigene, im wörtlichen wie im übertragenen Sinn nackte Macht einzusetzen: Durch eine Art Striptease schlägt sie die Menschenmenge in Bann, bis mit der Ankunft Ägisths die gefährliche herrscherlose Zeit ein Ende hat. – Der zweite Akt enthält Kassandras düstere Prophezeiungen für das mykenische Königshaus und die Welt, die Rückkehr der seit acht Jahren verstoßenen Geschwister Elektra und Orest, dessen Rachetat an der Mutter und ihrem Komplizen sowie seinen in einem Wahnsinnsanfall begangenen Mord an Kassandra. – Im dritten Akt weigert sich Orest, die Macht in Mykene zu übernehmen, und erkennt in Elektra, die ihn mit allen Mitteln – auch mit dem Versprechen, sich ihm hinzugeben – dazu bewegen will, das Ebenbild der Mutter. Die Befreiung aus seiner und der ganzen Menschheit Verstrickung gelingt Orest nicht mit Hilfe der Götter, sondern durch die eigene Entscheidung, zur Quelle des Lebens zurückzukehren, sich eins zu fühlen mit der Natur.
Die vier Hauptgestalten verkörpern vier Lebenshaltungen. Für Klytämnestra und Elektra zählt nur die Gegenwart; sie wollen jetzt und hier herrschen, und um ihr Ziel zu erreichen, ist ihnen kein Preis zu hoch. Kassandra erkennt, wohin dieses skrupellose Machtstreben führen wird, resigniert jedoch vor der Unaufhaltsamkeit der Katastrophe und sehnt sich nach dem Tod. Ihre Prophezeiungen (Jeffers läßt sie weit über das Schicksal Mykenes hinausreichen – in die Zukunft Europas, Asiens und Amerikas, in die Schrecken der modernen Zivilisation) bleiben unbeachtet. Orest ist der einzige, der die Kraft aufbringt, mit dem denaturierten Menschengeschlecht zu brechen. Was Kassandra in ihrem Monolog zu Beginn des zweiten Akts für sich erfleht (*»Make me grass, Death, make me stone, / Make me air to wander free between the stars and the peaks; / but cut out humanity / Out of my being, that is the wound that festers in me …«*) wird Orest am Ende gewährt: ein Zustand jenseits der Begierde, des Leids und der Zeit, ein Dasein in Frieden, *»in der Ewigkeit der Sphären«*. Für Orest, das Sprachrohr Jeffers', kann der *»Turm jenseits der Zeit«* nur auf dem Weg des »Inhumanismus« erreicht werden, der Absage an das von Menschen geschaffene, von Menschen korrumpierte Wertsystem zugunsten einer aus dem mystischen Naturerlebnis abgeleiteten individuellen Moral. Ähnliche Gedanken liegen Jeffers' Definition der Aufgabe der Tragödie zugrunde: *»Die ideale Tragödie sollte die Grenzen des Tragischen überschreiten und den Menschen zum ›Turm jenseits der Tragödie‹ führen.«* G.Bj.

AUSGABEN: NY 1925 (in *Roan Stallion, Tamar, and Other Poems*). – NY 1938 (in *Selected Poetry*).

ÜBERSETZUNG: *Die Quelle*, E. Hesse (in *Dramen*, Reinbek 1960; rororo).

LITERATUR: R. T. Flewelling, *Tragic Drama – Modern Style* (in Personalist, 20, 1939, S. 229 bis 241). – R. W. Short, *»The Tower Beyond Tragedy«* (in Southern Review, 7, 1941, S. 132 bis 144). – O. Seidlin, *»The Oresteia« Today: A Myth Dehumanized* (in Thought, 34, 1959, S. 434–452). – G. C. Weales, *American Drama Since World War II*, NY 1962, S. 182–202. – R. J., *»The Tower Beyond Tragedy«* (in *American Playwrights on Drama*, Hg. H. Frenz, NY 1965, S. 94–97). – H. Dickinson, *R. J.: The Twilight of Man* (in H. D., *Myth on the Modern Stage*, Urbana/ Ill. 1969, S. 113–145). – J. B. Vickery, *The Literary Impact of the Golden Bough*, Princeton 1973, S. 158–161. – R. Zaller, *The Birth of the Hero: R. J.'s »The Tower Beyond Tragedy«* (in R. J. Newsletter, 58, 1981, S. 5–16).

THOMAS JEFFERSON

* 13.4.1743 Shadwell / Va.
† 4.7.1826 Monticello / Va.

DECLARATION OF INDEPENDENCE

(amer.; *Unabhängigkeitserklärung*). Bezeichnung des Kongreßbeschlusses und Name des Dokuments vom 4. Juli 1776, wodurch die dreizehn Kolonien Großbritanniens in Nordamerika ihre Bindung an das britische Mutterland aufkündigten und sich zu freien und unabhängigen Staaten erklärten. Formuliert von Thomas JEFFERSON.

Vorgeschichte: Der erste amerikanische Kongreß von 1774 beanspruchte zunächst weder exekutive noch legislative Rechte. Doch die Ereignisse der beiden folgenden Jahre, in denen sich die Streitigkeiten mit dem Mutterland, bzw. der britischen Krone, fortsetzten und verschärften, förderten die Entwicklung in Richtung einer Erklärung der Unabhängigkeit. Im Januar 1776 erschien zudem Thomas PAINES Schrift *Common Sense*, die die Unabhängigkeit als unausweichliche Notwendigkeit hinstellte und großen Einfluß ausübte. Am 7. Juni 1776 endlich brachte Richard Henry Lee, Abgeordneter für Virginia, im Kongreß den Antrag ein, eine *Declaration of Independence* zu formulieren und zu beschließen. Am 10. Juni wurde ein fünfköpfiges Komitee mit ihrer Ausarbeitung beauftragt; es bestand aus Thomas Jefferson, John Adams, Benjamin Franklin, Roger Sherman und Robert R. Livingston. Jefferson formulierte das Dokument, das praktisch als von ihm stammend zu betrachten ist, da die vom Komitee und vom Kongreß vorgenommenen Änderungen nicht einschneidend waren und hauptsächlich in der Streichung bestimmter Passagen des Entwurfs bestanden. Am Abend des 2. Juli 1776 beschloß der Kongreß die Unabhängigkeit und nahm am 4. Juli

1776 Jeffersons *Declaration of Independence* als offizielles Dokument des Beschlusses an. Staatsrechtlich entscheidend ist zwar der Beschluß vom 2. Juli, der 4. Juli aber, als Datum der Annahme und Publikation der Erklärung der Unabhängigkeit, wird als amerikanischer Nationalfeiertag begangen. Da die Zustimmung des Staates New York erst am 15. Juli vorlag, trägt das Dokument eigentlich erst von diesem Datum an zu Recht seinen vollen Titel: *In Congress, July 4, 1776. The unanimous Declaration of the thirteen united States of America.* Unterschrieben wurde die *Declaration* von der Mehrzahl der Abgeordneten am 2. August 1776; einzelne Unterschriften kamen dann noch bis zum Jahr 1781 hinzu.

Das Dokument selbst gliedert sich in vier Teile. Nach einer einleitenden Passage, in der erklärt wird, daß es sich gezieme, die Gründe für einen solchen Schritt der politischen Trennung von einem anderen Volk darzulegen, folgt die Darstellung der politisch-philosophischen »Wahrheiten«, die den Unterzeichnern *»self-evident«*, d. h. selbstverständlich, erscheinen, eine grundsätzliche Rechtfertigung ihres politischen Tuns abgeben und zugleich unveränderliche staatsphilosophische Grundsätze sein sollen: *»We hold these truths to be self-evident, that all men are created equal, that they are endowed by their Creator with certain unalienable Rights, that among these are Life, Liberty and the pursuit of Happiness. – That to secure these rights, Governments are instituted among Men, deriving their just powers from the consent of the governed . . .«* (*»Wir halten die folgenden Wahrheiten für selbstverständlich: daß alle Menschen gleich geschaffen sind, daß sie von ihrem Schöpfer mit gewissen unveräußerlichen Rechten ausgestattet sind, daß unter diesen Leben, Freiheit und das Streben nach Glück sind; daß, um diese Rechte zu sichern, Regierungen unter den Menschen eingerichtet sind, die ihre rechtmäßige Macht aus der Zustimmung der Regierten herleiten . . .«*). Die Erklärung fährt fort, daß einschneidende Änderungen der Regierungsform gewiß nicht leichtsinnig vorgenommen werden sollten, daß aber fortgesetzte Mißbräuche einer Regierungsform mit dem Ziel der Errichtung einer despotischen Regierungsart es zur Pflicht machten, die betreffende Regierung bzw. Regierungsform abzuschaffen. Wiederholte Übergriffe des britischen Königs hätten die Kolonien bisher mit Geduld ertragen; nun aber sähen sie sich gezwungen, ihr bisheriges Regierungssystem zu ändern, da der König offensichtlich die absolute Tyrannei über die amerikanischen Kolonialstaaten anstrebe. – Zum Beweis dieser Behauptungen folgt eine ausführliche Aufzählung von Übergriffen und Ungerechtigkeiten des Königs, die mehr als die Hälfte des gesamten Textes einnimmt. In ihr werden administrative Verzögerungen erwähnt, Schikanen, Amtsanmaßungen, Rechtsverweigerungen und Rechtsbeugungen und schließlich Fälle offener militärischer Aggression, von der Bürger der Kolonien betroffen wurden. Solche Handlungen, heißt es gegen Ende dieses Abschnitts, stünden dem Herrscher eines freien Volkes nicht an und seien des Hauptes einer zivilisierten Nation unwürdig. Der entscheidende Schlußpassus der Erklärung lautet: »*We, THEREFORE, the Representatives of the UNITED STATES OF AMERICA, in General Congress, Assembled, appealing to the Supreme Judge of the world for the rectitude of our intentions, do, in the Name, and by Authority of the good people of these Colonies, solemnly publish and declare, That these United Colonies are, and of Right ought to be FREE AND INDEPENDENT STATES; that they are absolved from all Allegiance to the British Crown, and that all political connection between them and the State of Great Britain is and ought to be totaly dissolved* . . .« (»*Daher tun wir, die Vertreter der Vereinigten Staaten von Amerika, versammelt in einem allgemeinen Kongreß, indem wir den Höchsten Richter der Welt zum Zeugen für die Rechtschaffenheit unserer Absichten anrufen, im Namen und kraft der Autorität des guten Volkes dieser Kolonien, feierlich kund und erklären, daß diese Vereinigten Kolonien freie und unabhängige Staaten sind und sein wegen sein sollen; daß sie von jeglicher Treuepflicht gegen die britische Krone entbunden sind, und jegliche politische Verbindung zwischen ihnen und dem Staate Großbritannien vollständig gelöst ist und sein soll* . . .«)

Die *Unabhängigkeitserklärung* zeigt den entscheidenden Einfluß des politischen Gedankenguts der englischen Aufklärung und des naturrechtlichen Denkens insbesondere John LOCKES, dessen politische Philosophie und Staatstheorie Jefferson übernommen hatte. Dabei sind die in der Erklärung gebrauchten Formulierungen nicht ohne Widerspruch zur politischen und insbesondere zur ökonomischen und sozialen Realität der Zeit, was bereits von einigen Zeitgenossen erkannt wurde. Jefferson gebrauchte die Begriffe »Freiheit« und »Gleichheit« in einem sehr einfachen, manifestartigen, zugleich aber eher abstrakten Sinn. In gewisser Weise verstärkte der Kongreß diese Widersprüche zur Realität, als er die in Jeffersons Entwurf konsequenterweise enthaltene Verurteilung der Sklaverei aus Rücksicht auf die Südstaaten in der endgültigen Fassung wegließ. Die philosophischen Ausführungen zu den natürlichen Rechten des Menschen zu Beginn des Dokuments sind daher mehr als begeisterndes Programm und als Grundsatzerklärungen zu verstehen, die erst noch zu verwirklichen waren. Insgesamt ist der Stil der Erklärung feierlich, gehoben und von Festigkeit und Besonnenheit bestimmt, wenn auch der Ton der einzelnen Passagen, dem unterschiedlichen Inhalt entsprechend, teils sentenziös-philosophisch und grundsätzlich, teils parteiisch, politisch argumentierend und rechtfertigend ist.

Der Einfluß der *Unabhängigkeitserklärung* insbesondere auf die Entwicklung von Verfassung und Recht in den USA war außerordentlich. Zum erstenmal verkündete ein Staat bzw. eine Regierung, auf der Grundlage demokratischer Ideale existieren und sich nur durch die Zustimmung der Regierten rechtfertigen zu wollen. Die in der *Unabhängigkeitserklärung* ausgesprochene und für verbindlich

erklärte Anerkennung von gewissen Grundrechten wurde nach und nach in einer Verfassung und in Gesetzen gesichert und konkretisiert. Auch die politisch-philosophischen Grundsätze vieler anderer, später entstandener Verfassungen und Menschenrechtserklärungen sind in enger Beziehung zu der *Unabhängigkeitserklärung* zu sehen, in der die natürlichen, dem Individuum unmittelbar und unverlierbar zukommenden Rechte wirksamer als im Werk eines Philosophen und noch vor der Französischen Revolution, der ähnliche Überzeugungen zugrunde lagen, zum erstenmal verbindlich ausgesprochen wurden. J.Dr.

AUSGABEN: Philadelphia 1776 (*The Unanimous Declaration of the Thirteen United States of America* in Rough Journal of Congress, 5. 7. 1776). – NY 1944 (in *The Life and Selected Writings of T. J.*, Hg. A. Koch u. W. Peden). – Princeton/N.J. 1950 (in *The Papers of T. J.*, Hg. J. P. Boyd, 1950 ff., Bd. 1; enth. alle Fassungen). – NY ⁹1973 (in *Documents of American History*, Hg. H. S. Commager, Bd. 1). – Washington D.C. 1975 (in *Signers of the Declaration*, Hg. R. G. Ferries).

ÜBERSETZUNGEN: *Unabhängigkeitserklärung der Vereinigten Staaten. Einstimmige Erklärung der 13 Vereinigten Staaten*, anon. (in *Proklamationen der Freiheit*, Hg. J. Musulin, Ffm. 1959; FiBü). – *Die Unabhängigkeitserklärung vom 4. Juli 1776. Einstimmige Erklärung der dreizehn Vereinigten Staaten von Amerika*, W. P. Adams u. A. Meurer Adams, Mchn. 1987 (m. Einl.; dtv).

LITERATUR: J. H. Hazelton, »*Declaration of Independence*«. *Its History*, NY 1906. – A. S. W. Rosenbach, *The »Declaration of Independence«, July, 4, 1776. Its Inception and History, Illustrated by Original Documents, Including Memorable Autographs of All the Signers*, Philadelphia 1937. – C. Becker, *The »Declaration of Independence«. A Study in the History of Political Ideas*, NY ³1942. – J. P. Boyd, *The »Declaration of Independence«: The Evolution of the Text*, Princeton/N.J. 1945. – E. Dumbauld, *The »Declaration of Independence« and What It Means Today*, Norman/Okla. 1950. – C. P. Patterson, *The Constitutional Principles of T. J.*, Austin 1953. – D. Malone, *The Story of the »Declaration of Independence«*, NY 1954. – M. Jonas, *Die Unabhängigkeitserklärung der Vereinigten Staaten*, Hannover 1964. – S. K. Padover, *T. J. and the Foundation of American Freedom*, Princeton/N.J. 1965. – E. Angermann, *Ständische Rechtstradition in der amerikanischen Unabhängigkeitserklärung* (in HZ, 22, 1965, S. 61–91). – J. P. Cullen, »*Declaration of Independence*«. *The Keepsake Album of Its Creation*, Gettysburg 1969. – R. G. Ferries, *Signers of the »Declaration«. Historic Places Commemorating of Independence*, Washington D.C. 1975. – E. S., Morgan, *The Meaning of Independence. John Adams, George Washington, T. J.*, Charlottesville 1976. – J. R. Alden, *The American Revolution*, NY 1980. – R. M. Gephart, *Revolutionary America*

1763–1798. A Bibliography, 2 Bde., Washington D.C. 1984. – R. K. Matthews, *The Radical Politics of T. J. A Revisionist View*, Kansas 1984. – P. Bergmair, *T. J.s republikanische Theorie*, Diss. Mchn. 1986. – M. D. Peterson, *T. J. A Reference Biography*, NY 1986. – N. E. Cunningham, *In Pursuit of Reason. The Life of T. J.*, Louisiana State Univ. Press 1987. – J. Heideking, *Von der Revolution zur neuen Ordnung. Die Vereinigten Staaten von Amerika 1776–1791*, Siegen 1988.

JEFIMIJA

d.i. Jelena Mrnjavčević

* um 1349
† nach 1404/05

POHVALA KNEZU LAZARU

(aserb.; *Lobpreisung auf den Fürsten Lazar*). Panegyrikus der Nonne JEFIMIJA auf den serbischen Fürsten und Märtyrer Lazar, entstanden 1402. – Nach der verheerenden Niederlage der Truppen des Despoten Jovan Uglješa und seines Bruders, des Königs Vukašin, in der Schlacht an der Marica (1371) stand den türkischen Eroberern der Weg nach Serbien offen. 1389 stellte sich der serbische Fürst Lazar mit dem vereinigten serbisch-bosnischen Heer den Truppen Sultan Murads I. zum Kampf: In der berühmten, vielbesungenen Entscheidungsschlacht auf dem Kosovo polje (Amselfeld) unterlagen die Serben und wurden auf Jahrhunderte Vasallen des Osmanischen Reichs. Beide Heerführer, Lazar und Murad, fanden in der Schlacht den Tod, und sowohl der christliche Fürst wie auch der türkische Sultan wurden fortan als Märtyrer und Glaubenszeugen verehrt.
In ihrem mit Goldfaden auf das rote, seidene Bahrtuch (Maße 66 x 49cm) des Fürsten Lazar gestickten, 26 »Zeilen« langen Panegyrikus (Buchstabenhöhe: 18mm) umreißt Jelena, die Witwe des 1371 gefallenen Uglješa, die seit dem Tod ihres Gatten als Nonne Jefimija (Jevpraksija) in dem Kloster Ljubostinja lebte, die geschichtliche und kultische Rolle Lazars. Sie rühmt die vorbildliche Herrschaft des Fürsten, der entweder sein Land von der heidnischen Gefahr befreien wollte oder im Kampf mit den Ungläubigen den Tod zu finden hoffte. In stilisierend-umschreibender Manier unterstellt Jefimija, dem Fürsten seien beide Wünsche erfüllt worden: Er habe sowohl die *»Schlange erschlagen«* als auch durch seinen Tod *»von Gott die Märtyrerkrone empfangen«*. Nun befinde sich sein Land in der Gewalt der Ungläubigen und bedürfe seiner besonderen Fürbitte beim Herrn. Zusammen mit den himmlischen Heerscharen, den Heiligen und Märtyrern möge er den Seinen gegen die unsichtbaren

und sichtbaren Feinde zu Hilfe eilen und seinen *»geliebten Kindern, Fürst Vuk und Stefan, zum Sieg verhelfen«*.
Die *Lobpreisung auf den Fürsten Lazar*, als deren Verfasserin P. J. ŠAFAŘÍK zunächst (1831 und 1851) die Fürstin MILICA, Lazars Witwe, angenommen hat, stellt das bekannteste Beispiel der zahlreichen, die serbischen Herrscherviten (vgl. *Žitije sv. Save – Vita des hl. Sava, Žitije sv. Simeona – Vita des hl. Simeon*, beide 13. Jh., u. a.) in manchen Punkten ergänzenden *pohvale* dar, d. h. der Lobreden auf Heilige und Märtyrer in Form von Gebeten und Panegyriken. Ihre Sprache zeugt zwar von dichterischem Talent, ist aber derart mit kirchlichen Topoi und Allusionen überladen, daß die Texte bisweilen ihre subjektive Intonation und lyrische Gefühlstiefe zu verlieren drohen.
Die älteste erhaltene Abschrift der *Lobpreisung* stammt aus den ersten Jahrzehnten des 16. Jh.s. Sie wird als Handschrift Nr. 290 in der Serbischen Akademie der Wissenschaften aufbewahrt, wo unter Nr. 142 eine weitere Abschrift der *Pohvala* aus den Jahren 1692–1694 zu finden ist. (Eine dritte Abschrift des Werks von 1692 ist als Handschrift Nr. 22 in der Belgrader Nationalbibliothek verbrannt.) Wie sich aus den erhaltenen Abschriften ersehen läßt, wurde die *Pohvala* vermutlich schon relativ bald – mit Einleitung und Schluß versehen – im Gottesdienst als Teil des Synaxarions verwendet. – Das von Jefimija bestickte Leichentuch Lazars wird heute – zusammen mit den Gebeinen des Fürsten, um die sich ein reger Reliquienkult entwickelt hat – im Kloster Vrdnik, einem der sechzehn Klöster der Fruška Gora (nordwestlich von Belgrad), aufbewahrt.   D.Bu.

AUSGABEN: Prag 1851 (in P. J. Šafařík, *Památky drevního pismenictvi Jihoslovanův*). – Belgrad 1902 (in Lj. Stojanović, *Stari srpski zapisi i natpisi*, Bd. 1). – Sremka Karlovci 1922 (in L. Mirković, *Monahinja Jefimija*). – Belgrad 1956 (in M. Pavlović, *Primeri istoriskog razvitka srpskohrvatskog jezika*). – Wien 1958 (in F. Miklosich, *Euphimia monacha, vidua despotae Ugljesae*; Monumenta serbica). – Kruševac 1983 (in J., *Književni radovi*, Hg. Đ. Trifunović).

ÜBERSETZUNGEN (neuserb.): *Natpis monahinje Jefimije na svilenom pokrovu kneza*, S. Novakovic (in Hrišćanski vesnik, 2, 1880, S. 58/59). – *Iz naše stare književnosti 3. Pohvala knezu Lazaru. Jefimija*, Lj. Stojanović (in Srpski književni glasnik, 12, 1904, S. 1023/1024). – *Monahinja Jefimija*, L. Mirković (in Hrišćanski život, 1, 1922, S. 540–542). – *Pohvala svetom knezu Lazaru* (in *Primeri iz stare srpske književnosti*, Hg. Đ. Trifunović, Belgrad 1975).

LITERATUR: P. J. Šafařík, *Übersicht der vorzüglichsten schriftlichen Denkmäler älterer Zeiten bei den Serben und anderen Südslawen* (in Jahrbücher der Literatur, Wien, 53, 1831). – Ders., *Geschichte des serbischen Schriftthums*, Prag 1865. – M. Valtrović,

Srpske crkvene stanarine na budimpeštanskoj ze-maljskoj izložbi (in Starinar, 1885, 4, S. 109/110). – L. Mirković, *Monahinja J.*, Belgrad 1922. – D. Stojanović, *Umetnički vez u Srbiji od XIV do XIX veka*, Belgrad 1959, S. 13/14. – Đ. Trifunović, *Srpski srednjovekovni spisi o knezu Lazaru i Kosovskom boju*, Kruševac 1968. – B. Nedeljković, *Jelena Mrnjavčević-J.* (in B. N., *Žene pesnici Srbije*, Novi Sad 1971, S. 6–15).

JÉGÉ

d.i. Ladislav Nádaši

* 12.2.1866 Dolný Kubín
† 2.7.1940 Dolný Kubín

LITERATUR ZUM AUTOR:
S. Krčméry, *L. N.* (in Slovenské poľady, 42, 1926). – A. Mráz, *Literárne dielo L. N.* (in L. N.-J., *Spisy 1*, Preßburg 1956, S. 9–39). – V. Petrík, *Literárne dielo dr. L. N.-J.*, Preßburg 1956. – J. Gregorec, *Dielo L. N.-J.*, Preßburg 1957. – V. Petrík, *Obraz predprevratovej spoločnosti v J. diele* (in Slovenská literatúra, 6, 1959, S. 18–47). – *J. v kritike a spomienkach. Zborník*, Hg. A. Matuška u. V. Petrík, Preßburg 1959 [m. Bibliogr.]. – I. Kusý, *Mladý L. N.*, Dolný Kubín 1966. – V. Petrík, *Človek v J. diele*, Preßburg 1979. – Ders., *Hodnoty a podnety*, Preßburg 1980, S. 65–100.

CESTA ŽIVOTOM

(slovak.; *Der Weg durchs Leben*). Psychologisch-gesellschaftskritischer Roman von JÉGÉ, erschienen 1930. – Jégés bekanntester Roman faßt das Leben und die geistig-politischen Strömungen der Slovakei (»Oberungarns«) zwischen der Jahrhundertwende und der Auflösung der Donaumonarchie in die Autobiographie eines opportunistisch-feigen Karrieristen, der sein Leben – in Ermangelung wesentlicher Abschnitte – einzig in die Perioden seiner Ehen und Liebschaften zu gliedern vermag (die jeweiligen Mädchennamen dienen als Kapitelüberschriften). Aufgewachsen in einer national-slovakischen Familie, madjarisiert sich der Student und spätere Jurist Jožko Svoreň sehr bald zu einem Joszef Svorényi, da er weiß, daß er nur dann Karriere machen kann, wenn er sich auf die Seite der Mächtigen schlägt. Er *»läßt sich wie ein Veilchen billig kaufen«*, löst seine Bindung zu einer Pfarrerstochter und heiratet auf Anraten des Distrikthauptmanns von Ušov (eine Ortschaft des von CHALUP-KA erstmals entworfenen *Kocúrkovo*-Typs) die Tochter eines angesehenen Ungarn: *»Was ist des Menschen Mittelpunkt auf Erden? Jeder muß einsehen, daß ihn sein Ich beherrscht. Die Welt existiert*

nur so lange, wie wir leben – vor uns nicht und nach uns nicht.«
Eben diesem Distrikthauptmann überläßt Svorényi später seine Frau, indem er sie gegen dessen Geliebte Magda eintauscht – ein unerwartet günstiges Geschäft, wie sich bald zeigen wird, denn Magda zwingt ihn, den Vorsitz der Ušovschen Wahlkommission abzugeben. Diese »generöse« Haltung soll sich bei Bildung der Tschechoslovakischen Republik auszahlen: Svorényi – jetzt wieder Svoreň – wird nach seiner Entmadjarisierung auf die höchsten Posten getragen: *»Wie wir waren, so waren wir, doch wir waren Herren.«*
Der Autobiographie dieses Herrn Svoreň ist deutlich anzumerken, daß ZOLAS *Nana* das einzige Buch ist, das er gelesen hat. Gründlicher dagegen hat sich sein geistiger Vater bei dem großen Franzosen ausgekannt. Beweis dafür ist seine ungehemmt naturalistische Diktion. Jégés Held macht – in seiner Gefühlsarmut eine männliche Nana – seinen *»Weg durchs Leben«* auf Kosten seiner Mitmenschen. In der Heuchelei Svoreňs vor anderen und sich selbst sowie in dem »unversöhnlichen« Ausgang seiner schmutzigen Machenschaften werden Parallelen zu Sinclair LEWIS' *Elmer Gantry* sichtbar, dessen schneidenden Sarkasmus und psychologische Tiefe das Werk jedoch nicht erreicht.

W.Sch.

AUSGABEN: Turčiansky Sv. Martin 1930. – Preßburg 1956 ff. (in *Spisy*, Hg. A. Mráz u. P. Petrus, 5 Bde.).

SVÄTOPLUK

(slovak.; *Svätopluk*). Historischer Roman von JÉGÉ, erschienen 1928. – Im Mittelpunkt des Romans steht die Gestalt des mährischen Herrschers Svätopluk (reg. 870–894), der das desintegrierte Großmährische Reich so weit zu einigen und zu konsolidieren verstand, daß es dem Vorherrschaftsanspruch der Franken erfolgreich zu widerstehen vermochte. Erst nach dem Tode des Herrschers erlag es dem Ansturm der magyarischen Stämme. Die Geschichte des Großmährischen Reichs und seines Herrschers war bereits zur Zeit der nationalen Wiedergeburt bevorzugter Gegenstand der slovakischen Literatur aller Gattungen. Mit seinen Vorgängern greift Jégé den Vorwurf in der Absicht auf, das Nationalbewußtsein des Lesers zu fördern. Im Gegensatz zu den Romantikern stellt er den Helden jedoch nicht als dem aktuellen nationalen Bedürfnis angepaßte, idealisierte Herrschergestalt, sondern durchaus naturalistisch als Despoten dar, der nicht zögert, zur Durchsetzung eines übergeordneten politischen Ziels Gewalt anzuwenden. Aus der Überzeugung, daß der Mensch *»Teil der Natur«* und nicht mehr als *»König der Tiere«* sei, zeigt er den Helden mit all seinen Leidenschaften und Trieben. Zugleich erscheint Svätopluk als umsichtiger Reformator, der die angestrebte Festigung des Reichs konsequent verwirklicht. Gegen den Widerstand der Stammesfürsten modernisiert er die innere Struktur des Staatswesens. Erst seine Reform befähigt das Reich, seine Existenz im Machtkampf mit den Nachbarvölkern zu behaupten. Jégés Held sammelt die Erfahrungen für sein Reformwerk in Byzanz, das der nach Rom orientierte historische Svätopluk nie gesehen hat.

Die epische Dynamik des Romanbeginns vermag der Autor nicht bis zum Ende durchzuhalten. Gelingt es ihm in einzelnen Szenen, die historischen Ereignisse mit großer dichterischer Kraft heraufzubeschwören, so verfällt er in der Mitte des Romans mehr und mehr in ein ermüdendes Referieren. Die Kritik machte dem Roman seine Eigenwilligkeit im Umgang mit dem historischen Stoff und häufige Anachronismen zum Vorwurf. Das Erscheinen des Werks regte eine lebhafte Diskussion über die Grundprobleme der historischen Prosa an. V.Pe.

AUSGABEN: Prag 1928. – Preßburg 1956. – Preßburg 1973. – Preßburg 1979.

WIENIAWSKÉHO LEGENDA

(slovak.; *Die Wieniawski-Legende*). Historische Novelle von JÉGÉ, erschienen 1922/23. – Die Novelle ist eine Skizze über die Kämpfe des Polenkönigs Jan Sobieski gegen Türken, Russen und Tataren im 17. Jh. Im Mittelpunkt der Erzählung steht der polnische Offizier Gregor Tomajka. *»Er war von Geburt Litauer und Soldat seit seinem sechzehnten Lebensjahr. Seine sittliche Überzeugung waren bedingungsloser Egoismus und grenzenlose Verachtung gegenüber allem, was nicht seine Person betraf. Auf Glaube, Ehre, Vaterland, Familie gab er nichts. Der Pole war ihm möglicherweise noch mehr zuwider als der Türke, da er ihm überall im Weg stand und man ihm nicht einfach wie einen Türken erschlagen oder ausrauben konnte.«* In dem Sohn seines Bekannten Kazimir Zborowski entdeckt Tomajka einen Mann mit hohen soldatischen Fähigkeiten. Sogleich wirbt er ihn für sein Regiment an. Am ersten Tag seines Dienstes wird Júlian Zborowski Zeuge von Tomajkas brutalem Egoismus: Tomajka läßt den jungvermählten polnischen Adligen Zimowski ermorden, da er sich weigert, seinem Gast seine Gattin Agneša für eine Nacht zu überlassen. Júlian selbst gerät bald in eine gefährliche Situation: Tomajka beauftragt ihn mit dem Schutz seiner Geliebten Jela, bedroht ihn aber zugleich mit dem Tod, wenn er es wagen sollte, mit dem Mädchen eine Liebesbeziehung einzugehen. Júlian hält Jela zunächst für die Frau seines Obersten, erfährt jedoch, daß sie in Wahrheit eine kroatische Grafentochter ist, die Tomajka aus einem türkischen Harem befreit hat, um sie zu seiner eigenen Sklavin zu machen. Júlians Tapferkeit, die Tomajka einmal das Leben rettet, weckt dessen Neid und Eifersucht. Nach unmenschlichen Prüfungen versucht er, Júlian und Jela, deren Liebe offenkundig geworden ist, zu ermorden. Aber Jela kommt ihm zuvor und erschlägt ihn. Júlian kämpft noch ei-

ne Zeitlang im Heer Sobieskis, um endlich mit Jela in deren Heimat zu ziehen.

Die Novelle markiert einen künstlerischen Neubeginn des Autors, der in den achtziger Jahren des 19. Jh.s mit einer für die Zeit charakteristischen Prosa über das Leben des slovakischen Dorfes hervorgetreten war, und bezeichnet gleichzeitig den Beginn seiner historischen Prosa. Jégés Hinwendung zur historischen Thematik ist als verschlüsselte Auseinandersetzung mit der Gegenwart anzusehen, die viele der älteren slovakischen Schriftsteller durch die komplexen, sich ständig wandelnden sozialpolitischen Veränderungen seit der Gründung der ČSR (1918) vor schwierige inhaltliche und künstlerisch-formale Probleme stellte. Trotz seines allgemeinen Geschichtsoptimismus, der den historischen Prozeß als Weg *»aus dem Dunkel zum Licht«* begreift, beurteilt Jégé die Rolle des Menschen in der Geschichte skeptisch; er sieht ihn vor allem als ein von Leidenschaften und unkontrollierbaren Gefühlen bestimmtes Wesen. Nicht selten opfert der Autor diesem Urteil selbst die historische Wahrheit. Sein Ziel ist es, die Menschen einer Epoche zu zeigen, wie sie sind, um daraus verallgemeinernde Schlüsse über das Wesen des Menschen zu ziehen. Dieser Ansatz unterscheidet sein Werk von der romantischen Prosa, die vergleichbare Themen in idealisierender Weise behandelte. In seiner Darstellung findet er zu überaus plastischer Bildhaftigkeit; die Handlung gipfelt in dramatisch gestalteten Konflikten. Der nüchterne Stil Jégés erregte wegen seiner Nähe zum Naturalismus den Widerspruch der zeitgenössischen Kritik. H.J.S.

AUSGABEN: Turč. Sv. Martin, 1922/23 (in Slovenské pohľady, 38/39). – Prag 1927. – Žilina 1927 (in *Z dávnych časov*). – Prag 1929. – Turč. Sv. Martin 1943 u. 1947 (in *Zobrané spisy*, Bd. 1). – Preßburg 1971. – Preßburg 1979.

JE(H)AN BODEL D'ARRAS

* 1165 Arras
† 1210 Arras

LA CHANSON DE SAÏSNES

(afrz.; *Das Sachsenlied*). Heldenepos von JE(H)AN BODEL D'ARRAS, verfaßt zwischen 1196 und 1200. – Dieses Epos erhielt durch die einleitende Aufzählung der altfranzösischen Epen- und Romanstoffe besondere Bedeutung; denn an der in Vers 6 und 7 von Jehan Bodel vorgenommenen Einteilung der altfranzösischen Literatur in drei bevorzugte Stoffgebiete orientierte sich später die Literaturwissenschaft. Es heißt dort: *»Ne sont que trois matières à tout home entendant / De France, de Bretagne et de Rome la grant.«* (*»Für jeden verständigen Menschen* *gibt es nur drei Stoffgebiete: das Frankenreich, die Bretagne und das große Rom.«)* Hieran anschließend bekundet Bodel seine Vorliebe für das erstgenannte Gebiet und seine Absicht, eines der wichtigsten Kapitel im Leben Karls des Großen, die Sachsenkriege, episch zu gestalten. Das *Sachsenlied* gehört somit zum *Cycle carolingien* und innerhalb dieses Zyklus zur *Geste du Roi*, also zu den Epen, die sich unmittelbar mit der Gestalt Karls des Großen befassen.

Der Sachsenherrscher Guiteclin (Wittekind) haßt Karl und sinnt auf Rache, da Pippin III., Karls Vater, Wittekinds Vater Justamon erschlagen hat. Als Wittekind von Karls Niederlage bei Roncevaux, vom Tod Rolands und Oliviers erfährt, beschließt er, diese günstige Gelegenheit zu einem Rachefeldzug zu nützen; er nimmt Köln ein und setzt Baudouin, Rolands Bruder, gefangen. Sébile, Wittekinds zweite Frau, verliebt sich in den Gefangenen, der ein zweiter Roland zu sein scheint. Karl wendet sich nun seinerseits mit einem Heer gegen Wittekind, besiegt und tötet ihn. Wittekinds Sohn läßt sich taufen und bietet Karl das Sachsenreich an. Dieser bestimmt Baudouin, der Sébile heiratet, zum Herrscher über das Sachsenland. – Im zweiten Teil berichtet der Verfasser von einem Aufstand der Verwandten Wittekinds gegen Baudouin. Zwar können die aufständischen Sachsen besiegt werden, Baudouin aber fällt.

Das Epos folgt nicht immer den historisch verbürgten Geschehnissen. Auffällig in dieser Hinsicht ist unter anderem die Schilderung der Sachsen, die sich kaum von jener der Sarazenen in den anderen Epen unterscheidet. Auch sie erscheinen als Anhänger Mohammeds, ihre Unterwerfung wird als ähnlich heilbringend wie die der mohammedanischen Heiden dargestellt. Das *Sachsenlied* weist manche verwandte Züge mit dem im 12. Jh. entstehenden höfischen Roman auf. So ist beispielsweise die Ausschmückung des Handlungsgerüsts mit zahlreichen Abenteuern und Parallelepisoden gänzlich verschieden von dem klaren, schlichten Handlungsablauf des wesentlich älteren *Rolandsliedes*. Auch die Darstellung der Liebe zwischen Baudouin und Sébile erscheint vom höfischen Roman beeinflußt: Bewerbung um die Liebe der Frau durch Bestehen von Abenteuern; Sébiles Schmerz und Trauer um den gefallenen Baudouin, während hingegen die Verlobte Rolands, Aude, als sie von der Niederlage bei Roncevaux erfährt, dem Geliebten wortlos in den Tod folgt. Bodel verändert also die Struktur des Heldenepos, ohne allerdings diese Gattung ganz zu verlassen. B.L.

AUSGABEN: Paris 1839, Hg. F. Michel. – Marburg 1906, Hg. F. Menzel u. E. Stengel.

LITERATUR: P. A. Becker, *J. B.s Sachsenlied* (in ZfrPh, 60, 1940, S. 321–358; ern. in Ph. A. B., *Zur romanischen Literaturgeschichte*, Mchn. 1967, S. 430–465). – Ch. Foulon, *L'œuvre de J. B.*, Paris 1958. – G. Gasca Queirazza, *»La Chanson des Saïsnes«*, Turin 1973 [m. Textausw.]. – K. D. Uitti,

Remarques sur la »Chanson des Saïsnes« de J. B. (in *Actes du Congrès international de linguistique et philologie romane*, Hg. M. Bourdreault u. F. Möhren, Laval 1976, S. 841–851). – H. Meter, ... *de chevaleries d'amours et de cembiaus'. Liebesthematik und Genre-Problematik in J. B.s Sachsenlied* (in *Das Epos in der Romania*, Fs. D. Kremer, Hg. S. Knaller u. E. Mara, Tübingen 1986, S. 271–297). – K. Sinclair, *Le gué périlleux dans la »Chanson des Saïsnes«* (in ZfrzSp, 97, 1987, S. 68–72). – H. Legros, *La »Chanson des Saïsnes«, témoin d'une évolution typologique et/ou expression narrative d'un milieu urbain* (in *Au carrefour des routes d'Europe, la chanson de geste*, Aix-en-Provence 1987, Bd. 2, S. 797–814).

DE HAIMET E DE BARAT E TRAVERS

(afrz.; *Haimet, Barat und Travers*). Fabliau von JE(H)AN BODEL D'ARRAS, entstanden Ende des 12. Jh. – Von den acht Schwankerzählungen des Dichters ist dies die umfangreichste (518 achtsilbige Verse) und komplexeste; die erste, kürzere der beiden Episoden schildert eine Probe der Kunstfertigkeit eines Meisterdiebs. Haimet stiehlt einer brütenden Elster die Eier aus dem Nest, ohne daß sie es bemerkt; sein Bruder Barat fordert ihn dazu heraus, sie ebenso wieder zurückzulegen. Während Haimet erneut den Baum hinaufklettert, folgt ihm Barat und stiehlt ihm die Hosen. Die Geschichte, die – vor allem als Eingangssequenz zu wechselnden Fortsetzungen – weit verbreitet ist (vgl. das Grimmsche Märchen *Die vier kunstreichen Brüder*, wo die Steigerung durch den Hosendiebstahl fehlt), macht dem dritten Dieb Travers bewußt, daß er es mit den beiden anderen nicht aufnehmen kann; deshalb verläßt er sie und wird ehrlich.

Die zweite Episode berichtet in über 400 Versen, wie Barat und Haimet versuchen, ihrem ehemaligen Kumpan und seiner Frau eine Speckseite abzujagen: Sie brechen nachts bei ihnen ein; Barat schleicht zum Ehebett, gibt sich für Travers aus und entlockt dessen Frau so das Versteck. Travers seinerseits läuft den Dieben nach, tut so, als wäre er Haimet, und bringt Barat dazu, daß er ihn die Beute ein Stück »tragen« läßt. Barat bemerkt den Betrug, verkleidet sich notdürftig als Travers' Frau und schafft es, diesem die Beute wieder abzujagen. Travers holt sie endgültig zurück, indem er auf den Baum klettert, unter dem die beiden ein Feuer angezündet haben, um den Speck zuzubereiten; als er sich am Arm von einem Ast herunterhängen läßt, glauben die Diebe, den Geist ihres gehenkten Vaters zu sehen, und laufen davon. Zu Hause wollen Travers und seine Frau nun ihrerseits den Speck kochen; als ihnen die Diebe unterdessen aufs Dach steigen wie Max und Moritz bei Witwe Bolte, beschließen sie notgedrungen, mit ihnen zu teilen, um das Fleisch nicht ganz zu verlieren.

Auch diese zweite Episode ist – wenn auch nicht in gleichem Maße wie die erste – in der modernen mündlichen Überlieferung verbreitet; wie sie zu Jehan Bodel gelangte, ist ungeklärt. Er hat wesentlich die komischen Elemente herausgearbeitet, auch Stereotypen aus Ritterroman und Epos zitiert, um die dem bäuerlichen Milieu angehörenden Protagonisten vor seinem städtischen (aber in der höfischen Literatur bewanderten) Publikum lächerlich zu machen. Dagegen fehlt ein moralisierendes Epimythion, wie es sich in Jehan Bodels kürzeren Fabliaux meist findet (vgl. z. B. *De Brunain la vache au prestre – Braunchen, die Kuh des Priesters,* wo die Naivität eines Bauern über die Habgier eines Priesters triumphiert); in *Des sohaiz que sainz Martins dona anvieus et coveitos (Die Wünsche, die der heilige Martin dem Habgierigen und dem Neidischen gewährte)* treten sogar allegorische Protagonisten auf, die belehrende Absicht überwiegt eindeutig gegenüber dem Interesse an der Erzählung. A.Gi.

AUSGABEN: Dakar 1959 (in *Les fabliaux,* Hg. P. Nardin; ern. Paris 1965; erw.). – Tübingen 1961 (in *Trois fabliaux,* Hg. H. Walthers-Gerig). – Assen 1984 (in *Nouveau recueil complet des fabliaux,* Hg. W. Noomen u. H. van den Boogaard, Bd. 2, S. 62–75).

ÜBERSETZUNG: In *Fabliaux. Französische Schwankerzählungen aus dem Hochmittelalter,* A. Gier, Tübingen 1985 [afrz.-dt.].

LITERATUR: Ch. Foulon, *L'œuvre de J. B.,* Paris 1958. – H.-D. Merl, *Untersuchungen zur Struktur, Stilistik und Syntax in den Fabliaux J. B.s,* Bern/ Ffm. 1972. – A. Riccadonna, *I fabliaux di J. B.* (in *Prospettive sui fabliaux,* Hg. Ch. Lee u. a., Padua 1976, S. 45–81). – R. Luciano, *J. B. et l'origine du Fabliau* (in *La nouvelle,* Hg. M. Picone u. a., Montreal 1983, S. 45–63). – J. C. Payen, *Le statut de l'écrivain dans les fabliaux de J. B.* (in *Comique, satire et parodie dans la tradition renardienne et les fabliaux,* Hg. D. Buschinger u. A. Crépin, Göppingen 1983, S. 47–58). – H. Legros, *Un auteur en quête de son public. Les fabliaux de J. B.* (in Rom, 104, 1983, S. 102–113). – A. Gier, *Chrétien de Troyes et les auteurs de fabliaux: la parodie du roman courtois* (in *The Legacy of Chrétien de Troyes,* Hg. N. J. Lacy u. a., Bd. 2, Amsterdam 1988, S. 207–214).

LI JUS DE SAINT NICHOLAÏ

(afrz.; *Das Spiel vom heiligen Nikolaus).* Ältestes französisches Mirakelspiel von JE(H)AN BODEL D'ARRAS, erstmals vermutlich aufgeführt am 5. 12. 1200 in Arras. – Der heilige Nikolaus erfreute sich seit dem 12. Jh. besonderer Verehrung in ganz Westeuropa (1087 waren seine Reliquien nach Bari gelangt); er galt nicht nur als Schutzpatron der Kleriker und Scholaren, sondern ihm wurde unter anderem auch die Fähigkeit zugeschrieben, Schätze vor Dieben zu sichern und Gestohlenes wiederzubeschaffen. Entsprechende Wunder des Heiligen werden in allen lateinischen und französischen Nikolaus-Viten erzählt.

Eine solche Episode bearbeitet auch Jehan Bodel: Ein heidnischer König wird von einem christlichen Heer angegriffen; er beschimpft daraufhin seinen Gott Tervagan (nach mittelalterlicher Vorstellung einer der drei Götter, die die Mohammedaner angeblich verehren), fleht ihn dann aber um Beistand an und verspricht ihm ein Goldopfer für den Fall seines Sieges. Tervagans Statue prophezeit ihm durch Lachen den militärischen Erfolg, kündigt aber zugleich durch Weinen an, daß der König danach seinem Glauben abschwören wird. – Mit der Hilfe seiner Vasallen, die er zusammengerufen hat, besiegt dieser das christliche Heer; ein frommer Mann *(preudome)* wird gefangengenommen, während er vor einem Standbild des heiligen Nikolaus betet. Als er dem König die wunderbaren Fähigkeiten des Heiligen beschreibt, beschließt der Heide, dem Standbild seinen Schatz anzuvertrauen; wenn etwas davon gestohlen wird, soll der Christ hingerichtet werden. Im Gefängnis tröstet ihn ein Engel, der auch schon den christlichen Kämpfern vor der Schlacht erschienen war. Inzwischen treffen sich drei Zecher in einer Schenke und beschließen, den Schatz des Königs zu stehlen, um ihre Schulden beim Wirt bezahlen zu können. Ihr Vorhaben gelingt; anschließend kehren sie in die Schenke zurück, um die Nacht bei Wein und Würfelspiel zu verbringen. Als der Diebstahl entdeckt wird, will der König seinen Gefangenen hinrichten lassen, aber dieser erwirkt einen Tag Aufschub und fleht Nikolaus um Hilfe an; der erscheint den Dieben, maßregelt sie mit drastischen Worten (er nennt sie *Fil a putain,* Hurensöhne) und fordert sie auf, den gestohlenen Schatz zurückzubringen, was sie tun. Der König schwört daraufhin den falschen Göttern ab; Tervagan wird vom Sockel gestürzt, alle lassen sich taufen.

Das Mirakelspiel (über 1500 achtsilbige Verse) wurde außerhalb der Kirche, möglicherweise von einer Laienbruderschaft, aufgeführt; dem Prolog zufolge, in dem ein »Prediger« den Inhalt zusammenfaßt und der trotz geäußerter Bedenken vermutlich von Jehan Bodel selbst stammt, am Vorabend eines Nikolaus-Festes. Für sein städtisches Publikum (die Bürger von Arras) hat der Autor den geistlichen Stoff durch komische Elemente aufgelockert, die auf die Alltagswirklichkeit der Zuschauer Bezug nehmen: Der Schankwirt, sein Gehilfe Caignet, Raoul, der in bildhaften Worten den Wein anpreist (und mit Connart, dem städtischen Ausrufer, in Streit gerät), und die drei Diebe wirken zumindest auf den modernen Betrachter ausgesprochen lebensnah; sie sprechen ihre Umgangssprache, und die breit ausgemalte Würfelpartie folgt genau den (nicht leicht zu durchschauenden) zeitgenössischen Spielregeln. – Andererseits bezieht sich Jehan Bodel bei der Darstellung des Kampfes zwischen Christen und Heiden auch auf das Modell der Heldenepik, mit dem er spielt, ohne es im eigentlichen Sinn zu parodieren. A.Gi.

AUSGABEN: Heidelberg 1904 (in G. Manz, *Li Jus di Saint Nicholai des Arraser J. Bodel. Text mit einer*

Untersuchung der Sprache und des Metrums des Stük-kes nebst Anmerkungen und Glossar). – Paris 1925, Hg. A. Jeanroy. – Oxford 1951, Hg. F. J. Warne. – Brüssel 1962; ³1981, Hg. A. Henry. – Genf 1981, Hg. ders. (krit.; TLF).

ÜBERSETZUNG: *Das Spiel vom heiligen Nikolaus,* K.-H. Schroeder, W. Nitsch u. M. Wetzel, Mchn. 1975 [m. Einl.; afrz.-dt.].

LITERATUR: J. Frappier, *Le théâtre profane en France au moyen âge,* Paris 1959, S. 35–51. – A. Adler, *Le »Jeu de Saint Nicolas« édifiant, mais dans quel sens?* (in Rom, 81, 1960, S. 112–120). – T. B. W. Reid, *On the Text of the »Jeu de Saint Nicolas«* (in *Studies in Medieval French,* Oxford 1961, S. 96–120). – K. Heitmann, *Zur Frage der inneren Einheit von Jeans »Jeu de Saint Nicolas«* (in RF, 75, 1963, S. 289–315). – F. W. Marshall, *The Staging of the »Jeu de Saint Nicolas«* (in AJFS, 2, 1965, S. 9–38). – H. S. Robertson, *Structure and Comedy in »Le jeu de Saint Nicolas«* (in StPh, 64, 1967, S. 551–563). – J. C. Payen, *Les éléments idéologiques dans le »Jeu de Saint Nicolas«* (in Rom, 94, 1973, S. 484–504). – T. Hunt, *A Note of the Ideology of J. B.'s »Jeu de Saint Nicolas«* (in StF, 20, 1976, S. 67–72). – Ch. Horton, *The Role of the Emir d'ou-tre l'arbre sec in J. B.'s »Jeu de Saint Nicolas«* (in AJFS, 14, 1977, S. 3–31). – M. Zink, *»Le jeu de Saint Nicolas« de J. B., drame spirituel* (in Rom, 99, 1978, S. 31–46). – H. Rey-Flaud, *Pour une drama-turgie du moyen âge,* Paris 1980. – R. Dragonetti, *Le »Jeu de Saint Nicolas« de J. B.* (in *The Craft of Fic-tion,* Hg. L. A. Arrathoon, Rochester/Mich. 1984, S. 369–391; ern. in R. D., *La musique et les lettres,* Genf 1986, S. 456–487). – F. W. Marshall, *A pro-pos d'une nouvelle édition du »Jeu de Saint Nicolas«* (in New Zealand Journal of French Studies, 7, 1986, S. 17–38). – A. Arens, *Untersuchungen zu J. B.s Mirakel »Le jeu de saint Nicolas«,* Stg./Wiesba-den 1986.

JE(H)AN RENART

12./13. Jh.

LITERATUR ZUM AUTOR:
P. H. Beekman, *J. R. and His Writings,* Paris 1935. – R. Lejeune, *L'œuvre de J. R., contribution à l'étude du genre romanesque au moyen âge,* Paris/Lüttich 1935. – C. Cremonesi, *J. R., romanziere del XIII secolo,* Mailand 1950. – A. Limentani, *J. R., dal romanzo anti-idillico all'antiromanzo* (in *Mittelalterstudien. E. Köhler zum Gedenken,* Hg. H. Krauss u. D. Rieger, Heidelberg 1984, S. 166–178). – M.-C. Struyf, *Symbolique des villes et demeures dans le roman de J. R.* (in Ccm, 30, 1987, S. 245–261).

L'ESCOUFLE

(afrz.; *Der Weih*). Abenteuerroman von JE(H)AN RENART, entstanden um 1200. – Richard de Mon-tivilliers, ein normannischer Adeliger, besucht auf dem Rückweg von einer Pilgerfahrt ins Heilige Land in Rom den Kaiserhof und wird mit der Zeit ein unentbehrlicher Berater des Kaisers. Richards Sohn Guillaume und die Tochter des Kaisers, Aélis, werden zur gleichen Zeit geboren, gemeinsam er-zogen und beginnen einander zu lieben. Es scheint selbstverständlich, daß sie heiraten werden – da stirbt Richard, und das kaiserliche Paar will, unter dem Einfluß schlechter Ratgeber, nun plötzlich nichts mehr von diesem Plan wissen. Guillaume und Aélis sind darüber tieftraurig, und Aélis über-redet Guillaume, nachts mit ihr zu fliehen. Ganz al-lein, ständig in Angst vor Verfolgern, gelangen die beiden bis in die Gegend um Toul. Während einer Rast entreißt ein Raubvogel (Weih) Guillaume die Tasche mit dem Ring, den Aélis ihm zum Zeichen ihrer Liebe geschenkt hat. Nach kurzem Zögern beschließt Guillaume, dem Vogel nachzureiten. In-zwischen wacht Aélis auf, findet sich verlassen und glaubt, ihr Freund sei von den Häschern ihres Va-ters gefangen worden. Sie geht nach Toul und wird dort von einer Familie aufgenommen. Als Guil-laume sie bei seiner Rückkehr an dem Rastplatz nicht mehr findet, erschrickt er über das Ver-schwinden seiner Geliebten und reitet den Weg, den sie gekommen waren, zurück, um sie zu su-chen. Von nun an verbringen beide ihr Leben im Dienste fremder Herren. Eines Tages fängt Guil-laume als Falkner des Grafen von Saint-Gille einen Weih und reißt ihm, um sich für den Diebstahl, mit dem sein Unglück begann, zu rächen, das Herz aus dem Leib. Als der Graf von dieser Tat erfährt, bittet er Guillaume um eine Erklärung, und dieser erzählt ihm seine Geschichte. Unter den Zuhörern ist auch Aélis, die im Dienste der Gräfin von Saint-Gille steht. Mit wachsender Spannung verfolgt sie den Bericht und fällt schließlich dem Wiedergefunde-nen in höchster Freude um den Hals. In Rouen, der Heimat Guillaumes, wird die Hochzeit festlich be-gangen – in Rom findet später die Kaiserkrönung statt.

Jean Renart nennt sich nur im *Lai de l'ombre* (um 1220) als Autor. Erst aufgrund auffälliger stilisti-scher Gleichheiten konnte man ihn auch als Verfas-ser des *Roman de Guillaume de Dole* (um 1228) und des *Escoufle* nachweisen. Kennzeichen seines Stils sind Realistik in der psychologischen Motivierung, leichter, anmutiger Fluß der Erzählung und eine gewisse Ironie. Auch im *Escoufle,* den man jetzt für das früheste Werk Renarts hält, zeigen sich diese Stilmerkmale, besonders in der Beschreibung der Natur und der Liebe des jungen Paares. Renart orientierte sich wohl an anderen berühmten aben-teuerlichen Liebesgeschichten (z. B. *Floire et Blancheflor*), erzählt aber doch selbständig. Das Hauptmotiv des Raubvogels etwa, der die Lieben-den erst trennt und dann wieder zusammenführt, hat vor ihm niemand schriftlich gestaltet.　　B.L.

AUSGABEN: Paris 1894, Hg. H. Michelant u. P. Meyer (m. Einl.; SATF). – Paris 1925, Hg. A. Mary. – Genf 1974, Hg. F. Sweetser (krit.; TLF).

LITERATUR: A. Kaufmann, *Sprache und Metrik des altfranzösischen Abenteuerromans »L'escoufle«*, Diss. Göttingen 1913. – V. F. Koenig, *New Studies on J. R.: The Date of the »Escoufle«* (in MPh, 32, 1934/35, S. 343–353). – R. Lejeune, *Le personnage de Aëlis dans le »Roman d'escoufle« de J. R.* (in *Mélanges J. Lods*, Paris 1978, S. 378–392). – N. J. Lacy, *The Composition of »L'escoufle«* (in Res publica litterarum, 1, 1978, S. 151–158). – G. T. Diller, *»L'escoufle«* (in MA, 85, 1979, S. 33–43). – J. Larmat, *L'enfant dans »L'escoufle« de J. R.* (in *L'enfant au moyen-âge*, Aix-en-Provence/Paris 1980, S. 269–283). – D. Poirion, *Fonction de l'imaginaire dans »L'escoufle«* (in *Mélanges C. Foulon*, Rennes 1980, S. 287–293). – R. Lejeune, *La coupe de Tristan dans »L'escoufle« de J. R.* (in *The Medieval Alexander Legend and Romance Epic*, Hg. P. Noble u. a., NY u. a. 1982, S. 119–124). – L. Cooper, *L'ironie iconographique de la coupe de Tristan dans »L'escoufle«* (in Rom, 104, 1983, S. 157–176). – A. Limentani u. L. Pegolo, *Marote ou De l'amour bourgeois* (in *Epoque animale, fable, fabliau*, Hg. G. Bianciotto u. M. Salvat, Paris 1984, S. 323–331).

LAI DE L'OMBRE

(afrz.; *Lai vom Spiegelbild*). Versdichtung von JE(H)AN RENART, entstanden vermutlich nach 1220. – Ein Ritter wirbt – zunächst vergeblich – um eine schöne und edle Dame, deren heftigen Unwillen er erregt, als er sich eines Tages erkühnt, ihr seinen Ring überzustreifen. Ihrem Befehl, ihn sofort zurückzunehmen, kommt er zwar sofort ehrerbietig nach, bemerkt aber zugleich, er werde ihn nun derjenigen Frau zueignen, die er nach ihr am meisten verehre. Das weckt die Neugierde und Eitelkeit der Angebeteten, die um jeden Preis erfahren möchte, wer ihre Rivalin ist. Der Ritter deutet auf den Wasserspiegel eines Brunnens – »*En non Dieuz, vez le la / Vostre bel ombre qui l'atent*« (»*In Gottes Namen, schaut dort, Euer schönes Spiegelbild, das auf ihn wartet*«) – und wirft den Ring hinein. Von soviel formvollendeter Galanterie bezaubert, erwidert die Dame das Geschenk des Ritters und reicht ihm ihren eigenen Ring.
Die Spielregeln des untadeligen höfischen Betragens – »*Onques mès, devant ne après, / N'avint ... / Si bele cortoisie a homme*« (»*Nie, weder vorher noch nachher, hatte ein Mensch solch einen schönen höfischen Einfall*«) – bilden das Handlungsgerüst dieser anmutigen Novelle. Renart vermeidet die sonst üblichen theoretischen Erörterungen der höfischen Begriffe; er veranschaulicht sie vielmehr in der überzeugenden psychologischen Motivierung weiblicher Gefühlsregungen (Koketterie, Zorn und schließlich liebenswürdige Nachgiebigkeit), die dem Kodex des gesellschaftlichen Umgangs ebenso

entsprechen wie die vollendete Courtoisie des Ritters. – Jehan Renart war einer der feinfühligsten Dichter des französischen Mittelalters. Noch heute gibt sein Werk der Forschung Rätsel auf, einmal was die Zuordnung von fraglichen Werken wie *Galeran de Bretagne* und *Aubérée* betrifft, dann aber auch, was die Datierung der drei Werke angeht, die ihm mit Sicherheit zugeschrieben werden können: *L'escoufle, Roman de Guillaume de Dole* und *Lai de l'ombre*. Letzteres nimmt insofern eine Sonderstellung ein, als hier das einzige Mal der volle Name des Verfassers erscheint (Vers 953), während er in den beiden anderen Dichtungen anagrammatisch verschlüsselt ist. LEJEUNE hält den *Lai de l'ombre* für das letzte Werk Renarts und datiert es zwischen 1221 und 1222.   B.L.

AUSGABEN: Paris 1846 (in *Lais inédits des 12e et 13e siècles*, Hg. F. Michel). – Fribourg 1890, Hg. J. Bédier. – Paris 1913, Hg. ders. (SATF). – Edinburgh 1948, Hg. J. Orr. – Hull 1977, Hg. B. J. Lévy u. a. – Paris 1979, Hg. F. Lecoy (m. Einl., Glossar u. Bibliogr.; CFMA).

LITERATUR: E. Färber, *Die Sprache der dem J. R. zugeschriebenen Werke »Lai de l'ombre«, »Roman de la Rose« ou de »Guillaume de Dole« u. »Escoufle«* (in RF, 33, 1915, S. 683–793). – J. Bédier, *La tradition manuscrite du »Lai de l'ombre«* (in Rom, 54, 1928, S. 161–196; 321–356). – O. Schultz-Gora, *Kritische Betrachtungen über den »Lai de l'ombre«* (in ASSL, 157, 1930, S. 47–62; 164, 1933, S. 36–50; 171, 1937, S. 58–65). – R. Levy, *J. R., »Lai de l'Ombre«* (in Rom, 58, 1932, S. 436–441). – L.-A. Vigneras, *Études sur Jean R.* (in MPh, 30, 1933, S. 241–262; 351–359). – J. Orr, *Textual Problems of the »Lai de l'ombre«* (in *Studies Presented to R. L. G. Ritchie*, Cambridge 1949, S. 137–146). – C. Guerrieri Crocetta, *Simbolo e poesia nel »Lai de l'ombre«* (in Giornale Italiano di Filologia, 6, 1953, S. 3–11). – A. Dees, *Considérations théoriques sur la tradition manuscrite du »Lai de l'ombre«* (in Neoph, 60, 1976, S. 481–504). – J. Larmat, *La morale de J. R. dans le »Lai de l'ombre«* (in *Mélanges C. Camproux*, Montpellier 1978, S. 407–416). – M. Stasse, *Le »Lai de l'ombre«. Concordances et index établis d'après l'édition J. Orr*, Lüttich 1979. – P. Galloway, *Manuscript Filiation and Cluster Analysis. The »Lai de l'ombre« Case* (in *La pratique des ordinateurs dans la critique des textes*, Paris 1979, S. 87–95). – S. Kay, *Two Readings of the »Lai de l'ombre«* (in MLR, 75, 1980, S. 515–527). – A. Adler, *Rapprochement et éloignement comme thèmes du »Lai de l'ombre«* (in *Études de philologie romane et d'histoire littéraire offertes à J. Horrent*, Hg. J.-M. d'Heur u. N. Cherubini, Lüttich 1980, S. 1–4). – J. Cooper, *The Literary Reflectiveness of J. R.'s »Lai de l'ombre«* (in RPh, 35, 1981/82, S. 250–260). – R. Penson, *Psychology in the »Lai de l'ombre«* (in FS, 36, 1982, S. 257–269). – F. Lecoy, *Variations sur le texte du »Lai de l'ombre«* (in Rom, 103, 1982, S. 433–469). – P. Clifford, *»La Chastelaine de Vergi« and J. R. »Le lai de l'ombre«*, Ldn. 1986.

LE ROMAN DE LA ROSE OU DE GUILLAUME DE DÔLE

(afrz.; *Der Roman von der Rose oder von Guillaume de Dôle*). Höfischer Roman in 5655 Achtsilbern mit lyrischen Einlagen von Je(h)an Renart, entstanden entweder um 1212 (R. Lejeune), möglicherweise jedoch erst um 1228 (F. Lecoy). – Das dem späteren Bischof von Beauvais, Milon de Nanteuil († 1234), gewidmete Werk hieß ursprünglich *Le roman de la rose*; um Verwechslungen mit dem berühmteren *Roman de la rose* von Guillaume de Lorris und Jean de Meung zu vermeiden, erweiterte man in späterer Zeit den Titel, indem man den Namen der Hauptperson hinzufügte.

Der junge Kaiser Konrad, der von seinen Rittern und Untertanen hochgeschätzt wird und dessen Hof ein Zentrum höfischen Lebens ist, weigert sich, trotz der Bitten seiner Umgebung, eine Heirat einzugehen. Eines Tages berichtet ihm jedoch sein Spielmann Jouglet von Guillaume de Dôle, einem mit allen höfischen Tugenden ausgestatteten Ritter, und dessen außergewöhnlich schönen Schwester Liénor, die mit ihrer Mutter auf dem Familiensitz in Dôle ein zurückgezogenes Leben führt. Allein aufgrund der Beschreibung des Spielmanns entbrennt der Kaiser in Liebe zu Liénor und beschließt, ihren Bruder Guillaume an seinen Hof zu holen. Im Verlauf eines Turniers zeichnet sich Guillaume auch tatsächlich durch Tapferkeit und Großmut aus. Daraufhin teilt ihm der Kaiser seinen Entschluß mit, Liénor zu heiraten, und versammelt seine Barone in Mainz, um deren Zustimmung zu erhalten. Sein mißgünstiger Seneschall jedoch, der fürchtet, zugunsten Guillaumes immer mehr an Einfluß zu verlieren, begibt sich heimlich auf das Schloß der Auserkorenen, um die Heirat zu verhindern. Zwar gelingt es ihm nicht, zu Liénor vorzudringen, doch erschleicht er sich das Vertrauen ihrer Mutter, einer etwas geschwätzigen alten Dame, die ihm törichterweise ein bislang streng gehütetes Geheimnis verrät: Die schöne Liénor trägt auf dem Oberschenkel ein Muttermal in Form einer roten Rose. Als der Kaiser dem Seneschall von seinen Heiratsplänen berichtet, heuchelt dieser Verlegenheit und behauptet schließlich, die Liebesgunst des jungen Mädchens genossen zu haben, wobei er als Beweis seine Kenntnis von Liénors intimem Rosenmal anführt. Schweren Herzens nimmt der Kaiser nunmehr Abstand von seinen Heiratsplänen. Guillaume, dem Konrad die Freundschaft nicht entzogen hat, versinkt daraufhin in Melancholie. Als einer seiner Neffen das ahnungslose Mädchen in Dôle zur Rede stellt, kommt die Wahrheit schnell ans Tageslicht. Um ihre Unschuld vor der Gesellschaft zu beweisen, muß Liénor jedoch erst zu einer List greifen: Nachdem sie dem Seneschall unter dem Namen einer Burgherrin, die seine Liebe einst nicht erwidert hatte, Schmuck und einen Gürtel gesandt hat, begibt sie sich nach Mainz und klagt dort vor versammeltem Hof den Seneschall an, ihr Gewalt angetan zu haben. Der verdutzte Seneschall beteuert natürlich seine Unschuld; als jedoch der besagte Gürtel bei ihm gefunden wird, muß er seinen Schwur, Liénor noch nie begegnet zu sein, in einem Gottesurteil bekräftigen, das zwar erwarteterweise seine Unschuld, zugleich aber auch Liénors Untadelikeit bestätigt, die nunmehr Namen und Herkunft preisgibt. Kaiser Konrad kann nun getrost das Mädchen heiraten; der geständige Übeltäter wird zwar auf Liénors Fürsprache hin begnadigt, muß aber zu einer Kreuzfahrt ins Heilige Land aufbrechen.

Ein romaneskes Thema, die Liebe zu einer unbekannten Schönen, verbindet sich in diesem Roman mit dem in der französischen Literatur häufig gestalteten Motiv der verleumdeten Unschuld – meist mit einer Wette verbunden –, das z. B. auch im *Roman du comte de Poitiers* (um 1222) und im *Roman de la violette* (um 1229) auftritt. Eine formale Neuheit des *Guillaume de Dôle*, die von Gerbert de Montreuil im *Roman de la violette* nachgeahmt wurde, bilden die geschickt in die Handlung eingefügten Lieder (48 Fragmente) verschiedenster Autoren, darunter *Chansons de toile* (vgl. dort), Balladen und zwei provenzalische Kanzonen. Das von Renart in allen alltäglichen Details entworfene realistische Bild höfischen Lebens unterscheidet sich von den idealisierenden Darstellungen der Artus-Romane auch durch die Ironisierung und die eindeutige zeitliche und örtliche Fixierung der Handlung. Auf die unterschiedliche Verwendung des Rosenmotivs im *Guillaume de Dôle* und in dem fast gleichzeitig entstandenen, berühmteren *Roman de la rose* hat Michel Zink hingewiesen. Während im Werk von Guillaume de Lorris die Rose als allegorisches Bild des jungfräulichen Geschlechts des umworbenen Mädchens aufzufassen ist, bleiben in Renarts Roman Rosenmal und Geschlecht Liénors zwei getrennte Realitäten. Erst das metonymische Gespräch über die Rose, das implizit die Jungfräulichkeit Liénors in Frage stellt, schafft den verbalen Zusammenhang Rose/Geschlecht, um den der Konflikt im *Guillaume de Dôle* kreist.   W.R.

AUSGABEN: Paris 1893, Hg. G. Servois (SATF). – Paris 1936, Hg. R. Lejeune. – Paris 1962, Hg. F. Lecoy (ern. 1979; CFMA).

ÜBERSETZUNGEN: *Le roman de la rose ou de Guillaume de Dôle*, J. Dufournet, Paris 1979 [neufrz. Übers.]. – *Der Roman von der Rose oder Wilhelm von Dôle*, H. Birkhan, Wien 1982.

LITERATUR: A. Mussaffia, *Zur Kritik und Interpretation romanischer Texte: »Guillaume de Dôle«* (in SWAW, phil.-hist. Kl., 136, 1897). – L. F. H. Löwe, *Die Sprache des »Roman de la rose ou de Guillaume de Dôle«*, Diss. Göttingen 1903. – G. Paris, *Le cycle de la gageure* (in Rom, 32, 1903, S. 487–490). – F. Lecoy, *Sur quelques passages difficiles de »Guillaume de Dôle«* (in Rom, 82, 1961, S. 244–260). – Ders., *Sur la date du »Guillaume de Dôle«* (ebd., S. 379–402). – P. Le Gentil, *A propos de »Guillaume de Dôle«* (in *Mélanges M. Delbouille*, Gembloux 1964, Bd. 2, S. 381–397). – C. Mattioli, *Per la datazione del »Guillaume de Dôle«* (in CN, 25, 1965, S. 91–112). – A. Fourrier, *Les armoiries de l'empereur dans »Guillaume de Dôle«* (in *Mélanges R. Lejeune*, Gembloux 1969, Bd. 2, S. 1211 bis 1226). – J. C. Payen, *Structure et sens de »Guillaume de Dôle«* (in *Mélanges F. Lecoy*, Paris 1973, S. 483–498; ern. in *Der altfranzösische Roman*, Hg. E. Köhler, Darmstadt 1978, S. 170–188). – R. Lejeune, *L'esprit ›clerical‹ et les curiosités intellectuelles de J. R. dans le »Roman de Guillaume de Dôle«* (in TLL, 11, 1973, H. 2, S. 587–601). – Dies., *Le »Roman de Guillaume de Dôle et la Principauté de Liège* (in Ccm, 17, 1974, S. 1–24). – G. T. Diller, *Remarques sur la structure esthétique du »Guillaume de Dôle«* (in Rom, 98, 1977, S. 390–398). – Ders., *Techniques de contraste dans »Guillaume de Dôle«* (in Rom, 99, 1978, S. 538–549). – G. Andrieu u. a., *Concordancier complet du »Roman de la rose ou de Guillaume de Dôle«*, Aix-en-Provence/Paris 1978. – M. Zink, *Belle. Essai sur les chansons de toile*, Paris 1978. – Ders., *Roman rose et rose rouge*, Paris 1979 [m. Bibliogr.]. – M.-L. Chênerie, *L'épisode du tournoi dans »Guillaume de Dôle«* (in RLaR, 83, 1979, S. 41–62). – M.-R. Jung, *L'empereur Conrad chanteur de la poésie lyrique* (in Rom, 101, 1980, S. 35–50). – J. Dufournet, *La glorification des menestrels dans le »Guillaume de Dôle« de J. R.* (in Inf. litt, 32, 1980, S. 6–11). – F. Lecoy, *A propos du »Guillaume de Dôle«* (in TLL, 18, 1980, H. 2, S. 7–22). – E. Baumgartner, *Les citations lyriques dans le »Roman de la rose« de J. R.* (in RPh, 35, 1981/82, S. 260–266). – M. Accarie, *La fonction des chansons du »Guillaume de Dôle«* (in *Mélanges J. Larmat*, Hg. ders., Paris 1982, S. 12–29).

ABRAHAM BAR JEHOSCHUA

* 9.12.1936 Jerusalem

GERUSHIM ME'UCHARIM

(hebr.; *Ü: Späte Scheidung*). Roman von Abraham Bar Jehoschua, erschienen 1982. – Mit seinen Romanen ist Jehoschua zu einem unaufdringlichen Chronisten des Lebens im modernen Israel geworden. Die anhaltende Krisensituation des Landes, das Provisorium seiner Existenz, verursacht nicht allein durch die Vorgeschichte seiner Gründung und den Konflikt mit den arabischen Nachbarn und Einwohnern, sondern auch durch die unterschiedlichen Mentalitäten und Charaktere seiner Bevölkerungsgruppen, veranschaulicht Jehoschua in diesem mit Ironie und Witz geschriebenen Roman an der scheinbar gänzlich unpolitischen Geschichte des alten Jehuda Kaminski. Dieser ließ, nachdem seine Frau in eine Nervenheilanstalt ein-

geliefert wurde, seine drei Kinder in Israel zurück und ging nach Amerika, wo er sich eine neue Existenz aufbaute. Als seine Geliebte von ihm ein Kind erwartet, möchte er endlich Ordnung in sein Leben bringen und einen Schlußstrich unter seine Vergangenheit ziehen. Er kehrt nach Israel zurück, um dort in nötiger Eile die Scheidung von seiner immer noch in einer Anstalt lebenden Frau in die Wege zu leiten, und zerstört dabei unabsichtlich die mühsam aufrechterhaltenen Lebenslügen seiner Kinder vom beruflichen Erfolg und der glücklichen Familie.

Es ist die Woche vor Pessach. Die Familie weiß über Jehudas Pläne Bescheid. Nicht alle Kinder sind mit dieser *»späten Scheidung«* einverstanden, doch haben sie dabei nicht unbedingt das Wohl der kranken Mutter im Auge. Zvi, der älteste Sohn, der als schwarzes Schaf der Familie ein freizügiges Leben führt und sich in homosexuellen Kreisen bewegt, fürchtet um den Verlust der elterlichen Wohnung in Tel Aviv, die er bewohnt. Auch Asa, sein Bruder, Dozent für Geschichte an der Universität Jerusalem, bringt für die Entscheidung seines Vaters wenig Verständnis auf. Im Grunde seines Herzens freut er sich, den Vater wiederzusehen, zu dem er kaum noch Kontakt hat, der ihm aber bei der Entscheidung, die universitäre Laufbahn einzuschlagen, als Vorbild diente. Doch er ist, wie seine Geschwister, zu sehr mit seinen eigenen Eheproblemen beschäftigt, um den Vater verstehen oder ihm auch nur helfen zu können. Die einzige, die den von der langen Reise ermüdeten Jehuda herzlich begrüßt, ist die Tochter Yael. Ihr Mann, Rechtsanwalt Israel Kedmi, den alle nur bei Familiennamen rufen, hat sich sogar spontan bereiterklärt, dem Vater in der Scheidungssache Rechtsbeistand zu leisten. Doch Kedmi, ein typischer »Sabra«, dem die Zunge locker sitzt und der immer zu sarkastischen und unpassenden Bemerkungen aufgelegt ist, macht die Sache nur noch schlimmer. Jehuda nimmt sich schließlich einen befreundeten Rechtsanwalt aus Tel Aviv.

So kommt es tatsächlich zu der von Jehuda ersehnten Scheidung, die das im Bibliotheksraum der Irrenanstalt tagende Rabbinatsgericht ausspricht. Jehuda ist erlöst. Er glaubt, er könne nun um eine große Sorge leichter den Rückflug nach Amerika antreten. Doch so einfach wird ihm das Vergessen nicht gemacht. Die Sorge um die Wohnung in Tel Aviv, auf die er, um die Scheidung zu erreichen, verzichten mußte, läßt ihm keine Ruhe. Wenige Stunden vor dem Abflug begibt er sich – zum viertenmal während seines kurzen Aufenthaltes – in die in der Nähe von Akko gelegene Heilanstalt. In Abwesenheit seiner geschiedenen Frau durchwühlt er das Zimmer, findet die Scheidungsurkunde und Verzichtserklärung auf die Wohnung, und zerreißt die letztere *(»Scheidung ja. Die Wohnung nein«)*. Als er sich unbemerkt aus der Anstalt schleichen will, wird er das Opfer eines Irren, der mit der Heugabel dem Traum von der wiedergewonnenen Freiheit nach der späten Scheidung ein grausames Ende bereitet.

Ähnlich wie in seinem bekannten Roman *Ha-me-hahev* (1980; *Der Liebhaber*) benutzt Jehoschua auch hier die Technik des Perspektivenwechsels. Wiederum sind es die Hauptfiguren, die abwechselnd den Gang der Dinge aus ihrer Sicht und belastet mit ihren individuellen Problemen in teils inneren Monologen schildern. So erhält jeder der sieben Tage, die den Zeitraum des Romans darstellen, einen anderen Erzähler. Ob es sich nun um sephardische oder aschkenasische Juden, um Akademiker oder Schriftsteller, um im Lande geborene Israelis oder um heimisch gewordene Einwanderer wie die »Jeckes« (deutsche Juden) handelt – keiner kommt ungeschoren davon in Jehoschuas ironisch-pessimistischem Roman, in dem der alte Jehuda lakonisch konstatiert: »*Es darf nicht einmal gesagt werden, aber der Staat Israel ist eine Episode. Oder die Geschichte hat vielleicht Erbarmen.*« Die Aggressionen, die diese Familientragödie freisetzt, spiegeln die israelische Alltagsmentalität wider, die Dichte, mit der Jehoschua erzählt, erinnerte die Kritik an W. FAULKNERS *As I lay dying*, 1930 *(Als ich im Sterben lag)*. A. F.

AUSGABE: Tel Aviv 1982.

ÜBERSETZUNG: *Späte Scheidung*, B. Linner, Stg. 1986. – Dass., dies., Ffm. 1988 (FiTb).

LITERATUR: G. Shaked, *A Great Madness Hides Behind All This* (in Modern Hebrew Literature, 8, 1982/83, Nr. 1/2, S. 14–26). – L. Wieseltier, *The Fall of a Family* (in New Republic, 190, 1984, Nr. 10, S. 38–40). – N. Spice, Rez. (in London Review of Books, 7. 2. 1985). – D. Vardi, Rez. (in World Literature Today, 59, 1985, S. 154–155). – R. Mazali, *Language as a Liar* (in American Book Review, 7, 1985, Nr. 3, S. 5–6). – A. Jütte, Rez. (in Jüdische Allg. Wochenzeitung, 24. 4. 1987). – E.-E. Fischer, Rez. (in SZ, 25. 2. 1987). – S. Bendkower, Rez. (in NZZ, 2. 4. 1987). – T. Müller, Rez. (in FAZ, 18. 12. 1986).

LAILA BE-MAI

(hebr.; *Ü: Eine Nacht im Mai*). Schauspiel von Abraham Bar JEHOSCHUA, Uraufführung: Tel Aviv, März 1969, Bimot Theater. – Das bekannteste Theaterstück Jehoschuas spielt am Vorabend des dritten israelisch-arabischen Krieges und schildert die Nacht zwischen dem 22. und 23. Mai 1967 aus der Sicht der Familie Sarid. Kriegsgefahr liegt in der Luft, die Spannung im Land ist unerträglich. Auch Dr. Asaf Sarid, der von Beruf Psychiater ist, und seine Frau Tirzah empfinden die bedrückende Krisenstimmung. Eines Abends kommt Tirzahs Bruder zusammen mit deren erstem Mann Amikam zu Besuch. Schnell wird deutlich, daß es mit der Ehe der Gastgeber nicht zum besten steht. Beide Ehepartner sind einander fremd geblieben. Daß nun auch die zweite Ehe Tirzahs zu scheitern droht,

ist nicht zuletzt ihrem Bruder, einer dominierenden Persönlichkeit, zuzuschreiben. Die alte Mutter der beiden Geschwister, die im Haus des Schwiegersohns wohnt, ist bereits senil und geistig verwirrt. Ihre Anwesenheit erweist sich ebenfalls als Belastung für diese Ehe. Amikam nutzt die Gelegenheit, um zu der damaligen Scheidung erklärend Stellung zu nehmen. Für ihn ist die Beziehung zu seiner ersten Frau noch nicht beendet. Es stellt sich heraus, daß Tirzahs Bruder Avi ihren ersten Mann zu einer Affäre mit einer Frau ermuntert hat und seiner Schwester dann auch prompt darüber Bericht erstattete. Die Reaktion Tirzahs auf diesen Seitensprung Amikams war vorauszusehen: Sie reichte die Scheidung ein.

Tirzah zieht sich mit ihrem ehemaligen Mann in den Keller von Dr. Sarids Wohnung zurück. Dort stöbern sie in persönlichen Papieren, Briefen und Gedichten aus früheren Tagen. Später beichtet Tirzah ihrem Bruder, daß sie mit Amikam geschlafen habe. Ihr erster Mann weist dies als Unterstellung zurück und deutet an, daß sich die ganze Sache in Tirzahs Phantasie abgespielt haben könnte.

Parallel zu den menschlichen Spannungen, die in diesem Drama aufgedeckt werden, wächst die Nervosität aller Beteiligten angesichts der bedrohlichen Meldungen, die stündlich im Radio gesendet werden. Alle haben das Gefühl, daß die Zeit drängt. Die äußere Bedrohung, die man empfindet, trägt mit dazu bei, daß jede der im Zimmer anwesenden Personen so etwas wie Klaustrophobie zu spüren vermeint. Die Zeit verrinnt unaufhaltsam, ohne daß etwas Entscheidendes passiert. Jeder versucht, die politisch-militärische Entwicklung auf sein persönliches Schicksal zu beziehen. Avi hat Angst vor der bevorstehenden Vernichtung. Amikam dagegen strahlt Zuversicht und Selbstsicherheit aus (»*Wir werden doch alle fertig machen. Wir sind so stark*«). Die surrealistischen Ängste scheinen plötzlich Realität zu werden, als die geistig umnachtete alte Mutter den Feind in Gestalt von kleinen Lebewesen gesehen haben will. Im nächsten Moment kommt sie auf den Gedanken, daß der Übermut die Feinde hat zusammenschrumpfen lassen und diese nun bereit zu einem Frieden mit Israel seien.

Die von Jehoschua in seinen späteren Romanen mehrmals bewiesene Fähigkeit, in der Schilderung des israelischen Alltags die permanente Krisensituation des Landes aufscheinen zu lassen, wird bereits in diesem Stück sichtbar. Es war Jehoschuas erstes Drama, an dessen Erfolg die folgenden Schauspiele *Tipulim Achronim*, 1973 *(Letzte Behandlungen)*, sowie *Chafatzim*, 1986 *(Habseligkeiten)*, das die tragikomische Situation eines Erbfalls zum Thema hat, nicht mehr anschließen konnten. A. F.

AUSGABE: Tel Aviv 1974 [zus. m. *Tipulim Achronim*].

ÜBERSETZUNG: *Eine Nacht im Mai*, R. Hartl, Mchn. 1983.

BEARBEITUNG: *Eine Nacht im Mai* (Hörspiel; Erstsendung: Sender Freies Berlin, 1. 10. 1985; Regie: P. Lilienthal).

LITERATUR: R. Rubin, Rez. (in Hebrew Book Review, 11, 1971, S. 32–35). – A. Feinberg, *A. B. Y. as Playwright* (in Modern Hebrew Literature, 1, 1975, S. 43–47). – Ch. Shoham, *Distress and Constriction* (in Ariel, 41, 1976, S. 25–28). – E. Pfefferkorn, *A Touch of Madness in the Plays of A. B. Y.* (in World Literature Today, 51, 1977, S. 198–200).

MUL HA-JEAROT

(hebr.; *Ü: Angesichts der Wälder*). Erzählungsband von Abraham Bar JEHOSCHUA, erschienen 1968. – Die vier Erzählungen, die in diesem Band zusammengefaßt sind, nehmen in bezug auf Form und Inhalt einen besonderen Platz in der modernen israelischen Prosa ein. Die Titelgeschichte handelt von einem einsamen Studenten, der sich dem dreißigsten Lebensjahr nähert. Lustlos und desinteressiert übernimmt er einen Job als Forstaufseher in einem der Wälder, die dem Keren Kayemet Le-Israel gehören. In der Einsamkeit des Waldes wird ihm bewußt, wie fremd ihm die wirklichen Verhältnisse im Lande geworden sind. Er trägt schwer an der Verantwortung für den Brandschutz in dem ihm anvertrauten Wald. Ihm zur Seite stehen ein Mädchen sowie ein alter Araber, dem im Krieg die Zunge herausgeschnitten wurde. Eine Seminararbeit über die Kreuzzüge, die der Student in den Mußestunden zu schreiben beabsichtigt, kann er nicht zu Ende bringen. Er verliert das Gefühl für Zeit, je mehr der Job für ihn zur Routine wird und sich auf seine Psyche auszuwirken beginnt, während der Araber allmählich dämonische Züge annimmt. Von Besuchern, die ihm in der Waldeinsamkeit ab und zu für kurze Zeit Gesellschaft leisten, erfährt er, daß an der Stelle, wo jetzt der Wald sich ausbreitet, früher einmal ein arabisches Dorf stand. Mit dem herannahenden Sommer wächst auch die Sorgfaltspflicht des Forsthüters. In seinen Wachträumen taucht immer wieder das Bild des brennenden Waldes auf. Als er einmal ein Lagerfeuer entfacht, erschrickt der Araber über die damit verbundene Brandgefahr. Den Forstaufseher überkommt ein seltsames Glücksgefühl, doch das Feuer will nicht brennen. »Das jüngste Gericht« des Waldes ist noch nicht gekommen. Als schließlich der stumme Araber den Wald in Brand steckt, schaut der Waldhüter zu und verhindert die Brandstiftung nicht. *»Die Erde befreit sich von ihren Ketten«* – so rechtfertigt er innerlich den Racheakt des Arabers. Die Erzählung *Shtika holekhet ve-nimshekhet shel meshover (Das wachsende Schweigen des Dichters)* handelt von einem Schriftsteller, dessen Produktivität zu versiegen scheint, und seinem Sohn, der geistig zurückgeblieben ist. Der Sohn wächst auf, ohne daß sich der Vater besonders um seine Entwicklung kümmert. Durch Zufall entdeckt der Junge in der Schreibtischschublade Gedichtent-

würfe und Manuskripte seines Vaters, die er bei seinen Freunden als seine eigenen Schöpfungen ausgibt. Die vitale Lebenslust des Sohnes steht im Kontrast zur Schweigsamkeit des Dichters. Das Schweigen des Dichters wird zum Sprechenlernen des Dichtersohnes. – Auch der Held der Erzählung *Yom sharav arokh (Ein langer Hamsin-Tag)* leidet an Selbstzweifeln und Energielosigkeit. Er ist von Beruf Ingenieur. Seine Arbeitsstelle in Afrika verläßt er, als eine Krebserkrankung bei ihm festgestellt wird. Doch die Familienverhältnisse tragen wenig dazu bei, ihm die psychische Kraft zu vermitteln, die nötig ist, um mit der schlimmen Krankheit fertig zu werden. Die Entfremdung von seiner Frau und seiner heranwachsenden Tochter trägt zur Verschlechterung seines Zustands bei. Im Gegensatz zum Vater, der jede Lebenslust verloren hat, zeichnet sich Gadi, ein junger Mann, der der Tochter den Hof macht, durch reine Lebensfreude und jugendliche Energie aus. Der Vater versucht, die Liebenden zu trennen und überfährt am Ende den Verehrer seiner Tochter mit dem Auto. – Die letzte Erzählung in diesem Band, *Shlosha Yamim ve-yeled (Drei Tage und ein Kind)*, beschreibt die seltsame Beziehung, die sich zwischen dem Mathematiklehrer Dov und dem dreijährigen Sohn seiner ehemaligen Geliebten entwickelt. Das Kind, welches ihm für die Dauer von drei Tagen in Obhut gegeben ist, weckt in ihm Erinnerungen an seine frühere Geliebte. Das Scheitern dieser Liebe wird ihm wieder schmerzlich ins Bewußtsein gerufen. Neid-, Wut- und Rachegefühle sind die Folge. Allen vier Erzählungen ist die destruktive Charakteranlage der jeweiligen Helden gemeinsam. In ihrer Rat- und Hilflosigkeit verkörpern sie die israelische Gesellschaft wie Jehoschua sie sieht. Der Wunsch zu leben und etwas Neues aufzubauen wird kontrastiert mit dem Trieb, sich selbst zu zerstören. Auch wenn die Geschichten jeweils von Individuen handeln, so sind sie doch auch Repräsentanten, durch die der politisch engagierte Autor seine Ansicht über das historische Bewußtsein und kollektive Unbewußtsein der israelischen Gegenwartsgesellschaft zum Ausdruck bringt.   A.F.

AUSGABE: Tel Aviv 1968.

ÜBERSETZUNG: *Drei Tage u. ein Kind. Angesichts der Wälder. Das wachsende Schweigen des Dichters*, J. Hessing (in *Angesichts der Wälder*, Stg. 1982). – Dass., ders., Ffm. 1984 (FiTb).

VERFILMUNGEN: *Shlosha Yamim ve-yeled*, Israel 1967 (Regie: U. Zohar). – *Das wachsende Schweigen des Dichters*, BRD 1985/86 (Regie: P. Lilienthal).

LITERATUR: Y. Oren, Rez. (in Hebrew Book Review, 6, 1968, S. 18–21). – E. Brocke, *Junge israelische Literatur* (in Emuna, 8, 1973, H. 1, S. 4–15). – L. I. Yudkin, *New Directions in Israeli Fiction* (in L. I. Y., *Escape Into Siege. A Survey of Israeli Literature*, Ldn./Boston 1974, S. 104–115).

JEHUDA BEN ELIJA HADASSI

* 1075 (?) Edessa
† 1160

ESCHKOL HA-KOFER

(hebr.; *Die Myrrhentraube*). Religionsgeschichtliches Sammelwerk von JEHUDA ben Elija HADASSI. – Der aus Edessa (heute Urfa im nördlichen Mesopotamien) stammende karäische Gelehrte begann die Niederschrift seines Werkes 1148 in Konstantinopel. In Form eines Lehrgedichts faßt er die Überlieferung der jüdischen Sekte der Karäer (»Bibelleute«) aus den vierhundert Jahren seit ihrer Begründung zusammen. – Das Werk besteht aus zehn Teilen, deren jeder einem der Zehn Gebote gewidmet ist; in insgesamt 379 Kapiteln werden Hunderte biblischer Gesetze behandelt, die sich nach karäischer Auslegung von den Zehn Geboten ableiten. Die Abschnitte innerhalb der Kapitel sind alphabetisch geordnet und in Strophen geteilt, in die aber auch längere Zitate aufgenommen sind. Viele der im *Eschkol ha-kofer* zitierten Schriften sind seitdem verschollen, anderes stammt aus dem von den Karäern bekämpften nachbiblischen (rabbinischen) Schrifttum. Außer der Auseinandersetzung mit diesem enthält das Werk auch Diskussionen mit anderen Sekten sowie mit dem Islam und dem Christentum. Es bietet nicht nur juristisches Material, sondern gibt auch einen Überblick über die Gelehrsamkeit der Epoche auf den Gebieten der Naturwissenschaften, der Astrologie, der Sprachwissenschaft, der Ethik und der Theologie. Außerdem sind Anekdoten, Legenden und Märchen eingeflochten. Die streng fundamentalistische Bibeldeutung, die das Werk charakterisiert, bestimmt die Lebensform der Sekte der Karäer bis zur Gegenwart.
Das handschriftlich verbreitete Werk wurde im 19. Jh. gedruckt, jedoch mit Streichungen der zaristischen Zensur; die Ausgabe enthält eine Einführung von Kaleb AFENDOPOLO aus dem Jahre 1497. Es gibt noch keine kritische Ausgabe und kaum Übersetzungen, wie denn die Erforschung des kulturgeschichtlich wichtigen Karäertums noch sehr in ihren Anfängen steckt. – Die Sprache des Werks ist Hebräisch. Der Epilog enthält einige metrische Gedichte von Hadassi, der auch als Verfasser liturgischer Dichtung bekannt ist.   P.N.

AUSGABEN: Goslow 1836. – Ergänzungen P. F. Frankl, *Karäische Studien* (in MGWJ, 31–33, 1882–1884). – W. Bacher, *J. H.s Eschkol hakofer* (in JQR, 8, 1896).

LITERATUR: W. Bacher, *J. H.s Hermeneutik u. Grammatik* (in MGWJ, 40, 1896). – M. Waxman, *A History in Jewish Literature*, Bd. 1, NY 1930, S. 415–419; Nachdr. 1960. – S. Schreiber, *Élé-ments fabuleux dans l'»Eschkol hakofer« de J. H.* (in REJ, N. S., 8, Paris 1948). – L. Nemoy, *Karaite Anthology. Excerpts from the Early Literature*, New Haven 1952, S. 235–377 [engl.]. – Z. Ankori, *Karaites in Byzantium. The Formative Years, 970–1100*, NY 1959. – H. H. Ben-Sasson, Art. *Judah ben Elijah Hadassi* (in EJ², 7, Sp. 1046/47).

RABBI JEHUDA BEN SAMUEL HA-CHASSID

auch Rabbi Jehuda aus Regensburg
* um 1150
† 1217 Regensburg

SEFER HA-CHASSIDIM

(hebr.; *Buch der Frommen*). Von Rabbi JEHUDA ben Samuel HA-CHASSID verfaßtes Hauptwerk der jüdisch-pietistischen Bewegung in Deutschland, deren Anhänger von den Zeitgenossen als »Chassidej Aschkenas« (die Frommen Deutschlands) bezeichnet wurden. Das Buch ist in der Ende des 13. Jh.s im Rheinland entstandenen Fassung überliefert, die von Jehudas Schülern redigiert und mit Zusätzen versehen wurde. Es wurde oft gedruckt, meist jedoch in gekürzter Form. Verbindlich ist die 1891 erschienene vollständige Ausgabe.
Nach der Erschütterung durch die Judenverfolgungen während des Ersten Kreuzzugs (1096–1099) entstand bei den Juden in Deutschland, besonders im Rheinland, eine mystisch-religiöse Haltung, die mehr aus dem verinnerlichten ursprünglichen Gottessehnen des Judentums herrührte als aus dem gelehrten Studium der rabbinischen Schriften. Die Hauptvertreter dieser religiösen Bewegung des sog. »deutschen Chassidismus« (der sich von der aus Spanien stammenden Kabbala durch mehr ethische und gefühlsmäßige als philosophisch-spekulative Ausrichtung unterscheidet) waren drei Ethiker aus der im 9. Jh. aus Italien in das Rheinland eingewanderten Familie Kalonymos: SAMUEL HA-CHASSID (Mitte des 12. Jh.s), Sohn des Kalonymos aus Speyer, und sein Sohn Jehuda ben Samuel ha-Chassid, der Verfasser des vorliegenden Werks, sowie sein Schüler ELEASAR BEN JEHUDA aus Worms (um 1165 – um 1330). Alle drei wurden von Legenden umrankt, die sich sowohl in den hebräischen Schriften des deutschen Chassidismus finden als auch in dem jiddischen *Ma'asse-Buch*. Besonders Jehuda war schon zu Lebzeiten eine sagenumwobene Gestalt, gefeiert als Vorbild der Selbstlosigkeit und Entsagung und als Exponent der Heiligung des profanen Lebens durch tätige Nächstenliebe. In diesem Geist ist das *Sefer ha-chassidim* geschrieben. Es enthält Erbauliches und Vorschriften für alle Einzelheiten des sittlichen Le-

bens. Die darin vertretene Weltanschauung kristallisiert sich um drei Punkte, die der Fromme (d. h. der Angehörige der chassidischen Bewegung) zur Ehre Gottes zu verwirklichen sucht: Verzicht auf Überfluß; Kasteiungen zur Sühne seiner Sünden; demütige Ablehnung von Ehrungen und geduldiges Ertragen von Erniedrigung; Rechtschaffenheit und Nächstenliebe. Hervorgehoben werden auch die Ideale eines reinen Familienlebens und einer gewissenhaften Erziehung. Immer wieder wird betont, daß Menschenliebe sich in gleicher Weise auf Juden und Nichtjuden zu erstrecken habe. Im übrigen bietet das Werk bis ins einzelne gehende Lehren über das Verhalten im Alltag und an Feiertagen, im häuslichen wie im geschäftlichen Leben, über gute Behandlung der Hausangestellten, über Tafelsitten und Höflichkeit; auch Verhaltensmaßregeln zum Schutz der Tiere sind nicht vergessen. Das Material ist in Paragraphen eingeteilt, in denen sich zu den jeweiligen Themen sowohl kurze Aussprüche finden wie auch Parabeln und längere Erzählungen; doch ist alles ohne strenges System aneinandergereiht. Der Stil ist leicht verständlich, wie es einem Volksbuch geziemt, und unbeeinflußt von dem in Spanien zur gleichen Zeit entstandenen hebräischen Kunststil. »*Jehuda … findet … den rechten Ton, um in die Gemüter der Menschen hineinzudringen und sie zu gewinnen für das Höchste und Edelste, was die jüdische Religion fordert. Die Richtung der Zeit, in der Jehuda lebte, macht es erklärlich, daß neben Sätzen reinster Sittlichkeit auch viel Abergläubisches in dem ›Sefer ha-chassidim‹ Platz gefunden, und gerade des mystischen Dunkels wegen, in das es sich hüllt, hat es die stärkste Verbreitung gefunden. Es wurde eine Erbauungslektüre für viele, und die schwärmerische Liebe zu Gott und den Menschen, die den Grundzug dieses Buches bildet, hat ihm … seine Beliebtheit erhalten bis auf den heutigen Tag*« (J. Günzig).   L.Pr.

AUSGABEN: Bologna 1538. – Basel 1581. – Bln. 1891–1893, Hg. E. Wistinitzki [enth. 1982 Paragraphen; ern. Ffm. 1924, Hg. u. Einl. A. Freimann]. – Lemberg 1924 [Komm. R. Margulies]. – Jerusalem 1957.

ÜBERSETZUNG: in *Die Ethik des Judentums. Auszüge aus dem »Buch der Frommen« des Jehuda ha-chassid*, A. Sulzbach, Ffm. 1923 [Ausz.].

LITERATUR: M. Güdemann, *Geschichte des Erziehungswesens u. der Kultur in Frankreich u. Deutschland*, Bd. 1, Wien 1880. – J. Günzig, *Die ›Wundermänner‹ im jüdischen Volk*, Antwerpen 1921, S. 22/23. – M. Waxman, *A History of Jewish Literature*, Bd. 1, NY 1930, S. 364–367; Nachdr. 1960. – G. Scholem, *Reste neuplatonischer Spekulation bei den deutschen Chassidim* (in MGWJ, 75, 1931, S. 172–191). – F. Baer, *Die religiöse u. gesellschaftliche Tendenz des »Sefer Chassidim«* (in Zion, 3, 1938, S. 1–50; hebr.; engl. *The Socio-Religious Orientation of »Sefer Hasidim«*, Jerusalem o. J.). – J. Trachtenberg, *Jewish Magic and Superstition*, NY 1939. –

G. Scholem, *Die jüdische Mystik in ihren Hauptströmungen*, Ffm. 1957; ern. Ffm. 1980 (stw). – S. G. Kramer, *God and Man in the »Sefer Ḥasidim«*, NY 1966 [zugl. Diss. 1962]. – Y. Dan, Art. *Judah ben Samuel he-Ḥasid* (in EJ², 10, Sp. 352). – Ders., Art. *»Sefer Ḥasidim«* (ebd., 7, Sp. 1388–1390). – T. Alexander, *Folktales in »Sefer Ḥasidim«* (in Prooftexts, 5, 1985, S. 19–31).

JEHUDA HA-LEVI

* vor 1075 Toledo (?) oder Tudela (?)
† 1141

LITERATUR ZUM AUTOR:
G. Karpeles, *Geschichte der jüdischen Literatur*, Bd. 1, Bln. ³1920, S. 420 ff.; Nachdr. Graz 1963. – M. Waxman, *A History of Jewish Literature*, Bd. 1, NY 1930, S. 229–233; Nachdr. 1960. – J. M. Millás Vallicrosa, *Yehuda ha-Levi como poeta y apologista*, Madrid/Barcelona 1947. – M. Buber, *Das Herz eines Dichters* (in M. B., *Israel u. Palästina*, Zürich 1950, S. 79–92). – A. Ben-Or, *Geschichte der hebräischen Literatur des MAs*, Bd. 2, Tel Aviv ⁴1955, S. 61 ff. [hebr.]. – S. D. Gotein, *The Biography of Rabbi Judah Ha-Levi in the Light of the Cairo Geniza Documents* (in Proceedings of the American Academy of Jewish Research, 28, 1959, S. 41–56). – Y. Burla, *Rabbi Jehuda ha-Levi*, Tel Aviv 1968. – E. Schweid u. a., Art. *Judah Halevi* (in EJ², 10, Sp. 355–366). – S. S. Gehlhaar, *Prophetie u. Gesetz bei Jehudah Halevi, Maimonides u. Spinoza*, Ffm. u. a. 1987.

DIWAN JEHUDA HA-LEVI

(hebr.). Sammlung der weltlichen Gedichte von JEHUDA HA-LEVI. – Der größte Teil der weltlichen Dichtung des Jehuda ha-Levi, der als der bedeutendste hebräische Dichter des Mittelalters gilt, war im Unterschied zu seiner religiösen Hymnik, die dank der Aufnahme in die synagogalen Riten in Orient und Okzident weit verbreitet war, lange Zeit verschollen. Erst die Handschriftenfunde des 19. Jh.s ermöglichten die Rekonstruktion des Diwans, die jedoch noch nicht ganz abgeschlossen ist. Die etwa 450 Gedichte der Sammlung gliedern sich in fünf Gruppen: die erste umfaßt etwa 65 Liebes- und Hochzeitsgedichte, die zweite rund 100 Epigramme und Rätsel. Die dritte Gruppe wendet sich mit etwa 200 Gedichten an Freunde und Gönner des Autors, von denen die meisten in Spanien, andere in der Provence, in Nordafrika oder in Ägypten lebten (ungefähr fünfzig werden mit Namen genannt). Wie es bei arabischen und hebräischen Dichtern des Mittelalters üblich war, ist vielen dieser Gedichte als Einleitung eine in sich

abgeschlossene Naturbeschreibung oder ein Liebeslied vorausgeschickt. In der vierten Gruppe finden sich etwa 30 Gedichte über eine Reise, die Jehuda ha-Levi von Spanien nach Ägypten unternahm (1140), um sich von dort aus in das Heilige
Land zu begeben. In diesen Gedichten bringt er
immer wieder die Sehnsucht und das Heimweh des
»in der Zerstreuung« lebenden Juden nach dem
Land seiner Väter zum Ausdruck. Schließlich enthält der Diwan als fünfte Gruppe noch eine Anzahl
gereimter Episteln.

Während Jehuda ha-Levi in seiner etwa 300 Stücke
umfassenden religiösen Dichtung vor allem die
ureigenen Formen hebräischer Hymnik pflegt, die
zwar Strophe, Reim und Refrain (außerdem Assonanz und Akrostichon) kennt, aber keine festen
Metren hat, verwendet er in seinen weltlichen Gedichten mit Vorliebe Formen und Metren der arabischen Poetik. Einige Male ist in seinem Diwan
auch das in Spanien um jene Zeit entstandene
»Strophen-« oder »Gürtelgedicht« (arab. *muwašša-
ḥa*) vertreten, dessen Endstrophe – auch »Abgesang« (arab. *ḫarǧa*) genannt – manchmal in spanischer Mundart abgefaßt ist. Im übrigen hat er alle
seine Dichtungen in einem Hebräisch geschrieben,
dessen Schlichtheit und Ausdruckskraft die Zeitgebundenheit der Poetik vergessen lassen. Gerade
wegen der Schönheit und Einfachheit seiner Sprache gilt das Werk als Höhepunkt der hebräischen
Sprachrenaissance des 12. Jh.s. – Manche Sammlungen mit dem Titel *Diwan* enthalten auch die liturgische Dichtung des Jehuda ha-Levi. Es gibt jedoch noch keine verbindliche textkritische Ausgabe. Die authentische Lesart vieler Gedichte hat
J. SCHIRMANN erarbeitet.   P.N.

AUSGABEN: Prag 1840 (*Betulat Bat-Jehuda*, Hg.
S. D. Luzzatto; unvollst.). – Lyck 1864 (*Divan des
Rabbi Jehuda Halevi*, Hg. S. D. Luzzatto; enth. 86
relig. Lieder). – Bln. 1894–1930 (*Dîwân des Jehuda
ha-Levi*, Hg. u. Einl. H. Brody, 4 Bde.). – Tel Aviv
³1955, Hg. I. Semora. – Tel Aviv ³1957, Hg.
J. Schirmann [Ausw.]. – Jerusalem ²1960 (in *Ha-
schira ha-ivrit bi-Sefarad u-bi-Provans*, Hg. J. Schirmann, Bd. 1; Ausw.).

ÜBERSETZUNGEN: *Manna*, A. Geiger, Breslau
1840. – *Divan des Castiliers Abu'l-Hassan Juda ha-
Levi*, A. Geiger, Breslau 1851. – S. Heller (in *Die
echten Hebr. Melodieen*, Hg. D. Kaufmann, Trier
1893; Ausw.). – *Divan des Jehuda Halevi. Eine
Ausw. in dt. Übertragungen*, Hg. G. Karpeles, Bln.
1893. – *J. H., ein Diwan*, E. Bernhard, Bln. ²1921.
– *92 Hymnen u. Gedichte*, F. Rosenzweig, Bln. o. J.
[1927].

LITERATUR: H. Brody, *Studien zu den Dichtungen
Jehuda Halevis*, Bln. 1895. – D. Kaufmann, *Jehuda
Halewi* (in D. K., *GS*, Bd. 2, Ffm. 1910,
S. 99–151). – H. Brody, *Jehuda Halevi. Die schönen
Versmaße*, Bln. 1930. – C. B. Starkova, *Iz materi-
alov i sobranija firkovča Gosudarstvennoi publičnoi bi-
blioteki imeni M. E. Saltykova-Ščedrina (Iz frag-*

mentov »Divana« Iehudy Chalevi) (in *Issledovanija
po istorii kultury narodov Vostoka. Sbornik v čest' akademika. I. A. Orbeli*, Moskau/Leningrad 1960).

KUSARI

(hebr.; *Das Buch Kusari*). Religionsphilosophisches Werk von JEHUDA HA-LEVI, entstanden zwischen 1130 und 1140. Das ursprünglich unter dem
Titel *Al-Ḥasari – kitāb al-ḥuya wa-d-dalīl fī nusr ad-
dīn wad-dalīl (Die Chasaren – Buch der Begründung
und des Beweises zur Verteidigung der unterdrückten
Religion)* in arabischer Sprache abgefaßte Werk
wurde 1170 von Jehuda IBN TIBBON (um 1120 bis
um 1190) ins Hebräische übersetzt.

In diesem Werk, das nach dem im 8. Jh. zum Judentum übergetretenen südrussischen Volksstamm
der Chasaren (Kusar) benannt ist, bemüht sich Jehuda ha-Levi, der den größten Teil seines Lebens in
Spanien gewirkt hat, die verschiedenen Seiten
gegen den jüdischen Glauben vorgebrachten Argumente und Einwände zu widerlegen, dessen Irrationalität nachzuweisen und ihm allein Wahrheitsanspruch zuzuerkennen. Dabei kleidet er seine
Darlegungen in die Form eines Dialogs: Der König der Chasaren erfährt im Traum, daß seine Absicht, Gott zu suchen und zu finden, richtig sei, daß
aber der Weg, den er zu diesem Ziel eingeschlagen
habe, in die Irre führe. Im Gespräch mit einem Mohammedaner und einem Christen wird ihm klar,
daß diese beiden Anhänger der großen Religionen
jener Zeit die Grundlagen ihrer religiösen Überzeugung letzten Endes auf deren jüdischen Ursprung zurückführen und daß daher die jüdische
Religion, so geschunden und verfolgt sie auch ist,
die einzig wahre sein müsse. Im Gespräch mit einem jüdischen Gelehrten, den er nach dieser Erkenntnis zu sich beordert, werden die Grundelemente der jüdischen Religion erörtert.

Das Judentum ist keine Verstandesreligion, entzieht sich daher jeder philosophischen Untersuchung. Es ist vielmehr auf eine Tradition aufgebaut, die von der historischen Tatsache der Offenbarung am Sinai ihren Ausgang nimmt. Aufgrund
dieses Ereignisses, das von 600 000 Israeliten in der
Wüste beobachtet und bezeugt worden ist, darf das
jüdische Volk mit Recht von sich behaupten, »auserwählt« worden zu sein, die Botschaft Gottes in
der Welt zu verkünden. Die historische Wahrheit
dieser Verkündung und ihres Inhalts – zum Beispiel die Lehre von der Erschaffung der Welt aus
dem Nichts – kann durch metaphysische Spekulationen nicht entkräftet werden, und ARISTOTELES
ging irr in seiner Annahme von der Ewigkeit der
Materie, weil er einerseits keinerlei Anteil an der
Tradition der Juden hatte, anderseits aber die philosophische Betrachtungsweise der Probleme nicht
zu religiösen Erkenntnissen führen kann. Religion
ist nicht nur »Wissen«, sondern auch »Glauben«,
ihr Zentrum ist nicht der Geist, sondern das *göttliche Ding* in der Seele des Menschen, das nur der
Jude besitzt. Dieses *»göttliche Ding«* verkümmert

freilich auch im Juden, wenn es nicht durch die Disziplin des Religionsgesetzes gepflegt wird, und es gedeiht besonders gut dort, wo die Voraussetzungen für die Verbindung Gottes mit seinem erwählten Volk, wonach es strebt, besonders glücklich sind: in Palästina.   H.I.G.-KLL

Ausgaben: o. O. 1506, Hg. Fanol. – Venedig 1594 (*Cosri sive Cusari*; hebr. Übers.; Komm. J. Muscato). – Lpzg. 1887, Hg. H. Hirschfeld [arab. Urtext u. hebr. Übers.; krit.; Nachdr. Jerusalem 1970; m. Studien]. – Jerusalem 1926. – Tel Aviv 1948 u. ö., Hg. A. Zifroni. – NY 1964.

Übersetzungen: *Das Buch Kusari*, D. Cassel, Lpzg. 1853 [hebr.-dt.; Bln. ⁵1922; verb.]. – *Das Buch al-Chazari*, H. Hirschfeld, Breslau 1885.

Literatur: J. Guttmann, *Die Philosophie des Judentums*, Mchn. 1933, S. 138 ff. – S. B. Urbach, *Pillars of Jewish Thought*, Bd. 2, Jerusalem 1971. – L. Strauss, *The Law of Reason in the »Kuzari«* (in *Facets of Medieval Judaism*, NY 1973). – A. L. Motzkin, *On Halevi's »Kuzari« as a Platonic Dialogue* (in Interpretation. A Journal of Political Philosophy, 9, 1980, S. 111–124).

SCHIREJ ZION

(hebr.; *Zionslieder*). Sammelbezeichnung für alle Gedichte des bedeutendsten mittelalterlichen hebräischen Dichters Jehuda ha-Levi, die seine Zionssehnsucht zum Ausdruck bringen (vgl. *Diwan*). – Die Echtheit seiner Sehnsucht hat der Autor durch die 1141 trotz der Warnungen seiner Freunde unternommene Palästina-Reise bewiesen und wahrscheinlich auch mit dem Leben bezahlt: Nach einem Zwischenaufenthalt in Ägypten fuhr er nach Palästina weiter und blieb verschollen. (Nach der Sage wurde er im Tor Jerusalems vom Pferd eines daherjagenden Sarazenen zerstampft.)
In diesen Liedern spiegelt sich nicht nur die allgemein religiöse, sondern auch die persönlich tief empfundene Sehnsucht nach Zion und nach Erlösung überhaupt, präsentiert mit jener Vollendung der Form und Schönheit der Sprache, die auch die anderen dichterischen Schöpfungen Jehuda ha-Levis auszeichnen. Die etwa 30 Zionslieder gipfeln in der großen, kurz vor der Einschiffung nach Palästina verfaßten sogenannten *Zionide (Ode an Zion)*, deren sämtliche Verszeilen auf *-ajich* enden. Als Probe ein Auszug nach der Übersetzung von C. Seligmann: »*Zion, hast du keine Grüße / für die armen, fernen Lieben, / die, zerstreut in allen Landen, / inniglich dir treu geblieben? / Über Länder, über Meere / grüß ich dich mit stillem Sehnen, / und ich weine um dein Elend / ungestillte, heiße Tränen. / ... Pilgern möcht' ich zu den Stätten, / wo den Sehern Gott erschienen, / pilgern möcht' ich heißen Herzens / zwischen heiligen Ruinen, / daß mein armes Herz gesunde...*«   L.Pr.

Ausgaben: Bln. 1894–1930 (in *Díwán des Jehuda ha-Levi*, Hg. u. Einl. H. Brody, 4 Bde., 2). – Bln. 1933 (in F. Rosenzweig, *Zionslieder*; m. dt. Übers.; Ausw.).

Übersetzungen [Ausz.]: *Ein Diwan*, E. Bernhard, Bln. o. J. [1920]. – In J. Winter u. A. Wünsche, *Die jüdische Literatur*, Bd. 3, Trier 1896, S. 44 ff. – C. Seligmann (in J. Höxter, *Quellenbuch zur jüdischen Geschichte u. Literatur*, Bd. 2, Ffm. 1928, S. 37 ff.). – *Poemas sagradas y profanos*, J. Gil-Albert u. J. K. Máximo, Madrid/Barcelona 1987 [span.; m. Einf.].

Literatur: T. L. Steinberg, *Yehuda Halevi: »Itinerarium ad Sion«* (in *Itinerarium: The Idea of Journey*, Hg. L. J. Bowman, Salzburg 1983, S. 54–75). – N. M. Samuelson, *Halevi and Rosenzweig on Miracles* (in *Approaches to Judaism in Medieval Times*, Hg. D. R. Blumenthal, Chico/Calif. 1984).

ELFRIEDE JELINEK

* 20.10.1946 Mürzzuschlag / Steiermark

Literatur zur Autorin:
T. J. Levin, *Political Ideology and Aesthetics in Neo-Feminist German Fiction: Verena Stefan, E. J., Margot Schroeder*, Diss. Cornell Univ. 1979. – H. Beth, *E. J.* (in *Neue Literatur der Frauen. Deutschsprachige Autorinnen der Gegenwart*, Hg. H. Puknus, Mchn. 1980, S. 133–137). – S. Löffler, *Der sensible Vampir* (in Emma, 1985, H. 10, S. 32–37). – A. v. Bormann, »*Von einigen Dingen, die sich in den Begriffen einnisten*«. Zur Stilform *E. J.s* (in *Frauenliteratur in Österreich von 1945 bis heute*, Hg. C. Kleiber u. E. Tunner, Ffm. u. a. 1985, S. 27–54). – S. Schmid-Bortenschlager, *Der analytische Blick* (ebd., S. 109–129). – U. Nyssen, *Zu den Theaterstücken von E. J.* (in Schreiben, Bremen 1986, H. 29/30, S. 75–89). – A. Doll, *E. J.* (in KLG, 31. Nlg., 1989). – B. R. Erdle, »*Die Kunst ist ein schwarzes glitschiges Sekret«. Zur feministischen Kunst-Kritik in neuen Texten E. J.s* (in *Frauen-Fragen in der deutschsprachigen Literatur seit 1945*, Hg. M. Knapp u. G. Labroisse, Amsterdam 1989).

CLARA S.

Musikalische Tragödie in zwei Teilen und einem Epilog von Elfriede Jelinek, Uraufführung: Bonn, 24. 9. 1982, Bühnen der Stadt Bonn. – Ähnlich wie in ihrem dramatischen Erstling *Was geschah, nachdem Nora ihren Mann verlassen hatte oder Stützen der Gesellschaft* (1977) nimmt Jelinek auch in diesem Theaterstück eine Versuchsanordnung zum Thema der weiblichen Emanzipation vor, indem sie Anleihen bei fiktiven oder historischen Lebensläufen berühmter Frauen nimmt, um überkommene und noch heute wirksame Unterdrückungsmechanismen freizulegen. Jelineks Sicht wird dabei entschieden von einem marxistisch orientierten Feminismus bestimmt, der für das Scheitern der Selbstverwirklichung der Frau die einander bedingenden gesellschaftlichen Konstanten des Faschismus und der Männerherrschaft verantwortlich macht. In *Clara S.* führt Jelinek in direkter Umsetzung dieses Gedankenmodells und ungeachtet der historischen Stimmigkeit durch eine Montagetechnik verschiedene Zeitebenen in der Handlung zusammen, um in der in das Ambiente des italienischen Faschismus transponierten Biographie der Clara Schumann das Exemplarische ihres Schicksals herauszustellen.

Schauplatz der in das Jahr 1929 verlegten Handlung ist die Villa des Dichters Gabriele d'Annunzio, bei dem die Pianistin Clara S. um eine finanzielle Unterstützung vorstellig wird. Obwohl ihr geisteskranker Mann Robert ein berühmter Komponist ist, mußte sie jahrelang mit ihrer Konzerttätigkeit für den Unterhalt der Familie sorgen, sah sich aber nun aufgrund der bedrängenden Verhältnisse gezwungen, den Gatten aus der Irrenanstalt herauszunehmen und sich seiner Pflege zu widmen. Der dekadente Dichter knüpft an sein Mäzenatentum die Bedingung der »Körperhingabe« Claras, die dadurch in einen unlösbaren Konflikt zwischen ihrem emanzipatorischen Bewußtsein und dem materiellen Notstand gerät. Die Fremdbestimmung der Clara S. wird in der Folge in allen ihren Dimensionen aufgezeigt. Während die Künstlerin unentschieden über ihre Weiblichkeit räsonniert – sie erzählt von Kindheit, Karriere und Ehe und analysiert dabei ihren Vaterkomplex und die Unterdrückung ihrer Kreativität durch den eifersüchtigen Mann –, vergnügt sich d'Annunzio mit seinen Mätressen und wirft begehrlich ein Auge auf Marie, die kleine Tochter Claras.

Zu Beginn des zweiten Teils versammelt sich die Abendgesellschaft d'Annunzios im Speisezimmer. Während der originalitätssüchtige Komponist mit seinen sexistischen Äußerungen (*»Der einzige Effekt ihrer Kompositionsversuche war das sukzessive Absterben ihres weiblichen Geschlechtsreizes für mich«*) Clara als Frau und Künstlerin provoziert, nötigt d'Annunzio Marie, ihn sexuell zu stimulieren. Die Szene eskaliert schließlich: Robert gerät über Claras ekstatisches Klavierspiel in Erregung, behauptet in einem Anfall geistiger Verwirrung, er habe die Ouvertüre zu Rossinis *La Gazza Ladra* komponiert, und wird seiner Frau gegenüber gewalttätig, worauf diese ihn erwürgt. Bevor er stirbt, stammelt er ein letztes Mal sein chauvinistisches Credo (*»Künstlerische Leistung liegt außerhalb der Frau . . . denn nur natürliche Körperleistung zählt für diese«*). – Der surrealistisch überhöhte Epilog zeigt Clara zurückgefallen in die Rolle des liebenden Kindweibes: Während sie sich wegen ihres künstlerischen Ehrgeizes und Dranges zur Selbstverwirklichung

heftige Vorwürfe macht, umfängt sie arktische Kälte; mit wahnwitzigem Klavierspiel steigert Clara sich in ihren Tod.

Jelineks dramatischer Stil gewinnt in der Mischung von aggressivem Pathos, opulenter Sprach- und Bildphantasie und vor allem aufgrund der heterogenen Darstellungselemente auf der Handlungsebene eine manierierte Qualität. Seine plakative Wirkung verdankt der Text in erster Linie der Weise, in der die Autorin in die Reflexionen der Clara S. modisch-aktuelle Theorieansätze einbringt und dem Zuschauer ein mechanistisches Gesellschaftsverständnis mit Anleihen aus Psychoanalyse, marxistischer Faschismusanalyse und feministischer Ideologie zur Interpretation des Verhaltens der Figuren nahelegt. C.Fi.

AUSGABE: Köln 1984 (in *Theaterstücke*, Hg. u. Vorw. U. Nyssen).

LITERATUR: G. Hensel, Rez. (in FAZ, 29. 9. 1982). – H. Karasek, Rez. (in Der Spiegel, 4. 10. 1982). – H. Schödel, Rez. (in Die Zeit, 8. 10. 1982) – U. Nyssen, *Zu den Theaterstücken von E. J.* (in Schreiben, 1986, H. 29/30, S. 75–89).

DIE KLAVIERSPIELERIN

Roman von Elfriede JELINEK, erschienen 1983. – Ihre mit dem Prosatext *Die Liebhaberinnen* (1975) einsetzende, satirisch-sezierende Erkundung des (klein)bürgerlichen Familien- und Liebeslebens als Schauplatz alltäglichen Terrors und gewaltsamer Dressurakte führt die Autorin in ihrem fünften, autobiographisch geprägten Roman fort. – Erika Kohut, Mitte dreißig und von Beruf Klavierlehrerin, lebt seit der Vertreibung des störenden Vaters eingeschlossen in der trauten, haßerfüllten Zweisamkeit einer sadomasochistisch gefärbten Symbiose mit ihrer ältlichen Mama. Deren Hauptproblem ist es, ihr Besitztum – die Tochter – *»möglichst unbeweglich an einem Ort zu fixieren, damit es nicht davonläuft«*. Diesem Zweck dient nicht nur der Fernsehapparat, *»der schöne Bilder, schöne Weisen, vorfabriziert und verpackt, ins Haus liefert«*, sondern auch ein vielfältiges System von Bestrafungen. Abendliches Zuspätkommen etwa ahndet die Mutter, *»Inquisitor und Erschießungskommando in einer Person«*, mit Prügeln und büschelweisem Ausreißen von Haaren. Die einem *»Insekt in Bernstein, zeitlos, alterslos«* gleichende, ihrem empfindungslosen Körper gelegentlich mittels Nadeln und Rasierklingen künstliche Öffnungen zufügende Tochter hat eine langwierige und brutale, mit der Absicht der künstlerischen Verfeinerung vorgenommene Dressur hinter sich: Ehrgeizig und herrschsüchtig versuchte die Mama, Erika zur brillanten Pianistin abzurichten und ihr mit dem Mangel an Kunstfertigkeit zugleich Körperlichkeit und Sinnenfreude auszutreiben: *»Jede Schicht, in der sich etwas Leben regt, wird als verfault erkannt und weggesäbelt.«* So ist aus Erika zwar keine Künstlerin geworden, doch eine auf das Korsett der genau zu befolgenden Partitur angewiesene Lehrerin, die nun ihrerseits voller Unterwerfungsdrang und in tiefer Verachtung für die »Masse« Schüler zu gehorsamem Spiel abrichtet. Ganz perfekt jedoch ist die mütterliche Zurichtung der Tochter noch nicht – deren Triebleben sucht sich Nebenwege. Das mütterliche Ordnungssystem wird anfangs nur gefährdet durch Erikas eitle »*Gier nach Äußerlichkeiten*« – Kleidern, Schuhen, Handtaschen – und durch heimliche, eigenmächtige Ausflüge, die sie aus dem mütterlichen Aufsichtsraum herausführen, in Pornokinos und zum Prater, wo sie aus sicherer Entfernung lustlos das Treiben der Prostituierten betrachtet. Doch dann taucht in Gestalt des jungen und sportlichen Klavierschülers Walter Klemmer, der Erika aus kurzfristiger Liebe nachstellt, eine wesentlich gewichtigere Ordnungswidrigkeit auf. Erika, für die Zärtlichkeit nur denkbar ist als Verlangen nach Unterwerfung, straft sein Begehren zunächst mit Mißachtung, später mit demütigender Verachtung. Nur so kann sie, die von Klemmer Erlösung und Vernichtung erhofft, ihre überlegene Unberührbarkeit wahren. Seinen Höhepunkt findet dieser langwierige Unterwerfungsakt in einem Brief Erikas, der Klemmer zu sadistischen Handlungen an ihr auffordert. Diese schriftliche Niederlegung sexueller Wünsche in der Befehlsform einer Vorschrift, einer Partitur, dient erneut dem Verstecken und der Panzerung des Körpers. Doch Klemmer erkennt diesen Ritualcharakter des Briefes nicht. Er liest ihn als wörtliche Aufforderung zur Gewalt, was sein sexuelles Begehren augenblicklich zum Verschwinden bringt: »*Er fürchtet sich vor den so lang ungelüfteten Innenwelten dieser Klavierlehrerin.*« Gepeinigt von seiner Zurückweisung und seinem körperlichen Versagen, begibt sich Klemmer in einem nächtlichen Park auf die wütende Suche nach jemandem, »*der ihm endlich einmal nicht widerspricht*«. Ein junges Paar flieht entsetzt vor ihm; er zertrampelt die auf dem Waldboden zurückgelassene Strickjacke des Mädchens. In seiner sadistischen Lust vollführt er schließlich an der erschreckten und die Rückkehr zur »*Normalausführung der Liebe*« erbittenden Erika Kohut all das, was ihr Brief ihm vorschrieb. Danach geht er weg, endgültig von ihr befreit. Erika wendet daraufhin in der gewohnten masochistischen Lächerlichkeit das Klemmer zugedachte Messer gegen sich selbst – schweigend fügt sie sich einen tiefen Schnitt an der Schulter zu.

Der Sprachklischees, Redensarten und Volksliedkürzel ironisch zitierende Text legt, »*ins Monströse vergröbert*« (G. Kreis), Strukturen kleinbürgerlicher Mentalität frei, die – von der Kernmetapher der »Partitur« ausgehend – in grausam-grotesken Bildern der Fesselung, der Unterwerfung und des Gehorsams beschrieben werden. Die vor allem in der zynischen Karikatur des (klein)bürgerlichen Liebes-, Weiblichkeits- und Kunstbegriffs liegende Gesellschaftskritik dieses von der Kritik zwiespältig aufgenommenen »*zeitgenössischen politischen Roman[s]*« (L. Baier) entfaltet sich aus den Sprach-materialien selbst. Denn Jelineks Romansprache »*stülpt nicht das Innere ihrer Figuren nach außen und legt es als grauen Film über die Welt, sondern sucht es in den sprachgewordenen Ablagerungen ihres Bewußtseins auf; die Welt geht unterdessen gleichgültig ihren gewohnten Gang*« (L. Baier). B.R.E.

AUSGABEN: Reinbek 1983. – Reinbek 1986 (rororo).

LITERATUR: H. Burger, Rez. (in FAZ, 9. 4. 1983). – L. Baier, Rez. (in SZ, 16. 7. 1983). – G. Kreis, Rez. (in Dt. Allg. Sonntagsblatt, 10. 4. 1983). – K. Kathrein, Rez. (in Die Presse, 27. 4. 1983). – J. Freund, *Die Klavierlehrerin* (in Wespennest, 1983, H. 53, S. 44–45). – B. Henrichs, Rez. (in Die Zeit, 15. 7. 1983).

OH WILDNIS, OH SCHUTZ VOR IHR

Prosa von Elfriede JELINEK, erschienen 1985. – Der als Triptychon gestaltete Anti-(Heimat)Roman unternimmt eine satirische Demontage jener heimatseligen Ursprünglichkeits- und Naturmystik, die in Literatur und Kultur der achtziger Jahre wieder in Mode gekommen ist. Elfriede Jelinek setzt damit die von J. NESTROY über K. KRAUS bis zu Th. BERNHARD reichende literarische Tradition des Schmähliedes auf Österreich fort. – Seinen »*bereits durch Beschreibungen völlig zerkochten Gegenstand*« entfaltet der sich in einer atemlosen Sprachflut selbsttätig-naturhaft fortzeugende Text, indem er die von Literatur, Philosophie, faschistischer Ideologie, Massenmedien, Touristikindustrie und Umweltschützern produzierte Naturmetaphorik umkreist, entstellt und zerlegt. Dieser Dekonstruktionsprozeß entwickelt drei unterschiedliche, von der Figur des steirischen Holzknechts Erich zusammengehaltene Perspektiven auf Natur und Landschaft: Arbeit, Dichtung und Besitz. Die schemenhafte, aus Sprachmüll und Handlungsfetzen gezeugte Figur Erichs konstituiert nicht nur einen minimalen handlungslogischen Zusammenhang, sondern auch die durchgängige Perspektive des bewußtlosen, zum Nutzobjekt und Jagdwild erniedrigten Knechts.

Das erste Teilstück des Prosatextes (*Aussentag. – Gedicht*) untersucht die Naturwahrnehmung des Holzarbeiters und Kinderprüglers Erich, der dem Roman *Die Liebhaberinnen* (1975) entstammt. Der von seiner Ehefrau verlassene Knecht verbringt sein Leben nicht in einem unentfremdetidyllischen Naturzustand. Vielmehr erfährt er, dessen Körper von Arbeitsunfällen gezeichnet ist, die Natur als Schmutz und destruktive Gewalt. Das literarische Motiv des Wanderns parodierend, folgt der Text dem langsamen (physischen und sozialen) Aufstieg des Knechts »*einer windigen Höhe entgegen*«, dem Haus der alten Dichterin Aichholzer. Die Figur dieser hoch über den Dörfern thronenden Naturlyrikerin und Memoirenschreiberin bildet den Bezugspunkt des Mittelteils (*Innen. Tag. –*

Keine Geschichte zum Erzählen), der die Perspektive der Innigkeit, der literarisch und philosophisch Gebildeten, entwickelt. Die unablässig klebrigen Naturkitsch produzierende Dichterin ist Nachlaßverwalterin und gequälte Ex-Geliebte eines allgemein höchstes Ansehen genießenden, misogynen und brutalen Nazi-Philosophen, dessen Denken auf NIETZSCHE und HEIDEGGER verweist. Die *»Aichholzerin«* führt eine Doppelexistenz von (schweigender) Geliebter und (redender) Künstlerin. Da ihre schmerzlichen Privaterinnerungen das Götterbild des Philosophen antasten, versuchen dessen Schüler gemeinsam mit einigen Kulturredakteuren, die alte Frau am Sprechen zu hindern. Das ist eine höhnische Abrechnung mit dem österreichischen Kulturbetrieb, den sie als engen (Männer-)Bund mit dem *»der Sprache und deren Volkheit«* verhafteten Nazi-Philosophen kennzeichnet. Im dritten Teil des Romans *(Außen. Nacht. – Herrliche Prosa! Wertvolle Preise!)* wird die Perspektive der Besitzenden entwickelt. Die Eigentümer der Landschaft (ein Kaufhauskönig und seine Gäste, darunter eine Filmschauspielerin, eine deutsche Managerin und mehrere Politiker) gestalten die Natur um in ein luxuriöses, scharf bewachtes Jagdrevier. Seine Bedrohung durch chemische Gifte beklagen sie in trauter Gemeinsamkeit mit den Natur- und Umweltschützern, die nicht mehr in der Lage sind, Besitzverhältnisse zu reflektieren. Bei seiner Flucht mit dem Schlafzimmer der Managerin gerät der Holzknecht Erich auf das mehr als unzählige *»Wärterfiguren aus staatlichen, zwischenstaatlichen und privaten Ämtern«* befestigte Privateigentum. *»Nichts als ein Hobelspan in diesem raffiniert zubereiteten Gebäude«*, wird Erich von einem Wächter ebenso automatisch wie zufällig erschossen. Jelineks voller ironischer Anspielungen steckender Prosatext versammelt das sprachliche und ideologische Arsenal einer alten wie neuen faschistoiden Heimat- und Naturliebe. Die Eignung der Naturmetapher für einen aufklärerischen, gesellschafts- und zivilisationskritischen Diskurs wird dabei vehement bestritten. *»Die Natur ist Reklame. Die Kunst ist auch Reklame. Und was man drüber sagen könnte ist ebenfalls Reklame.«*   B.R.E.

AUSGABE: Reinbek 1985.

LITERATUR: U. Weinzierl, Rez. (in FAZ, 2. 11. 1985). – S. Ledanff, Rez. (in SZ, 5. 12. 1985). – G. Kübler, Rez. (in NZZ, 20. 12. 1985). – W. Hofer (in Die Presse, 11. 1. 1986). – S. Cramer, Rez. (in FRs, 1. 2. 1986). – R. Wagner, *E. J.: Oh Wildnis, oh Schutz vor ihr* (in Literatur u. Kritik, 1986, H. 205/206, S. 282–283).

WAS GESCHAH, NACHDEM NORA IHREN MANN VERLASSEN HATTE oder Stützen der Gesellschaft

Drama von Elfriede JELINEK, erschienen 1977, Uraufführung: Graz, 6. 10. 1979, Vereinigte Büh-

nen. – Das als *»Weiterentwicklung des Brechtschen Theaters mit modernen Mitteln der Literatur, den Mitteln der Popkultur der fünfziger und sechziger Jahre«* konzipierte Stück, dessen Personal den als Zeit- und Handlungsfolie fungierenden IBSEN-Dramen *Nora oder Ein Puppenheim* (1879) und *Die Stützen der Gesellschaft* (1877) entstammt, schreibt die Geschichte Noras fort. Den Beginn dieser in den zwanziger Jahren und in einer vorweggenommenen Zukunft situierten Geschichte markiert der Schluß der Ibsen-Version, der Nora beim Verlassen ihres ehelichen Puppenheims zeigt. Die erste Szene konfrontiert Nora, die sich *»am Arbeitsplatz vom Objekt zum Subjekt«* zu entwickeln hofft, mit dem Personalchef einer Textilfabrik, der sie nach eingehender Prüfung ihrer Arbeitsfähigkeit (*»Ihr Gehirn brauchen wir nicht«*) als Arbeiterin einstellt. Bei den übrigen Arbeiterinnen, die um die Erhaltung ihrer Wohnsiedlung und ihrer Arbeitsplätze kämpfen und in deren Augen *»die Maschine . . . der falsche Teil«* ist, nicht – wie für Nora – Ehemann, Heim und Kinder, stößt Noras von bürgerlichen Lebensverhältnissen geprägte feministische Selbstfindungs-Rhetorik auf erstauntes Unverständnis. Für den (dem damals noch lebenden BDI- und BDA-Präsidenten Hanns Martin Schleyer nachempfundenen) Großunternehmer und Grundstücksspekulanten Konsul Weygang, der das für ein Atomkraftwerk vorgesehene Fabrikgelände besichtigt, vollführt Nora ihren Tarantella-Tanz. Der von der Wildheit ihres Tanzes verführte Konsul nimmt Nora, die sich sofort in ihn verliebt hat, mit in sein luxuriöses Heim. Weygang betrachtet die ihre Gefügigkeit genießende, sich wild-verspielt als *»lockerer Zeisig«* gebärdende Kindfrau Nora als Kapitalanlage und Tauschobjekt. Als Domina verkleidet, erpreßt sie in seinem Auftrag ihren Ex-Ehemann-Helmer, einen der Direktoren jener Bank, zu deren Eigentum das Fabrikgelände gehört. Von ihm erfährt sie, daß die Fabrik samt Wohnsiedlung abgerissen und verkauft werden soll. Sie informiert die Arbeiterinnen von dem bevorstehenden Geschäft. Auf die Instrumentalisierung ihrer Person durch Weygang reagiert Nora mit bloßem Emanzipations-Gerede (*»Die Geschichte der Frau war bis heute die Geschichte ihrer Ermordung. Ich sehe nicht, wie man Ermordung wieder ausgleichen kann, wenn nicht durch einen Akt neuerlicher Gewalt!«*). Die Arbeiterin Eva dagegen versucht vergeblich, ihre mit Hilfe vereinzelter Sozialleistungen ruhiggestellten Kolleginnen aufzurütteln. Die letzte Szene des Stücks zeigt Nora, die Weygang – für den Gegenwert ihres Stillschweigens – ein Stoffgeschäft eingerichtet hat, wieder mit dem von seinem Direktorposten suspendierten Helmer und den Kindern vereint. Während Helmer seiner gesellschaftlichen Degradierung mit antisemitischen Sprüchen und begeistertem Hören von Marschmusik begegnet, nährt Nora ihre Phantasie, sie habe Weygang gegen dessen Willen verlassen (*»Das ständige Leben im Schatten des Kapitals drückte mich zu stark nieder«*) und so jene Charakterstärke bewiesen, *»die ich mir erwerben wollte, als ich einst von dir fortging«*.

In ihrer Funktion als Ware und Instrument einer männerbündisch-hierarchischen, deutlich faschistoide Züge tragenden Gewaltgesellschaft behält Jelineks Nora ihren passiv erlittenen Objekt-Status bei. Indem sie jedoch den männlichen Machtinsignien ein erotisches Fluidum abgewinnt, sich durch Konsumgüter und Komfort zügeln läßt und ihren Widerstand in fanatisch-abstrakter feministischer Rhetorik erschöpft, spielt Nora zugleich auch – wie vor allem das Ibsen entgegengesetzte zynische Ende des Dramas deutlich macht – die aktive Rolle einer »Stütze der Gesellschaft«. Diese Doppelperspektive spricht Nora den eindeutigen, idealisierten Status des weiblichen Opfers oder der Heldin ab. Die Kritik Ibsens radikalisierend und seine Utopie parodierend, demontiert die marxistische Feministin Jelinek das in der ihr Puppenheim verlassenden Nora tradierte emanzipative Symbol weiblichen Auf- und Ausbruchs.   B.R.E.

AUSGABEN: Graz 1977 (in Manuskripte, 1977/78, H. 58). – Mchn. 1982 (in *Was geschah, nachdem Nora ihren Mann verlassen hatte? Acht Hörspiele von E. J., Ursula Krechel, Friederike Mayröcker, Inge Müller, Erica Petretti, Ruth Rehmann u. Gabriele Wohmann*, Hg. H. Geyer-Ryan; dtv). – Köln 1984 (in *Theaterstücke*, Hg. u. Vorw. U. Nyssen).

BEARBEITUNG: *Was geschah, nachdem Nora ihren Mann verlassen hatte?* (Hörspiel; dt. Erstsendung: Süddt. Rundfunk, 15. 2. 1979; Regie: O. Düben).

LITERATUR: S. Makk, Rez. (in Kleine Zeitung, Graz, 6. 10. 1979). – H. Sichrovsky, Rez. (in Arbeiter-Zeitung, Wien, 7. 10. 1979). – H. Spiel, Rez. (in FAZ, 10. 10. 1979). – P. Kruntorad, Rez. (in Theater heute, 1979, H. 11, S. 63). – E. J., *»Ich schlage sozusagen mit der Axt drein«* (in Theater-ZeitSchrift, 7, 1984, S. 14–16; ern. in *Spectaculum*, Bd. 43, Ffm. 1986, S. 228 f.).

ANN PATRICIA JELLICOE

* 15.7.1927 Middlesbrough / Yorkshire

THE KNACK

(engl.; Ü: *Was ist an Tolen so sexy?*). Komödie in drei Akten von Ann Patricia JELLICOE, Uraufführung: Cambridge, 9. 10. 1961, Arts Theatre; deutsche Erstaufführung: Bremen, 4. 10. 1963, Theater der Freien Hansestadt. – In der Euphorie des Aufbruchs, die nach dem Sensationserfolg von John OSBORNES *Look Back in Anger* (1956) unter den jungen Dramatikern Großbritanniens herrschte, gelang es einigen Schriftstellerinnen, die absolute Dominanz der männlichen Autoren im briti-

schen Theaterwesen zu durchbrechen. Die teils sehr erfolgreich aufgeführten Stücke von Ann Jellicoe, Shelagh DELANEY, Margaretta D'ARCY, Joan LITTLEWOOD und Doris LESSING waren Vorboten des in den siebziger Jahren erstarkenden feministischen Dramas (Caryl CHURCHILL, Pam GEMS, Michelene WANDOR, Sarah DANIELS u. a.). Der eigenständige Beitrag dieser Autorinnen zur Modernisierung und Politisierung des britischen Dramas Ende der fünfziger und Anfang der sechziger Jahre ist jedoch bislang nicht ausreichend gewürdigt worden.

Ann Jellicoe brach in ihren frühen Stücken, die sie häufig selbst im Royal Court Theatre Londons mit der experimentierfreudigen »English Stage Company« inszenierte, radikaler als die meisten ihrer männlichen Kollegen mit den Konventionen des fest etablierten *well-made play*. Ähnlich dem Konzept Antonin ARTAUDS erachtete die erfahrene Regisseurin Theater als ein Medium, das nicht primär auf den Intellekt, sondern auf die Sinne, die Gefühle und die Imagination des Zuschauers wirken sollte. In dem Erstling *The Sport of My Mad Mother* (1958) reduzierte sie die Handlung weitgehend auf rituelle Bewegungsfolgen und die Sprache auf ihre tonalen und rhythmischen Qualitäten. Der enorme finanzielle Mißerfolg dieses Dramas und die Ablehnung des utopischen Stücks *The Rising Generation* (1958) veranlaßten Jellicoe, in der Komödie *The Knack* ihre verwirrenden stilistischen und dramaturgischen Mittel sparsamer und gezielter einzusetzen und ihr Theaterkonzept implizit von einer Dramenfigur (Tom) erläutern zu lassen.

Die Absicht der Autorin, das britische Drama zu modernisieren, zeigt sich bereits symbolisch im Schauplatz dieser verfremdeten Salonkomödie. Als »Salon« fungiert ein zu Renovierungszwecken ausgeräumtes Zimmer in einem von drei jungen Männern bewohnten Haus. Auf das zentrale Thema der zwischengeschlechtlichen Beziehungen verweist ein Bett, das der Hausherr Colin zu Beginn dieser lärmenden Zimmerschlacht in den Raum schleppt. Dem schüchternen Lehrer Colin bereiten seine Kontaktprobleme mit Frauen ernste Sorgen; er will deshalb sein Bett gegen ein größeres eintauschen. Unverhohlen beneidet er seinen Hausgenossen Tolen, der den gewissen Kniff (engl. *knack*), Frauen »rumzukriegen«, meisterhaft beherrscht und gleichsam als olympische Disziplin ausübt. Von Colin nach dem Geheimnis des Erfolgs befragt, erläutert der gefühlskalte Schürzenjäger Tolen gönnerhaft seine chauvinistische, faschistoide Machtphilosophie: Frauen wollen von führungsstarken Herrenmenschen unterworfen werden. Die Gegenposition zu Tolens rational-kalter Theorie der Verführung vertritt der dritte Hausbewohner, Tom, ein sexuell enthaltsamer Intellektueller, der sich durch kritisches Urteilsvermögen und künstlerische Kreativität auszeichnet. Tom plädiert für das naive Ausleben konkreter Erfahrungen, für spontanes Fühlen unter Ausschaltung des Intellekts, das zu ursprünglichen Harmonieerlebnissen führen kann.

Als die siebzehnjährige Nancy, die aus der Provinz kommt und sich verlaufen hat, in den Männerhaushalt gelangt, entwickelt sich ein – den Positionskämpfen in Harold Pinters Dramen vergleichbarer – Konflikt zwischen Tom und Tolen. Tolen will an diesem Versuchsobjekt sein Können demonstrieren. Tom versucht, dies zu verhindern, indem er Colin und Nancy in Kontaktspiele verwickelt. So erklärt er das Bett zu einem Klavier, auf dem die beiden bald wie Kinder ein Lied improvisieren. Tolen jedoch zerstört diese ersten Kontakte und zieht Nancy in seinen Bann. Als Tom ihn mit einem Trick daran hindert, die junge Frau endgültig zu verführen, wird Tolen aggressiv und erschreckt Nancy so sehr, daß sie in Ohnmacht fällt.

Tolen versucht daraufhin, den leicht manipulierbaren Hausherrn auf seine Seite zu ziehen. Er lockt Colin mit dem Angebot, ihn an seinen und an den Frauen eines Freundes teilhaben zu lassen, wenn er zu dessen Gunsten Toms Mietvertrag kündige. Sein Ränkespiel wird jedoch von einem plötzlichen Angriff Nancys unterbrochen: Sie behauptet, während ihrer Ohnmacht vergewaltigt worden zu sein, und droht lautstark mit der Polizei. Die Männer erwirken mit Mühe eine Beratungspause, in der Tom für Verhandlungen, Tolen für gewaltsame Einschüchterung plädiert. Schließlich versucht Colin, der Tolens Einfluß wie eine Marionette erlegen ist, mit autoritärer Gewalt gegen Nancy vorzugehen. Als diese aber ihre Anklage nun gegen ihn allein richtet, ihn damit sowohl in die Enge treibt als auch in seinen männlichen »Potentialen« bestätigt, gesteht ihr Colin auf seine unbeholfen-ehrliche Art seine Sehnsucht nach einer Beziehung und verabredet sich mit ihr für den Abend. Gegenseitig schützen sie sich vor weiteren Angriffen Tolens, der schließlich das Feld räumt, um wieder auf Frauenjagd zu gehen.

Die Bühnenwirksamkeit des Stückes, in dem die Sprache oft auf stakkatoartig gesprochene Parolen und Stichomythien reduziert ist, hängt in besonderem Maße von der künstlerischen Leistung des Regisseurs ab. Die bewegungsreiche, quirlige Handlung erfordert eine präzise und bildkräftige Choreographie, die die wechselnden Spannungsfelder in der Charakterkonstellation hervorhebt. Das Bühnengeschehen besitzt in der Dramenfigur Tom einen internen Regisseur, der mit den übrigen Charakteren Gesellschaftsspiele nach Mustern der Verhaltensforschung inszeniert. Nancy lernt von Tom durch ein »Löwenspiel«, wie sie mit einer Mischtaktik aus Offensive und Defensive den angreifenden »Löwen« Colin letztlich bändigen kann. Von der neueren feministischen Kritik wird dem Stück jedoch vorgeworfen, es behandle das ernste Problem der Vergewaltigung von Frauen auf zu scherzhaft-spielerische Weise. Die vielfältigen politischen Untertöne verleiteten andere Kritiker zu der nicht unbegründeten Annahme, die Komödie sei auch ein Kommentar zum schwelenden kalten Krieg der Supermächte.

Nach den Mißerfolgen ihrer späteren Dramen *Shelley; or, The Idealist* (1965) und *The Giveaway*

(1969) war Jellicoe als literarische Beraterin des Royal Court tätig und schrieb einige Kinderstücke *(Jelliplays)*. Ende der siebziger Jahre begann sie sich für das sogenannte *Community Theatre* zu engagieren. Mit ihren Inszenierungen selbstverfaßter lokalhistorischer Dramen ist sie zu einer der führenden Kräfte dieser Bewegung geworden, die durch das Einbeziehen einer ganzen Dorf- oder Stadtbevölkerung in eine Schauspielproduktion das Theatergeschehen in der Region fördert. K.G.

Ausgaben: Ldn./NY 1962. – NY 1964 (in *Two Plays*). – Ldn. 1964; ern. 1968. – Ldn. 1985 (m. *The Sport of My Mad Mother*).

Übersetzung: *Was ist an Tolen so sexy?*, Bremen 1963 [Bühnenms.].

Verfilmung: *The Knack ... and How to Get It*, USA 1965 (Regie: R. Lester).

Literatur: M. Gottfried, *A Theater Divided*, Boston 1967, S. 218–225. – A. Jellicoe, *Some Unconscious Influences in the Theatre*, Ldn./NY 1967. – M.-C. Pasquier u. a., *Le Nouveau Théâtre Anglais*, Paris 1969, S. 229–233. – J. R. Taylor, *Anger and After*, Ldn. 1969, S. 73–83. – H. Sperber, *A. J.: »The Knack« (1961)* (in *Das zeitgenössische englische Drama*, Hg. K.-D. Fehse u. N. Platz, Ffm. 1975, S. 164–178). – K. King, *Twenty Modern British Playwrights: A Bibliography*, NY/Ldn. 1977, S. 65–68. – *At the Royal Court: 25 Years of the English Stage Company*, Hg. R. Findlater, NY 1982. – B. J. Small, *A. J.* (in DLB, Bd. 13, 1982, S. 255–261). – A. Jellicoe, *Covering the Ground* (in *Women and Theatre*, Hg. S. Todd, Ldn. 1984, S. 82–96). – H. Keyssar, *Feminist Theatre*, Ldn. 1984. – A. Jellicoe, *Community Plays: How to Put Them on*, Ldn. 1987. – M. Wandor, *Look Back in Gender*, Ldn. 1987, S. 47–49.

GEORG JELLINEK

* 16.6.1851 Leipzig
† 12.1.1911 Heidelberg

ALLGEMEINE STAATSLEHRE

Staatsphilosophische Schrift von Georg Jellinek, erschienen 1900. – Jellineks staatstheoretische Schrift erwuchs aus seiner Tätigkeit am Lehrstuhl für Staatsrecht, Völkerrecht und Politik an der Universität Heidelberg und einer Reihe publizistischer Vorarbeiten (insbesondere *Die Erklärung der Menschen- und Bürgerrechte*, 1895; *Die sozialethische Begründung von Recht, Unrecht und Strafe*, 1878; *System der subjektiven öffentlichen Rechte*, 1892). Sie trug maßgeblich dazu bei, daß sich zur

Jahrhundertwende die allgemeine Staatslehre als eigenständige Disziplin im Bereich der Staatswissenschaften etablieren und bis heute behaupten konnte. Die *Allgemeine Staatslehre* war ursprünglich, auf Wunsch von Jellineks Verleger, als erster Band von *Das Recht des modernen Staates* geplant; die *Besondere Staatslehre*, die eine Analyse der Institutionen des bestehenden deutschen Staates enthalten sollte, blieb als zweiter vorgesehener Teil Fragment (in *Ausgewählte Schriften und Reden*, Bd. 2). Nachdem Jellinek diese Konzeption aufgegeben hatte und auch seine Absicht nicht realisierte, Teile aus dem Fragment der *Besonderen Staatslehre* in die dritte, erstmals mit *Allgemeine Staatslehre* betitelte Auflage seines Werks einzuarbeiten, ist die vorliegende Schrift als eigenständig zu betrachten.

Sie gliedert sich, beruhend auf dem Kantischen Dualismus *(Kritik der reinen, Vernunft/Kritik der praktischen Vernunft)*, in zwei Teile, die Jellinek methodologisch differenziert. Der erste, die Soziallehre, soll das »Sein« des Staates, den Staat als gesellschaftliches Gebilde historisch-politisch, im Sinne von Jellineks Freund Max Weber »soziologisch« erfassen. Die Soziallehre fragt als Kausalwissenschaft nach den Bedingungen der sozialen Erscheinungen. Der Staat als rechtliche Institution ist demgegenüber unter juristischem Blickwinkel Gegenstand der Staatsrechtslehre, die als Normwissenschaft mit dem spezifischen Instrumentarium ihrer Dogmatik das »Sein-Sollende« zu ermitteln hat. Die beiden Betrachtungsweisen stehen für Jellinek trotz strikter Trennung nicht im Gegensatz, denn die soziale stellt sich für ihn als notwendiges Korrektiv der juristischen dar; so sind denn auch die Staatsbegriffe strukturell identisch. Der Staat definiert sich in der Soziallehre als »*die mit ursprünglicher Herrschermacht ausgerüstete Verbandseinheit seßhafter Menschen*«. In Ablehnung des Historismus (F. C. v. Savigny) und der Organismuslehren (J. K. Bluntschli, O. v. Gierke) geht Jellinek bei der Entwicklung dieser Definition davon aus, daß soziale Institutionen immer durch zweckgerichtetes Wollen entstehen. Ihnen hafte jedoch, da eine veränderte Zwecksetzung auf ihre Gestaltung einwirkt, in einer bestimmten Situation ein spezifischer Zweck an. Statt eines Idealtypus versucht Jellinek daher durch Zusammenfassung der Momente, die sich in der Vielheit der staatlichen Erscheinungsformen in ihrer »Analogie« als identisch herauskristallisieren lassen, einen empirischen Typus von Staat herauszuarbeiten. Seine Intention geht dabei über das Interesse, die Individualität einzelner Staatsformen vor dem Hintergrund des Allgemeinen besser erfassen zu können, hinaus, hin zu einer Politikwissenschaft, da nur aus dem Typischen, der Isolierung dessen, was »*das staatliche Leben im Veränderlichen Bleibendes aufweist*«, die Lehren aus der Geschichte gezogen werden können. Letzte nachweisbare Tatbestände staatlichen Lebens sind Jellinek zufolge die zwischen Menschen bestehenden sozialen Beziehungen, die sich letztlich als Willensverhältnisse von Herrschenden und

Beherrschten darstellen. Die soziale Einheit des Staates beruht auf der gemeinsamen Zwecksetzung der in ihm lebenden Menschen und findet seinen äußeren Ausdruck in der Organisation, das heißt in Personen, die die einigenden Zweckmomente »*versorgen*«. Dergestalt organisierte Zweckeinheiten von Menschen bezeichnet Jellinek als Verbandseinheiten, wobei die Besonderheit der Verbandseinheit »Staat« in ihrer originären, im Gegensatz zu allen anderen Verbandseinheiten nicht abgeleiteten Zwangsgewalt liegt. Sie ist Herrschergewalt, da ihr die unbedingte Durchsetzbarkeit des eigenen Willens möglich ist. Aus der Zwecksetzung allein erwächst nach Jellinek mangels anderweitiger Ableitbarkeit die Legitimation des Staates. Sein erstes Prinzip, die »*Förderung der fortschreitenden Entwicklung der Volksgesamtheit und ihrer Glieder*«, soll in klassisch liberalem Verständnis verwirklicht werden: Die Entfaltung der Individualinteressen ist zugleich höchstes Solidarinteresse. Jedoch sieht Jellinek die Tendenz zur Verstaatlichung ursprünglich individueller Tätigkeitsfelder, ebenso wie er ökonomische und infrastrukturelle Rahmenbedingungen in die Verantwortlichkeit des Staates stellt.

Gegenstand der Soziallehre ist auch das Recht, welches seine Entstehung nach Jellinek der »*normativen Kraft des Faktischen*« verdankt und so »*nur als psychologische, d. h. innermenschliche Erscheinung*« zu sehen ist. Rechtswandlungen ergeben sich entweder durch schrittweise Abänderung der Rechtsnormen oder durch Schaffung neuer faktischer Verhältnisse und sind als Kompromiß der widerstreitenden sozialen Interessen legitimiert. Im staatlichen Leben gehen die faktischen Verhältnisse den erzeugten Normen stets voraus, geht Macht vor Recht. So beruht bei gewaltsamen Umwälzungen die Staatsordnung so lange auf rein tatsächlicher Macht, bis sie historisch oder im Denken rationalisiert den Charakter rechtlicher Macht annimmt. Konsequent schätzt Jellinek daher die Einflußmöglichkeiten des Rechts in kritischen Zeiten gering ein, postuliert aber dennoch die Bindung staatlicher Macht an das bestehende Normensystem aus Selbstverpflichtung und Zusicherung an die »*Untertanen*«. Die Staatsrechtslehre als Normwissenschaft betrachtet die Dinge »*nicht wie sie sind*«, sondern »*wie sie gedacht werden müssen, um widerspruchslose Erkenntnis hervorzurufen*«. Unter dem Rechtsbegriff »Staat« versteht Jellinek »*die mit ursprünglicher Herrschermacht ausgerüstete Körperschaft eines seßhaften Volkes*«. Der Terminus *Körperschaft* bringt als »*Form der juristischen Synthese, um rechtliche Beziehungen der Verbandseinheit auszudrücken*«, keine inhaltliche Modifikation. Er ist vielmehr Ausfluß der in der Statuslehre konkretisierten Auffassung Jellineks, daß die zu einem Staatswesen gehörenden Menschen in ihrer Gesamtheit nur als Rechtssubjekt, das heißt als Träger von Rechten (Mitwirkungsrechte, Anspruchsrechte, Freiheits- oder Abwehrrechte) und Pflichten (allgemeine Gesetzesunterworfenheit) zu erfassen sind (detaillierter in *System der subjektiven öffentli-*

chen Rechte). Mithin läßt erst die in Rechtssätze gefaßte Beschränkung der Herrschermacht diese zur rechtlichen Macht, den Staat zum Rechtsstaat werden.

Systematisch relevant in der Staatsrechtslehre ist die dort begründete »Drei-Elementen-Lehre«. Sie nennt als unabdingbare Bestandteile eines Staates im juristischen Sinne: Staatsgebiet, Staatsvolk und Staatsgewalt.

Die Allgemeine Staatslehre erlebte eine weitreichende und durch zahlreiche Übersetzungen auch internationale Rezeption, die sie zum repräsentativen Werk der deutschen Staatstheorie werden ließ. Über die Prägung des mittlerweile geflügelten Wortes von der »*normativen Kraft des Faktischen*«, die Schaffung der Grundlage für eine dogmatische Gliederung der Grundrechtspositionen durch die Statuslehre und über die bis heute angewendete, wenngleich auch nicht unumstrittene »Drei-Elementen-Lehre« kann seiner Methodik wohl prägender Einfluß zugesprochen werden. H. NAWIASKY geht so weit, die folgenden Staatstheorien danach zu gliedern, ob »*sie sich der Jellinekschen Grundthese angeschlossen haben oder sich von ihr zu emanzipieren suchen*«. So stellen sich H. KELSEN, R. HERZOG, R. ZIPPELIUS und Th. MAUNZ ausdrücklich in diese Tradition. Wenn auch die von Jellinek herausgearbeitete dualistische Betrachtung des Staats Revisionen erfuhr, die bei Kelsen (*Reine Rechtslehre*, 1934) bis zur Erklärung der Identität von Staat und Rechtsordnung reichten, und sie andererseits auch als »*Chimäre*« (H. J. HERWIG) angegriffen wurde, ist sie doch bis heute gebräuchlich.   M.HAA.

AUSGABEN: Bln. 1900 (*Das Recht des modernen Staates*, Bd. 1). – Bln. 1914 [aus dem Nachlaß ergänzt durch W. Jellinek]. – Darmstadt 1959 [m. Bibliogr.].

LITERATUR: W. Jellinek, *Über die normative Kraft des Faktischen* (in Juristenztg., 6, 1951, S. 347/48). – H. Sinzheimer, *Jüdische Klassiker der dt. Rechtswissenschaft*, Ffm. 1953, S. 161–185. – E.-W. Böckenförde, *Gesetz und gesetzgebende Gewalt*, Bln. 1958, S. 242–253. – H. Hofmann, *G. J.* (in *Staatslexikon*, Hg. Görres-Gesellschaft, Freiburg i. B. u. a. ⁷1987, Bd. 3, Sp. 212–214). – R. Holubek, *Allgemeine Staatslehre als empirische Wissenschaft. Eine Untersuchung am Beispiel von G. J.*, Bonn 1961. – C. Jellinek, *G. J. Ein Lebensbild entworfen von seiner Witwe* (in *Ausgewählte Schriften und Reden*, Hg. W. Jellinek, Bd. 1, Aalen 1970). – A. Langer, *Die normative Kraft des Faktischen und G. J.* (in *Ein Leben – Drei Epochen. Fs. für H. Schütz*, Mchn. 1971, S. 256–276). – H. Raschhofer, *Nationalität und Gesellschaft in der Staatslehre G. J.s* (in *Volkstum zwischen Moldau, Etsch und Donau. Fs. für F. H. Riedl*, Wien 1971, S. 344–350). – H. J. Herwig, *G. J.* (in M. Sattler, *Staat und Recht. Die dt. Staatslehre im 19. und 20. Jh.*, Mchn. 1972, S. 72–99). – I. Staff, *Lehren vom Staat*, Baden-Baden 1981, S. 291–306.

SIMON JENKO

* 27.10.1835 Podreča
† 18.10.1869 Kranj

DAS LYRISCHE WERK (sloven.) von Simon JENKO.

Das lyrische Hauptwerk von Simon Jenko ist in dem von ihm selbst sorgsam gestalteten Auswahlband *Pesmi (Gedichte)* enthalten, der 1865 erschienen ist – trotz massiver Vorbehalte der Geistlichkeit gegen seine unverfälschte Liebes- und Naturlyrik und trotz der fehlenden Zustimmung der damaligen literarischen Öffentlichkeit, die aus gesellschaftspolitischen Gründen Jenkos sehr subjektiver Thematik ablehnend gegenüberstand. Ihre spätere Beliebtheit und Popularität verdanken Jenkos Verse vor allem einer scheinbaren Unbeschwertheit und Leichtigkeit, die ihr nicht zuletzt aus dem Kurzvers des heimischen Volksliedes und dem polnischen *krakowiak (Krakauer Volkstanz)* zufließen.

Jenkos Themenvielfalt reicht von traditionellen, romantischen Liebesgedichten, die in ihrem jugendlich-naiven Idealisieren keinen Zweifel an der alleserlösenden Kraft des Eros kennen, bis hin zu Gedichten, die in HEINEscher Manier die eingebildete Welt der Gefühle mit der ernüchternden Realität konfrontieren und sogar derbe, veristische Motive kennen. Seine politisch-patriotischen Gedichte behandeln vielfach nostalgische Themen und sind überwiegend in elegischer, pessimistischer Grundstimmung gehalten. Sie entsprechen der allgemeinen gedrückten Atmosphäre im damaligen Slovenien in den ersten Jahren des Bachschen Absolutismus. Zahlreiche reflexive Gedichte bezeugen Jenkos unablässige Suche nach persönlicher Identität und realistischer Selbsteinschätzung innerhalb der gesellschaftlichen Gegebenheiten seiner Zeit.

Der geistige und ästhetische Antrieb im Schaffen Jenkos liegt in zwei widersprüchlichen Erfahrungen: Zum einen möchte der Dichter die Welt in ihrer metaphysischen Geordnetheit und kosmischen Harmonie erkennen, zum anderen steht er gerade unter dem Eindruck des Zerfalls jeglicher metaphysischer Weltanschauung. Im Zentrum seiner reflexiv-philosophischen Lyrik steht das Bewußtsein der unausweichlichen Vergänglichkeit: Alles menschliche Tun wird von der Zeit, vom Tod beherrscht, alles Denken und Fühlen ist von jähem Wandel und dauerndem Erlöschen begleitet (*Časi in človek*, 1853 – *Zeiten und Mensch; Sprememba*, 1854 – *Wandel*). Einen nur schwachen Gegenpol bildet das Bewußtsein einer unabdinglichen geistigen Existenz, die sich dem zersetzenden Zweifel entgegenstellt und zeitweilig auch in christlicher Metaphysik Halt sucht (*Angel tožnih – Engel der Betrübten; Rešenja dan – Tag der Erlösung*). Nur selten findet Jenko in seiner dichterischen Reflexion vom skeptischen Relativismus zum Prinzip unbedingter Lebensfreude, zu einem lebensfrohen Sensualismus, der sich nur seinen Gefühlen und Neigungen überläßt (*Korak v življenje*, 1853 – *Schritt ins Leben; Pod milim nebom*, 1854 – *Unter freiem Himmel*).

Die gegenwärtige slovenische Forschung sieht die Lyrik Jenkos vor allem unter dem Aspekt des allmählichen Übergangs von der Romantik zum Realismus und einer möglichen Vorahnung des Impressionismus und der Moderne zur Jahrhundertwende. So läßt sich an seinen nach 1856 entstandenen Gelegenheitsgedichten, Travestien und Parodien bereits ein – zum Teil noch gattungsbedingtes – Annähern an den Realismus ablesen (*Ognjeplamtič*, 1855 – *Der Feuerflammer*). Am augenfälligsten wird der Wandel des dichterischen Erlebens in dem zwischen 1858 und 1865 entstandenen Zyklus *Obrazi (Bilder)*, dem zentralen Werk in Jenkos lyrischem Schaffen, dessen programmatischer Titel erstmals ein bewußtes Zurücktreten des Dichters hinter seinen Gegenstand und eine objektive, »realistische« Wiedergabe suggeriert. Das Eingangsgedicht ist noch ganz von romantischer, anthropomorpher oder sogar personifizierender Darstellung der Natur bestimmt, die ein Spiegel des menschlichen Inneren ist und außerhalb seiner Subjektivität nicht selbständig existiert: »*Der Stein erwacht / und fühlt mit mir / mein Fühlen, und singt mit mir / tönende Lieder.*« Mit Fortschreiten des Zyklus klingt aber schon eine erste Dissonanz zwischen dem Menschen und der Natur auf, die jetzt als etwas gesehen wird, das für sich und aus sich allein lebt und gegenüber dem menschlichem Leid ungerührt bleibt: »*Voll Tränen klagt der Mensch / Gott seinen Verlust; / die kleine Nachtigall jedoch / stimmt Freudenlieder an*« (10. Bild). Bis an die Schwelle des impressionistischen Stimmungsbildes schließlich gelangt der Dichter, wenn er gänzlich hinter sein Objekt zurücktritt und die Natur selbst thematisiert: »*Heimliches Flüstern / trägt die Luft übers Feld / dem Ohr nicht verständlich / verstehbar nur dem Herzen*« (15. Bild). Eine in der Schwebe bleibende Dualität von romantischer und realistischer Weltsicht durchflicht dieses für die slovenischen Jenko-Forschung maßgebende Werk als »*sorgfältig ausgewogener und ausgeglichener Kontrapunkt*« (J. Kos).   K.D.O.

AUSGABEN: *Pesmi*, Ljubljana 1865. – *Pesmi*, Hg. A. Funtek, Ljubljana 1896. – *Pesmi*, Hg. J. Glonar, Ljubljana 1920. – *Obrazi*, Hg. F. Bernik, Ljubljana 1962. – *Pesmi 1865*, Hg. J. Kos, Maribor 1974.

LITERATUR: B. Tomaževič, *Motivi in oblika Jenkove poezije* (in Jezik in slovstvo, 2, 1956/57, S. 309–314; 343–348). – F. Bernik, *Podoba in funkcija pokrajine v Jenkovi liriki* (ebd., 6, 1960/61, S. 122–131). – Ders., *Lirika S. J.*, Ljubljana 1962 [m. Bibliogr.]. – J. Kos, *Romantika in realizem v Jenkovih »Obrazih«* (in Jezik in slovstvo, 9, 1966, S. 237–245). – F. Bernik, *Levstikova redakcija Jenkovih »Pesmi«* (in Slavistična revija, 15, 1967,

S. 230–250). – B. Paternu, *Struktura in funkcija Jenkove parodije v razkroju slovenske romantične epike* (in Slavistična revija, 16, 1968, S. 1–58). – Ders., *Jenkova filozofska lirika* (in Jezik in slovstvo, 16, 1970/71, S. 81–94). – Ders., *Recepcija romantike v slovenski poeziji* (in Slavistična revija, 21, 1973, S. 113–148). – J. Kos, *S. J. ali pesništvo med romantiko in realizmom* (in S. J., *Pesmi 1865*, Maribor 1974, S. 135–205).

JEPRŠKI UČITELJ

(sloven.; *Der Lehrer von Jeperca*). Novelle von Simon JENKO, erschienen 1858. – Der untüchtige und trinkfreudige Lehrer im Dorf Jeperca hat neben anderen Schwächen die seltsame Angewohnheit, aufgrund einer eigenen Zahlenmystik Glücksnummern für die Lotterie zu errechnen, die ihm jedoch nie einen sonderlichen Gewinn einbringen. Der neue Bürgermeister Mrvec hat vor, ihn zu suspendieren, und als obendrein noch der Geistliche stirbt, der ihn bisher geduldet und gestützt hat, ist seine Stellung vollends bedroht. Zwar hofft er, die Gunst des künftigen Pfarrherrn zu gewinnen, erntet aber nur Spott und Gelächter, als er in dessen Gegenwart anfängt, die Bücher des Verstorbenen abzuwiegen, anstatt sie zu ordnen und zu signieren. Tief verletzt flieht er nach Hause, findet aber zu seiner Genugtuung nach drei Tagen die von ihm berechneten Glückszahlen im Netz einer eigens zu diesem Zweck eingefangenen Spinne eingewoben und also bestätigt. Von einem Haupttreffer in der Lotterie überzeugt, bittet er seine Haushälterin, ihm einen Gulden zu leihen, den er noch rechtzeitig einzusetzen hofft. Auf dem Wege nach Krainburg begegnet er auf der Savebrücke dem Schneider Martinček, der nach des Schulmeisters Theorie ebenfalls Glückszahlen berechnet und bereits auf sie gesetzt hat. Beide bezichtigen sich gegenseitig einer falschen Rechnungsweise, als plötzlich ein Windstoß den Hut des Lehrers erfaßt, in dessen Futter die Banknote steckt, und ihn in den Fluß schleudert. Verzweifelt läuft der Pechvogel am Ufer entlang und versucht vergeblich, des Hutes habhaft zu werden. Spät in der Nacht erst kehrt er nach Hause zurück – in jämmerlichem Zustand an Leib und Seele. Als am nächsten Tag die Glocken zum Einzug des neuen Pfarrherrn läuten, stirbt er. Man erzählt sich, daß es seitdem im Hause des Bürgermeisters spuke. Der Schneider aber erzielt tatsächlich einen Hauptgewinn in der Lotterie und setzt zum Dank dem Schulmeister einen Grabstein. Jenko transponiert das Motiv von GOGOL's *Šinel'*, 1842 *(Der Mantel)* – dessen Held ebenfalls an dem Schmerz zugrunde geht, den ihm der Verlust eines ihm wertvollen Gegenstands bereitet –, genial und eigenständig in ein anderes Milieu. Wie bei dem russischen Dichter ist Tragisches durch grotesken Humor dargestellt, resultiert die Katastrophe gleichermaßen aus der seelischen Absonderlichkeit und Hilflosigkeit des Helden wie aus der Unbarmherzigkeit seiner Umwelt. Atmosphäre und Milieu sind mit wenigen Strichen anschaulich gezeichnet. Besondere darstellerische Kraft beweist Jenko in der Schilderung seelischer Zustände, die er ausschließlich durch die Beschreibung äußerlich wahrnehmbarer Aktionen und Gebärden faßbar macht.

H.Ber.

Ausgaben: Ljubljana 1858. – Ljubljana 1964 (in *Zbrano delo*, Hg. F. Bernik, 2 Bde., 2).

Literatur: F. Bernik, *O Jenkovi prozi* (in Jezik in slovstvo, 1, 1955/56, S. 65–72). – B. Paternu, *S. J.* (in B. P., *Slovenska proza do moderne*, Koper ²1965, S. 31–43). – Ders., *Nastanek in razvoj dveh proznih struktur v slovenskem realizmu 19. stoletja* (in Jezik in slovstvo, 13, 1968, S. 1–10). – M. Kmecl, *Jenkova pripovedna proza* (ebd., 18, 1972/73, S. 153–160). – F. Bernik, *Pesnik između romantike i realizma* (in S. J., *Poezija i proza*, Novi Sad 1975, S. 7–38). – Ders., *Romantika in realizem pri S. J.* (in S. J., *Izbrano delo*, Ljubljana 1976, S. 126–156). – Ders., *S. J.*, Ljubljana 1979. – Slavistična revija, 27, 1979, (Sondernr. *S. J.*).

WALTER JENS

* 8.3.1923 Hamburg

Literatur zum Autor:
W. J. Eine Einführung, Mchn. 1965. – C. Meder, *W. J. oder Die Entwicklung eines Poeta doctus*, Diss. Luxemburg 1966. – H. Kraft, *Das literarische Werk von W. J.*, Tübingen 1975. – J. Kolbe, *W. J.* (in *Deutsche Literatur der Gegenwart in Einzeldarstellungen*, Hg. D. Weber, Stg. ³1976, S. 338–357; KTA). – M. Lauffs, *W. J.*, Mchn. 1980. – *Literatur in der Demokratie. W. J. zum 60. Geburtstag*, Hg. W. Barner u. a., Mchn. 1983. – U. Berls, *W. J. als politischer Schriftsteller u. Rhetor*, Diss. Tübingen 1984. – M. Lauffs, *W. J.* (in KLG, 26. Nlg., 1987).

NEIN – DIE WELT DER ANGEKLAGTEN

Roman von Walter Jens, erschienen 1950. – Nach seinem literarischen Debüt, der unter dem Pseudonym Walter Freiburger erschienenen Erzählung *Das weiße Taschentuch* (1947), verfaßte Jens im Mai 1949 seinen ersten Roman *Nein – Die Welt der Angeklagten*, der ursprünglich den Titel *Weltuntergang* tragen sollte. Das Werk, gelesen als engagierte Auseinandersetzung mit der jüngsten nationalsozialistischen Vergangenheit, stieß auf große Zustimmung der Kritik und wurde, unterstützt durch die Dramatisierung von Emil Favre, auch international ein Erfolg, wie ihn, so notierte Hans Schwab-Felisch in einer zeitgenössischen Rezen-

sion, »*nach diesem Kriege nur ganz wenige deutsche Schriftsteller erleben konnten*«. Jens, der früh auch bereits der Gruppe 47 angehörte, wurde später weniger als Schriftsteller denn als »*poeta doctus*«, als »*gelehrter Dichter*«, Philologe, Kritiker und Essayist zu einer Instanz im Kulturleben der Bundesrepublik, galt in den fünfziger Jahren aber neben Autoren wie H. Böll, W. Koeppen oder A. Andersch als einer der prononciertesten Vertreter der jungen bundesdeutschen Nachkriegsliteratur. Der ehemalige Dozent und Literat Walter Sturm, Autor einer Biographie über den römischen Kaiser Nero, lebt zusammen mit einigen Künstlern und Gelehrten in einer Bergenklave, umgeben von einer Welt totalitärer Macht. Als letzter der Übriggebliebenen erhält Sturm eine Vorladung vor den höchsten Richter und Machthaber des Staates. Ohne Namen, ohne Gesicht repräsentiert dieser Mann das oberste Prinzip einer unmenschlichen Welt, die er folgendermaßen beschreibt: »*Bis heute ist es dir verborgen geblieben, daß es auf der ganzen Welt nur Angeklagte und Zeugen und Richter gibt. So haben wir es bestimmt, und so wird es bleiben. Denn wir haben uns nichts erdacht, sondern nur etwas Bestehendes, aber Verborgenes zum Prinzip erhoben.*« Rettungslos ist Sturm diesem System von Angeklagten, Zeugen und Richtern ausgeliefert. In einer Sammelzelle erkennt er die Macht des Systems, das allen Angeklagten ein Schuldbewußtsein einprägt, das sie auch widersinnigste Anschuldigungen akzeptieren läßt. Nur wer zum Zeugen wird, kann scheinbar den Teufelskreis des Angeklagtseins durchbrechen; doch wird tatsächlich gerade der schuldig, der einen anderen anklagt. Walter Sturm wird zum »Zeugen«. Nach der Haltung seiner Geliebten, der Ärztin Gisela Waltz, zu den Machthabern befragt, sagt er aus, diese sei seiner eigenen vergleichbar. Ungewollt klagt er sie damit an. Auch ein Widerruf seiner Aussage hilft nichts mehr; der Justizmechanismus läuft. Im Gespräch mit der Geliebten wird dann der unmenschliche Zwang seiner Lage sichtbar. »*Ich konnte doch nicht einfach lügen, als man mich fragte. Mein Gott, hätte ich denn lügen sollen?*« Um selbst nicht lügen zu müssen, muß er sie anklagen. Gisela Waltz erkennt, daß ihm und seinem Prozeß diese Anklage nützt. Ehe sie verhaftet werden kann, opfert sie sich und nimmt Gift. Noch immer aber ist Sturm nicht zu einer Auflehnung gegen den Zwang imstande. Erst als ihm der oberste Richter die Nachfolge seines Amtes anbietet (»*Du hast nur die Wahl, mein Nachfolger zu werden oder zu sterben*«), hat Sturm eine Möglichkeit zur Entscheidung: Er lehnt ab. »*Als sein eigener Richter verurteilt er sich zum Tod, denn leben könnte er nur noch durch Verrat an sich selbst*« (H. Emmel).

Obgleich der Roman bis heute das bekannteste und auch anerkannteste literarische Werk des Autors ist (*Der Blinde*, 1951; *Vergessene Gesichter*, 1952; *Der Mann, der nicht alt werden wollte*, 1955; *Herr Meister. Dialog über einen Roman* 1964), ließ die von ihm selbst gekürzte und gestraffte Neuauflage (1968) der »*melancholischen Parabel*« den historischen Abstand zur unmittelbaren Nachkriegszeit deutlich werden, ohne daß man das Anliegen des Werks als von der Geschichte überholt bezeichnen hätte können. Jens konstatiert im Nachwort: *»Die Schwächen bieten sich ohnehin nach wie vor an: Franz Kafka stand Pate . . .; Richter und Priester wirken ein wenig wie Ufa-Heroen; die Gespräche zwischen Mutter und Sohn fallen unter Benns ›gutgemeint‹-Kategorie; aber daneben gibt es denn doch wohl Passagen, Gespräche, Schilderungen und Reflexionen, die nicht nur dem fünfundzwanzigjährigen Autor wohl anstehen mögen.«* Die Kritik zog wiederholt Parallelen zu A. KOESTLERS *Darkness at Noon* (1940) oder zu G. ORWELLS *1984*, Bücher, die Jens beim Schreiben seines Romans nicht gekannt hatte. G.R.-KLL

AUSGABEN: Hbg. 1950. – Hbg. 1954 (rororo). – Mchn. 1968. – Mchn. 1977 (Heyne Tb). – Mchn. 1984 (Knaur Tb).

DRAMATISIERUNG [frz.]: E. Favre (Urauff.: Paris, 11. 1. 1954, Théâtre Vieux Colombier).

LITERATUR: F. Minssen, *Klippen der Utopie. W. J.: »Nein – Die Welt der Angeklagten«* (in FH, 1951, H. 1, S. 63–65). – H. Schwab-Felisch, *W. J.: »Der Blinde« und »Nein – Die Welt der Angeklagten«* (in Der Monat, 1952, H. 40, S. 426/427). – H. Wiemken, *Soziale Utopien. Bemerkungen zu Büchern von George Orwell u. W. J.* (in Dt. Universitätszeitung, 1954, H. 12, S. 14–17). – H. Emmel, *Das Gericht in der dt. Literatur des 20. Jh.s*, Bern/Mchn. 1963, S. 82–119. – Th. Kielinger, *W. J.: »Nein – Die Welt der Angeklagten«* (in NDH, 1968, H. 4, S. 162 bis 166).

REPUBLIKANISCHE REDEN

Essay- und Redensammlung von Walter JENS, erschienen 1976. – Der Band versammelt neben fünf Essays zehn in den frühen siebziger Jahren gehaltene Reden, deren Gemeinsamkeit die war, es im Vorwort heißt, *»Verteidigung der bürgerlichen Radikalität«* ist. Jens versteht darunter die radikaldemokratische Strömung der bürgerlichen Bewegung, die im Gefolge von Obrigkeitsstaat und formaler Demokratie zunehmend verdrängt und verleugnet wurde. Dieses Erbe sich wieder anzueignen, die Frage danach, mit welchen literarischen Mitteln dies gelingen kann, ist den Beiträgen unterschwellig ebenfalls zu eigen; Jens sieht sich damit in der bis in die Antike zurückreichenden Tradition des Rhetors, der einerseits über ein teils genau bemessenes Repertoire von Redefiguren verfügte, andererseits jeder leeren Konvention und trockenen Verkündung sich entzog. Dementsprechend bekennt Jens sich zur vitalen, inspirierten *»Manipulation zum Guten«*, wie er sie in der Rhetorik der Antike ebenso wie im Predigtamt der christlichen Kirchen oder im öffentlichen Diskurs des bürgerlichen Intellektuellen als Ideal immer schon walten sieht, obgleich vor allem in Deutschland der enga-

gierte Einspruch gerne diskreditiert wurde. Bereits in seinem Band *Von deutscher Rede* (1969) hatte Jens, seit 1962 Professor für Allgemeine Rhetorik an der Universität Tübingen, eine Wiederbelebung der rhetorischen Tradition und ihres *»Geschäfts«* gefordert: *»aufzuklären und mit Hilfe der situationsbezogenen Agitation die Humanität zu befördern«*.

Die Themen der *Republikanischen Reden* sind dabei auf den ersten Blick ohne Zusammenhang; Jens spricht über Fußball *(Fußball: Versöhnung mitten im Streit)* ebenso wie über den öffentlichen Nahverkehr *(Zehn Pfennig bis Endstation. Der öffentliche Personennahverkehr in Geschichte und Gegenwart)*, er porträtiert den deutschen Zeitungsverleger Axel Caesar Springer als sendungsbewußten Puritaner, als *»christlichen Monopolisten deutscher Nation«* und zeichnet ein Bild Friedrich NIETZSCHES als Prediger ohne Kanzel, er beschäftigt sich mit den Aufgaben der christlichen Predigt *(Manipulation oder Verkündigung?)* und unternimmt die *Ehrenrettung eines Kritikers: Sixtus Beckmesser*. Jens geht es dabei um Wechselbezüge, die in der Sprache, in der Geschichte wie im politisch-öffentlichen Anspruch sichtbar werden und die auf eine Neubewertung dessen drängen, was als Selbstverständliches abgetan ist. Ob er etwa das Phänomen des Fußballs in seiner organisierten Form als Politikum anschaulich macht oder die neutestamentlichen Evangelisten nicht als Zeugen göttlicher Offenbarung, sondern als individuelle, dabei immer humorige Schriftsteller vorstellt, stets gewinnt er dabei eine problematisierende Perspektive und erneuert damit die alte Programmatik der Rhetorik, nicht *»das absolut Wahre, wohl aber das Wahrscheinliche ins Blickfeld zu rücken und, mit Hilfe einer überraschenden Beweisführung, die Neubewertung strittiger und die Umakzentuierung scheinbar längst erledigter Probleme befördern zu helfen«*.

Im Mittelpunkt des Bandes stehen dabei die Literatur und die Literaten, die diese Aufgabe heute wahrzunehmen hätten. In den 1974 auf dem Kongreß des Schriftstellerverbandes gehaltenen Reden *Phantasie und gesellschaftliche Verantwortung* und *Wir Extremisten* plädiert Jens für eine engagierte Literatur, die ohne Illusion und Aufgeregtheit über die ihr mangelnde unmittelbare politische Wirksamkeit sich weigert, *»der Affirmation bestehenden Unrechts zu dienen«* oder in die ästhetische Unverbindlichkeit auszuweichen, die utopieträchtig *»hinter dem Aktuellen das Schlummernd-Latente«* aufzeigt und dabei als *»Gedächtnis der Menschheit«* Erfahrungen wie Verdrängtes aufhebt. Als beispielhaft für jene Haltung, die Progressives wie Konservatives vereint, würdigt der Autor Thomas MANN, den er als *»letzten Bürger«* apostrophiert und der wie kein anderer *»die bürgerliche Gesellschaft, ihre Genese, ihre Antagonismen, ihren Entbürgerlichungs-Prozeß und ihre Transposition ins Soziale so exemplarisch dargestellt hat«*.

Die Kritik rühmte, sofern sie sich nicht an der Forderung nach einer radikalen Demokratie stieß, die Virtuosität, mit der Jens die verschiedenen Themenbereiche durchstreift, ironisch, voller Bezüge und Anspielungen auf die Antike und den Fundus der bürgerlichen Literatur, sowie seine Fähigkeit, den Duktus der Rede umzuwandeln auch in ein Zwiegespräch mit dem Publikum, indem Behauptungen aufgestellt, Alternativen aufgezeigt werden, Emotionen sich mit didaktischem Gestus verbinden. Latent artikulierte sich jedoch vielfach auch ein Unbehagen an der Instrumentalisierbarkeit dieser Sprachkunst, an ihrem Vermögen, ganz im Sinne der rhetorischen Tradition, sich die Facetten einer Sache durchaus parteilich zu eigen zu machen, gesehen als Gefahr, »*Redekunst als Rederoutine für alle Zwecke verfügbar zu halten*« (W. Hinck). Jens, der seit den sechziger Jahren auch durch Fernseh- und Hörspiele, durch Fernsehkritiken (*Fernsehen – Themen und Tabus. Momos 1963–1973*), Übertragungen biblischer und antiker Texte (*Aischylos: Die Orestie*, 1979) und Nachdichtungen (*Der Untergang. Nach den Troerinnen des Euripides*, 1982; *Die Friedensfrau. Nach der Lysistrate des Aristophanes*, 1986) wie durch theologische Arbeiten oder durch seine Geschichte der Universität Tübingen (*Eine deutsche Universität. 500 Jahre Tübinger Gelehrtenrepublik*, 1977) hervorgetreten ist, setzte die Publikation seiner Reden fort mit den Bänden *Ort der Handlung ist Deutschland. Reden in erinnerungsfeindlicher Zeit* (1981) sowie *Kanzel und Katheder. Reden* (1984), zu denen der Münchner Kritiker A. v. SCHIRNDING 1985 in der ›Süddeutschen Zeitung‹ zusammenfassend bemerkte, daß »*dieser Redner, indem er über alles mögliche spricht, immer über dasselbe spricht: über Aufklärung, ihre Verwirklichung und ihren Verrat*«.   M.Pr.

AUSGABEN: Mchn. 1976. – Ffm. 1979 (st).

LITERATUR: W. Hinck, Rez. (in FAZ, 5. 2. 1977). – H. Weinrich, Rez. (in SZ, 21./22. 5. 1977). – H. E. Holthusen, Rez. (in Die Welt, 23. 7. 1977). – E. Eppler, Rez. (in stern, 13. 10. 1977).

VON DEUTSCHER REDE

Essaysammlung von Walter JENS, erschienen 1969. – Nach seiner Dissertation über *Die Funktion der Stichomythie in des Sophokles' Tragödien der Mannesjahre* (1944) und seiner Habilitationsschrift über *Tacitus und die Freiheit* (1950) machte sich Jens, der zu den Mitbegründern der Gruppe 47 gehört, mit literarischen Versuchen einen Namen. Sein erster Roman, *Nein – Die Welt der Angeklagten* (1950), ist die Vision eines totalen Staates, eine negative Utopie, die deutlich von der in diesen Jahren einsetzenden Kafka-Rezeption beeinflußt ist. Nach der Erzählung *Der Blinde* (1951) legte Jens 1952 seinen zweiten Roman mit dem Titel *Vergessene Gesichter* vor, die Geschichte von Schauspielern, die, einst berühmt, in einem Altersheim irgendwo in Südfrankreich ihre späten Tage verbringen. Das gespenstische Dasein der alten Mimen, ihr lebendiges Totsein, ihre kleinen Sehnsüchte und ihre gro-

ße Vergangenheit werden mit viel Gespür für poetische Valeurs, für das Wehmütig-Impressionistische der Atmosphäre beschrieben. Es ist ein reizvoll liebenswürdiger Stimmungsroman, in dem sich die Faszination des Autors an der Tradition und dem europäischen Kulturerbe noch auf der Ebene des Literarisch-Belletristischen entzündet, die er später zugunsten des Essays, der kritisch-didaktischen Reflexion verläßt.
Für seine halb literarhistorisch, halb assoziativ entwickelten Essays mit ihrer weiten Perspektive, die Gedachtes und Erfundenes, Vergangenheit und Gegenwart, Mythos und Realität in einer Synthese zu verbinden suchen, hat Jens einen unverwechselbaren, manchmal kritisierten, manchmal parodierten Stil gefunden, erkennbar an seinen Begriffs-Katarakten und einem narzißtischen, gelegentlich lyrisch getönten Sprachgestus. In den Umkreis eines solchen alexandrinischen Bewußtseins gehören die sehr erfolgreiche Sammlung *Statt einer Literaturgeschichte* (1957) und das Tagebuch einer Griechenlandreise *Die Götter sind sterblich* (1959). Mit *Herr Meister*, das wohl sein konsequentestes Buch ist, wandte sich Jens 1963 noch einmal der Romanform zu, um sie gleichzeitig ad absurdum zu führen. In diesem fiktiven Dialog zeigt sich die für Jens typische wechselseitige Abhängigkeit von schöpferischer und kritisch-analytischer Begabung. Der Dichter und Romancier »A« korrespondiert mit einem Kritiker und Wissenschaftler »B«. Im Verlauf dieses Briefwechsels werden die beiden Positionen relativiert – so daß es am Kulminationspunkt des Schlusses zu einer Rollenvertauschung kommen kann. – Unter den dramatischen Versuchen von Jens ist vor allem das Stück *Die Verschwörung* hervorzuheben, das aus einem 1969 gesendeten Fernsehspiel des Bayerischen Rundfunks hervorging. Im Mittelpunkt dieses Schauspiels – die Uraufführung fand 1973 in Baden-Baden statt – steht die ironische Entmythologisierung Caesars. Jens geht von dem Einfall aus, daß Caesar selbst seine Ermordung geplant und vorbereitet hat (bis hin zur spektakulären Leichenrede Marc Antons), weil ihm – SUETON zufolge – ein plötzlicher Tod gelegen kam. Der Diktator erscheint hier als ein zynischer, kalter Stratege der Macht, der, geprägt von Eitelkeit und leiser Melancholie, mit den Iden des März seine eigene Legende inszeniert.
Eine mehr dialektische Auseinandersetzung mit der literarischen und geistesgeschichtlichen Tradition bilden die zwölf Essays *Von deutscher Rede*. Der Anklang an Adam MÜLLERs *Zwölf Reden über die Beredsamkeit und deren Verfall in Deutschland* (1816) ist beabsichtigt – Jens geht in seinem Titelessay von Adam Müller aus (dessen gefährlicher opportunistisch-demagogischer Redebegabung er das Kapitel *Reaktionäre Beredsamkeit* widmet) und spannt den Bogen bis hin zu August BEBEL und Rosa LUXEMBURG: Rhetorik erscheint ihm, auch und gerade da, wo sie abgewertet und unterdrückt wird, als ein zweckgerichtetes Mittel der Aufklärung, die auf Veränderung hinzielt. Die Gefahr, daß Rhetorik zur Propaganda pervertiert oder in

der »*plakativen Beredsamkeit*« der Werbung wirksam wird, unterschlagt Jens dabei nicht. Im Verlauf des Buches untersucht er verschiedene historische und individuelle Formen der Rhetorik: LESSING ist ein virtuoser Rhetor, der diese Fähigkeit vor allem in seinen Stücken anwandte, um sein Publikum zu überzeugen. Er war, wie Jens meint, »*Redner, nicht Schreiber. Er haßte Uniformität und maschinelles Einerlei; nicht nach geraden Straßen, sondern nach Umwegen und Seitenpfaden verlangte seine auf Exkurse, Abbrüche und Neuanfänge, auf die Anakoluthe der mündlichen Rede und die Nebensatz-Schmeisen erpichte Rhetoren-Manier.*« Die besondere Topologie rhetorischen Sprechens bei Thomas MANN ist ein weiteres Thema. In der Gestalt des Settembrini aus dem *Zauberberg* sieht Jens eine Bestätigung seiner These von der humanen Funktion der Rhetorik. Sein Essay über HOFMANNSTHAL ist zugleich eine temperamentvolle Ehrenrettung dieses Autors, dessen Bild, wie Jens, durch Vorurteile und Mißverständnisse verzerrt ist. In Hofmannsthals fragiler Künstlichkeit, im Leben aus zweiter Hand, sieht Jens nicht eine Flucht ins Ästhetische, sondern einen Akt des Protests, »*die Klage des Ästheten wird zur Anklage einer verrotteten Sozietät, die den Menschen dazu verdammt, in die Traumgefilde eines Ersatz-Reiches flüchten zu müssen*«. Mit zwei Beispielen aus der Gegenwart schließt der Band. Wolfgang KOEPPEN ist für Jens ein melancholischer Moralist, ja er sieht ihn in einer Tradition europäischer Melancholiker von DÜRER bis TRAKL. In Wolfgang HILDESHEIMERS Werk entdeckt er eine Vorliebe fürs Dialogische, für die exzessiven Rhetoren, die sich »*redend ihrer Identität und mit ihrer Identität des Standorts in der Welt versichern wollen*«. – Mit dieser Essaysammlung hat Jens selbst zu einem neuen rhetorischen Stil gefunden, der nicht mehr Gefahr läuft, sich an der eigenen Brillanz selbstgefällig zu entzünden, sondern der stofflicher, tragfähiger geworden ist. P. L.

AUSGABEN: Mchn. 1969. – Mchn. 1972 (dtv). – Mchn. 1983 [erw.].

LITERATUR: R. Minder, Rez. (in Der Spiegel, 26. 5. 1969). – G. Just, Rez. (in Die Welt, 7. 8. 1969). – Th. Sommer, Rez. (in Die Zeit, 9. 9. 1969).

JOHANNES VILHELM JENSEN

* 20.1.1873 Farsø / Himmerland
† 25.11.1950 Kopenhagen

LITERATUR ZUM AUTOR:
Bibliographien:
F. Johansen u. Aa. Marcus, *J. V. J. En bibliografi*, 2 Bde., Kopenhagen 1933–1951. – Aa. Jørgensen,

Litteratur om J. V. J. En bibliografi, Mårslet 1985. *Gesamtdarstellungen und Studien:*
O. Gelstedt, *J. V. J.*, Kopenhagen 1913. – K. Nicolaisen, *J. V. J. Bidrag til hans Biografi og Karakteristik*, Kopenhagen 1914. – H. P. E. Hansen, *J. V. J. og hans Tid*, Kopenhagen 1930. – A. P. Ringsbo, *En Digter og Udviklingen*, Kopenhagen 1934. – G. Schwarzenberger, *Die Biologie in J. V. J.s Werk*, Greifswald 1937. – O. Gelsted, *J. V. J. Kurven i hans Digtning*, Kopenhagen 1938. – A. Henriques, *J. V. J.*, Kopenhagen 1938. – *J. V. J. 1873 – 20. Januar – 1943*, Hg. F. Nørgaard u. Aa. Marcus, Kopenhagen 1943. – L. Nedergaard, *J. V. J.*, Kopenhagen 1943. – A. Hirdman, *J. V. J.*, Stockholm 1944. – Aa. Schiøttz-Christensen, *Om Sammenhængen i J. V. J.s Forfatterskab*, Kopenhagen 1956; ²1969. – N. B. Wamberg, *J. V. J.*, Kopenhagen 1961. – J. Elbek, *J. V. J.*, Kopenhagen 1966, ²1987 [vgl. dazu P. Højholt in Kritik, 1967, Nr.-Chr. Jørgensen in Meddelelser fra Dansklærerforeningen, 1970, S. 214–224]. – L. Nedergaard, *J. V. J. Liv og forfatterskab*, Kopenhagen 1968. – H. Andersen, *Studier i J. V. J.s forfatterskab*, Kopenhagen 1972. – O. Friis, *Den unge J. V. J. 1873–1902*, 2 Bde., Kopenhagen 1974. – O. Riber Christensen, *J. og den ny verden* (in Kritik, 1976, Nr. 37, S. 41–60). – *Dansk Litteraturhistorie*, Bd. 4, Hg. H. Stangerup u. F. J. Billeskov Jansen, Kopenhagen 1977, S. 473–491. – B. Hakon Jørgensen, *Maskinen, det heroiske og det gotiske – om J. V. J. og Sophus Claussen og århundredskiftet*, Kopenhagen 1977. – *Dansk Biografisk Leksikon*, Hg. Sv. Cedergreen Bech, 16 Bde., 7, Kopenhagen 1979–1984, S. 294–300. – N. B. Wamberg, *J. V. J.* (in *Danske digtere i det 20. århundrede*, Hg. T. Brostrøm u. M. Winge, 5 Bde., 1, Kopenhagen 1980–1982, S. 84–123). – H. Wivel, *Den titaniske eros*, Kopenhagen 1982. – B. Haugaard Jeppesen, *J. V. J. og den hvide mands byrde. Eksotisme og imperialisme*, Kopenhagen 1984. – Sv. H. Rossel, *J. V. J.*, Boston 1984 (TWAS). – *Dansk Litteraturhistorie*, Bd. 6, Hg. L. Busk-Jensen u. a., Kopenhagen 1985, S. 594–614.

EKSOTISKE NOVELLER

(dän.; *Ü: Exotische Novellen*). Erzählungen von Johannes Vilhelm JENSEN, einzeln erschienen unter den Titeln *Singaporenoveller*, 1907 (*Singapur-Novellen*), *Lille Ahasverus*, 1909 (*Klein-Ahasverus*), und *Olivia Marianne*, 1915. – Unter dem Titel *Eksotiske Noveller* sammelte der Autor jene Erzählungen und Kurzgeschichten, die in Singapur, Schanghai, New York und auf den Malaiischen Inseln spielen – im Gegensatz zu den *Himmerlandshistorier*, 1898–1910 (*Himmerlandgeschichten*), die vom Leben der jütischen Landbevölkerung handeln. Die beiden Erzählungen *Lille Ahasverus* und *Et Møde* (*Eine Begegnung*), deren Szenerie die U-Bahn-Schächte New Yorks bilden, zeugen von der positiven Einstellung Jensens zum modernen

Großstadtmenschen als einem neuen Typus, der nüchtern denkt und kaltblütig handelt, dem Worte wie »Romantik« und »Sentimentalität« fremd sind. *Kulien (Der Kuli)* beschreibt die bestialische Rache, die ein abgearbeiteter Kuli an seinem stärkeren und jüngeren Rivalen nimmt. Verglichen mit dieser grausig-effektvollen Handlung machen die Erzählungen vom Leben der Europäer in den Tropen einen geradezu harmlosen, lyrischen Eindruck. *Moderen (Die Mutter)* erzählt von einer Mutter, die ihre Kinder durch das mörderische Klima verliert, *Paa Java (Auf Java)* von einer stolzen Flämin, die einen Kellner liebt, der diese Liebe nicht verdient, *Arabella* vom Steuermann Richard, der – seiner Papiere und damit seiner Stellung und Identität beraubt – ohne die Hilfe einer Bordellbesitzerin dazu verurteilt wäre, sein Leben als weißer Paria zu beschließen. *Olivia Marianne* sind Reflexionen am fremdartig anmutenden Grabmal der Gattin des englischen Gouverneurs auf Java, die mit ihren Kindern ein Opfer des heimtückischen Tropenklimas wurde.

Ebenso vielfältig wie die Sujets der einzelnen Novellen ist auch ihre äußere Form: Bald ist es eine einfache, impressionistisch getönte Beschreibung, die kaum Handlung kennt *(Et Møde)*, bald der locker konstruierte Bericht eines Reisenden, in dem die Pointe scheinbar ganz nebensächlich fällt *(Paa Java)*, oder aber eine streng gebaute Kunst-Geschichte *(Kulien)*. Die klare und stets präzise, dabei in ihren Bildern kühne Sprache läßt aus der Schilderung an sich unbedeutender Ereignisse kleine Meisterwerke werden. A.H.

AUSGABEN: Kopenhagen 1907–1915. – Kopenhagen 1916 (in *Skrifter*, 8 Bde., 7). – Kopenhagen 1925.

ÜBERSETZUNG: *Exotische Novellen*, J. Koppel, Bln. 1909.

HIMMERLANDSHISTORIER

(dän.; *Ü: Himmerlandgeschichten*). Erzählungen von Johannes Vilhelm JENSEN, erschienen 1898 bis 1910 in drei Sammlungen: *Himmerlandsfolk. Historier*, 1898 *(Himmerlandleute, Geschichten)*, *Nye Himmerlandshistorier*, 1904 *(Neue Himmerlandgeschichten)*, und *Himmerlandshistorier. Tredie Samling*, 1910 *(Himmerlandgeschichten. Dritte Sammlung)*; als Abschluß der Serie erschien 1926 gesondert die Erzählung *Jørgine*. – Die erste Sammlung von *Himmerlandgeschichten* betrachtete Jensen als sein Erstlingsbuch; die vorausgehenden, noch im dekadenten Geist der neunziger Jahre geschriebenen Romane *Danskere*, 1896 *(Dänen)*, und *Einar Elkjær* (1898) erkannte er später nicht mehr an und nahm sie nicht in die Ausgabe seines Gesamtwerks auf.

Schauplatz aller Erzählungen ist die mit Wärme, aber geradezu mit der Distanz des altnordischen Sagaerzählers geschilderte jütische Landschaft Himmerland, die engste Heimat von Johannes V. Jensen. Humorvoll, aber auch kritisch charakterisiert der Autor seine Himmerländer, ihre Engstirnigkeit, ihre Dickköpfigkeit, ihren Gerechtigkeitssinn und die Zähigkeit, mit der sie trotz eines harten Schicksals ihre Pflicht erfüllen, ohne viel zu reflektieren – was schon in ihrer derben, knappen, wiederum an den Sagastil gemahnenden Sprache zum Ausdruck kommt. Den alten Originalen und Käuzen seiner Heimat hat Jensen hier ein bleibendes Denkmal gesetzt. Einer von ihnen ist der Lindby-Schütze (Lindby-Skytten), ein heimatloser Vagabund, der in der Gegend herumzieht. Da ist Thomas i Spanggaarden, ein Schlägertyp, der das Mädchen, das er möchte, nicht bekommt und sich nun an seinem glücklicheren Nebenbuhler rächt. Der Held einer anderen Erzählung ist der stille Mogens, der so schweigsam ist, daß er das Mädchen, das er liebt, erst vergewaltigt und ihren Hof anzündet, weil er kein Wort findet, ihr seine Gefühle zu erklären; dann heiratet er sie. – Cecil, die Titelgestalt einer weiteren Erzählung, das schönste Mädchen der Gegend, gibt dem, den sie liebt, eine Abfuhr und heiratet den, den sie verachtet. Ohne zu klagen, führt sie mit ihm nun ein erbärmliches Leben: *»Ihr streitbares Herz kannte sein eigenes Gesetz nicht. Sie wußte nicht einmal, daß sie getrotzt hatte und daß sie weiterhin trotzen wolle, ein ganzes Leben hindurch.«* Bunt ist die Personengalerie in den *Himmerlandgeschichten*, vielfältig die Thematik. Sie reicht von der lustigen Geschichte *Sysoverne (Die Siebenschläfer)*, die von den Insassen eines Hofs erzählt, die die Neujahrsnacht um einige Nächte verschlafen, weil einige Burschen die Fenster verklebt haben, bis zur düsteren Mordgeschichte *I Morket (Im Dunkel)*, in der der junge Laust den jähzornigen Bauern Jens Andersen schließlich erschlägt, weil dieser ihm nicht seine Tochter Karen zur Frau geben will. Typisch auch an dieser Erzählung ist der herbe Sagastil. Sie setzt ein mit: *»Alte Leute können sich noch an die Geschichte erinnern, die immer wieder mit den gleichen Einzelheiten erzählt wird«*; sie endet grotesk damit, daß der Vater des als Mörder zum Tode verurteilten Laust nach der Exekution den Amtmann um die Holzschuhe seines hingerichteten Sohnes bittet, weil die noch beinah neu waren. – Ein anderer Aspekt kündigt sich in der langen Erzählung *Wombwell* an: Eine englische Zirkusmenagerie macht während einer Tournee ins Himmerland die dortige Bevölkerung mit den Errungenschaften einer anderen Welt bekannt. Der Zusammenprall der Kulturen, vor allem der wachsende modernisierende Einfluß aus dem angelsächsischen Bereich – Jensen hatte seine erste Amerikareise hinter sich – wird hier zum Hauptthema. Aus dieser Sicht sind auch zahlreiche andere Geschichten zu verstehen, so etwa *Graabølle*, worin ein kleines Dorf in eine moderne Kleinstadt mit Eisenbahn verwandelt wird. Hier wird Jensen zum Kulturhistoriker – sein Programm formulierte er 1901 in der Essaysammlung *Den gotiske Renaissance (Die gotische Renaissance)* –, der zwar die unaufhaltsame Entwicklung befürwortet, aber bedauert, daß das

Alte verlorengeht. In den *Himmerlandgeschichten* ging es ihm auch darum, manches zu bewahren, was der neuen Zeit zum Opfer fallen wird, so die schon fast zum Nationalheiligtum gewordene Gestalt des »Donnerkalb« (Tordenkalven): ein bärenstarker Kerl, in seiner Jugend durch einen Sturz vom Pferd zum Krüppel geworden, humpelt er auf seinen Krücken durch die Gegend, in Beuteln seine Habe um Rücken und Brust gehängt – *»er glich der Geschichte Dänemarks«.* Niemand kennt sein Alter. Er ist ein Sammler und vor allem – ein Skalde, der Liebeslieder singt. Sein Repertoire umfaßt alles, von unschuldigen Liedern (je nach Bezahlung) bis zu *»einer langen gründlichen Weise, die sich nicht damit begnügte, einen Blick ins Land des Unzüchtigen zu werfen, sondern eine ausführliche Topographie davon gab«.*

Ohne zu idealisieren, hat Jensen in diesen Erzählungen seine Landsleute charakterisiert. Am Schluß der dritten Sammlung geht er auch ausführlich auf seine eigenen Vorfahren ein und bekennt sich zu seiner Heimat. In anderen Werken (vgl. *Eksotiske Noveller*) versuchte er, Eindrücke von seinen Weltreisen festzuhalten; selten aber wurde – von Steen Steensen BLICHERS Erzählungen abgesehen – das typisch Jütische mit solcher Anteilnahme und Intensität festgehalten wie in den *Himmerlandgeschichten*, die Sven MØLLER KRISTENSEN *»ein Prachtstück in der dänischen Literatur«* nennt.

F.J.K.

AUSGABEN: Kopenhagen 1898 *(Himmerlandsfolk. Historier).* – Kopenhagen 1904 *(Nye Himmerlandshistorier).* – Kopenhagen 1905/06 *(Himmerlandshistorier,* 2 Bde.). – Kopenhagen 1910 *(Himmerlandshistorier. Tredie Samling).* – Kopenhagen 1916 (in *Skrifter,* 8 Bde., 4/5). – Kopenhagen 1926 *(Jørgine).* – Kopenhagen 1960; ³1980 *(Himmerlandshistorier,* Hg. J. Elbek; m. Nachw.). – Kopenhagen ¹⁵1965. – Kopenhagen ²1971, Hg. P. Marstal [Ausw.]. – Kopenhagen 1978 *(12 Himmerlandshistorier,* Hg. Sv. Møller Kristensen; m. Nachw.). – Kopenhagen 1981 *(Himmerlandshistorier,* Hg. Aa. Marcus). – Kopenhagen 1984, Hg. S. Carlberg [Ausw.; m. Ill.].

ÜBERSETZUNG: *Himmerlandgeschichten,* A. Mens, Bln. 1905.

LITERATUR: F. Nørgaard, *J. V. J.s Himmerland* (in *J. V. J. 1873 – 20. Januar – 1943,* Hg. ders. u. Aa. Marcus, Kopenhagen 1943, S. 119–131). – M. A. Hansen, *Himmerlandshistorierne* (in M. A. H., *»Ved Korsvejen«,* Kopenhagen 1965, S. 108–115). – L.-O.-F., *Punktnedslag i dansk litteratur 1880–1970,* Kopenhagen 1971, S. 47–52.

KONGENS FALD

(dän.; *Ü: Des Königs Fall*). Roman von Johannes Vilhelm JENSEN, erschienen 1900/01. – Das aus den drei Teilen *Foraarets Død (Frühling), Den store Sommer (Der große Sommer)* und *Vinteren (Winter)* bestehende Buch ist sicher das meistgelesene Werk des dänischen Nobelpreisträgers (1944). Im Mittelpunkt steht der zwischen Tatkraft und Zweifel hin und her gerissene König Christian II., der die vereinigten nordischen Königreiche zu einer europäischen Großmacht zu machen versuchte; aber die drei Länder blieben nur in den Jahren 1520–1523 in seiner Hand vereint, dann riß sich Schweden, dessen Adel er beim »Stockholmer Blutbad« zum großen Teil hatte hinrichten lassen, los. In Dänemark siegte die Adelsfronde über die mit dem König verbündeten Bauern und Städte, und Christian II. mußte sein Leben tatenlos als Gefangener beschließen.

Jensen fängt das Zeitbild in entscheidenden Szenen ein. Als Beobachter figuriert meist der verkommene Bauernstudent Mikkel Thøgersen. Diese Landsknechtgestalt, durch eigenes Verschulden und durch die Ungunst des Zufalls um sein Lebensglück betrogen, treibt, vom Autor von Anfang an auf den erfolglosen König bezogen, durch das aufgeregte, wilde Zeitgeschehen. In seinem Schicksal spiegelt sich das Leben des im Stich gelassenen Königs, der, wenige Szenen ausgenommen, meist im Hintergrund bleibt. Das Leben beider endet in der Gefangenschaft im Turm des Sonderburger Schlosses. Mikkel Thøgersen – eine Figur von der Art der Himmerländer, wie sie Jensen in seinen Bauerngeschichten (vgl. *Himmerlandshistorier*) gezeichnet hat – weckt das Interesse, weil er ein Stück Natur jenseits von Gut und Böse verkörpert und sein Charakter den Zwiespalt zwischen Ungebrochenheit und Reflexion im kraftgenialischen jungen Jensen widerspiegelt. Das Werk zeigt, ähnlich wie J. P. JACOBSENS *Fru Marie Grubbe,* ein Leben in absteigender Linie und symbolisiert, der Intention des Autors nach, den »Fall« der dänischen Nation ins Kleinstaatliche, Unbedeutende, Geschichtslose, jenen Zustand, unter dem die Generation um 1900 mehr und mehr zu leiden hatte.

Kongens Fald ist kein historischer Roman im konventionellen Sinn. Der Autor entgeht den Gefahren der Gattung, indem er auf Detailzeichnung des Zeitgebunden-Gegenständlichen weitgehend verzichtet und sich mit skizzenhaften Andeutungen begnügt. Das dänische Kolorit gewinnt er allein durch die Bildkraft der Naturbeschreibungen – darin kündigt sich der bedeutende Lyriker an, der Jensen nach diesem Frühwerk wurde – und durch die Schilderung der archaisch-bäuerlichen Welt, in der Heidnisch-Germanisches weit wirksamer geblieben ist als die christliche Tradition. Der Roman ist kennzeichnend für den sogenannten zweiten Durchbruch in die Moderne um 1900 in Dänemark, als man unter dem Eindruck des Darwinismus den Bereich des Elementar-Ursprünglichen neu entdeckte und zugleich den Bruch mit der Décadence der neunziger Jahre vollzog. Freilich bedingte das eine nur aufs Biologische beschränkte Sicht vom Menschen, der sich dem natürlichen Prozeß von Werden, Sein und Vergehen einfügen muß. – Seit *Kongens Fald* sind die überfeinert-sen-

siblen Seelentöne des Fin de siècle von der triebge-
bundenen amoralischen Darstellung des Menschen
in der dänischen Literatur verdrängt worden. Die
Loslösung vom Metaphysischen führte bei Jensen
jedoch keineswegs zu einer völligen Befreiung vom
Irrationalen; dieses Element kehrt vielmehr – nun
unter heidnischem Vorzeichen – als Gespenster-
furcht, Totenglaube und Fruchtbarkeitsdämonie
in den vom Christentum entleerten Seelenbereich
zurück. Daraus erklärt sich auch der bei aller barokken Kraftfülle und allem Sensualismus konsequente heidnische Pessimismus, der besonders im vorletzten Kapitel zum Ausdruck kommt, das sich thematisch an den altnordischen *Grottasǫngr* anlehnt.
Das vielfach variierte Grundthema ist die naturge-
setzlich unausweichliche Dialektik von Liebe und
Tod, das »*Wechselspiel zwischen dem ständig erneuerten Lebenstrieb und dem immer gegenwärtigen und
sicheren Tod*« (S. Møller Kristensen). – Jensens Erzählhaltung ist von der objektiv berichtenden
Form geprägt, neben der sich sparsam und wirkungsvoll eingestreut belebte Rede findet. An einigen Stellen kommt das kulturkritische Anliegen des
Autors allerdings zu direkt zum Ausdruck, etwa
dann, wenn er es sich nicht entgehen läßt, die Fehlentwicklung der nordischen Geschichte des 16. Jh.s
aus der Sicht des 20. Jh.s zu kommentieren.   I.H.

AUSGABEN: Kopenhagen 1900/01 (Tl. 2: *Den store
Sommer*, 1900; Tl. 3: *Vinteren*, 1901). – Kopenhagen 1913 *(Kongens Fald)*. – Kopenhagen 1916 (in
Skrifter 8 Bde., 1). – Kopenhagen 1964. – Kopenhagen ¹⁹1968. – Kopenhagen ⁸1977. – Kopenhagen 1986.

ÜBERSETZUNG: *Des Königs Fall*, J. Koppel, Bln.
1912. – Dass., dies., Bln. 1931 (Dt. Buchgemein-
schaft).

LITERATUR: S. Møller Kristensen, *Digtning og
livssyn*, Kopenhagen 1959, S. 92–121. – Aa. Ka-
bell, *DgF 90 and the Danish Novel* (in Scandinavica,
7, 1967, S. 85–94). – J. Pedersen, *Om romanperso-
ners morfologi, syntaks og semantik. En skitse og en demonstration* (in J.P., *Romanproblemer. Teorier og
analyser*, Kopenhagen 1968, S. 54–64). – J. Chr.
Jørgensen, *Den hamletske styrke. Et bidrag til debatten om tvivlsygen i J.V.J.s »Kongens Fald«* (in DS,
1970, S. 101–111). – P. Hallberg, *Bildspråk, myt,
vision i J.V.J.s »Kongens Fald«* (in Edda, 76, 1976,
S. 255–281). – M. Giersing u. M. Westergaard-
Nielsen, *En analyse af J.V.J.s »Kongens Fald«* (in
Analyser af danske romaner, Bd. 1, Kopenhagen
1977, S. 121–208). – P. Hallberg, *Diktens bildspråk. Teori/metodik/historik*, Stockholm 1982,
S. 424–448. – P. Borum, *Livstydninger*, Kopenhagen 1984. – Fl. Harrits, *Der entthronte Mann? Entwurf einer Analyse von J.V.J.s Kongens Fald«* (in
Agias, 17, 1985, S. 19–27). – E. Spang-Thomsen,
*Bumerangens Bane. »Kongens Fald« som lyrisk-mo-
dernistisk roman* (in Dansk udsyn, 1987, Nr. 67,
S. 320–383). – P. Bager, *»Kongens Fald«. En analyse af J.V.J.s roman*, Århus 1988.

DEN LANGE REJSE

(dän.; *Ü: Die lange Reise*). Romanzyklus in sechs
Bänden von Johannes Vilhelm JENSEN, erschienen
1908–1922. – Das monumentale Prosaepos, dessen einzelne Teile ursprünglich nicht in der chronologischen Reihenfolge der Handlung veröffentlicht wurden, stellt den Versuch dar, die Menschheitsgeschichte von der Urzeit bis zum Mittelalter
dichterisch darzustellen. Erläuterungen zur Entstehung des Werks gab der Autor in seiner Essaysammlung *Æstetik og Udvikling*, 1923 *(Ästhetik
und Entwicklung)*.
In *Det tabte Land*, 1919 *(Das verlorene Land)*, schildert Jensen die Anfänge der Menschheit. Zu den
Waldmenschen, die vor dem Feuerberg Gunung
Api in die Sümpfe geflohen sind, gehört auch Fyr
(»Feuer«), der den Feuerkult begründet und später
als Feuergeist verehrt wird. Nach einem neuerlichen Ausbruch des Vulkans wird er ihm als Versöh-
nungsopfer dargebracht, worauf sich der Berg beruhigt: Die Eiszeit beginnt. – In *Bræen*, 1908 *(Der
Gletscher)*, nimmt einer der Nachfahren Fyrs,
Dreng (der spätere Odin der germanischen Mythologie), in Abenteurerlaune den Kampf mit der Kälte auf; da er aber dem Kreis der Hüter des Feuers
entflohen ist und dazu noch erfolglos zurückkehrt,
muß er als Ausgestoßener in den Bergen leben. Obwohl er Menschenfresser ist, verschont er die ebenfalls von ihrer Sippe verfemte Moa und gründet mit
ihr ein neues Geschlecht: »*Die Sonne brach durch die
Wolken und sah, daß außer ihnen niemand da war. So
entstand die Monogamie.*« – Die Nachfahren Drengs
und Moas sind hellhäutig, blond und blauäugig,
was nach Meinung des Autors auf klimatische Bedingungen zurückzuführen ist. Während die Waldmenschen und die Drengfamilie vor dem Gletscher
immer weiter nach Süden ausweichen, bleibt
Hvidbjørn (»Eisbär«, später als Thor des germanischen Göttergeschlechts verehrt) mit seinem Weib
Vaar (»Frühling«) auf dem Gletscher zurück. Auch
sie waren von ihrer Sippe verstoßen worden, nachdem sie die Privilegien der Erstgeborenen verletzt
hatten; diese nutzten die Vorteile, die ihnen aus
dem Besitz des Feuersteins erwuchsen, und errich-
teten so eine starre Lebensordnung. Auch
Hvidbjørn, der Drengs beinahe mystische Sehnsucht nach dem Meer in sich fühlt, zieht nach Süden; er versucht sich geschickt und erfindungsreich
im Schiff-, Wagen- und Schlittenbau, bis die benachbarten Grävlinger in ihrem Neid Vaar und
zwei der Kinder umbringen: Vaar lebt in der Birke
weiter, die Kinder wandern ruhelos am Sternen-
himmel. Die Rache Hvidbjørns zieht sich über
ganze Menschenalter hin: In seiner unermeßlichen
Trauer zieht er wütend und mordend durch das
Land. Sein Sohn Varg und dessen Frau Tju ziehen
nach Osten; Vargs Gewandtheit im Zähmen von
Wildpferden macht ihn zum Stammvater der Pfer-
devölker Asiens.
Der dritte Band, *Cimbrernes Tog*, 1922 *(Der Zug
der Cimbern)*, spielt in Jütland, Frankreich und Italien während des 2. und 1. Jh.s v. Chr. Der Stamm

wird von Norne-Gast, einem wandernden Sänger, auf dem Zug an die Donau begleitet, wo er auf andere Völker trifft. Der Führer der Cimbern ist Bojerik, begleitet wird er von seiner Tochter Vedis, der Feuerjungfrau. Nach der Schlacht von Noreia verläßt Norne-Gast die Cimbern, um in Afrika das Land der Toten zu suchen, während der »cimbrische Schrecken« nach Raubzügen in Spanien und Gallien von den Römern unter Marius bei Vercellae geschlagen wird. Nach Norne-Gasts Meinung kommt dies einer Selbstvernichtung gleich, da sie ihr Bauerntum mit dem Kriegshandwerk vertauscht haben. In der Verbindung von Vedis, nun Sklavin in Rom, und Kejron, der als Grieche Sklave ihres Stammes gewesen ist, sieht Jensen »*die Vermählung der Antike mit dem jungen, nordischen Volke*«.

Norne-Gast ist der Held des folgenden Bands, *Norne-Gæst*, 1919 *(Norne-Gast)*. Er ist der überirdische, einsame Wanderer, der sein langes, über die ganze Kindheit des Menschengeschlechts reichendes Leben hindurch das Land der Toten sucht. Schließlich stirbt der Greis, nachdem er die Taufe empfangen hat, am Hof König Olav Tryggvasons in Norwegen. – In *Skibet*, 1912 *(Das Schiff)*, wird das Motiv des Fernwehs wiederaufgenommen. Während der Wikingerzeit zieht eine jugendliche Horde aus, wird von Normannen an Bord genommen und in den Dienst König Rogers gestellt. Die Söhne König Lodbrogs machen sich zur gleichen Zeit auf die Suche nach dem Himmelreich – ein Traum, der auch bei den Kreuzzügen und der Entdeckung Amerikas eine Rolle spielte. Da sie aber ihr Ziel, Rom, nicht erreichen, ziehen sie sich brandschatzend und alles verwüstend zurück, doch sehen nur die Stärksten unter ihnen Dänemark wieder; die anderen kommen in einem Sturm bei Gibraltar um. Germund, einer der Überlebenden, läßt sich im größten Fischerdorf an der Küste, in Kaufmannshafen, dem späteren Kopenhagen, nieder, zusammen mit Parvus, einem Geistlichen aus Frankreich, von dem gesagt wird, »*daß er wie sein Vorgänger Ansgar zu seinem Leidwesen nicht dazu kam, sein Leben durch eine Märtyrerkrone abzurunden*«.

Mit *Christofer Columbus*, 1921 *(Kolumbus)*, und der Entdeckung der Neuen Welt schließt das Werk. Auch Kolumbus wird in das Schema der menschlichen Entwicklung einbezogen. Er ist bei Jensen Langobarde cimbrischer Abstammung und mit seinen »*aufflammenden Fähigkeiten*« und seiner »*tiefgehenden Verirrung im Süden*« der Typ des Nordländers. Er vereinigt auf »*seltsame, tragische und großartige Art in seinem Schicksal eine schöne Irrfahrt und die totale Desillusion*«: Er suchte Indien und fand Amerika, er vollendete die nordische Wanderung, wobei er als Werkzeug Gottes den Heiden das Christentum bringen wollte, von diesen aber als Wiederkunft des Gottes Quetzalcoatl (Norne-Gast, der auf seinen Reisen ins Land der Toten hier Station machte) verehrt wird. Seine lange Reise hat hier bereits ihr Ende gefunden, denn die Eroberung und die Besitznahme vollziehen an-

dere – Cortez und Pizarro an seiner Statt. Kolumbus, der das Paradies nicht fand, segelt nun mit der zum Geisterschiff gewordenen »Santa Maria« auf den Weltmeeren, wo ihm 1832/33 vor Kap Horn die ›Beagle‹ mit Charles Darwin an Bord begegnet. Spätestens hier, beim Auftreten Darwins, bestätigt sich die Vermutung, daß Jensen in seiner Entwicklungsgeschichte der Menschheit dessen Evolutionstheorie verpflichtet ist, ein Unterfangen, das zwar die einzelnen Stufen der Variation, der natürlichen Selektion und des *survival of the fittest* demonstriert, in der Vermischung nordischen Sagenreichtums und konkreter historischer Ereignisse aber auf eine mythisch-mystische Weltdeutung hinausläuft. Kennzeichnend dafür ist die abschließende panerotische Mythe *Ave Stella*, in der der Dichter bekennt: »*Das kosmische Wesen aber, das in Gestalt einer Frau über der Erde schwebt* [die Galionsfigur der ›Santa Maria‹ ist eine Mutter mit Kind], *für solche, die sie sehen können, das ist das Leben, der Stamm des Lebens jenseits des Äthers, von dem die Keime auf die Erde gekommen sind, das wahre Leben, der Liebe Ursprung, von dem wir durch unsere Sehnsucht wissen.*«

Eigenwillige Ansichten, z. B. die These, die Völkerwanderung sei durch den Wunsch Attilas ausgelöst worden, die nordischen Frauen zu besitzen, was ihm aber nicht gelang, und seine Beutezüge seien somit Racheakte gewesen, sowie eine in der kraftvollen Plastizität der Bilder expressionistische Ausdrucksweise und eine (für heutige deutsche Leser verdächtige) Überbetonung der nordischen Rasse gehen auf Kosten wissenschaftlicher Solidität. Jensens Versuch, seine Evolutionsphilosophie poetisch zu exemplifizieren, ist heute vom Standpunkt des Forschers aus nicht mehr haltbar, was allerdings die rein literarische Leistung kaum schmälert. Seine Theorien hat der Dichter auch in rein essayistischen Schriften vertreten und weiter ausgeführt, so in *Introduktion til vor Tidsalder*, 1915 *(Einführung in unser Zeitalter)*, *Evolution og Moral*, 1925 *(Evolution und Moral)*, *Dyrenes Forvandling*, 1927 *(Verwandlung der Tiere)*, *Aandens Stadier*, 1928 *(Die Stadien des Geistes)*, und schließlich *Vor Oprindelse*, 1941 *(Unser Ursprung)*. – Gerade im letzten Band des Romanwerks wird die Zäsur spürbar, die die Erste Weltkrieg im Denken Jensens hinterließ, der seinen Glauben an Fortschritt und Technik stark beeinträchtigte.

In der Weltanschauungsdebatte der skandinavischen Literaten in den dreißiger Jahren wurde sein Weltbild teilweise scharf angegriffen und verurteilt; eine Rehabilitierung erfuhr es jedoch 1944, als Jensen für dieses Werk als drittem Dichter seines Landes der Nobelpreis zuerkannt wurde. R.Br.

AUSGABEN: Kopenhagen 1908–1922 *(Bræen*, 1908; *Skibet*, 1912; *Det tabte Land*, 1919, *Norne-Gæst*, 1919; *Christofer Columbus*, 1921; *Cimbrernes Tog*, 1922). – Kopenhagen 1916 (in *Skrifter*, 8 Bde., 6; *Bræen* u. *Skibet)*. – Kopenhagen 1935. – Kopenhagen ³1949; ⁵1964; 2 Bde. – Kopenhagen 1972, Hg. Aa. Marcus, 2 Bde.; ⁴1977.

ÜBERSETZUNGEN: *Der Gletscher. Ein neuer Mythos vom ersten Menschen*, G. I. Klett, Bln. 1911. – *Das Schiff*, J. Koppel, Bln. 1915. – *Das verlorene Land*, dies., Bln. 1920. – *Kolumbus*, dies., Bln. 1922. – *Der Zug der Cimbern*, dies., Bln. 1925. – *Norne-Gast*, dies., Bln. 1926. – *Die lange Reise. Das verlorene Land. Der Gletscher*, J. Koppel u. G. I. Klett, Bln./Darmstadt 1951.

LITERATUR: H. Kehler, *J. V. J. »Den lange Rejse«* (in H. K., *Kronik og Kritik*, Kopenhagen 1922, S. 124–143). – O. Friis, *»Den lange Rejse«* (in Nordisk Tidskrift, 1923). – J. V. Jensen, *Æstetik og Udvikling. Efterskrift til »Den lange Rejse«*, Kopenhagen 1923. – H. Kehler, *»Cimbrernes Tog«* (in H. K., *Kampen for Livsanskuelse*, Kopenhagen 1925, S. 19 ff.). – A. Henriques, *Kampen med Virkeligheden. En J. V. J.-Studie* (in Presens, 1937, S. 96–137; ern. Uppsala 1938). – F. Brandt, *»Den lange Rejse«* (in Tilskueren, 1939, S. 25 ff.) – H. Kehler, *J. V. J. og Udviklingslæren* (in H. K., *Ud af Trediverne*, Kopenhagen 1940, S. 194–201). – F. Rasmussen, *J. V. J. og Udviklingslæren. En Dokumentation*, 1940. – L. Nedergaard, *J. V. J. og Norden* (in OoB, 1951, S. 251–262). – Ders., *Dødsproblemet i J. V. J.s digtning* (in Nordisk Tidskrift, 1952, S. 114–137). T. Kristensen, *En Vandring* (in T. K., *Til dags dato*, Kopenhagen 1953, S. 42–80). – H. Andersen, *»Bræen«* (in OoB, 68, 1959, S. 276–289). – J. Mjöberg, *Drömmen om sagatiden*, Bd. 2, Stockholm 1968, S. 195–217.

MADAME D'ORA

(dän.; Ü: *Madame D'Ora*). Roman von Johannes Vilhelm JENSEN, erschienen 1904. – Der Roman spielt in New York um die Jahrhundertwende, gibt ein frisches, scharf konturiertes und mit journalistischem Elan gezeichnetes Bild des jungen Amerika und ist ein Bekenntnis Jensens zu der noch nicht mit Traditionen belasteten Neuen Welt, die er selbst auf seiner Weltreise kennengelernt und die ihn fasziniert hatte. Hauptgestalt des Romans ist der geniale Physiker Edmund Hall, ein grüblerischer, dekadenter Charakter, der schließlich daran scheitert, daß er in fanatischem Streben über die objektiv wahrnehmbare, wissenschaftlich erklärbare Welt hinaus in metaphysische und okkulte Bereiche vorstoßen will. Dabei gerät Hall in die Hände des gewissenlosen Laienpredigers Evanstone, eines mephistophelischen Scharlatans und Betrügers, der ihn mit raffiniert inszenierten spiritistischen Séancen hinters Licht führt. Hall scheitert aber auch deswegen, weil er sich von seiner Geliebten, der lebenslustigen, fast barock vitalen Opernprimadonna Leontine D'Ora – Symbol des Lebens schlechthin –, abwendet zugunsten eines Phantoms, des Mädchengeistes Eld, der in Wirklichkeit das verkleidete hysterische »Medium« Evanstones ist. Der labile Wissenschaftler verliebt sich außerdem in Elly Johnson, ein weiteres Mädchen aus dem Okkultistenkreis. Sie wird von Evanstone im Blutrausch bestialisch ermordet; dem Verbrecher gelingt es, Hall der Tat zu verdächtigen, der, halb berauscht, den Mord dem lächerlichen Londoner »Meisterdetektiv« Thomas A. Mason (der endlich den Kriminalfall seines Lebens gelöst zu haben glaubt) tatsächlich gesteht. Allerdings waren Masons Bemühungen vergebens: Die amerikanische Polizei inhaftiert Hall, da er Madame D'Ora (auf ihren Wunsch hin) erschossen hat.

Madame D'Ora ist eine Huldigung an das realistische, diesseitsbetonte Leben in Amerika, an die Welt der Technik, gleichzeitig aber eine radikale Absage an den seinerzeit in Dänemark (und in Jensens eigener Familie) stark verbreiteten Spiritismus – der Vater des Autors schrieb 1899 ein Buch, *Spøgeri* (Spuk), und seine Schwester, die Schriftstellerin Thit JENSEN (1876–1957), war eine begeisterte Anhängerin des Okkultismus. In der Gestalt Evanstones hat Jensen NIETZSCHES Übermenschen karikiert, aber auch die Diktatoren späterer Jahrzehnte vorausgeahnt. Eine weitere Gestalt des Romans, der kaltblütige Reporter Lee, vertritt dagegen den Prototyp des »neuen«, des nordischen Menschen, beheimatet im Maschinenzeitalter, unproblematisch und fortschrittsgläubig. Lee entlarvt Evanstones Betrug und liefert sich mit ihm einen – in virtuosem Reportagestil beschriebenen – Boxkampf. Eine Fortsetzung und Weiterführung dieses seltsam aus Kriminalparodie, Symbolismus und Fortschrittsoptimismus gemischten Werks bildet der Roman *Hjulet*, 1905 (Das Rad). Evanstone tritt nun unter dem Namen Cancer (engl.; Krebs) auf und ist inzwischen Sektengründer großen Stils geworden. Sein Gegenspieler ist Lee – ein Selbstbildnis Jensens. Cancers Bosheit und Vampirismus wirken grotesk: Sexuell pervers, brutal, verkörpert er das Böse in Potenz. Lee, der die These aufstellt, die Kolonisierung Amerikas sei eine Fortsetzung der Völkerwanderung, soll für Cancer die Bibel seiner Bewegung schreiben. Cancer sucht durch demagogische Versprechungen die streikenden Arbeiter von Chicago auf seine Seite zu bringen, um die Macht in den Vereinigten Staaten an sich zu reißen, fällt jedoch schließlich im Zweikampf mit Lee, dem Vertreter des modernen Menschen. Lee begibt sich auf eine Weltreise, heiratet nach seiner Rückkehr ein reiches Mädchen, gibt seine literarischen Pläne auf und geht in die Großindustrie: Wie die Kunst die Religion überwunden hat, so muß nun die Kunst, die bei Jensen parasitäre Züge annimmt (er hatte die zeitgenössischen Fin-de-siècle-Werke vor Augen), der Maschine, dem »Rad«, weichen, damit der Mensch völlig in die Realität integriert werden könne. Das »Entwicklungsepos« der Menschheit, das Lee ursprünglich verfassen wollte, schrieb Jensen selbst kurz nach Vollendung von *Hjulet* (vgl. *Den lange Rejse*).

F.J.K.

AUSGABEN: Kopenhagen/Kristiania 1904 *(Madame D'Ora)*. – Kopenhagen 1905 *(Hjulet)*. – Kopenhagen 1916 (in *Skrifter*, 8 Bde., 2/3). – Kopenhagen ⁴1920 *(Hjulet)*. – Kopenhagen 1953 *(Madame D'Ora)*.

ÜBERSETZUNGEN: *Madame D'Ora*, M. Mann, Bln. 1907; ern. 1919. – *Das Rad*, Bln. 1908 *(Hjulet)*.

DRAMATISIERUNG: K. Vollmoeller, *Madame D'Ora* (Urauff.: Bln. 1917, Reinhardt-Theater; dän. Übers.: *Sangerinden*, Kopenhagen 1921).

LITERATUR: H. Nielsen (in Tilskueren, 1906, S. 183–185; zu *Hjulet*). – H. Frisch, *J. V. J. Introduktion til Læsning af hans Forfatterskab*, 1925. – S. Lange, *Meninger om Litteratur*, Kopenhagen 1929. – A. Henriques, *Kampen med Virkeligheden. En J. V. J. Studie* (in Presens, 1937, S. 96–137; ern. Uppsala 1938).

MYTER

(dän.; *Ü: Mythen*). Sammlung von über 150 Prosastücken und essayistischen Abhandlungen von Johannes Vilhelm JENSEN, erschienen in neun Bänden 1907–1944. – Diese Arbeiten des dänischen Nobelpreisträgers (1944) waren ursprünglich nichts anderes als die Erträge seiner journalistischen Tätigkeit auf Reisen für große Kopenhagener Zeitungen, sprengten jedoch sehr bald den Rahmen des rein Feuilletonistischen und bilden einen wichtigen Bestandteil und – von 1898–1944 reichend – geradezu einen Kommentar zu Jensens Gesamtwerk.

Der Autor meinte, mit der Prosakurzform der »Mythe« eine neue Gattung geschaffen zu haben, *»eine Dichtung, die in einem Moment ein Grundverhältnis in Natur oder Geschichte erhellt«* – unter dieser Definition wird der von ihm verwendete Begriff *myte* spezifizierend in die dänische Sprache übernommen. – Wesentlicher scheint die von Jensen selbst in dem Prosastück *Maja* (in *Myter*, Bd. 7) gegebene Definition: *»Zeit und Raum zu überbrükken, das verstehe ich unter mythischer Betrachtungsweise.«* So schlägt er in seinen Impressionen die Brücke etwa zwischen dem Heute und dem Ägypten der Pharaonin Hatshepsut, zwischen dem Homo sapiens des 20. Jh.s und dem am frühesten *»menschenähnliche Züge«* tragenden Wesen der Entwicklungsgeschichte der Arten, dem Koboldmaki (*Tupajas Forfremmelse – Der Aufstieg des Koboldmaki*; in *Myter*, Bd. 8, 1940). Er karikiert ironisch die teutonisch-spießige Idee der »Weltbeherrschung«, ob er ihr nun in den malaiischen Urwäldern begegnet oder am Hardangerfjord. Für den Naturdichter und erklärten Darwinisten Jensen kann alles zum Anlaß einer künstlerisch geformten, weltanschaulich aber eindeutig darwinistisch orientierten »Mythe« werden.

Oft hat Jensen Eindrücke seiner weltweiten Reisen verarbeitet, wie in der kurzen Mythe *Fusijama* (in *Myter*, Bd. 1, 1907), die zum obligaten Bildungsgut in Dänemark gehört. Der überraschende und überwältigende Eindruck des heiligen Bergs auf den Beobachter, an einem Morgen noch weit vor der Küste Japans, wird zu einer Art Urfreude am Dasein, die den Wunsch nach einem jenseitigen Leben überflüssig macht: *»Ich begriff, daß die höhere Welt, der wir zustreben, nur diejenige sein kann, die ist, daß wir aber niemals in dem gegebenen Augenblick sie ganz erreicht haben, daß wir für gewöhnlich ihr gegenüber blind sind. Es läßt sich kein fruchtbarerer Gedanke denken. Das ist im Grunde das einzige, was ein Mensch erleben kann.«* Seine Mitwelt in diesem Sinne sehend zu machen, ist die künstlerische Absicht Jensens. Zu den wertvollsten Arbeiten zählen die Schilderungen von Eindrücken aus den skandinavischen Nachbarländern, wie *Skærgaardsfart* (*Schärenfahrt*; in *Nye Myter*, 1908) oder *Hardanger I–IV* (in *Myter*, Bd. 4, 1912) und von Entdeckungsfahrten im eigenen Land, wie *Fynsrejsen* (*Reise nach Fünen*; in *Sælernes Ø, 1933*), die immer auch eine Wiederbegegnung mit der heimatlichen kulturellen Tradition sind. Bedeutungsvoll sind auch die parallel zum Hauptwerk Jensens, dem Roman *Den lange Rejse*, 1908–1922 (*Die lange Reise*), entstandenen Stücke wie *Hestebetvingeren Varg* (*Varg, der Pferdebezwinger*; in *Myter*, Bd. 4, 1912). Mit den Jahren wird die Natur mehr und mehr zum Hauptthema Jensens, beobachtet er sie im Wechsel der Jahreszeiten; immer wieder variiert er die Grundmotive von Frühling und Sommer. Aber daneben gilt seine Aufmerksamkeit auch Phänomenen der Stadtgeographie Kopenhagens, oder es sind die Vogelzüge und andere Eigentümlichkeiten der Fauna und Flora, die Jensen zum naturwissenschaftlich-weltanschaulichen Symbol verdichtet und in Beziehung setzt zum Leben und Vergehen der Menschheit. Er erweist sich in *Myter* als gründlicher Kenner und Beobachter seiner nordischen Heimat und wird nicht müde, deren Reize eindringlich darzustellen.

Die soziologischen und historischen Themen treten im Lauf der Jahre in den Hintergrund. Es mag sein, daß die unheilvolle Entwicklung seit dem Ersten Weltkrieg und während des Faschismus Jensens Flucht in die Natur mit verursacht hat; jedenfalls nimmt er zu Zeitfragen kaum mehr Stellung. Stilistisch stehen die *Mythen* der letzten Sammlungen nicht mehr auf der gleichen Höhe wie die genialen jungen Sprachschöpfers Jensen, ausgenommen etwa die ironische Paraphrase eines Märchens von H. C. ANDERSEN, *Hvad Fatter gør, det er altid det rigtige* (*Was Vater tut, ist immer recht*; in *Myter*, Bd. 8, 1940). Es liegt nahe, zu vermuten, die weltanschauliche Grundhaltung des Darwinisten Jensen habe sich angesichts der erschreckenden Zeitereignisse, die den Menschen in seiner Eigenschaft als Bestie zeigten, skeptisch modifiziert. In seinen letzten Sammlungen nimmt der Kulturpessimismus zu, was auch darin zum Ausdruck kommt, daß sich der gealterte Dichter Ereignisse aus längst vergangenen Tagen der geruhsamen Zeit Skandinaviens vor dem Ersten Weltkrieg wieder in die Erinnerung ruft.   I. H.

AUSGABEN: Kopenhagen 1907 *(Myter og Jagter)*. – Kopenhagen 1908 *(Nye Myter)*. – Kopenhagen 1910 *(Myter. Ny Samling)*. – Kopenhagen 1912 *(Myter. Fjerde Samling)*. – Kopenhagen 1916 (in

Skrifter, 8 Bde., 8; Ausw.). – Kopenhagen 1916
(*Myter. Femte Samling* in *Aarbog 1916*). – Kopenhagen 1924 (*Myter. Tredie Udgave*, 2 Bde.). – Kopenhagen 1924 (*Myter. Tredie Bind*). – Kopenhagen 1928 (*Ved Livets Bred og andre Myter. Myter.
Fjerde Bind*). – Kopenhagen 1932 (*Pisangen. Myter. Femte Bind*). – Kopenhagen 1932 (*Kornmar-
ken. Myter. Sjette Bind*). – Kopenhagen 1934
(*Sælernes Ø. Myter. Syvende Bind*). – Kopenhagen
1940 (*Mariehønen. Myter. Ottende Bind*). – Kopenhagen 1944 (*Møllen. Myter. Niende Bind*). –
Kopenhagen 1957 (*Mytens Ring. Efterladte Myter
og Beskrivelser*, Hg. C. Bergstrøm-Nielsen). – Kopenhagen 1960 (*Myter*, 2 Bde.; Ausw.). – Kopenhagen 1969 (*Myter og Digte i Udvalg*). – Kopenhagen 1973 (*Mørkets Frodighed. Tidlige Myter*, Hg.
N. B. Wamberg; m. Einl.). – Kopenhagen 1982
(*Tretten Myter*, Hg. J. Jensen; m. Ill.).

ÜBERSETZUNG: *Mythen und Jagden*, J. Koppel,
Bln. 1911; ern. 1919 [Ausw.].

LITERATUR: A. Henriques, *Kampen med Virkeligheden. En J. V. J.-Studie* (in Presens, 1937,
S. 96–137; ern. Uppsala 1938). – Ders., *J. V. J. som
Mytedigter* (in Tilskueren, 1939). – H. Kehler,
J. V. J. og Udviklingslæren (in H. K., *Ud af Trediverne*, Kopenhagen 1940, S. 194–210). – F. Rasmussen, *J. V. J. og Udviklingslæren. En Dokumentation*,
Kopenhagen 1940. – A. Henriques, *Mytedigteren*
(in *J. V. J. 1873 – 20. Januar – 1943*, Hg. F. Nørgaard u. Aa. Marcus, Kopenhagen 1943,
S. 47–60).

THIT JENSEN

* 19.1.1876 Farsø / Himmerland
† 14.5.1957 Bagsværd

GERD. – APHRODITE FRA FUUR

(dän.; *Gerd. – Aphrodite von Fuur*). Doppelroman
von Thit JENSEN, erschienen 1918 und 1925. – *Gerd*
– der erste, in sich geschlossene Teil des Doppelromans – beschreibt die konfliktreiche Jugend des
Mädchens Gerd Palludan, von der Kindheit über
die Pubertät und die Jugendjahre, die sie in einem
Pfarrhof auf der Insel Fuur verbringt, bis zu ihrem
Aufbruch nach Kopenhagen in das Lehrerseminar.
Gerds Mutter starb im Kindbett, und das Mädchen
wird deshalb von seinem gutmütigen und liebevollen Vater erzogen. Seine etwas altmodische Lebenseinstellung führt dazu, daß Gerds Bedürfnisse
immer zurückstehen müssen: »– *eine Frau soll sein
wie der Heilige Geist, kleine Gerd, unsichtbar soll sie
alles mit ihrer Gegenwart durchdringen, aber nicht
nach einer besonderen Hauptrolle im Ensemble verlangen!«* Diesem Frauenbild steht Gerds Willensstärke

gegenüber, die im Roman zum Teil dadurch erklärt
wird, daß das Mädchen keine Möglichkeit hatte,
sich mit einer Mutter zu identifizieren. Gerds oft
wiederholtes »*Ich will«* ist ein Zeichen ihrer Auflehnung gegen die Erziehung des Vaters. Das erste
Drittel des Romans ist durch diesen Gegensatz
strukturiert, dessen Funktion im Rahmen des
Werks es ist, auf den Hauptkonflikt hinzuführen:
den Bruch zwischen Gerd und ihrem Verlobten,
dem Hilfsgeistlichen Philip Bull. Die Kindheit
Gerds wird nun zur Erklärung dafür, daß Gerd
nicht als Hausfrau und Mutter auf Fuur bleibt, sondern nach Kopenhagen geht, um dort eine Ausbildung zu absolvieren und ein selbständiges Leben
zu führen, unabhängig von einem Mann. Auseinandersetzungen mit dem Vater sind relativ selten,
Gerds Auflehnung ist ganz nach innen gewendet
und bildet sich in ihren Phantasien, Reflexionen
und Schlüssen. Der sympathisch gezeichnete
Pastor Palludan aber erlebt Gerd als gehorsame
Tochter, die mit allen äußerlichen weiblichen Reizen ausgestattet ist und sich auf Haushaltsführung
und Handarbeiten versteht. – Als Gerd sich dann in
der Pubertät auch als sexuelles Wesen erlebt, empfindet sie dies als Bedrohung ihrer Willensstärke,
denn Sexualität und die Entfaltung von Gefühlen
führen ihrer Meinung nach wieder in die traditionelle Frauenrolle. In dieser Zeit wird sie sich auch
der unterschiedlichen Lebensbedingungen bewußt, die für Männer und Frauen gelten, und sie
wünscht sich, ein Mann zu sein: »*Da begriff Gerd,
daß das ganze Unglück darin lag, daß sie eine Frau
war. Ein Mann hätte sie sein sollen.«* Danach pflegt
sie nur noch Umgang mit Männern, denn in deren
Gesellschaft begegnet sie – wie sie glaubt – »*der
wirklichen Welt«.* Männliche Gesellschaft ist für sie
genauso wichtig wie die Beschäftigung mit Literatur und Sprachen. Schließlich muß sie jedoch erkennen, daß es ihr kaum möglich ist, ein intellektuelles Verhältnis zu Männern aufzubauen. Wiederholt erlebt sie, daß sich die Männer in sie verlieben
und kein Interesse daran haben, mit ihr intellektuelle Diskussionen zu führen. So vertieft sie sich immer mehr in ihre Studien und spürt dabei, daß »*ihre
innerste geheime Schicht durchgebrochen war und die
Macht übernommen hatte, die ihr zukam«.* Der Konflikt zwischen ihrer Rolle als Pfarrerstochter, ihrer
verborgenen Sexualität und ihrem eigentlichen,
spannungsreichen Ich-Bewußtsein bricht auf, als
sie sich in den intellektuellen und gutaussehenden
Philip Bull verliebt. Gerds Beziehung zu ihm ist
durch ihre zuerst freiwillige, aber nach der Verlobung erzwungene Unterwerfung gekennzeichnet.
Denn nun nimmt sich Bull, unterstützt von Pastor
Palludan, wie selbstverständlich das Recht, über
Gerd zu bestimmen. Schließlich rebelliert Gerd offen gegen Bull, und die Verlobung geht in die Brüche. Sie möchte ein anderes Leben führen als das,
was ihr Bull als untertäniger Pastorenfrau bieten
kann. Sie rechnet mit dem männlichen Traum von
der Frau als Hausfrau und Mutter ab, einem
Traum, den sie in ihrer ersten Verliebtheit selbst
geträumt hatte, und sie entsagt daher dem weibli-

chen Element in ihrem Inneren, was Bull als unnatürlich empfindet und nicht verstehen kann: »*Versuchen zu verstehen. Das Unbegreifliche. Daß Gerd ihn verlassen hat, um ein Mann zu werden, genau wie er selbst.*«

Aphrodite fra Fuur, der zweite Teil des Doppelromans, beschreibt Gerds Leben in Kopenhagen nach ihrer Entscheidung. Schon der erste Satz des Buches weist auf den Zwiespalt hin: »*Der Abgeordnete Gerd Palludan spricht im Parlament.*« Als freie Frau, die ihren Weg in die Institutionen der gesellschaftlichen Macht gefunden hat, klagt sie die von Männern beherrschte Gesellschaft der Frauenfeindlichkeit an. Dieser äußere, gesellschaftlich bedingte Konflikt, zu dessen Lösung Gerd mit ihrer Arbeit im Parlament beitragen will, wird durch ein inneres Problem abgelöst, das im Zentrum des Romans steht. Dabei geht es vor allem um den Preis, der einer Frau abverlangt wird, wenn sie selbständig lebt und arbeitet und ohne Familie ist: Einsamkeit und innere Spaltung. Gerd erlebt sich selbst als sozusagen geteilt in eine männliche und eine weibliche Identität. Die Frau in Gerd, die von einem Leben als Hausfrau und Mutter träumt, ist mit dem Mann in ihr unvereinbar, der auf Liebe und Heim verzichtet, um ungehindert der Parlamentsarbeit nachgehen zu können. Der Konflikt kommt in mehreren Briefen zum Ausdruck, die Gerd zum einen an den Ministerpräsidenten Dorff, zum anderen an ihren Liebhaber Dorff schreibt und in denen sich eine drohende Disharmonie und Auflösung der eigenen Identität ausspricht. Auch in ihren unterschiedlichen Lebenswelten kommt Gerds Spaltung zum Ausdruck: In Kopenhagen ist sie »*ein gelehrtes Tier*«. Sie lebt in einem freien Liebesverhältnis mit Dorff, den sie bei sich selbst verheiratet nennt, denn sie kann nur »*in gesetzlichen Verhältnissen mit Freude lieben*«; auf Fuur dagegen herrschen Harmonie, das weibliche Element und die Liebe. Hier verbringt sie ihre Ferien zusammen mit Bull, der auf der Insel Priester geworden ist. Im Roman wird erzählt, wie sich Bull indirekt von Gerd und ihrer Arbeit beeinflussen läßt und dadurch zu einem besseren menschlichen Verständnis und zu größerer Toleranz findet. Nach ihrem letzten Sommer auf Fuur kehrt Gerd nach Kopenhagen zurück und bricht mit Dorff. Danach ist sie noch einsamer als vorher. Als Bull dann nach Kopenhagen fährt, um zum zweiten Mal um ihre Hand anzuhalten, sieht Gerd die Möglichkeit, ihr Leben zu ändern. Als junge Frau hatte sie die Ehre gewählt, die durch den »*Lorbeer*« symbolisiert wurde, und auf die Liebe, deren Symbol die »*Rose*« ist, verzichtet. Nun fragt sie die verschiedenen Stimmen in sich, was sie dieses Mal wählen soll, und sie entscheidet sich für die »*Rose*«, für die Liebe. Aber ob glücklich oder unglücklich, beide Male mußte sie wählen, und immer mußte sie sich auch *gegen* etwas entscheiden. »*Wie sollten wir Frauen, die in der größten Aufbruchzeit, die es je für Frauen gegeben hat, aufwuchsen, wie sollten wir vermeiden können, daß in uns selbst etwas bricht! Mit den Füßen stehen wir im neuen Land, aber mit dem Herzen noch im verlorenen!*« Eine harmonische Lösung für Gerds Probleme gibt es nicht.

Mit ihrem Doppelroman thematisierte Thit Jensen den zentralen Konflikt für die Frauen des 20. Jh.s: das Verhältnis von Liebe und Arbeit. Aus beiden Romanen spricht Unzufriedenheit und Auflehnung gegen die in jener Zeit herrschenden Lebensbedingungen für Frauen, gegen den Zwang, wählen zu müssen: Entweder erfüllt die Frau ihr Bedürfnis nach Liebe und Kindern, oder sie kann ihre Ansprüche auf freie und selbständige Entfaltung verwirklichen.   C.S.L.

AUSGABEN: *Gerd*: Kopenhagen 1918. – Kopenhagen 1975, Hg. S. Fabricius. – *Aphrodite fra Fuur*: Kopenhagen 1925. – Kopenhagen 1928 (in *Romaner og Fortællinger. Jubilæumsudgave*, 6 Bde.).

LITERATUR: C. M. Woel, *T. J.*, Kopenhagen 1954. – B. Borgen, *Th. J.s samfundsengagement. Studier i kvinde- og klasseproblemer*, Kopenhagen 1976. – H. Corneliussen, *T. J. – en bibliografi*, Kopenhagen 1976. – L. Møller Jensen, *Roser og Laurbær. Om grundstrukturen i T. J.s kvindepolitiske forfatterskab*, Kopenhagen 1978. – *Dansk Biografisk Leksikon*, Hg. Sv. Cedergreen Bech, 16 Bde., 7, Kopenhagen 1979–1984, S. 326 ff. – L. Møller Jensen, *T. J.* (in *Danske digtere i det 20. århundrede*, Hg. T. Broström u. M. Winge, 5 Bde., 1, Kopenhagen 1980–1982, S. 246–258). – S. Dalager u. A.-M. Mai, *Danske kvindelige forfattere*, Bd. 2, Kopenhagen 1982, S. 79–88. – E. Moltke, *T. J. – og de andre*, Kopenhagen 1982. – *Dansk Litteraturhistorie*, Bd. 7,. Hg. G. Agger u. a., Kopenhagen 1984. S. 125–129.

JEROME KLAPKA JEROME

* 2.5.1859 Walsall
† 14.6.1927 Northampton

THREE MEN IN A BOAT – TO SAY NOTHING OF THE DOG

(engl.; Ü: *Drei Mann in einem Boot. Ganz zu schweigen vom Hund!*). Erzählung von Jerome Klapka JEROME, erschienen 1889. – Der Journalist, Erzähler und Dramatiker (erfolgreichstes Stück: die 1908 uraufgeführte sozialkritische Komödie *The Passing of the Third Floor Back – Der Fremde*) wurde durch diese humoristische Schilderung einer Bootsfahrt auf der Themse weltbekannt. Die Mischung aus – deutlich gegen die viktorianische Bildungsheuchelei und gegen Verstädterungstendenzen gerichteter – Naturburschenhaftigkeit und gesundem Mutterwitz sowie die Neigung zu farcenhafter Übertreibung, Selbstironie, aber auch zu gefühlsseliger Naturschwärmerei gewannen dem in viele Sprachen übersetzten und bald zu den Klassikern englischen Humors gezählten Buch ein nach Millionen zählendes Publikum. (In den USA wurden in kurzer Zeit eine Million Exemplare eines Raubdrucks verkauft, in Rußland fand es ein begeistertes Echo, in Deutschland wird es bis heute als Schullektüre verwandt.)

Der Ich-Erzähler »J«, der den Ausflug im Ruderboot zusammen mit seinen Freunden George und Harris und dem Hund Montmorency unternimmt, berichtet zunächst von den durch allerlei Pannen behinderten Reisevorbereitungen. Im Mittelpunkt seiner Schilderung der Bootsfahrt (die sie themseaufwärts nach Kingston, Maidenhead, Marlow, Dorchester, Reading und Oxford führt, bis schließlich strömender Regen die Freunde an Land und in die Bequemlichkeit zurücktreibt) stehen alltägliche »Bewährungsproben« und komische Zwischenfälle: Essenkochen unter primitivsten Bedingungen (wobei die drei einen ständigen Kampf mit allzu widerstandsfähigen Konservendosen führen), Montmorencys Attacken auf den Teekessel und Auseinandersetzungen mit anderen Hunden, Harris' »heroischer« Kampf gegen die »Übermacht« angriffslustiger Schwäne – um nur einige Beispiele zu nennen. Eingeflochten sind humorvolle Exkurse über Geschichte und Sehenswürdigkeiten der Themsestädtchen sowie lyrisch getönte Naturimpressionen.

Ursprünglich als ernsthafter Reisebericht geplant, entwickelten sich Jeromes Aufzeichnungen nicht zuletzt unter dem Einfluß der Werke seines Zeitgenossen Mark TWAIN zu einer Humoreske, an deren Erfolg er elf Jahre später mit *Three Men on a Bummel*, der farcenhaften Schilderung einer Deutschlandreise, anknüpfte. G.Ba.

AUSGABEN: Bristol 1889. – Ldn. 1953. – Harmondsworth 1970; ern. 1978 (Penguin). – Ldn. 1974. – Ldn. 1979. – Ldn. 1982, Hg. Ch. Matthew u. B. Green. – NY 1986.

ÜBERSETZUNGEN: *Drei Mann in einem Boot*, A. u. M. Springer, Lpzg. 1898. – *Drei Mann in einem Boot, vom Hunde ganz zu schweigen*, dies., Bln. 1912. – *Drei Mann in einem Boot*, dies., Mchn. o. J. [1961; Ill. F. Biermann]. – *Drei Mann in einem Boot. Ganz zu schweigen vom Hund!*, T. Fein, Zürich 1978; ²1982 [Nachw. E. Leisi].

VERFILMUNGEN: England 1920 (Regie: Ch. Sanderson). – England 1933 (Regie: G. Cutts). – England 1956 (Regie: Ch. Sanderson).

LITERATUR: A. Moss, *J. K. J.: His Life and Works*, Ldn. 1929. – W. Gutkess, *J. K. J. Seine Persönlichkeit u. literarische Bedeutung*, Jena 1930. – M. A. Wolfensberger, *J. K. J. Sein literarisches Werk*, Zürich 1953. – R. M. Faurot, *J. K. J.*, NY 1974 (TEAS). – J. Connolly, *J. K. J.: A Critical Biography*, Ldn. 1982. – C. Markgraf, *J. K. J.: An Annotated Bibliography of Writings About Him* (in English Literature in Transition, 26, 1983, S. 83–132).

PER CHRISTIAN JERSILD

* 14.3.1935 Katrineholm

LITERATUR ZUM AUTOR:
L. Sjöberg, *P. C. J.* (in Artes, 4, 1982, S. 73–89). – R. Nordwall-Ehrlow, *Människan som djur. En studie i P. C. J.s författerskap*, Lund 1983. – D. Brennecke, *P. C. J.* (in KLFG, 16. Nlg., 1988). – Ders., *Von Strindberg bis Lars Gustafsson. Zwölf Essays zur schwedischen Literatur*, Bern 1989.

BABELS HUS

(schwed.; *Ü: Das Haus zu Babel*). Roman von Per Christian JERSILD, erschienen 1978. – Mit *Babels hus* wollte Jersild ein Buch schreiben, das als polemische, möglichst repräsentative Schilderung eines Großkrankenhauses verstanden werden sollte und als Grundlage für eine gesellschaftspolitische Debatte dienen kann. Jersilds fünfzehnjährige berufliche Praxis als Arzt und Lehrer für Sozialmedizin vermittelte ihm vielseitige Erkenntnisse über das alltägliche Leben in einem Krankenhaus, die er in unverblümter Sprache zum Ausdruck bringt. Für die menschlich-psychologische Grundidee dieses Romans – Schuld und Versöhnung zwischen Vater und Sohn – nennt Jersild das Verhältnis zu seinem eigenen Vater als Inspirationsquelle. Gleich zu Beginn schreibt er: *»Es ist unmöglich, ein vollständiges, detailliertes und gleichzeitig nuanciertes Bild von einem Großkrankenhaus zu vermitteln. Ich habe mir das Recht genommen, als Romanautor subjektiv zu sein. Diese Schilderung soll daher mit anderen Bildern der schwedischen Krankenpflege verglichen werden!«* In Anlehnung an die biblische Erzählung vom Turmbau zu Babel werden in dem von Jersild beschriebenen Krankenhaus neben verschiedenen Nationalsprachen auch Fachsprachen z. B. in Labor, Verwaltung und Apotheke gesprochen, die die Kommunikation erschweren, ja z. T. unmöglich machen. *Babels hus* steht aber auch für die bei Ärzten zu beobachtende Vermessenheit des Glaubens an die Allmacht der Medizin.

Der eigentlichen Romanhandlung ist eine Zusammenfassung vorangestellt, in der Jersild mit polemischen Zügen die aktuelle Lage des schwedischen Gesundheitswesens beschreibt. Damit markiert er deutlich, wie wichtig ihm diese sozialpolitische Frage ist, deren Kern sich nicht im Dickicht einer Romanhandlung verlieren soll. Das Gerüst der Handlung bildet die Krankengeschichte des sechsundsiebzigjährigen Patienten Primus Svensson, der mit einem Herzinfarkt in die Klinik eingeliefert und erfolgreich behandelt wird. Kurz nach der Entlassung muß er jedoch wegen einer Gelbsucht erneut behandelt werden. Nach einer Operation stellen sich schwere Komplikationen ein. Schließlich unternimmt ein Oberarzt keinen Versuch mehr,

Primus' Leben zu retten, um das Beatmungsgerät für jüngere und aussichtsreichere Fälle einsetzen zu können. In der Vielzahl der handelnden Personen treten besonders Primus' Sohn Bernt, ein Alkoholiker, der als Vertreter einer pharmazeutischen Firma arbeitet, hervor, Martina Bosson, eine neugierige, kritische Medizinstudentin, und Gustav Nyström, der immer noch Stationsarzt ist. Sie fungieren als Jersilds Stimme in medizinisch-politischen Fragen, diskutieren z. B. über Forschung und Lehre im medizinischen Bereich, das Arbeitsmilieu im Krankenhaus und die fragwürdigen Praktiken der pharmazeutischen Industrie.

Eine der Ursachen für den großen Verkaufserfolg des Romans war sicher, daß die meisten Menschen eigene Erfahrungen im Krankenhaus gemacht haben. Es wird klar, daß die Interessen der Kranken und derer, die sie behandeln und verwalten, weit auseinanderklaffen. Persönliche Betreuung scheint sich mit rationeller Arbeitsorganisation nur schwer verbinden zu lassen. *»Aus dem vielfältigen Zusammenspiel des Normalen und Alltäglichen entsteht so etwas wie eine Normalität des Unpersönlichen und Unmenschlichen, im entscheidenden Maße allerdings von einem Gesellschaftszustand begünstigt, der durch sehr weit vorangetriebene Spezialisierung und Arbeitsteiligkeit gekennzeichnet ist«* (H. Grössel).

Diskussionsveranstaltungen, Artikelserien und Leserbriefe in der Tagespresse deuteten darauf hin, daß Jersild mit seinem Roman tatsächlich herrschende Mißstände aufgedeckt und die von ihm angestrebte Debatte ausgelöst hat. Es versteht sich, daß auch Mißgunst und Kritik der Standesgenossen nicht ausblieben, als Jersild in *Babels hus* seine beruflichen und menschlichen Erfahrungen in einem Großkrankenhaus dokumentierte und damit seiner grundsätzlichen Kritik an den Konsequenzen einer anonymisierten und verwalteten Gesellschaft ein weiteres Beispiel hinzufügte.   S.Bo.

AUSGABEN: Stockholm 1978. – Stockholm 1979. – Stockholm 1985.

ÜBERSETZUNG: *Das Haus zu Babel*, V. Reichel, Köln 1980. – Dass., dies., Ffm./Bln. 1982 (Ullst. Tb).

VERFILMUNG: Schweden 1981 (Regie: J. Cornell).

LITERATUR: Å. Janzon, Rez. (in Svenska Dagbladet, 25. 8. 1978). – G. Bauer, B. Göransson u. B. Holmström, Rez. (in Sydsvenska Dagbladet Snällposten, 25. 8. 1978). – S. Tirén, Rez. (in BLM, 1978, S. 268/269). – H. Grössel, Rez. (in SZ, 10. 5. 1980). – P. C. Jersild, *Professionella bekännelser*, Lund 1981.

GRISJAKTEN

(schwed.; *Die Schweinejagd*). Roman von Per Christian JERSILD, erschienen 1968. – Dieser satiri-sche Roman mit dokumentarischen Elementen ist als Tagebuch für den Zeitraum Oktober 1966 bis Dezember 1967 verfaßt. Ein schwedischer Beamter schildert eine bürokratische Wirklichkeit, in der ideologische oder politische Sinnfragen und übergeordnete Zielsetzungen nicht mehr diskutiert werden, so wie es Jersild selbst in seinem Beruf als Arzt kennengelernt hatte.

Der Autor schildert in diesem Werk einen Menschentyp, den ein Bedürfnis nach festen Normen und »wissenschaftlich« fundierten Erkenntnissen charakterisiert, einen Kleinbürger, in dessen Persönlichkeitsstruktur das private Ich von dem beruflichen Ich scharf getrennt ist – und als eine Quelle für diesen ins Monströse gesteigerten Typus nennt er Rudolf Höß' autobiographische Aufzeichnungen *Kommandant in Auschwitz* (1958). In der Tat sind es die Voraussetzungen des Faschismus, die Jersild in seiner bösartigen und grotesken Parabel aufzeigen will.

Lennart Siljeberg, der Verfasser des Tagebuchs, ist Verwaltungschef des Instituts für Krankengymnastik. Eines Tages wird dem Vierzigjährigen eine bessere Stelle angeboten: Als Abteilungsleiter ist er verantwortlich für die neuerrichtete Staatliche Vieh-Inspektionsbehörde und damit dem Ministerium direkt unterstellt. Die Aufgabe dieses Amtes besteht, wie sich erst später herausstellt, darin, alle Schweine in Schweden zu schlachten. Zunächst wird die Insel Gotland zum Versuchsgebiet erklärt. Pflichtbewußt und enthusiastisch beginnt Siljeberg als perfekter Beamter mit der Arbeit, ohne je nach den Motiven dieser ihm zugewiesenen Aufgabe zu fragen. Auch keiner seiner Mitarbeiter stellt die Schlachtung der Schweine zur Diskussion. Verschiedene Hinrichtungsmethoden werden erprobt; Siljeberg entscheidet sich schließlich für die – »schmerzfreie« – Anwendung von Gas. Ein umfassender administrativer Apparat wird mobilisiert, der mit hoher Effektivität arbeitet und sowohl technische als auch personelle Schwierigkeiten überwindet. Internationale Kontakte werden aufgenommen, Studienreisen veranstaltet, Vorträge gehalten. Als fast alle Schweine ausgemerzt sind, erleidet Siljeberg einen psychischen Zusammenbruch. Mit einem verletzten Ferkel auf den Armen irrt er durch den Nebel. Trotz liebevoller Pflege stirbt das Tier kurz darauf und wird in einem bizarren, rituellen Akt in einer Kirche begraben, eine Schlußwendung, die im Einklang mit der schon zu Beginn des Buches erwähnten »Tierliebe« steht, die Siljeberg in seinem Privatleben pflegt. In der Ausübung seines Berufes aber hat diese Eigenschaft des Privatmanns Siljeberg nie eine Rolle gespielt. So kann er, ohne nachzudenken, die befohlene Ausrottung veranlassen und sich dabei auf Anordnungen von Vorgesetzten berufen, die sich auf seine Loyalität verlassen. Seine banalen Überlegungen bewegen sich lediglich im unpersönlichen Rahmen des bürokratischen Systems, dessen Teil er ist; so spricht er beispielsweise nicht vom Töten oder Schlachten der Schweine, sondern von ihrer Hinrichtung.

Indem Siljeberg als eigentlich ganz »normaler« Bürger dargestellt wird – leicht hypochondrisch, mit Gewichtsproblemen und Angst vor dem Sterben – macht Jersild deutlich, daß jeder in Siljebergs Situation geraten kann, wenn Gefühl, Vernunft und Handlungsweise streng voneinander getrennt werden. Gegen dieses System einer bürokratisch organisierten Instrumentalisierung, das nazistisches Verhalten auslösen kann, richtet sich Jersilds Kritik in dieser symbolisch-phantastischen Fiktion; er erlebte damit seinen entscheidenden Durchbruch als Schriftsteller.   S.Bo.

AUSGABE: Stockholm 1968; 71983.

VERFILMUNG: Schweden 1970 (Regie: P. C. Jersild u. J. Cornell).

LITERATUR: R. Ekner, Rez. (in Horisont, 1968, Nr. 4, S. 6/7). – Å. Janzon, Rez. (in Svenska Dagbladet, 6. 9. 1968). O. Lagercrantz, Rez. (in Dagens Nyheter, 6. 9. 1968). – I. Svedberg, Rez. (in Hufvudstadsbladet, 18. 9. 1968). – I. Jonsson, *P. C. J.s »Grisjakten«* (in I. J., *Maktens verktyg*, Falköping 1978, S. 45–54).

JANKO JESENSKÝ

* 30.12.1874 Turč. Sv. Martin
† 27.12.1945 Preßburg

LITERATUR ZUM AUTOR:
J. J. Zdravica básnikovi, Preßburg 1934. – R. Brtáň, *J. J.*, Martin 1946. – A. Mráz, *Literárny profil J. J.*, Prag 1948. – *J. J. v kritike a spomienkach*, Hg. A. Matuška, Preßburg 1955. – Š. Drug, Národný umelec *J. J.*, Martin 1956. – E. Panovová, *J. J. a ruská literatúra* (in Slovenská literatúra, 3, 1956, S. 419–447). – P. Petrus, *Národný umelec J. J.*, Preßburg 1973. – *Josef Gregor Tajovský – J. J. Zborník z konferencie k 100. výročiu narodenia spisovateľov*, Preßburg 1974. – V. Petrík, *Hodnoty a podnety*, Preßburg 1980, S. 50–64.

DAS LYRISCHE WERK (slovak.) von Janko JESENSKÝ.
Nach ersten lyrischen Versuchen während der Schul- und Studentenzeit – die ältesten datierten Gedichte stammen aus dem Jahre 1888 – trat Jesenský erst im Jahre 1897 in der Zeitschrift ›Slovenské pohľady‹ mit dem Gedicht *Vyznanie (Bekenntnis)* an die Öffentlichkeit, zu einer Zeit also, als die Dichtergeneration von HVIEZDOSLAV und VAJANSKÝ längst den Zenit ihres Schaffens überschritten hatte. Schon die frühen Gedichte Jesenskýs lassen neben Einflüssen der unterschiedlich-

sten Dichter (BYRON, HEINE, PETÖFI, PUŠKIN, LERMONTOV, SLÁDKOVIČ, Hviezdoslav und vor allem Vajanský) eigenständige lyrische Ansätze erkennen.
Mit seinem ersten Gedichtband *Verše*, 1905 *(Verse)*, eröffnete Jesenský eine neue Epoche in der Geschichte der slovakischen Lyrik. Auch die zeitgenössische Kritik (S. H. Vajanský, V. VOTRUBA) bewertete dieses Erstlingswerk als »*bedeutende literarische Tat*«. Das zentrale Thema dieser in die vier Zyklen *Piesne (Lieder), Pohľadnice (Ansichtskarten), Verše sentimentálne (Sentimentale Verse)* und *Bez nadpisu (Ohne Überschrift)* gegliederten Sammlung ist die Liebe. Indem er die subjektive Lyrik des »hohen« Stils mit ihren traditionellen Themen- und Motivkreisen, ihrem Ideal der einzigen, ewigen Liebe und ihrem »*abstrakten erotischen Pathos*« überwindet, konkretisiert und problematisiert Jesenský die eigenen Gefühle in einer weltlich orientierten Lyrik voller Sinnlichkeit. Er stellt die Liebe als ein »*veränderliches, eher sündiges als heiliges Gefühl*« dar, ja er wagt es, sie sogar zum Gegenstand parodistischer und humoristischer Verse zu machen. In Gedichten des letzten Teiles dieser Sammlung klingen erstmals eine teilweise romantisch verklärte Heimatliebe *(V Pešti – In Pest)* und die Sorge um den Fortbestand und das Wohlergehen des slovakischen Volkes an.
Die in der Zeit zwischen 1906 und 1914 entstandene Lyrik erschien, zusammen mit einigen neueren Gedichten, erst im Jahre 1922 in der Sammlung *Verše II (Verse II)*. War der erste Gedichtband von intimer Liebeslyrik bestimmt, sind für diese zweite Sammlung reflexive und meditative Gedichte zeit- und gesellschaftskritischen Inhaltes prägend. Der Stil der Sammlung ist folglich durch »*symbolistische Vieldeutigkeit, reflexive Monologhaftigkeit und Abstraktheit des Ausdrucks*« bestimmt. – Ungefähr zur gleichen Zeit entstand das lyrisch-epische Gedicht *Náš hrdina (Unser Held)*, dessen erste Fassung in den Jahren 1910 und 1912/1913 in der Literaturzeitschrift ›Slovenské pohľady‹ erschien, das seine endgültige Form jedoch erst im vierten, 1944 veröffentlichten Band der *Zobrané spisy* (Gesammelte Schriften) erhielt. Der Held, ein von der Liebe gelangweilter und enttäuschter sechsundzwanzigjähriger dichtender Jurist, der den Glauben an die Fähigkeit einer Frau zu reiner, aufrichtiger Liebe verloren hat, trägt unverkennbar autobiographische Züge. Das grundlegende Element in *Náš hrdina* ist ein der Romantik nahestehender, an die epischen Versdichtungen von Andrej Sládkovič und Ján BOTTO erinnernder subjektiver Lyrismus, der bei Jesenský jedoch mit einer nüchternen Weltsicht und Gesellschaftskritik verbunden ist. Im Gegensatz zum aktiven romantischen Helden durchlebt der Held Jesenskýs, in seiner gesellschaftlichen Situation gefangen und äußerlich passiv, den Widerstreit zwischen Ideal und Realität in seiner Seele. Diese lyrisch-epische Dichtung erinnert an Puškins Versroman *Evgenij Onegin* wie auch an Vajanskýs Dichtung *Dušinský*, wenngleich sie gegenüber diesen eine wesentlich geringere epische Handlung

aufweist. Die slovakische Literaturkritik betonte außerdem die Nähe zu Lermontovs *Geroj našego vremeni (Ein Held unserer Zeit)*, MUSSETS *La Confession d'un enfant du siècle (Die Beichte eines Kindes seiner Zeit)*, Byrons *Don Juan* und zu der Novelle *Na bále (Auf dem Ball)* von Jesenskýs Landsmännin Ludmila PODJAVORINSKÁ. Im Rahmen der slovakischen Literatur ist dieses Werk *»Ausdruck einer neuen Form von Kritizismus«* (E. Panovová).

Der Erste Weltkrieg, in dem sich Jesenský als Soldat der österreichisch-ungarischen Armee freiwillig in russische Gefangenschaft begab, um später von Rußland aus im tschechoslovakischen Widerstand gegen Österreich-Ungarn zu kämpfen, unterbrach sein dichterisches Schaffen nicht. Die der Kriegszeit gewidmeten Gedichte erschienen unter dem Titel *Z veršov (Aus den Versen)* erstmals im Jahre 1918 in Jekaterinburg (heute: Sverdlovsk). Eine erweiterte Ausgabe, die ebenfalls im Jahre 1918 in den USA (Pittsburgh) herauskam, trug den Titel *Zo zajatia (Aus der Gefangenschaft)*. Unter demselben Titel, erneut erweitert, erschien die Sammlung in endgültiger Form im Jahre 1919 in Turč. Sv. Martin. Sie enthält großenteils Sonette und hat den Charakter eines lyrischen Tagebuches, in dem neben intimer Lyrik Genrebilder aus dem Soldatenleben und Gedichte zu allgemeinen Themen der Zeit stehen.

Der Band *Po búrkach*, 1932 *(Nach den Stürmen)*, vereint Gedichte unterschiedlichster Thematik, die nach dem Kriege und nach der Gründung des tschechoslovakischen Staates entstanden, u. a. einen Nachruf auf den von Jesenský verehrten Dichter Hviezdoslav, Verse, die der Unruhe infolge des eigenen Alterns Ausdruck verleihen, sowie Gedichte, in denen Enttäuschung über die Entwicklung, die sein Land nach dem Krieg nahm, und ein tiefer Pessimismus in bezug auf dessen Zukunft anklingen. Neben dem neuen ernsten Ton dieser Gedichte fallen formal erste Ansätze einer freieren Metrik und Strophik auf. Dieselbe Tendenz weisen jene Gedichte auf, die wegen ihres brisanten zeitkritischen Inhalts zu dieser Zeit nicht erscheinen konnten und erst im Jahre 1945 im Rahmen der *Zobrané spisy* unter dem Titel *Proti noci (Gegen die Nacht)* publiziert wurden.

Mit fortschreitendem Alter und angesichts der aktuellen Ereignisse wandte sich Jesenský vermehrt einer »publizistischen« Lyrik zu, mit der er – vorwiegend in satirisch-ironischem Ton – direkt in das aktuelle gesellschaftliche und politische Geschehen eingriff. Diese meist illegal verbreitete Lyrik, in der Jesenský die Position einer »anderen Slovakei« vertritt, erschien nach dem Zweiten Weltkrieg in den Sammlungen *Reflexie*, 1945 *(Reflexionen)*, *Na zlobu dňa*, 1945 *(Auf das Böse des Tages)*, *Čierne dni*, 1945 *(Schwarze Tage)*, sowie in *Jesenný kvet*, 1948 *(Herbstblume)*, einer Sammlung, die darüber hinaus letzte Gedichte Jesenskýs aus der Zeit nach der Befreiung enthält. – Wenn auch in bezug auf die zweibändige Sammlung *Na zlobu dňa* das in Jesenskýs Lyrik neue und gegenüber seiner klassischen Ausprägung erneuerte Genre der Satire und

des Epigramms hervorzuheben ist, gilt für seine »publizistische« Lyrik allgemein eine Vernachlässigung der künstlerischen Form. – Die für die Entwicklung der slovakischen Literatur, insbesondere der Lyrik, bedeutende Leistung Jesenskýs, der dem liberalen aufgeklärten Bürgertum angehörte, liegt zweifellos in seinem Beitrag zu ihrer Befreiung von veralterten Inhalten und Formen und somit in ihrer Hinführung zur Moderne. E.A.

AUSGABEN: *Verše*, Lipt. Sv. Mikuláš 1905. – *Z veršov*, Jekaterinburg 1918. – *Zo zajatia*, Pittsburgh 1918; Turč. Sv. Martin ²1919 [erw.]. – *Zobrané práce*, 3 Bde., Turč. Sv. Martin 1921. – *Verše II*, Turč. Sv. Martin 1923. – *Po búrkach*, Turč. Sv. Martin 1932. – *Výbor z básní*, Lipt. Sv. Mikuláš 1932. – *Náš hrdina*, Lipt. Sv. Mikuláš 1944. – *Zobrané spisy*, 21 Bde., Lipt. Sv. Mikuláš 1944–1948. – *Proti noci*, Lipt. Sv. Mikuláš 1945. – *Reflexie*, Lipt. Sv. Mikuláš 1945. – *Na zlobu dňa*, 2 Bde., Lipt. Sv. Mikuláš 1945. – *Čierne dni*, Lipt. Sv. Mikuláš 1945. – *Jesenný kvet*, Lipt. Sv. Mikuláš 1948. – *Láska a život*, Preßburg 1955. – *Spisy*, 9 Bde., Preßburg 1957–1968. – *Poézia*, Preßburg 1977.

LITERATUR: Tichomír [d. i. J. Donoval], *Verše J. J.*, (in Literárne listy, 15, 1905, S. 37–41). – A. Matuška, *Nové profily*, Preßburg 1950, S. 81–114. – Š. Krčméry, *O J. J.* (in Slovenské pohľady, 71, 1955, S. 1255–1257.) – M. Chorvath, *Vorwort* (in J. J., *Na zlobu dňa*, Preßburg 1956, S. 9–32). – S. H. Vajanský, *State o slovenskej literatúre*, Preßburg 1956, S. 510–515. – V. Turčány, *J. metafora* (in Slovenská literatura, 5, 1958, S. 3–22). – M. Gáfrik, *J. básnické juvenilie* (in Litteraria, 3, 1960, S. 85–132). – E. Panovová, *Puškin v slovenskej poézii do roku 1918*, Preßburg 1966, S. 224–242. – V. Turčány, *Rým v slovenskej poézii*, Preßburg 1975. – D. Šulc, *J. – básnik i prozaik* (in J. J., *Poézia*, Preßburg 1977, S. 9–19).

DEMOKRATI

(slovak.; *Demokraten*). Roman von Janko JESENSKÝ, erschienen 1934–1937. – Mit dem Schmunzeln eines Schelms führt Jesenský den Leser seines humoristisch-gesellschaftskritischen Romans durch die Welt der Bürger und Beamten Preßburgs und der – fingierten – Kleinstadt Staré Miesto (Altstadt). Der Verwaltungsbeamte Dr. Ján Landík hat ein »schockierendes« Liebesverhältnis mit dem Küchenmädchen Hana. Der ebenfalls um Hanas Gunst bemühte Fleischer Tolkoš verschickt an alle maßgeblichen Stellen anonyme Briefe, die den Beamten verleumden. Die Familie will Dr. Landík *»die Liebschaft mit Hilfe einer anderen* [standesgemäßen] *Liebschaft austreiben«*. Mit allerlei absonderlichen Disziplinarvorschriften sucht ihm die Amtsverwaltung Fallen zu stellen; auf den Gesellschaften der Preßburger Karrieristen- und Protektionistentöchter droht er sein Ansehen zu verlieren. Dennoch weiß sich Landík gegen alle diese »Demokraten« zu behaupten und verlobt sich mit Hana. Seine Handlungsweise motiviert er damit, daß er »*für die Gleichheit demonstrieren*« wolle. Der Kommentar der anderen zu dieser Demonstration enthüllt die in der tschechoslowakischen Demokratie in Wirklichkeit herrschende Ungleichheit. Bemerkenswert ist, daß der Autor bei seiner Demaskierung keinen scharfen, aggressiven Ton anschlägt. »*Kleinlichkeit und Fehler soll man aus Liebe, nicht aus Haß anprangern – entsprechend dem russischen ›Wen ich liebe, der kriegt Hiebe‹.*« Die Sympathie für die geschilderte Gesellschaft nimmt der Gesellschaftskritik den Stachel. Ohne moralische Wertung werden die negativen und die positiven Charaktere dargestellt; allzu skurrile oder groteske Situationen sind sorgsam gemieden. So erscheint die Satire nicht im geringsten erzwungen oder überzogen; sie gibt nur lakonisch wieder, was im Alltag jener »demokratischen« Gesellschaft Realität ist. Wenn Landík von Amts wegen im Text über Seiten hinweg die örtlichen Vereine und Vereinigungen aufführt oder wenn der Preßburger Regierungspräsident sich darüber beklagt, daß er die Briefe aus Prag – wolle er sie verstehen – laut lesen müsse, weil man sich dort einbilde, Slovakisch sei ein Tschechisch »*mit erweichten Vokalen*«, so ist für den Leser diese abkonterfeite Wirklichkeit Karikatur genug. W.Sch.

AUSGABEN: Turč. Sv. Martin 1934 [Bd. 1]. – Turč. Sv. Martin 1937 [Bd. 2]. – Lipt. Sv. Mikuláš 1944–1948 (in *Sobrané spisy*, 21 Bde.). – Preßburg 1958 [m. Essay v. M. Chorváth]. – Preßburg 1980.

LITERATUR: Š. Jansak, *S autorom »Demokrátov«* (in *J. J. v kritike a spomienkach*, Hg. A. Matuška, Preßburg 1955, S. 244–249). – J. Rozner, *Jasenského »Demokráti«* (ebd., S. 504–603). – Anon., *O inscenácii dramatizácie J. »Demokrátov«* (in Práca, 30. 4. 1959).

CAROLINA MARIA DE JESUS

* 1914 Sacramento / Minas Gerais
† 13.2.1977 São Paulo

QUARTO DE DESPEJO. Diário de uma favelada

(portug.; *Ü: Tagebuch der Armut. Das Leben in einer brasilianischen Favela*). Autobiographische Tagebuchreportage von Carolina Maria de JESUS (Brasilien), erschienen 1960. – Die 35 eng beschriebenen Hefte mit Aufzeichnungen aus fünf Jahren Leben in einer Favela (Elendsviertel) in São Paulo – ein frühes und wirklich authentisches Beispiel der Dokumentarliteratur in Lateinamerika – fielen zufällig dem Journalisten Audálio DANTAS in

die Hände. Das Tagebuch beginnt mit dem 15. 7. 1955, dem Geburtstag von Carolinas Tochter Vera Eunicě, und endet – von Juli 1955 bis Mai 1958 unterbrochen – mit dem Neujahrstag 1960. Es ist die Geschichte des »*Schlimmsten, was es auf der Welt gibt, des Hungers*« und dessen Folgen: Alkoholismus, Prostitution und Gewalt: »*Der Schwindel des Hungers ist schlimmer als der des Alkohols. Der Schwindel des Alkohols macht uns singen. Aber der Hunger macht uns zittern. Ich bemerkte, wie schrecklich es ist, nur Luft im Magen zu haben. Im Mund schmeckt es bitter. Ich dachte: genügt die Bitterkeit des Lebens nicht mehr? ... Welch überraschende Wirkung hat die Nahrung in unserem Organismus! Bevor ich aß, sah ich den Himmel, die Bäume, die Vögel, alles gelb; nachdem ich gegessen hatte, wurde alles vor meinen Augen normal.*«

Mit ihren drei kleinen Kindern lebt Carolina in einem primitiven Bretterverschlag von dem, was sie an Verwertbarem im Müll der anderen findet. (Der brasilianische Originaltitel *Quarto de despejo* bedeutet wörtlich übersetzt eigentlich »Schuttplatz« oder »Müllhalde«.) Fast leidenschaftslos protokolliert die Autorin die sie umgebende Brutalität und die Misere des eigenen Lebens. Abgestumpft wirkt die Trauer über soviel fehlende Solidarität und Hoffnung. Selbst Pläne zur Auflehnung oder Selbstmordgedanken werden mangels Organisation und Mut verworfen. Die Aufzeichnung der täglichen Sorge um das eigene Überleben und das der Kinder pendelt zwischen gottergebenem Gleichmut und präziser sozialer Analyse. Nur ihr unbeugsamer Stolz und die menschliche Weitsicht ihres Denkens lassen die Schreiberin die monotonen und in häufigen Wiederholungen erzählten Tagesabläufe ertragen: Sehr früh aufstehen, Wasser holen, Kaffee kochen, Papier sammeln und für wenig Geld verkaufen, Essen einholen und die Kinder versorgen, wenn der Erlös aus dem Papierhandel ausreicht, was selten der Fall ist.

Das Buch zeichnet ein Bild der Lebensbedingungen in der Favela und der physischen und psychischen Reaktionen der dort lebenden Menschen auf ihre unmittelbare Umwelt des Elends. Der gerade in seiner Schlichtheit erschütternde Bericht, der mit manchen Mängeln behaftet, in Wortwahl und Satzbau sehr eingeschränkt sowie mit Phrasen aus Politik und Werbung durchsetzt ist, liefert ein eindringliches Zeugnis des Elends an der Peripherie brasilianischer Großstädte und enthält in seiner protokollarischen, kargen Sprache eine schneidende Gesellschaftskritik. Das Tagebuch läßt sich so kaum nach ästhetischen Kriterien beurteilen; entscheidend ist sein Charakter als eindringliches Dokument des alltäglichen Leidens. Die Autorin, die nur zwei Jahre lang die Grundschule besucht hatte, wurde für kurze Zeit zur medienwirksamen Stimme des Protests; sie erlangte Berühmtheit, wurde von Staatsdienern hofiert, mit Preisen ausgezeichnet und in den Medien vermarktet – und ihr Tagebuch wurde für Fernsehen und Bühne bearbeitet. Carolinas Buch brachte ihr soviel Geld ein, daß sie in ein »Haus aus Stein« (so der Titel des zweiten

Bandes ihrer Tagebücher, *Casa de Alvenaria*, 1961, der den vorübergehenden sozialen Aufstieg der Autorin schildert) einziehen konnte, doch verblaßte ihre Attraktivität für die Medien schnell. Ungeübt im Umgang mit dem vielen Geld, gemieden von ihren Mitbewohnern, starb Carolina de Jesus – völlig vergessen – in neuerlicher Armut.

R.Gra.-KLL

AUSGABEN: Rio de Janeiro 1960; [10]1983.

ÜBERSETZUNGEN: *Tagebuch der Armut. Aufzeichnungen einer brasilianischen Negerin*, Hbg. 1962. – Dass., ders., Ffm.1968 (FiBü). – *Tagebuch der Armut. Das Leben in einer brasilianischen Favela*, ders., Bornheim-Merten 1983.

LITERATUR: A. Dantas, *Diário de uma ›favelada‹* (in O Cruzeiro internacional, 4, 1960, S. 58–61). – M. de Lourdes Teixeira, *Diary of Hunger. The Report of a São Paulo Slum-Dweller* (in Américas, 13, Washington 1961, Nr. 3, S. 6–9). – G. Baumfeld, *C. M. de J., die ›Dichterin des Kehrrichts‹. Tagebuchblätter aus den brasilianischen Elendsvierteln* (in Intercâmbio, 20, Rio 1962, Nr. 4–6, S. 27/28). – C. Vogt, *Trabalho, pobreza e trabelho intelectual (O »Quarto de despejo« de C. M. de J.)* (in *Os pobres na literatura brasileira*, Hg. R. Schwarz, São Paulo 1983, S. 204–213). – K. Garscha, Rez. (in FRs, 5. 6. 1984). – H. W. Wittschier, *Brasilien u. sein Roman im 20. Jh.*, Rheinfelden 1984, S. 116–124.

FREI TOMÉ DE JESUS

d.i. Tomás de Andrade

* 1529 Lissabon
† 17.4.1582 Marokko

TRABALHOS DE IESU

(portug.; *Die Leiden Jesu*). Asketische Betrachtungen von Frei Tomé de JESUS, erschienen 1602–1609. – Aus dem in Portugal seit Beginn des 16. Jh.s aufblühenden religiösen Schrifttum haben diese Betrachtungen des adligen Augustinereremiten über die Passion Christi nicht zuletzt durch Übersetzungen ins Lateinische, Spanische, Französische, Englische, Italienische und Deutsche europäische Bedeutung für die barocke Frömmigkeitsgeschichte erlangt. Das in zwei Teilen postum veröffentlichte Werk entstand »auf göttliche Eingebung« während der marokkanischen Gefangenschaft des Mönchs nach der Niederlage von König Sebastian in der Schlacht bei Alcácer-Quibir (1587) und ist den Mitgefangenen sowie dem *»allerchristlichsten und von schwerstem Leid geprüften portugiesischen Volk«* gewidmet.

Die Meditationen des tieffrommen Zeitgenossen der Heiligen JOHANNES VOM KREUZ und TERESA VON ÁVILA üben, geläutert durch die persönliche Erfahrung der Not, mit fünfzig Bildern aus dem Leben Jesu die Askese auf der Stufe der *via purgativa* ein. Wenngleich die jeweils in eine geistliche Anmutung oder ein Gebet mündenden Betrachtungen ohne theologische und sonstige Hilfsmittel und ohne eigentlichen Plan niederschrieben wurden, verrät die Spiritualität des reformeifrigen Augustiners eine gründliche Vertrautheit sowohl mit dem Werk des AUGUSTINUS als auch mit der von den Niederlanden (Devotio moderna) und Italien (franziskanische Frömmigkeit) geprägten asketisch-mystischen Literatur des 14. und 15. Jh.s. Einige Werke BONAVENTURAS, die ihm zugeschriebenen *Meditationes vitae Christi*, die *Vita Christi* des Kartäusers LUDOLPH VON SACHSEN, die *Imitatio Christi* – Bücher, die längst durch zahlreiche Ausgaben und Übersetzungen in Portugal verbreitet waren – und eine Fülle meist volkssprachlicher Andachtsbüchlein aus der ersten Hälfte des 16. Jh.s in ihrem Gefolge versuchen wie Frei Tomé, die liebende Vereinigung des Gläubigen mit dem Gekreuzigten weniger spekulativ als vielmehr unmittelbar in einer gefühlsmäßigen Betrachtungsweise des Leidens Jesu zu zeigen, die wiederum mit jenem seit BERNHARD VON CLAIRVAUX gepflegten Frömmigkeitsideal zusammenhängt, das die Verehrung der menschlichen Natur Christi und die Andacht zur Passion in den Vordergrund des geistlichen Lebens grückt hatte. Dem entspricht, freilich noch durch die tragischen Entstehungsumstände verstärkt, die realistische Ausmalung der Qualen und des Schmerzes sowie der Nachdruck auf der »reinen Liebe« bei der Nachfolge des Erlösers in Gehorsam und Demut. Gegenüber der ekstatischen Religiosität gewisser Kreise von »Erleuchteten« betont der als Novizenmeister erfahrene Seelenkenner eine erasmianische Verinnerlichung der Frömmigkeit und die enge Verflechtung von Gebet, Abtötung und Tugendübung.

Das von den kirchlichen Stellen für die späte Drucklegung vielleicht stellenweise veränderte Werk ist in seinem theologischen Lehrgehalt weder mit den mystischen Schriften eines Johannes vom Kreuz noch in der geistigen Zucht der Betrachtung mit den *Exercitia spiritualia* eines IGNATIUS VON LOYOLA vergleichbar. Seine Bedeutung liegt vielmehr neben der eigentümlichen Verquickung religiöser und nationaler Motive im Widmungsbrief in einer die Denkart der Portugiesen zutiefst ansprechenden Mystik des Schmerzes und in dem aufrichtigen, die innersten Gefühle und Seelenregungen ungebrochen und kühn ausdrückenden Sprachstil, der die Volksfrömmigkeit auch ohne besondere Bildhaftigkeit in der Folge unmittelbar zu bewegen vermochte.

D.B.

AUSGABEN: Lissabon 1602 [Tl. 1]. – Lissabon 1609 [Tl. 2]. – Köln 1684 (in *Opera omnia*). – Lissabon [5]1865 [korr.; m. Biogr.]. – Porto [6]1951, 2 Bde.

ÜBERSETZUNGEN: *Aerumna Domini Nostri Jesu Christi*, W. Eder, Mchn. 1678. – *Das Leiden unseres Herrn und Heilands Jesu Christi, von seiner Menschwerdung an bis zum Kreuzestod, in fünfzig Betrachtungen*, J. Stark, Augsburg 1790. – *Das bittere Leiden unseres Herrn Jesu Christi*, A. Fecke, Münster 1900.

LITERATUR: E. Prestage, *Os »Trabalhos de Jesu« de Frei T. de J.* (in Boletim da Segunda Classe da Academia das Ciências, Lissabon 1911, fasc. 1, S. 13–21). – M. Martins, *O pseudo Taulero e Frei T. de J.* (in Brotéria, 42, 1946, S. 24–29). – *Prosadores religiosos do século XVI*, Coimbra 1950 [Vorw. u. Anm. A. Soares u. F. Campos]. – J. S. Da Silva Dias, *Correntes de sentimento religioso em Portugal (séc. XVI a XVIII)*, Bd. 1, Coimbra 1960, S. 124–129; 330–342. – R. Ricard, *Notes luso-marocaines: Frei T. de J. et Guillaume Bérard – Le colonel Cristóvão Leitão au Maroc (1508–1520)* (in BEP, 23, 1961, S. 113–117).

SARAH ORNE JEWETT

* 3.9.1849 South Berwick / Me.
† 24.6.1909 South Berwick / Me.

THE COUNTRY OF THE POINTED FIRS

(amer.; *Das Land der spitzen Tannen*). Roman von Sarah Orne JEWETT, erschienen 1896. – Unter den amerikanischen Autorinnen und Autoren, die nach dem Bürgerkrieg im realistischen Genre der Regionalliteratur hervortraten, war Sarah Orne Jewett eine der wichtigsten. Mit zahlreichen Erzählungsbänden und Lokalskizzen sowie Lyrikbänden und einigen Romanen hinterließ die Neuengländerin, die gute Beziehungen zum literarischen Establishment in Boston unterhielt (u. a. William Dean HOWELLS) und die ihrerseits zur Mentorin von Autorinnen wie Willa CATHER wurde, ein umfangreiches Œuvre. Ihre Stärke lag in der Kurzprosa, und so ist auch ihr Meisterwerk, *The Country of the Pointed Firs*, ein lose strukturierter episodischer Roman, aus dem einzelne Teile bereits im Laufe des Jahres 1896 in der Zeitschrift ›Atlantic Monthly‹ erschienen waren, gattungsmäßig schwer einzuordnen: Das 1910, 1919 und 1925 mehrfach um thematisch verwandte Erzählungen aus dem Folgeband *The Queen's Twin and Other Stories*, 1899 (*Die Zwillingsschwester der Königin und andere Erzählungen*), erweiterte und zuletzt von Willa Cather revidierte Werk steht zwischen einer Erzählungssammlung und einem Episodenroman.

Eine junge Frau, die der Autorin stark ähnelt, reist gegen Ende des 19. Jh.s an die dünn besiedelte, zerklüftete Küste von Maine, um in dem Hafenstädtchen Dunnet Landing ihre Sommerferien zu ver-

bringen. Der Roman befaßt sich nicht so sehr mit ihren eigenen ungewöhnlichen Erlebnissen, sondern versucht vielmehr einen Eindruck von der schlichten Liebenswürdigkeit und dem unbeirrbaren Selbstvertrauen der Neuengländer in ihrem Alltagsleben zu vermitteln. Miss Jewetts Wirtin, die siebenundsechzigjährige Mrs. Todd, ist die Schlüsselfigur der Handlung. Die Leute aus der Umgebung holen sich bei ihr nicht nur heilsame Kräuter, sondern auch Rat in allen Lebensfragen. Durch Mrs. Todd lernt die Urlauberin interessante Menschen kennen: den ritterlichen Mr. Littlepage, einen pensionierten Kapitän zur See, der ihr von seinen Abenteuern in der Hudson Bay erzählt und zwischendurch Milton zitiert; die Mutter ihrer Wirtin, die energische und gastfreundliche Mrs. Blackett, und ihren sensiblen, mit seinen sechzig Jahren jungenhaft wirkenden Bruder William. Sie hört von seltsamen Schicksalen wie dem des Mädchens Joanna, das sich einer unglücklichen Liebe wegen auf eine Insel zurückzog und dort bis zum Tod wie eine büßende Nonne lebte; sie trifft die »Zwillingsschwester der Königin«, eine Mrs. Abby Martin, die am gleichen Tag wie die Queen Victoria geboren wurde und ihr Leben damit verbringt, diese nachzuahmen und Bücher über ihr großes Vorbild, Bilder und Erinnerungsstücke zu sammeln; und sie erlebt, wie die Schäferin Esther Hight endlich den Mann heiratet, der ihr vierzig Jahre lang den Hof gemacht hat. (Die letztgenannten Episoden sind in der Erstausgabe noch nicht enthalten.)

In ihrer eigentümlichen Verschlossenheit mögen diese Menschen auf Fremde unkompliziert wirken; die Autorin jedoch spürt unter der Oberfläche ihren Leidenschaften und ihrer Empfindsamkeit nach. Sarah Orne Jewetts Schilderung der traditionsbewußten Bevölkerung ihres Heimatstaates – ihr Lieblingsthema – ist knapp, unromantisch und dennoch atmosphärisch dicht, ein Eindruck, den die im Neuengland-Dialekt wiedergegebenen Dialoge noch vertiefen. Gegenüber dem thematisch und strukturell ähnlichen Erstling *Deephaven* (1877), der noch eher vom exotischen Reiz eines abgelegenen Hafenstädtchens als von einfühlsamer Schilderung der dort lebenden Menschen geprägt ist, ist der erzähltechnische Fortschritt markant. So werden in den Figurenporträts des späteren Werkes auch sozialhistorische Dimensionen deutlich: Die Wandlungen von Seefahrt und Landleben im Zeitalter massiver Industrialisierung, der Wegzug der jüngeren Dorfbewohner in die Städte – all dies führt zur Dominanz älterer Frauen und nostalgischer Ex-Kapitäne in Jewetts Erzählungen. Trotz der pastoralen Grundstimmung sind dabei auch feministische Töne nicht zu überhören, die die neuere Kritik hervorhob. J.D.Z.-KLL

AUSGABEN: Boston 1896. – Ldn. 1896. – Boston 1910 (in *Stories and Tales*, 7 Bde.; rev.). – Boston 1925 (in *The Best Stories of S. O. J.*, 2 Bde., Hg. W. Cather; rev.). – Ldn. 1939 [Vorw. W. Cather; ern. 1947]. – NY 1954. – NY 1968 (in *... and*

Other Stories; Einl. M. E. Chase). – NY 1979 (in *Short Fiction of S. O. J. and Mary Wilkins Freeman*, Hg. B. H. Solomon). – NY 1982 (in ... *and Other Stories*). – Irvine/Calif. 1988.

ÜBERSETZUNG: *Das Land der spitzen Tannen*, E. Schnack, Zürich 1961.

LITERATUR: P. D. Westbrook, *Acres of Flint: S. O. J. and Her Contemporaries*, Metuchen/N.J. 1951; ern. 1981. – F. Bishop, *The Sense of the Past in S. O. J.*, Wichita/Kans. 1959. – R. Cary, *S. O. J.*, NY 1962 (TUSAS). – R. Magowan, *Pastoral and the Art of Landscape in »The Country of the Pointed Firs«* (in New England Quarterly, 36, 1963, S. 229–240). – M. F. Thorp, *S. O. J.*, Minneapolis 1966. – Colby Library Quarterly, 9, 1970, Nr. 4 [Sondernr. *S. O. J.*]. – *Appreciation of S. O. J.*, Hg. R. Cary, Waterville/Me. 1973. – M. W. Vella, *S. O. J.* (in Emerson Society Quarterly, 73, 1973, S. 275–282). – G. L. u. J. Nagel, *S. O. J.: A Reference Guide*, Boston 1978. – E. Pry, *Folk-Literary Aesthetics in »The Country of the Pointed Firs«* (in Tenn. Folklore Society Bulletin, 44, 1978, S. 7–12). – J. Donovan, *S. O. J.*, NY 1980. – J. C. Hirsh, *The Non-Narrative Structure of »The Country of the Pointed Firs«* (in ALR, 14, 1981, S. 286–288). – M. A. Portales, *History of a Text: J.'s »The Country of the Pointed Firs«* (in New England Quarterly, 55, 1982, S. 586–592). – E. Ammons, *Going in Circles: the Female Geography of J.'s »The Country of the Pointed Firs«* (in Studies in the Literary Imagination, 16, 1983, S. 83–92). – J. Barley, *Female Nature and the Nature of the Female: A Re-Vision of S. O. J.'s »The Country of the Pointed Firs«* (in Revue Française d'Études Américaines, 8, 1983, S. 283–294). – *Critical Essays on S. O. J.*, Hg. G. L. Nagel, Boston 1984. – R. G. Carson, *Nature and Circles of Initiation in »The Country of the Pointed Firs«* (in Colby Library Quarterly, 21, 1985, S. 154–160). – C. J. Goheen, *Rebirth of a Seafarer: S. O. J.'s »The Country of the Pointed Firs«* (ebd., 23, 1987, S. 154–164). – P. G. Terrie, *Local Color and a Mythologized Past* (ebd., S. 16–25). – S. W. Sherman, *S. O. J.: An American Persephone*, Hannover (N.H.)/Ldn. 1989.

TEODOR TOMASZ JEŻ

d.i. Zygmunt Miłkowski

* 23.3.1824 Saraceja / Podolien
† 11.1.1915 Lausanne

USKOKI

(poln.; *Die Uskoken*). Roman von Teodor Tomasz Jeż, erschienen 1870. – Seit der Eroberung Bos-

niens (1463) und der Herzegowina (1482) durch das Osmanische Reich tauchten an der dalmatinischen Küste bewaffnete Freischaren auf – die Uskoken. Wenngleich ihre Angriffe in der Hauptsache gegen die Türkei gerichtet waren, so konnte doch kein Anliegerstaat der Adria vor ihnen sicher sein. Der Höhepunkt ihrer Aktivität fiel ins ausgehende 16. Jh. Die Stadt Senj, seit 1537 Hauptstützpunkt der Uskoken, kurze Zeit vor dem Ausbruch des großen österreichisch-türkischen Krieges (1593–1606) steht im Mittelpunkt der Romanhandlung.

Die Selbstaufopferung seines Vaters, eines einfachen bosnischen Bauern, rettet Dżordżi Miłoszewicz (Ðorđe Milošević) vor der »Knabenlese«, der Aushebung für die türkische Elitetruppe der Janitscharen; der mitverschuldete Tod seiner Jugendliebe, der Tochter seines bosnischstämmigen, aber turkisierten Grundherrn Osman-bej, durch die Hand ihres Vaters zwingt ihn aber, die Heimat für immer zu verlassen. Rom bedeutet den Wendepunkt seiner jahrelangen Wanderschaft: Er bricht nach Senj auf, um sich dort an die Spitze der Uskoken zu stellen. Seine Reise entwickelt sich zum Politikum ersten Ranges: Der Vatikan unterstützt das Unternehmen in der Hoffnung, auf diesem Wege einen Kreuzzug gegen die Türkei zustande zu bringen; das Bemühen der österreichischen Botschaft in Rom ist andererseits von dem Wunsch bestimmt, einen bewaffneten Konflikt mit dem Osmanischen Reich zu vermeiden. In Bertuczi (Bertucci) glauben die Österreicher einen ihnen genehmen Uskoken-Führer gefunden zu haben. Als es Dżordżi Miłoszewicz zuwege bringt, seine Geliebte, die venezianische Patriziertochter Annuncjata (Annunziata) Grimani, zu entführen und damit eine für die Republik wichtige politische Heirat zu hintertreiben, fühlt sich auch Venedig von den Uskoken herausgefordert. Die erste militärische Aktion unter Bertuczis Führung endet mit einer vernichtenden Niederlage der Uskoken, nicht zuletzt deshalb, weil Österreicher und Türken gemeinsame Sache machen. Dies hält aber die Hohe Pforte (die Regierung des Osmanischen Reichs), deren Politik maßgeblich von päpstlichen Geheimagenten bestimmt wird, keineswegs davon ab, Vorbereitungen zum Angriff auf Senj und damit auf Österreich zu treffen. Nun führt Dżordżi Miłoszewicz die Uskoken an der Seite der Österreicher in den großen Krieg gegen die Türkei. Allein ihrer Tapferkeit ist der siegreiche Ausgang der ersten Schlacht zuzuschreiben. In einem mörderischen Zweikampf bezwingt dabei Dżordżi Miłoszewicz den türkischen Befehlshaber Osman-bej.

Zu frei geht Jeż mit geschichtlichen Fakten um, zu unbekümmert mit geographischen Realitäten und ethnologischen Gegebenheiten, als daß man seinem Werk wissenschaftliche Qualitäten beimessen könnte, was bei der Rezeption seiner Romane mit südslavischer Thematik, *Uskoki* nicht ausgeschlossen, lange genug geschah (S. Subotin). Wichtiger jedoch als die Faktentreue war dem Autor die Erklärung des Phänomens »Uskoken«: Ein besiegtes und entrechtetes Volk verzweifelt nicht ob des Verlusts seiner Freiheit. Aus seiner Mitte erwächst eine Handvoll Desperados, aus deren – nicht selten freilich fehlgeleiteter und mißbrauchter – Tollkühnheit es wiederum die Kraft, allem Übel zu widerstehen, den Glauben an die Freiheit und die Hoffnung auf eine bessere Zukunft schöpfen kann.

Jeż, Veteran des ungarischen Revolutionskriegs 1848/49, Teilnehmer am polnischen Aufstand 1863, Agitator und politischer Organisator in der Emigration, stellte die türkische Gefangenschaft Serbiens und die Unterdrückung Polens durch Rußland auf eine Stufe. Das unabhängig gewordene Serbien war für ihn in erster Linie der Beweis dafür, daß eine Auflehnung gegen die Unterdrücker zur Freiheit führen müsse. Als Manifest an seine Landsleute, als Aufruf zum »*permanenten Aufstand*« (S. Subotin) ist daher das Werk zu verstehen, dessen Autor seine schriftstellerische Tätigkeit als »*vorbereitende geheime Mission, diese Mission wiederum als Dienstpflicht, als Dienst unter der Fahne*« empfand. Mehr als die Geschichte spiegelt der Roman infolgedessen die positiven wie negativen Erscheinungen in der Aktivität der zeitgenössischen polnischen politischen Emigration wider.   O.Ob.

AUSGABEN: Warschau 1870 (in Kłosy, Nr. 240–287). – Warschau 1882. – Krakau 1910 (in *Wybór pism*, 4 Bde., 1–3). – Warschau 1956.

ÜBERSETZUNG: *Die Uskoken*, J. Meixner, 2 Bde., Bln. 1891.

LITERATUR: J. L. Popławski, *Życie i czyny pułkownika Z. Miłkowskiego, T. T. J.*, Lemberg 1902. – S. Cywiński, »*Uskoki« J. jako aktualna satyra polityczna* (in ABC, 1933, Nr. 53). – M. Ostrowska, *T. T. J., Z. Miłkowski. Życie i twórczość*, Krakau 1936. – J. Bąbała, *Z. Miłkowski a Słowiańszczyzna*, Warschau 1939. – S. Strumph-Wojtkiewicz, *Burzliwe dzieje T. T. J.*, Warschau 1961. – S. Papierkowski, *Lud serbski w powieściach T. T. J.*, Lublin 1962. – S. Subotin, *Legenda i prawda o powieściach południowosłowiańskich T. T. J.* (in Pamiętnik Literacki, 60, 1969, H. 2, S. 41–63). – T. Bujnicki, »*Uskoki*« (in *Literatura Polska. Przewodnik encyklopedyczny*, Bd. 2, Warschau 1985, S. 533). – Z. Kozarynowa, *J.* (in Dziennik Polski, Ldn. 1989, Nr. 103–125).

RUTH PRAWER JHABVALA

* 7.5.1927 Köln

HEAT AND DUST

(engl.; *Ü: Hitze und Staub*). Roman von Ruth Prawer JHABVALA (Indien/England), erschienen 1975.

– Seit ihrem 1955 erschienenen Erstlingswerk *To Whom She Will* (*Ü: Amrita und Hari*, 1956) hat Ruth Prawer Jhabvala, in Köln als Tochter polnisch-jüdischer Eltern geboren, nach England 1939 emigriert und dort aufgewachsen und mit einem Inder verheiratet, eine Anzahl von Romanen und Kurzgeschichten in englischer Sprache geschrieben, die in den Erfahrungen einer Europäerin wurzeln, die viele Jahre ihres Lebens in Indien verbracht hat (u. a. *Esmond in India*, 1957; *A Backward Place*, 1965). Sie alle stellen einen interessanten Beitrag zur englischsprachigen Weltliteratur dar, die sich mit der Begegnung unterschiedlicher Kulturen beschäftigt, und lassen sich zwischen zwei literarischen Traditionen ansiedeln. Mit der anglo-indischen, die durch Autoren wie Rudyard KIPLING, E. M. FORSTER oder, in jüngerer Zeit, M. M. KAYE oder Paul SCOTT verkörpert wird, verbindet Jhabvalas Erzählen die Sichtweise des europäischen Betrachters, der von außen beobachtend und beschreibend die Faszination und Fremdheit der gesellschaftlichen Wirklichkeit Indiens zu begreifen sucht. Eine Brücke zur indo-englischen Tradition, der englischsprachigen Literatur indischer Autoren, schlägt Jhabvalas Werk dagegen mit seiner ins Detail gehenden, präzisen und authentischen Schilderung des indischen Alltags, seiner Menschen und dem stetig wiederkehrenden Thema des Kulturkonflikts. So nimmt die europäisch-indische Schriftstellerin eine Mittlerposition ein, die in der Erzählhaltung einer »Outsider-insider«-Doppelperspektive zum Ausdruck kommt.

Immer erneut kreisen die indischen Geschichten Jhabvalas um die Frage, ob und auf welche Weise eine kulturelle Verständigung zwischen europäischem und indischem Denken, Empfinden und Handeln möglich ist. Ihre Charaktere sehen sich vor die Herausforderung gestellt, angesichts aufeinandertreffender unterschiedlicher Wertvorstellungen und Verhaltensweisen ihre Identität zu finden und zu wahren. Meist spielt das Geschehen im Milieu der oberflächlich anglisierten städtischen Mittelschicht Indiens, das die Autorin selbst so gut kennt, und in dem europäisches und indisches Denken nebeneinander existieren oder miteinander in Konflikt geraten, in einen Konflikt, der Inder wie dort lebende Europäer gleichermaßen erfaßt.

Heat and Dust, Jhabvalas achter und bislang bekanntester Roman, der 1975 mit dem Booker Prize ausgezeichnet wurde, setzt diese thematische Tradition fort. Zugleich bietet sein Geschehen eine interessante Variante, denn er bezieht neben der Gegenwart auch die Vergangenheit mit ein. Das Bild einer in dürftigen Verhältnissen lebenden unteren Mittelschicht des inzwischen unabhängigen Landes wird verknüpft – und kontrastiert – mit einem Porträt des Kolonialbeamtentums während der britischen Herrschaft in den zwanziger Jahren und einem Blick auf das in feudalistischem Luxus erstarrte Leben eines indischen Kleinfürsten. Das Geschehen wird aus der Sicht von zwei jungen englischen Frauen geschildert, die sich mit einer ihnen völlig unvertrauten Welt konfrontiert sehen, sich allmählich Zugang zu ihr verschaffen und schließlich persönliche Entscheidungen treffen, die ihr Leben in eine neue Richtung lenken. Der Autorin geht es also in *Heat and Dust* gleichermaßen um eine kritische Schilderung der Verhältnisse europäischer/englischer Menschen zu Indien und um die Gestaltung der Möglichkeit individueller Identitätsfindung durch die Erfahrung einer anderen Kultur.

Ausgangspunkt des Romans ist die Reise einer namenlos bleibenden jungen Engländerin nach Indien, um hier in Satipur, einer kleinen Provinzstadt im Norden, den Spuren Olivias nachzugehen, der ersten Frau ihres Großvaters Douglas Rivers, der nahezu drei Jahrzehnte als Kolonialbeamter in Indien gelebt hatte. Bald nach ihrer Ankunft in Satipur war Olivia eine Liebesbeziehung mit dem Nawab von Khatm eingegangen, einem Muslimfürsten, der unweit der Provinzstadt über einen kleinen Staat herrschte. Obwohl sie glücklich verheiratet schien, den Luxus genoß, den nur das koloniale Indien den englischen Memsahibs bot, und im kleinen Kreis ihrer Landsleute geachtet und beschützt lebte, hatte sie sich der Persönlichkeit des Nawab und des Reizes seiner Welt nicht entziehen können. Ein Kind, das sie offenbar von ihrem Geliebten erwartete, ließ sie abtreiben, um dann, nach kurzem Aufenthalt in der kleinen englischen Krankenstation, Douglas und der anglo-indischen Gesellschaft endgültig den Rücken zu kehren. Der Nawab schenkte ihr ein Haus in den Bergen, in dem sie bis zu ihrem Tode 1959 lebte, ohne England wiederzusehen.

Diese Geschichte rekonstruiert die junge Besucherin und Ich-Erzählerin mit Hilfe der ausführlich und sehr persönlich gehaltenen Briefe, die Olivia vor allem in dem ereignisreichen Jahr 1923 ihrer Schwester Marcia in Frankreich geschrieben hatte. Dabei versetzt sich die Erzählerin so unmittelbar in die Gedanken- und Empfindungswelt Olivias, daß ihre Schilderung nicht etwa die Form eines Briefromans annimmt, sondern zur Erzählung einer allwissenden Beobachterin wird. Unterbrochen wird der Ablauf des rund ein halbes Jahrhundert zurückliegenden Geschehens immer wieder von den Tagebucheintragungen der Erzählerin, die sich, ganz wie Olivias Geschichte, über nur wenige Monate hinweg erstrecken und ihre eigenen Eindrücke und Erlebnisse in Indien wiedergeben. Im Mittelpunkt stehen vor allem Begegnungen mit Menschen, Engländern wie Indern, die allmählich bewirken, daß sich die Erzählerin dem Land immer weiter öffnet, ja bald glaubt es zu verstehen und mit ihm zu verschmelzen. Auch sie geht eine intime Beziehung ein und erwartet das Kind eines Inders; doch sie entschließt sich, es zur Welt zu bringen, und zwar an jenem Ort, an dem Olivia ihr Leben in zunehmender Einsamkeit verbracht hatte.

Trotz zeitbedingter Unterschiede verbindet beide Protagonistinnen eine Reihe von Grunderfahrungen, die sie zu einander ganz ähnlichen Reaktionen herausfordern. Physisch und psychisch werden sie auf fast unerträgliche Weise belastet durch die Hitze des indischen Sommers und den durch alle Ritzen dringenden Staub, durch das unattraktive Erscheinungsbild von Stadt und Natur, den nur von wenigen Festen unterbrochenen ereignislosen Ablauf der Tage, den unauflösbar scheinenden Zyklus von Geburt und Tod und die hiermit offenbar einhergehende Erfahrung von Frustration und Sinnlosigkeit des Lebens. Sie müssen sich entscheiden, wie weit sie sich dem Land ausliefern können, ohne sich zu verlieren und wagen schließlich den Schritt, die eigene Welt hinter sich zu lassen. Doch Olivias Schicksal, das den Nawab im Verlauf der Jahre weniger und weniger kümmert, und die ungewisse Zukunft der Erzählerin erwecken Zweifel daran, ob Indien ihnen zu einem erfüllten Leben verhilft. *Heat and Dust* ist von unebener literarischer Qualität. Jhabvala überzeugt in den Passagen, die der Gegenwart gewidmet sind. Hier werden ihre Menschen lebendig und die Konflikte, in denen sie stehen, anschaulich und glaubwürdig. Weit weniger gut gelingt ihr die Zeichnung des britischen Indiens. Mit Ausnahme Olivias vermag sie keiner ihrer Figuren individuelle Statur zu verleihen. Alle spielen Rollen, die ihnen die Autorin zuweist und die zudem zum Repertoire anglo-indischen Erzählens gehören. Weder der pflichtbewußte, Pfeife rauchende und seine Frau sorgsam von Indien fernhaltende Beamte Douglas oder der sensible Arzt, der sich seine eigene Philosophie zurechtgezimmert hat, noch der änigmatische, teils verworfen, teils mit allergrößtem Charme handelnde indische Fürst mit seinem dekadenten Gefolge oder die unberechenbare Mutter stellen mehr als Typen dar, die oft in die Nähe der Karikatur geraten. Zweifellos dienen sie der Autorin auch als Zielscheibe ihrer satirischen Absichten. Damit nehmen sie aber dem Akt der Rebellion Olivias jene Ernsthaftigkeit, die ihm doch offenbar zukommen soll.

Heat and Dust ist, nicht unerwartet, von der europäischen Kritik überwiegend positiv aufgenommen worden, von der indischen dagegen kritisch bis ablehnend. Trotz seiner zweifellos authentisch geschilderten Abschnitte vermag sich der Roman in der Gestaltung des so komplexen Verhältnisses von Europa und Indien nicht wirklich vorgefaßter Bilder zu entledigen und bleibt so weit hinter einem Werk wie E. M. Forsters *Passage to India* zurück.   D.Ri.

AUSGABEN: Ldn. 1975. – NY 1977.

ÜBERSETZUNG: *Hitze und Staub*, U. Roy-Siefert, Stg. 1986.

VERFILMUNG: England 1983 (Regie: J. Ivory; Buch: R. Prawer Jhabvala).

LITERATUR: V. A. Shahane, *R. P. J.*, Delhi 1976 und 1983. – Y. Gooneratne, *Silence, Exile and Cunning*, Delhi 1983. – D. Rubin, *After the Raj. British Novels of India Since 1947*, Hannover/Ldn. 1986, S. 76–102.

RUDOLF VON JHERING

* 22.8.1818 Aurich
† 17.9.1892 Göttingen

GEIST DES RÖMISCHEN RECHTS AUF DEN VERSCHIEDENEN STUFEN SEINER ENTWICKLUNG

Rechtshistorisches Werk von Rudolf von JHE-RING, erschienen in drei Teilen (Teil 2 in 2 Abteilungen) 1852–1865. – Jhering selbst hat sich über die wissenschaftliche Zielsetzung seines Hauptwerks in der Vorrede zu Bd. 1 wie folgt geäußert: *»Man würde den ganzen Zweck meines Werkes verkennen, wenn man es als ein wesentlich rechtshistorisches auffassen wollte. Mein Augenmerk ist nicht das römische, sondern das Recht, erforscht und veranschaulicht am römischen, m. a. W. meine Aufgabe ist mehr rechtsphilosophischer und dogmatischer Art als rechtshistorischer ...«* Nicht eine *»mikroskopische«*, am Positiven klebende Untersuchung der Institutionen des römischen Rechts ist beabsichtigt, wie er der antiquarisch eingestellten, im allgemeinen wenig günstig beurteilten Rechtshistorie seiner Zeit vorwirft, sondern eine *»geschichtsphilosophische Kritik«*. Diese zielt auf eine Bewährung des geistigen Gehalts des römischen Rechts in der Gegenwart, bei gleichzeitiger Verdrängung seiner nationalen Gestalt.
Jhering stellt seiner Schilderung der Entwicklungsstufen des römischen Rechts eine *»Methode der rechtshistorischen Darstellung«* (§§ 3–5) voran: Der *»anatomischen Betrachtung des Rechtsorganismus«*, das heißt der Ergründung seiner logischen Struktur (das Rohmaterial der Rechtssätze wird zu Rechtsinstituten zusammengesetzt und dann in einfache Körper, die logisch produktiven Rechtsbegriffe, zerlegt), folgt die *»physiologische«*, das heißt eine Untersuchung ihrer praktischen Funktionen; denn Rechtssätze und Rechtsbegriffe müssen sich im Leben bewähren. Schon hier mischen sich in bemerkenswerter Weise logische mit teleologischen Gesichtspunkten, was für Jherings gesamte spätere Arbeitsweise charakteristisch sein wird. Bei der eigentlich geschichtlichen Darstellung legt er Wert auf die Unterscheidung zwischen *»wesentlichen und* unwesentlichen, geschichtlichen *und* ungeschichtlichen *Ereignissen«*. Die innere Chronologie, nämlich die *»innere Verwandtschaft und Zusammengehörigkeit der Tatsachen«*, stellt er über die äußere, die äußere zeitliche Abfolge der Rechtsinstitutionen. Dem entspricht eine sehr großzügige, elastische Periodisierung der römischen Rechtsgeschichte: Drei Systeme (Jherings Vorliebe für triadische Einteilungen dürfte ein HE-GELsches Erbe sein) stellt er in § 6 kurz vor: *»Das erste repräsentiert das ursprüngliche Betriebskapital, welches Rom von der Geschichte mit auf den Weg erhalten«* hat, das zweite, dessen Blüte mit der der Re-

publik zusammenfällt, enthält *»den Kulminationspunkt der römischen Nationalität im Recht«*; das dritte stellt *»die reichlich verzinste Anleihe«* dar, die es für die historische Mitgift des ersten Systems der Welt zurückerstattet hat. An diesem Recht der dritten Stufe (zusammenfallend mit der römischen Kaiserzeit ab 31 v. Chr.) *»vermochte sich eine freiere, geistigere Erfassung und Behandlung des Rechts ungehindert zu betätigen und in der Bestimmung desselben für den Weltverkehr lag die Aufforderung an die Jurisprudenz, sich bei der Ausbildung desselben der rein national römischen Eigentümlichkeiten zu entschlagen ...«* Gediehen ist das Werk nur bis zur Darstellung des ersten (Bd. 1, §§ 7–21) und von etwa zwei Dritteln des zweiten Systems (Bd. 2–4; §§ 22–61). Manuskripte aus dem Nachlaß belegen jedoch, daß Jhering am *Geist* noch bis Ende der achtziger Jahre gearbeitet hat.
Im ersten System wird die *»Urzeit«* behandelt, es bildet sich in der Periode der ursprünglichen Gemeinsamkeit aller indogermanischen Völker und reicht bis in die frühe Königszeit (ab 753 v. Chr.). Drei *»Urelemente«* bestimmen es: das Prinzip des subjektiven Willens, das Familienprinzip und die Wehrverfassung sowie das religiöse Prinzip. Am wichtigsten ist das erstgenannte; es beruht *»auf der Idee, daß das Individuum den Grund seines Rechts in sich selber, in seinem Rechtsgefühl und seiner Tatkraft trägt ...«* Das Recht ist noch keine objektive Macht, sondern lebt noch ganz im Gefühl der eigenen Berechtigung: Die *»Rechte«*, die man sich nimmt, gründen auf der Gewalt (§ 10); die gewaltsam erlangte Beute wird mit Zähnen und Klauen verteidigt. Daher ist ein System der individuellen und kollektiven Selbsthilfe der Ausdruck dieses primitiven Rechtszustandes (§§ 11–12).
Das spezifisch römische System des *»jus strictum«* (strenges Recht) vergleicht Jhering mit einer festen Burg, seine Kennzeichen sind Öffentlichkeit und *»Plastik«*, d. h. eine präzise Formalisierung des Rechts, die eine rasche und klare Erkenntnis der Bedeutung verschiedener Rechtsakte ermöglicht (hierzu § 45). Es ruht auf drei ideellen Grundtrieben: dem Selbständigkeitstrieb, dem Gleichheitstrieb sowie dem Macht- und Freiheitstrieb. Weit über das römische Recht der zweiten Stufe hinausgehend entwickelt Jhering hier die Theorie eines abstrakten (Privat-)Rechts. Seine Quelle ist die Idee der *»Persönlichkeit«* mit ihrer von Gott verliehenen Anlage eines freien Willens. Zur *»freien Entfaltung ihrer selbst und aller ihrer Kräfte«* soll das Recht hinführen. Daher muß es seine ihm gemäße Form im Gesetz finden und sich von Moral und Sitte lösen (Selbständigkeitstrieb: §§ 25–28). Ferner muß es auf eine *»rechtliche Gleichstellung«* der Stände (in Rom: der Patrizier und Plebejer) bedacht sein und daher die Standesprivilegien beseitigen, ohne in eine *»fanatische Nivellierungssucht«* (wie in der Französischen Revolution) auszuarten (Gleichheitstrieb: § 29). Gleichheit wird hier also vor allem als Chancengleichheit verstanden. Sie steht im Dienste des *»Systems der Freiheit«*, das Jhering in seinen wesentlichen Grundzügen in § 30

mit leuchtenden Farben schildert. Mit dieser allgemeinen Rechtstheorie, deren Ausgangs- und Zielpunkt die freie Entfaltung der Persönlichkeit ist, korrespondieren die allgemeinen Theorien der juristischen Technik (§§ 38–41) und des subjektiven Rechts (§§ 59–61). Erstere besteht in drei »*Fundamental-Operationen*« (sie entsprechen den Methoden der anatomischen Betrachtung in § 3): der Analyse der Rechtsmaterie und ihrer Zerlegung in ein universelles Rechtsalphabet, der logischen Konzentration des Stoffes (sie abstrahiert ein Prinzip aus gegebenen Einzelheiten) und der juristischen Konstruktion (Definition der Rechtsbegriffe). Damit formuliert Jhering den klassischen Entwurf der Begriffsjurisprudenz. Demgegenüber bringt die Theorie der subjektiven Rechte eine deutliche Distanzierung zu früheren Anschauungen. Jhering wendet sich gegen eine Überschätzung des logischen Moments: Rechtsgefühl und praktisches Bedürfnis geben zu einer rechtlichen Regelung den Ausschlag, nicht die Logik. Das »*substantielle Moment des Rechtsbegriffs*« ist nun nicht mehr (wie etwa bei Hegel) die dem einem Recht eingeräumte Willensmacht, sondern es sind Begriffe wie Nutzen, Gut, Wert, Interesse.

In seinen Spätwerken, insbesondere dem monumentalen Torso *Der Zweck im Recht* (2 Bde., 1877–1883), wendet sich Jhering zunehmend radikaler von den rechtstheoretischen und philosophischen Positionen seiner ersten Lebenshälfte ab. An die Stelle idealtypischer Deutung und struktureller Analyse der Perioden eines bestimmten Rechtsorganismus, woran die Entwicklung des Rechts zu einer freiheitlichen Ordnung veranschaulicht wird, tritt die kausalmechanische Erklärung des Rechts aus Zwecken, die mit Notwendigkeit auseinander hervorgehen sollen. Zwecksubjekt des Rechts ist nun auch nicht mehr die »*Persönlichkeit*«, sondern die »*Gesellschaft*«, welche die Individuen in ihre oft strenge Zucht nimmt. Die realistische oder teleologische Methode der Jurisprudenz löst die formalistische ab: Der Zweck wird zum »*Schöpfer*« und Interpretationsmaßstab »*des ganzen Rechts*«. Mit seiner Zweckjurisprudenz sollte Jhering auf die nachfolgenden Juristengenerationen (insbesondere die soziologische Strafrechtsschule des Franz von LISZT und die Interessenjurisprudenz Philipp HECKS u. a.) einen nachhaltigen Einfluß ausüben. Der *Geist* – bereits in den Berliner Jahren (1840–1843) des Vormärz konzipiert – war unzeitgemäß geworden. Noch weitgehend von den metaphysischen bzw. idealistischen Rechtsphilosophien der ersten Jahrhunderthälfte (HEGEL, F. C. v. SAVIGNY, G. F. PUCHTA, E. GANS, F. J. STAHL) inspiriert, vermochte er den Anschauungen der »*realistischen*« Generation nach 1848 nicht mehr zu genügen. Gleichwohl stellt er mit seiner prunkvollen Sprache, die z. B. Th. FONTANES uneingeschränkte Bewunderung hervorrief, und seinem Gedankenreichtum eine auch heute noch höchst anregende Lektüre dar. Es ist ein keineswegs in allen Punkten überholtes Laboratorium für das Suchen nach einem richtigen, gerechten Recht. W.Pl.

AUSGABEN: Lpzg. 1852–1865, 3 Tle. in 4 Bde. Register. Lpzg. 1924, 5/61894–1907 [veränd.]; Nachdr. Aalen 1968.

LITERATUR: H. Coing, *Der juristische Systembegriff bei R. v. J.* (in *Philosophie und Rechtswissenschaft*, Hg. J. Blühdorn u. J. Ritter, Ffm. 1969, S. 149 bis 171). – E. Wieacker u. C. Wollschläger, *J.s Erbe*, Göttingen 1970 [m. Bibliogr.]. – W. Wilhelm, *Zur Theorie des abstrakten Privatrechts* (in *Studien zur europäischen Rechtsgeschichte* [in Fs. H. Coing], Ffm. 1972, S. 265–287). – F. Wieacker, *J. und der* »*Darwinismus*« (in Fs. für K. Lorenz zum 70. Geburtstag, Mchn. 1973, S. 63–92). – W. Fikentscher, *Methoden des Rechts in vergleichender Darstellung*, Bd. 3, Tübingen 1976. – W. Pleister, *Persönlichkeit, Wille und Freiheit im Werke J.s*, Ebelsbach 1982. – M. G. Losano, *Studien zu J. und Gerber*, Ebelsbach 1984. – O. Behrends, *R. v. J. (1818–1882)* (in Rechtswissenschaft in Göttingen, Hg. F. Loos, Göttingen 1987, S. 229–269). – *Dt. Juristen aus fünf Jahrhunderten*, Hg. G. Kleinheyer u. J. Schröder, Karlsruhe/Heidelberg 1975; ³1989, S. 132–137.

JI JUNXIANG

14. Jh.

ZHAOSHI GUER

(chin.; *Die Waise aus dem Hause Zhao*). Drama (oder Oper) in fünf (ursprünglich vier) Akten und einem Vorspiel von JI Junxiang, aufgenommen als 25. Stück in eine berühmte Sammlung von hundert Dramen der Mongolenzeit (1280–1368). – Die Handlung stützt sich auf eine im Zuozhuan kurz angedeutete und in späteren anekdotenhaften Werken (z. B. in LIU Xiangs, 77/76 v. Chr., *Xinyu* und *Shuoyuan*) breiter ausgemalte historische Begebenheit des ausgehenden 7. Jh.s v. Chr., als China in mehrere Einzelstaaten zerfallen war. Dem allmächtigen Kanzler des Staates Jin, Tu Anguo, gelingt es in einem Racheakt, durch Verleumdung und gefälschten Erlaß einen Gegner, Zhao Dun, mitsamt seiner ganzen Familie, dreihundert Menschen, hinrichten zu lassen. Übrig bleiben nur Zhao Duns Schwiegertochter, die eine Tochter des Fürsten von Jin ist, und ihr neugeborener Sohn. Als Tu Anguo das versteckte Kind beseitigen will, indem er alle Neugeborenen im Lande töten läßt, bewegt die Fürstentochter einen ihr bekannten Arzt, indem sie vor seinen Augen Selbstmord begeht, dazu, sich des Kindes anzunehmen. Der Entschluß des Arztes, lieber seinen eigenen Sohn aufzugeben als das ihm anvertraute Kind, sowie der Opfertod eines befreundeten Ministers bilden den Höhepunkt des Stückes. Im letzten Akt wird – auf eine Anzeige des

inzwischen herangewachsenen jungen Zhao hin –
an Tu Anguo, der den Knaben nichtsahnend adoptiert hatte, das Strafgericht vollzogen.

Das *Zahoshi guer* enthält viele in chinesischen Dramen stereotype Motive, ist aber in Europa fast berühmter geworden als in China selbst. Daß es das
erste chinesische Drama war, das vollständig in eine
europäische Sprache, ins Französische, übersetzt
wurde, war dafür ebenso maßgebend wie die Um-
dichtung des Werks durch VOLTAIRE *(L'orphelin de
la Chine)*, der die Auffassung vertrat, »*daß es mehr
dazu beitrüge, den Geist Chinas kennenzulernen, als
alles, was man über dieses weite Reich erzählt hat und
je erzählen wird*«. Voltaire veränderte das Stück jedoch in vieler Hinsicht entscheidend: So verlegte er
die Handlung in die Mongolenzeit und stimmte sie
ganz auf den Gegensatz zwischen kultivierten Chinesen und kriegerischen Barbaren ab. Die erste zuverlässige europäische Übersetzung (ebenfalls ins
Französische) brachte 1834 Stanislas JULIEN heraus. W.Ba.

AUSGABEN: 1615/16 (in *Yuan quxuan*). – Peking
1958 (in *Yuan quxuan*, Bd. 4). – Shanghai 1982
(in *Zhongguo shida gudian beiqu ji*, Hg. Wang
Jingsi).

ÜBERSETZUNGEN: In Du Halde, *Description géo-
graphique, historique, chronologique, politique et phy-
sique de l'empire de la Chine et de la Tartarie chinoise*,
Bd. 3, Paris 1735, S. 339–378 [frz.]. – *The Chinese
Orphan*, W. Hatchett, Ldn. 1741 [engl.]. – *Tchao-
Chi-Kou-Eul, ou l'Orphelin de la Chine*, S. Julien,
Paris 1834 [frz.]. – In P. H. Wang, *The Revenge of
the Orphan of Zhao* (in Renditions, 9, 1978; engl.).

BEARBEITUNGEN: Voltaire, *L'orphelin de la Chine*,
Paris 1755. – A. L. Wong, *The Orphan of China: A
Play of Five Acts and a Prologue. Adapted from Chi
Juen Chang's Play*, Ldn. 1973.

LITERATUR: W. Grube, *Geschichte der chinesischen
Literatur*, Lpzg. 1909, S. 370–379. – Ch'en Shou-
yi, *The Chinese Orphan: A Yuan Play. Its Influences
on European Drama of the Eighteenth Century*
(in Tien Hsia Monthly, 1936, 3, S. 89–115). –
Lee-you Ya-oui, *Le théâtre classique en Chine et en
France*, Paris 1937, S. 74–89. – Liu Wu-chi, *The
Original Orphan of China* (in CL, 5, 1953).

JIA SIXIE

6.Jh.

QIMIN YAOSHU

(chin.; *Die wichtigsten Techniken für die allgemeine
Wohlfahrt des Volks*). Ein Werk über Ackerbau und

Technologie, verfaßt von JIA Sixie. Es ist der älteste
unversehrt überlieferte Text seiner Art in China. In
insgesamt 92 Abschnitten schildert der Autor den
Anbau von Getreide aller Art, Obst, Gemüse und
sonstigen Nutzpflanzen sowie die Weiterverarbei-
tung von Naturprodukten (Konservierung) und
Kochrezepte. Der Stil ist trocken und handbuchar-
tig, dem Charakter des Werks entsprechend, das
weniger literarischen Anspruch erhebt, denn als
Anweisung für die Beamtenschaft gelten will.

H.Fr.

AUSGABE: Changsha 1939 (*Congshu jicheng*,
1459/60).

LITERATUR: Shih Sheng-han, *A Preliminary Survey
of the Book »Ch'i-min yao-shu«*, Peking 1958. –
Ch. Herzer, *Chia Szu-hsieh, der Verfasser des
»Ch'i-min yao-shu«* (in Oriens Extremus, 19, 1972,
S. 27–30). – Chang Kwang-chih, *Food in Chinese
Culture. Anthropological and Historical Perspectives*,
New Haven 1977.

JIANG KUI

auch Boshi
* 1155 Poyang / Prov. Jiangxi
† 1235

BOSHI DAOREN GEQU

(chin.; *Lieder des zurückgezogenen Gelehrten Boshi*).
Sammlung der erhaltenen Lieder von JIANG Kui,
einem der berühmten Lyriker (*Ci*-Dichter) aus der
Zeit der Südlichen Song-Dynastie (1127–1279). –
Das Buch enthält 109 Liedtexte, von denen siebzehn – als einzig erhaltene Quelle – mit den steno-
graphieartigen musikalischen Notenzeichen der
Song-Zeit versehen sind. Den bisher vollständigsten Versuch einer Rekonstruktion dieser Melodien unternahm der chinesische Musikwissen-
schaftler Qiu Qiongsun. Jiang Kui, der zeit seines
Lebens nie ein Amt bekleidete und ständig auf Reisen war, gilt in der Geschichte der *Ci*-Dichtung als
Repräsentant ihrer zweiten Blütezeit, einer Periode
der Ruhe im südchinesischen Teilstaat, während
der die Dichter Abstand von der kraftvollen, ener-
gischen Stilrichtung der vorangegangenen Epoche
nahmen, um sich statt dessen einer nuancenreiche-
ren, schmiegsamen Ausdrucksweise zu bedienen.
Die Feinfühligkeit in der Beschreibung, der Wohlklang der Sprache und die strikte Einhaltung der
Reimgesetze sind auch charakteristisch für die
Dichtung Jiang Kuis, doch unterscheidet er sich
von den zeitgenössischen Autoren insofern, als er
nicht nur nach vorgeformten Melodien schrieb,
sondern auch imstande war, seine *Ci*-Gedichte neu

zu vertonen; in dem Werk sind dreizehn selbst-komponierte Lieder enthalten. S.C.H.

AUSGABEN: Shanghai 1936 (*Sibu beiyao*-Ausg.). – Peking 1961 (*Jiang Boshi ci bianian jianjiao*, Hg. Xia Chengtao). – Nanchang 1981, Hg. Du Zizhuang.

ÜBERSETZUNGEN [Ausz.]: In *Anthologie de la poésie chinoise classique*, P. Demiéville, Paris 1962, S. 374; 408 f. [frz.]. – In *Sunflower Splendor: Three Thousand Years of Chinese Poetry*, Hg. Liu Wu-chi u. I. Y. Lo, NY 1975, S. 401–405 [engl.].

LITERATUR: Wang Guang Ki, *Über die chinesische Poetik* (in Sinica, 5, 1930, S. 245–260). – Xia Chengdao, *Boshi gequ pangpu bian* (in Yanjing xuebao, 12, 1932, S. 2559–2588). – J. H. Levis, *Foundations of Chinese Musical Art*, Peiping 1936, S. 61. – L. E. R. Picken, *Chiang K'uei's Nine Songs for Yüeh* (in Musical Quarterly, 43, 1957, S. 201–219). – Qiu Qiongsun, *»Boshi daoren gequ« tongkao*, Pekung 1959. – Pian Rulan Chao, *Song Dynasty Musical Sources and Their Interpretation*, Cambridge 1967. – Lin Shuen-fu, *The Transformation of the Chinese Lyrical Tradition: Chiang K'uei and Southern Sung Tz'u Poetry*, Princeton 1978. – Ders., *Chiang K'uei's Treaties on Poetry and Calligraphy* (in *Theories of the Arts in China*, Hg. S. Bush, Princeton 1983).

JIEN

auch Jichin
* 1155
† 1225

GUKANSHŌ

(jap.; *Mit törichtem Pinsel Kommentiertes*). Theoretisierendes Geschichtswerk in sieben Kapiteln von JIEN, entstanden um 1220, mit späteren Nachträgen. – Jiens weltliche Position war bestimmt durch seine Zugehörigkeit zur Adelssippe Fujiwara, die in der Heian-Zeit die politischen und kulturellen Schlüsselstellungen in Japan besessen hatte (sein Vater war kaiserlicher Regent); seine religiöse Heimat war der Buddhismus, den er als Abt des Enryaku-Klosters und als Tendai-Patriarch vertrat. Genealogie und Religion des Verfassers bilden den Hintergrund, vor dem man das *Gukanshō* sehen muß: ein parteiisches, didaktisches Werk, dessen Geschichtstheorie familienpolitisches Interesse und buddhistische eschatologische Vorstellungen verbindet.

Jien leitet sein Werk mit einer bloßen Aufzählung der chinesischen Dynastien ein, an deren Anfang er das mythische Urwesen Pangu (als »Höchsten Herrscher nach der Gestaltung von Himmel, Erde und Mensch«) und weitere Götter und Kulturheroen als »Souveräne« und »Kaiser« stellt. Es folgt eine mit den wichtigsten Daten angereicherte absolute Chronologie der japanischen Tennō mit dem legendären »Reichsgründer« Jimmu an der Spitze; seine göttlichen Ahnen bleiben unerwähnt, das Jahr seiner Thronbesteigung wird jedoch in zeitliche Relation zu einem spekulativen Todesdatum Buddhas und zu den Herrschern der chinesischen Chou-Dynastie gesetzt. In der beispielhaften Diskussion des Thronfolgestreits – der Kronprinz ermordet seinen ältesten Bruder – verwendet Jien erstmals den das ganze Werk durchziehenden Begriff *dōri* (chin. *dao-li* »Grundlinien des Weges«), etwa im Sinne von »Gesetz des Handelns« oder schlicht »Prinzip«, um damit den Meuchelmord am Rivalen als Präventivschlag zu rechtfertigen. Jien sieht zwar das Böse der Tat, aber er sieht es nicht als Verletzung buddhistischer Gebote, sondern in dem Umstand, daß der jüngere den älteren Bruder tötet, und er rechtfertigt die Tat mit leicht buddhistischem Unterton als »Bestrafung der Bosheit« des Opfers. Jenseits aller religiösen Motivation wird also in diesem paradigmatischen Fall eine pragmatische Staatsräson sichtbar, auf die sich Jien bei ähnlichen Vorgängen immer wieder berufen wird. Nach der Herstellung eines chronologischen Rahmenwerks in diesen ersten beiden Kapiteln widmet sich Jien in den Kapiteln 3 bis 6 einer fortlaufenden Geschichtsschreibung und -betrachtung, die besonderes Gewicht auf die jüngere Entwicklung legt (etwa die Hälfte befaßt sich allein mit dem Geschehen seit der Mitte des 12.Jh.s) und verschiedene, für die jeweiligen politischen Verhältnisse opportune »Gesetze des Handelns« aufdeckt; buddhistische Zeitentwürfe und vor allem der wiederholte Rückgriff auf den mythischen Präzedenzfall dienen der Legitimation, kaum der Erklärung des politischen Handelns.

Einleitend zum dritten Kapitel artikuliert Jien sein endzeitliches Bewußtsein deutlich genug. Man höre, daß »*nach Jimmu Tennō noch hundert Herrscher*« regieren sollten, es sei also das Ende der Dynastie absehbar, da bereits der 84. Tennō auf dem Thron sitze. Innerhalb dieses Zeitplans zeichnen sich Stadien kaiserlicher Souveränitätseinbußen ab, denen Einfluß- und Machtzuwachs der höfischen Aristokratie, zunächst des Kriegeradels in der letzten Phase gegenüberstehen. Entscheidend für die familienpolitische Perspektive, die Jien in seinem Geschichtsbild entwickelt, ist die Tat, auf die sich die dominierende Position der Fujiwara-Sippe letztlich gründet: die Ermordung des Usurpators Soga no Iruka durch Nakatomi (Fujiwara) no Kamatari im Jahre 645. Jien beruft sich dabei auf die Autorität der Sonnengöttin, die gemeinsam mit der Ahnengottheit der Fujiwara »*im Palast anwesend zu sein und Schutz zu gewähren*« versprochen hatte und folglich durch Kamataris Hand den Widersacher töten läßt, denn »*allein durch Autorität und Macht des Herrschers könnte dieses Land Japan nicht beste-*

hen, es würde nur Unruhen über Unruhen geben«. Um dies zu vermeiden, muß sich *»zum Planen der Minister die Kraft des Buddha-Gesetzes gesellen«.* Wohin diese Allianz führt, demonstriert Jien in seiner Interpretation des Schicksals von Sugawara no Michizane. Zwar stehe die Tatsache fest, daß Fujiwara no Tokihira seinen Rivalen Michizane durch Verleumdung in den Tod getrieben habe und dessen Rachegeist zum Opfer gefallen sei, aber dank göttlicher Vorsehung habe die Hausmacht der Fujiwara den Zwischenfall überdauert. *»Japan ist ein kleines Land. Wenn zwei höchste Ratgeber nebeneinander stehen, so ist das bestimmt schlecht.«* Deshalb sei Michizane *»in der Absicht, die Nachkommenschaft des Kamatari auf das beste zu behüten, aus eigenem Willen der Verleumdung des Tokihira anheimgefallen und seines Lebens verlustig gegangen; und er hat somit das Haus der Regenten* (Fujiwara) *bewahrt.«* Das war möglich, weil Michizane, *»zweifellos eine Inkarnation des Nothelfers Kannon (Avalokiteśvara), das Gesetz des Königs in der Endzeit aus nächster Nähe beschützen wollte«.*

Der Schutz des buddhistischen Nothelfers kam somit nicht nur dem Kaiserhaus, sondern vor allem den regierenden Fujiwara zugute. Diese *pro-domo*-Tendenz manifestiert sich bis in die überaus breite Behandlung der jüngsten, sich ungefähr mit der Lebenszeit des Autors deckenden Epoche. Sie findet sich auch im siebten und letzten, zusammenfassenden und postulierenden Kapitel. Jien glaubt, daß ein Mitglied seiner Familie berufen sei, eine positive Wende auch im Zeitalter der Militärherrschaft herbeizuführen, nachdem bereits sein älterer Bruder Kujô Kanezane es verstanden hatte, als erster Mann am Hof mit dem Begründer des Shôgunats, Minamoto no Yoritomo, zu kooperieren. An der Notwendigkeit, sich mit den Machthabern zu arrangieren und die Militärherrschaft als endzeitbedingtes Übel zu akzeptieren, läßt Jien keinen Zweifel.

Um seine komplexe Botschaft möglichst verständlich zu verbreiten, bedient sich Jien des Japanischen (wie die »Historischen Erzählungen«, *rekishi monogatari*) anstelle der für historische Werke obligaten chinesischen Schreibweise. Er begründet auch dies ausführlich. Trotzdem kam seine Botschaft nicht an; die Restauration kaiserlichen Prestiges scheiterte im Jahre 1221, und um die rechte Auslegung der historischen, zum Teil widersprüchlichen Konzeption Jiens streiten sich noch heute die Gelehrten.

Im übrigen sind die tragenden Gedanken keineswegs neu: Über die Zerstörung des Königs- und Buddha-Gesetzes klagt auch schon Fujiwara no Munetada im *Chūyūki* (Tagebuch, 1087–1138), desgleichen das *Heike monogatari*; und die Verbindung zwischen Kaiserhaus und Fujiwara-Sippe dominiert schon im gegen 1100 entstandenen *Ōkagamai*. W.N.

Ausgaben: Tokio 1901 (in Kokushi-taikei). – Tokio 1935 [Komm. Nakajima E.]. – Tokio 1967 (Nihon-kotenbungaku-taikei, 86).

Übersetzung: *Miscellany of Personal Views of an Ignorant Fool, Gukanshō*, J. Rahder (in Acta Orientalia, Leiden 1936/37; Kap. 2–6 teilweise, Kap. 7 vollst. übersetzt; engl.).

Literatur: D.-M. Brown u. Ichiro Ishida, *The Future and the Past: A Translation and Study of the »Gukanshō«, an Interpretative History of Japan Written in 1219*, Berkeley 1979 [engl.]. – H. P. Varley, *The Place of »Gukanshō« in Japanese Intellectual History* (in Monumenta Nipponica, 34, 1979, Nr. 4, S. 479–488).

’Jigs-med-rig-pa’i-rdo-rje

18./19. Jh.

HOR CHOS-’BYUṄ

(tib.; *Geschichte des Buddhismus in der Mongolei*). Geschichtswerk von ’Jigs-med-rig-pa’i-rdo-rje (auch unter dem Namen Gu-śrī Ka’-bcu Blo-bzaṅ-tshe-’phel bekannt und in älterer Literatur fälschlich ’Jigs-med-nam-mkha’ genannt), einem Lama aus Osttibet, entstanden 1819. – Wie der dritte Teil des *dPag-bsam ljon-bzaṅ* von Sum-pa mKhan-po ist das Werk speziell den Entwicklungen des Buddhismus in der Mongolei gewidmet. Der Verfasser war ein entschiedener Anhänger der Gelben Kirche der Dalai Lamas, von deren Parteistandpunkt aus die Ereignisse ihre Darstellung finden. Auch literarisch erscheint der Autor besonders der berühmtesten Chronik der »Gelbmützen«, dem *rGyal-rabs* des Fünften Dalai Lama, verpflichtet, welches Werk er vielfach kopiert. Im ersten Teil behandelt er in kurzer Fassung die politische Geschichte der Mongolen bis auf seine eigene Zeit, um dann desto ausführlicher im zweiten Teil die religiösen Entwicklungen des Landes darzustellen, wobei er besonders die geistigen Beziehungen zum tibetischen Lamaismus in den Vordergrund rückt. Anläßlich dieser Darstellung gibt der Autor eine Reihe wertvoller Biographien bedeutender tibetischer Geistlicher, speziell solcher, die etwas für das Seelenheil der Mongolei taten, wobei natürlich die geistigen Heroen der Gelben Kirche (Tsoṅ-kha-pa sowie der Dritte und der Fünfte Dalai Lama) den Löwenanteil beanspruchen; aber auch älterer Kirchenfürsten wird gedacht, z. B. des Sa-skya Paṇḍita und des ’Phags-pa, die an der ersten Bekehrung der Mongolen zur Zeit der Yüan-Dynastie (1280 bis 1367) maßgeblich beteiligt waren. H.H.

Ausgaben: Benares 1965. – Delhi 1981.

Übersetzung: in G. Huth, *Geschichte des Buddhismus in der Mongolei*, 2 Bde., Straßburg 1893–1896 [m. Text].

LITERATUR: A. I. Vostrikov, *Tibetan Historical Literature*, Kalkutta 1970, S. 159 ff.

PETER JILEMNICKÝ

* 18.3.1901 Letohrad / Böhmen
† 19.5.1949 Moskau

LITERATUR ZUM AUTOR:
A. Matuška, *Nové profily*, Preßburg 1950,
S. 115–166. – L. Knězek, *O P. J.*, Prag 1951. – *P. J.
Zborník statí, prejavov, spomienok, fotografií
a dokumentov*, Hg. B. Truhlář u. a., Preßburg 1952
[m. Bibliogr.]. – J. Števček, *Postavenie P. J. vo
vývine slovenskej literatúry* (in Slovenské pohľady,
70, 1954, S. 403–414). – *Materiál z konferencie
o diele P. J.* (in Slovenská literatúra, 2, 1955,
S. 150–202). – J. Špitzer, *P. J.*, Preßburg 1955. –
B. Truhlář, *P. J. – spisovateľ bojovník*, 2 Bde.,
Preßburg 1955–1958. – *P. J. Bio-bibliografičeskij
ukazateľ*, Hg. I. V. Toksina, Moskau 1960. –
V. Savickij, *P. J.*, Moskau 1961. – K. Tomiš,
Osobné naračné formy v J. diele (in Slovenská
literatúra, 17, 1970, S. 268–287). – B. Truhlář,
P. J., Preßburg 1971. – *P. J. Zborník z príležitosti
70. výročia narodenia*, Preßburg 1973. –
M. Tomčík, *Literárne dvojobrazy*, Preßburg 1976,
S. 221–247. – S. Šmatlák, *Program a tvorba*,
Preßburg 1977, S. 116–158. – D. Katuščák, *P. J.
1901–1949* [Bibliogr.], Martin 1979.

KUS CUKRU

(slovak.; *Ü: Ein Stück Zucker*). Roman von Peter
JILEMNICKÝ, erschienen 1934. – Das bedeutendste
der aus dem Literatenzirkel um die sozialistische
Zeitschrift ›Dav‹ hervorgegangenen Prosawerke
handelt von den Auswirkungen der tschechoslovakischen Zuckerkrise, die, eine Folge des allgemeinen wirtschaftlichen Zusammenbruchs in Europa,
die Existenzgrundlage der ohnehin armen Landbevölkerung aus der Gegend um Tyrnau zu zerstören
drohte.
Vom Kartell der »Zuckerbarone« wird der Rüben-
preis so niedrig gehalten, daß nur noch die Großbauern dank geringerer Gestehungskosten mit Gewinn arbeiten, während die kleinen Rübenpflanzer
eine immer größere Schuldenlast auf sich nehmen
müssen. Dennoch ist der Inlands-Zuckerpreis so
hochgeschraubt, daß »*der kleine Rübenbauer und
die Arbeiter auf dem Gut und in der Zuckerfabrik mit
Sacharin süßen*«. Hinzu kommt die Arbeitslosigkeit, die von naiven Gemütern vorschnell auf die
Mechanisierung zurückgeführt – der Landarbeiter
Kováč zerstört den Traktor seines ehemaligen Ar-
beitgebers und bezahlt dafür mit seinem Leben –,
von den Abiturienten Vavro Klat und Peter Zvara,

vor allem aber von dem Autodidakten Marek Ba-
lent als Folgeerscheinung der herrschenden Gesellschaftsordnung und des kapitalistischen Wirtschaftssystems begriffen wird. »*Der Knecht, der sich
vom Frühjahr bis zum Herbst auf dem Feld mit den
Rüben abschindet und sie schließlich noch zur Zuckerfabrik fährt, sie dort vom Wagen in die Spülkanäle
wirft ... dieser Knecht weiß nicht, was Zucker ist,
kocht Sirup aus den Rüben und süßt den Kaffee mit
Sacharin! Ist das nicht ein Verbrechen ...?*« Als das
Zuckerkartell sein »weißes Gold« als vergällten Fut-
terzucker im Inland verkauft, um die Auslandsprei-
se stabil zu halten, rufen die Kommunisten zum
Streik auf, der zwar zunächst keinen sichtbaren
Erfolg hat, aber doch als das Fanal einer Zeit verstanden wird, die es ermöglicht, »*weiter anzugreifen und um die Freiheit, die Süße des Lebens zu kämpfen*«.
Jilemnický, fortschrittlich in seiner Denkweise,
aber durchaus traditionsgebunden in der Wahl seiner künstlerischen Mittel, vermochte sich häufig
nicht von sentimentalen Klischees zu lösen, die in
allzu vereinfachender Weise den Klassenkampf als
eine Auseinandersetzung zwischen skrupellosen
Ausbeutern und ihren wehrlosen Opfern wiedergeben.   W.Sch.

AUSGABEN: Prag 1934. – Preßburg 1952 (in *Spisy*,
4 Bde., 1952–1957, 4). – Preßburg 1956.

ÜBERSETZUNG: *Ein Stück Zucker*, R. Pabel. Bln.
1952.

LITERATUR: M. Tomčík, *Odraz sociálnej skutočnosti
v literárnom diele P. J.* (in Slovenské pohľady, 67,
1951, S. 180–191). – J. Števček, *Veľký stranícky
spisovateľ P. J.* (ebd., S. 678–689).

VÍŤAZNÝ PÁD

(slovak.; *Siegreiche Niederlage*). Roman von Peter
JILEMNICKÝ, erschienen 1929. – Äußerer Anlaß für
den ersten Roman und zugleich das erste slovakische Prosawerk des ursprünglich tschechisch
schreibenden Autors waren Jilemnickýs Erlebnisse
in Čadec, wo er im ärmsten Landesteil der Slovakei
– in Kysuce – mit der wirtschaftlichen Not der
zwanziger Jahre konfrontiert wurde. In künstlerischer Hinsicht dokumentiert das Werk eine Übergangsphase zwischen den im Schaffen des Autors
bislang vorherrschenden Formexperimenten ex-
pressionistischer und konstruktivistischer Prägung
(Jilemnický war Mitglied der »Dav«-Gruppe, in deren Zeitschrift ein Auszug des Romans schon 1926
erschien) und einer ersten, vor allem thematischen
Ausrichtung auf den Sozialistischen Realismus,
dessen bedeutendster slovakischer Vertreter der
Autor in späteren Jahren werden sollte. Mit der
zeitgenössischen slovakischen Prosaliteratur ist der
Roman durch die auffällige Lyrisierung der Prosa-
sprache verbunden, die dem Werk in der Kritik die
Klassifizierung »Ballade« eintrug. Von der Art, wie

die Dorfthematik in der slovakischen Literatur bis dahin aufgegriffen worden war – mit Ausnahme von TAJOVSKÝ und TIMRAVA waren stets das folkloristische und idyllische Moment betont worden –, unterscheidet sich Jilemnickýs Darstellung grundsätzlich: Sie bringt Mensch und Natur in eine symbolische Wechselbeziehung, die den gnadenlosen Existenzkampf der Bergbauern von Kysuce aufzeigt.

Der Held des Romans ist Maťo Horon, der zunächst lediglich *»stark zu lieben, unbewußt zu rebellieren und ohne Überzeugung zu kämpfen verstand«.* Aus dem Ersten Weltkrieg kehrt Maťo mit der Erfahrung seiner – wenn auch mehr oder weniger zufälligen – Beteiligung am Kampf der russischen Revolutionäre und an der Verteidigung der ungarischen Räterepublik in sein Heimatdorf zurück. Hier gerät er sogleich in tragischen Konflikt mit der am Besitzstreben ausgerichteten Lebensordnung der um ihre Existenz ringenden Kysucer Bergbauern, gegen die er seine Liebe zu Magda Kotryzová zu verteidigen sucht. Maťos Vater, der durch den Betrug an seinem eigenen Bruder ein beträchtliches Erbe aus Amerika an sich brachte, versucht Maťo zu überreden, mit dem Geld eine reiche Braut zu gewinnen. Auf der anderen Seite sucht Magdas Mutter das Mädchen zu überzeugen, daß sie ihrer Armut wegen nicht die Frau eines reichen Bauern werden könne. Als Magda Maťo abweist, um den ihr sozial näherstehenden Gregor zu heiraten, ersticht Maťo das Mädchen und begeht mit demselben Messer einen Selbstmordversuch. Gerettet, sitzt er seine Gefängnisstrafe ab und kehrt nach Kysuce zurück, wo der Vater inzwischen durch eine Fehlspekulation sein Geld verlor, im Trunk das Haus niederbrannte und in den Flammen umkam. Maťo beginnt ganz von vorn und führt trotz neuer Rückschläge und Mißerfolge den alten, harten Kampf der Kysucer Bauern. Als ihn der Holzfäller Mackovčiak auffordert, in Sowjetkirgisien ein neues Leben zu beginnen, weigert er sich trotz allem, ihm zu folgen: *»Die Hände sind mit diesem Land verwachsen, du kannst sie nicht ausreißen.«* Maťos scheinbare Niederlage ist in Wahrheit ein Sieg, weil sie in ihm die Kraft weckt, sich mit den Widerständen nicht zu versöhnen und das harte Schicksal zu ertragen.　　　　　H.J.S.

AUSGABEN: Prag 1929. – Preßburg 1952 (in *Spisy*, 4 Bde., 1952–1957, 1). – Preßburg 1974.

LITERATUR: J. Špitzer, *P. J.*, Preßburg 1955, S. 40–49. – J. Mistrík, »Viťazný pád« (in *Rozbory umeleckej prózy*, Preßburg 1967, S. 38–45).

ZUNIACI KROK

(slovak.; *Der hallende Schritt*). Roman von Peter JILEMNICKÝ, erschienen 1930. – Jilemnický faßte den Plan zu seinem Roman während seines Aufenthalts in der Sowjetunion, wo er wie andere tschechische kommunistische Schriftsteller (z. B. NE-

JEDLÝ, OLBRACHT, FUČÍK) das Leben der neuen Gesellschaft studierte. Der Autor war als Lehrer und Chronist der zweiten tschechoslovakischen »Interhelpgruppe« nach Kirgisien, später als Lehrer in das Mitte des 19. Jh.s von tschechischen und slovakischen Siedlern an der Schwarzmeerküste angelegte Dorf Pavlovka gegangen. Jilemnickýs Erlebnisse in der Sowjetunion fanden in seinen Werken vielfachen Niederschlag, so in dem Reportageband *Dva roky v krajine sovetov*, 1929 *(Zwei Jahre im Land der Sowjets)*, in der Schlußerzählung der Sammlung *Kompas v nás*, 1937 *(Der Kompaß in uns)*, und vor allem in dem Roman *Zuniaci krok*. Gegenstand des Werks ist der Kampf um die Kollektivierung in Krasno-Čechovka, dem ehemaligen Pavlovka. Den reichen Kulaken Petráň, Stráňava, Tremboš und Zlatník stehen die von ihnen abhängigen armen Bauern gegenüber. Aus ihrer Mitte stammt Matúš Repka, der bereits als Nichtkommunist mit den roten Partisanen gegen Denikin kämpfte und jetzt für die Einführung der sozialistischen Wirtschaftsform in seinem Heimatdorf eintritt. Eine Zwischenstellung nimmt der Kulakensohn Martin Tremboš ein. Obwohl er die Richtigkeit von Repkas Kampf erkennt, wird er ein leichtes Opfer von Zina, die ins Dorf geschickt wurde, um den Kulaken zu helfen, durch pseudosoziale Machenschaften ihre Chancen für die erste Wahl des Dorfsowjets zu erhöhen. Mit Gerüchten und übler Nachrede gehen die Kulaken gegen Repka vor, der im Dorf hohes Ansehen genießt. Ihre Kampagne hat zunächst Erfolg; die Mehrzahl der Bauern stimmt gegen Repka. In öffentlicher Rede gelingt es ihm jedoch, die Unhaltbarkeit der ausgestreuten Gerüchte und die politischen Beweggründe der Kulaken aufzuzeigen: Repka wird zum Vorsitzenden des Dorfsowjets gewählt. In Krasno-Čechovka halten die neuen Gesellschaftsverhältnisse Einzug. Zjazulin, der die führende Rolle der Kommunistischen Partei repräsentiert, ermahnt die Bauern zur Einheit *»in einem Meer von Feinden«*. Er schließt den alten Kommunisten Procenko, der ihm persönlich nahesteht, aus der Partei aus, da er geheime Vereinbarungen der Parteizelle an die Kulaken verriet. *»Dem Menschen . . . tut ein guter Kerl leid. Aber für die Partei ist es zuwenig, nur ein guter Kerl zu sein.«*

Jilemnickýs Roman ist von den Anfängen der sowjetischen Kolchosliteratur (vgl. z. B. PANFËROVS *Bruski*, 1928–1937 – *Die Genossenschaft der Habenichtse*; ŠOLOCHOVS *Podnjataja celina*, Teil 1, 1932 – *Neuland unterm Pflug)* und den politischen Tagesaufgaben (vgl. GOTTWALDS Referat *Boj o dedinskú chudobu – Der Kampf um die armen Bauern* auf dem V. Parteitag der KSČ) angeregt. Nach ausgeprägten Formexperimenten war dieser Roman Jilemnickýs erster Versuch im Stil des Sozialistischen Realismus, erreicht aber die angestrebte Synthese von Form und Inhalt nicht.　　　　H.J.S.

AUSGABEN: Prag 1930. – Prag 1950. – Preßburg 1950 (in *Spisy*, 10 Bde., 1950–1957, Bd. 2; Nachw. B. Truhlář). – Preßburg 1974.

LITERATUR: P. Jilemnický, *Dva roky v krajine sove-tov*, Chicago 1929; auch in *Spisy*, Bd. 8, Preßburg 1952. – J. Plachetka, *P. J. a Sovetský sváz*, Prag 1954. – J. Špitzer, *P. J.*, Preßburg 1955, S. 78–83.

JĪMBADORJI

Ende 18. / Anfang 19.Jh.

BOLUR TOLI

(mong.; *Spiegel aus Bergkristallen*). Geschichts-werk von JĪMBADORJI, Abt eines lamaistischen Klo-sters im Uratgebiet; entstanden 1835. – Das um-fangreiche Werk, das sowohl auf mongolischen als auch auf tibetischen und chinesischen Quellen fußt, bedeutet den Durchbruch der mongolischen Historiographie zur Nationalgeschichtsschrei-bung. Seine Darstellung – besonders im dritten Buch – ist bei großer Quellentreue und gelegentli-cher Quellenkritik lebendig. Es stellt eines der her-vorragendsten Beispiele der mongolischen Prosa des frühen 19. Jh.s dar. – Das Geschichtswerk liegt in verschiedenen Handschriften in Bibliotheken in Ulan-Bator, Leningrad, Kopenhagen und in chine-sischen Sammlungen vor.   W.Hei.

AUSGABEN: Kopenhagen 1963 (in *Monumenta Linguarum Asiae Maioris, Ser. Nov.*, 3, Hg. W. Heissig; Faks. d. 3. Buches). – Kökehota 1984, Hg. Liu Yin suo [vollst.; m. Anm.].

ÜBERSETZUNGEN: B. Vladimircov (in *Izvestija akad. Nauk SSSR*, 1926, S. 1275–1278; un-vollst.). – W. Heissig (in *Sinolog. Arbeiten*, 2, Pe-king 1944; 3, Peking 1945; unvollst.).

LITERATUR: L. S. Pučkovskij, *The Date of Composi-tion of the »Bolur toli«* (in Acta Orientalia Hungari-ca, 16, 1963, S. 217–224). – V. Veit, *Die Regie-rungsperiode Ch'ienlung (1736–1796) in der Dar-stellung der mongolischen Chronik »Bolur toli«* (in Zentralasiatische Studien, 10, 1976).

JUAN RAMÓN JIMÉNEZ

* 24.12.1881 Moguer / Huelva
† 29.5.1958 San Juan / Puerto Rico

LITERATUR ZUM AUTOR:
Bibliographie:
A. Campoamor González, *Bibliografía general de J. R. J.*, Madrid 1983.

Biographien:
F. Garfias, *J. R. J.*, Madrid 1958. – R. Gullón, *Conversaciones con J. R. J.*, Madrid 1958. – J. Guerrero Ruiz, *J. R. de viva voz*, Madrid 1961. – R. Gullón, *Así se fueron los ríos*, Madrid, Barcelona 1968. – B. Gicovate, *La poesía de J. R. J.: Obra en marcha*, Barcelona 1973. – G. Palau de Nemes, *Vida y obra de J. R. J.: La poesía desnuda*, Madrid 1974. – A. Campoamor González, *Vida y poesía de J. R. J.*, Madrid 1976. – I. Paraíso Leal, *J. R. J.: Vivencia y palabra*, Madrid 1976.
Gesamtdarstellungen und Studien:
E. Neddermann, *Die symbolischen Stilelemente im Werk von J. R. J.*, Hbg. 1935. – E. Díez Canedo, *J. R. J. en su obra*, Mexiko 1944. – G. Díaz Plaja, *J. R. J. en su poesía*, Madrid 1985. – O. Marci, *Metafisica e lingua poética di J. R. J.*, Parma 1958. – R. Gullón, *Estudios sobre J. R. J.*, Buenos Aires 1960. – S. R. Ulibarri, *El mundo poético de J. R. J.: Estudio estilístico de la lengua poética y de los símbolos*, Madrid 1962. – B. de Pablos, *El tiempo en la poesía de J. R. J.*, Madrid 1965. – M. P. Predmore, *La obra en prosa de J. R. J.*, Madrid 1966. – C. del Saz Orozco, *Dios en J. R. J.*, Madrid 1966. – L. R. Cole, *The Religious Instinct in the Poetry of J. R. J.*, Oxford 1967. – P. R. Olson, *Circle of the Paradox: Time and Essence in the Poetry of J. R. J.*, Baltimore 1967. – O. Lira, *Poesía y mística en J. R. J.*, Santiago de Chile 1969. – A. Crespo, *J. R. J. y la pintura*, Barcelona 1974. – A. González, *J. R. J.*, 2 Bde., Madrid 1974. – D. F. Fogelquist, *J. R. J.*, Boston 1976 (TWAS). – R. A. Cardwell, *J. R. J.: The Modernist Apprenticeship 1895–1900*, Bln. 1977. – J. C. Wilcox, *W. B. Yeats and J. R. J.*, Michigan 1979. – *J. R. J.: El escritor y la crítica*, Hg. A. Albórnoz, Madrid 1980. – H. T. Young, *The Line in the Margin: J. R. J. and his Readings in Blake, Shelley and Yeats*, Madison 1980. – G. Azam, *L'œuvre de Don J. R. J.*, Paris 1980 (span. Madrid 1983). – CHA, 1981, Nr. 376–378 [Sondernr.]. – Renaissance and Modern Studies, 25, 1981 [Sondernr.]. – Torre, 29, 1981 [Sondernr.]. – *J. R. J.*, Hg. R. A. Cardwell, Nottingham 1981. – *Criatura afortunada. Estudios sobre la obra de J. R. J.*, Granada 1981. – *J. R. J. en su centenario*, Cáceres 1981. – A. Sánchez Barbudo, *La obra poética de J. R. J.*, Madrid 1981. – Sin Nombre, 12, 1982 [Sondernr.]. – M. Coke-Enguídanos, *Word and Work in the Poetry of J. R. J.*, Ldn. 1982. – *J. R. J.: Actas del Congreso Internacional del Centenario de J. R. J. (Moguer)*, Huelva 1983. – M. Alvar, *J. R. J. y la palabra poetica*, Río Piedras/Puerto Rico 1986.

ANIMAL DE FONDO

(span.; *Wesen der Tiefe*). Gedichtzyklus von Juan Ramón JIMÉNEZ, erschienen 1949. – Das Werk enthält 29 Gedichte, ein Vorwort und Schlußan-merkungen des Autors. Alle Gedichte der Samm-lung sind Ausdruck eines religiösen Erlebnisses, ei-ner mystischen Gottesbegegnung, die Jiménez –

wie er angibt – anläßlich einer Meerfahrt 1949 zuteil wurde. Das *»animal de fondo«* ist der Dichter selbst. Mit *animal* ist hier gemäß der ursprünglichen Bedeutung des Wortes das lebendige, beseelte Wesen gemeint. In ähnlicher Form versinnbildlicht in Jiménez' berühmter Tierlegende *Platero und ich (Platero y yo)* ein kleiner Esel das in sich selbst ruhende, im All eingebettete, mit allem Lebendigen verbundene Dasein. Der *»Grund aus Luft«* (Einheit des an sich Unvereinbaren) steht mit dem *»Seelengrund«* (*fondo* oder *centro del alma*) der Mystiker in Beziehung und ist Ausdruck des Losgelöstseins, des Schwebens über dem Irdischen, in welchem sich die Vereinigung mit dem Göttlichen vollzieht, das Jiménez als *»einheitliches Schönheitsbewußtsein, das innerhalb und außerhalb von uns ist und beides zugleich«* bezeichnet. In der Begegnung mit dem sehnlichst erwarteten, gesuchten Gott findet Jiménez den wahren Sinn der durch das dichterische Wort geschaffenen Welt. *»Wenn ich durch Dich eine Welt schuf für Dich / Gott, unfehlbar mußtest du kommen / und siehe Du bist erschienen.«* Jiménez selbst hat für seine Gotteserkenntnis den Begriff der »pantheistischen Mystik« geprägt. Sein Gott ist unpersönlich (nicht Ursprung, Tat oder Schöpfung), kein Du (obwohl er immer als *Du* angesprochen wird), sondern unbestimmbare Weltqualität und Schönheitsglanz des Seins: *»Du bist nicht mein Erlöser und nicht mein Beispiel, / Du bist nicht mein Vater und nicht mein Sohn und nicht mein Bruder; / Du bist überall gleich und eins, Du bist von allem verschieden und bist alles; / Du bist der Gott der erreichten Schönheit / und das Bewußtsein, das ich vom Schönen habe.«* – Gott *»west«* als der *»Wünschende«* in der Natur, in der er noch namenlos ist und keine Gestalt hat; er ist andrerseits der *»Erwünschte«* auf dem Grund der Menschenseele, dem *»Brunnen«* (*pozo*), in dem sich alles widerspiegelt. In dem Augenblick, da die Seele innerhalb und außerhalb ihrer selbst das Göttliche erfaßt, wird Gott geboren; ein Vorgang, der sich bei Jiménez als dritte Stufe der Gottesbegegnung in der *»Erleuchtung«* oder *»Findung«* vollzieht. (In den Schlußanmerkungen schreibt der Autor, daß der unmittelbaren Gottesschau in seinen Jugendjahren *»eine gegenseitige sinnenhafte Hingabe«* und später, aufgrund einer schlußfolgernden Erkenntnis des Ganzen, eine *»diskursive Eroberung«* vorausgegangen seien.) – *»Du warst es, der mich denken ließ, daß Du Du warst, / der mich fühlen ließ, daß ich Du war, / der mich genießen ließ, daß Du ich warst, / der mich aufschreien ließ, daß ich ich war.«* Die Verse haben unregelmäßige Silbenzahl und sind meist reimlos. Obwohl sich die Ergriffenheit des Dichters hinter asketisch-karger Sprachgebung verbirgt, wirken die Gedichte zum Teil wie in mystischer Ekstase geschrieben; dies vor allem durch die schwer deutbaren metaphorischen Umschreibungen des Unsagbaren, durch die monotone, an kirchliche Litaneien erinnernde Wiederholung der Bilder und Chiffren, in denen die Innen und Außenwelt zur Zeichensprache des immer nahen und immer fernen Gottes wird. A.F.R.

AUSGABEN: Buenos Aires 1949. – Madrid 1959 (in *Libros de poesía*, Hg. A. Caballero). – Madrid 1981/82 (in *Obra completa*, Hg. u. Einl. R. Gullón, 20 Bde., 19).

ÜBERSETZUNG: *Wesen der Tiefe*, L. Hübsch-Pfleger, Ffm. 1963 [Ausz.].

LITERATUR: C. Zardoya, *El dios deseado y deseante de »Animal de fondo«* (in Insula, Juli/Aug. 1957). – R. Fernández Contreras, *En torno a »Animal de fondo« de J. R. J.* (in Explicación de Textos Literarios, 6, 1978, S. 129–134). – R. Allen, *J. R. J. The Transcendalist as »Animal de fondo«* (in MLR, 76, 1981, S. 81–98). – G. B. De Cesare, *La proiezione dell'io in »Animal de fondo«* (in *Aspetti e problemi delle letterature iberiche: Studi offerti a F. Meregalli*, Hg. G. Bellini, Rom 1981, S. 145–152).

CANCIÓN. Amor y poesía cada día

(span.; *Lied. Liebe und Dichtung jeden Tag*). Gedichte von Juan Ramón JIMÉNEZ, erschienen 1936. – Am 6. August 1943 schrieb Jiménez aus Washington an seinen mexikanischen Freund Enrique DÍEZ-CANEDO: *»Als wir 1936 Spanien verließen, blieb alles, was ich bis dahin geschrieben hatte, in Madrid zurück. In jenem Jahr hatte der Verlag Signo begonnen, mein Gesamtwerk nach Gattungen geordnet in einundzwanzig Bänden zu veröffentlichen, sieben Bände Lyrik, sieben Bände Prosa und sieben Zusatzbände. Der erste Band, Canción, erschien in jenem Frühling. Unser schicksalhafter Krieg . . . löschte jenes Werk aus.«* Auch spätere Versuche des Dichters, seine Schriften in einer Gesamtausgabe zu veröffentlichen, scheiterten. *Canción* ist somit die einzige Stütze für den Leser und Kritiker, den die von Jiménez damals geplante definitive Ordnung seines Werkes interessiert. Dieser Plan ist in der Erstausgabe von *Canción* abgedruckt. Als Titel für sein Gesamtwerk wählte der Autor *Unidad (Einheit)*. Er widmete es, wie gewohnt, der *»Unendlichen Minorität«* und stellte ihm ein Goethewort voran, das er häufig als Motto verwendete: *» Wie das Gestirn, ohne Hast, aber ohne Rast.«* – *Unidad* sollte zweifellos nicht alle von Jiménez bis dahin veröffentlichten Schriften umfassen, sondern nur das, was an Veröffentlichtem und Unveröffentlichtem seiner Meinung nach Anspruch auf Gültigkeit hatte. Daß dieses Gesamtwerk wie auch alle seine Einzelwerke den Charakter einer Anthologie gehabt hätte, wird aus dem Band *Canción* deutlich: er enthält bei weitem nicht alle zuvor veröffentlichten Gedichte, die unter diesem Titel hätten erscheinen können. Die darin enthaltenen früher publizierten Gedichte sind vorwiegend den Sammlungen *Estío (Sommer)*, *Eternidades (Ewigkeiten)*, *Piedra y Cielo (Stein und Himmel)*, *Poesía (Poesie)*, *Belleza (Schönheit)* und *La estación total (Die totale Raumzeit)* entnommen und wurden zum Teil revidiert. Ein beträchtlicher Teil der in den Band aufgenommenen Lyrik war jedoch bis dahin unveröffentlicht.

Canción, als dritter Band des Gesamtwerkes geplant, steht unter dem Motto »*Liebe und Dichtung jeden Tag*« und ist Cenobia Camprubí Aymar, der Frau des Dichters, zugeeignet. Er enthält, vom formalen Gesichtspunkt her gesehen, der neben inhaltlichen Aspekten für die Ordnung der Gesamtausgabe maßgebend war, andalusische Coplas, einfache Reim- und Assonanzformen, aber auch reimlose, freie, von schwingenden Rhythmen getragene Verse und ist wohl der lyrischste und am unmittelbarsten zugängliche Teil des Gesamtwerkes. Hauptthemen sind, wie der Untertitel ankündigt, Liebe und Dichtung, neben dem Tod die wichtigsten Motive in Jiménez' Lyrik. – *Canción* umfaßt, meist in chronologischer Folge, 418 durchnumerierte Gedichte und vier eingeschobene Gruppen von *cancioncillas* (Liedchen – meist Drei- und Vierzeiler), näher bezeichnet als: *sentimentales, espirituales, intelectuales, ideales*. Diese Adjektive geben einen Hinweis auf die in den einzelnen Teilen vorherrschende Stimmung und damit auch auf die Entwicklung Jiménez' vom gefühlsbetonten zum intellektuellen Dichter, der sich um das reine Gedicht, um den »*genauen Namen der Dinge*« bemüht, um das Ideal des Dichterischen schlechthin.   B.G.

AUSGABEN: Madrid 1936. – Madrid 1961 (in *Libros de poesía*, Hg. A. Caballero). – Madrid 1981/82 (in *Obra completa*, Hg. u. Einl. R. Gullón, 20 Bde.).

ETERNIDADES

(span.; *Ewigkeiten*). Gedichtband von Juan Ramón JIMÉNEZ, entstanden 1916/17, erschienen 1918. – Als Ganzes sind diese Gedichte ein Hohelied der ehelichen Liebe. Im Gesamtwerk des Dichters markiert der Band die Abwendung von allem nur Dekorativen, nur Musikalischen, die Hinwendung zum reinen und absoluten Ausdruck. Aus der früher oft beschworenen gestaltlosen Muse ist die konkrete Gestalt der liebenden und geliebten Frau geworden: »*Der Schein von Morgenröte?* / *Oder ist es der Schrei des klaren Erwachens unserer Liebe?*« Wirklichkeit und Phantasie verschmelzen zu einer von der Schönheit des Universums und dem Wunder menschlicher Liebe kündenden Gegenwart. Grundsituation der Gedichte ist die Zwiesprache des dichterischen Ichs mit der Unendlichkeit: »*Du bist in mir, der ich dich durchdringe.*« Die Seele des Dichters – die Form aller Formen – ist in der leuchtenden Gegenwart der liebenden Herzen unterwegs, das All und die Ewigkeiten auszumessen: »*Die Fülle des Heute ist der Zweig an der Blüte des Morgen.* / *Meine Seele muß wiederkehren* / *um die Welt als meine Seele zu schaffen.*« Ein immer wiederkehrendes Motiv ist das Gefühl des Erwachens: »*Ich starb im Traum* / *und bin im Leben auferstanden!*« Immer stärker durchdringt das helle Bewußtsein das Meer des Schlafes und des Traumes. Der Einfluß der intellektuellen Lyrik VALÉRYs wird hier deutlich spürbar. Auch Jiménez will den genauen

Namen der Dinge, den genauen Klang der Töne ergründen, »*damit mein Wort das Ding selbst sei, neu geschaffen aus meinem Innern*«. Er strebt nach einer gleichsam destillierten Dichtung, reduziert auf das Einfache, das gleichbedeutend ist mit »*klar, treffend, synthetisch und richtig*«. Zwar ist noch immer Irrationales spürbar, noch immer fast ein Überschuß an andalusischen und arabischen Elementen vorhanden, doch ist der Dichter nun auf dem Weg zur »reinen Poesie«: »*Mein Herz ist schon so rein, daß es dasselbe ist, ob es stirbt, ob es singt.*« Die Eitelkeit der Träume und Illusionen hat dem Tag, der menschlichen Ergriffenheit und Verinnerlichung weichen müssen, und auf dieser Ebene vollzieht sich der dichterische Schöpfungsprozeß. Für Jiménez ist die Welt ein nur durch die Poesie existierender Kosmos, und so werden ihm, der »*die Sterne mit seinem Blut ernährt*«, alle Vorgänge in diesem Kosmos zum Abglanz jener Schönheit, die das Wort, der menschliche Geist, schafft.   A.As.-KLL

AUSGABEN: Madrid 1918. – Madrid 1959 (in *Libros de poesía*, Hg. A. Caballero). – Madrid 1981/82 (in *Obra completa*, Hg. u. Einl. R. Gullón, 20 Bde., Bd. 14).

LITERATUR: D. F. Fogelquist, *J. R. J.* (in RHM, 24, 1958, S. 105–177; Bibliogr.).

PLATERO Y YO. Elegía andaluza. 1907–1916

(span.; *Ü: Platero und ich*). Elegie in Prosa von Juan Ramón JIMÉNEZ, erschienen 1917. – In der dichterischen Entwicklung dieses »*Generalkonsuls der Poesie*«, wie GARCÍA LORCA ihn nannte, bedeutet *Platero y yo*, das in unvollständiger Form bereits 1914 erschien, eine Wendung. Hatte Jiménez bis zum Erscheinen dieses Buchs als Vertreter der reinen Innerlichkeit gegolten, dem die Welt bloßer Anlaß zu schwermütiger Selbstbespiegelung war, so wendet er sich nun dem Gegenständlichen zu. In Platero, dem kleinen Esel, findet der Dichter zum ersten Mal einen Gefährten seiner melancholischen Einsamkeit.

Das Werk besteht »*aus einer Folge kleiner Gedichte in Prosa*«; es sind 138 mit Untertiteln versehene kurze Abschnitte, von denen keiner zwei ganze Druckseiten, die meisten weniger als eine Seite, einer nur vier Zeilen umfaßt. Sie handeln in lose nebeneinander gestellten Szenen, Beschreibungen, Ansprachen und Betrachtungen von Leben, Krankheit, Tod und Himmelfahrt des sanften Eselchens, »*weich von außen, als ob es aus Watte wäre, ganz ohne Knochen*«. Die in *Platero y yo* erzählte Zeit beginnt im Frühling und endet im Winter, umfaßt also einen Jahreszyklus, der seinerseits mit seinen Stationen den Tageslauf und die Lebensstufen des Menschen symbolisiert. Diesen dreifachen Ablauf durchwandert der Dichter mit seinem Esel, den er an seinen Empfindungen und Erlebnissen teilnehmen läßt und den er hinführt zu den uralten Stätten dichterischer Inspiration: Quelle, Wiese und Bach,

Brunnen, Acker und Baum, Friedhof, Bergeshöhe und Brücke. Beschreibende Stücke wechseln mit hinweisenden oder anspielungsreich-evokativen und mit erzählenden ab. Höhepunkte der Wanderung sind die weltlichen und kirchlichen Feste: Weihnachten, Fastnacht, Fronleichnam und Kirchweih, Johannistag, Korn-, Wein- und Olivenernte. Moguer, die Heimat des Dichters, seine Lebensweise, sein Brauchtum haben bei der Schilderung der ländlich-kleinstädtischen Welt Modell gestanden, nicht zuletzt die kleinlichen, engstirnigen Bewohner, die den Dichter *el loco*, den Verrückten, nannten – dies alles ist sehr präzis, aber wie aus weiter Ferne beobachtet und impressionistisch verschleiert. Mit besonderer Anteilnahme werden die Kinder geschildert und erschütternde Kindertragödien erzählt. Auch Häßliches, ja Abstoßendes ist mit drastischem Realismus beschrieben: Tierquälerei, Hartherzigkeit gegenüber Kindern und die niedrigen Gelüste des Trinkens, des Karnevals und des Stierkampfes. Den Sinn des Dichters für Ironie und Humor bezeugen die Karikaturen des Pfarrers, des Tierarztes und einer Familie von Zirkusleuten, seine Tierliebe die vielen Geschichten von Spatzen und Schwalben, Hunden und Katzen, Maultieren und Pferden. So umfaßt das kleine Werk die großen Erscheinungen des Universums ebenso wie die unscheinbaren Schönheiten der Natur, und jedes dieser Phänomene enthüllt sich als Teil des Kosmos.

Platero und ich ist das Meisterwerk der modernen spanischen Prosa, und es ist durch seine Gefühlsinnigkeit, die Reinheit der lyrischen Stimmung, den zauberhaften Glanz seiner Sprache zugleich eines der schönsten Prosawerke der Weltliteratur. Formal und inhaltlich tief in der abendländischen Geistes- und Literaturgeschichte verankert, sind in ihm vor allem die Dingfrömmigkeit des hl. Franz von Assisi und der Pantheismus Spinozas gegenwärtig, auf dessen *Deus sive natura* (Gott und Natur sind eins) der Dichter ausdrücklich hinweist. Eine pantheistische Naturmystik kommt an vielen Stellen zum Ausdruck: »*Und die Seele, Platero, fühlt sich als Herrscherin über das, was sie Kraft ihres Gefühles besitzt, über den großen, gesunden Leib der Natur, der, ehrfürchtig behandelt, jedem, der es verdient, in Ergebenheit das Schauspiel seiner glänzenden und ewigen Schönheit bietet.*« – Elegie und Idylle – deutlich sind die Verknüpfungen mit der bukolischen Dichtung der Vergangenheit – verwandeln in *Platero und ich* die konkrete Landschaft in einen geschichtslosen Raum der Ruhe und des Friedens: »*Heiter ziehen die Stunden dahin. Es ist kein Krieg in der Welt, und der Landmann schläft ruhig und sieht den Himmel in der Tiefe seines Traumes.*« Auch Motive der Fabeldichtung sind in das Werk eingegangen, und eindeutig ist seine Beziehung zum Märchen. Allerdings sind die herkömmlichen Kennzeichen dieser Gattung – Allegorie, Verwandlungen, Zauber und Magie – in die Macht des Wortes und der Phantasie zurückgenommen und zu Vergleichen, Metaphern, Synästhesien und assoziativen Bildern sublimiert. – Noch 1944 nannte Jiménez

sein Werk etwas abschätzig ein »*sentimentales Büchlein meiner Jugendzeit*«. Erst 1948 auf seiner Reise durch Argentinien und Uruguay, auf der dem umjubelten Dichter *Platero y yo* als Bilder- und Lesebuch in den Schulen begegnete, wurde ihm die enorme Volkstümlichkeit seiner Schöpfung bewußt. Für die Verleihung des Nobelpreises an Juan Ramón Jiménez im Jahre 1956 war nicht zuletzt *Platero y yo* ausschlaggebend.   A.F.R.

Ausgaben: Madrid 1914 [unvollst.]. – Madrid 1917. – Madrid 1926 (in *Obras*, Bd. 2). – Madrid 1965. – Madrid 1981/82 (in *Obra completa*, Hg. u. Einl. R. Gullón, 20 Bde., 11). – Madrid 1985, Hg. u. Einl. R. Predmore (Cátedra).

Übersetzungen: *Platero und ich. Andalusische Elegie*, D. Deinhard, Ffm. 1953; ern. 1965. – Dass., F. Vogelsang, Ffm. 1985.

Literatur: J. L. Castillo Puche, *El burriquillo Platero, personaje universal* (in CHA, 84, 1956, S. 389–391). – G. Díaz-Plaja, *El poema en prosa en España*, Madrid 1956. – J. Marías, »*Platero y yo*« *o la soledad comunicada* (in La Torre, 19/20, 1957, S. 381–395; dt. in Antaios, 5, 1963/64, S. 88–100). – D. C. Bayón, »*Platero y yo*« *y españoles de tres mundos* (in La Torre, 19/20, 1957, S. 365–379). – R. Gullón, »*Platero*« *revivido* (in PSA, 16, 1960, S. 9–40; 127–156; 246–290). – N. E. Broggini, »*Platero y yo*«: *Estudio estilístico*, Buenos Aires 1965. – E. Milazzo, *Il mondo di* »*Platero y yo*« *di J. R. J.*, Rom 1967. – M. P. Predmore, *The Structure of* »*Platero y yo*« (in PMLA, 85, 1970, S. 56–64). – L. S. Marcus, *The Beast of Burden and the Joyful Man of Words: J. R. J.'s* »*Platero y yo*« (in The Literature and the Unicorn, 4, 1980/81, S. 56–74). – R. A. Cardwell, *The* »*Universal Andalusian*«, »*The Zealous Andalusian*« *and the* »*Andalusian Elegy*« (in StTCL, 7, 1983, S. 201–224). – M. E. Altisent, *Un narratario insólito: Platero. Diálogo interior y precencia del narrativo en* »*Platero y yo*« (in Explicación de Textos literarios, 14, 1985/86, S. 89–103).

SONETOS ESPIRITUALES

(span.; *Geistliche Sonette*). Sonette von Juan Ramón Jiménez, erschienen 1917. – In den 55 zwischen 1914 und 1915 entstandenen Sonetten dieses Bandes kündigt sich die bedeutsame Wandlung im Schaffen des Dichters bereits an, die in dem wenig später erschienenen *Diario de un poeta recién casado*, 1917 (*Tagebuch eines jungverheirateten Dichters*), in voller Deutlichkeit sichtbar und durch die nachfolgenden Werke (vgl. *Eternidades*, 1918) bestätigt werden sollte. Hatte Jiménez bis dahin »*innige, zarte gefühlvolle Gedichte geschrieben mit Versen, die ganz Farbe, Musik, Rhythmus und innere Erregung waren*« (A. Antón Andrès), so treten nun Farbe und Musik wie überhaupt der unmittelbare Eindruck zurück, die äußere Wirklichkeit wird zum

Abbild und Spiegel der eigenen Innerlichkeit: »*Auf den Gefühlsimpressionismus der ersten Zeit folgt nun eine Art Impressionismus des Geistes.*« Bezeichnend für diesen Wandel ist in den *Sonetos espirituales* bereits die äußere Form. Die klassische Form des Sonetts, die Jiménez hier zum ersten Mal wählte, ist durch strengen Aufbau und klare Struktur wie kaum eine andere geeignet, dem unbestimmten Eindruck, dem schwebenden Gefühl Festigkeit und Dauer zu verleihen. In diesem Sinn stellte Jiménez der Sammlung einen Vers des englischen Lyrikers Dante Gabriel ROSSETTI (1828–1882) voran: »*A sonett is a moment's monument / memorial from the soul's eternity*«, und erklärt im Eingangsgedicht das Wesen dieser lyrischen Form: Wie im Flügel der Flug, in der Blume der Duft, in der Flamme das Feuer, im Wasser die Frische und im Diamanten der edle Reichtum enthalten ist, so birgt das Fleisch alle Sehnsucht; ihre Wunder sollen in der reinen Form des Sonetts zum Ausdruck kommen. Wenn der Dichter von den fünfzehn Büchern, die er außer der ersten Ausgabe von *Platero y yo*, 1917 *(Platero und ich)*, vor dieser Sammlung veröffentlicht hatte, sagte, es seien nur »*wilde Skizzen*« gewesen, so befindet er sich jetzt auf dem Wege der »*Hinwendung zum reinen und absoluten Ausdruck*«.

Seine in drei Gruppen – *Liebe, Freundschaft* und *Einkehr* – geordneten Gedichte sind thematisch ebenso traditionsverhaftet wie in ihrer Symbolik, die sich um Wörter wie Licht, Stern, Mond, Nachtigall, Frühling, Garten entfaltet. Durch die immer noch stark »modernistische« Sprache hindurch sind die Ausdrucks- und Gefühlskonventionen der großen Sonettisten des Goldenen Zeitalters vernehmbar, so etwa der sprachliche Duktus Fernando de HERRERAS (1534–1597) in dem Gedicht *Mujer celeste* oder, in andern Sonetten, die durch Sinnvertauschungen, Antithesen und verschlüsselte Anspielungen gekennzeichnete Aussageweise GÓNGORAS (1561–1627). In einzelnen Fällen reicht die Traditionsgebundenheit der Sonette noch weiter zurück. Titel und Thema des an literarhistorischen Reminiszenzen reichen Gedichts *Guardia de amor (Liebeswache)* erinnern an die in katalanischer Sprache geschriebenen *Cants (Gesänge)* des valenzianischen Dichters Ausiàs MARCH (um 1397–1459), eines späten Vertreters des *trobar clus*, des dunklen, verschlossenen Stils der altprovenzalischen Literatur.   A.F.R.

AUSGABEN: Madrid 1917. – Buenos Aires 1959. – Madrid 1959 (in *Libros de poesía*). – Madrid 1964 (in *Primeros libros de poesía*). – Madrid 1981, Hg. u. Einl. A. W. Phillips. – Madrid 1981/82 (in *Obra completa*, Hg. u. Einl. R. Gullón, 20 Bde., 12).

LITERATUR: P. Cabanas, *Sobre la rima en los sonetos de J. R. J.* (in *Univ. of British Columbia Hispanic Studies*, Hg. H. Livermore, Ldn. 1974, S. 79–86). – N. B. Mandlove, *The Ordering of Experience: A Study of J. R. J.'s »Sonetos espirituales«* (in Hispania, 63, 1980, S. 666–673).

DIEGO JIMÉNEZ DE ENCISO

* 1585 Sevilla
† 1634 (?)

EL PRÍNCIPE DON CARLOS

(span.; *Der Prinz Don Carlos*). Versdrama in drei Akten von Diego JIMÉNEZ DE ENCISO, erschienen 1634. – Der Dichter gilt gemeinhin als der erste, der diesen Stoff auf die Bühne brachte. Mehr als 150 Jahre später fand er durch SCHILLER (vgl. *Dom Karlos*) eine völlig andersartige Gestaltung. Während Schiller den Sohn Philipps II. von Spanien zur tragischen Gestalt erhebt und ihn als reinen Jüngling darstellt, der, zwischen Liebe und Freundschaft und der Begeisterung für Freiheit und Menschenwürde schwankend, an der Staatsräson scheitert, ist Encisos Drama der Versuch, sich der historischen Gestalt dieses unglückseligen Prinzen, der ein körperlich und geistig zurückgebliebener, ja entarteter Mensch war, dichterisch zu bemächtigen.

Das Stück zeigt Don Carlos, auf seine Mitverschwörer wartend, im Begriff, nach den Niederlanden zu reisen, wo er sich zum Regenten ausrufen lassen will. Die Wartezeit vertreibt er sich mit Ausschweifungen aller Art, verliebt sich darüber hinaus in die bereits verlobte Violante und läßt das Mädchen in seine Kammer locken. Doch Violante kann sich in Sicherheit bringen, und als Don Carlos sie sucht, stößt er im Palast auf eine Gruppe von Dienern mit der Leiche des Mitverschwörers Montigny, den Philipp II. hat erdrosseln lassen. Die in einem Schreiben, das er in der Hand des Toten findet, enthaltene Mahnung beachtet er ebensowenig wie andere Warnungen, die er empfängt, so daß der König den unverbesserlichen Toren und Wüstling schließlich in den eigenen Gemächern gefangenhalten läßt. In der Haft bricht Don Carlos zusammen; Trotz, Gram und verzehrende Reue verfinstern sein Gemüt, das Bewußtsein seiner Verworfenheit läßt ihn an Selbstmord denken: »*Ich will dies Licht in mir verlöschen, wenn es nicht selbst erlischt.*« Aber bald stirbt er den unseligen Tod, der ihm von seinem Ebenbild im Fieberdelirium angekündigt worden ist; Stimmen verkünden dem Sterbenden, daß er vor Gottes Gericht Thron und Leben verwirkt habe.

Enciso schuf ein psychologisches Drama im barokken Geschmack, dessen Held, »*ein seltsamer spanischer Hamlet*« (Enzio Levi), sich darstellt als kränklicher, launischer Mensch, unglücklich veranlagt, falsch erzogen, unbelehrbar, tyrannisch, aber auch mißverstanden und in Augenblicken der Einsicht tiefer Verzweiflung fähig. Das Stück ist nach Anlage und Ausführung entschieden das beste des Autors, nüchtern und knapp, dabei von dramatischer Wucht in der Sprache, vollendet im Dialog, der die Charaktere eindeutig sichtbar werden läßt, und gleichzeitig meisterhaft in der Kunst, durch eine einzige Geste oder ein plötzliches Schweigen das Innere der Person zu offenbaren. A.F.R.

AUSGABEN: Huesca 1634. – Valencia 1773. – Madrid o. J., Hg. J. Hurtado u. A. González Palencia [m. Einl. u. Anm.].

ÜBERSETZUNGEN: *Der Prinz Don Carlos*, A. Schaeffer, Lpzg. 1887. – *Der Prinz von Asturien*, J. Herzog, Wien 1894. – *Der Infant Don Carlos*, H. Schlegel, Ffm. o. J.

LITERATUR: J. P. W. Crawford, »*El príncipe Don Carlos« de J. de E.* (in MLN, 22, 1907). – E. Cotarelo y Mori, *D. J. de E. y su teatro* (in BRAE, 1, 1914, S. 510–550). – E. Levi, *Il principe Carlos nella leggenda e nella poesia*, Rom 1924. – F. W. C. Lieder, *The »Don Carlos« Theme*, Cambridge/Mass. 1930. – E. Frenzel, *Stoffe der Weltliteratur*, Stg. 1962, S. 519–525 (KTA).

GONZALO JIMÉNEZ DE QUESADA

* 1509 Granada oder Córdoba
† 16.2.1579 Mariquita / Kolumbien

ANTIJOVIO

(span.; *Anti-Jovius*). Historisch-polemisches Werk von Gonzalo JIMÉNEZ DE QUESADA, erschienen erst 1952. – Der eigentliche Titel dieses 1569 niedergeschriebenen Werks lautet *Apuntamientos y noticias sobre la historia de Paulo Jovio (Anmerkungen und Nachrichten über die Geschichte von Paulus Jovius)*. Nach seinen eigenen Aussagen schrieb Quesada sein Werk *»in etwa fünf Monaten«* und nahm sich nicht Zeit, es stilistisch zu feilen, damit *»das Publikum so schnell wie möglich die Verteidigung Spaniens kenne«*, die er, von *»gerechter Entrüstung geleitet«*, verfaßt hatte. Durch eine Ironie des Schicksals ist dieses eiligst zum Druck fertiggestellte Buch jedoch beinahe vier Jahrhunderte lang ungedruckt geblieben.

Wie der Titel andeutet, will Quesada die spanische Krone gegen die tendenziösen Darstellungen des italienischen Geschichtsschreibers Paolo GIOVIO (Jovius) und sein weitverbreitetes Werk *Historiarum sui temporis libri XLV, 1550–1552 (Geschichte seiner Zeit)* verteidigen. Doch dieser unmittelbare Zweck bildet nur den Ausgangspunkt, denn das umfangreiche Werk Quesadas bietet außer dieser Rechtfertigung Spaniens ein – freilich spanisch gefärbtes – Geschichtsbild der damaligen Zeit. Grundsätzliche Überlegungen enthalten die Anfangskapitel, so das erste, welches untersucht, *»ob es Haß oder Neid ist, wenn sich viele Nationen Spanien gegenüber so feindselig zeigen, und ob die gegen dieses Land erhobenen Anschuldigungen gerecht sind«*.

Denn mit feindlichen, neidisch blickenden Augen verfolgten die nichtspanischen Staaten, vor allem aber Italien, den raschen Aufstieg der spanischen Weltmacht. Quesada übersieht, daß die Invasion und Herrschaft der bäuerlichen *rusticos* in Italien die kulturell und geistig sich überlegen fühlenden Italiener demütigen mußten: *»Der Protest der italienischen Kultur gegen die barbarische spanische Invasion«* heißt ein Kapitel in B. CROCES Buch *La Spagna nella vita italiana durante la rinascenza (Spanien im italienischen Leben der Renaissance)*. Das Quesada trotz seiner humanistischen Bildung im Grund ein in der Ergründung von Ursachen und ideologischen, weltpolitischen Zusammenhängen wenig bewanderter Tatmensch war, betrachtete er die Feindschaft, mit der man Spanien überall begegnete, als ein unfaßbares Rätsel. – In weiteren Kapiteln schildert Quesada wichtige Begebenheiten der Zeit, wie die Auseinandersetzung Karls V. mit Frankreich und England, die zweimalige Plünderung Roms, die lutherische Reformation, die türkischen Kriege in Ungarn, den Kampf gegen die Türken im Mittelmeer u. ä. m.

Außer Augenzeugenberichten und verschiedenen Chroniken liegen dem Werk, das Quesada als Gouverneur von Neu-Granada (Kolumbien) schrieb, die Anschauungen und Erfahrungen des Dichters und Soldaten in den Kriegszügen gegen Italien und gegen die Indios zugrunde. Es ist nur natürlich, daß dieser Mann Geschichte in dem Geist schrieb, in dem er sie mitgestaltet hatte, und so stellt dieses Werk *»die mächtigste Verteidigung dar, die jemals für die Taten der Spanier unternommen wurde«*.

Trotz der guten Informationen und dem Willen zur Objektivität entsteht so ein Geschichtsbild, das ganz erfüllt ist von des Autors von keinem Zweifel getrübtem Glauben an die göttliche Sendung und höhere Bestimmung seines Landes. Américo CASTRO hat dieses Werk als Zeugnis der Unsicherheit und des Unbehagens, von jeher die Kennzeichen spanischer Selbstbeurteilung, bewertet. In Wirklichkeit jedoch ist das nationale Bewußtsein, das den Ausführungen Quesadas zugrunde liegt, naiv und ungebrochen und weist nicht die Risse auf, die das Spanienbild einiger bedeutender Schriftsteller der folgenden Generationen (ALEMÁN, CERVANTES, QUEVEDO, GRACIÁN) zeigt. A.F.R.

AUSGABE: Bogotá 1952 [m. Einl. v. M. Ballesteros Gaibrois u. Bibliogr.].

LITERATUR: M. J. Forero, *Hallazgo de un libro de J. Q.* (in Boletín del Instituto Caro y Cuervo, 5, 1949, S. 411–421). – G. Arciniegas, *El caballero de El dorado. Vida del conquistador G. J. de Q.*, Buenos Aires 1950. – V. Frankl, *El »Antijovio« de G. J. de Q. y las concepciones de realidad y verdad en la época de la Contrarreforma y del manierismo*, Madrid 1963. – G. Paparelli, *La composizione dell'»Antijovio« e la data di nascita di G. J. de Q.* (in Romanica et occidentalia, Études dédiées à la mémoire de H. Peri-Pflaum, Hg. M. Lazar, Jerusalem 1963, S. 128 ff.). – F. Restrepo, *Evolución semántica en el castellano de G. J.*

de Q. (in *Studia philologica, Homenaje a Dámaso Alonso*, Bd. 3, Madrid 1963, S. 69–129). – R. B. Graham, *The Conquest of New Granada. Being the Life of G. J. de Q.*, NY 1967. – F. Caro Molina, *El oficio del traductor y la traducción literaria a través de »El antijovio« de J. de Q.* (in CHA, 69, 1967, S. 108–123). – Ders., *La traducción literaria según un escritor del siglo XVI: G. J. de Q. descubridor y conquistador del Nuevo Reino de Granada* (in RF, 89, 1967, S. 95–113). – G. Arciniegas, *El »Antijovio« o la gran quijotada* (in RHM, 34, 1968, S. 505–512). – D. Ramos Pérez, *Ximénez de Q. en su relación con los cronistas y el Epítome de la conquista del Nuevo Reino de Granada*, Sevilla 1972. – G. Paparelli, *Critica e filologia*, Neapel 1974. – J. Friede, *El adelantado Don G. J. de Q.*, 2 Bde., Bogotá 1979.

JINAKĪRTI

Mitte 15.Jh.

CAMPAKAŚREṢṬHIKATHĀNAKA

(skrt.; *Erzählung vom Gildeherrn Campaka* [Tschampaka]). Prosawerk von JINAKĪRTI. – Grundthema des jinistischen Prosawerkes ist die Frage, ob das Schicksal übermächtig ist oder durch Klugheit überwunden werden kann.

Die Antwort auf die erste Frage wird dem Großkaufmann Vṛddhidatta im Bericht von Rāvaṇa, dem Fürsten auf Lankā, gegeben, der um sein Ende weiß, ihm aber glaubt begegnen zu können. Zur Probe will er die Heirat zweier junger Leute verhindern. Er läßt eine Prinzessin entführen und in einen verschlossenen Kasten legen, den ein gewaltiger Fisch im Maul halten muß; der Prinz wird durch einen Schlangenbiß eingeschläfert und in einem zweiten Kasten auf der Gangā ausgesetzt, wo er dahintreibt. Bei einer Insel wird der Fisch seiner Last müde, und die Prinzessin kann sich befreien. Gleichzeitig treibt der Kasten mit dem Prinzen an Land. Die Prinzessin öffnet ihn, und beide steigen in den Kasten der Prinzessin, den der Fisch wieder übernimmt. An dem Tag, der für die Hochzeit bestimmt war, bittet Rāvaṇa den Fisch (in Wirklichkeit ein verzaubertes Luftwesen) zu sich; er öffnet den Kasten und entdeckt das Paar mit verknüpften Gewandzipfeln, dem Zeichen der Eheschließung. Nun muß er sich doch mit dem ihm geweissagten Ende abfinden. – Eine zweite Geschichte berichtet von einem Königssohn, dem die Schicksalsgöttin auf die Stirn geschrieben hat, er werde dereinst ein Jäger sein und als kümmerlichen Unterhalt täglich nur ein Tier erlegen, und von dem Sohn eines Ministers, dem sie bestimmt, er werde als Holzsammler jeden Tag nur eine Last heimtragen. Als dies eintrifft, zwingt der König die Göttin, diesem pro Tag eine Last kostbares Sandelholz, jenem aber einen

Elefanten als Jagdbeute zu gewähren; so kommen beide zu Ansehen und Besitz. Der König hat das Schicksal bezwungen (Motiv des betrogenen Teufels). – Das Schicksal zu überwinden ist auch der Wille des Kaufmanns Vṛddhidatta. Er hat keinen Sohn, und es ist ihm das Kind einer fernab wohnenden Dienerin als – unerwünschter – Erbe vorausgesagt. Er läßt die Frau umbringen. Ihr Sohn Campaka bleibt jedoch am Leben und wird ein so erfolgreicher Kaufmann, daß Vṛddhidatta ihn zu seinem Schwiegersohn machen will. Als er aber seine Herkunft entdeckt, stiftet er mittels eines Uriasbriefes seine Ermordung an. Infolge einer Fälschung des Briefes wird statt dessen die Hochzeit mit der Tochter des Kaufmanns vollzogen. Einem weiteren Mordversuch fällt Vṛddhidatta, der Anstifter, selbst zum Opfer; das Schicksal hat seinen Lauf genommen.

An diese – durch zahlreiche bekannte Märchenmotive gekennzeichnete – Erzählung knüpft der Verfasser Jinakīrti eine typische Jaina-Fortsetzung an. Campaka, der in all seinem Reichtum ein Jaina-Laie geworden ist, bemüht sich um die innere Verknüpfung seiner Erlebnisse und erfährt durch einen weisen Mann von den Vorexistenzen der in sein Leben verwickelten Personen. Die Handlungen der früher lebenden Gestalten erhellen die jetzigen Geschehnisse, denn das gute oder böse Tun des einzelnen wird bestimmend für das spätere Dasein; so auch bei dem von einem Reichen (entspricht Vṛddhidatta) geprellten Mahāsena (Campaka) und seiner Frau (Tilottamā): Der reiche Mann verliert all seinen Besitz, der zu Vermögen gekommene Mahāsena aber und seine Frau spenden freigebig den Hungernden.   W.S.

AUSGABEN: Bln. 1883, Hg. A. Weber (in SPAW, S. 567 ff.). – Lpzg. 1911, Hg. J. Hertel (in ZDMG 65, S. 1–51; m. dt. Übers., S. 425–470).

ÜBERSETZUNGEN: *Über das Campakaçreshthikathānakam, die Geschichte vom Kaufmann Campaka*, A. Weber (in SPAW, 1883, S. 567 ff.). – *Kaufmann Tschampaka*, J. Hertel (in *Indische Märchenromane*, Bd. 1, Lpzg. 1922).

LITERATUR: M. Winternitz, *Geschichte der indischen Litteratur*, 3 Bde., Lpzg. 1891–1903; Bd. 2/2.

JIPPENSHA IKKU

* 1765 Surugu / Präfektur Shizuoka
† 7.8.1831 Edo (heute Tokio)

TŌKAIDŌCHŪ-HIZAKURIGE

(jap.; *Auf Schusters Rappen über die Ostmeerstraße*). Schelmenroman in acht Bänden von JIPPENSHA Ikku, mit Illustrationen des Autors in Fortsetzungen erschienen 1802–1808. – Den ersten Band hatte Ikku zunächst unter dem Titel *Ukiyo-dōchū-hizakurige (Auf Schusters Rappen über die Straße der vergänglichen Welt)* – später verkürzt zu *Dōchū-hizakurige* – veröffentlicht und ans Ende den Vermerk »abgeschlossen« gesetzt. Der große Erfolg aber veranlaßte ihn, eine Fortsetzung nach der anderen zu schreiben; vom dritten Band an trugen sie den jetzigen Titel.

Das Werk gehört zu den *kokkeibon* (Ulk-Hefte) und gilt als der beste Vertreter dieser Gattung. Die *kokkeibon* kamen 1790 nach dem Verbot der das Leben in den Freudenvierteln beschreibenden *sharehon* (Hefte modischer Eleganz) auf und wandten sich im Gegensatz zu diesen dem Ländlich-Derben mit all seiner Komik zu. Sie behielten den realistischen Stil der *sharehon* bei, verbanden ihn aber mit drastischer Situationskomik, Witz und Ironie. Vorläufer dieser Gattung waren Werke wie das *Karuizawa-dōchū-sugoroku*, auch: *Hentsūkaruizawa*, um 1779 *(Bericht einer vergnüglichen Fahrt nach Karuizawa)*, von YAMANOTE BAKAHITO SHOKUSANJIN (auch Ōta Nanbo gen., 1749–1823), das anonyme *Chikusai* und, in gewissem Sinne, das *Tōkaidō-meishoki* von ASAI RYŌI. In einem Punkt jedoch unterscheidet sich das *Hizakurige* wesentlich von ihnen: Ikku benutzt seine Helden nicht nur als Anlässe für die Darstellung beliebiger Reiseszenen; bei ihm sind sie wirklich Hauptpersonen, die dem Werk erst seinen Sinn geben. Aus ihren verschiedenen Charakteren und Temperamenten kann sich die eigentliche Handlung allein entwickeln. Yajirōbe, kurz Yajirō oder Yaji genannt, ein Kaufmann, beschließt zusammen mit seinem Freund Katahachi, kurz Kita, in der Hauptstadt Edo das Glück zu versuchen. Nachdem dies fehlgeschlagen ist, machen sie sich, völlig mittellos, auf den Weg nach Kioto und Ōsaka, der sie über die alte Ostmeerstraße (Tōkaidō) führt. Diese Hauptverkehrsstraße der Zeit mit ihren 53 berühmten Poststationen wird zur Bühne für ihre Erlebnisse. Beide sind typische Edo-Bürger der unteren Klassen. Sie fühlen sich als »Hauptstädter« ihren Mitmenschen in jeder Hinsicht überlegen. Ihre Offenheit, ihre Bauernschläue, ihr leicht erregbares Temperament, das ebenso schnell wieder abkühlt, ihre entwaffnende Naivität bringen sie immer wieder in die komischsten Situationen, aus denen sie nach scheinbaren Triumphen nur allzubald als resignierende Betrogene hervorgehen. In Scherzgedichten *(kyōka* oder *kyōku)* glossieren sie dann voller Selbstironie den Mißerfolg ihrer Unternehmen.

In Dialogform geschrieben, wobei Weiterführendes oder Erklärendes mit Ausnahme der einführenden Passagen den Dialogen in Kleindruck zweizeilig untergeordnet ist, lebt das Werk von der Umgangssprache, die mit zahlreichen Dialekt- und Slangwendungen angereichert ist; der Wechsel von Rede und Gegenrede ermöglicht oft eine geradezu dramatische Steigerung. Allenthalben spürt man die scharfe Beobachtungsgabe des Autors, seinen Sinn für feinen Humor wie für derbe Situationsko-

mik. Ohne Leerlauf folgt Episode auf Episode, und in wenigen Worten werden Personen charakterisiert und die Handlung auf den Höhepunkt und zur Lösung geführt. Neben seinem literarischen Wert besitzt das *Hizakurige* zugleich den einer Quelle volkskundlicher Überlieferung.

Der große Erfolg des *Hizakurige* – Ikku erhielt dafür sogar Honorar – veranlaßte ihn, sich dieser Form besonders anzunehmen. Er schrieb weitere Reiseschilderungen, so das *Tōkaidōchū Zoku-hizakurige*, 1810–1822 *(Fortgesetztes Tōkaidōchū-hizakurige)*, und das *Tōkaidōchū Zokuzoku-hizakurige*, begonnen 1831 *(Erneut fortgesetztes Tōkaidōchū-hizakurige)*, die allerdings nicht die Berühmtheit seines Erstlingswerks erreichten. Auch von anderen Schriftstellern wurde es nachgeahmt, so daß eine eigene Gattung von *hizakurige-mono (Hizakurige-*Werken) entstand. Das letzte Erzeugnis dieser Art ist das *Seiyō-dōchū-hizakurige*, 1870 *(Auf Schusters Rappen über die Straßen Europas)*, von KANAGAKI Robun (1829–1894), das die Erlebnisse unserer Helden bei einem Besuch der Weltausstellung in London schildert.   H.Ham.

AUSGABEN: Osaka/Edo 1802–1908; Faks. Tokio 1886. – Tokio 1910 (in Kokumin-bunko, 35). – Tokio 1912 (in Yūhōdō-bunko, 54). – Tokio 1926 (in Kindai Nihon-bungaku-taikei, 18). – Tokio 1928 (in Teikoku-bunko, 30). – Tokio 1958–1963 (in Nihon-kotenbungaku-taikei, 62).

ÜBERSETZUNGEN [engl.]: *Hizakurige (Tōkaidō Circuit)*, Th. Satchell, Kōbe 1929. – *Shank's Mare, Being a Translation of the Tōkaidō Volumes of Hizakurige*, ders., Tokio 1960.

LITERATUR: Deguchi Y., *Tōchū T.*, Tokio 1926. – Mitamura E., *T.-ronkō*, 3 Bde., Tokio 1926–1930. – Asō I., *Hizakurige-kenkyū* (in Iwanami-kōza Nihonbungaku, Tokio 1932). – Nakamura Y., *Jippensha Ikku* (in Kogugo-kokubun, 1948, Nr. 1).

ALOIS JIRÁSEK

* 23.8.1851 Hronov
† 12.3.1930 Prag

LITERATUR ZUM AUTOR:
A. Tuček, *A. J.*, Prag 1901. – J. Voborník, *A. J.*, Prag 1901. – *Jiráskova Litomyšl; Studie a vzpomínky k 60. narozeninám A. J.*, Hg. T. E. Tisovský, Prag 1911. – *A. J., Sborník studií a vzpomínek na počest jeho 70. narozenin*, Hg. M. Hýsek u. K. B. Mádl, Prag 1921. – J. Frič, *Život a dílo A. J.*, Prag 1921. – Z. Nejedlý, *A. J., studie historická*, Prag 1921. – M. Hýsek, *A. J.*, Prag 1921. – F. Páta, *Bibliografie J. díla*, Prag 1921. – F. Sekanina, *A. J.*, Prag 1921. – H. Jelínek, *A. J.*, Prag 1930. – *Čtyřicet let s A. J.*,

[Korrespondenz J. S. Machar – A. J.], Prag 1931. –
J. Borecký, *A. J.*, Prag 1933. – Z. Nejedlý, *Čtyři
studie o A. J.*, Prag 1949. – J. Kunc, *Soupis díla A. J.
a literatury o něm* (in Bibliograficky katalog CSR.
Česká kniha, 1952). – *Aleš a J. Listy dvou přátel*, Hg.
E. Svoboda, Prag 1953. – K. Horálek, *O jazyke
A. J.*, Prag 1953. – Z. Pešat, *Boj o A. J. v zrcadle
kritiky*, Prag 1954. – J. Janáčková, *Svět J. umení*,
Prag 1978.

AUSGABEN: Prag 1898–1908 (in Zlatá Praha,
1898/99, 1903/04, 1907/08). – Prag 1929–1931
(in *Sebrané spisy*, Bd. 37–39). – Prag 1951, 3 Bde.

LITERATUR: A. Pražák, *J. »Bratrstvo«* (in Zlatá Praha, 26, 1909, S. 385 ff.). – V. Mostecký, *O jazyce
románů Jiráskových* (in Naše řeč, 1, 1917,
S. 161 ff.). – J. Thon, *Na okraj J. »Bratrstva«* (in
Slovesná věda, 1, 1947/48, S. 62–64).

BRATRSTVO

(tschech.; *Die Brüdergemeinde*). Drei »Rhapso-
dien« von Alois JIRÁSEK, erschienen 1898–1908. –
Eine historische, weitmaschig gefügte Romantrilogie aus der Hussitenzeit mit den Teilen *Bitva u
Lučence (Die Schlacht bei Lučenec), Mária (Marie),
Žebráci (Die Bettler)*. Die Trilogie bildet den Abschluß der parteilich geführten Auseinandersetzung Jiráseks mit dem Hussitentum. Die übliche
Idealisierung der ganzen Bewegung macht sich allerdings (wohl thematisch bedingt) nicht mehr so
deutlich bemerkbar wie in den zwei vorangegangenen Hussitenromanen, aber die katholisch-habs-
burgische Gegenpartei ist dafür um so düsterer gezeichnet. Geschildert wird der militärische Niedergang und moralische Zerfall der letzten *»Hauptleu-
te aus den Gemeinden der Waisen* [Orphaniten] *und
Taboriten, der Schüler Žižkas und Prokops«*, die als
Söldner in den Dienst des minderjährigen Ungarn-
königs Ladislav treten. Unter ihrem Anführer Jan
Jiskra z Brandýsa ziehen die »Brüder« im Kampf
gegen den ungarischen Statthalter Hunyadi durch
die Slovakei, erfechten den glänzenden Sieg bei Lučenec und errichten eine Art Militärstaat, werden
aber immer mehr zu beutegierigen »Brüderchen«,
um schließlich – in einem fremden Land und ohne
eigentliche Ideale – als Opfer ihrer Leidenschaften
zu enden. Der inneren Zersetzung folgt, ausgelöst
durch den Verrat der Mária Bodorowska (eine feurige Magyarin und leidenschaftliche Katholikin,
die als Geliebte des Hauptmanns Talufús z Ostrova
das ganze Heer dem Feind ausliefert), die Niederlage auf dem Schlachtfeld. Die hussitische Tradition
besteht nicht mehr, die Überlebenden retten sich,
als Bettler verspottet, in die Söldnerdienste anderer
Herren.
Wie in allen Romanen Jiráseks, so findet der Leser
auch in *Bratrstvo* eine Fülle farbiger Szenen und
wuchtiger Gestalten in kontrastierender Zeichnung. Große Aufmerksamkeit schenkt der Verfasser, ein Verfechter des »tschechoslovakischen« Gedankens, der Slovakei als Schauplatz der Handlung. Der eigentliche Schwerpunkt des historischen und literarischen Geschehens findet sich im
zweiten Teil der Trilogie, dessen Titelfigur (Mária)
die einzige überragende Frauengestalt innerhalb Jiráseks Gesamtwerk ist. In den Schlachtenschilde-
rungen und der Darstellung von Massenszenen hält
er sich weitgehend an die Technik des polnischen
Erzählers Henryk SIENKIEWICZ. Stilistisch weicht
der Roman von seinen Vorgängern wenig ab. J.H.

F. L. VĚK. Obraz z dob našeho národního probuzení

(tschech.; *F. L. Věk. Bild aus Zeiten unseres nationalen Erwachens*). Historische Chronik in fünf Bänden von Alois JIRÁSEK, erschienen 1888–1906. –
Diese Pentalogie gehört zu den reifsten und an-
sprechendsten Werken des Autors. In epischer
Breite und an einer überbordenden Fülle von Erscheinungen wird darin die vom Geiste der Aufklärung und des Josephinismus beflügelte Wiedergeburt des tschechischen Volkes in der Zeitspanne
zwischen der Aufhebung des Jesuitenordens
(1777) und der Wiedereinführung der tschechischen Sprache in den Schulen und Ämtern (1816)
geschildert.
Im Mittelpunkt der Ereignisse steht die Erneuerung des nationalen Lebens in der tschechischen
Provinz; hier werden die in Prag ersonnenen Pläne
in die Tat umgesetzt. So treten denn auch die geistigen Urheber dieser Bewegung (Kramerius, Tham,
Dobrovský, Puchmajer, Hněvkovský, Vydra) nur
dann in Erscheinung, wenn sie mit den nationalen
Erweckern vom Lande zusammentreffen. Auf dieser Darstellung des Erwachens der Provinz und auf
der Schilderung der tatsächlich erreichten Erfolge
beruht die literarische und historische Bedeutung
des Romans. Aus einer Fülle von Details und zahllosen Figuren entsteht vor dem Leser der ganze Mikrokosmos des tschechischen Lebens, vom Bauernhof über die Landstädtchen bis nach Prag. *»Jirásek
schuf mit seinem Roman ein Werk über unsere Wiedergeburt, wie es unsere Wissenschaft bisher nicht geschaffen hat«* (Nejedlý). Einer historischen Persönlichkeit namens Hek ist der Titelheld Franz L. Věk
nachgebildet. Er wirkt in der Provinz, hat aber
seine geistige Heimat in Prag. Hierher kommt der
Sohn eines kleinen Kaufmanns zum Studium, hier
erlebt er die Aufhebung der Klöster durch Joseph II., das blühende Prager Rokoko und die Uraufführung von Mozarts *Don Giovanni*. Vor allem
aber entwickelt er sich in der Hauptstadt zum aufgeklärten tschechischen Patrioten. Als er schweren
Herzens nach Hause in die Provinz zurückkehrt,
um das väterliche Geschäft zu übernehmen, läßt er
seine Verbindungen mit Prag nicht abreißen; sie
bestimmen jetzt sein patriotisches Wirken in seiner
Heimat.
Jiráseks historische Chronik verrät zwar einen na-
tionalbewußten Autor, doch werden hier die historischen Vorgänge nicht, wie in seinen Romanen
über die Hussitenzeit, entstellt. J.H.

AUSGABEN: Prag 1888–1906, 5 Bde. – Prag 1890–1907, 5 Bde. – Prag 1911–1921, 5 Bde. – Prag 1931 (in *Sebrané spisy*, 47 Bde., 1927–1933, 29–33). – Prag 1936/37 (in *Sebrané spisy*, 42 Bde., 1936–1949, 29–33). – Prag 1951–1960 (in *Soubor spisů*, Hg. Z. Nejedlý, 32 Bde., 1951 ff., 21–25). – Prag 1972.

DRAMATISIERUNGEN: M. Svoboda, *U Buteauů. Scéna z románu »F. L. Věk«*, Prag 1921. – B. Vrbský, *F. L. Věk. Hra*, Prag 1930. – M. Svoboda, *V české expedici*, Prag 1930. – B. Vrbský u. J. Matějovský, *Václav Thám*, Prag 1947.

LITERATUR: J. Jakubec, *J. »F. L. Věk«* (in Lumír. 36, 1908). – A. Veselý, *J. pomník našeho národního probuzení: »F. L. Věk«* (in Zlatá Praha, 28, 1911, 48). – J. Pešek, *»F. L. Věk« a F. V. Hek* (in Osvěta Lidu, 24, 1921). – J. Volf, *Projetí svobodných zednářů u. J.* (in Sborník, Prag 1921, S. 172–182). – K. Polák, *Česká literatura v »F. L. Věkovi«* (in Slovesná věda, 4, 1951, 3).

MEZI PROUDY

(tschech.; *Zwischen den Strömen*). Romantrilogie von Alois JIRÁSEK, erschienen 1887–1890. – Diese drei Romane bilden den ersten Band eines großen historischen Zyklus über die Hussitenzeit, an den sich zeitlich die Trilogien *Proti všem*, 1893 (*Wider alle Welt*), und *Bratrstvo*, 1898–1908 (*Die Brüdergemeinde*), anschließen. In *Mezi proudy* umreißt Jirásek in breiten, grellen Bildern die Fülle der gesellschaftlichen Konflikte, die unter König Wenzel IV. (reg. 1378–1419) zur hussitischen Bewegung führten. Als Quelle diente ihm vor allem F. PALACKÝs monumentales Geschichtswerk (*Geschichte Böhmens*, 1836–1876).
Der erste Teil *Dvojí dvůr*, 1887 (*Zweierlei Höfe*), spielt im Jahr 1381 und schildert vor allem den Verlauf der Auseinandersetzungen zwischen dem Prager Erzbischof Jan z Jenštejna und dem jungen König Wenzel, die durch die Schuld des königlichen Beichtvaters Pavel provoziert werden. – Der zweite Teil, *Syn ohnivcův*, 1888 (*Der Sohn des Feurigen*), der die Konflikte zwischen König und Adel darstellt, setzt mit den blutigen Judenverfolgungen zu Ostern 1389 ein. Die Hauptgestalt des Romans, Jan Ohnivec Šíp, rettet nicht nur verfolgte Juden, sondern verhindert auch, daß König Wenzel auf Betreiben des Erzbischofs und Heinrichs von Rosenberg vergiftet wird. Rosenberg, der Führer der königsfeindlichen Adelspartei, ist die zweite Hauptgestalt dieses Romans. Ohnivec wird geadelt und läßt 1391 in der Prager Altstadt eine Kapelle zur freien Verkündigung des Wortes errichten: die Bethlehemkapelle, in der später Hus predigen sollte. – Der dritte Teil, *Do tří hlasů*, 1890 (*Bis zu drei Stimmen*), ist – allerdings nicht durchgehend – den Kämpfen zwischen dem Adel und der Landbevölkerung gewidmet. Er beginnt mit dem Jahr 1394 und schildert den Tod des Johannes von

Nepomuk, die Verhaftung des Königs durch Rosenbergs Partei, die Verwüstung des Landes durch Kaiser Sigismunds Truppen, den Feldzug Jan Žižkas gegen die Rosenberger, ferner die Flucht Wenzels aus seinem Wiener Kerker, die Befreiung Böhmens von den Kaiserlichen, den Tod des Erzbischofs Jan z Jenštejna in der Fremde und den Abzug der deutschen Studenten von der Prager Universität nach dem Kuttenberger Dekret 1409 (was zur Gründung der Universität Leipzig führte). Neben farbenprächtigen Szenen aus dem Leben der verschiedenen Volksschichten wird besonders ausführlich die Ausbreitung der religiösen Bewegung geschildert; auch zeichnet sich bereits ab, welche Rolle Hus und Žižka spielen werden.
Schon von der zeitgenössischen Kritik wurde mit Recht auf die zerfließende Komposition der Trilogie hingewiesen. Es ist Jirásek nicht gelungen, die Fülle der politischen, sozialen, religiösen und kulturellen Einzelheiten in die Handlung zu integrieren. Der dritte Teil des Romans bricht überdies völlig unvermittelt ab. Seinen Gestalten gegenüber verhält sich der Autor nicht objektiv, sondern idealisiert sie, wenn sie patriotisch oder revolutionär fühlen, und karikiert sie, wenn sie der alten Ordnung anhängen. So erscheint der Prager Erzbischof in äußerst ungünstigem Licht, von Wenzel IV. dagegen wird das Bild eines leutseligen und gütigen Herrschers entworfen – ein Verfahren, das sich aus Jiráseks national-pädagogischer Absicht und dem damaligen Begriff vom historischen Roman erklären läßt. Zu den großen Vorzügen der Trilogie gehört die packende, an Archaismen reiche Sprache. Unter den zahlreichen Romanen Jiráseks bietet *Mezi proudy* noch das umfassendste und gelungenste historische Gesellschaftsbild.   J.H.

AUSGABEN: Prag 1887–1890, 3 Bde. – Prag 1890/91 (in *Sebrané spisy*, 46 Bde., 1890–1933, 6–8). – Prag 1952 (in *Odkaz národu*, 32 Bde., 1951–1958, 2–4).

LITERATUR: Z. Nejedlý, *Doslovy k souboru spisů A. J. »Odkaz národu«*, Prag 1960.

PROTI VŠEM. List z české epopeje

(tschech.; *Ü: Wider alle Welt*). Romantrilogie von Alois JIRÁSEK, erschienen 1893. – Jiráseks *»Blatt aus einer tschechischen Epopöe«* ist die zweite der drei breitangelegten Romantrilogien des Autors über die Zeit der Hussitenkriege. Ihre Handlung knüpft zeitlich an den Vorwurf des vorausgegangenen Werks *Mezi proudy*, 1887–1890 (*Zwischen den Strömen*), an. Der Roman beschreibt den Höhepunkt der hussitischen Bewegung in der Machtentfaltung ihres taboritischen Flügels unter der Führung des Feldherrn Jan Žižka in den Jahren 1419/20. Der erste Teil der Trilogie – *Skonání věků* (*Die Vollendung der Zeiten*) – erfüllt die Funktion eines Prologs. Er beschreibt das Scheitern des mittelalterlichen religiösen und gesellschaftlichen Denkens an der Lehre des Prager Magisters Hus. Ganz Böhmen wird von der Erneuerungsbewegung erfaßt, die, unterstützt von chiliastischen Strömungen, alle Dämme der Tradition einreißt: Familien zerfallen, die Frau befreit sich aus den Fesseln ihrer mittelalterlichen Unterdrückung, die geistlichen und weltlichen Feudalen sehen ihre Klassenherrschaft in Frage gestellt, das Sektenwesen breitet sich aus, das rechtlose Volk strömt nach Tábor. Der umfangreiche zweite Teil des Werks, *Kruciata (Der Kreuzzug)*, bildet das Kernstück der Trilogie. Er schildert die Auseinandersetzungen der wohlgerüsteten hussitischen Heere unter Žižka mit den Interventionstruppen des Kaisers, die in dem denkwürdigen Sieg der Taboriten auf dem Vítkov-Berg bei Prag (1420) gipfeln. Der Schlußteil des Werkes, *Boží zástup (Gottes Haufen)*, der die religiösen, im Adamitentum mündenden Schwärmereien der Zeit behandelt, ist gleichsam ein Epilog auf die Blüte des Hussitentums.

Jiráseks Trilogie gleicht einer literarischen Chronik, in der weniger vom Schicksal individueller Gestalten die Rede ist, vielmehr in erster Linie der Massencharakter der religiösen und sozialen Bewegung dokumentiert wird. Gleichwohl sind die drei Teile des Werks untereinander durch das Schicksal Zdenas, der Tochter eines böhmischen Landedelmanns, verbunden, die im Zuge des allgemeinen Aufbruchs nach Tábor zieht, wo sie sich der im Kampfe verwundeten Glaubensgenossen annimmt, bis sie ihrem Mann, dem Sektenprediger Bydlinski, ins Lager der Adamiten folgt.

Der eigentliche Gegenstand der Trilogie ist der Mut des kleinen tschechischen Volkes, sich gegen eine ganze Welt zu erheben, wenn es Wahrheit und Gewissen gebieten. Der Freiheitskampf der Hussiten ist dem Autor das Symbol der fortschrittlichen Traditionen des tschechischen Volkes in einer Zeit der nationalen Unterdrückung seines Landes in der Habsburgermonarchie. Von Hause Historiker, stützt Jirásek seine Trilogie auf die originalen Dokumente der Zeit, in erster Linie auf die hussitische Chronik des VAVŘINEC Z BŘEZOVÉ (1370 bis um 1437). Das sorgfältige Quellenstudium ermöglicht dem Autor das eingehende Verständnis der sozialen Ursachen und Verflechtungen des Hussitentums. Nationales Engagement hat den Autor gleichwohl zuweilen zu größerer Freizügigkeit im Umgang mit dem historischen Material verleitet, welche sich vor allem in der störenden Schwarzweißmalerei der Charaktere – hie Hussiten, hie Kaiserliche, Deutsche und Katholiken – kundtut. In Sprache und Stil dagegen ist der Roman zu den besten Werken Jiráseks. Die partienweise gedrängte Erzählung fesselt nicht zuletzt durch ihre häufig balladesk geraffte Sprache, die den Einfluß des alttschechischen Wortschatzes verrät.   J.H.

AUSGABEN: Prag 1893. – Prag [10]1927 (in *Sebrané spisy*, 47 Bde., [1-16]1927–1933, 1). – Prag 1952 (in *Odkaz snarodu*, Hg. Z. Nejedlý, 32 Bde., 1951 bis 1958, 5).

ÜBERSETZUNG: *Wider alle Welt*, J. Höcker, Prag/Wien 1911. – Dass., J. Živný u. E. Jiříček, Bln. 1956.

VERFILMUNG: Tschechoslovakei 1957 (Regie: O. Vávra).

PSOHLAVCI

(tschech.; *Ü: Die Hundsköpfe*). Historischer Roman von Alois JIRÁSEK, erschienen 1884. – Die Handlung des erfolgreichen Romans spielt gegen Ende des 17. Jh.s in Chodosko, dem Chodenländchen an der böhmisch-bayerischen und -österreichischen Grenze. Die Choden, ein urwüchsiger Volksstamm, der seine ethnische Eigenart bis in die Gegenwart bewahrt, waren während der Feudalzeit freie Menschen. Kaiserliche und königliche Privilegien nahmen sie wegen ihrer Dienste als Grenzwächter von Frondienst und Leibeigenschaft aus. Das Banner der Choden zierte ein Hundskopf, das Symbol der Treue und Wachsamkeit (daher der Titel des Romans). Nach der Niederlage der böhmischen Protestanten unter Friedrich V. in der Schlacht am Weißen Berg (1620) wird das Land von den Habsburgern besetzt und der enteignete Grundbesitz landfremden Magnaten zugeteilt. Das Chodenland kommt in den Besitz des Feudalen Wilhelm Lamminger von Albenreuth (im Volksmund Lomikar), der die Bewohner härtester Fron zu unterwerfen sucht. Unter der Führung des unerschrockenen Jan Sladký Kozina erheben sich die streitbaren Choden gegen den verhaßten Zwingherrn. Erst als Lomikar kaiserliche Bataillone zu Hilfe ruft, unterliegen sie im ungleichen Kampf. Die Anführer der Aufständischen werden vor Gericht gestellt. Die feudale Klassenjustiz hebt die alten Privilegien der Choden auf und verurteilt Kozina zum Tode (1695). Noch unter dem Galgen – er wird auf dem Pilsener Marktplatz gehenkt – fordert Kozina seinen Widersacher Lomikar »*nach Jahr und Tag*« vor Gottes Stuhl. Ein Jahr nach Kozinas Tod feiert Lomikar auf seinem Schlosse Trhanov ein rauschendes Fest. Voller Hohn gedenkt er der Prophezeiung des Gehenkten – da bricht er vom Schlag getroffen zusammen. »*Vergebens versuchte man, Herrn von Albenreuth ins Leben zurückzurufen, vergebens wehklagten die entsetzten Damen, vergebens sandte man nach dem Arzt in die Stadt ... Im Vorsaal saß der alte Peter, rang völlig verstört die Hände und murmelte in seinen Bart: ›Vor Gottes Gericht! Vor Gottes Gericht!‹*«

Von Hause Historiker, stützt der Autor seinen Roman auf ein intensives und sorgfältiges Quellenstudium. Auf die chodische Thematik wurde er durch einige Veröffentlichungen der ›Prager Zeitung‹ aufmerksam, welche die juristischen Dokumente der Auseinandersetzungen zusammentrugen. Anläßlich eines eigenen Aufenthaltes im Chodenland (1882) überzeugte sich der Autor von der Lebendigkeit der volkstümlichen Tradition des Aufstandes und seines Helden, des historischen Jan Kozina. Das Sujet des Romans ist, für sich betrachtet, kaum von übergreifendem geschichtlichem Gewicht. Sein lokaler Charakter wird durch die Verwendung des eigenartigen, bis heute gesprochenen chodischen Dialekts nur unterstrichen. Gleichwohl erhält es unter der Hand des Autors über die bloße Wiedererweckung der Vergangenheit hinaus aktuelle Bedeutung für die zeitgenössische Situation des Landes unter der Habsburgermonarchie: Der Freiheitskampf der Choden um die Verteidigung ihrer nationalen Rechte gegen die fremden Eroberer, der trotz des Sieges der Unterdrücker durch Gottesurteil im Sinne der gerechten Sache entschieden wird, wird zum Symbol der fortschrittlichen und freiheitlichen Traditionen des tschechischen Volkes auch in der allgemein als Periode des nationalen Niedergangs empfundenen Zeit nach der Schlacht am Weißen Berg. Jiráseks Roman sucht seine Helden, die chodischen Aufständischen, nicht zu idealisieren. Offen beschreibt er ihr aufbrausendes, ungezügeltes Temperament, das letztlich ihren Feinden in die Hände spielt, setzt ihm jedoch die weitsichtige Besonnenheit und Zielstrebigkeit ihres Führers Kozina entgegen. Neben dem Hussitenroman *Proti všem*, 1893 *(Wider alle Welt)*, und der Sammlung *Staré pověsti české*, 1894 *(Böhmens alte Sagen)*, ist dies eines der besten Werke des Autors. Der Stil des Werkes erinnert an Felix DAHNS *Ein Kampf um Rom* (1876). Jiráseks Augenmerk gilt weniger der psychologischen Problematik und der individuellen Rolle seiner Charaktere als dem kollektiven Handeln der namenlosen Masse. Gleichwohl zeichnet er seine Helden vor dem Hintergrund des historischen Geschehens realistisch und in der Motivation ihres Handelns überzeugend. Seine fortschrittliche Thematik und seine faßliche, geradlinige Darstellung haben den Roman früh zu einer verbreiteten Volkslektüre gemacht. Er diente als Vorwurf einer gleichnamigen Oper von Karel Kovařovic.   R.I.-KLL

AUSGABEN: Prag 1884 (in Květy). – Prag 1886. – Prag ¹⁷1917 (in *Sebrané spisy*, Bd. 21). – Prag 1966.

ÜBERSETZUNGEN: *Chodische Freiheitskämpfer*, B. Lepař, Prag 1904. – *Die Hundsköpfe*, R. Jatsch u. H. A. Windorf, Rudolstadt 1952. – Dass., R. Jatsch, Lpzg. ²1962.

DRAMATISIERUNGEN: J. B. Kühnl, *Jan Sladký Kozina*, Prag 1899. – A. Fencl, *Psohlavci*, Prag 1920.

VERTONUNG: K. Kovařovic, *Psohlavci*, Prag 1898 (Oper).

VERFILMUNGEN: Tschechoslowakei 1931 (Regie: S. Innemann). – Tschechoslowakei 1955 (Regie: M. Frič).

LITERATUR: B. Tittl, *Rozbor J. »Psohlavců«*, Prag 1926. – E. George, Rez. (in Buchbesprechung, 1952, Nr. 724).

JIZCHAK (ISAAK) BEN ABRAHAM TROKI

* 1533 (?) Troki (Traken)
† 1594 (?)

CHISUK HA-EMUNA

(hebr.; *Festigung im Glauben*). Religionsphilosophisches Werk des bedeutenden, der Sekte der Karäer (»Bibelleute«) angehörenden jüdischen Gelehrten JIZCHAK BEN ABRAHAM TROKI (Litauen). – Es entstand als Antwort auf antijüdische Ansichten christlicher Theologen, mit denen er Dispute in polnischer und lateinischer Sprache führte. Im Mittelpunkt seiner Untersuchungen stehen die Fragen der Beziehungen zwischen dem Glauben der Propheten und der Verkündigung Jesu sowie der Entwicklung des apostolischen Glaubens. – Das zweibändige Werk war in vielen handschriftlichen Kopien verbreitet, jedoch meist stark überarbeitet. Erstmals gedruckt wurde es in J. C. WAGENSEILS judenfeindlichem Werk *Tela ignea Satanae (Teuflische Feuerpfeile)*. Es löste heftige Diskussionen in christlichen Kreisen aus. Trokis Argumente gegen Jesu Messianität wurden vielfach von den Rationalisten des 18. Jh.s (u. a. VOLTAIRE) benützt.   P.N.

AUSGABEN: Freiberg 1681 (in J. C. Wagenseil, *Tela ignea Satanae*; mit lat. Übers.). – Amsterdam 1705. – Jerusalem 1845. – Kalkutta 1846. – Lpzg. 1857. – NY 1932.

ÜBERSETZUNGEN: *Befestigung im Glauben*, D. Deutsch, Sohrau 1865; Breslau ²1873 [hebr.-dt.]. – M. Mocatta, Ldn. 1851 [engl.; Nachdr. NY 1970].

LITERATUR: A. Geiger, *I. T. Ein Apologet des Judentums am Ende des 16. Jh.s*, Breslau 1853. – F. de Sola Mendes, *Defence, not Defiance. A Hebrew's Reply to the Missionaries*, o. O. 1876. – M. Waxman, *A History of Jewish Literature*, Bd. 2, NY 1936, S. 449–451; Nachdr. 1960. – L. Nemoy, Art. *Isaac ben Abraham Troki* (in EJ², 15, Sp. 1403/04).

JÑĀNADEVA

auch Jñāneśvara

* 1275 Poona (?)
† 1295 Alandi bei Poona

JÑĀNADEVĪ oder JÑĀNEŚVARĪ

(marāṭhī). Meist nach dem Verfasser JÑĀNADEVA benannter Kommentar zur *Bhagavadgītā*, dessen

eigener Titel *Bhāvārtha-Dīpika (Leuchte der Bedeutung [der Bhagavadgītā])* lautet. – Nach indischen
Quellen, deren Historizität man bezweifeln kann,
hat Jñānadeva dieses für das Geistesleben von Mahārāṣṭra so wichtige Werk 1290 verfaßt, also im Alter von fünfzehn Jahren. Wie die *Bhaktamālā* berichtet, war er der Sohn eines Brahmanen, den man
aus der Kaste ausgestoßen hatte, weil er zwar entsprechend den brahmanischen Vorschriften nach
dem Hausvaterstand (*gṛhāśrama*) Asket geworden, dann aber doch wieder zu seiner Familie zurückgekehrt war. Auch Jñānadeva und seinen Brüdern soll deshalb anfangs die Aufnahme in die
Brahmanenkaste verweigert worden sein. Dieser
Umstand erklärt vielleicht, weshalb die *Jñāneśvarī*
in der Volkssprache und nicht in Sanskrit abgefaßt
ist. Damit war – gegen das Bestreben vieler Brahmanen – eine so wichtige Schrift der religiösen
Sanskritliteratur wie die *Bhagavadgītā* und eine
umfassende Erörterung dieses Textes dem Volk zugänglich gemacht. In etwa 9000 Versen im
Ovī-Metrum paraphrasiert Jñānadeva die 700 Verse der *Bhagavadgītā*, erläutert deren Gedanken
durch eine Fülle poetischer Bilder und Metaphern
und fügt eigene philosophische Exkurse und hymnische Lob- und Dankgebete hinzu. Besonders
ausführlich kommentiert er den Abschnitt über Yoga (*Gītā* IV), die Darstellung des Körpers als
»Feld« (*Gītā* XIII), die Verse über den mystisch ge-
deuteten Aśvattha-Baum (*Gītā* XV, 1–5) sowie
Textstellen über die Tugenden (*Gītā* XVI, 1–3, u.
a.) und die Gottesliebe (*Gītā* XVIII, 65–67). Jñānadeva folgt dabei verschiedenen philosophischen
Systemen, vor allem den Lehren des Yoga und des
Vedānta. Er preist die *Gītā* als den hervorragendsten religiösen Text, durch den »*Gott aus Liebe für
das All die höchste Wonne* [des Selbst, *ātman*] *ohne
Mühe erreichbar gemacht*« habe (XVIII, 1686). Jñānadeva wollte also die im Opferritual erstarrte
Brahmanenreligion durch Verinnerlichung und
Betonung der Gottesliebe (*bhakti*) erneuern und
damit auch den unteren Kasten einen unmittelbaren Zugang zur Erlösung eröffnen. Andrerseits betont das Werk – darin ganz der Tradition folgend –
die Pflicht, die Brahmanen, den Lehrer (*guru*), die
Eltern, den Ehemann zu verehren und die Kasten-
gesetze einzuhalten. Man könnte das als einen Versuch deuten, die Loslösung der Nichtbrahmanen
aus der traditionellen brahmanischen Lebensordnung zu verhindern und sie nicht den damals sehr
lebendigen Nātha-Kulten und anderen heterodo-
xen Sekten zu überlassen. Jñānadeva wurde darüber hinaus mit dieser Schrift zum Begründer einer
besonderen Richtung des Bhakti-Kultes, die in der
im Marāṭhenland weitverbreiteten Vārkarī-Sekte
ihren Niederschlag gefunden hat. Bedeutende Mystiker und Dichter des Marāṭhī-Sprachgebiets sind
von ihm beeinflußt worden, so NĀMADEVA (um
1350?), TUKĀRĀMA (1588–1649) und EKANĀTHA
(1548–1599), der es bereits für nötig hielt, in einer
Neuausgabe der *Jñāneśvarī* den Text von verfäl-
schenden Zusätzen zu befreien. Das Werk leitete
eine bis in die neueste Zeit nicht abgerissene Tradi-

tion von Übersetzungen und Erklärungen der *Bhagavadgītā* ein, und ihr Ruhm hat dazu beigetragen,
daß die *Gītā* eine zentrale Stellung im Leben der
Hindus von Mahārāṣṭra einnimmt. Durch die Vārkarī-Sekte ist die *Jñāneśvarī* heute noch weit verbreitet; sie wird aber auch in anderen indischen
Provinzen, sei es als selbständiges Werk, sei es als
Erklärung der *Gītā*, gelesen.   P.G.

AUSGABEN: Dhulia 1909, Hg. V. K. Rajwade;
Nachdr. Bombay ³1963. – Bombay ⁸1941, Hg.
N. M. Sakhare. – Poona 1953, Hg. T. S. Dandekar.
– Poona 1973.

ÜBERSETZUNGEN: *Jñāneśvarī*, R. K. Bhagwat,
S. V. Pandit u. V. V. Dixit, Poona 1954 [engl.; ern.
Madras 1979]. – Dass., V. G. Pradhān, Hg. u. Einl.
H. M. Lambert, 2 Bde., Ldn. 1967–1969 [engl.;
ern. Albany/N.Y. 1987].

LITERATUR: K. R. Chhapkane, *Svādhyāya »Jñāneśvarī«: Studies and Texts*, Poona 1932. – R. D. Ranade, *Indian Mysticism. Mysticism in Maharastra*
(in *History of Indian Philosophy*, Hg. S. K. Belvalkar
u. R. D. Ranade, Bd. 7, Poona 1933). – M. G. Pan-
se, *Linguistic Peculiarities of »Jñāneśvarī«*, Poona
1953 [m. Bibliogr.]. – P. Y. Deshpande, *Jñānadeva*, Delhi 1973. – Y. G. Jośi, *Subodha »Jñāneśvarī«:
adhyāya 1 te 18*, Poona o. J. [1976?]. – B. T. Sāli-
grāma, *Śrī Jñāneśvarāñca pantharāja*, Poona 1979.
– S. G. Tulpule, *Classical Marāṭhi Literature*, Wiesbaden 1979, S. 329–334. – S. K. Devadhara, *Jñā-
nadevīcī gauravagāthā*, Poona 1983. – *Santa Jñāneśvara, jīvana aura kārya*, Hg. C. Bāndivaḍekara,
Delhi 1988.

JOACHIM VON FIORE

Gioacchino da Fiore
* zwischen 1130 und 1135 Celico bei
Cosenza
† 1201/02 Fiore

LIBER FIGURARUM

(mlat.; *Figurenbuch*). Tafelwerk zu den Schriften
des Abtes JOACHIM VON FIORE, von ihm selbst oder
nach seiner Weisung zusammengestellt, erhalten in
zwei prachtvollen Handschriften des 13. Jh.s, herausgegeben (z. T. in Faksimiledruck) und erläutert
von Leone TONDELLI 1939. – In der Bibliothek des
von ihm geleiteten Priesterseminars in Reggio
Emilia fand Tondelli das *Figurenbuch* Joachims,
das der Franziskaner-Chronist und Joachit SALIM-
BENE öfters erwähnt hatte; Tondelli nahm wohl
mit Recht an, daß Dante ALIGHIERI von derselben
Handschrift zu manchen Visionen seiner *Divina*

Commedia inspiriert wurde. Im Oxforder Corpus Christi College fand sich bald darauf eine noch etwas ältere und vollständigere Handschrift, nach der Marjorie REEVES und Beatrice HIRSCH-REICH die zweite Auflage jener Ausgabe (Turin 1953) verbessert und ergänzt haben.

Daß Joachim selbst dieses Werk schuf oder veranlaßte, wurde zu Unrecht bezweifelt. Figürliche Darstellungen seiner Grundgedanken finden sich schon in seinen Hauptwerken, die nach 1180 nebeneinander entstanden: eine *Concordia novi ac veteris testamenti*, ein *Psalterium decem chordarum* und eine *Expositio in Apocalypsim* in mehreren Fassungen. Im *Figurenbuch* sind solche Tafeln abgewandelt, ergänzt und ornamental ausgestaltet, zum Teil auch mit neuen Texten beschriftet, die gedrängt zusammenfassen, was Joachim anderwärts ausführlicher darlegt. Es sind also keine visionären Symbolfiguren, deren Deutung rätselhaft sein könnte, sondern bildhafte Gedankendarstellungen, die oft nur aus Joachims anderen Schriften verständlich werden und diese anschaulich verdeutlichen sollen. Vor allem zeigen Stammbäume, von Blüten und Knospen umrankt, die Geschlechterfolge des *Alten Testaments*, der Vorfahren Christi nach *Matthäus* 1 und *Lukas* 3, und die entsprechenden Generationen der Kirchengeschichte seit Christus; denn es ist Joachims Grundgedanke, daß sich die alttestamentliche Geschichte, in der Gott-Vater wirkte, in 42 Generationen zu je 30 Jahren bis ins einzelne vergleichbar wiederholt im kirchlich-klerikalen Zeitalter des Gottes-Sohnes und daß dann spätestens seit 1260 ein neues, drittes Zeitalter des Heiligen Geistes und einer mönchisch-kontemplativen Geist-Kirche folgt. Joachim spricht dabei nie von einem »dritten Reich«, aber vom dritten, letzten »Status« der Heilsgeschichte, der bald anbrechen und bis zur Wiederkunft Christi am Weltende dauern werde. Ereignisse und Gestalten der Endzeit nach biblischer Verheißung sind im *Figurenbuch* wie in der Apokalypsen-Erklärung als Bild des Drachens mit sieben Köpfen dargestellt, die in dieser dreisätzigen Heilssymphonie wirkende Trinität im Bild des Psalterinstruments mit zehn Saiten oder in drei ineinander verschlungenen, irisierenden Kreisen (wie in Dantes *Paradiso* 33, 115 ff.). Eine Tafel zeigt den *»Plan des neuen Ordens, der zum dritten Status gehört nach dem Vorbild des himmlischen Jerusalem«* – vielleicht ein Idealschema der eigenen Ordensgründung Joachims in Kalabrien. – Erstaunlich ist die kunstreiche Ausgestaltung der farbigen Figuren, schwer erklärlich in Joachims abseitigen Klöstern, aber bisher auch keiner Miniatorenschule sicher zuzusprechen. Es bedarf noch mancher Mühe zum rechten Verständnis dieser für jeden Betrachter eindrucksvollen Figuren wie der Gedanken Joachims überhaupt, die man in der Folgezeit oft aktualisierend vereinfacht hat. Das wiederentdeckte *Figurenbuch*, schwer vergleichbar mit anderer Gedanken-Kunst seiner Zeit, wird erst durch die Kenntnis anderer Werke Joachims für den Benutzer verständlicher.

H.Gru.

AUSGABEN: Turin 1939 (*Il libro delle figure*, 2 Bde., Hg. L. Tondelli; ²1953; m. Komm.; Bd. 2 verb. v. M. Reeves u. B. Hirsch-Reich). – Mchn.-Planegg 1955 (in *Joachim v. Fiore. Das Reich des Hl. Geistes*; Textausz. u. Übers. A. Rosenberg).

LITERATUR: P. Fournier, *Études sur Joachim de Flore et ses doctrines*, Paris 1908; Nachdr. Ffm. 1963. – H. Grundmann, *Studien über Joachim v. Floris*, Lpzg./Bln. 1927; ern. Stg. 1966 [verb.]. – E. Benz, *Joachim-Studien I: Die Kategorien der religiösen Geschichtsdeutung Joachims* (in ZKG, 50, 1931, S. 24–111). – H. Bett, *J. of Flora*, NY 1931; Nachdr. Merrick/N.Y. 1976. – L. Tondelli, *Da Gioachino a Dante*, Turin 1944. – H. Grundmann, *Neue Forschungen über Joachim v. Fiore*, Marburg 1950. – M. Reeves, *The »Liber figurarum« of J. of Fiore* (in Mediaeval and Renaissance Studies, 2, 1950, S. 58–81). – Dies. u. B. Hirsch-Reich, *The »figurae« of J. of Fiore, Genuine and Spurious Collections* (ebd., 3, 1954, S. 170–198). – F. Russo, *Bibliografia Gioachimita*, Florenz 1954. – M. W. Bloomfield, *J. of Flora. A Critical Survey of His Canon, Teachings, Sources, Biography, and Influence* (in Traditio, 13, 1957, S. 249–311). – A. Crocco, *Gioacchino da Fiore*, Neapel 1960. – F. Russo, *Rassegna bibliografica Gioachimita (1958–1967)* (in Cîteaux, 19, 1968, S. 206–214). – H. Grundmann, *Ausgewählte Aufsätze. Tl. 2: J. v. F.*, Stg. 1977 (in MGH, Schriften, 25/2). – S. Otto, *Bonaventuras christologischer Einwand gegen die Geschichtslehre des J. v. F.* (in *Die Mächte des Guten und Bösen. Vorstellungen im XII. u. XIII. Jh. über ihr Wirken in der Heilsgeschichte*, Hg. A. Zimmermann, Bln./NY 1977, S. 113–130). – P. Munz, *From Max Weber to J. of Floris. The Philosophy of Religious History* (in Journal of Religious History, 11, 1980, Nr. 2, S. 167 bis 200). – G. di Napoli, *G. da F.: teologia e cristologia* (in Aquinas, 23, 1980, S. 1–51). – M. Reeves, *The Originality and Influence of J. of F.* (in Traditio, 36, 1980, S. 269–316). – *Storia e messaggio in G. da F. Atti del I. Congresso internazionale di studi gioachimiti*, S. Giovanni in Fiore 1980. – W. H. J. Schachten, *Ordo salutis: das Gesetz als Weise der Heilsvermittlung. Zur Kritik des hl. Thomas von Aquin an J. v. F.*, Münster 1980. – Ders., *Das Verhältnis von philosophischem u. biblisch-heilsgeschichtlichem Denken im Blick auf Joachims Ablehnung der Metaphysik* (in Franziskanische Studien, 64, 1982, S. 54–66; 193–202). – K. H. Neufeld, *Wirkungsgeschichte J.s v. F.* (in Gregorianum, 63, 1982, S. 333–338). – A. Thompson, *A Reinterpretation of J. of F.'s »Dispositio novi ordinis« from the »Liber figurarum«* (in Cîteaux, 33, 1982, S. 195–205). – A. Crocco, *La concezione trinitarie della storia in G. da F. e il superamento del dualismo agostiniano* (in Asprenas, 30, 1983, S. 5–21). – D. C. West u. S. Zimdars-Swartz, *J. of F. A Study in Spiritual Perception and History*, Bloomington/Ind. 1983. – E. Buonaiuti, *G. da F. I tempi, la vita, il messaggio*, Cosenza 1984. – B. McGinn, *The Calabrian Abbot: J. of F. in the History of Western Thought*, NY/Ldn. 1985. – C. Romano, *Figure e momenti del pensiero medievale. G. da F., Pier Giovanni Olivi, S. Tommaso d'Aquino*, Salerno 1985. – *L'età dello Spirito e la fine dei tempi in G. da F. e nel gioachimismo medievale. Atti del II. Congresso internazionale di studi gioachimiti*, S. Giovanni in Fiore 1986. – M. Gigante, *San Tommaso e la storia della salvezza. La polemica con G. da F.*, Salerno 1986.

DOM JOÃO I

* 11.4.1357 Lissabon
† 14.8.1433 Lissabon

LIVRO DA MONTARIA

(portug.; *Buch von der hohen Jagd*). Jagdbrevier von Dom JOÃO I, verfaßt nach 1415. – Dieses nach Angaben des portugiesischen Königs Johann I. (reg. 1385–1433) durch Zusammenarbeit mehrerer Sachkenner entstandene Buch steht in der mittelalterlich-höfischen Tradition einer reichen lateinischen und volkssprachlichen Fachliteratur über die Jagd, in Portugal bereits seit dem 14. Jh. vertreten durch die beiden Bücher des Falkners König Ferdinands I. (reg. 1367–1383), Pero MENINO, *Livro da cetraria (Buch von der Beize)*, ein Buch über die Falkenjagd, und *Livro da falcoaria (Buch von der Falknerei)*, das vor allem die Krankheiten der Falken behandelt. In dem Buch König Johannes I., *»dem eingehendsten und vollständigsten Buch, das man über die Wildschweinjagd kennt«* (G. Rossi), wird die Jagd als königlicher Zeitvertreib über alle anderen Spiele gestellt, die der Entwicklung der Körper- und Geisteskräfte oder lediglich der Entspannung dienen. Als typisch höfisches Werk hat das Buch *»keine andere Absicht, als die Höflingsgesellschaft mit kräftigen Jagdabenteuern zu unterhalten und den Liebhabern der Jagd die Erfahrungen des Autors zu vermitteln«* (Saraiva/Lopes). So ist das *Livro da montaria* gleichzeitig ein Jagd- und Jägerbuch, das ohne literarische Prätentionen einerseits technische Ratschläge erteilt, andererseits von den Erlebnissen und Beobachtungen eines passionierten Jägers berichtet, dem der Lärm der Jagd mehr bedeutet als die Musik eines Guillaume Machaut und den der Anblick des Wildes in eine Verzückung versetzt, die er religiöser Ekstase vergleicht. Die Sprache, reich an Wörtern und Bildern aus dem Jägerjargon, besitzt die Frische und Unmittelbarkeit des mündlichen Ausdrucks. Darunter leidet allerdings die Klarheit und Eleganz des Satzbaus, der häufig langatmig, verworren und holprig ist. Lediglich die ersten acht Kapitel sind mit parallelistischen Konstruktionen, rhetorischen Fragen, Vergleichen, Metaphern und mit Verweisen auf Kirchenväter und Scholastiker stilistisch durchgearbeitet, allerdings ohne großen Erfolg. Der Wert des Buches liegt in der Fülle unmittelbarer Anschau-

ung und Erfahrung, die auch in den eingestreuten Naturschilderungen Niederschlag gefunden hat.

A.E.B.-KLL

AUSGABE: Coimbra 1918, Hg. M. Esteves Pereira [m. Einl.].

LITERATUR: M. Martins, *Estudos de literatura medieval*, Braga 1956, S. 453–466. – M. Rodrigues Lapa, *Lições de literatura portuguesa, época medieval*, Coimbra ⁴1956, S. 313–316; ¹⁰1984. – M. Martins, *Experiência e conhecimento da natureza no »Livro da montaria«* (in Revista Portuguesa de Filosofia, 13, 1957, S. 52–65). – Ders., *Cinopedia medieval* (in Brotéria, 69, 1959, S. 41–50). – Ders., *A espiritualidade do »Livro da montaria«* (in Itinerarium, 7, 1961, S. 163–170). – Ders., *Estudos de cultura medieval*, Bd. 3, Lissabon 1983, S. 119–131.

JOCELINUS DE BRAKELONDA

Jocelin von Brakelond

† 1215(?) Bury St. Edmunds

CHRONICA DE REBUS GESTIS SAMSONIS ABBATIS MONASTERII SANCTI EDMUNDI

(mlat.; *Chronik der Taten Samsons, des Abtes vom Kloster St. Edmund*). Klosterchronik von JOCELINUS DE BRAKELONDA, begonnen um 1180, beendet um 1202; nur fragmentarisch erhalten. – Wir wissen von Jocelin nur, was er in seiner *Chronik* von sich selbst erzählt. Keinesfalls zählt er zu den besten Autoren seiner Zeit, sicher aber zu den liebenswertesten. Obwohl er manchmal den Faden verliert und in seiner Schilderung nicht immer genau ist, ist die *Chronik* wertvoll, weniger der historischen Daten wegen als deshalb, weil sie uns ein lebendiges Bild vom Klosterleben am Ausgang des 12. Jh.s vermittelt. – Das Werk behandelt die Jahre 1173–1202. Zuerst werden die Zustände unter dem Abt Hugh geschildert. Damals war das Kloster stark verwahrlost. Nach der Wahl Samsons aber gelangt es zusehends wieder zu einer gewissen Blüte. Merkwürdigerweise bricht die Darstellung acht Jahre vor dem Tode Samsons ab, obwohl der Autor den Abt überlebte. – Der Stil der Arbeit ist sehr einfach, die Sprache sowohl dem profanen als auch dem sakralen Bereich verpflichtet. Die Unbefangenheit, in der der Autor erzählt, und der Humor, der manchmal durchblickt, sowie die sichere Zeichnung der Charaktere und – trotz der Ungenauigkeiten – das Bemühen, wahr zu schreiben, machen das Buch zu einer angenehmen, nie langweilenden Lektüre. Mehrere Passagen stammen allerdings nicht vom Autor: so unter anderem ein

Exkurs *De Henrico de Essexis (Über Heinrich von Essex).* J.Bo.

AUSGABEN: Ldn. 1840, Hg. J. Gage Rokewode. – Ldn. 1890, Hg. T. Arnold (Rerum Britann. script., 96). – Ldn. 1949, Hg. H. E. Butler [m. engl. Ü. u. Einl.; ern. Edinburgh 1959].

ÜBERSETZUNGEN: *Monastic and Social Life in the 12th Century as Exemplified in the Chronicle of J. of B.*, T. E. Tomlins, Ldn. 1844 [engl.]. – *The Chronicle of J. of B.*, E. Clarke, Ldn. 1902 [engl.]. – Dass., J. Murray, Ldn. 1908 [engl.].

LITERATUR: R. Yates, *An Illustration of the Monastic History of the Town and Abbey of St. Edmund's Bury*, Ldn. 1843. – O. J. Reichel, *J. de B. and the Servicium Debitum* (in Transactions of the Devonshire Association for the Advancement of Science, Literature and Art, 1904). – F. Schneider, *Carlyles »Past and Present« und die »Chronica« J. de B.*, Diss. Halle 1912. – C. König, *Englisches Klosterleben im 12. Jh. auf Grund des J. de B.*, Jena 1928.

MATTHÍAS JOCHUMSSON

* 11.11.1835 Skógar
† 18.11.1920 Akureyri

DAS LYRISCHE WERK (isl.) von Matthías JOCHUMSSON.
Nachdem Freunde ihm den Besuch der Lateinschule und eine theologische Ausbildung ermöglicht hatten, war Matthías Jochumsson, der einer armen, kinderreichen Bauernfamilie entstammte, die meiste Zeit seines Lebens Pfarrer, zuletzt (ab 1881) in Akureyri. Willkommene Unterbrechungen seines bisweilen als Bürde empfundenen Amtes bedeuteten seine elf Auslandsreisen und die Jahre als Herausgeber und Chefredakteur der Zeitung ›Þjóðólfur‹ (1874–1881). Durch einen Ehrensold des isländischen Allthings konnte Matthías Jochumsson sich im Alter ganz dem Schreiben widmen. Er starb hochgeehrt als »þjóðskáld« (Nationaldichter) und hinterließ ein umfangreiches Werk.
Nach ersten Erfolgen mit dem nationalromantischen Drama *Útilegumennirnir (Die Geächteten)* und der Übersetzung von Esaias TEGNÉRS *Frithiofs saga* aus dem Schwedischen erlebte Matthías seinen Durchbruch als Lyriker mit patriotischen Gedichten aus Anlaß der Tausendjahrfeier Islands im Jahre 1874; mit *Ísland* (1872) lenkt er den Blick zurück auf das Island der Landnahmezeit. Da für ihn der Kampf um die Unabhängigkeit Islands eingebunden ist in das universale Streben nach Menschlichkeit und Freiheit, fehlen bei ihm verklärende Vorzeitschwärmerei und falsche nationalistische Töne.

Mit direkten Zitaten, Stabreim, Versmaß und Bildsprache knüpft er unmittelbar an die *Völuspá* aus der *Edda* an, deren großartigen Geschichtsentwurf er unter neuen Aspekten umdeutet. Im Hymnus *Ó, Guð vors lands …*, der später in der Vertonung Sveinbjörn Sveinbjörnssons zur Nationalhymne erhoben wurde, blickt der Dichter ergriffen auf die vergangenen tausend Jahre zurück, die nach dem Bibelwort vor dem Herrn wie ein Tag sind und die ihm erscheinen wie »*morgunsins húmköldu, hrynjandi tár / sem hitna við skínandi sól*« (»des Morgens dämmerkalte, strömende Tränen, / die sich erwärmen im Schein der Sonne«). Von den künftigen Jahren erhofft er sich ein Versiegen der Tränen und ein Gedeihen des Volkes auf dem Weg des Gottesreiches. Obwohl Matthías Jochumsson in Dänemark Georg BRANDES schätzen gelernt hatte, blieb er zeitlebens ein Gegner des literarischen Realismus, der ihm zu eng schien. Daß seine Islandgedichte dennoch einen realistischen Ansatz zeigen, hängt eher mit den eigenen ernüchternden Erfahrungen und dem starken Aufschwung der wissenschaftlichen Landeskunde zusammen. Das Gedicht *Íslands minni (Islands Gedächtnis)* beginnt mit dem Gedanken, daß das Land am äußersten Rande des Meeres seit langem von anderen Völkern wenig geachtet sei, daß aber dieses Land und sein Volk untrennbar zusammengehörten. Unter dem Eindruck eines verheerenden Sandsturms erinnert er in einem anderen Gedicht als erster an die Pflicht, durch Bepflanzung die Erosion einzudämmen: »*Plöntum, vökvum rein við rein*« (»Laßt uns Streifen um Streifen bepflanzen und bewässern«).
Mit Recht wurde Matthías Jochumsson vor allem ein »Dichter des Menschen« genannt. Auch in seinen Landschaftsgedichten ist immer der Mensch das eigentliche Thema. Dieser humane Zug wird wohl am deutlichsten im Gedicht *Dettifoss* über den mächtigsten Wasserfall Europas, wenn er dem »Wasserfalltroll« die Worte zuruft: »*Pó af pínum skalla / þessi dynji sjár, / finnst mér meir, ef falla / fá ein ungbarns tár*« (»Auch wenn von deinem Schädel / dieses Meer herabdonnert, / ist es für mich bewegender, / wenn einige wenige Tränen / eines kleinen Kindes fallen«). Das großartigste Naturgedicht des Dichters, *Hafís (Packeis)*, handelt vom »*alten Feind des Landes*«, der das Land in manchen Wintern in seinem Griff gefangen hält und Hunger und vielfachen Tod mit sich bringt. Am Ende werden die Schreckensvisionen von einem Friedhof mit hunderttausend Gräbern durch den Hinweis auf die Vorsehung Gottes teilweise aufgefangen.
Kein anderer isländischer Dichter hat so viele Gedichte über Menschen geschrieben wie Matthías Jochumsson – zum Teil auf Gestalten der isländischen Geschichte, meist aus der Perspektive ihrer Todesstunde. Dies gilt für die Gedichte über Snorri Sturluson, der 1241 ermordet wurde (*Víg Snorra Sturlusonar – Die Ermordung Snorri Sturlusons*), den letzten katholischen Bischof Jón Arason (*Jón Arason á aftökustaðnum – J. A. an der Hinrichtungsstätte*), Eggert Ólafsson, der mit seiner Frau bei einer Überfahrt im Boot ertrank (*Eggert Ólafs-*

son) und sein großes Vorbild als religiöser Dichter Hallgrímur Pétursson; so wie Hallgrímur das Leiden Christi in Beziehung zu seiner isländischen Umwelt setzte, so vergleicht Matthías in seinem Gedicht die Situation Hallgríms mit dem Jerusalem vor dem Tode Jesu. Am Ende verschmilzt das Bild des dornengekrönten Christus mit dem des sterbenden Dichters: »*Signað höfuð sorgar-pyrnar ber, – / sjá, nú pekkist hann, sem dáinn er. / Oftast fyrst á pessum pyrni-krans / pekkir fólkið tign síns besta manns.*« (»*Das gesegnete Haupt trägt die Schmerzens-Dornen. – / Sieh, nun erkennt man ihn, als er gestorben ist. / Meistens erkennt an diesem Dornen-Kranz / das Volk erst die Würde seines besten Mannes.*«)

Ein sehr großer Teil der Gedichte Matthías Jochumssons besteht aus Nachrufen in Gedichtform (isl. *erfiljóð*) – eine Gattung, die auf Island schon im Mittelalter eine starke Tradition hatte. Teilweise entstanden sie spontan als Trost für die Hinterbliebenen und Denkmäler der Erinnerung an Verwandte, Freunde und Bekannte, häufig aber auch als Auftragsarbeiten. In dieser Gruppe zeigt sich am deutlichsten, daß die große Produktivität des Dichters – die Lyrik umfaßt nicht weniger als fünf Bände – häufig auf Kosten der Qualität ging. Dennoch finden sich auch unter den Gelegenheitsgedichten wahre Perlen, die abseits der ausgetretenen Bahnen der Konvention eine starke persönliche Beteiligung und dichterische Inspiration verraten, so daß Matthías Jochumsson in dieser Gattung mit Recht in eine Reihe mit Egill SKALLAGRÍMSSON und Bjarni THORARENSEN gestellt wurde.

Grundelemente aller Dichtung Matthías Jochumssons sind Glauben und Menschlichkeit. Beide sind für ihn untrennbar verbunden, was dazu führte, daß er manche Lehren der Kirche ablehnte, die ihm unmenschlich schienen. Er nahm für sich das Recht in Anspruch, auf seinen eigenen Wegen nach der Wahrheit zu suchen, und seine vielen religiösen Gedichte sind so auch immer Zeugnisse seiner eigenen Glaubensvorstellungen und Glaubenskämpfe, wie sie in den verzweifelten Versen: »*Guð, minn Guð, ég hrópa / gegnum myrkrið svarta, – / líkt sem út úr ofni / æpi stiknað hjarta*« (»*Gott, mein Gott, ich rufe / durch die schwarze Dunkelheit, – / als schriee aus einem Ofen / ein verbranntes Herz*«) zum Ausdruck kommen. Jenseits aller Zweifel sind aber fast alle Werke von einem tiefen, bisweilen geradezu kindlichen Gottvertrauen durchdrungen. Viele religiöse Gedichte Matthías Jochumssons gehören heute zum Kernbestand der isländischen Kirchenlieder. Matthías Jochumsson war ein Dichter des Augenblicks. Sorgfältiges Komponieren und mehrfaches Überarbeiten lagen ihm nicht. In seinen besten Gedichten aber, die nicht selten in einem Zuge entstanden, erscheint er mitgerissen von einer Inspiration, die in ihrer eruptiven Gewalt mit einem Vulkan oder einem Geysir verglichen wurde. Er hat sich immer zur Einfachheit bekannt. Viele seiner Gedichte sprechen eine Alltagssprache, die jedes Kind verstehen kann. Aber auch da, wo er poetische Sonderworte, Metaphern und Elemente der Edda-

sprache verwendet, ist zu spüren, daß er immer den unmittelbaren Weg zum Leser suchte. Das Reimen – und das bedeutet in Island Stab- und Endreim zugleich – fiel ihm leicht, und er beherrschte ein weites Spektrum metrischer Formen, ohne nach großer Originalität zu streben. Sein Formgefühl bewies sich vor allem in einem sicheren Gespür für die Kongruenz von Sprache, Form und Inhalt.

Matthías Jochumsson hat zeit seines Lebens viel übersetzt, darunter auch zahlreiche Gedichte, v. a. aus dem Englischen (BYRON, BURNS, POE u. a.), den skandinavischen Sprachen und dem Deutschen (GOETHE, SCHILLER, UHLAND u. a.). Manche dieser Übersetzungen lassen sich in ihrer sprachlichen Kraft den eigenen Werken Matthías Jochumssons durchaus an die Seite stellen.   G.Kr.

AUSGABEN: *Ljóðmæli*, Reykjavik 1884. – *Grettisljóð*, Ísafjörður 1897. – *Ljóðmæli I–V*, Seyðisfjörður 1902–1903; Reykjavik 1904–1906. – *Ljóðmæli*, Hg. Magnús Matthíasson, Reykjavik 1936. – *Ljóðmæli*, Hg. Jónas Jónsson, Reykjavik 1945. – *Ljóðmæli 1–2*, Hg. Árni Kristjánsson, Reykjavik 1956–1958. – *Gullregn*, Hg. Johannes úr Kötlum, Reykjavik 1966 [m. Einl.]. – *Ljóð*, Hg. Ólafur Briem, Reykjavik 1980 [Ausw.; m. Einl. u. Bibliogr.].

ÜBERSETZUNGEN: Acht Gedichte (vgl. P. M. Mitchell u. K. H. Ober, *Bibliography of Modern Icelandic Literature in Translation*, Ithaca/Ldn. 1975, S. 116–122).

LITERATUR: J. C. Poestion, *Isländische Dichter der Neuzeit*, Lpzg. 1897, S. 460–466. – R. Beck, *M. J. – Icelandic Poet and Translator* (in Scandinavian Studies, 1935, S. 111–124). – Kristinn E. Ándrésson, *Gefið lífsanda loft* (in Rauðir pennar, 4, 1938, S. 122–136). – R. Beck, *M. J.* (in R. B., *History of Icelandic Poets 1800–1940*, Ithaca 1950, S. 50–58). – Njörður P. Njarðvík, *Þjóðhátíðarljóð Matthíasar Jochumssonar* (in Skírnir, 136, 1962, S. 145–174). – *Skáldið á Sigurhæðum*, Hg. Davíð Stefánsson, Akureyri 1963.

SKUGGA-SVEINN

(isl.; *Skugga-Sveinn*). Schauspiel in fünf Akten von Matthías JOCHUMSSON, erstmals veröffentlicht 1864 unter dem Titel *Útilegumennirnir (Die Verbannten)*, in der vorliegenden umgearbeiteten Fassung erschienen 1898. – Der Autor, in der isländischen Literatur hauptsächlich durch seine Gedichte (u. a. ist er der Schöpfer des patriotischen Lieds *Guð vors lands*, 1874, das später die isländische Nationalhymne wurde) und Übersetzungen der Werke SHAKESPEARES berühmt geworden, entnahm den Stoff zu diesem Schauspiel der Volkssage, in der das historische Motiv vom »Verbannten« in zahlreichen Variationen vorkommt. Die dem Geschehen zugrundeliegende Rechtssituation ist folgende: Die wegen eines Verbrechens in unwegsame Wildnis Verbannten durften nach zwanzig Jahren in besiedeltes Gebiet zurückkehren, da sie dann nicht mehr vogelfrei waren. Geradezu aussichtslos war es indes für die Betroffenen, dieses harte und unmenschliche Dahinvegetieren durchzuhalten. Ein solcher »Verbannter« ist Skugga-Sveinn (»Schattenkerl«), für den es darum geht, die letzten Jahre seiner Verbannung noch zu überstehen. Das Leben als Ausgestoßener, für ihn wie für seine Leute oft schlimmer als der Tod, hat ihn hart und skrupellos gemacht. Durch Viehdiebstahl und Raubüberfälle verschaffen sich die Männer die Nahrung, die ihnen die Öde verweigert; dies ist die einzige Möglichkeit, in der Lavawildnis, ständig auf der Flucht vor Häschern, zu überleben.

Auf Bitten des Bezirksvorstehers Lárentíus fahndet der Bauer Sigurður, der ohnehin zum Moossammeln geht, mit seinen Leuten nach den Geächteten. Dabei kommt es zu einem Zwischenfall: Keiner der Männer bemerkt es, als Ásta, die Tochter von Sigurður, in eine Schlucht zu stürzen droht; im letzten Moment wird sie von einem ihr unbekannten jungen Mann gerettet – Ásta weiß nicht, daß es einer der Verfolgten ist. Die plötzlich erwachende Liebe zu dem Mädchen bestärkt diesen jungen Mann, Haraldur, in seinem Wunsch, das harte Leben in den Bergen – von Kindheit an kannte er nichts anderes – aufgeben und statt dessen ein menschenwürdiges Dasein führen zu können, andererseits fürchtet er sich jedoch vor den Verfolgern, denen er wie die anderen indes nicht mehr entkommen kann. Bei der Gefangennahme stellt sich heraus, daß er ein Verwandter des Bauern Sigurður ist und der einzige, der einen Raubüberfall Skugga-Sveinns auf seine Familie überlebt hat. Für den Anführer ist jedoch die Lage hoffnungslos: Er kann nicht mehr mit Gnade rechnen. Mit letzter Kraft befreit er sich von den Fesseln und stürzt sich unter Verwünschungen und höhnischem Gelächter in den nahen Wasserfall.

Mit diesem Schauspiel errang Jochumsson auf der isländischen Bühne einen beträchtlichen Erfolg. Außerdem gilt das Werk als Zeitdokument: Es war das erste Stück, das von einem Schüler der Lateinschule von Reykjavik für die dort alljährlich stattfindenden Aufführungen verfaßt wurde. – Neben der stofflichen Anleihe bei der isländischen Volkssage finden sich Parallelen zum Werk J. THORODDSENS sowie zu MARRYAT und J. L. HEIBERG, deren Bedeutung als Dramatiker der Isländer jedoch nicht erreichte. Unter den Personen des Schauspiels ragt vor allem die Titelgestalt hervor, ein Mann, der zwar skrupellos Verbrechen begeht, aber seine Verfolger, die ihm auf den Fersen sind, zu nasführen versteht, was dem Stück eine gewisse humoristische Note verleiht. Gemessen an der, im Gegensatz zur Lyrik, kaum entwickelten isländischen dramatischen Literatur, verdient das etwas naiv wirkende Schauspiel seinen Platz in der isländischen Dichtung, wenn es auch im Gesamtwerk Jochumssons nicht unbedingt den Höhepunkt ausmacht.   B.D.

AUSGABEN: Reykjavik 1864 *(Útilegumennirnir)*. – Reykjavik 1898. – Reykjavik 1961 (in *Leikrit*; m. Einl.).

LITERATUR: *Skáldið á Sigurhæðum. Safn ritgerða um þjóðskáldið M. J.*, Hg. D. Stefánsson, Stofnsett 1889. – M. Jochumsson, *Sögukaflar af sjálfum mér*, Akureyri 1922.

ÉTIENNE JODELLE, SIEUR DU LIMODIN

* 1532 Paris
† Juli 1573 Paris

LITERATUR ZUM AUTOR:
S. Hoffmann, *Die Dramen J.s* (in ASSL, 52, 1874, S. 293–324). – K. A. Horváth, *E. J.*, Budapest 1932. – E. Balmas, *E. J. Un poeta del rinascimento francese*, Florenz 1962. – F. Charpentier, *Pour une lecture de la tragédie humaniste. J., Garnier, Montchrestien*, Saint Étienne 1979. – F. Delay, *L'insuccès de la fête*, Paris 1980.

CLÉOPÂTRE CAPTIVE

(frz.; *Die gefangene Kleopatra*). Tragödie in fünf Akten von Étienne JODELLE, Sieur du Limodin, Uraufführung Frühjahr 1553 in Anwesenheit des Königs Henri II; erschienen 1574. – Das Werk ist als erste französische Tragödie, die von den Zeitgenossen begeistert aufgenommen wurde, ein Markstein in der Literaturgeschichte. Allerdings unterscheidet sich seine Konzeption erheblich von den klassischen Tragödien im folgenden Jahrhundert. Ein großer dramatischer Zusammenhang ist noch kaum entwickelt; das Geschehen gewinnt seine Spannung aus der Aufeinanderfolge von Situationen und Personenkonstellationen, die jeweils nach festen rhetorischen Verfahrensweisen geformt sind. Der Ausgang des Geschehens ist schon in der ersten Szene entschieden. Die zwangsläufige Lösung des Falls, Kleopatras Entscheidung, sich dem Zugriff der Römer durch den Tod zu entziehen, erfolgt als Ergebnis eines langen, in Monologe und Dialoge aufgelösten Raisonnements, das der Selbsterklärung der Redenden und der Aufdeckung der Motive ihres Handelns dient. Auffallend ist dabei die Häufigkeit der zur Erregung von Pathos eingesetzten Stilmittel, so der Ausrufe und Stichomythien. Dem Chor ist nicht nur eine die Sicht der Königin und des jungen Cäsar Oktavian jeweils kommentierende, sondern auch eine handlungtragende Rolle zugeordnet. Ob die in Kurzversen gedichteten Chorlieder mit Gesang vorgetragen wurden, ist nicht geklärt. Der übrige Text ist in Zehnsilbern geschrieben, allein für die klagende

Rede der Besiegten im ersten und vierten Akt hat Jodelle den Alexandriner verwendet.

Aus dem häufig behandelten Kleopatra-Stoff sind zwei Hauptelemente ausgewählt: die Liebe der stolzen ägyptischen Königin zu dem toten Antonius, der ihretwegen seine Gemahlin verraten hat, sowie der entschiedene Wille Oktavians, die besiegte Feindin lebend nach Rom zu schaffen und sie im Triumphzug als Zeichen seiner Größe gefangen vorführen zu lassen. Das Stück setzt mit der Darlegung der frevlerischen Liebesbeziehung ein. Der Schatten des Antonius beklagt die ewigen Qualen, die er – einem Prometheus oder Tantalos gleich – wegen seiner früheren Verfehlung im Jenseits erleiden muß. Seine Prophezeiung, die Geliebte werde ihm bald in den Tod folgen, gibt dem weiteren Geschehen den festen Rahmen. Auch Kleopatra, die diese Ausführungen in ihrem Traumbericht reflektiert, bekennt sich wegen ihrer Liebe zu dem toten Römer schuldig. Eine Entscheidung über ihr weiteres Verhalten hat sie allerdings noch nicht getroffen. Im Gespräch mit ihren Vertrauten erwägt sie die gegensätzlichen Einstellungen zum Sterben und faßt den Vorsatz, sich auf keinen Fall nach Rom bringen zu lassen. Der zweite Akt zeigt den Konflikt von Gnade und Gerechtigkeit, in dem der anfangs hochherzig scheinende Oktavian steht. Aus übermäßigem Stolz vertritt er das Recht des Stärkeren. Deshalb lehnt er im folgenden Aufzug Kleopatras Bitte um Mitleid ab, wobei er seine feste Entschlossenheit hinter vordergründigem Entgegenkommen verbirgt. Seiner Härte setzt die Königin, nachdem sie versucht hat, den Römer mit allen Mitteln bis hin zur Verführung umzustimmen, nun Entschlossenheit entgegen. Mit welcher Seelengröße sie ihrer Liebe zu Antonius folgt und den Weg in den Tod wählt, ist Gegenstand des vierten Aktes. Ihr Ende wird zugleich ihr Triumph über den Sieger sein. Der nur kurze letzte Akt enthält den mit Sympathie für die Tote vorgetragenen Botenbericht von ihrer Selbstvernichtung, durch die der Stolz des Oktavian getroffen wird.

Jodelle hat den Stoff seiner »tragédie historique« im wesentlichen der lateinischen Übersetzung von PLUTARCHS *Bioi paralléloi (Parallelbiographien)* entnommen; in Anlage und Durchführung lehnt er sich an das in der Renaissance bevorzugte Modell der Tragödien SENECAS an. Deren Mittel zur Beeinflussung der Psyche des Zuschauers finden sich wieder im Einsatz des Überraschend-Wunderbaren und in der Suche starker Gegensätze, wie sie sich im Wechsel von getragener, vornehmlich elegisch-melancholischer und epigrammatisch pointierter Rede manifestieren. Über die dadurch angestrebte Erschütterung soll dem Zuschauer ein Verhaltensideal vermittelt werden, das im Rückgriff auf die antike Ethik an der Vorstellung eines heroisch-großmütigen Persönlichkeitsbildes orientiert ist. Kleopatra erscheint trotz ihrer Verirrungen schließlich als edelmütige und selbstbewußte Frau, die, als sie erkennt, daß ihr kein anderer ehrenvoller Weg bleibt, mit gelassener Entschiedenheit in den Tod geht. Oktavian, der zugleich für das Selbstvertrauen und die Überheblichkeit des weltbeherrschenden römischen Imperiums steht, wird durch den Lauf der Ereignisse dazu gebracht, seine Maßlosigkeit zu korrigieren.

Exemplarischer Adressat der von humanistischem Geist getragenen Tragödie ist der König, an den der Prolog des Werks gerichtet ist. Ihm, dem Vorbild seiner Untertanen, soll das Werk als Spiegel eigenen Verhaltens dienen. Das Stück, das Jodelle für die Feier des Sieges der Franzosen über Karl V. bei Metz geschrieben hat, ist von der seit dem frühen 18. Jh. in Frankreich entwickelten monarchischen Staatsidee, wie sie auch von der Pléiade propagiert wurde, getragen. K. L.

AUSGABEN: Paris 1574 (in *Les œuvres et meslanges poétiques*). – Paris 1868 (in *Les œuvres et meslanges poétiques*, Hg. C. Marty-Laveaux, 2 Bde., 1868 bis 1870, 1; Nachdr. Genf 1968–1970). – Paris 1925. – Philadelphia 1946, Hg. L. Bryce Ellis. – Paris 1965–1968 (in *Œuvres complètes*). – Exeter 1979, Hg. K. M. Hall [krit.].

LITERATUR: F. Neri, *La prima tragedia di E. J.* (in GLI, 74, 1919, S. 50–63). – J. H. Greenleat, *L'unité de lieu dans la »Cléopâtre« de J.* (in University of Wisconsin Studies in Language and Literature, 20, 1925, S. 62–73). – M. Delcourt, *J. et Plutarque* (in Bulletin de l'Association Guillaume Budé, 1934). – G. Cohen, »*La Cléopâtre captive*« (in G. C., *Études d'histoire du théâtre en France au moyen âge et à la renaissance*, Paris 1956, S. 343–345). – K. M. Hall, *Notes on J.'s »Cléopâtre captive*« (in FS, 20, 1966, S. 1–14). – T. J. Reiss, *J.'s »Cléopâtre« and the Enchanted Circle* (in YFS, 47, 1972, S. 199–210). – R. Griffin, *The Case Against J's »Cléopâtre captive*« (in KRQ, 19, 1972, Suppl. 1, S. 37–54). – Ders., »*Cléopâtre captive*« *devant la critique* (in OCrit, 1, 1975/76, S. 111–118). – G. R. Garner, *Tragedy, Sovereignty and the Sigh. J.'s »Cléopâtre captive*« (in Rclc, 5, 1978, S. 245–279). – R. Campagnoli, *Descrizione della »Cléopâtre captive« di J.* (in R. C., *Forme, maniere, manierismi*, Bologna 1979, S. 1–80).

EUGÈNE

(frz.; *Eugen*). Komödie in fünf Akten von Étienne JODELLE, Sieur du Limodin, Uraufführung: Paris 1552/53, L'Hôtel de Reims. – *Eugène* ist die erste, bewußt den Farcen des Mittelalters entgegengestellte französische Renaissancekomödie. Jodelle, wie seine Freunde Rémi BELLEAU und Jean de LA PÉRUSE dem Pléiade-Kreis angehörend, entwickelt im Prolog zu diesem Stück seine dramaturgischen Theorien. Er plädiert für einen Bruch mit der mittelalterlichen Theatertradition der Mysterienspiele, Moralitäten und Farcen und für die Schaffung eines nationalen Dramas in Anlehnung an die Bühnenwerke der griechischen und römischen Antike, deren regelmäßiger dramaturgischer Aufbau übernommen werden soll.

Den Schausplatz der, in Ermangelung geeigneter Schauspieler, von Jodelle und seinem Freundeskreis vor König Heinrich II. aufgeführten Komödie bildet eine Pariser Straße, auf der sich fast alle Szenen abspielen. Hauptperson ist der Abbé Eugène, ein Liebhaber guten Essens, Trinkens und des Freudenmädchens Alix, das er an einen dummen Bauern namens Guillaume verheiratet hat. Diesem gegenüber hat er sich als Vetter der Frau ausgegeben, um ungestört im Hause ein und aus gehen zu können. Ehe Eugène jedoch so recht dazu gekommen ist, die Früchte seiner Intrige zu genießen, ergeben sich Komplikationen. Der Edelmann Florimond, ein ehemaliger Liebhaber von Alix, kehrt aus dem Krieg zurück und schwört dem Abbé, als er von der Heirat erfährt, fürchterliche Rache. Eugène hört davon und wendet sich an seine Schwester Hélène um Hilfe. Diese, die sich früher dem Liebeswerben Florimonds gegenüber spröde gezeigt und ihn dadurch zu Alix getrieben hat, ist nunmehr ihrem Bruder zuliebe bereit, dem Ritter von neuem Hoffnungen zu machen und, wie der Abbé andeutet, diese auch notfalls ohne vorangegangene Heirat zu erfüllen. Der Vertraute des Abbé, Messire Jean, überbringt Florimond mit entsprechenden Andeutungen eine Einladung, woraufhin dieser seinen Zorn vergißt und erwartungsvoll zu Hélène eilt. Dort feiert man große Versöhnung. Friede und Glück aller Beteiligten sind wiederhergestellt, denn Florimond verspricht, Hélène zu heiraten, und Guillaume erklärt offen, er habe nichts dagegen, daß der Abbé mit seiner Frau schlafe – solange er auch für seine, Guillaumes, übrigen Gattenpflichten und -schuldigkeiten aufkomme.

Das Stück spiegelt in satirischer Weise einen Aspekt des zeitgenössischen Lebens, den Jodelle gleich zu Beginn ironisch seinem Publikum vor Augen führt. In der Eingangsszene unterhalten sich der Abbé und Messire Jean über das Leben und die beste Art, es zu genießen. Eugène lobt den Priesterstand, da man darin am sichersten vor allen weltlichen Mühen und Plagen geschützt sei. Man habe ein angenehmeres Leben als der Adel, der Verantwortung trage, als der Bürger, der sich um seine Einkünfte sorgen müsse, und gar als der Krieger, der den Unbilden des Wetters und den Waffen des Feindes ausgesetzt sei.

Jodelle, der mit der ebenfalls 1552 uraufgeführten *Cléopâtre captive* die erste französische Renaissancetragödie schuf, geriet nach seinen frühen großen Erfolgen sehr bald in Vergessenheit. Erst im 19. Jh. entsann man sich wieder der literarhistorischen Bedeutung seines Werks.   M.H.

AUSGABEN: Paris 1574 (in *Œuvres et meslanges poétiques*, Hg. Ch. de La Mothe). – Paris 1858 (in *L'ancien théâtre françois ou Collection des ouvrages dramatiques les plus remarquables depuis les Mystères jusqu'à Corneille*, Hg. Viollet-le-Duc, Bd. 4). – Paris 1868 (in *Les œuvres et les meslanges poétiques*, Hg. C. Marty Laveaux, 2 Bde., 1868–1870, 1; Nachdr. Genf 1968–1970). – Paris 1965–1968 (in *Œuvres complètes*, Hg. E. Balmas).

LITERATUR: V. L. Saulnier, *L'actualité militaire dans l'»Eugène« de J.* (in Revue Universitaire, 60, 1951, S. 147–153). – A. P. Stabler, *E. J., »Eugénie«* (in *Four French Renaissance Plays*, Washington 1978). – T. Sankovitch, *J. et la création du masque. Étude structurale et normative de l'»Eugénie«*, York/S.C. 1979.

EEVA JOENPELTO

* 17.6.1921 Sammatti

VETÄÄ KAIKISTA OVISTA

(finn.; *Es zieht durch alle Türen*). Roman von Eeva JOENPELTO, erschienen 1974. – Der Roman ist der erste Teil einer Tetralogie, die als *Lohja*-Zyklus oder *Uusimaa*-Epos bekannt ist. Die weiteren Bände sind *Kuin kekäle kädessä*, 1976 *(Wie ein brennendes Holzscheit in der Hand), Sataa suolaista vettä*, 1978 *(Salziger Regen)*, und *Eteisiin ja kynnyksille*, 1980 *(In die Dielen und auf die Schwellen)*. Die relativ eigenständigen Teile des Zyklus handeln von den gleichen Personen in derselben Umgebung, und sie beschäftigen sich mit dem Thema der Frühphase in der Entwicklung der Unabhängigkeit Finnlands in den Jahren 1919–1931. Die Ereignisse spielen im südfinnischen Uusimaa, in der Gegend von Lohja, einer Gemeinde an der Schwelle beginnender Industrialisierung und Urbanisierung.

Die Tetralogie steht in der für die finnische Literatur charakteristischen Tradition historischer Romanzyklen, die oft auch Familienromane sind. Zeit und räumliches Umfeld werden realistisch wiedergegeben, historische Ereignisse oder Personen nicht selten in das Romangeschehen integriert. Die Darstellung konzentriert sich weitgehend auf den engen Kreis familiären Lebens; Zeitumstände gewinnen entscheidenden Einfluß auf die Entwicklung der Personen; politische Strömungen und soziale Realitäten prägen die Geschicke des einzelnen.

Die Ereignisse werden in ihrem chronologischen Verlauf linear erzählt, die Autorin bleibt meist im Hintergrund; ihre Erzählweise ist objektiv. Im Blickpunkt stehen meist die Menschen, deren Beschreibung bis zu einem bestimmten Grad typisierend verfährt; dennoch wirken sie lebendig, ihre Entscheidungen werden sorgfältig motiviert, und ihre unterschiedlichen Anschauungen sind mit großem Einfühlungsvermögen dargestellt. Gerade diese menschliche Sensibilität und Nähe sicherte dem Werk eine umfangreiche Leserschaft und viel Beifall bei der Kritik.

Grundthema der Tetralogie ist der Konflikt zwischen dem Althergebrachten und der neuen Zeit, deren Tendenzen vor allem im Leben der jungen

Generation in Erscheinung treten. In ihrem Umfeld finden sich gerade die für die Gegenwart charakteristischen Tendenzen, Probleme und menschlichen Schicksale. Das mühselige Vorwärtskommen im Leben ist eines der zentralen Themen des Zyklus, der soziale Aufstieg ein typisches Moment im Lebensweg der Personen. Von ihrer Kraft und dem Glauben an das Leben zeugen die Worte auf der Haustafel der Häninens: *Rudere unentwegt, selbst bei Gegenwind.*

Die Handlung im ersten Teil des Zyklus, *Vetää kaikista ovista*, entwickelt sich vor dem historischen Hintergrund der Ereignisse des Jahres 1918: dem Bürgerkrieg, dem Aufruhr der Linken und dem Befreiungskrieg. Die ersten Jahre der Unabhängigkeit Finnlands sind überschattet von Ressentiments und Mißtrauen; die »Roten« planen den Umsturz, die »Weißen« machen sich mit Greueltaten im Namen des Allgemeinwohls schuldig. Trotz Depression und Krise blüht das Unternehmertum: Eine rege Bautätigkeit setzt ein. Auch in die agrarisch strukturierte Region um Lohja halten neue Technik, ein sich herausbildendes Klassenbewußtsein und soziale Konflikte wie Streiks Einzug.

In dieser Zeit des Umbruchs steht der Kaufmann Oskari Hänninen und seine dreiköpfige Familie im Mittelpunkt. Der von auswärts zugezogene Oskari betrachtet die Einheimischen und ihre Selbstgenügsamkeit als Außenstehender. Er möchte seine Stellung festigen und die wirtschaftlichen Verhältnisse seiner Familie konsolidieren; vor allem strebt er an, seine Töchter gut zu verheiraten, während seine von ihm unterdrückte Frau Salme versucht, sie zu rücksichtsvollen und ausgeglichenen, zu pflichtbewußten und rechtschaffenen Menschen zu erziehen. Inkeri heiratet schließlich den vom Handlungsreisenden zum selbständigen Geschäftsmann aufgestiegenen Matti, der es versteht, Geld zu machen. Nicht zuletzt mit diesem jungen Paar gelangen neue Moden und Freizeitaktivitäten in die Region. Wie ein Gegenbild zu dieser Haltung wirkt Inkeris Schwester Anja, die, obwohl sie den stattlichen Lauri Julin, einen begüterten Bauernsohn, zum Mann nimmt, in der Orientierung an materiellen Werten kein Genügen findet. Sie begeistert sich für linke Ideen, die ihr Jugendschwarm Vieno, der Sozialdemokrat wird, vertritt. Ein tragisches Unglück trifft die junge Familie, als Anjas und Lauris Kind tot zur Welt kommt – und wird überwunden, weil Inkeri einen Jungen gebiert, den Anja und Lauri in Pflege nehmen.

Die Metaphorik im Titel des zweiten Romans, *Kuin kekäle kädessä (Wie ein brennendes Holzscheit in der Hand)*, deutet an, daß erst die Gemeinsamkeit dem einzelnen Bedeutung verleiht: Allein erlischt das Scheit, im Holzstoß brennt es. In diesem Teil des Zyklus spitzen sich die Gegensätze zwischen Mann und Frau, zwischen Alt und Jung zu. Die Männer streben nach Besitz oder Macht, die Mütter leben für die Familie und sorgen für die Dinge des alltäglichen Lebens; aufopfernd und zäh stützen sie ihre Männer, die oft nur vermeintlich stark sind. Salme ist eine robuste Frau, eine Mutter-

figur, die ihren Angehörigen Lebensmut gibt, ein sich selbst zurücknehmender Mensch, der gelernt hat, die Schwierigkeiten und Wechselfälle des Daseins zu akzeptieren. Sie betont, wie wichtig es ist, Illusionen aufzugeben und in jeder Phase beherzt und ausgeglichen zu leben. Zu ihrem Leidwesen zieht die kranke und boshafte Schwiegermutter zur Familie – und Oskaris Schwester verursacht mit ihrem fanatischen Sektierertum Kummer; sie ist ein Beispiel für religiöse Umtriebigkeit in unsicheren Zeiten. Bei allen Frauenfiguren des Zyklus bleiben die positiven Züge eher unbetont, obwohl die Autorin durchweg »starke« Frauen beschreibt. – Anja verkörpert den Widerspruch zwischen Ideal und Alltag: Sie bewertet öffentliches Unrecht, ohne selbst in der Lage zu sein, sich gerecht zu verhalten. In ihren Gefühlen ist sie überspannt und labil; ihre Ehe beginnt zu bröckeln, als sie den Jugendfreund Vieno wieder trifft, der jedoch ihre Unbeständigkeit verurteilt. Matti hingegen zieht Nutzen aus den instabilen Zeitverhältnissen: Während der Prohibition bereichert er sich am Schwarzhandel. Im dritten Roman, *Sataa suolaista vettä (Salziger Regen)*, sind die Zeiten immer noch unruhig: Die Konjunktur schwankt, in der Politik wird energisch durchgegriffen, subversive Umtriebe der Kommunisten stiften Unfrieden. Tanzen wird Mode, aber auch die moralischen Tugendwächter erheben ihr Haupt. Fortwährend werden Streiks organisiert, viele fühlen sich schutzlos. Die Frage der Beherrschung der Lebenskunst ist ein zentrales Moment des Buches. Die Hauptpersonen sind auf die eine oder andere Weise auf sich selbst gestellt; aber gerade in schwieriger Lage lernt man, seinen eigenen Weg zu gehen. Auch die Erniedrigten erheben sich wieder: Matti, der wegen einiger dubioser Unternehmungen eine Gefängnisstrafe verbüßt hat, avanciert zum Besitzer eines Sägewerks; Inkeri macht sich selbständig und eröffnet ein Café. Oskaris Geschäft floriert, und er wird nun auch häufiger bei öffentlichen Angelegenheiten mit einbezogen. Die Auflösung ihrer Ehe entmutigt weder Anja noch Lauri; er beschließt, Jura zu studieren, und tritt in die Agrarierpartei ein. Die wichtigste Figur dieses Romans ist Anja, die sich durch ihre Teilnahme an verbotenen Aktionen der Kommunisten in einen üblen Ruf bringt, deren Kräfte aber mit den Schwierigkeiten wachsen. Politik ist für sie fast zur Religion geworden, die Opfer verlangt.

Der vierte Roman, *Eteisiin ja kynnyksille (In die Dielen und auf die Schwellen)*, spielt während der Wirtschaftskrise, einer Zeit der Arbeitslosigkeit und politischer Gärung. Die politischen Extreme der Rechten und Linken stehen sich feindlich gegenüber. Die zentrale Frage lautet nun: Wie unterscheidet der Mensch zwischen Richtig und Falsch? Die handelnden Personen geraten in Situationen, in denen sie die moralischen Motive ihrer Entscheidungen zu wägen haben, und kaum einer ist reif, Verantwortung für die Seinen zu übernehmen. Das Altwerden spielt zunehmend eine Rolle, Generationenkonflikte und Erbschaftsangelegenheiten treten in den Vordergrund. Der alte Julin, ein rechtschaffener Bauer, wird zu riskanten Geschäftspraktiken verleitet, und ausgerechnet er muß für den auch von anderen verursachten Schaden aufkommen; bei einer Versteigerung kauft Lauri sein Haus. Matti wiederum nimmt auf niemanden Rücksicht: Nachdem er in geschäftlichen Dingen in Bedrängnis geraten ist, erweist sich seine moralische Einstellung als unzulänglich.

Die Hauptpersonen blicken in diesem Schlußstein des Gesamtwerks auf ihr Leben zurück und fügen sich in die Erkenntnis, daß jeder Mensch seinem eigenen Lebensentwurf folgt und daß das Leben seinen eigenen Lauf nimmt. Die meisten von ihnen haben ihren Idealismus eingebüßt und ihre Sentimentalitäten aufgegeben. Dennoch bleibt ihnen weiterhin der Glaube an einen allgemeinen, wenn auch langsamen Fortschritt zum Besseren. In diesem Sinne charakterisiert K. LAITINEN den *Lohja*-Zyklus als ein Epos der Lebensbejahung, des Glaubens an das Leben. K.Ka.

AUSGABEN: *Vetää kaikista ovista*: Porvoo/Helsinki 1974; [7]1978. – Porvoo 1975. – *Kuin kekäle kädessä*: Porvoo 1976. – Porvoo u. a. [5]1981. – *Sataa suolaista vettä*: Porvoo u. a. 1978. – Helsinki 1979. – *Eteisiin ja kynnyksille*: Porvoo u. a. 1980.

VERFILMUNG: *Vetää kaikista ovista*, Finnland 1978 (TV; Regie: R. Nuutinen u. J. Tiikkainen).

LITERATUR: K. Laitinen, *Finnlands moderne Literatur*, Hbg. 1969, S. 194–196. – Ders., *Life at the Turning Point: E. J. and Her Lohja Trilogy* (in World Literature Today, 54, 1980, S. 33–37). – Ders., *Suomen kirjallisuuden historia*, Helsinki 1981, S. 547–550. – E. Joenpelto, *Kymmenen vuoden matkakertomus. Miten nykyaika muuttui historiaksi* (in Parnasso, 1982, S. 17–19). – P. Tarkka, *Finnische Literatur der Gegenwart. Fünfzig Autoren-Porträts*, Helsinki 1983, S. 58–61. – Ders., *1920-luvun vimmaiset yksinäiset* (in P. T., *Sanat sanoista*, Helsinki 1984, S. 228–233). – E. Lehtola, *E. J. Portraits of Change* (in Books from Finland, 1987, S. 25–28).

JOHANNES JENS JØRGENSEN

* 6.11.1886 Svendborg
† 29.5.1956 Svendborg

LITERATUR ZUM AUTOR:
O. Geismar, *Nogle Digterprofiler*, Kopenhagen 1906, S. 76–94. – P. Hesselaa, *J. J.* (in P. H., *Essays*, Kopenhagen 1924, S. 73–93). – H. Rode, *J. J.* (in H. R., *Det sjælelige Gennembrud*, Kopenhagen 1928, S. 89–110). – O. Elling, *Tanker i J. J.s Skrifter*, Kopenhagen 1931. – J. Andersen, *J. J.* (in OoB, 45, 1936, S. 57–76. –

E. Frederiksen, *J. J.* (in Edda, 36, 1936, S. 15–53). – Ders., *J.s Ungdom*, Kopenhagen 1946. – A. Jolivet, *De J. J. et de quelques Français* (in *Festskrift til Poul V. Rubow*, Kopenhagen 1956, S. 300–308). – J. Jørgensen, *Orion over Assisi og andre efterladte Arbejder*, Hg. C. Bergstrøm-Nielsen, Kopenhagen 1959. – W. G. Jones, *J. J.s modne år*, Kopenhagen 1963. – T. Kristensen, *J. J.* (in T. K., *Fra Holger Drachmann til Benny Andersen*, Kopenhagen 1967, S. 19–29). – T. Brostrøm, *Impression og dynamik* (in T. B., *Poetisk kermesse*, Kopenhagen [2]1968, S. 23–30). – W. G. Jones, *J. J.*, NY 1969 (TWAS). – B. Nielsen, *J. J. og symbolismen*, Kopenhagen 1975. – *Dansk Litteraturhistorie*, Bd. 4, Hg. H. Stangerup u. F. J. Billeskov Jansen, Kopenhagen 1977, S. 357–372. – *Dansk Biografisk Leksikon*, Hg. Sv. Cedergreen Bech, 16 Bde., 7, Kopenhagen 1979–1984, S. 541–544. – P. S. Møller, *J. J.s romaner* (in P. S. M., *Fra tid til anden. Essays om litteratur og politik, teori og komik*, Kopenhagen 1979, S. 125–158). – E. Skyum-Nielsen, *J. J.* (in *Danske digtere i det 20. århundrede*, Hg. T. Brostrøm u. M. Winge, 5 Bde., 1, Kopenhagen 1980–1982, S. 65–83). – *Dansk Litteraturhistorie* Bd. 6, Hg. L. Busk-Jensen u. a., Kopenhagen 1985, S. 493–506. – A. Kjellén, *Flanören och hans storstadsvärld. Synspunkter på ett litterärt motiv*, Stockholm 1985, S. 144–155. – E. Kristiansen, *Fragerø og andre strejftog*, Kopenhagen 1986, S. 9–14.

LIVETS TRÆ

(dän.; *Der Baum des Lebens*). Roman von Johannes Jens JØRGENSEN, erschienen 1893. – Von den vier kleinen Romanen, die Jørgensen zwischen 1890 und 1894 geschrieben hat – neben *Livets Træ* sind es *En Fremmed*, 1890 (*Ein Fremder*), *Sommer*, 1892 (*Sommer*), und *Hjemvee*, 1894 (*Heimweh*) – ist *Livets Træ* der umfangreichste. Diese Romane variieren dasselbe Grundthema: Ein junger Student kommt aus der Provinz in die Hauptstadt und wird von ihrer Atmosphäre gleichermaßen angezogen und abgestoßen. Eine gewichtige Rolle spielt dabei die »freie Liebe«; die Mädchen, die dem Studenten begegnen, verkörpern gleichzeitig die Faszination wie die Verderbtheit der Stadt. Emil FREDERIKSEN faßt die vier Romane als Tetralogie auf, in der sich nicht die Handlung, sondern die Idee weiterentwickelt. *Livets Træ* kann insofern als Höhepunkt dieser Tetralogie aufgefaßt werden, als hier die Krisis des modernen Lebensgefühls ihre krasseste Form und ihren direktesten Ausdruck gefunden hat.

Aage Bondeson (»Bauernsohn«), die Hauptgestalt in *Livets Træ*, wird von der Frau seines Freundes, des Dichters Niels Graf – wohl eine Anspielung auf Viggo und Ingeborg STUCKENBERG –, als »armseliger Wicht« bezeichnet, da er nur mit seiner Begierde spiele und in der Liebe nichts einzusetzen wage. Dieses Minderwertigkeitsgefühl gegenüber der modernen, von anonymen Mächten bestimmten Welt, in der jeder einzelne krampfhaft an seiner Identität festhält, ohne sich ganz hinzugeben – sei es einer Aufgabe oder einem anderen Menschen –, kommt in der Äußerung Aage Bondesons zum Ausdruck: *»Es gilt, sich außerhalb des Ganzen zu halten; es gilt, sich nicht in etwas zu verwickeln, man muß sich vielmehr damit begnügen, nur zuzusehen ... Das Glück gehört nur dem Beobachter.«* Ist eine ähnliche Einstellung bei den Romanfiguren von DALGAS und KIDDE jedoch das Ergebnis qualvoller Selbstüberwindung, so riskiert Aage Bondeson aus einem unüberwindlichen Gefühl der Schwäche heraus nie den Einsatz der eigenen Person im Spiel des Lebens und verliert deshalb immer.

Eine andere typische Figur der neunziger Jahre ist Niels Graf, der geistig überlegene Ästhet, der weiß, daß das Schöne im heraufkommenden Massenzeitalter untergehen wird, der sich aber trotz der Aussichtslosigkeit seines Tuns ganz dem Kult des Schönen ergeben hat. Anklagend erhebt er seine Stimme gegen Bourgeoisie und Nationalismus, aber seine Worte sind eher wehklagend als satirisch, eher angeekelt als analysierend, und so verbleibt auch dieser Angriff im Emotionalen. – Der besondere Wert des Romans liegt in seinen formalen Eigenheiten. Jørgensen ist der dänische Impressionist, der wohl am einfühlsamsten und mit schärfster Beobachtungskunst Stimmungen und Naturbilder wiederzugeben vermag. Dabei wendet er sich gerade den sonst nicht beachteten »häßlichen« Dingen zu und sieht in ihnen eine Schönheit, die auch den Leser überzeugt. Der Dichter hat ein feines Gehör für Vokalwerte und die innere Rhythmik eines Satzes, wie es zuvor nur bei J. P. JACOBSEN zu finden war. Das verleiht den sensiblen Impressionen der Natur, in der sich nach Jørgensens Meinung noch eine unschuldigere, paradiesische Welt spiegelt, jene vollkommene Entsprechung von Form und Inhalt, die sich sonst nur im lyrischen Gedicht verwirklicht.   A.H.

AUSGABEN: Kopenhagen 1893. – Kopenhagen 1915 (in *Udvalgte Værker*, 7 Bde., 1).

LITERATUR: S. Claussen, *Et Brev om »Livets Træ«* (in Taarnet, Okt. 1893, S. 31–36). – Ch. Rimestad, *Fra Stuckenberg til Seedorf*, Bd. 1, Kopenhagen 1922, S. 36–56.

MIT LIVS LEGENDE

(dän.; *Die Legende meines Lebens*). Autobiographie von Johannes Jens JØRGENSEN, erschienen in sieben Bänden 1916–1928. – Mit einer an AUGUSTINUS und ROUSSEAU gemahnenden Schonungslosigkeit beschreibt Jørgensen, einer der bedeutendsten dänischen Lyriker der Zeit um die Jahrhundertwende, seinen geistigen Werdegang, der vom Freidenkertum seiner naturalistischen und symbolistischen Anfänge zu einem mystischen Katholizismus und vom Lyriker zum missionarischen Biogra-

phen großer Heiliger führte – eine Entwicklung, der der Dichter viele Freundschaften, ja sogar sein eigenes Familienleben und seine eigentliche poetische Berufung zum Opfer brachte. In der Anlage ähnelt das Werk, das Jørgensens Leben bis zum Jahr 1913 nachzeichnet, seinen späteren Heiligenbiographien (z. B. *Den hellige Frans af Assisi*, 1907, und *Den hellige Katarina af Siena*, 1915): Die Entfaltung einer Persönlichkeit wird in ihrem ganzen Verlauf unter einem gleichbleibenden Aspekt betrachtet, bedeutsam erscheinende Lebensabschnitte werden selbst unter Hintansetzung der historischen Wahrheit besonders hervorgehoben. Diese Methode erklärt es, daß Jørgensen, wiewohl ihm eigene, seit früher Jugend nahezu lückenlos geführte Tagebücher vorlagen, zahlreiche Ereignisse seines Lebens in veränderter chronologischer Ordnung berichtet, darin dem inneren Gesetz seiner Entwicklung folgend – eine Tatsache, die er mit der Berufung auf GOETHES *Dichtung und Wahrheit* zu legitimieren sucht.

Früh schon werden Jørgensens Hang zur Vergangenheit und seine romantisch-schwärmerischen Neigungen erkennbar. Da es in seiner Heimatstadt Svendborg kein Gymnasium gibt, er jedoch studieren soll, muß er, kaum sechzehnjährig, das Elternhaus verlassen. Nach einer Zeit brennenden Heimwehs beginnt er mit ersten dichterischen Versuchen und schließt sich spontan dem aufkommenden Naturalismus an. Jørgensen macht keinen Hehl aus seiner Labilität, die ihn nach und nach in eine *»naive Unersättlichkeit und radikale Gewissenlosigkeit«* geraten ließ. Er studiert nacheinander je ein paar Semester Theologie, Philosophie und Zoologie, vollendet aber nichts als einige Dichtungen. DARWIN, Georg BRANDES und STRINDBERG betrachtet er als seine geistigen Väter. Die persönliche Bekanntschaft und Gewogenheit des großen Brandes werden ihm zuteil, nachdem sein erster Gedichtband *Vers* (1887) erschienen ist, und ermutigen ihn zur Aufgabe des Brotstudiums. Die folgenden Jahre sind geprägt von seiner lebhaften Teilnahme am literarischen Leben Kopenhagens und stehen im Zeichen der Freundschaft mit Viggo STUCKENBERG, dem er trotz des späteren Bruchs immer ein ehrenvolles Andenken bewahrte. Trotz eines äußerst anregenden Umgangskreises (Sophus CLAUSSEN, Henrik PONTOPPIDAN, Knut HAMSUN), trotz der Stellung als Redaktionssekretär am Kopenhagener ›Börsenblatt‹ unter Ernst BRANDES, und trotz der guten Aufnahme seines 1892 erschienenen Buches *Sommer* gerät Jørgensen in dieser Zeit in eine geistige Krise, weil ihm die atheistischen Tendenzen der Naturalisten immer stärker werdendes Gefühl innerer Veröstung verursachen. Als er nun zudem, unverschuldet stellenlos geworden, seine vom französischen Symbolismus beeinflußte Zeitschrift ›Taarnet‹ (Der Turm) herausgibt, verärgert er Gönner und Freunde im naturalistischen Lager. So kommt es zu dem seelischen und finanziellen Zusammenbruch des Jahres 1894, der Jørgensen heimtreibt nach Svendborg in ein verzweifeltes Nichtstun. Der zweite

Band der Erinnerungen endet damit, daß die Freunde Jan Verkade und Mogens Ballin, beide Maler und überzeugte Katholiken, ihm nach einigen Wochen Gelegenheitsarbeiten für Zeitschriften u. ä. vermitteln und ihm durch eine Verlosung eigener und gesammelter Bilder die erste Auslandsreise seines Lebens ermöglichen.

Schon während der Reise durch Deutschland erwacht in Jørgensen, gefördert durch seine historischen Neigungen, ein starkes Interesse für das Mittelalter, und ausgehend von dieser neuen persönlichen Erfahrung beginnt dann in Italien sehr bald die innere Wandlung, die mit seinem Übertritt zum Katholizismus 1896 ihren Abschluß finden sollte. Auf diesem Weg zu einer metaphysischen Gewißheit, der für ihn gleichzeitig ein Prozeß geistiger Gesundung geworden ist, war es immer wieder der Maler Ballin, der ihm half: Er ermöglichte Jørgensen, länger als vorgesehen in Italien zu bleiben, indem er ihn nach Assisi einlud und ihm damit die Gelegenheit zu innerer Klärung bot; stärker noch waren zweifellos die Wirkungen, die von dem untadeligen Leben Ballins ausgingen, und die Einflüsse vieler frommer und zugleich lebensnaher Persönlichkeiten, die er durch Ballins Vermittlung kennenlernte. Nachdem Jørgensen 1896 katholisch geworden war, folgten für ihn Jahre schwerer Konflikte und Entscheidungen. Sein Glaube entfremdet ihn schließlich nicht nur den Freunden und Kollegen, sondern auch seiner Familie. Nach einer Zeit innerer und äußerer Schwierigkeiten fügt er sich 1913 der Notwendigkeit, auch den letzten Schritt zu tun und sich von Familie und Heimat zu trennen. – Der siebente und letzte Band des Memoirenwerks erschien – schon aus Gründen der Diskretion – erst 1928, neun Jahre nach dem sechsten Band, erreichte aber nicht die literarische Qualität der übrigen Teile. Daß Jørgensen bei der Niederschrift dieses Bandes die Bitterkeit über die letzten unerfreulichen Jahre seiner Ehe auch seiner eigenen Meinung nach nicht genügend bezähmt hatte, wird daran deutlich, daß er in späteren Ausgaben an diesem Band mehr geändert hat als an allen anderen.

Von größtem literarischem und kulturgeschichtlichem Interesse sind vor allem die ersten drei Bände, die einen der Höhepunkte der dänischen Literaturgeschichte behandeln: den Weg vom Naturalismus zum Symbolismus. Das ganze Werk ist reich an Zitaten aus den Tagebüchern Jørgensens, aus eigenen Schriften, aus Briefen von eigener und Freundeshand und – in freilich ermüdender Breite – aus Erbauungsschriften, die ihm in der Phase seiner Bekehrung viel bedeutet haben. – Daß die Autobiographie mit dem Jahr 1913 endet, hat hauptsächlich zwei Gründe: Einmal begann nach Jørgensens eigener Aussage zu dieser Zeit ein neues Leben für ihn; er hat danach auch bis auf die letzten drei Jahre seines Lebens nie mehr fest in Dänemark gewohnt. Zum andern ist das Buch in erster Linie für Andrée Carof geschrieben, die kluge Freundin, die im Juni 1914 in sein Leben trat und bis zu ihrem Tod 1933 stets in seiner Nähe blieb.   M.M.M.

AUSGABEN: Kopenhagen 1916–1928, 7 Bde. (1. *Den røde Stjerne*, 1916. – 2. *Taarnet*, 1916. – 3. *Vælskland*, 1917. – 4. *Det usyrede Brød*, 1918. – 5. *Ved den skønne Tempeldør*, 1918. – 6. *Guds Kværn*, 1919. – 7. *Over de vælske Mile*, 1928). – Kopenhagen 1949, 2 Bde. [umgearbeitete Fassg.]. – Kopenhagen 1980 (in *Pilmgrimsbogen og uddrag af »Mit Livs Legende«*; m. Ill.).

LITERATUR: J. Breitenstein, *J. J. og italiensk kultur* (in DS, 1960, S. 32–66; vgl. dazu M. K. Nørregaard, ebd., 1965, S. 102–106). – Ders., *J. J. og det moderne Italien* (in Edda, 61, 1961, S. 152–168). – E. Frederiksen, *J. J.s manddom*, Kopenhagen 1966.

JÁN JOHANIDES

* 18.8.1934 Dolný Kubín

SLONY V MAUTHAUSENE

(slovak.; *Elefanten in Mauthausen*). Roman von Ján JOHANIDES, erschienen 1985. – Seit 1963 hat der Autor eine Reihe von Prosaarbeiten (Erzählungen, Novellen, Kurzromane) veröffentlicht, die thematisch sehr unterschiedlich, stark vom französischen Existenzialismus und vom *nouveau roman* beeinflußt waren und somit in der slowakischen Literatur einen eigenständigen Platz einnahmen. Mit *Slony v Mauthausene* wendet sich Johanides einem Thema zu, das in der neueren slowakischen Literatur eine zentrale Stellung hat: der Konfrontation der Zeit des Nationalsozialismus und des Zweiten Weltkriegs mit der Gegenwart.

Der Rahmen des Erzählens ist ein nur eine Stunde dauernder Besuch des hochgebildeten und in der Welt herumgekommenen Holländers Winston van Maase, der Zeugen für einen Prozeß gegen den Mauthausener Lagerarzt mit dem Spitznamen Gambusino sucht, bei seinem ehemaligen Mithäftling, dem Slovaken Fero Holenyšt, einem inzwischen in Rente lebenden achtundsiebzigjährigen ehemaligen Bergmann aus Handlová. Zunächst versuchen die beiden Freunde, die sich siebenunddreißig Jahre nicht gesehen und einander lediglich an jedem Jahrestag ihrer Befreiung eine Postkarte geschickt haben, die Erinnerungen an die gemeinsamen Bekannten und Erlebnisse im Lager wachzurufen, bald jedoch verbringen sie die meiste Zeit schweigend und gehen ihren eigenen Gedanken an die Zeit vor und nach dem Lageraufenthalt nach. »*Weißt du, Winston‹, sagte Holenyšt, ›manchmal denke ich … daß man über Mauthausen eigentlich nicht reden kann. Ich schaffe es nicht, darüber zu reden‹, fügte er flüsternd hinzu. – ›Das ist nicht wichtig. Hauptsache ist – was ich dir schon gesagt habe –, daß ich bei dir völlig still sein kann. Vergiß das niemals‹, sagte van Maase.*« Und trotzdem verabschiedet sich der Holländer mit den Worten: »*Wir haben uns alles gesagt. Zweiundzwanzig Jahre lang habe ich mit niemandem so offen geredet.*« Der Reiz des Textes besteht in der Gegenüberstellung der Erinnerungen und Reflexionen beider Kameraden, die denkbar unterschiedlicher gesellschaftlicher Herkunft sind und nach dem Lageraufenthalt in unterschiedlichen Gesellschaftssystemen unterschiedliche Karrieren gemacht haben. Und doch kommen beide bei allen ihren Erinnerungen, ob aus der Vor- oder der Nachkriegszeit, immer wieder auf die Schreckenszeit im Lager zurück. Das ist es, was diesen so verschiedenen Männern die Verständigung – auch die wortlose – ermöglicht. Sie sehen die Welt und die Menschen vor dem gleichen Hintergrund. Denn »*nur der, der anfängt, Mauthausen zu begreifen, weiß, daß Mauthausen ungewollt einer hunderte Millionen umfassenden Menschheit diese – bis dahin nur von den Zünften der Ungeheuer und von den eingeweihtesten Einsteins untersuchte – vollständige Klaviatur in den Menschen offengelegt hat*«. Für beide ergibt sich daraus die Verpflichtung, mit dazu beizutragen, daß sich Mauthausen nicht wiederholen kann.

Im Kontext der slovakischen Literatur mit ihrer Unzahl von Werken über die Zeit des Zweiten Weltkriegs ist es besonders schwierig, diese Thematik aus einer neuen, originellen Perspektive zu betrachten. Dies ist Johanides jedoch zweifelsohne mit seinem Roman gelungen, von dem Ivan SULIK zu Recht sagte, er sei »*einmalig gerade durch die Tiefe der gedanklichen Strategie und Engagiertheit und durch den außergewöhnlichen Wert der erzählerischen Leistung, die dieser Geschichte zweier Gewissen eine überzeugende Atmosphäre und eine gesellschaftlich appellierende Kraft verleiht*«. W.A.

AUSGABE: Preßburg 1985.

LITERATUR: J. Bžoch, Rez. (in Ľud, 30. 3. 1985, S. 4). – I. Hudec, *Živé svedectvá obetí fašizmu* (in Rolnícke noviny, 6. 6. 1985). – J. Špaček, *Signály svedomia* (in Nové slovo – Nedeľa, 18. 7. 1985). – V. Šabík, *Johanidesova novela »vedomia«* (in Slovenské pohľady, 101, 1985, Nr. 10, S. 109–114).

JOHANNES XXIII.

d.i. Angelo Giuseppe Roncalli

* 25.11.1881 Sotto-il-Monte
† 3.6.1963 Rom

GIORNALE DELL'ANIMA

(ital.; *Ü: Geistliches Tagebuch*). Aufzeichnungen von Papst JOHANNES XXIII., erschienen 1964. – Don Loris Capovilla, der ehemalige Privatsekretär des Papstes, veröffentlichte bald nach dessen Tod die Manuskripte, die er im Frühjahr 1961 ausgehändigt bekommen hatte. Roncalli, seit 1958 Summus Pontifex und 264. Bischof von Rom, notierte, angefangen vom Jahre 1895 als er kaum vierzehn Jahre alt war, Meditationen und anläßlich von Exerzitien und geistlichen Einkehrtagen gefaßte Vorsätze. In der ersten Zeit sind es einfache und ins einzelne gehende Notizen, später herrschen größere Überblicke und spontan entworfene Programme vor. Chronologische Lücken, etwa für die Zeit zwischen 1916 und 1923, lassen erkennen, daß nicht alle Aufzeichnungen erhalten geblieben sind. Der Titel *Giornale dell'anima* wurde, wie Capovilla angibt, erstmals 1902 von Roncalli selbst (für die Aufzeichnungen dieses Jahres) verwandt.

Wer in diesem Tagebuch den Schlüssel zum Verständnis eines der unkonventionellsten Päpste der Geschichte vermutet, wird zunächst enttäuscht. Die Aufzeichnungen entsprechen ganz der Tradition nachreformatorischer Erbauungsbücher. Die auf jeder Seite bezeugte tiefe Frömmigkeit des Autors nährt sich eindeutig aus solcher Lektüre, wobei man sich des Eindrucks nicht erwehren kann, daß es eine formalistische Buchstabenfrömmigkeit typisch nachtridentinischer Art ist, deren Techniken und Regeln in der Niederschrift eine zentrale Rolle spielen; das Wort der *Bibel* würde man, vor allem in den frühen Jahren, häufiger erwarten. Für den alternden Roncalli verschieben sich die Dimensionen. 1947 schreibt er: »*Nachdem ich mich ein wenig mit den Lehren verschiedener aszetischer Schriftsteller befaßt habe, bin ich völlig zufrieden mit dem ›Missale‹, dem ›Brevier‹, der ›Heiligen Schrift‹, der ›Nachfolge Christi‹ und Bossuet . . .*« Überrascht stellt man also fest, daß, aufs Ganze gesehen, die großzügige Freiheit des dreiundzwanzigsten Johannes in einer Frömmigkeit gründet, die durch eine Fülle von Regeln und durch ständige Gewissenserforschung bestimmt ist. Erst bei einer eingehenderen Lektüre findet man zwischen den Zeilen Hinweise auf das, was diesen Papst wirklich kennzeichnete: auf der einen Seite Demut vor Gott, auf der anderen ein verblüffend deutliches Bewußtsein des eigenen Wertes; dazu eine genaue Beobachtungsgabe. So steht einmal mitten zwischen aszetischen Exerzitienüberlegungen die Passage: »*Um mich herum, in diesem großen Haus, herrscht eine vollkommene und wunderschöne Einsamkeit, einverwoben in die blühende Natur draußen. Vor mir liegt die Donau und jenseits des großen Flusses die reiche rumänische Ebene, die manchmal des Nachts im Feuerschein brennender Petroleumrückstände aufleuchtet.*«

Doch nur Andeutungen und Spuren sind in diesem Tagebuch zu finden, nirgends liegen die Wurzeln, aus denen eines der größten Pontifikate der Geschichte erwuchs, ganz frei. Vielleicht gehört es aber gerade zur Größe dieses Papstes, daß er mit der byzantinischen Unnahbarkeit des Hierarchen bricht und seine Reflexionen auf dem Weg vom kleinen Bauernjungen zum Kirchenführer ohne Schönfärberei niederschreibt, daß Unsagbares jedoch dabei ungesagt bleibt. H.Lo.

AUSGABEN: Rom 1964. – Rom 1965.

ÜBERSETZUNGEN: *Geistliches Tagebuch*, F. Dörr u. a., Freiburg i. B./Basel/Wien 1964; ern. 1966. – Dass., F. Johna u. a., Freiburg i. B. u. a. 1968.

VERFILMUNG: *E venne un' uomo*, Italien 1965 (Regie: E. Olmi).

LITERATUR: H. Bauer, Rez. (in Wort u. Wahrheit, 19, 1964, S. 796). – F. Hillig SJ, Rez. (in Stimmen der Zeit, 90, 1964/65, S. 161–173). – G. Kardinal Lercaro, *Giovanni XXIII – Linee per una ricerca storica*, Rom 1965. – H. Nürnberger, *Johannes XXIII.*, Reinbek 1985 (rm). – P. Hebblethwaite, *Johannes XXIII. Das Leben des Angelo Roncalli*, Zürich 1986.

JOHANNES BALBUS AUS GENUA

Giovanni Balbi

* Genua
† um 1298

SUMMA GRAMMATICALIS QUAE VOCATUR CATHOLICON

auch: *Summa prosodiae* (mlat.; *Umfassende Sprachlehre, die die universale genannt wird*). Enzyklopädie von JOHANNES BALBUS aus Genua, vollendet am 7. März 1286. – Gestützt auf gute Kenntnisse der *Bibel* sowie heidnischer und christlicher Autoren, stellte der Dominikaner Balbi in jahrelanger Arbeit eine umfassende Sprachlehre zusammen, die eigentlich als Nachschlagewerk für die Bibelerklärung bestimmt war. Auf eine Grammatik, die in Orthographie, Prosodie (Akzent), Etymologie und Syntax sowie Metaphern und Redefiguren gegliedert ist, folgt, als längster und wichtigster Teil, ein reiches Vokabular, in dem ausführlich die Etymologie und die Bedeutungen der Wörter dargestellt werden.
Balbus hat für sein Werk die zu seiner Zeit maßgebenden Autoritäten herangezogen: DONAT, PRISCIAN, ISIDOR, HUGOTIO VON PISA, vor allem aber das im 11. Jh. entstandene *Elementarium doctrinae eruditum (Gelehrte Darstellung der Wissenschaft)* des PAPIAS, das seine Hauptquelle bildet.
Wie groß das Ansehen und die Verbreitung der *Summa grammaticalis* war, die ERASMUS VON ROTTERDAM wegen ihrer geringen Gelehrsamkeit mit Spott und Hohn bedachte, zeigen nicht nur die vielen Handschriften aus Frankreich, Italien und Deutschland, sondern auch die Tatsache, daß sie als eines der ersten Bücher gedruckt wurde: Nach den beiden Bibelbänden von 1450 und 1453 ist es das dritte Hauptwerk in Folio, das 1460 in Mainz er-

schien (wobei sehr umstritten ist, ob der Druck von Gutenberg oder Fust stammt). Berühmt ist die Schlußschrift dieses Drucks, in der Mainz als Ort der Erfindung der neuen Kunst genannt wird. Auch graphisch ist diese Ausgabe bedeutsam: Für das Werk wurde eine besonders kleine Type entwickelt, die »Catholicon«-Type, die am Anfang der Entwicklung zur Schwabacher Type steht. Neben dem Erstdruck sind noch 23 weitere Inkunabeln bekannt.   M. Ze.

AUSGABEN: Mainz 1460. – Lyon 1520.

LITERATUR: M. B. Stillwell, *Gutenberg and the »Catholicon« of 1460*, NY 1936. – Th. Längin, *Der »Catholicon«hymnus Gutenbergs* (in Zentralblatt für Bibliothekswesen, 55, 1938, S. 205–211). – M. Grabmann, *Mittelalterliches Geistesleben*, Bd. 1, Mchn. 1956, S. 369–373. – F. Geldner, *Das »Catholicon« des J. B. im ältesten Buchdruck* (in *Aus der Welt des Bibliothekars. Fs. für R. Juchhoff*, Hg. K. Ohly u. W. Krieg, Köln 1961, S. 90–98).

JOHANNES DE ALTA SILVA

Jean de Haute-Seille

† um 1184 Zisterzienserabtei Haute-Seille

DE REGE ET SEPTEM SAPIENTIBUS

(mlat.; *Vom König und den Sieben Weisen*). Prosawerk von JOHANNES DE ALTA SILVA, um 1184 entstanden und dem Bischof Bertrand von Metz gewidmet; später wurde es unter dem heute geläufigen Titel *Dolopathos* zitiert. – Die Erzählung stellt eine Bearbeitung der Geschichten über die *Sieben Weisen* dar, eines literarisch-folkloristischen Motivs, das von Indien über den Orient und Griechenland nach Westeuropa gekommen ist.
Die Rahmenhandlung schildert Glück und Unglück des (nicht historischen) Königs Dolopathos von Sizilien und seines Sohnes Lucinius. In Rom, wo Vergil ihn die *artes liberales* (die »freien Künste«) lehrt, wird Lucinius von Ahnungen befallen, daß seine Mutter gestorben sei, sein Vater aber sich wiederverheiratet habe und ihn zurückrufen werde, um ihm die Königswürde zu übertragen. Vergil läßt den Schüler geloben, bis zum Wiedersehen mit ihm vollkommnes Schweigen zu bewahren. Nach Sizilien zurückgekehrt, hält Lucinius trotz mannigfacher Versuchung standhaft an seinem Gelübde fest. Er widersteht sogar der Königin, die ihn verführen will. Wie die Gemahlin des biblischen Potiphar spielt sie daraufhin die ehrbare Ehefrau, der ihr Stiefsohn Gewalt antun wollte; da Lucinius nicht Rede und Antwort stehen darf, wird er vom Vater zum Scheiterhaufen verurteilt. Ähnlich wie

in der Rahmengeschichte von *Tausendundeiner Nacht* wird aber die Vollstreckung immer wieder verzögert: Tag für Tag tritt ein Weiser auf – sieben insgesamt –, dessen Erzählung einen Aufschub bewirkt. Die endgültige Rettung bringt aber erst Vergil: Bei seinem Erscheinen darf Lucinius die Wahrheit sagen. Später wird der Gerettete ein guter, ja schließlich sogar ein christlicher Herrscher.

Was die Weisen erzählen, korrespondiert zum Teil mit der Rahmenhandlung: Einige wollen den König nicht nur aufhalten, sondern ihn zugleich von seinem Entschluß abbringen. Einer weiß von einem Sohn zu berichten, der seinen Vater aus Todesgefahr befreite; ein zweiter von einer Witwe, die den Mörder ihres Kindes an Sohnes Statt annahm; ein dritter von den Söhnen eines Räubers. Andere Geschichten greifen weitverbreitete Themen und Motive auf, etwa die Sage vom Schwanenritter oder das bei SHAKESPEARES Shylock wiederauftauchende Motiv, daß jemand sich das Gewicht einer geschuldeten Summe aus dem Leib schneiden soll.

J.Sch.

AUSGABEN: Köln 1490 *(Historia septem sapientium Romae)*. – Straßburg 1873, Hg. H. Oesterley; Nachdr. Genf 1978. – Heidelberg 1913, Hg. A. Hilka.

ÜBERSETZUNGEN: *Ein gar schön Cronick und historī*, o. O. 1470. – *Dolopathos or The King and the Seven Wise Men*, B. B. Gilleland, Binghampton/N.Y. 1981 [engl.].

LITERATUR: K. Campbell, *The Seven Sages of Rome*, Boston 1901. – F. Moldenhauer, *Verzeichnis der Drucke der »Historia de septem sapientibus«* (in Münchener Museum, 3, 1915–1919; dazu J. Rest, ebd., 4, 1920–1924). – M. Schmidt, *Neue Beiträge zur Geschichte der Sieben weisen Meister*, Diss. Köln 1928. – Manitius, 3, S. 177–281. – VL, 3, Sp. 338–344; 5, Sp. 155. – J. Crosland, *»Dolopathos«* (in MAevum, 25, 1956, S. 1–12). – B. Snell, *Leben und Meinungen der Sieben Weisen. Griechische und lateinische Quellen*, Mchn. ⁴1971 [verb.]. – H. R. Runte, *The Seven Sages of Rome ... An Analytical Bibliography*, NY 1984.

JOHANNES DE ALTA VILLA

Johannes de Hanvilla

Auville nahe Rouen
† 2. Hälfte 12.Jh.

ARCHITRENIUS

(mlat.; *Der Erzweiner*). Epos von JOHANNES DE ALTA VILLA, das er 1184 seinem Mäzen, dem Bi-

schof Walter von Lincoln, widmete. In neun Büchern wird die allegorische Reise eines Jünglings geschildert, der die Göttin Natur sucht, damit ihr Rat und Beistand sein unnützes Leben wandle, der aber unterwegs immer wieder zu Tränen enttäuscht wird. Die Stationen des Erzweiners stellt Johannes satirisch dar: Im Bergpalast der Venus erscheint Amor, à la mode ausstaffiert; im Wirtshaus werden Genußsucht und Völlerei angeprangert, Armut und Nüchternheit aber gepriesen; nach Paris kommt der Wanderer wie in eine Elendsstätte der Scholaren; an »Berg und Schloß des Ehrgeizes« befriedigt sich der eitle Wahn der Hofleute; den »Hügel der Anmaßung« bevölkern Geistliche und Gelehrte. Erst die Insel Thule, wo Philosophen und Weltweise des Altertums in ewigem Frühling leben, hält den Architrenius. Thales und Platon, Cato und Cicero belehren ihn über das Wesen von Verschwendung und Reichtum, Neid und Weinerlichkeit; dann darf er endlich die Natur selber schauen. Die Göttin unterweist ihn in den himmlischen Ordnungen; zu guter Letzt erfüllt sie seinen Lebenswunsch, indem sie ihm die Tugend des Maßes und der Mäßigung als Braut zuführt.

Johannes hat im Stoff wie in der Formulierung manches bei antiken Autoren entlehnt. Die philosophischen Themen lieferte ihm der Rhetor VALERIUS MAXIMUS, das Hochzeitsmotiv der Enzyklopädist MARTIANUS CAPELLA; in den 4296 reimlosen Hexametern des *Architrenius* finden sich Anklänge an TERENZ, HORAZ, VERGIL, IUVENAL. Sein episches Vorbild war der *Anticlaudianus* des ALAIN DE LILLE, der die Natur beim Erschaffen eines vollkommenen Menschen zeigt; doch hat Johannes – im Gegensatz zu Dante ALIGHIERI – dessen dichterische Konzeption, *»den Aufstieg der Vernunft in das Reich der transzendenten Wirklichkeit ... nicht begriffen, sondern nur äußerlich nachgeahmt«* (Curtius). Wichtig bleibt am *Architrenius* allerdings die Kunst seiner expressiven Verssprache, der Reichtum seiner allegorischen Metaphern sowie die Tradierung antiker Topoi; z. B. ist der Hügel der Anmaßung, wo die Schildkröte fliegt, ein Topos der »verkehrten Welt«, und in der Insel Thule hat Curtius die Topik des *locus amoenus* (Lustort) erkannt; beides war bei Griechen und Römern schon angelegt. Ebenso wie diese Stileigenheiten bilden die zahlreichen Vokabelneuschöpfungen, die seltenen Wörter, pompösen Adjektive, übertreibenden Plurale, die Anaphern und die antiken Götter- und Heroennamen bezeichnende Merkmale einer ausgesprochen barocken Sprachkunst, die Johannes in die strenge lateinische Ependichtung völlig neu eingeführt hat.

In den folgenden Jahrhunderten bis weit in die Humanistenzeit hinein ist der so wenig christlich-dogmatische *Architrenius* viel gelesen worden. Das Werk steht mit seinem berauschenden Sprachprunk als Denkmal am Anfang einer literarischen Epoche, in der sich der »geblümte Stil« nicht nur in der lateinischen, sondern auch in der volkssprachlichen geistlichen und weltlichen Dichtung größter Beliebtheit erfreuen sollte.

J.Sch.-T.B.

AUSGABEN: Paris 1517, Hg. J. de Neustria. – Ldn. 1872 (in *Anglo-Latin Satirical Poets and Epigrammatists of the 12th Century*, Bd. 1, S. 240–392; Hg. T. Wright). – Chicago 1962 (in K. P. Harrington, *Medieval Latin*; Ausw.). – Mchn. 1974, Hg. P. G. Schmidt.

LITERATUR: J. Simler, *De A. duodecim saeculi carmine*, Paris 1871. – F. Francke (in Forschungen zur dt. Geschichte, 20, 1880, S. 475–502). – C. M. Hutchings (in Romania, 50, 1924, S. 1–13). – F. G. Sedgwick (in Speculum, 4, 1930). – M. Manitius, 3; Nachdr. 1964, S. 805–809. – S. Gaselee, *J. d. Alta Villa, Notes on the Vocabulary of the »Architrenius«* (in Speculum, 8, 1933). – F. J. E. Raby, *A History of Secular Latin Poetry in the Middle Ages*, Bd. 2, Oxford ²1957.

JOHANNES DE GARLANDIA

John Garland
* um 1195 England
† um 1272 Paris

MORALE SCOLARIUM

(mlat.; *Die Sittlichkeit der Studenten*). Satire in elegischen Distichen von JOHANNES DE GARLANDIA, entstanden 1241. – Als der aus England stammende Grammatiker und Dichter an der Universität zu Paris lehrte, verfaßte er neben seinen vielen für den Unterricht bestimmten Werken auch dieses Gedicht in 662 leoninischen Distichen und gab ihm den Untertitel *Contra malitiam huius mundi (Gegen die Schlechtigkeit dieser Welt)*. Um die Sitten der Jugend von Paris, Europas Bildungszentrum im 13. Jh., war es zu seiner Zeit nicht gut bestellt. Der Dichter hoffte, mit seinem Werk wieder zur Pflege feinerer Lebensformen beitragen zu können, denen Frankreich seinen hohen Ruf verdankte.
Nach einer Prosavorrede und einem Einleitungsgedicht werden in 36 Kapiteln Sünde und Laster, Roheit und Höflichkeit einander gegenübergestellt. Infolge der gesuchten und oft überkünstelten Ausdrucksweise (für die zu einem Teil natürlich auch der leoninische Reim verantwortlich ist) ist der an dunklen Allegorien reiche Text überaus schwer zu verstehen; an manchen Stellen bleibt er sogar trotz der wertvollen, in den Handschriften überlieferten Glossen unklar. Die Klage des Dichters, zu seiner Zeit würden auch »die Autoren« vernachlässigt, zeigt den Grund für die Künstelei und Pedanterie: Johannes, der unter anderem Rhetorik und Poetik dozierte, wollte nicht nur die Sitten, sondern auch das Latein der Studenten bessern, zumal in jenen Jahren die sprachlichen und literarischen Studien von der Philosophie und der Theologie ganz in den Hintergrund gedrängt waren. So war er ängstlich darum bemüht, seinen Schülern das beste Modell zu geben. – Obgleich die Dichtung nur wenig konkrete Einzelheiten aus dem Universitätsleben mitteilt, ist sie doch eine wertvolle Quelle für die Bildungsgeschichte des späten Mittelalters. Ein großer Dichter war Johannes zweifellos nicht, aber gerade dadurch ist sein Werk ein gutes Beispiel dafür, wie im 17. Jh. Dichtkunst gesehen und gelehrt wurde. M.Ze.

AUSGABE: Berkeley 1927, Hg. J. L. Paetow [m. Einl.].

LITERATUR: B. Hauréau, *Notice sur les œuvres authentiques ou supposées de Jean de Garlande* (in Notices et Extraits des Manuscrits de la Bibliothèque Nationale et Autres Bibliothèques, 27, 1879, S. 1–86). – E. Habel, *J. de G.* (in Mitt. der Gesellschaft f. dt. Erziehungs- u. Schulgeschichte, 19, 1909, S. 1–34; 118–130). – J. Dolch, *Lehrplan des Abendlandes*, Ratingen 1959; ²1965. – *Artes liberales. Von der antiken Bildung zur Wissenschaft des Mittelalters*, Hg. J. Koch, Leiden/Köln 1959. – F. J. Worstbrock, Art. *J. de G.* (in VL², 4, Sp. 612–623).

JOHANNES DER EXARCH

Joan Ekzarch Bălgarski
* Mitte des 9. Jh.s
† 20er Jahre des 10. Jh.s

ŠESTODNEV

(aksl.; *Hexaemeron*). Christliche Kosmogonie von JOHANNES DEM EXARCHEN, entstanden zu Anfang des 10. Jh.s. – Das umfangreiche Werk zählt zu den geistes- und sprachgeschichtlich wertvollsten Zeugnissen des altslavischen Schrifttums. Es steht in der Tradition der byzantinischen *hexaëmera*, welche die orthodoxe Auffassung der Kosmogonie und Weltordnung durch die Exegese der biblischen Schöpfungsgeschichte gegen das wissenschaftlichere ptolemäische System zu verteidigen suchen. Außer dem originalen Prolog, der eine Widmung des Werkes an den bulgarischen Fürsten und späteren Zaren Simeon (890–927) enthält, umfaßt der Text sechs vorwiegend kompilatorische *Slovesa* (Reden) in der Reihenfolge der biblischen Schöpfungsakte. Die Hauptquelle der Schrift ist das byzantinische *Hexaëmeron* BASILEIOS' DES GROSSEN (um 329/331–379). Daneben benutzt der Autor die Werke des SEVERIAN († um 408), des THEODORETOS aus Kyrrhos (um 393–457/458), des JOHANNES CHRYSOSTOMOS († um 407) und anderer byzantinischer Schriftsteller sowie einige bislang nicht näher ausgemachte Quellen. Der Aristoteles-Bearbeitung des byzantinischen Mönchs MELETIOS (10. Jh.) entnimmt er eine Beschreibung des menschlichen Körpers. Johannes begnügt sich nicht mit der bloßen Reihung der übersetzten Exzerpte. Er fügt sie in einen logischen Zusammenhang und ergänzt sie durch eigene Ausführungen und Erläuterungen. Den Beweis für die Richtigkeit der biblischen Schöpfungslehre sucht er auf dem Wege naturwissenschaftlicher Argumentation zu erbringen. Aus der Anschauung der Naturerscheinungen und der Interpretation von Leben und Körperbau bei Mensch und Tier sucht er die Gesetzmäßigkeit des Naturgeschehens zu erweisen. Dem orthodoxen Slaventum wurde der *Šestodnev* zu einer wahren Enzyklopädie des mittelalterlichen naturwissenschaftlichen Wissens. Unter den sachlichen Informationen des Textes stehen seine geographischen Nachrichten an erster Stelle. Eine Vielzahl fremder Völker und Länder tritt hier zum ersten Mal in den Gesichtskreis der Slaven. Von starkem missionarischem Engagement getragen, ist das Werk in durchaus polemischer Intention geschrieben. Ausführlich setzt sich der Autor mit den heidnischen Gegnern der christlichen Schöpfungslehre auseinander. Indem das Werk die gegnerische Argumentation mit großer Objektivität selbst zu Wort kommen läßt, vermittelt es dem mittelalterlichen Slaventum zum ersten Mal das Denken einer Reihe antiker Philosophen und Gelehrter. Für die bulgarische Kulturgeschichte ist insbesondere der Beginn des sechsten *slovo* von Bedeutung, der aus der eigenen Anschauung des Autors eine detaillierte Beschreibung der Residenz zu Preslav enthält. Mit feiner Beobachtungsgabe zeichnet der Autor ein informatives Bild des Lebens, der Kultur und der sozialen Differenzierung der frühfeudalen bulgarischen Gesellschaft. Johannes versteht es, dem abstrakten Stoff eine anspruchsvolle literarische Form zu geben, die insbesondere in der Naturschilderung echte poetische Impulse verrät. Über seinen Reichtum an originellen Bildern und Vergleichen hinaus enthält der Text eine Vielzahl der altkirchenslavischen Sprache bislang unbekannter Wortbildungen und Wendungen, die sich zum Teil bis ins moderne Bulgarisch behauptet haben. Vor allem die wissenschaftliche Terminologie verdankt Johannes bedeutende Anregungen; seine Beschreibung des menschlichen Körpers enthält die ersten festen medizinischen Termini der bulgarischen Sprache. Früh ist das Werk des Johannes, das wegen der Verderbtheit der überlieferten Texte und durch die ungerechtfertigte Kritik des Slavisten LESKIEN an Stil und gedanklicher Leistung des Verfassers von der modernen Forschung lange Zeit vernachlässigt wurde, zu einem der beliebtesten Lesestoffe auch der altrussischen und der altserbischen Literatur geworden. KLL

AUSGABEN: Moskau 1879 (*Šestodnev, sostavlennyj Ioannom Eksarchom Bolgarskim. Po charitejnomu spisku Moskovskoj Sinodal'noj biblioteki 1263 goda*, Hg. A. Popov). – Graz 1958–1975 (*Das Hexaeme-*

ron des Exarchen Johannes, Hg. R. Aitzetmüller, 7 Bde.).

ÜBERSETZUNG: *Šestodnev*, N. Kočev, Sofia 1981 [neubulg.].

LITERATUR: A. Leskien, *Zum Šestodnef« des E. J.* (in AslPh, 26, 1904, S. 1–10). – Panaret, *Životŭt na J. E. B.*, Stanimaka 1914. – N. Mavrodinov, *Opisanieto na Preslav v »Šestodneva« na J. E.* (in Istoričeski pregled, 1955, H. 3, S. 66–76). – H. Jaksche, *Das Weltbild im »Šestodnev« des E. J.* (in WdS, 4, 1959, S. 259–301). – A. Lägreid, *Der rhetorische Stil im »Šestodnev« des E. J.*, Wiesbaden 1965. – R. Baur, *Untersuchungen zur Nominalkomposition im Altbulgarischen, insbesondere im »Šestodnev« des E. J.*, Diss. Saarbrücken 1968. – H. Weimann, *Aktionsart und Aspekt im »Šestodnev« des E. J.*, Diss. Saarbrücken 1968. – I. Bužančić, *Die Ausdrücke für die geistigen Kräfte des Menschen in den Werken des E. J.*, Diss. Saarbrücken 1970. – D. Ivanova-Mirčeva, *J. E. B. Slova*, Sofia 1971. – N. Kočev, *»Šestodnevát« na J. E. B.* (in Problemi na kulturata, 1980, 1, S. 78–95). – N. Kočev, *J. Ekzarchovoto viždane za krasivoto, otrazeno v negovija »Šestodnev«* (ebd., 5, S. 101–117). – E. Dogramadžieva, *Văprosi na knižovnata teorija i praktika u J. E. s material ot săjuznata sistema v »Šestodneva«* (in Bălg. ezik, 30, 1980, S. 108–115). – A. Stojnev, *»Šestodnev« ot J. E. na novobălgarski ezik* (in Filosofska misăl, 1982, 7). – T. Mostrova, *Nomina agentis v »Šestodneva« na J. E. v săpostavka săs starobălgarskite pametnici* (in Bălg. ezik, 33, 1983). – G. Berghorn, *Untersuchungen zum Verbum finitum im altbulgarischen »Šestodnev« des E. J.*, Diss. Würzburg 1984.

JOHANNES DIACONUS

† nach 1008 Venedig

CHRONICON VENETUM

(mlat.; *Venezianische Chronik*). Geschichte Venedigs bis zum Jahre 1008 von JOHANNES DIACONUS. – Der Autor war ein Vertrauter des großen Dogen Pietro II. Orseolo (reg. 991–1008), der die venezianische Kolonialherrschaft im Osten der Adria begründete und seine Macht durch freundschaftliche Beziehungen zum deutschen Kaiser Otto III. zu festigen wußte. Dem politischen Intimus des Dogen (seinem Kapellan) waren nicht nur alle Urkunden und Akten zugänglich, er übernahm auch heikle Missionen zwischen Pietro und Kaiser Otto und arrangierte zum Beispiel ihre heimliche Begegnung in Venedig. Spätestens im 13. Jh. wurden die venezianischen Gesandten förmlich dazu verpflichtet, alles aufzuzeichnen, *»quae sunt utilia dominio«* (*»was der Herrschaft nützlich ist«*): Johannes hatte sich dazu lange zuvor bereits aus eigener Einsicht entschlossen. Wie die späteren *Relazionen* (von lat. *relatio*: Bericht, Nachricht) der Diplomaten sehr aufschlußreich sind für unsere Kenntnis der venezianischen und europäischen Geschichte, so ist das *Chronicon* die authentische und zuverlässigste Geschichtsquelle für die Regierungszeit Pietros. Allerdings hatte Johannes den Ehrgeiz, Venedigs Geschicke von Anfang an zu berichten; doch folgte er in den früheren Teilen (Untergang der Ostgoten, Langobardeneinfall, Gründung der Stadt, frühe Dogen und Patriarchen, Karolinger etc.) kritiklos anderen Chronisten, wie etwa BEDA VENERABILIS. Von historischem Interesse sind in diesen Partien allenfalls noch Abschnitte zur Geschichte Ostroms, der Johannes eine aufmerksame, ja beinahe übermäßige Beachtung schenkte. J.Sch.

AUSGABEN: Venedig 1765. – ML, 139. – Hannover 1846 (in MGH, script. 7, Hg. G. H. Pertz). – Rom 1890 (in *Fonti per la storia d'Italia*, Hg. G. Monticolo, Bd. 9: *Cronache venez. antich.*).

LITERATUR: G. Monticolo, *Intorno agli studi fatti sulla cronaca del diacono Giovannino* (in Archivio Veneto, 15, 1878, S. 1–46). – Ders., *Le cronaca del diacono Giovannino e la storia politica di Venezia sino al 1009*, Pistoia 1882. – Ders., *I manoscritti e le fonti della cronaca del diacono G.* (in Bollettino dell'Istituto Storico Italiano, 9, 1890, S. 37–225; Forts. in Nuovo Archivio Veneto, 2, 1892). – E. Besta, *Sulla composizione della cronaca veneziana ...* (in Atti dell'Istituto Veneto di Scienze, Lettere ed Arti, 73, 2, 1913/14). – Wattenbach-Holtzmann, S. 331 f. – D. Mallardo, *Giovanni diacono napoletano* (in Rivista di Storia della Chiesa in Italia, 2, 1948, S. 317–337).

GEORG JOHANNESEN

* 22.2.1931 Bergen

LITERATUR ZUM AUTOR:
Tor Obrestad (in Profil, 14, 1966, Nr. 4). – I. Holm, *G. J. - et riss av hans forfatterskab* (in *Socialisme og litteratur*, Hg. H. Rønning, Oslo 1975, S. 160–167). – H. Rønning, *Den kritiske bevissthet* (in Vinduet, 1979, Nr. 2, S. 32–38). – *En bok om G. J.*, Hg. J. Fr. Grøgaard u. a., Oslo 1981. – Geir Skeie, *A skrive bøker i »Norge«* (in Samtiden, 94, 1985, Nr. 5, S. 26–33).

DAS LYRISCHE WERK (norw.) von Georg JOHANNESEN.

Mit nur drei schmalen Lyrikbänden – und obwohl er seit 1966 keine Gedichte mehr veröffentlicht hat – ist Johannesen bis heute der wichtigste Lehrmei-

ster und ein unerbittlicher Maßstab für politisch engagierte und formal kühne, phrasenfreie Lyrik in Norwegen geblieben. Es hatte zehn Jahre gedauert, bis seine Schreibweise aufgegriffen und weitergeführt wurde. Sein lyrischer Erstling mit dem nüchternen, aber präzise sein Gegenwartsbewußtsein bezeichnenden Titel *Dikt 1959*, 1959 (*Gedichte 1959*) wurde zuerst vom Verlag refüsiert und löste dann eine Debatte bei moralisch und ästhetisch indignierten Kritikern aus, wurde aber auch mit einem Literaturpreis ausgezeichnet. Der nächste Lyrikband erschien erst 1965: *Ars moriendi eller de syv dødsmåter (Ars moriendi oder die sieben Todesarten)*. Er gilt als Johannesens zentrales Werk und wird immer wieder eines der wichtigsten Gedichtbücher genannt, die in Norwegen, ja in Skandinavien erschienen sind. 1966 kam *Nye dikt (Neue Gedichte)*. Johannesen hat auch zwei Romane, ein Drama sowie drei Prophetenbücher-Pastiches geschrieben. Er ist in der Öffentlichkeit stark präsent als scharfzüngiger politischer Kolumnist, Literaturhistoriker, Übersetzer und Hochschullehrer. Er war 1967–1971 Stadtrat in Oslo (Kommunist). Neuerdings malt er auch. Wie in seiner Lyrik führt Johannesen auf allen seinen Tätigkeitsgebieten einen permanenten Kampf gegen Dummheit und Trägheit, stellt überall unbequeme Fragen. Den größten Einfluß hat er indes als Lyriker. In einem Interview 1981 grenzte er instrumentelles Fachdenken von der *»mehr generellen Lebensorientierung«* ab, die Literatur zu leisten habe (in *En bok om G. J.*). Die Ratio und der politische Gehalt seiner Gedichte, in denen die Themen nicht erscheinen, die Johannesen als Politiker explizit diskutiert, werden diesem nachträglichen Kommentar gerecht. Die lyrisch-analytische Bildlichkeit seiner Gedichte entspringt einem stark persönlichen Antrieb und zielt auf Internalisierungen und psychische Bedürfnisse, die politischen Einzelentscheidungen vorgelagert sind, ohne deshalb nur subjektiv zu sein. Mit *Dikt 1959* funktionierte Johannesen damals auf eine in Norwegen noch nie dagewesene radikale Weise die lyrische Form mit ihrer traditionellen Affinität zu vagen Gefühlen, verstiegenen Verheißungen und illusionistischer Schönheit um. Er machte sie zu einem Medium scharfer, paradox formulierter und zum Denken zwingender Selbst- und Ideologiekritik. Die beklemmende Atmosphäre des kalten Krieges wird hier nicht als ewig-menschliche Existenzbedingung tragisch-ästhetisch ausgekostet, sondern mit konkreten historischen Ereignissen in Verbindung gebracht, die durch dumpfe Angst und rhetorische Weltflucht ermöglicht und gleichzeitig verschleiert werden. In dem vielzitierten Gedicht *Generation* ist das lyrische Ich *»geboren, als die Arbeitslosigkeit 33 Prozent betrug ... Bevor Hitler hundert Juden ermordet hatte / konnte ich bis fünfzig und sechzig zählen ... Ich verliebte mich zum ersten Mal / Das war kurz nach Hiroshima und / wir pfiffen eine amerikanische Melodie / um unsere Vertrautheit zu betonen.«* Neben der Konkretion der globalen Gleichzeitigkeit und der historischen Perspektive kommt in diesem Gedicht auch die private

Notwendigkeit eines politischen Bewußtseins zum Ausdruck, das nichts Besserwisserisches oder Heroisches an sich hat: »*Wir wollten uns aus dieser Welt abmelden / aber konnten kein Formular auftreiben.*« Traditionelle – nicht zuletzt lyrische – Schutzmechanismen sind unwirksam oder auf jeden Fall kontraproduktiv in einer Gegenwart, die nach zwei Weltkriegen vor der Möglichkeit totaler Vernichtung steht und deren politische Schiefheit sich psychosozial bis ins trivialste Privatleben hinein auswirkt. Also muß das Ich, auch als Lyriker, sich stellen. Es gilt das Haus abzureißen, das ein Gefängnis ist, wie es in dem Gedicht mit dem Titel *Nein* heißt. Neben solchen Texten, die mit schlagkräftiger und bildstarker Didaxe vorwegnehmen, was zum Signum von Johannesens Lyrik geworden ist, stehen hier noch relativ traditionelle lyrische Texte. Fast scheint es, als versuchte Johannesen sich trotz allem in Traumstimmungen und Liebeslyrik eine Nische freizuhalten, die als Ort positiver Utopie von seinem kritischen und sarkastischen Zugriff verschont bleiben darf. Allerdings muß dies verzweifelt-trotzig beschworen werden: »*Spalte mich in Gras und Himmel / aber dieser Traum ist heil*«, schließt ein Liebesgedicht *(Sletten).*

Für die folgenden beiden Gedichtbände gilt dann aber uneingeschränkt, was Johannesen in Interviews oft gesagt hat und wofür er in den Gedichten viele prägnante metapoetische Formeln in Umlauf gesetzt hat: Seine Utopie ist eine negative. »*Bitterkeit, gezeugt von Frustration, ist eine gute Form der Hoffnung*« (Interview 1966 in *Den norske skrivemåten*). *Ars moriendi* ist ein straff durchkomponierter Gedichtzyklus in der Tradition der altägyptischen Totenbücher. Die neunundvierzig Gedichte sind den Tagen von sieben Wochen zugeordnet, die Wartewoche, Arbeitswoche, Ruhewoche, Traumwoche, Reisewoche, Wachwoche und Lernwoche heißen. Im Inhaltsverzeichnis werden sie mit Lastern spezifiziert: Leichtsinn, Völlerei, Zorn, Wollust, Habsucht, Hochmut, Neid. Und nur im Inhaltsverzeichnis sind als Lesehilfen je für eine Woche die Schauplätze (z. B. Großstadt, Wald, Historie) sowie thematische Überschriften zu den einzelnen Gedichten aufgeführt. Die Gedichte bestehen alle aus drei Strophen zu drei Zeilen. Mit oft surrealistischen, gewaltsam antipoetischen Bildern – negative Metaphern sind sie genannt worden – mit ganz konkreten Phänomenen bzw. durch klinische Registrierungen verfremdet, ersetzt oder demontiert Johannesen in diesen Gedichten poetische Klischees, insistiert auf lebenswichtigen Selbstverständlichkeiten, die »*in der Sprache der Gebildeten nicht mehr genannt*« werden *(De klokes panikk).* Selbstbetrügerisches Gewohnheitsdenken und selbstdestruktives Handeln wird gerade da entlarvt, wo es sich mit der Aura philosophischer, religiöser oder humanistischer Dignität umgibt. Steuerungsprinzip in Johannesens Diskurs sind nicht Werte wie Schönheit, Wahrheit; sie werden entschieden diskreditiert und ersetzt durch Klugheit, Realitätssinn und Phantasie. Zum Thema Liebe findet sich jetzt etwa die desillusionierte Stro-

phe: »*Es ist nicht leicht zu küssen / wenn der Kopf auf einem anderen Tisch liegt / mit einer Tomate im Mund*« *(Fråtserne).* Drastisch wird die Heuchelei der Kirche und der Kunst gezeigt: Ein Pfarrer trägt eine kranke Taube ins Haus, beschmiert sie mit Gips und hängt sie sich übers Bett *(Hos en prest)*; Künstler machen ihr Geld damit, »*alte Kinder*« zu sein *(Kunstnerne)*; ein Dichter »*sortiert halbe Wörter und Schreie / zu Sätzen in Sonnensprache*« *(Solspråk).* Doch die Kanarienvögel sind zu lange zahm gewesen, so daß sie den Käfig nicht verlassen, »*nachdem die Sprossen in ihrer Brust entfernt worden sind*« *(Utgangen).*

Auch wenn viele Gedichte nicht klar auf die Totenbuch-Konzeption oder auf das bewußtseinskritische Projekt zu beziehen sind und noch die hier zitierten Leitformeln im Kontext wieder verunklart werden können, funktionieren diese Texte immer sokratisch-dialektisch als Einübung in Gedankenarbeit. Sie zwingen zur Unterscheidung zwischen »*grau und grau*« *(Husplakat)*, zur Abweisung von Harmonisierungen, etwa wenn der Spatz im Glauben, Vogel sei Vogel, den Habicht aufsucht *(Første Lekse).* Wo den schonungslosen und drastisch verbildlichten Diagnosen entfremdeten Alltags kein explizites Korrektiv beigegeben ist, gilt es erst recht, Fragen zu stellen. So z. B. am Schluß der Beschreibung des Lebens in einem Betonklotz: »*Warum / fließen zwei feine Streifen Blut / aus der Steckdose?*« *(Oppslag i en Obosblokk).* Die mit dem Totenbuch-Genre konnotierte Aufforderung, sich den natürlichen wie den gewaltsamen Tod konkret vorzustellen, soll letzten Endes politisch vermeidbares, aber technologisch drohendes sinnloses Sterben abwenden helfen. »*Handeln ist eine schwierige Sprache / tot sein ist zu billig*« *(Spørsmål).* Oder: »*Man stirbt, wenn man schläft*« *(Morgenen).* Die »Lehrwoche« enthält Übersetzungen von KONFUZIUS, SAPPHO, PALLADAS, BLAKE und BRECHT. Erfahrung und Einsicht, lernt Johannesen hier z. B. von Blake, ist nicht für und mit Gesang zu erkaufen, sondern auf dem Steinacker, wo der Bauer vergeblich nach Brot pflügt.

In einem der Gedichte in *Nye dikt* heißt es dann: »*Verstehen wird gefördert von Vögeln / und der Katze, die eine Hand kratzt*« *(Byen).* In diesem Band führt Johannesen seine Thematik und sein didaktisches Demontierungsprojekt in variierten Formen und Stoffen weiter: Das Todesthema in drei Gedichten über die Judenmorde im Dritten Reich; die Religionskritik in grotesken Fabeln über Fische; die Forderung nach politischem Denken etwa in einem »*Königsgebet*« nach EURIPIDES, wo es heißt: »*Ich habe viele Bücher studiert ... Aber ich fand keinen Gott / so stark wie das Notwendige.*« Am Schluß dieses Bandes stehen zwei Übersetzungen von DU FU und ein Gedicht über LI BO.

Georg Johannesens Lyrik hat von Blake und Brecht Impulse empfangen. Sie konfrontiert die schlichte Welt altchinesischer Poesie mit dem surrealistischen Spätkapitalismus. Sie wendet Bibel- und Katechismussprache gegen das Christentum. Sie wimmelt formal und motivisch von historischen

Anspielungen. Johannesen schreibt eine abrupte, disharmonische Sprache mit hart aufeinanderprallenden Bildsphären. Er verwendet gerne Reime. Die Gedichte zeigen eine Tendenz zur Allegorie, allerdings ohne daß sie durch eine simple Subscriptio aufzuschlüsseln wären. Angebotene Lösungsformeln können ironisch gemeint sein, Paradoxa müssen ausgehalten werden. Dem Hohn über die »*Sprache der Gebildeten*«, in der »*Zahlen nicht mehr genannt*« werden, entspricht der absurde Wunsch am Ende des letzten Gedichtbandes: »*Der Kalender ist das einzige Buch / das ich gerne geschrieben hätte.*« Die Kritik an Gefühlsduselei, hinter der das Verbrechen gedeiht, führt zur provozierenden Versicherung: »*Zuinnerst im Herzen habe ich meinen Verstand*« (*Ferien*, in *Nye dikt*). Solcher Leitmotivik widerspricht indes implizit die groteske Bildsprache, eine Vorliebe für den Mythos sowie der starke emotionale Druck, der sich in der Diktion verrät, und der visionäre Zug. Es ist vermutet worden, daß dieser Widerspruch – letztlich derjenige zwischen der Dialektik der Aufklärung und den positiven wie negativen Implikationen des lyrischen Diskurses – ein Grund dafür war, daß Johannesen als Lyriker verstummte. Die Beunruhigung, die von diesem auszuhaltenden Widerspruch ausgeht – »*Ich bin ein Mann, mit dem die Hinterhältigen rechnen können*« (*Hans plakat*, in *Ars moriendi*) – gewährleistet jedoch, zusammen mit dem volkstümlichen Rätsel- und Sprichwortduktus vieler Gedichte, die fortwährende Faszination und Wirkungskraft von Johannensens Lyrik. Trotz ihrer gedanklichen Spannungen und bildlichen Kühnheit sind sie eingängig.   W.Bau

AUSGABEN: *Dikt 1959*, Oslo 1959. – *Ars moriendi eller de syv dødsmåter*, Oslo 1965. – *Nye dikt*, Oslo 1966. – *Dikt* [Ges. Gedichte], Oslo 1969. – *Om den norske tenkemåten*, Hg. E. Haavardsholm u. H. Rønning, Oslo 1975 [Essayistik].

ÜBERSETZUNG: *Ars moriendi oder die sieben Todesarten*, B. Gentikow, Münster 1990.

LITERATUR: B. Thörnquist, *Verklighet till döds* (in OoB, 76, 1967, Nr. 3). – D. Haakonsen, *G. J. Jan Erik Vold og menneskets hjerte* (in Minerva kvartalsskrift, 19, 1970, Nr. 1, S. 17–21). – L. Miøset, *Den kyniske menneskevennlighet* (in Basar, 1976, Nr. 2, S. 44–57). – H. Rønning, *Den kritiske bevissthet* (in Vinduet, 1979, Nr. 2, S. 32–38). – W. Mishler, *A Reading of G. J.'s Ars Moriendi* (in Scandinavica 28, 1989, Nr. 2, S. 161–182).

HØST I MARS

(norw.; *Ernte im März*). Roman von Georg JOHANNESEN, erschienen 1957. – Dieses erste Werk des norwegischen Lyrikers und Erzählers stellte einen Bruch mit der bis dahin geltenden, vom psychologischen Realismus beeinflußten Romanform dar. Der Autor entwickelt keine ausgewogenen

psychologischen Porträts, sondern beschreibt Verhaltensweisen. Dies spiegelt sich unter anderem in einem modernistischen Erzählstil wider. Die eigentliche Handlung des Romans – eine Liebesgeschichte und ihre Folgen nach dem Ende der Beziehung – wird durch dazwischengeschaltete Episoden, verschobene Identitäten, philosophische Kommentare u. ä. ergänzt. Außerdem gibt es drei Erzähler (Johan, Jon Segel und einen Verfasser, der den Stoff überarbeitet) und wechselnde Blickwinkel (von Johan zu Liv, dann zu Leif Laheim etc.). Durch diese Struktur wird das Verhältnis zwischen Dichtung und Wirklichkeit, zwischen Schreibprozeß und Handlung problematisiert. Sowohl der Bruch mit der traditionellen Romanform als auch Erzählstil und Thema zeugen von Verachtung und Auflehnung gegenüber den eingefahrenen Normen.

Der Roman läßt sich in drei große Abschnitte gliedern. Im ersten Teil wird die eigentliche Handlung erzählt; Thema ist eine junge Liebe, die durch das Zusammentreffen mit der Welt der Erwachsenen zerstört wird. Die beiden siebzehnjährigen Hauptpersonen, Liv und Johan, sind Gymnasiasten. Nach einer Begegnung im Mai verleben sie heimlich den Sommer zusammen. Als der Herbst kommt, treffen sie sich unbemerkt in der Stadt – in Cafés, in gemieteten Zimmern und in Johans »Atelier«. Im Frühjahr darauf wird Liv schwanger, das Verhältnis kommt auf, und sie erhält Hausarrest. Die Eltern sprechen von Abtreibung, können sich aber nicht einigen. Die beiden Verliebten möchten das Kind bekommen und fahren ohne Wissen der Familien nach Kopenhagen, um zu heiraten. Johan findet Arbeit, und die beiden schlagen sich damit durch – wenn auch mit großen finanziellen Problemen. Einige Zeit später werden sie von Johans Onkel, der in Kopenhagen ein Hotel besitzt, aufgespürt. Johans Mutter hat ihn mit der Suche beauftragt. Der Onkel trifft sich mit Liv, er gibt ihr Geld und überredet sie dazu, dieses Treffen Johan gegenüber zu verheimlichen. Am nächsten Tag beeinflußt er Liv, genau nach dem Plan der Erwachsenen, sich mit Rücksicht auf Johan selbst für eine Abtreibung zu entscheiden. Als Johan dahinterkommt, möchte er am liebsten davonlaufen. Im zweiten Teil – mit dem Titel *Mellomspil (Zwischenspiel)* – sind zwei Jahre vergangen, Johan arbeitet nun als stellvertretender Lehrer in einer Schule auf dem Land. Hier wird erzählt, wie Johan und Liv auf den ihnen aufgezwungenen Abbruch ihrer Beziehung und die Abtreibung reagieren. Liv verfällt mehr und mehr in Apathie und landet schließlich in einer psychiatrischen Klinik; hier droht die Gefahr, daß eine Leukotomie an ihr vorgenommen wird. Johan dagegen ist »*neu geboren*«, er ist verhärtet und kompromißlos in seiner Kritik an Zeit und Gesellschaft: »*Ich dachte daran, in welcher Zeit sie* [die Idealisten] *sich ausgetobt hatten, ich erinnerte mich an die Konzentrationslager, wo sie mit lebendem Menschenfleisch experimentierten, an Hiroshima und Nagasaki, die Atmosphäre voller Radioaktivität, die Zeitungen voller Lügen ... Die Ideali-*

sten, die Gläubigen, die Edlen, die Feinfühligen und Tiefsinnigen, sie stellen immer edlere und edlere Ideale auf mit dem einzigen Ziel, die wirklichen, die ganz gewöhnlichen Menschen so klein zu machen, daß man sie ermorden kann – ohne daß irgendwelche Hände dadurch mit Blut befleckt werden.«
Der dritte Abschnitt des Romans spielt acht bis neun Jahre später in der Zeit von September bis März. Johan lernt den Phantasten Leif Laheim und dessen Phantasiegebilde kennen – eine internationale anarchistische Organisation mit dem Namen »Du zuerst«, deren Ziel es ist, durch die Ermordung aller Spitzenpolitiker neue Kriege zu verhindern. Leif möchte Johan für seine Idee gewinnen, ausschlaggebend für dessen Entscheidung wird dabei ein Zusammentreffen mit Liv. Johan sieht sie zufällig, gleichzeitig fühlt sie seine Nähe. Bei dieser Begegnung entsagt Johan seiner Freundin Liv, die symbolisch für *»das Leben«* (norw. *Liv-et*) steht. Für ihn bedeutet das den Beitritt zu »Du zuerst«, für sie hat es die Konsequenz, daß ihre Geisteskrankheit endgültig ausbricht. Zusammen mit Leif unternimmt Johan ein Attentat auf einen Natogeneral, dabei erblindet er. Jon Segel (ein Halbbruder Johans) soll für eine konservative Zeitung eine Reportage über Johan und das Attentat verfassen, fährt danach als Korrespondent nach Washington und verschwindet spurlos.
Der eigentliche Konflikt des Romans liegt in der ehrlichen, aber verbotenen Liebe der beiden jungen Menschen und in ihrem Zusammenstoß mit der Welt der Erwachsenen. Dieser Konflikt ist unlösbar, da sich diese Liebe dem von der Erwachsenenwelt geforderten Anpassungsprozeß verweigert. Auf symbolischer Ebene gehört der Roman in den Zusammenhang des Sündenfall-Mythos: Die Versuchung (in der Gestalt von Johans Onkel) bringt die beiden auseinander. Sie werden aus dem Paradies (dem Zustand der Unschuld) vertrieben in »die wirkliche Welt«. Die über sich hinausweisende Dimension des Konflikts ergibt sich auch aus seinen politischen Implikationen: Diese Liebesbeziehung birgt eine Sehnsucht nach Wärme und Glück in sich, die von der Gesellschaft nicht erfüllt werden kann. So wird die Moral der Gesellschaft, in der die beiden jungen Leute keinen Platz finden, zur Ursache für die Gewalttat: *»Entweder es gibt sie oder es gibt uns – das ist die Wahrheit über uns und die anderen.«* Der Roman schildert also, wie eine chaotische Erwachsenenwelt zu vermehrter Gewalt gegen zentrale Werte des Lebens führt. Die *Kultur* bestimmt über alles, die Gesetze der *Natur* sind aufgehoben, wie aus dem Titel *Ernte im März* und aus mehreren Wendungen im Roman wie *»der Sommer übersprungen«*, *»Bruch in der Natur«* etc. hervorgeht. *Høst i mars*, ein Roman, der Georg Johannesens spätere Auseinandersetzung mit dem traditionellen Pazifismus und dem Kulturradikalismus vorwegnimmt, ist ein Protest gegen die Welt der »Erwachsenen«, gegen ihre Wertbegriffe, ihre Politik und ihre Moral.   C.S.L.

AUSGABEN: Oslo 1957. – Oslo 1971.

JOHANNES GERSON

Jean Charlier de Gerson
* 14.12.1363 Gerson-lès-Barby
† 12.7.1429 Lyon

LITERATUR ZUM AUTOR:
J. B. Schwab, *J. G.*, 2 Bde., Würzburg 1858; Nachdr. 1964. – S. E. Ozment, *Homo spiritualis. A Comparative Study of the Anthropology of Johannes Tauler, Jean G. and Martin Luther (1509–1516) in the Context of Their Theological Thought*, Leiden 1969. – F. d'Agostini, *Un contributo alla storia dell'idea di equità: Jehan de Gerson e la lotta per il Concilio* (in Angelicum, 48, 1971, S. 448–489). – M. Bauer, *Die Erkenntnislehre u. der Conceptus entis nach vier Spätschriften des J. G.*, Meisenheim a. Gl. 1973. – W. Hübener, *Der theologisch-philosophische Konservatismus des Jean G.* (in *Antiqui u. Moderni*, Hg. A. Zimmermann, Bln./NY 1974, S. 171–200). – M. Bauer, *J. G. – Begriff u. Erkenntnis der Wirklichkeit* (in Franziskanische Studien, 59, 1977, S. 15–28). – G. H. M. Posthumus Meyjes, *Jean G. et l'Assemblée de Vincennes (1329). Ses conceptions de la juridiction temporelle de l'Église*, Leiden 1978. – H. Kraume, Art. *J. G.* (in VL², 2, Sp. 1266–1274). – Z. Kałuza, *Le Chancelier G. et Jérôme de Prague* (in Archives d'histoire doctrinale et littéraire du Moyen Âge, 51, 1984, S. 81–126).

DE CONSOLATIONE THEOLOGIAE

(nlat.; *Über den Trost der Theologie*). Religionsphilosophisches Werk von JOHANNES GERSON, geschrieben um 1418/19. – Gerson verdankt diesem Buch neben seinem Beinamen *doctor christianissimus* noch die weiteren *doctor consolatoris* und *doctor serenatoris*. Doch ist die *Consolatio* mehr eine Gelegenheitsschrift; von dem Geist, den sein Hauptwerk, die *Theologia mystica*, atmet, ist in ihr nichts zu verspüren. In bewußter Anlehnung an BOETHIUS versucht Gerson, dessen Schrift *De consolatione philosophiae* über die Grenzen der Philosophie hinaus weiterzuführen. Wie sein Vorbild teilt er seine *Consolatio* in vier Bücher, und wie jener schreibt er teils in Prosa, teils in gebundener Sprache. Die Schrift ist in die Form eines Gespräches gekleidet, das die Meditation, die Kontemplation und der Verstand miteinander führen.
Die Philosophie endet bei Boethius mit der Feststellung, daß Gott der Richter der Welt ist; Art und Weise seines Richtens aber liegt nicht mehr innerhalb der Welt. Hier setzt Gerson ein. Im ersten Buch führt er aus, daß Gottes Gericht nur mit Demut betrachtet werden kann; um die Nichtigkeit des menschlichen Scharfsinns zu zeigen, unternimmt er eine Untersuchung der Prädestination, die darin gipfelt, daß trotz der absoluten Freiheit

des göttlichen Willens Lohn und Strafe immer begründet seien. Im zweiten Buch will er das Verhältnis von menschlicher Freiheit und göttlichem Willen diskutieren; aber er bringt vorwiegend scholastische Untersuchungen über Fragen der Erkenntnis und deren Bezug zum Willen Gottes. Er zeigt, daß Gut und Böse gleichermaßen Gott dienen und daß Gott die Freiheit hat, alles Bestehende zu ändern. Deshalb ist auch das Gebet sinnvoll. Im dritten Buch kommt er zu seinem Hauptthema: Die Theologie gibt dem in die leidvolle Welt hineingeborenen Menschen, indem sie ihm Gott zeigt, die Zuversicht und den Gleichmut, Mühe und Sorge zu tragen.

Der Autor konnte nach dem Konstanzer Konzil (1414–1418) wegen seiner dort geäußerten Ansichten nicht nach Frankreich zurückkehren; die *Consolatio* schrieb er im Exil in Rottenberg am Inn. Darauf nimmt er im vierten Buch Bezug, wenn er schreibt, die Quelle des eigenen Leidens liege im Widerstand, den man der Herrschsucht der Regierenden leiste. Aber auch hier tröstet die Theologie; denn Leiden für die Wahrheit und die Gerechtigkeit – also letztlich für Gott – macht innerlich glücklich und bringt Ansehen bei Gott. J.Bo.

Ausgaben: Köln 1471, Hg. A. ter Horn. – Antwerpen 1706 (in *Opera omnia*, Hg. M. L. E. Dupin, 5 Bde., 1). – Paris 1973 (in *Œuvres complètes*, Hg. u. Anm. P. Glorieux, 10 Bde., 1960–1973, 9).

Literatur: A. Auer, *Johannes von Dambach u. die Trostbücher vom 11. bis zum 16. Jh.*, Münster 1928. – *Dictionnaire de spiritualité ascétique et de mystique*, Bd. 2, Paris 1953, S. 1611–1621. – A. Combes, *La consolation de la théologie d'après G.* (in La Pensée Catholique, 14, 1960, S. 8–26). – A. Combes, *La théologie mystique de G.*, Bd. 2, Rom 1965, S. 304–366. – W. Dress, *Die Theologie G.s*, Hildesheim/NY 1977 [Nachdr. d. Ausg. Gütersloh 1931].

DE MYSTICA THEOLOGIA

(nlat.; *Über die mystische Theologie*). Theologisches Hauptwerk von Johannes Gerson, bestehend aus den beiden Teilen *De mystica theologia speculativa* (Vorlesungen an der Sorbonne im Winter 1402/03) und *De mystica theologia practica* (Genua 1407). – Gerson will mit seiner Vorlesung über die spekulative Mystik das Verlangen wecken, in der mystischen Vereinigung mit Gott zu erfahren, was man bisher im Glauben erkannt hat, und er will den künftigen Priester befähigen, von der Kanzel aus die Liebe Gottes in den Herzen der Hörer zu entzünden. Auch hält er es für erforderlich, Klarheit über Sinn und Wert der Mystik zu schaffen, um so jedem Gläubigen ein Urteil darüber zu ermöglichen.

Gerson stellt seiner mystischen Theologie das Markuswort »*Tuet Buße und glaubet dem Evangelium*«

(1, 15) voran. In der Einführung behandelt er Wesen, Erkenntnisweise, Prinzipien und Sprachprobleme der Mystik sowie ihren lebendigen Wert für jeden einzelnen. Im Werk selbst befaßt er sich mit der Natur der vernunftbegabten Seele und mit der Psychologie der Mystik; er behandelt die sechs verschiedenen Seelenkräfte und ihre Auswirkungen auf das mystische Leben – ihre Leuchtkraft – und setzt sich mit dem Wesen von *cogitatio, meditatio* und *contemplatio* auseinander. Gerson unterscheidet eine spekulativ-scholastische Verstandestheologie und eine mystische Herzenstheologie. Den Höhepunkt der Mystik sieht er – im Gegensatz zur mystischen *transformatio* des Jan van Ruusbroec – in der *unio* und *satisfactio*.

In seiner *Praktischen mystischen Theologie* fehlt – im Gegensatz zum ersten Teil – die ausgeprägte Systematik. Theorie kann weder vollkommen gelehrt noch gelernt werden, wenn keine praktische Übung vorangegangen ist. Der erste Schritt zur Mystik, zu der alle, auch die einfachsten Leute fähig seien, besteht darin, daß man auf den Ruf Gottes wartet. Da Gott will, daß alle Menschen selig werden, hat er ihnen auch die unzerstörbare ewige Sehnsucht nach dieser Glückseligkeit mitgegeben. Die Wege, die zur Seligkeit führen, sind verschieden, bestimmt durch die göttliche Gnade, den Beruf, die individuellen Verhältnisse überhaupt. Jedes Glied des mystischen Leibes Christi hat seine besondere Bestimmung zur Seligkeit. Lektüre der Heiligen Schrift oder frommer Bücher, Hören der Predigt, Mitfeiern der heiligen Messe, Beten vor dem Tabernakel und an Gnadenorten helfen, dieses Ziel zu erkennen und ein dieser Bestimmung gemäßes Leben zu führen. Glaube und Gnade sind die Voraussetzungen für ein mystisches Leben, dessen Grundlage die Erweckung und Förderung der drei göttlichen Tugenden ist. Doch nur wer die wahre innere Ruhe besitzt – oder durch Betrachtungsübungen gewinnt – kann wirklich zum Mystiker werden. Verständlich also, daß verschiedene Berufe einer *vita mystica* eher abträglich sind. Doch obwohl ein von weltlichen Sorgen möglichst unbelastetes Dasein für das mystische Leben äußerst wichtig ist, bleibt die Erfüllung der gottgewollten Pflicht – also der Berufs – oberstes Gebot für jeden Gläubigen; erst dann darf er sich der *contemplatio* hingeben, will er sich nicht des »kontemplativen Müßiggangs« schuldig machen. Ort, Zeit und Körperhaltung (z. B. Stehen, Knien, Liegen) sind für den Anfänger bei mystischen Übungen nicht ohne Bedeutung. Doch die Wahl bleibt ihm selbst überlassen. Die Körperhaltung ist die beste, die am meisten Ruhe bietet. An heiligen Orten und zu heiligen Zeiten werden besondere mystische Gnaden zuteil, Zucht und Maß, vor allem in bezug auf Nahrung und Schlaf, werden ebenso empfohlen wie Betrachtungen.

Gerson kann als einer der großen Lehrer der Mystik bezeichnet werden, der durch seine Systematik große Wirkung auf die Nachwelt ausgeübt hat. Wenn auch seine Mystik jeder Originalität entbehrt – fast alle seine Ausführungen lassen sich bei früheren

Autoren belegen –, so hat er doch das Verdienst der Sichtung und Ordnung dessen, was andere Theoretiker vor ihm ausgesprochen haben. – Die Hauptquellen für Gersons Mystik sind die Heilige Schrift, besonders die *Psalmen*, das *Hohelied*, die *Evangelien* und die Paulinischen Schriften. Von den Kirchenvätern haben AUGUSTINUS, PSEUDO-DIONYSIOS AREOPAGITES und GREGOR I., der Große, ihn stark beeinflußt, von den mittelalterlichen Theologen BERNHARD VON CLAIRVAUX, die Viktoriner, BONAVENTURA, THOMAS AQUINAS, HUGO VON BALMA – der bereits die Einteilung der Mystik in einen spekulativen und praktischen Teil vorgenommen hatte –, ferner WILHELM VON OCKHAM, Heinrich SEUSE und Jan van Ruusbroec.
Die Nachwirkung der mystischen Schriften Gersons war groß. Das zeigen ihre weite handschriftliche Verbreitung und die zahlreichen Druckausgaben. NIKOLAUS VON KUES, DIONYSIUS DER KARTÄUSER, VINZENZ VON AGGSBACH, Gabriel BIEL, Martin LUTHER u. a. wurden von Gerson beeinflußt. Seine theologische Mystik hat bis in die Gegenwart Beachtung gefunden.   R.Bä.

AUSGABEN: Köln 1483 (in *Opera*). – Paris 1606. – Antwerpen 1706 (in *Opera omnia*, Hg. M. L. E. Dupin, 5 Bde., 3). – Lugano 1958, Hg. A. Combes. – Paris 1962–1971 (in *Œuvres complètes*, Hg. u. Einl. P. Glorieux, 10 Bde.), 1960–1973, 3 u. 8). – Leiden 1969 (in *Selections from A deo exivit, Contra curiositatem studentium and De mystica theologia speculativa*, Hg., Einl. u. Anm. St. E. Ozment; lat.-engl.).

LITERATUR: J. I. Connolly, *J. G., Reformer and Mystic*, Löwen 1928. – J. Stelzenberger, *Die Mystik des J. G.*, Breslau 1928. – W. Dreß, *G. u. Luther* (in ZKG, 52, 1933, S. 122–161). – A. Combes, *Essai sur la critique de Ruysbroeck par G.*, Paris 1945. – Ders., *La théologie mystique de G.*, 2 Bde., Rom 1963–1965. – P. Glorieux (in *Dictionnaire de spiritualité ascétique et mystique*, Bd. 6, Paris 1967, S. 314–331). – E. Iserloh, *Luther u. die Mystik* (in *Kirche, Mystik, Heiligung u. das Natürliche bei Luther*, Hg. I. Asheim, Göttingen 1967, S. 60–83). – H. A. Oberman, *Simul gemitus et raptus: Luther u. die Mystik* (ebd., S. 20–59). – D. Schmiel, *Via propria et via mystica in the Theology of Jean G.*, St. Louis 1969. – G. Schuck, *De mystica theologia, deutsch. G.s mystische Theologie*, Diss. Freiburg i. B. 1969. – K.-H. zur Mühlen, *Nos extra nos. Luthers Theologie zwischen Mystik u. Scholastik*, Tübingen 1972, S. 110 ff. – L. P. Pascoe, *Jean G. Mysticism, Conciliarism and Reform* (in Annuarium historiae conciliorum, 6, 1974, S. 135–153).

DE POTESTATE ECCLESIASTICA ET ORIGINE IURIS

(mlat.; *Über die Kirchengewalt und den Ursprung des Rechts*). Kirchenrechtliche Schrift von JOHAN-

NES GERSON, entstanden 1416/17. – 1414 wurde das Konzil zu Konstanz eröffnet. Gerson, der binnen kurzem im Mittelpunkt der Diskussionen stand, hielt am 23. März 1415 eine Rede: In zwölf Grundsätzen, die im wesentlichen seiner Schrift *De auferibilitate Papae (Über das Verfügensvermögen des Papstes)* entnommen waren, versuchte er eine Wesensbestimmung der Kirche und ihres Verhältnisses zum Papst zu geben. Er verlangt, daß jeder Christ, d. h. auch der Papst, der Synode, die vom Heiligen Geist geleitet wird, gehorchen müsse. Diese Maxime bedeutet nicht eine Negierung der Macht des Papstes, sondern lediglich eine Regulierung. Diese und ähnliche Gedanken trug er auch in seiner Rede vom 21. Juli 1415 vor; später gingen sie – in erweiterter Form – in die vorliegende Schrift ein.
In gewisser Weise überträgt Gerson die Staatstheorie des ARISTOTELES auf die Kirche. Die Kirche ist die letzte und höchste Instanz jeglicher Ordnung; kraft göttlicher Anordnung ist der Papst ihr höchster Vollzugsbeamter. In letzter Konsequenz bedeutet dies zwar, daß es der Kirche möglich ist, die Macht des Papstes beliebig einzuschränken. Beachtet man jedoch den Standpunkt, den der Autor in anderen Schriften vertritt, so wird deutlich, daß es ihm nicht darum ging, die Macht des Papstes zu beschneiden, sondern an der Beendigung des seit 1387 bestehenden Schismas mitzuwirken. Zwar klagt er, wie John WICLIF (um 1320–1384) und Jan HUS (um 1370–1415, über den Bürokratismus in der Kirche und weist darauf hin, daß Christus sich letztlich auf wenige Gebote beschränkte. Trotzdem kann man ihn nicht diesen revolutionären Theologen an die Seite stellen; er wollte nicht Reformation, sondern Aufrechterhaltung der alten Ordnung. Um diese zu gewährleisten, schlug er vor, in jedem Dezennium ein Konzil einzuberufen.
                                                                J.Bo.

AUSGABEN: o. O. u. J. (Hain, 7669). – Köln 1483 (in *Opera*). – Helmstedt 1700 (in *Magnum oecumenicum Constantiense Concilium*, Hg. H. v. d. Hardt, Bd. 6). – Antwerpen 1706 (in *Opera omnia*, Hg. M. L. E. Dupin, 5 Bde., 2). – Paris 1965 (in *Œuvres complètes*, Hg. u. Anm. P. Glorieux, 10 Bde., 1960–1973, 6).

LITERATUR: *Dictionnaire de théologie catholique*, Bd. 6, Paris 1920, S. 1318–1322. – K. Schäfer, *Die Staatslehre des J. G.*, Diss. Köln 1935. – Z. Rueger, *Le »De auctoritate Concilii« de G.* (in Revue d'Histoire Ecclésiastique, 53, 1958, S. 775–795). – J. B. Morrall, *G. and the Great Schism*, Manchester 1960. – G. H. M. Meyjes, *J. G. Zijn kerkpolitiek en ecclesiologie*, Den Haag 1963. – J. N. Figgis, *Studies of Political Thought from G. to Grotius, 1414–1625*, NY 1978 [Nachdr. d. Ausg. 1907]. – Z. Rueger, *G.'s Concept of Equity and Christopher St. German* (in History of Political Thought, 3, 1982, S. 1–30). – J. H. Burns, *St. German, G., Aquinas, and Ulpian* (ebd., 4, 1983, S. 443–449).

JOHANNES SCOT(T)US ERIUGENA

* um 810 Irland
† um 877 nahe Laon

DE DIVISIONE NATURAE oder PERIPHYSEON

(mlat.; *Von der Einteilung der Natur* oder *Über die Natur*). Mystische Schrift von JOHANNES SCOT(T)US ERIUGENA, verfaßt 867. – Eriugena, als Übersetzer des PSEUDO-DIONYSIOS AREOPAGITES und des MAXIMUS CONFESSOR mit griechischem Neuplatonismus wie ostkirchlicher Mystik vertraut, dazu überaus belesen in ORIGENES und AUGUSTINUS, suchte Rationalisierung des Übernatürlichen mit metaphysischer Spekulation zu vereinen und so wahre Philosophie mit wahrer Religion zu identifizieren.

Das Konzept des Werkes scheint dem Autor schon zu einer Zeit vorgeschwebt zu haben, in der er noch kaum direkt mit griechischen Quellen in Kontakt gekommen war. Spuren eines solchen Textes, der allein auf lateinischen Quellen beruhte, sind noch im ersten Buch der fünf Bücher umfassenden Abhandlung zu erkennen. Aus den handschriftlichen Quellen lassen sich drei Phasen der Erweiterung des ursprünglichen Textes ableiten: Neues Material wurde zunächst in Randnotizen festgehalten und dann jeweils zu einem neuen kontinuierlichen Text verarbeitet. Von der zweiten redaktionellen Phase an scheint Eriugena den griechischen Titel *Periphyseon* für sein Werk ins Auge gefaßt zu haben, der in der modernen Forschung seit einigen Jahren gegenüber der mittelalterlichen Übersetzung *De divisione naturae* den Vorzug erhält. Diese Erweiterung seines Quellenmaterials auf griechische Autoren, die nicht in lateinischen Übersetzungen vorlagen, ist nicht nur für sein *Periphyseon* und dessen endgültige Gestalt entscheidend, sondern bildet auch eine Schnittstelle in seinem Gesamtwerk, das er nach dem *Periphyseon* mit der bedeutsamen Übersetzung der mystischen Schrift *Peri tēs uranias hierarchias* von Pseudo-Dionysios Areopagites fortsetzte. Ein umfassender Kommentar zum Johannes-Evangelium, der noch ausschließlich auf im Lateinischen verfügbaren Materialien beruht, war als erstes bedeutsames Werk von Johannes Scotus Eriugena dem *Periphyseon* vorangegangen.

Dem *Periphyseon* selbst gibt der Autor die Gestalt eines Lehrgesprächs zwischen Meister und Schüler. Seine Abhandlung unterscheidet die Natur vierfach: »*natura creans nec creata*« ist Gott, erschaffend und nicht geschaffen, Grund alles Seienden; »*natura creans creata*« sind die Ideen, zwar erschaffen, aber als Urtypen schöpferisch; »*natura creata nec creans*« ist die geschaffene Sinnenwelt, die nichts erschafft; »*natura nec creata nec creans*« ist Gottes unerschaffenes Sein, das nichts mehr hervorbringt, nachdem alles zu ihm zurückgekehrt ist. Indem er die ganze Welt aus Gott als dem Ursprung ausfließen läßt, folgt Eriugena der neuplatonischen Emanationslehre; indem er die Welt mit Gott als dem Ziel vereinigt – nicht am Ende der Tage, sondern immerwährend hier und jetzt –, bekennt er die phantheistische Einheit von Schöpfer und Geschöpf. »*Was er … darüber sagt, enthält alles Wesentliche der spätern Eckhartischen Denkweise, nur ohne die zündende Glut des deutschen Meisters*« (J. Bernhart).

Auf Philosophie und Theologie der Zeit hat *De divisione naturae* keinen nennenswerten Einfluß gehabt. Die darin vertretene Geistesmystik war immer nur Sache weniger; die frühen Scholastiker konnten sich kaum mit ihr befreunden. Dogmatische Lehrmeinungen schienen also nicht gestört. Sobald sich jedoch ein volkstümlicher Pantheismus auf Eriugena berief, hörte die Duldung der Kirche auf; 1210 verurteilte das Pariser Provinzialkonzil, 1225 auch Papst Honorius III. die angeblich altchristlichen Lehren Eriugenas als dem wahren Glauben widersprechend.   J.Sch.-KLL

AUSGABEN: Oxford 1681, Hg. T. Gale. – ML, 122. – Ffm. 1964 [Nachdr. d. Ausg. Oxford 1684]. – Dublin 1968; ²1978 (*Periphyseon/De divisione naturae*, Buch 1, Hg. I. P. Sheldon-Williams; lat.-engl.). – Dublin 1972; ²1983 (dass., Buch 2, Hg. ders. u. L. Bieler; lat.-engl.). – Dublin 1981 (dass., Buch 3, Hg. dies.; lat.-engl.). – Montreal/Paris 1983 (*Periphyseon. Indices généraux*, Hg. G. A. Allard).

ÜBERSETZUNG: *Über die Einteilung der Natur*, L. Noack, 2 Bde., Bln. 1870–1874. – Dass., ders., 2 Bde., Hbg. 1983 (PhB).

LITERATUR: K. H. Meusel, *Doctrinam J. S. quae continetur libris »De divisione naturae« cum christiana comparavit*, Bautzen 1869. – J. Bernhart, *Die philosophische Mystik des Mittelalters*, Mchn. 1922. – M. Cappuyns, *Jean Scot Érigène*, Löwen 1933; Nachdr. Brüssel 1969. – P. Mazzarella, *Il pensiero di G. S. E.*, Padua 1957. – I. P. Sheldon-Williams, *A Bibliography of the Works of J. S. E.* (in Journal of Ecclesiastical History, 10, 1959, S. 198–224). – J. Huber, *J. S. E.*, Hildesheim 1960 [Nachdr. d. Ausg. Mchn. 1861]. – T. Gregory, *Giovanni Scoto Eriugena*, Florenz 1963. – C. Mazzantini, *La filosofia di Giovanni Scoto Eriugena*, Turin 1964. – F. A. Staudenmaier, *J. S. E. und die Wissenschaft seiner Zeit*, Ffm. 1966. – G. A. Piemonte, *Notas sobre la »creatio ex nihilo« en Juan Escoto Eriugena. I y II* (in Sapientia, 23, 1968, S. 37–58; 115–132). – R. Rini, *Dio come »essentia omnium« nel pensiero di Giovanni Scoto Eriugena* (in Rivista di Filosofia neoscolastica, 62, 1970, S. 101–132). – K. Flasch, *Zur Rehabilitierung der Relation. Die Theorie der Beziehung bei J. E.*, Ffm. 1971. – J. Dräseke, *J. S. E. und dessen Gewährsmänner in seinem Werk »De divisione naturae libri V«*, Aalen 1972. – M. Cristiani, *Lo spazio e il tempo nell'opera dell'Eriugena. Papers of a Colloquium. Dublin, 14–18 July 1970*, Hg. J. J. O'Meara u. L. Bieler, Dublin 1973. – C. H. do C. Silva, *O pensamento da diferença no »De divisione naturae« de Escoto Eriugena* (in Didaskalia, 3, 1973, H. 2, S. 247–303). – C. Allegro, *Giovanni Scoto Eriugena*, 2 Bde., Rom 1975/76. – P. Lucentini, *La nuova edizione del »Periphyseon« dell'Eriugena* (in Studi medioevale, 17, 1976, S. 393–414). – M. Brennan, *A Bibliography of Publications in the Field of Eriugenian Studies 1800–1975* (ebd., 18, 1977, S. 401–447). – *Jean Scot Erigène et l'histoire de la philosophie. Laon, 7–12 juillet 1975*, Paris 1977. – J. Kabaj, *Homme et nature dans la cosmologie de Jean Scot Erigène* (in Studia Mediewistyczne, 18, 1977, S. 3–50). – É. Jeauneau, *Quatre thèmes érigèniens*, Montreal/Paris 1978. – *Eriugena. Studien zu seinen Quellen. Vorträge des III. Internationalen Eriugena-Colloquiums*, Heidelberg 1980. – G. Madec, *Le dossier augustinien du »Periphyseon« de Jean Scot, livres I–II / livres III–V* (in Recherches augustiniennes, 15, 1980, S. 241–246; 18, 1983, S. 183–223). – J. J. O'Meara, *The Concept of Nature in J. S. E.* (in Vivarium, 19, 1981, S. 126–145). – W. Beierwaltes, *Eriugena. Aspekte seiner Philosophie* (in *Die Iren u. Europa im frühen MA*, Stg. 1982, S. 799–818). – G. Schrimpf, *Das Werk des J. S. E. im Rahmen des Wissenschaftsverständnisses seiner Zeit: eine Hinführung zur »Periphyseos«*, Münster 1982. – M. Brennan, *Materials for the Biography of J. S. E.* (in Studi medioevale, 27, 1986, S. 413–460). – *Jean Scot écrivain. Actes du IVe Colloque International*, Montreal/Paris 1986. – W. Otten, *The Influence of Eriugenian Thought. Report on the International Eriugena Colloquium*, Bad Homburg, 26.–30. 8. 1985 (in Studi medioevale, 27, 1986, S. 461–473). – *Eriugena redivivus. Zur Wirkungsgeschichte seines Denkens im MA und im Übergang zur Neuzeit*, Hg. W. Beierwaltes, Heidelberg 1987. – A. Wohlman, *L'homme, le monde sensible et le péché dans la philosophie de Jean Scot Erigène*, Paris 1987 [Vorw. É. Jeauneau].

JOHANNES SECUNDUS

d. i. Jan Nicolai Everaerts

* 24.11.1511 Den Haag
† 8.10.1536 Tournai

BASIA

(nlat.; *Die Küsse*). Graziöse Liebeslyrik von JOHANNES SECUNDUS, erschienen 1539. – GROTIUS erklärte jeden für »*hartherzig, einfältig und ganz und gar bäurisch*«, der an den *Basia* kein Vergnügen fände. HERDER verglich sie mit den *Römischen Elegien*; GOETHE richtete Verse, die er 1776 für Frau von Stein schrieb, »*an den Geist des Johannes Secundus*«: »*Lieber heiliger, großer Küsser ...!*« Etwa gleichzeitig begeisterte sich MIRABEAU, als er zu

Vincennes inhaftiert war, für den Niederländer und übersetzte ihn, Sophie Ruffey zuliebe, in rhythmische Prosa. Seinen besten deutschen Übersetzer hat der größte neulateinische Dichter erst 1906 in Franz BLEI gefunden.

Wie seine Bewunderer und Nachahmer wurde auch Johannes Secundus von einer Frau inspiriert: einer Madrider Kurtisane, der er 1534 am spanischen Hof Karls V., wohin er als ein neuer Homer berufen worden war, in qualvoller Liebe verfiel. Er nannte sie, nach HORAZ' treuloser Schönen (15. *Epode*), Neaera; ihre Gestalt – »*seiner Muse unwürdig*« und sie dennoch bezwingend – dominiert bitter-süß im zweiten Buch seiner *Elegien*; in den *Basia* aber gelten allein die Wonnen, die ihr Mund ihm gewährt. Neunzehn Gedichte variieren geistreich die Arten, Motive, Empfindungen beim Küssen; neunzehnmal wechselt mit der Stimmung kunstreich das Metrum: vom elegischen Maß zum Elfsilber, vom Schmelz der alkäischen Strophe zur lieblichen Unruhe der Anakreontiker ... Bald verweigert Neaera die Lippen, bald ist ihr Kuß nur ein Hauch; bald vergeht der Liebende in einer einzigen Umarmung, bald sind Neaeras Liebkosungen unzählbar wie seine Tränen; bald fleht er, bald quält er, während ihr Mund erkaltet oder ihn neu beseelt. – Das achte *Basium* beklagt, daß Neaera ihren Poeten in die Zunge gebissen habe, die doch stets ihr Lob gesungen und sogar lallend weitersingen werde – so hoch sei die Macht der Schönheit. »*Vis superba formae. Ein schönes Wort von Johannes Secundus*«, notierte Goethe in seinen *Maximen und Reflexionen*. Tatsächlich ist es als Schlüsselwort dieser Lyrik zu lesen: »*Johannes Secundus zuerst macht den Kultus der weiblichen Schönheit, der Forma, zum Zentralpunkt seines Lebenswerkes; denn das seelische Hauptferment der rätselhaften Macht und Allgewalt jener Liebe, wie sie etwa Goethe für Frau von Stein empfand, ist ... ihm verborgen geblieben*« (A. Schroeter). Aber der Dichter, sosehr er auch der griechischen Anthologie und den römischen Erotikern wie CATULL verpflichtet scheint, weiß antikische Sinnlichkeit doch schon geistig zu sublimieren.

J. Sch.

AUSGABEN: Leiden 1539. – Utrecht 1541 (in *Opera*). – Bln. 1899, Hg. G. Ellinger.

ÜBERSETZUNGEN: *Die Küsse*, J. v. Alxinger (in *Sämmtliche Gedichte*, Bd. 2, Klagenfurt 1788). – *Die Küsse u. die feierlichen Elegien*, F. Blei, Lpzg. 1906. – Weiteres s. H. Hayn u. A. N. Gotendorf, *Bibliotheca Germanorum erotica et curiosa*, Bd. 3, Mchn. 1913, S. 451–454 [Bibliogr.]. – *Die Küsse des J. S. Mit einem Gruß Goethes an Secundus*, anon., Heidelberg o. J. [1928]. – *Küsse*, Hg. F. M. Wiesner, Kilchberg 1958 [m. lat. Originalfassungen]. – *Die Küsse*, F. Blei, Bln. 1987 [Nachw. M. Greffrath].

LITERATUR: A. Schroeter, *Beiträge z. Gesch. d. neulat. Poesie Deutschlands u. Hollands*, Bln. 1909 (Palaestra, 77). – D. Crane, *J. S. His Life, Works, and*

Influence in English Literature, Lpzg./Ldn. 1931. – G. Ellinger, *Geschichte der neulat. Literatur Deutschlands*, Bd. 3/1, Bln./Lpzg. 1933. – K. Jacoby, *Die Küsse des J. S. Ein bibliographischer Versuch* (in Philobiblon, 8, 1935). – H. E. Wedeck, *A Mediaeval Catullus, J. S.* (in PhQ, 19, 1940, S. 400–404). – G. Joos, *Eenige Grieksch-Latijnsche en Italiaansch-Renaissance invloeden op de »Basia« van J. S.* (in Revue Belge de Philologie et d'Histoire, 20, 1941, S. 5–14).

JOHANNES VON HILDESHEIM

* zwischen 1310 und 1320 Hildesheim
† 5.5.1375 Marienau bei Coppenbrügge

HISTORIA TRIUM REGUM

(mlat.; *Die Geschichte von den Drei Königen*). Prosaerzählung über die Heiligen Drei Könige von JOHANNES VON HILDESHEIM, entstanden zwischen 1364 und 1375. – Auf Wunsch des Bischofs Florentius von Münster, der vor 1364 Domherr zu Köln war, schrieb der Karmelitermönch Johannes einen ausführlichen Bericht über das Leben und Wirken der Heiligen Drei Könige, deren Reliquien 1164 von Mailand nach Köln übergeführt worden waren und dort große Verehrung genossen. Aus der kurzen Notiz des *Matthäus-Evangeliums*, aus dem Morgenland seien, von einem wunderbaren Stern geführt, Weise nach Bethlehem gekommen und hätten das neugeborene Kind in der Krippe angebetet, ist in der *Historia* eine lange Erzählung geworden. Als Quellen dienten dem Autor dafür neben den Schriften der Kirchenväter und spezieller hagiographischer Literatur vor allem Reisebeschreibungen der Kreuzfahrer und andere oft recht phantastische Berichte über den Orient.
Die in 46 Kapitel gefaßte Geschichte beginnt mit der Prophezeiung der Erscheinung des Sterns durch Balaam, berichtet von der Herkunft der Könige, von ihrer wunderbar raschen Reise nach Bethlehem und der mühevollen Rückreise, von ihrer Taufe durch den Apostel Thomas, von den Wundern, die sie nach ihrem Tod bewirkten, und von der Entdeckung und Überführung ihrer Gebeine. Dabei schweift der Autor gern ein wenig vom Thema ab und erzählt alle möglichen interessanten Einzelheiten aus dem Morgenland. Mit einem Gedicht zu Ehren der Könige und einem Lobpreis auf die Stadt Köln, die Hüterin dieser bedeutenden Reliquien, endet die überaus anmutige und phantasievolle (d. h. recht unkritisch geschriebene) Erzählung. – Wie sehr Johannes mit seinem Werk dem Geschmack der Zeit entsprach, bezeugen die rasche und weite Verbreitung der *Historia* und die frühen Übersetzungen. Bereits 1389 wurde sie ins Deutsche übertragen, und schon früh war sie im

Druck verbreitet. Später geriet sie in Vergessenheit; GOETHE hat sie und ihren Autor wiederentdeckt und die neue deutsche Übersetzung von Gustav SCHWAB angeregt.　　　　　M.Ze.

AUSGABEN: Köln 1477. – Progr. Brandenburg a. H. 1878 (in E. Köpke, *J. v. H.*). – Ldn. 1886 (in C. Horstmann, *The Three Kings of Cologne*; lat.-engl.; Early English Text Society, 85; Nachdr. Millwood/N.Y. 1973). – Stg. 1925.

ÜBERSETZUNGEN: *Ein büech der heiligen dryer Kunig*, anon., o. O. u. J. [Straßburg ca. 1483]. – *Die Legende von den heiligen drei Königen*, G. Schwab, Stg. 1822 [ern. Bln. 1825; Nachdr. Stg. 1980]. – Dass., Hg. K. Simrock, Ffm. 1842 [Faks. Kassel 1979; m. Nachw.]. – *Von den heyligen drey künigen*, Hg. I. V. Zingerle, Innsbruck 1855. – *Historia von den heilig drein kuning*, Hg. F. X. Wöber, Wien 1857. – *Die Legende von den Heiligen Drei Königen*, E. Christern, Mchn. 1963 (gek.; dtv).

BEARBEITUNG: L. Weismantel, *Das Buch der heiligen Dreikönige*, Augsburg 1929.

LITERATUR: H. J. Floß, *Dreikönigenbuch*, Köln 1864. – H. Kehrer, *Die heiligen drei Könige in der Legende u. in der bildenden Kunst bis A. Dürer*, Straßburg 1904 (Studien zur dt. Kunstgeschichte, 53). – U. Monneret de Villard, *Le leggende orientali sui Magi evangelici*, Vatikanstadt 1952. – M. Behland, *Die Dreikönigslegende des Johannes von Hildesheim*, Mchn. 1968. – W. Konrad, *J. v. H. und die Hl. Drei Weisen*, Hildesheim 1974. – F. J. Worstbrock u. S. C. Harris, Art. *J. v. H.* (in VL², 4, Sp. 638–647).

JOHANNES VON SALISBURY

* zwischen 1115 und 1120 Salisbury
† 25.10.1180 Chartres (?)

LITERATUR ZUM AUTOR:
C. C. J. Webb, *John of S.*, Ldn. 1932; ern. NY 1971. – H. Liebeschütz, *Medieval Humanism in the Life and Writings of John of S.*, Ldn. 1950. – M. Dal Pra, *Giovanni di S.*, Mailand 1951. – H. Hohenleutner, *J. v. S. in der Literatur der letzten 10 Jahre* (in HJbG, 77, 1958, S. 493–500). – Ph. Barzillay, *The »Entheticus de dogmate philosophorum« of John of S.* (in Mediaevalia et Humanistica, 16, 1964, S. 11–29). – G. Miczka, *Das Bild der Kirche bei J. v. S.*, Bonn 1970. – G. Garfagnini, *Giovanni di S., Ottone di Frisinga e Giacomo da Venezia* (in Rivista critica di storia di filosofia, 27, 1972, S. 19–34). – A. Linder, *The Knowledge of John of S. in the Later Middle Ages* (in

Studi medioevale, 18, 1977, S. 881–921). – K. Guth, *J. v. S. (1115/20–1180)*, St. Ottilien 1978.

METALOGICON

(mlat.; *Metalogicon*). Philosophische Schrift in vier Büchern von JOHANNES VON SALISBURY, verfaßt im Oktober 1159 und Thomas Becket, dem damaligen Kanzler König Heinrichs II. von England und späteren Erzbischof von Canterbury gewidmet. – Johannes von Salisbury hatte bei einigen der großen Lehrer der ersten Hälfte des 12. Jh.s studiert und mit vielen anderen persönlichen oder brieflichen Kontakt aufgenommen. Dies ist gerade für diese Schrift, in der er den akademischen Lehrplan gegen die Mißstände im Universitätsbetrieb und das Fehlverhalten akademischer Lehrer verteidigt, von besonderer Bedeutung. Er läßt viel von seiner eigenen Studienerfahrung einfließen; darüber hinaus erweist sich das *Metalogicon* kulturhistorisch von höchstem Wert, weil es uns heute noch über den tatsächlichen Lehrbetrieb in der Zeit des Übergangs bzw. der Verlagerung des pädagogischen Schwergewichts von den Kathedralschulen zu den sich allmählich formierenden Universitäten Auskunft gibt. Die meisten seiner Lehrer, auch THIERRY VON CHARTRES, hat er wahrscheinlich in und um Paris gehört. Er hat sicher die Schule ABAELARDS auf dem Genoveva-Berg besucht und hatte wohl auch direkt Kontakt mit den Meistern der Schule von St. Viktor vor den Toren von Paris; Thierry von Chartres scheint während der Studienzeit von Johannes von Salisbury in Paris selbst gelehrt zu haben.

Im *Metalogicon* (dieser gräzisierende Ausdruck bedeutet etwa »Über die Logik«) kritisiert Johannes von Salisbury zwei Positionen im Verhältnis zur Logik bzw. Dialektik, von denen er meint, daß sie zum allgemeinen Schaden von Wissenschaft und Bildung unter seinen Zeitgenossen Anklang finden: In erster Linie wendet er sich gegen eine Verachtung der Logik im allgemeinen, dann aber auch gegen eine Engführung der Logik zu einem verselbständigten Fach. Die Entfaltung und Erfindung logischer Spitzfindigkeiten ohne erkennbaren Wirklichkeitsbezug scheint ja gerade der Ablehnung und Mißachtung von Logik im allgemeinen Glaubwürdigkeit zu geben. Seinen Hauptgegner, dessen Anonymität er – so sagt er in seiner Einleitung zu dem Werk – aus christlicher Nächstenliebe wahren will, nennt er »Cornificius« in Anspielung auf einen Gegner des römischen Dichters VERGIL. Möglicherweise will er in dieser Personifizierung aber auch nur eine gewisse Tendenz im Verhalten seiner gebildeten Zeitgenossen typisieren, denn eine Identifizierung des »Cornificius« ist bisher keinem Forscher gelungen. Gegen Cornificius' Schmähung der Logik führt er ins Feld, daß gerade die Logik es sei, die den Einzelwissenschaften ihre Forschungs-, Argumentations- und Beweismethoden liefere. Allerdings kann sie eine sol-che Aufgabe als Fundamentalwissenschaft nur erfüllen, wenn sie eingebunden bleibt in die philosophischen Disziplinen des *Triviums* (Dreiweg): Grammatik, Dialektik und Rhetorik; das heißt, wenn sie neben den formalen Regeln des Denkens und Schlußfolgerns auch Inhalte und Bedeutung des Sprachmaterials (Grammatik) und Anwendungsbereiche (Rhetorik) immer mit reflektiert. – Neben rein fachlichen Aspekten der philosophischen Schulung behandelt Johannes von Salisbury in dieser Schrift übrigens auch pädagogische und psychologische Elemente des Lehrens und Lernens.

Als Quellentexte eines solchen Studiums preist Johannes die Schriften des ARISTOTELES und des PORPHYRIOS, und seine gesamte Darstellung beruht tatsächlich auf einer umfassenden Kenntnis des gesamten *Organon* von Aristoteles, in der ihn keiner seiner Zeitgenossen übertroffen zu haben scheint. Möglicherweise aufgrund dieser souveränen Beherrschung Aristotelischer Positionen gewinnt der Autor die Ansicht, daß der Streit zwischen Dialektikern der *via antiqua* und der *via moderna* von eher untergeordneter Bedeutung sei, verglichen mit den von ihm identifizierten Gefahren für die menschliche Geistesbildung. (Vertreter des »alten« – *via antiqua* – und »neuen« Weges – *via moderna* – in der Logik waren zueinander in Gegensatz geraten, weil sie eine methodische Differenz zwischen den schon lange bekannten und den neuentdeckten Schriften, insbesondere den *Analytica posteriora* sowie den *Topica*, aus dem *Organon* des Aristoteles zu erkennen glaubten.) Johannes von Salisbury sieht bei und übernimmt von Aristoteles eine prinzipielle Unterscheidung zwischen sinnlicher Wahrnehmung und intellektueller Erkenntnis, wobei die Wahrnehmung zugleich Ausgangspunkt und Basis für die verallgemeinernde intellektuelle Durchdringung der Wirklichkeit bildet. Dies hat dann in der Umkehrung auch zur Folge, daß in seinen Augen formale Spitzfindigkeiten in der akademischen Diskussion von Dialektikern zu leerem Wortgeplänkel verkommen, wenn sie nicht mehr auf Wahrnehmung in einer bedeutungsvollen Form rückbezogen werden können. Mit dieser Haltung sowie mit seiner nichtsystematischen und mit persönlicher Erfahrung illustrierten Darstellung weist Johannes voraus auf die Kritik am scholastischen Lehrbetrieb durch Humanisten des 15. und 16. Jh.s. H.Sta.

AUSGABEN: Brüssel o. J. [1475]. – Oxford 1848 (in *Opera omnia*, 5 Bde., 5; Nachdr. Lpzg. 1969). – ML, 199. – Oxford 1929, Hg. C. C. J. Webb. – Berkeley 1962, Hg. D. Doyle McGarry [engl. Übers.; m. Einl. u. Anm.].

LITERATUR: G. Aspelin, *John of Salisbury's »Metalogicon«* (in Bull. de la Société Royale des Lettres, Lund, 1951/52, S. 19–37). – B. Munk-Olsen, *L'humanisme de Jean de S., un cicéronien au XIIᵉ siècle* (in *Entretiens sur la Renaissance du 12e siècle. Cérisy-la-Salle 1965*, Paris/Den Haag 1968, S. 53–69;

70–83). – E.-K. Tolan, *John of S. and the Problem of Medieval Humanism* (in *Études*, 4. Ser., Montréal/Paris 1968, S. 189–199). – B. P. Hendley, *John of S.'s Defense of the »Trivium«* (in *Arts libéraux et philosophie au moyen âge. IVe Congrès international de philosophie médiévale, Montreal 1967*, Montreal/Paris 1969, S. 753–762). – Ders., *John of S. and the Problem of Universals* (in Journal of the History of Philosophy, 8, 1970, S. 289–302). – G. Garfagnini, *Ratio disserendi e ratiocinandi via: il »Metalogicon« di Giovanni di Salisbury* (in Studi medioevale, 12, 1971, S. 915–954).

POLICRATICUS, sive De nugis curialium et vestigiis philosophorum

(mlat.; *Policraticus, oder Über die Zerstreuungen der Hofleute und die Fußstapfen der Philosophen*). Politisch-ethische Abhandlung in acht Büchern von JOHANNES VON SALISBURY, abgeschlossen im August oder September 1159; gewidmet hat er das Werk Thomas Becket, dem Kanzler Heinrichs II. von England. – Von dem Kulturhistoriker J. HUIZINGA wurde Johannes von Salisbury einmal als ein »Mann mit ernstem Lächeln« charakterisiert. Dies umschreibt zutreffend den Eindruck, den der Stil seiner Darstellungen macht. Er beschreibt die Fehler seiner Zeitgenossen und allgemeine Unzulänglichkeiten im menschlichen Verhalten mit kräftigen, karikaturartigen Strichen, läßt den Leser aber zugleich die Nachsicht und Geduld erahnen, mit denen er persönlich derlei Schwächen der menschlichen Natur begegnet. In der vorliegenden politischen Schrift kommt dies besonders ausgeprägt zum Vorschein, da er selbst – zumindest in den drei letzten Jahrzehnten seines Lebens – auf verantwortungsvolle Weise in praktische Politik eingebunden war. Hatte er sich zunächst als Privatlehrer reicher Studenten seinen Lebensunterhalt verdient, so wurde er doch Mitte der vierziger Jahre auf Empfehlung BERNHARDS VON CLAIRVAUX in die Kanzlei des Erzbischofs Theobald von Canterbury aufgenommen. Bald darauf ging Johannes mit dem neu ernannten Kanzler Thomas Becket an den königlichen Hof, bis er dann – wahrscheinlich im Herbst 1163 – in die Abtei St. Remigius in Reims ins Exil kam. Das Hofleben erschien ihm zu oberflächlich und ließ ihn unbefriedigt, weshalb ihm Thomas Becket empfahl, seine Freizeit dem Studium zu widmen; nicht zuletzt deshalb sind wohl die Früchte dieser Studien, das *Metalogicon* und der *Policraticus* seinem Gönner Thomas Becket gewidmet. Aus seinen Arbeiten spricht nicht nur eine fundierte Kenntnis der klassisch-antiken Autoren, sondern auch eine generelle Begeisterung für die literarische Kultur, die für ihn Menschen über territoriale und zeitliche Schranken hinweg unmittelbar verbindet und anspricht. In dieser Überwindung der geschichtlichen Distanz zwischen Antike und Gegenwart ähnelt er den Humanisten späterer Jahrhunderte, die ihrer Zeit durch das Aufgreifen antiker Ideen und Vorbilder neue Impulse zu geben suchten. Johannes von Salisbury selbst war mit seinem *Policraticus* in ähnlicher Weise erfolgreich, denn dieses Werk wurde bis ins 17. Jh. als ein ernstzunehmender »Fürstenspiegel«, also ein Handbuch zu verantworteter Ausübung von Herrschaftsgewalt, nachgedruckt.

In der für ihn charakteristischen, eher unsystematischen Form, die sich deutlich von den scholastischen Traktaten und Summen seiner Zeitgenossen abhebt, bietet der Autor des *Policraticus* eine Fülle von Überlegungen zu ethischen, politischen und theologischen Aspekten der Leitung eines Staatswesens. Das Werk zerfällt im wesentlichen in zwei Teile: Zunächst (Buch I–III) entwickelt Johannes von Salisbury den Hintergrund für seine Darstellung, indem er sich kritisch auf die politischen Gegebenheiten seiner Zeit bezieht; im zweiten Teil (Buch IV–VIII) liegt die Betonung dann auf Aspekten seines Modells für den anzustrebenden Zustand eines Gemeinwesens. Dabei fällt auf, daß die Diskussion nicht auf den Fürsten allein zugespitzt ist, sondern das kulturelle »Klima« des Hoflebens und seine Ausstrahlung auf das Gemeinwesen im allgemeinen mit in den Blickpunkt rückt. Im ersten Teil unterzieht er die traditionellen Zerstreuungen der Hofleute wie Jagd, Musik und Theater, aber auch Neigungen zu Aberglauben und Vertrauen in die Astrologie einer strengen Prüfung. Seine Aufmerksamkeit und sein Verständnis für alle Facetten menschlichen Verhaltens machen das Drängen auf Besserung eher wirkungsvoller, als es jede selbstgerechte moralische Verdammung vermöchte. Im vierten Buch geht Johannes dazu über, seine Vorstellung von einer guten und gerechten Staatsverfassung zu skizzieren, die dann in den folgenden Büchern in Einzelaspekten vertieft und illustriert wird. Er selbst charakterisiert seine Idee vom guten Gemeinwesen mit dem Bild vom menschlichen Körper, in dem alle Teile und Glieder ihre besondere Funktion haben – und der nicht lebendig wäre, wäre er nicht mit einer Seele ausgestattet. Der Kopf entspricht dem Fürsten, Augen und Ohren den Verwaltungsorganen, Arme und Hände den Rittern, die das Gemeinwesen verteidigen, und Beine und Füße den Bauern und Handwerkern, die für den Unterhalt des gesamten Volkskörpers sorgen; die Aufgabe der Seele kommt im Staatskörper der Religion zu. Der Herrscher ist dem Wohl aller Glieder des Volkskörpers verpflichtet, denn mit zerschundenen Beinen kann sich kein Körper aufrecht fortbewegen. Er soll sich auch der Seele, repräsentiert durch die Priester, demütig unterordnen. Da der Fürst aber durch seine vermittelnde Aufgabe selbst priesterliche Funktionen erhält, nämlich die der Umsetzung göttlichen Gesetzes in ein lebendiges Gemeinwesen, redet Johannes von Salisbury hier keineswegs einer Hierokratie (Priesterherrschaft) im üblichen Sinne das Wort.

Besonderes Aufsehen erregten die Stellungnahmen des Johannes von Salisbury zum Thema Tyrannenmord (Buch VII, 17 und Buch VIII, 17). Er sieht offenbar den Tyrannen nicht als eine von Gott verordnete Strafe an – ein theologisch-moralisches Konzept, mit dem üblicherweise zur Erduldung von Tyrannei aufgerufen wurde –, sondern als eine Verzerrung der Verfassung des Gemeinwesens. Es erscheint als eine logische Folge dieser eher ethischen als administrativen Auffassung vom Staat, daß Johannes urteilt, es sei legitim, einen Tyrannen zu stürzen oder zu ermorden, weil sein Herrschaftsauftrag nicht von Gott, sondern vom Teufel stammen müsse. Ein solcher Herrscher mache sich nämlich durch seine gewohnheitsmäßige Pflichtverletzung in seinem Sorgeauftrag für das Wohl aller Glieder des Volkskörper selbst schuldig. Er verteidigt hier allerdings nicht das Recht zum Mord aus privaten Interessen, sondern setzt eine Form von Rechtsfindung voraus, auch wenn ein normales Prozeßverfahren nicht vorstellbar ist.

Die humane und realitätsgerechte Einstellung des Johannes von Salisbury hat in Mittelalter und Renaissance das Interesse an seiner Politikvorstellung wachgehalten – und sichert diesem Text übrigens auch heute noch, und nicht nur für den Fachgelehrten, eine erstaunliche Lebendigkeit. H.Sta.

AUSGABEN: Brüssel o. J. [1475] – Oxford 1848 (in *Opera omnia*, 5 Bde., 3/4; Nachdr. Lpzg. 1969). – ML, 199. – Oxford 1909, Hg. C. C. J. Webb, 2 Bde.; Nachdr. Ffm. 1965.

ÜBERSETZUNGEN (engl.): *The Statesman's Book of John of Salisbury*, J. Dickinson, NY 1927 [Buch 4–6 vollst.; 7 u. 8 in Ausz.]. – *Frivolities of Courtiers and Footprints of Philosophers. Being a Translation of the First, Second, and Third Books and Selections from the Seventh and Eighth Books of the Policraticus of John of Salisbury*, J. B. Pike, Minneapolis 1938. – *Policraticus. The Statesman's Book*, Hg. M. F. Markland, NY 1979 [gek.].

LITERATUR: P. Gennrich, *Die Staats- u. Kirchenlehre J.' v. S.*, Gotha 1894. – J. Spörl, *Grundformen hochmittelalterlicher Geschichtsanschauung*, Mchn. 1935. – W. Kleineke, *Englische Fürstenspiegel vom »Policraticus« J.' v. S. bis zum »Basilikon Doron« König Jakobs I.*, Halle 1937. – W. Berges, *Die Fürstenspiegel des hohen und späten MAs*, Lpzg. 1938; ern. Stg. 1952. – B. Helbling-Gloor, *Natur u. Aberglaube im »Policraticus« des Johannes von Salisbury*, Zürich 1956. – J. Huizinga, *Uno spirito pregotico, Giovanni di S.* (in Convivium, 25, 1957, S. 129–140). – W. Caverly, *The political theory of John of S.* (in Reality, 1962, S. 93–113). – H. J. Massey, *John of S.: Some Aspects of His Political Philosophy* (in Classica et Mediaevalia, 28, 1967, S. 357–372). – M. u. R. Rouse, *John of S. and the Doctrine of Tyrannicide* (in Speculum, 42, 1967, S. 693–709). – H. Liebeschütz, *Chartres und Bologna, Naturbegriff und Staatsidee bei Johannes von S.* (in AfKg, 50, 1968, S. 3–32). – Ch. Brucker, *»Le policraticue«. Un fragment de manuscrit dans le Ms. BN. fr. 24287* (in BdHumR, 34, 1972, S. 269 bis 273). – M. Kerner, *J. v. S. und die logische Struktur seines »Policraticus«*, Wiesbaden 1977.

JOHANNES VON TEPL

auch Johannes von Saaz

* um 1350 Tepl
† um 1414 Prag

DER ACKERMANN AUS BÖHMEN

Prosastreitgespräch zwischen Mensch und Tod über den Sinn des Lebens von JOHANNES VON TEPL, geschrieben um 1400, überliefert in 16 Handschriften und 17 Drucken aus der 2. Hälfte des 15. und der 1. Hälfte des 16. Jh.s. – Einen Ackermann, dessen Pflug die Feder sei, nennt sich der Verfasser in dem Streitgespräch mit dem Tod, der ihm eben seine junge, geliebte Frau Margareta entrissen hat. Das Streitgespräch wird in der Form eines mittelalterlichen Prozesses ausgetragen, wobei der Witwer als Kläger, der Tod als Angeklagter auftritt. In 32 Kapiteln kommt jeweils einer der beiden Prozeßgegner zu Wort, im 33. Kapitel ergeht Gottes Urteil, dem das Schlußgebet des Ackermanns folgt (die Anfangsbuchstaben des gereimten Gebets ergeben zusammen den Namen »Johannes«).

Schon die ersten drei Kapitel zeigen in ihrer engen Anlehnung an die Eröffnungsformeln eines mittelalterlichen »Strafverfahrens« den Prozeßcharakter des Streitgesprächs, in dem der Dichter sein persönliches Schicksal und Leid am allgemeinmenschlichen Los erhebt. In schwerem, zeremoniellem Dreischritt eröffnet der Ackermann seine Anklage mit der Nennung und Verfluchung des Angeklagten (*»Grimmiger tilger aller lant, schedlicher echter aller werlt, freissamer morder aller leut, her Tot, euch sei verflucht!«*) und schließt – nach einer weitausholenden Bekräftigung des Fluchs – mit dem »Zetergeschrei« (*»von mir und menniglich sei uber euch ernstlich zeter geschriren mit gewunden henden«*), das sowohl Hilfeschrei als auch feststehende mittelalterliche Prozeßformel war und die Anklage erst rechtsgültig bekräftigte. Daraufhin ruft der Tod zur Mäßigung auf und fordert, den Gegenstand der Anklage und den Prozeßgegner kennenzulernen. Dem entspricht der Ackermann in dem wieder dreigegliederten dritten Kapitel: 1. Vorstellung. 2. Begründung der Anklage (*»ir habt meiner wunnen lichte sumerblumen mir aus meins herzen anger jemerlich ausgereutet«*), 3. die Wiederholung des Fluchs.

Im Verlauf des Prozesses, der immer mehr den privaten Charakter verliert und zu einer grundsätzlichen Auseinandersetzung zwischen Leben und Tod, zwischen lebensbejahendem und -verneinendem Prinzip wird, sucht sich der Tod mit dem nüchtern vorgebrachten Argument zu rechtfertigen, Gott habe ihn selbst zum Herrn der Erde eingesetzt, weil nach Gottes Willen alles Leben auch wieder sterben müsse. Mit überlegenem, eiskaltem Spott weist der Tod die im jammernden oder leidenschaftlich verfluchenden Ton vorgetragenen Anklagen des Ackermanns zurück, der schließlich ruhiger wird, einlenkt und Rat, Hilfe und Ersatz begehrt. Jetzt nimmt der Tod ganz die Haltung eines weisen, begütigenden Lehrers stoischer und augustinischer Weltverachtung an: »*Alle irdische lieb muss zu leide werden: leit ist liebes ende, der freuden ende trauren ist, nach lust unlust kumet, willens ende ist unwille. Zu solichem ende laufen alle lebendige ding.*« Er zeigt dem Ackermann die Nichtigkeit des Lebens und den eitlen Lauf der Welt, weist ihn auf das vergebliche Streben der Wissenschaften und Künste hin und entgegnet ihm – der die Ehre und Würde des Menschen als Ebenbild und erhabenste Schöpfung Gottes verteidigt und das Glück der Ehe, die Veredelung des Mannes durch die geliebte Frau preist –, daß der Mensch durchaus entbehrlich im großen Plan der Schöpfung sei und daß das Idealbild der Ehe durchaus nicht der Wirklichkeit entspreche, denn »*ein bewibter man hat doner, schaur, fuchse, slangen alletag in seinem haus... zeuchet er auf, so zeuchet sie nider; wil er so, so wil sie sust; wil er dahin, so wil sie dorthin*«. Endlich rufen die Gegner Gott als ihren höchsten Richter an, der das Urteil fällt: »*Ir habet beide wol gevochten: den twinget leit zu klagen, disen die anvechtigung des klagers die wahrheit zu sagen. Darumb: Klager habe ere! Tot habe sig! Seit jeder mensch dem Tote das leben, den leib der erden, die sele Uns pflictig ist zu geben.*« Diesem Urteilsspruch beugt sich der Kläger; er erkennt in Gottes Wort die unanfechtbare Gerechtigkeit und befiehlt die Seele der Verstorbenen in des »*Allmechtigen*« Schutz.

Der Dichter des *Ackermanns aus Böhmen* steht zwischen zwei Welten – der alten des glaubensstarken Mittelalters und der neuen des beginnenden Renaissancezeitalters. Die Lösung dieses aus dem Aufbegehren des Individuums erwachsenen Konflikts dagegen ist die mittelalterliche: Aussöhnung und Ergebung.

In der lateinischen Vorrede kennzeichnet der an dem deutschen Prosastil eines JOHANN VON NEUMARKT und den bilderreichen, kunstvoll verzierten Sangsprüchen eines HEINRICH VON MÜGELN geschulte Autor sein Werk als eine virtuose Komposition, in der »*alles Wesentliche der Wohlredenheit zur Darstellung gelangt*«. Doch ist die Dichtung nicht als bloßes Formkunstwerk zu fassen. Durch alles spätgotische Filigran hindurch bleibt immer das echte Gefühl eines Menschen spürbar, der angesichts der zerstörerischen Gewalt des Todes um die Bewältigung des inneren Widerstreits kämpft. R.E.

AUSGABEN: Bamberg um 1460 [Pfister-Druck]. – Bln. 1917–1932 (in *Vom MA zur Reformation*. Hg. A. Berndt u. K. Burdach; 3 Bde.; krit.). – Lpzg. 1919 [Faks. d. Erstdrucks]. – Lpzg. 1937, Hg. A. Hübner. – Wiesbaden 1954; ⁴1978, Hg. W. Krogmann [m. d. tschech. Fassung; krit.]. – Stg. 1963; ern. 1984 (Text u. Übertragung; RUB). – Heidelberg 1969–1983, Hg. G. Jungbluth u. R. Zäck, 2 Bde. [m. Stellenkommentar u. Bibliogr.]. – Hull 1982, Hg. M. O'C. Walshe.

LITERATUR: J. Weber, *Kapitelaufbau u. tektonischer Stil des »Ackermann aus Böhmen«*, Diss. Göttingen 1949. – E. Buchtmann, *Die »Ackermann«-Dichtung. Ein Beitrag zu ihrer Interpretation*. Diss. Marburg 1960. – *»Der Ackermann aus Böhmen« des J. v. T. und seine Zeit*, Hg. E. Schwarz, Darmstadt 1968 (WdF). – F. H. Bäuml, ›*Tradition*‹, ›*Ursprünglichkeit*‹ *und der Dichtungsbegriff in der »Ackermann«-Forschung* (in *Orbis Mediaevalis. Festgabe f. A. Blaschka*, Hg. H. Gericke, M. Lemmer u. W. Zöllner, Weimar 1970, S. 9–30). – A. Hrubý, *Der »Ackermann« u. seine Vorlage*, Mchn. 1971. – R. K. Hennig, *Die Rechtfertigung des Todes unter dem Status Qualitatis: Zur Interpretation der Todesfunktion im »Ackermann aus Böhmen«* (in ZfdPh, 91, 1972, S. 374–383). – W. Lenk, *»Der Ackermann« und das Menschenleben* (in I. Spriewald u. a., *Grundpositionen der dt. Literatur im 16. Jh.*, Bln. 1972, S. 114–148). – S. Jaffe, *Des Witwers Verlangen nach Rat: Ironie und Struktureinheit im »Ackermann aus Böhmen«* (in Daphnis, 7, 1978, S. 1–53). – G. Hahn, *J. v. T.* (in VL², Bd. 4, Sp. 763–774). – M. Wehrli, *J. v. T.: »Ackermann aus Böhmen«* (in M. W., *Geschichte der dt. Literatur vom frühen MA bis zum Ende des 16. Jh.s*, Stg. 1980, S. 839–849). – J. S. Roth, *The »Ackermann« and the Medieval ›Streitgespräch‹*, Diss. Univ. of Chicago 1981.

JOHANNES VON VIKTRING

* Ende 13.Jh. wahrscheinlich in Lothringen
† zwischen 30.6.1345 und 31.10.1347
Viktring

LIBER CERTARUM HISTORIARUM

(mlat.; *Buch wahrer Geschichten*). Abriß der Geschichte von der Karolingerzeit bis zum Jahr 1343 von JOHANNES VON VIKTRING. – Der Autor, Abt des Zisterzienserklosters Viktring in Kärnten, wird allgemein zu den bedeutendsten Historikern am Ausgang des Mittelalters gezählt. Da er in enger Beziehung zu seinem Landesherrn Heinrich von Kärnten und anderen einflußreichen Persönlichkeiten stand und später sogar zum Kaplan Albrechts II. von Österreich aufstieg, konnte er sich unmittelbar und zuverlässig über viele Ereignisse informieren.

Das Werk ist in fünf Redaktionen überliefert, die wohl nicht alle zum Abschluß gebracht wurden. In einem aus Wessobrunn stammenden Münchner Codex liegt das mit vielen Verbesserungen und Zusätzen versehene Handexemplar des Autors vor; es enthält Teile von drei Fassungen, die aus späteren Exzerpten ergänzt werden können. Zwei weitere Umarbeitungen lassen sich aus wenig später entstandenen Chroniken herausschälen. Der erste

Entwurf zielte auf eine Darstellung der Ereignisse in der Heimat des Autors von 1231–1341; dieser Entwurf wurde 1341 vollendet, aber bereits 1342 überarbeitet und auf den Zeitraum von 1217–1343 erweitert. Später griff Johannes bis auf die Karolingerzeit zurück und verfaßte einen Geschichtsabriß von 687–1343. Während er sich zunächst auf die Geschichte Kärntens und Österreichs beschränkt hatte, bezog er in den Überarbeitungen Ereignisse aus dem ganzen Reich ein: Aus der Landesgeschichte wurde eine allgemeine Chronik.

Der Autor besaß eine umfassende Kenntnis der antiken und der mittelalterlichen Literatur; für seine historische Arbeit betrieb er eifrig Forschungen und zog eine große Zahl von Quellen und Urkunden heran. Vom Jahr 1273 an stützte er sich kaum noch auf schriftliche Quellen, sondern verließ sich auf die Berichte gutunterrichteter Zeitgenossen und Augenzeugen. Dank der faktenreichen, zuverlässigen und kritischen Darstellungsweise wurde das Werk zu einer grundlegenden Quelle für die Geschichte des 13. und 14. Jh.s.   M.Ze.

AUSGABEN: Stg. 1843, Hg. J. F. Böhmer. – Hannover/Lpzg. 1909/10, Hg. F. Schneider, 2 Bde (MGH, Script. rer. Germ., 47).

ÜBERSETZUNG: *Das Buch gewisser Geschichten von Abt Johann von Viktring*, W. Friedensburg, Lpzg. 1888 (GdV, 14. Jh., 8).

LITERATUR: F. Schneider, *Studien zu J. v. Victring* (in NA, 28, 1903; 29, 1904). – E. Klebel, *Zu den Fassungen u. Bearbeitungen von J. v. Viktring »Liber certarum historiarum«* (in MIÖG, Erg.-Bd. 11, 1929, S. 354–373). – K. Runge, *Die fränkisch-karolingische Tradition in der Geschichtsschreibung des späten MA.s*, Diss. Hbg. 1965, S. 14–80. – A. Lhotsky, *J. v. H.* (in A. L., *Europäisches MA. Das Land Österreich*, Mchn. 1970, S. 131–148). – S. Haider, *J. v. V.* (in NDB, Bd. 10, 1974, S. 574 f.). – H. Fichtenau, *Herkunft u. Sprache J.s v. V.* (in Carinthia I., Nr. 165, S. 25–39). – E. Hillenbrand, Art. *J. v. V.* (in VL², 4, Sp. 789–793).

sein, aber keine Reinschrift, sondern ein uneinheitliches und unausgewogenes Verfassermanuskript; der erste Teil ist anscheinend vom Verfasser aus früheren Notizen abgeschrieben. Einige Stellen sind sorgfältiger ausgearbeitet; hier lehnt sich der Autor in Stil und Metaphorik an die *Vulgata* an. Am besten geglückt sind die Partien, die offenkundig in einem Zug niedergeschrieben wurden.

Der Verfasser benutzte die geläufigen Handbücher seiner Zeit (*Historia ecclesiastica*, die *Erfurter Minoriten-Chronik*, die *Chronik* des MARTIN VON TROPPAU, die *Legenda aurea* u. a.); daneben stützt er sich auf Volksüberlieferungen, eigene Kenntnisse sowie Mitteilungen von Gewährsleuten: von Soldaten und vor allem – er war selbst Minorit – von Mönchen, die um diese Zeit schon weit in den Orient hinein vorgedrungen waren. Dabei treibt er die Objektivität bis zur völligen Kritiklosigkeit; wenn ihm von einem Ereignis mehrere Versionen berichtet werden, so stellt er sie nebeneinander, ohne eine eigene Meinung zu äußern. So mischt sich Glaubhaftes mit Unglaubhaftem, Bedeutendes mit Unbedeutendem. Das schlechte Latein fällt auf; der Text ist voll von grammatikalischen und syntaktischen Fehlern. Im ganzen ist die *Chronik* weniger historisch als kulturgeschichtlich interessant, besonders für die Kenntnis des kirchlichen und religiösen Lebens zu Beginn des 14. Jh.s. Lediglich für die Lokalgeschichte des Bodenseeraums ist sie von größerer Bedeutung.   J.Bo.

AUSGABEN: Lpzg. 1723 (in *Corpus historicum medii aevi*, Hg. J. G. Eccard, Bd. 1). – Bln. 1924, Hg. C. Brun u. F. Baethgen (MGH, Script. rer. Germ., N. S., 3).

ÜBERSETZUNGEN: *Die Chronik des Minoriten J. v. W.*, Hg. G. v. Wyß, Zürich 1856. – *Die Chronik des Minderbruders J. v. W.*, B. Freuler, Winterthur 1866.

LITERATUR: F. Baethgen, *Franziskanische Studien* (in *Mediaevalia*, Stg. 1960, S. 315–362). – M. Beck, *J. v. W.* (in NDB, Bd. 10, 1974, S. 576 f.). – A. Borst, *Mönche am Bodensee 610–1525*, Sigmaringen 1978, S. 264–281. – K. Arnold, Art. *J. v. W.* (in VL², Sp. 816–818).

JOHANNES VON WINTERTHUR

* um 1302 Winterthur
† nach 4.6.1348 Zürich (?)

CHRONICA

(mlat.; *Chronik*). Historisches Werk von JOHANNES VON WINTERTHUR, begonnen spätestens 1340, unvollendet; überliefert sind: eine Chronik der Jahre 1200–1348 sowie zwei Fragmente einer Weltchronik. – Die Handschrift der *Chronik*, die in Zürich aufbewahrt wird, scheint ein Autograph zu

---

JOHANN VON KONSTANZ

13./14. Jh.

MINNELEHRE

(mhd.) von JOHANN VON KONSTANZ, entstanden Ende des 13., Anfang des 14. Jh.s. – Man hat das in vierhebigen Reimpaarversen geschriebene Gedicht, das in fünf Handschriften aus dem 14. und

15. Jh. überliefert ist, lange dem HEINZELIN VON KONSTANZ (14. Jh.), Küchenmeister des Grafen Albrecht von Hohenberg, zugeschrieben, da der Name des sonst nicht bekannten Johann von Konstanz nur im Epilog zweier später Handschriften überliefert ist. Die Mundart seiner Dichtung ist alemannisch.

Das Gedicht, eine Minne-Unterweisung, gliedert sich in eine Minne-Allegorie und einen in Briefen und Dialogen sich abspielenden Minneroman, die durch die *lére* der Frau Minne verbunden sind. – Der erste Teil enthält die allegorische Ausdeutung eines Traums, den der im Reich der Minne weilende Dichter hat. In der Mitte eines Feldes sieht er einen blutigroten See, dessen Ufer brennen. An dem See steht eine goldene Säule, auf der ein schöner geflügelter Knabe sitzt, der eine goldene Krone trägt. In seinen Händen hält der Knabe, der blind und nackt ist, Speer und Fackel. Es ist Cupido selbst und bedeutet das *»geluscht* [Glückseligkeit] *der mynne«*, während die blutrote See für die *unden* (Wogen) der Eifersucht steht, das brennende Ufer für das entbrannte Herz. – Frau Minne kommt auf einem phantastisch geschmückten Wagen in Begleitung allegorischer Gestalten dahergefahren und trifft den Dichter mit ihrem Pfeil. Als er sie bittet, seine Wunde zu heilen, belehrt sie ihn über Wesen und Gesetz der Minne und über das richtige Verhalten des Minnenden. Dann rät sie ihm, seiner Dame *brievelin* zu schreiben. – Der zweite Teil ist ein Liebesbriefsteller, in dem der Dichter nun die Lehren der Minne befolgt. In fünf Briefen umwirbt er die Geliebte, die ihn zunächst abweist, ihm aber in ihrem vierten Antwortbrief eine Zusammenkunft im *wurzgarten* und im fünften die ersehnte Liebesnacht verspricht.

Anspielungen, Parallelen und zum Teil wörtliche Zitate aus Werken wie *Flore und Blanchefleur, Lanzelet, Wigalois, Iwein, Parzival* und *Willehalm* weisen den Verfasser als Kenner der höfischen Dichtung aus. Zugleich hat er vermutlich Briefsteller und Liebeslehren aus der lateinischen Literatur als Quellen benutzt. *»Dazu stimmt genau seine relativ ungewöhnliche Minneauffassung, in der sich höfische und ovidische Tendenzen durchdringen«* (I. Glier). – Das Gedicht steht in der Nachfolge der großen Minneabhandlung *De amore et de amoris remedio* des ANDREAS CAPELLANUS (12./13. Jh.) und des französischen *Roman de la rose* (Mitte des 13. Jh.s) und ist ein Vorläufer der im 14. und 15. Jh. in Deutschland beliebten Gattung der Minne-Allegorie.   A. Roe.

AUSGABEN: o. O. 1783 (in *Sammlung dt. Gedichte aus dem 12., 13. u. 14. Jh.*, Hg. Ch. H. Myller, Bd. 1). – Lpzg. 1852 (in *Heinzelein v. Konstanz*, Hg. F. Pfeiffer). – Stg. 1927 (in *Die Weingartner Liederhandschrift*, Hg. K. Löffler; Faks.). – Paris 1934, Hg. F. E. Sweet [krit.]. – Bern 1980 (*Cupido deus amoris*, in *Codex Dresden 68*, Hg. P. Hefti).

LITERATUR: F. Höhne, *Die Gedichte des Heinzelein von Konstanz u. die »Minnelehre«*, Diss. Lpzg. 1894.

– R. Sprenger, *Miscellen zu Heinzelin v. Konstanz* (in ZfdPh, 27, 1895, S. 114/115). – Ehrismann, 2, 2/2, S. 332/333. – K. Mertens, *Die Konstanzer »Minnelehre«*, Bln. 1935 (Germanische Studien, 159). – A. Wallner, *Die »Minnelehre«* (in ZfdA, 72, 1935, S. 257 ff.). – W. Blank, *Die deutsche Minneallegorie* (in Germanistische Abh., 34, 1970, S. 94 f.; 110 f.). – I. Glier (in VL², Bd. 4, Sp. 660–662). – Dies. (in *Artes amandi*, Mchn. 1971, S. 84–94; 237 u. ö.).

B. S. JOHNSON

eig. Bryan Stanley Johnson

* 5.2.1933 London
† 13.11.1973 London

CHRISTIE MALRY'S OWN DOUBLE-ENTRY

(engl.; *Christie Malrys doppelte Buchführung*). Roman von B. S. JOHNSON, erschienen 1973. – Der im Alter von 40 Jahren durch Suizid aus dem Leben geschiedene Johnson, dessen dichterisches und filmisches Werk unter dem Einfluß von James JOYCE und Samuel BECKETT steht, gilt als Verfechter des Rechts und der Notwendigkeit von Innovationen und Formexperimenten. Er sah es sogar als seine Pflicht an, nach Stilformen und Darstellungstechniken zu suchen, die es ermöglichen, eine in ständigem Wandel befindliche Welt wahrheitsgetreu wiederzugeben, statt ihr vorgeformte und unzulängliche Erzählmuster aufzuzwingen. *The Unfortunates* (1969) z. B., ein bewegender Roman über den Tod eines Freundes, besteht aus 27 separat gebundenen Folios von vier bis zwölf Seiten Länge in einem Schuber – daher auch *novel-in-a-box* genannt –, die es dem Leser gestatten, ihre Reihenfolge – abgesehen von der ersten und letzten Episode – selbst zu bestimmen. Die Welt sei eben chaotisch und zufällig. – Wie in diesem dritten seiner autobiographischen Romane, so geht es Johnson auch beim Schreibvorgang und bei den Inhalten der beiden vorangehenden, *Albert Angelo* (1964) und *Trawl* (1966), um Psychotherapie und exorzistische Bannung von Gefühlen der Isolation und Kontaktlosigkeit. Bei dieser Zielstellung läßt sich leicht nachvollziehen, daß es in Johnsons Romanen häufig zu einer Autor/Erzähler-Identifikation kommt.

Dies ist beispielsweise der Fall in *Christie Malry's Own Double-Entry* – einem Frühwerk, das allerdings erst zehn Jahre nach der Entstehung erschien –, einem Roman mit allwissendem Erzähler/Autor, der den Leser bei jedem Schritt über Eingriffe in das Leben anderer Figuren informiert, unverblümt über seine erzählerische Funktion und über sein

Eindringen in das Denken des Protagonisten Christie spricht, obwohl der Leser schon wisse, in wessen Kopf sich alles abspiele. Am Ende erscheint der Autor selbst als Charakter an Christies Sterbebett, das er freilich auf Weisung der naiven Schwestern verläßt, die nicht wissen, wer er ist, und die nicht ahnen, daß der Patient nicht ohne ihn sterben könne. Auch die übrigen Charaktere sprechen über sich selbst als Romanfiguren, kritisieren die Kunstform des Romans, zumal den Neoviktorianismus britischer Romanciers (es sei anachronistisch, lange Romane zu schreiben; die gesellschaftlichen Bedingungen hätten sich geändert) und markieren auf diese Weise sowohl den Grad ihrer Selbstreflexion als auch den Fortschritt ihrer emotionalen Entfernung von der äußeren Realität. Entscheidend ist für Johnson die in der Nachfolge von Joyce verpflichtende Vielfalt der Stile, die Fortschritt und Freiheit für den Schriftsteller bedeuten. Das Leben erzähle keine Geschichten, es sei vielmehr fließend und zufällig. Deshalb lasse es auch unendlich viele Enden offen, verlange neue Stilformen und Perspektiven. Daher wählt Johnson auch in *Christie Malry* den Weg von den bekannten Baugesetzen des Narrativen hin zum Reflexiven, zur Exploration des eigenen Hirns. Das Leben des Lebens und das Schreiben sind für ihn praktisch identisch; sie beeinflussen und verstärken sich gegenseitig oder schaffen einander gar erst. Kurz nach Beendigung des letzten Romans *See the Old Lady Decently* (1975), der nach dem Tod der Mutter deren frühes Leben rekonstruiert, ist auch der Autor tot.

Der letzte zu Lebzeiten Johnsons veröffentlichte Roman, *Christie Malry*, stellt einen jungen Mann aus ärmlichen Verhältnissen dar, der ans große Geld zu kommen versucht und als Stadtguerilla »Krieg« gegen die Gesellschaft (»THEM«) führt. indem er als Bankangestellter das System der von einem Zeitgenossen von Leonardo da Vinci, Fra Luca Bartolomeo Pacioli, erstmals kodifizierten doppelten Buchführung eigenen Zwecken und Zielen dienstbar macht. Jedes »Soll«, d. h. jegliche Art schlechter Behandlung seitens der Gesellschaft, gleicht Christie umgehend aus, indem er es mit einem entsprechenden »Haben« zu seinen Gunsten bilanziert. Praktisch setzt er diese *»großartige Idee«* erstmals um, als er erkennt, daß ein Bürogebäude seiner Bewegungsfreiheit Grenzen setzt und diktiert, wie er zu gehen hat; dies ahndet er mit einem meterlangen Kratzer an der Portland-Stein-Wand des Gebäudes: *»It's a Great Idea! Eureka! My very own Double-Entry!«*

Der Roman besteht aus 24 Kapiteln, die durch fünf als solche kenntlich gemachte und im Text eigens herausgestellte »Abrechnungen« *(reckonings)* unterbrochen sind und die ihrerseits jeweils aus einem Pacioli-Zitat und einem Kassenbogen mit »Belastung« *(aggravation)* und »Entschädigung« *(recompense)* in Gestalt von Pfunden und Pennies bestehen. Zu den bilanzierten Belastungen zählen z. B. zugefügte körperliche und seelische Unannehmlichkeiten; ärgerliche Tatsachen wie etwa das Phänomen allgemeiner Ausbeutung, das generelle

Erziehungstrauma oder die dem Sozialismus vorenthaltene Möglichkeit, sich zu etablieren und zu bewähren. Auf der Haben-Seite stehen gestohlene Büromaterialien, Telephonterror und Bombendrohungen, ein aufgeflogenes Steuerbüro, vor allem aber der zum Kopfpreis von £1,30 berechnete Tod von 20 479 unschuldigen Westlondonern, die durch vergiftetes Trinkwasser umgekommen sind. Auf der letzten Seite des Romans wird das mit £352 394,53 ausgeglichene Konto geschlossen. Man ist quitt. Trotzdem stirbt der Protagonist – wie in anderen Johnson-Romanen – zuletzt an Krebs und wird damit selbst als rächender »Sieger« Opfer einer heimtückischen Krankheit. Der Roman unterwirft sich damit trotz seiner Abweichung von den traditionellen Bauformen zu guter Letzt dem Prinzip der poetischen Gerechtigkeit und bringt mit der Überschrift des letzten Kapitels *(Schlußabrechnung)* selbstironisch den Gedanken an das Jüngste Gericht ins Spiel.

Christie Malry ist ein gesellschaftskritischer Roman, weil er die Rücksichtslosigkeit gegenüber dem Menschen und den geringen Wert des menschlichen Lebens an sich brandmarkt. Er ist aber, teilweise zumindest, auch ein religionskritisches Buch. Denn offenkundig verkörpert der Protagonist trotz seines biblischen Namens eher eine Verkehrung der Christusfigur; außerdem versucht er z. B., seine Kirche mit Hilfe der »Trade Descriptions Act« zu belangen. Dies entspricht durchaus der aggressiv antireligiösen Einstellung Johnsons, obwohl er laut Patrick Parrinder unterschwellig doch stark von puritanischem Denken geprägt ist: Seine Ablehnung des »Geschichtenerzählens« (zugunsten einer echten Wahrheitsfindung mit Hilfe der Reflexion) gehört zum traditionellen Erbe des Puritanismus. Im Werk von Schriftstellern wie John Bunyan und Edmund Gosse wird die Abfassung von fiktiven Erzählungen jeglicher Art häufig als Sünde angesehen. Das Führen eines geheimen Tagebuches im Sinne der Auflistung von Soll und Haben vor Gott war dagegen bei Puritanern des 17. Jh.s gang und gäbe und diente einerseits der Bewußtmachung eigener Unzulänglichkeit und Schuld, andererseits der Bewahrung vor Versuchungen und Trugbildern dieser Welt, die den Fortschritt des Pilgers behindern könnten. Die eigentliche Bedeutung von Johnsons Werk sieht Parrinder darin, daß es von einer bewußten Ästhetik, nämlich der Absage an Lügengeschichten geprägt ist. Es bleibt zu entscheiden, ob Johnsons technische Exploration mit der psychischen in Einklang steht und ob sein Werk angesichts zu hoch gesteckter Ziele dem Eingeständnis gleichkommt, daß Wahrheit facettenreicher und befremdlicher sein kann als Fiktion. Fest steht, daß Johnson zu den wenigen bewußten Experimentatoren des zeitgenössischen britischen Romans gehörte.   W.Ar.

Ausgaben: Ldn. 1973. – Harmondsworth 1984.

Literatur: B. S. Johnson, *Introduction to »Aren't You Rather Young to Be Writing Your Memoirs?«*

[1975] (nachgedr. in *The Novel Today: Contemporary Writers on Modern Fiction*, Hg. M. Bradbury, Ldn. 1977, S. 151–168). – P. Parrinder, *Pilgrim's Progress: The Novels of B. S. J. (1933–1973)* (in *Critical Quarterly*, 19, 1977, Nr. 2, S. 45–59). – R. S. Ryf, *B. S. J. and the Frontiers of Fiction* (in *Crit*, 19, 1977, S. 58–74). – B. Bergonzi, *Fictions of History* (in *The Contemporary English Novel*, Hg. M. Bradbury u. D. Palmer, Ldn. 1979, S. 43–56). – A. Burns u. Ch. Sugnet, *The Imagination on Trial*, Ldn. 1981, S. 83–94. – M. P. Levitt, *The Novels of B. S. J.: Against the War Against Joyce* (in MFS, 27, 1981/82, S. 571–586). – R. Imhof, *B. S. J.* (in *Der englische Roman der Gegenwart*, Hg. ders., u. A. Maack, Tübingen 1987, S. 187–208).

CHARLES RICHARD JOHNSON

* 23.4.1948 Evanston / Ill.

OXHERDING TALE

(amer.; *Sklaventreibergeschichte*). Roman von Charles Richard JOHNSON, erschienen 1982. – Johnsons nach *Faith and the Good Thing*, 1974 *(Faith und das Gute)*, zweiter Roman besteht aus zwei Büchern mit dreizehn Kapiteln. Er basiert auf dem Vorbild der Sklavenautobiographie (*slave narrative*; vgl. Kap. 8: *On the Nature of Slave Narratives*), verarbeitet aber auch Elemente von Abolitionistenromanen wie Harriet Beecher STOWES *Uncle Tom's Cabin* (1851/52) und des *passing*-Motivs in der afro-amerikanischen Literatur, wobei vor allem Anspielungen auf James Weldon JOHNSONS *The Autobiography of an Ex-Coloured Man*, 1912 *(Der weiße Neger)*, dominieren. Der Titel verweist auf eine Zen-Parabel, in der der Held sich auf der Suche nach seiner wahren Identität von seiner geistigen Versklavung befreit.
Das erste Buch, *House and Field*, gestaltet die Erfahrungen des jungen Mulatten Andrew Hawkins in der Sklaverei und seine Flucht in den fünfziger Jahren des 19. Jh.s, das zweite, *The White World*, sein Leben als freier Mann unmittelbar vor Ausbruch des amerikanischen Bürgerkriegs. Hawkins ist das Produkt eines tragischen Scherzes: Der betrunkene Sklavenbesitzer Jonathan Polkinhorne schlägt 1837 seinem Sklaven George Hawkins Frauentausch vor, und Andrew ist das Kind einer grotesken sexuellen Verbindung zwischen George und seiner Herrin. Von der weißen Mutter verstoßen, wächst Andrew bei dem nach seiner sexuellen Eskapade zum Viehhirten degradierten George und dessen Frau Mattie auf, doch Polkinhorne läßt ihm durch den Hauslehrer Ezekiel, einen anarchistischen Transzendentalisten, eine hohe intellektuelle Bildung zukommen. Als Andrew jedoch von ihm seine Freiheit fordert, wird er statt dessen un-

ter dem Vorwand, sich diese Freiheit verdienen zu müssen, an die Plantagenbesitzerin Flo Hatfield vermietet. Diese Frau ist berüchtigt dafür, daß sie ihre männlichen Sklaven sexuell mißbraucht und dann umbringen läßt. Andrew lebt ein Jahr als ihr Geliebter, doch als er sie nicht mehr befriedigen kann und sich, nachdem er von einer Sklavenrebellion auf der Plantage seines Vaters hört, zur Wehr setzt, schickt sie ihn zur Strafe ins Bergwerk. Gemeinsam mit dem schwarzen Sargmacher und Schamanen Reb gelingt Andrew zunächst die Flucht, obwohl der berüchtigte Sklavenhäscher Bannon, genannt »Soulcatcher«, die Flüchtlinge erkennt und sein sadistisches Spiel mit ihnen treibt. Andrew, der sich jetzt William Harris nennt, gibt sich als Weißer aus, obwohl er seinem Vater versprochen hatte, niemals seine ethnische Identität zu verleugnen. Er läßt sich in Spartanburg nieder, wo er als Lehrer arbeitet und die Weiße Peggy Undercliff heiratet, während Reb, verfolgt von Soulcatcher, in den Norden flieht. Andrews heile Welt bricht zusammen, als er ein Päckchen mit dem Ring Rebs erhält, also annehmen muß, daß sein Freund Opfer des Soulcatcher wurde, und als seine frühere Geliebte Minty, die er auf einer Sklavenauktion kauft, an Pellagra stirbt. Willenlos läßt er sich vom Soulcatcher gefangennehmen. Doch statt ihn hinzurichten, gesteht ihm der Soulcatcher seine Unfähigkeit, einen Mann ohne Begierden und Bindungen, also einen Freien wie Reb, zu fassen. In den Tätowierungen auf dem Körper des Soulcatcher, die dessen Opfer repräsentieren und unter denen auch sein Vater und sein schwarzes Selbst Andrew sind, erfährt Andrew seine Identität in der Verschmelzung des Ich mit dem Anderen. Als freier Mann kehrt er zu seiner Frau zurück, um mit ihr und seiner Tochter Anna die durch den Bürgerkrieg zerstörte Welt wieder aufzubauen.
Oxherding Tale spiegelt die Erfahrungen Johnsons mit den Hoffnungen und Enttäuschungen von Bürgerrechtsbewegung und schwarzem Nationalismus ebenso wie die Auswirkungen des neuen Konservatismus unter der Präsidentschaft Ronald Reagans. Der Autor gestaltet seinen Helden gleichermaßen als Anomalie und als Repräsentativgestalt für die komplexe ethnische Situation der USA in Vergangenheit und Gegenwart. Andrews Gespaltenheit, sein Pendeln zwischen den Kulturen findet im Roman Ausdruck in der genuinen Verbindung von schriftlicher angelsächsischer Erzähltradition und Formen der mündlichen afro-amerikanischen Erzählkunst (*oral tradition*), im Nebeneinander von westlichen – PLATON, SCHOPENHAUER, HEGEL, MARX, EMERSON und THOREAU sind von herausragender Bedeutung – und östlichen Philosophien und afro-amerikanischen Denktraditionen. Trotz seiner philosophischen Verspieltheit und seines ironischen Grundtenors zeichnet der Roman die Perversität, Grausamkeit und Inhumanität eines Rassismus, der den Schwarzen zum Objekt weißer Leidenschaften zu reduzieren versucht, und das Versöhnungsende – das physische Überleben des Helden, seine Selbst-

findung, seine Rückkehr zu seiner Frau und die Geburt seiner Tochter – ist ironisch verzerrt.
Der Roman wurde von seinen Rezensenten begeistert aufgenommen, ist aber, vergleichbar Jean
TOOMERS *Cane*, 1923 *(Zuckerrohr)*, zugleich eine
intellektuelle Herausforderung von einer Qualität,
die Breitenwirksamkeit ausschließt.   M.Di.

AUSGABEN: NY 1982. – Ldn. 1983. – NY 1984.

LITERATUR: Rez. (in New Yorker, 20. 12. 1982). –
Rez. (in Library Journal, 1. 11. 1982). – S. Croach,
Ch. J., Free at Last (in Village Voice, 19. 7. 1983).
– M. Graham, *Ch. R. J.* (in DLB, Bd. 33, 1984,
S. 124–127).

EMILY PAULINE JOHNSON

indianisch Tekahionwake
* 10.3.1862 nahe Brantford (Six Nations
Indian Reserve)
† 7.3.1913 Vancouver

FLINT AND FEATHER

(engl.; *Feuerstein und Feder*). Gedichtsammlung
von Emily Pauline JOHNSON (Kanada), erschienen
1913. – Dieser Band enthält die lyrische Hinterlassenschaft einer Frau aus dem Stamm der zum Iro-
kesenbund gehörenden Mohawk-Indianer. Ihr Vater entstammte einem uralten Geschlecht mit erbli-
cher Häuptlingswürde, ihre Mutter einer angesehenen englischen Familie mit literarisch tätigen Vorfahren. Schon frühzeitig veröffentlichte die in On-
tario geborene Autorin – deren indianischer Name
»Doppel-Wampum« bedeutet – Gedichte in Zeitungen, und ihre erfolgreichen Vortragsreisen
führten sie nach England, in die Vereinigten Staaten und durch ganz Kanada. Über den Sinn ihres
Schreibens und ihrer Lesungen sagte sie: »*Meine
Freude und mein Stolz ist es, den Ruhm meines eigenen Volkes zu verkünden.*« Den Titel ihres Gedichtbandes begründete sie folgendermaßen: Mit der
Pfeilspitze aus Feuerstein sei das Herz ihres Volkes
gemeint; der lyrische Vers sei wie eine himmel-
wärts fliegende Feder, segelnd in sommerlicher
Luft. Für sie waren Feuerstein und Feder Symbole
ihrer Bindung an den Stamm.
Zu den beliebtesten ihrer Gedichte zählt *The Happy
Hunting Grounds (Die glücklichen Jagdgründe)*.
Diese liegen im fernsten Westen hinter dem rotgol-
denen Sonnentor, sind vom Duft der Wälder
durchweht und von Strömen durchzogen. Jeder, so
heißt es in dem Gedicht, kann den Indianer um einen solchen Himmel beneiden; denn der Gesang
der Engel ist nicht so göttlich wie der Zwiegesang
zwischen Lufthauch und Fichte: »*The angels' songs*

are less divine / than duo sung twixt breeze und pine.«
– Ferner *The Song My Paddle Sings (Der Gesang
meines Ruders)* und nicht zuletzt *As Red Men Die
(Wie rote Männer sterben)*, Verse, die die schon im
18. Jh. blühende Tradition der Dichtung über den
»sterbenden Indianer« *(the dying Indian)* fortsetzen, hier aber einen ganz persönlichen Bezug haben, da der Held, der am Marterpfahl der Huronen
stirbt, ein Vorfahre der Verfasserin war. Dieses Gedicht ist insofern ihr populärstes, als bereits drei
Generationen von kanadischen Schulkindern es
auswendig gelernt haben. – Die Erfahrung einer
unglücklichen Liebe ist in das Gedicht *A Prodigal
(Eine Verlorene)* eingegangen. Darin bereut die
Verschmähte, Gott verloren zu haben, weil sie ihre
Liebe einem anderen zugewandt hat: »*My heart
forgot its God for love of you, / And you forgot me, other
loves to learn. / Now through a wilderness of thorn and
rue / Back to my God I turn …*«
Die Verskunst der Halbblutindianerin ist schlicht,
und doch schwingt in ihr ein besonderer Ton mit,
da die Verfasserin es versteht, lyrische Naturbe-
trachtungen mit der herben Klage über das Schicksal ihres Volkes sinnvoll zu vereinen (Beispiel: *The
Cattle Thief – Der Viehdieb*). Ihr wird der Ruhm zugestanden, mit ihrem europäisch-indianischen
Geisteserbe die erste typisch kanadische Dichterin
gewesen zu sein. Ihr Werk gilt als eine nationale
Pioniertat, und mancher kanadische Autor war ihr
seither verpflichtet.   G.Haf.

AUSGABEN: Toronto 1912. – Ldn. 1913 [Einl.
T. Watts-Dutton]. – Toronto ³1914 u. ö. [rev. u.
erw.; Einl. ders.]. – Toronto 1967 [Einl. ders.]. –
Don Mills 1972 [Einl. ders.].

LITERATUR: A. H. Forster, *The Mohawk Princess*,
Vancouver 1931. – Native Voice, Juli 1961 [Son-
dernr. *E. P. J.*]. – N. Shrive, *What Happend to P.?*
(in Canadian Literature, 13, 1962). – M. Van
Steen, *P. J. Her Life and Work*, Toronto 1965. –
P. Loosely, *P. J.* (in *The Clear Spirit. Twenty Canadian Women and Their Times*, Hg. M. Q. Innis, Toronto 1966). – B. Keller, *Pauline. A Biography of
P. J.*, Vancouver 1981.

EYVIND JOHNSON

d.i. Olof Edvin Verner Jonsson
* 29.7.1900 Svartbjörnsbyn
† 25.8.1976 Stockholm

LITERATUR ZUM AUTOR:
J. Claudi, *E. J. En Karakteristik*, Kopenhagen
1947. – C. J. Björklund, *E. J. – intelligens – artist –
verklighetsskildrare och poet* (in C. J. B., *Orädda
riddare av pennan*, Stockholm 1960, S. 162–235). –

Ö. Lindberger, *E. J.s möte med Proust och Joyce* (in BLM, 1960, S. 554–563). – G. Orton, *E. J.*, NY 1972 (TWAS). – O. Meyer, *E. J.s historiska romaner. Analyser av språksyn och världssyn i fem romaner*, Kopenhagen 1976. – T. Stenström, *Romantikern E. J.*, Lund 1978. – N. Schwartz, *Hamlet i klasskampen. En ideologikritisk studie i E. J.s 20-talsromaner*, Diss. Lund 1979. – M. Kårsnäs, *E. J. och djävulen. Människans andra jag och den politiska ondskan. Studier kring ett motivkomplex i E. J.s romankonst*, Diss. Uppsala 1984. – T. Pettersson, *Att söka sanningen: En grundprincip i E. J.s författarskap*, Åbo 1986. – Ö. Lindberger, *Norrbottningen som blev europé. E. J.s liv och författarskap till och med »Romanen om Olof«*, Stockholm 1986. – D. Brennecke, *E. J.* (in KLFG, 14./17. Nlg., 1988). – Ders., *Von Strindberg bis Lars Gustafsson*, Bern 1989, S. 99–112.

DRÖMMAR OM ROSOR OCH ELD

(schwed.; *Ü: Träume von Rosen und Feuer*). Roman von Eyvind JOHNSON, erschienen 1949. – Dieser Roman, der seinem Verfasser, als einer der bedeutendsten schwedischen Erzähler der Gegenwart 1974 (zusammen mit seinem Landsmann Harry MARTINSON) mit dem Nobelpreis für Literatur ausgezeichnet, auch jenseits der Grenzen Schwedens Anerkennung einbrachte, bezieht sich auf historische Ereignisse im Frankreich des 17. Jh.s vor dem Hintergrund der Auseinandersetzungen um Kardinal Richelieu. Johnson erzählt die Geschichte der Liebe zwischen dem Priester Urbain Grandier und Madeleine de Brone, die in ihrer elementaren Gewalt nicht zu unterdrücken ist. Grandier ist ein freier Geist, der sich zwar zum Priester berufen fühlt, sich aber von dieser Berufung nicht zur Aufgabe seiner Rechte als Persönlichkeit zwingen läßt. Als souveräner Denker und Meister der geistreichen, bisweilen beißenden Formulierung äußert er häufig bemerkenswert liberale Ideen, so daß er sich den mächtigen Richelieu zum Feind macht. Der kraftvolle, schöne Mann, dem sich die Herzen vieler Frauen zuwenden, fordert seine Umwelt jedoch auch durch seinen Stolz und sein Machtbewußtsein heraus. In dieser Atmosphäre wachsen Neid und Mißgunst, und der Aberglaube treibt groteske Blüten. Während Grandier seinen Weg unbeirrt weiterzugehen versucht, sammeln seine Feinde schwerwiegendes Material gegen ihn. Als das Kloster der Ursulinerinnen angeblich von Dämonen heimgesucht wird, taucht immer wieder der Name Grandier auf, vom fanatischen Beichtvater und Exorzisten Père Minet den Mündern der halluzinierenden Nonnen entlockt. Schließlich wird er als Ketzer auf dem Scheiterhaufen verbrannt. Johnson konfrontiert die Unabhängigkeit eines überlegenen Geistes mit der Engstirnigkeit des von unterdrückten erotischen Wunschvorstellungen zu vernichtendem Feuer entfachten Irrationalismus. Teils in direkter Schilderung, teils gesehen mit den Augen eines Freundes von Grandier, des Ratsher-

ren Daniel Drouin, entfaltet sich die Tragödie. Drouin, vom Verfasser nicht ohne Ironie als »Nebenperson« bezeichnet, ist in Wahrheit eine der zentralen Gestalten des Romans. Ein milder Skeptiker und liebenswürdiger Hedonist, seiner geliebten Kochkunst hingegeben und einem guten Tropfen nicht abgeneigt, ist er Vertreter des gesunden Menschenverstandes typisch französischer Prägung, ein Mann des Maßes. Er vertritt die Grundsätze, um die es Johnson in allen seinen Werken trotz zunehmender Desillusionierung angesichts der Realität geht: Toleranz und Menschlichkeit. Johnson hat mit *Drömmar om rosor och eld* seinen Beitrag zu einem Thema geleistet, das – von Jaroslaw IWASZKIEWICS *Mutter Johanna von den Engeln* (1946) bis zu Aldous HUXLEYS *Die Teufel von Loudun* (1952) und auch Arthur MILLERS *Hexenjagd* (1953) – zu einem der markanten Themen der modernen Weltliteratur geworden ist: die blindwütige und lebensbedrohende Verfolgung einzelner durch eine (unter Umständen gezielt) hysterisierte Masse. In diesem Problemkreis nimmt Johnsons Werk einen bedeutenden Platz ein. H.Fa.

AUSGABEN: Stockholm 1949. – Stockholm 1962 (Delfinböckerna; ²1974). – Stockholm 1984.

ÜBERSETZUNG: *Träume von Rosen und Feuer*, W. Lindenthal, Hbg. 1952. – Dass., ders., Rostock 1965. – Dass., ders., Stg. 1975. – Dass., ders., Ffm. 1975 (FiTb).

LITERATUR: Y. Hirn, *En bibliografisk studie kring källorna till E. J.s »Drömmar om rosor och eld«* (in *Studier tillägnade H. Cornell*, Stockholm 1950). – M. Setterwall, *»Drömmar om rosor och eld«: Sanningens möjligheter i ett växelspel av röster* (in Svenska litteraturtidskrift, 40, 1977, Nr. 3/4, S. 44–54). – Dies., *The Unwritten Story. A Study of Metaform in Three of E. J.s Novels*, Ann Arbor/Mich. 1981.

HANS NÅDES TID

(schwed.; *Ü: Eine große Zeit*). Roman von Eyvind JOHNSON, erschienen 1960. – Die »große Zeit« oder die »Zeit seiner Gnaden«, wie der schwedische Titel wörtlich übersetzt lautet, ist die Regierungszeit Karls des Großen. An ergreifenden Einzelschicksalen, die stellvertretend für die Schicksale ganzer geknechteter Völker stehen, wird in raffiniert ineinander verschachtelten Chroniken und Kommentaren aus verschiedenen Perspektiven die grausame *»Historie der Unterworfenen«* (H. Vormweg) berichtet. Dabei bleibt der Autor stets im Hintergrund, greift nicht wertend ein, und auch dann, wenn sich seine Gestalten in Monologen und Reflexionen ergeben, gibt er sich den Anschein, nur Kompilator zu sein. Die »große Zeit«, eine Epoche des Imperialismus und der Despotie, von der Johnson berichtet, ist groß im Leiden, aber auch in der Heuchelei, der Denunziation, der Willkür und im Opportunismus. Dennoch spricht

Johnson sich nicht für den Aufstand gegen die Unterdrückung aus, den er als vergeblich schildert. In hinzunehmender äußerer Abhängigkeit und Anpassung muß der Mensch seine innere Unabhängigkeit und Kontinuität wahren.

Ausgangspunkt des Romans ist ein vergeblicher Aufstandsversuch des Langobardenherzogs Rodgaud gegen Karl den Großen, an dem auch die Familie der Lupigis teilnimmt. Der junge Johannes Lupigis, der sein Leben lang die Tocher des Herzogs, Angila, liebt, kann dem Rachemassaker der Truppen Karls entkommen. Mit Unterstützung seines Onkels, des gelehrten Diakons Anselmus, gelingt es ihm später, zum zweiten Geheimschreiber Karls und somit in dessen nächste Umgebung aufzusteigen. Nach außen hin dient er gehorsam, während er innerlich Widerstand und die Kultur seines Volkes bewahrt. Doch der Gedanke an Angila, die von einem Mann Karls nach Niederschlagung des Aufstandes als willkommene Kriegsbeute mitgenommen und zur Heirat gezwungen wurde, läßt in ihm den Plan reifen, den Herrscher zu töten. Auf bloßen Verdacht hin – selbst die unausgesprochenen Gedanken bleiben dem König nicht verborgen – wird Johannes jahrelang eingekerkert, bis er, rehabilitiert und resigniert, wieder König Karl dienen darf. Ihm wird die Aufgabe übertragen, Angila von ihrem brutalen Gemahl, der nun seinerseits in Ungnaden gefallen ist, zu befreien und in die Heimat zu führen, eine Reise, die die Entkräftete nicht überlebt.

Johannes Lupigis, vom Autor, wie er in einer Nachbemerkung betont, zum Teil der historischen Gestalt des kaiserlichen Sekretärs EINHARD *(Eginhardus)* nachgebildet, erzählt zum großen Teil die Geschichte selbst. Sein vorsichtiges Referat – er schreibt es als alternder Mann –, das noch dazu von seinem jüngeren Freund Agipertus behutsam kommentiert wird, untermalt und verfremdet den in großen Zügen historisch getreuen Bericht des Erzählers Johnson. Den genauen Berichten dieses objektiven Erzählers fügen die Erinnerungen des Johannes persönliche Erlebnisse, innere Kämpfe und Reflexionen hinzu – Geschichte wird aus der Sicht des sie Erleidenden geschildert. Die Kommentare des Agipertus stellen das Geschehen zusätzlich in größere historische Zusammenhänge.

Johnson verliert sich nicht in der Schilderung vergangener Epochen, und er zieht andererseits auch keine gewaltsamen Parallelen zwischen historischen und aktuellen Situationen – den modernen Diktaturen –, dennoch erhält konkretes geschichtliches Erleben eine allgemeingültige Bedeutung. Die Kunst des Autors besteht darin, das Ungesagte, oft nicht einmal Angedeutete zur Wirkung zu bringen, und das, worum es geht, zwischen den Zeilen unübersehbar hervorscheinen zu lassen. Trotz aller implizit geübten Kritik an der Despotie bleibt dem einzelnen, dem Intellektuellen gegenüber der Gewalt nur eine Art innerer Emigration – dies ist das skeptische Resümee des Romans, das Johnson ins resignative Bild des Sturms faßt, um zu verdeutlichen, daß historische Ereignisse sich mit gleicher Unabänderlichkeit und Gewalt vollziehen wie Naturereignisse. *»Auf Espenlaub leben – Auf Espenlaub kann niemand in Sicherheit leben. Dennoch leben dort kleine Insekten, die nicht wissen, daß ihr Land Espenlaub ist. Für sie ist es eine Heimat, ein Heimatland in einer Welt, der Espenlaubwelt.«* Das umfangreiche Buch, für das Johnson 1962 als erster den neugestifteten Großen Literaturpreis des Nordischen Rates erhielt, ist der bedeutendste historische Roman des Autors.   F.J.K.-KLL

AUSGABEN: Stockholm 1960; ern. 1963. – Stockholm ²1974. – Stockholm 1984.

ÜBERSETZUNG: *Eine große Zeit*, Chr. v. Kohl u. M. Tag, Bln. 1966. – Dass., dies., Rostock 1966, ²1977.

LITERATUR: H. Vormweg, Rez. (in SZ, 1./2. 10. 1966). – H. J. Fröhlich, Rez. (in WdL, 4, 2. 2. 1967, S. 6). – C. Menck, Rez. (in FAZ, 19. 1. 1967). – A. Bolckmanns, *Romanen och film. Några funderingar kring E. J.s roman »Hans nådes tid«* (in *Växelverkan mellan skönlitteratur och andra konstarter. Den sjätte internationella studiekonferensen över nordisk litteratur*, Uppsala 1966, S. 115–129). – B. A. Jonsson, *»Hans nådes tid« och Karl den stores. Studier i E. J.s historiska roman »Hans nådes tid« och dess källor* (in Svensk litteraturtidskrift, 40, 1977, Nr. 3/4, S. 78–98). – B. Söderberg, *Flykten mot stjärnorna. Struktur och symbol i E. J.s »Hans nådes tid«*, Stockholm 1980.

KOMMENTAR TILL EN STJÄRNFALL

(schwed.; *Kommentar zu einer Sternschnuppe*). Roman von Eyvind JOHNSON, erschienen 1929. – In diesem Roman schildert Johnson in oft satirischer Form das Leben in einer kapitalistisch orientierten Gesellschaft und beleuchtet – vertraut mit den Lehren Sigmund FREUDS – verborgene Motive menschlichen Handelns. Darüber hinaus eröffnet er dem Leser einen Blick in das Stockholm der zwanziger Jahre.

Die »Sternschnuppe« bezieht sich auf den Vasaorden – *stjärnfall* kann im Schwedischen auch »Ordenssegen« bedeuten –, mit dem der Großhändler in Südfrüchten C. A. Stormdal an des Königs Geburtstag ausgezeichnet wird, zum anderen ist eine fixe Idee gemeint, auf die der so Geehrte verfällt: Er erkennt die tödliche Gefahr achtlos auf die Straße geworfener Bananenschalen. Der verzweifelte Kampf gegen den glitschigen Abfall endet für Stormdal mit dem eigenen Fall: Seine berechnende und herzlose Gattin läßt ihn in eine Nervenklinik einweisen. Der dort geführte Monolog des tragisch Isolierten illustriert seine Gedankenflucht, bringt aber vor allem indirekt seinen Schmerz zum Ausdruck: Der Mechanismus des logisch funktionierenden Gehirns verselbständigt sich gegenüber dem Leid; nur zwischen den Zeilen sind Trauer und Einsamkeit des aus dem Leben Verbannten zu spüren. Als völlig gebrochener Mann flieht Stormdal aus der Anstalt, er stirbt, nachdem er sich seines verfehlten Lebens bewußt geworden ist.

Die Vater-Sohn-Problematik, die in Johnsons frühen Romanen vielfach eine wichtige Rolle spielt, wird auch hier aufgegriffen, diesmal im Schicksal der beiden unehelichen Söhne des Großhändlers, des siebenundzwanzigjährigen Magnus Lyck und des drei Jahre jüngeren Andreas Sonath, die verschiedene Mütter haben. Magnus entwickelt sich vom Idealisten und Kommunisten zum skeptischen Zeitbeobachter und Zweifler. Andreas hingegen, ein Musiker, läßt sich von reichen Witwen aushalten. Weitere Lebenshaltungen, in denen ein Konflikt zwischen Ideal und Anpassung zum Ausdruck kommt, werden in Gestalt des selbstbezogenen, wirklichkeitsfremden Akademikers Nils, eines Bruders von Stormdal, oder des Geschäftsmanns Larsson, der seine Ideale verrät und ein Vermögen gewinnt, dargestellt. In all seinen Gestalten beschreibt Johnson den Bankrott der bürgerlichen Gesellschaft, ihrer Organisationsform und ihrer kulturellen Werte.

Der modernistische Stil des Romans – u. a. benutzt Johnson die Technik des inneren Monologs, der einen Einblick in die Gedanken- und Assoziationswelt Stormdals eröffnet – ist an JOYCE und PROUST orientiert. In seiner ironisierenden, bisweilen karikierenden Stilisierung der Geschehnisse und der Infragestellung etablierter Werte bekennt sich der Autor auch zu A. GIDE und Hjalmar BERGMAN, der die Arbeiten des jungen Johnson deutlich beeinflußt hat.   F.J.K.-KLL

AUSGABEN: Stockholm 1929. – Stockholm 1950 (in *Valda skrifter i folkupplaga*, 12 Bde., 2).

VERTONUNG: Stockholm 1967 (Ausz.; Talskiva Svenska röster, 2; Kungliga bibliotekets skivserie).

LITERATUR: G. Wiman, *Den inre monologen i E. J.s roman »Kommentar till en stjärnfall«* (in Modersmålslärarnas förening årsskrift, 1956, S. 59–73). – Ö. Lindberger, *Människan, trädet och elden. Om »Kommentar till en stjärnfall«* (in Svensk litteraturtidskrift, 40, 1977, Nr. 3/4, S. 29–43).

KRILON. En roman om det sannolika

(schwed.; *Krilon. Ein Roman vom Wahrscheinlichen*). Romantrilogie von Eyvind JOHNSON, erschienen 1948. Die Bände erschienen zunächst einzeln unter den Titeln *Grupp Krilon*, 1941 *(Die Gruppe Krilon), Krilons resa*, 1942 *(Krilons Reise)*, und *Krilon själv*, 1943 *(Krilon selbst)*. – Johnson reagierte bereits 1938 und 1940 mit den Romanen *Nattövning (Nachtübung)* und *Soldatens återkomst (Rückkehr des Soldaten)*, kritisch auf die politische Situation in Europa, auf Faschismus und Militarismus. In der Trilogie über Krilon, die der sogenannten »Bereitschaftsliteratur« zuzuordnen ist, formuliert er nun engagiert seine Ablehnung totalitärer

Machtansprüche und seine Kritik an der vorsichtigen Neutralitätspolitik Schwedens gegenüber Nazideutschland. Wie auch V. MOBERG und P. LAGERKVIST schildert Johnson Stimmungen und Haltungen der »Bereitschaftszeit«, wie die Jahre der schwedischen Neutralität während des Zweiten Weltkriegs genannt werden.

Die Hauptgestalten des ambitionierten und umfangreichen Werks sind der Grundstücksmakler Johannes Krilon und seine sechs Freunde. Sie haben sich in Stockholm zu einem Kreis zusammengeschlossen, in dem die unterschiedlichsten Probleme diskutiert werden. Über das Erleiden von Schicksalsschlägen, ein von Krilon vorgeschlagenes Thema, sind seine Freunde jedoch außerstande zu debattieren. Als Krilon dann von Konkurrenten bedroht und isoliert wird, geben sie privatem Unglück und dem Druck, der auf sie ausgeübt wird, nach; sie passen sich den veränderten Umständen an, und die Gruppe zerfällt. Krilon bemüht sich sehr, sie wieder zu vereinen und hat schließlich Erfolg. Die Gruppe konstituiert sich neu zu einer kämpferischen Gemeinschaft und widersetzt sich erfolgreich Krilons Feinden.

Johnson hat die Trilogie als seinen »Wehrdienst« für Schweden bezeichnet. Die skrupellosen Feinde Krilons, die Firmen Jekan (Tscheka) und G. Staph (Gestapo) symbolisieren die Sowjetunion und Hitlerdeutschland. Das Werk ist als eine allegorische Zeitchronik zu verstehen, die Gestalten verkörpern über sie hinausweisende Prinzipien, Lebensweisen, Organisationen; häufig spielt Johnson auf aktuelle politische Gestalten und Ereignisse an. Die minutiöse naturalistische Detailbeschreibung vermittelt gleichzeitig geistige Werte, individuelle seelische Probleme der im Roman auftretenden Figuren verweisen auf große, weltpolitische Zusammenhänge; der scheinbar realistische Rahmen des Romans wird gesprengt.

Weitere formale Elemente des vielschichtigen Werks sind Karikatur und Satire. Johnson scheut sich nicht, seine Gegner in karikierender Schärfe bloßzustellen, und sarkastische Spitzen gegen die Neutralitätspolitik der Regierung in die Handlung einzufügen. Mit der Gestalt Krilons spricht er sich für Engagement und Humanität aus: *»Ich führe Krieg. Ich bin auf der Seite, die für die Freiheit, Mensch zu sein, kämpft. Die Freiheit, sicher zu leben. Die Freiheit jedes Menschen, sich offen zu äußern ... Meinungs- und Druckfreiheit, und ich bin für die Menschenrechte, die so viel beinhalten.«*   K.Hö.

AUSGABEN: Stockholm 1941 *(Grupp Krilon)*. – Stockholm 1942 *(Krilons resa)*. – Stockholm 1943 *(Krilon själv)*. – Stockholm 1948 *(Krilon)*. – Stockholm 1966, 3 Bde. (Delfinböckerna).

LITERATUR: A. Lundkvist, *Romanens upplösning* (in BLM, 1941, S. 810–812). – G. Brandell, *Krilon – Sokrates* (ebd., 1942, S. 818–819). – J. Edfelt, *»Krilon själv«* (ebd., 1944, S. 55–56). – S. Ahlgren, *»Krilon«* (in S. A., *Obehagliga stycken*, Stockholm

1944, S. 111–127). – H. Ahlenius, *Idealet »Krilon«* (in H. A., *Svenskt och franskt*, Stockholm 1950, S. 30 ff.). – J. Torbacke, *»Krilon« och verkligheten* (in Dagens Nyheter, 13. 3. 1967). – C. Waern, *Med »Krilon« mot barbariet till höger – och till vänster* (in Allt om böcker, 1983, 3/4, S. 15–17).

MOLNEN ÖVER METAPONTION

(schwed.; *Ü: Wolken über Metapont*). Roman von Eyvind JOHNSON, erschienen 1957. – Johnson setzte sich seit Ende des Zweiten Weltkriegs verstärkt mit dem Problem von Geschichte, der Frage nach Fortschritt oder Wiederkehr des immer Gleichen auseinander. So entstanden historische Romane und auch Gegenwartsromane mit historischer Dimension. Häufig griff er antike Stoffe auf; in diesem Roman legt er die eine Handlungsebene in das 20. Jh., auf einer zweiten erzählt er vom Schicksal des Themistogenes, das sich vor mehr als zwei Jahrtausenden ereignete (eine Anspielung auf XENOPHON, dessen *Anabasis* zunächst unter dem Pseudonym Themistogenes publiziert wurde).

Themistogenes, Schüler des Sokrates, schließt sich der unglücklichen Sizilienexpedition des Alkibiades an, entgeht aber dem Schicksal der Siebentausend in den Latomien, den mörderischen Steinbrüchen von Syrakus, das zum großen Beispiel kollektiven Leidens in der Menschheitsgeschichte wurde. Die Gunst des Tyrannen Dionysios wird ihm zuteil: Er wird Lehrer und Advokat, kann eine Familie gründen. Doch eines Nachts werden seine Frau und seine beiden Söhne von Unbekannten ermordet. Dem nunmehr gegen das politische System Rebellierenden bleibt nur die Flucht. Metapont, Taros und Athen sind weitere Stationen seines Lebens, die Teilnahme an einem Feldzug führt ihn bis ans Schwarze Meer. Nach Metapont zurückgekehrt, schreibt der Erblindende seine Erinnerungen nieder. – Ausgangspunkt der Gegenwartshandlung ist das Schicksal des jüdischen Archäologen Jean-Pierre Lévy, der nach den verschwundenen Aufzeichnungen geforscht hat, um dieses außerordentliche Schicksal deuten zu können. In deutscher Kriegsgefangenschaft im Zweiten Weltkrieg erzählt er dem Schweden Klemens Decorbie, einem Schriftsteller, die Geschichte dieses griechischen Ahasverus. Lévy, der später in einem Konzentrationslager qualvoll umgebracht wird, vermittelt und hinterläßt dem Schweden eine leidenschaftliche Anteilnahme am Schicksal des Themistogenes. Decorbie überlebt den Krieg, und auch andere einschneidende Ereignisse – er verliert seine Familie – wirken wie merkwürdige Parallelen zum Leben jenes fernen Zeitgenossen. In Metapont, wo er den Hintergrund für einen Roman sucht, wird für ihn plötzlich der Leidensweg und die kaum nachvollziehbare Existenzbehauptung Themistogenes' ebenso bedeutsam wie das Wiedersehen mit der Französin Claire, die Decorbie im Gefangenenlager kennengelernt hatte. Jetzt reist sie im Süden in Begleitung ihres ehemaligen Aufsehers und Pei-

nigers und stürzt sich schließlich gemeinsam mit ihm in die Mordgrube des Dionysios. Decorbie vollendet seinen Roman und kehrt nach Schweden zurück; seine Lebenshaltung ähnelt in ihrer Mischung aus Enttäuschung, Isolation und Durchhaltewillen der des Themistogenes.

Mehrere selbständige, motivisch einander immer wieder ähnelnde, doch nie bis zur Parallelität sich nähernde Stoffe sind kunstvoll ineinander verwoben: Raum und Zeit verschieben sich kaleidoskopartig zu immer neuen Bildern. Scheinbar zufällig gefundene »Spuren« werden nachgezeichnet, der Verzicht auf eine interpretierende Verschränkung der Elemente ist zugleich ein Verzicht des Erzählers auf explizite Deutung.

Die Tempelruine von Metapont, einst Mittelpunkt einer hochkultivierten Wohlstandsgesellschaft, wird in diesem Roman zum Sinnbild der Vergänglichkeit und damit Fragwürdigkeit aller als unantastbar geltenden Werte und Ordnungen. Gleichzeitig wird in den einander ähnelnden Lebens- und Leidenserfahrungen der Protagonisten die Erkenntnis deutlich, daß bestimmte elementare Leidenserfahrungen zu den immer wiederkehrenden Konstanten des menschlichen Lebens gehören. Indessen betont Johnson dennoch die Möglichkeit – und Pflicht – eines jeden Individuums, dem Leben einen persönlichen Sinn zu geben: *»Man kann denken, daß alles bereits geschehen ist ... Aber so ist es nicht. Jedes Ereignis ist ein ganz neues Ereignis. Darum gibt es das Leben. Und darum können wir alle hoffen.«*   M. S.-KLL

AUSGABEN: Stockholm 1957. – Stockholm 1965.

ÜBERSETZUNG: *Wolken über Metapont*, W. Lindenthal, Bln. 1964. – Dass., ders., Bln. u. a. 1974.

LITERATUR: S. Göransson, *Berättartekniken i E. J.s roman »Molnen över Metapontion«* (in Samlaren, 83, 1962, S. 67–91). – S. Bäckman, *Den tidlösa historien. En studie i 3 romaner av E. J.*, Diss. Lund 1975.

ROMANEN OM OLOF

(schwed.; *Ü: Hier hast du dein Leben*). Roman in vier Büchern von Eyvind JOHNSON, erschienen 1945, nachdem die einzelnen Bände zunächst unter eigenen Titeln veröffentlicht worden waren: *Nu var det 1914*, 1934 *(Es war 1914)*, *Här har du ditt liv!*, 1935 *(Hier hast du dein Leben)*, *Se dig inte om!*, 1936 *(Sieh dich nicht um)*, und *Slutspel i ungdomen*, 1937 *(Schlußspiel der Jugend)*. – Johnson legt hier eine Tetralogie vor, die er zwar nicht als Autobiographie verstanden wissen will, die aber, wie er betont, autobiographische Elemente enthält. Mit vierzehn Jahren, zu Beginn des Ersten Weltkriegs, verläßt Olof Persson, der Held des Romans, einem zunächst noch unbestimmten Gefühl der Selbstbehauptung und des Freiheitsdranges folgend, das Haus seiner Pflegeeltern. Dieser Abschied ist zu-

gleich Abschied von seiner in der Einsamkeit und Kargheit des nördlichen Schweden verbrachten Kindheit. Er muß sich nun der harten Arbeitswelt im Norden stellen, wird sich jedoch auch autodidaktisch zu bilden versuchen. Er findet Arbeit bei einer Flößerei und versucht, sich der Welt der Männer anzupassen, die er aber gleichzeitig kritisch betrachtet; er weiß, daß sein Leben anders aussehen wird. Olof beginnt zu lesen – zunächst noch unsystematisch –, er hat erste Erlebnisse mit Mädchen und schließlich ein Verhältnis mit der Schießbudenkönigin Olivia, das allerdings nicht von Dauer ist. Bei seinen vielfältigen Beschäftigungen (z. B. in einem Sägewerk, einem Kino, bei der Eisenbahn) findet er sich in seinem instinktiven Trotz gegenüber der besitzenden Klasse wie auch gegenüber dem Fatalismus der Arbeiter bestätigt, und er tritt der Gewerkschaft bei. Allmählich gewinnen seine Vorstellungen von einer idealen Gesellschaft feste Konturen, und seine bisherigen vagen Träume verdichten sich zur Idee von der Revolution. Am Schluß der Tetralogie verläßt Olof den Norden: *»Man besaß ein Leben und konnte etwas daraus machen, was mehr war als Stumpfsinn oder Pfennigfuchserei.«*
Bereits dieses frühe Werk zeigt Johnsons später weiterentwickelte Eigenart, seine Darstellung zu ›verfremden‹, indem er fingierte Gestalten das Geschehen interpretieren oder kommentieren läßt. In *Romanen om Olof* sind es symbolische Märchen, die in die Texte eingearbeitet sind. Sie beleuchten das harte Leben in Norrland aus einer anderen Perspektive und einer größeren Erfahrung als sie den jungen Olof zueigen sein können; das Märchen des vierten Bandes gewährt einen Einblick in seine Psyche und Phantasie.
Die nuancenreiche Sprache Johnsons entspricht dem distanziert-ironischen Verhältnis Olofs zu seiner Umwelt. Johnson schreibt, beeinflußt von Joyce, einen stark assoziativen, von ungewöhnlichen Metaphern durchsetzten Stil. Er erzählt hier die Geschichte einer Pubertät, einer emotionalen und intellektuellen Entwicklung, die schließlich zu ersten dichterischen Versuchen des jungen Olof führt. Gleichzeitig ist die Tetralogie in ihrer realistischen Schilderung der Arbeits- und Alltagswelt repräsentativ für die Werke der sogenannten Arbeiterschriftsteller wie Harry Martinson oder Ivar Lo-Johansson.   A.M.B.-KLL

Ausgaben: *Nu var det 1914*: Stockholm 1934. – Stockholm 1965 u. ö. – Stockholm 1987. – *Här har du ditt liv!*: Stockholm 1935. – Stockholm 1963. – Stockholm 1974. – *Se dig inte om*: Stockholm 1936. – Stockholm 1965. – Stockholm 1974. – *Slutspel i ungdomen*: Stockholm 1937. – Stockholm 1966. – Stockholm 1974. – *Romanen om Olof*: Stockholm 1945, 4 Bde.; ern. 1986.

Übersetzungen: *Hier hast du dein Leben*, A. u. G. Kornitzky, Hbg. 1951 [enth. alle 4 Bde.]. – Dass., dies., Bearb. M. Tag, Bln. 1967. – Dass., dies., Rostock 1967.

Verfilmung: *Här har du ditt liv*, Schweden 1966 (Regie: J. Troell).

Literatur: E. Blomberg, *Kollektiv jagroman* (in E. B., *Mosaik*, Stockholm 1940, S. 127–146). – O. Holmberg, *»Romanen om Olof«* (in O. H., *Lovtal över svenska romaner*, Stockholm 1957, S. 141 ff.). – P. Hallberg, *E. J., ordet och verkligheten* (in BLM, 1958, S. 538–548). – G. Orton, *»Nu var det 1914«*, Hull 1974; ³1980. – B. Munkammar, *Tiotusendens återtåg: om E. J.s »Romanen om Olof«* (in OoB, 87, 1978, Nr. 4, S. 39–52). – R. Mangold, *Ich und der andere. Studien zu den autobiographischen Romanen E. J.s und Harry Martinsons*, Diss. Tübingen 1987.

JAMES WELDON JOHNSON

* 17.6.1871 Jacksonville / Fla.
† 26.6.1938 Wiscasset / Me.

Literatur zum Autor:
Fisk Univ., Department of Publicity, *J. W. J.*, Nashville 1939. – R. A. Carrol, *Black Racial Spirit: An Analysis of J. W. J.'s Critical Perspective* (in Phylon, 32, 1971). – E. Collier, *J. W. J.: Mirror of Change* (ebd., S. 351–359). – E. Levy, *J. W. J.: Black Leader, Black Voice*, Chicago/Ldn. 1973.

THE AUTOBIOGRAPHY OF AN EX-COLOURED MAN

(amer.; Ü: *Der weiße Neger*). Roman von James Weldon Johnson, anonym erschienen 1912. – Neben Booker T. Washingtons *Up From Slavery* (1901) und W. E. B. DuBois' *The Soul of Black Folk* (1903) gehört dieser einzige Roman des Allround-Talents James Weldon Johnson zu den Klassikern der afro-amerikanischen Literatur um die Jahrhundertwende. Und ebenso wie die Autobiographie des Gründers des »Tuskegee Industrial Institute«, einer richtungweisenden Berufsschulinstitution für junge Schwarze, und DuBois' autobiographisch-soziologische Essaysammlung setzt sich auch *The Autobiography of an Ex-Coloured Man* mit den Lebens- und Überlebensbedingungen der afro-amerikanischen Minderheit in den USA auseinander. Hier jedoch steht weniger die Frage nach dem richtigen Weg zum Abbau von Rassenvorurteilen und zur Verbesserung der gesellschaftlichen Lage aller Schwarzer im Vordergrund als vielmehr die besondere Situation einzelner, die Möglichkeit des hellhäutigen Mischlings zum *passing*, zu einem Wechsel von der »schwarzen« in die »weiße« Welt.
Obwohl der zunächst anonym erschienene Roman unverkennbar an Ereignisse und Erfahrungen aus

dem Leben des Autors anknüpft, handelt es sich um eine fiktive Autobiographie. So teilt Johnson – wie man seinen Lebenserinnerungen *Along This Way* (1933) entnehmen kann – mit dem namenlosen Ich-Erzähler und Protagonisten des Romans zwar die musikalische Begabung, seine Faszination für das mondäne und abwechslungsreiche Leben der Großstadt sowie den Wunsch, das musikalische Erbe des Afro-Amerikaners, die unzähligen *Negro spirituals* und *slave songs*, zu Papier zu bringen und durch künstlerische Bearbeitung international populär zu machen. Doch anders als sein Romanheld war Johnson dunkelhäutig und hat sich – u. a. als kritischer, wenn auch politisch eher konservativer Essayist, als erster zugelassener schwarzer Anwalt in Florida und schließlich als jahrelanger Generalsekretär der NAACP (National Association for the Advancement of Colored People) – aktiv für die Belange der Schwarzen in den USA eingesetzt. Mit *God's Trombones. Seven Negro Sermons in Verse*, 1927 *(Gib mein Volk frei. Acht Negerpredigten)*, seinem nach Einschätzung der meisten Kritiker besten Werk, ist Johnson darüber hinaus jene Symbiose von überlieferter mündlicher Kultur einerseits und literarisch-künstlerischer Bearbeitung andererseits geglückt, die für den Erzähler des Romans am Ende ein unerfüllter Wunschtraum bleibt.

The Autobiography of an Ex-Coloured Man ist die Geschichte eines talentierten jungen Amerikaners, der als Sohn aus der ungesetzlichen Beziehung einer schwarzen Hausangestellten mit ihrem wohlhabenden weißen Arbeitgeber Zugang zu beiden Welten, sowohl diesseits als auch jenseits der *color line* hat. Nur wenige Jahre nach Beendigung des Bürgerkriegs in einer Kleinstadt in Georgia zur Welt gekommen, übersiedelt er alsbald mit seiner Mutter nach Connecticut, wo er in einfachen Verhältnissen, aber wohlbehütet Kindheit und Jugend verbringt. Als musikalisches Wunderkind wird er von allen Seiten geachtet, zunächst auch in der gemischtrassigen Grundschule des Ortes. Da er sich aufgrund seiner Hellhäutigkeit naiv den weißen Mitschülern zurechnet, interessieren ihn die Zusammenhänge um die Bedeutung des Wortes »Nigger«, wie seine farbigen Schulkameraden allgemein genannt werden, nur wenig. Erst als er selbst bei einer Klassenzählung öffentlich zur Gruppe der nichtweißen Schüler gerechnet wird, trifft ihn die ganze Wucht der allgegenwärtigen Rassentrennung: »*From that time I looked out through other eyes, my thoughts were coloured, my words dictated, my actions limited by one dominating, all-pervading idea which constantly increased in force and weight until I finally realized in it a great tangible fact.*«

Nach dem frühen Tod der Mutter und angetrieben von einer unbestimmten Neugier auf die Umgebung seiner Geburt entschließt er sich, an der University of Atlanta zu studieren. Da ihm jedoch bereits bei der Ankunft seine gesamten Ersparnisse gestohlen werden, fährt er kurzerhand wieder ab und versucht, in einer der umliegenden Städte Arbeit zu finden. Als Zigarrendreher schuftet er Seite an Seite mit Exilkubanern, lernt Spanisch und gibt für die Kinder der ortsansässigen Schwarzen gelegentlich Klavierunterricht. Hier, in der Kameradschaft einer multikulturellen ständischen Gemeinschaft, spielen Hautfarbe und Rassenzugehörigkeit – anders als in Atlanta – eher eine untergeordnete Rolle. Gleiches gilt auch für die einschlägigen Nachtclubs und Tanzlokale in New York, wo er sich einige Zeit später zuerst als notorischer Glücksspieler und schließlich als gefragter Partypianist wiederfindet. Nachdem er unverschuldet in eine tödlich endende Auseinandersetzung verwickelt wird, nimmt ihn sein jetziger Arbeitgeber, ein junger, eher menschenscheuer Millionär, mit dem den Erzähler eine zwar unausgesprochene, aber kaum zu übersehende homoerotische Neigung verbindet, auf eine ausgedehnte Europareise mit. Nach längeren Aufenthalten in Paris, London und Berlin, wo der frisch importierte Jazz überall auf ungeteilte Begeisterung stößt, beschließt er, in die USA zurückzukehren, um dort sowohl die zeitgenössischen Formen schwarzer Musik (wie Ragtime, Blues u. a.) als auch die unzähligen *spirituals* und *slave songs* durch kompositorische Eingriffe zu »kultivieren« und auf das Niveau klassischer Musik anzuheben.

Ungeachtet der wohlmeinenden Ratschläge seines Mäzens, der ihn der Herkunft, der Hautfarbe und der Erziehung nach für einen Weißen hält und ihm anbietet, in Berlin zu bleiben und Komposition zu studieren, reist er erneut in den Süden. Ähnlich wie später auch Langston HUGHES (1902–1967) erlauben ihm diesmal aber die früher erworbenen Spanischkenntnisse, souverän von seinem südländischen Aussehen Gebrauch zu machen und dadurch die alltäglichen Beschränkungen der Rassentrennung weitgehend zu unterlaufen. Sein endgültiger Wechsel in eine weiße Identität wird durch die grausame Lynchjustiz an einem jungen Schwarzen ausgelöst. Voller Abscheu, nicht nur für die Täter, sondern auch für die Gruppe der Opfer, die es widerstandslos hinnimmt, daß man sie bei lebendigem Leibe verbrennt, kehrt er fluchtartig nach New York zurück. Sparsam und zielstrebig *(»I began then to contract the money fever«)* gelingt es ihm, schnell ein beträchtliches Vermögen anzuhäufen und sich in den Kreisen des gehobenen weißen Mittelstandes zu etablieren; hier lernt er auch bald seine zukünftige Frau kennen.

Gleichwohl endet *The Autobiography of an Ex-Coloured Man* mit der pessimistischen Bestandsaufnahme des Erzählers, »*that I have sold my birthright for a mess of pottage*«. Mit viel Selbstironie weist der Roman gerade damit auf die Verblendung der integrationsorientierten schwarzen Mittelklasse hin, die er im Verlauf der Handlung unentwegt als quasi natürlichen Vertreter der afro-amerikanischen Bevölkerungsgruppe lanciert hat. Da diese sich um jeden Preis von den eigenen Ursprüngen lossagen will und ihr ganzes Heil in der Anpassung an die Normen der dominanten Gesellschaft sucht, arbeitet sie der rassistischen Ideologie, der sie selbst weiterhin ausgesetzt bleibt, unweigerlich in die Hände. Das Verdrängen der eigenen Vergangenheit, wie die anhaltenden Gewissenskonflikte und Selbstzweifel des »Ex-Coloured Man« belegen, führt deshalb nicht zu einem Mehr, sondern eher zu einem Weniger an Identität.

Auch wenn die Thematik dieses einzigen Romans von James Weldon Johnson in Nella LARSENS *Passing* (1929) einen literarisch überlegenen Nachfolger gefunden hat, so gebührt ihm als Wegbereiter eines neuen schwarzen Selbstbewußtseins in den zwanziger Jahren, der sogenannten »Harlem Renaissance«, dennoch ein herausragender Platz in der Geschichte afro-amerikanischer Literatur.

K.Ben.

AUSGABEN: Boston 1912 [anon.; ern. 1961, Einl. C. Van Vechten; [11]1976]. – NY/Ldn. 1927. – NY 1960 [Einl. A. Bontemps; [14]1979].

ÜBERSETZUNG: *Der weiße Neger*, E. v. Gans, Ffm. 1928.

LITERATUR: R. Kostelanetz, *The Politics of Passing: The Fiction of J. W. J.* (in Negro American Literature Forum, 3, März 1969). – R. E. Fleming, *Contemporary Themes in J.'s »Autobiography . . .«* (ebd., 4, Winter 1970). – Ders., *Irony as a Key to J.'s »The Autobiography . . .«* (in AL, 43, März 1971). – S. M. Ross, *Audience and Irony in J.'s »The Autobiography . . .«* (in CLA, 18, Dez. 1974). – R. B. Stepto, *From Behind the Veil: A Study of Afro-American Narrative*, Urbana/Ill. 1979. – J. T. Skerret Jr., *Irony and Symbolic Action in J. W. J.'s »The Autobiography . . .«* (in American Quarterly, 32, Winter 1980). – H. Faulkner, *J. W. J.'s Portrait of the Artist as Invisible Man* (in Black American Literature Forum, 19, Winter 1985).

GOD'S TROMBONES. Seven Negro Sermons in Verse

(amer.; Ü: *Gib mein Volk frei. Acht Negerpredigten*). Sieben Predigten und ein Gebet in freien Versen von James Weldon JOHNSON, erschienen 1927. – Dem schmalen Band, der seit seiner Erstveröffentlichung einundzwanzig Auflagen erlebt hat, kommt in mehrfacher Hinsicht innerhalb der afro-amerikanischen Literatur eine besondere Bedeutung zu. Zunächst ist es ein historisches Dokument, da es eine Form der afro-amerikanischen geistlichen Dichtung bewahrt, die zum Zeitpunkt seines Erscheinens bereits im Aussterben begriffen war: die *negro sermons*, Predigten der schwarzen Priester, die in dieser poetischen Form weit in die Zeit der Sklaverei zurückreichen. Zum anderen ist es ein Musterbeispiel für eine ganze Stilrichtung der afro-amerikanischen Poesie, die aus dem religiösen Folklore hervorging und sich am treffendsten mit dem Begriff »Spiritualstil« kennzeichnen läßt. Die *negro sermons*, erfüllt von eigentümlichem Pathos, bewegen sich in der Thematik der Erwek-

kungsgottesdienste und nehmen, beschwörend und fordernd zugleich, die Erlösung von Zwang, Elend und Bevormundung vorweg. Als Beschwörungsmittel dienen die alten biblischen Bilder, die in Beziehung zur afro-amerikanischen Wirklichkeit gesetzt werden und damit eine neue Aktualität gewinnen (etwa wenn das Los des in Ägypten gefangengehaltenen Volkes Israel mit dem der in die Sklaverei verschleppten Afrikaner gleichgesetzt wird).

Schließlich weicht *God's Trombones* durch die Verwendung des Schriftenglischen (anstelle der afro-amerikanischen Umgangssprache) bewußt von zeitgenössischen Strömungen (etwa der Dialektdichtung Langston Hughes') ab. Das Für und Wider erwägt Johnson sorgsam in seinem Vorwort. Er erklärt, zwei Gründe hätten ihn bewogen, diese Verspredigten nicht im Dialekt zu schreiben. Zum einen sei in den Vereinigten Staaten »Black English« allzu lange mit der Vorstellung des leichtsinnig-sorglosen oder tölpelhaften Schwarzen verbunden worden. Zum anderen hätten teilweise die Prediger selbst ihre Sermone nicht mehr im Dialekt vorgetragen. *»Sie waren so sehr erfüllt von der erhabenen Sprache der alten Propheten, daß sie unwillkürlich in die Wendungen des jakobinischen Englisch verfielen und daher eine völlig veränderte Sprache redeten, wenn sie von ihrer Predigt ergriffen wurden. Es war eine Mischung aus Negerdialekt und Bibelenglisch, und zwischen ihr und dem natürlichen Wohlklang ihrer afrikanischen Muttersprachen scheinen sie eine innere Verwandtschaft festgestellt zu haben.«* Archaische und ausgefallene Redewendungen, so schreibt Johnson, hätten diese Prediger nicht benutzt, um ihre Bildung zu Schau zu stellen, sondern weil sie vielmehr ihrem und der Zuhörer hochentwickelten Sinn für Klang und Rhythmus entgegengekommen seien.

J.H.J.

AUSGABEN: NY 1927. – NY 1965.

ÜBERSETZUNG: *Gib mein Volk frei. Acht Negerpredigten*, R. Hagelstange, Gütersloh 1960 [Ill. G. M. Hotop].

VERTONUNG: W. Fortner, *The Creation*, Mainz 1954 (Kantate).

LITERATUR: H. Monroe, *Negro Sermons* (in Poetry, 30, 1927, S. 291–293). – E. C. Tate, *The Social Implications of the Writings and the Career of J. W. J.*, Diss. Columbia Univ. 1959 (vgl. Diss. Abstracts, 20, 1959, S. 1357). – J. Wagner, *Les poètes nègres des États-Unis. Le sentiment racial et religieux dans la poésie de P. L. Dunbar à L. Hughes (1890–1940)*, Paris 1963, S. 385–422. – R. A. Long, *A Weapon of My Song: The Poetry of J. W. J.* (in Phylon, 32, 1971). – J. Wagner, *Black Poets of the United States: From Paul Laurence Dunbar to Langston Hughes*, Urbana/Ill. 1973. – L. D. Rubin jr., *The Search for a Language, 1746–1923* (in *Black Poetry in America: Two Essays in Historical Interpretation*, Baton

Rouge 1974). – R. E. Fleming, *J. W. J. and Arna Wendell Bontemps: A Reference Guide*, Boston 1978.

RICHARD JOHNSON

getauft 24.5.1573 London
† 1659 (?)

THE MOST FAMOUS HISTORIE OF THE SEVEN CHAMPIONS OF CHRISTENDOME

(engl.; *Die hochberühmte Geschichte der sieben Helden der Christenheit*). Ritter- und Abenteuerroman in zwei Teilen von Richard JOHNSON, erschienen 1596/97. – Soweit bekannt, stammt die erste vollständige Ausgabe von 1608. Der zweibändigen Ausgabe von 1616 hat der Autor sieben weitere Kapitel angefügt, worin die abenteuermüden Kämpen in heldenmütigem Kampf fallen. 1696 veröffentlichte ein Anonymus (»W. W.«) eine Fortsetzung, in der die Söhne der sieben Helden deren Abenteuer wiederholen.

Das an bedeutsamen Stellen durch gereimte Verse aufgelockerte Prosawerk gehörte noch zu Anfang des 18. Jh.s zu den meistgelesenen Romanen. (1739 erschien eine Nachahmung von J. GURTHIE unter dem Titel *Life and Heroick Actions of the Eight [!] Champions of Christendom.*) In der Romantik wurde Johnsons Werk erneut Publikumsfavorit. Zu den normalen Ausgaben kamen bald zahllose, die Abenteuer der Sieben in einfachster Prosa berichtende *chap-books*, englische Varianten der deutschen Volksbücher. Seit dem 18. Jh. bemächtigte sich auch das Kinderbuch des Stoffes. Noch 1909 erschien eine illustrierte Ausgabe als Schullektüre. – Wie andere Ritterromane lieferte Johnsons Buch Stoff zu einer Reihe anonymer Balladen. Bekannt sind: *The Seven Champions of Christendom*, die umfangreichste, ferner *St. George and the Dragon, The Famous History of St. George* sowie – als Persiflage – *St. George for England* und *The British Heroes* (von J. GRUBB?). Außerdem wurde der Stoff im 17. Jh. viermal dramatisiert. Größten Einfluß hatte der Roman auf die Entwicklung des englischen Volksschauspiels. Johnsons St. George wurde zur dominierenden Figur einer immer größeren Anzahl von Spielen; der edle christliche Held verwandelte sich darin freilich bald in einen holprige Knittelverse radebrechenden Bramarbas. Die Georgsspiele wurden anfangs bei jahreszeitlichen und kirchlichen Volksfesten, auf Messen und Jahrmärkten, seit dem 18. Jh. vornehmlich in der Weihnachtszeit mit ihrem Mummenschanz aufgeführt. Aus dem 19. Jh. sind aus ganz England zahlreiche Weihnachtsspiele mit Szenen und Figuren aus den *Seven Champions* überliefert. Volkskundlich interessant ist, daß die Schwerttänzer der Shetlandinsel Papa Stour die Namen aller sieben Kämpen führen.

Als später Nachkömmling gehört Johnsons Werk zu den Prosaauflösungen hochmittelalterlicher Versepen, die sich im Spätmittelalter in allen europäischen Literaturen finden. Wie MALORY (vgl. *Morte Darthur*) hat Johnson eine aufgeschwellte Abenteuerenzyklopädie geschaffen, die für den unersättlichen Stoffhunger eines Publikums zeugt, dem aufgrund der sozialen, wirtschaftlichen und kulturellen Umwälzungen des Spätmittelalters die Formen, Motive und Themen der eine exklusive adlige Standeskultur widerspiegelnden Ritterepen nichts mehr bedeuten konnten. Johnson war nach eigenem Zeugnis mit den gedruckten einheimischen Rittergeschichten, Volksballaden und Schwänken sowie mit RABELAIS' *Gargantua und Pantagruel* vertraut. Aus dem Roman selbst ist zu entnehmen, daß er OVIDS *Metamorphosen*, die *Gesta Romanorum*, die *Sieben Weisen Meister*, den *Guy of Warwick*, *Sir Bevis of Hampton*, MANDEVILLES Reisebeschreibungen, SPENSERS *Faerie Queene*, die Volksbücher über Friar Bacon, Friar Bungay und Dr. Faustus, MARLOWES *Doctor Faustus* und *Tamburlaine*, wohl auch SHAKESPEARES *Venus and Adonis* und *The Rape of Lucrece* gekannt und benutzt hat. Dazu kommen mündliche Quellen und die Verwertung politischer Zeitereignisse, etwa der österreichischen Türkenkriege mit der Belagerung Wiens (1529) und der unglücklichen Expedition des portugiesischen Königs Don Sebastian gegen Marokko mit der Schlacht von Alcazar (1578). Daraus entstand ein unorganisches Erzählwerk über die Abenteuer und den Heldentod der sieben Heiligen St. George von England, St. Denis von Frankreich, St. James von Spanien, St. Anthony von Italien, St. Andrew von Schottland, St. Patrick von Irland und St. Davis von Wales.

Der Roman beginnt nach mittelalterlicher Weise *ab ovo*, mit einer chronikartigen Einleitung, die versucht, im Sinne einer universalgeschichtlichen Einheit den Brückenschlag zu den großen Heroen der Antike zu vollziehen. Über den Fall Trojas, die Flucht des Aeneas und die – unhistorische – Eroberung Englands durch Brutus gelangt Johnson zur Urgeschichte der Insel Britannia. Dort wird später der Haupthelд St. George als Sohn eines englischen Edelmanns geboren. Die Mutter stirbt, der Neugeborene wird in Abwesenheit des Vaters von der Hexe Kalyb geraubt. Mit vierzehn erregt der aufs sorgfältigste erzogene St. George, eine strahlende Jungsiegfriedgestalt, die Begierde der Ziehmutter. In blinder Leidenschaft schenkt sie ihm eine undurchdringliche Rüstung, das Zauberschwert Ascalon, das Roß Bayard (das auch bei CHAUCER und in den *Haimonskindern* eine Rolle spielt) und eine Zauberrute, die den »Felsen des Grauens« öffnet. In diesen schließt der Jüngling die liebestolle Kalyb ein und befreit die von ihr durch Zauberbann gefangengehaltenen sechs anderen Heiligen. Nun können die »Sieben Helden der Christenheit« zur ritterlichen Weltfahrt ausziehen. Sie tun es nicht gemeinsam, denn das widerspräche dem

Brauch hochmittelalterlicher, als Schema noch gültiger *aventiure*, bei der es auf die ritterliche Bewährung des einzelnen ankam. Sie trennen sich an einer ehernen Säule, von der aus sieben Wege in alle Himmelsrichtungen führen. Ihre zahlreichen erotischen Abenteuer auch nur im Umriß zu schildern, ist unmöglich. Sie kämpfen gegen Heidenheere und für bedrängte Jungfrauen und Amazonen, überwinden Zauberer, Geister, Riesen, Satyrn, Drachen, Bären, Löwen, werden verraten, eingekerkert, verwandelt und wieder befreit oder erlöst. Schließlich hat jeder im fernen Heidenland die Liebe einer wunderbar schönen und treuen Königstochter erstritten und diese zugleich zum Christentum bekehrt. St. George ist König Ägyptens, Persiens und Marokkos geworden und hat die ägyptische Prinzessin Sabra geehelicht, wird aber von den schurkischen Heiden um die mühsam erkämpften drei Königskronen betrogen. Daraufhin brechen die Sieben von Portugal aus zu einem gemeinsamen Kreuzzug auf. Neue Abenteuer, Kämpfe und Gefahren werden bestanden, alle Heiden erschlagen oder durch Großmut gewonnen. Glorreich kehren die Helden nach England zurück. Als die inzwischen erwachsenen Drillinge der durch einen Jagdunfall umgekommenen Königin Sabra zur Ritterfahrt ins Heilige Land aufbrechen, ziehen die Sieben als Pilger hinterdrein. Vereint besiegen sie einen ruchlosen Zauber-Herzog und seinen Schwarzen Ritter Leoger. Danach besteht St. George in Rom ein Liebesabenteuer und gewinnt in Konstantinopel ein Turnier, während seine drei Söhne in Armenien dem Liebespaar Pollemus und Dulcippa gegen einen lüsternen Ritter mit zwei Köpfen beistehen. In seinem letzten Abenteuer erschlägt St. George auf der Dunsmore-Heide bei Coventry einen Drachen. Er stirbt – wie Beowulf – an einer in diesem Kampf empfangenen Wunde, nachdem er der befreiten Bevölkerung noch die Siegestrophäe gezeigt hat.

Johnson erzählt dieses Abenteuerkaleidoskop in einer dezenten, leicht latinisierten und rhetorisch gefärbten Prosa. Mythologische Allegorien, Vergleiche, Antithesen, paraphrasierende Parallelismen und Nebensätze sind häufig, die Diktion ist rhythmisch belebt, Übergänge und Zäsuren sind durch Anreden markiert. Johnson begnügt sich mit einer maßvollen Verwendung von Hyperbeln und wählt die Epitheta ebenso geschickt aus. Als Spätling in der Tradition der MALORY, CAXTON u. a. leistete der Roman, dessen Stil sich positiv von den Euphuismen LYLYS, LODGES und GREENES abhebt, einen bedeutsamen Beitrag zur Ausbildung einer eigenen englischen Prosa. M.W.

AUSGABEN: Ldn. 1596/97, 2 Tle. – Ldn. 1608, 2 Bde. – Ldn. 1913, Hg. H. Darton. – Ldn. 1916 [gek.].

LITERATUR: H. W. Willkomm, *Über R. J.s »Seven Champions of Christendom«, 1596*, Diss. Bln. 1911. – P. Merchant, *T. Heywood's Hand in »The Seven Champions of Christendom«* (in Library, 33, 1978).

SAMUEL JOHNSON

* 18.9.1709 Lichfield
† 13.12.1784 London

LITERATUR ZUM AUTOR:
Bibliographien und Forschungsbericht:
R. W. Chapman, *Two Centuries of Johnsonian Scholarship*, Glasgow 1945. – *Johnsonian Studies 1887–1950*, Hg. M. Wahba, Kairo 1962. – J. Clifford u. D. J. Greene, *S. J.: A Survey and Bibliography of Critical Studies*, Minneapolis 1970. – *Johnsonian Studies 1950–1960*, Hg. M. Wahba, NY 1981.
Zeitschrift:
Johnsonian News Letters, NY 1940 ff.
Biographien:
J. Boswell, *The Life of S. J., LL. D.*, 2 Bde., Ldn. 1791; ern. Oxford 1934–1950, Hg. G. B. Hill, 6 Bde. [rev.; m. *A Journal of a Tour to the Hebrides*]; ern. Harmondsworth 1979 (Penguin). – J. L. Clifford, *Young S. J.*, Ldn./NY 1955; ern. 1981. – M. J. C. Hodgart, *S. J. and His Times*, Ldn. 1962. – Ch. Hibbert, *The Personal History of S. J.*, Ldn. 1971. – M. Lane, *S. J. and His World*, Ldn. 1975. – W. J. Bate, *S. J.*, NY 1977. – J. L. Clifford, *Dictionary J.: S. J.'s Middle Years*, NY 1979. – *J. on J.: A Selection of the Personal and Autobiographical Writings of S. J.*, Hg. J. Wain, Ldn. 1983. – T. Kaminski, *The Early Career of S. J.*, Oxford 1987.
Gesamtdarstellungen und Studien:
W. K. Wimsatt, *The Prose Style of S. J.*, New Haven/Conn. 1941; Nachdr. 1972. – W. J. Bate, *The Achievement of S. J.*, NY 1955; Nachdr. 1978. – *New Light on Dr. J.: Essays on the Occasion of His 250th Birthday*, Hg. F. W. Hilles, New Haven/Conn. 1959. – *S. J.: A Collection of Critical Essays*, Hg. D. J. Greene, Englewood Cliffs/N.J. 1965. – A. Sachs, *Passionate Intelligence: Imagination and Reason in the Works of S. J.*, Baltimore/Md. 1967. – F. E. Halliday, *Doctor J. and His World*, Ldn. 1968. – D. J. Greene, *S. J.*, NY 1970 (TEAS). – *S. J.: The Critical Heritage*, Hg. J. T. Boulton, Ldn. 1971; ern. 1978. – P. Fussell, *S. J. and the Life of Writing*, NY 1971; ern. 1986. – G. Irwin, *S. J.: A Personality in Conflict*, Auckland 1971. – L. Damrosch, *S. J. and the Tragic Sense*, Princeton/N.J. 1972. – C. McIntosh, *The Choice of Life: S. J. and the World of Fiction*, New Haven/Conn. 1973. – J. Wain, *S. J.*, Ldn. 1974. – W. Edinger, *S. J. and Poetic Style*, Chicago 1977. – J. P. Hardy, *S. J.: A Critical Study*, Ldn. 1979. – S. C. Roberts, *S. J.* (in *British Writers*, Hg. I. Scott-Kilvert, Bd. 3, NY 1980, S. 107–123). – J. S. Cunningham, *S. J.: »The Vanity of Human Wishes« and »Rasselas«*, Ldn. 1982. – J. Engell, *J. and His Age*, Cambridge/Mass. 1984. – *S. J.*, Hg. D. Greene, Oxford 1984. – *S. J.: New Critical Essays*, Hg. I. Grundy, NY 1984. – L. Damrosch,

S. J. (in DLB, Bd. 39, 1985, S. 280–292). – *Fresh Reflections on S. J.: Essays in Criticism*, Hg. P. Nath, NY 1987.

LIVES OF THE ENGLISH POETS

(engl.; *Lebensbeschreibungen der englischen Dichter*). Literaturkritisches Werk von Samuel JOHNSON, erschienen 1779–1781. – Entstanden auf Einladung einer Gruppe Londoner Verleger und Buchhändler, die 1777 eine Anthologie englischer Dichter von Abraham COWLEY und John MILTON bis George LYTTELTON und Thomas GRAY planten, erschienen Johnsons Dichterbiographien in zwei verschiedenen Ausgaben: Die zehnbändige Londoner Ausgabe enthielt neben der Gedichtanthologie Johnsons Essays unter dem ursprünglichen Titel *Prefaces, Biographical and Critical, to the Works of the English Poets*, die dreibändige Dubliner Ausgabe erschien separat (ohne Gedichtanthologie) unter dem heute üblichen Titel *Lives of the English Poets*. Johnson nahm die heterogene Vorschlagsliste der *booksellers* mit nur geringfügigen Abänderungen und vier Zusatzwünschen an. Die schließlich zweiundfünfzig anthologisierten und kritisch-biographisch vorgestellten Dichter der letzten 150 Jahre – mit deutlichem Schwerpunkt auf den Klassizisten DRYDEN, SWIFT, POPE und ADDISON – boten Johnson eine willkommene Gelegenheit, am Ende seines Lebens die Werteskala des Klassizismus noch einmal wider die fortschreitende Vorromantik zu bekräftigen. Auf diese Weise hoffte er, durch einen Kanon »guter« Werke den zu erwartenden langsamen »Rückfall« des rational hochentwickelten augusteischen Geschmacks in »*finsteres und gotisches Mittelalter*« (d. h. die Vorromantik) ähnlich verzögern zu können wie den gleichzeitigen »Rückfall« der gefeilten augusteischen Sprache in »*rustikale Barbarei*« (d. h. die volkstümliche Sprache der Balladen PERCYS, BURNS' oder WORDSWORTHS) durch sein *Dictionary of the English Language* (1755). Bezeichnenderweise begann Johnson das Werk mit der Lebensbeschreibung des Barockdichters Abraham Cowley und beendete es mit der Lebensbeschreibung des Vorromantikers Thomas Gray, also der Vertreter zweier Ästhetiken, gegen die sich der Klassizismus in seinem Selbstverständnis absetzte und definierte.

In seinem *Life of Cowley* übernahm Johnson den schon von John DRYDEN 1693 (*A Discourse Concerning Satire*) geprägten und abwertend gemeinten Begriff des »Metaphysischen« für Barockdichter wie John DONNE und Cowley. »*Er [Donne] künstelt Metaphysik ... wo nur Natur herrschen sollte*« bedeutete bei Dryden eine klassizistische Attacke auf den barocken Konzeptismus (*metaphysical* im Sinne von *unnatural* oder *unreasonable*), und in eben diesem abwertenden Sinne einer die Grenzen der Natur und Vernunft sprengenden *discordia concors* schalt Johnson die englischen Barockdichter *metaphysical poets*, nach Verlust des Schimpfwortcharakters heute noch die im Englischen übliche Bezeichnung der Barockdichter. »*Um den Beginn des 17. Jh.s erschien eine Art von Dichtern, die man die ›metaphysical poets‹ nennen kann ... Die ›metaphysical poets‹ waren Männer von Gelehrsamkeit, und alle ihre Bemühung war, diese Gelehrsamkeit zur Schau zu stellen ... Sie bildeten weder die Natur noch das Leben ab ... Ihre Gedanken sind oft neu, jedoch selten natürlich; sie sind nicht selbstverständlich, aber sie sind auch nicht korrekt; und der Leser, der weit entfernt davon ist, ihr Nichtverstehen zu hinterfragen, fragt sich öfter, mit welch perversem Fleiß sie jemals gefunden worden sind ... Die heterogensten Gedanken sind mit Gewalt zusammengejocht; Natur und Kunst werden nach Bildern, Vergleichen und Anspielungen durchwühlt ...*« Zu der unnatürlich witzigen *discordia concors* solcher *concetti* gesellten sich andere Fehler (im klassizistischen Sinne): mangelnder sprachlicher Schliff, Dekorumswidrigkeiten, maßlose Hyperbeln, Obszönitäten.

In seinem *Life of Gray* legte Johnson gleiche Urteilskriterien an und fand den überschwenglichen Stil des vorromantischen Dichters unmännlich wie seine wunderliche Person (eine Anspielung auf Grays bekannte effeminierte Homosexualität). Männlicher Stil war für Johnson wie für Dryden und Pope die klassizistische goldene Mitte zwischen barocker Ostentation und balladesker Rustizität, und Thomas Gray schien Johnson immer wieder in beide Fehler abgeglitten zu sein (außer in seiner *Elegy Written in a Country Churchyard* von 1751). Zwischen Johnsons Attacken auf »*gekünstelte*« Adjektiv-Neuschöpfungen aus Substantiven und platte »*Schuljungen-Gemeinplätze*« leuchtet immer wieder sein eigentlicher Ärger auf: über Gray als sich druidisch-inspiriert gebärdenden Dichter in Nachfolge der alten keltischen Barden mit ihrem irrationalen Wunderglauben. Dem klassizistischen Handwerkerdichter Johnson erschien die Pose des Prophetendichters als »*fantastische Stutzerei*« und das Übernatürliche solcher Gedichte wie *The Bard* (1757) als leichtfertige Verletzung der Wahrscheinlichkeitsregel: »*Die Fiktion des Horaz war den Römern glaubwürdig ... Es ist nicht schwer, ein singuläres Ereignis* [hier den Bardenmord König Eduards I. von England] *auszuwählen und es mit fabulösen Beimischungen von Gespenstern und Prophezeiungen zu Riesengröße aufzublähen: denn wer das Wahrscheinliche verläßt, findet das Wunderbare immer leicht.*« Für Johnson war, wie für alle klassizistischen Feinde der Romantik bis hin zu Désiré NISARD, romantische Schreibkunst leichte Schreibkunst schlechter Handwerker der Literatur. John Milton dagegen, der vor Dryden schreibende Noch-nicht-Klassizist, erschien Johnson als literarisches Schwergewicht, das sich und seine Leser vernunftwidrig überfordert habe; die biblischen Wunder von *Paradise Lost* (1667) seien, anders als die Wunder von Grays *Bard*, Wahrheit statt Fantasie, aber die menschliche Imagination könne ihre Sublimität nicht ertragen. Das Überschaubare war Johnson (wie SAINT-ÉVREMOND) lieber als das Sublime, das Wahrscheinliche war ihm (wie BOILEAU) lieber als das Wahre. Doch auch an die großen klassizistischen Augusteer legte Johnson seine strengen kritischen Regelmaßstäbe an. John Dryden war ihm manchmal zu wild, impulsiv und zu wenig arbeitsam nachgeschliffen; Joseph Addison dagegen häufig zu kalt korrekt, zu regeltreu, zu wenig impulsiv. Jonathan Swift war ihm oft zu dekorumswidrig obszön, Alexander Pope bei aller dichterischen Größe doch zu wenig variiert und nicht immer syntaktisch klar.

Johnson befürwortete die exakte klassizistische Balance der impulsiven Kräfte (Imagination) und der restriktiven Kräfte (Raison) des menschlichen Geistes, so wie sie Pope in *An Essay on Criticism* (1711) formuliert und illustriert hatte. Gleich wie die Atmosphäre den freien Fall des Regentropfens bremse (Newton) oder der Dressurreiter den Schwung des Pferdes beizäume (La Guérinière) oder der Gärtner den Wildwuchs des Gartens beschneide (Le Nôtre), so müsse der Dichter seine Imagination durch seine Vernunft ausbalancieren. In Johnsons Prosastil äußert sich dieses Ideal in der Luzidität und Übersichtlichkeit seiner Satzperioden, in antithetisch ausgewogenen und oft formal parallelistischen Konstruktionen, zur Unterstreichung der Ausgewogenheit des Urteils.

Einen seiner Werkkritik analogen Wertmaßstab legte der klassizistische Moralist Johnson an das Leben der vorgestellten zweiundfünfzig Dichter an. Auch hier befürwortete er die exakte Balance der impulsiven Kräfte (Leidenschaft) und der restriktiven Kräfte (Raison) des menschlichen Geistes, so wie sie Pope in *An Essay on Man* (1733/34) formuliert und illustriert hatte. Gleich wie der Steuermann die schnelle Fahrt seines Schiffes nach einer verläßlichen Seekarte lenke, um nicht an Klippen zu zerschellen, so müsse der Mensch in seinem Leben (Schiff) seine Leidenschaften (Sturm) durch seine Vernunft (Steuer und Seekarte) kontrollieren. In diesem Sinne lehrten zahlreiche klassizistische *conduct books* wie Lord CHESTERFIELDS *Letters to His Son* (1774) oder Adolf von KNIGGES *Über den Umgang mit Menschen* (1788) weltkluge Ausgewogenheit der Lebensführung, nicht zuletzt im Hinblick auf deren praktische Nützlichkeit. Johnson zeigte, in der didaktischen Manier von Exempla, neben den Vorzügen die Schwächen seiner Dichter auf, die ihr Leben belasteten oder zerstörten: William Shenstones Verschwendungssucht, Swifts Bissigkeit, Grays Poseurtum, Popes Gefräßigkeit und Launenhaftigkeit, Richard Savages Maßlosigkeit, Sir Richard Blackmores Selbstgefälligkeit, John Gays Mutlosigkeit, Thomas Otways Libertinismus, Drydens Eitelkeit und Gefallsucht, Addisons Schüchternheit und Trinksucht, etc. Dabei entsprach Johnsons auch den heutigen Leser noch faszinierende tolerante Ausgewogenheit des Urteils angesichts menschlicher Schwächen seiner Forderung nach ausgewogener Lebensführung wie ausgewogener Dichtart. Typischstes Beispiel ist Johnsons Vorstellung des Grub-Street-Dichters Richard SAVAGE (1697–1743), den seine Maßlosigkeit mehrfach ins Gefängnis und in die totale Verarmung brachte, »*ein Mensch, gleicher-maßen ausgezeichnet durch seine Tugenden wie durch seine Laster und bemerkenswert zugleich für seine Schwächen wie für seine Fähigkeiten*«.

Die Vielzahl der ausgebreiteten Lebensdetails, Anekdoten und Memoiren wird von Johnson entsprechend der klassizistischen Generalitätsregel immer wieder in allgemeinen moralischen Maximen zusammengefaßt, so daß Lob und Tadel (wie in der Satire) nie nur den einzelnen treffen, sondern alle. Mithin ist das Werk *ars poetica* und *conduct book* des Klassizismus zugleich.

Johnsons Anthologie erregte sofort Widerspruch wegen ihrer offensichtlichen klassizistischen Konservierungsabsicht, die sich nicht zuletzt darin äußerte, daß die englische Literatur vor dem 17. Jh. ignoriert wurde. Schon Johnsons Verleger Robert DODSLEY hatte 1748/49 eine weniger klassizistisch voreingenommene Anthologie unter Einschluß früherer englischer Dichter veröffentlicht, und Philip PEPIN hatte 1779 ähnliches getan mit einer in Göttingen publizierten Anthologie »*für den Gebrauch von Ausländern*«. 1787 erschien in zwei Bänden Henry HEADLEYS *Select Beauties of Ancient English Poetry* mit deutlicher Wendung gegen Johnsons »*sehr unvollständige und nachlässige Ausgabe der englischen Dichter . . ., in der so wenige unserer alten Klassiker vertreten sind*«. Es folgten mit ähnlicher Intention George ELLIS' einbändiges Werk *Specimens of the Early English Poets* (1790) und Alexander CHALMERS' *The Works of the English Poets from Chaucer to Cowper* (1810) in einundzwanzig Bänden. Johnson hat die Auflösung des klassizistischen Systems hin zur Vorromantik kaum verzögern können.   R. Le.

AUSGABEN: Ldn. 1779–1781, 10 Bde. *(Prefaces, Biographical and Critical, to the Works of the English Poets*; m. Anthologie). – Dublin 1779–1781, 3 Bde. – Oxford 1905, Hg. G. B. Hill, 3 Bde.; Nachdr. Hildesheim 1968. – Ldn./Toronto 1925 u. ö. (Everyman's Library).

ÜBERSETZUNG: *Biographien und kritische Nachrichten von einigen englischen Dichtern*, C. F. v. Blanckenburg, 2 Bde., Altenburg 1781–1783.

LITERATUR: D. A. Stauffer, *The Art of Biography in Eighteenth-Century England*, 2 Bde., Princeton 1941. – T. S. Eliot, *On Poetry and Poets*, Ldn. 1947, S. 162–192. – B. Boyce, *J.'s Life of Savage and Its Literary Background* (in StPh, 53, 1956, S. 576 bis 598). – R. Voitle, *J. the Moralist*, Cambridge/Mass. 1961. – L. Damrosch Jr., *The Uses of J.'s Criticism*, Charlottesville/Va. 1976. – W. J. Bate, *S. J.*, Ldn. 1978. – R. Folkenflik, *S. J. Biographer*, Ithaca/N.Y. 1978. – M. Maner, *The Philosophical Biographer*, Athens/Ga. 1989.

LONDON

(engl.; *London*). Satirisches Lehrgedicht von Samuel JOHNSON in Imitation der dritten Satire des JUVENAL, erschienen 1738. – In Johnsons Adaptation wird Juvenals Rom zu London und Juvenals Freund Umbricius zu Thales; die jeweils paraphrasierten Zeilen Juvenals sind in Fußnoten mit abgedruckt. Des Autors Freund (Umbricius bzw. Thales) verläßt angewidert die Stadt und preist in einer langen Rede die Vorzüge des einfachen Landlebens gegenüber den Lastern und Torheiten des Stadtlebens, wobei der zurückbleibende Autor in gespaltenen Gefühlen einerseits den Verlust des edlen Freundes beklagt und andererseits dessen Entschluß gutheißt. In eindringlich didaktischen *heroic couplets* (paarweise gereimten iambischen Pentametern als typischster Versform des Klassizismus) wird der alte Topos vom Lob des Landlebens genutzt zu einer Geißelung der Mißstände Londons zur Zeit der zweiten Legislaturperiode des Whig-Premiers Sir Robert Walpole (1721–1742). Laster und London werden in den 263 Versen der Satire polemisch gleichgesetzt. Das Schreckensbild Londons *»in diesen verderbten Tagen«* ergibt sich aus krassen Darstellungen von Tumulten des Mobs, von Feuersbrünsten, gedungenen Mördern und betrunkenen Raufbolden, von Steuererhöhungen, Armut und Wohnungselend, von Prostitution, Geschlechtskrankheiten und Massenexekutionen am Galgen von Tyburn. Neben diesen allgemeinen Lastern und Mißständen werden (vom Tory Johnson der Whig-Legislatur angekreidete) politische Fehler aufgezeigt: Bestechlichkeit, Opportunismus, Besitzgier, effeminierte Schwäche gegen äußere Feinde wie Frankreich und Spanien. Deutlicher noch als die Attacken gegen Walpoles Duldung der spanischen Seeprivilegien im Handel mit Amerika stechen die Attacken gegen Frankreich hervor, mit dem Spanien seit 1733 durch Familienpakt verbündet war. Noch ganz in der Tradition der Restaurationszeit (John DRYDEN) wird Frankreich als das Land hingestellt, das zusammen mit der klassizistischen Eleganz auch nicht wünschenswerte Exzesse dieser Eleganz nach England eingeschleppt habe: die Effeminiertheit einer *préciosité ridicule*, Hofschranzentum und Affektiertheit, politische Finesse und die »Kunst« des hinterlistigen Verrats. *»Der wendige Gallier ist ein geborener Parasit.«* Neben diesen satirischen Hieben prangert Johnson Abweichungen von der klassizistischen Geschmacksnorm an: die italienische Oper Händels und Bononcinis mit ihren unnatürlichen Kastratenstimmen, das inkompetente Berufsschreibertum der Grub Street und der Hofpoeten. Andererseits ist der Städter Johnson weit davon entfernt, ein vorromantischer Primitivist und Mittelalter-Verehrer wie sein Widersacher Joseph WARTON zu sein. Johnsons Lob des Landlebens im britischen Wales oder Schottland und sein Lob der besseren Zeiten König Alfreds, Eduards IV. und Heinrichs V. sowie Elisabeths I. sind bloßes Korrektiv zur Überfeinerung, vergleichbar mit POPES Lob des edlen Wilden. Dementsprechend wird auch das Landleben mit seiner Armut nicht ganz idyllisch geschildert: *»Nur langsam gedeiht Seelenadel, den Armut niederdrückt.«*

Johnsons bittere juvenalische Verssatire folgt wie ihr Pendant *The Vanity of Human Wishes*, 1749 *(Die Eitelkeit der menschlichen Wunsche)*, strikt den Regeln der klassizistischen Poetik der Satire, wie sie etwa Dryden in *A Discourse Concerning Satire*, 1693 *(Eine Abhandlung über die Satire)*, seinen eigenen Juvenalnachdichtungen vorangestellt hatte. Wie die artverwandte *laughing comedy* sollte die Satire durch komische Katharsis den Leser zur Identifizierung der dargestellten Laster und Torheiten (als Abweichungen von der Vernunftnorm) an sich selbst führen und damit eine Besserung bewirken. Die satirischen Hiebe in der Literatur entsprachen damit pädagogisch der (von Johnson ausdrücklich befürworteten) Prügelstrafe in den Schulen. Satire durfte nicht persönliche Verunglimpfung (*libel* oder *lampoon*) sein, sondern mußte der Generalitätsregel aller klassizistischer Literatur gehorchen: *»das Laster geißeln, den Namen schonen«* (Jonathan SWIFT). So sind weder der damalige Premier Sir Robert Walpole noch der damalige *poeta laureatus* (offizielle Hofdichter) Colley CIBBER, ein Pionier der vorromantischen Empfindsamkeit und folglich Feind satirischer Züchtigung, namentlich genannt.

R.Le.

AUSGABEN: Ldn. 1738. – Ldn. 1930 (*London and The Vanity of Human Wishes*, Hg. u. Vorw. T. S. Eliot; Nachdr. Folcroft/Pa. 1970). – Oxford 1941 (in *Poems*, Hg. D. N. Smith u. E. L. McAdam Jr.; ²1974). – New Haven (Conn.)/Ldn. 1964 (in *Yale Ed. of the Works of S. J.*, 1958 ff., Bd. 6, Hg. E. L. McAdam Jr. u. G. Milne).

LITERATUR: I. Jack, *Augustan Satire 1660–1750*, Oxford 1952. – R. Selden, *English Verse Satire 1590–1765*, Ldn. 1978. – V. Carretta, *The Snarling Muse*, Philadelphia 1983. – H. D. Weinbrot, *Eighteenth-Century Satire*, Cambridge 1988.

THE PRINCE OF ABISSINIA

(engl.; *Der Prinz von Abessinien*). Moralisch-didaktischer Roman von Samuel JOHNSON, erschienen 1759. – An einem dünnen Handlungsfaden hat Johnson essayistische Betrachtungen über die *»Wahl des Lebens«* aufgereiht: Rasselas, vierter Sohn des Kaisers von Abessinien, des paradiesischen Nichtstuns im *»glücklichen Tal«* überdrüssig, flieht mit seiner Schwester Nekayah, deren Dienerin Pekuah und dem weitgereisten Philosophen Imlac nach Kairo, um die Lebensweise aller Stände zu studieren, denn *»sicher ist das Glück irgendwo zu finden«*. Doch überall begegnet ihm Unzufriedenheit. Die Moralphilosophen bewältigen kaum das eigene Unglück; das vielgepriesene Leben der Hirten ist alles andere als pastorale Idylle; dem Einsiedler erscheint sein Dasein *»mit Sicherheit elend, aber nicht mit Sicherheit fromm«*. Die Gelehrten erkennen die Vernunft als unzulänglich und verfallen in Geschwätz. Der Reiche fürchtet den Bassa, der Bassa den Sultan, der Sultan lebt unter dem Druck äußerer und innerer Feinde. Dem Armen bleibt Zufriedenheit ohnehin versagt, in der Mittelklasse herrschen Engstirnigkeit und leeres Getriebe. Der planlosen Vergeudung der Jugendkräfte folgt die Desillusionierung des Alters. Familienzwist und Generationenstreit vergällen die Ehe, ohne daß Unverheiratete deshalb zufriedener wären. Selbst Tugend kann kein Glück garantieren, höchstens Gewissensruhe und Hoffnung auf eine bessere Zukunft. Nur die weltentrückten Mönche des hl. Antonius ertragen das Leben klaglos, wenn auch unter ständiger Mühsal. Jedermann erwartet das Heil von einer Änderung seiner jetzigen Lage, doch bleibt persönliches Glück illusorisch, da die Begierde den Menschen nie ruhen läßt. Für welche Lebensweise man sich auch entscheidet, immer ist es die falsche. Wichtig allein ist, über der Entscheidung nicht das Leben verstreichen zu lassen. Mit dieser Erkenntnis kehrt Rasselas nach einigen Zwischenfällen (Entführung Pekuahs) nach Abessinien zurück.

Johnson selbst hielt – sicher zu Unrecht – von dem Gelegenheitswerk (er schrieb es innerhalb einer Woche, um die Begräbniskosten für seine Mutter zu decken) nie sehr viel. Das überschwengliche Lob BOSWELLS und der an ihm orientierten Kritik wiederum veranlaßt den modernen Leser leicht dazu, seine Erwartungen zu hoch zu schrauben. Das vielübersetzte Werk enthält weder Johnsons weltanschauliches Vermächtnis noch systematische Philosophie. Seine Stärke liegt in der klugen, durch Züge liebenswerten Humors aufgehellten Menschlichkeit und dem melancholischen Charme seiner Episoden. Auf die erstaunlichen Parallelen zu VOLTAIRES wenige Wochen vorher erschienenem *Candide* wurde oft verwiesen, doch liegt eine Abhängigkeit wohl nicht vor.   W.Fü.

AUSGABEN: Ldn. 1759, 2 Bde. – Philadelphia 1768 *(The History of Rasselas, Prince of Abissinia, an Asiatic Tale)*. – Ldn. 1787 *(The History of Rasselas, Prince of Abissinia)*. – Ldn. 1884, Hg. J. Macaulay, 2 Bde. [Faks.; m. Bibliogr.]. – NY 1895, Hg. O. F. Emerson. – Ldn. 1906, Hg. u. Einl. C. S. Fearenside. – Ldn. 1926 [Einf. G. K. Chesterton]. – Oxford 1927 (in *Prose and Poetry*, Hg. R. W. Chapman; ⁹1956). – Ldn. 1930 u. ö., Hg. Ph. Henderson (Everyman's Library). – Ldn. 1968 (*The History of Rasselas. Prince of Abessinia*, Hg. J. P. Hardy). – Ldn. 1971, Hg. G. Tillotson u. B. Jenkins. – Ldn. 1972 (in *Poems and Selected Prose*, Hg. B. H. Bronson). – NY 1974 [Faks. d. Ausg. 1759]. – Harmondsworth 1976, Hg. D. J. Enright (Penguin). – Oxford 1989, Hg. J. P. Hardy.

ÜBERSETZUNGEN: *Der Prinz von Abyssinien*, E. G. Küster, Celle 1762. – Dass., J. F. Schiller, Mainz 1786. – *Rasselas, Prinz von Abyssinien*, G. Smout, Hbg. 1827. – *Rasselas, Prinz von Habesch*, G. N. Bärmann, Hbg./Lpzg. 1840, 2 Bde. – *Die Geschichte von Rasselas dem Prinzen von Abyssinien und seinen Forschungen nach dem Glücke und dem besten Lebensberufe*, S. Gätschenberger, Würzburg 1874. – *Die Geschichte von Rasselas, Prinzen von Abessinien*, J. Uhlmann, Ffm. 1964 (IB).

LITERATUR: G. J. Kolb, *The Structure of »Rasselas«* (in PMLA, 66, 1951, S. 698–717). – J. R. Moore, *»Rasselas« and the Early Travelers to Abyssinia* (in MLQ, 15, 1954, S. 36–41). – A. Whitley, *The Comedy of »Rasselas«* (in ELH, 23, 1956, S. 48–70). – *Bicentenary Essays on »Rasselas«*, Hg. M. Wahba, Kairo 1959. – E. Jones, *The Artistic Form of »Rasselas«* (in RESt, N.S. 18, 1967, S. 387–401). – W. K. Wimsatt, *In Praise of »Rasselas«: Four Notes (Converging)* (in W. K. W., *Imagined Worlds: Essays on Some English Novels and Novelists in Honour of J. Butt*, NY 1968, S. 111–136). – Th. M. Curley, *The Spiritual Journey Moralized in »Rasselas«* (in Anglia, 91, 1973, S. 35–55). – E. R. Wassermann, *J.'s »Rasselas«: Implicit Contexts* (in JEGPh, 74, 1975, S. 1–25). – R. G. Walker, *Eighteenth-Century Arguments for Immortality and J.'s »Rasselas«*, Victoria/Brit. Col. 1977. – R. Folkenflik, *The Tulip and Its Streaks: Contexts of »Rasselas«* (in Ariel, 9, Calgary 1978, S. 57–71). – I. Ehrenpreis, *»Rasselas« and Some Meanings of Structure in Literary Criticism* (in Novel, 14, 1981, S. 101–117).

THE RAMBLER

(engl.; *Der Schwärmer*; auch *Der Herumstreifer*). Moralische Wochenschrift von Samuel JOHNSON, zweimal wöchentlich erschienen in der Zeit vom 20. März 1750 bis zum 14. März 1752. – Von den insgesamt 208 *periodical essays* des *Rambler* stammen nur fünf nicht aus Johnsons Feder. Wie seit der ersten moralischen Wochenschrift, Richard STEELES ›The Tatler‹ (1709–1711) üblich, wurden die zum Preis von je zwei Pence erschienenen Essays später in Buchform gesammelt publiziert; allein zu Johnsons Lebzeiten erschienen zehn solcher Wiederauflagen.

Johnson nannte gegenüber seinem Biographen James BOSWELL als einen der Gründe für die Entstehung des Werks die Entlastung von der Bürde des *Dictionary of the English Language*, an dem er um diese Zeit arbeitete: Er habe einer moralistischen wie schöngeistigen Betätigung bedurft (gemäß HORAZ' *dulce et utile* oder *delectare et prodesse*), wie sie ihm das *Dictionary* nur begrenzt verschaffen konnte. Obwohl der strenge Moralist Johnson in seinen Essays die typische Lässigkeit und den unfertigen Plauderton von Steeles ›Tatler‹ und Joseph ADDISONS ›Spectator‹ vermissen ließ und sein Werk gar mit einem frommen Gebet begann, wählte auch er (wie in seinen späteren Zeitschriften ›The Adventurer‹, 1752–1754, und ›The Idler‹, 1758 bis 1760) einen Nonchalance suggerierenden Herausgebertitel. Neben kommerziellen Gründen mag dabei auch eine Rolle gespielt haben, daß der hochsensible und oft am Rande des seelischen Zusammenbruchs lebende Autor sich selbst ebenso als *rambler* verstand wie den unglücklichen Richard SAVAGE (1697–1743), dessen Lebensbeschreibung er später in *Lives of the English Poets* veröffentlichte und der 1729 ein erzählendes Gedicht in fünf Cantos unter dem Titel *The Wanderer* publiziert hatte. Wie in Savages Gedicht der *wanderer* von einem Eremiten unterrichtet wird, sein Leiden zu ertragen und für die aktive Gestaltung seines Lebens nutzbar zu machen, so wollte auch der *rambler* Johnson durch seine moralischen Essays sich selbst und seinen Lesern Optimismus sowie Festigkeit des Lebens und der Wertmaßstäbe vermitteln. »*Allmächtiger Gott ... ohne dessen Gnade alle Weisheit Torheit ist, gewähre, so bitte ich Dich, daß in diesem meinem Unterfangen Dein Heiliger Geist nicht fern von mir sei, sondern ich Deinen Ruhm fördern möge sowie meine eigene und anderer Errettung.*« Wie in allen seinen Werken ließ der klassizistische Moralist und Didaktiker in seinem Selbstverständnis als *praeceptor populi* Partikulär-Biographisches hinter Allgemein-Lehrhaftem zurücktreten, entsprechend der klassizistischen Generalitätsregel. Der tiefe Pessimist Johnson lehrte sich selbst und andere den typischen Optimismus des 18. Jh.s.

Fast die Hälfte der 208 Nummern, genau 92, sind direkte moralische Essays. Hinzu kommt eine große Anzahl von Exempla in der Manier der *Charaktere* THEOPHRASTS und in der direkten Nachfolge von Steeles ›Tatler‹ und Addisons ›Spectator‹, fiktive Geschichten fiktiver Charaktere wie des Melancholikers Suspirius (Johnsons Satire auf die Nacht- und Grabdichtung der Vorromantik), des Skeptikers Pertinax, des Neugierigen Nugaculus, der Dirne Properantia, des närrischen Alten Thrasybulus, des Mitgiftjägers Leviculus, der lustigen Witwe May-pole. Neben diese europäischen Charakterexempel mit ihren satirischen sprechenden Namen stellte Johnson eine Reihe orientalischer Erzählungen sowie eine grönländische Erzählung, womit er sich der steigenden Popularität primitiver und orientalischer Kulturen zu seinen moralistischen Zwecken bediente; im Unterschied zum vorromantischen Primitivismus nämlich, der den klassizistischen Geschmack durch andere, dem neuen Kulturkolorit entsprechende Bilder und Sprache relativierte, beharrte Johnson auf geschliffener augusteischer Diktion und reduzierte die Exotik auf die Namengebung. Typisch ist die Geschichte Obidahs in Nr. 65 (vom 30. 10. 1750), der die Karawanserei verläßt, in die Ebene von Hindustan aufbricht, willkürlich vom sicheren Weg abschweift, »herumstreift«, nach Mühen schließlich von einem Einsiedler gerettet wird und erfährt, wie Irrtum und Errettung den Menschen weise machen können: »*Glücklich sind die, welche von Deinem Beispiel lernen, nicht zu verzweifeln, ... daß Bekehrung nie hoffnungslos ist noch wahre Anstrengungen ohne Hilfe bleiben, daß der Wanderer nach allen seinen Verirrungen schließlich doch umkehren kann ...*« Die orientalische Geschichte dient letztlich nur der Vermittlung der europäischen Moral von »Johnson the Rambler«.

Einunddreißig Essays befassen sich mit literaturkritischen Themen der verschiedensten Art, wobei der gemeinsame Nenner die strenge moraldidakti-

sche Ausrichtung und das von der Forschung stark beachtete klassizistische Mißtrauen gegenüber der Imagination ist. Die klassizistischen Regeln waren für den fortschrittsbewußten Augusteer und freiheitsbewußten Engländer nur dann verbindlich, wenn sie sich als Regeln der Vernunft erwiesen und nicht als bloße Regeln der lateinisch-französischen Überlieferung eines Horaz oder BOILEAU. Zu den Regeln der Vernunft zählte Johnson etwa, daß in der Verskunst (wie es auch POPE forderte) der Laut ein Echo des Sinns sein müsse, wogegen John MILTON oft verstoßen habe; daß im Drama Komisches und Tragisches nicht hybride vermischt werden dürfe, wogegen sich die Autoren von Tragikomödien im 17. Jh. versündigt hätten; daß in aller Kunst das Generelle und nicht das Partikuläre zu imitieren sei, was die Vorromantik wieder umzukehren trachtete; daß die Pastorale die goldene Mitte treffen müsse zwischen ungeschliffener bäuerlicher Rustizität (Ambrose PHILIPS' Fehler) und bloßem allegorischem Rahmen für philosophische Streitgespräche oder Mißstandschelte in Staat und Kirche (SPENSERS und Miltons Fehler) etc. Besondere Beachtung verdient der Essay Nr. 4 (vom 31. 3. 1750), da er eine der im 18. Jh. sehr seltenen Roman-Poetiken enthält. Wie zuvor schon Henry FIELDING im Vorwort zu seinem Roman *Joseph Andrews* (1742) schloß auch Johnson den realistischen Roman seiner Zeit poetologisch an die Komödie an, während er die älteren Vers- und Prosaromanzen mit ihrer heroischen Fantastik gemäß der Ständeklausel der Tragödie zuordnete. Romanzen lehnte er allerdings als romantischen Nonsens ab, mit dem typisch klassizistischen Argument, daß im unaufgeklärten »finsteren« Mittelalter jeder Schreiberling sich in seine Zelle zurückziehen, seine Imagination mit Unwahrscheinlichkeiten aufheizen und so ohne Schwierigkeit fantastisch übernatürliche Ereignisse aneinanderreihen konnte. Den realistischen Roman (»*the comedy of romance*«) erkannte Johnson an, da er »*natürliche Ereignisse unforciert*« verknüpfe und das Interesse des Lesers »*ohne Zuhilfenahme von Wundergeschehen*« aufrechterhalte. Doch während Fielding bestrebt war, durch poetologische Anschlüsse an etablierte Gattungen wie Komödie und Epos dem Roman seiner Zeit zu literarischer Anerkennung zu verhelfen, beharrte Johnson auf der traditionellen Geringschätzung des Romans als Lektüre (nicht Literatur) »*für die Jungen, die Unwissenden und die Müßigen*«, besonders für des Lesens kundige Frauen. Sie seien durch solche lebensnahen und wahrscheinlichen Fiktionen besonders zu beeindrucken, und jeder Romanschriftsteller müsse im Interesse moralischer Unterweisung besonders darauf achten, daß er das Laster abstoßend und die Tugend liebenswert erscheinen lasse, ohne jedoch Tugendexzesse jenseits der Wahrscheinlichkeit des Alltags darzustellen.

Johnson, der als Laie Predigten für latitudinarische Geistliche in der Manier des berühmten John TILLOTSON verfaßte, schrieb auch seine *Rambler*-Essays in der für diesen Predigtstil typischen Mischung von strenger rationalistischer Moral und scheinbar leichtem (doch sorgfältigst gefeiltem) Stil. Er folgte damit der klassizistischen Regel, daß Kunst darin bestehe, Kunst zu verbergen *(ars est celare artem)*, sowie der von Horaz abgeleiteten Lehre, daß Literatur dem Leser-Patienten eine bittere Pille im süßen Zuckerguß zu verabreichen habe *(Ars Poetica*, Z. 333/334). R.Le.

AUSGABEN: Ldn. 1750–1752, 2 Bde. – Ldn. ¹⁷1816, 3 Bde. – New Haven (Conn.)/Ldn. 1969 (in *Yale Ed. of the Works of S. J.*, 1958 ff., Bd. 3–5, Hg. W. J. Bate u. A. B. Strauss).

ÜBERSETZUNG: *Der Schwärmer oder Herumstreifer*, anon., 4 Bde., Stralsund/Lpzg. 1754/55.

LITERATUR: E. A. Bloom, *S. J. as Journalist*, Urbana/Ill. 1947. – W. K. Wimsatt, *Philosophic Words. A Study of Style and Meaning in »The Rambler« and Dictionary of S. J.* New Haven/Conn. 1948. – J. H. Hagstrum, *S. J.'s Literary Criticism*, Minneapolis 1952. – J. Gray, *J.'s Sermons*, Oxford 1972. – R. P. Lessenich, *Elements of Pulpit Oratory in Eighteenth-Century England (1600–1800)*, Köln/Wien 1972. – W. J. Bate, *S. J.*, Ldn. 1978. – P. Davis, *In Mind of J. A Study of J. the Rambler*, Ldn. 1989.

THE VANITY OF HUMAN WISHES.
The Tenth Satire of Juvenal Imitated

(engl.; *Die Eitelkeit der menschlichen Wünsche. In Nachahmung der zehnten Satire von Juvenal*). Satirisch-philosophisches Lehrgedicht in 368 paarweise gereimten jambischen Pentametern von Samuel JOHNSON, erschienen 1749. – Mit kritischem Blick über die gesamte Menschheit entwirft der Autor ein Panorama menschlicher Wunschträume, um deren Eitelkeit zu enthüllen. Alle Menschen beten um Mut, Beredsamkeit und insbesondere um Reichtum, ohne zu ahnen, daß sie damit ihren eigenen Ruin erflehen. Anhand warnender Beispiele aus der Geschichte wird deshalb die Hohlheit der einzelnen Wunschvorstellungen systematisch aufgezeigt. Reichtum und Ansehen ziehen unweigerlich Trug und Gewalttätigkeit nach sich; dies zeigten zur Genüge die Korruption und Tollheit des öffentlichen Lebens im zeitgenössischen England. Daß politische Macht gleichfalls ins Unglück führt, habe sich unter anderem an Kardinal Wolsey, Buckingham (dem Vertrauten Jakobs I. und Karls I.) und Hyde (als Graf Clarendon Berater Karls II.) erwiesen. Die Beispiele von Galilei und Erzbischof Laud illustrieren die Gefahren überragender Gelehrsamkeit. Militärischer Ruhm ist nicht weniger eitel: Die Schicksale Karls XII. von Schweden, Xerxes' und Karl Albrechts von Bayern zeugen von der Kürze heldischen Glücks. Es folgt die Schilderung der Schattenseiten eines langen Lebens, in dessen Endphase der Mensch kindischer Senilität anheimfällt. Noch schneller vergeht körperliche Schönheit, die zudem leicht Haß und In-

trigen auf sich zieht. Soll der Mensch angesichts dieser allgemeinen Misere jegliche Wunschregung aufgeben und sich ohne Hoffnung dem blinden Lauf des Schicksals überlassen? Johnsons Antwort sucht diesen pessimistischen Schluß ins Positive umzubiegen: »*Still raise for good the supplicating voice, / But leave to Heav'n the measure and the choice.*« Gott allein weiß, was dem Menschen wirklich frommt; seine Hilfe gilt es deshalb zu erbitten, seinen Ratschlüssen sich zu beugen. Nicht um irdische Güter sollte man beten, sondern um Liebe, Geduld, Glauben. Diese einzig wahren Güter sind dem Menschen vom Himmel bestimmt; mit ihnen befriedet himmlische Weisheit die Unruhe des Geistes, schenkt dem Menschen jenes Glück, das er anderswo nicht findet.

Durch diesen zwar zur Weltabkehr auffordernden, aber doch versöhnlichen Schluß unterscheidet sich das Gedicht von Johnsons zweitem großem Werk über das Vanitas-Thema, *Rasselas* (1759), in dem die pessimistische Lebensschau stärker dominiert. Ein weiterer Unterschied liegt darin, daß *Vanity* keine Originalschöpfung darstellt, sondern – wie bereits der Untertitel verrät – die Imitation eines literarischen Modells; eine Imitation jenes Typs allerdings, den Johnson in einer Stellungnahme zu POPES Horaz-Imitationen einmal so charakterisiert hat: »*Eine Art Mittelding zwischen Übersetzung und eigenem Entwurf, reizvoll dann, wenn die Gedanken überraschend neue Bezüge offenbaren, wenn die Parallelen glücklich gewählt sind*«. Johnson selbst hat in der ersten Ausgabe die Parallelen zu JUVENAL durch Fußnoten hervorgehoben und in einer Pope-Biographie bemerkt, daß »*solche Imitationen dem gewöhnlichen Leser kein Vergnügen bereiten; ... der Vergleich erfordert die Kenntnis des Originals*«. Trotzdem stellt das Werk eine künstlerische Leistung dar, die auch ohne Bezug auf Juvenal lebensfähig wäre. Genau folgt Johnson seinem Vorbild ohnehin nur in der Anordnung des Stoffes; ansonsten verfährt er ziemlich frei. Juvenals antike Beispielfiguren sind durch aktuellere Gestalten ersetzt (an die Stelle von Sejanus, Demosthenes, Cicero, Hannibal, Alexander treten Wolsey, Galilei, Laud, Karl XII., Karl Albrecht von Bayern), und viele Einzelabschnitte des Gedichts ähneln dem Modell nur in recht allgemeiner Weise. Und immer ist das Werk originell in dem Sinn, daß es des Autors eigene Erfahrungen und Überzeugungen widerspiegelt. Nur ganz selten stößt man auf vergleichsweise dunkle Stellen, deren mangelnde Klarheit wohl auf Rechnung des Basistextes geht. Andere Verständnisschwierigkeiten für den heutigen Leser resultieren aus der dichten Struktur des Textes, die konzentrierte Lektüre und Vertrautheit mit den Eigenheiten des augusteischen Stils erfordert. Diese Verhaftung in einem typischen Zeitstil hat man dem Werk verschiedentlich zum Vorwurf gemacht, nicht selten mit polemischem Nebenakzent. Beispielsweise dürfte der von der romantischen Kritik kolportierte Vorwurf, die beiden Eröffnungszeilen des Gedichts *(»Let Observation with extensive view / Survey mankind, from China to Peru«)* seien tautologisch, mehr auf die allgemeine Abneigung der Antiklassizisten gegen Johnson zurückgehen als auf objektive künstlerische Bedenken. Der absolute Originalitätsanspruch der Romantik konnte mit einer solchen Imitation, die zur Zeit des Klassizismus (da jedem gebildeten Leser das lateinische Original selbstverständlich vertraut war) als durchaus legitime Dichtungsart galt, wenig anfangen. Nur Walter Scott macht hier eine Ausnahme: Er äußerte Ballantyne gegenüber, die Lektüre von Johnsons *London* und *Vanity* habe ihm mehr Vergnügen bereitet als die jeder anderen Dichtung, und an anderer Stelle lobt er die *»tiefe und gefühlvolle Moralität«* des Werkes, die *»oft jenen Augen Tränen entlockt hat, die über gewollt sentimentalen Seiten trocken bleiben«.*

Heute beurteilt man das Gedicht in seinen Vorzügen und Schwächen wieder objektiver und ist bereit, es ungeachtet seines Imitationscharakters als eigenständiges Kunstwerk anzuerkennen, insbesondere deshalb, weil Johnson hier nicht einem persönlichen Pessimismus huldigt oder eine zeitgebundene Satire liefert, sondern mit hohem Ernst und in einprägsamer Form eine philosophische Grunderfahrung des Menschen glaubhaft gestaltet. Einzelne Zeilen dieses vielzitierten Werks wurden in England zu geflügelten Worten.   W.Fü.

AUSGABEN: Ldn. 1749. – Oxford 1759 (in *Two Satires*). – Ldn. 1785 (in *Poetical Works*, Hg. G. Kearsley; ²1789). – Ldn. 1898 (in *The Works of Dr. J. S.*, Hg. C. F. E. Spurgeon). – Oxford 1922 (in *Prose and Poetry*, Hg. R. W. Chapman; ⁹1956). – Ldn. 1930, Hg. T. S. Eliot [m. Einl.]. – Oxford 1941 (in *Poems*, Hg. D. N. Smith u. E. L. MacAdam; ²1974). – Ldn. 1950 (in *Prose and Poetry*, Hg. M. Wilson; ²1957). – Ldn. 1958 (in *The Late Augustans: Longer Poems of the Later 18th Century*, Hg. D. Davie). – Ldn. 1970, Hg. J. D. Fleeman [Faks. d. Ausg. 1749].

LITERATUR: J. B. Emperor, *The Juvenalian and Persian Element in English Literature from the Restoration to Dr. J.*, NY 1931. – J. Jack, *Tragical Satire: »The Vanity of Human Wishes«* (in *Augustan Satire*, Oxford 1952, S. 135–145). – H. Gifford, *»The Vanity of Human Wishes«* (in RESt, N.S. 6, April 1955, S. 157–165). – I. White, *»Vanity of Human Wishes«* (in Cambridge Quarterly, 6, 1973, S. 115–125). – W. Kupersmith, *›More Like an Orator Than a Philosopher‹: Rhetorical Structure in »The Vanity of Human Wishes«* (in StPh, 72, 1975, S. 454–472). – J. D. Needham, *»The Vanity of Human Wishes« as Tragic Poetry* (in AUMLA, 46, 1976, S. 206–219). – C. J. Horne, *The Opening of »The Vanity of Human Wishes«: J.'s Observation and the Elevated Manner* (ebd., 49, 1978, S. 5–21). – J. Hardy, *J.'s »Vanity of Human Wishes«* (in *Studies in the Eighteenth Century*, 4, Hg. R. F. Brissenden u. J. C. Eade, Canberra 1979, S. 83–98). – M. J. Marcuse, *The Eagle and the Arrow: Reading the Preamble of »The Vanity of Human Wishes«* (in ASSL, 217, 1980, S. 359–365). – H. D. Weinbrot, *No

›Mock Debate‹: Questions and Answers in »The Vanity of Human Wishes« (in MLQ, 41, 1980, S. 248–267). – *J.'s Juvenal: »London« and »The Vanity of Human Wishes«*, Hg. N. Rudd, Bristol 1981.

UWE JOHNSON

* 20.7.1934 Kammin (heute Kamien Pomorski)
† 23./24.2.1984 Sheerness-on-Sea / England

LITERATUR ZUM AUTOR: *Über U. J.*, Hg. R. Baumgart, Ffm. 1970 (es). – W. J. Schwarz, *Der Erzähler U. J.*, Bern 1970. – E. Wünderich, *U. J.*, Bln. 1973. – M. Boulby, *U. J.*, NY 1974. – N. Riedel, *Determinanten der Rezeptionssteuerung. Dargestellt am Beispiel der multimedialen Rezeption des schriftstellerischen Werks U. J.s*, Mannheim 1978. – B. Neumann, *Utopie u. Mimesis. Zum Verhältnis von Ästhetik, Geschichtsphilosophie u. Politik in den Romanen U. J.s*, Kronberg/Ts. 1978. – M. Durzak, *Wirklichkeitserkundung u. Utopie. Die Romane U. J.s* (in M. D., *Der dt. Roman der Gegenwart*, Stg. ³1979, S. 328–403). – *U. J.*, Hg. H. L. Arnold, Mchn. 1980 (Text + Kritik). – R. Nicolai, *U. J. Bibliographie 1950–1980*, Bonn 1981. – *U. J.*, Hg. R. Gerlach u. M. Richter, Ffm. 1984 (st). – W. Schmitz, *U. J.*, Mchn. 1984. – Th. Buck, *U. J.* (in KLG, 23. Nlg., 1986). – *U. J.s Frühwerk im Spiegel der deutschsprachigen Literaturkritik. Dokumente zur publizistischen Rezeption der Romane »Mutmaßungen über Jakob«, »Das dritte Buch über Achim« und »Ingrid Babendererde«*, Hg. N. Nicolai, Bonn 1987. – K. Fickert, *Neither Left nor Right: The Politics of Individualism in U. J.s Work*, Ffm. u. a. 1987. – *»Ich überlege mir eine Geschichte«. U. J. im Gespräch*, Hg. E. Fahlke, Ffm. 1988 (es).

DAS DRITTE BUCH ÜBER ACHIM

Roman von Uwe Johnson, erschienen 1961. – Der Autor, bis 1959 in der DDR ansässig, versucht in diesem seinem zweiten Roman *»die Grenze: den Unterschied: die Entfernung«* zwischen Ost- und Westdeutschland zu beschreiben. Im Fortschreiten des Werkes aber wird die dem Begriff »Beschreibung« anhaftende Vieldeutigkeit selbst zum Problem und zum eigentlichen Thema des Buches. Karsch, ein Hamburger Sportjournalist, wird von einer Schauspielerin, Karin, mit der er nach dem Zweiten Weltkrieg einige Jahre zusammengelebt hat, zu einem Besuch in einer mitteldeutschen Großstadt eingeladen. Obwohl direkte Kennzeichnungen fehlen, handelt es sich zweifellos um Leipzig, und der Besuch dort findet im Sommer 1960 statt. Karin ist seit geraumer Zeit die Geliebte des berühmten Radsportlers Achim, der für seine Erfolge häufig ausgezeichnet und öffentlich geehrt und schließlich in die Volksvertretung gewählt worden ist. Karsch lernt Achim kennen und versucht zunächst, sich trotz aller Schwierigkeiten in die Situation in Ostdeutschland einzufühlen und sie zu begreifen. *»Die Sprache, die er verstand und mit der er verständlich über den Tag gekommen war, redete ihn noch oft in die Täuschung von Zusammengehörigkeit hinein, wieder hielt er beide Staaten für vergleichbar ...«* Als Fleisg, Lokalredakteur einer Tageszeitung, ihm vorschlägt, als unvoreingenommener Berichterstatter einen Beitrag über Achim zu schreiben, dessen dreißigster Geburtstag mit einer Radsportveranstaltung zusammenfällt, sagt er zu. Daraus entwickelt sich Karschs Zusammenarbeit mit dem staatlichen »Verlag für junge Literatur«; dessen Vertreterin beauftragt ihn, ein drittes Buch über Achim zu schreiben, in dem dieser – im Gegensatz zu zwei früheren, die ausschließlich dem Sportler galten – als exemplarische und d. h. auch als politische Persönlichkeit geschildert werden soll. *»Das Buch, in dem ein Durchreisender namens Karsch beschreiben wollte, wie Achim zum Ruhm kam und lebte mit dem Ruhm, sollte enden mit der Wahl Achims in das Parlament des Landes, das war die Zusammenarbeit von Sport und Gesellschaft in einer Person ... auf dies Ende zu sollte der Anfang laufen und sein Ziel schon wissen.«* Karsch sammelt Informationen, befragt den privilegierten Spitzensportler, der jetzt an der Hochschule für Leibeserziehung studiert, begleitet ihn zu Rennen und beim Training, gewinnt aber keineswegs eindeutige Klarheit über seinen Helden. Schon die von ihm ermittelten Tatsachen, daß der fünfzehnjährige Achim der Hitlerjugend angehört hat und daß sein Vater, während des Hitlerreiches Flugzeugkonstrukteur, in eine undurchsichtige Sabotageaffäre verwickelt war, führen zum Einspruch der auftraggebenden Funktionäre. Sie möchten bestätigt sehen, daß *»wer inzwischen fünfzehn Jahre gearbeitet hat für unseren Sozialismus, dazu bereit gewesen sein«* muß; *»der Verteidiger der sozialistischen Ordnung muß es schon gewesen sein zur Zeit der Verbrechen ...«* Verschiedene Fassungen der Darstellung von Achims Leben vor und unmittelbar nach dem Kriege werden abgelehnt, auch Achim selbst ist mit ihnen nicht einverstanden. Als ein nicht aufzuklärender Zufall Karsch eine Photographie in die Hände spielt, die Achims Teilnahme am Aufstand vom 17. Juni 1953 beweist – Achim bestreitet sie, und auch Karin weiß nichts darüber –, gibt Karsch die Arbeit entmutigt auf und beschließt, nach Hamburg zurückzukehren: die Wahrheit läßt sich nicht feststellen.

Johnson gliedert seinen Roman durch ein »Dialogspiel«, in dem zwei nicht näher bestimmbare Gesprächspartner in Fragen und Antworten den Stoff unter wechselnden Gesichtspunkten entfalten. Obwohl dieser Stoff über weite Strecken hin als scheinbar konventionelle Er-Erzählung dargeboten wird, bestehen kaum noch Beziehungen zum traditionellen realistischen Roman. Der spröde, an

syntaktischen Umkehrungen reiche Stil des Autors, der auf reguläre Interpunktion vielfach verzichtet, richtet sich, geradezu fiktionsfeindlich, mit programmatischer Nüchternheit darauf, alle im weitesten Sinne »faktischen« – technischen, materialen, feststellbaren – Phänomene zu erfassen (Beschreibung eines Rennrades oder der Technik der Ablösung beim Mannschaftsfahren usw.).

Das Problem der politischen Spaltung Deutschlands wiederholt sich für Johnson in dem der sprachlichen. Er beschreibt Ostdeutschland weder so, wie es sich selbst, noch wie Westdeutschland sieht; er verfremdet die üblichen politischen Schlagworte und Begriffe, indem er sie auflöst, und faßt dadurch die Wirklichkeit in ihren verschiedenen Schichten genauer, als glatte und allzu selbstverständlich gewordene Formeln es vermögen. Der Vorsatz des westdeutschen Intellektuellen Karsch indessen, angesichts der von den Funktionären geforderten *»Eindeutigkeit«* von Achims Lebenslauf den *»handelsüblichen«* Vorstellungen zu mißtrauen, führt zur Resignation: Gewißheit, selbst innerhalb eines so vordergründigen Teilbereiches, ist nicht möglich. H.H.H.

AUSGABEN: Ffm. 1961. – Ffm. 1964 (es). – Ffm. 1969 (FiTb). – Ffm. 1973; ⁷1986 (st).

LITERATUR: M. Walser, Rez. (in SZ, 26./27. 8. 1961). – G. Blöcker, Rez. (in FAZ, 16. 9. 1961). – M. Reich-Ranicki, Rez. (in Die Welt, 16. 9. 1961). – K. A. Horst, Rez. (in NZZ, 7. 10. 1961). – W. Jens, Rez. (in Die Zeit, 6. 10. 1961). – H. Heissenbüttel, Rez. (in Deutsche Zeitung/Christ u. Welt, 19. 10. 1961). – H. P. Piwitt, *Chronik u. Protokoll. U. J.: »Das dritte Buch über Achim«* (in Sprache im technischen Zeitalter, 1961/62, H. 1, S. 83–86). – R. Baumgart, *U. J.: »Das dritte Buch über Achim«* (in NDH, 1962, H. 1, S. 146–148). – K. Migner, *U. J. »Das dritte Buch über Achim«. Methodische Hinweise zu seiner Einarbeitung* (in Deutschunterricht, 1964, H. 2, S. 17–25). – E. Wagner, *Form u. Romantechnik in U. J.s Werken »Mutmassungen über Jakob« u. »Das dritte Buch über Achim«*, Diss. Grenoble 1969. – K. Migner, *U. J.: »Das dritte Buch über Achim«. Interpretation*, Mchn. ³1974. – R. Post-Adams, *U. J. Darstellungsproblematik als Romanthema in »Mutmassungen über Jakob« u. »Das dritte Buch über Achim«*, Bonn 1977. – J. Burkhard, *U. J.s Bild der DDR-Gesellschaft: »Das dritte Buch über Achim«. Romaninterpretation*, Bonn 1987.

INGRID BABENDERERDE. Reifeprüfung 1953

Roman von Uwe JOHNSON, erschienen 1985. – Im Nachlaß wurde 1984 das Manuskript von Uwe Johnsons Romanerstling gefunden. Das Werk galt als »aufgegeben«, bekannt waren bis dahin lediglich ein Kapitel und einige Aussagen, die der Autor in den *Begleitumständen* machte, den Aufzeichnungen seiner Frankfurter Poetikvorlesungen. Gleichwohl beschäftigte Johnson der Stoff zeitlebens. Das Romanpersonal erschien in den Werken *Mutmassungen über Jakob* (1959), *Das dritte Buch über Achim* (1961) und *Jahrestage* (1970–1983) immer wieder, Lebensläufe wurden darin komplettiert und fortgeschrieben. Der 1956 vom Verlag zunächst abgelehnte Roman zeigt im Rückblick Johnsons schriftstellerische Anfänge auf, die noch eine stark an traditionelle Vorbilder – vor allem an Theodor Fontane – angelehnte Erzählweise erkennen lassen.

Beschrieben wird die Geschichte einer Abiturklasse 1953 in der DDR. Das große Thema des noch jungen Sozialismus, der Arbeiteraufstand des 17. Juni, ist spürbar hinter der Beschreibung einer abgeschlossenen Kleinstadtwelt im Mecklenburgischen. Die Schülerin Ingrid Babendererde verweigert einen Diskussionsbeitrag, der von Partei und FDJ gefordert wird. Statt dessen hält sie eine Rede für die Meinungsfreiheit. Daraufhin flieht sie wenige Tage vor der Abiturprüfung mit ihrem Freund Klaus Niebuhr nach Westberlin. Um diesen Kern der Erzählung ranken sich Schilderungen des Schulalltags, in dem »*mit verändertem Lehrstoff*« die Spuren des Dritten Reichs getilgt werden sollen, und die Liebesgeschichte zwischen Klaus und Ingrid. Verschiedene Auffassungen von Sozialismus werden in exemplarischen Verhaltensweisen gegenübergestellt. Deutlich ist, daß der praktizierte Sozialismus stalinistischer Prägung zum Machtinstrument degeneriert ist und damit seinem eigentlichen Wesen widerspricht. Druck – besonders deutlich in der Schulhierarchie und den Machtkämpfen der Lehrer sichtbar – ersetzt die Argumentation und nimmt damit die Chance, das System durch Kritik verbessern zu können. Das Operieren mit Feindbildern erinnert an die NS-Vergangenheit, da es widerspruchslose Gruppenkonformität verlangt. Behutsame Beschreibungen der Landschaft als Lebensraum verdeutlichen die Heimatverbundenheit der Romanfiguren und vor allem den Wert von Heimat. Diese Betonung des Heimatmotivs war ein Grund für die Ablehnung des Manuskripts, da es durch die zeitliche Nähe an Blut-und-Boden-Literatur erinnerte. Später immer wiederkehrende Themen, moralischer Grundanspruch und der sprachliche Eigensinn prägen zwar schon das Frühwerk des damals zweiundzwanzigjährigen Autors und erlauben deshalb einen aufschlußreichen Blick in diese Phase von Johnsons Schaffen. Es wird jedoch deutlich, wie stark der Autor noch von Vorbildern geprägt war und mit literarischen Anspielungen und ausgeprägter Symbolik arbeitete. Obwohl der Roman für sich genommen bereits ein konsequent durchgestaltetes Stück Prosa darstellt, erweist er sich mit Blick auf das erstveröffentlichte *Mutmassungen über Jakob* als Gesellenstück, an dem Johnson seinen ureigensten Stil entwickeln konnte.   C.Sa.

AUSGABEN: Ffm. 1985 [Nachw. S. Unseld]. – Ffm. 1987 (Nachw. ders.; st).

LITERATUR: R. Baumgart, Rez. (in Die Zeit, 29. 3. 1985). – J. Kaiser, Rez. (in SZ, 25. 4. 1985). – G. Ueding, Rez. (in FAZ, 18. 5. 1985). – N. Mecklenburg, Rez. (in NZZ, 11./12. 5. 1985). – T. Jens, Rez. (in Der Spiegel, 27. 5. 1985). – S. Cramer, Rez. (in FAZ, 3. 8. 1985). – K. P. Harmening, *U. J.: »Ingrid Babendererde«* (in NDH, 1985, H. 4, S. 828–830). – B. Neumann, *Ingrid Babendererde als Ingeborg Holm. Über U. J.s ersten Roman* (in GRM, 37, 1987, S. 218–226).

JAHRESTAGE. Aus dem Leben der Gesine Cresspahl

Roman in vier Bänden von Uwe JOHNSON, erschienen 1970–1983. – Als 1983 nach zehnjähriger Unterbrechung doch noch der vierte und abschließende Band der ursprünglich auf drei Lieferungen angelegten *Jahrestage* erschien, da hatte sich ein Großteil der Literaturwissenschaft und -kritik bereits damit abgefunden, daß der Roman wohl ein Fragment bleiben würde. Johnson hatte die ersten beiden Bände fristgerecht fertiggestellt – sie beschreiben jeweils vier Monate eines Jahres (*August 1967–Dezember 1967* und *Dezember 1967–April 1968*) –, teilte dann aber den geplanten Abschlußband in zwei zweimonatige Abschnitte (*April 1968–Juni 1968* und *Juni 1968–August 1968*). Der Schriftsteller signalisierte seinem Verleger Probleme mit dem Stoff seines Romans und dem Schreiben an sich. Denn ein zentrales Thema der *Jahrestage* ist die Chance eines demokratischen Sozialismus, wie die Hauptperson *es, im Alter von 35 Jahren, doch noch einmal versuchen will mit dem Sozialismus, nach reichlich Enttäuschungen mit dem, der in der Tschechoslowakei fast ein halbes Jahr dauerte«*. Gemeint ist damit die Zeit des Prager Frühlings, in dem sich eine Liberalisierung und Demokratisierung des real existierenden Sozialismus als zumindest möglich andeutete. Johnson bestand zeitlebens darauf, zufälligerweise den 20. August 1967 als ersten Tag des zu beschreibenden Jahres gewählt zu haben, nicht ahnend, daß genau ein Jahr später der Einmarsch sowjetischer Truppen in die Tschechoslowakei den Hoffnungen ein Ende bereiten würde. Damit schien dem Roman bereits bei Veröffentlichung des ersten Bandes der mögliche Zielpunkt, die utopische Komponente genommen. Mit der verspäteten Fertigstellung wurde jedoch Johnsons eigentliche künstlerische Intention deutlich, einen »*möglichen Entwurf von Wirklichkeit*« auszubreiten, die Beschreibung des Bewußtseins der Person Gesine Cresspahl während eines Jahres. So wurden auch frühe Kritiker, die Johnsons Kombination chronikhaften Dokumentierens mit traditionellem Erzählen als verfehlt und unzeitgemäß betrachtet hatten, von der gestalterischen Notwendigkeit der Form und vom Umfang, fast 2000 Seiten, überzeugt. In dieser akribischen Rekonstruktion von Wirklichkeit in strukturalistischer Manier sind Handlung und Gesinnung nur in ihrer Zeit- und Ortsbezogenheit beurteilbar und deutbar geworden. Die Suche des Individuums nach einer moralischen und humanen Existenz im Spannungsverhältnis von Ideal und Notwendigkeit, von Einzelnem und Gesellschaft wird nicht deutend vorgeführt, sondern dem Leser zur tätigen Teilnahme angeboten. In gestalterischer wie weltanschaulicher Konsequenz sind Johnsons *Jahrestage* als Summe seines Gesamtwerks zu bezeichnen. Uwe Johnson beschreibt das Bewußtsein der Gesine Cresspahl während eines Jahres. Gesine, die in Johnsons erstveröffentlichtem Roman *Mutmassungen über Jakob* 1953 die DDR verließ, lebt nun, 1967, seit sechs Jahren als Bankangestellte mit ihrer Tochter Marie in New York. In drei Erzählsträngen werden drei Handlungen, erinnerte Vergangenheit, erlebte und erfahrene Gegenwart parallelgeführt und montageartig miteinander verwoben. Gesine erzählt Marie ihre Herkunft und Entwicklung und protokolliert die Erinnerungen auf Tonband, um sie zu bewahren *»für wenn ich tot bin«.* Daneben werden erlebte Gegenwart und Alltag von Mutter und Tochter beschrieben. Originalartikel aus der ›New York Times‹ liefern aktuelles Weltgeschehen, das Gesine zwar wahrnimmt, an dem sie aber nicht teilnimmt. Durch die Zeitungslektüre versucht sie *»Leben nachzuholen«,* das sie während ihrer Bürostunden in der Bank versäumt. So wird durch Gesine Cresspahl als Verknüpfungspunkt deutsche Vergangenheit – Weimarer Republik, Drittes Reich, Teilung nach dem Weltkrieg – mit den Ereignissen des Zeitraums August 1967 bis August 1968 verbunden: Reformbestrebungen in der Tschechoslowakei, Vietnamkrieg, Ermordung Martin Luther Kings und Robert Kennedys, Rassenunruhen in den USA, Naziprozesse in der Bundesrepublik Deutschland. Bereits im ersten Band ist die thematische Erzählstruktur für den gesamten Roman vorgezeichnet. Neben der Gegenwartshandlung sind älteste und jüngste Vergangenheit als Rahmen vorgegeben, Anfangs- und Endpunkt der Erinnerung, die sich im weiteren Verlauf des Romans dann chronologisch an die Gegenwart annähert.

Gesine beginnt ihre Aufzeichnung mit der Geschichte ihrer Eltern. Mutter Lisbeth, geborene Papenbrock, verrät als vierzehnjährige Tochter eines Gutspächters während der Klassenunruhen 1920 ein Waffenversteck in ihrem Haus. Ihr Vater hatte ein falsches Ehrenwort gegeben, um feindliche Truppen abzuwimmeln, doch Lisbeth hält es mit *»der Liebe des Christen zur Wahrheit«.* Wegen dieses Vorfalls zieht die Familie Papenbrock 1922 ins mecklenburgische Jerichow, der Heimat des Schreiners Heinrich Cresspahl. Dieser trat aus der SPD aus, als sich diese nach dem Ersten Weltkrieg mit konservativen Kräften arrangierte und gegen die revolutionären Arbeiterräte paktierte. Cresspahl arbeitet seit mehreren Jahren in einer Tischlerei in England. Im Sommer 1931 lernt er bei einem Heimatbesuch Lisbeth Papenbrock kennen. Beide heiraten noch im Herbst und ziehen gemeinsam nach England. Lisbeth, die sich dort fremd fühlt, reist kurz vor der Geburt Gesines zurück nach Jeri-

chow, wo das Kind im März 1933 zur Welt kommt. Heinrich Cresspahl beobachtet acht Monate, *»wie die Nazis ihren Staat einrichteten«,* gibt seine Arbeit in England dann doch auf und folgt seiner Frau zurück ins Dritte Reich. Cresspahls Schwiegervater ist Deutschnationaler, sein Schwager Nazi. Cresspahl verweigert sich einem direkten politischen Engagement und zieht sich ins Private zurück. Lisbeth stürzt sich aus Verzweiflung über die barbarische Gegenwart in religiöse Zwangsvorstellungen, wird von Schuldgefühlen geplagt, denen beinahe ihre Tochter Gesine zum Opfer fällt. Cresspahl hält trotz zunehmender Gefahr zu einem jüdischen Tierarzt und rät diesem zur Flucht. Er nimmt aber auch als Tischler Aufträge für den Neubau eines Kriegsflugplatzes an. Lisbeth Cresspahl ohrfeigt in der Reichskristallnacht einen Nazischergen und begeht anschließend Selbstmord. Der Ortspfarrer hält für Lisbeth eine Begräbnisrede, die ihn ins Konzentrationslager bringt. Daraufhin arbeitet Heinrich Cresspahl bis zum Ende des Zweiten Weltkriegs als britischer Spion. Nach dem Krieg, als Jerichow von den Briten besetzt wird, wird er zum Bürgermeister ernannt. Die Briten ziehen sich aber schon bald zurück, und die nachrückenden Sowjets dulden Cresspahl nur kurz in dem Amt und verhaften ihn. Er bleibt fast drei Jahre in sowjetischen Gefängnissen verschwunden.

Seit dem Krieg wohnen Jakob Abs und seine Mutter als Flüchtlinge bei Cresspahl. Gesine geht auf die Oberschule. *»Sie hat also den Sozialismus auf der Schule gehabt, und zwar theoretisch, d. h. in dem Sinne, daß die Lehrer wußten, daß man log, und daß man wußte, daß die Lehrer wußte, daß man log.«* An der Schule herrscht ein Bespitzelungsklima. Man versucht sich mit dem System stalinistischer Prägung zu arrangieren, Bürgerlichkeit oder christlich-religiöses Engagement müssen kaschiert werden. 1952 geht Gesine an die Universität Halle und studiert Anglistik. 1953 flieht sie mit Hilfe Jakobs, der ihr als Bahnangestellter die nötigen Fahrkarten beschafft hat, trotz ihrer Liebe zu ihm. In der Bundesrepublik studiert Gesine weiter, arbeitet dann für das NATO-Hauptquartier. 1956 besucht Jakob sie heimlich in Düsseldorf und verunglückt nach seiner Rückkehr in die DDR am ersten Arbeitstag tödlich. 1957 kommt Marie als Tochter Gesines und Jakobs zur Welt. Gesine geht 1961 für eine deutsche Bank nach New York. Dort wechselt sie zu einer amerikanischen Bank. Während sie sich in fremder Sprache und Umgebung eine neue Heimat erarbeiten muß, wächst ihre Tochter in diese hinein. In New York trifft sie auch Dietrich Erichson (*»D. E.«*) wieder, einen Wissenschaftler, der für einen Rüstungsbetrieb arbeitet, *»in die U. S. A. gekauft wurde er 1960«.* Die beiden kennen sich flüchtig aus dem Westberliner Übergangslager, in dem sie 1953 waren, und haben die gleiche Heimat. In New York freunden sie sich näher an, D. E. dringt auf Heirat, aber Gesine scheut eine feste Entscheidung.

Die Gegenwartshandlung wird bestimmt von Gesines Arbeit in der Bank und den Gesprächen mit ihrer Tochter, in denen sie die Familienvergangenheit, die beruflichen Pläne, das aktuelle politische Geschehen und den gemeinsamen Alltag besprechen. Gesine wird beauftragt, für die amerikanische Bank in die Tschechoslowakei zu reisen, wo »überlegt wurde, ob man das System dieses sozialistischen Staates nicht verbessern könnte, moralisch wie ökonomisch«. Sie soll dort Verhandlungen zur Abwicklung eines amerikanischen Großkredits führen. Von ihrem Bankdirektor wird sie wegen ihrer Flucht aus der DDR als Gegner des Sozialismus eingeschätzt, doch sie will es damit »noch einmal versuchen« und beobachtet deshalb interessiert die Reformbestrebungen des Prager Frühlings. Gegenüber ihrer Tochter muß Gesine ihre Anschauungsweisen, Pläne und Ansichten ständig rechtfertigen. Aufgrund des unterschiedlichen Erfahrungshorizontes beobachten Mutter und Tochter die Geschehnisse von verschiedenen Warten aus. Marie ist New York längst eine selbstverständliche Heimat geworden, die durch die Tschechoslowakeipläne ihrer Mutter gefährdet ist. Gesine dagegen ist nach dem Verlust ihrer Mecklenburger Heimat noch immer auf der Suche nach einer neuen. In New York orientiert sie sich ständig an äußerlichen Ähnlichkeiten mit ihrer deutschen Heimat, die fremde Sprache erfordert immer noch ein »doppeltes Denken«. Gesine verfolgt in der ›New York Times‹ interessiert die Prozesse gegen die Nationalsozialisten, sie stört die hohe Anzahl ehemaliger NSDAP-Mitglieder, die in der Bundesrepublik Deutschland wichtige Funktionen innehaben. Sie hält den Kontakt zu ihren früheren Freunden und Bekannten aufrecht, hilft bei der Organisation von Fluchthilfe für DDR-Bürger. Während Gesine die aktuellen amerikanischen Ereignisse unter moralischen und humanitären Gesichtspunkten beurteilen will, ist bei Marie häufig auch ein amerikanisch-patriotischer Impetus spürbar. Für Gesine bedeutet Reisen Suche – nach der verlorenen oder einer neuen Heimat –, für Marie eher Überprüfung von Erfahrungen und Wissen. Neben der Vergangenheit diskutieren Mutter und Tochter über Rassenunruhen in den USA und politische Morde. Der Alltag der beiden wird bestimmt durch Schule und Beruf, in denen die Auswirkungen des politischen Geschehens spürbar werden. Gesine und ihre Tochter kümmern sich um Francine, die »Alibinegerin« aus Maries Klasse, scheitern aber daran, deren Situation entscheidend zu verbessern. Mutter und Tochter besuchen gemeinsam eine Anti-Vietnam-Demonstration. D. E., der Freund Gesines, ist als Wissenschaftler mit dem Aufbau eines Radarüberwachungsnetzes für die NATO betraut, nimmt also als Handlanger direkt am politischen Geschehen teil. Die Beziehung zwischen Gesine und D. E. bleibt lange wegen ihrer Unentschlossenheit zur Heirat im Vagen. Als sie sich doch noch entschließt, kommt D. E. bei einem Flugzeugabsturz ums Leben. Am 20. August 1968, am Schluß des Romans, befinden sich Mutter und Tochter auf dem Weg nach Prag. Beide wissen noch nicht um die Geschehnisse dort.

Die komplexe Erzählstruktur ist das auffallendste Merkmal der umfangreichen *Jahrestage*, in denen Johnson fast das gesamte Personal seiner übrigen Werke zusammengeführt hat. Der offene Multiperspektivismus der *Mutmassungen über Jakob* – dort wurde die Handlung aus den verschiedenen Blickwinkeln der einzelnen Romanfiguren geschildert – ist nun verdeckt hinter der thematischen Zentrierung auf die Person der Gesine Cresspahl. Dadurch entsteht eine dialogische Erzählweise, für die Johnson seinen Erzählerstandpunkt auf die Funktion eines Chronisten beschränkt. Die Romaninhalte werden vermittelt durch Dialoge zwischen Gesine und Marie, Gesine und den Toten sowie zwischen Gesine und der ›New York Times‹, die als »Tante« personifiziert wird. Erkenntnis kann somit nur durch das Wahrnehmen, Ordnen und Interpretieren von perspektivisch verengtem Wahrnehmungsinteresse stattfinden. Da der Roman eine Bewußtseinsrekonstruktion und Identitätsbeschreibung eines Menschen in der modernen Gesellschaft versucht, ist Gesine Cresspahl zentrale Beurteilungsinstanz für die Wichtigkeit von Fakten, sie ist im Roman teleologischer Endpunkt von Geschichte. Jede Form von Wirklichkeit, sei sie nun erlebt, erfahren oder erinnert, wird daraufhin überprüft, ob sie für Gesines subjektive Situation von Relevanz ist. Der Vorwurf mancher Kritiker, Johnson ziehe sich vor politischer und historischer Wirklichkeit zurück ins Private, ist also insofern unzutreffend, da die sogenannten objektiven Geschehnisse lediglich auf ihre subjektive Bedeutung reduziert werden. Gesines Informationsquellen bringen ihrerseits wiederum perspektivisch verengte Wirklichkeit in ihre Wahrnehmung ein. Der Multiperspektivismus ist also nicht mehr eine offen sichtbare Erzähltechnik, sondern eine Realität der Wirklichkeitswahrnehmung, die ihre Spur im Roman hinterlassen hat. Die Suche nach Wahrheit muß sich demnach auf die Leerstellen im Geflecht der vielfältigen, subjektiv eingebrachten Wirklichkeitssplitter konzentrieren und kann bestenfalls persönliche Teilwahrheiten aufspüren. Ansprüche auf eine absolute Wahrheit werden desavouiert. Diese Suche nach Wahrheit ist es auch, die Romanautor, -figuren und -leser gemein haben. Die Romanfiguren sehen sich ständig den verschiedensten Anforderungen, privat und gesellschaftlich, gegenübergestellt. Heinrich Cresspahl muß sich mit dem Dritten Reich arrangieren, um seine Familie zu ernähren. Er steckt also seine politischen Ideale zurück. Lisbeth, die immer christlich-moralisch handelt und beurteilt, widersetzt sich der Immoralität des NS-Staates, handelt somit politisch, gefährdet dadurch aber ihre nächsten Mitmenschen, Familie und Pfarrer und sieht für sich selbst nur die Flucht in den Tod als Lösungsmöglichkeit. Gesine hat politische und moralische Ideale, die aber unter dem Handlungsdruck der Wirklichkeit nicht gleichzeitig verwirklichbar sind. Die Frage nach dem Nutzen politischen und moralischen Handelns bleibt unbeantwortet. Diese Konflikte zwischen Individuum und Gesellschaft erweisen sich als nicht harmonisierbar, eine konkrete Entscheidung für das Ideal des einen zieht fast zwanghaft die Undurchführbarkeit des anderen nach sich. Die äußere Form des Romans – die chronikhafte Einteilung der Kapitel unter das Tagesdatum, das Jahr, das scheinbar wahllos aus dem gleichförmigen Arbeitsalltag der Gesine Cresspahl herausgegriffen ist – zeigt sich damit als logische Konsequenz des Stoffes. Die Suche selbst ist das Thema des Romans, nicht die Wahrheit. Wahrheit und Moralität sind nicht als absolute Begriffe denkbar, sie sind personen-, orts- und situationsgebunden. So sind denn auch die Ereignisse dargestellt: uninterpretiert durch den Autor, interpretierbar durch den Leser.

Uwe Johnson hat in der Nachfolge und konsequenten Weiterentwicklung der Realisten des 19. Jh.s – Vorbilder sind Theodor FONTANE, Gottfried KELLER und Wilhelm RAABE – den allwissenden Erzähler als Unmöglichkeit der modernen, komplexen Gesellschaft aufgegeben und sich selbst auf das Niveau seines Romanpersonals begeben. Er erzählt gemeinsam mit Gesine, unterhält sich mit ihr. *»Wer erzählt hier eigentlich, Gesine. Wir beide. Das hörst Du doch, Johnson.«* Beide sind in gleichem Maße Objekt *und* Subjekt des Erzählens. Damit kann Johnson auch selbstkritisch und ironisch die eigene Situation als Autor reflektieren. Ein ähnliches Engagement verlangt er von seinem Leser. Das Werk ist nicht nur durch seinen Umfang sperrig, es verweigert sich auch durch eigenwillige Syntax und Begrifflichkeit der Sprache den herkömmlichen Lesegewohnheiten. Wer sich dennoch auf den Roman einläßt, muß selbst die aufgesplitterten Handlungsfragmente zusammensetzen, wobei eindeutige Zuordnungen nie möglich sind. Momente der Gegenwart und der Vergangenheit erweisen sich als frei kombinierbar und vergleichbar. Die Denkrichtung wird niemals durch Kommentierung des Erzählers gesteuert. Der Leser jedoch muß seine eigene Meinung den kritischen Fragen der Romanfiguren gegenüber behaupten können. Wie Gesines Version der Vergangenheit ständig von Marie hinterfragt wird, wie Gesine die Kompetenz der *»alten Tante«* ›New York Times‹ nicht bedingungslos anerkennt und ihren Chronisten Uwe Johnson ständig kritisch überwacht, wie die Nachgeborenen den Toten Fehler aufrechnen, so muß sich auch der Leser auf die Konfrontation verschiedener Ansichten einlassen. Die interpretatorische Offenheit des Romans spiegelt sich im vielfältigen Echo der Literaturkritik wieder. Die Erfahrungen des Lesers können nahtlos in das Erzählwerk mit eingebracht werden, denn der Rezipient nimmt ja lediglich an einer Suche teil, die durch die Ziellosigkeit der *Jahrestage* in ihrem Ergebnis vom Autor nicht vorgeprägt wird. In dieser Selbstgenügsamkeit des Anspruchs, einfach nur *»Wirklichkeit abzubilden«*, diese aber durch die konsequente künstlerische Durchgestaltung ihrer Komplexität nicht zu berauben, stellen die *Jahrestage* in der modernen deutschen Literatur ein einmaliges Werk dar. Traf der Roman beim Erscheinen der ersten drei Bände auch noch auf manche ablehnende Kritik, da er sich der damaligen aktuellen öffentlichen Diskussion verweigerte, so wurde seine Bedeutung beim Erscheinen des Abschlußbandes allgemein erkannt und gewürdigt. Die *Jahrestage* sind der Spiegel einer modernen, vor allem aber deutschen Existenz, der Versuch einer Identitätsfindung und Bewußtseinsklärung: *»Man beginnt sich zu fragen, was war eigentlich bis jetzt: Woher komme ich, und was hat mich zu dem gemacht, was ich bin.«* C.Sa.

AUSGABEN: Ffm. 1970 [Bd. 1]. – Ffm. 1971 [Bd. 2]. – Ffm. 1973 [Bd. 3]. – Ffm. 1983 [Bd. 4]. – Ffm. 1983 [Bd. 1–4]. – Ffm. 1988 (Bd. 1–4; es).

LITERATUR: R. Michaelis, K. H. Bohrer u. M. Boveri, Rez. (in FAZ, 22. 9. 1970). – M. Reich-Ranicki, Rez. (in Die Zeit, 2. 10. 1970). – R. Becker, Rez. (in Der Spiegel, 5. 10. 1970). – J. Kaiser, Rez. (in SZ, 3. 12. 1970). – H. Mayer, Rez. (in Weltwoche, 4. 12. 1970). – G. Blöcker, Rez. (in FAZ, 23. 10. 1971). – U. Jenny, Rez. (in SZ, 23. 10. 1971). – D. E. Zimmer, Rez. (in Die Zeit, 26. 11. 1971). – R. H. Wiegenstein, *U. J.: »Jahrestage I u. II«* (in NRs, 1972, H. 1, S. 125–133). – G. Blöcker, Rez. (in FAZ, 22. 12. 1973). – U. Jenny, Rez. (in SZ, 9. 2. 1974). – H. D. Osterle, *U. J.s »Jahrestage: Das Bild der USA«* (in GQ, 48, 1975, Nr. 4, S. 505–518). – M. Durzak, *Gespräche über den Roman. Formbestimmungen u. Analysen*, Ffm. 1976, S. 461–481 (st). – R. T. Hye, *U. J.s »Jahrestage«: Die Gegenwart als variierende Wiederholung der Vergangenheit*, Ffm. u. a. 1978. – I. Gerlach, *Auf der Suche nach der verlorenen Identität. Zu U. J.s »Jahrestagen«*, Kronberg/Ts. 1980. – P. Bekes, *Gefällt dir das Land nicht, such dir ein anderes. Zum Verhältnis von Moral u. Politik in J.s »Jahrestagen«* (in *U. J.*, Hg. H. L. Arnold, Mchn. 1980, S. 63–76; Text + Kritik). – J. Kaiser, *Für wenn wir tot sind. Zum Abschluß von U. J.s großer »Jahrestage«-Tetralogie* (in SZ, 12. 10. 1983). – F. J. Raddatz, *Ein Märchen aus Geschichte u. Geschichten. U. J.: »Jahrestage 4«. Zum Abschluß eines großen Romanwerks* (in Die Zeit, 14. 10. 1983). – R. Becker, *Eine Bitte für die Stunde des Sterbens. Über die Vollendung des Romanwerks »Jahrestage« von U. J.* (in Der Spiegel, 17. 10. 1983). – P. Demetz, *U. J.s Blick in die Epoche. »Aus dem Leben von Gesine Cresspahl« – der vierte Band der »Jahrestage«* (in FAZ, 12. 11. 1983). – R. Michaelis, *Kleines Adreßbuch für Jerichow u. New York. Ein Register zu U. J.s Roman »Jahrestage«*, Ffm. 1983. – *J.s »Jahrestage«*, Hg. M. Bengel, Ffm. 1985 (st). – U. T. Fries, *U. J.s »Jahrestage«: Erzählstruktur u. politische Subjektivität*, Ann Arbor/ Mich. 1987. – S. Storz-Stahl, *Erinnerung u. Erfahrung. Geschichtsphilosophie u. ästhetische Erfahrung in U. J.s »Jahrestage«*, Ffm. u. a. 1988.

MUTMASSUNGEN ÜBER JAKOB

Roman von Uwe JOHNSON, erschienen 1959. – Der erste veröffentlichte Roman des Autors, der in der DDR nicht erscheinen konnte und zeitgleich mit Johnsons »*Umzug*« nach Westberlin in der Bundesrepublik publiziert wurde, zeigt bereits die das weitere Werk bestimmenden Themata: die Chance eines menschenwürdigen Sozialismus, die deutsche Teilung und deren Auswirkungen auf die Menschen beiderseits des Eisernen Vorhangs. Schicksal und Entscheidungen der wenigen Romanfiguren werden beeinflußt von den politischen Verhältnissen, die im Herbst 1956 das Leben in der DDR und in der Bundesrepublik bestimmen. Die kunstvollen »Mutmaßungen« des Erzählers über die Titelfigur, den achtundzwanzigjährigen Reichsbahnbeamten Jakob Abs, werden durch dessen Tod ausgelöst: An einem nebligen Novembermorgen wird er auf dem Gelände des Dresdner Bahnhofs von einer Lokomotive überfahren. Beging Jakob Selbstmord? Wurde er aus politischen Gründen liquidiert? Oder wurde er nur, weil er übermüdet und unachtsam war, das Opfer eines Unfalls? »*Aber Jakob ist immer quer über die Gleise gegangen*« – mit diesem gegen allzu einfache Erklärungen sich wendenden Satz beginnt der Versuch, Klarheit in das scheinbar so offen daliegende Leben und den Tod des verläßlichen, schweigsamen, vom Rangierer zum Inspektor aufgestiegenen Jakob zu bringen. In einer Folge von Dialogfetzen aus Gesprächen von Bekannten Jakobs, von erzählenden Passagen und von Bruchstücken aus inneren Monologen der drei am engsten mit Jakob verbundenen Personen entsteht ein nicht immer ganz deutliches, aber eindringliches Bild seiner Lebensumstände. Weil seine Mutter und seine Freundin Gesine, die nun bei einer Dienststelle der NATO arbeitet, in den Westen geflohen sind, wird er von Hauptmann Rohlfs, einem Mitarbeiter der Militärischen Spionageabwehr der DDR, beschattet. Als Gesine zu Jakob nach Dresden kommt und mit ihm zusammen ihren Vater, den Kunsttischler Heinrich Cresspahl besucht, werden sie von Rohlfs, der den Auftrag hat, Gesine für Spionagedienste zu gewinnen, in ein Gespräch verwickelt, das halb aus Drohungen, halb aus Grundsatzdiskussionen besteht; doch Rohlfs respektiert, besonders von Jakob beeindruckt, die heikle Situation, in der sich alle Personen befinden. Er läßt Gesine in den Westen fahren, kurz darauf sogar Jakob; er möchte von ihnen eine freie Entscheidung für die Sache des Sozialismus, denn er ist kein gemeiner »*Hundefänger*«. In der Tat kehrt Jakob trotz seiner Liebe zu Gesine bald in die DDR zurück, enttäuscht vom Leben im Westen; am Tage seiner Rückkehr wird er bei dem mysteriösen Unfall getötet. Doch so vertrauensvoll Rohlfs mit Jakob umging, so unnachgiebig verhält er sich gegen den ebenfalls in Gesine verliebten Dr. Jonas Blach: Wenige Tage nach Jakobs Tod verhaftet er den an den Tauwetter-Diskussionen der ostdeutschen Intellektuellen beteiligten Universitätsassistenten wegen staatsfeindlicher Umtriebe.

Jakob hat versucht, sich ohne politisches Engagement loyal gegen die sozialistische Obrigkeit und zugleich menschlich anständig zu verhalten; er ist eigentlich ein unpolitischer Mensch, doch durch die persönlichen Umstände (die ihrerseits nicht von den politischen zu trennen sind) und schließlich auch als Beamter gerät er in politische Verstrickungen: etwa wenn er wenige Tage vor seinem Tod Zügen, die russische Soldaten zur Niederschlagung des ungarischen Aufstandes bringen, freie Fahrt geben muß. Er und der alte Cresspahl sind die überzeugendsten Gestalten des Buches; zu ihrer fast altfränkischen, knorrigen und soliden Art paßt auch am besten die herbe und spröde, mit plattdeutschen Einsprengseln durchsetzte, kauzig-umständliche Sprache des Buches, die nur dann Klarheit und völlige Durchsichtigkeit gewinnt, wenn etwa über Details von Jakobs Tätigkeit im Stellwerk des Bahnhofs berichtet wird: Technische Vorgänge sind ohne weiteres einsichtig, doch bei den menschlichen und politischen Fragen muß es bei »Mutmaßungen« über die Wahrheit bleiben, weil die Menschen, »*durch das ›Gesellschaftliche‹ genötigt, mit herabgelassenem Visier leben. Das Menschliche bleibt eingekapselt. Wer es erreichen will, tappt im dunkeln*« (H. M. Enzensberger). Dem Leser wird bei dem Roman eine sehr aktive Rolle zugedacht: Er muß selbst Verbindungen herstellen zwischen den aufgesplitterten Teilen der Erzählung, muß sich beim Lesen und Aufnehmen ganz konkret in die »Mutmaßungen« einschalten: »*Wie Brechts Dramaturgie den Zuschauer, so erlöst Johnsons Erzählweise den Leser aus seiner genießerischen Passivität*« (H. M. Enzensberger).

Bei Kritik und Publikum hatte das Buch Erfolg; 1960 erhielt Johnson, von Günter BLÖCKER »*der Dichter der beiden Deutschland*« genannt, für seinen Roman, der von den Rezensenten als sein ausgewogenstes und gewichtigstes Werk bezeichnet wird, den Fontane-Preis der Stadt Berlin sowie 1961, mit Erscheinen von *Das dritte Buch über Achim*, ein Stipendium für die Villa Massimo in Rom. Dagegen protestierte der damalige CDU-Fraktionschef im Bundestag, H. v. Brentano, in dessen Rede Johnson als »*amoralischer Ästhet*« und »*Produkt der Erziehung im Diktaturstaat Ulbrichts*« bezeichnet wurde.

J. Dr.

AUSGABEN: Ffm. 1959. – Ffm. 1962 (FiTb). – Ffm. 1974; ⁹1988 (st). – Ffm. 1981 (BS).

LITERATUR: M. Rychner, Rez. (in Die Zeit, 23. 10. 1959). – G. Blöcker, Rez. (in FAZ, 31. 10. 1959). – W. J. Siedler, Rez. (in Der Tagesspiegel, 22. 11. 1959). – R. Baumgart, *Ein Riese im Nebel* (in NDH, 1960, H. 66, S. 967–969). – G. Wunberg, *Struktur u. Symbolik in U. J.s Roman »Mutmassungen über Jakob«* (in Neue Sammlung, 5, 1962, S. 440–449). – M. Reich-Ranicki, Rez. (in Die Welt, 21. 9. 1963). – H. Kolb, *Rückfall in die Parataxe. Anläßlich einiger Satzbauformen in U. J.s erstveröffentlichtem Roman* (in NDH, 1963, H. 96, S. 42–74). – W. J. Radke, *Untersuchungen zu U. J.s »Mutmassungen über Jakob«*, Diss. Stanford Univ. 1966. – E. Friedrichsmeyer, *Quest by Supposition:*

J.s »Mutmassungen über Jakob« (in GR, 42, 1967, H. 3, S. 215–226). – H. Popp, *Einführung in U. J.s Roman »Mutmassungen über Jakob«*, Stg. 1967 (Deutschunterricht, 19, Beih. 1). – H. Steger, *Rebellion u. Tradition in der Sprache von U. J.s »Mutmassungen über Jakob«* (in H. S., *Zwischen Sprache u. Literatur*, Göttingen 1967, S. 43–69). – E. Wagner, *Form u. Romantechnik in U. J.s Werken »Mutmassungen über Jakob« u. »Das dritte Buch über Achim«*, Diss. Grenoble 1969. – S. E. Jackiw, *The Manifold Difficulties of U. J.s »Mutmassungen über Jakob«* (in MDU, 1973, H. 2, S. 126–143). – H. Mayer, *Versuch, eine Grenze zu beschreiben. Zu U. J.s »Mutmassungen über Jakob«* (in H. M., *Vereinzelt Niederschläge. Kritik – Polemik*, Pfullingen 1973, S. 137–146). – B. Neumann, *U. J.s »Mutmassungen über Jakob«. Die nichtaristotelische Gestaltung einer Utopie* (in *Der dt. Roman im 20. Jh.*, Bd. 2, Hg. M. Brauneck, Bamberg 1976, S. 118–144). – R. Post-Adams, *U. J. Darstellungsproblematik als Romanthema in »Mutmassungen über Jakob« u. »Das dritte Buch über Achim«*, Bonn 1977. – B. Koblenzer, *Staatspolitisch-gesellschaftliche Notwendigkeit u. individueller Handlungsspielraum, Entfremdungssymptome u. figurale Realitätsvermittlung in U. J.s Roman »Mutmassungen über Jakob«*, Mchn. 1979. – E. Fahlke, *Die »Wirklichkeit« der Mutmassungen. Eine politische Lesart der »Mutmassungen über Jakob« von U. J.*, Ffm. u. a. 1981. – B. Neumann, *U. J.: »Mutmassungen über Jakob«*, Stg. 1989 (RUB).

ZWEI ANSICHTEN

Erzählung von Uwe JOHNSON, erschienen 1965. – Anders als die beiden voraufgehenden längeren Prosaarbeiten des Autors – *Mutmassungen über Jakob* (1959) und *Das dritte Buch über Achim* (1961) – tragen die *Zwei Ansichten* nicht die Gattungsbezeichnung »Roman«. Es handelt sich um zweimal fünf Abschnitte, in denen jeweils die Geschichte eines *»jungen Herrn B.«* aus Westdeutschland und einer *»Krankenschwester D.«* aus Ost-Berlin abwechselnd erzählt wird. Nach M. Reich-Ranicki steht, wogegen der Autor jedoch Einspruch erhob, *»der Buchstabe B. für den Bundesrepublikaner und der Buchstabe D. für die Bürgerin der Deutschen Demokratischen Republik«*.
B. arbeitete als freier Pressephotograph in einer holsteinischen Mittelstadt. Er mußte dann aber, als man ihm in Berlin seinen eleganten Sportwagen gestohlen hatte, als Photolaborant und Verkäufer zurück in jene Drogerie, in der er gelernt hatte, um dort zu arbeiten und Geld für ein neues Auto zu sparen. Als Pressephotograph war er nicht sonderlich erfolgreich gewesen; seine ganze Liebe gehörte ausgefallenen Autos. – Die D. hatte er zufällig in Berlin kennengelernt. Es war keine große Liebe. Er hätte das Mädchen – sie war zwanzig, er vierundzwanzig – früher oder später vergessen. Aber der Bau der Mauer am 13. August 1961 ließ das nicht zu: *»Er fühlte sich selbst gekränkt durch die Einsper-*

rung der D. in ihrem Berlin, er hatte eine private Wut auf die Sperrzone, Minenfelder, Postenketten, Hindernisgräben, Sichtblenden, Stacheldraht, Vermauerung, Schießbefehle und Strafandrohung für den Versuch des Übergangs ... Angesichts der hilflosen Lage, in die ihre Staatsmacht sie versetzt hatte, war ihm bange vor einer undeutlichen Verpflichtung, die er eingegangen war, bevor sie ihm klargemacht wurde.« Für sie galt: *»Sie hatte in diesem Staat gelebt wie in einem eigenen Land, zu Hause, im Vertrauen auf offene Zukunft und das Recht, das andere Land zu wählen. Eingesperrt in diesem, fühlt sie sich hintergangen, getäuscht, belogen; das Gefühl war ähnlich dem über eine Kränkung, die man nicht erwidern kann ...«* Diese Empfindungen reichen aber bei beiden nicht aus, um Aktivitäten auszulösen. – Ein in Trunkenheit geschriebener Brief des B. an die D. fällt berufsmäßigen Fluchthelfern in die Hände. Sie übernehmen den Fall. Die D. kann als österreichische Touristin mit gefälschtem Paß die DDR verlassen und reist über Dänemark nach Westberlin. Ein flüchtiger Besuch gilt B., der wegen eines Unfalls dort in einem Krankenhaus liegt. Er macht ihr zwar einen Heiratsantrag. Sie wird ihn sich überlegen – mehr nicht. Sie wird in Berlin bleiben. Von Liebe ist nicht die Rede.
Es liegt auf der Hand, was Johnson nicht gewollt hat: Er wollte nicht das Skandalon der Mauer, die Mauer als politische Schlagzeile, die Mauer als Anlaß spektakulärer menschlicher Tragödien, als Prallpunkt feindlicher Ideologien. Er wählt von allen Fluchtmöglichkeiten die schlichteste, die am wenigsten das Leben gefährdet. Er wählt Menschen, die sich dem Leben gegenüber eher unentschieden verhalten, die grundsätzlich nicht zur Analyse neigen, aber auch nicht zur Aggression – Menschen, die im Grunde geneigt sind, das Verordnete – komme es als Schicksal, komme es als »Staat« – auf sich zu nehmen und sich darin einzurichten, wenn möglich unter Rettung einiger bescheidener Privilegien, die das Dasein erleichtern. Was Johnson aufzuspüren suchte – fast mit Erbitterung –, ist die Bedeutung der Mauer für den einfachen Mann, für das einfache Mädchen, für diejenigen, die das »Volk« sind. Deshalb reduziert er die von beiden Seiten ausgehende Kommentar- und Propagandawoge jener Tage auf ein bloßes Geraune. Selbst die täglichen Diskussionen in Kneipen und zwischen vier Wänden will er nicht gehört haben. Bei B. beschränkt Johnson sich auf ein vages Referieren einiger Äußerungen wie auf ein Äußerstes, wozu jener imstande gewesen sei. B., der – verstrickt in einem Knäuel aus Gefühlen und Empfindungen, unklaren Wünschen und schnell verwischten Absichten – apolitisch dahinlebt, ist einer scharfen Analyse dessen, was geschehen ist, gar nicht fähig und schon gar nicht der Tat. Wenn B. – wie Reich-Ranicki ausführt – nicht für ein Individuum, sondern für eine Verhaltensweise steht und wenn man gleichwohl einräumt, daß diese Verhaltensweise in der Bundesrepublik, in der der Bürger nicht täglich gefordert ist, einen gewissen Häufigkeitsgrad besitzt, so hat Johnson durch das akribi-

sche Beschreiben des psycho-physischen Versagens jenes B. diesem soviel uninteressant-negative Eigenart mitgegeben, daß er als die eine von zwei »Ansichten« in der Sache ausfällt. – Die D. hingegen ist in ihrer Verhaltensweise soviel reichhaltiger, in der Vielfalt ihrer Reaktionen bei aller vom Autor angestrebten Durchschnittlichkeit soviel sinnlicher – obgleich auch sie Bleiben oder Flucht gar nicht als gesellschaftliche Entscheidung erkennen kann, sondern so oder so mit sich geschehen läßt –, daß dieser D. wegen das Buch lesenswert bleibt.

Johnson, willens, eine Geschichte vom schlichten Verhalten der Schlichten jenseits einer alles befördernden menschlichen oder politischen Leidenschaft zu erzählen, trieb sich zu diesem Zweck – ohne daß er deshalb verwechselbar geworden wäre – den Umwegstil des Nachtastens, der Schwierigkeit zu berichten oder zu »mutmaßen« aus. Die verwickelte Syntax seiner ersten beiden Romane ist dem klareren Berichten des wissenden Autors gewichen. Auch in diesem Buch wird nicht linear erzählt; auch hier enthüllen immer neue nachholende Schleifen erst nach und nach den ganzen Bestand. Anders als in den vorangegangenen Romanen, so bemerkt Johnson selbst, sei die Geschichte hier *»einfacher«* gehalten: *»Der Versuch, in dem einen Fall* [Mutmassungen über Jakob] *den Lebenslauf eines Toten und die Ereignisse vor seinem Sterben zusammenzufinden aus Vermutungen, Behauptungen und knappen Zeugenberichten, ein solcher Versuch muß ›schwierig‹ ausfallen, ebenso in dem anderen Fall* [Das dritte Buch über Achim], *der Beschreibung eines Lebenslaufes gleichzeitig mit den Hindernissen, ihn zu beschreiben. Hier aber sind es lediglich ›zwei Ansichten‹, in der Hauptsache nur zwei Personen, deren Aufenthaltsorte, Handlungen, Auffassungen und Entschlüsse streng auseinandergehalten sind. Es ist eben eine einfachere Geschichte ...«,* der eine einfachere Sprache zukomme.　　　G.Ra.-KLL

AUSGABEN: Ffm. 1965. – Reinbek 1968 (rororo). – Ffm. 1971. – Ffm. 1976; 51986 (st).

LITERATUR: U. J., *Auskünfte u. Abreden zu »Zwei Ansichten«* (in Dichten und Trachten, 1965, Nr. 26, S. 5–10; ern. in *U. J.,* Hg. R. Gerlach u. M. Richter, Ffm. 1984, S. 219–222; st). – G. Blökker, Rez. (in SZ, 18./19. 9. 1965). – R. Baumgart, Rez. (in Der Spiegel, 22. 9. 1965). – M. Reich-Ranicki, Rez. (in Die Zeit, 24. 9. 1965). – H. Krüger, Rez. (ebd., 1. 10. 1965). – W. Jens, Rez. (ebd., 8. 10. 1965). – P. Härtling, *Der Rückzug auf B. und D. – U. J.s Roman »Zwei Ansichten«* (in Der Monat, 1965, H. 10, S. 60–63). – R. H. Wiegenstein, *Vom Zwang bezwungen* (in FH, 1965, H. 11, S. 795–797). – R. Alewyn, *Eine Materialprüfung. Bei Durchsicht eines sechs Jahre alten Romans* (in SZ, 28. 8. 1971). – J. Kaiser, *Nachprüfung einer Nachprüfung* [Replik auf R. Alewyn] (in SZ, 28. 8. 1971). – M. Durzak, *Politische Bestandsaufnahme: »Zwei Ansichten«* (in M. D., *Der dt. Roman der Gegenwart. Böll, Grass, J., Wolf,* Stg. 31979, S. 371–384).

DENIS JOHNSTON

* 18.6.1901 Dublin
† 8.8.1984

LITERATUR ZUM AUTOR: U. Ellis-Fermor, *The Irish Dramatic Movement,* Ldn. 1939; 21954. – K. Spinner, *»Die alte Dame sagt: Nein!«. Drei irische Dramatiker: C. Robinson, S. O'Casey, D. J.,* Bern 1961 [m. Bibliogr.]. – R. Fricker, *Das moderne engl. Drama,* Göttingen 1964. – R. Hogan, *After the Irish Renaissance: A Critical History of the Irish Drama Since »The Plough and the Stars«,* Ldn. 1968. – H. Ferrar, *D. J.'s Irish Theatre,* Dublin 1973. – R. V. O'Reilly, *The Realism of D. J.* (in *Myth and Reality in Irish Literature,* Hg. J. Ronsley, Waterloo/Ontario 1977, S. 281–295). – G. A. Barnett, *D. J.,* Boston 1978 (TEAS). – R. V. O'Reilly, *Vision and Form in the Works of D. J.,* Diss. Univ. of Toronto 1980 (vgl. Diss. Abstracts, 41, 1980, S. 2617A). – J. Ronsley, *D. J.: A Retrospective,* Gerrards Cross 1981. – G. A. Barnett, *D. J.* (in DLB, Bd. 10,1982).

THE MOON IN THE YELLOW RIVER

(engl.; *Ü: Der Mond im gelben Fluß*). Schauspiel in drei Akten von Denis JOHNSTON, Uraufführung: Dublin, 27. 4. 1931, Abbey Theatre. – Am Beispiel einiger Menschen, die während der Auseinandersetzungen zwischen den Rebellen der I.R.A. (Irish Republican Army) und der Regierung des Irischen Freistaates in eine kritische Situation geraten, zeigt das Stück die Unvereinbarkeit von Ideal und Wirklichkeit, ein Thema, das auch Sean O'CASEY, dem sein Landsmann Johnston in vieler Hinsicht verwandt ist, immer wieder beschäftigt hat.

Der deutsche Ingenieur Tausch, Leiter eines im Regierungsauftrag erbauten Kraftwerks, ist überzeugt davon, daß nur die rasche Industrialisierung Irland zu einem nationalen Aufschwung verhelfen kann. Er besucht Dr. Dobelle, einen ehemaligen Brückenbauer und hochbegabten Wissenschaftler, der aufgrund persönlicher Erfahrungen völlig desillusioniert ist, nur noch an die Macht des Bösen glaubt und die Ideen des Ingenieurs als ungeeignet für die Lösung des irischen Problems bezeichnet, da sie der irischen Natur zuwiderliefen. Trotzdem respektiert er die Einsatzbereitschaft Tauschs und warnt ihn vor dem romantischen Nationalismus der Rebellen. Während zwei von ihnen, Captain Potts und George (der in seiner Freizeit eine Kanone konstruiert hat) Dobelles Whisky zusprechen, stürmt Willie, ein junger Nationalist, mit schußbereitem Gewehr herein und erklärt Tausch, man werde das Kraftwerk in die Luft jagen, ein Plan, der kurz darauf von dem leidenschaftlich gegen die industrielle Überfremdung Irlands kämpfenden Rebellenführer Darrell Blake bestätigt wird. Er sieht gelassen zu, als Tausch die Staatspolizei verständigt, denn er glaubt, die wahre Einstellung der irischen Polizisten zu kennen. Der Anschlag auf das Werk mißlingt, da der Sprengstoff unbrauchbar ist und die wenigen selbstverfertigten Granaten – noch bevor sie aus der von Potts und George rasch flott gemachten Kanone abgefeuert werden können – sich als Blindgänger erweisen. Als dann auch noch Willie seinen Beobachtungsposten zu früh verläßt, werden die Verschwörer von der Polizei überrascht. Deren Einsatz leitet Lanagan, der sich im Gegensatz zu seinem Freund Blake aus Gründen, über die er sich selbst nicht ganz klar ist, auf die Seite der staatlichen Ordnung gestellt hat. In Erfüllung dessen, was er für seine Pflicht hält, schießt er Blake nieder.

Das Stück endet in einer Atmosphäre der Ausweglosigkeit: Tausch erhebt, entsprechend seiner festen Überzeugung, daß Recht Recht bleiben müsse, Anklage gegen Lanagan und verfaßt einen Bericht an seine Regierung, beginnt aber gleichzeitig, seinen eigenen »Idealismus« in Frage zu stellen. In einer ähnlichen Stimmung versucht Lanagan, sich darüber klar zu werden, ob seine rasche Tat gerechtfertigt war, während Potts und George resigniert die letzte Granate auf den Schutthaufen des Kraftwerks werfen. Aber ausgerechnet sie explodiert und zerstört das Werk. Wieder einmal hat sich erwiesen, daß es um die Freiheit schlecht bestellt ist, solange der einzelne sie nur als Objekt seiner eigenen Illusionen begreift. Auf die Gefahr der Selbsttäuschung bezieht sich auch der Titel des Stücks, der einem chinesischen Gedicht entnommen ist, in dem es heißt, Li-Po sei gestorben, weil er in der Trunkenheit versucht habe, einen Mond im Gelben Fluß zu umarmen.

Der psychologische Realismus des zwischen Tragödie und satirischer Komödie angesiedelten Schauspiels steht in der Nachfolge Čechovs und Ibsens. Johnston evoziert eine für den ländlichen Alltag im Irland der mittleren zwanziger Jahre charakteristische Atmosphäre, verlagert die zur Entstehungszeit des Stücks noch höchst aktuelle politische Problematik ganz in diesen Alltag und macht viele zeitbezogene Anspielungen, die nur dem Iren sofort verständlich sind. Trotzdem konnte sich *The Moon in the Yellow River* vor allem in England und Amerika rasch durchsetzen.   P.H.F.-KLL

Ausgaben: Ldn. 1932; ern. 1949 [enth. auch *The Old Lady Says, No!*]. – NY 1933. – Ldn. 1960 (in *Collected Plays*, 2 Bde., 2). – Baltimore 1960 (in *Three Irish Plays*, Hg. E. M. Browne). – Gerrards Cross 1979 (in *Dramatic works*, Bd. 2).

Übersetzung: *Der Mond im gelben Fluß*, M. Treichlinger 1931.

THE OLD LADY SAYS »NO!«

(engl.; *Die alte Dame sagt »Nein!«*). Schauspiel von Denis Johnston, Uraufführung: Dublin 3. 7.

1929, Gate Theatre. – Das erste und neben *The Moon in the Yellow River* erfolgreichste Stück des irischen Dramatikers wird von einer historischen Szene eingeleitet: Robert Emmet, der romantische irische Revolutionär aus dem frühen 19. Jh., nimmt Abschied von Sarah Curran, seiner Geliebten. Pathos und Sentimentalität dieser aus zahlreichen Zitaten irischer Dichter montierten Szene zielen auf die fragwürdige Idolisierung der Gestalt des Freiheitskämpfers. Dieser wird von Major Sirr, dem Chef der englischen Staatspolizei, verhaftet und von einem Soldaten mit dem Gewehrkolben bewußtlos geschlagen. Nun weicht die Illusion der Vergangenheit der Bühnenrealität: Der Schauspieler, der Emmets Rolle gesprochen hat, bleibt auf der Bühne liegen. Der nun folgende Hauptteil des Stücks ist als Traumspiel in der Nachfolge Strindbergs konzipiert, dem Johnston ebenso wie den deutschen Expressionisten, dem Amerikaner O'Neill und seinem Landsmann Joyce verpflichtet ist, ohne daß er in bloße Nachahmung verfiele. – Während ein Arzt sich um den »Sprecher« kümmert, identifiziert sich dieser geistig mit seiner Rolle und tritt nun als Robert Emmet in das Dubliner Leben der Zeit um 1920. Doch das Irland des 20. Jh.s weiß mit seinem Heros nichts anzufangen. Die Menschen auf der Straße berauschen sich zwar zunächst an einem blinden Patriotismus, wenden sich aber, als der »Sprecher« (ähnlich wie die Schauspieler bei Pirandello) immer wieder aus der Rolle fällt, gegen Emmet. Bei dem Versuch, sich durch einen Revolverschuß zu retten, verletzt dieser den jungen Joe tödlich. Auch auf dem Empfang des irischen Kultusministers stößt er auf Verständnislosigkeit: Ein Teil der Anwesenden betrachtet ihn lediglich als ein ähnliches Dekorationsstück wie die Statue seines Kampfgenossen und Gegners Grattan, der für eine gewaltlose und evolutionäre Loslösung Irlands von England eingetreten war, ein Teil erkennt ihn überhaupt nicht. In der Schlußszene sieht man den »Sprecher« im Sterbezimmer des jungen Joe und hört gleichzeitig den Streit der beiden an den Vorgängen völlig unbeteiligten Brüder Emmets, die die Positionen der irischen Freistaatler und Republikaner verkörpern. Die Mutter der drei Brüder, die alte, vulgäre Blumenfrau, die vorher das Volk gegen sein einstiges Idol aufgebracht hatte, entpuppt sich als die legendäre Cathleen ni Houlihan und damit (man denke an Yeats) als die Personifizierung Irlands, in der Emmet auch das andere Ich Sarah Currans erkennen muß. Das Stück endet mit dem Wiederauftritt des Arztes in der Bühnenrealität des Anfangs. Durch die Konfrontation von Vergangenheit und Gegenwart, von patriotischem Traum und politisch-gesellschaftlicher Wirklichkeit hat Johnston eine geistreich-vernichtende Satire auf beide Seiten geschaffen, die alle Möglichkeiten des Traumspiels in bezug auf Raum und Zeit ausschöpft. Zu voller Wirkung kann das Stück freilich nur gelangen, wenn die zahllosen historischen und literarischen Anspielungen verstanden werden, die in ihrer Dichte und Raffinesse an Ezra Pound und T. S.

ELIOT erinnern und dem Geschehen funktional eingegliedert sind. Diese Technik stellt große Anforderungen an den Zuschauer, beteiligt ihn andrerseits aber auch aktiv an der Realisierung des Dramas. Daraus erklärt sich, warum das Stück eigentlich nur in Irland spielbar ist. – In seiner ablehnenden Haltung gegenüber dem irisch-gälischen Mythos stellt sich Johnston eindeutig gegen das »Irish Dramatic Movement« und damit gegen die Gruppe um Yeats, SYNGE und Lady GREGORY, deren Nein zu einer Aufführung in ihrer Hochburg, dem Dubliner Abbey Theatre, Johnstons Drama, das ursprünglich *Shadowdance (Schattentanz)* heißen sollte, seinen endgültigen Titel gegeben hat.

W.Kl.

AUSGABEN: Ldn. 1932; ern. 1949 (enth. auch *The Moon in the Yellow River*). – Ldn. 1960 (in *Collected Plays*, 2 Bde., 1). – Boston *(The Old Lady Says »No!« and Other Plays)*. – Gerrards Cross 1977 (in *Dramatic Works*, Bd. 1).

LITERATUR: M. Ch. St. Peter, *D. J.'s »The Old Lady Says »No!«: The Gloriable Nationvoice*, Diss. Univ. of Toronto 1979 (vgl. Diss. Abstracts, 40, 1980).

HANNS JOHST

* 8.7.1890 Seerhausen / Sachsen
† 23.11.1978 Ruhpolding

DER EINSAME. Ein Menschenuntergang

Schauspiel in neun Bildern von Hanns JOHST, erschienen 1917, Uraufführung: Düsseldorf, 2. 11. 1917. – Der Autor, 1914 als Freiwilliger in den Krieg gegangen, veröffentlichte zunächst mehrere Dramen im expressionistischen Stil der Zeit (*Der junge Mensch*, 1916; *Der Einsame*, 1917; *Der Anfang*, 1917), die geprägt sind vom Menschheits- und Verkündigungspathos dieser Epoche. *Der Einsame* bringt in lockerer Szenenfolge und historisch recht freier Gestaltung das Leben des deutschen Dramatikers Christian Dietrich Grabbe auf die Bühne. In etwas sentimentaler Überhöhung wird die Gestalt des revolutionären Melancholikers als Verkörperung der Einsamkeit des »höheren Menschen« verherrlicht.
Grabbes Geliebte, Anna, stirbt im Kindbett, kurz nachdem der Dichter sein Schauspiel *Napoleon oder Die hundert Tage* beendet hat. Seine ständig wachsende Verzweiflung entfremdet ihn seinen Freunden, darunter dem spätromantischen Dichter Uechtritz und dem jungen Arzt Hans, dessen Braut Isabella er verführt – eine von Johst erfundene, auch im Zusammenhang seines Stückes unglaubwürdige Episode, die etwas an die längst überholte Gartenlauben-Romantik des 19. Jh.s erinnert.

Grabbes Stück wird vom Verleger abgelehnt, zudem verliert er seine Stellung am Detmolder Amtsgericht. Seine Mutter ist verzweifelt. Zechenden Honoratioren der Stadt soll er im Ratskeller eine »Schweinerei« vorlesen, er aber überrascht die verständnislosen Bürger mit Teilen aus dem *Alexander*-Drama. Nach dem Tode der Mutter verfällt er ganz der Trunksucht und stirbt. Vagabundierende Musikanten bringen ihm ein Ständchen.
Das in einer teils ekstatisch überhöhten, teils wüst polternden Sprache verfaßte Stück wirkt sehr uneinheitlich. Allein der manchmal wörtlich aus Grabbes Werk ebenso wie aus BÜCHNERS Texten übernommene Dialog gibt den Szenen eine gewisse Bühnenwirksamkeit, allerdings ist den mit Hilfe der Musik Beethovens, Orgelklang und Adlerflug symbolisierten Auftritten eine ungewollte Komik eigen. Als Gegenstück zu diesem Schauspiel verfaßte B. BRECHT 1918 seinen *Baal*, zur »*Abreagierung bürgerlichen Heldenlebens*«. In der Folgezeit fand Johst die Idee des »neuen Menschen« vor allem in nationalistischen und schließlich nationalsozialistischen Kreisen der Verwirklichung nahe; 1933 erschien sein Drama *Schlageter*, und als Präsident der Reichsschrifttumskammer wie der Deutschen Akademie der Dichtung 1935–1945 gehörte er zu den führenden Literaten des NS-Regimes.　W.P.-KLL

AUSGABEN: Mchn. 1917. – Mchn. 1938.

LITERATUR: J. Bab, *Der Wille zum Drama*, Bln. 1919, S. 259–261. – W. Kordt, *Der Dramatiker H. J.* (in Das Dt. Theater, 1, 1922/23, S. 15–30). – W. Schaeferdick, *Überwindung des Expressionismus* (in Dt. Kunstschau, 1, 1924, S. 425). – S. Melchinger, *Heldisches Drama* (in Dt. Ztg., 4. 1. 1925; vgl. ebd., 14. 7. 1925). – J. Sprengler, *H. J., der Dramatiker des Glaubens* (in Hochland, 24, 1926, S. 215–223). – A. Soergel, *H. J.* (in A. S., *Im Banne des Expressionismus*, Lpzg. 1927, S. 717–728). – L. A. Willoughby, *H. J.* (in GLL, 1, 1936/37, S. 73–76). – H. F. Pfanner, *H. J.*, Den Haag/Paris 1970. – R. W. Sheppard, *Unholy Families. The Oedipal Psychopathologie of Four Expressionist Ich-Dramen* (in OL, 41, 1986, S. 355–383).

MÓR JÓKAI

eig. Móric Jókay

* 18.2.1825 Komárom
† 5.5.1904 Budapest

LITERATUR ZUM AUTOR:
Bibliographien:
J. Szinnyei, *J. M.*, Budapest 1898. – V. Zimáné Lengyel, *J. Bibliográfia*, Budapest 1975.

Biographien:
K. Mikszáth, *J. M. élete és kora*, 2 Bde., Budapest
1907; ern. Budapest 1954 u. 1982. – Gy. Kristóf,
J. M. élete és művei, Kolozsvár 1925. – D. Lengyel,
J. M., Budapest 1968; ²1970.
Gesamtdarstellungen und Studien:
I. Sőtér, *J. M.*, Budapest 1941. – M. Nagy, *Js.
Romanbaukunst* (in Acta Litteraria, 1965,
S. 103–144). – M. Nagy, *J. A regényíró útja
1868-ig*, Budapest 1968. – Zs. Dely, *A fiatal J.
nyelve és stílusa*, Budapest 1969. – I. Csukás, *J. és a
nemzetiségek*, Szeged 1973. – L. Czigány, *J.'s
popularity in Victorian England* (in New Hungarian
Quarterly, 1975, Nr. 60, S. 186–192). – M. Nagy,
J. M. alkotásai és vallomásai tükrében, Budapest
1975. – I. Bori, *A magyar »fin de siècle« írója: J. M.*
(in I. B., *Varázslók és mákvirágok*, Újvidék 1980,
S. 5–121). – *Az élő J. Tanulmányok*, Hg. F. Kerény
u. M. Nagy, Budapest 1981. – Z. Szénássy, *J.
nyomában*, Bratislava/Budapest 1982.

AZ ARANYEMBER

(ung.; *Der Goldmensch*). Roman von Mór JÓKAI,
erschienen 1872. – Der reiche Kaufmann Timár
(sein Urbild war der in Komorn lebende Sohn eines reichen Getreidehändlers) rettet auf einer Ge-
schäftsreise eine junge Türkin und ihren Vater aus
großer Gefahr. Vor seinem Tod vertraut der
schwerkranke Türke dem Kaufmann einen Schatz
an; vor allem aber bittet er ihn, seine Tochter Timea
nicht zu verlassen. Obwohl Timár die Türkin und
auch sie ihn nicht liebt, fühlt er sich verpflichtet, sie
zu heiraten. Auf die Dauer jedoch kann er nicht verbergen, daß er innerlich unglücklich ist. Unter seinen Händen verwandelt sich zwar alles zu Gold,
sein Reichtum wächst, doch wird er sich selbst in
seinem Glück unheimlich. Auf einer kleinen Do-
nauinsel, wohin er immer wieder vor sich selber
flieht, lernt er das Mädchen Noemi kennen, dem
bald seine Liebe gehört. Auf der Insel begegnet er
aber auch einem vom Unglück heimgesuchten jungen Mann, dessen schweres Leben dem reichen
Kaufmann eine Folge seines eigenen Glücks zu sein
scheint, und er leidet darunter, daß er seine Erfolge
immer nur auf Kosten anderer erringt. Als sich in
der Stadt das Gerücht von seinem Tod verbreitet
und seine Frau daraufhin einen jungen Offizier heiratet, den sie liebt, sieht Timár darin einen Fingerzeig Gottes; er verzichtet auf sein Vermögen und
bleibt für immer auf der einsamen Insel. Hier
schenkt ihm Noemi viele Kinder, und hier findet er
endlich auch das »wahre Gold«.
Deutlich treten in diesem Roman die märchenhaften Züge hervor, die er mit vielen Produkten der
bürgerlichen Unterhaltungsliteratur gemeinsam
hat. Vor diesen zeichnet Jókais Buch, das als sein
bestes gilt, die frische und phantasievolle Schilderung des Lebens in den kleinen ungarischen Provinzstädten aus. Der Autor versucht nicht, das Verhalten seiner Figuren logisch oder psychologisch
zu begründen, er entwickelt es vielmehr aus der

Dramatik des wundersamen Schicksals, das sich an
ihnen vollzieht und ihre jeweils eindeutig guten
und eindeutig bösen Reaktionen auslöst. Diese
Eindeutigkeit und die oft abenteuerlichen Ereignisse machten den Roman auch zur beliebten Ju-
gendlektüre. Er wurde mehrfach verfilmt.

E.K.-KLL

AUSGABEN: Pest 1872, 5 Bde. – Pest 1880. – Pest
1884. – Budapest 1896–1906 (in *Összes művei*,
100 Bde., 45/46). – Budapest 1954 (in *Válogatott
művei*). – Budapest 1966. – Budapest 1973. – Bukarest 1976. – Budapest 1981. – Budapest 1983.

ÜBERSETZUNGEN: *Der Goldmensch*, K. M. Kertbény (in Pester Lloyd, 1872). – Dass., ders. Lpzg.
1873 (RUB). – *Die Roseninsel*, L. Wechsler (in
1001 Erzählungen für Jung und Alt, Bd. 14, Bln.
o. J. [1906]). – *Vom Golde verfolgt*, A. Sacher-Ma-
soch, Zürich o. J. [1957]. – *Ein Goldmensch*,
H. Weissling, Lpzg. 1963; ⁴1975. – Dass., K. M.
Kertbény, Bearb. H. Schade-Engl, Budapest 1964;
⁴1985.

DRAMATISIERUNG: M. J., *Az aranyember*, Drama
in 5 Akten mit 1 Vorspiel (Urauff.: Budapest,
3. 12. 1884, Nemzeti Színház).

LITERATUR: A. Huszár-Várdy, *The Image of the
Turks in J.'s Historical Novels and Short Stories*, Pittsburgh 1979. – G. Bárczi, *Stíluselemzés. J.: »Az aranyember«* (in G. B., *A magyar nyelv múltja és jelene*,
Budapest 1980, S. 370–417). – J. Barta, *Tímár
Mihály, az aranyember* (in J. B., *Évfordulók*, Budapest 1981, S. 268–283). – M. Cenner, *Az arany
ember dramatizálásának színháztörténete* (in *Az élő
J.*, Budapest 1981, S. 126–143). – I. Hermann, *A
magyar regény senki szigete* (in I. H., *Veszélyes viszo-
nyok*, Budapest 1983, S. 77–95).

A CIGÁNYBÁRÓ

(ung.; *Der Zigeunerbaron*). Roman von Mór Jó-
KAI, erschienen 1885. – Titel und Inhalt des Romans, der nicht zu Jókais besten zählt, sind fast nur
durch die gleichnamige Operette bekannt geworden, obwohl die Bearbeitung des Operettenlibret-
tisten SCHNITZER nur noch weitere Plattheiten zu
den schon vorhandenen hinzugefügt hat. Die
Handlung spielt im Banat (Südungarn) zur Zeit
der Vertreibung der Türken (Anfang 18. Jh.). Der
auf nicht ganz ehrliche Weise reich gewordene ungarische Gutsbesitzer Botsinkay vergräbt vor den
nahenden österreichischen Truppen seine riesigen
Schätze samt denen des Temesvárer Paschas Mehe-
med und flüchtet mit Frau und Kind in das türkische Gebiet. Nach seinem und des Paschas Tod
kennt niemand mehr das Versteck der Schätze.
Botsinkays kleiner Sohn Jónás wird von seiner
Mutter, die sich als Marktwahrsagerin durchbringt,
in ärmlichsten Verhältnissen aufgezogen. Nach ihrem Tod kann Jónás dank einer Amnestie auf sein

Erbgut zurückkehren, das verwahrlost und verlassen ist. Die alte Zigeunerin Czafrinka wahrsagt ihm, daß das Versteck der Schätze seiner zukünftigen Frau in der Hochzeitsnacht im Traum offenbar werden würde. Jónás begibt sich daraufhin auf die Brautsuche. Auf Anraten des Generals Baron Feuerstein, der ihn für einen Dummkopf hält, besucht er das Gut des Serben Loncsár, eines ehemaligen Schweinehändlers, der auf der Woge der Befreiungskonjunktur adliger Gutsbesitzer wurde. Jónás wäre bereit, dessen überspannte Tochter zu heiraten, doch wird ihm die Erwerbung des Barontitels zur Bedingung gemacht. Als er sich bei Baron Feuerstein Rat holen will, erfährt er zufällig, daß dieser, der verheiratet ist, seine Ehepläne nur fördert, um ihm dann in der Rolle des Hausfreundes Hörner aufzusetzen. Verärgert kehrt Jónás heim, verliebt sich in Szaffi, die Tochter der inzwischen als Hexe verbrannten Zigeunerin, und heiratet sie. Die Ehe ist aber trotz des Segens der Kirche ungültig, da die Formalitäten nicht beachtet wurden. Jónás erfährt von Szaffi das Versteck der Schätze, gräbt sie aus und wird zum reichsten Mann des Landes, doch nennt man ihn jetzt verächtlich »Zigeunerbaron«. Mit einer Zigeunertruppe geht er zum Militär, wird ein Held – allerdings ohne Heldentaten zu vollbringen – und gelangt, zum Baron erhoben, an den Wiener Hof. Schließlich kommt ans Tageslicht, daß Szaffi von fürstlichem Geblüt ist, ihre Mutter Tochter des Temesvárer Paschas war und deshalb das Versteck der Schätze kannte.

Die komplizierten Handlungsfäden dieser wildromantischen Geschichte kann nicht einmal der Autor ganz entwirren, und dies erklärt vielleicht auch, warum der Roman nichts auszusagen hat. Die Operettenbearbeitung hat die Handlungsmotive noch mehr verwischt, die Charaktere aber für den damaligen österreichischen Geschmack zurechtgestutzt.   T.P.I.

AUSGABEN: Budapest 1885 (in Magyar Szalon Könyvtára, Nr. 1, 2, 4, 6). – Budapest 1896–1906 (in *Összes művei*, 100 Bde., 84). – Budapest 1967. – Budapest 1979.

ÜBERSETZUNGEN: *Der Zigeunerbaron*, anon., Breslau 1886. – Dass., anon., NY 1889 (Deutsche Bibliothek, 183).

VERTONUNG: *Der Zigeunerbaron*, J. Strauß Sohn, (Operette; Libretto: J. Schnitzer; Urauff.: Wien, 24. 10. 1885).

VERFILMUNGEN: *Der Zigeunerbaron*, Deutschland 1935 (Regie: K. Hartl). – Dass., BRD 1954 (Regie: A. M. Rabenalt).

EPPUR SI MUOVE. ÉS MÉGIS MOZOG A FÖLD!

(ung.; *Eppur si muove. Und sie bewegt sich doch!*). Kulturhistorischer Roman von Mór JÓKAI, erschie-

nen 1871. – Die zentrale Figur des im ersten Viertel des 19. Jh.s spielenden Romans ist Kálmán Jenőy, ein Vertreter jener neuen Schriftsteller- und Künstlergeneration, die die Reformepoche der dreißiger und vierziger Jahre vorbereiten half. In Jenőy und seinem Schicksal lassen sich Züge der Dichter József KATONA und Károly KISFALUDY erkennen. Fünf Studenten sind wegen liberaler Bestrebungen im Jahre 1819 aus dem altehrwürdigen Debrecener Kollegium ausgeschlossen worden. Bevor sie sich voneinander trennen, vereinbaren sie ein Wiedersehen in zwölf Jahren. Der Roman folgt nun ihren verschiedenen Lebenswegen, in der Hauptsache aber dem von Kálmán Jenőy. Obwohl als Schriftsteller erfolgreich, trifft ihn die Verachtung der bürgerlichen Umwelt. Er führt ein bescheidenes, an Freuden armes Leben und stirbt noch vor dem Treffen mit seinen Kommilitonen an der Schwindsucht. Nach vierzig Jahren erst erinnert man sich in Ungarn seines Grabes. Seine sterblichen Überreste werden von der Akademie der Wissenschaften in das Pantheon der Nation übergeführt. Das Land schreitet einer neuen Zukunft entgegen, deren Grundstein Jenőys Generation gelegt hat.

Diesem Roman kommt in Jókais Schaffen eine besondere Bedeutung zu, weil der Autor hier entgegen seiner sonstigen Manier auf eine effektvoll romantische Handlungsführung weitgehend verzichtet hat. Von wenigen Stellen abgesehen, gibt er ein wirklichkeitsgetreues Bild vom Anfang des 19. Jh.s, wenngleich man seiner Betrachtungsweise auch eine patriotisch-idealisierende Tendenz anmerkt. Mit bewundernswertem Geschick gelingt es ihm, den Leser für eine weit zurückliegende Zeit zu interessieren, in der sich nach außen hin nahezu nichts ereignete. Daß Jókais Werk in Ungarn auch heute noch Leser findet, beweist, daß dieser literarhistorische Roman populär geblieben ist.

    T.P.I.-KLL

AUSGABEN: Budapest 1871 (in A Hon). – Budapest 1872/73, 6 Bde. – Budapest 1896–1906 (in *Összes művei*, 100 Bde., 43/44). – J. u. E. Margócsy (Magyar Klasszikusok). – Budapest 1959, 2 Bde. (in *Válogatott művei*). – Budapest 1965. – Budapest 1972. – Budapest 1978. – Bukarest 1983. – Budapest/Bratislava 1984.

ÜBERSETZUNG: *Wir bewegen die Erde*, anon. (in Pester Lloyd, 1871). – Dass., 4 Bde., Bln. 1875.

LITERATUR: J. Hankiss, *J., a nagy magyar regényíró*, Budapest 1938. – L. Deme, *J. M. »És mégis mozog a föld«* (in Irodalomtörténet, 1956).

ERDÉLY ARANYKORA

(ung.; *Siebenbürgens goldene Zeit*). Historischer Roman von Mór JÓKAI, erschienen 1851. – Jókais erster historischer Roman eröffnet die lange Reihe seiner erfolgreichen und vielgelesenen Werke, die den Verlust der Selbständigkeit Ungarns in der zweiten Hälfte des 17. Jh.s und den allmählichen Wiederaufstieg im 19. Jh. zum Thema haben. Erst in seinen Spätwerken griff Jókai historische Themen aus der früheren Vergangenheit Ungarns auf, hatte mit ihnen allerdings wenig Erfolg.

Gleich an den Anfang dieses Romans setzt Jókai ein Symbol: den Tod des Grafen ZRINYI († 1664), des Verfassers der *Obsidio Szigethiana (Belagerung von Sziget)*, in dessen Person Jókai den letzten Repräsentanten jener Kräfte sieht, die Ungarn hätten einigen können. Anschließend widmet er sich den ersten Herrscherjahren des siebenbürgischen Fürsten Miháel Apafi: 1662 kehrt Apafi aus tatarischer Gefangenschaft auf sein Heimatgut Ebesfalva zu seiner Frau Anna Bornemissza heim. Ein Jahr später wird überraschend vom türkischen Sultan bzw. dessen Vertreter Ali Pascha seine Wahl zum Fürsten von Siebenbürgen bei den Szekler Ständen durchgesetzt. Die Truppen des rechtmäßigen, aber unpopulären Fürsten János Kemény werden von einem Türkenheer unter Kucsuk Pascha bei Nagy-Szőlős geschlagen, Kemény fällt. Unter Mithilfe seiner herrschsüchtigen Frau gelingt es Apafi, in der politischen Windstille nach dem Frieden von St. Gotthard die Unabhängigkeit Siebenbürgens gegen die Pforte wie auch gegen Habsburg zu behaupten. Sein Minister Teleki, ein Günstling seiner Frau, versucht den willensschwachen Fürsten dazu zu bewegen, im Bündnis mit Frankreich Habsburg den Krieg zu erklären und Ungarn zu befreien. Dieser Plan trifft jedoch auf den entschiedenen Widerstand der Siebenbürger Stände, die unter der Führung von Béldi und Bánfi (Generale der Szekler bzw. der ungarischen Stände) stehen. Teleki gelingt es zwar, das Ansehen des Generals Bánfi zu untergraben, doch stimmen die Stände auf dem Landtag zu Gyulafehérvár gegen den Krieg, um die endlich sicher scheinende Selbständigkeit und friedliche Entwicklung Siebenbürgens nicht zu gefährden. Gegen den Willen von Apafis Frau stiftet Teleki jetzt den Fürsten zur Anwendung des *ius ligatum* an, das ihm eine private Verfolgung Bánfis erlaubt. Für diese Verschwörung wird auch General Béldi gewonnen. Bánfis Verurteilung zum Tode und seine Hinrichtung leiten den endgültigen Untergang Siebenbürgens ein.

Schon dieser erste Teil des großen historischen Romantableaus Jókais weist alle Vorzüge auf, die das weitere Schaffen des Autors auszeichnen: eindrucksvolle Milieuschilderungen, farbige Ausschmückung genußvoll erzählter Episoden, spannende Handlungsführung und ein klarer Blick für die historischen Gegebenheiten.   T.P.I.-KLL

AUSGABEN: Pest 1851 (in Pesti Napló). – Pest 1852, 2 Bde. – Budapest 1896–1906 (in *Összes művei*, 100 Bde., 1). – Budapest 1954, Hg. J. Szücs (in *Válogatott művei*). – Buenos Aires 1956 (Magyar Történelmi Regénysorozat, 1). – Budapest 1962 (in *Összes művei*, Hg. M. Nagy, *Regények*, Bd. 3, Hg. A. Oltványi; krit.). – Budapest 1968. – Budapest 1981. – Budapest 1985.

ÜBERSETZUNGEN: *Siebenbürgens goldne Zeit*, M. Falk, Pest 1854. – *Die goldene Zeit in Siebenbürgen*, L. Rosner, Lpzg. o. J. [1871] (RUB).

LITERATUR: F. Szinnyei, *Novella- és regényirodalmunk a Bach-korszakban*, Bd. 1, Budapest 1939. – I. Jánosy, *Az »Erdély aranykora« forrásainak problémáihoz* (in Irodalomtörténet, 1956). – Gy. Dávid, *J. Emberek, tájak, élmények. J. érdélyi tárgyú műveiben*, Kolozsvár 1971. – Zs. Vita, *J. Erdélyben*, Bukarest 1975.

FEKETE GYÉMÁNTOK

(ung.; *Schwarze Diamanten*). Roman von Mór Jó-KAI, erschienen 1870. – Der »große Geschichtenerzähler« Jókai schrieb seinen sehr erfolgreichen Roman in der »heroischen« Epoche der Industrialisierung Ungarns, als nach dem Kompromiß von 1867 (österreichisch-ungarische Doppelmonarchie) das Land von Neuerungen geradezu überflutet wurde.

Hauptfigur ist ein Chemotechniker, der in den Bergen, weit entfernt von Budapest, eine Kohlengrube besitzt. Iván Berend ist keineswegs der Typ des nüchternen Industriemanagers, sondern einer jener romantischen »Übermenschen«, wie man ihnen in Jókais Romanen immer wieder begegnet. Der versierte Bergbauexperte und Naturwissenschaftler ist auch im Schießen, Fechten, Tanzen und sogar im Kartenspiel unübertroffen und ist obendrein edel, großzügig und bescheiden. Diesen nahezu vollkommenen Menschen stellt der Autor in den Mittelpunkt einer recht komplizierten, an Überraschungseffekten reichen Handlung: Der Wiener Bankier Kaulmann will sich mit Hilfe riesiger Spekulationen in den Besitz der Kohle im Bondatal bringen. Berend widersetzt sich diesen Machenschaften, und sein stets ehrlich geführter Kampf verhilft ihm schließlich, nach übermenschlichen Anstrengungen, zum verdienten Erfolg. Parallel zur Haupthandlung wird erzählt, wie Berend sich in ein aus einfachen Verhältnissen stammendes Mädchen verliebt. Der skrupellose Kaulmann entführt jedoch das Mädchen nach Wien und zwingt es, ihn zu heiraten. Erst nach Überwindung vieler Schwierigkeiten kann das Mädchen zu Berend zurückkehren und an seiner Seite glücklich werden. Der Romanstoff gibt Jókai die – reichlich genutzte – Gelegenheit, den Leser mit einer minuziösen Kenntnis der verschiedensten Milieus zu frappieren. In der ironischen Schilderung des hektischen Börsenbetriebs kommt Jókais Aversion gegen jenen Typ des Kapitalisten zum Ausdruck, wie er sich im Ungarn zwischen 1849 und 1867 herauszubilden begann und nach 1867 überall anzutreffen war. Seine Abneigung gegen den Kapitalismus erstreckt sich jedoch nicht auf Berend. Obwohl ebenfalls Kapitalist, ist dieser der Ausnahmefall des idealen Unternehmers, dem die Sympathie des Autors gehört: Er arbeitet mehr als seine Bergleute, teilt ihr einfaches Leben und ist ein Reform-Kapitalist vom

Schlag eines Robert OWEN. Jókais Schilderung der Grubenarbeiter wirkt im Vergleich mit der anderer Gesellschaftsschichten erstaunlich naiv. Er steht ihnen mit einer Art sentimentalem Philanthropismus gegenüber und scheint sie für eine moderne Spielart des »edlen Wilden« zu halten. – Der Roman ist der Tribut eines Romantikers an den technischen und wissenschaftlichen Fortschritt. Antiklerikale, antiaristokratische und antikapitalistische Untertöne sind nicht zu überhören. Die Zukunft, scheint Jókai sagen zu wollen, gehört den Berends und nicht den Kaulmanns.   G.G.-KLL

AUSGABEN: Budapest 1870. – Budapest 1896 bis 1906 (in *Összes művei*, 100 Bde., 42). – Budapest 1967. – Kolozsvár 1972. – Bratislava 1974. – Budapest 1976. – Budapest 1984.

ÜBERSETZUNGEN: *Schwarze Diamanten*, anon., 5 Bde., Budapest 1871. – Dass., E. Glatz, Lpzg. 1919 (RUB). – Dass., Bearb. H. Schade-Engl, Budapest 1963. – Budapest 1968.

LITERATUR: G. Szebényi, *J. és a »Fekete gyémántok«
néhány kérdése* (in Irodalomtörténet, 1954, S. 24 bis 60).

EGY MAGYAR NÁBOB

(ung.; *Ein ungarischer Nabob*). Roman von Mór JÓKAI, erschienen 1853; die Fortsetzung, *Kárpáthy Zoltán*, wurde schon im folgenden Jahr veröffentlicht. – Im Mittelpunkt des ersten Romans steht der alte, rückständige Kárpáthy, der seine Tage im Nichtstun, mit Essen, Trinken und frivolen Lustbarkeiten verbringt, wobei ihm seine gleichgesinnten Freunde aus dem ganzen Komitat Gesellschaft leisten. Während der Alte so sein Vermögen verpraßt, führt sein Erbe, der Neffe Abellino, in der Hoffnung auf den zu erwartenden Reichtum ein ähnliches Leben in Paris. Seines bisherigen Daseins überdrüssig, gibt der alte Herr dem Drängen der Pester Bürgerin Mayer nach, die ihm ihre blutjunge Tochter Fanny zuzuführen sucht. Fügsam geht das arme Mädchen die Ehe mit dem betagten Großgrundbesitzer ein, obgleich ihr Herz dem Grafen Szentirmay gehört. Sie stirbt bei der Geburt ihres Sohnes Zoltán. Abellino wird von dieser Nachricht schwer getroffen, da die Geburt eines gesetzlichen Erben all seine Hoffnungen auf das väterliche Vermögen zunichte macht.
Im zweiten Teil – *Kárpáthy Zoltán* – findet der Leser den Titelhelden im Hause Szentirmay, da der Graf, der Mutter Zoltáns über den Tod hinaus verbunden, die Erziehung des jungen Mannes übernommen hat. Auch er kann Zoltán nicht vor den Angriffen des verbissen und niederträchtig um das Vermögen kämpfenden Abellino schützen. Nach vielen Verwicklungen gelingt es Zoltán, den verleumderischen Vorwurf, er entstamme einer ehebrecherischen Verbindung seiner Mutter mit dem Grafen, zu widerlegen und sein Erbe anzutre-

ten. Während Abellino und seine zweifelhaften Freunde ihrer gerechten Strafe entgegensehen, beschließen Zoltán und Kathinka, die Tochter Szentirmays, zu heiraten, womit sie die unerfüllte Liebe ihrer beiden Eltern gleichsam zur Erfüllung führen. In diesen beiden Tendenzromanen, die als die besten des liberalen, mit PETŐFI befreundeten Autors gelten, gelang es Jókai, Probleme und Hoffnungen der ungarischen Gesellschaft der Reformzeit glaubhaft darzustellen. Der bornierte Chauvinismus des alten Kárpáthy ist nicht minder charakteristisch für die den sozialen Fortschritt hemmenden Elemente des ungarischen Adels als Abellinos am Dandytum ausländischer Prägung orientiertes parvenühaftes Schmarotzerdasein. Fanny, die arme Bürgerliche dagegen, verkörpert den gesunden Menschenverstand des einfachen Volks. In der Wesensschilderung des fortschrittlich gesinnten Grafen tritt noch einmal Jókais optimistische Fabulierfreude, aber auch seine tendenziös-vereinfachende Art der Charakterzeichnung zutage, wie sie sein Werk vielfach aufweist: In seinem Edelmut und seiner Größe gleicht Szentirmay eher einem Märchenprinzen als einem Menschen der Realität, aber gerade diese Vermengung illusionären Wunschdenkens mit lebensnaher Milieuschilderung sicherte den Romanen einen durchschlagenden Erfolg. In seiner Hoffnung auf den mittleren Adel brandmarkt der Autor nicht nur die reaktionäre, zum Untergang verurteilte höhere Adelsschicht im Ungarn des 19. Jh.s, sondern entwirft darüber hinaus ein optimistisches, von den Reformgedanken des Grafen István SZÉCHENYI beeinflußtes Bild der kommenden Zeit. – Formal gesehen nehmen die beiden Werke eine Zwischenstellung zwischen dem westeuropäischen Roman und dem von Sándor Petőfi und János ARANY angestrebten volkstümlichen Epos ein (M. Szabolcsi).   M.A.

AUSGABEN: Pest 1853 (in Pesti Napló). – Pest 1853/54, 4 Bde. – Pest 1854 (*Kárpáthy Zoltán*, in Pesti Napló). – Pest 1854, 4 Bde. – Pest 1896–1906 (in *Összes művei*, 100 Bde., 4/5). – Budapest 1962/63 (in *Összes művei*, Hg. M. Nagy, Regények, Bd. 5/6; 8/9; krit.) – Budapest 1967. – Bratislava 1971. – Budapest 1977. – Budapest 1982. – Budapest 1986 (in *Válogatott művei*, Bd. 1).

ÜBERSETZUNGEN: *Ein ungarischer Nabob*, A. Dux, 4 Bde., Pest 1856 (Belletristisches Lese-Cabinet der Magyarischen Literatur, 9.–18. Lieferung). – *Zoltan Karpathy*, E. Glatz, 4 Bde., Pest 1860. – *Ein ungarischer Nabob*, B. Heilig, Lpzg. 1968. – *Zoltán Kárpáthy*, G. Harmat, Lpzg. 1976. – *Ein ungarischer Nabob*, H. Schade u. G. Engl, Budapest 1976.

DRAMATISIERUNGEN: S. Lukácsi, *Egy magyar nábob* (Urauff.: Arad um 1868, Aradi Színház). – S. Hevesi, dass. (Urauff.: Budapest, 1. 4. 1916, Magyar Színház). – Ders., *Kárpáthy Zoltán* (Urauff.: Budapest, 15. 12. 1916, Magyar Színház). – Anon., dass. (Urauff.: Tápiószecső, 20. 1. 1961, Pestmegyei Petőfi Színház).

VERFILMUNGEN: *Egy magyar nábob*, Ungarn 1966 (Regie: Z. Várkonyi). – *Kárpáthy Zoltán*, Ungarn 1966 (Regie: ders.).

LITERATUR: F. Szinnyei, *Novella- és regényirodalmunk a Bach-korszakban*, Bd. 1, Budapest 1939. – M. Nagy, *Két százéves J.-regény*, Budapest 1955. – I. Sőtér, *J. útja* (in I. S., *Romantika és realizmus*, Budapest 1956).

RAB RÁBY

(ung.; *Einer stach ins Wespennest*). Historischer Roman von Mór JÓKAI, erschienen 1879. – Diese mutige Bearbeitung eines Stoffes aus der ungarischen Aufklärungszeit ist unzweifelhaft der bedeutendste unter den Romanen Jókais, die in der Zeit nach seiner großen Schaffensperiode (ca. 1850–1875) entstanden. Zugleich werden in diesem Werk aber auch gerade die Schwächen des Autors deutlich: sein Verharren in der Romantik und die Gefahr des Absinkens in die Routine. Als Quelle für diesen historisch gut fundierten Bericht über einen Mann von bewundernswerter Zivilcourage und ein Rechtssystem von abschreckender Grausamkeit benutzte Jókai die fast vergessenen, 1797 in Straßburg in deutscher Sprache erschienenen Memoiren des Kabinettsekretärs Kaiser Josephs II., Mátyás Ráby.

Im Jahr 1784 beginnt der Leidensweg Rábys, der von dem Juden Abrahám Rothesel zufällig einiges über die Korruptheit der Lokalbehörden in der ungarischen Kleinstadt Szentendre bei Buda erfährt und als gerechtigkeitsliebender Mensch dem Kaiser hiervon Meldung erstattet. Er wird beauftragt, der Angelegenheit nachzugehen, und zieht daher nach Szentendre. Nach seiner Heirat beginnt er die Untersuchung, findet jedoch keinerlei Unterstützung bei den vorgesetzten Komitatsbehörden, die vielmehr sofort beginnen, ihn als einen Beamten des unbeliebten, als König in Ungarn nicht anerkannten Joseph II. einerseits, andererseits aus Furcht vor der Aufdeckung der Mißstände erbarmungslos zu bekämpfen. Als er einem Bestechungsversuch nicht nachgibt, wird er verleumdet, aus seinem Haus vertrieben, sogar sein Leben ist bedroht. Seine Frau verläßt ihn (sie gründet später unter dem Namen »Pista Villám« eine Räuberbande), nur seine Jugendliebe Mariska Tárhalmy, Tochter des Obernotars des Komitats Pest, hält treu zu ihm. Seine Meldung an den Kaiser wird abgefangen, er selbst unter der Anklage des Hochverrats verhaftet. Auch während der Dauer seiner Haft von 1786–1789 versucht Ráby mit geradezu fanatischer Verbissenheit, Meldungen an den Kaiser aus dem Gefängnis schmuggeln zu lassen, Berichte, die sich nicht in Klagen über sein eigenes Schicksal erschöpfen, sondern immer wieder neue Gesetzwidrigkeiten in der Arbeit der ihn und seine Kerkergenossen verfolgenden Behörden aufdecken und anprangern. Wiederholte Interventionen aus Wien tragen ihm nur Strafverschärfungen bis zur Tortur

und schwerem Eisen ein: Die Behörden schätzen ihre eigenen Rechte höher ein als die des Kaisers. Schließlich befreit ihn ein Brief, den Joseph II. nicht als Kaiser, sondern als König von Ungarn unterzeichnet. In jämmerlichem Zustand, buchstäblich auf die Straße geworfen, betreibt Ráby seinen Kampf um Rehabilitierung und Gerechtigkeit dennoch entschlossen weiter. Seine Beharrlichkeit macht ihn schließlich auch in Wien mißliebig, 1796 muß er ins Ausland fliehen. Im französisch besetzten Straßburg ist es ihm noch möglich, seine Memoiren zu veröffentlichen, dann verliert sich seine Spur endgültig.

Weitgehend wahrheitsgetreu und mit großer historischer Sachkenntnis gibt Jókai den Bericht Rábys wieder. Seine Erzählung erreicht an vielen Stellen die Höhe klassischer Prosa. Die ungerechtfertigte und störende Einführung der beiden Frauenfiguren und eine gewisse Verminderung des moralischen Gewichts der Rechtswidrigkeiten dadurch, daß sie gleichsam entschuldigend dem berechtigten nationalen Widerstand der Komitate gegen die reichszentralistische Politik Josephs II. zugeschrieben werden, nehmen dem Werk jedoch die klare Folgerichtigkeit, die es in eine Reihe mit Heinrich von KLEISTS Novelle *Michael Kohlhaas* oder den Kerkerberichten von Silvio PELLICO (vgl. *Le mie prigioni – Meine Gefängnisse*) hätte stellen können. In der ungarischen Literatur sind die Auswirkungen des Romans besonders bei Kálmán MIKSZÁTH (vgl. *Különös házasság – Seltsame Ehe*) zu spüren.

T.P.I.

AUSGABEN: Budapest 1879 (in *Üstökös*). – Budapest 1879, 3 Bde. – Budapest 1896–1906 (in *Összes művei*, 100 Bde., 51). – Budapest 1961 (in *Válogatott művei*). – Budapest 1966. – Budapest 1974. – Budapest 1981. – Kolozsvár 1983.

ÜBERSETZUNGEN: *Rab Ráby*, anon., 3 Bde., Budapest 1879. – *Einer stach ins Wespennest*, B. Heilig, Lpzg. 1955.

LITERATUR: M. Ráby, *Justizmord u. Regierungsgreuel in Ungarn u. Österreich*, 2 Bde., Straßburg 1797. – R. Gálos, *J. »Rab Rábyja«* (in Irodalomtörténeti Közlemények, 1941). – A. Komlós, *»Rab Ráby«* (in Csillag, 1949). – I. Sőtér, *Romantika és realizmus*, Budapest 1956.

SÁRGA RÓZSA

(ung.; *Die gelbe Rose*). Roman von Mór JÓKAI, erschienen 1893. – Sándor Decsi, Pferdehirt, und Ferkó Lacza, Rinderhirt in der Hortobágyer Puszta, wetteifern um die Gunst der schönen Klári. Nach einer gelben Rose, die in ihrem Garten blüht und weit und breit nicht ihresgleichen hat, nennt man die hübsche Wirtstochter in der ganzen Gegend »Sárga Rózsa«. Klári vertröstet beide Verehrer, bis es zwischen ihnen schließlich zum Zweikampf kommt. Sándor geht als Sieger aus der Schlägerei hervor, doch nun, wo er am Ziel seiner Wünsche steht, bedeutet es ihm nichts mehr. Während über der Puszta ein Gewitter aufzieht, reitet er davon und kehrt nicht mehr zurück.

Jókai hat mit diesem Alterswerk, einem seiner größten Bucherfolge im In- und Ausland, die verlogene Puszta-Romantik mitbegründet. Zwar steht der schmale Roman, in dem Jókai sich einem rein bäuerlichen Milieu zuwandte und ihm mit wenigen exakten Strichen Konturen verlieh, weit über den melodramatischen Operettensujets einer epigonalen Unterhaltungsliteratur, doch die Idylle, die der ehemals revolutionäre, im Alter resignierte Autor bei seinen Aufenthalten in der Puszta zu sehen glaubte – Menschen mit einfachen, starken Gefühlen, Abenteurer, die noch nicht zu Spießgesellen der modernen Geldaristokratie geworden sind –, leistete jener falschen Sicht des ungarischen Volkslebens zweifellos Vorschub. Andererseits wurden *»die Möglichkeiten einer modernen und leidenschaftlichen Romantik«* (M. Szabolcsi), die sich in Jókais Alterswerk abzeichnen, von der nächsten Generation ungarischer Schriftsteller (Géza GÁRDONYI) verwirklicht und in Richtung auf einen kritischen Realismus weiterentwickelt (Zsigmond MÓRICZ).   T.P.I.

AUSGABEN: Budapest 1893. – Budapest 1896 bis 1906 (in *Összes művei*, 100 Bde., 88). – Budapest 1951 (in *Szépirodalmi Kiskönyvtár*, Bd. 8/9). – Kolozsvár 1974. – Budapest 1978. – Budapest 1984.

ÜBERSETZUNGEN: *Die gelbe Rose*, I. Hecht-Cserhalmi, Stg. 1895. – Dass., H. Weissling, Lpzg. 1953 (RUB).

VERFILMUNGEN: Ungarn 1920 (Regie: M. Garas). – Ungarn 1940 (Regie: I. György).

LITERATUR: Gy. Lázár, »*Sárga rózsa*« (in Tiszatáj, 1951).

JAMES JAMES RANISI JOLOBE

* 26.7.1902 Indwe / Südafrika

ELUNDINI LOTHUKELA

(xhosa; *Am Horizont des Thukelaflusses*). Roman von James J. R. JOLOBE, erschienen 1958. – In diesem Roman beschreibt Jolobe mit großer Anschaulichkeit Szenen aus dem Leben des Bantustammes der Hlubi. Die Handlung spielt zu einer Zeit, als bei den südafrikanischen Eingeborenenstämmen das Häuptlingstum noch eine sehr bedeutsame und lebensvolle Institution war und der Häuptling als magisches Bindeglied zwischen seinem Volk und den Geistern der Ahnen galt. Das Leben des Stammes war auf feste Traditionen gegründet. Diese zu wahren, gehörte zu den hervorragendsten Aufgaben des Häuptlings, der einen unbestechlichen Charakter, Heldenmut, Einsichtsvermögen, Urteilskraft und alle anderen guten Eigenschaften eines wahren Volksführers in sich vereinen mußte. Der in der Stammeshierarchie hochangesehene Medizinmann *(inyanga)* beriet und unterstützte ihn bei der Durchführung seiner Aufgaben.

Im Mittelpunkt der Handlung stehen zwei Häuptlingssöhne: Prinz Ngwekazi, der aus dem »oberen Häuptlingshaus« stammt, und Prinz Ntsele aus dem »unteren Häuptlingshaus«. Sie werben beide um die Liebe der Prinzessin Nobusi. Nach Absolvierung der Initiationsriten kehren die beiden Prinzen in ihren Heimatort zurück. Dort hat der Medizinmann schon alles zu ihrem Empfang vorbereitet. Gleichzeitig soll bei dieser Gelegenheit ein neuer Häuptling gefunden werden. Bereits vor Beginn der offiziellen Begrüßungszeremonie wird die für den neuen Häuptling bestimmte Residenz von dem Medizinmann »geweiht«, wodurch sie magische Kräfte erhält. Sodann müssen sich die Bewerber einer Prüfung unterziehen, bei der sie, um ihre Eignung für die Häuptlingswürde zu beweisen, eine Probe ihrer persönlichen Fähigkeiten abzulegen haben. Bei der Hauptprobe erklärt sich nur Ntsele dazu bereit, Wasser zur Hütte des »Großvaters« (das heißt des Stammesältesten) zu tragen; Ngwekazi und alle anderen Kandidaten lehnen diese Probe ab, weil sie sie als unter ihrer Würde ansehen. – Der Medizinmann und der »Großvater« machen sich darauf ans Werk, einen Stirnreif – das Symbol der Häuptlingswürde – anzufertigen. Hierbei kommt es zu einer kleinen Intrige: Insgeheim bemessen sie die Größe des Reifs nach dem Haupt Ntseles; denn es war zuvor vereinbart worden, daß der Kandidat, auf dessen Kopf der Stirnreif passen würde, Häuptling werden solle. Als der Stirnreif nun genau auf das Haupt Ntseles paßt, fühlt sich Ngwekazi gedemütigt, und er beschließt, Rache an Ntsele zu nehmen. Es kommt zum Zweikampf, bei dem Ngwekazi tödlich verwundet wird. Sterbend bittet er alle Anwesenden um Verzeihung. Nachdem Ntsele Häuptling geworden ist, erweist er sich als ein fähiger Herrscher, der unabhängig zu denken, selbständig und klug zu handeln versteht. Er heiratet Nobusi, die er von Jugend an geliebt hat und die ihm an Geist und Charakter ebenbürtig ist.

In seinem Roman *Elundini loThukela* zeigt sich Jolobe bestrebt, die Erinnerung an die ehrwürdige Vergangenheit und das alte Brauchtum seines Xhosavolkes wachzurufen und seinen Stammesbrüdern die von einer langen Tradition geprägten Wertbegriffe und Leitbilder vor Augen zu führen; denn in diesen sieht der Autor die Gewähr der Lebenstüchtigkeit seines Volkes.   D.Z.

AUSGABE: Johannesburg 1958.

HANS JONAS

* 10.5.1903 Mönchengladbach

DAS PRINZIP VERANTWORTUNG.
Versuch einer Ethik für die technologische Zivilisation

Philosophisches Werk von Hans JONAS, erschienen 1979. – Bei der Schrift handelt es sich um die erste deutschsprachige Veröffentlichung des deutsch-amerikanischen Philosophen und Religionswissenschaftlers, der 1933, fünf Jahre nach seiner Promotion bei M. HEIDEGGER, zunächst nach England und dann nach Palästina emigriert war. Da Jonas an der deutschen Sprachentwicklung seit 1933 nicht mehr teilgenommen hat, wirkt sein Deutsch archaisch, aber dadurch um so eindringlicher. Sein »*Tractatus technologico-ethicus*«, wie Jonas sein Werk auch nennt, fällt in eine Zeit, in der technologische Errungenschaften und ihre Folgen die öffentlichen Diskussionen vieler Industriegesellschaften beherrschen: so z. B. Anwendungen genetischer und anderer biologischer Grundlagenforschungen, die erstmals gezielte Eingriffe in das menschliche Erbgut möglich erscheinen lassen; aber auch der breite Einzug der Mikroelektronik in die Gesellschaft mit Myriaden von Anwendungsmöglichkeiten, wie so häufig, militärtechnischen Ursprungs; ferner die unübersehbaren ökologischen Folgen der industriellen Technik. Der »*Machtergreifung der Technologie*« hat die traditionelle Ethik, so Jonas, nichts entgegenzusetzen; sie ist auf den sozialen, vor allem aber auch *zeitlichen* Nahbereich des menschlichen und politischen Miteinanders beschränkt. Mit Begriffen des guten Lebens und der Tugendhaftigkeit (oder auch der Reziprozität aufgeklärten Eigeninteresses) ist den »*Fernwirkungen*« der Hochtechnologie nicht Herr zu werden, die nicht nur die Konstitution des Menschen selbst zum Objekt machen, sondern den Fortbestand der Menschheit schlechthin in Frage stellen: »*das veränderte Wesen menschlichen Handelns*«. Eine notwendige neue Ethik soll einerseits ihre Überzeugungskraft außerhalb der religiösen Sphäre gewinnen, andererseits nicht bloß in subjektiven Vorstellungen begründet werden. Die objektive Verankerung, die Jonas dem vorherrschenden positivistischen »*Dogma*« der Trennung von Sein und Sollen entgegenzusetzen versucht, liegt im Nachweis objektiver Zwecke der Natur (was nach Jonas zugleich Wertsetzungen der Natur impliziert). Dies allein reicht jedoch nicht aus; hinzukommen muß die intuitive Gewißheit der Überlegenheit der »*Fähigkeit, überhaupt Zwecke zu haben*« als ein Gut an sich – gegenüber der Annahme möglicher Zwecklosigkeit des Seins. Daraus leitet sich – so Jonas – ein »*unbedingtes Sollen*« ab. Diese ontologische Teleologie ist eine notwendige Basis der neuen Ethik, weil die Existenz der Menschheit als Ganzes auf dem Spiel steht: Der Vorrang des Seins des Menschen gegenüber dem Nicht-Sein folgt aus der absoluten Verpflichtung zur zukünftigen Ermöglichung von Zwecken (Werten) überhaupt. Der neue »*kategorische Imperativ*« lautet dementsprechend: »*Handle so, daß die Wirkungen deiner Handlung verträglich sind mit der Permanenz echten menschlichen Lebens auf Erden.*« In dieser Formulierung wird jedoch auch deutlich, daß Jonas auf eine *normative* Fixierung der Qualität zukünftigen Lebens nicht verzichten kann. Aus der Unsicherheit unseres Wissens über zukünftige Wirkungen unserer technischen Handlungen läßt sich nun gemäß Jonas nur eine Konsequenz ziehen, nämlich der »*Unheilsprognose*« vor Heilserwartungen auch im Falle reiner Möglichkeiten Vorrang zu geben. Entgegen aller bisherigen Ethik soll – für Kollektive – nicht mehr ein *summum bonum* gelten, sondern, viel bescheidener, nur noch ein Prinzip der Schadensverhinderung. Jonas nennt dies »*Heuristik der Furcht*«. Seine Überlegungen zur »*Pflicht zur Zukunft*« – die auch Pflichten gegenüber der Natur einschließt – ergänzt Jonas durch eine Kritik am Utopismus, wie ihn z. B. Francis BACON und der Marxismus verkörpern, und der heute sogar der Technologie selbst mit ihren »*gewaltigen Prägekräften*« innewohnt.

Ein Paradigma der Verantwortung erblickt Jonas in der Verantwortung der Eltern gegenüber dem hilflosen Kind: eine totale und nicht-reziproke Verantwortung, die sich diesen förmlich aufzwingt und der sie sich auch von der Gefühlsseite her nicht entziehen können (bisherige Ethiken übersahen seiner Ansicht nach diese Existenz eines von den Sachen selbst kommenden Verantwortungsgefühls, das über willkürlichem und subjektivem Wollen steht); ein weiteres Paradigma erblickt er in der Verantwortung des Staatsmannes, die sich wie die der Eltern weit in die Zukunft hinein erstreckt. Jonas erörtert die Frage, ob »*der Marxismus oder der Kapitalismus der Gefahr besser begegnen*« können. Seiner Auffassung nach ist der zu straffer Verwaltung fähige Marxismus nur scheinbar besser geeignet; in praxi überwiegen seine Nachteile. – Mit seinem der BLOCHschen Utopie »Prinzip Hoffnung« (vgl. *Das Prinzip Hoffnung*, 1954–1959) entgegengestellten »Prinzip Verantwortung« fand Jonas vor allem in der Öffentlichkeit ein breites Echo. 1987 wurde er mit dem Friedenspreis des Deutschen Buchhandels ausgezeichnet. Eingedenk der Praktizierbarkeit seiner Vorstellungen, bezüglich der er selbst die »*größten Schwierigkeiten*« sah, ließ er in *Technik, Medizin und Ethik* (1985) noch einen »*angewandten Teil*« folgen. R.W.D.

AUSGABE: Ffm. 1979 u. ö.

LITERATUR: O. P. Obermeier, Rez. (in PhJb, 88, 1981, S. 426–441). – H. Lenk, *Die Herausforderung der Ethik durch technologische Macht* (in H. L., *Zur Sozialphilosophie der Technik*, Ffm. 1982, S. 198–248). – D. Birnbacher, Rez. (in ZphF, 37, 1983, S. 144–147).

DAVID JONES

* 1.11.1895 Brockley
† 28.10.1974 London

LITERATUR ZUM AUTOR:
R. Hague, *D. J.: A Reconnaissance* (in Twentieth Century, 168, 1960, S. 27–45). – J. H. Johnston, *D. J.: The Heroic Vision* (in Review of Politics, 24, 1962, S. 62–87). – N. Braybrooke, *D. J.: Painter and Poet* (in Queen's Quarterly, 70, 1964, S. 508–514). – J. H. Johnston, *English Poetry of the First World War*, Ldn. 1964. – Agenda, 5, 1967 [Sondernr. *D. M. J.*]. – D. M. Blamires, *D. J.: Artist and Writer*, Manchester 1971. – Agenda 11/12, 1973/74 [Sondernr. *D. M. J.*]. – R. Hague, *D. J.*, Cardiff 1975. – J. Hooker, *D. J.: An Exploratory Study of the Writings*, Ldn. 1975. – *D. J.: Eight Essays on His Work as Writer and Artist*, Hg. R. Mathias, Llandysul 1976. – S. Rees, *D. J.: An Annotated Bibliography and Guide to Research*, Ldn./NY 1977. – Ders., *D. J.*, NY 1978 (TEAS). – J. Hooker, *J. C. Powys and D. J.: A Comparative Study*, Ldn. 1979. – W. Blissett, *The Long Conversation: A Memoir of D. J.*, Ldn./NY 1981. – Ph. Pacey, *D. J. and Other Wonder Voyagers*, Bridgend 1982. – E. Ward, *D. J.: Mythmaker*, Manchester 1983. – V. B. Sherry, *D. M. J.* (in DLB, Bd. 20, 1983, S. 182–191). – T. Dilworth, *The Shape of Meaning in the Poetry of D. J.*, Toronto 1988.

THE ANATHEMATA. Fragments of an Attempted Writing

(engl.; *Ü: Anathemata. Fragmente eines Schreibversuchs*). Gedicht von David JONES, mit Illustrationen und Kalligraphien des Autors, erschienen 1952. – Nach Angabe des Verfassers geht das Werk auf sprachliche Experimente der Jahre 1938–1945 zurück, die er zwischen 1946 und 1951 überarbeitete, um ihre Aussage den Wandlungen von Ich und Umwelt anzupassen. Auf Drängen und Vermittlung T. S. ELIOTS erschien das experimentelle Langgedicht 1952 bei Faber & Faber in London. Die acht Teile des Werkes bestehen aus rhythmisch und metrisch frei gestalteten Versen mit eingefügten Prosateilen, deren Aussage – wie seit den deutschen Expressionisten in der modernen Lyrik üblich – durch entsprechende Zeichensetzung und ein vom Autor arrangiertes optisches Druckbild unterstützt wird. In thematischer Hinsicht lehnt sich Jones an die keltisch-gälische Mythologie an, der er sich von seinen Vorfahren her verbunden fühlte. Er versuchte, dieses heidnische Erbe und Christlich-Katholisches zu einer künstlerischen Einheit zu verbinden. Nicht zuletzt deshalb hat Jones' Dichtung sakramentalen, z. T. liturgischen Charakter. In diesem Zusammenhang gehört auch der Titel des Buches, denn der englische Plural *anathemata* bewahrt im Gegensatz zu *anathemas* (Bannflüche) die Bedeutung *»geweihte Dinge«* (*»devoted things«*). Der Inhalt umfaßt nach Jones *»alles, was sich im Verlauf der heiligen Messe durch eine Art scheinbar freier Assoziationen in meinem Geist und meiner Seele regen mag«.*

Den besonderen Problemen und Schwierigkeiten bei der Synthese keltischer und lateinisch-romanischer Sprachelemente mit dem Englischen begegnet Jones, indem er für die keltischen Bestandteile eine phonetisch-assoziative Transkription vornimmt, die lateinischen in ihrer Form bestehen läßt und beide durch Anmerkungen und Verweise auf die von ihm benutzten Kontexte glossiert. Bei keltischen Namen verweist er zudem auf Literatur über den Namensträger. Thematisch verbindet Jones Fragmente einer britischen Kulturgeschichte mit Aussagen zur quasi-religiösen Mission des Künstlers und der Kunstwerke (= Anathemata) in einer säkularisierten Welt. Im Schlußteil wird das Kunstwerk sogar mit dem Sakrament in der Messe verglichen.

Obwohl dem Werk, nach des Autors eigenen Worten, kein Plan zugrunde liegt, wird es dennoch bei aller Heterogenität und scheinbaren Zufälligkeit durch die überaus bewußte Reflexion über den Entstehungsprozeß zusammengehalten. Wenn er es mit einem Mysterium vergleicht, das zugleich offenbart und verhüllt, so faßt er damit treffend die widersprüchlichen Eindrücke zusammen, die es vermittelt. Man wird dem Werk und seiner teilweise incantatorischen Sprache (im Vorwort plädiert Jones für lautes Lesen) Artistik im Sinn der Dichtungstheorie Gottfried BENNS bestätigen müssen, wozu ein gut Teil Philologie gekommen ist. Trotz (oder gerade wegen) seiner Schwierigkeiten erfreut sich *Anathemata* wachsender kritischer Anerkennung. Bereits 1954 erhielt Jones, als erster Nicht-Amerikaner für dieses Werk den Lyrik-Preis des American National Institute of Arts and Letters.

M.W.-KLL

AUSGABEN: Ldn. 1952. – NY 1963. – Ldn. 1972.

ÜBERSETZUNG: *Anathemata. Fragmente eines Schreibversuchs*, C. Spaemann, Basel 1988 [dt.-engl.; m. Einf. u. Komm.].

LITERATUR: R. Hague, *A Commentary on »The Anathemata« of D. J.*, Toronto 1977. – T. Dilworth, *The Anagogical Form of »The Anathemata«* (in Mosaic, 12, 1979, S. 183–195). – H. Summerfield, *An Introductory Guide to »The Anathemata« and the »Sleeping Lord« Sequence of D. J.*, Victoria/Brit. Col. 1979. – A. C. Daly, *The Amphibolic Structure of »The Anathemata«: D. J.'s Rhetoric of ›Anamnesis‹*, Diss. Johns Hopkins Univ. 1980 (vgl. Diss. Abstracts, 40, 1980, S. 5063A). – Th. Dilworth, *D. J.'s Glosses on »The Anathemata«* (in Studies in Bibliography, 33, 1980, S. 239–253). – N. Corcoran, *The Song of Deeds: A Study of »The Anathemata« of D. J.*, Cardiff 1982.

IN PARENTHESIS

(engl.; *In Parenthese*). Dichtung in Prosa und Versen von David JONES, erschienen 1937. – Das in sieben Abschnitte gegliederte, 1928–1935 entstandene Werk des anglowalisischen Malers und Dichters ist mit zwei Abbildungen und einer Kartenskizze des Verfassers sowie einer Einführung und Anmerkungen versehen, die Jones (wie T. S. ELIOT in *The Waste Land*) als Teil des Ganzen ansah. Wie später auch in *The Anathemata* (1952) benutzt er eine unkonventionelle, persönliche Zeichensetzung zur Unterstützung von Inhalt und Form.

Das Werk gehört, oberflächlich betrachtet, zu jenen Büchern, die sich mit dem Geschehen an der Westfront des Ersten Weltkriegs auseinandersetzen, zu GRAVES' *Goodbye to All That*, SASSOONS *Memoirs of an Infantry Officer* u. a. Als modernistisches Wortkunstwerk nimmt es jedoch eine besondere und hervorragende Stellung ein. Das Gerüst der Handlung in diesem modernen Epos bilden die Erlebnisse des gemeinen Soldaten John Ball: die Parade vor der Einschiffung des aus Walisern und Londonern aufgestellten Regiments, die Schiffsreise nach Flandern, der Marsch zur Front, der erste Tag in der fremden Welt der Gräben und Unterstände, die Assimilation an den anderen Rhythmus dieser Welt, der Marsch zum Sammelplatz der Somme-Offensive, schließlich der Angriff auf den Wald des Dorfes Mametz, bei dem Ball verwundet wird und die meisten Kameraden fallen. Diese faktische Grundlage ist autobiographisch. Jones rückte 1915 mit den Royal Welsh Fusiliers ein und kehrte 1918 zurück. Von diesem Zeitraum benutzte der Autor nach eigener Aussage die Spanne zwischen Dezember 1915 und Juni 1916, jene Zeit an der Westfront, die dem einzelnen noch Raum für seine Individualität, für persönliche Assoziationen zum äußeren Geschehen ließ und die mit der Entpersönlichung, der Degradierung des Menschen zum Material während der Sommer-Offensive endete. Jones bekennt sich zu Änderungen der historischen Sequenzen des Geschehens, zur Fiktivität der Charaktere, zu leichten Anachronismen – zur Vorwegnahme späterer Ereignisse und Fakten –, zum dichterischen Schaffensprozeß der freien Reflexion, Assoziation, Anamnese. Zu keiner Zeit als jener, die er in einer unrealen Grabenlandschaft von eigenartigem Reiz verbrachte, habe er mit mehr Bewußtheit aus und mit der historischen und kulturellen Vergangenheit gelebt.

Wie sehr das zutrifft, zeigt der Name des Soldaten John Ball, den der Autor nach jenem Priester benannte, der 1381, während des einen großen Volksaufstands der englischen Geschichte, als Führer der Bauern hingerichtet wurde. Es zeigt sich augenfällig an den auf die Titelseite des Buchs (*»Seinyessit e gledyf ym penn mameu«* – *»Der Klang seines Schwertes dröhnte wider in den Häuptern der Mütter«*) und – in neuenglischer Übersetzung – vor die Kapitel gesetzten Verszitaten. Sie entstammen dem ANEIRIN (6. Jh.) zugeschriebenen, altkymrischen Epos *Y Gododdin*, das den Kriegszug von

dreihundert Waliser Kelten in das britische Königreich Deira schildert (vgl. *Y Gododdin*). – Deutlicher werden die Bezüge zur Vergangenheit im Text selbst. Für den Katholiken Jones, der in Wales das Herz der britisch-anglisch-römisch-keltischen Tradition, in London die diese Tradition vereinigende Schwester Trojas und Roms sah, war jedes Faktum der Kriegsjahre nur das auslösende Moment eines tiefreichenden Assoziationsstranges, der sich in seinem geschichts- und kulturbewußten Wissen verzweigte. So ist die dichterisch umgestaltete Kriegswirklichkeit von 1915/16 zur Synthese gebracht mit der keltischen Mythologie und Dichtung (etwa den *Mabinogi*-Erzählungen), mit CHAUCER, MALORYS Artusroman, SHAKESPEARES Königsdramen (vor allem *Henry V.*), mit den Dichtungen von MILTON, COLERIDGE, TENNYSON, HOPKINS, mit Folklore und kymrischen Kirchenhymnen, mit Liturgie und *Heiliger Schrift*, der Karfreitagsmesse der römischen Kirche – um die wichtigsten Bezüge zu nennen.

Die Grundlage dieser faszinierend dichten und dissonanzlosen Komposition ist eine intensive, an überraschenden Bildern und ungewöhnlichen Metaphern reiche, bis an die Grenze stilistischer Gestaltungsmöglichkeiten beherrschte und in meisterhaftem Wechsel den jeweiligen Inhalten angemessene Prosa, in die Verspartien in freien Rhythmen eingelagert sind. Dieser Wechsel von Prosa und Vers wird entweder durch eine von der Prosadiktion auf den Leser ausstrahlende starke Spannung vorbereitet, die nach Lösung durch ein lyrisches Zwischenstück verlangt, oder die Prosa ist so weit rhythmisiert, daß der in Anlehnung an irische Epen durchgeführte Übergang zum Vers fließend wird. – Jones hat sein in mancher Hinsicht esoterisches, artistisch und künstlerisch sicher vollendetes Werk *In Parenthesis* genannt, weil er es *»in a kind of space between«* geschrieben hat, in einem dem Künstler vorbehaltenen, zur Vollendung des Werks nötigen *loco secreto*, weil der Krieg – für ihn mehr als für andere – etwa »in Parenthese« bedeutet, und weil *»unsere seltsame Art der Existenz als Ganzes eben nur ›in parenthesis‹ ist«*. – Als großer Außenseiter seiner Dichtergeneration wird der von Eliot und W. H. AUDEN hoch geschätzte Jones vielfach mit dem großen Esoteriker unter den Romantikern, William BLAKE, verglichen. *In Parenthesis* wurde 1938 mit dem Hawthornden-Preis ausgezeichnet.   M.W.

AUSGABEN: Ldn.1937; ²1961 [Einl. T. S. Eliot]. – NY 1962.

LITERATUR: S. Spender, Rez. (in NY Times Book Review, 15. 4. 1962). – J. P. Gemmill, *»In Parenthesis«: A Study of Narrative Technique* (in Journal of Modern Literature, 1, 1971, S. 311–328). – A. C. C. Murray, *In Perspective: A Study of D. J.'s »In Parenthesis«* (in Critical Quarterly, 16, 1974, S. 254–263). – W. Blissett, *»In Parenthesis« Among the War Books* (in Univ. of Toronto Quarterly, 42, 1973, S. 258–288). – T. Dilworth, *The Partitheti-*

cal Liturgy of D. J. (ebd., S. 241–257). – Ders., *The Liturgical Parenthesis of D. J.*, Ipswich 1979. – V. B. Sherry, *The Habit of Monologue: Poetic Voices and Literary Tradition in D. J.'s »In Parenthesis«*, Diss. Univ. of Toronto 1979 (vgl. Diss. Abstracts, 40, 1980, S. 4611A). – Ders., *D. J.'s »In Parenthesis«: New Measure* (in TCL, 28, 1982, S. 375–380). – Ders., *A New Boast for »In Parenthesis«* (in Notre Dame English Journal, 14, 1982). – Ders., *›Unmistakable Marks‹: Symbols and Voices in D. J.'s »In Parenthesis«* (in Critical Quarterly, 25, 1983).

GAYL JONES

---

* 23.11.1949 Lexington / Ky.

CORREGIDORA

(amer.; *Ü: Corregidora*). Roman von Gayl JONES, erschienen 1975. – Gayl Jones besitzt zwar bei weitem nicht den Bekanntheitsgrad von Toni MORRISON oder gar Alice WALKER, doch ihre markante, häufig sexuell provozierende Erzählweise sichert ihr unbestritten einen herausragenden Platz innerhalb der jüngeren afro-amerikanischen Erzählliteratur. Ihre Prosa, die sie selbst einmal als *»blues narrative«* bezeichnet hat, kreist im wesentlichen um die Lebenssituation der mit viel Sympathie entworfenen scharzen Alltagsfiguren, um ihre Haßliebe zueinander und um ihren unterschiedlichen Umgang mit den psychosozialen Folgen von Rassismus und jahrhundertelanger Unterdrückung. Doch ebenso wie im »Blues« steht daneben immer auch die Möglichkeit im Mittelpunkt, durch das »Erzählen« der eigenen »Geschichte« zu einer positiven Auseinandersetzung mit den erlittenen (und dargestellten) Erfahrungen zu gelangen. Diese Besonderheit der Bluesmusik, die durch schonungslose Bloßstellung persönlichen Leidens am Ende kathartische Erleichterung erreicht, wird in *Corregidora*, dem ersten Roman der Autorin, explizit angesprochen. Ursa Corre(gidora), die ihren Namen einem brasilianischen Seefahrer und ehemaligen Sklavenhalter verdankt, ist nicht nur die Hauptfigur und Erzählerin des Textes, sondern auch eine talentierte Bluessängerin. Allabendlich tritt sie in »Happy's Café« auf, immer unter Beobachtung des krankhaft eifersüchtigen Mutt, ihres Ehemanns. Trotz wiederholter Vorhaltungen und Beschimpfungen seinerseits ist sie nicht bereit, auf ihren Job bzw. auf ihre Musik zu verzichten. Als er sie eines Abends abfängt und zur Rede stellen will, kommt es zu einem Handgemenge, in dessen Verlauf sie die Treppe hinunterstürzt; mit inneren Verletzungen wird sie ins Krankenhaus eingeliefert. Hier setzt die eigentliche Handlung des Romans ein. Da ihr in einer Notoperation die Gebärmutter entfernt werden mußte, sieht sie sich nicht nur mit

ihrer gescheiterten Ehe, sondern auch, und dies wiegt gerade für Ursa besonders schwer, mit der Tatsache endgültiger Sterilität konfrontiert. Denn Ursa Corre, die bislang kinderlos geblieben ist, war mit der notorischen Ermahnung ihrer Großmutter aufgewachsen, *»to make generations«*. Die Ursachen für dieses eigenartige Vermächtnis sind zum einen in der besonderen Geschichte der Familie Corregidora begründet, zum anderen aber stehen sie symbolisch für den übermächtigen Druck einer kollektiven, oft traumatischen Vergangenheit, dem die Nachfahren der ehemaligen Sklaven noch heute ausgesetzt sind. Sowohl Ursas hellhäutige Urgroßmutter wie auch deren Tochter, Ursas Großmutter, waren von Corregidora zur Prostitution gezwungen und von ihm geschwängert worden. Um zu verhindern, daß das ihnen zugefügte Unrecht verschwiegen und damit letztlich »vergessen« werden könnte, hatten sie ihr Leben darauf ausgerichtet, der jeweils jüngeren Generation von ihrem Schicksal zu erzählen und sie anzuhalten, ihre Geschichte weiterzugeben: *»My great-grandmama told my grandmama the part she lived through that my grandmama didn't live through and my grandmama told my mama what they both lived through and my mama told me what they all lived through and we were supposed to pass it down like that from generation to generation so we'd never forget.«*
Vor diesem Hintergrund rekapituliert Ursa nunmehr immer wieder Stationen ihres bisherigen Lebens, vor allem ihrer konfliktreichen Beziehung zu Mutt, von dem sie sich – trotz der für sie verhängnisvollen Auswirkungen seines chauvinistischen Verhaltens – emotional nicht lösen kann. Auch die Fürsorglichkeit Tadpoles, Ursas Arbeitgeber, der sie nach ihrer Entlassung aus dem Krankenhaus bei sich aufnimmt, bietet für die anfängliche Leidenschaftlichkeit dieser früheren Bindung keinen Ersatz. In den folgenden Jahren konzentriert sich Ursa ganz auf ihre Musik, die jetzt, wie Tadpole einmal bemerkt, von ihrem persönlichen Schicksal gekennzeichnet ist, *»because it sounded like you been through something«*. Eine entscheidende Wendung bringt schließlich Ursas Entschluß, ihre Mutter in einer entfernt liegenden Kleinstadt aufzusuchen und sie nach ihren eigenen Erfahrungen, nach ihrer Beziehung zu Ursas Vater zu befragen. Aus diesem Gespräch lernt sie, daß das berechtigte Anliegen, an begangenes Unrecht zu erinnern und es so vor der Revision durch eine parteiische Geschichtsschreibung zu bewahren (*»they can burn the papers but they can't burn conscious«*), leicht auch zu Selbstgerechtigkeit und Intoleranz führen kann. Als sie kurz darauf – seit ihrer Trennung sind inzwischen annähernd zwanzig Jahre vergangen – wieder mit Mutt zusammentrifft, söhnt sie sich mit ihm aus und ist bereit, einen zweiten Anlauf zu wagen. In einem eindrucksvollen, vielschichtigen Bild faßt der Text abschließend Ursas neugewonnene Erkenntnis zusammen, daß Mutt nicht der verlängerte Arm Corregidoras, daß auch er verletzlich, hilfebedürftig und in das Trauma einer weitgehend fremdbestimmten Vergangenheit verstrickt ist. Als sie in ei-

nem Akt bewußter Unterwerfung Fellatio mit ihm praktiziert, verwischen sich die Grenzen von Vergangenheit und Gegenwart, von männlichen und weiblichen Positionen, von Unterdrücker und Unterdrückten: »*I held his ankles, It was like I didn't know how much was me and Mutt and how much was Great Gram and Corregidora (...). But was what Corregidora had done to ›her‹, to ›them‹, any worse than what Mutt had done to me, than what we had done to each other, than what Mama had done to Daddy, or what he had done to her in return, making her walk down the street looking like a whore?*« Obwohl von einer betont persönlichen Warte aus und ohne spürbare auktoriale Eingriffe erzählt, weist der Text über das unmittelbare Schicksal seiner Figuren hinaus auf jene komplexe Beziehung des Afro-Amerikaners zur Vergangenheit, die James BALDWIN einmal mit den Worten umschrieben hat, »*what connects a slave to his master is more tragic than what separates them*«. Besonders bemerkenswert ist dabei, daß *Corregidora* zwar aus einer dezidiert weiblichen Perspektive erzählt ist, sich jedoch einer Verabsolutierung geschlechtsspezifischer Interessenkonflikte enthält. Damit, wie auch in der Direktheit seiner an der schwarzen Umgangssprache orientierten Diktion, steht *Corregidora* in der Nachfolge eines der bedeutendsten Romane afroamerikanischer Frauenliteratur, Zora Neale HURSTONS *Their Eyes Were Watching God* (1937).
K.Ben.

AUSGABEN: NY 1975. – Boston 1986.

ÜBERSETZUNG: *Dunkle Melodie. Corregidora. Evas Mann. Zwei Romane*, L. Nürnberger, Wien/Mchn. 1979.

LITERATUR: R. P. Bell, *G. J. Takes a Look at »Corregidora« – An Interview* (in *Sturdy Black Bridges: Visions of Black Women in Literature*, Hg. R. P. Bell, Garden City/N.Y. 1979). – C. C. Tate, *»Corregidora«: Ursa's Blues Medley* (in Black American Literature Forum, 13, Herbst 1979). – V. G. Lee, *The Use of Folktalk in Novels by Black Women Writers* (in CLA, 23. März 1980). – J. W. Ward, *Escape from Trublem: The Fiction of G. J.* (in Callaloo, 5. Okt. 1982). – C. C. Tate, *G. J.* (in *Black Women Writers at Work*, Hg. dies., NY 1983).

HENRY ARTHUR JONES

* 20.9.1851 Grandborough /
Buckinghamshire
† 7.1.1929 London

LITERATUR ZUM AUTOR:
G. A. Wauchope, *H. A. J. and the New Social Drama* (in SR, 29, 1921, S. 147–152). – P. Shorey,

H. A. J., NY 1925. – D. A. Jones, *The Life and Letters of H. A. J.*, Ldn. 1930; Nachdr. 1971. – R. A. Cordell, *H. A. J. and the Modern Drama*, Ldn./NY 1932; Nachdr. 1968. – F. M. Northend, *J. and the Dramatic Renascence in England*, Ldn. 1940. – Ders., *J. and the Development of the Modern English Drama* (in RESt, 18, 1942, S. 448–463). – J. O. Bailey, *Science in the Dramas of H. A. J.* (in *Booker Memorial Studies*, Hg. H. Shine, Ldn./Chapel Hill (N.C.) 1950, S. 154–183). – J. R. Taylor, *The Rise and Fall of the Well-Made Play*, Ldn. 1967, S. 35–51. – J. P. Wearing, *H. A. J.: An Annotated Bibliography of Writings about Him* (in English Literature in Transition 1800–1920, 22, 1971, S. 160–228). – H. Kosok, *Drama u. Theater im 19. Jh.* (in *Das engl. Drama*, Hg. J. Nünning, Darmstadt 1973, S. 384–398). – R. Domeraski, *A World Divided: The Plays of H. A. J.*, Diss. City Univ. of NY 1980 (vgl. Diss. Abstracts, 41, 1980, S. 1607A). – J. L. Wisenthal, *H. A. J.* (in DLB, Bd. 10, 1982, S. 259–268).

THE CASE OF REBELLIOUS SUSAN

(engl.; *Der Fall der rebellischen Susanne*). Komödie in drei Akten von Henry Arthur JONES, Uraufführung: London, 3. 10. 1894, Criterion Theatre. – Laut Vorwort wollte Jones mit dieser Gesellschaftskomödie über die sexuelle Doppelmoral der Viktorianer eine »*Tragödie im Gewand der Komödie*« schreiben. Ob sich *The Case of Rebellious Susan* jedoch einer Tragödie nähert, hängt ganz von der Bewertung gesellschaftlicher Konventionen ab, denen Jones, neben Arthur Wing PINERO, Oscar WILDE und dem jungen George Bernard SHAW der wichtigste englische Dramatiker des späten 19. Jh.s, als Autor zwar kritisch gegenüberstand, die er letztlich aber doch akzeptierte und in seinen Dramen verteidigte. Als potentiell tragisch nämlich konnte die Titelheldin mit dem generischen Namen schon zwanzig Jahre nach der Premiere des Stückes kaum noch gelten, so schnell hatten sich die moralischen Anschauungen über Ehe und Sexualität gewandelt. (So schnell auch erschienen Jones und Pinero, nachdem sich Shaw auf der Bühne durchgesetzt hatte, den Zeitgenossen der zwanziger Jahre dieses Jahrhunderts als lebende Denkmäler der Vergangenheit.) Nur wenn man mit dem Räsoneur des Stückes, dem selbst unverheirateten Scheidungsrichter Sir Richard Kato, einem Onkel der Titelheldin, die gesellschaftlichen und dramaturgischen Grundlagen dieses und ähnlicher Stücke akzeptiert, daß die bürgerliche Institution der Ehe unantastbar und Seitensprünge alleiniges Vorrecht der Männer sind, daß der Ruf einer Frau ihr wichtigstes Kapital und daß »gefallene« Frauen rigoros sozial zu ächten seien, erscheint Lady Susan Harabins Aufbegehren als rebellisch und potentiell tragisch. Aufgrund der über weite Strecken ironischen Darstellung des Problems und der Personen freilich ist *The Case of Rebellious Susan* eine Komödie, wenn auch mit deutlichem Hang zum realistischen Problemstück *(well-made play)*. Das unterscheidet dieses Stück wie auch Jones' Gesellschaftskomödie *The Liars* (1897) beispielsweise von Oscar Wildes auf Witz und Persiflage bauenden Komödien, die wie *The Case of Rebellious Susan* in der Londoner Oberschicht spielen und Eheprobleme behandeln. Zeitlich, formal und inhaltlich steht *The Case of Rebellious Susan* zwischen *Saints and Sinners* (1884) und *The Liars*; neben *The Liars* war es Jones' erfolgreichste Komödie.

Entgegen den Konventionen ihrer Gesellschaftsschicht ist Lady Susan Harabin nicht bereit, die Seitensprünge ihres Mannes hinzunehmen. Sie sinnt auf Revanche, reist nach Kairo und hat dort eine Affäre mit einem jungen Mann. (Ob Liebe im Spiel ist, bleibt offen.) Als das Paar nach einem Jahr nach England zurückkehrt, hat Sir Richards zweiter Versuch, die Nichte zur »Vernunft« zu bringen, Erfolg (der erste war zu Beginn des Stückes gescheitert): Susan nimmt davon Abstand, ihren Liebhaber auf eine weitere Reise zu begleiten, und dieser heiratet daraufhin nach kurzer Zeit eine andere Frau. Sir Richard und die weltweise Lady Darby bringen Susan zur resignierten Einsicht, daß die Rückkehr zu ihrem Mann die beste Lösung sei; doch ein liebevolles *happy ending* gibt es nicht. Gespiegelt wird die eher ernste Haupthandlung in der teils farcenhaften Nebenhandlung um die Eheprobleme der Feministin Elaine Pybus. Ihr erteilt Sir Richard den guten Rat, statt die Gesellschaft umzukrempeln, doch lieber an den Herd zurückzukehren; ein gutes Essen werde den Ehefrieden schon wiederherstellen.

Angesichts solch reaktionärer Lösungsvorschläge ist die Kritik des Theatermanagers und Schauspielers Sir Charles Wyndham, dem Jones zahlreiche Paraderollen auf den Leib schrieb und der in diesem Stück den Sir Richard spielte, kaum noch nachvollziehbar, der Jones in einem Brief schrieb: »*Ich kann einfach nicht begreifen, wie ein Autor, der doch ein normales Leben führt und bei klarem Verstand ist, hoffen kann, mit der Unreinheit (impurity) einer Frau beim Publikum Lacherfolge zu erzielen.*« Das Premierenpublikum dachte freilich anders als Wyndham und die Mehrzahl der Theaterkritiker und verhalf dem Stück zum Erfolg. Daß es 1894 bereits mit Recht erwarten konnte, daß der Name Jones für handwerkliche Qualität beim Stückeschreiben bürge, spielte dabei sicher eine Rolle. Diesen Ruf hatte Jones auch in den USA. Daß ihn die Harvard University allerdings 1907 mit der Begründung ehrte, er habe sich »*über zwanzig Jahre lang an hervorragender Stelle um die Wiederbelebung des englischen Dramas bemüht sowie um seine Wiedervereinigung mit der englischen Literatur*«, erscheint aus heutiger Sicht übertrieben. Von Thomas HARDYS *Tess of the D'Urbervilles* (1891) etwa, einem »*Case of Rebellious Tess*«, trennen *The Case of Rebellious Susan* Welten. H.Thi.

AUSGABEN: Ldn./NY 1894. – Ldn. 1897. – Ldn. 1909. – Boston 1925 u. Ldn. 1926 (in *Representative Plays*, Hg. u. Einl. C. Hamilton, 4 Bde., 2; Nachdr. St. Clair Shore/Mich. 1971). – Cambridge 1982 (in *Plays*, Hg. R. Jackson).

THE LIARS

(engl.; *Die Lügner*). Komödie in vier Akten von Henry Arthur JONES, Uraufführung: London, 6. 10. 1897, Criterion Theatre. – Die Handlung dieser Gesellschaftskomödie basiert auf dem alten Motiv der Dreiecksbeziehung zwischen Ehemann, Ehefrau und Liebhaber. Lady Jessica Nepean ist eine lebenshungrige, oberflächliche Dame der Gesellschaft, ihr Gatte Gilbert ein schwerfälliger, solider, aber eifersüchtiger und herrischer Mann. Edward Falkner, der sich in Afrika große Verdienste um die Abschaffung des Sklavenhandels erworben hat und nun in der Londoner High Society als Salonlöwe auftritt, verliebt sich – wie er sich einredet, rein platonisch – in Jessica und nimmt ernst, was für diese nur eine Art Gesellschaftsspiel und ein Aufbegehren gegen die Eintönigkeit ist. Die Handlung kommt ins Rollen, als Jessica während der Abwesenheit ihres Gatten zusammen mit ihrem Verehrer in einem Hotel diniert. Gilberts Bruder George, der auf die Schwägerin aufpassen soll, findet sie dort, zieht seine eigenen Schlüsse und will Gilbert entsprechend informieren. Um Jessica zu decken, will deren Freundin, Lady Rosamond Tatton, vorgeben, sie habe mit ihr gespeist, und die Anwesenheit Falkners sei reiner Zufall gewesen. Am nächsten Morgen sind die Hauptakteure in Lady Rosamonds Wohnung versammelt. Da Rosamond als »Zeugin« ausfällt (George hat inzwischen erfahren, daß sie in Wirklichkeit mit Mrs. Crespin diniert hat), wird nun Mrs. Dolly Coke, Jessicas Kusine, dazu überredet, mit einer Lüge einzuspringen. In diese Verschwörung platzt Gilbert Nepean und verlangt Aufschluß über das Stelldichein. Zögernd und holprig erzählt Mrs. Coke ihre Geschichte, kann jedoch den wütenden Ehemann nicht überzeugen. Jessica bittet daraufhin Falkner, die »volle« Wahrheit zu schildern, was dieser mit großem Pathos und nicht ohne seine tiefe Liebe zu Jessica und deren Unschuld zu beteuern tut. Doch Gilbert bleibt ungerührt. Schließlich willigt Jessica niedergeschlagen und hilflos-gleichgültig ein, mit Falkner nach Afrika zu gehen, wird dann aber von Sir Christopher Deering, dem lebensklugen Freund des Hauses und Vermittler zwischen beiden Parteien, der die gesellschaftlichen Folgen eines solchen Schrittes und die vagen Aussichten auf ein Glück in der Fremde realistisch-drastisch schildert, davon abgebracht. Während das Liebespaar endgültig Abschied nimmt, rät Sir Christopher dem grollenden Ehemann eindringlich zur Versöhnung. Gilbert gibt schließlich nach und verspricht, seine Frau in Zukunft aufmerksamer und liebevoller zu behandeln. Falkner und Sir Christopher machen sich mit Mrs. Ebernoe, die letzterer nach langem Werben für sich gewonnen hat, nach Südafrika auf, um den Sklavenhandel zu bekämpfen.

Jones kritisiert in *The Liars* mit einer – im Gegensatz zu vielen seiner anderen Gesellschaftsstücke nicht unter melodramatischen Effekten und Sentimentalität leidenden – ironischen Distanz und in pointierten Dialogen Moral und Benehmen der Oberschicht im spätviktorianischen England. Auf der Höhe seines dramatischen Schaffens, nach langen Lehrjahren, in denen er sich mit dem Bühnenhandwerk bestens vertraut gemacht hatte, gelang ihm mit diesem Stück eine der besten *comedies of manners* des 19. Jh.s. P.H.F.

AUSGABEN: Ldn. 1897 [Privatdr.]. – NY 1901. – Boston 1925 u. Ldn. 1926 (in *Representative Plays*, Hg. u. Einl. C. Hamilton, 4 Bde., 3; Nachdr. St. Clair Shore/Mich. 1971). – Coral Gables/Fla. 1963 (in *The New Drama*, H. A. J., *The Liars*; A. W. Pinero, *The Notorious Mrs. Ebbsmith*, Hg. u. Einl. C. M. Selle). – Ldn./NY 1968 (in *Late Victorian Plays*, Hg. G. Rowell). – Cambridge 1982 (in *Plays*, Hg. R. Jackson).

VERFILMUNG: *The Lie*, USA 1918 (Regie: J. Searle Dawley).

MRS. DANE'S DEFENCE

(engl.; *Mrs. Danes Verteidigung*). Schauspiel in vier Akten von Henry Arthur JONES, Uraufführung: London, 9. 10. 1900, Wyndham's Theatre. – Dieses Gesellschaftsdrama behandelt das im französischen und englischen Theater des späteren 19. Jh.s beliebte Thema der »Frau mit Vergangenheit«. Eine Unbekannte, die sich »Mrs. Dane« nennt, taucht in der »respektablen«, starren sozialen und moralischen Konventionen anhängenden Gesellschaft der unweit von London gelegenen Provinzstadt Sunningwater auf. James Risby erkennt in ihr die Dame, die vor Jahren in Wien einen Skandal verursachte, als sie einem verheirateten Mann nachstellte, dessen Frau daraufhin Selbstmord verübte. Er widerruft zwar seine Behauptung, als er sich über deren gesellschaftliche Folgen klar wird, kann aber nicht verhindern, daß Mrs. Bulsom-Porter, die leibhaftige Moral der Stadt, die Spur weiter verfolgt. Sie schickt den Detektiv Fendick nach Wien, und dieser findet heraus, daß Mrs. Dane tatsächlich mit jener berüchtigten Felicia Hindemarsh identisch ist. Nach seiner Rückkehr verfällt er jedoch dem Charme Lucy Danes und berichtet seiner Auftraggeberin und Sir Daniel Carteret, einem berühmten Londoner Richter, sie sei unschuldig. Sir Daniel plant, eine schriftliche Erklärung Mrs. Danes durch hieb- und stichfeste Beweise ihrer Unschuld zu erhärten, um so die Liebesheirat zwischen ihr und seinem Sohn Lionel zu ermöglichen. Tatsächlich aber hat Lucy Dane in ihrem Bericht nicht ihr Leben, sondern ihrer unbescholtenen, in Kanada lebenden Kusine Annie Allen geschildert. Als Sir Daniel, der ihr anfangs Glauben schenkt, ihren Aussagen in einem dramatischen Kreuzverhör auf den Grund geht,

bricht Mrs. Danes Lügengebäude zusammen (»*Woman, you are lying!*«). Erschöpft und verzweifelt gesteht sie, Felicia Hindemarsh zu sein, und bittet Sir Daniel, sie nicht wegen einer lange zurückliegenden moralischen Verfehlung von Lionel zu trennen. Er jedoch verlangt ein öffentliches Geständnis vor der Gesellschaft von Sunningwater und besteht darauf, daß Mrs. Bulsom-Porter von der Verpflichtung, sich für ihre »Verleumdung« schriftlich bei Mrs. Dane zu entschuldigen, entbunden werde. Lady Eastney jedoch, eine scharfzüngige Dame, die von Sir Daniel verehrt wird, will Mrs. Bulsom-Porter, deren Skandallust sie verabscheut, eine Lehre erteilen: Sie setzt durch, daß die Entschuldigung geschrieben wird. Sir Daniel nimmt der völlig gebrochenen Mrs. Dane das Versprechen ab, auf Lionel, der bereit ist, seine Karriere für sie zu opfern, zu verzichten.

Höhepunkt des Dramas ist das Kreuzverhör, die Schlüsselszene, um die Jones das ganze Stück aufgebaut hat, ein Paradebeispiel für seine stringente Dialogführung und Spannungstechnik. Wie in seinen anderen Sittendramen aus den neunziger Jahren exemplifiziert er an den Hauptcharakteren (deren Rollen meist auf bekannte zeitgenössische Schauspieler zugeschnitten waren) die Beschränktheit des viktorianischen Moralkodex. *Mrs. Dane's Defence* hatte in England und Amerika nachhaltigen Erfolg. Noch 1967 wurde es von der BBC als Hörspiel gesendet. – Zusammen mit Arthur W. PINEROS *The Second Mrs. Tanqueray* (1893) diente *Mrs. Dane's Defence* Bernard SHAW als Ansatzpunkt für *Mrs. Warren's Profession*, ein Skandalstück, in dem Shaw dem Genre des Dramas über »Frauen mit Vergangenheit« eine neue sozioökonomische Stoßrichtung gab. P.H.F.

AUSGABEN: Ldn. 1900 [Privatdr.]. – NY 1905. – Ldn./NY o. J. [1920]. – Boston 1925 u. Ldn. 1926 (in *Representative Plays*, Hg. u. Einl. C. Hamilton, 4 Bde., 3; Nachdr. St. Clair Shore/Mich. 1971).

SAINTS AND SINNERS. A New and Original Drama of Modern English Middleclass Life

(engl.; *Heilige und Sünder. Ein neues Schauspiel über das heutige Leben der englischen Mittelklasse*). Schauspiel in fünf Akten von Henry Arthur JONES, Uraufführung: London, 25. 9. 1884, Vaudeville Theatre. – Trotz auffälliger künstlerischer Schwächen besitzt *Saints and Sinners* in der Entwicklungsgeschichte des neueren englischen Dramas wegen seines sozialen Themas und seiner Ansätze von Realismus eine Schlüsselstellung. Jones kombiniert in diesem Stück das konventionelle Schema des typischen Melodramas des 19. Jh.s mit engagierter Gesellschaftskritik, ein Verfahren, das er auch in anderen Stücken wie *The Middleman* und *The Silver King* anwandte.

Letty Fletcher, Tochter eines puritanischen Pfarrers und Verlobte eines ehrlichen jungen Bauern, George Kingsmill, wird von Captain Eustace Fanshawe verführt. Das Personal markiert also die vertraute Rollenverteilung eines konventionellen *seduction plot*; dem braven ländlichen Bräutigam wird ein aristokratischer *rake* gegenübergestellt und die Verurteilung des erotischen Sündenfalls durch den klerikalen Beruf des Vaters intensiviert. Der adlige Lebemann verliebt sich zwar schließlich ernstlich in Letty, kann sie aber nicht heiraten, weil seine erste Frau, von der er sich längst getrennt hat, noch lebt. Jacob Fletcher holt seine gefallene Tochter zurück, verliert aber bei Bekanntwerden der Affäre seine Pfarrei und muß in bitterster Armut sein Leben fristen. Gerade als Letty durch aufopfernde Pflege von Armen und Kranken die Achtung und Verzeihung ihrer Mitmenschen wiedergewonnen hat, ihr Vater auf seine alte Stelle zurückkehren könnte und Kingsmill als reicher Mann aus Australien heimkommt, um sie zu heiraten, stirbt sie an Schwäche und Verbitterung. Jones schließt das technisch durchaus mögliche *happy ending* also kurz, um seine Anklage gegen die Gesellschaft zu verstärken, die sich besonders auf die angesehenen Geschäftsleute Hoggard und Prabble richtet. Nach außen hin Ehrenmänner und sogar Diakone in Fletchers Gemeinde, beschränken sie ihr »Christentum« auf den Kirchenbesuch, der der geschäftlichen Werbung dient. Hoggard, der von Lettys Verführung weiß, versucht sogar, Fletcher zu erpressen: Er soll ihm helfen, eine arme Witwe, deren Treuhänder der Pfarrer ist, zu schädigen. Als Betrüger entlarvt, wird er am Ende trotz allem von Fletcher vor einer lynchwütigen Menge in Schutz genommen; der Autor Jones tut also alles, um seinen Pfarrer zu einer Idealfigur christlicher Tugenden aufzubauen. Obwohl Jones in erster Linie effektvolles Theater schaffen wollte, steht der Ernst, mit dem er gleichzeitig seine moralischen Ansichten vertritt, außer Zweifel. Mit diesem Stück wurde er zu einem Wegbereiter des englischen *problem-play* des späten 19. Jh.s.   W.Kl.

AUSGABEN: Ldn. 1891. – NY 1908; Nachdr. 1914.

LITERATUR: A. H. Nethercot, *The Quintessence of Idealism: Or the Slaves of Duty* (in PMLA, 62, 1947, S. 844–859). – G. B. Shaw, *Our Theatre in the Nineties*, Bd. 3, Ldn. ²1948, S. 211–213.

JAMES JONES

* 6.11.1921 Robinson / Ill.
† 9.5.1977 Southampton / N.Y.

FROM HERE TO ETERNITY

(amer.; *Ü: Verdammt in alle Ewigkeit*). Roman von James JONES, erschienen 1951. – Jones, ehemaliger Berufssoldat, Teilnehmer am Krieg im Pazifik, berichtet in seinem ersten und bekanntesten Roman mit schonungsloser Offenheit vom Leben im amerikanischen Berufsheer. Schauplatz ist Hawaii während der letzten Monate vor dem japanischen Angriff auf Pearl Harbour (1941), der Amerikas Kriegseintritt auslöste. In der Kompanie G eines Infanterieregiments spielen sich Vorgänge ab, mit einer Schilderung der Autor die Auswüchse des Garnisonlebens, die Methoden der Militär-Hierarchie und die Knebelung individualistischen Denkens geißeln will.

Obwohl im Verlauf der Handlung nacheinander mehrere Einzelschicksale im Mittelpunkt stehen, ist *From Here to Eternity* vor allem die Geschichte des von seinen Vorgesetzten zum Widerstand gereizten und schließlich brutal zerbrochenen Soldaten Robert Prewitt. Seine Rebellion gegen die Behandlung, deren Opfer er in den Schofield-Kasernen auf Hawaii wird, ist um so verzweifelter, als er, der aus armseligen Verhältnissen kommt, die Armee liebt und in seiner Unerfahrenheit davon überzeugt ist, daß ihre Dienstvorschriften dem Soldaten ein gewisses Maß an menschlicher Würde garantieren. Daß man ihn, den ausgezeichneten Hornisten, einem von höherer Stelle favorisierten Nichtskönner unterstellt, verletzt den im Grund sensiblen jungen Menschen so tief, daß er seine Versetzung beantragt. Aber sein Kompaniechef, Captain Holmes, hat anderes mit Prewitt vor: Er hat den Ehrgeiz, die beste Boxmannschaft des Regiments aufzustellen, da derartige Leistungen – obwohl sie die Kampfkraft der Einheit beeinträchtigen – seine eigene Beförderung beschleunigen können. Prewitt ist als hervorragender Boxer bekannt, doch seit er in einem Match einen Kameraden blind geschlagen hat, ist er entschlossen, nicht mehr in den Ring zu steigen. Holmes, wütend über Prewitts »Befehlsverweigerung«, versucht, ihn durch eine »Sonderbehandlung« weich zu machen. Als alle Schikanen nichts nützen, wird der Fall Prewitt immer mehr zu einer persönlichen Machtprobe Holmes'. Es gelingt ihm, den Soldaten derart provozieren zu lassen, daß dieser ins Militärgefängnis eingeliefert wird. Als man ihn nach Monaten schlimmster Mißhandlungen entläßt, tötet er in einem Kampf den viehischen Oberfeldwebel Fatso Judson, der ihm und seinen Kameraden das Leben im Gefängnis zur Hölle gemacht hat. In seinem Versteck bei einer amerikanischen Prostituierten, mit der ihn eine echte Freundschaft verbindet, hört er vom Angriff der Japaner. Er versucht, wieder zu seiner Kompanie zu stoßen, und wird dabei von einem amerikanischen Posten erschossen.

Eine weitere tragende Figur des Romans ist Prewitts Freund Maggio, ein Italoamerikaner, der ebenfalls einen Ein-Mann-Krieg gegen die Armee führt. Er ist ein Mensch, der bei fairer Behandlung ebenfalls ein guter Soldat sein könnte, in der Kompanie G aber ein ähnliches Schicksal erleidet wie Prewitt, mit dem Unterschied freilich, daß es ihm dank seiner Schlauheit gelingt, aus dem Militärgefängnis ins Hospital überwiesen und schließlich aus der Armee entlassen zu werden. Größeren Raum nimmt außerdem die Geschichte des Feldwebels Milton Warden ein, der die Offiziere, vor allem seinen Vorgesetzten Holmes, verachtet, oft vermittelnd eingreift, wenn es in der Kompanie gärt, und in ein persönliches Dilemma gerät, als er und Holmes' Frau sich ineinander verlieben.

Jones' überdimensionaler Roman mit seiner Anhäufung sadistischer Szenen und sexueller Details löste bei seinem Erscheinen in Amerika einen Schock aus, von dem sich ein großer Teil der Öffentlichkeit, und auch der Kritik, zu befreien suchte, indem er von Übertreibungen sprach, die mit Jones' eigenem »Gefreiten-Komplex« und seinem rabiaten Antiintellektualismus zu erklären seien. Aber gerade die Tatsache, daß Jones im Unterschied zu den meisten anderen Autoren, die über die Armee in Krieg und Frieden schrieben, Berufssoldat gewesen war, gab seiner Charakterisierung der einzelnen Typen Authentizität und ließ es zum mindesten möglich erscheinen, daß in der amerikanischen Militärmaschinerie unter bestimmten Voraussetzungen die Machtbefugnisse so mißbraucht wurden, wie er es schilderte und wie man es nur von einem totalitären Regime erwartet.

Der junge Autor bewies in diesem Erstlingswerk ein dynamisches Erzähltalent, dem er freilich keinerlei Zügel anlegte. Schien er einerseits von Hemingways Technik der unterkühlten, jede persönliche Bewertung vermeidenden Schilderung von Brutalität und Gewalttätigkeiten profitiert zu haben, so bewegte er sich andererseits noch eindeutig im Kielwasser der amerikanischen Naturalisten Dreiserscher Prägung. Manche Kritiker glaubten, in seinem explosiven Erzähltemperament und seinem ungebändigten Redeschwall eine Verwandtschaft mit Thomas Wolfe entdecken zu können (Jones selbst sah in Wolfe eines seiner Vorbilder als Schriftsteller), wieder andere meinten, er setze in der Konzeption des Soldaten Prewitt die Tradition des Bildungsromans aus dem 19. Jh. fort. Darin, daß in dem ganz vom männlichen Element bestimmten Mikrokosmos Jones' die wenigen Frauengestalten aufgepfropft und klischeehaft wirken, war sich die Kritik einig.

From Here to Eternity, mit dem »National Book Award« und anderen Literaturpreisen ausgezeichnet, wurde zu einem der größten Bestseller der USA. Die Verfilmung, die sich mehr auf Einzelschicksale als auf die von Jones angeprangerten Armeemethoden konzentrierte, erhielt den »Academy Award« (Oscar). Obwohl er den Erfolg von *From Here to Eternity* nicht wieder erreichte, weitete Jones mit jeweils leicht abgewandelter Figurenkonstellation den Roman zur Trilogie aus: Während *From Here to Eternity* mit dem Kriegseintritt der USA abbricht, schildert *The Thin Red Line*, 1962 *(Der tanzende Elefant)*, unheroische, aber grausame Episoden aus dem Japan-Feldzug. Der postum erschienene, unvollendete dritte Teil, *Whistle*, 1978 *(Heimkehr der Verdammten)*, zeigt das Scheitern der heimgekehrten Soldaten an der Leere des zivilen Alltags. *From Here to Eternity* gilt heute, zusammen mit Stephen Cranes *The Red Badge of Courage*, Dos Passos' *Three Soldiers*, Hemingways *Farewell to Arms*, Norman Mailers *The Naked and the Dead* und Joseph Hellers *Catch-22* als einer der klassischen amerikanischen Kriegsromane.   J.v.Ge.-KLL

Ausgaben: NY 1951. – NY 1953. – Ldn. 1969. – NY 1979. – NY 1980. – NY 1985.

Übersetzung: *Verdammt in alle Ewigkeit*, O. Schrag, Ffm. 1951. – Dass., ders., Ffm. 1955. – Dass., ders., Ffm. 1970 (FiBü). – Dass., ders., Köln 1974.

Verfilmung: USA 1953 (Regie: F. Zinnemann).

Literatur: L. Fiedler, *J. J.'s Dead-End Young Werther: The Bum as American Cultural Hero* (in Commentary, 12, Sept. 1951, S. 253–255). – Ch. J. Glicksberg, *Racial Attitudes in »From Here to Eternity«* (in Phylon, 14, 1953, S. 284–289). – R. P. Adams, *A Second Look at »From Here to Eternity«* (in CE, 17, 1956, S. 205–210). – B. W. Griffith, *Rear Rank Robin Hood: J. J.'s Folk Hero* (in Georgia Review, 10, 1956, S. 41–46). – M. Geismar, *American Moderns: From Rebellion to Conformity*, NY 1958, S. 225–238. – D. L. Stevenson, *J. J. and Jack Kerouac: Two Novelists of Disjunction* (in *The Creative Present*, Hg. N. Balakian u. C. Simmons, Garden City/N.Y. 1963, S. 195 bis 212). – E. L. Volpe, *J. J. – Norman Mailer* (in *Contemporary American Novelists*, Hg. H. T. Moore, Carbondale/Ill. 1964, S. 106–119). – N. W. Aldrich, *J. J.* (in *Writers at Work: The »Paris Review« Interviews, III*, NY 1967, S. 231–250; Einl. A. Kazin). – J. H. Bryant, *The Open Decision: The Contemporary American Novel and Its Intellectual Background*, NY 1970. – A. Kazin, *Bright Book of Life*, Boston 1973. – J. R. Hopkins, *J. J.: A Checklist*, Detroit 1974. – P. G. Jones, *War and the Novelist*, Columbia/Mo. 1976. – W. Morris, *J. J.: A Friendship*, Garden City/N.Y. 1978. – J. R. Giles, *J. J.*, Boston 1981 (TUSAS). – E. S. Uffen, *J. J.'s Trilogy, or Is War Really Hell?* (in Midamerica, 10, 1983, S. 139–151). – G. Garrett, *J. J.*, NY u. a. 1984. – F. MacShane, *Into Eternity: The Life of J. J., American Writer*, Boston 1985.

---

leRoi Jones

Amiri Baraka
* 7.10.1934 Newark / N.J.

Literatur zum Autor:
D. B. Gibson, *Five Black Writers: Essays on Wright, Ellison, Baldwin, Hughes, L. J.*, NY 1970. –

T. Hudson, *From L. J. to Amiri Baraka: The Literary Works*, Durham/N.C. 1973. – W. Sollers, L. J. (*Imamu Amiri Baraka*) (in *Amerikanische Literatur der Gegenwart*, Hg. M. Christadler, Stg. 1973, S. 506–522). – K. W. Benston, *Baraka: The Renegade and the Mask*, New Haven/Conn. 1976. – Ders., *Amiri Baraka: An Interview* (in Boundary 2, 1978, Nr. 6). – *Imamu Amiri Baraka (L. J.): A Collection of Critical Essays*, Englewood Cliffs/N.J. 1978. – W. Sollers, *Amiri Baraka/L.J.: The Quest for a »Populist Modernism«*, NY 1978. – L. W. Brown, *Amiri Baraka*, Boston 1980 (TUSAS). – H. C. Lacey, *To Raise, Destroy, and Create: The Poetry, Drama, and Fiction of Imamu Amiri Baraka (L. J.)*, NY 1981.

DAS LYRISCHE WERK (amer.) von LeRoi JONES / Amiri Baraka.

LeRoi Jones, den man einmal *»the father of modern black poetry«* genannt hat, gehört neben W. E. B. DuBois, Richard WRIGHT und James BALDWIN zu den einflußreichsten und produktivsten Autoren der afro-amerikanischen Literatur dieses Jahrhunderts. Außer durch sein umfangreiches lyrisches Werk (bis heute liegen sechs eigenständig erschienene Gedichtsammlungen vor) hat er vor allem als Autor und Regisseur provozierender, politisch radikaler Theaterstücke Beachtung gefunden. Jones, der aus einer zwar verarmten, aber nach wie vor selbstbewußten und bildungshungrigen Familie des schwarzen Mittelstandes in Newark (New Jersey) stammt, hat nach der Ermordung von MALCOLM X (1965) und den darauffolgenden Rassenunruhen in Watts/Los Angeles der literarischen Avantgarde um die vorwiegend weißen sogenannten »Beat Poets« den Rücken gekehrt und engagierte sich von nun an zunehmend gesellschaftspolitisch. Seine Aktivitäten als Gründer des »Black Arts Repertory Theatre« in Harlem, als Verleger und Leiter eines kooperativen Buchladens sowie als Mitglied unterschiedlichster schwarzer Selbsthilfe- und Kulturorganisationen zeugen ebenso wie seine zahlreichen Essays, zusammengefaßt in den drei Bänden *Home* (1966), *Raise Race Rays Raze* (1971) und *Daggers and Javelins* (1984), von der bewußten Rückorientierung auf ein vorrangig schwarzes Publikum und der Abkehr von den ästhetischen Leitbildern euro-amerikanischer Kultur. In jüngerer Zeit hat das Bekenntnis zum Marxismus/Leninismus maoistischer Prägung erneut zu einer thematischen wie stilistischen Verschiebung in Jones' Werk geführt. Doch trotz dieser veränderten Perspektive – proletarische Weltrevolution statt schwarzem Nationalismus – blieb LeRoi Jones, der seit 1970 den selbstgewählten islamischen Namen Amiri Baraka trägt, gerade in seiner Lyrik der mündlichen Tradition afro-amerikanischer Kultur, besonders dem Synkopismus schwarzer Musik und der rhythmischen und klanglichen Qualität des *Black English*, verpflichtet.

Auf die markanteste Eigenschaft des Dichters LeRoi Jones, Stilvielfalt sowie öffentliches, vorbehaltloses Überdenken der eigenen ästhetischen Position, hat er am Ende von *The Dead Lecturer* (1964) selbst hingewiesen: »*Though I am a man / who is loud / on the birth / of his ways. Publicly redefining / each change in my soul, as if I had predicted / them, / and profited, biblically, even tho / their chanting weight, / erased familiarity / from my face.*« Jones hatte sich zunächst an den großen Vertretern moderner Lyrik, Ezra POUND, T. S. ELIOT und W. C. WILLIAMS, orientiert. In seiner ersten veröffentlichten Gedichtsammlung (*Preface To A Twenty Volume Suicide Note*, 1961) macht sich daneben – wie die häufigen Hinweise auf Robert CREELEY, Charles OLSON, Gary SNYDER und Allen GINSBERG belegen – aber bereits der Einfluß des reimlosen, frei assoziierenden Stils der Black Mountain School und vor allem der Technik des *»projective verse«* von Charles Olson bemerkbar. Olsons Diktum *»that one perception must always lead to another«* und »*Form Is Never More Than An* EXTENSION OF CONTENT« wollte das Gedicht vom Zwang eines nachvollziehbaren, logischen Aufbaus, von der Last des »Bedeutens« befreien. Vielmehr sollte durch das Zusammenspiel von »Gefühl« und »Assoziation« ein poetischer Raum entstehen, der seinen eigenen Gesetzen gehorcht und nicht mehr unter Bezug auf »Alltagswirklichkeit« zu beschreiben ist. Ein gutes Beispiel hierfür gibt die erste Strophe von *Duke Mantee*, eines der wenigen Gedichte in *Preface*, in dem der Autor nur indirekt, als Titelheld zeitgenössischer Comics, das Wort ergreift: »*who sees all things / as love, who sees / the nature / of himself. the flatness / of the room, the evening / spread against the windows / soft. who / stares quietly / into the shadows / listening / to the moon's / light / dropping softly / on the rug.*« Weitere Merkmale der frühen Gedichte von Jones sind das häufige Anzitieren geistesverwandter Vorbilder (so erinnert z. B. das obige Bild *»the evening / spread against the windows«* an T. S. Eliots *Prufrock*: »*The evening is spread out against the sky*«), das Einschleusen populärer Figuren der Trivialliteratur, die kontrastive Verwendung von *»colloquial speech«*, der Umgangssprache des schwarzen Ghettos, sowie zahlreiche typographische Eigenheiten (Groß- und Kursivschrift oder Abkürzungen wie yr, sez, tho, thot etc.). Auch wenn sich bereits an einigen Stellen der Einfluß afro-amerikanischer Kultur (etwa in *The Bridge* und in *Roi's New Blues*) andeutet, so erscheint der Autor von *Preface* am Ende noch gänzlich dem eigenen Background, der eigenen Geschichte entfremdet: *African blues / does not know me. . . . they conduct / their deaths apart / from my own. Those / heads, I call / my ›people‹.*«

Ganz im Gegensatz zu dieser kulturkritisch-bohemienhaften Klage des »heimatlosen« Künstlers zeugt *The Dead Lecturer*, der zweite Gedichtband von LeRoi Jones, von einer weitaus positiveren Einstellung gegenüber den historischen Erfahrungen und der Identität Afro-Amerikas. In *A Poem For Willie Best* spürt Jones mit großer Subtilität der Tragik und inneren Größe des bekannten schwarzen Filmschauspielers nach, der als komische Figur und Grimassenschneider – lange Zeit die einzige Rolle für Schwarze – in Hollywood den Beinamen »Sleep'n'eat« trug, und entwirft ihn als einen zwar todgeweihten, aber dennoch hinter seiner rätselhaften Maske rebellierenden Helden: »*Born in to death / held fast to it, where / the lover spreads his arms, the line / he makes to threaten Gods with history . . . A Renegade / behind the mask. And even / the mask, a renegade / disguise.*« Bezog sich die schon im Titel anklingende Todessehnsucht der frühen Gedichte auf die Verweigerung einer technisierten, emotional erstarrten äußeren Wirklichkeit an sich und im Gegenzug auf die Flucht in die Welt poetischer Phantasie, dann signalisiert *The Dead Lecturer* nicht nur den Tod des Dichters als avantgardistischer Bohemien, sondern den Untergang westlicher Kultur, ihrer Sprache und ihrer ästhetischen Prinzipien insgesamt. Besonders deutlich wird dies an fünf zentralen Gedichten des Bandes, die alle den Namen »Crow Jane« im Titel tragen. Daß es sich dabei um eine Anspielung, ein »creative rewriting« von William Butler YEATS' *Crazy Jane* handelt, verrät der Autor bereits einige Seiten zuvor: »*The source of their art crumbles into legitimate history. / The whimpering pigment of a decadent economy, slashed into / life / as Yeats' mad girl plummeting over the nut house wall, her broken / knee caps rattling in the weather, reminding us of lands / our antennae do not reach.*« Das Motiv der blutleeren, intellektualistischen Kunst, die LeRoi Jones hier dem Neoromantiker Yeats zuschreibt, wird gleich im ersten Gedicht *(Crow Jane)* durch zwei Verse des Bluessängers Mississippi Joe Williams wieder aufgenommen so die Sympathie des Lesers unmerklich auf die lebendige, sinnlich erfahrbare Wirklichkeit schwarzer Kultur gelenkt: »*›Crow Jane, Crow Jane, don't hold your head so high, / You realize, baby, you got to lay down and die.‹*« Jones stellt durch Bilder der Fäulnis und sexuellen Sterilität das am Intellekt, an »zeitenüberdauernden« Werten (vgl. Yeats' *Sailing to Byzantinum*) orientierte westliche Kunstverständnis in Frage und spielt gleichzeitig kritisch auf die in der Beat Generation in Mode gekommene Tabuverletzung gemischtrassiger Sexualität an (besonders der weißen Frau mit einem schwarzen Mann), in Analogie zum rassistischen »Jim Crow«-Status damals »Crow-Jimism« genannt: »*›Your people / without love‹. And Life / rots them. Makes a silence in every space flesh thought to be. . . . Moon lady / of useless thighs.*«

Das programmatische Bekenntnis des Dichters zu einer »Black Aesthetic« und dem Verzicht auf stückweise, trügerische Integration in die amerikanische Gesellschaft dominiert schließlich die dritte Gedichtsammlung *Black Magic*, der in der Originalausgabe von 1969 noch vier seiner neuesten Theaterstücke beigefügt sind. Unterteilt in die Kapitel *Sabotage*, *Target Study* und *Black Art*, setzt sich Black Magic nicht nur kritisch mit der kleinbürgerlichen Herkunft und bisherigen Entwicklung des Autors auseinander (LEROY: »*When I die, the consciousness I carry I will to / black people. May they pick me apart and take the / useful parts, the sweet*

meat of my feelings. Ands leave / the bitter bullshit rotten white parts / alone.«), sondern demonstriert durch das Experimentieren mit Sprechritualen des Großstadtghettos wie den »dirty dozens« (in *T. T. Jackson sings*) und der klangbetonten, lyrischen Musikalität des *Black English* (in BLUDOO BABY WANT MONEY AND ALLIGATOR GOT IT TO GIVE) die Möglichkeiten einer am eigenen kulturellen Bezugsrahmen orientierten, genuin afro-amerikanischen Dichtung.

Der Sammelband *Selected Poetry of Amiri Baraka / LeRoi Jones* (1979) stellt neben kürzeren Auszügen aus *Preface To A Twenty Volume Suicide Note* und *The Dead Lecturer* vor allem das spätere Werk, angefangen mit *Black Magic*, in den Vordergrund. Während *It's Nation Time* (1970), ebenso wie *Hard Facts* (1975) auch in einer selbständigen Ausgabe erschienen, noch emphatisch die spirituelle Gemeinschaft aller Schwarzen feiert (»*We want to see you again as ruler of your own space / Big Negro . . . Stretch out Expand / Bigger than a white boys shack / You the star nee-gro, you touch all points / w/yr circular self*«), weisen *Hard Facts* sowie die jüngsten Gedichte, unter dem Obertitel *Poetry For The Advanced* zusammengefaßt, wieder in eine andere Richtung. Als Ausdruck der Politisierung und Hinwendung des Dichters zum Maoismus tritt hier das Beschwören schwarzer Identität vor der Hoffnung auf die Weltrevolution, auf den gemeinsamen Kampf aller Unterdrückten zurück. Doch trotz der teilweise outriert wirkenden marxistischen Terminologie (etwa in *The Dictatorship of the Proletariat*, *Das Kapital*, *Class Struggle* oder ALL REACTION IS DOOMED !!!) versteht es LeRoi Jones, das didaktische Engagement dieser Verse durch seine sprachliche Virtuosität und ein raffiniertes typographisches Layout aufzufrischen.

Jones berichtet in seiner Autobiographie (1984) davon, daß ihm als »unveröffentlichtem Autor« nach der Lektüre eines Gedichts im ›New Yorker‹ plötzlich die Erkenntnis gekommen sei, »*that I could never write like that writer. . . . I realized that there was something in me so out, so unconnected with what this writer was and what that magazine was that what was in me that wanted to come out as poetry would never come out like that and be my poetry.*« Wie sein großer Einfluß auf die schwarzamerikanische Lyrik der sechziger und siebziger Jahre belegt, ist es ihm gelungen, nicht nur für sich, sondern für eine ganze Generation junger Autoren neue, eigene Ausdrucksmöglichkeiten aufzuzeigen. K.Ben.

AUSGABEN: *Preface To A Twenty Volume Suicide Note . . .*, NY 1961. – *The Dead Lecturer*, NY 1964. – *Black Magic: Sabotage; Target Study: Black Art; Collected Poetry 1961–1967*, NY 1969, Ldn. 1971. – *It's Nation Time* [als Amiri Baraka], Chicago 1970. – *Hard Facts*, Newark 1975. – *Selected Poetry of Amiri Baraka / L. J.*, NY 1979.

LITERATUR: R. Ellison, *Shadow and Act*, NY 1966. – L. Neal, *Development of L. J.* (in Liberator, 6, Jan./Febr. 1966). – L. W. Brown, *Comic-Strip*

Heroes, L. J. and the Myth of American Innocence (in Journal of Popular Culture, 3, Herbst 1969). – N. Mackey, *The Changing Same: Black Music in the Poetry of Amiri Baraka* (in Boundary, 2, 1978, Nr. 5). – L. Jones / Amiri Baraka, *The Autobiography* NY 1984.

DUTCHMAN

(amer.; *Ü: Dutchman*). Drama in einem Akt von LeRoi Jones, Uraufführung: New York, 24. 3. 1964, Cherry Lane Theater. – Nach kleineren Anfangserfolgen als Lyriker und Essayist und nach den nur mäßig erfolgreichen Kurzdramen *The Eighth Ditch* und *The Toilet* errang Jones mit *Dutchman* breite Anerkennung als Dramatiker und wurde zu einem der bedeutendsten Vertreter des *Black Revolutionary Theater*. Obgleich das Stück häufig als Prototyp dieser Theaterbewegung verstanden wird, aus der ein Theater von Schwarzen für Schwarze hervorgehen sollte, zeigt seine Bühnengeschichte von der erfolgreichen Off-Broadway-Aufführung bis zur Verfilmung durch Anthony Harvey, daß es primär durch ein weißes Publikum rezipiert wurde.

In *Dutchman* gestaltet Jones die psychologischen Auswirkungen des amerikanischen Rassenkonflikts mit seinen schizophrenen Wesenszügen als eine Parabel menschlicher Beziehungen, die den Mythos der »*Verführung des Mannes durch die schöne, aber tödliche Frau*« (T. S. Reck) auf das Verhältnis zwischen Schwarz und Weiß in den USA überträgt. Das Stück kann demnach als eine Allegorie betrachtet werden, in der Lula das weiße Amerika und Clay den modernen Uncle Tom, die äußerlich angepaßte schwarze Mittelschicht repräsentiert (J. C. Rice). Lula trifft in der U-Bahn den gebildeten und höflichen Clay, der durch ihr aggressives Flirtverhalten verunsichert wird. Im Laufe der Fahrt wird Lulas sexuelle Provokation immer direkter; jedes Mal, wenn Clay unbeholfen darauf eingehen will, wird er jedoch von ihr mit Spott und Zynismus überhäuft. Durch dieses Wechselspiel von Verlockung und Verhöhnung versucht Lula Clays Fassade der Assimilation zu durchbrechen und zu seinem »schwarzen« Wesen vorzudringen. Sie will von Clay zu einer Party eingeladen werden, macht ihm Hoffnungen auf eine intime Beziehung und bietet ihm einen Apfel an – symbolische Gesten der Verführung und der gefährlichen Illusion, man würde ihn in der Gesellschaft der Weißen akzeptieren. Als Clay sich weigert, die ihm zugedachte Rolle des triebhaften, animalischen Negers zu akzeptieren, und auf Lulas massive Beschimpfungen mit Gewalt und einer haßerfüllten Rede reagiert, in der seine Verachtung der weißen Gesellschaft zum Ausdruck kommt, ersticht ihn Lula. Die anderen Fahrgäste beseitigen seine Leiche, und Lula bereitet sich auf die Begegnung mit dem nächsten schwarzen Opfer vor.

Die politische Botschaft des Stücks, das in Clays Haßtirade die moralische Überlegenheit der Schwarzen über die Weißen verkündet, plädiert für die Segregation und warnt vor der Illusion einer Integration, die mit dem Tod des schwarzen Bewußtseins und der Aufgabe der Identität enden müsse. Die Ermordung Clays in der U-Bahn (ein Bild für das kollektive Unterbewußtsein Amerikas) deutet darauf hin, daß die Machtverhältnisse in einer von Weißen dominierten Gesellschaft den psychologischen Mord an den Schwarzen bereits zum täglichen Ritual haben werden lassen.   J. Ass.

Ausgaben: NY 1964. – Ldn. 1964.

Übersetzung: *Dutchman*, S. Lucas-Hoch, Ffm. 1970.

Verfilmung: USA 1966 (Regie: A. Harvey).

Literatur: T. S. Reck, *Archetypes in L. J.'s »Dutchman«* (in Studies in Black Literature, 1, 1970, S. 66–68). – J. C. Rice, *L. J.'»Dutchman«: A Reading* (in ConL, 12, 1971, S. 42–59). – H. Grabes, *L. J. (Imamu Amiri Baraka): »Dutchman«* (in Das amerikanische Drama der Gegenwart, Hg. ders., Kronberg/Ts. 1976, S. 120–132).

HOME: Social Essays

(amer.; *Ü: Ausweg in den Haß: Vom Liberalismus zur Black Power*). Essaysammlung von LeRoi Jones. – Die Essays wurden in den Jahren 1960–1965 verfaßt und dokumentieren, jedoch ohne dramatische Wendepunkte oder klar erkennbare Schlüsselerlebnisse anzudeuten, Jones' ideologische Entwicklung vom weitgehend unpolitischen Bohème-Schriftsteller einer von Weißen dominierten Avantgarde zum Vertreter eines militanten schwarzen Nationalismus. Dem veränderten ideologischen Standpunkt des Autors am Ende der Sammlung entspricht der Wandel seiner privaten Lebensverhältnisse: 1965 verließ Jones seine Frau, seine Kinder und das weiße Kulturestablishment und zog in das New Yorker Ghetto Harlem, wo er in dem von ihm gegründeten »Black Arts Repertory Theater« spezifisch schwarze Theaterstücke inszenierte und dem neuen schwarzen Theater wichtige Impulse gab.

Die Essays lassen sich zwar in drei dominierende Themenbereiche aufteilen – Jones' sozialpolitische Theorien, sein schwarzer Kulturnationalismus und seine schwarze Ästhetik –, jedoch kreisen sie immer wieder um einige wenige Hauptgedanken: die heuchlerische und repressive Sozialpolitik in den Vereinigten Staaten; ein schwarzes Kulturbewußtsein als Ausgangspunkt für eine reformatorisch-revolutionäre Bewegung; der Haß auf die integrationswillige schwarze Mittelschicht und den weißen Liberalismus; eine schwarze Ästhetik als Gegengewicht zur dekadenten weißen Kultur. In *Cuba Libre* (1960) tritt Jones noch als sensibler und politisch nicht engagierter junger Dichter hervor, der jedoch auf dieser Reise ins revolutionäre Kuba von dem militanten schwarzen Bürgerrechtler Robert Williams stark beeinflußt wird und aufgrund dieser Eindrücke seine Stellung als schwarzer Amerikaner überdenkt. Jones erkennt mit zunehmender Schärfe die Idee der Gewaltlosigkeit als sinnloses Konzept: Das weiße Amerika wird sich nicht ändern, denn es betrachtet die Ausbeutung des farbigen Amerikaners als dessen Existenzberechtigung (*The Last Days of the American Empire*, 1964). In *The Legacy of Malcolm X and the Coming of the Black Nation* (1965) fordert Jones eine autonome schwarze Nation und vollkommene politische und ökonomische Kontrolle für die farbige Bevölkerung. Jones' kultureller Nationalismus geht von seinem Glauben an die ethnische Überlegenheit der schwarzen Rasse aus, warnt vor der Nachahmung weißer Lebensweise und spricht sich in *Blackhope* und *The Legacy of Malcolm X* leidenschaftlich für ein schwarzes Bewußtsein und rassischen Stolz als Voraussetzung für das Überleben der Afroamerikaner im weißen Amerika aus.

Home enthält darüber hinaus mit *Myth of a Negro Literature* (1962), *A Dark Bag* (1963) und *The Revolutionary Theatre* wichtige theoretische Texte der schwarzen Ästhetik, die Jones in mehreren Dramen in die Praxis umzusetzen versuchte. Die »schwarze« Literatur von James BALDWIN u. a. ist für Jones nichts anderes als der Versuch, eine kraftlose weiße Literatur zu imitieren. Schwarze Erfahrung in Amerika – das Kriterium der von Jones angestrebten ethnozentrischen und politisch engagierten Literatur – findet bislang nur im Blues ihren gültigen Ausdruck. Vor allem das Drama hat die Unterdrückung der Schwarzen darzustellen, einen Bewußtseinswandel herbeizuführen und dadurch die Gesellschaftsstrukturen zu ändern. Die Aufgabe dieses »Theaters der Opfer« ist es, die weiße Gesellschaft anzuklagen und anzugreifen; es ist daher die Pflicht des schwarzen Künstlers, zur Zerstörung »Amerikas, so wie er es kennt«, beizutragen.

Trotz ihres zunehmend radikaleren Gehalts und von Dogmatik und Haß gefärbten Tons sind die Essays in Form und Technik erstaunlich konventionell. Nur gelegentlich bricht ein von Spontaneität und derb-beißender Ironie gekennzeichneter Stil hervor. Die weitgehend negative Aufnahme der Essaysammlung resultiert daher sowohl aus dem Vorwurf eines desintegrierenden Prosastils und hysterischen Tons (R. Bone) als auch – und in erster Linie – aus der Kritik am radikalen nationalistischen Standpunkt des Autors.   J.Ass.

AUSGABEN: NY 1966. – Ldn. 1968.

ÜBERSETZUNG: *Ausweg in den Haß: Vom Liberalismus zur Black Power*, H. Maor, Darmstadt 1967.

LITERATUR: C. M. Brown, *Black Literature and L. J.* (in Black World, 19, 1970, S. 24–31). – R. Primeau, *Imagination as Moral Bulwark* ... (in Studies in Black Literature, 3, 1972, Nr. 2, S. 12–18). – C. Arehart, *Pepper's Categories, Dewey's Contextualism and the Black Aesthetic* (in Paunch, 1973, Nr. 36/37, S. 50–64). – T. R. Hudson, *From L. J. to Amiri Baraka: The Literary Works*, Durham/N.C. 1973, S. 77–93.

THE SLAVE

(amer.; *Der Sklave*). Drama in einem Prolog und zwei Akten von LeRoi JONES, Uraufführung: New York, Dezember 1964, St. Mark's Playhouse. – *The Slave* greift das Thema des im Frühjahr desselben Jahres uraufgeführten Einakters *Dutchman* auf: das Problem der Behauptung des schwarzen männlichen Bewußtseins in einem weißen Amerika, das in diesem Stück in das Chaos eines Rassenkrieges gestürzt worden ist.

Walker Vessels, ein schwarzer Dichter und jetzt Anführer der Rebellentruppen, hat sich in das Haus seiner früheren weißen Frau Grace und ihres weißen Mannes Easley, eines liberalen Universitätsprofessors, eingeschlichen, angeblich um seine beiden Töchter zu sich zu holen. In einem erbitterten Rededuell versuchen die drei Personen die ideologische Position der jeweils anderen Seite zu erschüttern. Walker zeigt sich dabei gefangen zwischen der Liebe zu Grace, die ihn wegen seines militanten Hasses auf die Weißen verlassen hat, und der in dreihundert Jahren Unterdrückung deformierten schwarzen Psyche. Er rechtfertigt die Gewalt und klagt erbittert den weißen Liberalismus an, der unverbindliche Absichtserklärungen formulierte, die hautnahe Auseinandersetzung mit der Realität gesellschaftlicher Unterdrückung jedoch scheute. Walker erschießt im zweiten Akt Easley, als dieser sich auf ihn stürzen will. Kurz darauf wird das Haus von einer Granate getroffen, und ein herabstürzender Balken erschlägt Grace.

Im Zentrum des Dramas steht die Bewußtseinskrise des schwarzen Rebellenführers, der versucht, seine eigene weiße Vergangenheit zu bewältigen – Parallelen zur Biographie von Jones werden erkennbar – und die gewaltsame Veränderung der Gesellschaft zu rechtfertigen. Doch er muß selbst zugeben, daß Gewalt zwar die einzig mögliche Reaktion der Schwarzen auf den jahrhundertelang unterdrückten Haß ist, daß sie jedoch nur »*dieses Gesicht der Unterdrückung gegen ein anderes austauschen*« wird. Im Prolog und am Ende des Stückes tritt Walker in emblemhafter Funktion als Feldsklave auf: zeitloser Vertreter seiner Rasse und zugleich Opfer der Unterdrückung und Sklave des eigenen Hasses. Jones scheint zwar in *The Slave* die Sinnlosigkeit eines Rassenkrieges zu verkünden, er kann jedoch dem Zuschauer keine Lösung anbieten.   J.Ass.

AUSGABEN: NY 1964. – Ldn. 1964.

SLAVE SHIP. A Historical Pageant

(amer.; *Sklavenschiff. Ein historisches Festspiel.*). Drama in fünf Bildern von LeRoi JONES, Uraufführung: Newark/N.J., Spirit House, März 1967. – *Slave Ship* zählt zu den interessantesten Stücken aus der schwarznationalistischen Periode des Autors und zu seinen erfolgreichsten Experimenten mit der Form des rituellen Dramas. Es stellt einen Versuch dar, das politische Bewußtsein des schwarzen Publikums zu stärken, indem zuerst historische Beispiele der Unterdrückung der Farbigen vorgeführt werden, diese auf der Bühne überwunden wird und schließlich das Publikum aufgefordert ist, am kathartischen Ritual teilzunehmen.

Das Stück enthält nur wenige konkrete Handlungselemente und konzentriert sich statt dessen auf Bilder, Tänze, Pantomime und sporadischen Dialog. Im Medium dieser Darstellungsformen wird die Geschichte der Afro-Amerikaner als eine Kette von einander ähnlichen Unterdrückungssituationen interpretiert. Dabei entwickeln sich die einzelnen Stationen – die Plantage des Sklavenhalters und der fehlgeschlagene Aufstand von Nat Turner, die gewaltlose Bürgerrechtsbewegung mit ihren ermordeten Aktivisten, die militante nationalistische Bewegung – alle aus dem ersten, eindrucksvollen Bild, dem Laderaum eines Sklavenschiffes mit seinen verzweifelten Insassen, das in andere Schauplätze verwandelt wird und gleichzeitig als Ursprung des Leidens und Symbol der Unterdrückungssituation immer gegenwärtig bleibt. In analoger Weise verwandeln sich die Matrosen in Plantagenbesitzer und bleiben dabei die gleichen unmenschlichen Unterdrücker, wird die servile Uncle-Tom-Figur, die Nat Turners Revolte verrät, zur Parodie des Bürgerrechtlers Martin Luther KING und seines Integrationsstrebens, das Jones als Verrat an der Sache der Farbigen betrachtet. So wird denn auch in der Schlußszene der Kopf dieser zeitlosen Verräterfigur nach der Zerstörung der weißen Herrschaftsstrukturen unter die tanzenden Zuschauer geworfen.

Die politische Aussage des unverhohlen anti-weißen Schauspiels, das kurz vor den blutigen Rassenunruhen in Newark geschrieben wurde und in dem nach Jones' eigenen Worten *»die bevorstehende Explosion«* bereits zu spüren ist, entspricht der Überzeugung der militanten schwarzen Nationalisten, daß die Überwindung der Repressionskette Gewalt sowohl gegen die weißen Unterdrücker als auch gegen die farbigen Verräter erfordert. Die Hauptwirkung des Dramas liegt in seinen audiovisuellen Effekten. Ein Großteil der Handlung findet auf dunkler oder halbdunkler Bühne statt und hebt dadurch die Vielfalt von Klängen hervor, auf denen Jones seine Szenen und deren dramatische Eindringlichkeit aufbaut: afrikanische Trommeln, das hypnotische Summen der Sklaven, schrille Schreie von Kindern und ihren Müttern, Rufe der Sklaventreiber, Peitschenknallen, Schüsse. Der historischen Progression wird zudem eine musikalische zur Seite gestellt, die von den afrikanischen Trommeln über Blues und Jazz bis zu den schrillen Tönen der neuen schwarzen Musik von Archie Shepp fortschreitet. Die Musik wird somit zur zentralen Metapher des Dramas und betont in dem stetigen Leitmotiv der afrikanischen Trommeln schwarze Geschichte in ihrer zyklischen Struktur als ein Ritual von Unterdrückung und Selbstbehauptung.

J.Ass.

AUSGABEN: Newark/N.J. 1967. – NY 1978 (in *The Motion of History and Other Plays*).

LITERATUR: W. Sollers, *Amiri Baraka (L. J.)* (in *Essays on Contemporary American Drama*, Hg. H. Bock u. A. Wertheim, Mchn. 1981, S. 117). – R. Cohn, *New American Dramatists 1960–1980*, Ldn. 1982, S. 101.

S – 1

(amer.; *S – 1*). Stück mit Musik in 26 Szenen von LeRoi JONES, Uraufführung: New York, 23. 7. 1976, Afro-American Studio. – *S – 1* zählt neben *The Motion of History* (1976) zu den Agitationsstücken des Autors, in denen das schwarznationalistische Gedankengut von einer marxistisch-leninistisch-maoistischen Ideologie weitgehend verdrängt worden ist und Jones' Schreibweise in ihrer Lehrhaftigkeit an das linke Theater der dreißiger Jahre erinnert. Jones selbst sieht *S – 1* als eine Ergänzung zu *The Motion of History*, als eine Beschreibung *»unseres gegenwärtigen Kampfes … als Detail der weiteren Entwicklung des Klassenkampfes«*, der für Jones durch die Verflechtung von Imperialismus und Kapitalismus mit den »Volksvertretern« als willigen Instrumenten des Großkapitals gekennzeichnet ist.

Das Drama mit seinen mehr als fünfzig Rollen spielt in einer »nahen Zukunft« der Regierung unter dem Präsidenten Gerald Ford und kreist um die fiktive Verabschiedung des »S – 1«-Gesetzes, das demokratische Rechte und politische Tätigkeit massiv einschränkt und als subversives Verhalten mit drastischen Strafen bedroht. Die Hinwendung des Staates zum legalisierten Faschismus ist für Jones nur die konsequente Fortsetzung der alten Unterdrückungsmechanismen und beschleunigt die historisch unvermeidliche Revolution der unterdrückten Massen.

In lose aneinandergereihten Einzelszenen führt Jones zuerst den schwachen Widerstand von liberalen Richtern des Obersten Gerichtshofs und einiger weniger Politiker gegen die reaktionär-konservativen Befürworter des Gesetzentwurfs vor und konzentriert sich dann auf die beiden Protagonisten des Widerstands gegen »S – 1«, Red Hall und seine Frau Lil, beide Mitglieder des »Zentralkomitees der Revolutionären Volksunion«. Die starke Sympathielenkung des Autors zielt von Anfang an auf eine Identifizierung des Zuschauers mit der Perspektive von Red und Lil. Zu diesem Zweck bedient er sich einer krassen Schwarz-Weiß-Malerei, die aus Red und Lil tapfere und unbeugsame Verfechter von Freiheit und Gerechtigkeit macht, aus Polizisten, Politikern, Kapitalisten und anderen Vertretern des »Establishment« karikaturistisch überzeichnete Repräsentanten des Bösen. Als Red nach einer unter dem neuen Gesetz verbotenen Demonstration verhaftet wird, führt seine Frau im Untergrund den Kampf weiter. Der Reporter Walt Stevens, der einen konversionsartigen Erkenntnisprozeß durchläuft, schließt sich ihren Bestrebungen um die Gründung einer neuen revolutionären marxistisch-leninistischen Partei an. Das Stück schließt trotz scheinbar hoffnungsloser Lage mit einer optimistischen Note: Während Präsident Ford im Radio ankündigt, daß die USA in dem inzwischen in Europa tobenden Krieg zwischen sowjetischen und NATO-Truppen in Übereinkunft mit der UdSSR nur taktische Kernwaffen einsetzen werden, wird seine Rede auf Betreiben Walt Stevens' plötzlich durch Lils Stimme unterbrochen, die zur Vereinigung aller Unterdrückten in der neuen Partei aufruft, um die kapitalistische Herrschaft zu beenden.

Das Drama beruht weniger auf Handlung als auf der Konfrontation ideologischer Positionen. Dabei werden häufig interessante Situationen bereits im Ansatz durch revolutionäre Rhetorik und eine Flut von sich wiederholenden politischen Statements an der weiteren Entwicklung gehindert. Die Charaktere – dies ist eine sich stetig verstärkende Tendenz in Jones' Stücken – bleiben typenhaft und überzeugen nur gelegentlich als satirische Portraits; so werden sie im wesentlichen nur in den beiden Kategorien »revolutionär« und »reaktionär« gesehen. Jedoch dienen Typenhaftigkeit, aufdringliche Rhetorik und die breite Darstellung der mit »S – 1« begründeten brutalen Übergriffe des Staates letzten Endes nur dazu, Kräfte der Unterdrückung sichtbar werden zu lassen, die der Autor in der amerikanischen Gesellschaftsstruktur fest verwurzelt sieht. Der im Stück häufig wiederholte Slogan »*Die einzige Lösung ist die Revolution*« formuliert Jones' Antwort darauf und stellt gleichzeitig das Grundthema des Dramas dar. J. Ass.

AUSGABE: NY 1978 (in *The Motion of History and Other Plays*).

LITERATUR: R. Cohn, *New American Dramatists: 1960–1980*, Ldn. 1982, S. 102. – W. D. E. Andrews, *The Marxist Theater of Amiri Baraka* (in Comparative Drama, 18, 1984, S. 154–160).

THE SYSTEM OF DANTE'S HELL

(amer.; *Dantes Inferno*). Roman von LeRoi JONES, erschienen 1965. – Das kompromißlose Eintreten des Autors für eine von den Werten und Normen weißer Kultur unabhängige »Black Aesthetic« (in den beiden Essaybänden *Home*, 1966, und *Raise, Race, Rays, Raze*, 1971) sowie die schonungslose Offenlegung des latenten Gewaltpotentials in den Beziehungen zwischen weißen und schwarzen Amerikanern (in Theaterstücken wie *Dutchman* und *The Slave*, beide 1964) brachten ihm von seiten vieler Kritiker zu Unrecht den Vorwurf des »re-

versed racism« – Rassismus unter umgekehrtem Vorzeichen – ein. Ähnlich wie dem charismatischen Black-Muslim-Führer MALCOLM X ging es LeRoi Jones vielmehr um die Klärung und Festigung der eigenen Identität, um eine Rückbesinnung auf die Geschichte und Kultur Afro-Amerikas. Gerade in diesem Zusammenhang nimmt *The System of Dante's Hell*, sein bislang einziger Roman, eine Schlüsselstellung ein.

»*But Dante's hell is heaven.*« Bereits dieser erste Satz, das ungewöhnliche »aber« an dessen Beginn, wie auch die darauffolgende semantische Inversion, weisen auf zwei wesentliche Aspekte des Textes voraus: zum einen das Hinterfragen eines bestimmten geistesgeschichtlichen Bezugsrahmens, dessen universale Gültigkeit der Autor bestreitet, und zum anderen die Umwertung etablierter, gegen die Schwarzen gerichteter Denkstrukturen innerhalb europäischer bzw. euro-amerikanischer Kultur. Lose an das *Inferno* aus Dante ALIGHIERIS *Commedia* angelehnt, durchläuft der Roman die verschiedenen Höllenkreise der berühmten Vorlage, hier jedoch als die konkrete, teilweise autobiographisch verbürgte Erfahrung des schwarzen Erzählers in den Ghettos von Newark/New Jersey und New York. In zunächst stark lyrischen, freien Klang- und Bildassoziationen fängt Jones den Alltag und die Bezugspersonen seiner Jugend, den Überlebenskampf auf der Straße und die graue Realität der endlosen Wohnblocks ein. Doch die eigentliche Hölle für die Menschen im Ghetto, wie der Autor auch in seinem Schlußwort unterstreicht, ist die Nichtbeachtung, das gesellschaftliche Aus, »*the torture of being the unseen object*«. Diese »*invisibility*«, die schon Ralph ELLISON als Symbol für die Entmündigung und Fremdbestimmtheit des Afro-Amerikaners zum Thema seines Romans *Invisible Man* (1952) gemacht hat, bringt Jones in Zusammenhang mit dem in der westlichen Kultur weitverbreiteten negativen Mythos um die dunkle Hautfarbe. Die größte Gefahr dieses rassistischen Stereotyps – das sich übrigens schon in Dantes *Commedia* niederschlägt (vgl. die Beschreibung Luzifers im 34. Gesang) – liegt (so Jones) in seiner Internalisierung durch die Betroffenen, in der Übernahme durch die Schwarzen selbst. Im Kontrast zur Vorlage verfolgt der Roman daher eine Strategie der Umwertung *(»hell is heaven«)*, d. h. der positiven Besetzung von »blackness« sowie aller Bereiche afro-amerikanischen Lebens, die sich daran anschließen lassen (Sprache, Musik, Tanz, Geschichte etc.).

Besonders deutlich wird dies in der letzten und als einziger durchgängig erzählten Episode, *The Heretics* (bezeichnenderweise hat Jones, im Gegensatz zu Dante, für Häretiker *»against one's own sources«* den untersten Höllenkreis vorgesehen). Konsequent endet hier der vorläufige Lebensweg des Erzählers in den Armen einer zwar heruntergekommenen, dafür aber ohne Ambitionen auf Integration und gesellschaftlichen Aufstieg ganz dem schwarzen Milieu verhafteten Prostituierten. Als er das Angebot, mit ihr zusammenzuleben, nach anfänglicher Zustimmung schließlich doch ausschlägt und sich statt dessen für eine vermeintliche Karriere in der Armee entscheidet, wird er auf dem Rückweg zu einem Trainingscamp (wir befinden uns im Süden der USA) von einer Gruppe schwarzer Jugendlicher als »*city nigger*«, als Abtrünniger, beschimpft und symbolisch »bestraft«.

Auch in formaler Hinsicht nähert sich *The System of Dante's Hell* gegen Ende an die gewachsene Sprache des Afro-Amerikaners, an den Rhythmus und die spezifische Metaphorik des *Black English* an und spiegelt insofern die Umorientierung des Dichters LeRoi Jones, seine Abkehr von poetischen Vorbildern wie W. C. WILLIAMS, Robert CREELY, Charles OLSON u. a. wider. Das »aber« am Anfang des Textes, das bewußt gegen das »und«, jenes berühmte erste Wort der *Cantos* von Ezra POUND, gesetzt scheint, ist damit Vorbehalt gegen die ästhetischen Prinzipien westlicher Kultur und zukünftiges Programm zugleich. Jones' gesamtes späteres Werk, einschließlich der 1984 erschienenen Autobiographie, belegt, daß er diesem Programm bis heute treu geblieben ist.   K.Ben.

AUSGABEN: NY 1965. – Ldn. 1966. – NY 1966.

LITERATUR: E. M. Jackson, *L. J. (Imamu Amiri Baraka): Form and Progression of Consciousness* (in CLA, 17, 1973). – G. Burns, *How the Devil Helped L. J. Turn into Imamu Amiri Baraka* (in *Amerikanisches Drama u. Theater im 20. Jh.*, Hg. A. Weber u. S. Neuweiler, Göttingen 1975). – R. E. Fox, *Conscientious Sorcerers – The Black Postmodernist Fiction of L. J./Amiri Baraka, Ishmael Reed and Samuel R. Delany*, NY 1987.

TALES

(amer.; *Erzählungen*). Kurzgeschichten von LeRoi JONES, erschienen 1967. – Wie schon in einem früheren Versuch mit erzählender Prosa, dem Roman *The System of Dante's Hell* (1965), so ist auch in seiner bislang einzigen Sammlung von Kurzgeschichten die Handschrift des Dichters, des »Lyrikers« LeRoi Jones unübersehbar. Im Gegensatz zu jener ersten längeren Erzählung aber, von der Jones in seinem Nachwort sagt, sie entwickle sich »*from sound and image (‹association complexes›) into fast narrative*«, zeichnet sich in *Tales* die umgekehrte Tendenz ab. Hier führt die selbstreferentielle, kritische Auseinandersetzung des Autors mit seinem Gegenstand, der Herstellung und dem gesellschaftlichen Stellenwert von »Fiktionen«, am Ende zu handlungsarmen, lyrisch-essayistischen Versatzstücken, die – wie es ein Kritiker ausgedrückt hat – eher Tagebucheintragungen ähneln als Kurzgeschichten sind. Parallel zu dieser Entwicklung lassen sich die insgesamt sechzehn Geschichten auch thematisch grob in zwei Hälften gliedern. Während zunächst die Kritik an den Integrationsbestrebungen der schwarzen Mittelklasse, an der Selbstgefälligkeit der literarischen Avantgarde (zu

der sich Jones lange Zeit selbst rechnete) oder am Eskapismus von Literatur an sich im Vordergrund steht, macht sich im zweiten Teil zunehmend die Apologie eines geläuterten schwarzen Selbstbewußtseins, einer – nach dem vermeintlichen Niedergang euro-amerikanischer Kultur – »neuen« Zeit bemerkbar.

In *A Chase (Alighieri's Dream)* knüpft LeRoi Jones inhaltlich wie stilistisch an *The System of Dante's Hell* an und beschreibt in jazzartig komponierten, assoziativen Sequenzen eigene Jugenderfahrungen im schwarzen Teil Newarks (New Jersey), die durch den Verweis auf das Schlußkapitel in MELVILLES *Moby Dick (The Chase)* zusätzlich metaphorisch aufgeladen werden. *The Alternative* beleuchtet dann das Problem gruppeninterner Gewalt gegen »Außenseiter«, eine Thematik, die Jones bereits in dem Theaterstück *The Toilet* (1964) aufgegriffen hatte. Im Wohnheim der schwarzen Howard University in Washington, an der LeRoi Jones einige Semester studierte, beobachten Studenten, wie ein Mitbewohner von einem älteren Homosexuellen besucht wird. Als Ray, der Anführer der Gruppe, Ausschreitungen gegen den bedrohten Kommilitonen verhindern will, wird er selbst Opfer des einmal entfesselten Gewaltpotentials. Im Kontext der auf gesellschaftlichen Aufstieg und Integration ausgerichteten Atmosphäre an der Universität (»*an old 19th-century philanthropy, gone to seed*«) erinnert die Szene an die »battle royal« in Ralph ELLISONS Roman *Invisible Man* (1952), wo schwarze Schulabgänger symbolisch auf einer unter Strom stehenden Matte um Almosen aus dem belustigten weißen Publikum miteinander ringen. Eindringlich karikiert so *The Alternative* die krasse Inhumanität der späteren »*black petit bourgeoisie*«, die auf Kosten der eigenen Gruppe versucht, buchstäblich einen Fuß in die Tür nach oben zu bekommen: »YEH, YEH. WE SAW WHAT YOU WAS DOIN' HUTCHENS. OPEN THE DOOR AND LET US GET IN ON IT.«

Auch *Uncle Tom's Cabin: Alternative Ending* ist eine bissige Satire, diesmal allerdings auf die Stereotypien und kommunikativen Engpässe in den Beziehungen zwischen Weißen und Schwarzen. Der junge Eddie McGhee, ebenfalls eine deutlich autobiographische Folie des Autors, beantwortet die ihm von seiner weißen Grundschullehrerin gestellte Frage, deren genauen Inhalt der Leser nicht erfährt, korrekt mit »6 1/2«. Allein die Tatsache der richtigen Antwort, die ausgerechnet ein schwarzer Junge als einziger unter den gemischtrassigen Kindern der Klasse geben kann, führt dazu, daß ihn die Lehrerin kurze Zeit später mit dem Verdacht auf einen mentalen Defekt – den sie an seinen hervorstehenden Augen abzulesen glaubt – zum Direktor schickt. Obwohl dieser die angebliche Krankheit sofort als Unsinn verwirft, alarmiert der Vorgang die Mutter des Jungen. Sie vermutet in der ominösen Bezeichnung der Krankheit (ein Fremdwort, an das sich Eddie nicht mehr erinnern kann und das von der Lehrerin selbst falsch buchstabiert wird) eine rassistische Diffamierung. Die Mutter, ein Mitglied der schwarzen Mittelklasse, die Eddie zuvor zur korrekten Aussprache des Wortes »*Sandwich*« (nicht »*sangwich*«, wie es die Lehrerin vorschlägt, oder »*sammich*«, in der Art der schwarzen Umgangssprache) angehalten hat, wird zwischenzeitlich als Aufsteigerin und Assimilationssüchtige ebenfalls Zielscheibe der Kritik. Die völlige Absurdität im gegenseitigen Umgang von Euro- und Afro-Amerikanern erweist sich schließlich bei der Konfrontation der beiden Widersacherinnen im Rektoratszimmer, wo die Lehrerin tief in Louise McGhees »*large brown eyes*« blickt und sich »*deeply and hopelessly*« verliebt.

Bevor *The Screamers*, ein Hymnus auf die revolutionäre Kraft schwarzer Musik, den Übergang zu den programmatischen, essayartigen Kurzgeschichten (*Words; New-Sense; New Spirit; Answers in Progress* u. a.) des zweiten Teils einleitet, setzt sich LeRoi Jones in *Heroes are Gang Leaders* selbstkritisch mit der apolitischen, wirklichkeitsfremden Welt literarischer Fiktion auseinander. Auf einer neurologischen Station wird der offensichtlich sprechunfähige gerettete Selbstmörder Kowalski (eine Anspielung auf die Hauptfigur in Tennessee Williams' Drama *A Streetcar named Desire – Endstation Sehnsucht*) von zwei Polizisten gewaltsam zum Verhör gezwungen. Auf den zögernden Einwurf des lesenden Ich-Erzählers im Nachbarbett, der Mann habe seine Stimme verloren, zischt einer der beiden Polizisten unbeeindruckt: »*And who the fuck ask you?*« Die Geschichte endet mit der ernüchternden, bitter-ironischen Feststellung, »*[that] it is the measure of my dwindling life that I returned to the book to rub out their image, and studied very closely another doomed man's life*«.

Mit der Erkenntnis, daß für den afro-amerikanischen Autor ein Rückzug ins Private und damit – in welcher Form auch immer – »Literatur« erst nach der endgültigen, gewaltsamen Zerschlagung weißer Vorherrschaft wieder möglich sein wird, endet die letzte Geschichte der Sammlung, *Answers in Progress*. Am Abend nach dem visionären »Untergang« euro-amerikanischer Kultur bejaht der Erzähler nicht nur demonstrativ schwarze Lebens- und Eßgewohnheiten, sondern deutet durch das Zitat aus der Schöpfungsgeschichte auch den Beginn einer neuen, einer »schwarzen« Welt an: »*. . . I knew after tomorrow's duty, I had a day off, and I knew somebody waiting for me at my house, and some kids, and some fried fish, and those carrots, and wow. – That's the way the fifth day ended.*«

In späteren Veröffentlichungen ist LeRoi Jones vehement für eine politische Lyrik eingetreten, für Gedichte, die sich an den existentiellen Interessen der schwarzen Bevölkerung bzw. aller Unterdrückten orientieren (»*We want poems that kill*«). Gerade seine Kurzgeschichten, die sowohl die Skepsis des Autors gegenüber einer illusionistischen, »erzählten« Wirklichkeit dokumentieren als auch auf seine zukünftige Beschränkung auf den Bereich des Essays und die agitativen Möglichkeiten bekennender Dichtung und Dramatik vorausweisen, verdienen deshalb im Zusammenhang des Gesamtwerks besondere Beachtung. K. Ben.

Ausgaben: NY 1967. – Ldn. 1969.

Literatur: K. Jackson, *L. J. and the New Black Writers of the Sixties* (in Freedomways, 9, Sommer 1969). – W. C. Fisher, *The Pre-Revolutionary Writings of Imamu Amiri Baraka* (in Massachusetts Review, 14, Frühjahr 1973). – R. E. Fox, *Conscientious Sorcerers – The Black Postmodernist Fiction of L. J. / Amiri Baraka, Ishmael Reed, and Samuel R. Delany*, NY 1987.

ADRIANUS MICHAEL DE JONG

* 29.3.1888 Nieuw Vossemeer
† 18.10.1943 Blaricum

FRANK VAN WEZELS ROEMRUCHTE JAREN. Een militaire roman

(ndl.; *Frank van Wezels ruhmreiche Jahre. Ein Soldatenroman*). Roman von Adrianus Michael de Jong, erschienen unter dem Pseudonym Frank van Wezel als Artikelfolge in der Sonntagsausgabe der Zeitung ›Het Volk‹ während der Mobilmachung der Niederlande 1914–1918. – Frank van Wezel, Volksschullehrer und frischgebackener Vater, wird mit 29 Jahren als Rekrut zum Amsterdamer Landsturm eingezogen. Aus »*journalistischer Liebhaberei*« schickt er sein »*Tagebuch eines Landsturmmannes*« unter einem Decknamen an eine Tageszeitung. Die Aufzeichnungen erregen bei ihrem Erscheinen unerwartetes Aufsehen und finden im ganzen Land Zustimmung wegen ihrer freimütigen Kritik am Kommißbetrieb, an den Schikanen und Rechtsbeugungen der militärischen Führung. Van Wezels Weigerung, Offiziersanwärter zu werden, und sein unerschrockener Widerstand gegen die Kasernenhofdespotie nähren bei seinen Vorgesetzten den Verdacht, er sei mit jenem Tagebuchschreiber identisch, dessen Veröffentlichungen bereits die Generalität zu beunruhigen beginnen. Eine niederträchtige Intrige trägt Frank Untersuchungshaft und schließlich Versetzung zum Feldheer ein. Da die gegen ihn erhobenen Anschuldigungen nicht stichhaltig sind, konstruiert man ein anderes Delikt und teilt ihn nach der Verurteilung einer Abteilung für »Sonderausbildung« zu. Doch kurz darauf geht der Krieg zu Ende.

In minuziöser, um Massen- und Individualpsychologie bemühter Kleinmalerei ersteht in diesem autobiographischen Soldatenroman das seltsam zwiespältige Bild eines kleinen neutralen Landes im Ersten Weltkrieg, einer Insel biederer Friedfertigkeit, die allerdings nicht ganz immun bleibt gegen die allgemein herrschende kriegerische Brutalität. Zum erstenmal seit langer Zeit scheinen dem holländischen Bürger die Werte der Zivilisation wieder fragwürdig – doch der Landsturmmann van

Wezel bejaht sie nur um so überzeugter. Er erlebt beim Einsatz des Landsturms gegen Hungerrevolten in Amsterdam, welche Gefahr ein blindlings zum Morden abgerichtetes menschliches Kollektiv sogar im eigenen Staat bedeutet; er erkennt dabei aber zugleich an einem bejahrten, wider Willen zum Totschläger gewordenen Kameraden, daß »*der Drang zu helfen viel mächtiger ist als der dem Menschen angeborene Hang zur Gewalttätigkeit*«. – Dem in weit höherem Maße an militärische Brutalität gewöhnten Mitteleuropäer erschließt sich beinahe unmerklich der liebenswerte Charakter eines zwar kleinen, hinsichtlich Gemeinschaftssinn und Freiheitsliebe jedoch beträchtlich überlegenen Nachbarvolkes. Dies erklärt auch, warum das für uns recht »zahme«, d. h. an Schilderungen von Roheit und Niedertracht arme Buch in den Niederlanden die gleiche Wirkung hatte wie hierzulande etwa REMARQUES *Im Westen nichts Neues* oder HAŠEKS *Die Abenteuer des braven Soldaten Schwejk*. Rein literarisch freilich wird es von den späteren Werken De Jongs (vor allem dem *Merijntje-Gijzen*-Zyklus, 1925–1938) weit übertroffen. – Der Schriftsteller, ein katholischer Arbeitersohn aus Nordbrabant, ist zum Märtyrer seiner sozialistisch-pazifistischen Gesinnung geworden: 1943 wurde er von einem deutschen Besatzungskommando in Blaricum erschossen.   H.Ho.

AUSGABEN: 1914–1918 (in Het Volk). – Amsterdam 1928. – Amsterdam 1958 [Vorw. E. Vermeer].

LITERATUR: C. J. Kelk, *Rondom tien gestalten. Krit. overzicht van de Nederlandsche romanliteratuur*, Utrecht 1938. – D. Coster (in Herdenking no., Critisch Bulletin, 1945). – M. J. G. de Jong, *Flierefluiters apostel* (in *Flierefluiters apostel. Meningen en meningsverschillen*, Leiden 1970, S. 9–28). – M. Boumans u. a., *A. M. de J. Merijntje Gijzens jeugd en het sociaal-demokraties ontwikkelingswerk. Een materiaalverzameling*, Nijmegen 1977. – M. J. G. de Jong, *A. M. de J. 1888–1943* (in *'t Is vol van schatten hier*, Hg. A. Korteweg u. a., Bd. 1, Amsterdam 1986, S. 279/280).

ERICA (MANN) JONG

* 28.3.1942 New York

FEAR OF FLYING

(amer.; *Ü: Angst vorm Fliegen*). Roman von Erica JONG, erschienen 1973. – Erica Jong begann ihre schriftstellerische Laufbahn mit dem Gedichtband *Fruits and Vegetables* (1971) und ist der Lyrik seither treu geblieben: *Half-Lives* (1973), *Loveroot* (1975), *At the Edge of the Body* (1979) und *Ordi-*

nary Miracles (1983). 1973 versuchte sie sich mit dem Roman *Fear of Flying* zum ersten Mal in diesem Genre und erzielte damit auf Anhieb bei Kritikern und Lesern großen Erfolg: In den ersten vier Jahren nach Erscheinen wurden mehr als sechs Millionen Exemplare der englischsprachigen Ausgabe verkauft. *Fear of Flying* bildet zusammen mit den Bänden *How to Save Your Own Life*, 1977 (*Rette sich, wer kann*) und *Parachutes and Kisses*, 1984 (*Fallschirme und Küsse*) eine lose verknüpfte Trilogie, deren Inhalt das Leben und Lieben von Isadora Wing – dem Alter ego der Autorin – ist.

Fear of Flying beginnt mit dem Flug der Protagonistin nach Wien. Sie befindet sich zusammen mit 117 Psychoanalytikern, von denen einer ihr Mann – Bennett Wing – ist, auf dem Weg zu einem Kongreß in jener Stadt, am Ursprungsort der wissenschaftlichen Erforschung des Seelenlebens. Sie selbst soll für ein neues Magazin über das Treffen berichten. In Wien lernt sie einen weiteren Psychoanalytiker, den Briten Adrian Goodlove, kennen. Er ist die Verwirklichung ihres schon lange gehegten Wunsches nach der »Traumnummer« (»*zipless fuck*«) – einer rein körperlichen Verständigung mit dem Partner, die von jeglichem anderen Wissen um den Liebhaber unbelastet bleibt. Die Affäre weitet sich aus; beide kommen überein, gemeinsam eine Fahrt ohne festes Ziel zu unternehmen. Ihre Odyssee in Adrians Auto führt sie durch Deutschland, Frankreich und Italien. Die Reise soll für Isadora der Auseinandersetzung mit sich selbst dienen. Während dieser Zeit hat sie es fast ausschließlich mit Adrian und ihrer eigenen Persönlichkeit zu tun. Die beiden erforschen sich dabei gegenseitig nicht nur sexuell, sondern erzählen einander auch Geschichten. Isadoras Vorüberlegungen zu diesen Geschichten sind ebenfalls in den Roman integriert. Dadurch erfährt der Leser etwas über ihr vergangenes und gegenwärtiges Leben: Sie ist Jüdin, 1942 im Zeichen des Widders in New York geboren, einmal geschieden (der erste Mann, Brian Stollerman, hielt sich für den zweiten Christus) und nun seit ihrem dreiundzwanzigsten Lebensjahr mit dem chinesischstämmigen Psychoanalytiker Bennett Wing in einer mittlerweile monoton gewordenen Ehe verbunden. Sie ist Schriftstellerin und hat zusammen mit Bennett ein Jahr in Heidelberg verbracht, als er als Soldat dorthin versetzt wurde.

Die Reise mit Adrian hat aufgrund des ständigen Zusammenseins auch Streitereien zur Folge, was Isadora immer wieder veranlaßt, zum nächsten Flughafen fahren zu wollen, um ihren Liebhaber zu verlassen. Doch sie überlegt es sich jedesmal anders. Schließlich ist es dann Adrian, der sich von ihr trennt. Er läßt sie in Paris zurück, um sich mit seiner Frau Esther und den Kindern zu einem bereits lange vorher geplanten gemeinsamen Urlaub in der Bretagne zu treffen. Die ursprünglich getroffene Vereinbarung zwischen Adrian und Isadora – ausschließliche Konzentration aufeinander und auf sich selbst sowie zeitliche wie auch örtliche Ziellosigkeit der Fahrt – war also von Anfang an von

Adrian unterlaufen worden. Isadora ist nun zum erstenmal völlig auf sich allein gestellt: *»Befreit. Vollkommen frei. Es war das beängstigendste Gefühl meines Lebens. Als stünde ich am Rand des Grand Canyon, verlöre den Halt und hoffte, noch fliegen zu lernen, bevor ich in der Tiefe zerschellte.«* Von Paris aus nimmt Isadora schließlich den Zug nach London, um sich wieder zu Bennett zu gesellen. Doch das Ende bleibt offen: *»Vielleicht war ich nur gekommen, um ein Bad zu nehmen. Vielleicht würde ich wieder weggehen, bevor Bennett zurückkam. Oder vielleicht würden wir zusammen nach Hause fahren und versuchen, miteinander ins reine zu kommen. Oder vielleicht würden wir zusammen nach Hause fahren und uns scheiden lassen. Es war nicht vorauszusehen, wie das Ganze enden würde.«* Der Roman wird dank zweier formaler Kunstgriffe zusammengehalten: die Metapher des Fliegens und das – besonders im amerikanischen Roman und Film verbreitete – Stereotyp einer Autofahrt quer durchs Land. Trotz der ursprünglich vereinbarten Ziellosigkeit der Reise wirkt diese als eine Art Rahmen, einerseits durch die Beschränkung der beiden Protagonisten auf sich selbst, andererseits durch die nur Adrian bekannte zeitliche Begrenzung des Unternehmens. Die Irrfahrt der beiden spiegelt letztlich nur die metaphorische Ebene des Fliegens wieder (»to fly« hat im Englischen die Doppelbedeutung »fliegen« und »fliehen«). Isadora entflieht nicht nur ihrer Ehe, sondern auch ihrer Vergangenheit und ihren Ängsten und versucht, zu einer neuen Selbsterkenntnis zu gelangen. Sie ist darin dem klassischen Pikaro ähnlich. Ihre Reise führt sie vom Dasein der Ehefrau über den Wunsch nach Befreiung schließlich zur realen Möglichkeit der ersehnten Freiheit. Diese *»liberation«* erstreckt sich auf drei Ebenen: auf die der Vergangenheit (sie beschreibt ihre Gefühle als Jüdin während ihres Aufenthaltes in Heidelberg); auf die der sexuellen Emanzipation der Frau (sie glückt nur teilweise: *»sie* [die Männer] *wünschten sich hemmungslose, zur Lust bereite Frauen. Nun lernen es die Frauen endlich, hemmungslos und lustbereit zu sein – und was geschieht? Die Männer versagen im Bett. Es war hoffnungslos!«*); und auf die der möglichen Verbindung eines Daseins als Ehefrau und Künstlerin. Um sich künstlerisch entfalten zu können, muß sie sich innerlich von Bennett unabhängig machen. Obwohl sie nach wie vor Angst vor dem »Fliegen« (also der Unabhängigkeit) hat, läßt sie sich nun nicht mehr davon beherrschen. Die weitere Entwicklung Isadoras stellt die Autorin in *How to Save Your Own Life* und *Parachutes and Kisses* dar: Nach einer ganzen Reihe mißglückter Affären und Ehen entscheidet sie sich schließlich dafür, ihren mittlerweile eingetretenen Erfolg als Schriftstellerin durch ein Kind zu krönen. Sie schenkt einem Mädchen – Mandy – das Leben und verwirklicht so einen Traum, den sie schon in *Fear of Flying* angedeutet hatte: *»Manchmal hätte ich wirklich gern ein Kind, dachte ich. Ein sehr gescheites, verständiges und amüsantes kleines Mädchen, das zu der Frau aufwachsen würde, die ich nicht sein konnte.*

[...] Was ich wirklich wollte, war mich selbst gebären ...« In dieser Vision vom Mythos der Mutter verbindet sich endlich die künstlerische Produktivität mit dem körperlichen Sein zu wahrer Unabhängigkeit.
In der »autobiographischen« Trilogie kokettiert Erica Jong durchgehend mit dem Spiel von Realität und Fiktion. Ihre eigenen Lebensdaten stimmen mit denen ihrer Protagonistin überein, und sie spielt bewußt auf den Fiktionalisierungsprozeß an: *»Sie nehmen ja wohl nicht an, daß ich Ihnen in diesem Buch die lautere Wahrheit berichte?«* – Eine Vermischung aus realitätsnahen, autobiographischen Elementen und einer historischen Fiktionsebene ergibt sich schließlich folgerichtig als bisherige Zusammenfassung von Erica Jongs Werk in ihrem bisher letzten Roman *Serenissima*, 1987 *(Serenissima: eine Liebe in Venedig)*. – Dieser historisierende Aspekt ihres Schreibens hatte sich davor bereits in *Fanny*, 1980 *(Fanny)* – einer Pastiche auf den Roman des 18. Jh.s – angedeutet.   S.Hau.

Ausgaben: NY 1973. – NY 1974 u. ö. – Ldn. 1974 u. ö. – St. Albans 1976.

Übersetzung: *Angst vorm Fliegen*, K. Molvig, Ffm. 1976 u. ö.

Literatur: T. Stokes, *»Fear of Flying«* – *In Freud's old backyard* (in The NY Times Book Review, 11. 11. 1973). – J. Updike, *Jong Love* (in New Yorker, 17. 12. 1973). – *Altitude Sickness* (in TLS, 26. 7. 1974). – H. Miller, *E. J.'s Tropic* (in NY Times, 20. 8. 1974). – P. Theroux, *Hapless Organ* (in New Statesman, 19. 4. 1974). – M. Wood, *Flirting With Disintegration* (in The NY Review of Books, 21. 3. 1974). – J. Reardon, *»Fear of Flying«: Developing the Feminist Novel* (in International Journal of Women's Studies, 1, 1978, H. 1, S. 306–320). – H. Förster, *E. J.s »Angst vorm Fliegen«* (in WB, 3, 1985, S. 429–437).

OEK DE JONG

eig. Oebele Klaas Anne de Jong
* 4.10.1952 Breda

OPWAAIENDE ZOMERJURKEN

(ndl.; *Hochwehende Sommerkleider*). Roman von Oek de Jong, erschienen 1979. – Mit der Sammlung von Erzählungen *De hemelvaart van Massimo (Die Himmelfahrt von Massimo)* legte der Autor 1977 seine erste literarische Arbeit vor. Sie enthielt schon Motive seines zwei Jahre später erschienenen Romanerstlings, der typische Elemente des traditionellen Entwicklungs- und Künstler- als auch des modernen Bewußtseinsromans in sich vereint. Der Roman besteht aus drei Teilen, die die Hauptfigur Edo Mesch episodisch in drei Lebensstadien zeigen. Edos durch den Verlust frühkindlicher Geborgenheit ausgelöste regressive Weltangst ist die Wurzel seiner umwegreichen Bemühungen um Seinsgewißheit und innere Harmonie, die ein Korrelat in der von De Jong leitmotivisch variierten Labyrinthmetapher finden.

Im ersten Teil, *Oskar Vanille*, betitelt nach seinem Kosenamen, ist Edo acht Jahre alt. Völlig auf die Mutter fixiert, begegnet er der als bedrohlich erfahrenen Umgebung mit äußerer Passivität und Rückzug in die Innerlichkeit. Zu den Höhepunkten seines Daseins zählen die seltenen Augenblicke, in denen ihm ein Harmoniegefühl geradezu mystischen Ausmaßes zuteil wird, welches alle Ängste vorübergehend bedeutungslos macht. Einen dieser Momente, deren Darstellung meist von einer Metaphorik des Fließens oder Schwebens durchsetzt ist, erlebt er besonders intensiv während einer Radtour mit seiner Mutter und einer Nachbarin. An deren wehende Sommerkleider erinnert er sich fortan als an einen bildhaften Ausdruck des symbiotischen Gefühls entgrenzter Geborgenheit.

Im zweiten Teil des Romans, *Het systeem*, verbringt der inzwischen Siebzehnjährige die Ferien bei Verwandten auf einer Nordseeinsel. Die Kindheitsphantasien, mittels derer er seine Ängste früher zu bannen trachtete, sind dem Bemühen gewichen, die bedrohliche Rätselhaftigkeit des Daseins durch intellektuelle Anstrengungen aufzulösen. Angeregt durch das Studium philosophischer Theorien, ergreift ihn mit Besessenheit der Gedanke, alle Gefühle und Ereignisse in Formeln zu fassen, die ihm »*fundamentaler und realer als die wirklichen Ereignisse*« erscheinen. Edos Logozentrismus versagt indes vor der Disparatheit der eigenen inneren Natur. Dies wird ihm schmerzlich bewußt angesichts seiner Unfähigkeit, die ihn verwirrenden Empfindungen für seine Tante Simone zu begreifen, geschweige denn auszuleben. Die ihn quälende Kluft zwischen ordnendem Intellekt und inkommensurabler Gefühlswelt vertieft sich im dritten Teil, *Het scherm der reflectie (Der Schirm der Reflexion)*. Schon in den ersten Kapiteln des Romans sind die fragmentarische Erzählweise und der gelegentliche Wechsel von Erzähltempus und -perspektive, von Er- und Ich-Form textuelle Signale für Edos psychische Desintegration. Im letzten Teil steigert De Jong die Dynamik dieser Fluktuationen. Überdies nutzt er ausgiebig den inneren Monolog, um Edos Zerrissenheit zu vergegenwärtigen. Ägypten und Rom sind Stationen einer Bildungsreise Edos, der als Kunststudent inzwischen zu schreiben begonnen hat, um seine Verwirrungen in der »*Ordnung des Erzählens*« zu bewältigen. Besonders aber das Verhältnis zu Frauen wird immer wieder durch seinen Drang zur fortwährenden Selbstbeobachtung erschüttert. Auf die daraus erwachsende Dauerkrise reagiert er mit heftigem Schuldgefühl und gesteigerter Sehnsucht nach Harmonie und Entgrenzung. Die in sich selbst ruhende Ewige Stadt wie

auch Tizians Gemälde *Amor Sacro e Amor Profano*, dessen Betrachtung Edo physischen Schmerz bereitet, werden zu Symbolen des ersehnten, aber unerreichten Seelenzustands. Getrieben von dem Verlangen nach Selbstauflösung, unternimmt Edo in Friesland eine Segelfahrt, die als *descensus* in das Labyrinth seiner Seele erscheint. Als er bei einem Manöver die Balance verliert, läßt er sich todessehnsüchtig ins Wasser gleiten. Dem Ertrinken nahe, rettet er sich jedoch mit den Worten: »*Ich will, ich will*«, wieder ins Boot. Nach dem symbolischen Tod im Zentrum des Labyrinths scheint er am Beginn einer neuen Existenz.

W. d. Moor, einer der vielen lobenden Rezensenten, wies auf die Ähnlichkeiten zwischen De Jongs Roman und Robert Musils *Die Verwirrungen des Zöglings Törleß* (1906). In der Tat sind die Parallelen zwischen Edos philosophisch inspiriertem »Systemzwang« und Törleß' vergeblichem Bemühen, das eigene Innere rational zu durchdringen, augenfällig. Gleichwohl wirkt der Roman keineswegs epigonal. Ungeachtet der komplexen Problematik und einer Erzählweise, die die Lektüre nicht immer einfach macht, erscheint Edo nicht als papierne Kunstfigur, sondern als lebendige literarische Gestalt. Darin liegt wohl auch der ungewöhnliche Erfolg des Romans begründet, von dem binnen zweier Jahre über 100 000 Exemplare verkauft wurden.

M. Bah.

Ausgabe: Amsterdam 1979; ²²1981.

Literatur: C. Peeters, *Het hoogmoedig verlangen naar een moeiteloos evenwicht* (in Vrij Nederland, 29. 9. 1979). – A. Nuis, *Het verschil met een vuilniszak* (in Haagse post, 6. 10. 1979). – W. de Moor, *Om een gevoel van verzonkenheid* (in W. de M., *Wilt U mij maar volgen*, Amsterdam 1980, S. 205–211). – T. van Deel, *Door het scherm der reflectie heen* (in T. van D., *Recensies*, Amsterdam 1980, S. 106 bis 108). – F. Hiddema, *Wat »Opwaaiende zomerjurken« verhullen*, Amsterdam 1981. – A. F. van Oudvorst, *Over »Opwaaiende zomerjurken« van O. de J.*, Amsterdam 1984. – T. van Loon, *O. de J.* (in *Kritisch lexicon van de Nederlandstalige literatuur na 1945*, Hg. A. Zuiderent u. a., Alphen aan den Rijn u. a. 1981). – A. M. Musschoot, »*Opwaaiende zomerjurken*« (in *Lexicon van literaire werken*, Hg. A. G. H. Anbeek van der Meijden u. a., Groningen 1989).

GERT FRIEDRICH JONKE

---

* 8.2.1946 Klagenfurt

Literatur zum Autor:
T. Beckermann, *Kalkül u. Melancholie oder Die Vorstellung und die Wirklichkeit. Über G. J.* (in *Wie*

die Grazer auszogen, die Literatur zu erobern, Hg.
P. Laemmle u. J. Drews, Mchn. 1975,
S. 200–220). – G. Schloz, *Literarische Schule der
Wahrnehmung. Über die Wirklichkeit unserer
Weltbilder* (in Deutsche Zeitung / Christ u. Welt,
31. 3. 1978). – U. Greiner, *Das Risiko, ratlos zu sein.
Porträt* (in U. G., *Der Tod des Nachsommers.
Aufsätze, Porträts, Kritiken zur österreichischen
Gegenwartsliteratur*, Mchn./Wien 1979,
S. 126–132). – M. Esslin, *Ein neuer Manierismus?
Randbemerkungen zu einigen Werken von G. F. J.
und Thomas Bernhard* (in Modern Austrian
Literature, 13, 1980, Nr. 1, S. 111–128). – W. M.
Lüdke, *G. F. J.* (in KLG, 12. Nlg., 1982). –
A. Kunne, *Gespräch mit G. J.* (in Deutsche Bücher,
13, 1983, S. 249–264). – A. Kunne, *Das
Wirklichkeitskonzept G. J.s im Rahmen des
internationalen Postmodernismus* (in *Kontroversen,
alte und neue. Akten des 7. Internationalen
Germanisten-Kongresses, Göttingen 1985*, Bd. 10,
Hg. K. Pestalozzi u. a., Tübingen 1986,
S. 192–198). – J. Vazulik, *An Introduction to the
Prose Narratives of G. J.* (in *Major Figures of
Contemporary Austrian Literature*, Hg. D. G.
Daviau, Ffm. u. a. 1987, S. 293–311).

ERWACHEN ZUM GROSSEN SCHLAFKRIEG

Erzählung von Gert JONKE, erschienen 1982, als
dritter Band der Trilogie um den Komponisten
Fritz Burgmüller, der hier *»endlich zu seinem Namen«* kommt, den Jonke einem romantischen
Komponisten entlehnt hat (Gespräch mit A. Kunne, 1983). – Auch dieser Band ist ein Selbstge-
spräch. Der Erzähler führt es in der dritten Person
Singular – eher formaler als psychologischer Höhepunkt einer Ablösung des Sprechers von sich selbst,
die schon im ersten Band (*Schule der Geläufigkeit*,
1977) eingeleitet wurde und die im zweiten Band
(*DER FERNE KLANG*, 1979) die Selbstanspra-
che durch das »Du« motivierte.
Auf einem seiner Spaziergänge durch die Stadt
glaubt sich Burgmüller eines Tages von einer Karyatide angesprochen. Als sie und die übrigen steinernen Mauerträger erfahren, daß er über die ihnen
unbekannten Fähigkeiten des Schlafens und Träu-
mens verfügt, bitten sie ihn um eine Unterweisung
in diesen »Künsten«. Von hier aus erklärt sich der
Buchtitel: Der Schlaf der Telamonen brächte die
Gebäude zum Einsturz, deren Gebälk von ihnen
gestützt wird. Burgmüller beginnt mit dem Unterricht, muß ihn aber nach einiger Zeit abbrechen, da
die Schlafmittel, die er für seine »Schlafkonzerte«
und »Träumerserenaden« benötigt, seine Gesundheit zu ruinieren drohen.
Aus der Vielzahl phantastischer und skurriler Begebenheiten, von denen Jonke im weiteren erzählt,
lassen sich drei (unterschiedlich umfangreiche)
Episoden herausschälen, die das aus den ersten beiden Bänden bereits bekannte Motiv der verlorenen
Geliebten variieren. In die Stadt war Burgmüller

gekommen, um eine Freundin wiederzufinden, in
die er sich während einer Zugreise verliebt hatte.
Auf der Suche nach ihr lernt er eine andere Frau
kennen. Er zieht mit ihr zusammen, muß aber
schon bald erfahren, daß sie in ihrer eigensinnigen
»Tierliebe« an nichts anderes denkt als an die Pflege
einer erschöpften Fliege, die sie in der Küche gefangen hält. Eines Tages sind die Frau und das Insekt
durch das geöffnete Küchenfenster verschwunden.
Nach der Premiere eines Theaterstücks seines verstorbenen Freundes Kalkbrenner begegnet Burgmüller einer Schauspielerin. Sie quartiert sich bei
ihm ein, um eine Geschichte zu schreiben, in der sie
beweisen will, *»daß die ganze sogenannte Welt eine
Erfindung«* und *»das Leben ein Ersatz für Worte«*
ist. Ihre größte Sorge besteht darin, daß jemand anderes ihre Erlebnisse aufschreiben, *»alles Heimliche
... hinter dem Rücken in Schrift«* verwandeln und
somit Macht über sie gewinnen könne. Aus diesen
Gründen erfindet sie sich und ihrem Freund eine
gemeinsame Vergangenheit, die schon bald auch
beider Gegenwart beherrscht. Sein Leben wird zu
einer Funktion ihres Schreibens, das den Komponisten in die Wirklichkeit ihrer Erfindung entrückt.
Burgmüller muß die Erfahrung machen, daß es ihn
bzw. seine Umgebung zeitweilig nicht mehr gibt.
Um sich und seine Freundin aus dieser unheilvollen
Verstrickung zu befreien, schlägt er ihr eine gemeinsame Reise vor. Die Auskunft eines geheimnisvollen »Amtes«, die ihr die Gewißheit verschafft,
daß allein ihre Geschichte wahr sei und daher jede
Reise nur auf eine Reisebeschreibung führen könne, vereitelt diesen Plan. Als er ihr daraufhin zu verstehen gibt, daß er sie für verrückt hält, wendet sie
sich enttäuscht von ihm ab und verläßt ihn. Nach
einem mißglückten Selbstmordversuch entsinnt
sich Burgmüller wieder der steinernen Mauerträger. Verunsichert, ob sie eine »Nachahmung« oder
»eine Art Modell« seiner Sehnsucht ist, bleibt er vor
einer Karyatide stehen. Sie bittet ihn, er möge ihr
das Schlafen und Träumen beibringen. Als Burgmüller dann die Stadt wieder verläßt, sieht er, daß
sie im Hintergrund *»wie ein großer Bovist«* aufquillt,
»als ob ihre Häuser in sich zerbröckelten«. Die Karya-
tiden scheinen zum »Schlafkrieg«, die Atlanten zum
»Kriegsschlaf« gegen die Stadt erwacht zu sein.
Hatte Burgmüller in den ersten beiden Bänden der
Trilogie das Komponieren aufgegeben, so findet er
im letzten Band wieder zu seinem Musikschaffen
zurück. Allerdings sind seine jetzt geplanten Werke
alles andere als traditionell und konventionell. Mit
dem Ziel, eine *»bewohnbare Musik«* zu schaffen,
entwickelt der Komponist »Klangräume«, durch
die er die Bewegungen der Vogelschwärme am
Himmel beeinflussen kann. Das Verhältnis zwischen Wirklichkeit und Kunst bzw. Fiktion, die
Jonke schon in den vorangegangenen Bänden bis
zur Ununterscheidbarkeit einander angenähert
hatte, gewinnt auf diese Weise eine Nuance, die bisher von untergeordneter Bedeutung war: Die
Wirklichkeit erscheint als durch die Kunst bestimmt oder sogar, wie in der Episode von der dritten Geliebten, als durch die sprachliche Fiktion her-

vorgebracht. Eine wichtige Rolle spielt in diesem Band die Reflexion auf die Sprache, bei der sich Jonke auf magische und mythische Vorstellungen bezieht, mit denen er einerseits den utopischen Charakter seiner eigenen Sprachidee verdeutlichen will, andererseits aber auch einen travestierenden Seitenblick auf diejenige Richtung der modernen Literatur wirft, für die es Wirklichkeit nur durch Sprache vermittelt gibt.   P.La.

AUSGABEN: Salzburg/Wien 1982. – Ffm./Bln. 1985 (Ullst. Tb).

LITERATUR: H. Burger, *Schlafen als Kunstform. G. J.s Erzählung »Erwachen zum großen Schlafkrieg«* (in *Deutsche Literatur 1982. Ein Jahresüberblick*, Hg. V. Hage in Zusammenarbeit mit A. Fink, Stg. 1983, S. 182–186). – W. Abraham, *Sprachmythos und mythische Sprache. G. J.s »Erwachen zum großen Schlafkrieg«* (in Sprache und Literatur in Wissenschaft und Unterricht, 57, 1986, S. 11–28). – A. v. Bormann, *Der Schatten der Worte. G. J.s sprachliche Mystik. Zu seiner Erzählung »Erwachen zum großen Schlafkrieg«* (in *Sehnsuchtsangst. Zur österreichischen Literatur der Gegenwart*, Hg. A. v. Bormann, Amsterdam 1987, S. 171 bis 195).

DER FERNE KLANG

Roman von Gert JONKE, erschienen 1979 als zweiter Band der Trilogie um den – hier namenlosen – Komponisten Fritz Burgmüller. Der erste Band, *Schule der Geläufigkeit*, war zwei Jahre zuvor publiziert worden, der dritte Band, *Erwachen zum großen Schlafkrieg*, folgte 1982. – Jonke arbeitete in den Roman einen kurzen Prosatext ein, für den er 1977 den in diesem Jahr zum ersten Mal vergebenen Ingeborg-Bachmann-Preis erhielt. Wie in der gleichnamigen Operndichtung Franz Schrekers (1878–1934; Uraufführung 1912) bezeichnet der Titel ein Symbol unstillbarer Sehnsucht, die erst im Tod Erfüllung findet. Jonke schreibt ihn bewußt in Versalien, sowohl den *»fernen Klang«* als auch den *»Klang der Ferne«* meinend.

Zu seiner Überraschung erwacht der Komponist, der inzwischen das Komponieren völlig aufgegeben hat, eines Morgens in einer psychiatrischen Klinik, in die man ihn wegen eines angeblich verübten Selbstmordversuchs gebracht hat. Die Nachforschungen nach den Umständen seiner Einlieferung bleiben erfolglos, da nicht nur ein Teil seiner Krankenakte, sondern auch die Krankenhausangestellte verschwindet, in die er sich verliebt hat und von der er sich Aufklärung über seine Situation erhoffte. So beschließt er, aus der Anstalt auszubrechen. Auf seiner Flucht stoßen ihm allerhand merkwürdige Begebenheiten zu. Mit dem Dichter Kalkbrenner schließt er sich einer Theatergruppe an, die auf ihrer Tournee in die Nachbarstadt das Heimatdorf der vermißten Frau passieren will. Da angeblich einige *»halbwilde verrückte Einwohner der Ebe-*

ne«, von den Reisenden unbemerkt, die Holzschwellen unter den Eisenbahnschienen weggestohlen haben, ist der Zugführer gezwungen, umzukehren. Ohne sich des Irrtums bewußt zu werden, tritt das Ensemble im heimatlichen Theater auf und erringt, von den Besuchern für die Gastspieltruppe aus der Nachbarstadt gehalten, einen überwältigenden Erfolg. Nach einer gemeinsam mit Kalkbrenner durchzechten Nacht gerät die Komponist auf ein Volksfest, das in einen revolutionären Aufstand mündet, der nicht nur die gesellschaftlichen Regeln, sondern auch die Naturgesetze zeitweilig außer Kraft setzt. Akten, Dokumente und Urkunden werden zu Papierschnitzeln verarbeitet und regnen, durch die Luft geworfen, auf die begeisterte Menge herab. Eine Seiltänzerin balanciert auf einem imaginierten *»Luftseil«* vom Kathedralendach zur Spitze des Rathausturmes, um am Horizont zu verschwinden. Gleichzeitig scheint sich das private Glück des Komponisten anzubahnen. Im Gewühl glaubt er die ersehnte Geliebte zu entdecken, muß aber erkennen, daß er sie mit einer früheren, seinerzeit leidenschaftlich verehrten Schulkameradin verwechselt hat. Zwar kommt es zu einer erotischen Begegnung zwischen beiden, da die Frau aber nicht gleich mit ihm schlafen will, wendet sich der Komponist enttäuscht von ihr ab. Auf seiner Wanderung stadtauswärts wird er Zeuge eines außergewöhnlichen Naturereignisses: des *»Gesangs«* der Gewächse, den der Erzähler in einer eigentümlichen, kunstvollen Sprache ausdrückt: *»Es ist ein steppenwolfshautrachengespalten spiralig beschleunigtes Durchdrehen von lichtwalzenautomatenwiederholt spieldosenuhrsystematischem wespenschwirrflügelschwarmblinkenden Tonrispenfetzenzittern ...«* Ursache der *»Musik«* ist Ungeziefer, das die Pflanzen befallen und ausgehöhlt hat, so daß der Wind durch sie hindurchblasen kann. Was für einige der Zuhörer der Beginn einer furchtbaren Katastrophe ist, die die Ernte und die gesamte Natur zu vernichten droht, begrüßt der Komponist *»als die Einleitungsmusik einer fast herbeigewünscht faszinierenden Vernichtung, ... die herbeigesehnte erregend berührende Zerstörung der Natur durch sie selbst, die nun solange sich weiterzerstört, bis die Leute aus ihr herausverschwunden sind und sie, befreit von den Menschen, neu wieder beginnen kann ...«* Die Geschichte endet, wo und wie sie begann. Der Komponist befindet sich wieder zu Hause, und als habe er die geschilderten Ereignisse gar nicht wirklich erlebt, fragt er sich: *»Irgendwie mußt du kurz eingeschlafen gewesen sein. Denn hegst du nicht ganz den stillen Verdacht, zu erwachen?«*

Jonkes Zweifel an der Identität der Außenwelt, der schon im ersten Band dazu führte, daß die Grenze zur Innenwelt aufgehoben wurde, verlagert sich in diesem Roman auf die Identität des Ich und bestimmt auch dessen Erzählperspektive: *»Richtig ich könnte man vielleicht höchstens dann zu sich sagen, wenn die Empfindungen und Gefühle ... wirklich in vollem Ausmaß empfinden und fühlen könnten, was alles empfindbar und fühlbar wäre, wären sie nicht abhängig und gefesselt von einem anatomisch* *spießbürgerlichen Körpersystem ...*« So tritt an die Stelle der ersten die zweite Person Singular. Ihre Adresse ist nicht der Leser, sondern der Erzähler, der sich in der Form eines inneren Dialogs mit sich selbst seiner sich fremd werdenden Person und ihrer Erlebnisse zu vergewissern sucht. Dabei benutzt er eine Sprache, deren poetische Radikalität die des ersten Bandes noch übersteigt. Stellenweise ohne erkennbaren semantischen Zusammenhang, entzieht sie sich der Konventionalität und Diskursivität und eröffnet einen eigenen, sprachimmanenten Erfahrungsraum, der die Wahrnehmungsschranken des Erzählers zu kompensieren versucht.

P.La.

AUSGABEN: Mchn. 1977 (in Klagenfurter Texte zum Ingeborg-Bachmann-Preis 1977, Hg. H. Fink u. a., S. 15–29; Ausz.). – Salzburg/Wien 1979; ²1979. – Reinbek 1982 (rororo).

LITERATUR: H. Haider, *Symphonie von der zerstörten Natur. Gespräch mit G. J. zum Erscheinen seines neuen Romans* (in Die Presse, 29./30. 9. 1979). – W. M. Lüdke, *Keine schlechte Metapher* (in Merkur, 34, 1980, H. 381, S. 200–203). – H. Burger, *Konzertante Ebenen. Stilistische Bemerkungen zu G. J.s Roman »DER FERNE KLANG«* (in Schweizer Monatshefte, 61, 1981, S. 719–723). – E. Zimmermann, *»DER FERNE KLANG« – Ein Klang der Ferne. Zu G. J.s neueren Texten* (in *Studien zur österreichischen Erzählliteratur der Gegenwart*, Hg. H. Zeman, Amsterdam 1982, S. 137–156).

GEOMETRISCHER HEIMATROMAN

Roman von Gert JONKE, erschienen 1969. – Mit seiner ersten Buchpublikation fand der Autor bei der Kritik starke Beachtung. Interesse erregte vor allem die Form, besonders die Vielfalt der Schreibweisen, und ihre Anwendung auf ein literarisches Genre, dessen Stoffe und Motive in der Moderne weitgehend zum Klischee erstarrt sind: den Heimatroman. Jonke verbindet minutiös-realistische Beschreibungen mit skurril-phantastischen Erzählungen, arbeitet mit vorgefundenem Sprachmaterial, nimmt den Stil des Gesetzestextes, der Verhaltensmaxime und des Volksliedes auf, bedient sich der schematischen Wiederholung, der perspektivischen Brechung und der negierenden Aufhebung und verwendet neben Illustrationen eine differenzierte Typographie. Er greift dabei auf Anregungen der zeitgenössischen sprachexperimentellen Literatur zurück, benutzt deren Techniken z. T. jedoch in parodistischer Absicht.

Dem Roman fehlen durchgehende Handlung und einheitliche Erzählperspektive. Die Menschen (*»Figuren«*) bleiben schemenhaft. Zusammengehalten wird der Text vor allem durch sieben über das Buch verteilte Kapitel, die die Überschrift *Der Dorfplatz* tragen und sich mit acht *Bemerkungen zur allgemeinen Situation* und drei *Intermezzo* betitelten Kapiteln abwechseln. Zwei Personen, der

Ich-Erzähler und sein Gesprächspartner – so wird in den *Der Dorfplatz* überschriebenen Abschnitten erzählt –, haben sich *»in der Werkstatt des Schmiedes versteckt, die Wangen eng an die Mauern gepreßt«*, und beobachten den viereckigen Dorfplatz, den sie, aus nicht genannten Gründen, ungesehen überqueren möchten. In immer wieder neuen Einsätzen werden die wechselnden Hindernisse beschrieben, an denen die Verwirklichung ihrer Absicht scheitert. Zunächst sind es Bänke, auf denen Leute sitzen, die sich nach einem starren Reglement begrüßen. Dann ist von Bäumen die Rede, unter denen ein Straßenkehrer das Laub zusammenfegt. Nachdem man sie abgeholzt hat, bleiben Baumstümpfe zurück, an deren Schnittflächen der Lehrer den Schulkindern Kreise demonstriert. Während einer Überschwemmung befahren die Dorfbewohner den Platz in Kähnen. Die *»Stellungskommission«* versammelt sich auf dem Dorfplatz, um nach flüchtigen Rekruten zu fahnden. Die Baumstümpfe werden ausgegraben, und auch die Bänke werden wieder entfernt, da sie, wie der Bürgermeister den Dorfbewohnern erläutert, die Vertreibung der Vögel behindern, die von Zeit zu Zeit das Dorf heimsuchen und den Verputz der Häuser abfressen. Erst als der Dorfplatz dann wirklich *»leer«* ist, können die beiden Personen es wagen, ihn ungesehen zu überqueren.

Die *Bemerkungen zur allgemeinen Situation* betreffen die geographischen, gesellschaftlichen und politischen Verhältnisse, die das Leben der Dorfbewohner beeinflussen und reglementieren. Sie vermitteln das Bild einer engen, ländlich geprägten und von außen nur schwer zugänglichen Welt. Berichtet wird von der landschaftlichen Lage des Dorfes in einem *»Kessel«*, von Verhaltensmaßregeln angesichts wildgewordener Stiere, die nach ihrer Erlegung rituell verspeist werden, von dem *»Brückengesetz«*, das das Passieren einer Brücke regelt und auch die Bestechung der Brückenwärter vorsieht, von der Erbauung der Schmiede, bei der sich die Eltern des Schmiedes zu Tode schuften, von Bewässerungssystemen und von dem *»neuen Gesetz«* zum Schutz der Bevölkerung vor den *»schwarzen Männern«*, das den freien Aufenthalt in den Wäldern untersagt. Die *Intermezzo*-Kapitel vervollständigen dieses ländliche Panorama durch Zeugnisse »volkstümlicher« Kunst. Sie schildern die Vorführung eines Zirkusartisten, der vom Seil stürzt und sich das Rückgrat bricht, und teilen eine Art Prosagedicht über die Natur und ein *»Volkslied«* mit.

Was sich zunächst wie eine unverbundene Zusammenstellung weitgehend selbständiger Episoden ausnimmt, läßt bei näherer Betrachtung eine Entwicklung erkennen. Deutlich wird das besonders an den Veränderungen, die mit den Bäumen vor sich gehen. Dabei entsprechen die Vorgänge auf dem Dorfplatz im Resultat den Vorgängen in der Landschaft: Alle Bäume werden schließlich gefällt, weil sie die Sicherheit der Dorfbewohner gefährden, sei es, daß ihre Äste die Dächer der Häuser zerstören, sei es, daß sie den *»schwarzen Männern«* als

Versteck dienen. Das dabei anfallende Holz dient dem Ausbau der Holzindustrie. Am Ende steht die erschreckende wie komische Vision, *»das ganze Land werde in nächster Zeit mit Holz austapeziert und vertäfelt«*.

Jonkes Prosatext variiert eines der traditionellen Themen des Heimatromans, die Bedrohung überschaubarer, naturnaher Lebensverhältnisse durch das entfremdende Verwaltungs- und Industriesystem der städtischen Zivilisation. Auf den Entwurf einer positiven Heimatvorstellung, sei sie Realität oder Utopie, wird dabei verzichtet, sowohl die Natur als auch die Kultur erscheinen in ihrer Bedrohlichkeit. Die »Geometrisierung« der Welt, das Ideal der neuzeitlichen Wissenschaft, ist in dem Roman auf skurrile Weise Wirklichkeit geworden. Sie zeigt sich nicht nur in der viereckigen Anlage des Dorfplatzes, den rechteckig eingeteilten Weiden, den mathematischen Kurven entsprechenden Bergsilhouetten und der mechanischen Begrüßungszeremonie der Dorfbewohner, sondern sie macht sich auch – in einem übertragenen Sinne – in der reglementierenden und reglementierten Obrigkeitssprache bemerkbar, deren sich die Vertreter der gesellschaftlichen Institutionen bedienen. Und sie bestimmt schließlich auch den Roman selbst. Das *Aussicht* betitelte, ironische Schlußkapitel hebt das erzählte Geschehen in der Reflexion auf und macht das Dorf als eine beliebige literarische Fiktion durchschaubar, die auch ganz anders hätte konstruiert werden können: *»Man redet viel von blauen Steinen und Pferden. Nach und nach verwandelt sich diese Landschaft in einen ausgeschütteten Farbkasten. // Im gleichen Luftbereich, / im selben Zeitraum / ... ist es möglich und durchaus erlaubt, / das Dorf in weißes oder andersfarbiges Packpapier mit / oder ohne Firmeninschrift einzuwickeln / oder zu einem Ellip- / soid mit den Ausmaßen eines herkömmlichen Rugbyballes / zusammenzufalten, / ... hinter den Rücken / zu werfen, / um in eine andere Landschaft einzubiegen.«*

P.La.

AUSGABEN: Ffm. 1969. – Mchn. 1971 (dtv). – Salzburg/Wien 1980 (in *Die erste Reise zum unerforschten Grund des stillen Horizonts. Von Glashäusern, Leuchttürmen, Windmaschinen und anderen Wahrzeichen der Gegend*; bearb. Fassg.). – Reinbek 1983 (in dass.; bearb. Fassg.; rororo).

LITERATUR: M. Kesting, Rez. (in Die Zeit, 4. 4. 1969). – H. Rieser, *Die Grammatik des Dorfes. Versuch über G. F. J.: »Geometrischer Heimatroman«* (in Literatur u. Kritik, 5, 1970, H. 49, S. 560–566). – P. Handke, *Zu G. F. J., »Geometrischer Heimatroman«* (in P. H., *Ich bin ein Bewohner des Elfenbeinturms*, Ffm. 1972, S. 199–202). – M. Aue, *Natur und Geometrie. Eine Anmerkung zu G. F. J.s Roman »Geometrischer Heimatroman«* (in MLN, 90, 1975, S. 696–702). – J. Vazulik, *G. F. J.s »Geometrischer Heimatroman«* (in Modern Austrian Literature, 10, 1977, Nr. 2, S. 1–7). – K. Rossbacher, *Dorf u. Landschaft in der Literatur nach 1945. Thesen zum Stellenwert des Regionalen u. drei Beispiele aus der*

österreichischen Literatur (ebd., 15, 1982, Nr. 2, S. 13–27). – M. L. Caputo-Mayr, *J.s »Geometrischer Heimatroman«: Will er sich einen Jux machen?* (ebd., S. 57–63). – A. Hillach, *Beheimatung im Medium. G. J.s »Geometrischer Heimatroman«* (in *Literatur u. Provinz. Das Konzept »Heimat« in der neueren Literatur*, Hg. H.-G. Pott, Paderborn u. a. 1986, S. 131–151).

SCHULE DER GELÄUFIGKEIT

Erzählungen von Gert JONKE, erschienen 1977, als erster Band einer Trilogie um den – hier erst mit dem Vornamen genannten – Komponisten Fritz Burgmüller, zu der außerdem *DER FERNE KLANG* (1979) und *Erwachen zum großen Schlafkrieg* (1982) gehören. – Der erste Band besteht aus zwei, vor allem durch die Person des Ich-Erzählers miteinander verbundenen Erzählungen: *die gegenwart der erinnerung* und *gradus ad parnassum*. Keimzelle der ersten Erzählung ist der kurze Prosatext *Wiederholung eines Festes*, der bereits 1970 in dem als *Epiloge* charakterisierten Band *Beginn einer Verzweiflung* veröffentlicht wurde. Die zweite Erzählung ist hervorgegangen aus dem 1974 entstandenen, bisher unveröffentlichten Theaterstück *Schule der Geläufigkeit*.

Die gegenwart der erinnerung spielt auf einem Gartenfest, das der Fotograf Anton Diabelli zusammen mit seiner Schwester Johanna gibt. Die Gastgeber planen ein Experiment: Ihr Ehrgeiz besteht darin, das Fest so zu gestalten, das es in allen Details eine genaue »Wiederholung« des im Jahr zuvor gefeierten Festes wird. Wie die auf den Bäumen aufgehängten Ölgemälde des Malers Florian Waldstein für den davor stehenden Betrachter von der Wirklichkeit nicht zu unterscheiden sind, da sie genau diejenigen Teile des Gartens abbilden, die sie verdecken, so soll auch das diesjährige Fest *»womöglich nicht nur Kongruenz sondern Identität«* herstellen. Die Rekonstruktion scheint zu gelingen. Unter den Honoratioren entsteht dasselbe grotesk-komische Streitgespräch über das rätselhafte Leuchten über der Nordstadt, der Komponist – der Ich-Erzähler – schildert der Gastgeberin von neuem die Geschichte von seiner *»spurlos«* verschwundenen Freundin, und den wunderbaren Höhepunkt des Abends gab es ebenfalls schon einmal: das stumme Klavierkonzert des Pianisten Schleifer, das in eine lautlose, einem Tümpel entspringende *»Naturmusik«* übergeht, den den Komponisten in eine *»Art traumhaft glückliche Trauer«* versetzt und sein Verlangen weckt, durch die Akkorde *»bis zur Daseinsunfähigkeit«* vernichtet zu werden. Auch die Fotografien, die Diabelli auf dem Fest macht, sind von denen des vergangenen Jahres nicht zu unterscheiden. Die Grenze zwischen Erinnerung und Gegenwart verschwimmt, die Zeiten scheinen aufgehoben. Wo die Ereignisse sich völlig gleichen, wo jeder Unterschied wegfällt, da ist alles einmalig. Die Gastgeber erliegen der Illusion, es habe nie ein anderes Fest gegeben. Selbst ein Unglücksfall, der dem Komponisten die beruhigende Gewißheit gibt, daß Gestern und Heute nicht zusammenfallen – nach einem gemeinsamen morgendlichen Besuch im öffentlichen Schwimmbad verschwindet Waldstein und wird nie wieder gesehen –, bringt die Diabellis nicht zur Räson – im Gegenteil. Er bestärkt sie vielmehr in dem Wahn, daß das Fest nicht wiederholt wurde, sondern absolut einzigartig war. Spätestens am Schluß der Erzählung, die am Tage nach dem Fest spielt und eine Episode vom Anfang der Erzählung aufnimmt, wird die Trennung zwischen Wirklichkeit und Fiktion auch für den Leser völlig undurchschaubar. Zweifelnd, ob eine exakte Wiederholung überhaupt möglich sei, hatte der Komponist vor Beginn des Festes auf den Kopf einer Gartenstatue gewiesen, der auf einer Fotografie des Vorjahres fehlte. Bei seiner Berührung war der Kopf zu seinem Erstaunen heruntergefallen, und Diabelli hatte eine Aufnahme gemacht, die der vom vergangenen Jahr exakt entsprach. Als der Komponist nun den Fotografen an dieses Ereignis erinnern und demonstrativ den Kopf der Statue von neuem herunterstoßen will, muß er feststellen, daß dieser festsitzt. Die Wiederholung erweist sich als unmöglich.

Gradus ad parnassum – der ironische Titel spielt auf die musikalischen Unterrichtswerke von J. J. Fux (1660–1741; 1725) und M. Clementi (1752 bis 1832; 1817) an – ist die Erzählung von einer Gefangenschaft auf dem Dachboden eines Konservatoriums, auf den sich der Komponist und sein Bruder bei einem Besuch in ihrer ehemaligen Ausbildungsstätte verirrt haben und auf dem sie 111 verrottende, nie benutzte Klaviere entdecken. Es ist zugleich aber auch die Erzählung von dem Eingesperrtsein eines Menschen in die Welt des Wahns. Das Klavierspiel haben die Brüder inzwischen aufgegeben: Der Komponist, der sich den gesellschaftlichen Erwartungen an seine Kunst nicht beugen wollte, ist dem Alkohol verfallen und leidet unter Halluzinationen; sein Bruder, dem es an Talent fehlte, ist Klavierspediteur geworden und interessiert sich nur noch für den Transport und die Verpackung der Instrumente. Der Direktor des Konservatoriums, in dem die Brüder ihren früheren Klavierlehrer wiedererkennen, befreit sie schließlich aus ihrer mißlichen Lage, wobei er den Komponisten, auf den er einmal große Hoffnungen gesetzt hatte, zum erneuten Studium der *»Schule der Geläufigkeit«* – der Etudensammlung Carl Czernys (1791–1857; 1834) – ermahnt. Eine Pointe beendet auch diese Erzählung: Der Pedell bringt die Botschaft, daß ein unbekannter Gönner dem Institut erneut *»über hundert«* Klaviere vermacht habe.

Der erste Band der fiktiven Biographie eines zeitgenössischen Komponisten exponiert das Thema, das die gesamte Trilogie durchzieht und sie in die Nachfolge romantischer Künstlerromane bzw. -erzählungen stellt: die Aufhebung der Grenze zwischen Sein und Schein, Wirklichkeit und Kunst, Außenwelt und Innenwelt. Die Verspiegelung beider Bereiche ist allerdings nicht, wie etwa bei No-

valis, Ausdruck ihrer ursprünglichen Harmonie und Identität, sondern motiviert sich aus der Skepsis gegenüber der Wirklichkeit und ihrer Erfahr- bzw. Erkennbarkeit. – Alle wesentlichen Motive der Trilogie sind in den beiden Erzählungen bereits enthalten: das Scheitern eines Künstlers, die Absage an die herkömmliche Kunst, die Klage über die Beschränktheit der Sinnesorgane, das Glücks- und zugleich Todesversprechen einer utopischen (Natur-)Musik, die die *»Geläufigkeit«* der alltäglichen Ordnung durchbricht, die unerfüllbare Sehnsucht nach Liebe, die Flucht in Trunksucht und Traum. Auch die wichtigsten beiden Kompositionsprinzipien, der kreisförmige Handlungsverlauf und die verschachtelte, arabeskenartige Erzählweise, die den Leser immer wieder mit neuen phantastischen und mitunter auch gleichnishaften Episoden überrascht, finden sich schon. Die von Jonke bevorzugten sprachlichen Ausdrucksmittel – wie z. B. die Ironie, das Paradoxon, der Konjunktiv, die experimentelle Wortzusammenballung –, die die Tendenz haben, den Bezug auf eine außersprachliche Realität in Zweifel zu ziehen oder sogar aufzuheben, spiegeln die geistige Verfassung des Erzählers, dem der Boden unter den Füßen zu schwinden droht. Sie hinterlassen allerdings auch beim Leser manchmal den Eindruck der Ratlosigkeit. P.La.

AUSGABEN: Mchn. 1975 (in *Wie die Grazer auszogen, die Literatur zu erobern*, Hg. P. Laemmle u. J. Drews, S. 221–268; Ausz.). – Ffm. 1977. – Reinbek 1980 (bearb. Fassg.; rororo). – Salzburg/Wien 1985 [bearb. Fassg.].

LITERATUR: J. Kölbl, *J.: Structure et forme dans »L'école de la vélocité«* (in Austriaca, 7, 1978, S. 83–95). – U. Greiner, *Alles ist möglich und nichts: »Schule der Geläufigkeit«* (in U. G., *Der Tod des Nachsommers. Aufsätze, Porträts, Kritiken zur österreichischen Gegenwartsliteratur*, Mchn./Wien 1979, S. 133–136). – H. Burger, *Schlafdarbietung einer Grenzmusik. G. J.s »Schule der Geläufigkeit« in einer Neuausgabe* (in FAZ, 23. 5. 1985).

MATTHIAS JONSOHN

d.i. Johann Thomas oder Thomae

* 28.8.1624 Leipzig
† 2.3.1679 Altenburg

GEDOPPELTE LIEBES-FLAMME ODER AUSFÜHRLICHE BESCHREIBUNG DES TREUVERBUNDENEN SCHÄFERS UND DER SCHÄFERINNEN DAMONS UND LISILLEN. In zehen Büchern abgefaßt, izzo mit Fleiß nach der verehrten

Hochteutschen Redeart übersehen dem offentlichen Lichte übergeben durch J. Mostaia, Welchen zehen Büchern eine neue Liebes-Flamme des Philosophantes und der Rosilis beygefüget und aufs kürtzte und in geflügelter Eile aufgesetzet von J. P. Amphilo

Schäferroman von Matthias JONSOHN, erschienen 1663. – Mit seiner einzigen literarischen Publikation schuf der Jurist und Diplomat, der 1668 auch zum Kanzler des Herzogtums Sachsen-Altenburg ernannt wurde, einen der interessantesten Schäferromane des 17. Jh.s, der bereits frühe Formen bürgerlichen Verhaltens und bürgerlicher Moralität zeigt.

Der Schäfer Damon, der von der Pleiße stammt und sich nach Beendigung des Dreißigjährigen Krieges im Donaugebiet aufhält, sieht die Schäferin Lisille vorübergehen und verliebt sich auf der Stelle in sie. Lange versucht er vergeblich, sie wiederzufinden. Er ist daher überglücklich, als er sie eines Tages in seinem Heim erblickt, das er mit seinen Freunden Aristobulus und Phillis teilt. Lisille stattet diesen nämlich in Gesellschaft ihrer Schwester Christille einen Besuch ab, wobei Damon die Gelegenheit wahrnimmt, der Angebeteten verstohlene Blicke zuzuwerfen, die von ihr erwidert werden. Bei der dritten Begegnung wagt er, ihr seine Liebe zu gestehen: *»Lisille gantz erröthet schwieg still, schlug die äuglein nieder zur Erden, blickte hernach die Damon lieblich an, und sagte mit lächlenden Munde, sie hätte seine Rede nicht verstanden.«* Bald darauf raubt er ihr beim Tanz den ersten Kuß, *»welches sie gegen ihm anders nicht als mit einem Handtrücken rechete«.* Ihrer Neigung nun gewiß, hält Damon bei Lisillens Vater um ihre Hand an. Lisille jedoch kommen auf einmal Zweifel: ein eigener Hausstand bringe Sorgen mit sich, und den Eheleuten stünden mancherlei Zufälle und Betrübnisse bevor. Nach einigen Tagen des Schwankens behält aber die Liebe die Oberhand, zumal Lisille sieht, daß Damon in seiner Beständigkeit nicht nachläßt. Nach der Hochzeit ziehen die beiden in Damons Dorf, wo sich Lisille rasch alle Herzen gewinnt. Das junge Paar steht nun auf dem *»obersten Gipfel seines zeitlichen Glücks«.* Ihre Liebe bindet sie so fest aneinander, daß sie auch im Leid darin Trost finden, wie beim Tod ihres kleinen Sohnes. Mit der Geburt einer Tochter, ebenfalls Lisille genannt, schließt der Roman.

An »Ereignissen« ist diese Liebes- und Ehegeschichte arm. Der von ihr ausgehende Zauber liegt in der Kunst der Darstellung, die die Wirklichkeit genau erfaßt und sie doch zugleich poetisch so erhöht, daß sie idyllisch verklärt erscheint. Zwar wurde, dem Zeitgeschmack entsprechend, das schäferliche Kostüm gewählt, aber die Maske, hinter der sich die Gesellschaft des Barock gewöhnlich verbirgt, um Gefühlen Ausdruck verleihen zu können, gewinnt hier lebendige Züge, indem sie eine durchaus persönlich empfundene Liebe *»und eine holde sinnliche Süße«* (P. Hankamer) durchscheinen läßt. Daß Jonsohn die Liebesbeziehung derart persön-

lich auffaßt und sogar die unverbrüchliche Gemeinschaft der Ehe preist, ist neu und führt über den Prototyp des barocken Schäferromans hinaus, der die *»seelenhafte Zwecklosigkeit der Leidenschaft«* (Hankamer) zum Thema hat. So bedeutet das Werk zugleich Höhepunkt und Ende dieses Romantypus. Dem entspricht ein schlicht und innig gehaltener Stil, der die sonst übliche Hypotaxe meidet, die mit ihrem Gewirr von Nebensätzen häufig zu ermüdender Langatmigkeit und Unübersichtlichkeit neigt. An Höhepunkten der klar und ruhig geführten Handlung, z. B. am Hochzeitsmorgen oder bei der Geburt der Tochter Lisille, werden Lieder eingestreut, einfache Vier- oder Sechszeiler mit Kreuzreim.   KLL

AUSGABEN: Hbg. 1663. – o. O. 1672 *(Damon und Lisillen Keuscher Liebes-Wandel)*. – Hb. 1966, Hg. H. Singer u. H. Gronemeyer (Druck d. Maximilian-Ges.).

LITERATUR: H. Meyer, *Der deutsche Schäferroman des 17. Jh.s*, Dorpat 1928, S. 104–107 [zugl. Diss. Freiburg i. B.]. – U. Schaumann, *Zur Geschichte der erzählenden Schäferdichtung in Deutschland*, Diss. Heidelberg 1931. – R. Alewyn, *Johann Beer. Studien zum Roman des 17. Jh.s*, Lpzg. 1932 (Palaestra). – G. W. Stern, *Die Liebe im deutschen Roman des 17. Jh.s*, Bln. 1932. – P. Hankamer, *Deutsche Gegenreformation und deutsches Barock*, Stg. 1935, S. 400 ff. – K. Winkler, *Ein lange vergessener Meisterroman des deutschen Barocks und sein Verfasser* (in Verhandlungen des Hist. Vereins von Oberpfalz u. Regensburg, 94, 1953, S. 147–167). – H. Singer, *Der deutsche Roman zwischen Barock und Rokoko*, Köln/Graz 1963, S. 106.

BEN JONSON

auch Benjamin Jonson

* 11.6.1572 (?) London
† 6.8.1637 London

LITERATUR ZUM AUTOR:
Bibliographien:
D. H. Brock u. J. M. Welsh, *B. J.: A Quadricentennial Bibliography, 1947–1972*, Metuchen/N.J. 1974. – J. B. Bamborough, *J. and Chapman* (in *English Drama, Excluding Shakespeare: Select Bibliographical Guides*, Hg. S. W. Wells, Ldn./NY 1975, S. 54–68). – W. L. Godshalk, *B. J.* (in *The New Intellectuals. A Survey and Bibliography of Recent Studies in English Renaissance Drama*, Hg. T. P. Logan u. D. S. Smith, Lincoln/Ldn. 1977, S. 3–116). – W. D. Lehrman, D. J. Sarafinski u. E. Savage, *The Plays of*

B. J.: A Reference Guide, Boston 1980. – D. C. Judkins, *The Nondramatic Works of B. J.: A Reference Guide*, Boston 1982.
Forschungsberichte:
P. L. Gaston, *Commendation and Approbation: Recent B. J. Scholarship* (in Papers on Language and Literature, 9, 1973, S. 432–449). – D. Sarafinski, *Book-Length Studies of B. J. Since 1919: A Review* (in Research Opportunities in Renaissance Drama, 19, 1974, S. 67–83). – J. Hogg, *Recent B. J. Research in the German-Speaking Countries* (in Recent Research on B. J., Salzburg 1978, S. 131–136). – L. S. Marcus, *Report from the Opposition Camp: J. Studies in the 1980s* (in John Donne Journal, 4, 1985, S. 121–144).
Biographien:
C. H. Herford, P. Simpson u. E. M. Simpson, *B. J.*, 11 Bde., Bd. 1 u. 2, Oxford 1925. – J. L. Palmer, *B. J.*, NY/Ldn. 1934; Nachdr. Port Washington/N.Y. 1967. – M. Chute, *B. J. of Westminster* NY 1953. – J. B. Bamborough, *B. J.*, Ldn. 1970. – R. Dutton, *B. J.: To the First Folio*, Cambridge u. a. 1983.
Gesamtdarstellungen und Studien:
J. F. Bradley u. J. Q. Adams, *The J. Allusion Book: A Collection of Allusions to B. J. from 1597 to 1700*, New Haven/Conn. 1922; Nachdr. NY 1971. – L. C. Knights, *Drama and Society in the Age of J.*, Ldn. 1937. – G. E. Bentley, *Shakespeare and J.: Their Reputations in the Seventeenth Century Compared*, 2 Bde., Chicago 1945. – H. W. Baum, *The Satiric and the Didactic in B. J.'s Comedy*, Chapel Hill/N.C. 1947; Nachdr. NY 1971. – F. L. Townsend, *Apologie for »Bartholomew Fayre«: The Art of J.'s Comedies*, NY/Ldn. 1947; Nachdr. NY 1966. – A. H. Gilbert, *The Symbolic Persons in the Masques of B. J.*, Durham/N.C. 1948. – C. H. Herford, P. Simpson u. E. M. Simpson, *B. J.*, 11 Bde., Bd. 9 u. 10, Oxford 1950. – A. C. Partridge, *Studies in the Syntax of B. J.'s Plays*, Cambridge 1953. – E. B. Partridge, *The Broken Compass: A Study of the Major Comedies of B. J.*, Ldn./NY 1958; Nachdr. Westport/Conn. 1976. – J. A. Barish, *B. J. and the Language of Prose Comedy*, Cambridge/Mass. 1960; Nachdr. NY/Toronto 1970. – *B. J.: A Collection of Critical Essays*, Hg. J. A. Barish, Englewood Cliffs/N.J. 1963. – C. G. Thayer, *B. J.: Studies in the Plays*, Norman/Okla. 1963. – E. Tiedje, *Die Tradition B. J.s in der Restaurationskomödie*, Hbg. 1963. – R. E. Knoll, *B. J.'s Plays: An Introduction*, Lincoln/Nebr. 1964. – J. C. Meagher, *Method and Meaning in J.'s Masques*, Notre Dame/Ind. 1966. – L. S. Champion, *B. J.'s »Dotages«: A Reconsideration of the Late Plays*, Lexington/Ky. 1967. – J. L. Denis, *The Sons of Ben: Jonsonian Comedy in Caroline England*, Detroit 1967. – N. Berlin, *The Base String: The Underworld in Elizabethan Drama*, Rutherford/N.J. 1968, S. 130–171. – D. C. Boughner, *The Devill's Disciple: B. J.'s Debt to Machiavelli*, NY 1968; Nachdr. Westport/Conn. 1975. – B. Gibbons, *Jacobean City Comedy: A Study of Satiric Plays by J., Marston, and Middleton*,

Cambridge/Mass. 1968. – I. Donaldson, *The World Upside Down: Comedy from J. to Fielding*, Ldn. 1970. – J. A. Barish, *J.'s Dramatic Prose* (in Literary English Since Shakespeare, Hg. G. Watson, Ldn. 1970, S. 111–155). – A. C. Dessen, *J.'s Moral Comedy*, Evanston/Ill. 1971. – J. Arnold, *A Grace Peculiar: B. J.'s Cavalier Heros*, University Park/Pa. 1972. – J. A. Barish, *Feasting and Judging in Jonsonian Comedy* (in Renaissance Drama, N. S. 5, 1972, S. 3–35). – J. A. Bryant Jr., *The Compassionate Satirist: B. J. and His Imperfect World*, Athens/Ga. 1972. – F. Fricker, *B. J.'s Plays in Performance and the Jacobean Theatre*, Bern 1972. – M. C. Williams, *Unity in B. J.'s Early Comedies*, Salzburg 1972. – *A Celebration of B. J.: Papers Presented at the University of Toronto in October 1972*, Hg. W. Blissett, J. Patrick u. R. W. Van Fossen, Toronto/Buffalo 1973. – A. Drew-Bear, *Rhetoric in B. J.'s Middle Plays: A Study of Ethos, Character Portrayal and Persuasion*, Salzburg 1973. – M. T. Jones-Davies, *B. J.*, Paris 1973. – M. Sturmberger, *The Comic Elements in B. J.'s Drama*, 2 Bde., Salzburg 1975. – R. W. Witt, *Mirror Within a Mirror: B. J. and the Play-Within*, Salzburg 1975. – G. Parfitt, *B. J.: Public Poet and Private Man*, Ldn. 1976. – N. H. Platz, *Ethik und Rhetorik in B. J.s Dramen*, Heidelberg 1976. – E. Platz-Waury, *J.s komische Charaktere: Untersuchungen zum Verhältnis von Dichtungstheorie u. Bühnenpraxis*, Nürnberg 1976. – P. Hyland, *Disguise and Role-Playing in B. J.'s Drama*, Salzburg 1977. – Two Renaissance *Mythmakers: Christopher Marlowe and B. J.*, Hg. A. Kernan, Baltimore/Ldn. 1977. – L. A. Beaurline, *J. and Elizabethan Comedy: Essays in Dramatic Rhetoric*, San Marino/Calif. 1978. – D. Duncan, *B. J. and the Lucianic Tradition*, Cambridge u. a. 1979. – M. Chan, *Music in the Theatre of B. J.*, Oxford 1980. – A. Leggatt, *B. J.: His Vision and His Art*, Ldn./NY 1981. – D. Bevington, *Shakespeare vs. J. on Satire* (in Die englische Satire, Hg. W. Weiss, Darmstadt 1982, S. 220–238; WdF). – D. H. Brock, *A B. J. Companion*, Bloomington (Ind.)/Brighton (Sussex) 1983. – *J. and Shakespeare*, Hg. I. Donaldson, Atlantic Highlands/N.J. 1983. – J. Goldberg, *James I and the Politics of Literature: J., Shakespeare, Donne and Their Contemporaries*, Baltimore 1983. – A. Barton, *B. J., Dramatist*, Cambridge 1984. – K. E. Maus, *B. J. and the Roman Frame of Mind*, Princeton/N.J. 1984. – J. G. Sweeney III., *J. and the Psychology of Public Theatre: »To Coin the Spirit, Spend the Soul«*, Princeton/N.J. 1985. – K. J. Donovan, *B. J.* (in DLB, Bd. 62, 1987, S. 136–182). – K. A. Preuschen, *B. J. als humanistischer Dramatiker*, Ffm. u. a. 1989.

DAS LYRISCHE WERK (engl.) von Ben JONSON.

Neben dem Dichter der sog. *metaphysical poetry* John DONNE gilt vor allem der mit der satirischen Typenkomödie innovative Ben Jonson als der bedeutendste Lyriker des beginnenden 17. Jh.s. Bezeichnend für die Selbsteinschätzung des zunächst als Schauspieler und Stückeschreiber tätigen Autors ist, daß er sich in dem frühen, im Kontext des »Kampfes der Theater« verfaßten Drama *The Poetaster* (1601) zwar vom »amoralischen« OVID und vom unerreichbaren Vorbild VERGIL absetzt, sich aber in der Figur des römischen Dichters und Satirikers HORAZ porträtiert (wie der Autor der *Ars poetica* bedurfte auch Jonson des Patronats durch mäzenatische Gönner – in seinem Fall König James I. –, um ökonomisch gesichert dichten zu können).

Für Jonson, der die ihm unwürdig erscheinende Bezeichnung *playwright* ablehnte und seine eigenen Stücke dramatische *»Gedichte«* nannte, stand im Sinne der Renaissancepoetik die Dichtung an der Spitze der Gattungshierarchie, und der Dichter galt in gewisser Weise dem Fürsten als ebenbürtig. So bezeichnete noch der bereits durch Stücke wie *Volpone* (1606) und *The Alchemist* (1610) berühmt gewordene Autor die *Epigrams*, an deren separate Publikation er seit 1612 gedacht hatte, in der Widmung an den Earl of Pembroke als *»the ripest of my studies«*, und er stellte sie dann als *»I. Booke«* an den Anfang der von ihm selbst redigierten Folio-Ausgabe seiner *Workes*, in die er 1616 seine wichtigsten bisherigen Arbeiten aufnahm.

Der klassisch-humanistischen Selbsteinschätzung entsprechend beruft sich Jonson auf die horazische Zielsetzung des Unterhaltens wie der moralischen Belehrung. Er nimmt diese zwiefache Aufgabe sowohl in seinen eher satirischen als auch in den zahlreichen panegyrisch-rühmenden (sowie in Liebesgedichten und den wenigen religiösen) Gedichten wahr, zu denen außerdem noch die ebenfalls in den Folioband aufgenommenen Verse der schmaleren Sammlung *The Forest* gehören. Jonson plante zwar, die während der folgenden Jahre entstandenen Gedichte in einem zweiten Folioband zu veröffentlichen. Nach dem Brand seiner Bibliothek, der u. a. eine in Arbeit befindliche Grammatik und eine Horazübersetzung vernichtete (1623), sowie aufgrund gesundheitlicher Probleme (ein Schlaganfall 1628) unterblieb die Publikation jedoch. Allerdings erschienen die *»lesser poems of later growth«* nach Jonsons Tod (1637) in einer zweibändigen Folioausgabe, die einer der sich zu den *»Sons of Ben«* zählenden Freunde und Schüler, Sir Kenelm DIGBY, edierte; die späten Verse – auch *An Execration Upon Vulcan* mit dem satirischen Angriff auf den Gott des Feuers – sind unter dem von Jonson selbst in Analogie zu *The Forest* (und der wiederum in Analogie zu STATIUS' *Silvae*) gebildeten Titel *The Underwood* zusammengefaßt.

Jonson sieht sich zwar im Sinne der Renaissance als Dichter mit einer hohen moralisch-zivilisatorischen Mission, plädiert jedoch gerade deshalb auch für einen poetischen Neuansatz. Er wendet sich bewußt von der stereotypen petrarkistischen Formensprache und dem euphuistischen Manierismus der elisabethanischen Dichtung ab und strebt einen *»plain style«* umgangssprachlicher Einfachheit,

Kürze, Verständlichkeit und urbaner Eleganz an, der die Stereotype von einer Position größerer Wirklichkeitsnähe aus destruiert (vgl. *A Celebration of Charis in Ten Lyric Pieces; Underw.* 2). Anders als Donne, den er wegen seiner metrischen Freiheiten und der Dunkelheit seiner Verse kritisiert (vgl. *Epigr.* 23), verzichtet Jonson auf überraschende Bilderfügungen und auf das idiosynkratische *conceit*. (Allerdings wurden vier Elegien in *The Underwood* [38–41] lange Zeit Donne zugeschrieben; inzwischen neigt die Kritik jedoch dazu, Jonson als Verfasser anzunehmen.) Der Satiriker Jonson versteht es freilich trotzdem immer wieder – auf zweifellos weniger spektakuläre Weise –, mit den Möglichkeiten der Sprache, mit Reim und Metrum zu spielen (vgl. etwa *A Fit of Rime against Rime; Underw.* 31).

Jonson hat offensichtlich die seine Existenz durchaus kennzeichnende Erratik und seinen überschäumenden Witz zum einen in die satirisch verzeichneten und damit negativen Dramenfiguren eingehen lassen, zum anderen ist er in Rollengedichte, die – wie etwa die die *Epigrams* beschließenden mockheroisch-skatologischen Verse *On the Famous Voyage* (es handelt sich um die Bootsfahrt über den durch Exkremente und Tierkadaver verpesteten Fleet Ditch, in Analogie zur Fahrt über den Styx) – parodistisch verfahren.

Jonsons Ideal ist die vernunftgeleitete, prägnante, jedoch stets konversationsartig-elegante Mitteilung poetischer Gedanken. Die Sprache darf nicht verbergen, sondern muß aufdecken, damit die moralische »Wahrheit« verstanden werden kann (*»Less shall I for the art or dressing care, / Truth and the graces best when naked are«, Underw.* 14). Poetische Ornamente verhüllen ebenso wie die *»schmeichelnden Farben oder das falsche Licht«* des Malers (*Underw.* 54) – eine vor allem auch von der Klassik geprägte Auffassung, die auch der Kritik an Inigo Jones *(An Expostulation with Inigo Jones; To Inigo, Marquis Would-Be)* und den Ratschlägen an van Dyke (*Underw.* 84, III; IV) zugrunde liegt. Ein derartiges künstlerisches Ideal verlangt vom Dichter disziplinierte Anstrengung; er darf nicht auf die Eingebung warten, sondern muß auf *»Nature, Exercise, Imitation, . . . Study, Art«* bauen. Jonson hat deshalb, wie er dem Schotten William Drummond of Hawthornden gegenüber bemerkte, seine Gedichte zunächst in Prosa niedergeschrieben, ehe er die Aussage mit großer Sorgfalt in Verse umsetzte. Der Dichter muß, so betont er daher, *»erst überlegen und seinen Gegenstand überdenken, dann seine Worte wählen und das Gewicht des einen wie des anderen überprüfen. Dann behutsam den Gegenstand und die Worte fügen und einander zuordnen, damit die Komposition anmutig wird, und das sorgfältig und oft!«*

Jonson sieht sich als Renaissancedichter vor allem dem Stilideal der *imitatio* verpflichtet: Der Imitator läßt anders als der Plagiator (vgl. *To Prowl the Plagiary; Epigr.* 81) erkennen, daß er sich die klassischen Vorbilder und die in ihnen manifestierten Werte nachahmend anverwandelt, und Jonson sieht deshalb, wie er gelegentlich bemerkt, in der *imitatio* ein wesentliches Merkmal des als »Macher« bezeichneten Dichters, der nämlich fähig ist, *»die Substanz oder die Reichtümer eines anderen Dichters dem eigenen Gebrauch zu unterwerfen«*. Die Technik der *imitatio* setzt allerdings *»Genauigkeit des Studiums«* voraus und verlangt vom gebildeten Leser die Kenntnis von Vorlagen, von Anspielungen und Zitaten.

Der Zeitgenosse Thomas FULLER hat Jonson wegen dieser Gelehrsamkeit – *»er könne bessere Verse schreiben und kenne mehr Texte in der lateinischen und griechischen Sprache als alle Dichter Englands«*, so Jonson über sich selbst – mit einer großen spanischen Galeone, SHAKESPEARE aber mit einem wendigen englischen Kriegsschiff verglichen. Jonson seinerseits hat Drummond gegenüber bemerkt, Shakespeare habe niemals eine Zeile getilgt: *»Hätte er doch tausend gestrichen!«* Daraus spricht aber kaum der Neid des Bühnenrivalen – Jonson hat den *»sweet swan of Avon«* 1623 als Dichter *»not of an age, but of all time«* gepriesen *(To the Memory of ... Mr. William Shakespeare)*, sondern eher der Klassizismus eines Autors, dessen Ausbildung an der Westminster Public School unter der Obhut des Gelehrten William CAMDEN stattfand (vgl. *Epigr.* 14) und für den Dichten nicht im aristokratischen Sinne Muße, sondern Arbeit (und unablässiges Feilen an vorliegenden Texten) bedeutet.

Die teilweise wohl bereits während der Zeit seiner ersten Bühnenaktivitäten vor 1600 entstandenen und bis in die letzten Lebensjahre reichenden Gedichte Jonsons, die im übrigen keinerlei inhaltlichstilistische Entwicklung zu erkennen geben, lassen sich deshalb kaum nach den gleichen Kriterien würdigen wie etwa die Donnes oder HERBERTS, deren innere Spannungen und disharmonische Ambivalenzen die Modernisten seit T. S. ELIOT so fasziniert haben.

Ähnlich ist auch die Frage nach dem Ausmaß, in dem die Jonsonschen Gedichte Ausdruck persönlichen Empfindens sind, weitgehend irrelevant. Zwar gibt es einige Verse, in denen Privates zur Sprache kommt, wie etwa die Epitaphe *On My First Daughter (Epigr.* 22) oder *On My First Son* (ebd., 45). Aber die poetische Form, die klassische Anspielung, das verhaltene Wortspiel und die christlich-stoische Haltung ermöglichen gerade eine emotionale Distanz, die den Schmerz über den Verlust zu bewältigen hilft. Auch ein Liebesgedicht wie *My Picture Left in Scotland (Underw.* 9) mit der selbstironischen Charakterisierung (sein *»mountain belly«* und sein *»rocky face«* seien wohl schuld daran, daß die Angebetete blind und taub sei gegenüber seinen Werbungen) deutet mit dem kunstvollen Reimschema und der relativ abstrakten Sprache auf eine derartige über Form und Diktion geleistete Distanzierung hin.

Wenn Jonson seinen Folioband mit einer Epigrammsammlung von 133 Texten beginnen läßt, dann bediente er sich damit einer während der Renaissance beliebten Form der formal konzentrierten und geistreichen Aussage, die sich zugleich im Sinne der *imitatio* vor allem auf das Vorbild des römischen Dichters MARTIAL und seine scharfen und knappen Verse berufen kann (vgl. *To the Ghost of Martial; Epigr.* 36). Dem zeitgenössischen Verständnis entsprechend sind jedoch das Satirische, wie es im Epigramm zutage tritt, und das Rühmende zwei komplementäre Aspekte, die sich aus der didaktischen Funktion des Dichters ergeben. So bilden Lob und Tadel nicht nur insgesamt das einigende Band der Sammlung, sondern sind offensichtlich auch das organisierende Prinzip einzelner in sich antithetisch angeordneter Versgruppen (etwa wahre und falsche Kritiker, *Epigr.* 17 und 18; wahre und falsche Kämpfer, *Epigr.* 107 und 108). Der Satiriker Jonson stellt sich dabei immer wieder die Frage nach den verbindlichen moralischen und literarischen Werten, nach dem Verhältnis von Dichter und Publikum, nach den Ausdrucksformen des echten Lobes, nach dem äußeren Schein, der das Innere verbirgt. Während Jonson sich in dieser Hinsicht nicht wesentlich von den am Gegensatz von Schein und Sein interessierten Zeitgenossen unterscheidet, orientiert sich seine satirische Technik an Vorbildern, die für die nach 1590 aufblühende und wenig später wegen ihrer öffentlichen Brisanz sogar verbotene Satire nicht auf die gleiche Weise verbindlich sind. Während etwa Joseph HALL oder John MARSTON ihr Modell in der wilden Satyrgestalt des griechischen Dramas bzw. in der sprachlichen Dunkelheit und Aggressivität eines PERSIUS oder JUVENAL sehen, beruft sich Jonson auf das horazische Stilideal der Klarheit und Ausgewogenheit und sieht in der *»manly elocution«* eines John SELDENS sein Vorbild (*Underw.* 14). Die Gegenstände seines satirischen Spotts findet Jonson vor allem in der Londoner Großstadt, im kommerziellen Geist, in Falschheit und moralischer Korruption. Seine Satiren richten sich deshalb gegen die Pracht der Erscheinung, die innere Leere verbergen soll, gegen Heuchelei, Wollust, Profitgeist. Allerdings zielt der Spott stets auf typisierte Figuren wie *Sir Voluptuous Beast, Lieutnant Shift, Captain Hazard*, deren historische Vorbilder nicht mehr erkennbar sind.

Wenn Jonson daneben zahlreiche Lobgedichte geschrieben hat, dann sicherlich zum einen, weil er als Dichter nicht außerhalb des Patronatssystems existieren konnte. Andererseits war er jedoch auch der Auffassung, daß der Schriftsteller mit seiner Fähigkeit, ein *»erdichtetes Commonwealth«* schaffen zu können, zugleich eine öffentlich-moralische Funktion zu erfüllen hat. Allerdings will Jonson »Dichter« und nicht »Herold« sein (*Epigr.* 9). Seine Lobgedichte, die im Gegensatz zu den satirischen Versen den Gerühmten beim Namen nennen, überhöhen jedoch weniger die Realität, als daß sie ein Ideal entwerfen, dem der kultivierte Mensch zu folgen hat. Dies gilt sowohl für die Lobgedichte der ersten Sammlung als auch für die entsprechenden Verse in *The Forest*; die bekanntesten Beispiele sind *To Sir Robert Wroth* und *To Penshurst*, mit dem er nicht nur ein Loblied auf den Landsitz des Bruders der großen Dichterleitfigur Sir Philip SIDNEY, sondern auf die ganze Familie und ihre kultiviert-moralische Lebensweise schrieb; Jonson geht deshalb über die bloße Beschreibung des Hauses hinaus, deutet vielmehr die Harmonie eines traditionsbestimmten, konservativen sozialen Kosmos an, gerade vor dem Hintergrund des gerade entstehenden Agrarkapitalismus und der Erosion des Bewußtseins politischer Verantwortung für das Commonwealth.

Jonson, der mit *To Penshurst* die Tradition des *country-house poem* begründet hat, steht zudem mit *To . . . Sir Lucius Cary and Sir H. Morison (Underw.* 70) am Beginn einer bewußt an PINDAR anschließenden englischen Odentradition. Die *»Sons of Ben«*, zu denen HERRICK, CAREW, SUCKLING, DIGBY gehörten – ein Jack Young ließ die Worte *»O rare Ben Jonson«* auf die Grabplatte in der Westminster-Abtei meißeln –, vermittelten seine klassizistische Dichtungsauffassung weiter, und noch Ende des Jahrhunderts stritten sich DRYDEN und SHADWELL um die Frage, wer der wahre Verwalter des Erbes sei. In der Folgezeit ist der Dichter Jonson jedoch mehr und mehr vom Dramenautor überschattet worden, und der wiederum von dem acht Jahre älteren Shakespeare. U.Bö.

AUSGABEN: *Epigrams* (in *Workes*, Ldn. 1616; Nachdr. 1976). – *Poems* (in *B. J.*, Hg. C. H. Herford u. P. Simpson, 11 Bde., Oxford 1925–1952, 8; Nachdr. 1963–1971). – *Selected Poems*, Hg. R. Duncan, Ldn. 1949. – *Poems*, Hg. G. B. Johnston, Ldn. 1954; zul. 1975. – *The Complete Poetry*, Hg. W. B. Hunter, NY 1963 *(Stuart Ed.)*. – *Poems*, Hg. I. Donaldson, Oxford 1975. – *B. J.*, Hg. Th. Gunn, Harmondsworth 1974 (Penguin). – *The Complete Poems*, Ldn. 1982. – *Epigrams; and, The Forest*, Hg. R. Dutton, Manchester 1984. – *The Complete Poems*, Ldn. 1988 (Penguin).

ÜBERSETZUNGEN: In *Englische Barockgedichte*, Hg. H. Fischer, Stg. 1971 (Ausw.; engl.-dt.; RUB).

VERTONUNGEN: Vgl. W. McCl. Evans, *B. J. and Elizabethan Music*, Ldn. 1929. – D. H. Brock, *A B. J. Companion*, Bloomington/Ind. 1983.

LITERATUR: K. A. McEuen, *Classical Influences upon the Tribe of Ben*, Cedar Rapids/Iowa 1939. – G. B. Johnston, *B. J.: Poet*, NY 1945. – P. Cubeta, *»A Celebration of Charis«: An Evaluation of Jonsonian Poetic Strategy* (in ELH, 25, 1958, S. 163–180). – W. Trimpi, *B. J.'s Poems: A Study of the Plain Style*, Palo Alto/Calif. 1962. – P. Cubeta, *A Jonsonian Ideal: »To Penshurst«* (in PQ, 42, 1963, S. 14–24). – J. G. Nichols, *The Poetry of B. J.*, Ldn./NY 1969. – W. V. Spanos, *The Real Toad in the Jonsonian Garden: Resonance in the Nondramatic Poetry* (in JEGPh, 68, 1969, S. 1–23). – G. A. E. Parfitt, *Compromise Classicism: Language and Rhythm in B. J.'s Poetry* (in SEL, 11, 1971, S. 109–123). – A. Marotti, *All About J.'s Poetry* (in ELH, 39, 1972, S. 208–237). – A. Mortimer, *The Feigned Commonwealth in the Poetry of B. J.* (in

SEL, 13, 1973, S. 69–79). – B. R. Smith, *B. J.'s Epigrammes: Portrait-Gallery, Theater, Commonwealth* (ebd., 14, 1974, S. 91–109). – J. K. Gardiner, *Craftsmanship in Context: The Development of B. J.'s Poetry*, Den Haag 1975. – R. V. Young Jr., *Style and Structure in J.'s Epigrams* (in Criticism, 17, 1975, S. 201–222). – G. Parfitt, *B. J. Public Poet and Private Man*, Ldn./NY 1977. – *A Concordance to the Poems of B. J.*, Hg. M. A. Di Cesare u. E. Fogel, Ithaca 1978. – I. Clark, *B. J.'s Imitation* (in Criticism, 20, 1978, S. 107–127). – I. Z. Kamholtz, *B. J.'s Green World: Structure and Imaginative Unity in »The Forest«* (in StPh, 78, 1981, S. 170–193). – R. S. Peterson, *Imitation and Praise in the Poems of B. J.*, New Haven 1981. – R. Dutton, *B. J.: To the First Folio*, Cambridge 1983. – D. E. Wayne, *»Penshurst«: The Semiotics of Place and the Poetics of History*, Ldn. 1984. – A. Petterson, *Lyric and Society in J.'s Under-Wood* (in *Lyric Poetry: Beyond New Criticism*, Hg. Ch. Hošek u. a., Ithaca 1985). – S. J. van den Berg, *The Action of B. J.'s Poetry*, Newark 1987. – J. A. Riddell, *The Arrangement of B. J.'s Epigrammes* (in SEL, 27, 1987, S. 53–70).

THE ALCHEMIST

(engl.; *Der Alchemist*). Komödie von Ben JONSON, Uraufführung: London, 1610, Globe Theatre. – Diese Komödie gehört mit *Volpone* und *Bartholomew Fayre* zu den Meisterwerken Jonsons, dem nach SHAKESPEARE bedeutendsten englischen Dramatiker seiner Zeit. Die *Mostellaria (Gespensterkomödie)* von PLAUTUS und *Il candelaio (Der Kerzenmacher)* von Giordano BRUNO sind die Ahnen dieser Gaunerkomödie. – Aus Angst vor Ansteckung flieht Mr. Lovewit aus London, das von einer Seuche bedroht ist, und überläßt sein Haus der sorglichen Obhut des Butlers Jeremy. Jeremy jedoch verkleidet sich, kaum daß sein Herr das Haus verlassen hat, als bärtiger Kapitän Face und tut sich mit dem Alchimisten Subtle und der Hure Dol Common zu einem Gaunertrio zusammen. Lovewits Haus ist das Hauptquartier, in dem der Goldmacher gleich mit Erfolg zu praktizieren beginnt. Dapper, ein Schreiber, verlangt alchimistische Hilfe beim Spiel und beim Wetten, Drugger, ein Tabakhändler, möchte geheimkultische Hinweise für den Bau seines neuen Ladens. In größeren Maßstäben rechnet Sir Epicure Mammon mit der Hilfe Subtles, dem er schon reichlich goldenes Material zur Vermehrung überantwortet hat. Subtle verspricht ihm baldigste Lieferung des versprochenen Steins der Weisen, während Sir Epicure sich von den Reizen Dol Commons vorerst ablenken läßt. Ohne große Schwierigkeiten werden die drei auch mit einem Puritanerpaar fertig, mit Deacon Ananias und Tribulation Wholesome, in denen Jonson mit beißender Ironie die beiden meistgehaßten puritanischen Typen verspottet, den Fanatiker und den Opportunisten. Schließlich erbittet noch ein zorniger junger Mann von Subtle Ratschläge für seine Streitan gelegenheiten und ist so glücklich über die erhaltenen Auskünfte, daß er sofort seine Schwester, die reiche Witwe Pliant, herbeischafft, die von Subtle und Face unverzüglich in ihre Pläne einbezogen wird. Aber das Ende naht: Surly, der skeptische Geschäftspartner von Sir Epicure, erscheint in entsprechender Verkleidung, um das Trio zu entlarven und um die Witwe vor Schändung zu bewahren. Mr. Lovewit kehrt verfrüht heim und wird von Nachbarn über das gespenstische Treiben in seinem Haus aufgeklärt. Face, jetzt wieder Jeremy, weiß ihn zu beruhigen und erkauft sich die Verzeihung, indem er seinem Herrn die Hand der reichen Witwe verschafft. Subtle und Dol Common indes müssen sich der Entdeckung durch Flucht über eine Gartenmauer entziehen.

Überraschend ist, daß der sonst so konsequente Jonson es diesmal mit der dramatischen Gerechtigkeit nicht so genau nimmt, denn Jeremy bleibt ungeschoren, und Lovewit gerät unverdientermaßen an eine reiche Witwe, die Subtles Entlarver Surly sich eigentlich redlich verdient hätte. – Mit seiner Zeitsatire auf die damals in London verbreiteten Übel der Astrologie, der Hexen- und Quacksalberkunst und der Alchimie verbindet Jonson die allgemeine Schilderung des großstädtischen Treibens der Galgenvögel und ihrer dummen Opfer. Seine Komödie, die in geschliffenen Blankversen und unter Aufbietung aller Sprachregister (vom rhetorischen Pathos bis zum Unterwelt-Slang) gegen die Dummheit ficht, führt als überaus lebendige und farbenfrohe Satire mit anschaulichen Musterbeispielen die häufigsten Erscheinungsformen dieser Dummheit, einen komischen Reigen von auf den Leim Gegangenen, vor. E.St.

Ausgaben: Ldn. 1612; Nachdr. Amsterdam 1971. – Ldn. 1616 (in *Workes*). – New Haven/Conn. 1903, Hg. C. M. Hathaway. – NY 1935, Hg. N. Douglas [Faks.]. – Oxford 1937 (in *B. J.*, Hg. C. H. Herford u. P. Simpson, 11 Bde., 1925 bis 1952, 5; Nachdr. 1963–1971). – NY 1947, Hg. G. E. Bentley. – Löwen 1950, Hg. H. de Vocht. – Ldn. 1966, Hg. D. Brown. – Ldn./NY 1967, Hg. J. B. Bamborough. – New Haven/Conn. 1974 (in *The Yale B. J.*, 1962 ff., Bd. 7, Hg. A. B. Kernan). – Oxford 1981/82 (in *Complete Plays*, Hg. G. A. Wilkes, 4 Bde., 3).

Übersetzungen: *Der Alchemist*, W. v. Baudissin, Lpzg. 1836. – Dass., ders. (in *Dramen der Shakespearezeit*, Ffm. 1960; EC). – *Der Alchimist*, H. Lange, o. O. 1966 [Bühnen-Ms.].

Literatur: C. G. Thayer, *Theme and Structure in »The Alchemist«* (in ELH, 26, 1959, S. 23–35). – A. C. Dessen, *»The Alchemist«: J.'s ›Estates‹ Play* (in Renaissance Drama, 7, 1964, S. 35–54). – W. Blissett, *The Venter Tripartite in »The Alchemist«* (in SEL, 8, 1968, S. 323–334). – J. Arnold, *Lovewit's Triumph and Jonsonian Morality: A Reading of »The Alchemist«* (in Criticism, 11, 1969, S. 151–166). – W. Empson, *»The Alchemist«* (in Hudson Review,

22, 1969/70, S. 595–608). – W. Weiss, *J.: »The Alchemist«* (in *Das Englische Drama vom Mittelalter bis zur Gegenwart*, Bd. 1, Hg. D. Mehl, Düsseldorf 1970, S. 262–273). – I. Donaldson, *Language, Noise and Nonsense: »The Alchemist«* (in *Seventeenth-Century Imagery*, Hg. E. Miner, Berkeley 1971, S. 69–82). – R. Davies, *B. J. and Alchemy* (in *Stratford Papers 1968–69*, Hg. B. A. W. Jackson, Hamilton/Ontario 1972, S. 40–60). – R. Levin, *›No Laughing Matter‹: Some New Readings of »The Alchemist«* (in Studies in the Literary Imagination, 6, 1973, S. 85–99). – H. Breuer, *Vorgeschichte des Fortschritts – Studien zur Historizität und Aktualität des Dramas der Shakespearezeit – Marlowe, Shakespeare, J.*, 1979, S. 236–262. – J. S. Mebane, *Renaissance Magic and the Return of the Golden Age: Utopianism and Religious Enthusiasm in »The Alchemist«* (in Renaissance Drama, 10, 1979, S. 117–139). – R. L. Smallwood, *›Here, in the Friars‹: Immediacy and Theatricality in »The Alchemist«* (in RESt, 32, 1981, S. 142–160). – C. A. Carr, *Play's the Thing: A Study of Games in »The Alchemist«* (in Colby Library Quarterly, 18, 1982, S. 113–125). – G. H. Cox, *Apocalyptic Projection and the Comic Plot of »The Alchemist«* (in English Literary Renaissance, 13, 1983, S. 70–87). – R. Juneja, *Rethinking about Alchemy in J.'s »The Alchemist«* (in Ball State Univ. Forum, 24, 1983, S. 3–14). – G. D. Monsarrat, *Editing the Actor: Truth and Deception in »The Alchemist«, V. 3–5* (in Cahiers Elisabéthains, 23, 1983, S. 61–71). – R. M. Schuler, *J.'s Alchemists, Epicures, and Puritans* (in Medieval and Renaissance Drama in Engl., 2, 1985, S. 171–208). – N. R. Watson, *»The Alchemist« and J.'s Conversion of Comedy* (in *Renaissance Genres: Essays on Theory, History and Interpretation*, Hg. B. K. Lewalski, Cambridge/Mass. 1986, S. 332–365).

BARTHOLOMEW FAYRE

(engl.; *Bartholomäusmarkt*). Komödie in fünf Akten (Prosa) von Ben Jonson, Uraufführung: London, 31. 10. 1614, Hope Theatre. – *Bartholomäusmarkt* ist ein breit ausgeführtes, heute noch kulturgeschichtlich interessantes Sittengemälde der Londoner Kirmes, die alljährlich am Bartholomäustag im August in Smithfield gefeiert wurde. Nicht die (außerordentlich unübersichtliche) Handlung oder die Vielfalt der über dreißig Rollen machen den Reiz des Stückes aus, sondern die Schilderung »niederen« Lebens der damaligen Zeit. Eine Reihe bürgerlicher und adeliger Besucher spaziert an den Jahrmarktständen vorbei, unterhält sich dabei, wird betrogen und gefoppt oder betrügt und foppt sich gegenseitig. Der schwergewichtige Mittelpunkt des Festes ist Mutter Ursula, die ihre Gäste mit Spanferkel, Bier und illegitimen Freuden versorgt. In ihrem Stand haben die großen und kleinen Schurken ihr Stammquartier. Der Taschendieb Edgeworth und sein Komplize, der Balladensänger Nightingale, planen hier ihre Unternehmungen.

Ihr ergiebigstes Opfer ist der adelige »Dorfdepp« Bartholomew Cokes, der mit seiner Braut Grace die Sehenswürdigkeiten Londons besichtigt und dabei sein Geld und schließlich auch die Braut verliert. Prominentester Gast ist der humorlose Friedensrichter Adam Overdo, der als verkleideter Hüter des Gesetzes den Markt durchschweift, immer auf der Suche nach »Enormitäten«, die zu ahnden wären. Bei diesem Unternehmen geht er den munteren Galgenvögeln genauso auf den Leim wie die anderen Herrschaften, die sich hergewagt haben; so die Witwe Purecraft mit ihrem Galan, dem heuchlerischen Puritaner Rabbi-Zeal-of-the-Land Busy, der sich und seinem Anhang den Besuch des Marktes erst nach einer kasuistischen *tour de force* gestattet; so der Notar und Standesbeamte Littlewit und seine Frau sowie ein müßiges Freundespaar, das sich nachher in Busys Witwe und Gentleman Bartholomews Braut teilen wird. – Ein ausgelassenes Spiel im Spiel veranstaltet der Puppenspieler Lantern Leatherhead, der eine populäre, von Littlewit verfaßte Version von *Hero und Leander* vorführt (natürlich gerät die Liebestragödie unter seinen Händen zur Hurentravestie), wozu sich in seinem Stand die ganze Jahrmarktsgesellschaft ein Stelldichein gibt.

Das Stück sprengt jede dramaturgische Fessel und entzieht sich der kritischen Einordnung. Ein paar magere Hinweise auf literarische Polemik, Seitenhiebe auf KYD und SHAKESPEARE (seine romantischen Stücke) und auf den königlichen *maître de plaisir* der Maskenspiele, auf Inigo JONES, sind zu erkennen. *Bartholomäusmarkt* ist ein theatergeschichtliches Unikum, dem vor allem das begeisterte Publikum immer wieder die Existenzberechtigung bescheinigt, ein farbenfroher volkstümlicher Klamauk, der in mehr als dreieinhalb Jahrhunderten kaum an Reiz verloren hat.   E.St.

AUSGABEN: Ldn. 1631. – Oxford 1938 (in *B. J.*, Hg. C. H. Herford u. P. Simpson, 11 Bde., 1925–1952, 6; Nachdr. 1963–1971). – Ldn. 1960, Hg. E. A. Horsman. – New Haven/Conn. 1963 (in *The Yale B. J.*, 1962 ff., Bd. 2, Hg. E. M. Waith). – Lincoln/Nebr. 1964, Hg. E. B. Partridge. – Berkeley 1972, Hg. D. Duncan. – NY 1972 (in *Selected Works*, Hg. D. McPherson). – Oxford 1981/82 (in *Complete Plays*, Hg. G. A. Wilkes, 4 Bde., 4).

ÜBERSETZUNG: *Bartholomäusmarkt*, M. Mauthner, Bln. 1912.

LITERATUR: A. J. Barish, »*Bartholomew Fayre*« *and Its Puppets* (in MLQ, 20, 1959, S. 3–17). – J. E. Robinson, »*Bartholomew Fayre*«, *Comedy of Vapors* (in SEL, 1, 1961, S. 65–80). – E. M. Waith, *The Staging of* »*Bartholomew Fayre*« (ebd., 2, 1962, S. 181–195). – J. H. Kaplan, *Dramatic and Moral Energy in B. J.'s* »*Bartholomew Fair*« (in Renaissance Drama, N.S. 3, 1970, S. 137–150). – R. B. Parker, *The Themes and Staging of* »*Bartholomew Fair*« (in Univ. of Toronto Quarterly, 39, 1970, S. 293–309). – G. Hamel, *Order and Judgement in* »*Bartholomew Fair*« (ebd., 43, 1973, S. 48–67). – J. K. Gardiner, *Infantile Sexuality, Adult Crisis, and* »*Bartholomew Fair*« (in Literature and Psychology, 24, 1974, S. 124–132). – J. Janicka, *Figurative Language in* »*Bartholomew Fair*« (in Shakespeare Jb., 111, 1975, S. 156–167). – T. R. Frosch, »*Bartholomew Fair*«, *or What You Will* (in Scholia Satyrica, 2, 1976, S. 3–23). – J. S. Colley, »*Bartholomew Fair*«: *B. J.'s* »*A Midsummer Night's Dream*« (in Comparative Drama, 11, 1977, S. 63–72). – R. Juneja, *Eve's Flesh and Blood in J.'s* »*Bartholomew Fair*« (ebd., 12, 1978, S. 340–355). – L. Salingar, *Crowd and Public in* »*Bartholomew Fair*« (in Renaissance Drama, 10, 1979, S. 141–159). – L. D. Bradfield, *Prose Decorum and the Anatomy of Folly in* »*Bartholomew Fair*« (in Emporia State Research Studies, 32, 1983, S. 5–53). – M. Draudt, *Fairgrounds and Halls of Mirrors: Arthur Schnitzler's* »*Zum grossen Wurstel*« *and B. J.'s* »*Bartholomew Fair*« (in Trivium, 20, 1985, S. 9–32). – F. Teague, *The Curious History of* »*Bartholomew Fair*«, Lewisburg 1985.

CATILINE HIS CONSPIRACY

(engl.; *Die Verschwörung des Catilina*). Tragödie von Ben JONSON, Uraufführung: London 1611, Globe Theatre. – Jonsons zweite römische Tragödie nach *Sejanus His Fall* (1603) brachte ihm – wie er selbst bezeugt – keinen Erfolg: Die Uraufführung konnte nicht zu Ende gespielt werden. Und als das Stück 1668 noch einmal aufgeführt wurde, meinte PEPYS in seinem berühmten Tagebuch, einen langweiligeren Theaterabend habe er noch nicht erlebt; er empfahl das Stück jedoch als Lesedrama. In dem Bestreben, die römische Geschichte historisch getreu darzustellen, hatte Jonson das Stück mit gelehrtem Ballast überladen. Dazu kam sein künstlerischer Ehrgeiz, die Tradition der Tragödien SENECAS in England fortzuführen. So leitete er sein Catilina-Drama nach dem Beispiel Senecas mit dem Prolog eines Geistes (hier des Geistes Sullas) ein und ließ jeden Akt mit einem lyrischen Chor enden.

Ehrgeizig, demagogisch und voller Haß gegen das republikanische Rom bereitet Catilina zusammen mit einer sehr eindringlich geschilderten Clique von Unzufriedenen, Schwachen, Opportunisten und Desperados, eitlen Aristokraten und dummen Patriziern eine Revolution vor. Der nachmalige »Vater des Vaterlandes«, Cicero, erfährt bald von dem umstürzlerischen Unternehmen, aber es gelingt ihm nicht, die Republikaner aus ihrer Lethargie aufzurütteln. – Vorzüglich charakterisiert sind die Frauen um Catilina: Eine Boudoirszene, in der sich zwei nach den Sensationen einer Revolution lüsterne Damen über Politik und Mode unterhalten und das Schicksal des Vaterlandes mit der gleichen Geschwätzigkeit diskutieren wie die eigenen Bettgeschichten, gehört zu den besten sarkastischen Szenen, die Jonson geschrieben hat. Eine Mätresse entscheidet denn auch das Schicksal der Verschwörung: Fulvia, die sich auch sonst ihre Liebesdienste von der römischen Prominenz gut bezahlen läßt, handelt um den Preis ihres Körpers von einem jungen Verschwörer das Geheimnis Catilinas ein und gibt es an Cicero weiter. Vor der nun endlich aufflammenden Volkswut flieht Catilina zu seinem Revolutionsheer und fällt schließlich nach tapferem Kampf in der Schlacht. Den vierten Akt füllt (im Stil der klassischen Rhetorik) die in 290 langatmige Verse gekleidete Übersetzung der Reden Catilinas, wie sie SALLUST überliefert hat. Dessen *De coniuratione Catilinae (Die Verschwörung Catilinas)* und PLUTARCHS *Vita Ciceronis (Das Leben Ciceros)* waren Jonsons wichtigste Quellen.

Die Tragödie ist ein Schulbeispiel für den zerstörerischen Einfluß allzu konsequent angewandter klassizistischer Theorien auf die Bühnenwirksamkeit eines Dramas. Gerade im England des frühen 17. Jh.s waren solche restaurativen Versuche zum Scheitern verurteilt, denn das englische Charakterdrama eines MARLOWE und SHAKESPEARE hatte damals die Bühne bereits erobert. So stehen denn auch Jonsons Tragödien bis heute im Schatten der Römerdramen Shakespeares. E.St.

AUSGABEN: Ldn. 1611. – Ldn. 1616 (in *Workes*). – New Haven 1916, Hg., Einl., Anm. u. Glossar L. H. Harris. – Oxford 1937 (in *B. J.*, Hg. C. H. Herford u. P. Simpson, 11 Bde., 1925–1952, 5; Nachdr. 1963–1971). – Lincoln/Nebr. 1973, Hg. W. F. Bolton u. J. F. Gardner. – Oxford 1981/82 (in *Complete Plays*, Hg. G. A. Wilkes, 4 Bde., 3).

LITERATUR: L. H. Harris, *Lucan's »Pharsalia« and »Catiline«* (in MLN, 14, 1919, S. 273–283). – K. Friedrich, *Die englische Dramatisierung des Catilina-Stoffes*, Diss. Erlangen 1924. – W. M. Williams, *The Influence of J.'s »Catiline« upon John Oldham's »Satyres upon the Jesuits«* (in ELH, 11, 1944, S. 38–62). – J. A. Bryant, *»Catiline« and the Nature of J.'s Tragic Fable* (in PMLA, 69, 1954, S. 265–277). – B. N. de Luna, *J.'s Romish Plot: A Study of »Catiline« and Its Historical Context*, Oxford 1967. – A. G. Dorenkamp, *J.'s »Catiline«: History as the Trying Faculty* (in StPh, 67, 1970, S. 210–220). – M. J. Warren, *B. J.'s »Catiline«: The Problem of Cicero* (in Yearbook of English Studies, 3, 1973, S. 55–73). – F. W. Engel III, *The Dynamics of ›Pietas‹ in B. J.'s »Catiline«* (in Journal of the Rocky Mountain Medieval and Renaissance Association, 2, 1981, S. 117–128). – J. S. Lawry, *»Catiline« and ›The Sight of Rome in Us‹* (in *Rome in the Renaissance: The City and the Myth*, Hg. P. A. Ramsey, Binghamton/N.Y. 1982, S. 395–407). – R. V. Utterback, *Oratory and Political Action in J.'s »Catiline His Conspiracy«* (in Iowa State Journal of Research, 57, 1982, S. 193–203).

THE DIVELL IS AN ASSE

(engl.; *Der Teufel ist ein Esel*). Komödie von Ben JONSON, Uraufführung: London 1616, Blackfriars Theatre. – Der ehrgeizige, aber wenig tüchtige Unterteufel PUG bedrängt seinen Herrn Satan, er möge ihn doch einmal mit einer wirklichen Aufgabe betrauen, wenn möglich mit einer in London. Soviel Vermessenheit, soviel Größenwahnsinn – denn einen Teufel nach London ausschicken heißt Eulen nach Athen tragen – muß bestraft werden, und so sendet Satan den armen Pug in der Gestalt eines eben gehenkten Taschendiebes als Diener zu dem alten, trottelhaften Geizhals Fitzdottrel nach London, allerdings mit der Auflage, dort keinesfalls vor Mitternacht den Dienst zu quittieren. Die hartgesottene Sippschaft der Londoner Gauner, die sich bei dem leicht zu rupfenden Fitzdottrel ein Stelldichein gibt, spielt dem armen Teufel so arg mit, daß er sich bald in die Hölle zurückwünscht. Der Projektemacher Meercraft führt den Reigen der menschlichen »Oberteufel« Londons an: Er verkauft dem leichtgläubig-senilen Fitzdottrel Riesenländereien, die seiner Angabe nach im Meer versunken sind und die es nur hervorzuholen gilt, und ernennt ihn zum Herzog dieser Gebiete. Während Meercraft sich am Geld seines Opfers gütlich tut, bemüht sich Wittipol, ein anderer Gauner, um die schöne Gattin des Geschröpften. Obgleich Lady Fitzdottrel den Unterschied zwischen ihrem vertrottelten Gemahl und ihrem Liebhaber durchaus zu schätzen weiß, bittet sie Wittipol, ihr, da sie nun einmal so unglücklich sei, wenigstens das Gut der Ehre zu lassen, ein Anliegen, dem er unbegreiflicherweise sofort stattgibt. Nachdem diese beiden seltenen Edelmut bewiesen haben, wird auch Fitzdottrel zur Einsicht gebracht, und die Gauner werden entlarvt. Der dumme Teufel Pug muß sich geschlagen geben und wird ins Gefängnis geschickt. Mit seltener Einmütigkeit hat die Literaturkritik entschieden, daß diese Komödie dem Dichter nicht gelungen sei, daß es der Handlung an Schwung und Phantasie fehle und daß Jonson in der Wahl und Gestaltung der Charaktere sich allzusehr auf die Typen seiner früheren Erfolgsstücke verlassen habe. Man nimmt wohl mit Recht an, daß der geringe Publikumserfolg dieser Komödie der Grund dafür war, daß Jonson das Komödienschreiben für die nächsten neun Jahre einstellte und sich auf höfische Maskenspiele beschränkte. E.St.

AUSGABEN: Ldn. 1631. – Ldn. 1640 (in *Workes*). – NY 1905 (*The Devil Is an Ass*, Hg. W. S. Johnson; krit.). – Oxford 1938 (in *B. J.*, Hg. C. H. Herford u. P. Simpson, 11 Bde., 1925–1952, 6; Nachdr. 1963–1971). – Ldn. 1967, Hg. M. Hussey. – Harmondsworth 1975 (in *Four Jacobean City Comedies*, Hg. M. Salgado). – Oxford 1981/82 (in *Complete Plays*, Hg. G. A. Wilkes, 4 Bde., 4).

ÜBERSETZUNG: *Der dumme Teufel*, W. v. Baudissin (in W. v. B., *B. und seine Schule*, Lpzg. 1836). – Dass., ders. (in *Shakespeares Zeitgenossen*, Bd. 1, Bln. 1941; ern. Heidelberg 1956).

LITERATUR: E. W. Weidler, *Das Verhältnis von Centlivres »The Busy-Body« zu B. J.s »The Divell Is an Asse«*, Diss. Halle 1900. – G. L. Kittredge, *King James I and »The Devil Is an Ass«* (in MPh, 9, 1911, S. 195–209). – W. S. Johnson, *The Devil as a Character in Literature* (in Manchester Quarterly, 31, 1912, S. 324–341). – R. Potter, *Three Jacobean Devil Plays* (in StPh, 28, 1931, S. 720–729). – J. E. Savage, *The Cloaks of »The Divell is an Asse«* (in Univ. of Mississippi Studies in English, 6, 1965, S. 5–14). – L. L. Mills, *The Devil is Indeed an Ass; Or Cosmic Optimism Verified* (in Southern Library Messenger, 1, 1975, S. 40–52). – S. Greenblatt, *London and London* (in Critical Inquiry, 12, 1986).

EPICOENE, OR THE SILENT WOMAN

(engl.; *Epicoene oder Die schweigsame Frau*). Komödie von Ben JONSON, Uraufführung: London 1609, Whitefriars Theatre. – Trauriger Held dieser ausgelassensten Komödie Jonsons ist der alte Misanthrop Morose, der ein so erbitterter Feind jeglichen Lärms ist, daß er wie in einer Festung hinter zugemauerten Fenstern bei Kerzenlicht lebt und seine Diener sich nur mittels der Zeichensprache mit ihm verständigen dürfen. Als sich ausgerechnet dieser geräuschempfindliche Einsiedler dazu entschließt, eine Frau zu nehmen, tut er es nur, um seinen Neffen Dauphine enterben zu können. Morose findet Gefallen an Epicoene, einem sanften jungen Geschöpf, das, wenn es überhaupt die Lippen öffnet, nur bescheiden lispelt. Ein erkälteter Pfarrer, den man kaum versteht, gibt den beiden den Segen. Aber kaum ist dies geschehen, da bricht auch schon der infernalischste Lärm über Morose herein. Epicoene entpuppt sich als keifende Xanthippe, und ein Strom der skurrilsten Gäste ergießt sich in das stille Heim: die närrischen Ritter La Foole und John Daw, der Pantoffelheld Otter mit seinem tyrannischen Weib, drei verheiratete Damen, die unter dem Deckmantel der Gelehrsamkeit munter Unzucht treiben, und vor allem die drei ausgelassenen Intriganten des Stückes, Dauphine und seine beiden Freunde und Komplicen Clerimont und Truewit. Diese versprechen dem verzweifelten Morose Erlösung, wenn er nur mit Unterschrift und Siegel dem Neffen alle nur erdenklichen Zusagen machen wolle. Um wieder Ruhe zu finden, bleibt Morose nichts anderes übrig, als sich zu fügen. Und nun findet die Komödie ein närrisches und unerwartetes Ende: Dauphine zieht Epicoene, dem »schweigsamen Weib« seines Onkels, die Perücke vom Kopf und präsentiert der versammelten Gesellschaft einen gelehrigen Knaben, den er ein halbes Jahr lang darauf vorbereitet hatte, die Rolle seiner Tante zu spielen.
Als farcischer Mummenschanz verzichtet diese Komödie instinktsicher auf keine Gelegenheit, Klamauk und derben Spaß auf die Bretter zu bringen. Wenn ihr trotzdem kein großer Publikumserfolg beschieden war, so wohl vor allem deswegen, weil die Zuschauer es dem Komödiendichter schwer verzeihen konnten, nicht von Anfang an in den makabren Streich eingeweiht gewesen zu sein, der

dem Onkel gespielt wird, und sie sich daher am Schluß selbst ein wenig zum Trottel gemacht fühlten. Aber bereits John DRYDEN (1631–1700) zählte die *Epicoene* zu den technisch vollendetsten Komödien der englischen Renaissance, und Richard Strauss machte sie in Zusammenarbeit mit Stefan ZWEIG 1935 zur Vorlage einer komischen Oper.

E. St.

AUSGABEN: Ldn. 1616 (in *Workes*). – Ldn. 1620. – Oxford 1937 (in *B. J.*, Hg. C. H. Herford u. P. Simpson, 11 Bde., 1925–1952, 5; Nachdr. 1963–1971). – Lincoln/Nebr. 1966, Hg. L. A. Beaurline. – New Haven/Conn. 1971 (in *The Yale B. J.*, 1962 ff., Bd. 6, Hg. E. Partridge). – Oxford 1981/82 (in *Complete Plays*, Hg. G. A. Wilkes, 4 Bde., 3).

ÜBERSETZUNG: *Epicoene oder Das stille Frauenzimmer*, L. Tieck (in L. T., *Schriften*, Bd. 12, Bln. 1799).

VERTONUNGEN: M. Lothar, *Lord Spleen: Die Geschichte vom lärmischen Mann* (Libretto: H. F. Koenigsgarten; Oper; Urauff.: Dresden 1930). – R. Strauss, *Die schweigsame Frau* (Libretto: S. Zweig; Oper; Urauff.: Dresden, 24. 6. 1935).

LITERATUR: H. Robinson, *A Production and Prompt-Book of »Epicoene«*, Diss. Univ. of Iowa 1932. – W. W. Greg, *Was There a 1612 Quarto of »Epicoene«?* (in Library, 15, 1934, S. 306–315). – D. C. Boughner, *»Epicoene«* (in PQ, 19, 1940, S. 89–91). – A. D., *The Genesis of J.'s »Epicoene«* (in NQ, 193, 1948, S. 55/56). – I. Donaldson, *A Martyrs Resolution: J.'s »Epicoene«* (in RESt, 18, 1967, S. 1–15). – L. G. Salingar, *Farce and Fashion in »The Silent Woman«* (in Essays and Studies, 20, 1967, S. 29–46). – M. Taylor, *J.'s »Epicoene«: Art for Nature's Sake* (in Humanist Association Review, 20, 1969, S. 56–67). – D. Jones, ›*Th'Adulteries of Art‹: A Discussion of »The Silent Woman«* (in *Shakespeare and Some Others*, Hg. A. Brissenden, Adelaide 1976, S. 83–103). – M. A. Anderson, *The Successful Unity of »Epicoene«: A Defense of B. J.* (in SEL, 10, 1970, S. 349–366). – B. J. Baines u. M. C. Williams, *The Contemporary and Classical Antifeminist Tradition in J.'s »Epicoene«* (in Renaissance Papers, 1977, S. 43–58). – S. Cerf, *Stefan Zweig's Sole Librettistic Attempt. »Die schweigsame Frau«: A Modernistic ›Opera Buffa‹* (in Modern Austrian Literature, 14, 1981, S. 205–220). – E. Jones, *The First West End Comedy* (in Proceedings of the British Academy, 68, 1982, S. 215–258). – J. Rydlewska, *»Epicoene« and the Craft of Comedy* (in Studia Anglica Posnaniensia, 18, 1986, S. 223–230).

EVERY MAN IN HIS HUMOUR

(engl.; *Jedermann auf seine Art*). Komödie von Ben JONSON, Uraufführung: London 1598, Curtain

Theatre. – Von dieser Komödie, einem von Jonsons frühesten Stücken, existieren zwei Fassungen: Die erste, im italienischen Milieu angesiedelte entstand 1598, die zweite, englische, die sich dann durchsetzte, entstand in den Jahren 1605–1612 und wurde 1616 in London erstmals aufgeführt. – Der philisterhafte Vater Knowell, der höchst besorgt ist über seines Sohnes allzu eifrige Studien der Poesie und anderer brotloser Künste und Wissenschaften, fängt einen Brief ab, den Edward von seinem Freund Wellbred eingeladen wird, sich in London mit ihm zu amüsieren. Der Vater beschließt, dem Sohn heimlich zu folgen, um seine Eskapaden genau in Augenschein zu nehmen. Der Diener Brainworm aber – eine Gestalt, die Merkmale des intriganten Sklaven aus der lateinischen Komödie und des *vice* aus den englischen Moralitäten in sich vereint – folgt, nachdem er den jungen Knowell vor der List des alten gewarnt hat, in verschiedenen Verkleidungen Vater und Sohn. Diese Maskierungen erlauben es ihm, die Fäden der Handlung in den Händen zu halten. In London werden die Gäste vom Lande, zu denen noch der Gimpel Stephen stößt – ein reicher Dummkopf, der nur von der Falknerei träumt und sich melancholisch gibt –, von einer ganzen Galerie närrischer Typen empfangen: von dem ebenfalls der Mode der Melancholie verfallenen Bobadill (einem der antiken Komödienfigur des *miles gloriosus* ähnlichen ruhmredigen Soldaten), ferner von Master Matthew, einem Fischhändlerssohn, der sein höchstes Glück darin sieht, die Lebensweise des Adels nachzuahmen, und der (höchst langweilige) Verse schreibt; vom lächerlich eifersüchtigen Ehemann Kitely, vom ausgelassen schwätzenden Wasserträger Cob und anderen. Unter Brainworms Regie führen all diese Begegnungen schließlich zu einer derartigen Verwirrung, daß es des salomonischen Urteils des lebenskundigen Richters Clement bedarf, um die Kontrahenten zu versöhnen. Diese Komödie Jonsons (die SHAKESPEARE für seine Theatertruppe zur Uraufführung annahm und in der er selbst auftrat) ist eines seiner bedeutendsten Werke. Mit ihr fand Jonson, von PLAUTUS angeregt, zu einer neuen Komödienform, einem »Ableger« der Sittenkomödie *(comedy of manners)*, der die englische Dramentradition des 17. und 18. Jh.s nachhaltig beeinflussen sollte. In seiner *comedy of humours* will er hervorstechende Schwächen der Menschen zeigen, indem er jede auftretende Figur auf exzentrische Weise einen bestimmten Charakterzug verkörpern läßt, der sich auch in »sprechenden« Namen ausdrückt. Es ist also nicht die Handlung von entscheidender Bedeutung, sondern hier geht es ganz um die überzeugende Wirkung einzelner Charaktere; und unter ihnen sind einige der besten, die Jonson je geschaffen hat. – Die Fassung von 1616 enthält den berühmten Prolog, in dem Jonson seine Ansichten über die Aufgabe der Komödie darlegt und sich über jene zeitgenössischen Dichter lustig macht, die glaubten, die Regeln der klassischen Poetiken mißachten zu können.

E.St.-KLL

AUSGABEN: Ldn. 1601 (in *Workes*). – Ldn. 1616. – Oxford 1927 (in *B. J.*, Hg. C. H. Herford u. P. Simpson, 11 Bde., 1925–1952, 3; Nachdr. 1963–1971). – Ldn. 1949, Hg. A. Sale. – Ldn. 1966, Hg. M. Seymour-Smith. – New Haven/ Conn. 1969 (in *The Yale B. J.*, 1962 ff., Bd. 3, Hg. G. B. Jackson). – Lincoln/Nebr. 1971, Hg. J. W. Lever. – Oxford 1981/82 (in *Complete Plays*, Hg. G. A. Wilkes, 4 Bde., 1).

BEARBEITUNG: D. Garrick, *Every Man in His Humour*, Ldn. 1752. – Ldn. 1795.

LITERATUR: F. Krämer, *Das Verhältnis v. D. Garricks »Every Man …« zu dem gleichnamigen Lustspiel B. J.s*, Diss. Halle 1903. – H. De Vocht, *Comments on the Text of B. J.'s »Every Man …«*, Löwen 1937. – S. A. Eliot, *The Lord Chamberlain's Company as Portrayed in »Every Man in His Humour«* (in Smith College Studies in Modern Languages, 21, 1939, S. 64–80). – S. W. Sewell, *The Relation between »The Merry Wives« and »Every Man«* (in Shakespeare Association Bulletin, 16, 1941, S. 175–189). – G. C. Taylor, *Did Shakespeare, Actor, Improvise in »Every Man in His Humour«?* (in *J. Q. Adams Memorial Studies*, Hg. J. G. McManaway u. a., Washington/D.C. 1948, S. 21–32). – J. D. Redwine Jr., *Beyond Psychology: The Moral Basis of J.'s Theory of Humour Characterization* (in ELH, 28, 1961, S. 316–334). – J. Schäfer, *Wort u. Begriff ›Humour‹ in der Elisabethanischen Komödie*, Münster 1966. – L. L. Levin, *Clement Justice in »Every Man – in His Humour«* (in SEL, 12, 1972, S. 291–307). – J. S. Colley, *Opinion, Poetry, and Folly in »Every Man in His Humour«* (in South Atlantic Bull., 39, 1974, S. 10–21). – R. A. Dutton, *The Significance of J.'s Revision in »Every Man in His Humour«* (in MLR, 69, 1974, S. 241–249). – R. A. Cohen, *The Importance of Setting in the Revision of »Every Man in His Humour«* (in English Literary Renaissance, 8, 1978, S. 183–196). – D. H. Brock, *B. J.'s Humour Plays and the Dramatic Adaptation of Pastoral* (in English Miscellany, 28/29, 1979/80, S. 125–155).

THE POETASTER, OR, HIS ARRAIGNEMENT

(engl.; *Der Poetaster oder Die Anklage*). Komödie in fünf Akten, in Prosa und Versen von Ben JONSON, erstmals aufgeführt 1601. – Das Stück, nach *Every Man Out of His Humour* und *Cynthia's Revels* die dritte und beste von Jonsons *comical satires*, also Satiren in dramatischer Form, spielt im klassischen Altertum und hat die historische Verbannung OVIDS durch Kaiser Augustus zum Gegenstand. Aber nicht die Liebesbeziehung des Dichters mit Julia, der Tochter des Herrschers, steht im Mittelpunkt, sondern die Frage nach Wesen und Aufgabe der Dichtung. Der Titel des Dramas verweist auf zwei Dichterlinge, Crispinus und Demetrius, die das Verseschmieden nur als Karrieremittel und

Ventil für ihre persönliche Bosheit und Eitelkeit ansehen; sie liefern das negative Gegenbild zum wahren Charakter der Poesie. Jonson hat mit ihnen auch seine persönlichen Gegner, die Dramatiker MARSTON und DEKKER, treffen wollen, mit denen er bereits seit mehreren Jahren den sogenannten »Theaterkrieg« führte. Der private Angriff ist der Gesamtstruktur des Werks gut eingegliedert, das mit Ovid ein weiteres Exempel für den persönlich fehlerhaften und deshalb künstlerisch versagenden Dichter bietet. Ovid stellt die Liebe zu Julia, einer sozial weit über ihm stehenden und zudem moralisch nicht ganz einwandfreien Dame, über alle ethischen und politischen Ziele des Dichters; die Poesie wird ihm zum Werkzeug der privaten Leidenschaft. Jonson steht hier ganz in der Tradition der im 16. und 17. Jh. weitverbreiteten Ablehnung von Ovids *Amores* und *Ars amatoria*. Er zeigt die verderbliche Auswirkung der Erotik auf Ovids Dichterkollegen, den Hof und sogar die unteren Schichten, die von dem komischen Bürgerpaar Albius und Chloe und dem prahlerischen Soldaten Tucca repräsentiert werden. Dieser schlechte Einfluß macht sich am deutlichsten während eines Banketts bemerkbar, bei dem sich alle Beteiligten als antike Götter und Göttinnen kostümieren, sich also einem Menschen nicht zustehende Rollen anmaßen. Augustus überrascht sie dabei und zieht sie zur Rechenschaft. Ovid wird verbannt, und auch Crispinus und Demetrius werden bestraft, weil sie den Satiriker Horaz, der die Sünden der Zeit aufgezeigt und gegeißelt hat, verleumderisch angeklagt haben. Horaz ist somit Exponent der Jonson besonders wichtigen didaktischen Funktion der Dichtkunst, die nicht nur unterhalten, sondern auch belehren soll (eine Position, die besonders in seiner für die klassizistische Poetik vorbildlichen *Ars poetica* fixiert ist). Man verabreicht Crispinus ein Brechmittel, das ihn von all den bombastischen Wörtern, die sein Dichten vergiftet haben, befreien soll. Der fünfte Akt zeigt neben Horaz mit Vergil einen zweiten vorbildlichen Dichter, dessen Werke die wahre Natur der Poesie demonstrieren sollen. Vergil trägt dem versammelten Hof aus seiner *Aeneis* die Episode von der illegitimen Liebe zwischen Dido und dem Helden vor; seine ablehnende Stellungnahme ist sowohl eine Kritik an Ovid und Julia als auch eine Bestätigung des Satirikers Horaz.

Eine prompte und nicht weniger bissige Erwiderung fand der *Poetaster* in dem *Satiromastix* Dekkers, der dann den »Theaterkrieg« beendete. (In Dekkers Stück wird Horaz-Jonson angeprangert, mit seiner Gelehrsamkeit den natürlichen Volksgeschmack zu verderben.) *The Poetaster* bildet den Abschluß von Jonsons Frühwerk: Die größere Geschlossenheit und die Sprachkunst der Dialogpassagen weisen auf die reifen Komödien *Volpone* und *The Alchemist* voraus, die auf die bereits im Epilog des *Poetaster* angekündigte erste Tragödie des Autors, *Seianus His Fall*, folgten.   W.Kl.

AUSGABEN: Ldn. 1602 *(Poetaster, Or The Arraignment)*. – Ldn. 1616 (in *Workes*). – NY 1905, Hg., Einl. u Anm. H. S. Mallory. – Oxford 1932 (in *B. J.*, Hg. C. Herford u. P. Simpson, 11 Bde., 1925–1952, 4; Nachdr. 1963–1971). – Löwen 1934, Hg. H. de Vocht; ern. NY 1963. – Oxford 1981/82 (in *Complete Plays*, Hg. G. A. Wilkes, 4 Bde., 2).

LITERATUR: R. Small, *The Stage-Quarrel between J. and the So-Called Poetasters*, Breslau 1899. – O. J. Campell, *The Dramatic Construction of »Poetaster«* (in Huntington Library Bull., 9, 1936, S. 37–62). – A. King, *The Language of Satirised Characters in »Poetaster«* (in StPh, 42, 1945, S. 225–252). – E. Waith, *The Poet's Morals in J.'s »Poetaster«* (in MLQ, 12, 1951, S. 13–19). – R. Nash, *The Parting Scene in J.'s »Poetaster«* (in PQ, 31, 1952, S. 54–62). – H. de Vocht, *Studies on the Texts of B. J.'s »Poetaster« and »Seianus«*, Löwen 1958. – L. B. Terr, *B. J.'s ›Ars Poetica‹: A Reinterpretation of »Poetaster«* (in Thoth, 11, 1971, S. 3–16). – N. H. Platz, *J.'s ›Ars Poetica‹: An Interpretation of »Poetaster« in Its Historical Context*, Salzburg 1973. – R. B. Pierce, *B. J.'s Horace and Horace's B. J.* (in StPh, 78, 1981, S. 20–31). – J. D. Mulvihill, *J.'s »Poetaster« and the Ovidian Debate* (in SEL, 22, 1982, S. 239–255). – J. A. Dane, *The Ovids of B. J. in »Poetaster« and »Epicoene«* (in *Drama in the Renaissance*, Hg. C. Davidson u. a., NY 1986, S. 103–115).

SEIANUS HIS FALL

(engl.; *Der Sturz des Sejan*). Tragödie in fünf Akten von Ben JONSON, Uraufführung: London 1603, Globe Theatre. – Wie *Catiline His Conspiracy* (1611), die zweite und letzte Tragödie Jonsons, greift auch dieses Stück auf Ereignisse im antiken Rom zurück, die der Dichter nach ausgiebigem Quellenstudium (vgl. den umfangreichen gelehrten Apparat des Dramas) mit großer historischer Treue darstellte. Er entsprach damit der aristotelischen Tragödienkonvention der Renaissance, die eine geschichtliche Vorlage und eine »Haupt- und Staatsaktion« unter hochgestellten Persönlichkeiten verlangte. – Sejan (Lucius Aelius Seianus), Favorit und Stellvertreter des Kaisers Tiberius, kämpft mit allen Mitteln um die Vorherrschaft im Staat und bedroht damit die für alle Stände und Schichten wichtige soziale Ordnung. In seiner Skrupellosigkeit schreckt er auch nicht vor dem Ehebruch mit Livia, der leichtfertigen Gattin von Tiberius' Sohn Drusus, und vor dessen Ermordung zurück. Aber als er den Bogen überspannt – er will Livia heiraten und sich dadurch in die Familie des Herrschers eingliedern –, wird er von Tiberius durchschaut, der sich von nun an mit großem Geschick des nichtsahnenden Intriganten bedient, um sich der eigenen Feinde zu entledigen. Den Sturz Sejans führt Macro, eine andere Kreatur des Kaisers, herbei. Durch grauenvolle Vorzeichen angekündigt (Jonson nützt hier die elisabethanische Vorstellung der Korrespondenz von Makro- und

Mikrokosmos), bricht die Katastrophe während einer Sitzung des Senats herein. Der abwesende Tiberius hat in einem Schreiben Sejan für das Amt des Konsuls empfohlen, sein Lob aber so raffiniert mit Tadel und Anklage gemischt, daß die Stimmung im Senat plötzlich umschlägt. Sejan wird verhaftet und auf dem Weg ins Gefängnis vom wütenden Volk buchstäblich zerrissen. Damit ist jedoch, im Gegensatz zu Jonsons zweiter Römertragödie, die Ordnung im Staat nicht wiederhergestellt, denn die Gefährdung des *commonweal* geht nicht allein von Sejan als Usurpator der Staatsgewalt aus. Auch die durch Herkunft und Amt legitimierten Personen erfüllen nicht ihre politisch-sozialen Aufgaben: Tiberius und Macro herrschen, ebenso wie nach ihnen Caligula, der im Stück als junger Mann auftritt, despotisch weiter.

Jonson zeichnet eine durchweg düstere und chaotische Welt, in der nicht nur die Herrschenden, sondern auch die Untertanen böse sind und in der letztlich nur der Göttin Fortuna geopfert wird, der Sejan vergebens Tribut zollt. Der Dichter zeigt sich hier noch weitgehend dem Tragikbegriff des Mittelalters verpflichtet, der sich auf Aufstieg und Fall der Hochgestellten bezieht. Eine Charakterentwicklung wie bei Shakespeare zeigt sich bei Jonsons Figuren nicht; sie bleiben ihrem negativen Wesen treu. Das politische Chaos entsteht aus der allgemeinen menschlichen Korruption, und die wenigen Personen, die integer geblieben sind, werden, wie Drusus, Silius und Sabinus, zwangsläufig die Opfer ihrer schurkischen Feinde. Gegenwehr ist ihnen nur auf ideeller Ebene erlaubt, als stoisches Dulden im Bewußtsein ihrer eigenen Rechtschaffenheit. Die Möglichkeit des offenen politischen Kampfes oder gar des Tyrannenmords ist in Jonsons Stück von vornherein ausgeschlossen, da der Despot und seine Helfer vom Dichter durchaus unklassisch als Strafe der Götter für die Korruption des Volkes verstanden werden. Für den dramatischen Aufbau bedeutet dies, daß die Guten nicht ins Geschehen eingreifen, sondern es lediglich kommentieren dürfen, wobei vor allem Sejans Kritikern Arruntius und Lepidus eine gewissermaßen chorische Funktion zufällt. Der daraus resultierende rhetorisch-deklamatorische Charakter des Stückes mag zu dessen Mißerfolg beigetragen haben; es wurde bei der Uraufführung ausgepfiffen und erst 1660, nach der Restauration, erneut auf die Bühne gebracht. W. Kl.

Ausgaben: Ldn. 1605; Nachdr. Amsterdam 1970. – Ldn. 1616 (in *Workes*). – Oxford 1932 (in *B. J.*, Hg. C. H. Herford u. P. Simpson, 11 Bde., 1925–1952, 4; ern. 1963–1971). – New Haven/Conn. 1965 (in *The Yale B. J.*, 1962 ff., Bd. 3, Hg. J. A. Barish). – NY 1969, Hg. W. F. Bolton. – Oxford 1981/82 (in *Complete Plays*, Hg. G. A. Wilkes, 4 Bde., 2).

Übersetzung: *Der Sturz des Sejanus*, M. Mauthner, Bln. 1912 (zus. m. *Volpone oder Der Fuchs* u. *Der Bartholomäusmarkt*).

Literatur: J. A. Bryant Jr., *The Nature of the Conflict in »Sejanus«* (in *Vanderbilt Studies in the Humanities*, Hg. R. C. Beatty u. a., Bd. 1, Nashville 1951, S. 197–219). – E. Honig, *Sejanus and Coriolanus. A Study in Alienation* (in MLQ, 12, 1951, S. 407–421). – J. Bryant, *The Significance of J.'s First Requirement for Tragedy: ›Truth of Argument‹* (in StPh, 49, 1952, S. 195–213). – G. Hill, *The World's Proportion. J.'s Dramatic Poetry in »Sejanus« and »Catiline«* (in *Jacobean Theatre*, Hg. J. R. Brown u. B. Harris, Ldn. 1960, S. 113–132). – D. Boughner, *Sejanus and Machiavelli* (in SEL, 1, 1961, S. 81–100). – A. F. Marotti, *The Self-Reflexive Art of B. J.'s »Sejanus«* (in Texas Studies in Literature and Language, 12, 1970, S. 197–220). – K. W. Evans, *»Sejanus« and the Ideal Prince Tradition* (in SEL, 11, 1971, S. 249–264). – G. D. Hamilton, *Irony and Fortune in »Sejanus«* (ebd., S. 265–281). – J. W. Lever, *Roman Tragedy: »Sejanus«, »Caesar and Pompey«* (in J. W. L., *The Tragedy of State*, Ldn. 1971, S. 59–77). – M. L. Vawter, *The Seeds of Virtue: Political Imperatives in J.'s »Sejanus«* (in Studies in the Literary Imagination, 6, 1973, S. 41–60). – R. A. Dutton, *The Sources, Text, and Readers of »Sejanus«: J.'s Integrity in the Story* (in StPh, 75, 1978, S. 181–198). – N. H. Platz, *›By oblique glance of his licentious pen‹: B. J.'s Christian Humanist Protest against the Counter-Renaissance Conception of the State in »Sejanus«* (in *Recent Research on B. J.*, Salzburg 1978, S. 71–107). – W. v. Koppenfels, *›Acting his tragedies with a comic face‹: Zur Konvergenz von Tragödie und Komödie in B. J.s Dramen »Sejanus« und »Volpone«* (in DVLG, 53, 1979, S. 525–543). – W. F. Wilson III, *The Iron World of »Sejanus«: History in the Crucible Art* (in Renaissance Drama, 11, 1980, S. 95–114). – R. McDonald, *Jonsonian Comedy and the Value of »Sejanus«* (in SEL, 21, 1981, S. 287–305). – J. G. Sweeney III, *»Sejanus« and the People's Beastly Rage* (in ELH, 48, 1981, S. 61–82). – A. Patterson, *›Roman-Cast Similitude‹: B. J. and the English Use of Roman History* (in *Rome in the Renaissance: The City and the Myth*, Hg. P. A. Ramsey, Binghamton/N.Y. 1982, S. 381–394). – P. J. Ayres, *The Nature of J.'s Roman History* (in English Literary Renaissance, 16, 1986, S. 166–181).

VOLPONE, OR, THE FOXE

(engl.; *Volpone oder Der Fuchs*). Komödie in fünf Akten (Vers und Prosa) von Ben Jonson, Uraufführung: London, März 1605, Globe Theatre; Erstdruck (Quarto) 1607. – Neben *The Alchemist* hat sich *Volpone* als Jonsons bestes und erfolgreichstes Drama erwiesen. Als einziges Jonson-Stück wird es auch im deutschen Sprachraum häufig gespielt. Die Handlung um den einsamen, reichen »Magnifico«, der sich todkrank stellt, um Erbschleicher anzulocken, geht auf antike Quellen zurück und hat Vorbilder bei Petronius, Horaz und Juvenal. (Daß Jonson die antike Verssatire als Quelle heranzog, beleuchtet sowohl seinen didaktichen Dichtungsbegriff als auch sein klassizistisches Selbstverständnis.) In *Volpone* behält er jedoch nicht, wie im *Poetaster* (1601), das klassische Milieu bei, sondern verlegt die Handlung mit Venedig ins zeitgenössische Italien, für den Engländer um 1600 der traditionelle Schauplatz luxuriösen und lasterhaften Lebens. Volpone verleitet mit Hilfe seines schlauen, dem gerissenen Sklaven der antiken Komödie nachgebildeten Dieners Mosca seine Opfer dazu, ihm kostbare Geschenke zu machen. Voltore, ein Rechtsanwalt, Corbaccio, ein alter Geizhals, und Corvino, ein Kaufmann, gehen den Betrügern ins Netz, wirken durch ihre eigene Habgier aber so abstoßend, daß der Zuschauer ihnen den Schaden gönnt. Als betrogene Betrüger verdienen sie jede ihnen im Stück zudiktierte Strafe. Die für eine Komödie erforderliche heitere Distanz wird ferner dadurch gewährleistet, daß Volpone und Mosca ihren raffinierten Betrugsmanövern intellektuell mehr Genuß abgewinnen als dem dadurch erzielten finanziellen Gewinn. Daß im Grund aber auch sie dem Gold, dem traditionellen Sinnbild weltlichen Besitzes, rettungslos verfallen sind, macht Jonson gleich zu Beginn des Stückes auf dramatisch höchst wirksame Weise in einer Art Morgenhymne deutlich, in der Volpone seine aufgehäuften Schätze geradezu anbetet. Damit sind auch die beiden, ihren Opfern geistig weit überlegenen Betrüger »Narren« im theologischen Sinn: Blind für die wahren Ziele des Menschen, jagen sie selbstsüchtig einem falschen Ziel nach. Bevor sie schließlich an ihrer Habgier scheitern, tragen sie allerdings einen dreifachen Triumph über die Erbschleicher davon: Corbaccio enterbt seinen Sohn Bonario zugunsten Volpones, Corvino will seine bis dahin eifersüchtig bewachte junge Frau Celia zum Ehebruch mit Volpone zwingen, um sich dessen Wohlwollen zu sichern, und Voltore verteidigt wider besseres Wissen das Gaunerpaar erfolgreich vor Gericht, nachdem Bonario die Schändung der tugendhaften Celia verhindert und Volpone angezeigt hat. Bonario und Celia, schon durch ihre Namen als Repräsentanten des Guten in dieser Welt ausgewiesen, vermögen gegen das Böse nichts auszurichten und werden am Ende selbst als lasterhaft verleumdet. Erst als Volpone seine Bosheit auf die Spitze treibt und, um die Erbschleicher noch mehr zu peinigen, Mosca zu seinem Erben einsetzt und sich selbst offiziell für tot erklären läßt, fängt er sich in seiner eigenen Schlinge und wird zum Opfer der eigenen Hybris. Der Parasit Mosca macht aus diesem Scherz Ernst und eignet sich das Vermögen seines Herrn an, der sich daraufhin lieber selbst des Betrugs bezichtigt, als sich von Mosca betrügen zu lassen. Die venezianischen Richter, die Volpone noch kurz zuvor für einen Ehrenmann und wünschenswerten Schwiegersohn gehalten haben, fällen nun notgedrungen das Urteil über ihn – ein Schluß, der betont formell gehalten ist und gewissermaßen mit dem Topos der »poetischen Gerechtigkeit« spielt.

Die Welt dieser grimmigen Komödie bleibt unerlöst; auch die Gestalten Bonarios und Celias hellen

sie nicht auf, und selbst in der komischen Nebenhandlung um Sir Politick Would-Be, einen wirrköpfigen englischen Italienreisenden, wiederholen sich, abgewandelt, die Themen der Haupthandlung. Schon sein Name weist ihn als Ränkeschmied und Spekulanten *par excellence* aus, der mit *policy* zu gewinnträchtigen und betrügerischen geschäftlichen Monopolen kommen möchte. Bezeichnend für die Atmosphäre des Stückes sind die zahlreichen Tiervergleiche, die auf das Bestialische im Menschen deuten. Mit den Tiernamen Volpone (Fuchs), Mosca (Fliege), Voltore (Geier), Corbaccio (Rabe), Corvino (Krähe) spielt Jonson außerdem auf eine das ganze Mittelalter hindurch tradierte, vom *Physiologus* über die *Bestiarien* bis zu den zoologischen Lehrbüchern des 16. und 17. Jh.s sich fortsetzende Tiersage an: Der Fuchs, so erzählte man sich, überlistet die Vögel, indem er sich tot stellt; wenn sie sich dann auf seine Leiche stürzen wollen, sind sie für ihn eine leichte Beute. Die Komödie *Volpone* ist aber gerade deshalb von so erbarmungsloser Schärfe, weil Jonson keine Tierallegorie geschaffen hat, sondern ein Stück über Menschen, deren Verhalten ihrem Menschsein Hohn spricht. W.Kl.

AUSGABEN: Ldn. 1607 [Quarto]. – Ldn. 1616 (in *Workes*). – Löwen 1937, Hg. H. de Vocht. – Oxford 1937 (in *B. J.*, Hg. C. H. Herford u. P. Simpson, 11 Bde., 1925–1952, 5; ern. 1954–1965). – Paris 1946, Hg. M. Chastelain. – New Haven/ Conn. 1962 (in *The Yale B. J.*, 1962 ff., Bd. 1, Hg. A. B. Kernan). – Berkeley 1968, Hg. H. L. Halio. – Ldn./NY 1969, Hg. P. Brockbank. – NY 1972 (in *Selected Works*, Hg. D. McPherson). – Oxford 1981/82 (in *Complete Plays*, Hg. G. A. Wilkes, 4 Bde., 3).

ÜBERSETZUNGEN: *Ein Schurke über den andern oder Die Fuchsprelle*, L. Tieck, Bln. 1798 (später u. d. T. *Der Fuchs*, in *Schriften*, Bd. 12). – *Volpone oder Der Fuchs*, M. Mauthner, Bln. 1912 [zus. m. *Der Sturz des Sejanus* u. *Der Bartholomäusmarkt*]. – *Volpone*, S. Zweig, Potsdam 1927 [Ill. A. Beardsley; ern. in S. Z., *B. J.s Volpone u. a. Nachdichtungen u. Übertragungen für das Theater*, Hg. K. Becker, Ffm. 1987]. – Dass., F. A. Gelbcke (in *Shakespeares Zeitgenossen*, Bd. 1, Bln. 1941). – *Volpone oder Der Fuchs*, W. Pasche u. R. C. Percy, Stg. 1974; ern. 1983 (engl.-dt.; RUB).

VERTONUNG: F. Burt, *Volpone, or The Foxe*, Wien 1960.

VERFILMUNG: *Volpone*, Frankreich 1938/40 (Regie: M. Tourneur).

LITERATUR: J. Q. Adams, *The Sources of B. J.'s »Volpone«* (in MPh, 2, 1904). – R. Nash, *The Comic Interest of »Volpone«* (in StPh, 44, 1947, S. 26–40). – F. Weld, *Christian Comedy: »Volpone«* (in StPh, 51, 1954, S. 172–193). – A. Dessen, *»Volpone« and the*

Late Morality Tradition (in MLQ, 26, 1965, S. 383–399). – M. South, *Animal Imagery in »Volpone«* (in Tennessee Studies in Literature, 10, 1965, S. 141–150). – J. Miller, *»Volpone«* (in *Studies in English Language and Literature*, Hg. A. Shalvi u. A. A. Mendilow, Jerusalem 1966, S. 35–95). – D. Duncan, *Audience-Manipulation in »Volpone«* (in Wascana Review, 5, 1970, S. 23–37). – I. Donaldson, *»Volpone«: Quick and Dead* (in EIC, 21, 1971, S. 121–134). – *»Volpone«: A Casebook*, Hg. A. Barish, Ldn. 1972. – W. S. Hill, *Biography, Autobiography, and »Volpone«* (in SEL, 12, 1972, S. 309–328). – G. Hoffmann, *Zur Form der satirischen Komödie: B. J.s »Volpone«* (in DVLG, 46, 1972, S. 1–27). – L. A. Beaurline, *Volpone and the Power of Gorgeous Speech* (in Studies in Literary Imagination, 6, 1973, S. 61–75). – R. A. Dutton, *»Volpone« and »The Alchemist«: A Comparison in Satiric Techniques* (in Renaissance & Modern Studies, 18, 1974, S. 36–62). – M. A. Anderson, *Structure and Response in »Volpone«* (ebd., 19, 1975, S. 47–71). – J. Creaser, *»Volpone«: The Mortifying of the Fox* (in EIC, 25, 1975, S. 329–356). – R. Potter, *»Volpone« as a Jacobean »Everyman«* (in R. P., *The English Morality Play*, Ldn./Boston 1975, S. 144–152). – S. J. Greenblatt, *The False Ending in »Volpone«* (in JEGPh, 75, 1976, S. 90–104). – R. B. Parker, *Wolfit's Fox: An Interpretation of »Volpone«* (in Univ. of Toronto Quarterly, 45, 1976, S. 200–220). – L. Salingar, *Comic Form in B. J.: »Volpone« and the Philosopher's Stone* (in *English Drama: Forms and Development. Essays in Honour of M. C. Bradbrook*, Hg. M. Axton u. R. Williams, Cambridge 1977, S. 48–69). – R. A. Cohen, *The Setting of »Volpone«* (in Renaissance Papers, 1978, S. 64–75). – H. Breuer, *Vorgeschichte des Fortschritts – Studien zur Historizität und Aktualität des Dramas der Shakespearezeit – Marlowe. Shakespeare. J.*, Mchn. 1979, S. 219–235. – R. M. Colombo, *Venezia nel »Volpone« e nell' »Othello«* (in *Shakespeare e J.*, Hg. A. Lombardo, Rom 1979, S. 95–111). – C. A. Carr, *Volpone and Mosca: Two Styles of Roguery* (in College Literature, 8, 1981, S. 144–157). – J. A. Riddell, *»Volpone's« Fare* (in SEL, 21, 1981, S. 307–318). – M. R. Orkin, *Languages of Deception in »Volpone«* (in Theoria, 59, 1982, S. 39–49). – J. Sweeney, *»Volpone« and the Theater of Self-Interest* (in English Literary Renaissance, 12, 1982, S. 220–241). – M. Hurd, *Between Crime and Punishment in J.'s »Volpone«* (in College Literature, 10, 1983, S. 172–183). – K. P. Steiger, *Vom Mysterienspiel zum Stuart-Drama*, Bln. 1984, S. 97–109. – D. Beecher, *The Progress of Trickster in B. J.'s »Volpone«* (in Cahiers Élisabéthains, 27, 1985, S. 43–51). – W. W. E. Slights, *The Play of Conspiracies in »Volpone«* (in Texas Studies in Literature and Language, 27, 1985, S. 369–389). – F. Dohan, *›We Must Here Be Fixed‹: Discovering a Self behind the Mask in »Volpone«* (in Iowa State Journal of Research, 60, 1986, S. 355–367). – G. U. de Sousa, *Boundaries of Genre in B. J.'s »Volpone« and »The Alchemist«* (in Essays in Theatre, 4, 1986, S. 134–146).

ARNGRÍMUR JÓNSSON

auch Arngrimus Islandus
auch Widalius

* 1568 Víðidalur
† 27.6.1648 Melstaður

CRYMOGAEA SIVE RERUM ISLANDICARUM LIBRI III

(nlat.; *Crymogaea oder Die drei Bücher von der Geschichte Islands*). Geschichte Islands von Arngrímur JÓNSSON, verfaßt 1593 (1597?) bis 1602; erschienen 1609. – Während Jónsson, einer der großen Humanisten des Nordens, seine Gesamtdarstellung der skandinavischen Geschichte vorbereitete, muß er sich entschlossen haben, seinem Heimatland eine eigene, in sich geschlossene Abhandlung zu widmen. So verfaßte er, parallel zu seiner *Gronlandia*, die *Crymogaea*, wie er selbst sagt, zum Lobe Gottes, den Isländern zur Erbauung, den Ausländern zur Belehrung und den Regierenden, die in Island den evangelischen Glauben einführten, als Denkmal.

Nach einer sehr summarischen geographischen Einführung spricht der Autor zunächst von der Besiedlungsgeschichte Islands (Quelle: *Landnámabók* und *Flóamanna saga*) und von der Sprache seiner Bewohner; dabei führt er ein isländisches Runenalphabet an, das er auf den Verfasser des sogenannten *Ersten Grammatischen Traktats* in der *Snorra Edda* zurückführt. Anschließend bringt er eine Theorie der Besiedlung Skandinaviens. Ein Kapitel ist der isländischen Lebensweise, dem Hausbau, der Nahrung und Kleidung der Isländer gewidmet. Dann wendet er sich der ältesten Form der isländischen Regierung zu; die Schilderung lehnt sich dabei in der Methode stark an BODINS Darstellung an (isländische Quelle: *Grágás*). Er gibt eine Liste der Richter, geht auf einige juristische Probleme ein und schließt das erste Buch mit einem Bericht über die Missionierung Islands. Buch 2 enthält Zusammenfassungen von *sagas* und *pœttir*; Quellen hierzu sind u. a. *Flateyjarbók, Heimskringla, Hulda, Egils saga*. Das dritte Buch bietet eine Geschichte Islands von der Zeit der ersten norwegischen Unterwerfungsversuche bis zum Jahre 1602.

Im Aufbau lehnt sich das Werk an ältere Arbeiten anderer Autoren an. Topographische und biologische Angaben werden bewußt ausgespart. Jónsson fühlt sich durchaus als Historiker. Wie bereits in seinem *Brevis commentarius (Kurzer Kommentar)* geht der Autor auch hier ausführlich auf das Thule-Problem ein; er kommt zu dem Ergebnis, daß das Thule der Alten mit Island identisch sei. Als Quellen und Vorlagen benutzte Jónsson in der *Crymogaea* neben dem Werk Jean Bodins vor allem die Schriften des dänischen Chronisten und Saxo-

Grammaticus-Übersetzers Anders Sørensen VE-
DEL und *Danmarckis Rigis Krønicke (Chronik des
dänischen Reiches)* von HUITFELDT. Heute erscheint die *Crymogaea* nicht zuletzt deshalb wertvoll, weil sich in ihr mittelbar vielfach Material erhalten hat, das inzwischen im Original verlorengegangen ist.   J.Bo.

AUSGABEN: Hbg. 1609. – Kopenhagen 1950 bis
1957 (in *Opera Latina*, Hg. J. Benediktsson, Bd. 2,
1951, S. 1–225; Bd. 4, 1957; Einl., Anm., Bibliogr.).

LITERATUR: P. E. Ólason, *Menn og menntir*, Bd. 4,
Reykjavik 1926, S. 85–234. – J. Benediktsson,
A. J. and His Works, Kopenhagen 1957.

ARCHIBALD CAMPBELL JORDAN

* 30.10.1906 Mbokothwane / Südafrika
† 20.10.1968 Madison / Wis.

INGQUMBO YEMINYANA

(xhosa; *Der Zorn der Ahnengeister*). Roman von
Archibald Campbell JORDAN, erschienen 1940. – In
seiner Jugend mußte der Kronprinz Zwelinzima,
der Sohn des verstorbenen Königs des Mpondomi-
se-Stammes, vor seinem Onkel versteckt werden;
denn dieser, der nur vorübergehend die Regentschaft ausüben sollte, hatte die Herrschaft über den
Stamm an sich gerissen, und der rechtmäßige
Thronerbe war in Gefahr. Deshalb schickten die
Stammesältesten Zwelinzima nach Lovedale, Südafrika. Dort erhält er eine gute Ausbildung; als Erwachsener kehrt er in seine Heimat zurück. Zwar
werden Intrigen gegen ihn gesponnen, doch da er
sich diesen gegenüber zu behaupten weiß, wird er
als Stammesoberhaupt anerkannt. – Aber der junge
Herrscher ist aufgrund seiner modernen Erziehung
sehr fortschrittlich eingestellt; infolgedessen
kommt es zwischen ihm und der konservativen, an
alten Bräuchen festhaltenden Mehrheit der Stam-
mesangehörigen bald zu Meinungsverschiedenheiten. Die Mißstimmung wächst, als er eine Frau zu
heiraten begehrt, die nicht von der Ratsversamm-
lung der Stammesältesten, sondern von ihm selbst
ausgewählt worden ist. Obwohl er weiß, daß er dadurch unliebsame Auseinandersetzungen heraufbeschwört, heiratet er Thembeka. Auch sie ist modern erzogen; schon durch ihre Kleidung und ihr
Benehmen erregt sie Anstoß. Als sie überdies die
vom ganzen Stamm verehrte heilige Schlange tötet,
wird durch diese Verletzung eines uralten Tabus
ein so starker Ausbruch des Volkszorns ausgelöst,
daß Thembeka das Land verlassen muß, obwohl
die bei der Tötung der als Wohnsitz der Ahnengeister geltenden Majolaschlange Mitwirkenden ent-

gegen allen Erwartungen offensichtlich vor Unbill
bewahrt bleiben.
Doch die Unruhe im Volk hält an; denn die Leute
wollen, daß Zwelinzima eine zweite Frau heiratet,
und lassen, um ihm zu beweisen, wie ernst ihnen
die Sache ist, ihre Kinder nicht mehr zur Schule gehen. Darauf willigt Zwelinzima ein, sich eine Nebenfrau zu nehmen. Als Thembeka hiervon erfährt,
gerät sie außer sich und beschließt, sofort heimzu-
kehren. Bei ihrer Ankunft sieht sie, daß gerade das
als *lobola* (Kaufpreis, Hochzeitsgabe) für die zweite
Frau bestimmte Vieh fortgetrieben wird. Voller
Verzweiflung ertränkt sie sich zusammen mit ihrem kleinen Kind im nahen Fluß. Aber auch Zwelinzima hat seitdem keine Freude mehr am Leben;
eines Morgens ist seine Hütte leer, und er selbst
wird tot aus dem Fluß geborgen. – Die Ahnengeister haben Rache genommen an denen, die der seit
Urzeiten von ihnen festgelegten Lebensweise untreu werden wollten.
Es geht Jordan vor allem darum, die Konfliktsituation zu schildern, in der sich ein afrikanisches Volk
befindet, sobald die konservativen Kräfte seiner alten Stammeskultur mit den hereindrängenden
(westlichen) Ideen in Widerstreit geraten. Etwa die
Mitte zwischen diesen beiden extremen Richtungen nimmt die Gruppe jener ein, die sich zwar noch
nicht ganz von den Bindungen an die alte Tradition
lösen können oder wollen, aber doch einen allmählichen Übergang vom Alten zum Neuen befürwor-
ten. Der junge König Zwelinzima, eine heroische
und zugleich tragische Gestalt, bricht voll jugendlicher Unbekümmertheit mit den alten Traditionen
und versucht, seinem Volk das Neue aufzunötigen,
ohne ihm einen Ersatz für den Verlust der mit dem
Alten verbundenen Gefühlswerte zu bieten. Dadurch scheitert er. – Bei aller Dramatik der straff
durchgeführten Handlung, die sich durch Spannung und flüssige Erzählweise auszeichnet, ergreift
der Autor selbst für keine Seite Partei.   D.Z.

AUSGABE: Lovedale 1940; ²1961.

ÜBERSETZUNG: *The Wrath of the Ancestors*,
P. Ntantlala, Lovedale 1940; ern. 1965 [engl.].

LITERATUR: J. Riordan, *The Wrath of the Ancestral
Spirits* (in African Studies, 20, 1961, S. 53–60).

JUNE JORDAN

* 9.7.1936 New York

DAS LYRISCHE WERK (amer.) von June
JORDAN.
June Jordan, Lyrikerin, Essayistin und Kinder-
buchautorin, zählt zu den profiliertesten zeitgenös-

sischen afro-amerikanischen Schriftstellerinnen. Ihr frühes lyrisches Werk spiegelt die Radikalisierung der amerikanischen Bürgerrechtsbewegung in den sechziger Jahren und die Kriterien der »Black Aesthetic«. Diese richtet sich ausschließlich an ein schwarzes Publikum und lehnt alle Formen von Assimilation und Integration ab. Die Gedichte *Okay* »*Negroes*« und *Solidarity Day 1968* in Jordans erstem Lyrikband *Some Changes*, 1971 *(Einige Veränderungen)* sind charakteristisch für die »Black Consciousness«- und »Black Power«-Bewegung. Der Desillusionierung im Hinblick auf die Integrationsfähigkeit der amerikanischen Gesellschaft in Gedichten wie *Who Look At Me (Wer sieht mich schon?)* und *What Would I Do White? (Was würde ich als Weiße tun?)* entspricht die generelle Kritik am »amerikanischen Traum«: *I'm stranded in a Hungerland of Prosperity (Gestrandet im Hungerland des Wohlstands).* Kritik an falschen Hoffnungen und der Aufruf zu radikaler Veränderung sind auch ein zentrales Thema der ausgewählten Gedichte in *Things that I do in the Dark*, 1977 *(Dinge, die ich in der Dunkelheit mache).* Der Bruch mit Normen und Werten des weißen Amerika findet seine Entsprechung in der Sprache und Form von June Jordans Lyrik. Syntaktische Verfremdungen, Brüche und die sparsame, aber gezielte Einsetzung von »Black English« verdeutlichen die Distanz zu früheren kulturellen Bewegungen der Schwarzen wie den Dichtern der »Harlem Renaissance« in den zwanziger Jahren: »*This is Poetry written by Black people as opposed to Negroes and ›cullud‹ people*« (»Dies ist Lyrik, die von Schwarzen, im Gegensatz zu ›Negern‹ und ›Farbigen‹, geschrieben wurde«) (L. Lester). »Black« als positive Determination ist hier Schlüsselwort einer kulturellen Bewegung, die sich als radikal politisch versteht.

Trotz dieses eindeutigen Engagements enthält bereits *Some Changes* eine große Anzahl von Liebesgedichten, die Teil der Auseinandersetzung der Autorin mit der eigenen Identität als Frau und als Schwarze sind. Hierzu gehört das häufig verwendete Motiv der *Schwarzen Mutter*, die in dem Gedicht *The New Pietà: For the Mothers and Children of Detroit (Die neue Pietà: Für die Mütter und Kinder von Detroit)*, dessen Thema das Begräbnis eines ermordeten schwarzen Kindes ist, zum Sinnbild der Schmerzen, aber auch Symbol des Widerstandes wird. Oft bedeutet das Bild der Schwarzen Mutter auch eine Verbindung zur afrikanischen Geschichte. In *For My Mother* formuliert die Dichterin, an ihre Mutter gewandt, das Versprechen eines besseren Lebens in Bildern, die in der »*feindlichen Wohlstands-Neon-Nacht Kokospalmen*« und ein »*Khus-Khus Paradies*« heraufbeschwören. *Gettin Down to Get Over* in *Things* ist June Jordans Mutter gewidmet und erzählt die Geschichte schwarzer Frauen: Es ist die Geschichte von Sklavinnen und Unterdrückten, aber auch die des Matriarchats und afrikanischer Königinnen. In freien Rhythmen treiben hier Satzfragmente in »Black English«, einzelne Bilder und Wörter, verbunden durch den wiederholten Ausruf »*MOMMA*« und die Aufforderung »*Consider the Queen*« (»*Denk an die Königin*«) wie in einem Bittgesang den Schlußzeilen zu: »*help me / turn the face of history/ to your face*« (»*Hilf mir / das Gesicht der Geschichte zu wenden/ auf dein Gesicht*«).

Der erste von vier Teilen der Sammlung *Things* vereinigt Gedichte aus den Jahren 1964 bis 1976 unter dem Titel *For My Own (Für mich selbst).* Die Einheit von June Jordans lyrischem Werk liegt vor allem in diesem Selbst, in einer Innerlichkeit, die jedoch von politischer Sensibilität und einem umfassenden Humanismus geprägt ist. Ausgangspunkt ist das Ich, das, mit der Realität konfrontiert, den Blick auf die Welt richtet, und diese »*führt dich zurück in dein eigenes Bett, in dem du alleine liegst und dich fragst, ob du es verdienst, so friedlich zu leben oder vertraut oder begehrt oder der Freiheit deines eigenen stockenden Herzens überlassen. Und der Maßstab schrumpft auf die Größe eines Schädels: dein eigener innerer Käfig*« *(Civil Wars. Essays).*

Auch die Liebe, in der Einleitung zum Lyrikband *Passion*, 1980 *(Leidenschaft)* mit einem wachsenden Baum, einem »*wilden Ereignis*« verglichen, bleibt letztlich in diesem inneren Käfig gefangen. Die zahlreichen Liebesgedichte Jordans sind pessimistisch, vermitteln Verletzlichkeit und eine düstere Atmosphäre, die nur selten erotische Befreiung oder Selbstverwirklichung zuläßt. *I live in Substraction (Ich lebe im Zustand der Subtraktion)* und *My Sadness Sits Around Me (Meine Traurigkeit umgibt mich)* bestimmen den zweiten Teil, *Directed By Desire (Geleitet von Verlangen)*, des Bandes *Some Changes*.

In *Things* impliziert der Titel des Gedichtes *I'm Untrue Yet I*, das den Teil *Towards a Personal Semantic (Zu einer persönlichen Semantik)* einleitet, die Behauptung des Ich in einer Realität, die romantische Liebe und Treue nicht zuläßt. Es bleibt jedoch die Sehnsucht nach Erfüllung, Liebe und Wahrheit, der die Suche nach einer »*persönlichen Semantik*« entspricht. Nur der lyrische Prozeß selbst kann aus dem »*Käfig*« befreien, in dem auch die Sprache gefangen ist. Dieses Thema erscheint zum ersten Mal in den *Fragments from a Parable – from the 1950's (Fragmente einer Parabel – aus den fünfziger Jahren)* und bildet den Abschluß der ausgewählten Gedichte in *Things*. Zentral in den *Fragments* ist die Auseinandersetzung mit dem Sieg zerstörerischer patriarchalischer Prinzipien über matriarchalische Gesellschaftsformen. Ursprung der Liebe ist auch hier die Mutter *(She is who I am – Sie ist, was ich bin).* Doch die Mutter hat keine Sprache. Aber die Berührung ihres Körpers ist Berührung mit der Geschichte, die im Prozeß des Schreibens selbst neu erfahrbar wird: »*Noch bin ich noch / Berühre meine Zunge mit deiner / Ich würde verschlingen die Glieder deines Körpers und ablehnen / zu schreiben über die Magie über meine Lust / Laß mir mehr als Worte . . . / Ich habe das Seil in deiner Kehle gehört erdrücken / mich in einer Syntax aus Stein / der Klang meines Lebens ist ein Name den du vielleicht nicht erinnerst / Ich verliere die Berührung mit der*

Welt an ein Wort / Irgendwas hattest du mir zu sagen.«

June Jordans »persönliche Semantik« ist die Stimme der schwarzen Frau, der sie in ihrer politischen Lyrik, in Liebes- und experimentellen Prosagedichten Gehör verschafft. Spätestens seit *Passion* ist dies nicht mehr einzig die Stimme des *»Inneren Feindes«* (L. Lester, Einleitung zu *Some Changes*), sondern die Stimme der Überzeugung, daß es *»eine amerikanische Lyrik gibt, Lyrik der Neuen Welt, die sowohl persönlich als auch politisch ist, unwiderstehlich, schnell, notwendig unvoreingenommen, repräsentativ, exaltiert, allgemeingültig und musikalisch – wie ein Notruf«* (*Passion*). Gibt es diesen amerikanischen Giganten *»literatus«*? Jordan selbst geht davon aus, daß Walt Whitman ihn antizipiert hat, daß seit dem Kampf gegen die Sklaverei die Literatur des schwarzen Amerika seiner Vision von Humanität Ausdruck verliehen hat. *»Ich folge diesen Bewegungen«*, schreibt Jordan in der Einleitung zu *Passion* und zitiert Whitman: *»I exist as I am, that is enough«* (*»Ich existiere wie ich bin, das genügt«*).

Diese Betonung des Individuellen ist bei Jordan nicht einfach nur »amerikanisch«. Aus der Perspektive ihrer frühen Liebeslyrik, der vergeblichen Suche nach Erfüllung, wird deutlich, daß sich das Selbst nur im Kontext einer umfassenderen politischen Dimension finden läßt. Dieses aber verlangt die Dekonstruktion der Sprache der Herrschenden. In Jordans neuestem Lyrikband, *Living Room*, 1987 *(Wohnzimmer)*, wird in dem abschließenden Gedicht *From Sea to Shining Sea (Von der See zur scheinenden See)* die Energie spürbar, die aus dem Spannungsfeld imaginierter politischer Veränderung und der Überwindung persönlicher Isolation und Trauer erwächst. Liebe ist hier Ausdruck natürlicher Anarchie *(a natural disorder)*. Diese Un-Ordnung bildet ein wesentlich einendes Element in Jordans lyrischem Werk, das durch alle Entwicklungsstadien hindurch sowohl Ausdruck einer schwarzen Ästhetik als auch Beispiel feministischer Schreibweisen ist: *Black Poetry = Black Feminist Aesthetics.*   M.Kr.

Ausgaben: *Some Changes*, NY 1971 [Einl. L. Lester]. – *Poem: On Moral Leadership as a Political Dilemma*, Detroit 1973. – *New Days: Poems of Exile and Return*, NY 1974. – *Things That I Do in the Dark: Selected Poetry*, NY 1977; ern. Boston 1981. – *Passion. New Poems 1977–1980*, Boston 1980. – *Living Room*, Boston 1987.

Vertonungen: *Things That I Do in the Dark and Other Poems*, [Spoken Arts] 1978. – *For Somebody to Start Singing* [Black Box-Watershed].

Literatur: S. Bray, *A Poet of the People: An Interview with J. J.* (in WIN Magazine, 3, 1981). – J. Jordan, *Civil Wars. Essays*, Boston 1981. – P. B. Erickson, *J. J.* (in DLB, Bd. 38, 1985, S. 146–162). – P. Erickson, *The Love Poetry of J. J.* (in Callaloo, 9, 1986, S. 221–234).

LÍDIA JORGE

* 18.6.1946 Boliqueime

Literatur zur Autorin:
R. Eminescu, *Novas coordenadas do romance português*, Lissabon 1983 (BB). – C. P. Medina, *Viagem à literatura portuguesa contemporânea*, Rio 1983, S. 483–505. – M. Simões, *A nova narrativa portuguesa: de Almeida Faria a L. J.* (in Rassegna Iberistica, 1984, Nr. 21, S. 3–15). – I. A. de Magalhães, *O tempo feminino em Agustina Bessa Luís, Olga Gonçalves e L. J.* (in I. A. de M., *O tempo das mulheres*, Lissabon 1987, S. 463–489). – M. F. Brauer-Figueiredo, *L. J. und ihre Romane* (in Lusorama, 1988, Nr. 7, S. 26–34). – L. A. Martins, *L. J. Notícia do Cais dos prodígios* (in JL, 15. 2. 1988, Nr. 293, S. 6–10). – I. Pedrosa, *Ficção portuguesa: L. J.* (in Ler, 1988, Nr. 1, S. 8–13).

O CAIS DAS MERENDAS

(portug.; *Der Picknickplatz am Meer*). Roman von Lídia Jorge, erschienen 1982. – Schauplatz der Handlung im zweiten Roman Lídia Jorges ist, wie schon in *O dia dos prodígios*, die Provinz Algarve. Nach eigener Aussage hat die Autorin an beiden Romanen gleichzeitig geschrieben. Auch hier geht es um die Bewohner eines armen, rückständigen Dorfes, aus deren Perspektive der Leser den sozialen und kulturellen Umbruch in der portugiesischen Dorfgesellschaft erlebt. Wieder erzählen alle 24 Bewohner des Dorfes Redonda, alle erinnern sich, meistens ist es unmöglich, den jeweiligen Sprecher auszumachen. Nicht als Individuen sind sie von Bedeutung, entscheidend ist die Vermittlung des kollektiv Erlebten. Erst nach zahlreichen, jeder inneren Logik entbehrenden Rückblenden wird dem Leser deutlich, wie sich die Geschichte wirklich zugetragen hat.

Einige Dorfbewohner sind ausgewandert. Sebastião, der geblieben ist, weil ihm die Zugreise zu unbequem schien, verschafft sich mit einem selbstgebastelten Radio Anschluß an die Außenwelt und ist nun den anderen an Wissen überlegen. Als in einigen Kilometern Entfernung ein riesiges Hotel gebaut wird und ein Touristenzentrum entsteht, zieht er fasziniert dorthin, um zu arbeiten, gefolgt von vielen Dorfbewohnern. Schon zu Beginn des Romans sind die Leute aus Redonda aus ihrem natürlichen Milieu herausgerissen, versuchen sie, sich ausländische Sitten, Verhaltensweisen und Wörter anzueignen. So feiern sie eine »party«, wie es sich nun gehört, und keine »merenda«, die an ein ländliches Essen erinnern würde. Dem Tourismus verdanken sie zwar ein angenehmes Leben mit leichten Arbeiten, Freizeit zum Genießen, Feiern und mit gutem Essen: In Wahrheit bedeutet die Arbeit in dem Hotel für sie aber auch den Beginn der Entfremdung. Ihre dörfliche Vergangenheit, die harte

Feldarbeit, die alten Freunde, die Traditionen, all das versuchen sie zu vergessen und zu verdrängen, bis ihnen nach der Arbeit bei regnerischem Wetter schon der Weg zum Dorf zu unbequem erscheint. Tiere und Blumen, die der Pflege bedürfen, geben sie der Bequemlichkeit halber ab. Der Kontrast zwischen ihrem Dorfleben und dem Leben im Hotel und am Strand wird immer größer. Als Sebastião, der eine englische Freundin hat, einmal Besuch von seiner Frau und anderen Leuten aus Redonda bekommt, schämt er sich wegen ihrer ländlichen Sitten: *»Der Unterschied, der offenbar wurde, war so kraß, daß man Lust hatte, ein Denkmal zu errichten: Hier war am 22. August das vergangene Jahrhundert zu Besuch.«* Rosária, Sebastiãos Tochter, ist die einzige, die sich nicht einleben und anpassen kann. Sie begeht früh Selbstmord. Der Roman setzt einige Zeit nach ihrem Tod ein, dennoch ist ihr Name ständig gegenwärtig – sie ist das Gewissen aller.

Aus verblüffend eingeschränkter Perspektive werden auch der Kolonialkrieg, die Emigration und die Revolution erlebt. So war z. B. für Quinas der Krieg in Ordnung: Er ist unverletzt geblieben, hat Felle, Teppiche, Elefantenzähne und ein Porzellanservice mitgebracht und darf zufrieden feststellen, daß seine Verlobte noch einen tadellosen Ruf besitzt. Die revolutionären Ereignisse, die den Begriff des Eigentums in Frage stellen, verwirren wiederum Sebastião, der glaubt, nunmehr womöglich einen Anteil am Hotelkomplex beanspruchen zu können. *»Beeinflußt vom Geist der Zeit«* organisiert das Personal schließlich einen kollektiven Aufstand gegen den holländischen Hotelchef und will überdies nun wieder nur noch portugiesisch sprechen. Da die Portugiesen aber von ihren eigentlichen Zielen nur eine vage Vorstellung haben, scheitert ihr halbherziger Versuch, eigene Ideen und Forderungen durchzusetzen, und alles geht wie gewohnt weiter.

In ihrem dritten Roman, *Notícia da cidade silvestre*, 1984 *(Nachricht von der anderen Seite der Straße)*, schildert Lídia Jorge die komplexen Beziehungen zweier Frauen in der von Anonymität geprägten Großstadt, deren gegensätzliche Charaktere als Symbole für die widersprüchlichen gesellschaftlichen Tendenzen im heutigen Portugal zu verstehen sind. 1988 erschien der Roman *A costa dos murmúrios (Das Ufer der Gemurmel)*, in dem sich Lídia Jorge mit dem bisher weitgehend tabuisierten Thema der Brutalität des portugiesischen Kolonialkriegs in Moçambique (vgl. auch Antonio Lobo ANTUNES *Os cus de Judas*, 1979 – *Der Judaskuß*) auseinandersetzt. F. F. B.

AUSGABE: Mem Martins 1982; ³1982.

LITERATUR: M. A. Seixo, Rez. (in Colóquio/Letras, 1983, Nr. 75, S. 98–100). – L. F. Bulger, *»O cais das merendas« de L. J. – uma identidade cultural perdida?* (ebd., 1984, Nr. 82, S. 51–57). – M. A. Seixo, *Escrever a terra* (in M. A. S., *A palavra do romance*, Lissabon 1985, S. 19–28).

O DIA DOS PRODÍGIOS

(portug.; *Ü: Der Tag der Wunder*). Roman von Lídia JORGE, erschienen 1980. – Ihren ersten Roman widmete die Autorin ihrer Großmutter, deren Erzählungen sie als Kind gebannt lauschte und dabei gelernt hatte, *»das Hören von Sätzen und ihrer Melodie wichtig zu nehmen«*. In einem programmatischen Vorwort erfährt der Leser, daß eine Geschichte erzählt, jede Figur darin eine Rolle spielen wird, und alle gleichzeitig das Wort ergreifen werden. Tatsächlich werden die Figuren im folgenden nicht vornehmlich handelnd vorgeführt. Teile des Romans, in denen das Leben, Fühlen und Denken einzelner Personen und ihr Verhältnis zueinander aufgezeigt wird, alternieren mit Szenen in der Schankwirtschaft, in der sich die Dorfbewohner treffen und miteinander sprechen. Sie reden gleichzeitig, durcheinander, aneinander vorbei über ihre Sorgen, Wünsche, Träume und Erinnerungen.

Präsentiert wird der von Armut, Rückständigkeit und Aussichtslosigkeit bestimmte Alltag der Bewohner von Vilamaninhos, eines kleinen Dorfes in der Provinz Algarve im Süden Portugals. Neuigkeiten erreichen Vilamaninhos nur von außen, durch das Radio, durch Briefe, mit dem Autobus. Jesuína Palha – eine der 25 Figuren – setzt mit ihrer Erzählung ein Gerücht über das Wunder einer fliegenden Schlange in Umlauf. Jeder erzählt es weiter und lebt in Angst, daß die Schlange zurückkehren könnte. Der Schlangenflug, Symbol einer kollektiven Identitätsstiftung im Dorf, wird als wunderbares Vorzeichen interpretiert. Durch das Radio kommt 1974 die Nachricht nach Vilamaninhos, daß weit weg in Lissabon eine Revolution stattgefunden habe. Die Dorfleute können sich darunter nichts vorstellen. In ihrer vom Aberglauben geprägten Phantasie werden die Abteilungen der Streitkräfte, die, wie im Rundfunk angekündigt, durch ganz Portugal geschickt werden sollen, zu wunderbaren Wesen von einem anderen Stern, die, soviel sie auch trinken mögen, immer nüchtern bleiben und wie irdische Engel für Gerechtigkeit sorgen werden. Voll naiver Bewunderung reden die Dorfleute von den Revolutionären: Sie halten sie für fremdartige Wesen, die nur mit dem kleinen Finger auf einen Schalter zu drücken brauchen, und schon arbeiten alle Instrumente für sie, als hätten sie Arme – die Dorfleute haben selbst keine Elektrizitätsversorgung und kennen nur die Arbeit mit den Händen. Ihre Bewunderung gipfelt in dem Satz: *»Leute, die schon alles haben, das haben, was wir uns nicht vorstellen können.«* Als dann die Soldaten tatsächlich in ihrem Kampfwagen auftauchen, hält man sie für Wesen von einer anderen Galaxie: Von Engeln und einem Himmelswagen ist die Rede. Die Soldaten sprechen aber eine Sprache, die von den Dorfbewohnern nicht verstanden wird, und fahren unverrichteter Dinge weiter. Die Leute sind enttäuscht, insbesondere weil die Soldaten nicht einmal Zeit gefunden hatten, ihnen das Wunder der fliegenden Schlange zu erklären, wie sie gehofft hatten. Der achtzigjährige José Jorge Júnior fragt,

ob die Soldaten wie Priester ausgesehen hätten (bisher hatte ihnen nur die Kirche Hoffnung auf das Leben nach dem Tod gemacht). Ein anderer drückt eine Enttäuschung so aus: »*Sie haben nicht mal eine neue Glaubenslehre mitgebracht.*«
Auch die alltäglichen Probleme werden aus dem Blickwinkel der Dorfbewohner geschildert, so z. B. aus der Perspektive der jungen Carminha, deren erster Verlobter im Kolonialkrieg gestorben ist, während der zweite, der auch in Afrika kämpft, im Verlauf eines Heimaturlaubs von seinen Kriegserlebnissen schwadroniert. Es finden sich Anspielungen auf leerstehende, verfallene Häuser, deren Bewohner ins Ausland emigriert sind, um Arbeit zu finden und der Armut zu entfliehen: mit nachhaltigen Konsequenzen für die heimische Landwirtschaft. Viele Dorfbewohner halten jedoch Landflucht für das einzig Sinnvolle.
In *O dia dos prodígios* bricht Lídia Jorge bewußt mit traditionellen Erzählkonventionen, sie weicht von grammatikalischen und orthographischen Normen ab, gibt gesprochene Sprache unverändert wieder und folgt damit einer verbreiteten Tendenz des modernen portugiesischen Romans. Auffällig ist der Versuch der Autorin, verschiedene Reaktionen und Aspekte eines Ereignisses simultan – an zwei Stellen sogar zweispaltig – darzustellen; ein Verfahren, das schon Jorge de SENA in *O físico prodigioso*, 1977 *(Der wundertätige Physikus)*, angewandt hat.   F.F.B.

AUSGABE: Mem Martins 1980; ⁴1982.

ÜBERSETZUNG: *Der Tag der Wunder*, M. Meyer-Minnemann, Freiburg i. B. 1989.

LITERATUR: J. Listopad, Rez. (in Colóquio/Letras, 1982, Nr. 67, S. 93/94).

JOSEF BEN JOSUA HA-KOHEN

* 1496
† 1578

EMEK HA-BACHA

(hebr.; *Tal der Tränen*). Geschichte der jüdischen Leiden in der Diaspora von JOSEF BEN JOSUA HA-KOHEN. – Das Werk ist in einem ähnlich bibelnahen Stil geschrieben wie das Volksbuch *Jossipon*; der Verfasser dachte es als Ergänzung der Schrift *Consolaçam as tribulaçoens de Israel (Trost für die Leiden des Volkes Israel)* seines Zeit- und Leidensgenossen Samuel USQUE. Durch die Benützung mancher seither verschollener Chroniken ist *Emek habacha* wichtig für die Geschichtsforschung. Besonders ausführlich schildert der Autor die Judenverfolgungen seiner eigenen Zeit bis 1575. Ein späte-

rer Chronist ergänzte das Werk bis zu den Geschehnissen des Jahres 1605 unter Hinzufügung von Gebeten um die Rückkehr nach Zion. – Die Veröffentlichung des von dem berühmten Judaisten S. D. LUZZATTO für den Druck vorbereiteten Werks, die 1852 durch M. LETTERIS für die Kaiserliche Akademie der Wissenschaften in Wien erfolgte, war gemeint »*als Denkmal für die grausamen Judenverfolgungen seit dem Altertum, die durch die bürgerliche Gleichberechtigung eine Sache der Vergangenheit*« seien. Schon bevor er das *Emek ha-bacha* verfaßte, war Josef ha-Kohen als Historiker bekannt, und zwar durch seine ebenfalls hebräisch geschriebene *Geschichte der französischen Könige und des Ottomanischen Reiches (Divrej ha-Jamim le-malchej Zarfat u-malchej bet Otoman ha-Tugar)*. P.N.

AUSGABEN: Wien 1852, Hg. S. D. Luzzatto u. M. Letteris. – Krakau 1895. – Jerusalem 1962.

ÜBERSETZUNG: *Emek habacha*, M. Wiener, Lpzg. 1858.

LITERATUR: I. Loeb, *J. H. et les chroniqueurs juifs* (in REJ, 16/17, 1888, S. 28–56; 212–223). – E. Kupfer, Art. *Joseph ha-Kohen* (in EJ², 10, Sp. 241/242). – A. Lorian, *Un second Joseph Flavius au XVIe siècle* (in *Mélanges sur la littérature de la Renaissance à la mémoire de V.-L. Saulnier*, Genf 1984, S. 131–139; Bibliogr.)

JOSEPH

* 1832
† 21.9.1904 Nespelem / Wash.
(Colville Reservation)

AN INDIAN'S VIEW OF INDIAN AFFAIRS

(amer.; *Eines Indianers Stellungnahme zu indianischen Angelegenheiten*). Autobiographischer Bericht, diktiert von JOSEPH, erschienen 1879. – Joseph, Häuptling der Nez Percés, dessen indianischer Name In-mut-too-yah-lat-tat (»Donner, der über die Berge eilt«) war, führte seinen Stamm in einem strategisch meisterhaften Rückzug vor amerikanischen Truppen (denen er auf einer Strecke von fast zweitausend Kilometern fünfzehn siegreiche Gefechte lieferte) bis nahe an die kanadische Grenze. Dort wurde er gestellt und nach mehrtägigem Kampf gefangengenommen. Das geschah 1877. Zwei Jahre später diktierte er den weißen Siegern die Geschichte dieses Rückzugs und seine Gedanken über die Lage der Ureinwohner des Kontinents. Er begann mit der Erklärung, er nütze diese Gelegenheit gern, um zu beweisen, daß auch die Indianer Menschen seien und nicht die wilden Tiere, für die manche sie hielten. Missionsbischof

William H. HARE, der das Vorwort schrieb, fand lobende Worte für diese »Apologie«, aus der »*die bezaubernde Naivität und das sanfte Pathos*« sprächen, die kennzeichnend für die Indianer seien. Des weiteren rühmt Hare Josephs tiefen Glauben an die ewige Gerechtigkeit und seine Hoffnung auf das Kommen einer besseren Welt.

In der Tat ist dieser indianische Bericht von einem ebenso naiven wie ernsten Verantwortungsbewußtsein durchdrungen, dem kein sittlicher Grundsatz fremd ist und das die »zivilisierten« Sieger beschämt. Ebenso wie sein Vater, Joseph der Ältere, sich geweigert hatte, das Land der Nez Percés an die Weißen zu verkaufen, die besonders durch die Goldfunde im Wallowa-Tal angelockt wurden, suchte auch Joseph der Jüngere mit allen Kräften, stets jedoch mit friedlichen Mitteln, die Umsiedlung seines Stammes in eine Reservation zu verhindern. Doch eines Tages begegnet man ihm mit Gewalt: Der amerikanische General Howard ruft ihn zu sich und befiehlt dem Stamm, mitsamt seiner Habe und seinem Vieh binnen dreißig Tagen die Heimat zu verlassen. Joseph lehnt sich erbittert auf: »*Ich glaube nicht daran, daß der Große Geist einer Sorte Menschen das Recht gab, einer anderen zu befehlen, was sie zu tun hat.*« Doch er muß sich beugen und erhält nicht einmal eine Fristverlängerung. »*Ich sagte mir in meinem Herzen, daß ich, ehe es zum Krieg käme, lieber mein Land aufgäbe. Ich würde . . . alles aufgeben, ehe ich zuließe, daß die Hände meiner Leute sich mit dem Blut der Weißen befleckten.*« Als er ins Wallowa-Tal zurückkehrt, beschimpfen ihn einige seiner Krieger. Sie ziehen auf eigene Faust aus, um Rache an den Weißen zu nehmen, die einst ihre Angehörigen getötet haben. Damit beginnt der Krieg. Joseph schildert, wie er, die Truppen Howards auf den Fersen, mit seinem Stamm aufbricht, um Kanada, das Land der Freiheit, zu erreichen. Nach erfolgreich abgeschlagenen Angriffen der Weißen beginnen die Indianer, sich sicher zu fühlen, doch einer andern Armee unter General Miles gelingt es, die Nez Percés zu umzingeln. Um die wenigen Überlebenden zu retten, handelt Joseph mit den Weißen die Übergabebedingungen aus. In der Folgezeit halten die Sieger jedoch nicht Wort. Sie siedeln den Stamm ins Indianerterritorium um, wo Josephs Leute wie die Fliegen sterben. Selbst beim »Großen Häuptling« in Washington spricht er vergeblich vor. Alle wollen ihm wohl, doch keiner hilft ihm. »*Mein Herz ist krank beim Gedanken an alle die schönen Worte und alle die gebrochenen Versprechen.*« Ein Ruf nach Gerechtigkeit beschließt den Bericht. Joseph räumt ein, daß seine Rasse alte Gewohnheiten aufgeben müsse, um mit den Weißen zu leben. Diesen aber sagt er: »*Eher könnt ihr erwarten, die Flüsse rückwärts fließen zu sehen, als daß ein Mann, der frei geboren wurde, sich damit abfände, eingepfercht zu sein und sich die Freiheit absprechen zu lassen, dahin zu gehen, wo es ihm gefällt.*« G. Haf.

AUSGABEN: Boston 1879 (in North American Review, 128; Einf. W. H. Hare; Nachdr. in C. T.

Brady, *Indian Fight and Fighters*, Lincoln/Nebr. 1971). – Seattle 1975 (*Chief Joseph's Own Story*; Vorw. D. Mac Rae).

ÜBERSETZUNG: *Der Rückzug der Nezpercés*, A. Witthoefft (in *Ruf des Donnervogels*, Hg. Ch. Hamilton, Zürich 1960; Ausz.).

LITERATUR: O. O. Howard, *Nez Perce Joseph*, Boston 1881. – L. V. McWhorter, *Hear Me: My Chiefs: Nez Perce History and Legend*, Caldwell/Id. 1952. – S. Garst, *Chief J. of the Nez Percé*, NY 1953. – F. W. Hodge, *Handbook of American Indians North of Mexico*, 2 Bde., NY ²1959, Art. *Joseph*: Bd. 1, S. 634/635; Art. *Nez Percés*: Bd. 2, S. 65–68. – M. D. Beal, *»I will Fight No More Forever«: Chief Joseph and the Nez Perce War*, NY 1971. – M. Gidley, *Kopet. A Documentary Narrative of Chief J.'s Last Years*, Chicago 1981 [m. Bibliogr.]. – A. Kent, *For Those Who Come After: A Study of Native American Autobiography*, Berkeley u. a. 1985, S. 57/58; 116–118.

JOSEPH VON EXETER

* vor 1180 Exeter
† um 1210 Exeter

DE BELLO TROIANO

(mlat.; *Vom Trojanischen Krieg*). Epos in sechs Büchern von JOSEPH VON EXETER. – Von den Dichtungen des Autors ist nur dieses Jugendwerk vollständig überliefert, doch scheint er in seinem epischen Rang weder in seiner zum Ruhme Richards I. verfaßten *Antiocheis* noch in seiner *Cyrupaedia* erreicht zu haben. Die Fabel entlehnte Joseph von DARES und DIKTYS, deren Romane seit der Spätantike den Troia-Stoff vermittelt hatten; so kommt es, daß nur die Bücher 2–5 thematisch mit der *Ilias* übereinstimmen (Urteil des Paris, Raub der Helena, griechischer Rachefeldzug, Achills Kampf mit Hektor, Eroberung der Stadt usw.). Das erste Buch hingegen schildert die erste Belagerung Troias durch Herakles, dem König Laomedon, Priamos' Vater, die versprochenen Pferde verweigert hatte, sowie die Argonautenfahrt. Auch Buch 6, das von der Flucht des Aeneas, der Heimkehr der Griechen und den Irrfahrten des Odysseus erzählt, geht über den eigentlichen troianischen Sagenkreis hinaus. Hatte sich Joseph im Prolog an seinen Gönner, den Erzbischof Balduin von Canterbury, gewandt, so spricht er im Epilog zu seinem eigenen Buch: es solle sich nur nicht um Neider und Tadler kümmern. Heute sind die Kritiker eher geneigt, dem Werk seinen gebührenden Rang zuzuerkennen. Man schätzt *De bello Troiano* als eines der wenigen mittelalterlichen Epen von beinahe antiker Qualität; der Autor hat es – ohne dem Zeitgeschmack mit seinem Hang zu Etymologien und Allegorien zu verfallen – vermocht, seine dürftige Prosavorlage in rhetorisch geformte Poesie zu verwandeln. Manitius kann ihn aus diesem Grunde mit vollem Recht eine einzig dastehende Persönlichkeit nennen, vergleichbar allein mit dem Dichter des *Waltharius*. Und Raby urteilt: »*Als Rhetor kam ihm zu seiner Zeit keiner gleich. Niemand hat sich das Latein des Silbernen Zeitalters so völlig angeeignet... Er war ein Meister seiner Sprache und seines Stoffes.*« Allerdings schließt diese Wertung mit ein, daß Joseph auch dem Fehler der »Silbernen Latinität«, das Poetische mitunter rhetorisch zu überspitzen, nicht überall entgangen ist.   J.Sch.

Ausgaben: Ffm. 1620, Hg. S. Dresemius. – Amsterdam 1702, Hg. ders. [zus. m. *Dictys Cretensis et Dares Phrygius de bello Troiano*]. – Ldn. 1825.

Literatur: H. Dunger, *Die Sage vom Trojanischen Krieg in den Bearbeitungen des Mittelalters und ihre antiken Quellen*, Progr. Dresden 1869. – J. A. A. Jusserand, *De Iosepho Exoniensi vel Iscano...*, Paris 1877 [z. T. m. Textausg.]. – A. H. Sarradin, *De Iosepho Iscano Belli Troiani poeta*, Versailles 1878. – W. B. Sedgwick, *The Bellum Troianum of Joseph of Exeter* (in Speculum, 5, 1930, S. 49–76; 338). – Manitius, 3, S. 649–653. – F. J. E. Raby, *A History of Secular Latin Poetry in the Middle Ages*, Bd. 2, Oxford 1957.

ARUN JOSHI

* 1939

THE LAST LABYRINTH

(engl.; *Im Innersten des Labyrinths*). Roman von Arun Joshi (Indien), erschienen 1981. – Um die Erfahrung der existentiellen Krise der modernen indischen Menschen in der zweiten Hälfte des 20. Jh.s kreist auch der bisher letzte Roman Joshis, der 1982 mit dem Sahitya Akademi Preis der indischen Akademie für Literatur ausgezeichnet wurde. In seinem gedanklich anspruchsvollsten und literarisch besten Werk gestaltet der Autor die zentrale Problematik aller seiner Hauptfiguren, ihre innere Entfremdung und ihre Suche nach dem Sinn menschlichen Lebens, noch radikaler als in den vorangegangenen Werken. Som Bhaskar, der Ich-Erzähler und tragende Charakter in *The Last Labyrinth*, vermag dem Gefühl der Verlorenheit keine hoffnungsvolle Vision entgegenzusetzen. Er sieht sich außerstande, irgendeine Antwort auf die Frage zu akzeptieren, welchen Sinn er seinem Leben geben könnte. Joshi begnügt sich also nicht mehr damit, seinen Figuren Möglichkeiten einzuräumen,

aus ihrer inneren Krise herauszufinden, sondern verstellt Bhaskar jeden Ausweg.

Damit rückt *The Last Labyrinth* in die Nähe westlicher, existentialistischer Literatur, was von der indischen Kritik auch bald bemerkt und bemängelt wurde. Man warf Joshi, der einige Jahre in den Vereinigten Staaten lebte, vor, sich vom indischen Denken abgewandt zu haben und modischen westlichen Strömungen nachzueifern. Dem läßt sich allerdings entgegenhalten, daß das gesellschaftliche Umfeld, in dem sich Bhaskar, Millionär und Industrieller im Bombay der sechziger und siebziger Jahre, bewegt, in mannigfaltiger Weise nicht mehr ein traditionell geprägter, homogener indischer Lebensbereich ist, sondern eine von westlich-kapitalistischen Vorstellungen und Verhaltensweisen beeinflußte Gesellschaftsschicht, die sich in einem Wandlungsprozeß befindet. Som Bhaskar steht im Zentrum aufeinanderprallender unterschiedlicher wirtschaftlicher, sozialer, intellektueller und religiöser Weltbilder, die alle ihren Wahrheitsanspruch bei ihm anmelden. Doch er vermag sich nicht für eines von ihnen zu entscheiden und gerät in eine ausweglose Situation. In ihr spiegelt sich symbolisch die gegenwärtige und sicher noch virulenter werdende Problematik einer für Indien bedeutenden Klasse wider. Die Ungewißheit seines Schicksals, in die der Autor seine Figur am Ende der Erzählung entläßt, entspricht der offenen Zukunft des Landes. Hinter ihr verbirgt sich, so hat es den Anschein, Joshis eigenes Eingeständnis, keinen Ausweg aufzeigen zu können. Vielleicht erklärt das auch, warum seither kein weiterer Roman von ihm erschienen ist.

Der etwa vierzigjährige Som Bhaskar berichtet rückblickend über seine Lebenskrise, die fünf Jahre zuvor einsetzt, als er der faszinierend-geheimnisvollen Anuradha verfällt. Sie ist die Geliebte Aftabs, eines Kleinindustriellen aus Benares, dessen Unternehmen Bhaskar dem eigenen Imperium Plastik herstellender und verarbeitender Fabriken einverleiben möchte. Obwohl, wie er meint, glücklich verheiratet, setzt er alles daran, Anuradha für sich zu gewinnen, was ihm schließlich auch gelingt. Beide wollen ein neues Leben beginnen, als Bhaskar einen schweren Herzinfarkt erleidet, den er wie durch ein Wunder überlebt. Doch er hat seine Geliebte verloren. Wie er später erfährt, soll sie ein Gelübde abgelegt haben, sich von ihm zu trennen, wenn es Gargi, einer Vertrauten von Aftabs Familie, der große geistige Kräfte zugesprochen werden, gelänge Bhaskars Leben zu erhalten. Alle seine Versuche, Anuradha wiederzugewinnen, schlagen fehl, und nach einem letzten Besuch in Benares verschwindet sie spurlos. Körperlich krank und seelisch gebrochen verbringt Bhaskar sein Leben in ständiger Obhut seiner Frau unter medizinischer Betreuung und beginnt, seine Geschichte aufzuschreiben. Therapeutische Wirkung, ein Verständnis seiner Lage erwartet er hiervon nicht; sein Unterfangen erscheint ihm eher als Auftritt eines Clowns vor einem Spiegel. Immerhin zwingt er mit seinem Schreiben seine Umgebung zum Schweigen und kann in den schlaflosen Nächten auch das ihn ständig verfolgende »Dröhnen des Nichts« ausschalten.

Joshis Roman erzielt seine Wirkung durch das kunstvolle Arrangement der verschiedenen Zeitebenen und der Figuren, zu denen Bhaskar in einem dialektischen Verhältnis steht. Damit werden ihnen zugleich realistische wie symbolische Züge zugewiesen. Indem der Erzähler nicht strikt chronologisch verfährt, sondern die verschiedenen Abschnitte seines Lebens – Gegenwart, unmittelbare und weiter zurückliegende Vergangenheit – assoziativ miteinander verknüpft, kann er zum einen immer wieder reflektierend und kommentierend in den Ablauf des Geschehens eingreifen und zum anderen Bezüge zwischen Menschen und Ereignissen aufspüren, die in einer chronologisch angelegten Erzählweise weniger augenfällig wären. *The Last Labyrinth* nähert sich hierdurch noch stärker dem Typus des Ideenromans als die vorangehenden Werke. Daß das realistisch und dramatisch geschilderte äußere Geschehen deshalb keineswegs als bloße Illustration des Themas erscheint, unterstreicht Joshis meisterhafte Handhabung seiner bevorzugten Erzählerperspektive.

In allen Figuren verbinden sich individuelle mit repräsentativen Zügen, so daß die Interaktion Bhaskars mit ihnen immer auch dialektische Auseinandersetzung zwischen unterschiedlichen Ideen oder Weltbildern bedeutet. In seiner Familie stößt er auf den unerschütterlichen Glauben der Mutter an die heilende Kraft der Gottheit Krishna, erlebt den radikalen Rationalismus seines Vaters, der den Urgrund alles Seins, die erste Ursache im Kausalprozeß der Evolution erfragt, und ist von der inneren Gewißheit seiner Frau Geeta tief beeindruckt, die unerschütterlich ihre Rolle als Frau, Mutter und Geliebte ausfüllt. Sie alle gehören zur Welt Bombays, der die von Benares gegenübergestellt wird. Aftab, Gargi und Anuradha sind deren integrale Bestandteile, doch sie verkörpern keineswegs eine intakte, im Traditionellen verankerte Welt des Hinduismus, die sich Bhaskar als Alternative bietet. Aftab ist geschäftlich erfolglos und durch den Tod seines Vaters seelisch gebrochen. Er hat sich in ein Leben mit Rauschmitteln und Frauen geflüchtet. Anuradha hat in ihrer Kindheit unendliches Leid erfahren. Ihre Hoffnung liegt im Glauben an die Existenz eines Gottes. Gargi schließlich ist das Inbild des *guru*, des geistigen Führers, dem man sich um Rat nähert und der doch keinen Menschen missioniert.

Wie durch ein Labyrinth erscheint Bhaskars Weg, der ihn bis ins Innerste führt, zum Tod. Doch auch diese Erfahrung weist ihm keinen Weg hinaus, denn er kann Anuradhas Hoffnung auf die Existenz eines Gottes nicht teilen. Hierin liegt der Grund, warum die Beziehung zwischen beiden scheitert. Gargi hatte Anuradha als Bhaskars *shakti* bezeichnet, das weibliche Komplement des Männlichen, die Leben spendende Energie und Materie für den Geist. Bhaskars Zurückweisung dieser »Interpretation« Anuradhas bedeutet, daß sein Leben

unerfüllt bleibt. Joshi scheint hier einen Weg anzudeuten für den modernen indischen Menschen, einen Lebenssinn zu finden. Doch keine der Figuren, keines der von ihnen vertretenen Weltbilder bietet eine letztlich überzeugende Antwort. Gargi behält wohl recht, wenn sie das Schicksal des Menschen mit dem Versuch von Kindern vergleicht, »die versuchen, sich zu einem Spalt in der Tür hochzuziehen, um durch ihn in ein Zimmer hineinblicken zu können«.

D.Ri.

AUSGABE: Neu Delhi 1981.

LITERATUR: *The Fictional World of Arun Joshi*, Hg. R. K. Dhawan, 1986.

THE STRANGE CASE OF BILLY BISWAS

(engl.; *Der merkwürdige Fall Billy Biswas*). Roman von Arun JOSHI (Indien), erschienen 1971. – Mit seinen vier Romanen *The Foreigner* (1968), *The Strange Case of Billy Biswas*, *The Apprentice* (1974) und *The Last Labyrinth* (1981) betritt zu Beginn der siebziger Jahre nach Anita DESAI ein zweiter Erzähler die Bühne der englischsprachigen Literatur Indiens, der die Entwicklung des modernen indo-englischen Romans nachhaltig beeinflußt. Hatte das Interesse der vorangegangenen Generation der in den ersten Jahrzehnten des 20. Jh.s geborenen Autoren vornehmlich weitgespannten Themen wie dem Unabhängigkeitskampf, dem Kulturkonflikt zwischen Europa und Indien oder sozialen Fragen der Kasten- und Klassengesellschaft gegolten, so wendet sich der Blick der Jüngeren zunehmend der existentiellen Problematik des einzelnen zu. Joshi, Desai, Salman RUSHDIE und andere Schriftsteller beschäftigt die individuelle Verarbeitung eines in der Periode der Unabhängigkeit einsetzenden gesellschaftlichen Veränderungsprozesses, in dem sich ein festgefügtes Wertesystem aufzulösen beginnt, ohne den einzelnen anzuzeigen, in welche Richtung sich dieser Prozeß entwickelt. So bestimmt häufig die Erfahrung innerer Entfremdung und äußerer Isolation das tägliche Leben von Menschen, die von diesen sozialen Veränderungen betroffen sind: Angehörigen der neu entstandenen Mittelschicht, die wirtschaftlich, politisch und intellektuell die wichtigste Rolle im Land einzunehmen beginnen.

Joshis Romanfiguren, insbesondere seine Protagonisten, gehören dieser sozialen Gruppe an und weisen Gemeinsamkeiten auf. Sie leben in gesicherten wirtschaftlichen Verhältnissen, entstammen der alten indischen Mittelschicht, verfügen über eine gute, oft in den Vereinigten Staaten erworbene Ausbildung, sind urban und intellektuell. Zugleich fügen sie sich nicht widerstandslos in die ihnen von der Gesellschaft zugewiesenen Rollen ein, zweifeln Erwartungen an und rebellieren. Ihr Widerstand richtet sich gegen vorherrschende Wertvorstellungen und Handlungsnormen, doch er zielt keineswegs auf revolutionäre soziale Veränderungen. Joshis Hauptfiguren prägt auch nicht eine bestimmte politische oder philosophisch-religiöse Ideologie; vielmehr handeln sie ganz subjektiv und werden offenbar von einem tief im Unbewußten verankerten Verlangen nach geistiger und seelischer Erneuerung und Ganzheit getrieben. Über das genaue Ziel ihrer Suche vermögen sie keine Auskunft zu geben, doch ihre einmal getroffene Entscheidung, nach einem erfüllten Leben zu streben, bleibt unumstößlich. Familie und Freunde, Kollegen und Vorgesetzte verstehen sie nicht mehr, wenden sich ab und stempeln sie zu Außenseitern oder Einzelgängern, deren Motive undurchsichtig, ja irrational und absurd erscheinen. Joshis Romane, deren sich die indische Kritik zunächst nur zögernd annahm, während sie international bisher kaum Beachtung gefunden haben, sind gelegentlich existentialistisch genannt worden. Hierzu mögen Äußerungen des Autors selbst beigetragen haben, in denen er vom Einfluß A. CAMUS' sprach. Doch eine einfache Zuweisung seiner Werke zu einer europäisch-philosophischen Tradition des 20. Jh.s wird der spezifischen Kulturgebundenheit von Joshis Thematik nicht gerecht. Zutreffender ist es sicher, sie vor dem religiös-philosophischen Hintergrund des Hinduismus zu sehen. Für Billy Biswas bedeutet die Suche nach einem sinnerfüllten Leben auch die nach dem rechten Leben gemäß des Gebots des *Bhagavad Gita*, dem moralischen Gesetz, *dharma*, zu genügen. Nur so handelt der Mensch richtig auf dem Weg zu seinem Ziel, der Erlösung von *maya*, *moksha*.

The Strange Case of Billy Biswas ist die Geschichte eines einer angesehenen Familie entstammenden jungen Professors der Anthropologie. Nach nur wenigen Jahren Lehrtätigkeit an der Universität Delhi kehrt er eines Tages von einer Exkursion mit seinen Studenten nicht mehr zurück, die ihn zu den Bhils geführt hatte, Ureinwohnern des Landes in Zentralindien. Visionen und Träume von einem einfachen, erfüllten Leben, die ihn seit seiner Jugend verfolgt hatten, die oberflächliche Gesellschaft Delhis, inkompetente und desinteressierte Kollegen, die Ehe mit einer auf Äußerlichkeiten bedachten Frau und eine sexuelle Affäre in Bombay – all dies hatte Billy vor die Wahl gestellt, entweder seiner Vision zu folgen oder moralisch zu versagen. Bei den Bhils wird er Zeuge eines ihrer Feste, das ihn tief berührt. Er entschließt sich, bei ihnen zu bleiben, geht eine Beziehung zu einer jungen Frau ein, die für ihn zum mystischen Erlebnis wird, und kehrt seiner alten Welt ohne ein Wort der Erklärung den Rücken.

Nach zweijähriger ergebnisloser Suche wird »der merkwürdige Fall Billy Biswas« zu den Akten gelegt und der Verschollene für tot erklärt. Zehn Jahre später steht er plötzlich seinem Freund Romesh Sahai gegenüber, der als leitender Verwaltungsbeamter in jenem Distrikt wirkt, in dem Billy einst verschwunden war. Beide kennen sich seit jenem Sommer vor fünfzehn Jahren, als Romesh Billys Wohnung in Harlem mit ihm teilte. Nach ihrer Rückkehr hatten sie sich in unregelmäßigen Abständen immer wieder getroffen, und zwischen ihnen war eine tiefe Freundschaft entstanden. Um so tragischer entwickeln sich die Ereignisse nach Billys unerwartetem Auftauchen. Er, der bei den Bhils seine Vision von einem einfachen, erfüllten Leben hat verwirklichen können, möchte in einem Konflikt zwischen seiner und der anderen Welt vermitteln. Doch damit begibt er sich »zurück in die Zivilisation«, die ihn nun nicht mehr freigibt. Romeshs Frau, der er ebenfalls seine Hilfe erweist, informiert Billys Angehörige. Der Vater veranlaßt gegen Romeshs Protest eine erneute Suche nach seinem Sohn. Auf der Flucht tötet Billy einen Verfolger und wird erschossen. »*Der merkwürdige Fall Billy Biswas war endgültig abgeschlossen. Abgeschlossen auf die einzige Art, auf die eine oberflächliche Gesellschaft ihre Rebellen, ihre Seher und wahren Liebenden erledigte.*«

Romesh, der Rückschau haltende, nachdenkliche und seine Erzählung immer wieder kommentierende Zeuge des Geschehens, will Billy kein Denkmal setzen. Er glaubt auch nicht, daß er ihn wirklich verstehen kann, weil er daran zweifelt, ob dies möglich ist. Vielmehr sieht er in dem Dilemma des Freundes, zwischen dem Wunsch, dem inneren Ruf zu folgen, oder in der Gesellschaft moralisch unterzugehen, eine radikale existentielle Herausforderung an den Menschen überhaupt. Wenn er Billys Geschichte erzählen will, dann um seiner Bewunderung Ausdruck zu verleihen, daß es »*mitten im 20. Jahrhundert, im Herzen von Delhis smarter Gesellschaft einen Mann von solch außergewöhnlicher Besessenheit gab*«; einen Menschen, der darüber hinaus den Mut aufbrachte, seiner Vision zu folgen und nicht, wie die meisten in einer ähnlichen Situation, Kompromisse einzugehen.

Die Perspektive des berichtenden und kommentierenden Erzählers schafft zugleich Unmittelbarkeit und Distanz. Romesh wechselt immer wieder seinen Blickwinkel. Einmal berichtet er vom äußeren Geschehen, ein anderes Mal reflektiert er hierüber. Dann wieder läßt er Billy selbst sich ausführlich zu Wort kommen, läßt ihn über sich und sein Leben mit den Bhils erzählen und Stellung beziehen. Damit gibt Romesh die Möglichkeit aus der Hand, dem Leser die eigene Sicht des Geschehens aufzuzwingen, und hierin liegt der besondere Beitrag von Joshis Romanen zur modernen indo-englischen Literatur. Mit ihm lösen sich indische Autoren von der Perspektive des allwissenden Erzählers und beginnen ihre Zweifel an der Wahrheit des Erzählens zu formulieren. Der Autor-Erzähler tritt mehr und mehr zurück und überantwortet dem Leser die Aufgabe, die Wirklichkeit zu entdecken – ein Prozeß, der zu den magisch-realistischen Romanen Salman Rushdies und den Klan-Historien der achtziger Jahre führt.   D.Ri.

AUSGABE: Neu Delhi 1971.

LITERATUR: *The Fictional World of Arun Joshi*, Hg. R. K. Dhawan, 1986.

MIKLÓS JÓSIKA

* 28.4.1794 Torda
† 27.2.1865 Dresden

LITERATUR ZUM AUTOR:
L. Szaák, *Báró J. M. élete és munkái*, Budapest
1891. – F. Szinnyei, *J. M.*, Budapest 1915. –
L. Dézsi, *Báró J. M.*, Budapest 1916. – R. Gragger,
Die Aufnahme M. J.'s. in der deutschen Literatur (in
Ungarische Jbb., 6, 1927, S. 122–127). –
F. Zsigmond, *J. M.*, Budapest 1927. – J. Szendrei,
*Hagyománykultusz és jelenérdeküség J. M. történelmi
regényeiben* (in Nyelv- és irodalomtudományi
Közlemények, 14, 1970 S. 303–315). –
J. Krammer, *M. J., der Bahnbrecher der ungarischen
Romanliteratur u. Ferdinand Raimund* (in
Lenau-Forum, 1970, S. 94–96).

ABAFI

(ung.; *Abafi*). Historischer Roman in zwei Bänden
von Miklós JÓSIKA, erschienen 1836. – Ein vielgelesener ungarischer Unterhaltungs- und Abenteuerroman, dem der Autor geschickt ein historisches
Mäntelchen umgelegt hat, indem er die Lebensgeschichte eines siebenbürgischen Edelmanns zu
schreiben vorgibt und mehrere historische Persönlichkeiten (u. a. die Gemahlin des Fürsten von Siebenbürgen) auftreten läßt. So rankt sich um die
Geschichte des Helden Olivér Abafi – dessen
Wandlung vom abenteuernden Leichtfuß zum
verantwortungsbewußten Patrioten nicht zuletzt
der Liebe zweier edler Frauen zu danken ist – eine
nicht unbeträchtliche Anzahl verfänglicher Situationen, rührender Episoden, effektvoll-dramati-
scher Überraschungen und moralischer Belehrungen; häufig sind moralische Traktate in Form von
Allegorien eingefügt; denn, wie der Autor sagt:
*»Jeder gute Roman steht im Dienste der moralischen
Grundidee.«* – Jósika, von HUGO wie auch von BAL-
ZAC beeinflußt, gilt als der Begründer der ungarischen Romandichtung, ohne dessen Wirken der
Boden für das Schaffen weder von Zsigmond KE-
MÉNY noch von Mór JÓKAI bereitet gewesen wäre.

E.K.-KLL

AUSGABEN: Pest 1836, 2 Bde. – Pest 1839. – Budapest 1960. – Bukarest 1965. – Budapest 1971.

ÜBERSETZUNGEN: *Abafi*, G. Steinacker, Lpzg.
1838. – Dass., A. Weilheim, Lpzg. o. J. (RUB). –
Dass., H. Klein (in *SW*, 17 Bde., Pest 1839/40).

LITERATUR: A. Wéber, *A magyar regény kezdetei*,
Budapest 1959. – F. Szilágyi, *Az Abafi szerzöje* (in
Magyar Nyelvör, 1966, S. 31–38). – I. Fried, *Az
»Abafi« elözményeihez* (in Irodalomtörténeti Közle-
mények, 90, 1986, S. 222–230). – G. Cavaglia, *Il*

romanzo come Bildungsroman: L'»Abafi« di M. J. (in
*Autocoscienza e autoinganno. Saggi sul romanze di
formazione*, Neapel 1985, S. 119–138).

A CSEHEK MAGYARORSZÁGBAN

(ung.; *Die Böhmen in Ungarn*). Historischer Ro-
man von Miklós JÓSIKA, erschienen 1839. – Die
verwickelte romantische Handlung des Romans,
der neben *Abafi* zu den bekanntesten Werken des
Autors zählt, spielt größtenteils im ungarischen
Oberland zur Zeit König Matthias I. Corvinus
(reg. 1458–1490). Nach der Wahl Matthias' zum
König reist eine Delegation ungarischer Ritter von
Pest nach Prag, wo sich der junge Matthias als unfreiwilliger Gast Georg Poděbrads, des späteren
Königs von Böhmen, aufhält. Unterwegs entdeckt
Ritter Zokoli, der Jugendfreund von Matthias, zufällig das Versteck des Hussiten Giskras und verliebt sich in dessen Tochter Serena. Matthias bringt
aus Prag seine Jugendfreundin Isabella Bretizlaw
mit nach Buda. Er räumt in Ungarn unter den vor-
laut gewordenen Aristokraten auf und schickt Sebestyén Rozgonyi mit einem Heer gegen die böhmischen Raubritter Komoróczi, Valgatha und
Uderszky in das ungarische Oberland. Zokoli
nimmt an diesem Feldzug teil, erobert Komoróczis
Stammburg Vadna, erbeutet dessen Schätze und
befreit die Gefangenen: die junge Witwe des deutschen Ritters Nebukadnezar Nankelreuther, den
Juden Abraham und dessen Ziehtochter Aminha.
Um sich zu rächen, bringt Komoróczi den jungen
Zokoli durch gefälschte Briefe in den Ruf, seinem
König untreu zu sein. Da Zokoli den Verdacht in
Buda nicht zerstreuen kann, verläßt er den Hof mit
dem Gelübde, sein Visier erst dann wieder zu heben, wenn kein Ritter mehr seine Unschuld bezweifelt. Von nun an ist er als Elemér der Adler bekannt, der kühne Heldentaten im ungarischen
Oberland vollbringt. Es gelingt ihm, Giskra zur
Partei des Matthias zu ziehen und Komoróczi in einem Ritterkampf zu besiegen. Nun zeigt sich nicht
nur seine Unschuld, sondern auch, daß Komoróczi
der Sohn des Raubritters Káldor ist und Bruder sowohl von Frau Nankelreuther als auch der jüdisch
erzogenen Aminha. Nach Wiederherstellung seiner
Ehre und Erfüllung seiner Aufgabe bei der Bekämpfung der böhmischen Raubritter kann Zokoli
endlich Serena heiraten.
Deutlich zeichnet sich in diesem Roman der Einfluß der englischen Schule des historischen Romans ab; sein Vorbild, SCOTTS *Ivanhoe*, ist leicht zu
erkennen. Da Jósika das historische Geschehen
möglichst genau wiedergeben will, mußte die
Handlung des Romans notwendig kompliziert, ihr
Ablauf schwerfällig werden. Die Lesbarkeit des
Buchs wird auch noch dadurch erschwert, daß Jósi-
kas Stil selbst für seine Zeit ungewöhnlich altertümelnd ist. Zu seinen Vorzügen gehören sorgfältige
Charakteranalysen, wie wir sie später bei JÓZSEF
EÖTVÖS und Zsigmond KEMÉNY wiederfinden.

T.P.I.

AUSGABEN: Pest 1839, 4 Bde. – Budapest 1903/13 (in *Összes művei*, Hg. F. Badics). – Budapest 1904/12 (in Magyar Regényírók, Hg. K. Mikszáth). – Budapest 1928. – Budapest 1972.

ÜBERSETZUNG: *Die Böhmen in Ungarn*, H. Klein (in *SW*, Tl. 9–12, Pest 1840).

LITERATUR: F. Szinnyei, *Novella- és regényirodalmunk a szabad-ságharcig*, Budapest 1925/26. – A. Wéber, *A magyar regény kezdetei*, Budapest 1959. – Z. Adamova, *J. M. A csehek Magyarországban c. regényének korabeli cseh visszhangja* (in Irodalomtörténeti Közlemények, 1962, S. 343/344). – L. Dobossy, *Geschichte und Literatur. Gegenstandsgeschichtliche Lehren eines ungarischen ... Romans* (in Annales Univ. Budapestiensis, Sectio historica, 21, 1981, S. 449–471).

MARIA JOTUNI

d.i. Maria Tarkiainen

* 10.4.1880 Kuopio
† 30.9.1943 Helsinki

MIEHEN KYLKILUU

(finn.; *Ü: Des Mannes Rippe*). Lustspiel in drei Akten von Maria JOTUNI, Uraufführung 1922. – Dieses erfolgreichste Stück der Autorin ist ein Spiel voller Liebesintrigen, in dem die Frauen hart um ihre allzu rücksichtslosen, naiv-egoistischen Männer zu kämpfen haben. Der Apotheker Jussi gesteht seiner eifersüchtigen Gattin, daß er eine Schwäche für seine Gehilfin Aina habe. Gekränkt verläßt ihn die Frau, um aus Rache den Freund des Apothekers zu heiraten, dessen Desinteresse sie in ihrer unschuldigen Eitelkeit nicht bemerkt. Ihre eigenen Erinnerungen und ein Blumenstrauß führen sie aber zuletzt wieder in die Arme des reuigen Gatten zurück. In ihrer Koketterie, Hilflosigkeit und Einfachheit ist sie das weiblichste Wesen des Stücks, nicht zu vergleichen mit den schamlos-robusten Wirtschafterinnen Amalia und Miina, deren gutmütiges Opfer des Apothekers Knecht Tuomas ist. In vitalem Überschwang hat er beiden zugleich Versprechungen gemacht. Aus dem Streit der Konkurrentinnen, der ohne seine Teilnahme ausgefochten wird, geht Amalia als Siegerin hervor. Gegen ihre Überzeugung, ausgerechnet sie sei aus Tuomas' Rippe gemacht, läßt sich kein vernünftiger Einwand finden. Tuomas ist glücklich, daß er die schwierige Entscheidung nicht selbst zu fällen braucht, wenn er auch seiner Zukunft als Pantoffelheld etwas besorgt entgegenblickt. Doch auch Miina geht nicht leer aus; sie bekommt den Schuster Topias, der sich nach dem Tod seiner ersten Frau

die neue Gattin nach wirtschaftlichen Gesichtspunkten erwählt. Zu guter Letzt kündigt sich aus der Ferne auch Ainas Geliebter an. Mit vier mehr oder minder glücklichen Paaren endet das gelungene Stück.

Die Wirkung des Lustspiels liegt vor allem in der Komik der karikierten Personen, die töricht und begriffsstutzig ihre eigenen Widersacher sind und kurzsichtig in die ausgelegten Schlingen stolpern. Die Gestalt des Tuomas, der die Dialoge mit gesunder Schlagfertigkeit würzt, verkörpert am ausgeprägtesten bestimmte Züge des finnischen Nationalcharakters und erfreut sich daher beim einheimischen Publikum besonderer Beliebtheit.

J.W.

AUSGABEN: Porvoo 1922. – Helsinki 1981 (in *Näytelmät*).

ÜBERSETZUNG: *Des Mannes Rippe*, E. Schmidt, Lübeck 1929 [Bühnenms.].

VERFILMUNG: Finnland 1937 (Reige: O. Saarikivi u. H. Hytönen).

LITERATUR: R. Koskimies, *Elävä kansalliskirjallisuus*, Bd. 2, Helsinki 1946, S. 263–285. – I. Niemi, *Maria Jotunin näytelmät. Tutkimus niiden aiheista, rakenteesta ja tyylistä*, Helsinki 1964. – A. Sarajas, *M. J.* (in *Suomen kirjallisuus*, Bd. 5, Helsinki 1965, S. 67–94). – I. Niemi, *Maria Jotunin näytelmät teatterissa*, Helsinki 1966 (Suomen teatterijärjestöjen keskusliiton julk, 10). – K. Laitinen, *Finnlands moderne Literatur*, Hbg. 1969, S. 33–35. – I. Niemi, *M. J. 10. 4. 1880–30. 9. 1943* (in *Työtä ja tuloksia. Suomalaisia vaikuttajanaisia*, Porvoo 1980, S. 120–130). – K. Laitinen, *Suomen kirjallisuuden historia*, Helsinki 1981, S. 345–349.

JOSEPH JOUBERT

* 7.5.1754 Montignac
† 4.5.1824 Villeneuve-sur-Yonne

RECUEIL DES PENSÉES

(frz.; *Gesammelte Aphorismen*). Aphorismen von Joseph JOUBERT, postum erschienen 1838. – Diese von CHATEAUBRIAND besorgte Erstausgabe war nur für einen engen Freundeskreis bestimmt und gibt eine Auswahl aus den Notizheften Jouberts. – Die einschneidende Bedeutung der Französischen Revolution für seine geistige Entwicklung hat Joubert selbst beschrieben: *»Die Revolution hat meinen Geist aus der Wirklichkeit verscheucht, sie hat sie mir zu fürchterlich gemacht.«* In den lyrisch getönten Selbstdarstellungen des Moralisten kehren bestimmte Bilder immer wieder: Vogelflug, schwereloses Aufsteigen in die Höhe, zum Licht. Die Weltflucht Jouberts ist getragen von metaphysischer Sehnsucht, die das Reale, Materielle spiritualisiert, entwirklicht und auf die übersinnliche als die eigentlich wirkliche Welt hin ausrichtet. Platonisches Gedankengut ist unverkennbar, es steht jedoch – wie überhaupt Metaphysik und Philosohie bei Joubert – in einem religiösen Bezugsrahmen. Es entspricht den Grundtendenzen der romantischen Epoche, daß Religion und Poesie sich wechselseitig durchdringen. Die Religion ist für den Katholiken Joubert die »*Poesie des Herzens*« und das Schöne in seiner absoluten Form identisch mit der Wahrheit und dem Wesen Gottes.

Gegenüber dem Bestreben der Aufklärung, die menschlichen Verhältnisse frei von allen Bindungen an Tradition und Vorurteil durch die Vernunft neu zu ordnen, bezieht Joubert eine konservative Gegenposition: »*Ahmt die Zeit nach: sie zerstört alles langsam, sie untergräbt, verbraucht, entwurzelt, löst ab, aber sie reißt nicht gewaltsam aus.*« Er vertraut dem Gewachsenen und nicht dem Gemachten, der Monarchie und nicht der Demokratie und setzt dem traditionsfeindlichen Fortschrittsglauben ein bildungsgesättigtes Geschichtsbewußtsein entgegen. – Die Aufklärung hatte die moralische Lebensordnung der Gesellschaft in Zweifel gezogen und ihre Selbstverständlichkeit zerstört. Jouberts pietätvolle Restauration des Diskreditierten ist nicht nur Ideologie. Sein Lob etwa der urbanen Geselligkeit und Konversation, der Scham, der echten Höflichkeit erinnert daran, daß in ihnen Humanität zu Hause ist. »*Höflichkeit ist die Blüte der Menschlichkeit. Wer nicht höflich genug, ist auch nicht menschlich genug.*«

Unter den Moralisten ist Joubert einer der wenigen Optimisten, die nicht so sehr kritisch entlarven, wie der Mensch ist, sondern beschreiben, wie er sein soll. Mit dem Hinweis, daß er »*wie Montaigne, unfähig zur ausgebildeten Rede und systematischen Darstellung*« sei, hat Joubert sich selbst in den Traditionszusammenhang der aphoristischen essayistischen Schreibart gestellt. Viele seiner Fragmente, Maximen, Sentenzen und Betrachtungen haben jedoch einen neuen Klang. Sie bekunden eine lyrische Sprachmusikalität, die über rationale Eindeutigkeit hinausdrängt und zum vielsinnigen Ausdruck stimmungshafter Bewegtheit wird. Jouberts subtile Gedanken über Schriftstellerei und Stil widersprechen der geläufigen Gleichsetzung von Gefühl und Formlosigkeit und lassen die hohe Bewußtheit seiner »*Gemüterregungskunst*« (Novalis) erkennen. »*Es ist eine große Kunst, den Stil mit Unbestimmtheiten zu erfüllen, die gefallen.*« Die ästhetische Theorie Jouberts, die Formensprache seines Werks weisen über die Romantik hinaus und wirken an manchen Stellen wie ein Präludium zum Symbolismus und zu der Lyrik BAUDELAIRES.

P.Mo.

AUSGABEN: Paris 1838, Hg. F. R. de Chateaubriand. – Paris 1842 (*Pensées, essais et maximes de J., suivis de lettres à ses amis et précédés d'une notice sur sa vie, son caractère et ses travaux*, Hg. P. Rayna, 2 Bde.; ²1850; erw.). – Paris 1909 (*Pensées*; Einl. u. Anm. V. Giraud). – Paris 1954 (*Pensées et lettres*, Hg. R. Dumay u. M. Andrieux; Ausz.). – Paris 1966 (*Pensées*, Hg. G. Poulet; Ausz.; 10/18). – Paris 1983 (*Essais 1779–1821*, Hg. R. Tessoneau).

ÜBERSETZUNGEN: *Gedanken, Versuche und Maximen*, F. v. Pocci, Mchn. 1851. – *Gedanken und Maximen*, F. Schalk (in *Die französischen Moralisten*, Hg. ders., Lpzg. 1940; Slg. Dieterich, 45, Bd. 2). – *Christliche Weisheit*, W. Rüttenauer, Würzburg 1940 [Ausw.].

LITERATUR: J. Durieux, *J., l'homme et l'œuvre*, Périgueux 1901. – B. Halda, *J., ou De la perfection*, Paris 1954. – L. Perche, *J. parmi nous*, Limoges 1954. – G. Saba, *Profilo di J.*, Triest 1955. – C. Thévenez-Schmalenbach, *J., seine geistige Welt*, Genf 1956. – A. Billy, *J. énigmatique et délicieux*, Paris 1969. – N. Alcer, *Studien zu J., mit bisher unveröffentlichten Schriften*, Diss. Bln. 1974. – P. A. Ward, *J. and the Critical Tradition*, Genf 1980. – C. Coman, *Les »Pensées« de J., livre de chevet proustien* (in FR, 56, 1982/83, S. 696–702).

MARCEL JOUHANDEAU

* 26.7.1888 Guéret
† 7.4.1979 Rueil

LITERATUR ZUM AUTOR:
C. Mauriac, *Introduction à une mystique de l'enfer*, Paris 1938. – H. Rode, *M. J. et ses personnages*, Paris 1950. – J. Gaulmier, *L'univers de M. J.*, Paris 1959. – J. Cabanis, *J.*, Paris ⁴1959. – H. Rode, *M. J.*, Paris 1972. – Ders., *Un mois chez M. J.*, Paris 1979.

CHAMINADOUR

(frz.; *Ü: Chaminadour*). Erzählungen von Marcel JOUHANDEAU, erschienen 1934–1941. – Chaminadour ist ein Ort irgendwo in der französischen Provinz. Jouhandeau ist dort aufgewachsen und fühlt sich mit den Einwohnern eng verbunden. In behutsam geformten Erzählungen und einprägsamen Bildern schildert er Menschen, die zwar durch ihre Leidenschaften und Triebe irregeleitet, aber manchmal auch von einer Güte und Stärke gekennzeichnet sind, die Bewunderung erwecken. – Da ist zum Beispiel Prudence Hautechaume, die Besitzerin eines kleinen Geschäftes am Marktplatz von Chaminadour. Prudence ist geizig und versucht, »*von nichts zu leben*«. Sie brennt kein Licht, hält keine Zeitung und kocht auf dem Herd der Nachbarin. Heimlich stiehlt sie kleinere Mengen von Nahrungsmitteln, wird ertappt, aber von der Nachbarin in Schutz genommen. Man verlangt von Prudence, daß sie beichte. Sie gehorcht ohne inneren Glauben, ihr wirkliches Leben ändert sich nicht. Eines Tages wird sie nach einem Streit mit der Nachbarin als »Giftmischerin« verhaftet. Auf dem Weg ins Gefängnis kommt es ihr vor, als werde ihr ein einmaliges Schicksal zuteil. – Ferner enthält der Band die Geschichte der stillen, verträumten Marie Albinies, die von einem gewissen Spack, dem Gatten ihrer Tante, verführt wird. Als Spack später wieder mit seiner Frau zusammenlebt, erscheint ihm Marie im Traum so verlockend, daß er zu ihr zurückkehrt. Doch der gemeinsame Alltag enttäuscht beide. Als Spack Marie endgültig verläßt, gerät sie ins Elend und landet im Freudenhaus. Im Zustand tiefster Depression geht sie zur Frau ihres ehemaligen Geliebten und schwört, zur Buße ein Bettlerleben führen zu wollen.

Alle Erzählungen geben, wie Jouhandeaus Romane, ein plastisches und detailliertes Bild des Menschen, der den Kräften Satans ausgeliefert ist. Das Mysterium von Schuld und Erlösung ist das große Thema des Autors. Bei aller Offenheit und Genauigkeit, mit der Jouhandeau das Laster, die Begierden, die Heuchelei einer verkommenen Gesellschaft entlarvt, bleibt im Hintergrund seiner Erzählungen stets die Erlösungssehnsucht seiner Gestalten spürbar.   E.He.

AUSGABEN: Paris 1934 [Tl. 1]. – Paris 1936 [Tl. 2]. – Paris 1941 [Tl. 3]. – Paris 1953. – Paris 1968.

ÜBERSETZUNG: *Chaminadour. Erzählungen*, F. Kemp u. a., Reinbek 1964 [Ausw.].

LITERATUR: W. Lennig, »*Chaminadour*« (in NDH, 1966, Nr. 109, S. 161–163). – M. Kesting, *Der Fall J.* (in M. K., *Auf der Suche nach der Realität*, Mchn. 1972, S. 37–48). – G. Lardy, *Adieu à Chaminadour* (in NRF, Okt. 1975, Nr. 274). – G. Félicie, *Avec M. J. du coté de Chaminadour*, Paris 1979.

CHRONIQUES MARITALES

(frz.; *Ü: Das anmutige Ungeheuer*). Roman von Marcel JOUHANDEAU, erschienen 1938. – Der Verfasser schildert in diesem Buch seine Ehe mit Elise, einer Frau, deren Denken und Trachten ausschließlich um die eigene Person kreist. Sie verachtet alles außer sich selbst und ist zu jedem echten Mitgefühl unfähig. Auch ihr Glaube und ihre zur Schau gestellte Frömmigkeit dienen nur der Selbstbestätigung. An ihrer Seite erleidet Jouhandeau seelische Folterqualen. »*Was macht es schon aus*«, schreibt sie einmal an den Rand seiner Aufzeichnungen, »*ob du mich liebst, wenn du dich nur bei mir nicht langweilst*«, und er bemerkt dazu: »*Wächst die Liebe in dem Maße, als uns ein Mensch beschäftigt, ohne uns zu ermüden, dann habe ich niemand so sehr wie Elise geliebt.*« Das Zusammenleben der beiden ist die Hölle, dennoch können sie sich nicht trennen, weil das unzerreißbare mystische Band der Ehe sie auf

immer verbindet. Sie wissen, es gibt keine endgültige Lösung ihres Konflikts, sondern nur das unaufhörliche qualvolle Fragen nach dem Sinn der Liebe, des Hasses, der Verzweiflung, die sie aneinanderketten.

Jouhandeaus Roman ist ein Meisterwerk der Demaskierung. Seine Schilderung legt, wahrheitsbeflissen bis zur Unbarmherzigkeit, die Verderbtheit und den geistigen Hochmut dieser beiden Menschen bloß und zeigt die Leiden und Niederlagen, die ihnen daraus erwachsen. In der Selbstdarstellung geht Jouhandeau dabei bis zur Selbstblößung, um die zerstörerische Gegenwart Satans in dieser Ehe deutlich zu machen. In kühlem, klassisch distanziertem Stil schildert er zwei Wesen, die nichts miteinander verbindet als Unaufrichtigkeit, Heuchelei und Lüsternheit, die aber dennoch von einer echten Sehnsucht nach Erlösung erfüllt sind. Das Werk ist gekennzeichnet durch jene subtile Mischung von ironischem Realismus und mystischer Spiritualität, die allen Werken Jouhandeaus eigen ist.   E.He.

AUSGABEN: Paris 1938. – Paris 1944 (*Chroniques maritales et Nouvelles chroniques maritales*). – Paris 1967. – Paris 1981 (Folio).

ÜBERSETZUNG: *Das anmutige Ungeheuer*, A. Voill, Wien/Stg. 1956.

LITERATUR: A. Rousseaux, *Littérature du vingtième siècle*, Bd. 2, Paris 1939, S. 204–212. – A. Stocker, *L'amour interdit. Trois anges sur la route de Sodome*, Genf 1943.

MÉMORIAL

(frz.; *Buch der Erinnerung*). Kindheits- und Jugenderinnerungen in sechs Teilen von Marcel JOUHANDEAU, erschienen 1948–1958. – Jouhandeau wurde als Sohn eines Schlächters in Guéret, der Hauptstadt des Departements Creuse, geboren. Chaminadour heißt diese seine Heimatstadt in vielen seiner Bücher; er selber nennt sich dort bald Théophile Brinchanteau, bald Juste Binche oder Monsieur Godeau. (Daß Marcel Jouhandeau ein Pseudonym sei und er in Wirklichkeit Marcel Provence heiße, ist eine Zeitungsente aus den zwanziger Jahren.) Aus Chaminadour stammen die meisten Gestalten seiner Erzählungen, Provinzchroniken und autobiographischen Aufzeichnungen über die Zeit vor seiner Eheschließung (1929) mit der ehemaligen Tänzerin Élisabeth Toulemon, die seine Leser als Élise kennen. In den späteren Büchern, vor allem seit dem Tod der Mutter (1936), hat Jouhandeau in den Aufzeichnungen über seine Vaterstadt mehr und mehr auf Zutaten und Ausschmükkungen verzichtet und sich um größere historische Treue bemüht. Die Szenerie ist unveränderlich die gleiche: die Kleinstadt mit der elterlichen Schlächterei, mit ihren Straßen und Plätzen, ihrem Justizpalast, ihren Schenken und Bordellen – ein in seiner sozialen Schichtung komplettes Gemeinwesen der französischen Provinz am Ausgang des 19. Jh.s, in welchem das späte Mittelalter noch ungebrochen fortzuleben scheint. Unter den Honoratioren zwar macht sich der republikanische, freimaurerische, antiklerikale Geist bemerkbar; die Handwerker, Kleinbürger, die Frauen und das Gesinde aber leben in alten Gepflogenheiten, die kirchlichen Feste regeln noch immer den Ablauf des Jahres. Das Entscheidende ist die Geschlossenheit dieser Welt, ihre Festgefügtheit und der Umstand, daß in diesem Gefüge jeder seine Stelle einnimmt als ein genau eingestuftes Individuum.

Die meist nicht sehr umfangreichen Erinnerungsbücher bestehen in der Regel aus locker gereihten kleinen Stücken: Porträts, Lebensläufe, Szenen, Episoden, Anekdoten, einzelne Beobachtungen, Gespräche, Aussprüche. In den sechs Teilen des *Mémorial* beschreibt Jouhandeau vor allem die Jugend, die Freunde, die Liebschaften seines Vaters; den elterlichen Haushalt, die Schlächterei mit Lehrlingen und Gesellen; die eigene Schulzeit, seine Lehrer; die kirchlichen Bräuche und die Priester des Sprengels. Hinzu kommen Erinnerungen an junge Mädchen und Frauen, die erste jugendliche Leidenschaft; ferner Aufzeichnungen über die Sprache, den Wortschatz, die Redewendungen des Milieus. Unter den Gestalten, die hier und in den folgenden Veröffentlichungen aus diesem Umkreis vorgestellt werden – die Großeltern, allerlei Onkel, Tanten, Vettern und Kusinen –, kommt Henri Blanchet, dem Bruder der Mutter, besondere Bedeutung zu. Das ihm und den Seinen gewidmete Triptychon *L'oncle Henri* (1943) ist unter all diesen Erinnerungsbüchern das geschlossenste und ein unbestreitbares Meisterwerk der Schilderung und Komposition. Als zwanzigjähriger Student begegnet Marcel in Paris dem verschollenen und heruntergekommenen Onkel, der sich ehemals als stadtbekannter Leichtfuß eines zweifelhaften Ruhmes erfreute. Der Onkel kehrt nach Chaminadour zurück, söhnt sich mit den Verwandten aus und wird Koch in einem Sanatorium. Als er dort aus einem geringfügigen Anlaß dem Verwalter einen Topf voll heißer Marmelade über den Kopf stülpt, wird er unverzüglich entlassen; die Familie schiebt ihn wieder nach Paris ab, wo sie ihn abermals aus den Augen verliert. Seine geschiedene Frau Marguerite stirbt nach langem, gräßlichen Leiden, von ihrer Familie verstoßen, von ihrer Tochter verlassen, im Irrensaal des Krankenhauses zu Chaminadour. Ihrer beider Sohn, »le petit Jean«, tritt 1914 freiwillig in ein Zuavenregiment ein, zeichnet sich vor Verdun aus und wird wegen eigenmächtiger Entfernung von der Truppe zu zwanzig Jahren Haft verurteilt; Jouhandeau gelingt es, seine Begnadigung zu erwirken. – Die 1940 unter dem Titel *Requiem ... et lux* erschienenen Tagebuchblätter enthalten den Bericht über den Tod und das Begräbnis der Mutter im Jahre 1936. *Descente aux enfers*, 1963, schildert ein zweimaliges Wiedersehen mit den Stätten und Personen der Kindheit nach dem letzten Kriege. **F.Ke.**

AUSGABEN: Paris 1948 *(Mémorial I: Le livre de mon père et de ma mère)*. – Paris 1951 *(Mémorial II: Le fils du boucher)*. – Paris 1952 *(Mémorial III: La paroisse du temps jadis)*. – Paris 1953 *(Mémorial IV: Apprentis et garçons)*. – Paris 1955 *(Mémorial V: Le langage de la tribu)*. – Paris 1958 *(Mémorial VI: Les chemins de l'adolescence)*. – Paris 1973 *(Mémorial VII: Bon an, mal an)*.

LITERATUR: S. P., »*Mémorial I: Le livre de mon père...*« (in Mercure, 1. 10. 1948). – W. Lennig, *Chaminadour* (in NDH, 109, 1966, S. 161–163). – A. Carriat (in *Dictionnaire bio-bibliographique des auteurs creusois*, Guéret 1968, S. 4–11).

MONSIEUR GODEAU INTIME

(frz.; *Ü: Herr Godeau*). Prosawerk von Marcel JOUHANDEAU, erschienen 1926. – Herr Godeau ist im Frühwerk Jouhandeaus von 1914 bis in die dreißiger Jahre der mythische Doppelgänger, hinter dessen Maske der Autor sich verbirgt: ein dämonisches Über-Ich, durch das er sich zugleich erhöht und entlastet, verhüllt und offenbart. Herr Godeau stammt, wie sein Erfinder, aus der Provinz. Als junger Mann kommt er vor dem Ersten Weltkrieg nach Paris; dort lernt er die Schwestern Pincengrain und ihre Mutter kennen. Diese Begegnung und die Schicksale der vier Frauen bis zum Tode der Mutter hatte Jouhandeau bereits in der Erzählung *Les Pincengrain* (entstanden 1914, erschienen 1924) geschildert. Die drei Schwestern gehen seither durch viele seiner Bücher: Prisca, die das Vergnügen liebt; Véronique, die Herrn Godeau liebt; Eliane, die Gott liebt und als Schwester vom Heiligen Antlitz in den Ordensstand eintritt. Herr Godeau hat die seltsame Eigenschaft, jede der jungen Frauen in ihrer Berufung zu bestärken. Véronique, die Älteste, weiht ihm eine lebenslange, unerschütterliche Freundschaft; hager, rein, jungfräulich, verdient sie sich als Buchhalterin und Sekretärin ihren Unterhalt. Das Vorbild dieser Gestalt stirbt 1947 in der Nacht vor Weihnachten. Zu ihrem Gedächtnis veröffentlichte Jouhandeau 1953 unter dem Titel *Dernières années et mort de Véronique (Véroniques letzte Jahre und Tod)* ein kleines Memorial: Tagebuchaufzeichnungen und Erinnerungen. Véroniques Gespräche mit Herrn Godeau, in denen auch sie mythisches Format gewinnt, erschienen bereits 1933; diese *Veronicaeana* enden mit folgender Huldigung des Freundes: »*Auf ihre Treue vor allem gründet sich mein Recht darauf, eine Ausnahme zu sein. Sie sind »mein Adelsbrief«, und wenn eines Tages die Versuchung an mich heranträte, mich zu verachten, ich könnte es nicht, aus Rücksicht auf Sie. Sie würden da sein, auch nach Ihrem Tode, um mich gegen mich zu verteidigen, und wenn ich vor Gottes Gericht in Verlegenheit sein werde, so will ich Sie allein zu meiner Verteidigung anrufen. Sie werden Gott das Beispiel der Langmut geben. Sie werden mich unter Ihrem Mantel verbergen, und unter dieser Ägide allein will ich ins Paradies eingehen.*«

Schon in *Monsieur Godeau intime* begegnet Véronique uns als der ebenbürtige Partner unerschöpflicher Gespräche und Auseinandersetzungen, als die große Assistenzfigur dieses luziferischen Narziß. Jouhandeau hat dieses Werk als »*eine Art Summe*« bezeichnet, die ihn ganz enthalten sollte; es umfaßt Niederschriften aus den Jahren 1915–1924; hier wollte er »*alles sagen, weil ich glaubte, daß ich nichts anderes schreiben würde, daß dies mein geistiges Vermächtnis wäre*«. Wie die meisten seiner Bücher besteht auch dieses umfangreichste aus mehr oder minder selbständigen einzelnen Stücken: Szenen, Dialoge, Betrachtungen, Schilderungen, Träume und Visionen, die zu Gruppen, zu kleinen Folgen, gelegentlich auch zu geschlossenen Kapiteln zusammentreten. Von dem nicht sehr komplizierten Handlungsablauf werden nur die wichtigsten Momente geliefert; die Übergänge herzustellen bleibt dem Leser überlassen. Véronique, »die Freundschaft«, liebt Herrn Godeau, dieser liebt Rose, die Tänzerin, oder eigentlich deren Bruder, Bouche d'Ivoire. Herrn Godeaus Neigung zu jungen Männern bleibt Véronique nicht verborgen; dennoch ergreift sie, als man ihn dessen verdächtigt, seine Verteidigung. In einem Anfall von Verzweiflung vergiftet Herr Godeau sich in Véroniques Büro. Er wird gerettet, kehrt in seine Vaterstadt zurück; Véronique, die in seiner Abwesenheit dahinsiecht, besucht ihn im Hause seiner Eltern. Als Nachwirkung des Giftes bricht bei Herrn Godeau ein Aussatz aus. Véronique pflegt ihn; er »*zerbröckelt unter ihren Augen ... Als dann nichts mehr übrig war, nur noch das Herz des Mannes in etwas, das wie ein grünspanüberzogener Schrein aussah, der abgeflachte Kopf, der rechts überhängend fast an der Schulter klebte, fragte Herr Godeau: ›Kann man noch sehen, daß ich lächle?‹ Véronique antwortete: ›Nein.‹ – ›Dann lohnt es nicht mehr‹, sagte er. Und starb.*« Diese letzten Worte Herrn Godeaus hat Jouhandeau öfters zitiert: als ein Zeugnis seines unüberwindlichen mystischen Optimismus.   F. Ke.

AUSGABEN: Paris 1926. – Paris ²1963.

ÜBERSETZUNG: *Herr Godeau*, F. Kemp, Reinbek 1966 [enthält *Les Pincengrain, Monsieur Godeau intime, Veronicaeana*].

LITERATUR: L.-P. Quint, »*Monsieur Godeau intime*« (in Revue de France, 1. 10. 1926). – G. Bounoure, *Notes sur M. J.* »*Monsieur Godeau intime*« (in NRF, 1. 11. 1926). – H. Bidou, »*Monsieur Godeau intime*« (in Revue de Paris, 1. 12. 1926). – M. Kesting. *Der Fall J.* (in M. K., *Auf der Suche nach der Realität*, Mchn. 1972, S. 37–48). – P. Monnier, *En écoutant Godeau*, Tusson 1980.

LE PARRICIDE IMAGINAIRE

(frz.; *Der eingebildete [Vater- oder] Muttermörder*). Erzählung von Marcel JOUHANDEAU, erschienen 1930. – Der Viehzüchter Héliodore Binche, in dem Jouhandeau ein Porträt seines Vaters gezeichnet hat, unterhält eine Liebschaft mit seiner Nachbarin, der Obst-, Gemüse- und Fischhändlerin Amanda Grosdurant, deren Tochter das Paar eines Nachts im Laden auf der Theke überrascht. So sinnlich, laut und derb der Vater ist, so sanft, fromm und gewaltlos, wie zwei Kinder, sind seine Frau Agnès, die Spitzenhändlerin, und Juste, der Sohn. Juste Binche ist nur ein neuer Name für die autobiographische Gestalt, deren Kindheit und Jugend Jouhandeau schon in seinem ersten Buch (*La jeunesse de Théophile*, 1921) erzählt hatte. Die verwitwete Amanda will den Viehzüchter heiraten; als er ausweicht, erzwingt sie von ihm eine Schenkungsurkunde, die ihn alsbald reut. Héliodore gesteht nun der bisher ahnungslosen Agnès seinen Fehltritt und versucht, deren Eifersucht als Waffe gegen die Geliebte zu kehren; dieser jedoch gelingt es, sich des Beistands der weltlichen und freimaurerischen Notabilitäten zu versichern. Während einer Theateraufführung, in der Agnès dem Gespött des Städtchens preisgegeben werden soll, erschießt der siebzehnjährige Juste den Darsteller seiner Mutter auf offener Bühne und muß für zwei Jahre ins Gefängnis. Die Motive der Tat sind zweideutig: Juste wollte die Mutter rächen, und gemeint war offensichtlich der schuldige Vater, den er haßt. Als Juste nach verbüßter Haft nach Hause zurückkehrt, leben Agnès und er wie im Paradies miteinander. Sie sind geläutert, erlöst. Den Vater nehmen sie nicht mehr wahr; er lebt wohl noch, für sie aber ist er tot und ausgelöscht.

Die Erzählung erschien zu Lebzeiten von Jouhandeaus Vater, der mit Agnès und Juste zusammen in *Binche-Ana* (1933) wiederauftritt. Dieses Werk enthält Jugenderinnerungen, Charakterzüge, Anekdoten und Aussprüche der Eltern; außerdem Schilderungen aus dem Alter des Vaters, den Bericht seines Todes und Einzelheiten über die Verfolgungen, denen der Autor und seine Angehörigen ausgesetzt waren, als die Einwohner seiner Heimatstadt Guéret, die sich in den Erzählungen Jouhandeaus wiedererkannt hatten, sich gegen sie zusammenrotteten. Die *Binche-Ana* leiten unmittelbar zu den nun nicht mehr durch Decknamen verschleierten Erinnerungen des *Mémorial* (1948–1959) über, und in diesen wie in allen folgenden autobiographischen Aufzeichnungen liefert der Erzähler immer neue Variationen und Ergänzungen zu dem Riesenmosaik, als das sein Gesamtwerk sich darstellt: eine einzige ungeheure Chronik, an unerhörter Erinnerungskraft im Bunde mit einer mythenschöpfenden Phantasie nur vergleichbar den Werken Marcel PROUSTS und Rudolf KASSNERS, denen Jouhandeau auch als Physiognomiker ebenbürtig an die Seite tritt.   F. Ke.

AUSGABE: Paris 1930; ²1942.

LITERATUR: F. Lefèvre, Rez. (in NL, 13. 9. 1930). – G. Marcel, Rez. (in Quinzaine Critique, 25. 7. 1930). – A. Blanchet, *La littérature et le spirituel*, Bd. 1, Paris 1959, S. 175–189.

SCÈNES DE LA VIE CONJUGALE

(frz.; *Szenen aus dem Eheleben*). Aufzeichnungen von Marcel JOUHANDEAU, erschienen 1948–1959. – Am 4. Juni 1929 heiratete in Paris der damals vierzigjährige Lehrer und Schriftsteller Jouhandeau die wenige Monate ältere Élisabeth Toulemon, alias Caryathis, ehemals *danseuse de caractère*, nunmehr Hausbesitzerin und Vermieterin möblierter Wohnungen. Unter dem Namen Élise wurde sie die Heldin, die geliebte Feindin seiner *Chroniques maritales* (1938) und *Nouvelles chroniques maritales* (1943) sowie zahlreicher anderer Bücher, in die Jouhandeau in der ganzen Pracht ihrer ungezähmten Natur, als gleichfalls ungezähmter Adorant und Dompteur, unvergeßlich gebannt hat. In *Monsieur Godeau marié* (1933) tritt Jouhandeau noch unter der Gestalt seines dämonischen Doppelgängers auf; er schildert, wie er in diese Ehe geriet, was ihn an dem absurden Unternehmen lockte und welches Verhängnis er damit über sich heraufbeschwor. Früh kommt es zu schlimmen Szenen, und bei der Heftigkeit der oft erbitterten Auseinandersetzungen wäre eine gewöhnliche Ehe bald gescheitert; hier aber handelt es sich um zwei ungewöhnliche, zwei einzigartige Wesen. In Élise sieht Jouhandeau das lebendige Korrektiv seiner Traumwelt, seiner Phantasmagorien. Sie ist »*der Erde (diesem Wunder an Wahrheit) nahe*«, ist »*die Wirklichkeit selbst*«. Alles das hindert ihn aber nicht, auch andere, schon früher begangene Wege einzuschlagen und noch andere Liebeskurse zu absolvieren, über die er in erotologischen Traktaten, wie *De l'abjection* (1939), und in seine homosexuellen Neigungen betreffenden apologetischen Dokumenten Bericht erstattet.

Den Obertitel *Scènes de la vie conjugale* führen in Jouhandeaus Bibliographie insgesamt neun seine Ehe betreffende Veröffentlichungen aus den Jahren 1948–1959. Sie knüpfen unmittelbar an die *Nouvelles chroniques maritales* an und finden ihre Fortsetzung in *L'école des filles* (1960) und in den seit 1961 erscheinenden *Journaliers*. Jedes dieser Bücher ist aus tagebuchartigen Niederschriften hervorgegangen; doch man erkennt rasch, daß das Rohmaterial so lange abgelagert, gesichtet und gefiltert wurde, bis es, locker oder strenger geordnet, zu einer Figur, einem Werk zusammentrat. Im Mittelpunkt: Élise. Eigentlich liebenswürdig wird man sie nicht finden können, aber sie überzeugt und imponiert. Um jede Verwechslung auszuschließen: Élise ist nicht mit Madame Jouhandeau identisch; dennoch ist die beständige Mitarbeit des Modells an dieser abenteuerlichen Gestalt nicht zu übersehen. Es handelt sich in Jouhandeaus Büchern nicht um Erfindungen, sondern um Chroniken, in denen er darauf aus ist, die im Leben oft nur skizzierte Wahrheit durch die physiognomische Einbildungskraft voll herauszuarbeiten. Das geschieht auf vielfältige Weise: durch Schilderungen, Betrachtungen, durch Ironie und Satire nicht minder als durch Dramatisierung und Apotheose, in einer großartigen Durchdringung von Mythos und Karikatur, die sein Geheimnis ist. Ein einzigartiges Schauspiel: Élise als Geliebte, als Vermählte, als eifersüchtige Gattin; Élise als Hausfrau, als Schneiderin, Gärtnerin, Geflügelhalterin, als Geschäftsmann, als Architekt, als Schriftsteller, als Theologe; als eine Welt, ein Ungeheuer, eine Katastrophe. Neben ihr: Madame Apremont (Élises Mutter), ihre Beichtväter, ihre Hühner. Ihre Opfer: der Gatte, seine Freunde und, als erbarmungswürdigstes (in *L'école des filles* und den *Journaliers*), die Ziehtochter Céline, die sich schließlich gegen ihre Tyrannei auflehnt und aus Unberatenheit ins Elend gerät. Jouhandeau selber scheint es zuletzt gelungen zu sein, im Herzen des Zyklons unangefochten wie die Perle in der Muschel zu hausen: »*Wenn meine Frau, wie sie behauptet, die Tugend ist, so ist die Tugend eine wahre Hölle, und wenn ich das Laster bin, so ist das Laster ein Paradies.*« F.Ke.

AUSGABEN: Paris 1948 *(Scènes de la vie conjugale I. Ménagerie domestique)*. – Paris 1950 *(L'imposteur ou Élise iconoclaste;* 2 1958). – Paris 1950 *(La ferme en folie)*. – Paris 1951 *(Élise architecte, suivi de L'incroyable journée)*. – Paris 1952 *(Nouveau bestiaire)*. – Paris 1953 *(Galande ou Convalescence au village)*. – Paris 1954 *(Ana de Madame Apremont)*. – Paris 1956 *(Jaunisse, chronique suivie de Élisaeana)*. – Paris 1959 *(L'éternel procès)*.

ÜBERSETZUNG (Ausz.): *Elise*, F. Kemp, Reinbek 1968 (darin u. a. Ausz. aus *L'éternel procès*).

LITERATUR: É. Jouhandeau, *Joies et douleurs d'une belle excentrique. Enfance et adolescence d'Élise*, Paris 1952. – Dies., *Le lien de ronces ou Le mariage, suivi des lettres de É. et M. J.*, Paris 1964. – J. Danon, *Entretiens avec É. et M. J.*, Paris 1966. – A. Carriat, *Dictionnaire bio-bibliographique des auteurs creusois*, Guéret 1968.

TIRÉSIAS

(frz.; *Tiresias*). Aufzeichnungen von Marcel JOUHANDEAU, anonym erschienen 1954. – Schon in Jouhandeaus ersten Büchern, vor allem in *Monsieur Godeau intime* (1926), finden sich häufig mehr oder minder verhüllte Anspielungen auf eine strafwürdige Neigung, die ihn zu einem Einsamen, einem Ausgesonderten und bald auch zu einem Apologeten des »Bösen« macht. Weil er zu spüren glaubt, daß zwischen seiner »Sünde« und seinen literarischen Versuchen ein enger Zusammenhang besteht, verbrennt Jouhandeau 1914 in einer Februarnacht alle seine bisherigen Niederschriften: in Hunderten von Heften die Materialien zu einem zukünftigen Werk. Vor dem Selbstmord, dem er nach diesem Akt der Selbstbestrafung nahe ist, rettet ihn ein Freund, dem es gelingt, ihn aufs neue in der Überzeugung von seiner Berufung zum Schriftsteller zu bestärken. Ein oder zwei Jahre früher war Jouhandeau jenem jungen Mann begegnet, der ihn »*in die Sodomie einweihte*« und der in *Mon-*

sieur Godeau intime unter dem Namen Bouche d'I-
voire auftritt. Auch die Heirat im Jahre 1929 mit
der ehemaligen Tänzerin Élisabeth Toulemon, der
Élise seiner zahlreichen Ehechroniken, war ein Versuch, dem Laster zu entrinnen. Trotz des hohen
moralischen, ja mystischen Ernstes, mit dem diese
Ehe geschlossen und geführt wurde, blieben neuerliche Versuchungen nicht aus, und schließlich trugen die »Dämonen« den Sieg davon. Über einige
dieser Versuchungen in den Jahren 1938/40 geben
die *Carnets de Don Juan* (1947) ausführliche Nachricht. In die nämliche Zeit fällt das Abenteuer, das
Jouhandeau in der *Chronique d'une passion* (1944)
erzählt: die heftige Leidenschaft für Jacques St., einen Maler, der Élises Eifersucht in einem solchen
Grade erregt, daß sie ihn zu töten beschließt. Nur
mühsam gelingt es den vereinten Anstrengungen
des Gatten und ihres Beichtvaters, sie von diesem
Vorhaben abzubringen; so begnügt sie sich damit,
ein Bild des jungen Mannes, das Jouhandeau als
»Kardinal« darstellt, mit dem Mordwerkzeug, einem Vorschneidemesser, zu zerfetzen. – Die drei
Traktate der *Algèbre des valeurs morales*, 1935 *(Al-
gebra der moralischen Werte)*, beschreiben – in Betrachtungen, Selbstgesprächen, Aphorismen, Gebeten – die einzelnen Etappen des Abstiegs in die
Hölle der verbotenen und als verbotene um so
brennender erfahrenen Lust. In dem Traktat *De
l'abjection*, 1939 *(Von der Verworfenheit)*, ist der
unterste Grund der Hölle erreicht. Beide Bücher
münden in einen Aufschrei zu Gott, in einen Lobgesang auf die Liebe, die in all ihren Formen, auch
den sündigen und verworfenen, immer nur eine ist
und sein kann. In späteren Aufzeichnungen aus den
vierziger Jahren gewinnt Jouhandeaus Hölle fast
etwas Wohnliches und Unterhaltsames. Herr Godeau als Don Juan verkehrt in dem Etablissement
eines gewissen Jean Beige, des Nachfolgers von
Marcel PROUSTS Albert Le Cuziat, und trägt als sein
eigener Leporello seine Eroberungen zu Buch.
Dort auch widerfährt ihm, was die Sage von dem
thebanischen Seher Tiresias berichtet: Er wird zeitweilig in eine Frau verwandelt. Bald darauf, im
März 1948, begegnet Jouhandeau im Zug zwischen Avignon und Paris einem zwanzigjährigen
Soldaten und Klarinettisten: Robert. Die Neigung, die dieser in ihm weckt, trägt alle Merkmale
einer großen Leidenschaft, einer Liebe, die nicht
beansprucht, »rein« zu heißen, aber dennoch nichts
anderes sein will als reine, unbedingte und ausschließliche Liebe; die sogar noch Roberts Eheschließung, bei der Jouhandeau die Braut zum Al-
tar führt, überdauert, überdauert (*Du pur amour*, 1955). In Roberts Zeit fällt auch die Veröffentlichung des kleinen *Éloge de la volupté*, 1951, in der Jouhandeau
noch einmal – und nicht zum letztenmal – seine nun
gewandelte, eher heidnische Einstellung zu seinem
»Laster« kommentiert. Noch 1961 heißt es in einer
Tagebucheintragung der *Journaliers (IX, Que l'a-
mour est un*, 1967): »*Ich will vom Leben nichts behalten als die Liebe. Alles übrige ist nur Hohn und Spott.
Mag die Liebe auch Sünde, ja mag die Liebe die Hölle
sein, so ist sie doch wenigstens nicht Gleichgültigkeit,*

*nicht Lauheit, nicht Heuchelei. Die Liebe, mag sie
auch ein Irrtum sein, wenn sie nur keine Lüge ist.*« –
Eine Auswahl aus Roberts Briefen an Marcel wurde 1953 veröffentlicht *(L'école des garçons)*, als ein
Schulbeispiel gleichsam, wie die Liebe Grammatik
lehrt, die Leidenschaft den Stil verbessert.   F.Ke.

AUSGABEN: Paris 1954 [anon.; Ill. P.-Y. Trémois].

LITERATUR: A. Stocker, *L'amour interdit. Trois
anges sur la route de Sodome*, Genf 1943. – K. Ep-
ting, *J. oder Vertrauliche Mitteilungen über das Geheimnis des Ich zwischen Gott u. Satan* (in Wort u.
Wahrheit, 15, 1960, S. 689–697). – F. Bondy,
Zwischen Weihrauch u. Schwefeldunst… (in WdL,
13. 10. 1966, S. 1).

PIERRE JEAN JOUVE

---

* 11.10.1887 Arras
† 8.1.1976 Paris

LITERATUR ZUM AUTOR:
J. Starobinski, P. Alexandre u. M. Eigeldinger,
P. J. J., poète et romancier, Neuchâtel 1946. –
R. Micha, *P. J. J.*, Paris 1956; ²1971. – C. Blot,
*Relation de la faute de l'éros et de la mort dans l'œuvre
romanesque de P. J. J.*, Aix-en-Provence 1961. –
M. Callander, *The Poetry of P. J. J.*, Manchester
1965. – S. Sanzenbach, *Les romans de P. J. J.*, Paris
1972. – *P. J. J.*, Hg. R. Kopp u. D. de Roux, Paris
1972 (Cahiers de l'Herne). – M. Broda, *J.*,
Lausanne 1981. – *P. J. J., 1: J. romancier*, Hg.
D. Leuwers, Paris 1982 (RLMod, 627–631). –
K. Schärer, *Thématique et poétique du mal dans
l'œuvre de J.*, Paris 1984. – D. Leuwers, *J. avant J.
ou la naissance d'un poète*, Paris 1984.

HÉCATE

(frz.; *Hekate*). Roman von Pierre Jean JOUVE, erschienen 1928; 1947 mit dem Roman *Vagadu*
(1931) unter dem Titel *Aventure de Catherine Crachat (Abenteuer der Catherine Crachat)* vereinigt. –
Das mit dem Namen Crachat (Speichel, Auswurf)
belastete Mädchen Catherine wird von ihren Bekannten als exzentrisch bezeichnet. Zu Beginn des
Romans entwirft sie mit schonungsloser Offenheit
ein Bild ihres Lebens, das deutlich macht, warum
ihr der Autor diesen häßlichen Namen gegeben
hat: in den Zeiten ihrer größten Seelenqual fühlt
sich die höchst sensible Catherine wie ein Auswurf
der Menschheit. Dabei ist sie von außergewöhnlicher Schönheit und in ihrer Faszinationskraft, die
die Männer zu Torheiten hinreißt, Hekate zu vergleichen, der griechischen Göttin der Zauberei, des
Spuks und der Geister.

Catherine ist eine zweitrangige Filmschauspielerin. »*Aus Neugier auf das Vergnügen hatte ich mehrere Männer kennengelernt. Es war jedesmal sofort zu Ende.*« Mit 26 Jahren lernt sie den etwas jüngeren Pierre Indemini kennen; doch sie zerstört diese erste wirkliche Liebe durch ihr neurotisch-egozentrisches Gebaren und grundlose Eifersucht. Sie gibt Pierre frei, weil sie erkennt, daß sie »*nicht fähig ist, eine Liebe zu erhalten*«. In Wien, wo sie Erholung und Vergessen sucht, findet sie in der Baronin Fanny Felicitas von Hohenstein eine verständnisvolle Freundin. Die Baronin hat ein bewegtes Leben hinter sich: sie war zweimal standesgemäß verheiratet und hat außerdem unzählige Liebhaber gehabt. Die leidenschaftlichen Gefühle, die sie Catherine entgegenbringt, erzeugen in dieser eine Zwangsvorstellung. Catherine glaubt, alle Menschen, die mit ihr in Berührung kommen, schlecht zu beeinflussen. »*Ich bin der Teufel, sagte Catherine. Und um ihren Namen zu verdienen, spie sie aus.*« Im Hause der Baronin begegnet sie dem unvergessenen Pierre wieder; die Liebe zwischen beiden flammt neu auf. Doch die Perversität Fannys, die Pierre nur begehrt, weil er vorher Catherine geliebt hat, zerstört das Glück aller. »*Wir sind drei, die berühmten drei. Die Zahl bringt der Liebe Unglück.*« Pierre stirbt in Italien, und die beiden Frauen streiten sich, wem er wirklich gehört hat. Catherine treibt Fanny zum Selbstmord und kehrt gebrochen nach Paris zurück. Ihr weiteres Leben, ihre Träume und ihren Versuch, sich eine neue, befriedigendere Existenz aufzubauen, schildert der Roman *Vagadu*.

Hécate gibt eine moderne Version des klassischen Dreiecksverhältnisses, kompliziert durch den lesbischen Trieb, der bei der Baronin eindeutig und bei Catherine latent spürbar ist. Jouve bedient sich häufig der Traumanalyse, um unbewußte seelische Regungen erkennbar zu machen. Seine lyrisch-bildhafte Sprache ist ohne Kenntnisse der Psychologie nur schwer verständlich. Catherine, deren Schicksal unter dem Zeichen der Zaubergöttin Hekate steht, besitzt eine ihr verborgene Macht, der sich niemand zu entziehen vermag, der sie aber auch selbst unterworfen ist. Doch sie ist trotz ihrer erotischen Anziehungskraft im Grund kalt und verbreitet den Tod. »*Sie ist einfach der Tod selbst*« (R. Micha). Eros und Tod sind die beiden Leitmotive des Romans, in dem erstmals FREUDS psychoanalytische Erkenntnisse in der französischen Dichtung verwandt werden. **R.B.**

AUSGABEN: Paris 1928. – Paris 1947 (in *Aventure de Catherine Crachat*). – Paris 1962 (in *Aventure de Catherine Crachat*, 2 Bde., 1). – Paris 1972 (Folio).

LITERATUR: J. Starobinski, »*Hécate*« »*Vagadu*« (in NRF, Mai 1976, Nr. 281, 1976, S. 37–47). – N. Wagner, *La première page d'*»*Hécate*« *de J.* (in Inf. litt, 29, 1977, S. 240–245). – N. Mane, *Quelques correspondances dans* »*Hécate*« (in RLMod, 1982, Nr. 627–631, S. 103–117). – C. Blot-Labarrère, »*Le monde désert*« »*Hécate*« *ou à travers la noir-*

ceur de la nuit (ebd., S. 11–32). – Dies., *Deux amoureuses* ›*lunatiques*‹ (in *Hommage à J. Richer*, Paris 1985, S. 63–72).

PAULINA 1880

(frz.; *Ü: Paulina 1880*). Roman von Pierre Jean JOUVE, erschienen 1925. – *Paulina 1880* ist der erste von vier Romanen, die der Lyriker Pierre Jean Jouve zwischen 1925 und 1931 veröffentlicht hat. Paulina Pandolfini, geboren 1849, Tochter eines reichen Mailänder Grundbesitzers, wächst auf »*in einer unveränderlichen Welt der Frömmigkeit und des Herkommens, wo die Männer Majestät besitzen und sehr wenig Geist, wo die Frauen nur damit beschäftigt sind, ihre trägen Reize zu erhalten*«. Als junges Mädchen weilt sie oft auf dem väterlichen Landsitz in Torrano am Comer See. Auf einem Sommerfest erregt sie dort die Leidenschaft des Grafen Michele Cantarini. Sie wird seine Geliebte. Um ihn zu sich einzulassen, muß sie den Türschlüssel unter dem Kopfkissen ihres Vaters entwenden und den Grafen an dem Schlafenden vorbei in ihr Zimmer führen. In Mailand wird das heimliche Verhältnis unter großen Schwierigkeiten fortgesetzt. Paulina, zerrissen zwischen Leidenschaft und Reue über ihre Sünde, leidet mehr und mehr unter der ausweglosen Situation. Sie ist noch nicht vierundzwanzig, da stirbt der Vater, und der Gedanke, daß sie ihn betrogen, ihm seine Ehre geraubt hat, steigert ihre Gewissensqualen. Dennoch setzt sie das Verhältnis mit dem Grafen fort. Als dessen Frau, die seit längerer Zeit geistesgestört ist, ebenfalls stirbt, beide frei, aber Paulina empfindet sich nun doppelt als Schuldige. Sie weigert sich, den Grafen zu heiraten, und tritt als Novizin in ein Kloster der Heimsuchung zu Mantua ein. Nach zwei Jahren muß sie den Orden verlassen, da sie mit ihren übertriebenen Bußübungen, ihren mystischen Aufschwüngen und dem, was die Mutter Oberin ihre »*verderbte Sinnlichkeit*« nennt, in einer Mitschwester allzu zärtliche Gefühle erregt hat. Paulina zieht sich in ein Landhaus auf dem Hügel von Arcetri bei Florenz zurück. Eines Tages gibt sie dem Grafen ein Zeichen; er kommt, und das Verhältnis wird wieder aufgenommen. Doch in einem Anfall von Umnachtung tötet sie den Geliebten am 22. August 1880 mit einem Revolver im Schlaf. Ein Selbstmordversuch am anderen Morgen mißlingt. Paulina kommt in ein Gefängnis nach Mantua, wird nach zehn Jahren Haft begnadigt und lebt seitdem einsam als Bäuerin in einem Dorf bei Florenz. Sie ist gescheitert, sie hat sich, ihr Paradies, ihr Glück auf Erden nicht gefunden, aber als Verlorene hat sie eine Art Frieden erlangt: »*Ich habe alles angenommen. Ich warte auf meinen Platz, ich werde gerichtet wie jedermann.*« Das Schlußkapitel ist ganz vom sommerlich gelben Licht überflutet, es korrespondiert dem einleitenden Kapitel, in dem das »blaue Zimmer« des Landhauses von Arcetri geschildert wird. Die meist kurzen Kapitel fügen sich zu einer Chronik aus einzelnen Bildern und Szenen zusam-

men, die durch den Wechsel der darstellerischen
Mittel (Bericht, Betrachtung, innerer Monolog,
geistliches Tagebuch) den Eindruck des Filmischen
erwecken. Die Sprache durchmißt die breite Skala
von trockener Beschreibung bis zur lyrischen Prosa. Mit sehr modernen Mitteln erreicht der Roman
hier die Intensität und Knappheit des Gedichts.
Die von FREUD nicht unbeeinflußte psychologische Thematik wird in erregten Mustern transparent.
Als ferner Schatten kehrt Paulina in Jouves zweitem
Roman, *Le monde désert*, 1927 *(Die leere Welt)*,
wieder. Sie ist die Tante des jungen Malers Jacques
de Todi, der wie Paulina das Paradies, den sinnlich-
irdischen Himmel sucht und durch Selbstmord endet. Ehe er sich in die Rhône stürzt, sieht er Pauli-
nas Gesicht, *»die Seele, die Ewigkeit des Gesichts«* im
nächtlichen Wasser, *»unter Tränen und vielleicht
von Lächeln überglänzt«*, wie er es in seinen Träu-
mereien als Knabe am Ufer des Genfer Sees erblickt
hatte.   F. Ke.

AUSGABEN: Paris 1925. – Paris 1963. – Paris 1974;
ern. 1988 (Folio).

ÜBERSETZUNG: *Paulina 1880*, E. Borchers, Neu-
wied/Bln. 1959. – Dass., dies., Ffm. 1971 (BS).

LITERATUR: D. de Roux, *Notes en marge de »Paulina 1880«* (in *P. J. J.*, Hg. ders. u. R. Kopp, Paris
1972, S. 325–332). – J. Jurt, *Bernanos et J. »Sous le
soleil de satan« et »Paulina 1880«* (in ALM, 1978,
Nr. 178, S. 3–32). – W. Rupolo, *»Paulina 1880« e
l'ossessione dello spazio chiuso* (in Micromégas, 7,
1980, S. 141–153). – C. Blot-Labarrère, *»Paulina
à l'écran* (in RLMod, 1982, Nr. 627–631,
S. 121–126). – L. Bolle, *»Paulina 1880«, un roman
de poète* (ebd., S. 33–41).

SUEUR DE SANG

(frz.; *Blutschweiß*). Gedichte von Pierre Jean
JOUVE, erschienen 1933. – Das Werk Jouves gliedert sich in zwei Hälften. Anfangs in der Nachfolge
des Symbolismus stehend, bald dem von Jules Ro-
MAINS und dem Freundeskreis der »Abbaye« vertretenen Unanimismus sich zuwendend, dann
während des Ersten Weltkriegs mit Romain ROL-
LAND zusammen sozialistische, pazifistische Ideale
verfechtend, vollzieht Jouve in den Jahren
1922–1925 eine Wendung zu einem entschiedenen
Spiritualismus, der zu einer Erneuerung seiner
Sprache führt und ihn veranlaßt, sein ganzes zwischen 1907 und 1924 veröffentlichtes Werk als eine
Fehlentwicklung zu verwerfen. Dieses Frühwerk
umfaßt immerhin mehrere Gedichtbände: *Présences*
(1912), *Vous êtes des hommes* (1915), *Poème contre le
grand crime* (1916; die beiden letzteren Titel
deutsch von Félix Beran, *Ihr seid Menschen*, 1918),
Danse des morts (1917), *Tragiques suivis du Voyage
sentimental* (1922), *Prière* (1924); einen Roman:
La rencontre dans le carrefour (1911); ein Theater-

stück: *Les deux forces* (1913); erzählende und essayistische Prosa: *Hôtel-Dieu, récits d'hôpital en 1915*
(1918), *Romain Rolland vivant 1914–1919* (1920).
– Die unter dem Titel *Esprits* vereinigten Gedichte
in *Prière* bezeichnen den Abschied von allen Versuchen, sich draußen, in der politischen Welt, in der
Gesellschaft, zu finden und dort zu verwirklichen:
Was zu erfahren und zu sagen sich lohnt, ist aus der
eigenen inneren Ferne schon seit je zum Wort unterwegs. Die Sammlung *Noces* (1925–1931) feiert
diese neue dichterische Freiheit in einer gloriosen
Landschaft der Seele. Jouve zitiert – ohne den Text
übrigens als eine Nachdichtung zu kennzeichnen –
HÖLDERLINS hymnischen Entwurf *Tinian:* »*Agré-
able d'errer dans le désert sacré* (*»Süß ists, zu irren / In
heiliger Wildniß«*), und beschwört – in der Nachfolge des *Hohenliedes*, des heiligen FRANZISKUS,
Jan van RUYSBROECKS und der spanischen Mystik –
die ekstatischen Vermählungen mit der aus aller
Kreatur, aus dem unscheinbarsten Gegenstand
ausbrechenden Herrlichkeit. Es geht um die Erfahrung der Inkarnation, der Leib und Geschlecht, Erde und Tod gewordenen göttlichen Liebe.
Sueur de sang nimmt diese Thematik auf, setzt sie in
einer dunkleren Tonart fort, die Dialektik von Eros
und Todestrieb in Traumfragmenten und mythischen Landschaften inszenierend. Jouve hat inzwischen durch seine zweite Frau, Blanche Reverchon,
die psychoanalytischen Schriften Sigmund FREUDS
kennengelernt. Die Methode der Traumanalyse offenbart ihm einen ungeahnten Bildervorrat und ein
neues poetisches Verfahren ihrer paradoxen Verknüpfung und Deutung. Ein kurzer Essay in Prosa
(Unbewußtes, Spiritualität und Katastrophe) steht
den Gedichten voraus und darf wohl, trotz seiner
Verborgenheit, als ein bleibendes Zeugnis der historischen Stunde gelten. Es heißt dort in einer
apokalyptischen Stimmung: *»Die Psychoneurose der
Welt hat fortschreitend einen Grad erreicht, der den
Akt des Selbstmords fürchten läßt. Die Gesellschaft erinnert sich dessen, was sie zur Zeit des heiligen Johannes oder um das Jahr Tausend war: sie erwartet, sie erhofft das Ende. Unnötig zu beweisen, daß der Schöpfer
der Lebenswerte (der Dichter) sich der Katastrophe
entgegenstellen muß: was der Dichter aus dem Todestrieb gestaltet hat, ist das Gegenteil dessen, worauf die
Katastrophe hinaus will; in einer Hinsicht ist die Poesie eben das durch sein Sterben überlebende Leben des
großen Eros.«*   F. Ke.

AUSGABEN: Paris 1933. – Paris ²1935 [erw.]. – Paris ³1955. – Paris 1964 (in *Poésie*, 4 Bde.,
1964–1967, 1).

ÜBERSETZUNG: *Gedichte*, F. Kemp, Heidelberg
1957 (Ausw.; frz.-dt.).

LITERATUR: G. Trolliet, *J. et »Sueur de sang«* (in
P. J. J., Hg. R. Kopp u. D. de Roux, Paris 1972,
S. 150–152). – C. S. Brosman, *J.'s Spatial Dialectic
in »Les noces« and »Sueur de Sang«* (in AJFS, 10,
1973, S. 164–174). – S. Stétié, *De »Sueur de sang«
à »Matière céleste«* (in Sud, 11, 1981, S. 212–238).

LA VIERGE DE PARIS

(frz.; *Die Jungfrau von Paris*). Gedichte von Pierre Jean JOUVE, erschienen 1944. – Nach seinen Romanen und nach der Gedichtsammlung *Sueur de sang* (1933) hat Jouve seine dort entfalteten erotischen Motive, die ihre Hauptantriebe ebensosehr der Freudschen Psychoanalyse wie der christlichen Mystik verdanken, vor allem in seiner Lyrik fortentwickelt. Die Sammlung *Matière céleste* (1937) enthält Variationen über den (imaginären) Tod einer Geliebten, die für den Dichter in die Natur hineingestorben ist und diese dadurch in einen »himmlischen Stoff« verwandelt hat. Hélène heißt diese Geliebte wie die weibliche Hauptgestalt in der um die gleiche Zeit entstandenen Erzählung *Dans les années profondes* (zusammen mit der Erzählung *La victime* in *La scène capitale*, 1935). Die »Materie« der hier beschworenen südlichen Gebirgswelt ist so fleischlich wie geistig, organisch wie elementar, durchaus zugleich Blut, Milch, Samen, Felsen und Bäume, Luft und Licht auch, und Wolken. Die Metamorphose und Apotheose der geliebten Frau in solcher landschaftlichen Phantasmagorie zeigt eine gewisse Verwandtschaft mit der Art, wie bei dem spanischen Mystiker JUAN DE LA CRUZ die verzückte Seele die ganze Natur mit all ihren Geschöpfen in Christus, ihrem Bräutigam, sieht und liebt. Dementsprechend entwickelt auch der mittlere Zyklus des Buches, unter dem Titel *Nada* (Nichts), aus der Vermischung von Eros und Todestrieb eine negative Theologie der Liebe als des Durstes, den Abwesenheit, Ferne und Tod nur immer unstillbarer machen.

Dieses Thema einer aus dem Nichts, der Vernichtung ihren Anspruch erringenden Hoffnung hat Jouve während des Zweiten Weltkriegs einerseits in mahnenden, aufrichtenden, entschieden »engagierten« Gedichten und anderseits in asketischen Meditationen der in die »Wüste des Geistes« verstoßenen Seele weiter ausgestaltet. Die damals in der Emigration entstandenen Verszyklen, die größtenteils bereits als Einzelveröffentlichungen in der Schweiz erschienen waren, wurden 1944 unter dem Titel *La vierge de Paris* zusammengefaßt. Dieses Buch ist Maria, der jungfräulichen Gottgebärerin, als Mittlerin und Schutzherrin vorgestellt; der ganze Band ist durchzogen von marianischen Bildern und Anrufungen, ohne daß doch Hélène aufhörte, für den Dichter im Exil, wie einst für DANTE Beatrice, eine Seelenführerin durch das Dunkel der Zeit zu sein. Die Erfahrung des Abstands, der Trennung, der Wunde greift hier aus dem persönlichen Bereich hinüber in den der geschichtlichen Katastrophe, und Jouve gewinnt so aus eigenen Voraussetzungen eine Möglichkeit, die Not der Stunde für viele verbindlich auszusprechen.

Einen Nachfolger auf diesem Wege findet er in Pierre EMANUEL (1916–1984), während ein Dichter wie Yves BONNEFOY (* 1923) eher die Methode der meditativen Versenkung fortsetzt. Neben der komplexen Durchdringung von psychoanalytischen, mystischen und politischen Themen müßte

auch Jouves höchst kunstvolle Prosodie nach Verdienst gewürdigt werden. Die verschiedensten, sehr frei gehandhabten Techniken des Reims, der Assonanz, des Enjambements, der Synkope verbinden sich mit einer weich ausschwingenden Melismatik, dramatische Schroffheit mit lyrischer Süße, spruchartige Knappheit mit hymnischer Unersättlichkeit. Hier findet sich manche Übereinstimmung mit der zeitgenössischen Musik, etwa mit Alban Bergs Oper *Wozzeck*, zu der die Jouve (zusammen mit Michel FANO) einen ausführlichen Kommentar (Paris 1953; ²1964) verfaßt hat.　　　　F. Ke.

AUSGABEN: Fribourg 1944. – Paris ²1946. – Paris 1965 (in *Poésie II, 1939–1947*).

ÜBERSETZUNG: *Gedichte*, F. Kemp, Heidelberg 1957 [Ausw.; frz.-dt.].

LITERATUR: M. Alyn, *L'ordre de J.* (*»La vierge de Paris«*) (in FL, 31. 3. 1966).

DUŠAN JOVANOVIĆ

* 1.10.1939 Belgrad

OSVOBODITEV SKOPJA

(sloven.; *Ü: Die Befreiung von Skopje*). Drama in drei Akten von Dušan JOVANOVIĆ, Erstaufführung Zagreb 1978 [kroat.] und Ljubljana 1979 [sloven.]. – Grundthema dieses sehr erfolgreichen Theaterstücks (Aufführungen auf allen größeren Bühnen Jugoslawiens sowie in Sydney, Denver, Chicago, Los Angeles, New York, Berlin) des Autors und Regisseurs Dušan Jovanović, den sein dramaturgischer Weg von einer Anfangsphase des Absurden über das totale Theater des Ludismus hin zu einer Art kontrapunktischem Naturalismus geführt hat, ist die Frage nach der ethischen Haltung des Menschen in einer historischen und existentiellen Situation, die den einzelnen, einen scheinbar autonomen Gestalter seines Schicksals, zum Opfer der Gewalt werden läßt.

Das Stück formuliert die bruchstückhaften Erinnerungen eines Sechsjährigen (bzw. dessen »Chronisten« dreißig Jahre danach) an die Zeit der deutschen Besatzung der makedonischen Hauptstadt, des Widerstands im Untergrund, des Terrors der bulgarischen Geheimpolizei und der ersehnten Befreiung des Landes durch die Partisanen »*in ihrer wahrscheinlichen chronologischen Abfolge*«. Vor dem dokumentarischen, historischen Hintergrund, jedoch ohne dessen faktographische Kausalität und ohne dramatisch kohärenten Handlungsaufbau, läuft ein »Bilderbogen« ähnlich den *Letzten Tagen der Menschheit* (1922) von Karl KRAUS aus suggestiven, oft archetypisch wirkenden Einzelszenen ab. In der sorgfältig ausbalancierten Abfolge dieser dramatischen Fragmente wechseln die Personen ebenso rasch wie die Schauplätze, folgen auf überaus drastische, ja brutale Szenen oft lyrisch-besinnliche Bilder, prallt die Abnormität des Kriegsalltags im Hinterland auf den Überlebenswillen der Menschen, die sich in dieser aus den Fugen geratenen Welt einrichten müssen.

Einzig der sechsjährige Zoran ist in allen 37 erinnerten Szenen als »Mitspieler«, stiller Beobachter oder Opfer anwesend; aus seiner verfremdenden kindlichen Perspektive heraus registriert und imitiert er die gleichermaßen logische wie sinnlose Erwachsenenwelt: Er und seine Freunde prahlen voreinander mit den Heldentaten und den Leidenswegen ihrer Familienangehörigen, sie spielen »Polizeiverhör« und »Geiselerschießung«. Zorans unmittelbare Bezugspersonen durchleben jede ihre eigene tragische Geschichte: Seiner kippensammelnden Großmutter muß das Raucherbein amputiert werden; seine Mutter Lica gibt sich, um ihre Familie vor dem Hungern zu bewahren, gegen Konserven und Schokolade einem deutschen Offizier hin und wirft sich nach der Befreiung aus Scham und Verzweiflung in den Vardar; sein Onkel Georgij, in dessen Keller die Widerstandskämpfer eine Druckerei eingerichtet haben, wird von der bulgarischen Geheimpolizei gefoltert und kann, zerschlagen und halbseitig gelähmt, unter übermenschlicher Anstrengung nur noch ganz einfache Wörter stammeln; seine Tante Lena scheitert in der ihr zugefallenen Rolle des Oberhaupts dieser zerstörten Familie. Zorans Vater Dušan schließlich, der seinem Sohn als Befreier der Stadt gegenübertritt, findet in ihm einen Fremden vor: Der aus dem Kampf siegreich heimkehrende Partisan und sein Sohn, der Frühgereifte, der alles gesehen und erlitten hat, verstehen einander nicht mehr. *»Diese Bilder sprechen von den primären und elementaren Dingen des Menschen: von Gewalt und Hunger, Macht und Ohnmacht des Wortes, von Liebe und Tod, von Terror und Widerstand. In ihrem rohen Verismus sind sie frei von jeglicher Indoktrination, sie sind geballte poetische Energie«* (A. Inkret). K.D.O.

AUSGABEN: [serbokroat.] *Oslobođenje Skopja* (in Prolog, 9, 1977, 33/34). – Novi Sad 1979 (Biblioteka Sterijinog pozorja »Savremena jugoslovenska drama«, Bd. 15). – Zagreb 1981. – [sloven.] Ljubljana 1981, Hg. A. Inkret.

ÜBERSETZUNG: *Die Befreiung von Skopje*, K. D. Olof, Subotica 1987. – Dass., ders., Klagenfurt 1989 [überarb.].

LITERATUR: V. Taufer, *Eksperimentalno gledališče Glej. J.* – Stih. Spomenik (in Naši razgledi, 25. 2. 1972, S. 112 f.). – B. Pavičević, *Dramaturška beležka povodom »Oslobođenja Skopja« D. J.* (in D. J., *Oslobođenje Skopja*, Novi Sad 1979, S. 105–114). – N. Skrt, *Nasilje v igrah D. J.* (in Slavistična revija 28, 1980, S. 179–197). – A. Inkret, *Drama in teater med igro in usodo* (in D. J., *Osvoboditev Skopja*,

Ljubljana 1981, S. 391–412). – Ders., *Med igro in usodo (o gledališču D. J.)* (in *25. seminar slovenskega jezika, literature in kulture. Zbornik predavanj*, Ljubljana 1989, S. 155–169). – D. Klaić, *Utopia and Terror in the Plays of D. J.* (in Scena, 12, 1989, S. 130–137; engl. Ausg.).

JOVAN JOVANOVIĆ-ZMAJ

* 6.12.1833 Novi Sad
† 14.6.1904 Sremska Kamenica

ĐULIĆI

(serb.; *Gartenrosen*). Gedichtzyklus von Jovan Jovanović-Zmaj, erschienen 1864; fortgesetzt durch den Zyklus *Đulići uveoci (Verwelkte Gartenrosen)*, erschienen 1882. – Der Zyklus *Đulići* umfaßte zunächst neunundfünfzig Gedichte, die der Autor für die letzte zu seinen Lebzeiten erschienene Ausgabe (1899) einer geringfügigen Überarbeitung unterzog und um dreizehn bis dahin nicht veröffentlichte Texte ergänzte. Der Titel des lyrischen Tagebuchs enthält einen verschlüsselten Hinweis auf das Hauptthema der Gedichte, die Liebe des Dichters zu seiner Frau Ruža (*đul* und *ruža* sind im Serbokroatischen Synonyme für »Rose«). Im Mittelpunkt steht die Überwindung der inneren Zerrissenheit des Dichters durch die Liebe und die Erlangung eines ekstatischen Glücksgefühls. Die *»alten Qualen«* des Dichters, eine Mischung aus seiner Lebenserfahrung und dem literarischen Erlebnis des BYRONischen Weltschmerzes, sind eine ständige Gefährdung seiner Liebe. Sie lassen ihn die Welt als Schöpfung eines Urdämons erleben, in der auch die Liebe nur ein Traum des Dämons ist; oder sie lauern, von der Geliebten vertrieben, als undefinierbare Wesen in einem Hinterhalt, um bei nächster Gelegenheit die Liebe zu zerstören. Der Glaube an die Möglichkeit des Glücks durch die Liebe ist von Zweifeln bedroht, wird aber nach der Überwindung der Schmerzen in einer Art Hymne enthusiastisch bestätigt. Zmajs Auffassung der Liebe ist letzten Endes metaphysisch. Die Liebe ermöglicht die Vereinigung mit Gott; die Geliebte ist ein göttliches Wesen, das anstelle der Hölle der Qualen die Kirche des Glaubens und der Hoffnung errichtet und den Dichter mit dem Leben versöhnt. Mit der deutschen Romantik vertraut, verbindet Zmaj das konkrete Liebeserlebnis mit dem romantischen Idealbild der Geliebten.

Noch stärker tritt der romantische Einschlag in dem zweiten Zyklus, *Đulići uveoci*, zutage, der in ursprünglicher Gestalt vierundfünfzig, in der letzten vom Autor besorgten Ausgabe (1899) neunundsechzig Gedichte enthielt. Die Krankheit der Geliebten, das Hoffen und Bangen um ihr Leben, ihr Tod und der ihrer Kinder, die Trauer über den

Verlust, in die der Schmerz um die toten Eltern und Geschwister des Dichters einbezogen wird, sind die beherrschenden Themen. Zunächst erlischt mit dem Tod der Geliebten für den Dichter die gesamte Welt, doch allmählich gewinnt die Trauer für ihn einen tieferen Sinn. Die Geliebte erscheint ihm als unsterblich; die Liebe verwandelt sich durch den Tod in Trauer und bleibt in dieser Gestalt als Verbindung zwischen den Liebenden bestehen. Wie die Liebe ermöglicht die Trauer den Zugang zu Gott. Sie hebt die Grenzen von Zeit und Raum auf und vereinigt den gesamten Kosmos. Der Dichter betrachtet die Trauer als Möglichkeit des Menschen, Christus, das Symbol menschlichen Leidens, zu erreichen und die eigene Einsamkeit zu überwinden. Hier ist eine innere Verwandtschaft zu NOVALIS erkennbar. Die Vereinigung mit Gott vollzieht sich häufig im Traum, der die Grenze zwischen den Welten, zwischen Tod und Leben, Erde und Paradies aufhebt und die Möglichkeit zur Wiedererlangung der Glückseligkeit in der Begegnung mit den Verstorbenen eröffnet. Doch der Traum gerät mit der Wirklichkeit in einen Konflikt, aus dem die Bedrohung des Wahnsinns entsteht. Zmajs Weltbild, in dem eine »*Harmonie*« von Glück und Leiden herrscht, bannt jedoch diese Gefahr.

Beide Zyklen weisen eine überaus lockere Komposition auf. Die Reihenfolge der einzelnen Gedichte ist nicht inhaltlich motiviert. Auch die Zugehörigkeit einiger im Volksliedton gehaltener unpersönlicher Gedichte in der Sammlung der *Đulići* ist allein durch das gemeinsame Thema der Liebe begründet. Der künstlerische Wert der Gedichte ist durchaus unterschiedlich. Die Wahl der Epitheta und des Versmaßes – es herrschen kürzere, vier- bis achtsilbige Verse vor – ist der Tradition des Volksliedes verpflichtet. Ungewohnte Verskombinationen schaffen jedoch eine vom Volksliedton abweichende Melodik. V.B.

AUSGABEN: Novi Sad 1864 *(Đulići)*; ²1882. – Novi Sad 1882 *(Djulići uveoci)*; ern. Sarajevo 1918. – Zagreb 1899 [beide Zyklen]; ²1926; ern. Belgrad 1930 u. ö.; ern. Novi Sad 1965; ²1969. – o. O., o. J. (in *Pevanija*, 4 Bde., 1). – Novi Sad 1969 (in *Odabrana dela*, Hg. M. Leskovac, 8 Bde., 1); ²1975. – Novi Sad 1983 (in *Odabrana dela*, Hg. M. Leskovac, 10 Bde., 1).

LITERATUR: P. Popović, *J. J. Z. i njegovi »Đulići«*, Belgrad 1930 (in J. J. Z., *Đulići i Đulići uveoci*, Belgrad 1930). – V. Stajić, *J. J. Z.*, Novi Sad/Skoplje 1933. – J. Radonić, *O J. J. Z.* (in Letopis Matice Srpske, 1933, Nr. 338). – J. Milović, *Deutsche Elemente in J. J.s Dichtung*, Mchn. 1942. – M. Leskovac, *J. J. Z.* (in Književnost, 1951, Nr. 12). – V. Petrović, *J. J. Z.* (in Letopis Matice Srpske, 1954, Nr. 374). – Ž. Milisavac, *Z.*, Belgrad 1954. – M. Popović, *J. J. Z.* (in M. P., *Istorija srpske književnosti. Romantizam*, Bd. 3, Belgrad 1972, S. 167–282). – M. Leskovac, *»Đulići« i »Đulići uveoci«. Hronološki podaci* (Vorw. zu J. J. Z., *Odab-*

rana dela, Hg. ders., 8 Bde., Novi Sad 1969, 1, S. 7–116). – M. Sibinović, *Kompozicija Zmajevih »Đulića«* (in Književna istorija, 7, 1975, 28, S. 603–615). – M. Rizvić, *Komentar uz »Đuliće« i »Uveoce«* (ebd., 29, S. 3–20). – *Zmajev bečki dnevnik*, Hg. u. Einl. M. Leskovac, Novi Sad 1983. – L. Kostić, *Knjiga o Z.*, Belgrad 1984.

GASPAR MELCHOR DE JOVELLANOS

* 5.1.1744 Gijón
† 27.11.1811 Vega / Asturien

LITERATUR ZUM AUTOR:
J. Marías, *Los españoles, J., concordia y disconcordia de España*, Madrid 1962. – J. M. Palacios, *J., vida y trabajos*, Oviedo 1970. – J. Simón Díaz, *Bibliografía de J.*, Oviedo 1970. – J. H. R. Polt, *G. M. de J.*, NY 1971 (TWAS). – M. Cardenal de Iracheta, *J., autor dramático*, Madrid 1972. – L. L. Rick, *J. Studies, 1901–1973: A Critical Bibliography*, Diss. Michigan State Univ. 1973 (vgl. Diss. Abstracts, 34, 1973, S. 3428A). – G. Gómez de la Serna, *J., el español perdido*, Madrid 1975. – F. Fernández de la Cigoña, *J., Ideología y actitudes religiosas, políticas y economicas*, Oviedo 1983. – J. A. Cabezas, *J. El fracaso de la Ilustración*, Madrid 1985.

EL DELINCUENTE HONRADO

(span.; *Der ehrbare Delinquent*). »Comédie larmoyante« in fünf Akten von Gaspar Melchor de Jovellanos, Uraufführung: Aranjuez 1774. – Jovellanos schrieb dieses Stück, weil er beweisen wollte, daß die *comédie larmoyante* immer noch geeignet sei, »*die Affekte der Seele zu erregen*«. Wie in fast allen seinen Werken ist ihm das dargestellte Problem wichtiger als die literarische Gestaltung. Literatur ist für ihn nicht unverbindliche Kunst der Unterhaltung, sondern vor allem ein wirksames Mittel zur Belehrung und Beeinflussung des Publikums. Auch mit *El delincuente honorado* verfolgt er eine erzieherische Absicht, er will »*die Härte der Gesetze aufdecken, die, ohne zwischen Herausforderer und Herausgefordertem zu unterscheiden, über die Duellanten die Todesstrafe verhängen*«. – Die abstrakte Grausamkeit dieser Gesetze trifft hier Don Torcuato. Er wird von dem Marqués de Montilla, einem »*verwegenen, leichtlebigen Menschen*«, durch Beleidigungen zum Duell herausgefordert. Obwohl Don Torcuato sich nicht duellieren will, muß er die Herausforderung annehmen, da ihn sonst die Gesellschaft als Ehrlosen ansähe. Der Marqués läuft in das Schwert von Don Torcuato, der sich lediglich verteidigen wollte, und stirbt. Einige Zeit darauf heiratet Don Torcuato Laura, die Witwe seines

Gegners. Sie weiß nicht, mit wem sich der Marqués duelliert hat, bis eines Tages ein pflichteifriger Richter, Don Justo, das Geschehene um jeden Preis aufklären will. Die Wahrheit wird entdeckt, und Torcuato stellt sich dem Gericht, um seinen Freund Anselmo, der die Schuld auf sich genommen hat, vor der Strafe zu retten. Don Torcuato wird zum Tode verurteilt, obgleich Don Justo in ihm seinen Sohn erkennt. Erst im letzten Augenblick wird die Begnadigung des Königs überbracht. – Um das entscheidende Problem zu demonstrieren, fügt Jovellanos, der selbst Richter war, zuvor noch einen dialektischen Wettstreit zwischen zwei Vertretern des Gesetzes ein. Dem aufgeklärten und menschlichen »Richter-Philosophen« Don Justo stellt er in Don Simón, Lauras Vater, einen harten und autoritätsgläubigen Justizbeamten gegenüber. In dieser Zeit wurde C. BECCARIAS Schrift *Dei delitti e delle pene*, 1764 *(Über Verbrechen und Strafen)*, in Spanien übersetzt und viel gelesen. Das darin enthaltene Plädoyer für die Ausgewogenheit von Schuld und Strafmaß spiegelt *El delincuente honrado* wider. Das Stück weist die typischen Merkmale der *comédie larmoyante* auf: das »rührende« Element (in der Gestalt der opferbereiten Laura und in der Entdeckung Don Justos, daß der Verurteilte sein Sohn ist), den glücklichen Ausgang, schließlich den Sieg des Guten. Die Eigenart des Stückes bedingt auch seine Mängel: übertrieben zahlreiche Kontroversen und Streitgespräche, allzu häufige Hinweise auf die Moral, das strikte Bemühen, die Opfer als unschuldige Wesen hinzustellen. Die Rettung Torcuatos im letzten Moment und die plötzliche Entdeckung, daß er Don Justos Sohn ist, wirken konstruiert. Jovellanos hält sich, wie es unter den »aufgeklärten« Dramatikern des spanischen 18. Jh.s üblich war, streng an die drei Einheiten von Ort, Zeit und Handlung. Im bewußten Gegensatz zum barocken Schwulst des 17. Jh.s schreibt er eine klare und elegante Prosa.   A.A.A.

AUSGABEN: Barcelona ca. 1782. – Madrid 1787. – Madrid 1858 (in *Obras*; BAE, 46; Nachdr. 1951). – Madrid 1942–1943 (in F. C. Sáinz de Robles, *El teatro español*, Bd. 5, S. 589–652; m. Einl.). – Madrid 1979 (in *Poesia, Teatro, Prosa*, Ausw. u. Vorw. J. L. Abellán). – Oviedo 1984 (in *Obras completas*, Hg. J. M. Caso Gonzáles; krit.).

ÜBERSETZUNG: *Der edle Verbrecher*, J. Leonini, Bln. 1796.

LITERATUR: J. L. Villota Ejalde, *Doctrinas filosófico-jurídicas y morales de J.*, Oviedo 1958. – J. H. R. Polt, »*El delincuente honrado*« (in RomR, 50, 1959, S. 170–190). – J. Arce, *J. y la sensibilidad prerromántica* (in Boletín de la Biblioteca Menéndez y Pelayo, 36, 1960, S. 139–177). – R. Benítez Claros, *La tragedia neoclásica española* (in R. B. C., *Visión de la literatura española*, Madrid 1963, S. 155–198). – J. Caso González, »*El delincuente honrado*«: *Drama sentimental* (in Archivum, 14, 1964, S. 103–133). – J. Beverley, *The Dramatic*

Logic of »*El delincuente honrado*« (in RHM, 37, 1972/73, S. 155–161) – J. Dowling, *La sincronía de* »*El delincuente honrado*« *de J. y las* »*Noches lúgubres*« *de Cadalso* (in NRFH, 33, 1984, S. 218–223). – T. Heydenreich, *G. M. de J.* – »*El delincuente honrado*« (in *Das Spanische Theater*, Hg. V. Roloff u. H. Wentzlaff-Eggebert, Düsseldorf 1985).

DIARIOS

(span.; *Tagebücher*). Tagebuchaufzeichnungen von Gaspar Melchor de JOVELLANOS, entstanden zwischen 1790 und 1801; im Druck erschienen 1915. – Diese *Tagebücher* dürfen als das Meisterwerk ihrer Gattung in der spanischen Literatur gelten. Hier haben die von einer kleinen Schicht Intellektueller getragenen Reformbewegungen der Aufklärungszeit unverfälschten Ausdruck gefunden. Jovellanos spricht von seiner Lektüre und seiner Tätigkeit, von seinen persönlichen Freunden und Feinden, doch seine Aufmerksamkeit gilt vor allem dem politischen Geschehen und dem Zustand des Vaterlandes. Als ein echter Vorläufer der »Generation von 98« meditiert er über das Schicksal seines Volkes, dessen Verfall er bewußt miterleidet. Während er in den Kunstdenkmälern noch einen Hauch der vergangenen Größe spürt, entdeckt er überall um sich die Zeichen des Niedergangs: ». . . *verfallene, halbentvölkerte und schmutzige Ortschaften, . . . traurige und zerlumpte Bewohner, . . . unbebaute, zur Wüste gewordene Landstriche.*« Jovellanos hat in dem Zeitraum, den seine Tagebücher umfassen, einen großen Teil Spaniens zu Pferd durchquert und die Bewohner direkt befragt, um sich aus erster Hand über die örtlichen Verhältnisse zu informieren. Er interessierte sich für Geographie und Geschichte ebenso wie für die Folklore, die Arbeitsmethoden, die soziale Struktur und die Lebensweise der Bevölkerung. Da er nicht als Tourist, sondern als Patriot, Dichter, Kunstkenner, Politiker und Ökonom das Land bereiste, beschränkt er sich nicht darauf, Mißstände aufzuzeigen, sondern versucht, deren Ursachen aufzudecken und Reformpläne zu entwerfen, die er freilich angesichts der Verantwortungslosigkeit der Regierenden und der Apathie des Volkes selbst als utopisch betrachtet. Seine Anklagen richten sich vor allem gegen die herrschenden Stände, den Adel und den Klerus. Dem ersteren wirft er vor, daß er degeneriert sei und in Madrid dem Müßiggang und dem Laster fröne, anstatt das Vorbild eines tätigen Lebens zu geben. Der Kirche hält er die allzu große Zahl der Kleriker vor; so notiert er bei der Beschreibung des Dorfes Tineo: »*Das Kloster ist ein elendes Gebäude; aber dort wohnen dreißig Mönche, die das Dorf wirtschaftlich ruinieren.*« Für noch bedenklicher aber hält er es, daß die Kirche ihre Aufgabe, das Volk belehrend zu führen, vernachlässigt und die Religion in eine »Farce« abergläubischer Praktiken verwandelt hat.

Da Jovellanos' Urteile treffend und gut fundiert sind, stellen seine Tagebucheintragungen die zuverlässigste Dokumentation über das Spanien des ausgehenden 18. Jh.s dar. Aber auch als dichterisches Zeugnis sind sie bedeutend. Jovellanos ist der Wiederentdecker der Landschaft für die spanische Literatur. Das Naturgefühl, das im 16. Jh. so gut wie erloschen war, hat er, mit romantischem Vorzeichen und unter dem Einfluß von ROUSSEAU, dessen Werke ihm vertraut waren, wiedererweckt: »*Willst du glücklich sein, o Mensch, dann betrachte die Natur und nähere dich ihr; sie ist die einzige Quelle der kurzen Freude, die dem menschlichen Geschlecht gegönnt ist.*« A.F.R.

AUSGABEN: Madrid 1915, Hg. M. Adellac y González de Agüero (vgl. dazu J. Somoza, in Boletín de la Biblioteca Menéndez Pelayo, 5, 1923, S. 102–116; 241–258; 325–339; 6, 1924, S. 20–35; 134–150; 250–258). – Oviedo 1955/56, Hg. J. Somoza [Einl. A. del Río]. – Madrid 1956 (in *Obras*, Hg. M. Artola, Bd. 3 u. 4; m. Einl.; BAE, 85/86).

LITERATUR: A. del Río, *El sentimiento de la naturaleza en los »Diarios« de J.* (in NRFH, 7, 1953, S. 630–637). – E. F. Helman, *Viajes de españoles por España* (ebd., S. 618–629). – Ders., *El humanismo de J.* (in NRFH, 15, 1961, S. 519–528). – J. Sarrailh, *L'Espagne éclairée de la seconde moitié du 18e siècle*, Paris 1964. – W. Vogt, *Die »Diarios« von G. M. J.*, Bern 1975.

PAULUS JOVIUS

Paolo Giovio

* 19.4.1483 Como
† 10.12.1552 Florenz

HISTORIARUM SUI TEMPORIS LIBRI XLV

(nlat.; *Geschichte seiner Zeit in 45 Büchern*). Historisches Werk von Paulus JOVIUS, erschienen 1550–1552. – Der Autor behandelt in diesem Werk, dessen Entstehung sich über dreißig Jahre erstreckte, die Epoche von 1494–1547. Von den im Titel angekündigten 45 Büchern fehlen die Bücher 5–10, d. h. die Zeit vom Tod König Karls VIII. (1498) bis zur Wahl Papst Leos X. (1513), und die Bücher 19–24, die für die Jahre vom Tod Leos X. (1521) bis zum »Sacco di Roma« (1527) vorgesehen waren und die der Autor, wie er selbst sagt, deshalb nicht ausgearbeitet hat, weil er hier die schmachvollste Epoche seines Volkes hätte darstellen müssen. Doch hatte er die Hauptgestalten und -ereignisse dieser Jahre schon in seinen *Elogien* und *Viten* hinreichend charakterisiert. Jovius' Bemerkung, die Bücher 5–10 seien bei der Plünde-

rung Roms vernichtet worden, ist umstritten. Möglicherweise sind sie nie geschrieben worden. Mit diesem Werk des Bischofs von Nocera beginnt im Zeitalter des Humanismus die Emanzipation der Geschichtsschreiber von ihren fürstlichen Auftraggebern. Während sie vorher meist auf Bestellung arbeiteten, schreibt Jovius nun auf eigene Faust und vor allem zum eigenen Vorteil. Er reicht seine Manuskripte schon vor der eigentlichen Publikation an den Höfen herum und läßt sich, falls ein Politiker in besserem Licht erscheinen will, für die entsprechenden Abänderungen teuer bezahlen, ja gewöhnlich forderte er, schon bevor er über sie zu schreiben begann, von den Großen seiner Zeit einen angemessenen Tribut. Man sagte von ihm, er habe mit einer goldenen und einer stählernen Feder Geschichte geschrieben, mit der einen die seiner Gönner, mit der andern die jener Männer, die auf sein erpresserisches Ansuchen nicht eingingen. Dagegen verteidigt er sich in den *Lettere volgari: »Ich müßte doch ein Narr sein, wenn ich nicht meine Freunde und Gönner dadurch, daß ich sie ein Drittel mehr gelten lasse als die mir weniger Gewogenen, zu meinen Schuldnern machen wollte. Ihr wißt wohl, daß ich nach diesem heiligen Vorrecht einige in reichen Brokat, andere aber in schlechtes Zeug gekleidet habe, je nachdem sie es um mich verdienten.*«

Dieses Vorhaben gelang Jovius vor allem dank seiner glänzenden journalistischen Begabung. Er schrieb ein Latein von einer Vollendung, wie sie nach dem Urteil der Umgebung Leos X. seit LIVIUS nicht mehr erreicht worden war. Über schlechthin alles verstand er elegant und interessant zu berichten, selbst wenn ihm gründliche Kenntnisse und politisches Urteilsvermögen fehlten. Er vermochte sich dem individuellen Geschmack seiner Geldgeber anzupassen, ohne solche Bereitwilligkeit bis ins Lächerliche zu übertreiben. Bei alledem war er von einem rastlosen Wissensdrang besessen: Er interviewte die Gesandten beim Heiligen Stuhl, verschaffte sich Zugang zu Herrschern und Päpsten, durchwühlte die vatikanischen Archive und ließ sich wichtige historische Stätten zeigen. So weiß er vieles zu berichten, was andere Zeitgenossen unerwähnt lassen; das macht sein Werk für die Erforschung des dargestellten Zeitraums unentbehrlich. Doch ging dem Autor, der sich wie GUICCIARDINI nicht mehr auf die Geschichte eines begrenzten Territoriums beschränkte, der eigentliche Sinn für historische Begebenheiten ab: »*Die Lage der öffentlichen Geschäfte wird nie ergründet, die Politik fehlt; das Geheimnis bleibt unaufgeschlossen*« (Ranke). – Das Werk steht am Anfang der journalistischen Geschichtsschreibung, die sich in den folgenden Jahrzehnten weiter ausbreitete, durch den erstarkenden Absolutismus und gegenreformatorische Bestrebungen jedoch bald wieder unterdrückt wurde. Wie gut Jovius den Geschmack seiner Leser getroffen hat, beweisen nicht zuletzt die häufigen Neuauflagen des Werks. Kaum ein Jahrzehnt nach der Erstveröffentlichung lag es bereits in italienischer, französischer, spanischer und deutscher Übersetzung vor. A.U.

AUSGABEN: Florenz 1550–1552, 2 Bde. – Paris 1553/54. – Basel 1560. – Lyon 1561. Rom 1957–1985 (in *Opera*, 1956 ff., Bd. 3–5, Hg. D. Visconti).

ÜBERSETZUNGEN: *Ein warhafftige beschreybung aller namhafftigen Geschichten, so sich ... bey Menschen gedechtnuß von dem 1494ten Jar biß zu diser Zeyt ... in Europa, Asia und Affrica ... zugetragen*, H. Pantaleon, Basel 1560. – *Warhafftige Beschreibunge chronickwürdiger namhafftiger Historien und Geschichten, so sich bey Menschen gedächtnuß von dem 1494ten biß auff das 1547te jar ... in Europa, Asia und Africa ... zugetragen und verlaufen*, G. Forberger u. H. Halver, Ffm. 1570.

LITERATUR: E. Rota, *P. G.* (in *Letteratura italiana. I minori*, Bd. 2, Mailand 1961, S. 927–948) – V. J. Parry, *Renaissance Historical Literature in Relation to the Near and Middle East* (in *Historians of the Middle East*, Hg. B. Lewis u. P. M. Holt, Oxford 1962). D. Visconti, *Le lacune delle »Historiae« gioviane* (in Studia Ghisleriana, 1967). – T. C. Price Zimmermann, *The Publication of P. G.'s »Histories«: Charles V and the Revision of Book 34* (in La Bibliofilia, 74, 1972). – E. Cochrane, *Historians and Historiography in the Italian Renaissance*, Chicago 1981, S. 366–377.

JORDAN STEFANOV JOVKOV

* 9.11.1880 Žeravna
† 15.10.1937 Plovdiv

LITERATUR ZUM AUTOR:
T. Eckhardt, *Die Technik der Erzählung bei J. J.*, Diss. Wien 1950. – S. Sultanov, *J. i negovijat svjat*, Sofia 1968; ²1980. – M. Vasilev, *J. J. – nejstor na razkaza*, Sofia 1968. – D. Minev, *J. J. Spomeni i dokumenti*, Varna 1969. – Z. Gajdova, *J. J. Preporučitelna bibliografija po slučaj 90 g. ot rozdenieto mu*, Tolbuchin 1970. – M.-T. Tušb'of, *Les expressions imagées dans l'œuvre de J. J.*, Diss. Sorbonne 1973. – I. Panova, *Vazov, Elin Pelin, J. – majstori na razkaza*, Sofia 1975. – S. Georgiev, *Ezik i stil na J. J.*, Sofia 1979. – S. Kazandžiev, *Sreśti i razgovori s J. J.*, Sofia 1980. – *J. J. 1880–1937. Bio-bibliografski ukazatel*, Hg. I. Sarandev, Sofia 1980. – *J. J. 1880–1980: Novi izsledvanija*, Hg. M. Šiškova u. I. Sarandev, Sofia 1982. – G. Canev, *J. J.*, Sofia 1982.

ČIFLICĂT KRAJ GRANICATA

(bulg.; *Ü: Das Gut an der Grenze*). Roman von Jordan St. JOVKOV, erschienen 1933/34. – Der Roman spielt um 1923, zur Zeit der sozialrevolutio-nären Reaktion in Bulgarien. *(»Nun, sind die Roten schon bis zur Donau gekommen? Werden sie auch hierher kommen?«)* Er schildert den endgültigen Zerfall des ehemals riesigen, an der rumänischen Grenze gelegenen Gutes Isjoren, spiegelt darin aber zugleich die ganze zerrüttete ökonomische Situation Bulgariens nach dem Ersten Weltkrieg: *»Man braucht nicht besonders tief einzudringen, um festzustellen, daß alles verkam, zusammenstürzte und verödete.«* Ein elegischer Epilog beschreibt die schließlich erreichte soziale Umschichtung auf dem Gut – die Bauern des Nachbardorfes Senovo haben sich erhoben, ihre Ansprüche auf das Gut geltend gemacht und es schließlich in Besitz genommen –, die als unausweichliche Folge des äußeren Geschehens längst erwartet worden ist. *(»Die Äcker würden in den Besitz der Bauern übergehen. Aber auch das ist nicht schlecht.«).*

Eingebettet in die Beschreibung dieses sozialen Kampfes und eine Fülle folkloristischer sowie landschaftlicher Skizzen ist eine halb idyllische, halb melodramatische Liebesgeschichte: Die unstete, leichtsinnige, eben aus der Schweiz zurückgekehrte Gutsbesitzertochter Nona verliebt sich in einen Grenzoffizier, der während der Bauernrebellion erschossen wird. Das Mädchen, das mit einem Schweizer Bankier verlobt ist, begeht Selbstmord. Der Roman enthält eine Fülle origineller Genre- und Menschenstudien. Dabei ist vor allem bemerkenswert, daß das Charakterbild der Personen nie in direkter Schilderung entworfen sind, sondern sich stets mittelbar aus den Gesprächen oder der Reaktion auf die Ereignisse ergibt oder durch die Technik der »Doppelperspektive«: Ein und dieselbe Szene wird nacheinander von zwei verschiedenen Standorten aus beschrieben.   W.Sch.

AUSGABEN: Sofia 1933/34 (in *Zora*). – Sofia 1956 (in *Săbr. săč.*, Hg. A. Karalijčev u. a., 7 Bde., 5). – Sofia 1971 (in *Săbr. săč.*, Hg. S. Sultanov, 6 Bde., 4); ern. 1983.

ÜBERSETZUNG: *Das Gut an der Grenze*, N. Koleff, Lpzg. 1939.

LITERATUR: E. Karanfilov, *Ljubovta kăm čoveka v Jovkovite razskazi* (in Lit. front, 45, 1955). – L. Veleva, *Tolstoj i J.* (in Septemvri, 31, 1978, 9, S. 61–73). – S. Georgiev, *Ezikovata sakrovištnica na J. J.* (in Bălg. ezik, 30, 1980, S. 315–325).

VEČERI V ANTIMOVSKIJA CHAN

(bulg.; *Ü: Im Gasthof zu Antimovo*). Folkloristischer Skizzenzyklus von Jordan St. JOVKOV, erschienen 1928. – Jovkovs in typologische Genreminiaturen aufgelöste, gleichsam impressionistische Darstellung des humorig-melancholischen, schwerblütigen Menschenschlags der bulgarischen Dobrudscha erschien im gleichen Jahre wie Mihail SADOVEANUS thematisch verwandte Erzählungen *Hanu-Ancuţei (Ankutzas Herberge)*. Als Symbol euphorischen Vergessens, auf das die menschliche Natur nicht verzichten kann, *»liegt der Gasthof zu Antimovo an einem Ort, durch den viele Wege laufen«*. Facettenreich spiegelt sich in dem *»fröhlichen Zechen«* und der *»süßen Rast«* im ländlichen Gasthof der Wirtin Sarandovica, die *»das Herz in Rührung und Glückseligkeit aufgehen«* lassen, das Alltagsleben der Besucher wider. Die Zerstörung des Gasthauses durch rumänische Soldateska setzt der Idylle ein tragisches Ende.

Eingerahmt in zwei quasi autobiographische Skizzen, welche den im übrigen zeitlich unbestimmten Begebenheiten eine subjektive Chronologie setzen, bezieht der Zyklus seine überzeugende Unmittelbarkeit aus dem Wechsel von lakonischer Berichterstattung, warmherzig-schmunzelnder Charakteristik und einem umgangssprachlichen Dialog, der durch die bewußt realistische Häufung rhetorischer Banalitäten die sympathische Naivität der Gestalten verdeutlicht. Die leitmotivisch stereotype Wiederholung statischer Teilsujets dient der wachsenden Einbeziehung des Lesers in die Welt des geschilderten Milieus.   W.Sch.

AUSGABEN: Sofia 1928. – Sofia 1956 (in *Săbr. săč.*, 7 Bde., 2, Hg. A. Karalijčev). – Sofia 1964 (in *Izbrani razkazi*, 2, Hg. S. Minkov). – Sofia 1970 (in *Săbr. săč.*, Hg. S. Sultanov, 6 Bde., 2); ern. 1983.

ÜBERSETZUNGEN: *Im Gasthof zu Antimovo. Geschichten aus der Dobrudscha*, M. Matliev, Bln. 1941. – *Ausgewählte Erzählungen*, L. Markova u. K. Papasova, Sofia 1965 [Ausz.].

LITERATUR: S. Vasilev, *Za njakoi tragični motivi v J. tvorčestvo* (in Lit. misăl, 1960, 6, S. 6–21). – Ders., *Văprosi na psichologičeskata charakteristika v tvorčestvoto na J. J.* (in Spisanie na BAN, 1961, 1, S. 55–71). – S. Nikolova, *Kăm văprosa J. – Sadovjanu. »Večeri v Antimovskija chan« – »Ankucinovijat chan«* (in Lit. misăl, 1980, 9, S. 3–24).

ŽETVARJAT

(bulg.; *Ü: Der Schnitter*). Dorferzählung von Jordan St. JOVKOV, erschienen 1920, überarbeitete Fassung 1930. – Der haßerfüllte Streit zwischen dem unsympathischen Großbauern Vălčan und seinem unbeherrschten Gegner Grozdan spielt sich in der bäuerlichen Welt der Dobrudscha ab. Grozdan verliert im Prozeß gegen Vălčan einen großen Teil seines Ackerlandes. Aus Rache zündet er den Heustadel des Gegners an und stiehlt in der Kirche den goldenen Heiligenschein einer von Vălčan gestifteten Ikone. Die Wende tritt ein, als eines Tages Vălčans Pferde auf dem Felde durchgehen und Grozdan dem Bedrängten zu Hilfe eilt. Sterbend befiehlt Vălčan seinen Söhnen die Rückgabe des Ackerlandes an Grozdan. Symbolisch ist es die letzte Ikone des Ikonenmalers Nedko – Christus als Schnitter –, an der sich Haß und Verbrechen zu Versöhnung und innerer Einkehr wandeln.

Anders als in dem späteren Roman *Čiflikăt kraj granicata*, 1934 *(Das Gut an der Grenze)*, hat Jovkov hier die Psychologie der Handelnden eher durch die erzählerische Abschilderung ihrer Charaktere verdeutlicht, als daß er sie in indirekter Weise, durch Darstellung ihres äußeren Verhaltens und typisierende Gesprächssituationen, sichtbar gemacht hätte. In den Naturbildern, der künstlerischen Domäne des Autors, überwiegt mitunter eine übersteigert kosmogonische Metaphorik, die ins Sentimentale auszuarten droht: *»Als sei es kein Mensch, der dort spielte, stiegen die Töne wie unmittelbar aus der Nacht selbst empor, zogen zitternd dahin, schwangen sich in unendlichen Wellen zum Himmel hinauf und umkosten zärtlich die Sterne.«* Jovkovs Werk bildet den Höhepunkt der von VLAJKOV über STRAŠIMIROV zu ELIN-PELIN reichenden Tradition einer bäuerlich-volkstümlichen Literatur aus sozialem Engagement.   W.Sch.

AUSGABEN: Sofia 1920. – Sofia 1930 [überarb.]. – Sofia 1964 (in *Izbrani razkazi*, Hg. S.Minkov, Bd. 1). – Sofia 1971 (in *Săbr. săč.*, Hg. S. Sultanov, 6 Bde., 4); ern. 1983.

ÜBERSETZUNG: *Der Schnitter*, G. Gesemann, Mchn. 1942.

LITERATUR: T. Eckhardt, *J. J.s erzählerisches Werk* (in Österreichische Osthefte, 13, 1971, S. 203 bis 220). – Dies., *J.s Kronzeuge* (ebd., 14, 1972, S. 62–88). – Dies., *Zur Komposition in J. J.s Erzählungen und Novellen* (ebd., 15, 1973, S. 245 bis 273).

* 2.2.1882 Dublin
† 13.1.1941 Zürich

LITERATUR ZUM AUTOR:

Bibliographien und Forschungsberichte:
J. J. Slocum u. H. Cahoon, *A Bibliography of J. J.*, New Haven/Conn. 1953; Nachdr. 1971. – A. M. Cohn, *Supplementary J. J. Checklist* (in J. J. Quarterly, 1959). – R. H. Deming, *A Bibliography of J. J. Studies*, Kansas City 1965; ern. Boston 1977 [rev. u. erw.]. – M. Beebe, Ph. H. Herring u. A. W. Litz, *Criticism of J. J.: A Selected Checklist* (in MFS, 15, 1969, S. 105–182). – Th. F. Staley, *J. J.* (in *Anglo-Irish Literature: A Review of Research*, Hg. R. J. Finneran, NY 1976, S. 366–435). – U. Multhaup, *J. J.*, Darmstadt 1980 (EdF). – Th. J. Rice, *J. J.: A Guide to Research*, NY 1982. – Th. F. Staley, *J. J.* (in *Recent Research on Anglo-Irish Writers*, Hg. R. J. Finneran, NY 1983). – *A Companion to J. Studies*, Hg. Z. R. Bowen u. J. F. Carens, Westport/Conn. 1984.

Zeitschriften:
J. J. Review, NY 1957–1959. – A. J. J. Miscellany, NY/Carbondale (Ill.) 1959–1962. – A Wake Newsletter, Colchester 1962 ff. – J. J. Quarterly, Tulsa/Okla. 1963/64 ff. – J. J. Broadsheet, Ldn. 1980 ff.

Biographien:
H. S. Gorman, *J. J.: His First Forty Years*, NY 1924; Nachdr. 1982. – L. Edel, *J. J.: The Last Journey*, NY 1947; Nachdr. zul. 1982. – I. Svevo, *J. J.*, NY 1950. – J. F. Byrne, *Silent Years: An Autobiography with Memoirs of J. J. and Our Ireland*, NY 1953; Nachdr. 1975. – P. Hutchins, *J. J.'s World*, Ldn. 1957. – M. u. P. Colum, *Our Friend J.J.*, NY 1958. – S. Joyce, *My Brother's Keeper: J. J.'s Early Years*, Hg. R. Ellmann, NY 1958 (Einl. u. Anm. R. Ellmann; Vorw. T. S. Eliot; dt. *Meines Bruders Hüter*, Ffm. 1975; st). – K. Sullivan, *J. Among the Jesuits*, NY 1958. – R. Ellmann, *J. J.*, Oxford/NY 1959; ern. 1966 [rev.]; ern. 1982 (dt. Zürich 1961; ern. Ffm. 1979, 2 Bde.; st). – S. Beach, *Shakespeare and Company*, NY 1959 (dt. Ffm. 1982; st). – J. Paris, *J. J. par lui-même*, Paris 1957 (dt. *J. J. in Selbstzeugnissen u. Bilddokumenten*, Reinbek 1960; zul. 1988; rm). – S. Joyce, *The Dublin Diary of Stanislaus J.*, Hg. G. H. Healey, Ithaca/N.Y. 1962; ern. 1971 (erw.; dt. *Das Dubliner Tagebuch des S. J.*, Ffm. 1984; st). – *The J. We Knew*, Hg. U. O'Connor, Cork 1967. – Ch. G. Anderson, *J. J. and His World*, Ldn. 1967. – C. Curran, *J. J. Remembered*, NY 1968. – D. v. Recklinghausen, *J. J.: Chronik von Leben u. Werk*, Ffm. 1968 (es). – F. Budgen, *Myselves When Young*, NY 1970. – A. Power, *Conversations with J. J.*, Ldn. 1974. – S. Gébler Davies, *J. J.: A Portrait of the Artist*, Ldn. 1975; Nachdr. 1982 [dt. Mchn. 1987; Heyne Tb]. – *Portraits of the Artist in Exile: Recollections of J. J. by Europeans*, Hg. W. Potts, Ldn. 1979; Nachdr. 1986. – E. O'Brien, *James and Nora: A Portrait of J.'s Marriage*, Northridge/Calif. 1981. – B. Bradley, *J. J.'s Schooldays*, Dublin 1982 [Vorw. R. Ellmann]. – B. Maddox, *Nora: The Real Life of Molly Bloom*, NY 1988.

Gesamtdarstellungen und Studien:
H. Broch, *J. J. u. die Gegenwart*, Wien/Prag 1936; ern. Ffm. 1972 (BS). – H. Levin, *J. J.: A Critical Introduction*, Norfolk/Conn. 1941; ern. 1960 (rev.; dt. Ffm. 1977; BS). – *J. J.: Two Decades of Criticism*, Hg. S. Givens, NY 1948; ern. 1963. – W. Y. Tindall, *J. J.: His Way of Interpreting the Modern World*, Ldn./NY 1950; Nachdr. 1979. – H. Kenner, *Dublin's J.*, Bloomington/Ind. 1956; Nachdr. 1987. – M. Magalaner u. R. M. Kain, *J.: The Man, the Work, the Reputation*, NY 1956; Nachdr. 1979. – W. Rothe, *J. J.*, Wiesbaden 1957. – J. I. M. Stewart, *J. J.*, Ldn. 1957; ern. 1964. – MFS, 4, 1958 [Sondernr. *J. J.*]. – M. Magalaner, *Time of Apprenticeship: The Fiction of Young J. J.*, NY 1959. – W. Y. Tindall, *A Reader's Guide to J. J.*, NY 1959; ³1970. – A. W. Litz, *The Art of J. J.: Method and Design in »Ulysses« and »Finnegans Wake«*, Ldn. 1961; Nachdr. 1968. – S. L. Goldberg, *J. J.*, NY 1962. – A. W. Litz, *J. J.*, NY

1964 (TEAS; ern. 1972; rev.). – J. Prescott, *Exploring J. J.*, Carbondale/Ill. 1964. – A. Burgess, *Re J.*, NY 1965 (u. d. T. *Here Comes Everybody: An Introduction to J. J. for the Ordinary Reader*, Ldn. 1965; ern. 1982; rev.). – D. O'Brien, *The Conscience of J. J.*, Princeton/N.J. 1967. – *J. J. Today: Essays on the Major Works*, Hg. Th. F. Staley, Bloomington/Ind. 1967. – A. M. Goldman, *J. J.*, Ldn./NY 1968. – Ders., *The J. Paradox*, Evanston/Ill. 1968. – J. Prescott, *J. J.: The Man and His Work*, Toronto 1969. – *J. J.: The Critical Heritage*, Hg. R. H. Deming, 2 Bde., Ldn. 1970; Nachdr. 1987. – E. Brandabur, *A Scrupulous Meanness: A Study of J.'s Early Work*, Urbana/Ill. 1971. – J. Gross, *J. J.*, Ldn. 1971 (dt. Mchn. 1974; dtv). – H. O. Brown, *J. J.'s Early Fiction: The Biography of a Form*, Ldn. 1972. – A. Burgess, *Joysprick: An Introduction to the Language of J. J.*, Ldn. 1973. – Th. Fischer, *Bewußtseinsdarstellung im Werk von J. J.: Von »Dubliners« zu »Ulysses«*, Ffm. 1973. – N. Halper, *The Early J. J.*, Ldn./NY 1973. – U. Multhaup, *Das künstlerische Bewußtsein u. seine Gestaltung in J. J.s »A Portrait of the Artist as a Young Man«. »Ulysses«*, Ffm./Bern 1973. – *J.: A Collection of Critical Essays*, Hg. W. M. Chace, Englewood Cliffs/N.J. 1974. – K. Grose, *J. J.*, Ldn. 1975. – B. Mitchell, *J. J. and the German Novel 1922–1933*, Athens/Oh. 1976. – R. M. Adams, *After J.: Studies in Fiction after »Ulysses«*, NY 1977. – B. Benstock, *J. J.: The Undiscover'd Country*, Dublin 1977. – R. Ellmann, *The Consciousness of J.*, Ldn. u. a. 1977. – Ch. H. Peake, *J. J.: The Citizen and the Artist*, Ldn. 1977. – M. Hodgart, *J. J.: A Student's Guide*, Ldn. 1978. – H. Kenner, *J.'s Voices*, Berkeley/Calif. 1978. – C. MacCabe, *J. J. and the Revolution of the World*, Ldn. 1978. – Sh. u. B. Benstock, *Who's He When He's at Home: A J. J. Directory*, Ldn. 1980. – S. Bolt, *A Preface to J. J.*, Ldn. u. a. 1981. – J. Gordon, *J. J.'s Metamorphoses*, Dublin 1981. – M. T. Reynolds, *J. and Dante: The Shaping Imagination*, Princeton 1981. – K. P. Müller, *Epiphanie: Begriff u. Gestaltungsprinzip im Frühwerk von J. J.*, Ffm./Bern 1982. – *J. J. and Modern Literature*, Hg. W. J. McCormack u. A. Stead, Boston 1982. – *J. J.: An International Perspective*, Hg. S. B. Bushrui u. B. Benstock, Gerrards Cross 1982. – J. P. Riquelme, *Teller and Tale in J.'s Fiction: Oscillating Perspectives*, Baltimore/Md. 1983. – F. Senn, *Nichts gegen J. – J. versus Nothing: Aufsätze 1959–1983*, Zürich 1983. – *Studenten lesen J.: Interpretationen zum Frühwerk: »Stephen Hero« – »Dubliners« – »A Portrait of the Artist as a Young Man«*, Hg. J. Klein, Essen 1984. – P. Parrinder, *J. J.*, Cambridge 1984. – B. K. Scott, *J. and Feminism*, Bloomington/Ind. 1984. – *Poststructuralist J.*, Hg. D. Attridge u. D. Ferrer, Cambridge 1985. – B. Benstock, *J. J.* (in DLB, Bd. 36, 1985, S. 79–105). – Ders., *J. J.*, NY 1985. – *Critical Essays on J. J.*, Hg. ders., Boston 1985. – *J. J.*, Hg. H. Bloom, NY 1986. – *International Perspectives on J. J.*, Hg. G. Gaiser, Troy/N.Y. 1986. – B. K. Scott, *J. J.*, Atlantic Highlands/N.J. 1987. – H. Blamires, *Studying J. J.*, Ldn. 1987.

DAS LYRISCHE WERK (engl.) von James JOYCE.
Die lyrische Schreibweise ist bei Joyce nicht an den Vers gebunden. Am überzeugendsten praktiziert er sie in Teilen seiner frühen Prosaskizzen *(Epiphanies; Giacomo Joyce)* und großen Romane. Bei seinen Versgedichten ist zu unterscheiden zwischen solchen, die er unter eigenem Namen veröffentlichte, und solchen, die er einzelnen seiner Romanfiguren zuschrieb, meist in satirischer Absicht. Hinzu kommen die in Versform abgefaßten Pamphlete *The Holy Office* (1904) und *Gas from a Burner* (1912) sowie diverse (erst postum publizierte, z. T. fragmentarische) Gelegenheitsverse, die im ersten Band des *James Joyce Archive* dokumentiert und größtenteils in Richard ELLMANNS Joyce-Biographie sowie (mit deutscher Übersetzung) in der Frankfurter Werkausgabe abgedruckt sind. Wir konzentrieren uns im folgenden auf jene 50 Gedichte, die Joyce in seine *Collected Poems* (1936) aufnahm.
Zwischen 1900 und 1904 suchte Joyce seinen noch unausgegorenen ästhetischen und erotischen Vorstellungen Ausdruck zu geben durch »perfekte« Gedichte, die er zu (nur partiell erhaltenen) Manuskript-Serien zusammenfaßte: *Moods; Shine and Dark*; eine Kollektion von Rondeaux und Villanellen. Lyrik definierte er 1903 in seinem *Paris Notebook* als jene Schreibart, bei der »*der Künstler das dichterische Bild in unmittelbarem Bezug auf sich selbst hervorbringt*«, und die Prämissen und Konsequenzen dieses Postulats werden deutlich in den Schilderungen der poetischen Ambitionen des Helden von *Stephen Hero* (entstanden zwischen 1904 und 1906). Um sich von der damals tonangebenden Schule des Celtic Twilight abzusetzen – von deren Vertretern (speziell YEATS) er sich nichtsdestoweniger inspirieren ließ –, griff Joyce in Motivik und Stil auf Dante, SHAKESPEARE und die englische Lied-Tradition des 16. und 17. Jh.s (Dowland, Byrd, Ben JONSON) zurück, desgleichen auf BLAKE, SHELLEY, BYRON und die Präraffaeliten, nicht zuletzt auf die französischen Symbolisten (speziell VERLAINE) sowie deren englische Epigonen (SWINBURNE, DOWSON). Durch Vermittlung von Arthur Symons wurden 36 dieser Frühgedichte 1907 von dem Londoner Verleger Elkin MATTHEWS unter dem Titel *Chamber Music* publiziert (das Bändchen hatte eine Auflage von 509 Exemplaren, davon waren bis 1909 über 300 Stück verkauft). Bei zeitgenössischen Rezensenten fanden diese Gedichte – von denen fünf (Nr. 6, 7, 12, 18, zweimal 24) bereits zuvor in Zeitschriften erschienen waren und zwei später anderwärts nachgedruckt wurden (Nr. 1 in ›The Irish Homestead‹, 1910; Nr. 36 in POUNDS Anthologie *Des Imagistes*, 1914) – ein weithin wohlwollendes Echo.
Unbemerkt, jedenfalls unerwähnt, blieben in diesen Rezensionen die obszönen Untertöne des Titels: Der gewollte Anklang an das (in *A Portrait of the Artist as a Young Man* zweimal verwendete) elisabethanische Wort »*chambering*« (laszive Freizügigkeit) weist diese »Kammermusik« zugleich als

laszive »Liebesmusik« aus (vgl. die Doppeldeutigkeit von Wörtern wie »*instrument*« in Nr. 1, »*come*« in Nr. 10; Nr. 6 als *carmen figuratum* auf die Brüste der Geliebten); und das Zeugnis diverser biographischer Anekdoten sowie des *Ulysses* macht evident, daß zudem jene Musik gemeint ist, die beim Urinieren – für Joyce bereits hier Symbol eines kreativen Aktes (s. Nr. 7) – in einen »*chamber pot*« (Nachttopf) entsteht (s. Nr. 26). »*Shamebred music*« (aus Scham/Schande erwachsene Musik) mithin, wie *Finnegans Wake* retrospektiv das Werk charakterisiert. Unschwer zu deuten ist auch die Symbolik des Windes und des Feuers, der Tore und Schleier dieses »Kranzes« von Liebesgedichten, deren Form und Sprache weithin epigonal sind, durchsetzt von ästhetizistischen Klischees, mit den Lieblingswörtern »*sweet*« (süß), »*soft*« (sanft) und »*pale*« (blaß).
Die Anordnung der Gedichte zu einem quasinarrativen Zyklus stammt von Joyce' Bruder Stanislaus, der einen Spannungsbogen nach musikalischen Prinzipien anvisierte: »*allegretto, andante cantabile, mosso – um eine abgeschlossene Episode der Jugend und der Liebe anzudeuten*«. Sie weicht ab von der Reihenfolge, die der Autor 1903 für 27 dieser Texte vorgesehen hatte, nämlich: 1, 3, 2, 4, 5, 8, 7, 9, 17, 18, 6, 10, 13, 14, 15, 19, 23, 22, 24, 16, 31, 28, 29, 32, 30, 33, 34. Joyce, der laut Stanislaus die Gedichte 1906 »*praktisch nicht mehr als sein Eigentum*« betrachtete, sanktionierte die neue Anordnung und erläuterte auf deren Basis 1909 dem Komponisten Geoffrey Palmer die Struktur des Zyklus als »de facto *eine Suite von Liedern ... Im Zentrum steht Lied 14, danach eine durchgehend fallende Bewegung bis Nr. 34, die das eigentliche Ende des Buches darstellt. 35 und 36 sind Anhängsel, so wie 1 und 3 Präludien sind.*« Thematisch wird folgendes Grundgeschehen erkennbar: Der frustrierte Einzelgänger umwirbt und verführt in seiner Phantasie eine spröde Schöne, die sich jedoch einem Rivalen zuwendet, woraufhin der Enttäuschte in Ironie verfällt und schließlich verzweifelt Zuflucht im Exil sucht. Im Kern nimmt dieses (nicht ganz konsequent) auf einen Tag/Nacht- und Jahreszyklus projizierte Geschehen mithin den später im *Portrait* aus ironischer Distanz geschilderten Entwicklungsprozeß des jungen Künstlers vorweg, und verschiedene Textstellen lassen zumindest ahnen, daß die archetypische Gestalt der nicht dauerhaft gewinnbaren Geliebten allegorisch auch für Familie, Kirche und Nation steht, auf die man je eine der drei »Lieben« der Schlußzeile des Buches beziehen kann: »*My love, my love, my love, why have you left me alone?*« *(Meine Liebe, meine Liebe, meine Liebe, warum hast du mich allein gelassen?*)
Joyce' nächste Gedichtsammlung, *Pomes Penyeach* (Gedichtfrüchte, einen Penny das Stück), erschien erst 1927, in Harriet WEAVERS Pariser Verlag Shakespeare & Co (die Auflage ist unbekannt, doch noch im Erscheinungsjahr wurden über 1100 Exemplare verkauft). Das zwölf Francs teure Bändchen enthielt zwölf zwischen 1913 und 1924 entstandene Gedichte, dazu als Dreingabe und quasi

als Präludium (Nr. 1) das (bereits 1904 geschriebene, zunächst *Cabra*, später *Ruminants* betitelte und mehrfach überarbeitete) Gedicht *Tilly* (es ist das 13. Stück im sog. Bäckersdutzend): eine düstere Reminiszenz an den Dubliner Vorort Cabra, eine für den Künstler zu eng gewordene Heimat. Grundtenor der übrigen Texte ist die zunehmend resignative Trauer über den Verlust der Jugend. Das *»e non ritornerò più«* einer Arie aus Puccinis *La Fanciulla del West*, die Joyce im September 1913 die Teilnehmer einer Bootswettfahrt nahe Triest singen hört, wird zum leitmotivhaften Refrain des Gedichts *Watching the Needleboats at San Sabba* (Nr. 2). Von des Autors ironischer Distanz zu seiner Jugendlyrik zeugt das Begleitschreiben an Stanislaus, dem er diese Erinnerungsskizze zuschickt *»für deine jungen Freunde vom Ruderclub..., als Programm zum Dinner o. ä. Mit den besten Empfehlungen des rheumatischen ›chamber poet (or pot)‹«*. In *Tutto è Sciolto* (Nr. 5; 1914; Arie aus Bellinis *La Somnambula*, in englischer Version: *All is lost now*) und *Nightpiece* (Nr. 9; 1915) klingt zudem die Frustration über den enttäuschenden Ausgang der (in *Giacomo Joyce* beschriebenen) Phantasie-Affäre mit Amalia Popper nach. *A Flower Given to My Daughter* (Nr. 3; 1913) schlägt die Brücke von Amalia Popper zu Lucia Joyce und damit zu den die Vater/Tochter-Beziehung thematisierenden Gedichten *Simples* (Nr. 7; 1915; Heilkräuter) und *Alone* (Nr. 10; 1916; mit Anspielung auf Midas im Schilf). Die Schutzbedürftigkeit eines zarten Knaben (Giorgio) in einer unbeständigen und bedrohlichen Welt – deren pausen- und gnadenlosen Ansturm auch *Flood* (Nr. 8; 1914) evoziert – steht im Zentrum des Gedichts *On the Beach of Fontana* (Nr. 6; 1914), und um Joyce' Verhältnis zu Nora geht es in *She Weeps over Rahoon* (Nr. 4; 1914). Joyce hatte 1912 mit Nora das Grab von deren früherem Verehrer Michael Bodkin in Oughterard (17 Meilen nördlich von Galway) besucht, diese Erinnerung 1913 in den Notizen für *Exiles* assoziativ mit der an SHELLEYS Grab in Rom verquickt und das so überformte Erlebnis zu der aus der Schlußgeschichte von *Dubliners* bekannten Dreieckskonstellation (die Trauernde zwischen dem toten und den lebenden Geliebten) ausgestaltet; wobei er des Klanges wegen den Friedhof von Oughterard durch den von Rahoon (bei Galway) ersetzt. Frustrierende Erlebnisse in Zürich finden ihren Niederschlag in *A Memory of the Players in a Mirror at Midnight* (Nr. 11; 1917; illusionsloses Nachsinnen über Schein und Sein im Kontext seiner Theatererfahrungen mit den English Players) und in *Bahnhofstraße* (Nr. 12; 1918; dort hatte er im Jahr zuvor einen Anfall von grünem Star). In beiden Gedichten wird sich der Sprecher des Gedichts des unaufhaltsamen Verfalls seines Körpers bewußt, und diese Einsicht trägt bei zu seiner schließlichen Bereitschaft zur völligen Selbstaufgabe, wie sie im letzten Gedicht des Bandes, *A Prayer* (Nr. 13; Paris, Mai 1924) zum Ausdruck kommt: in einem verzweifelten Gebet um Erlösung durch das totale Überwältigtwerden von einer übermächtigen Kraft, die in und neben der archetypischen Versucherin zugleich Alter, Leiden und Tod verkörpert. Obschon diese Gedichte – von denen acht bereits vor 1927 publiziert waren (Nr. 7, 5, 8, 3 bzw. 6, 10, 3 im Mai bzw. November 1917 in Harriet MONROES Chicagoer Magazin ›Poetry‹; Nr. 10 im April 1920 in der Mailänder Zeitschrift ›Poesia‹) – die Phantasmagorien der lyrischen Juvenilia konzeptuell überwunden haben und vereinzelt zu originellen Wendungen und Rhythmen finden, bleiben sie durchsetzt von Klischees und Poetizismen. Ezra Pound, dessen Unterstützung für die geplante Sammelausgabe Joyce zu gewinnen suchte, hielt die ihm übersandten Proben (Nr. 3 und 6) nicht für veröffentlichenswert. Dessen ungeachtet drängte Joyce, angeregt durch Mrs. Symons und bestärkt durch das überschwengliche Lob von Archibald MACLEISH, auf das Zustandekommen der Kollektion, vornehmlich um jenen Kritikern, die angesichts der ersten Proben aus seinem *Work in Progress* an seinen künstlerischen Fähigkeiten zu zweifeln begonnen, zu beweisen, daß er auch »vernünftig« schreiben könne. Doch dieser Beweis machte wenig Eindruck. Das Echo auf das Buch war schwach und lau, und auch die französische Übersetzung einiger der Gedichte (durch Auguste MOREL, für die Zeitschrift ›Bifur‹, September 1929) sowie die beiden amerikanischen Ausgaben von 1931 änderten daran wenig, ebensowenig wie Desmond HARMSWORTHS mit Initialen nach Entwürfen von Lucia ausgestattete Faksimile-Ausgabe von 1932.

Als Joyce 1936 die Gedichte von *Chamber Music* und *Pomes Penyeach* zu den *Collected Poems* vereinte, fügte er dieser Gesamtausgabe einen einzigen neuen Text hinzu: das anläßlich der Geburt seines Enkelsohnes Stephen (15. 2. 1932) verfaßte Gedicht *Ecce Puer* – nach vorherrschender Kritikermeinung sein gelungenstes.

Joyce' Verslyrik ist primär motiviert durch den Drang zum Musikalisch-Liedhaften, weniger durch den Willen zur vollen Ausleuchtung der komplexen Lebenswirklichkeit. Letzteres geschieht auf weit überzeugendere Weise in seinen Romanen; weshalb es verständlich ist, daß die Joycekritik den Gedichten nur relativ geringe Aufmerksamkeit widmete. Weit größeren Widerhall fand dieser Teil des Joyceschen Œuvres in der Musikwelt. Zahlreiche Komponisten haben viele dieser melodiösen Sprachgebilde erfolgreich vertont – eine Rezeptionsweise, die dem Charakter dieser Texte und der Wirkungsintention ihres Autors vielleicht sogar am besten gerecht wird.   W.Fü.

AUSGABEN: *Chamber Music*: Ldn. 1907; ²1918. – Boston 1918. – NY 1918; ²1923. – Ldn. 1923. – Ldn. 1927. – NY 1954, Hg., Einl. u. Anm. W. Y. Tindall; ²1982. – *Pomes Penyeach*: Paris 1927. – Paris 1931, Hg. S. Beach. – Cleveland 1931. – Paris 1932 [Faks.]. – Ldn. 1933; ³1971. – Philadelphia 1971 [Ill. B. Porter]. – *Collected Poems*: NY 1936. – NY 1937. – NY 1947 (in *The Portable J. J.*, Hg. J. Levin; ³1976). – Ldn. 1948 (in *The Essential J. J.*,

Hg. ders.; [8]1977). – NY 1957; [15]1974. – *Chamber Music, Pomes Penyeach, and Occasional Verses: A Facsimile of Manuscripts, Typescripts, and Proofs*, Hg. u. Vorw. W. Litz, NY/Ldn. 1978 (*J. J. Archive*, Bd. 1).

Übersetzungen: *Am Strand von Fontana*, A. Claes u. E. Lohner, Wiesbaden 1957 *(Pomes Penyeach)*. – *Chamber Music*, J. U. Saxer, Zürich 1958 [engl.-dt.; Einf. W. Y. Tindall]. – *Gesammelte Gedichte*, H. Wollschläger (in *Werke*, Hg. K. Reichert u. F. Senn, Bd. 4/2, Ffm. 1981; engl.-dt.; m. Anm.; *Frankfurter Ausg.*). – *Kammermusik*, ders., Lpzg. 1982 (IB). – *Gedichte*, H. Marschall (in *Ausgew. Schriften, Aufsätze, Gedichte, Schauspiel, Prosa*, Hg. W. Wicht, Bln./DDR 1984). – *Gesammelte Gedichte*, H. Wollschläger (in *Gesammelte Gedichte / Anna Livia Plurabelle*, Ffm. 1987; engl.-dt.; *Frankfurter Ausg.*; es). – Zu weiteren Übers. einzelner Gedichte vgl. R. Franke, *J. J. und der dt. Sprachbereich*, Diss. Bln. 1970.

Vertonungen: Vgl. *A Bibliography of J. J. Studies*, Hg. R. H. Deming, Boston [2]1977, S. 105–108.

Literatur: A. Symons, »*A Book of Songs*« (in Nation, Juni 1907, S. 639). – A. C. Henderson, »*Chamber Music*« – *Old and New* (in Poetry, Mai 1919, S. 98–103). – M. D. Zabel, *The Lyrics of J. J.* (ebd., Juli 1930, S. 206–213). – W. Y. Tindall, *J.'s Chambermade Music* (ebd., Mai 1952, S. 105–116). – V. D. Mosely, *The ›Perilous Theme‹ of »Chamber Music«* (in J. J. Quarterly, 1, 1964, S. 19–24). – H. Howarth, »*Chamber Music« and Its Place in the J. Canon* (in *J. J. Today*, Hg. T. F. Staley, Bloomington/Ind. 1966, S. 11–27). – Z. Bowen, *Goldenhair: J.'s Archetypical Female* (in Literature and Psychology, 17, 1967, S. 219–228). – Ch. G. Anderson, *J.'s Verses* (in *A Companion to J. Studies*, Hg. Z. Bowen u. J. F. Carens, Westport (Conn.)/Ldn. 1984, S. 129–155). – R. Spoo, *Rival Confessors in »Chamber Music«: Meaning and Narrative in J.'s Lyric Mode* (in J. J. Quarterly, 4, 1989, S. 483–498).

DUBLINERS

(engl.; *Ü: Dubliner*). Erzählungen von James Joyce, entstanden zwischen 1904 und 1912, erschienen 1914. – Dieses erste Prosawerk des irischen Autors wurde von vierzig Verlegern abgelehnt, bevor es endlich gedruckt wurde.

Alle fünfzehn Geschichten dieses Bandes führen in das Milieu, dem Joyce selbst entstammte, das kleine und mittlere Bürgertum Dublins, und kreisen um typische Charaktere und exemplarische Situationen. Das Werk ist das erste literarische Zeugnis der Haßliebe, mit der Joyce dieser Stadt zugetan war. Die Atmosphäre der Erzählungen, die im Typus von der Kurzgeschichte bis zur ausgedehnten Genreszene reichen, ist düster und pessimistisch. Das geheime Thema (die Erzählungen haben keinen di-

rekten Höhepunkt der Handlung, vielmehr nur eine Art versteckte, negative Klimax) ist *frustration*, also eine Desillusionierung, eine Enttäuschung oder ein moralisches Versagen. Einige Beispiele: Ein Priester, der einst aus Ungeschicklichkeit den Abendmahlskelch fallen ließ, stirbt, und ein Junge, der ihn als väterlichen Freund verehrt hat, wird durch die Gespräche der Schwestern des Toten über die seelischen Auswirkungen jenes Vorfalls in tiefe Verwirrung gestürzt *(The Sisters)*. – Eine Ehe kommt zustande, aber nur, weil der Mann zu schwach ist, um dem moralischen Druck zu widerstehen, dem er von verschiedenen Seiten ausgesetzt ist *(The Boarding House)*. – Eine einsame Frau begeht Selbstmord, weil ein Mann aus Selbstgerechtigkeit und moralischem Hochmut ihre Liebe verschmäht, um nicht eines Tages Ehebruch begehen zu müssen. Danach ist er so einsam, wie sie es vor ihrem Tod war *(A Painful Case)*. – Ein junger Mann will aus seinem langweiligen Leben ausbrechen, findet aber nicht die Kraft dazu *(A Little Cloud)*. – Ein Angestellter beleidigt seinen Chef, muß sich entschuldigen, kommt verärgert und betrunken nach Hause und verprügelt seinen kleinen Sohn *(Counterparts)*. – Eine menschlich vereinsamte Wäschereiarbeiterin hat einen freien Abend, besucht die Kinder, deren Amme sie einst war, und merkt in ihrer Einfalt nicht, daß sie von ihnen genasführt wird *(Clay)*. – Ein Mann erfährt von seiner Frau, daß sie seit Jahren die Erinnerung an einen Jungen bewahrt, der sie liebte und ihretwegen starb, und fühlt sich plötzlich allein und getrennt von der, die ihm am nächsten steht *(The Dead)*.

Wie diese Beispiele zeigen, sind die Erzählungen arm an äußerer Handlung. Es geht dem Erzähler allein um innere Vorgänge, und seiner Darstellung, Enthüllung oder Bloßstellung eines Charakters oder einer Situation entspricht die knappe, auf kurze Hinweise sich beschränkende Sprache. Der Autor ist dabei entweder nur Aufzeichnender, der nie direkt kommentiert (etwa dort, wo er ausführlich Gespräche, Gesten und Erzählungen von Personen wiedergibt, die sich durch patriotische Reden, endloses Trinken oder Singen über den lähmenden Einfluß des *schmutzigen alten Dublin* auf ihr Leben hinwegtäuschen wollen), oder er verlegt den Erzählerstandpunkt im Sinn der *Point-of-view*-Technik von Henry James ins Bewußtsein der Personen, an denen er die *»unheilbare Einsamkeit der Seele«* (»*the soul's incurable loneliness*«) darstellt. Bei Joyce geht der Erzählerstandpunkt bereits in *Dubliners* noch mehr im Dargestellten auf als bei James; er verwendet nicht nur die Form der »erlebten Rede«, sondern paßt auch die Sprache selbst den Erzählfiguren an, die er auf diese Weise besonders intim kennzeichnet. So benutzt der Schuljunge und Ich-Erzähler in der Geschichte *An Encounter* eine stark mit Slangausdrücken untermischte Sprache, die er einem bewunderten Schulfreund abgelauscht hat. In *Clay* entspricht der Erzählstil dem einfachen Gemüt der Wäschereiarbeiterin. Die Sprache der gegen Schluß der Erzählung *The Dead* äußerst sensibel und nuancenreich wiedergegebenen Reflexionen ist die des Literaten Gabriel Conroy selbst, von dem die Geschichte berichtet. – Diese Flexibilität des sprachlichen Ausdrucks steht ganz im Dienst der differenzierten psychologischen Einsicht in die verschiedenen Charaktere.

Über ihren eigenen literarischen Wert hinaus deuten alle in dem Band *Dubliners* versammelten Erzählungen voraus auf Sprache, Charaktere und Schauplatz der drei großen Romane des Verfassers. Die Technik der »erlebten Rede« in den *Dubliners* (und in *A Portrait of the Artist as a Young Man*) fortentwickelnd, konzipierte Joyce später die Form des »inneren Monologs« im *Ulysses*. Einige aus der großen Zahl der im *Ulysses* auftauchenden Personen finden sich schon in *Dubliners*. Eine weitere Beziehung zwischen diesen beiden Werken ergibt sich daraus, daß Joyce den Tageslauf des Mr. Leopold Bloom, der Hauptgestalt des *Ulysses*, ursprünglich als eine der Erzählungen in *Dubliners* geplant hatte, diese Episode aber dann wegließ, um sie in seinem großen Roman auszugestalten. Jedenfalls führen bereits diese Erzählungen in jene »Welt Dublin«, die im *Ulysses* zum dichterischen mikrokosmischen Modell des Makrokosmos werden sollte.　　　　　　　　　　　　　　J.Dr.

Ausgaben: Ldn. 1914. – NY 1916. – NY 1958. – Harmondsworth 1976 (Penguin). – Ldn. 1977. – NY 1978, Hg. M. Groden [Faks. d. Ms.]. – Harmondsworth 1982 (Penguin). – Ldn. 1988. – Harmondsworth 1988 (Penguin).

Übersetzungen: *Dublin*, G. Goyert, Basel/Zürich 1928; ⁴1953. – *Dubliner*, D. E. Zimmer (in *Werke*, Hg. K. Reichert u. F. Senn, Bd. 1, Ffm. 1969; *Frankfurter Ausg.*). – Dass., ders., Ffm. 1976 (BS). – *Die Toten*, ders., Ffm. 1976 (engl.-dt.; Nachw. R. Ellmann; BS). – *Gnade*, ders., Ffm. 1979 (engl.-dt.; Nachw. H. Winter; RUB). – *Dubliner*, ders., Ffm. 1986 (*Frankfurter Ausg.*; es).

Verfilmung: *The Dead*, USA 1987 (Regie: J. Huston).

Literatur: R. Scholes, *Further Observations on the Text of »Dubliners«* (in Studies in Bibliography, 17, 1964, S. 107–122). – W. Beck, *J.'s »Dubliners«: Substance, Vision, and Art*, Durham/N.C. 1969. – *Twentieth-Century Interpretations of »Dubliners«*, Hg. P. K. Garrett, Ldn. 1969. – *J. J.'s »Dubliners«: Critical Essays*, Hg. C. Hart, Ldn./NY 1969. – E. San Juan, *J. J. and the Craft of Fiction: An Interpretation of »Dubliners«*, Rutherford/N.J. 1972. – U. Schneider, *J. J.: »Dubliners«*, Mchn. 1972. – *J. J.: »Dubliners« and »A Portrait of the Artist as a Young Man«. A Casebook*, Hg. M. Beja, Ldn. 1973. – *J.s »Dubliner«*, Hg. K. Reichert u. a., Ffm. 1985 (st). – D. T. Torchiana, *Backgrounds for J.'s »Dubliners«*, Boston 1985. – *J. J.'s »Dubliners«*, Hg. H. Bloom, NY 1988. – C. Werner, *»Dubliners«: A Pluralistic World*, Boston 1988.

EXILES

(engl.; *Ü: Verbannte*). Schauspiel in drei Akten von James Joyce, geschrieben 1914, erschienen 1918. – Das einzige Drama von Joyce entstand zwischen *A Portrait of the Artist as a Young Man* und *Ulysses*. Zentrales Thema des Stücks ist das Exil, die Abwendung von der Heimat, die aus der Einsicht in die Notwendigkeiten persönlicher Entwicklung von einem Künstler verlassen wird, jenes bei Joyce immer wiederkehrende Thema des *non serviam* also, der Rebellion gegen die Einengung durch die katholische Kirche, die Familie und die irische Nation. In diese selbstgewählte Verbannung war der Schriftsteller Richard Rowan etwa acht Jahre vor dem Zeitpunkt, zu dem das Stück einsetzt, gegangen. Er hat mit seiner Frau Bertha, die er als einfaches, aber schönes junges Mädchen aus Dublin entführte, in Rom gelebt. Jetzt ist er nach Irland zurückgekehrt. Sein Freund Robert Hand, ein einflußreicher Journalist, versucht, ihm einen Lehrstuhl für Romanistik an der Universität zu verschaffen. Zu diesem Zweck beabsichtigt er, in einer Dubliner Zeitung einen Leitartikel zu veröffentlichen, in dem er sich für den Freund einsetzt, zugleich aber dessen Flucht aus der Heimat auf eine Art entschuldigen will, die Rowan ablehnt, da er sie als Verleugnung seiner Vergangenheit auffaßt. Das eigenartige Viereckverhältnis, das sich in der Folge zwischen Rowan, Hand, Bertha und Hands Kusine Beatrice Justice entspinnt, wird in kurzen, trockenen, das innere Drama der Beteiligten nur andeutenden Dialogen durchgespielt.

Robert Hand, der Bertha liebt, macht ihr sehr eindeutige Avancen, da er die Entfremdung zwischen ihr und Rowan zu spüren glaubt. Bertha ihrerseits ist eifersüchtig auf Beatrice, die, wie sie glaubt, die Bildung und das intellektuelle Verständnis für Richard besitzt, die ihr selbst abgehen. Zudem weiß sie, daß Richard im Exil jahrelang einen Briefwechsel mit Beatrice unterhalten hat. Ähnlich wie die Ehe zwischen Richard und Bertha in eine Krise geraten ist, hat sich auch die Beziehung zwischen Beatrice und Robert Hand gelockert, die heimlich verlobt waren und, was nicht ganz klar wird, vielleicht noch sind. Bertha hat Hand Zärtlichkeiten gestattet, die ihn veranlassen, sie um ein Rendezvous in seinem Vorstadthäuschen zu bitten. An eben diesem Abend soll auf sein Betreiben hin Richard mit einer einflußreichen Persönlichkeit Dublins zusammentreffen, die ihm helfen soll, in einer bürgerlichen Stellung Fuß zu fassen. Bertha aber erzählt das Vorgefallene ihrem Mann, der daraufhin am Abend vor seiner Frau bei Robert Hand erscheint. Es kommt zu einer Aussprache zwischen den Freunden. Rowan vermutet, daß Hand ihm den Wiedereintritt in die Dubliner Gesellschaft nur ermöglichen will, um auch Bertha in der Nähe zu haben. Aus selbstquälerischer Ehrlichkeit und aus Freundschaft zu Robert Hand verzichtet er aber auf offene Vorwürfe und vermeidet es auch, auf das Recht des Ehemannes zu pochen und die bürgerliche Konvention ins Feld zu führen. Er will Bertha die Entscheidung überlassen, treibt sie damit aber geradezu in eine zweideutige Situation und in die Versuchung zum Ehebruch: Als sie erscheint, läßt er sie mit Hand allein. Was geschieht, bleibt unklar (Hand spricht am nächsten Tag nur vieldeutig von »*jenem Traum von Realität*«). In dieser Nacht sitzt Richard Rowan aufgewühlt am Schreibtisch, arbeitet und macht gegen Morgen einen langen Spaziergang, Robert Hand schreibt den Artikel über Rowan, läßt ihn drucken und plant, für einige Wochen zu verreisen, und Bertha findet keinen Schlaf. Am nächsten Morgen kommt es zur entscheidenden Szene. Alle vier treffen sich im Haus Rowans. Richard will gar nicht wissen, was am Abend vorher zwischen Bertha und Robert vorgefallen ist; daß er es nie wissen wird, nennt er selbstquälerisch seine »*selbstgeschlagene Wunde*«. Als Robert ihn seiner Freundschaft versichert hat und weggegangen ist, kommt es zu einer nur angedeuteten Versöhnung der Eheleute. Rowan erkennt, daß nur Berthas Hingabefähigkeit ihn in seinem Rebellentum, seiner Introvertiertheit (Joyce charakterisiert ihn in seinen Notizen als »*automystisch*«) und seiner Unsicherheit stützen kann, und Bertha bittet ihn, für die sie ihre Familie verließ und gegen ihre Religion verstieß, sie wieder ganz anzunehmen, da sie begreift, daß sie nur auf diese Weise sich selbst treu bleiben kann und daß ein Leben für Richard und ihr Kind die einzige Rechtfertigung des Verlustes ihrer Unschuld (auch im übertragenen Sinn verstanden) ist.

Joyce' Drama, das nicht den Rang seiner Romane erreicht, ähnelt den späten Dramen Ibsens, die er bewunderte. Wie diese ist es eine radikal ehrliche Abrechnung mit der Vergangenheit und den bürgerlichen Konventionen, die das Zusammenleben nicht zuletzt deshalb stabilisieren, weil durch sie Verfehlungen verdeckt werden können. Der Reichtum an psychologischen Schattierungen, Anspielungen und Bedeutungen in den Szenen, deren Dialoge durchgehend den Charakter von Bekenntnissen und Beichten haben, wird um so klarer, je genauer die darin auftauchenden Motive aus den anderen Werken des Autors dem Leser bekannt sind, insbesondere die spezifisch irisch-katholischen Konventionen, Denkweisen und Vorurteile, die die Atmosphäre des Stücks bestimmen und mit denen sich Joyce selbst sein Leben lang auseinandergesetzt hat.   J.Dr.

AUSGABEN: Ldn. 1918. – NY 1918. – Ldn. 1936. – Norfolk 1945 [m. Studie v. F. Ferguson, *A Reading of* »*Exiles*«]. – Ldn. 1962 [Einl. P. Colum]. – Ldn. 1972. – Harmondsworth 1973 (Anm. J. J.; Einl. P. Colum; Penguin). – Harmondsworth 1977 (Penguin). – NY 1978, Hg. M. Groden [Faks. d. Ms.]. – Ldn. 1979.

ÜBERSETZUNGEN: *Verbannte*, H. v. Mettal, Zürich 1918. – Dass., F. Kremer, Zürich 1920.

LITERATUR: V. K. Macleod, *The Influence of Ibsen on J.* (in PMLA, 60, 1945, S. 879–898). – H. Ken-

ner, *J.'s* »*Exiles*« (in Hudson Review, 5, 1952, S. 389–402). – D. J. F. Aitken, *Dramatic Archetypes in J.'s* »*Exiles*« (in MFS, 4, 1958, S. 42–52). – R. A. Maher, *J. J.'s* »*Exiles*«: *The Comedy of Discontinuity* (in J. J. Quarterly, 9, 1972, S. 461–474). – J. MacNicholas, *Contexts of Experience in J. J.'s* »*Exiles*«, Diss. Univ. of Texas 1973 (vgl. Diss. Abstracts, 34, 1974, S. 5188A). – C. Brown u. L. Knuth, *J. J.'s* »*Exiles*«: *The Ordeal of Richard Rowan* (in J. J. Quarterly, 17, 1979, S. 7–20). – J. MacNicholas, *J. J.'s* »*Exiles*«: *A Textual Companion*, NY 1979. – Ders., *The Stage History of* »*Exiles*« (in J. J. Quarterly, 19, 1981, S. 9–26).

FINNEGANS WAKE

(engl.; Ü: *Finnegans Wake*). Roman von James Joyce, geschrieben von 1923 bis 1938, erschienen 1939. – Das Werk, vor seiner Publikation unter dem Arbeitstitel *Work in Progress* bekannt, gilt als einer der schwierigsten Romane der Weltliteratur. »*The strangest dream that was ever half dreamt*« (»*der seltsamste Traum, der je halb geträumt wurde*«), aber auch ein »*war in words*« (»*Krieg in Worten*«) – wie es im Buch selbst heißt –, hat *Finnegans Wake* die verschiedensten Deutungen und Bewertungen erfahren. Bis heute hat die Forschung weder über die dem Buch zugrunde liegende Fabel noch über weite Strecken des Textes völlige Klarheit erreicht. Die Intention des Buches ist in den Umrissen erkennbar: Es will ein umfassendes Epos der Menschheitsgeschichte sein, so wie der *Ulysses* (1922) das Epos eines Großstadtalltags zu Beginn des 20. Jh.s ist; gerade in dieser episch-mythischen Dimension reichen beide Werke weit über den herkömmlichen Roman hinaus. Zugleich soll *Finnegans Wake* als »Nachtbuch« dem *Ulysses* als »Tagbuch« entsprechen; es ist ein ausgedehnter, von Blitzen gargantuesker Komik erhellter Alptraum. Der Mehrzahl der Interpreten gilt das Buch denn auch als die Erzählung eines riesigen Traums, den der Dubliner Humphrey Chimpden Earwicker in einer einzigen Nacht träumt. H. C. Earwicker figuriert in diesem Traum zum einen als er selbst, zum andern aber auch als eine allumfassende, quasi-mythische Menschengestalt, als die er »*Here Comes Everybody*«, »*Hircus Civis Eblanensis*« und »*Haveth Childers Everywhere*« heißen oder als Vater des ganzen Menschengeschlechts »Adam« sein kann; in dieser Funktion ist er die ins Monströse reichende Steigerung der Gestalt des modernen Jedermann Mr. Leopold Bloom aus dem *Ulysses*. Auf der realistischen Ebene der Erzählung ist Earwicker der Vater einer Dubliner Kleinbürgerfamilie, der sich im Phoenix Park einer sittlichen Verfehlung schuldig gemacht hat, verhaftet wird, sich aber dank seiner Schlauheit und Findigkeit befreien kann. Symbolisch aber wird er damit zum Adam des Sündenfalls (Phoenix Park: Tod und Auferstehung: Garten Eden). Als lokalmythische Wesenheit Dublins ist er »*Howth Castle and Environs*«, ein Berg bei Dublin also, der die Volkskraft Irlands in der Gestalt des schlafenden, im Verlauf der Erzählung aber wiedererwachenden keltischen Sagenhelden Finn (»*Hohoho, Mister Finn, you're going to be Mister Finnagain*«) repräsentiert. Earwickers Frau, Anna Livia Plurabelle, ist sowohl Eva (das A in Anna deutet auf den Schöpfungsbeginn) als auch die Verkörperung des Dubliner Flusses Liffey, der allen Schmutz wegschwemmt, als auch die versöhnende und lebensspendende Allmutter. Ihre Kinder sind das Mädchen Issy, auch Isolde, Isolt und Iseult genannt, und die Brüder Shen und Shaun (oder Jem und Jaun), die miteinander verfeindet sind. Die Schuld, die H. C. Earwicker bzw. *Here Comes Everybody* durch seine Verfehlung auf sich geladen hat, steht für andere religiöse oder mythische Sündenfälle, aber auch für alltägliche Unfälle, etwa für den Sturz von einer Leiter, der wiederum ein bekanntes irisch-amerikanisches Lied in Erinnerung bringt, das von Sturz und Tod eines Arbeiters namens Finnegan handelt. Von seiner Schuld wird HCE durch seine Frau befreit, die ihm, als alle anderen Bürger ihm ihre Sympathie versagen und ihn bei einer lokalen Wahl durchfallen lassen, verzeiht. Diese Erlösung und Entsühnung ist nach Meinung mancher Interpreten Hauptthema des Buches.

Als gigantischer Traum Earwickers ist der Roman zugleich die halb mythologische, halb modellhaft-realistische sprachliche Darstellung der Geschichte der Menschheit in vier wiederkehrenden Phasen, entsprechend der zyklischen Geschichtstheorie des italienischen Philosophen VICO (1668–1744). Mit diesen Phasen sollen allerdings auch die vier Evangelisten, die vier Himmelsrichtungen und die vier Provinzen Irlands gemeint sein. Die Entwicklung der Menschheit seit Adam und Eva, deren Namen gleich in den ersten Zeilen des Buches genannt werden, durchläuft verschiedene Stadien und führt durch eine göttlich-theologische, eine heroische, eine menschliche und schließlich eine chaotische Phase, um, wie *Finnegans Wake* selbst, nach Vollendung dieses Zyklus wieder in ihren Anfang zu münden. Im Buch sind die Übergänge von einer Periode zur anderen durch fast hundertbuchstabige verbale Donnerschläge markiert. Joyce versucht, im Fluß der Traumbilder diese Abfolge der Menschheitsgeschichte an Hand einiger Prototypen darzustellen, die er gemäß der Idee von der Seelenwanderung, der Metamorphose und der »*recirculation*« (der geschichtlichen Wiederkehr) ins Mythisch-Vieldeutige überhöht. In verschiedenen Inkarnationen der »*Metempsychose*« (das Wort und die Vorstellung tauchen schon im *Ulysses* auf) kann Earwicker zugleich auch Adam, Noah, Buddha, Finn, Falstaff, Caesar, Napoleon und Oscar Wilde sein. Das Motiv der Metamorphose erscheint in *Finnegans Wake* mehrmals, in der Mitte des Buches an der Stelle, wo sich zwei Waschweiber in Baum und Stein und ihre Klatschgeschichten in den Fluß Liffey verwandeln, und am Ende des Romans, als Anna Livia Plurabelle sich ebenfalls ganz in den »*riverrun*«, das »*Flußfließen*« des Liffey, zurückverwandelt. Das geschichtsphilosophische Prinzip der *recirculation*, ebenfalls schon in den ersten Zeilen

genannt, bestimmt schließlich die Gesamtstruktur des Buches: Das Ende geht wieder in den Anfang über, das Geschehen kreist in sich selbst.

Soweit stimmen die Deutungen, die der Roman erfahren hat, überein. Die Schwierigkeiten beginnen dort, wo es zu entschlüsseln gilt, wer an einer bestimmten Stelle der Erzählung geträumt wird bzw. wer gerade als Traumfigur spricht. Es erscheint möglich, daß Earwickers Bewußtsein mythisch vieldeutig, durchlässig und allwissend ist und er deshalb ungetrennt zuweilen in andere Personen übergeht oder in seinem Bewußtsein mit ihnen verschmilzt. Außerdem herrscht in der Kritik keine Einigkeit über die Interpretation der Gestalten der Söhne Earwickers. Zum Teil sind sie sicher als Verkörperungen von James Joyce und seinem Bruder Stanislaus aufzufassen. Daß der Autor selbst in Shem steckt (der auch »*Shem the Penman*«, also »*Shem, der Mann der Feder*« genannt wird) läßt sich unter anderem aus den anspielungsreichen Titeln der Bücher schließen, die dieser geschrieben haben soll, etwa *chambermade music, an unartistic portrait of himself* und vor allem ein *usylessly unreadable Blue Book of Eccles* (im *Ulysses* wohnt Mr. Bloom in der Eccles Street). Was die Gestalt des Shaun anbelangt, so hat sich das gespannte Verhältnis zwischen Joyce und seinem Bruder gewiß in vielen der Invektiven gegen Shaun niedergeschlagen, der oft als wendiger Karrieremacher geschmäht wird. Überhaupt weisen gerade die düstersten und obszönsten Passagen des Buches auf Vorgänge in der Familie Joyce hin, wenn auch solche Anspielungen in *Finnegans Wake* stets verschlüsselt und von Assoziationen überwuchert sind.

Joyce selbst hat betont, er habe versucht, »*viele Erzählungsebenen zu einem einzigen künstlerischen Zweck aufzuschichten*«. Er erreicht dies durch die revolutionär neue Art der Sprachbehandlung, auf die auch die Vielzahl der sich widersprechenden Interpretationen zurückzuführen ist. Die Mehrdeutigkeit beginnt schon beim Titel: *Finnegans Wake* kann, jeweils mit leichter Verschiebung der Aussprache oder der Schreibung, gelesen werden als *Finn again's wake* (Finn ist wieder wach), *Finnegan's Wake* (Finnegans Totenwache, oder aber Finnegans Kielwasser), *Finnegan's Week* (Finnegans Woche), *Finnegan's Work* (Finnegans Arbeit) usw.; schließlich erscheint der Titel einmal völlig verdreht als *Funnycoon's Week* (die Woche des komischen Waschbären). Auf die Mehrdeutigkeit der Namen H. C. Earwickers wurde schon hingewiesen; sie alle beginnen mit der Buchstabengruppe HCE, und das Wort Earwicker selbst heißt »Ohrenpopler«, enthält aber zugleich auch den »*earwig*« (Ohrenkäfer), der HCE nachts belästigt und dessen ganzen Traum überhaupt erst verursacht; schließlich wird der Name ins Französische übersetzt und lautet dann »*perce-oreille*« (*earwig*), was nach Rückübertragung wiederum den irischen Namen Persse O'Reilly ergibt. – Zarathustra erscheint als »*Zero-Thruster*«, Mendelssohn als »*mumblesome*«, Wagner als »*wagoner*«, MACPHERSONS Ossian als »*Makefearsome's ocean*«, und das ganze Buch wird einmal »*meandertale*« genannt (Anspielung sowohl auf den Neandertaler als auch auf einen mäandrierenden Fluß im Tal und, in metaphorischer Bedeutung, eine umwegreiche Erzählung), ein andermal »*collideorscape*« (hier sind *kaleidoscope, to collide* und *to escape* in ein Wort zusammengezogen). Die sprachliche Struktur ganzer Passagen des Buches ist dem Satz »*Was liffe worth leaving?*« ähnlich, der bedeuten kann »*War das Leben lebenswert?*«, »*War das Leben verlassenswert?*« oder »*War es der Mühe wert, den Liffey* [die Gegend bei Dublin also] *zu verlassen?*« Mittels solcher Wortbastardierungen, solcher ambi- und polyvalenter Wort- und Satzgebilde hat Joyce die Sprache des Buches äußerst dicht mit Bedeutungen und Assoziationen aufgeladen, die die Interpreten vor fast unlösbare Probleme stellen. Zuweilen erscheinen die Wortspiele als Kalauer und Sprachwitze um ihrer selbst willen, wobei es allerdings möglich ist, daß eine versteckte Bedeutung nur noch nicht entdeckt wurde. Aus Berichten über Joyce' Arbeitsweise ist zudem bekannt, daß er bisweilen um Verschlüsselung durch das entlegenere Wort bemüht war, zufällig gehörte Rufe und Geräusche einbaute und sich an der Unverständlichkeit des dadaistischen »höheren Unsinns« freute; in *Finnegans Wake* wird dem Leser an einer Stelle zugerufen: »*Shun the Punman!*« (»*Hütet euch vor dem Wortwitzemacher!*«) In dieser Kunst des Wortspiels hat Joyce viel von der Sprachtechnik der Erzählungen *Alice in Wonderland* und *Through the Looking Glass* von Lewis CARROLL gelernt, die der Übersetzung ähnliche Schwierigkeiten bereiten wie *Finnegans Wake*, da viele ihrer Sprachfiguren und Wortwitze ganz an die Möglichkeiten der englischen Sprache gebunden sind. Das Verständnis von *Finnegans Wake* wird noch dadurch erschwert, daß Joyce sich nicht mit dem Vokabular der englischen Sprache begnügte (die nur das sprachliche Gerüst des Romans abgibt), sondern Wörter oder Sätze aus insgesamt zweiundzwanzig Sprachen einflocht. Die Anspielungen auf entlegene orientalische und indische Mythologeme und Dichtungen, auf den *Koran, Buddhas Reden*, die *Bibel*, die irische Geschichte, die Dichtung der Antike usw. machen eine ausführliche Kommentierung unerläßlich.

Theoretisch wird Joyce' Technik der Sprachanwendung und Sprachverwandlung dadurch gerechtfertigt, daß der Stil des Buches dem Traum und der Art des träumenden Umgangs mit der Sprache entsprechen soll. Die Freudsche Theorie der sprachlichen Fehlleistungen im Alltagsleben, der Zensur und Entstellung von Bildern und Wörtern im Traum, der Verdrängung und des Verfließens von Gegenständen und Menschen im Traum war Joyce vertraut. Gerade in der sprachlichen Nachbildung dieser Verwandlungen nimmt er zugleich das antike mythologische und poetische Motiv der Metamorphose auf. Sprunghaft wie ein Traum verläuft in seinem Buch auch die Bewegung der Sprache. Er selbst sagt an einer Stelle, daß sich ein »*freudful mistake*« in den Roman eingeschlichen habe, womit er eben diese Art der sprachspielerischen Irreleitung

und Verdeckung und die aus der Traumtheorie bekannte Mehrfachdetermination des Traumsymbols bzw. -gegenstandes meinte, die er in Sprache umzusetzen suchte. Andere Aspekte des Romans erschließen sich von der Psychologie C. G. JUNGS her. Vor allem die Mehrsprachigkeit des Buches ist in Verbindung mit der Jungschen Theorie vom »kollektiven Unbewußten« zu sehen. H. C. Earwicker, als mythischer »*Here Comes Everybody*« die Summe vieler Einzelbewußtseine, kann auch in mehreren Sprachen träumen und vermag, da er im Sinn der Metempsychose-Theorie die Inkarnation vieler Menschen zugleich ist bzw. im Lauf der Erzählung in all diesen Inkarnationen auftritt, deren gesamtes Wissen auch im Traum simultan zu reproduzieren. Sprachfluß und Sprachrhythmus sind in den verschiedenen Passagen des Werkes sehr unterschiedlich. Oft besitzt die Sprache große Musikalität, Weichheit und klangliche Schönheit, so besonders am Anfang, später im sogenannten »Wäscherinnen-Kapitel« und in der Schlußpassage, die auch im Sprachduktus wieder genau zum Anfang, in den sie mündet, stimmt. Daneben gibt es allerdings Stellen, die kaum artikulierbar sind, da ihr Rhythmus zu brüchig und kurzatmig ist; aber die notwendig eindeutige Aussprache des Geschriebenen läßt ohnehin die semantische Mehrdeutigkeit der Schreibung oft nicht zur Geltung kommen, die nur mit dem Auge erfaßt werden kann.

J. I. M. STEWART nannte das Buch »*ein großes komisches Werk, das schlimm mißglückt ist*«, Stanislaus JOYCE bezeichnete es abfällig als »*die Bibel des Kreuzworträtselsüchtigen*«, Arno SCHMIDT sprach von einem »*niederträchtigen Pasquill*« und wieder andere von einer Aneinanderreihung von Streit-, Sauf-, Schimpf- und Sexualszenen. Joyce selbst nannte es ein »Puzzlespiel«, das vom Leser eine lebenslange Bemühung um Verständnis verlange. Aber auch wenn der Text den einzelnen Leser überfordert – sein Reichtum ist so groß, daß bereits ein nur annäherndes Verständnis des Werkes ausreicht, dessen Größe und phantastische Komik zu ahnen und in Details zu genießen. Gerade der Kraft der *vis comica*, des grotesken Humors in *Finnegans Wake*, wird man sich schwer entziehen können; trotz aller Unklarheiten ist dieses Werk ein »*funferal*«, nämlich zugleich ein »*funeral*«, ein Begräbnis-Buch voller Trauer und Pessimismus, und ein »*fun for all*«, ein (Auferstehungs-)»*Spaß für alle*«, wie Joyce selbst es in einem Wortspiel ausgedrückt hat. J.Dr.

AUSGABEN: Vorabdrucke: NY 1928 *(Anna Livia Plurabelle)*. – Paris 1929 *(Tales Told of Shem and Shaun)*. – Paris 1930 *(Haveth Childers Everywhere)*. – Den Haag 1934 *(The Mime of Mick, Nick and the Maggies)*. – Weitere Vorabdrucke in den Zeitschriften Transition u. Transatlantic Review. – Ldn./NY 1939. – Ldn. 1945 *(Corrections of Misprints in »Finnegans Wake«)*. – Ldn. 1945. – Ldn. 1957. – NY o. J. [1959]. – Minneapolis 1960 *(Anna Livia Plurabelle. The Making of a Chapter*, Hg. F. M. Higginson; enth. Textentwürfe). – Evanston/Ill. 1961 (*Scribbledehobble; the Ur-Workbook for »Finnegans Wake«*, Hg. Th. E. Connolly). – Austin 1963 (*A First-Draft Version of »Finnegans Wake«*, Hg. D. Hayman; m. Anm.). – Ldn. 1966 (*A Shorter Finnegans Wake*, Hg. u. Komm. A. Burgess; Ausw.; Nachdr. 1973). – Ldn. 1975. – NY 1982. – Harmondsworth 1982 (Penguin).

Übersetzungen [Ausz.]: *Anna Livia Plurabelle*, W. Hildesheimer (in W. H., *Interpretationen: J. J.; G. Büchner; Zwei Frankfurter Vorlesungen*, Ffm. 1969; ²1973; S. 27–29, es). – Dass., ders. u. H. Wollschläger, Ffm. 1970 (2 Übers.; Einf. K. Reichert, engl.-dt.; BS). – Dass., dies., Ffm. 1981 (st). – Dass., dies. (in *Werke*, Hg. K. Reichert u. F. Senn, Bd. 4/2, Ffm. 1981; engl.-dt.; m. Anm.; *Frankfurter Ausg.*). – Dass., dies. (in *Gesammelte Gedichte. Anna Livia Plurabelle*, Ffm. 1986; engl.-dt.; *Frankfurter Ausg.*; es). – *Finnegans Wake. Übertragungen*, Hg. K. Reichert u. F. Senn, Ffm. 1989 (es; m. Übers. v. G. Goyert, K. Janslin, A. Schmidt, F. Rathjen, I. Horn, H. Beck, R. Weninger, H. Hildesheimer, H. Wollschläger).

Dramatisierungen: M. Manning, *The Voice of Shem*, Ldn. 1957. – J. Erdmann, *The Coach with the Six Insides*, 1963.

Vertonungen: J. Cage, *Writing Through »Finnegans Wake«*, 1978. – Ders., *Roaratorio: An Irish Circus on »Finnegans Wake«*, 1979. – Ders., *Muoyce*, 1984.

Literatur: S. Beckett u. a., *Our Exagmination Round His Factification for Incamination of »Work in Progress«*, Hg. E. Jolas, Paris 1929; Norfolk/Conn. ³1939; Nachdr. 1962. – E. Wilson, *The Dream of Humphrey Chimpden Earwicker* (in E. W., *The Wound and the Bow. Seven Studies in Literature*, Cambridge/Mass. 1941, S. 243–271). – J. Campbell u. H. M. Robinson, *A Skeleton Key to »Finnegans Wake«*, NY 1947; Ldn. 1957; Nachdr. Harmondsworth 1977 (Penguin). – A. Glasheen, *A Census of »Finnegans Wake«. An Index to the Characters and Their Roles*, Evanston/Ill. 1956. – F. M. Boldereff, *Reading »Finnegans Wake«*, NY 1959. – C. Hart, *Structure and Motif in »Finnegans Wake«*, Ldn. 1962. – Ders., *A Concordance of »Finnegans Wake«*, Minneapolis 1963. – B. Benstock, *Joyce-Agains Wake. An Analysis of »Finnegans Wake«*, Seattle 1965. – *Twelve and a Tilly. Essays on the Occasion of the 25th Anniversary of »Finnegans Wake«*, Hg. C. Hart u. J. P. Dalton, Ldn. 1966. – W. Y. Tindall, *A Reader's Guide to »Finnegans Wake«*, NY 1969. – J. S. Atherton, *The Books at the Wake: A Study of Literary Allusions in J. J.'s »Finnegans Wake«*, Carbondale/Ill. 1974. – M. H. Begnal u. F. Senn, *A Conceptual Guide to »Finnegans Wake«*, Univ. Park/Pa. 1974. – C. Hart, *A Concordance to »Finnegans Wake«*, Mamaroneck/N.Y. 1974. – M. C. Norris, *The Decentered Universe of »Finnegans Wake«: A Structuralist Analysis*, Baltimore 1977. – A. Glasheen, *A Third Census of »Finnegans*

Wake«: An Index to the Characters and Their Roles, Berkeley 1977. – L. O. Mink, *A »Finnegans Wake« Gazetteer*, Ldn. 1978. – P. A. McCarthy, *The Riddles of »Finnegans Wake«*, Ldn. u. a. 1980. – R. McHugh, *Annotations to »Finnegans Wake«*, Ldn. 1980. – Ders., *The »Finnegans Wake« Experience*, Berkeley 1981. – D. Rose u. J. O'Hanlon, *Understanding »Finnegans Wake«: A Guide to the Narrative of J. J.'s Masterpiece*, Ldn./NY 1982. – J. Gordon, *»Finnegans Wake«: A Plot Summary*, Dublin 1986.

A PORTRAIT OF THE ARTIST AS A YOUNG MAN

(engl.; *Ü: Stephen der Held. Ein Portrait des Künstlers als junger Mann*). Roman von James Joyce, 1914/15 in Fortsetzungen in der Zeitschrift ›The Egoist‹ erschienen, in Buchform publiziert 1916. – Seit 1904 trug sich Joyce mit dem Plan, einen Roman über die Entwicklung eines jungen Künstlers zu schreiben, in dem er hauptsächlich autobiographisches Material verwenden wollte. Im Januar 1904 verfaßte er ein kurzes Prosastück mit dem Titel *A Portrait of the Artist*; als die Skizze von der Zeitschrift, in der er sie veröffentlichen wollte, nicht angenommen wurde, begann er das Manuskript zu einem Roman umzuarbeiten, der ihn von 1904 bis 1906 beschäftigte. Diese Vorstufe zu *A Portrait of the Artist as a Young Man* trug den Titel *Stephen Hero* und umfaßte 1000 Manuskriptseiten, von denen die allein noch erhaltenen 400 erstmals 1944 veröffentlicht wurden. Sie zu kennen erweist sich als nützlich, wenn man ermessen will, welch revolutionäre Fortschritte Joyce in der Erzähltechnik gemacht hatte, als er das *Portrait* schrieb. *Stephen Hero* ist ein weitgehend autobiographischer Künstlerroman; was uns erhalten ist, beschreibt zwei Jahre aus dem Leben des Stephen Dedalus, von seinem Eintritt in die Universität bis zu seiner inneren Distanzierung von allen auf eine dem Studium folgende bürgerliche Karriere gerichteten Erwartungen. In einem objektiven, realistischen, sehr nüchternen und klaren Erzählton berichtet Joyce vom Leben Stephens in Dublin, von seiner Liebe zu Emma Clery, von seinen Freunden und den religiösen, ästhetisch-theoretischen und familiären Problemen, mit denen sich Stephen, zu immer größerer Klarheit und Unabhängigkeit des Urteils und der Selbsteinschätzung gelangend, auseinandersetzen muß. Ein überlegener, »allwissender« Erzähler gibt hier im Stil des Romans des 19. Jh.s einen an Charakteren, Situationen, Dialogen und breit ausgeführten Details reichen Bericht, in dessen Mittelpunkt zwar die Entwicklung Stephens steht, neben dem aber auch andere Personen eine durchaus selbständige Existenz haben und der Aufmerksamkeit des Erzählers sicher sind.

In *A Portrait of the Artist as a Young Man*, das Joyce 1907 zu schreiben begann und im November 1914 beendete, steht Stephen in der Weise im Zentrum, daß alles Geschehen von seinem Bewußtsein, seinem subjektiven Erleben her dargestellt wird. Der Erzähler gibt die distanzierte Position auf, übernimmt die Perspektive Stephens und reproduziert bis in den Sprachstil hinein die Alters- und Bewußtseinsstufen, die sein Held von den Kindertagen bis zu dem Zeitpunkt, an dem er sich von Irland lossagt und nach Paris gehen wird, durchläuft. Im *style indirect libre*, der »erlebten Rede«, werden die Denk- und Wahrnehmungsvorgänge und die Ausdrucksweise Stephens deutlich; von einer kindlich-einfachen, noch wortarmen Sprache mit parataktischer Syntax bis zu der von kühler Intellektualität geprägten Redeweise des jungen Studenten und Künstlers reicht die Skala der Sprachstufen, die Stephens Entwicklung in aller Plastizität vermitteln. Als Kind zu Hause, als Schüler bei den Jesuiten in Clongowes und Belvedere wächst er, ein ängstlicher, kränklicher, sensibler Einzelgänger, heran. Frühzeitig kommt er mit den Irland aufwühlenden politischen Konflikten in Berührung. Sein Vater und seine Tante streiten über Kirche und Politik, und er selbst rebelliert in der Schule schon bald gegen die Forderung der Patres nach absolutem Gehorsam: Als er ungerecht bestraft wird, beschwert er sich beim Rektor und bekommt sein Recht. In diesem Vorfall ist bereits seine spätere Rebellion gegen alles, was ihn binden und abhängig halten soll, vorgebildet: »*Der tapfere Junge ist der Vater des arroganten jungen Mannes*« (R. Ellmann). Seine Entwicklung bewegt sich auf das zunächst aus religiösen Gründen als hochmütig verworfene, später aber mit Stolz ausgesprochene »*non serviam*« zu, jenes *I will not serve*«, mit dem er sich von Familie, Nation und Kirche lossagt, um seiner Bestimmung als Künstler zu folgen. Während seine Familie durch die Unfähigkeit des Vaters verarmt, zeichnet sich Stephen unter den Mitschülern immer mehr durch feines Gespür für Dichtung und präzises Denkvermögen aus; er ist »*ein Führer, der sich vor seiner eigenen Autorität fürchtet; stolz, sensibel und mißtrauisch, im Kampf mit dem Chaos seines Lebens und dem Aufruhr in seinem Inneren*«. Dieser Aufruhr erreicht einen Höhepunkt, als der Sechzehnjährige bei Dubliner Prostituierten seine ersten sexuellen Erfahrungen macht und sich noch einmal in tiefe religiöse Verzweiflung gestürzt sieht. Drei Predigten Father Arnalls über die Letzten Dinge, über Tod und Gericht, Hölle und Himmel, versetzen ihn in Gewissensqualen, aus denen er sich durch ein asketisches Leben mit Gebet und strengen Selbstprüfungen befreit, so daß einer der Patres ihn fragt, ob er nicht Priester werden wolle. Doch dann fallen in kurzer Zeit alle wichtigen Entscheidungen: Er entschließt sich gegen den geistlichen Beruf, und als er sich kurze Zeit später über seinen Beweggrund klarzuwerden versucht, fällt ihm eine Zeile ein, die er selbst verfaßt hat. Das bedeutet: Er ist stärker fasziniert von der »*Betrachtung einer inneren Welt individueller Gefühle, widergespiegelt in durchsichtiger, geschmeidiger, gegliederter Prosa*«. Daß er Dedalus heißt, erscheint ihm wie ein Omen, und statt der religiösen erlebt er eine profan-ästhetische Offenba-

rung, eine »Epiphanie«, in der ihm diesseitige Dinge schön und das Leben der künstlerischen Gestaltung wert erscheinen. Begeistert und getragen von solchen Momenten plötzlicher Einsicht, arbeitet er weiter an sich und – in Gesprächen mit seinem Freund Lynch – an der Klärung seiner ästhetischen Ideen; er benutzt in diesem Denkprozeß zwar noch die Begrifflichkeit ARISTOTELES' und THOMAS VON AQUINS, doch seine Konzeption des Kunstwerks hat sich von jeglicher Bevormundung gelöst. Bald darauf wird fast beiläufig deutlich, daß er sich auch von seiner Nation gelöst hat: In einer Diskussion weigert er sich, einen nationalistischen Standpunkt einzunehmen, und kritisiert Irland heftig als das Land, das seine größten Söhne verraten habe, als »*die Sau, die ihre Ferkel frißt*«. Gegen den Wunsch seiner Mutter nimmt er nicht mehr am Ostergottesdienst teil; seine Abkehr auch von der Kirche ist vollzogen. Er sieht seinen Weg vorgezeichnet: »*Schweigen, Verbannung, List*« sind – nach dem Vorbild von Lucien de Rubemprés »*Fuge ... late ... tace*« in BALZACS *Splendeurs et misères des courtisanes* – die einzigen Waffen, mit denen er zu kämpfen gedenkt. Und in den Tagebuchaufzeichnungen, mit denen das Werk schließt, ruft er seinen mythisch-weltlichen Namenspatron Dädalus, den Erbauer des Labyrinths von Knossos, an: »*Alter Vater, alter Artifex, steh mir bei jetzt und immerdar.*« – Noch einmal allerdings taucht Stephen im Werk Joyce' auf: In den ersten drei Kapiteln des *Ulysses* finden wir ihn, aus Paris zurückgekehrt, wieder in Dublin, in niedergedrückter Stimmung, ohne den Enthusiasmus und die Selbstsicherheit, die ihn in den Schlußsätzen des *Portrait* beflügelten. Erst Jahre später wird er – den man weitgehend mit Joyce gleichsetzen darf – imstande sein, jene epischen Labyrinthe zu bauen, die Joyce mit *Ulysses* und *Finnegans Wake* schuf.

»*Wir sind [als Leser] fest in Stephens Kopf eingeschlossen*« – so beschreibt J. I. M. STEWART die allein vom Bewußtsein des Helden bestimmte Perspektive des Romans. Das Entstehen eines Gedichts, die Ausformung von Gedanken, die subtilsten Gefühlsregungen sind durch die dem inneren Monolog engverwandte »erlebte Rede« mit einer Intimität wiedergegeben, die der Ausschließlichkeit dieser Perspektive vollkommen entspricht. Dabei wird Stephens Heranreifen nicht als kontinuierlicher Prozeß, sondern in fünf den Akten eines Dramas vergleichbaren Kapiteln bzw. Stationen verdeutlicht; zeitliche Zwischenräume werden aufgefüllt bzw. ergänzt durch Erinnerungen oder Anspielungen Stephens. Das Werk ist schon bei einer vergleichsweise vordergründigen Lektüre durchaus verständlich, dem um tieferes Eindringen bemühten Leser erschließt sich jedoch eine weitere Dimension durch das subtile Netz symbolischer Beziehungen und Bedeutungen, das sich durch den ganzen Roman zieht: Selbst realistische Details wie zum Beispiel die »Muhkuh«, von der dem Kind Stephen erzählt wird, und die Namen des Helden und anderer Personen haben tiefere, teils religiöse, teils mythische Bedeutungen, sind symbolische Verweise, die im *Ulysses* und noch in *Finnegans Wake* wiederaufgegriffen werden. Doch nicht nur in dieser Symboltechnik, auch in der strengen Hinordnung der Personen und Erlebnisse auf Dedalus zeigt sich, um wieviel konsequenter und neuer die Kompositionsform dieses Romans gegenüber *Stephen Hero* ist, der sich im Vergleich fast nur wie Rohmaterial für das *Portrait* ausnimmt.

Ezra POUND war der erste, der die revolutionären Qualitäten des Werks erkannte, und auf seine Empfehlung wurde es im ›Egoist‹ veröffentlicht. Die Bedeutung des Buchs für die Entwicklung der Erzähltechnik im 20. Jh. wird wohl nur noch von Joyce' späteren Romanen und von PROUSTS *A la recherche du temps perdu* erreicht. Ford Madox FORD, H. G. WELLS und Wyndham LEWIS bestätigten schon bald nach Erscheinen des *Portrait* dessen außerordentlichen Rang, T. S. ELIOT erklärte, in diesem Buch habe unser Jahrhundert seinen Ausdruck gefunden, und der Literaturwissenschaftler J. I. M. Stewart faßte die einstimmig hohe Einschätzung des Werks in Kritik und Wissenschaft in dem Satz zusammen, *A Portrait of the Artist as a Young Man* sei »*ein ebensolcher Markstein in der Geschichte des englischen Romans wie ›Joseph Andrews‹, ›Middlemarch‹ oder ›The Way of All Flesh‹*«.   J.Dr.

AUSGABEN: Ldn. 1914/15 (in The Egoist, 2. 2. 1914–1. 9. 1915). – Ldn./NY 1916. – Ldn. 1932. – Ldn. 1944 (*Stephen Hero*, Hg. T. Spenser; erw. 1956, Hg. u. Einl. J. J. Slocum u. H. Cahoon). – Harmondsworth 1960 (Penguin). – NY 1962, Hg. Ch. G. Anderson [krit.]. – NY 1964, Hg. R. Ellmann [endgült. Fssg. Ch. G. Anderson]. – NY 1968, Hg. Ch. G. Anderson (krit.; m. Bibliogr.; Nachdr. Harmondsworth 1977; Penguin). – Harmondsworth 1976 (Penguin). – Ldn. 1977. – NY 1982, Hg. R. Ellmann.

ÜBERSETZUNGEN: *Jugendbildnis*, G. Goyert, Basel 1926. – Dass., ders., Zürich 1945. – *Stephen Daedalus*, ders., Pfullingen 1958. – *Jugendbildnis des Dichters*, ders., Ffm. 1960 (Nachw. H. Viebrock; EC). – *Jugendbildnis*, ders., Ffm. 1965. – *Jugendbildnis des Dichters*, ders., Ffm. 1967 (FiBü). – *Stephen der Held. Ein Portrait des Künstlers als junger Mann*, K. Reichert (in Werke, Hg. ders. u. F. Senn, Bd. 2, Ffm. 1971; *Frankfurter Ausg.*). – Dass., ders., Ffm. 1976 (BS). – Dass., ders., Ffm. 1987 (*Frankfurter Ausg.*; es).

DRAMATISIERUNG: H. Leonard, *Stephen D., A Play in Two Acts*, Ldn./NY 1964.

LITERATUR: W. T. Noon, *J. and Aquinas*, New Haven (Conn.)/Ldn. 1957. – R. M. Kain u. R. E. Scholes, *The First Version of J.'s »Portrait«* (in Yale Review, 49, 1960). – R. S. Ryf, *A New Approach to J.*, Berkeley/Los Angeles 1962. – *J.'s »Portrait«. Criticisms and Critiques*, Hg. T. E. Conolly, NY 1962. – *The Workshop of Daedalus. J. J. and the Raw Materials for »A Portrait of the Artist as a Young Man«*, Hg. R. E. Scholes u. R. M. Kain, Evans-

ton/Ill. 1965. – W. Erzgräber, *J. J.: »A Portrait of the Artist as a Young Man«* (in *Der moderne engl. Roman*, Hg. H. Oppel, Bln. 1965; ²1971, S. 78–114). – L. Hancock, *Word Index to J. J.'s »Portrait of the Artist«*, Carbondale (Ill.)/Ldn. 1967. – Ch. G. Anderson, *J. J. and His World*, Ldn. 1967. – D. C. Gifford u. R. J. Seidman, *Notes for J. »Dubliners« and »A Portrait of the Artist as a Young Man«*, NY 1967. – *Twentieth-Century Interpretations of »A Portrait of the Artist as a Young Man«: A Collection of Critical Essays*, Hg. W. M. Schutte, Englewood Cliffs/N.J. 1968. – T. F. Staley, *A Critical Study Guide to J. J.'s »A Portrait of the Artist as a Young Man«*, Totowa/N.J. 1968. – K. E. Robinson, *The Stream of Consciousness Technique and the Structure of J.'s »Portrait«* (in J. J. Quarterly, 9, 1971, S.63–84). – *J. J.'s »Portrait«: Das ›Jugendbildnis‹ im Lichte neuerer dt. Forschung*, Hg. W. Füger, Mchn. 1972. – *J. J.: »Dubliners« and »A Portrait of the Artist as a Young Man«. A Casebook*, Hg. M. Beja, Ldn. 1973. – H. P. Sucksmith, *J. J.: »A Portrait of the Artist as a Young Man«*, Ldn. 1973. – *Materialien zu J. J.s »Ein Porträt des Künstlers als junger Mann«*, Hg. K. Reichert u. F. Senn, Ffm. 1975 (m. Bibliogr.; es). – H.-W. Ludwig, *Stephen Dedalus als Sprachkünstler: J. J.s Künstlerbildnis zwischen Ästhetizismus u. Moderne* (in Anglia, 94, 1976, S. 98–120). – *Approaches to J.'s »Portrait«: Ten Essays*, Hg. T. F. Staley u. B. Benstock, Pittsburgh 1976. – A. Heller, *Ambiguous Equilibrium: J.'s »A Portrait« Reconsidered* (in LWU, 11, 1978, S. 32–41). – *J. J.'s »A Portrait of the Artist as a Young Man«*, Hg. H. Bloom, NY 1988.

ULYSSES

(engl.; *Ü: Ulysses*). Roman von James JOYCE, entstanden 1914–1921, auszugsweise 1918–1920 vorabgedruckt in der Zeitschrift ›The Little Review‹, Erstausgabe 1922. – Joyce plante zunächst, die Erzählung vom Tageslauf des Annoncenakquisiteurs Leopold Bloom den Geschichten des Bandes *Dubliners* als dreizehnte beizugeben, verzichtete aber darauf und begann 1914, die bescheidene Handlung zu einem Epos von einmaliger Komplexität und Beziehungsfülle und die Person Blooms zu einem der am detailliertesten beschriebenen Charaktere der Weltliteratur umzugestalten. In siebenjähriger Arbeit wurde aus der Geschichte vom Alltag eines Dubliner Kleinbürgers ein Romanwerk, das an Vielschichtigkeit der Bedeutung, an Differenziertheit der Erzähltechniken, an Motiv- und Symbolfülle in der Literatur des 20. Jh.s eine singuläre Erscheinung ist: Epos, Chronik und Drama, Reportage, Essay und Entwicklungsroman zugleich, eine *spaßhaft-geschwätzige allumfassende Chronik mit vielfältigstem Material* (Joyce), die Beschreibung des *»Welt-Alltags der Epoche«* (Hermann Broch). – Vordergründig-realistisch ist *Ulysses* die Geschichte dreier Einwohner Dublins, ihrer Handlungen, Begegnungen und Gedanken am 16. Juni 1904 von acht Uhr früh bis zum nächsten

Morgen um etwa drei Uhr, die Geschichte eines Tages im Leben von Leopold Bloom, Anzeigenagent des »Freeman's Journal«, seiner Frau Marion (»Molly«) und des jungen Lehrers und Schriftstellers Stephen Dedalus (Hauptfigur von Joyce' 1916 erschienenem Roman *Portrait of the Artist as a Young Man*). Um diese Gestalten gruppiert sich eine Unzahl von Bürgern Dublins, mit denen die drei im Verlauf dieses Tages in Berührung kommen und bei denen es sich zum Teil um Personen handelt, die bereits in *Portrait* oder *Dubliners* aufgetreten sind. Diese Story erhält ihre Plastizität und Tiefendimension auf dreierlei Weise: 1. durch eine von Kapitel zu Kapitel wechselnde Erzähltechnik, die vom objektiven Erzählstil (Er-Form) über die erlebte Rede und den inneren Monolog bis zur Dramatisierung und schließlich zur Auflösung der Szene in Frage-und-Antwort-Spiele reicht; 2. durch eine in der bisherigen Romanliteratur unerreichte Präzision und Rücksichtslosigkeit in der Darstellung feinster, bis in die Zonen des Vor- und Unbewußten reichender psychischer Regungen, Vorstellungen und Wünsche; 3. durch die Verwendung von HOMERS *Odyssee* als mythisch-poetischer Folie, als Bezugs- und Deutungssystem, das die trivial-moderne Szene ständig relativiert, parodiert, in Relief setzt.

Der Roman ist in achtzehn Episoden gegliedert. Hauptperson der ersten drei ist Stephen Dedalus, der aus dem Pariser Exil, wo er sein Medizinstudium abgebrochen hat, nach Irland zurückgekehrte Künstler. In der ersten Episode, *Telemachus* genannt (weil Stephen wie Telemachos, Odysseus' Sohn, auf der Suche nach einem Vater ist), frühstückt Stephen zusammen mit seinem Medizinerfreund Buck Mulligan und dem Oxfordstudenten Haines in seiner Wohnung im Martello Tower, einem alten Befestigungsturm an der Dubliner Bucht. Bereits hier beginnt die symbolisch-leitmotivische Arbeit Joyce', die den ganzen Roman durchzieht und seiner äußeren Handlung ein Netz von Bezügen unterlegt, die die zahlreichen Episoden und Personen miteinander verknüpfen: Hier taucht das Fruchtbarkeitssymbol der Kuh auf (als Frühstücksmilch), hier erscheinen bereits die Zynismen des Mediziners Mulligan, die ersten Anspielungen auf Homer und auf die Shakespeare-Studien und -Thesen Stephens (von denen in der 9. Episode ausführlicher die Rede sein wird) sowie die ersten Parallelen zwischen Stephen und Leopold Bloom (beide sind gutmütig und werden betrogen: Stephen von Mulligan, der ihn ausnutzt, Bloom von seiner Frau, die am Nachmittag desselben Tages mit dem Sänger Blazes Boylan Ehebruch begeht). Eine Stunde später ist Stephen (in der zweiten, der *Nestor-Episode*) als Lehrer an der Schule Mr. Deasys tätig, der ihm – ein Nestor der Moderne – Ratschläge und Prophezeiungen mit auf den Weg gibt, antisemitische Expektorationen und außerdem einen Brief betreffend die Behandlung der Maul- und Klauenseuche, den Stephen später in der Zeitung, für die Bloom arbeitet, unterzubringen versucht. Die Technik des »inneren Mono-

logs« wird erstmals in größerem Stil in der dritten Episode, *Proteus*, verwandt: Nach der Schule geht Stephen am Strand spazieren, führt in Gedanken Selbstgespräche, erinnert sich an die Monate in Paris, an die Rückkehr nach Dublin kurz vor dem Tod seiner Mutter, der er in kaltem Stolz die Erfüllung ihrer letzten Bitte, er möge an ihrem Sterbelager beten, verweigert hat – seine Gewissensbisse sind im Verlauf des Romans als *»agenbite of inwit«* (spätmittelenglische Form) häufig wiederkehrendes Motiv und Stichwort, und konzipiert ein Gedicht, das er auf einem Zettel notiert. Damit ist eine Hauptperson eingeführt, die sich im Lauf des Tages »proteisch« wandeln wird: Der Tag mag ein Tag wie viele andere sein, an seinem Ende aber wird Stephen aus der Begegnung mit Bloom gewandelt und gereifter hervorgehen.

Der humane, aber durchschnittliche Leopold Bloom, der moderne Jedermann, Ire ungarisch-jüdischer Abstammung, tritt erstmals in der vierten Episode *(Calypso)* auf. Er bereitet das Frühstück für Molly, liest einen Brief seiner Tochter Milly, kauft sich Nieren zum Frühstück, ißt, geht aufs WC, wo er in einer alten Illustrierten eine Kurzgeschichte liest. Wie Odysseus die Calypso, so verläßt Bloom seine Frau und beginnt seine tägliche Odyssee durch Dublin, während seine Gedanken immer wieder zu Molly zurückschweifen, die er bei der Heimkehr als eine Penelope, realiter: eine treue Gattin, wiederzusehen hofft. Sein Weg führt ihn zunächst zum Postamt, wo er unter dem Namen »Henry Flower« einen postlagernden Brief abholt: Er korrespondiert heimlich mit einer Stenotypistin namens Martha Clifford – ein bescheidenes Pendant zu den vielen Ehebrüchen seiner Frau. Dann wohnt er kurz einem Gottesdienst bei, kauft ein Stück Seife, geht in ein öffentliches Bad und regrediert narzißtisch: Er betrachtet sich im Wasser, gedankenlos und egoistisch wie die Gefährten des Odysseus, die von den *Lotos*-Pflanzen aßen, die das Symbol dieser Episode sind. Seine *Hades*-Fahrt führt Bloom zum Friedhof, wo um elf Uhr sein Freund Paddy Dignam begraben wird. Unter den Trauergästen ist auch Stephens Vater Simon Dedalus. Dignam ist einer Herzschwäche erlegen – und das Herz wie die Lunge, die das symbolische Organ der nächsten Episode, des *Aeolus*-Kapitels, ist, sind Organe des »Kreislaufs«; dieser Oberbegriff verbindet die beiden Kapitel. »Circulation« ist auch das Stichwort für die Zeitung, wo Bloom kurz nach Mittag vorspricht und über ein Schlüsselemblem verhandelt, das in einer Anzeige verwandt werden soll. Hier kommt es beinahe zur Begegnung mit Stephen, der gerade versucht, Mr. Deasys Artikel unterzubringen, und dann mit den Journalisten in eine Kneipe geht. Ums Fressen geht es in der nächsten Episode: Es ist Lunch-Zeit, und die Dubliner sind so gierig (wie die *Lästrygonen*, das menschenfressende Riesenvolk aus der *Odyssee*), daß Bloom Mühe hat, ein Restaurant zu finden, wo er seine bescheidene Mahlzeit einnehmen kann. Noch einmal führen Blooms und Stephens Wege nur knapp aneinander vorbei: Als Bloom in der Bibliothek nach einer alten Zeitung sucht, diskutiert Stephen in einem Nebenraum seine Shakespeare-Theorien, doziert er ein paar Zuhörern und Mitdiskutanten »Theologicophilologik«, bringt er hochgelehrte Thesen vor, die er dann allerdings selbst nicht ganz ernst nimmt. Bloom hört einen Moment zu, entkommt dann aber (wie Odysseus der Scylla und der Charybdis), während Stephen weiterredet: Der Geist des Königs in *Hamlet* sei Shakespeare selbst, und Prinz Hamlet sei die Verkörperung von Shakespeares Sohn Hamnet, der mit elf Jahren starb – Vorausdeutung wieder auf die Vater-Sohn-Thematik (die später in der nächtlichen Begegnung zwischen Bloom und Stephen ihren Höhepunkt findet) und zugleich die letzte Episode, in der Stephen seine ganze hochmütige Schärfe im Gebrauch von Begriffen demonstriert. Wie durch die *Irrfelsen*, die einmal in der *Odyssee* erwähnt werden, bewegen sich in den achtzehn kurzen Abschnitten der zehnten Episode eine Reihe von Dublinern, in immer neuen Konstellationen von Nähe und Ferne zueinander, im Labyrinth ihrer Stadt; der gemeinsame Bezugspunkt ihrer höchst unterschiedlichen Wege, Gedanken und Wahrnehmungen ist die Fahrt des Vizekönigs durch Dublin: Alle sehen ihn, manche nur kurz, manche länger. Ein beigeordnetes Leitmotiv ist ein den Liffey hinabtreibender zerknüllter Zettel, den Bloom am Morgen in den Fluß geworfen hat und der ebenfalls von verschiedenen Personen auf verschiedene Weise wahrgenommen wird. Die *Sirenen* hinter einem »Thekenriff« sind das quasi homerische Personal des Restaurants Ormond, wo neben Bloom auch Simon Dedalus und Blazes Boylan einkehren. Bloom schreibt dort an seine unbekannte Briefpartnerin und will dann Martin Cunningham treffen, um gemeinsam mit ihm den verarmten Hinterlassenen Paddy Dignams zu helfen. Sirenenhaft-musikalisch ist auch die Sprache dieses Kapitels: Wie Themen eines Musikstückes werden zu Beginn eine Anzahl von Sätzen exponiert, die dann erweitert, »durchgeführt«, wiederaufgenommen, variiert und wie Notensequenzen umgestellt werden. Inzwischen ist es fünf Uhr nachmittags geworden; Bloom geht in Barney Kiernans Pub, läßt sich dort in ein Gespräch mit einem Dubliner, dem »Bürger«, ein, einem irischen Nationalisten der Sinn-Fein-Bewegung und Antisemiten, der ihn beleidigt und schließlich – Parodie des Polyphem, der dem fliehenden Odysseus einen Felsen nachschleudert – mit einer Teebüchse nach Bloom wirft, der in einem Wagen den Gewalttätigkeiten des (im übertragenen Sinn) »Einäugigen«, des vorurteilsbeladenen, megalomanen Autochthonen entkommt. Am Strand findet Bloom etwas Ruhe; aus der Ferne beobachtet er drei Mädchen, unter ihnen die sentimentale, aber durchtriebene Gerty McDowell, aus deren Perspektive zunächst erzählt wird. Als sie Blooms Blicke bemerkt, nehmen ihre Wunschphantasien eine eindeutige Richtung: Sie hebt ihre Röcke, um Bloom zu erregen, der nun zum Voyeur wird und onaniert – wiederum eine Szene der mißlungenen Kommunikation, Zeichen der Ausge-

schlossenheit Blooms, der seiner Veranlagung nach ein vorsichtiger Einzelgänger, als Jude ein Exilierter und in seinen Liebesbeziehungen frustriert ist: Seit elf Jahren hat er nicht mehr mit seiner Frau geschlafen, und wie dem Odysseus der Besitz Nausikaas (nach der diese Episode benannt ist), so bleibt Bloom der Besitz Gertys verwehrt.

Sein Mitleid führt ihn dann ins Frauenspital, wo eine Bekannte, Mrs. Purefoy, in den Wehen liegt. Während er sich im unteren Stockwerk mit Stephen, Mulligan, dem Arzt Dixon, der ihm – eines der immer wiederkehrenden Motive des Buches – einst einen Bienenstachel entfernt hat, unterhält, schenkt droben Mrs. Purefoy einem Sohn das Leben. »*Jede Episode ... sollte ihre eigene Erzähltechnik nicht nur bedingen, sondern geradezu hervorbringen*«, schreibt Joyce in einem Brief, und die Erzähltechnik dieses Kapitels spiegelt die Entwicklung eines Embryos in einer sprachlichen Analogie wider: Joyce ahmt hier den englischen Prosastil vom Altenglischen über MANDEVILLE, SWIFT, STERNE. CARLYLE und RUSKIN bis zu WILDE und einem zeitgenössischen Schüler- und Studentenslang nach – Sprachgeschichte als Embryologie. Die jungen Mediziner im Spital machen allerdings nur Witze über Mrs. Purefoys Entbindung, vergehen sich gegen ihre Fruchtbarkeit wie Odysseus' Gefährten gegen die *Rinder des Helios* (Titel dieser Episode) und eilen zur Vorortbahn, um zum Bordell der Bella Cohen, der Dubliner *Circe*, zu fahren. Ein Traumspiel, ein zweihundertseitiges Pandämonium, hebt an; die untersten Seelenschichten der Beteiligten werden zuoberst gekehrt: Bloom wird halluzinatorisch zur Frau, gebiert, wird von »Bello« (die Bordellmutter als Mann) gequält, seine sado-masochistischen Neigungen kommen zum Vorschein. »Circe« verwandelt ihn und seine Gefährten in Schweine: Blooms Visionen sind erotisch-pervers, Stephens grotesk und tragisch, doch am Ende erblickt Bloom, ähnlich wie Stephen, der seine tote Mutter beschwört, einen Menschen, den er geliebt und verloren hat: seinen Sohn Rudy. Die Satansmesse des freigesetzten Unbewußten, die tiefenpsychologische Walpurgisnacht endet, als Stephen, von Bloom begleitet, aus dem Bordell flieht. Erst als er sich vom Straßenpflaster erhebt (ein Soldat hat ihn niedergeschlagen, und Bloom hat wie ein Vater bei ihm gewacht), bewegt sich die Erzählung wieder ruhiger, dann aber auch müder und zerfahrener voran. Die beiden kehren in einer Kutscherkneipe ein, unterhalten sich, reden allerdings auch aneinander vorbei: Stephen ist nervös und reizbar, Blooms bescheidener, wenn auch vorurteilsloser Geist ist ihm nicht gewachsen. Dennoch entwickelt sich in dieser (nach *Eumäus*, dem treuen Sauhirten des Odysseus, benannten) Episode zwischen beiden eine unausgesprochene Sympathie. Dann ziehen sie Arm in Arm zu Blooms Wohnung in der Eccles Street Nr. 7; Bloom muß durch ein Hinterfenster einsteigen (heimlich und unerkannt betritt er sein Heim wie der zurückgekehrte Odysseus seinen Palast), und als Getränk kann er Stephen nur Kakao anbieten: Parodie des Weines, mit dem die Kommunion-Kommunikation der beiden durch eine mystische Vater-Sohn-Beziehung Verbundenen eigentlich vollzogen werden müßte. Und in ironischer Distanz zu der menschlichen Wärme, die zwischen ihnen aufkommt, steht auch die Erzählweise dieser Episode, der Heimkehr von Vater und Sohn nach *Ithaka*: In einem katechismusartigen, pseudodogmatischen, pseudowissenschaftlichen Fragespiel mit umständlich-exakten Antworten wird die Situation genau analysiert, bis Stephen schließlich das Haus verläßt. Odysseus ist heimgekehrt und legt sich neben *Penelope* (Molly) schlafen. Damit beginnt der letzte Abschnitt des Romans, der vierzigseitige innere Monolog der Molly Bloom, der interpunktionslos wiedergegebene Strom ihres Bewußtseins, der seinen Ausgang bei dem zurückgekehrten Bloom nimmt (den Molly verachtet und betrügt und an dem sie dennoch hängt) und der schließlich wieder zu Bloom zurückkehrt. »*Ich bin das Fleisch, das stets bejaht*« – so kennzeichnet Joyce die dem Irdischen verhaftete, unintellektuelle, sinnliche Molly, die Verkörperung von Fruchtbarkeit, Wärme und Leben, und mit einem »Ja« beginnt und endet, als sie frühmorgens einschläft, ihre Gedankenflucht: »*... und dann umschlangen ihn meine Arme ja ich zog ihn herab zu mir daß er meine duftenden Brüste fühlte ja und ganz wild schlug ihm das Herz und ja ich sagte ja ich will ja.*«

Ezra Pound, T. S. Eliot und Valéry Larbaud gehörten zu den ersten Bewunderern des Buches, das schon kurz nach seinem Erscheinen zu Berühmtheit gelangte, aber erst Jahre später größere Verbreitung fand. Die englische und amerikanische Zensur, aber auch die Fülle von romantechnischen Neuerungen, die die Lektüre bis heute schwierig gestalten, verhinderten eine breitere Rezeption. Die für viele schockierende Freizügigkeit, mit der Joyce Vorgänge und Wünsche, die die Sexual- und Uro-Anal-Sphäre betreffen, darstellte, war auch der Grund für die Eingriffe der Zensur in den puritanischen angelsächsischen Ländern (in Irland durfte der *Ulysses* lange Zeit nicht verkauft werden). Zum anderen setzt die Motivtechnik des Romans, die Verwendung von Wörtern und Bildern, die erst später ihre Erklärung bzw. ihre direkte oder indirekte Aufhellung erfahren und in einen Zusammenhang gestellt werden, ein gutes Gedächtnis und eine geschulte Lesetechnik voraus. Bei genauer Lektüre jedoch erweist sich *Ulysses* als ein Werk, für dessen ingeniöse Konstruktion und für dessen Dichte in der Weltliteratur nur wenig Vergleichbares zu finden ist. Es gibt keine stumpfen Motive, keine losen Enden in dem Anspielungs- und Verweisungsgefüge dieses Buches, das in der Bedeutungsgeladenheit jedes einzelnen Satzes eher mit streng komponierter Lyrik als mit der herkömmlichen Romanliteratur verglichen werden kann.

Joyce ist im *Ulysses* minuziöser Realist; er zeichnet das Dublin des Jahres 1904 so plastisch und – von Fleischkonservenmarken bis zu Schiffsnamen, von damals gängigen Liedern bis zu Straßennamen – so detailgetreu, daß Arno Schmidt das Werk ein »*Handbuch für Städtebewohner*« nennen konnte. Ebenso minuziös wird die psychische Realität der Personen aufgezeichnet; *Ulysses* ist einer der ersten Romane, in die die tiefenpsychologischen Erkenntnisse Freuds eingingen, und Joyce fand in der Technik des inneren Monologs, der unmittelbaren Reproduktion der bewußten und halbbewußten Träume, Gedanken, Wünsche des Menschen, das adäquate literarische Instrument, psychische Vorgänge ohne einen vorgeschalteten fiktiven Erzähler wiederzugeben. Er erkannte, obwohl Édouard Dujardin in *Les lauriers sont coupés* (1888) den inneren Monolog schon vor ihm benutzt hatte, die Möglichkeiten dieser Erzähltechnik, die er bereits so differenziert einsetzte, daß die verschiedenen Arten des Assoziierens sich deutlich voneinander abheben: Die assoziative Gedankenflucht Stephens tendiert zum Begrifflichen, Philosophisch-Spekulativen; Bloom assoziiert Zivilisatorisches, Seife, Essen, Reklameverse, Operettenmelodien; Molly dagegen Körperliches, Sexuelles, Düfte usw. Joyce verliert sich dabei nicht ins Mikroskopische, stellt vielmehr – gewiß halb ironisch – Dublin und seine Menschen in kosmische Bezüge, macht es zum *omphalos*, zum Nabel der Welt, und heitert die triste Alltäglichkeit seines Stoffes vor allem durch die antike Folie auf, durch die witzig-komplexen Bezüge auf die heroische Welt Homers.

Die Wirkung des Werkes, das aufgrund seiner vielschichtigen Struktur und seines Anspielungsreichtums eine schon heute unübersehbare Fülle von literarkritischen und philologischen Studien nach sich gezogen hat, ist kaum abzuschätzen. Die kompositorische Stringenz des *Ulysses*, die Sprachbehandlung und die Präzision der Detailbeobachtung haben für die Romankunst Maßstäbe gesetzt, denen im 20. Jh. wenige andere Werke, darunter wohl Prousts *A la recherche du temps perdu*, Musils *Der Mann ohne Eigenschaften* und Döblins *Berlin Alexanderplatz*, gerecht werden. Fortgewirkt hat vor allem die Technik des inneren Monologs, die sich z. B. bei Döblin, in Thomas Manns *Lotte in Weimar*, in Hermann Brochs *Tod des Vergil*, bei Alfred Andersch, Uwe Johnson und Arno Schmidt findet. – Bewunderung bei den Kritikern aber fand vor allem die konsequent durchgehaltene – von Stuart Gilbert nach Hinweisen von Joyce aufgeschlüsselte – Symbol- und Motivstruktur des Buches, die Zuordnung eines Schauplatzes, eines Organs, eines Symbols (oder einer Symbolfigur) und einer bestimmten Erzähl- oder Sprachtechnik zu jedem einzelnen Kapitel, ohne daß daraus ein trockenes Konstruktionsprinzip würde. Weder zynisch noch pessimistisch, wie man ihm oft vorgeworfen hat, ist der *Ulysses* auf weite Strecken von überwältigender Realistik und oft geradezu halkyonischer Heiterkeit. »*Ich habe nichts gelesen, das ihn übertrifft, und bezweifle, je etwas gelesen zu haben, das ihm gleichkäme*« (A. Bennett). J.Dr.

AUSGABEN: NY 1918–1920 (in Little Review, März 1918 – Okt. 1920; Ausz.). – Paris 1922. –

Ldn. 1922. – Ldn. 1937; ern. 1958 [1. vollst. Ausg.]. – Ldn. 1967. – Harmondsworth 1969. – Berkeley 1974, Hg. C. Hart u. D. Hayman. – Ldn./NY 1975, 3 Bde. [Faks. d. Ms.; Einl. H. Levin]. – Harmondsworth 1978 (Nachw. R. Ellmann; Penguin). – NY 1984, Hg. H. W. Gabler u. a., 3 Bde. [krit.; m. Synopse]. – Harmondsworth 1986, Hg. H. W. Gabler u. a. (Penguin).

ÜBERSETZUNGEN: *Ulysses*, G. Goyert, Basel 1927. – Dass., ders., Zürich 1956. – Dass., ders., Mchn. 1966 (dtv). – Dass., ders., Ffm. 1967 [Einf. C. Giedion-Welcker; Nachdr. 1973]. – Dass., H. Wollschläger (in *Werke*, Hg. K. Reichert u. F. Senn, Bd. 3, Ffm. 1975; *Frankfurter Ausg.*). – Dass., ders., Ffm. 1981 (Frankfurter Ausg.; es). – *Penelope. Das letzte Kapitel des »Ulysses«*, ders. u. G. Goyert, Ffm. 1981 (engl.-dt.; es).

VERFILMUNG: England 1967 (Regie: J. Strick).

LITERATUR: T. S. Eliot, *»Ulysses«. Order and Myth* (in Dial, 75, 1923, S. 480–483). – E. R. Curtius, *J. J. u. sein »Ulysses«*, Zürich 1929. – S. Gilbert, *J. J.'s »Ulysses«. A Study*, Ldn. 1930; ²1952 (dt.: *Das Rätsel Ulysses. Eine Studie*, Zürich 1960; ern. Ffm. 1983). – F. Budgen, *J. J. and the Making of »Ulysses«*, Ldn. 1934; ern. Bloomington/Ind. 1960; ern. Ldn. 1972 [rev. u. erw.; Einl. C. Hart]. – M. L. Hanley, *Word Index to J. J.'s »Ulysses«*, Madison 1953. – R. Ellmann, *The Background of »Ulysses«* (in KR, 16, 1954, S. 337–386). – R. Loehrich, *The Secret of Ulysses. An Analysis of J. J.'s »Ulysses«*, Ldn. 1955. – W. M. Schutte, *J. and Shakespeare. A Study in the Meaning of »Ulysses«*, Ldn. 1957. – R. M. Kain, *Fabulous Voyager: J. J.'s »Ulysses«*, Chicago 1957. – R. M. Adams, *Surface and Symbol: The Consistency of J. J.'s »Ulysses«*, NY 1962. – W. B. Stanford, *The Ulysses Theme. A Study in the Adaptability of a Traditional Hero*, Oxford ²1963. – S. Sultan, *The Argument of Ulysses*, Ohio 1964. – H. Blamires, *The Bloomsday Book. A Guide Through J.'s »Ulysses«*, Ldn. 1966; ern. 1974 [rev.; zul. 1988]. – C. Hart, *J. J.'s »Ulysses«*, Sydney 1968. – E. Kreutzer, *Sprache u. Spiel im »Ulysses« von J. J.*, Bonn 1969. – U. Schneider, *Die Funktion der Zitate im »Ulysses« von J. J.*, Bonn 1970. – *Approaches to »Ulysses«: Ten Essays*, Hg. T. F. Staley u. B. Benstock, Pittsburgh 1970. – D. Hayman, *»Ulysses«: The Mechanics of Meaning*, Englewood Cliffs/N. J. 1970; ern. 1982 [rev.]. – M. Beebe, *»Ulysses« and the Age of Modernism* (in J. J. Quarterly, 10, 1972, S. 172–188). – R. Ellmann, *Ulysses on the Liffey*, Ldn./NY 1972; ern. 1978 [rev.]. – S. Field, *Bloomsday: An Interpretation of J. J.'s »Ulysses«*, Ldn. u. a. 1972. – U. Mühlheim, *Mythos u. Struktur in J. J.s »Ulysses«: Die Verarbeitung d. klassischen Mythos für die Darstellungstechnik von J. J.*, Diss. Köln 1973. – E. R. Steinberg, *The Stream of Consciousness and Beyond in »Ulysses«*, Ldn. 1973. – *J. J.'s »Ulysses«: Critical Essays*, Hg. C. Hart u. D. Hayman, Berkeley 1974. – M. Shechner, *J. in Nighttown: A Psychoanalytic Enquiry into »Ulysses«*, Ldn. 1974. –

M. French, *The Book as World: J. J.'s »Ulysses«*, Ldn. 1976. – M. Seidel, *Epic Geography · J J.'s »Ulysses«*, Princeton/N. J. 1976. – J. H. Raleigh, *The Chronicle of Leopold and Molly Bloom: »Ulysses« as Narrative*, Berkeley 1977. – *J. J.s »Ulysses«: Neuere deutsche Aufsätze*, Hg. Th. Fischer-Seidel, Ffm. 1977 (es). – E. Lobsien, *Der Alltag des »Ulysses«: Die Vermittlung von ästhetischer u. lebensweltlicher Erfahrung*, Stg. 1978. – H. Kenner, *»Ulysses«*, Ldn. 1980; Nachdr. 1987 (dt. Ffm. 1981; es). – K. Lawrence, *The Odyssey of Style in »Ulysses«*, Princeton/N. J. 1981. – Ch. Schöneich, *Epos u. Roman: J. J.s »Ulysses«. Beitrag zu einer historisierten Gattungspoetik*, Heidelberg 1981. – B. Thomas, *J. J.'s »Ulysses«: A Book of Many Happy Returns*, Baton Rouge/La. 1982. – W. Erzgräber, *J. J.s »Ulysses«: Zur Konstruktion u. Komposition eines modernen Romans* (in Universitas, 40, 1985, S. 289–301). – *J.'s »Ulysses«: The Larger Perspective*, Hg. R. D. Newman u. W. Thornton, Newark/Del. 1987. – D. R. Schwarz, *Reading J.'s »Ulysses«*, Ldn. 1987. – *J. J.'s »Ulysses«*, Hg. H. Bloom, NY 1988. – D. E. Zimmer, *Der J. J.-Krieg* (in Die Zeit, 10. 3. 1989).

ATTILA JÓZSEF

* 11.4.1905 Budapest
† 3.12.1937 Balatonszárszó

LITERATUR ZUM AUTOR:
Bibliographie:
E. Reguli, *J. A. Bibliográfia*, Budapest 1975.
Biographien:
J. József, *J. A. élete*, Budapest 1940; ⁴1955. – J. Rousselot, *A. J. Sa vie, son œuvre*, Paris 1958. – M. Szabolcsi, *Fiatal életek indulója. J. A. pályakezdése*, Budapest 1963. – L. Balogh, *J. A.*, Budapest 1969; ³1980. – E. Gyertyán, *J. A. alkotásai és vallomásai tükrében*, Budapest 1970; ⁴1986. – M. Szabolcsi u. E. Fehér, *A. J. Sa vie et sa carrière*, Budapest 1978. – M. Szabolcsi, *A. J. Leben und Schaffen in Gedichten, Bekenntnissen, Briefen u. zeitgen. Dokumenten*, Budapest 1978. – M. Szabolcsi, *A. J. Leben u. Werk*, Bln./DDR 1981.
Gesamtdarstellungen und Studien:
E. Gyertyán, *Költőnk és kora. J. A. költészete és esztétikája*, Budapest 1963. – I. Mészáros, *A. J. e l'arte moderna*, Mailand 1964. – L. Forgács, *J. A. esztétikája*, Budapest 1965. – G. Török, *A líra: logika. J. A. költői nyelve*, Budapest 1968. – J. Levendel u. B. Horgas, *A szellem és a szerelem. J. A. világképe*, Budapest 1970. – L. Bóka, *J. A. Esszé és vallomás*, Budapest 1975. – D. Fábián, *J. A.-ról*, Budapest 1974. – J. Pásztor, *J. A. műhelyei*, Budapest 1975. – L. Szuromi, *J. A. Eszmélet*, Budapest 1977. – F. Juhász, *Sulla tomba di A. J.*, Rom 1979. – A. Bókay, F. Jadi u. A. Stark, *»Köztetek lettem én bolond«. Sors és vers J. A. utolsó*

éveiben, Budapest 1982. – *J. A. Párizsban*, Budapest 1982. – *»A mindenséggel mérd magad«*. *Tanulmányok J. A. ról*, Hg. B. E. Csáky, Budapest 1983. – *Költőnk és korunk. Tanulmányok J. A.-ról*, Budapest 1983.

DAS LYRISCHE WERK (ung.) von Attila JÓZSEF.

Eine der größten Meisterleistungen ungarischer Dichtkunst, bringt Attila Józsefs Lyrik das Lebensgefühl und die Problematik des 20. Jh.s ergreifend zum Ausdruck. Als typischer Lyriker der Post-Avantgarde integrierte József in seine individuelle Formensprache nahezu die gesamte Tradition der ungarischen Lyrik, von CSOKONAI über PETŐFI, ARANY, ADY und die Größen der bürgerlich-liberalen Literaturzeitschrift ›Nyugat‹ (Westen) bis zu KASSÁK. Sein Werk ist jedoch mehr als nur eine gewaltige Synthese. Seines revolutionären philosophisch-weltanschaulichen Gehaltes wegen markiert es zugleich auch den Beginn einer neuen literarischen Epoche. Attila József ist Ungarns erster sozialistischer Dichter von Weltrang, ein Klassiker der Arbeiterdichtung, der seine marxistische Weltanschauung in eine neuartige, sehr ursprüngliche Form von Lyrizität zu fassen verstand.

Als Intellektueller und Künstler aus einer armen Proletarierfamilie, der seine Eltern früh verlor und in der Kindheit bittere Not erlitten hatte, blieb József soziale Verwurzelung zeit seines Lebens versagt. So verdichten sich Entfremdung, Einsamkeit und Absurdität der modernen bürgerlichen Gesellschaft für ihn zur zentralen, auch sein Werk prägenden Erfahrung, die József zu einem der wichtigsten existentialistischen Lyriker des 20. Jh.s werden läßt.

Metrisch und in der Strophenform außerordentlich vielfältig, verwendet Józsefs Lyrik nahezu alle Gattungen vom Epigramm über das Sonett bis zur Ode und Elegie. Sein Werk umfaßt rund 700 Dichtungen, darunter auch Übertragungen der Lyrik WOLKERS, MAJAKOVSKIJS, BLOKS, VILLONS und RIMBAUDS ins Ungarische. Zu seinen Lebzeiten wurde Józsefs Größe weder vom Publikum noch von der Kritik erkannt. Obwohl er ganz jung, bereits als Siebzehnjähriger erstmals an die Öffentlichkeit getreten war, bereitete ihm die Publikation seiner Verse zeitlebens Schwierigkeiten und blieb seine Arbeit ohne nennenswerte Resonanz. Erst wenige Jahre vor seinem Tod erkannte ein enger Freundeskreis, die Mitarbeitergarde der Zeitschrift ›Szép Szó‹ (Schönes Wort), zu deren Redaktionskollegium auch Attila József gehörte, seine Bedeutung. Als dann sein tragischer Selbstmord landesweit die Öffentlichkeit erschütterte und aufrüttelte, war die Ausgabe seiner gesammelten Gedichte in wenigen Tagen vergriffen. Heute ist Attila József einer der populärsten, meistzitierten Lyriker der ungarischen Moderne.

Der erste Gedichtband des Siebzehnjährigen *Szépség koldusa*, 1922 *(Bettler der Schönheit)*, wurde mit Unterstützung des älteren, bereits bekannten Lyrikers Gyula JUHÁSZ (1883–1937) verlegt. Neben dem auffallend sicheren Gebrauch der Versformen kennzeichnet ein deutlich spürbarer Einfluß von Endre Ady (1877–1919) und Dezső KOSZTOLÁNYI (1885–1936) die ersten Arbeiten. Es folgt eine Periode der Selbstbesinnung und Selbstfindung: 1925 erscheint in Szeged der Band *Nem én kiáltok (Nicht ich bins, der hier schreit, die Erde dröhnt!)*, in dem bereits expressionistische Verse mit kühnen Wortverbindungen und freien Assoziationen im Stile Kassáks größeres Gewicht erlangen und auch jene politisch inspirierten oder philosophischen Motive auftauchen, die den späteren großen Dichter ankündigen. Das Titelgedicht – zugleich ein poetisches Programm – bringt eine kosmische Weltsicht zum Ausdruck: Der Dichter spürt das Nahen einer unaufhaltsamen Veränderung von elementarer Kraft und gestaltet dieses Wissen in großen apokalyptischen Bildern. *Szép, nyári este van*, 1924 *(Ein schöner Sommerabend)*, zeigt ebenfalls das Bild einer zerbrechenden, sinnentleerten Welt. Bei Reisen und Studienaufenthalten in Wien (1925) und Paris (1926), wo József mit der anarchistischen Bewegung in engere Berührung kommt, verfestigt sich seine Anschauung, erweitert sich sein Weltbild. Die Rückkehr nach Ungarn erfüllt ihn mit freudiger Zuversicht. In einem seiner wenigen ironischen Poeme stellt sich der Dichter selbst vor *(József Attila*, 1928). Das Frühjahr 1928 bringt die Begegnung mit Márta Vágó. In *Klárisok*, 1928 *(Perlen)*, einem Gedicht, das in grotesken Bildern die tiefgründigen Widersprüche der Liebe auszuloten sucht, findet die Erfahrung dieser unerfüllten Beziehung ihren Niederschlag. In dem 1929 erschienenen Band *Nincsen apám, se anyám (Weder Vater noch Mutter)* sind bereits solch bedeutende Verse wie *Tiszta szívvel*, 1925 *(Reinen Herzens)*, und das phantastisch-groteske Poem *Medáliák*, 1927/28 *(Medaillen)*, enthalten. *Tiszta szívvel* gibt der selbstzerstörerischen Verzweiflung des jungen Menschen, der nicht bereit ist, sich der Gesellschaft und ihren Zwängen anzupassen, bis heute gültigen Ausdruck; das lyrische Ich stellt sich im Wissen um seine Reinheit außerhalb der Gemeinschaft der Lüge und macht deren Gesetze zunichte.

Anfang der dreißiger Jahre führen das Studium des Marxismus und die Anziehungskraft der Ideen des Sozialismus József in die illegale kommunistische Partei. Augenfälliger Beweis der Radikalisierung seiner Auffassung wie seiner Lyrik ist die Sammlung *Döntsd a tőkét, ne siránkozz*, 1931 *(Hau um den Stamm)*. Die freien, ungemein expressiven Verse schlagen den Ton der Sprechchöre der Arbeiter an *(Tömeg*, 1930 – *Masse – Szocialisták*, 1931 – *Sozialisten)*, artikulieren das Engagement des Dichters für die proletarische Revolution. Gleichwohl wurde Attila József den dogmatischen kommunistischen Funktionären seiner Zeit rasch verdächtig. In ihrer Engstirnigkeit diffamierten sie ihn – besonders seine Versuche, Marx mit Freud zu verbinden, aber auch persönlicher Gegensätze wegen – als Häretiker und verhinderten seine Einladung zum Moskauer Schriftstellerkongreß. Der Bruch mit der Partei, die Erfahrung neuerlicher sozialer Zurückweisung, ließen József noch einsamer werden. Im Gedicht *Munkások*, 1931 *(Arbeiter)*, hat der Dichter die Hoffnung auf einen sofortigen revolutionären Umsturz bereits aufgegeben und setzt auf die sukzessive, evolutionäre Veränderung der Gesellschaft.

In der meisterhaften, nunmehr voll ausgereiften Lyrik der folgenden Bände *Külvárosi éj*, 1932 *(Nacht in der Vorstadt)*, und *Medvetánc*, 1934 *(Bärentanz)*, herrscht eine düstere, pessimistische Stimmung vor. Winterkälte, Erstarrung, Ödnis und Trübsal der Wirklichkeit sind bestimmende Themen *(Holt vidék*, 1932 – *Totes Land)*. Die existentialistisch geprägte philosophische Grundhaltung des Dichters kommt immer deutlicher zum Tragen: das lyrische Ich durchmißt die Welt, in der zu leben ihm gegeben ist, um seine Lage klar zu erkennen *(Téli éjszaka*, 1932 – *Winternacht)*. Zu Einsamkeit verurteilt, im Bewußtsein des unausweichlichen Schicksals von Vergängnis und Zerstörung nimmt József mit »kalter Trauer« die eisige Kälte des Alls wahr, verleiht er der kosmischen Verlassenheit des Menschen in seinem Gedicht *Reménytelenül*, 1933 *(Hoffnungslos)*, ergreifend Ausdruck.

Trotz dieser Verlassenheit, des Auf-sich-selbst-zurückgeworfen-Seins des Individuums durchzieht Józsefs gesamte Dichtung ein deutlich soziales, klassenkämpferisches Engagement. Im Laufe der Jahre wird allerdings der agitatorische Ton leiser, gewinnt eine stärker gesellschafts- und geschichtsphilosophisch motivierte Gedankenlyrik größeres Gewicht *(A város peremén*, 1933 – *Am Rande der Stadt; Elégia*, 1933 – *Elegie)*. Die gewaltige Vision der *Óda*, 1933 *(Ode)*, ein Liebesbekenntnis des Dichters, enthält neben dem intuitiven Erfassen von Eros auch den Versuch, das Mysterium der Liebe gedanklich zu ergründen. *Eszmélet*, 1934 *(Besinnung)*, wiederum zieht die Summe individueller und kollektiver Erfahrung und stellt die zentrale Frage menschlicher Existenz: die Frage nach einer vernünftigen Ordnung des Seins und der Welt.

Zu dieser Zeit werden die Symptome der Geisteskrankheit Attila Józsefs, einer seit dem Kindesalter immer wieder aufflackernden Schizophrenie, deutlich manifest. Der Dichter unterzieht sich einer Psychoanalyse, läßt sich in Kliniken und Sanatorien mehr oder weniger erfolglos therapieren. Zurückweisungen, die mangelnde Wertschätzung seines Werks verschlimmern seinen Zustand weiter. Während der Behandlung gerät er unter den Einfluß des Freudianismus, das Problem von Schuld und Sühne wird eines der beherrschenden Motive seiner Dichtung. Ein gegenstandsloses Schuldbewußtsein, der Gedanke einer Schuld ohne Verschulden quälen ihn *(A bűn*, 1935 – *Die Schuld; Kései sirató*, 1935 – *Verspätetes Klagelied)*. Einzelne Gedichte des letzten Bandes *Nagyon fáj*, 1936 *(Es tut sehr weh)*, geben ein erschreckend genaues Krankheitsbild seines Zustandes *(Kiáltozás*, 1936 – *Geschrei)*. Zugleich artikuliert sich in den großen

Gedichten der letzten Jahre ein noch immer ungebrochenes gesellschaftliches Problem- und Verantwortungsbewußtsein: die Verse *Levegőt*, 1935 *(Luft!)* und *Hazám*, 1937 *(Mein Vaterland)*, formulieren eine für die Periode universell gültige Gesellschaftskritik, *A Dunánál*, 1936 *(An der Donau)*, den bis heute richtungweisenden Gedanken eines Zusammenschlusses der mitteleuropäischen Völker. Abschied, Todesgewißheit und beklemmend ironische Abrechnung mit dem eigenen Schicksal prägen die letzten Verse des Dichters *Tudod, hogy nincs bocsánat*, 1937 *(Du weißt, Vergebung gibt es nicht)*, *Karóval jöttél*, 1937 *(Du trugst nur einen Stock)*, *Talán eltűnök hirtelen*, 1937 *(Vielleicht werde ich plötzlich verschwinden)*, und *Íme, hát megtaláltam hazámat*, 1937 *(Gefunden hab ich nun die Heimat)*.   A. P.

AUSGABEN: *Összes versei és válogatott írásai*, Budapest 1938. – *Összes művei*, Budapest 1952, Bd. 1/2. – *Legszebb versei*, Budapest 1970. – *Összegyűjtött versei*, Budapest 1972. – *Művei*, Budapest 1977, Bd. 1/2. – *Minden verse és versfordítása*, Budapest 1980. – *Összes versei*, Budapest 1984, Bd. 1/2. – *Költeményei*, Budapest 1985.

ÜBERSETZUNGEN: *Gedichte*, G. Deicke u. a., Hg. St. Hermlin, Bln.(DDR)/Budapest 1960; Budapest ²1964. – Dass., A. Gosztonyi, St. Gallen/Stg. 1963. – *A. J.*, F. Fühmann u. a., Bln./DDR 1975 [Ausw. St. Hermlin].

VERTONUNGEN: von B. András, L. Bárdos, G. Darvas, Gy. Dávid, Zs. Durkó, F. Farkas, K. Fraknói, Cs. Frank, L. Halmos, P. Kadosa, J. Karai, J. Kerekes, A. Mihály, Gy. Ránki, L. Udvardy, S. Vándor, S. Veress.

LITERATUR: L. Bányai, *Négyszemközt József Atillával*, Budapest 1943. – A. Németh, *J. A.*, Budapest 1944. – L. Bóka, *J. A.*, Budapest 1946. – J. Reményi, *A. J.*, Cleveland/Oh. 1947. – F. Fejtő, *J. A. az útmutató*, Budapest 1948. – J. József, *J. A. élete*, Budapest 1955. – A. Diószegi, *J. A. öröksége és a mai líra*, Budapest 1959. – P. Egri, *J. A. költészetének látomás - és álomszerű mozzanatai*, Budapest 1961. – K. Imre, *A Szép Szó és J. A.*, Budapest 1962. – L. Forgács, *J. A. esztétikája*, Budapest 1965. – E. Gyertyán, *J. A.*, Budapest 1966. – L. Bokor, *J. A. Bécsben*, Budapest 1967. – L. Balogh, *J. A.*, Budapest 1969. – E. Bojtár, *Wladislaw Broniewski és J. A.*, Budapest 1969. – E. Gyertyán, *J. A. alkotásai és vallomásai tükrében*, Budapest 1970. – J. Révai, *J. A.*, Budapest 1974. – M. Szabolcsi, *Érik a fény*, Budapest 1977 [m. Bibliogr.]. – P. Rényi, *Thomas Mann und A. J.*, Bln./Weimar 1978. – M. Szabolcsi, *A. J.*, Budapest 1978. – Ders., *J. A. korának világirodalmában*, Budapest 1980. – A. Bókay, F. Jádi u. A. Stark, *»Köztetek lettem én bolond«*, Budapest 1982. – G. Illyés, *J. A. utolsó hónapjairól*, Budapest 1984.

HAZÁM

(ung.; *Mein Vaterland*). Sonettzyklus von Attila
JÓZSEF, postum erschienen 1938. – Die sieben Sonette dieses Zyklus entstanden in der letzten Schaffensperiode des Lyrikers. Sie führen Klage über die
trostlose gesellschaftliche Wirklichkeit in Ungarn
vor dem Zweiten Weltkrieg und beschwören darüber hinaus die Vision einer Zukunft, in der das
»Arbeitsvolk« seine Ketten zerbrochen und das
Elend besiegt hat.
Am Anfang des ersten Sonetts beschreibt der Dichter seine nächtliche Rückkehr in sein heimatliches
Zuhause. Wohlige Wärme hält ihn umfangen, in
der *»samtnes Rauschen schwankt«*, und seine Seele
ist ihm *»ein großer, verschlafener Dschungel«*. Aber
jäh wechselt die Stimmung, weicht das Gefühl
friedlicher Geborgenheit, als der Dichter des auf
den Straßen herrschenden Elends ansichtig wird,
auf der *»Menschen übernachten«*. Das Volk liegt auf
der Straße, sein Los ist das Elend: von *»tausenderlei
Volkskrankheiten und häufigem Säuglingstod«* wird
es heimgesucht, den Bauern vertreibt man von seinem Land, der Lohn des Arbeiters reicht nur zu
»Suppe, Brot und zu Gespritztem«, damit er wenigstens *»in der Kneipe Krach machen«* und die Not im
Rausch vergessen kann. Das Volk wählt seine Vertreter *»offen«*, d. h. unter Aufsicht der Polizei, der
im voraus das Wahlergebnis bekannt ist. Im *»Zau-
berrausch der Macht«* befangen, kümmern sich die
Gesetzgeber nicht darum, daß das *»Volk zugrunde
geht«* und sich anderthalb Millionen Ungarn mit
»verkrampftem Herzen und zitternden Beinen« eine
neue Heimat suchen und auswandern mußten. *»Es
ist an der Zeit, daß wir frei werden«* und *»unsere hundert Sorgen«* in *»der klugen Versammlung des zustän-
digen Arbeitsvolkes überlegen«*, fordert der Dichter,
denn: *»Wie auf bängliche Auswanderer wartet auf
uns die neue Welt.«*
Diese *»neue Welt«*, die József preist, wird jedoch
keineswegs durch die Diktatur des Proletariats geschaffen, sondern allein durch demokratisches und
humanes Denken und Handeln – eine Erkenntnis
des Kommunisten József, die ihn mit der KP Ungarns entzweite (1934) und ihn jene Haltung einnehmen ließ, die der junge sowjetische Lyriker
EVTUŠENKO rund dreißig Jahre später als »humani-
stisch-sozialistisch« umschrieb.
Im Vergleich etwa zu dem 1923 entstandenen Sonettzyklus *A kozmosz éneke (Der Gesang des Kosmos)*
zeigt sich in der souveränen Beherrschung der
Sprache und der Sonettform auch die künstlerische
Reife des Dichters, der jetzt seinen Auftrag klar
vorgezeichnet sieht: Er muß den Kampf aufnehmen gegen jegliche Unterdrückung, ob von linker
oder rechter Seite.   M.Sz.

AUSGABEN: Budapest 1938 (in *Összes versei és válo-
gatott írásai*). – Budapest 1955 (in *Összes versei*). –
Budapest 1962 (in *Öszess versei*). – Budapest 1971.
– Budapest 1984 (in *Összes versei*, Bd. 2). – Buda-
pest 1985 (in *Költeményei*). – Bratislava 1987 (in
Minden verse és versfordítása, Hg. B. Stoll).

ÜBERSETZUNG: In *A. J.*, F. Fühmann u. a.,
Bln./DDR 1975 [Ausw. St. Hermlin].

LITERATUR: G. Makay, *J. A.: »Hazám«* (in G. M.,
»Édes hazám, fogadj szívedbe!...«, Budapest 1959,
S. 379–389). – T. Zsilka, *Müközpontúság és szöve-
gelemzés* (in Irodalmi Szemle, 1969, S. 606–612).

A KOZMOSZ ÉNEKE

(ung.; *Der Gesang des Kosmos*). Sonettkranz von
Attila JÓZSEF, entstanden 1923; erschienen 1924
in *Nem én kiáltok, a föld dübörög (Nicht ich rufe, die
Erde grollt)*, dem zweiten Gedichtband des Autors.
– Die Wahl der in der ungarischen Literatur äußerst
seltenen Form des Sonettkranzes (fünfzehn Gedichte, deren Schlußzeilen jeweils die Anfangszeile
des folgenden Gedichts und die alle zusammen das
letzte Sonett, das sog. Meistersonett, bilden) macht
deutlich, daß es József in seiner ersten Schaffensphase vor allem um die Beherrschung der poetischen Technik zu tun war. Doch die strenge
Durchführung der gewählten schwierigen Form
führte zu einer unverkennbaren Gewolltheit und
Künstlichkeit des Ausdrucks, unter der – wie auch
in den meisten seiner frühen Gedichte – die Geschlossenheit der Aussage leidet. In den weitgehend den übergreifenden gedanklichen Zusammenhang entbehrenden Bildern klingen aber bereits die Hauptmotive von Józsefs späterer Dichtung an: der Kampf der Arbeiter um ein besseres
und glücklicheres Leben, die Doppelgesichtigkeit
der Liebe, die bald erbarmungslos und grausam,
bald verhalten scheu sein kann, das Bewußtsein der
Auserwähltheit und Verantwortung des Dichters,
seine Verlassenheit und Einsamkeit. Unter den
Menschen fühlt sich József wie ein *»fremder und
ferner Planet«*, und er weiß doch zugleich, daß seine
Seele *»der frische Humus des kreisenden Planeten ist«*.
Surrealistische Metaphern stehen neben Bildern
lichter Heiterkeit; Anklänge an die Lyrik von ADY,
BABITS und Gyula JUHÁSZ – seine unmittelbaren
Vorläufer – sind in Józsefs Frühwerk unschwer
nachweisbar; kennzeichnend für viele Gedichte des
Zyklus ist eine Árpád TÓTH, dem kongenialen
Übersetzer der französischen Symbolisten, nach-
empfundene Stimmung müder Melancholie.

                                               M.Sz.

AUSGABEN: Budapest 1924 (in *Nem én kiáltok a föld
dübörög*). – Budapest 1952 (in *Összes müvei*, 3 Bde.,
1952–1958, 1). – Budapest 1955 (in *Összes versei*).
– Budapest 1965 (in *Összes versei*). – Budapest 1969
(in *Költeményei*). – Budapest 1984 (in *Összes versei*,
Bd. 1). – Budapest 1985.

ÜBERSETZUNG: In *A. J.*, F. Fühmann u. a., Bln./
DDR 1975 [Ausw. St. Hermlin].

LITERATUR: J. Lotz, *The Structure of the Sonetti a
corona of A. J.*, Stockholm 1965.

JUANA INÉS DE LA CRUZ

eig. Juana Asbaje Ramírez
* 12.11.1648 San Miguel de Nepantla
† 17.4.1695 Mexiko

LITERATUR ZUR AUTORIN:
L. Pfandl, *Die zehnte Muse von Mexiko, I. de la C.*,
Mchn. 1946. – C. M. Montross, *Virtue or Vice? Sor
J.'s Use of the Thomistic Thought*, Washington D.C.
1981. – M.-C. Bénassy-Berling, *Humanisme et
religion chez Sor J. I. de la C. La femme et la culture
au XVIIͤ siècle*, Paris 1982. – O. Paz, *Sor J. I. de la C.
o las trampas de la fé*, Barcelona/Mexiko 1982. –
P. B. Dixon, *Balances, Pyramids, Crowns and the
Geometry of Sor J. I. de la C.* (in Hispania, 67, 1984,
S. 560–566). – E. Arenal, ›*This Life within Me
Won't Keep Still*‹ (in *Reinventing the Americas:
Comparative Studies of Literature of the United
States and Spanish America*, Hg. B. G. Chevigny,
NY 1986, S. 158–202).

EL DIVINO NARCISO

(span.; *Der göttliche Narziß*). Mysterienspiel in
Versen von der Nonne JUANA INÉS DE LA CRUZ
(Mexiko), erschienen 1690. – Dieser Einakter gehört zu den *autos sacramentales* (Mysterienspielen),
die zur Verherrlichung der Eucharistie am Fron-
leichnamstag gespielt wurden. Als Fabel liegt dem
Divino Narciso in OVIDS *Metamorphosen* überlieferte griechische Sage von Narziß zugrunde, dem
Sohn des Flußgottes Kephissos, der sich an einer
Quelle in sein Spiegelbild verliebt, sich ins Wasser
stürzt und ertrinkt. Diese Erzählung hat die Autorin mit den Grundthemen der christlichen Heils-
lehre (Schöpfung, Sündenfall, Erlösungstod und
Gegenwart der Gottheit in der Eucharistie) verschmolzen und die Personen der Handlung zu allegorischen Figuren umgedeutet. Narziß steht für
Christus, den Inbegriff der Gottesschönheit. Sein
Abbild, die »Menschliche Natur«, wird, verführt
von »Echo« (dem Teufel), von »Stolz« und »Eitelkeit«, ihrer ursprünglichen Bestimmung untreu
und verstrickt sich in Sünde. Um sie zu erretten,
wählt der »göttliche Narziß« den Tod; mit ihm
stirbt in einer ungeheuren Katastrophe die gesamte
Schöpfung. Nach seinem Tod steigt er zum Himmel empor, aber wie Narziß sich in die nach ihm benannte Blume verwandelte, so verwandelt sich
Christus im Geheimnis des Abendmahls in »*die makellos weiße Blume der Eucharistie*«. – »Synagoge«
und »Heidentum« nehmen als kommentierende
Zuschauer an dem Geschehen teil. Als Nebenfiguren treten Nymphen und Hirtenchöre auf.
Im Gegensatz zur damaligen Mode, mythologische
Stoffe zu phantastischen, oft auch frivolen und
burlesken Stücken zu verarbeiten, wird in diesem
Mysterienspiel die antike Bildparabel – ohne alle

willkürlichen Zusätze und beinahe mühelos – zu einer religiösen Symbolerzählung umgedeutet, in
der Motive der antiken Mythologie, der *Bibel* und
der christlichen Theologie zu einer neuen dichterischen Einheit verschmelzen. Die Kategorien Raum
und Zeit sind in diesem Erlösungsdrama aufgehoben. Das Spiel vollzieht sich als Weltereignis in einer bukolischen Ideallandschaft mit Wäldern, Blu-
menwiesen, Quellen und Flüssen, die stellvertretend für die ganze Schöpfung stehen. Die einzelnen
Stadien des Stückes werden nicht als Etappen eines
fortlaufenden Geschehens, sondern vielmehr als
Folge von plastischen Bildern, von Musik und Gesang begleitet, vorgeführt. – Der Reiz des *Divino
Narciso* liegt teils in den rezitativ-erzählenden und
beschreibenden, teils in den hymnisch-lyrischen
Partien: hier tritt an die Stelle der für die Dichterin
im allgemeinen kennzeichnenden barock-bizarren
Rhetorik ein Ton inniger Frömmigkeit und reli-
giöser Inbrunst, der – wie auch die gelegentlichen
Bibelparaphrasen – nicht selten an die Eindringlichkeit und Ausdruckskraft alttestamentarischer
Dichtung gemahnt.   A.F.R.

AUSGABEN: Mexiko 1690. – Mexiko 1951–1957
(in *Obras completas*, Hg. A. Méndez Plancarte,
4 Bde.; 3, S. 21–97; 503–555; m. Einl. u. Bibliogr.). – Mexiko 1970 (in *Autos sacramentales*,
Hg. ders.).

LITERATUR: E. Cros, *El cuerpo y el ropaje en »El divino Narciso« de Sor J. I. de la C.* (in Boletín de la Biblioteca Menéndez Pelayo, 39, 1963, S. 73–94). –
R. Ricard, *Sur »El divino Narciso« de Sor J. I. de la C.*
(in Mélanges de la Casa de Velázquez, 5, Paris
1969, S. 309–329). – J. Krynen, *Mito y teología en
»El divino Narciso« de Sor J. I. de la C.* (in *Actas del
Tercer Congreso Internacional de Hispanistas*, Hg.
C. H. Magis, Mexiko 1970, S. 501–505). – E. Lorenz, *Narziß – menschlich und göttlich. Der Narziß-
stoff bei P. Calderón de la Barca und Sor J. I. de la C.*
(in RJb, 30, 1979, S. 283–297). – M. L. Salstad, *El
símbolo de la fuente en »El divino narciso« de Sor J. I.
de la C.* (in Explicación de Textos Literarios, 9,
1980/81, S. 41–46).

PRIMERO SUEÑO

(span.; *Erster Traum*). Versdichtung der Nonne
JUANA INÉS DE LA CRUZ (Mexiko), erschienen
1692. – Diese 973 Verse umfassende Dichtung aus
silvas – das sind Strophen ungleicher Länge aus
willkürlich reimenden Sieben- und Elfsilbern in
unregelmäßiger Folge – ist das Hauptwerk einer
der »*überragenden Gestalten der mexikanischen Literaturgeschichte*« (L. Pfandl), die, als Hofdame der
spanischen Vizekönigin wegen ihrer außergewöhnlichen Begabung zur Berühmtheit geworden,
plötzlich in den Ordensstand eintrat, um sich ausschließlich gelehrten Studien und der Dichtkunst
zu widmen. *Primero sueño* erzählt nach dem alten
Muster des Lehrtraumes in kunstvoller, geheimnis-

voll verschlüsselter Weise den Aufschwung und das Scheitern der nach Erkenntnis dürstenden Seele und ist als autobiographisches Bekenntnis einer Dichterin zu verstehen, deren Persönlichkeit und Leben von unbändigem Wissensdurst geprägt waren. Sie gesteht selbst, von all ihren Werken nur dieses aus freiem Antrieb, *por gusto*, geschrieben zu haben, und bezeichnet es damit als ihre persönlichste Dichtung. Den Inhalt hat sie selbst kurz beschrieben: *»Mit der Dunkelheit schlief ich ein, träumte, daß ich sämtliche Dinge des Weltalls auf einmal verstehen wollte, es nicht vermochte, weder nach Kategorien, noch an einem einzigen Individuum. Enttäuscht, bei Morgenlicht, erwachte ich.«* Dieser scheinbar einfache Vorgang entfaltet sich in der nachschaffenden Phantasie der Dichterin, begleitet von gelehrten Reflexionen und Kommentaren, zu einem überwältigenden kosmischen Vorgang, geschildert in einer metaphernreichen, von literarischen Anspielungen und Reminiszenzen erfüllten Sprache, die an Dunkelheit und Gelehrsamkeit, entlegenen Bildern und verwickelten, dem Lateinischen nachgebildeten Satzgefügen die Sprache GÓNGORAS (1561–1627) in den *Soledades* womöglich noch übertrifft. Scheinbar *»nebelig und verschwommen, ohne organische Gruppierung und Aufteilung des Stoffes«*, gehorcht der Aufbau des Werks in Wirklichkeit *»einem systematischen Gedanken«* (Anderson Imbert). Es besteht, wie L. PFANDL überzeugend nachgewiesen hat, *»einem gotischen Altaraufbau nicht unähnlich, aus einem dominierenden Mittelstück und je zwei Flügelteilen, die es auf beiden Seiten flankieren«*. Das Mittelstück enthält den eigentlichen Traum, in dem die Dichterin es wagt, *»das letzte und höchste aller irdischen Geheimnisse, das Gefüge des Weltalls, zu durchschauen«*. In den beiden benachbarten Teilen entwickelt Inés de la Cruz in lehrhaften Bildern eine Traumtheorie (über das Entstehen des Traums in dem einen und über sein Ende in dem anderen Teil), die in Anlehnung an griechische Autoren den Traum als ein Produkt aus Körperdämpfen, also durchaus rationalistisch, erklärt. Von den beiden verbleibenden Teilen schließlich ist der erste ein Nachtgesang, der letzte ein Gesang an die Sonne: *»Am Ausgang erklingt der jubelnde Hymnus des Sonnengesangs. Er feiert . . . die Überwindung der Nacht durch den Tag, den Sieg des Lebens über den Tod, die Wiedergeburt aus der Rückkehr in den Mutterschoß«* (L. Pfandl).   A.F.R.

AUSGABEN: Sevilla 1692 (in *Obras*, Bd. 2). – Mexiko 1951 (in *Obras completas*, Hg. A. Méndez Plancarte, 4 Bde., 1951–1953, 1; m. Einl.). – Buenos Aires 1953. – Salamanca 1971 (in *Antología*, Hg. E. L. Rivers). – Santiago de Chile 1971 (in *Antología clave*, Hg. H. Loyola).

ÜBERSETZUNG: *Die Welt im Traum*, K. Vossler, Bln. 1941; ern. Karlsruhe 1946 [m. span. Text].

LITERATUR: E. L. Rivers, *El ambiguo »Sueño« de Sor J.* (in CHA, 63, 1965, S. 271–282). – G. C. Flynn, *The »Primer sueño of Sor Juana* (in Revista Interamericana de Bibliografía, 15, 1965, S. 355–359). – G. Sabat de Rivers, *El »Sueño« de Sor J. I. de la C., tradiciones literarias y originalidad*, Ldn. 1977. – R. Perelmuter Pérez, *Los cultismos herrerianos en el »Primero sueño« de Sor J. I. de la C.* (in BHi, 83, 1981, S. 439–446). – Dies., *Noche intelectual: la oscuridad idiomática en el »Primero sueño«*, Mexiko 1982. – E. Busto Ogden, *Santa Teresa de Jesús y Sor J. I. de la C.: Dos trayectorias del sueño* (in *Santa Teresa y la literatura mística hispánica: Actas del I. Congreso internacional sobre Santa Teresa y la mística hispánica*, Hg. M. Criado de Val, Madrid 1984). – M. Velasco, *La cosmología azteca en el »Primero sueño« de Sor J. I. de la C.* (in RI, 50, 1984, Nr. 127, S. 539–548). – R. Perelmuter Pérez, *La situación enunciativa del »Primero sueño«* (in RCEH, 11, 1986, S. 185–191).

RESPUESTA A SOR FILOTEA DE LA CRUZ

(span.; *Antwort an Schwester Philotea vom Kreuz*). Autobiographischer Essay der Nonne JUANA INÉS DE LA CRUZ (Mexiko), erschienen 1690. – Im Jahre 1690 erschien – versehen mit einem Begleitbrief des Bischofs von Puebla, Manuel Fernández de la Cruz, den er unter dem Pseudonym Sor Filotea de la Cruz geschrieben hatte – die *Carta atenagórica* (etwa: Athenischer Brief) von Juana Inés de la Cruz, in der sich die gelehrte mexikanische Nonne mit einer Predigt des berühmten portugiesischen Jesuitenpaters António de VIEIRA (1608–1697; vgl. *Cartas*) auseinandersetzt. In dem Begleitbrief ermahnt der angebliche Sor Filotea ihre Mitschwester, den weltlichen Wissenschaften und Künsten zu entsagen und sich den heiligen Schriften zuzuwenden.

Auf diese Ermahnung schrieb Juana Inés ihre *Antwort an Schwester Philotea vom Kreuz*, *»einen der bewundernswertesten autobiographischen Essays in spanischer Sprache«* (Anderson Imbert). Darin verteidigt sie leidenschaftlich ihr Recht, sich mit profaner Literatur und Wissenschaft zu befassen, und schildert dramatisch ihr Leben, das von unbändigem Wissensdurst bestimmt war. Da sie nicht heiraten wollte, sei sie, um der Sicherheit ihres Seelenheils willen, ins Kloster gegangen. Doch leider sei ihr Wissensdrang ihr gefolgt, und so habe sie sich gegen mancherlei Widerstände unter größten Anstrengungen dem Studium ergeben. *»Ich kann nicht sagen, wie sehr ich andere beneide, denen das Wissen keine Mühe bereitet hat. Mich hat nicht das Wissen (denn noch weiß ich nicht), sondern das Wissenwollen schwere Arbeit gekostet . . . Gegen den Strom sind meine Studien gefahren oder besser gesagt, haben sie Schiffbruch erlitten.«* Soll eine Frau sich solcher Neigungen schämen? Ist die Wissenschaft etwa ein Vorrecht der Männer, die *»nur weil sie Männer sind, glauben, gescheit zu sein«*? Hat es nicht hochgelehrte Frauen in großer Zahl sowohl in den weltlichen wie in den heiligen Wissenschaften immer gegeben? Diese Argumentation unterbricht Juana Inés oft, indem sie ausführlich über Dichtung, Gelehrsamkeit und Philosophie reflektiert, über gelehrte Männer und Frauen berichtet, von der Inquisition spricht oder den Sinn des Theaters bedenkt; sie vermischt Anekdotisches mit Spekulativen, bekennt, klagt, verteidigt sich und greift an. Die Mahnung, sich nur mit frommer Literatur und religiösen Fragen zu beschäftigen, weist sie zurück mit dem Hinweis, daß sie, »*eine arme Nonne, das geringste unter allen Geschöpfen der Welt*«, dafür nicht die nötige Eignung besitze. »*Das soll man dem überlassen, der etwas davon versteht; ich will mich nicht mit dem Heiligen Offizium anlegen.*« Ihre fortschrittlichen und großzügigen Gedanken über die Frauenerziehung gleichen in mancher Hinsicht denen Fénelons in seinem *Traité de l'éducation des filles*, 1687 *(Abhandlung über die Erziehung der jungen Mädchen)*, und stehen im Gegensatz zu den älteren, konservativen Anschauungen der großen spanischen Humanisten Juan Luis Vives (vgl. *De institutione feminae christianae*, 1523) und Luis de León (vgl. *La perfecta casada*, 1583), für die sich die Erziehung der Frau in der Vorbereitung auf den Ehestand, auf ihre Pflichten als Gattin, Mutter und Hausfrau erschöpfte. – Ein literarisches Werk von hohem Rang durch die sehr persönliche, sehr souveräne, sensible, geistreiche Sprache und Darstellungsweise ohne jede literarische Pedanterie, ist die *Respuesta a Sor Filotea* auch ein aufschlußreiches menschliches Dokument. Die Unruhe eines Jahrhunderts, in dem Descartes den Zweifel zum methodischen Grundprinzip des Wissens erhob, scheint darin ebenso lebendig, wie eine andere, persönliche Unruhe spürbar ist, die sich im *Primero sueño* (1692), dem dichterischen Hauptwerk dieser Autorin, überschwenglich entfaltet.   A.F.R.

Ausgaben: Puebla de los Angeles 1690 *(Carta atenagórica)*. – Mexiko 1945 [Faks.]. – Madrid 1700 (in *Fama y obras postumas; Respuesta*). – Mexiko 1934, Hg. E. Abreu Gómez [beide Texte]. – Mexiko 1957 (in *Obras completas*, 4 Bde., 1951–1957, 4; m. Anm.). – Mailand 1953, Hg. G. Bellini [m. Einl. u. Anm.]. – Santiago de Chile 1971 (in *Antología clave*, Hg. H. Loyola). – Madrid 1978 (in *Obra en prosa. Antología poética, La poesía religiosa*, Hg. L. Ortega Galindo). – Barcelona 1979.

Übersetzung: *Brief der Sor Juana an den Bischof von Puebla* (in M. West, *Von Vulkanen, Pyramiden und Hexen*, Bln. 1930, S. 100–126).

Literatur: A. Castro, *El drama intelectual de Sor J. y el antiintelectualismo hispánico* (in CA, 22, 1963, S. 238–253). – E. C. Knowlton, *Un problema textual de la »Respuesta a Sor Filotea de la Cruz«* (in Anuario Letras, 19, 1981, S. 327–332). – E. Arenal, *The Convent as Catalyst for Autonomy: Two Hispanic Nuns of the Seventeenth Century* (in *Women in Hispanic Literature: Icons and Fallen Idols*, Hg. B. Miller, Berkeley 1983, S. 147–183). – R. Perelmuter Pérez, *La estructura retórica de la »Respuesta a Sor Filotea«* (in HR, 51, 1983, S. 147–158). –

N. M. Scott, *Sor J. I. de la C.: »Let Your Women Keep Silence in the Churches«* (in Women's Studies International Forum, 8, 1985, S. 511–519).

Juan de la Cruz

Hl. Johannes vom Kreuz
d.i. Juan de Yepes y Álvarez

* 24.6.1542 Fontiveros
† 14.12.1591 Kloster Úbeda

Literatur zum Autor:

Bibliographien:

P. Bilbao Aristegui, *Indice de bibliografía sobre J. de la C.*, Bilbao 1946. – P. P. Ottonello, *Bibliografia di San J. de la C.*, Rom 1967. – R. P. Hardy, *Early Biographical Documentation of J. de la C.* (in Science et Esprit, 30, 1978).

Biographien:

C. de Jesús Sacramentado, *Vida de J. de la C.*, San Sebastián 1939. – H. Chaudebois, *La lección de Fray J. de la C.*, Barcelona 1942. – E. A. Peers, *Spirit of Flame. A Study of St. John of the Cross*, Ldn. 1943, 8 1961. – J. C. Gómez-Menor Fuentes, *El linaje familiar de Santa Teresa y J. de la C.*, Toledo 1970. – G. Brenan, *St. John of the Cross: His Life and Poetry*, Ldn./NY 1973. – *Vida y obras de San J. de la C.*, Hg. M. del Niño Jesús, Madrid 1978. – P. Lauzeral, *Quand l'amour tisse un dessin: vie de saint Jean de la Croix*, Paris 1985.

Gesamtdarstellungen und Studien:

J. Baruzi, *Saint Jean de la Croix*, Paris 1924. – M. Herrero García, *S. J. de la C.: Ensayo literario*, Madrid 1942. – E. Stein, *Kreuzwissenschaft. Studien über Johannes a Cruce*, Löwen/Freiburg 1950. – H. Waach, *Johannes vom Kreuz*, Wien/Mchn. 1954. – F. Urbina, *La persona humana en San J. de la C.*, Madrid 1956. – H. Sanson, *El espíritu humano según San J. de la C.*, Madrid 1962. – D. Alonso, *La poesía de San J. de la C.*, Madrid 1966. – F. Ruiz Salvador, *Introducción a San J. de la C.: el escritor, los escritos, el sistema*, Madrid 1968. – E. de la Virgen del Carmen, *San J. de la C. y sus escritos*, Madrid 1969. – A. Bord, *Mémoire et espérance chez Jean de la Croix*, Parix 1971. – B. Gicovate, *San J. de la Croix*, NY 1971 (TWAS). – J. Camón Aznar, *Arte y pensamiento en San J. de la C.*, Madrid 1972. – J. L. Aranguren, *San J. de la C.*, Madrid 1973. – M. Wilson, *San J. de la C.: Poems*, Ldn. 1975. – J. C. Nieto, *Mystic, Rebel, Saint: A Study of St. John of the Cross*, Genf 1979. – W. Repges, *Johannes vom Kreuz: der Sänger der Liebe*, Würzburg 1985. – E. Wilhelmsen, *Cognition and Communication in John of the Cross*, Ffm. u. a. 1985. – M. E. Glies, *The Poetics of Love: Meditations with John of the Cross*, NY u. a. 1986.

CÁNTICO ESPIRITUAL

(span.; *Geistlicher Lobgesang*). Mystischer Wechselgesang zwischen der Seele und Gott von JUAN DE LA CRUZ, begonnen während des Gefängnisaufenthalts in Toledo 1577/78, in zwei Fassungen überliefert; 1622 auf französisch erstmals gedruckt. – Ins Religiöse verweist der erst 1630 von dem Herausgeber Jerónimo de SAN JOSÉ hinzugefügte Titel. In ihrer Verlassenheit und Pein ruft die Braut nach ihrem Geliebten. Sie eilt hinaus in die Natur, die ihr in der Schönheit der Wälder, Flüsse und Berge von dem Gesuchten kündet. Als dieser erscheint, ist sie zunächst geblendet vom Glanz seiner Augen; doch seine begütigenden Worte entlocken ihr einen Freudenhymnus auf die Natur: *»Mi amado, las montañas, / los valles solitarios nemorosos, / las ínsulas extrañas, / los ríos sonorosos, / el silbo de los aires amorosos . . .« »Mein Geliebter, die Berge, die einsamen und bewaldeten Täler, / die fremden Inseln, / die tönenden Flüsse, / das Säuseln der lieblichen Düfte . . .«* (1. Fassung: Strophe 13.) Die bösen Elemente der Dunkelheit sind gebannt, die Braut ruht in den Armen ihres Geliebten, *»y yo le di de hecho / a mi sin dejar cosa (»und ich gab mich ihm, in der Tat, ganz hin«)*. Wie die weiße Taube zur Arche zurückgekehrt war, so hat nun die Geliebte den Ersehnten gefunden. In der Schönheit des Bräutigams möchte sie den Berg und den Hügel betrachten, in verborgenen Höhlen will sie mit ihm verweilen, wenn in ruhiger Nacht der leichte Hauch des Windes sie umweht und der Gesang der Nachtigall aus dem Hain ertönt.

Allegorisch spiegeln sich in dem geistlichen Wechselgesang zwischen Braut und Bräutigam die drei Stufen auf dem Weg der Seele zur mystischen Vereinigung mit Gott. Ausführliche traktatähnliche Kommentare, die vermutlich dem Liede angefügt wurden, erklären dessen Sinngehalt. Es ist nicht sicher, ob die Kommentare – Dámaso ALONSO nannte sie *»einen vorauszusehenden, wenn auch bewundernswürdigen Mißerfolg«* – nicht vor dem Gedicht entstanden sind. Fast jedes einzelne Wort wird rational ausgedeutet und auf die Heilswahrheiten bezogen. So etwa sind die verborgenen Höhlen die Geheimnisse und die Weisheit Gottes, der Windhauch die Berührung der Seele durch den Heiligen Geist, der Gesang der Nachtigall das Zwiegespräch zwischen Gott und der Seele, der Hain die gottgeschaffene Natur und die Nacht die meditierende Betrachtung der Geschöpfe Gottes. Doch kann die Exegese San Juans keinen Zugang zu seinen Gedichten und den ihnen zugrunde liegenden mystischen, dem Wort sich entziehenden Erfahrungen vermitteln. Das Unaussprechliche, das Geheimnis der *unio mystica*, das solche Erklärungen eher verdecken, läßt vielleicht nur die dichterische Aussage erahnen. Trotz der Einfachheit der Sprache und dem Gleichklang der Strophen und Verse erweist sich das Gedicht bei näherer Betrachtung als ein kunstvolles Gefüge. Wenn sich auch San Juan den reichen Formelschatz der volkstümlichen und PETRARCA nachempfundenen Liebeslyrik zu eigen

machte und sich dabei auf SEBASTIÁN DE CÓRDOBAS Übertragungen der Eklogen GARCILASOS »ins Christliche und Religiöse« stützen konnte, handelt es sich im *Cántico* doch um eine eigenständige Neuschöpfung. San Juan verzichtete fast ganz auf rhetorische Mittel, doch ist seine Sprache überaus plastisch. So ahmen die lautmalerisch wiederholten o- und s-Laute (z. B. *ríos sonorosos . . .*) das Rauschen der Flüsse und der Winde nach. Die häufigen Wortreihen, Fragen, Ausrufe, eindringlichen Aufforderungen, der ständige Wechsel zwischen Sieben- und Elfsilber steigern den Versrhythmus zu äußerster Dynamik und Ausdruckskraft – ganz im Gegensatz zu der Statik und Geschmeidigkeit der Verse Garcilasos. Auch weiß San Juan den Rhythmus der wechselnden Stimmung des Liedes anzupassen. So findet die Unrast, mit der die Seele nach Gott sucht, Ausdruck in der raschen, unverbundenen Aufeinanderfolge von Nomen und Verben: *»Ni cogeré las flores / ni temeré las fieras . . .«* Doch dann, als der Geliebte erscheint, verlangsamt sich der Rhythmus zu einem ruhigen Verweilen: *»La noche sosegada / en par de los levantes de la aurora . . .«* (*»Die ruhige Nacht / den Anfängen der Morgenröte weit geöffnet . . .«*) Die Einheit von Natur und Geliebtem, von Schöpfer und Schöpfung drückt sich in der unverbundenen Folge der Substantive aus (*»Mein Geliebter, die Berge . . .«*). Der *Cántico espiritual*, der in vielem an das *Hohelied* erinnert, ist das vielleicht vollkommenste Werk von San Juan de la Cruz und eine der tiefsten Aussagen mystischer Erfahrungen in der spanischen Lyrik. E. F.-KLL

AUSGABEN: Paris 1622. – Brüssel 1627 (in *Declaración de las Canciones que tratan del exercicio de amor entre el Alma y el Esposo Christo*). – Madrid 1630 (in *Obras*, Hg. Jerónimo de San José). – Salamanca 1948, Hg. J. Krynen (*Le cantique spirituel de St-Jean de la Croix*; kommentiert u. umgearbeitet im 18. Jh. von Augustín Antolínez). – Solesmes 1951, Hg. P. Chevalier (*Le texte du Cantique spirituel mis au net par St-Jean de la Croix*). – Madrid 1960 (in *Vida y obras de San Juan de la Cruz*, Hg. Lucinio del Stmo. Sacramento; m. Einl. u. Bibliogr.; BAC). – Madrid 1983, Hg. u. Einl. C. Cuevas García. – Burgos 1987 (in *Obras completas*, Hg. u. Einl. E. Pacho).

ÜBERSETZUNGEN: *Göttliche Liebesflamme*, G. Ph. Harsdörffer (in J. M. Dilherr, *Göttliche Liebesflamme*, Jena 1640). – *Das Lied der Liebe*, I. Behn (in *SW*, Bd. 3, Einsiedeln 1963; ern. 1979).

LITERATUR: R. M. Icaza, *The Stylistic Relationship between Poetry and Prose in the »Cántico espiritual« of San Juan de la Cruz*, Washington 1957. – E. Orozco, *Poesía y mística*, Madrid 1959. – E. de la Virgen del Carmen, *El »Cántico espiritual«: Trayectoria histórica del texto*, Rom 1967. – R. Duvivier, *La genèse du »Cántico espiritual« de Saint Jean de la Croix*, Paris 1971. – J. L. Morales, *El »Cántico espiritual« de San J. de la C.*, Madrid 1971. – R. Duvivier, *Le dynamisme existentiel dans la poésie de Jean de* la Croix. Lecture du »*Cántico espiritual*«, Paris 1973. – J. Martín Ballester, *S. J. de la C.* »*Cántico espiritual*« leido hoy, Madrid 1977. – C. P. Thompson, *The Poet and the Mystic: A Study of the* »*Cántico espiritual*« *of S. J. de la C.*, NY/Oxford 1977. – J. B. McInnis, *Eucharistic and Conjugal Symbolism in* »*The Spiritual Canticle*« *of St. John of the Cross* (in Renascence, 36, 1984, S. 118–138).

LLAMA DE AMOR VIVA

(span.; *Lebendige Liebesflamme*). Gedicht und mystischer Traktat von JUAN DE LA CRUZ, erschienen 1618. – Auf Bitten von Doña Ana de Peñalosa schrieb Johannes vom Kreuz als Prior des Karmeliterklosters und berühmter Seelenführer in Granada Erläuterungen zu seinen wahrscheinlich 1584 gedichteten Gesängen der Seele im Zustand der innigsten Einigung mit Gott, ihrem geliebten Bräutigam. Diese Lira mit nur vier, auf je sechs Zeilen und drei Reime erweiterten Strophen verleiht äußersten ekstatischen Erfahrungen des Heiligen in einer Reihe von Anrufungen und Bildern poetischen Ausdruck. Die geheimnisvolle Gedankentiefe, schwebende Musikalität und unerhörte Sprachgewalt der Verse lassen das Gedicht als eine der reinsten lyrischen Schöpfungen überhaupt erscheinen. Wie in den beiden anderen Werken (*Subida del Monte Carmelo* und *Cántico espiritual*) erklärt der Kirchenlehrer sein zunächst in ein dichterisches Kunstwerk gegossenes religiöses Erleben nachträglich, wenn auch nur widerstrebend, Zeile für Zeile in einem theologischen Kommentar von hohem literarischem Rang. Aus den zahlreichen, noch zu Lebzeiten des Mystikers und Reformers verbreiteten Abschriften läßt sich der kritische Text nur mehr sehr schwer herstellen, da die Originalhandschriften verschollen sind. Dennoch ragen aus der Überlieferung zwei mit Sicherheit authentische Bearbeitungen heraus: eine frühere, angeblich in vierzehn Tagen zwischen Mai 1585 und April 1587 hergestellte Fassung, die somit ihrem Entstehen nach zwischen der ersten und zweiten Textgestaltung des *Cántico espiritual* liegt, sowie eine spätere, erweiterte Form, die um 1590, kurz vor dem Tod des Dichters, vollendet wurde. Da in Lehre und Ausdeutung jedoch keine wesentlichen Veränderungen festzustellen sind, bleibt der Anlaß für die nochmalige Behandlung auch hier im dunkeln. Wie das Holz, vom Feuer ergriffen, in sprühende Glut und strahlendes Licht übergeht, so wird die geläuterte und »leere« Seele im Zustand der Umwandlung in lodernder Entflammtheit durch noch vollkommenere und ganz wesenhafte Liebe vergöttlicht, ja zu »*Handlungen Gottes in Gott*« emporgehoben. In der »*Mitte der Seele*« selbst ist das Mysterium des trinitarischen Lebens gegenwärtig. Durch die Liebeseinigung geschieht in der Seele jene »*Aneignung Gottes*«, mitten in das »*Herz des Geistes*« hinein. Die drei göttlichen Personen bewirken dieses Gleichförmigwerden in der auserwählten Seele. Nun schenkt die Seele, in ihren Kräften und

Sinnen »*erhellt und liebesglühend genug*«, Gott den Heiligen Geist jubelnd und dankend als ihr Eigenes zurück, denn »*die göttliche Wesenheit wird von jedem auf freie Weise besessen aufgrund der freiwilligen Hingabe des einen an den anderen*«. Dank der Einigung der Erkenntniskraft und des Gefühls mit Gott genießt die Seele den Widerschein des himmlischen Glanzes. »*Der wahrhaft Liebende ist erst dann befriedigt, wenn er alles, was er ist und wert ist, alles, was er besitzt und empfängt, dem Geliebten zubringt.*« Damit vollzieht sich gleichsam ein »Atemholen« oder ein »Aufwachen« Gottes in der Seele. In ihrem Schoß findet Gott Ruhe, zugleich schwingt die Seele mit ihrem Leib, dem Willen, im Schoß des göttlichen Glanzes bis auf den Grund erhellt. Indem sich also die Seele durch den Geist Gottes heiligt, verherrlicht sich Gott selbst in ihr. »*Das Einhauchen von Heil und Herrlichkeit und Gottes zartestes Lieben in der Seele*« – die mystische Ehe und wesentliche Erkenntnis – zu umschreiben, übersteigt selbst die mitreißende Sprachphantasie eines Johannes vom Kreuz.

Unter Vermeidung jeglichen persönlichen, anekdotenhaften Elements versucht der Heilige nicht nur den Skeptikern die schreckliche Schönheit seiner außerordentlichen Begnadung zu zeigen, er will vor allem berufene, fromme Seelen in faßbarer Sprache an seiner Gottesschau teilhaben lassen. Mit auffälligem Nachdruck warnt der Mönch vor unerleuchteten Seelenführern mit »*Stümperhänden*« wie von »*Grobschmieden*« und verlangt mehr Feingefühl und Freizügigkeit von ihnen, damit nicht »*jene innige Künstlerhand*« des Heiligen Geistes gestört werde, wenn sie der Seele das Antlitz Gottes aufprägt. Den steilen Weg der Seele von der Reinigung und Erleuchtung in dunkler Nacht bis zur Vereinigung mit Gott berührt der »*Doctor extaticus*« in diesem Werk, der Krönung seiner mystischen« Spiritualität, nicht mehr. Die im *Cántico espiritual* besungene geistliche Vermählung der Seele mit Gott wird jetzt durch den Zustand innigster Gemeinsamkeit vollendet. Nur weil die Seele im Diesseits nicht vollkommen aufnahmefähig ist für die göttliche Herrlichkeit, erscheint ihre Erfahrung der Seligkeit noch von Erschütterungen durchbebt, die der ewigen Gelassenheit Gottes nicht eignen. Die Fülle des mystischen Erlebens wird mit einer theologischen Präzision erfaßt, die der Gewalt des Gefühls bei der Darstellung des Unaussprechlichen keinen Abbruch tut.

Die streckenweise hymnisch-rhythmische Prosa des Kommentars ist reich an lautmalerischen Effekten, kühnen und plastischen Bildern, Paradoxa, Hyperbeln und bleibt dennoch immer von einer erstaunlichen Klarheit. Das Gedicht bildet mit dem Kommentar eine geistige Einheit, wenngleich im Hinblick auf das Verhältnis der lyrischen Intuition zur mystischen Reflexion hier besonders jener unüberbrückbare Abgrund deutlich wird, den Johannes vom Kreuz auch bei seinem Wagnis, das »*Innerliche und Geisthafte*« in die Sprache der Menschen zu übersetzen, nur allzuoft selbst empfunden hat: Alles Gesagte bleibt so weit hinter dem Wirklichen zurück wie etwas Gemaltes hinter dem Urbild. So werden weniger Metaphern, Symbole oder Allegorien, sondern allein die lyrische Beteuerung im Ausruf »*mehr vom Inneren offenbaren, als Worte es vermögen*«. D.B.

AUSGABEN: Alcalá 1618 (in *Obras espirituales*). – Burgos 1931 (in *Obras*, Hg. P. Silverio de Santa Teresa, 5 Bde., 4). – Madrid 1960 (in *Vida y obras*; BAC). – Madrid 1980. – Burgos 1987 (in *Obras completas*, Hg. u. Einl. E. Pacho).

ÜBERSETZUNGEN: *Göttliche Liebesflamme*, G. Ph. Harsdörffer, Nürnberg 1644. – *Flammen der lebendigen Lieb*, Modestus v. hl. Johannes Ev. (in *Ascetische Schriften*, Prag 1697). – *Lebendige Liebesflamme*, A. Alkover (in *SW*, Bd. 3, Mchn. 1938). – *Die lebendige Flamme*, I. Behn (in *SW*, Bd. 4, Einsiedeln 1964; ern. 1981).

LITERATUR: Juan José de la Inmaculada, *El último grado del amor*, Santiago de Chile 1941. – F. Sánchez-Castañer, *La »Llama de amor viva«, cima de la mística y de la poesía del Doctor Extático* (in Boletín de la Universidad de Santiago, 11, 1942, S. 3–26). – Efrén de la Madre de Dios, *San J. de la C. y el misterio de la Santísima Trinidad en la vida espiritual*, Saragossa 1947. – Gabriel a S. M. Madeleine, *S. Jean de la Croix, docteur de l'amour divin*, Paris 1947. – Eulogio de la Virgen del Carmen, *Un manuscrito desconocido de la »Llama de amor viva«* (in El Monte Carmelo, 63, 1955, S. 76–80). – H. Hatzfeld, *Estudios literarios sobre mística española*, Madrid 1955. – W. Barnstone, *Mystic-Erotic Love in »Living Flame of Love«* (in RHM, 37, 1972/73, S. 253–261). – A. Figueroa Brett, *El prodigio de San J. en »Llama de amor viva«* (in Anuario de Filología, 10/11, 1971–1974, S. 95–105). – J. Gimeno Casalduero, *La »Noche oscura« y »Llama del amor viva« de S. J. de la C.: Composición y significado* (in CHA, 1979, Nr. 346, S. 172–181).

NOCHE ESCURA DEL ALMA

(span.; *Die dunkle Nacht der Seele*). Mystisches Gedicht und Prosakommentar von JUAN DE LA CRUZ, erschienen 1618. – Das Gedicht *En una noche escura (In einer dunklen Nacht)* ist eines der drei Gedichte in »Lyren« – das sind fünfzeilige Strophen aus Sechs- und Elfsilbern mit der Reimfolge *ababb* –, die formal und inhaltlich ein Ganzes bilden (vgl. *Cántico espiritual* und *Llama de amor viva*). In ihm »*singt die Seele das hohe Glück, das sie fand, als sie in Entblößung und Läuterung die dunkle Nacht des Glaubens bis zur Vereinigung mit dem Geliebten durchschritt*«. In wenigen Strophen beschreibt es die Loslösung von aller Weltsinnlichkeit »*in einer dunklen Nacht*« und das Entzücken »*der Seele, die sich freut, den hohen Zustand der Vollkommenheit erlangt zu haben, der die Vereinigung mit Gott ist*«: »*Da stand ich still und vergaß mich selbst, / das Antlitz neigt' ich über den Geliebten, / alles erlosch*

und ich überließ mich, / ließ mein Sehnen / unter den Lilien vergessen sein.«

Zu diesem Gedicht verfaßte Juan de la Cruz schon zwischen 1578 und 1583 einen Kommentar in drei Büchern, *Subida al monte Carmelo (Aufstieg zum Berge Karmel)*. Zwischen 1583 und 1585, in der Zeit des Granadiner Priorats, und noch ehe jener Traktat vollendet war, unternahm er, wahrscheinlich auf Bitten eines geistlichen Mitbruders, in der Schrift *Noche escura del alma*, eine zweite Deutung des Gedichts. Obwohl die beiden Werke ihrem Stil und inneren Aufbau nach sehr verschieden sind, bildet möglicherweise die spätere Schrift den Ansatz zum fehlenden vierten Abschnitt des ersten Kommentars. Der Heilige betrachtete jedenfalls die beiden für seine Lehre vom Weg der Seele zur Schau Gottes grundlegenden, wenn auch Fragment gebliebenen Traktate als Einheit. Ihr inhaltlicher Zusammenhang kommt auch darin zum Ausdruck, daß in der ersten Schrift die »Nacht« der Sinne und des Geistes »*en cuanto a lo activo*« (d. h. als Ergebnis der tätigen Bemühung der Seele) dargestellt wird, während der gleiche Zustand in der zweiten Schrift »*en cuanto a lo pasivo*« (d. h. als Folge der Einwirkung Gottes) beschrieben ist.

Mit dem Sinnbild der Nacht umschreibt Johannes nicht, wie man erwarten könnte, den Tod oder den Stand der Sünde oder das Dunkel des Unglaubens und Zweifels, sondern er meint damit den Zustand der Seele nach ihrer Entblößung und Läuterung zuerst von allen Anwandlungen der Sinne, dann von allen Regungen des Geistes. Die Begierden der Sinne blenden die Seele wie »*dem Schmetterling die Augen, denn die Begierde nach Schönheit treibt ihn betört in die Flamme*«. Nach Überwindung aller Begierden und Affekte besteht die Läuterung des Geistes in seiner Befreiung von jeder eigenen Wahrnehmung, Erkenntnis, Willensregung und Erinnerung. In die nach so unsäglicher Anstrengung völlig leer gewordene, sich selbst enthobene Seele strömt die Selbstmitteilung der göttlichen Liebe ein. Die gleichsam gestorbene Seele erlebt in der äußersten Entmachtung der Sinne und des Verstandes dialektisch ihre Auferstehung und gelangt durch gnadenhafte Finsternis zur beseligenden Schau Gottes. Je freier das Auge in die Sonne blickt, desto mehr wird seine Sehkraft verdunkelt. So ist auch das Lichteste und Wahrste, Gott selbst, für »*das Auge des Nachtvogels*«, den Menschen, zweifelhaft und dunkel. Doch wie das Licht, das nicht unmittelbar angeschaut werden kann, die von ihm getroffenen Gegenstände sichtbar macht, so wird der durchklärte Geist in der Kontemplation vergöttlicht.

Im ganzen ist der anscheinend rasch und in einem Wurf niedergeschriebene Traktat von der *Dunklen Nacht der Seele* in der Formulierung weniger scharf als *Subida al monte Carmelo*. Neben einfachen, praktischen Ratschlägen für Anfänger in den mystischen Übungen auf der Stufe der *vía purgativa* (Weg der Läuterung) enthält er ähnliche Aussagen wie Buch II der *Subida* über die »Nacht der Sinne« auf der Vollkommenheitsstufe der »Erleuchtung«.

Darüber hinaus gelingt es dem Heiligen, in vielen Bildern und Vergleichen von großer suggestiver Kraft die schreckliche Schönheit des für ihn so bedeutsamen Nachterlebnisses fühlbar zu machen. In seiner immer wieder zu großen Perioden feierlich ausholenden Darstellung fließen persönliche Erfahrung und psychologisches Wissen zusammen. Mit »*einprägsamer Deutlichkeit*« (L. Pfandl) vermag er tiefstes mystisches Erleben mitzuteilen, das dem natürlichen Fassungsvermögen entzogen ist und auch der Glaubenskraft des Berufenen das Äußerste abverlangt. Der in den letzten Strophen des Gedichts mit höchster dichterischer Kraft gestaltete Vollzug der mystischen Vereinigung mit Gott wird in diesem Kommentar ebensowenig erläutert wie in *Subida al monte Carmelo*.   D.B.

AUSGABEN: Alcalà 1618 (in *Obras espirituales*). – Burgos 1929 (in *Obras*, Hg. Silverio de Santa Teresa, 4 Bde., 1929–1931, 2). – Madrid 1964 (in *Obras*; BAC). – Madrid 1984. – Burgos 1987 (in *Obras completas*, Hg. u. Einl. E. Pacho).

ÜBERSETZUNGEN: *Die finster Nacht der Seel*, Modestus v. Hl. Johannes Ev. (in *Des seeligen Vatters Joannis vom Creutz ascetische Schriften*, Prag 1697). – *Dunkle Nacht*, A. Alkofer (in Johannes vom Kreuz, *SW*, Bd. 2, Mchn. 1931). – *Die dunkle Nacht der Seele*, I. Behn (in Johannes vom Kreuz, *SW*, Bd. 2. Einsiedeln 1961; ern. 1978).

LITERATUR: J. Lebreton, »*La nuit obscure« d'après s. Jean de la Croix* (in Revue d'Ascétique et Mystique, 9, 1928, S. 3–24). – Marcelo del Niño Jesús, *Las noches sanjuanistas y las moradas teresianas* (in El Monte Carmelo, 43, 1942, S. 288–354). – A. de Campo, *Poesía y estilo de la »Noche oscura«* (in Revista de Ideas Estéticas, 3, 1943, S. 33–58). – B. Jiménez Duque, »*Noches del alma*« (in Revista de Espiritualidad, 4, 1945, S. 151–168). – *Mediaeval Mystical Tradition and St. John of the Cross*, Ldn. 1954. – Emeterio del S. Corazón, *La noche pasiva del espíritu* (in Revista de Espiritualidad, 18, 1959, S. 5–49; 187–228). – E. W. T. Dicken, *The Crucible of Love*, Ldn. 1963. – Eulogio de San Juan de la Cruz, *La transformación total del alma en Dios según San J. de la C.*, Madrid 1963. – R. W. Miller, »*Noche oscura del alma«, a 16th Century Mystic Poem* (in Gordon Review, 10, 1967, S. 92–98). – A. Ruffinato, *L'altra ritmicità: Semiotica delle forme nella »Noche oscura« di J. de la C.* (in Stc, 39/40, 1979, S. 385–405). – F. Labera Serrano u. N. v. Prellwitz, *Sulla poetica de San J. de la C.: En una noche oscura* (in Studi Ispanici, 1980, S. 71–119). – M.-J. Mancho Duque, *El simbolo de la noche en San J. de la C.*, Salamanca 1982.

SUBIDA AL MONTE CARMELO

(span.; *Aufstieg zum Berge Karmel*). Mystische Abhandlung von JUAN DE LA CRUZ, erschienen 1618. – Zusammen mit *Noche escura del alma* handelt es sich bei diesem Werk des Unbeschuhten Karmeliters wahrscheinlich um zwei nach 1578, vorwiegend in Granada zwischen 1582 und 1585, verfaßte Teile eines entweder unvollendet gebliebenen oder infolge interner Ordensauseinandersetzungen und geistlicher Verbote verstümmelten Traktats mit dem Titel *Noche oscura de la subida al monte Carmelo*. Beide erläutern das geistliche Gedicht *En una noche oscura*, jedoch in freierer Form als in *Cántico espiritual* und *Llama de amor viva*. Johannes stellt in dem von ihm selbst als seine Hauptschrift bezeichneten *Aufstieg zum Karmel* eine keineswegs allgemein für die Gläubigen verbindliche Weise dar, »*wie die Seele sich bereitmachen kann, um in kürzester Zeit zur Vereinigung mit Gott zu gelangen*«. Eine Handzeichnung für die Karmelissen von Beas veranschaulicht die Grundgedanken dieser mystische Erfahrung, metaphysische Spekulation, theologisch-exegetisches Wissen und psychologische Beobachtung einzigartig miteinander verbindenden Abhandlung. Auf den Berg der Vollkommenheit, über dessen Gipfel die Worte »Ewige Vollkommenheit« stehen, führen drei Wege: links der im Leeren endende, falsche Weg des gewöhnlichen Frömmigkeitslebens und in der Mitte der enge, steile Pfad, der die Seelen der wenigen Berufenen unmittelbar zur Anschauung Gottes leitet. Über ihm erscheinen die Worte: »*Nichts, nichts, nichts und auf dem Berge nichts.*« Die erste Stufe der Umgestaltung in Gott ist das Abtöten der Sinne, weniger als Buße denn als vollständige Reinigung von Leidenschaften verstanden, bis die »*Nacht der Sinne*« (1. Buch) hereinbricht. Die aktive »*Nacht des Geistes*« bewirkt die Läuterung des Verstandes (2. Buch). Mit dem begrifflichen und logisch vorgehenden Denken verlischt auch die Erinnerung (Einbildungskraft), an deren Stelle die übernatürliche Tugend der Hoffnung tritt. Die Meditation ist lediglich eine Anfängerübung vor diesem Zustand. Schließlich erstirbt auch der Wille (3. Buch) und geht in der göttlichen Liebe auf. Die Liebe ist das Wirkprinzip, das überhaupt den ständigen Übergang vom Natürlichen zum Übernatürlichen ermöglicht. »*Um alles zu besitzen, sollst du nichts mehr besitzen. Um alles zu können, so wünsche nichts mehr zu sein. Um alles Wissen zu besitzen, verzichte auf jedes Wissen.*« In die ihrer selbst entäußerte Seele strahlt das »dunkle Licht« der Gottheit ein, bis gnadenhaft der Zustand der mystischen Vereinigung eintritt, der auf Erden schon die beseligende Schau Gottes vorwegnimmt. Die Kontemplation ist Endziel, nicht nur Mittel der Gottessuche. Ohne sich einer bestimmten Richtung zu verschreiben, steht Johannes vom Kreuz im philosophisch-theologischen Überlieferungsstrom des Mittelalters (z. B. PSEUDO-DIONYSIUS, hl. THOMAS VON AQUIN). Der deutschen und niederländischen Mystik (TAULER, RUYSBROECK, HERPHIUS) verdankt er, wenn dies auch bei seiner synthetischen Denkweise selten eigens mit Zitaten belegt wird, ebenso wie der Spiritualität der hl. TERESA VON ÁVILA, wichtige Anregungen. Mit unerhörter verstandesmäßiger Klarheit prüft und ordnet er seine eigentlich unaussprechbaren geistlichen Erfahrungen in einem nüchternen, auch literarisch schmucklosen Werk, das am Anfang umwälzender Entdeckungen der Neuzeit im seelischen Innenleben steht. Trotz dieses verinnerlichten, dialektischen Systems der Entselbstung und Entrückung hat der Ordensreformer und Seelenführer nie die Belange des tätigen Lebens und die Forderungen der praktischen Ethik verkannt.

Der *Aufstieg zum Karmel* und die als viertes Buch hierzu gedachte, teilweise aber schon früher entstandene *Nacht der Seele* wurden nicht zu Unrecht als Versuch gedeutet, sich dem göttlichen Wesen jenseits dogmatischer Eingrenzungen in seiner absoluten Ganzheit zu nähern. Der *Geistliche Lobgesang* und die *Lebendige Flamme* stellten demgegenüber die stärker auf Christus den Erlöser ausgerichtete, der biblischen Offenbarung folgende Erfahrung des Mystikers dar. Wenn auch das erhaltene Gesamtwerk des hl. Johannes eine innere Einheit bildet, die freilich bei seiner zufälligen, oft fragmentarischen und eiligen Schreibweise keineswegs auf einem fest vorliegenden Plan beruht, so sind weder *Cántico espiritual* noch *Llama de amor viva* nur als Ergänzung für die fehlenden Teile des *Aufstiegs zum Karmel*, als kirchlich gebundene Weise mystischer Gottsuche zu verstehen. Es ist einer der kühnsten intellektuellen und spirituellen Versuche in der europäischen Geistesgeschichte, den abgründigen seelischen Spielraum in den Beziehungen zwischen göttlichem Du und menschlichem Ich mit strengster persönlicher Zucht zu erproben und mit wissenschaftlicher Genauigkeit zu beschreiben.

D. B.

AUSGABEN: Alcalá 1618 (in *Obras espirituales*). – Madrid 1960. – Madrid 1965. – Madrid 1983. – Burgos 1987 (in *Obras completas*, Hg. u. Einl. E. Pacho).

ÜBERSETZUNGEN: *Auffsteigung des Bergs Carmeli*, Modestus vom hl. Johannes Ev. (in *Des seeligen Vatters Joannis vom Creutz ascetische Schriften*, Prag 1697). – *Aufstieg zum Berge Karmel*, A. Hofmeister (in *SW*, Bd. 1, Bln. 1931). – Dass., F. Wessely, Wien 1953. – *Empor den Karmelberg*, O. Schneiders (in *SW*, Hg. I. Behn, Bd. 1, Einsiedeln 1964; ern. 1977).

LITERATUR: P. Garrigou-Lagrange, *Perfection chrétienne et contemplation selon St. Thomas et St-Jean de la Croix*, Ligugé 1926. – J. Baruzi, *St-Jean de la Croix et le problème de l'expérience mystique*, Paris 1931. – E. Stein, *Kreuzeswissenschaft. Studie über Joannes a Cruce*, Löwen/Freiburg i. B. 1950. – L. Lavelle, *La contemplation selon St-Jean de la Croix* (in L. L., *Quatre saints*, Paris 1951). – G. Morel, *Le sens de l'existence selon St-Jean de la Croix*, Paris 1960. – A. C. Vega, *Cumbres místicas*, Madrid 1963. – M. Ballestrero, *J. de la C.: De la angustia al olvido. Análisis del fondo intuido en la »Súbida al Monte Carmelo«*, Barcelona 1977. – M. E. Giles, *Take back the Night* (in *The Feminist Mystic and oth-er Essays on Women and Spirituality*, Hg. M. E. Giles, NY 1982, S. 39–70). – L. Vázquez, *Poemas »Sanjuanistas« fuera del Carmelo* (in Estafeta literaria, 38, 1982, S. 149–198).

JUAN DE LOS ÁNGELES

d. i. Juan Martínez

* um 1536 Oropesa / Toledo
† 1609

TRIUNFOS DEL AMOR DE DIOS

(span.; *Triumphe der Gottesliebe*). Mystischer Traktat von JUAN DE LOS ÁNGELES, erschienen 1590. – Ein Meister der Sprache, dessen Prosa nur mit der von Fray Luis de LEÓN (1527–1591) verglichen werden kann, ist dieser Franziskaner »*der größte spanische Mystiker nach den beiden Heiligen, Teresa und Juan de la Cruz, doch übertrifft er die erste an Strenge und Weite des theologischen Gedankens und an Schönheit und Harmonie der Darstellung*« (A. Zamora). Mehr noch als in seinen übrigen Werken kennzeichnen Juan de los Ángeles in diesem seinem Hauptwerk, das 1600 in umgearbeiteter Fassung unter dem Titel *Lucha espiritual y amorosa entre Dios y el alma* (*Geistiger, liebreicher Kampf zwischen Gott und der Seele*) erschien: »*Sonnige Ruhe und Milde, innige Zartheit der Gefühle, einfältig blühende Phantasie, die sich an stimmungsvollen Vergleichen erfreut, zierlicher Wohlklang der Sprache, die wie ein süßes Narkotikum wirkt*« (L. Pfandl). Dabei ist er gedanklich und in seinen mystischen Erfahrungen keineswegs originell. Innerhalb der christlichen Mystik gehört er der gefühlsbetonten, nicht der asketischen oder der spekulativen Richtung an und zeigt sich beeinflußt durch BERNHARD VON CLAIRVAUX (1091–1153), dem heiligen BONAVENTURA (1221–1274) sowie deutsche und flämische Mystiker – SEUSE (um 1295–1366), TAULER (um 1300–1361) und RUYSBROECK (1293–1381) –, die alle eine vom Neuplatonismus geprägte religiöse Liebesauffassung vertreten. Durchaus im Einklang mit ihnen versichert Juan de los Ángeles: »*Die vereinigende, mystische Schau ... wird mehr durch liebreiche Erregungen ... als durch Spekulation und Verstandesschärfe erlangt ... zu ihr gelangt man nicht durch Beweise und Gründe ..., sondern durch Sehnsucht und Liebe.*« Denn »*die im Himmel wie auf Erden alles beherrschende Macht*« ist die Liebe. Entsprechend handeln die *Triumphe* im ersten Teil vom Wesen, den Formen und der Verwandlungskraft der Liebe, im zweiten von den Einwirkungen Gottes in der liebenden Seele. Ein »*liebender Kampf*« ist das Ringen der Seele um Gott, »*in welchem Gott mit der Seele und die Seele mit Gott streiten und kämpfen, abwechselnd einander verwun-*

den, gefangennehmen und aneinander erkranken«, bis im tiefsten Seelengrund *(hondón)* oder auf dem unzugänglichen Gipfel *(ápice)* der Seele sich die mystische Vereinigung vollzieht, in der die Seele, von göttlichem Feuer verzehrt, »*mit der Offenbarung Gottes, des Vaters, des Sohnes und des Heiligen Geistes*« begnadet wird. In der Schilderung dieses liebenden Kampfes, in welcher Wörter und Wendungen des Kriegs- und Waffenhandwerks – »Kampf«, »Eroberung«, »Triumph«, »Heere«, »Waffen«, »Ketten«, »Königreiche« – mit der lyrisch-gefühlvollen Grundstimmung eigentümlich kontrastieren, liegt der besondere literarische Reiz dieses Werkes.   KLL

AUSGABEN: Madrid 1590. – Madrid 1600 *(Lucha espiritual y amorosa entre Dios y el alma . . .)*. – Madrid 1912 (in *Obras místicas*, Hg. J. Sala, 2 Bde., 1912–1917, 1; krit. NBAE, 20).

LITERATUR: A. Torró, *Estudios sobre los místicos españoles. Fray J. de los A.*, *místico-psicologo*, Barcelona 1924, 2 Bde. – J. Domínguez Berrueta, *Fray J. de los A.*, Madrid 1927; ²1936. – F. de Ros, *La vie et l'œuvre de Jean des Anges* (in *Mélanges offerts à R. P. F. Cavallero*, Toulouse 1948, S. 405–423). – I. Behn, *Spanische Mystik*, Düsseldorf 1957, S. 160–168.

DON JUAN MANUEL

* 5.5.1282 Escalona / Toledo
† 13.6.1348 Córdoba (?)

LITERATUR ZUM AUTOR:
A. Giménez Soler, *Don J. M. Biografía y estudio crítico*, Saragossa 1932. – J. M. Castro y Calvo, *El arte de gobernar en las obras de Don J. M.*, Barcelona 1945. – G. Gaibrois Ballestreros, *El príncipe don J. M. y su condición de escritor*, Madrid 1945. – M. Ruffini, *Les sources de Don J. M.* (in LR, 7, 1953, S. 27–40). – F. Huerta Tejadas, *Vocabulario de las obras de Don J. M.*, Madrid 1956. – A. Doddis Miranda, G. Sepúlveda Durán, *Estudios sobre J. M.*, 2 Bde., Santiago de Chile 1957. – H. T. Sturcken, *Don J. M.*, NY 1974. – *J. M. Studies*, Hg. I. Macpherson, Ldn. 1977.

EL CONDE LUCANOR

(span.; *Der Graf Lucanor*). Sammlung von 50 Exempla, kompiliert und bearbeitet von Don JUAN MANUEL zwischen 1330 und 1335. – Gemäß dem Kolophon des Manuskripts wurde das Werk in Salmerón »*am Montag, den 12. Juni 1335*« abgeschlossen. Ähnlich gut gesicherte Kenntnisse besitzen wir über den Verfasser: Don Juan Manuel, spanischer

Infant und Statthalter, Enkel Ferdinands des Heiligen und Neffe Alfons des Weisen, darf wie sein Onkel als einer der ersten spanischen Intellektuellen und als Lehrmeister der spanischen Nation gelten. Obwohl der Autor neben diesem Werk ein umfangreiches und vielfältiges Œuvre hinterlassen hat, von dem etwa ein Drittel heute als verloren gilt, stellt das *Libro de los enxiemplos del Conde Lucanor et de Patronio*, wie die Sammlung vollständig im Prolog genannt wird, nicht nur das unumstrittene Hauptwerk Juan Manuels dar, sondern zählt gemeinsam mit den anonym erschienenen Werken *Libro de Sendebar, Libro del Cauallero Cifar, Libro de los gatos* und der Fabelsammlung *Kalila e Dimna* zu den Meisterwerken der frühen kastilischen Erzählliteratur, mit denen es neben der belehrenden Intention und der orientalischen Herkunft zahlreicher Motive und Themen auch den Reichtum an narrativen Mustern und Situationen teilt.

Obgleich die Exempla häufig auf Volkserzählungen verschiedenster Kulturkreise zurückgehen, zählten sie im kulturellen Klima der spanischen *reconquista*, das in den militärisch zurückeroberten Gebieten durch den didaktischen Einfluß des Klerus bestimmt war, zu beliebten und häufig gepflegten Gattungen, die als Bestandteil einer »*geistigen Rückeroberung*« ihren festen »*Sitz im Leben*« (H. R. Jauß) hatten. Als Quellen haben Juan Manuel zunächst antike Fabeln (PLINIUS, AISOPOS, PHAEDRUS) gedient, die vor ihm bereits in den altfranzösischen *Roman de Renart*, in das *Libro de Alexandre* und in die eingelegten Erzählungen des *Caballero Cifar* Eingang gefunden hatten. Daneben läßt sich das reichhaltige Material in mittelalterlichen Farcen und in den beliebten Geschichtssammlungen der Epoche *(Gesta Romanorum, Legenda aurea, Promptuarium Exemplorum, Castigos y exemplos)* nachweisen. Neben orientalischen Märchen und Erzählungen wie *Alf laila wa-laila (Tausendundeine Nacht), Kalila wa-Dimna, Pañcatantra* und Aḥmad ibn Muḥammad AL-MAQQARĪS *Nafḥ aṭ-ṭīb min ġusn (Das Duften des Wohlgeruchs)* hat Juan Manuel, der sein Leben lang in ständigem Kontakt mit den Mauren und somit des Arabischen kundig war, auch maurische und spanische historische Überlieferungen benutzt. Im *Conde Lucanor* finden sich Erzählungen über den Kriegshelden Sultan Saladin, über den spanischen Nationalhelden Fernán González oder über Alvar Hañez Minaya, den Stellvertreter des Cid Campeador. Wie in BOCCACCIOS 13 Jahre später entstandenem Novellenzyklus *Decamerone* sind auch die »Beispiele« Juan Manuels als Geschichten in einen Erzählrahmen eingefügt, der indes niemals eine vergleichbare Bedeutung als Ort des Erzählens und Kristallisationspunkt des je zu vermittelnden Textsinns erlangt. Anders als Boccaccios Sammlung und darüber hinaus Juan Manuels Geschichten nicht durch die lebensbejahende Sinnlichkeit der Frührenaissance geprägt, sondern durch die mittelalterliche, religiös fundierte Strenge eines Klerus, der im Spanien dieser Zeit ein Bildungsmonopol besaß, so die direkte Kontrolle über alle Äußerungen ausübte und insbesondere auf Angriffe gegen die herrschende Moral und Religion heftig reagierte.

Graf Lucanor ist der Inbegriff eines fürsorglichen und mächtigen Herrschers, der mit Rastlosigkeit bemüht ist, die Geschäfte seines Reiches zum besten zu führen. Ihm steht als Berater *(consejero)* Patronio zur Seite, der die besorgten Fragen des Herren mit je einer gleichnisähnlichen Erzählung beantwortet. Gemäß dem Schema werden diese Geschichten dann auf die Frage des Grafen hin ausgedeutet. Nicht selten verdichtet Patronio die Lehre in einem Satz, der sich dann als Rückgriff in die reichhaltige Schatzkammer der spanischen Volksweisheiten und Sprichwörter *(refranes)* erweist. So beantwortet Patronio des Grafen Frage, wie er sich gegenüber einem Günstling verhalten solle, der ihm aus uneinsichtigen Gründen seinen gesamten Besitz überlassen will, mit einer Erzählung, die diese Situation mit einer Umkehrung der Rollen spiegelt und die in dem Spruch konzentriert wird: *»Non vos engannades, nin creades que, endonado faze nigun omne por otro su danno de grado.«* (*»Keiner schenkt sein Kleid dem andern, Um dann selber nackt zu wandern.«*)

Zusammen mit Boccaccios *Decamerone* und den frühen Novellensammlungen in Frankreich und Deutschland steht der *Conde Lucanor* am Beginn dieser Gattung. Trotz dieser Stellung als Werk an der Schwelle zur Neuzeit bleibt Juan Manuel freilich noch ganz dem mittelalterlichen Denken verhaftet, was sich nicht nur in der moralischen Ausrichtung, sondern auch in der Wahl der Stoffe zeigt, die historisch Faßbares, Märchenhaftes und Legenden gleichermaßen einbezieht. Die Wirkung dieses Werks zumal nicht nur auf das spanische Siglo de Oro kann kaum überschätzt werden, benutzten doch u. a. Calderón und Cervantes Stoffe des *Conde Lucanor* als Vorlage für eigene Werke. Daneben finden sich die *refranes* Juan Manuels in der *Celestina* von Fernando de Rojas ebenso wie im *Guzmán de Alfarache* von Mateo Alemán. Im weiteren Kontext muß Shakespeare *(Der Widerspenstigen Zähmung)* ebenso genannt werden wie Jean de La Fontaine *(Le meunier, son fils et l'âne)*, der dänische Märchendichter H. C. Andersen oder noch der Argentinier Jorge Luis Borges, die sich von dieser Sammlung anregen ließen oder sich auf sie bezogen haben. 1840 schließlich hat Joseph von Eichendorff das Werk im Zuge der Wiederentdeckung und Aufwertung der spanischen Literatur in Deutschland eingeführt.   G.Wil.

Ausgaben: Sevilla 1575, Hg. G. Argote de Molina. – Madrid 1860 (in *Obras*, Hg. P. de Gayangos; BAE, 51). – Lpzg. 1900 (*El libro de los enxiemplos del Conde Lucanor et de Patronio*, Hg. H. Knust; m. Anm.). – Madrid 1933, Hg. E. Juliá Martínez [m. Einl.]. – Lugano 1955, Hg. E. Lunardi [m. Einl., u. Anm.]. – Madrid 1982 (in *Obras completas*, 2 Bde., 2, Hg. u. Einl. J. M. Blecua). – Madrid 1986, Hg. u. Einl. A. Sotelo (Cátedra). – Madrid 1986, Hg. u. Einl. J. M. Blecua (Castalia). – Madrid 1987 (Austral).

Übersetzung: *Der Graf Lucanor*, J. v. Eichendorff, Berlin 1840; ern. Zürich 1944, Hg. A. Steiger; ern. Lpzg. 1961; ²1972. – Dass., ders., Zürich 1983.

Literatur: Azorín, *Los valores literarios*, Madrid 1921, S. 133–157. – A. Steiger, *»El Conde Lucanor«* (in Clavileño, 1953, Nr. 23, S. 1–8). – D. Marín, *El elemento oriental en Don Juan Manuel* (in CL, 7, 1955, S. 1–14). – D. Devoto, *Introducción al estudio de don J. M. y en particular de »El conde Lucanor«. Una bibliografía*, Madrid 1972. – R. Ayerb-Chaux, *»El conde Lucanor«. Materia tradicional y originalidad creadora*, Madrid 1975. – D. Darbord, *Étude de relations casuelles en espagnol. »El conde Lucanor« de Don J. M.*, Diss. Paris 1976. – D. Deyermond, *Editions. Critics and »El conde Lucanor«* (in RPh, 31, 1971, S. 618–630). – A. Blecua, *La transmisión textual de »El conde Lucanor«*, Barcelona 1980. – J. Romera Castillo, *Estudios sobre »El conde Lucanor«*, Madrid 1980. – M. A. Díaz, *Patronio y Lucanor: La lectura inteligente »en el tiempo es turbio«*, Potomac 1984. – K.-W. Kreis, *Don J. M. und die dominikanische Denktradition. Zur Struktur und Bedeutung des »Ejemplo Quinto« aus »El conde Lucanor«* (in GRM, 35, 1985, S. 279–300). – A. Gier u. A. Keller, *Les formes narratives brèves en Espagne et au Portugal* (in GRLMA, Bd. 5, Teilbd. 1/2, Heidelberg 1985, S. 137). – C. M. Jaffe, *»Las vestias que van cargadas de oro«: The Reader and »Exemplo L« of J. M.'s »El conde Lucanor«* (in REH, 21, 1987, S. 1–12).

LIBRO DE LOS ESTADOS

(span.; *Ständebuch*). Didaktisches Werk des Infanten Don Juan Manuel, abgefaßt um 1330. – Das Werk besteht aus zwei Teilen; der erste handelt in hundert Kapiteln von den weltlichen, der zweite in fünfzig Kapiteln von den kirchlichen Ständen. Da die Menschen, wie der Autor sagt, am besten durch Beispiele belehrt werden können, bedient er sich in der Einleitung einer Erzählung mit charakteristischen Motiven aus der Buddha-Legende und belebt den Vortrag in der Form von Fragen und Antworten zwischen dem König Morován, dem Prinzen Johas (Buddha), dessen Erzieher Turín und Julio, einem *»christlichen Philosophen aus Kastilien«*, hinter dem sich der Autor selbst verbirgt. In den ersten Kapiteln wird die heidnische Erziehung Johas' erzählt, der ferngehalten von allem menschlichen Leid aufwächst, bis infolge des Anblicks eines Toten bei ihm ein *»geistiges Erwachen«* einsetzt. Da Turín auf seine Fragen über den Sinn des Lebens keine befriedigende Antwort geben kann, wird Julio herangezogen, der mit dem Prinzen zahlreiche weltliche Fragen erörtert und ihn in die christliche Religion einführt. Hier ist in den Kapiteln 50–86 ein ausführlicher Fürstenspiegel eingeflochten, dem in den restlichen Abschnitten des ersten Teils eine Untersuchung der Aufgaben des Adels, der Ärzte, Rechtsgelehrten, Philosophen, Erzieher,

Kaufleute, Handwerker angeschlossen ist. Der zweite Teil, dem die farbige Anschaulichkeit der vorhergehenden Kapitel weitgehend fehlt, beginnt mit einer nach dem Vorbild des mittelalterlichen »Streits der drei Religionen« gestalteten Verteidigung des Christentums gegen Islam und Judentum; daran anschließend werden das Leben und die Lehren Jesu dargestellt. Die folgenden Kapitel handeln vom Papst, von Bischöfen, Klerikern und Mönchen. Mit der Apologie des Christentums gegen den mohammedanischen und den jüdischen Glauben setzt Juan Manuel den mittelalterlichen »Streit der drei Religionen« fort, der von Arabern wie Juden (vgl. JEHUDA HALEVI, *Sefer ha-kusari*) und Christen (vgl. LLULL, *Libre del gentil e los tres savis*) ausgefochten wurde und stets damit endete, daß der Vertreter einer Religion jeweils der eigenen offen oder vesteckt den Vorzug gab. Schon im *Novellino* (13. Jh.) und im Anschluß daran von BOCCACCIO bis hin zu LESSING wird diese Frage als unentscheidbar betrachtet.

Aus dem Inhalt geht nicht eindeutig hervor, ob Juan Manuel auf eine arabische oder hebräische Version der Buddha-Legende zurückgegriffen hat oder ob er sich an die im 6. Jh. griechisch geschriebene und spätestens im 11. Jh. ins Lateinische übersetzte, in ganz Europa verbreitete Fassung hält. Jedenfalls paßt er die Erzählung seinem Lehrzweck selbständig an und integriert in sie die Verhältnisse der zeitgenössischen spanischen Gesellschaft, bereichert durch Anspielungen auf Ereignisse seines eigenen Lebens. – Die vier traditionellen Ausfahrten Buddhas – die Begegnung mit einem Greis, einem Kranken, einem Toten und einem Mönch – reduziert der Autor auf die Begegnung mit dem Toten. Auch die Deutung der Buddha-Legende im ganzen weicht von den bis dahin geltenden Traditionen ab: Während der frühmittelalterliche Roman *Barlaam und Josaphat* das mönchische Lebensideal zu verherrlichen sucht, zielt das Buch Juan Manuels auf den Nachweis hin, daß Gott in allen Ständen gedient werden kann. Unter dem Aspekt literarischer Sprachkunst erscheint das Buch als hybrides Konglomerat verschiedenartiger Motive; das undramatisch gestaltete Frage- und Antwortspiel vermag die Monotonie der Darstellung nur wenig aufzulockern. Über das Niveau einer prosaischen Didaktik erhebt es sich jedoch durch die Skizzierung der zeitgenössischen Gesellschaftsstruktur und durch die individuelle Zeichnung der Gestalt des Julio, in der das von tiefem Ernst gekennzeichnete Lebensethos Juan Manuels Ausdruck findet.   A.F.R.

AUSGABEN: Madrid 1860 (in *Obras*; BAE, 51. – Madrid 1955, Hg. J. M. Castro y Calvo u. M. Riquer; krit.). – Oxford 1974, Hg. u. Einl. R. B. Tate u. I. R. MacPherson. – Madrid 1982 (in *Obras completas*, Hg. u. Einl. J. M. Blecua, 2 Bde., 1).

LITERATUR: G. Moldenhauer, *Die Legende von Barlaam u. Josaphat auf der Iberischen Halbinsel*, Halle 1929. – M. Torres López, *La idea del Imperio en el* »Libro de los estados« (in Cruz y Raya, 2, 1933, S. 61–90). – Ders., *El arte y la justicia de la guerra en el* »Libro de los estados« (ebd., 8, 1933, S. 33–72). – J. M. Sarabia, *La romanidad en el* »Libro de los estados« *del Infante Don J. M.* (in Miscelánea Comillas, 1, 1943, S. 27–43). – M. Ruffini, *Les sources de Don J. M.* (in LR, 7, 1953, S. 27–40). – I. della Isola, *Las instituciones en la obra de Don J. M.* (in Cuadernos de Historia de España, 21/22, 1954, S. 70–145). – J. R. Araluce-Cuenca, *El* »Libro de los estados«. *Don J. J. y la sociedad de su tiempo*, Madrid 1976. – P. Cherchi, *J. M.'s* »Libro de los estados« *(2:6–32) and Godfrey of Viterbo's* »Pantheon« (Books 13–14) (in RPh, 28, 1985, S. 300–309). – L. Funes, *Sobre la partición original del* »Libro de los estados« (in Incipit, 6, 1986, S. 3–26).

ERNST JÜNGER

* 29.3.1895 Heidelberg

LITERATUR ZUM AUTOR:
Bibliographie:
H. P. des Coudres u. H. Mühleisen, *Bibliographie der Werke E. J.s*, Stg. 1985.
Gesamtdarstellungen und Studien:
W. D. Müller, *E. J. Ein Leben im Umbruch der Zeit*, Bln. 1934. – M. Decombis, *E. J. L'homme et l'œuvre jusqu'en 1936*, Paris 1943. – E. Brock, *Das Weltbild E. J.s*, Zürich 1945. – K. O. Paetel, *E. J. Die Wandlung eines dt. Dichters u. Patrioten*, NY 1946. – G. Nebel, *E. J. u. das Schicksal des Menschen*, Wuppertal 1948. – G. Stein, *E. J.* (in FH, 1948, S. 434–454). – H. Becher, *E. J. Mensch u. Werk*, Warendorf 1949. – K. O. Paetel, *E. J. Weg u. Wirkung*, Stg. 1949. – H. R. Müller-Schwefe, *E. J.*, Wuppertal-Barmen 1951. – R. Gruenter, *Formen des Dandyismus. Eine problemgeschichtliche Studie über E. J.* (in Euph, 46, 1952, S. 170–201). – J. P. Stern, *E. J. A Writer of Our Time*, Cambridge 1953. – *Die Schleife. Dokumente zum Weg von E. J.*, Hg. A. Mohler, Zürich 1955. – *Freundschaftliche Begegnungen. Fs. f. E. J. zum 60. Geburtstag*, Hg. ders., Ffm. 1955 [m. Bibliogr.]. – G. Loose, *E. J. Gestalt u. Werk*, Ffm. 1957. – H. Kaiser, *Mythos, Rausch u. Reaktion. Der Weg Gottfried Benns u. E. J.s*, Bln./DDR 1962. – K. O. Paetel, *E. J. in Selbstzeugnissen u. Bilddokumenten*, Reinbek 1962 (rm). – H.-P. Schwarz, *Der konservative Anarchist. Politik u. Zeitkritik E. J.s*, Freiburg i. B. 1962. – *Farbige Säume. E. J. zum 70. Geburtstag* (in Antaios, 6, 1965, H. 5/6; Sonderdr.). – *Wandlung u. Wiederkehr. E. J. zum 70. Geburtstag*, Hg. H. L. Arnold, Aachen 1965 [m. Bibliogr.]. – H. Gerber, *Die Frage nach Freiheit u. Notwendigkeit im Werk E. J.s*, Winterthur 1965. – H. L. Arnold, *E. J.*, Mühlacker 1966. – *E. J.: Fakten*, Hg. H. Bingel (in STREIT-ZEIT-SCHRIFT, 6, 1968). – G. Kranz,

E. J.s symbolische Weltschau, Düsseldorf 1968. – U. Böhme, *Fassungen bei E. J.*, Meisenheim a. Gl. 1972. – A. Mohler, *Die konservative Revolution in Deutschland 1918–1932. Ein Handbuch*, Darmstadt 1972. – H. Mörchen, *Studien zur politischen Essayistik u. Publizistik der Zwanziger Jahre*, Stg. 1973. – A. Kerker, *E. J. – Klaus Mann. Gemeinsamkeit u. Gegensatz in Literatur u. Politik*, Bonn 1974. – G. Loose, *E. J.*, NY 1974. – K. Prümm, *Die Literatur des Soldatischen Nationalismus der 20er Jahre (1918–1933). Gruppenideologie u. Epochenproblematik*, 2 Bde., Kronberg/Ts. 1974. – M. Decombis, *E. J. et la »Konservative Revolution«*, Paris 1975. – M. Hictala, *Der neue Nationalismus in der Publizistik E. J.s u. des Kreises um ihn, 1920–1933*, Helsinki 1975. – V. Katzmann, *E. J.s »Magischer Realismus«*, Hildesheim 1975. – E. Könnecker, *E. J. u. das publizistische Echo: Reaktionen zu Person u. Werk nach dem 2. Weltkrieg*, Diss. Bln. 1976. – G. Liebchen, *E. J. Seine literarischen Arbeiten in den zwanziger Jahren*, Bonn 1977. – Mag. litt, 1977, Nr. 130 [Sonder!. *E. J.*]. – K. H. Bohrer, *Die Ästhetik des Schreckens. Die pessimistische Romantik u. E. J.s Frühwerk*, Mchn./Wien 1978; ern. Ffm./Bln. 1983 (Ullst. Tb). – F. Baumer, *E. J.*, Bln. 1980. – W. Kaempfer, *E. J.*, Stg. 1981 (Slg. Metzler). – A. Steil, *Die imaginäre Revolte. Untersuchungen zur faschistischen Ideologie u. ihrer theoretischen Vorbereitung bei G. Sorel, C. Schmitt u. E. J.*, Marburg 1984. – R. Woods, *E. J. and the Nature of Political Commitment*, Stg. 1985. – La Nouvelle Revue de Paris, 1985, Nr. 2 [Sonderh. *E. J.*]. – H.-H. Müller, *Der Krieg u. die Schriftsteller. Der Kriegsroman der Weimarer Republik*, Stg. 1986. – H. Plard, *E. J.* (in KLG, 22, Nlg., 1986). – N. Dietka, *E. J. nach 1945: Das J.-Bild der bundesdeutschen Kritik (1945–1985)*, Ffm. u. a. 1987. – L. Dornheim, *Vergleichende Rezeptionsgeschichte. Das literarische Frühwerk E. J.s in Deutschland, England u. Frankreich*, Ffm. u. a. 1987. – *Leben u. Werk in Bildern u. Texten*, Hg. H. Schwilk, Stg. 1988.

DAS ABENTEUERLICHE HERZ.
Aufzeichnungen bei Tag und Nacht

Sammlung von Prosavignetten von Ernst JÜNGER, erschienen 1929, in zweiter, stark überarbeiteter Fassung 1938. – Bei Erscheinen der ersten Fassung war Jünger durch seine Kriegsbücher ebenso bekannt geworden wie durch sein publizistisches Eintreten für die politische Rechte und eine »konservative Revolution« (A. Mohler), eine insgesamt diffuse Bewegung, in der sich Gewaltverherrlichung, Staatsgläubigkeit und betont vorgetragener antibürgerlicher Affekt verbinden. Von diesem geistigen Kontext verrät das *Abenteuerliche Herz* in seinen beiden Fassungen auf den ersten Blick nur wenig. Zwar bekennt sich Jünger zur Zerstörung der tradierten Ordnungen, »*damit der Lebensraum leergefegt werde für eine neue Hierarchie*«, spätestens

mit dem Erscheinen der zweiten Fassung aber galt das Werk, neben Jüngers Schrift *Der Arbeiter*, der Kritik gern als Wendepunkt im Schaffen des Autors – der Kriegsschriftsteller wandelt sich zum Literaten, der Abenteurer zum Metaphysiker: »*Der Verfasser zeigt, daß sein schweifendes Leben sich nicht im Tun ... erschöpft, daß es ihm vielmehr auch treibt, die Abenteuer im Geist zu versuchen ...*« (G. Loose). Der zeitgeschichtliche Bezug dieser geistigen Abenteuer ist in der zweiten Fassung des Textes, der den Untertitel *Figuren und Capriccios* trägt, völlig eliminiert, ebenso alle Reminiszenzen an Autobiographisches. Wie keinen anderen Text überarbeitete Jünger die Sammlung, in der er sich zum Beobachter stilisiert, der »*ohne Regung wie in einer einsamen Loge, doch nicht ohne Gefährdung genießt*«, was auf der Weltbühne vor sich geht, in der er jedoch erstmals in Umrissen seine metaphysische Weltsicht skizziert.

Beide Fassungen des *Abenteuerlichen Herzens* lassen sich als – teils pathetische – Stilisierung einer Lebenshaltung und Weltsicht lesen, die der Text in seinen Vignetten und Stücken facettenhaft umkreist und bruchstückhaft beschreibt oder mitunter sentenzenhaft kommentiert: »*Erst wenn das ›Herz‹ die Armee der Gedanken kommandiert, gewinnen Tatsachen und Feststellungen ihren Wert; sie werfen das wilde Echo, den heißen Atem des Lebens ohne Einbuße zurück, weil jede Antwort bereits in der Art zu fragen beschlossen liegt*« (1. Fassg.). Der Welt der Fakten und Zufälligkeiten steht – und nicht zufällig ist beiden Fassungen das pantheistische Credo J. G. HAMANNS (»*Den Samen von allem, was ich im Sinn habe, finde ich allenthalben*«) vorangestellt – ein Ewiges, eine »*magische*« Welt entgegen, die allein sinnstiftend ist; es lassen sich, so notiert Jünger in der ersten Fassung, »*unsere vertrautesten und alltäglichsten Erscheinungen ... gleichzeitig als Symbol eines wesentlicheren Lebens erfassen*«. Hinter den Widersprüchen und Destruktionen des Alltags offenbare sich eine »*innere und magische Harmonie*«. Bedingung für diese Erfahrung ist der Austritt aus den Konventionen, den Erstarrungen des gewöhnlichen Lebens, sei er bewußt herbeigeführt durch das Abenteuer, sei er erzwungen durch das Unerwartete, den Schmerz, den Schock: »*Betrachte das Leben als einen Traum unter tausend Träumen, und jeden Traum als einen besonderen Aufschluß der Wirklichkeit. Dies alles vermagst du, wenn du über den magischen Schlüssel verfügst.*« Seine letztlich mystisch-idealistische Weltschau sucht der Autor selbst immer wieder auf die Klassiker der Philosophiegeschichte zurückzuführen – neben Hamann ist es vor allem PLATON, und in der ersten Fassung spannt er in seiner Reflexion über den »*preußischen Leser*« den Bogen von KANT bis zu NIETZSCHE. Dennoch verfährt Jünger sehr freizügig mit den Theoremen der von ihm angeführten Denker: »*Ernst Jünger ist weder Philosoph noch systematischer Denker .... In seine Bücher ist auch viel von der Atmosphäre des Salons eingegangen. Dort imponiert nicht der gewissenhafte Pedant, sondern der Mann der geistvollen Vereinfachungen und der küh-*

non Kombinationen« (H.-P. Schwarz). In diesem Sinne sind auch die Prosatexte des *Abenteuerlichen Herzens* zu lesen, als Übersetzung einer Reihe von sinnlichen und atmosphärischen Erlebnissen in symbolische Erfahrungen, anhand von Themen, die vom Exotischen *(Azoren)* zum Alltäglichen *(Postamt; In den Kaufläden)*, vom Esoterischen (de SADES *Philosophie du boudoir*) zu einer Typologie der Farben, Gerüche und Empfindungen reichen. Die zumeist mit wissenschaftlicher Genauigkeit umrissenen Beobachtungen und Phänomene *(»Die Tigerlilie. Lilium tigrinum. Sehr stark zurückgebogene Blütenblätter von einem geschminkten, wächsernen Rot ...«)* leiten über zum Bekenntnis subjektiver Empfindung, in der *»das ›Herz‹ die Armee der Gedanken kommandiert«* und eine symbolische Weitung sich andeutet *(»Im Anblick erwächst die Vorstellung eines indischen Gaukler-Zeltes, in dessen Inneren eine leise, vorbereitende Musik erklingt«)*. Die *Tiger-Lilie*, so führt G. LOOSE in seiner ausführlichen Interpretation dieses *Capriccios* aus, *»ist deshalb ein bedeutendes Symbol, weil es die Mannigfaltigkeit und Gegensätzlichkeit des Lebens darstellt: Pflanze und Tier, das weibliche und männliche Prinzip, Liebe und Sünde, legitime Macht und Aufruhr, Leben und Tod ...«* Es ist dies jene alte Vorstellung der Wesensschau, die Jünger damit dem dichterischen Wort zuschreibt und die er selbst auch mit dem Begriff des *»stereoskopischen Wahrnehmens«* umschreibt, in dem sich zu einem musikalischen Ton neben der akustischen Wahrnehmung auch die Empfindung etwa einer Farbqualität hinzugesellt, wodurch man *»die Dinge mit der inneren Zange«* faßt, wie es in der zweiten Fassung heißt: *»Die wahre Sprache, die Sprache des Dichters, zeichnet sich durch Worte und Bilder aus, die so ergriffen sind, Worte, die, obwohl uns seit langem bekannt, sich wie Blüten entfalten und denen ein unberührter Glanz, eine farbige Musik zu entströmen scheint. Es ist die verborgene Harmonie der Dinge, die hier zum Klingen kommt ...«*
Es ist ein affirmativer, letztlich auch unhistorischer Blick auf die Welt des Gegebenen, den Jüngers Werk offenbart und der sich bei diesem Autor dadurch radikalisiert, daß die Bereiche des Schmerzes, der Gewalt und des archaischen Zugriffs in nämlicher Weise behandelt werden wie Phänomene der Botanik oder der Zoologie; nicht der Sachverhalt selbst steht im Vordergrund, sondern – und darin unterscheidet sich Jünger etwa von Schriftstellern wie F. KAFKA oder E. A. POE, mit denen er gern in Beziehung gesetzt wird – allein seine Wirkung auf den Autor. In der zweiten Fassung des *Abenteuerlichen Herzens*, in dem Stück *Grausame Bücher*, heißt es über *Le Jardin des Supplices* von O. MIRBEAU: *»Wer in diesen herrlichen Gärten wandelt, kommt an Aussichtspunkten vorbei, an denen chinesische Foltermeister beschäftigt sind, und der Anblick der Qualen erweckt im Herzen ein Lebensgefühl von unbekannter Kraft.«* Diese Haltung bezeichnet Jünger auch als die der *»Désinvolture«: »Man findet das Wort meist durch ›Ungeniertheit‹ übersetzt; und das trifft insofern zu, als es ein Gebaren bezeichnet, das keine Um-*

schweife kennt. Zugleich aber verbirgt sich in ihm noch ein anderer Sinn, und zwar der der göttergleichen Überlegenheit. In diesem Sinn verstehe ich unter Désinvolture die Unschuld der Macht.«
Mit seinem *Abenteuerlichen Herzen* fand Jünger nicht mehr die Aufmerksamkeit nationaler Kreise, die in ihm vor allem den hochdekorierten Autor von Kriegsbüchern gesehen hatten; dagegen wurde der Autor mit diesem Werk in bürgerlichen Zeitschriften erstmals als Literat akzeptiert, über 1933 hinaus: *»Da er gegenüber der NSDAP auf Distanz blieb und sich nach 1933 endgültig auf eine unpolitische Rolle zurückzog, gelang es ihm, das Interesse der nicht-emigrierten bürgerlichen Intelligenz zu wecken«* (L. Dornheim). In den neunten Band seiner *Sämtlichen Werke* nahm Jünger neben den beiden Fassungen des *Abenteuerlichen Herzens* auch *Sgraffiti* auf, eine 1960 erschienene Sammlung von Prosastücken nach dem Muster des *Abenteuerlichen Herzens*.   M.Pr.

AUSGABEN: Bln. 1929 [1. Fassg.]. – Hbg. 1938 [2. Fass. m. d. Untertitel *Figuren und Capriccios*]. – Zürich 1946. – Stg. 1953 (Ausw. u. d. T. *Capriccios*; RUB). – Stg. 1961 (in *Werke*, 10 Bde., 1960–1967, 7; beide Fassungen). – Stg. 1979 (in *SW*, 18 Bde., 1978–1983, 9; beide Fassungen). – Ffm./Bln. 1985 (2. Fassg.; Ullst. Tb).

LITERATUR: L. Alvens, Rez. (in Deutsche Allgemeine Ztg., 1. 6. 1929). – E. F., Rez. (in Militärwochenblatt, 25. 3. 1929). – G. Bohne, Rez. (in Eckart, 5, 1929, S. 131–133). – S. v. d. Trenck, Rez. (ebd., S. 263). – K. A. Kutzbach, Rez. (in Die neue Literatur, 32, 1931, H. 11). – F. Muckermann, *An E. J. zu seinem Buch »Das Abenteuerliche Herz«* (in Der Gral, 27, 1932, Nr. 11). – O. Jancke, Rez. (in Die Literatur, 40, 1938, Nr. 11, S. 392–395). – M. Wackernagel, *E. J. »Das Abenteuerliche Herz«* (in Schweizer Monatshefte für Politik und Kultur, 18, 1938/39, S. 324). – F. Schonauer, *Die zwei Fassungen von E. J.s »Das Abenteuerliche Herz«*, Diss. Bonn 1947. – G. Loose, *E. J.s Kampf um die Form. Dargestellt an den beiden Fassungen des Buches vom »Abenteuerlichen Herzen«* (in MLN, 1950, S. 1–11). – Ders., *Die Tigerlilie. Ein Beitrag zur Symbolik in E. J.s Buch vom »Abenteuerlichen Herzen«* (in Euph, 46, 1952, S. 202–216). – C. David, *E. J. Le cœur aventureux* (in Deutsch-französische Germanistik, Hg. S. Hartmann u. C. Leconteux, Göppingen 1984, S. 271–284).

AFRIKANISCHE SPIELE

Roman von Ernst JÜNGER, erschienen 1936. – Nach der Essaysammlung *Blätter und Steine* (1934) war dieser Roman die zweite Publikation des Autors nach Hitlers Machtübernahme. Jünger zählte in diesen Jahren zu den renommiertesten Autoren des nationalsozialistischen Deutschlands, und so wenig der Autor sich von der staatlichen Vereinnahmung wie von der Ideologie des Nationalsozialismus offensiv distanzierte (lediglich dessen Werben um kleinbürgerliche Schichten widersprach von jeher seinem elitären Anspruch), so auffällig bleibt doch, daß er sich zunehmend in die beobachtende, sich unpolitisch gebende Haltung des Literaten zurückzog und die ihm angetragenen kulturpolitischen Ämter abwies; als der ehemalige SPD-Politiker und Publizist Ernst NIEKISCH 1937 von der Justiz drangsaliert wurde, nahm Jünger die Familie bis zu deren Verhaftung auf. Dem offiziellen Heroismus dieser Jahre entging Jünger auch in seinem Roman *Afrikanische Spiele*, in dem er eine Geschichte aus seiner eigenen Jugend erzählt. 1913 hatte sich der achtzehnjährige Jünger in Frankreich der Fremdenlegion angeschlossen, wurde von seinem Vater aber wieder nach Deutschland zurückgebracht.

Der Primaner Herbert Berger ist – der Roman spielt im Wilhelminischen Deutschland – der Schule überdrüssig und flüchtet ins *»gefährliche Leben«*, in das *»Gesetzlose«*. Ein Revolver und ein afrikanisches Abenteuerbuch sind seine Ausrüstung. Er geht über die deutsche Grenze und läßt sich in Verdun zur Fremdenlegion anwerben, nachdem er den Rest seines Besitzes, der aus unterschlagenem Schulgeld bestand, vernichtet hat. Der Entschluß, sich seines Besitzes *»zu entledigen wie einer Planke, die man von sich stößt, wenn man schwimmen will«*, ist bezeichnend für die *actes gratuits*, aus denen diese Suche nach Abenteuern sich zusammensetzt. In Afrika, so hofft Berger, erschließe sich ihm *»das Geheimnis der Landschaft, die Seele des wilden Menschen, das Wesen der Tiere in ihrer Eigenart und Mannigfaltigkeit, ja, selbst die Gefühle des eigenen Herzens, das mit einer feindlichen, rätselhaften Welt im Kampf steht«*. Berger kommt nach Marseille, wo ihn ein sympathischer Militärarzt vor dem Leben in der Legion warnt. Noch sind der Ekel vor der Bürgerlichkeit, der *»frühe instinktive Protest gegen die Mechanik der Zeit«*, stärker. Es folgen drei Wochen im algerischen Sidi Bel-Abbes, südlich von Oran (*»Während der ersten langweilte ich mich, die zweite verbrachte ich recht angenehm, und die dritte hinter Schloß und Riegel verwahrt«*). In dieser Zeit unternimmt Berger bereits Fluchtversuche und lernt den Legionär Charles Benoit kennen, einen Opiumraucher, der den jungen Menschen nachhaltig beeindruckt (das Motiv des Rausches bleibt im gesamten Werk Jüngers präsent). Benoit hieß eigentlich Karl Rickert und verfaßte nach dem Zweiten Weltkrieg einen kurzen (in dem von A. MOHLER 1955 edierten Band *Die Schleife. Dokumente zum Werk von Ernst Jünger* abgedruckten) Tatsachenbericht, der einen Einblick in die poetische Umformung der Ereignisse durch Jünger erlaubt. Schließlich benachrichtigt der Militärarzt Herberts Vater, und der junge Flüchtling wird durch Intervention des Auswärtigen Amtes aus der Legion entlassen. Das Abenteuer ist zu Ende: *»Willkürlich leben kann jeder'*, lautet ein bekanntes Wort; richtiger ist, daß willkürlich niemand leben kann.«*

Der leichte, ironische Ton, an dem sich Jünger hier versucht, schafft Distanz zwischen dem Erzähler und seinem früheren Ich und dessen Neigung zu Bewährungsproben. Allerdings durchbrechen immer wieder allgemeine politische und psychologische Betrachtungen diesen Ton, wenn Jünger seine Figuren als Typisierungen kennzeichnet oder, anläßlich eines Briefes seines Vaters, bemerkt: *»Leider ist mir dieser merkwürdige Brief abhanden gekommen; ich bewahrte ihn lange als eines der Meisterstücke der positivistischen Generation.«* Der Text gewinnt seine Konturen im Zusammenhang mit jenem Bruch in Jüngers Schaffen, der von der Forschung meist in den frühen dreißiger Jahren gesehen wird. Während für K. H. BOHRER der Autor in dieser Zeitspanne sich immer mehr in symbolische Welten zurückzieht (bis hin zum Essayband *Blätter und Steine* könne man *»von der Phase einer weitgehend unverstellten Wahrnehmung bedrohlicher und zerstörerischer Prozesse«* sprechen, sie *»wird Ende der Dreißiger abgelöst durch den Versuch fortschreitender symbolischer Harmonisierung, wo sich alte Motive zwar wiederholen, aber an Wahrnehmungsschärfe und politischem Scharfsinn verloren haben«*), sehen etwa W. KAEMPFER oder H. PLARD darin den Versuch, frühere Wunschwelten zu korrigieren. Wie sich das Afrika der *Afrikanischen Spiele* nicht als das Land der erträumten Abenteuer erweist, so hat der Alltag des nationalsozialistischen Staates wenig zu tun mit den – in rechtsgerichteten Blättern der zwanziger Jahre publik gewordenen – Träumen des national gesinnten Autors Ernst Jünger. KLL

AUSGABEN: Hbg. 1936. – Hbg. 1937. – Pfullingen 1951 [erw. Ausg.]. – Mchn.1955. – Stg. 1960 (in *Werke*, 10 Bde., 1960–1965, 9). – Stg. 1978 (in *SW*, 18 Bde., 1978–1983, 15).

LITERATUR: W. E. Süskind, Rez. (in Die Literatur, 39, 1937, S. 119–203). – M. Beheim-Schwarzbach, Rez. (in Eckart, 1937, S. 265–267). – O. Jancke, *Versuch über die Sprache J.s* (in Die Literatur, 40, 1938, S. 392–395).

AN DER ZEITMAUER

Geschichtsphilosophischer Essay von Ernst JÜNGER, erschienen 1959. – Das Werk steht in engem Zusammenhang mit Jüngers 1932 veröffentlichtem geschichtsmorphologischem Versuch *Der Arbeiter*, der keine *»empirisch-historische Größe«* (geschweige denn eine soziologische Kategorie), sondern eine *»metaphysische Gestalt«* bezeichnen wollte, einen neuen Typus menschlichen Verhaltens. Auf diesem *»Arbeiter«*, in dessen Konzeption das ganze Ausmaß moderner technischer Naturbeherrschung eingegangen ist, basiert die Konstruktion einer historischen Wende von planetarischem Zuschnitt. Eine nicht mehr nur *»weltgeschichtliche, sondern erdgeschichtliche Veränderung«* steht bevor. Ihren geometrischen Ort bildet die Metapher der *»Zeitmauer«*, die als Grenzlinie zwischen historischer Zeit und dem Anbruch eines total neuen *»Äons«* verläuft. Der *»Austritt aus dem vertrauten*

Haus der Geschichte«, die mit HERODOT begonnen hatte, leitet über zu einem neuen Terrain: Zum ersten Mal steht die Erde unter dem Diktat eines übergreifenden *»Weltplans«*. Der gesamte *»Sinn der Erde«* beginnt sich für Jünger zu verändern mit den globalen Zusammenschlüssen und Großkomplexen politischer, administrativer und technologischer Art, auf die die historische Entwicklung, sich dabei selbst außer Kraft setzend, zusteuert: *»Die vaterrechtlichen Bindungen müssen zugunsten der matriarchalen an Macht verlieren, und das schon deshalb, weil die Mutter von sich aus den Urgrund verkörpert, aus ihm gebiert. Entsprechend muß der Heroenkultus und die Bedeutung der geschichtlichen Person abnehmen. Titanische Kräfte nehmen zu; eines der Anzeichen dafür ist, daß der Techniker den Soldaten aus seiner Rolle drängt. Die Todesstrafe verliert ihre Begründung, während der Mord ohne Begründung gedeiht. Mächtige Mörder tauchen auf.«* – Mythos und Geschichte sind aufgehobene Momente einer Bewegung, deren Ziel der Stillstand ist. Doch das Bild dieser Zukunft hinter der Zeitmauer, der eine neue *»astrologische Weltzeit«* korrespondiert, bleibt unscharf. Nur selten macht Jünger den Versuch, den kommenden Zustand näher zu bestimmen: *»Seit 2000 würden wir demnach in einem weltfriedlichen Zeitalter mit Riesenstädten, hellenistischen Kunstwerken und machtvoll perfektionierter Technik stehen. Zum ersten Mal wäre der Erdball in einer Hand; es gäbe keine ›Ränder‹ im alten Sinne mehr. Die Parther dieses Imperiums würden an anderen, nur vermutbaren Orten auftauchen.«*

Was Jüngers Vision einer Endzeit, die weder durch historische Betrachtung noch durch historische Erfahrung beurteilt oder gar prognostiziert werden kann, von den geläufigen technizistischen Zukunftsvorstellungen unterscheidet, ist seine Hoffnung auf eine neue *»Geistzeit«*, in der die *»Rechenhaftigkeit«* (M. Weber) des modernen Denkens aufgehoben sein soll. *»Der echte Partner der Erde ist nicht der Verstand mit seinen titanischen Plänen, sondern der Geist als kosmische Macht. Bei allen Erwägungen des Zeitgeschehens spielt daher eine große Rolle die mehr oder minder ausgesprochene Hoffnung, daß höhere Geisteskräfte die gewaltige Bewegung zügeln und sich ihrer wohltätig bemächtigen.«* In diesem Zusammenhang greift Jünger auf ältere, zyklische geschichtsphilosophische Systeme zurück: JOACHIMS VON FIORE Drei-Weltalter-Lehre, im 12. Jh. entstanden (vgl. *Liber figurarum*), prophezeit nach einer dritten, spiritualistischen Phase das *»Weltende«*. Solch spekulative Geschichtsmetaphysik macht sich der Autor zu eigen, wenn er chiliastisch die neue *»Großzeit des Geistes«* als *»unmittelbare Manifestation des Göttlichen«* hinter die Zeitmauer verlegt, während ihr als *»Morgendämmerung«* die Aufklärung und der Siegeszug der positivistischen und materialistischen Wissenschaften und Denkstile vorausgegangen sind. Bereits in Jüngers Roman *Heliopolis* war von einem *»dritten Reich des Geistes«* die Rede.

Daß der Untergang, sogar der *»Weltuntergang«*, heute auf absurde Weise *»machbar«* erscheint, ist ein Argument, das nahezu allen konservativen Kulturkritikern der Moderne gemeinsam ist. Auch Jünger führt es an: *»Die Welt als brennbares Haus, als große Scheuer, die Menschen als Kinder mit Streichhölzern darin – auch das gehört zum Austritt aus dem historischen Raum, zu seinen Indizien.«* Wenn Geschichte bisher die Geschichte der Menschen und regionale Staats- und Nationalitätengeschichte war, so wird sie jetzt – und diese Grenze hält der Autor für bereits überschritten – zur globalen Geschichte des Menschen, dessen *»antäische Beunruhigung«* geradezu den Charakter einer anthropologischen Konstante angenommen hat. Die unerhörten Erschütterungen, die dem Erscheinen eines neuen *»Logos«* vorausgehen, kleidet Jünger mit Vorliebe in organizistische Metaphern und Bilder: *»Der Mensch fragt, und die Erde antwortet. Daß der Mensch aber zu fragen begann, beruht auf einer primären Bewegung der Erde als Urgrund, auf einer Mutter und Sohn gemeinsamen Initiationswehe.«* Damit aber die rapide Beschleunigung der alten, noch geschichtlichen Welt nicht in prometheische Sackgassen führt, bedarf es nicht der Verfeinerung und Vermehrung des technischen Arsenals, das die Beherrschung der unbearbeiteten Natur sichert, sondern einer neuen Qualität: der *»Vergeistigung«*. Der Spiritualismus, in den die Ablösung des Menschen von der geschichtlichen Welt Jünger zufolge einmündet, ist freilich eine *»Lösung«*, die nahezu alle (scheiternden) Helden der Romane des Autors ebenfalls anstreben: der eskapistische Ausweg in eine spekulative, allen empirischen Zwängen enthobene *»Geistnatur«*.   H.H.H.

AUSGABEN: Stg. 1959. – Stg. 1964 (in *Werke*, 10 Bde., 1960–1965, 6). – Stg. 1981 (in *SW*, 18 Bde., 1978–1983, 8).

LITERATUR: F. Wagner, *Eine neue Epochensicht E. J.s* (in Universitas, 1960, H. 5, S. 641–648). – H. Plard, *E. J.s Wende. »An der Zeitmauer« u. »Der Weltstaat«* (in Wandlung u. Wiederkehr. E. J. zum 70. Geburtstag, Hg. H. L. Arnold, Aachen 1965, S. 117–131). – K. Prümm, *Vom Nationalisten zum Abendländer. Zur politischen Entwicklung E. J.s* (in Basis, 6, 1976, S. 7–29; st).

ANNÄHERUNGEN. Drogen und Rausch

Kulturphilosophischer Essay und Erfahrungsbericht von Ernst JÜNGER, erschienen 1970. – Jüngers erste Erlebnisse mit dem Rausch noch als Heranwachsender waren eher zufällig; später hat er sich dem Studium der Drogen bewußt zugewandt, die Aufzeichnungen aus dem *Ersten Pariser Tagebuch* (in *Strahlungen*, 1949, Eintragung von 17. 9. 1942) verraten bereits ein Programm: *»Habe ich alle Meere des Rausches befahren, auf allen seinen Inseln gerastet, in all seinen Buchten, Archipelen und Zauberstädten geweilt, dann ist mir der große Kreis gelungen, die Reise um die Erde in tausend Nächten – ich habe mich einmal um den Äquator meines Bewußt-*

seins bewegt.« Was Jünger bewogen haben mag – »*War es Neugier, Langeweile, Übermut?*« –, es MAU-PASSANT, BAUDELAIRE, DE QUINCEY, HUXLEY u. a. nachzutun, Morphine und Opiate, Stimulantien und Narcotica auszuprobieren, ist nicht immer aus-zumachen, es sei denn, man läßt das Argument des »*geistigen Abenteuers*« gelten. Ob er »*gegen die wachsende Monotonie der mechanischen Welt und ih-re Ansprüche*« protestieren wollte, ob er sich Genuß und Bewußtseinserweiterung erhoffte oder der An-sicht seiner Figur Antonio Peri (in *Heliopolis*, 1949) folgte, daß die Droge »*Zugang zu gewissen Welträtseln*« gewähre – Jüngers Exzesse haben sich jedenfalls immer wieder im Werk niedergeschla-gen; so soll *Besuch auf Godenholm*, 1952, nach ei-nem LSD-Trip entstanden sein; und in der späten Erzählung *Eine gefährliche Begegnung*, 1985, hilft Kokain dem Inspektor Dobrowsky, den Kriminal-fall zu lösen.

Der Begriff »*Annäherung*« umfaßt neben dem Ver-fahren, sich »*im Sinn einer Einkreisung*« langsam an das Thema anzunähern, die zahlreichen Einstiege Jüngers in die Droge: »*Diese Annäherung hat ein greifbares, kein nennbares Ziel*«, kann aber – wie beim »*Pilz-Symposion*« im Frühjahr 1962 – in die Nähe der »*ultima linea rerum*«, des Todes, führen, die Jünger als »*letzte Annäherung*« faßt. Neben zahlreichen Abschweifungen in die Zeitgeschichte, Seitenblicken »*auf die gewaltig anschwellende Lite-ratur über den Rausch*«, etymologischen Betrach-tungen (»*Sucht*«, »*suchen*«, »*siech*«) umfaßt der Band zahlreiche Exkurse, deren Verbindung zum Generalthema nicht immer offen zutage liegt, Bei-träge etwa über den Surrealismus und über den »*magi-schen Anteil*« von Kunstwerken oder über »*veneri-sche Krankheiten*«. Die Aufzeichnungen, die Jünger nicht ad hoc, sondern aus der Erinnerung niederge-schrieben hat, zählen zu den gelungensten Passa-gen des Buchs, weil sie mit dem erzählerischen Reiz des Anekdotischen zeit- und sozialgeschichtlich in-teressante Bilder aus der ersten Jahrhunderthälfte evozieren: zum Beispiel das Berlin der zwanziger Jahre und Jüngers Besuch bei Gottfried BENN, die Auswirkungen des Äthers, die den Wehrmachtssol-daten mit der Grußpflicht in Konflikt bringen, den Besuch einer Brauerei auf einer »*Wandervogel*«-Fahrt. Eher atmosphärischen Wert haben die dar-gestellten Rituale, die den »*Grenzgang*« einleiten und begleiten und die Logbuchprotokolle der Rauschfahrten. Recht eigenwillig sind auch Jün-gers Klassifizierungen der jeweiligen Drogen. Das Buch umfaßt zwei Eingangs- bzw. Übergangsteile und drei Teile, überschrieben mit *Europa*, *Orient* und *Mexiko*. Europa werden Bier, Wein, Äther, Chloroform und Kokain zugeordnet, dem Orient Opium und Haschisch, Mexiko LSD und Meskalin. Es kommt Jünger jedoch nicht auf einen »*Kata-log der Drogen*« an, sondern auf »*die Skizzierung der Zustände, die sie hervorrufen*«.

Besondere Aufmerksamkeit wird dem Phänomen »Zeit« gewidmet: »*Im Rausch, gleichviel ob er betäu-bend oder erregend wirkt, wird Zeit vorweggenom-men, anders verwaltet, ausgeliehen. Sie wird zurück-*

gefordert; der Flut folgt Ebbe, den Farben Blässe, die Welt wird grau, wird langweilig.« Der Exzeß bedeu-te ein »*Verlassen der normalen Zeit*«, und es sei der »*größte Luxus: seine eigene Zeit*« zu haben. Es ge-hört zu den Selbststilisierungen des »*Psychonauten*« Ernst Jünger, daß er seine Experimente mit zahlrei-chen Beispielen aus der Literatur versieht und da-mit ins Bedeutungsvolle zu heben versucht, daß er sich quasi in eine »europäische Tradition« von er-strangigen Schriftstellern und Drogenkonsumen-ten stellt, die aktuellen Drogenprobleme der west-lichen Welt aber weitgehend ignoriert und sie nur an wenigen Stellen mit böser Ironie bedenkt: »*Das Schau- und Meinungsgeschäft wimmelt von solchen Lustknaben, die sich meist allerdings schon durch Ket-tenrauchen und Pillen erledigen und, bevor sie das gei-stige Mannesalter erreicht haben, unter ärztlichem Beistand abfahren.*«

Jünger will kein Verführer, aber auch kein Warner sein, und so wird auch die Frage nach der Verant-wortung, mit der er sein Buch einleitet, am Schluß nicht mehr aufgenommen, weil sie ihn im Grunde nicht interessiert. L.Ha.

AUSGABEN: Stg. 1970. – Stg. 1978 (in *SW*, 18 Bde., 1978–1983, 11). – Ffm. u. a. 1980.

LITERATUR: K. H. Kramberg, Rez. (in SZ, 14. 11. 1970). – W. Hilsbecher, *Annäherung an den Tod* (in Merkur, 1971, H. 6, S. 590–593). – H. L. Ar-nold, *Ein diskursives Erinnerungsbuch* (in H. L. A., *Brauchen wir noch die Literatur?*, Düsseldorf 1972, S. 173–177).

DER ARBEITER. Herrschaft und Gestalt

Zeitdiagnostische Schrift von Ernst JÜNGER, er-schienen 1932. – Der Text, so bemerkte der Autor rückblickend in seinem Tagebuch *Strahlungen* (1949), sei für ihn das »*Denkmal meiner Auseinan-dersetzungen mit der technischen Welt*«. Eine politi-sche Beibedeutung des Werks, das zu seinen um-strittensten Büchern gehört, lehnte Jünger stets ab, er sah darin die Ausformulierung dessen, was das Erlebnis des Krieges ihm als letztlich metaphysi-sche Erfahrung des Lebens selbst vermittelt hatte, als Identität von Erscheinung und Wesen, wie er einleitend in seinem Essayband *Blätter und Steine* (1934) festhielt: »*Für eine Zehntelsekunde wurde mir deutlich, daß wir uns wieder einem Punkt nähern, von dem aus gesehen Physik und Metaphysik identisch sind. Es ist dies der geometrische Ort, an dem die Ge-stalt des Arbeiters zu suchen ist. Das Buch, das diesen Titel trägt, stellt eine zweijährige Anstrengung dar, die der Wiederentdeckung dieser Zehntelsekunde ge-widmet ist.*«

Der Typus des Arbeiters, wie Jünger ihn zu entwik-keln sucht, steht jenseits ökonomischer Katego-rien, die nicht in das Blickfeld des Autors geraten. Dahingehend ist der Text tatsächlich, trotz aller vorgeblichen Radikalität und provokanten Hal-tung, ein Traktat, eine »*geschichtsmetaphysische Er-*

bauungsschrift« (G. Loose), die das Leiden an der verwalteten und technisierten Welt dadurch zu bewältigen sucht, daß in ihr die bereitwillige Unterwerfung unter deren extremste Ausformung – in Gestalt des totalitären Staates und seiner unumschränkten Verfügungsgewalt über Menschen – propagiert wird. Mit NIETZSCHES »Übermenschen« hat Jüngers »Arbeiter« das Bewußtsein einer *»inneren Metaphysik«* des Lebens gemeinsam, die allerdings, wie stets bei Bemühungen dieser Art, über dürftige, formale Beruhigungen eines Seins nicht hinauskommt; in diesem Falle ist es der Begriff der *»Gestalt«*, die, so Jünger, *»den Elementen des Feuers und der Erde nicht unterworfen ist«*, weshalb *»der Mensch als Gestalt der Ewigkeit angehört. In seiner Gestalt, ganz unabhängig von jeder nur moralischen Wertung, jeder Erlösung und jedem ›strebenden Bemühen‹ ruht sein angeborenes, unveränderliches und unvergängliches Verdienst, seine höchste Existenz und seine tiefste Bestätigung.«* Während der Bürger, befangen in Moralismen, die Triebkräfte des Lebens zu beruhigen sucht (*»Der Bürger ... ist zu begreifen als der Mensch, der die Sicherheit als einen höchsten Wert erkennt und demgemäß seine Lebensführung bestimmt«*), weiß der »Arbeiter« in seinem *»heroischen Realismus«* von jener *»elementaren Schicht, von jener Mischung wilder und erhabener Leidenschaftlichkeit«*, die dem Leben immanent ist und die nicht im Ziel, sondern in der Betätigung ihre Erfüllung findet. Nicht aber die Anarchie des Einzelnen hat Jünger im Blick, sondern einen organisierten Kampf der Masse als *»Möglichkeit einer heiteren Anarchie, die zugleich mit einer strengsten Ordnung zusammenfällt, – ein Schauspiel, wie es bereits in den großen Schlachten und den riesigen Städten angedeutet ist, deren Bild am Beginn unseres Jahrhunderts steht.«* Die Ambivalenz zwischen Autonomie und vollkommener Determinierung löst sich in diesen Bildern nur scheinbar auf; Jünger propagiert, und damit faßt er den Begriff der »Arbeit« als Manifestation des Lebens schlechthin, die umfassende Rationalisierung und Technisierung der menschlichen Tätigkeiten, die Arbeit um ihrer selbst willen: *»Die Aufgabe der totalen Mobilmachung ist die Verwandlung des Lebens in Energie, wie sie sich in Wirtschaft, Technik und Verkehr im Schwirren der Räder, oder auf dem Schlachtfeld als Feuer und Bewegung offenbart.«*
Bewegung, Geschwindigkeit, Effizienz – es sind dies militärische Begriffe, die Jünger auf den Arbeitsprozeß überträgt und die ihn bestimmen. Das Verhältnis, in dem der Soldat zu seinen Waffen steht, ist ein ebenso *»existentielles«* wie das des Arbeiters zu den Maschinen, ein Bund auf Leben und Tod. Was immer dem Einzelnen an subjektiven Eigenschaften, Vorstellungen, Gefühlen und Bindungen zukommt, ist im Augenblick des Einsatzes gleichgültig und ohne Eigenwert, sofern es nicht dem Arbeitsprozeß selbst dient, der sich auf diese Weise in eine Kette unendlicher Bewährungsproben verwandelt. Und so wenig der Tod der Soldaten im Krieg, reduziert man diesen ohne weitere Frage nach dem Warum zu einer riesigen kollekti-

ven Bewährungsprobe, damit jemals sinnlos gewesen sein kann, so auch das Tun des »Arbeiters«, dessen von Jünger konzipierter Typus weder nach den Kosten noch nach dem Nutzen seines Tuns fragt, sondern sich als Bestandteil einer Macht fühlt, als Mitglied eines *»Menschenschlages, der sich mit Lust in die Luft zu sprengen vermag, und der in diesem Akte noch eine Bestätigung der Ordnung erblickt.«* Die Lust, in einer Aufgabe aufgehen, sich aller subjektiven Behinderungen entkleiden zu können, unmittelbar die elementare Gewalt des Lebens spüren zu können – aus dieser pueril-romantischen Vorstellung, in der sich die Welt zu einem Abenteuerspielplatz verkleinert, zieht der »Arbeiter« seine Befriedigung, gewinnt er seine Überlegenheit gegenüber dem Bürger: Der Arbeiter *»zeichnet sich nicht dadurch aus, daß er keinen, sondern dadurch, daß er einen anderen Glauben hat. Ihm ist die Wiederentdeckung der großen Tatsache vorbehalten, daß Leben und Kultus identisch sind ...«* In dieser einfach strukturierten Welt (*»Je zynischer, spartanischer, preußischer oder bolschewistischer ... das Leben geführt wird, desto besser wird es sein«*) gibt es nur ein Negatives: das Scheitern an einer gestellten Aufgabe. Der Arbeiter hat sich in den drei Bereichen der technischen Welt – Produktion, Transport und Verwaltung – zu bewähren, er lebt in seiner streng hierarchischen Ordnung, die Jünger selbst mit dem Ausdruck »Orden« kennzeichnet. Hier versammelt sich eine Elite, die sich auszeichnet durch *»die Tugenden der Armut, der Arbeit und der Tapferkeit«*. Hinter diesen Vorstellungen verbirgt sich nicht nur der triviale Traum von einer unfehlbaren Führerkaste, sondern auch, in der Funktionalisierung des gesamten Lebens im Sinne der *»totalen Mobilmachung«*, die zeitgemäße Projektion der vollständigen Verschmelzung von Gesellschaft und Staat. Parlamente, für Jünger *»Gesellschaftsorgane«*, sollen in *»Staatsorgane«* verwandelt, *»soziale Diskussion[en]«* durch die *»technische Argumentation«* ersetzt werden, bis schließlich eine *»Planlandschaft«* entsteht: *»Als Nachfolgerin der allgemeinen Wehrpflicht deutet sich somit eine umfassende Arbeitsdienstverpflichtung an.«*
Kennzeichnend für den Text ist nicht nur die Sterilität der Jüngerschen Wortwahl (die K. THEWELEIT in seinen *Männerphantasien*, 1977, umfangreichen Zitatstoff bot), sondern auch die lässige Nichtachtung hypothetischer Einwände: *»Das Leben geht über solche Einwände als unzulässig hinweg«*; die Vernunft hat sich völlig in das Gegebene entäußert: *»Das Klappern der Webstühle, das Rasseln der Maschinengewehre von Langemarck – das sind Zeichen, Worte und Sätze einer Prosa, die von uns gedeutet und beherrscht werden will.«*
Als negative Utopie wurde dieser Text immer wieder gelesen, auch als *»Utopie des Nihilismus«* (G. Loose), als *»politischer Mythos«*, dem eine *»faschistische Tendenz«* (H.-P. Schwarz) zukomme, während W. D. Müller darin eine *»Metaphysik des Arbeitsprozesses im technischen Zeitalter«*, M. HEIDEGGER – 1956 in seiner Replik auf Jüngers Essay *Über die Linie* – dagegen die Fortführung dessen

sah, was er als Nietzsches »*Entwurf des Seienden als Wille zur Macht*« bezeichnete. Ungeachtet aller möglichen philosophischen Begründungszusammenhänge jedoch ist der zeitgeschichtliche Standort dieses Textes nicht zu übersehen; er fügt sich ein in die insgesamt diffusen, auch auf mythologisch-theologische Muster zurückgreifenden Versuche der Zeit, eine militarisierte Gemeinschaft zu skizzieren. Nach 1945 nahm Jünger Abstand von solchen Unternehmungen; anstelle des kultisch inspirierten Kollektivismus erscheint das Lob des Individualisten, anstelle der Verherrlichung der Technik die Skepsis gegen ihre nivellierenden Folgen.

M.Pr.

AUSGABEN: Hbg. 1932. – Stg. 1964 (in *Werke*, 10 Bde., 1960–1965, 6). – Stg. 1981 (in *SW*, 18 Bde., 1978–1983, 8). – Stg. 1982.

LITERATUR: A. E. Günther, *Die Gestalt des Arbeiters* (in Deutsches Volkstum, 14, 1932, H. 16, S. 777–781). – E. Niekisch, *Der Arbeiter* (in Widerstand, 7, 1932, S. 307–311). – F. Muckermann, *An E. J. Zu seinem Buch »Der Arbeiter«. Herrschaft und Gestalt* (in Der Gral, 27, 1932/33, S. 81–86). – E. Traugott, *Heroischer Realismus. Eine Untersuchung an u. über E. J.*, Wien 1937. – O. Wyss, *E. J.s Buch »Der Arbeiter«* (in Schweizer Monatshefte für Politik u. Kultur, 13, 1939). – A. Vogt, *Der Arbeiter. Wesen u. Probleme bei F. Naumann, A. Winnig, E. J.*, Diss. Groningen 1946. – M. Heidegger, *Über »Die Linie«* (in *Freundschaftliche Begegnungen. Fs. für E. J. zum 60. Geburtstag*, Hg. A. Mohler, Ffm. 1955, S. 9–45). – D. Teichmann, *Über die Einheit von menschlicher u. technischer Entwicklung. Eine Auseinandersetzung mit der Mystifizierung der Technik in E. J.s Philosophie*, Diss. Lpzg. 1961. – S. Bein, *Der Arbeiter. Typus-Name-Gestalt* (in *Wandlung u. Wiederkehr. E. J. zum 70. Geburtstag*, Hg. H. L. Arnold, Aachen 1965, S. 107–116). – J. Hermand, *Explosionen im Sumpf. Zu E. J.s »Der Arbeiter« (1932)* (in Sammlung, 1, 1978, S. 5–11). – V. Droste, *E. J.: »Der Arbeiter«. Studien zu seiner Metaphysik*, Göppingen 1981. – J. Manthey, *Fabrik u. Mausoleum. E. J.s »Arbeiter« heute* (in FRs, 14. 4. 1984). – K. Vondung, *E. J.s »Der Arbeiter« – nach 50 Jahren. Faschistisches Weltbild oder gültige Zeitdiagnose?* (in FH, 37, 1982, H. 10, S. 11–14).

AUF DEN MARMOR-KLIPPEN

Roman von Ernst JÜNGER, erschienen 1939. – Dieses bekannteste Buch des Autors wurde in den letzten Monaten des Friedens geschrieben und, zu Anfang von Jüngers zweiter Dienstzeit, »*im September 1939 im Heer durchgesehen*«. – Ort der Handlung ist eine südliche Wald- und Seelandschaft, die in vielen Details an den Bodensee – seit 1936 lebte Jünger in Überlingen – erinnert. Der Erzähler zieht zusammen mit »Bruder« Otho nach langen Kriegsjahren aus »Alta Plana« an das friedliche »Marina«-Ufer, um sich in der »Rauten-Klause« der Kontem-

plation und der Botanik zu widmen; ihr Herbarium und eine großangelegte Sammlung der Flora der Gegend geben Anlaß zu Beschreibungen in der Art der *Capriccios*, die schon aus der Sammlung *Das abenteuerliche Herz* bekannt sind. Der Knabe Erio, ein natürlicher Sohn des Erzählers, seine Großmutter und eine von Erio gehütete Brut von Lanzenottern gehören zum Haushalt der Rauten-Klause. Die Städte der Marina sind von tiefen Wäldern umgeben, in denen der »Oberförster«, ein früherer Kampfgenosse der Brüder, und seine bewaffneten Banden, die »Mauretanier«, hausen. (Ihr Name, eine jener Mystifikationen, die Ernst Jünger liebt, geht auf sechs Matrosen zurück, die im Jahr 1633 auf St. Mauritius gestrandet waren und deren Tagebuch er in früheren Werken als das erste Dokument wissenschaftlichen Wagemuts rühmt.) »*Dunkle Gerüchte*«, dann »*Wirrnis ... Panik ... Zwiste und Händel*« führen endlich zu einem offenen Kampf, den der Erzähler und Bruder Otho auf der Seite der friedfertigen, jedoch im »Niedergang« begriffenen Bevölkerung des Marina-Ufers führen. Bei Einfällen in den mauretanischen Wald entdeckt der Erzähler »Schinderstätten«, Folter- und Todeskammern, den »*Totentanz auf Köppels-Bleck*«. Braquemart, ein Führer aus dem Lager des Oberförsters, versucht mit Hilfe des »jungen Fürsten«, der zu schwach ist, um Marina vor dem Terror des Oberförsters zu schützen, die Brüder auf seine Seite zu bringen: das Verhältnis zwischen Braquemart und dem Oberförster ist bestimmt durch den Konflikt »*zwischen dem ausgeformten Nihilismus und der wilden Anarchie ... Darin bestand Verschiedenheit insofern, als der Alte die Marina mit Bestien zu bevölkern im Sinne hatte, indessen Braquemart sie als den Boden für Sklaven und Sklaven-Heere betrachtete.*« Die Gesellschaft in der Rauten-Klause nimmt kurz vor Beginn des Kampfes den Pater Lampros als Gast auf, der die Brüder in der Kontemplation und auch im kriegerischen Handwerk, das sie gegen ihren Willen auszuüben gezwungen sind, kraft seiner geistlichen Autorität unterstützt. Zwischen den Bewohnern des Marina-Ufers und den Mauretaniern entwickelt sich ein kurzer und grausamer Kampf. Der junge Fürst und Braquemart fallen dem Meuchelmord zum Opfer. In einer entscheidenden Schlacht vernichten die Bluthunde des Oberförsters die edlen Jagdhunde des alten Belovar, der zusammen mit den Brüdern die Marina verteidigt. Darauf wird die mauretanische Meute von den Schlangen Erios vernichtet, zugleich brennen aber die Siedlungen der Marina ab. Auch die Rauten-Klause mit dem Herbarium geht in Flammen auf: »*Doch lag in ihrem Glanze auch Heiterkeit.*« Ihre Bewohner schiffen sich nach Alta Plana ein, dessen Fürstensohn sie freudig empfängt. Im Gefüge des Romans sind drei bezeichnende Elemente zu erkennen. Das erste, das schon in der Inhaltsangabe hervortritt, ist dem Sagenbereich entlehnt. So erinnern besonders die lakonisch stilisierten Kriegsszenen und die Feuersbrunst an die isländische *Njala*-Sage. Das nordische Epos geht nicht auf individuelle psychologische Nuancen ein.

So kann sich auch Jünger auf die typische Gestik überindividueller Gestalten beschränken, statt Charaktere realistisch zu beschreiben. Das zweite Element kann als eine Art von präraffaelitischer Dekoration bezeichnet werden; ob es ohne weiteres mit dem ersten vereinbar ist, bleibt dahingestellt. So heißt es etwa von der Feuersbrunst: *»Die Flammen ragten wie goldene Palmen rauchlos in die unbewegte Luft, indes aus ihren Kronen ein Feuer-Regen fiel. Hoch über diesem Funken-Wirbel schwebten rot angestrahlte Taubenschwärme und Reiher, die aus dem Schilfe aufgestiegen waren, in der Nacht. Sie kreisten, bis ihr Gefieder sich in Flammen hüllte, dann sanken sie wie brennende Lampione in die Feuersbrunst hinab.«* An anderen Stellen schlägt dieser »magische Realismus« in jambische Blankverse um *(»So lebt die Glut der großen Erdensommer / in dunklen Kohlen-Adern nach«)*, die leider jeder parodistischen Absicht entbehren. Die Naivität des epischen Vorwurfs weicht hier einer ästhetisierend-schwelgerischen Farben-, Formen- und Wortkunst, die immer wieder auf den Symbolgehalt des Dargestellten verweist: *»Doch war es noch ein anderes Bild, das uns, als ich das Haupt des toten jungen Fürsten erhob, ergriff – wir sahen im grünen Glanze die Rosette erstrahlen, die noch in unversehrter Rundung den Fensterbogen schloß, und ihre Bildung war uns wundersam vertraut. Uns schien, als hätte ihr Vorbild in jenem Wegerich geleuchtet, den Pater Lampros uns einst im Klostergarten wies – nun offenbarte sich die verborgene Beziehung dieser Schau.«* Durch solche »Bilder« wird das Starre, ja Leblose allen Geschehens vermittelt.

Die stetige Bemühung um symbolische Bezüge führt endlich zum dritten, dem zeitgeschichtlichen Element des Romans. Obwohl Jünger in seiner Verachtung für das Widerstandsgerede nach 1945 eine politische Deutung seines Werkes bestritten hat, lassen sich doch Parallelen zur Zeit des Nationalsozialismus herstellen, wenn auch die für Jünger eigentümliche Mythisierung und Naturalisierung politischer Vorgänge und Machtkonflikte einer rationalen Aufarbeitung des zeitgeschichtlichen Geschehens entgegensteht. H. SCHELLE konnte, indem er den Text mit E. A. POES *A descent in the mälstrom* (1841) verglich, erneut auf Unbestimmtheit des Jüngerschen Stils wie die Starre und Unbeteiligtheit in dessen Schilderungen des Schreckens hinweisen, etwa im Untergang der Marina: *»das Los der Gequälten scheint eher den Genuß des Schauspiels zu erhöhen«*. Nach 1945 galt das Buch, das zwar nie verboten, aber von nationalsozialistischer Seite angegriffen wurde, als Beispiel jener vielzitierten »inneren Emigration« deutscher Intellektueller. In einigen Szenen, besonders im Waldlager des Oberförsters, dessen interner Streit mit Braquemart auf den gewalttätig entschiedenen Konflikt zwischen SA und SS (1933/34) anspielt, liegen auffällige Bezüge zur Zeit vor. Immer wieder durchbricht Jüngers Hang zu Maximen und Sentenzen den Gang der Handlung: Der Autor sucht sich dem Zeitgeschehen kommentierend zu nähern, zugleich ihm gegenüber Distanz einzunehmen.　　J.P.S.-KLL

AUSGABEN: Hbg. 1939. – Paris 1942 [Wehrmachtausg.]. – Tübingen 1949. – Stg. 1958. – Pfullingen 1955. – Stg. 1960 (in *Werke*, 10 Bde., 1960–1965, 9). – Ffm./Bln. 1973 (Ullst. Tb). – Stg. 1978 (in *SW*, 18 Bde., 1978–1983, 15). – Stg. ¹⁴1983.

LITERATUR: G. Nebel, *E. J. u. die Anarchie* (in Monatsschrift für das deutsche Geistesleben, 11, Nov. 1939, S. 610–616). – P. Suhrkamp, *Über das Verhalten in Gefahr* (in NRs, 50, 1939, S. 417–419). – W. E. Süskind, *Zwei schwarze Ritter* (in Die Literatur, 42, Dez. 1939, S. 98–101). – J. A. v. Rantzau, *»Marmorklippen« u. das Zeitgeschehen. Der umstrittene E. J.* (in Die Zeit, 18. 12. 1947). – J. Stave, *Mythos oder Form. Bemerkungen zu E. J.s Buch »Auf den Marmorklippen«* (in Die Sammlung, 3, 1948, S. 269–280). – G. Nebel, *Waren die »Marmorklippen« ein Schlüsselroman?* (in Schwäbische Landeszeitung, 2. 11. 1949). – E. Lachmann, *Die Sprache der »Marmorklippen«* (in WW, 4, 1953/54, S. 91–101). – G. Friedrich, *E. J.s »Auf den Marmorklippen«* (in Deutschunterricht, 1964, H. 2, S. 41–52). – P. U. Hohendahl, *The Text as Cipher: E. J.'s Novel »On the Marblecliffs«* (in Yearbook of Comparative Criticism, 1, 1968, S. 128–169). – H. Schelle, *E. J.s »Marmorklippen«*, Leiden 1970. – M. McQuenn, *E. J.s »Auf den Marmorklippen« and Northrop Frye's Theory of Romance* (in Carleton Germanic Papers, 1978, S. 37–56). – G. Scholdt, *»Gescheitert an den Marmorklippen«. Zur Kritik an E. J.s Widerstandsroman* (in ZfdPh, 98, 1979, S. 543–577). – D. Sternberger, *Eine Muse konnte nicht schweigen* (in FAZ, 4. 6. 1980). – H. Kiesel, *E. J. »Auf den Marmorklippen«* (in Internationales Archiv f. Sozialgeschichte der dt. Literatur, 1989, H. 1).

AUTOR UND AUTORSCHAFT

Sammlung von Maximen und Reflexionen über geistige Urheberschaft von Ernst JÜNGER, erschienen 1981. – In den Aphorismen und Sentenzen, Motti und Epigrammen des Buchs kommt ein *»zyklisches Denken«* zum Ausdruck, wie es in den historischen Modellen von G. VICO und O. SPENGLER, die Jünger rezipiert hat, entworfen wird. Jünger wähnt sich in einer Spät- oder Verfallszeit, in der die *»historische Substanz«* verbraucht, die schöpferische Kraft geschwunden, ein fruchtbarer Neubeginn nicht in Sicht ist. Er stilisiert sich zum *»Dichter in dürftiger Zeit«* und konstatiert eine *»Verflachung der Sprache«*, die die Wörter *»zu bloßen Redewendungen«* herabsinken lasse. Jüngers Kulturpessimismus ist jedoch eher eine Attitüde als eine Einschätzung, die auf einer sorgfältigen und gründlichen Kenntnis der zeitgenössischen Kunst und Literatur beruhte, da er sich – wie auch die Tagebücher *Siebzig verweht* zeigen – mit der Gegenwartskunst nicht beschäftigt hat. Obwohl die vorliegende Sammlung *»Glanz und Elend des modernen Autors in der zweiten Hälfte des 20. Jahrhunderts«* behandeln soll, erwähnt Jünger keine Anreger aus dieser Zeit, sondern greift vor allem auf GOETHE, NOVALIS, NIETZSCHE, KIERKEGAARD, den frühen HEIDEGGER, L. BLOY und J. G. HAMANN zurück. Zu den angeschnittenen Themen gehören die Stellung des Autors in der *»traditionslosen Gesellschaft«*, der Dichter und sein Kritiker, der Ruhm und die politische Relevanz von Literatur. *Autor und Autorschaft* läßt sich über weite Strecken als Antwort auf die Kontroversen lesen, die jahrzehntelang um Jüngers Person und Werk geführt wurden und die 1982 in der Diskussion um die Verleihung des Goethepreises an ihn kulminierten. Auf die Vorwürfe, die gegen ihn erhoben wurden und die seine politische und moralische Integrität in Frage stellten, hat Jünger mit einer Lesung aus *Autor und Autorschaft* heftig reagiert: *»Dem Zeitalter des Anstreichers«* sei *»das des Anbräuners gefolgt«*.

In der vorliegenden Sammlung faßt er den Autor als Souverän, der autonom, auf sich selbst beruhend, aber *»mit der Schöpfung«* verbunden seiner Berufung folgen und den Wert und das Gewicht seiner Aufgabe erkennen müsse, die darin bestehe, einen *»Einblick in das Gefüge der Welt«* zu eröffnen. Aufgabe der Literatur sei es, *»Genuß zu bereiten«*. Eine Politisierung der Literatur, den Weg, die Gesinnung als Kunst zu proklamieren, lehnt Jünger ab, ohne jedoch auf den ideologischen Gehalt seines eigenen Werks einzugehen. Kritik läßt er zu, doch muß sie seinen elitären Ansprüchen genügen: das Verhältnis zwischen dem Autor und seinem Kritiker müsse ausgewogen sein. Jünger bringt in dem Buch seinen Ärger über die bürgerliche Gesellschaft zum Ausdruck, deren Ansprüchen er sich zu entziehen meint; deren Konformismus er ablehnt, da die Quelle der Fruchtbarkeit im Heterogenen liege; deren moralische Zuständigkeit er bestreitet, da der schöpferische Geist frei und der geltenden Moral nicht unterworfen sei. In *Autor und Autorschaft* versucht Jünger, seine eigene Autorschaft von der vermeintlich verflachten Gegenwartsliteratur abzuheben.   L.Ha.

AUSGABEN: Stg. 1981/82 (in Scheidewege, 1981, H. 1–3, sowie Scheidewege, 1982, H. 3–4; 1. Fassg.). – Stg. 1981 (in *SW*, 18 Bde., 1978–1983, 13; 3. Fassg.). – Paris 1982 (*L'auteur et l'écriture*; 2. Fassg.). – Stg. 1984 (4. Fassg.).

LITERATUR: J. Günther, *»Autor u. Autorschaft«* (in NDH, 1983, H. 4, S. 804–806). – H. Mayer, Rez. (in NZZ, 18. 5. 1984). – M. Krüger, Rez. (in Die Zeit, 5. 10. 1984). – H. Vormweg, Rez. (in SZ, 27./28. 10. 1984).

BLÄTTER UND STEINE

Acht Essays von Ernst JÜNGER, erschienen 1934 mit einer Einleitung *An den Leser* und einem *Epigrammatischen Anhang*. – Der Band, der auch die bereits früher erschienenen Aufsätze *Die totale Mobilmachung* (1930) sowie *Lob der Vokale* (1934) enthält, ist Jüngers erste Veröffentlichung nach

1933 und dokumentiert den Rückzug des Autors vom direkten politischen Engagement, ein Rückzug, wie er sich in *Das Abenteuerliche Herz* (1929) bereits andeutet und in *Afrikanische Spiele* (1936) fortsetzt.

In *Sizilianischer Brief an den Mann im Mond* beschreibt Jünger die moderne Großstadt: *»Wenn du aufgehst über den weiten Gebilden aus Stein, siehst du uns schlummern, dicht an dicht, mit bleichen Gesichtern, wie die weißen Puppen, die unzählig in den Winkeln und Gängen der Ameisenstädte ruhn, während der Nachtwind durch die großen Tannenwälder schweift.« »Wir«* haben den Begriff der Einmaligkeit, des *»individuellen Lebens«* verloren; *»wir«* glauben weder an *»große Worte«* noch an die Herrschaft des Geistes; was können wir in unserer Bewußtseinslage leisten? Ernst Jünger beantwortet diese Frage in dem bekanntesten – und wohl einflußreichsten – dieser Essays: *Die totale Mobilmachung*. Er entwickelt noch einmal die Problemstellung und die Argumente des wenig früher erschienenen Buches *Der Arbeiter* (1932) und erweitert sie zur Idee der *»globalen Planung«*, d. h. einer *»absoluten Erfassung der potentiellen Energie, die die kriegführenden Industriestaaten in vulkanische Schmiedewerkstätten verwandelt«*. Was hier skizziert vorliegt, ist die angeblich unpolitische und überparteiliche Ideologie des autoritären Staates, in dem allein, wie Jünger behauptet, der *»totale Arbeitseinsatz«* als Energieentfaltung möglich ist. Aus der unvergleichlich größeren *»Rationalisierung«* der Erzeugungsprozesse im *»Arbeitszeitalter«* schließt Jünger auf eine mögliche Rationalisierung des gesamten Lebens, der alle politisch-gesellschaftlichen und persönlichen Momente unterzuordnen sind. Diese neue Ideologie entspringt dem Ersten Weltkrieg und *»macht* [ihn] *zu einer historischen Erscheinung, die an Bedeutung der Französischen Revolution weitaus überlegen ist«*; charakteristisch für sie ist ein historischer Determinismus (*»Die totale Mobilmachung wird weit weniger vollzogen, als sie sich selbst vollzieht«*), der im Jahr 1934, als das Buch erschien, kaum eine ermutigende Wirkung ausgeübt haben kann. Die Prämisse, die in der Machtlosigkeit einen Wert sieht (*»Es widerstrebt dem heroischen Geist, das Bild des Krieges in einer Schicht zu suchen, die durch menschliches Handeln bestimmt werden kann«*), ist ästhetischer Herkunft (*»Wohl aber bieten* [dem heroischen Geist] *die mannigfaltigen Verwandlungen und Verhüllungen … ein fesselndes Schauspiel dar«*) und deshalb weitgehend unverbindlich.

Einige Prosastücke fallen in den Themenkreis der Sammlung *Das Abenteuerliche Herz* (z. B. *Lob der Vokale* oder eine Betrachtung über die Kunst der österreichischen Fin de siècle, *Die Staub-Dämonen*). Die längste Arbeit – *Über den Schmerz* – ist dem Versuch gewidmet, die Gefühlswelt des *»Arbeiters«* zu beschreiben. Eingeleitet wird die Untersuchung durch genau formulierte Episoden aus einer Geschichte des menschlichen Fühlens, wie sie übrigens auch RILKE fordert – so aus Zeiten, da *»der Mensch den Raum, durch den er am Schmerze*

Anteil hat, das heißt, den Leib als Gegenstand zu behandeln vermag«. Unsere Einstellung zum Schmerz ist ein Aspekt des technokratischen Zeitalters, in dem Wirklichkeit und Wertung auseinanderfallen: *»Wie kommt es, daß in einer Zeit, in der um den Kopf eines Mörders mit dem vollen Aufgebot entgegengesetzter Weltanschauungen gestritten wird, in bezug auf die unzähligen Opfer der Technik, und insbesondere der Verkehrstechnik, eine Verschiedenheit der Stellungnahme überhaupt nicht vorhanden ist?«* Doch geht es Ernst Jünger mit diesen locker gefügten Bemerkungen darum, zu zeigen, daß auch die *»Gestalt des Arbeiters«* Schmerz zu empfinden weiß (denn *»es gibt keine menschliche Lage, die vor dem Schmerze gesichert ist«*), ja daß der Schmerz *»die stärkste Prüfung innerhalb jener Kette von Prüfungen, die man als das Leben zu bezeichnen pflegt«,* und also sinnvoll ist. Dieses Bestreben scheitert daran, daß ja der *»Arbeiter«* bei Jünger als wertfreie und in sich *»geschlossene Gestalt«* (besser: Konstruktion) außerhalb aller Sinngebung steht, der Begriff der *»Prüfung«* dagegen eine Autorität außerhalb der *»totalen Welt«* voraussetzt. Auch die Behauptung der Allgegenwart des Schmerzes wirkt wenig überzeugend, da doch das Erlebnis des Krieges (vgl. *Der Arbeiter*) gerade Jünger in einen gleichsam anästhetischen Zustand der Empfindungslosigkeit versetzt, der seinen eisigen Stil dirigiert: *»Im März 1921 wohnte ich dem Zusammenstoße einer dreiköpfigen Maschinengewehrbedienung mit einem Demonstrationszuge von vielleicht fünftausend Teilnehmern bei, der eine Minute nach dem Feuerbefehl spurlos von der Bildfläche verschwunden war. Dieser Anblick hatte etwas Zauberhaftes; er rief jenes tiefe Gefühl der Heiterkeit hervor, von dem man bei der Entlarvung eines niederen Dämons unwiderstehlich ergriffen wird.«* Ob man diesen Zustand nun *»Dandyismus«,* *»Ästhetizismus«* oder *»Abstraktion«* nennt: es scheint wenig überzeugend zu behaupten, er sei dem Schmerz besonders zugänglich. Nach der Ausgabe von 1942 wurde der Band nicht mehr aufgelegt, die Essays wurden in den Werkausgaben separat gestellt. J.P.S.

AUSGABEN: Hbg. 1934. – Hbg. 1941. – Lpzg. 1942. – Brüssel 1943 (*Lob der Vokale und Sizilianischer Brief an den Mann im Mond*; Einl. H.J. de Vos). – Zürich 1954 (*Lob der Vokale*). – Stg. 1960 ff. (Abdr. der Einzeltexte in *Werke*, 10 Bde., 1960–1965, 5; 7; 8). – Stg. 1978 ff. (Abdr. der Einzeltexte in *SW*, 18 Bde., 1978–1983; 6; 7; 9; 12; 14). – Stg. 1984 (*Aus der goldenen Muschel*).

LITERATUR: A. E. Günter, Rez. (in Deutsches Volkstum, 16, 1934). – H. Flemming, Rez. (in Berliner Tageblatt, 24. 3. 1935). – W. v. Hollander, *Ein Philosoph unserer Zeit* (in Weltstimmen, 1935, H. 10). – J. Lampe, *Blätter und Steine* (in Die Tat, 26, 1935, S. 793–796). – J. Pieper, *Über den Schmerz* (in Hochland, 33, 1935/36, S. 564–566). – V. Sturm, *Über den Schmerz, eine Betrachtung* (in Kölnische Ztg., 15. 3. 1942). – H. Schumacher, *Wesen u. Form der aphoristischen Sprache u. der Es-* *says bei E. J. Das Verhältnis von Darstellung u. Erkenntnis u. die Gewinnung der Formeinheit,* Diss. Heidelberg 1958.

EUMESWIL

Utopischer Roman von Ernst JÜNGER, erschienen 1977. – *»Ein moraltheologischer Traktat ist nicht beabsichtigt«,* heißt es gleich im ersten Abschnitt des ersten Kapitels. Dennoch ist *Eumeswil,* das in Aufbau, Konzeption und Thematik sehr an den Roman *Heliopolis. Rückblick auf eine Stadt* (1949) erinnert, formal eher ein Traktat als ein Handlungsroman, ein Traktat über die Beobachtungen eines *»Anarchen«* in einer *»historisch ausgelaugten Endzeit«.*

In der Stadt Eumeswil, die einst vom Diadochen Eumenes gegründet wurde, stehen sich zwei Machtgruppen gegenüber. In der Kasbah, die jenseits der Stadt auf einem Hügel liegt, herrscht der *»Condor«* als derzeitiger Tyrann. Die gestürzten Tribunen oder Republikaner, die als Opposition geduldet werden, hoffen in der Stadt, *»in der nichts mehr wirklich und alles möglich scheint«,* auf einen Machtwechsel, der sich auch tatsächlich andeutet.

Martin »Manuel« Venator, der Ich-Erzähler, ist als uneheliches Kind in einer Republikanerfamilie aufgewachsen, sein älterer Halbbruder fungiert – laut Fiktion – als Herausgeber der Aufzeichnungen. Tagsüber arbeitet Manuel als Historiker, nachts dient er in der Hochburg des Condors als Kellner. Obgleich er in der unmittelbaren Nähe des Tyrannen arbeitet, versucht er, sich aus politischen Händeln herauszuhalten: Der Anarch *»ist nicht Gegner des Monarchen, sondern sein Pendant. Der Monarch will viele, ja alle beherrschen; der Anarch nur sich allein. Das gibt ihm ein objektives, auch skeptisches Verhältnis zur Macht, deren Figuren er an sich vorüberziehen läßt.«* Manuel ist die typische Ausprägung des Anarchen; an seiner politischen Zuverlässigkeit ist nicht zu zweifeln – er dient dem Condor loyal – aber er ist nicht *»engagiert«.* Wie Lucius de Geer, die zentrale Figur des Romans *Heliopolis,* sympathisiert Manuel mit der Aristokratie. Obwohl Anarch, ist er *»autoritätsbedürftig«* und hat *»zum Umgang mit den Großen ein gewisses Talent«: »Kommt man dem Jupiter zu nahe, so verbrennt man; hält man sich fern, so leidet die Beobachtung.«* »*Am Waldrand«* richtet er sich für den Ernstfall einen aufgelassenen Bunker als Zufluchtsort her: *»Es könnte rätlich werden, sich für gewisse Weile aus der Gesellschaft zurückzuziehen.«*

Manuel führt ein Leben zwischen Tätigkeit und Müßiggang. In seiner Freizeit beschäftigt er sich *»im geheimen«* mit dem *»Studium der Anarchie«,* wobei ihm das *»Luminar«* zu Hilfe kommt, eine moderne Zeitmaschine, die ihm das unerschöpfliche historische Material der geheimnisvollen *»Katakomben«* erschließt. Von dieser Spitzentechnologie abgesehen, ähnelt die dargestellte Welt eher dem ausgehenden 19. Jh., sie vereint schmelztiegel-

artig Elemente der Geschichte und der Post-Histoire, wie Jünger sie sich vorstellt. *Eumeswil* spielt in ahistorischer Zeit, nach der dritten Jahrtausendwende, jenseits der christlichen Zeitrechnung überhaupt, und »*nach einer der großen Verheerungen*«. Über die genaue Lage von Eumeswil läßt der Text den Leser im unklaren; es erinnert an das marokkanische Agadir, liegt am Rande einer Wüste, grenzt aber an die anatolische Landschaft Kappadokien: »*Es fällt mir schwer, Geographie und Traum zu unterscheiden, doch das gilt schon für unser Eumeswil. Die Wirklichkeit des Alltags verwischt, vermählt sich mit der des Traumes; bald dringt die eine, bald die andere stärker auf das Bewußtsein ein.*« Manuel denkt und schreibt mit definitorischer Präzision, er schildert das Leben auf der Kasbah und in der Stadt, die Gespräche mit seinen Lehrern und in der Nachtbar des Condors in einer epigrammatisch knappen, ehernen Diktion. Im ersten Kapitel erzählt Manuel von seinen Lehrern, die er als seine geistigen Väter bezeichnet; sie treffen und vereinen sich in ihm. Dem Historiker Vigo verdankt er den vorgeblich »*unbefangenen Blick auf die Geschichte*«. Vigos Leitbild ist die »*kulturelle Leistung*«. Im halb »*fellachoiden*«, halb »*alexandrinischen*« Zustand des »*epigonalen Stadtstaates*« Eumeswil empfindet er nur noch Trauer: »*Der Mangel an Ideen oder, einfacher gesagt, an Göttern ruft eine unerklärliche Mißstimmung hervor, fast wie ein Nebel, den die Sonne nicht durchdringt. Die Welt wird farblos; das Wort verliert an Substanz.*« Vigos Theorien vom Weltenlauf gehen offensichtlich auf das zyklische Modell *(ricorso)* des italienischen Geschichtsphilosophen G. VICO zurück, dessen »*Neue Wissenschaft*« Jünger gelesen hat, der Kulturpessimismus erinnert an O. SPENGLER. Die »*Verfallszeit*« wird weder bedauert noch begrüßt, sie wird konstatiert: »*Die großen Ideen, für die sich Millionen töten ließen, sind verbraucht.*« Kulturpessimismus und Skeptizismus dominieren auch die Weltanschauung seiner beiden anderen Lehrer, nämlich Thoferns, des besten Grammatikers der Universität, und Brunos, des Philosophen.
Wie schon in *Heliopolis* ist die Handlung von *Eumeswil* spärlich, Manuels Aufzeichnungen bei Tag und bei Nacht enden, als der Condor sich »*zu einer großen Jagd entschlossen*« hat, »*die über die Wüste hinaus in die Wälder führen soll*«. Manuel, der als Historiker die Expedition begleiten muß, hat auf diesem abenteuerlichen Waldgang den Tod gefunden. Aus dem Nachwort des Bruders geht hervor, daß Manuel »*seit Jahren mit dem Tyrannen und seinem Gefolge verschollen*« und »*jetzt auch amtlich für tot erklärt worden*« sei, daß die Republikaner inzwischen die Macht in Eumeswil wieder an sich gebracht hätten.
Stilistisch wirkt *Eumeswil*, wie Jüngers Alterswerk insgesamt, nicht selten preziös und prätentiös: »*Oft hantiere ich wie ein Chamäleon in der Nachtbar, als ob ich in die Tapete einschmölze.*« Das sterile Eumeswil bietet Manuel den Ort, »*sich aus der Gegenwart*«, die er verachtet, demonstrativ »*zu lösen*«. So wie Manuel im Stadtstaat eine Art Nischenleben

führt, so führen der Condor und sein Staat eine Art Nischenleben zwischen den angrenzenden Großreichen der Chane, von denen er nicht behelligt wird; das setzt eine geschmeidige Politik voraus. Da es Manuel nicht gelingt, dieses Nischenleben auf Dauer zu realisieren – er »*verschwindet*« zusammen mit dem Condor und wird juristisch getilgt, d. h. für tot erklärt –, kann das zeichenhaft gelesen werden für den erwarteten Untergang Eumeswils. Da es in der dargestellten Welt keine Kinder gibt, wird implizit geleugnet, daß Eumeswil eine Zukunft haben könnte.
Manuels Abwendung von der Gesellschaft, die er sich offenbar »*vom Leib halten*« will, weil sie das Engagement des Einzelnen nicht wert sei, ist beispielhaft für Jüngers symbolischen Eskapismus. Hier wird eine Haltung heroisiert, die – in Anlehnung an die Ideen Max STIRNERS – im Laissez-faire und im Solipsismus die höchste Verwirklichung des autonomen Menschen sieht. Dieser männliche Heroismus, der Frauen zu bloßen »*Blitzableitern*« degradiert, wirkt in Jüngers zeitkritischer Parabel nachgerade atavistisch. Die pseudoliberale Machtausübung durch den Condor wirkt zudem arg konstruiert und auf die Bedürfnisse des »*Anarchen*« zugeschnitten: Manuels relative Autonomie kann nur gewahrt bleiben, solange er einem Tyrannen dient, dem die Grausamkeit der Despoten zuwider ist.

L. Ha.

AUSGABEN: Stg. 1977. – Stg. 1980 (in *SW*, 18 Bde., 1978–1983, 17).

LITERATUR: G. Wolff, Rez. (in Der Spiegel, 31. 10. 1977). – A. v. Schirnding, Rez. (in SZ, 10. 11. 1977). – R. Schroers, *E. J.s Endspiel* (in Merkur, 1978, H. 1, S. 92–95). – M. Rutschky, *Der alte Mann u. das Post-Histoire* (in FH, 1978, H. 9, S. 65–67). – J. Siering, *E. J.:* »*Eumeswil*« (in NDH, 1978, H. 1, S. 132–135). – P. v. Matt, *Zarathustras Glasauge* (in NRs, 1978, Nr. 2, S. 291–296). – D. Murswiek, *Der Anarch u. der Anarchist* (in Deutsche Studien, 1979, H. 67, S. 282–294). – W. Hinck, *Der Denkspieler E. J.* (in W. H., *Germanistik als Literaturkritik*, Ffm. 1983, S. 94–99).

DER FRIEDE. Ein Wort an die Jugend Europas und an die Jugend der Welt

Essay von Ernst JÜNGER, erschienen 1945. – Eine erste Fassung entstand Ende 1941, Jünger vernichtete dieses Konzept, das »*konstruktive Friedensschema*« (*Strahlungen*, 18. 8. 1942) verbrannte der Autor vor seiner Reise in den Kaukasus. Zwischen Juli und Oktober 1943 schrieb Jünger eine erneute Fassung, die in Widerstandskreisen der Wehrmacht zirkulierte und nach Gelingen des Attentatsversuchs vom 20. Juli 1944 publiziert werden sollte. Ende August 1944 übergab Jünger seinem Verleger Benno Ziegler ein druckfertiges Manuskript, dessen Drucklegung im März 1945 vorbereitet wurde. Durch die Schrift sollte, wie Ziegler im

Nachwort der österreichischen Lizenzausgabe schrieb, »*nicht nur die politische Lage in Deutschland und die außenpolitische Willensbildung des deutschen Volkes entscheidend beeinflußt werden, sondern ... auch im Ausland ein überzeugender Ausdruck von dem politischen Willen eines neuen Deutschlands erzeugt werden*«. An die sechzig Fahnenabzüge wurden verschickt, doch führte der Einspruch der Alliierten und schließlich das Anfang 1946 über Jünger verhängte Publikationsverbot dazu, daß der Text nur in verschiedenen illegalen Drucken an die Öffentlichkeit gelangte, bis 1948 schließlich die erste offizielle Ausgabe erschien.

Das zweiteilige Werk hat zugleich zeitgebundenen wie überzeitlichen Bezug. Teil 1 *(Die Saat)* geht von der für die gesamte Schrift geltenden Forderung aus, wonach der Krieg für alle »*Frucht*«, also Frieden, bringen müsse. Grundlage dessen sei das »*Opfer*«, das »*überreich*« geschehen sei in diesem Krieg, der »*das erste allgemeine Werk der Menschheit*« gewesen sei: »*Und es wird in der Erinnerung fernster Zeiten ein großes Schauspiel bleiben, wie sie in allen Ländern aufbrachen, als die Stunde gekommen war, zum Waffengange an den Grenzen, zum Treffen der Schiffe auf den Ozeanen, zur tödlichen Begegnung der Geschwader in der Luft.*« Gerade aus der Härte dieses Krieges aber ergibt sich die Hoffnung auf ein »*größeres und besseres Friedensreich*«, auf der Basis eines allgemein erlittenen Leidens, das jenes des Ersten Weltkriegs weit übertroffen hat: »*Nun aber war das Leiden allgemeiner und dunkler verflochten; es reichte tiefer in die mütterliche Schicht. Es näherte sich der ewigen Wahrheit der großen kultischen Bilder an. Aus diesem Grunde wird es das Fundament zu Bauten bilden, die höher in das Licht emporragen.*« Wie in allen Schriften zur Zeit, die Jünger nach 1945 veröffentlichte, bleibt der Blick auf die politischen Vorgänge merkwürdig abstrakt. Auch wenn von jenen die Rede ist, die »*gleich Schlachtvieh zu den Gräbern und Krematorien getrieben wurden*«, und auch wenn Jünger konzediert, daß diese »*Mordhöhlen ... auf fernste Zeiten im Gedächtnis der Menschen haften*« werden – eine genauere Kennzeichnung der Schergen wie der Opfer, mit denen die deutschen Juden gemeint sind, fehlt ebenso wie die Frage nach den Verantwortlichen dieses Krieges. Im – teils auch zeitbedingten – Pathos der Jüngerschen Sprache erscheint das Geschehen als unaufhaltsames, durch keinen bewußten Willen hervorgebrachtes Resultat der Geschichte: »*Die Dinge hatten einen drängenden, unheilvollen Gang, an dem die Versäumnisse und Fehler nicht nur der Lebenden, sondern vieler Geschlechter mitwirkten.*« Vom reinigenden »*Feuer*« ist ebenso die Rede wie von der Pflichterfüllung an jenem Platz, an den das »*Schicksal*« die Menschen gestellt habe. Jünger beklagt, daß die Greuel dieses Krieges das Andenken an die »*kriegerische Jugend*«, an die »*Ritterschaft*« befleckt habe, und immer wieder suggerieren die Metaphern des Feuers und des Nebels die Naturhaftigkeit des Geschehens.

Der zweite Teil des Textes, *Die Frucht*, entwirft das Szenario einer neuen Friedensordnung, die nichts weniger als die gesamte Welt umfassen soll, denn erstmals war der Krieg eine weltumspannende Katastrophe. Friedensordnung ist für Jünger vor allem »*Raumordnung*«, vorrangig in Europa, um die »*Raumnot*« einiger Völker zu beheben. Dies kann nur durch Überwindung der alten Staatsgrenzen, durch die Schaffung eines Völkerbundes geschehen. Auch eine neue Rechtsordnung, durch die die »*Rechte, die Freiheit und die Würde des Menschen*« geachtet werde, erstrebt Jünger, sowie eine neue Lebensordnung, unter der er die Angleichung der Völker aufgrund der Technisierung und Industrialisierung versteht und die letztlich auf die »*Lebensformen des Arbeiters*« zielt. Diese drei Aufgaben gilt es – und vor allem »*Rache*« der Sieger wäre hier fehl am Platz – gemeinsam zu verwirklichen, und Dauer kann dieses Vorhaben nur gewinnen, wenn es sich zugleich als Kampf gegen den »*Nihilismus*«, gegen die »*tiefste Quelle des Übels*«, versteht: »*Wir werden trotz allen Gerichten und Verträgen tiefer in die Vernichtung schreiten, wenn die Wandlung eine humanitäre bleibt und nicht von einer theologischen begleitet wird.*« Dieser Kampf hat sich vor allem in der »*Brust des Einzelnen*« zu vollziehen, obgleich damit vor allem zwei »*Reiche*« angesprochen sind, Deutschland und Rußland. Während »*der Deutsche*«, so Jünger, dazu alle Hoffnungen rechtfertigt (»*Es wird erscheinen, was an Geist, an Adel, an Wahrheit und Güte in diesem Volk lebendig ist*«), gibt es auch in Rußland »*Zeichen*« für eine Wandlung, die davon künden, daß die Russische Revolution sich »*metaphysisch vollenden wird*«. Vor allem sind es demnach die Kirchen, die an einer neuen Weltordnung mitzubauen haben, die das »*Böse*« zu überwinden trachtet im Sinne eines neuen »*Glaubens*«, auf den nicht nur »*der Staat*« »*angewiesen*« ist, will er »*nicht in kurzer Zeit verfallen und sich in Feuer verwandeln*«, sondern der auch dem tiefsten Bedürfnis des Menschen selbst entspricht: »*Der Mensch von heute will glauben; er hat das durch die Kraft bewiesen, mit der er seinen Sinn selbst an das Absurde ... heftete.*« Dementsprechend soll die Theologie – eine Rückkehr zum »*bindungslosen Liberalismus*« dürfe nicht geschehen – wieder als oberste aller Wissenschaften fungieren, und der »*Staat, wie alle Bauten von Menschenhand, muß sich am hohen Bau der Schöpfung Maß nehmen*«.

Der Text blieb ohne politische Relevanz: »*Viel Metaphysik und Geschichtsspekulation, ein paar originelle, doch kaum durchdachte praktische Einfälle, völliger Mangel jeden Sinns für rechtsstaatliche Institutionen oder für politische Zusammenhänge, dafür aber mehr Herz und guter Wille, als ihm die übliche Kritik vermachen will* – so präsentiert sich diejenige der politischen Schriften Jüngers, die in entscheidenden Monaten der Jugend Europas und der Welt den Weg weisen sollte und, nach den eigenen Worten des Autors, ›seinen‹ Beitrag zum deutschen Widerstand gegen Hitler darstellt« (H.-P. Schwarz). M.Pr.

AUSGABEN: Bergisch-Gladbach 1945. – Amsterdam 1946, Hg. R. v. Rossum [d. i. W. Frommel]. – Brüssel 1946 (*La paix*; Übers. S. Bogaert, in Synthèse, Nr. 2). – Düsseldorf 1948. – Paris 1948 (*La paix*; Übers. A. Petitjean). – Hinsdale/Ill. 1948 (*The Peace*; Übers. S. O. Hood). – Zürich 1949. – Wien 1949. – Stg. 1963 (in *Werke*, 10 Bde., 1960–1965, 5). – Paderborn 1963 (in *Betrachtungen zur Zeit*). – Stg. 1965, Hg. A. Toepfer. – Stg. 1980 (in *SW*, 1978–1983, 18 Bde., 7).

LITERATUR: W. Harich, *E. J. u. der Friede* (in Der Aufbau, 1946, S. 556–570). – P. Rilla, *Der Fall J.* (in Die Weltbühne, 1946, S. 76–80). – J. F. Angelloz, *E. J., apôtre de la paix* (in EG, 1, 1946, S. 280–286). – A. Béguin, *E. J., la guerre et la paix* (in Critique, 1947, Nr. 12, S. 448–455). – S. D. Stirk, *E. J. and »The Peace«* (in Queen's Quarterly, 54, 1947, S. 147–157). – H. v. Ditfurth, *Noch einmal das Problem E. J.* (in DRs, 71, 1948, S. 50–54). – G. Loose, *Zur Entstehungsgeschichte von E. J.s »Der Friede«* (in MLN, 24, 1959, S. 50–58). – H. P. des Coudres, *Zur Geschichte der ersten Drucke der Friedensschrift* (in Antaios, 6, 1965, 5/6, S. 516–523). – R. Marcic, *E. J.s Rechtsentwurf zum Weltstaat* (in Wandlung u. Wiederkehr. Fs. zum 70. Geburtstag E. J.s, Aachen 1965, S. 133–160).

EINE GEFÄHRLICHE BEGEGNUNG

Kriminalerzählung von Ernst JÜNGER, erschienen 1985. – Die *Gefährliche Begegnung* hat eine lange Entstehungsgeschichte, einzelne Bruchstücke wurden bereits 1954 und 1956 (*Ein Sonntag-Vormittag in Paris*) veröffentlicht, einzelne Kapitel erschienen 1960 (*Hinter der Madeleine*) und 1973 (*Um die Bastille*). – Die Erzählung, deren Jugendstil-Personal in »*Akteure und Statisten*« eingeteilt ist, spielt im September 1888 in Paris, zu der Zeit, als aus London die Untaten des Frauenmörders »Jack the Ripper« die Welt in Atem halten. Léon Ducasse, ein dem Urbild des Dandys, G. B. BRUMMELL, nachempfundener, magenkranker und also verhinderter Gourmand, zählt zu den »*Akteuren*«. Er arrangiert zwischen Botschaftsattaché Gerhard zum Busche, »*der ein reines Traumleben*« führt und eher den »*Statisten*« zuzurechnen ist, und der verheirateten Gräfin Kargané ein Rendezvous, um den erhofften Skandal zu genießen. Durch eine Verkettung einiger unglücklicher »*Zufälle*« entwickelt sich aus der erotischen eine gefährliche Liaison, wird – infolge einer Verwechslung – im Nebenzimmer der zwielichtigen Absteige eine Balletteuse vom unbekannten Täter hingemordet, noch bevor die Gräfin Kargané den Novizen Gerhard in das Reich der Liebe einführen kann. Auffällig ist an diesem ersten Teil der Erzählung vor allem die detaillierte Schilderung der Charaktere und des Milieus. Jünger knüpft ein dichtes Netz aus Situationen und Motiven, Schauplätzen und Figuren, weit genug, um der Phantasie und Kombinationsgabe des Lesers Raum, doch eng genug, um dem Täter, Kapitän Kargané, keine Chance zu lassen. Im zweiten Teil sind Capitaine Laurens und Inspektor Dobrowsky, ein »*Statist*« und ein »*Akteur*«,

mit der Lösung des Mordfalls beschäftigt. Hier wird vor allem die überlegene Kombinationsgabe des Inspektors augenfällig, der einigen berühmten Detektiven, allen voran Sherlock Holmes, nachgebildet wurde. Nicht auf die Moral kommt es ihm an, sondern auf die »*Logik der Verfolgung*«. Um der »*Natur des Verbrechens*« auf die Spur zu kommen und »*die enge Verwandtschaft des Verbrechens mit der Polizei*« zu erkunden, hat sich Jünger intensiv mit den Erinnerungen einiger Kriminalisten vorwiegend des 19. Jh.s beschäftigt (F. Vidocq, L. Canler, H. Lauvergnes, P. G. Komaroff-Kurloff, H. v. Tresckow). In diesen Berichten, etwa aus den Bureaus der Pariser Sûreté, dem Zuchthaus von Toulon, dem Erpresser-Dezernat in Berlin, hat sich »*ein anekdotisches Webmuster*« erhalten, das für Jüngers erzählende Schriften und für die *Gefährliche Begegnung* konstitutiv ist. Inspektor Dobrowsky versteht es nämlich, seine Philosophie des Verbrechens, die ihn schließlich – unterstützt von der belebenden Wirkung des Kokains – auf die Spur des Täters bringt, an beispielhaften Fällen zu illustrieren. Einige dieser Beispiele, die Jünger leicht verändert aus den Quellen übernommen hat, lassen sich in anderen Werken (*Die Zwille; Eumeswil; Siebzig verweht*) wiederfinden. Im dritten Teil der Erzählung schließlich bewahrt Dobrowsky den jungen Botschaftsattaché davor, Opfer eines weiteren Mordes zu werden.

Jüngers späte Sherlockiade ist eine überzeugende Umsetzung seiner Theorie des Kriminalromans, wie er sie in *Autor und Autorschaft* (1983) zum Ausdruck gebracht hat: »*Das Böse ist in seinem eigenen Licht und in seiner eigenen Logik darzustellen, die notwendig zum Scheitern führt . . . . Die Handlung wird umso spannender, je mehr das geistige Prinzip im Sinne des kalkulierenden Verstandes in ihr zur Geltung kommt.*« L.Ha.

AUSGABE: Stg. 1985.

LITERATUR: Th. Kielinger, Rez. (in Die Welt, 23. 2. 1985). – G. Ueding, Rez. (in FAZ, 29. 3. 1985). – A. v. Schirnding, Rez. (in SZ, 29. 3. 1985). – W. Gast, Rez. (in Die Zeit, 4. 4. 1985). – J. Günther, *E. J.: »Eine gefährliche Begegnung«* (in NDH, 1985, H. 2, S. 377/378).

GLÄSERNE BIENEN

Roman von Ernst JÜNGER, erschienen 1957. – Das Werk wird im *Epilog* zur zweiten Ausgabe (1960) als ein in einem »Historischen Seminar« gehaltener Vortrag seines Helden, des Rittmeisters Richard, ausgegeben, den einer seiner Hörer mitgeschrieben, gekürzt und veröffentlicht hat. Der Roman spielt zwar in der ersten Hälfte des 20. Jh.s, doch sind die geschichtlichen Konturen absichtlich ungenau, und die in dem Werk eine wichtige Rolle spielenden technischen Apparaturen wirken leicht utopisch. Die karge Handlung, die immer wieder den Anstoß zu längeren gedanklichen Erörterungen gibt, entfaltet hauptsächlich die Situation Richards, der nach der Teilnahme an mehreren Kriegen sich gezwungen sieht, in einer gewandelten, technisierten Welt Fuß zu fassen und sich, auch seiner Frau Theresa zuliebe, nach einer Verdienstmöglichkeit umzusehen. Richard, ein Mann von konservativer Denkart, die durch seine noch unter der Monarchie erfolgte Ausbildung zum Offizier geprägt wurde und noch den traditionellen Begriffen von Ehre, Würde und Zucht verpflichtet ist, war schon als Soldat nur widerwillig »*vom Pferd auf den Panzer*« umgestiegen und sieht sich nun nicht nur einer Welt technischer und industrieller Macht gegenüber, verkörpert in dem Konzernchef Zapparoni, sondern vor allem einer Welt, in der der Mensch nur Ausgangspunkt neuer technischer Perfektionen ist und nicht mehr Maß und Ziel: Zapparoni stellt in seinen Fabriken artifizielle, technische Mechanismen her, Marionetten, die er in hyperrealistischen Monstrefilmen als Schauspieler verwendet und die an Schönheit und Harmonie ihr menschliches Vorbild weit übertreffen. Zu dem großen Sortiment von Liliput-Robotern, die ebenfalls von Zapparoni fabriziert werden, gehören auch »gläserne Bienen«, Miniaturorganismen für spezialisierte Arbeitsaufträge. Der Konzernchef prüft Richard, der sich bei ihm bewirbt, einen Tag lang auf seine Brauchbarkeit für die Überwachung von Ingenieuren, die dem Konzern Schwierigkeiten machen, eine Aufgabe, bei der »*die Grenzen zu verschwimmen drohen und Recht und Unrecht schwer zu unterscheiden sind*«. Als Richard im Garten Zapparonis einige abgeschnittene Ohren entdeckt, gerät er in höchste Erregung; auch als er merkt, daß es sich nur um wächserne Nachahmungen von Ohren handelt, läßt sein Zorn nicht nach. Er sieht hier den »*Geist am Werke, der das freie und unberührte Menschenbild verneint*«, und läßt sich dazu hinreißen, eine der ihn beobachtenden gläsernen Bienen zu zerschlagen. Zapparonis Prüfung hat er damit nicht bestanden, er ist nicht »brauchbar«, aber er will in diesem Sinne auch nicht brauchbar sein. Obwohl Richard weiß, daß »*heute nur leben kann, wer an kein happy end mehr glaubt, wer wissend darauf verzichtet hat*«, ergibt sich für ihn doch noch eine akzeptable Lösung: Zapparoni stellt ihn als werksinternen Schiedsrichter für Streitigkeiten unter den Ingenieuren an. Als humaner Trost bleibt Richard nur die Einsicht, daß auch an der Technik wohl »*viel Illusion*« ist; vor allem aber bleibt ihm das Lächeln seiner Frau Theresa, das »*stärker war als alle Automaten, ein Strahl der Wirklichkeit*«.

Das Werk ist – wie so oft bei Jünger – im Grunde kein Roman, sondern eine Abhandlung über ein bestimmtes Thema, hier über den Konflikt zwischen Technik und Humanität, und führt auch frühere gedankliche Ansätze des Autors fort: Kann Richard als ein Gegenbild des von Jünger in seiner Studie *Der Arbeiter* (1932) entworfenen Menschentyps verstanden werden, so sind die gläsernen Bienen die konsequente, nun aber nicht politische, sondern technische Verwirklichung dieses utopischen Entwurfs des »Arbeiters«. In die Handlung

eingelassen sind zahlreiche, in einem gnomischen Präsens gehaltene Maximen und essayistische Passagen, in denen Richard mit stoischer Gelassenheit die Lage reflektiert, der sich ein konservativer, den humanen Traditionen noch verpflichteter Geist heute ausgesetzt sieht, in der Zeit des Überganges zu einer Welt, in der »*alles auf den Vertrag gegründet werden sollte, ohne daß der Vertrag auf Eid und Sühne und auf den Mann gestellt war*«. Doch bleibt die Selbstreflexion Richards im Grunde unergiebig. Zwar erwägt er bisweilen, ob er vielleicht »*in fossilen Urteilen*« befangen sei, die »*komisch*« wirken »*in unseren Tagen wie das Getue einer alten Jungfer, die sich auf ihre abgestandene Tugend noch etwas einbildet*«; insgesamt verliert er sich aber eher in glorifizierenden Erinnerungen an seine Militärzeit, als »*die Muskeln wurden wie Stahl, der auf dem Amboß eines erfahrenen Schmiedes von jeder Schlacke gereinigt worden ist*«.

Die sprachliche Klarheit und Einfachheit des Buches wird gelegentlich beeinträchtigt durch prätentiös formulierte Gemeinplätze oder simple Klischees. So bemerkt Richard etwa: »*Es gibt keine Diva, die so bewacht werden muß wie ein Rennpferd, das den Großen Preis gewinnen soll*«, oder: Sein alter, sehr harter und strenger Offiziersausbilder Monteron habe »*im Grunde... ein goldenes Herz*« gehabt – erstaunlich unoriginelle Wendungen inmitten vieler wacher und subtiler Einsichten Jüngers in die nach seiner Meinung »*immer trüber werdende Welt*« der Automation und der mit allen Traditionen brechenden perfektionierten Technik – Einsichten, die Jüngers Werk in den achtziger Jahren wieder neue Aufmerksamkeit zukommen ließen.　　　J.Dr.

AUSGABEN: Stg. 1957. – Hbg. 1960 (rororo). – Stg. 1960 (in *Werke*, 10 Bde., 1960–1965, 9; 2. Fassg.). – Stg. 1978 (in *SW*, 18 Bde., 1978–1983, 15). – Stg. 1985.

LITERATUR: M. Boveri, *Automatisches u. Elementarisches. Zu drei neuen Büchern von E. J.*: »Gläserne Bienen«, »Serpentera«, »San Pietro« (in Merkur, 12, 1958, S. 378–386). – W. Hennig, *E. J.s »Gläserne Bienen« im Deutschunterricht einer Oberprima* (in Deutschunterricht, 14, 1962, H. 1, S. 79–91). – H. J. Bernhard, *Apologie u. Kritik. Individualistisches Weltbild u. gesellschaftliche Verantwortung in E. J.s »Gläserne Bienen« u. Paul Schallücks »Engelbert Reinicke*« (in Neue Dt. Literatur, 1962, H. 4, S. 42–55).

DER GORDISCHE KNOTEN

Essay von Ernst JÜNGER, erschienen 1953. – Der ursprünglich vorgesehene Titel *Ost und West* umreißt genauer die Thematik dieses Textes, der ebenso wie *Über die Linie* (1950) und *Der Waldgang* (1951) die zeitgeschichtliche Weltsituation zu kommentieren sucht, die Anfang der fünfziger Jahre vor allem vom Kalten Krieg zwischen den USA und der UdSSR geprägt war. Für Jünger ist dieser

Gegensatz nicht Resultat wirtschaftlicher oder politischer Konkurrenz, sondern Ausdruck eines mythischen Antagonismus zwischen der Asien zugeordneten *»Erdmacht«* und dem *»freien Licht«* des Westens; *»Sinnbild«* aller west-östlichen Begegnung ist für ihn der *»gordische Knoten«:* Das Schwert Alexanders des Großen *»ist das Mittel freier, trennender Entscheidung, aber auch herrschender Macht. Im Knoten ruht der Schicksalszwang, die dunkle Verknüpfung von Geheimnissen, die Ohnmacht des Menschen vor dem Orakelspruch.«*
Die in den Jüngerschen Essays auffällige Tendenz, politische Sachverhalte auf einfache polare Schemata zu reduzieren, beherrscht auch diesen Text. Mit eher künstlerischer Freiheit reiht der Autor Beispiele aus Geschichte und Mythos, von den Argonauten über die *Odyssee* und die Perserkriege sowie Alexander den Großen und die römischen Caesaren bis hin zu Friedrich II. von Preußen, Napoleon und Stalin, mit deren Hilfe er demonstrieren will, daß staatliche Willkür in den abendländischen Staaten die Ausnahme darstellt, in den asiatischen Despotien dagegen als Zeichen für Herrschermacht die Regel ist. Und während der Westen seine Kriege immer um begrenzte Kriegsziele geführt habe, hätten die östlichen Despoten stets die Vernichtung des Gegners angestrebt: *»In den kriegerischen Begegnungen mit dem Osten hören die Spielregeln auf, die auf den europäischen Schlachtfeldern immer noch gültig sind.«* Schon in seinem Tagebuch *Strahlungen* (1949) hatte Jünger in ähnlich schematisierender Weise *»kainitische Kulturen«* hervorgehoben, die, analog zum biblischen Brudermord, dem Reich des Bösen zuzuordnen seien; im *Gordischen Knoten* konzediert er, daß der Mensch stets Nachfahre sowohl von Kain wie von Abel sei, *»beide sind stets gegenwärtig in ihm«,* womit es möglich ist, Hitler eine letztlich asiatische Grundhaltung zuzuschreiben. Die Auseinandersetzung zwischen West und Ost erhält damit den Charakter einer mythischen Notwendigkeit, deren Aufhebung nicht für alle Zeiten gelingen kann, manifestiert sich doch darin der Zwiespalt zwischen Gut und Böse im Menschen selbst: *»Abschließend ... läßt sich sagen, daß der Kampf zwischen den alten und neuen Reichen diesseits und jenseits des Gordischen Knotens, zwischen der Erdmacht und dem freien Lichte, stets unentschieden bleiben wird. Er wird nicht zwischen Bildern und Idolen, nicht zwischen Ländern, Völkern, Rassen und Kontinenten im letzten ausgetragen, sondern im Unvermeßbaren des Menschen, in seinem Innersten .... Es ist ein furchtbarer, unentbehrlicher Kampf, durch den sich die Weltordnung erhält.«*
Der Text kann heute nur noch historisches Interesse beanspruchen. Neben der grundsätzlichen Vereinfachung der historischen Vorgänge, die Jüngers gesamte Argumentation zu einem einzigen Zirkelschluß verkümmern läßt, bei dem immer schon feststeht, was es erst zu beweisen gälte, neben unzulässigen historischen Verallgemeinerungen (bei *»der Begegnung zwischen dem Westen und dem Osten«* habe *»oft die Seeschlacht die Entscheidung«* gebracht) und Versuchen, sich etwa einem Herr-

scher wie dem Vater Friedrichs II. psychologisch zu nähern *(»Hier tritt die Schicht zutage, die liebenswert an diesem Fürsten war«),* ist es vor allem der heute unerträgliche, an die verunglimpfenden Thesen vom *»Untermenschen«* erinnernde Jargon *(»Mit den schlitzäugig Dunklen, den kleinen lächelnden Gelben, den pferdehaarigen Reitern, den breitbackigen Riesen zieht eine andere Sonne auf«),* der die Lektüre dieser *»Sonntagsmalerei der Geschichte«* (W. Kaempfer) erheblich erschwert.   M.Pr.

AUSGABEN: Ffm. 1953. – Stg. 1960 (in *Werke,* 10 Bde., 1960–1965, 5). – Stg. 1980 (in *SW,* 18 Bde., 1978–1983, 7).

LITERATUR: A. Andersch, *Kann man ein Symbol zerhauen?* (in Texte u. Zeichen, 1, 1955, S. 378–384). – C. Schmitt, *Die geschichtliche Struktur der heutigen Welt – Gegensatz von Ost u. West. Bemerkungen zu E. J.s Schrift »Der gordische Knoten«* (in *Freundschaftliche Begegnungen. Fs. für E. J. zum 60. Geburtstag,* Hg. A. Mohler, Ffm. 1955, S. 135–167).

HELIOPOLIS. Rückblick auf eine Stadt

Utopischer Roman von Ernst JÜNGER, erschienen 1949; neu bearbeitete und verkürzte Fassung in der Werkausgabe von 1965. Zu dem Roman gehören in der Ausgabe von 1965 die zum Teil vorher separat publizierten, hier erstmals unter dem Titel *Stücke zu Heliopolis* zusammengefaßten Prosatexte *Das Haus der Briefe* (1951), *Die Phantomschleuder* (1955), *Die Wüstenwanderung* (1965); *Über den Selbstmord* und *Ortner über den Roman* sind gesondert angeschlossene Passagen, die aus der Erstfassung von 1949 ausgeschieden wurden. Das in der Fassung von 1965 außerdem enthaltene Kapitel *Ortners Erzählung* war 1949 schon separat veröffentlicht worden.
In der Stadt Heliopolis, die nach dem *»großen Feuerschlag«* übriggeblieben ist, befehden zwei Ideologien, zwei Machtgruppen einander; über beiden jedoch steht ein an unbekanntem Ort außerhalb von Heliopolis residierender *»Weltregent«,* der die Zeit erwartet, in der alle Machtkämpfe ausgestanden sind. Phares, der Gesandte des Regenten, ist in Heliopolis anwesend und beobachtet die Auseinandersetzungen zwischen Zentralamt und Palast, denen der *»Landvogt«* und der *»Prokonsul«* mit ihren Stellvertretern, dem triebhaften Messer Grande und dem Chef, vorstehen. Die einander bekämpfenden Parteien zielen beide auf den Typ der totalitären Systeme. Der Landvogt stützt sich *»auf Trümmer und Hypothesen der alten Volksparteien und plant die Herrschaft einer absoluten Bürokratie«;* er will *»ein geschichtsloses Kollektiv zum Staat erheben«* und strebt *»die Perfektion der Technik«* an. Die Gruppe um den Prokonsul gründet sich auf *»die Reste der alten Aristokratie und des Senats«* und strebt eine *»historische Ordnung«* und *»die Vollkommenheit des Menschen«* an. Lucius de Geer, Kom-

mandant der Kriegsschule und eigentlicher Held des Romans, sympathisiert mit der Aristokratie. Er steht im Dienst des Prokonsuls, der die legitime Ordnung verkörpert, der Landvogt dagegen steht für den Nihilismus der technischen Welt. De Geer, soeben von den Inseln der Hesperiden zurückgekehrt, begibt sich während eines vom Messer Grande inszenierten Pogroms gegen die »Parsen« – eine Volksgruppe, die durch die Eigenständigkeit ihrer Lebensform Verfolgungen auf sich zieht – zum Palast, schützt ein Mädchen vor dem Mob, der dem Landvogt anhängt, und erreicht später durch seinen Einfluß, daß eine junge Frau, die Parsin Budur Peri, aus den Mordlagern des Landvogts entlassen wird. Während Budur nach ihrer Befreiung im Palast bei de Geer bleibt, wird ihr Onkel Antonio ins »Toxikologische Institut« des Landvogts deportiert. Kurz darauf erhält de Geer vom Prokonsul den Auftrag zu einem Stoßtruppunternehmen gegen den Landvogt, dessen Ziel die Zerstörung des Instituts ist. Den Anschlag benutzt de Geer, um Antonio Peri zu befreien. Zwar erfährt diese private Handlung de Geers die nachträgliche Billigung des Prokonsuls; doch de Geer muß demissionieren, da seine Teilnahme an dem Unternehmen auf der Gegenseite ruchbar wird und er den Anschlag in seiner politischen Wirkung durch seine privaten Nebenabsichten gefährdet hat. Die humane Haltung de Geers wird aber belohnt mit einer Stellung in der Nähe des Regenten; in einer etwas prätentiösen Allegorie des Ausweichens vor dem Engagement, der Flucht in »*unberührte Reiche, sowohl im Innern wie in der Ferne*«, geleitet am Ende Phares, »*der blaue Pilot*«, den Kommandanten a. D. de Geer, Budur Peri und einen jungen Soldaten im Raumschiff zum Regenten. Nach Heliopolis, das entscheidenden Kämpfen entgegengeht, wird de Geer erst nach Jahren wieder zurückkehren.

Wie später auch im Roman *Gläserne Bienen* (1957) bildet die Handlung lediglich den Rahmen für Reflexionen und Gespräche, in deren Mittelpunkt nicht allein de Geer als »*konservativer Geist*« steht; in eingestreuten Passagen manifestieren sich durch de Geers Freunde – Pater Foelix, der Maler Halder, der Philosoph Serner, der Dichter Ortner und der »Bergrat« – verschiedene Haltungen zur Welt, die jedoch ihre Gemeinsamkeit in einem elitären Selbstverständnis gegenüber den Dingen und Geschehnissen haben.

Unübersehbar ist *Heliopolis* in der dem Autor eigentümlichen Weise ein Teil der Jüngerschen Kommentierungen des Nationalsozialismus. Die einfache Polarisierung der Welt in Gut und Böse, die eher lustvoll hingenommene Unterordnung unter staatlich sanktionierte Macht und Herrschaft, die Betonung individueller Souveränität in einer höheren Sphäre des Geistes, der Traum vom guten Fürsten, von einer elitären Ordnung, in der ein Machtzentrum sinnstiftend wirkt und dem der Pöbel sich fügt – diese Versatzstücke der Jüngerschen Weltsicht werden heute in ihrer »*Trivialität*« (W. Kaempfer) wiederholt benannt, riefen in den unmittelbaren Nachkriegsjahren jedoch durchaus

ein anerkennendes Echo hervor, schien sich doch in Jüngers Suche nach einer Welt jenseits der historischen Verirrungen, auch in seiner Hinwendung zum Christentum ein leicht nachvollziehbarer Weg zur Bewältigung der Vergangenheit anzubieten. In der zweiten Fassung des Romans tilgte Jünger zahlreiche Wendungen der vierziger Jahre; so fielen beispielsweise, wie U. BOEHME zusammentrug, ganze Sätze weg, die in ihrem gespreizten Stil und in ihrer Schwarzweißmalerei in den sechziger Jahren nur noch anachronistisch wirkten: »*Wenn nun der Pöbel seine unbeschränkten Triumphe feiert, dringt die Versuchung, den Menschen zu verachten, auch in die Brust des Edlen ein.*« Jünger hat in der zweiten Fassung des Romans »*die großen Worte ... ebenso gestrichen, wie er die aristokratische ›Gebärde‹, den ›Ekel des großen Menschen‹ stark gemildert hat, aus der Erkenntnis, daß es eben nicht ›vornehm‹ ist, ein System darzustellen, dessen krasse Skala vom ›Pöbel‹ bis zu den ›Edlen‹ reicht, und dabei immer wieder darauf hinzuweisen, daß man selbst zu den letzteren zählt*« (U. Böhme).   H.L.A.-KLL

AUSGABEN: Tübingen 1949 *(Ortners Erzählung)*. – Tübingen 1949. – Salzburg 1950. – Olten 1951 *(Das Haus der Briefe)*. – Zürich 1955 *(Die Phantomschleuder*, in *Die Schleife. Dokumente zum Weg von E. J.*, Hg. A. Mohler*)*. – Stg. 1965 (in *Werke*, 10 Bde., 1960–1965, 10; 2., überarb. u. verkürzte Fassg.). – Stg. 1980 (in *SW*, 18 Bde., 1978–1983, 16).

LITERATUR: H. Becher, *Heliopolis* (in Stimmen der Zeit, 75, 1949/50, S. 109–119). – M. Bense, *Ptolemäer u. Mauretanier oder Die theologische Emigration der dt. Literatur*, Köln/Bln. 1950; ern. Zürich 1985. – G. Montesi, *Die Ausflucht nach Heliopolis* (in Wort u. Wahrheit, 1950, S. 31–45). – M. B. Peppard, *E. J.: Heliopolis* (in Symposium, 1953, S. 250–261). – A. Centis, *E. J., »Auf den Marmor-Klippen« u. »Heliopolis« als Parallelwerke betrachtet*, Diss. Venedig 1957. – G. Loose, »*Heliopolis*« (in G. L., *E. J. Gestalt u. Werk*, Ffm. 1957, S. 247–287). – R. Majut, *Der dichtungsgeschichtliche Standort von E. J.s »Heliopolis«* (in GRM, 38, 1957, S. 1–15). – Y. de Smet, *E. J., »Heliopolis« als Brennpunkt eines Motivkreises*, Diss. Gent 1958. – E. Keller, *E. J.s »Heliopolis«* (in *Proceedings of the 9th Congress of the AUHLA*, Melbourne 1964, S. 97/98).

IN STAHLGEWITTERN. Aus dem Tagebuch eines Stoßtruppführers

Kriegstagebuch von Ernst JÜNGER, erschienen 1920. – Das Werk, die erste Buchpublikation des Autors, gehört neben *Das Wäldchen 125* (1925), *Der Kampf als inneres Erlebnis* (1922), *Sturm* (1923), *Feuer und Blut* (1925) und *Das Abenteuerliche Herz* (1929) zu den vom Ersten Weltkrieg berichtenden Schriften Jüngers. Doch im Gegensatz zu dem mehr reflektierend und systematisch abgefaßten Werk *Der Kampf als inneres Erlebnis* ist *In Stahlgewittern* ein ohne übergreifende Gedankengänge den Fronterlebnissen des Autors vom Januar 1915 bis zum August 1918 folgendes Tagebuch, das – obwohl noch im Krieg umgeschrieben – sehr stark die Unmittelbarkeit und Einfachheit eines Diariums bewahrt. »*In einem Regen von Blumen waren wir hinausgezogen, in einer trunkenen Stimmung von Rosen und Blut*«, voller »*Sehnsucht nach dem Ungewöhnlichen*«, sagt Jünger zu Beginn des Buchs. Gleich der erste Tag korrigiert seine romantischen Vorstellungen und zeigt ihm das wahre Bild des Kriegs: Eine Granate schlägt in ein Dorf; der Kriegsfreiwillige sieht die ersten Toten und Verwundeten. Nach und nach lernt er den Krieg an der Westfront in allen seinen Formen kennen: den Grabenkrieg in den Kreidefeldern der Champagne, die Materialschlacht an der Somme, den Gaskrieg, die große Doppelschlacht bei Cambrai, die Stoßtruppunternehmen in Flandern und die letzte große Offensive an der Westfront im März 1918. Den Beschluß seiner Aufzeichnungen bildet die Schilderung des letzten Sturms, von dem er mit einer schweren Verwundung zurückkam; im Lazarett in Hannover erreicht ihn – nachdem er bereits mit dem EK 1 ausgezeichnet worden ist – die Nachricht, daß »Seine Majestät, der Kaiser« ihm den Orden Pour le mérite verliehen hat.

Dieser Schluß ist in mehrfacher Hinsicht charakteristisch für das Tagebuch bzw. den Autor: Die gesamte Darstellung ist überaus ichbezogen, von einer bisweilen landsknechthaften Gleichgültigkeit gegenüber der moralischen Problematik des Tötens und nicht frei von Eitelkeit; mit einem beinah jungenhaften Stolz auf seine – in der Tat hervorragende – Tapferkeit stellt Jünger am Ende fest: »*In diesem Kriege, in dem bereits mehr Räume als einzelne Menschen unter Feuer genommen wurden, hatte ich es immerhin erreicht, daß elf von diesen Geschossen auf mich persönlich abgegeben wurden.*« Es finden sich in dem Buch kaum Reflexionen über politische Hintergründe, über Sinn oder Berechtigung des Kriegs, der als »*Teil kreatürlichen Lebens*« (K. O. Paetel) und wie eine Naturerscheinung hingenommen wird – worauf auch schon die im Titel enthaltene, den Kampf als Naturereignis mythisierende Metapher verweist; nur ein einziges Mal heißt es kurz: »*Der Krieg warf seine tieferen Rätsel auf.*« Wichtiger ist dem Autor die Beobachtung der neuen Kampfformen, der »*Materialschlacht*« und der »*planmäßigen mechanischen Schlacht*«, sowie vor allem der menschlichen Reaktionen darauf. Er bemerkt, daß die Soldaten, betäubt vom Schlachtendonner und der »*turmhohen, flammenden Feuerwand*« der Materialschlacht, nicht mehr »bei klarem Verstand«, die Gehirne oft in »rote Nebel«, in »*Blutdurst, Wut und Trunkenheit*« getaucht waren und die Schritte der Kämpfer von dem »*übermächtigen Wunsch zu töten*« beflügelt wurden. Wie im Krieg insgesamt etwas Elementares aufsteigt, so scheint dem Verfasser auch der einzelne beherrscht von einer urtümlichen Kampfes- und Zerstörungslust. Das Buch spiegelt manches von der Monotonie

wieder, die der Krieg für den erfahrenen und abgebrühten Soldaten annimmt: Der Stil ist einfach, knapp, völlig nüchtern und bisweilen von einer kaum mehr nachvollziehbaren Trockenheit und Gleichgültigkeit des Tons, trotz der unzähligen schweren Verwundungen und qualvollen Todeskämpfe, die Jünger um sich herum wahrnahm und von denen er – weder Zustimmung noch Abscheu äußernd – berichtet.

Der Text, der fünf Überarbeitungen erfuhr, begründete den Ruhm Jüngers in den zwanziger Jahren, polarisierte aber zugleich das Urteil der Zeitgenossen wie der Kritik über den Autor. Während A. ANDERSCH, einer der vehementesten Jünger-Verteidiger nach 1945, den Schriftsteller mit seinem Frühwerk in die Nähe des Surrealismus rückt und K. H. BOHRER in seiner umfangreichen Studie in der Jüngerschen »*Paradoxie von archaischer Rückwendung und schärfster Bewußtheit des epochalen Augenblicks*« die Kategorie der Plötzlichkeit, des Schocks als beherrschendes Moment moderner Wahrnehmung gestaltet sieht, weshalb die Kriegsbücher nicht mehr bloß als »*literarisch brillante Dokumente eines im übrigen präfaschistischen Nationalismus*« zu lesen seien, blieb, neben dem allgemeinen Desinteresse an dem Kriegsbuchautor Jünger nach 1945, der Eindruck elitärer Attitüde und Simplifizierung des Geschehens (»*Im Verlauf des Krieges*« ist dem Autor »*immer klarer geworden, daß aller Erfolg der Tat des einzelnen entspringt, während die Masse der Mitläufer nur Stoß- und Feuerkraft darstellt*«) bestimmend. J.Dr.-KLL

AUSGABEN: Hannover 1920. – Bln. ²1922 [2. Fassg.]. – Bln. ⁵1924 [3. Fassg.]. – Bln. ¹⁴1935 [4. Fassg.]. – Bln. ¹⁶1935 [5. Fassg.]. – Bln. ²⁵1943. – Stg. ²⁶1961 (in *Werke*, 10 Bde., 1960–1966, 1; 6. Fassg.). – Stg. 1978 (in *SW*, 18 Bde., 1978–1983, 1). – Stg. ³⁰1986.

LITERATUR: Anon., Rez. (in Militärwochenblatt, 20. 10. 1921, H. 17). – Oberst F. Immanuel, *E. J.: »In Stahlgewittern«* (in Literarisches Centralblatt für Deutschland, 4. 2. 1922, S. 110 f.). – W. Hermann, *E. J.s Deutung des Krieges* (in Berliner Börsenzeitung, 4. 9. 1932, Beil.). – O. Brües, »*In Stahlgewittern*« (in Kölnische Zeitung, 3. 6. 1934). – A. Breitkopf, *J. Zur Psychologie des modernen Kämpfers* (in Soldatentum, 1939, H. 6, S. 28–32). – H. J. Bernhard, *Der Weltkrieg 1914–1918 im Werk E. J.s, E. M. Remarques u. A. Zweigs*, Diss. Rostock 1959. – Ders., *Die apologetische Darstellung des imperialistischen Krieges im Werk E. J.s* (in WB, 9, 1963, H. 2, S. 321–355). – M. Griffin, *The Influence of German History on E. J.s Interpretation of World War I*, Diss. Univ. of Washington 1983. – H. Mühleisen, *Zur Entstehungsgeschichte von E. J.s Werk »In Stahlgewittern«* (in Aus dem Antiquariat, 1985, H. 10, S. 376–378). – J. Volmert, *E. J.: »In Stahlgewittern«*, Mchn. 1985. – H.-H. Müller, *Der Krieg u. der Schriftsteller. Der Kriegsroman der Weimarer Republik*, Stg. 1986.

DER KAMPF ALS INNERES ERLEBNIS

Essayistische Schrift von Ernst JÜNGER, erschienen 1922, in überarbeiteter Fassung 1926. – In diesem *»Gegenstück«* zu seinem Kriegstagebuch *In Stahlgewittern* versucht Jünger, *»die Härte der Taten vor sich selbst zu rechtfertigen«*, *»das Geleistete zu sichten«* und *»einen Querschnitt durch das seelische Erleben des Frontsoldaten«* zu geben. Die mörderischen Materialschlachten an der Westfront werden in eine metaphysische Perspektive gerückt: Jünger feiert den Krieg als *»die Äußerung eines Elementaren«*, das *»immer war und immer sein wird«*; als *»ein prächtiges, blutiges Spiel«*, *»ein wildes Auffluten des Lebens«*, worin *»das Bedürfnis des Blutes nach Festfreude und Feierlichkeit«* sich ungebrochen ausdrücke. Die politischen Aspekte des Kriegs, der in Wirklichkeit ein Produkt imperialistischer Machtinteressen ist, werden – als unwesentlich – übergangen. Der gigantische Vernichtungsprozeß, den eine technisch hoch perfektionierte Kriegsmaschinerie in Gang hält, wird von Jünger unvermittelt umfunktioniert zum mythisch-ungeschichtlichen Naturvorgang, zur Manifestation eines metaphysischen Weltgesetzes. Dabei greift Jünger zurück auf Motive der – durch NIETZSCHE wieder aktualisierten – Naturphilosophie HERAKLITS (*»Nur die Bewegung ist ewig«*; der Krieg als *»aller Dinge Vater«*; Feuer-Metaphern), die gerade in den Widersprüchen und Antagonismen der Wirklichkeit die Einheit und Ganzheit des Seins sieht. Bei Jünger schlägt diese Konzeption um in Ideologie, weil, bezüglich des Kriegs, eine qualitative Differenz zwischen Natur und Technik geleugnet wird. Gerade das Mechanische, Maschinenmäßige der modernen Kriegsführung, das ein »Kämpfen« im Sinne individuellen Heldentums ohnehin unmöglich macht, wird als eine *»in den Formen unserer Zeit«* sich offenbarende Naturerscheinung verstanden und als Indiz dafür gewertet, *»daß der heiße Wille des Blutes sich bändigt und ausdrückt durch die Beherrschung von technischen Wunderwerken der Macht«*. Nur einer intellektuellen Elite ist es »vergönnt«, den vorgeblich objektiven Sinn dieses in Katastrophen sich vollziehenden, rational nicht erfaßbaren Wahrheitsgeschehens auch subjektiv, als *»inneres Erlebnis«* zu realisieren. Jüngers Erlebnis-Begriff deckt den potentiell ideologischen Charakter der zeitgenössischen, scheinbar nichtpolitischen »Lebensphilosophie« unfreiwillig auf: Der Krieg wird als ursprünglicher »echter« Ausdruck des »Lebens« verherrlicht, der Kriegsausbruch als die langersehnte Aufhebung eines gesellschaftlich erzwungenen Triebverzichts gesehen: *»Da entschädigte sich der wahre Mensch in rauschender Orgie für alles Versäumte. Da wurden seine Triebe, zu lange schon durch Gesellschaft und ihre Gesetze eingedämmt, wieder das Einzige und Heilige und die letzte Vernunft.«* Für das Geschäft des gegenseitigen Abschlachtens findet der Autor pseudosakrale Vokabeln wie *»Ekstase«*, *»Zustand des Rausches«*, *»Wollust des Blutes«*, *»brünstiges Gebet«*. Jünger, der gegen *»das stille Weben im Engen, das Glück im kleinbürgerlichen Sinn«* revoltiert, sieht in den Landsern des Ersten Weltkriegs wiederauferstandene *»Urmenschen«* der Vorzeit. Diese brutal kämpfenden *»Vergeß-Maschinen«* sind als Marionetten einer numinosen Macht nur noch *»Material«*, und zwar *»Material, das die Idee, ohne daß sie es wissen, für ihre großen Ziele verbrennt«*. Immer wieder spricht Jünger von der *»Schönheit«* des Kriegs; er vergleicht ihn *»einer prächtigen Orchidee ... die keiner anderen Berechtigung bedarf als der ihrer eigenen Existenz«* und erklärt: *»Wir schreiben heute Gedichte aus Stahl und Kompositionen aus Eisenbeton.«* Selten wurde die Affinität von Ästhetizismus und Faschismus augenfälliger: Die extreme L'art-pour-l'art-Position muß notwendig umschlagen ins Politische, weil sie in letzter Konsequenz den ganzen Bereich der Wirklichkeit und auch den Menschen selbst als Material ihrer willkürlichen »poetischen« Kreationen beansprucht. Diese Radikalität teilt Jünger mit den etwa gleichzeitigen Programmen des italienischen Futuristen Filippo Tommaso MARINETTI (*Mafarka-le-Futuriste*, 1910). Jünger, dessen Kriegsbücher während der NS-Zeit für den Schulunterricht empfohlen wurden, fasziniert durch seine lakonischen, unterkühlten Formulierungen und macht aus der stilistischen Lust am Beschwören des Schreckens wie des Grauens kein Hehl. Die Kritik hatte darin einerseits die Haltung des letztlich im 19. Jh. wurzelnden Dandy gesehen, *»wie ihn die Theoretiker der französischen Romantik bis zu Huysmans und Bourget schilderten«* (R. Gruenter), andererseits den Versuch, nicht nur die Kategorie der Plötzlichkeit als dominierende Wahrnehmungsform der Moderne fassen zu wollen, sondern in der Erfahrung des Schreckens ein Moment von Authentizität festzuhalten, das weder von Moral noch von sonstigen ideologischen Ordnungsinstanzen besetzt ist: *»Physische Zerstörung zu zeigen, ohne daß dabei der Riegel einer moralischen Kontrolle interveniert, ist die vorherrschende Funktion der ins Irreale, Unheimliche verfremdenden Metaphorik. Sie begründet ... einen das Authentische des Krieges fassen wollenden Stil. Das Authentische aber ist für Jünger die Umkehrung aller bis dahin geltenden Regeln des Humanen ins ›Grauen‹«* (K. H. Bohrer). Diese Thesen blieben nicht unwidersprochen (W. Kaempfer); zu sehr durchbrechen in Jüngers Prosa Rechtfertigungsdrang wie Selbststilisierung des Autors immer wieder die Schilderungen, zu sehr sind diese von dichotomisch strukturierten Weltbildern geprägt, in denen sich Gut und Böse, Oben und Unten relativ undifferenziert gegenüberstehen. Der Erste Weltkrieg, so der Autor selbst in der Ausgabe von 1922, *»ist nicht das Ende, sondern der Auftakt der Gewalt. Er ist die Hammerschmiede, in der die Welt in neue Grenzen und neue Gemeinschaften zerschlagen wird. Neue Formen wollen mit Blut erfüllt werden, und die Macht will gepackt werden mit harter Faust. Der Krieg ist eine große Schule, und der neue Mensch wird von unserem Schlage sein.«* An den Bemühungen der Avantgarde der Moderne, mit neuen Stilmitteln den veränderten Wahrnehmungs- und Bewußtseinsformen der technisierten Welt Rechnung zu tragen, hat Jünger

kaum Anteil mit dieser Sprache, über die H. HEIS-
SENBÜTTEL 1968 bündig urteilte: »*Die scheinbare
Sachlichkeit der Jüngerschen Prosa ist orientiert an
Lageberichten und Spähtruppmeldungen, ergänzt
durch die Vorstellung von Korrektheit, wie sie für Se-
minare für den Deutschunterricht an höheren Schulen
typisch ist. Die Syntax wird mit stereotypen Manierismen durchsetzt . . . die Wortwahl fetischiert.*«
                                               D.Bar.-KLL

AUSGABEN: Bln. 1922. – Bln. 1924 (Teilabdr. in
Stahlhelm, 15. 1. 1924 u. 13. 4. 1924). – Bln. 1926
[2. Fassg.]. – Bln. ⁹1942. – Stg. 1960 (in *Werke*,
10 Bde., 1960–1965, 5; 2. Fassg.). – Stg. 1980 (in
SW, 18 Bde., 1978–1983, 7).

LITERATUR: Oberst F. Immanuel, Rez. (in Literarisches Centralblatt für Deutschland, 29. 7. 1922).
– A. v. Frankenberg, *Vom lebendigen Kriege. E. J.*:
»*Kampf als inneres Erlebnis*« (in Grenzboten, 81,
1922, H. 30, S. 357–360). – Dr. Leistner, *E. J. Der
Kampf als inneres Erlebnis* (in Deutschlands Er-
neuerung, 1936, H. 12, S. 768). – W. Kohl-
schmidt, *Der Kampf als inneres Erlebnis. E. J.s welt-
anschaulicher Ausgangspunkt in kritischer Betrach-
tung* (in Die Sammlung, 7, 1952, S. 22–31; ern. in
W. K., *Die entzweite Welt. Studien zum Menschen-
bild in der neueren Dichtung*, Gladbeck 1953,
S. 113–126). – H. J. Bernhard, *Die apologetische
Darstellung des imperialistischen Krieges im Werk
E. J.s* (in WB, 9, 1963, H. 2, S. 321–355). –
H. Heissenbüttel, *Selbstkritik in Sachen Jünger* (in
STREIT-ZEIT-SCHRIFT, 6, 1968, S. 10–22). –
M. Griffin, *The Influence of German History on E. J.s
Interpretation of World War I*, Diss. Univ. of Wash-
ington 1983. – H.-H. Müller, *Der Krieg u. die
Schriftsteller. Der Kriegsroman der Weimarer Repu-
blik*, Stg. 1986.

SIEBZIG VERWEHT

Tagebücher in zwei Bänden von Ernst JÜNGER,
entstanden 1965–1980, erschienen 1980 und
1981. – Inhaltlich und formal wiederholen die Tagebücher die spätestens seit den *Strahlungen*
(1949) bekannte Mischung aus Tagebucheintragungen, Einblicken in Briefwechsel (u. a. mit
A. ANDERSCH, M. HEIDEGGER, C. SCHMITT) und
in die Leserpost, Maximen und Reflexionen, Lek-
türe- und Reiseeindrücken, kurzen Traumprotokollen sowie Kommentaren zum eigenen Werk. Im
Zentrum stehen die Autorschaft des späten Jünger
und seine zeitkritische Weltsicht, die von kultur-
pessimistischen Anschauungen und obskurantisti-
schen Gebärden geprägt ist: »*Noch einmal sollte ich
auf den Unterschied der Annäherungen einerseits an
den arithmetischen, andererseits an den orphischen
Nullpunkt eingehen. Die eine mehrt die physische, die
andere die metaphysische Macht. Zu beiden ist unsere
Zeit unfähig.*« Dunkle Stellen wie diese sind das
Resultat eines Programms, das der »*Entmythisie-
rung*« und »*Verzifferung*« der Welt entgegenwir-

ken will. Jünger wähnt sich in einer »*geschichts-
feindlichen Zeit*«, einer Epoche des allgemeinen
Niedergangs, in der sich ein »*Heranwachsen des modernen, geschichtslosen Barbarentums*« beobachten
lasse. Im »*Zeitalter der Gleichheit*« sieht er überall
Verfall, Fellachentum und Profanation. Seine
Spätzeit-Ideologie läuft in vielen Punkten auf eine
Radikalisierung seiner programmatischen Studie
Der Arbeiter (1932) hinaus: Das »*amorphe Kollektiv*« scheint jetzt auch den »*Typus*« zu verdrängen.
Obwohl Jünger als genauer Beobachter gerühmt
wird, darf die Relevanz seiner Zeitkritik bezweifelt
werden. »*Es hat seine Gründe, daß kein Kunstwerk
mehr gelingt*«, schreibt er an einer Stelle, ohne jedoch die Gegenwartskunst hinreichend zur Kenntnis genommen zu haben. Von den literarischen
Neuerscheinungen der Jahre 1965–1980 hat er –
bis auf wenige Ausnahmen (A. ANDERSCH,
E. HERHAUS) – nichts gelesen. Bei einem Besuch
des Antwerpener Museums der Schönen Künste
widmet er »*moderne(n) Bildwerke(n)*« »*nur einige
Minuten Zeit*«, um sich dann vom »*Heutigen*«
gleich wieder abzuwenden. Der einstmals der
»Moderne« orientierte Schriftsteller, die die konservative Wende sehr nachdrücklich vollzogen. Am
öffentlichen Leben der Bundesrepublik nimmt der
»*Solitär*« kaum Anteil, für ihre Menschen und Werte hat er meist nur mokante Bemerkungen. Ihre Ehrungen gelten ihm nichts, nur die Zueignung von
Insekten läßt sich der Entomologe Jünger, nach
dem einige Kerfe benannt sind, »*in dieser bildlosen
Zeit*« noch gefallen. Die späten Tagebücher sind,
wenn nicht gerade über den verhaßten Zeitgeist räsonniert wird, Ausdruck einer phrasenhaften, ge-
schmäcklerischen Selbststilisierung.
Die verstreuten Arbeitsberichte, die das Entstehen
wichtiger Einzelwerke (v. a. *Subtile Jagden; Drogen
und Rausch; Die Zwille; Eumeswil*) begleiten, sind
von philologischem Interesse. 1975 arbeitet Jünger
»*in der Hauptsache*« an *Eumeswil*, »*an der Fortsetzung von* ›*Heliopolis*‹«, wobei die Eintragungen
leicht erkennen lassen, wie sehr er diese beiden Romane als zeitkritische Parabeln ansieht: »*Wiederum
sind einige Jahrhunderte vergangen, die Fellachisie-
rung hat Fortschritte gemacht. Der Geschichtsraum
hat sich entleert.*« Dennoch versucht Jünger, den
politischen Aspekt seiner Bücher herunterzuspie-
len. Der vielleicht prominenteste Vertreter einer
kulturkonservativen nationalen Rechten in
Deutschland will vornehmlich als Autor, Schriftsteller, Stilist betrachtet werden: »*Die deutsche Literatur wird heute als ein Nebenzweig der Politik behandelt, oder als Terrain der Soziologie. Mir dagegen ist es
um die Sprache zu tun – das ist mein Dialog.*« Die
Kritik ist diesen Stilisierungsversuchen Jüngers
teilweise aufgesessen. Noch Dolf STERNBERGER
hat – bezüglich der *Marmor-Klippen* (1939) – von
den »*klingenden Rhythmen*« gesprochen, »*welche
diese Prosa weithin*« durchzögen. Jüngers Anhänger
lesen ihn jedoch vor allem als politischen Autor.
Die Belege bringt er in den Tagebüchern, indem er
genüßlich aus seiner Leserpost zitiert, etwa jenen
Brief einer tschechischen Ärztin (vom 24. 6. 1978),

die sich bei ihm dafür bedankt, daß er in den *Strahlungen* ihre Landsleute vor ungerechten Vorwürfen in Schutz genommen habe.

Mit seiner pessimistischen Weltsicht mag es zusammenhängen, daß Jünger häufig den Tod in kulturell etablierten Euphemismen thematisiert. Am Totenkult läßt sich seiner Meinung nach ablesen, in welchem Maße »*die Lebenden in Ordnung sind*«, der »*Gräberdienst*« sei »*das Hauptwerk der großen Kulturen*«. Das Sterben wird als große Leistung beschrieben, als »*Heimgang*«, der ins »*Zentrum der Poesie*« führe, als »*Schlaf*«, als »*Ruf nach der Mutter*«, der »*erhört*« worden sei. Häufig werden Todesfälle von Freunden, Bekannten, Verwandten registriert, und sie sollen auch Impuls und Anlaß von *Siebzig verweht* gewesen sein: »*Tagebücher habe ich ja nur in gefährlichen Zeiten geführt.... Und als ich dann siebzig wurde, da dachte ich, na ja, jetzt kommen also von alten Freunden doch immer Verlustnachrichten, eine gefährliche Zeit, da könnte man ja wieder anfangen.*«
L.Ha.

Ausgaben: Stg. 1980/81, 2 Bde. – Stg. 1982 (in *SW*, 18 Bde., 1978–1983, 4).

Literatur: G. Ueding, Rez. (in FAZ, 7. 2. 1981). – M. Rutschky, Rez. (in Der Spiegel, 6. 4. 1981). – M. v. Brück, Rez. (in SZ, 11./12. 7. 1981). – M. Krüger, Rez. (in Die Zeit, 4. 9. 1981). – G. Blöcker, Rez. (in FAZ, 24. 12. 1981). – E. Cerch, »*Siebzig verweht*« (in Civitas, 1981, H. 13, S. 704–713). – I. Meidinger-Geise, *Flaschenpost an Nachgeborene* (in Zeitwende, 1982, H. 1, S. 49/50).

STRAHLUNGEN

Sechs Tagebücher von Ernst Jünger, entstanden 1939–1948; erschienen: *Gärten und Straßen,* 1942; *Das erste Pariser Tagebuch, Kaukasische Aufzeichnungen, Das zweite Pariser Tagebuch* und *Kirchhorster Blätter,* 1949; *Jahre der Okkupation* (späterer Titel *Die Hütte im Weinberg*), 1958. – Im Gesamtwerk Ernst Jüngers kommt jenen vor, während und nach dem Zweiten Weltkrieg entstandenen umfangreichen Tagebüchern ein besonderer Stellenwert zu: Von dem »*an die Jugend Europas*« gerichteten Aufruf *Der Friede* (1945) abgesehen, beschränkt sich Jüngers schriftstellerische Produktion in jenen Jahren auf diese während der Fahnenkorrektur des Romans *Auf den Marmorklippen* (1939) begonnenen und vor der Fertigstellung des Romans *Heliopolis* (1949) beendeten Rechenschaftsberichte über den Autor und seine schriftstellerische Verfahrensweise, über den Denker und seinen geistesgeschichtlichen Standort und über den Menschen und seine politischen Anschauungen und Verhaltensweisen.

Unschwer läßt sich im dichten Rankenwerk der zwischen den Extremen privater Intimität und spekulativer Verstiegenheit angesiedelten Aufzeichnungen der rote Faden der biographischen Information verfolgen. Im Ersten Weltkrieg mehrfach verwundet und für seine todesmutigen Einsätze an der Westfront mit dem Orden Pour le mérite ausgezeichnet, wird Jünger zu Beginn des Zweiten Weltkriegs erneut zum Kriegsdienst herangezogen. Während er »*im Bette behaglich im Herodot studierte*«, empfängt er den Mobilmachungsbefehl – »*ohne große Überraschung ..., da sich das Bild des Krieges von Monat zu Monat und von Woche zu Woche schärfer abzeichnete*«. Während der nächsten neun Monate nimmt er am Vormarsch der deutschen Truppen in Frankreich teil, von dem er unversehrt im Juli 1940 in die Heimat zurückkehrt, bereichert um treulich festgehaltene Eindrücke von Land und Leuten, Fauna und Flora. Auf Wunsch General Speidels wird Jünger im Februar 1941 als Hauptmann »z. b. V.« ins Stabsquartier nach Paris berufen, wo es ihm, weitgehend befreit von militärischen Aufgaben, bald gelingt, zahlreiche Kontakte zu den höheren Stabsoffizieren wie zu Repräsentanten der Vichy-Regierung aufzunehmen und Eingang in Pariser Literaten- und Künstlerkreise zu finden. Aus der Beschaulichkeit und Eleganz der Salons und der Stabsquartiere im »Raphael« und im »Ritz« wird Jünger durch ein Kommando nach Rußland gerissen – ein »*Einschnitt*«, den er als »*vielleicht begrüßenswert*« empfindet. Dieser Abstecher an die kaukasische Front konfrontiert ihn zum erstenmal wieder mit den Gefahren und Schrecken des Krieges, wenn auch aus der sicheren Distanz der Etappe. Nach einigen Monaten kehrt er im Februar 1943 wieder in sein »*Wartburgstübchen*« im Pariser Stabsquartier zurück. Wenige Tage nach dem Attentatsversuch vom 20. Juli 1944 wird er wegen »Wehruntüchtigkeit« aus dem Militärdienst entlassen; die letzten Tage vor der Kapitulation verbringt er im heimatlichen Kirchhorst als Hauptmann der »Volkssturm«-Miliz – bemüht um eine unblutige, ehrenvolle Übergabe. Die *Jahre der Okkupation* zeigen ihn dann wieder in der behaglichen Klause und im leidenschaftlich geliebten Garten – zurückgekehrt auf die idyllische Insel, an die nur gelegentlich Gerüchte und Greuelmeldungen, Plünderer und Flüchtlinge als Strandgut der Zeit gespült werden.

Der rote Faden der aufgezeichneten Lebensstationen ist untrennbar verknüpft mit den spezifischen Problemen des Tagebuchs wie des Tagebuchschreibers Jünger. Wie Gottfried Benns schillernde Haltung gegenüber dem Nationalsozialismus hat auch die Stellung Ernst Jüngers im Dritten Reich nach Kriegsende Kritik provoziert, die weder durch den offenherzigen Rechenschaftsbericht entkräftet wird noch durch die diffamierende Abwehr des Autors: »*Nach dem Erdbeben schlägt man auf die Seismographen ein. Man kann jedoch den Barometer nicht für die Taifune büßen lassen, falls man nicht zu den Primitiven zählen will.*« Gleichwohl bieten gerade die Aufzeichnungen des »Seismographen« wie seine spezielle Verfahrensweise genügend Anlaß zur Kritik. Als ganz allgemeines Merkmal der Tagebuchliteratur gilt Jünger die »*Absetzung des Geistes vom Gegenstand, des Autors von der Welt*«. In der besonderen Situation erscheint ihm das Tagebuch geradezu als das geeignetste literarische Medium: Es bleibe »*im totalen Staat das letzte mögliche Gespräch*«. Wie für viele Schriftsteller war auch für Jünger die Flucht in die Innerlichkeit, in die Intimsphäre des Tagebuchs, die geeignetste Möglichkeit, literarisch produktiv zu sein und sich zugleich dem Zugriff der Verfolger zu entziehen. Auch Jünger gehörte, ungeachtet seiner hohen militärischen Auszeichnung und seiner Verdienste als geistiger Vorkämpfer für die Idee des Nationalsozialismus (»*Wir wünschen dem Nationalsozialismus von Herzen den Sieg*«, schrieb er 1929 in der »*großdeutschen Wochenschrift aus dem Geiste volksbewußter Jugend*«, ›Die Kommenden‹), wegen seiner elitären Abkehr von der »primitiven«, die »Reinheit« der nationalsozialistischen Idee verratenden politischen Praxis zum Kreis der Verdächtigen. Nach der Indizierung von *Gärten und Straßen* wegen der verschlüsselten Kritik in der Erwähnung des 73. Psalms (29. 3. 1940) erwies sich auch das Tagebuchschreiben für den Autor als unmittelbare Gefährdung. Die leitmotivischen Anspielungen auf das Tagebuch der 1633 auf der Insel St. Mauritius zu wissenschaftlichen Zwecken ausgesetzten Matrosen verweist denn auch deutlich auf Jüngers »*Strategie und Taktik des Verhaltens auf verlorenem Posten*« (H.-P. Schwarz), einer Taktik, die Jünger in verschiedenen Spielarten meisterhaft beherrscht: im Rückzug in die Welt der Bücher, die Tröstung in trostloser Zeit gewährt wie vor allem die sich durch die gesamte Aufzeichnungen ziehende Bibellektüre; in den »*subtilen Jagden*« auf Fauna und Flora, den »*sinnvollen Mustern*« der Harmonie der Welt; in der Chiffrierung exponierter Namen (»Kniebolo«: Hitler, »Grandgoschier«: Goebbels); in der spekulativ metaphysischen Überhöhung und Verfremdung der aktuellen Zeitereignisse in kosmologische Zusammenhänge. Diesen Spielarten eines Eskapismus, dem »*im Innern*« alles getan ist, entsprechen die militärisch knappe, elegante und zugleich ins prätentiös Verqualmte, oft unfreiwillig Komische sich verirrende »Hieroglyphensprache« wie die kühle Distanz des »erhöhten Standorts«, von dem aus Menschen wie Insekten gleiches Interesse beanspruchen. Was sich diesem Blickpunkt jedoch entzieht, ist gerade das reale Leiden unter der nackten Gewalt des totalitären Regimes, die dem dämonisierenden und darum verharmlosend stilisierenden Deuter Jünger gelegentlich fast so etwas wie »wertfreie« Bewunderung vor ihrer perfekten und perfiden Organisationsform abnötigt. M.Schm.

AUSGABEN: Bln. 1942 (*Gärten und Straßen. Aus den Tagebüchern von 1939 und 1940*; ern. Tübingen 1950; bearb. Fassg.: Stg. 1958; Reinbek 1962; rororo). – Tübingen 1949 (*Strahlungen*, ohne *Jahre der Okkupation*; ern. Tübingen 1955; 2. Fassg.). – Stg. 1958 (*Jahre der Okkupation*). – Stg. 1962 (in *Werke*, 10 Bde., 1960–1965, 2/3; ern. überarb. Fassg.). – Mchn. 1964–1966, 3 Bde. (dtv). – Stg. 1979 (in *SW*, 18 Bde., 1978–1983; 2/3).

LITERATUR: E. Staiger, *E. J.s »Gärten und Straßen«* (in Schweizer Monatshefte, 22, 1942, S. 167 bis 173). – P. de Mendelssohn, *Gegenstrahlungen. Ein Tagebuch zu E. J.s Tagebuch* (in Der Monat, 1949, S. 149–174; in Teilen ern. in *Bundesrepublikanisches Lesebuch*, Hg. H. Glaser, Mchn. 1978, S. 103–119). – A. Gehlen, *Strahlungen* (in Wiener literarisches Echo, 1949/50, S. 72–85). – E. Kuby, *E. J.s »Strahlungen«* (in FH, 5, 1950, S. 205–209). – A. Andersch, *E. J.s »Strahlungen«. Metaphorisches Logbuch* (ebd., S. 209–211). – F. Usinger, *Abenteuer u. Geschichte* (in NRs, 1950, S. 248–266; ern. in F. U., *Tellurium*, Mchn. 1966, S. 55–73). – K. Prümm, *Vom Nationalisten zum Abendländer. Zur politischen Entwicklung E. J.s* (in Basis, 6, 1976, S. 7–29; st). – P. Wapnewski, *E. J. Der Sprachdenker, der Stilist u. das Maß* (in P. W., *Zumutungen. Essays zur Literatur des 20. Jh.s*, Düsseldorf 1979; ern. Mchn. 1982, dtv).

STURM

Roman von Ernst JÜNGER, erschienen 1923 in sechzehn Folgen als Fortsetzungsroman im ›Hannoverschen Kurier‹. – Der Kurzroman ist Jüngers erste genuin literarische Auseinandersetzung mit dem Ersten Weltkrieg. Geschildert werden drei Zugführer, Fähnrich Sturm, Leutnant Döhring und Feldwebel Hugershoff, die sich im Frühsommer 1916, kurz vor der Sommeroffensive der Alliierten, zu »*literarischen und erotischen Gesprächen*« im Unterstand treffen. Fähnrich Sturm, die Hauptfigur, hat unter dem Eindruck des Krieges wieder angefangen, Novellen zu schreiben, die er seinen Kameraden vorliest und die die primäre Erzählebene des Romans immer wieder unterbrechen – das Stichwort vom »*Dekameron des Unterstandes*« im 5. Kapitel läßt sich auch als Charakterisierung der Erzählstruktur des Romans lesen. An anderer Stelle heißt es: »*Gern hätte er* [scil. Fähnrich Sturm] *seine Kräfte in einen Roman versammelt, doch schien ihm das bei diesem Hexenkessel der Erscheinungen noch zu früh … So hatte er sich entschlossen, eine Reihe von Typen in festgeschlossenen Abschnitten zu entwickeln, jede aus ihrem eigenen Zentrum heraus. Er plante, sie durch einen Titel zu verknüpfen, der das Gemeinsame ihrer Zeit, Unrast, Sucht und fieberhafte Steigerung aussprechen sollte.*« Das Zitat verweist auf Jüngers Roman selbst, in dem Sturms Pläne verwirklicht vorzuliegen scheinen. Sturm, Döhring und Hugershoff sind junge Soldaten, die *in sich* den unauflösbaren Widerspruch zwischen der Barbarei des Krieges und ihren musischen Interessen austragen müssen. Indem Sturm den Kameraden aus seinen Novellen vorliest, gibt er ihnen das, was sie unbewußt suchen: »*die Flucht aus der Zeit*«. Diese Flucht ist jedoch nur in den Gefechtspausen möglich, solange der Krieg es zuläßt: »*Der Kampf spielte in riesenhaften Ausmaßen, vor denen das Einzelschicksal verschwand.*« Neben der Bedrohung des Künstlers steht die Vernichtung jeder Individualität überhaupt. Sturm, der von knabenhafter Bewunderung für den Landsknechtstypus erfüllt ist, muß seine Einordnung *»in die Bewegung eines großen notwendigen Geschehens«* mit aller Konsequenz vollziehen: Bei einem Angriff der Alliierten opfert und verbrennt er seine Manuskripte, um im verschütteten Unterstand Licht zu machen. Dieses literarische Autodafé tilgt einen Teil seiner Identität und geht seiner vollständigen physischen Vernichtung nur um weniges voraus; er stirbt einen ästhetischen Tod: *»Sein letztes Gefühl war das des Versinkens im Wirbel einer uralten Melodie.«*

Trotz vieler Ähnlichkeiten kann *Sturm* nicht als Selbstporträt gelesen werden, der Roman weicht in entscheidenden Punkten von Jüngers Biographie ab. Sowohl von seiner literarischen Qualität her als auch wegen seiner Darstellung und Interpretation des Ersten Weltkriegs hat *Sturm* große Bedeutung für Jüngers Frühwerk. Im Gegensatz zum ungefügen Großessay *Der Kampf als inneres Erlebnis* (1922) versucht der Autor hier nicht mehr, Künstlerseele und Barbarei zu versöhnen. Der Widerspruch erscheint als unauflöslich und findet im Tod des Protagonisten seine konsequente Lösung. Erstmals wird auch der Krieg in seiner ganzen Sinnlosigkeit geschildert, wird mit Scheinwerten wie *»Heldentod«* und der Verpflichtung aufs *»Vaterland«* aufgeräumt und zugegeben, daß eine sinnstiftende Deutung des Krieges nicht möglich ist. Der Roman nimmt ferner den Eliteanspruch aus den *Stahlgewittern* (1920) und dem *Kampf als inneres Erlebnis* (1922) teilweise zurück; der einzelne dient nur noch als Instrument der *»Sklavenhalterei des modernen Staates«*. Im Unterschied zu den genannten Kriegsbüchern rücken die Kampfhandlungen weiter in den Hintergrund; im Mittelpunkt der Darstellung stehen nunmehr die Zusammenkünfte der drei Zugführer in den Gefechtspausen, der Schützengrabenalltag und *»die kurzen Stunden, die man dem Geistigen widmen konnte«*, und hier thematisch vor allem der ästhetische Widerspruch zwischen dem Rohen, Barbarischen, Urwüchsigen einerseits und dem Verfeinerten, Dekadenten andererseits.   L.Ha.

AUSGABEN: Hannover 1923 (in Hannoverscher Kurier, 11. 4.–27. 4.). – Olten 1963 [Nachw. H. P. des Coudres]. – Stg. 1978. – Stg. 1978 (in *SW*, 18 Bde., 1978–1983, 15).

LITERATUR: H. Plard, *Une œuvre retrouvée d'Ernst Jünger: »Sturm« (1923)* (in EG, 1968, Nr. 4, S. 600–615). – J. Günther, *E. J.: »Sturm«* (in NDH, 1979, H. 3, S. 603–605). – H.-H. Müller, *Der Krieg u. die Schriftsteller. Der Kriegsroman der Weimarer Republik*, Stg. 1986, S. 254–273.

SUBTILE JAGDEN

Essay von Ernst JÜNGER, erschienen 1967. – In seinem Tagebuch *Siebzig verweht* bekennt Jünger anläßlich der Zueignung eines Käfers, des *»Oxycarabus saphyrinus ssp. juengeri Rusp.«*, daß dies *»eine der seltenen Ehrungen«* sei, für die er *»in dieser bildlosen Zeit noch empfänglich«* sei (Eintrag vom 10. 3. 1971). Die subtile Käferjagd ist eine Marotte, die er mit wachsender Passion betrieben und schon früh, vor allem in seinen (Reise-)Tagebüchern, beschrieben hat. Der ursprünglich vorgesehene Untertitel *»Einiges über Käfer und etwas mehr«* kennzeichnet die *Subtilen Jagden* bereits recht treffend. Jüngers Erinnerungsbuch *»am Leitfaden einer entlegenen Liebhaberei«* (G. Nebel) schildert sowohl die ersten Begegnungen des Dreizehnjährigen mit *»großen Caraben«* am Steinhuder Meer als auch spätere Begegnungen mit bedeutenden Sammlern. Obwohl Jünger die Entomologie nicht als Wissenschaft betrieben hat, sondern *»ein Wissen vor jeder Wissenschaft«* erlangen wollte, wird seine Arbeit in Fachkreisen geschätzt. Einige Kerfe, darunter die *»Perle der Motten«*, der Kleinschmetterling *»Sindicola juengeri«*, sind nach ihm benannt. Die Verbindung vom Schriftsteller zum Entomologen zieht Jünger selbst, indem er zum Beispiel die Flugbahn der Cicindelen mit ihren kurzen, ruckhaften Bewegungen als Text begreift, dessen *»Sätze und Absätze eine besondere und wohlbekannte Interpunktion«* trennt. Er schildert die Insekten als semiotische Objekte, die – wie die Literatur – entschlüsselt und gelesen werden können. Auch seine *»Hoffnung, in Höhlen augenlose Kerfe zu entdecken, war literarischen Ursprungs«*. *»Es gibt ein Schriftbild der Natur«*, schreibt Jünger, also muß auch ein *»Buchstabieren der Erscheinung«* (I. Kant), eine Entzifferung der *»Hieroglyphen«* möglich sein: *»Das Lesen solcher Bilder setzt freilich wie das von Partituren lange Übung voraus.«* Hinzu kommt, daß das Linnéische Natursystem für den subtilen Jäger eine besondere Form der *»Autorschaft«* bereithält: *»Die Verleihung von Namen ist sein Regal.«* Nach Linnés Gesetz der Priorität wird demjenigen, der eine Gattung, Familie oder Ordnung als erster benannt und den Namen ins Register eingetragen hat, eine *»relative Unsterblichkeit«* zugesichert. Obwohl *»in den Worten so wenig Realität«* liege, *»fangen wir mit ihnen, wie durch ein Netz von Fiktionen, gewaltige Beute«*. Über ein System von Tropen und rhetorischen Figuren identifiziert Jünger den Schriftsteller mit dem Entomologen, sogar mit dem Käfer selbst: Einmal fand sich unter den Käfern *»ein kleiner Buprestid«*, der den französischen Schriftsteller Vauvenargues *»nachahmte«*, denn er vereinte *»Schönheit, Härte und Eleganz«*. Darüber hinaus enthält *Subtile Jagden* einige aufschlußreiche autobiographische Details, u. a. die *»Kernerinnerung«* (W. Kaempfer) für seinen Schülerroman *Die Zwille*: Das Kapitel *»Rückblick«* berichtet von Jüngers Braunschweiger Internatszeit (1907), wo er – ähnlich wie sein Antiheld Clamor Ebling – in einer Schülerpension (*»Presse«*) untergebracht war.

Jüngers *»krabbelnde Bijouterie«* (P. v. Matt) hat die Funktion, die *»Harmonie der Lebewesen zueinander«* und *»auch zur unbelebten Natur«* darzustellen. Es ist der Versuch, im Mikrokosmos *»auf die Pracht des Universums«* zu blicken und sich in den *»Rhythmus des Lebens«* einzuschwingen.   L.Ha.

AUSGABEN: Stg. 1967. – Stg. 1980 (in *SW*, 18 Bde., 1978–1983, 10).

LITERATUR: J. Günther, Rez. (in FAZ, 10. 10. 1967). – G. Nebel, Rez. (in Die Welt, 12. 10. 1967). – A. Andersch, *Cicindelen u. Wörter* (in Merkur, 1968, H. 1/2, S. 165–167; ern. in A. A., *Norden Süden rechts u. links*, Zürich 1972, S. 322–326). – G. Sebestyén, *Die Fähigkeit, unsicher zu sein* (in G. S., *Studien zur Literatur*, Eisenstadt 1980, S. 248–254).

DER WALDGANG

Essay von Ernst JÜNGER, erschienen 1951. – In den Jahren nach 1945 publizierte Jünger mehrere Essays (*Der Friede*, 1946; *Über die Linie*, 1950; *Der Waldgang*, 1951; *Der gordische Knoten*, 1953), in denen er die politische und geistige Situation der Nachkriegszeit zu kommentieren suchte. Dabei schließt *Der Waldgang* an den Essay *Über die Linie* an, dem – M. HEIDEGGER gewidmeten – Versuch, die Zeit des Nationalsozialismus als Zeit des Nihilismus zu kategorisieren, den zu überwinden die eigentliche Aufgabe der Gegenwart sei. Hinter dem Titel *Der Waldgang* verbirgt sich keine Idylle, sondern das Bild für Jüngers extrem individualistische Weltschau. Sie fordert, daß der einzelne zum innersten Kern seines Wesens zurückfindet und dadurch den allgegenwärtigen Nihilismus überwindet: »*Der Wald als Lebenshort erschließt sich in seiner überwirklichen Fülle, wenn die Überschreitung der Linie gelungen ist.*« Der Mensch überschreitet die Linie nach Jünger dadurch, daß er dem allmächtigen Staat seine Dienste versagt. Die subtile Beschreibung eines Wahlaktes unter einem totalitären Regime dient Jünger als Beispiel für die Versklavung des einzelnen durch technokratische Methoden. Dagegen hilft der Waldgang als »*Lehre von der Freiheit des Menschen gegenüber der veränderten Gewalt*«. Er ist nach Jünger die einzig sinnvolle Existenzform unter dem drohenden Zugriff des Leviathans, im Zeitalter der »*Werkstättenlandschaft*«. Der Waldgang als Differentiationsmethode des selbstbewußten Individuums ist »*weder ein liberaler, noch ein romantischer Akt, sondern der Spielraum kleiner Eliten, die sowohl wissen, was die Zeit verlangt, als auch noch etwas mehr*«. In Anklängen an Max STIRNERS linksanarchistisches Pamphlet *Der Einzige und sein Eigentum* (1845), jedoch aus entgegengesetzter Position, zeichnet Jünger das Bild einer neuen Gestalt neben dem »Arbeiter«: den Waldgänger, »*also jener, der ein ursprüngliches Verhältnis zur Freiheit besitzt*« und zwei Eigenschaften haben soll: »*Er läßt sich keine Übermacht durch das Gesetz vorschreiben*«, und verteidigt sich dadurch, daß er »*den Zugang offen hält zu Mächten, die den zeitlichen überlegen sind und niemals rein in Bewegung aufzulösen sind*«. So schlägt das Pendel vom Aktivismus der »totalen Mobilmachung« hinüber zur totalen Verinnerlichung, kehrt Jüngers an NIETZSCHE orientierte

Traumgestalt, der geistig-seelisch autarke Übermensch, im Gewand des Waldgängers zurück. Die Welt als »Schiff« ist dauernd in Bewegung; im »Wald«, in der Seele des Menschen, dagegen ist »*Friede und Sicherheit*«, aber auch »*der Sitz der vernichtenden Gefahr*«. Deshalb bedarf es eines »*Seelenführers*«, der den Furchtsamen den »*Zugang zu den Quellen*« verschafft. Jüngers Waldgänger verknüpft sich bald mit dem Bild des Dandy, wie es in der französischen Literatur des 19. Jh.s, für die Jünger ein starkes Interesse zeigt, auftaucht. Nicht der politische Partisan und Widerstandskämpfer, sondern der Dichter in Gestalt des Priesterkünstlers à la Stefan GEORGE ist letzter Inbegriff des Waldgängers. Das Wort wird zur »*Schöpfungsmacht*«, »*identisch mit dem Sein*«, und »*der Ort des Wortes ist der Wald*«. So gipfelt Jüngers Essay in dem Versuch, aus der mythologischen Substanz der Sprache eine neue Form des Seins zu sublimieren. Der Waldgänger als »*militanter Eremit*« (O. Beer) begleitet seinen Rückzug in die Innerlichkeit mit einer Art großer Verweigerung. Damit wird Jüngers Abkehr vom politischen Geschehen, seine *désinvolture*, manifest. Der Widerstand gegen den Leviathan, den allmächtigen modernen Staat, formt die Waldgänger zu einer kosmopolitischen Elite, der vornehmlich auch die Dichter, die Autoren als Mittler zu den Quellen des Seins angehören. Mit fein ziselierten Aperçus und geschliffenen Aphorismen prägt Jünger einen Stil, der seine späteren Schriften kennzeichnen wird und seinen kulturphilosophischen Anspruch geltend macht.

J.R.H.

AUSGABEN: Ffm. 1951. – Stg. 1966 (in *Werke*, 10 Bde., 1960–1965, 5). – Stg. 1980 (in *SW*, 18 Bde., 1978–1983, 7).

LITERATUR: O. Beer, Rez. (in Der Standpunkt, 19. 10. 1951). – A. Weber, *Flucht in die Wildnis. Randbemerkungen zu E. J.s politischen Schriften* (in Der Monat, 1951, S. 542–545). – S. Maiwald, *Der totale Staat u. das Individuum. Bemerkungen zum neuen Buch von E. J. »Der Waldgang« u. zur These vom individuellen Widerstand* (in Universitas, 1952, H. 1, S. 35– 44).

DIE ZWILLE

Roman von Ernst JÜNGER, erschienen 1973 als Fortsetzungsroman in der ›Frankfurter Allgemeinen Zeitung‹. – Jüngers Schülerroman spielt um die Jahrhundertwende in einer norddeutschen Großstadt (Braunschweig, Hannover) und erzählt vom Leidensweg des hochsensitiven und überängstlichen Clamor Ebling, der ursprünglich aus dem niedersächsischen Dorf Oldhorst stammt und – nachdem er beide Elternteile und seinen Vormund, den Mühlenbesitzer Braun, verloren hat – als Stipendiat in die Stadt geschickt wird, wo er die Quarta des Realgymnasiums besuchen soll. Clamor, der von seinen Mitschülern und Lehrern wie ein dumpf-zurückgebliebener Dorfschüler behandelt wird, »*gehörte nicht dazu*«. Er war »*von einer erstaunlichen Unkenntnis der Welt und ihrer Spielregeln. Er mußte auf einer frühen Stufe der Entwicklung stehengeblieben sein, bei wachsender Empfindsamkeit.*« Am ersten Schultag wird er beinahe überfahren, voller Angst legt er den Weg zur Schule zurück: Ein »*Schlagwerk, das dazu diente, behelmte Pfähle in den Grund zu treiben, flößte Clamor ungemeinen Schrecken ein. Ihm war, als ob er einer Hinrichtung beiwohnte.*« Er empfindet das Leben wie das Numinose in seiner ganzen Ambivalenz: als erschreckend und anziehend zugleich. Die Angst ist der Generalbaß seiner Gefühle, sie hat ihre Hauptursachen in der Sensibilität Clamors, die in allen Realitätsbereichen, Schule, Familie, Sexualität und Religion, Gefahrenherde ausmacht, und in den »*Spielregeln*« der Welt, die dem historischen Wandel unterworfen sind und denen Clamor ohnmächtig gegenübersteht. Auf die bedrohlichen Vorgänge, etwa die nicht mehr überschaubare und beherrschbare Technisierung der Welt, reagiert Clamor mit Erstaunen und Erschrecken und mit einem Gefühl des »*Schuldig-Sein[s] überhaupt*«. Seine Dissonanzerfahrungen speisen sich aus den Veränderungen der Realität, die sich der Kontrolle des Individuums entziehen: »*Die Gesellschaft weichte an den Grenzen und in den Nähten auf.*« Die Wert- und Normkrise der Epoche kann vor allem an der Menge der dargestellten sexuellen Abweichungen (Ehebruch und inzestartige Initiation, Päderastie und Homosexualität, Sadismus und Masochismus) abgelesen werden, die die herkömmlichen Sozialstrukturen in Frage stellen und die Auflösungserscheinungen der wilhelminischen Gesellschaft veranschaulichen. Auch Clamor ist vermutlich die Frucht eines Ehebruchs seiner Mutter mit dem Müller Braun.

In der Schülerpension, einer sogenannten »*Presse*«, in der er untergebracht wird, trifft Clamor auf Teo, den Sohn von Pastor Quarisch aus Oldhorst, einen frühreifen Gymnasiasten, dessen Omnipotenzphantasien gelegentlich zu gefährlichen Abenteuern führen. Teo ist ehrgeizig, selbstbewußt, um nicht zu sagen überheblich, und mit allen Wassern gewaschen. Er macht Clamor zu seinem »*Leibschützen*« und beauftragt ihn, seine Lehrer und Mitschüler zu »*beschatten*«; was er dabei erfährt, »*wird auf die hohe Kante gelegt*«, denn Teo arbeitet mit den Mitteln der Erpressung: Er macht es sich zunutze, daß es in der dargestellten Welt zwischen den tradierten und weiterhin als verbindlich gesetzten Normen und der gelebten Praxis der Figuren eine Differenz gibt. Bei Gelegenheit zeigt er seinen Lehrern dann die Grenzen ihrer Macht. Da ist zum Beispiel Konrektor Zaddeck, ein sadistisch veranlagter Päderast (»*ein Schuß von Päderastie gehörte zum Gymnasium*«), dem Teo einen ordentlichen »*Denkzettel*« verpassen, ihm die Fensterscheiben einschießen will, weil er Paulchen Maibohm, einen zarten und hilflosen Knaben im Matrosenanzug, bis aufs Blut gepeinigt und schließlich in den Selbstmord getrieben hat.

Doch das Unternehmen »*Zwille*« geht schief; als Teo, diese Instanz der ausgleichenden Ungerechtigkeit, und Clamor, sein Leibschütze, an Zaddecks Fenstern ihre Zwillen erproben wollen, wird Clamor erwischt und festgenommen. Seine Festnahme erlebt er nur als rauschhaftes Ereignis, ein symbolträchtiges Farbenspiel beginnt. Clamor muß die Schule und die Pension verlassen und wird vom Zeichenlehrer Mühlbauer adoptiert.

In Jüngers Schülerroman werden die Gefährdungen geschildert, denen ein junger Gymnasiast im wilhelminischen Deutschland zwischen 1900 und 1914 ausgesetzt war, wenn er sich den Quälereien seiner Mitschüler und Lehrer nicht entziehen konnte. In der *Zwille*, die einige autobiographische Erlebnisse transformiert – Jünger ist selbst einmal »*Pensionär*« in einer Braunschweiger »*Presse*« gewesen (vgl. das Kapitel *Rückblick* in *Subtile Jagden*) –, wird ein überwiegend bedrohlicher Schulalltag geschildert. Der Roman kann sicherlich nicht als Loblied auf die Schule gelesen werden, dennoch zeigt das »*anekdotische Webmuster*« einige Parallelen zur erinnerungsselig eingefärbten Manier der *Feuerzangenbowle* von Heinrich Spoerl. Darüber hinaus läßt sich die *Zwille* als »*Vorgeschichte einer geschundenen Generation*« (K. Prange) lesen, die den relativen »*Frieden der Welt*« im August 1914 zu Grabe tragen wird.   L.Ha.

Ausgaben: Ffm. 1973 (in FAZ, 4. 1.–20. 3.). – Stg. 1973. – Ffm./Bln. 1981 (Ullst. Tb). – Stg. 1983 (in *SW*, 18 Bde., 1978–1983, 18). – Stg. 1987. – Mchn. 1988 (dtv).

Literatur: H. Bender, Rez. (in Die Weltwoche, 18. 4. 1973). – S. Lenz, Rez. (in Der Spiegel, 23. 4. 1973). – J. Günther, Rez. (in Der Tagesspiegel, 27. 5. 1973). – J. Kaiser, Rez. (in SZ, 30. 5. 1973). – W. Kaempfer, Rez. (in Die Zeit, 1. 6. 1973). – A. v. Bormann, Rez. (in FRs, 8. 9. 1973). – W. Helwig, Rez. (in Die Tat, 4. 8. 1973). – K. Prange u. M. Rutschky, *Reflexionen u. Phantasmen* (in FH, 1973, H. 9, S. 667–672). – B. Reitenbach, *E. J.: »Die Zwille*«, Diss. Brüssel 1976.

FRIEDRICH GEORG JÜNGER

* 1.9.1898 Hannover
† 20.7.1977 Überlingen

Literatur zum Autor:
F. Ogriseg, *Das Erzählwerk F. G. J.s*, Diss. Innsbruck 1965. – E. Jaeckle, *F. G. J.* (in *Deutsche Dichter der Gegenwart. Ihr Leben u. Werk*, Hg. B. v. Wiese, Bln. 1973, S. 98–109). – A. H. Richter, *A Thematic Approach to the Work of F. G. J.*, Bern u. a. 1982. – A. v. Schirnding, *F. G. J.* (in KLG, 25. Nlg., 1987).

DER ERSTE GANG

Roman von Friedrich Georg JÜNGER, erschienen 1954. – Wie sein Bruder Ernst gehörte auch Friedrich Georg Jünger zu den geistigen Fürsprechern einer Revolution von rechts; konservative Zeitdiagnose und Zeitkritik dominieren in seinen Essays und Abhandlungen (*Über das Komische*, 1936; *Griechische Götter*, 1943; *Die Perfektion der Technik*, 1946; *Orient und Okzident*, 1948; *Maschine und Eigentum*, 1949). Ein klassisch-elegischer Ton kennzeichnet sein lyrisches Werk (*Gedichte*, 1934; *Die Silberdistelklause*, 1947; *Ring der Jahre*, 1954; *Es pocht an der Tür*, 1968). Daneben verfaßte Jünger mehr als dreißig Erzählungen (in den Sammelbänden *Dalmatinische Nacht*, 1950; *Kreuzwege*, 1960; *Wiederkehr*, 1965; *Laura*, 1970), zwei »Erinnerungsbücher« (*Grüne Zweige*, 1951; *Spiegel der Jahre*, 1958) sowie drei Romane.

Der erste Gang, jener Roman, mit dem Jünger sich erstmals in diesem Genre versuchte, besteht aus einzelnen Skizzen, die durch Erinnerungen und Reflexionen aufgeladene Vorgänge wiedergeben. In acht weitgehend selbständigen Ereignissen, geordnet nach der Chronologie des Krieges, schildert Jünger Erlebnisse von Soldaten der österreichisch-ungarischen Armee im und unmittelbar nach dem Ersten Weltkrieg an der österreichischen Rußlandfront, in Galizien, in den Karpaten, aber auch in Böhmen und in Wien. Für den Oberst Waldmüller erscheint der Ausbruch des Krieges, worüber er an einem galizischen Flußufer sinniert, als Einbruch des Elementaren in die Gegenwart; den Kompanieführer Hammerstein überkommen bei einem Ritt durch die östliche Landschaft Erinnerungen an seinen Besuch bei einem polnischen Kameraden vor dem Krieg; Waldmüller verspürt, als er 1916 zu einer Audienz beim Kaiser befohlen wird, das »*Wehen einer rätselhaften, unenträtselten Zeit*«. Veränderungen deuten sich an, die über den Krieg hinausgehen; die Technik dominiert zunehmend, die alte Ordnung ist in der russischen Revolutionsarmee zertrümmert, immer wieder durchbrechen, wie auch im Werk Ernst Jüngers, Reflexionen und Exkurse, etwa über historische und moderne Kriegsführung oder über den Menschen als Phäno- wie als Genotyp, den Gang der Handlung: »*War dieser Krieg nur die Verrechnung alter Schuld und Schulden, oder lag in seinem Hervorbrechen ein neuer Ansatz, eine neue Ordnung?*« Jünger sucht ein Gesamtbild der historischen Situation zu umreißen, ihren über die Zufälligkeit des Augenblicks hinausreichenden allgemeinen Gehalt zu erspüren, wie er sich in den Erinnerungen der Figuren niederschlägt: »*Alles Vergangene ist Erinnerung, Wiederkehr wohl auch dessen, was immer da ist, denn wenn es nicht da wäre, wie könnte es wiederkehren?*« KLL

AUSGABEN: Mchn. 1954. – Stg. 1979 (in *Werke*). – Ffm./Bln. 1982 (Ullst. Tb).

LITERATUR: H. W. Petzet, *F. G. J. u. der Spiegel der Meduse* (in Merkur, 9, 1955, S. 288–294).

ZWEI SCHWESTERN

Roman von Friedrich Georg JÜNGER, erschienen 1956. – Hatte Jüngers Romandebüt *Der erste Gang* die Zeit des Ersten Weltkriegs behandelt, so führt sein zweiter Roman in das faschistische Rom Mussolinis, das mehr durch seine atmosphärischen Reize als durch die politische Aktivität seiner neuen Machthaber wirkt.

Obwohl obskure Agenten und Geheimpolizisten ein feinmaschiges Netz um die Romanfiguren werfen, bleibt das Regime selbst an der Peripherie des erzählten Geschehens: Jünger hat bewußt keinen politischen Roman geschrieben. Die seitenlangen Dialoge über politische, religiöse und ideologische Themen stehen unvermittelt neben einer primär unpolitischen Handlung. Der Ich-Erzähler schmuggelt aus Gefälligkeit Briefe über die Grenze, die in Italien der Zensur unterliegen; in Rom, wo er die Briefe ihren Adressaten überbringt, gerät er unfreiwillig in das Zwielicht politischer Konspiration. Er begegnet einer Reihe von Personen, die für seinen Aufenthalt in Rom Bedeutung gewinnen: dem verfolgten Extremisten Castello, dem Gutsbesitzer und Offizier Ubaldi, der die faschistische Bewegung skeptisch beurteilt, seinem einstigen Schulfreund Aust, dessen Rolle ebenso undurchsichtig bleibt wie die des deutschen Kommissars Silbermann. Der Spieler Tommaso Varese verschafft ihm ein Haus und führt ihn in die kleinbürgerliche Familie Rusconi ein, wo er die beiden Schwestern kennenlernt, die blonde, stets heitere Rosalie und die dunkle, impulsive Fernanda. Er verlebt mit seiner Gefährtin Rosalie einen glücklichen Sommer, bis sie plötzlich der Tod hinwegrafft. Am Ende begleitet den politisch Gefährdeten Fernanda in die Heimat zurück. Die Wahl zwischen den beiden Schwestern, die Verkettung von Zufall und Schicksal, Bestimmung und Freiheit bleibt offen, schwebend: »*. . . ob die Wahl frei oder unfrei ist, macht nichts aus dabei; immer hängt sie von dir ab, hängt davon ab, daß du da bist. Was wissen wir über unsere Bestimmungen? Was vom Ende? Nichts.*« Jüngers Prosa, die in ihrer sinnlich-schwerelosen Subtilität an seine Lyrik erinnert, verleiht dem dialogisierten Passagen ein augenfälliges Übergewicht; Position und Relation der Gespräche zueinander bestimmen die Struktur eines formal durchaus traditionellen Romans, der vor dem Hintergrund weltpolitischer Erschütterungen die intimen Fäden eines privaten Schicksals knüpft. Abseits politischer Zeittendenzen lebt ungebrochen der Geist Roms und des italienischen Volkes weiter – eine Unberührtheit, die in Jüngers drittem und letztem Roman *Heinrich March* (postum 1979) nicht mehr vorhanden ist. Der Autor verfolgt hier die Lebenswege der Söhne einer niedersächsischen Pastorsfamilie, deren Söhne in den Kriegen des 20. Jh.s umkommen oder sich in einer traditionslos gewordenen Welt nicht mehr zurechtfinden.

M.Ke.

AUSGABEN: Mchn. 1956. – Bln. u. a. 1956. – Ffm. 1966 (FiTb). – Stg. 1980 (in *Werke*).

* 16.8.1928 Bia / Komitat Pest

DAS LYRISCHE WERK (ung.) von Ferenc JUHÁSZ.

Ferenc Juhász' Lyrik ist von der Tradition der Volksdichtung wie von der literarischen Moderne gleichermaßen beeinflußt. Seine ersten Gedichtbände *Szárnyas csikó*, 1949 *(Das geflügelte Fohlen)*, und *Uj versek*, 1950 *(Neue Gedichte)*, schildern voll Optimismus und Heiterkeit die Aufbruchstimmung, das neue Leben in der jungen Volksdemokratie Ungarn. Perspektivisch werden die gesellschaftlichen Veränderungen dann in den epischen Dichtungen *A Sántha család*, 1950 *(Die Familie Sántha)*, und *Apám*, 1950 *(Mein Vater)*, aufgezeigt, Dichtungen in denen Juhász bewußt den Traditionen der volkstümlichen lyrischen Epik und deren Meistern Sándor PETŐFI (1823–1849) und Gyula ILLYÉS (1902–1983) folgt.

Schon in dem 1951 erschienenen komischen Volksepos *A jégvirág kakasa (Der Eisblumen-Hahn)* wird allerdings der zunehmend kritische Blick des Autors auf die realen wirtschaftlichen Probleme und die politischen Fehlentwicklungen im Lande deutlich. Obwohl merklich vom Vorbild Petőfis inspiriert, wurde diese Satire über die Mißstände des Dorflebens von der dogmatischen Kritik dieser Zeit aufs heftigste abgelehnt. Juhász' naiv-heiteres Weltbild verdüstert sich in dem Maße, wie er mit immer größerem individuellem und kollektivem Unrecht in Berührung kommt. Der Band *Óda a repüléshez*, 1953 *(Ode ans Fliegen)*, markiert den Wandel seiner poetischen Grundhaltung: persönliche Erfahrung, geschichtliche Erkenntnis, aber auch tiefe Zweifel werden nun in Gedankenlyrik *(A rezi várban – Auf der Burg von Rez; Óda a repüléshez; Templom Bulgáriában – Kirche in Bulgarien)* und Märchengedichten gestaltet *(Fából faragott Antal – Der holzgeschnitzte Anton; A halhatatlanságra vágyó királyfi – Der Prinz, der sich nach Unsterblichkeit sehnt; A nap és a hold elrablása*, 1954 *– Der Raub von Sonne und Mond)*.

Eine revolutionäre Veränderung der Sprachkunst Juhász' zeigt sich in dem Epos *A tékozló ország*, 1954 *(»Das schwelgerische Land«)*. Die visionäre Vergegenwärtigung der Tragödie des ungarischen Bauernaufstands und von dessen Anführer György Dózsa (1514) ist durchdrungen von der Verzweiflung über das Los des Ungarntums; und dennoch formuliert Juhász in den Schlußzeilen des Epos geradezu einen Imperativ der Hoffnung auf historischen Neubeginn. In diesem sehr persönlichen Werk sind dichterisches Selbstbekenntnis, grüblerische Intensität und philosophische Einsicht aufs engste mit dem historischen Stoff verwoben. Der breite Strom visionärer Bilder vergegenwärtigt die Zerstörung, die minutiöse Schilderung vegetativen Wucherns der Natur beschwört die Gnadenlosig-

keit einer Welt, die des Humanen entbehrt. Für lange Zeit düster gestimmt, wendet sich Juhász philosophischen Fragen zu, um sich in *A virágok hatalma*, 1955 *(Die Macht der Blumen)*, und *Harc a fehér báránnyal*, 1965 *(Kampf mit dem weißen Lamm)*, Rechenschaft abzulegen über das Weltbild der modernen Naturwissenschaften und die eigene Hoffnungslosigkeit gegenüber der Geschichte. In großangelegten lyrischen Kompositionen zeigt er die schöpferischen und die zerstörerischen Prozesse innerhalb des Universums auf *(A mindenség szerelme – Die Liebe des Alls; A virágok hatalma)*, kämpft gegen die Unerbittlichkeit des Todes, bäumt sich auf gegen die Vernichtung als das Ende allen menschlichen Bemühens *(A halottak eposza – Das Epos der Toten; Krisztus lépesméze – Christi Wabenhonig)*. Häufig wendet er sich an seine großen Vorgänger, sucht ihr Schicksal zu ergründen, den Sinn ihres Schaffens zu erfassen *(Ady Endre utolsó fényképe – Endre Adys letztes Porträtphoto; Tóth Árpád sírjánál – Am Grab von Árpád Tóth; József Attila sírja – Attila Józsefs Grab)*. Er kämpft gegen die gespenstischen Visionen seiner Verzweiflung an, gibt seiner Sehnsucht nach schlichter Harmonie Ausdruck *(Könyörgés középszerért egy eposz írása közben – Flehen um Mittelmaß beim Schreiben eines Epos)*, artikuliert sein gestörtes Befinden in elegischen Bekenntnissen und Landschaftsbildern *(Tanya az Alföldön – Gehöft im Tiefland)*, nimmt schmerzlichen Abschied von der Jugend, der zurückgelassenen ländlichen Heimat, den welk gewordenen Hoffnungen *(A múlt idő arany-ága – Der Goldzweig der Vergangenheit; Tetszhalott éveim margójára – An den Rand meiner scheintoten Jahre)* und ringt um den Sinn menschlichen und historischen Seins *(Vers négy hangra, jajgatásra és könyörgésre, átoktanalanul – Gedicht für vier Stimmen, Jammern und Flehen, ohne Fluch; Babonák napja, csütörtök: mikor a legnehezebb – Tag des Aberglaubens, Donnerstag: wenn es am schwersten ist; Szerelmünk hattyusorsa – Schwanenlos unserer Liebe)*. Er nimmt den Kampf an und gewinnt so den Glauben an das Leben und an einen Sinn wieder *(Történelem – Geschichte)*. Von Bela Bártóks *Cantata profana* inspiriert, ist Juhász' oratorische Dichtung *(A szarvassá változott fiú kiáltozása a titok kapujából – Ruf des zum Hirschen verwandelten Knaben aus dem Tor der Geheimnisse)* ein Zeugnis humaner Verpflichtung gegenüber dem Leben in der modernen technischen Zivilisation, während die Epen und Gesänge des Bandes *A Szent Tüzözön regéi*, 1969 *(Sagen von der heiligen Feuerflut)* – außer der Titeldichtung enthält er das Oratorium *Az éjszaka képei (Bilder der Nacht)* und das Epos *Gyermekdalok (Kinderlieder)* – imaginäre Szenen des drohenden Atomkrieges ausmalen, erschreckende Visionen der endgültigen Vernichtung der Menschheit und der grauenvollen Veränderung des Lebens auf der Erde.

In dem Band *Anyám*, 1970 *(Mutter)*, dem Gegenstück zu der früheren epischen Dichtung *Apám (Vater)*, wird die Figur der Mutter zum Symbol der lebensspendenden und Leben erhaltenden Humanität. Das Epos *A halottak királya*, 1971 *(König der*

Toten), behandelt erneut einen historischen Stoff: die Flucht König Bélas IV. und seine Wiederkehr. Hinter der Beschwörung der Vergangenheit verbirgt sich Juhász' Bekenntnis einer durchaus aktuellen Hoffnung auf einen historischen Aufschwung seines Landes und seines Volkes. Juhász revolutionierte Sprache und Metaphorik der ungarischen Lyrik, in die er Elemente der archaischen Volksdichtung wie der modernen (surrealistischen) Poesie integrierte. Das poetische Bild, Bildassoziationen und Visionen von mythischen Dimensionen stehen im Zentrum dieser Sprachkunst. Seine Wortschöpfungen und Assoziationsketten verarbeiten das Sprachmaterial der modernen Wissenschaften, wie Biologie, Paläontologie und Astronomie, zu eruptiven Ballungen. Seine Verse, besonders die lyrischen Epen leben aus der Paraphrase von Stoffen und Motiven der älteren Dichtkunst, der ungarischen und finnisch-ugrischen Folklore sowie der archaischen und orientalischen Mythologie. Juhász schuf eine in inhaltlicher und formaler Hinsicht synthetisierende, enzyklopädische Lyrik; in gewaltigen Bilderfluten und katalogartigen Reihungen veranschaulicht er den mannigfaltigen Reichtum der Natur und des Universums.

Auf die Epen folgen wieder kürzere Dichtungen und Versprosa: Ausdruck schwerer persönlicher Krisen, der Trauer um Tote (*A megváltó aranykard*, 1973 – *Das erlösende Goldschwert*; *Szerelmes hazatántorgás*, 1977 – *Verliebtes Nachhause-Taumeln*; *Latinovics Zoltán koporsója – Der Sarg von Zoltán Latinovics ...*) und »trotzige Hymnen« des in schweren Kämpfen bewahrten Glaubens an das Leben und die heilende Kraft schöpferischer Arbeit. Der Band *A boldogság*, 1984 *(Das Glück)*, ist ein Zeugnis für dieses – aus der Erfahrung beglückenden Familienlebens und innerer Ruhe – wiedergewonnene Vertrauen.

Das umfangreiche epische Gedicht *Halott fekete rigó*, 1985 *(Tote Amsel)*, eröffnet im Rückblick auf die verschiedenen Lebensstationen des Dichters zugleich ein weites gedankliches Panorama. Eine Art lyrischer *»stream of consciousness«*, umfaßt dieses Spätwerk Erinnerungsbilder ebenso wie Gegenstandsbeschreibungen und wissenschaftliche oder künstlerische Dokumente. Ähnliche poetische Verfahren verwendet Juhász auch in den Bänden *A csörgőkigyó hő szeme*, 1987 *(Das glühende Auge der Klapperschlange)*, und *Fekete Saskirály*, 1988 *(Schwarzer Adlerkönig)*. Der höchste Wert des Lebens liegt für Juhász in der schöpferischen Arbeit, wie seine mit essayistischen Elementen durchsetzten Prosaverse, den Schriftstellern und Künstlern gewidmeten Prosatexte der Sammlungen *Mit tehet a költő*, 1967 *(Was vermag der Dichter)*, *Vázlat a mindenségről*, 1970 *(Skizze vom All)*, und *Irás egy jövendő őskoponyán*, 1974 *(Schrift auf einem künftigen Urschädel)* zeigen. B.Po.

AUSGABEN: *A tenyészet országa*, Budapest 1956. – *Virágzó világfa*, Budapest 1965. – *A szarvassá változott fiú*, Budapest 1971. – *A Titkok kapuja*, Buda-

pest 1972. – *Versek és époszok*, Budapest 1978. – *Époszok és versek*, Budapest 1978. – *Versprózák*, Budapest 1980. – *Remény a halálig*, Budapest 1983.

ÜBERSETZUNG: *The Boy Changed into a Stag*, K. McRobbie u. I. Duczynska, Toronto 1970 [engl.].

LITERATUR: I. Bori, *Két költő*, Novi Sad 1967. – Gy. Bodnár, *Törvénykeresők*, Budapest 1976. – *Ecce poeta*, Budapest 1978. – B. Pomogáts, *Mindenség és költészet. J. F. eposzai*, Békéscsaba 1988.

KENJO JUMBAN

* 1940

THE WHITE MAN OF GOD

(engl.; *Gottes weißer Mann*). Roman von Kenjo JUMBAN (Kamerun), erschienen 1980. – Kenjo Jumban stammt aus der Westregion Kameruns, die nach dem Ersten Weltkrieg unter britische Mandatsverwaltung kam. Erst 1961 votierte die Region für eine Wiedervereinigung mit dem vormals französisch verwalteten, frankophonen Kamerun. Für die anglophonen Autoren West-Kameruns hatte dies zur Folge, daß sie von ihrem eigentlichen Lesepublikum im volkreichen Nigeria abgeschnitten wurden, daß sie nur schwer Zugang zu der internationalen Lesergemeinde des Commonwealth fanden, daß sie sich in einer Staats- und Kulturgemeinschaft fanden, in der dank der französischen Kulturpolitik die französischsprachige Literatur eindeutig favorisiert wurde. So ist die frankophone kamerunische Literatur mit Autoren wie Mongo BETI (* 1932), René PHILOMBE (* 1930), Ferdinand OYONO (* 1929) international bekannt geworden. Ken Jumban ist zusammen mit Mbella Sonne DIPOKO (* 1936) einer der wenigen anglophonen Autoren, die in die international verbreitete »African Writers Series« Aufnahme gefunden haben, vor allem mit seinen Kurzgeschichten *Lukong and the Leopard* und *The White Man of Cattle* (1975).

Der Roman *The White Man of God* behandelt ein Thema, das in der kamerunischen Literatur bis heute ein Zentralthema geblieben ist: die Rolle der christlichen Mission angesichts der Traditionsverbundenheit der zahlreichen ethnischen Gruppierungen des Landes. Mongo Beti schrieb mit *Le pauvre Christ de Bomba*, 1956 *(Der arme Christ von Bomba)*, das klassische Modell dieses Genres, René Philombes *Un Sorcier blanc à Zangali*, 1969 *(Der weiße Zauberer von Zangali)*, und Ferdinand Oyonos *Une vie de boy*, 1956 *(Flüchtige Spur Tundi Ondua)*, haben das Thema facettenreich variiert. Noch 1986 hat Bole BUTAKE in seinem Theaterstück *Lake*

God – es handelt von der Gaseruption des Lake Nyos im Jahr 1986, bei der die Bewohner mehrerer Dörfer getötet wurden – den Konflikt, den ein christlicher Missionar in einer feudal-traditionellen Gemeinschaft auslöst, als Erklärungshintergrund aufgedeckt.

Auch Jumban stellt – ähnlich wie Beti und Oyono – als Erzähler einen naiven aber wissbegierigen Jungen, Tansa, in den Mittelpunkt, dessen Überidentifikation mit der neuen Lebensweise, mit der Modernität formeller Erziehung in der Missionsschule die Eitelkeit der christlichen Neuerer wirkungsvoll bloßstellt, andererseits die zurückhaltende Bedächtigkeit der Traditionalisten in einem positiveren Licht erscheinen läßt. Auch Jumban strukturiert seine Erzählung um das katastrophale Scheitern des weißen Missionars »big fadda« (Pidgin für »*father*«). Mongo Betis Missionar scheitert an seiner Unfähigkeit, die Missionsstation effektiv zu organisieren. So wird die Brautschule, in der die jungen Mädchen auf das Sakrament der Ehe vorbereitet werden sollen, hinter dem Rücken des Missionars in ein Bordell verwandelt. René Philombes Missionar scheitert an der politischen Verquickung der Mission mit der brutalen militärischen Unterwerfung der Bevölkerung. Ken Jumbans Missionar dagegen scheitert an der Unvereinbarkeit der religiösen und philosophischen Weltsicht von Afrikanern und Europäern. Bei ihm spielen die militärischen und politischen Vertreter der Kolonialmacht, die »District Officer« oder »District Commander« keine Rolle; und er urteilt über die Rolle der Mission nicht so apodiktisch negativ wie seine frankophonen Landsleute. Sein »big fadda« scheitert, aber mit »Gramma Yaba« konvertiert eine eingefleischte Traditionalistin zum Christentum. Scheitern und Erfolg halten sich die Waage. Für Ken Jumban ist eine christliche Mission weniger eine pragmatische oder politische, sondern eine dogmatisch-theologische Herausforderung. Er stellt die Frage, ob die christliche Lehre der individuellen Unsterblichkeit, der Erlösung zum ewigen Leben mit den afrikanischen Vorstellungen der Gemeinschaft von Lebenden und (verstorbenen) Ahnen vereinbar ist. »Granma Yaba's« entscheidende Frage, bevor sie sich taufen ließ, war, ob sie nach ihrem Tod mit ihrem verstorbenen Mann und ihrem Vater vereinigt würde. In ihrer Bekehrung und Taufe scheint sich das Problem der grundsätzlichen Vereinbarkeit des traditionellen Ahnenkultes mit dem christlichen Auferstehungs- und Erlösungsdogma aufzuheben. Auf der anderen Seite wird aber diese Lösung durch das Scheitern des »big fadda« wieder in Zweifel gestellt. In dem Sprichwort »*Nur wenn man eine Schlange brät, kann man ihre Füße sehen*« wird die Halbherzigkeit der missionarischen Bekehrung zusammengefaßt und in der Figur des Katecheten Pa Matiu personalisiert. Pa Matiu war immer der unerschütterliche Pfeiler der neuen christlichen Gemeinde gewesen, seine »heidnischen Schlangenfüße« werden jedoch in der Krise der Kirchengemeinde sichtbar. Den einfachen Gemeindemitgliedern war die Rivalität

zwischen dem »big fadda« und dem beliebten »fadda Cosima« (Pater Cosmas) nicht verborgen geblieben. »Big fadda« wird für die Versetzung und den plötzlichen Tod Pater Cosmas' verantwortlich gemacht. Das ganze Dorf, angeführt von dem Dorffürsten, dem Fon, und den religiösen Führern des Clans, den Fays, feiert den verstorbenen Pater Cosmas nach dem Ritus der Ahnenverehrung mit einer Prozession der Ahnenmasken. Der Missionar »big fadda« begeht in seiner Wut das unverzeihliche Sakrileg, dem Träger der mächtigsten der Ahnenmasken die Maske herunterzureißen – es stellt sich heraus, daß sich Pa Matiu, sein Katechet, dahinter verbirgt. Der Missionar stürzt vom Schlag getroffen nieder und wird in ein Krankenhaus gebracht – die Ahnen haben zurückgeschlagen.

In der grotesken Konfrontation des Katecheten als Führer des Ahnenkultes und des Missionars als Gotteslästerer der traditionellen Religion wird die strukturelle Konfrontation der religiösen Systeme dramatisiert und personalisiert. Die Gründe für das Gedeihen der Mission – z. B. die Bekehrung von »Granma Yaba« und der erfolgreiche Einsatz von Ordensschwestern bei einer Windpockenepedemie – werden relativiert und konterkariert durch das unkonziliante Verhalten des »big fadda«. Erfolg und Mißerfolg der Mission werden somit im Grund zu einem Problem der Persönlichkeit des Missionars. Die entscheidende Frage lautet, ob dieser fähig ist, sein afrikanisches Gegenüber als Partner zu respektieren, mit dem man in einen theologischen Disput eintreten muß, wie dies Pater Cosmas mit »Granma Yaba« tat – ein Disput zwischen einem studierten Theologen und einer philosophisch-theologisch kundigen Analphabetin – oder ob man wie »big fadda« die herkömmlich-herablassende Missionarshaltung einnimmt, der sich geistig unmündigen Heidenkindern gegenüber glaubt. Als wesentliche Ursache für die Halbherzigkeit der Konversion sieht Ken Jumban das Fehlen einer gemeinsamen Sprache, sowohl im Bereich reiner Linguistik – hier Englisch, da afrikanische Sprache – wie auch auf der Ebene der geistigen Konzeptionen. Das Verhältnis zwischen beiden Seiten – Missionaren und Bekehrten, Weißen und Schwarzen – beruht mehr auf Vermutungen darüber, was der jeweils andere denkt, als auf tatsächlichem Wissen, auf Projektionen psychischer Realitäten, auf einem komplexen Gewebe von Fremdheitswahrnehmungen und weniger auf aktuellen Realitäten. Nur der Disput zwischen Pater Cosmas und Granma Yaba ist von völliger Offenheit gekennzeichnet. Dieser Disput ist das Zeichen der Hoffnung in diesem Roman, denn er führt zu gegenseitigem Verständnis und Respekt.   E.Bre.

AUSGABE: Ldn. 1980.

LITERATUR: N. Lyonga u. B. Butake, *Cameroon Literature in English: An Appraisal*, Yaoundé 1980. – Dies., *Abbia*, Yaoundé 1982. – S. Arnold, *Emergent English Writing in Cameroon* (in *European Language Writing in Sub-Saharan Africa*, Hg.

A. S. Gérard, Bd. 1, Budapest 1986, S. 799–808).
– R. Bjornson, *A History of Cameroon Literature*,
Washington D.C. 1990. – B. Butake, *Cameroon
Writers on Cameroonian Literature: Interviews*,
Yaounde 1990.

BERTÈNE JUMINER

* 6.8.1927 Cayenne

LES BÂTARDS

(frz.; *Die Bastarde*). Roman von Bertène JUMINER
(Französisch-Guyana), erschienen 1961. – Die
Verbindung von Bildungsroman und Kolonialismuskritik weist diesen Roman aus dem französischen Überseedepartment Guyana als charakteristisches Beispiel der *Négritude*-Literatur der fünfziger Jahre aus. Hierzu gehören auch deutliche,
wenn auch auf verschiedene Helden verteilte autobiographische Elemente (z. B. das Medizinstudium in Montpellier, die Schwierigkeiten nach der
Rückkehr), die zum einen den anekdotischen Charakter der Handlungsführung erklären, zum anderen auf die besondere soziale und politische Rolle
dieser Autorengeneration als Ausgangspunkt des
Schreibaktes verweisen. Die Protagonisten wie
auch die Autoren selbst (man vergleiche vor allem
die Romane von Camara LAYE und Cheikh Hami-
dou KANE) gehören zu den zahlreichen farbigen
Studenten aus den französischen Kolonien, die ab
den dreißiger Jahren durch gezielte Förderungs-
programme in die Metropole gebracht und dort einer kulturellen und rassischen Diskriminierung
ausgesetzt waren, die im krassen Gegensatz zu den
in der Schule vermittelten Idealen der Gleichheit
und Brüderlichkeit stand. Hierzu kamen Probleme
des Kulturverlustes durch die erzwungene Assimilation, der Isolierung (die vor allem in problematischen Liebesbeziehungen zu französischen Frauen
ihren Ausdruck findet) und vor allem die Einsicht,
daß sie als neue Elite in der noch kolonial geprägten
Verwaltungsstruktur ihrer Heimatländer nur wenig Einfluß ausüben konnten.
Dieses Erlebnis der Entfremdung und Enttäuschung bildet den Hintergrund des Romans von
Juminer, wobei noch einige für Guyana charakteristische Aspekte – seine Vergangenheit als Sträf-
lingskolonie und die erst 1946 vollzogene Integration dieses kaum besiedelten Gebietes in das französische Mutterland – hinzukommen. Die »Bastarde« sind – im ersten Teil – sechs guyanische Studenten an der Universität von Montpellier, die auf verschiedene Weise mit den genannten Problemen
und ihrer zwiespältigen Stellung fertigzuwerden
versuchen und zum Teil durch Heirat den endgültigen Sprung in die französische Gesellschaft vollziehen. Nur der Arzt Chambord und der Dentist

Cambier sehen ihre Aufgabe in der Hilfe für ihre
Landsleute. Im zweiten Teil, in dem nicht mehr das
Milieu des französischen Studentenlebens, sondern
das der guyanischen Gesellschaft den Hintergrund
bildet, beschränkt sich Juminer auf diese beiden
Helden, denen er unterschiedliche Rollen zuweist:
Chambord, der sich idealistisch für die Kranken eines Provinzhospitals einsetzt, wird durch politische
Intrigen aus seiner Position gedrängt und kehrt
enttäuscht nach Frankreich zurück. Cambiers Probleme sind mehr psychologischer Natur: Er glaubt
sich und seine Familie durch eine erbliche Blut-
krankheit – ein treffendes Symbol für die »Verdammnis der Rasse« – befallen und kann sich aus
der Vorstellung erst allmählich befreien, als er erkennt, daß die Krankheiten seiner Schwestern – eine Psychose und Lepra – durch soziale Faktoren bedingt sind. Obgleich es ihm in der Folge gelingt,
sich in seiner Gesellschaft einzurichten, endet der
Roman in Resignation. Aimé CÉSAIRE kritisiert in
seinem Vorwort zu dem Roman denn auch dessen
Perspektivlosigkeit: Juminers Beschränkung auf
problematische Einzelschicksale führe nicht zu der
Vorstellung eines »kollektiven Kampfes« der
Schwarzen.
Dem entsprechen Eigentümlichkeiten, die auch in
den anderen *Négritude*-Romanen der Zeit zu finden sind: Die auftretenden Weißen werden zumindest verständnisvoll, zum Teil auch idealisiert beschrieben; das Scheitern der Helden ist – sieht man
von Chambord ab – hauptsächlich durch ihre eigene innere Zerrissenheit, ihre Existenz als kulturelle
und rassische »Bastarde« bedingt. Die große Bedeutung dieser psychologischen Faktoren nötigt
den Autor zu einer eigentümlichen Erzählhaltung:
Er ist so »allwissend«, daß er die psychischen Konflikte auch von Nebenpersonen im Detail vorstellt;
gelegentlich kommentiert er auch direkt wertend
das Verhalten und die Konflikte seiner Helden.
Vor allem was Cambier betrifft, spiegelt der Roman selbst mit seinen überlangen Reflexionen die
introvertierte Perspektive der Helden, die auf die
Übermacht der französischen Werte nur mit Min-
derwertigkeitskomplexen und selbstzerstörerischen Aktionen reagieren können. Insofern entspricht der Roman mehr der afrikanischen *négritude* SENGHORS als der »kämpferischen *négritude*« von Aimé Césaire. Erst in seinen späteren
Romanen *Au seuil d'un nouveau cri*, 1963 (*An der
Schwelle eines neuen Schreis*), und *La revanche de Bo-
zambo*, 1968 (*Bozambos Rache*), gelangt Juminer,
nun unter dem Einfluß der Theorien seines Freundes Frantz FANON, zu einer eindeutigeren Haltung: der Priorität der gemeinsamen Aktion, an der
die Literatur selbst aber nur einen bescheidenen
Anteil haben kann. Obwohl diese Werke in bezug
auf ihr Engagement konsistenter durchgestaltet
sind, bleibt das autobiographische Frühwerk *Les
bâtards*, zu einem Klassiker der *Négritude* ernannt,
Juminers bekanntester Roman. U.F.

AUSGABE: Paris 1961; ern. 1977 [Vorw. A. Cé-
saire].

Literatur: J. Corzani, *Prosateurs des Antilles et de la Guyane*, Fort-de-France 1971, S. 272–280. – R. Cudjoe, *Resistance and Caribbean Literature*, Athens/Oh. 1980, S. 212 ff. – J. Chevrier, *Littérature nègre*, Paris 1984, S. 101 f. – *Littératures nationales d'écriture française*, Paris 1987, S. 223–226.

CARL GUSTAV JUNG

* 26.7.1875 Kesswil / Schweiz
† 6.6.1961 Küsnacht / Schweiz

Literatur zum Autor:
Bibliographien:
J. F. Vincie u. M. Rathbauer-Vincie, *C. G. J. and Analytical Psychology. A Comprehensive Bibliography*, NY/Ldn. 1977. – *C. G. J. Bibliographie*, Hg. L. Jung-Merker u. E. Ruf (in *GW*, Hg. M. Niehus-Jung u. a., 19 Bde., 1958–1983, 19, Olten/Freiburg i. B. 1983).
Biographien:
Erinnerungen, Träume, Gedanken, Hg. A. Jaffé, Zürich/Stg. 1962 [Autobiogr.]; ern. Olten u. a. 1984. – G. Wehr, *C. G. J. in Selbstzeugnissen und Bilddokumenten*, Reinbek 1969; zul. 1989 (rm). – V. Brome, *Jung*, Ldn. 1978. – B. Hannah, *J. His Life and Work*, Ldn. 1976. – G. Wehr, *C. G. J. Leben, Werk, Wirkung*, Mchn. 1985. – Ders., *C. G. J. Arzt, Tiefenpsychologe, Visionär*, Zürich/Genf 1989 [Bildbiogr.].
Briefsammlungen:
Briefe 1906–1961, Hg. A. Jaffé u. a., 3 Bde., Olten/Freiburg i. B. ²1973. – S. Freud/C. G. J., *Briefwechsel*, Hg. W. McGuire u. W. Sauerländer, Ffm. 1974. – *100 Briefe*, Olten/Freiburg i. B. 1975 [Ausw.].
Gesamtdarstellungen und Studien:
J. Corrie, *J.s Psychologie im Abriß*, Zürich 1929. – J. Jacobi, *Die Psychologie von C. G. J.*, Zürich 1940; Olten/Freiburg i. B. ⁶1971 [m. Bibliogr.]. – Ders., *Komplex, Archetyp, Symbol*, Zürich/Stg. 1957 [Vorw. C. G. J.]. – H. Schär, *Religion und Seele in der Psychologie von C. G. J.*, Zürich 1946. – E. Harding, *Das Geheimnis der Seele*, Zürich 1948. – E. Glover, *Freud or J.*, NY 1950. – G. Adler, *Zur Analytischen Psychologie*, Zürich 1952. – G. Zacharias, *Psyche und Mysterium*, Zürich 1954. – A. Morawitz-Cadio, *Spirituelle Psychologie*, Wien 1958. – E. Jung/M. L. von Franz, *Die Gralslegende in psychologischer Sicht*, Zürich 1960. – A. M. Dry, *The Psychology of J.*, Ldn./NY 1961. – H. K. Fierz, *Klinik und Analytische Psychologie*, Zürich 1963. – G. Adler u. a., *Psychotherapeutische Probleme*, Zürich 1964. – C. Brunner, *Die Anima als Schicksalsproblem des Mannes*, Zürich 1963. – J. Jacobi, *Der Weg zur Individuation*, Zürich 1965. – E. Jung, *Animus und Anima*, Zürich 1967. –

C. A. Meier, *Lehrbuch der Komplexen Psychologie C. G. J.s*, 4 Bde., Zürich u. a. 1968–1977. – A. Jaffé, *Der Mythos vom Sinn im Werk von C. G. J.*, Zürich 1967. – Dies., *Aus Leben und Werkstatt von C. G. J.*, Zürich 1968. – L. Frey-Rohn, *Von Freud zu J.*, Zürich 1969. – B. Hannah, *Striving Towards Wholeness*, NY 1971. – H. Balmer, *Die Archetypentheorie von C. G. J.*, Bln./Heidelberg 1972. – M. L. v. Franz, *C. G. J. Sein Mythos in unserer Zeit*, Frauenfeld/Stg. 1972. – G. Wehr, *C. G. J. und R. Steiner. Konfrontation und Synopse*, Stg. 1972; ern. Zürich 1990 (detebe). – H. Ellenberger, *Die Entdeckung des Unbewußten*, Bd. 2, Bern/Stg. 1973. – A. Storr, *C. G. J.*, Mchn. 1974 (dtv). – C. A. Meier, *Experiment und Symbol*, Olten/Freiburg i. B. 1975. – W. W. Odajnyk, *C. G. J. und die Politik*, Stg. 1975. – S. Zumstein-Preiswerk, *C. G. J.s Medium*, Mchn. 1975. – *Aspekte Analytischer Psychologie. Zum 100. Geburtstag von C. G. J.*, Hg. H. Dieckmann u. a., Basel 1975. – H. K. Fierz, *Die Jungsche analytische Psychologie*, Mchn. 1976. – H. Dieckmann u. E. Jung, *Weiterentwicklung der Analytischen Komplexen Psychologie* (in *Die Psychologie des 20. Jh.s*, Bd. 3, Hg. D. Eicke, Zürich 1977). – H. Dieckmann, *Methoden der Analytischen Psychologie*, Olten/Freiburg i. B. 1979. – P. Homans, *J. in Context. Modernity and the Making of a Psychology*, Chicago/Ldn. 1979. – E. Anrich, *Die Einheit der Wirklichkeit. Moderne Physik und Tiefenpsychologie*, Stg. 1963; ²1980. – G. Weiler, *Der enteignete Mythos*, Mchn. 1985. – W. Wagner, *Frieden ist ein Weg. Beiträge der Tiefenpsychologie C. G. J.s zum Problem des Friedens*, Tübingen 1986. – T. Evers, *Mythos und Emanzipation*, Hbg. 1987. – C. Kolbe, *Heilung oder Hindernis. Religion bei Freud, Adler, Fromm, J. und Frankl*, Stg. 1986. – M. Stein, *Leiden an Gott Vater. C. G. J.s Therapiekonzept für das Christentum*, Stg. 1988. – J. Christoffel, *Neue Strömungen in der Psychologie von Freud und J. Impulse von Frauen*, Olten/Freiburg i. B. 1989. – A. Samuels u. a., *Wörterbuch Jungscher Psychologie*, Mchn. 1989. – *J. la tensione del simbolo* (in aut aut, N. F. 229/30, 1989; Sondernr.).

ANTWORT AUF HIOB

Religionspsychologisches Spätwerk von Carl Gustav Jung, erschienen 1952. – Das Werk ist ein Niederschlag der kosmogonischen Lehre des Autors, der zufolge Gott eine »superiore Gewalt in der menschlichen Seele« und eine metaphysische Projektion menschlichen Bewußtseins ist. Das kollektive Unbewußte entspricht demnach einer den Kosmos erfüllenden Weltseele, die, ihres persönlichen Wesens entkleidet, pantheistisch vorgestellt wird; und weil das kollektive Unbewußte im Menschen wirkt, ist Gott im Menschen und der Mensch in Gott eingebettet. Diese Konzeption eines mystischen Gott-Mensch-Verhältnisses bildet den Kern von Jungs Theorien. Da er die Aussagen der Heiligen Schrift als Äußerungen der Seele versteht, glaubt Jung in der Entwicklung des menschlichen Gottesbildes den Weg zur Selbsterkenntnis – und damit auch zur Gotteserkenntnis – als Prozeß der Selbstwerdung entdecken zu können.

Das Vor-Hiobsche Gottesbild wird als amoralisch bezeichnet, da in ihm alle Gegensätze widerspruchslos existieren und ein reflektierendes Bewußtsein entweder nicht vorhanden oder machtlos ist. Dieses Stadium des Bildes vom Vater-Gott wird abgelöst von der Welt des Sohnes. Aus dem *nirdvandva* des Vaters entfaltet sich die Gottheit im Sohn zu Geist und Stoff, zu Gut und Böse. Das moralische Unrecht an Hiob wird zum Anlaß einer innergöttlichen Auseinandersetzung, in deren Folge Gott sich im »*Mysterium der himmlischen Hochzeit erneuern und Mensch werden will*«. »*Die Annäherung an Sophia bedeutet neue Schöpfung*«, und zwar des Gotteswesens. So entsteht das Bild Marias, und mit ihrer Zugehörigkeit zum *status ante lapsum* wird ein neuer Anfang gesetzt. Sie inkarniert als Gottesbraut die Sophia, der als Schutz vor dem Satan immerwährende Virginität gegeben ist.

Mit den Vorbereitungen zur Menschwerdung Gottes beginnt die Allwissenheit Einfluß auf Jahwes Handeln zu gewinnen, während sein früheres Verhalten weder Reflexion noch Moralität kennt. Jahwes Absicht, Mensch zu werden, erfüllt sich im Leben und Leiden Christi. Die Tötung Christi ist Wiedergutmachung an Hiob. »*Das Erlösungswerk will ... den Menschen von der Gottesfurcht erlösen*«, doch der »*Geist der Wahrheit*« im Menschen weiß – in der Erwartung des Anti-Christus – vom Noch-Vorhandensein des Bösen und ist im Unbewußten beunruhigt, eine Beunruhigung, die in der christlichen Urzeit zur Offenbarung Johannis führt. Das Ziel der apokalyptischen Vision sieht Jung in der Bewußtseinserweiterung des Menschen und der Vervollständigung des Gottesbildes. Seit der Offenbarung der Apokalypse besteht für den Menschen eine neue Verantwortlichkeit: Da Gott Mensch werden will, muß die Einigung seiner Antinomie im Menschen stattfinden. Der Mensch »*muß um die Natur Gottes und um das, was in der Metaphysik vorgeht, wissen, damit er sich selbst verstehe und dadurch Gott erkenne*«.

Hier wird auf ein neues *nirdvandva* des Geistes, der zu sich selbst zurückkehrt, hingedeutet. C. G. Jungs Lehre, der zufolge die Welt nicht nur mit Gott identisch, sondern darüber hinaus die Manifestation einer notwendigen Entfaltung der zu sich selber kommenden Gottheit ist, steht in vollem Gegensatz zu der abgrundtiefen Unterschiedenheit von Gott und Mensch, die bei KIERKEGAARD und Karl BARTH noch durchaus biblisch legitimiert ist. In der biblischen Darstellung der Erschaffung des Menschen bleibt – nach orthodoxem Verständnis – kein Raum für die von Jung vertretene Präexistenz eines kollektiven Unbewußten. Wo Jung eine personifizierende Projektion unpersönlicher Kräfte, ein Seiendes, sieht, sehen der christliche und der jüdische Glaube einen personalen Gott; dieser Glaube hält daran fest, »*daß Gott nicht anthropomorph,*

sondern der Mensch theomorph ist« (Affemann). Jungs Bezüge zur Mystik und Theosophie (z. B. Jakob BÖHMES) wären noch zu beleuchten.   M.A.

AUSGABEN: Zürich 1952. – Zürich ³1961. – Olten/Freiburg i. B. 1971 (in *GW*, Hg. M. Niehus-Jung u. a., 19 Bde., 1958–1983, Bd. 11: *Zur Psychologie westlicher und östlicher Religion*; ²1973). – Olten/Freiburg i. B. 1984 (in *Grundwerk*, Hg. H. Barz u. a., 9 Bde., 1984/85; 4).

LITERATUR: R. Affemann, *Psychologie u. Bibel* [Auseinandersetzung m. Jung], Stg. 1957. – A. Moreno, *J., Gods & Modern Man*, Notre Dame/Ldn. 1970. – J. W. Heisig, *Imago Dei. A Study of C. G. J.s Psychology of Religion*, Lewisburg 1979. – N. R. Goldenberg, *The End of God. Important Directions for a Feminist Critique of Religion in the Works of S. Freud and C. G. J.*, Ottawa 1982. – G. Wehr, *C. G. J. und das Christentum*, Olten/Freiburg i. B. 1975.

DIE BEZIEHUNGEN ZWISCHEN DEM ICH UND DEM UNBEWUSSTEN

Tiefenpsychologische Abhandlung von Carl Gustav JUNG, erschienen 1928; aus einem Vortrag hervorgegangen, der unter dem Titel *La structure de l'inconscient* 1916 in den ›Archives de Psychologie‹ und 1920 unter dem Titel *The Conception of the Unconscious* in *Collected Papers on Analytical Psychology* (2. Aufl.) publiziert wurde. – Jung versucht, die Reaktion der bewußten Persönlichkeit auf die Einwirkungen des Unbewußten darzustellen und seine Auffassung von der Selbständigkeit und Selbstregulierung des Unbewußten, welche hauptsächlich zu der Scheidung von FREUDS Theorie führte, zu entwickeln. Die dynamischen Prozesse, die das Seelenleben regulieren und kompensieren, erscheinen ihm – im Gegensatz zum Freudschen Lust-Unlust-Prinzip – als geschlossenes System. Mit diesen Gedanken geht Jung ein entscheidendes Stück über Freud hinaus, da hier die Vorstellung von einem finalen Sinn, einer Zweckgerichtetheit – nämlich die der Herstellung und Erhaltung des seelischen Gleichgewichtes – wirksam wird, während Freud die seelischen Prozesse kausal aus Vorangegangenem ableitet. Bewußtes und Unbewußtes streben Jungs Theorie zufolge auf Ergänzung und Ganzheit, auf das Selbst hin. Dieses Selbst ist dem Ich übergeordnet.

Neben den von Freud entdeckten persönlichen Inhalten des Unbewußten glaubt Jung auch solche tieferer, kollektiver Natur erkennen zu können. Diese Inhalte, seine bedeutendste Entdeckung, bezeichnet er als kollektiv, weil sie in Form von archaischen Bildern und Symbolen – den sogenannten »Archetypen« – stets wiederkehrende Menschheitserfahrungen enthalten, die infolge der universalen Ähnlichkeit der Gehirne und der Gleichartigkeit der Geistesfunktionen allen Völkern und allen Zeiten gemeinsam sind. Dafür zeugt auch die außerordentliche Übereinstimmung autochthoner Mythenformen und -motive. In der Kollektivpsyche steht widerspruchslos und ungeschieden nebeneinander, was, wie Gut und Böse, dem Bewußtsein als Gegensatz erscheint. In jeder Persönlichkeitsentwicklung nimmt mit der rationalen Erkenntnis dieser Gegensätze *»das Paradies der Kollektivpsyche ein Ende«*. Das Individuum entwickelt sich demnach im Gegensatz zur Gemeinschaft. Durch die Individuation und Selbstverwirklichung aber gewinnt es Bereicherung und Erweiterung des Bewußtseins und die Befreiung von der Suggestivgewalt unbewußter Bilder. Die Gewalt und Bedeutung der Archetypen für den Menschen des europäischen Kulturkreises erklärt Jung als Folge der Verdrängung, die diese Inhalte von der Gesamtpersönlichkeit isolierte und ihnen dadurch eine selbständige und unabhängige, ja den Intentionen des Individuums zuwiderlaufende Existenz gerade erst erzwang.

Den ersten Schritt auf dem mehrere Stadien durchlaufenden Weg der Individuation und der Lösung vom Kollektiv stellt nach Jung die Auseinandersetzung mit der »persona« dar. Unter dieser versteht er eine Individualität vortäuschende Maske der Persönlichkeit, einen Kompromiß zwischen Individuum und Sozietät über die Rolle, die dem Einzelnen von der Gesellschaft zugewiesen wird, etwa als Beamter oder als Soldat, als Häuptling oder als Medizinmann. Je nach dem Grad ihrer Identifikation mit dieser Rolle und dem Glauben, sie bedeute bereits Individualität, ist die Persönlichkeit der »persona« verhaftet. Als weitere wichtige Stufe sieht Jung die Überwindung des unbewußten gegengeschlechtlichen Seelenbildes an, das entstehen kann, weil ein *»ererbtes, kollektives Bild der Frau im Unbewußten des Mannes«* besteht, *»mit dessen Hilfe er das Wesen der Frau versteht, da kein Mann nur männlich ist, sondern auch weibliche Züge trägt. Da es aber als Tugend gilt, diese zu verdrängen, kommt es zu einer Anhäufung der weiblichen Ansprüche im Unbewußten.«* Der »Anima« im Unbewußten des Mannes entspricht der »Animus« im Unbewußten der Frau; er ist ein *»Niederschlag aller Erfahrungen der weiblichen Ahnen am Manne«*. Gleichzeitig ist er das schöpferische Männliche der Frau. Während die Anima Launen hervorbringt, produziert der Animus Meinungen. Wie der von der Anima besessene Mann Effeminiertheit riskiert, ist die vom Animus besessene Frau in Gefahr, die »persona« der angepaßten Weiblichkeit zu verlieren. Von feministischer Seite (z. B. G. WEILER) wird eingewandt, daß Jungs Ansatz immer noch vom Geist des Patriarchats bestimmt sei. Es gelte, nicht nur die männliche Subjektivität zu komplettieren, sondern auch die weibliche in ihrem Eigenwert zu bestätigen.

Die psychoanalytische Methode, die sich vor allem der Phantasie des Menschen und ihrer frei aufsteigenden Bilder bedient, ist für Jung der Weg, um über die verschiedenen Entwicklungsstufen hinauszugelangen und Bewußtsein und Unbewußtes einander anzunähern. Diese Annäherung soll zur

Folge haben, daß ein Punkt zwischen beiden zum Zentrum der Persönlichkeit wird und nicht mehr das Ich, das nur *Bewußtseins*mitte ist, den Mittelpunkt bildet. Diese Wandlungsfähigkeit der menschlichen Seele bezeichnet Jung als die transzendente Funktion, die in der spätmittelalterlichen alchemistischen Philosophie *»durch die bekannte alchemistische Symbolik ausgedrückt wird«* und die auch LAOTSES Begriff des *Tao*, der schöpferischen Mitte, meint.

Jungs Lehre hatte und hat eine erhebliche Wirkung. Der Begriff des »kollektiven Unbewußten« gehört bereits dem allgemeinen Bildungsgut an. Die Philosophie sowohl idealistischer als auch existentialistischer Prägung und die Theologie bemächtigen sich zusehends der Psychoanalyse. Jung darf als Begründer der personalen Analyse angesehen werden, deren Hauptvertreter V. E. FRANKL, I. CARUSO, P. R. HOFSTÄTTER und W. DAIM sind, die sich aber später grundlegend von Jungs Lehre entfernt haben. Den stärksten Einfluß dürfte Jung auf O. RANK, E. FROMM und F. KÜNKEL ausgeübt haben. Auch Dichter und Schriftsteller bezogen aus seiner Vorstellungswelt mannigfache Anregungen.   M.A.-KLL

AUSGABEN: Darmstadt 1928. – Zürich ⁵1950. – Olten/Freiburg i. B. 1971 (in *GW*, Hg. M. Niehus-Jung u. a., 19 Bde., 1958–1983, 7: *Zwei Schriften über analytische Psychologie*). – Olten/Freiburg i. B. 1984 (in *Grundwerk*, Hg. H. Barz u. a., 9 Bde., 1984/85, 3).

LITERATUR: K. Kellner, *J.s Philosophie auf der Grundlage seiner Tiefenpsychologie*, Diss. Erlangen 1937. – C. G. Jung, *Symbolik des Geistes. Psychologische Abhandlungen*, Bd. 6, Zürich 1948. – J. Jacobi, *Komplex, Archetypus, Symbol in der Psychologie C. G. J.s*, Zürich 1957. – G. Weiler, *Der enteignete Mythos*, Mchn. 1985. – T. Evers, *Mythos und Emanzipation*, Hbg. 1987.

PSYCHOLOGIE UND ALCHEMIE

Tiefenpsychologische Abhandlung von Carl Gustav JUNG, erschienen 1944. – Die Schrift basiert auf zwei Arbeiten, die der Autor im Rahmen der alljährlichen Eranos-Tagungen Mitte der dreißiger Jahre in Ascona am Lago Maggiore/Schweiz gehalten hat und die in den Eranos-Jahrbüchern 1935 und 1936 erstmals publiziert wurden. Angereichert durch historisches Bild- und Belegmaterial fanden die Arbeiten in wesentlich erweiterter Form (1944) unter obigem Titel Aufnahme in Jungs Psychologischen Abhandlungen (Bd. 5).

In dem Bestreben, für die Ergebnisse seiner tiefenpsychologischen Forschungen historische Präfigurationen als Vergleichsgut heranzuziehen, hatte Jung nach seiner Trennung von S. FREUD zunächst, 1918–1926, auf gnostische Texte und Symbole zurückgegriffen. In der Begegnung mit dem Sinologen Richard WILHELM stellte sich um 1928

heraus, daß der alchemistische Überlieferungsstrom von Fall zu Fall bewußtseinsnähere, vor allem aussagekräftigere Belege liefert. Mehrjährige
eingehende Studien alchemistischer Original-
schriften und die Arbeit an ihrer Entschlüsselung
zeigten ihm, inwiefern das alchemistische »opus«
und die Schilderungen von der Herstellung des sogenannten Steins der Weisen *(lapis philosophorum)*
wichtige psychische Aspekte erkennen lassen. Was
sich im Zusammenhang der alchemistischen Ope-
rationen und Spekulationen nur auf stoffliche Veränderungen, die angebliche Goldgewinnung und
ähnliches zu beziehen scheint, faßte Jung in erster
Linie als Manifestationen des Unbewußten auf, als
archetypische Bilder und Symbole, die ihrerseits
geeignet sind, den psychischen Reifungsprozeß
(Individuation) zu veranschaulichen.

Im einleitenden Kapitel macht Jung zunächst mit
der religionspsychologischen Problematik bekannt
und betont, wie jeder Archetypus, mithin die Seele
in ihrem Gesamtumfang, »*unendlicher Entwicklung
und Differenzierung*« fähig sei. Dies mache eine
sorgfältige Beobachtung psychischer Wandlungs-
und Wachstumsprozesse, unter anderem im Blick
auf religiöse Erfahrung, erforderlich. »*Es wäre eine
Blasphemie zu behaupten, daß Gott sich überall offenbaren könne, nur gerade nicht in der menschlichen
Seele. Ja, die Innigkeit der Beziehung zwischen Gott
und Seele schließt jede Minderbewertung der Seele von
vornherein aus. Es ist vielleicht zu weit gegangen, von
einem Verwandtschaftsverhältnis zu sprechen; aber
auf alle Fälle muß die Seele eine Beziehungsmöglich-
keit, das heißt eine Entsprechung zum Wesen Gottes in
sich haben, sonst könnte ein Zusammenhang nie zustande kommen. Diese Entsprechung ist, psychologisch
formuliert, der* Archetypus des Gottesbildes.« – Indem Jung auf die Traumsymbolik des Individua-
tionsprozesses (Initialträume, Mandala-Symbolik
usw.) näher eingeht, die diversen Erlösungsvorstel-
lungen in der Alchemie erörtert und auf die in den
Texten immer wieder auftauchende Lapis-(Stein-)
Christus-Parallele aufmerksam macht, versucht er
Analogien zwischen der Alchemie und den Hervor-
bringungen des kollektiv-überpersönlichen Unbewußten – in den Träumen etwa – nachzuweisen. Es
kommt zu einer Zusammenschau psychotherapeu-
tischer Beobachtung und alchemistischer Schilderung angeblicher Vorgänge auf der materiellen
Ebene. In seiner Autobiographie *Erinnerungen,
Träume, Gedanken* (1962), die für das Verständnis
von Person und Werk bedeutsam ist, zieht Jung
folgendes Resümee: »*Sehr bald hatte ich gesehen,
daß die Analytische Psychologie mit der Alchemie
merkwürdig übereinstimmt. Die Erfahrungen der Alchemisten waren meine Erfahrungen, und ihre Welt
war in gewissem Sinn meine Welt. Das war für mich
natürlich eine ideale Entdeckung, denn damit hatte
ich das historische Gegenstück zu meiner Psychologie
des Unbewußten gefunden. Sie erhielt nun einen geschichtlichen Boden. Die Möglichkeit des Vergleichs
mit der Alchemie, sowie die geistige Kontinuität bis
zurück zum Gnostizismus gaben ihr Substanz. Durch
die Beschäftigung mit den alten Texten fand alles sei-*

*nen Ort: die Bilderwelt der Imaginationen, das Er-
fahrungsmaterial, das ich in meiner Praxis gesammelt, und die Schlüsse, die ich daraus gezogen hatte ...
Die Urbilder und das Wesen des Archetypus rückten
ins Zentrum meiner Forschungen ...*« Die Stellung
von *Psychologie und Alchemie* im Rahmen dieses
Gesamtwerks wird deutlich, wenn man das Buch
einerseits mit anderen grundlegenden Schriften
(vgl. *Die Beziehungen zwischen dem Ich und dem
Unbewußten*) in Verbindung bringt, andererseits
den Jungschen Forschungsgang weiter verfolgt,
wie er insbesondere in *Studien über alchemistische
Vorstellungen*, 1978, vor allem aber in dem umfangreichen Spätwerk *Mysterium Coniunctionis –
Untersuchungen über die Trennung und Zusammensetzung der seelischen Gegensätze in der Alchemie*
(1955–1957) dokumentiert ist. Was auf den ersten
Blick als fernliegend, wenn nicht als gänzlich abwegig erscheint, das erweist sich in mehrfacher Hinsicht als bedeutsam. Nicht zufällig hatte Jung in
Psychologie und Alchemie die Träume eines modernen Naturwissenschaftlers herangezogen. In der
Symbolik der Alchemie sah er die Vereinigung der
Psychologie des Unbewußten mit den Ergebnissen
der Mikrophysik antizipiert. Von daher ergab sich
seine Zusammenarbeit mit dem Physiker und Nobelpreisträger Wolfgang PAULI, der das Postulat einer transzendentalen, objektiven »*Ordnung des
Kosmos*« aufgestellt hatte. Danach sind innere und
äußere, psychische und physische Wirklichkeit
»*Manifestationen einer und derselben strukturieren-
den Ordnung*« (A. Jaffé). Jung gelangte zu der Annahme, daß »*das Unbekannte der Psyche*« und »*das
Unbekannte der Materie*« einen und denselben
Welthintergrund darstellen, von den Alchemisten
der *unus mundus* (die eine Welt) genannt. Von daher lassen sich unter anderem Phänomene der Syn-
chronizität verstehen. Gemeint sind (zeitgleiche)
Erscheinungen, die offensichtlich auf der Verbundenheit eines physischen und eines psychischen Ereignisses beruhen, ohne jedoch kausal verknüpft zu
sein. So führten, wie Jung zeigen konnte, die
scheinbar abwegigen Spekulationen der Alchemisten in Tiefen eines Welt- und Wirklichkeitsver-
ständnisses, die erst heute in ihrer vollen Tragweite
ermessen werden können. G.We.

AUSGABEN: Zürich 1944 (in *Psychologische Abhandlungen*, Bd. 5; ²1952, rev.). – Olten/Freiburg
i. B. 1972 (in *GW*, Hg. M. Niehus-Jung u. a.,
19 Bde., 1958–1983, 12; ³1984).

LITERATUR: M. Eliade, *Schmiede und Alchemisten*,
Stg. 1960, S. 234–238. – M. L. v. Franz, *Zahl und
Zeit. Psychologische Überlegungen zu einer Annähe-
rung von Tiefenpsychologie und Physik*, Stg. 1970.

PSYCHOLOGISCHE TYPEN

Wissenschaftliches Werk von Carl Gustav JUNG, erschienen 1921. – Jungs Beschäftigung mit dem Ty-
penproblem reicht in die Anfänge seiner wissen-

schaftlichen Tätigkeit zurück. Seine Versuche mit dem Assoziationsexperiment verfolgten nicht zuletzt die Absicht, den großen psychiatrischen Krankheitsbildern, vor allem der Hysterie und der Dementia praecox (Schizophrenie), bestimmte psychologische Reaktionstypen zuzuordnen (*Diagnostische Assoziationsstudien*, 1904). 1913 veranlaßte ihn das drohende Schisma der Psychoanalytischen Gesellschaft, genauer der scheinbar unversöhnliche Gegensatz zwischen Sigmund FREUD und Alfred ADLER, zu einer ersten Formulierung zweier grundsätzlich entgegengesetzter Typen. Danach ist die Libido (seelische Energie) bei allen Menschen in typischer Weise entweder vorwiegend zentrifugal (d. h. auf das Objekt) oder aber zentripetal (d. h. auf das Ich) gerichtet. Den erstgenannten Typus nannte der Autor extravertiert, den zweiten introvertiert.

War Jung zunächst noch der Meinung gewesen, daß der Extravertierte vorwiegend seinem Gefühl folgte, der Introvertierte dagegen seinem Denken, so differenzierte sich diese Auffassung in den folgenden Jahren insofern, als er nunmehr unterschied zwischen den beiden »Einstellungen« der Extraversion und Introversion und den vier »Funktionen« des Denkens, Fühlens, Empfindens und Intuierens. Indem sich die Einstellungstypen mit den Funktionstypen kombinieren lassen, erhielt Jung nun insgesamt acht verschiedene Typen (z. B. den extravertierten Denktypus, den introvertierten Empfindungstypus usw.). Eine allgemeine Beschreibung dieser acht Typen gibt Jung im zehnten Kapitel seines Buchs. Da es oft nicht leicht ist, einen Menschen einem bestimmten Typus zuzuordnen, wurden Tests entwickelt, mit deren Hilfe diese Zuordnung auf relativ einfache Weise gelingen soll, so von J. B. WHEELWRIGHT (Gray-Wheelwright-Test) und J. B. MYERS (Myers-Briggs-Test).

Der heranwachsende Mensch paßt sich in der Regel der Welt mit Hilfe einer der beiden Einstellungen und einer der vier Funktionen an. Die Wahl dieser Hauptfunktion (z. B. extravertierte Empfindung) scheint aufgrund konstitutioneller Bedingungen zu erfolgen. Im Lauf der Entwicklung mögen sich dieser meistdifferenzierten Funktion noch eine oder zwei Hilfsfunktionen zugesellen. Die vierte (»minderwertige«) Funktion bleibt aber in jedem Fall unentwickelt (d. h. unangepaßt) und damit »unbewußt«. Sie ist auch in ihrer Einstellung der Hauptfunktion entgegengesetzt. Oft stellt sich, in der zweiten Lebenshälfte, die Aufgabe der Selbstwerdung (»Individuation«), wozu die Differenzierung und damit das Bewußtwerden aller vier Funktionen (und beider Einstellungen) gehört. Der Anspruch der minderwertigen Funktion auf Bewußtwerdung führt wegen ihres infantil-archaischen Charakters und ihrer strikten Gegensätzlichkeit zur Hauptfunktion in der Regel zu einer eigentlichen Lebenskrise mit beträchtlichen inneren und äußeren Spannungen; diese Spannungen liefern günstigenfalls die nötige Energie, um das Bild des individuellen Typus zu wandeln. Mit der Bewußtheit über seine vier Funktionen und über beide Einstel-

lungen erreicht das Individuum seine Ganzheit; die dazu führende Entwicklung nennt Jung »Individuationsprozeß«. Da der Individuationsprozeß im Zentrum des Jungschen Menschenbilds steht, ist die Typenlehre in erster Linie als Versuch zu verstehen, sich innerhalb der stets im Fluß befindlichen Entwicklung des Individuums zu orientieren. Sie ist also weit mehr als nur eine Bewußtseins-Psychologie, denn sie schließt die unbewußten Prozesse mit ein. Sie ist auch eine wesentlich dynamische Betrachtungsweise, obschon sie häufig im Sinne einer statischen Diagnostik mißverstanden wird.

C.F.W.

AUSGABEN: Zürich 1921; 13.–15. Tsd. 1950. – Zürich/Stg. 1960 (in *GW*, Hg. M. Niehus-Jung u. a., 19 Bde., 1958–1983, 6; ¹²1976).

LITERATUR: J. Goldbrunner, *Individuation. A Study of the Depth Psychology of C. G. J.*, Notre Dame/Ind. 1964. –

EDGAR JUNG

* 6.3.1894 Ludwigsburg
† 1.7.1934 Oranienburg

DIE HERRSCHAFT DER MINDERWERTIGEN. Ihr Zerfall und ihre Ablösung

Politische Schrift von Edgar JUNG, erschienen 1927. – Zweck des Werkes ist – nach des Autors Worten –, »*den neuen deutschen Menschen, der aus dem wiedererwachenden Seelentum erstehen wird … in seiner gesamten geistig-seelischen Zuständlichkeit dem deutschen Volke*« zu zeigen und »*das erwachende Seelentum in Bewußtsein zu überführen.*«. Der »*rationalistische Schutt*« des demokratischen Zeitalters müsse abgetragen werden, damit in dem durch den verlorenen Krieg und die Weimarer Parteien-Republik darniederliegenden, von »*Minderwertigen*« beherrschten deutschen Volk wieder ein neues »volksdeutsches« Denken aufkommen könne und auf diese Weise die »*großen seelischen Triebkräfte der Geschichte wieder den Herrscherrang bekleiden, der ihnen gebührt*«.

In den fünf Teilen des Buches, das nacheinander *Die geistigen Grundlagen der Politik, Volk, Gesellschaft, Staat, Recht, Wirtschaft, Kultur* und *Bevölkerungspolitik* behandelt und mit einem Anhang über *Richtlinien zur inneren und äußeren Erneuerung deutschen Volkes und deutschen Staates* schließt, entwirft der Autor seine Vorstellungen von einer konservativen Revolution, deren Ziel und höchste Werte die »*Bewahrung und Reinhaltung des Volkstums als Grundlage jeder gesellschaftlichen, staatlichen und geistigen Entwicklung*«, die »*Wiederher-*

stellung des [vom Liberalismus, Marxismus, der Demokratie und dem individualistischen Denken zerstörten] *übersinnlichen Bezirks in voller Reinheit«* und der Schutz der Gemeinschaft vor *»Selbstsucht und Pflege des Einzelglücks«* sind.

Diesem Programm gemäß plädiert Jung für den *»erlösenden Gedanken einer Herrschaft der Hochwertigen«* und für einen ständisch gegliederten Staat (von dessen Führungsschicht allerdings nicht genau gesagt wird, woher sie sich rekrutieren soll); er spricht sich für die Todesstrafe aus, für die *»Bejahung des Opfertodes«* für das Vaterland, für die Erziehung zur *»Wehrhaftigkeit«*, für die *»Abwendung von der schwächlichen Mitleideinstellung gegenüber sozialschädlichem Leben«*, gegen die Kriegsdienstverweigerung des Mannes und den *»Gebärstreik«* der Frau und verurteilt schließlich vor allem die Intellektuellen, die daran schuld seien, daß der Mensch *»von einem toll gewordenen Intellekt irregeleitet«* und von seinen *»metaphysischen Wurzeln«* abgezogen werde. Die *»deutsche Sendung«* besteht für Jung darin, *»die gesellschaftliche und staatliche Verfassung der französischen Revolution durch einen Grundsatz zu ersetzen, der, aus deutschem Geiste geboren, zum Retter wird der gesamten abendländischen Menschheit«*; dieser Grundsatz ist die neue Bewertung des Seelischen, des – vom Autor mit einer fast mythischen Würde bekleideten – Völkischen, des Triebhaften und Natürlichen, auf welchen Gebieten das deutsche Volk besondere Kräfte besitze. – Dabei denkt Jung nicht nationalstaatlich, sondern in den Kategorien eines *»raumumfassenden Reiches«*, in dem sich *»wirklich freie Völker der Führung des hochwertigen Volkes anvertrauen«*. Differenziert ist auch sein Rassismus: Rasse, der *»geheimnisvolle Gleichklang des Blutes«*, ist ihm nicht ein biologisches, sondern ein *»übersinnliches Phänomen«*; daher lehnt er zwar den gängigen Antisemitismus ab, plädiert aber zugleich für *»Rassenpflege«* und für die Stärkung der *»nordischen Rassenbestandteile«* im deutschen Volk.

Jungs Programm, in der zweiten Auflage seines Buches (1930) noch ausführlicher dargelegt, unterscheidet sich nur in Nuancen von dem des Nationalsozialismus; es kann rückblickend jenem *»präfaschistischen Syndrom«* (T. W. Adorno) zugerechnet werden, dem auch ein Teil der Werke E. JÜNGERS, Carl SCHMITTS und Martin HEIDEGGERS mit ihren totalitären, dezisionistischen oder irrationalistischen Tendenzen angehört. Aber schon am 17. Juni 1934 verlas Franz von Papen in Marburg eine von Jung verfaßte Rede, worin der Autor sich scharf gegen die nationalsozialistische Version der konservativen Revolution wandte; die Primitivität der nun zur Macht gelangten Politiker und die ersten Pogrome gegen die Juden erschreckten ihn und öffneten ihm die Augen über die politische Bewegung, zu deren intellektuellen Wegbereitern er doch zweifellos gehörte. Jung wurde nach dieser Rede im Verlauf des Röhm-Putsches am 1. Juli 1934 von den Nazis erschossen.   J.Dr.

AUSGABEN: Bln. 1927. – Bln. 1930 [überarb.].

LITERATUR: A. Mohler, *Die konservative Revolution*, Stg. 1951, S. 174/175. – K. Sontheimer, *Antidemokratisches Denken in der Weimarer Republik*, Mchn. ²1963. – D. Bronder, *Bevor Hitler kam*, Hannover 1964, S. 68–70. – B. Jenschke, *Zur Kritik der konservativ-revolutionären Ideologie in der Weimarer Republik. Weltanschauung und Politik bei E. J.*, Mchn. 1971. – E. Forschbach, *E. J., ein konservativer Revolutionär*, Pfullingen 1984.

FRANZ JUNG

* 26.11.1888 Neisse
† 21.1.1963 Stuttgart

LITERATUR ZUM AUTOR:
H. Schwab-Felisch, *F. J.* (in HbdtG, 1). – H. Denkler, *Der Fall F. J. Beobachtungen zur Vorgeschichte der ›Neuen Sachlichkeit‹* (in *Die sog. zwanziger Jahre*, Hg. R. Grimm u. J. Hermand, Bad Homburg 1970, S. 75–108). – B. Schrader, *Wegstücke zur sozialistischen Literatur. Zum Leben u. Schaffen von F. und C. J.* (in WB, 24, 1978, H. 11, S. 69–83). – F. Loquas, *Politik auf der Bühne. Zum Verhältnis von politischem Bewußtsein u. literarischer Tätigkeit bei F. J.* (in *Recherches germaniques*, 10, 1980, S. 156–182). – W. Jung, *Der rasende Torpedokäfer. Ein biographisches u. literarisches Portrait F. J.s* (in Kürbiskern, 1983, Nr. 3, S. 104–125). – W. Fähnders, *Brücke. Zur Wiederentdeckung des F. J.* (in Spuren, 1984, Nr. 5, S. 38 f.). – D. Bathrick, *Die Berliner Avantgarde der 20er Jahre. Das Beispiel F. J.* (in *Literarisches Leben in Berlin*, Bd. 2, Hg. P. Wruck, Bln. 1987, S. 45–78). – W. Rieger, *Glückstechnik u. Lebensnot: Leben u. Werk F. J.s*, Freiburg i. B. 1987. – *Der Torpedokäfer. Hommage à F. J.*, Hg. L. Schulenberg, Hbg. 1988. – K. W. Schmidt, *Revolution, Geschlechterkampf u. Gemeinschaftsutopie: Studien zur expressionistischen Prosa F. J.s und Curt Corrinths*, Ffm. u. a. 1988. – J. E. Michels, *F. J.: Expressionist, Dadaist, Revolutionary and Outsider*, Ffm. u. a. 1989.

DER FALL GROSS

Erzählung von Franz JUNG, Teile einer Vorfassung erschienen bereits 1914 unter dem Titel *Die Telepathen* in einer expressionistischen Zeitschrift; diese Vorfassung übernahm der Autor dann 1916 in sein Buch *Saul*. 1920 publizierte der Autor eine vollständige Fassung in der Zeitschrift ›Die Erde‹, 1921 eine davon leicht abweichende Fassung als selbständiges Buch. – Die nur zwanzig Seiten umfassende, aber äußerst komplexe und gedrängte Erzählung, eine der bedeutendsten Arbeiten des Autors, beginnt mit einer in einem distanzierten, sachlichen und dennoch untergründig wie zergrübelt wirkenden Stil gehaltenen Vorbemerkung des Erzählers bzw. Berichterstatters: »*Anfang des Jahres 1914 wurde ich auf den Fall Groß aufmerksam gemacht und schrieb dazu in einem Aufruf: Die Existenzbedrohung des täglichen Lebens schreitet fort. An dem scheints simplen Zeichner der Garrison Foundry in Pittsburgh-East vollzieht sich das Geschick der Allgemeinheit, bedroht zu sein in den Netzen einer Bande von Räubern und Mördern, die niemand kennt und deren bröckelndes Wirken jeder tagtäglich hören kann.*« In dreizehn jeweils knapp zwei Seiten langen Abschnitten wird danach das Schicksal des aus Mähren stammenden Anton Wenzel Groß rekapituliert, und wenn man den zitierten einleitenden Worten glauben darf, ist dieses Schicksal das Modell einer viel allgemeineren Bedrohung: daß nämlich alle, wir alle – die Gesellschaft, die Menschheit – einer Bande von Räubern und Mördern ausgeliefert sind. Allerdings ist von der allgemeineren Art der Bedrohung und einer explizit sozialkritischen Absicht der Erzählung – etwa in dem Sinn, daß die militärischen oder finanziellen Machthaber des europäischen oder amerikanischen Kapitalismus mit den »Räubern und Mördern« gemeint sein könnten – danach kaum noch die Rede; der Fall Groß wird unter fast vollständigem Verzicht auf eindeutig gesellschaftskritische Einwürfe oder Wertungen aufgerollt.

Um 1885 machen sich erste Anzeichen dafür bemerkbar, daß die Mitglieder und Freunde der Familie Groß anscheinend Opfer der Nachstellungen einer nicht näher zu identifizierenden Bande von Betrügern und Mördern sind. Auf der Flucht vor diesen Verfolgungen fährt Anton Wenzel Groß 1906 nach Amerika und arbeitet in Pittsburgh, kommt aber nie zur Ruhe, weil eine rätselhafte »*fortgesetzt quälende Unruhe*« in ihm ist. Offenbar beginnt er zu trinken und »*erkrankt bald darauf aus nicht aufklärbaren Gründen an Typhus, irrt ein schreckliches halbes Jahr, von dem er keinerlei Erinnerung mehr hat, zwischen Chicago, Washington und Pittsburg hin und her und landet schließlich nach Jahresfrist wieder in Mährisch-Ostrau*«. Als er 1910 ein zweites Mal in die USA geht, wird er offensichtlich beinahe ermordet, wird später selbst für einen Mörder gehalten und zusammen mit seinem Freund Schönherz abermals Zielscheibe hinterhältiger Angriffe und übler Nachreden sowie Opfer geheimnisvoller, anscheinend von Verschwörern arrangierter Überfälle und Unfälle. Nach einer Odyssee durch Hospitäler, Polizeireviere und Einwanderungsbehörden verschlägt es ihn wiederum in die Heimat und schließlich nach Breslau. Er fühlt, daß sein Schicksal der »Einkreisung« sich hier vollendet; er wird dann auch in seinem Hotelzimmer überfallen, liefert einer Mörderbande ein Feuergefecht und wird dabei schwer verwundet: »*Da wurde von draußen die Scheibe eingeschlagen. Er kauerte sich auf den Boden, verbarg sich in den Trümmern. Welche stiegen durchs Fenster. Die Wand schob sich wieder vor. Er schrie nicht. Er feuerte weiter. Er bekam einen Schuß in den Kopf. Das rechte Kinn wur-*

de zerschmettert, einen Schuß in die Leiste, zwei Schuß in den Arm, einen Schuß ins Knie. Er blieb stumm. Er kauerte am Boden. Rote Brüste wogten. Dann fiel alles über ihm zusammen. Er wollte noch etwas schreien.« Dieser Schlußsatz läßt offen, ob Groß stirbt oder irrsinnig wird.

Eine Bemerkung des Erzählers scheint den Schlüssel zu diesen rätselhaften Vorgängen zu liefern: »*Erbärmlich, daß Groß die Mörder im eigenen Blut sucht zu vergegenständlichen.*« Der Satz kann so gelesen werden, daß Groß offenbar seine in Wirklichkeit endogene Aggressivität auf seine Umwelt projiziert: Er ist geistesgestört und leidet an Paranoia. Die Vergiftungs- und Messermordversuche an ihm sind Einbildung, seine »*Hellhörigkeit*« für ihm Böses nachrufende Menschen ist einfach krankhaft. Das Ich des Anton Wenzel Groß wäre dann das ins klinisch kranke Extrem gesteigerte expressionistische Ich, das nach der Definition Kasimir ED-SCHMIDS aktiv etwas in die Dinge der Außenwelt hineinsieht und so die Welt dynamisiert; der Sachverhalt wäre dann in Anton Groß ins Pathologische gesteigert. Wirklich irritierend aber ist, daß jener Erzähler, der seinen zunächst ganz vernünftig klingenden, empathisch-nachfühlenden Bericht über Groß, der sich auf weite Strecken wie eine Mischung aus Polizeiprotokollen und ärztlicher Anamnese liest, so entschieden begonnen hat, immer rätselhaftere Einwürfe macht und eigene Ausbrüche quasi kommentierend dazwischenschiebt, so daß der Eindruck entsteht, seine Haltung zu dem Fall und seine Bewertung der Vorgänge seien ebenfalls nicht eindeutig, bis schließlich sein offenkundiges Mitleid mit Anton Wenzel Groß in fast zynisch gleichgültige Redereien übergeht, die sogar die Möglichkeit offenlassen, daß er sich die ganze Geschichte nur ausgedacht hat: »*Es verlohnt sich nicht mehr, die Geschichte von dem Anton Wenzel Groß weiter zu spinnen.*« Doch steht dies wieder in unauflöslichem Widerspruch zu der wenige Zeilen vorher geäußerten Überzeugung, das Jämmerliche an der Haltung des Wenzel Anton Groß sei vor allem, daß er sich nicht gewehrt habe – und die Schuld des Erzählers bestehe vielleicht darin, ihm nicht doch geholfen zu haben, damals, vor vielen Jahren, als der Fall vielleicht noch nicht so hoffnungslos war. Oder kann man, auch als engagierter Autor, gar nicht helfen, denn: »*Es wird ja nichts erreicht. Leben rollt sich ab.*« – ist dies der Weisheit letzter Schluß und alle Aufsässigkeit nur sinnloses Gestikulieren?

Die Erzählung gehört in die Reihe der Darstellungen extremer bis pathologischer Bewußtseinszustände, wie sie sich häufig im Expressionismus finden; vergleichbar ist *Der Fall Groß* etwa mit Alfred DÖBLINS *Die Ermordung einer Butterblume*, August STRAMMS *Der Letzte* und Georg HEYMS Prosastück *Der Irre*; allerdings ist die systematische Verunsicherung des Lesers bei Jung viel größer, weil er auch die Zuverlässigkeit der Erzählerinstanz nach und nach unterminiert, so daß es keinen verläßlichen Fixpunkt im Erzählgefüge gibt, in dieser Hinsicht nicht unähnlich der erzählten Welt Franz

KAFKAS. Jung stützt sich bei der Erzählung auf die Aufzeichnungen eines realen Patienten Anton Wenzel Groß aus der Irrenanstalt in Troppau, auf den er 1914 in Verfolgung der Geschichte des damals zu Unrecht von seinem Vater in eine psychiatrische Anstalt eingewiesenen Psychoanalytikers Dr. Otto GROSS gestoßen war; in einigen Abschnitten seiner Erzählung folgt Jung wörtlich diesen Niederschriften des Patienten Anton Wenzel Groß.

Autoren und Kritiker wie etwa Max HERRMANN-NEISSE oder Kurt KERSTEN hielten schon in den zwanziger Jahren den *Fall Gross* für eine überragende Erzählung; Jung selbst hat der Fall bzw. der Text über vier Jahrzehnte lang beschäftigt, den er in den vierziger Jahren zu einem Theaterstück mit dem Titel *Herrn Grosz* (unpubliziert) umschrieb und von dem er in den frühen sechziger Jahren, als er in Paris lebte, eine erweiterte und endgültige Fassung herstellte oder herstellen wollte, die bis heute nicht publiziert ist. J.Dr.

AUSGABEN: Vorstufe u. d. T. *Die Telepathen* in Die Aktion, 4, 1914, Sp. 744–749. – Erste Schlußfassung in Die Erde, 2, 1920, H. 1, S. 29–43. – Hbg. 1921. – Stg. 1963 (in *Ego und Eros. Meistererzählungen des Expressionismus*, Hg. K. Otten; Nachw. H. Schöffler). – Mchn. 1976 (in F. J., *Gott verschläft die Zeit. Frühe Prosa*, Hg. K. Ramm, S. 78–98; ²1980). – Bln. 1980 (in GROSZ/JUNG/GROSZ, Hg. G. Bose u. E. Brinkmann, S. 73–100). – Hbg. 1986 (in *Werke*, Bd. 8, Hg. L. Schulenburg, S. 297–315).

LITERATUR: K. Kersten, Rez. (in Berliner Börsenkurier, Nr. 13, 8. 1. 1922). – K. Ramm, Nachwort (in F. J., *Gott verschläft die Zeit*, Mchn. 1976, S. 121 ff.). – G. Bose u. E. Brinkmann, *Depot* (in GROSZ/JUNG/GROSZ, Hg. dies., Bln. 1980, S. 217–254).

OPFERUNG

Roman von Franz JUNG, erschienen 1916. – Jungs Kurzroman darf als beispielhaft für den Expressionismus gelten. Er behandelt ein zentrales Thema dieser literarischen Bewegung: Zerrissenheit und Entfremdung im privaten, totale Vergesellschaftung des Lebens im kollektiven Bereich und die namenlose Angst vor dem drohenden oder bereits geschauten Zusammenbruch aller Ordnungen und Zusammenhänge; versöhnliche Elemente fehlen fast gänzlich und revolutionär-utopische überhaupt. Denn bei Jung kreist alles um die eine unheilvolle Verknotung der Katastrophe in Permanenz. Revolutionärer aber als mancher Berufsrevolutionär jener Zeit ist Jung, weil er die gesellschaftliche Wirklichkeit ohne ideologische Verzerrung zur Darstellung bringt, die Welt mit den Augen des Opfers sieht. Er kann sie konsequenterweise nicht in den gemächlichen Fluß großer Epik retten noch

in Konstruktion und Stilhaltung des Romans eine Geschlossenheit anbieten, der die Inhalte zuwiderlaufen. Fabel und Handlung sind ebensowenig zu erwarten; was davon übrig bleibt, sind überkomprimierte Fetzen, die von der allmächtigen Katastrophe in eine wahllose Abfolge gezwungen werden. Die »handelnden« Personen fällen keine Entscheidungen, es wird ihnen ein Schicksal aufgezwungen, mit dem sie sich bis zum Ende abquälen müssen.

Hans Böhme, der völlig unbrauchbare Held des Romans, der »verbummelte Student«, der *outcast* und ewig Geschlagene, trinkt sich durchs Leben, da er sonst nichts mit sich anzufangen weiß. Von der Gemeinschaft hat er sich gelöst, kann ihrer jedoch nicht ganz entraten, da er Trinkgenossen und einen Hintergrund für seinen Zerfall braucht. Dabei lernt er Maria kennen, und für kurze Zeit scheint ein Glück aufleuchten zu wollen, doch bald bricht alles wieder zusammen. Die beiden zerstreiten sich und quälen einander unablässig, gehen auseinander und suchen sich wieder, wechseln die Wohnungen und die Stimmungen unaufhörlich. Maria bekommt ein Kind, das natürlich krank ist. Es wird zu den verhaßten Eltern gebracht, Böhme und Maria versinken im Ekel an sich und der Welt. Erbarmungslos frißt das Unheil die Tage des Menschen, ohne daß er sterben könnte, die permanente Katastrophe wird in ihren endlosen Variationen aufgezeigt. Böhme wird ins Gefängnis geworfen und denkt über seine ausweglose Situation nach. Da bahnt sich eine zaghafte Wandlung an. Er fühlt sich freier und will Maria freigeben, damit sie ihr Leben noch einmal mit einem Jugendgeliebten versuche. Die Wandlung ergibt sich nicht aus den vorhergehenden Ereignissen, sondern ist eine gequälte Sehnsucht, die an ihrer Unmöglichkeit krankt. Einzige Hoffnung ist, durch Annahme des unerträglichen Leides eine Veränderung heraufzuführen, »daß aus dem drückenden Leid sich jubelnde Freude gebärt und weiter aufzurichten, den Tempel zu bauen und Opferfeuer heilwärmend über die Welt zu spannen, aufsaugen alles Schwere, in sich verbrennen lassen für alle . . .«

Die Prosa Franz Jungs ist unverwechselbar. Er fordert von der Sprache mehr, als sie aushalten kann, doch wird sie von ihren chaotischen Inhalten ganz gesprengt; dafür ist die Zerrissenheit zu stilisiert. Indem sie von der Wirklichkeit bestimmt wird, gewinnt sie ihre katastrophale Wahrheit und somit Berechtigung. P.F.

AUSGABE: Bln. 1916 (Aktions-Bücher der Aeternisten. 3; ern. Nendeln 1973).

LITERATUR: O. Loerke, Rez. (in NRs, 27, 1916, S. 1565–1567).

DER WEG NACH UNTEN

Autobiographie von Franz JUNG, erschienen 1961. – *»Ich versuche eine Analyse anzudeuten, leider nicht*

zu geben, einer durchschnittlichen Entwicklung an einem Einzelwesen, in seiner Stellung zur Umwelt, in der Widerspiegelung, im Strudel dieser Zeit, in der Auflösung aller Tradition und Bindung, in der Unfähigkeit, der Gesellschaft dafür einen Ersatz zu schaffen«, schreibt der Autor gegen Ende seiner Aufzeichnungen. Doch seine Autobiographie hat nichts Durchschnittliches an sich, sie ist vielmehr exemplarisch für den spezifischen Typ des expressionistischen Aktivisten und Revolutionärs.
»Im Strudel dieser Zeit« befand sich der aus bürgerlichen Verhältnissen stammende, in Neisse/Oberschlesien aufgewachsene Jung seit dem Beginn seines Studiums in Breslau: Er wechselt mehrfach die Universität und die Studienfächer, läuft nach dem juristischen Examen mit einer Tänzerin davon und verhungert fast in Petersburg. Nach seiner Rückkehr, 1911, schließt er sich zuerst der Schwabinger Boheme, dann den Berliner Literaten um Franz PFEMFERTS Zeitschrift ›Aktion‹ an, hat Umgang mit Erich MÜHSAM, Gustav LANDAUER, Ludwig RUBINER, Theodor DÄUBLER und Else LASKER-SCHÜLER und wird in die Affäre um den Psychoanalytiker Otto Groß verwickelt, die er später zu seiner komplexesten und besten Erzählung, *Der Fall Groß* (1920), verarbeitet. Zu Kriegsbeginn eingezogen, desertiert er, wird in eine Irrenanstalt eingewiesen, wendet sich nach seiner Freilassung der Agitationsarbeit der Berliner Spartakisten zu und nimmt schließlich, 1918, aktiv teil an der Berliner November-Revolution sowie an weiteren umstürzlerischen Aktionen in den folgenden Jahren. Als Delegierter der KPD geht er 1920 nach Moskau; von 1921 bis 1923 ist er als Wirtschaftsexperte in mehreren russischen Fabriken tätig und lernt den Alltag der neuen sowjetischen Gesellschaft, die Hungerkatastrophe im Wolgagebiet, die sich schnell verfestigende Parteibürokratie und die immensen Schwierigkeiten kennen, mit denen die Regierung Lenins bei der wirtschaftlich-technischen Neuorganisation des Landes zu kämpfen hat. Zwar ist seine Kritik an der Sowjetgesellschaft nicht so radikal wie die an der deutschen Revolution von 1918/19, die er als ziemlich wirres, ohne eigentliche revolutionäre Stoßkraft geführtes Unternehmen verhöhnt; doch daß er ungeachtet seines Idealismus, seines Fleißes und Könnens am Funktionärsapparat scheitert und unter Lebensgefahr aus der Sowjetunion fliehen muß, bezeugt die Desillusionierung seiner gesellschaftspolitischen Ambitionen und seines sozialistischen Engagements. Im dritten Teil des Buches – *Die grauen Jahre* lautet bezeichnenderweise (nach *Die grünen Jahre* und *Die roten Jahre*) sein Titel – schildert Jung seine erneute Rückkehr zur Literatur; es erscheinen wieder Bücher von ihm, mit denen ihn Piscator befreundet, der er freilich als Regisseur nicht sehr hoch einschätzt; Josef Gielen führt Jungs Stück *Legende* in Dresden auf (1927). Doch weder sein literarisches noch sein politisches Engagement haben den früheren Schwung; nach letzten hilf- und wirkungslosen Agitationsversuchen in Berlin bekommt er 1933 Schreibverbot, flieht 1936 über Prag, Wien, Paris

und Genf nach Budapest, wird zweimal verhaftet, einmal zum Tode verurteilt und ins KZ Bozen geschafft, wo er das Kriegsende erlebt. Das Buch schließt mit dem Kapitel *Gehabt Euch wohl!* bestürzend pessimistisch, in einer anarchistischen, mit dem Untergang fast einverstandenen Vision des Endes dieser *»verrotteten Gesellschaft«*, die Jung, wie sich selbst, auf dem *»Weg nach unten«* sieht.
Das Buch ist das unpathetisch rückhaltlose und bis zur Selbstzerstörung selbstkritische Gegenstück zu Ernst TOLLERs Autobiographie *Eine Jugend in Deutschland* (1933); Jungs illusionsloser, schonungslos kalter Blick auf die Zeitgeschehnisse und auf das eigene Ich sucht in der deutschen Literatur seinesgleichen. Die Fülle der Informationen literarischer, politischer und wirtschaftlicher Art basiert auf der »Doppelexistenz« des Autors als Literat, Agitator und Wirtschaftsjournalist, die ihn mehrfach mit der Polizei in Berührung brachte, ihn zwang, lange Zeit mit falschen Pässen zu leben, und ihn überall verdächtig machte, da er sich nie eindeutig für Literatur oder Politik entscheiden konnte. Das Buch, 1961 nach über dreißigjährigem Schweigen des Autors erschienen, hatte seinerzeit keinen großen Widerhall beim Publikum, ist aber für die literarische wie für die politische Zeitgeschichte höchst aufschlußreich und muß zu den großen deutschen Selbstdarstellungen des 20. Jh.s gerechnet werden.   J.Dr.

AUSGABEN: Neuwied/Bln. 1961. – Neuwied/Bln. 1972 (u. d. T. *Der Torpedokäfer*; SLu). – Salzhausen 1979. – Hbg. 1985.

LITERATUR: A. Liede, Rez. (in Der Monat, 14, 1961/62, H. 161, S. 69–74).

ROBERT JUNGK

eig. Robert Baum
* 11.5.1913 Berlin

DIE ZUKUNFT HAT SCHON BEGONNEN. Amerikas Allmacht und Ohnmacht

Kulturkritisches Werk von Robert JUNGK, erschienen 1952. – Zu einer Zeit, als in Europa aus dem Bombenschutt des größten Krieges der Weltgeschichte eine neue Industrie aufblühte, widmete der Autor seine Studienreise durch die USA den zukunftsträchtigsten Branchen der modernen Technologie: der Flug- und Raketenforschung, der Nuklearphysik, den Methoden der Produktivitätssteigerung in Landwirtschaft und Industrie, den Sackgassen der Betriebspsychologie und Menschenführung, dem Umweltschutz, der Zukunftsplanung. Den Schwerpunkt seiner Aufmerksamkeit legt Jungk eindeutig auf die veränderte Stellung des Menschen in einer mehr und mehr durch künstliche Einwirkung gestalteten Umwelt. In der Darstellungsform verbindet er die Unmittelbarkeit des Reiseeindrucks mit einer Reduktion der Analyse auf wenige Zentralprobleme. Dieses Verfahren garantiert die Überschaubarkeit des Werks und fesselt durch die Mischung von Aktualität, skeptischer Reflexion und düsterer Prognose.

Die einzelnen Reisebilder führen durchgehend zu einem zwar einheitlichen, in sich jedoch zutiefst zwiespältigen Gesamteindruck. Der Erobererdrang der »Frontiers« konzentrierte sich, nachdem das Land in Besitz genommen war, auf die Entschlüsselung der Natur, die Bewältigung riesiger Organisationsaufgaben, die konsequente Gestaltung der Zukunft, den *»Griff nach der Allmacht«* schlechthin. Die Suche eines kühlen, wissenschaftlichen Kalküls nach neuen Energiequellen und nach Lösungen umfassender organisatorischer Probleme erbrachte beispiellose Erfolge: die Eroberung der Stratosphäre, gewaltige Produktionsziffern, die Steuerung riesiger Konzerne und Staatsapparate durch wenige Rechenzentren. Doch faßt Jungk auch den Preis ins Auge, nach dem angesichts des raschen technologischen Aufschwungs bis dahin selten gefragt wurde. Zurückhaltend kommentiert er die nuklearen Vernichtungspotentiale, die die Atomphysiker hinter die Mauern streng überwachter Laboratoriumsstädte verbannen, er beobachtet die kleinen Angestellten, aus denen ein stets höheres Maß an *efficiency* herausgepreßt wird, er sieht, wie die herkömmliche Bindung des Bürgers an die Gemeinschaft durch die unterkühlte Atmosphäre von Megastädten und Supermarkets abgelöst, aber nicht ersetzt wird. Letzten Endes zeigt sich auf allen dargestellten Gebieten dasselbe Symptom: Dem rapiden technologischen Fortschritt mußte in steigendem Maß die Sphäre des Persönlichen und Individuellen geopfert werden. Der einzelne wurde, anstatt erweiterte Möglichkeiten freier Selbstentfaltung zu erhalten, mehr und mehr in ein genormtes System eingepaßt. Die »neueste Ära« hat zwar einen alle Dimensionen sprengenden Apparat, mit Sicherheit aber keinen gesunden Organismus zu schaffen vermocht. Sie hat die Freiheit des einzelnen in beträchtlichem Maß reduziert zugunsten eines Systems mit ausgeprägt totalitären Tendenzen: von daher der ständige Leistungsdruck, die entfremdete Arbeit, die verbreitete Frustration, die latente Angst.

Jungk versucht diese Erscheinungen im Begriff »Amerikanismus« zusammenzufassen und durch eine Analyse amerikanischer Eigenart zu untermauern. Auch wenn die Realität die Erwartungen Jungks, vor allem seine pessimistischen Einschätzungen, bei weitem übertraf, was etwa die Ausbildung des militärisch-industriellen Komplexes angeht oder die sozialen wie ökologischen Kosten dieser Lebensform, so hat er wesentliche Entwicklungen des »Amerikanismus« zutreffend vorausgesehen und fand damit in der unmittelbaren deutschen Nachkriegszeit ein nachhaltiges Echo. Seit den siebziger Jahren beschäftigt sich Jungk vorrangig mit ökologischen, soziologischen und technologischen Fragen der Zukunftsforschung (*Der Jahrtausendmensch. Bericht aus den Werkstätten der neuen Gesellschaft*, 1973; *Zukunftswerkstätten*, 1981). In den achtziger Jahren engagierte er sich in der Friedensbewegung und beteiligte sich aktiv an Kampagnen gegen die wirtschaftliche Nutzung der Kernenergie, deren Gefahren er deutlich machte (*Der Atomstaat*, 1977). A.U.

AUSGABEN: Stg. 1952. – Stg. 1955 [Nachw. R. Jungk]. – Reinbek (rororo 1965). – Mchn. ⁵1968 [zus. m. *Heller als 1000 Sonnen. Das Schicksal der Atomforscher* u. *Strahlen aus der Asche. Geschichte einer Wiedergeburt*]. – Mchn. 1983 (Goldm. Tb).

JOHANN HEINRICH JUNG-STILLING

eig. Johann Heinrich Jung
* 12.9.1740 Grund bei Hilchenbach /
Westfalen
† 2.4.1817 Karlsruhe

LITERATUR ZUM AUTOR:
G. Stecher, *J.-S. als Schriftsteller*, Bln. 1913 (Palaestra 120; Nachdr. NY 1967). – H. R. G. Günther, *J.-S. Ein Beitrag zur Psychologie des deutschen Pietismus*, Mchn. 1928; ²1948. – J. Herder u. E. Mertens, *J.-S. Studien*, Siegen 1984. – R. Vinke, *J.-S. u. die Aufklärung. Die polemischen Schriften J. H. J.s gegen Friedrich Nicolai (1775/76)*, Stg. 1987.

JOHANN HEINRICH JUNG'S, GENANNT STILLING LEBENSGESCHICHTE, ODER DESSEN JUGEND, JÜNGLINGSJAHRE, WANDERSCHAFT, LEHRJAHRE, HÄUSLICHES LEBEN UND ALTER

Autobiographisches Werk von Johann Heinrich Jung-Stilling, als Ganzes erschienen 1835; vorher schon in Teilen: *Heinrich Stillings Jugend. Eine wahrhafte Geschichte* (1777, herausgegeben von Goethe), *H. Stillings Jünglings-Jahre* (1778), *H. Stillings Wanderschaft* (1778), *H. Stillings häusliches Leben* (1789). *H. Stillings Lehr-Jahre* (1804), *H. Stillings Alter* (1817, herausgegeben von seinem Enkel W. Schwarz).

Mit der aus pietistischer Frömmigkeit geborenen Absicht, seine Lebensgeschichte als Dokument göttlicher Vorsehung dem an Selbstdarstellungen interessierten literarischen Publikum der Geniezeit darzubieten, erzählt Jung-Stilling in der dritten

Person von sich selbst. Vor allem das erste, nach seiner Straßburger Zeit (1770–1772) begonnene Buch, das eigentlich nicht zur Veröffentlichung bestimmt war und das Goethe ohne Wissen des Verfassers in redigierter Form zum Druck gebracht hat, zeigt sowohl die besondere Gemütstiefe des Autors wie seine scharfe, aus begrenzten und überschaubaren Verhältnissen gewonnene Beobachtungsgabe. Seine Kindheit verbringt Heinrich Stilling unter Bauern, Kohlenbrennern und Handwerkern in stetem Kontakt mit der Natur, wohlbehütet von einer Familie, aus der sein patriarchalischer Großvater Eberhard Stilling und die zu ihrer bäuerlich-vitalen Umgebung seltsam kontrastierende Gestalt der feinsinnigen, den Idealen der Empfindsamkeit zugewandten, früh verstorbenen Mutter des Autors (Dortchen) herausragen. Ihr Sohn zeichnet sich durch naive Gläubigkeit, aber auch durch unbändigen Wissensdurst aus, der seine beharrliche Neigung zum Lehrerberuf begründet und ihn zu autodidaktischer Fortbildung anhält. Neben einer Fülle realistischer Details aus dem dörflichen Leben des Siegerlandes mit seinen genau und lebendig skizzierten Menschentypen enthält dieses erste Buch noch Spuren eines späten empfindsamen Rokokogeists (z. B. in der Vignette der schnäbelnden Tauben auf dem Grab des Großvaters) und deutliche Zugeständnisse an das frisch erwachte Interesse der Zeit für Volksdichtung (in den eingestreuten Liedern, Sagen, Märchen und Fabeln).

Von den Fortsetzungen der Lebensgeschichte erreichen nur die *Jünglings-Jahre* bisweilen die Lebendigkeit des ersten Buchs; auch sie zeigen jedoch schon die später zunehmende Tendenz des Werks zur bloßen Familienchronik und zur hartnäckigen Beteuerung des Gottgewollten, dem der Autor alle selbstsüchtigen Triebe oder Versuche zur Selbstbestimmung in betont frommer Demut (oder Passivität) unterordnet. Dennoch bleibt sein Rückblick auf die von ihm durchlaufene wechselhafte und letztlich vom Erfolg gekrönte Lebensbahn nicht frei von Selbstgefälligkeit, und die Sprache, in der Jung dem Bewußtsein seiner religiösen Inspiriertheit Ausdruck gibt, wirkt zunehmend formelhaft und gesucht. Nach abgeschlossener Schneiderlehre versucht sich der Jüngling, dem das Handwerk nicht genügt, als Haus- und Dorfschullehrer; er bemüht sich vergeblich, Bergwerksverwalter zu werden, gerät dann zufällig mit dem naturwissenschaftlichen Denken in Berührung und eignet sich Kenntnisse in Augenkrankheiten und Arzneikunde an. Schließlich gelangt er als Medizinstudent nach Straßburg (wo er dem jungen Goethe und seinem Freundeskreis so ursprünglich-ungebrochen wie ein Stück Natur erschien). Mehr und mehr empfindet er sich selbst als Ausnahmeexistenz, die einem noch unbekannten, aber instinktiv geahnten Ziel unbeirrbar zustrebt. 1771 heiratet Stilling, wird nach der Promotion (1772) Augenarzt in Elberfeld, wo er sich durch seine bei armen Leuten unentgeltlich durchgeführten Staroperationen einen Namen macht, 1778 schließlich Professor für Ka-

meralwissenschaften in Kaiserslautern und Heidelberg. 1787 erhält er ein Ordinariat für Staatswissenschaft in Marburg, wo er durch seine Deutung der Französischen Revolution als primär antichristliche Bewegung zunehmend in Isolation gerät. Seine gottgewollte Bestimmung glaubt er erst gefunden zu haben, als der Kurfürst von Baden ihn 1803 nach Karlsruhe beruft, wo er, letztlich auf einer Sinecure, *»durch Briefwechsel und Schriftstellerei Religion und praktisches Christentum«* befördern soll. Hier entstehen, nachdem Stilling bereits Ende des 18. Jh.s fünf – heute vergessene – Romane verfaßt hatte, von denen das vierbändige Opus *Heimweh* (1794–1796) am erfolgreichsten war, die *Theorie der Geisterkunde* sowie zahlreiche Erbauungsschriften, die Stilling in Form von Zeitschriften verlegte *(Der christliche Menschenfreund:* in *Erzählungen für Bürger und Bauern,* 1803–1807; *Des christlichen Menschenfreundes biblische Erzählungen,* 1803–1816).*

Auch wenn sich Stilling stets dagegen verwahrte, mit dem orthodoxen Pietismus, wie er ihn während seiner Jahre in Elberfeld (1772–1778) erlebte, in einem Atemzug genannt zu werden, so stand er mit seinen Bekenntnissen und seiner durch und durch religiösen Weltsicht in der Tradition des Pietismus. Auch sein Bemühen, die persönliche Freiheit im Rahmen göttlicher Ordnung und Vorsehung denken zu können, war nur lösbar über die spezifisch pietistische Vorstellung eines unmittelbaren Verhältnisses des Einzelnen zu Gott: *»Doch ich schreibe ja nicht Stillings ganzes Leben und Wandel«,* so notiert er selbst im vierten Buch, *»sondern die Geschichte der Vorsehung in seiner Führung«* – eine Vorsehungsgläubigkeit, über die sich Goethe mehrmals in seinen Briefen mokierte. Stillings Biographie ist daher auch nur mit Einschränkung als Vorläufer des klassischen deutschen Erziehungs- oder Bildungsromans, den ein weit offenerer Horizont und eine dynamische Auseinandersetzung mit Leben und Welt kennzeichnen, anzusehen. *»Der pietistische Glaube . . . gab der Gefühlswelt dieses vielleicht naivsten und unproblematischsten Geistes der Geniezeit den ruhenden Pol«* (F. J. Schneider).

M.Be.-KLL

Ausgaben: Bln./Lpzg. 1777 *(Henrich Stillings Jugend. Eine wahrhafte Geschichte).* – Bln./Lpzg. 1778 *(Henrich Stillings Jünglings-Jahre).* – Bln./Lpzg. 1778 *(Henrich Stillings Wanderschaft).* – Bln./ Lpzg. 1789 *(Henrich Stillings häusliches Leben).* – Bln./Lpzg. 1804 *(Heinrich Stillings Lehr-Jahre).* – Basel/Lpzg. 1806 (*Heinrich Stillings Leben. Erster Theil;* Zusammenfassg. d. obigen Bde.). – Heidelberg 1817 *(Heinrich Stillings Alter. Eine wahre Geschichte. Oder Heinrich Stillings Lebensgeschichte sechster Band . . . nebst einer Erzählung von Stillings Lebensende,* Hg. W. Schwarz; Nachw. F. H. C. Schwarz). – Stg. 1835 (*Johann Heinrich Jungs, gen. Stilling Lebensgeschichte, oder dessen Jugend, Jünglingsjahre, Wanderschaft, Lehrjahre, häusliches Leben u. Alter,* in SS, Hg. J. N. Grollmann, 13 Bde. u. 1 Erg.bd., 1835–1838, 1). – Stg. 1968 (Nachw.

D. Cunz; RUB). – Mchn. 1982 (*Heinrich Stillings Jugend, Jünglingsjahre und Wanderschaft*, Hg. u. Nachw. G. Drews; m. Ill. d. Erstausgaben; auch Lpzg./Weimar 1982). – Ffm. 1983 (Insel Tb).

LITERATUR: H. Grollmann, *Die Technik der empfindsamen Erziehungsromane J.-S.s. Ein Beitrag zur Empfindsamkeit u. Aufklärung*, Diss. Greifswald 1924. – A. Willert, *Religiöse Existenz u. literarische Produktion. J.-S.s Autobiographie u. seine frühen Romane*, Ffm. u. a. 1982.

THEORIE DER GEISTER-KUNDE, in einer Natur-Vernunft und Bibelmäsigen Beantwortung der Frage: Was von Ahnungen Gesichten und Geistererscheinungen geglaubt und nicht geglaubt werden müße

Okkultistische Schrift von Johann Heinrich JUNG-STILLING, erschienen 1808. – Während des ganzen 18. Jh.s ist trotz der Kritik von seiten mancher »Aufklärer« eine starke okkultistische Strömung lebendig – oft sogar eng mit aufklärerischem Gedankengut verquickt. Sie wirkt in der antiklassizistischen Bewegung, der sog. Romantik, fort, die sie weiterentwickelt und potenziert, wie sie das auch mit dem ihr zugefallenen rationalen Erbe getan hat. In demselben Zeitpunkt, da es Achim von ARNIM unter Mitarbeit von Clemens BRENTANO für einige Monate gelang, Gleichgesinnte wie GÖRRES, die GRIMMS u. a. zur Mitarbeit an der in Heidelberg erscheinenden ›Zeitung für Einsiedler‹ zu gewinnen, wurden zwei Bücher veröffentlicht, die in vielem sich mit der Programmatik des Heidelberger Kreises berühren. Es sind die *Ansichten von der Nachtseite der Naturwissenschaft* des Schelling-Schülers G. H. SCHUBERT, der die naturphilosophisch orientierte Identitätsspekulation seines Lehrers popularisiert, und die *Theorie der Geister-Kunde* des berühmten Augenarztes und Professors der Kameralwissenschaft JUNG, der unter dem Namen STILLING einer breiten Leserschaft durch seine *Lebensgeschichte* bekannt war. Darin wie in seinem Roman *Theobald, oder die Schwärmer* (1784) stellte er die Empfindungswelt der »Erweckten« und »Stillen im Lande« mit ihrer Diesseitsgenügsamkeit und ihrem »Heimweh« nach dem Jenseits dar. Bereits in den *Scenen aus dem Geisterreiche* (1795–1801) gab er dann eine Art praktischer »Geister-Kunde«, die er 1808 theoretisch zu fundieren suchte, ohne dabei jedoch auf eine Fülle von Belegmaterial zu verzichten.
Die theoretische Begründung der Geisterkunde hat einen doppelten, vielfach widersprüchlichen Aspekt. Einerseits wird die Sinnenwelt von der übersinnlichen Welt getrennt und die menschliche Natur vor dem »Versteigen« in ihr nicht zugängliche Bereiche aufgrund eines biblisch verbrämten Kantianismus gewarnt, andererseits werden »Licht« und »Äther« als der Seele einwohnende Media und Bindungsmittel zwischen der Sinnenwelt und dem Geisterreich angesehen und an Phä-

nomenen wie dem Magnetismus und dem Somnambulismus aufzuzeigen versucht, wobei sich mit der naturkundlichen Beschreibungsweise oft eine der neuzeitlichen Wissenschaft (KOPERNIKUS, LEIBNIZ) feindliche Theoriebildung verbindet. In wechselnder Folge von allgemeiner Erörterung und praktischen Beispielen werden an den »Ahnungen« und ihren Modifikationen wie an den Geistererscheinungen aller Schattierungen die Manifestationsweisen des Geisterreichs, die sowohl Kunde des Göttlichen wie des Satanischen bringen können, nachgewiesen.
Die zeitgenössische Literatur hat in der Betonung der Motivik von »Ahnung«, »Geist«, »Gespenster«, »Licht« versucht, mit dichterischen Mitteln das Eingreifen des *»höheren künftigen Daseyns«* ins Irdische zu bezeugen. Arnim hat trotz der Kritik, die er, der naturwissenschaftlich Gebildete, und viele seiner Zeitgenossen an Jung übten, dessen Gesamtanschauung *»einen gläubigen Dichter«* gewünscht, der *»alle Welt und alle Theorie verbinde«*, und er hat mit seinen Heidelberger Gefährten den Wunsch als Verpflichtung für sein Werk angesehen.   V.Ho.

AUSGABEN: Nürnberg 1808. – Stg. 1832. – Stg. 1837 (in *SS*, Hg. J. N. Grollmann, 13 Bde. u. 1 Erg.bd., 1835–1838, 6). – Hildesheim 1979 [Nachw. M. Titzmann].

LITERATUR: A. v. Arnim, *Über J.s Geisterkunde* (in Der Gesellschafter, 1817, Nr. 97–99; auch in A. v. A., *Unbekannte Aufsätze u. Gedichte*, Hg. L. Geiger, Bln. 1892, S. 17–29). – M. Geiger, *Aufklärung u. Erweckung. Beiträge zur Erforschung J. H. J. S.s u. seiner Erweckungstheologie*, Zürich 1963 [m. Bibliogr.]. – A. M. Stenner-Pagenstecher, *Das Wunderbare bei J.-S. Ein Beitrag zur Vorgeschichte der Romantik*, Hildesheim/Zürich 1985 [teilw. zugl. Diss. Mchn. 1931].

JUNIUS

d.i. vermutlich Sir Philip Francis
* 22.10.1740 Dublin
† 23.12.1818 London

THE LETTERS OF JUNIUS

(engl.; *Die Junius-Briefe*). Eine Serie zeitkritischer Briefe, unter dem Pseudonym JUNIUS zwischen 1769 und 1772 veröffentlicht. – Kaum eine der zahlreichen apokryphen Briefsammlungen des 18. Jh.s hat die Mit- und Nachwelt mehr beschäftigt als die vielumrätselte Reihe der *Junius-Briefe*. In unregelmäßigen Abständen erschienen vom 21. 1. 1769 bis 21. 1. 1772 in dem damals von

H. S. WOODFALL herausgegebenen liberalen Nachrichtenblatt ›The Public Advertiser‹ 106 mit »Junius« gezeichnete, meist an Persönlichkeiten des öffentlichen Lebens gerichtete Briefe, die heftige Kritik an der Regierung und ihren Institutionen übten. Mit ätzendem Spott und bitterem Sarkasmus attackiert der unbekannte Verfasser hohe Beamte und führende Politiker und verschont selbst König Georg III. nicht. Zielscheibe seiner z. T. im Schmähschriftenstil vorgebrachten Angriffe sind vor allem Lord North (Schatzkanzler, ab 1770 Premierminister), Lord Mansfield (Lordoberrichter) sowie die Herzöge von Grafton und Bedford. Junius ergreift Partei für den skandalumwitterten Abgeordneten und Lebemann John Wilkes, äußert sich kritisch zu aktuellen Fragen, Intrigen und Affären, enthüllt Hintergründe, geißelt Mißstände, nimmt Stellung zu grundsätzlichen politischen und sozialen Problemen und schlägt sich als eine Art Volkstribun in allen strittigen Situationen auf die Seite des gesunden Menschenverstandes im Sinne eines liberal-merkantilen Bürgertums.

Beim größten Teil des Publikums stießen die Briefe auf begeisterte Zustimmung, bei den Betroffenen auf unversöhnlichen Haß. Bald war diese literarische Mode der Zeitkritik (zwischen April 1767 und Mai 1772 erschienen noch weitere Briefe ähnlicher Art, unverkennbar aus der gleichen Feder, doch unter anderem Pseudonym) so populär, daß geschäftstüchtige Buchhändler bis 1771 insgesamt 28 unlizenzierte, z. T. hastig zusammengetragene und äußerst unzuverlässige Sammelausgaben der Briefe Junius' auf den Markt brachten. Um solchen Raubdrucken Einhalt zu gebieten, ließ Junius 1772 durch Woodfall eine erste authentische Auswahl seiner Briefe veröffentlichen, die sofort ein voller Erfolg wurde und in vier Jahrzehnten über 70 Neuauflagen erlebte. In der vorangestellten *Widmung an die englische Nation* wird betont, daß Freiheit und Eigentum ständig bedroht seien und verteidigt werden müßten; der Verfasser schreibe daher seine Kritiken aus Sorge um das Gemeinwohl aller vernünftig denkenden Bürger. Kurz darauf folgt der vielzitierte Hinweis auf die bewußt gewahrte Anonymität: *»Ich bin der einzige Träger meines eigenen Geheimnisses, und ich werde es mit ins Grab nehmen.«* Das Buch enthält 69 Briefe, von denen 42 mit »Junius«, 16 mit »Philo Junius«, 5 mit »Sir Walter Draper« und drei mit »John Horne« gezeichnet sind; 3 Briefe tragen keine Unterschrift.

Die *Junius-Briefe* sind heute in erster Linie als informationsträchtige Quelle für den Historiker von Interesse. Darüber hinaus kommt ihnen aufgrund ihrer sprachlichen Klarheit und der Brillanz der Invektive auch ein gewisser literarischer Wert zu. In geschliffener Prosa werden scharfsinnig politische Argumente entwickelt, Thesen widerlegt, Ideologien entmystifiziert. In markanten Strichen entsteht so ein farbiges politisches Zeitgemälde, das Einblick in eine bewegte Epoche englischer Geschichte gewährt.

Über die tatsächliche Autorschaft der *Junius-Briefe* ist bis in unsere Tage gerätselt worden. In komplizierten Analysen und mit den verschiedensten Methoden hat man mehr als 50 angebliche Verfasser »nachgewiesen«, darunter Edmund BURKE, Lord CHESTERFIELD und Edward GIBBON. Die stärksten Argumente sprechen noch immer dafür, daß sich hinter dem Pseudonym aller Wahrscheinlichkeit nach der Parteigänger der Whigs und spätere Abgeordnete Sir Philip FRANCIS verbarg, der von 1762 bis 1772 Angestellter des Kriegsministeriums war und unmittelbaren Einblick in die in den Briefen behandelten Vorgänge hatte. Zudem wurde festgestellt, daß immer, wenn er sich nicht in London aufhielt, auch »Junius« schwieg. Auf ihn weisen ferner einige Briefe an seinen Schulfreund Woodfall, Expertenuntersuchungen über seine Handschrift, die starke Ähnlichkeit des Stils und der moralischen Tendenz seiner Schriften mit den *Junius-Briefen* und schließlich die Tatsache, daß »Junius« das Ausscheiden Francis' aus dem Regierungsdienst lebhaft bedauerte. Die gegen ihn sprechenden Umstände, nämlich die gegenteilige Versicherung Woodfalls sowie boshafte Bemerkungen des Junius über einige Freunde Francis', sind möglicherweise als bewußte Verschleierung der Verfasserschaft zu werten.   W. Fü.

AUSGABEN: Ldn. 1769–1772 (in The Public Advertiser, 21. 1. 1769–21. 1. 1772). – Ldn. 1772, Hg. Junius, 2 Bde. [1. authent. Ausg.]. – Ldn. 1812, Hg. H. S. Woodfall, 3 Bde.; ²1814; Nachdr. 1970. – Ldn. 1850, Hg. J. Wade, 2 Bde. [*Woodfall Ed.*, rev. u. erw.]; ³1907/08. – Ldn. 1927, Hg. u. Einl. C. W. Everett [m. Bibliogr.]. – NY 1976. – Oxford 1978, Hg. J. Cannon. – Hbg. 1989, Hg. V. u. A. Nünning [Ausw.].

ÜBERSETZUNGEN: *Junius' Briefe*, A. Ruge, Mannheim 1847; Lpzg. ³1867. – *Junius, Briefe*, F. P. Greve/Lpzg. 1909.

LITERATUR: S. T. Coleridge, *Notes on J.* (in S. T. C., *Literary Remains*, Bd. 1, Ldn. 1836, S. 248–255). – F. Brockhaus, *Die Briefe des J.*, Lpzg. 1876. – G. Simonson, *A History of the »Letters of Junius«. With an Account of the Controversy about the Authorship*, NY 1930. – F. Cordasco, *A J. Bibliography, with a Preliminary Essay on the Political Background, Text, and Identity. A Contribution to 18th Century Constitutional and Literary History*, NY 1949; ern. 1974. – A. Ellegård, *Who Was J.?*, Stockholm 1962. – Ders., *A Statistical Method for Determining Authorship.* »*The Junius Letters*«, *1769 to 1772*, Göteborg 1962. – J. N. M. Maclean, *Reward Is Secondary. The Life of a Political Adventurer and an Inquiry into the Mystery of J.*, Ldn. 1963. – A. Frearson, *The Identity of J.* (in British Journal for Eighteenth-Century Studies, 7, 1984, S. 211–227). – F. Cordasco, *J.: A Bibliography of* »*The Letters of Junius*« *with a Checklist of Junian Scholarship and Related Studies*, Fairview/N.J. 1986. – Ders., *J. and His Works: A History of* »*The Letters of Junius*« *and the Authorship Controversy*, Fairview/N.J. 1986.

ABÍLIO MANUEL DA GUERRA JUNQUEIRO

* 15.9.1850 Freixo de Espada à Cinta
† 7.7.1923 Lissabon

PÁTRIA

(portug.; *Vaterland*). Dramatisches Gedicht von Abílio Manuel da Guerra JUNQUEIRO, erschienen 1896. – Nach den bereits 1891 erschienenen Gedichten *Finis patriae (Das Ende des Vaterlandes)* und *Canção do ódio (Haßgesang)* bringt der Dichter in diesem Werk noch einmal seine und seiner Gesinnungsgenossen Empörung über die politische und moralische Lethargie zum Ausdruck, in der Portugal 1890 das englische Ultimatum hingenommen hatte, durch das es zum Verzicht auf bestimmte ostafrikanische Gebiete gezwungen wurde. Die Empörung richtete sich naturgemäß gegen England, dessen Vorgehen der Dichter als heimtückisch und demütigend empfand, aber ebensosehr gegen die würdelose Haltung Portugals, für die er in erster Linie das Königshaus und den Klüngel von Höflingen und Ratgebern verantwortlich machte. Junqueiros Gedicht, diese *»finstere Vision eines zerstörten Vaterlandes«*, schildert eine dramatische Situation in einer stürmischen Gewitternacht. Das Ultimatum ist eingetroffen, und der König, Karl I. aus dem Hause Bragança (reg. 1889–1908), sieht sich von seinen Ratgebern, in denen sich Ehrgeiz, Habgier, Betrug, Schmeichelei, Intrige, Verrat und Verleumdung verkörpern, zur Unterschrift gedrängt. Da taucht ein Wahnsinniger vor ihm auf, das Gespenst des von den Herrschern und Machthabern geschundenen und ausgesogenen, um den Verstand gebrachten Portugals. In der Verwirrung, die diese Erscheinung in dem König auslöst, ziehen die Schatten seiner Vorfahren – mit beißendem Hohn in ihrer Bedeutungslosigkeit, Lächerlichkeit und Entartung schonungslos charakterisiert – an ihm vorüber und raten ihm teils achselzuckend, teils zynisch, das Dokument zu unterzeichnen. Im Augenblick, da er die Unterschrift vollzieht, geht der Palast mit allen Insassen in Flammen auf; nur die beiden Hunde Jago und Judas, zwei Inkarnationen des Verrats, und der Wahnsinnige entrinnen dem Verderben. Mit dem Martyrium des Wahnsinnigen, auf den die Hunde die Menge hetzen, seinem Tod und seiner Verklärung endet das Gedicht. Inhaltlich – als polemisches Zeitgedicht – und formal – in Sprache und Vers, der strömenden Bilderfolge, dem sentenziösen Pathos der Rede – erinnert das Werk an die politischen Dichtungen Victor HUGOS, mit allen Vorzügen, die ihre mitreißende Wirkung bedingen, und allen künstlerischen Unzulänglichkeiten, die ihnen anhaften. Überspannt in seinen Ausbrüchen des Hasses, maßlos in seinen Anklagen und Verwünschungen, enthält das Drama »*die überschwenglichste Mannigfaltigkeit poetischer Bilder, die die portugiesische Dichtung je hervorgebracht hat*« (Fidelino de Figueiredo). – Unter dem Titel *Anotações (Anmerkungen)* ist dem Gedicht ein Anhang beigegeben. Die unerbittliche Abrechnung mit der eigenen Nation, die er enthält, mit dem apathisch in sein Schicksal ergebenen Volk, mit dem Klerus, dem Bürgertum, den staatlichen Institutionen und politischen Parteien, dem Wirtschafts- und Geistesleben, vor allem mit Karl I. unterstreicht den pamphletistischen Charakter der Dichtung.   A.E.B.

AUSGABEN: Porto 1896. – Porto 1927. – Porto 1972 (in *Obras*, Hg. A. de Carvalho). – Mem Martins o. J. [um 1978] (LB-EA; ern. 1984). – Lissabon 1981 (in *Poesias*, Hg. N. Júdice).

LITERATUR: L. Coimbra, *G. J.*, Porto 1923. – P. Hourcade, *G. J. et le problème des influences françaises dans son œuvre*, Paris 1932. – Amorim de Carvalho, *G. J. e a sua obra poética*, Porto 1945. – J. G. Simões, *História da poesia portuguesa*, Lissabon, Bd. 2, 1955/56. – Lopes de Oliveira, *G. J., a sua vida e a sua obra*, Bd. 2, Lissabon 1956. – L. de Oliveira Guimarães, *O espírito e a graça de G. J.*, Lissabon 1968. – J. Mendes, *G. J. Um profeta-criança* (in Brotéria, 92, 1971, S. 608–618; vgl. ebd., S. 754–766 u. 93, 1971, S. 12–27). – M. de Azevedo, *G. J. A obra e o homem*, Lissabon 1981.

JOSIP JURČIČ

* 4.3.1844 Muljava
† 3.5.1881 Ljubljana

LITERATUR ZUM AUTOR:
M. Rupel, *J. J.* (in Naša sodobnost, 2, 1954, S. 385–392). – B. Paternu, *J. J.* (in B. P., *Slovenska proza do moderne*, Koper ²1965, S. 57–76). – Ders., *Nastanek in razvoj dveh proznih struktur v slovenskem realizmu 19. stoletja* (in Jezik in slovstvo, 13, 1968, S. 1–10). – J. Pogačnik, *Zgodovina slovenskega slovstva*, Bd. 4, Maribor 1970, S. 208–218. – M. Kmecl, *Od pridige do kriminalke*, Ljubljana 1975. – Ders., *O rojevanju slovenskega romana* (in Jezik in slovstvo, 22, 1976/77, S. 1–7). – G. Kocijan, *Nekatere pripovedne prvine v zgodnjih Jurčičevih delih* (ebd., S. 228–235). – Ders., *Levstikov literarni program v mladi J.* (ebd., 25, 1979/80, S. 37–44). – Š. Barbarič, *J. J.*, Ljubljana 1986 (R. Znameniti Slovenci).

DESETI BRAT

(sloven.; *Der zehnte Bruder*). Roman von Josip Jurčič, erschienen 1866. – Die Handlung dieses ersten slovenischen Romans spielt um 1825 in der Heimat des Autors in Unterkrain. Dem armen Bauernsohn Lovre Kvas, einem Absolventen des Laibacher Lyzeums, der auf dem Weg zu Schloß Slemenice ist, wo er seinen Dienst als Hauslehrer bei dem deutschen Gutsherrn antreten soll, wird geweissagt, er werde bis zu seinem Tode an das Schloß denken. Der bettelarme Martinek Spak, von dem diese Prophezeiung stammt, wird allgemein der »Zehnte Bruder« genannt. Im Volksaberglauben heißt so der *»zehnte leibliche Sohn einer Mutter«*, der, *»mit wunderbaren Eigenschaften und Kräften ausgestattet, nach Gottes Ratschluß verfolgt, von Haus zu Haus durch die weite Welt irrte, wahrsagte..., Lieder sang und Rätsel aufgab wie kein anderer«*. Lovre verliebt sich in die Tochter seines Dienstherrn, Manica, und wird so zum Rivalen von Marijan, dem Sohn des misanthropischen Piškav vom benachbarten Gut Polesek. Eines Nachts führen die beiden im Wald ein Wortgefecht, das Lovre jedoch beendet, indem er einfach weggeht. Der zurückgebliebene Marijan gerät in Streit mit Martinek, der sich in der Nähe aufgehalten hat. Sie verletzen sich gegenseitig lebensgefährlich. Von dem zu Tode verwundeten Martinek erfährt Lovre, daß Piškav sein lange verschollener Onkel, der Arzt Dr. Kaves ist, der aus Geldgier mit der Nichte eines begüterten Edelmannes eine heimliche Ehe geführt und den kranken Edelmann vergiftet hat. Als sich herausstellt, daß er die Erbschaft nicht antreten kann, verläßt Kaves seine Frau – die Mutter Martineks –, die von nun an zu Wahnsinnsanfällen neigt, ein Leiden, das sie ihrem Sohn vererbt. Auf dem Totenbett trägt sie Martinek auf, er solle seinen Vater suchen und ihm sagen, daß sie ihm verziehen habe; diesen Auftrag gibt der sterbende Martinek an Lovre weiter. Des versuchten Totschlags an seinem Nebenbuhler verdächtigt, wird Lovre jedoch festgenommen. In einem Brief an den inzwischen genesenen Marijan kündigt Piškav seinen Selbstmord an. Sein Testament bestimmt Marijan zum Haupterben und überträgt, einer Bitte Martineks folgend, Lovre den Besitz des Gutes Polesek. Nach vier Jahren kehrt Lovre von der Universität zurück und heiratet Manica. Er und Marijan setzen Martinek einen Grabstein mit der Aufschrift *»Deseti brat«*.

Die Figur des »Zehnten Bruders« verknüpft die beiden vom auktorialen Erzähler durch Verweise auf Zeugen und Dokumente wie durch präzise Orts- und Zeitangaben belegten Handlungsstränge des erfolgreichen, Walter SCOTT verpflichteten Romans: die Liebesgeschichte des gebildeten Liberalen Kvas und das Familiendrama des Titelhelden. Die angestrebte Synthese von Familien-, Kriminal- und Gesellschaftsroman ist jedoch nicht bruchlos gelungen: Das glückliche Ende der Liebesgeschichte und die allgemeine Versöhnung über den Gräbern fügt sich nur schwer in die mit verhaltener Gesellschaftskritik vorgetragene Erzählung. Geglückt ist dagegen die Vermittlung der bäuerlich-folkloristischen und der urban-bildungsbürgerlichen Stilelemente. Den Sprüchen, Liedern und den Erzähltechniken der Volksdichtung stehen Reflexionen über die schriftstellerische Arbeit sowie Zitate aus HOMER, HORAZ, SHAKESPEARE, PREŠEREN und LEVSTIK gegenüber. Die Rezension, die Levstik über den Roman schrieb – er kritisierte u. a. den Schluß und die mangelnde Berücksichtigung der slovenischen Volkssprache –, hat über das folgende Werk des Autors, *Sosedov sin*, 1868 *(Der Nachbarssohn)*, hinaus die Entwicklung des slovenischen Romans entscheidend beeinflußt.

R.Gl.

AUSGABEN: Klagenfurt 1866 (in Cvetje iz domačih in tujih logov, Bd. 20). – Celje 1936 (in dass., Bd. 10, Hg. F. Koblar). – Maribor 1967 (in Iz slovenske kulturne zakladnice, Bd. 3, Hg. B. Berčič). – Ljubljana 1972 (in Kondor, Bd. 37, Hg. B. Paternu). – Ljubljana 1979.

ÜBERSETZUNGEN: *Der zehnte Bruder*, L. Vipavc (in Südsteirische Post, 1886, Nr. 13–201). – Dass., Bearb. F. Kolednik, Regensburg 1960.

DRAMATISIERUNGEN: F. Govekar, Görz 1901. – F. Golia, Ljubljana 1926. – I. Rob, Ljubljana 1938 [Travestie].

LITERATUR: D. Šanda, *J. – Scott* (in Dom in svet, 18, 1905, S. 76–83). – S. Bunc, *O slogu in jeziku »Desetega brata«* (in Življenje in svet, 1934, 15, S. 212–215). – B. Paternu, *Jurčičev »Deseti brat« in njegovo mesto v slovenski prozi* (in J. J., *Deseti brat*, Ljubljana 1960). – B. Brajenović, *Pripovjedačko umijeće tvorca slovenskoga romana: J. J. 1844–1881* (in F. Levstik, *Martin Krpan* – J. J., *Deseti brat*, Zagreb 1978, S. 33–40).

JURIJ KOZJAK, SLOVENSKI JANIČAR

(sloven.; *Jurij Kozjak, der slovenische Janitschar*). Historischer Roman von Josip JURČIČ, erschienen 1864. – Zwei Brüder, der verwachsene, menschenfeindliche Peter und der edle, starke Marko, leben mit Markos Söhnchen Jurij auf der Burg Kozjak. Marko zieht sich den Haß des Zigeuners Samol zu, und als er, vom Kaiser gerufen, im Krieg weilt, fällt Peter in die Hände der Zigeuner und kann sich nur durch das Versprechen loskaufen, der Entführung seines Neffen zuzustimmen. Bei seiner Rückkunft erfährt Marko, daß sein Sohn verschwunden ist, überläßt darauf alles, was er besitzt, seinem Bruder, von dessen Schuld er nichts ahnt, und geht ins Kloster. Jurij, der in die Gewalt der Türken geraten ist, wird ein tapferer und berüchtigter Janitschar, der sich seiner Herkunft und Kindheit nicht mehr erinnert. Eines Tages fällt er in Slovenien ein, wo sein angestammter Besitz in den Händen seines Onkels mehr und mehr verkommt. Mit allen Mitteln versucht Peter, den Erpressungsversuchen Samols ein Ende zu setzen, doch dieser kommt ihm zuvor und führt nach mancherlei Intrigen und Abenteuern für alle Beteiligten Vater Marko und Sohn Jurij zusammen. Zur Freude des alten Gesindes zieht der junge Herr auf seiner Burg ein, stellt den früheren Wohlstand wieder her und gilt bald als einer der weisesten Herren in Slovenien. Peter aber, dem man Vergebung zugesichert hat, tötet sich mit eigener Hand. – Der Roman ist nach der Manier Walter Scotts gestaltet: Der Handlungsknoten ist geschickt geschürzt; Lösung und neuerliche Verflechtung gehen bruchlos ineinander über.   H.Ber.

AUSGABEN: Klagenfurt 1864. – Celje 1934 (in Cvetje iz domačih in tujih logov, Bd. 4; Hg. u. Einl. M. Rupel). – Ljubljana 1944. – Triest 1949, Hg. M. Turnšek. – Koper 1951, Hg. S. Suhadolnik. – Maribor 1959. – Ljubljana 1956 (in Kondor, Bd. 11; Hg. M. Rupel). – Ljubljana 1980; ²1984.

ÜBERSETZUNG: *Zigeuner, Janitscharen und Georg Kozjak*, F. Kolednik, Regensburg 1957.

DRAMATISIERUNG: L. Troha, *Slovenski janičar*, Ljubljana 1979 [Freilichtspiel].

SOSEDOV SIN

(sloven.; *Der Nachbarssohn*). Dorferzählung von Josip JURČIČ, erschienen 1868. – Die Liebe zwischen dem armen, aber fleißigen Štefan und der reichen Bauerstochter Franca droht an dem zornigen Widerstand von Francas Vater zu scheitern. Der alte Smrekar gibt ihr seinen Segen erst, nachdem Franca einer anderen Verbindung noch am festgesetzten Hochzeitstag entflohen ist und schwer erkrankt. – Die erste slovenische Dorfgeschichte entstand als Antwort auf LEVSTIKS Kritik an Jurčičs Roman *Deseti brat*, 1866/67 *(Der zehnte Bruder)*, die den Autor zur gründlicheren psychologischen Durchformung seiner Gestalten anregte. Daneben achtete er auf eine schlichte Handlungsführung und die wirklichkeitsnahe Diktion der Figuren, die allenfalls in den letzten Kapiteln an Konsequenz verliert. Die epische Bündigkeit der Erzählung wirkt zuweilen aphoristisch. Dem Zeitgeist entsprechend nimmt das Werk, das in der Kombination von realistischer Milieuschilderung und Außergewöhnlichkeit der Handlung dem literarischen Biedermeier angehört, Partei für ein individuelles Glück jenseits aller gesellschaftlichen Zwänge. Unter Levstiks Einfluß, mit dem die Beteiligung Niederkrains an der slovenischen Literatur begann, ersetzte Jurčič die früher bei ihm üblichen Germanismen durch Anleihen aus dem Kroatischen und gab lexikalischen Dialektismen Raum. Die zeitgenössische Kritik brachte die Erzählung mit dem Wirken B. AUERBACHS in Verbindung und begrüßte sie als langerwartete Würdigung des slovenischen Landlebens und als Lesestoff für das breiteste Publikum.   H.Ber.

AUSGABEN: 1868 (in Mladika). – Ljubljana 1917, Hg. I. Grafenauer. – Ljubljana 1934, Hg. I. Kolar. – Ljubljana 1944 (in Cvetje iz domačih in tujih lo

gov, Bd. 20; Hg. M. Jevnikar). – Ljubljana 1952 (in Klasje, Bd. 29; Hg. I. Kolar). – Ljubljana 1961 u. später (in Kondor, Bd. 47; Hg. M. Rupel). – Ljubljana 1979.

DRAMATISIERUNG: D. Pogorelec-Karas, Ljubljana 1948.

LITERATUR: J. Pogačnik, *Jurčičevemu »Sosedovemu sinu« ob rob* (in Jezik in slovstvo, 26, 1980/81, S. 276–279).

SEMËN SOLOMONOVIČ JUŠKEVIČ

* 7.12.1868 Odessa
† 12.2.1927 Paris

EVREI

(russ.; *Die Juden*). Erzählung von Semën S. JUŠKEVIČ, erschienen 1903. – Wie alle Werke des jüdischen Erzählers spielt auch dieses sein bedeutendstes im Milieu der russischen Provinzghettos seiner Zeit. Das Buch trägt unter dem Leitmotiv *»Elend muß nicht sein«* eine flammende Anklage gegen Rechtlosigkeit und Asozialität vor, denen die mittellosen Juden im zaristischen Rußland ausgesetzt waren. Im Mittelpunkt des Geschehens steht der junge Arbeiter Nachman, der versucht, sich ein menschenwürdiges Leben aufzubauen. Die Verhältnisse in dem Ghetto, in dem er nach erfolgloser Wanderung zu bleiben beschließt, sind katastrophal: Alle hungern, die Not treibt die jungen Mädchen zur Prostitution, und wer in den Fabriken in der Stadt arbeitet, muß sich mit einem Bettellohn zufriedengeben. Die einzige Hoffnung, aus dem Elend herauszukommen, besteht für die meisten darin, einmal das große *»Los der Leipziger Lotterie«* zu ziehen. Die seelische und geistige Verarmung ist so weit fortgeschritten, daß Nachman nur noch wenige findet, mit denen er seine Gedanken über die Zukunft des jüdischen Volkes austauschen kann. Doch da er Rußland für seine Heimat hält und sozialistischen Lösungsversuchen gewogen ist, wird er selbst mit diesen wenigen uneins, weil sie zumeist dem zionistischen Gedanken anhängen. Bald macht der Ausbruch eines Pogroms jede Diskussion unmöglich. Zwar ruft der alte Šlojma zum Widerstand auf, doch die schwache Gegenwehr bleibt erfolglos. An diesem *»Bartholomäustag«* wird Nachman erschlagen, seine Braut Mejta vergewaltigt und bestialisch hingemordet: *»Kraftlose Kämpfer, aufgewachsen in Sklaverei, in Furcht, in Leiden – wie schändlich ergeben ließen sie ihr Leben ... Wer könnte sich auch verteidigen?«* Die Erzählung setzt ihrer Tendenz nach das Anklageschrifttum der *narodniki* (Volkstümler) fort. In seinem Stil lehnt sich der Autor eng an GOR'KIJ an, dessen sogenannter »Znanie-Schule« er angehörte und dem er die Erzählung widmete. Seine Versuche aber, Gor'kijs Kunst, Atmosphäre zu schaffen, nachzuahmen, gelingen nur selten. Die Erzählung wirkt vornehmlich als episches Pamphlet, das durch naturalistisch-grausige Darstellung erschüttern will. Das in den Repliken verwendete Judenrussisch und die detaillierte Beschreibung des Ghettomilieus zeigen die enge Vertrautheit des Autors mit dem gesprochenen Idiom und seine gründliche Kenntnis der von ihm geschilderten Verhältnisse.　　　　　　　　　　　　W.Sch.

AUSGABEN: Moskau 1903. – Mchn. 1904. – Petersburg 1914–1918 (in *Poln. sobr. soč.*, 14 Bde.). – Leningrad/Moskau 1928.

LITERATUR: B. Zajcev, *S. S. Ju.* (in Sovremennye zapiski, 31, 1927). – Z. F. Finkelstein, *S. J.* (in *Jüdisches Lexikon*, Bd. 3, Bln.) 1929). – *Istorija russkoj literatury konca XIX – načala XX veka. Bibliografičeskij ukazatel'*, Hg. K. Muratova, Moskau/Leningrad 1963, S. 444–447.

ZSIGMOND JUSTH

* 16.2.1863 Pusztaszenttornya
† 9.10.1894 Cannes / Frankreich

FUIMUS

(ung.; *Fuimus*). Roman in zwei Teilen von Zsigmond JUSTH, erschienen 1894. – Justh, der selbst einer ungarischen Aristokratenfamilie angehörte, stellte in seinem letzten Roman den fortschreitenden Zerfall der ungarischen Adelsgesellschaft dar und wollte ihr damit zugleich den seiner Ansicht nach einzig möglichen Weg zu ihrer Erneuerung weisen, den er auch in seinem eigenen Leben zu gehen versuchte. – Der junge Adlige Gábor kehrt nach langjähriger, im Ausland verbrachter Studienzeit in die Heimat und zu seiner Familie zurück. Doch das Wiedersehen mit Verwandten und Bekannten erschreckt ihn: Sie alle leben apathisch dahin in dem Bewußtsein, daß ihre Zeit vorüber ist und sie – wie der lateinische Titel des Romans (»Wir sind gewesen«) andeutet – eigentlich schon der Vergangenheit angehören. Gábor versucht, wenigstens seinen Halbbruder Niffor dieser Depression zu entreißen und ihm zu beweisen, daß er kein »überflüssiger Mensch« ist. Doch bald muß er die Nutzlosigkeit seiner Bemühungen einsehen. In Begleitung Niffors besucht er die benachbarten Aristokraten und findet überall die gleichen Symptome des Auflösungsprozesses: Die ältere Generation verbringt ihre Tage mit kleinlichen Zänkereien und lebt im übrigen ihren Erinnerungen an die gute alte Zeit. Aber auch die Jugend, die von

Zerstreuung zu Zerstreuung eilt, kennt keinerlei höhere Interessen und verschwendet keinen Gedanken an die Zukunft. – Die Aneinanderreihung dieser Besuche bei den einzelnen Gutsbesitzern erinnert formal – Variation über ein gleichbleibendes Thema – an die *»Geschäftsbesuche«* Čičikovs in GOGOL's *Mërtvye duši (Tote Seelen)*; allerdings vermag Justh den künstlerischen Rang seines Vorbilds nicht einmal annähernd zu erreichen.

Der zweite Teil handelt von Niffors verhängnisvoller Beziehung zu der kapriziösen, launenhaften Baronesse Lolly. Er heiratet sie, obwohl er ahnt, daß sie ihn zugrunde richten wird. Damit ist sein Schicksal endgültig besiegelt. Der Autor versucht deutlich zu machen, daß es nur eine Rettung für Niffor gegeben hätte: die Heirat mit einem Bauernmädchen nach dem Vorbild seines Onkels Czobor. Die »unstandesgemäße« Ehe dieses Edelmanns ist denn auch der einzige Lichtblick in der trüben Welt dieses Romans, und Erzsébet, die Tochter Czobors und einer Bäuerin, ist in ihrer Gesundheit und Lauterkeit die lebendige Rechtfertigung einer solchen Verbindung. Erzsébet könnte Gábors Leben Sinn geben. Ob dies geschehen wird, läßt der Erzähler offen.

Bereits in seinem ersten Roman *Adám* (1885) hatte Justh den Ursachen des Untergangs der ungarischen Aristokratie nachgespürt; er glaubte sie in der Inzucht der reichen adligen Familien und der sich daraus ergebenden allgemeinen Degeneration gefunden zu haben. Als Mittel zur Regeneration empfiehlt er dem Adel in naiver Vereinfachung der Vererbungslehre die Auffrischung durch bäuerliches Blut. Ganz abgesehen von der ideellen ist auch die künstlerische Überzeugungskraft des Romans gering. Die wenig originellen Figuren dienen Justh lediglich dazu, seine Theorie zu veranschaulichen. Diese Menschen haben kein Ziel, nur unbestimmte Erwartungen, die dem Leser so unklar bleiben wie ihnen selbst – es sei denn, sie warteten auf ein Wunder, vielleicht auf die Erlösung von der großen Langeweile, die ihr müdes Dasein (und, möglicherweise nicht ohne Absicht des Autors, auch das Werk selbst) durchzieht.

Die Neuherausgabe des Romans im kommunistischen Ungarn war ein Akt der Pietät gegenüber seinem Autor, der sich als einziger Aristokrat der Bauern angenommen und sich bemüht hatte, ihren wirtschaftlichen und kulturellen Status zu heben; so gründete er z. B. auf seinem Gut ein Theater, auf dem bäuerliche Spieler sogar Shakespeare-Stücke aufführten.　　　　　　　　　　　　T.P.I.-KLL

AUSGABEN: Budapest 1895 [recte 1894; m. Studie v. D. Malonyay u. G. Pekár]. – Budapest o. J. [1906] (Magyar Regényírók, 54). – Budapest 1957, Hg. u. Vorw. L. Benkő. – Budapest 1984 (in *Századvég*).

LITERATUR: M. Gálos, *S. J. et Paris*, Budapest 1933. – Z. Bertha, *J. Z.*, Budapest 1941. – Gy. Rónay, *»Fuimus«* (in Gy. R., *A regény és az élet*, Budapest 1947, S. 151–163). – S. Kozocsa, *J. Z., a regé-*

nyíró (in Irodalomtörténet, 1947). – A. Diószegi (ebd., 64, 1960, S. 651–673). – I. Kovács, *J. Z. munkássága*, Budapest 1963. – L. Elek, *J. Z.*, Gyula 1964. – P. Pór, *Konzervatív reformtörekvések a századfordulo irodalomában. Z. Z. és Czóbel Minka népissége*, Budapest 1971. – I. Bori, *J. Z.* (in I. B., *Varászlók és mákvirágok*, Újvidék 1980, S. 122–266). – B. Vitányi, *J. Z. írói névadása*, Budapest 1983. – E. Illés, *Mestereim, barátaim, szerelmeim*, Bd. 1, Budapest 1983, S. 352–367. – Z. Kenyeres, *Egy réveteg korjegyző J. Zs.* (in Z. K., *A lélek fényűzése*, Budapest 1983, S. 93–99). – Gy. Bodnár, *Tételek közt szorongó tárgyiasság és impresszionizmus: J. Z.* (in Új Auróra, 1987, Nr. 3).

CARL JUSTI

* 2.8.1832 Marburg an der Lahn
† 9.12.1912 Bonn

WINCKELMANN. Sein Leben, seine Werke und seine Zeitgenossen

Biographisches Werk von Carl JUSTI, erschienen in zwei Teilen 1866–1872: Bd. 1: *Winckelmann in Deutschland*; Bd. 2: *Winckelmann in Rom*; ab der zweiten Auflage erschien das Werk u. d. T. *Winckelmann und seine Zeitgenossen*. – Die Abfassung der bis heute grundlegenden Biographie Winckelmanns bezeichnete im Studium Justis die Hinwendung zur Kunstgeschichte. Zuvor hatte sich Justi dem Studium der Theologie und Philosophie gewidmet. Die Beschäftigung mit dem »Platoniker« Winckelmann war noch dem Interessenkreis seiner Dissertation (*Historisch-philosophischer Versuch über die ästhetischen Elemente in der platonischen Philosophie*, 1859) verpflichtet, bereitete aber zugleich die folgenden, ähnlich breit angelegten Künstlermonographien Justis vor (*Diego Velazquez und sein Jahrhundert*, 1888, 2 Bde.; *Michelangelo. Beiträge zur Erklärung der Werke und des Menschen*, 1900). – Dem für das 19. Jh. typischen biographischen Interesse folgend, gliederte Justi sein Werk chronologisch in einzelne Lebensabschnitte. Exkurshafte Personen- und Ortsschilderungen bilden Unterkapitel, die Besprechung der Werke Winckelmanns fügt sich zwanglos ein. Als Zäsur lebensgeschichtlichen »Suchens« und »Findens« erscheint Winckelmanns Romreise. Während die schon von GOETHE geforderte Bildungsgeschichte Winckelmanns in Deutschland (vgl. *Winckelmann und sein Jahrhundert*, 1805) ein provinzielles und geistig karges Lebensmilieu beschreibt, bringt die römische Zeit – vorbereitet durch Winckelmanns Dresdenaufenthalt – die innere und äußere Befreiung. In Rom findet Winckelmann zu sich selbst, hier entsteht sein Hauptwerk (vgl. *Geschichte der Kunst des Alterthums*, 1764), hier wird er schließ-

lich auf Dauer zum Römer. Wie im Titel angedeutet, verfolgt Justi drei wesentliche Gesichtspunkte in seiner Darstellung: Zunächst geht es ihm um die Darstellung der Biographie des außergewöhnlichen Menschen, des Genies, dem das Schicksal nur »*das Material, aus dem er sein gültiges Sein aufbaut*«, sein kann, da »*der Charakter des Menschen durch die Umstände nicht gemacht, sondern geoffenbart*« wird. Diese schroffe Absage an jede Milieutheorie – etwa im Sinne H. TAINES – verbindet sich jedoch nicht nur mit einem psychologisierenden Interesse an individuellen seelisch-geistigen Anlagen und Regungen, sondern wird überraschenderweise relativiert durch eine weit ausgreifende Darstellung kultur- und geistesgeschichtlicher Zusammenhänge. Die Nähe zu J. BURCKHARDTS kulturhistorischem Ansatz (vgl. *Die Kultur der Renaissance in Italien*, 1859) bezeugt Justis Bekenntnis, sein Werk sei zu einem »*Gemälde der geistigen Bewegungen des achtzehnten Jahrhunderts in ihrer Beziehung zu Kunst und Altertum geworden*«, zu einem Buch, »*wo die Episoden der bessere Teil sind*«. Diese »*Kunst der Hintergründe*« (C. Neumann), von denen sich der Biographierte ebenso abhebt, wie er durch sie charakterisiert wird, beruht auf der Ausbreitung eines enzyklopädischen Wissensstoffes in einer Fülle historischer, »*Zeitkolorit*« vermittelnder Details, die jedoch in die Charakteristik von Einzelpersonen eingearbeitet werden: In der episch breiten, doch immer auf die Hauptfigur bezogenen Beschreibung der »*Zeitgenossen*« entwirft Justi das Bild von Winckelmanns »*Zeit*«. Schließlich sucht er auch die »*Abrechnung mit der geistigen Hinterlassenschaft*« Winckelmanns in der Auseinandersetzung mit dessen Werk. Dabei scheut er weder Kritik an der nicht immer stringenten Argumentation und der zum Teil mangelnden historisch-philologischen Gründlichkeit noch eine klare Unterscheidung zwischen originärem und übernommenem Gedankengut. Eine ähnlich differenzierte Betrachtung kennzeichnet die menschliche Beurteilung Winckelmanns. Justis Monographie bildete die Grundlage und den Anstoß für alle späteren Forschungsarbeiten zu Winckelmann und war zugleich einer der ersten Beiträge zur Entstehung der Kunstgeschichte als eigenständiger Disziplin. Die Sonderstellung des Werks liegt in Justis Selbstverständnis und Anspruch als »freier Schriftsteller« begründet. Zwar hat er – darin Winckelmann vergleichbar – durch seine sprachliche Gestaltungskraft »*die Forschungsarbeit selbst zum Kunstwerk zu erheben vermocht*« (P. Clemen), damit aber der wissenschaftlichen Diskussion zumindest teilweise entzogen. Neben L. v. RANKE (*Die Römischen Päpste, ihre Kirche und ihr Staat im sechzehnten und siebzehnten Jahrhundert*, 1834–1836) scheint Justi seinen literarischen Ambitionen entsprechend durch VOLTAIRE, Goethe und britische Romanschriftsteller wie W. SCOTT, W. THACKERAY und Ch. DICKENS beeinflußt. Die Charakterisierung einer historischen Persönlichkeit durch die Schilderung eines detailgenau studierten Milieus findet eine Parallele bei G. FLAUBERT (vgl. *Salammbô*, 1863). R. Wei.

AUSGABEN: Lpzg. 1866–1872, 2 Bde., – Lpzg. 1898 (*Winckelmann und seine Zeitgenossen*, 3 Bde.). – Lpzg. 1943 (*Winckelmann und seine Zeitgenossen*, 3 Bde.; Vorw. L. Curtius). – Köln 1956 (*Winckelmann und seine Zeitgenossen*, Hg. W. Rehm).

LITERATUR: W. Waetzold, C. J. (in *Dt. Kunsthistoriker*, Bd. 2, Lpzg. 1921, S. 239–277). – U. Kultermann, *Geschichte der Kunstgeschichte. Der Weg einer Wissenschaft*, Düsseldorf/Wien 1966, S. 229 bis 233. – I. Pepperle, *Junghegelianische Geschichtsphilosophie und Kunsttheorie*, Bln. 1978. – H. Dilly, *Kunstgeschichte als Institution*, Ffm. 1979.

JYOTIRĪŚVARA KAVIŚEKHARA

15./16. Jh.

DHŪRTASAMĀGAMA

(skrt.; *Die Zusammenkunft der Schelme*). Ein zweiaktiges sogenanntes *prahasana* (Posse) von JYOTIRĪŚVARA KAVIŚEKHARA, der, wie aus dem Prolog des Dramas hervorgeht, während der Regierungszeit des Königs Narasiṃha von Vijayanagar (1487–1507) lebte. – Im ersten Akt werden der Mönch Viśvanāgara und sein Schüler Durācāra (»der einen schlechten Lebenswandel hat«) vorgeführt, die sich in zwei Hetären verliebt haben. Als aber der Lehrer die Geliebte seines Schülers, Anaṅ-

gasenā, sieht, möchte er sie gleichfalls besitzen. Die Folge ist ein wilder Streit zwischen dem verliebten Mönch und seinem eifersüchtigen Schüler. Die Hetäre legt den beiden nahe, ihren Streitfall dem Brahmanen Asajjātimiśra zur Entscheidung vorzulegen. Den trefflichen Mann sieht man zu Beginn des zweiten Aktes im Gespräch mit einem anderen Brahmanen, dem Vidūṣaka (lustige Person): Während dieser die Aneignung fremden Geldes als höchste Lebenslust preist, gibt Asajjātimiśra den erotischen Genüssen den Vorzug. Als dann Lehrer und Schüler erscheinen und ihren Streitfall vortragen, entscheidet der Brahmane, bis zum Urteil müsse die Hetäre in seinem Hause bleiben. Aber nicht nur er hat ein Auge auf Anaṅgasenā geworfen, sondern auch Vidūṣaka; so ergibt sich ein überaus lustiges Durcheinander, das seinen Höhepunkt erreicht, als noch ein Barbier auftritt, der von der Hetäre die Bezahlung einer Schuld verlangt. Das Stück ist vornehmlich auf Situationskomik und Wortwitzen aufgebaut.   H.H.

AUSGABEN: Bonn 1838, Hg. Chr. Lassen (in Anthologia Sanscritica). – Kalkutta 1874. – Jena 1883, Hg. C. Cappeller. – Allahabad 1960.

ÜBERSETZUNGEN: *Dhourtasamāgama*, C. Schoebel, o. O. u. J. [frz.]. – Dass., A. Marazzi, Mailand 1874 [ital.].

LITERATUR: S. Lévi, *Le théâtre indien*, Paris 1890, S. 252 f. – M. Schuyler, *A Bibliography of the Sanskrit Drama*, NY 1906, S. 43 f. – S. Konow, *Das indische Drama* (in BühlerG, Bd. 2, H. D, Bln./Lpzg. 1920, S. 115 f.).

KINDLERS
NEUES
LITERATUR
LEXIKON

Register
Band 8

Autorenregister

Titelregister

1

3

7

8

9

10

13

14

15

der, Der → JOUHANDEAU: parricide imaginaire, Le (frz.)

Einsame, Der → JOHST

Einsamkeit des Platzes, Die → HOTTA Yoshie: Hiroba no kodoku (jap.)

Einzelgänger, Der → ISHERWOOD: Single Man, A (engl.)

einzigartige Halsband, Das → IBN ʿABD RABBIH al-Andalusī: ʿiqd al-farīd, Al- (arab.)

Eis tēn Mōyseōs kosmogonian (griech. Patr.) → IOANNES PHILOPONOS

Eiswand, Die → INOUE Yasushi: Hyō-heki (jap.)

Eitelkeit der menschlichen Wünsche, Die → JOHNSON: Vanity of Human Wishes, The (engl.)

Ejn Jaʿakow (hebr.) → JAKOB ben Salomon ibn CHABIB

Eklogai → IOANNES XIPHILINOS: Epitomē tēs Diōnos tu Nikaeōs (griech.-byzant.)

Eksotiske Noveller (dän.) → JENSEN

Elefanten in Mauthausen → JOHANIDES: Slony v Mauthausene (slovak.)

Elemente eines Traumes → JACCOTTET: promenade sous les arbres, La (frz.)

Elenden, Die → HUGO: misérables, Les (frz.)

Elise → JOUHANDEAU: Scènes de la vie conjugale (frz.)

Ėllinskaja religija stradajuščego boga (russ.) → IVANOV

Elsie Venner (amer.) → HOLMES

Elucidarium (mlat.) → HONORIUS AUGUSTODUNENSIS

Elundini loThukela (xhosa) → JOLOBE

Emek ha-bacha (hebr.) → JOSEF ben Josua HA-KOHEN

Empor den Karmelberg → JUAN DE LA CRUZ: Subida al monte Carmelo (span.)

Emporkömmling, Der → INNERHOFER: Schöne Tage

Emuna rama (hebr.) → IBN DAUD

En avant Dada → HUELSENBECK

Ende der Tapferkeit, Das → JACKSON: Fall of Valor, The (amer.)

Endegürel qaǧan-u tuǧuji (mong.) → JARLIǦ-UN ERKETÜ DALAI

Ende Satans, Das → HUGO: fin de Satan, La (frz.)

Enquiry Concerning the Principles of Morals, An (engl.) → HUME

Entdeckte Inseln → HOLCROFT: Discovered Isles (engl.)

Entwicklung und Ethik → HUXLEY: Evolution and Ethics (engl.)

Enzio → HUCH

Epicoene, or The Silent Woman (engl.) → JONSON

Epidēmiai (griech.) → ION aus Chios

Epigonen, Die → IMMERMANN

Epilog → JAHNN: Fluß ohne Ufer

Epistola de vita tartarorum → IULIANUS: De facto Ungariae magnae a fratre Ricardo ... (mlat.)

Epistulae (lat.) → HORAZ

Epitomē historiōn (griech.-byzant.) → IOANNES ZONARAS

Epitomē tēs Diōnos tu Nikaeōs (griech.-byzant.) → IOANNES XIPHILINOS

Epodon liber (lat.) → HORAZ

Eppur si muove. És mégis mozog a föld! (ung.) → JÓKAI

Erbin vom Washington Square, Die → JAMES: Washington Square (amer.)

Erdély aranykora (ung.) → JÓKAI

erfreute Rāghu-Sproß, Der → JAYADEVA: Prasannarāghava (skrt.)

erhabene Glaube, Der → IBN DAUD: Emuna rama (hebr.)

Erinnerungen von Ludolf Ursleu dem Jüngeren → HUCH

Erleuchtungsbuch → HONORIUS AUGUSTODUNENSIS: Elucidarium (mlat.)

Ernte im März → JOHANNESEN: Høst i mars (norw.)

erste Gang, Der → JÜNGER

Erster Traum → JUANA INÉS DE LA CRUZ: Primero sueño (span.)

Eruditionis didascalicae libri septem → HUGO VON ST. VIKTOR: Didascalion (mlat.)

Erwachen zum großen Schlafkrieg → JONKE

Erzählungen des Adrian Zograffi, Die → ISTRATI: récits d'Adrien Zograffi, Les (frz.)

Erzählung vom Gildeherren Campaka → JINAKĪRTI: Campakaśreṣṭhikathānaka (skrt.)

Erzählung von der Einnahme Konstantinopels durch die Türken, Die → ISKANDER: Povestʾ o vzjatii Carʾgrada turkami (aruss.)

Erzählung von Padmāvatī → JĀYASĪ: Padamāvata (avadhī)

Erzweiner, Der → JOHANNES DE ALTA VILLA: Architrenius (mlat.)

Eschkol ha-kofer (hebr.) → JEHUDA ben Elija HADASSI

escoufle, L' (afrz.) → JEHAN RENART

Es lebe die Königin → HYKISCH: Milujte kráľovnú (slovak.)

Essays Before a Sonata (amer.) → IVES

Eteisiin ja kynnyksille → JOENPELTO: Vetää kaikista ovista (finn.)

Eternidades (span.) → JIMÉNEZ

Ethik des Judentums, Die → JEHUDA ben Samuel HA-CHASSID: Sefer hachassidim (hebr.)

Etymologiae (lat.) → ISIDORUS aus Sevilla

Euagoras (griech.) → ISOKRATES

Eugène (frz.) → JODELLE

Eulenspiegel und Johann Tod → JAHN: Ulenspegel un Jan Dood (nd.)

Eumeswil → JÜNGER

Europeans, The (amer.) → JAMES

Evangeliorum libri (lat.) → IUVENCUS

Eventyr paa Fodreisen (dän.) → HOSTRUP

Every Man in His Humour (engl.) → JONSON

Evolution and Ethics (engl.) → HUXLEY

Evolution, the Modern Synthesis (engl.) → HUXLEY

Evrei (russ.) → JUŠKEVIČ

ewige Bräutigam, Der → IGNJATOVIĆ: Večiti mladoženja (serb.)

ewige Spießer, Der → HORVÁTH

Ewigkeiten → JIMÉNEZ: Eternidades (span.)

ewig währende Schatzhaus Japans, Das → IHARA SAIKAKU: Nippon-eitaigura (jap.)

Examen de ingenios para las sciencias (span.) → HUARTE DE SAN JUAN

Exercitia spiritualia (nlat.) → IGNACIO DE LOYOLA

Exiles (engl.) → JOYCE

Existenzerhellung → JASPERS: Philosophie

Exotische Novellen → JENSEN: Eksotiske Noveller (dän.)

Eyeless in Gaza (engl.) → HUXLEY

Ežo Vlkolinský (slovak.) → HVIEZDOSLAV

F

Fábulas literarias (span.) → IRIARTE

Færøske folkesagn og æventyr (fär.) → JAKOBSEN

Fall aus unseren Tagen, Ein → HOWELLS: Modern Instance, A (amer.)

Fall der rebellischen Susanne, Der → JONES: Case of Rebellious Susan, The (engl.)

Fall Deruga, Der → HUCH

Fall Groß, Der → JUNG

Fall of Valor, The (amer.) → JACKSON

Fall und Bekehrung des Vizedoms Theophilus → HROTSVIT von Gandersheim: Theophilus (mlat.)

falsche Wahl, Die → ISKANDAR: Salah Pilih (indon.)

Familie Selicke, Die → HOLZ

Farāfīr, al- (arab.) → IDRĪS

Fatḥ al-qussī fī l-fatḥ al-qudsī, al- (arab.) → ʿIMĀDADDĪN

Fear of Flying (amer.) → JONG

Feiertage in Hindle → HOUGHTON: Hindle Wakes (engl.)

Fekete gyémántok (ung.) → JÓKAI

ferne Klang, Der → JONKE

Festigung im Glauben → JIZCHAK : Chisuk ha-emuna (hebr.)

Feuerstein und Feder → JOHNSON: Flint and Feather (engl.)

Feuervogel, Der → JAZYKOV: Žar-ptica (russ.)

feuilles d'automne, Les (frz.) → HUGO

Figaro läßt sich scheiden → HORVÁTH

Figurenbuch → JOACHIM VON FIORE: Liber figurarum (mlat.)

Filarjiros, O (ngriech.) → IKONOMOS

fin de Satan, La (frz.) → HUGO

Finnegans Wake (engl.) → JOYCE

fintanaki, To (ngriech.) → HORN

Fischer, Der → ILIĆ: Ribar (serb.)

Flegeljahre → JEAN PAUL

Fliegende Schatten → HURBAN VAJANSKÝ: Letiace tiene (slovak.)

Flint and Feather (engl.) → JOHNSON

Flügel der Taube, Die → JAMES: Wings of the Dove, The (amer.)

Fluß ohne Ufer → JAHNN

F. L. Věk (tschech.) → JIRÁSEK

folkefiende, En (norw.) → IBSEN

Fons vitae (mlat.) → IBN GABIROL

Foraarets Død → JENSEN: Kongens Fald (dän.)

Formale und transzendentale Logik → HUSSERL

Fountain of Life, The → IBN GABIROL: Fons vitae (mlat.)

Fox in the Attic, The (engl.) → HUGHES

Fra Kristiania-Bohêmen (norw.) → JÆGER

Frankreichs Schicksalsjahr → HUGO: Quatre-vingt-treize (frz.)

Frank van Wezels roemruchte Jaren (ndl.) → JONG

Fra Skitsebogen (dän.) → JACOBSEN

Frau Fönss → JACOBSEN: Fru Fönss (dän.)

Frau Marie Grubbe → JACOBSEN: Fru Marie Grubbe (dän.)

Frau vom Meere, Die → IBSEN: Fruen fra havet (norw.)

Freund der Lebensbeschreibungen → ḪWĀNDAMIR: Ḥabib oʾs-siyar (iran.-npers.)

Freund der Wollust, Ein → IHARA SAI-

KAKU: Kōshoku-ichidai-otoko (jap.)
Freundin der Wollust, Eine → IHARA SAIKAKU: Kōshoku-ichidai-onna (jap.)
Friede, Der → JÜNGER
Friesche Rymlerye (westfries.) → JAPICX
From Here to Eternity (amer.) → JONES
Fruen fra havet (norw.) → IBSEN
Fru Fønss (dän.) → JACOBSEN
Fru Marie Grubbe (dän.) → JACOBSEN
Fuchs unterm Dach, Der → HUGHES: Fox in the Attic, The (engl.)
Fünf Frauen der Liebe → IHARA SAIKAKU: Kōshoku-gonin-onna (jap.)
Fünf verlorene Tage → JACKSON: Lost Weekend, The (amer.)
Für die Ehre → IOANNU: Ja ena filotimo (ngriech.)
Fuimos (ung.) → JUSTH
Fumées dans la campagne (frz.) → JALOUX
Fußgänger der Luft → IONESCO: piéton de l'air, Le (frz.)
Fuṣūl at-tamāṯīl fī tabāšīr as-surūr (arab.) → IBN AL-MUʿTAZZ
futūḥāt al-Makkīya, Al- (arab.) → IBN (AL-)ʿARABĪ

G

Gábor Vlkolinský (slovak.) → HVIEZDOSLAV
Gärten und Straßen → JÜNGER: Strahlungen
Galjot (sloven.) → JANČAR
Gallicanus (mlat.) → HROTSVIT von Gandersheim
Ğamʿ al-ğawāhir... (arab.) → AL-Ḥuṣrī
Gaoseng zhuan (chin.) → HUIJIAO
Garp und wie er die Welt sah → IRVING: World According to Garp, The (amer.)
Gartenrosen → JOVANOVIĆ-ZMAJ: Ðuliči (serb.)
Ğāwid-nāme (iran.-npers.) → IQBĀL
Geblendet in Gaza → HUXLEY: Eyeless in Gaza (engl.)
Gedicht über den großen Mouravi → IOSEB TBILELI: Didmouraviani (georg.)
Gedicht über die Taten Kaiser Ottos I → HROTSVIT von Gandersheim: Gesta Oddonis (mlat.)
Gedoppelte Liebes-Flamme → JONSOHN
Geeraerdt van Velsen (ndl.) → HOOFT
gefährliche Begegnung, Eine → JÜNGER
Gefährlicher neuer Reichtum → HOWELLS: Hazard of New Fortunes, A (amer.)
gefangene Kleopatra, Die → JODELLE: Cléopâtre captive (frz.)
Gegen den Strich → HUYSMANS: A rebours (frz.)
Geheimnisse des Ich, Die → IQBĀL: Asrār-e Ḫudi (npers.)
Geist des römischen Rechts... → JHERING
geistige Situation der Zeit, Die → JASPERS
Geistlicher Lobgesang → JUAN DE LA CRUZ: Cántico espiritual (span.)
Geistliches Handbuch → JANEZ SVETOKRIŠKI: Sacrum promptuarium (sloven.)
Geistliche Sonette → JIMÉNEZ: Sonetos espirituales (span.)

Geistliches Tagebuch → JOHANNES XXIII.: Giornale dell'anima (ital.)
Geistliche Übungen → IGNACIO DE LOYOLA: Exercitia spiritualia (nlat.)
Geizkragen, Der → IKONOMOS: Filarjiros, O (ngriech.)
gelbe Rose, Die → JÓKAI: Sárga Rózsa (ung.)
Geld → JAUNSUDRABIŅŠ: Nauda (lett.)
Geliebter Judas → JEFFERS: Dear Judas (amer.)
Gengangere (norw.) → IBSEN
Genius and the Goddess, The (engl.) → HUXLEY
Geometrischer Heimatroman → JONKE
Gerd. - Aphrodite fra Fuur (dän.) → JENSEN
Gerushim me'ucharim (hebr.) → JEHOSCHUA
Gesammelte Reste alter Geschichten → INBE no Hironari: Kogo-shūi (jap.)
Gesandten, Die → JAMES: Ambassadors, The (amer.)
Gesang des Kosmos, Der → JÓZSEF: kozmosz éneke, A (ung.)
Geschenk der Beobachtenden... Das → IBN BAṬṬŪṬA: Tuhfat an-nuzzār fī ǧarāʾib al-amṣār wa-ʿaǧāʾib al-asfār (arab.)
Geschichte → JATROMANOLAKIS: Istoria (ngriech.)
Geschichte der Chichimeken → IXTLILCHÓCHITL: Historia chichimeca (span.)
Geschichte der Empörung der Mauren in Granada → HURTADO DE MENDOZA: Guerra de Granada (span.)
Geschichte der Goten, Vandalen und Sueben → ISIDORUS aus Sevilla: Historia Gothorum, Vandalorum et Suevorum (lat.)
Geschichte der berühmten Prediger Bruder Gerundio de Campazas, genannt Zotes → ISLA: Historia del famoso predicador fray Gerundio de Campazas, alias Zotes (span.)
Geschichte des Buddhismus in der Mongolei → 'JIGS-MED-RIG-PA'I-RDO-RJE: Hor chos-'byuṅ (tib.)
Geschichte des heiligen Ludwig, Die → JEAN DE JOINVILLE: histoire de saint Louis, L' (afrz.)
Geschichte des trügerischen Königs → JARLIĠ-UN ERKETÜ DALAI: Endegürel qaġan-u tuġuji (mong.)
Geschichte König Ludwigs des Heiligen → JEAN DE JOINVILLE: histoire de saint Louis, L' (afrz.)
Geschichten aus dem Wienerwald → HORVÁTH
Geschichte New Yorks..., Eine → IRVING: History of New York..., A (amer.)
Geschichte seiner Zeit in 45 Büchern → JOVIUS: Historiarum sui temporis libri XLV (nlat.)
Geschichte Tabaristans und der Serbedare, Die → ḤWĀNDAMIR: Ḥabib o's-siyar (iran.-npers.)
Geschichte von den Drei Königen, Die → JOHANNES VON HILDESHEIM: Historia trium regum (mlat.)
Geschichte von der Fußspange, Die → ILAŃKŌVAṬIKAL: Cilappatikāram (tamil)
Geschichte von Rasselas, Die → JOHNSON: Prince of Abissinia, The (engl.)

Gesellschaft auf dem Lande, Eine → HUXLEY: Crome Yellow (engl.)
Gespenster → IBSEN: Gengangere (norw.)
Gesta Oddonis (mlat.) → HROTSVIT von Gandersheim
Gestes et opinions du docteur Faustroll, pataphysicien (frz.) → JARRY
Gestreutes Licht → ISAAK BEN MOSES: Or sarua (hebr.)
Gewänder → JAFFE: Lewuschim (hebr.)
Gib mein Volk frei → JOHNSON: God's Trombones (amer.)
Giornale dell'anima (ital.) → JOHANNES XXIII.
Gītagovinda (skrt.) → JAYADEVA
Gjenboerne (dän.) → HOSTRUP
Gläserne Bienen → JÜNGER
Glaube Liebe Hoffnung → HORVÁTH
Gleichnis der Vorzeit → ISAAK ben Salomon IBN SAHULA: Meschal hakadmoni (hebr.)
Glöckner von Notre Dame, Der → HUGO: Notre-Dame de Paris. 1482 (frz.)
Gnade → JOYCE: Dubliners (engl.)
God's Trombones (amer.) → JOHNSON
Göttliche Liebesflamme → JUAN DE LA CRUZ: Llama de amor viva (span.)
göttliche Narziß, Der → JUANA INÉS DE LA CRUZ: divino Narciso, El (span.)
Golden Bowl, The (amer.) → JAMES
goldene Kalb, Das → IL'F: Zolotoj telënok (russ.)
Goldene Legende → JAKOB VON VARAZZE: Legenda aurea (mlat.)
goldene Schale, Die → JAMES: Golden Bowl, The (amer.)
goldene Zeit in Siebenbürgen, Die → JÓKAI: Erdély aranykora (ung.)
Goldmensch, Der → JÓKAI: aranyember, Az (ung.)
Golubye peski (russ.) → IVANOV
Gongolf → HROTSVIT von Gandersheim: Passio Gongolfi (mlat.)
Goodbye to Berlin (engl.) → ISHERWOOD
gordische Knoten, Der → JÜNGER
Goren nachon → IBN GABIROL: Tikkun middot ha-nefesch (hebr.)
Gott → HUGO: Dieu (frz.)
Gottes weißer Mann → JUMBAN: White Man of God, The (engl.)
Gott ist im Exil geboren → HORIA: Dieu est né en exil (frz.)
Gottselige Begirde... → HUGO: Pia desideria (nlat.)
Graf Lucanor, Der → JUAN MANUEL: conde Lucanor, El (span.)
Granida (ndl.) → HOOFT
graue March, Die → INGLIN
Green Mansions (engl.) → HUDSON
Greeta ja hänen herransa (finn.) → JÄRNEFELT
Grey Eminence (engl.) → HUXLEY
Grisjakten (schwed.) → JERSILD
größere Buch über das rechte Verhalten, Das → IBN AL-MUQAFFAʿ: (Kitāb) al-adab al-kabir (arab.)
groote Schouburgh..., De (ndl.) → HOUBRAKEN
Große Kinder → ISAKOVIĆ: Velika deca (serb.)
große Klassenbuch, Das → IBN SAʿD: (Kitāb) aṭ-ṭabaqāt al-kubrā (arab.)
große Krieg in Deutschland, Der → HUCH

17

großen Wörter, Die → INNERHOFER: Schöne Tage
Großer Kommentar zum Buch über die Seele → IBN RUŠD: Tafsīr kitāb an-nafs (arab.)
große Schouburgh..., Die → HOUBRAKEN: groote Schouburgh..., De (ndl.)
große Sommer, Der → JENSEN: Kongens Fald (dän.)
große Versuchung, Die → HOWELLS: Rise of Silas Lapham, The (amer.)
große Zeit, Eine → JOHNSON: Hans nådes tid (schwed.)
Güng-ün juu-yin gegen-ü surgal (mong.) → ISIDANGJINWANGJIL
Guerra de Granada (span.) → HURTADO DE MENDOZA
Gukanshō (jap.) → JIEN
Gut an der Grenze, Das → JOVKOV: Čiflicăt kraj granicata (bulg.)
György Dózsa → ILLYÉS: Dózsa György (ung.)

H

Haaropfer, Das → HRABAL: Městečko u vody: Postřižiny. Krasosmutnění.
Harlekýnovy milióny (tschech.)
Habib o's-siyar (iran.-npers.) → HWĀNDAMIR
Habo T'bileli → IOANE SABANISDZE: Abo T'bileli (georg.)
Här har du ditt liv! → JOHNSON: Romanen om Olof (schwed.)
Hærmændene paa Helgeland (norw.) → IBSEN
Haïdoucs, Les → ISTRATI: récits d'Adrien Zograffi, Les (frz.)
Haimet, Barat und Travers → JE: De Haimet e de Barat e Travers (afrz.)
Hájnikova žena (slovak.) → HVIEZDOSLAV
Halekýnovy milióny → HRABAL: Městečko u vody... (tschech.)
Hall (fär.) → JACOBSEN
hallende Schritt, Der → JILEMNICKÝ: Zuniaci krok (slovak.)
Hallur oder Das Defizit → JACOBSEN: Hall (fär.)
Halsband der Taube..., Das → IBN HAZM: Tauq al-hamāma... (arab.)
Hangsaman (amer.) → JACKSON
Hanjung-nok (kor.) → HONG-ssi
Hans nådes tid (schwed.) → JOHNSON
Harām, al- (arab.) → IDRĪS
Harīdat al-qasr wa-ğarīdat ahl al-'asr (arab.) → 'IMĀDADDĪN
Harlekins Millionen → HRABAL: Městečko u vody... (tschech.)
Hasari, Al- → JEHUDA HA-LEVI: Kusari (hebr.)
Hasenroman, Der → JAMMES: roman du lièvre, Le (frz.)
Hauch auf der Scheibe, Ein → HORA: Dech na skle (tschech.)
Hauch des Ostwindes, Der → IBN HABĪB: Nasīm as-sabā (arab.)
Haus der Briefe, Das → JÜNGER: Heliopolis
Haus zu Babel, Das → JERSILD: Babels hus (schwed.)
Havukka-ahon ajattelija (finn.) → HUOVINEN
Hayy ibn Yaqzān, (Risālat) (arab.) → IBN TUFAIL
Hazám (ung.) → JÓZSEF
Hazard of New Fortunes, A (amer.) → HOWELLS
Heat and Dust (engl.) → JHABVALA
Hebel, Die → JAŠIN: Ryčagi (russ.)
Hécate (frz.) → JOUVE

Hedda Gabler (norw.) → IBSEN
Heğāb-nāme (iran.-npers.) → IRAĞ MIRZĀ
Hegers Weib, Des → HVIEZDOSLAV: Hájnikova žena (slovak.)
Heiduckenlieder → JAVOROV: Chajduški pesni (bulg.)
Heilige und Sünder → JONES: Saints and Sinners (engl.)
Heimat → JANŠEVSKIS: Dzimtene (lett.)
Heimkehr, Die → HOUWALD
Hekate → JOUVE: Hécate (frz.)
Helden auf Helgeland, Die → IBSEN: Hærmændene paa Helgeland (norw.)
Heldentaten und Ansichten des Doktor Faustroll → JARRY: Gestes et opinions du docteur Faustroll, pataphysicien (frz.)
Heliopolis → JÜNGER
hellenische Religion des leidenden Gottes, Die → IVANOV: Ellinskaja religija stradajuščego boga (russ.)
Henker → JACKSON: Hangsaman (amer.)
Herbstblätter → HUGO: feuilles d'automne, Les (frz.)
Herfsttijd der middeleeuwen (ndl.) → HUIZINGA
Hernani ou L'honneur castillan (frz.) → HUGO
Herr Godeau → JOUHANDEAU: Monsieur Godeau intime (frz.)
Herrschaft der Minderwertigen, Die → JUNG
Hesperus oder 45 Hundsposttage → JEAN PAUL
Hexaemeron → JOHANNES DER EXARCH: Šestodnev (aksl.)
Hexenhammer, Der → INSTITORIS: Malleus maleficarum (nlat.)
Hier hast du dein Leben → JOHNSON: Romanen om Olof (schwed.)
Hier sollten Rosen blühen → JACOBSEN: Fra Skitsebogen (dän.)
High Wind in Jamaica, A (engl.) → HUGHES
Himmerlandshistorier (dän.) → JENSEN
Himmlische Nachtigall → HUGO: Pia desideria (nlat.)
Hindle Wakes (engl.) → HOUGHTON
Hiroba no kodoku (jap.) → HOTTA Yoshie
histoire de saint Louis, L' (afrz.) → JEAN DE JOINVILLE
Histoire socialiste (1789-1900) (frz.) → JAURÈS
Historia chichimeca (span.) → IXTLILCHÓCHITL
Historia del famoso predicador fray Gerundio de Campazas, alias Zotes (span.) → ISLA
Historia Gothorum, Vandalorum et Suevorum (lat.) → ISIDORUS aus Sevilla
Historia Lombardica → JAKOB VON VARAZZE: Legenda aurea (mlat.)
Historiarum sui temporis libri XLV (nlat.) → JOVIUS
Historia trium regum (mlat.) → JOHANNES VON HILDESHEIM
History of New York..., A (amer.) → IRVING
History of Rasselas, The → JOHNSON: Prince of Abissina, The (engl.)
Hitze und Staub → JHABVALA: Heat and Dust (engl.)
Hjulet → JENSEN: Madame D'Ora (dän.)

hochberühmte Geschichte der sieben Helden der Christenheit, Die → JOHNSON: Most Famous Historie of the Seven Champions of Christendome, The (engl.)
Hochwehende Sommerkleider → JONG: Opwaaiende zomerjurken (ndl.)
Höhle auf dem Rudnik, Die → ILIĆ: Pécina na Rudniku (serb.)
Höhlen von Dun-huang, Die → INOUE Yasushi: Tonkō (jap.)
Hősökről beszélek (ung.) → ILLYÉS
Høst i mars (norw.) → JOHANNESEN
Hofwyck (ndl.) → HUYGENS
Holger Danske (dän.) → INGEMANN
Holzschiff, Das → JAHNN: Fluß ohne Ufer
Homāy o Homāyun (iran.-npers.) → HWĀĞU-YE KERMĀNI
Home (amer.) → JONES
homme aux valises, L' (frz.) → IONESCO
homme qui rit, L' (frz.) → HUGO
Homo ludens (ndl.) → HUIZINGA
Hor chos-'byun (tib.) → 'JIGS-MED-RIG-PA'I-RDO-RJE
Horden der Erde → INOUE Mitsuharu: Chi no mure (jap.)
Hotel New Hampshire, The (amer.) → IRVING
Huasipungo (span.) → ICAZA
Hügelkamm und der Fluß, Der → HUNGERFORD: Ridge and the River, The (engl.)
Human Nature → HUME: Treatise of Human Nature, A (engl.)
Human Understanding → HUME: Philosophical Essays Concerning Human Understanding (engl.)
Humoristische Geschichte von New York → IRVING: History of New York..., A (amer.)
Hundsköpfe, Die → JIRÁSEK: Psohlavci (tschech.)
Hunger und Durst → IONESCO: soif et la faim, La (frz.)
Hunok Párisban (ung.) → ILLYÉS
Hurrikan im Karibischen Meer → HUGHES: In Hazard (engl.)
Hyōheki (jap.) → INOUE Yasushi

I

'ibar, (Kitāb) al- (arab.) → IBN HALDŪN
Ibn Jaqzan, der Naturmensch → IBN TUFAIL al-Qaisī: (Risālat) Hayy ibn Yaqzān (arab.)
I bol i bes (maked.) → JANEVSKI
Ich habe den englischen König bedient → HRABAL: Obsluhoval jsem anglického krále (tschech.)
Ich spreche von Helden → ILLYÉS: Hősökről beszélek (ung.)
Ich werfe meine Netze aus → HUGHES: Big Sea, The (amer.)
Ideen zu einem Versuch, die Gränzen der Wirksamkeit des Staats zu bestimmen → HUMBOLDT
Ideen zu einer reinen Phänomenologie... → HUSSERL
Idyllen → HOLLÝ: Selanki (slovak.)
Í Grønlandi við Kongshavn (fär.) → JACOBSEN
Ilias (griech.) → HOMER
Imago mundi (mlat.) → HONORIUS AUGUSTODUNENSIS
Im Boot des Charon, oder die schönen alten Jahre → ILLYÉS: Kháron ladikján vagy az öregedés tünetei (ung.)

18

Im Garten der schönen Shin → IKKYŪ Sōjun: Kyōunshū (sino-jap.)
Im Gasthof zu Antimovo → JOVKOV: Večeri v Antimovskija chan (bulg.)
Im Innersten des Labyrinths → JOSHI: Last Labyrinth, The (engl.)
Im Käfig → JAMES: In the Cage (amer.)
Im Leben und Sterben → İLERİ: Yaşarken ve ölürken (ntürk.)
In Charons Nachen oder Altwerden in Würde → ILLYÉS: Kháron ladikján vagy az öregedés tünetei (ung.)
Indian's View of Indian Affairs, An (amer.) → JOSEPH
In die Herzen ein Feuer → JACKSON: Soledad Brother (amer.)
in Entzücken versetzenden Gedichte der Leute des Westens, Die → IBN DIHYA: Mutrib min aš'ār ahl al-maġrib, al- (arab.)
in Erstaunen Versetzende unter den Pretiosen des Westens, Die → IBN SA'ĪD: Muġrib fī ḥulā l-maġrib, al- (arab.)
Infant Don Carlos, Der → JIMÉNEZ de Enciso: príncipe Don Carlos, El (span.)
Ingqumbo yeminyana (xhosa) → JORDAN
Ingrid Babendererde → JOHNSON
In Grönland mit der Kongshavn → JACOBSEN: Í Grønlandi við Kongshavn (fär.)
In Hazard (engl.) → HUGHES
In Parenthesis (engl.) → JONES
Inquiry into the Original of Our Ideas of Beauty and Virtue..., An (engl.) → HUTCHESON
Inṣāf fī masā'il al-hilāf bain annahwiyīn al-Baṣrīyīn wa-l-Kūfiyīn, (Kitāb) al- (arab.) → IBN AL-ANBĀRĪ
In Stahlgewittern → JÜNGER
International Episode, An (amer.) → JAMES
In the Cage (amer.) → JAMES
Ipomedon (afrz.) → HUE DE ROTELANDE
'iqd al-farīd, Al- (arab.) → IBN 'ABD RABBIH al-Andalusī
Iṣābat al-aġrād fī dikr al-a'rād (arab.) → IBN QUZMĀN
Isä ja poika → HYRY: Kotona (finn.)
Istoria (ngriech.) → JATROMANOLAKIS
Italienische Nacht → HORVÁTH
Izbrano delo → JANEZ SVETOKRIŠKI: Sacrum promptuarium (sloven.)

J

Jäger, Die → IFFLAND
Ja ena filotimo (ngriech.) → IOANNU
Jagdgewehr, Das → INOUE Yasushi: Ryōjū (jap.)
Jahre der Okkupation → JÜNGER: Strahlungen
Jahrestage → JOHNSON
Jakobs Born → JAKOB ben Salomon ibn CHABIB: Ejn Ja'akow (hebr.)
Jargon eines Freudenviertelbesuchers → INAKA-ROJIN: Yūshi-hōgen (jap.)
Jaunsaimnieks un velns (lett.) → JAUNSUDRABIŅŠ
Javidname → IQBĀL: Gāwid-nāme (iran.-npers.)
Jedermann auf seine Art → JONSON: Every Man in His Humour (engl.)
Jener Geruch → IBRĀHĪM: Tilka r-rā'iha (arab.)

Jenes Afrika → IKELLÉ MATIBA: Cette Afrique-là (frz.)
Jeprški učitelj (sloven.) → JENKO
Jñanadevī oder Jñāneśvarī (marāthī) → JÑĀNADEVA
Johann Heinrich Jung's, genannt Stilling Lebensgeschichte... → JUNG-STILLING
John Gabriel Borkman (norw.) → IBSEN
Jouvencel, Le (frz.) → JEAN DE BUEIL
Juden, Die → JUŠKEVIČ: Evrei (russ.)
jüngste Tag, Der → HORVÁTH
Jugendbildnis → JOYCE: Portrait of the Artist as a Young Man, A (engl.)
Jugend ohne Alter und Leben ohne Tod → ISPIRESCU: Legende sau basmele Românilor (rum.)
Jugend ohne Gott → HORVÁTH
Junge aus Shropshire, Ein → HOUSMAN: Shropshire Lad, A (engl.)
Jungfrau von Paris, Die → JOUVE: vierge de Paris, La (frz.)
Jurij Kozjak, slovenski janičar (sloven.) → JURČIČ
jus de Saint Nicholaï, Li (afrz.) → JEHAN BODEL D'ARRAS

K

kahle Sängerin, Die → IONESCO: cantatrice chauve, La (frz.)
Kaiser Julian → IBSEN: Kejser og Galilæer (norw.)
Kalmasoba (georg.) → IOANE BAGRATIONI
kāmil fī t-tārīḫ, (Al-kitāb) Al- (arab.) → IBN AL-AṮĪR
Kampf als inneres Erlebnis, Der → JÜNGER
Kandelaber des Lichts, Der → ISAAK ABOAB: Menorat ha-ma'or (hebr.)
Kapitel der Gleichnisse über die ersten Zeichen der Freude, Die → IBN AL-MU'TAZZ: Fuṣūl at-tamāṯīl fī tabāšir as-surūr (arab.)
Kappløpet (norw.) → HOLT
Kárpáthy Zoltán → JÓKAI: magyar nábob, Égy (ung.)
Kasimir und Karoline → HORVÁTH
Kathedrale, Die → HUYSMANS: cathédrale, La (frz.)
Kaukasische Aufzeichnungen → JÜNGER: Strahlungen
Kazak kyzy (kasan-türk.) → IBRAGIMOV
Kde život naš je v půli se svou poutí (tschech.) → JEDLIČKA
K'ebay da didebay k'art'ulisa enisay (georg.) → IOANE ZOSIME
Kejser og Galilæer (norw.) → IBSEN
Keter Malchut (hebr.) → IBN GABIROL
Kette, Die → IBN ESRA: Anak, ha- (hebr.)
Kháron ladikján vagy az öregedés tünetei (ung.) → ILLYÉS
Kind, Das → IVANOV: Ditja (russ.)
Kinder der Mutter Erde → JÄRNEFELT: Maaemon lapsia (finn.)
Kind unserer Zeit, Ein → HORVÁTH
Kingis Quair, The (mengl.) → JAMES I
Kirchhorster Blätter → JÜNGER: Strahlungen
Kjærlighedens Komedie (norw.) → IBSEN
Kje se, Lamutovi? (sloven.) → INGOLIČ
Klavierspielerin, Die → JELINEK
kleine Birke, Die → JADVIHIN Š.: Biarozka (wruth.)

Klein Eyolf → IBSEN: Lille Eyolf (norw.)
Klimax (griech.-byzant.) → IOANNES KLIMAKOS
Kluby poezie (tschech.) → HRABAL
Knack, The (engl.) → JELLICOE
Knecht des Gesalbten → IOANE ŠAVT'ELI: Abdulmesia (georg.)
Kochankowie z Marony (poln.) → IWASZKIEWICZ
Köke sudur → INJANASI: Yeke yüwen ulus-un manduġsan törü-yin köke sudur (mong.)
König amüsiert sich, Der → HUGO: roi s'amuse, Le (frz.)
Königs Fall, Des → JENSEN: Kongens Fald (dän.)
König stirbt, Der → IONESCO: roi se meurt, Le (frz.)
König Ubu → JARRY: Ubu roi (frz.)
Kogo-shūi (jap.) → INBE no Hironari
Kollektenreise, Die → IOANE BAGRATIONI: Kalmasoba (georg.)
Komet oder Nikolaus Marggraf, Der → JEAN PAUL
Kommentar till en stjärnfall (schwed.) → JOHNSON
Kommentar zum Schöpfungsbericht des Moses → IOANNES PHILOPONOS: Eis tēn Mōyseōs kosmogonian exēgētikōn logoi (griech. Patr.)
Komm wieder, kleine Sheba → INGE: Come Back, Little Sheba (amer.)
Komödie der Liebe, Die → IBSEN: Kjærlighedens Komedie (norw.)
Kongens Fald (dän.) → JENSEN
Kongres we Florencji (poln.) → IWASZKIEWICZ
Kongs-Emnerne (norw.) → IBSEN
Konsta → HUOVINEN: Havukkaahon ajattelija (finn.)
Kontrapunkt des Lebens → HUXLEY: Point Counter Point (engl.)
Kōshoku-gonin-onna (jap.) → IHARA SAIKAKU
Kōshoku-ichidai-onna (jap.) → IHARA SAIKAKU
Kōshoku-ichidai-otoko (jap.) → IHARA SAIKAKU
Kosmos → HUMBOLDT
Kotlín (slovak.) → HURBAN VAJANSKÝ
Kotona (finn.) → HYRY
Kōya hijiri (jap.) → IZUMI KYŌKA
kozmosz éneke, A (ung.) → JÓZSEF
Krasosmutnění → HRABAL: Městečko u vody... (tschech.)
Krieg von Granada, Der → HURTADO DE MENDOZA: Guerra de Granada (span.)
Krilon (schwed.) → JOHNSON
Krisis der europäischen Wissenschaften..., Die → HUSSERL
Kristiania-Bohème → JÆGER: Fra Kristiania-Bohèmen (norw.)
Krone des Königreichs → IBN GABIROL: Keter Malchut (hebr.)
Kronprätendenten, Die → IBSEN: Kongs-Emnerne (norw.)
Kruciata → JIRÁSEK: Proti všem (tschech.)
Ktābā d-taš'yātā d-'al dubbārē d-ṭūbānē mandnḥāyē (syr.) → IOANNES VON EPHESOS
Küsse, Die → JOHANNES SECUNDUS: Basia (nlat.)
Kugai Jōdo: Waga Minamata-byō (jap.) → ISHIMURE Michiko
Kuin kekäle kädessä → JOENPELTO: Vetää kaikista ovista (finn.)
Kuroi ame (jap.) → IBUSE Masuji

19

Kurtlar Sofrası → İLHAN: Sokaktaki adam (ntürk.)

Kusari (hebr.) → JEHUDA HA LEVI

Kus cukru (slovak.) → JILEMNICKÝ

Kyōunshū (sino-jap.) → IKKYŪ Sōjun

Kyra Kyralina → ISTRATI: récits d'Adrien Zograffi, Les (frz.)

Kyrillo-Methodiade → HOLLÝ: Cirillo-Metodiada (slovak.)

L

Là-bas (frz.) → HUYSMANS

lachende Maske, Die → HUGO: homme qui rit, L' (frz.)

Lachen, um nicht zu weinen → HUGHES: Laughing to Keep from Crying (amer.)

Lağna, al- (arab.) → IBRĀHĪM

Lai de l'ombre (afrz.) → JEHAN RENART

Laila be-mai (hebr.) → JEHOSCHUA

Land der spitzen Tannen, Das → JEWETT: Country of the Pointed Firs, The (amer.)

langage de la tribu, Le → JOUHANDEAU: Mémorial (frz.)

lange Rejse, Den (dän.) → JENSEN

Last Labyrinth, The (engl.) → JOSHI

Lato w Nohant (poln.) → IWASZKIEWICZ

Laude (ital.) → IACOPONE DA TODI

Laughing to Keep from Crying (amer.) → HUGHES

Leben des Grafen Federigo Confalonieri, Das → HUCH

Leben des heiligen Alexius, Das → JARNÉS: vida de san Alejo, La (span.)

Leben des heiligen Ludwig von Frankreich → JEAN DE JOINVILLE: histoire de saint Louis, L' (afrz.)

Leben des Propheten, Das → IBN ISHĀQ: Sīrat sayyidinā Muḥammad (arab.)

Leben des Quintus Fixlein . . . → JEAN PAUL

Leben des vergnügten Schulmeisterlein Maria Wuz in Auenthal → JEAN PAUL

Lebendige Liebesflamme → JUAN DE LA CRUZ: Llama de amor viva (span.)

Lebend, Sohn des Erwachenden → IBN ESRA: Chai ben Mekiz (hebr.)

Leben Fibels . . . → JEAN PAUL

Leben mit Laura, Ein → HORVÁTH: Život s Laurou (slovak.)

Leben Muhammeds, Das → IBN ISHĀQ: Sīrat sayyidinā Muḥammad (arab.)

Lebensbeschreibungen der englischen Dichter → JOHNSON: Lives of the English Poets (engl.)

Lebenslauf des heiligen Wonnebald Pück → HUCH

Leb' wohl, Berlin → ISHERWOOD: Goodbye to Berlin (engl.)

Leb wohl, Judas → IREDYŃSKI: Žegnaj Judaszu (poln.)

leçon, La (frz.) → IONESCO

Le fils du boucher → JOUHANDEAU: Mémorial (frz.)

Legenda aurea (mlat.) → JAKOB VON VARAZZE

légende des siècles, La (frz.) → HUGO

Legende meines Lebens, Die → JØRGENSEN: Mit Livs Legende (dän.)

Legende sau basmele Românilor (rum.) → ISPIRESCU

Legend of Sleepy Hollow, The (amer.) → IRVING

Lehrbuch → HUGO VON ST. VIKTOR: Didascalion (mlat.)

Lehren des Erhabenen vom Herzogstempel, Das → ISIDANGJINWANG-JIL: Güng-ün juu-yin gegen-ü surğal (mong.)

Lehrer von Jeperca, Der → JENKO: Jeprški učitelj (sloven.)

Leiden der heiligen Jungfrauen Fides, Spes und Caritas, Das → HROTSVIT von Gandersheim: Sapientia (mlat.)

Leiden der Liebenden, Die → IBN AS-SARRĀǦ: Maṣāri' al-'uššāq (arab.)

Leiden Gongolfs, Das → HROTSVIT von Gandersheim: Passio Gongolfi (mlat.)

Leiden Jesu, Die → JESUS: Trabalhos de Iesu (portug.)

Leigjandinn (isl.) → JAKOBSDÓTTIR

Leimōn (griech.-byzant.) → IOANNES MOSCHOS

Leiter zum Paradiese, Die → IOANNES KLIMAKOS: Klimax (griech.-byzant.)

lenguas de diamante, Las (span.) → IBARBOUROU

Letiace tiene (slovak.) → HURBAN VAJANSKÝ

letzten Crnojevići, Die → JAKŠIĆ: Poslednji Crnojevići (serb.)

letzte Sommer, Der → HUCH

leuchtenden Sterne . . ., Die → IBN TAĞRĪBIRDĪ: Nuǧūm az-zāhira . . ., an- (arab.)

Levana oder Erziehungslehre → JEAN PAUL

Lewuschim (hebr.) → JAFFE

Liars, The (engl.) → JONES

Liber certarum historiarum (mlat.) → JOHANNES VON VIKTRING

Liber figurarum (mlat.) → JOACHIM VON FIORE

Libro de los estados (span.) → JUAN MANUEL

libro de patronio, El → JUAN MANUEL: conde Lucanor, El (span.)

lichtspendende Leuchter, Der → ISAAC ABOAB: Menorat ha-ma'or (hebr.)

Liebenden von Marona, Die → IWASZKIEWICZ: Kochankowie z Marony (poln.)

liebens-würdige Adalie, Die → HUNOLD

Liebe, Pflicht und Hoffnung → HORVÁTH: Glaube Liebe Hoffnung

Lied der Jahrhundertfeier → HORAZ: Carmen saeculare (lat.)

Lied der Liebe, Das → JUAN DE LA CRUZ: Cántico espiritual (span.)

Lieder des zurückgezogenen Gelehrten Boshi → JIANG Kui: Boshi daoren gequ (chin.)

Lilian's Last Love → HOWARD: Banker's Daughter, The (amer.)

Lille Ahasverus → JENSEN: Eksotiske Noveller (dän.)

Lille Eyolf (norw.) → IBSEN

Linguistics and Poetics (amer.) → JAKOBSON

Literarische Fabeln → IRIARTE: Fábulas literarias (span.)

Litsomo tsa Basotho (südsotho) → JACOTTET

Lives of the English Poets (engl.) → JOHNSON

Livets Træ (dän.) → JØRGENSEN

Livre de la source de vie → IBN GABIROL: Fons vitae (mlat.)

Livre de mon père et de ma mère, Le → JOUHANDEAU: Mémorial (frz.)

Livro da montaria (portug.) → JOÃO I

Llama de amor viva (span.) → JUAN DE LA CRUZ

Llibre dels feits del rei Jaume (kat.) → JAUME I.

Lobpreisung auf den Fürsten Lazar → JEFIMIJA: Pohvala knezu Lazaru (aserb.)

Lob und Preis der georgischen Sprache → IOANE ZOSIME: K'ebay da didebay k'art'ulisa enisay (georg.)

Locura y muerte de nadie (span.) → JARNÉS

Logische Untersuchungen → HUSSERL

London (engl.) → JOHNSON

Lost Weekend, The (amer.) → JACKSON

Lottery, The (amer.) → JACKSON

Lucha espiritual y amorosa entre Dios y el alma → JUAN DE LOS ÁNGELES: Triunfos del amor de Dios (span.)

Lügner, Die → JONES: Liars, The (engl.)

Luzifer (nd.) → JAHN

M

Maaemon lapsia (finn.) → JÄRNEFELT

ma'ārif, (Kitāb) al- (arab.) → IBN QUTAIBA

Macbett (frz.) → IONESCO

Madame D'Ora (dän.) → JENSEN

Madonnenklage, Die → IACOPONE DA TODI: pianto della Madonna, Il (ital.)

Märchen der Sotho → JACOTTET: Litsomo tsa Basotho (südsotho)

Maǧmū' al-qawānīn (arab.-chr.) → IBN AL-'AṢṢĀL

Maǧmū' uṣūl ad-dīn wa-masmū' maḥsūl al-yaqīn (arab.-chr.) → IBN AL-'AṢṢĀL

magyar nábob, Egy (ung.) → JÓKAI

Maisie → JAMES: What Maisie Knew (amer.)

Majster korablja (ukr.) → JANOVS'KYJ

Makamen, Die → IMMANUEL ben Salomo HA-ROMI: Machbarot Immanuel ha-Romi (hebr.)

Makrobiotik → HUFELAND

Malleus maleficarum (nlat.) → INSTITORIS

Mann auf der Straße, Der → İLHAN: Sokaktaki adam (ntürk.)

Mann der lacht, Der → HUGO: homme qui rit, L' (frz.)

Mannes Rippe, Des → JOTUNI: Miehen kylkiluu (finn.)

Mann mit den Koffern, Der → IONESCO: homme aux valises, L' (frz.)

Mao → HUCH

Mária → JIRÁSEK: Bratrstvo (tschech.)

María (span.) → ISAACS

Marie Grubbe → JACOBSEN: Fru Marie Grubbe (dän.)

Māri-ye Wenisi → HOSROWI: Šams o Toğra (iran.-npers.)

Marion de Lorme (frz.) → HUGO

Marktplatz von Mähring, Der → HYKISCH: Námestie v Mähringu (slovak.)

Martyrium der hl. Šušanik, Das → JAKOB C'URTAVELI: Šušanikis martviloba (georg.)

Martyrium des hl. Abo von Tiflis, Das → IOANE SABANISDZE: Abo [Habo] T'bileli (georg.)

Maṣāri' al-'uššāq (arab.) → IBN AS-SARRĀǦ

Matheseos libri octo (lat.) → IULIUS FIRMICUS MATERNUS

Matka Joanna od aniołów (poln.) →
IWASZKIEWICZ
Mechilta (hebr.) → ISMAEL BEN ELISA
Medea (amer.) → JEFFERS
Medea → JAHNN
Méditations cartésiennes (frz.) →
HUSSERL
Meerfrau, Die → IBSEN: Fruen fra ha-
vet (norw.)
Meine Mutter → INOUE Yasushi: Wa-
ga haha no ki (jap.)
Mein Vaterland → JÓZSEF: Hazám
(ung.)
Mekkanischen Offenbarungen, Die →
IBN (AL-)ʿARABĪ: futūḥāt al-
Makkīya, Al- (arab.)
Mémorial (frz.) → JOUHANDEAU
Memorialverse der Sāmkhya[-Lehre]
→ ĪŚVARAKRSNA: Sāmkhya-kārikā
(skrt.)
Menorat ha-maʾor (hebr.) → ISAAK
ABOAB
Mensch wechselt die Haut, Ein → JA-
SIEŃSKI: Čelovek menjaet kožu
(russ.)
Meqor chajim → IBN GABIROL: Fons
vitae (mlat.)
Meridian von Pulkovo, Der → INBER:
Pulkovskij meridian (russ.)
merkwürdige Fall Billy Biswas, Der →
JOSHI: Strange Case of Billy Biswas,
The (engl.)
Merlin → IMMERMANN
Meschal ha-kadmoni (hebr.) → ISAAK
ben Salomon IBN SAHULA
Messaline (frz.) → JARRY
Městečko u vody… (tschech.) →
HRABAL
Mesto pod solncem (russ.) → INBER
Metalogicon (mlat.) → JOHANNES
VON SALISBURY
Metaphysik → JASPERS: Philosophie
Methoden des Romans → ITŌ Sei:
Shōsetsu no hōhō (jap.)
Mezi proudy (tschech.) → JIRÁSEK
Michael Unger → HUCH: Vita somni-
um breve
Miehen kylkiluu (finn.) → JOTUNI
Mieter, Der → JAKOBSDÓTTIR: Leig-
jandinn (isl.)
miġdal lil-istibṣār wal-ġadal, Kitāb al-
(arab.-chr.) → IBN SULAIMĀN
Milujte kráľovnú (slovak.) → HY-
KISCH
Mimola (frz.) → INNOCENT
Ming ru xue'an (chin.) → HUANG
Zongxi
Minnelehre (mhd.) → JOHANN VON
KONSTANZ
Minty Alley (engl.) → JAMES
misérables, Les (frz.) → HUGO
Miss Kilmansegg… (engl.) → HOOD
Mitbringsel aus Naniwa → HOZUMI
Ikan: Naniwa-miyage (jap.)
Mit Livs Legende → JØRGEN-
SEN
Mit törichtem Pinsel Kommentiertes
→ JIEN: Gukanshō (jap.)
Modern Instance, A (amer.) → HOW-
ELLS
Mörder ohne Bezahlung → IONESCO:
Tueur sans gages (frz.)
Mogens (dän.) → JACOBSEN
Molnen över Metapontion (schwed.) →
JOHNSON
monde désert, Le → JOUVE: Paulina
1880 (frz.)
Mond im gelben Fluß, Der → JOHN-
STON: Moon in the Yellow River,
The (engl.)
Monkey's Paw, The (engl.) → JACOBS

Monsieur Godeau intime (frz.) →
JOUHANDEAU
Moon in the Yellow River, The (engl.)
→ JOHNSTON
Morale scolarium (mlat.) → JOHAN-
NES DE GARLANDIA
Moskitokrieg, Der → JAGT: muskiete-
noorlog, De (ndl.)
Mostatraf, al- → AL-IBŠĪHĪ: musta-
traf…, al-
Most Famous Historie of the Seven
Champions of Christendome, The
(engl.) → JOHNSON
Mrs. Dane's Defence (engl.) → JONES
Mrtvi nespievajú (slovak.) → JAŠÍK
Münchhausen → IMMERMANN
Münzgasse 2 → JAMES: Minty Alley
(engl.)
Muġrib fī ḥulā l-maġrib, al- (arab.) →
IBN SAʿĪD
muḥādara wal-muḏākara, Kitāb al-
(arab.) → IBN ESRA
Mul ha-jearot (hebr.) → JEHOSCHUA
Muqaddima → IBN ḤALDŪN: (Kitāb)
al-ʿibar (arab.)
Musizierende Engel → JANER MANI-
LA: Angeli musicanti (kat.)
muskietenoorlog, De (ndl.) → JAGT
mustatraf fī kulli fann mustaẓraf, al-
(arab.) → AL-IBŠĪHĪ
Mutmaßungen über Jakob → JOHN-
SON
Mutrib min ašʿār ahl al-maġrib, al-
(arab.) → IBN DIHYA
Mutter Joanna von den Engeln →
IWASZKIEWICZ: Matka Joanna od
aniołów (poln.)
Myrrhentraube, Die → JEHUDA ben
Elija HADASSI: Eschkol ha-kofer
(hebr.)
Myter (dän.) → JENSEN

N

Nu (rum.) → IONESCO
Nachbarn, Die → HOSTRUP: Gjen-
boerne (dän.)
Nachbarssohn, Der → JURČIČ: Sose-
dov sin (sloven.)
Nach dem Feuerwerk → HUXLEY: Af-
ter the Fireworks (engl.)
Nacht aus Blei, Die → JAHNN
Nacht im Mai, Eine → JEHOSCHUA:
Laila be-mai (hebr.)
Nach vielen Sommern → HUXLEY: Af-
ter Many a Summer (engl.)
Námestie svätej Alžbety (slovak.) →
JAŠÍK
Námestie v Mähringu (slovak.) → HY-
KISCH
Naniwa-miyage (jap.) → HOZUMI
Ikan
Narrenreigen → HUXLEY: Antic Hay
(engl.)
Når vi døde vågner (norw.) → IBSEN
Nashörner, Die → IONESCO: rhinocé-
ros, Les (frz.)
Nasīm as-sabā (arab.) → IBN HABĪB
Na splavih (sloven.) → INGOLIČ
Natural Religion → HUME: Dialogues
Concerning Natural Religion
(engl.)
Nauda (lett.) → JAUNSUDRABINŠ
Nāves deja (lett.) → JAUNSUDRABINŠ
Návrat do Paríža (slovak.) → HOR-
VÁTH
Naẓm as-sulūk (arab.) → IBN AL-FĀ-
RID
Nebeldame, Die → JANER MANILA:
dama de les boires, La (kat.)
Neederlandsche Historien (ndl.) →
HOOFT

Neger ähneln einander nicht, Die →
ĪLHAN: Zenciler birbirine benzemez
(ntürk.)
Nein → IONESCO: Nu (rum.)
Nein – Die Welt der Angeklagten →
JENS
Nem én kiáltok, a föld dübörög →
JÓZSEF: kozmosz éneke, A (ung.)
Neos Paradeisos → IOANNES MO-
SCHOS: Leimōn (griech.-byzant.)
Nicht ohne Lachen → HUGHES: Not
without Laughter (amer.)
Niederländische Geschichte →
HOOFT: Neederlandsche Historien
(ndl.)
Niederschrift des Gustav Anias Horn,
Die → JAHNN: Fluß ohne Ufer
Niels Lyhne (dän.) → JACOBSEN
Niemandes Narrheit und Tod → JAR-
NÉS: Locura y muerte de nadie
(span.)
Nippon-eitaigura (jap.) → IHARA SAI-
KAKU
Noche escura del alma (span.) → JUAN
DE LA CRUZ
Nora oder Ein Puppenheim → IBSEN:
dukkehjem, Et (norw.)
Nordische Heerfahrt → IBSEN:
Hærmændene paa Helgeland
(norw.)
Norne-Gæst → JENSEN: lange Rejse,
Den (dän.)
Notre-Dame de Paris. 1482 (frz.) →
HUGO
Not without Laughter (amer.) →
HUGHES
Nova legenda → JAKOB VON VARAZ-
ZE: Legenda aurea (mlat.)
Novo Mesto (sloven.) → JARC
Nuġūm az-zāhira fī mulūk miṣr wa-
l-qāhira, an- (arab.) → IBN TAĠRĪ-
BIRDĪ
Nu var det 1914 → JOHNSON: Roma-
nen om Olof (schwed.)

O

Oberhof, Der → IMMERMANN:
Münchhausen
Obsluhoval jsem anglického krále
(tschech.) → HRABAL
Odysseia (griech.) → HOMER
Offenbarung im Stil des Quss betref-
fend die Eroberung von al-Quds,
Die → ʿIMĀDADDĪN al-Kātib al-Isfa-
hānī: Fatḥ al-qussī fī l-fatḥ al-qudsī,
al- (arab.)
Of the Lawes of Ecclesiasticall Politie
(engl.) → HOOKER
Oh Wildnis, oh Schutz vor ihr → JELI-
NEK
O Karanlıkta Biz → ĪLHAN: Aynanın
içindekiler (ntürk.)
Old Lady Says »No!«, The (engl.) →
JOHNSTON
Olivia Marianne → JENSEN: Eksotiske
Noveller (dän.)
Oncle Anghel → ISTRATI: récits
d'Adrien Zograffi, Les (frz.)
Oni přijdou (tschech.) → JARIŠ
Onkel Sandro aus Tschegem → ISKAN-
DER: Sandro iz Čegema (russ.)
Opferung → JUNG
Opwaaiende zomerjurken (ndl.) →
JONG
orientales, Les (frz.) → HUGO
Originelle über alle geistreichen Kün-
ste, Das → AL-IBŠĪHĪ: mustazraf fī
kulli fann mustazraf, al- (arab.)
Origines → ISIDORUS aus Sevilla: Ety-
mologiae (lat.)
Or sarua (hebr.) → ISAAK BEN MOSES

22

Reiter, Die → JANOVS'KYJ: Veršnyky (ukr.)

Renner, Der (mhd.) → HUGO VON TRIMBERG

Republikanische Reden → JENS

Respuesta a sor Filotea de la Cruz (span.) → JUANA INÉS DE LA CRUZ

rhinocéros, Les (frz.) → IONESCO

Ribar (serb.) → ILIĆ

Ricarski zamǎk (bulg.) → JASENOV

Ridge and the River, The (engl.) → HUNGERFORD

Riḥlat Ibn Ǧubair (arab.) → IBN ǦUBAIR

Rima → HUDSON: Green Mansions (engl.)

Rip Van Winkle (amer.) → IRVING

Rise of Silas Lapham, The (amer.) → HOWELLS

Risorgimento, Das → HUCH

Ritterburg, Die → JASENOV: Ricarski zamǎk (bulg.)

Ritter der Resignation, Der → HORIA: chevalier de la résignation, Le (frz.)

Road to Ghana (engl.) → HUTCHINSON

Roan Stallion (amer.) → JEFFERS

Roderick Hudson (amer.) → JAMES

Röcheln der Mona Lisa, Das → JANDL

roi s'amuse, Le (frz.) → HUGO

roi se meurt, Le (frz.) → IONESCO

roman de la rose ou de Guillaume de Dôle, Le (afrz.) → JE

roman du lièvre, Le (frz.) → JAMMES

Romanen om Olof (schwed.) → JOHNSON

Romantik, Die → HUCH

Roseninsel, Die → JÓKAI: aranyember, Az (ung.)

Rosmersholm (norw.) → IBSEN

rote Hengst, Der → JEFFERS: Roan Stallion (amer.)

roten Schilde, Die → IWASZKIEWICZ: Czerwone tarcze (poln.)

Rückkehr des Buddha, Die → IVANOV: Vozvraščenie Buddy (russ.)

Rückkehr nach Paris → HORVÁTH: Návrat do Paríža (slovak.)

Rückzug der Nezpercés, Der → JOSEPH: Indian's View of Indian Affairs, An (amer.)

Ruhm und Ehre → IWASZKIEWICZ: Sława i chwała (poln.)

Ruy Blas (frz.) → HUGO

Ryčagi (russ.) → JAŠIN

Ryōjū (jap.) → INOUE Yasushi

S

S – 1 → JONES

Sachsenlied, Das → JEHAN BODEL D'ARRAS: chanson de Saïsnes, La (afrz.)

Sacrum promptuarium (sloven.) → JANEZ SVETOKRIŠKI

Saecular-Gesang, Der → HORAZ: Carmen saeculare (lat.)

Sage von den Jahrhunderten, Die → HUGO: légende des siècles, La (frz.)

Sage von der schläfrigen Schlucht, Die → IRVING: Legend of Sleepy Hollow, The (amer.)

Saint Matorel (frz.) → JACOB

Saints and Sinners (engl.) → JONES

Salah Pilih (indon.) → ISKANDAR

Salamander, Der → IBUSE Masuji: Sanshōuo (jap.)

Samfundets støtter (norw.) → IBSEN

Samguk-yusa (chin.) → IRYŎN

Sāṃkhya-kārikā (skrt.) → ĪŚVARAKṚṢṆA

Sammlung der Edelsteine …, Die → AL-ḤUṢRĪ: Gamʿ al-ǧawāhir … (arab.)

Sammlung der Grundlehren der Religion … → IBN AL-ʿASSĀL: Maǧmūʿ uṣūl ad-dīn wa-masmūʿ maḥṣūl al-yaqīn (arab.-chr.)

Sammlung der Kanones → IBN AL-ʿASSĀL: Maǧmūʿ al-qawānīn (arab.-chr.)

Sammlung des Meisters Verrückte Wolke, Die → IKKYŪ Sōjun: Kyōunshū (sino-jap.)

Šams o Toǧra (iran.-npers.) → HOSROWI

Sandro iz Čegema (russ.) → ISKANDER

Sanfte Barbaren → HRABAL: Kluby poezie (tschech.)

Sankt Matorel → JACOB: Saint Matorel (frz.)

Sanshōuo (jap.) → IBUSE Masuji

Sapientia (mlat.) → HROTSVIT von Gandersheim

Sárga Rózsa (ung.) → JÓKAI

Sataa suolaista vettä → JOENPELTO: Vetää kaikista ovista (finn.)

Saturarum libri V (lat.) → IUVENALIS

Sayonara - Auf Wiedersehen! → HUANG Chunming: Shayonala-Zaijian (chin.)

Scènes de la vie conjugale (frz.) → JOUHANDEAU

Schach eurem König → HYDE: Check to Your King (engl.)

Schattseite → INNERHOFER: Schöne Tage

Schewet Jehuda (hebr.) → IBN VERGA

Schiffbruch der Deutschland, Der → HOPKINS: Wreck of the Deutschland, The (engl.)

Schiffsmeister, Der → JANOVS'KYJ: Majster korablja (ukr.)

Schirej Zion (hebr.) → JEHUDA HA-LEVI

Schlange, Die → ITALLIE: Serpent, The (amer.)

Schmerz und Wut → JANEVSKI: I bol i bes (maked.)

Schnej luchot ha-brit (hebr.) → HOROWITZ

Schnitter, Der → JOVKOV: Žetvarjat (bulg.)

Schöne neue Welt → HUXLEY: Brave New World (engl.)

Schöne Tage → INNERHOFER

Schöntrauer → HRABAL: Městečko u vody … (tschech.)

Schraubendrehungen → JAMES: Turn of the Screw, The (amer.)

Schule der Geläufigkeit → JONKE

Schur, Die → HRABAL: Městečko u vody … (tschech.)

Schurke über den andern, Ein → JONSON: Volpone, or, The Foxe (engl.)

Schuß im Nebel, Ein → JACOBSEN: Skud i Taagen, Et (dän.)

Schwärmer, Der → JOHNSON: Rambler, The (engl.)

Schwarze Diamanten → JÓKAI: Fekete gyémántok (ung.)

Schwarze Jakobiner → JAMES: Black Jacobins, The (engl.)

Schwarzer Regen → IBUSE Masuji: Kuroi ame (jap.)

Schweinejagd, Die → JERSILD: Grisjakten (schwed.)

Schweizerspiegel → INGLIN

Se dig inte om! → JOHNSON: Romanen om Olof (schwed.)

Sedmkrát v hlavní úloze (tschech.) → HOSTOVSKÝ

Sefer ha-chassidim (hebr.) → JEHUDA ben Samuel HA-CHASSID

Sefer ha-scha'aschu'im (hebr.) → IBN SABARA

Sefer Mekor-hajjīm → IBN GABIROL: Fons vitae (mlat.)

Sefer seder ha-kabbala (hebr.) → IBN DAUD

Seianus His Fall (engl.) → JONSON

Seilflechten, Das → HYDE: Casadh an t-Súgáin (ir.)

Seken-munezanyō (jap.) → IHARA Saikaku

Selanki (slovak.) → HOLLÝ

Selbstbegrenzung → ILLICH: Tools for Conviviality (engl.)

Selo zad sedumte jaseni (maked.) → JANEVSKI

semaison, La → JACCOTTET: promenade sous les arbres, La (frz.)

Sengoshi no kūkan (jap.) → ISODA Kōichi

Sermones → HORAZ: Satirae (lat.)

Serpent, The (amer.) → ITALLIE

Šestodnev (aksl.) → JOHANNES DER EXARCH

Shayonala-Zaijian (chin.) → HUANG Chunming

Shōsetsu no hōhō (jap.) → ITŌ Sei

Shropshire Lad, A (engl.) → HOUSMAN

Siebenbürgens goldene Zeit → JÓKAI: Erdély aranykora (ung.)

Siebenkäs → JEAN PAUL: Blumen-Frucht- und Dornenstücke …

Siebenmal in der Hauptrolle → HOSTOVSKÝ: Sedmkrát v hlavní úloze (tschech.)

Siebzig verweht → JÜNGER

Siegreiche Niederlage → JILEMNICKÝ: Víťazný pád (slovak.)

Sie werden kommen → JARIŠ: Oni přijdou (tschech.)

šifa', Kitāb aš- (arab.) → IBN SĪNĀ

Silta liikkuu → HYRY: Kotona (finn.)

Simple Story, A (engl.) → INCHBALD

Singaporenoveller → JENSEN: Eksotiske Noveller (dän.)

Single Man, A (engl.) → ISHERWOOD

Sīrat sayyidinā Muḥammad (arab.) → IBN ISḤĀQ

Sırtlan Payı → İLHAN: Aynanın içindekiler (ntürk.)

ši'r wa-š-šu'arā', (Kitāb) aš- (arab.) → IBN QUTAIBA

Sittlichkeit der Studenten, Die → JOHANNES DE GARLANDIA: Morale scolarium (mlat.)

Sklave, Der → JONES: Slave, The (amer.)

Sklavenschiff → JONES: Slave Ship (amer.)

Sklaventreibergeschichte → JOHNSON: Oxherding Tale (amer.)

Skonání věků → JIRÁSEK: Proti všem (tschech.)

Skud i Taagen, Et (dän.) → JACOBSEN

Skugga-Sveinn (isl.) → JOCHUMSSON

Sladek oder Die schwarze Armee → HORVÁTH

Slave, The (amer.) → JONES

Slave Ship (amer.) → JONES

Sława i chwała (poln.) → IWASZKIEWICZ

Slony v Mauthausene (slovak.) → JOHANIDES

Slovo o zakone i blagodati (aruss.) → ILARION

23

24

25

Vorschule der Aesthetik... → JEAN PAUL

Voyages chez les morts (frz.) → IoNESCO

Vozvraščenie Buddy (russ.) → IVANOV

V polite na Vitoša (bulg.) → JAVOROV

Výklad viery... (atschech.) → HUS

W

Wackere neue Welt → HUXLEY: Brave New World (engl.)

Waga haha no ki (jap.) → INOUE Yasushi

Waise aus dem Hause Zhao, Die → JI Junxiang: Zhaoshi guer (chin.)

Waldemar der Sieger → INGEMANN: Valdemar Seier (dän.)

Waldgang, Der → JÜNGER

wandernde Christ, Der → IRISARRI: cristiano errante, El (span.)

Wanderpriester, Der → IZUMI Kyōka: Kōya hijiri (jap.)

Wang o Ch'ónch'ukkuk chón (chin.) → HYECH'O

Was geschah, nachdem Nora ihren Mann verlassen hatte → JELINEK

Washington Square (amer.) → JAMES

Was ist an Tolen so sexy? → JELLICOE: Knack, The (engl.)

Weg durchs Leben, Der → JÉGÉ: Cesta životom (slovak.)

Weg nach Ghana, Der → HUTCHINSON: Road to Ghana (engl.)

Weg nach unten, Der → JUNG

Weih, Der → JEHAN RENART: escoufle, L' (afrz.)

Weisheit, Die → HROTSVIT von Gandersheim: Sapientia (mlat.)

weiße Buch, Das → JAUNSUDRABIŅŠ: Baltā grāmata (lett.)

weiße Neger, Der → JOHNSON: Autobiography of an Ex-Coloured Man, The (amer.)

Welch gigantischer Schwindel! → IoNESCO: Ce formidable bordel! (frz.)

Welt im Traum, Die → JUANA INÉS DE LA CRUZ: Primero sueño (span.)

Weltlegende, Die → HUGO: légende des siècles, La (frz.)

Weltliche Kalkulationen → IHARA Saikaku: Seken-munezanyō (jap.)

Wenn wir Toten erwachen → IBSEN: Når vi døde vågner (norw.)

Wesen der Tiefe → JIMÉNEZ: Animal de fondo (span.)

Wettlauf, Der → HOLT: Kappløpet (norw.)

Whanau → IHIMAERA: Tangi. - Whanau (engl.)

What Maisie Knew (amer.) → JAMES

White Man of God, The (engl.) → JUMBAN

wichtigsten Techniken für die allgemeine Wohlfahrt des Volks, Die → JIA Sixie: Qimin yaoshu (chin.)

Wider alle Welt → JIRÁSEK: Proti všem (tschech.)

Wiedersehen mit der Schönen neuen Welt → HUXLEY: Brave New World (engl.)

Wieniawského legenda (slovak.) → JÉGÉ

Wildente, Die → IBSEN: Vildanden (norw.)

William Shakespeare (frz.) → HUGO

Will to Believe, The (amer.) → JAMES

Winckelmann → JUSTI

Wings of the Dove, The (amer.) → JAMES

Wir bewegen die Erde → JÓKAI: Eppur si muove... (ung.)

Wolken über Metapont → JOHNSON: Molnen över Metapontion (schwed.)

Wooden Shepherdess, The → HUGHES: Casadh an t-Súgáin (ir.)

World According to Garp, The (amer.) → IRVING

Worte eines Steppenmurmeltiers → ISISAMBUU: Tarbağan-u üge (mong.)

Wo seid ihr, Lamuts? → INGOLIČ: Kje ste, Lamutovi? (sloven.)

Wreck of the Deutschland, The (engl.) → HOPKINS

Würfelbecher, Der → JACOB: cornet à dés, Le (frz.)

Wüstenwanderung, Die → JÜNGER: Heliopolis

Wunder der Blüten bezüglich der Geschehnisse der Zeiten, Die → IBN IYĀS: Badā'i' az-zuhūr fi waqā'i' ad-duhūr (arab.)

Wunder des Geschicks bezüglich der Wechselfälle in Tīmūrs Leben, Die → IBN ʿARABŠĀH: ʿAğā'ib al-maqdūr fi nawā'ib Tīmūr (arab.)

Y

Yanbu' al-hayya → IBN GABIROL: Fons vitae (mlat.)

Yaşarken ve ölürken (ntürk.) → İLERİ

Yeke yüwen ulus-un manduğsan törüyin köke sudur (mong.) → INJANASI

Yijian zhi (chin.) → HONG Mai

Yofuke to ume no hana (jap.) → IBUSE Masuji

Yōhai taichō (jap.) → IBUSE Masuji

Yonosuke, der dreitausendfache Liebhaber → IHARA Saikaku: Kōshoku-ichidai-otoko (jap.)

Yūhei → IBUSE Masuji: Sanshōuo (jap.)

Yūshi-hōgen (jap.) → INAKA-RŌJIN

Z

Zagovor ravnodušnych (russ.) → JASIEŃSKI

Zahra, (Kitāb) az- (arab.) → IBN DA'UD

ZAHR AL-ĀDĀBWA-ṬAMAR AL-ALBĀB (ARAB.) → AL-ḤUṢRĪ

Žar-ptica (russ.) → JAZYKOV

Žebráci → JIRÁSEK: Bratrstvo (tschech.)

Żegnaj Judaszu (poln.) → IREDYŃSKI

zehnte Bruder, Der → JURČIČ: Deseti brat (sloven.)

Zeit muß enden → HUXLEY: Time Must Have a Stop (engl.)

Zencharoku (jap.) → JAKUAN Sōtaku

Zenciler birbirine benzemez (ntürk.) → İLHAN

Žetvarjat (bulg.) → JOVKOV

Zhaoshi guer (chin.) → JI Junxiang

Ziema → JAUNSUDRABIŅŠ: Aija (lett.)

Zigeunerbaron, Der → JÓKAI: cigánybáró, A (ung.)

Zigeuner, Janitscharen und Georg Kozjak → JURČIČ: Jurij Kozjak, slovenski janičar (sloven.)

Zionslieder → JEHUDA HA-LEVI: Schirej Zion (hebr.)

Život s Laurou (slovak.) → HORVÁTH

Zolotoj telënok (russ.) → IL'F

Zoltán Kárpáthy → JÓKAI: magyar nábob, Egy (ung.)

Zorn der Ahnengeister, Der → JORDAN: Ingqumbo yeminyana (xhosa)

Zuchtrute Judas, Die → IBN VERGA: Schewet Jehuda (hebr.)

Züchtigungen, Die → HUGO: châtiments, Les (frz.)

Zukunft hat schon begonnen, Die → JUNGK

Zuniaci krok (slovak.) → JILEMNICKÝ

Zur Kritik der instrumentellen Vernunft → HORKHEIMER: Eclipse of Reason (amer.)

Zusammenkunft der Schelme, Die → JYOTIRĪŚVARA KAVIŚEKHARA: Dhūrtasamāgama (skrt.)

Zvyčajna schema »rus'ko« istorii... (ukr.) → HRUŠEVS'KYJ

Zwei Ansichten → JOHNSON

zwei Bundestafeln, Die → HOROWITZ: Schnej luchot ha-brit (hebr.)

Zwei Elemente des Symbolismus → IVANOV: Dve stichii sovremennom simvolizme (russ.)

Zwei Schwestern → JÜNGER

Zwiegespräche mit Leuten von Stadt und Land → ISHIDA Baigan: Tohimondō (jap.)

Zwille, Die → JÜNGER

Zwischen den Strömen → JIRÁSEK: Mezi proudy (tschech.)

Zwölf Stühle → IL'F: Dvenadcat' stul'ev (russ.)